国家社会科学基金项目
(12BZX053)

上海市哲学社会科学规划课题
(2007BZX005)

上海社会科学院哲学研究所

资助出版

康德《纯粹理性批判》

哲学概念系统引校

Das philosophische Begriffeslexikon zur Kritik der reinen Vernunft

余治平 编译

中国社会科学出版社

图书在版编目(CIP)数据

康德《纯粹理性批判》哲学概念系统引校／余治平编译．—北京：中国社会科学出版社，2017.7

ISBN 978-7-5161-9072-2

Ⅰ.①康… Ⅱ.①余… Ⅲ.①康德（Kant，Immanuel 1724-1804）—哲学思想—研究②《纯粹理性批判》—研究

Ⅳ.①B516.31

中国版本图书馆CIP数据核字(2016)第241733号

出 版 人　赵剑英
责任编辑　冯春凤
责任校对　张爱华
责任印制　张雪娇

出　　版　中国社会科学出版社
社　　址　北京鼓楼西大街甲158号
邮　　编　100720
网　　址　http：//www.csspw.cn
发 行 部　010-84083685
门 市 部　010-84029450
经　　销　新华书店及其他书店

印刷装订　北京市十月印刷有限公司
版　　次　2017年7月第1版
印　　次　2017年7月第1次印刷

开　　本　710×1000　1/16
印　　张　87
插　　页　2
字　　数　1702千字
定　　价　528.00元

凡购买中国社会科学出版社图书，如有质量问题请与本社营销中心联系调换
电话：010-84083683

目　录

前言……………………………………………………………………（1）
说明……………………………………………………………………（1）
汉德目录………………………………………………………………（1）
德汉目录………………………………………………………………（29）
康德《纯粹理性批判》哲学概念系统引校正文……………………（1）
致谢……………………………………………………………………（1321）

前　言

康德哲学是西方现代哲学发展过程中乃至整个西方哲学史上的一大里程碑。在欧美世界，自康德第一批判诞生以来，研究康德哲学的著作已经汗牛充栋，浩如烟海。大约在20世纪初，康德哲学被零零碎碎、断断续续地介绍到中国以后，几乎在不同时代都能涌现出一批专门的研究论作。仅关于三大批判，每年所产生的最新研究成果就相当可观。纵览一百多年的学习和研究历史，康德哲学似乎颇受中国学人的青睐，好之者不绝，所论所作的内容广泛涉及哲学、伦理学、美学、文学、政治学、历史学、自然科学等领域。

单在康德著作的翻译方面，自1933年胡仁源首译《纯粹理性批判》（上海：商务印书馆）、1936年张铭鼎译出《实践理性批判》（上海：商务印书馆）、1939年唐钺翻译《道德形而上学探本》（上海：商务印书馆）之后，1957年蓝公武又译出《纯粹理性批判》（北京：生活·读书·新知三联书店）。这四个译本，筚路蓝缕，功劳卓著，完成了康德哲学中文翻译的开创性工作，但由于其文白相间的限制，而难以完全融入现代中国的学术话语系统。北京商务印书馆于1964年出版了分别由宗白华、韦卓民翻译的《判断力批判》的上、下册。1968年牟宗三在台湾翻译出《认识心之批判》（上、下册），（台北：学生书局）。

1980年代以来的主要翻译成果，先后有庞景仁发表了多年精心翻译的《未来形而上学导论》（北京：商务印书馆），韩水法译出了《实践理性批判》（北京：商务印书馆）。1983年台北的学生书局出版发行了牟宗三所译的《纯粹理性批判》。1991年武汉华中师范大学出版社整理出版了韦卓民所译的《纯粹理性批判》。1997年何兆武编译了康德的《历史理性批判文集》（北京：商务印书馆）。2004年，武汉大学邓晓芒与杨祖陶两位教授通力协作，伏案七年，译出“三大批判”（北京：人民出版社）。2010年，中国人民大学李秋零教授历时十年终于翻译出整套普鲁士科学院版的《康德著作全集》（北京：中国人民大学出版社）。这些以现代汉语为基础的全新译本，现实地构成了康德哲学的中文语境，不仅突破了“让汉语说哲学”的瓶颈，有效激活了汉语的哲学张力，同时，也为当代学人进一步解读康德哲学创造了良好的文本条件。

但是，中国人要真正读懂康德还不是一件容易的事情。这主要是因为：康德之难，首先难在概念术语上。1790 年 9 月 2 日，康德在写给约翰·亨利希·兰贝特教授的一封信中说："形而上学的关键，却仅仅在于纯粹理性的概念和基本原理。"康德本人无疑是一位制造概念的哲学高手，批判时期的经典著作里，不仅常会出奇制胜、波谲云诡地冒出一些崭新而生硬的名词、术语，而且许多概念的使用也显得非常独特，一些概念自身甚至还会不断嬗变，前后的含义经常不相一致。同一个概念在康德那里如果自身歧义就比较大，到后人的理解中则更加混乱不堪了，这就为澄清概念之所是增加了一定的困难。

康德很少对一个概念做清楚、明确的一次性交代和全面而完整的阐释，许多概念必须通过具体使用和前后语境才能够凸显出其内在规定与基本含义。因此，哪怕是一个非常简单的概念都会牵扯进许多章节里的文字，其关联幅度甚至可以从著作的一开始到最后结束。只有把这些文字和盘托出，读者才能够对这个概念大致有数。

仅在《纯粹理性批判》一书里，几乎每一页都会冒出新的概念。康德哲学的大厦几乎完全建立在自己独特的概念体系的基础之上。许多一直被先前哲学家所使用过的概念，到了康德这里却发生微妙、甚至重大的意义转变。因为语言的障碍和翻译的困难，许多前辈学者大多只能够在自己当下的写作语境中理解与使用康德的概念，而难以针对康德原著的文本本身。这样，势必又很容易导致康德的概念本义与后人的理解之间的紧张和矛盾。

而概念的含混不清，在客观上又必然导致义理的分歧，于是，康德哲学的许多内容及其价值、意义经常处于一种模糊不堪、似是而非的状态。一代又一代的学人在解读康德的黑暗中徘徊，而找不着北，因为没有方便的捷径。

不把康德文本——尤其是第一批判——中的基本概念的基本含义弄清楚，就不可能进入先验哲学体系。1920 年代末以来，德语的、法语的、俄语的、英语的、日语的类似于《康德词典》或《康德手册》的辞书早已相继问世。然而，非常遗憾的是，汉语世界里，尽管每年都有大量研究康德哲学的论作面世，但至今却还没有一本针对康德德文原著自身、专门整理、汇校和辑录康德哲学概念的研究辞书或专业工具书，这无论如何都适应不了中国康德学的发展需要。

仅在德国本土，海因里希·哈德克（Heinrich Ratke）于 1929 年出版了《纯粹理性批判系统手册》（*Systematisches Handlexikon zur Kritik der reinen Vernunft*），1965 年、1991 年重印（Verlag von Felix Meiner, Hamburg），该书具有语词索引的性质，其所列举的概念中，属于编者的概括性文字比较多，一些概念的名下，仅有一两个页码提示，有失于单薄、疏空，因而缺乏足够的含义明晰性和可征引性。

鲁道夫·艾斯勒（Rudolf Eisler）博士在1930年出版过一本《康德词典》（*Kant Lexikon*），2008年由柏林Weidmannsche Verlagsbuchhandlung重印，这无疑是一部研究康德思想的重要学术工具书，其所列举的哲学概念几乎覆盖了康德前批判时期、批判时期的所有已出版著作，体现出无与伦比的全面性和广泛性。该书虽也以哲学概念梳理、汇编为主题，但因包罗面太大，而无法对许多重要概念进行富有深度的内容挖掘；编者对一些概念内容所做的精心取舍，也容易限制和遮蔽读者的视野；而在表达形式上，也缺乏足够的层次性和有序性，因而显得不太清晰、明了，条分缕析的工作还不到位，不便于康德研究者阅读和征引。

我所编译的《康德<纯粹理性批判>哲学概念系统引校》（*Das Philosophische Begriffeslexikon zur Kritik der reinen Vernunft*）一书将有别于德文《纯粹理性批判系统手册》、《康德词典》，而只聚焦于第一批判，对其中的哲学概念、术语进行辑录、比类、翻译和集校，而不涉及后世学者的研究和编译者个人的诠释，注重从《纯批》的德文原著出发，致力于把第一手的康德、原汁原味的康德交给读者。于是，编译这本书的首要目标就是，为研究康德者提供一本相对完备的专业辞书，简洁明了地呈现出先验哲学的精髓，有效遏制长期以来康德哲学研究中概念使用的盲目性、任意性行为，抑或为广大初学康德者寻找一条方便的入门路径。

《引校》的编译及其成书，追求并注重这五个方面的原则与特征：

紧扣文献，微观叙事。《引校》只聚焦于《纯批》而不涉及康德的其他著作，从1781年第一版和1787年第二版的德语文本入手，进行深度阅读、分类剖解和认真梳理，避免对概念作任何大而化之、空而无当的泛泛介绍，而倡导并呈现出一种更为细致入里的分解性、实证性与文献性的扎实功底。充分凸显康德个人文字的自身特点，为读者准确理解康德哲学奠定更为可靠的文献基础。

还原语境，勾沉互证。康德一向很少直接对某个概念给出清楚明晰的定义，概念规定往往分布在不同章节的不同段落中，需要通过具体的语境分析才能理解概念的总体含义。所以，在概念的使用中理解概念，努力挖掘同一个概念在不同章节、不同段落中的特殊规定，而力图在具体的语境下描述出每一个概念的基本含义，进而达到概念自身，便显得特别的重要。

充分凸显出概念的相关性。在概念梳理的基础上，《引校》还能够着眼于概念与命题之间、概念与问题本身之间、概念与概念之间的关联分析和脉络清洗，沉入到实实在在的概念使用氛围中，通过交代概念出现的具体语境而向读者呈现概念本身的界定。《纯批》中的同一句话中，如果出现了三四个概念，那么，这句话就可能同时出现在这三四个概念的词条里，尽管难免于重复，增加篇幅，但不同概念之间的关系却可以一目了然。

抓住重点，删繁就简。《纯批》成书是时间尽管很短，但其构思却由来已久，悠悠七年的笔记文字就是一个漫长的学术积累，直接导致了康德关于核心问题的论述经常显得念念叨叨，啰嗦不堪，重复率高。所以，《引校》便遴选出重点，不求面面俱到，而是紧扣核心概念，去除芜杂，轻便行文，不拖泥带水，决不把概念"引校"编成"概念索引"。

清晰有序，方便征引。在表达方式上，《引校》以词条分疏归类，从一、二版序言到先验感性论、先验分析论、先验辩证论，到先验方法论，所有的相关内容都汇聚一起，概念按照出现的顺序逐一排列。这样，读者只要打开书，先验哲学体系的许多概念就可以信手拈来，随手查对，页码标注精确，直接可以征引。我相信，这不仅能够很好地帮助人们阅读经典文本，而且也大大有益于人们在义理上消化和吸收康德哲学。

康德是读不完的。在康德哲学里，我可以找到一种归宿感。从大学本科开始，到硕士、博士、博士后，在每一个学习阶段，都有老师带着读第一批判。读到今天，我已经根本不在乎汉语的通顺与否了，甚至也可以不理会历代德文编者的注释，而宁肯慢下来仔细体会和揣摩康德本人当时的思想脉络与创作意蕴。于是，我便决心重新回到康德文本，捡起德语原著，编译出一个"概念系统"以惠及中国的康德学研究。在中国，丝毫不敢说，我是把《纯批》研究得最透的人，但却可以说我是把《纯批》翻得最勤的人，一遍遍地查对，一个概念一个概念地捞，逐字逐句地译校，书都被翻烂翻坏了，经常遁入看字不是字、见树不见林的意境。《纯粹理性批判》是一部伟大的经典，值得我扑在上面这么做。真可谓"一本小破书，一读一辈子"。做学生的时候读，做教授的时候也还在读，就职研究所，访学德意志，几乎从来就没间断过读康德、解康德。说其"破"，是因为常读常翻，不得不用透明胶带包住封面、封底，以免书页损坏脱落，而不堪再阅。所以，《康德 <纯粹理性批判 > 哲学概念系统引校》也可以算是我个人经年累月读康德的一个学术交代。

德国人常说："Das einzige, was er in seinem Leben machte, war Karrere"，因为唯一，才成事业。一部伟大的经典往往是值得一辈子守候的，枯灯黄卷夜达旦，青藤绕屋花连云，俯思内几，仰望星空，有大师为伴，跟大师对话，不断从中汲取灵感源泉和智慧养分，其乐无穷矣。《引校》的成书，从 2007 年上海市哲学社会科学规划课题立项，到 2017 年在北京中国社会科学出版社正式面世，历时整整十年，而实际的工作时间则可能拉得更长。读书写字闲里忙，斟字酌句苦中乐。孜矻十年磨一剑，不著片语亦欣慰。

从目前国内康德研究界的学术资料看，系统而全面地展开康德哲学概念的编译、汇校和辑录，在汉语世界里尚属首次。这显然是一项"吃力不讨好"的差事，文献工夫要求高，工作量大，翻译中遇到的问题多，所以，更多的人们愿意就康德哲学的某个或某些问题发挥自己的见解，侃侃而论，而极少有人愿意面对文本自身而展开最基础的辞书编撰。或许，这就是为什么迄今只有德语、法语、英语和日语的《康德词典》而没有一本中文的《康德词典》的一个真实原因。《引校》是"第一个吃螃蟹的人"，虽然可以弥补一下国内康德研究辞书的空白状态，但由于德语水平的限制，也囿于个人对康德哲学的理解，肯定尚有许多不妥不善之处，真诚期待学界同仁的批评和赐教。

说　明

这本《康德〈纯粹理性批判〉哲学概念系统引校》的编撰，以经由 Jens Timmermann 根据第一版、第二版合编而成的通行本（Philosophische Bibliothek Band 505, Felix Meiner Verlag, Hamburg, 1998）为文本基础，参考了《康德全集》（*Kant's Gesammelte Schriften*, Akademie – Ausgabe, Ausgabe der Preuβischen Akademie der Wissenschaften in Berlin, 1968）“科学院版”第 III、IV 卷和 Raymund Schmidt 的版本（Meiner, Felix Meiner Verlag, Hamburg, 1956）进行哲学概念的遴选译校，忠实可靠是最基本的要求，当然也借鉴并受益于一些中文本的翻译。不概括，不总结，不解释，不发挥，不引申。康德怎么说就怎么翻译，就怎么引录，原生态地呈现出康德自己的文字风格，突出德文自身的含义内容和语法特征，而把全部的解释空间都留给每一个给读者自己。

这本概念辞书的翻译与编撰始终坚持了从德文原著出发的原则，其耗时有年的工作过程大致是，首先对《纯批》中具有哲学性质的重要概念、名词、术语、范畴、定义、甚至一些重要命题的出现及其使用语境，进行非常忠实于德文原文的搜索、排查、摘录；然后，再进行集中分类、比对，既抓住康德对概念本身的明确界定，又抓住康德通过概念使用而对概念所做的交代和阐释；接下来，进行逐一辨析，权衡轻重，剔除芜杂，取其精粹；然后，再进行中文译校，此间当然参考了诸多中译本，尤其信赖和凭借邓晓芒、李秋零两位先生的译作；最终，分别按照汉字音序、德文字母循序，把康德第一批判的哲学概念琳琅满目地呈现给读者。

在对《纯批》哲学概念、名词、术语进行检索、辑录、类编、译校的过程中，始终都致力于：

一、正宗，可靠，只求直译，尽量保留德语的行文风貌，找回原汁原味的康德。坚持一种合语法、合字面的翻译。作为一部仅供研究康德之用的专业辞书，不追求、也不在乎通顺，而强调德语与汉语之间字词、句子的对应关系。无论是一字一词、还是整个句子，都尽量做到一对一、点对点的比照。绝不对康德的文字进行任何无谓的加工，更不作个人肆意的诠释和发挥。对于一些德语词汇，汉译的时候，也尽量保留德语原先的字面含义，不求太多甚至过度的意义延伸。德语在康德的时代，也才发明两百多年，康德用词，除了哲学史上的概念和他自己生造的概念之外，基本上都是极为常用的生活语汇。

二、突出关键词，重点信息更清晰明了。在德语中，一般都是名词在前，第二格在后，重点很突出，也很清楚，一目了然。而在汉语中，作为修饰成分的定语通常都放在名词的前面，如果定语成分比较长，如超过三个形容词、或整个关系从句、或两三个关系从句，就容易淹没掉所要交代的名词，读起来甚至云里雾里，看了后面忘了前面，因而既耽误了对核心概念的迅速获取，也严重影响对上下文意思的连贯把握。于是，比较好的办法就是适当用顿号（、）或破折号（——）隔开修饰成分与被修饰的名词，三级从句、四级从句、五级从句，尽量逐一剥落开来翻译，而非眉毛胡子一把抓，努力使读者一眼就能够捕捉到康德所要交代的关键词或重点信息。

三、不吃字，不生字，不改变德语句子的性质。在翻译、引校的过程中，任何妄自添加或删减康德文字的做法，都会有损于这部经典的伟大，因而是一种不敬。能够直接对应于汉语的，康德说一个词便翻译一个词，不漏掉一个。康德没说过的，也绝不衍生、造作。动宾结构的句子，原则上绝不翻译成系词结构，反之亦然。祈使句、虚拟语气等，都尽量反映出德语的原貌。条件从句甚至也被后置，而不遵循汉语中前置的习惯语序。

德国哲学家中，康德的文笔可能是最乏味、最苍白的。康德原本是学理科出身，没花过什么古典学、修饰学的工夫。一部深奥的哲学著作里，偶尔用一两个比喻，也显得生硬，看不出有多大的想象力和吸引力。所以，我在汉译的时候，也就没有必要对他的文字做画蛇添足般的润饰和锦上添花。尽管读来可能会让人觉得拗口、晦涩、不连贯，但至少有一点可以保证的则是，康德的著作本来就是这个样子的，这就是康德文字最真实、最原始的风貌。读康德的书，不像读小说，轻易就能够滑溜而过，毋宁始终需要慢慢地咀嚼，需要不断地还原到思辨理性跌宕起伏的运行场景中去仔细品味。

四、抓住核心的哲学概念，兼顾特殊名词、术语。第一批判既包括许多含义相对清楚、规定比较明确的哲学概念，也有许多所涉独特、用法非同一般、但又达不到哲学概念要求的名词、术语，本书尽最大努力予以翻译和引录。这些哲学概念、名词、术语必须有内容、有明确的文字交代，尤其抓住那些属于康德本人独家发明的哲学概念，也不放过那些一带而过的、说说而已的一般名词、术语。但本书也不求面面俱到，毕竟它不同于通常放在书后的语汇索引。一个概念或特殊名词、术语，每出现一次就把它的相关文字毫不遗漏地都搜罗出来，让其得到全面展示，这不是本书所能够负担得起的工作量。

五、尊重前人的翻译，保持中文译名的连续性。近百年来几代学人对康德哲学一些哲学概念、名词、术语的翻译，已经获得相对广泛的学术认同，如

“先天”、“先验”、“超验”、“品格”、“机能”、“内心”、“训练”、“回溯”、“原则”、“现相”、“理智的”、“理知的”、“感性论”，直接为本书所遵循和继承。但也适当还原了一些概念、名词、术语的德语本义，如“规律提供”或“提供规律”（das Gesetzgeben）、“规律提供者”（der Gesetzgeber）、“经验的”（empirisch）、“经验之”（der Erfahrung）、“思想”（das Denken，der Gedanke）、“天资”（die Anlage）、“此在”（das Dasein）、“生存”（das Existenz，existieren）、“成问题的”（problematisch）、“数目的”或“数目上的”（numerisch）、“大小”（Grosse）、“世间智慧”（die Weltweisheit）、“发生”或“事件”（das Ereignis）、“监察官”（die Zensur）、“谓述词”（das Prädikament）、“运载工具”（das Vehikel），等等。区分了“物”（das Ding）与“事物”（die Dinge），“事物自在本身”（die Dinge an sich selbst）与“自在之物本身”（das Ding an sich selbst）。站在先贤的肩膀上，力所能及地纠正一下前译概念、名词、术语的不足，而强调一种更原味、更精确、更贴切的意义理解，大体上不至于走偏，细节处能不轻忽，费心打磨，精雕细琢，目的无非是要把第一手的康德直接、完整地交给读者，为汉语世界里的《纯批》研究者提供一本相对完备的专业辞书，为初学康德哲学者寻找一条便捷的入门路径。

最后，还必须说明的是，第一批判里拉丁文、希腊文哲学概念、名词、术语的中文翻译大多采自于邓晓芒、李秋零的译本，在此谨致谢忱，正文之中恕不一一注明原译者。

汉德目录

{ A }

爱好（die Neigung） …………………………………………………………（1）

{ B }

把握，理解，领会（begreifen，das Begreifen） ……………………………（3）

背反论（die Antithetik） ……………………………………………………（3）

本体（das Noumena） ………………………………………………………（4）

本体论（die Ontologie） ……………………………………………………（7）

本体论的（ontologisch） ……………………………………………………（7）

本质，本质的东西（das Wesen） ……………………………………………（8）

变异性（die Varietät） ………………………………………………………（9）

必然的（notwendig） …………………………………………………………（9）

绝对必然的（schlechthinnotwendig） ………………………………………（9）

绝对必然的（absolut notwendig） …………………………………………（9）

必然性（die Notwendigkeit） ………………………………………………（19）

绝对的必然性（die absolute Notwendigkeit） ……………………………（19）

变化（die Veränderung） ……………………………………………………（25）

变化（verändern） ……………………………………………………………（25）

变化的（veränderlich） ………………………………………………………（25）

变化之物（das Veränderliche） ……………………………………………（25）

世界变化（die WeltVeränderung） …………………………………………（25）

变形（die Modifikation） ……………………………………………………（28）

辩证法，辩证论（die Dialektik） ……………………………………………（28）

辩证的（dialektisch） ………………………………………………………（28）

表象（die Vorstellung） ………………………………………………………（32）

表象（vorstellen） ……………………………………………………………（32）

表象方式（die Vorstellungsart） ……………………………………………（32）

表象力（die Vorstellungs－Kraft，die Vorstellungskraft） …………………（32）
标准（das Kriterium） ……………………………………………………（50）
不可能性（die Unmöglichkeit） ……………………………………………（51）
不可知（unerkannt） ……………………………………………………（52）
不死性（die Immortalität） ………………………………………………（52）
不死者（das Nichtsterbende） ……………………………………………（52）
不朽性（die Inkorruptibilität） ……………………………………………（52）
不朽性，不死性（die Unsterblichkeit） ……………………………………（53）

⟅ C ⟅

超出世界之物（*ens extramundanum*） ……………………………………（54）
草图（das Monogramm） …………………………………………………（54）
阐明，讨论，探讨（die Erörterung） ………………………………………（54）
超感官的（übersinnlich） …………………………………………………（55）
超验的（transzendent） ……………………………………………………（55）
超验的原理（die transzendente Grundsätze） ……………………………（57）
超自然的（hyperphysisch） …………………………………………………（58）
超自然的（übernatürlich） …………………………………………………（58）
沉思（das Nachdenken） …………………………………………………（58）
沉思（nachdenken） ………………………………………………………（58）
程度（der Grad） …………………………………………………………（59）
成问题的（problematisch） …………………………………………………（61）
持存（beharren） …………………………………………………………（63）
持存的（beharrlich） ………………………………………………………（63）
持存性（die Beharrlichkeit） ………………………………………………（63）
持存之物（das Beharrliche） ………………………………………………（63）
持续性（die Dauer） ………………………………………………………（67）
冲突（die Widerstreit） ……………………………………………………（67）
相冲突（widerstreiten） ……………………………………………………（67）
创造（die Schöpfung） ……………………………………………………（70）
创世者，世界创造者（der Weltschöpfer） …………………………………（70）
创造者（der Urheber） ……………………………………………………（70）
世界创造者（der Welturheber） ……………………………………………（70）
抽象，抽掉，不考虑，放弃（abstrahieren） ………………………………（72）

纯粹的（rein） ……………………………………………………………（73）
纯粹性（die Reinigkeit） ……………………………………………………（73）
纯粹范畴（die – reine Kategorien） …………………………………………（81）
纯粹概念（der reine Begriffe） ………………………………………………（82）
纯粹理性（die reine Vernunft） ………………………………………………（83）
纯粹理性概念（der reine Vernunftbegriff） …………………………………（83）
纯粹理性原理（der Grundsatz der reine Vernunft） ………………………（93）
纯粹知性（der reine Verstand） ………………………………………………（94）
纯粹知性概念（reiner Verstandesbegriff） …………………………………（94）
纯粹知性原理（der Grundsatz des reinen Verstandes） ……………………（99）
纯粹哲学（die reine Philosophie） …………………………………………（100）
激动（die Affektion） ………………………………………………………（100）
刺激（affizieren，reizen） …………………………………………………（101）
此在（das Dasein） …………………………………………………………（102）
存在（das Sein） ……………………………………………………………（111）
存在（sein） …………………………………………………………………（111）
存在物，存在者（das Wesen） ………………………………………………（113）

﹜D﹜

大前提（der Major） ………………………………………………………（126）
大前提（der Obersatz） ……………………………………………………（126）
大全（das All） ………………………………………………………………（128）
绝对大全（das absolute All） ………………………………………………（128）
大小（die Gröβe） …………………………………………………………（128）
世界大小（die Weltgröβe） …………………………………………………（128）
单子（die Monade） …………………………………………………………（133）
单子论（die Monadenlehre） …………………………………………………（133）
道德，道德学（die Moral） …………………………………………………（134）
道德学家（der Moralist） ……………………………………………………（134）
道德的，道德性的（moral，moralisch） ……………………………………（135）
道德，道德性（die Moralität） ………………………………………………（138）
道德化（moralisieren） ………………………………………………………（138）
道德的世界（die Moralische Welt） …………………………………………（139）
道德（die Sitten） ……………………………………………………………（139）

道德律，道德法则（das Sittengesetz） …………………………………… (139)
道德法则，道德律（das sittliche Gesetz） ……………………………… (140)
道德法则，道德律，道德的规律（das moralische Gesetz） ……………… (140)
道德神学（die Moraltheologie） ……………………………………………… (142)
道德体系（das System der Moralität） …………………………………… (143)
道德原则（das Prinzip der Sitten） ………………………………………… (143)
道德形而上学（die Metaphysik der Sitten） ……………………………… (143)
道德学（die Moral） …………………………………………………………… (143)
道德哲学（die Philosophie der Sitten） …………………………………… (143)
德性（die Sittlichkeit） ……………………………………………………… (144)
德行（die Tugend） …………………………………………………………… (145)
德行论（die Tugendlehre） …………………………………………………… (145)
第三者（ein Drittes） ………………………………………………………… (145)
定理（der Satz） ……………………………………………………………… (146)
定理（der Lehrsatz） ………………………………………………………… (147)
定量（das Quantum） ………………………………………………………… (147)
定言的（kategorisch） ………………………………………………………… (148)
定义（die Definition） ………………………………………………………… (149)
动机（die Triebfeder） ………………………………………………………… (152)
动力学（die Dynamik） ………………………………………………………… (152)
动力学的（dynamisch） ………………………………………………………… (152)
动力学原理（der dynamische Grundsatz） ………………………………… (152)
动物性的（tierisch） …………………………………………………………… (155)
独断论（der Dogmatismus） …………………………………………………… (155)
独断的，独断论的（dogmatisch） …………………………………………… (155)
独断论者（der Dogmatiker） ………………………………………………… (155)
对象（der Gegenstand） ……………………………………………………… (158)
多神教（die Vielgötterei） …………………………………………………… (180)
多数性（die Mehrheit） ………………………………………………………… (180)
多数性（die Vielheit） ………………………………………………………… (180)

〉E〉

恶事，祸害（das Übel） ……………………………………………………… (182)
恩宠王国（das Reich der Gnaden） ………………………………………… (182)
二律背反（die Antinomie） …………………………………………………… (182)

二元论（der Dualismus） ………………………………………………（185）
二元论者（der Dualist） ………………………………………………（185）

｝F｝

法规（der Kanon） ………………………………………………（187）
法则（das Gesetz） ………………………………………………（188）
自然法则（das Naturgesetz） ………………………………………………（188）
经验的法则（das empirische Gesetz） ………………………………………………（188）
道德法则（das sittliche Gesetz） ………………………………………………（188）
实践的法则（das praktische Gesetz） ………………………………………………（188）
逻辑的法则（das logische Gesetz） ………………………………………………（188）
先验法则（das transzendentale Gesetz） ………………………………………………（188）
发生，事件（das Ereignis） ………………………………………………（195）
范本，典范，模型（das Muster） ………………………………………………（195）
范畴（die Kategorie） ………………………………………………（196）
范畴表（die Tafel der Kategorie） ………………………………………………（196）
先验范畴表（die transzendentale Tafel der Kategorie） ………………………（196）
反思（die Reflexion） ………………………………………………（206）
反思（reflektieren） ………………………………………………（206）
反思概念（der Reflexionsbegriff） ………………………………………………（206）
反省（die Überlegung） ………………………………………………（207）
先验反省（die transzendentale Überlegung） ………………………………………（207）
方法（die Method） ………………………………………………（208）
方法论（die Methodenlehre） ………………………………………………（208）
方位（der Ort） ………………………………………………（209）
非存在（das Nichtsein） ………………………………………………（209）
非物（das Unding） ………………………………………………（211）
非物质性（die immaterialität） ………………………………………………（211）
非物质的（immateriell） ………………………………………………（211）
分析（die Analysis） ………………………………………………（211）
分析的，分析地（analytisch） ………………………………………………（211）
分析论（die Analytik） ………………………………………………（214）
分析判断（das analytische Urteil） ………………………………………………（215）
分析，剖析（zergliedern） ………………………………………………（215）
分析，剖析，分解（die Zergliederung） ………………………………………（215）

分析家（der Zergliederer） ………………………………………… (215)
否定，否定性（die Negation） ………………………………………… (216)
否定的东西（das Negative） ………………………………………… (216)
否定学说（die Negativlehre） ………………………………………… (217)
副本（die Kopie） ………………………………………… (218)

﹜G﹜

概观（das Synopsis） ………………………………………… (219)
概念（der Begriff） ………………………………………… (219)
感性概念（der sinnliche Begriff） ………………………………………… (219)
知性概念（der Verstandesbegriff） ………………………………………… (219)
纯粹概念（der reine Begriff） ………………………………………… (219)
理性概念（der Vernunftbegriff） ………………………………………… (219)
先验的概念（der transzendentale Begriff） ………………………………………… (219)
学说概念（der Lehrbegriff） ………………………………………… (219)
自然概念（der Naturbegriff） ………………………………………… (219)
实践概念（der praktische Begriff） ………………………………………… (219)
世界概念（der Weltbegriff） ………………………………………… (219)
感官（der Sinn） ………………………………………… (250)
内感官，内部感官（der innere Sinn） ………………………………………… (250)
外感官，外部感官（der äuβere Sinn） ………………………………………… (250)
感官世界（die Sinnenwelt） ………………………………………… (261)
感官存在者（das Sinnenwesen） ………………………………………… (264)
感觉（die Empfindung） ………………………………………… (264)
感觉论哲学家（der Sensualphilosoph） ………………………………………… (266)
感觉论体系（das Sensualsystem） ………………………………………… (267)
感受（empfangen） ………………………………………… (267)
感受（der Empfang） ………………………………………… (267)
感受性（die Empfänglichkeit） ………………………………………… (267)
感性（die Sinnlichkeit） ………………………………………… (267)
感性的，感性地（sinnlich） ………………………………………… (267)
感性世界（die Sinnenwelt） ………………………………………… (267)
感性化（sensifzieren） ………………………………………… (279)
感性论（die Ästhetik） ………………………………………… (279)
革命（die Revolution） ………………………………………… (280)

根据（der Grund） …… (281)
规定根据（der Bestimmungsgrund） …… (281)
运动根据，运行根据（der Bewegungsgrund） …… (281)
解释根据（der Erklärungsgrund） …… (281)
权利根据（der Rechtsgrund） …… (281)
本源的根据（der ursprüngliche Grund） …… (281)
先天根据（der Grund a priori） …… (281)
先验根据（der transzendentale Grund） …… (281)
主观根据（der subjective Grund） …… (281)
内部根据（der innere Grund） …… (281)
经验的根据（der empirische Grund） …… (281)
实在根据（der Realgrund） …… (281)
知识根据（der Erkenntnisgrund） …… (281)
证明根据（der Beweisgrund） …… (281)
理性根据（der Vernunftgrund） …… (281)
至上根据（der oberste Grund） …… (281)
最高根据（der höchste Grund） …… (281)
现实的根据（der wirkliche Grund） …… (281)
个体（das Individuum） …… (293)
个体的（individuell） …… (293)
工具论（das Organon） …… (294)
公理（das Axiom） …… (294)
公设（das Postulat） …… (295)
公设，预设（postlieren） …… (295)
共相（die Allgemeine） …… (296)
共相的东西（das Allgemeine） …… (296)
构成性的（konstitutiv） …… (297)
构成性的原理（konstitutive Grundsätze） …… (299)
构造（konstruieren） …… (299)
构造（die Konstruktion） …… (299)
观念论，唯心论（Idealismus） …… (302)
观念论者，唯心论者（der Idealist） …… (302)
观念性（die Idealität） …… (304)
关系（die Relation） …… (305)
广延（ausdehnen，die Ausdehnung） …… (306)

广延之物（das Ausgedehnten） …………………………………………… (306)
广延的存在者（das ausgedehnte Wesen） ………………………………… (306)
诡辩（die Sophistikation） ……………………………………………… (308)
诡辩论者（der Sophist） ………………………………………………… (308)
诡辩论的（sophistisch） ………………………………………………… (308)
规定（bestimmen） ………………………………………………………… (309)
规定（die Bestimmung） ………………………………………………… (309)
时间规定（die Zeibestimmung） ………………………………………… (309)
规定根据（der Bestimmungsgrund） …………………………………… (309)
可规定之物（das Bestimmbare） ………………………………………… (309)
可规定性（die Bestimmbarkeit） ………………………………………… (309)
规则（die Regel） ………………………………………………………… (325)
先天规则（die Regel a priori） ………………………………………… (325)
合规则性（die Regelmäβigkeit） ………………………………………… (325)
规律（das Gesetz） ………………………………………………………… (335)
自然规律（das Gesetz der Natur） ……………………………………… (335)
自然规律，自然律（das Naturgesetz） ………………………………… (335)
实践规律，实践律（das praktische Gesetz） …………………………… (335)
道德规律（das Moralische Gesetz） ……………………………………… (335)
道德律（das Sittengesetz, das sittlische Gesetz） ……………………… (335)
世界规律（das Weltgesetz） ……………………………………………… (335)
规律提供、提供规律（das Gesetzgeben, die Gesetzgebung） ………… (341)
规律提供者（der Gesetzgeber） ………………………………………… (341)
归纳（die Induktion） …………………………………………………… (342)
归摄（subsumieren） ……………………………………………………… (343)

⟅ H ⟆

合理的（rational） ………………………………………………………… (345)
合目的的（zweckmäβigt） ………………………………………………… (346)
合目的性（die Zweckmäβigkeit） ………………………………………… (346)
合目的的统一性（die zweck*m*äβige Einheit） …………………………… (349)
和平（der Frieden） ……………………………………………………… (350)
和谐（die Harmonie） ……………………………………………………… (351)
鸿沟，间隙，裂缝（die Kluft） …………………………………………… (351)
后天的，后天地（a posteriori） ………………………………………… (351)

怀疑论（der Skeptizismus） …… (352)
怀疑论的（skeptisch） …… (352)
怀疑论者（der Skeptiker） …… (352)
还原性（die Reduktion） …… (354)
幻相（der Schein） …… (354)
回溯（der Regressus） …… (359)
回溯（regressus） …… (359)
回溯的，回溯性的（regressiv） …… (359)
或然的（problematisch） …… (363)
或然判断（das problematische Urteil） …… (363)
或然性（die Wahrscheinlichkeit） …… (364)

⌇ J ⌇

极大值（das Maximum） …… (365)
基本命题（der Kardinalsatz） …… (365)
基底（das Substratum） …… (365)
先验的基底（das transzendentale Substratum） …… (365)
机能（die Funktion） …… (368)
机械的（mechanisch） …… (371)
自然机械的（physischmechanisch） …… (371)
机械作用，机械论（der Mechanismus） …… (372)
自然机械论（der Naturmechanism） …… (372)
基准（die Norm） …… (372)
价值（der Wert） …… (372)
假设（die Hypothes） …… (373)
假设的，假设地（hypothetisch） …… (373)
简单的（einfach） …… (376)
简单的东西，简单之物（das Einfache） …… (376)
简单性（die Einfachheit） …… (376)
简单性（die Simplizität） …… (379)
建筑术（die Architektonik） …… (379)
建筑术的，建筑术地（architektonisch） …… (379)
交感（das Kommercium） …… (380)
交互性（die Wechselseitigkeit） …… (381)
交互作用（die Wechselwirkung） …… (381)

教理（das Mathema）…………（381）
教条（das Dogma）…………（381）
教化（kultivieren）…………（382）
教养，培养（die Kultur）…………（382）
结果（die Wirkung）…………（382）
自然结果（die Naturwirkung）…………（382）
接受性（die Rezeptivität）…………（388）
节制（die Mäβigung）…………（389）
节制（mäβigen）…………（389）
解说，说明，阐释（die Erläuterungg）…………（390）
监察官（die Zensur）…………（390）
静观的（kontemplativ）…………（391）
经验的，经验地（empirisch）…………（391）
经验的东西（das Empirische）…………（391）
非经验的（nichtempirisch）…………（391）
经验论，经验主义（der Empirismus）…………（391）
经验论，经验主义（das Empirism）…………（391）
经验论者（der Empirist）…………（391）
经验的回溯（der empirische Regressus）…………（414）
经验的哲学（die empirische philosophie）…………（415）
经验（die Erfahrung）…………（415）
经验（erfahren）…………（415）
经验教导（die Erfahrungsbelehrung）…………（415）
经验界限（die Erfahrungsgrenze）…………（415）
可能经验（die mögliche Erfahrung）…………（415）
内部经验（die innere Erfahrung）…………（415）
外部经验（die äuβere Erfahrung）…………（415）
经验法则（das Erfahrungsgesetz）…………（415）
经验概念（der Erfahrungsbegriff）…………（415）
经验命题（der Erfahrungssatz）…………（415）
经验统一性（die Erfahrungseinheit）…………（415）
经验运用（der Erfahrungsgebrauch）…………（415）
经验整体（das Erfahrungsganze）…………（415）
经验知识（die Erfahrungserkenntnis）…………（415）
精神性（die Spiritualität）…………（444）

敬重（die Achtung）……………………………………………………（444）
聚合物，聚合体（das Aggregat）………………………………………（444）
绝对的（absolut）…………………………………………………………（445）
绝对必然的东西（das Absolutnotwendigen）…………………………（445）
绝对必然的存在者（das absolutnotwendige Wessen）………………（445）
绝对必然性（die Absolute Notwendigkeit）…………………………（445）
绝对基本力（die absolute Grundkraft）………………………………（446）
绝对时间（die absolute Zeit）……………………………………………（447）
绝对空间（der absolute Raum）…………………………………………（447）
绝对统一性（die absolute Einheit）……………………………………（447）
绝对普遍性（die absolute Allgemeinheit）……………………………（448）
绝对实在性（die absolute Realität）……………………………………（448）

﹜K﹜

可分性（die Teilbarkeit）………………………………………………（449）
可能的（möglich）…………………………………………………………（449）
先天可能的（a priori möglich）…………………………………………（449）
后天可能的（a posteriori möglich）……………………………………（449）
绝对可能的（absolutmöglich）…………………………………………（449）
单纯可能的东西（das bloβmögliche）…………………………………（449）
可能性（die möglichkeit）………………………………………………（459）
绝对可能性（die absolute möglichkeit）………………………………（459）
可能性的条件（die Bedingung der möglichkeit）……………………（459）
可能性根据（der Grund der möglichkeit）……………………………（459）
科学（die Wissenschaft）…………………………………………………（470）
科学的（wissenschaftlich）………………………………………………（470）
自然科学（die Naturwissenschaft）………………………………………（470）
客观的（objektiv）…………………………………………………………（477）
客体（das Objekt）…………………………………………………………（480）
一般客体（das Objektüberhaupt）………………………………………（480）
空间（der Raum）……………………………………………………………（488）
狂想曲（die Rhapsodie）…………………………………………………（498）

﹜L﹜

来世（das künftige Leben）………………………………………………（499）

蓝本（das Urbild）……（500）
类比（die Analogie）……（501）
立法学（die Nomothetik）……（503）
力（die Kraft）……（503）
基本力（die Grundkraft）……（504）
力矩（das Moment）……（505）
理论（die Theorie）……（505）
理论的，理论地，在理论上（theoretisch）……（505）
理论的知识（die theoretische Erkenntnis）……（505）
理念（die Idee）……（508）
理性理念（die Vernunftidee）……（508）
先验的理念（die transzendentale Idee）……（508）
道德的理念（die moralische Idee）……（508）
超验的理念（die transzendente Idee）……（508）
形而上学的理念（die Idee der Metaphysik）……（508）
理想（das Ideal）……（522）
理想的（idealisch）……（522）
理性（die Vernunft）……（525）
人类理性（die menschliche Vernunft）……（525）
理性概念（der Vernunftbegriff）……（547）
理性理念（die Vernunftidee）……（549）
理性知识（die Erkenntnis der Vernunft）……（549）
理性发生论（die Noogonie）……（550）
理性主义者（der Noologist）……（551）
理知的（intelligibel）……（551）
理知之物（intelligibele Dinge）……（551）
理知的品格（der intelligibele Charakter）……（551）
理知的对象（der intelligibele Gegenstande）……（551）
理知世界，理知的世界（die intelligibele Welt）……（551）
理智（die Intelligenz）……（556）
历史的（historisch）……（558）
历史（die Geschichte）……（559）
联结（die Verbingung）……（560）
联结（verbinden）……（560）
联结方式（die Verbindungsart）……（560）

联结能力（das Verbindungsvermägen） …………………………… (560)
思维联结（die Gedankenverbindung） …………………………… (560)
因果联结（die Kausalverbindung） …………………………… (560)
知性联结（die Verstandesverbindung） …………………………… (560)
连结（die Verknüpfung） …………………………… (565)
连结（verknüpfen） …………………………… (565)
因果连结（die Kausalverknüpfung） …………………………… (565)
连续的（kontinuierlich） …………………………… (571)
连续性（die kontinuität） …………………………… (571)
连续体（das Kontinuum） …………………………… (571)
灵魂（die Seele） …………………………… (572)
灵魂学说（die Seelenlehre） …………………………… (572)
逻辑，逻辑学（die Logik） …………………………… (577)
普通逻辑，普遍逻辑（die allgemeine Logik） …………………………… (577)
一般逻辑（die Logiküberhaupt） …………………………… (577)
先验逻辑（die transzendentale Logik） …………………………… (577)
逻辑的，逻辑地（logisch） …………………………… (577)
逻辑表象（die logische Vorstellung） …………………………… (577)
逻辑机能（die logische Funktion） …………………………… (577)
逻辑形式（die logische Form） …………………………… (577)
逻辑能力（die logische Vermögen） …………………………… (577)
逻辑的反思（die logische Reflexion） …………………………… (577)
逻辑的方位（die logische Ort） …………………………… (577)
逻辑的正位论（die logische Topik） …………………………… (577)
逻辑的运用（der logische Gebrauch） …………………………… (577)
逻辑的辩证论（die logische Dialektik） …………………………… (584)
逻辑的幻相（der logische Schein） …………………………… (585)
量（die Quantität） …………………………… (585)
量的（quantitativ） …………………………… (585)

⟅ M ⟆

矛盾（das Widerspruch） …………………………… (587)
矛盾律，矛盾原理（der Satz des Widerspruchs） …………………………… (587)
与……相矛盾（widersprechen） …………………………… (587)
命令（das Gebot, gebieten） …………………………… (591)

命令（der Imperative）…………………………………………………………（592）
谬误推理（der Para*log*ismus）……………………………………………………（592）
摹本（das Nachbild）………………………………………………………………（594）
模态（die Modalität）………………………………………………………………（594）
某物（etwas）………………………………………………………………………（595）
“某物”（das Etwas）………………………………………………………………（595）
目的（der Zweck）…………………………………………………………………（604）
终极目的，最后目的（der Endzweck）…………………………………………（604）
目的论（die Teleologie）…………………………………………………………（608）
目的论的（teleologisch）…………………………………………………………（608）

﹛N﹜

内包的（intensiv）…………………………………………………………………（610）
内部（das Innere）…………………………………………………………………（610）
内部的（inner）……………………………………………………………………（610）
内部的东西（das Innere）…………………………………………………………（610）
内心（das Gemüt）…………………………………………………………………（614）
内心能力（die Gemütskräfte）……………………………………………………（614）
内心状态（der Gemütszustand）…………………………………………………（614）
内在的（immanent）………………………………………………………………（619）
内在的原理（die immanente Grundsätze）………………………………………（620）
拟人论（die Anthropomorphismus）………………………………………………（620）
拟人化（anthropomorphistisch）……………………………………………………（620）

﹛O﹜

偶然的，偶然地（zufällig）………………………………………………………（621）
偶然（der Zufall）…………………………………………………………………（621）
偶然性（die zufälligkeit）…………………………………………………………（621）
偶然之物（das Zufällig）…………………………………………………………（621）
偶性（die Akzidenzen）……………………………………………………………（624）

﹛P﹜

判断（das Urteil）…………………………………………………………………（626）
判断力（die Urteilskraft）…………………………………………………………（630）
配得上的（würdig）…………………………………………………………………（631）

配得上（die Würdigkeit） …………………………………………………… （631）
批判（die Kritik） ………………………………………………………………… （632）
批判的，批判性的；批判地（kritisch） ……………………………………… （632）
先验的批判（die transzendentale Kritik） …………………………………… （632）
纯粹理性的批判（die Kritik der reinen Vernunft） ………………………… （632）
品格（der Charakter） ……………………………………………………… （639）
描述……的品格（charakterisieren） ………………………………………… （639）
有品格的东西（das Charakteristische） …………………………………… （639）
普遍的（allgemein） ……………………………………………………… （641）
普遍性，共相（die Allgemeiheit） ………………………………………… （641）
普遍性的东西，共相的东西（das Allgemein） …………………………… （641）
普遍性（das Universalitas） ……………………………………………… （644）
普适的（gemeingültig） …………………………………………………… （644）
普适性，普遍有效性（die Allgemeingültigkeit） ………………………… （644）

⟅ Q ⟆

启示（die Offenbarung） …………………………………………………… （645）
前后关联，联系，连贯关系（der Kontex） ………………………………… （645）
亲和性（die Affinität） ……………………………………………………… （645）
情感，触觉，感觉（das Gefühl） …………………………………………… （646）
情欲（die Leidenschaft） …………………………………………………… （647）
清泻剂（das Kathartikon） ………………………………………………… （647）
全能（die Allmacht） ……………………………………………………… （647）
全能的（allgewaltig，allgewältig） ………………………………………… （647）
全体性（die Allheit） ……………………………………………………… （648）
全知的（allwissend） ……………………………………………………… （648）
权利，公正（das Recht） …………………………………………………… （648）
权限（die Rechtsame） ……………………………………………………… （650）
确定的（gewiβ） …………………………………………………………… （650）
确定性（die gewiβheit） …………………………………………………… （650）
确信（die Überzeugung） …………………………………………………… （653）
确信（überzeugen） ………………………………………………………… （653）

⟅ R ⟆

人，人类（der Mensch） …………………………………………………… （656）

人格（die Person） …………………………………………………………（658）
人格性（die Personalität） ……………………………………………………（658）
人格化（personlifizieren） ……………………………………………………（659）
人类学（die Anthropologie） …………………………………………………（659）
人为的（künstlich） ……………………………………………………………（659）
人为做作的（gekünstelten） …………………………………………………（659）
人性（die Menschheit） ………………………………………………………（660）
认识（die Erkenntnis） ………………………………………………………（660）
认识（erkennen） ………………………………………………………………（660）
自我认识（die Selbsterkenntnis） ……………………………………………（660）
认识方式（die Erkenntnisart） ………………………………………………（660）
认识能力（die Erkenntnisfähigkeit） …………………………………………（660）
任意（die Willkür） ……………………………………………………………（667）
任意的（willkürlich） …………………………………………………………（667）
自由的任意（die freie Willkür） ………………………………………………（667）

⌇ **S** ⌇

三段论的（syllogistisch） ……………………………………………………（671）
三段论推理（der Vernunftschluss） …………………………………………（671）
善（das Gut） ……………………………………………………………………（672）
善良性（die Gutartigkeit） ……………………………………………………（673）
善的生活，善的生活方式（der gute Lebenswandel） ………………………（673）
上帝，神（der Gott） …………………………………………………………（673）
上溯推理法（das Prosyllogismus） ……………………………………………（675）
设定（die Supposition） ………………………………………………………（676）
神秘的（mystisch） ……………………………………………………………（676）
神的，神圣的（göttlich） ……………………………………………………（676）
神学（die Theologie） …………………………………………………………（677）
神学的（theologisch） …………………………………………………………（677）
道德神学（die Moaltheologie） ………………………………………………（677）
先验神学（die transzendentale Theologie） …………………………………（677）
自然神学（die natürliche Theologie，die Physischtheologie） ………………（677）
神性（die Gottheit） ……………………………………………………………（681）
神圣的（heilig） …………………………………………………………………（681）
神圣性（die Heiligkeit） ………………………………………………………（681）

生活方式（der Lebenswandel）……………………………………（681）
生存（das Existenz）……………………………………（682）
生存（existieren）……………………………………（682）
是（Sein）……………………………………（692）
时间（die Zeit）……………………………………（692）
时间点（der Zeitpunkt）……………………………………（692）
时间序列（die Zeitreihe）……………………………………（692）
实践的（praktisch）……………………………………（704）
实践的规律，实践的法则（daspraktische Gesetz）……………………………………（709）
实践的理念（die praktische Idee）……………………………………（709）
实践理性的理念（die Idee der praktischen Vernunft）……………………………………（710）
实践知识（die praktische Erkenntnis）……………………………………（710）
世界（die Welt）……………………………………（710）
世界概念（der Weltbegriff）……………………………………（710）
世界原因（die Weltursache）……………………………………（710）
世界创造者（der Welturheber）……………………………………（718）
世界灵魂（die Weltseele）……………………………………（719）
世界完善性（die Weltvollkommenkeit）……………………………………（719）
世界整体（das Weltgantze）……………………………………（719）
世界的至善（das höchste Gut einer Welt）……………………………………（720）
世界至善（das Weltbeste）……………………………………（720）
视其为真（das Fürwahrhalten）……………………………………（720）
实然的，实然地（assertorisch）……………………………………（721）
实然性（die Assertion）……………………………………（721）
实然命题（der assertorische Satz）……………………………………（721）
实然判断（das assertorische Urteil）……………………………………（721）
事实（das Faktum）……………………………………（721）
事实（die Tatsache）……………………………………（722）
事实性（die Sachheit）……………………………………（722）
实体（die Substanz）……………………………………（722）
实体性（die Substantialität）……………………………………（722）
事物（die Dinge）……………………………………（729）
一般事物（die Dinge überhaupt）……………………………………（729）
实在论（der Realismus）……………………………………（734）
实在论者（der Realist）……………………………………（734）

实在性（die Realität） …… (735)
客观实在性（die objektiveRealität） …… (735)
主观实在性（die subjektiveRealität） …… (735)
先验实在性（die transzendentale Realität） …… (735)
最高实在性（die höchste Realität） …… (735)
数目的，数目上的（numerisch） …… (744)
数学（die Mathematik） …… (745)
数学的，数学性的（mathematisch） …… (748)
瞬间（der Moment） …… (750)
说明（die Exposition） …… (750)
斯多葛派（der Stoiker） …… (750)
思辨（die Spekulation） …… (751)
思辨的（spekulativ） …… (751)
思辨（spekulieren） …… (751)
思辨理性（die speculative Vernunft） …… (756)
思想，思维（das Denken） …… (758)
思想（der Gedanke） …… (758)
思维方式，思想方式（die Denkungsart，die Denkart） …… (762)
所为所不为（Tun und Lassen） …… (763)

} T }

特殊的，特殊地（spezifisch） …… (764)
特殊化（die Spezifikation） …… (764)
条件（die Bedingung） …… (764)
有条件的（bedingt） …… (764)
有条件者（das Bedingten） …… (764)
时间条件（die Zeitbedingung） …… (764)
至上条件，最高条件（die oberste Bedingung） …… (765)
形式的条件（die formalinBedingung） …… (765)
自然条件（die Naturbedingung） …… (765)
条件总体性（die Totalität der Bedingung） …… (765)
调节（性）的原则（die regulative Prinzipien） …… (787)
调节（性）的理念（die regulative Idee） …… (787)
天资（die Anlage） …… (792)
统觉（die Apperzeption） …… (792)

同类性（die Homogenität） …………………………………………………… （798）
通盘规定（die durchgängige Bestimmung） ……………………………………… （799）
统一性，统一体（die Einheit） ……………………………………………… （802）
综合统一性（die synthetische Einheit） ………………………………………… （802）
反思的统一性（die Einheit der Reflexion） ……………………………………… （802）
概念的统一性（die Einheit des Begriffes） ……………………………………… （802）
合目的性的统一性（die zweckmäßige Einheit） ………………………………… （802）
理性统一性（die Vernunfteinheit） …………………………………………… （802）
知性统一性（die Verstandeseinheit） ………………………………………… （802）
系统统一性（die systematische Einheit） ……………………………………… （802）
先天统一性（die Einheita priori） …………………………………………… （802）
最高统一性（die höchste Einheit） …………………………………………… （802）
同一性（die Identität） ………………………………………………………… （820）
同一的（identisch） …………………………………………………………… （820）
偷换（die Subreption） ………………………………………………………… （823）
图形（die Figur） ……………………………………………………………… （823）
图型（das Schema） …………………………………………………………… （824）
图型法（der Schematismus） ………………………………………………… （824）
推导（die Ableitung） ………………………………………………………… （829）
推导，推出（ableiten） ………………………………………………………… （829）
推论，推理，推导（der Schluβ） …………………………………………… （830）

⌇ W ⌇

完备性（die Vollständigkeit） ……………………………………………… （832）
完善性（die Vollkommenheit） ……………………………………………… （835）
谓述词（das Prädikament） …………………………………………………… （836）
谓词（das Prädikat） …………………………………………………………… （837）
谓述（prädizieren） …………………………………………………………… （842）
唯理主义（der Rationalismus） ……………………………………………… （842）
唯理主义者（der Rationalist） ……………………………………………… （842）
唯灵论（der Spiritualismus） ………………………………………………… （842）
唯物论（der Materialismus） ………………………………………………… （843）
我（das Ich） …………………………………………………………………… （843）

我思（Ich denke） …………………………………………………… (846)
我在，我是（Ich bin） ……………………………………………… (849)
物，东西（das Ding） ……………………………………………… (850)
物化，实体化（hypostasieren） …………………………………… (854)
实体化地（hypostatisch） ………………………………………… (854)
物体（der Körper） ………………………………………………… (855)
物质（die Materie） ……………………………………………… (857)
物质的（materiell） ……………………………………………… (857)
非物质的（immateriell） ………………………………………… (857)
物种（die Spezies） ……………………………………………… (861)
无，虚无（das Nichts） …………………………………………… (861)
无条件的必然性（die unbedingte Notwendigkeit） ………………… (862)
无条件的，无条件地（unbedingt） ………………………………… (863)
无条件者（das Unbedingte） ……………………………………… (863)
绝对无条件者（das absolute Unbedingte,
das Schlechthinunbedingte） ……………… (863)
无限的东西（das Unendliche） …………………………………… (871)
无限的，无限地（unendlich） ……………………………………… (871)
无限性（die Unendlichkeit） ……………………………………… (871)
无信仰，不信（das Unglauben） …………………………………… (875)
无意识（das Nichtbewuβtsein） …………………………………… (876)
无知（die Unkunde） ……………………………………………… (876)
无知（die Unwissenheit） ………………………………………… (876)
误推（der Trugschluβ） …………………………………………… (877)

﹛**X**﹜

X（X） ………………………………………………………………… (878)
系词（die Copura） ………………………………………………… (879)
系统，体系（das System） ………………………………………… (879)
系统的（systematisch） …………………………………………… (879)
系统（的）统一性（die systematische Einheit） ………………… (884)
先天的，先天地（a priori） ……………………………………… (889)
先天原理（der Grundsatz a priori） ……………………………… (909)
先天知识（die Erkenntnis a priori） ……………………………… (910)
先天综合判断（das synthetische Urteil a priori） ………………… (914)

先天综合命题（der synthetische Satz a priori） ……………………………… (914)
先天综合知识（die synthetische Erkenntnis a priori） ……………………… (916)
先验的（transzendental） ……………………………………………………… (917)
先验辩证论（die transzenddentale Dialektik） ……………………………… (929)
先验对象（der transzendentale Gegenstand） ……………………………… (930)
先验方法论（die transzendentale Methodenlehre） ………………………… (932)
先验分析论（die transzendentale Analytik） ……………………………… (932)
先验感性论（die transzendentale Ästhetik） ……………………………… (933)
先验观念论（das transzendentale Idealism） ……………………………… (934)
先验观念论者（der transzendentale Idealist） …………………………… (934)
先验幻相（der transzendentale Schein） ………………………………… (935)
先验客体（das transzendentale Objekt） ………………………………… (936)
先验理念（die transzendentale Idee） …………………………………… (937)
先验理性概念（der transzendentale Vernunftbegriff） ………………… (940)
先验逻辑（die transzendentale Logik） ………………………………… (940)
先验命题（der transzendentale Satz） …………………………………… (942)
先验神学（die transzendentale Theologie） ……………………………… (942)
先验实在论（das transzendentale Realism） …………………………… (943)
先验实在论者（der transzendentale Realist） ………………………… (943)
先验图型（das transzendentale Schema） ……………………………… (944)
先验演绎（die transzendentale Deduktion） …………………………… (946)
先验正位论（die transzendentale Topik） ……………………………… (947)
先验命题，先验原理（der transzendentale Satz） …………………… (947)
先验哲学（die transzendentale Philosophie,
die Transzendentalphilosophie） ……………………………… (948)
先验知识（die transzendentale Erkenntnis） …………………………… (950)
显明（die Evidenz） …………………………………………………………… (950)
显现（erscheinen） …………………………………………………………… (951)
现实的，现实地（wirklich） ……………………………………………… (953)
现实之物，现实的东西（das Wirkliche） ……………………………… (953)
现实性（die Wirklichkeit） ……………………………………………… (953)
现相（Phänomena） …………………………………………………………… (963)
现象（die Erscheinung） …………………………………………………… (964)
限制性（die Limitation） ………………………………………………… (981)
限定性的（restrinierend） ………………………………………………… (981)

相关项（das Korrelat） …………………………………………………………（981）
相关物（das Korrelatum） ……………………………………………………（981）
想像（die Einbildung） …………………………………………………………（983）
想像（einbilden） ……………………………………………………………（983）
想象力（die Einbildungskraft） ………………………………………………（983）
小前提（Minor） ……………………………………………………………（989）
小前提（der Untersatz） ………………………………………………………（989）
消极的，消极地；否定的，否定性的，否定地（negativ） ………………（990）
协同性（die Gemeinschaft） …………………………………………………（993）
心理学（die Psychologie） ……………………………………………………（995）
心理学的（psychologisch） …………………………………………………（995）
心理学家（der Psychologe） …………………………………………………（995）
先验心理学（die transzendentale Psychologie） ……………………………（995）
经验的心理学（die empirische Psychologie） ………………………………（995）
合理的心理学，理性心理学（die rationale Psychologie） …………………（995）
信念，信仰（der Glaube，das Glauben） ……………………………………（999）
实用的信念（das pragmatische Glauben） ……………………………………（999）
学理的信念（das doktrinale Glauben） ………………………………………（999）
道德的信念（das moralische Glauben） ………………………………………（999）
行动（die Handlungen） ……………………………………………………（1000）
行动（verhalten） ……………………………………………………………（1000）
知性行动（die Verstandshandlungen） ………………………………………（1000）
形而上学（die Metaphysik） …………………………………………………（1005）
形而上学家（der Metaphysiker） ……………………………………………（1005）
幸福（die Glücklichkeit） ……………………………………………………（1011）
幸福的（glück） ………………………………………………………………（1011）
形式（die Form） ……………………………………………………………（1013）
形式的（formal） ……………………………………………………………（1013）
形象（das Bild） ………………………………………………………………（1026）
形象的，形象地（figürlich） …………………………………………………（1028）
形象的综合（die figürlich Synthesis） ………………………………………（1028）
形状（die Gestalt） ……………………………………………………………（1028）
序列（die Reihe） ……………………………………………………………（1029）
时间序列（die Zeitreihe） ……………………………………………………（1029）
世界序列（die Weltreihe） ……………………………………………………（1029）

虚无（das Keines）……………………（1038）
玄想（die Vernünftelei）……………………（1038）
玄想，推想（vernünfteln）……………………（1038）
玄想家（der Vernünftler）……………………（1038）
学理（die Doktrin）……………………（1040）
学理的，学理上的（doktrinal）……………………（1040）
训练（die Disziplin）……………………（1041）
循环，循环论证（der Zirkel）……………………（1042）

⟅ Y ⟆

要素论（die Elementarlehre）……………………（1043）
演绎（die Deduktion）……………………（1043）
演证（die Demonstration）……………………（1046）
厌恶理论（die Misologie）……………………（1046）
样态（der Modus）……………………（1047）
要素（das Moment）……………………（1047）
意见（die Meinung）……………………（1048）
提意见，抱有意见（meinen）……………………（1048）
意识（das Bewuβtsein）……………………（1049）
有意识的，（被）意识到的（bewuβt）……………………（1049）
本源的意识（das ursprüngliche Bewuβtsein）……………………（1049）
意向（die Gesinnung）……………………（1058）
意志（der Wille）……………………（1059）
一切存在者的存在者，一切本质的存在者
（das Wesenaller Wesen）……………………（1061）
一神教（der Monotheismus）……………………（1061）
一神论（der Theismus）……………………（1061）
一神论的（theistisch）……………………（1061）
义务（die Pflicht）……………………（1061）
义务，责任（die Verbindlichkeit）……………………（1062）
义务的（verbindlich）……………………（1062）
依存（inhärieren）……………………（1063）
依存性（die Inhärenz）……………………（1063）
艺术，技艺（die Kunst）……………………（1064）
因果联结（die Kausalverbindung）……………………（1065）

因果连结（die Kausalverknüpfung） ……………………………………（1065）
因果性，原因性（die Kausalität） ……………………………………（1065）
应当（das Sollen） ……………………………………………………（1070）
应当（sollen） …………………………………………………………（1070）
永恒的（ewig） …………………………………………………………（1072）
永恒性（die Ewigkeit） ………………………………………………（1072）
有机体（der organisierte Körper） …………………………………（1073）
有效性（die Gültigkeit） ……………………………………………（1073）
普遍有效性（die Allgemeingültigkeit） ……………………………（1073）
愉快和不愉快（die Lust und Unlust） ………………………………（1077）
愉快或不愉快（die Lust oder Unlust） ……………………………（1077）
欲求能力（das BegehrungsVermögen） ……………………………（1078）
欲望（die Begierd） …………………………………………………（1078）
宇宙论（die Kosmologie） ……………………………………………（1079）
宇宙论的（kosmologisch） ……………………………………………（1079）
宇宙论的证明（der kosmologsiche Beweis） ………………………（1079）
原理，基本原理（der Grundsatz） …………………………………（1083）
原理分析论（die Analytik der Grundsätze） ………………………（1088）
原始存在者（das Urwesen） …………………………………………（1088）
原始根据（der Urgrund） ……………………………………………（1091）
原始根源（der Urquelle） ……………………………………………（1092）
原因（die Ursache） …………………………………………………（1092）
原因与结果（die Ursache und die Wirkung） ………………………（1092）
最高原因（die höchste Ursache） ……………………………………（1092）
至上原因（die oberste Ursache） ……………………………………（1092）
原则（das Prinzip） …………………………………………………（1102）
先天原则（das Prinzip a priori） ……………………………………（1102）
经验的原则（das empirische Prinzip） ………………………………（1102）
运动（die Bewegung） ………………………………………………（1113）
运载工具（das Vehikel） ……………………………………………（1115）

} Z }

杂多，杂多性，多样性（die Mannigfaltige） ………………………（1116）
杂多的东西，杂多之物（das Mannigfaltige） ………………………（1116）
纯粹直观的杂多之物（das Mannigfaltige der reinen Anschauung） ………（1116）

直观的杂多之物，直观杂多的东西
(das Mannigfaltige der Anschauung) …… (1116)
现象的杂多之物 (das Mannigfaltige der Erscheinungen) …… (1116)
再生的 (reproduktiv) …… (1123)
再生，再生活动 (die Reproduktion) …… (1123)
再生 (reproduzieren) …… (1123)
再思考 (das Nachsinn) …… (1125)
再思考 (nachsinn) …… (1125)
哲学 (die Philosophie) …… (1125)
哲学家 (der Philosoph) …… (1125)
真理，真理性，真实性 (die Wahrheit) …… (1132)
证明 (der Beweis) …… (1135)
证明 (beweisen) …… (1135)
正题 (die Thesis) …… (1142)
正位论 (die Topik) …… (1142)
整体 (das Ganze) …… (1143)
直观 (die Anschauung) …… (1148)
直观 (anschauen) …… (1148)
直觉 (intuitiv) …… (1162)
质 (die Qualität) …… (1163)
质的 (qualitativ) …… (1163)
质料 (die Materie) …… (1164)
至善 (das höchste Gut) …… (1166)
至善理想 (das Ideal des höchste Gut) …… (1166)
至上存在者 (das oberste Wesen) …… (1167)
至上理智 (der oberste Intelligenz) …… (1167)
至上目的 (der oberste Zweck) …… (1168)
至上意志 (der oberste Wille) …… (1168)
至上原理 (der oberste Grundsatz) …… (1168)
至上原因 (die oberste Ursache) …… (1168)
至上的世界原因 (die oberste Weltursache) …… (1168)
至上原则 (das oberste Principium) …… (1169)
至上准则 (die oberste Maxime) …… (1169)
知觉 (perception) …… (1169)
知觉 (die Wahrnehmung) …… (1170)

知觉（wahrnehmen）……………………………………………………………（1170）
知识，认识（die Erkenntnis）………………………………………………………（1177）
知识能力，认识能力（das ErkenntnisVermögen）……………………………（1177）
知性知识（die Verstandeserkenntnis）……………………………………………（1177）
超验知识（die transzendente Erkenntnis）………………………………………（1177）
先天知识（die Erkenntnis a priori）………………………………………………（1177）
先验知识（die transzendentale Erkenntnis）……………………………………（1177）
理论知识（die theoretische Erkenntnis）…………………………………………（1177）
实践知识（die praktische Erkenntnis）……………………………………………（1177）
哲学知识（die philosophische Erkenntnis）………………………………………（1177）
先天综合知识（die synthetische Erkenntnis a priori）…………………………（1177）
知识（das Wissen）…………………………………………………………………（1203）
知性（der Verstand）………………………………………………………………（1204）
知性活动（die Verstandeshandlung）………………………………………………（1204）
知性存在者（das Verstandeswesen）………………………………………………（1220）
知性规则（die Regel des Verstands）………………………………………………（1221）
智慧（die Weisheit）………………………………………………………………（1221）
世间智慧（die Weltweisheit）………………………………………………………（1221）
智性的（intellektual）………………………………………………………………（1223）
智性化（intellektuieren）……………………………………………………………（1223）
智性概念（der intellektuelle Begriff）……………………………………………（1223）
智性直观，智性的直观（die intellektuelle Anschauung）………………………（1227）
智性哲学家（der Intellektualphilosoph）…………………………………………（1228）
智性论哲学家（der Philosoph der Intellektuellen）………………………………（1228）
置信（die Überredung）……………………………………………………………（1228）
置信（überreden）……………………………………………………………………（1228）
秩序（die Ordnung）…………………………………………………………………（1229）
终极意图（die Endabsicht）…………………………………………………………（1232）
主体，主词，主观（das Subjekt）…………………………………………………（1232）
主体的，主观的，主观上（subjektiv）……………………………………………（1232）
准绳（die Richtschnur）……………………………………………………………（1244）
准则（die Maxime）…………………………………………………………………（1245）
自存性（die Subsistenz）……………………………………………………………（1246）
自存性的（subsistierend）……………………………………………………………（1246）
自存（subsisitiern）…………………………………………………………………（1246）

自动（selbsttätig） ……………………………………………………………… (1247)
自动性（die selbsttätigkeit） …………………………………………………… (1247)
自发性（die Spontaneität） ……………………………………………………… (1247)
自然，大自然，自然界（die Natur） ………………………………………… (1249)
自然的（natürlich） ……………………………………………………………… (1249)
自然必然性（die Naturnotwendigkeit） ……………………………………… (1257)
自然的必然性（die Notwendigkeit der Natur） …………………………… (1257)
自然概念（der Naturbegriff） ………………………………………………… (1258)
自然规律，自然法则，自然律（das Naturgesetz） ……………………… (1258)
自然规则（die Naturregel） …………………………………………………… (1260)
自然机械论（die Naturmechanism） ………………………………………… (1260)
自然结果（die Naturwirkung） ……………………………………………… (1260)
自然科学（die Naturwissenschaft） ………………………………………… (1260)
自然强制（der Naturzwang） ………………………………………………… (1261)
自然事件（die Naturbegebenheit） ………………………………………… (1261)
自然使命（die Naturbestmmung） …………………………………………… (1261)
自然条件（die Naturbedingung） …………………………………………… (1261)
自然天资（die Naturanlage） ………………………………………………… (1261)
自然统一性（die Natureinheit） ……………………………………………… (1262)
自然王国（das Reich der Natur） …………………………………………… (1262)
自然物（das Naturding） ……………………………………………………… (1262)
自然原因（die Natursache） …………………………………………………… (1263)
自然的原因（die Ursache der Natur） ……………………………………… (1263)
自然学说（die Naturlehre） …………………………………………………… (1264)
自然行动（die Naturhandlung） ……………………………………………… (1264)
自然神论（der Deismus） ……………………………………………………… (1264)
自然神论者（der Deist） ……………………………………………………… (1264)
自然神论的（deistisch） ……………………………………………………… (1264)
自然神学，自然的神学（die Physikotheologie,
die natürliche Theologie） …………………… (1265)
自然神学的（physikotheologisch） ………………………………………… (1265)
自然的形而上学（die Metaphysik der Natur） …………………………… (1267)
自然研究（die Naturforschung） ……………………………………………… (1267)
自然运用（das Naturgebrauch） ……………………………………………… (1268)
自然哲学（die Philosophie der Natur） ……………………………………… (1268)

自然知识（die Naturkenntnis, die Naturerkenntnis）……………………（1269）
自然秩序（die Naturordnung, die Ordnung der Natur）………………（1269）
自然之学，生理学（die Physiologie）……………………………………（1270）
自然之学的（physiologisch）………………………………………………（1270）
自然主义者（der Naturalist）………………………………………………（1271）
自我认识（die Selbsterkenntnis）…………………………………………（1271）
自我意识（das SelbstBewuβtsein）………………………………………（1272）
自由的，自由地（frei）……………………………………………………（1274）
自由（die Freiheit）…………………………………………………………（1274）
自在，自在地（an sich）……………………………………………………（1279）
自在之物（das Ding an sich）……………………………………………（1285）
自在之物本身（das Ding an sich selbst）………………………………（1285）
事物自在本身，自在事物本身（die Dinge an sich selbst）……………（1285）
总和（der Inbegriff）………………………………………………………（1291）
总和（die Summe）…………………………………………………………（1294）
宗教（die Religion）…………………………………………………………（1294）
宗教概念（der Religionsbegriff）…………………………………………（1294）
综观（die Überschauung）…………………………………………………（1295）
综合（das Synthesis）………………………………………………………（1296）
综合的，综合性的；综合地（synthetisch）………………………………（1296）
回溯的综合（das regressive Synthesis）…………………………………（1296）
递进的综合（das progressive Synthesis）………………………………（1296）
总量（die Menge）…………………………………………………………（1307）
总体性（die Totalität）………………………………………………………（1308）
绝对总体性（die absolute Totalität）……………………………………（1308）
组合（die Komposition）……………………………………………………（1314）
组合物（das Kompositium）…………………………………………………（1314）
组合，复合（zusammensetzen）……………………………………………（1314）
组合（物），复合物，复合作用（die Zusammensetzung）………………（1314）
最高存在者（das höchste Wesen）………………………………………（1317）
最高目的（der höchste Zweck）……………………………………………（1318）
最高快乐（die Seligkeit）……………………………………………………（1319）
最高理智（die höchsten Intelligenz）……………………………………（1319）
尊严（die Würde）……………………………………………………………（1320）

德汉目录

⟅ **A** ⟅

a posteriori 后天的，后天地 …… (351)
a posteriori möglich 后天可能的 …… (449)
a priori 先天的，先天地 …… (889)
a priori möglich 先天可能的 …… (449)
die Ableitung 推导 …… (829)
ableiten 推导，推出 …… (829)
absolut 绝对的 …… (445)
das absolute All 绝对大全 …… (128)
die absolute Allgemeinheit 绝对普遍性 …… (448)
die absolute Einheit 绝对统一性 …… (447)
die absolute Grundkraft 绝对基本力 …… (446)
absolutmöglich 绝对可能的 …… (449)
die absolute möglichkeit 绝对可能性 …… (459)
absolut notwendig 绝对必然的 …… (9)
die absolute Notwendigkeit 绝对的必然性 …… (19)
das Absolutnotwendigen 绝对必然的东西 …… (445)
das absolutnotwendige Wessen 绝对必然的存在者 …… (445)
der absolute Raum 绝对空间 …… (447)
die absolute Realität 绝对实在性 …… (448)
die absolute Totalität 绝对总体性 …… (1308)
das absolute Unbedingte 绝对无条件者 …… (863)
die absolute Zeit 绝对时间 …… (447)
abstrahieren 抽象，抽掉，不考虑，放弃 …… (72)
die Achtung 敬重 …… (444)
die Affektion 激动 …… (100)
affizieren 刺激 …… (101)
die Affinität 亲和性 …… (645)
das Aggregat 聚合物，聚合体 …… (444)

die Akzidenzen 偶性 …………………………………………………… (624)
das All 大全 ……………………………………………………………… (128)
die Allheit 全体性 ……………………………………………………… (648)
allgemein 普遍的 ……………………………………………………… (641)
die Allgemeiheit 普遍性 ……………………………………………… (641)
das Allgemein 普遍性的东西 ………………………………………… (641)
die Allgemeine 共相 …………………………………………………… (296)
das Allgemeine 共相的东西 ………………………………………… (296)
die Allgemeingültigkeit 普遍有效性 ……………………………… (1073)
die allgemeine Logik 普通逻辑，普遍逻辑 ……………………… (577)
die Allgemeingültigkeit 普适性，普遍有效性 …………………… (644)
allgewaltig, allgewältig 全能的 …………………………………… (647)
die Allmacht 全能 ……………………………………………………… (647)
allwissend 全知的 ……………………………………………………… (648)
an sich 自在，自在地 ………………………………………………… (1279)
die Analogie 类比 ……………………………………………………… (501)
die Analysis 分析 ……………………………………………………… (211)
die Analytik 分析论 …………………………………………………… (214)
analytisch 分析的，分析地 …………………………………………… (211)
das analytische Urteil 分析判断 …………………………………… (215)
die Analytik der Grundsätze 原理分析论 ………………………… (1088)
die Anlage 天资 ………………………………………………………… (792)
die Anschauung 直观 ………………………………………………… (1148)
anschauen 直观 ………………………………………………………… (1148)
die Anthropologie 人类学 …………………………………………… (659)
die Anthropomorphismus 拟人论 …………………………………… (620)
anthropomorphistisch 拟人化 ……………………………………… (620)
die Antithetik 背反论 ………………………………………………… (3)
die Antinomie 二律背反 ……………………………………………… (182)
die Apperzeption 统觉 ………………………………………………… (792)
die Architektonik 建筑术 …………………………………………… (379)
architektonisch 建筑术的，建筑术地 ……………………………… (379)
assertorisch 实然的，实然地 ………………………………………… (721)
die Assertion 实然性 ………………………………………………… (721)
der assertorische Satz 实然命题 …………………………………… (721)

das assertorische Urteil 实然判断 …………………………………… (721)
die Ästhetik 感性论 …………………………………… (279)
ausdehnen, die Ausdehnung 广延 …………………………………… (306)
das Ausgedehnten 广延之物 …………………………………… (306)
das ausgedehnte Wesen 广延的存在者 …………………………………… (308)
die äuβere Erfahrung 外部经验 …………………………………… (415)
der äuβere Sinn 外感官, 外部感官 …………………………………… (250)
das Axiom 公理 …………………………………… (294)

} B }

die Bedingung 条件 …………………………………… (764)
bedingt 有条件的 …………………………………… (764)
das Bedingten 有条件者 …………………………………… (764)
die Bedingung der möglichkeit 可能性的条件 …………………………………… (459)
das Begehrungsvermögen 欲求能力 …………………………………… (1078)
die Begierd 欲望 …………………………………… (1078)
der Begriff 概念 …………………………………… (219)
begreifen, das Begreifen 把握, 理解, 领会 …………………………………… (3)
Beharren 持存 …………………………………… (63)
Beharrlich 持存的 …………………………………… (63)
das Beharrliche 持存之物 …………………………………… (63)
die Beharrlichkeit 持存性 …………………………………… (63)
bestimmen 规定 …………………………………… (309)
das Bestimmbare 可规定之物 …………………………………… (309)
die Bestimmbarkeit 可规定性 …………………………………… (309)
die Bestimmung 规定 …………………………………… (309)
der Bestimmungsgrund 规定根据 …………………………………… (281)
die Bewegung 运动 …………………………………… (1113)
der Bewegungsgrund 运动根据, 运行根据 …………………………………… (281)
bewuβt 有意识的, (被) 意识到的 …………………………………… (1049)
das Bewuβtsein 意识 …………………………………… (1049)
der Beweis 证明 …………………………………… (1135)
beweisen 证明 …………………………………… (1135)
der Beweisgrund 证明根据 …………………………………… (281)

das Bild 形象 …… (1026)
das bloβmögliche 单纯可能的东西 …… (449)

{ C }

der Charakter 品格 …… (639)
charakterisieren 描述……的品格 …… (639)
das Charakteristische 有品格的东西 …… (639)
die Copura 系词 …… (879)

{ D }

das Dasein 此在 …… (102)
die Dauer 持续性 …… (67)
die Deduktion 演绎 …… (1043)
die Definition 定义 …… (149)
der Deismus 自然神论 …… (1264)
der Deist 自然神论者 …… (1264)
deistisch 自然神论的 …… (1264)
die Demonstration 演证 …… (1046)
das Denken 思想，思维 …… (758)
die Denkungsart, die Denkart 思维方式，思想方式 …… (762)
die Dialektik 辩证法，辩证论 …… (28)
dialektisch 辩证的 …… (28)
das Ding 物，东西 …… (850)
das Ding an sich 自在之物 …… (1285)
das Ding an sich selbst 自在之物本身 …… (1285)
die Dinge 事物 …… (729)
die Dinge an sich selbst 事物自在本身，自在事物本身 …… (1285)
die Dinge überhaupt 一般事物 …… (729)
die Disziplin 训练 …… (1041)
das Dogma 教条 …… (381)
der Dogmatiker 独断论者 …… (155)
dogmatisch 独断的，独断论的 …… (155)
der Dogmatismus 独断论 …… (155)
die Doktrin 学理 …… (1040)

doktrinal 学理的，学理上的 …………………………………………… (1040)
das doktrinale Glauben 学理的信念…………………………………… (999)
ein Drittes 第三者 ………………………………………………………… (145)
der Dualismus 二元论 ……………………………………………………… (185)
der Dualist 二元论者 ……………………………………………………… (185)
die durchgängige Bestimmung 通盘规定……………………………… (799)
die Dynamik 动力学 ……………………………………………………… (152)
dynamisch 动力学的 ……………………………………………………… (152)
der dynamische Grundsatz 动力学原理 ………………………………… (152)

}E}

die Endabsicht 终极意图 ………………………………………………… (1232)
der Endzweck 终极目的 …………………………………………………… (604)
einbilden 想像 …………………………………………………………… (983)
die Einbildung 想像 ……………………………………………………… (983)
die Einbildungskraft 想象力 ……………………………………………… (983)
einfach 简单的 …………………………………………………………… (376)
das Einfache 简单的东西，简单之物 ……………………………………… (376)
die Einfachheit 简单性 …………………………………………………… (376)
die Einheit 统一性，统一体 ……………………………………………… (802)
die Einheita priori 先天统一性 ………………………………………… (802)
die Einheit des Begriffes 概念的统一性 ………………………………… (802)
die Einheit der Reflexion 反思的统一性 ……………………………… (802)
die Elementarlehre 要素论 ……………………………………………… (1043)
empfangen 感受 …………………………………………………………… (267)
der Empfang 感受…………………………………………………………… (267)
die Empfänglichkeite 感受性 …………………………………………… (267)
die Empfindung 感觉 ……………………………………………………… (264)
empirisch 经验的，经验地 ……………………………………………… (391)
das Empirische 经验的东西 ……………………………………………… (391)
der Empirismus 经验论，经验主义 ……………………………………… (391)
das Empirism 经验论，经验主义 ………………………………………… (391)
das empirische Gesetz 经验的法则 ……………………………………… (188)
der empirische Grund 经验的根据 ……………………………………… (281)
die empirische philosophie 经验的哲学 ………………………………… (415)

das empirische Prinzip 经验的原则 …………………………………… (1102)
die empirische Psychologie 经验的心理学 …………………………… (995)
der empirische Regressus 经验的回溯 ……………………………… (414)
der Empirist 经验论者 ………………………………………………… (391)
das Ereignis 发生，事件 ……………………………………………… (195)
die Erfahrung 经验 …………………………………………………… (415)
erfahren 经验 ………………………………………………………… (415)
der Erfahrungsbegriff 经验概念 ……………………………………… (415)
die Erfahrungsbelehrung 经验教导 ………………………………… (415)
die Erfahrungserkenntnis 经验知识 ………………………………… (415)
das Erfahrungsganze 经验整体 ……………………………………… (415)
der Erfahrungsgebrauch 经验运用 ………………………………… (415)
die Erfahrungseinheit 经验统一性 ………………………………… (415)
das Erfahrungsgesetz 经验法则 ……………………………………… (415)
die Erfahrungsgrenze 经验界限 ……………………………………… (415)
der Erfahrungssatz 经验命题 ………………………………………… (415)
die Erkenntnis 知识，认识 …………………………………………… (1177)
die Erkenntnis 认识 ………………………………………………… (660)
die Erkenntnis a priori 先天知识 …………………………………… (910)
erkennen 认识 ………………………………………………………… (660)
die Erkenntnis der Vernunft 理性知识 ……………………………… (549)
die Erkenntnisart 认识方式 ………………………………………… (660)
die Erkenntnisfähigkeit 认识能力 …………………………………… (660)
der Erkenntnisgrund 知识根据 ……………………………………… (281)
das ErkenntnisVermögen 知识能力，认识能力 ……………………… (1177)
die Erläuterungg 解说，说明，阐释 ………………………………… (390)
der Erklärungsgrund 解释根据 ……………………………………… (281)
die Erörterung 阐明，讨论，探讨 …………………………………… (54)
erscheinen 显现 ……………………………………………………… (951)
die Erscheinung 现象 ………………………………………………… (964)
die Evidenz 显明 ……………………………………………………… (950)
ewig 永恒的 …………………………………………………………… (1072)
die Ewigkeit 永恒性 ………………………………………………… (1072)
ens extramundanum 超出世界之物 ………………………………… (54)
etwas 某物 …………………………………………………………… (595)

das Etwas“某物” …… (595)
existieren 生存 …… (682)
das Existenz 生存 …… (682)
die Exposition 说明 …… (750)

⟆ F ⟆

das Faktum 事实 …… (721)
die Figur 图形 …… (823)
figürlich 形象的，形象地 …… (1028)
die figürlich Synthesis 形象的综合 …… (1028)
die Form 形式 …… (1013)
formal 形式的 …… (1013)
die formalin Bedingung 形式的条件 …… (765)
frei 自由的，自由地 …… (1274)
die freie Willkür 自由的任意 …… (667)
die Freiheit 自由 …… (1274)
der Frieden 和平 …… (350)
die Funktion 机能 …… (368)
das Fürwahrhalten 视其为真 …… (720)

⟆ G ⟆

das Ganze 整体 …… (1143)
das Gebot，gebieten 命令 …… (591)
der Gedanke 思想 …… (758)
die Gedankenverbingung 思维联结 …… (560)
das Gefühl 情感，触觉，感觉 …… (646)
der Gegenstand 对象 …… (158)
gekünstelten 人为做作的 …… (659)
der Glaube，das Glauben 信念，信仰 …… (999)
glück 幸福的 …… (1011)
die Glücklichkeit 幸福 …… (1011)
gemeingültig 普适的 …… (644)
die Gemeinschaft 协同性 …… (993)
die Gestalt 形状 …… (1028)
das Gemüt 内心 …… (614)

die Gemütskräfte 内心能力 …………………………………………………… (614)
der Gemütszustand 内心状态 ………………………………………………… (614)
die Geschichte 历史 …………………………………………………………… (559)
das Gesetz 法则………………………………………………………………… (188)
das Gesetz 规律………………………………………………………………… (335)
das Gesetz der Natur 自然规律 ……………………………………………… (335)
das Gesetzgeben, die Gesetzgebung 规律提供、提供规律 ………………… (341)
der Gesetzgeber 规律提供者 ………………………………………………… (341)
die Gesinnung 意向 …………………………………………………………… (1058)
der Gott 上帝，神 ……………………………………………………………… (673)
die Gottheit 神性 ……………………………………………………………… (681)
göttlich 神的，神圣的………………………………………………………… (676)
der Grad 程度 ………………………………………………………………… (59)
die Grundkraft 基本力 ………………………………………………………… (504)
der Grundsatz 原理，基本原理 ……………………………………………… (1083)
der Grundsatz a priori 先天原理 …………………………………………… (909)
die Gröβe 大小 ………………………………………………………………… (128)
der Grund 根据 ………………………………………………………………… (281)
der Grund a priori 先天根据 ………………………………………………… (281)
der Grund der möglichkeit 可能性根据 …………………………………… (459)
der Grundsatz der reine Vernunft 纯粹理性原理 ………………………… (93)
der Grundsatz des reinen Verstandes 纯粹知性原理 ……………………… (99)
die Gültigkeit 有效性 ………………………………………………………… (1073)
gewiβ 确定的 …………………………………………………………………… (650)
die Gewiβheit 确定性 ………………………………………………………… (650)
das Gut 善……………………………………………………………………… (672)
die Gutartigkeit 善良性 ……………………………………………………… (673)
der gute Lebenswandel 善的生活，善的生活方式………………………… (673)

⟅ H ⟆

die Harmonie 和谐 …………………………………………………………… (351)
die Handlungen 行动 ………………………………………………………… (1000)
heilig 神圣的 …………………………………………………………………… (681)
die Heiligkeit 神圣性 ………………………………………………………… (681)
historisch 历史的 ……………………………………………………………… (558)

das höchste Gut einer Welt 世界的至善 …………………………………… (720)
die höchste Einheit 最高统一性 …………………………………………… (802)
der höchste Grund 最高根据 ……………………………………………… (281)
das höchste Gut 至善 ………………………………………………………… (1166)
die höchsten Intelligenz 最高理智 ……………………………………… (1319)
die höchste Realität 最高实在性 …………………………………………… (735)
die höchste Ursache 最高原因 ……………………………………………… (1092)
das höchste Wesen 最高存在者 …………………………………………… (1317)
der höchste Zweck 最高目的 ……………………………………………… (1318)
die Homogenität 同类性 …………………………………………………… (798)
hyperphysisch 超自然的 …………………………………………………… (58)
hypostasieren 物化，实体化 ……………………………………………… (854)
hypostatisch 实体化地 ……………………………………………………… (854)
die Hypothes 假设 …………………………………………………………… (373)
hypothetisch 假设的，假设地 ……………………………………………… (373)

⟅ I ⟅

das Ich 我 ……………………………………………………………………… (843)
Ich bin 我在，我是 …………………………………………………………… (849)
Ich denke 我思 ………………………………………………………………… (846)
die Idee 理念 ………………………………………………………………… (508)
die Idee der Metaphysik 形而上学的理念 ……………………………… (508)
die Idee der praktischen Vernunft 实践理性的理念 …………………… (710)
das Ideal 理想 ………………………………………………………………… (522)
das Ideal des höchste Gut 至善理想 …………………………………… (1166)
idealisch 理想的 ……………………………………………………………… (522)
der Idealismus 观念论，唯心论 …………………………………………… (302)
der Idealist 观念论者，唯心论者 ………………………………………… (302)
die Idealität 观念性 ………………………………………………………… (304)
identisch 同一的 ……………………………………………………………… (820)
die Identitäte 同一性 ………………………………………………………… (820)
immanent 内在的 ……………………………………………………………… (619)
die immanente Grundsätze 内在的原理 ………………………………… (620)
immateriell 非物质的 ………………………………………………………… (857)

die immaterialität 非物质性 …………………………………………………… (211)
immateriell 非物质的 …………………………………………………… (211)
die Immortalität 不死性 …………………………………………………… (52)
der Imperative 命令 …………………………………………………… (592)
der Inbegriff 总和 …………………………………………………… (1291)
das Individuum 个体 …………………………………………………… (293)
individuell 个体的 …………………………………………………… (293)
die Induktion 归纳 …………………………………………………… (342)
inhärieren 依存 …………………………………………………… (1063)
die Inhärenz 依存性 …………………………………………………… (1063)
die Inkorruptibilität 不朽性 …………………………………………………… (52)
inner 内部的 …………………………………………………… (610)
das Innere 内部 …………………………………………………… (610)
das Innere 内部的东西 …………………………………………………… (610)
die innere Erfahrung 内部经验 …………………………………………………… (415)
der innere Grund 内部根据 …………………………………………………… (281)
der innere Sinn 内感官，内部感官 …………………………………………………… (250)
intellektual 智性的 …………………………………………………… (1223)
der intellektuelle Begriff 智性概念 …………………………………………………… (1223)
die intellektuelle Anschauung 智性直观，智性的直观 …………………………………………………… (1227)
der Intellektualphilosoph 智性哲学家 …………………………………………………… (1228)
intellektuieren 智性化 …………………………………………………… (1223)
intelligibel 理知的 …………………………………………………… (551)
intelligibele Dinge 理知之物 …………………………………………………… (551)
der intelligibele Charakter 理知的品格 …………………………………………………… (551)
der intelligibele Gegenstande 理知的对象 …………………………………………………… (551)
die intelligibele Welt 理知世界，理知的世界 …………………………………………………… (551)
die Intelligenz 理智 …………………………………………………… (556)
intensiv 内包的 …………………………………………………… (610)
intuitiv 直觉 …………………………………………………… (1162)

⟩ J ⟩

der Kanon 法规 …………………………………………………… (187)
der Kardinalsatz 基本命题 …………………………………………………… (365)
die Kausalverbingung 因果联结 …………………………………………………… (560)

die Kausalverknüpfung 因果连结 …………………………………… (565)
die Kategorie 范畴 …………………………………………………… (196)
kategorisch 定言的 …………………………………………………… (148)
das Kathartikon 清泻剂 ……………………………………………… (647)
die Kausalität 因果性，原因性 ……………………………………… (1065)
die Kausalverbindung 因果联结 ……………………………………… (1065)
das Keines 虚无 ……………………………………………………… (1038)
die Kluft 鸿沟，间隙，裂缝 ………………………………………… (351)
das Kommercium 交感 ………………………………………………… (380)
die Komposition 组合 ………………………………………………… (1314)
das Kompositium 组合物 ……………………………………………… (1314)
konstitutiv 构成性的 ………………………………………………… (297)
konstitutive Grundsätze 构成性的原理 …………………………… (297)
konstruieren 构造 …………………………………………………… (299)
die Konstruktion 构造 ……………………………………………… (299)
der Kontex 前后关联，联系，连贯关系 …………………………… (645)
kontinuierlich 连续的 ………………………………………………… (571)
das Kontinuum 连续体 ……………………………………………… (571)
kontemplativ 静观的 ………………………………………………… (391)
die Kontinuität 连续性 ……………………………………………… (571)
die Kopie 副本 ………………………………………………………… (218)
der Körper 物体 ……………………………………………………… (855)
das Korrelat 相关项 ………………………………………………… (981)
das Korrelatum 相关物 ……………………………………………… (981)
die Kosmologie 宇宙论 ……………………………………………… (1079)
kosmologisch 宇宙论的 ……………………………………………… (1079)
der kosmologsiche Beweis 宇宙论的证明 ………………………… (1079)
die Kraft 力 …………………………………………………………… (503)
das Kriterium 标准 …………………………………………………… (50)
die Kritik 批判 ………………………………………………………… (632)
die Kritik der reinen Vernunft 纯粹理性的批判 ………………… (632)
Kritisch 批判的，批判性的；批判地 ……………………………… (632)
Kultivieren 教化 ……………………………………………………… (382)
die Kultur 教养，培养 ……………………………………………… (382)

das künftige Leben 来世 …………………………………………………………… (499)
die Kunst 艺术，技艺 ……………………………………………………………… (1064)
künstlich 人为的 …………………………………………………………………… (659)

⟅ L ⟆

der Lebenswandel 生活方式……………………………………………………… (681)
der Lehrbegriff 学说概念 ………………………………………………………… (219)
der Lehrsatz 定理 ………………………………………………………………… (147)
die Leidenschaft 情欲 …………………………………………………………… (647)
die Limitation 限制性 …………………………………………………………… (981)
die Logik 逻辑，逻辑学 …………………………………………………………… (577)
die Logiküberhaupt 一般逻辑 …………………………………………………… (577)
logisch 逻辑的，逻辑地 …………………………………………………………… (577)
die logische Dialektik 逻辑的辩证论 ………………………………………… (584)
die logische Form 逻辑形式 …………………………………………………… (577)
die logische Funktion 逻辑机能 ……………………………………………… (577)
der logische Gebrauch 逻辑的运用 …………………………………………… (577)
das logische Gesetz 逻辑的法则 ……………………………………………… (188)
die logische Ort 逻辑的方位 …………………………………………………… (577)
die logische Reflexion 逻辑的反思 …………………………………………… (577)
der logische Schein 逻辑的幻相 ……………………………………………… (585)
die logische Topik 逻辑的正位论 ……………………………………………… (577)
die logische Vermögen 逻辑能力……………………………………………… (577)
die logische Vorstellung 逻辑表象 …………………………………………… (577)
die Lust oder Unlust 愉快或不愉快 ………………………………………… (1077)
die Lust und Unlust 愉快和不愉快………………………………………… (1077)

⟅ M ⟆

der Major 大前提 ………………………………………………………………… (126)
die Mannigfaltige 杂多，杂多性，多样性 …………………………………… (1116)
das Mannigfaltige 杂多的东西，杂多之物 ………………………………… (1116)
das Mannigfaltige der Anschauung
直观的杂多之物，直观杂多的东西 ……………………………………… (1116)
das Mannigfaltige der Erscheinungen 现象的杂多之物 …………………… (1116)
das Mannigfaltige der reinen Anschauung 纯粹直观的杂多之物 ……………… (1116)

die Mäβigung 节制 …… (389)
mäβigen 节制 …… (389)
die Materie 物质 …… (857)
die Materie 质料 …… (1164)
materiell 物质的 …… (857)
der Materialismus 唯物论 …… (843)
das Mathema 教理 …… (381)
die Mathematik 数学 …… (745)
mathematisch 数学的，数学性的 …… (748)
das Maximum 极大值 …… (365)
die Maxime 准则 …… (1245)
mechanisch 机械的 …… (371)
der Mechanismus 机械作用，机械论 …… (372)
die Mehrheit 多数性 …… (180)
die Meinung 意见 …… (1048)
meinen 提意见，抱有意见 …… (1048)
die Menge 总量 …… (1307)
der Mensch 人，人类 …… (656)
die Menschheit 人性 …… (660)
die menschliche Vernunft 人类理性 …… (525)
die Metaphysik 形而上学 …… (1005)
die Metaphysik der Natur 自然的形而上学 …… (1267)
die Metaphysik der Sitten 道德形而上学 …… (143)
der Metaphysiker 形而上学家 …… (1005)
die Method 方法 …… (208)
die Methodenlehre 方法论 …… (208)
Minor 小前提 …… (989)
die Misologie 厌恶理论 …… (1046)
die Moaltheologie 道德神学 …… (677)
die Modalität 模态 …… (594)
möglich 可能的 …… (449)
die möglichkeit 可能性 …… (459)
die Modifikation 变形 …… (28)
der Modus 样态 …… (1047)
die mögliche Erfahrung 可能经验 …… (415)

das Moment 要素 …… (1047)
das Moment 力矩 …… (505)
der Moment 瞬间 …… (750)
die Monade 单子 …… (133)
die Monadenlehre 单子论 …… (133)
das Monogramm 草图 …… (54)
der Monotheismus 一神教 …… (1061)
die Moral 道德，道德学 …… (134)
die Moral 道德学 …… (143)
moral, moralisch 道德的，道德性的 …… (135)
das moralische Gesetz 道德法则，道德律，道德的规律 …… (140)
das moralische Glauben 道德的信念 …… (999)
die moralische Idee 道德的理念 …… (508)
die Moralische Welt 道德的世界 …… (139)
moralisieren 道德化 …… (138)
das Moralische Gesetz 道德规律 …… (335)
der Moralist 道德学家 …… (134)
die Moralität 道德，道德性 …… (138)
die Moraltheologie 道德神学 …… (142)
das Muster 范本，典范，模型 …… (195)
mystisch 神秘的 …… (676)

§ N §

das Nachbild 摹本 …… (594)
das Nachdenken 沉思 …… (58)
nachdenken 沉思 …… (58)
das Nachsinn 再思考 …… (1125)
nachsinn 再思考 …… (1125)
die Natur 自然，大自然，自然界 …… (1249)
die Naturanlage 自然天资 …… (1261)
der Naturalist 自然主义者 …… (1271)
die Naturbegebenheit 自然事件 …… (1261)
der Naturbegriff 自然概念 …… (219)
die Naturbedingung 自然条件 …… (765)
die Naturbestmmung 自然使命 …… (1261)

die Naturbedingung 自然条件 …………………………………………………… (1261)
der Naturbegriff 自然概念 ……………………………………………………… (1258)
das Naturding 自然物 …………………………………………………………… (1262)
die Natureinheit 自然统一性 …………………………………………………… (1262)
die Naturforschung 自然研究 …………………………………………………… (1267)
das Naturgebrauch 自然运用 …………………………………………………… (1268)
das Naturgesetz 自然法则 ……………………………………………………… (188)
das Naturgesetz 自然规律，自然律 …………………………………………… (335)
die Naturhandlung 自然行动 …………………………………………………… (1264)
die Naturkenntnis 自然知识 …………………………………………………… (1269)
die Naturerkenntnis 自然知识 ………………………………………………… (1269)
die Naturlehre 自然学说 ………………………………………………………… (1264)
die Naturmechanism 自然机械论 ……………………………………………… (372)
die Naturnotwendigkeit 自然必然性 ………………………………………… (1257)
die Naturordnung 自然秩序 …………………………………………………… (1269)
die Naturregel 自然规则 ………………………………………………………… (1260)
die Naturursache 自然原因 ……………………………………………………… (1263)
die Naturwirkung 自然结果 …………………………………………………… (382)
die Naturwissenschaft 自然科学 ……………………………………………… (470)
der Naturzwang 自然强制 ……………………………………………………… (1261)
natürlich 自然的 ………………………………………………………………… (1249)
die natürliche Theologie 自然的神学 ………………………………………… (1265)
die Negation 否定，否定性 …………………………………………………… (216)
das Negative 否定的东西 ……………………………………………………… (216)
die Negativlehre 否定学说 ……………………………………………………… (216)
negativ 消极的，消极地；否定的，否定性的，否定地 ……………………… (990)
die Neigung 爱好 ………………………………………………………………… (1)
das Nichts 无，虚无 …………………………………………………………… (861)
das Nichtsein 非存在 …………………………………………………………… (209)
das Nichtbewuβtsein 无意识 …………………………………………………… (876)
das Nichtsterbende 不死者 ……………………………………………………… (52)
die Nomothetik 立法学 ………………………………………………………… (503)
das Noumena 本体 ……………………………………………………………… (4)
notwendig 必然的 ……………………………………………………………… (9)
die Notwendigkeit 必然性 ……………………………………………………… (19)

die Notwendigkeit der Natur 自然的必然性 …………………………… (1257)
der Naturmechanism 自然机械论 …………………………… (1260)
die Naturwirkung 自然结果 …………………………… (1260)
nichtempirisch 非经验的 …………………………… (391)
die Noogonie 理性发生论 …………………………… (550)
der Noologist 理性主义者 …………………………… (551)
die Norm 基准 …………………………… (372)
numerisch 数目的，数目上的 …………………………… (744)

⟅ O ⟆

der Obersatz 大前提 …………………………… (126)
die oberste Bedingung 至上条件，最高条件 …………………………… (765)
der oberste Grund 至上根据 …………………………… (281)
der oberste Grundsatz 至上原理 …………………………… (1168)
der oberste Intelligenz 至上理智 …………………………… (1167)
die oberste Maxime 至上准则 …………………………… (1169)
das oberste Principium 至上原则 …………………………… (1169)
die oberste Ursache 至上原因 …………………………… (1092)
die oberste Weltursache 至上的世界原因 …………………………… (1168)
das oberste Wesen 至上存在者 …………………………… (1167)
der oberste Wille 至上意志 …………………………… (1168)
der oberste Zweck 至上目的 …………………………… (1168)
das Objekt 客体 …………………………… (480)
das Objektüberhaupt 一般客体 …………………………… (480)
objektiv 客观的 …………………………… (477)
die objektiveRealität 客观实在性 …………………………… (735)
die Offenbarung 启示 …………………………… (645)
die Ontologie 本体论 …………………………… (7)
ontologisch 本体论的 …………………………… (7)
die Ordnung 秩序 …………………………… (1229)
die Ordnung der Natur 自然秩序 …………………………… (1269)
der organisierte Körper 有机体 …………………………… (1073)
das Organon 工具论 …………………………… (294)
der Ort 方位 …………………………… (209)

} P }

der Paralogismus 谬误推理 …………………………………………………… (592)
perception 知觉 ………………………………………………………………… (1169)
die Person 人格 ……………………………………………………………… (658)
die Personalität 人格性 ……………………………………………………… (658)
personlifizieren 人格化 ……………………………………………………… (659)
die Pflicht 义务………………………………………………………………… (1061)
Phänomena 现相 ……………………………………………………………… (963)
der Philosoph 哲学家 ………………………………………………………… (1125)
der Philosoph der Intellektuellen 智性论哲学家 ………………………… (1228)
die Philosophie 哲学…………………………………………………………… (1125)
die philosophische Erkenntnis 哲学知识 ………………………………… (1177)
die Philosophie der Natur 自然哲学 ……………………………………… (1268)
die Philosophie der Sitten 道德哲学 ……………………………………… (143)
die Physikotheologie 自然神学 …………………………………………… (677)
physikotheologisch 自然神学的 …………………………………………… (1265)
die Physiologie 自然之学，生理学………………………………………… (1270)
physiologisch 自然之学的 ………………………………………………… (1270)
die Physischtheologie 自然神学 …………………………………………… (677)
das Postulat 公设 ……………………………………………………………… (295)
postlieren 公设，预设 ……………………………………………………… (295)
das pragmatische Glauben 实用的信念 …………………………………… (999)
das Prädikat 谓词 ……………………………………………………………… (837)
das Prädikament 谓述词 …………………………………………………… (836)
prädizieren 谓述 ……………………………………………………………… (842)
praktisch 实践的 ……………………………………………………………… (704)
das praktische Gesetz 实践的法则 ………………………………………… (188)
das praktische Gesetz 实践规律，实践律，实践的法则 ………………… (335)
die praktische Erkenntnis 实践知识………………………………………… (710)
die praktische Idee 实践的理念 …………………………………………… (709)
das Prinzip 原则 ……………………………………………………………… (1102)
das Prinzip a priori 先天原则 ……………………………………………… (1102)
das Prinzip der Sitten 道德原则 …………………………………………… (143)
problematisch 成问题的 …………………………………………………… (61)
problematisch 或然的 ……………………………………………………… (363)

das problematische Urteil 或然判断 …… (363)
das progressive Synthesis 递进的综合 …… (1296)
das Prosyllogismus 上溯推理法 …… (675)
der Psychologe 心理学家 …… (995)
die Psychologie 心理学 …… (995)
psychologisch 心理学的 …… (995)
physischmechanisch 自然机械的 …… (371)

〉Q〈

qualitativ 质的 …… (1163)
die Qualität 质 …… (1163)
quantitativ 量的 …… (585)
die Quantität 量 …… (585)
das Quantum 定量 …… (147)

〉R〈

rational 合理的 …… (345)
die rationale Psychologie 合理的心理学，理性心理学 …… (995)
der Rationalismus 唯理主义 …… (842)
der Rationalist 唯理主义者 …… (842)
der Raum 空间 …… (488)
der Realgrund 实在根据 …… (281)
der Realismus 实在论 …… (734)
der Realist 实在论者 …… (734)
die Realität 实在性 …… (735)
das Recht 权利，公正 …… (648)
die Rechtsame 权限 …… (650)
der Rechtsgrund 权利根据 …… (281)
die Reduktion 还原性 …… (354)
reflektieren 反思 …… (206)
die Reflexion 反思 …… (206)
der Reflexionsbegriff 反思概念 …… (206)
die Regel 规则 …… (325)
die Regel a priori 先天规则 …… (325)
die Regelmäβigkeit 合规则性 …… (325)

die Regel des Verstands 知性规则 …………………………… (1221)
das regressive Synthesis 回溯的综合…………………………… (1296)
der Regressus 回溯 …………………………………………… (359)
regressus 回溯 ……………………………………………… (359)
regressive 回溯的，回溯性的 ………………………………… (359)
die regulative Idee 调节（性）的理念 ……………………… (787)
die regulative Prinzipien 调节（性）的原则 ………………… (787)
das Reich der Gnaden 恩宠王国 ……………………………… (182)
das Reich der Natur 自然王国 ……………………………… (1262)
die Reihe 序列 ……………………………………………… (1029)
rein 纯粹的 ………………………………………………… (73)
der reine Begriffe 纯粹概念 ………………………………… (82)
die reine Kategorien 纯粹范畴……………………………… (81)
die reine Philosophie 纯粹哲学 …………………………… (100)
die reine Vernunft 纯粹理性 ……………………………… (83)
der reine Vernunftbegriff 纯粹理性概念 …………………… (83)
der reine Verstand 纯粹知性 ……………………………… (94)
reiner Verstandesbegriff 纯粹知性概念 …………………… (94)
die Reinigkeit 纯粹性 ……………………………………… (73)
die Relation 关系 …………………………………………… (305)
die Religion 宗教 …………………………………………… (1294)
der Religionsbegriff 宗教概念 ……………………………… (1294)
reizen 刺激 ………………………………………………… (101)
die Reproduktion 再生，再生活动 ………………………… (1123)
reproduktiv 再生的 ………………………………………… (1123)
reproduzieren 再生 ………………………………………… (1123)
restrinierend 限定性的 ……………………………………… (981)
die Revolution 革命………………………………………… (280)
die Rezeptivität 接受性 …………………………………… (388)
die Rhapsodie 狂想曲 ……………………………………… (498)
die Richtschnur 准绳 ……………………………………… (1244)

{ S }

die Sachheit 事实性 ………………………………………… (722)
der Satz 定理 ……………………………………………… (146)

der Satz des Widerspruchs 矛盾律，矛盾原理 …………………………… (587)
der Schein 幻相 …………………………………………………………… (354)
das Schema 图型 …………………………………………………………… (824)
der Schematismus 图型法 ………………………………………………… (824)
schlechthinnotwendig 绝对必然的 ……………………………………… (9)
das Schlechthinunbedingte 绝对无条件者 ……………………………… (863)
der Schluβ 推论，推理，推导 ………………………………………… (830)
die Schöpfung 创造 ……………………………………………………… (70)
die Seele 灵魂 …………………………………………………………… (572)
die Seelenlehre 灵魂学说 ………………………………………………… (572)
das Sein 存在 …………………………………………………………… (111)
sein 存在 ………………………………………………………………… (111)
Sein 是 …………………………………………………………………… (692)
das SelbstBewuβtsein 自我意识 ………………………………………… (1271)
die Selbsterkenntnis 自我认识 ………………………………………… (660)
selbsttätig 自动 ………………………………………………………… (1247)
die selbsttätigkeit 自动性 ……………………………………………… (1247)
die Seligkeit 最高快乐 ………………………………………………… (1319)
sensifzieren 感性化 …………………………………………………… (279)
der Sensualphilosoph 感觉论哲学家 …………………………………… (266)
das Sensualsystem 感觉论体系 ………………………………………… (267)
die speculative Vernunft 思辨理性 …………………………………… (756)
die Simplizität 简单性 ………………………………………………… (379)
die Sitten 道德 …………………………………………………………… (139)
das Sittengesetz 道德律，道德法则 …………………………………… (139)
das Sittengesetz, das sittlische Gesetz 道德律，道德法则 …………… (335)
das sittliche Gesetz 道德法则 ………………………………………… (188)
die Sittlichkeit 德性 …………………………………………………… (144)
der Sinn 感官 …………………………………………………………… (250)
die Sinnenwelt 感官世界 ……………………………………………… (261)
die Sinnenwelt 感性世界 ……………………………………………… (267)
das Sinnenwesen 感官存在者 ………………………………………… (264)
sinnlich 感性的，感性地 ……………………………………………… (267)
der sinnliche Begriff 感性概念 ……………………………………… (219)
die Sinnlichkeit 感性 ………………………………………………… (267)

skeptisch 怀疑论的 ……………………………………………… (352)
der Skeptiker 怀疑论者 ……………………………………………… (352)
der Skeptizismus 怀疑论 ……………………………………………… (352)
sollen 应当 ……………………………………………… (1070)
das Sollen 应当 ……………………………………………… (1070)
der Sophist 诡辩论者 ……………………………………………… (308)
sophistisch 诡辩论的 ……………………………………………… (308)
die Sophistikation 诡辩 ……………………………………………… (308)
die Spekulation 思辨 ……………………………………………… (751)
spekulativ 思辨的 ……………………………………………… (751)
spekulieren 思辨 ……………………………………………… (751)
die Spezies 物种 ……………………………………………… (861)
die Spezifikation 特殊化 ……………………………………………… (764)
spezifisch 特殊的，特殊地 ……………………………………………… (764)
der Spiritualismus 唯灵论 ……………………………………………… (842)
der Stoiker 斯多葛派 ……………………………………………… (750)
die Spontaneität 自发性 ……………………………………………… (1247)
die Spiritualität 精神性 ……………………………………………… (444)
das Subjekt 主体，主词，主观 ……………………………………………… (1232)
subjektiv 主体的，主观的，主观上 ……………………………………………… (1232)
der subjective Grund 主观根据 ……………………………………………… (281)
die Subreption 偷换 ……………………………………………… (823)
die Subsistenz 自存性 ……………………………………………… (1246)
subsisitiern 自存 ……………………………………………… (1246)
subsistierend 自存性的 ……………………………………………… (1246)
subsumieren 归摄 ……………………………………………… (343)
das Substratum 基底 ……………………………………………… (365)
die Supposition 设定 ……………………………………………… (676)
die subjektive Realität 主观实在性 ……………………………………………… (735)
die Substantialität 实体性 ……………………………………………… (722)
die Substanz 实体 ……………………………………………… (722)
die Summe 总和 ……………………………………………… (1294)
syllogistisch 三段论的 ……………………………………………… (671)
das Synopsis 概观 ……………………………………………… (219)
das Synthesis 综合 ……………………………………………… (1296)

synthetic 综合的，综合性的；综合地 ………………………………… (1296)
die synthetische Einheit 综合统一性 ………………………………… (802)
die systematische Einheit 系统统一性 ………………………………… (802)
die synthetische Erkenntnis a priori 先天综合知识 ………………………… (1177)
das System 系统，体系 ………………………………… (879)
das System der Moralität 道德体系 ………………………………… (143)
systematisch 系统的 ………………………………… (879)
die systematische Einheit 系统（的）统一性 ………………………………… (884)
die synthetische Erkenntnis a priori 先天综合知识 ………………………… (916)
der synthetische Satz a priori 先天综合命题 ………………………………… (914)
das synthetische Urteil a priori 先天综合判断 ………………………………… (914)

⟅ T ⟆

die Tafel der Kategorie 范畴表 ………………………………… (196)
die Tatsache 事实 ………………………………… (722)
die Teilbarkeit 可分性 ………………………………… (449)
die Teleologie 目的论 ………………………………… (608)
teleologisch 目的论的 ………………………………… (608)
der Theismus 一神论 ………………………………… (1061)
theistisch 一神论的 ………………………………… (1061)
die Theologie 神学 ………………………………… (677)
theologisch 神学的 ………………………………… (677)
die Theorie 理论 ………………………………… (505)
theoretisch 理论的，理论地，在理论上 ………………………………… (505)
die theoretische Erkenntnis 理论的知识 ………………………………… (505)
die Thesis 正题 ………………………………… (1142)
tierisch 动物性的 ………………………………… (155)
die Topik 正位论 ………………………………… (1142)
die Totalität 总体性 ………………………………… (1308)
die Totalität der Bedingung 条件总体性 ………………………………… (765)
transzendent 超验的 ………………………………… (55)
die transzendente Erkenntnis 超验知识 ………………………………… (1177)
die transzendente Grundsätze 超验的原理 ………………………………… (57)
die transzendente Idee 超验的理念 ………………………………… (508)
transzendental 先验的 ………………………………… (917)

die transzendentale Analytik 先验分析论 …………………………………… (932)
die transzendentale Ästhetik 先验感性论 …………………………………… (933)
der transzendentale Begriff 先验的概念 …………………………………… (219)
die transzendentale Deduktion 先验演绎 …………………………………… (946)
die transzenddentale Dialektik 先验辩证论 …………………………………… (929)
die transzendentale Erkenntnis 先验知识 …………………………………… (1177)
der transzendentale Gegenstand 先验对象 …………………………………… (930)
das transzendentale Gesetz 先验法则 …………………………………… (188)
der transzendentale Grund 先验根据 …………………………………… (281)
das transzendentale Idealism 先验观念论 …………………………………… (934)
der transzendentale Idealist 先验观念论者 …………………………………… (934)
die transzendentale Idee 先验的理念 …………………………………… (508)
die transzendentale Kritik 先验的批判 …………………………………… (632)
die transzendentale Logik 先验逻辑 …………………………………… (577)
die transzendentale Methodenlehre 先验方法论 …………………………………… (932)
das transzendentale Objekt 先验客体 …………………………………… (936)
die transzendentale Philosophie, die Transzendentalphilosophie
先验哲学 …………………………………… (948)
die transzendentale Psychologie 先验心理学 …………………………………… (995)
das transzendentale Realism 先验实在论 …………………………………… (943)
der transzendentale Realist 先验实在论者 …………………………………… (943)
die transzendentale Realität 先验实在性 …………………………………… (735)
der transzendentale Satz 先验命题,先验原理 …………………………………… (947)
der transzendentale Schein 先验幻相 …………………………………… (935)
das transzendentale Schema 先验图型 …………………………………… (944)
das transzendentale Substratum 先验的基底 …………………………………… (365)
die transzendentale Tafel der Kategorie 先验范畴表 …………………………………… (196)
die transzendentale Theologie 先验神学 …………………………………… (677)
die transzendentale Topik 先验正位论 …………………………………… (947)
die transzendentale Überlegung 先验反省 …………………………………… (207)
der transzendentale Vernunftbegriff 先验理性概念 …………………………………… (940)
die Triebfeder 动机 …………………………………… (152)
der Trugschluβ 误推 …………………………………… (877)
die Tugend 德行 …………………………………… (145)
die Tugendlehre 德行论 …………………………………… (145)

Tun und Lassen 所为所不为 …………………………………………………… (763)

{ U }

das Übel 恶事，祸害 ………………………………………………………… (182)
die Überlegung 反省 ………………………………………………………… (207)
übernatürlich 超自然的 ……………………………………………………… (58)
überreden 置信 ……………………………………………………………… (1228)
die Überredung 置信 ………………………………………………………… (1228)
die Überschauung 综观 ……………………………………………………… (1295)
übersinnlich 超感官的 ……………………………………………………… (55)
überzeugen 确信 …………………………………………………………… (653)
die Überzeugung 确信 ……………………………………………………… (653)
unbedingt 无条件的，无条件地 …………………………………………… (863)
das Unbedingte 无条件者 …………………………………………………… (863)
die unbedingte Notwendigkeit 无条件的必然性 …………………………… (862)
das Unding 非物 …………………………………………………………… (211)
unendlich 无限的，无限地 ………………………………………………… (871)
das Unendliche 无限的东西 ………………………………………………… (871)
die Unendlichkeit 无限性 …………………………………………………… (871)
unerkannt 不可知 …………………………………………………………… (52)
das Unglauben 无信仰，不信 ……………………………………………… (875)
das Universalitas 普遍性 …………………………………………………… (644)
die Unkunde 无知 …………………………………………………………… (876)
die Unmöglichkeit 不可能性 ………………………………………………… (51)
die Unsterblichkeit 不朽性，不死性 ……………………………………… (53)
der Untersatz 小前提 ……………………………………………………… (989)
die Unwissenheit 无知 ……………………………………………………… (876)
das Urbild 蓝本 …………………………………………………………… (500)
der Urheber 创造者 ………………………………………………………… (70)
die Ursache der Natur 自然的原因 ………………………………………… (1263)
das ursprüngliche Bewuβtsein 本源的意识 ………………………………… (1049)
der ursprüngliche Grund 本源的根据 ……………………………………… (281)
das Urteil 判断 ……………………………………………………………… (626)
die Urteilskraft 判断力 ……………………………………………………… (626)
das Urwesen 原始存在者 …………………………………………………… (1088)

der Urgrund 原始根据 …… (1091)
der Urquelle 原始根源 …… (1092)
die Ursache 原因 …… (1092)
die Ursache und die Wirkung 原因与结果 …… (1092)

{ V }

die Varietät 变异性 …… (9)
das Vehikel 运载工具 …… (1115)
veränderlich 变化的 …… (25)
das veränderliche 变化之物 …… (25)
verändern 变化 …… (25)
die Veränderung 变化 …… (25)
verbinden 联结 …… (560)
verbindlich 义务的 …… (1062)
die Verbindlichkeit 义务，责任 …… (1062)
die Verbindung 联结 …… (560)
die Verbindungsart 联结方式 …… (560)
das Verbindungsvermägen 联结能力 …… (560)
verhalten 行动 …… (1000)
verknüpfen 连结 …… (565)
die Verknüpfung 连结 …… (565)
die Vernunft 理性 …… (525)
der Vernunftbegriff 理性概念 …… (219)
die Vernünftelei 玄想 …… (1038)
der Vernunftgrund 理性根据 …… (281)
die Vernunfteinheit 理性统一性 …… (802)
die Vernunftidee 理性理念 …… (508)
der Vernunftschluss 三段论推理 …… (671)
der Verstandesbegriff 知性概念 …… (219)
die Verstandeseinheit 知性统一性 …… (802)
die Verstandesverbingung 知性联结 …… (560)
die Vielgötterei 多神教 …… (180)
die Vielheit 多数性 …… (180)
vernünfteln 玄想，推想 …… (1038)
der Vernünftler 玄想家 …… (1038)

der Verstand 知性 ……………………………………………………………… (1204)
die Verstandshandlungen 知性行动 ……………………………………………… (1000)
die Verstandeshandlung 知性活动 ……………………………………………… (1204)
die Verstandeserkenntnis 知性知识 ……………………………………………… (1177)
das Verstandeswesen 知性存在者 ……………………………………………… (1220)
die Vollkommenheit 完善性 ……………………………………………………… (835)
die Vollständigkeit 完备性 ……………………………………………………… (832)
vorstellen 表象 ……………………………………………………………………… (32)
die Vorstellung 表象 ……………………………………………………………… (32)
die Vorstellungsart 表象方式 …………………………………………………… (32)
die Vorstellungs - Kraft, die Vorstellungskraft 表象力 ……………………… (32)

⌇ W ⌇

die Wahrheit 真理，真理性，真实性 …………………………………………… (1132)
wahrnehmen 知觉 ………………………………………………………………… (1170)
die Wahrnehmung 知觉 …………………………………………………………… (1170)
die Wahrscheinlichkeit 或然性 ………………………………………………… (364)
die Wechselseitigkeit 交互性 …………………………………………………… (381)
die Wechselwirkung 交互作用 …………………………………………………… (381)
die Weisheit 智慧 ………………………………………………………………… (1221)
die Welt 世界 ……………………………………………………………………… (710)
der Weltbegriff 世界概念 ………………………………………………………… (219)
das Weltbeste 世界至善 ………………………………………………………… (720)
das Weltgantze 世界整体 ………………………………………………………… (719)
das Weltgesetz 世界规律 ………………………………………………………… (335)
die Weltgröβe 世界大小 ………………………………………………………… (128)
die Weltreihe 世界序列 ………………………………………………………… (1029)
der Welturheber 世界创造者 …………………………………………………… (70)
die Weltursache 世界原因 ……………………………………………………… (710)
der Weltschöpfer 创世者，世界创造者 ………………………………………… (70)
die Weltseele 世界灵魂 ………………………………………………………… (719)
die Weltvollkommenkeit 世界完善性 …………………………………………… (719)
die Weltweisheit 世间智慧 ……………………………………………………… (1221)
die Weltveränderung 世界变化 ………………………………………………… (25)
der Wert 价值 ……………………………………………………………………… (372)

das Wesen 存在物，存在者 …………………………………………………… (113)
das Wesen 本质，本质的东西 ………………………………………………… (8)
das Wesen aller Wesen 一切存在者的存在者，
一切本质的存在者 ……………………………………………………………… (1061)
das Wissen 知识 …………………………………………………………………… (1203)
der Wille 意志 ……………………………………………………………………… (1059)
widersprechen 与……相矛盾 ……………………………………………………… (587)
das Widerspruch 矛盾 ……………………………………………………………… (587)
die Widerstreit 冲突 ………………………………………………………………… (67)
widerstreiten 相冲突 ………………………………………………………………… (67)
der wirkliche Grund 现实的根据 …………………………………………………… (281)
wirklich 现实的，现实地 …………………………………………………………… (953)
das Wirkliche 现实之物，现实的东西 ……………………………………………… (953)
die Wirklichkeit 现实性 ……………………………………………………………… (953)
die Wirkung 结果 …………………………………………………………………… (382)
die Willkür 任意 ……………………………………………………………………… (667)
willkürlich 任意的 …………………………………………………………………… (667)
die Wissenschaft 科学 ……………………………………………………………… (470)
wissenschaftlich 科学的 ……………………………………………………………… (470)
die Würde 尊严 ……………………………………………………………………… (1320)
würdig 配得上的 ……………………………………………………………………… (631)
die Würdigkeit 配得上 ……………………………………………………………… (631)

⌇ X ⌇

X（X） ……………………………………………………………………………… (878)

⌇ Z ⌇

die Zeit 时间 ………………………………………………………………………… (692)
die Zeitbedingung 时间条件 ………………………………………………………… (764)
die Zeibestimmung 时间规定 ………………………………………………………… (309)
der Zeitpunkt 时间点 ………………………………………………………………… (692)
die Zeitreihe 时间序列 ……………………………………………………………… (692)
die Zensur 监察官 …………………………………………………………………… (390)
der Zergliederer 分析家 ……………………………………………………………… (215)
zergliedern 分析，剖析 ……………………………………………………………… (215)

die Zergliederung 分析，剖析，分解 …………………………………………… (215)
der Zirkel 循环，循环论证 ……………………………………………………… (1042)
der Zufall 偶然 ………………………………………………………………… (621)
zufällig 偶然的，偶然地 ……………………………………………………… (621)
das Zufällig 偶然之物 ………………………………………………………… (621)
die Zufälligkeit 偶然性 ……………………………………………………… (621)
zusammensetzen 组合，复合 ………………………………………………… (1314)
die Zusammensetzung 组合（物），复合物，复合作用 …………………… (1314)
der Zweck 目的 ………………………………………………………………… (604)
zweckmäβig 合目的的 ………………………………………………………… (346)
die Zweckmäβigkeit 合目的性 ……………………………………………… (346)
die zweckmäβige Einheit 合目的的统一性 ………………………………… (346)

A

爱好 (die Neigung)

1. 鉴于第二个证明，义务的单纯清楚的表达、在与爱好的一切要求的对立中，就必定导致自由的意识。(KrV, BXXXIII)

2. 因此，虽然道德的至上原理及其基本概念，是先天的知识，但它们却不隶属于先验一哲学，因为它们虽然不把愉快和不愉快、欲望和爱好等等的概念，这些概念全都是经验的起源，设置为它们的道德规范的基础，但毕竟在义务概念中，必须把它们作为应当被克服的障碍，或者作为不应当被制成运动根据的刺激，而必然地一起卷入纯粹德性体系的撰写中。(KrV, A15; B29)

3. 普遍的逻辑就要么是纯粹的逻辑，要么是应用的逻辑。在前者中我们抽掉了一切经验的条件，在这些经验的条件之下我们的知性得以行使，例如，抽掉了感官的影响、想像的游戏、记忆的规律、习惯的威力、爱好等等，因而也抽掉了一切成见的来源。(KrV, A53; B77)

4. 德行论所考虑的是在人们或多或少所屈从的情感、爱好和情欲的阻碍之下的道德律，它绝不能产生出一门真正的并被演证的科学。(KrV, A55; B79)

5. 有些判断从习惯中被接受到，或者通过爱好而被联结起来。(KrV, A260; B316)

6. 外感官能提供给我们的一切东西，都不是思想、情感、爱好或决断。(KrV, A358)

7. 在人类本性中存在着一定的不纯正性，它最终却毕竟，如同一切由本性而来的东西，必然包含一种向善的目的的天资，即一种——隐瞒它的真实的意向，并展现一定的假定的、被人们看作善的和光彩的意向的——爱好。(KrV, A748; B776)

8. 例如在聪明的学说中，在一个唯一的目的、即幸福中、并且使达到幸福的手段协调一致，而联合我们的爱好交给我们的一切目的，这构成了理性的全部事务。(KrV, A800; B828)

9. 幸福是我们的一切爱好的满足（既是外延的，按照满足的多样性；又是内包的，按照程度；并且还是延伸的，按照持续性）。(KrV, A806; B834)

10. 前者基于经验的原则，因为除了借助于经验，我既不会知道哪些要被满足的爱好，也不会知道哪些是能够满足这些爱好的自然原因。后者抽掉了爱好和满足这些爱好的自然手段，而只一般地考察一个理性存在者的自由。(KrV, A806; B834)

11. 在一个理知的、即道德的世界里，在它的概念中抽掉了一切德性障碍

（爱好），这样一个与道德性成比例地联结着的幸福的体系也可以被设想成必然的了。（KrV，A809；B837）

12. 这种幸福，理性不赞同它（即使爱好多么想希望它），如果它不是与配得上的幸福、即与道德的善行相统一。（KrV，A813；B841）

B

把握，理解，领会（begreifen，das Begreifen）

1. 但我把综合理解为在最普遍的意义中——不同表象相互添加、并且在一个认识中把握它们的杂多性的——行动。（KrV，B103）

2. 我能够在一个意识中把握这些表象的杂多，我才把它们全都称为我的表象。（KrV，B134）

3. 如何能理解，自然必须取决于它们，也就是说，它们如何能够先天地规定这种自然杂多的联结，而没有从自然中拿来。（KrV，B163）

4. 没有这种关系，我们就根本不能把握偶然之物的生存，即不能先天地通过知性而认识这样一个物的生存。（KrV，B289）

5. 通过纯粹知性，我们并不把握向我们显现的事物，自在地可能是什么。（KrV，A277；B333）

6. 理性概念用作把握，正如知性概念用作（知觉的）理解。（KrV，A311；B367）

7. 如果我们让外部对象相当于自在之物本身，那就完全不可能领会，我们应该如何在我们之外得到对它们的现实性的知识，通过我们仅仅依靠在我们之内的表象的方式。因为人们毕竟不可能感觉到自身之外、而只能在自己本身之内，并因而整个自我意识所提供的无非是，仅仅我们自己的规定。（KrV，A378）

8. 把握这样一个前提本身的困难，并不使知性感到不安，因为这种困难决不会在感官中对待它（它不知道，什么叫把握），并且它已经把通过经常运用而对它熟悉了的东西，看做是已知的。（KrV，A473；B501）

9. 那么我就可以只抽出在考察中的对象的性状，以便领会到，这个对象对双方都隐藏得太深了，以至于他们不可能从对客体的本性的洞见里而显露出来。（KrV，A667；B695）

背反论（die Antithetik）

1. 如果独断的学说的任何一个整体都是正论（Thetik），那么我把背反论（Antithetik）并不理解为反面的独断的主张，而理解为那些按照幻相的独断知识之间的（thesin cum antithesi，正题与反题）冲突，人们并没有把优先的赞同要求授予一方而不授予另一方。（KrV，A420；B448）

2. 因为在这里就显示了人类理性的一种新的现相（Phänomen），即，一种完全自然的背反论，在这上面不需要设置任何绞尽脑汁的和人为的圈套，而是

理性从自身、也就是说不可避免地陷入其中的。（KrV，A407；B433）

3. 所以背反论根本就不关注于片面的主张，而只考察理性的普遍知识，根据这些片面主张的相互冲突及其原因。先验的背反论是一种关于纯粹理性的二律背反、它的原因和结果的探讨。（KrV，A421；B448）

4. 有些忧虑和消沉的是，竟然存在着一种纯粹理性的背反论，并且这个毕竟扮演着关于一切无休止争执的至上法庭的纯粹理性，与自己本身一起而要陷入争执之中。虽然我们上面获得过这样一种假装的在我们之前的背反论；但这却表明，它基于误解，因为人们遵照通常的成见、把现象看作了事物自在本身。（KrV，A740；B768）

5. 以这种方式根本就不存在纯粹理性的任何背反论。因为关于这种背反论的唯一战场必须在纯粹神学和纯粹心理学的领域中去寻求。（KrV，A743；B771）

本体（das Noumena）

1. 所有一般对象区分为现象和本体的根据。（KrV，A236；B294）

2. 把别的——完全不是我们感官的客体、而只通过知性作为对象来思想的——可能事物，仿佛作对立的设置，并把它们叫作知性存在者（Noumena，本体）。（KrV，B306）

3. 我们的纯粹知性概念是否在本体方面具有意义，并且能否成为本体的知识方式？（KrV，B306）

4. 如果我们把本体理解为一个物，只要它不是我们感性直观的客体，当我们不顾我们直观它的方式的时候；因而这就是一个消极理解中的本体。但如果我们把它理解为一个非感性直观的客体，那么我们就假定了一种特殊的直观方式，即智性的直观方式，但它不是我们的，我们甚至不能看出它的可能性，而这则会是积极的意义上的本体。（KrV，B307）

5. 感性的学说同时就是在消极理解中的本体的学说，即关于那些——知性无需与我们的直观方式发生关系、因而必须不仅作为现象、而且作为自在之物本身而思想的——事物的学说。（KrV，B307）

6. 在遇不到时间统一性的地方，因而在本体那里，范畴的全部运用、甚至一切意义就完全终止了。（KrV，B308）

7. 所以如果我们想把范畴应用于——不被视为现象的——对象，我们就必须把不同于感性直观的、另一种直观设置为基础，而这样一来，对象就会是一种积极意义上的本体。（KrV，B308）

8. 智性的直观，完全处于我们的认识能力之外，……凡是被我们称为本体的东西，都必须作为这样一种只在消极的意义中理解的东西。（KrV，B309）

9. 如果我假定事物，仅仅是知性的对象，但仍然作为这种，虽然并非感性直观的（作为 curam intuitu intellectuali，智性直观的对象）的对象而被给予；那么这样一类事物就叫作本体（Intelligibilia，理知的东西）。（KrV，A249；B309）

10. 把对象划分为现相（Phäenomena）和本体（Noumena），因而也把世界划分为感官世界和知性世界（mundus sensibilis et intelligibilis，感性世界和理知世界）。（KrV，A249；B309）

11. 为什么人们，不完全满足于感性的基底，而已给现相（Phaenomenis）附加上了——只有纯粹知性才能够思想它的——本体。（KrV，A251）

12. 一个本体的概念，但这概念完全不意味着积极的，以及任何一个事物的确定的知识，而只意味着一般“某物”的思想，在这个一般“某物”那里我不考虑感性直观的一切形式。（KrV，A252）

13. 我使一般现象与之相关联的那种客体，就是先验的对象，亦即关于一般“某物”的完全未被确定的思想。这个对象不能叫做本体；因为关于它我并不知道，它自在地本身会是什么，并且完全没有关于它的概念。（KrV，A253）

14. 一个本体的概念，即一个——完全不应该被思考为一个感官对象、而应该（只通过纯粹知性）被思考为一个自在之物本身的——物的概念，是完全不自相矛盾的；因为人们对于感性并不能断言，它就是直观的唯一可能的方式。此外这个概念是必要的，为了感性直观不扩展到自在之物本身上去，因而，限制感性知识的客观有效性，（因为那个感性直观所达不到的其余的东西，之所以叫做本体，恰恰以便于人们借此表明，那些知识不能把它们的领域延伸到知性所思想的一切东西上去）。但最终这样的本体的可能性则完全都看不出，并且现象区域之外的范围（对我们来说）是空的，亦即，我们拥有一种——自己成问题地延伸到，比现象区域更远的地方的——知性，但却没有那种直观，也更没有一个可能直观的概念，因此能够在感性领域之外为我们提供对象，并且知性能够超出这一区域而被实然地运用。所以一个本体的概念只是一个限度概念，为的是限制感性的僭越，因而只是消极的运用的概念。但这个概念毕竟不是任意虚构的，而与感性的限制相关联，只是不能在感性的区域之外设置某种积极的东西。（KrV，A255，256；B310，311）

15. 因此对象划分为现相和本体，并且世界划分为感性世界和知性世界，在积极的意义上完全不能被容许，虽然概念当然容许被划分为感性的和智性的。（KrV，A255；B310）

16. 一个本体的概念，单纯被设想为成问题的，仍然不仅容许保留着，而且，甚至作为一个在限制中设置感性的概念，是不可避免的。但这样一来，在我们的知性面前，本体就不是一个特殊的智性对象了，一个应该在它之前的知性本身，就是一个问题，也就是说，并非通过范畴推论式地、而是在一种非感性的直观中直觉地认识它的对象，当我们关于这个本体不能做出它的可能性的最起码的表象的时候。（KrV，A256；B311）

17. 既然我们的知性以这种方式获得一种消极的扩展，亦即知性并非通过感性而受到限制，毋宁通过它称呼自在之物本身（而不看作现象）为本体，而更限制了感性。但知性立刻又为自己设置了自身界限，不能通过任何范畴来认识本体，因而只能以未知“某物”的名义思想这些本体。（KrV，A256；B312）

18. 所以这个问题就是：是否在这种知性的经验的运用之外还可能有（即使在牛顿的宇宙构造表象中）一种先验的运用，它针对作为一种对象的本体，而我们则已经否定地回答了这个问题。（KrV，A257；B313）

19. 这样我就问：知性想从哪里取得这些综合命题呢，既然这些概念不应当与可能的经验发生关系、而应当适合于自在的事物本身（本体）？（KrV，A259；B315）

20. 因此莱布尼茨使一切实体、因为他把一切实体都设想为本体。（KrV，A266；B322）

21. 这些概念可以逻辑地被比较，无需操心它们的客体属于哪里，是作为知性的本体呢，还是作为感性的现相（Phänomena）。（KrV，A269；B325）

22. 这并没有取消有关作为现象的物的概念，甚至也没有取消有关一个抽象对象的概念，但却取消了这样一个按照单纯概念而可规定的对象、即一个本体的一切可能性。（KrV，A285；B341）

23. 那么在这种单纯消极意义上的本体当然就必须被容许：因为这些本体无非说，我们的直观方式并不针对一切事物、而单纯针对我们感官的对象，因而它的客观有效性受到了限制。（KrV，A286；B342）

24. 在现象之外还假定纯粹思维的对象，即本体，就因为这些对象不具有任何可以指定的积极意义。（KrV，A287；B343）

25. 人们也不能把本体称为一个这样的客体；因为本体恰恰意味着一个对象的成问题的概念，这对象对于一个完全不同的直观和一个完全不同的知性，比之于我们的直观和我们的知性，因而它本身就是一个问题。所以本体的概念并不是一个客体的概念，而是一项与我们感性的限制不可避免地关联着的任务。（KrV，A287；B343）

26. 如果我们愿意把这个先验客体称为本体，因为它的表象不是感性的，那它就听便于我们了。（KrV，A288；B345）

27. 于是，就剩留给我们一种单纯通过思想而规定对象的方式，它虽然是一种没有内容的单纯逻辑的形式，但却对我们显得，就像客体自在生存的方式（本体），而无须考虑那被限制于我们感官之上的直观。（KrV，A289；B346）

28. 那些不能被归入可能性之下的本体。（KrV，A290；B347）

29. 因为以这种方式我们就毕竟已迈开了超出感官世界的一步，我们已经踏入了本体的领域，既然这样就没有人否认我们——在这个领域中进一步伸展、扩建的——权限，并且，在任何一个人受到幸运之星宠爱之后，于此就占领了这个位置。（KrV，B409）

30. 某种只是被给予一般思想的实在的东西，所以并不作为现象，也不作为事物自在本身（本体），而是作为某种实际上生存的东西，并且在“我思”命题中，被称为这种东西。（KrV，B423）

31. 这样，思想者自身就必须在这种经验的直观中寻找它之于实体、原因等范畴的逻辑机能运用的条件，为了不仅通过这个“我”把自己表明为自在的客体本身，而且也规定这个客体的此在的方式，亦即把自己作为本体来认识，但这却是不可能的。（KrV，B430）

32. 这个“某物”，被看作为本体（或更好地说，作为先验对象）。（KrV，A358）

33. 此外考虑到这些理念全都是超验的，并且，虽然它们按照种类而并不逾越客体、即现象，而只是与感性世界（不是与本体）打交道，但这种综合却仍然一直推进到一种——超出一切可能经验的——程度。（KrV，A420；B447）

34. 由于在它之内，只要它是本体，而没有发生什么，遇不到任何需要动力学的时间规定的变化，因而遇不到任何与作为原因的现象的联结，所以这个积极的存在者，只要在它的自然必然性的行动中，作为只在感性世界中才遇到的东西，就是独立而自由的。（KrV，A541；B569）

本体论（die Ontologie）

本体论的（ontologisch）

1. 本体论的傲慢的名称，自以为能够在一个系统的学说中提供有关一般事物的先天综合知识（例如因果性原理），必须把位置让给那谦虚的、纯粹知性的一种单纯分析论。（KrV，A247；B303）

2. 第三种证明是本体论的证明。（KrV，A591；B619）

3. 上帝的存有之本体论证明的不可能性（KrV，A592；B620）

4. 对一个最高存在者的此在、出于概念的、这个如此著名的（笛卡尔派的）本体论证明，一切辛苦和劳动都白费了。（KrV，A602；B630）

5. 于是从这里就产生了那个不幸的本体论证明，它既没有给自然而健全知性，也没有给严格按规定的检查带来什么满足。（KrV，A604；B632）

6. 这个证明原本从经验开始，因而它并不是完全先天地进行的，或者是本体论的，并且因为一切可能经验的对象就叫做世界，所以这个对象也就因此被

称为宇宙论的证明。（KrV，A605；B633）

7. 一个命题，为本体论的论证所主张，人们在宇宙论的证明中采用了这种本体论的论证并以之为基础，不过人们却想要避免它。（KrV，A607；B635）

8. 所以这原本只是一个出自纯然概念的本体论证明，这种本体论证明在所谓的宇宙论证明中包含了一切证明力，而自称的经验则是完全无用的。（KrV，A607；B635）

9. 既然这个命题单纯出自它的概念而先天地已经规定了：所以这个最实在的存在者的单纯概念也就必须带有这个最实在的存在者的绝对必然性；而这正是本体论证明所主张的。（KrV，A608；B636）

10. 宇宙论证明的这种特技目的仅仅在于，为了躲避那个通过单纯概念而先天地对一个必然存在者的此在所作的证明，这种本体论的证明必须被引导，但对此我们感到完全没有能力。（KrV，A610；B639）

11. 因此我主张，自然神学的证明绝不能够单独说明一个最高存在者的此在，相反，它任何时候都必须委托于本体论的证明（它只被用作本体论证明的序言），补足它的这一缺陷，因而本体论的证明所包含的就仍然还是唯一可能的证明根据（假使在一切领域都发生一种思辨的证明），而这种证明根据，任何人类理性都不可以忽略过去。（KrV，A625；B653）

12. 宇宙论证明只不过是一种隐藏的本体论证明。（KrV，A6291；B657）

13. 对一个作为最高存在者的唯一原始存在者的此在的宇宙论证明，就把自然神学的证明设置为基础，但本体论的证明却又把宇宙论的证明设置为基础。（KrV，A630；B658）

14. 所以，全然出于纯粹理性概念的本体论的证明，就是唯一可能的证明，只要一种如此远远超越于一切经验的知性运用之上的命题的证明在任何地方都是可能的。（KrV，A630；B658）

15. 最终一切单纯思辨的证明却还导致一个唯一的、亦即本体论的证明。（KrV，A638；B666）

16. 这种先验神学把这个最高的本体论的完善性的理想采用为一条按照普遍而必然的自然律把联结一切事物的系统统一性原则。（KrV，A816；B844）

17. 在比较狭隘理解中的所谓形而上学由先验哲学和纯粹理性的自然之学所组成。前者只考察知性，以及在一个一切与一般对象相关的概念和原理的系统中的理性本身，而没有假定任何会被给予（本体论）的客体。（KrV，A845；B873）

18. 整个形而上学系统就由四个主要部分组成。1. 本体论。2. 合理的自然之学。3. 合理的宇宙论。4. 合理的神学。（KrV，A846；B874）

本质，本质的东西（das Wesen）

1. 现在我们可以把知性描述为规则的能力的品格。这一标志是更加富有成

果的并更接近于知性的本质的东西。（KrV，A126）

2. 一切本质的本质。（KrV，A334；B391）

3. 如果人们不能在自然中先天地预设那最高的合目的性，即将它预设为属于自然的本质的东西，人们怎么会被指示，而寻求它、并在一个自然的等级阶梯中接近一个创造者的最高完善性。（KrV，A693；B721）

4. 系统的统一性完全被预设为——不仅仅经验地认识，而且先天地、虽然还未确定的——自然统一性，因而预设为，从事物的本质中得出来。（KrV，A693；B721）

5. 而为了认识来自这种——在自然事物的本质中、尽可能也在所有一般事物的本质中被寻求的——合目的性的、因而也是绝对必然的创造者的此在。（KrV，A694；B722）

6. 所以这个统一性的理念是和我们理性的本质的东西，不可分割地结合着的。（KrV，A694；B722）

7. 这决不单纯是一个必要的谨慎性规则，而是涉及证明本身的本质和可能性。（KrV，A782；B810）

8. 但前一种合目的性的统一性是必然的，并且建立在任意性自身的本质的东西之中。（KrV，A817；B845）

变异性（die Varietät）

1. 同类之物在更低的种之间的变异性原理。（KrV，A657；B685）

2. 同类性的法则把我引向这个最高立足点，特殊化的法则则把我引向一切低级立足点及其最大变异性。（KrV，A659；B687）

必然的（notwendig）

绝对必然的（schlechthinnotwendig）

绝对必然的（absolut notwendig）

1. 每一种应当确定为先天的知识本身，都预示着，它要被看作绝对必然的。（KrV，AXV）

2. 辩证法则用无条件者的必然的理性理念把这两者结合成一致性。（KrV，BXX）

3. 这个批判对于促进一门作为科学的、彻底的、形而上学是一种必然的、暂时的举措。（KrV，BXXXVI）

4. 但唯独这样持久的并因此最高必然的纯粹理性科学，已经阻碍不了勇敢而聪明的脑袋袭击这门科学。（KrV，B XLII）

5. 这就容易表明，在人类知识中现实地具有这样一类必然的和在严格意义

上普遍的、因而纯粹的先天判断。（KrV，B4）

6. 经验虽然告诉我们，这是什么，却并不告诉我们，它必须是这样而不是别样的必然的方式。（KrV，A1；B6）

7. 因而它们将具有知觉的一切偶然性，并且“两点之间只有一条直线”，就会恰恰不是必然的，而是经验在任何时候都这样教导我们。（KrV，A24；B39）

8. 既然主体被对象刺激的接受性，必然的方式先行于这个客体的一切直观，所以能够理解的是，一切现象的形式如何能够在一切现实的知觉之先、因而先天地在内心中被给予。（KrV，A26；B42）

9. 我们从哪里取得了这类定理的，并且我们的知性以什么为依靠而达到这类绝对必然的、普遍有效的真理呢？没有任何别的道路，而无非通过概念或是通过直观。（KrV，A47；B64）

10. 逻辑又可以被处理为双重的目的，要么作为普遍的知性运用的逻辑，要么作为特殊的知性运用的逻辑。前者包含思想的绝对必然的规则，没有这些规则就根本没有任何知性的运用，所以它针对这种运用，无视这种运用所可能指向的那些对象的差别。（KrV，A52；B76）

11. 一种逻辑，只要它阐述了知性的普遍和必然的规则，它也必须在这些规则中说明真理的标准。（KrV，A59；B84）

12. 必然判断，在其中人们把它们看作必然的。（KrV，A75；B100）

13. 现象完全可利用一些情况，规则可能来源于其中，按照某物通常的规则而发生，但其后果绝不会是必然的。（KrV，A91；B124）

14. 于是它们就以必然的方式而先天地与经验对象相关联，因为只有借助于它们的一般任何一个经验对象才能够被思想。（KrV，A93；B126）

15. 直观的一切杂多与——杂多被发现于其中的“我思”的主体的——“我思”有一种必然的关系。（KrV，B132）

16. 统觉的必然统一性这条原理，虽然是自身同一的，因而是一个分析命题，但却表明直观中给予的杂多的一个综合是必然的，没有这种综合，自我意识的那种无一例外的同一性则不能被设想。（KrV，B135）

17. 我是已经意识到这些表象的一个先天必然的综合，它叫作统觉的本源的综合统一性，一切被给予我的表象都必须处于其下，但也必须通过一个综合把它们带入其下。（KrV，B135）

18. 感性直观杂多的这种综合，它是先天可能的和必然的。（KrV，B151）

19. 现在只有两条道路，在其上，经验与它的对象的概念的一种必然的相互协调，可以被设想为：要么这种经验使这些概念成为可能，要么这些概念使这种经验成为可能。（KrV，B166）

20. 这样，物体概念，在外在于我们的“某物”的知觉那里，使广延的表象、并与它一起使不可入性、形状等等的表象成为必然的。（KrV，A106）

21. 所以它自身同一性的本源的和必然的意识，同时就是一切现象按照概念、即按照那些规则的综合的必然统一性的意识。（KrV，A108）

22. 既然这个统一性必须被看作先天必然的，（因为否则知识就会没有对象了），那么与一个先验对象、亦即与我们的经验的知识的客观实在性的关系，就将以这条先验法则为基础：一切现象，只要对象应当由此而被给予我们，就都必须服从现象的综合统一性的先天规则。（KrV，A110）

23. 但这样一来，知识与对象的一切关系也就会取消了，因为它缺乏按照普遍必然的法则的这种联结，因而它尽管会是无思想的直观，但绝不会是知识，所以对于我们来说就完全是无。（KrV，A111）

24. 而没有这样的——具有它的先天规则，并使现象服从于自己的——统一性，无例外的、普遍的，因而必然的意识统一性，就不可能在知觉的杂多中被找到。（KrV，A112）

25. 一切表象都与一个可能的经验的意识有一种必然的关系。（KrV，A117）

26. 一切经验的意识又都与一个先验的（先行于一切特殊经验的）意识有一种必然的关系。（KrV，A117）

27. 这种综合统一性却以一种综合为前提，或者它包含了一种综合，并且如果前者要是先天必然的，那么后者也必须是一种先天的综合。（KrV，A118）

28. 因为这个自然统一性应当是一种必然的、亦即先天确定的连接现象的统一性。（KrV，A125）

29. 如果我们到处都仅仅与现象们打交道，那么这不仅是可能的，而且也是必然的了：即某些先天概念先行于对象的经验的知识。（KrV，A129）

30. 纯粹知性概念之所以是先天可能的，甚至在与经验的关系中是必然的，因为我们的知识无非与现象打交道。（KrV，A130）

31. 范畴最终就并没有其他运用，而只有经验的运用，因为它们仅仅充当着，通过一种先天必然的统一性（因为在一个本源的统觉之中的一切意识的必然联结）的根据，使现象服从于综合的普遍规则。（KrV，A146；B185）

32. 在现象的综合中的统一性的普遍规则，它们的客观实在性，作为必然的条件，任何时候都可以在经验中、甚至在经验的可能性中被指明。（KrV，A157；B196）

33. 直观的那些先天条件鉴于一个可能的经验而绝对是必然的，一个可能的经验的直观之客体的此在的那些条件，自在地就是偶然的。（KrV，A160；B199）

34. 在这些知觉的系列中没有任何规定了的秩序，可以使得——如果我必须在领会中开始，为了经验地联结杂多——成为必然的。（KrV，A193；B238）

35. 因为这毕竟是后继的某物，我就必定把它与另一个先行的一般某物必然地联系起来，而它按照一条规则、亦即以必然的方式跟随着，紧接着。（KrV，A194；B239）

36. 只是由于在我们表象的时间关系中的某种秩序是必然的，这些表象才被赋予了客观的意义。（KrV，A197；B243）

37. 现象必须在时间中相互规定其自身的位置，并且使这一位置在时间秩序中成为必然的。（KrV，A200；B245）

38. 在先行的东西中，总应该找到事件（亦即必然的方式）跟随的条件。（KrV，A201；B246）

39. （作为可能的知觉的）现象关系——按照这种关系，后继之物（发生的事情）根据其此在通过某种先行之物——是必然的，并且按照一种规则在时间中而被规定。（KrV，A202；B247）

40. 但现在，一切同时并存鉴于经验之对象就都是必然的，没有它，关于这些对象们的经验本身都将会是不可能的。（KrV，A213）

41. 我们把（在经验性的理解中的）自然叫做现象按照此在、按照必然的规则、亦即按照规律的相互关联。（KrV，A216；B263）

42. 按照经验的普遍条件，其与现实的东西的关联，被规定了，就是（生存了的）必然的。（KrV，A218；B266）

43. 如果一个物的概念已经是全部完备了的，那么我却还可以追问到这个对象，是否它单纯是可能的呢，还是也是现实的呢，或者，如果它是现实的，那么是否它完全也是必然的呢？（KrV，A219；B266）

44. 一切发生的事，都假设是必然的；这是一条基本原理，它使世界上的变化都从属于一条法则，即从属于一条必然的此在的规则，没有这条规则，甚至连自然都决不会产生。（KrV，A228；B280）

45. 如果它通过知觉的这种关联按照概念而被规定，那么这种对象就叫做必然的。（KrV，A234；B287）

46. 方位的差异性使得作为现象的对象的多数性和区别，无需进一步的条件，对于自身则已经不仅仅是可能的，而且是必然的了。（KrV，A272；B328）

47. 但我不能倒过来推断，凡是绝对必然的东西，它的反面就是，在内部不可能的，即事物的绝对必然性就是一种内部必然性。（KrV，A325；B382）

48. 我把理念理解为一个必然的理性概念，在感官中不会有任何与之相符的对象被给予它。（KrV，A327；B383）

49. 理性宣布它的知识作为先天规定的并且作为必然的，要么在其本身，

这就不需要任何根据，要么，就作为一个根据序列的一个环节而已经推导出来。（KrV，A332；B389）

50. 理性如何仅仅通过——对它用于定言的三段论推理的——恰好同一个机能的综合运用，就必须以必然的方式达到思想的主体的绝对统一性的概念。（KrV，A335；B392）

51. 至少纯粹理性概念的先验的（主观的）实在性就根据于，我们被一种必然的三段式推理带进了这样的理念。（KrV，A339；B397）

52. 在这种情况下，思想的属性就会使得一切具有这一属性的存在者，都成为必然的存在者了。（KrV，B422）

53. 可能的、现实的和必然的东西的概念并不导致任何序列，只除了这种情况，偶然的东西在此在中任何时候都必须被看作有条件的，并且按照知性规则指向一个条件。（KrV，A415；B442）

54. 在一般此在中的有条件者叫做偶然的，无条件者则叫做必然的。（KrV，A419；B447）

55. 对象是先验的因而本身是未知的吗，例如，其现象（在我们本身之内）的“某物”是否是思想，（灵魂）是否就是一个自在的简单的存在者，是否存在着一个万物归总的、绝对必然的原因，如此等等，那么我们就应当给我们的理念寻找一个对象。（KrV，A478；B506）

56. 存在着一种完全无条件的和自身必然的存在者。（KrV，A481；B509）

57. 如果设定：世界有一个开端，那么世界对于你们那个在必然的经验的回溯中的知性概念来说就太小了。（KrV，A487；B515）

58. 如果你们假定一个绝对必然的存在者（不论它是世界本身，还是某种在世界中的东西，或世界原因）：那么你们就把它放置在一个——离任何一个给予的时间点都无限遥远的——时间中了。（KrV，A488；B516）

59. 我在回溯中总还是可以走得更远，因为没有任何项已经作为绝对的无条件的而经验地给予出来，所以总还允许一个更高的项作为可能的并因而允许对这更高项的探求作为必然的。（KrV，A514；B542）

60. 这种不同质的东西无论是在因果联结的动力学的综合中，还是在必然的东西和偶然的东西的动力学的综合中，至少都能够被允许。（KrV，A530；B558）

61. 人的任意虽然是一种 arbitrium sensitivum（感性的任意），但不是 brutum（动物性的），而是 liberum（自由的），因为感性并不使它的行动成为必然的，毋宁一种——经由感性冲动而独立于强迫、规定自身的——能力寓于人类。（KrV，A534；B562）

62. 由于现象，只要它规定着任意，就必须会使每一个行动作为它的自然

后果而成为必然的，所以先验的自由的取消同时也就灭绝了一切实践的自由。（KrV，A534；B562）

63. 然而这究竟也是必然的吗，即，当这种结果都是现象们的时候，它们的原因的原因性，它们（即原因）本身也就是现象，就必须只是经验的？（KrV，A544；B572）

64. 它根本不属于那些——按照自然规律使现象成为必然的——感性的条件的序列。（KrV，A556；B584）

65. 在这个附属的此在的序列中任何地方都不可能给予任何无条件的项，它的生存曾是绝对必然的。（KrV，A559；B587）

66. 然而从整个序列中，一个非经验的条件、即一个无条件的必然的存在者也发生了。（KrV，A560；B588）

67. 但这里，必然的存在者必须完全外在于感官世界的序列（作为 ens extramundanum，超出世界之物）并单纯理知地被设想，唯独由此才能被防止，它并不本身屈从于一切现象的偶然性和附属性的法则。（KrV，A561；B589）

68. 一切自然物及其一切（经验的）条件的无例外的偶然性，完全能够很好地与一个必然的、虽然只是理知的条件的任意的预设相共存。（KrV，A562；B590）

69. 而这种理知的东西的必然性则不需要、也不允许任何经验的条件，因而或者更确切地说在现象上是无条件地必然的。（KrV，A564；B592）

70. 所以我们将必须把它们的知识从那种本身就是必然的东西中，从关于一般事物的纯粹概念中推导出来。（KrV，A566；B594）

71. 理性为了这一意图、即为了仅仅设想事物的那种必然的通盘规定，并不预设这样一个符合这一理想的存在者的生存，而只假设这样一个存在者的理念。（KrV，A578；B606）

72. 但这个基地，如果它不立足于绝对必然的东西的这块不可动摇的磐石之上，就会沉陷。（KrV，A584；B612）

73. 如果某物——不论它是什么——生存着，那么也必须被承认，任何的某物都以必然的方式生存着。（KrV，A584；B612）

74. 如果理性能够把一切——与这种必然性不相协调的——东西都消除掉，只有一个东西除外；那么这个东西就是那个绝对必然的存在者，而不论人们是否能理解它的必然性。（KrV，A585；B613）

75. 人类理性的自然进程就具有了这样的性质。它首先相信任何一个必然的存在者的此在。它在这个必然存在者中认识到一种无条件的生存者。（KrV，A587；B615）

76. 这样，我们就把这个最高的原因看作绝对必然的，因为我们认为，绝

对有必要上升到它，并且没有任何理由还要进一步超出它。（KrV，A590；B618）

77. 一个绝对必然的存在者的概念是一个纯粹理性概念、亦即一个单纯的理念。（KrV，A592；B620）

78. 上面那个命题并不是说，三个角是绝对必然的，而是说，在一个三角形已经在此（已经给予了）的条件下，（在三角形之中的）三个角也都必然是在此的了。（KrV，A594；B622）

79. 因为此在必然地应归于这个概念的客体，也就是在我把这个物设定为给予的（生存着的）这个条件下，则它的此在也会被必然地（根据同一律）设定下来，并且因此这个存在者本身也会是绝对必然的。（KrV，A594；B622）

80. 设定一个三角形却又取消它的三个角，是矛盾的；但把三角形连同其三个角一起取消掉，则是没有任何矛盾的。一个绝对必然的存在者的概念也正是同样的情况。（KrV，A594；B622）

81. 所以这个理念就只是被运用于——对人们从其他方面已经确信或置信它必然生存的东西的，也就是对绝对必然的存在者的——更加确定的知识之上。（KrV，A603；B631）

82. 如果某物生存，那么一个绝对必然的存在者也必须生存。（KrV，A604；B632）

83. 所有偶然之物都有它的原因，这个原因，如果它又是偶然的，同样也必须有一个原因，直至相互隶属的原因序列必须在一个绝对必然的原因那里终结，没有这个绝对必然的原因，这个序列就不会具有任何完备性。（KrV，A605；B633）

84. 这个必然的存在者只能以唯一的一种方式、即在一切可能的对立谓词方面只通过一个其中一个谓词而被规定，所以它必须通过它的概念而被通盘规定。（KrV，A605；B633）

85. 所以最实在的存在者的概念就是——由此一个必然的存在者能被思想的——唯一的概念，亦即存在着一个必然方式的最高存在者。（KrV，A606；B634）

86. 这个必然的存在者具有一些什么属性，这种经验的证明根据并不能教导，而理性则在这里完全告别这种根据并且在纯然概念后面探求：即一个绝对必然的存在者一般必须具有什么属性，也就是，一切可能之物中的哪一个包含一个绝对必然性所需要的条件。（KrV，A606；B634）

87. 每一个最实在的存在者都是一个必然的存在者。（KrV，A608；B636）

88. 怀着这个意图，我们从一个被作为根据的现实的此在（一个一般经验）中，尽其所愿地推导出，它的任何一个绝对必然的条件。（KrV，A610；B638）

89. 如果我们现在想按照它的性状而进一步地规定这个必然存在者，那么我们就不寻找那个足以从它的概念中把握此在的必然性的必然存在者。（KrV，A611；B639）

90. 我就必须也能作出相反的推论：这个概念（最高实在性的概念）应归于哪些事物，哪些事物就是绝对必然的。（KrV，A611；B639）

91. 凡是人们预先确定作为绝对必然的而认识的东西，关于它的知识也都必定随身带有绝对的必然性。（KrV，A612；B640）

92. 理性作为绝对必然的只认识那种必然出于它的概念的东西。（KrV，A612；B640）

93. 什么是这种不可避免的原因，某物在生存的事物中假定为自在必然的，同时却又在这样一个存在者的此在面前像在深渊面前一样怕得发抖呢？（KrV，A615；B643）

94. 与之相反，我无论假定一个物的一个我想要的哪一个的概念，那么我就发现，它的此在决不能被我而表象为绝对必然的。（KrV，A615；B643）

95. 我虽然必须为一般生存之物假定某种必然的东西，但却不能把任何单独的物本身思想为自在必然的。这就叫做：没有假定一个必然的存在者，我就绝不能够完成对生存的条件的回溯，但我又绝不能够从这个必然的存在者开始。（KrV，A615；B643）

96. 决不要把任何一个涉及物的生存的规定，假定为这样一个至上的根据，亦即看作绝对必然的。（KrV，A617；B645）

97. 如果一切在事物身上被知觉到的东西，都必须被我们看作有条件的必然的：那么也就没有任何（可以经验地被给予的东西）物可以被视为绝对必然的了。（KrV，A617；B645）

98. 你们必须假定绝对必然的东西在世界之外；因为它只应当用作一条现象的最大可能的统一性的原则，作为现象的至上根据。（KrV，A617；B645）

99. 古代的哲学家们把自然的一切形式看作偶然的，却把质料、按照普通理性的判断、看作本源的和必然的。（KrV，A617；B645）

100. 物质，或一般地说，凡是属于这个世界的东西，都不会与一个——作为最大经验的统一性的单纯原则的——必然的原始存在者的理念相适合。（KrV，A618；B646）

101. 这个现实的对象又是至上的条件，就被设想为必然的，因而一条调节性的原则就被转变成了一条构成性的原则。（KrV，A619；B647）

102. 既然我把这种——在世界上曾是绝对（无条件）必然的——至上存在者，考虑为自为之物，这种必然性不能是任何概念，因而只作为思维的形式条件、但却不作为此在的质料的和物化的条件，在我的理性中必然已经被找到

了。(KrV，A620；B648)

103. 理性的理论运用就是那种，通过它我先天地（作为必然的）认识某物存在的运用。(KrV，A633；B661)

104. 所以那种属于这个有条件者的条件也不能由此作为绝对必然的而被认识，而是仅仅充当了为有条件者的理性知识而作的一种当时必然的、或更多是必要的、但在自在本身和先天上则是任意的预设。(KrV，A634；B662)

105. 把这个概念在其先验的方面准确地规定为，一个必然的和最实在的存在者的概念。(KrV，A640；B668)

106. 这就将是理性的一条先验的原理，这条原理将使这种系统统一性不仅作为方法而成为主观上和逻辑上必要的，而且也成为客观上必然的。(KrV，A648；B676)

107. 实际上，如果一条先验的原则不被预设，通过它这样一个与客体们本身相联系的的系统统一性被先天地假定为必然的，我们甚至就不能看出，规则们的理性统一性的一条逻辑原则如何能够发生。(KrV，A649；B677)

108. 理性的寻求统一性这一法则，是必然的。(KrV，A651；B679)

109. 所以鉴于这种标志，我们无论如何都必须预设自然的系统的统一性为客观有效的和必然的。(KrV，A651；B679)

110. 理性甚至连一个这样的概念的客观有效性都不给予，而只提交了关于"某物"的理念，一切经验的实在性都把它们的最高的和必然的统一性建立在这个某物之上。(KrV，A675；B703)

111. 由此也就解释了，从那里我们虽然在与生存着地提供给感官的东西的关系中、需要一个自在的必然的原始存在者的理念，却决不能够对这个原始存在者和它的绝对的必然性具有丝毫的概念。(KrV，A679；B707)

112. 人们怎么会被指示，而寻求它、并在一个自然的等级阶梯中接近一个创造者的最高完善性，即一种绝对必然的、因而是先天可认识的完善性呢？(KrV，A693；B721)

113. 如果我们不在那些——构成整个经验对象、亦即构成我们一切客观有效的知识的对象的——事物的本质中，因而在普遍而必然的自然规律中发现这种完善性，我们怎么会由此直接推出一个——作为一切原因性的起源的——原始存在者的一种最高的和绝对必然的完善性的理念呢？(KrV，A694；B722)

114. 如果这个问题是：这个存在者是否是实体，具有最大实在性，是必然的等等；那么我就回答：这个问题完全没有任何意义。(KrV，A696；B724)

115. 但我的无知是完全必然的，并因此为自己从一切进一步的探寻中开脱出来，这并不经验地从观察、而唯独批判地、通过对我们知识最初的源泉的探究而解决。(KrV，A758；B786)

116. 把灵魂思想为简单的，是完全可以允许的，以便于，按照这个理念、把一切内心能力的一个完备而必然的统一性，尽管人们并不立刻具体地看清这些内心能力，铺设为我们对灵魂的内部现象进行评判的原则。（KrV，A771；B799）

117. 这种从一切经验分离出来的理性对一切都只能够先天地并且作为必然的或者根本不认识。（KrV，A775；B803）

118. 凡是纯粹理性实然地判断的东西，都必须是必然的（如同理性所认识到的一切那样），要么它就什么都不是。（KrV，A781；B809）

119. 对上帝此在的先验证明也是同样的情况，这种证明唯一以最实在的存在者和必然的存在者的概念的可交替性（Reziprokabilität）为基础，而不能在任何别的地方被寻求到。（KrV，A788；B816）

120. 这些规律绝对地（不单在其他经验的目的之前提下假言地）命令着，因而在任何方面都是必然的。（KrV，A807；B835）

121. 在一个理知的、即道德的世界里，在它的概念中抽掉了一切德性障碍（爱好），这样一个与道德性成比例地联结着的幸福的体系也可以被设想成必然的了。（KrV，A809；B837）

122. 如果人们单纯把自然设置为基础，则获得幸福的希望、与使自己配得幸福的不懈努力之间的引证过的那种必然的连结，就不能通过理性而认识。（KrV，A810；B838）

123. 所以纯粹理性只能在这个最高的本源的善的理想中找到那两个最高的派生的善的要素在实践上必然的联结的根据，即一个理知的即道德的世界的根据。既然我们必须通过理性把自己设想为，属于这样一个世界的，必然的方式。（KrV，A811；B839）

124. 因为它们并没有实现那种——对于每一个理性存在者是自然的、而且恰好被同一个纯粹理性所先天规定并是必然的——全部目的。（KrV，A813；B841）

125. 这种先验神学把这个最高的本体论的完善性的理想采用为一条按照普遍而必然的自然律把连结一切事物的系统统一性原则，因为一切事物全都在一个唯一的原始存在者的绝对必然性中拥有它们的来源。（KrV，A816；B844）

126. 这些判断不是被建立在经验根据之上，而是一切都应当先天地被认识，在这里一切都是必然的，所以连结的原则要求普遍性和必然性，因而要求完全的确定性。（KrV，A823；B851）

127. 这一实践的意图或者是灵敏的意图，或者是德性的意图，前者向着随意的和偶然的、后者则向着绝对必然的目的。（KrV，A823；B851）

128. 如果一个目的一旦被预设了，那么达到目的的那些条件也就假设地是

必然的了。（KrV，A823；B851）

129. 后者则包含那些——先天地规定所为所不为并且使之成为必然的——原则。（KrV，A841；B869）

130. 数学、自然科学，甚至人类的经验的知识，作为——大部分朝着人类偶然的、但最终却毕竟朝着必然的和本质的目的的——手段，而具有一种很高的价值。（KrV，A850；B878）

必然性（die Notwendigkeit）

绝对的必然性（die absolute Notwendigkeit）

1. 所以，首先可找到一个命题，它同时与它的必然性一起被想到，那么它就是一个先天的判断。（KrV，B3）

2. 必然性和严格普遍性是先天知识的可靠标志，并且相互从属而又不可分离。（KrV，B4）

3. 为此则利用“一切变化都必须具有一个原因”这个命题；的确，在后一个例子中，一个原因的概念本身如此显然地包含着与一个结果相连结的必然性的概念和规则的一种严格普遍性的概念，以至于这个概念就会完全地消失了，如果人们像休谟所做的那样，想把这个概念从发生的事经常地与先行的事相伴随中、从由此产生的连结表象的习惯（因而仅仅是主观的必然性）中引申出来。（KrV，B5）

4. 现在，这样一种同时具有内在必然性品格的普遍知识，必须是不依赖于经验，本身是清楚的和确定的；因此人们把它称为先天知识。（KrV，A1；B6）

5. 因为，在我走向经验之前，我已经在这个概念中拥有了对我的判断的一切条件，从这个概念中我按照矛盾律只提取了谓词，并由此同时能够意识到判断的必然性，而经验则一次都不会教给我这个必然性。（KrV，B12）

6. 这里，支持知性的那个未知之物 = x 是什么，当知性相信自己在 A 的概念之外发现了一个与之陌生、而仍然被它视为与之相连结的谓词 B 时？这不可能是经验，因为上述因果原理不仅以更大的普遍性而且也以必然性的表达、因而完全先天地并且从单纯的概念出发，把第二种表象加在第一种表象上。（KrV，B13）

7. 首先必须被注意：真正的数学命题任何时候都是先天判断而不是经验的判断。因为它们随身携带着——不能从经验中取得的——必然性。（KrV，B14）

8. 在这两个命题上，不仅仅必然性、因而它们的起源是先天的，而且是综合命题的它们，都是清楚的。（KrV，B17）

9. 一切几何原理的无可置疑的确定性以及它们的先天构造的可能性，都建立在这种先天必然性之上。（KrV，A24；B39）

10. 凡是从经验借来的东西，也都只具有比较的普遍性，即通过归纳而来的普遍性。（KrV，A24；B39）

11. 因为几何学的定理全都是无可置疑的，亦即的与它们的必然性的意识结合在一起的。（KrV，A25；B41）

12. 时间关系的无可争辩的原理、或一般时间公理的可能性建基于这一先天必然性之上。（KrV，A31；B47）

13. 经验命题，因而决不能够包含必然性和绝对的普遍性。（KrV，A47；B64）

14. 例如，世界这时要么通过盲目的偶然性，要么通过内部的必然性，要么通过一个外部的原因而存在。（KrV，A74；B99）

15. 必然命题则把实然命题设想为通过这些知性规律本身所规定的，因而是先天断言的，并以这种方式表达了逻辑的必然性。（KrV，A76；B101）

16. 模态的范畴：可能性——不可能性、此在——非存在、必然性——偶然性。（KrV，A80；B106）

17. 必然性无非就是——已经由可能性本身给予出来的——生存性。（KrV，B111）

18. 亦即从一种由经验中恒常的联想而产生的主观必然性，而这种主观必然性最终被误认为是客观的，即从习惯中推导出来。（KrV，B127）

19. 在这种情况下范畴会缺少那个本质上属于它们的概念的必然性。（KrV，B168）

20. 我们关于一切知识与它的对象的关系的思想随身携带着某种必然性。（KrV，A104）

21. 一切必然性任何时候都是以一种先验的条件为基础。（KrV，A106）

22. 因为这个对象只不过是这个“某物”，对此概念表达着这样一种综合的必然性。（KrV，A106）

23. 但这些范畴的可能性、甚至必然性都已经建基于这种——使全部感性、并且和它一起的一切可能的现象，具有与这个本源的统觉的——关系。（KrV，A111）

24. 我并不想提及的是，例如，一个原因的概念随身带有必然性的特征，而任何经验都不能提供这种必然性。（KrV，A112）

25. 所以就必须有一个客观的、亦即在想像力的一切经验的法则之前就可以先天地看出的根据，一条延伸到一切现象中的法则的可能性甚至必然性则基于这种根据之上。（KrV，A122）

26. 必然性的图型是一个对象在一切时间中的此在。（KrV，A145；B184）

27. 甚至自然规律，当它们被看作知性的经验的运用的原理（Grundsätze）

的时候，同时也就带有了一种必然性的特征。（KrV，A159；B198）

28. 所以数学的运用的原理是无条件的必然的，亦即表现为无可置疑的，但动力学的运用的原理虽然也带有一种先天必然性的品格。（KrV，A160；B199）

29. 现在，虽然在经验中知觉仅仅以偶然的方式彼此相遇，以至于没有任何它们联结的必然性从这些知觉本身中得到解释，也不可能得到解释。（KrV，B219）

30. 既然这些概念任何时候都同时随身带有必然性，那么经验就只有通过一种知觉的必然联结的表象才是可能的。（KrV，B219）

31. 然而，持存这种内在必然性，毕竟与一直已经存在着的必然性，是不可分离地联结着的，所以这个术语可以保留着。（KrV，A185；B229）

32. 然而这个概念，它随身带有综合统一性的必然性，只能够是一种纯粹知性概念，它并不处于知觉中。（KrV，A189；B234）

33. 而它所带来的规则，一切发生的事情都有一个原因，就会同经验本身一样，恰好是如此偶然的：这样一来，它的普遍性和必然性就该是仅仅捏造的，而不会具有真正的普遍的有效性，因为这种普遍的有效性不会是先天的、而只会以归纳为基础。（KrV，A196；B241）

34. 模态的原理也就无非是，可能性、现实性和必然性的概念在它们的经验的运用中的解释。（KrV，A219；B266）

35. 最后，至于第三条公设，那么它针对此在中的质料的必然性，而不只是针对概念的联结中的形式的和逻辑的必然性。（KrV，A226；B279）

36. 由此就推出：必然性的标准只在于可能经验的法则：一切发生的事都先天地被它在现象中的原因所规定。因此，我们只认识在自然中——它的原因已给予我们的——那些结果的必然性，而在此在中的必然性标志所达到的，则无非是可能经验之领域。（KrV，A227；B280）

37. 所以必然性只涉及按照因果性的动力学法则的现象的关系，以及这种建立于其上的从任何一个被给予的此在（一个原因）先天地推出另一个此在（结果）的可能性。（KrV，A228；B280）

38. 自然中没有任何必然性是盲目的，而是有条件的，因而是可以理解的必然性（non datur fatum，没有偶发的定命）。（KrV，A228；B280）

39. 后者则属于模态的原理，这种模态的原理给因果规定添加了必然性概念，但这必然性则服从于知性的规则。（KrV，A228；B281）

40. 但模态的原理并不是客观综合的，因为可能性、现实性和必然性的谓词丝毫也没有扩大它们所讲述的那个概念，由此它们还给对象的表象补充了某物。（KrV，A233；B286）

41. 但这种——唯独建立在抽象上的——必然性，并不发生在事物那里，只要这些事物在直观中连同这样的——只表明关系、而没有以某种内部的东西作基础的——规定一起被给予出来，这是因为，这些事物不是自在之物本身，而只是现象。（KrV，A285；B341）

42. 我们的概念的一种确凿的联结的主观必要性，为了知性的好意，而被看作自在之物本身的规定的一种客观必然性。（KrV，A297；B353）

43. 关于绝对的必然性，我将在下面指出，它决不是在一切情况下都依赖于内部的必然性的。（KrV，A325；B381）

44. 但我不能倒过来推断，凡是绝对必然的东西，它的反面就是，在内部不可能的，即事物的绝对必然性就是一种内部必然性；因为这种内部必然性在一定情况下就是一种完全空洞的表达，我们不能把它和起码的概念联结起来。（KrV，A325；B382）

45. 而这种存在者，我通过一种先验概念还更加不认识，并且从它的无条件的必然性我也不能形成任何概念。（KrV，A340；B398）

46. 但因为我的此在在第一个命题中被看作给予了的，因而它就不叫做，每一个思想着的存在者都生存，（这就同时叫做绝对的必然性，因而对那些存在者就会说得太多了）。（KrV，B420）

47. 因为经验并不提供任何必然性而认识，更谈不上，绝对统一性的概念是远超出经验范围了。（KrV，A353）

48. 在这条件之下必然把这个条件指向 个更高的条件，直止理性仅仅在这个序列的总体性中找到那个无条件的必然性。（KrV，A415；B442）

49. 现象的无条件的必然性可以叫做自然必然性。（KrV，A419；B447）

50. 由此就完全被取消一切无条件者和一切绝对的必然性。（KrV，A461；B489）

51. 所以这个结果鉴于它的理知的原因就可以被看作自由的，但同时鉴于现象则可以被看作按照自然的必然性而出自现象的后果。（KrV，A537；B565）

52. 这种“应当”表达了一种必然性的方式以及与在整个自然中通常并不发生的根据的联结。（KrV，A547；B575）

53. 所以，理性的这种调节性的原则鉴于我们的这个课题就是：在感官世界中的一切都具有经验的条件的生存，并且在感官世界中任何地方鉴于任何属性都决不没有一种无条件的必然性。（KrV，A561；B589）

54. 而这种理知的东西的必然性则不需要、也不允许任何经验的条件，因而或者更确切地说在现象上是无条件地必然的。（KrV，A564；B592）

55. 于是，理性到处寻找一个——作为无条件的必然性、而与这样的优先生存相合适的存在者的——概念，不是为了这样一来就从这个存在者概念中先天地推断出它的此在，（因为，如果理性胆敢这样，那么它完全只在单纯概念之间进行研究，而没有必要，设置一个给予的此在作为基础），而只为了在可能之物的一切概念中找到那个——自身不拥有任何与绝对必然性相冲突的东西的概念。（KrV，A585；B613）

56. 我必须把一个——包含一切实在性、因而也包含一切条件的——存在者，看作是绝对无条件的，所以经此而找到，那种与绝对必然性相合适的物的概念。（KrV，A588；B616）

57. 然而，判断的无条件的必然性并不是事物的一种绝对必然性。因为判断的绝对必然性只是事物的一种有条件的必然性，或者是判断中谓词的有条件的必然性。（KrV，A593；B621）

58. 这种逻辑的必然性已经证明了，它的幻觉的如此巨大的威力，以至于因为人们制造出一个关于某物的先天概念。（KrV，A594；B622）

59. 然而人们隐瞒了理性的这一自然进程，并且，不是在这个概念上终止，人们试图从它开始、以便从它推导出此在的必然性，人们毕竟曾经已促使只补充这种必然性。（KrV，A603；B631）

60. 这个宇宙论的证明，我们现在所要研究的，保留了绝对必然性与最高实在性的连结，但取代如同那个上次的证明那样，从最高实在性中推出在此在中的必然性，而宁可从任何一个存在者的被预先给予的无条件的必然性、推出它的无限制的实在性。（KrV，A604；B632）

61. 而理性则在这里完全告别这种根据并且在纯然概念后面探求：即一个绝对必然的存在者一般必须具有什么属性，也就是，一切可能之物中的哪一个包含一个绝对必然性所需要的条件（requisita，必需物）。（KrV，A607；B635）

62. 人们在这里预设了，一个最高实在性的存在者的概念完全满足此在中的绝对必然性概念，也就是说，可以从前一个概念推断出后一个概念。（KrV，A607；B635）

63. 这个绝对的必然性是一个出自单纯概念的此在。（KrV，A607；B635）

64. 因为这不过是说：在一切可能的东西中有“一个”，它随身带有绝对必然性，也就是说，这个存在者绝对必然地生存着。（KrV，A608；B636）

65. 所以这个最实在的存在者的单纯概念也就必须带有这个最实在的存在者的绝对必然性。（KrV，A608；B636）

66. 如果我们现在想按照它的性状而进一步地规定这个必然存在者，那么我们就不寻找那个足以从它的概念中把握此在的必然性的必然存在者。（KrV，A639；B611）

67. 人们要求绝对必然性的条件，只有在一个唯一的存在者中才能找到，因此这个存在者就必须在它的概念中包含绝对必然性所需要的一切东西，并因

而使推出这个绝对必然性的一个先天推论成为可能。（KrV，A611；B639）

68. 凡是人们预先确定作为绝对必然的而认识的东西，关于它的知识也都必定随身带有绝对的必然性。（KrV，A612；B640）

69. 先验理想的全部任务都取决于：或者为绝对的必然性寻找一个概念，或者为任何一个事物的概念寻找它的绝对必然性。（KrV，A612；B640）

70. 无条件的必然性——它作为一切事物的最后承担者，我们如此不可缺少地需要着——对人类理性，是真正的深渊。（KrV，A613；B641）

71. 什么是那个辩证的、但却是自然的幻相的原因呢，它联结了必然性与最高实在性的概念、并且使那种毕竟只能是理念的东西实在化和实体化？（KrV，A615；B643）

72. 必然性和偶然性必须不涉及和击中物本身。（KrV，A616；B644）

73. 因为没有任何东西，把理性完全束缚在这种此在之上，而理性任何时候并且没有矛盾地都可以在思想上取消这种此在；但绝对必然性却也就仅仅处于思想中了。（KrV，A617；B645）

74. 既然我把这种——在世界上曾是绝对（无条件）必然的——至上存在者，考虑为自为之物，这种必然性不能是任何概念，因而只作为思维的形式条件、但却不作为此在的质料的和物化的条件，在我的理性中必然已经被找到了。（KrV，A620；B648）

75. 人们现在唯独从这种偶然性出发，仅仅通过先验的概念，走向一个绝对必然者的此在，并且从最初原因的绝对的必然性的概念出发，走到那绝对必然者的通盘被规定的或作规定的概念，即一个无所不包的实在性的概念。（KrV，A629；B657）

76. 所以如果一个物的绝对必然性应当在理论知识中被认识，那么这个物就唯有从先天概念中才能够发生，但决不作为一个——与被经验所给予的此在相关联的——原因。（KrV，A634；B662）

77. 必然性、无限性、统一性、在世界之外的（不是作为世界灵魂的）此在、没有时间条件的永恒性、没有空间条件的全在、全能等等，都是纯然先验的谓词，因此它们的被纯化出来的概念，作为每一种神学如此非常必须具有的概念，都仅仅从先验神学中被牵引了出来。（KrV，A641；B669）

78. 如果我假定一个神的存在者，我尽管不论对它的最高完善性的内部可能性、还是对它的此在的必然性，都没有丝毫概念，但随后毕竟我就能够满意地回答一切其他涉及偶然之物的问题了。（KrV，A675；B703）

79. 关于这个调节的原则我们虽然认识了自在本身的必然性，但却非这种必然性的来源，并且我们对此假定了一个至上的根据，仅仅出于这个意图，为的是，比起例如我说把一个与一种单纯的也就是先验的理念相应的存在者设想

为生存着的，更为确定地思想这个原则的普遍性。（KrV，A676；B704）

80. 实在性、实体、原因性，甚至此在中的必然性的概念，除了它们使一个对象的经验的知识成为可能的这种运用之外，根本没有任何——规定某个客体的——意义。（KrV，A677；B705）

81. 所以我将按照与这个世界中的实在性、实体、原因性和必然性的类比而设想一个在最高完善性中拥有这一切的存在者。（KrV，A678；B706）

82. 由此也就解释了，从那里我们虽然在与生存着地提供给感官的东西的关系中、需要一个自在的必然的原始存在者的理念，却决不能够对这个原始存在者和它的绝对的必然性具有丝毫的概念。（KrV，A679；B707）

83. 人们根本不是把这条原理的真实性（一定不是一个起作用的一般原因的概念的客观有效性）立足于任何洞见、即先天知识之上，因此丝毫不是这条规律的必然性，而只是这条规律在经验的进程中的普遍适用性以及因此而产生的主观必然性，他称这种主观必然性为习惯，构成了这条规律的全部声望。（KrV，A760；B788）

84. 因而只是经验的、即本身偶然的规则，我们把一种被臆想出来的必然性和普遍性归于这些偶然的规则了。（KrV，A765；B793）

85. 一个存在者此在中的无条件的必然性绝对不可能被我们所理解。（KrV，A792；B820）

86. 一切事物全都在一个唯一的原始存在者的绝对必然性中拥有它们的来源。（KrV，A816；B844）

87. 因为这些道德律恰好是，由它的内部的实践的必然性而把我们引向一个独立原因的，或一个智慧的世界统治者的预设的，以便给予那些规律以效力。（KrV，A818；B846）

88. 联结的原则要求普遍性和必然性，因而要求完全的确定性，否则就根本找不到通往真理的指导。（KrV，A823；B850）

89. 如果一个目的一旦被预设了，那么达到目的的那些条件也就假设地是必然的了。这种必然性则是主观的，但毕竟只是比较充分的，如果我根本不知道任何别的条件，这个目的在这些条件之下已经达到。（KrV，A823；B851）

变化（die Veränderung）

变化（verändern）

变化的（veränderlich）

变化之物（das Veränderliche）

世界变化（die Weltveränderung）

1. 或者关于从一个最高实在的存在者的概念中，（从变化之物的偶然性，

以及第一推动者的必然性中），推导出上帝此在的证明。（KrV，BXXXII）

2. 例如这个命题："每一个变化都有它的原因" 就是一个先天命题，不过并不是纯粹的命题，因为变化是一个只能从经验中被抽出的概念。（KrV，B3）

3. 人们如果想从最普通的知性运用中举一个例子，那么为此则利用"一切变化都必须具有一个原因" 这个命题。（KrV，B5）

4. 作为定理：在物体世界的所有变化中，物质的量保持不变。（KrV，B17）

5. 例如颜色、味道等等都按理不被看作事物的性状，而是单纯被看作我们的主体的变化，这些变化甚至在不同的人们那里也可能是不同的。（KrV，B45）

6. 变化的概念，并且，和它一起的运动（作为位置的变化）的概念只有通过时间表象并在时间表象之中才是可能的。（KrV，B48）

7. 既然变化仅仅在时间中才是可能的，所以时间就是某种现实之物。（KrV，A37；B53）

8. 先验感性论也不能把变化的概念算作它的先天素材中：因为时间本身没有变化，而某种在时间中的东西则变化。（KrV，A41；B58）

9. 从经验的意识到纯粹的意识就可能是一个逐步的变化。（KrV，B208）

10. 如果一切现象，不论从外延上、还是从内包上来考察，都是连续的大小，那么命题："甚至一切变化（一物从一个状态到另一个状态的过渡）也该是连续的"，在这里就可能容易地而用数学的显明被证明了。（KrV，A171；B212）

11. 因为他说：在世界中的一切变化那里，实体保留着，而只有偶性在变更。（KrV，A184；B227）

12. 于是，变化概念的校正也建立在这种持存性的基础之上。产生和消失不是这种产生着或消失着的东西的变化。变化是一种生存的方式，它恰好跟随在同一个对象的另一种生存方式。因此一切变化的东西，都是保留着的，而只是它的状态变更了。（KrV，A187；B230）

13. 只有持存的东西（实体）会变化，可变的东西却遭受不到任何变化，而是遭受一种变更，由于一些规定终止了，并且另一些规定开始了。（KrV，A187；B231）

14. 因此变化只有在实体身上才能被知觉到，而绝对的产生和消失，除非只关涉持存之物的规定，否则根本不会是一种可能的知觉。（KrV，A187；B231）

15. 一切变化都按照原因与结果的连结的规律而发生。（KrV，A189；B232）

16. 时间相继的一切现象全都只是变化，即都是在此持存着的实体的规定的一种相继存在和非存在。（KrV，A189；B232）

17. 变化这个概念恰好就以带有两个相反规定的同一个生存着的、因而持存着的主体，为前提。（KrV，B233）

18. 只有通过我们把现象的接续、因而把一切变化都从属于因果律，甚至经验、也就是关于现象的经验的知识，才是可能的。（KrV，B234）

19. 所以这只不过是变化，并不是来自虚无的根源。（KrV，A206；B251）

20. 但是每一个变化的形式，这种条件，变化唯独在其下才能够作为另一状态的产生而居于优先地位（变化的内容、也就是被改变的状态，则可以是任意的）。（KrV，A207；B252）

21. 这样，每一个变化都有一个原因，这个原因在变化所发生的整个时间中，表示出它的因果性。（KrV，A208；B253）

22. 所以一切变化都只是通过因果作用的一种连续的行动才可能的，这种行动、只要它是匀速的，就叫做一种力矩（Moment）。变化并不由这些力矩所构成，而由此作为它们的结果而产生。（KrV，A208；B254）

23. 这就是一切变化的连续性的规律，它的根据是这样的：既非时间，又非在时间中的现象，由都是最小的部分所构成。（KrV，A209；B254）

24. 这就由此澄清了这种可能性，先天地认识一条变化规律，按照变化的形式。（KrV，A210；B255）

25. 这是一条基本原理，它使世界上的变化都从属于一条法则，即从属于一条必然的此在的规则，没有这条规则，甚至连自然都决不会产生。（KrV，A228；B280）

26. 但变化就是事件，事件，作为这样的事件，只有通过一个原因才是可能的，所以它的非存在对自己才是可能的，因而人们认识偶然性，从某物只作为一个原因的结果才可能生存中。

27. 变化就是在一个同一物的此在中相互矛盾的对立的规定的联结。那么如何能够从一个给予的状态中导致同一物的与之相对立的状态，任何理性不仅没有例子能够领会，而且没有直观一次都不能使之被理解，而这种直观就是空间中一个点的运动的直观，这一点在不同位置的此在（作为两个对立规定的一种次序），才首次唯独使我们直观到变化。（KrV，B292）

28. 一切变化都以直观中某种持存之物为前提，即使只为了作为变化而被知觉到，但在内感官中却根本找不到任何持存的直观。（KrV，B292）

29. 一切物体都是变化的。（KrV，A330；B387）

30. 一切复合物都是变化的。（KrV，A330；B387）

31. 从一切未来的世界变化的整个系列制造一个理念，那么这就是一个仅仅任意想出来的思想物（ens rationis，推断之物），而不被理性所必然地预设。（KrV，A337；B394）

32. 在现象中变化之物的此在的依赖性的绝对完备性。（KrV，A415；B443）

33. 鉴于变化之物的此在则叫做绝对的自然必然性。（KrV，A418；B446）

34. 我们的先验的观念论相反则允许：外部直观的对象，正如它们在空间中被直观到的那样，也是现实的，并且在时间中一切变化，就如内感官把它们所表象出来的那样。（KrV，A491；B520）

35. 在它之内，只要它是本体，而没有发生什么，遇不到任何需要动力学的时间规定的变化，因而遇不到任何与作为原因的现象的连结。（KrV，A541；B569）

36. 在现象的总和中一切都是变化的，因而在此在中是有条件的。（KrV，A559；B587）

变形（die Modifikation）

1. 并且，不单这些雨滴都只是现象，而且甚至它们的圆形、乃至于它们落在其中的空间，都不是自在的本身，而只是我们感性直观的变形或基础，但先验的客体仍然是我们所不知道的。（KrV，A46；B63）

2. 因为这些概念作为现象构成了一个——仅仅是在我们之内的——对象，因为我们感性的一个单纯变形在我们之外根本就找不到。（KrV，A129）

3. 现在，我们怎样做到，为这些表象设置一个客体，或者超出它们的主观实在性，作为变形，还要赋予它们以一种我所不知道是什么样的客观实在性呢？（KrV，A197；B242）

4. 一种知觉，只是关系到主体、作为主体的状态的变形，就是感觉（sensatio，感觉）。（KrV，A320；B376）

5. 一个在我之外的现实对象（如果这个词在智性的意义上被设想）的此在决不在知觉中刚好被给予，而只能对这个——就是内感官的变形的——知觉，作为这个知觉的外部原因被考虑进去，因而被推论出来。（KrV，A367）

6. 而单纯是有关内感官的表象与我们的外部感性的变形之间的联结。（KrV，A386）

7. 在先验意义上的实在论者则由我们感性的这些变更而制成了本身自存之物，因而把单纯的表象培养成为自在的事物本身。（KrV，A491；B519）

8. 经验仍然将我们的精神力量，不仅是振奋、而且还是损伤都似乎证明为不过是我们器官的不同变形。（KrV，A778；B806）

辩证法，辨证论（die Dialektik）

辩证的（dialektisch）

1. 形而上学家的分析把纯粹先天知识分割为两个性质极不相同的要素，即作为现象的事物的知识，以及自在之物本身的知识。反之，辩证法则用无条件者的必然的理性理念把这两者结合成一致性，并且发现，这种一致性永远只有通过那种区分才出现，所以这种区分是真正的区分。（KrV，BXX）

2. 无论如何在这个世界上一直都存在着形而上学，并且大概今后也将存在，但和它一起由此也会碰到一种纯粹理性的辩证论，因为辩证论对纯粹理性是当然的。所以哲学的最初的和最重要的事务就是，通过堵塞这一错误的根源而一劳永逸地消除一切不利的影响。（KrV，BXXXI）

3. 于是，这种被误以为工具论的普遍逻辑，就称为辩证论。（KrV，A61；B85）

4. 普遍的逻辑，被看作为工具论，任何时候都会是一种幻相的逻辑，亦即，都会是辩证的。因为它在这里教导我们毫无关于知识的内容，而只不过与知性相一致的形式条件，这些条件除此之外在对象方面是完全无关紧要的。（KrV，A61；B86）

5. 一种这样的指教是与哲学的尊严无论如何都不相符合的。为此人们更愿意把辩证论的这个名称，作为一种辩证幻相的批判，而算作逻辑，而这里我们也要记得把它理解为这样一种批判。（KrV，A62；B86）

6. 先验逻辑的第二部分必须是对这种辩证幻相的一种批判，它称之为先验辩证论。（KrV，A63；B88）

7. 先验逻辑，因为被限制在一种规定的内容上、即仅仅是纯粹先天知识的内容上，它在这里的划分就不能模仿普遍逻辑。因为这显示出：理性的先验运用完全不可能是客观有效的，因而不属于真理的逻辑，即分析论，而作为一种幻相的逻辑，以先验辩证论的名义，要求学院派的学说体系的一个特殊的部分。（KrV，A131；B170）

8. 因此，知性和判断力在先验逻辑中拥有它们的客观有效的、因而真实的运用的法规，因而属于先验逻辑的分析部分。不过，理性在它的先天地构成关于对象的某物的试图中，并扩展知识而超出可能经验的界限，它就完全是辩证的了，并且它的幻相主张绝对不顺从于一个法规，而分析论则应当就包含这一类的法规。（KrV，A131；B170）

9. 所以先验辩证论将满足于，揭示先验判断的幻相，并同时预防，它欺骗；但它也绝不能做到，使这种幻相（如同逻辑的幻相）也甚至消失，而不再是幻相。因为我们必须与一种自然的和不可避免的幻觉打交道，这种幻觉本身则以主观的原理为基础，并把这些主观原理偷换成客观的原理；取而代之的是，逻辑的辩证论则在谬误推理的解决中必须只带有一个原理遵守方面的错误，或者带有一个——在模仿这些原理时的——人为做作的幻相。于是就存在着一种纯粹理性的自然的和不可避免的辩证论，它不是一个外行，由于缺乏知识，而自己陷进理性的某物，或者是任何一个诡辩论者，为了迷乱理性的人们，而已经人为编造出来的，而是不可阻挡地依附于人类的理性的，甚至，在我们揭穿了它的假象之后，它仍然不停地迷惑人类理性，并使之不断地碰上随时需要消除的一时迷途。（KrV，A298；B354）

10. 我们在这里并不涉及一种逻辑的辩证论，它抽掉了知识的一切内容，而仅仅揭示三段论推理形式中的虚假的幻相，毋宁涉及一种先验的辩证论，它应当完全先天地包含来自纯粹理性的一定知识的来源，以及由此推出的那些概念的来源，这些概念的对象根本不可能经验地被给予，因而它们完全处于纯粹知性的能力之外。（KrV，A333；B390）

11. 所以，这些辩证的理性推理就只有三种类型，而与它们的结论所得出的那些理念一样多。在第一级的理性推理中，我从不包含任何杂多的主体的先验概念中推论出，这个主体本身的绝对统一性，我以这种方式对这个主体本身完全没有任何概念。我会把这个辩证的推论称为先验的谬误推理。玄想的推理的第二级瞄准了一个给予了的现象的一般条件序列的绝对总体性的先验概念，我由此而推论出，我从序列的无条件的综合统一性起，一个任何时候都具有一个自相矛盾的概念的方面，我关于它仍也不具有任何概念的对立的统一性的正确性。理性的这个状况，在这种辩证推理那里，我将称为纯粹理性的二律背反。最后，按照玄想的推理的第三种类型，从那些一般对象——只要它们能被给予我而思维——的条件的总体性，我推论出，一般事物的可能性的一切条件的绝对的综合统一性，即从那些我按照它们单纯的先验概念并不认识的事物，推论出一个一切存在者的存在者，而这种存在者，我通过一种先验概念还更加不认识，并且从它的无条件的必然性我也不能形成任何概念。这种辩证的理性推理我会称为纯粹理性的理想。（KrV，A339，340；B397，398）

12. 纯粹理性的辩证运用就只有这样三种情况：1. 一般思想的条件的综合。2. 经验的思想的条件的综合。3. 纯粹思想的条件的综合。（KrV，A397）

13. 辩证推论并没有对一般思想的那些本身是无条件的条件，犯下内容上的错误，（因为它抽掉了一切内容或客体），毋宁，这种推论唯一在形式上有过失并必须被称为谬误推理。（KrV，A397，398）

14. 纯粹理性的一切幻相都基于辩证的推论之上。（KrV，A405）

15. 所以，在一个这样的纯粹理性的辩证论那里自然呈现出的——问题，就是：1. 究竟在哪些命题中，纯粹理性真正会不可避免地听命于一种二律背反。2. 这种二律背反基于哪些原因之上。3. 然而在这种矛盾之下，是否并且以哪种方式还为理性保留着一条向确定性开放的道路。（KrV，A421；B449）

16. 因此，纯粹理性的一条辩证的定理必须具有这种区别于一切诡辩的命题的特点，即它涉及不到一个——人们仅仅出于某种随便的意图而提出的——

任意的问题，而涉及这样一种——每个人类理性在它的进程中都必然遇到的——问题；其次，它，连同它的反命题，随身携带着的不单纯是一种人为做作的幻相，这种幻相如果人们看透了它，就立即消失了，而是一种自然的和不可避免的幻相，这种幻相本身，当人们不再被它蒙骗时，仍还一直迷惑着，即使没有欺骗，因面尽管能够使它无害，但却永远不会被根除。（KrV，A422；B449）

17. 一个这样的辩证学说将不与经验概念中的知性统一性、而与单纯理念中的理性统一性发生关系，这种理性统一性的条件，由于它们首先，作为按照规则的综合，而应当与知性相一致，但同时作为这种综合的绝对统一性，又应当与理性相一致，当它们与理性相符合的时候，对于知性就会太大，而当它们与知性相适合的时候，对于理性又会太小；于是从中就必然产生出一种冲突，而这种冲突是无论人们想从哪里入手，都不可避免。（KrV，A422；B450）

18. 所以，这些玄想的主张就开辟了一个辩证的战场，在这里，允许做出进攻的每一方，都掌握优势，而被迫单纯行使防御方式的一方，则肯定失败。（KrV，A422；B450）

19. 纯粹理性的全部二律背反都基于这种辩证的论据：如果有条件者被给予了，那么它的所有条件的整个序列也就被给予了。（KrV，A497；B525）

20. 由此说明，宇宙论的三段论推理的大前提在一种纯粹范畴的先验意义上、但小前提却在一个运用于单纯现象的知性概念的经验意义上设想了有条件者，在这点上就遇到了人们称为 sophisma flgurae dictionis（语言表达方式的诡辩）的辩证欺骗。但这种欺骗不是假装，而是普遍知性的一种完全自然的错觉。（KrV，A499；B528）

21. 请允许我，我把这一类的反对称为辩证的对立，而把那种矛盾的对立称为分析性的对立。所以对立的两个辩证的相互反对的判断的双方全都可能是假的，因为一方并不只与另一方相矛盾，而是比矛盾所需要的，说出了更多的东西。（KrV，A504；B532）

22. 纯粹理性的一切辩证的尝试的结果不单单证实了，我们在先验分析论中已经证明了的东西、即一切我们的——想把我们引领出可能经验之领域的——推论，都是迷惑人的和没有根据的。（KrV，A642；B670）

23. 先验理念决不是这样的一种构成性的运用，以至于通过这种运用一定对象的概念就会被给予出来，而在人们这样理解它们的情况下，它们就仅仅是玄想的（辩证的）概念了。（KrV，A644；B672）

24. 现在我们就能够清楚地看到全部先验辩证论的结论，并精确地规定，纯粹理性的这些理念的终极意图了，这些理念只是由于误解和不谨慎才成为了辩证的。（KrV，A680；B708）

25. 也由于休谟不知道知性的有根据的要求与——他的攻击所主要瞄准的——理性的辩证狂妄之间的任何区别。（KrV，A768；B796）

26. 思辨理性在它的先验的运用中自在地就是辩证的。（KrV，A777；B805）

27. 因为理性虽然具有它的原理，但作为客观的原理则全都是辩证的，因而充其量只能够就像系统的关联的经验运用的调节的原则而是有效的。（KrV，A786；B814）

28. 所以根本没有纯粹理性的思辨运用的任何法规（因为这种运用是彻头彻尾辩证的），而一切先验逻辑在这方面都无非是训练。（KrV，A796；B824）

表象（die Vorstellung）

表象（vorstellen）

表象方式（die Vorstellungsart）

表象力（die Vorstellungs - Kraft，die Vorstellungskraft）

1. 但因为我不能停留在直观那里，如果要把它们变成为知识，而必须把它们作为表象与任何一个作为对象的某物相关联并且通过这些表象而规定这个对象。（KrV，BXVII）

2. 相反，如果人们假定，事物的我们的表象，正如它们被给予我们的那样，并不取决于这些，作为自在之物本身，而是这些对象宁可，作为现象，取决于我们的表象方式，这种矛盾就消失了。（KrV，BXX）

3. 所以我仍然可以思想自由，亦即，自由的表象至少自身并不包含任何矛盾，如果我们批判地区分两种（感性的和智性的）表象方式并且因此而限制纯粹知性概念、因而也限制由它们而流出的那些原理。（KrV，BXXVIII）

4. 因为能够在我之内被发现的我的此在的一切规定根据，都是表象，并且作为表象，本身就需要一个与它们相区别的持存之物，对此在表象的变化关系中、因而表象在其中变化的时间中的我的此在，才能够被规定。（KrV，BXXXIX）

5. 假如我能够在——伴随着我的一切判断和知性活动的——“我在”表象中，通过智性的直观同时联结我的此在的一个规定与我的此在的智性意识，那么一种对外在于我的某物的关系的意识就该是不必然属于这种智性直观的了。（KrV，BXL）

6. 某种持存之物在此在中的表象与持存的表象不是等同的。（KrV，BXLI）

7. 知识能力通常究竟应该怎么会被激发成了行动呢，如果没有发生通过对象，激动我们的感官并且部分地由自己而引起表象，部分地把我们的知性活动带进了运作，而比较这些表象，把它们连结或分离，并且这样把感性印象的粗糙素材加工成一种叫做经验的对象知识？（KrV，B1）

8. 上述因果原理不仅以更大的普遍性、而且也以必然性的表达、因而完全先天地并且从单纯的概念出发，把第二种表象加在第一种表象上。(KrV, B13)

9. 既然感性应当包括那些构成对象被给予我们的条件的先天表象，则它［感性］属于先验—哲学。(KrV, B30)

10. 这种能力（接受性）——通过我们被对象所刺激的方式而获得表象——就叫作感性。(KrV, A19; B33)

11. 这个在表象能力上的对象的结果，如果我们被同一对象所刺激，就是感觉。(KrV, A20; B34)

12. 我把一切表象——在其中找不到任何属于感觉的东西——称为纯粹的(在先验知性中)。(KrV, A20; B34)

13. 如果我从一个物体的表象里，把那种知性所想到的东西，如实体、力、可分性等等都隔离了，同时，又把那种属于感觉的东西，如不可入性、硬度、颜色等等也隔离了，那么从这个经验的直观中还剩留下某种东西，即广延和形状。(KrV, A21; B35)

14. 借助于外感官（我们内心的一种属性），我们把对象表象为在我们之外，并都在空间之中。(KrV, A22; B37)

15. 一切属于内在规定的东西都会表象在时间关系之中。(KrV, A23; B37)

16. 因此空间的表象不能从外部现象的关系中通过经验而借来，而是这种外部经验本身只有通过上述表象才是可能的。(KrV, A23; B38)

17. 空间是一种构成所有外部直观之基础的先天的必然表象。(KrV, A24; B38)

18. 所以它被看作是现象可能性的条件，并不是一个依赖于它［现象］的规定，而且是一个构成外部现象的必然方式之基础的先天表象。(KrV, A24; B39)

19. 人们只能表象一个唯一的空间。(KrV, A25; B39)

20. 空间被表象为一个无限的给予的大小。(KrV, A25; B39)

21. 空间的表象究竟必须是什么东西，才会使有关它的这样一门知识是可能的呢？它必须是本源的直观。(KrV, A25; B41)

22. 它只要仅在主体中，作为形式的性状被客体所刺激、并由此而获得客体的直接表象、即直观，而占有自己的位置，因而仅仅作为外感官的一般形式。(KrV, A25; B41)

23. 空间绝不表象任何一个自在之物的属性，或者在它们的相互关系中的属性，也就是说，绝不［表象］粘附在对象自身上的那些属性的规定，并且即使人们把直观的所有主观条件都抽掉，它们还保留着。(KrV, A26; B42)

24. 但除了空间之外，也不存在任何别的主观的并与某种外在东西相关的

表象了，这种表象能够叫做一种先天客观的。（KrV，A28；B44）

25. 不能把任何观念性归之于这些先天客观的表象，即使它们与空间表象在这点上取得一致。（KrV，A28；B44）

26. 因此它们也不是任何先天的表象，而是建立在感觉上，但好味道甚至建立在作为感觉的影响的（愉快和不愉快的）情感上。（KrV，A29；B44）

27. 凡是我们称为外部对象的，无非只是我们感性的单纯表象。（KrV，A30；B45）

28. 因为，如果时间表象不是先天地作为基础，同时与相继甚至都不会进入到知觉中来。（KrV，A30；B46）

29. 时间是一个构成一切直观基础的必然表象。（KrV，A31；B46）

30. 时间这种本源的表象必须作为无限制的而已经被给予。（KrV，A32；B48）

31. 一个对象的每个大小，都只有通过限制才能确切地被表象出来。（KrV，A32；B48）

32. 变化的概念，并且，和它一起的运动（作为位置的变化）的概念只有通过时间表象并在时间表象之中才是可能的。（KrV，A32；B48）

33. 这种内直观的形式就能先于对象、因而先天地，被表象了。（KrV，A33；B49）

34. 因为时间不可能是外部现象的任何规定；它既不属于形状，又不属于位置等等，相反它规定着我们内部状态中表象的关系。（KrV，A33；B50）

35. 时间本身的表象是直观，因为它的一切关系都表达为一个外部直观。（KrV，A33；B50）

36. 借助于这种直观也把一切外部直观包含在表象力中。（KrV，A34；B51）

37. 但如果人们抽掉我们直观的感性，因而抽掉我们所特有的那种表象方式，而谈论一般的物，则时间就不再是客观的了。（KrV，A35；B51）

38. 因此它在内部经验中有主观实在性，亦即我现实地具有关于时间和我的在时间中的规定的表象。（KrV，A37；B54）

39. 我们的一切直观无非是现象的表象：我们所直观的事物，不是我们对其直观的自在本身，也不是它们所具有的如同它们向我们显现的那种自在本身的关系。（KrV，A42；B59）

40. 我们的整个感性无非就该是事物的混乱的表象，这种表象仅仅包含那种属于自在事物本身的东西。（KrV，A43；B60）

41. 直观中一个物体的表象根本不包含，任何应归于一个自在对象本身的东西，而仅包含某物的现象以及我们由此被刺激的方式。（KrV，A44；B61）

42. 通过外感官给我们提供的无非是单纯的关系表象，所以外感官也只能

在它的表象中包含一个对象之于主体的关系，而不包含内部的、可归于自在客体的东西。（KrV，B67）

43. 外感官的表象在内感官中构成了——我们用以占据我们内心的——真正材料，而且——在其中我们放置这些表象的——那个时间，那个本身在经验中先行于这些表象的意识的、并且作为方式的形式条件、正如我们把它放置在内心中那样、设置为基础的时间，已经包含前后相继、同时并存的关系，以及与这种前后相继存在同时所存在的东西的（持存之物）的关系。（KrV，B67）

44. 现在，凡是，作为表象，在思想任何某物的一切行动之前，能够先行的东西，就是直观，并且，如果它所包含的无非是关系，就是直观形式，这一形式因为它只有当某物被放置到内心，才有所表象，所以它不能是别的，而只能是——内心通过自己的活动，即其表象的这一放置，因而通过自身而被刺激的——方式，即一种根据其形式的内感官。（KrV，B67）

45. 主体自身的意识（统觉）就是我的简单表象，并且，假如唯独由此主体中的所有杂多会自动地被给予，那么这种内部的直观就会是智性的了。（KrV，B68）

46. 因为内心直观自己，并非像它直接、自动地表象自己那样，而是按照它从内部被刺激的那种方式，因而像它显现自己的那样，而非它所是的那样。（KrV，B69）

47. 我们的知识产生于内心的两个基本来源，其中第一个是，感受表象（印象的接受性）；第二个是通过这些表象认识一个对象的能力（概念的自发性）。（KrV，A50；B74）

48. 如果我们愿意把我们内心，甚至以任何一种方式被刺激所收到表象的接受性，叫作感性；那么反之，那种自己产生表象的能力，或者知识的自发性，就是知性。（KrV，A51；B75）

49. 只有其表象根本不是经验的来源，并且它们何以能够同样先天地与经验对象发生关系的可能性的知识，才能称之为先验的。（KrV，A56；B81）

50. 除了单纯的直观，没有任何表象直接指向对象。（KrV，A68；B93）

51. 判断就是一种对象的间接的知识，因而是对象的一种表象的表象。（KrV，A68；B93）

52. 一切判断都是在我们表象底下的统一性的机能，即因为被运用于对象的知识，不是一种直接的表象，而是一种更高的、包含这个［直接表象］和更多在自身底下［的表象］。（KrV，A69；B94）

53. 概念，作为可能判断的谓词，则与一个尚未规定的对象的任何一个表象发生关系。（KrV，A69；B94）

54. 普遍逻辑抽掉知识的一切内容，而指望，在别的地方，也不管是在哪

里，表象被给予，以便首先把这些表象转化成那些分析地进行着的概念。（KrV，A76；B102）

55. 我把综合理解为在最普遍的意义中——不同表象相互添加、并且在一个认识中把握它们的杂多性的——行动。（KrV，A77；B103）

56. 纯粹的综合，表象为普遍的，提供纯粹的知性概念。（KrV，A78；B104）

57. 不同的表象被分析地带到一个概念之下（普遍逻辑所处理的一件事务）。但先验逻辑所教导的并非把表象、毋宁把表象的纯粹综合带到概念上。（KrV，A78；B104）

58. 表象与对象。综合的表象与其对象能够同时发生、必然相互关联，以及相互对待——只有两种情况是可能的。要么只有对象使表象成为可能，要么只有表象使对象成为可能。如果是前者，那么这一关系只是经验的，并且表象决不是先天可能的。而这就是现象鉴于其属于感觉的情况。但如果是后者，由于表象自在本身（因为这里所谈论的完全不是其借助于意志的因果性）并不为此在而生产它的对象，考虑到对象的表象那就是先天的规定了的，如果仅通过它们，才可能认识作为一个对象的某物。（KrV，A92；B125）

59. 一切表象作为表象，都有它的对象，并且另一方面本身又都可能是别的表象的对象。（KrV，B125）

60. 表象的杂多可以在——单纯感性的、即无非是作为接受性的——直观中被给予。（KrV，B129）

61. 这个东西只有通过知性才能作为联结起来的东西被给予表象力。（KrV，B130）

62. 这种统一性的表象不能从联结中产生，它宁可通过添加到杂多表象上，而首先使联结的概念成为可能。（KrV，B131）

63. “我思”必须能够伴随我的一切表象。（KrV，B131）

64. 这个表象是一个自发性的行动，即它不能被看作属于感性。我把它称为纯粹统觉。（KrV，B132）

65. 在一个确定的直观中被给予的杂多表象，不会全都是我的表象，如果它们不是全都属于一个自我意识。（KrV，B132）

66. 在直观中被给予的杂多的统觉的无例外的同一性，包含着表象的一种综合，并且只有通过对这个综合的意识才是可能的。（KrV，B133）

67. 这个表象必须预先在与别的表象（即使只是可能的表象）的综合统一性中被思想，我才能在它身上思想那个使它成为 conceplus communis（共同概念）的意识的分析的统一性。（KrV，B134）

68. 在直观中被给予的这些表象全都属于我。（KrV，B134）

69. 我能够在一个意识中把握这些表象的杂多，我才把它们全都称为我的表象。（KrV，B134）

70. 因为通过自我，作为简单的表象，并没有任何杂多的东西被给予。（KrV，B135）

71. 所以，我已经意识到同一的自己，鉴于在一个直观中被给予我的表象的杂多，因为我把这些表象全都命名为我的表象，它们构成一个直观。（KrV，B135）

72. 认识以被给予的表象与一个客体的规定关系为内容。（KrV，B137）

73. 在任何一个给予的直观里，我的一切表象必须服从这个条件，唯有在这个条件之下我才能把它们算作我的表象而归于同一的自身，所以，能够总结为一种统觉中综合地联结的、通过一般所说的“我思”。（KrV，B138）

74. 意识的经验性的统一性，通过表象的联合，本身涉及到一种现象，并且完全是偶然的。（KrV，B140）

75. 在判断中的系词“是”的目标就在于，为了把给予表象的客观统一性与主观统一性相区分。（KrV，B142）

76. 但这种——通过它们，给予表象（它们可以是直观或者概念）的杂多被带到一般统觉之下的——知性行动，是判断的逻辑机能（§19.）。（KrV，B143）

77. 空间和时间中的事物，它们只是知觉（伴随着感觉的表象），因而只通过经验的表象才被给予。（KrV，B147）

78. 但因为在我们之内把某种感性直观的先天形式设立为基础，它立足于表象能力的接受性（感性）之上，所以知性，作为自发性，就能够通过给予表象的杂多，按照统觉的综合统一性，而规定内感官。（KrV，B150）

79. 想像力是在直观中表象一个对象甚至它不在场的能力。（KrV，B151）

80. 一条直线（它应该是时间的外部形象的表象）。（KrV，B154）

81. 在一般表象的杂多的先验综合中，因而在统觉的综合的本源统一性中，我向我意识到我的自身，既不像我对自己所显现的那样，也不像我在我自身所是的那样，而只是“我在”。这个表象是一个思想，而非一个直观。（KrV，B157）

82. 我们在时间和空间的表象上拥有外部的和内部的先天感性直观的形式。（KrV，B160）

83. 现象只是关于事物的表象，而这些事物，按照它们可能自在地所是的东西，这时就不被认识。（KrV，B164）

84. 我已经安排成这样，以至于我只能把这些表象，无非这样联结而思想。（KrV，B168）

85. 于是这种自发性就是的三重综合的基础，它们是发生在一切知识中的必然方式，这就是，作为在直观中内心的变状的表象的领会的综合，这些表象在想像中的再生的综合和它们在概念中的认定的综合。（KrV，A97）

86. 我们的表象可以不论来源于哪里，不论它们受到外部事物的影响、还是受到内部原因的作用，它们都可以先天地或作为现象而经验地产生。（KrV，A99）

87. 作为包含在一瞬间中的东西，每一个表象都绝不能是别的东西，而只能是绝对的统一性。（KrV，A99）

88. 现在，这种领会的综合也必须先天地、亦即在那些并非经验的表象方面被执行。因为没有它我们就既不可能先天地拥有空间表象，也不可能先天拥有时间表象。（KrV，A99）

89. 假如没有意识到，我们正在思想的东西，恰恰就是我们在一瞬间之前思想的东西，那么表象系列中的一切再生都会是徒劳的。（KrV，A103）

90. 因为就是这样的一种意识，把杂多，一步一步地，把直观到的东西，然后也把再生出来的东西，都统一在一个表象中。（KrV，A103）

91. 现象本身无非是感性表象，这些表象必须不能以感性表象的方式自在地被看作（在表象能力之外的）对象。（KrV，A104）

92. 我们只和我们表象的杂多打交道，而那个与之相应的 X（对象），由于它应该是区别于我们的一切表象的某物，在我们面前则是无。（KrV，A105）

93. 于是这种规则的统一性就规定了一切杂多，并将其限制在使统觉的统一性成为可能的条件上，而这种统一性的概念就是——关于我们通过一个三角形的上述谓词所想到的——等于 X 的对象的表象。（KrV，A105）

94. 这样，物体概念，在外在于我们的“某物”的知觉那里，使广延的表象、并与它一起使不可入性、形状等等的表象成为必然的。（KrV，A106）

95. 没有那种先行于直观的一切材料和一切对象表象都唯一因为与之发生关系才成为可能的意识统一性，在我们之内就不可能有任何知识发生，也不可能有这些知识相互之间的任何连接和统一性发生。（KrV，A107）

96. 正是统觉的这种先验统一性，使一切总能够在一个经验中共同存在的可能现象，成为一切这些表象按照法则的关联。（KrV，A108）

97. 一切表象作为表象，都有它的对象，并且另一方面本身又都可能是别的表象的对象。（KrV，A108）

98. 这些现象不是自在的事情本身，而只是自身重新拥有它的对象的表象。（KrV，A109）

99. 但这种关系无非就是意识的必然统一性，因而也是通过内心的共同机能、杂多被联结在一个表象中的综合的统一性。（KrV，A109）

100. 这只是一个经验，在其中一切知觉都被表象为处于无例外的与合规律的关联中。（KrV，A110）

101. 一切可能的现象，作为表象，都完全属于可能的自我意识。（KrV，A113）

102. 普遍条件的表象，根据它一定的杂多能够（因而以同一种方式）被建立起来，就叫作一个规则，而如果它必须被这样建立起来，就叫作一个法则。（KrV，A113）

103. 这个自然界本身无非是现象的一个总和，因而并非任何自在之物，而只是内心表象的一种集合。（KrV，A114）

104. 统觉则把现象展示在这些再生的表象与它们由此被给予出来的现象的同一性的经验的意识中。（KrV，A115）

105. 纯粹直观（在其作为表象方面，则以内部直观的形式，即时间）构成了全部的知觉的先天基础。（KrV，A115）

106. 我们已经先天地向我们意识到，无一例外的同一性自身，在每次都能够属于我们的知识的一切表象方面，都作为一切表象的可能性的必要条件（因为这些表象毕竟只有通过——它们与一切别的表象都属于一个意识，因而至少必须能够在一个意识中被连接起来——才在我之内表现出某物）。（KrV，A116）

107. 一切表象都与一个可能的经验的意识有一种必然的关系。（KrV，A117）

108. 这个单纯表象我在与一切其他表象（它使这些表象的集合的统一性成为可能）的关系中会是先验的意识。（KrV，A117）

109. 想像力的综合的先验统一性就是一切可能知识的纯粹形式，因而通过这个纯粹形式可能经验的一切对象才必须被先天地表象出来。（KrV，A118）

110. 假如表象，如同它们互相抵触那样、毫无区别地互相再生，就不会产生任何确定的表象的关联、而只会产生无规则的表象堆积，因而完全不会产生任何知识；所以，表象的再生必须拥有一个规则，按照这条规则，一个表象宁可与这个表象、而不是与另一个表象在想像力中找到连结。（KrV，A121）

111. 这个静止的和常住的（纯粹统觉的）我就构成了我们一切表象的相关项，只要这些表象被意识到是单纯可能的，并且，一切意识恰好都属于一个无所不包的纯粹统觉。（KrV，A123）

112. 正是就这同一个统觉的统一性，从表象的杂多（即从一个唯一的表象规定杂多）上看，就是规则，而这种规则的能力也就是知性。（KrV，A127）

113. 所以那种——感性表象（直观）的杂多如何属于一个意识的——方式，在一切对象知识之前、作为它的智性形式而先行，并且本身也构成了一切对象的一般形式的先天知识（范畴），只要它们被思想。（KrV，A129）

114. 在一个对象低于一个概念的所有归摄中，对象的表象必须和概念是同质的，这就是说，这个概念必须包含归摄于其下的那个对象中所将表象出来的东西。（KrV，A137；B176）

115. 必须有一个第三者，它一方面必须与范畴，另一方面与现象同质，并使前者运用于后者之上成为可能。这个中介的表象必须是纯粹的（没有任何经验的东西），但却一方面是智性的，另一方面是感性的。这样一种表象就是先验的图型。（KrV，A138；B177）

116. 时间，作为内感官杂多的形式条件、因而作为一切表象连结的形式条件，包含了纯粹直观中的一种先天杂多。（KrV，A138；B177）

117. 于是，想像力为一个概念取得它的形象的一种普遍的处理的表象，我把它叫作这个概念的图型。（KrV，A140；B179）

118. 甚至，这所有表象都应该先天地按照统觉的统一性在一个概念中关联起来。（KrV，A142；B181）

119. 数是——概括了一个单位一个单位（同质单位）连续相加的——表象。（KrV，A143；B182）

120. 否定，它的概念则表象一种（时间中的）非存在。（KrV，A143；B182）

121. 现在，每一种感觉都有一种程度或大小，由此它能够在一个对象的感觉的表象方面，或多或少地充实同样的时间，即内感官，直到感觉终止成无（=0=否定）。（KrV，A143；B182）

122. 实体的图型是实在之物在时间中的持存性，即作为一般经验的时间规定的一个基底的那个实在之物的表象，因而这个图型当一切别的东西变化的时候，则停留着。（KrV，A144；B183）

123. 质的图型，包含并表现出感觉（知觉）与时间表象的综合，或者是时间的充实性。（KrV，A145；B184）

124. 从这个表象中我现在什么也得不出来，因为它根本就没有向我指明，应当被看作这样一个最初的主词的那个物具有哪些规定。（KrV，A147；B186）

125. 但现在什么是作为一切综合判断的媒介的第三者呢？它只是一个整体，我们的一切表象都已经包含在其中，亦即内感官，及其先天形式——时间。（KrV，A155；B194）

126. 没有这个，这些概念就是空的，并且人们虽然由此已经思维到，事实上通过这种思维却什么也没有认识到，而单纯玩弄了表象。（KrV，A155；B194）

127. 的确，它们的表象只是一个永远与再生的想像力相关联的图型。（KrV，A156；B195）

128. 只要一个客体的表象首先由此而成为可能的，那就是一个大小（quanti）的概念。（KrV，B203）

129. 我把这个大小称为一个外延的大小，在这种大小中，部分的表象使整体的表象成为可能，（因而必然先行于整体的表象）。（KrV，B203）

130. 7+5=12，就不是什么分析命题。因为我既不是在7的表象中、也不是在5的表象中，也不是在这两者的组合的表象中想到12这个数。（KrV，A164；B205）

131. 所以现象除了直观之外，自身中还包含任何一个一般客体所需的质料（某物生存由此而被表象于空间和时间中），亦即，包含感觉的实在，因而仅仅包含主观的表象，人们只能意识到主体会被表象所刺激，人们使它与一个一般客体相关联。（KrV，A167；B208）

132. 感觉本身根本不是客观的表象，并且在其中既找不到空间的直观，也找不到时间的直观。（KrV，A167；B208）

133. 感觉的质任何时候都只是经验的，而根本不能先天地被表象（例如颜色、味道等）。（KrV，A175；B217）

134. 经验只有通过知觉的必然连接的表象才是可能的。（KrV，A177；B218）

135. 既然这些概念任何时候都同时随身带有必然性，那么经验就只有通过一种知觉的必然联结的表象才是可能的。（KrV，A177；B219）

136. 一切现象都在时间中，在作为基底（作为内直观的持存形式）的时间中，不仅同时并存，而且相继，才唯独能够被表象。（KrV，A182；B224）

137. 持存的东西是时间本身的经验的表象的基底。（KrV，A183；B226）

138. 正是这个持存之物，才使——从一个状态向另一个状态以及从非存在向存在的过渡的——表象，成为可能，所以这个表象只有作为那保留着的东西的变更着的规定，才能被经验地认识到。（KrV，A188；B231）

139. 现象的杂多的领会任何时候都是承继性的。各部分的表象相互跟随着。这些表象是否在对象中也跟随着，这是反思的第二点，它是不包含在第一点之中的。（KrV，A189；B234）

140. 假如现象就是自在之物本身，那就没有任何人能够会从关于它们的杂多的表象的前后相继而估量出，这种杂多在客体中该如何联结。（KrV，A190；B235）

141. 但是现在，一旦我把我关于一个对象的概念一直提升到先验的含义上，这个房子就根本不是什么自在之物本身，而只是一个现象，即一个表象，它的先验对象是未知的。（KrV，A191；B236）

142. 那些处于相继的领会中的东西，被看作是表象。（KrV，A191；B236）

143. 那些纯粹的先天表象，（例如空间和时间）。（KrV，A196；B241）

144. 我们在我们之内拥有表象，我们也能够被意识到它们。但这种意识可以随人们所愿地伸展如此之远、并且是如此准确的和认真的，它仍毕竟只是表象，即我们内心在这种或那种时间关系中的内在规定。（KrV，A197；B242）

145. 只是由于在我们表象的时间关系中的某种秩序是必然的，这些表象才被赋予了客观的意义。（KrV，A197；B243）

146. 一切经验及其可能性都需要知性，而知性为它们所做的第一件事，并不是使对象的表象变得清楚，而是使一个一般对象的表象成为可能。（KrV，A199；B244）

147. 表象在它之中任何时候都是一个跟随着一个的。（KrV，A201；B246）

148. 一切我们的表象实际上都是通过知性而与任何一个客体发生关系的，并且，因为现象无非是表象，所以知性把它们联系到一个作为感性直观的对象的某物：但只要这个某物仅是先验的客体。（KrV，A205；B250）

149. 这种持存之物的知觉只有通过外在于我的一个物、而不是通过外在于我的一个物的单纯表象，才是可能的。（KrV，B276）

150. 当然，“我在”这个表象，它表达了这种——能够伴随一切思想的——意识，它，自在地直接包括了一个主体的生存的东西，但毕竟不包括这个主体的任何知识，因而也不包括任何经验的知识，即经验。（KrV，B277）

151. 对我自己在我这个表象中的意识完全不是任何直观，而是一个思维主体的自动性的一种单纯智性的表象。（KrV，B278）

152. 所有这些原理、以及数学科学对此所研究的那些对象的表象，完全被先天地在内心之中产生出来。（KrV，A240；B299）

153. 纯粹范畴无非是一般事物的表象，只要其直观的杂多必须通过这些逻辑机能的一个或别的被思想。（KrV，A245；B302）

154. 既然知性，当它单纯在一种关系中把一个对象叫做为现相时，同时又在这种关系之外仍制定一种关于自在的对象本身的一个表象，因而它设想，它也能够制定这类对象的概念的表象。（KrV，B306）

155. 如果感官仅仅如某物显现那样向我们表象某物，那么这个“某物”毕竟本身自在地也必须是一个物，并且是一个非感性直观的对象，亦即一个知性的对象。（KrV，A249）

156. 一切我们的表象实际上都是通过知性而与任何一个客体发生关系的，并且，因为现象无非是表象，所以知性把它们联系到一个作为感性直观的对象的“某物”。（KrV，A250）

157. 所以它并不是任何自在的认识对象本身，而只是现象在一般对象概念下的表象，一般对象通过现象的杂多而获得了规定。（KrV，A251）

158. 现象在自己面前，以及在我们的表象方式之外，可能什么也不是。（KrV，A251）

159. 现象这个词已经指明了与某物的关系，某物的直接表象虽然是感性的，但它却自在地本身——甚至没有我们感性的这种（我们的直观形式就建立于其上）的性状——而必须是某物，即一种独立于感性的对象。（KrV，A252）

160. 因为通过单纯的直观没有任何东西被思想，并且，这种感性激动是在我之内的，这根本不构成这类表象与任何一个客体的任何关系。（KrV，A254）

161. 我们关于这个本体不能做出它的可能性的最起码的表象。（KrV，A256；B312）

162. 如果我们把它们分开，那么我们就有直观而无概念，或者有概念而无直观，但这两种情况中的表象，我们都不能够与任何一个确定的对象发生关系。（KrV，A258；B314）

163. 反省是给予的表象之于我们的不同认识源泉的关系的意识，唯有通过这种意识，它们的相互关系才能够被正确地规定。（KrV，A260；B316）

164. 这种行动——通过我集合了一般表象的比较与做出这种比较的认识能力，并且我借以区别，这些表象在相互被比较中属于纯粹知性还是属于感性直观——我称为先验的反省。（KrV，A261；B317）

165. 所以先验的反思、也就是被给予的表象对这种或那种认识方式的关系，唯一能够规定表象的相互关系。（KrV，A262；B318）

166. 所以这些表象假设按照它们在内心的位置作为同类的而处理，但先验的反思（它走向对象本身）却包含了表象相互间客观比较的可能性根据（KrV，A262；B319）

167. 为此莱布尼茨首先假定了物（单子）并且在内部假定了它们的一种表象力。（KrV，A267；B323）

168. 一个作为一般物的对象的表象，也许并不单纯是不充分的，而且如果没有它的感性规定，并且，如果脱离了经验的条件，就该是在自身中自相冲突的。（KrV，A279；B335）

169. 所以这个基底就不仅仅是简单的，而且也是（按照与我们内感官的类比）被表象所规定的，亦即一切事物原本都是单子，或者天生具有表象的单纯的存在者。（KrV，A283；B340）

170. 但这样一来，一个本体的概念就是成问题的了，也就是说，是一个物的表象，对这个物我们既不可以说，它是可能的，也不可以说，它是不可能的。（KrV，A286；B343）

171. 如果我们愿意把这个先验客体称为本体，因为它的表象不是感性的，那它就听便于我们了。（KrV，A288；B345）

172. 统觉、以及和统觉一起，思想先行于表象的一切可能的规定了的秩序。（KrV，A289；B345）

173. 如果没有广延的存在者被知觉到，就表象不出任何空间。（KrV，A292；B349）

174. 如果推论出来的判断已经存在于前一判断之中了，以至于无需借助于第三个表象就能够从中推导出来，这种推论则叫作直接推论（consequentia immediata）；我更愿意把它称为知性推论。（KrV，A303；B360）

175. 这里就有这些表象方式的一个等级阶梯。种就是一般表象（repraesentatio，形象、表现）。带有意识的表象（perceptio，知觉）则从属于一般表象。（KrV，A320；B376）

176. 所有的一般纯粹概念所涉及的是表象的综合统一性，而纯粹理性概念（先验的理念）所涉及的却是所有一般条件的无条件的综合统一性。（KrV，A334；B391）

177. 我们所能够为这门科学设置的根据，没有别的而只是这个单纯的、在自身的内容上完全是空洞的表象：我；关于这个表象人们绝不能说它是一个概念，它只不过是一个伴随着一切概念的意识。（KrV，A346；B404）

178. 意识本身不仅是区别一个特殊的客体的表象，而且是一般表象所具有的形式，只要它应当被称为知识。（KrV，A346；B404）

179. 我对于一个思想着的存在者就不能通过外部经验、而仅仅通过自我意识才能够拥有最起码的表象，所以这样的对象无非是这个我的意识转换成另外的——只有借此才被表象为思想着的存在者的——事物。（KrV，A347；B405）

180. 一切表象的最贫乏的表象。（KrV，B408）

181. 在一个表象中，意识充分区别于这个表象与别的表象的意识，这个表象就是清晰的。（KrV，B415）

182. 同样地，这个主体，时间的表象在其中拥有它的本源的根据，就不可能由此而规定它自己在时间中的此在。（KrV，B422）

183. 我因此并不想说，这个“我”在这个命题中是经验的表象；更确切地说，这个表象是纯粹智性的，因为它属于一般思维。（KrV，B423）

184. 由此我向我自身表象出自己，既不像我所是的那样，也不像我向我所显现的那样，而是我思想自己只像思想任何一个一般客体那样，不考虑这个客体的直观方式。（KrV，B429）

185. 这么一个东西，它的表象是我们的判断的绝对主词，并因而不能被用作一个他物的规定，就是实体。（KrV，A348）

186. 我，作为一个思想着的存在者，就是我的一切可能判断的绝对主词，而这个关于我本身的表象不能被用于任何一个他物的谓词。（KrV，A348）

187. 因为这个我虽然在一切思想中；但却没有丝毫的直观与这个表象相联结，这种直观区别于别的直观的对象。（KrV，A350）

188. 因为这个我虽然在一切思想中；但却没有丝毫的直观与这个表象相联结，这种直观区别于别的直观的对象。（KrV，A352）

189. 人们要表象一个思维着的存在者，人们就要把自己本身放在这个存在者的位置上。（KrV，A353）

190. 我们之所以只对一种思想要求主体的绝对统一性，因为否则我就不可以说："我思"（杂多东西在一个表象中）。（KrV，A354）

191. 但"我是单纯的"则无非意味着：这个表象，"我"，并不包含丝毫的杂多性，并且它是绝对的（虽然只是逻辑上的）单一性。（KrV，A355）

192. 它意味着一个一般的"某物"（先验主体），它的表象当然必须是简单。（KrV，A355）

193. 我是一个简单的实体，即它的表象绝不包含一种杂多的综合。（KrV，A356）

194. 我们的思维着的主体本该是无形体的，这就是说，由于它被我们表象为内感官的对象，只要当它思维着，就不可能作为任何外感官的对象，亦即不可能是在空间中的任何现象。（KrV，A357）

195. 自在本身就具有思想，这些思想能够通过这实体自己的内感官而与意识一起被表象。（KrV，A359）

196. 灵魂是与物质（它根本不是什么自在之物本身，而只是在我们之内的一种方式表象）是同样方式的，或者不是。（KrV，A360）

197. 时间在统觉中原本只是在我之内而被表象。（KrV，A362）

198. 尽管物质作为现象的持存性，当它被表象为外在的某物，却毕竟可以被观察到。（KrV，A366）

199. 内感官的对象（我自己连同我的一切表象）直接被知觉到，并且它的生存不会遭到任何怀疑。（KrV，A368）

200. 但我把一切现象的先验观念论理解为这个学说概念，依据它我们就把一切现象全都看作为单纯的表象、而不是自在之物本身。（KrV，A369）

201. 所以先验实在论者就把外部现象（当人们承认它们的现实性时）表象为自在之物本身，它们不依赖于我们和我们的感性而生存，因而甚至按照纯粹知性概念也会是在我们之外的。（KrV，A369）

202. 因为我毕竟已经意识到了我的表象；所以这些表象和拥有这些表象的"我"自身都生存着。但既然外部对象（物体）单纯是一些现象，因而也无非是我的表象的一种方式，这种表象的对象只有通过这些表象才是某种东西，但抽掉这些表象就什么也不是了。（KrV，A370）

203. 我自身的表象，作为思维着的主体，单纯与内感官相关联。（KrV，A371）

204. 这些表象仅仅是现象，亦即单纯是一些任何时候都只处于我们之内的表象方式。（KrV，A372）

205. 但这种谈论并不是关于先验的对象，而是关于经验的对象，于是这种对象如果在空间中被表象，那就叫作外部的对象，而如果它只是在时间关系中被表象，那就叫作内部的对象；但空间和时间两者都只有在我们之内才能够遇见。（KrV，A373）

206. 空间和时间虽然是先天的表象，它们还在一个现实的对象通过感觉而规定我们的感官、以便把这个对象表象在那些感性关系之下以前，就已经作为我们的感性直观的形式而寓于我们之中了。（KrV，A373）

207. 知觉是一种现实性的表象。（KrV，A374）

208. 空间自身也无非是单纯的表象，因而在其中只有那在空间中被表象的东西才被看作是现实的。（KrV，A374）

209. 空间本身，连同其一切现象，作为表象，都只存在于我之内，但实在的东西、或者外部直观的一切对象的材料仍然在这种空间中现实地、不依赖于任何虚构地被给予了。（KrV，A375）

210. 外部知觉直接证明了在空间中的一种现实性，这个空间，虽然它本身只是表象的单纯形式，但鉴于一切外部现象（这些现象也无非是单纯的表象）却拥有客观的实在性。（KrV，A377）

211. 空间本身毕竟无非是，一种——有一定知觉在其中相互连结着的——内部表象方式。（KrV，A378）

212. 如果我们让外部对象相当于自在之物本身，那就完全不可能领会，我们应该如何在我们之外得到对它们的现实性的知识，通过我们仅仅依靠在我们之内的表象的方式。（KrV，A378）

213. 把那些——对于我们仍还不知道根据它自在地是什么的——对象的表象方式的差异，当作这些事物本身的差异。（KrV，A379）

214. 假如我拿走了思想着的主体，整个物体世界则不得不消除，当这个世界无非是在我们主体的感性中的现象以及我们主体的表象的方式之一种的时候。（KrV，A383）

215. 因为这种——它与灵魂的协同作用激起如此巨大疑虑的——物质，无非是一种单纯的形式，或者一种——通过被人们命名其为外感官的直观的——未知对象的一定表象方式。（KrV，A385）

216. 但我们一旦使外部的现象物化，把它们不再作为表象，而是在如同它们在我们之内的那种同一性质上、也作为外在于我们的独立持存之物。（KrV，

A386）

217. 因此两者都不是在我们之外的“某物”，而仅仅是在我们之内的表象，因而并不是物质的运动在我们之内产生了表象，而是运动本身（因而也通过运动而使自己可认出）就是单纯的表象。（KrV，A387）

218. 这种二元论把那些外部现象并不作为表象而算作主体，而把它们，就像感性直观把它们提供给我们的那样，作为客体而置于我们之外，并且把它们与思维着的主体完全分离开来。（KrV，A389）

219. 那种显现为物质的东西，不可能通过其直接的影响而是表象的原因。（KrV，A390）

220. 物质，作为这样的物质，并不是现象，即并不是一个未知对象与之相应的单纯内心的表象，而应该是对象自在本身，如同它在我们之外并且独立于一切感性而生存。（KrV，A391）

221. 我们感性的未知对象不可能是在我们之内的表象的原因。（KrV，A392）

222. 人们把外部现象归因于一个先验对象，这个先验对象是那一类表象的原因，但我们根本不认知它，也未曾得到过它的一些概念。（KrV，A393）

223. 但这个条件只是形式的条件，亦即每一个思想的逻辑的统一性，在这种情况下我不考虑一切对象，并且仍然被表象为一个我所思想的对象，亦即“我”本身及其无条件的统一性。（KrV，A398）

224. 统觉本身就是这些范畴的可能性的根据，这些范畴在自己这方面无非表象为，直观杂多的综合，就杂多在统觉中具有统一性。（KrV，A401）

225. 实体，实在性，统一性（而非多数性）和生存，只是理性在这里把它们全都表象为一个本身是无条件的、思想着的存在者的可能性的条件。（KrV，A403）

226. 这个单独的表象，“我在”，统治着全部这些主张。（KrV，A405）

227. 一切在空间或者时间中被直观到的东西，因而一切对我们可能的经验之对象，都无非是现象、即一些单纯的表象。（KrV，A491；B519）

228. 在先验意义上的实在论者则由我们感性的这些变更而制成了本身自存之物，因而把单纯的表象培养成为自在的事物本身。（KrV，A491；B519）

229. 外部直观的对象，正如它们在空间中被直观到的那样，也是现实的，并且在时间中一切变化，就如内感官把它们所表象出来的那样。（KrV，A491；B520）

230. 但那个空间本身、连同这个时间、同时随两者一起的一切现象，本身自在地毕竟都不是事物，而无非是表象，并且根本不可能在我们的内心之外生存。（KrV，A492；B520）

231. 因为现象，其自在本身，作为单纯的表象，只有在知觉中才是现实的，而知觉实际上无非是，一个经验的表象、即现象的现实性。（KrV，A493；B521）

232. 因此，凡是在空间和时间中的东西（现象）都不是自在的“某物”，而仅仅是表象，这些表象如果不是在我们之内（在知觉中）给予了，其余任何地方都遇不到。（KrV，A494；B522）

233. 感性直观能力本来只是在一定的方式上带着表象被刺激起来的接受性，这些表象的相互关系就是空间和时间的纯粹直观，（我们感性的纯然形式），而这些表象，只要它们在这种关系中（在空间和时间中）按照经验之统一性的法则而被连结和可规定的，就叫做对象。这些表象的非感性的原因是我们完全不知道的，因此我们不能把这个原因直观为客体；因为这一类对象将必须既不在空间中、也不在时间中（作为感性表象的这些单纯条件）被表象，而没有这些条件我们根本就不能设想任何直观。（KrV，A494；B522）

234. 一般现象在我们的表象之外就什么也不是，而这正是我们通过现象的先验观念性所想说的。（KrV，A506；B534）

235. 这些现象决不是那种——绝对无条件者能够发生于其上的——对象自在本身，而只是经验的表象。（KrV，A508；B536）

236. 一切过去的世界状态的序列、连同在宇宙空间中同时存在的事物的——单纯普遍的表象，本身只不过是一种可能的经验的回溯，我为我、尽管还不确定地设想了这种回溯，并且唯独由此才能够对给予了的知觉产生出这样一个序列的概念。（KrV，A518；B546）

237. 我们在一切先验理念的普遍表象中一直只停留在现象中的条件之间。（KrV，A529；B557）

238. 因为，既然这些现象不是任何自在之物，必须把一种先验对象设置为基础，这种先验对象把它们规定为单纯的表象，那么我们就不应该阻止，对这个先验对象，在它所显现的属性之外，也不赋予一种原因性，而这种原因性并不是现象，虽然它的结果仍然还会在现象中被碰到。（KrV，A538；B566）

239. 感官世界所包含的无非是现象，但这些现象只单纯表象，反之它们一直是以感性为先决条件的。（KrV，A563；B591）

240. 这些表象的偶然性本身只是现相 Phänomen，不能寻致任何别的回溯，除非能够导致对这些规定现相、亦即经验的回溯。（KrV，A563；B591）

241. 但因为，如果我们一旦已经接受了这种许可，允许在全部感性的领域之外假定一个独立自存的现实，而现象只被看作这样的本身是理智的存在者的理知对象的偶然的表象方式：那么剩留给我们的，就无非类比了。（KrV，A566；B594）

242. 通过纯粹知性概念，没有一切感性的条件，任何对象都不可能被表象出来，因为缺乏这些对象的客观实在性的条件，而在这些概念中被找到的无非是思想的单纯形式。（KrV，A567；B595）

243. 但也是通过实在性的这种全有，一个自在之物本身的概念，就作为一个被通盘规定了的概念，而表象出来了。（KrV，A576；B604）

244. 但这也是人类理性所能做得出的唯一的真正的理想；因为只有在这个唯一的情况下，关于一物的自身普遍的概念才被自己本身所通盘规定、并作为有关一个个体的表象而被认识。（KrV，A576；B604）

245. 一切事物的通盘规定着的先验的大前提，无非是一切实在性的总和的表象，它不仅仅是一个把一切谓词都按照它的先验内容把握在自身中的概念，而且是把它把握在自身中的概念。（KrV，A577；B605）

246. 这种最最实在的存在者的理想，虽然是一个单纯的表象，却是首先被意识到、即被制作成客体，然后被实体化，最后，通过理性的一种完成统一性的自然进程，甚至被人格化了。（KrV，A583；B611）

247. 一个基本力的理念，但逻辑根本从中查不出，它是否这样给予了，至少是力量的多样性的一种系统表象的问题。（KrV，A649；B677）

248. 而这个图型只用作，借助于与这个理念的关系、按照它们的系统的统一性、因而间接地向我们表象出来别的对象。（KrV，A670；B698）

249. 在这种被设置为根据的、一个最高创造者的理念的表象之下，也是很清楚的：我不把这样一种存在者的此在和知识设置为根据，而只把它的理念设置为根据。（KrV，A701；B729）

250. 但作为一个概念（一个普遍的表象）的构造，却仍然必须在表象中表达，对一切隶属于这种概念的可能直观的普遍有效性。（KrV，A713；B741）

251. 但现象的质料，由此事物在空间和时间中被给予了我们，却只能在知觉中、因而后天地被表象出来。（KrV，A720；B748）

252. 它们仅仅包含——按照应当被经验地寻求的、那种不能被先天地直观地表象出来的东西（知觉）的——一定的综合统一性的规则。（KrV，A720；B748）

253. 因为我永远也不能肯定，一个（仍然混乱的）被给予的概念的清晰的表象已被详尽地展开了，除非我知道，这个概念是与对象相符合的。（KrV，A728；B756）

254. 数学却能够在具体中（在个别直观中）却又通过先天的纯粹表象而考虑共相。（KrV，A734；B762）

255. 这个身体就可以被设想为简单的实体，这是因为，它的表象抽掉了空间内容的一切大小、因而是简单的。（KrV，A785；B813）

256. 因为只有借助于因果律而将为这个概念规定一个对象，这个被表象的事件才具有客观有效性、即真理。（KrV，A788；B816）

257. 但反证法的证明方式却只有在那些——不可能把我们表象的主观的东西强加于客观的东西，即强加于那种在对象中的东西的知识的——科学中，才能够被允许。（KrV，A791；B819）

258. 因为现象（作为单纯的表象），它毕竟自在本身地（作为客体）而被给予出来，是某种不可能的东西。（KrV，A793；B821）

259. 但由于情感不是事物的表象能力，而处于全部认识能力之外，所以我们判断的要素，只要它们与愉快或不愉快相关，因而作为实践的判断要素，就不属于先验哲学的整体之中，后者只与纯粹的先天知识相关。（KrV，A801；B829）

260. 不仅是刺激的东西、即直接刺激感官的东西，规定着人的任意，而且我们具有一种能力，通过从本身就是以更遥远的方式有利或有害的东西的表象，而克服我们感性欲求能力上的那些印象。（KrV，A802；B830）

261. 内感官的客体则通过一个思想着的存在者的概念（在经验的内部表象、我思中）而发生。（KrV，A848；B876）

标准（das Kriterium）

1. 因为所想到的规则、或标准，按照它们的最主要的来源都只是经验的，因此决不能用作我们的鉴赏判断所必须按照它而行事的先天的被规定了法则，而宁可说，后者构成了前者的正确性的真正的试金石。（KrV，B35）

2. 但人们还要求知道，任何一种知识的普遍而可靠的真理标准该是哪些。（KrV，A58；B82）

3. 由于人们在这个标准上抽掉了知识的一切内容（与它的客体的关系），而真理又恰好涉及这些内容，那么追问这些知识内容的真理的标志就该是不可能的和荒谬的，因而真理的一个充分的、但同时又是普遍的标记就不可能会被指定。（KrV，A59；B83）

4. 但凡是涉及知识、按照单纯的形式（与所有内容的去除一起）的东西，那就恰好如此清楚：以致于一种逻辑，只要它阐述了知性的普遍和必然的规则，它也必须在这些规则中说明真理的标准。因为，凡是与这些标准相矛盾的东西，就是错误的，因为知性此外还与它的思想的普遍规则相冲突、因而与自己本身相冲突。但这些标准只涉及真理的形式，即一般思想的形式，并且就此而言是完全正确的，但并不是充分的。（KrV，A59；B84）

5. 事物的这些被信以为真的先验谓词无非是一般事物的一切知识的逻辑要求和标准，这种一切事物的知识把量的范畴，即单一性、多数性和全体性，设

置为它的基础。(KrV，B114)

6. 一般知识可能性的逻辑标准改变了大小的三个范畴。(KrV，B115)

8. 这种——一个与之相矛盾的谓词，达不到任何事物的——原理，就称为矛盾原理，它是一切真理的一个普遍的、虽然仅仅消极的标准，但也因此而只属于逻辑。(KrV，A151；B190)

9. 所以我们也必须把矛盾原理看作为一切分析的知识的一条普遍的并完全充分的原则；但它的威望和用途也不比真理的一条充分的标准走得更远。(KrV，A151；B191)

10. 因此，这种时间相继当然就是结果的、在与先行的原因的因果性的关系中这种唯一的经验的标准了。(KrV，A203；B249)

11. 现在凭借这个主体，行动，作为一种充分的经验的标准，就证明了那种实体性，而无需我通过比较知觉才去寻找这个实体的持存性。(KrV，A205；B250)

12. 不过，为了预先惩罚这种谬误推理（因为没有这样一种暂时的猜测，人们则完全不会怀疑这种证明），一个这样的综合命题——这个综合命题所应当证明的比经验所能够给予的更多——的可能性的、在手头上拥有的——永久的标准，是彻底必要的，其中这个标准就在于：证明并不直接引向所要求的谓词，而仅仅被引向，借助于一条可能性的原则、把给予了我们的概念先天地扩展到理念、并实现这些理念。(KrV，A785；B813)

不可能性（die Unmöglichkeit）

1. 但我在这下面所理解的，不是对某些书或体系的批判，而是对一般理性能力的批判，鉴于一切——它可以独立于一切经验而追求的——知识，因而是一般形而上学的可能性和不可能性的裁决以及不仅它的根源、而且它的范围和界限的规定，但这一切都出自原则。(KrV，AXII)

2. 模态的范畴：可能性——不可能性。(KrV，A80；B106)

3. 相反，这种不可能性不是建立在这个自在的概念本身上，而是建立在这个概念在空间中的构成上，亦即建立在空间及其规定的条件上，但这些条件又具有自己的客观实在性，即它们指向可能的事物，因为它们先天地包含一般经验的形式于自身。(KrV，A221；B268)

4. 而我们现在就要正视这一可能性公设的广泛的用处和影响。（KrV，A221；B268)

5. 所以由此便得出我的这种——作为单纯思想着的主体的性状，出自唯物论的根据的——解释的不可能性。(KrV，B420)

6. 然而在这件事情上批判的严格性虽然由于，它同时证明了——超出经验

界限而向外独断地构造出有关一种经验之对象的某种东西来的——不可能性。（KrV，B424）

7. 从这样一种的杂多的无意识中并不能有效地推导出这种杂多在一种客体的任何一个直观中的完全不可能性。（KrV，A437；B465）

8. 这种解答的不可能性至少可以确定地被知道。（KrV，A480；B508）

9. 论上帝此在的本体论证明之不可能性。（KrV，A592；B620）

10. 因为我不能构成一个物的最起码的概念，这个物，如果它连通它的所有谓词都被取消了，却留下一个矛盾，而我就没有矛盾地，单单通过纯粹先天概念，不会拥有不可能性的任何标志。（KrV，A596；B624）

11. 论上帝此在的宇宙论证明的不可能性。（KrV，A603；B631）

12. 从一个高于一个地被给予的原因的一个无限序列之不可能性推导出一个最初的原因。（KrV，A610；B638）

13. 论自然神学证明的不可能性。（KrV，A620；B648）

14. 论一种与自身不统一的纯粹理性的怀疑论的满足的不可能性。（KrV，A758；B786）

15. 但他还不能够，单纯通过知性的力量，就把这一点冒充为这种知识的不可能性。（KrV，A762；B790）

16. 尽管（因为人们关于它们的可能性或不可能性都没有任何概念）也不可能通过任何被误以为更好的洞见而独断地否定。（KrV，A772；B800）

17. 他为此将不得不阐明这两者的不可能性。（KrV，A830；B858）

不可知（unerkannt）

1. 事物自在本身允许处于虽然作为对自己是现实的、但却被我们所不可知的状态。（KrV，BXX）

不死性（die Immortalität）

1. 灵魂被精神性所限制，则表现为不死性。（KrV，A345；B403）

不死者（das Nichtsterbende）

1. 现在因为有死者在可能存在者的全部范围里包括了一个部分，但不死者却包括了另一部分，所以通过我的这个命题所说的无非是，灵魂就该是，当我把有死的东西全部都去掉的时候，所剩留下来的无限数量事物中的“一个”。（KrV，A72；B97）

不朽性（die Inkorruptibilität）

1. 这个实体，单纯作为内感官的对象，就给出了非物质性的概念；作为单

纯的实体，就给出了不朽性的概念；它作为智性实体的同一性，就给出了人格性。(KrV，A345；B403)

不朽性，不死性（die Unsterblichkeit）

1. 纯粹理性本身的这些不可回避的任务，是上帝、自由和不朽。（KrV，A3；B7）

2. 形而上学在其研究的本来的目的上只具有三个理念：上帝、自由和不朽，以致于第二个概念与第一个概念相联结，导致作为一个必然结论的第三个概念。(KrV，A337；B395)

3. 关于这种协同性作用的结束、即灵魂在人临死和死后的结束的问题（即灵魂不朽的问题）。(KrV，A384)

4. 一切宗教的这样两个基本的支柱，我们灵魂的自由和不朽。（KrV，A745；B773)

5. 但假如人们即使能有把握指望这么少的东西，思辨理性关于上帝、（灵魂）不朽和自由这些重要问题的争执，也会要么就早已经解决了，要么则会立刻被终止。(KrV，A750；B778)

6. 理性的思辨在先验运用中最后所导致的终极意图，涉及到三个对象：意志自由，灵魂不朽，和上帝此在。(KrV，A798；B826)

7. 即使灵魂的精神本性（并与之一起洞察灵魂的不死性）可能被洞察，但却既不能因此就鉴于此生的现象、就作为一种解释根据，也不能被依赖于来世的特殊性状。(KrV，A798；B826)

8. 以致于他主张，人们可以把上帝的此在和灵魂的不朽（虽然这两种对象都完全处于可能经验的界限之外）恰好像明显地证明任何一个数学定理那样。(KrV，A854；B883)

C

超出世界之物（ens extramundanum）

1. 但这里，必然的存在者必须完全外在于感官世界的序列（作为 ens extramundanum，超出世界之物）并单纯理知地被设想，唯独由此才能被防止，它并不本身屈从于一切现象的偶然性和附属性的法则。（KrV，A561；B589）

草图（das Monogramm）

1. 感性概念（作为空间中的图形）的图型则是纯粹先天的想像力的产物，并且仿佛是它的一个草图，通过它并根据它形象才首先成为可能的。（KrV，A142；B181）

2. 想像力的那些创作则完全处于另一种状态，对此没有人能够解释并且给出一个可理解的概念，似乎是一些草图，它们只是个别的、也就是不按任何所谓的规则而被规定的轮廓，这些轮廓更多地构成了一种仿佛在不同经验的平均值中浮现着的图样，而不是构成了一种确定的形象。（KrV，A570；B598）

3. 它的图型必须合乎理念地、即先天地包含着整体的轮廓（monogramma，草图）和一种对整体各环节的划分。（KrV，A833；B861）

阐明，讨论，探讨（die Erörterung）

1. 虽然这种讨论在我的主要目的上是很重要的，但毕竟不属于主要目的的本质的东西。（KrV，A XVII）

2. 纯粹理性的批判原理的积极作用的这种讨论，同样能够在上帝概念和我们灵魂的简单本性的概念中表明。（KrV，B XXIX）

3. 空间概念的形而上学阐明。（KrV，B37）

4. 但我把阐明（exposition，阐明）理解为——一个概念所属的东西的——清晰的（哪怕不是详尽的）介绍；但当它包含那种把概念描述为先天给予的东西的时候，则是形而上学的阐明。（KrV，A23；B38）

5. 空间概念的先验阐明。（KrV，B40）

6. 我把先验阐明理解为把一个概念解释为一条原则，由此其他先天综合知识的可能性便能够被看出。（KrV，A25；B40）

7. 我们的阐明因而表明了——鉴于一切能从外部作为对象呈现给我们的东西的——空间的实在性（即客观有效性）。（KrV，A28；B44）

8. 时间概念的形而上学阐明。（KrV，B46）

9. 时间概念的先验阐明。（KrV，B48）

10. 我们至今仍还欠着在纯粹理性谬误推理中的先验的但却是自然的幻相的一个清晰而普遍的阐明，同样仍还欠着，这些谬误推理的系统的和与范畴表的平行的安排的辩护。（KrV，A396）

11. 一般思维的逻辑探讨被错误地当作了客体的一种形而上学规定。（KrV，B409）

超感官的（übersinnlich）

1. 现在仍然留给我们去试探的是，当一切进展的思辨理性在这个超感官领域中被否定之后，是否并不在它的实践知识中发现依据，而规定无条件者的这个超验的理性概念，并且以这样合乎形而上学的愿望的方式、用我们的、但仅仅在实践的意图上才可能的先天知识，而获得超出一切可能经验的界限。（KrV，BXXI）

超验的（transzendent）

1. 而规定无条件者的这个超验的理性概念，并且以这样合乎形而上学的愿望的方式、用我们的、但仅仅在实践的意图上才可能的先天知识，而获得超出一切可能经验的界限。（KrV，BXXI）

2. 但我并不把这些超验的原理理解为范畴的先验的运用或误用，而这种运用或误用只不过是不恰当地被批判所束缚的判断力的一个错误，这个判断力没有充分注意到，纯粹知性唯一被允许起作用的那个基地的界限；相反，我却把它们理解为一些现实的原理，它们过分要求我们，拆除所有那些界桩并且自以为拥有一个在任何地方都不承认任何分界线的全新的基地。（KrV，A296；B352）

3. 所以先验的和超验的并不是一样的。纯粹知性原理，我们在前面所阐述的，仅仅应该是经验的而不能先验的、即超出经验范围之外的运用。但一条取消这些范围的、甚至要求跨越它们的原理，就叫作超验的。（KrV，A296；B352）

4. 但产生于纯粹理性最高原则的原理对于一切现象都将是超验的，亦即将绝不可能做出这个原则的任何与它相应的经验的运用。（KrV，A308；B365）

5. 我们现在要将这种辩证论从它深深埋藏于人类理性之中的起源阐发出来。我们将把这个辩证论分为两个主要部分，第一部分应该论及纯粹理性的超验概念，第二部分则应该论及纯粹理性的超验的和辩证的三段论推理。（KrV，A309；B366）

6. 纯粹的理性概念的客观运用任何时候都是超验的，而纯粹的知性概念的客观运用，按照它的本性，任何时候都必须是内在的，因为它仅仅局限于可能

的经验之上。（KrV，A326；B383）

7. 最后，它们是超验的并且超出一切经验的界限，所以在经验中绝不能出现一个会与先验理念相适应的对象。（KrV，A327；B384）

8. 这项任务，即说明灵魂与身体的协同性，本来并不属于这里所谈论的这一种心理学，因为它具有证明甚至在这种协同性之外（在死后）的灵魂的人格性的意图，并且因而在本来的意义上是超验的，尽管它同样在专注于一种经验之客体，但只是就这个客体不再是一个经验之对象而言的。（KrV，B427）

9. 此外考虑到这些理念全都是超验的，并且，虽然它们按照种类而并不逾越客体、即现象，而只是与感性世界（不是与本体）打交道，但这种综合却仍然一直推进到一种——超出一切可能经验的——程度，所以人们可以按照我的意见，把这些理念全都适当地称为世界概念。（KrV，A420；B447）

10. 然而，鉴于数学的无条件者和动力学的无条件者的区别，这种回溯以之为目的，我会在更严格的意义上把前两个理念称为（在宏观世界和微观世界中的）世界概念，而把其他两个理念则称为超验的自然概念。（KrV，B448）

11. 而这不允许知性，离开它的业务，并在这个借口下，从现在开始该结束了，而转入理想化的理性的领域并且转向超验的概念。（KrV，A469；B497）

12. 它离不开经验的条件的线索、并且迷失在超验的和没有任何能够进行具体描述的解释根据之中。（KrV，A562；B590）

13. 但一旦我们——在完全外在于感官世界、因而外在于一切可能经验的东西之中——设置了无条件者（事情真正说来毕竟要涉及到它），那么这些理念就成为超验的理念了。（KrV，A565；B593）

14. 这一类的超验的理念具有一个单纯理知的对象，承认这样的对象作为一个人们对它此外一无所知的先验的客体，当然是被允许的。（KrV，A565；B593）

15. 相反，理性连同它的理想的意图就是按照先天规则的通盘规定；因此理性设想一个——按照原则应当是可被通盘规定的——对象，虽然对此还缺乏在经验中的充分条件、因而这个概念本身是超验的。（KrV，A571；B599）

16. 所以这些先验理念按照一切推测将具有它们的很好的、因而是内在的运用，尽管，当它们的意义被误会并且它们被视为关于现实事物的概念的时候，它们在应用中可能是超验的，并正因此而是欺骗的。因为并不是这个理念自在本身、而单纯是它的运用才可能，要么鉴于全部可能的经验而是飞越性的（超验的），要么是本土的（内在的）。（KrV，A643；B671）

17. 因为，我们设定一个与理念相应之物、一个“某物”、或现实的存在者，因此并不是说，我们要用超验的概念而扩展我们对事物的知识。（KrV，A674；B702）

18. 因为他似乎通过一种超验理性的优势而忽略了经验的内在的知识来源，为了自己的舒适的目的，却带来一切洞见的丧失。（KrV，A690；B718）

19. 但如果人们误解了它们，并且把它们看做超验知识的构成性原则，通过一种虽然炫目、但欺骗的幻相，而产生了说服和想像的知识，却由此也产生了永远不断的矛盾和争执。（KrV，A702；B730）

20. 把我们的一切超验的知识化解为它的各种要素。（KrV，A703；B731）

21. 唯独献身于经验的理性运用的原理、而厌恶一切超验思辨的普利斯特列。（KrV，A745；B773）

22. 这是毫无疑问的，这种监察官不可避免地引向对原理的一切超验运用的怀疑。（KrV，A760；B788）

23. 但假如把灵魂假定为单纯的实体（一个超验的概念），这就会是一个——不仅是不可证明的，（就如许多自然性的假设所是的那样），而且也是完全任意和盲目的冒险的——命题。（KrV，A771；B799）

24. 因为，当自然的解释在这里或那里让我们感到困难的时候，我们手头就总是有一种超验的解释根据。（KrV，A773；B801）

25. 在理性的思辨的运用中假设作为意见自在本身并没有任何有效性，而只相对于那些反对方面的超验的狂妄才具有有效性。（KrV，A781；B809）

26. 因为不仅把可能经验之原则扩展到一般事物的可能性上，而且主张这样一些只有在一切可能经验的界限之外才能够找到它的对象的概念的客观实在性，都是超验的。（KrV，A781；B809）

27. 一言以蔽之，这三个命题对于思辨理性来说任何时候都仍然是超验的，并且根本没有任何内在的、即对于经验之对象是容许的、因而对我们以少许方式是有益的运用，而是自在观察是完全多余的但仍然是我们理性的最大的沉重的劳顿。（KrV，A799；B827）

28. 这种运用会给予一种超验的运用，但正如单纯思辨的超验的运用一样，这必将颠倒并破坏理性的最后目的。（KrV，A819；B847）

29. 但现在，理性的运用在这种合理的自然考察中或者是自然的，或者是超自然的，或更好地说，或者是内在的，或者是超验的。前者走向自然，与自然知识能够被（具体地）应用于经验中一样远，后者则走向经验对象的超过一切经验的那种联结。（KrV，A845；B873）

30. 因此这种超验的自然之学要么以内部的联结、要么以外部的联结为自己的对象，但两种联结都超出了可能经验。（KrV，A846；B874）

超验的原理（die transzendente Grundsätze）

1. 我们愿意把那些——其运用完全并绝对停留在可能经验的范围之内

的——原理称为内在的原理，而把想要超出这一界限的原理，称为超验的原理。（KrV，A296；B352）

2. 但我并不把这些超验的原理理解为范畴的先验的运用或误用，而这种运用或误用只不过是不恰当地被批判所束缚的判断力的一个错误，这个判断力没有充分注意到，纯粹知性唯一被允许起作用的那个基地的界限；相反，我却把它们理解为一些现实的原理，它们过分要求我们，拆除所有那些界桩并且自以为拥有一个在任何地方都不承认任何分界线的全新的基地。所以先验的和超验的并不是一样的。（KrV，A296；B352）

超自然的（hyperphysisch）

1. 作为知性和理性在它们的超自然运用方面的一种批判，为了揭露它们的无根据的狂妄的虚假幻相。（KrV，A63；B88）

2. 但我们不能错过——作为目的在于这种理念会为之设置基础、而不与我们自己相矛盾的——那些普遍自然规律，以便把这种自然合目的性看做是偶然的并按照它的起源是超自然的。（KrV，A700；B728）

3. 并且在这里，甚至那些最放肆的假设，如果它们只是自然的，也比那些超自然的假设，即诉诸人们为此目的而预设的一个神圣的创造者，更可容忍些。（KrV，A773；B801）

4. 理性的思辨运用的先验假设，以及一种——为了弥补自然的解说根据的缺乏、而万不得已时利用超自然解说根据的——自由，都根本不能被容许。（KrV，A773；B801）

5. 但现在，理性的运用在这种合理的自然考察中或者是自然的，或者是超自然的，或更好地说，或者是内在的，或者是超验的。（KrV，A845；B873）

超自然的（übernatürlich）

1. 通常关于这点所想出来并实际上唯一可能的三种体系就是，自然影响说、前定和谐说和超自然干预说。（KrV，A390）

沉思（das Nachdenken）

沉思（nachdenken）

1. 这对一个沉思着和研究着的存在者是合适的，把一定时间仅仅用于检验他自己的理性。（KrV，A475；B503）

2. 天文行家的观察和计算已经教给我们许多值得惊奇的东西，但最重要的却是，他们已经向我们揭示了未知的深渊，人类理性，没有这种知识，绝不可能把这个深渊设想得如此巨大，并且关于这一点的沉思必须在我们理性运用的

最终意图的规定中产生出一种很大的变化。（KrV，A575；B603）

3. 所以，我们在一切民族那里，都还看到一神教的一些微光穿透过他们最盲目的多神教，导致这一点的不是沉思和深刻的思辨，而只是普通知性的逐步变得明白起来的一种自然进程。（KrV，A590；B618）

4. 现在，不论他对这个概念沉思多久，他也不会拿得出新的东西。（KrV，A716；B744）

5. 所以我将徒劳地对三角形进行哲学研究，即推论地沉思，借此没有获得任何丝毫的进展，而只是单纯的定义。（KrV，A718；B746）

6. 因此人类理性自从它进行思想、或不如说进行沉思以来，从来就没有缺少过形而上学，但也仍然没有能够充分清除一切异类成分而描述形而上学。（KrV，A842；B870）

程度（der Grad）

1. 每一种感觉都有一种程度或大小，由此它能够在一个对象的感觉的表象方面，或多或少地充实同样的时间，即内感官，直到感觉终止成无（ = 0 = 否定）。（KrV，A143；B182）

2. 现象中的每一个实在性都有内包的大小，即有一个程度。（KrV，A168；B210）

3. 确切地说，因为这种程度只表示这种大小，其领会不是前后相继的，而是瞬间的。（KrV，A169；B210）

4. 每一种颜色，例如红色，都有一个程度，尽管它可以是小的，绝不是最小的，并且热、重力的力矩等等一般也是这样的情况。（KrV，A169；B211）

5. 如果知觉中的一切实在性都有一个程度，在这程度与否定性之间发生了一个程度越来越小的无限等级系列，并且每一种感官都仍然必须拥有感觉接受性的一个确定的程度那么就没有任何知觉、因而也没有任何经验是可能的，它们本该直接地或间接地、（人们总想在推论中通过它们转弯抹角地）证明在现象中一切实在东西的完全缺乏。（KrV，A172；B214）

6. 因为即使一个确定的空间或时间的整个直观是彻底实在的，即它们的任何部分都不是空的，而它仍然必须——因为每一个实在性都有它的程度，这个程度在现象的不变的外延的大小那里、能够通过无限的等级而减少到无（到空），——给予无限的不同的程度，空间和时间本该被它所充满，并且在不同现象中的内包的大小也必须可以是更小或更大的，虽然直观的外延的大小是一样的。（KrV，A172；B214）

7. 然而在同一种质那里每个实在的东西却仍然具有质的（阻力或重力的）程度，这个程度不需减少外延的大小或数量就可以是无限更小的，只要它转变

为空的东西，并且消失掉。（KrV，A174；B216）

8. 因为在内感官中这种经验的意识能够从 0 一直被提升到任何更大的程度，以至于直观的这同一个外延的大小（例如一个被照亮的平面）所激起的感觉，恰如许多别的（较少被照亮的平面的）程度加起来的一个聚合体所激起的一样大。（KrV，A176；B218）

9. 我们从一般的大小上，能够先天认识到的只是一种唯一的质，亦即连续性，但从一切质（现象的实在的东西）上，能够先天认识的则无过于它的内包的量，即认识到它们有一个程度，而一切其余的东西则留给了经验。（KrV，A176；B218）

10. 正如时间从 a 这一初始瞬间一直增长到它在 b 中结束一样，这个（b 减 a 的）实在性的大小也通过——包含在最初和最终之间的所有——那些更小的程度，而产生出来。（KrV，A208；B254）

11. 现象中实在之物的区别，正如时间大小中的区别一样，没有任何最小的东西，所以实在的新状态从它还不存在的最初状态、通过其所有无限的程度，而产生，这些程度相互之间的区别全都比 0 和 a 之间的区别更小。（KrV，A209；B254）

12. 因此，在知觉中向时间中跟随着的东西的每一过渡都是通过这种知觉的产生而对时间的规定，而由于时间一直、并且在它的一切部分中，都是一个大小，则一种作为一个大小的知觉的产生就是通过所有的程度——它的任何一个都不是最小的——而从零开始，直至它的确定的程度。（KrV，A210；B255）

13. 因为它要，人们无需感官却可以认识事物，因而可以直观事物，因此要，我们拥有一种与人的、不仅按照程度、而且甚至按照直观和种类都完全不同的认识能力，所以，不应当是人、而应当是存在者，这种存在者我们甚至不能指出，它们是否曾经是可能的、更不用说、它们是如何像这个样子的。（KrV，A277；B333）

14. 因为人性必须停留于其上的那个最高的程度可能是什么，因而在理念及其实行之间必然剩留下来的裂缝可能有多大，任何人都不能够也不应当规定它，这恰好是因为，它就是自由，而自由能够超出每个被给定的界限。（KrV，A317；B374）

15. 人们对于灵魂毕竟也不能否认它有内包的大小，即不能否认鉴于它的一切能力、甚至一般说来就构成它的此在的一切东西的实在性的一种程度，而这种程度经过所有那些无限多的更小的程度而减少。（KrV，B414）

16. 所以就存在着直到消逝的无限多的意识的程度。（KrV，B415）

17. 这种综合却仍然一直推进到一种——超出一切可能经验的——程度，所以人们可以按照我的意见，把这些理念全都适当地称为世界概念。（KrV，

A420；B447）

18. 如果这种知觉那种程度对我们的意识来说太弱了，以致于成不了经验。（KrV，A522；B550）

19. 理性需要关于某个在其种类中完全是完备的东西的概念，以便评估和测量不完备的东西的程度和缺陷。（KrV，A570；B598）

20. 我们不能先天地规定这种同质性的程度。（KrV，A654；B682）

21. 所有的多样性相互之间都是有亲缘关系的，因为它们通过被扩展开来的规定的一切程度而全都来源于一个唯一的至上的类。（KrV，A658；B686）

22. 多样性、亲缘性和统一性，但它们的每一个都被设想为在它的完备性的最高程度上的理念。（KrV，A662；B690）

23. 理性的统一性，——鉴于知性应当系统地联结它的概念的条件，在其之下、以及其程度、多远，——自己本身也是不确定的。（KrV，A665；B693）

24. 它们就通过系统的统一性而把知性运用带向与它自身最高程度的协调。（KrV，A702；B730）

25. 人类通过这种既隐瞒自己、又接纳一种对他们有利的幻相的倾向，完全肯定地，不仅使自己文明化了，而且逐渐地、在一定程度上，使自己道德化了。（KrV，A748；B776）

26. 幸福是我们的一切爱好的满足（既是外延的，按照满足的多样性；又是内包的，按照程度；并且还是延伸的，按照持续性）。（KrV，A806；B834）

27. 所以实用的信念只具有一种程度，这种程度只根据在赌博中利益的差异、可以是大的也可以是小的。（KrV，A825；B853）

成问题的（problematisch）

1. 观念论（我指的是质料的观念论）是这种理论，它把外在于我们在空间中对象的此在或者宣布为仅仅是可疑的和不可证明的，或者宣布为虚假的和不可能的。前者是笛卡尔的成问题的观念论，它只把一种经验的主张（assertio，断言）即："我"在，宣布为不可怀疑的；后者是贝克莱的独断的观念论。（KrV，B274）

2. 我称一个概念为成问题的（problematisch），它并不包含任何矛盾，甚至还作为那些被给予的概念的界限而与其他的知识相互关联，但它的客观实在性却不能以任何方式被认识。（KrV，A254；B310）

3. 我们拥有一种——自己成问题地延伸到，比现象区域更远的地方的——知性，但却没有那种直观。（KrV，A255；B310）

4. 一个本体的概念，单纯被设想为成问题的，仍然不仅容许保留着，而且，甚至作为一个在限制中设置感性的概念，是不可避免的。（KrV，A256；

B311）

5. 所以这个纯粹只是理知的对象的概念在它的应用的一切原理上完全是空的，因为人们不能虚构出——它们如何应当被给予的——任何方式，并且这个成问题的思想，它毕竟为这些对象保留着一个位置，仅仅为了，就像一个空的空间，限制经验的原理，却无需在自身中包含与显露，在经验的范围之外的任何别的知识客体。（KrV，A259；B315）

6. 但这样一来，一个本体的概念就是成问题的了，也就是说，是一个物的表象，对这个物我们既不可以说，它是可能的，也不可以说，它是不可能的，因为我们完全不知道任何直观的方式，除了我们的感性直观之外，并且完全不知道任何概念的方式，除了范畴外，但感性直观和范畴两者没有一个适合于一种外感官的对象。（KrV，A286；B343）

7. 本体恰恰意味着一个对象的成问题的概念。（KrV，A287；B343）

8. 这对象是“某物”还是无，则成问题地被设想着，而并未确定。（KrV，A290；B346）

9. 人们表达得会更好些，并且带有更少的误解危险，如果人们说：我们对于和一个理念相应的客体，不可能拥有任何知识，虽然可能有一个成问题的概念。（KrV，A339；B397）

10. “我思”这个命题，在这里仅被成问题地设想着。（KrV，A347；B405）

11. “我思”这个命题（成问题地说）包含着每一个一般知性判断的形式。（KrV，A348；B406）

12. 恰恰正是在这种唯理主义的系统中的观念论、至少是成问题的观念论该是不可避免的。（KrV，B418）

13. 一个给予了的有条件者的条件序列的绝对整体任何时候都是无条件的；因为在这个序列之外不再有任何能够使绝对整体是有条件的条件。不过一个这样的序列的这个绝对整体只是一个理念，或者不如说，是一个成问题的概念，这个概念的可能性必须被研究，更确切地说，必须联系到——这个无条件者，作为真正的先验理念，取决于它，如何能被包含在这序列中的——那种方式而被研究。（KrV，A417；B445）

14. 以前仅仅成问题的先验神学，就证明了它的不可或缺性，通过它的概念的规定以及对一个被感性经常迷惑够了并与它特有的理念不总一致的理性的不断监察。（KrV，A641；B669）

15. 这种情况我将称为理性的无可置疑的运用。要么，普遍只是被假定为成问题的，并且是一个单纯的理念，特殊则是确定的。（KrV，A646；B674）

16. 理性的这种假设地运用，出自设置了基础的理念，作为成问题的概念，原本并不是构成性的。（KrV，A647；B675）

17. 这个理性存在者（ens rationis ratiocinatae，推理的理性之物）虽然是一个单纯的理念，因而并不干脆并自在本身地假定为某种现实的东西，而仅成问题地设置为根据（因为我们通过任何知性概念都不能达到它）。（KrV，A681；B709）

18. 理性概念就是，如已说过的，单纯的理念，并且当然不具有在任何一个经验中的对象，但也并不因此就表明虚构的却同时又被假定为可能的对象。它们只是成问题地被设想。（KrV，A771；B799）

19. 但那些被想到的假设只是成问题的判断，至少不可能被驳倒，但当然也不能被无所证明。（KrV，A781；B809）

20. 我就绝不可以冒昧地有所意见，没有至少知道某物，凭借于某物，那本身单纯是成问题的判断就获得了与真理的一种联结，这种联结虽然同样是不完全的，但毕竟是多于任意的虚构。（KrV，A822；B850）

持存（beharren）

持存的（beharrlich）

持存性（die Beharrlichkeit）

持存之物（das Beharrliche）

1. 但这个持存之物不可能是在我之内的一个直观。因为能够在我之内被发现的我的此在的一切规定根据，都是表象，并且作为表象，本身就需要一个与它们相区别的持存之物。（KrV，BXXXIX）

2. 但这个规定、因而内部经验本身，都依赖于某种不在我之内、所以只在我之外的某物中的持存之物，对此我必须在关系中来观察自己。（KrV，BXLI）

3. 某种持存之物在此在中的表象与持存的表象不是等同的。（KrV，BXLI）

4. 已经包含前后相继、同时并存的关系，以及与这种前后相继存在同时所存在的东西的（持存之物）的关系。（KrV，B67）

5. 实体的图型是实在之物在时间中的持存性，即作为一般经验的时间规定的一个基底的那个实在之物的表象，因而这个图型当一切别的东西变化的时候，则停留着。（KrV，A144；B183）

6. 所以，例如实体，如果人们删掉了持存性的感性的规定，它就不过意味着一个能够被思想为主词（而不是关于一个某种别的谓词）的“某物”。（KrV，A147；B186）

7. 时间的三种样态是持存性、相继性和同时并存。（KrV，B219）

8. 实体在现象的一切变化中持存，它的定量在自然中既不增加也不减少。（KrV，A182；B224）

9. 一切现象都在时间中，在作为基底（作为内直观的持存形式）的时间

中，不仅同时并存，而且相继，才唯独能够被表象。（KrV，A182；B224）

10. 因此，持存的东西——通过它现象的一切时间关系唯一能被规定在关系之中——就是现象中的实体，亦即现象的实在的东西——作为一切变更的基底而一直保留着基底。于是因为实体在此在中不会变更，所以它的定量在自然中也既不会增加也不会减少。（KrV，A182；B225）

11. 所以，只有在持存的东西中，时间关系才是可能的（因为同时性和相继性是时间中的唯一关系），即，持存的东西是时间本身的经验的表象的基底，唯独在这个基底上一切时间规定才是可能的。持存性一般地把时间表达为，现象的一切此在、一切变更和一切伴随的持久的相关物。（KrV，A183；B226）

12. 唯有通过持存的东西，此在在相继的时间序列的不同部分中才获得一种大小，人们把称它为持续性。……所以，没有这种持存的东西就没有任何时间关系。（KrV，A183；B226）

13. 所以在一切现象中持存的东西都是对象本身，亦即实体（现象），但一切变更或可能变更的东西，都只属于这个实体或实体们如何生存的方式，因而属于这些实体的规定。（KrV，A184；B227）

14. 我发现，对于一切时代，不仅哲学家，而且甚至普通知性，已经把这种持存性预设为，现象的一切变更的一个基底了，并且任何时候也都被假定为无可置疑的。（KrV，A184；B227）

15. 因为，单纯这种持存性，才是——我们为什么把实体范畴应用于现象上的——根据，并且人们则必须证明，在一切现象中存在着某种持存的东西，在它身上可变更的东西无非是它的此在的规定。（KrV，A184；B227）

16. 然而，持存这种内在必然性，毕竟与一直已经存在着的必然性，是不可分离地联结着的，所以这个术语可以保留着。（KrV，A185；B229）

17. 然而，这种持存性只不过是，我们设想（在现象中）事物的此在的方式。（KrV，A186；B229）

18. 于是，变化概念的校正也建立在这种持存性的基础之上。（KrV，A187；B230）

19. 因此变化只有在实体身上才能被知觉到，而绝对的产生和消失，除非只关涉持存之物的规定，否则根本不会是一种可能的知觉，因为正是这个持存之物，才使——从一个状态向另一个状态、以及从非存在向存在的过渡的——表象，成为可能，所以这个表象只有作为那保留着的东西的变更着的规定，才能被经验地认识到。（KrV，A188；B231）

20. 因此，持存性就是一个必要的条件，唯独在这个条件下，现象才在一个可能经验中被规定为事物和对象。（KrV，A189；B232）

21. 既然一切结果都在发生的事情之中，因而都在按照前后相继性而标明时间的可变易之物中；那么可变易之物的最终主体，就是作为一切变更者的基底的持存的东西，即实体。（KrV，A205；B250）

22. 一切生存之物，只在持存着的东西中才被找到，每一个事件都以在先前状态中的——它按照一条规则而跟随的——某物为前提，最后，在同时存在的杂多中、状态按照一条规则同时存在于相互关系中（处于协同性中），那么，一切努力都会是完全徒劳的。（KrV，A216；B264）

23. 但这种持存的东西不可能是一种在我之内的直观。因为能够在我之内被发现的我的此在的一切规定根据，都是表象，并且作为表象，本身就需要一个区别于它们的持存之物，在与持存之物变化的关系中、因而在它变化的时间中的我的此在，才能够被规定。（KrV，B275）

24. 所以这种持存之物的知觉只有通过外在于我的一个物、而不是通过外在于我的一个物的单纯表象，才是可能的。（KrV，B275）

25. 不仅仅，我们只有通过与空间中的持存之物相关联（例如鉴于地球的对象的太阳运动）的外部关系中的变更（通过运动），才能够实施一切时间规定，我们甚至同样完全不拥有——我们能够作为直观、而放置在一个实体概念下的——任何持存之物，除非单纯的物质，而且甚至这种持存性也不是从外部经验中创造的，而是先天地预设为一切时间规定的必要条件、因而也预设为通过外物的生存、在我们自己的此在方面、内感官的规定。（KrV，B277，278）

26. 因为唯独空间持存地规定，但时间、因而一切存在于内感官中的东西，则不断流动。（KrV，B291）

27. 一切变化都以直观中某种持存之物为前提，即使只为了作为变化而被知觉到，但在内感官中却根本找不到任何持存的直观。（KrV，B292）

28. 通过一个对一切实体都有效的原因的理念的统一性，在这种统一性中，实体全都必须、按照普遍法则而获得它们的此在和持存性、因而也彼此获得相互的一致。（KrV，A275；B331）

29. 一个在空间中持存的现象（一个不可入的广延）所包含的只不过是纯净的关系，而根本不是绝对内部的东西，但它却可以是一切外部知觉的最初的基底。（KrV，A284；B340）

30. 尽管凡是我们只在质料上所认识的，都是纯净的关系，（我们称为质料的内部的规定的关系，只是相对内部的）；但在其中有独立的和持存的关系，由此，一个确定的对象就被给予我们。如果我抽掉这些关系，我就绝不继续思想了。（KrV，A285；B341）

31. 但这个命题并不意味着，“我”，作为客体，对我，是一个自身持存着的存在者，或实体。（KrV，B407）

32. 所谓的实体（这种以前并没有已经确立它的持存性的物）。（KrV，

B414）

33. 所以灵魂的持存性，作为单纯的内感官的对象，仍未证明，并且甚至是不可证明的，尽管它的持存性在生命中，由于思维着的存在者（作为人）自己同时又是一个外感官的对象，对自身是清晰的，但对此完全满足不了理性心理学家，他着手从单纯的概念中证明出灵魂本身超出生命的绝对持存性。（KrV，B415）

34. 但由于我为此首先又需要某种持存之物，而这样的持存之物，只要我设想着，就根本没有在内直观中被给予过我。（KrV，B420）

35. 人们远远不能够把这些属性单纯从一个实体的纯粹范畴中推导出来，我们宁可不得不把一个从经验中给出的对象的持存性设置为基础，如果我们想把一个实体的这个经验的运用的概念应用到对象上。（KrV，A349）

36. 所以他将从这个——在我的意识里一切时间都伴随着、而且以完全的同一性伴随着一切表象的——“我”、尽管他同时承认、却毕竟还没有推论出我的自身的客观持存性。（KrV，A363）

37. 因为我们自身不能够出于我们的意识而对此做判断，我们作为灵魂是否是持存的，或者不是，因为我们只把我们的意识算作我们的同一的自身。（KrV，A364）

38. 因为，既然我们在灵魂中没有发现任何持存的现象，而只有伴随和联结所有这些现象的“我”表象，那么我们就绝不能澄清，这个“我”（一个单纯的思想）是否恰好并不流动，而只是其余那些由此而相互链接的思想。（KrV，A364）

39. 但这种持存性在我们由同一性统觉中推论出我们自身的数目上的同一性之前，不通过任何东西而被给予我们。（KrV，A365）

40. 物质在自在之物本身（先验客体）面前是什么，而对于我们则完全不知道；尽管物质作为现象的持存性，当它被表象为外在的某物，却毕竟可以被观察到。（KrV，A366）

41. 但借此，我当然也并不会更好地认识这个思维着的自身，按照它的属性，我也不能看透它的持存性、甚至绝不能看透那个外部现象的可能的先验基底的、它的生存的独立性，因为无论是这种基底，还是那个思维着的自身，对我都是不知道的。（KrV，A383）

42. 所以理性就是人在其中显现的一切任意的行动的持存的条件。（KrV，A553；B581）

43. 把一切变化看做属于一个以及同一个持存的存在者的状态。（KrV，A682；B710）

44. 因为这种简单之物根本不可能在任何经验中出现，并且，如果人们这

里把实体理解为感性直观的持存的客体，一个简单的现象的可能性则根本不可能被看透。（KrV，A772；B800）

持续性（die Dauer）

1. 唯有通过持存的东西，此在在相继的时间序列的不同部分中才获得一种大小，人们把称它为持续性。（KrV，A183；B226）

2. 而这就正是经验中的三种类比。它们只不过是时间中的现象的此在的规定的原理，依据时间的所有这三种样态，即作为一种大小而与时间本身的关系（此在的大小，即持续性），作为一个系列而在时间中的关系（即前后相继），最后作为一个所有此在的总和而也在时间中的关系（同时）。（KrV，A215；B262）

3. 因为永恒性只衡量事物的持续性，但并不承担它们。（KrV，A613；B641）

4. 幸福是我们的一切爱好的满足（既是外延的，按照满足的多样性；又是内包的，按照程度；并且还是延伸的，按照持续性）。（KrV，A806；B834）

冲突（die Widerstreit）

相冲突（widerstreiten）

1. 既然现在的情况是，如果人们从这种双重的观点而考察事物，就会和纯粹理性的原则相一致，但在单方面的观点那里就会产生理性与自身的一种不可避免的冲突，那么这个实验就判定了那种区分是正确的。（KrV，BXIX）

2. 因为，凡是与这些标准相矛盾的东西，就是错误的，因为知性此外还与它的思想的普遍规则相冲突、因而与自己本身相冲突。（KrV，A59；B84）

3. 但这种关系，在其中概念在一种内心状态里能够互相从属，就是相同性与差异性、一致与冲突、内部与外部、最后是可规定的与规定（质料和形式）的关系。（KrV，A261；B317）

4. 找到一致性，从中可以形成肯定判断，并且找到冲突性，从中可以形成否定判断。（KrV，A262；B318）

5. 事物是相同的还是相异的、一致的还是相冲突的等等，都将不可能马上就从概念本身中通过单纯的比较（comparatio，比较）、而首先通过它们所属的认识方式的区别、借助于某种先验的反省（reflexio，反思）才能够被澄清。（KrV，A262；B318）

6. 一致和冲突。如果实在性仅仅通过纯粹知性而被表象（realitas noumenon，本体的实在性），那么在实在性之间就不可能设想任何冲突了，亦即设想这样一种关系，它们在联结于一个主体中时互相取消其后果，就会是 3—3 =

O。(KrV, A264; B320)

7. 这条原理：实在性（作为单纯的肯定）相互绝不会逻辑地冲突，是一个有关概念的关系的完全真实的命题。(KrV, A273; B328)

8. 因为实在的冲突就总是会发生，凡是在 A—B = 0 的地方，亦即凡是在一个实在性与另一个实在性，在同一个主体中联结，一个就取消另一个的作用的地方。(KrV, A273; B329)

9. 这种普通的力学甚至能够在一条先天规则中指出这种冲突的经验的条件，因为它着眼于方向上的对立：这是实在性的先验概念对之完全一无所知的一个条件。(KrV, A273; B329)

10. 一个作为一般物的对象的表象，也许并不单纯是不充分的，而且如果没有它的感性规定，并且，如果脱离了经验的条件，就该是在自身中自相冲突的。(KrV, A279; B335)

11. 在一般物中的实在的东西并不会相互冲突。(KrV, A280; B336)

12. 这些条件使一种当然并非逻辑上的冲突成为了可能，也就是说，使从完全积极的东西中得到一个等于 0 的无成为可能。(KrV, A282; B338)

13. 纯粹理性法则的这种冲突（二律背反）。(KrV, A407; B434)

14. 纯粹理性的二律背反也把一种被误以为的纯粹的（合理的）宇宙论的先验原理摆到了眼面前，并非、为了发现这种宇宙论是有效的并侵占它，而是，正如同对理性的冲突所作的命名就已经表明的那样，为了把它描述为一个——不可与现象相协调一致、在它的炫目的但却虚假的幻相中的——理念。(KrV, A408; B435)

15. 如果独断的学说的任何一个整体都是正论（Thetik），那么我把背反论（Antithetik）并不理解为反面的独断的主张，而理解为那些按照幻相的独断知识之间的（thesin cum antithesi，正题与反题的）冲突，人们并没有把优先的赞同要求授予一方而不授予另一方。(KrV, A420; B448)

16. 于是从中就必然产生出一种冲突，而这种冲突是无论人们想从哪里入手，都不可避免。(KrV, A422; B450)

17. 纯粹理性的二律背反先验理念的第一个冲突。(KrV, A426; B454)

18. 纯粹理性的二律背反先验理念的第二个冲突。(KrV, A434; B462)

19. 纯粹理性的二律背反先验理念的第三个冲突。(KrV, A444; B472)

20. 纯粹理性的二律背反先验理念的第四个冲突。(KrV, A450; B480)

21. 论理性在它的这种冲突中的利害。(KrV, A462; B490)

22. 这些理念设定了这些序列的绝对总体性并且正是由此而使理性不可避免地置身于跟自身的冲突中。(KrV, A497; B525)

23. 因为世界仍然保持着，不论我在世界的现象序列中取消了无限的、还是有限的回溯。但如果我丢掉这个前提、或这个先验的幻相，并且否认它会是一种自在之物本身，那么两种主张的这个矛盾的冲突就变成了一个单纯辩证的冲突，并且因为世界根本不是自在地（不依赖于我的表象的回溯的序列）生存着，所以它既不作为一个自在地无限的、也不作为一个自在地有限的整体而生存。（KrV，A505；B533）

24. 它单纯是辩证的并且是一种幻相的冲突。（KrV，A506；B534）

25. 当我们通过一切先验的理念、在一个图表中展现出纯粹理性的二律背反的时候，由于我们指出过，这个冲突的根据和消除它的唯一手段，而这就在于，对立双方的主张都被解释为假的：所以我们已经到处把条件表现为，按照空间和时间的关系而从属于它的有条件者，而这就是普通人类知性的习惯预设，而那种冲突也就完全建立在这个预设之上。（KrV，A528；B556）

26. 所以这里就发生了，那种一般说来在一个敢于超出可能经验界限的理性的冲突中所遇到的事情，这种任务本来不是自然之学的，而是先验的任务。（KrV，A535；B563）

27. 这样，自由和自然，每一个都在它的完全意义中，恰好就在每一个自身的行动那里，按照人们把它们与它们的理知的原因或感性的原因相比较，而没有任何冲突地同时被找到。（KrV，A541；B569）

28. 自由是否与自然必然性在一个以及它的行动中相冲突。（KrV，A557；B585）

29. 现在，这个二律背反建基于一个单纯的幻相，并且，出于自由的原因性的自然至少并不冲突，这就是我们能够完成的唯一的事情，并且它也是让我们唯一和独自重视过的东西。（KrV，A558；B586）

30. 所以，在这个摆在我们面前的假装的二律背反那里，就仍还给我们敞开着一条出路，即所有双方相互冲突的命题在不同的关系中可以同时都是真的。（KrV，A560；B588）

31. 所以要么必须保留——与那个要求无条件者的理性的——冲突，要么这个无条件者在序列之外被设置在理知的东西中，而这种理知的东西的必然性则不需要、也不允许任何经验的条件，因而或者更确切地说在现象上是无条件地必然的。（KrV，A564；B592）

32. 这个谓词并不单纯以矛盾律为基础；因为它把每一个物，除了两个相互冲突的谓词的关系外，仍在与全部可能性的关系中，看作一般事物的一切谓词的总和。（KrV，A572；B600）

33. 只为了在可能之物的一切概念中找到那个——自身不拥有任何与绝对必然性相冲突的东西的概念。（KrV，A585；B613）

34. 理性在这里显示出一个双重的、相互冲突的利益，一方面是鉴于类的

范围的（普遍性的）的利益，另一方面是，内容的（规定性的）的利益，着眼于种的多样性。（KrV，A654；B682）

35. 如果单纯调节性的原理被看做了构成性的原理，那么它们作为客观原则就可能已经冲突起来了。（KrV，A666；B694）

创造（die Schöpfung）

1. 如果这种根源被看作来自一种陌生的原因的结果，它就叫作创造，创造作为事件在现象中是不能被允许的，因为仅它的可能性就已经会取消经验的统一性，虽然，如果我把一切事物不是看作现相，而是看作自在之物，并且看作单纯知性的对象，则它们尽管是实体，却可以被视为按照其此在而依赖于陌生的原因；但这样一来就会拖出完全不同的语词意义，而不适合于作为经验之可能对象的现象。（KrV，A206；B251）

2. 这个强有力的、绝不可能被驳倒的证明根据，伴随着通过一种在我们眼前所看到的一切东西中的合目的性的不断增加的知识，并且伴随着通过一种在创造的不可估量性中的展望，因而也伴随通过这种在我们知识的可能扩展中的一种肯定无边无际的意识。（KrV，B426）

创世者，世界创造者（der Weltschöpfer）

1. 在因果关系中，后果并不又交互地规定了根据，并且因此也并不与根据一起（就如世界并不与创世者一起）构成一个整体。（KrV，B112）

2. 所以这个证明所能够阐明的，最多是一个——永远被他所加工的材料的适应性大大限制着的——世界建筑师，但却不是一个——所有的东西都服从于它的理念的——世界创造者，而这对于人们所密切注意的那个伟大意图，即证明一个最充分的原始存在者，是远远不够的。（KrV，A627；B655）

创造者（der Urheber）

世界创造者（der Welturheber）

1. 如何可能，那些本身并没有结合在知性中的知性概念，必须思想为在对象中必然结合着的，并且也没有突然想到，知性也许通过这些概念本身能够成为——它的对象在其中被发现的——经验的创造者。（KrV，A95；B127）

2. 它们被我们的创造者这样安排，以至于它们的运用与经验所沿着它运行的自然规律，恰好相符合。（KrV，B167）

3. 如果不存在区别于世界的原始存在者，如果世界无需开端因而也无需创造者，我们的意志不是自由的，并且灵魂与物质存在同样的可分性和可朽性，那么道德的理念和原理也都丧失了一切有效性，而与构成它们的理论支柱的那

些先验的理念一起陷落了。（KrV，A468；B496）

4. 但这种知识又反作用于它的原因，即那个引发起来的理念，并且把一个最高创造者的信仰增强到一种不可抗拒的确信。（KrV，A624；B652）

5. 以便于使自己从伟大提升到更伟大，直到最高的伟大，从有条件者提升到条件，直到至上的和无条件的创造者。（KrV，A624；B652）

6. 一个——永远被他所加工的材料的适应性大大限制着的——世界建筑师，但却不是一个——所有的东西都服从于它的理念的——世界创造者。（KrV，A627；B655）

7. 世界统一性与创造者的绝对统一性。（KrV，A628；B656）

8. 当人们一直达到对世界创造者的智慧、力量等等的伟大感到惊叹而不再能够继续前行了之后，人们就一下子抛开了这个通过经验的证明根据而作的论证，并且走向一开始就从世界的秩序和合目的性中推导出来的世界的偶然性。（KrV，A629；B657）

9. 所以前一种人把这个存在者单纯设想为一个世界原因，（无论是通过它的本性的必然性，还是通过自由，仍还不明确），后一种人则把这个存在者设想为一个世界创造者。（KrV，A632；B660）

10. 自然的神学则从在这个世界中所遇见的性状、秩序和统一性中推断出一个世界创造者的属性和此在。（KrV，A632；B660）

11. 人们习惯于大体上并不把上帝的概念单纯理解为一个作为事物的本根而盲目起作用的永恒自然，而理解为一个——本身通过知性和自由而应当是事物的创造者的——最高的存在者。（KrV，A632；B660）

12. 预先假定了一个创造者的纯然的智慧的意图。（KrV，A687；B715）

13. 因为，如果人们不能在自然中先天地预设那最高的合目的性，即将它预设为属于自然的本质，人们怎么会被指示，而寻求它、并在一个自然的等级阶梯中接近一个创造者的最高完善性，即一种绝对必然的、因而是先天可认识的完善性呢？（KrV，A693；B721）

14. 自然研究完全仅仅按照自然的普遍规律在自然原因的链条上而正常运行，虽然按照创造者的理念，但并非为了——从这个创造者中推导出的、到处都跟踪到它的——那种合目的性，而为了认识来自这种——在自然事物的本质中、尽可能也在所有一般事物的本质中被寻求的——合目的性的、因而也是绝对必然的创造者的此在。（KrV，A694；B722）

15. 因为这永远只是一个理念，它根本不会与一个不同于世界的存在者、而与这个世界的系统统一性的调节性原则相关，但只是凭借这种统一性的一个图型，即一个至上的理智，按照智慧的意图，它是世界的创造者。（KrV，A697；B725）

16. 然而，以这样一种方式，我们就能够（如果有人要继续追问）假定一个唯一的、智慧的和全能的世界创造者吗？（KrV，A697；B725）

17. 但是，在这种被设置为根据的、一个最高创造者的理念的表象之下，也是很清楚的：我不把这样一种存在者的此在和知识设置为根据，而只把它的理念设置为根据。（KrV，A701；B729）

18. 诉诸人们为此目的而预设的一个神圣的创造者，更可容忍些。（KrV，A773；B801）

19. 有理性的存在者，在这些原则的引导下，自身也就会成为他们自己的、同时也是别人的持久福利的创造者。（KrV，A809；B837）

20. 但这只有在理知的世界中、在一个智慧的创造者和统治者手下才是可能的。（KrV，A811；B839）

抽象；抽掉；不考虑；放弃（abstrahieren）

1. 作为普遍逻辑，它抽掉了知性知识的一切内容，和它的对象的差异性，并且只与思想的单纯形式打交道。（KrV，A54；B78）。

2. 普遍逻辑放弃一切知识内容，即知识与客体的一切关系，并只考察知识相互关系的逻辑形式，即一般思想形式。（KrV，A55；B79）

3. 因为普遍逻辑放弃了知识的一切内容，那么留给它的就只剩下这个事务，分析地相互设定概念、判断和推理中知识的单纯形式，并由此获得一切知性运用的形式规则。（KrV，A132；B171）

4. 一个本体的概念，但这概念完全不意味着积极的，以及任何一个事物的确定的知识，而只意味着一般“某物”的思想，在这个一般“某物”那里我不考虑感性直观的一切形式。（KrV，A252）

5. 逻辑的反思是一种单纯的比较，因为在它那里完全不考虑被给予的表象所属的认识能力。（KrV，A262；B318）

6. 质料意味着一般的可规定之物，形式意味着该物的规定（两者都在先验的理解中，因为人们抽掉了被给予之物的一切区别，以及它如何被规定的那种方式）。（KrV，A266；B322）

表象为一个我所思想的对象，即“我”本身及其无条件的统一性。（KrV，A398）

7. 一种逻辑的辩证论，它抽掉了知识的一切内容，而仅仅揭示三段论推理形式中的虚假的幻相。（KrV，A333；B390）

8. 辩证推论并没有对一般思想的那些本身是无条件的条件，犯下内容上的错误，（因为它抽掉了一切内容或客体）。（KrV，A397，398）

9. 一个单纯逻辑的原则，它抽掉了一切知识的内容，而无非着眼于知识的

逻辑形式。（KrV，A571；B599）

10. 但这个条件只是形式的条件，即我把一切对象都从那里抽掉了的每一个思想的逻辑的统一性，而仍然被

11. 一个道德的世界……因而单纯被设想为一个理知的世界，因为在其中被抽掉了一切条件（目的）、甚至道德的一切阻碍（人类本性的软弱和邪癖）。（KrV，A808；B836）

12. 一个理知的、即道德的世界……在它的概念中抽掉了一切德性障碍（爱好）。（KrV，A809；B837）

13. 如果我把知识的一切客观地观察到的内容，都抽掉，那么一切知识、主观地、就或者是历史的，或者是合理的。（KrV，A836；B864）

纯粹的（rein）

纯粹性（die Reinigkeit）

1. 我不过与理性本身和它的纯粹思维打交道，我不可以远离自己而寻求它的详尽的知识。（KrV，AXIV）

2. 而一切纯粹先天知识的规定则更进一步，它应当是一切无可置疑的（哲学上的）确定性的标准试块、因而甚至范例。（KrV，AXV）

3. 但这种具有深刻的气质的考察，拥有两个方面。一方面涉及到纯粹知性的那些对象，并且应当加以阐明和把握知性的先天概念的客观有效性；正因此这也是属于我的目的中本质的方面。另一方面则是针对纯粹知性本身，探讨它的可能性和它自身以之为基础的认识能力。（KrV，AXVI）

4. 我希望在自然的形而上学这个标题下甚至提供出这样一种纯粹的（思辨的）理性的体系。（KrV，AXXI）

5. 这前者是理性的理论知识，BX 后者是理性的实践知识。这两者的纯粹部分，不论它可能包含的是如此多或如此少，亦即那个［纯粹部分］，理性在其中完全先天地规定它的客体，预先被单独说明，并且这个［纯粹部分］，不能被来自别的源头的什么东西混淆。（KrV，BX）

6. 数学和物理学是——理性应当先天地规定它的对象的——两门理论的理性知识，前者完全纯粹地规定，后者则至少部分纯粹地、但也还按照不同于理性来源的另一种知识来源的尺度而规定。（KrV，BX）

7. 形而上学家的分析把纯粹先天知识分割为两个性质极不相同的要素，即作为现象的事物的知识，以及自在之物本身的知识。（KrV，BXX）

8. 现在纯粹思辨理性批判的工作就在于这种尝试，改变形而上学迄今的处理方式，并且由此，我们按照几何学家和自然科学家的范例而进行一场形而上学的革命。（KrV，BXXII）

9. 这些原理现实地面临着扩展它们原本所属的感性界限而超出一切并且如此完全排斥纯粹的（实践的）理性运用的危险。（KrV，BXXV）

10. 这个批判并不与理性在它的作为科学的纯粹知识中的独断的处理，相对立。（KrV，BXXXV）

11. 论纯粹的知识与经验的知识之区别。（KrV，B1）

12. 先天知识中那些完全没有被掺杂了经验的则称为纯粹的。（KrV，B3）

13. 在人类知识中现实地具有这样一类必然的和在严格意义上普遍的、因而纯粹的先天判断。（KrV，B4）

14. 人们甚至无需这样一类的例子来证明在我们的知识中那些先天纯粹原理的现实性，也能够阐明、因而先天地阐明，这些原理之于经验本身可能性的不可或缺性。（KrV，B5）

15. 我将把我的命题限制在这种纯粹数学上，这就导致了这种纯粹数学的概念，它不包含经验的知识，而单纯包含纯粹的先天知识。（KrV，B15）

16. 纯粹几何学的任何一个原理如此之少地是分析性的。（KrV，B16）

17. 这条定理就不是一个分析的命题，而是综合的命题，但仍还被先天所想到，并且自然科学纯粹部分的其余定理也都如此。（KrV，B18）

18. 纯粹数学肯定包含先天综合命题。（KrV，B20）

19. 纯粹数学是如何可能的？纯粹自然科学是如何可能的？（KrV，B20）

20. 先天知识本该是完全纯粹的。（KrV，A14；B28）

21. 先验一哲学是一种纯粹单单思辨的理性的世间智慧。（KrV，A15；B29）

22. 我把一切表象——在其中找不到任何属于感觉的东西——称为纯粹的（在先验知性中）。因此一般感性直观的纯粹形式会先天地在内心中被找到，在［这一纯粹直观形式］那里，现象的一切杂多在一定的关系中被直观。感性的这一纯粹形式本身也叫作纯粹直观。（KrV，A20；B34）

23. 这些东西属于纯粹直观，它先天地，即使没有一种现实的感官对象或感觉对象，作为一个单纯的感性形式而发生于内心之中。（KrV，A21；B35）

24. 必须有一门这样的科学，它构成先验要素论的第一部分，而与包含纯粹思想的原则、并且被称为先验逻辑的那一部分相对。（KrV，A21；B36）

25. 作为先天知识的原则，存在着两种感性直观的纯粹形式，即空间和时间。（KrV，A21；B36）

26. 空间绝不是推理的，或者，如人们所说，一般事物关系的推论的普遍概念，而是一个纯粹直观。（KrV，A25；B39）

27. 这种直观又必须是先天地、亦即先于对一个对象的一切知觉而在我们之内被遇见，因而必须是纯粹的，而不是经验的直观。（KrV，A25；B41）

28. 这个接受性的固定形式，我们称其为感性，是一切关系的必然条件，

在这里对象被直观为外在于我们，而如果我们抽掉这些对象，它就是带有空间之名的一个纯粹直观。（KrV，A27；B43）

29. 空间却仅仅涉及直观的纯粹形式，因而不包含任何感觉（没有经验的东西）。（KrV，A29；B44）

30. 时间不是推理的、或如人们所称它的，普遍的概念，而是一种感性直观的纯粹形式。（KrV，A31；B47）

31. 空间，作为一切外部直观的纯粹形式，已经作为先天条件而单纯限制于外部现象。（KrV，A34；B50）

32. 空间和时间是这种方式的纯粹形式，一般感觉则是质料。唯独这两种形式我们能够先天地、即在一切现实知觉之前认识到，因此就称它们为纯粹直观。（KrV，A42；B60）

33. 所以直观和概念构成我们一切知识的要素，以至于概念，没有统一方式上的相应的直观，或直观没有概念，都不能交出知识。两者要么是纯粹的，要么是经验的。其中如果包含（以对象的现实的在场为前提的）感觉，就是经验的；但如果其表象没有感觉混合，则是纯粹的。（KrV，A50；B74）

34. 纯粹直观只包含某物被直观的形式，并且纯粹概念只包含一般对象的思想形式。（KrV，A51；B75）

35. 普遍的逻辑就要么是纯粹的逻辑，要么是应用的逻辑。在前者中我们抽掉了一切经验的条件。（KrV，A52；B77）

36. 一种普遍而又纯粹的逻辑，不得不只与纯净的先天原则发生关系。（KrV，A53；B77）

37. 作为纯粹逻辑，它没有经验的原则，因而不（像人们有时说服自己的那样）从心理学中汲取，所以它对于知性的法规没有任何影响。（KrV，A54；B78）

38. 但因为既然有纯粹的直观，也有经验的直观，（就如先验感性论所说明的），那么对象的纯粹思维和经验的思维之间的一种区别也完全可能被找到。（KrV，A55；B80）

39. 所以在期待中，也许能够给出可以与对象先天发生关系的概念，它们既不作为纯粹的或感性的直观，而只作为纯粹的——但因此是既没有经验的也没有美感的来源的概念的——思想活动，所以我们就预先把我们变成一种关于纯粹知性与理性知识的科学的理念，由此我们完全先天地思想对象。（KrV，A57；B81）

40. 但这种纯粹知识的使用却以此为基础、作为它们的条件：它可以应用于其上的对象，是在直观中给予我们的。（KrV，A62；B87）

41. 这里涉及到随后几点：1. 这些概念是纯粹的而并非经验的概念。2. 它们不属于直观和感性，而属于思想和知性。3. 它们是要素概念并与派生的，或由此复合的［概念］相区分。4. 它们［概念］的图表是完整的，并且它们应该完全充满了纯粹知性的整个领域。（KrV，A64；B89）

42. 先验哲学具有优点，但也有义务，根据一个原则寻找它的概念；因为它们纯粹而非混杂地产生于——作为绝对的统一性的——知性，因而并且本身必须按照一个概念或理念而相互关联。（KrV，A67；B92）

43. 如果杂多不是经验地、而是先天地被给予的（如在空间和时间中的它），这样一种综合就是纯粹的。（KrV，A77；B103）

44. 纯粹的综合，表象为普遍的，提供纯粹的知性概念。（KrV，A78；B104）

45. 先验逻辑所教导的并非把表象、毋宁把表象的纯粹综合带到概念上。（KrV，A78；B104）

46. 那就允许我把这些纯粹的、但却是派生的知性概念称为纯粹知性的宾位词（Prădicabilien）（与谓述词相对）。（KrV，A82；B108）

47. 范畴与纯粹感性的样态或相互之间的结合，就产生大量先天的派生概念。（KrV，A82；B108）

48. 在构成人类知识非常混合交织的各种各样的概念中，也存在着一些被规定为先天的（完全不依赖于任何经验的）纯粹的运用，而它们的权限任何时候都需要一个演绎。（KrV，A85；B117）

49. 对这种纯粹知识只能有一种先验的演绎，而决不能给予一种经验的演绎。（KrV，A87；B119）

50. 即使先天纯粹知识的可能演绎的唯一的方式、即走先验途径的方式，被承认，但由此并不恰好说明，这种唯一的方式是绝对地必要的。（KrV，A87；B119）

51. 只有凭借感性的这样的纯粹形式，一个对象才显现给我们。（KrV，A89；B121）

52. 但这个表象是一个自发性的行动，即它不能被看作属于感性。我把它称为纯粹统觉，以便它区别于经验的统觉。（KrV，B132）

53. 在时间中直观的纯粹形式，仅仅作为包含一个给予了的杂多的一般直观，则从属于意识的本源的统一性。（KrV，B140）

54. 这种范畴因此表明："一个"直观的给予杂多的经验的意识从属于一个先天的纯粹自我意识，正如经验的直观从属于一个纯粹感性的、同样是先天发生的直观。（KrV，B144）

55. 一个客体在空间中的运动不属于一门纯粹科学，因而也不属于几何学。（KrV，B154）

56. 它们任何时候都必须包含一个可能经验和这个可能经验的一个对象的纯粹先天条件。(KrV, A53)

57. 这些表象只有通过对那种提供感性在其本源的接受性中的杂多的综合，才能够被产生出来。所以我们拥有领会的一种纯粹综合。(KrV, A100)

58. 我们的最纯粹的先天直观也不能获得任何知识。(KrV, A101)

59. 那个领会的综合构成了所有一般知识（不仅是经验的知识，而且也有纯粹先天的知识）的可能性的先验根据。(KrV, A102)

60. 我要把这种纯粹本源的、不可改变的意识命名为先验统觉。（KrV, A107)

61. 纯粹直观（在其作为表象方面，则以内部直观的形式，即时间）构成了全部的知觉的先天基础。(KrV, A116)

62. 纯粹统觉就给予了一条在一切可能直观中杂多的综合统一性的原则。(KrV, A117)

63. 于是这里就有了（意识的）一种杂多的综合统一性，它被先天地认识，并且正好适合于充当与纯粹思想相关的先天综合命题的根据。(KrV, A117)

64. 统觉的先验的统一性与想像力的纯粹综合、作为一个在认识中杂多的一切组合的可能性的先天条件相关联。(KrV, A118)

65. 想像力的综合的先验统一性就是一切可能知识的纯粹形式，因而通过这个纯粹形式可能经验的一切对象才必须被先天地表象出来。(KrV, A118)

66. 一切意识恰好都属于一个无所不包的纯粹统觉，正如一切感性直观作为表象都属于一个纯粹的内直观、即时间一样。(KrV, A124)

67. 我们具有一种作为一种人类心灵基本能力的纯粹想像力，这种基本能力为一切先天知识设置了基础。(KrV, A124)

68. 先验逻辑，因为被限制在一种规定的内容上、即仅仅是纯粹先天知识的内容上，它在这里的划分就不能模仿普遍逻辑。(KrV, A131; B170)

69. 因为，为了在纯粹先天知识领域中使知性获得扩展，因而作为学说，哲学看来是完全没有必要的，或者更好地说，是难以合适的。（KrV, A135; B174)

70. 一个盘子的经验的概念与一个圆的纯粹几何学概念具有同质性。(KrV, A137; B176)

71. 这个中介的表象必须是纯粹的（没有任何经验的东西），但却一方面是智性的，另一方面是感性的。这样一种表象就是先验的图型。（KrV, A138; B177)

72. 三角形的图型绝不能够生存于别的地方，而无非生存于思想中，并且意味着想像力的一条综合的规则，鉴于空间中纯粹的形状。（KrV, A141;

B180）

73. 感性概念（作为空间中的图形）的图型则是纯粹先天的想像力的产物。（KrV，A141；B181）

74. 外感官的一切大小（quantorum）的纯粹形象，是空间；而一般感官的一切对象的纯粹形象，是时间。（KrV，A142；B182）

75. 即使是空间和时间，这些概念是如此纯粹而远离一切经验的东西，它们也如此肯定地在内心之中被完全先天地表现出来。（KrV，A156；B195）

76. 那些纯粹的综合判断，即使只间接地，与可能的经验、或不如说与这些经验的可能性本身相关联，并且它们的综合的客观有效性唯独建立这种可能性基础之上。（KrV，A157；B196）

77. 存在着这种纯粹先天原理，我仍还不想把它们特别地归于纯粹知性，就因为，它们已不是从纯粹概念、而是从纯粹直观（虽然借助于知性）而抽引出来。（KrV，A160；B199）

78. 这种经验的直观只有通过纯粹的直观（空间和时间）才是可能的。（KrV，B206）

79. 凡是数学在对那种综合的纯粹运用中所证明的东西，这种东西也必然地适用于这些知识。（KrV，B207）

80. 现象，作为知觉的对象，并不是纯粹的（仅仅是形式上的）直观，如空间和时间，（因为它们自在根本不被知觉）。（KrV，B207）

81. 经验的知识的一切增加，以及知觉的每一次进步，都只不过是，内感官的规定的一种扩大，亦即在时间中的一种进展，其对象则可以随便是现象，或者纯粹直观。（KrV，A210；B255）

82. 一个这样的图形本该在一切经验之对象所依据的那些纯粹条件下被思考。（KrV，A224；B271）

83. 关于原因这个概念，我（如果我删去——在其中某物按照一个规则而跟随另一个某物的——时间），在这个纯粹范畴中找不到更多的东西，而无非它本该是这样的——由此推导出另一某物的此在的——某物。（KrV，A243；B301）

84. 这种纯粹范畴所能够包含的无非只是这种——把杂多带到一个概念下的——逻辑机能。（KrV，B302）

85. 范畴的一个纯粹运用虽然是可能的，亦即没有矛盾，但却而完全不具任何客观有效性。（KrV，A253）

86. 现象是感性的对象，并且知性鉴于它们不是纯粹的、而只是经验的运用。（KrV，A264；B320）

87. 单纯直观形式，没有实体，本身就绝不是对象，而只是对象（作为现象）的形式条件，如纯粹空间，和纯粹时间，它们虽然是作为进行直观的形式的某物，但本身绝不是被直观的对象。（KrV，A291；B347）

88. 论理性的纯粹运用。（KrV，A305；B362）

89. 建立于这上面的合理的灵魂学说绝不是纯粹的，而是部分地根据一种经验的原则的。（KrV，A343；B401）

90. 任何经验的谓词都会损坏这门科学摆脱一切经验的合理的纯粹性和独立性。（KrV，A343；B401）

91. 从这些要素中，就产生出纯粹灵魂学说的所有概念，仅仅通过组合，而丝毫不需认识别的原则。（KrV，A345；B403）

92. 为了思想这些范畴，它就必须把那个却必须已被说明了的、它的纯粹的自我意识设置为基础。（KrV，B422）

93. 更确切地说，这个表象是纯粹智性的，因为它属于一般思维。（KrV，B423）

94. 辩证幻相在理性心理学中则基于（一个纯粹的理智）的理性的一个理念与这种一般思想着的存在者在一切部分中都未经规定的概念的混淆。（KrV，B426）

95. 对纯粹心理学的第一个谬误推理的批判。（KrV，A348）

96. 根据这些谬误推理，考察全部纯粹灵魂学说。（KrV，A381）

97. 这样，例如实体的概念在简单性的谬误推理中就是一个纯粹智性的概念，它无需感性直观的条件而只具有先验的、即完全没有任何运用。（KrV，A403）

98. 纯粹心理学的这些主张并不包含灵魂的经验的谓词，而包含是这样一些谓词，当它们发生的时候，就应当不依赖于经验、因而通过单纯的理性而规定自在的对象本身。（KrV，A405）

99. 在宇宙论理念的规定中，在经验论、或者反题的方面，第一，找不到任何这种出自理性的纯粹原则的实践的利益，如同道德和宗教随身携带的。（KrV，A468；B496）

100. 所以它的原因性并不是按照自然规律又不从属于另外一个按照时间规定它的原因。自由在这种意义上就是一个纯粹的先验理念，它首先不包含从经验中借来的任何东西。（KrV，A533；B561）

101. 但这个调节的原理刚好也很少排除一个不在这序列中的理知的原因的假定，如果它涉及到理性（鉴于目的）的纯粹运用。（KrV，A564；B592）

102. 它们的材料并不从经验中拿来，它们的客观实在性也不以经验的序列的完成、而以纯粹的先天概念为基础。（KrV，A565；B593）

103. 对于我们是一个理想的东西，对于柏拉图则是一个神圣知性的理念，一个在神圣知性的纯粹直观中的单独的对象，即可能存在者的每一类的那个最完善者和现象中一切摹本的那个原始根据。（KrV，A568；B596）

104. 我不能构成一个物的最起码的概念，这个物，如果它连通它的所有谓词都被取消了，却留下一个矛盾，而我就没有矛盾地，单单通过纯粹先天概念，不会拥有不可能性的任何标志。（KrV，A596；B624）

105. 对于纯粹思想的客体，根本就不存在任何认识它们的此在的手段。（KrV，A601；B629）

106. 后一种证明则把自己的全部信任都安放在纯粹先天的纯粹概念之上。（KrV，A606；B634）

107. 如果我们的理性仅仅与纯粹的理念打交道，而这些纯粹理念正因此就无非只允许先验的标准衡量。（KrV，A640；B668）

108. 人们承认，简直不能发现纯粹的“土”、纯粹的“水”、纯粹的“气”等等。（KrV，A646；B674）

109. 所以这条法则必须以纯粹先验的根据、而不是经验的根据为基础。（KrV，A660；B688）

110. 因为一个完全独特的、更确切的说是否定性的规律提供便是不可缺少的了，这种否定性的规律提供以一个出自理性的本性和理性的纯粹运用的对象的本性的训练的名义。（KrV，A711；B739）

111. 这就只有当我要么按照经验直观的条件、要么按照纯粹直观的条件而规定我的对象，才是可能的。（KrV，A718；B746）

112. 一个先天概念（一个非经验的概念）所包含的，要么本身已经是一个纯粹直观了，而这样它就能够被构造；要么，就无非是那些——并未先天给予的——可能直观的综合。（KrV，A719；B747）

113. 但我可以从概念走向与这个概念相应的纯粹的或经验的直观，以便在直观中具体地考量这个概念，并且，先天地或后天地认识凡是应归于这个概念的对象的东西。（KrV，A721；B749）

114. 与此相反，纯粹哲学凭借先天的推论性概念们却在自然中四处敷衍塞责，没有能够使这些概念的实在性成为先天直观的并且恰好由此而得到认证。（KrV，A725；B753）

115. 数学却能够在具体中（在个别直观中）却又通过先天的纯粹表象而考虑共相。（KrV，A734；B762）

116. 关于这种背反论的唯一战场必须在纯粹神学和纯粹心理学的领域中去寻求。（KrV，A743；B771）

117. 理性被它的本性中的一种倾向所驱使，超出经验运用之外，在一个纯粹的运用中并借助于单纯的理念冒着出离一切知识的最后极限的危险，而只有

首先在它的循环结束中、在一个自行存在的系统整体中，才获得安宁。（KrV，A797；B825）

118. 理性为此能够提供，没有别的而无非自由行为的实用的规律，以达到感官向我们推荐的那些目的，因而决不能提供完全先天规定的、纯粹的规律。（KrV，A800；B828）

119. 我们判断的要素，只要它们与愉快或不愉快相关，因而作为实践的判断要素，就不属于先验哲学的整体之中，后者只与纯粹的先天知识相关。（KrV，A801；B829）

120. 确确实实存在着纯粹的道德律，这些道德律完全先天地（不顾及经验的动机、即幸福）规定了所为与所不为。（KrV，A807；B835）

121. 德性的评判，按照纯粹性和后果，则按照理念执行，而它的道德律的遵守则按照准则而执行。（KrV，A812；B840）

122. 在这个世界之中我们必须根据纯粹的但实践的理性的规范把我们完全置入进去，但这个世界却是一个理知的世界。（KrV，A814；B842）

123. 因此这就是荒谬的，在纯粹数学中抱有意见。（KrV，A823；B851）

124. 道德形而上学真正就是——在其中没有任何人类学（没有任何经验的条件）被设置为基础的——纯粹道德学。（KrV，A841；B869）

125. 只要纯粹的道德学说仍然属于出自纯粹理性的人性知识也就是哲学知识的特殊门类，那么我们就要为它保存形而上学这一名称，虽然我们把它，作为不属于我们现在的目的，在这里而放在了一边。（KrV，A842；B870）

126. 化学家在分解物质时、数学家在他们纯粹的大小学说中所做的，更多地也是哲学家的责任。（KrV，A842；B870）

127. 一切纯粹的先天知识，由于它唯一能位于其中的那种特殊认识能力，就构成了一种特殊的统一性，而形而上学就是那种——应当把那些知识表现在这种系统统一性之中的——哲学。（KrV，A845；B873）

纯粹范畴（diereine Kategorien）

1. 纯粹范畴无非是一般事物的表象，只要其直观的杂多必须通过这些逻辑机能的一个或别的被思想。（KrV，A245；B302）

2. 通过一个纯粹的范畴，在其中抽掉了那种——对我们唯一是可能的——感性直观的一切条件，那么就没有任何客体被规定了，而只有表达出，一种一般客体的思想，按照不同的样态。（KrV，A247；B304）

3. 纯粹范畴甚至对任何先天综合原理也都不够用。（KrV，A248；B304）

4. 纯粹范畴，没有感性的形式条件，仅仅具有先验的意义，但不是任何先验的运用，因为当这些范畴缺乏（在判断中）任何一种运用的一切条件、也就

是任何一个所谓的对象归摄到这些概念之下的形式条件的时候，这种运用自在本身是不可能的。（KrV，A248；B305）

5. 一个这样的物也是单纯的现象，并且根本不能被纯粹范畴所思想；它本身就存在于一般某物对感官的单纯关系之中。（KrV，A285；B341）

6. 如果我们把单纯理知的对象理解为这一种事物，它们被纯粹范畴、而无需任何感性图型、所想到，那么这样一类对象就是不可能的。（KrV，A286；B342）

7. 人们远远不能够把这些属性单纯从一个实体的纯粹范畴中推导出来，我们宁可不得不把一个从经验中给出的对象的持存性设置为基础，如果我们想把一个实体的这个经验的运用的概念应用到对象上。（KrV，A349）

8. 正如这个命题："我是实体"，所意味着的无非是那个——我不能作任何具体的（经验的）运用的——纯粹范畴。（KrV，A356）

9. 这些定语无非只是纯粹的范畴们，由此我绝不思想一个确定的对象，而仅仅思想表象们的统一性，以便规定这些表象的一个对象。（KrV，A399）

10. 在我们之内思想着的那个存在者，误以为，通过纯粹的范畴、更确切地说通过那些在其每一项下都表达出绝对统一性的范畴，就认识了它自身。（KrV，A401）

11. 宇宙论的三段论推理的大前提在一种纯粹范畴的先验意义上、但小前提却在一个运用于单纯现象的知性概念的经验意义上设想了有条件者。（KrV，A499；B528）

12. 与之相反，如果我们想单单通过这种纯粹的范畴而思想这种生存，那就没有任何奇怪了，我们无法指出任何标志而把它与单纯的可能性相区别。（KrV，A601；B629）

纯粹概念（der reine Begriffe）

1. 这类知识的完全统一性——出于真正的纯粹概念，任何经验的东西，或只是应该导致规定经验的特殊直观都不能对之产生丝毫影响，使之扩展和增加——将会使这种无条件的完备性不仅是可行的，而且是必然的。（KrV，AXX）

2. 我们将追踪纯粹概念一直到它们在人类知性中最初的萌芽和天赋，在其中它们做好了准备，直到它们最终在经验的机会中获得展开并通过同样的知性，从依附于它们的经验的条件中解放出来，而被描述于它们的纯净性之中。（KrV，A66；B91）

3. 这就是先天地包含于自身中的一切本源的综合的纯粹概念一览表，并且只因为这一缘故它也才是一种纯粹的知性。（KrV，A80；B106）

4. 关于这种先验对象（它实际上在我们的一切知识中是永远等同于 x 的）的纯粹概念就是，那些能够设法使我们所有经验的一般概念获得与一个对象的关系、亦即获得客观实在性的东西。（KrV，A109）

5. 因而使知性的纯粹概念的客观有效性先天地可以理解，并且由此牢固地设定纯粹概念的起源和真理性。（KrV，A128）

6. 先天的纯粹概念，除了范畴中的知性机能之外，还必须先天地包含感性的（即内感官的）形式条件，这些形式条件包含那些——在它之下、范畴才唯独能够被应用于任何一个对象上的——普遍性条件。（KrV，A139；B179）

7. 于是这就是纯粹概念，它仍还属于经验，因为它的客体只有在经验中才能遇到。（KrV，A220；B267）

8. 概念要么是一个经验的概念，要么是一个纯粹的概念，而纯粹的概念，如果仅在知性中（而不是在感性的纯粹形象中）具有它的来源，则就叫作 Notio（思想、概念）。（KrV，A320；B377）

9. 我们知识的单纯逻辑形式如何能够包含先天纯粹概念的起源，这些概念先于一切经验而表现对象，或者更确切地说表明了这种综合统一性，它单独使有关对象的经验的知识成为可能。（KrV，A321；B377）

10. 现在，所有的一般纯粹概念所涉及的是表象的综合统一性，而纯粹理性概念（先验的理念）所涉及的却是所有一般条件的无条件的综合统一性。（KrV，A334；B391）

11. 只有知性才会是，能够从中产生纯粹的和先验的概念，理性原本完全不产生、而至多只从一个可能经验的不可避免的限制中解放知性概念。（KrV，A409；B434）

12. 所以我们将必须把它们的知识从那种本身就是必然的东西中，从关于一般事物的纯粹概念中推导出来。（KrV，A566；B594）

13. 尽管宇宙论证明把一种一般经验设置为基础，但它毕竟不是从经验的任何一种特殊性状、而是从纯粹的理性原则出发，在与一个经由一般经验的意识所给予的生存的关系中进行，并且甚至抛弃了这种引导，以便纯然依靠于纯粹的概念。（KrV，A614；B642）

纯粹理性（die reine Vernunft）

纯粹理性概念（der reine Vernunftbegriff）

1. 这个法庭不是别的，而是纯粹理性批判本身。（KrV，AXII）

2. 事实上，纯粹理性也是一个如此完善的统一体。（KrV，AXIII）

3. 如果一门按照纯粹理性批判而拟定的系统的形而上学可以恰好不太困难地留给子孙后代一笔馈赠，那么这笔馈赠就绝不是任何微不足道的礼物。

（KrV，BXXX）

4. 独断论就是纯粹理性的独断的处理方法，没有它自己能力的预先批判。（KrV，BXXXV）

5. 纯粹理性本身的这些不可回避的任务，是上帝、自由和不朽。（KrV，B7）

6. 纯粹理性的普遍任务。（KrV，B19）

7. 纯粹理性的真正任务就已包含在这个问题之中了：先天综合判断是如何可能的？（KrV，B19）

8. 纯粹理性向自己所提出的、并且被它自己的内在需要所驱使而要尽它所能好地回答的那些问题，如何从普遍人类理性的本性中产生出来？（KrV，B22）

9. 在纯粹理性批判名下，一门特殊科学的理念和划分。（KrV，B24）

10. 纯粹理性包含着绝对先天地认识某物的原则。（KrV，B24）

11. 于是我们就可以把一门纯粹理性的单纯评判、它的来源和界限的科学，视为纯粹理性体系的入门。这样一个入门本该不必叫做一种学理，而只必须叫作纯粹理性的批判，而它的用处在思辨方面实际上就将只是否定性的，不是用来扩展、而只是用来澄清我们的理性，并且使它免于错误，而这已经是非常大的胜利了。（KrV，A11；B25）

12. 人们在这里或许更少地期待一种书籍和纯粹理性系统的批判，而是期待一种纯粹理性能力本身的批判。（KrV，A13；B27）

13. 纯粹理性批判应当建筑术地、即出于原则地拟定完整的计划，带着构成这个纯粹理性批判大厦的一切构件的完备性和可靠性的完全保证。它是纯粹理性所有原则的体系。（KrV，A13；B27）

14. 所有属于纯粹理性批判的东西就是那些构成先验—哲学的东西，并且纯粹理性批判是先验—哲学的完备的理念。（KrV，A14；B28）

15. 我们现在所陈述的，那就必须，首先包含纯粹理性的一个要素论，其次包含纯粹理性的一个方法论。（KrV，A15；B29）

16. 理性的先验运用完全不可能是客观有效的，因而不属于真理的逻辑，即分析论，而作为一种幻相的逻辑，以先验辩证论的名义，要求学院派的学说体系的一个特殊的部分。（KrV，A131；B170）

17. 于是就存在着一种纯粹理性的自然的和不可避免的辩证论。（KrV，A298；B354）

18. 作为先验幻相所在地的纯粹理性。（KrV，A298；B355）

19. 理性本身、亦即纯粹理性，是否先天地就包含着综合原理和规则，并且这些原则可能存在于哪里？（KrV，A306；B363）

20. 所以纯粹理性即使面向对象，它却仍然与这些对象及其直观没有直接的关系，而只与知性及其判断有直接关系，这些判断是最先用于感官及其直观，以便为它们规定它们的对象。（KrV，A307；B363）

21. 无论出自纯粹理性的概念的可能性确实可以是怎样一种情况，这些概念终归不是仅仅被反思到的、而是被推论出来的概念。（KrV，A310；B366）

22. 论纯粹理性的概念。（KrV，A310；B367）

23. 但理性概念这一称呼就已经暂时表明：它不愿让自己局限在经验之内，因为它涉及了那种知识，每一个经验的知识（也许可能经验或其经验的综合的整体）都只是它的一部分，虽然没有任何现实的经验某个时候足以完全达到那里，但毕竟任何时候都是隶属于它。（KrV，A311；B367）

24. 纯粹理性的先验运用，它的原则和理念，所以就是，那些对于我们现在有责任准确地认识的东西，以便能够恰当地规定和估量纯粹理性的影响和它的价值。（KrV，A319；B376）

25. 我们也可以期望，理性推论的形式，当人们把它按照范畴的标准应用于直观的综合统一性时，将包含特殊的先天概念的起源，我们可以把这些先天概念称为纯粹的理性概念，或先验理念。（KrV，A321；B378）

26. 所以一个一般纯粹的理性概念可以用无条件者的概念来说明，只要它包含有条件者的综合的一种根据。（KrV，A323；B379）

27. 知性借助于范畴所表现出来的关系有多少种类，就会有多少纯粹的理性概念。（KrV，A323；B379）

28. 所以在条件综合中的总体性的纯粹理性概念，至少作为——为知性的统一性而尽可能地继续延伸到无条件者的——任务，是必要的，并且建立在人类理性的本性基础之上，此外即使这可以使这些先验概念缺乏与之相适应的具体运用，但它们却没有任何用处，除非把知性引上——在其中，当它进行最大扩展的时候、也使它的运用与自己本身完全做到一致的——方向。（KrV，A323；B380）

29. 因为纯粹理性把一切都委托给了知性，知性首先与直观的对象、或者更与它们的想像力中的直观综合发生关系。前者则只给自己保留了在知性概念的运用中的绝对总体性，并试图把在范畴中被思想到的综合统一性延伸直至绝对无条件者。（KrV，A326；B383）

30. 所以纯粹的理性概念的客观运用任何时候都是超验的。（KrV，A326；B383）

31. 所以纯粹的理性概念的客观运用任何时候都是超验的，而纯粹的知性概念的客观运用，按照它的本性，任何时候都必须是内在的，因为它仅仅局限于可能的经验之上。（KrV，A327；B383）

32. 我把理念理解为一个必然的理性概念，在感官中不会有任何与之相符的对象被给予它。所以我们现在所考虑的纯粹理性概念就是先验理念。它们都是纯粹理性的概念；因为它们把一切经验知识都看作是被条件的绝对总体性所规定了的。（KrV，A327；B383）

33. 在它里面纯粹理性甚至具有那种——现实地产生其概念中所包含的东西的——因果性；因此人们不能仿佛蔑视地讲述这种智慧：它只不过是一个理念。（KrV，A328；B385）

34. 现在，所有的一般纯粹概念所涉及的是表象的综合统一性，而纯粹理性概念（先验的理念）所涉及的却是所有一般条件的无条件的综合统一性。（KrV，A334；B391）

35. 所以纯粹理性就把理念给予了先验的灵魂学说（psychologia rationalis，理性心理学）、先验的世界科学（cosmologia rationalis，理性宇宙学），最终也给予了先验的上帝知识（Theologia transzendentalis，先验神学）。（KrV，A335；B392）

36. 纯粹理性从不直接与对象相关联，而与对象的知性概念相关联。（KrV，A335；B392）

37. 纯粹理性的意图无非是在条件方面的综合的绝对总体性（它可以是依存性的、或者从属性的、或者协作性的），而且它并不必须与有条件者方面的绝对完备性相干。（KrV，A336；B393）

38. 至少纯粹理性概念的先验的（主观的）实在性就根据于，我们被一种必然的三段式推理带进了这样的理念。（KrV，A339；B397）

39. 理性的这个状况，在这种辩证推理那里，我将称为纯粹理性的二律背反。（KrV，A340；B398）

40. 这种辩证的理性推理我会称为纯粹理性的理想。（KrV，A340；B398）

41. 这个我就必须是一个直观，这个直观，由于它会在一般思维那里（先于一切经验）而被预设，作为先天的直观而提供出综合命题，如果必须使一种——有关一个思维着的存在者的一般本性的——纯粹理性知识，可能实现出来。（KrV，A382）

42. 我们到底为了什么而必不可少地拥有一种单纯建立在纯粹理性原则之上的灵魂学说呢？

43. 纯粹理性仅仅从事于对一个给予的有条件者的条件的综合的总体性。（KrV，A396）

44. 纯粹理性的辩证运用就只有这样三种情况：1. 一般思想的条件的综合。2. 经验的思想的条件的综合。3. 纯粹思想的条件的综合。（KrV，A397）

45. 纯粹理性仅仅从事于这些综合的绝对总体性，亦即那个本身是无条件的条件。（KrV，A397）

46. 纯粹理性的二律背反。(KrV, A405; B432)

47. 纯粹理性的一切幻相都基于辩证的推论之上。(KrV, A405; B432)

48. 这两种态度都是健康哲学的死亡，尽管前者也许还可以被叫做纯粹理性的安乐死。(KrV, A407; B434)

49. 所有的一般可能事物的条件的综合中的那种绝对的总体性则相反，将引起纯粹理性的一个理想，它与世界概念是完全不同的，虽然它与之有关系。(KrV, A408; B434)

50. 纯粹理性的背反论。(KrV, A420; B448)

51. 纯粹理性的一条辩证的定理必须具有这种区别于一切诡辩论的命题的特点，即它涉及不到一个——人们仅仅出于某种随便的意图而提出的——任意的问题，而涉及到这样一种——每个人类理性在它的进程中都必然遇到的——问题。(KrV, A422; B449)

52. 纯粹理性的二律背反，先验理念的第一个冲突。(KrV, A426; B454)

53. 纯粹理性的二律背反，先验理念的第二个冲突。(KrV, A434; B462)

54. 纯粹理性的二律背反，先验理念的第三个冲突。(KrV, A444; B472)

55. 纯粹理性的二律背反，先验理念的第四个冲突。(KrV, A452; B480)

56. 但我想把这些正题的主张的本质的辨别标志，称为纯粹理性的独断论。(KrV, A466; B494)

57. 因为它恰好不被自然事实证据所束缚，而是错过这些事实，或者甚至让这些事实本身从属于更高的权威，即纯粹理性的权威。(KrV, A469; B497)

58. 理性的建筑术的利益（它要求并非经验的、而是先天的纯粹的理性统一性）就为正题的主张随身携带一种自然的推荐。(KrV, A475; B503)

59. 论纯粹理性的先验任务，就其必须能够被完全地解决而言。(KrV, A476; B504)

60. 在先验哲学中某一个——涉及到一个呈现给理性的客体，刚好通过这个纯粹理性是不能回答的——问题。(KrV, A477; B505)

61. 先验哲学在一切思辨的知识中拥有这个特点：根本没有任何涉及到一个被给予了纯粹理性的对象的问题，恰恰对于拥有这个特点的人类理性来说是不可解决的，并且没有任何不可避免的无知和任务的深奥莫测的借口能够推卸彻底而完全的解答责任。(KrV, A477; B505)

62. 除了先验哲学之外还有两门纯粹的理性科学，一门仅仅是思辨的、另一门则是实践的内容：纯粹数学和纯粹道德学。(KrV, A480; B508)

63. 因为自然现象是不依赖于我们的概念而被给予我们的对象，所以打开它们的钥匙并不处于我们和我们的纯粹思想之内，而处于我们之外，也正因此在很多情况下找不出来，因而也不能期待任何可靠的解释。(KrV, A480;

B508）

64. 这就是巨大的收益，处理纯粹理性对纯粹理性所提出的问题的那种怀疑论方式所具有的，并且由此人们就可以消耗很少而免除一个巨大的独断论混乱。（KrV，A486；B514）

65. 纯粹理性的全部二律背反都基于这种辩证的论据：如果有条件者被给予了，那么它的所有条件的整个序列也就被给予了。（KrV，A497；B525）

66. 纯粹理性的二律背反在它的宇宙论的理念那里被消除了，通过指出——它单纯是辩证的并且是一种幻相的冲突——的办法。（KrV，A506；B534）

67. 纯粹理性鉴于宇宙论理念的调节性原则。（KrV，A508；B536）

68. 纯粹知性概念与纯粹理性概念一样很少产生出任何先验的运用，由于感性世界中条件序列的绝对总体性仅仅立足于理性的一种先验的运用，而理性则要求它所预设为自在之物本身的那种东西的无条件的完备性。（KrV，A515；B543）

69. 因此关于自由的可能性的问题虽然纠缠着心理学，然而，由于它基于单纯的纯粹理性的辩证论证之上，它连同其解决一起就必须仅仅雇用先验哲学。（KrV，A535；B563）

70. 纯粹理性，作为一种单纯的理知的能力，并不服从时间形式，因而也不服从时间次序的条件。（KrV，A551；B579）

71. 每个行动，忽视与其他现象共处于时间关系中，都是纯粹理性的理知品格的直接结果，因而纯粹理性自由地行动着，并没有在自然原因的链条中、被外部的或内部的、但按照时间的先行根据所动力学地规定。（KrV，A553；B581）

72. 纯粹理性的理想。（KrV，A567；B595）

73. 道德的概念并不完全是纯粹的理性概念，因为某种经验的东西（愉快或不愉快）给它们放置了基础。（KrV，A569；B597）

74. 这对象被这个单纯的理念所通盘规定，因而必须被称为纯粹理性的一个理想。（KrV，A574；B602）

75. 所以纯粹理性的理想就是一种先验神学的对象。（KrV，A580；B608）

76. 一个绝对必然的存在者的概念是一个纯粹理性概念、亦即一个单纯的理念。（KrV，A592；B620）

77. 纯粹理性的一个理想却不能称为无法探明究竟的，因为这个理想远不能揭示它的实在性的任何证明，除非理性借助于理想而完成了一切综合统一性的需要。（KrV，A614；B642）

78. 既然宇宙论证明只不过是一种隐藏的本体论证明，那么它实际上只是通过纯粹理性才实现了它的意图，虽然它一开始就已经否认了与纯粹理性的所

有亲缘关系并且把一切都已经中断在出自经验的清楚明白的证明上。（KrV，A629；B657）

79. 全然出于纯粹理性概念的本体论的证明，就是唯一可能的证明，只要一种如此远远超越于一切经验的知性运用之上的命题的证明在任何地方都是可能的。（KrV，A630；B658）

80. 论纯粹理性理念的调节性运用。（KrV，A642；B670）

81. 纯粹理性的原则却连在经验的概念方面也不可能是构成性的，因为不可能把任何相应的感性图型提供给这些原则，所以它们也不可能拥有任何具体的对象。（KrV，A664；B692）

82. 纯粹理性的理念自在本身决不再能够是辩证的，而它们的单纯误用才必须唯独使得，一种欺骗我们的幻相从它们中产生出来。（KrV，A669；B697）

83. 纯粹理性的理念虽然不允许任何作为范畴的方式的演绎；但它至少应当拥有一些、即使只是不确定的客观有效性，而不单纯表现为空虚的思想物（entia rationis ratiocinantis，推理的理性之物），那么纯粹理性的一个演绎就必须完全是可能的。（KrV，A669；B697）

84. 纯粹理性实际上所忙碌的无非它自身，并且不能够拥有任何别的事务，因为并没有对象被提供给经验概念的统一性，而有知性知识被提供给理性概念的、即在一条原则中的关联的统一性。（KrV，A680；B708）

85. 所以为纯粹理性所剩留给我们的，就无非是一般自然以及在自然中条件按照任何一种原则的完备性了。（KrV，A685；B713）

86. 纯粹理性的第三种理念，它包含着一个作为一切宇宙论序列的唯一充分原因的存在者的单纯相关的设定，就是上帝的理性概念。（KrV，A685；B713）

87. 这就是我为什么这样来命名纯粹理性的这个诡辩论的论证的原因。（KrV，A689；B717）

88. 纯粹理性所提出的一切问题，都是必须被绝对回答的，……，因为在这里并不由事物的本性、而仅通过理性的本性并仅仅关乎理性的内部机制，这些问题才被提交给我们。（KrV，A695；B723）

89. 所以，纯粹理性，似乎一开始就至少许诺要把我们的知识扩展到经验之一切界限之外，如果我们对它理解得正确的话，所包含的无非就是调节的原则，这些调节的原则虽然要求比经验的知性运用所能达到的更大的统一性，但正是由于它们把这种知性运用所逼近的目标推出如此之远，它们就通过系统的统一性而把知性运用带向与它自身最高程度的协调。（KrV，A701；B729）

90. 如果我把纯粹的和思辨的理性的一切知识的总和看做——我们至少在我们之内拥有对它的一个理念的——一座大厦，那么我就可以说，我们在先验

要素论中粗略计算了建筑材料，并且规定了，这些材料足够于什么样的大厦、什么样的高度和强度。（KrV，A705；B733）

91. 我把先验方法论理解为纯粹理性的一个完备系统的形式条件的规定。（KrV，A708；B736）

纯粹理性的训练。（KrV，A708；B736）

92. 我在先验批判的这第二个主要部分中并没有把纯粹理性的训练指向内容，而只指向出自纯粹理性的那种认识的方法。（KrV，A712；B740）

93. 纯粹理性在独断运用中的训练。（KrV，A712；B740）

94. 于是，全部纯粹理性在其单纯思辨的运用中并不包含一个出自概念的唯一的直接综合判断。因为通过理念，纯粹理性，如我们已指出过的，根本就不能是拥有客观效力的综合判断。（KrV，A736；B764）

95. 如果在纯粹理性的思辨运用中按照内容也根本没有教条，那么一切教条的方法，无论它是向数学家借来的、还是应当成为一种固有的风格，对于自身都是不合适的。（KrV，A737；B765）

96. 纯粹理性在它的独断的（非数学的）运用中并没有如此十分地意识到对它的至上的法则的最严格的遵守。（KrV，A739；B767）

97. 有些忧虑和消沉的是，竟然存在着一种纯粹理性的背反论，并且这个毕竟扮演着关于一切无休止争执的至上法庭的纯粹理性，与自己本身一起而要陷入争执之中。（KrV，A740；B768）

98. 人们可以希望，人们有朝一日还会发明出我们的纯粹理性的两个基本命题：存在着上帝、存在着来世的显明的演证。（KrV，A742；B740）

99. 人们可以把纯粹理性批判看作为了纯粹理性的一切争执的真实的法庭；因为它在一切争执中直接指向客体时，不是被卷入其中，而是被确立，以按照理性最初指导的原理而规定和评判一般理性的权限。（KrV，A751；B779）

100. 这个——向我揭示出我们纯粹理性的全部储备的——先验批判，已经使我完全确信，正如纯粹理性对于这个领域内的肯定的主张是完全不充分的一样，纯粹理性同样也是所知甚少乃至更少，以致于关于这个问题也不能做出某种否定的主张。（KrV，A753；B781）

101. 在纯粹理性的领域中并没有任何真正的论争。双方都是在与空气搏斗，他们和自己的影子扭打。（KrV，A756；B784）

102. 论一种与自身不统一的纯粹理性的怀疑论的满足的不可能性。（KrV，A758；B786）

103. 然而，我们的纯粹理性的一切问题都指向这一点：在这个地平线之外或充其量还在它的边界线上可能会发生什么。（KrV，A760；B788）

104. 纯粹理性的事业中的第一步，标志着它的儿童时期，是独断论的。上述第二步则是怀疑论的，而表明通过经验而圆滑了的判断力的谨慎。但现在一个第三步还是必须的，它只应归于成熟的和男子汉的判断力，这种判断力把坚定的并按照它的普遍性而被考验过的准则作为基础。（KrV，A761；B789）

105. 既然所有的概念、甚至纯粹理性向我们递交的所有的问题，也许都不处于经验中，而本身反倒只处于理性中，因此它们必须能够被解决并且按照它们的有效性或无效性被把握。（KrV，A763；B791）

106. 纯粹理性在假设方面的训练。（KrV，A769；B797）

107. 我们既然通过我们理性的批判最终知道了这么多，以至于我们在理性的纯粹的和思辨的运用中事实上根本就一无所知。（KrV，A769；B797）

108. 现在，纯粹理性的假设也属于你的全副装备，这些假设，虽然只是铅制的武器（因为它们没有经过任何经验法则的锻炼），然而却一直就像任何反对你的对手所可以使用的武器一样有能力做到。（KrV，A778；B806）

109. 凡是纯粹理性实然地判断的东西，都必须是必然的（如同理性所认识到的一切那样），要么它就什么都不是。（KrV，A781；B809）

110. 纯粹理性在它的证明上的训练。（KrV，A782；B810）

111. 如果这都是一些知性的原理（例如因果性原理），那么借助于它们而达到纯粹理性的理念，就是徒劳的了。（KrV，A786；B814）

112. 纯粹理性的第三个特有的规则，当它在先验证明上经受一种训练的时候，就是：它的证明就必须永远都不是反证法的，而任何时候都必须是明示的。（KrV，A789；B817）

113. 纯粹理性的先验的尝试全都在辩证幻相的、即主观的东西的真正媒质内部进行，这种主观的东西在理性的前提中把自己当作客观的而提供给理性、甚或硬塞给理性。（KrV，A792；B820）

114. 这个批判就会轻易地揭示出独断论的幻相，而纯粹理性就被迫，放弃它的在思辨的运用中被驱使得太高了的狂妄，而退回到它自己的地盘界限、即实践的原理之内。（KrV，A794；B822）

115. 纯粹理性的法规。（KrV，A795；B823）

116. 所以，纯粹理性的一切哲学最大的、也许是唯一的用处的确只是消极的；因为它不是作为工具论用来扩张，而是作为训练用来规定界限，而且，并非揭示真理，而只获得防止谬误的无声功绩。（KrV，A795；B823）

117. 现在，纯粹理性在它的思辨的运用中的一切综合知识，根据一切迄今所进行的证明，都是完全不可能的。所以根本没有纯粹理性的思辨运用的任何法规（因为这种运用是彻头彻尾辩证的），而一切先验逻辑在这方面都无非是训练。（KrV，A796；B824）

118. 但这样一些规律就是道德的规律，因而它们只属于纯粹理性的实践的

运用，并容许一种法规。（KrV，A800；B828）

119. 我们在纯粹理性的法规中只与——涉及纯粹理性的实践兴趣的——两个问题发生关系，并且鉴于这两个问题，纯粹理性运用的一种法规必须是可能的，这就是：有一个上帝吗？有来世吗？（KrV，A803；B831）

120. 至善理想，作为纯粹理性最后目的之规定根据。（KrV，A804；B832）

121. 第二个问题是单纯实践的。它作为这样一个问题虽然属于纯粹理性，那么却并不就是先验的，而是道德性的，因而我们的批判就不能自在本身地研究它。（KrV，A805；B833）

122. 所以，纯粹理性包含着，——虽然不在它的思辨的、但却在一种确定的、即道德的运用中，——经验之可能性的原则，即这样的行动的原则，这些行动能够在人类历史中合乎道德规范地被遇到。（KrV，A807；B835）

123. 因此纯粹理性的原则在它的实践的、但特别在道德的运用中，具有客观实在性。（KrV，A807；B835）

124. 一个道德世界的理念因而就具有客观的实在性，不作为似乎它在指向一个理知的直观的对象（这样一类对象我们完全不能思维），而指向感官世界，但作为一个纯粹理性在它的实践的运用中的对象，并且理性的存在者的在感官世界中的一个 corpus mysticum（神秘体），只要他们的自由的任意在道德律之下自在地具有既与自己、也与每一个别人的自由普遍而系统的统一性。（KrV，A808；B836）

125. 所以德性体系与幸福体系是不可分地、但只是在纯粹理性的理念中联结着的。（KrV，A809；B837）

126. 纯粹理性只能在这个最高的本源的善的理想中找到那两个最高的派生的善的要素在实践上必然的联结的根据，即一个理知的即道德的世界的根据。（KrV，A811；B839）

127. 所以上帝和来世，是两个出自纯粹理性让我们承担起的义务、按照恰好同一个理性的原则、而不可分离的预设。（KrV，A811；B839）

128. 最高的目的都是道德的目的，并且只有纯粹理性才能把它们提供给我们而认识。（KrV，A816；B844）

129. 所以我们理性知识的先验提升并不是纯粹理性让我们承担起来的实践合目的性的原因，而单纯是结果。（KrV，A817；B845）

130. 在出自纯粹理性的判断中是完全不允许抱有意见的。（KrV，A822；B850）

131. 但人们会说，这就是纯粹理性超越经验界限之外眺望所达到的一切吗？（KrV，A830；B858）

132. 纯粹理性的建筑术。（KrV，A832；B860）

133. 一切哲学要么是来自纯粹理性的知识，要么是来自经验的原则的理性知识。前者叫做纯粹哲学，后者叫做经验的哲学。（KrV，A840；B868）

134. 纯粹理性的哲学或者是——鉴于一切纯粹先天知识而检查理性的能力的——入门（预习），并且叫批判，或者其次，就是纯粹理性的（科学的）系统。（KrV，A841；B869）

135. 在比较狭隘理解中的所谓形而上学由先验哲学和纯粹理性的自然之学所组成。（KrV，A845；B873）

136. 第二个部分、即纯粹理性的自然学说，包含有两个部门，合理的物理学。（KrV，A847；B875）

137. 纯粹理性的一种哲学的本源的理念制定了这种划分本身；所以这种划分就是建筑术的划分。（KrV，A847；B875）

138. 纯粹理性的历史。（KrV，A853；B880）

139. 在纯粹理性知识的起源方面，这种知识是从经验中派生出来的呢，还是，不依赖于经验，而在理性中拥有它的来源。（KrV，A854；B842）

140. 纯粹理性的自然主义者自己采取的原理是：通过无须科学的普通的理性（他把这叫做健全理性），在构成形而上学最崇高的任务的问题方面，也可以比通过思辨，更达到效果。（KrV，A855；B883）

纯粹理性原理（der Grundsatz der reine Vernunft）

1. （在逻辑的运用中）一般理性所特有的原理就是：为知性的有条件的知识找到无条件者，借此完成知性的统一性。（KrV，A307；B364）

2. 如果有条件者被给予，因而其本身也是无条件的、整个相互从属的条件序列，也是被给予（即包含在对象及其联结之中）。（KrV，A307；B364）

3. 但纯粹理性的这样一条原理显然是综合的；因为有条件者虽然与任何一个条件分析地相关联，但并不与无条件者分析地相关联。（KrV，A308；B364）

4. 但产生于纯粹理性最高原则的原理对于一切现象都将是超验的，亦即将绝不可能做出这个原则的任何与它相应的经验的运用。所以这个运用是与一切知性（它的运用完全是内在的，因为它们只把经验的可能性作为它们的主题）原理的运用将是完全不同的。（KrV，A308；B365）

5. 既然每一个先天地为知性确定它的运用的通盘统一性的原理，虽然只是间接地，也对经验之对象有效：那么纯粹理性的原理对这个经验对象也具有客观实在性，只是并不是为了在这些经验之对象上有所规定，而只是为了指明这种处理方式。（KrV，A665；B693）

6. 因为理性虽然具有它的原理，但作为客观的原理则全都是辩证的，因而充其量只能够就像系统的关联的经验运用的调节的原则而是有效的。（KrV，

A814；B786）

纯粹知性（der reine Verstand）

纯粹知性概念（reiner Verstandesbegriff）

1. 我仍然可以思想自由，亦即，自由的表象至少自身并不包含任何矛盾，如果我们批判地区分两种（感性的和智性的）表象方式并且因此而限制纯粹知性概念、因而也限制由它们而流出的那些原理。（KrV，BXXVIII）

2. 这里涉及到随后几点：1. 这些概念是纯粹的而并非经验的概念。2. 它们不属于直观和感性，而属于思想和知性。3. 它们是要素概念并与派生的，或由此复合的［概念］相区分。4. 它们［概念］的图表是完整的，并且它们应该完全充满了纯粹知性的整个领域。（KrV，A65；B89）

3. 纯粹知性不仅把自己与一切经验的东西，B90 而更与一切感性的东西完全分开。（KrV，A65；B89）

4. 论一切纯粹知性概念的发现线索。（KrV，A66；B91）

5. 论纯粹的知性概念，或范畴。（KrV，A76；B102）

6. 先验逻辑则面对着由先验感性论呈现给它的先天感性杂多，为了给纯粹知性概念提供一种材料，没有这种材料它们将没有任何内容，因而就会完全是空的。（KrV，A77；B102）

7. 纯粹的综合，表象为普遍的，提供纯粹的知性概念。（KrV，A78；B104）

8. 在一个判断中把统一性给予不同表象的那同一个机能，在一个直观中也把统一性给予了不同表象的单纯综合，这种统一性，一般地表达出来，就叫做纯粹知性概念。所以同一个知性，恰恰通过同一些行动，它在概念中，借助于产生了一个判断的逻辑形式的分析的统一性，借助于一般直观中杂多的综合统一，也把一种先验的内容带进它的表象中，因此它们就叫作先天地指向客体的纯粹知性概念，而这一般逻辑则不能做到。（KrV，A79；B105）

9. 先天地指向一般直观的对象。（KrV，A79；B105）

10. 这就是先天地包含于自身中的一切本源的综合的纯粹概念一览表，并且只因为这一缘故它也才是一种纯粹的知性。（KrV，A80；B106）

11. 范畴，作为纯粹知性的真正的主干概念，也有它的同样纯粹的派生概念。（KrV，A81；B107）

12. 论纯粹知性概念的演绎。（KrV，A84；B116）

13. 纯粹知性概念的先验演绎。（KrV，B129）

14. 最初的纯粹知性知识——基于它的整个剩余的运用，同时也完全不依赖于感性直观的一切条件——就是统觉的本源的综合统一性的原理。（KrV，B137）

15. 某个一般对象的思维，通过一个纯粹知性概念在我们这里，才能够成为知识，只要这个概念会与感官对象发生关系。（KrV，B147）

16. 所以纯粹知性概念，即使它们被运用于先天直观（如在数学中），也只有在这些先天直观、因而借助于它们的知性概念，也能够被运用于经验的直观的情况下，才获得知识。（KrV，B147）

17. 纯粹知性概念则摆脱了这种限制，而延伸到一般直观的对象之上，它与我们的直观可以像或不像，只要它是感性的而并不是智性的。但这些纯粹知性概念超出我们的感性直观之外的这种进一步扩展对我们丝毫也没有什么帮助。因为它们随后就是客体的空的概念，从它们那里，通过那些纯粹知性概念我们就一次都完全不能判断这些客体是可能的还是不可能的，这些纯粹知性概念就只是没有客观实在性的思想形式，因为我们手头没有任何——唯独包含那些思想形式的统觉的综合统一性被应用于其上，并且它们也如此规定一个对象的——直观。（KrV，B148，149）

18. 纯粹知性概念通过单纯知性而与——它们并不确定是我们的或别的任何一个的、但毕竟是感性的——一般直观的对象发生关系，但正为此而只是思想形式，因而还没有任何确定的对象被认识。（KrV，B150）

19. 纯粹知性概念的普遍可能的经验运用的先验演绎。（KrV，B159）

20. 这种知识，它已经单纯限制在经验之对象上，并不是因此就已经全部都吸收自经验，而是凡是不仅纯粹直观而且纯粹知性概念所涉及的东西，那么它们就都是在我们之内先天被找到的知识要素。（KrV，B166）

21. 它是纯粹知性概念——（并与它们一起把一切先天理论知识）作为经验可能性的原则。（KrV，B168）

22. 如果存在着先天的纯粹概念，那么这些概念所能够包含的当然就并非经验的东西：但它们却还必须全然是一个可能经验的先天条件，它们的客观实在性只能建立在这个基础之上。（KrV，A95）

23. 一个普遍而充分地表达了这种形式的和客观的经验条件的概念，就会叫作纯粹知性概念。（KrV，A96）

24. 一切——要把纯粹知性概念从经验中推导出来、并把一种单纯的经验的来源归于它们的——尝试，都是完全无用的和徒劳的。（KrV，A112）

25. 与想像力的综合发生关系的统觉的统一性，就是知性，而正是这同一个统一性，或者说得更确切些，与想像力的先验的综合发生关系的统一性，就是纯粹知性。（KrV，A119）

26. 在知性中，纯粹先天知识，它们在一切可能现象方面，已经包含了想像力的纯粹综合的必然统一性。但这就是范畴，也就是纯粹知性概念。（KrV，A119）

27. 纯粹知性，借助于范畴们，是一切经验的形式的和综合的原则，而现象则具有一种涉及知性的必然关系。（KrV，A119）

28. 经验的规律，作为这样的规律，绝不可能从纯粹知性中引出自己的起源。（KrV，A127）

29. 纯粹知性在范畴中就是一切现象的综合统一性的规律，并由此才使得经验按照它的形式首先并本源地成为可能。（KrV，A128）

30. 纯粹知性概念之所以是先天可能的，甚至在与经验的关系中是必然的，因为我们的知识无非与现象打交道。（KrV，A130）

31. 然而这种先验哲学具有——它除了能够显示在纯粹知性概念中被给予的规则（甚或向着规则的普遍条件），同时还能够先天地显示规则应该运用于纯粹概念上的情况——的特性。（KrV，A135；B174）

32. 纯粹知性概念的图型法。（KrV，A137；B176）

33. 但现在纯粹知性概念，在与经验的（甚至一般感性的）直观的比较中，是完全不同质的，并且在任何一个直观中都永远不能被找到。（KrV，A137；B176）

34. 这个如此自然并且巨大的问题本来就是——必然建立一门判断力的先验学说的——原因，为的是指出——纯粹知性概念如何能够被应用于一般现象之上的——这种可能性。（KrV，A138；B177）

35. 这些纯粹的知性概念是否只是单纯的经验的运用的、还是也有先验的运用的，即它们是否仅能够作为一个可能经验的条件、而先天地与现象发生关系，或者它们是否、能够作为一般事物的可能性条件、而被包括于对象自在本身（没有限制在我们的感性上）。（KrV，A139；B178）

36. 纯粹知性概念的图型是完全不能被带进任何形象中的某物，而只是——合乎一种根据范畴所表达的一般概念的统一性的规则——纯粹的综合，并且是想像力的先验产物。（KrV，A142；B181）

37. 实在性，在纯粹知性概念中，是和一般感觉相一致的东西。（KrV，A143；B182）

38. 纯粹知性概念的图型法就是获得与客体的关系因而获得意义的真实的和唯一的条件。（KrV，A146；B185）

39. 实际上，一种意义、但只是表象的单纯统一性的逻辑的意义当然还留给了纯粹知性概念，即使在离开了一切感性条件之后，但没有任何对象、因而也没有任何意义被给予这些表象，而这种意义可以交给关于客体的一个概念。（KrV，A147；B186）

40. 一切纯粹知性原理的体系。（KrV，A148；B187）

41. 正是这些范畴，它们与可能经验的关系必须先天地构成一切纯粹的知

性知识。（KrV，A148；B187）

42. 数学的原理也不构成这个体系的任何部分，因为它们仅仅从直观、而不从纯粹知性概念而引出。（KrV，A149；B189）

43. 先验逻辑就可以对自己的目的，即规定纯粹知性的范围和界限，来作全盘的考虑。（KrV，A154；B193）

44. 纯粹知性一切综合原理的系统展示。（KrV，A158；B197）

45. 一般说来，任何地方出现了原理，这就单单被归功于纯粹知性。（KrV，A158；B197）

46. 在纯粹知性概念应用于可能经验中，它们的综合的运用要么是数学的，要么是动力学的。（KrV，A160；B199）

47. 这种统一性惟独只有在纯粹知性概念的图型中才被想到，关于纯粹知性概念的统一性，作为一种一般综合的统一性，范畴包含不被任何感性条件限定的机能。（KrV，A181；B224）

48. 这个概念，它随身带有综合统一性的必然性，只能够是一种纯粹知性概念，它并不处于知觉中，而在这里它就是原因与结果的关系的概念。（KrV，A189；B234）

49. 因此范畴，超出了纯粹知性概念，还需要，它们在一般感性上的应用的规定（即图型）。（KrV，B302）

50. 纯粹的知性概念永远也不能有先验的、而任何时候都只有经验的运用。（KrV，B303）

51. 我们的纯粹知性概念是否在本体方面具有意义，并且能否成为本体的知识方式？（KrV，B306）

52. 关于这个原因，为什么人们，不完全满足于感性的基底，而已给现相（Phaenomenis）附加上了——只有纯粹知性才能够思想它的——本体，那么这个原因则仅仅基于这里。（KrV，A251）

53. 一个本体的概念，即一个——完全不应该被思考为一个感官对象、而应该（只通过纯粹知性）被思考为一个自在之物本身的——物的概念，是完全不自相矛盾的。（KrV，A254；B310）

54. 在一个纯粹知性的对象上，只有与任何与它相区别的某物（根据其此在）完全没有关系的东西，才是内部的。（KrV，A265；B321）

55. 作为纯粹知性的客体，每个实体都必须拥有内部的规定和指向内部实在性的力。（KrV，A265；B321）

56. 在纯粹知性概念中质料先行于形式。（KrV，A267；B323）

57. 如果我们想用这些概念而达到这种对象，那么先验的反省首先是必要的，对于这些对象应当是哪些认识能力的对象，是纯粹知性的对象，还是感性

的对象。（KrV，A269；B325）

58. 质料任何时候对于纯粹知性都不是对象。（KrV，A277；B333）

59. 通过纯粹知性，我们并不把握向我们显现的事物，自在地可能是什么。（KrV，A277；B333）

60. 现象并不作为自在事物本身而被包括在纯粹知性的客体之中，它们毕竟是唯一的我们的知识能够在其上而拥有客观实在性的客体。（KrV，A279；B335）

61. 纯粹知性的批判不容许，在那些能够让知性觉察为现象的对象之外，创立一个新的对象领域。（KrV，A289；B342）

62. 这个判断力没有充分注意到，纯粹知性唯一被允许起作用的那个基地的界限。（KrV，A296；B352）

63. 知性概念也先天地先于经验并且为了经验的需要而被思想；但它们所包含的只不过是，关于现象的——只要它们应该必然地归属于一个可能的经验的意识的——反思的统一性。唯有通过它们，一个对象的知识和规定才是可能的。（KrV，A310；B367）

64. 所以纯粹的理性概念的客观运用任何时候都是超验的，而纯粹的知性概念的客观运用，按照它的本性，任何时候都必须是内在的，因为它仅仅局限于可能的经验之上。（KrV，A327；B383）

65. 先验实在论者就把外部现象（当人们承认它们的现实性时）表象为自在事物本身，它们不依赖于我们和我们的感性而生存，因而甚至按照纯粹知性概念也会是在我们之外的。（KrV，A369）

66. 绝对总体性的理念所涉及的无非是，现象的说明，因而不涉及一般事物的一个整体的纯粹知性概念。（KrV，A416；B443）

67. 纯粹知性概念与纯粹理性概念一样很少产生出任何先验的运用，由于感性世界中条件序列的绝对总体性仅仅立足于理性的一种先验的运用，而理性则要求它所预设为自在之物本身的那种东西的无条件的完备性。（KrV，A515；B543）

68. 不过那种在现象中叫做实体的东西，与人们也许会通过纯粹知性概念而关于一个自在之物本身所思考的东西，情况是不一样的。（KrV，A525；B553）

69. 这个理知的根据完全不纠缠经验的问题，而也许只涉及纯粹知性中的思想。（KrV，A545；B573）

70. 由于理性仅仅按照理念考虑它的对象并由此而规定知性，然后知性就从它的（虽然也是纯粹的）概念中做出一种经验的运用。（KrV，A547；B575）

71. 通过纯粹知性概念，没有一切感性的条件，任何对象都不可能被表象

出来，因为缺乏这些对象的客观实在性的条件，而在这些概念中被找到的无非是思想的单纯形式。（KrV，A567；B595）

72. 既然我们关于这种动力学的连结的先天可能性不能形成丝毫概念，而纯粹知性的范畴又不能为此而用以臆造，而只能，当这种连结在经验中被遇见的时候，而理解它。（KrV，A770；B798）

73. 先验分析论就是纯粹知性的法规。（KrV，A796；B824）

纯粹知性原理（der Grundsatz des reinen Verstandes）

1. 数学的运用的原理是无条件的必然的，亦即表现为无可置疑的，但动力学的运用的原理虽然也带有一种先天必然性的品格，但只是在一种经验中的经验的思想的条件下，因而只是间接的而非直接的，因而也并不包含前一种原理的那种直接显明，（虽然也并不损害它们普遍与经验相关的确定性）。（KrV，A160，B199）

2. 所有纯粹知性原理就是：（1）直观的公理；（2）知觉的预测；（3）经验的类比；（4）一般经验的思想的公设。（KrV，A161，B200）。虽然双方都是一种完全的确定性，但那两条原理是一种直觉的确定性，这两条则只是推论的确定性。所以我将把那两条称为数学的原理，而把这两条称为动力学的原理。（KrV，A162，B201）

3. 我在这里同样一方面并不着眼于数学的原理，另一方面也不着眼于普通（物理学的）动力学原理，而是仅仅着眼于与内感官的关系中（无需区别在其中给出的表象）的纯粹知性原理。（KrV，A162，B202）

4. 一切直观都是外延的大小。（KrV，A162，B202）

5. 在一切现象中，实在的东西，感觉的一个对象之所是，具有内包的大小，即具有一个度。（KrV，A166，B207）

6. 经验只有通过知觉的必然连接的表象才是可能的。（KrV，A176，B218）

7. 纯粹知性的一切原理都无非是经验之可能性的先天原则，一切先天综合命题也都只与经验之可能性相关联，甚至这些命题的可能性本身都完全建立在这种关系之上。（KrV，B294）

8. 纯粹知性的原理，它们可以是先天构成性的（如数学的原理），或者仅仅是调节的（如动力学的原理），所包含的似乎无非只是可能经验的纯粹图型；因为经验——只有从想像力的综合的知性在与统觉的关系中本源而自动授予的综合统一性中——才拥有它的统一性，而现象，作为一种可能知识的材料，必须已经先天地处于与之相关和一致中。（KrV，A237，B296）

9. 所以知性只能做出它的一切先天原理、甚至它的一切概念的经验的运用，而绝不能做出先验的运用，这是一条——如果它能够被深信地认识到，就

能看出重要后果的——原理。（KrV，A238，B297）

10. 在任何一条原理中一个概念的先验的运用都是这样一种运用，它与一般事物以及与自在之物本身相关，但当它只与现象、亦即与一个可能经验的对象相关时，则是经验的运用。（KrV，A238，B298）

11. 所以一切概念，以及和它们一起的一切原理，无论它们是多么先天可能的，却都仍还与经验的直观、即与可能经验的材料相关联。舍此它们就完全没有任何客观有效性，而只是单纯的游戏，不论是想像力，或者知性各自用它们的表象所作的游戏。（KrV，A239；B298）

12. 纯粹知性的原理只能与可能经验的普遍条件、与感官对象发生关系，但决不能与一般事物（不考虑我们如何可以直观它们的方式）发生关系。（KrV，B303）

13. 如果我们的批判能够做到揭示这些狂妄的原理的幻相，则那个仅有经验的运用的原理就与后者相反，可以被称为纯粹知性的内在的原理。（KrV，A296，B353）

14. 如果我们按照其来源而考察这些纯粹知性原理自在本身，那么它们就一点也不是出自概念的知识了。（KrV，A301；B357）

15. 它们只对可能经验的对象才有效。（KrV，A786，B814）

纯粹哲学（die reine Philosophie）

1. 纯粹哲学凭借先天的推论性概念们却在自然中四处敷衍塞责，没有能够使这些概念的实在性成为先天直观的并且恰好由此而得到认证。（KrV，A725，B753）

2. 所以理性的全部准备，在人们能够称为纯粹哲学的处理中，实际上都是瞄准了被想到的这三个问题的。（KrV，A800，B828）

3. 但一切哲学要么是来自纯粹理性的知识，要么是来自经验的原则的理性知识。前者叫做纯粹哲学，后者叫做经验的哲学。（KrV，A840，B868）

4. 虽然形而上学这个名字也可以给予带有批判的总和的全部纯粹哲学，以便，既包括，在任何时候都能被先天认识的一切东西的研究，又一同包括那种构成这个纯粹哲学知识系统的东西的描述、但却与一切经验的、以及数学的理性运用区别开来。（KrV，A841，B869）

5. 纯粹哲学包含一些针对应用哲学的先天原则，所以纯粹哲学虽然必须与应用哲学联结起来，但必须不与之相混淆。（KrV，A848，B876）

激动（die Affektion）

1. 一切直观，作为感性的，都以激动为根据，但概念则以机能为根据。

（KrV，A68，B93）

2. 因为通过单纯的直观没有任何东西被思想，并且，这种感性激动是在我之内的，这根本不构成这类表象与任何一个客体的任何关系。（KrV，A253 B309）

刺激（affizieren，reizen）

1. 但这个直观只发生在对象被给予我们之时；而另一方面这个直观，至少对我们人类，又只有经由对象通过一定的方式刺激内心才是可能的。这种能力（接受性）——通过我们被对象所刺激的方式而获得表象——就叫作感性。（KrV，A19，B33）

2. 这个在表象能力上的对象的结果，如果我们被同一对象所刺激，就是感觉。（KrV，A20，B34）

3. 那么，一个——先行于客体本身、并且客体概念能够在其中被先天地规定的——外部直观如何能够寓于内心呢？显然无非是，它只要仅在主体中，作为形式的性状被客体所刺激、并由此而获得客体的直接表象、即直观，而占有自己的位置，因而仅仅作为外感官的一般形式。（KrV，A25，B41）

4. 因此时间只是我们（人类的）直观的一个主观条件，（这个直观任何时候都是感性的，即只要我们被对象所刺激），并且超出了主观，它自在地则什么也不是。（KrV，A35，B51）

5. 相反，直观中一个物体的表象根本不包含，任何应归于一个自在对象本身的东西，而仅包含某物的现象、以及我们由此被刺激的方式，并且我们认识能力的这种接受性就叫做感性，并且与对象自在本身的知识——即使人们想立刻直至在根据上看透那种现象——也仍还有天壤之别。（KrV，A44，B61）。把我们内心，甚至以任何一种方式被刺激所收到表象的的接受性，叫作感性。（KrV，A51，B75）

6. 因为内心直观自己，并非像它直接、自动地表象自己那样，而是按照它从内部被刺激的那种方式，因而像它显现自己的那样，而非它所是的那样。（KrV，B69）

7. 直观的方式……而是一种依赖于客体的此在，因而只有通过主体的表象能力被它所刺激，才是可能的。（KrV，B72）

8. 表象的杂多可以在——单纯感性的、即无非是作为接受性的——直观中被给予，而这种直观的形式则可以先天地处于我们的表象能力中，它不是别的某物，而无非是主体被刺激的方式。（KrV，B129）

9. 因此，知性大概并非在内感官中已经发现了杂多的这样一类联结，而是它通过它刺激内感官而产生出这种联结。（KrV，B155）

10. 那我们也必须承认，我们从内感官中仅直观了我们自己，就如同我们被我们本身内部地刺激着，亦即认识那些内部直观所涉及的、我们只是把我们特有的主体当作现象的东西，而不是认识那些按照它自在本身所是的东西。(KrV, B156)

11. 自在之物本身（不考虑它们由此刺激我们的表象）可能是怎样的，则完全越出了我们的知识范围之外。(KrV, A190; B235)

12. 感性直观能力本来只是在一定的方式上带着表象被刺激起来的接受性，这些表象的相互关系就是空间和时间的纯粹直观，（我们感性的纯然形式），而这些表象，只要它们在这种关系中（在空间和时间中）按照经验之统一性的法则而被联结和可规定的，就叫做对象。(KrV, A494; B522)

13. 因为一种任意，只要它（通过感性的动因）被病理学地刺激起来，就是感性的；如果它能够在病理学上被迫使，它就叫作动物性的（arbitrium brutum，动物性的任意）。(KrV, A534; B562)

14. 理性根本不会被一切那些感性所刺激，它不会改变自己。(KrV, A555; B583)

15. 因为，不仅是刺激的东西（reizen）、即直接刺激感官的东西，规定着人的任意，而且我们具有一种能力，通过从本身就是以更遥远的方式有利或有害的东西的表象，而克服我们感性欲求能力上的那些印象。(KrV, A802; B830)

16. 这个“某物”，被看作为本体（或更好地说，作为先验对象），却毕竟能够同时也是这些思想的主体，虽然我们通过我们的外部感官被它所刺激起来的方式，而根本没有获得任何表象的、意志等等的直观，而仅仅获得了空间的及其规定的直观。(KrV, A358)

此在（das Dasein）

1. 从一个最高实在的存在者的概念中，（从变化之物的偶然性，以及第一推动者的必然性中），推导出上帝此在的证明。(KrV, BXXXII)

2. 所以这就留下来哲学和普遍人类理性的一种丑闻，即必须仅仅在信仰上假定在我们之外的物的此在（我们毕竟从它们那里为我们的内感官拥有了对认识本身的全部材料），并且，如果有人突然想起怀疑这种此在，我们没有任何足够的证据能够反驳他。(KrV, BXXXIX)

3. 在我之内被发现的我的此在的一切规定根据，都是表象。(KrV, BXXXIX)

4. 不过，我是意识到我的在时间中的此在（因而也意识到此在在时间中的可规定性），通过内部经验，并且这一点是多于单纯意识到我的表象的，但毕竟是等同于我的此在的经验的意识，而这个意识只有通过与某种和我的生存联结着的、外在于我的东西发生关系，才是可规定的。所以在时间中我的此在的意识，就与在我之外的某物的一种关系的意识同一地连结了。（KrV，BXL）

5. 但现在，那个智性意识虽然先行了，但这种——在其中我的此在唯一能被规定的——内直观，却是感性的并且与时间条件结合着。（KrV，BXL）

6. 某种持存之物在此在中的表象与持存的表象不是等同的。（KrV，BXLI）

7. 因为不论是绝对的、还是相对的规定，都不能在它们所属的那些事物此在之前、因而不能先天地被直观到。（KrV，A26；B42）

8. 作为所有一般此在的条件，它们也必然是上帝此在的条件。（KrV，B71）

9. 但决不归于一个——按照它的此在以及它的直观（那种它的此在在与给予的客体的关系中规定的直观）——不独立的存在者。（KrV，B72）

10. 模态的范畴：此在——非存在。（KrV，A80；B106）

11. 我自己的此在并不是现象（更不是单纯的幻相）。（KrV，B157）

12. 我就不能规定我的此在，作为一个自动的存在者，而我只能对自己表象我的思想、即规定的自发性，并且我的此在则仍然一直只是在感性上、即作为一种现象的此在，才可加以规定。（KrV，B158）

13. 此在自身的意识还远不是此在自身的知识。（KrV，B158）

14. 时间并不流过，而是在时间中可变之物的此在流过。（KrV，A144；B183）

15. 现实性的图型是在一个规定了的时间中的此在。（KrV，A145；B184）

16. 这种综合部分地只涉及到一般现象的直观，部分地涉及到一般现象的此在。（KrV，A160；B199）

17. 但直观的那些先天条件鉴于一个可能的经验而绝对是必然的，一个可能的经验的直观之客体的此在的那些条件，自在地就是偶然的。（KrV，A160；B199）

18. 据此现象的每一个此在能够在一切时间的统一性方面被规定。（KrV，A177；B219）

现象的此在并不能先天地被认识。（KrV，A178；B221）

19. 现象的此在不可构造，那么这些原理将只指向此在的关系，并且只能充当单纯调节性的原则。（KrV，A179；B222）

20. 一切实在即属于事物的生存的东西的基底，就是实体，在其上，一切属于此在的东西，只有作为规定才能被思维。（KrV，A182；B225）

21. 因为实体在此在中不会变更，所以它的定量在自然中也既不会增加也不会减少。（KrV，A182；B225）

22. 持存性一般地把时间表达为，现象的一切此在、一切变更和一切伴随的持久的相关物。（KrV，A183；B226）

23. 唯有通过持存的东西，此在在相继的时间序列的不同部分中才获得一种大小，人们把称它为持续性。（KrV，A183；B226）

24. 在一切现象中存在着某种持存的东西，在它身上可变更的东西无非是它的此在的规定。（KrV，A184；B227）

25. 如果在现象上，人们愿意把实体的东西命名为，应当是一切时间规定的真正基底，那么不论是在过去中，还是在将来中的一切此在，都必须唯一并单独在这上面才能被规定。（KrV，A185；B228）

26. 我们之所以能够给一个现象给予实体名字，就因为我们预设了它在一切时间中的此在。（KrV，A185；B228）

27. 然而，这种持存性只不过是，我们设想（在现象中）事物的此在的方式。（KrV，A186；B229）

28. 既然人们在这种实体上赋予实在以一种特殊的此在，（例如作为物质的一种偶性的运动），那么人们就把这种此在称为依存性，以区别于人们称为自存性的实体的此在。（KrV，A187；B230）

29. 因而实体自身的存在，紧跟着实体的非存在、而实体的非存在则紧跟着它的此在，换言之，并没有发生实体自身的产生和消失。（KrV，A189；B232）

30. 这事的发生则通过，知性把时间秩序转载到现象及其此在上。（KrV，A199；B244）

31. 所以（作为可能的知觉的）现象关系——按照这种关系，后继之物（发生的事情）根据其此在通过某种先行之物——是必然的，并且按照一种规则在时间中而被规定。（KrV，A202；B247）

32. 知性，借助于统觉的统一性，是为现象在这个时间中的一切位置的连续规定的可能性的先天条件，通过原因和结果的序列，它们的原因不可避免地导致了结果的此在，并因此而使时间关系的经验的知识对每一个时间都（普遍地）、因而客观地有效。（KrV，A211；B256）

33. 一个实体的此在，绝不可能通过任何经验的综合，而带上另一个实体的此在。（KrV，A212；B259）

34. 而这就正是经验中的三种类比。它们只不过是时间中的现象的此在的规定的原理。（KrV，A215；B262）

35. 作为一个所有此在的总和而也在时间中的关系（同时）。（KrV，A215；B262）

36. 我们把（在经验性的理解中的）自然叫做现象按照此在、按照必然的

规则、亦即按照规律的相互关联。（KrV，A216；B263）

37. 我们找到了现象中一切此在的普遍必然的时间规定的那些先天条件。（KrV，A217；B264）

38. 这条公设，认识事物的现实性，虽然并不那么直接要求知觉、因而被人们所意识到的感觉，从其此在应当被认识的对象本身。（KrV，A225；B272）

39. 知觉及其对经验的法则的追随达到了哪里，我们有关事物的此在的知识也就达到了哪里。（KrV，A226；B273）

40. 观念论（我指的是质料的观念论）是这种理论，它把外在于我们在空间中对象的此在或者宣布为仅仅是可疑的和不可证明的，或者宣布为虚假的和不可能的。（KrV，A226；B274）

41. 我自己的此在的单纯的、但经验地被规定了的意识证明了空间中在我之外的对象的此在。（KrV，B275）

42. 所以在时间中我的此在的这种规定只有通过我知觉在我之外的现实事物的生存，才是可能的。（KrV，B275）

43. 我自己的此在的意识同时就是一种在我之外的别的事物的此在的直接意识。（KrV，B276）

44. 所以这不是物（实体）的此在，而是物的状态的此在。（KrV，A227；B280）

45. 因此，我们只认识在自然中——它的原因已给予我们的——那些结果的必然性，而在此在中的必然性标志所达到的，则无非是可能经验之领域。（KrV，A227；B280）

46. 所以必然性只涉及按照因果性的动力学法则的现象的关系，以及这种建立于其上的从任何一个被给予的此在（一个原因）先天地推出另一个此在（结果）的可能性。（KrV，A228；B280）

47. 例如在一切此在中存在着实体，亦即某种只能作为主词而不能作为单纯谓词而生存的东西。（KrV，B289）

48. 变化就是在一个同一物的此在中相互矛盾的对立的规定的联结。（KrV，B291）

49. 如果我把持久性（它是一种朝着一切时间的此在）删去，那么对实体的概念中就什么也没有剩留给我了，而只有主体的逻辑表象。（KrV，A242）

50. 在这个纯粹范畴中找不到更多的东西，而无非它本该是这样的——由此推导出另一某物的此在的——某物。（KrV，A243；B301）

51. 可能性、此在和必然性毕竟绝没有人能够通过别的而只能通过明显的同义反复来解释，如果人们想把它们的定义只从纯粹知性中获得。（KrV，A244；B302）

52. 我毕竟可以在思想中取消任何实存着的实体、而没有让我自相矛盾，但由此完全不可能推出，实体在它的此在中的客观偶然性、即它的非存在自在本身的可能性。（KrV，A244；B302）

53. 在一个纯粹知性的对象上，只有与任何与它相区别的某物（根据其此在）完全没有关系的东西，才是内部的。（KrV，A265；B321）

54. 在这种统一性中，实体全都必须、按照普遍法则而获得它们的此在和持存性、因而也彼此获得相互的一致。（KrV，A275；B331）

55. 既然它根本不可能被减弱、所以在它的此在上渐渐地失去某种东西，并且这样就慢慢地转变成虚无。（KrV，B413）

56. 如果外物的此在对于它自己在时间中的此在的规定已经根本不需要了，则外物的此在也就只会被完全徒劳地假定下来，而无需对此给出哪怕一个证明。（KrV，B418）

57. 但因为我的此在在第一个命题中被看作给予了的，因而它就不叫做，每一个思想着的存在者都生存。（KrV，B420）

58. 所以，如果唯物论对我的此在的解释是没有用的，那么唯灵论同样也不足以做到这一点。（KrV，B420）

59. 这样，思想者自身就必须在这种经验的直观中寻找它之于实体、原因等范畴的逻辑机能运用的条件，为了不仅通过这个“我”把自己表明为自在的客体本身，而且也规定这个客体的此在的方式，亦即把自己作为本体来认识，但这却是不可能的。（KrV，B430）

60. 在我们此在的意识中先天地包含着某种东西。（KrV，B430）

61. 所以每个人都不得不把“自己”本身的必然方式看作实体，而把思维只看作他的此在的偶性和他的状态的规定。（KrV，A349）

62. 这样一种东西，它的此在，只是作为对被给予的知觉的一个原因的此在，才能够被推导出来，就仅仅具有一种可疑的生存。（KrV，A366）

63. 外部感官的一切对象的此在都是可疑的。（KrV，A367）

64. 所以，一个在我之外的现实对象（如果这个词在智性的意义上被设想）的此在决不在知觉中刚好被给予，而只能对这个——就是内感官的变形的——知觉，作为这个知觉的外部原因被考虑进去，因而被推论出来。（KrV，A367）

65. 所以我原本并不能知觉到外部事物，而只是从我的内部的知觉中推导出外部事物的此在，因为我将这种内部的知觉看作结果，为此外部的某物就是这种最近的原因。（KrV，A368）

66. 所以人们必须不把一个观念论者理解为，那种否定感官的外部对象的此在的人，而必须理解为这种仅仅不承认——这种此在通过直接的知觉而被认识、但由此却推论出，我们通过一切可能的经验都绝不能完全肯定它们的现实

性——的人。（KrV，A368）

67. 物质的此在就这样凭借我们的自我意识的见证，就假定为并且由此宣布证明了一个思想着的存在者的此在。（KrV，A370）

68. 独断的观念论者或许就是那种否认物质的此在的人。（KrV，A377）

69. 必须从一切其他此在中被推论出来的一切此在的相关物。（KrV，A402）

70. 这种在空间中此在的无条件的统一性，并不是那种外在于它的许多事物的意识，而是只不过它自己的此在的意识。（KrV，A404）

71. 偶然的东西在此在中任何时候都必须被看作有条件的。（KrV，A415；B442）

72. 在现象中变化之物的此在的依赖性的绝对完备性。（KrV，A415；B443）

73. 鉴于变化之物的此在则叫做绝对的自然必然性。（KrV，A418；B446）

74. 在一般此在中的有条件者叫做偶然的，无条件者则叫做必然的。（KrV，A419；B447）

75. 每一个事件都总有另外一个事件作为它的原因，并且一般此在的条件一直又以别的条件为依靠，任何时候都无需在一个作为原始存在者的独立之物中获得无条件的支持和支撑。（KrV，A467；B495）

76. 无需承认任何一种无条件的和最初的此在。（KrV，A474；B502）

77. 大小的绝对大全（宇宙），分割的大全，源出的大全，一般此在的条件的大全，连同一切有关这一大全是否可以通过有限的或在无限前进的综合中而实现的问题，都不涉及任何可能经验的某物。（KrV，A483；B511）

78. 这个内部现象的此在，作为一种如此自在地生存之物，是不可能被承认的。（KrV，A492；B520）

79. 假如现象是事物自在本身，因而空间和时间就是事物自在本身的此在形式：那么条件将会和有条件者一起任何时候都作为各项而属于一个和同一个序列，而由此在目前的情况下也就产生了共同是一切先验理念的二律背反，这个序列不可避免地必定为知性停止得太大或太小。（KrV，A535；B563）

80. 现象——按照其一般此在——的从属性的总体性的宇宙论理念的解决。（KrV，A559；B587）

81. 达到一个——可能是一切变化之物的最高条件的——此在，即达到必然的存在者。（KrV，A559；B587）

82. 既然在现象的总和中一切都是变化的，因而在此在中是有条件的，在这个附属的此在的序列中任何地方都不可能给予任何无条件的项，它的生存曾是绝对必然的。（KrV，A559；B587）

83. 我们没有权利从外在于经验的序列的一个条件中推导出一个此在。

（KrV，A561；B589）

84. 因为现象的——在自己本身中绝对没有任何根据、而始终有条件的——此在，要求我们：寻找某种与一切现象区别开来的东西、因而寻找一个在它那里使这种偶然性停止下来的理知的对象。（KrV，A566；B594）

85. 论思辨理性推导出最高存在者此在的各种证明根据。（KrV，A583；B611）

86. 它毕竟并不自在地拥有无条件的此在的唯一的标志。（KrV，A586；B614）

87. 人类理性的自然进程就具有了这样的性质。它首先相信任何一个必然的存在者的此在。（KrV，A586；B614）

88. 尽管我在受限制存在者的概念中没有找到那个已经表现出条件之大全的无条件者，但从中还完全不能得出结论，它的此在正因此而必然是有条件的。（KrV，A588；B616）

89. 论上帝此在的本体论证明之不可能性。（KrV，A592；B620）

90. 人们由此相信可以有把握地推导：因为此在必然地应归于这个概念的客体，也就是在我把这个物设定为给予的（生存着的）这个条件下，则它的此在也会被必然地（根据同一律）设定下来，并且因此这个存在者本身也会是绝对必然的，因为它的此在在一个按照随意而假定的概念中并且在我设定了这个概念的对象条件下，被一起想到了。（KrV，A594；B622）

91. 一个绝对必然的存在者的概念也正是同样的情况。如果你取消了它的此在，你也就把这个物本身连同它的一切谓词都取消了。（KrV，A595；B623）

92. 既然在所有实在性之中也包括了此在，那么此在就存在于一个可能之物的概念中。（KrV，A596；B624）

93. 但是对于纯粹思想的客体，根本就不存在任何认识它们的此在的手段，因为此在必须完全先天地被认识，但我们的一切生存的（它通过知觉直接地、或者通过把某物和知觉连结起来的推论）意识却完完全全属于经验之统一性。（KrV，A601；B629）

94. 对一个最高存在者的此在、出于概念的、这个如此著名的（笛卡尔派的）本体论证明，一切辛苦和劳动都白费了。（KrV，A602；B630）

95. 这种做法已经是有点儿完全不自然的并且是一种单纯经院笑话的翻新，即要从一个任意构想的理念中挑选出与之相应的对象本身的此在。（KrV，A603；B631）

96. 从最高实在性中推出在此在中的必然性。（KrV，A604；B632）

97. 大前提包含着——从一个一般经验到必然之物的此在的——推论。（KrV，A605；B633）

98. 但宇宙论证明使用这个经验仅仅，为了跨出一种唯一的脚步，即向着一个一般必然存在者的此在。（KrV，A606；B634）

99. 人们在这里预设了，一个最高实在性的存在者的概念完全满足此在中的绝对必然性概念，也就是说，可以从前一个概念推断出后一个概念。（KrV，A607；B635）

100. 怀着这个意图，我们从一个被作为根据的现实的此在（一个一般经验）中，尽其所愿地推导出，它的任何一个绝对必然的条件。（KrV，A610；B638）

101. 把一个最高充实性的存在者的此在，假定为一切可能结果的原因，以便窃取理性它所寻找的解释根据的统一性。（KrV，A612；B640）

102. 在关于一个必然存在者的此在的一切先验证明中的辩证幻相的发现与说明。（KrV，A614；B642）

103. 与之相反，我无论假定一个物的一个我想要的哪一个的概念，那么我就发现，它的此在决不能被我而表象为绝对必然的。（KrV，A615；B643）

104. 因为没有任何东西，把理性完全束缚在这种此在之上，而理性任何时候并且没有矛盾地都可以在思想上取消这种此在；但绝对必然性却也就仅仅处于思想中了。（KrV，A617；B645）

105. 相反，这个原始存在者必须被设置在世界之外，这样我们才总能够大胆放心地从别的现象中推导出这个世界的现象和它的此在。（KrV，A618；B646）

106. 这种必然性不能是任何概念，因而只作为思维的形式条件、但却不作为此在的质料的和物化的条件。（KrV，A620；B648）

107. 这种证明根据则能够可靠地帮助我们去确信一个最高存在者的此在。（KrV，A620；B648）

108. 自然神学的证明绝不能够单独说明一个最高存在者的此在。（KrV，A625；B653）

109. 所以这个推论就从在世界之中如此普遍可观察到的秩序和合目的性，当作一种完全偶然的安排，走向那个与之相称的原因的此在。（KrV，A627；B655）

110. 人们现在唯独从这种偶然性出发，仅仅通过先验的概念，走向一个绝对必然者的此在，并且从最初原因的绝对的必然性的概念出发，走到那绝对必然者的通盘被规定的或作规定的概念，即一个无所不包的实在性的概念。（KrV，A629；B657）

111. 对一个作为最高存在者的唯一原始存在者的此在的宇宙论证明，就把自然神学的证明设置为基础。（KrV，A630；B658）

112. 先验的神学要么是这种打算把原始存在者的此在从一般经验中推导出来（而没有靠近地规定经验所属的这个世界）的神学，叫做宇宙神学，要么是相信通过单纯的概念、没有丝毫经验之帮助，而认识它的此在的神学，这就被称为本体神学。（KrV，A632；B660）

113. 自然的神学则从在这个世界中所遇见的性状、秩序和统一性中推断出一个世界创造者的属性和此在。（KrV，A632；B660）

114. 神学的道德学包含了道德法则，而这种道德法则预设了一个最高世界统治者的此在，与此相反，道德神学则是一个最高存在者的此在的确信，而这种确信则以道德法则为基础。（KrV，A632；B660）

115. 如果这些法则必然地预设任何一个此在，作为它们的约束力的可能性条件，那么这个此在就必须被假定。（KrV，A634；B662）

116. 如果人们从世界上事物的此在推导出它们的原因，那么这就不属于自然的、而属于思辨的理性运用。（KrV，A635；B663）

117. 无论知性是如何达到这个概念的，这个概念的对象的此在却毕竟不能在这个概念中分析地被发现。（KrV，A639；B667）

118. 理性在它的单纯思辨的运用中对这个如此伟大的目标、即对达到一个至上存在者的此在，是远远不充分的。（KrV，A639；B667）

119. 必然性、无限性、统一性、在世界之外的（不是作为世界灵魂的）此在、没有时间条件的永恒性、没有空间条件的全在、全能等等，都是纯然先验的谓词，因此它们的被纯化出来的概念。（KrV，A641；B669）

120. 这时我决不能假定这个物自在本身的此在，因为没有任何概念，我由此而能够确定地设想任何一个对象。（KrV，A676；B704）

121. 实在性、实体、原因性，甚至此在中的必然性的概念，除了它们使一个对象的经验的知识成为可能的这种运用之外，根本没有任何——规定某个客体的——意义。（KrV，A677；B705）

122. 因为对此我没有任何概念，并且甚至关于实在性、实体、原因性、乃至于在此在中的必然性这些概念，都失去了一切意义，并且都是一些对概念没有一切内容的空洞名目，如果我敢于用它们来超出感官领域之外。（KrV，A679；B707）

123. 从自然中证明一个这样的理智的至上原因的此在。（KrV，A693；B721）

124. 而为了认识来自这种——在自然事物的本质中、尽可能也在所有一般事物的本质中被寻求的——合目的性的、因而也是绝对必然的创造者的此在。（KrV，A694；B722）

125. 我不把这样一种存在者的此在和知识设置为根据，而只把它的理念设

置为根据。（KrV，A701；B729）

126. 因为没有任何知性能力可以引导我们从一个物的概念到——应该由此而普遍和必然地被给予出来的——另外某物的此在。（KrV，A765；B793）

127. 如果这条原理被严格考察，那么人们就不可能找到任何偶然性的标志，除非它的发生、即在此之前有这个对象的非存在先行的那个此在。（KrV，A788；B816）

128. 对上帝此在的先验证明也是同样的情况，这种证明唯一以最实在的存在者和必然的存在者的概念的可交替性（Reziprokabilität）为基础，而不能在任何别的地方被寻求到。（KrV，A788；B816）

129. 一个存在者此在中的无条件的必然性绝对不可能被我们所理解。（KrV，A792；B820）

130. 理性的思辨在先验运用中最后所导致的终极意图，涉及到三个对象：意志自由，灵魂不朽，和上帝此在。（KrV，A798；B826）

131. 我们必须承认，上帝此在的学说属于学理的信念。（KrV，A826；B854）

132. 因为凡是我也只认为是假设的东西，我对它至少按照它的属性必须知道如此之多，以致于我不能虚构它的概念，而只虚构它的此在。（KrV，A827；B855）

133. 但由于道德的规范同时就是我的准则（正如理性命令，它应该是的），那么我将不可避免地相信上帝的此在和一个来世，并且我肯定，没有任何东西能动摇这个信念。（KrV，A828；B856）

存在（das Sein）

存在（sein）

1. 例如，“同一个事物在一个地点存在并且恰好在同一个地点又不存在。（KrV，A32；B49）

2. 如果我们不考虑我们的方式，内在地直观自身，并且借助于这种直观也把一切外部直观包含在表象力中，并且因而把对象如同它们可能自在地存在那样来看待，那么时间就什么都不是了。（KrV，A34；B51）

3. 我并不是说，物体似乎仅仅存在于我之外，或者我的灵魂似乎仅仅在我的自我意识中被给予，（KrV，B69）

4. 这只是一个经验，在其中一切知觉都被表象为处于无例外的与合规律的关联中：恰好就如只存在一个空间和时间，在其中发生了现象的一切形式和存在与非存在的一切关系一样。（KrV，A110）

5. 实在性，在纯粹知性概念中，是和一般感觉相一致的东西；因而这种东西的概念自在地本身指示着一种（时间中的）存在；否定，它的概念则表象一种（时间中的）非存在。（KrV，A143；B182）

6. 相对立的东西不能在一物中同时存在，而只能依次存在。（KrV，A144；B184）

7. 这个公式表明：某物不可能同时既存在而又不存在。（KrV，A152；B191）

8. 但与一般感觉相应的实在的东西，与否定性 = o 相对立，却只表象着——它的概念自在地包含一种“存在”的某物，并且无非意味着这种在一个经验的意识中的一般综合。（KrV，A175；B217）

9. 因为正是这个持存之物，才使——从一个状态向另一个状态以及从非存在向存在的过渡的——表象，成为可能，所以这个表象只有作为那保留着的东西的变更着的规定，才能被经验地认识到。（KrV，A188；B231）

10. 时间相继的一切现象全都只是变化，即都是在此持存着的实体的规定的一种相继存在和非存在，因而实体自身的存在，紧跟着实体的非存在、而实体的非存在则紧跟着它的此在，换言之，并没有发生实体自身的产生和消失。（KrV，B232）

11. 一个物的一个被给予状态的存在和非存在的交替，即一切变化之所在。（KrV，B290）

12. 实在性，人们只能够在与否定性的对立中解释它，如果人们想到一个时间（作为一切存在的总和），它要么以此而充实，要么就是空的。（KrV，A242）

13. 这样一种不间断的存在与非存在的序列该是如何可能的。（KrV，A451；B479）

14. 通过一些谓词而表现出一种存在，通过另一些谓词而表现出一种单纯的非存在。（KrV，A574；B602）

15. 而一个 entis realissimi（最实在的存在者）的概念就是一个单独存在者的概念，因为在它的规定中遇到了一切可能的对立的谓词中的一个谓词，亦即，那个绝对属于存在的谓词。（KrV，A576；B604）

16. 存在，显然不是任何实在的谓词，即不是一个——有关可以添加在一个物的概念之上的某种东西的——概念。（KrV，A598；B626）

17. “上帝存在”，或者“存在着一个上帝”。（KrV，A599；B627）

18. 通过这种表达：“它存在”。（KrV，A599；B627）

19. 通过在我的概念之外的这个存在，这个被想到的一百塔勒本身丝毫也没有被增多。（KrV，A599；B627）

20. 所以如果我思维一个物，无论我想通过什么以及多少谓词，（即使在通

盘规定中），那么由此，我还加进“这个物存在”，也并未对这个物有丝毫的增加。（KrV，A600；B628）

21. 所以我绝不必须说：上帝存在等等，在道德上是确定的，而必须说：我在道德上是确信的等等。（KrV，A829；B857）

存在物，存在者（das Wesen）

1. 因而关于这同一个存在物，例如人的灵魂，我就不能不说，灵魂的意志是自由的，并且同时又是服从自然必然性的，即不自由的，而陷入一个明显的自相矛盾。（KrV，BXXVII）

2. 也不能把自由作为一种——我在感官世界中把效果归因于它的——存在者的属性，而认识。（KrV，BXXVIII）

3. 或者关于从一个最高实在的存在者的概念中，（从变化之物的偶然性，以及第一推动者的必然性中），推导出上帝此在的证明。（KrV，BXXXII）

4. 什么是空间与时间呢？它们是现实的存在物吗？（KrV，A23；B37）

5. 照这么说，我们就只能从人的立场谈论空间、广延的存在者等等。（KrV，A26；B42）

6. 因为我们完全不能从别的思想着的存在物的直观上判断，这些直观是否被束缚在那些——限制我们的直观并且对我们是普遍有效的——同样的条件上。（KrV，A27；B43）

7. 我们知道的无非是我们知觉它们的方式，这是在我们是特有的，也并不必然地归于每一个存在者，但却必须归于每一个人。（KrV，A42；B59）

8. 一切有限的思想的存在者在这点上必须与人类必然地取得一致。（KrV，B72）

9. 现在，我通过这个命题：“灵魂是不死的”，虽然按照逻辑的形式做出了现实的肯定，因而我就把灵魂放置在不死的存在者的无限制的范围中。（KrV，A72；B97）

10. 那么我就不能规定我的此在，作为一个自动的存在者，而我只能对自己表象我的思想、即规定的自发性。（KrV，B157）

11. 因为法则就这样很少生存于现象中，而只相对于现象所依存的主体才生存，如果这主体具有了知性，这正如现象不自在地生存，而只相对于同一个存在者而生存，如果它具有了感官。（KrV，B164）

12. 对象在后一种意义上至少必须能够通过这些纯粹知性概念而被思想，但由此便被诱使，把有关一个知性存在者——作为在我们感性之外的一个一般某物的——整个不确定的概念，当作一个有关我们可以通过知性以某种方式而认识的存在者的确定的概念了。（KrV，B307）

13. 一种这样的直观、也就是智性的直观，完全处于我们的认识能力之外，因此范畴的运用也决不能超出经验之对象的界限，而尽管与感官存在者相应的当然是知性存在者，我们的感性直观能力完全与之无关的——知性存在者也可以存在着，但我们的知性概念——作为我们的感性直观的单纯观念形式，却丝毫也通达不了这种直观。（KrV，B308）

14. 所以，不应当是人、而应当是存在者，这种存在者我们甚至不能指出，它们是否曾经是可能的、更不用说、它们是如何像这个样子的。（KrV，A278；B334）

15. 如果没有广延的存在者被知觉到，就表象不出任何空间。（KrV，A292；B349）

16. 思想着的主体是心理学的对象，一切现象的总和（世界）是宇宙学的对象，而一个物，它包含着能够被思想的、一切可能性的至上条件，（一切本质的存在者），则是神学的对象。（KrV，A334；B391）

17. 选言三段论推理的单纯形式必须导致关于一切存在者的存在者的最高理性概念。（KrV，A336；B393）

18. 借助于这种知识，继续前行到原始存在者，是一个如此自然的进程。（KrV，A337；B394）

19. 一般事物的可能性的一切条件的绝对的综合统一性，即从那些我按照它们单纯的先验概念并不认识的事物，推论出一个一切存在者的存在者，而这种存在者，我通过一种先验概念还更加不认识，并且从它的无条件的必然性我也不能形成任何概念。（KrV，A340；B398）

20. 因此“我”这个术语，作为一个思想着的存在者，已经意味着心理学的对象了，而这种心理学则可以叫做合理的灵魂学说。（KrV，A342；B400）

21. 我，作为思想着的存在者。（KrV，A344；B402）

22. 这种灵魂学说则被错误地当作纯粹理性的——关于我们的思想的存在者的本性的——科学。（KrV，A345；B403）

23. 既然如此我对于一个思想着的存在者就不能通过外部经验、而仅仅通过自我意识才能够拥有最起码的表象。（KrV，A347；B405）

24. 所以这样的对象无非是这个我的意识转换成另外的——只有借此才被表象为思想着的存在者的——事物。（KrV，A347；B405）

25. 但这个命题并不意味着，“我”，作为客体，对我，是一个自身持存着的存在者，或实体。（KrV，B407）

26. 因而也不可能意味着那种人格同一性，由此那种它自己的实体的同一性的意识、在一切状态变更中被理解为思想着的存在者的同一性意识。（KrV，B408）

27. 每一个思想着的存在者，作为一个这样的存在者，都是简单的实体。（KrV，B410）

28. 现在，一个思想着的存在者，单纯作为一个这样的存在者本身来看，没有别的而只能被思考为主词。（KrV，B411）

29. 在大前提中被谈论的一种存在者，它可以一般地在任何意图上、因而也在如它在直观中被给予那样，而被思考。（KrV，B411）

30. 一个简单的存在者根本不可能停止存在。（KrV，B413）

31. 思维着的存在者（作为人）。（KrV，B415）

32. 如果我们从关系范畴出发，带着这个命题："一切思想着的存在者都是，作为这样的实体"向后通过回溯这一范畴的序列，直至这个圆圈闭合，那么我们最终就会遇到这些思想着的存在者的生存。（KrV，B417）

33. 主体自身（作为一般思维着的存在者）。（KrV，B422）

34. 因为在这种情况下，思想的属性就会使得一切具有这一属性的存在者，都成为必然的存在者了。（KrV，B422）

35. 辩证幻相在理性心理学中则基于（一个纯粹的理智）的理性的一个理念与这种一般思想着的存在者在一切部分中都未经规定的概念的混淆。（KrV，B426）

36. 在我的"本身"的意识中、在单纯思想那里，我就是这个存在者本身，但关于这个存在者本身由此当然仍没有任何东西被给予我而思维。（KrV，B429）

37. 我，作为一个思想着的存在者，就是我的一切可能判断的绝对主词，而这个关于我本身的表象不能被用于任何一个他物的谓词。（KrV，A348）

38. 所以我，作为思想着的存在者（灵魂），就是实体。（KrV，A348）

39. 我，作为一个思维着的存在者，对我自己而本身持续着。（KrV，A349）

40. 一个思想只能是思想着的存在者的绝对统一性的结果。（KrV，A353）

41. 这是显然的：如果人们要表象一个思维着的存在者，人们就要把自己本身放在这个存在者的位置上，因而必须把他自己的主体强加给人们所要考虑的那个客体。（KrV，A353）

42. 我们无权使它成为对象的知识的可能性条件，即成为一个一般思想着的存在者的概念，因为，我们本身不用我们意识的这条公式而置于任何别的理智存在者的位置，我们就不能设想这个思维着的存在者。（KrV，A354）

43. 在外部现象中间作为这样的思维着的存在者决不可能向我们出现。（KrV，A357）

44. 假如物质是一个自在之物本身，那么它就会作为一个复合的存在者而

与作为一个单纯的存在者的灵魂，完完全全地区别开来。（KrV，A359）

45. 当我把灵魂理解为一个思想着的自在存在者时，提出这个问题本身就已该是不合适的了：即灵魂是与物质（它根本不是什么自在之物本身，而只是在我们之内的一种方式表象）是同样方式的，或者不是。（KrV，A360）

46. 我自身的表象，作为思维着的主体，单纯与内感官相关联，而表示广延的存在者的表象，则也与外感官相关联。（KrV，A371）

47. 这个我就必须是一个直观，这个直观，由于它会在一般思维那里（先于一切经验）而被预设，作为先天的直观而提供出综合命题，如果必须使一种——有关一个思维着的存在者的一般本性的——纯粹理性知识，可能实现出来。（KrV，A382）

48. 如果人们去掉了物质，由此一切思维甚至思维着的存在者的生存都会被取消掉。（KrV，A383）

49. 因此就必须把一种第三个存在者包进中介。（KrV，A391）

50. 思维的存在者和广延的存在者之间的协同作用。（KrV，A393）

51. 所以一切关于我们思想着的存在者及其与物体世界的连结的本性的争执，就不过是——人们鉴于他所不知道的东西、就通过理性的谬误推理而填补漏洞的——一种结果。（KrV，A395）

52. 但在我们之内思想着的那个存在者，误以为，通过纯粹的范畴、更确切地说通过那些在其每一项下都表达出绝对统一性的范畴，就认识了它自身。（KrV，A401）

53. 实体，实在性，统一性（而非多数性）和生存，只是理性在这里把它们全都表象为一个本身是无条件的、思想着的存在者的可能性的条件。（KrV，A403）

54. 构成世界的那些事物的整个秩序，都来源于一个原始存在者。（KrV，A466；B494）

55. 每一个事件都总有另外一个事件作为它的原因，并且一般此在的条件一直又以别的条件为依靠，任何时候都无需在一个作为原始存在者的独立之物中获得无条件的支持和支撑。（KrV，A467；B495）

56. 如果不存在区别于世界的原始存在者，如果世界无需开端因而也无需创造者，我们的意志不是自由的，并且灵魂与物质存在同样的可分性和可朽性，那么道德的理念和原理也都丧失了一切有效性，而与构成它们的理论支柱的那些先验的理念一起陷落了。（KrV，A468；B496）

57.（灵魂）是否就是一个自在的简单的存在者。（KrV，A477；B505）

58. 世界空间是用存在物充满进无限，还是被包括在某种界限之内。（KrV，A481；B509）

59. 如果你们假定一个绝对必然的存在者（不论它是世界本身，还是某种在世界中的东西，或世界原因）：那么你们就把它放置在一个——离任何一个给予的时间点都无限遥远的——时间中了。（KrV，A488；B516）

60. 它就否定了在空间中广延的存在物的此在。（KrV，A491；B519）

61. 所以这个积极的存在者，只要在它的自然必然性的行动中，作为只在感性世界中才遇到的东西，就是独立而自由的。（KrV，A541；B569）

62. 达到一个——可能是一切变化之物的最高条件的——此在，即达到必然的存在者。（KrV，A559；B587）

63. 一个作为感官世界的现象的此在的条件的必然存在者，就绝不能发生了。（KrV，A559；B587）

64. 然而从整个序列中，一个非经验的条件、即一个无条件的必然的存在者也发生了。（KrV，A560；B588）

65. 但这里，必然的存在者必须完全外在于感官世界的序列（作为 ens extramundanum，超出世界之物）并单纯理知地被设想，唯独由此才能被防止，它并不本身屈从于一切现象的偶然性和附属性的法则。（KrV，A561；B589）

66. 这种存在者因此就摆脱了一切经验的条件，并且反倒包含着所有这些现象的可能性的根据。（KrV，A562；B590）

67. 哪怕一个这样的绝对必然的知性存在者自在地都是不可能的。（KrV，A562；B590）

68. 理性的这种经验的运用（鉴于在感官世界中此在的条件）并不由于承认了一个单纯理知的存在者而受到影响，而是按照无一例外的偶然性的原则、从经验的条件走向那些——永远恰好又是经验的——更高的条件。（KrV，A564；B592）

69. 如果我们一旦已经接受了这种许可，允许在全部感性的领域之外假定一个独立自存的现实，而现象只被看作这样的本身是理智的存在者的理知对象的偶然的表象方式：那么剩留给我们的，就无非类比了。（KrV，A566；B594）

70. 因此我们在感官世界之外所采取的第一步，就迫使我们从关于绝对必然的存在者的研究而开始我们的新知识。（KrV，A566；B594）

71. 对于我们是一个理想的东西，对于柏拉图则是一个神圣知性的理念，一个在神圣知性的纯粹直观中的单独的对象，即可能存在者的每一类的那个最完善者和现象中一切摹本的那个原始根据。（KrV，A568；B596）

72. 一个 entis realissimi（最实在的存在者）的概念就是一个单独存在者的概念，因为在它的规定中遇到了一切可能的对立的谓词中的一个谓词，亦即，那个绝对属于存在的谓词。（KrV，A576；B604）

73. 理性为了这一意图、即为了仅仅设想事物的那种必然的通盘规定，并不预设这样一个符合这一理想的存在者的生存，而只假设这样一个存在者的理念，以便从通盘规定的一个无条件的总体性中推导出那有条件的、即受限制的东西的规定。（KrV，A578；B606）

74. 因为一切否定（它们仍还是唯一的谓词，由此而使一切别的存在者区别于最实在的存在者），都只不过是一个更大的和最终的最高实在性的限制，因而它们预设了这种实在性，并且仅仅从这种实在性中推导出内容。（KrV，A578；B606）

75. 因此，理性的理想的那个仅仅处于理性中的对象，也被称为原始存在者（ens originarium，原始存在物），如果它在自己之上没有任何东西，则称为最高存在者（ens summum，最高的存在物），并且，如果一切事物，作为有条件者，都服从于它，则称为一切存在者的存在者（ens entium，存在物的存在物）。（KrV，A578；B606）

76. 但因为我们也不能说，一个原始存在者由许多派生的存在者构成，当每一个派生的存在者都预设了那个原始存在者、因而并不能构成它的时候，所以，原始存在者的理想也必须被设想为简单的。（KrV，A579；B607）

77. 一个这样的存在者的概念在先验的理解中思想，就是关于上帝的概念，所以纯粹理性的理想就是一种先验神学的对象。（KrV，A580；B608）

78. 所以，这种最最实在的存在者的理想，虽然是一个单纯的表象，却是首先被意识到、即被制作成客体，然后被实体化，最后，通过理性的一种完成统一性的自然进程，甚至被人格化了。（KrV，A583；B611）

79. 论思辨理性推导出最高存在者此在的各种证明根据。（KrV，A583；B611）

80. 理性到处寻找一个——作为无条件的必然性、而与这样的优先生存相合适的存在者的——概念，不是为了这样一来就从这个存在者概念中先天地推断出它的此在，（因为，如果理性胆敢这样，那么它完全只在单纯概念之间进行研究，而没有必要，设置一个给予的此在作为基础），而只为了在可能之物的一切概念中找到那个——自身不拥有任何与绝对必然性相冲突的东西的概念。（KrV，A585；B613）

81. 如果理性能够把一切——与这种必然性不相协调的——东西都消除掉，只有一个东西除外；那么这个东西就是那个绝对必然的存在者，而不论人们是否能理解它的必然性，亦即是否能把这种必然性仅仅从它的概念中推导出来。（KrV，A585；B613）

82. 但它毕竟并不自在地拥有无条件的此在的唯一的标志，理性掌握这一标志，为了通过一个先天概念将任何一个存在者作为无条件的来认识。（KrV，A586；B614）

83. 所以，一个最高实在性的存在者的概念在可能事物的一切概念中最合适于一个无条件的必然存在者的概念。（KrV，A586；B614）

84. 所以，人类理性的自然进程就具有了这样的性质。它首先相信任何一个必然的存在者的此在。它在这个必然存在者中认识到一种无条件的生存者。于是它就寻找那种不依赖于一切条件者的概念，并且——在那个本身就是一切其他事物的充分条件的东西、亦即在那个包含着一切实在性的东西中——找到了这一概念。（KrV，A587；B615）

85. 我必须把一个——包含一切实在性、因而也包含一切条件的——存在者，看作是绝对无条件的，所以经此而找到，那种与绝对必然性相合适的物的概念。（KrV，A588；B616）

86. 这种存在者的概念也很容易通过无所不包的完善性这个唯一的特种而建立起来。（KrV，A590；B618）

87. 一个绝对必然的存在者的概念是一个纯粹理性概念、亦即一个单纯的理念。（KrV，A592；B620）

88. 一个绝对必然的存在者的概念也正是同样的情况。如果你取消了它的此在，你也就把这个物本身连同它的一切谓词都取消了。（KrV，A595；B623）

89. 全能不能被取消，如果你设定一种神性、即一种无限的存在者，它的概念与那个全能的概念是同一的。（KrV，A595；B623）

90. 毕竟存在着一个、而且只有这一个概念，由于它的对象的非存在或取消在本身本该是矛盾的，而这个对象就是最高实在的存在者的概念。（KrV，A596；B624）

91. 如果我现在想到了一个作为最高的（没有缺陷的）实在性的存在者，那么永远就留下这个问题，它生存着，或者不生存着。（KrV，A600；B628）

92. 最高存在者的概念是一个在许多方面都非常有用的理念；但它正因为仅仅是理念，所以完全没有能力，仅仅借助于它来扩展我们的鉴于生存着的东西的知识。（KrV，A601；B629）

93. 这样人们就相信在一个最实在的存在者的理念中找到了这个概念，所以这个理念就只是被运用于——对人们从其他方面已经确信或置信它必然生存的东西的，也就是对绝对必然的存在者的——更加确定的知识之上。（KrV，A603；B631）

94. 如果某物生存，那么一个绝对必然的存在者也必须生存。（KrV，A604；B632）

95. 这个必然的存在者只能以唯一的一种方式、即在一切可能的对立谓词方面只通过一个其中一个谓词而被规定，所以它必须通过它的概念而被通盘规定。（KrV，A605；B633）

96. 所以最实在的存在者的概念就是——由此一个必然的存在者能被思想的——唯一的概念，亦即存在着一个必然方式的最高存在者。（KrV，A605；B633）

97. 宇宙论证明使用这个经验仅仅，为了跨出一种唯一的脚步，即向着一个一般必然存在者的此在。（KrV，A606；B634）

98. 理性则在这里完全告别这种根据并且在纯然概念后面探求：即一个绝对必然的存在者一般必须具有什么属性，也就是，一切可能之物中的哪一个包含一个绝对必然性所需要的条件（requisita，必需物）。（KrV，A606；B634）

99. 在一切可能的东西中有“一个”，它随身带有绝对必然性，也就是说，这个存在者绝对必然地生存着。（KrV，A608；B636）

100. 每一个绝对必然的存在者都同时又是最实在的存在者。（KrV，A608；B636）

101. 每一个最实在的存在者都是一个必然的存在者。（KrV，A608；B636）

102. 所以这个最实在的存在者的单纯概念也就必须带有这个最实在的存在者的绝对必然性。（KrV，A608；B636）

103. 如果我们现在想按照它的性状而进一步地规定这个必然存在者，那么我们就不寻找那个足以从它的概念中把握此在的必然性的必然存在者。（KrV，A611；B639）

104. 因此这个存在者就必须在它的概念中包含绝对必然性所需要的一切东西，并因而使推出这个绝对必然性的一个先天推论成为可能。（KrV，A611；B639）

105. 最高存在者的概念满足于为了一个物的内部规定而能够提出一切先天的问题，因而它也是一个无与伦比的理想，因为最高存在者的普遍的概念同时也彰显为一种一切可能事物中的个体。（KrV，A611；B639）

106. 人们不能抗拒这种思想，但也不能容忍它：有一个我们在一切可能的存在者中为我们设想一个存在者，仿佛在自己对自己说：我是从永恒性到永恒性，在我之外无物存在，除非仅仅通过我的意志而是某物的东西。（KrV，A613；B641）

107. 在关于一个必然存在者的此在的一切先验证明中的辩证幻相的发现与说明。（KrV，A614；B642）

108. 什么是这种不可避免的原因，某物在生存的事物中假定为自在必然的，同时却又在这样一个存在者的此在面前像在深渊面前一样怕得发抖呢？（KrV，A615；B643）

109. 这就叫做：没有假定一个必然的存在者，我就绝不能够完成对生存的条件的回溯，但我又绝不能够从这个必然的存在者开始。（KrV，A615；B643）

110. 相反，这个原始存在者必须被设置在世界之外，这样我们才总能够大胆放心地从别的现象中推导出这个世界的现象和它的此在，好像并没有任何必然的存在者，然而却能够不断地追求推导的完备性，就好像已经预设了一个这样的、作为至上的根据的存在者。（KrV，A618；B646）

111. 既然我把这种——在世界上曾是绝对（无条件）必然的——至上存在者，考虑为自为之物，这种必然性不能是任何概念，因而只作为思维的形式条件、但却不作为此在的质料的和物化的条件，在我的理性中必然已经被找到了。（KrV，A620；B648）

112. 相反，如果人们想要使它脱离这个链条，并且，把它作为一个单纯理知的存在者，而不是一起包括进自然原因的序列中去：这样一来，理性又能够把什么桥添加，到这个最高存在者呢？（KrV，A621；B649）

113. 我们在原因性方面将来终究需要一个最后限度的至上存在者。（KrV，A623；B651）

114. 自然神学的证明绝不能够单独说明一个最高存在者的此在，相反，它任何时候都必须委托于本体论的证明（它只被用作本体论证明的序言），补足它的这一缺陷。（KrV，A625；B653）

115. 而这对于人们所密切注意的那个伟大意图，即证明一个最充分的原始存在者，是远远不够的。（KrV，A627；B655）

116. 而无非是关于一个具有全能、全智等等、总之是具有全部完善性的、作为一个最充分的存在者的存在者概念。（KrV，A627；B655）

117. 因此，对一个作为最高存在者的唯一原始存在者的此在的宇宙论证明，就把自然神学的证明设置为基础，但本体论的证明却又把宇宙论的证明设置为基础。（KrV，A630；B658）

118. 后一种人主张，理性有可能按照与自然的类比而进一步地规定这个对象，即作为一个——通过知性和自由而包含一切别的事物的原始根据在自身中的——存在者。（KrV，A631；B659）

119. 后一种人则把这个存在者设想为一个世界创造者。（KrV，A632；B660）

120. 这些道德法则，不仅仅假设了一个最高存在者的此在，而且由于它们在别的领域的考察中也是完全必要的，它带有权利、但当然只在实践上预设。（KrV，A634；B662）

121. 而为了一个最高存在者的知识却需要这些原理的一种先验的运用，对此我们的知性已经完全没有装备。（KrV，A636；B664）

122. 但这是完全不可能的，从一个概念中自行超出，并且，无需人们遵循经验的连结（但通过这种连结，任何时候所给予的都只是现象），而做到揭示

出新的对象和过分的存在者。（KrV，A639；B667）

123. 使自己本身与每一个理知的意图相一致，并且从一切想与一个原始存在者的概念相违背的东西中、并且从一切经验的局限的混淆中，纯化至上存在者的知识。（KrV，A640；B668）

124. 如果一旦，在其他方面的、或许实践的关系中，一个作为至上理智的最高和最充分的存在者的预设，主张了它的无需反驳的有效性：那么这就会有最大的重要性，把这个概念在其先验的方面准确地规定为，一个必然的和最实在的存在者的概念。（KrV，A640；B668）

125. 这个最高存在者对于理性的单纯思辨的运用来说仍然是一个单纯的、但毕竟是完美无缺的理想，是一个终止整个人类知识并使之圆满完成的概念。（KrV，A641；B669）

126. 并非从一个简单的思维着的实体中推导出灵魂的内部现象，而按照一个简单的存在者的理念而相互推导出灵魂的那些内部现象。（KrV，A673；B701）

127. 如果我们假定这样的理想的存在者，我们并没有真正扩展我们关于可能经验的客体的知识，而只通过理念给我们提供了图型的系统统一性而扩展了可能经验的经验的统一性，因而理念不被看做构成性的、而仅仅被看做调节性的原则。（KrV，A674；B702）

128. 这个存在者只在理念中而不自在本身被设置为基础，因而只为了表达那个——应当被用作我们理性的经验的运用的准绳的——系统统一性。（KrV，A674；B702）

129. 如果我假定一个神的存在者，我尽管不论对它的最高完善性的内部可能性、还是对它的此在的必然性，都没有丝毫概念，但随后毕竟我就能够满意地回答一切其他涉及偶然之物的问题了。（KrV，A675；B703）

130. 现在，我仍然可以假定这样一个不可理解的存在者，即一个单纯理念的对象，相对地在感官世界之上，虽然并非自在本身。（KrV，A677；B705）

131. 我将按照与这个世界中的实在性、实体、原因性和必然性的类比而设想一个在最高完善性中拥有这一切的存在者，并且由于这个理念只以我的理性为基础，我将能够把这个存在者设想为独立的理性，它通过最大的和谐和统一性的理念而是世界整体的原因。（KrV，A678；B706）

132. 我就完全可以思想一个我将之区别于这个世界的存在者，通过只属于感官世界的属性。（KrV，A678；B706）

133. 我只是思考一个我对它自在完全不知道的存在者之于世界整体的最大的系统统一性的关系，只为了使这个存在者成为我的理性最大可能的经验的运用的调节的原则的图型。（KrV，A679；B707）

134. 所以理性对于一个作为至上原因的最高存在者的设定，仅是相对地、为了感官世界的系统统一性的目的而被思想，并且是一个在理念中的单纯“某物”，我们对它自在地是什么，不具有任何概念。（KrV，A679；B707）

135. 于是这个理性存在者（ens rationis ratiocinatae，推理的理性之物）虽然是一个单纯的理念，因而并不干脆并自在本身地假定为某种现实的东西，而仅成问题地设置为根据（因为我们通过任何知性概念都不能达到它），以便将感性世界之物的一切连结看做为，好像它们在这个理性存在者中具有它们的根据。（KrV，A681；B709）

136. 如果我要寻求那些——连同它们，一个思维着的存在者自身生实存着的——属性，那么我就必须追问经验，我甚至不能把所有范畴的任何一个应用于这个对象上，除非这个范畴的图型在感性直观中已经被给予了。（KrV，A682；B710）

137. 而这一切都通过这样一个图型，它好像是一个现实的存在者，才最好地、甚至是独一无二地被产生出来。（KrV，A683；B711）

138. 纯粹理性的第三种理念，它包含着一个作为一切宇宙论序列的唯一充分原因的存在者的单纯相关的设定，就是上帝的理性概念。（KrV，A685；B713）

139. 理性要求，按照一个系统统一性的原则而观察世界的一切连结，因而就好像这些连结全部都产生于一个唯一的无所不包的、作为至上的和最充分的原因的存在者。（KrV，A686；B714）

140. 如果这个问题是：这个存在者是否是实体，具有最大实在性，是必然的等等；那么我就回答：这个问题完全没有任何意义。（KrV，A696；B724）

141. 如果这个问题是：我们是否至少可以按照与经验之对象的一个类比而思想这个与世界不同的存在者？那么回答就是：当然，但只作为在理念中而非在实在性中的对象，即只要这个对象仅仅是世界机制的系统统一性、秩序和合目的性的一个为我们所不知道的基底，理性必须使这种世界机制的统一性、秩序和合目的性成为它的自然研究的调节的原则。（KrV，A696；B724）

142. 因为这永远只是一个理念，它根本不会与一个不同于世界的存在者、而与这个世界的系统统一性的调节性原则相关。（KrV，A697；B725）

143. 然而，在世界结构的系统而合目的性的秩序的关系中，如果我们研究自然、就必须预设它，我们已经只按照与一个理智的类比（一个经验的概念）而设想了那个为我们所不知道的存在者。（KrV，A698；B726）

144. 所以这个理念已经完全建立在我们理性每次的世界运用之上了。但如果我们想授予它绝对的客观有效性，那么我们就忘记了，这只是一个我们所思想的理念中的存在者。（KrV，A698；B726）

145. 在我们达到这种统一性的范围内，将不得不把这种统一性归功于一个最高存在者的理念。（KrV，A699；B727）

146. 因为我们没有权利，在自然之上假定一个想好了的属性的存在者，而只有权利把这个存在者的理念设置为根据，以便按照一种因果规定的类比而把现象看作系统地相互连结着的。（KrV，A700；B728）

147. 在这种被设置为根据的、一个最高创造者的理念的表象之下，也是很清楚的：我不把这样一种存在者的此在和知识设置为根据，而只把它的理念设置为根据。（KrV，A701；B729）

148. 如果某个一神论者坚持：有一个最高存在者，并且无神论者反对说：没有任何最高存在者。（KrV，A741；B769）

149. 既然，因为他毕竟只能够通过纯粹理性而阐明，那么他就必须设法进行证明：一个最高存在者，这种在我们之内思维着的主体，作为纯粹的理智，就是不可能的。（KrV，A742；B770）

150. 对上帝此在的先验证明也是同样的情况，这种证明唯一以最实在的存在者和必然的存在者的概念的可交替性（Reziprokabilität）为基础，而不能在任何别的地方被寻求到。（KrV，A788；B816）

151. 正如一个存在者此在中的无条件的必然性绝对不可能被我们所理解，因此在主观上我们有权利抵制对一个必然的至上存在者的任何思辨的证明。（KrV，A792；B820）

152. 后者抽掉了爱好和满足这些爱好的自然手段，而只一般地考察一个理性存在者的自由。（KrV，A806；B834）

153. 确确实实存在着纯粹的道德律，这些道德律完全先天地（不顾及经验的动机、即幸福）规定了所为与所不为，即一般有理性的存在者的自由的运用。（KrV，A807；B835）

154. 有理性的存在者，在这些原则的引导下，自身也就会成为他们自己的、同时也是别人的持久福利的创造者。（KrV，A809；B837）

155. 在那里道德律并不处于一个作为至善的必然存在者中，这个至善能够使这样一个合目的性的统一性成为可能。（KrV，A812；B840）

156. 因为它们并没有实现那种——对于每一个理性存在者是自然的、而且恰好被同一个纯粹理性所先天规定并是必然的——全部目的。（KrV，A813；B841）

157. 幸福唯独在与理性存在者的德性在确切的均匀尺度中、因而使理性存在者配得上幸福，才构成了世界的至善。（KrV，A814；B842）

158. 这种道德神学便具有胜过思辨神学的特有的优点：即它不可避免地引导上一个唯一的、最最完善的和有理性的原始存在者的概念。（KrV，A814；

B842）

159. 一切事物全都在一个唯一的原始存在者的绝对必然性中拥有它们的来源。（KrV，A816；B844）

160. 道德理念把关于神圣存在者的一个概念实现出来。（KrV，A818；B846）

161. 人的内心保存着（同样我相信，这种事在每个理性的存在者那里都必然发生）对道德的一种自然兴趣，尽管这种兴趣并不是不可分离的和实践上占优势的。（KrV，A829；B857）

162. 前者是全部自然的自然之学、即先验的世界知识，后者则是全部自然与一个超自然的存在者的相互关联的自然之学、即先验的上帝知识。（KrV，A846；B874）

163. 外感官的客体通过这个单纯概念物质（不可入的无生命的广延）而发生，内感官的客体则通过一个思想着的存在者的概念（在经验的内部表象、我思中）而发生。（KrV，A848；B876）

D

大前提（der Major）

1. 在每一个理性推论中我首先通过知性而思想一个规则（大前提）。其次借助于判断力我把一个知识归摄到规则的条件之下（小前提）。（KrV，A304；B360）

2. 这种给予的判断就是普遍规则（大前提，Major）。（KrV，A330；B386）

大前提（der Obersatz）

1. 在一个假言的理性推论中，前件在大前提中显现为或然的，在小前提中显现为实然的。（KrV，A76；B101）

2. 任何一个全称命题，即使它可能是从经验中（通过归纳）而得来的，都可以在一个理性推论中用作大前提；但它并不因此而本身就是一条原则。（KrV，A300；B356）

3. 因为大前提任何时候都提供一个概念，它使得一切被归摄于这个概念条件下的东西，都从这个概念中、按照一条原则而被认识。既然每一个普遍的知识都能够在一个理性推论中用作大前提，而知性则为这样的知识提交普遍的先天原理，那么这些普遍的先天原理在它们的可能的运用方面，也可以叫作原则。（KrV，A300；B357）

4. 所以，作为规则的大前提在一个知识与其条件之间所预设的关系，就构成了理性推论的不同类型。（KrV，A304；B361）

5. 理性在它的逻辑运用中寻求它的判断（结论命题）的普遍条件，而理性推论本身也无非是一个——借助于将它的条件归摄到一个普遍规则之下的——判断（大前提）。（KrV，A307；B364）

6. 但即使在这种情况下，对于误解和蒙蔽，什么东西又可以溜进理性推论中呢，这种——从纯粹理性中获得的——理性推论的大前提，（而它与其说是公设，不如说是公则）并且这种理性推论从经验向上而攀升到经验的条件？（KrV，A309；B366）

7. 我们在一个理性推论的结论中将一个谓词限定在一个特定的对象上，因为我们事前已经在大前提的全部范围内、在一个特定的条件下思想了一个确定的对象。（KrV，A332；B379）

8. 理性，看作为知识的一种确定的逻辑形式的能力，就是推理的能力，亦即间接地（通过把一个可能判断的条件归摄到一个给予判断的条件之下）判断的能力。这种给予的判断就是普遍规则（大前提，Major）。把另外一个可能判

断的条件归摄到这种规则的条件之下，就是小前提（Minor）。（KrV，A330；B386）

9. 在大前提中被谈论的一种存在者，它可以一般地在任何意图上、因而也在如它在直观中被给予那样，而被思考。（KrV，B411）

10. “思维”在这两个前提中在完全不同的意义上而被理解：在大前提中，如它针对一般客体那样（因而是像这个客体可以在直观中被给予的那样）；但在小前提中，则只像它处在与自我意识的关系中那样，因而在这里根本没有任何客体被思考，而只被表象出与自身，作为主词，（作为思维的形式）的关系。（KrV，B411）

11. 因为否则这个大前提：一切思维着的东西，都实存着，就必须预设。（KrV，B422）

12. 大前提对范畴，在其条件方面，仅仅作一种先验的运用，但小前提和结论对同一个范畴却是在归摄于该条件之下的那个灵魂方面，则作一种经验的运用。（KrV，A402）

13. 这些定言的三段论推理的大前提，作为原则，陈述了一个谓词对一个主体的关系。（KrV，A406；B433）

14. 通过这个三段论推理，它的大前提看起来如此自然而明白易懂，这样就，按照这些条件的差异性（在现象的综合中），只要它们构成一个序列，恰好引入同样多的宇宙论理念，这些理念设定了这些序列的绝对总体性并且正是由此而使理性不可避免地置身于跟自身的冲突中。（KrV，A497；B525）

15. 宇宙论的三段论推理的大前提在一种纯粹范畴的先验意义上、但小前提却在一个运用于单纯现象的知性概念的经验意义上设想了有条件者。（KrV，A499；B527）

16. 我们似乎不假思索地便（在大前提中）预设了条件及其序列。（KrV，A500；B528）

17. 有条件者与它的条件的综合以及条件的整个序列（在大前提中）根本不拥有经由时间的任何限制并且也不拥有任何前后相继的概念。（KrV，A500；B528）

18. 通过理性而对一个概念所作的逻辑规定建基于一个选言的三段式推理，在其中，大前提包含一种逻辑的划分（对一个普遍概念的范围的分割），小前提把这个范围限制在某一个部分，而结论则通过这个部分规定了这个概念。（KrV，A576；B604）

19. 所以一切事物的通盘规定着的先验的大前提，无非是一切实在性的总和的表象。（KrV，A577；B605）

20. 小前提包含着一个经验，大前提包含着——从一个一般经验到必然之

物的此在的——推论。（KrV，A605；B633）

大全（das All）

绝对大全（das absolute All）

1. 但在经验的意义上的大全任何时候都只是比较而言的。大小的绝对大全（宇宙），分割的大全，源出的大全，一般此在的条件的大全，连同一切有关这一大全是否可以通过有限的或在无限前进的综合中而实现的问题，都不涉及任何可能经验的某物。（KrV，A483；B511）

2. 现象只要求达到它们的解释条件在知觉中被给予的范围内而被解释，但所有曾经可以被给予它们、曾经概括进一个绝对整体的东西，本身决不是知觉。但这种大全原本是这样的，它的解释在先验的理性任务中被要求。（KrV，A484；B512）

3. 但这个没有限制的大全就是绝对的统一性，它在自身那里引导出一个唯一、即最高存在者的概念，于是理性就推论出，最高存在者，作为一切事物的原始根据，就是完全的必然的方式。（KrV，A587；B615）

4. 所以如果把一个先验的基底设置为我们理性中的通盘规定的基础，这个先验的基底仿佛包含全部材料储备，因而事物的一切可能的谓词都能够被得到，那么这个基底无非就是实在性的一个大全的理念（omnitudo realitafis，实在性的全体）。（KrV，A575；B603）

5. 这样，一切真实的否定就只不过是限制，这些限制假如不把无限制的东西（大全）设置为基础，就不能被称为限制了。（KrV，A576；B604）

6. 这个没有限制的大全就是绝对的统一性，并且引导一个唯一的存在者、也就是最高存在者的概念。（KrV，A587；B615）

7. 因为，尽管我在受限制存在者的概念中没有找到那个已经表现出条件之大全的无条件者，但从中还完全不能得出结论，它的此在正因此而必然是有条件的。（KrV，A588；B616）

8. 凡是在事情取决于一般物的大小（完善性的大小）的地方，在那里就不存在任何确定的概念，而包括整个可能的完善性的概念，并且只有实在性的大全（omnitudo，整全）才是在概念中通盘规定了的。（KrV，A628；B656）

9. 一切事物都按照普遍的自然律而构成这个大全，正如前一种统一性按照普遍的与必然的道德律而构成了这个大全一样，并且就把实践理性与思辨理性统一了。（KrV，A815；B843）

大小（die Gröβe）

世界大小（die Weltgröβe）

1. 因为我的直的概念不包含大小的概念，而只包含一种性质。（KrV，

B16）

2. 在其［空间］中，它［对象］的形状、大小和相互之间的关系已经规定了，或是能够被规定的。（KrV，A22；B37）

空间被表象为一个无限的给予的大小。（KrV，A25；B39）

3. 时间的一切规定的大小只有通过一个统一设置了基础的时间的限制才是可能的。（KrV，A32；B47）

4. 一个对象的每个大小，都只有通过限制才能确切地被表象出来。（KrV，A32；B48）

5. 并按照其内容的大小、从简单开始、到更加复杂地被放置在系列中。（KrV，A67；B92）

6. 如果我们把一个单称判断只作为知识、按照大小与一个普适的判断相比较，那么单称判断与普适的判断的关系则如单一性对无限性的关系一样，因而自在本身地与普适的判断有根本的区别。（KrV，A71；B96）

7. 所以，如果我估计一个单称判断（judjcium singulare）不是单纯按照它的内部有效性，而是也作为一般知识、按照——它与别的知识相比较的——大小，那么它当然与普适性判断（judicia communia）相区别。（KrV，A71；B96）

8. 因为除了大小、质和关系，不再有构成一个判断的内容的东西了。（KrV，A74；B100）

9. 这些特征并不在这种概念中被思想为大小。（KrV，B114）

10. 一般知识可能性的逻辑标准改变了大小的三个范畴。（KrV，B115）

11. 但正是这种综合统一性，如果我抽掉空间的形式，则获得了在知性中它的位置，并且就是在一个一般直观中同质的东西的综合的范畴，即大小的范畴，因而那个领会的综合、即知觉，无论如何都必须与这个大小范畴相一致。（KrV，B162）

12. 外感官的一切大小（quantorum）的纯粹形象，是空间。（KrV，A142；B182）

13. 但大小（quantitatis），作为一个知性概念，其纯粹图型是数。（KrV，A142；B182）

14. 现在，每一种感觉都有一种程度或大小，由此它能够在一个对象的感觉的表象方面，或多或少地充实同样的时间，即内感官，直到感觉终止成无（＝0＝否定）。（KrV，A143；B182）

15. 每一个范畴的图型，如大小的图型，包含并表现出在一个对象的相继领会中时间本身的产生（综合）。（KrV，A145；B184）

16. 按照大小和质的范畴（人们如果只注意质的形式）所涉及的，不论是显明，还是现象的先天规定，大小和质这两条原理都显著区别于剩下的两条原

理。（KrV，A162；B201）

17. 这种综合又可以被划分为集合的综合和联合的综合，前者指向外延的大小，后者指向内包的大小。（KrV，A162；B201）

18. 一切直观都是外延的大小。（KrV，B202）

19. 只要一个客体的表象首先由此而成为可能的，那就是一个大小（quanti）的概念。（KrV，B203）

20. 现象全部都是大小、确切说都是外延的大小。（KrV，B203）

21. 我把这个大小称为一个外延的大小，在这种大小中，部分的表象使整体的表象成为可能，（因而必然先行于整体的表象）。（KrV，B203）

22. 因此，一切现象都已经被直观为聚合物（先前给予部分的集合）了，而这恰好不是任何一种大小的情况，而只是那种被我们外延地表象和领会为这样的大小的情况。（KrV，A163；B204）

23. 在一切现象中，实在的东西，感觉的一个对象之所是，具有内包的大小，即具有一个度。（KrV，B207）

24. 既然感觉本身根本不是客观的表象，并且在其中既找不到空间的直观，也找不到时间的直观，那么虽然没有任何外延的大小、但毕竟还有一种大小（也就是说通过它的领会，在这种领会中，一定时间中的经验的意识可以从等于0的无生长到这种感觉的给定的尺度）、因而一种内包的大小应归于它，与之相一致的知觉的一切客体，只要包含了这种感觉，内包的大小，即影响于感官的一种度，就必须被加进去。（KrV，B208）

25. 作为现象中的某物，它的领会则完全没有从部分们进展到整体表象的前后相继的综合，所以它没有任何外延的大小。（KrV，A167；B209）

26. 现象中实在的东西任何时候都有一个大小，但这个大小并不在领会中被遇到。（KrV，A168；B210）

27. 所以它尽管有一个大小，但并没有任何外延的大小。（KrV，A168；B210）

28. 于是，我把那种——只是被领会为统一性、并且在其中多数性只能被接近于否定性 =0 所表象出来的——大小，称为内包的大小。所以，现象中的每一个实在性都有内包的大小，即有一个程度。（KrV，A168；B210）

29. 确切的说，因为这种程度只表示这种大小，其领会不是前后相继的，而是瞬间的。（KrV，A169；B210）

30. 大小的这种属性，按照它在它们身上任何部分都不是可能最小的部分（任何部分都不是简单的），就叫作大小的连续性。（KrV，A169；B211）

31. 每一种感觉、因而甚至在现象中的每一种实在性，不管它是多么小，都有一个度，亦即，有一个内包的大小，而这个大小还可以一直被降低。

（KrV，A169；B211）

32. 这一类的大小，人们也可以称为流失的大小。（KrV，A170；B211）

33. 一切现象一般都是连续的大小，要么按照其直观，而作为外延的大小，要么按照单纯的知觉（按照感觉，因而按照实在性），而作为内包的大小。（KrV，A170；B212）

34. 因为即使一个确定的空间或时间的整个直观是彻底实在的，即它们的任何部分都不是空的，而它仍然必须——因为每一个实在性都有它的程度，这个程度在现象的不变的外延的大小那里、能够通过无限的等级而减少到无（到空），——给予无限的不同的程度，空间和时间本该被它所充满，并且在不同现象中的内包的大小也必须可以是更小或更大的，虽然直观的外延的大小是一样的。（KrV，A172；B214）

35. 值得注意的是，我们从一般的大小上，能够先天认识到的只是一种唯一的质，亦即连续性，但从一切质（现象的实在的东西）上，能够先天认识的则无过于它的内包的量，即认识到它们有一个程度，而一切其余的东西则留给了经验。（KrV，A176；B218）

36. 数量，并且通过数量，现象的规定作为大小，都可以被运用。（KrV，A179；B221）

37. 在数学中这都是公式，它们陈述两个大小关系的相等。（KrV，A179；B222）

38. 唯有通过持存的东西，此在在相继的时间序列的不同部分中才获得一种大小，人们把称它为持续性。（KrV，A183；B226）

39. 一个物如何从一个状态 a 过渡到另一个状态 b。在两个瞬间之间总存在一个时间，并且在两个瞬间的两个状态之间总存在着一种区别，它有一个大小（因为现象的所有部分仍还是大小）。（KrV，A208；B253）

40. 因此，在知觉中向时间中跟随着的东西的每一过渡都是通过这种知觉的产生而对时间的规定，而由于时间一直、并且在它的一切部分中，都是一个大小，则一种作为一个大小的知觉的产生就是通过所有的程度——它的任何一个都不是最小的——而从零开始，直至它的确定的程度。（KrV，A210；B255）

41. 此在的大小，即持续性。（KrV，A215；B262）

42. 于是连续的大小的可能性，甚至一般大小的可能性，因为它们的概念全部都是综合的，所以绝不从这些概念本身、而从它们、作为对一般经验中的对象进行规定的形式条件才首次明了了。（KrV，A224；B271）

43. 一个物如何能够与许多物的和相等，即可以是一个大小。（KrV，B288）

44. 一般大小的概念也许只能如此解释：大小本该是一个物的这种规定，

由此，多少个“一”（Eines）被设定在一个物中，能够被思考。（KrV，A242）

45. 大小是——那种只有通过一个拥有数量的判断（judicium commune，集合的判断）才能被思想的——规定。（KrV，B302）

46. 这客体既不能作为大小、也不能作为实在性、也不能作为实体等等而被思想。（KrV，A288；B344）

47. 这个范围的完全的大小在与一个这样的条件的关系中，就叫作普遍性（Universalitas）。（KrV，A322；B379）

48. 一个大小是无限的，如果不可能有任何更大的大小超出它（即超出那个包含于其中的一个给予统一体的集合）。（KrV，A431；B459）

49. 大小的绝对大全（宇宙），分割的大全，源出的大全，一般此在的条件的大全，连同一切有关这一大全是否可以通过有限的或在无限前进的综合中而实现的问题，都不涉及任何可能经验的某物。（KrV，A483；B511）

50. 因为，如果世界大小是无限的和没有边界的，那么它对于一切可能的经验的概念就太大了。如果它是有限和有边界的，那么你们就还正当地追问：什么规定着这个边界？（KrV，A487；B515）

51. “世界按照大小是无限的”和“世界按照它的大小是有限的”。（KrV，A504；B532）

52. 由于感性世界并不包含这一类的完备性，所以绝不能谈论在感性世界中这些序列的绝对大小。（KrV，A516；B544）

53. 我们既不能把世界大小看作有限的，也不能看作无限的，因为这个（世界大小由此而被表现的）回溯不容许这两者中的任何一者。（KrV，A518；B546）

54. 所以我不能从世界整体的大小推论回溯的大小，并遵照前者而规定后者，而我必须通过经验的回溯的大小而首先使我做出一个关于世界大小的概念。（KrV，A519；B547）

55. 因为世界大小并没有通过任何直观（按照它的总体性）、因而这个总体性的大小也根本没有在回溯之前被给予我。（KrV，A519；B547）

56. 因为这就预设了无限的世界大小；也不说：世界大小是有限的。（KrV，A520；B548）

57. 所以对由世界大小而引起的宇宙论问题的、第一个并且是否定的回答：世界没有任何时间的最初开端，并且没有任何按照空间的最外界限。（KrV，A520；B548）

58. 感官世界没有任何绝对的大小。（KrV，A521；B549）

59. 世界大小的概念就只通过回溯、不在回溯之前，而在一个集合的直观中给予了出来。（KrV，A523；B551）

60. 这个最高的原因（鉴于世界的万物），人们应当把它设想为多么大呢？我们既不按照它的全部内容而认识这个世界，我们也丝毫不知道通过与一切可能存在之物的比较而估量它的大小。（KrV，A623；B651）

61. 凡是在事情取决于一般物的大小（完善性的大小）的地方，在那里就不存在任何确定的62. 概念，而包括整个可能的完善性的概念，并且只有实在性的大全（omnitudo，整全）才是在概念中通盘规定了的。（KrV，A628；B656）

63. 因为只有大小的概念可以构造、即可以先天地在直观中陈述，但质却只能在经验的直观中表现。（KrV，A714；B742）

64. 但数学不仅构造了大小（Quanta，量），例如在几何学中，而且构造了单纯的大小（Quantitatem，定量），例如在代数学中，在这里数学完全抽象掉了那个——应当按照这样一种大小概念而被设想的——对象的性状。（KrV，A714；B745）

65. 但在空间中先天地规定一个直观（形状），划分时间（延续），或是仅仅对一个以及同一个东西在时间和空间中的综合的共相、并且对由此产生的一种一般直观的大小（数）加以认识，这却是通过概念的构造的理性事务，而叫做数学性的知识。（KrV，A724；B752）

66. 这个身体就可以被设想为简单的实体，这是因为，它的表象抽掉了空间内容的一切大小、因而是简单的。（KrV，A785；B813）

67. 因为现象（作为单纯的表象），它毕竟自在本身地（作为客体）而被给予出来，是某种不可能的东西，而这种被想像出来的整体的无限性虽然本该是无条件的，但（因为现象中的一切都是有条件的）却与那种毕竟在概念中被预设了的无条件的大小规定相矛盾。（KrV，A793；B821）

68. 那种——所有部分都与整体相联系并且在目的理念中也相互联系的——目的的统一性，使得每一个部分都能够在其余部分的知识那里被惦记，并且没有任何偶然的添加、或者发生了——任何不具有它的先天规定了的界限的——完善性的不确定的大小。（KrV，A833；B861）

69. 化学家在分解物质时、数学家在他们纯粹的大小学说中所做的，更大得多地也是哲学家的责任。（KrV，A842；B870）

单子（die Monade）

单子论（die Monadenlehre）

1. 因此莱布尼茨使一切实体、因为他把一切实体都设想为本体，甚至使物质的组成部分，在他已经在思想中使物质的组成部分失去那些可以意味着外部关系的一切东西、因而也失去这种复合性之后，在他以表象力赋予简单主体之

后，都成为了，简而言之，单子。（KrV，A266；B322）

2. 因此在纯粹知性概念中质料先行于形式，为此莱布尼茨首先假定了物（单子）并且在内部假定了它们的一种表象力，以便接着在此之上建立起它们的外部关系和它们的状态（即表象）的协同性。（KrV，A267；B323）

3. 莱布尼茨的单子论根本没有任何别的根据，除非这位哲学家只在与知性的关系中设想内部和外部的区别。（KrV，A273；B330）

4. 所以这个基底就不仅仅是简单的，而且也是（按照与我们内感官的类比）被表象所规定的，亦即一切事物原本都是单子，或者天生具有表象的单纯的存在者。（KrV，A283；B340）

5. 然而单子论者们是足够敏锐地想由此避开这种困难，他们不是在空间中预设外部直观对象（物体）的一种可能性条件，而是把这些对象和一般实体的动力学的关系预设为空间的可能性条件。（KrV，A442，B470）

道德，道德学（die Moral）

道德学家（der Moralist）

1. 如果现在假定，道德必然以——作为我们意志的属性的——自由（在最严格意义上）为前提，因为自由列举了实践的、居于我们理性中本源的原理作为自己的先天证据，这些原理没有自由的前提就是绝对不可能的。（KrV，BXXVIII）

2. 但这样的话，由于我为了道德就不再需要了，只需要自由不与自身相矛盾，因而毕竟至少可以思想，无须一定进一步看透它。（KrV，BXXIX）

3. 普遍而纯粹的逻辑与它的关系就如纯粹道德学（Moral），它只包含一般自由意志的必然的道德律，与本来的德行论（Tugendlehre）的关系。（KrV，A55，B79）

4. 道德学也能够把自己的全部原理、连同其实践的后果都 in concreto（具体地）、至少在可能经验中提供出来，并且由此而避免抽象的误解。（KrV，A425，B452）

5. 世界有一个开端，我的思想着的自己具有单纯的因而不灭的本性，这个自己同时在它的任意的行动中本该是自由的并超越于自然强制，并且最终，构成世界的那些事物的整个秩序，都来源于一个原始存在者，一切东西都从这个原始存在者那里借取它的统一性和合目的的联结，这么多都是道德和宗教的基石。（KrV，A466，B494）

6. 找不到任何这种出自理性的纯粹原则的实践的利益，如同道德和宗教随身携带的。（KrV，A468，B496）

7. 同样也不依赖于外来的帮助来源而找到道德原则的原理。（KrV，A472，

B500）

8. 除了先验哲学之外还有两门纯粹的理性科学，一门仅仅是思辨的、另一门则是实践的内容：纯粹数学和纯粹道德学。（KrV，A480，B508）

9. 而非神学的道德学；因为神学的道德学包含了道德法则，而这种道德法则预设了一个最高世界统治者的此在。（KrV，A632，B660）

10. 我引用了那些最开明的道德学家们的证据。（KrV，A807，B835）

11. 终极目的无非是人类的全部使命，并且关于这种使命的哲学就是道德学。（KrV，A840，B868）

12. 为了这种——道德哲学对于一切其他理性追求的——优越性的缘故，人们自古以来也任何时候都把哲学家这个名称同时理解为、并且主要理解为道德学家。（KrV，A840，B868）

13. 因此道德形而上学真正就是——在其中没有任何人类学（没有任何经验的条件）被设置为基础的——纯粹道德学。（KrV，A841，B869）

14. 通过一种科学的和完全明白易懂的自我知识、而阻挡——不法的思辨理性一向不容置疑地、既在道德学又在宗教中都会造成的——破坏。（KrV，A849，B877）

15. 因此，神学和道德学是两个动机，或更是，两个关节点，对于一切被抽象了的——人们此后任何人时候都献身于它的——理性探索而言。（KrV，A853，B881）

道德的，道德性的（moral，moralisch）

1. 一旦人们确信，存在着一个纯粹理性的完全必要的实践运用（道德的运用），在它之中纯粹理性不可避免地扩展到感性的界限之外。（KrV，BXXV）

2. 那个前提，亦即道德的前提，就必须让位于，那个它的反面包含一种明显的矛盾的前提。（KrV，BXXIX）

3. 所以唯独把自己限制在对这种普遍可理解的并且在道德的意图中是足够的论据的培养上。（KrV，BXXXIII）

4. 因为公正决不能显现出来，而它的概念却处于知性之中，并且表现为行为的（道德的）一种性状，而这种性状自在地属于这些行为。（KrV，A44；B61）

5. 因为所有关于道德的价值或无价值的判断，仍然只有借助于这种理念才是可能的。（KrV，A315；B372）

6. 更不用说，它们或许就使从自然概念到实践概念的一个过渡成为可能，并且使道德理念本身以这种方式能够获得行为以及与理性的思辨知识的相互关系。（KrV，A329；B386）

7. 因为他的自然天资，不单按照使之运用的天赋和冲动，尤其在他之内的道德律，走得超出了他在他的一生中所能够从中谋取的一切收益和好处。（KrV，B425）

8. 因为我通过那种值得惊叹的能力，它首先向我揭示出道德法则的意识，虽然会拥有一条规定我的生存的、是纯粹智性的原则，但通过什么谓词？（KrV，B431）

9. 如果世界无需开端因而也无需创造者，我们的意志不是自由的，并且灵魂与物质存在同样的可分性和可朽性，那么道德的理念和原理也都丧失了一切有效性，而与构成它们的理论支柱的那些先验的理念一起陷落了。（KrV，A468；B496）

10. 道德的概念并不完全是纯粹的理性概念，因为某种经验的东西（愉快或不愉快）给它们放置了基础。（KrV，A569；B597）

11. 由于存在着实践法则，它们是绝对必要的（道德的法则），所以如果这些法则必然地预设任何一个此在，作为它们的约束力的可能性条件，那么这个此在就必须被假定。（KrV，A633；B661）

12. 这些道德法则，不仅仅假设了一个最高存在者的此在，而且由于它们在别的领域的考察中也是完全必要的。（KrV，A634；B662）

13. 但理性的自然运用的原则完全不可能引向任何神学，因而，如果人们不把道德律设置为基础，或者把道德律用作引线，任何地方就都不可能存在着任何理性的神学了。（KrV，A636；B664）

14. 但这样一些规律就是道德的规律，因而它们只属于纯粹理性的实践的运用，并容许一种法规。（KrV，A800；B828）

15. 由于既然我们的这种行为涉及到最高目的，那么，明智地并为我们着想的自然的最后意图，在我们的理性的安排那里，原本就只是设置在道德的东西上的。（KrV，A801；B829）

16. 第二个问题是单纯实践的。它作为这样一个问题虽然属于纯粹理性，那么却并不就是先验的，而是道德性的，因而我们的批判就不能自在本身地研究它。（KrV，A805；B833）

17. 但假使存在着这样一种实践规律，它在动机上不具有别的，而无非是配得上幸福的，那我就称它为道德的（道德律）。（KrV，A806；B834）

18. 我认为，确确实实存在着纯粹的道德律，这些道德律完全先天地（不顾及经验的动机、即幸福）规定了所为与所不为。（KrV，A807；B835）

19. 纯粹理性包含着，——虽然不在它的思辨的、但却在一种确定的、即道德的运用中，——经验之可能性的原则，即这样的行动的原则。（KrV，A807；B835）

20. 所以系统统一性的一种特殊种类、即道德的统一性，必须是可能的。（KrV，A807；B835）

21. 道德的理性原则虽然能够产生自由的行动，但不能产生自然律。因此纯粹理性的原则在它的实践的、但特别在道德的运用中，具有客观实在性。（KrV，A807；B835）

22. 我把世界，只要它是与一切道德律相符合的（如同它按照理性的存在者的自由、而能够所是的那样，并且，按照道德性的必然规律、所应当是的那样），称为一个道德的世界。（KrV，A808；B836）

23. 一个道德世界的理念因而就具有客观的实在性，不作为似乎它在指向一个理知的直观的对象（这样一类对象我们完全不能思维），而指向感官世界。（KrV，A808；B836）

24. 只要他们的自由的任意在道德律之下自在地具有既与自己、也与每一个别人的自由普遍而系统的统一性。（KrV，A808；B836）

25. 在一个理知的即道德的世界里，在它的概念中抽掉了一切德性障碍（爱好），这样一个与道德性成比例地联结着的幸福的体系也可以被设想成必然的了。（KrV，A809；B837）

26. 与最高快乐联结着的道德的最完善的意志，是世上一切幸福的原因。（KrV，A810；B838）

27. 必须假定作为我们的未来的世界。（KrV，A811；B839）

28. 因此甚至每一个人都会把道德律看作命令，但命令就不会是道德律了，如果它不是先天地把恰当的后果与它们的规则联结起来、因而拥有预兆和威胁。但道德律也不给予这些命令，在那里道德律并不处于一个作为至善的必然存在者中，这个至善能够使这样一个合目的性的统一性成为可能。（KrV，A811；B839）

29. 如果理性不用单纯是一个理念的道德律，连结一个起作用的原因，这个原因给按照道德律的行为、规定一个与我们的最高目的准确地相符合的结局，无论是在今生、还是在来生。（KrV，A812；B840）

30. 因为在实践的理念中这两方面是本质上连结着的，尽管如此，道德的意向，作为幸福的分享的条件，而不是反过来，幸福的指望首先使道德的意向成为可能。因为在后一种情况下这种指望就不会是道德的、因而也就不配得到全部幸福了。（KrV，A813；B841）

31. 必须是全知的，以便它认识到最内部的意向及其道德价值。（KrV，A815；B843）

32. 这个世界，虽然，作为单纯的自然只能被称为感官世界，但作为一个自由的系统，却能被称为理知的、即道德的世界。（KrV，A815；B843）

33. 在这些道德的概念充分被纯化、被规定，并且目的的系统统一性按照这些道德的概念更确切的说从必然的原则中被看出之前。（KrV，A817；B845）

34. 它与道德的理性原则完满地相协调。（KrV，A816；B846）

35. 从这一概念出发、并从中推导出道德律本身。（KrV，A816；B846）

36. 不是狂热地或也许甚至是罪恶地放弃道德规律提供的理性在善的生活方式上的指导。（KrV，A819；B847）

37. 道德的信念的情况则完全不同。因为在这里绝对必然的是，某物必须发生，亦即，我会在一切部分中遵守道德律。（KrV，A828；B856）

38. 这种确信不是逻辑的、而是道德的确定性，而且，由于它以（道德意向的）主观根据为基础。（KrV，A829；B857）

39. 对一个上帝和另一个世界的信念与我的道德意向如此交织在一起。（KrV，A829；B857）

40. 这种理性信念建立在道德意向的前提上。（KrV，A829；B857）

道德，道德性（die Moralität）

1. 而形而上学的独断论、即——在形而上学中无需纯粹理性批判就繁殖的——那种成见，是一切与道德相矛盾的无信仰的真正根源。（KrV，BXXX）

2. 因此，虽然道德的至上原理及其基本概念，是先天的知识，但它们却不隶属于先验一哲学。（KrV，A14；B28）

3. 因此，行动的真正的道德性（功与过），甚至我们自己的关系，都仍然对我们隐藏着。（KrV，A551；B579）

4. 这个世界因而单纯被设想为一个理知的世界，因为在其中被抽掉了一切条件（目的）、甚至道德的一切阻碍（人类本性的软弱和邪癖）。（KrV，A808；B836）

5. 人的内心保存着（同样我相信，这种事在每个理性的存在者那里都必然发生）对道德的一种自然兴趣，尽管这种兴趣并不是不可分离的和实践上占优势的。如果加固和扩展这种兴趣，你们将发现理性是很好教导的，并甚至更为开明的，以便思辨的兴趣再与实践的兴趣相结合。但如果你们不关心这个，你们预先、至少在半路上，成为好人，那么你们将永远不会使他们成为有诚实信仰的人！（KrV，A830；B858）

6. 于是道德性就是那种——能够完全先天地从原则中被推导的——行动的唯一的合法性。（KrV，A841；B869）

道德化（moralisieren）

1. 人类通过这种既隐瞒自己、又接纳一种对他们有利的幻相的倾向，完全

肯定地，不仅使自己文明化了，而且逐渐地、在一定程度上，使自己道德化了。（KrV，A748；B776）

道德的世界（die Moralische Welt）

1. 我把世界，只要它是与一切道德律相符合的，（如同它按照理性的存在者的自由、而能够所是的那样，并且，按照道德性的必然规律、所应当是的那样），称为一个道德的世界。这个世界因而单纯被设想为一个理知的世界，因为在其中被抽掉了一切条件（目的）、甚至道德的一切阻碍（人类本性的软弱和邪癖）。所以尽管它是一个单纯的、但还却是一个实践的理念，它能够、并应当对感官世界现实地具有它的影响，以便使感官世界尽可能地符合这个理念。（KrV，A808；B836）

2. 一个道德世界的理念因而就具有客观的实在性，不作为似乎它在指向一个理知的直观的对象（这样一类对象我们完全不能思维），而指向感官世界，但作为一个纯粹理性在它的实践的运用中的对象，并且理性的存在者的在感官世界中的一个 corpus mysticum（"神秘体"），只要他们的自由的任意在道德律之下自在地具有既与自己、也与每一个别人的自由普遍而系统的统一性。（KrV，A808；B836）

3. 一个理知的、即道德的世界。（KrV，A809；B837）

4. 在它的概念中抽掉了一切德性障碍（爱好）。（KrV，A809；B837）

5. 这种目的的系统统一性在这个理智的世界中——这个世界，虽然，作为单纯的自然只能被称为感官世界，但作为一个自由的系统，却能被称为理知的、即道德的世界（regnum gratiae，恩宠王国）——，也不可避免地引导上一切事物的合目的性的统一性。（KrV，A815；B843）

道德（die Sitten）

道德律，道德法则（das Sittengesetz）

1. 如果我要完成我的计划，把自然的形而上学和道德的形而上学，作为思辨理性和纯粹理性的批判的正确性的证实，而提供出来，节省时间而处理。（KrV，BXLII）

2. 在道德的普遍原则中不能够有任何不确定的东西，因为这些命题要么是完全无效的和空无含义的，要么就必须仅仅从我们的理性概念中流淌出来。（KrV，A480；B508）

3. 因为一切希望都走向幸福，并且在关于实践和道德律方面所是的东西，知识和自然律在事物的理论认识方面所是的东西，恰好就是同一个东西。（KrV，A805；B833）

4. 但假使存在着这样一种实践规律，它在动机上不具有别的，而无非是配得上幸福的，那我就称它为道德的（道德律）。（KrV，A806；B834）

5. 它通过我们宗教的最外在的纯粹的道德律而被必然造成。（KrV，A817；B845）

6. 人类理性的规律提供（哲学）具有两个对象，自然和自由，所以它一开始就不仅把自然法则、也把道德法则包含在两个特殊的、但最终在一个唯一的哲学系统中。自然哲学走向一切在此之物；道德哲学则走向那应当在此之物。（KrV，A840；B868）

7. 但只要纯粹的道德学说仍然属于出自纯粹理性的人性知识也就是哲学知识的特殊门类，那么我们就要为它保存形而上学这一名称，虽然我们把它，作为不属于我们现在的目的，在这里而放在了一边。（KrV，A842；B870）

8. 所以不仅自然的、而且道德的形而上学，尤其打开自己的翅膀而冒险的、预习（入门）而先行的理性的批判，才真正唯一地构成了这一种我们在真正理解中能够称为哲学的东西。（KrV，A850；B878）

道德法则，道德律（das sittliche Gesetz）

1. 因为在对自然的考察中，经验把规则交到我们手里，并且就是真理的源泉；但鉴于道德的法则，经验却（可惜！）是幻相之母，而想从那个幻相中取得关于我应当做的事情的法则，或想由此而限制被做着的事情，则是非常无耻的。（KrV，A318；B375）

2. 神学的道德学包含了道德法则，而这种道德法则预设了一个最高世界统治者的此在，与此相反，道德神学则是一个最高存在者的此在的确信，而这种确信则以道德法则为基础。（KrV，A632；B660）

3. 那种部分地被道德律所推动、部分地又被限制的自由，本身就会是普遍幸福的原因。（KrV，A809；B837）

道德法则，道德律，道德的规律（das moralische Gesetz）

1. 因为他的自然天资，不单按照使之运用的天赋和冲动、尤其在他之内的道德律，走得超出了他在他的一生中所能够从中谋取的一切收益和好处，如此之远，以至于这个道德律、意向的正直的单纯意识，在缺乏任何好处、甚至连死后荣耀的征兆的情况下，就教导高度重视一切。（KrV，B425）

2. 通过那种值得惊叹的能力，它首先向我揭示出道德法则的意识。（KrV，B431）

3. 行动或结果遵循那些道德法则而被规定。（KrV，B431）

4. 因为神学的道德学包含了道德法则，而这种道德法则预设了一个最高世界统治者的此在，与此相反，道德神学则是一个最高存在者的此在的确信，而这种确信则以道德法则为基础。（KrV，A632；B660）

5. 这些道德法则，不仅仅假设了一个最高存在者的此在，而且由于它们在别的领域的考察中也是完全必要的，它带有权利、但当然只在实践上预设。（KrV，A634；B662）

6. 因而，如果人们不把道德律设置为基础、或者把道德律用作引线，任何地方就都不可能存在着任何理性的神学了。（KrV，A636；B664）

7. 纯粹实践规律，它的目的完全先天地被理性所给予，并且这些规律并非以经验的为先决条件，而绝对地命令着，是纯粹理性的产物。但这样一些规律就是道德的规律，因而它们只属于纯粹理性的实践的运用，并容许一种法规。（KrV，A800；B828）

8. 但假使存在着这样一种实践规律，它在动机上不具有别的，而无非是配得上幸福的，那我就称它为道德的（道德律）。（KrV，A806；B834）

9. 后者抽掉了爱好和满足这些爱好的自然手段，而只一般地考察一个理性存在者的自由，以及那个——在其之下自由唯有按照原则而与幸福的分配相协调的——必要条件，所以至少能够以纯粹理性的单纯理念为基础并被先天地认识。（KrV，A806；B834）

10. 我认为，确确实实存在着纯粹的道德律，这些道德律完全先天地（不顾及经验的动机、即幸福）规定了所为与所不为，即一般有理性的存在者的自由的运用，而且这些规律绝对地（不单在其他经验的目的之前提下假言地）命令着，因而在任何方面都是必然的。（KrV，A807；B835）

11. 因为，既然理性命令，这样的行动应当发生，那么这些行动也就能够必定发生，所以系统统一性的一种特殊种类、即道德的统一性，必须是可能的，然而这种系统的自然统一性按照理性的思辨原则不可能证明，因为理性虽然在一般自由方面、但并非在全体自然方面具有原因性，并且道德的理性原则虽然能够产生自由的行动，但不能产生自然律。因此纯粹理性的原则在它的实践的、但特别在道德的运用中，具有客观实在性。（KrV，A807；B835）

12. 出自道德律的义务对自由的每一种特殊的运用都仍还有效。（KrV，A810；B838）

13. 而关于这种联结，只有当我们把一个按照道德律而命令的最高理性、同时又作为自然的原因而被设置为基础的时候，才可以被希望。（KrV，A810；B838）

14. 因为道德律的必然后果，这个理性把这后果与道德律联结起来，没有那种预设则必定被取消。因此甚至每一个人都会把道德律看作命令，但命令就不会是道德律了，如果它不是先天地把恰当的后果与它们的规则联结起来、因

而拥有预兆和威胁。（KrV，A811；B839）

15. 莱布尼茨曾称呼——只要人们在其中只留意理性存在者与它们在至善统治下按照道德律的关联的——那个世界，为恩宠王国，并且它区别于自然王国。（KrV，A812；B840）

16. 但同时这也是不可能发生的，如果理性不用单纯是一个理念的道德律、连结一个起作用的原因，这个原因给按照道德律的行为、规定一个与我们的最高目的准确地相符合的结局。（KrV，A812；B840）

17. 以便从这一概念出发、并从中推导出道德律本身。（KrV，A818；B846）

18. 因为这些道德律恰好是，由它的内部的实践的必然性而把我们引向一个独立原因的、或一个智慧的世界统治者的预设的，以便给予那些规律以效力，因此我们就不能根据这种效力反过来把道德律看做是偶然的和从单纯的意志推导出来的，尤其不能看成从这样一个——从中我们完全不具有概念，如果我们不遵照道德律而塑造它——意志推出来的。实践理性有权引导我们如此之远，我们将并不因为行动是上帝的命令而把这些行动看作是义务的，而我们之所以把它们看做是神的命令，则因为我们对此而内在地是义务的。（KrV，A818；B846）

19. 我甚至完全确定地知道，没有人会知道——可以在道德律之下导致这种目的的统一性的——其他条件。（KrV，A828；B856）

道德神学（die Moraltheologie）

1. 因此自然的神学从这个世界上升到最高的理智，要么把它作为一切自然的、要么把它作为一切道德的秩序和完善性的原则。在前一种情况下就叫做自然神学，在后一种情况下则叫做道德神学。（KrV，A632；B660）

2. 因为神学的道德学包含了道德法则，而这种道德法则预设了一个最高世界统治者的此在，与此相反，道德神学则是一个最高存在者的此在的确信，而这种确信则以道德法则为基础。（KrV，A632；B660）

3. 所以，这个最高存在者对于理性的单纯思辨的运用来说仍然是一个单纯的、但毕竟是完美无缺的理想，是一个终止整个人类知识并使之圆满完成的概念，它的客观实在性以这种思辨的运用的方式虽然不能被证明、但也不能被反驳，并且，如果应当存在着一种道德神学，它就能够弥补这种缺陷。（KrV，A641；B669）

4. 于是这种道德神学便具有胜过思辨神学的特有的优点：即它不可避免地引导上一个唯一的、最最完善的和有理性的原始存在者的概念，思辨神学对此就从不从客观的根据中暗示我们，更谈不上能使我们确信这件事情了。（KrV，A814；B842）

5. 所以道德神学是只有内在的运用的，即这里在世界中实现我们的使命，通过我们适合于一切目的的系统，而不是狂热地或也许甚至是罪恶地放弃道德规律提供的理性在善的生活方式上的指导，以便把这种指导直接相连于最高存在者的理念，这种运用会给予一种超验的运用，但正如单纯思辨的超验的运用一样，这必将颠倒并破坏理性的最后目的。（KrV, A819；B847）

道德体系（das System der Moralität）

1. 但这一自我酬报的道德体系只是一个理念，它的实行基于这样的条件，即每个人都做他所应当做的，就是说，理性的存在者的一切行动都这样发生，似乎它们是出自一个——把一切私人任意都包括在自身之中或之下的——至上的意志。（KrV, A809；B837）

道德原则（das Prinzip der Sitten）

1. 在道德的普遍原则中不能够有任何不确定的东西，因为这些命题要么是完全无效的和空无含义的，要么就必须仅仅从我们的理性概念中流淌出来。（KrV, A480；B508）

道德形而上学（die Metaphysik der Sitten）

1. 形而上学划分为纯粹理性的思辨的运用的形而上学和实践的运用的形而上学，所以要么是自然的形而上学，要么是道德的形而上学。前者包含来自一切事物的理论知识的单纯概念（因而排除了数学）的一切纯粹理性原则；后者则包含那些——先天地规定所为所不为并且使之成为必然的——原则。（KrV, A841, B869）

2. 因此道德形而上学真正就是——没有任何人类学（没有任何经验的条件）被设置为基础的——纯粹道德学。（KrV, A841, B869）

道德学（die Moral）

1. 根本目的因此就还不是最高目的，最高目的（在理性的完善的系统统一性那里）只能是一个唯一的目的。因此根本目的要么是终极目的，要么是——必须作为手段而从属于终极目的的——附属目的。终极目的无非是人类的全部使命，并且关于这种使命的哲学就是道德学。（KrV, A840；B868）

2. 因此道德形而上学真正就是——没有任何人类学（没有任何经验的条件）被设置为基础的——纯粹道德学。（KrV, A841, B869）

道德哲学（die Philosophie der Sitten）

1. 自然哲学走向一切在此之物；道德哲学则走向那应当在此之物。（KrV,

A840，B868）

德性（die Sittlichkeit）

1. 自由连同它的德性（它的反面就不会包含任何矛盾了，因为如果不已经把自由当作前提）也必须为自然机械论腾出位置。（KrV，BXXIX）

2. 这样，德性的学说保持了自己的位置，并且自然学说也将保持了自己的位置。（KrV，BXXIX）

3. 但毕竟在义务概念中，必须把它们作为应当被克服的障碍，或者作为不应当被制成运动根据的刺激，而必然地一起卷入纯粹德性体系的撰写中。（KrV，A15；B29）

4. 但不单纯在那一个中，在这件事情上人类理性指明真实的因果性，并且在那里理念成为（行动及其对象的）起作用的原因，亦即在道德的东西那里，而且甚至鉴于自然界本身，柏拉图也正当地看出了自然从理念中的起源的清楚的证据。（KrV，A317；B374）

5. 鉴于所关涉的德性、规律提供和宗教的原则。（KrV，A318；B375）

6. 所以德性体系与幸福体系是不可分地、但只是在纯粹理性的理念中联结着的。（KrV，A809；B837）

7. 在一个理知的、即道德的世界里，在它的概念中抽掉了一切德性障碍（爱好），这样一个与道德性成比例地联结着的幸福的体系也可以被设想成必然的了。（KrV，A809；B837）

8. 在这种理念中，与最高快乐联结着的道德的最完善的意志，是世上一切幸福的原因，只要这幸福与德性（作为配得上幸福的）处于精确的比例。（KrV，A810；B838）

9. 德性自在本身就构成了一个体系，但幸福却不是如此，除非它精确地按照道德性而被分配了。（KrV，A811；B839）

10. 德性的评判，按照纯粹性和后果，则按照理念执行，而它的道德律的遵守则按照准则而执行。（KrV，A812；B840）

11. 德性的这些高尚的理念虽然是赞许与惊叹的对象，但却不是蓄意和执行的动机。（KrV，A813；B841）

12. 但仅仅德性，以及与它一起，单纯是配得上幸福的，也还远不是完整的善。（KrV，A813；B841）

13. 所以，幸福唯独在与理性存在者的德性在确切的均匀尺度中、因而使理性存在者配得上幸福，才构成了世界的至善。（KrV，A814；B842）

14. 德性的原理中恰好也是这样的情况，由于人们不可以单靠意见——“某事本该是允许的”，就冒一个行动的危险，而也必须知道这一点。（KrV，

A823；B851）

15. 这一实践的意图或者是灵敏的意图，或者是德性的意图，前者向着随意的和偶然的、后者则向着绝对必然的目的。（KrV，A823；B851）

德行（die Tugend）

1. 谁要想从经验中汲取德行的概念，谁要想把那种充其量只能用作不完善的阐释的例子的东西，当作知识来源的典范（就像许多人实际上已做出的那样），谁就会把德行变成一种可按照时间和情境而可改变的、不可用作任何规则的歧义的非物。（KrV，A315；B371）

2. 但这就是德行的理念，鉴于这个理念，一切可能的经验对象虽然都用作实例，（即用作对理性概念所强烈要求的东西，在一定程度上的可行性的证据），但并不用作蓝本。（KrV，A315；B372）

3. 德行，以及连同它的、在它的完全纯洁性中的人类智慧，都是理念。（KrV，A569；B597）

德行论（die Tugendlehre）

1. 普遍而纯粹的逻辑与它的关系就如纯粹道德学（Moral），它只包含一般自由意志的必然的道德律，与本来的德行论（Tugendlehre）的关系，德行论所考虑的是在人们或多或少所屈从的情感、爱好和情欲的阻碍之下的道德律，它绝不能产生出一门真正的并被演证的科学，因为它正如那种应用逻辑学一样，需要经验的和心理学的原则。（KrV，A55；B79）

第三者（ein Drittes）

1. 现在这就清楚了，必须有一个第三者，它一方面必须与范畴，另一方面与现象同质，并使前者运用于后者之上成为可能。这个中介的表象必须是纯粹的（没有任何经验的东西），但却一方面是智性的，另一方面是感性的。这样一种表象就是先验的图型。（KrV，A138，B177）

2. 人们必须超出一个给予的概念，以便把它和一个别的概念综合地加以比较；所以就必需一个第三者，只有在它里面两个概念的综合才能产生。但现在什么是作为一切综合判断的媒介的第三者呢？它只是一个整体，我们的一切表象都已经包含在其中，亦即内感官，及其先天形式——时间。（KrV，A155，B194）

3. 经验的可能性，即一种知识的可能性，在这种知识中一切对象就必须最终能够被给予我们，如果它们的表象对于我们应该具有客观实在性。现在在这个——它的本质的形式就在于一切现象的统觉的综合统一性的——第三者中，我们找到了现象中一切此在的普遍必然的时间规定的那些先天条件，没有这些条件，甚至连经验的时间规定也会是不可能的，而且我们还找到了先天的综合统一性的规则，借助于这些规则，我们预测了经验。（KrV，A217，B264）

4. 这样一个——除了运动的原因性之外并不自在地显示任何别的原因性的——外部对象，绝不可能是对表象们起作用的原因，而是因此就必须把一种第三个存在者包进中介。（KrV，A391）

5. 为了我们能够超出一个概念之外，一个中介的知识的第三者就是必需的。（KrV，A732，B760）

6. 即使我们永远不能够直接超越那些已经给予了我们的概念的内容，我们毕竟可以完全先天地——但却与一个第三者，即可能的经验相关，因此毕竟是先天地——认识那个与别的事物相连结的法则。（KrV，A766，B794）

定理（der Satz）

1. 数学的判断全部都是综合的判断。这条定理似乎至今仍被人类理性的分析家们的觉察所忽略，甚至恰好是与他们的一切推测相反的，尽管它是无法反驳的确定的并且以后是非常重要的。（KrV，B14）

2. 我只想举出一对定理作例子，作为定理：在物体世界的所有变化中，物质的量保持不变；或者是，在运动的一切传递中，作用与反作用必然在任何时候都是相等的。（KrV，B17）

3. 所以这条定理就不是一个分析的命题，而是综合的命题，但仍还被先天所想到，并且自然科学纯粹部分的其余定理也都如此。（KrV，B18）

4. 但只要人们检查——在真正的（经验的）物理学开头出现的——各种定理，如关于物质的量的守恒定理，惯性定理，作用与反作用相等定理等等，那么人们立刻就会被确信，这些定理构成了一门纯粹的（或合理的）自然科学。（KrV，B21）

5. 几何学的定理全都是无可置疑的，亦即是与它们的必然性的意识结合在一起的．（KrV，B41）

6. 由于几何学定理是先天综合地并且以无可置疑的确定性而被认识，所以我就问：我们从哪里取得了这类定理的，并且我们的知性以什么为依靠而达到这类绝对必然的、普遍有效的真理呢？没有任何别的道路，而无非通过概念或是通过直观。（KrV，A47，B64）

7. 经验命题，因而决不能够包含必然性和绝对的普遍性，而这一类却是一切几何学定理的有品格的东西。（KrV，A47，B64）

8. 上述的定理是极其重要的；因为它恰好既规定了纯粹知性概念在对象上的运用界限，如同先验感性论规定了我们感性直观的纯粹形式的运用界限。

（KrV，B148）

定理（der Lehrsatz）

1. 定理：我自己的此在的单纯的、但经验地被规定了的意识证明了空间中在我之外的对象的此在。（KrV，B275）

2. 外在事物的此在的直接意识在居前的定理中并没有被作为前提，而是被证明，我们可以看出这种意识的可能性，或者不可以。（KrV，B276）

3. 如果我们不把我们的理性仅仅为了知性原理的运用、而运用于经验之对象，而是冒险把它扩展而超出经验对象的边界，那么就产生出玄想的定理。（KrV，A421，B449）

4. 因此，纯粹理性的一条辩证的定理必须具有这种区别于一切诡辩的命题的特点，即它涉及不到一个——人们仅仅出于某种随便的意图而提出的——任意的问题，而涉及到这样一种——每个人类理性在它的进程中都必然遇到的——问题。（KrV，A421，B449）

5. 因为必须有一条特殊的定理，它能够从这个定义中被推导出来并且轻易地被证明：任何一条线，它的一切点与一个唯一的点等距离地远远站着，都该是曲线（它任何部分都不是直的）。（KrV，A732，B760）

6. 但它却叫做原理而不是定理，虽然它必须被证明，这是因为它具有这种特别的属性，它本身首次使它的证明根据、即经验成为可能，并且永远必须在经验那里被预设。（KrV，A737，B765）

7. 以致于他主张，人们可以把上帝的此在和灵魂的不朽（虽然这两种对象都完全处于可能经验的界限之外）恰好像明显地证明任何一个数学定理那样。（KrV，A855，B883）

定量（das Quantum）

1. 在这些范畴中，单一性在定量的产生中必须被看作是无例外地同质的。（KrV，B115）

2. 因此有一种关系和相互关联，或者不如说一种过渡，从实在性到否定性，它使每一个实在性都表象为一个定量。（KrV，A143，B183）

3. 这种杂多就是许多现象的一个聚合物，并不是作为一个定量的真正的现象。（KrV，A170，B212）

4. 实体在现象的一切变化中持存，它的定量在自然中既不增加也不减少。（KrV，A182，B224）

5. 于是因为实体在此在中不会变更，所以它的定量在自然中也既不会增加也不会减少。（KrV，A182，B225）

6. 每一个物都是一个定量。（KrV，B289）

7. 但不是作为实体的多数性而存在，而是作为每一个实在性的多数性而存在，作为实体中的生存的定量而存在。（KrV，B416）

8. 现在，为了按照范畴表而设立理念表，那么我们首先就接受所有我们的直观的两种本源的定量，时间和空间。（KrV，A411，B438）

9. 无限性的真正的（先验的）概念就是：这种统一性的相继综合在测量一个定量中绝不可能完成。（KrV，A432，B460）

10. 因此这个定量就包含着一个比一切数目都更大的（被给予了的统一性的）总量，而这个定量就是无限的东西的数学概念。（KrV，A432，B460）

11. 这条规则却并不适用于，如果我们也想把它延伸到以某种方式在被给予的整体中已经被分离出来的、由此而构成一个 quantum discretum（分离的定量）的那些部分的总量上去的话。（KrV，A526，B554）

12. 这个无限的分割只表明现象是 quantum continuum（连续的定量），并且与空间的充满是不可分的；因为正是在空间的充满中存在着无限可分性的根据。但只要某物被假定为 quantum discretum（分离的定量），那么其中各单位的数量就是确定的，因此也就总与一个数日相等。（KrV，A527，B555）

13. 那些物种在自然中是现实地被划分的，因而自身就必须构成一个 quantum discretum（分离的定量）。（KrV，A661，B689）

14. 数学知识的形式是数学只能指向定量的原因。（KrV，A714，B742）

15. 数学不仅构造了大小（Quanta，量），例如在几何学中，而且构造了单纯的大小（Quantitatem，定量）。（KrV，A717，B745）

16. 一切于此所是的东西（一个在空间或时间中的物），考虑它是否以及在何种范围内是一个定量。（KrV，A724，B752）

定言的（kategorisch）

1. 判断的关系：定言的。（KrV，A70，B95）

2. 它无论如何只适合于定言的、但不适合于假言的或选言的判断，（后者包含不了一种概念的关系，而包含判断的关系）。（KrV，B141）

3. 因而这些类型恰好有三个，正如所有一般判断如果它们区分为如同在知性中表达知识关系的方式，亦即：定言的，或者假言的，或者选言的理性推论。（KrV，A304，B361）

4. 现在，知性借助于范畴所表现出来的关系有多少种类，就会有多少纯粹的理性概念，所以就必须寻求：第一，在一个主体中定言综合的一个无条件者；第二，一个序列的部分的假言综合的无条件者；第三，在一个系统中选言综合的无条件者。（KrV，A323，B379）

5. 于是，如果让每一个序列，它的指数（定言的或假言的判断的指数）被给予了，就继续下去。（KrV，A331，B387）

6. 理性如何仅仅通过——对它用于定言的三段论推理的——恰好同一个机能的综合运用，就必须以必然的方式达到思想的主体的绝对统一性的概念。（KrV，A335，B392）

7. 这些玄想的推论的第一种类型针对着（主体或灵魂的）所有一般表象的主观条件的无条件统一性，它与定言的三段论推理相一致，这些定言的三段论推理的大前提，作为原则，陈述了一个谓词对一个主体的关系。（KrV，A406，B432）

定义（die Definition）

1. 在这部论著里，我有意地避免这些范畴的定义，尽管我可以拥有这些定义。我将在后面直至在充分与我所处理的方法论相关联的程度上剖析这些概念。在纯粹理性的一个系统中人们可以有权利要求我：但在这里，这些定义只会把眼睛带出研究的重点，因为它们激起了怀疑和攻击，而人们，不用抽走某些根本意图，而能够把这些怀疑和攻击完全移交给一种别的研究。（KrV，A82，B108）

2. 我们根本不能够对任何一个范畴下实在的定义，即能够使它的客体的可能性成为可理解的。（KrV，A240，B300）

3. 在上面、对范畴表的描述中，我们免除了对每一个范畴的定义，由于我们的意图，仅仅针对范畴的综合的运用，使这些定义成为不必要的，并且人们必须用不必要的研究计划去停止没有任何人们可能被免除的责任。这不是任何借口，而是一种并非不值一提的明智规则，这样下去就不敢下定义、并在概念的规定中尝试或预先确定完备性和精密性，当人们用这个概念的任何一个或另一个特征就能够足够，恰好为此就不需要一个构成整个概念的全部特征的完备的列举。但现在却表明：这种小心的更深的根据还在于，因为，我们不可能给这些范畴下定义，即使我们愿意。（KrV，A241）

4. 我在这里理解了实在定义，它不单把别的和可理解的词语放在一个事物的名称下面，而且自身包含着这样一个清楚的特征，在这个特征上面，（所定义的）对象任何时候都能够可靠地被认识，并且使被解释的概念在应用上成为可用的。（KrV，A241）

5. 因此范畴，超出了纯粹知性概念，还需要，它们在一般感性上的应用的规定（即图型），并且没有这些规定，它们就不是任何——由此认识一个对象、并与别的对象相区别的——概念，而只是——为可能的直观思想一个对象、并按照任何一种知性机能（仍在必不可少的条件下）给予这个对象以它的意义的

——这么多的方式，即，给这个对象下定义的这么多的方式：所以这些范畴本身不能够被定义。（KrV，A245）

6. 一般判断的逻辑机能：单一性和多数性、肯定和否定、主词和谓词，没有犯一个循环论证的错误，就不能够被定义，因为定义毕竟本身就必须是一个判断，因而必须已经包含了这些机能。（KrV，A245）

7. 但现在在事物之前的东西是什么，人们必须更多地使用在这种机能方面而不是另一种机能方面，在这种情况下仍还完全未确定：因而范畴，没有感性直观的条件，对此它们包含了综合，就完全不具有与任何一个确定的客体的任何关系，所以也不能给任何客体下定义，因而自在本身也不具有客观概念的任何有效性。（KrV，A246）

8. 所以我将徒劳地对三角形进行哲学研究，即推论地沉思，借此没有获得任何丝毫的进展，而只是单纯的定义，但我则必须从这个定义贫乏地开始。（KrV，A718，B746）

9. 数学的缜密性以定义、公理、演证为基础。（KrV，A726，B754）

10. 定义，正如这个术语自己所给出的那样，本来所意味的，无非本源地描述出一个物、在它的界限之内的详尽的概念。按照这样一种要求，一个经验的概念根本不能被定义，而只能被说明。（KrV，A727，B755）

11. 按照这样一种要求，一个经验的概念根本不能被定义，而只能被说明。因为，既然我们在这个概念上只拥有感官对象的一种一定方式的一些特征，那这就决不是可靠的，人们是否在表示感官对象的这个词下面，就不会这一次想到多一些感官对象的特征，下一次则少一些。（KrV，A727，B755）

12. 所以这个概念就决不处于安全的界限之间。并且，给这样一个概念下定义，又有什么用。（KrV，A728，B756）

13. 因而这个所谓的定义无非只是词的规定。（KrV，A728，B756）

14. 准确地说，也没有任何先天被给予的概念可以被定义，如实体、原因、权利、公平等等。因为我永远也不能肯定，一个（仍然混乱的）被给予的概念的清晰的表象已被详尽地展开了，除非我知道，这个概念是与对象相符合的。（KrV，A728，B756）

15. 所以，既然无论经验地、还是先天地被给予的概念都不能被定义，那么剩下的就别的而只有那些——人们能够尝试这种技艺的——任意想到的概念了。（KrV，A729，B757）

16. 但我却不能够说，我由此已经给一个真实的对象下了定义。（KrV，A729，B757）

17. 由此我甚至也不知道，这个概念是否会到处拥有一个对象，并且我的解释叫做（我的项目的）一种宣示可能比叫做一个对象的定义更好。所以，没有任何别的、适宜于下定义的概念剩留下来，除非这种——包含一种任意的、即能够被先天地构造出来的综合的——概念，因而只有数学拥有定义。因为，数学先天地在直观中描述了它所思考的对象，并且这个对象一定能够包含比之于这个概念不多不少的东西，因为通过这种解释，关于这个对象的概念就本源地、即没有从任何地方推导出来地，被给予了。（KrV，A729，B757）

18. 德国的语言对 Exposition、Explikation、Deklaration 和 Definition（说明、解释、宣示、定义）这些术语无非只有一个词：解释（Erklarung），因此我们已经必须有些放松了这种要求的严格，因为我们拒绝了定义的尊称的哲学解释，并且愿意将这种整个注释局限于：哲学的定义仅仅作为给予的概念的说明，但数学的定义则作为本源地被制造的概念之结构，前者只通过剖析（它的完备性肯定不是无可置疑的）而分析地产生，而后者则综合地产生，因而制造概念本身，相反前者只解释概念。（KrV，A730，B758）

19. 在哲学中人们不必这样模仿数学，预先派遣定义，而不只也许为了单纯的尝试。因为，既然这些定义是给予的概念的分解，那么这些概念虽然还仅仅是混乱的，却走在前面，而不完备的说明就先行于完备的说明，以致于在我们达到完备的说明、即达到定义之前，就能够从——我们已经从一个尚未完成的剖析中抽引出来的——一些特征中，能够预先推论出许多东西；一言以蔽之，哲学中的定义必定，作为准确的清晰性，宁可结束了这项工作，而不是开始了这项工作。（KrV，A730，B758）。为此，在定义中数学的方法在哲学中不可模仿。（KrV，A732，B760）

20. 哲学密集着有错误的定义，尤其这样的定义，它们虽然现实地包含了定义的要素，但还不完备。假如人们直到给一个概念下定义为止，还根本不能用到一个概念，那么这就完全不好地处于一切哲学研究的情况中了。（KrV，A731，B759）

21. 定义 ad esse（在本质上）属于数学，而 ad melius esse（在较充分的本质上）则属于哲学。这是美好的，但很难达到它。（KrV，A731，B759）

22. 我们在数学中先于定义就根本没有任何概念，只有通过定义，概念才首先被给予出来，所以数学任何时候也都必须而且能够从定义开始。（KrV，A731，B759）

23. 数学的定义决不能弄错。因为，既然概念通过定义才首先被给予，那么它就恰好只包含，这定义原来要通过它而思考的东西。（KrV，A731，B759）

24. 没有人试图建立一门科学，而无需为之而把一个理念设置为基础。不过，在制定这门科学中，图型、甚至它立刻给予它的科学的开端的定义，是很少与它的理念相符合。（KrV，A834，B862）

动机（die Triebfeder）

1. 因为所有实践的东西，只要它包含着动机，就都涉及到属于经验的知识来源的感觉。（KrV，A15，B29）

2. 即使感性的动机根本不赞同它，而完全与之相反。（KrV，A555，B583）

3. 因为假定，存在着在一些义务，它在理性的理念中是完全正当的，但却没有应用于我们自身的任何实在性、亦即没有动机，这里如果不预设一个能够给予实践法则以效果和坚定有力的最高存在者。（KrV，A589，B617）

4. 德性的这些高尚的理念虽然是赞许与惊叹的对象，但却不是蓄意和执行的动机。（KrV，A813，B841）

5. 因此，神学和道德学是两个动机，或更是，两个关节点，对于一切被抽象了的——人们此后任何人时候都献身于它的——理性探索而言。（KrV，A853，B881）

动力学（die Dynamik）

动力学的（dynamisch）

动力学原理（der dynamische Grundsatz）

1. 我最好把第一个门类称为数学的范畴，把第二门类称为动力学的范畴。如人们所看到的，第一门类不具有任何相关项，这种相关项唯独在第二门类中才被遇见。不过，这种区别必须在知性的本性中拥有一种根据。（KrV，B110）

2. 在纯粹知性概念应用于可能经验中，它们的综合的运用要么是数学的，要么是动力学的：因为这种综合部分地只涉及到一般现象的直观，部分地涉及到一般现象的此在。（KrV，B199）

3. 所以数学的运用的原理是无条件的必然的，亦即表现为无可置疑的，但动力学的运用的原理虽然也带有一种先天必然性的品格，但只是在一种经验中的经验的思想的条件下，因而只是间接的而非直接的，因而也并不包含前一种原理的那种直接显明，（虽然也并不损害它们普遍与经验相关的确定性）。（KrV，B199，200）

4. 虽然双方都是一种完全的确定性，但那两条原理是一种直觉的确定性，这两条则只是推论的确定性。所以我将把那两条称为数学的原理，而把这两条称为动力学的原理。（KrV，A162，B201）

5. 这种连结，因为它不是任意的，所以我称它为动力学的连结，因为它涉及杂多之物的此在的连结（这种连结又可以被分为现象相互之间的物理学的连结和现象在先天知识能力中的形而上学的连结）。（KrV，B201，202）

6. 不过我毕竟通过二者的动力学的联结的时间关系而区分了这两者。

（KrV，A203，B248）

7. 所以，每一个实体（既然它在它的规定方面只能是结果）都必须包含着在另一个实体中的某种规定的原因性，并且同时把另一个实体的原因性的结果包含在自身中，亦即，它必须（直接或间接地）处于动力学的协同性中，如果这种同时存在应当在任何一个可能经验中得到认识。（KrV，A212，B259）

8. “协同性”（Gemeinschaft）这个词在我们的语言中是双重意义的，可以尽量指 communio（共同性），但也可以尽量指 Commercium（交互联系）。我们在这里在后一种意义上使用这个词，作为一种动力学的协同性，没有它，甚至就连场所的协同性（communio spatii，空间上的共同性）绝不被经验地认识到。（KrV，A213，B260）

9. 一切其他关系都由以产生出来的这三种动力学的关系，因此就是依存性关系、一贯性关系和组合性关系。（KrV，A215，B262）

10. 时间规定的这种统一性是完全动力学的，亦即时间不被看作——经验在其中直接给每个此在规定它的位置，这是不可能的，因为绝对时间并不是知觉的对象，似乎用了它现象就能够聚集到一起。（KrV，A215，B262）

11. 所以必然性只涉及按照因果性的动力学法则的现象的关系，以及这种建立于其上的从任何一个被给予的此在（一个原因）先天地推出另一个此在（结果）的可能性。（KrV，A228，B280）

12. 这两条原理都属于动力学的原理。前者原本是（在经验的类比中的）因果性原理的一个推论。后者则属于模态的原理，这种模态的原理给因果规定添加了必然性概念，但这必然性则服从于知性的规则。（KrV，A228，B281）

13. 纯粹知性的原理，它们可以是先天构成性的（如数学的原理），或者仅仅是调节的（如动力学的原理），所包含的似乎无非只是可能经验的纯粹图型。（KrV，A237，B296）

14. 所以莱布尼茨就这样把空间设想为一种在实体的协同性中的一定秩序，而把时间设想为实体状态的动力学的系列。（KrV，A275，B331）

15. 但恰好这种现象的世界被称为自然，只要它被看作一个动力学的整体。（KrV，A418，B446）

16. 然而，鉴于数学的无条件者和动力学的无条件者的区别，这种回溯以之为目的，我会在更严格的意义上把前两个理念称为（在宏观世界和微观世界中的）世界概念，而把其他两个理念则称为超验的自然概念。（KrV，A420，B448）

17. 然而单子论者们是足够敏锐地想由此避开这种困难，他们不是在空间中预设外部直观对象（物体）的一种可能性条件，而是把这些对象和一般实体的动力学的关系预设为空间的可能性条件。（KrV，A442，B470）

18. 因为它作为从属的表象的序列只在于动力学的回溯，而根本不可能在这种回溯之前，作为独立存在的事物的序列，本身自在地生存。（KrV，A506，B534）

19. 因为，按照我们前面的范畴表，两种范畴意味着现象的数学的综合，而剩余两种范畴则意味着现象的一种动力学的综合。（KrV，A529，B577）

20. 这种不同质的东西无论是在因果联结的动力学的综合中，还是在必然的东西和偶然的东西的动力学的综合中，至少都能够被允许。（KrV，A530，B558）

21. 由此而得出，在现象序列的数学联结中只有感性的条件能够进来，亦即这样一种条件，它本身是序列的一部分；相反，这些感性条件的动力学序列却还允许一种不同质的条件，它不是序列的一部分，而是作为单纯理知的，而处于序列之外，由此理性就得到了满足，而无条件者就被置于现象之前，没有任何时候都作为有条件者的动力学的序列，因此则混乱不堪、并且违背知性原理地而被打断。（KrV，A530，B558）

22. 因此，动力学的理念，在现象的序列之外，允许了现象的一个条件、即这样一个本身并不是现象的条件，这就发生了某种——与数学的二律背反的后果的完全不同的事情。（KrV，A531，B559）

23. 与之相反，动力学序列无一例外的有条件者，它与作为现象的动力学序列是不可拆开的，与那种虽然是经验的无条件的、但也是非感性的条件联结着的，它一方面满足了知性，另一方面也满足了理性。（KrV，A531，B559）

24. 但按照主体的理知的品格（虽然我们对此所能够拥有的无非只是这个主体的普遍概念），同一个主体却会而必须被宣告为不受感性和通过现象的规定的一切影响，而由于在它之内，只要它是本体，而没有发生什么，遇不到任何需要动力学的时间规定的变化，因而遇不到任何与作为原因的现象的联结，所以这个积极的存在者，只要在它的自然必然性的行动中，作为只在感性世界中才遇到的东西，就是独立而自由的。（KrV，A541，B569）

25. 因为理性本身毕竟不是任何现象、也根本不服从于任何感性条件，所以在它之内、甚至在它的原因性的概念中，都不会发生时间次序，所以按照规则规定时间次序的自然的动力学的规律不会应用于其上。（KrV，A553，B581）

26. 但这个动力学的回溯自身所具有的特点以及区别于数学的回溯的地方就在于：由于数学的回溯原本只涉及部分复合为一个整体、或整体分裂为它的部分，这个序列的条件就一直必须被看作这个序列的部分、因而被看作同质的、所以也必须被看作现象，取而代之，在动力学的回溯中，由于它并不涉及来自给予了的部分的无条件的整体的可能性，或是对于一个给予了的整体有一个无条件的部分的可能性，而是涉及把一个状态从它的原因中推导出来，或者把实体的偶然的此在本身从必然的实体中推导出来，这个条件就或许并不刚好必要地与有条件者一起构成一个经验的序列。(KrV, A560, B588)

27. 在先验分析论中，我们已经在知性原理中把动力学的原理，作为直观的仅仅调节的原则，与数学的原理，它在直观方面是构成性的原则，区分了开来。撇开这种区分，上述的动力学的法则在经验方面还是构成性的，因为这些法则使得那些——没有它就没有任何经验发生的——概念，成为先天可能的。(KrV, A664, B692)

28. 既然我们关于这种动力学的联结的先天可能性不能形成丝毫概念，而纯粹知性的范畴又不能为此而用以臆造，而只能，当这种联结在经验中被遇见的时候，而理解它。(KrV, A770, B798)

29. 一个在时间中的事件的规定，因而这个属于经验的（事件），不服从于一个这样的动力学规则，大概是不可能的。(KrV, A788, B816)

动物性的（tierisch）

1. 因为一种任意，只要它（通过感性的动因）被病理学地刺激起来，就是感性的；如果它能够在病理学上被迫使，它就叫作动物性的（arbitrium brutum，动物性的任意）。(KrV, A534, B562)

2. 一种任意单纯是动物性的（arbitrium brutum，动物性的任意），它只能被感性的、即病理学的冲动所规定。(KrV, A802, B830)

独断论（der Dogmatismus）

独断的，独断论的（dogmatisch）

独断论者（der Dogmatiker）

1. 最初，形而上学的统治，在独断论者的管辖下，是专制的。(KrV, AIX)

2. 因此我不得不取消知识，以便使信仰得到位置，而形而上学的独断论、即——在形而上学中无需纯粹理性批判就繁殖的——那种成见，是一切与道德相矛盾的无信仰的真正根源，这种无信仰任何时候都完全是非常独断的。(KrV, BXXX)

3. 这个批判并不与理性在它的作为科学的纯粹知识中的独断的处理，相对立，(因为这种处理任何时候都必须是独断的，即从可靠的先天原则而被严格地证明)，而是与独断论，即与那种——唯独在一种出自概念（哲学概念）纯粹知识上很有成绩，按照原则，如同理性所早已运用了它的一样，而无需打探它为此已经够得着的方式和权利的——狂妄相对立。所以独断论就是纯粹理性的独断的处理方法，没有它自己能力的预先批判。(KrV, BXXXV)

4. 著名的沃尔夫——一切独断的哲学家中最伟大的哲学家。（KrV, BXXXVI）

5. 纯粹理性本身的这些不可回避的任务，是上帝、自由和不朽。但那门科学，它的最终意图连同它的一切准备本来就只指向这个任务的解决，就叫作形而上学，它的处理方法在开始时是独断的，即没有理性对这样一项大规模的活动的能力或无能力的预先检验，就充满信心地承担了这种制造方式。（KrV, B7）

6. 所以，理性的这种批判最终必然导致科学；相反，理性的无批判的独断运用则走向无根据的主张，人们刚好可以用同样虚假的主张与之对立，因而导致怀疑论。（KrV, B22）

7. 因为理性的不可否认的并且在独断的处理方式中也不可避免的矛盾很早就已经自行使每一个迄今为止的形而上学都威信扫地了。（KrV, B24）

8. 观念论（我指的是质料的观念论）是这种理论，它把外在于我们在空间中对象的此在或者宣布为仅仅是可疑的和不可证明的，或者宣布为虚假的和不可能的。前者是笛卡尔的成问题的观念论，它只把一种经验的主张（assertio, 断言）即："我"在，宣布为不可怀疑的；后者是贝克莱的独断的观念论，它把空间、连同空间作为不可分的条件而附加于其上的一切事物，都宣布为某种自在本身似乎是不可能的东西并因此也把在空间中的事物宣称为只是想像。（KrV, B274）

9. 然而在这件事情上批判的严格性虽然由于，它同时证明了——超出经验界限而向外独断地构造出有关一种经验之对象的某种东西来的——不可能性，却为理性在它的这种利益方面给理性做出了并非不重要的服务，面对一切可能的反面主张它恰恰同样提供了安全性。（KrV, B424）

10. 独断的观念论者或许就是那种否认物质的此在的人，而怀疑的观念论者，则是那种对物质抱有怀疑的人，因为他认为这种物质是不可证明的。（KrV, A377）

11. 一切反驳可以被分为独断的反驳、批判的反驳和怀疑的反驳。独断的反驳是，针对一个命题的反驳；批判的反驳是，针对一个命题的证明的反驳。前者需要对于对象的本质性状的一个洞见，以便能够对有关这个对象的命题所预先确定的东西主张出相反的洞见，因此这种反驳本身是独断的并且预先确定了，比这种相反的洞见，更好地认识所谈论的性状。（KrV, A388）

12. 除非一个严格的、但却是公正的批判的冷静性，才能够把这么多人通过想像出来的幸福、从这种独断论的花招中解脱、拖到理论和系统之中，并且限制我们的一切思辨的要求而只在可能经验的领域。（KrV, A395）

13. 如果独断的学说的任何一个整体都是正论（Thetik），那么我把背反论

（Antithetik）并不理解为反面的独断的主张，而理解为那些按照幻相的独断知识之间的（thesin cum antithesi，正题的与反题的）冲突，人们并没有把优先的赞同要求授予一方而不授予另一方。（KrV，A420）

14. 反之，正题的那些主张，则在现象序列内部的经验的解释方式之外，还把智性的开端作为基础，只要这种准则不是简单的。但我想把这些正题的主张的本质的辨别标志，称为纯粹理性的独断论。（KrV，A465；B493）

15. 因为你们的对象只是在你们的大脑中，而根本不能在你们的大脑之外被给予；因此你们不得不操心的，只是与你们自身相一致，并预防这种歧义，它使你们的理念变成一种经验的被给予了的东西的、因而也可以按照经验法则来认识的客体的一种臆想的表象。所以这种独断的解决也许根本不是不确定的，而是不可能的。但批判的解决，它可以是完全确定的，根本不客观地、而按照这个问题所建立于其上的知识基础来看待这个问题。（KrV，A484；B512）

16. 所以独断的唯灵论者，由他相信在这个“我”中直接知觉到的思维着的实体的统一性，而解释这种通过状态的一切变化而不变地持存着的人格统一性，由我们思维着的主体的非物质本性的意识，而解释我们对那些在我们死后才应当发生的事物的兴趣，如此等等，并且使自己免除了从物理的解释根据而对我们这些内部现象的原因的一切自然研究。（KrV，A690；B718）

17. 所以对我们来说重要的是要知道：是否这种——获得了无可争辩的确定性，而人们在数学科学中称这种确定性为数学的确定性的——方法，与人们恰好在哲学中所寻求的这种确定性，而必须被称为独断的那种确定性的方法，应该是一样的。（KrV，A713；B741）

18. 于是从这一切中就推出，对于哲学的本性来说，尤其在纯粹理性的领域中，根本不适合于充斥着一种独断的通道并且用数学的头衔和绶带来装饰自己，哲学还不适宜在数学的骑士团中，即使它拥有一切理由希望与数学作姊妹的结合。（KrV，A735；B763）

19. 然而，即使理性决不能够拒绝批判，它却任何时候都没有理由，害怕批判。但纯粹理性在它的独断的（非数学的）运用中并没有如此十分地意识到对它的至上的法则的最严格的遵守，以致于它并不带着羞愧，甚至不带着一切狂妄的独断的威望的完全放下，而必须出现在一个更高的和法官的理性的批判眼光面前。（KrV，A739；B767）

20. 因此在纯粹理性的领域中并没有任何真正的论争。双方都是在与空气搏斗，他们和自己的影子扭打，因为他们超出了自然之外，在那里对于他们的独断论的把握，可以抓得住和保持的东西，并不是现成的。（KrV，A756；B784）

21. 这种做法绝对不能适用于，给理性谋得一种休息，而顶多只是一种手

段，从它的甜蜜的独断的梦中唤醒理性、以便小心翼翼地检查它的状态。（KrV，A757；B785）

22. 纯粹理性的事业中的第一步，标志着它的儿童时期，是独断论的。上述第二步则是怀疑论的，而表明通过经验而圆滑了的判断力的谨慎。但现在一个第三步还是必须的，它只应归于成熟的和男子汉的判断力，这种判断力把坚定的并按照它的普遍性而被考验过的准则作为基础。（KrV，A761；B789）

23. 所以怀疑论是给人类理性的一块休息地，因为人类理性能够思索它的独断论的漫游并且做出它自己发现的这个地区的设计，以便今后能够用更多的可靠性选择自己的道路，而不是长期逗留于一个住地。（KrV，A761；B789）

24. 一切怀疑论的论争本来都只是对独断论者的反转而已，独断论者，并没有猜疑到他的本源的客观原则，就是说，他无批判地、煞有介事地继续着自己的进程，只是挪开他的计划并且把他带进自我认识。鉴于这种论争自身，对于我们能知道什么以及相反我们不能知道什么，则完全无所谓。理性的一切失败的独断论尝试都是对于经受监察官的审查来说永远有用的工作。（KrV，A763；B791）

25. 与那种非批判的独断论者相反，这种并没有测量自己知性的范围、因而没有按照原则而规定他的可能经验的界限的独断论者，所以他并非预先已经知道他多么能够、而是思想着通过单纯的尝试就找到他多么能够，这些怀疑论的攻击对于他就不仅仅是危险的，而且甚至是摧毁性的。（KrV，A768；B796）

26. 所以，怀疑论者是教育独断的玄想家在知性和理性本身的一种健康批判方面的训导师。（KrV，A769；B797）

27. 当一种科学的方法的观察者遭遇到什么东西的时候，于是他们就拥有了选择，要么独断论地、要么怀疑论地，但在一切情况下都还系统地处理着义务。（KrV，A856；B884）

对象（der Gegenstand）

1. 只要现在承认在这些科学中有理性，那么在其中就必须有某种东西先天地被认识，理性的知识能够在两种方式上被它的对象所关联，要么仅规定它和它的概念（别的则必须被给予），要么就现实地制造它。（KrV，BIX）

2. 数学和物理学是——理性应当先天地规定它的对象的——两门理论的理性知识。（KrV，BX）

3. 但所有的尝试，即通过概念先天地构成有关这些对象的某物、由此而扩展我们的知识，在这个假定下，都走不下去。人们因此而尝试一下，我们假定，对象必须取决于我们的知识，是否我们在形而上学的任务中因而更好地进步。（KrV，BXVI）

4. 经验本身就是知性所要求的一种认识方式，它［知性］的规则在我之内，也在对象被给予我之前，因而必须先天假设。（KrV，BXVII）

5. 凡是对象所涉及到的东西，只要它们单纯通过理性并且必然地被思想，但它们（至少，如理性所思想它们的那样）完全不可能在经验中被给予，那么思想它们的尝试（因为它们必须可以被思想）后来就充当——那些我们看作为变革了的思维方式的方法的——一块极好的试金石，即我们从事物中仅仅先天认识到的，就是我们本身放进它们之内的。（KrV，B XVⅢ）

6. 现在，如果人们假定，我们的经验知识取决于作为自在事物本身的对象，那就出现了，无条件者完全不可能没有矛盾地被设想；相反，如果人们假定，事物的我们的表象，正如它们被给予我们的那样，并不取决于这些，作为自在之物本身，而是这些对象宁可，作为现象，取决于我们的表象方式，这种矛盾就消失了。（KrV，BXX）

7. 我们关于作为自在之物本身的任何对象不可能有什么知识，而是仅仅只要它是感性直观的对象、也就是作为现象，才能够获得知识。（KrV，BXXVI）

8. 这个 X 就是我通过一个概念 A 所思维的那个对象的完备的经验，而这个概念仅仅构成这个经验的一个部分。（KrV，A8；B12）

9. 理性的这种把握性必须是可能的，知道还是不知道它的对象，亦即要么裁决它所问的对象、要么判断理性在形而上学方面的所能和所不能的东西，因而要么带着可靠性而扩展我们的纯粹理性，要么就规定和可靠地限制它。（KrV，B22）

10. 我称一切知识为先验的，这种知识与其说关注对象，不如说一般地关注其［对象］应当先天可能存在的认识方式。（KrV，A11；B25）

11. 人类知识有两大主干，它们也许来自一种共同的、但不为我们所知的根源，即感性和知性，通过前者，对象被给予我们，而通过后者，对象被思维。（KrV，A15；B29）

12. 但这个直观只发生在对象被给予我们之时；而另一方面这个直观，至少对我们人类，又只有经由对象通过一定的方式刺激内心才是可能的。（KrV，A19；B33）

13. 所以借助于感性，对象被给予我们，并且只有感性才为我们提供直观。（KrV，A19；B33）

14. 这个在表象能力上的对象的结果，如果我们被同一对象所刺激，就是感觉。那种直观，通过感觉与对象发生关系，就是经验的。这一经验的直观的未被规定的对象，叫现象。（KrV，A20；B34）

15. 这些东西属于纯粹直观，它先天地，即使没有一种现实的感官对象或感觉对象，作为一个单纯的感性形式而发生于内心之中。（KrV，A21；B35）

16. 借助于外感官（我们内心的一种属性），我们把对象表象为在我们之外，并都在空间之中。（KrV，A22；B37）

17. 这种直观又必须是先天地、亦即先于对一个对象的一切知觉而在我们之内被遇见，因而必须是纯粹的，而不是经验的直观。（KrV，A25；B41）

18. 这个接受性的固定形式，我们称其为感性，是一切关系的必然条件，在这里对象被直观为外在于我们，而如果我们抽掉这些对象，它就是带有空间之名的一个纯粹直观。（KrV，A27；B43）

19. 在空间中被直观到的一切，根本不是一种自在的事物，而且空间也不应该是对它们而言自在本身也许所必须特有的事物形式，而是我们完全不知道的自在的对象。（KrV，A30；B45）

20. 一个对象的每个大小，都只有通过限制才能确切地被表象出来。（KrV，A32；B48）

21. 在这种情况下，这种内直观的形式就能先于对象、因而先天地，被表象了。（KrV，A33；B49）

22. 所有一般现象，亦即一切感官对象，都是在时间中的，并且必然地处于时间的关系中。（KrV，A34；B51）

23. 因此时间只是我们（人类的）直观的一个主观条件，（这个直观任何时候都是感性的，即只要我们被对象所刺激），并且超出了主观，它自在地则什么也不是。（KrV，A35；B51）

24. 一切事物，作为现象（感性直观对象），都在时间之中。（KrV，A35；B52）

25. 时间并不依赖于对象本身，而是单纯依赖于直观它的那个主体。（KrV，A38；B54）

26. 按照观念论，外部对象的现实性是不能做任何严格证明的：与此相反，我们内部感官的对象（我自身和我的状态）的现实性则是直接通过意识而是清楚的。（KrV，A38；B55）

27. 但这两种先天的知识来源恰好由此（即由于它们只是感性的条件）也规定了自己的界限，就是说，它们只针对对象，只要这些对象被看作现象，而不表现自在之物本身。（KrV，A39；B56）

28. 关于对象自在的状况并且隔离我们感性的这一切接受性可能是什么，留给我们的仍然是一无所知。（KrV，A42；B59）

29. 自在的对象本身可能是什么，这绝不会通过对那唯一被给予我们的现象的最清晰的知识而被我们所知道。（KrV，A43；B60）

30. 直观中一个物体的表象根本不包含，任何应归于一个自在对象本身的东西，而仅包含某物的现象、以及我们由此被刺激的方式。（KrV，A44；B61）

31. 人们就把前一种知识命名为表现自在的对象本身的知识，但把后一种知识命名为仅仅是这个对象的现象的知识。但这种区分只是经验的区分。（KrV，A45；B62）

32. 认识自在之物，即使我们（在感官世界中）好像到处、甚至直到感官世界的对象的最深入的研究，无非与现象打交道。（KrV，A45；B63）

33. 所以你必须给自己在直观中提供一个先天对象，并且在这些对象之上建立你的综合命题。（KrV，A48；B65）

34. 因为你毕竟不可能对你的（三条直线）的概念添加新的东西（图形），它因此而必须必然地会在对象上被碰到，由于对象在你的知识之前、而不是通过你的知识已经给予了。（KrV，A48；B66）

35. 空间和时间，作为一切（外部和内部）经验的必然条件，仅仅是我们一切直观的主观条件，因而在与之关系中一切对象仅仅是现象。（KrV，A49；B66）

36. 如果我说：在空间和时间中，不论是外部客体的直观，还是内心的本身直观，都如同它们刺激我们的感官那样、即如同它们所显现的那样而表象它们，那么这并不是想说，这些对象就是一种单纯的幻相。（KrV，B69）

37. 幻相却绝不作为谓词而被赋予对象，这恰恰因为幻相，把那些只在与感官的关系中、或一般在与主体的关系中应归于对象的东西，赋予了自为的客体。（KrV，B70）

38. 空间和时间的谓词就被正当地赋予了作为感官对象的感官对象，并且在其中没有任何幻相。（KrV，B70）

39. 在自然的神学中，由于人们想到一个这样的对象，它不仅仅对我们根本不可能是任何直观的对象，而且它就连对它自身也一定不可能是任何感性直观的对象。（KrV，B71）

40. 我们的知识产生于内心的两个基本来源，其中第一个是，感受表象（印象的接受性）、第二个是通过这些表象认识一个对象的能力（概念的自发性）。（KrV，A50；B74）

41. 纯粹直观只包含某物被直观的形式，并且纯粹概念只包含一般对象的思想形式。（KrV，A50；B75）

42. 我们的本性导致了，直观永远只能是感性的，亦即只包含我们为对象所刺激的那种方式。相反，对感性直观对象进行思想的能力，就是知性。（KrV，A51；B75）

43. 作为普遍逻辑，它抽掉了知性知识的一切内容，和它的对象的差异性，并且只与思想的单纯形式打交道。（KrV，A54；B78）

44. 因为既然有纯粹的直观，也有经验的直观，（就如先验感性论所说明

的），那么对象的纯粹思维和经验的思维之间的一种区别也完全可能被找到。（KrV，A55；B80）

45. 先验的和经验的区别只属于知识的批判，而不涉及知识与其对象的关系。（KrV，A57；B81）

46. 真理的名词解释是：即真理就该是知识与它的对象的一致，在这里是被给定、并且预设了的。（KrV，A58；B82）

47. 如果真理就在于知识和它的对象的一致，那么这个对象就必须由此而被区别于别的对象；因为一个知识就是错误的，如果它与和它相关的那个对象，并不一致，即使它同样包含某种或许能够适用于别的对象的东西。（KrV，A58；B83）

48. 因为，即使一种知识有可能完全符合于逻辑的形式，即不和自己相矛盾，但它仍然总还可能与对象相矛盾。（KrV，A59；B84）

49. 但这种纯粹知识的使用却以此为基础、作为它们的条件：它可以应用于其上的对象，是在直观中给予我们的。（KrV，A62；B87）

50. 因为除了单纯的直观，没有任何表象直接指向对象，所以一个概念永远也不和一个对象直接地［发生关系］，而和任何一个对象的别的表象（不论它是直观或本身已经是概念）发生关系。（KrV，A68；B93）

51. 但概念，作为可能判断的谓词，则与一个尚未规定的对象的任何一个表象发生关系。（KrV，A69；B94）

52. 因为空间和时间包含先天纯粹直观的杂多，但同时属于我们内心接受性的条件，内心只有在它们之下才能感受对象的表象，所以它们任何时候都必须刺激对象的概念。（KrV，A77；B102）

53. 为了一切对象的先天知识的目的，首先必须被给予我们的，是纯粹直观的杂多。（KrV，A78；B104）

54. 我把——概念如何能够先天地与对象发生关系的——方式的解释，称为这些概念的先验演绎。（KrV，A85；B117）

55. 因为它们本质的特征恰好在于，它们与它们的对象发生关系、无需从经验中为这些对象的表象借用什么东西。（KrV，A86；B118）

56. 在这个世界中一切几何学知识，因为基于先天的直观，而具有直接的显明，而对象则通过这种知识本身先天地（按照形式）在直观中被给予。（KrV，A87；B120）

57. 只有凭借感性的这样的纯粹形式，一个对象才显现给我们。（KrV，A89；B121）

58. 思想的主观条件如何应该具有客观的有效性，即如何应该充当一切对象知识的可能性条件。（KrV，A90；B122）

59. 感性直观的对象必须符合内心之中先天放置的感性的形式条件。（KrV，A90；B122）

60. 对象的知识仅在两个条件下才是可能的，首先是直观——通过它，但只是作为现象——被给予；第二是概念，由此一个与它的直观相应的对象被思想。（KrV，A93；B125）

61. 一切经验除了包含——由此某物被给予的——感官直观，还包含对于在直观中被给予、或被显现的对象的一个概念，因此这些对象的一般概念、作为先天的条件将被设置为一切经验知识的基础。（KrV，A93；B126）

62. 它是关于一个一般对象的概念，通过这些概念，鉴于判断的逻辑机能的直观就被看作是规定了的。（KrV，B128）

63. 但联结并不处于对象之中，并且不能通过知觉从对象中借用某物而因此首先被接纳进知性，而只是知性的一项工作．（KrV，B134）

64. 于是这个意识的统一性就是，唯一构成表象对于一个对象的关系、因而构成它们的客观有效性，所以，并促使它们成为知识的东西，知性的可能性自身因而根据于此。（KrV，B137）

65. 除了运用于经验对象，范畴对事物的知识没有别的使用。（KrV，B146）

66. 思想一个对象，与认识一个对象，是不一样的。因为属于认识的又有两个部分：一是一个对象一般由此而被思想的概念（范畴），二是对象由此被给予的直观。（KrV，B146）

67. 范畴对事物的知识没有别的运用，除非这些事物只被假设为可能经验的对象。（KrV，B148）

68. 关于范畴在一般感官对象上的应用。（KrV，B150）

69. 想像力是在直观中表象一个对象甚至它不在场的能力。（KrV，B151）

70. 但在先验演绎中，这些范畴的可能性被表现为一般直观对象的先天知识。（KrV，B159）

71. 由于经验就是通过连结了的知觉们的知识，那么范畴就是经验的可能性的条件，因而也先天地适用于一切经验之对象。（KrV，B161）

72. 但关于一般经验，以及关于凡是作为一个经验对象能够被认识到的东西，唯独那些先天法则才提供了教导。（KrV，B165）

73. 不通过范畴，我们就不能思想任何对象；不通过与那些概念相符合的直观，我们就不能认识任何被思想了的对象。（KrV，B165）

74. 一个概念要完全先天地被产生出来，并且与一个对象发生关系，即使它本身既不属于可能经验的概念，又不是由一个可能经验的要素所构成，则是完全矛盾的和不可能的。（KrV，A95）

75. 一旦我拥有了纯粹知性概念，那么我固然也可以臆想出一些也许是不可能的对象们，或许自在虽然是可能的，但却不能在任何经验中被给予的对象们。（KrV，A96）

76. 唯独借助于范畴、一个对象才能够被思想。（KrV，A97）

77. 按照这种联结，即使没有对象的在场，一个这样的表象也会根据一个固定的规则而向另一个作内心的过渡。（KrV，A100）

78. 现象本身无非是感性表象，这些表象必须不能以感性表象的方式自在地被看作（在表象能力之外的）对象。（KrV，A104）

79. 但我们发现，我们关于一切知识与它的对象的关系的思想随身携带着某种必然性。（KrV，A104）

80. 我们的知识并不是以碰运气或随便的，而是以某种先天的方式而被规定，因为，由于这些知识应当与一个对象发生关系，它们也就必须在与这个对象的关系中必然地相互协调，亦即必须拥有那种构成一个对象的概念的统一性。（KrV，A105）

81. 我们只和我们表象的杂多打交道，而那个与之相应的 X（对象），由于它应该是区别于我们的一切表象的某物，在我们面前则是无，对象使之成为必要的那种统一性，就不可能是别的东西，而只是在表象的杂多的综合中意识的形式统一性。（KrV，A105）

82. 这种统一性的概念就是——我通过一个三角形的上述谓词所想到它的——等于 X 的对象的表象。（KrV，A105）

83. 这些规则不仅使这些现象能够必然地再生，而且也由此为对它们的直观规定了一个对象，即规定这些现象在其中必然相关联的“某物”的概念。（KrV，A108）

84. 一切表象作为表象，都有它的对象，并且另一方面本身又都可能是别的表象的对象。现象是能够被直接给予我们的唯一对象，而凡是在现象中直接与对象相关的就叫作直观。（KrV，A108）

85. 关于这种先验对象（它实际上在我们的一切知识中是永远等同于 x 的）的纯粹概念就是，那些能够设法使我们所有经验的一般概念获得与一个对象的关系、亦即获得客观实在性的东西。（KrV，A109）

86. 既然这个统一性必须被看作先天必然的，（因为否则知识就会没有对象了），那么与一个先验对象、亦即与我们的经验的知识的客观实在性的关系，就将以这条先验法则为基础：一切现象，只要对象应当由此而被给予我们，就都必须服从现象的综合统一性的先天规则．（KrV，A110）

87. 一般可能经验的先天条件同时也是经验之对象的可能性条件。（KrV，A111）

88. 关于知性与一般对象的关系以及先天地认识这些对象的可能性。（KrV，A115）

89. 那么想像力的综合的先验统一性就是一切可能知识的纯粹形式，因而通过这个纯粹形式可能经验的一切对象才必须被先天地表象出来。（KrV，A118）

90. 人类的经验的认识能力必然包着含一种知性，这种知性与感官的所有对象相关。（KrV，A119）

91. 感性虽然会给出现象，但却不会给予一种经验的知识的任何对象、因而不会给予任何经验。（KrV，A124）

92. 自然，作为一种经验中的认识对象，连同它可能包含的一切，都只有在统觉的统一性中才是可能的。（KrV，A127）

93. 假如这种对象，我们的知识与之有关系，就是自在之物本身，那么我们关于它们就根本不可能拥有任何先天的概念了。（KrV，A128）

94. 因为这些概念作为现象构成了一个——仅仅是在我们之内的——对象，因为我们感性的一个单纯变形在我们之外根本就找不到。（KrV，A129）

95. 在一个对象低于一个概念的所有归摄中，对象的表象必须和概念是同质的，这就是说，这个概念必须包含归摄于其下的那个对象中所将表象出来的东西。（KrV，A137；B176）

96. 它们是否仅能够作为一个可能经验的条件、而先天地与现象发生关系，或者它们是否、能够作为一般事物的可能性条件、而被包括于对象自在本身（没有限制在我们的感性上）。（KrV，A139；B178）

97. 此外，对象被给予我们的唯一方式，就该是我们的感性的修正（Modifikation）。（KrV，A139；B178）

98. 实际上构成我们的纯粹感性概念之基础的并不是对象的形象，而是图型。（KrV，A141；B180）

99. 一般感官的一切对象的纯粹形象，是时间。（KrV，A142；B182）

100. 必然性的图型是一个对象在一切时间中的此在。（KrV，A145；B184）

101. 图型本来就只是现象，或一个对象的感性概念，在与范畴的一致中。（KrV，A146；B186）

102. 所以范畴，没有图型，就只是知性对概念的机能，却不呈现任何对象。（KrV，A147；B187）

103. 如果一种知识要具有客观实在性，亦即与一个对象相关联，并且要在这个对象中拥有意义和意义，那么这个对象就必须能够以任何一种方式被给予出来。没有这个，这些概念就是空的。（KrV，A155；B194）

104. 这种再生的想像力则把经验之对象呼唤了过来，没有这些对象，空间

和时间就不会具有任何意义。（KrV，A156；B195）

105. 一切综合判断的至上原则就是：每一个对象都服从在可能经验中直观杂多的综合统一性的必要条件。（KrV，A158；B197）

106. 在一切现象中，实在的东西，感觉的一个对象之所是，具有内包的大小，即具有一个度。（KrV，B207）

107. 现象，作为知觉的对象，并不是纯粹的（仅仅是形式上的）直观。（KrV，B207）

108. 一个经验之类比将只是一条规则，按照这条规则，从知觉中应该产生出经验之（不是像知觉本身，而是一般经验的直观的）统一性，并且有关对象（现象的对象）的原理将不看作为是构成性的，而只是调节性的。（KrV，A180；B222）

109. 在一切现象中持存的东西都是对象本身，亦即实体（现象）。（KrV，A184；B227）

110. 一个先行的空的时间，就不是任何知觉的对象。（KrV，A188；B231）

111. 因此，持存性就是一个必要的条件，唯独在这个条件下，现象才在一个可能经验中被规定为事物和对象。（KrV，A189；B232）

112. 因此现象本身作为经验之对象，也只有按照同一个因果律才是可能的。（KrV，A189；B234）

113. 只要现象，仅仅作为表象，同时就都是意识的对象。（KrV，A190；B235）

114. 一旦我把我关于一个对象的概念一直提升到先验的含义上，这个房子就根本不是任何自在之物本身，而只是一个现象，即一个表象，它的先验对象是未知的。（KrV，A191；B236）

115. 一切经验及其可能性都需要知性，而知性为它们所做的第一件事，并不是使对象的表象变得清楚，而是使一个一般对象的表象成为可能。（KrV，A199；B244）

116. 绝对的时间不是知觉的任何对象。（KrV，A200；B245）

117. 如果某物发生，那么单纯这种产生本身，无需考虑在此产生的东西，自在地就已经是一个研究对象了。（KrV，A206；B251）

118. 经验的知识的一切增加，以及知觉的每一次进步，都只不过是，内感官的规定的一种扩大，亦即在时间中的一种进展，其对象则可以随便是现象，或者纯粹直观。（KrV，A210；B255）

119. 交互作用也是事物本身作为经验对象的可能性条件。（KrV，A211；B258）

120. 但现在，一切同时并存鉴于经验之对象就都是必然的，没有它，关于

这些对象们的经验本身都将会是不可能的。（KrV，A213；B259）

121. 绝对时间并不是知觉的对象。（KrV，A215；B262）

122. 经验之可能性，即一种知识的可能性，在这种知识中一切对象就必须最终能够被给予我们，如果它们的表象对于我们应该具有客观实在性。（KrV，A217；B264）

123. 一个容纳一种综合于自身中的概念，被看作空的，并且不与任何对象发生关系。（KrV，A220；B267）

124. 因为事实上我们完全能够先天地给这个概念一个对象，即先天地构造这个对象。（KrV，A223；B271）

125. 我自己的此在的单纯的、但经验地被规定了的意识证明了空间中在我之外的对象的此在。（KrV，B275）

126. 为此，那些外部对象就是绝对必要的，因而以致于，内部经验本身也仅仅间接地并且仅仅通过外部经验才是可能的。（KrV，B277）

127. 从我们自身的一个规定了的意识的可能性中要求出外部对象的生存，推不出，每一个外部事物的直观表象同时也包含这个外部事物的生存，因为那个表象可能完全只是想像力（在梦幻和狂想中）的结果。（KrV，B278）

128. 如果这个概念单纯在知性中与经验的形式条件相联结，它的对象就叫做可能的。（KrV，A234；B286）

129. 关于所有一般对象区分为现象和本体的根据。（KrV，A235；B294）

130. 对每一个概念所要求的，首先是一般概念（思想）的逻辑形式，其次还有它与之相关的、给予它一个对象的那种可能性。（KrV，A239；B298）

131. 对象——不能以别的方式、而只能在直观中——被给予一个概念。（KrV，A239；B298）

132. 所有这些原理、以及数学科学对此所研究的那些对象的表象，完全被先天地在内心之中产生出来。（KrV，A240；B299）

133. 因此范畴，超出了纯粹知性概念，还需要，它们在一般感性上的应用的规定（即图型），并且没有这些规定，它们就不是任何——由此认识一个对象、并与别的对象相区别的——概念，而只是——为可能的直观思想一个对象、并按照任何一种知性机能（仍在必不可少的条件下）给予这个对象以它的意义的——这么多的方式，即，给这个对象下定义的这么多的方式：所以这些范畴本身不能够被定义。（KrV，A245；B302）

134. 纯粹知性的原理只能与可能经验的普遍条件、与感官对象发生关系，但决不能与一般事物（不考虑我们如何可以直观它们的方式）发生关系。（KrV，A246；B303）

135. 思想是给予的直观与一个对象相关联的行动。（KrV，A247；B304）

136. 判断力的一种机能仍还属于一个概念的运用，在那上面一个对象被归摄到这个概念下。（KrV，A247；B304）

137. 既然知性，当它单纯在一种关系中把一个对象叫做为现相时，同时又在这种关系之外仍制定一种关于自在的对象本身的一个表象，因而它设想，它也能够制定这类对象的概念的表象。（KrV，B306）

138. 如果我们想把范畴应用于——不被视为现象的——对象，我们就必须把不同于感性直观的、另一种直观设置为基础，而这样一来，对象就会是一种积极意义上的本体。（KrV，B308）

139. 范畴的运用也决不能超出经验之对象的界限。（KrV，B308）

140. 现象，只要它们按照范畴的统一性而被思想为对象，就叫作现相（Phaenomena）。（KrV，A248）

141. 对象凭借这种客观实在性向我们表象为如它们所是的那样。（KrV，A249）

142. 现象无非是表象，所以知性把它们联系到一个作为感性直观的对象的“某物”。（KrV，A250）

143. 知性借助于这种统一性而把杂多统一在一个对象的概念中。（KrV，A250）

144. 我使一般现象与之相关联的那种客体，就是先验的对象，亦即关于一般“某物”的完全未被确定的思想。（KrV，A253）

145. 我不能通过任何范畴而思想这个对象；因为范畴适用于经验的直观，为了把这个直观带到一般对象的概念之下。（KrV，A253）

146. 范畴毕竟是一种单纯的思想机能，通过它并没有任何对象被给予我，而只是那可以在直观中被给予的东西被思想。（KrV，A253）

147. 一个本体的概念，即一个——完全不应该被思考为一个感官对象、而应该（只通过纯粹知性）被思考为一个自在之物本身的——物的概念，是完全不自相矛盾的。（KrV，A254；B310）

148. 因此对象划分为现相和本体，并且世界划分为感性世界和知性世界。（KrV，A255；B311）

149. 但问题是，这些现象是否也还有一些运用，如果对象不是现象（本体），并且在这种含义上人们设想它们，当对象自在地只是被思想为单纯理知的，即唯独给予知性、而根本不给予感官的东西的时候。（KrV，A257；B313）

150. 感官向我们表现出对象如它们所显现的那样，知性却表现出对象如它们所是的样子。（KrV，A257；B313）

151. 知性和感性在我们这里只有联结起来才能够规定对象。（KrV，A258；B314）

152. 反省（reflexio，反思）并不与对象本身发生关系、以直接获得它们的概念，而是这种内心的状态，在其中我们首先准备找出由以能够达到概念的那些主观条件。（KrV，A260；B316）

153. 先验的反思（它走向对象本身）却包含了表象相互间客观比较的可能性根据。（KrV，A262；B319）

154. 莱布尼茨曾把现象当作自在事物本身，因而看作 intelligibilia（理知的东西），即纯粹知性的对象。（KrV，A264；B320）

155. 但由于现象是感性的对象，并且知性鉴于它们不是纯粹的、而只是经验的运用，所以多数性和数目的差异性已经被作为外部现象的条件的空间本身说明了。（KrV，A264；B320）

156. 但如果我们想用这些概念而达到这种对象，那么先验的反省首先是必要的，对于这些对象应当是哪些认识能力的对象，是纯粹知性的对象，还是感性的对象。（KrV，A269；B325）

157. 质料任何时候对于纯粹知性都不是对象。（KrV，A277；B333）

158. 但如果我把这些概念应用于一个（在先验的理解中）一般对象，而无需进一步规定，这个对象是一个感性直观的对象还是一个智性直观的对象，那么，马上就显示出来了——颠倒这些概念的一切经验的运用的（不超出这种概念的）——限制。（KrV，A279；B335）

159. 但在其中有独立的和持存的关系，由此，一个确定的对象就被给予我们。（KrV，A285；B341）

160. 如果我们把单纯理知的对象理解为这一种事物，它们被纯粹范畴、而无需任何感性图型、所想到，那么这样一类对象就是不可能的。因为我们一切知性概念的客观运用的条件单纯是对象由此被给予我们的那种感性直观的方式，并且，如果我们抽掉这种方式，那么这些知性概念就完全不具有与随便一个客体的任何关系了。（KrV，A286；B342）

161. 因此我们之所以还不能把我们思维的对象领域积极地扩展到超出我们感性的条件，并且在现象之外还假定纯粹思维的对象，即本体，就因为这些对象不具有任何可以指定的积极意义。（KrV，A287；B343）

162. 纯粹知性的批判不容许，在那些能够让知性觉察为现象的对象之外，创立一个新的对象领域，并且不容许过分放纵于理知世界中、乃至在理知世界的概念之中。（KrV，A289；B345）

163. 因为范畴是唯一的一些与一般对象发生关系的概念，所以区别一个对象是某物、还是无，将按照范畴的秩序和指示而继续。（KrV，A290；B346）

164. 单纯直观形式，没有实体，本身就绝不是对象，而只是对象（作为现象）的形式条件。（KrV，A291；B347）

165. 无，作为1. 没有对象的空的概念，理论的东西；2. 一个概念的空的对象，缺乏性的无；3. 没有对象的空的直观，想像的东西；4. 没有概念的空的对象，否定性的无。（KrV，A292；B384）

166. 真理或幻相并不是在对象中的，只要对象被直观，而是在关于对象的判断中的，只要对象被思维。（KrV，A293；B350）

167. 理性从来都不首先面向经验，或者面向任何一个对象，而是面向知性。（KrV，A302；B359）

168. 纯粹理性即使面向对象，它却仍然与这些对象及其直观没有直接的关系，而只与知性及其判断有直接关系。（KrV，A307；B363）

169. 唯有通过它们，一个对象的知识和规定才是可能的。（KrV，A310；B367）

170. 认识要么是直观，要么是概念（intuitus vel conceptus，直觉或概念）。前者直接关系到对象，并且是个别的；后者间接关系到对象，借助于更多事物能够共同具有的一个特征。（KrV，A320；B377）

171. 因此我们在一个理性推论的结论中将一个谓词限定在一个特定的对象上，因为我们事前已经在大前提的全部范围内、在一个特定的条件下思想了一个确定的对象。（KrV，A322；B378）

172. 在这种意义上绝对可能的就意味着，本身自在地（内部地）是可能的东西，它实际上是人们所能够讲述一个对象的最少的东西。（KrV，A324；B381）

173. 纯粹理性把一切都委托给了知性，知性首先与直观的对象、或者更与它们的想像力中的直观综合发生关系。（KrV，A326；B383）

174. 知性对此没有任何概念，而理性则要超越到把每一个对象方面的一切知性活动都概括到一个绝对的整体之中。（KrV，A327；B383）

175. 我把理念理解为一个必然的理性概念，在感官中不会有任何与之相符的对象被给予它。（KrV，A327；B383）

176. 这些概念的对象根本不可能经验地被给予，因而它们完全处于纯粹知性的能力之外。（KrV，A333；B390）

177. 第三级包含思想的所有一般对象的条件的绝对统一性。（KrV，A334；B391）

178. 思想着的主体是心理学的对象，一切现象的总和（世界）是宇宙学的对象，而一个物，它包含着能够被思想的、一切可能性的至上条件，（一切本质的存在者），则是神学的对象。（KrV，A334；B391）

179. 纯粹理性从不直接与对象相关联，而与对象的知性概念相关联。（KrV，A335；B392）

180. 一个单纯的先验理念的对象是某种人们没有任何概念的东西，虽然这个理念按照它的本源的法则完全必然地产生于理性之中。（KrV，A338；B396）

181. 我，作为思想着的，是一个内感官的对象，叫做灵魂。而这作为一个外感官对象的我，则叫做肉体。（KrV，A342；B400）

182. 这个实体，单纯作为内感官的对象，就给出了非物质性的概念；作为单纯的实体，就给出了不朽性的概念。（KrV，A345；B403）

183. 我并非通过单纯的“我思”，而认识一个客体，毋宁只有通过我出于一切思维都在其中的那种意识的统一性的意图而规定一个给予的直观，我才能够认识任何一个对象。（KrV，B406）

184. 人们不可能知道，是否能在任何地方把一个对象归之于它，因为人们看不出这样的一种生存方式的可能性，因而它绝对没有交出任何知识。（KrV，B412）

185. 灵魂的持存性，作为单纯的内感官的对象，仍未证明，并且甚至是不可证明的。（KrV，B415）

186. 但这个概念、或者这个命题，没有教导我们丝毫鉴于我的本身作为一个经验之对象，因为这个实体概念本身仅仅被运用为——没有配以直观、因而没有客体的综合机能，而且只适用于我们知识的条件，却并不适用于任何一个可以指出的对象。（KrV，A356）

187. 我们的思维着的主体本该是无形体的，这就是说，由于它被我们表象为内感官的对象，只要当它思维着，就不可能作为任何外感官的对象，亦即不可能是在空间中的任何现象。（KrV，A357）

188. 这个思想着的“我”，灵魂（内感官的那个先验对象的一个名称）该是单纯的。（KrV，A361）

189. 但现在我是内感官的一个对象并且一切时间都单纯是内感官的形式。（KrV，A362）

190. 外部感官的一切对象的此在都是可疑的。（KrV，A367）

191. 内感官的对象（我自己连同我的一切表象）直接被知觉到，并且它的生存不会遭到任何怀疑。（KrV，A368）

192. 外部对象（物体）单纯是一些现象，因而也无非是我的表象的一种方式，这种表象的对象只有通过这些表象才是某种东西，但抽掉这些表象就什么也不是了。（KrV，A370）

193. 先验的对象，不论鉴于内直观还是鉴于外直观，都同样是不知道的。但这种谈论并不是关于先验的对象，而是关于经验的对象，于是这种对象如果在空间中被表象，那就叫作外部的对象，而如果它只是在时间关系中被表象，那就叫作内部的对象。（KrV，A373）

194. 感觉一旦被给予了（它，如果被应用到一个一般对象上，而不规定这个对象，就叫作知觉），那么通过感觉的杂多就可以在想像中虚构许多对象，这些对象在想像之外的空间或时间中没有任何经验的位置。（KrV，A374）

195. 所以最严格的观念论者都不可能要求，人们应当证明（在严格意义上），在我们之外的对象符合我们的知觉。（KrV，A376）

196. 现在，从知觉中，要么通过想像的一种单纯游戏，要么也借助于经验，都能够产生出对象的知识。（KrV，A376）

197. 如果我们让外部对象相当于自在事物本身，那就完全不可能领会，我们应该如何在我们之外得到对它们的现实性的知识，通过我们仅仅依靠在我们之内的表象的方式。（KrV，A378）

198. 因为这种——它与灵魂的协同作用激起如此巨大疑虑的——物质，无非是一种单纯的形式，或者一种——通过被人们命名其为外感官的直观的——未知对象的一定表象方式。（KrV，A385）

199. 物体并不是对于我们在场的自在的对象本身，而仅仅是谁知道是什么的那个未知对象的单纯现象。（KrV，A387）

200. 我们感性的未知对象不可能是在我们之内的表象的原因。（KrV，A392）

201. 在可能出现于经验领域的一切任务中，我们都把那些现象作为自在的对象本身来处理，而不为它们（作为现象）的可能性的最初根据而担心。（KrV，A393）

202. 但这个条件只是形式的条件，亦即每一个思想的逻辑的统一性，在这种情况下我不考虑一切对象，并且仍然被表象为一个我所思想的对象，亦即“我”本身及其无条件的统一性。（KrV，A398）

203. 没有一个作为基础的直观，单单这些范畴不能给我设法获得任何有关一个对象的概念。（KrV，A399）

204. 某物如果只是在概念中而不是在现象中被认作简单的，那么我由此便根本不现实地拥有关于对象的任何知识。（KrV，A400）

205. 我不能够认识那种我必须预设为前提的东西本身，为了一般地认识一个客体，并且那个规定着的“本身”，（思维）和那个可被规定的“本身”（思维着的主体），正如知识本该区别于对象一样。（KrV，A402）

206. 纯粹心理学的这些主张并不包含灵魂的经验的谓词，而包含是这样一些谓词，当它们发生的时候，就应当不依赖于经验、因而通过单纯的理性而规定自在的对象本身。（KrV，A405）

207. 如果我们不把我们的理性仅仅为了知性原理的运用、而运用于经验之对象，而是冒险把它扩展而超出经验对象的边界，那么就产生出玄想的定理。

（KrV，A421；B449）

208. 最后，是否有一个至上的世界原因，还是自然物及其秩序就构成了——在它那里我们在我们的一切考察中都必须停止的——最后的对象：这就是这些问题，为了它们的解答，数学家会愿意支付完他的全部科学。（KrV，A463；B491）

209. 知性不仅没有必要离开自然秩序的这一链条，以便眷念那些理念，而知性则不知道那些理念的对象，因为它们作为观念物而永远不能被提供出来。（KrV，A469；B497）

210. 自然是唯一向我们提供对象、并能够把这些对象的规律教给我们的。（KrV，A470；B498）

211. 这种真正的思辨知识到处都不能遇见别的对象，而无非经验之对象。（KrV，A471；B499）

212. 对象是先验的因而本身是未知的吗？（KrV，A478；B506）

213. 宇宙论的理念本身唯独具有这种特点，它们能够把它们的对象和这个对象的概念所要求的经验的综合预设为给予了的，并且从它们中产生出来的问题。（KrV，A479；B507）

214. 自然现象是不依赖于我们的概念而被给予我们的对象，所以打开它们的钥匙并不处于我们和我们的纯粹思想之内，而处于我们之外。（KrV，A480；B508）

215. 因为这所有的问题都涉及到一个——无非只能够在我们的思想中被给予的——对象，也就是现象的综合的绝对无条件的总体性。（KrV，A481；B509）

216. 这个对象那就永远也不能显露给你们了，因为它不能通过任何可能经验而被给予出来。（KrV，A483；B511）

217. 你们的对象只是在你们的大脑中，而根本不能在你们的大脑之外被给予。（KrV，A484；B512）

218. 可能的经验就是这种，唯一能够给予我们的概念以实在性的东西；没有它，一切概念都只是理念，没有真实性并且没有与一个对象的关系。（KrV，A489；B517）

219. 一切在空间或者时间中被直观到的东西，因而一切对我们可能的经验之对象，都无非是现象、即一些单纯的表象。（KrV，A491；B519）

220. 外部直观的对象，正如它们在空间中被直观到的那样，也是现实的，并且在时间中一切变化，就如内感官把它们所表象出来的那样。（KrV，A492；B520）

221. 我们内心的内部感性直观（作为意识的对象）。（KrV，A492；B520）

222. 因此经验之对象绝不是自在本身地、毋宁只在经验中给予的，并且根本就不生存于经验之外。（KrV，A493；B521）

223. 而这些表象，只要它们在这种关系中（在空间和时间中）按照经验之统一性的法则而被连结和可规定的，就叫做对象。（KrV，A494；B522）

224. 过去时间的现实事物都已经在那个先验对象中给予了经验；但它们只对我来说才是对象并且只在过去的时间中才是现实的。（KrV，A495；B523）

225. 感官的对象作为有条件者被给予了我们，所以它们的所有条件的整个序列也就被给予了我们。（KrV，A497；B525）

226. （在小前提中）把现象看作自在事物并且同样也看作给予单纯知性的对象，这正如在大前提中所发生的一样。（KrV，A500；B528）

227. 这些现象决不是那种——绝对无条件者能够发生于其上的——对象自在本身，而只是经验的表象。（KrV，A508；B536）

228. 绝对总体性的一个单纯概念，它只在它本身中已完成，就思想一个在任何经验中都不可能被给予的对象。（KrV，A510；B538）

229. 我对于经验（感官世界）之整个对象将什么也不能说，而只能谈及经验应当据以与其对象相适合地、被加以处理并且继续下去的那个规则。（KrV，A520；B548）

230. 因为我们，正如我们在一切先验理念的普遍表象中一直只停留在现象中的条件之间一样，在两种数学性的先验理念中同样也无非拥有在现象中的对象。（KrV，A529；B557）

231. 我把那种在一个感官对象上、本身不是现象的东西，称为理知的。（KrV，A538；B566）

232. 既然这些现象不是任何自在之物，必须把一种先验对象设置为基础，这种先验对象把它们规定为单纯的表象，那么我们就不应该阻止，对这个先验对象，在它所显现的属性之外，也不赋予一种原因性。（KrV，A538；B566）

233. 这些条件，如果人们想从经验的对象上升到先验对象，就必须被看作是单纯理知的。（KrV，A545；B573）

234. 它们不仅仅用作完成理性的经验的运用（这种运用始终保留着一个永不完成、但却必须追随的理念），而与这种运用完全分离开来，并且自己给自己制造对象，它们的材料并不从经验中拿来，它们的客观实在性也不以经验的序列的完成、而以纯粹的先天概念为基础。（KrV，A565；B593）

235. 因为现象的——在自己本身中绝对没有任何根据、而始终有条件的——此在，要求我们：寻找某种与一切现象区别开来的东西、因而寻找一个在它那里使这种偶然性停止下来的理知的对象。（KrV，A566；B594）

236. 对于我们是一个理想的东西，对于柏拉图则是一个神圣知性的理念，一个在神圣知性的纯粹直观中的单独的对象，即可能存在者的每一类的那个最完善者和现象中一切摹本的那个原始根据。（KrV，A568；B596）

237. 理性连同它的理想的意图就是按照先天规则的通盘规定；因此理性设想一个——按照原则应当是可被通盘规定的——对象，虽然对此还缺乏在经验中的充分条件、因而这个概念本身是超验的。（KrV，A571；B599）

238. 它把自己纯化为一个先天地被通盘规定的概念，并由此成了一个单独对象的概念，这对象被这个单纯的理念所通盘规定，因而必须被称为纯粹理性的一个理想。（KrV，A574；B602）

239. 因为唯有通过先验的肯定、并且它所到达得如此遥远，对象才是“某物”（物），反之，与此相对立的否定则意味着一种单纯的缺乏，并且，在这个否定唯有被思想的地方，一切物的取消则表现了出来。（KrV，A575；B603）

240. 理性的理想的那个仅仅处于理性中的对象，也被称为原始存在者（ens originarium，原始存在物）。（KrV，A578；B606）

241. 一个这样的存在者的概念在先验的理解中思想，就是关于上帝的概念，所以纯粹理性的理想就是一种先验神学的对象。（KrV，A580；B608）

242. 感官对象的可能性是感官对象与我们思维的一种关系，在其中某物（即经验的形式）能够被先天思维。（KrV，A581；B609）

243. 实际上除了感官对象，没有任何对象能够被给予我们，并且只能在一个可能经验的前后关联中被给予我们，所以如果不是把一切经验的实在性的整体预设为一个对象的可能性条件，对我们来说就没有任何东西是一个对象。（KrV，A582；B610）

244. 因此这个存在者本身也会是绝对必然的，因为它的此在在一个按照随意而假定的概念中并且在我设定了这个概念的对象条件下，被一起想到了。（KrV，A594；B622）

245. 毕竟存在着一个、而且只有这一个概念，由于它的对象的非存在或取消在本身本该是矛盾的，而这个对象就是最高实在的存在者的概念。（KrV，A596；B624）

246. “上帝是全能的”这个命题，包含了两个概念，这两个概念又拥有它们的对象：“上帝”和“全能”。（KrV，A598；B626）

247. 因为对象在现实性那里并不单纯是分析地包含在我的概念中，而是综合地加入了我的概念（这概念是我的状态的一个规定）。（KrV，A599；B627）

248. 通过概念，对象仅仅被思考为与一般可能的经验知识的普遍条件相一致，但通过这种生存却被思考为包含在全部经验的连贯关系中。（KrV，A600；B628）

249. 我们有关一个对象的概念所以不论包含什么东西以及包含多少东西，

那么我们仍还必须超出它，以便把这种生存授予它。（KrV，A601；B629）

250. 因为综合知识的可能性标志必须永远只在经验中被寻求，但一个理念的对象却不可能属于经验。（KrV，A602；B630）

251. 所以这个证明原本从经验开始，因而它并不是完全先天地进行的，或者是本体论的，并且因为一切可能经验之对象就叫做世界，所以这个对象也就因此被称为宇宙论的证明。（KrV，A605；B633）

252. 这个现实的对象又是至上的条件，就被设想为必然的，因而一条调节性的原则就被转变成了一条构成性的原则。（KrV，A619；B647）

253. 后一种人主张，理性有可能按照与自然的类比而进一步地规定这个对象，即作为一个——通过知性和自由而包含一切别的事物的原始根据在自身中的——存在者。（KrV，A631；B659）

254. 一种理论的知识，如果它指向一个人们在任何经验中都不可能达到的对象、或者关于一个对象的那些概念，那么就是思辨的知识。（KrV，A634；B662）

255. 因为对象在这里根本就不是一个可能经验之任何客体。（KrV，A636；B664）

256. 如果要使在经验有效的因果律导致这种原始存在者，那么这个原始存在者就必须同属于经验之对象的链条。（KrV，A636；B664）

257. 所以一切原理都只是内在的有效性的、即它们都只与经验的知识的对象或者现象相关联。（KrV，A638；B666）

258. 无论知性是如何达到这个概念的，这个概念的对象的此在却毕竟不能在这个概念中分析地被发现，因为客体的生存的知识恰好就在于，这个客体本身是自在地设置在思想之外的。（KrV，A639；B667）

259. 理性决不直截了当地与一个对象、而仅与知性发生关系，并且借助于知性而与理性自己的经验的运用发生关系，所以并不创造任何（客体的）概念，而只是整理它们。（KrV，A643；B671）

260. 理性原本只把知性及其合目的的职能当作对象。（KrV，A644；B672）

261. 形式的这种连续性就该是单纯的理念，根本不能指出一个在经验中与之相一致的对象。（KrV，A661；B689）

262. 而纯粹理性的原则却连在经验的概念方面也不可能是构成性的，因为不可能把任何相应的感性图型提供给这些原则，所以它们也不可能拥有任何具体的对象。（KrV，A664；B692）

263. 所有的差别都仅仅基于外部的偶然性之上，那么我就可以只抽出在考察中的对象的性状，以便领会到，这个对象对双方都隐藏得太深了，以至于它们不可能从对客体的本性的洞见里而显露出来。（KrV，A667；B695）

264. 我们理性的某物，是作为一个绝然的对象、还是只作为一个理念中的对象而被给予，这是一个巨大的区别。在前一种情况中我们的概念去规定对象；在后一种情况中它实际上只是一个图型，这个图型没有任何对象、甚至一次都不被假设地附加于其上。(KrV，A670；B698)

265. 理念以这种方式原本只是一个启发式的、而非明确表示的概念，而且所指明的，并非一个对象是怎样的性状，而是我们应当如何在这概念的指引下、寻找一般经验之对象的性状和连结。(KrV，A671；B699)

266. 因为，这时我决不能假定这个物自在本身的此在，因为没有任何概念，我由此而能够确定地设想任何一个对象，为此而达到它，并且我的概念的客观有效性的这些条件已被这种理念本身排除在外了。(KrV，A676；B704)

267. 现在，我仍然可以假定这样一个不可理解的存在者，即一个单纯理念的对象，相对地在感官世界之上，虽然并非自在本身。(KrV，A677；B705)

268. 因为我绝对不要求、并也不能授权要求，按照它也许自在地是什么而认识我的理念的这个对象。(KrV，A678；B706)

269. 纯粹理性实际上所忙碌的无非它自身，并且不能够拥有任何别的事务，因为并没有对象被提供给经验概念的统一性，而有知性知识被提供给理性概念的、即在一条原则中的关联的统一性。(KrV，A680；B708)

270. 理性同时给它的理念提供了一个对象，但这个对象又不能通过任何经验而被提供。(KrV，A681；B709)

271. 通过这样一个概念我不但拿走了物质自然，而且一般地拿走了一切自然，即任何一个可能经验的所有谓词，因而拿走了为这样一个概念而思想一个对象的所有条件。(KrV，A684；B712)

272. 我们没有丝毫根据，绝对地假定（自在地设定），这个理念的对象。(KrV，A686；B714)

273. 因为一切范畴，通过它们我试图给我制造一个有关这样的对象的概念，都是没有别的而无非经验的运用的范畴，并且如果它们不被运用于可能经验的客体、即感官世界之上，就没有任何含义。(KrV，A696；B724)

274. 我们只预设了一个——我们对之自在地本身会是什么完全没有任何概念的——“某物”（一个单纯的先验对象）。(KrV，A697；B725)

275. 所以我构造一个三角形，我就描绘了与这个概念相应的对象，要么通过在纯粹直观中的单纯想像、要么按照这种想像也在纸上、在经验的直观中，但这两次都是完全先天地描绘，无需为此而从任何一个经验中拿出范本。(KrV，A713；B741)

276. 现在，这就只有当我要么按照经验直观的条件、要么按照纯粹直观的条件而规定我的对象，才是可能的。(KrV，A718；B746)

277. 我们的一切知识最终毕竟与可能的直观相关联：因为唯有通过这些直观，一个对象才被给予。（KrV，A719；B747）

278. 但我可以从概念走向与这个概念相应的纯粹的或经验的直观，以便在直观中具体地考量这个概念，并且，先天地或后天地认识凡是应归于这个概念的对象的东西。（KrV，A721；B749）

279. 既然我们在这个概念上只拥有感官对象的一种一定方式的一些特征，那这就决不是可靠的。（KrV，A727；B755）

280. 因为我永远也不能肯定，一个（仍然混乱的）被给予的概念的清晰的表象已被详尽地展开了，除非我知道，这个概念是与对象相符合的。（KrV，A728；B756）

281. 但我却不能够说，我由此已经给一个真实的对象下了定义。因为，如果这个概念以经验的条件为基础，例如一只船钟，那么这个对象及其可能性通过这个任意的概念还没有被给予。（KrV，A729；B757）

282. 数学先天地在直观中描述了它所思考的对象，并且这个对象一定能够包含比之于这个概念不多不少的东西。（KrV，A729；B757）

283. 因为它可以只通过纯净的言辞（思想中的对象）而进行，而不叫做演证，它正如这个术语已经表明的，在对象的直观中继续。（KrV，A735；B763）

284. 分析判断关于对象所真正教导给我们的，无外乎我们关于这个对象所拥有的概念、已经包含在自身中的东西，因为这种分析判断不把知识扩展到超出主体的概念之外，而只解释这个概念。（KrV，A736；B764）

285. 对于我们的知识而言的一切可能对象的总和在我们看来就是一个平面，它具有它的虚假的地平线，这地平线也就是包括这些对象的全部范围并且被我们称之为无条件的总体性的理性概念的东西。（KrV，A759；B787）

286. 我们在某个类的判断中，超出了我们关于对象的概念。我已经把这种判断命名为综合的。（KrV，A764；B792）

287. 如果想像力大体上不应当东游西荡，而应当，在理性的严格监视下构想，那么某种东西就一直必须预先是完全确定的，而不是虚构出来的、或者是单纯的意见，而这种东西就是对象本身的可能性。（KrV，A770；B798）

288. 理性概念就是，如已说过的，单纯的理念，并且当然不具有在任何一个经验中的对象，但也并不因此就表明虚构的却同时又被假定为可能的对象。（KrV，A771；B799）

289. 这样一些只有在一切可能经验的界限之外才能够找到它的对象的概念的客观实在性，都是超验的。（KrV，A781；B809）

290. 如果我要先天地超出一个对象的概念，没有一个特殊的并处于这个概念之外的引导线索，这就是不可能的。（KrV，A782；B810）

291. 如果这都是一些知性的原理（例如因果性原理），那么借助于它们而达到纯粹理性的理念，就是徒劳的了；因为它们只对可能经验的对象才有效。（KrV，A786；B814）

292. 因为只有借助于因果律而将为这个概念规定一个对象，这个被表象的事件才具有客观有效性、即真理。（KrV，A788；B816）

293. 不论人们关于一个对象是肯定地主张什么，还是否定地主张什么，两者都是不正确的，并且人们不能够通过反驳相反一方而反证地达到真理的知识。（KrV，A793；B821）

294. 理性的思辨在先验运用中最后所导致的终极意图，涉及到三个对象：意志自由，灵魂不朽，和上帝此在。（KrV，A798；B826）

295. 一个道德世界的理念因而就具有客观的实在性，不作为似乎它在指向一个理知的直观的对象（这样一类对象我们完全不能思维），而指向感官世界，但作为一个纯粹理性在它的实践的运用中的对象。（KrV，A808；B836）

296. 但如果现在实践理性已经达到这个高峰、即作为一个至善的一个唯一的原始存在者的概念，那么它决不可以冒险以为，它已经超越了它的应用的一切经验的条件，并高高飞升到那些新的对象的直接的知识，以便从这一概念出发、并从中推导出道德律本身。（KrV，A818；B846）

297. 人类理性的规律提供（哲学）具有两个对象，自然和自由。（KrV，A840；B868）

298. 因此这种超验的自然之学要么以内部的连结、要么以外部的连结为自己的对象，但两种连结都超出了可能经验。（KrV，A846；B874）

299. 但它们都仅仅是两类感性的对象。1. 外感官的对象，因而这些对象的总和，有形的自然；2. 内感官的对象，灵魂，以及，根据一般灵魂的基本概念，思想着的自然。（KrV，A846；B874）

300. 我们如何能够从对象中期待一种先天的知识、因而一种形而上学，如果这些对象都是被给予了我们的感官、因而都后天地被给予了？（KrV，A847；B875）

301. 我们在这些对象的全部形而上学中，都会必须完全放弃所有——仍然想把任何一个经验添加到这个概念上，以便从中判断关于这些对象的某物的——经验的原则。（KrV，A848；B876）

302. 前一派的人主张，只有在感官对象中才有现实性，其余的一切都是想像。（KrV，A853；B881）

303. 前一派承认智性的概念，但只接受感觉的对象。后一派要求，真实的对象只是理知的，并且主张一种——通过没有任何感官伴随的并且按照他们的意见仅被弄混了的知性的——直观。（KrV，A854；B882）

多神教（die Vielgötterei）

1. 所以，我们在一切民族那里，都还看到一神教的一些微光穿透过他们最盲目的多神教，导致这一点的不是沉思和深刻的思辨，而只是普通知性的逐步变得明白起来的一种自然进程。（KrV，A590；B618）

多数性（die Mehrheit）

1. 而实体的单一性则只是生存的一种方武，这种方式唯有通过这种分割才被转变为自存性（Subsistenz）的一种多数性。（KrV，B417）

2. 但这样的话，许多简单的实体也可能重新融合进一实体之中，与此同时所失去的无非只是自存性的多数性。（KrV，B417）

多数性（die Vielheit）

1. 量的范畴：单一性；多数性；全体性。（KrV，A80；B106）

2. 全体性（总体性）被看成无非是作为单一性的多数性。（KrV，B111）

3. 事物的这些被信以为真的先验谓词无非是一般事物的一切知识的逻辑要求和标准，这种一切事物的知识把量的范畴，即单一性、多数性和全体性，设置为它的基础。（KrV，B114）

4. 人们就可以把这命名为那些——属于一个作为一种共同根据的一个概念的——特征的质的多数性（这些特征并不在这种概念中被思想为大小）。（KrV，B114）

5. 于是，我把那种——只是被领会为统一性、并且在其中多数性只能被接近于否定性＝0所表象出来的——大小，称为内包的大小。（KrV，A168；B210）

6. 一般判断的逻辑机能：单一性和多数性、肯定和否定、主词和谓词，没有犯一个循环论证的错误，就不能够被定义。（KrV，A245）

7. 所以多数性和数目的差异性已经被作为外部现象的条件的空间本身说明了。（KrV，A264；B320）

8. 方位的差异性使得作为现象的对象的多数性和区别，无需进一步的条件，对于自身则已经不仅仅是可能的，而且是必然的了。（KrV，A272；B328）

9. 这样就慢慢地转变成虚无，（因为它没有任何部分，所以也不包含任何多数性）。（KrV，B414）

10. 因为被分割的多数性，原先就已经存在了，但不是作为实体的多数性而存在，而是作为每一个实在性的多数性而存在，作为实体中的生存的定量而存在。（KrV，B416）

11. 所以：实体，实在性，统一性（而非多数性）和生存，只是理性在这

里把它们全都表象为一个本身是无条件的、思想着的存在者的可能性的条件。（KrV，A403）

12. 时间中在多数性上无条件的统一性，即不是在不同时间中数目上相区别，而是作为“一”和恰好“同一个主体”，（KrV，A404）

E

恶事，祸害（das Übel）

1. 按照这条原理，一切恶事都无非是被造物的局限、即否定性的后果，因为这些否定性是与实在性唯一相冲突的东西，（在一个一般物的单纯概念中也的确是如此，但在作为现象的事物中则不然）。（KrV，A273；B329）

2. 如果，在一个无限制地完善的原因的前提下，虽然在世界中发现的一切合目的性、秩序和大小的任何解释根据，都不缺乏，但却需要那种，至少按照我们的理解、在显示出畸形与祸害的情况下，仍然新的假设，以便对这种情况的反驳得到拯救。（KrV，A774；B802）

恩宠王国（das Reich der Gnaden）

1. 莱布尼茨曾称呼——只要人们在其中只留意理性存在者与它们在至善统治下按照道德律的关联的——那个世界，为恩宠王国，并且它区别于自然王国，由于它虽然从属于道德律，但并不指望它们的行为的任何别的后果，而无非按照我们感官世界的自然进程的后果。因此在恩宠王国中则看到，在那里一切幸福期待着我们。（KrV，A812；B840）

二律背反（die Antinomie）

1. 玄想的推理的第二级瞄准了一个给予了的现象的一般条件序列的绝对总体性的先验概念，我由此而推论出，我从序列的无条件的综合统一性起，一个任何时候都具有一个自相矛盾的概念的方面、我关于它仍也不具有任何概念的对立的统一性的正确性。理性的这个状况，在这种辩证推理那里，我将称为纯粹理性的二律背反。（KrV，A340；B398）

2. 纯粹理性法则的这种冲突（二律背反）。（KrV，A407；B434）

3. 先验的背反论是一种关于纯粹理性的二律背反、它的原因和结果的探讨。（KrV，A421；B448）

4. 先验理念的第一个冲突。正题：世界在时间中具有一个开端，并且根据空间也包括在界限之内。（KrV，A427；B453）。反题：世界不具有任何开端，并且在空间中也没有任何界限，无论在时间、还是在空间方面，都是无限的。（KrV，A427；B453）

5. 先验理念的第二个冲突。正题：世界上每一个复合的实体都由简单的部分所构成，并且除了简单的东西、或由简单的东西复合而成的东西之外，任何地方都没有什么东西生存着。（KrV，A434；B462）。反题：世界上没有任何复

合之物由简单的部分所构成，并且世界上任何地方都没有简单的东西生存着。（KrV，A435；B463）

6. 先验理念的第三个冲突。正题：按照自然律的因果性并不是世界的现象全都能够从中被推导的唯一因果性。通过自由而假定一种因果性，对解释这些现象，是必要的。（KrV，A444；B472）。反题：没有任何自由，而世界上一切东西都只按照自然律而发生。（KrV，A445；B473）

7. 先验理念的第四个冲突。正题：某物属于这个世界，它是，或者作为世界的一部分、或者作为世界的原因，一个绝对必然的存在者。（KrV，A452；B480）。反题：任何地方，不论是在世界之中、还是在世界之外，作为世界的原因，任何绝对必然的存在者都不生存。（KrV，A453；B481）

8. 我也许可以把第二个二律背反的正题称之为先验的原子论（Atomistik）。（KrV，A442；B470）

9. 但在这个二律背反中却表现出一种奇怪的对照：即恰好从同一个证明根据中，一个原始存在者的此在，在正题中被推出来了，而在反题中，原始存在者的非存在又以同样的严格被推出来了。（KrV，A459；B487）

10. 而这确实就是一切世界概念的情况，这些世界概念也正为此，而把理性，只要它追随它们，就卷入了一种不可避免的二律背反。（KrV，A486；B514）

11. 纯粹理性的全部二律背反都基于这种辩证的论据：如果有条件者被给予了，那么它的所有条件的整个序列也就被给予了：现在，感官的对象作为有条件者被给予了我们，所以它们的所有条件的整个序列也就被给予了我们。（KrV，A497；B525）

12. 因此，纯粹理性的二律背反在它的宇宙论的理念那里被消除了，通过指出——它单纯是辩证的并且是一种幻相的冲突——的办法，而这种幻相发源于，人们已把那个——只被看作是自在事物本身的一个条件的——绝对总体性的理念，应用于现象，而现象只在表象中、并且当它们构成一个序列时、在前后相继的回溯中生存，否则就根本不生存。（KrV，A506；B534）

13. 人们由此而看出，四重二律背反的上述证明并不是欺骗花招，而根本就是，在这个前提下，即现象或把现象全部都包括在自身内的感官世界，会是自在之物本身。（KrV，A507；B535）

14. 当我们通过一切先验的理念、在一个图表中展现出纯粹理性的二律背反的时候，由于我们指出过，这个冲突的根据和消除它的唯一手段，而这就在于，对立双方的主张都被解释为假的：所以我们已经到处把条件表现为，按照空间和时间的关系而从属于它的有条件者，而这就是普通人类知性的习惯预设，而那种冲突也就完全建立在这个预设之上。（KrV，A528；B556）

15. 因此，动力学的理念，在现象的序列之外，允许了现象的一个条件、即这样一个本身并不是现象的条件，这就发生了某种——与数学的二律背反的后果的完全不同的事情。这种二律背反就造成了，两个辩证的对立主张必须都被解释为虚假的。（KrV，A531；B559）

16. 假如现象是事物自在本身，因而空间和时间就是事物自在本身的此在形式：那么条件将会和有条件者一起任何时候都作为各项而属于一个和同一个序列，而由此在目前的情况下也就产生了共同是一切先验理念的二律背反，这个序列不可避免地必定为知性停止得太大、或太小。（KrV，A535；B563）

17. 自由在这里只被作为一个先验的理念来对待，理性由此而思想到这个通过感性的无条件者直截了当地开始了现象中的条件的序列，但却在此卷入了一个与它自己为知性的经验的运用所颁布的那些法则的二律背反。现在，这个二律背反建基于一个单纯的幻相，并且，出于自由的原因性的自然至少并不冲突，这就是我们能够完成的唯一的事情，并且它也是让我们唯一和独自重视过的东西。（KrV，A558；B586）

18. 所以，在这个摆在我们面前的假装的二律背反那里，就仍还给我们敞开着一条出路，即所有双方相互冲突的命题在不同的关系中可以同时都是真的，以至于一切感官世界的事物都彻底地是偶然的，因而也一直只具有经验的有条件的生存，然而从整个序列中，一个非经验的条件、即一个无条件的必然的存在者也发生了。（KrV，A560；B588）

19. 但设想现象即感官世界的一个理知的根据，以及这个摆脱了感官世界的偶然性的理知的根据，是既不与在现象序列中不受限制的经验的回溯、又不与这些现象的无例外的偶然性相对立的。但这也是唯一的东西，即我们已经完成了对假装的二律背反的消除，并且只能够以这种方式去做。（KrV，A563；B591）

20. 于是也没有阻止我们的丝毫东西，把这些理念也假定为客观的和实体化的，仅仅除了宇宙论的理念以外，在这里理性就偶然遇到了一种二律背反，如果想要使一个理念这样实现出来，（心理学的和神学的理念则根本不包含这类二律背反）。因为在心理学的和神学的理念中并没有一个矛盾。（KrV，A673；B701）

21. 纯粹理性所提出的一切问题，都是必须被绝对回答的，并且这种——用我们的知识的限制，它在许多自然探究中刚好同样是不可避免的和合理的——原谅，在这里不可能被允许，因为在这里并不由事物的本性、而仅通过理性的本性并仅仅关乎理性的内部机制，这些问题才被提交给我们。（KrV，A695；B723）

22. 二律背反，因为基于理性的本性，它就必须被倾听和被检验。（KrV，

A744；B772）

23. 因此在纯粹理性的领域中并没有任何真正的论争。双方都是在与空气搏斗，他们和自己的影子扭打，因为他们超出了自然之外，在那里对于他们的独断论的把握，可以抓得住和保持的东西，并不是现成的。（KrV，A756；B784）

24. 所以理性在那里拥有不允许它证明、事实上它也不能够进行证明其合法性的财产。（KrV，A776；B804）

二元论（der Dualismus）

二元论者（der Dualist）

1. 所以外部感官的一切对象的此在都是可疑的。这种不确定性我称为外部现象的观念性，而这个观念性的学说就叫作观念论，与之相比，外部感官的对象的一种可能的确定性的主张则被称为二元论。（KrV，A367）

2. 反之，先验的观念论者却可以是一个经验的实在论者，因而，如人们称呼他的，可以是一个二元论者，亦即，他可以承认物质的生存，而无需超过单纯的自我意识，并且不假定除了在我之内的表象的确定性、因而除了 cogito，ergo sum（我思故我在）以外的更多的东西。（KrV，A370）

3. 在这一点上，为了避免那些错误的幻相，人们按照这样的规则行事：凡是按照经验的法则而与一个知觉有关联，就是现实的。不仅唯独这种错觉，而且对这错觉的反驳，恰好都既是二元论、又是观念论所遭受到的，因为在这里所关涉的只是经验之形式。（KrV，A376）

4. 既然如此有人问：二元论是否只有在灵魂学说中只有才发生这种后果呢，那么回答就是：当然的喽！（KrV，A379）

5. 但如果心理学家把现象看作自在之物本身，无论他是作为唯物论者把单独而唯一的物质，还是作为唯灵论者只把思维着的存在者（即按照我们内感官的形式），还是作为二元论者把两者都作为独立生存的事物，而接纳到他的学说概念中，他终归一直被这种误解递给了玄想的方式。（KrV，A380）

6. 这种二元论把那些外部现象并不作为表象而算作主体，而把它们，就像感性直观把它们提供给我们的那样，作为客体而置于我们之外，并且把它们与思维着的主体完全分离开来。（KrV，A389）

7. 因为一切困难，它击中了思维着的本质与物质的连结，都毫无例外地仅仅产生于那个骗取来的二元论的设想：物质，作为这样的物质，并不是现象，即并不是一个未知对象与之相应的单纯内心的表象，而应该是对象自在本身，如同它在我们之外并且独立于一切感性而生存。（KrV，A391）

8. 在两种实体、即思维的实体和广延的实体之间的这种预先给予了的协同性，把一种粗糙的二元论设置为基础，并且使得本来无非是思维着的主体的单纯表象的广延实体，成为独立存在的事物。所以这种被误解了的自然影响，由于人们将它的证明根据揭示为无意义的和骗取得来的，就能够完全被挫败。（KrV，A392）

F

法规（der Kanon）

1. 这样一种批判就是一种——在那里可能对一种工具论的——准备，并且如果做不到这一点，至少对这类知识的一种法规的准备，按照这种法规，或许有朝一日纯粹理性的哲学的完备体系、它可以以扩展或单纯限制纯粹理性的知识为内容，可能被既是分析地、又是综合地展示出来。（KrV，A12；B26）

2. 所以一种普遍而又纯粹的逻辑，不得不只与纯净的先天原则发生关系，并且是知性和理性的一种法规，但仅仅鉴于它的运用的形式，这种内容可能如此，无论它，是（经验的还是先验的）。（KrV，A53；B77）

3. 为此它既不是一般知性的一种法规，也不是特殊科学的一种工具论，而只是普通知性的一种清泻剂。（KrV，A53；B77）

4. 作为纯粹逻辑，它没有经验的原则，因而不（像人们有时说服自己的那样）从心理学中汲取，所以它对于知性的法规没有任何影响。（KrV，A54；B78）

5. 所以，既然这种逻辑原本只应该是评判经验的使用的一种法规，那么这种逻辑就被误用了，如果人们把它看作是一种普遍地和无限制地使用的工具，并且胆敢唯独以纯粹知性、而综合地判断、主张和决断一般对象。而那样一来，纯粹知性的运用就会是辩证的了。（KrV，A63；B88）

6. 由于上述单纯的形式的逻辑抽掉了一切认识的内容（不论它们是纯粹的还是经验的），并且单纯研究一般的思想（推论知识）的形式：所以它在它的分析论的部分也可以包括理性的法规。（KrV，A131；B170）

7. 因此，知性和判断力在先验逻辑中拥有它们的客观有效的、因而真实的运用的法规，因而属于先验逻辑的分析部分。不过，理性在它的先天地构成关于对象的某物的试图中，并扩展知识而超出可能经验的界限，它就完全是辩证的了，并且它的幻相主张绝对不顺从于一个法规，而分析论则应当就包含这一类的法规。（KrV，A132；B171）

8. 所以原理分析论将仅仅是为了判断力的一种法规，这种法规引导判断力，把包含先天规则的条件的知性概念运用于现象上。（KrV，A132；B171）

9. 因为，即使任何客体已经不能由此而被规定，它们毕竟能够从根本上并且未被察觉地为知性充当扩展的和一致的运用的法规，知性虽然不能借此——比它按照其概念所认识的——更多地认识对象，但毕竟在这种认识中被更好、更进一步地引导。（KrV，A329；B385）

10. 所以我把先验方法论理解为纯粹理性的一个完备系统的形式条件的规

定。我们将在这个意图上完成纯粹理性的训练、纯粹理性的法规、纯粹理性的建筑术，最后是纯粹理性的历史。（KrV，A708；B736）

11. 纯粹理性的法规。（KrV，A795；B823）

12. 我把法规理解为一定的一般认识能力的正确运用的先天原理的总和。所以普通逻辑在它的分析的部分就是关于一般知性和理性的一种法规，但仅仅根据形式，因为它抽掉了一切内容。（KrV，A796；B824）

13. 于是先验分析论就是纯粹知性的法规；因为只有它能做得出真正的先天综合知识。但是，一种认识能力在哪里没有正确的运用，哪里就不存在法规。（KrV，A796；B824）

14. 所以根本没有纯粹理性的思辨运用的任何法规（因为这种运用是彻头彻尾辩证的），而一切先验逻辑在这方面都无非是训练。（KrV，A796；B824）

15. 但这样一些规律就是道德的规律，因而它们只属于纯粹理性的实践的运用，并容许一种法规。（KrV，A800；B828）

16. 所以我们在纯粹理性的法规中只与——涉及纯粹理性的实践兴趣的——两个问题发生关系，并且鉴于这两个问题，纯粹理性运用的一种法规必须是可能的，这就是：有一个上帝吗？有来世吗？（KrV，A803；B831）

法则（das Gesetz）
自然法则（das Naturgesetz）
经验的法则（das empirische Gesetz）
道德法则（das sittliche Gesetz）
实践的法则（das praktische Gesetz）
逻辑的法则（das logische Gesetz）
先验法则（das transzendentale Gesetz）

1. 理性必须一手握着它的原则，唯有按照这些原则，取得一致的现象才能够被看做法则，并且另一手握着它按照这些原则所设想出来的实验，而走向自然。（KrV，BXIII）

2. 反之，辩证法则用无条件者的必然的理性理念把这两者结合成一致性，并且发现，这种一致性永远只有通过那种区分才出现，所以这种区分是真正的区分。（KrV，BXX）

3. 正是这些事物的意志在现象中（在可见的行动中）就被设想为必然地遵照自然法则并且假使是不自由的，然而另一方面，又被设想为属于自在之物本身，并不服从自然法则，因而是自由的，在这里并不发生一个矛盾。（KrV，BXXVIII）

4. 因为所想到的规则、或标准，按照它们的最主要的来源都只是经验的，因此决不能用作我们的鉴赏判断所必须按照它而行事的先天的被规定了法则，而宁可说，后者构成了前者的正确性的真正的试金石。（KrV，B36）

5. 一门如此规定如此的知识的来源、范围和客观有效性的科学，也许必须称为先验逻辑，因为它仅仅关涉知性和理性的法则，但它只这么远地与对象先天地发生关系，而不像普遍逻辑，没有区别地既和经验的知识、同时又和纯粹理性知识发生关系。（KrV，B81）

6. 所以真理的单纯逻辑的标准、即一种知识与知性和理性的普遍的和形式的法则相一致，这虽然是一切真理的 conditio sine qua non（必要条件）、因而是消极的条件。（KrV，A59；B84）

7. 就想像力就是自发性这一点而言，我有时也把它叫作生产的想像力，并由此将它区别于再生的想像力，其综合仅仅服从于经验的法则，即联合的法则，因此它对于解释先天知识的可能性毫无贡献，为此它不属于在先验哲学之中，而属于在心理学之中。（KrV，B152）

8. 通过范畴先天地认识那些永远只能对我们的感官发生的对象、并且不按照它们的直观形式而按照它们的联结法则先天地认识它们的可能性，因而仿佛向自然规定法则并甚至使自然成为可能的可能性。（KrV，B159）

9. 范畴是——那些给现象、因而给作为一切现象的总和的自然（natura materialiter spectata，物质方面的自然）规定先天法则的——概念。（KrV，B163）

10. 自然的现象的法则怎么会必然与知性及其先天形式、即与它联结一般直观杂多的能力协调一致，一点也不比现象本身怎么会必然与先天的感性直观形式协调一致更值得诧异。因为法则就这样很少生存于现象中，而只相对于现象所依存的主体才生存，如果这主体具有了知性，这正如现象不自在地生存，而只相对于同一个存在者而生存，如果它具有了感官。（KrV，B164）

11. 但关于一般经验，以及关于凡是作为一个经验对象能够被认识到的东西，唯独那些先天法则才提供了教导。（KrV，B165）

12. 正是统觉的这种先验统一性，使一切总能够在一个经验中共同存在的可能现象，成为一切这些表象按照法则的关联。（KrV，A108）

13. 既然这个统一性必须被看作先天必然的，（因为否则知识就会没有对象了），那么与一个先验对象、亦即与我们的经验的知识的客观实在性的关系，就将以这条先验法则为基础：一切现象，只要对象应当由此而被给予我们，就都必须服从现象的综合统一性的先天规则。（KrV，A109）

14. 但这样一来，知识与对象的一切关系也就会取消了，因为它缺乏按照普遍必然的法则的这种联结，因而它尽管会是无思想的直观，但绝不会是知识，所以对于我们来说就完全是无。（KrV，A111）

15. 根据它一定的杂多能够（因而以同一种方式）被建立起来，就叫作一

个规则，而如果它必须被这样建立起来，就叫作一个法则。（KrV，A113）

16. 普遍条件的表象，根据它一定的杂多能够（因而以同一种方式）被建立起来，就叫作一个规则，而如果它必须被这样建立起来，就叫作一个法则，所以一切现象都处于按照必然法则的一种无例外的连接中、因而是处于一种先验的亲和性中的，而经验的亲和性则仅仅是结果。（KrV，A113）

17. 所以就必须有一个客观的、亦即在想像力的一切经验的法则之前就可以先天地看出的根据，一条延伸到一切现象中的法则的可能性甚至必然性则基于这种根据之上。（KrV，A122）

18. 只有借助于想像力的这种先验机能，甚至现象的亲和性，连同它们的联想，最终通过联想按照法则的再生、因而经验本身，才是可能的：因为没有这种机能就根本没有任何对象的概念可能汇聚到一个经验中。（KrV，A123）

19. 这种综合统一性，在一切知觉的时间关系中，它先天地被规定，所以就是这条法则：一切经验的时间规定都必须服从普遍的时间规定的规则。（KrV，A177；B220）

20. 第三类比，按照交互作用或协同性的法则同时并存的原理。（KrV，A211；B256）

21. 如果我们不从经验开始，或者如果我们不按照现象的经验的关联的法则前进，那么我们就在徒劳而大摆阔气地猜测和研究任何一物的此在。（KrV，A226；B274）

22. 生存的必然性，就绝不可能从概念中，而任何时候都只能从那种与被知觉的东西的连结中，按照经验之普遍法则，而被认识。（KrV，A227；B279）

23. 必然性的标准只在于可能经验的法则：一切发生的事都先天地被它在现象中的原因所规定。（KrV，A227；B280）

24. 一切发生的事，都假设是必然的；这是一条基本原理，它使世界上的变化都从属于一条法则，即从属于一条必然的此在的规则，没有这条规则，甚至连自然都决不会产生。（KrV，A228；B280）

25. 凡是与这种知觉按照经验的法则连结起来的东西，都是现实的，不管它是否直接地被知觉到。（KrV，A231；B284）

26. 在这种统一性中，实体全都必须、按照普遍法则而获得它们的此在和持存性、因而也彼此获得相互的一致。（KrV，A275；B331）

27. 人的最大自由的一部宪法，按照每个人的自由能够与别人的自由共存的法则，（而不是最大幸福，因为这种幸福已经被从本身得出结论），毕竟至少是一个必要的理念。（KrV，A316；B373）

28. 因为在对自然的考察中，经验把规则交到我们手里，并且就是真理的源泉；但鉴于道德的法则，经验却（可惜！）是幻相之母，而想从那个幻相中

取得关于我应当做的事情的法则，或想由此而限制被做着的事情，则是非常无耻的。（KrV，A318；B375）

29. 一个单纯的先验理念的对象是某种人们没有任何概念的东西，虽然这个理念按照它的本源的法则完全必然地产生于理性之中。（KrV，A338；B396）

30. 我通过那种值得惊叹的能力，它首先向我揭示出道德法则的意识，虽然会拥有一条规定我的生存的、是纯粹智性的原则。（KrV，B431）

31. 我把这些概念仅仅理解为根据和后果的主词和谓词的逻辑机能，与这些机能相一致，行动或结果遵循那些道德法则而被规定，以致于这些道德法则每次都能够与自然法则同时、依照实体和原因这些范畴而被解释，虽然它们产生于完全不同的原则。（KrV，B432）

32. 在这一点上，为了避免那些错误的幻相，人们按照这样的规则行事：凡是按照经验的法则而与一个知觉有关联，就是现实的。（KrV，A376）

33. 于是问题就不再是，关于灵魂与外在于我们、别的已知的和异类的实体的协同性了，而单纯是有关内感官的表象与我们的外部感性的变形之间的连结，以及这些东西如何能按照固定的法则相互连结，以至于它们在一个经验中相关联。（KrV，A386）

34. 纯粹理性法则的这种冲突（二律背反）。（KrV，A407；B434）

35. 理性在经验的综合的连续进程中必然被引导上了这些理念，如果它想要摆脱一切条件、并在其无条件的总体性中把握这个任何时候都只能按照经验之法则而有条件地被规定的东西。（KrV，A462；B490）

36. 因此你们不得不操心的，只是与你们自身相一致，并预防这种歧义，它使你们的理念变成一种经验的被给予了的东西的、因而也可以按照经验法则来认识的客体的一种臆想的表象。（KrV，A484；B512）

37. 这就让你们负担起知性的经验的运用的法则，再追问一个更高的时间条件的任务，并且这个世界对这个法则来说显然也太小了。（KrV，A487；B515）

38. 一切——凡是按照经验的进程的法则而与一种知觉处于一种前后关系中的东西——都是现实的。（KrV，A493；B521）

39. 这些表象，只要它们在这种关系中（在空间和时间中）按照经验之统一性的法则而被连结和可规定的，就叫做对象。（KrV，A522；B494）

40. 一切经验之可能性本身的一般法则就在于，一切发生的事情都必须有一个原因，因而这个原因的原因性，本身是发生、或产生出来的，又必须有一个原因。（KrV，A533；B561）

41. 理性就为自己创造了能够自行开始行动的一种自发性的理念，而不允许预先派遣一个另外的原因，再来按照因果连结的法则去规定行动。（KrV，A533；B561）

42. 如果现象们无非被看作它们实际上所是的东西，亦即不是被看作自在事物，而是单纯看作这种按照经验的法则而关联着的表象们，那么这些现象本身就必须还拥有其本身并非现象的根据。（KrV，A537；B565）

43. 但每一个起作用的原因都必然具有一种品格，即它的原因性的一条法则，舍此它就根本不会是原因了。（KrV，A539；B567）

44. 所以按照其经验的品格，这个主体，作为现象，会是服从于因果联结的、按照规定的一切法则的，并且就此而言，它无非是感官世界的一部分。（KrV，A540；B568）

45. 一旦外部现象流进主体，就像它的经验的品格、即它的原因性的法则，则通过经验而被认识，它的一切行动就必须允许按照自然规律而解释。（KrV，A540；B568）

46. 人是感官世界的现象之一，就此而言也是自然原因之一，其原因性必须从属于经验的法则。因此作为这样一种原因，这个法则，也像所有其他自然物一样，必须具有一种经验的品格。（KrV，A546；B574）

47. 理性由此而思想到这个通过感性的无条件者直截了当地开始了现象中的条件的序列，但却在此卷入了一个与它自己为知性的经验的运用所颁布的那些法则的二律背反。（KrV，A558；B586）

48. 但这里，必然的存在者必须完全外在于感官世界的序列（作为 ens extramundanum，超出世界之物）并单纯理知地被设想，唯独由此才能被防止，它并不本身屈从于一切现象的偶然性和附属性的法则。（KrV，A561；B589）

49. 最高存在者的理想无非是理性的一个调节的原则，即把世界上的一切联结都看作，似乎是从一种最充分的必然原因中产生出来的，以便在这上面建立起解释这些联结的一种系统的和按照普遍法则的必然的统一性的规则，而并不是主张一种自在的必然的生存。（KrV，A619；B647）

50. 部分地永远在这些有条件者中来回摸索，并且始终将徒劳地寻找那个——没有任何一个经验的综合的法则为我们提供一个事例或者对此的最起码的引导的——无条件者。（KrV，A621；B649）

51. 由于从结果向原因过渡的一切法则，甚至我们一般知识的一切综合和扩展，都无非只是被放置在可能经验之上、因而只是被放置在感官世界的对象之上并且只鉴于感官世界的对象才能有一种意义。（KrV，A621；B649）

52. 因为神学的道德学包含了道德法则，而这种道德法则预设了一个最高世界统治者的此在，与此相反，道德神学则是一个最高存在者的此在的确信，而这种确信则以道德法则为基础。（KrV，A632；B660）

53. 由于存在着实践法则，它们是绝对必要的（道德的法则），所以如果这

些法则必然地预设任何一个此在，作为它们的约束力的可能性条件，那么这个此在就必须被假定．（KrV，A633；B661）

54. 这些道德法则，不仅仅假设了一个最高存在者的此在，而且由于它们在别的领域的考察中也是完全必要的，它带有权利、但当然只在实践上预设。（KrV，A634；B662）

55. 即使人们允许借助于结果对其原因的关系的动力学的法则作一个超越经验界限的跳跃，这种处理又能使我们获得什么概念呢？远不是什么关于一个最高存在者的概念。（KrV，A637；B665）

56. 因此这个理念设定了知性知识的完备的统一性，由此这种知性知识就不仅是一个偶然的聚合，而成为了一个按照必然法则而相互关联的系统。（KrV，A645；B673）

57. 原则的节约不单纯成为理性的一个经济的原理，而且成为了自然的内部法则。（KrV，A650；B678）

58. 理性的寻求统一性这一法则，是必然的，因为我们没有这种法则就完全没有任何理性。（KrV，A651；B679）

59. 这条特殊化的法则可以被这样表达：entium varietates non temere esseminuendas（事物的多样性不得随意减少）。（KrV，A656；B684）

60. 即使这条逻辑法则，假如不把一条特殊化的先验法则设置为基础，也会毫无含义和用处。（KrV，A656；B684）

61. 经验的特殊化就停留在这种杂多的区别中，如果它们不被作为一条理性原则的、已经先行的特殊化先验的法则，所引导。（KrV，A657；B685）

62. 理性添加了3. 一切概念的亲和性法则。（KrV，A657；B686）

63. 同类性的法则把我引向这个最高立足点，特殊化的法则则把我引向一切低级立足点及其最大变异性。（KrV，A659；B687）

64. 第一条法则防止放纵于不同的本源的类的多样性，而推重同质性；相反，第二条法则又限制这种一致性的倾向，并要求——在人们把他的普遍概念用于个体之前——先区分亚种。第三条法则是联合那两者。（KrV，A660；B688）

65. 但这条 continui specierum（种的连续性）的（formarum logicarum，在逻辑形式上的）逻辑法则预设了一条先验的法则（lex continui in natura，自然中的连续律），没有这条先验法则，知性的运用就只会被那个规范迷乱地带领着。（KrV，A660；B688）

66. 所以这条法则必须以纯粹先验的根据、而不是经验的根据为基础。（KrV，A660；B688）

67. 撇开这种区分，上述的动力学的法则在经验方面还是构成性的，因为

这些法则使得那些——没有它就没有任何经验发生的——概念，成为先天可能的。（KrV，A664；B692）

68. 一切经验的实在性都把它们的最高的和必然的统一性建立在这个某物之上，我们只能按照与一个根据理性法则应该是万物的原因的现实实体的类比，而思想这个某物。（KrV，A675；B703）

69. 通过展示那些知性所不知道的新的方式而无限地（不限定的）促进和巩固理性的经验的运用，与之同时在任何时候都丝毫不违背经验的运用的法则。（KrV，A680；B708）

70. 一个这样的原则向我们的应用于经验领域的理性坦白透露出——按照目的论法则连结世界的事物、并由此达到其最大的系统统一性的——完全崭新的前景。（KrV，A687；B715）

71. 这种删除也不会涉及在普遍的和目的论的意图中的这个一般法则本身。（KrV，A688；B716）

72. 但这种系统统一性我们不允许预先规定，而只允许在对它的期待中而追踪这种按照普遍的法则的自然机械的连结。（KrV，A691；B719）

73. 是否存在着某种与世界不同的东西，它包含了世界秩序及其按照普遍法则的关联的根据，那么回答则是：毋庸置疑。（KrV，A696；B724）

74. 这条系统统一性的调节的法则要求，我们应当这样研究自然，好像到处都会无限地、在最大可能的多样性那里，遇到系统而合目的的统一性。（KrV，A700；B728）

75. 纯粹理性在它的独断的（非数学的）运用中并没有如此十分地意识到对它的至上的法则的最严格的遵守，以致于它并不带着羞愧，甚至不带着一切狂妄的独断的威望的完全放下，而必须出现在一个更高的和法官的理性的批判眼光面前。（KrV，A739；B767）

76. 在这些条件之外真理的证件没有任何地方被发现，但它们仍然必须利用知性法则，这些法则的使命只在于经验的运用，但没有这些法则在综合思维中就迈不开一步。（KrV，A751；B779）

77. 这些原则无非是一种从经验及其法则中产生的习惯，因而只是经验的、即本身偶然的规则，我们把一种被臆想出来的必然性和普遍性归于这些偶然的规则了。（KrV，A765；B793）

78. 我们已经在先验逻辑中看到：即使我们永远不能够直接超越那些已经给予了我们的概念的内容，我们毕竟可以完全先天地——但却与一个第三者，即可能的经验相关，因此毕竟是先天地——认识那个与别的事物相连结的法则。（KrV，A766；B794）

79. 他错误地从我们按照法则进行规定时的偶然性推导出了法则本身的偶

然性。（KrV，A766；B794）

80. 纯粹理性的假设也属于你的全副装备，这些假设，虽然只是铅制的武器（因为它们没有经过任何经验法则的锻炼），然而却一直就像任何反对你的对手所可以使用的武器一样有能力做到。（KrV，A778；B806）

81. 人类理性的规律提供（哲学）具有两个对象，自然和自由，所以它一开始就不仅把自然法则、也把道德法则包含在两个特殊的、但最终在一个唯一的哲学系统中。（KrV，A840；B868）

发生，事件（das Ereignis）

1. 因而这就发生了：在我们的表象中形成了一种秩序，在其中当前之物（只要它已形成了）对任何一种先行状态提供了指示，作为一种、这些已经给予了的事件的、虽然还不确定的相关物，但这种相关物却与这些作为其后果的给予了的事件、规定性地相关联，而这些事件则必然地与自己在时间序列中连结着。（KrV，A199；B244）

2. 每一个行动，作为现象，只要它产生了一个事件，本身就是事件、或发生（Ereignis），它以另一种状态为前提，因而将在其中找到原因。（KrV，A543；B571）

范本，典范，模型（das Muster）

1. 现在要问，因为范畴并不从自然中派生出来并且按照自然作为它们的模型（因为否则它们就会仅仅是经验的了），如何能理解。（KrV，B163）

2. 谁要想从经验中汲取德行的概念，谁要想把那种充其量只能用作不完善的阐释的例子的东西，当作知识来源的典范（就像许多人实际上已做出的那样），谁就会把德行变成一种可按照时间和情境而可改变的、不可用作任何规则的歧义的非物。（KrV，A315；B371）

3. 与此相反，每一个人都会觉得，当某人作为德行的典范被介绍给他的时候，他却始终只在他自己的头脑里拥有这种真实的原本，用此他与这个所谓的典范相比较，并且单纯由此而评估它。（KrV，A315；B372）

4. 这些轮廓，虽然只有不认真计较，可以被称为感性的理想，因为它们应当是可能经验的直观的不可达到的典范，然而却并不适宜于充当任何能够进行解释和检验的规则。（KrV，A570；B598）

5. 所以我构造一个三角形，我就描绘了与这个概念相应的对象，要么通过在纯粹直观中的单纯想像、要么按照这种想像也在纸上、在经验的直观中，但这两次都是完全先天地描绘，无需为此而从任何一个经验中拿出范本。（KrV，A713；B741）

范畴（die Kategorie）

范畴表（die Tafel der Kategorie）

先验范畴表（die transzendentale Tafel der Kategorie）

1. 论纯粹的知性概念，或范畴。（KrV，A76；B102）

2. 我们想把这些概念，按照亚里士多德的著作，命名为范畴。（KrV，A79；B105）

3. 范畴表：1. 量的范畴：单一性，多数性，全体性；2. 质的范畴：实在性，否定性，限制性；3. 关系的范畴：依存性与自存性（实体与偶性），原因性与从属性（原因与结果），协同性（主动与受动之间的交互作用）；4. 模态的范畴：可能性——不可能性，此在——非存在，必然性——偶然性。（KrV，A80；B106）

4. 并且首先费劲找到它们中的十个，他把它们称为范畴（Prädikamente，谓述词）。后来他相信还发现了五个范畴，他就以"后谓述词"的名义而添加了它们。只是他的范畴表始终仍是不完备的。（KrV，A81；B107）

5. 范畴，作为纯粹知性的真正的主干概念，也有它的同样纯粹的派生概念，它们在先验哲学的一个完备的系统中决不能被越过。（KrV，A81；B107）

6. 范畴与纯粹感性的样态或相互之间的结合，就产生大量先天的派生概念。（KrV，A82；B108）

7. 在这部论著里，我有意地避免这些范畴的定义，尽管我可以拥有这些定义。（KrV，A83；B109）

8. 对于这个范畴表可进行一些优雅的考察，这些考察可能会在一切理性知识的科学形式方面获得显著的效果。（KrV，A83；B109）

9. 我最好把第一个门类称为数学的范畴，把第二门类称为动力学的范畴。（KrV，B110）

10. 每一门类的范畴处处都是一个同样的数目，亦即三个。（KrV，B110）

11. 第一和第二范畴的联结，为了产生出第三个概念，需要知性的一个特殊的动作，这种动作与在第一和第二个概念那里实行的动作是不一样的。（KrV，B111）

12. 关于一个唯一的范畴，亦即处于第三项之下的协同性的范畴，就是与在逻辑机能表中与一种选言判断的相应的形式的范畴的一致性并不如在其余范畴中那么引起关注。（KrV，B111）

13. 这种一切事物的知识把量的范畴，即单一性、多数性和全体性，设置为它的基础，只是这些范畴，它们原本必须从质料上被看作属于事物自己的可能性，事实上却只在形式意义上当作属于在每一个知识方面的逻辑要求而被使用，并且又不小心把这种思维的标准做成了自在之物本身的属性。（KrV，

B114）

14. 一般知识可能性的逻辑标准改变了大小的三个范畴，在这些范畴中，统一性在定量的产生中必须被看作是无例外地同质的，而在这里，只是为了把那些不同质的知识也连结在一个意识中，就通过作为原则的一种知识的质而改变了这些定量的范畴。（KrV，B115）

15. 通过单一性、真实性和完备性的概念，先验范畴表根本没有得到什么补充，仿佛它缺少了什么似的，而只是由于把这些概念对客体的关系整个就被放在了一边，这些概念的处理才被带入知识与自身一致的普遍逻辑规则之下。（KrV，B115）

16. 我们现在就拥有了完全不同品种的两类概念，它们毕竟在这点上去的相互一致，即它们双方面都完全先天地与对象发生关系，也就是，作为感性形式的空间和时间的概念，以及作为知性概念的范畴。（KrV，A85；B118）

17. 知性范畴则完全不对我们表现出——它的对象在直观中被给予的——那些条件，因而对象当然就能够——无需与知性的机能必然相关联——而显现给我们，这样，知性也就先天地完全不包含这些对象的条件了。（KrV，A89；B122）

18. 向范畴的先验演绎过渡。（KrV，A92；B125）

19. 作为先天概念的范畴的客观有效性，根据就在于，只有通过它们，经验（按照思想的形式）才是可能的。于是它们就以必然的方式而先天地与经验对象相关联，因为只有借助于它们的一般任何一个经验对象才能够被思想。（KrV，A93；B126）

20. 它是关于一个一般对象的概念，通过这些概念，鉴于判断的逻辑机能的直观就被看作是规定了的。（KrV，B126）

21. 通过实体范畴，当我把一个物体的概念带入这些范畴之下时，就会确定：这个物体的经验的直观在经验中必须永远只被看作主词，而绝不被看作单纯的谓词；并且在所有剩下的范畴中也必须如此。（KrV，B129）

22. 这种先天地先行于一切联结的概念的统一性，并不是某种（见§10）那个统一性的范畴。（KrV，B131）

23. 一切感性直观都从属于作为条件的范畴，唯有在一个意识中的感性直观的杂多能够聚集到其下面。（KrV，B143）

24. 范畴不是别的，恰好就是这种——当一个给予直观的杂多在它们的［机能］方面被规定时的——判断的机能。（KrV，B143）

25. 一个杂多，它已经包含在一个我称其为“我的”的直观中了，被知性的综合而表现为属于自我意识的必然统一性，并且这通过范畴而实现。（KrV，B144）

26. 在演绎中，由于范畴不依赖于感性而只在知性中产生，我就必须放弃杂多在一个经验的直观中被给予的方式，为了只注意——借助于范畴、通过知性而添加到直观中的——统一性。（KrV，B144）

27. 我们的知性的特点只有借助于范畴并恰好只通过这个种类和这个数目的范畴才能达到先天统觉的统一性。（KrV，B146）

28. 除了运用于经验对象，范畴对事物的知识没有别的使用。（KrV，B146）

29. 范畴借助于直观也并没有提供给我们事物的知识，而只有通过它们的经验的直观上的可能运用，亦即它们只用作经验的知识的可能性。……因此范畴对事物的知识没有别的运用，除非这些事物只被假设为可能经验的对象。（KrV，B147，148）

30. 关于范畴在一般感官对象上的应用。（KrV，B150）

31. 由此，作为单纯思想形式的范畴，就获得了客观实在性，亦即获得了对能够在直观中被给予我们的那些对象上的应用。（KrV，B150）

32. 在形而上学的演绎中，一般先天范畴的起源通过它们的与思想的普遍逻辑机能的完全同时发生而阐明，但在先验演绎中，这些范畴的可能性被表现为一般直观对象的先天知识（见§20、21.）。（KrV，B159）

33. 因为没有范畴的这种适用性，就不会澄清，所有能对我们的感官发生的东西，都如何必须服从于那些唯有从知性中先天产生出来的法则。（KrV，B160）

34. 一切综合，甚至知觉由此成为可能的，都服从于范畴。（KrV，B161）

35. 正是这种综合统一性，如果我抽掉空间的形式，则获得了在知性中它的位置，并且就是在一个一般直观中同质的东西的综合的范畴，即大小的范畴，因而那个领会的综合、即知觉，无论如何都必须与这个大小范畴相一致。（KrV，B162）

36. 这种综合统一性，作为先天条件，在它之下我联结一般直观之杂多，如果我放弃了我的内直观的持久的形式，放弃了时间，就是原因范畴，当我把这一范畴应用于我的感性上时，我就通过它对一切所发生的事情，在一般时间中按照它的关系而加以规定。（KrV，B163）

37. 范畴是——那些给现象、因而给作为一切现象的总和的自然（natura materialiter spectata）规定先天法则的——概念，现在要问，因为范畴并不从自然中派生出来并且按照自然作为它们的模型（因为否则它们就会仅仅是经验的了），如何能理解，自然必须取决于它们，也就是说，它们如何能够先天地规定这种自然杂多的联结，而没有从自然中拿来。（KrV，B163）

38. 但领会的综合本身，这种经验的综合，又依赖于先验的综合，因而依赖于范畴，所以，一切可能的知觉、因而甚至一切总能够获得经验的意识的东西、即一切自然现象，按照它的联结，也都服从范畴，而自然（单纯看作一般自然）则依赖于这些——作为自己的必然合规律性的本源根据（作为 natura formalite spectata，形式方面的自然）的——范畴。（KrV，B165）

39. 特殊的规律，因为它们涉及到被经验地规定了的现象，不能从范畴中完备地被推导出来，即使它们全都服从那些范畴。（KrV，B165）

40. 不通过范畴，我们就不能思想任何对象。（KrV，B165）

41. 范畴在思维中并不被我们感性直观的条件所限制．而是拥有一个不被限定的领域。（KrV，B166）

42. 知性方面的范畴包含着一切经验之一般可能性的根据。（KrV，B167）

43. 这种——在每一个经验那里都先天地包含了纯粹思想的——概念，我们在范畴中发现了，并且这就有了这些范畴的一种充分的演绎。（KrV，A97）

44. 范畴的这种演绎是与这么多的困难相联结的，并且不得不如此深入地闯入我们一般知识的可能性的最初根基。（KrV，A98）

45. 作为先天知识的范畴的可能性的暂时说明。（KrV，A110）

46. 范畴也是一些在现象上思想一般客体的基本概念，因而先天地具有客观有效性。（KrV，A111）

47. 但这就是范畴，也就是纯粹知性概念。（KrV，A119）

48. 纯粹知性，借助于范畴们，是一切经验的形式的和综合的原则，而现象则具有一种涉及知性的必然关系。（KrV，A119）

49. 对杂多予以承认的这些根据，只要它们单纯涉及一个一般经验之形式，就都那些范畴了。（KrV，A125）

50. 所以纯粹知性在范畴中就是一切现象的综合统一性的规律，并由此才使得经验按照它的形式首先并本源地成为可能。（KrV，A128）

51. 所以那种——感性表象（直观）的杂多如何属于一个意识的——方式，在一切对象知识之前、作为它的智性形式而先行，并且本身也构成了一切对象的一般形式的先天知识（范畴），只要它们被思想。（KrV，A129）

52. 从这个一切理由中、唯一可能的理由中，我们的范畴的演绎也才被引导出来。（KrV，A130）

53. 必须有一个第三者，它一方面必须与范畴，另一方面与现象同质，并使前者运用于后者之上成为可能。（KrV，A138；B177）

54. 现在，一种先验的时间规定就它是普遍的并依据于一种先天规则而言，与范畴（它构成了这个先验的时间规定的统一性）是同质的。（KrV，A138；B177）

55. 因此，范畴在现象上的运用，借助于先验的时间规定而成为可能，这

个时间规定，作为知性概念的图型，促成现象被统摄到范畴之下。（KrV，A139；B178）

56. 先天的纯粹概念，除了范畴中的知性机能之外，还必须先天地包含感性的（即内感官的）形式条件，这些形式条件包含那些——在它之下、范畴才唯独能够被应用于任何一个对象上的——普遍性条件。（KrV，A139；B179）

57. 我们现在无需在——凡是一般纯粹知性概念的先验图型所要求的东西——的枯燥而无聊的分析上耽误时间了，我们宁可按照这些范畴的秩序并且与这些范畴相联结而阐述这些图型。（KrV，A142；B181）

58. 每一个范畴的图型，如大小的图型，包含并表现出在一个对象的相继领会中时间本身的产生（综合）。（KrV，A145；B184）

59. 因此图型无非是按照规则的先天时间规定而已，并且这些规则按照范畴的秩序，而走向一切可能对象上的时间序列、时间内容、时间次序，及最后时间总和。（KrV，A145；B184）

60. 范畴最终就并没有其他运用，而只有经验的运用。（KrV，A146；B185）

61. 虽然感性的图型首先实现了范畴，它们却也还是限制着，亦即把它们局限在——处于知性之外（即处在感性中）的——条件上。（KrV，A146；B186）

62. 所以范畴，没有图型，就只是知性对概念的机能，却不呈现任何对象。这种意义是由感性带给范畴的，感性实现了知性，同时也限制着知性。（KrV，A147；B187）

63. 判断——知性实际上先天地将其带入这种批判的谨慎的状态——描述成系统的联结，我们的范畴表为此无疑必须给我们提供自然的和可靠的引导。（KrV，A148；B187）

64. 范畴表给我们提供了这个原理表颇为自然的指示，因为这些原理毕竟无非只是那些范畴的客观运用的规则。（KrV，A161；B200）

65. 现象不是必须被干脆归摄到范畴之下，而只是必须被归摄到范畴的图型之下。（KrV，A181；B223）

66. 范畴包含不被任何感性条件限定的机能。（KrV，A181；B224）

67. 我们通过这些原理，将有权利只按照一种类比、用逻辑的和普遍的概念统一性、而组合现象，因此我们虽然在这条原理本身中使用范畴，但在执行中（应用于现象上）却把范畴的图型用作范畴的运用的钥匙。（KrV，A181；B224）

68. 模态的范畴自在地具有这种特殊性：它们丝毫也不增加——它们作为谓词而被附上的、那个作为客体的规定的——概念，而只是表达出，对认识能力的关系。（KrV，A219；B266）

69. 我们按照单纯的范畴不能看清任何一个物的可能性。（KrV，A235；B288）

70. 只要缺乏直观，人们就不知道，通过范畴人们是否思想到一个客体，并且也不知道无论在哪里任何一个客体能否归于这些范畴，而这就证实了，这些范畴对于它自身根本不是知识，而仅仅是——为了从给予的直观中制作出知识的——思想形式。（KrV，A235；B288）

71. 这样一来偶然东西的概念就已经被如此地理解了：以致于它并不包含模态范畴（作为某种它的非此在可以被思维的东西），而包含关系范畴（作为某物，只能作为另外一个某物的后果而生存）。（KrV，B290）

72. 我们，为了理解事物遵照范畴们的可能性，因而阐明这些范畴的客观实在性，不单纯需要直观，而且甚至永远需要外部直观。（KrV，B291）

73. 协同性的范畴，按照它的可能性，根本不能通过单纯理性而理解，因而这个概念的客观实在性没有直观、确切地说没有空间中的外部直观，看清则是不可能的。（KrV，B292）

74. 事物作为大小的可能性，因而大小的范畴的客观实在性，也只有在外部直观中才能说明。（KrV，B293）

75. 我们根本不能够对任何一个范畴下实在的定义，即能够使它的客体的可能性成为可理解的。（KrV，B300）

76. 在上面、对范畴表的描述中，我们免除了对每一个范畴的定义，由于我们的意图，仅仅针对范畴的综合的运用，使这些定义成为不必要的，并且人们必须用不必要的研究计划去停止没有任何人们可能被免除的责任。（KrV，A241）

77. 如果人们消除了——使范畴们作为一种可能的经验的运用的概念突出的——一切感性条件，并且在关于一般事物的（因而关于先验的运用的）概念之前就提取了范畴，那么在这些范畴那里就再也不能做任何事情了，除非把在判断中的逻辑机能看作事物本身的可能性条件。（KrV，A242）

78. 关于原因这个概念，我（如果我删去——在其中某物按照一个规则而跟随另一个某物的——时间），在这个纯粹范畴中找不到更多的东西，而无非它本该是这样的——由此推导出另一某物的此在的——某物。（KrV，A243；B301）

79. 这就具有了某种令人感到奇怪的并且甚至不合情理的特点，即一个概念应当是，毕竟必须适应于一个意义，但这个概念却是不能够做出任何解释的。不过这里就把范畴们带进了这种特殊的情况：它们只有借助于普遍的感性条件才能具有一种确定的意义和与任何一个对象的关系，但这个条件又被从纯粹范畴中放走了，由于这种纯粹范畴所能够包含的无非只是这种——把杂多带

到一个概念下的——逻辑机能。（KrV，A245）

80. 因此范畴，超出了纯粹知性概念，还需要，它们在一般感性上的应用的规定（即图型），并且没有这些规定，它们就不是任何——由此认识一个对象、并与别的对象相区别的——概念，而只是——为可能的直观思想一个对象、并按照任何一种知性机能（仍在必不可少的条件下）给予这个对象以它的意义的——这么多的方式，即，给这个对象下定义的这么多的方式：所以这些范畴本身不能够被定义。（KrV，A245）

81. 因而范畴，没有感性直观的条件，对此它们包含了综合，就完全不具有与任何一个确定的客体的任何关系，所以也不能给任何客体下定义，因而自在本身也不具有客观概念的任何有效性。（KrV，A246）

82. 通过一个纯粹的范畴，在其中抽掉了那种——对我们唯一是可能的——感性直观的一切条件，那么就没有任何客体被规定了，而只有表达出，一种一般客体的思想，按照不同的样态。（KrV，A247；B304）

83. 所以，范畴的单纯先验的运用事实上就根本不是什么运用，而且没有任何确定的、或者哪怕仅仅按照形式的可确定的对象。由此而得出，纯粹范畴甚至对任何先天综合原理也都不够用。（KrV，A248；B304）

84. 纯粹范畴，没有感性的形式条件，仅仅具有先验的意义，但不是任何先验的运用，因为当这些范畴缺乏（在判断中）任何一种运用的一切条件、也就是任何一个所谓的对象归摄到这些概念之下的形式条件的时候，这种运用自在本身是不可能的。（KrV，A248；B305）

85. 范畴本身又无非是思想的形式，它们只包含——把直观中杂多的给予先天地统一在一个意识中的——逻辑能力，而如果人们给它们去除了对于我们来说唯一可能的直观，它们可能就具有比纯粹感性形式更少的意义，通过纯粹感性形式至少还有一个客体被给予，而我们的知性所特有的联结杂多的方式，如果不添加那种——杂多唯一能在其中被给予的——直观，则了无意指。（KrV，A248；B305）

86. 知性所提供出来的无非是范畴。（KrV，B306）

87. 这些范畴只有在与空间和时间中的直观统一性的关系中才具有意义，甚至它们之所以能通过普遍的联结概念而先天地规定这种统一性，也只是由于空间和时间的单纯观念性。（KrV，B308）

88. 因此范畴的运用也决不能超出经验之对象的界限，而尽管与感官存在者相应的当然是知性存在者。（KrV，B308）

89. 范畴甚至也不表象任何特殊的、仅仅给予知性的客体，而只是充当（一般某物的概念）的先验客体，通过它而规定感性中被给予的东西，为了由此而经验地认识在对象概念下的现象。（KrV，A251）

90. 我不能通过任何范畴而思想这个对象；因为范畴适用于经验的直观，为了把这个直观带到一般对象的概念之下。范畴的一个纯粹运用虽然是可能的亦即没有矛盾，但却而完全不具任何客观有效性，因为范畴没有面向任何——应该由此而获得客体的统一性的——直观；因为范畴毕竟是一种单纯的思想机能，通过它并没有任何对象被给予我，而只是那可以在直观中被给予的东西被思想。（KrV，A253）

91. 因此范畴就这样扩展得比感性直观更远，因为它们思想一般客体，仍还无需注意到那种——在这些客体中它们能够被给予的——特殊的方式（即感性的方式）。（KrV，A254；B309）

92. 知性立刻又为自己设置了自身界限，不能通过任何范畴来认识本体，因而只能以未知“某物”的名义思想这些本体。（KrV，A256；B312）

93. 但一个这样的物也是单纯的现象，并且根本不能被纯粹范畴所思想；它本身就存在于一般某物对感官的单纯关系之中。（KrV，A285；B341）

94. 如果我们把单纯理知的对象理解为这一种事物，它们被纯粹范畴、而无需任何感性图型、所想到，那么这样一类对象就是不可能的。（KrV，A286；B342）

95. 因为我们完全不知道任何直观的方式，除了我们的感性直观之外，并且完全不知道任何概念的方式，除了范畴外，但感性直观和范畴两者没有一个适合于一种外感官的对象。（KrV，A287；B343）

96. 因为关于范畴，人们必须承认：它们单独并不足以达到自在事物本身的知识，而没有感性的材料，它们就会只是知性统一性的、但无对象的主观形式。（KrV，A287；B343）

97. 因为范畴是唯一的一些与一般对象发生关系的概念，所以区别一个对象是某物、还是无，将按照范畴的秩序和指示而继续。（KrV，A290；B346）

98. 先验幻相，甚至违反批判的一切警告，把我们引领到完全超出范畴的经验的运用之外并且用对纯粹知性的一种扩展的遮眼法而拖住我们。（KrV，A295；B352）

99. 我并不把这些超验的原理理解为范畴的先验的运用或误用。（KrV，A296；B352）

100. 理性推论的形式，当人们把它按照范畴的标准应用于直观的综合统一性时，将包含特殊的先天概念的起源，我们可以把这些先天概念称为纯粹的理性概念，或先验理念。（KrV，A321；B378）

101. 知性借助于范畴所表现出来的关系有多少种类，就会有多少纯粹的理性概念。（KrV，A323；B379）

102. 人们因此可以把这种统一性称叫做现象的理性统一性，就如把表达为

范畴的那种统一性叫做知性的统一性。（KrV，A326；B383）

103. 但在这里毕竟要从实体范畴开始，借此一个自在之物本身被表现出来，并且如此而追溯范畴的序列。（KrV，A344；B402）

104. 既然“我思”这个命题（成问题地说）包含着每一个一般知性判断的形式，并作为它的运载工具而伴随着一切范畴。（KrV，A347；B406）

105. 在思想中自我意识的一切样态（modi）自身，还不是客体的知性概念（范畴）。（KrV，B406）

106. 这种意识统一性，它为范畴们设置了基础，在这里为了主体的直观就被设想为客体，并且将实体范畴应用于其上。（KrV，B421）

107. 范畴并不与一个不确定地被给予出来的客体有联系，而仅仅与一个人们对其具有一个概念、并且人们想知道它是否也被设置在这个概念之外的客体有联系。（KrV，B423）

108. 如果我在这里把自己表象为思想的主体，或者甚至也表象为思维的根据，那么这些表象方式并不意味着实体或者原因的这些范畴，因为这些范畴是那些——已经被应用于我们的感性直观的思维的（判断的）——机能。（KrV，B429）

109. 这个命题“我思”，（成问题地被设想），包含每个一般知性判断的形式，并且作为它的工具而伴随着一切范畴。（KrV，A348）

110. 纯粹范畴（实体范畴也在其中）自在本身根本不具有任何客观的意义，在这里没有一个直观配给它们，作为综合统一性的机能的它们，可以被应用于这种直观的杂多。（KrV，A349）

111. 人们远远不能够把这些属性单纯从一个实体的纯粹范畴中推导出来。（KrV，A349）

112. 这个命题：“我是实体”，所意味着的无非是那个——我不能作任何具体的（经验的）运用的——纯粹范畴。（KrV，A356）

113. 这些定语无非只是纯粹的范畴们，由此我绝不思想一个确定的对象，而仅仅思想表象们的统一性，以便规定这些表象的一个对象。（KrV，A399）

114. 没有一个作为基础的直观，单单这些范畴不能给我设法获得任何有关一个对象的概念；因为只有通过直观，对象才被给予，然后对象才遵照范畴而被思想。（KrV，A399）

115. 但在我们之内思想着的那个存在者，误以为，通过纯粹的范畴、更确切地说通过那些在其每一项下都表达出绝对统一性的范畴，就认识了它自身。（KrV，A401）

116. 统觉本身就是这些范畴的可能性的根据，这些范畴在自己这方面无非表象为，直观杂多的综合，杂多就在统觉中具有统一性。（KrV，A401）

117. 它不是通过范畴而认识自身，而是认识范畴，并通过它们，在统觉的绝对的统一性中、因而通过自身而认识一切对象。（KrV，A402）

118. 大前提对范畴，在其条件方面，仅仅作一种先验的运用，但小前提和结论对同一个范畴却是在归摄于该条件之下的那个灵魂方面，则作一种经验的运用。（KrV，A402）

119. 统觉被贯彻在范畴的一切种类中，但只是在这样一些知性概念上被贯彻。（KrV，A403）

120. 简单的东西如何又与实在性范畴相符合，我现在还不能够指明。（KrV，A404）

121. 理性对一个被给予的有条件者在条件（知性在这些条件下使一切现象都服从于综合的统一性）方面要求的绝对的总体性，并由此而使范畴成为先验的理念，以便通过经验的综合的直至无条件者的延续。（KrV，A409；B436）

122. 先验理念原本无非一直就是扩展至无条件者的范畴。（KrV，A409；B436）

123. 为了按照范畴表而设立理念表，那么我们首先就接受所有我们的直观的两种本源的定量，时间和空间。（KrV，A411；B438）

124. 至于现象之间的实在关系的范畴，那么实体连同它们的偶性的范畴是不适合于一个先验理念的；亦即，理性没有任何理由在这个范畴方面向条件回溯。（KrV，A414；B441）

125. 所以这就只剩下了因果性的范畴，它对一个给予的结果呈现出一个原因序列，在其中，人们可以从作为有条件者的这个结果而上升到作为条件的那些原因，并且能够回答那些理性问题。（KrV，A414；B442）

126. 因而，这就有了不多于四个的宇宙论理念，按照范畴的四个部分，当人们挑出这些必然带有杂多综合中的一个序列的范畴的时候。（KrV，A415；B442）

127. 宇宙论的三段论推理的大前提在一种纯粹范畴的先验意义上、但小前提却在一个运用于单纯现象的知性概念的经验意义上设想了有条件者。（KrV，A499；B528）

128. 按照我们前面的范畴表，两种范畴意味着现象的数学的综合，而剩余两种范畴则意味着现象的一种动力学的综合。（KrV，A529；B557）

129. 比之于范畴，理念更加远离于客观实在性。（KrV，A567；B595）

130. 与之相反，如果我们想单单通过这种纯粹的范畴而思想这种生存，那就没有任何奇怪了，我们无法指出任何标志而把它与单纯的可能性相区别。（KrV，A601；B629）

131. 范畴导致真理、即我们的概念与客体的一致。（KrV，A624；B670）

132. 纯粹理性的理念虽然不允许任何作为范畴的方式的演绎；但它至少应当拥有一些、即使只是不确定的客观有效性。（KrV，A669；B697）

133. 我甚至不能把所有范畴的任何一个应用于这个对象上，除非这个范畴的图型在感性直观中已经被给予了。（KrV，A682；B710）

134. 一切范畴，通过它们我试图给我制造一个有关这样的对象的概念，都是没有别的而无非经验的运用的范畴，并且如果它们不被运用于可能经验的客体、即感官世界之上，就没有任何含义。（KrV，A696；B724）

135. 纯粹知性的范畴又不能为此而用以臆造，而只能，当这种连结在经验中被遇见的时候，而理解它。（KrV，A770；B798）

反思（die Reflexion）

反思（reflektieren）

反思概念（derReflexionsbegriff）

1. 我把——概念如何能够先天地与对象发生关系的——方式的解释，称为这些概念的先验演绎，并把它与——指明一个概念如何通过经验及关于经验的反思而获得的方式的——经验的演绎区分开来。（KrV，A85；B117）

2. 现象的杂多的领会任何时候都是承继性的。各部分的表象相互跟随着。这些表象是否在对象中也跟随着，这是反思的第二点，它是不包含在第一点之中的。（KrV，B234）

3. 反思概念的歧义经由经验的知性运用与先验的运用相混淆。（KrV，A260；B316）

4. 所以先验的反思、也就是被给予的表象对这种或那种认识方式的关系。（KrV，A262；B318）

5. 逻辑的反思是一种单纯的比较，因为在它那里完全不考虑被给予的表象所属的认识能力，所以这些表象假设按照它们在内心的位置作为同类的而处理。（KrV，A262；B318）

6. 但先验的反思（它走向对象本身）却包含了表象相互间客观比较的可能性根据，所以它则完全区别于后者，因为表象所属的认识能力，并不恰恰是同一个认识能力。这种先验的反省是一种没有人能够放弃的义务，如果他愿意先天地做出关于事物的某些判断。（KrV，A263；B319）

7. 质料和形式。这是两个被作为别的一切反思的基础的概念，所以它们与知性的每一种运用都不可分地联结在一起。（KrV，A266；B322）

8. 对反思概念的歧义的注释。（KrV，A268；B324）

9. 缺乏这样一个先验的正位论，并且因此被反思概念的歧义所欺骗，这位著名的莱布尼茨建立过一种世界的智性体系。（KrV，A270；B326）

10. 我们的反思概念表带给我们一个出乎意料的好处，就是把他在这个体系的一切部分中的原理性概念的区分，同时也把这种无非建立在一种误解基础之上的、特别的思维方式的主导性根据，都摆在了眼前。（KrV，A270；B326）

11. 总之，莱布尼茨智性化了现象，正如洛克按照一种理性发生论的体系（如果允许我、使用这一表达方式的话）全都感性化了这些知性概念一样，也就是说已经把这些知性概念假装为不过是经验的、或被抽离出来的反思概念。（KrV，A271；B327）

12. 这种时间和空间的著名的学说概念，在其中他智性化了这种感性形式，只产生于先验反思的同一种错觉。（KrV，A275；B331）

13. 我也如此处理其余的反思概念。（KrV，A277；B333）

14. 推论的这种批判，出于单纯反思活动，所产生的极其有用的东西。（KrV，A278；B334）

15. 如果我们单纯作逻辑的反思，那么我们仅仅在知性中相互比较我们的概念，两者是否恰好包含同一个东西，它们是不是相互矛盾，某物是包含在这个概念内部还是添加给这个概念，并且两个概念中的哪一个应当被视为给予的，而哪一个只是思想那个被给予的概念的一种方式。（KrV，A279；B335）

16. 反思的这些概念已经，就如我们所指明的那样，通过一个某种程度的误解而这样影响到知性运用，以致于这些概念甚至把所有哲学家中目光最敏锐的之一引诱到一种被臆测的智性知识体系的状况，而这个体系无需感官的参与就着手规定它的对象。（KrV，A280；B336）

17. 无论出自纯粹理性的概念的可能性确实可以是怎样一种情况，这些概念终归不是仅仅被反思到的、而是被推论出来的概念。（KrV，A310；B366）

18. 关于现象的——只要它们应该必然地归属于一个可能的经验的意识的——反思的统一性。（KrV，A310；B367）

反省（die Überlegung）

先验反省（die transzendentale Überlegung）

1. 反省（reflexio）并不与对象本身发生关系、以直接获得它们的概念，而是这种内心的状态，在其中我们首先准备找出由以能够达到概念的那些主观条件。反省是给予的表象之于我们的不同认识源泉的关系的意识，唯有通过这种意识，它们的相互关系才能够被正确地规定。（KrV，A260；B316）

2. 但一切判断、甚至一切比较都需要一个反省，即需要区别——那些给予的概念所从属的——认识能力。（KrV，A261；B317）

3. 一种行动——通过我集合了一般表象的比较与做出这种比较的认识能力，并且我借以区别，这些表象在相互被比较中属于纯粹知性还是属于感性直观——我称之为先验的反省。（KrV，A261；B317）。

4. 先验的反思、也就是被给予的表象对这种或那种认识方式的关系，唯一能够规定表象的相互关系，并且事物是相同的还是相异的、一致的还是相冲突的等等，都将不可能马上就从概念本身中通过单纯的比较（comparatio）、而首先通过它们所属的认识方式的区别、借助于某种先验的反省（reflexio）才能够被澄清。（KrV，A262；B318）

5. 这种先验的反省是一种没有人能够放弃的义务，如果他愿意先天地做出关于事物的某些判断。（KrV，A263；B319）

6. 但这种比较首先需要一种反省，亦即需要对这些被比较之物的表象所属的那个方位作一种规定。（KrV，A269；B325）

7. 但如果我们想用这些概念而达到这种对象，那么先验的反省首先是必要的，对于这些对象应当是哪些认识能力的对象，是纯粹知性的对象，还是感性的对象。没有这种反省，我就会对这些概念作一种很不可靠的运用，并且会产生出一些——批判的理性不可能承认的、并且只是建基于一种先验的歧义、亦即对纯粹知性客体与现象的混淆之上的——臆测的综合原理。（KrV，A269；B325）

8. 所以在后面这种情况下，我在先验的反省中任何时候都将必须只在感性的条件下对我的概念进行比较，于是空间和时间就将不是自在之物的规定，而是现象的规定。（KrV，A276；B332）

方法（die Method）

1. 如果人们要把某事称为方法，那它就必须是一种按照原理的处理方式。（KrV，A855；B883）

2. 于是人们就可以把目前在自然研究的这门学科中现行的方法划分为自然主义的和科学的。（KrV，A855；B883）

3. 纯粹理性的自然主义者自己采取的原理是：通过无须科学的普通的理性（他把这叫做健全理性），在构成形而上学最崇高的任务的问题方面，也可以比通过思辨，更达到效果。（KrV，A855；B883）。他们追随普通的理性，却并不把他们的无知自诩为一种方法。（KrV，A855；B883）

4. 当一种科学的方法的观察者遭遇到什么东西的时候，于是他们就拥有了选择，要么独断论地、要么怀疑论地，但在一切情况下都还系统地处理着义务。（KrV，A856；B884）

方法论（die Methodenlehre）

1. 现在，如果人们要从一种一般体系的普遍观点而对这门科学进行划分，

我们现在所陈述的，那就必须，首先包含纯粹理性的一个要素论，其次包含纯粹理性的一个方法论。（KrV，A15；B29）

2. 我将在后面直至在充分与我所处理的方法论相关联的程度上剖析这些概念。（KrV，A83；B108）

3. 先验方法论。（KrV，A705；B733）

4. 所以我把先验方法论理解为纯粹理性的一个完备系统的形式条件的规定。（KrV，A707；B735）

5. 所以建筑术就是在我们一般知识中的科学性的东西的学说，因而它必然属于方法论。（KrV，A832；B860）

方位（der Ort）

1. 人们允许我，将我们给一个概念或者在感性中、或者在纯粹知性中授予的位置，称为先验的方位。（KrV，A263；B324）

2. 这些概念的先验的方位（客体是否本该被归于现象、还是归于自在之物本身，）完全教忽视掉了。（KrV，A271；B327）

3. 但如果一滴水是空间中的现象，那么它就不仅在知性中（在概念之下）拥有它的方位，而且在感性的外部直观中（在空间中）拥有它的方位，并且在这种情况下那些物理的方位、鉴于事物的内部规定就是完全无所谓的了，并且一个等于b的方位就能够恰好这样地接受一个——是与在一个等于a的方位中的另一个物完全相似和相同的——物，好像它与另一物在内部还有同样大的差异。方位的差异性使得作为现象的对象的多数性和区别，无需进一步的条件，对于自身则已经不仅仅是可能的，而且是必然的了。（KrV，A272；B328）

非存在（das Nichtsein）

1. 模态的范畴：可能性——不可能性、此在——非存在、必然性——偶然性。（KrV，A80；B106）

2. 这只是一个经验，在其中一切知觉都被表象为处于无例外的与合规律的关联中：恰好就如只存在一个空间和时间，在其中发生了现象的一切形式和存在与非存在的一切关系一样。（KrV，A110）

3. 否定，它的概念则表象一种（时间中的）非存在。（KrV，A143；B182）

4. 否定性则只是那些表达了实体身上某物的非存在的规定。（KrV，A186；B229）

5. 因为正是这个持存之物，才使——从一个状态向另一个状态、以及从非存在向存在的过渡的——表象，成为可能。（KrV，A188；B231）

6. 时间相继的一切现象全都只是变化，即都是在此持存着的实体的规定的一种相继存在和非存在，因而实体自身的存在，紧跟着实体的非存在、而实体的非存在则紧跟着它的此在，换言之，并没有发生实体自身的产生和消失。（KrV，A189；B232）

7. 如果某物发生，那么单纯这种产生本身，无需考虑在此产生的东西，自在地就已经是一个研究对象了。从一个状态的非存在到这种状态的过渡，假定，即使它不包含现象中的任何质，就已经必然单独地加以研究了。（KrV，A206；B251）

8. 不过，就连一个物的一个被给予状态的存在和非存在的交替，即一切变化之所在，都完全没有证明这个状态的偶然性。（KrV，B291）

9. 但变化就是事件，事件，作为这样的事件，只有通过一个原因才是可能的，所以它的非存在对自己才是可能的。（KrV，B291）

10. 然而，如果我问：您理解的偶然是什么？并且您回答，就是它的非存在是可能的，那么我就很想知道，您想何以认识非存在的这种可能性。（KrV，A243；B301）

11. 我毕竟可以在思想中取消任何实存着的实体、而没有让我自相矛盾，但由此完全不可能推出，实体在它的此在中的客观偶然性、即它的非存在自在本身的可能性。（KrV，A244；B302）

12. 原始存在者的非存在又以同样的严格被推出来了。（KrV，A459；B487）

13. 通过一些谓词而表现出一种存在，通过另一些谓词而表现出一种单纯的非存在。（KrV，A574；B602）

14. 这种表达："不死的"，完全不能做出认识，由此在对象上的一种单纯的非存在而被表象出来了，而让一切内容都原封不动。（KrV，A574；B602）

15. 一个先验的否定意味着那个——将与先验的肯定相对立的——自在的非存在本身。（KrV，A574；B602）

16. 现在，虽然这个概念的名字解释是完全容易的，即它本该是这样的——它的非存在是不可能的——某物。（KrV，A592；B620）

17. 毕竟存在着一个、而且只有这一个概念，由于它的对象的非存在或取消在本身本该是矛盾的，而这个对象就是最高实在的存在者的概念。（KrV，A596；B624）

18. 与之相反，我无论假定一个物的一个我想要的哪一个的概念，那么我就发现，它的此在决不能被我而表象为绝对必然的，并且都没有什么会阻止我——不论这时什么东西生存着——去思考它的非存在。（KrV，A615；B643）

19. 但由于对手关于被怀疑的对象同样所知甚少，而不足以说明它的非存在，比之于主张它的现实性的前者。（KrV，A777；B805）

20. 然而，如果这条原理被严格考察，那么人们就不可能找到任何偶然性

的标志，除非它的发生、即在此之前有这个对象的非存在先行的那个此在。（KrV，A788；B816）

非物（das Unding）

1. 他们就必须假定两种永恒无限而独立持存的非物（空间和时间），它们存在着（却又不是某种现实的东西）。（KrV，A39；B56）

2. 谁要想从经验中汲取德行的概念，谁要想把那种充其量只能用作不完善的阐释的例子的东西，当作知识来源的典范（就像许多人实际上已做出的那样），谁就会把德行变成一种可按照时间和情境而可改变的、不可用作任何规则的歧义的非物。（KrV，A315；B371）

3. 人们就看到，思维之物（1.）与非物（4.）的区别就在于，前者之所以不可归入可能性之下，因为它只是虚构（虽然并不自相矛盾），但后者却是与可能性相对立的，由于甚至这个概念本身就自我取消。但这两者都是空的概念。（KrV，A292；B384）

非物质性（die immaterialität）

非物质的（immateriell）

1. 这个实体，单纯作为内感官的对象，就给出了非物质性的概念。（KrV，A345；B403）

2. 所以独断的唯灵论者，由他相信在这个“我”中直接知觉到的思维着的实体的统一性，而解释这种通过状态的一切变化而不变地持存着的人格统一性，由我们思维着的主体的非物质本性的意识，而解释我们对那些在我们死后才应当发生的事物的兴趣。（KrV，A690；B718）

3. 灵魂不是非物质的统一性并且也不能被排除在暂时性之外。（KrV，A741；B769）

4. 也反对那种（在另外任何一种非思辨的眼光中）被假定的、非物质的和不服从任何肉体变化的灵魂本性，而碰到这种困难。（KrV，A778；B806）

分析（die Analysis）

分析的、分析地（analytisch）

1. 形而上学家的分析把纯粹先天知识分割为两个性质极不相同的要素，即作为现象的事物的知识，以及自在之物本身的知识。（BXXI）

2. 在一切判断中，从中主词对谓词的关系被考虑（如果我只考虑肯定判断，因为随后在否定判断上的应用则是容易的），这种关系在两种类型上是可能的。或者是谓词 B 属于主词 A，作为（隐蔽的方式）包含在 A 这个概念中的东西；或者是 B 完全外在于概念 A，虽然它处于与概念 A 的联结中。在前一种情况下我把这判断叫作分析的，在另一种情况下则称为综合的。（KrV，A6）

3. 几何学以之为前提的少数几条原理，虽然确实是分析的并建立在矛盾律之上的；但它们正如那些同一性命题一样，也只是用于，方法上的链条而并非作为原则。（KrV，B16）

4. 在形而上学中，即使人们把它仅仅看作一门至今还仅仅尝试、但却由于人类理性的本性而不可缺少的科学，也应该包含了先天综合的知识，并且它所发生的事情，完全不是仅仅分解并由此分析地说明我们所制造的事物的先天概念，相反，我们要扩展我们的先天知识，为此我们必须运用这样的原理。（KrV，B18）

5. 我可以预先通过广延、不可入性、形状等等这一切在物体的概念中所被想到的标志，而分析地认识物体的概念。（KrV，B12）

6. 我能够预先通过广延、不可入性、形状等等所有这些在物体的概念中被想到的标志，而分析地认识物体的概念。（KrV，A8）

7. 命题 7 十 5 =12 是一个单纯的分析的命题，它随着 7 与 5 的和的概念、根据矛盾律而得出了结论。（KrV，B15）

8. 因为凡是在这种或那种形而上学中分析的东西、即对先天地寓于我们理性中的那些概念的单纯剖析，还根本不是真正的形而上学的目的，而只是一种活动，即综合地扩展这些概念的先天知识，并且对于这个目的，概念的单纯剖析是不适合的，因为它只表明，在这些概念中包含了什么，但并不表明，我们如何先天地达到这些概念，以便然后也能够规定它们在所有知识的一般对象方面的有效运用。（KrV，B23）

9. 先验哲学，这样一门科学必须完整地既包含分析的知识、又包含有先天综合的知识。（KrV，A12）

10. 那么显然是，从单纯的概念完全不能达到任何综合知识的，而只能达到分析的知识。（KrV，A47；B65）

11. 我所理解的概念分析论并非概念的分析，或者那种哲学探索中习惯的处理，即呈现出来的概念，按照它们的内容加以剖解并使之明晰，而是这种很少被尝试过的知性能力本身的剖解，为的是研究先天概念的可能性，通过我们仅仅在作为它们诞生地的知性中寻找到它们并一般地分析它们的纯粹运用。（KrV，A66；B90）

12. 普遍逻辑抽掉知识的一切内容，而指望，在别的地方，也不管是在哪里，表象被给予，以便首先把这些表象转化成那些分析地进行着的概念。（KrV，A76；B102）

13. 这样一种综合就是纯粹的。在对我们的表象进行一切分析之前，它们必须首先已被给予，并且任何概念其内容都不能根据分析而产生。（KrV，A77；B103）

14. 不同的表象被分析地带到一个概念之下（普遍逻辑所处理的一件事务）。（KrV，A78；B104）

15. 在这里就容易地发觉，这种活动必定在本源上是唯一的，并且对一切联结都是同样有效的，而分解（分析），看起来是它的对立面，然而任何时候都以它为前提。（KrV，B130）

16. 意识的分析的统一性与所有的共同概念本身相联系。（KrV，B133）

17. 因此这个表象必须预先在与别的表象（即使只是可能的表象）的综合统一性中被思想，我才能在它身上思想那个使它成为 conceplus communis（共同概念）的意识的分析的统一性。（KrV，B134）

18. 统觉的必然统一性这条原理，虽然是自身同一的，因而是一个分析命题。（KrV，B135）

19. 普遍逻辑放弃了知识的一切内容，那么留给它的就只剩下这个事务，分析地相互设定概念、判断和推理中知识的单纯形式，并由此获得一切知性运用的形式规则。（KrV，A132；B171）

20. 因为，如果这判断是分析的，无论它是否定的还是肯定的，它的真理性任何时候都必须能够按照矛盾律而充分认识。（KrV，A151；B190）

21. 所以我们也必须把矛盾原理看作为一切分析的知识的一条普遍的并完全充分的原则；但它的威望和用途也不比真理的一条充分的标准走得更远。（KrV，A151；B191）

22. 因为在分析命题那里问题只是：我是否在主词的表象中确实想到了谓词。（KrV，A165；B205）

23. 因为一个分析的断言并不把知性带得更远，知性在这里只从事于，那些在讨论概念中已被想到的东西，所以它并不能商定，这个概念自在地获得与对象本身的关系，或者只意味着一般思想的统一性（这统一性完全抽掉了一个对象任何可以被给予的方式）。（KrV，A258；B314）

24. 所以那个表面上的规律决不是自然的规律。它仅仅是一个分析的、通过单纯概念而比较了事物的规则。（KrV，A272；B328）

25. 因为有条件者虽然与任何一个条件分析地相关联，但并不与无条件者分析地相关联。（KrV，A308；B364）

26. 所以，通过在一般思维中我自身的意识的这种分析，在我自身作为客体的知识方面，最少的东西都没有增加过。一般思维的逻辑探讨被错误地当作了客体的一种形而上学规定。（KrV，B409）

27. 如果确实有人给我提出这个问题：一个正在思想之物具有何种性质？那么我知道对此没有丝毫的先天回答，因为这种回答应该是综合的（因为一个分析的回答也许解释了全部思想，但并不从这种思想中给出任何——按照它的可能性建基于这个思想的——扩展的知识）。(KrV，A398)

28. 因为对象在现实性那里并不单纯是分析地包含在我的概念中，而是综合地加入了我的概念（这概念是我的状态的一个规定）。(KrV，A599；B627)

29. 可能性的分析的标志，就在于单纯的肯定（实在性）不产生矛盾。(KrV，A602；B630)

30. 无论知性是如何达到这个概念的，这个概念的对象的此在却毕竟不能在这个概念中分析地被发现，因为客体的生存的知识恰好就在于，这个客体本身是自在地设置在思想之外的。(KrV，A639；B667)

31. 因为，如果人们停留在已经包含在这个概念中的东西那里，那么这个判断就会是单纯分析的，并且只是一种思想——按照已经现实地包含在思想中的东西——的解释。(KrV，A721；B749)

分析论（die Analytik）

1. 普遍逻辑划分为分析论与辩证论。(KrV，A58；B82)

2. 既然普遍逻辑把知性和理性的全部的形式事务分化为它的要素，并把这些要素描述为我们的知识的一切逻辑评判的原则，所以逻辑的这个部分可以叫做分析论，并且正因此而至少是真理的消极的试金石，因为人们必须首先把一切知识、根据它们的形式、放到这些规则上来检验和估价，在这之前人们根据它们的内容而研究它们本身，以便商定，它们是否在对象方面包含积极的真理。(KrV，A60；B84)

3. 这个分析论是我们的全部先天知识被剖解成纯粹知性知识的要素。(KrV，A64；B89)

4. 普遍逻辑已建立在一种完全精确地与高级认识能力的划分同时发生的平面图上。这些能力就是：知性、判断力和理性。因此，普遍逻辑学说所处理的就是它们的概念、判断和推理的分析论，正好与人们在一般知性的广义称号下所理解的那个心灵力量的机能和秩序相适应。(KrV，A130；B169)

5. 理性的先验运用完全不可能是客观有效的，因而不属于真理的逻辑，即分析论，而作为一种幻相的逻辑，以先验辩证论的名义，要求学院派的学说体系的一个特殊的部分。(KrV，A131；B170)

6. 知性的原理只是说明现象的原则，而本体论的傲慢的名称，自以为能够在一个系统的学说中提供有关一般事物的先天综合知识（例如因果性原理），必须把位置让给那谦虚的、纯粹知性的一种单纯分析论。(KrV，A247)

分析判断（das analytische Urteil）

1. 分析的（肯定的）判断是这样的，在其中谓词和主词的联结通过同一性而被思考，而在其中这一联结不用同一性而被思考的那些判断，则应称为综合的判断。前者也被称为说明判断，另一个则被称为扩展判断，因为前者通过谓词并没有把主词概念放进去，而只是通过分析瓦解成它的部分概念，这些部分概念在主词中已经（尽管是混乱地）被思考到了：相反，后者则在主词概念上放进了一个谓词，这谓词在那个［主词概念］中完全没有被思考过，并且无需通过分析便能够说出来。（KrV，A7；B11）

2. 我们的知识通过分析判断丝毫没有被扩大，而是我已经拥有的概念被分解，并使本身可被我所理解。（KrV，A8；B12）

3. 人们拿出了这个命题：所有发生了的东西，都有它的原因。在这个发生了的某物的概念中，我虽然想到了一种此在，在它之前经过了一段时间等等，并且从中可以引出分析判断。（KrV，A9；B13）

4. 在分析判断中我停留于给予的概念，以便从它里面刨出某物。如果它是肯定的判断，我就只把在这概念中已经想到的东西，赋予这个概念；如果它是否定的判断，我就只把与这东西相反的东西，从这个概念中排除掉。但在综合判断中我则应该超出这个给予的概念，以便考察——与在其中已经想到的东西完全不同的——某物，与这个概念的关系，因而这种关系就决不是一种同一性的关系，也决不是矛盾的关系，而在那方面从判断自身中就既不能看出真理，也不能看出谬误。（KrV，A154；B193）

5. 分析判断关于对象所真正教导给我们的，无外乎我们关于这个对象所拥有的概念、已经包含在自身中的东西，因为这种分析判断不把知识扩展到超出主体的概念之外，而只解释这个概念。因此分析判断不能适当地叫做教条（人们也许可以把这个词用 Lehrsprüche 来翻译）。（KrV，A736；B764）

6. 作为这样的经验判断，全都是综合的。这会是荒谬的，把一个分析判断建立在经验基础上，因为我可以完全不超出我的概念之外，以便草拟这个分析判断。（KrV，B11）

分析、剖析（zergliedern）

分析、剖析、分解（die Zergliederung）

分析家（der Zergliederer）

1. 数学的判断全部都是综合的判断。这条定理似乎至今仍被人类理性的分析家们的觉察所忽略，甚至恰好是与他们的一切推测相反的，尽管它是无法反驳的确定的并且以后是非常重要的。（KrV，B14）

2. 我将在后面直至在充分与我所处理的方法论相关联的程度上剖析这些概念。(KrV, A83; B109)

3. 我们现在无需在——凡是一般纯粹知性概念的先验图型所要求的东西——的枯燥而无聊的分析上耽误时间了，我们宁可按照这些范畴的秩序并且与这些范畴相联结而阐述这些图型。(KrV, A142; B181)

4. 由于我的批判的打算，仅仅面向先天综合知识的来源，而并不想与单纯涉及概念的解说（而不是扩展）的分解相混杂。(KrV, A204; B249)

5. 这时因为前者在通常缺乏分析的情况下，而把与那些附带表象的一种混杂引入了物的概念中，知性则懂得把这些附带表象与物的概念剪开。(KrV, A271; B327)

否定、否定性（die Negation）

否定的东西（das Negative）

1. 质的范畴：实在性、否定性、限制性。(KrV, A80; B106)

2. 限制性无非是与否定性结合着的实在性。(KrV, B111)

3. 否定，它的概念则表象一种（时间中的）非存在。(KrV, A143; B182)

4. 现在，每一种感觉都有一种程度或大小，由此它能够在一个对象的感觉的表象方面，或多或少地充实同样的时间，即内感官，直到感觉终止成无（=0=否定）。(KrV, A143; B182)

5. 实在性的图型，作为“某物”的量的图型，一旦充满了时间，就正是这个量在时间中连续而均匀的产生，这时人们从具有一定程度的感觉，在时间中下降至感觉的消失，或者是从否定而逐渐上升到感觉的大小。(KrV, A143; B183)

6. 而凡是与这种实在性的缺乏相符合的，就是否定性=o。(KrV, A168; B209)

7. 因此在现象中的实在性与否定性之间就是许多可能的中间感觉的一种连续关联，它们的相互区别越来越小，比之于给予的感觉和零之间、或者与完全的否定性之间的区别。(KrV, A168; B210)

8. 于是，我把那种——只是被领会为统一性、并且在其中多数性只能被接近于否定性=0所表象出来的——大小，称为内包的大小。(KrV, A168; B210)

9. 有一个内包的大小，而这个大小还可以一直被降低，并且在实在性和否定性之间是一种可能的实在性的、以及可能更小的知觉的连续的关联。(KrV, A169; B211)

10. 但与一般感觉相应的实在的东西，与否定性=o相对立，却只表象着——它的概念自在地包含一种“存在”的某物，并且无非意味着这种在一个经

验的意识中的一般综合。（KrV，A175；B217）

11. 否定性则只是那些表达了实体身上某物的非存在的规定。（KrV，A186；B229）

12. 实在性，人们只能够在与否定性的对立中解释它，如果人们想到一个时间（作为一切存在的总和），它要么以此而充实，要么就是空的。（KrV，A242；B300）

13. 甚至鉴于一般物事物而未被限定的实在性也曾被视为一切可能性的质料，但它的限制（否定）则被视为——一个物按照先验概念由此而与另一个物相区别的——形式。（KrV，A266；B322）

14. 按照这条原理，一切恶事都无非是被造物的局限、即否定性的后果，因为这些否定性是与实在性唯一相冲突的东西，（在一个一般物的单纯概念中也的确是如此，但在作为现象的事物中则不然）。（KrV，A273；B329）

15. 实在性是“某物”，否定性是无，即，一个对象的缺乏的概念，如阴影、冷（nihil privativum，却乏性的无）。（KrV，A291；B347）

16. 无，作为，4. 没有概念的空的对象否定性的无。（KrV，A292；B348）

17. 但现在，即使这门科学作为扩展性的知识也不具有任何用途，而作为这样的知识则已经由纯净的谬误推理所组成，所以人们毕竟不能否认，——只要它应当仅仅被看作一种对我们的辩证推理的批判的处理、更确切地说是通常的和自然的理性的批判的处理，——它的一种重要的否定性的用处。（KrV，A382）

18. 反之，与此相对立的否定则意味着一种单纯的缺乏，并且，在这个否定唯有被思想的地方，一切物的取消则表现了出来。（KrV，A574；B602）

19. 所以甚至否定的一切概念都已经派生了。（KrV，A575；B603）

20. 然而，在我们的可能知识的局限是非常狭隘的、做判断的诱惑是大的、呈现出来的幻相是非常欺骗的、并且由错误带来的危害显著的地方，这种——单纯用来在错误面前保存自己的——教训的否定的东西，就更具有重要性了，比之于一些由此而可能使我们的知识得到增长的肯定的教导。（KrV，A709；B737）

否定学说（die Negativlehre）

1. 但理性运用它可以被应用于何种对象都而具有如此之多的相似，只要它应当是先验的，同时也与所有其他的运用在本质上如此相区别，以致于没有一个特别针对这种运用的训练的警告性的否定学说，就不能防止那些——由于不恰当地遵循了这样的、虽然在其他情况下适合于理性、但只有在这里是不适合于理性的方法而必然产生的——错误。（KrV，A712；B740）

副本（die Kopie）

1. 所以，理想对于后面这种规定就是一切事物的蓝本（Prototypon，原型），一切事物全部都是作为不完善的副本（ectypa，副本）从它那里获取它的可能性的材料。（KrV，A578；B606）

G

概观（das Synopsis）

1. 通过感官而先天地概观杂多。（KrV，A94；B127）

2. 如果我，就因为感官在其直观中包含杂多性，而把一种概观赋予感官，那么任何时候都有一种综合与这个概观相一致。（KrV，A97）

概念（der Begriff）

感性概念（der sinnliche Begriff）

知性概念（der Verstandesbegriff）

纯粹概念（der reine Begriff）

理性概念（der Vernunftbegriff）

先验的概念（der transzendentale Begriff）

学说概念（der Lehrbegriff）

自然概念（der Naturbegriff）

实践概念（der praktische Begriff）

世界概念（der Weltbegriff）

1. 这类知识的完全统一性——出于真正的纯粹概念，任何经验的东西，或只是应该导致规定经验的特殊直观都不能对之产生丝毫影响，使之扩展和增加——将会使这种无条件的完备性不仅是可行的，而且是必然的。（KrV，AXX）

2. 形而上学，一种完全孤立的、思辨的理性知识，它完全超越于经验教导，确切地说通过单纯的概念（不像数学通过概念应用于直观），所以理性本身应当是它自己的学生的地方，命运至今还不是如此善意的，以致于它已能够走上一门科学的可靠通道。（KrV，BXIV）

3. 但为了赋予这样一个概念以客观有效性（实在的可能性，因为前面那种可能性只是逻辑的可能性），对此会要求更多的某物。（KrV，BXXVI）

4. 纯粹理性的批判原理的积极作用的这种讨论，同样能够在上帝概念和我们灵魂的简单本性的概念中表明。（KrV，BXXIX）

5. 与独断论，即与那种——唯独在一种出自概念（哲学概念）纯粹知识上很有成绩，按照原则，如同理性所早已运用了它的一样，而无需打探它为此已经够得着的方式和权利的——狂妄相对立。（KrV，BXXXV）

6. 所以例如这个命题："每一个变化都有它的原因"就是一个先天命题，不过并不是纯粹的命题，因为变化是一个只能从经验中被抽出的概念。（KrV，

B3）

7. 在后一个例子中，一个原因的概念本身如此显然地包含着与一个结果相连结的必然性的概念和规则的一种严格普遍性的概念，以致于这个概念就会完全地消失了。（KrV，B5）

8. 或者是谓词 B 属于主词 A，作为（隐蔽的方式）包含在 A 这个概念中的东西；或者是 B 完全外在于概念 A，虽然它处于与概念 A 的连结中。（KrV，A6；B10）

9. 因为前者通过谓词并没有把主词概念放进去，而只是通过分析瓦解成它的部分概念，这些部分概念在同一个［主词］中已经（尽管是混乱地）被思考到了。（KrV，A7；B11）

10. 作为这样的经验判断，全都是综合的。这会是荒谬的，把一个分析判断建立在经验基础上，因为我可以完全不超出我的概念之外，以便草拟这个分析判断。（KrV，A7；B11）

11. 我可以预先通过广延、不可入性、形状等等这一切在物体的概念中所被想到的标志，而分析地认识物体的概念。（KrV，B12）

12. 在综合判断那里，我在主词的概念之外还必须拥有某种别的东西（X），知性以之为支撑，以认识那个不在主词的概念中、却仍然作为属于这个概念的谓词。（KrV，A8；B12）

13. 所以经验就是那个处于概念 A 之外的那个 X，并且在此之上就建立了重量 B 的谓词（与概念 A）的综合的可能性。（KrV，A8；B12）

14. 但一个原因的概念则完全外在于前面那个概念，并且表示与发生的某物不同的东西，因而是完全没有包含在这后一种表象中的。（KrV，A9；B13）

15. 我将把我的命题限制在这种纯粹数学上，这就导致了这种纯粹数学的概念，它不包含经验的知识，而单纯包含纯粹的先天知识。（KrV，B15）

16. 命题 7 十 5 = 12 是一个单纯的分析的命题，它随着 7 与 5 的和的概念、根据矛盾律而得出了结论。（KrV，B15）

17. 5 要被加在 7 之上，我虽然在一个等于 7 十 5 的总和的概念中已经想到了，但并没有想到，数字的总和会等于 12。（KrV，B16）

18. 我的直的概念不包含大小的概念，而只包含一种性质。（KrV，B16）

19. 这就表明，这个谓词虽然必然地与那个概念相联系，但并非在概念本身中被想到，而是借助于一种必须附加在这概念上的直观。（KrV，B16）

20. 因为在物质的概念中我并没有想到持存性，而单纯想到物质的通过空间的充满而在空间中在场。（KrV，B17）

21. 因为凡是在这种或那种形而上学中分析的东西、即对先天地寓于我们理性中的那些概念的单纯剖析，还根本不是真正的形而上学的目的，而只是一

种活动，即综合地扩展这些概念的先天知识，并且对于这个目的，概念的单纯剖析是不适合的。（KrV，B23）

22. 我称一切知识为先验的，［这种知识］与其说关注对象，不如说一般地关注其［对象］应当先天可能存在的认识方式。这样的概念体系就将叫做先验一哲学。（KrV，A12；B25）

23. 虽然道德的至上原理及其基本概念，是先天的知识，但它们却不隶属于先验一哲学。（KrV，A14；B28）

24. 所以借助于感性，对象被给予我们，并且只有感性才为我们提供直观；但通过知性这些直观而被思想，并且从知性产生概念。（KrV，A19；B33）

25. 空间概念的形而上学阐明。（KrV，A22；B37）

26. 我把阐明（exposition，阐明）理解为——一个概念所属的东西的——清晰的（哪怕不是详尽的）介绍。（KrV，A23；B38）

27. 空间绝不是推理的，或者，如人们所说，一般事物关系的推论的普遍概念，而是一个纯粹直观。（KrV，A24；B39）

28. 所以一切几何学原理，例如在一个三角形中，两边之和大于第三边，决不从线和三角形的普遍概念中，而从直观、确切地说先天的直观中，用无可置疑的确定性被推导出来。（KrV，A25；B39）

29. 空间的原始表象是先天直观，而不是概念。（KrV，A25；B40）

30. 时间概念的形而上学阐明。（KrV，A30；B46）

31. 时间不是任何一个从经验中被抽引出来的经验的概念。（KrV，A30；B46）

32. 时间不是推理的、或如人们所称它的，普遍的概念，而是一种感性直观的纯粹形式。（KrV，A31；B47）

33. 时间概念的先验阐明。（KrV，A32；B48）

34. 变化的概念，并且，和它一起的运动（作为位置的变化）的概念只有通过时间表象并在时间表象之中才是可能的。（KrV，A32；B48）

35. 而空间和时间的这些先天概念，按照这种观点，只是想像力的产物。（KrV，A40；B57）

36. 我们从哪里取得了这类定理的，并且我们的知性以什么为依靠而达到这类绝对必然的、普遍有效的真理呢？没有任何别的道路，而无非通过概念或是通过直观；但这两者，作为这样，要么先天地、要么后天地已经被给予了。（KrV，A47；B64）

37. 从单纯的概念完全不能达到任何综合知识的，而只能达到分析的知识。（KrV，A47；B64）

38. 我们的知识产生于内心的两个基本来源，其中第一个是，感受表象

（印象的接受性）、第二个是通过这些表象认识一个对象的能力（概念的自发性）。（KrV，A50；B74）

39. 纯粹概念只包含一般对象的思想形式。（KrV，A51；B75）

40. 只有纯粹直观或纯粹概念才是先天可能的，经验的直观和概念只是后天可能的。（KrV，A51；B75）

41. 这些概念是纯粹的而并非经验的概念。（KrV，A64；B89）

42. 先验逻辑的这个完整的部分也由两卷构成，其中一卷包含纯粹知性的概念，另一卷则包含纯粹知性的原理。（KrV，A65；B90）

43. 所以我们将追踪纯粹概念一直到它们在人类知性中最初的萌芽和天赋，在其中它们做好了准备，直到它们最终在经验的机会中获得展开并通过同样的知性，从依附于它们的经验的条件中解放出来，而被描述于它们的纯净性之中。（KrV，A66；B91）

44. 论一切纯粹知性概念的发现线索。（KrV，A66；B91）

45. 先验哲学具有优点，但也有义务，根据一个原则寻找它的概念。（KrV，A67；B92）

46. 概念基于思想的自发性，如同感性直观基于印象的接受性。关于这些概念，知性因为不能作别的运用，它无非借此进行判断。因为除了单纯的直观，没有任何表象直接指向对象，所以一个概念永远也不和一个对象直接地［发生关系］，而和任何一个对象的别的表象（不论它是直观或本身已经是概念）发生关系。（KrV，A68；B93）

47. 概念，作为可能判断的谓词，则与一个尚未规定的对象的任何一个表象发生关系。（KrV，A69；B94）

48. 灵魂的概念没有因此就被丝毫地增加，并且被肯定地规定。（KrV，A72；B98）

49. 论纯粹的知性概念，或范畴。（KrV，A76；B102）

50. 纯粹的综合，表象为普遍的，提供纯粹的知性概念。纯粹的综合，表象为普遍的，提供纯粹的知性概念。（KrV，A78；B104）

51. 但先验逻辑所教导的并非把表象、毋宁把表象的纯粹综合带到概念上。（KrV，A78；B104）

52. 在一个判断中把统一性给予不同表象的那同一个机能，在一个直观中也把统一性给予了不同表象的单纯综合，这种统一性，一般地表达出来，就叫做纯粹知性概念。（KrV，A79；B105）

53. 我们想把这些概念，按照亚里士多德的著作，命名为范畴。（KrV，A79；B105）

54. 人们绝不能确定这种概念的全部数目性，因为它仅仅被归纳所推出，

而无需思想，人们以这种方式绝不看出，究竟为什么恰恰这些概念而非那些概念寓于纯粹知性中。(KrV，A81；B107)

55. 范畴，作为纯粹知性的真正的主干概念，也有它的同样纯粹的派生概念，它们在先验哲学的一个完备的系统中决不能被越过。(KrV，A81；B107)

56. 范畴与纯粹感性的样态或相互之间的结合，就产生大量先天的派生概念。(KrV，A82；B108)

57. 在一个客体的每一种知识中都存在着概念的统一性，人们可以把它命名为质的统一性。(KrV，B114)

58. 通过单一性、真实性和完备性的概念，先验范畴表根本没有得到什么补充，仿佛它缺少了什么似的，而只是由于把这些概念对客体的关系整个就被放在了一边，这些概念的处理才被带入知识与自身一致的普遍逻辑规则之下。(KrV，B116)

59. 在构成人类知识非常混合交织的各种各样的概念中，也存在着一些被规定为先天的（完全不依赖于任何经验的）纯粹的运用，而它们的权限任何时候都需要一个演绎。(KrV，A85；B117)

60. 空间概念的运用在这门科学中也仅仅针对外部的感官世界。(KrV，A87；B120)

61. 我以原因概念为例，它意味着一种特殊的综合方式。(KrV，A90；B122)

62. 原因概念根本不能以这种方式产生，相反，它必须要么完全先天地被建立在知性中，要么就被作为单纯的幻象而整个被放弃。(KrV，A91；B123)

63. 但一切经验除了包含——由此某物被给予的——感官直观，还包含对于在直观中被给予、或被显现的对象的一个概念，因此这些对象的一般概念、作为先天的条件将被设置为一切经验知识的基础：这样，作为先天概念的范畴的客观有效性，根据就在于，只有通过它们，经验（按照思想的形式）才是可能的。(KrV，A93；B126)

64. 适合充当经验可能性的客观基础的概念，正因此而是必要的。但经验的阐发，这些概念在经验中被碰到，却不是这些概念的演绎，（而是它们的图解），因为它们在这种情况下仍然只会是偶然的。(KrV，A94；B126)

65. 大卫·休谟认识到，为了能得到这种知识，必不可少的是，这些概念必须拥有它们的先天的起源。(KrV，A95；B127)

66. 知性也许通过这些概念本身能够成为——它的对象在其中被发现的——经验的创造者。(KrV，A95；B127)

67. 纯粹知性概念的先验演绎。(KrV，B129)

68. 联结的概念除了杂多的概念和杂多的综合的概念之外，还表现为杂多

的统一性的概念。(KrV，B130)

69. 一切范畴都建立在判断中的逻辑机能之上，但在判断中已想到了联结、因而想到了给予概念的统一性。(KrV，B131)

70. 客体则是一种在其概念中——统一了被给予的直观的杂多的东西。(KrV，B137)

71. 统觉的先验统一性是这样的，通过它，所有在一种直观中给予了的杂多都被统一在一个客体的概念里。(KrV，B139)

72. 一切判断的逻辑形式就在于其中包含了概念的统觉的客观统一性。(KrV，B140)

73. 一个对象一般由此而被思想的概念（范畴）。(KrV，B146)

74. 一切数学概念自己还不是知识；除非，人们假设有——只根据那个纯粹感性直观的形式而呈现给我们的——事物。(KrV，B147)

75. 纯粹知性概念则摆脱了这种限制，而延伸到一般直观的对象之上，它与我们的直观可以像或不像，只要它是感性的而并不是智性的。(KrV，B148)

76. 纯粹知性概念通过单纯知性而与——它们并不确定是我们的或别的任何一个的、但毕竟是感性的——一般直观的对象发生关系，但正为此而只是思想形式，因而还没有任何确定的对象被认识。(KrV，B150)

77. 因为我们的一切直观都是感性的，所以想像力由于那个在其下它唯一能够给予知性概念一个相应的直观的主观条件，而属于感性。(KrV，B151)

78. 范畴是——那些给现象、因而给作为一切现象的总和的自然（natura materialiter spectata，物质方面的自然）规定先天法则的——概念。(KrV，B163)

79. 要么这种经验使这些概念成为可能，要么这些概念使这种经验成为可能。(KrV，B166)

80. 一个概念要完全先天地被产生出来，并且与一个对象发生关系，即使它本身既不属于可能经验的概念，又不是由一个可能经验的要素所构成，则是完全矛盾的和不可能的。(KrV，A95)

81. 一个不与可能经验相关的先天概念，只会是对一个概念上的逻辑形式，却不会是这个——某物由此而被思想的——概念本身。(KrV，A95)

82. 一个普遍而充分地表达了这种形式的和客观的经验条件的概念，就会叫作纯粹知性概念。(KrV，A96)

83. "概念"这个词本身可能已向我们指示了这种意见。因为就是这样的一种意识，把杂多，一步一步地，把直观到的东西，然后也把再生出来的东西，都统一在一个表象中。这种意识可能往往只是很微弱的，以至于我们只在其结果中、但却并不是在动作本身中、即并不直接与表象的产生相连接：但别关注这一区别，一种意识仍还必须被找到，即便它同样地缺少突出的清晰性，而没有这个意识，概念及与它们一起的对象的知识都则是完全不可能的。（KrV，A103，104）

84. 一切知识都要求有一个概念，这个概念比它所要的可能是一样不完满、或一样模糊：但这个概念按照它的形式任何时候都是共相的某种东西，并且是用作规则的东西。（KrV，A106）

85. 它配得上这个名称，这一点——由于：即使最纯粹的客观统一性，即先天概念（空间和时间）只有通过与它发生直观关系它才是有可能——就已经很清楚了。（KrV，A107）

86. 关于这种先验对象（它实际上在我们的一切知识中是永远等同于 x 的）的纯粹概念就是，那些能够设法使我们所有经验的一般概念获得与一个对象的关系、亦即获得客观实在性的东西。（KrV，A109）

87. 范畴也是一些在现象上思想一般客体的基本概念，因而先天地具有客观有效性。（KrV，A111）

88. 一个原因的概念无非是按照概念（对那种在时间序列中随之而来的东西，与其他现象的）一种综合，而没有这样的——具有它的先天规则，并使现象服从于自己的——统一性，无例外的、普遍的，因而必然的意识统一性，就不可能在知觉的杂多中被找到。（KrV，A112）

89. 一个原因的概念随身带有必然性的特征，而任何经验都不能提供这种必然性。（KrV，A112）

90. 这就是范畴，也就是纯粹知性概念。（KrV，A119）

91. 但通过杂多与统觉的统一性的关系，那些属于知性的概念，却只有借助于想像力才能实现与感性直观的关系。（KrV，A124）

92. 现实的经验，它由现象的领会、联想（再生）以及认定所构成，在那个（对经验的单纯经验性要素的）最后和最高的认定中，包含着——使经验之形式的统一性成为可能、并且与此同时使经验的知识的一切客观有效性（真理性）成为可能的——概念。（KrV，A125）

93. 通过认识的自发性（感性的接受性与之相对），通过一种思想的能力，或者概念的能力，或者也可以说判断的能力。（KrV，A126）

94. 使知性的纯粹概念的客观有效性先天地可以理解，并且由此牢固地设定纯粹概念的起源和真理性。（KrV，A128）

95. 纯粹知性概念之所以是先天可能的，甚至在与经验的关系中是必然的，因为我们的知识无非与现象打交道，这些现象的可能性存在于我们自身之内，它们的连接和（在一个对象表象中的）统一性仅仅在我们之内才被找到，因而必须先行于一切经验，并使一切经验按照形式首先成为可能。（KrV，A130）

96. 原理分析论将仅仅是为了判断力的一种法规，这种法规引导判断力，把包含先天规则的条件的知性概念运用于现象上。（KrV，A132；B171）

97. 这种先验哲学具有——它除了能够显示在纯粹知性概念中被给予的规则（甚或向着规则的普遍条件），同时还能够先天地显示规则应该运用于纯粹概念上的情况——的特性。（KrV，A135；B174）

98. 第一章，论及——纯粹知性概念在其之下才能够被运用——那个感性条件，亦即论及纯粹知性的图型法。（KrV，A136；B175）

99. 纯粹知性概念的图型法。（KrV，A137；B176）

100. 在一个对象低于一个概念的所有归摄中，对象的表象必须和概念是同质的，这就是说，这个概念必须包含归摄于其下的那个对象中所将表象出来的东西。（KrV，A137；B176）

101. 直观归摄到概念之下、因而范畴在现象之上的运用是如何可能的呢。（KrV，A137；B176）

102. 知性概念包含了一般杂多的纯粹综合统一。（KrV，A138；B177）

103. 先天的纯粹概念，除了范畴中的知性机能之外，还必须先天地包含感性的（即内感官的）形式条件。（KrV，A141；B178）

104. 我们愿意把知性概念在其运用中被限制于其上的感性的这种形式的和纯粹的条件，称为这个知性概念的图型，而把知性对这些图型的处理之为纯粹知性的图型法。（KrV，A140；B179）

105. 于是，想像力为一个概念取得它的形象的一种普遍的处理的表象，我把它叫作这个概念的图型。（KrV，A140；B179）

106. 一个经验之对象或者它的形象极少在某个时候达到经验的概念，而这种经验的概念任何时候都直接与想像力的图型、作为规定我们直观的一条规则、符合一个一定的普遍概念，相关联。（KrV，A141；B180）

107. 感性概念（作为空间中的图形）的图型则是纯粹先天的想像力的产物。（KrV，A141；B181）

108. 大小（quantitatis），作为一个知性概念，其纯粹图型是数。（KrV，A142；B182）

109. 纯粹知性概念的图型法就是获得与客体的关系因而获得意义的真实的和唯一的条件。（KrV，A146；B185）

110. 因此图型本来就只是现象，或一个对象的感性概念，在与范畴的一致中。（KrV，A146；B186）

111. 实际上，一种意义、但只是表象的单纯统一性的逻辑的意义当然还留给了纯粹知性概念，即使在离开了一切感性条件之后，但没有任何对象、因而也没有任何意义被给予这些表象，而这种意义可以交给关于客体的一个概念。

（KrV，A147；B186）

112. 所以范畴，没有图型，就只是知性对概念的机能，却不呈现任何对象。（KrV，A147；B187）

113. 数学的原理也不构成这个体系的任何部分，因为它们仅仅从直观、而不从纯粹知性概念而引出。（KrV，A149；B188）

114. 因此这种误解就来自：人们把一个物的谓词预先从它的概念中分离出来，然后又把这个概念的反面与这个谓词相连结，而这个谓词永远也不会与主词发生矛盾。（KrV，A153；B192）

115. 在分析判断中我停留于给予的概念，以便从它里面刨出某物。如果它是肯定的判断，我就只把在这概念中已经想到的东西，赋予这个概念；如果它是否定的判断，我就只把与这东西相反的东西，从这个概念中排除掉。但在综合判断中我则应该超出这个给予的概念，以便考察——与在其中已经想到的东西完全不同的——某物，与这个概念的关系，因而这种关系就决不是一种同一性的关系，也决不是矛盾的关系，而在那方面从判断自身中就既不能看出真理，也不能看出谬误。（KrV，A155；B194）

116. 如果一种知识要具有客观实在性，亦即与一个对象相关联，并且要在这个对象中拥有意义和意义，那么这个对象就必须能够以任何一种方式被给予出来。没有这个，这些概念就是空的，并且人们虽然由此已经思维到，事实上通过这种思维却什么也没有认识到，而单纯玩弄了表象。（KrV，A155；B194）

117. 但存在着这种纯粹先天原理，我仍还不想把它们特别地归于纯粹知性，就因为，它们已不是从纯粹概念、而是从纯粹直观（虽然借助于知性）而抽引出来。（KrV，A159；B198）

118. 这些公理表达了先天感性直观的条件，唯独在这些条件下，外部现象的一个纯粹概念的图型才能够实现出来。（KrV，A163；B204）

119. 所以，客体的生存的规定在时间中就只有通过它的在时间中的一般联结，因而只有通过那些先天连结了的概念，才能够发生。既然这些概念任何时候都同时随身带有必然性，那么经验就只有通过一种知觉的必然联结的表象才是可能的。（KrV，A177；B219）

120. 但这种统一性惟独只有在纯粹知性概念的图型中才被想到，关于纯粹知性概念的统一性，作为一种一般综合的统一性，范畴包含不被任何感性条件限定的机能。（KrV，A181；B224）

121. 于是，变化概念的校正也建立在这种持存性的基础之上。（KrV，A187；B230）

122. 然而这个概念，它随身带有综合统一性的必然性，只能够是一种纯粹知性概念，它并不处于知觉中，而在这里它就是原因与结果的关系的概念，在

这种关系中，原因在时间中把结果规定为接续而来的东西。（KrV，A189；B234）

123. 但是现在，一旦我把我关于一个对象的概念一直提升到先验的含义上，这个房子就根本不是什么自在之物本身，而只是一个现象，即一个表象，它的先验对象是未知的。（KrV，A191；B236）

124. 这种因果性引出了动作的概念，动作则引出了力的概念，并由此引出了实体的概念。（KrV，A204；B249）

125. 一般来说某物如何能够被改变；它如何可能在一个时间点的状态之后跟随着另一个时间点的一种相反的状态：对此我们先天并不拥有起码的概念。（KrV，A207；B252）

126. 凡是（按照直观和概念）与经验之形式条件相一致的，就是可能的。（KrV，A218；B265）

127. 如果一个物的概念已经是全部完备了的，那么我却还可以追问到这个对象，是否它单纯是可能的呢，还是也是现实的呢，或者，如果它是现实的，那么是否它完全也是必然的呢？（KrV，A219；B266）

128. 所以，物的可能性的公设就要求，物的概念与一般经验之形式的条件相协调。（KrV，A220；B267）

129. 这就是纯粹概念，它仍还属于经验，因为它的客体只有在经验中才能遇到。（KrV，A220；B267）

130. 所以只有对这一点，即这些概念先天地表达了在任何经验中的知觉的关系，人们才认识到这些概念的客观实在性，亦即它们的先验的真实性。（KrV，A222；B269）

131. 事实上我们完全能够先天地给这个概念一个对象，即先天地构造这个对象。（KrV，A223；B271）

132. 于是连续的大小的可能性，甚至一般大小的可能性，因为它们的概念全部都是综合的，所以绝不从这些概念本身、而从它们、作为对一般经验中的对象进行规定的形式条件才首次明了了。（KrV，A224；B272）

133. 在一个物的单纯概念中，这个物的此在的任何性质完全不可能被遇见。（KrV，A225；B272）

134. 生存的必然性，就绝不可能从概念中，而任何时候都只能从那种与被知觉的东西的连结中，按照经验的普遍法则，而被认识。（KrV，A227；B279）

135. 后者则属于模态的原理，这种模态的原理给因果规定添加了必然性概念，但这必然性则服从于知性的规则。（KrV，A228；B281）

136. 绝对的可能性（它在所有方面看都是有效的）决不是单纯的知性概念，并且它不可能以任何方式存在经验的运用，而仅仅属于那——超越出知性

的一切可能的经验的运用的——理性。（KrV，A232；B285）

137. 所以，如果把一个先天的规定综合地添加给一个物的概念，那么必须被这样一个命题、严谨地、在那里即使不添加一个证明、也至少添加一个它的主张的合法性的演绎。（KrV，A233；B286）

138. 因此，这也就绝不能做到，只从那些纯粹知性概念来证明一个综合的命题，例如“一切偶然生存的东西都有一个原因”这种命题。（KrV，B289）

139. 所以知性只能做出它的一切先天原理、甚至它的一切概念的经验的运用，而绝不能做出先验的运用，这是一条——如果它能够被深信地认识到，就能看出重要后果的——原理。（KrV，A238；B297）

140. 对每一个概念所要求的，首先是一般概念（思想）的逻辑形式，其次还有它与之相关的、给予它一个对象的那种可能性。没有后者它就没有含义，并且在内容上则完全是空的，尽管它总还喜欢包含从可能的材料中制定一个概念的那种逻辑机能。既然对象——不能以别的方式、而只能在直观中——被给予一个概念，并且，如果一个纯粹直观还在对象之前就是先天可能的，那么这种纯粹直观本身也毕竟只有通过经验的直观才能获得其对象、因而获得客观有效性，于此它只是单纯的形式而已。（KrV，A239；B298）

141. 所以一切概念，以及和它们一起的一切原理，无论它们是多么先天可能的，却都仍还与经验的直观、即与可能经验的材料相关联。舍此它们就完全没有任何客观有效性，而只是单纯的游戏，不论是想像力，或者知性各自用它们的表象所作的游戏。（KrV，A239；B298）

142. 概念，连同来自这类概念的综合原理或公式，仍总保持着先天产生；但它们的运用，以及与所谓的对象的关系却终究不能在任何地方、而只能在——先天地包含其（根据于形式的）可能性的——经验中被找到。（KrV，A240；B299）

143. 一般大小的概念也许只能如此解释：大小本该是一个物的这种规定，由此，多少个“一”（Eines）被设定在一个物中，能够被思考。（KrV，A242；B300）

144. 关于原因这个概念，我（如果我删去——在其中某物按照一个规则而跟随另一个某物的——时间），在这个纯粹范畴中找不到更多的东西，而无非它本该是这样的——由此推导出另一某物的此在的——某物。（KrV，A243；B301）

145. 因此范畴，超出了纯粹知性概念，还需要，它们在一般感性上的应用的规定（即图型）。（KrV，A244；B302）

146. 所有这种概念并非通过任何东西而证明自己，并借此阐明它的实在的可能性，如果（我们所拥有的、唯一的）一切感性的直观都被去除了，那么就只剩下逻辑的可能性，亦即这个概念（观念）会是可能的，但这并不是所要谈论的，毋宁是这个概念自己是否与一个客体相关联、因而意指着任何一物。（KrV，A246；B303）

147. 现在，判断力的一种机能仍还属于一个概念的运用，在那上面一个对象被归摄到这个概念下，因而也被归摄于——在其下能够在直观中被给予的某物的——最少的形式条件。（KrV，A247；B304）

148. 我们的纯粹知性概念是否在本体方面具有意义，并且能否成为本体的知识方式？（KrV，B306）

149. 这些范畴只有在与空间和时间中的直观统一性的关系中才具有意义，甚至它们之所以能通过普遍的联结概念而先天地规定这种统一性，也只是由于空间和时间的单纯观念性。（KrV，B308）

150. 但我们的知性概念——作为我们的感性直观的单纯观念形式，却丝毫也通达不了这种直观．（KrV，B309）

151. 经过先验感性论所限制的现象的概念已经由自身给予了本体的客观实在性。（KrV，A249）

152. 知性借助于这种统一性而把杂多统一在一个对象的概念中。（KrV，A250）

153. 范畴甚至也不表象任何特殊的、仅仅给予知性的客体，而只是充当（一般某物的概念）的先验客体，通过它而规定感性中被给予的东西，为了由此而经验地认识在对象概念下的现象。（KrV，A251）

154. 由此就产生了关于一个本体的概念，但这概念完全不意味着积极的。（KrV，A252）

155. 这个对象不能叫做本体；因为关于它我并不知道，它自在地本身会是什么，并且完全没有关于它的概念，而仅仅有对一个感性直观的一般对象的概念，所以这个一般对象在一切现象前都是一样的。（KrV，A253）

156. 我称一个概念为成问题的（problematisch），它并不包含任何矛盾，甚至还作为那些被给予的概念的界限而与其他的知识相互关联，但它的客观实在性却不能以任何方式被认识。（KrV，A254；B310）

157. 一个本体的概念，即一个——完全不应该被思考为一个感官对象、而应该（只通过纯粹知性）被思考为一个自在之物本身的——物的概念，是完全不自相矛盾的。（KrV，A254；B310）

158. 所以一个本体的概念只是一个限度概念，为的是限制感性的僭越，因而只是消极的运用的概念。（KrV，A255；B311）

159. 一个本体的概念，单纯被设想为成问题的，仍然不仅容许保留着，而且，甚至作为一个在限制中设置感性的概念，是不可避免的。（KrV，A256；

B311）

160. 知性和感性在我们这里只有联结起来才能够规定对象。如果我们把它们分开，那么我们就有直观而无概念，或者有概念而无直观，但这两种情况中的表象，我们都不能够与任何一个确定的对象发生关系。（KrV，A258；B314）

161. 所以这个纯粹只是理知的对象的概念在它的应用的一切原理上完全是空的。（KrV，A259；B315）

162. 但一切判断、甚至一切比较都需要一个反省，即需要区别——那些给予的概念所从属的——认识能力。（KrV，A261；B317）

163. 质料和形式。这是两个被作为别的一切反思的基础的概念，所以它们与知性的每一种运用都不可分地联结在一起。（KrV，A266；B322）

164. 在每一个判断中人们可以把那些给予的概念称为（为了判断）逻辑的质料，而把概念的（借助于系词）关系称为判断的形式。（KrV，A266；B322）

165. 但如果我们想用这些概念而达到这种对象，那么先验的反省首先是必要的，对于这些对象应当是哪些认识能力的对象，是纯粹知性的对象，还是感性的对象。（KrV，A269；B325）

166. 这种普通的力学甚至能够在一条先天规则中指出这种冲突的经验的条件，因为它着眼于方向上的对立：这是实在性的先验概念对之完全一无所知的一个条件。（KrV，A273；B329）

167. 这种时间和空间的著名的学说概念，在其中他智性化了这种感性形式，只产生于先验反思的同一种错觉。（KrV，A275；B331）

168. 如果我们单纯作逻辑的反思，那么我们仅仅在知性中相互比较我们的概念，两者是否恰好包含同一个东西，它们是不是相互矛盾，某物是包含在这个概念内部还是添加给这个概念，并且两个概念中的哪一个应当被视为给予的，而哪一个只是思想那个被给予的概念的一种方式。（KrV，A279；B335）

169. 如果关于一物的概念与别的物的概念已经完全没有内部区别了，那么我就只不过在不同的关系中放置了一个并且是同一个物。（KrV，A280；B336）

170. 按照单纯的概念，内部的东西是一切关系或外部规定的基底。所以如果我抽掉了直观的一切条件，并且仅仅抓住一般事物的概念，那么我就能够抽掉一切外在关系，但却必须还留下一个有关于——那根本不意味着任何关系，而只意味着内部规定的东西的——概念。（KrV，A283；B339）

171. 通过单纯的概念，没有某种内部的东西我就当然不能思想任何外部的东西，正因为，关系概念毕竟预设了绝对被给予事物，而它们没有这些绝对被给予事物就不可能存在。（KrV，A284；B340）

172. 因为，如果我们已经抽掉了直观的一切条件，那么在单纯概念中留给我们的当然就无非，只剩下一般内部的东西，以及它的相互关系，唯独由此外

部的东西才是可能的。（KrV，A284；B341）

173. 如果我抽掉这些关系，我就绝不继续思想了，这并没有取消有关作为现象的物的概念，甚至也没有取消有关一个抽象对象的概念，但却取消了这样一个按照单纯概念而可规定的对象、即一个本体的一切可能性。（KrV，A285；B341）

174. 因为我们一切知性概念的客观运用的条件单纯是对象由此被给予我们的那种感性直观的方式，并且，如果我们抽掉这种方式，那么这些知性概念就完全不具有与随便一个客体的任何关系了。（KrV，A286；B342）

175. 但这样一来，一个本体的概念就是成问题的了，也就是说，是一个物的表象，对这个物我们既不可以说，它是可能的，也不可以说，它是不可能的，因为我们完全不知道任何直观的方式，除了我们的感性直观之外，并且完全不知道任何概念的方式，除了范畴外，但感性直观和范畴两者没有一个适合于一种外感官的对象。（KrV，A286；B343）

176. 本体恰恰意味着一个对象的成问题的概念。（KrV，A287；B343）

177. 本体的概念并不是一个客体的概念，而是一项与我们感性的限制不可避免地关联着的任务。（KrV，A287；B344）

178. 最高的概念，人们习惯于从这里开始一个先验哲学，往往是对可能的东西和不可能的东西的划分。但由于一切划分都以一个被划分过的概念为前提，所以还必须指定一个更高的概念，而这个概念则是一个一般对象的概念（这对象是“某物”还是无，则成问题地被设想着，而并未确定）。（KrV，A290；B346）

179. 一个自相矛盾的概念的对象是无，因为这个概念是无，即不可能的东西。（KrV，A291；B348）

180. 无，作为1. 没有对象的空的概念；理论的东西。（KrV，A292；B348）

181. 无，作为2. 一个概念的空的对象；缺乏性的无。（KrV，A292；B348）

182. 无，作为3. 没有对象的空的直观；想像的东西。（KrV，A292；B348）

183. 无，作为4. 没有概念的空的对象；否定性的无。（KrV，A292；B348）

184. 此间我们可以期待，按照与知性概念的类比，这种逻辑的概念同时通往先验概念的钥匙，并且前者的机能表同时被交到理性概念的谱系手上。（KrV，A299；B356）

185. 因为大前提任何时候都提供一个概念，它使得一切被归摄于这个概念条件下的东西，都从这个概念中、按照一条原则而被认识。（KrV，A301；B357）

186. “一切发生的事都有原因”，完全不能从“一般发生的事”这个概念中被推导出来。（KrV，A301；B357）

187. 理性推论并不面向直观、以便将其带入规则之下（如知性带着它的范畴所做的那样），而面向概念和判断。（KrV，A306；B363）

188. 我们将把这个辩证论分为两个主要部分，第一部分应该论及纯粹理性的超验概念，第二部分则应该论及纯粹理性的超验的和辩证的三段论推理。（KrV，A309；B366）

189. 论纯粹理性的概念。无论出自纯粹理性的概念的可能性确实可以是怎样一种情况，这些概念终归不是仅仅被反思到的、而是被推论出来的概念。（KrV，A310；B366）

190. 理性概念用作把握（Begreifen），正如知性概念用作（知觉的）理解。如果理性概念包含无条件者，那么它就涉及到一切经验都隶属于其下而其本身却决不是经验的对象的某物。（KrV，A311；B367）

191. 就如我们曾把纯粹知性概念命名为范畴那样，配备纯粹理性的概念以一个新的名称并且把它们命名为先验的理念。（KrV，A311；B368）

192. 认识要么是直观，要么是概念。（KrV，A320；B377）

193. 概念要么是一个经验的概念，要么是一个纯粹的概念，而纯粹的概念，如果仅在知性中（而不是在感性的纯粹形象中）具有它的来源，则就叫作 Notio（思想、概念）。而一个出自复数的 Notio 的超出经验之可能性的概念，就是理念，或者理性概念。（KrV，A320；B377）

194. 先验分析论曾为我们做出了榜样，我们知识的单纯逻辑形式如何能够包含先天纯粹概念的起源，这些概念先于一切经验而表现对象，或者更确切地说表明了这种综合统一性，它单独使有关对象的经验的知识成为可能。（KrV，A321；B377）

195. 我们可以把这些先天概念称为纯粹的理性概念，或先验理念，而它们将根据原则而规定知性在全部经验的整体上的运用。（KrV，A321；B378）

196. 可是我寻求一个概念，（在这里，亦即人这个概念），它包含着——这种判断的谓词（一般的断言）被给予出来的——条件，并且因为我已经把这个谓词归摄到这个条件的全部范围之下（所有人都是会死的）；所以照此我才规定我的对象的知识（卡尤斯是会死的）。（KrV，A322；B378）

197. 所以先验理性概念无非是，一个面向给予了的有条件者的条件们的总体性的概念。（KrV，A322；B379）

198. 所以一个一般纯粹的理性概念可以用无条件者的概念来说明，只要它包含有条件者的综合的一种根据。（KrV，A322；B379）

199. 所以在条件综合中的总体性的纯粹理性概念，至少作为——为知性的统一性而尽可能地继续延伸到无条件者的——任务，是必要的，并且建立在人类理性的本性基础之上。（KrV，A323；B380）

200. 既然丧失一个在思辨的世间智慧中有更大应用的概念对于哲学家来说绝不可能是无所谓的，所以我希望，这个概念所依赖的那个术语的规定和细心保存，对于哲学家来说也不会是无所谓的了。（KrV，A325；B382）

201. 所以纯粹的理性概念的客观运用任何时候都是超验的，而纯粹的知性概念的客观运用，按照它的本性，任何时候都必须是内在的，因为它仅仅局限于可能的经验之上。（KrV，A327；B383）

202. 我把理念理解为一个必然的理性概念，在感官中不会有任何与之相符的对象被给予它。所以我们现在所考虑的纯粹理性概念就是先验理念。它们都是纯粹理性的概念；因为它们把一切经验知识都看作是被条件的绝对总体性所规定了的。（KrV，A327；B383）

203. 更不用说，它们或许就使从自然概念到实践概念的一个过渡成为可能，并且使道德理念本身以这种方式能够获得行为以及与理性的思辨知识的相互关系。（KrV，A329；B386）

204. 毋宁涉及一种先验的辩证论，它应当完全先天地包含来自纯粹理性的一定知识的来源，以及由此推出的那些概念的来源，这些概念的对象根本不可能经验地被给予，因而它们完全处于纯粹知性的能力之外。（KrV，A333；B390）

205. 现在，所有的一般纯粹概念所涉及的是表象的综合统一性，而纯粹理性概念（先验的理念）所涉及的却是所有一般条件的无条件的综合统一性。（KrV，A334；B391）

206. 纯粹理性从不直接与对象相关联，而与对象的知性概念相关联。（KrV，A335；B392）

207. 选言三段论推理的单纯形式必须导致关于一切存在者的存在者的最高理性概念。（KrV，A336；B393）

208. 因为对于有条件者的可能性，虽然会以其条件的总体性为前提，但并不会以其后果的总体性为前提。所以一个这样的概念就绝不是我们在这里仅仅与之打交道的那种先验理念。（KrV，A337；B394）

209. 形而上学在其研究的本来的目的上只具有三个理念：上帝、自由和不朽，以致于第二个概念，与第一个概念相联结，就应当导致作为一个必然结论的第三个概念。（KrV，A337；B395）

210. 我们已经暂时达到了我们的目的，因为我们把那些先验的理性概念——它们通常在哲学家的理论中一般都混杂在其他概念里面，哲学家们从来也没有将它们与知性概念恰当地区分过——从这种歧义状况中提取出来了。（KrV，A338；B396）

211. 一个单纯的先验理念的对象是某种人们没有任何概念的东西，虽然这

个理念按照它的本源的法则完全必然地产生于理性之中。（KrV，A338；B396）

212. 在第一级的理性推理中，我从不包含任何杂多的主体的先验概念中推论出，这个主体本身的绝对统一性，我以这种方式对这个主体本身完全没有任何概念。（KrV，A340；B398）

213. 这种存在者，我通过一种先验概念还更加不认识，并且从它的无条件的必然性我也不能形成任何概念。（KrV，A340；B398）

214. 现在我们就想到了这样一个概念，它并未被记录在上面的先验概念的普通名单中，但却必须被算入这个名单，而并不因此就对那个表格作丝毫改变并且解释缺点。这就是“我思”概念，或者，如果人们愿意，宁可是判断概念。但人们则容易看出，这概念是所有一般概念的运载工具。因而也是先验概念的运载工具，所以它在任何时候都将处于先验概念之中，因而也刚好是先验的；但它不能有任何特殊的称号，因为它只用作修建一切属于意识的思想。（KrV，A341；B399）

215. 因为这种内部的知觉无非是单纯的统觉：我思；它甚至是使一切先验概念成为可能的，在这些先验概念中它说：我思想着实体、原因等等。（KrV，A343；B401）

216. 从这些要素中，就产生出纯粹灵魂学说的所有概念，仅仅通过组合，而丝毫不需认识别的原则。这个实体，单纯作为内感官的对象，就给出了非物质性的概念；作为单纯的实体，就给出了不朽性的概念。（KrV，A345；B403）

217. 但我们所能够为这门科学设置的根据，没有别的而只是这个单纯的、在自身的内容上完全是空洞的表象：我；关于这个表象人们绝不能说它是一个概念，它只不过是一个伴随着一切概念的意识。（KrV，A346；B404）

218. 所以在思想中自我意识的一切样态（modi）自身，还不是客体的知性概念（范畴），而仅仅是——根本不把任何对象、因而自身也不作为对象交给思维来认识的——逻辑的机能。（KrV，B406）

219. 实体的概念永远与直观相关联。（KrV，B408）

220. 一个——可以独自作为主词、而不能单作为谓词实存的——物的概念，仍还完全不具有任何客观实在性，亦即，人们不可能知道，是否能在任何地方把一个对象归之于它，因为人们看不出这样的一种生存方式的可能性，因而它绝对没有交出任何知识。（KrV，B412）

221. 那么，理性的灵魂学说的那些命题就不会从一个一般的思维着的存在者的概念、而会从一种现实性开始了。（KrV，B418）

222. 然而按照我们的学说概念，对这个问题的充分回答也可以给出。（KrV，B427）

223. 然而我毕竟将会授权把这些概念，鉴于实践的运用，其仍然一直指向

经验之对象，遵照在理论运用中类似的意义，应用于自由和自由的主体身上．（KrV，B431）

224. 所以这个所谓 nervus probandi（论证要点）的论证就在于这个命题：许多表象必须被包含在思维着的主体的绝对统一性中，为的是构成一个思想。但这个命题没有人能够从概念中证明出来。（KrV，A352）

225. 因为经验并不提供任何必然性而认识，更谈不上，绝对统一性的概念是远超出经验范围了。（KrV，A353）

226. 我们无权使它成为对象的知识的可能性条件，即成为一个一般思想着的存在者的概念。（KrV，A354）

227. 我是一个简单的实体，即它的表象绝不包含一种杂多的综合；但这个概念、或者这个命题，没有教导我们丝毫鉴于我的本身作为一个经验之对象。（KrV，A356）

228. 所以我就只能对一切问题给出同义反复的回答，当我把我即我的概念及其统一性强加给那些——应归于作为客体的我本身的——属性的时候，并且以这种人们所渴望知道的东西为前提。（KrV，A366）

229. 但我把一切现象的先验观念论理解为这个学说概念，依据它我们就把一切现象全都看作为单纯的表象、而不是自在之物本身。（KrV，A369）

230. 所以一切疑虑在我们的学说概念那里就被取消了，物质的此在就这样凭借我们的自我意识的见证，就假定为并且由此宣布证明了一个思想着的存在者的此在，如同我自身的此在那样。（KrV，A370）

231. 但如果心理学家把现象看作自在之物本身，无论他是作为唯物论者把单独而唯一的物质，还是作为唯灵论者只把思维着的存在者（即按照我们内感官的形式），还是作为二元论者把两者都作为独立生存的事物，而接纳到他的学说概念中，他终归一直被这种误解递给了玄想的方式，那个生存之物自在地本身会如何生存，它毕竟不是任何自在之物、而只是一个一般物的现象。（KrV，A380）

232. 而只能以此而表示，即人们把外部现象归因于一个先验对象，这个先验对象是那一类表象的原因，但我们根本不认知它，也未曾得到过它的一些概念。（KrV，A393）

233. 但如果我们超出它们的界限，则一个先验对象的概念就成为必要的了。（KrV，A393）

234. 没有一个作为基础的直观，单单这些范畴不能给我设法获得任何有关一个对象的概念。（KrV，A399）

235. 但某物如果只是在概念中而不是在现象中被认作简单的，那么我由此便根本不现实地拥有关于对象的任何知识。（KrV，A400）

236. 但对此“我”这个概念，在这个心理学原理（“我思”）中却对我们不吐一言。（KrV，A401）

237. 这样，例如实体的概念在简单性的谬误推理中就是一个纯粹智性的概念，它无需感性直观的条件而只具有先验的、即完全没有任何运用。（KrV，A403）

238. 我把所有——只要它们涉及现象的综合中的绝对总体性的——先验理念，都称为世界概念。（KrV，A407；B434）

239. 而所有的一般可能事物的条件的综合中的那种绝对的总体性则相反，将引起纯粹理性的一个理想，它与世界概念是完全不同的，虽然它与之有关系。（KrV，A408；B434）

240. 只有知性才会是，能够从中产生纯粹的和先验的概念，理性原本完全不产生、而至多只从一个可能经验的不可避免的限制中解放知性概念，并且试图使之扩展到超出经验的边界，但又还处于与经验的连结之中。（KrV，A409；B435）

241. 绝对总体性的理念所涉及的无非是，现象的说明，因而不涉及一般事物的一个整体的纯粹知性概念。（KrV，A416；B443）

242. 不过一个这样的序列的这个绝对整体只是一个理念，或者不如说，是一个成问题的概念，这个概念的可能性必须被研究，更确切地说，必须联系到——这个无条件者，作为真正的先验理念，取决于它，如何能被包含在这序列中的——那种方式而被研究。（KrV，A417；B445）

243. 所以人们可以按照我的意见，把这些理念全都适当地称为世界概念。（KrV，A420；B447）

244. 我会在更严格的意义上把前两个理念称为（在宏观世界和微观世界中的）世界概念，而把其他两个理念则称为超验的自然概念。（KrV，A420；B448）

245. 而这不允许知性，离开它的业务，并在这个借口下，从现在开始该结束了，而转入理想化的理性的领域并且转向超验的概念。（KrV，A469；B497）

246. 关于它我们虽具有足够的概念以提出一个问题、却完全缺乏在任何时候回答它的手段和能力的东西。（KrV，A477；B505）

247. 在道德的普遍原则中不能够有任何不确定的东西，因为这些命题要么是完全无效的和空无含义的，要么就必须仅仅从我们的理性概念中流淌出来。（KrV，A480；B508）

248. 而这确实就是一切世界概念的情况，这些世界概念也正为此，而把理性，只要它追随它们，就卷入了一种不可避免的二律背反。（KrV，A486；B514）

249. 世界没有任何开端，那么世界对于你们的概念就大了；因为这个概念，它以一个前后相继的回溯为内容，决不能达到那种全部流逝了的永恒性。（KrV，A486；B514）

250. 对于经验的综合的绝对总体性来说，任何时候都要求，那种无条件者应该是一个经验概念。（KrV，A487；B515）

251. 可能的经验就是这种，唯一能够给予我们的概念以实在性的东西。（KrV，A489；B517）

252. 我称这种学说概念为先验的观念论。（KrV，A491；B519）

253. 这个命题就是理性的一种逻辑的设定：通过那种知性追踪一个概念与它的条件的这样一种连结，并且尽可能远地延伸，这种已经附着在这个概念本身上的联结。（KrV，A498；B526）

254. 有条件者与它的条件的综合以及条件的整个序列（在大前提中）根本不拥有经由时间的任何限制并且也不拥有任何前后相继的概念。（KrV，A500；B528）

255. 绝对总体性的一个单纯概念，它只在它本身中已完成。（KrV，A510；B538）

256. 纯粹知性概念与纯粹理性概念一样很少产生出任何先验的运用。（KrV，A515；B543）

257. 我为我、尽管还不确定地设想了这种回溯，并且唯独由此才能够对给予了的知觉产生出这样一个序列的概念。（KrV，A518；B546）

258. 于是我任何时候都在概念中、但决不（作为整体）在直观中而拥有世界整体。（KrV，A519；B547）

259. 所以世界大小的概念就只通过回溯、不在回溯之前，而在一个集合的直观中给予了出来。（KrV，A523；B551）

260. 建立在这个自由的先验理念基础之上的是自由的实践概念。（KrV，A533；B561）

261. 因此我们会从一个这样的主体的能力中为我们制作它的原因性的——一个是经验的、同时也是智性的——概念，而这两者则在原因性的结果中共同发生。（KrV，A538；B566）

262. 但按照主体的理知的品格（虽然我们对此所能够拥有的无非只是这个主体的普遍概念），同一个主体却会而必须被宣告为不受感性和通过现象的规定的一切影响。（KrV，A541；B569）

263. 理性仅仅按照理念考虑它的对象并由此而规定知性，然后知性就从它的（虽然也是纯粹的）概念中做出一种经验的运用。（KrV，A547；B575）

264. 于是这个“应当”就表达了一种可能的行动，这行动的根据则无非

是，一个单纯的概念；与此相反，一个单纯自然行动的根据的概念任何时候都必须是一个现象。（KrV，A548；B576）

265. 我们一般根本不能够从单纯先天概念中认识任何实在根据的和任何原因性的可能性。（KrV，A558；B586）

266. 所以这个序列，我们面前所具有的，原本只是概念的序列，而不是直观在一个直观是另一个直观的条件时的序列。（KrV，A559；B587）

267. 只要我们用我们的理性概念仅仅把感官世界中条件的总体性、以及鉴于这种总体性而能够为理性所用的东西，当作对象：那么我们的这些理念就虽然是先验的、但却还是宇宙论的理念。（KrV，A565；B593）

268. 通过纯粹知性概念，没有一切感性的条件，任何对象都不可能被表象出来，因为缺乏这些对象的客观实在性的条件，而在这些概念中被找到的无非是思想的单纯形式。（KrV，A567；B595）

269. 人性在它的整个完善性中，不仅包含对属于这种本性的、构成我们的人性概念的一切本质属性的扩展，直至与人性的目的完全重合，而这就会是我们的完善人性的理念；而且也包含除了这概念之外一切属于这个理念的通盘规定的东西（KrV，A568；B596）

270. 道德的概念并不完全是纯粹的理性概念，因为某种经验的东西（愉快或不愉快）给它们放置了基础。（KrV，A569；B597）

271. 理性需要关于某个在其种类中完全是完备的东西的概念，以便评估和测量不完备的东西的程度和缺陷。（KrV，A570；B598）

272. 因此理性设想一个——按照原则应当是可被通盘规定的——对象，虽然对此还缺乏在经验中的充分条件、因而这个概念本身是超验的。（KrV，A571；B599）

273. 每一个概念，鉴于它自身并不被包含在它之中的东西，都不被规定，并且从属于这条可规定性的原理；在每两个相互矛盾—对立着的谓词中，只有一个能够应归于这概念，这个原理则以矛盾律为基础，因此是一个单纯逻辑的原则，它抽掉了一切知识的内容，而无非着眼于知识的逻辑形式。（KrV，A571；B599）

274. 任何一个概念的可规定性都是服从于两个对立谓词之间的排中律的普遍性（普遍性）的，但一个物的规定则是服从于一切可能谓词的全体性（完备性）或整体的。（KrV，A572；B600）

275. 任何一个概念的可规定性都是服从于两个对立谓词之间的排中律的普遍性（普遍性）的，但一个物的规定则是服从于一切可能谓词的全体性（完备性）或整体的。（KrV，A573；B601）

276. 这个通盘的规定因而就是一个——我们永远也不能按照它的总体性具

体描述的——概念，所以建立在一个——仅仅在理性中占有它的位置的——理念基础之上，理性给知性制定了它的完备运用的规则。（KrV，A573；B601）

277. 它把自己纯化为一个先天地被通盘规定的概念，并由此成了一个单独对象的概念。（KrV，A574；B602）

278. 这种逻辑的否定，它仅仅通过这个词："不"而将表明，原本绝不与一个概念、而是只与这个概念对另一个概念在判断中的关系相联系，所以远不能充分地在一个概念的内容方面来标明这个概念。（KrV，A574；B602）

279. 而先验的肯定则是一个"某物"，它的概念自在地本身已经表达了一个存在，并因此被称为实在性（事实性）。（KrV，A574；B602）

280. 无知的人对自己的无知没有任何概念，因为他对科知识没有任何概念，等等。（KrV，A575；B603）

281. 但也是通过实在性的这种全有，一个自在之物本身的概念，就作为一个被通盘规定了的概念，而表象出来了，而一个 entis realissimi（最实在的存在者）的概念就是一个单独存在者的概念，因为在它的规定中遇到了一切可能的对立的谓词中的一个谓词，亦即，那个绝对属于存在的谓词。（KrV，A576；B604）

282. 因为只有在这个唯一的情况下，关于一物的自身普遍的概念才被自己本身所通盘规定、并作为有关一个个体的表象而被认识。（KrV，A576；B604）

283. 一般实在性的普遍概念不能被先天地划分，因为人们没有经验就不知道实在性的任何一个会包含在那个类之下的确定的种。（KrV，A577；B605）

284. 事物的一切杂多性只是一个恰好如此多种多样的种类而已，它限制着这个是事物的共同基底的最高实在性的概念，正如一切图形只有作为限制无限空间的不同方式才是可能的。（KrV，A578；B606）

285. 一个这样的存在者的概念在先验的理解中思想，就是关于上帝的概念，所以纯粹理性的理想就是一种先验神学的对象，正如我在上面也已经提到的那样。（KrV，A580；B608）

286. 于是这个单一之物，就借助于已经提到过的那个先验的偷换，被混同于一个——居于一切事物的可能性的顶峰、并为一切事物的通盘规定提供实在条件的——物的概念。（KrV，A583；B611）

287. 虽然无条件者自在并且按照其单纯概念并不作为现实而被给予出来，但只有它才可以完成那些被引向其根据的条件的系列。（KrV，A584；B612）

288. 于是，理性到处寻找一个——作为无条件的必然性、而与这样的优先生存相合适的存在者的——概念，不是为了这样一来就从这个存在者概念中先天地推断出它的此在，（因为，如果理性胆敢这样，那么它完全只在单纯概念之间进行研究，而没有必要，设置一个给予的此在作为基础），而只为了在可

能之物的一切概念中找到那个——自身不拥有任何与绝对必然性相冲突的东西的概念。（KrV，A585；B613）

289. 那样一个东西，它的概念对一切“为什么”而都包含着“就为这”，它的任何部分和任何方面都是没有缺陷的，它到处都足以作为条件。（KrV，A585；B613）

290. 一个最高实在性的存在者的概念在可能事物的一切概念中最合适于一个无条件的必然存在者的概念。（KrV，A586；B614）

291. 于是它就寻找那种不依赖于一切条件者的概念，并且——在那个本身就是一切其他事物的充分条件的东西、亦即在那个包含着一切实在性的东西中——找到了这一概念。（KrV，A587；B615）

292. 我必须把一个——包含一切实在性、因而也包含一切条件的——存在者，看作是绝对无条件的，所以经此而找到，那种与绝对必然性相合适的物的概念。（KrV，A588；B616）

293. 要么最后抽掉一切经验，并且完全先天地从单纯概念中推导出一个最高原因的此在。（KrV，A590；B618）

294. 一个绝对必然的存在者的概念是一个纯粹理性概念、亦即一个单纯的理念。（KrV，A592；B620）

295. 这种逻辑的必然性已经证明了，它的幻觉的如此巨大的威力，以致于，因为人们制造出一个关于某物的先天概念。（KrV，A594；B622）

296. 因为我不能构成一个物的最起码的概念，这个物，如果它连通它的所有谓词都被取消了，却留下一个矛盾，而我就没有矛盾地，单单通过纯粹先天概念，不会拥有不可能性的任何标志。（KrV，A596；B624）

297. 毕竟存在着一个、而且只有这一个概念，由于它的对象的非存在或取消在本身本该是矛盾的，而这个对象就是最高实在的存在者的概念。（KrV，A596；B624）

298. 然而，规定却是一个——添加在主词的概念之上并扩大了这个概念的——谓词。所以规定必须不是已经包含在概念中的。（KrV，A598；B626）

299. “上帝是全能的”这个命题，包含了两个概念，这两个概念又拥有它们的对象：“上帝”和“全能”。（KrV，A598；B626）

300. “上帝存在”，或者“存在着一个上帝”，那么我就没有为上帝的概念设置任何新的谓词，而是仅仅把主词自在本身连同它的所有谓词、也就是把对象设置在与我的概念的关系中。（KrV，A599；B627）

301. 所以，现实的东西并不比单纯可能的东西包含得更多。一百个现实的塔勒所包含的丝毫也不多于一百个可能的塔勒。因为，后者在这里意味着概念，前者却意味着对象及其肯定自在本身，所以，假如在后者比前者包含的更多的情况下，我的概念就会没有表达出整个对象，因而也就不是关于这个对象的合适的概念。但是在我的财产状况中，现实的一百塔勒，就是多于一百塔勒的单纯概念（即一百塔勒的可能性）。因为对象在现实性那里并不单纯是分析地包含在我的概念中，而是综合地加入了我的概念（这概念是我的状态的一个规定），而通过在我的概念之外的这个存在，这个被想到的一百塔勒本身丝毫也没有被增多。（KrV，A599；B627）

302. 因为通过概念，对象仅仅被思考为与一般可能的经验知识的普遍条件相一致，但通过这种生存却被思考为包含在全部经验的连贯关系中。（KrV，A600；B628）

303. 最高存在者的概念是一个在许多方面都非常有用的理念。（KrV，A601；B629）

304. 现在只有一个事物的唯一的概念是可能对这个物作先天的通盘规定的，这就是 entis realissimi（最实在的存在物）这个概念：所以最实在的存在者的概念就是——由此一个必然的存在者能被思想的——唯一的概念，亦即存在着一个必然方式的最高存在者。（KrV，A605；B633）

305. 人们在这里预设了，一个最高实在性的存在者的概念完全满足此在中的绝对必然性概念，也就是说，可以从前一个概念推断出后一个概念。（KrV，A607；B635）

306. 既然这个命题单纯出自它的概念而先天地已经规定了：所以这个最实在的存在者的单纯概念也就必须带有这个最实在的存在者的绝对必然性。（KrV，A608；B636）

307. 偶然之物的那种单纯智性的概念完全不能产生如同原因性的概念那样的综合命题。（KrV，A609；B637）

308. 这个概念（最高实在性的概念）应归于哪些事物，哪些事物就是绝对必然的。（KrV，A611；B639）

309. 最高存在者的概念满足于为了一个物的内部规定而能够提出一切先天的问题，因而它也是一个无与伦比的理想，因为最高存在者的普遍的概念同时也彰显为一种一切可能事物中的个体。（KrV，A611；B639）

310. 先验理想的全部任务都取决于：或者为绝对的必然性寻找一个概念，或者为任何一个事物的概念寻找它的绝对必然性。（KrV，A612；B640）

311. 这种必然性不能是任何概念，因而只作为思维的形式条件、但却不作为此在的质料的和物化的条件。（KrV，A620；B648）

312. 但这个原因的概念必须把某种有关这原因的完全确定的东西提供给我们来认识，并且因此它不能是任何别的概念，而无非是关于一个具有全能、全智等等、总之是具有全部完 313. 善性的、作为一个最充分的存在者的存在者概

念。（KrV，A627；B655）

314. 凡是在事情取决于一般物的大小（完善性的大小）的地方，在那里就不存在任何确定的概念，而包括整个可能的完善性的概念，并且只有实在性的大全（omnitudo，整全）才是在概念中通盘规定了的。（KrV，A628；B656）

315. 人们现在唯独从这种偶然性出发，仅仅通过先验的概念，走向一个绝对必然者的此在，并且从最初原因的绝对的必然性的概念出发，走到那绝对必然者的通盘被规定的或作规定的概念，即一个无所不包的实在性的概念。（KrV，A629；B657）

316. 所以，全然出于纯粹理性概念的本体论的证明，就是唯一可能的证明，只要一种如此远远超越于一切经验的知性运用之上的命题的证明在任何地方都是可能的。（KrV，A630；B658）

317. 所以如果一个物的绝对必然性应当在理论知识中被认识，那么这个物就唯有从先天概念中才能够发生，但决不作为一个——与被经验所给予的此在相关联的——原因。（KrV，A634；B662）

318. 先验的问题只允许有先验的、即出自纯然先天概念而没有丝毫经验的混杂的回答。（KrV，A637；B665）

319. 无论知性是如何达到这个概念的，这个概念的对象的此在却毕竟不能在这个概念中分析地被发现，因为客体的生存的知识恰好就在于，这个客体本身是自在地设置在思想之外的。（KrV，A639；B667）

320. 如果一旦，在其他方面的、或许实践的关系中，一个作为至上理智的最高和最充分的存在者的预设，主张了它的无需反驳的有效性：那么这就会有最大的重要性，把这个概念在其先验的方面准确地规定为，一个必然的和最实在的存在者的概念。（KrV，A640；B668）

321. 这个最高存在者对于理性的单纯思辨的运用来说仍然是一个单纯的、但毕竟是完美无缺的理想，是一个终止整个人类知识并使之圆满完成的概念，它的客观实在性以这种思辨的运用的方式虽然不能被证明、但也不能被反驳。（KrV，A641；B669）

322. 因此它们的被纯化出来的概念，作为每一种神学如此非常必需具有的概念，都仅仅从先验神学中被牵引了出来。（KrV，A642；B670）

323. 理性决不直截了当地与一个对象、而仅与知性发生关系，并且借助于知性而与理性自己的经验的运用发生关系，所以并不创造任何（客体的）概念，而只是整理它们，并赋予它们那种——在它的最大可能的扩展中可能具有它、即在与序列的总体性的关系中的——统一性。（KrV，A643；B671）

324. 先验理念决不是这样的一种构成性的运用，以至于通过这种运用一定对象的概念就会被给予出来，而在人们这样理解它们的情况下，它们就仅仅是

玄想的（辩证的）概念了。（KrV，A644；B672）

325. 人们其实并不能说，这个理念是一个客体的概念，而只能说它是这些概念的通盘统一性的概念，只要这种通盘统一性充当知性的规则。这一类的理性概念不被创造于自然，我们毋宁根据这些理念询问自然。（KrV，A645；B673）

326. 因为既然这毕竟总是一个——只把各种不同之物所共同的东西包含在自身中的——概念，这个概念就不可能是通盘规定了的，因而也不可能是最贴近地与个体发生关系的，所以任何时候都必须把别的概念、即亚种，包含在自身之内。（KrV，A656；B684）

327. 一切概念的亲和性法则，而这个法则命令了一个——从每一个种到每一个别的种、通过差异性的逐级式的增加——连续的过渡。（KrV，A657；B685）

328. 撇开这种区分，上述的动力学的法则在经验方面还是构成性的，因为这些法则使得那些——没有它就没有任何经验发生的——概念，成为先天可能的。而纯粹理性的原则却连在经验的概念方面也不可能是构成性的，因为不可能把任何相应的感性图型提供给这些原则，所以它们也不可能拥有任何具体的对象。（KrV，A664；B692）

329. 人们绝不能可靠地使用一个先天的概念，没有把它带进一种先验的演绎。（KrV，A669；B697）

330. 一个最高理智的概念是一个单纯的理念。（KrV，A670；B698）

331. 理念以这种方式原本只是一个启发式的、而非明确表示的概念，而且所指明的，并非一个对象是怎样的性状，而是我们应当如何在这概念的指引下、寻找一般经验之对象的性状和连结。（KrV，A671；B699）

332. 而现在我们设想一个“某物”，我们关于它自在本身是什么，完全不具有任何概念，但我们毕竟在对它设想了一种现象的总和的关系，而这种关系则与现象相互之间所具有的关系是类似的。（KrV，A674；B702）

333. 那个先验的、唯一确定的概念，单纯思辨理性关于上帝所提供给我们的，在最准确的理解中是自然神论的。（KrV，A675；B703）

334. 如果我假定一个神的存在者，我尽管不论对它的最高完善性的内部可能性、还是对它的此在的必然性，都没有丝毫概念，但随后毕竟我就能够满意地回答一切其他涉及偶然之物的问题了。（KrV，A675；B703）

335. 因为，这时我决不能假定这个物自在本身的此在，因为没有任何概念，我由此而能够确定地设想任何一个对象，为此而达到它，并且我的概念的客观有效性的这些条件已被这种理念本身排除在外了。（KrV，A677；B705）

336. 这样一来我就设想了这个最高的存在者，通过那些——原本只在感性

世界中才有其应用的——纯然概念。（KrV，A678；B706）

337. 我们不可能根据实在性、实体、原因性等等概念而预设这种先验对象自在本身的现实性，因为这些概念对完全与感官世界不同的东西，没有丝毫的应用。（KrV，A679；B707）

338. 所以理性对于一个作为至上原因的最高存在者的设定，仅是相对地、为了感官世界的系统统一性的目的而被思想，并且是一个在理念中的单纯“某物”，我们对它自在地是什么，不具有任何概念。（KrV，A679；B707）

339. 纯粹理性实际上所忙碌的无非它自身，并且不能够拥有任何别的事务，因为并没有对象被提供给经验概念的统一性，而有知性知识被提供给理性概念的、即在一条原则中的关联的统一性。（KrV，A680；B708）

340. 所以，取代那个并不能引导我们走远的（关于灵魂现实地是什么的）经验概念，理性就采取了一切思想的经验的统一的概念，并且通过理性无条件地和本源地思考这个统一性。（KrV，A682；B710）

341. 因为通过这样一个概念我不但拿走了物质自然，而且一般地拿走了一切自然，即任何一个可能经验的所有谓词，因而拿走了为这样一个概念而思想一个对象的所有条件。（KrV，A684；B712）

342. 单纯思辨理性的第二个调节的理念是一般世界概念。（KrV，A684；B712）

343. 纯粹理性的第三种理念，它包含着一个作为一切宇宙论序列的唯一充分原因的存在者的单纯相关的设定，就是上帝的理性概念。我们没有丝毫根据，绝对地假定（自在地设定），这个理念的对象。（KrV，A685；B713）

344. 这个唯独以理性概念为依据的最高形式的统一性，就是事物的合目的的统一性，而理性的思辨的兴趣则有必要把世界的一切安排都看作，好像它们来源于一个最高理性的意图。（KrV，A686；B714）

345. 把一个这样的最高理智的概念，因为它自在地是完全不可捉摸的，就拟人化地予以规定，然后就把这些目的暴力而专断地，强加于自然。（KrV，A692；B720）

346. 一切人类的知识都开始于直观，从那里行进到概念，而以理念结束。（KrV，A702；B730）

347. 在理性按照单纯概念而作先验的运用时，那么理性就非常需要一个训练，来对它扩展到超出可能经验的严格界限的倾向，加以抑制。（KrV，A711；B739）

348. 哲学的知识是出自概念的理性知识，数学知识则是出自概念的构造的理性知识。但构造一个概念，则叫做：向它先天地展现相应的直观。所以对于一个概念的构造则要求一个非经验的直观，因而，作为直观，是一个个别的客体，但作为一个概念（一个普遍的表象）的构造，却仍然必须在表象中表达，对一切隶属于这种概念的可能直观的普遍有效性。（KrV，A713；B741）

349. 个别被画出的图形是经验的，却仍然用于表达概念，无损于它的普遍性，因为在这个经验的直观那里被看到的，永远只是概念构造的行动，对这种概念来说许多规定，如大小、边和角，都是完全无关紧要的，因而这些——并不改变三角形的概念的——差异，就被抽离了。（KrV，A714；B742）

350. 因为只有大小的概念可以构造、即可以先天地在直观中陈述，但质却只能在经验的直观中表现。（KrV，A714；B742）

351. 哲学仅仅执着于普遍概念，而数学则并不对准单凭概念，而马上赶紧转向直观，在直观中它具体地考察概念，但却非经验地、而只在它先天地表现出来、即构造出来的这样一种直观中考察，在其中，从那种构造的普遍条件中得出的东西，也必然对这构造起来的概念的客体普遍有效。（KrV，A715；B743）

352. 一个先天概念（一个非经验的概念）所包含的，要么本身已经是一个纯粹直观了，而这样它就能够被构造；要么，就无非是那些——并未先天给予的——可能直观的综合，这样人们就完全可以通过它而进行先天的综合的判断，但只是按照概念而进行推论的判断，而从来都不是通过概念的构造而进行直觉的判断。（KrV，A719；B747）

353. 把现象的这种经验的内容先天地表象出来的唯一的概念，就是一般的物的概念。（KrV，A720；B748）

354. 先验命题决不通过概念的构造、而只按照概念而先天地给予。（KrV，A720；B748）

355. 但我可以从概念走向与这个概念相应的纯粹的或经验的直观，以便在直观中具体地考量这个概念，并且，先天地或后天地认识凡是应归于这个概念的对象的东西。（KrV，A721；B749）

356. 然而，当一种实在性、实体、力等先验的概念被给予我时，那么这种概念就既不表示一种经验的直观，也不表示一种纯粹的直观，而只表示经验的直观（因而也不能表示被先天给予的直观）的综合。（KrV，A722；B750）

357. 借助于原因概念，我现实地走出了关于一个事件（因为某物发生）的经验的概念，但并没有达到——具体表现原因概念的——那种直观，而是达到了——在经验中遵照原因概念而想被找到的——一般时间条件。所以我只是按照概念行事，而不能通过概念的构造而行事，因为概念是知觉的综合一条规则，这些知觉不允许是任何纯粹直观，所以不允许先天地给予。（KrV，A722；B750）

358. 所以一个先验的命题就是一种按照单纯概念的综合的理性知识，并且

因而是推论性的知识。（KrV，A722；B750）

359. 在这种运用中，由于这些概念已经针对了一个先天直观，它们也就恰好因此而能够先天地并且无需所有经验的材料而在纯直观中被确定地给予出来。（KrV，A724；B752）

360. 定义，正如这个术语自己所给出的那样，本来所意味的，无非本源地描述出一个物、在它的界限之内的详尽的概念。（KrV，A727；B755）

361. 一个经验的概念根本不能被定义。（KrV，A727；B755）

362. 准确地说，也没有任何先天被给予的概念可以被定义，如实体、原因、权利、公平等等。因为我永远也不能肯定，一个（仍然混乱的）被给予的概念的清晰的表象已被详尽地展开了，除非我知道，这个概念是与对象相符合的。（KrV，A728；B756）

363. 所以，既然无论经验地、还是先天地被给予的概念都不能被定义，那么剩下的就别的而只有那些——人们能够尝试这种技艺的——任意想到的概念了。（KrV，A729；B757）

364. 所以，没有任何别的、适宜于下定义的概念剩留下来，除非这种——包含一种任意的、即能够被先天地构造出来的综合的——概念，因而只有数学拥有定义。（KrV，A729；B757）

365. 哲学的定义仅仅作为给予的概念的说明，但数学的定义则作为本源地被制造的概念之结构，前者只通过剖析（它的完备性肯定不是无可置疑的）而分析地产生，而后者则综合地产生，因而制造概念本身，相反前者只解释概念。（KrV，A730；B758）

366. 假如人们直到给一个概念下定义为止，还根本不能用到一个概念，那么这就完全不好地处于一切哲学研究的情况中了。（KrV，A731；B759）

367. 我们在数学中先于定义就根本没有任何概念，只有通过定义，概念才首先被给予出来，所以数学任何时候也都必须而且能够从定义开始。（KrV，A731；B759）

368. 一个概念不会让自己综合地而又直接地与别的概念相联合，因为，为了我们能够超出一个概念之外，一个中介的知识的第三者就是必需的。（KrV，A732；B760）

369. 但从（在推论的知识中的）先天概念决不能产生直观的确定性，即显明，即使这个判断在其它情况下可以是如此非常无可争辩的确定的。所以，只有数学才包含演证，因为它不是从概念中、而是从对概念的构造中，即从能够与这些概念相符合地被先天给予的直观中，引出自己的知识。（KrV，A734；B762）

370. 哲学知识却必定缺少这种优点，因为它任何时候都必须（通过概念）

在抽象中考察共相，然而数学却能够在具体中（在个别直观中）却又通过先天的纯粹表象而考虑共相，在这里每一步失足都会是明显的。（KrV，A734；B762）

371. 一个出自概念的直接综合命题就是一个教条（Dogma）；反之，一个通过概念的构造的这种命题，就是一个教理（Mathema）。（KrV，A736；B764）

372. 但通过知性概念它虽然能建立可靠的原理，却完全并不直接出自概念，而是一直仅仅间接地通过这些概念与某种完全偶然之物、也就是与可能经验的关系而建立起来的。（KrV，A737；B765）

373. 因为我们的理性（主观地）本身就是一个系统，但是在它的纯粹运用中，凭借单纯的概念，却只是一个按照统一性的原理的探寻的系统，唯独经验才能给这种探寻提供材料。（KrV，A738；B765）

374. 对于我们的知识而言的一切可能对象的总和在我们看来就是一个平面，它具有它的虚假的地平线，这地平线也就是包括这些对象的全部范围并且被我们称之为无条件的总体性的理性概念的东西。（KrV，A759；B787）

375. 既然所有的概念、甚至纯粹理性向我们递交的所有的问题，也许都不处于经验中，而本身反倒只处于理性中，因此它们必须能够被解决并且按照它们的有效性或无效性被把握。（KrV，A763；B791）

376. 经验本身就是知觉的这样一种综合，它增加了我凭借知觉而拥有的概念、通过别的附加的知觉。不过我们也相信能够先天地超出我们的概念并且扩展我们的知识。（KrV，A764；B792）

377. 即使我们永远不能够直接超越那些已经给予了我们的概念的内容，我们毕竟可以完全先天地——但却与一个第三者，即可能的经验相关，因此毕竟是先天地——认识那个与别的事物相连结的法则。（KrV，A766；B794）

378. 理性概念就是，如已说过的，单纯的理念，并且当然不具有在任何一个经验中的对象，但也并不因此就表明虚构的却同时又被假定为可能的对象。（KrV，A771；B799）

379. 但假如把灵魂假定为单纯的实体（一个超验的概念），这就会是一个——不仅是不可证明的，（就如许多自然性的假设所是的那样），而且也是完全任意和盲目的冒险的——命题，因为这种简单之物根本不可能在任何经验中出现。（KrV，A772；B800）

380. 因为不仅把可能经验之原则扩展到一般事物的可能性上，而且主张这样一些只有在一切可能经验的界限之外才能够找到它的对象的概念的客观实在性，都是超验的。（KrV，A781；B809）

381. 先验的和综合的命题的证明拥有这种特点，在先天综合知识的一切证明中，本身，即理性在它们那里借助于它的概念不允许被直截了当地变成对

象，而必须预先阐明这些概念的客观有效性和这些概念的先天综合的可能性。（KrV，A782；B810）

382. 因为证明并不表明，被给予的概念（如关于发生的事的概念）、直接就导致另一个概念（一个原因的概念）；因为这样一类的过渡将是一个根本不可辩护的跳跃。（KrV，A783；B811）

383. 而这个——在最初的理解中完全不包含任何多样性的——“我”，在第二种理解中，它却意味着灵魂自身，可以是一个非常复杂的概念，亦即一个在自身之下包含和标志着很多东西的概念，所以我就发现了一个谬误推理。（KrV，A785；B813）

384. 每一个先验的原理都只从一个概念出发，并且按照这个概念来说出对象的可能性的综合条件。（KrV，A787；B815）

385. 如果“一切思想者都是简单的”这个命题要得到证明，那么人们就不在思想的杂多的东西上耽搁了，而仅仅坚持于“我”——它是简单的并且一切思维都与之相关——的概念。（KrV，A788；B816）

386. 一切实践的概念都指向合意、或讨厌、即愉快和不愉快的，因而至少是间接地、指向我们的情感的对象。（KrV，A801；B829）

387. 我目前只在实践的理解中使用自由概念，并且这里则完结了先验意义上的自由概念。（KrV，A801；B829）

388. 现在，在一个理知的、即道德的世界里，在它的概念中抽掉了一切德性障碍（爱好），这样一个与道德性成比例地联结着的幸福的体系也可以被设想成必然的了。（KrV，A809；B837）

389. 于是这种道德神学便具有胜过思辨神学的特有的优点：即它不可避免地引导上一个唯一的、最最完善的和有理性的原始存在者的概念，思辨神学对此就从不从客观的根据中暗示我们，更谈不上能使我们确信这件事情了。（KrV，A814；B842）

390. 因为没有这种合目的的统一性，我们甚至不会具有任何理性，因为我们将不会而具有理性的学校，也没有能给这些概念提供材料的那些对象的培养。（KrV，A817；B845）

391. 我们因此在人类理性的历史中也发现：在这些道德的概念充分被纯化、被规定，并且目的的系统统一性按照这些道德的概念更确切的说从必然的原则中被看出之前，自然的知识、甚至理性教养在有些别的科学中的一种可观的程度，部分地只能产生关于神性的一些粗糙的和漂浮不定的概念，部分地剩留下鉴于这个问题的一种特令人佩服的完全冷漠。（KrV，A817；B845）

392. 道德理念把关于神圣存在者的一个概念实现出来，这个概念我们现在认为是正确的，并不因为思辨理性使我们确信它的正确性，而因为它与道德的

理性原则完满地相协调。（KrV，A818；B846）

393. 因为凡是我也只认为是假设的东西，我对它至少按照它的属性必须知道如此之多，以致于我不能虚构它的概念，而只虚构它的此在。（KrV，A827；B855）

394. 这个理念就是一个整体的形式的理性概念，只要通过这个理性概念不论是杂多东西的范围、还是各部分相互之间的位置，都先天地被规定了。所以这个科学性的理性概念包含目的以及与这个目的相一致的整体的形式。（KrV，A832；B860）

395. 现在，一切理性知识要么是来自概念、要么就是来自概念的构造；前者叫哲学的知识，后者叫数学的知识。（KrV，A837；B865）

396. 但直到那时以前，关于哲学的概念仅仅是一个学院概念，也就是关于一个知识系统的概念，这种知识仅仅被作为科学而寻求，所具有的目的无需别的而无非这种知识的系统统一性、因而知识的逻辑完善性。（KrV，A838；B866）

397. 哲学按照这个世界概念而为来自这一目的的立场的系统统一性所颁定的东西。（KrV，A839；B867）

398. 世界概念在这里就是那种涉及使每个人都必然感兴趣的东西的概念；因而我就按照学院概念而规定这门科学的意图，当一门科学仅仅被看作一种关于达到某些随意目的的熟巧的科学的时候。（KrV，A839；B867）

399. 广延的概念属于形而上学吗？（KrV，A843；B871）

400. 但与数学那种单纯通过对概念的先天构造而判断的一类知识相比较，形而上学则是出自概念的知识类型。（KrV，A844；B872）

401. 形而上学的那个首先已经侵占这一名称的思辨的部分，即我们称为自然形而上学的、并且从先天概念而考虑一切、只要它所是的东西（而不是所应当是的东西）的形而上学，就被划分为如下的类型。（KrV，A844；B872）

402. 内感官的对象，灵魂，以及，根据一般灵魂的基本概念，思想着的自然。（KrV，A846；B874）

403. 外感官的客体通过这个单纯概念物质（不可入的无生命的广延）而发生，内感官的客体则通过一个思想着的存在者的概念（在经验的内部表象、我思中）而发生。（KrV，A848；B876）

404. 前一派承认智性的概念，但只接受感觉的对象。（KrV，A854；B882）

感官（der Sinn）

内感官，内部感官（der innere Sinn）

外感官，外部感官（der äuβere Sinn）

1. 对象（作为感官的客体）。（KrV，BXVII）

2. 所以在时间中我的此在的意识，就与在我之外的某物的一种关系的意识同一地连结了，所以它是经验而不是虚构，是感觉而不是想像力，它把外部的东西与我的内感官不可分割地连结了起来。（KrV，BXL）

3. 外感官的实在性必然地与内感官的实在性相连结，为了一般经验的可能性。（KrV，BXLI）

4. 如果没有发生通过对象，激动我们的感官并且部分地由自己而引起表象，部分地把我们的知性活动带进了运作，而比较这些表象，把它们连结或分离，并且这样把感性印象的粗糙素材加工成一种叫做经验的对象知识？（KrV，B1）

5. 这些东西属于纯粹直观，它先天地，即使没有一种现实的感官对象或感觉对象，作为一个单纯的感性形式而发生于内心之中。（KrV，A21；B35）

6. 借助于外感官（我们内心的一种属性），我们把对象表象为在我们之外，并都在空间之中。在其［空间］中，它［对象］的形状、大小和相互之间的关系已经规定了，或是能够被规定的。内感官——借助于它的内心自身，或它的内部状态——而直观，［它］虽然并不提供对作为一个客体的灵魂自身的直观；但它毕竟是一个规定了的形式，只有在这［形式］下它［灵魂的内部状态］的直观才是可能的，这样，一切属于内在规定的东西都会表象在时间关系之中。（KrV，A22；B37）

7. 一个——先行于客体本身、并且客体概念能够在其中被先天地规定的——外部直观如何能够寓于内心呢？显然无非是，它只要仅在主体中，作为形式的性状被客体所刺激、并由此而获得客体的直接表象、即直观，而占有自己的位置，因而仅仅作为外感官的一般形式。（KrV，A25；B41）

8. 空间不是别的，而只是外感官的一切现象的形式，亦即唯一使我们的外部直观成为可能的感性的主观条件。（KrV，A26；B42）

9. 时间不过是内感官的形式，亦即我们自己的直观和我们内部状态［的形式］。（KrV，A33；B49）

10. 所有一般现象，亦即一切感官对象，都是在时间中的，并且必然地处于时间的关系中。（KrV，A34；B51）

11. 时间只鉴于现象才是客观有效性的时间，因为现象已经是——我们设想为我们感官的对象的——事物。（KrV，A34；B51）

12. 这样的应归于自在之物的属性们，也永远不能通过感官而被给予我们。（KrV，A36；B52）

13. 我虽然可以说：我的表象们相互跟随着；但这仅仅叫着，我们是作为在一个时间序相继中、亦即根据内感官的形式而意识到它们的。（KrV，A37；B54）

14. 按照观念论，外部对象的现实性是不能做任何严格证明的：与此相反，我们内部感官的对象（我自身和我的状态）的现实性则是直接通过意识而是清楚的。（KrV，A38；B55）

15. 如果我们取消掉了我们的主体甚或只是一般感官的主观性状，客体在空间和时间里的一切性状、一切关系，乃至于空间和时间本身就都会消失。（KrV，A42；B59）

16. 这一外感官以及内感官的观念性理论，因而证实感官的一切客体，都是单纯现象的理论。（KrV，A49；B66）

17. 通过单纯的关系毕竟还没有认识一个自在的事物：因此很可以判断：通过外感官给我们提供的无非是单纯的关系表象，所以外感官也只能在它的表象中包含一个对象之于主体的关系，而不包含内都的、可归于自在客体的东西。（KrV，B67）

18. 所以它不能是别的，而只能是——内心通过自己的活动，即其表象的这一放置，因而通过自身而被刺激的——方式。（KrV，B67）

19. 凡是通过一个感官而被表象出来的东西，任何时候都是现象，因而要么一个内感官就必须会完全不被承认，要么那个——是内感官的对象的——主体，就只能通过内感官而被表象为现象，而不是表象为它会判断自身的那样，如果它的直观只是单纯的自身活动、即作为智性的直观。（KrV，B68）

20. 现象的谓词在与我们的感官的关系上，能够被赋予客体本身。（KrV，B70）

21. 空间和时间的谓词就被正当地赋予了作为感官对象的感官对象，并且在其中没有任何幻相。（KrV，B70）

22. 知性不能直观，并且感官不能思想。（KrV，A51；B75）

23. 一种来自于感官的知识中的质料，以及一种整理这质料的确凿的形式，来自纯粹直观和思维的内在根源。（KrV，A86；B118）

24. 一切经验除了包含——由此某物被给予的——感官直观，还包含对于在直观中被给予、或被显现的对象的一个概念。（KrV，A93；B125）

25. 但有三个本源的来源（心灵的三种才能或能力）都包含有一切经验的可能性的条件，并且本身都不能从任何别的内心能力中被派生出来，这就是感官、想像力和统觉。（KrV，A94；B127）

26. 一般杂多的联结（conjunctio），决不能通过感官来到我们之内，因而也不能同时被包含在感性直观的纯粹形式里。（KrV，B129）

27. 我们的知性却只能思维并且必须在感官中寻找直观。（KrV，B135）

28. 它因此叫作客观的，并且必须与——是一种内感官的规定，由此每一个直观的杂多被经验地给予一种这样的联结的——意识的主观统一性区分开

来。（KrV，B139）

29. 所以，通过范畴在我们感官的一切对象方面的先天有效性被解释的办法，这个演绎的目的才首先被完全达到。（KrV，B145）

30. 某个一般对象的思维，通过一个纯粹知性概念在我们这里，才能够成为知识，只要这个概念会与感官对象发生关系。（KrV，B147）

31. 空间和时间，作为对象如何能够被给予我们的可能性条件，只不过对感官对象因而只对经验对象有效。超出这一界限它们就绝不呈现；因为它们只在感官之内并且在感官之外则没有任何现实性。（KrV，B148）

32. 关于范畴在一般感官对象上的应用。（KrV，B149）

33. 所以知性，作为自发性，就能够通过给予表象的杂多，按照统觉的综合统一性，而规定内感官。（KrV，B150）

34. 内感官如何也如此把我们本身，只像我们显现给我们的那样、而不像我们本身自在地所是的那样，呈现给意识。（KrV，B153）

35. 人们习惯于也更愿意把内感官与（我们谨慎地区分了它们的）统觉能力在心理学体系中冒充为同样一回事。（KrV，B153）

36. 凡是规定内感官的这种东西，就是知性及其联结直观杂多、即带到一个统觉（作为知性的可能性以自身为基础）之下的本源的能力。（KrV，B153）

37. 所以知性，在想像力的先验综合这个名称下，对被动的主体——知性就是它的能力——施加了这样一种行动，对此我们有权利说，内感官由此而被刺激。（KrV，B154）

38. 内感官仅仅包含直观的形式，但却没有直观中杂多的连结，因而还完全不包含任何规定了的直观。（KrV，B154）

39. 因而作为空间中杂多的综合，当我们不考虑杂多并且仅仅注意这个我们由此根据它的形式而规定内感官的行动的时候，于是就首先产生了前后相继的概念。（KrV，B155）

40. 知性大概并非在内感官中已经发现了杂多的这样一类联结，而是它通过它刺激内感官而产生出这种联结。（KrV，B155）

41. 我们从内感官中仅直观了我们自己，就如同我们被我们本身内部地刺激着。（KrV，B156）

42. 知性在其中任何时候都把联结的内感官、依照它所思想的这种联结，规定为——与在知性综合中的杂多相一致的——内部直观。（KrV，B157）

43. 这个理智仅仅意识到自己的联结能力，但鉴于它应当联结的杂多，则服从于它称为内感官的限制条件。（KrV，B159）

44. 通过范畴先天地认识那些永远只能对我们的感官发生的对象、并且不按照它们的直观形式而按照它们的联结法则先天地认识它们的可能性。（KrV，

B159）

45. 没有范畴的这种适用性，就不会澄清，所有能对我们的感官发生的东西，都如何必须服从于那些唯有从知性中先天产生出来的法则。（KrV，B160）

46. 我们的表象可以不论来源于哪里，不论它们受到外部事物的影响、还是受到内部原因的作用，它们都可以先天地、或作为现象而经验地产生；所以它们仍然作为内心的变状而属于内感官。（KrV，A99）

47. 现在，这个本源而先验的条件不是任何别的，而是先验的统觉。本身的意识，按照我们状态的规定，在内部知觉那里是单纯经验的，任何时候可变化的，它在内部现象的这种流变中不可能给出任何静止的或常住的自身，并且习惯地被叫做内感官，或者经验的统觉。（KrV，A107）

48. 感官把现象经验地展示在知觉中，想像力把现象经验性地展示在联想（和再生）中。（KrV，A115）

49. 人类的经验的认识能力必然包着含一种知性，这种知性与感官的所有对象相关。（KrV，A119）

50. 每一个现象都包含一个杂多，因而不同的知觉在内心中本身是分散地和单个地被发现的，所以它们的一个联结是必要的，而这种联结它们在感官自身中并不能拥有。（KrV，A120）

51. 部分地因为人们相信，感官不仅把印象提供给我们，而且甚至也组合这些印象，并且完成了对象的形象。（KrV，A120）

52. 时间，作为内感官杂多的形式条件、因而作为一切表象连结的形式条件，包含了纯粹直观中的一种先天杂多。（KrV，A138；B177）

53. 先天的纯粹概念，除了范畴中的知性机能之外，还必须先天地包含感性的（即内感官的）形式条件。（KrV，A139；B179）

54. 外感官的一切大小（quantorum）的纯粹形象，是空间；而一般感官的一切对象的纯粹形象，是时间。（KrV，A142；B181）

55. 现在，每一种感觉都有一种程度或大小，由此它能够在一个对象的感觉的表象方面，或多或少地充实同样的时间，即内感官，直到感觉终止成无（= 0 = 否定）。（KrV，A143；B182）

56. 知性的图型法通过想像力的先验综合，所导致的无非是一切直观杂多在内感官中的统一性，并因而间接导致作为与内感官（一种接受性）一致的机能的那种统觉的统一性。（KrV，A145；B185）

57. 但现在什么是作为一切综合判断的媒介的第三者呢？它只是一个整体，我们的一切表象都已经包含在其中，亦即内感官，及其先天形式——时间。（KrV，A155；B194）

58. 每一种感官都仍然必须拥有感觉接受性的一个确定的程度。（KrV，

A172；B214）

59. 在内感官中这种经验的意识能够从 0 一直被提升到任何更大的程度。（KrV，A176；B217）

60. 这种综合统一性构成了一种感官客体的知识、亦即经验之（不仅仅是直观的或感官感觉的）本质的东西。（KrV，A177；B219）

61. 这本源的统觉与内感官（与一切表象的总和）相关联，确切地说，先天地与内感官的形式、即杂多的经验的意识在时间中的关系相关联。（KrV，A177；B220）

62. 现在，连结并不单纯是感官和直观的工作，而在这里也是想像力的一种综合能力的产物。（KrV，A189；B233）

63. 经验的知识的一切增加，以及知觉的每一次进步，都只不过是，内感官的规定的一种扩大，亦即在时间中的一种进展，其对象则可以随便是现象，或者纯粹直观。（KrV，A210；B255）

64. 对这种可能性的问题就会是：我们是否仅仅具有一种内感官，而没有任何外感官，而是单纯具有外部的想像。（KrV，B276）

65. 我们也已经必须拥有一个外部感官，并且必须由此把一个外部直观的单纯接受性与刻划为每一种想像的特征的自发性，直接区别开来。（KrV，B277）

66. 甚至这种持存性也不是从外部经验中创造的，而是先天地预设为一切时间规定的必要条件、因而也预设为通过外物的生存、在我们自己的此在方面、内感官的规定。（KrV，B278）

67. 这个“我”也不具有那种——作为持存性、能够用作内感官中时间规定的相关项的——最起码的直观谓词。（KrV，B278）

68. 感官对象的任何生存都不能完全先天地被认识。（KrV，A226；B279）

69. 感觉，作为感官质料。（KrV，A234；B286）

70. 唯独空间持存地规定，但时间、因而一切存在于内感官中的东西，则不断流动。（KrV，B291）

71. 一切变化都以直观中某种持存之物为前提，即使只为了作为变化而被知觉到，但在内感官中却根本找不到任何持存的直观。（KrV，B292）

72. 数学通过形状的构造而满足了这一要求，形状，是一种对感官的当下的（虽然先天地获得的）现象。（KrV，A240；B299）

73. 纯粹知性的原理只能与可能经验的普遍条件、与感官对象发生关系，但决不能与一般事物（不考虑我们如何可以直观它们的方式）发生关系。（KrV，A246；B303）

74. 如果感官仅仅如某物显现那样向我们表象某物，那么这个“某物”毕

竟本身自在地也必须是一个物，并且是一个非感性直观的对象，亦即一个知性的对象。（KrV，A249）

75. 一个本体的概念，即一个——完全不应该被思考为一个感官对象、而应该（只通过纯粹知性）被思考为一个自在之物本身的——物的概念，是完全不自相矛盾的。（KrV，A254；B310）

76. 但问题是，这些现象是否也还有一些运用，如果对象不是现象（本体），并且在这种含义上人们设想它们，当对象自在地只是被思想为单纯理知的，即唯独给予知性、而根本不给予感官的东西的时候。（KrV，A257；B313）

77. 感官向我们表现出对象如它们所显现的那样，知性却表现出对象如它们所是的样子。（KrV，A258；B313）

78. 是知性呢，还是感官呢，使它们得以连结起来，或者被比较？（KrV，A260；B316）

79. 这个现象在相同时间的地点的差异却毕竟是对象（感官对象）本身“数目的差异性”的一个足够的根据。（KrV，A263；B319）

80. 因为它要，人们无需感官却可以认识事物，因而可以直观事物。（KrV，A277；B333）

81. 但那些超出自然之外的先验的问题，我们尽管如此也毕竟绝不能够回答它们，即使整个自然都被揭示给我们，这是由于用一种——与我们的内感官的直观——不同的直观，而观察我们自己的内心，都没有被给予过我们。（KrV，A278；B334）

82. 我们不认识任何绝对的内部规定，除了通过我们的内感官所作的规定外，所以这个基底就不仅仅是简单的，而且也是（按照与我们内感官的类比）被表象所规定的。（KrV，A283；B339）

83. 但一个这样的物也是单纯的现象，并且根本不能被纯粹范畴所思想；它本身就存在于一般某物对感官的单纯关系之中。（KrV，A285；B341）

84. 这些本体无非说，我们的直观方式并不针对一切事物、而单纯针对我们感官的对象，因而它的客观有效性受到了限制。（KrV，A286；B343）

85. 感性直观和范畴两者没有一个适合于一种外感官的对象。（KrV，A287；B343）

86. 思想虽然本身并不是感官的产物，并且只要通过它们也不受感官的限制，但并不因此马上就有自己特有的并纯粹的运用，而无须感性的参与。（KrV，A287；B343）

87. 它虽然是一种没有内容的单纯逻辑的形式，但却对我们显得，就像客体自在生存的方式（本体），而无须考虑那被限制于我们感官之上的直观。（KrV，A289；B346）

88. 所有我们的认识都开始于感官，由此而走向知性，并且结束于理性。（KrV，A298；B355）

89. 理性不考虑知识的一切内容，但也有一种实在的运用，因为它本身包含着一定的——既不借自于感官、又不借自于知性的——概念和原理的起源。（KrV，A299；B355）

90. 所以纯粹理性即使面向对象，它却仍然与这些对象及其直观没有直接的关系，而只与知性及其判断有直接关系，这些判断是最先用于感官及其直观，以便为它们规定它们的对象。（KrV，A307；B363）

91. 我把理念理解为一个必然的理性概念，在感官中不会有任何与之相符的对象被给予它。（KrV，A327；B383）

92. 我，作为思想着的，是一个内感官的对象，叫做灵魂。而这作为一个外感官对象的我，则叫做肉体。（KrV，A342；B400）

93. 这个实体，单纯作为内感官的对象，就给出了非物质性的概念。（KrV，A345；B403）

94. 那么就会产生一种经验的心理学，它就该是内感官的一种自然之学。（KrV，A347；B405）

95. 灵魂的持存性，作为单纯的内感官的对象，仍未证明，并且甚至是不可证明的。（KrV，B415）

96. 内感官的直观在任何时候都不作为自在之物本身、而只作为现象而交到客体手里。（KrV，B430）

97. 物体仅仅是我们的外感官的现象，而不是自在的事物本身。（KrV，A357）

98. 我们的思维着的主体本该是无形体的，这就是说，由于它被我们表象为内感官的对象，只要当它思维着，就不可能作为任何外感官的对象，亦即不可能是在空间中的任何现象。（KrV，A357）

99. 而这就相当于想说：在外部现象中间作为这样的思维着的存在者决不可能向我们出现，或者，我们不可能外在地直观到它们的思想、它们的意识、它们的欲望等等；因为这一切都该放在内感官之前。（KrV，A357）

100. 外感官只能提供给我们的一切东西，都不是思想、情感、爱好或决断，或者这类的被包含，而是除非直观而到处都没有任何对象的东西。（KrV，A358）

101. 因而我能够完全假定这个基底，它自在是单纯的，尽管它以刺激我们的感官的方式、在我们之内产生了广延之物、并因而复合物的直观。（KrV，A359）

102. 这个思想着的“我”，灵魂（内感官的那个先验对象的一个名称）该

是单纯的。（KrV，A361）

103. 但现在我是内感官的一个对象并且一切时间都单纯是内感官的形式。（KrV，A362）

104. 所以外部感官的一切对象的此在都是可疑的。（KrV，A367）

105. 外部感官的对象的一种可能的确定性的主张则被称为二元论。（KrV，A367）

106. 在知觉与它的原因的关系中随时都留有可以的地方：即这个原因是内部的呢，还是外部的，因而是否一切所谓外部知觉并不都是我们内部感官的一种单纯游戏，或者是否它们与作为其原因的外部现实对象有关。（KrV，A368）

107. 人们必须不把一个观念论者理解为，那种否定感官的外部对象的此在的人，而必须理解为这种仅仅不承认——这种此在通过直接的知觉而被认识、但由此却推论出，我们通过一切可能的经验都绝不能完全肯定它们的现实性——的人。（KrV，A368）

108. 外部的事物也生存着，正如我“自身”生存着一样，确切地说，两者的生存都凭借我的自我意识的直接见证，区别只在于：我自身的表象，作为思维着的主体，单纯与内感官相关联，而表示广延的存在者的表象，则也与外感官相关联。（KrV，A371）

109. 空间和时间虽然是先天的表象，它们还在一个现实的对象通过感觉而规定我们的感官、以便把这个对象表象在那些感性关系之下以前，就已经作为我们的感性直观的形式而寓于我们之中了。（KrV，A373）

110. 这种外感官的直观就是空间，但空间本身毕竟无非是，一种——有一定知觉在其中相互连结着的——内部表象方式。（KrV，A378）

111. “我”，通过内感官在时间中而表象出来。（KrV，A379）

112. 我们就一次都不容想到，关于我们的感官对象探询它自在地本身、即没有与感官的一切关系可以是什么。（KrV，A380）

113. 因为这种——它与灵魂的协同作用激起如此巨大疑虑的——物质，无非是一种单纯的形式，或者一种——通过被人们命名其为外感官的直观的——未知对象的一定表象方式。（KrV，A385）

114. 于是问题就不再是，关于灵魂与外在于我们、别的已知的和异类的实体的协同性了，而单纯是有关内感官的表象与我们的外部感性的变形之间的连结，以及这些东西如何能按照固定的法则相互连结，以至于它们在一个经验中相关联。（KrV，A386）

115. 我们就具有了一种外在于我们起作用的原因的特性，这种特性将并不与这些原因在我们之内的结果共同相一致，因为原因只是与外感官相关，而结果却与内感官相关。（KrV，A386）

116. 运动不是这个未知原因的结果，而仅仅是这个原因对我们感官的影响的现象。（KrV，A387）

117. 把握这样一个前提本身的困难，并不使知性感到不安，因为这种困难决不会在感官中对待它（它不知道，什么叫把握）。（KrV，A473；B501）

118. 我们的先验的观念论相反则允许：外部直观的对象，正如它们在空间中被直观到的那样，也是现实的，并且在时间中一切变化，就如内感官把它们所表象出来的那样。（KrV，A491；B520）

119. 如果我把在一切时间和一切空间中感官的一切生存的对象全都表象出来：那么我并没有在经验之前把它们放置到空间和时间中去，相反，这种表象无非是对一个可能经验在其绝对的完备性中的思考。（KrV，A495；B523）

120. 感官的对象作为有条件者被给予了我们，所以它们的所有条件的整个序列也就被给予了我们。（KrV，A497；B525）

121. 所以它就决不是任何经验之可能性和感官对象的经验的知识的原则，因而也不是任何知性的原理。（KrV，A509；B537）

122. 因为这一类关于作为一种给予的无限性的大小的概念，是经验的，因而也在作为一个感官的对象的世界方面，是完全不可能的。（KrV，A520；B548）

123. 我把那种在一个感官对象上、本身不是现象的东西，称为理知的。（KrV，A538；B566）

124. 通常单只通过感官而知道整个自然的人，也通过单纯的统觉而认识了自身。（KrV，A546；B574）

125. 这时它的行动虽然可以叫作自由的，因为它在其（感官方式的）经验的品格中正好完全被精确规定并且是必然的。（KrV，A551；B579）

126. 感官对象的可能性是感官对象与我们思维的一种关系，在其中某物（即经验的形式）能够被先天思维，但那种构成质料的东西，在现象中的实在性，（与感觉相应的东西），却必须被给予，没有这种关系它甚至完全不可能被思维，并因而它的可能性也不能被表象了。（KrV，A581；B609）

127. 一个感官对象，只有当它被拿来与现象的一切谓词相比较并通过这些谓词肯定地或否定地被表现出来的时候，才能被通盘的规定。（KrV，A581；B609）

128. 质料之于一切感官对象的可能性，就必须被预设为在一个总和中被给予了。（KrV，A582；B610）

129. 实际上除了感官对象，没有任何对象能够被给予我们，并且只能在一个可能经验的前后关联中被给予我们。（KrV，A582；B610）

130. 甚至关于实在性、实体、原因性、乃至于在此在中的必然性这些概念，都失去了一切意义，并且都是一些对概念没有一切内容的空洞名目，如果我敢于用它们来超出感官领域之外。（KrV，A679；B707）

131. 从那里我们虽然在与生存着地提供给感官的东西的关系中、需要一个自在的必然的原始存在者的理念，却决不能够对这个原始存在者和它的绝对的必然性具有丝毫的概念。（KrV，A679；B707）

132. 但因此我就永远达不到内感官的一切现象的一个系统的统一性。（KrV，A682；B710）

133. 在理性本身被看做一种规定的原因的地方（在自由中），因而在实践的原则那里，就应当处理为，好像我们不是面对一个感官客体、而是面对纯粹知性的客体一样。（KrV，A685；B713）

134. 既然我们在这个概念上只拥有感官对象的一种一定方式的一些特征，那这就决不是可靠的，人们是否在表示感官对象的这个词下面，就不会这一次想到多一些感官对象的特征，下一次则少一些。（KrV，A727；B755）

135. 理性为此能够提供，没有别的而无非自由行为的实用的规律，以达到感官向我们推荐的那些目的，因而决不能提供完全先天规定的、纯粹的规律。（KrV，A800；B828）

136. 不仅是刺激的东西、即直接刺激感官的东西，规定着人的任意，而且我们具有一种能力，通过从本身就是以更遥远的方式有利或有害的东西的表象，而克服我们感性欲求能力上的那些印象。（KrV，A802；B830）

137. 既然我们必须通过理性把自己设想为，属于这样一个世界的，必然的方式，虽然感官呈现给我们的只不过是一个现象的世界，那么我们也必须假定那个道德世界是我们在感官世界中的行为的一个后果。（KrV，A811；B839）

138. 内在的自然之学把自然看做一切感官对象的总和。（KrV，A846；B874）

139. 我们如何能够从对象中期待一种先天的知识、因而一种形而上学，如果这些对象都是被给予了我们的感官、因而都后天地被给予了？（KrV，A847；B875）

140. 我们从经验获取的无非是，那些必须给予我们一个部分是外感官、部分是内感官的客体的东西。（KrV，A848；B876）

141. 前一派的人主张，只有在感官对象中才有现实性，其余的一切都是想像。（KrV，A853；B881）

142. 后一派的人却说：在感官中所有的无非是幻相，只有知性才认识真实的东西。（KrV，A853；B881）

143. 后一派要求，真实的对象只是理知的，并且主张一种——通过没有任何感官伴随的并且按照他们的意见仅被弄混了的知性的——直观。（KrV，

A854；B882）

感官世界（die Sinnenwelt）

1. 因而也不能把自由作为一种——我在感官世界中把效果归因于它的——存在者的属性，而认识。（KrV，BXXVIII）

2. 正好在这样一些超出感官世界的知识里，在经验完全不能提供任何线索，更不能给予纠正的地方，就有我们理性的调查。（KrV，A3；B6）

3. 所以刚好柏拉图就抛弃了感官世界，因为它对知性设置了如此严格的限制，并且鼓起理念的翅膀，而冒险飞向感官世界的彼岸，进入纯粹知性的真空。（KrV，A5；B9）

4. 并且这样一来我们仍然相信，认识自在之物，即使我们（在感官世界中）好像到处、甚至直到感官世界的对象的最深入的研究，无非与现象打交道。（KrV，A45；B62）

5. 不过，空间概念的运用在这门科学中也仅仅针对外部的感官世界，对于这个世界，空间就是它的直观的纯粹形式。（KrV，A87；B120）

6. 我们应当想到，经过先验感性论所限制的现象的概念已经由自身给予了本体的客观实在性，并且有权利把对象划分为现相（Phänomena）和本体（Noumena），因而也把世界划分为感官世界和知性世界（mundus sensibilis et intelligibilis，感性世界和理知世界）。（KrV，A249）

7. 按照这种用法，一些人已经愿意，把现象的总和，如果它被直观，称为感官世界，但如果相互关联按照普遍的知性规律而被思考，则称为知性世界（Verstandeswelt）。（KrV，B312）

8. 因为以这种方式我们就毕竟已迈开了超出感官世界的一步，我们已经踏入了本体的领域。（KrV，B409）

9. 人们所设想的不是一个感官世界，而是一个谁知道是怎样的理知世界。（KrV，A433；B461）

10. 而感官世界却必须被视为一切可能经验的总和.（KrV，B465）

11. 感官世界，作为一切现象的整体，同时包含着一个变化序列。（KrV，A452；B480）

12. 但这个必然之物本身属于感官世界。（KrV，A452；B480）

13. 在这个前提下，即现象或把现象全部都包括在自身内的感官世界，会是自在之物本身。（KrV，A507；B535）

14. 因此我对于经验（感官世界）之整个对象将什么也不能说，而只能谈及经验应当据以与其对象相适合地、被加以处理并且继续下去的那个规则。（KrV，A520；B548）

15. 而这恰好就等于说：感官世界没有任何绝对的大小。（KrV，A521；B549）

16. 但空间和时间都只是在感官世界中的。（KrV，A522；B550）

17. 鉴于发生了的事情，人们只能够设想两种类型的原因性，要么按照自然，要么出于自由。前一种是在感官世界中一个状态与它按照一条规则而跟随其后的前面状态的联结。（KrV，A532；B560）

18. 那条原理的正确性，有关感官世界中一切事件的通盘关联，按照不变的自然规律，已经作为一条先验感性论的原理而固定下来并且不受任何损害了。（KrV，A536；B564）

19. 因此如果在感官世界中必须被看作现象的东西，自在本身也具有一种能力，这种能力并不是任何感性直观的对象。（KrV，A538；B566）

20. 于是我们就会在一个感官世界的主体中。（KrV，A539；B567）

21. 按照其经验的品格，这个主体，作为现象，会是服从于因果联结的、按照规定的一切法则的，并且就此而言，它无非是感官世界的一部分。（KrV，A540；B568）

22. 人们关于这个主体就会完全正确地说，它自行开始了它在感官世界中的结果，无需这个行动在它里面开始了自身。（KrV，A541；B569）

23. 所以这个原因只要不是现象，而是按照这种能力是理知的，尽管它此外又必须作为自然链条的一项、而整个地一起被算作感官世界。（KrV，A544；B572）

24. 人是感官世界的现象之一，就此而言也是自然原因之一．（KrV，A546；B574）

25. 人们必须充分注意到：我们本来并不想借此就把自由的现实性，作为包含着我们感官世界的现象的原因的那些能力之一种的现实性，而加以阐明。（KrV，A558；B586）

26. 所以，假如现象就是自在之物本身，但因此它们的条件连同那个有条件者就会在任何时候都属于一个以及它们的直观的序列，一个作为感官世界的现象的此在的条件的必然存在者，就绝不能发生了。（KrV，A559；B587）

27. 所有双方相互冲突的命题在不同的关系中可以同时都是真的，以至于一切感官世界的事物都彻底地是偶然的，因而也一直只具有经验的有条件的生存，然而从整个序列中，一个非经验的条件、即一个无条件的必然的存在者也发生了。（KrV，A560；B588）

28. 必然的存在者必须完全外在于感官世界的序列（作为 ens extramundanum，超出世界之物）并单纯理知地被设想，唯独由此才能被防止，它并不本身屈从于一切现象的偶然性和附属性的法则。（KrV，A561；B589）

29. 所以，理性的这种调节性的原则鉴于我们的这个课题就是：在感官世界中的一切都具有经验的条件的生存，并且在感官世界中任何地方鉴于任何属性都决不没有一种无条件的必然性。（KrV，A561；B589）

30. 感官世界所包含的无非是现象，但这些现象只单纯表象，反之它们一直是以感性为先决条件的。（KrV，A563；B591）

31. 但设想现象即感官世界的一个理知的根据，以及这个摆脱了感官世界的偶然性的理知的根据，是既不与在现象序列中不受限制的经验的回溯、又不与这些现象的无例外的偶然性相对立的。（KrV，A563；B591）

32. 理性的这种经验的运用（鉴于在感官世界中此在的条件）并不由于承认了一个单纯理知的存在者而受到影响，而是按照无一例外的偶然性的原则、从经验的条件走向那些——永远恰好又是经验的——更高的条件。（KrV，A564；B592）

33. 只要我们用我们的理性概念仅仅把感官世界中条件的总体性、以及鉴于这种总体性而能够为理性所用的东西，当作对象：那么我们的这些理念就虽然是先验的、但却还是宇宙论的理念。（KrV，A565；B593）

34. 因此我们在感官世界之外所采取的第一步，就迫使我们从关于绝对必然的存在者的研究而开始我们的新知识。（KrV，A566；B594）

35. 我将表明：理性，在一条途径（经验性的途径）上，比在另一条途径（先验的途径）上，少一些成果，并且理性陡然松开它的翅膀，为了单纯通过思辨的力量而超出于感官世界之上。（KrV，A591；B619）

36. 所以它在自己的名称中就已经区别于自然神学的证明了，而自然神学的证明则需要对我们这个感官世界的特殊性状的观察作为证明根据。（KrV，A605；B633）

37. 那条从偶然之物推出一个原因的先验原理，它只在感官世界中才有意义，而在感官世界之外甚至连一个含义都没有。（KrV，A609；B637）

38. 由于从结果向原因过渡的一切法则，甚至我们一般知识的一切综合和扩展，都无非只是被放置在可能经验之上、因而只是被放置在感官世界的对象之上并且只鉴于感官世界的对象才能有一种意义。（KrV，A622；B650）

39. 我们必须（在神学方面）这样来考察所有——始终只能够属于在可能经验的相互关系之中的——东西，好像这些经验构成了一个绝对的、但又彻底相依赖并且永远还内在于感官世界的有条件的统一体。（KrV，A672；B700）

40. 现在，我仍然可以假定这样一个不可理解的存在者，即一个单纯理念的对象，相对地在感官世界之上，虽然并非自在本身。（KrV，A677；B705）

41. 如果我们现在把目光投向我们理念的先验对象，那么我们就看到，我们不可能根据实在性、实体、原因性等等概念而预设这种先验对象自在本身的

现实性，因为这些概念对完全与感官世界不同的东西，没有丝毫的应用。（KrV，A679；B707）

42. 单纯理知的存在者、或者感官世界的事物的单纯理知的属性，除非用意见而不能用任何有根据的理性权限而假定。（KrV，A772；B800）

43. 整个感官世界都是——浮现在我们目前的知识方式面前，并且就像一个梦、本身并不具有任何客观实在性的——单纯形象。（KrV，A780；B808）

44. 先验的自由却要求这个理性本身（鉴于它的开始了一个现象序列的原因性）独立于感官世界的一切规定的原因。（KrV，A803；B831）

45. 所以尽管它是一个单纯的、但还却是一个实践的理念，它能够、并应当对感官世界现实地具有它的影响，以便使感官世界尽可能地符合这个理念。（KrV，A808；B836）

46. 一个道德世界的理念因而就具有客观的实在性，不作为似乎它在指向一个理知的直观的对象（这样一类对象我们完全不能思维），而指向感官世界，但作为一个纯粹理性在它的实践的运用中的对象，并且理性的存在者的在感官世界中的一个 corpus mysticum（“神秘体”）。（KrV，A808；B836）

47. 既然我们必须通过理性把自己设想为，属于这样一个世界的，必然的方式，虽然感官呈现给我们的只不过是一个现象的世界，那么我们也必须假定那个道德世界是我们在感官世界中的行为的一个后果。（KrV，A811；B839）

48. 由于它虽然从属于道德律，但并不指望它们的行为的任何别的后果，而无非按照我们感官世界的自然进程的后果。（KrV，A812；B840）

49. 感官世界并没有从事物的本性中向我们预告这样的目的的系统的统一性。（KrV，A814；B842）

50. 独立理性，用一种至上原因的一切充分性而装备起来，按照最完善的合目的性，而建立、维持和完成了普遍的、虽然在感官世界中向我们极其隐藏的事物秩序。（KrV，A814；B842）

51. 然而这种目的的系统统一性在这个理智的世界中——这个世界，虽然，作为单纯的自然只能被称为感官世界，但作为一个自由的系统，却能被称为理知的、即道德的世界（regnum gratiae，恩宠王国）。（KrV，A815；B843）

感官存在者（das Sinnenwesen）

1. 我们把一定的、作为现象的对象称为感官存在者（Phaenomena 现相）。（KrV，B306）

2. 与感官存在者相应的当然是知性存在者。（KrV，B308）

感觉（die Empfindung）

1. 对象刺激的结果。这一在表象能力上的对象的结果，如果我们被对象所

刺激，就是感觉。（KrV，A19；B33）

2. 感性直观要么是纯直观（空间和时间），要么是这种——在空间和时间中通过感觉直接表象为现实的——经验的直观。（KrV，B147）

3. 空间和时间中的事物，它们只是知觉（伴随着感觉的表象），因而只通过经验的表象才被给予。（KrV，B147）

4. 实在性，在纯粹知性概念中，是和一般感觉相一致的东西；因而这种东西的概念自在地本身指示着一种（时间中的）存在。（KrV，A143；B182）

5. 所以凡是在这些对象上与感觉相符合的东西，就是作为自在之物的一切对象的先验质料（事实性，实在性）。（KrV，A143；B182）

6. 现在，每一种感觉都有一种程度或大小，由此它能够在一个对象的感觉的表象方面，或多或少地充实同样的时间，即内感官，直到感觉终止成无（ = 0 = 否定）。（KrV，A143；B182）

7. 实在性的图型，作为“某物”的量的图型，一旦充满了时间，就正是这个量在时间中连续而均匀的产生，这时人们从具有一定程度的感觉，在时间中下降至感觉的消失，或者是从否定而逐渐上升到感觉的大小。（KrV，A143；B183）

8. 质的图型，包含并表现出感觉（知觉）与时间表象的综合，或者是时间的充实性。（KrV，A145；B184）

9. 在一切现象中，实在的东西，感觉的一个对象之所是，具有内包的大小，即具有一个度。（KrV，A166；B207）

10. 知觉是经验的意识，亦即一种这样的在其中同时是感觉的意识。（KrV，A166；B207）

11. 既然感觉本身根本不是客观的表象，并且在其中既找不到空间的直观，也找不到时间的直观，那么虽然没有任何外延的大小、但毕竟还有一种大小（也就是说通过它的领会，在这种领会中，一定时间中的经验的意识可以从等于0的无生长到这种感觉的给定的尺度）、因而一种内包的大小应归于它，与之相一致的知觉的一切客体，只要包含了这种感觉，内包的大小，即影响于感官的一种度，就必须被加进去。（KrV，A166；B207）

12. 感觉（作为知觉的质料）。（KrV，A167；B209）

13. 感觉本来应该是，完全不能被预测的东西。（KrV，A167；B209）

14. 领会，单纯借助于感觉，仅仅充实于一个瞬间（亦即，如果我不顾及许多感觉的前后相继）。作为现象中的某物，它的领会则完全没有从部分们进展到整体表象的前后相继的综合，所以它没有任何外延的大小。（KrV，A167；B209）

15. 每一种减少的感觉都是可能的，以至于它可以缩小，并因而逐渐消失。

（KrV，A168；B210）

16. 这样一来，每一种感觉、因而甚至在现象中的每一种实在性，不管它是多么小，都有一个度，亦即，有一个内包的大小。（KrV，A169；B211）

17. 感觉的质任何时候都只是经验的，而根本不能先天地被表象（例如颜色、味道等）。（KrV，A175；B217）

18. 因此一切感觉，作为这样虽然本身都只是后天地被给予，但它们具有一个程度的属性，却可以先天地被认识。（KrV，A176；B218）

19. 凡是与经验之（感觉的）质料条件相关联的，就是现实的。（KrV，A218；B266）

感觉，作为感官质料。（KrV，A234；B286）

20. 感觉的质任何时候都只是经验的，而根本不能先天地被表象（例如颜色、味道等）。（KrV，A175；B217）

21. 因此一切的感觉，作为这样虽然本身都只是后天地被给予，但它们具有一个程度的属性，却可以先天地被认识。（KrV，A176；B218）

22. 一种知觉，只是关系到主体、作为主体的状态的变形，就是感觉（sensatio）。（KrV，A320；B376）

23. 空间和时间虽然是先天的表象，它们还在一个现实的对象通过感觉而规定我们的感官、以便把这个对象表象在那些感性关系之下以前，就已经作为我们的感性直观的形式而寓于我们之中了。（KrV，A373）

24. 所以感觉是那种在空间和时间中标志了一种现实性的东西，因为它与感性直观的这种或那种方式相关联。感觉一旦被给予了（它，如果被应用到一个一般对象上，而不规定这个对象，就叫作知觉），那么通过感觉的杂多就可以在想像中虚构许多对象，这些对象在想像之外的空间或时间中没有任何经验的位置。（KrV，A374）

25. 因为人们毕竟不可能感觉到自身之外、而只能在自己本身之内，并因而整个自我意识所提供的无非是，仅仅我们自己的规定。（KrV，A378）

26. 感官对象的可能性是感官对象与我们思维的一种关系，在其中某物（即经验的形式）能够被先天思维，但那种构成质料的东西，在现象中的实在性，（与感觉相应的东西），却必须被给予，没有这种关系它甚至完全不可能被思维，并因而它的可能性也不能被表象了。（KrV，A581；B609）

感觉论哲学家（der Sensualphilosoph）

1. 在我们一切理性知识的对象方面，曾经有一些只是感觉论的哲学家，另一些只是智性论的哲学家。伊壁鸠鲁被称为最重要的感性哲学家，柏拉图则被称为最重要的智性哲学家。（KrV，A853；B881）

2. 只有在感官对象中才有现实性，其余的一切都是想像。（KrV，A853；B881）

3. 承认智性的概念，但只接受感觉的对象。（KrV，A853；B881）

感觉论体系（das Sensualsystem）

1. 至少伊壁鸠鲁按照他的感觉论体系（因为他绝不用他的推论超出经验之界限）来处理问题在他这方面说比亚里士多德和洛克（但尤其是后者）更多的一贯。（KrV，A854；B882）

感受，接受（empfangen）

感受（der Empfang）

感受性（die Empfänglichkeit）

1. 因为完全可能的是，甚至我们的经验知识，也该是一个——我们出于通过印象而接受的东西、以及出于我们自己的知识能力（单纯被感官的印象所推动），从自己本身中所献出来的东西的——复合物。（KrV，B1）

2. 我们的知识产生于内心的两个基本来源，其中第一个是，感受表象（印象的接受性）、第二个是通过这些表象认识一个对象的能力（概念的自发性）。（KrV，A50；B74）

3. 如果我们愿意把我们内心，甚至以任何一种方式被刺激所收到表象的的接受性，叫作感性；那么反之，那种自己产生表象的能力，或者知识的自发性，就是知性。（KrV，A51；B75）

4. 因为空间和时间包含先天纯粹直观的杂多，但同时属于我们内心接受性的条件，内心只有在它们之下才能感受对象的表象。（KrV，A77；B102）

5. 而为此无疑除了印象的感受性之外，还更需要某种东西，即印象的一种综合机能。（KrV，A120）

4. 表象的杂多可以在——单纯感性的、即无非是作为接受性的——直观中被给予。（KrV，B129）

6. 我们要（在心理学中）把我们内心的一切现象、行动和接受性都借助于内部经验之线索而如此连结起来，似乎内心就是一个——带有人格的同一性、持久（至少在此生中）生存的——简单实体。（KrV，A672；B700）

感性（die Sinnlichkeit）

感性的，感性地（sinnlich）

感性世界（die Sinnenwelt）

1. 这些原理现实地面临着扩展它们原本所属的感性界限而超出一切并且

如此完全排斥纯粹的（实践的）理性运用的危险。（KrV，BXXV）

2. 存在着一个纯粹理性的完全必要的实践运用（道德的运用），在它之中纯粹理性不可避免地扩展到感性的界限之外。（KrV，BXXV）

3. 空间和时间都是感性直观的形式。（KrV，BXXV）

4. 我仍然可以思想自由，亦即，自由的表象至少自身并不包含任何矛盾，如果我们批判地区分两种（感性的和智性的）表象方式并且因此而限制纯粹知性概念、因而也限制由它们而流出的那些原理。（KrV，BXXVIII）

5. 人类知识有两大主干，它们也许来自一种共同的、但不为我们所知的根源，即感性和知性，通过前者，对象被给予我们，而通过后者，［对象］被思维。（KrV，A15；B29）

6. 先验感性论。（KrV，A19；B33）

7. 这种能力（接受性）——通过我们被对象所刺激的方式而获得表象——就叫作感性。所以借助于感性，对象被给予我们，并且只有感性才为我们提供直观。（KrV，A19；B33）

8. 一般感性直观的纯粹形式会先天地在内心中被找到。（KrV，A20；B34）

9. 一种关于感性的一切先天原则的科学，我命名为先验感性论。（KrV，A21；B36）

10. 在先验感性论中我们首先要孤立感性，我们通过隔离那些知性与此同时经过它的概念所想到的一切，以便只留下经验的直观。（KrV，A21；B36）

11. 作为先天知识的原则，存在着两种感性直观的纯粹形式，即空间和时间。（KrV，A22；B36）

12. 空间不是别的，而只是外感官的一切现象的形式，亦即唯一使我们的外部直观成为可能的感性的主观条件。（KrV，A26；B42）

13. 这个接受性的固定形式，我们称其为感性，是一切关系的必然条件，在这里对象被直观为外在于我们，而如果我们抽掉这些对象，它就是带有空间之名的一个纯粹直观。（KrV，A27；43B）

14. 凡是我们称为外部对象的，无非只是我们感性的单纯表象，它们的形式是空间，但其真正的相关物，亦即自在之物本身，却完全没有因此而被认识，也不可能被认识。（KrV，A30；B45）

15. 时间不是推理的、或如人们所称它的，普遍的概念，而是一种感性直观的纯粹形式。（KrV，A31；B47）

16. 如果人们抽掉我们直观的感性，因而抽掉我们所特有的那种表象方式，而谈论一般的物，则时间就不再是客观的了。（KrV，A35；B51）

17. 空间和时间是一切感性直观的两者集中的纯形式，并且由此而使先天综合命题成为可能。（KrV，A39；B56）

18. 先验感性论可以包含不多于这两个要素，即空间和时间，这由此便清楚了，因为所有别的属于感性的概念，甚至把这两块结合起来的运动的概念，都以经验的某物为前提。（KrV，A41；B58）

19. 关于对象自在的状况并且隔离我们感性的这一切接受性可能是什么，留给我们的仍然是一无所知。（KrV，A42；B59）

20. 我们在一切情况下所可能完全认识的毕竟只是我们的直观方式，即我们的感性，并且这还永远仅仅以本源地依赖于主体的空间和时间为条件。（KrV，A43；B60）

21. 因此我们的整个感性无非就该是事物的混乱的表象，这种表象仅仅包含那种属于自在事物本身的东西，但却仅仅在一种——我们并未用意识分开设置的那些特征和部分表象的——堆积状态下，这种说法是对感性概念和现象概念的一种歪曲，它使得有关感性和现象的整个学说都无用而空洞了。（KrV，A43；B60）

22. 我们认识能力的这种接受性就叫做感性。（KrV，A44；B61）

23. 在人类这里，这种意识要求那种在主体中预先被给予的杂多的内部知觉，而这种——杂多如何在内心中无需自发性而被给予的——方式，为了这一区别的缘故，而必须称为感性。（KrV，B68）

24. 这也没有必要，我们把空间和时间中的这种直观方式局限于人类的感性上。（KrV，B72）

25. 先验感性论的结论。（KrV，B73）

26. 人们可以把最后的［感觉］叫作感性知识的质料。（KrV，A50；B74）

27. 如果我们愿意把我们内心，甚至以任何一种方式被刺激所收到表象的接受性，叫作感性；那么反之，那种自己产生表象的能力，或者知识的自发性，就是知性。（KrV，A51；B75）

28. 我们的本性导致了，直观永远只能是感性的，亦即只包含我们为对象所刺激的那种方式。相反，对感性直观对象进行思想的能力，就是知性。（KrV，A51；B75）

29. 纯粹知性不仅把自己与一切经验的东西，而更与一切感性的东西完全分开。（KrV，A65；B90）

30. 既然我们能够，不依赖于感性，就没有直观被分享了。（KrV，A68；B93）

31. 范畴与纯粹感性的样态或相互之间的结合，就产生大量先天的派生概念。（KrV，A82；B108）

32. 只有凭借感性的这样的纯粹形式，一个对象才显现给我们。（KrV，A89；B121）

33. 感性直观的对象必须符合内心之中先天放置的感性的形式条件。（KrV，A90；B122）

34. 一切现象必然与感性的这种形式条件相一致，因为它们只有通过这种条件才能显现，亦即才能被经验地直观和被给予。（KrV，A93；B125）

35. 一般杂多的联结（conjunctio），决不能通过感官来到我们之内，因而也不能同时被包含在感性直观的纯粹形式里。（KrV，B130）

36. 这个表象是一个自发性的行动，即它不能被看作属于感性。（KrV，B132）

37. 经验的直观从属于一个纯粹感性的、同样是先天发生的直观。（KrV，B144）

38. 感性直观要么是纯直观（空间和时间），要么是这种——在空间和时间中通过感觉直接表象为现实的——经验的直观。（KrV，B147）

39. 纯粹知性概念则摆脱了这种限制，而延伸到一般直观的对象之上，它与我们的直观可以像或不像，只要它是感性的而并不是智性的。（KrV，B148）

40. 纯粹知性概念通过单纯知性而与——它们并不确定是我们的或别的任何一个的、但毕竟是感性的——一般直观的对象发生关系。（KrV，B150）

41. 在我们之内把某种感性直观的先天形式设立为基础，它立足于表象能力的接受性（感性）之上。（KrV，B150）

42. 我们的一切直观都是感性的，所以想像力由于那个在其下它唯一能够给予知性概念一个相应的直观的主观条件，而属于感性。（KrV，B151）

43. 想像力是一种先天地规定感性的能力，并且它的符合范畴的直观的综合，必须是想像力的先验综合，这是知性在感性上的一种作用。（KrV，B152）

44. 它的综合，当知性单独地就自身被考察时，无非是这种行动的统一性，知性即使没有感性也已经意识到，这种行动本身了，但通过这种行动，知性本身鉴于——按照感性直观形式可以被给予它的——杂多，已经有能力做到内在地规定感性了。（KrV，B153）

45. 属于它的自身直观，已经奠定先天给予的形式即时间的基础，这时间是感性的并且属于可被规定者的接受性。（KrV，B157）

46. 我已在感性论中已把这种统一性仅仅算作感性，只为了注意到，它先行于一切概念，虽然它以一种综合为前提，这种综合不属于感官，但通过它，一切空间和时间的概念才首先成为可能。（KrV，B160）

47. 当我把这一范畴应用于我的感性上时，我就通过它对一切所发生的事情，在一般时间中按照它的关系而加以规定。（KrV，B162）

48. 那种使感性直观的杂多连接起来的东西，就是想像力，它按照它的智性的综合统一性，则依赖于知性；而按照领会的杂多性，则依赖于感性。

（KrV，B164）

49. 我们的一切直观都是感性的。（KrV，B165）

50. 范畴在思维中并不被我们感性直观的条件所限制，而是拥有一个不被限定的领域。（KrV，B166）

51. 这些表象只有通过对那种提供感性在其本源的接受性中的杂多的综合，才能够被产生出来。（KrV，A100）

52. 现象本身无非是感性表象，这些表象必须不能以感性表象的方式自在地被看作（在表象能力之外的）对象。（KrV，A104）

53. 想像力的综合自在本身，虽然先天地执行着，但任何时候仍然是感性的。（KrV，A124）

54. 这两个极端，即感性和知性，必须借助于想像力的这个先验机能而必然相关联。（KrV，A124）

55. 通过认识的自发性（感性的接受性与之相对），通过一种思想的能力，或者概念的能力，或者也可以说判断的能力。（KrV，A126）

56. 感性给予我们（直观的）形式，但知性则给予我们规则。（KrV，A126）

57. 作为这样的现象不能够在我们之外发生，而只能生存于我们的感性之内。（KrV，A127）

58. 一切现象作为可能的经验恰恰先天地处于知性之中，并从知性而获得它们的形式的可能性，正如它们作为单纯的直观而处于感性之中，并唯有通过感性根据形式，而成为可能的。（KrV，A127）

59. 这些概念作为现象构成了一个——仅仅是在我们之内的——对象，因为我们感性的一个单纯变形在我们之外根本就找不到。（KrV，A129）

60. 纯粹知性概念，在与经验的（甚至一般感性的）直观的比较中，是完全不同质的，并且在任何一个直观中都永远不能被找到。（KrV，A137；B176）

61. 这个中介的表象必须是纯粹的（没有任何经验的东西），但却一方面是智性的，另一方面是感性的。这样一种表象就是先验的图型。（KrV，A138；B177）

62. 对象被给予我们的唯一方式，就该是我们的感性的修正（Modifikation）。（KrV，A139；B178）

63. 我们愿意把知性概念在其运用中被限制于其上的感性的这种形式的和纯粹的条件，称为这个知性概念的图型。（KrV，A139；B179）

64. 图型自在本身任何时候都只是想像力的一种产物；但由于想像力的综合不以任何单独的直观、而仅仅以感性规定的统一性为目的，所以图型毕竟区别于形象。（KrV，A140；B179）

65. 实际上构成我们的纯粹感性概念之基础的并不是对象的形象，而是图型。（KrV，A141；B180）

66. 感性概念（作为空间中的图形）的图型则是纯粹先天的想像力的产物，并且仿佛是它的一个草图。（KrV，A142；B181）

67. 虽然感性的图型首先实现了范畴，它们却也还是限制着，亦即把它们局限在——处于知性之外（即处在感性中）的——条件上。因此图型本来就只是现象，或一个对象的感性概念，在与范畴的一致中。（KrV，A146；B186）

68. 一种意义、但只是表象的单纯统一性的逻辑的意义当然还留给了纯粹知性概念，即使在离开了一切感性条件之后，但没有任何对象、因而也没有任何意义被给予这些表象，而这种意义可以交给关于客体的一个概念。（KrV，A147；B186）

69. 这种意义是由感性带给范畴的，感性实现了知性，同时也限制着知性。（KrV，A148；B187）

70. 范畴包含不被任何感性条件限定的机能。（KrV，A181；B224）

71. 知性只对一般经验先天地给出规则，按照那些——既是感性的同时又是统觉的——主观的和形式的条件，而唯独这些条件才使经验成为可能的。（KrV，A230；B283）

72. 如果人们消除了——使范畴们作为一种可能的经验的运用的概念突出的——一切感性条件，并且在关于一般事物的（因而关于先验的运用的）概念之前就提取了范畴，那么在这些范畴那里就再也不能做任何事情了。（KrV，A300；B242）

73. 所有这种概念并非通过任何东西而证明自己，并借此阐明它的实在的可能性，如果（我们所拥有的、唯一的）一切感性的直观都被去除了，那么就只剩下逻辑的可能性，亦即这个概念（观念）会是可能的。（KrV，A244；B302）

74. 范畴，超出了纯粹知性概念，还需要，它们在一般感性上的应用的规定（即图型）。（KrV，A245；B302）

75. 范畴，没有感性直观的条件，对此它们包含了综合，就完全不具有与任何一个确定的客体的任何关系，所以也不能给任何客体下定义，因而自在本身也不具有客观概念的任何有效性。（KrV，A246；B302）

76. 凡不是现象的东西，不能是经验的对象，知性就永远不能跨越——唯独在其中对象才被给予我们的——感性的限制。（KrV，A246；B303）

77. 纯粹范畴，没有感性的形式条件，仅仅具有先验的意义，但不是任何先验的运用。（KrV，A248；B305）

78. 如果人们给它们去除了对于我们来说唯一可能的直观，它们可能就具

有比纯粹感性形式更少的意义，通过纯粹感性形式至少还有一个客体被给予。（KrV，B306）

79. 知性存在者——作为在我们感性之外的一个一般某物。（KrV，B307）

80. 如果我们把本体理解为一个物，只要它不是我们感性直观的客体，当我们不顾我们直观它的方式的时候；因而这就是一个消极理解中的本体。（KrV，B307）

81. 感性的学说同时就是在消极理解中的本体的学说，即关于那些——知性无需与我们的直观方式发生关系、因而必须不仅作为现象、而且作为自在事物本身而思想的——事物的学说。（KrV，B307）

82. 这个"某物"毕竟本身自在地也必须是一个物，并且是一个非感性直观的对象，亦即一个知性的对象，也就是说，一种在其中找不到任何感性的知识必须是可能的，唯独它具有绝对的客观实在性。（KrV，A249）

83. 这个先验的客体根本不能与感性的材料分离，因为那样一来就剩不下任何借以被思考的东西。（KrV，A250）

84. 范畴甚至也不表象任何特殊的、仅仅给予知性的客体，而只是充当（一般某物的概念）的先验客体，通过它而规定感性中被给予的东西，为了由此而经验地认识在对象概念下的现象。（KrV，A251）

85. 感性，及其领域，即现象的领域本身，被知性所限制以至于：它并不走向自在事物本身，而只是走向——事物如何因为我们的主观性状而向我们显现的——那种方式。（KrV，A251）

86. 某物的直接表象虽然是感性的，但它却自在地本身——甚至没有我们感性的这种（我们的直观形式就建立于其上）的性状——而必须是某物，即一种独立于感性的对象。（KrV，A252）

87. 这种感性激动是在我之内的，这根本不构成这类表象与任何一个客体的任何关系。（KrV，A253；B309）

88. 范畴就这样扩展得比感性直观更远，因为它们思想一般客体，仍还无需注意到那种——在这些客体中它们能够被给予的——特殊的方式（即感性的方式）。（KrV，A254；B309）

89. 人们对于感性并不能断言，它就是直观的唯一可能的方式。（KrV，A254；B310）

90. 更没有一个可能直观的概念，因此能够在感性领域之外为我们提供对象，并且知性能够超出这一区域而被实然地运用。（KrV，A255；B310）

91. 对象划分为现相和本体，并且世界划分为感性世界和知性世界，在积极的意义上完全不能被容许，虽然概念当然容许被划分为感性的和智性的。（KrV，A255；B311）

92. 一个本体的概念，单纯被设想为成问题的，仍然不仅容许保留着，而且，甚至作为一个在限制中设置感性的概念，是不可避免的。（KrV，A256；B311）

93. 既然我们的知性以这种方式获得一种消极的扩展，亦即知性并非通过感性而受到限制，毋宁通过它称呼自在事物本身（而不看作现象）为本体，而更限制了感性。（KrV，A256；B312）

94. 人们不必使用智性的世界，取代这种术语，就像人们在德语演讲中通常习惯所做的那样；因为只有知识才是，智性的或感性的。（KrV，A256；B312）

95. 知性和感性在我们这里只有联结起来才能够规定对象。如果我们把它们分开，那么我们就有直观而无概念，或者有概念而无直观，但这两种情况中的表象，我们都不能够与任何一个确定的对象发生关系。（KrV，A258；B314）

96. 现象是感性的对象。（KrV，A264；B320）

97. 这些概念可以逻辑地被比较，无需操心它们的客体属于哪里，是作为知性的本体呢，还是作为感性的现象（Phänomena）。（KrV，A269；B325）

98. 这时一个实在根据取消另一个实在根据的作用，并且对此我们仅仅在感性中才发现把这样一种冲突表象给我们的条件。（KrV，A274；B330）

99. 这种时间和空间的著名的学说概念，在其中他智性化了这种感性形式，只产生于先验反思的同一种错觉。（KrV，A275；B331）

100. 我在先验的反省中任何时候都将必须只在感性的条件下对我的概念进行比较。（KrV，A276；B332）

101. 我们的感性起源的秘密就在我们自己的内心之中。感性与一个客体的关系，以及这种统一性的先验根据会是什么，无疑深深地隐藏着。（KrV，A278；B334）

102. 一个作为一般物的对象的表象，也许并不单纯是不充分的，而且如果没有它的感性规定，并且，如果脱离了经验的条件，就该是在自身中自相冲突的。（KrV，A279；B335）

103. 这些方位就是——这些概念的客体在其中被给予出来的——直观的条件，它们不属于概念，但仍属于整个感性。（KrV，A282；B338）

104. 不过，由于这样一来我们就抽掉了一切直观，所以杂多的东西如何能够互相规定它们的方位的一种整个方式、亦即感性的形式（空间）也就被取消了，而空间毕竟先行于一切经验的因果关系。（KrV，A285；B342）

105. 如果我们把单纯理知的对象理解为这一种事物，它们被纯粹范畴、而无需任何感性图型、所想到，那么这样一类对象就是不可能的。（KrV，A286；B342）

106. 我们一切知性概念的客观运用的条件单纯是对象由此被给予我们的那种感性直观的方式。（KrV，A286；B342）

107. 我们之所以还不能把我们思维的对象领域积极地扩展到超出我们感性的条件，并且在现象之外还假定纯粹思维的对象，即本体，就因为这些对象不具有任何可以指定的积极意义。（KrV，A287；B343）

108. 关于范畴，人们必须承认：它们单独并不足以达到自在事物本身的知识，而没有感性的材料，它们就会只是知性统一性的、但无对象的主观形式。（KrV，A287；B343）

109. 本体的概念并不是一个客体的概念，而是一项与我们感性的限制不可避免地关联着的任务。（KrV，A287；B344）

110. 因而知性限定了感性，并不因此就扩展了它自己的领域。（KrV，A288；B344）

111. 所以关于这先验客体，完全不知道的是，它是否在我们之内，或者在我们之外被找到，它是否随着感性一同被取消了，或者，如果我们去除了感性，还会留存下来。（KrV，A288；B344）

112. 我们思想一般“某物”，并且一方面感性地规定它，但却仍把普遍的和在抽象中表象出的对象区别于直观这个对象的方式。（KrV，A289；B346）

113. 感性，把知性垫在下面、作为知性应用它的机能的客体，就是实在的知识的来源。（KrV，A294；B351）

114. 这只是因为它根本就不顾及直观的方式，无论这方式是感性的还是智性的。（KrV，B429）

115. 内部的经验的直观是感性的，并且只给出了现象的材料。（KrV，B430）

116. 但这个某物不是广延的，不是不可入性的，不是复合的，因为所有这些谓词都仅仅涉及到感性及其直观。（KrV，A358）

117. 与这种观念论相对立的则是一种先验实在论，它把时间和空间看作某种自在地（不依赖于我们的感性）被给予的东西。（KrV，A369）

118. 先验实在论者就把外部现象（当人们承认它们的现实性时）表象为自在事物本身，它们不依赖于我们和我们的感性而生存，因而甚至按照纯粹知性概念也会是在我们之外的。（KrV，A369）

119. 空间和时间虽然是先天的表象，它们还在一个现实的对象通过感觉而规定我们的感官、以便把这个对象表象在那些感性关系之下以前，就已经作为我们的感性直观的形式而寓于我们之中了。（KrV，A373）

120. 空间本身在我们的感性之外就什么也不是。（KrV，A376）

121. 这种二元论把那些外部现象并不作为表象而算作主体，而把它们，就像感性直观把它们提供给我们的那样，作为客体而置于我们之外，并且把它们与思维着的主体完全分离开来。（KrV，A389）

122. 物质，作为这样的物质，并不是现象，即并不是一个未知对象与之相应的单纯内心的表象，而应该是对象自在本身，如同它在我们之外并且独立于一切感性而生存。（KrV，A391）

123. 我们感性的未知对象不可能是在我们之内的表象的原因。（KrV，A392）

124. 这种完备性在感性上是否是可能的，仍还是一个问题。（KrV，A417；B444）

125. 此外考虑到这些理念全都是超验的，并且，虽然它们按照种类而并不逾越客体、即现象，而只是与感性世界（不是与本体）打交道。（KrV，A420；B447）

126. 空间和时间两者都不是对自在事物的规定，而只是对我们的感性的规定。（KrV，A494；B522）

127. 感性直观能力本来只是在一定的方式上带着表象被刺激起来的接受性。（KrV，A494；B522）

128. 然而我们可以把一般现象的单纯理知的原因，称为先验客体，这仅仅是为了我们拥有某种与作为接受性的感性相一致的东西。（KrV，A494；B522）

129. 在感性中，即在空间和时间中，我们在说明给予的现象中所能够达到的——每一个条件，又都是有条件的。（KrV，A508；B536）

130. 纯粹知性概念与纯粹理性概念一样很少产生出任何先验的运用，由于感性世界中条件序列的绝对总体性仅仅立足于理性的一种先验的运用，而理性则要求它所预设为自在之物本身的那种东西的无条件的完备性。（KrV，A515；B543）

131. 在现象序列的数学联结中只有感性的条件能够进来。（KrV，A530；B558）

132. 自由在实践的理解中就是——经由感性冲动而来的强迫的——任意之独立性。（KrV，A534；B562）

133. 感性并不使它的行动成为必然的，毋宁一种——经由感性冲动而独立于强迫、规定自身的——能力寓于人类。（KrV，A534；B562）

134. 假如感性世界中的一切原因性都只是自然，那么每个事件都将是在时间中按照必然规律而被另一个事件所规定。（KrV，A534；B562）

135. 如果在感官世界中必须被看作现象的东西，自在本身也具有一种能力，这种能力并不是任何感性直观的对象，但它由此却可以是现象的原因：那么人们就可以在两方面上研究这个存在者的原因性，既按照它的行动，而把它看作理知的、看作一个自在之物本身的原因性，并且又按照这种行动的结果，而把它看作感性的、看作感官世界中的一个现象的原因性。（KrV，A538；B566）

136. 人们将必须还承认它有一种理知的品格，借此这个主体虽然是那些作

为现象的行动的原因，但这种品格本身并不从属于任何感性的条件，并且本身不是现象。（KrV，A539；B567）

137. 它的原因性，只要它是智性的，完全不会处于那些——使感性世界中的事件成为必然的——经验的条件的序列中。（KrV，A540；B568）

138. 所以这个积极的存在者，只要在它的自然必然性的行动中，作为只在感性世界中才遇到的东西，就是独立而自由的。（KrV，A541；B569）

139. 因为它们在感性世界中任何时候都被在先前时间中的经验的条件、但毕竟只借助于（仅仅是理知品格的现象的）经验的品格，而预先规定，并且只作为自然原因的序列的延续才是可能的。（KrV，A541；B569）

140. 在无生命的、或单纯具有动物生命的自然那里，我们没有找到任何根据而设想任何一种不同于单纯以感性为条件的能力。（KrV，A546；B574）

141. 因为其行动根本不能被算作感性的接受性。（KrV，A546；B574）

142. 如果理性可以鉴于现象而具有原因性，那么它就是一种能力，通过这种能力，而首次开始了结果的一个经验的序列的感性条件。（KrV，A552；B580）

143. 因为在这里这个条件外在于现象的序列（在理知的东西中），因而就不服从任何感性条件和通过先行的原因的时间规定。（KrV，A552；B580）

144. 理性本身毕竟不是任何现象、也根本不服从于任何感性条件。（KrV，A553；B581）

145. 鉴于理知的品格，那个经验的品格只是感性的图型，之前、或之后都不适合。（KrV，A553；B581）

146. 理性根本不会被一切那些感性所刺激，它不会改变自己。（KrV，A555；B583）

147. 这个原因能够是自由的，即能够独立于感性而规定。（KrV，A557；B585）

148. 理性由此而思想到这个通过感性的无条件者直截了当地开始了现象中的条件的序列。（KrV，A558；B586）

149. 感官世界所包含的无非是现象，但这些现象只单纯表象，反之它们一直是以感性为先决条件的。（KrV，A563；B591）

150. 如果对每一个有条件者（按照此在）每一次的条件都是感性的，并且正因此而属于序列，那么它本身也就又是有条件的了（正如第四个二律背反的反题所证明的）。（KrV，A564；B592）

151. 这时那种原因的假定就仅仅意味着一般感性序列的可能性的对我们来说单纯是先验的和未知的根据，这个根据的不依赖于感性序列的一切条件并且鉴于这些条件是无条件地必然的此在，根本不与那些条件的无限制的偶然性相对立。（KrV，A564；B592）

152. 如果我们一旦已经接受了这种许可，允许在全部感性的领域之外假定一个独立自存的现实性，而现象只被看作这样的本身是理智的存在者的理知对象的偶然的表象方式：那么剩留给我们的，就无非类比了。（KrV，A566；B594）

153. 通过纯粹知性概念，没有一切感性的条件，任何对象都不可能被表象出来。（KrV，A567；B595）

154. 这些轮廓，虽然只有不认真计较，可以被称为感性的理想，因为它们应当是可能经验的直观的不可达到的典范，然而却并不适宜于充当任何能够进行解释和检验的规则。（KrV，A570；B598）

155. 经验之调节的统一性并不建基于现象本身（仅仅建基于感性），而建基于通过知性（在一个统觉中）的感性杂多的连结。（KrV，A583；B611）

156. 那个设置了现象的基础的先验客体，以及与它一起，那个——为什么我们的感性拥有这些而不是别的至上的条件的——根据，对于我们都是并仍然是无法探明究竟的，虽然事物本身已另外给予了，但只是看不到里面。（KrV，A614；B642）

157. 纯粹理性的原则却连在经验的概念方面也不可能是构成性的，因为不可能把任何相应的感性图型提供给这些原则，所以它们也不可能拥有任何具体的对象。（KrV，A664；B692）

158. 知性对于理性同样也构成一个对象，正如感性对于知性那样。（KrV，A664；B692）

159. 但这种知性行动，没有感性的图型，就是不确定的。（KrV，A664；B692）

160. 理性的理念就是一个感性图型的类似物，但却带有这种区别，即知性概念在理性图型上的应用并不恰好就是对象本身的一种知识（如同在范畴应用于他的感性图型上那里一样），而只是一切知性运用的系统统一性的一条规则或原则。（KrV，A665；B693）

161. 它们虽然能够被用来解释感性世界中的事物的可能性，却不能够用来解释一个世界整体本身的可能性。（KrV，A677；B705）

162. 这样一来我就设想了这个最高的存在者，通过那些——原本只在感性世界中才有其应用的——纯然概念。（KrV，A678；B706）

163. 我甚至不能把所有范畴的任何一个应用于这个对象上，除非这个范畴的图型在感性直观中已经被给予了。（KrV，A682；B710）

164. 如果人们这里把实体理解为感性直观的持存的客体，一个简单的现象的可能性则根本不可能被看透。（KrV，A772；B800）

165. 与肉体的分离就该是你的认识能力的感性运用的结束并且就该是智性运用的开始。（KrV，A779；B807）

166. 身体就不会是思想的原因，而是思想的一个单纯限定的条件，因而虽然可以被看作感性的和动物性的生活的促进，但也更多地被看作纯粹的和灵性的生活的阻碍。（KrV，A779；B807）

167. 一种任意单纯是动物性的（arbitrium brutum，动物的任意），它只能被感性的、即病理学的冲动所规定。（KrV，A802；B830）

168. 不仅是刺激的东西、即直接刺激感官的东西，规定着人的任意，而且我们具有一种能力，通过从本身就是以更遥远的方式有利或有害的东西的表象，而克服我们感性欲求能力上的那些印象。（KrV，A802；B830）

169. 内在的自然之学把自然看做一切感官对象的总和，因而正如自然被给予我们的那样，但只按照——在其下它一般能被给予我们的——那些先天条件。但它们都仅仅是两类感性的对象。（KrV，A846；B874）

170. 伊壁鸠鲁被称为最重要的感性的哲学家，柏拉图则被称为最重要的智性论的哲学家。（KrV，A853；B881）

感性化（sensifzieren）

1. 莱布尼茨智性化了现象，正如洛克按照一种理性发生论的体系（如果允许我、使用这一表达方式的话）全都感性化了这些知性概念一样，也就是说已经把这些知性概念假装为不过是经验的、或被抽离出来的反思概念。（KrV，A271；B327）

感性论（die Ästhetik）

1. 先验感性论。（KrV，A19；B33）

2. 一种关于感性的一切先天原则的科学，我命名为先验感性论。（KrV，A21；B35）

3. 唯独德国人现在使用“Ästhetik”这个词，以便借此而标志，别人叫作鉴赏力批判的东西。这在这里把一种卓越的分析家鲍姆嘉通所作出的错误的期望设置为基础，把美的批评的评判带到理性原则之下，并且把这种评判的规则提升为科学。可是这种努力是徒劳的。因为所想到的规则、或标准，按照它们的最主要的来源都只是经验的，因此决不能用作我们的鉴赏判断所必须按照它而行事的先天的被规定了法则，而宁可说，后者构成了前者的正确性的真正的试金石。为此值得推荐的是，这个名称要么被重新接受，并且将它保留给这门是真正的科学的学说，（由此，人们也就会更接近古人的说法和含义，在他们那里，知识划分为 alσθηιά xaí νοηιά，即感性和理性，是很有名的），要么就和思辨哲学一起分享这个名称并部分地在先验的意义中、部分地在心理学的含义中接受 Ästhetik。（KrV，A21；B36）

4. 因此，在先验感性论中我们首先要孤立感性，我们通过隔离那些知性与此同时经过它的概念所想到的一切，以便只留下经验的直观。（KrV，A21；B36）

5. 先验感性论可以包含不多于这两个要素，即空间和时间。（KrV，A41；B58）

6. 对先验感性论的普遍说明。（KrV，A41；B59）

7. 我们的先验感性论的第二件重要的事情是：它不仅仅要作为一种表面上的假设而赢得一些宠爱，而且要该是如此确定的和不被怀疑的，当每一种理论能够被要求的时候，这种理论应当用作工具论。（KrV，A46；B63）

8. 先验感性论的结论。（KrV，B73）

9. 因此我们就区分了一般感性规则的科学，即感性论，与一般知性规则的科学，即逻辑。（KrV，A52；B76）

10. 但因为既然有纯粹的直观，也有经验的直观，（就如先验感性论所说明的），那么对象的纯粹思维和经验的思维之间的一种区别也完全可能被找到。（KrV，A55；B80）

11. 反之先验逻辑则面对着由先验感性论呈现给它的先天感性杂多。（KrV，A77；B102）

12. 按照先验感性论，在与感性的关系中，一切直观的可能性的最高原理是：所有直观的杂多都服从于空间和时间的形式条件。（KrV，B136）

13. 先验感性论规定了我们感性直观的纯粹形式的运用界限。（KrV，B148）

14. 先验感性论的原则，按照这些原则，空间和时间都是一切事物作为现象的可能性条件。（KrV，A149；B188）

15. 但这种唯心论的根据已被我们在先验感性论中消除了。（KrV，B274）

16. 经过先验感性论所限制的现象的概念已经由自身给予了本体的客观实在性。（KrV，A249）

17. 我们已经在先验感性论中不可否认地证明了：物体仅仅是我们的外感官的现象，而不是自在的事物本身。（KrV，A357）

18. 而这种观念性我们在先验感性论中不依赖于这些——我们当时还不能够预见的——后果，就已经阐明过了。（KrV，A378）

19. 我们已经在先验感性论中充分证明过：一切在空间或者时间中被直观到的东西，因而一切对我们可能的经验之对象，都无非是现象。（KrV，A490；B518）

20. 那条原理的正确性，有关感官世界中一切事件的通盘关联，按照不变的自然规律，已经作为一条先验感性论的原理而固定下来并且不受任何损害了。（KrV，A536；B564）

革命（die Revolution）

1. 我倒相信，数学（尤其还在埃及人当中）长时期地停留在来回摸索之

中，而这场变革本该归功于一场革命，它由个别人物在一次尝试中幸运的突发念头而产生。（KrV，BXI）

2. 而这一发现恰好也要仅仅通过一场迅速发生的思维方式的革命才能得到解释。（KrV，BXII）

3. 而这样，甚至物理学也必须把它的思维方式的这场如此有益的革命仅仅归功于这个闪念。（KrV，BXIII）

4. 我不能不认为，通过一场一蹴而就的革命已经变成，它们现在的所是的——数学和自然科学的范例，本该是足以引人注意的。（KrV，BV）

5. 现在纯粹思辨理性批判的工作就在于这种尝试，改变形而上学迄今的处理方式，并且由此，我们按照几何学家和自然科学家的范例而进行一场形而上学的革命。（KrV，BXXII）

6. 我现在不想区分——形而上学发生这种那种变化的——时期，而只想匆匆粗略地描述这种——引起过最主要的革命的——理念的差异。（KrV，A853；B881）

根据（der Grund）

规定根据（der Bestimmungsgrund）

运动根据，运行根据（der Bewegungsgrund）

解释根据（der Erklärungsgrund）

权利根据（der Rechtsgrund）

本源的根据（der ursprüngliche Grund）

先天根据（der Grund a priori）

先验根据（der transzendentale Grund）

主观根据（der subjectiveGrund）

内部根据（der innere Grund）

经验的根据（der empirische Grund）

实在根据（der Realgrund）

知识根据（der Erkenntnisgrund）

证明根据（der Beweisgrund）

理性根据（der Vernunftgrund）

至上根据（der oberste Grund）

最高根据（der höchste Grund）

现实的根据（der wirkliche Grund）

1. 能够在我之内被发现的我的此在的一切规定根据，都是表象。（KrV，

BXXXIX）

2. 但毕竟在义务概念中，必须把它们作为应当被克服的障碍，或者作为不应当被制成运动根据的刺激，而必然地一起卷入纯粹德性体系的撰写中。（KrV，A15；B29）

3. 不能指出数学的先天知识的可能性根据（因为他们缺乏一种真正的和客观有效的先天直观）。（KrV，A40；B57）

4. 与对象自在本身的知识——即使人们想立刻直至在根据上看透那种现象——也仍还有天壤之别。（KrV，A44；B61）

5. 在判断中思维的一切关系是：a）谓词对主词的关系，b）根据对结果的关系，c）被划分的知识与这个划分的全部环节相互之间的关系。（KrV，A73；B98）

6. 不过，这种区别必须在知性的本性中拥有一种根据。（KrV，B110）

7. 在单纯的原因对结果（根据对后果）的关系中被遇到。（KrV，B112）

8. 并且有可能猜测到，它在某一个知性规则中拥有它的根据，这种根据只是如同时常发生的那样，已经被错误地口译了而已。（KrV，B113）

9. 人们就可以把这命名为那些——属于一个作为一种共同根据的一个概念的——特征的质的多数性（这些特征并不在这种概念中被思想为大小）。（KrV，B114）

10. 一个假设的标准也是所假定的解释根据的可理解性或这个根据的同一性（无需假设）。（KrV，B115）

11. 人们既不从经验中、也不从理性中提出任何明确的权利根据。（KrV，A85；B117）

12. 我们必须到更高的地方——即在其中本身包含了判断中不同概念之统一性的根据，因而知性的可能性的根据、甚至在它［知性］的逻辑运用中——去寻求这种统一性（即质的统一性，§12）。（KrV，B131）

13. 直观杂多的综合统一性，作为先天产生的东西，是先天地早先发生于我的一切规定了的思想的统觉本身的同一性的根据。（KrV，B134）

14. 杂多的综合或联结在它们之中，仅仅与统觉的统一性相关联，并因此是先天知识的可能性根据，只要它建基于知性，因而不仅仅是先验的、而且甚至单是纯粹智性的。（KrV，B150）

15. 当我譬如把一座房子的经验的直观，通过这座房子的杂多的领会，而制造成知觉的时候，那么空间和一般外部感性直观的这种必然统一性就给我设置了根据。（KrV，B162）

16. 一切可能的知觉、因而甚至一切总能够获得经验的意识的东西、即一切自然现象，按照它的联结，也都服从范畴，而自然（单纯看作一般自然）则依赖于这些——作为自己的必然合规律性的本源根据（作为 natura formaliter spectata，形式方面的自然）的——范畴。（KrV，B165）

17. 知性方面的范畴包含着一切经验之一般可能性的根据。（KrV，B167）

18. 关于经验之可能性的先天根据。（KrV，A95）

19. 必须有某种东西，它本身使现象的这种再生成为可能，由此它就是现象的一种必然的综合统一性的先天根据。（KrV，A101）

20. 既然那个领会的综合构成了所有一般知识（不仅是经验的知识，而且也有纯粹先天的知识）的可能性的先验根据，那么想像力的再生的综合就属于内心的先验活动，而考虑到这一点，我们愿意把这种能力也称为想像力的先验能力。（KrV，A102）

21. 杂多的联想的可能性根据，只要它置于客体中，就叫做杂多的亲和性。（KrV，A113）

22. 自然取决于我们统觉的主观根据，甚至自然在它的合规律性方面应当依赖于统觉的主观根据，听起来的确是荒谬而令人诧异的。（KrV，A114）

23. 我们想把表象们的这种联结的内部根据一直追究到那一个点上。（KrV，A116）

24. 于是这里就有了（意识的）一种杂多的综合统一性，它被先天地认识，并且正好适合于充当与纯粹思想相关的先天综合命题的根据。（KrV，A117）

25. 人们把这种按照规则再生的主观的和经验的根据，命名为表象们的联想。（KrV，A121）

26. 所以就必须有一个客观的、亦即在想像力的一切经验的法则之前就可以先天地看出的根据，一条延伸到一切现象中的法则的可能性甚至必然性则基于这种根据之上。（KrV，A122）

27. 现象的一切联想的这种客观的根据我命名为现象的亲和性。但这个客观的根据，我们在哪里都找不到，除非在统觉的统一性原理中，在一切应当属于我的知识方面。（KrV，A122）

28. 对杂多予以承认的这些根据，只要它们单纯涉及一个一般经验之形式，就都那些范畴了。（KrV，A125）

29. 但我们又怎么能够先天地把一个综合统一性带上轨道呢，假如不是在我们内心的本源的知识源泉中包含这样一种先天统一性的主观根据，并且假如这些主观条件——当它们是在经验中认识一个一般客体的可能性的根据的时候——并不是同时在客观上也有效的。（KrV，A125）

30. 统觉的统一性就是经验中一切现象的必然合规律性的先验根据。（KrV，A127）

31. 如果我们从我们自身中而取得了它们，那么那种单纯是我们之内的东

西，就不能够规定一个与我们的表象相区别的对象的性状，也就是说，不能够规定一个根据。（KrV，A129）

32. 范畴最终就并没有其他运用，而只有经验的运用，因为它们仅仅充当着，通过一种先天必然的统一性（因为在一个本源的统觉之中的一切意识的必然联结）的根据，使现象服从于综合的普遍规则，并借此使普遍规则适当地无一例外地连结在一个经验之中。（KrV，A146；B185）

33. 先天原理拥有这一名称，不仅仅因为它们自身中包含其他判断的根据，而且也因为它们本身不再以更高且更普遍的知识作为根据。（KrV，A148；B188）

34. 这虽然使这条原理成为我们知识的真理的 conditio sine qua non（必要条件），但并没有成为我们知识的真理的规定根据。（KrV，A152；B191）

35. 对此他们不能在经验中拥有任何根据，因而这个前提就只是形而上学的前提。（KrV，A173；B215）

36. 单纯这种持存性，才是——我们为什么把实体范畴应用于现象上的——根据，并且人们则必须证明，在一切现象中存在着某种持存的东西，在它身上可变更的东西无非是它的此在的规定。（KrV，A184；B227）

37. 所以充足理由律就是可能经验的根据，亦即现象就其在时间的相继序列中的关系而言的客观知识的根据。（KrV，A201；B246）

38. 在现象的相继中的因果关系原理也相当于在经验的一切对象（它们服从承继性条件）之前，因为它本身就是这样一个经验可能性的根据。（KrV，A202；B247）

39. 因为按照因果性原理，动作永远都是现象的一切变更的最初根据，因而就不能处于那种本身变更着的一个主体之中，因为否则就会需要，别的动作和另一个规定这种变更的主体了。（KrV，A205；B250）

40. 这就是一切变化的连续性的规律，它的根据是这样的：既非时间，又非在时间中的现象，由都是最小的部分所构成。（KrV，A209；B254）

41. 实体的关系，在其中它包含着规定，关于它的根据却已包含在另一个实体之中，这种影响的关系，并且，如果交互地这一个包含另一个之中的规定的根据，就是协同关系或交互作用的关系。（KrV，B258）

42. 协同性本来就该是，并存的、一种经验的知识的可能性根据，所以人们本来只从这种并存的经验的知识中反推出那个作为它的条件的协同性。（KrV，A218；B265）

43. 这种唯心论的根据已被我们在先验感性论中消除了。（KrV，B274）

44. 关于所有一般对象区分为现象和本体的根据。（KrV，B294）

45. 即使这些知性规则不只是先天真实的，而且甚至是一切真理——即我们的知识与客体的符合——的根源，由此，它们包含了经验可能性的根据，作为客体能在其中被给予我们的一切知识总和的根据。（KrV，A237；B296）

46. 并非一切判断都需要一种审查，亦即对真理的根据的一种关注。（KrV，A261；B316）

47. 这些表象假设按照它们在内心的位置作为同类的而处理，但先验的反思（它走向对象本身）却包含了表象相互间客观比较的可能性根据。（KrV，A262；B319）

48. 这个现象在相同时间的地点的差异却毕竟是对象（感官对象）本身"数目的差异性"的一个足够的根据。（KrV，A263；B319）

49. 因此空间和时间，前者仅仅通过实体们的关系，后者仅仅通过这些实体的规定们，作为根据和后果的相互联接，才是可能的。（KrV，A267；B323）

50. 我们的反思概念表带给我们一个出乎意料的好处，就是把他在这个体系的一切部分中的原理性概念的区分，同时也把这种无非建立在一种误解基础之上的、特别的思维方式的主导性根据，都摆在了眼前。（KrV，A270；B326）

51. 这时一个实在根据取消另一个实在根据的作用，并且对此我们仅仅在感性中才发现把这样一种冲突表象给我们的条件。（KrV，A274；B330）

52. 我应该把同一物的一个状态与另一个状态相联结，所以这只能在根据和后果的秩序中发生。（KrV，A275；B331）

53. 质料任何时候对于纯粹知性都不是对象，但那个——可能是我们称之为质料的这种现象的根据的——先验客体，却是一个单纯的"某物"，关于它我们一点都不会理解，即使有人能够把它告诉我们。（KrV，A277；B333）

54. 感性与一个客体的关系，以及这种统一性的先验根据会是什么，无疑深深地隐藏着。（KrV，A278；B334）

55. 我们在前面已经把一般的辩证论命名为幻相的逻辑。这并不意味着，它就是一种或然性的学说；因为后者是真理，却通过不充分的根据被认识，因而它的知识虽然是有缺陷的，但并不因此就是骗人的，因而并不必须与逻辑的分析部分划分开来。（KrV，A293；B349）

56. 错误仅仅被感性对知性的未察觉的影响所导致，由此判断的主观根据与客观根据的汇合就发生了。（KrV，A294；B350）

57. 但这样一条原理并没有给客体预先规定任何规律，并且没有包含把客体作为这样一般客体而认识和规定的可能性的根据，而单纯是一条——节省我们知性的储备的——主观规律。（KrV，A306；B362）

58. 一个一般纯粹的理性概念可以用无条件者的概念来说明，只要它包含有条件者的综合的一种根据。（KrV，A322；B379）

59. 这样理性就只与知性的运用相关联了，更确切地说，并不包含这种可

能经验的根据。（KrV，A326；B383）

60. 理性宣布它的知识作为先天规定的并且作为必然的，要么在其本身，这就不需要任何根据，要么，就作为一个根据序列的一个环节而已经推导出来，这个序列本身则以无条件的方式而是真的。（KrV，A332；B389）

61. 但一个先验的谬误推理却拥有一个先验的根据：按照形式得出虚假的结论。（KrV，A341；B399）

62. 如果我思想的最小的经验的东西、任何一个我的内部状态的一个特殊的知觉，还混杂在这门科学的知识根据之中，那么这门科学就会不再是合理的，而是经验的灵魂学说了。所以我们已经拥有了在我们面前的一门所谓的科学，它被建造在唯一的命题“我思”上，并且我们在这里可以完全适当地、并按照先验哲学的本性、检查它的根据或无根据。（KrV，A342；B400）

63. 但我们所能够为这门科学设置的根据，没有别的而只是这个单纯的、在自身的内容上完全是空洞的表象：我。（KrV，A345；B403）

64. 这个主体，时间的表象在其中拥有它的本源的根据，就不可能由此而规定它自己在时间中的此在。（KrV，B422）

65. 这个强有力的、绝不可能被驳倒的证明根据，伴随着通过一种在我们眼前所看到的一切东西中的合目的性的不断增加的知识。（KrV，B426）

66. 如果我在这里把自己表象为思想的主体，或者甚至也表象为思维的根据，那么这些表象方式并不意味着实体或者原因的这些范畴，因为这些范畴是那些——已经被应用于我们的感性直观的思维的（判断的）——机能。（KrV，B429）

67. 我把这些概念仅仅理解为根据和后果的主词和谓词的逻辑机能。（KrV，B431）

68. 不过这对于我的目的就已经足够了，指明单纯的证明根据，必要时以通俗的方式。（KrV，A353）

69. 这个统觉的形式原理：“我思”，仍然是理性心理学之所以敢于扩展它的知识的全部根据。（KrV，A354）

70. 先验客体，同时设置了外部现象、内部直观的基础，既不是自在物质本身，也不是一个思想着的存在者本身，而是现象的一个我们不知道的根据，这些现象给予了第一种和第二种方式的经验的概念。（KrV，A380）

71. 这种被误解了的自然影响，由于人们将它的证明根据揭示为无意义的和骗取得来的，就能够完全被挫败。（KrV，A392）

72. 在可能出现于经验领域的一切任务中，我们都把那些现象作为自在的对象本身来处理，而不为它们（作为现象）的可能性的最初根据而担心。（KrV，A393）

73. 统觉本身就是这些范畴的可能性的根据。（KrV，A401）

74. 我们要完备地领会凡是在现象中被给予的东西，固然需要根据，但却不需要后果。（KrV，A411；B438）

75. 这个要素正好是普通知性的运行根据。（KrV，A473；B501）

76. 理性的调节的原则的根据都是这个命题：在经验的回溯中没有任何——一个绝对界限的、因而没有任何条件的、作为一个这样的会是经验的绝对无条件者的——经验，能够被找到。（KrV，A517；B545）

77. 正是在空间的充满中存在着无限可分性的根据。（KrV，A527；B555）

78. 如果现象们无非被看作它们实际上所是的东西，亦即不是被看作自在事物，而是单纯看作这种按照经验的法则而关联着的表象们，那么这些现象本身就必须还拥有其本身并非现象的根据。（KrV，A537；B565）

79. 因为如果我们只在可能是现象底下的原因的东西中，遵守自然规则，那么我们就可以是不操心的，什么东西在为我们经验地所不知道的先验主体中、对这些现象及其关联的一种根据而被想到。（KrV，A545；B573）

80. 人们把它们的单纯的经验的品格遵循为至上的解释根据。（KrV，A546；B574）

81. 这种“应当”表达了一种必然性的方式以及与在整个自然中通常并不发生的根据的连结。（KrV，A547；B575）

82. 于是这个“应当”就表达了一种可能的行动，这行动的根据则无非是，一个单纯的概念；与此相反，一个单纯自然行动的根据的概念任何时候都必须是一个现象。（KrV，A548；B576）

83. 理性并不屈从于那种经验地被给予的根据，并不追随它们在现象中所呈现的那样的事物的秩序。（KrV，A548；B576）

84. 照此人们能够接受理性根据和理性的行动、按照它们的种类和程度、并且能够评判他的任意的主观原则。（KrV，A549；B577）

85. 这时也许这一切本来都是不应当发生的，但这一切的确还是按照自然过程而发生了，并且按照它的经验的根据而不可避免地必须发生了。（KrV，A550；B578）

86. 理性的这些理念已经现实地证明了，鉴于作为现象的人的行动方面的原因性，并且这些行动之所以发生了，并不因为它们被经验的原因所规定，不是，而是因为它们被理性的根据所规定。（KrV，A550；B578）

87. 纯粹理性自由地行动着，并没有在自然原因的链条中、被外部的或内部的、但按照时间的先行根据所动力学地规定。（KrV，A553；B581）

88. 我们一般根本不能够从单纯先天概念中认识任何实在根据的和任何原因性的可能性。（KrV，A558；B586）

89. 这种存在者因此就摆脱了一切经验的条件，并且反倒包含着所有这些现象的可能性的根据。（KrV，A562；B590）

90. 它离不开经验的条件的线索、并且迷失在超验的和没有任何能够进行具体描述的解释根据之中。（KrV，A562；B590）

91. 这就好像是事物自在本身，它们在这些现象的先验根据之外生存着。（KrV，A563；B591）

92. 但设想现象即感官世界的一个理知的根据，以及这个摆脱了感官世界的偶然性的理知的根据，是既不与在现象序列中不受限制的经验的回溯、又不与这些现象的无例外的偶然性相对立的。（KrV，A563；B591）

93. 这时那种原因的假定就仅仅意味着一般感性序列的可能性的对我们来说单纯是先验的和未知的根据，这个根据的不依赖于感性序列的一切条件并且鉴于这些条件是无条件地必然的此在。（KrV，A564；B592）

94. 我们在自己这方面既没有（作为不依赖于一切经验概念的）可能性的根据，也没有假定这样的对象的最少的辩护，因此它就是一个单纯的思想物。（KrV，A566；B594）

95. 对于我们是一个理想的东西，对于柏拉图则是一个神圣知性的理念，一个在神圣知性的纯粹直观中的单独的对象，即可能存在者的每一类的那个最完善者和现象中一切摹本的那个原始根据。（KrV，A568；B596）

96. 这种全部可能性（即构成一切可能谓词的材料）假如在一个唯一的物的理念中被偶然发现，则会通过这个唯一物之通盘规定的根据的同一性而证明一切可能之物的亲和性。（KrV，A572；B600）

97. 一切事物的可能性都把最高实在性——作为一种根据而不是作为整体——设置为基础。（KrV，A579；B607）

98. 论思辨理性推导出最高存在者此在的各种证明根据。（KrV，A583；B611）

99. 虽然无条件者自在并且按照其单纯概念并不作为现实而被给予出来，但只有它才可以完成那些被引向其根据的条件的系列。（KrV，A584；B612）

100. 于是理性就如此推导：这种最高存在者，作为一切事物的原始根据，就该是绝对必然地在此的。（KrV，A587；B615）

101. 它在自己的名称中就已经区别于自然神学的证明了，而自然神学的证明则需要对我们这个感官世界的特殊性状的观察作为证明根据。（KrV，A605；B633）

102. 这个必然的存在者具有一些什么属性，这种经验的证明根据并不能教导。（KrV，A606；B634）

103. 怀着这个意图，我们从一个被作为根据的现实的此在（一个一般经

验）中，尽其所愿地推导出，它的任何一个绝对必然的条件。（KrV，A610；B638）

104. 当然，完全可以允许，把一个最高充实性的存在者的此在，假定为一切可能结果的原因，以便窃取理性它所寻找的解释根据的统一性。（KrV，A612；B640）

105. 那个设置了现象的基础的先验客体，以及与它一起，那个——为什么我们的感性拥有这些而不是别的至上的条件的——根据，对于我们都是并仍然是无法探明究竟的，虽然事物本身已另外给予了，但只是看不到里面。（KrV，A614；B642）

106. 理性恰好就在于，我们能够给予我们的一切概念、意见和主张以解释理由，不论它们是出自客观的根据，还是当它们只是一种幻相时、出自主观的根据。（KrV，A614；B642）

107. 这种原理中的一条说，你们应当这样对自然进行哲学思考，就好像对一切属于生存的东西来说，都给予了一个必然的最初根据。（KrV，A616；B644）

108. 决不要把任何一个涉及物的生存的规定，假定为这样一个至上的根据，亦即看作绝对必然的。（KrV，A616；B644）

109. 你们必须假定绝对必然的东西在世界之外；因为它只应当用作一条现象的最大可能的统一性的原则，作为现象的至上根据，并且你们在这个世界中永远也不可能到达那里。（KrV，A617；B645）

110. 但假如这种情况没有发生，我们就已经验地达到统一性的最高根据，而这将被第二条调节性原则所禁止。（KrV，A618；B646）

111. 好像并没有任何必然的存在者，然而却能够不断地追求推导的完备性，就好像已经预设了一个这样的、作为至上的根据的存在者。（KrV，A619；B647）

112. 既然不论是一般物的概念，还是关于任何一个一般此在的经验，都不能够提供所要求的东西，那么就剩下一种办法去尝试一下，是否某种确定的经验、因而当前这个世界的物的经验，它的性状和秩序，适合于充当一个证明根据，这种证明根据则能够可靠地帮助我们去确信一个最高存在者的此在。一个这样的证明我们就称作自然神学的证明。（KrV，A620；B648）

113. 假如最高存在者处于这个条件的链条之中，那么它本身就会是这些条件的序列的一个项，并且，正如以它为前提的那些更低的项一样，它便要求对自己的更高的根据作更进一步的探究。（KrV，A621；B649）

114. 相反，它任何时候都必须委托于本体论的证明（它只被用作本体论证明的序言），补足它的这一缺陷，因而本体论的证明所包含的就仍然还是唯一可能的证明根据（假使在一切领域都发生一种思辨的证明），而这种证明根据，任何人类理性都不可以忽略过去。（KrV，A625；B653）

115. 正是这样一种原因性、即知性和意志，将设置为自然理性的根据。（KrV，A626；B654）

116. 但为此完全不同于与人类技艺相类比的证明根据，就会被需要了。（KrV，A627；B655）

117. 当人们一直达到对世界创造者的智慧、力量等等的伟大感到惊叹而不再能够继续前行了之后，人们就一下子抛开了这个通过经验的证明根据而作的论证，并且走向一开始就从世界的秩序和合目的性中推导出来的世界的偶然性。（KrV，A629；B657）

118. 后一种人主张，理性有可能按照与自然的类比而进一步地规定这个对象，即作为一个——通过知性和自由而包含一切别的事物的原始根据在自身中的——存在者。（KrV，A631；B659）

119. 没有任何作为万有的原始根据的最高存在者。（KrV，A641；B669）

120. 如果它成功了，恰好就通过这种统一性而给这个预设了的解释根据提供了或然性。（KrV，A653；B681）

后一种思维方式也把一条逻辑的原则设置为根据，这条原则已着眼于一切知识的系统的完备性。（KrV，A655；B683）

121. 所以这条法则必须以纯粹先验的根据、而不是经验的根据为基础。（KrV，A660；B688）

122. 人们似乎从这个——作为它的根据或原因的——理念的被想像的对象中，推导出经验的对象。（KrV，A670；B698）

123. 虽然我们因此，就不能否认，在一切现象之外、一切现象的单纯智性的第一根据，但却决不允许把这种第一根据带进自然解释的关联中，因为我们根本就不知道它们。（KrV，A672；B700）

124. 因为这个存在者只在理念中而不自在本身被设置为基础，因而只为了表达那个——应当被用作我们理性的经验的运用的准绳的——系统统一性，却无关于这个统一性的根据该是什么、或这样一个存在者的内在属性该是什么，这个统一性作为原因根据于什么。（KrV，A674；B702）

125. 我可以拥有充分的根据相对地假定某物（suppositio relativa，相对的假定），但却无权绝然地假定它（suppositio absoluta，绝对的假定）。……关于这个调节的原则我们虽然认识了自在本身的必然性，但却非这种必然性的来源，并且我们对此假定了一个至上的根据。（KrV，A676；B704）

126. 这种解释根据必须是世界之外因而不是一个可能经验的任何对象。（KrV，A677；B705）

127. 我将不仅授权、而且也有必要实现这个理念，即为它设立一个现实的对象，但只是作为一般的“某物”，而我对它自在本身则一无所知，我只把它作为那种系统统一性的一个根据。（KrV，A677；B705）

128. 这个理性存在者（ens rationis ratiocinatae，推理的理性之物）虽然是一个单纯的理念，因而并不干脆并自在本身地假定为某种现实的东西，而仅成问题地设置为根据。（KrV，A681；B709）

129. 实体的那种简单性等等只应当是向着这条调节的原则的图型，而并不是被预设为，好像它就是灵魂属性的现实根据。因为这些属性可能也基于完全不同的根据，我们根本不知道这些根据。（KrV，A683；B711）

130. 这种理性研究指向了，尽可能地，使这个主体中的那些解释根据通达一条唯一的原则。（KrV，A683；B711）

131. 使自己免除了从物理的解释根据而对我们这些内部现象的原因的一切自然研究。（KrV，A690；B718）

132. 是否存在着某种与世界不同的东西，它包含了世界秩序及其按照普遍法则的关联的根据，那么回答则是：毋庸置疑。因为世界就是现象的总和，因此这就必须是这个总和的任何一个先验的、即现象的单纯对于纯粹知性可思维的根据。（KrV，A696；B724）

133. 世界统一性的这个原始根据本身自在地是什么，这本来就不应当由此而被思考。（KrV，A697；B725）

134. 我们没有权利，在自然之上假定一个想好了的属性的存在者，而只有权利把这个存在者的理念设置为根据。（KrV，A700；B728）

135. 但是，在这种被设置为根据的、一个最高创造者的理念的表象之下，也是很清楚的：我不把这样一种存在者的此在和知识设置为根据，而只把它的理念设置为根据。（KrV，A701；B729）

136. 经验的证明根据不可能获得任何无可置疑的证明。（KrV，A734；B762）

137. 它本身首次使它的证明根据、即经验成为可能，并且永远必须在经验那里被预设。（KrV，A737；B765）

138. 所以我们的理性的界限规定只有按照先天的根据才能发生。（KrV，A758；B786）

139. 但这种意见，为了不至于是无根据的，则必须与作为解释根据而现实地被给予并因此是确定了的东西连结起来，那就叫做假设。（KrV，A770；B798）

140. 为了解释给予了的现象，没有任何别的事物和解释根据，而无非引用按照已知的现象规律而与给予了的现象被连结起来的事物和解释根据。（KrV，

A772；B800）

141. 自然中的秩序和合目的性又必须从自然根据中并按照自然规律而被解释。（KrV，A772；B800）

142. 理性的思辨运用的先验假设，以及一种——为了弥补自然的解说根据的缺乏、而万不得已时利用超自然解说根据的——自由，都根本不能被容许。（KrV，A773；B801）

143. 当自然的解释在这里或那里让我们感到困难的时候，我们手头就总是有一种超验的解释根据。（KrV，A773；B801）

144. 所以这个证明根据就只能是一个唯一的证明根据，因为除了这个概念之外再没有任何概念能够由此使对象被规定的了。（KrV，A787；B815）

145. 一个在时间中的事件的规定，因而这个属于经验之（事件），不服从于一个这样的动力学规则，大概是不可能的。而这也是唯一可能的证明根据。（KrV，A788；B816）

146. 因为这样一来这些后果就只可能成为一种唯一的根据，因而这个根据也就是真实的根据。（KrV，A790；B818）

147. 三段论推理的 modus tollens（否定后件式），它从后果推导出根据，不仅非常严格地、而且也非常容易地证明。（KrV，A791；B819）

148. 每一个人都必须借助于一个通过证明根据的先验演绎而引导出的合法的证明、即直接地进行他的事情，以便人们看到，他的理性要求为自己本身所不得不引证的东西。（KrV，A794；B822）

149. 这种先验意义上的自由概念不能被经验地预设为现象的解释根据，而本身对于理性却是一个问题。（KrV，A801；B829）

150. 一切与这种任意相关联的，它可以是作为根据或后果，都被称为实践的。（KrV，A802；B830）

151. 论至善理想，作为纯粹理性最后目的之规定根据。（KrV，A804；B832）

152. 纯粹理性只能在这个最高的本源的善的理想中找到那两个最高的派生的善的要素在实践上必然的联结的根据，即一个理知的即道德的世界的根据。（KrV，A811；B839）

153. 实践的规律，只要它同时又是行动的主观根据、即主观原理，就叫作准则。（KrV，A812；B840）

154. 我们不论在先验神学中、还是在自然的神学中，不管理性在其中可以把我们引领到多么远，都找不到一点有意义的根据。（KrV，A814；B842）

155. 这种自然神学，由于它毕竟从道德的秩序、作为一种建立在自由的存在者的基础上、而并非经由外部命令而偶然促成的统一性，而开始，而把自然的合目的性带到那些——必须先天地与事物的内在可能性不可分地连结在一起的——根据上，并且由此而带到一种先验神学上。(KrV，A816；B844)

156. 视其为真是在我们的知性中的一次事件，它可以建基在客观的根据之上，但也要求在此作判断者内心中的主观原因。(KrV，A820；B848)

157. 置信是一种单纯的幻相，因为那只存在于主观中的判断根据被看做了客观的。(KrV，A820；B848)

158. 这些判断不是被建立在经验根据之上，而是一切都应当先天地被认识。(KrV，A822；B850)

159. 因为视其为真的主观根据，正如能够产生信念来的那些根据一样，在思辨的问题那里则不值得任何赞同。(KrV，A823；B851)

160. 为人类灵魂来世的一种学理的信念的足够的根据恰好又可以被找到。(KrV，A827；B855)

161. 这种确信不是逻辑的、而是道德的确定性，而且，由于它以（道德意向的）主观根据为基础，所以我绝不必须说：上帝存在等等，在道德上是确定的。(KrV，A829；B857)

个体（das Individuum）

个体的（individuell）

1. 这种整个的时间都是在作为个体的统一性的“我”之内了。（KrV，A362）

2. 比理念显得更远离客观实在性的就是我称为理想的东西，我把它理解为——不单纯是具体的、而且是个体的——理念，即作为一种个别之物、唯有通过理念才能规定、或被完全规定之物的理念。(KrV，A568；B596)

3. 因为只有在这个唯一的情况下，关于一物的自身普遍的概念才被自己本身所通盘规定、并作为有关一个个体的表象而被认识。(KrV，A576；B604)

4. 最高存在者的普遍的概念同时也彰显为一种一切可能事物中的个体。(KrV，A612；B640)

5. 这个概念就不可能是通盘规定了的，因而也不可能是最贴近地与个体发生关系的，所以任何时候都必须把别的概念、即亚种，包含在自身之内。(KrV，A655；B683)

7. 而这个逻辑的视野仅由更小的视野（亚种）所组成，但不由那些没有任何范围的点（个体）所组成。(KrV，A658；B686)

8. 第二条法则又限制这种一致性的倾向，并要求——在人们把他的普遍概念用于个体之前——先区分亚种。(KrV，A660；B688)

9. 至于整个类（在这里地球上）的延续，那么这个困难在这方面并不重要，因为个别中的偶然仍然已经服从于整体中的规则；但在每一个个体方面，从一个如此微不足道的原因期望一个如此巨大的结果，当然就好像是可疑的了。（KrV，A779；B807）

工具论（das Organon）

1. 纯粹理性的一种工具论就会是那种先天纯粹知识的原则的总和，按照它们一切先天纯粹知识才能够获得并且被现实地实现出来。这样一种工具论的详尽的应用就会设法获得一个纯粹理性体系。（KrV，B25）

2. 因此，这样一种批判就是一种——在那里可能对一种工具论的——准备，并且如果做不到这一点，至少对这类知识的一种法规的准备。（KrV，B26）

3. 我们的先验感性论的第二件重要的事情是：它不仅仅要作为一种表面上的假设而赢得一些宠爱，而且要该是如此确定的和不被怀疑的，当每一种理论能够被要求的时候，这种理论应当用作工具论。为了完全弄明白这种确定性，我们想随便选择一个案例，在其中这种工具论的有效性可以变得一目了然并且能够用以更加澄清那些§3所列举过的问题。（KrV，A46；B63）

4. 而逻辑又可以被处理为双重的目的，要么作为普遍的知性运用的逻辑，要么作为特殊的知性运用的逻辑。前者包含思想的绝对必然的规则，没有这些规则就根本没有任何知性的运用，所以它针对这种运用，无视这种运用所可能指向的那些对象的差别。特殊的知性运用的逻辑包含这些——正确思考对象的一个确定种类的——规则。人们可以把前者命名为要素的逻辑，而把后者命名为这门或那门科学的工具论。工具论在学校里大多作为各种科学的入门课而被提前准备，尽管按照人类理性的进程，它则是最迟的，人类理性首先达到它，当这门科学早已完成、并且只要求最后一手而对之加以修正和完善的时候。（KrV，A52；B76）

5. 这种被误以为工具论的普遍逻辑，就称为辩证论。（KrV，A61；B85）

6. 普遍的逻辑，被看作为工具论，任何时候都会是一种幻相的逻辑，亦即，都会是辩证的。（KrV，A61；B86）

7. 因为它不是作为工具论用来扩张，而是作为训练用来规定界限，而且，并非揭示真理，而只获得防止谬误的无声功绩。（KrV，A795；B823）

公理（das Axiom）

1. 时间关系的无可争辩的原理、或一般时间公理的可能性建基于这一先天必然性之上。（KrV，A31；B47）

2. 所有纯粹知性原理就是：（1）直观的公理；（2）知觉的预测；（3）经验的类比；（4）一般经验的思想的公设。（KrV，A161；B200）

3. 广延的数学（几何学）连同它的那些公理，就建立在生产的想像力在形状的产生中的这种相继综合的基础之上，这些公理表达了先天感性直观的条件，唯独在这些条件下，外部现象的一个纯粹概念的图型才能够实现出来。（KrV，A163；B204）

4. 但公理则应当是先天综合命题。相反，数的关系的显明的命题尽管是综合的，但不是普遍的，像几何学的命题那样，并正因此也不是公理，而只能被称为算式。（KrV，A164；B205）

5. 数学公理（例如两点间只能有一条直线，）甚至是先天的普遍知识，因此它相对于能够被归摄于它们之下的那些情况，而有权利叫作原则。（KrV，A300；B356）

6. 像一条（它是不可能出自纯粹理性的）公理那样而先天地规定对象自在本身；因为即使这种公理，也不能在经验之客体方面对扩展和纠正我们的知识具有任何更大的影响，除非它在我们知性的最广泛的经验运用中积极地证明了自己。（KrV，A517；B545）

7. 数学的缜密性以定义、公理、演证为基础。（KrV，A754；B726）

8. 这个公理，是先天的综合的原理，只要它直接就是确定的。于是，一个概念不会让自己综合地而又直接地与别的概念相联合，因为，为了我们能够超出一个概念之外，一个中介的知识的第三者就是必需的。（KrV，A732；B760）

9. 既然哲学仅仅是按照概念的理性知识．那么在它之内就不会找到任何配得上公理的名称的原理。相反，数学是能够提出公理的，因为它可以借助于在对象的直观中构造概念而先天地直接联结对象的谓词，例如“三点任何时候都处于一个平面”。（KrV，A732；B760）

10. 所以，推论的原理是完全不同于直觉性的原理、即公理的。前者任何时候都还要求一个演绎，后者则完全可以没有这种演绎，并且，由于后者正因为这个根据的缘故而是显明的。（KrV，A733；B761）

11. 我虽然在分析论中、在纯粹知性原理的表那里、也想到了直观的一定公理；但那里所提出的原理本身却并不是任何公理，而只是充当，指出一般公理的可能性的原则，并且本身只是一条出自概念的原理。因为甚至数学的可能性必须在先验哲学中被指明。所以哲学并没有任何公理，也决不允许如此绝对地要求它的先天原理，而是必须勉强，通过彻底的演绎来为它们的、由于这些原理而来的权限而做辩护。（KrV，A733；B761）

公设（das Postulat）

公设，预设（postlieren）

1. 一般经验的思想的公设。（KrV，A161；B200）

2. 同样的情况也将适合于一般经验的思想的公设，这些公设把单纯直观的（现象形式的）综合、知觉的（现象质料的）综合和经验之（这些知觉的关系的）综合一起都涉及了。（KrV，A180；B223）

3. 一般经验的思想的公设。（KrV，A218；B265）

4. 所以，物的可能性的公设就要求，物的概念与一般经验之形式的条件相协调。（KrV，A220；B267）

5. 我们现在就要正视这一可能性公设的广泛的用处和影响。（KrV，A221；B268）

6. 这条公设，认识事物的现实性，虽然并不那么直接要求知觉、因而被人们所意识到的感觉，从其此在应当被认识的对象本身，但仍还要求这个对象与任何一种现实的知觉相关联，按照经验的类比，而这些类比则阐述了在一般经验中一切实在的联结。（KrV，A224；B272）

7. 至于第三条公设，那么它针对此在中的质料的必然性，而不只是针对概念的联结中的形式的和逻辑的必然性。（KrV，A226；B279）

8. 所以我还必须指出理由，为什么我已把模态的原则正巧称为公设。（KrV，A232；B285）

9. 现在，数学中的一个公设叫作实践命题，它所包含的无非是——我们因此最初给予自己的一个对象、并且产生出它的概念来的——那种综合。（KrV，A234；B287）

10. 所以我们因此就能够刚好有这种权利而公设各种模态性的原理，因为它们并没有扩大关于一般事物的概念，而只是指出了——这个概念一般说来如何与认识能力相联结的——方式。（KrV，A234；B287）

11. 理性推论的大前提，（而它与其说是公设，不如说是公则）。（KrV，A309；B366）

12. 这些道德法则，不仅仅假设了一个最高存在者的此在，而且由于它们在别的领域的考察中也是完全必要的，它带有权利、但当然只在实践上预设。（KrV，A634；B662）

共相（die Allgemeine）

共相的东西（das Allgemeine）

1. 一切知识都要求有一个概念，这个概念比它所要的可能是一样不完满、或一样模糊：但这个概念按照它的形式任何时候都是共相的某种东西，并且是用作规则的东西。（KrV，A105）

2. 于是，能够拥有我们的表象的一切关系的共相的东西就是：1）与主体的关系，2）与——确切地说或者作为现象、或者作为一般思维的对象的——

客体的关系。(KrV, A333; B390)

3. 既然纯粹理性的辩证的幻相不可能存在于确定的经验的知识那里的任何经验的幻相：那么它将涉及到思想的条件的共相的东西。(KrV, A396)

4. 哲学知识却必定缺少这种优点，因为它任何时候都必须（通过概念）在抽象中考察共相，然而数学却能够在具体中（在个别直观中）却又通过先天的纯粹表象而考虑共相，在这里每一步失足都会是明显的。(KrV, A734; B762)

构成性的（konstitutiv）

1. 因此我可以将前面这两条原理称为构成性的原理。(KrV, A179; B221)

2. 在数学中这都是公式，它们陈述两个大小关系的相等，并且任何时候都是构成性的。(KrV, A179; B222)

3. 所以，一个经验之类比将只是一条规则，按照这条规则，从知觉中应该产生出经验的（不是像知觉本身，而是一般经验的直观的）统一性，并且有关对象（现象的对象）的原理将不看作为是构成性的，而只是调节性的。(KrV, A180; B222)

4. 纯粹知性的原理，它们可以是先天构成性的（如数学的原理），或者仅仅是调节性的（如动力学的原理），所包含的似乎无非只是可能经验的纯粹图型。(KrV, A236; B296)

5. 作为在客体中（在现象中）自在地本身给予了的条件序列的那个绝对总体性的原理则会是一个构成性的宇宙论原则。(KrV, A509; B537)

6. 如果前一种情况发生了，那么它就会是一条构成性的原则了，而这样的原则是绝不可能出自纯粹理性的。(KrV, A510; B538)

7. 所以在理性原则作为现象自在本身的一条构成性的原理的无效性被充分阐明之后，唯一留给我们的就只有作为一种可能经验的延续和大小的规则的理性原则的有效性。(KrV, A516; B544)

8. 但同时不可避免的是，借助于某种先验的偷换，而把这条形式的原则表现为构成性的，并把这个统一性作物化的设想。(KrV, A619; B647)

9. 这个理念由此就被设想为一个现实的对象，并且与之相反，因为这个现实的对象又是至上的条件，就被设想为必然的，因而一条调节性的原则就被转变成了一条构成性的原则。(KrV, A619; B647)

10. 先验理念决不是这样的一种构成性的运用，以至于通过这种运用一定对象的概念就会被给予出来，而在人们这样理解它们的情况下，它们就仅仅是玄想的（辩证的）概念了。(KrV, A644; B672)

11. 理性的这种假设地运用，出自设置了基础的理念，作为成问题的概念，原本并不是构成性的，即不具有这样的性状，以致于由此，如果人们要按照一

切严格性而判断，就会得出，被视为假设的那个普遍规则的真实性。（KrV，A647；B675）

12. 在先验分析论中，我们已经在知性原理中把动力学的原理，作为直观的仅仅调节的原则，与数学的原理，它在直观方面是构成性的原则，区分了开来。（KrV，A664；B692）

13. 既然我不拥有把这些原则作为构成性的原理的这样一种经验的运用，我又如何能为它们仍然确保一种调节性的运用，并且以这种运用确保一些客观有效性，而这种调节性的运用又能具有什么意义呢？（KrV，A644；B692）

14. 如果单纯调节性的原理被看做了构成性的原理，那么它们作为客观原则就可能已经冲突起来了。（KrV，A666；B694）

15. 而这就是思辨理性的一切理念的先验演绎，这些理念不作为把我们的知识扩展到比经验所能够给予的更多的对象的构成性原则，而作为一般经验的知识的杂多的系统统一性的调节性原则。（KrV，A671；B699）

16. 因此，如果我们假定这样的理想的存在者，我们并没有真正扩展我们关于可能经验的客体的知识，而只通过理念给我们提供了图型的系统统一性而扩展了可能经验的经验的统一性，因而理念不被看做构成性的、而仅仅被看做调节性的原则。（KrV，A674；B702）

17. 理性给经验的知性运用所能够提供的这种系统关联仍然，不仅促进着这种运用的扩展，而且同时也证实了这种运用的正确性，而这样一种系统统一性的原则也就是客观的，但是以不确定的方式（principium vagum，流变的原则），而不作为构成性的原则。（KrV，A680；B708）

18. 这一切都证明，宇宙论的理念无非是调节性的原则，而仿佛远离了——设立这样的序列的现实的总体性的——构成性原则。（KrV，A685；B713）

19. 因而在这个理念之下并不隐藏着理性指向可能经验之运用的任何构成性的原则。（KrV，A686；B714）

20. 这种预设，如果它应该是构成性的，那就远远超出了、迄今的观察所能够向我们预示出来的。（KrV，A688；B716）

21. 第一个错误，它产生于，人们不单纯调节性地、而是构成性地运用一个最高存在者的理念（而这是与一个理念的本性相违背的），就是怠惰的理性（ignava ratio，理性的疲软）。（KrV，A689；B717）

22. 把这种自然的系统统一性的调节性的原则设想为一条构成性的原则，并且，仅仅在理念中被设置为理性的一致运用的基础的东西，实体化地预设为原因，就只叫做理性迷乱。（KrV，A693；B721）

23. 但如果人们误解了它们，并且把它们看做超验知识的构成性原则，通过一种虽然炫目、但欺骗的幻相，而产生了说服和想像的知识，却由此也产生

了永远不断的矛盾和争执。（KrV，A702；B730）

构成性的原理（konstitutive Grundsätze）

1. 前面的两条原理我曾称之为数学的原理，是考虑到它们有权把数学应用到现象上，它们根据现象的单纯可能性而走向现象，并且曾教导，这些现象如何能够既按照直观又按照知觉的实在，根据一种数学综合的规则而产生出来；因此无论在前一方面还是在后一方面，数量，并且通过数量，现象的规定作为大小，都可以被运用。所以我将能够例如从大约20万个月亮光照中复合出并先天确定地给出、亦即构造出太阳光的感觉度。因此我可以将前面这两条原理称为构成性的原理。（KrV，A178；B221）

2. 作为在客体中（在现象中）自在地本身给予了的条件序列的那个绝对总体性的原理则会是一个构成的宇宙论原则，它的无效性我恰好已经通过这个区分指明了，并想借此而防止，人们不要，就像通常所不可避免地发生的那样，（通过先验的偷换），把客观实在性归于一个仅仅用作规则的理念。（KrV，A509；B537）

3. 所以在理性原则作为现象自在本身的一条构成性的原理的无效性被充分阐明之后，唯一留给我们的就只有作为一种可能经验的延续和大小的规则的理性原则的有效性。（KrV，A516；B544）

4. 数学的原理，它在直观方面是构成性的原则。（KrV，A664；B692）

既然我不拥有把这些原则作为构成性的原理的这样一种经验的运用，我又如何能为它们仍然确保一种调节性的运用。（KrV，A664；B692）

5. 如果单纯调节性的原理被看做了构成性的原理，那么它们作为客观原则就可能已经冲突起来了。（KrV，A666；B694）

6. 把我们的知识扩展到比经验所能够给予的更多的对象。（KrV，A671；B699）

构造（konstruieren）

构造（die Konstruktion）

1. 因为他发现，他不必寻根究源于他在这图形中所看到的东西，也不必寻根究源于在这个图形的单纯概念并且仿佛必须由此学到三角形的属性，而必须，通过那种——他按照概念本身先天地设想进去并且呈现出来的东西——（通过构造）而产生出三角形的属性。（KrV，BXII）

2. 一切几何原理的无可置疑的确定性、以及它们的先天构造的可能性，都建立在这种先天必然性之上。（KrV，A24）

3. 所以凡是几何学关于纯粹直观所说的东西，也无需辩驳地适用于经验的直观，并且这种——似乎感官的对象允许不符合空间中的构造的规则（如线或者角的无限可分性规则）的——借口，则必须被废除。（KrV，A165；B206）

4. 所以我将能够例如从大约 20 万个月亮光照中复合出并先天确定地给出、亦即构造出太阳光的感觉度。（KrV，A179；B221）

5. 因为，现象的此在不可构造，那么这些原理将只指向此在的关系，并且只能充当单纯调节性的原则。（KrV，A179；B222）

6. 在数学中这都是公式，它们陈述两个大小关系的相等，并且任何时候都是构成性的，以至于如果比例的三项被给予了，第四项也由此而被给予，即能够而被构造。（KrV，A179；B222）

7. 因为事实上我们完全能够先天地给这个概念一个对象，即先天地构造这个对象。（KrV，A223；B271）

8. 数学通过形状的构造而满足了这一要求，形状，是一种对感官的当下的（虽然先天地获得的）现象。（KrV，A240；B299）

9. 然而在这件事情上批判的严格性虽然由于，它同时证明了——超出经验界限而向外独断地构造出有关一种经验之对象的某种东西来的——不可能性。（KrV，B424）

10. 哲学的知识是出自概念的理性知识，数学知识则是出自概念的构造的理性知识。（KrV，A713；B741）

11. 所以对于一个概念的构造则要求一个非经验的直观，因而，作为直观，是一个个别的客体，但作为一个概念（一个普遍的表象）的构造，却仍然必须在表象中表达，对一切隶属于这种概念的可能直观的普遍有效性。（KrV，A713；B741）

12. 因为在这个经验的直观那里被看到的，永远只是概念构造的行动，对这种概念来说许多规定，如大小、边和角，都是完全无关紧要的，因而这些——并不改变三角形的概念的——差异，就被抽离了。（KrV，A714；B742）

13. 所以，哲学知识只在普遍中考察特殊，而数学知识则在特殊中、甚至在个别中考察普遍，但却仍然先天地并借助于理性，以至于，正如这种个别在构造的一定的普遍条件之下被规定一样，概念的对象，这种个别只作为这概念的图型而与它相应，也同样必须被设想为普遍地被规定。（KrV，A714；B742）

14. 因为只有大小的概念可以构造、即可以先天地在直观中陈述，但质却只能在经验的直观中表现。（KrV，A714；B742）

15. 哲学仅仅执着于普遍概念，而数学则并不对准单凭概念，而马上赶紧转向直观，在直观中它具体地考察概念，但却非经验地、而只在它先天地表现出来、即构造出来的这样一种直观中考察，在其中，从那种构造的普遍条件中得出的东西，也必然对这构造起来的概念的客体普遍有效。（KrV，A716；

B744）

16. 但数学不仅构造了大小（Quanta，量），例如在几何学中，而且构造了单纯的大小（Quantitatem，定量）。（KrV，A717；B745）

17. 但第二种处理方法就是数学的、确切地说在这里就是几何学的构造，借助于这种构造，我在一个纯粹直观中，正如在经验的直观中那样，添加了这种——属于一个一般三角形的图型、因而也属于它的概念的——杂多，由此普遍的综合命题当然就必须被构造出来。（KrV，A718；B746）

18. 现在，一个先天概念（一个非经验的概念）所包含的，要么本身已经是一个纯粹直观了，而这样它就能够被构造；要么，就无非是那些——并未先天给予的——可能直观的综合，这样人们就完全可以通过它而进行先天的综合的判断，但只是按照概念而进行推论的判断，而从来都不是通过概念的构造而进行直觉的判断。（KrV，A719；B747）

19. 现在，从一切直观中被先天给予出来的，只不过是现象的单纯形式，即空间和时间，而关于空间和时间的一个概念，作为定量，则要么可以同时与这些定量的质（它们的形状）一起，要么也可以仅仅通过数目而把它们的量（同质杂多的单纯综合）先天地在直观中描绘出来，也就是构造出来。（KrV，A720；B748）

20. 先验命题决不通过概念的构造、而只按照概念而先天地给予。（KrV，A720；B748）

21. 其中先天地认识是通过概念的构造而来的合理的与数学的知识，后天地认识则是单纯经验的（机械的）知识，它决不可能给予必然的和无可置疑的命题。（KrV，A721；B749）

22. 我会构造一个三角形的数学概念，即先天地在直观中提供出来，并且以这种途径获得一种综合的、但却合理的知识。（KrV，A722；B750）

23. 所以我只是按照概念行事，而不能通过概念的构造而行事，因为概念是知觉的综合一条规则，这些知觉不允许是任何纯粹直观，所以不允许先天地给予。（KrV，A722；B750）

24. 后一方面则是通过概念的构造的理性运用，在这种运用中，由于这些概念已经针对了一个先天直观，它们也就恰好因此而能够先天地并且无需所有经验的材料而在纯直观中被确定地给予出来。（KrV，A723；B751）

25. 但在空间中先天地规定一个直观（形状），划分时间（延续），或是仅仅对一个以及同一个东西在时间和空间中的综合的共相、并且对由此产生的一种一般直观的大小（数）加以认识，这却是通过概念的构造的理性事务，而叫做数学性的知识。（KrV，A724；B752）

26. 所以，没有任何别的、适宜于下定义的概念剩留下来，除非这种——

包含一种任意的、即能够被先天地构造出来的综合的——概念，因而只有数学拥有定义。（KrV，A729；B757）

27. 相反，数学是能够提出公理的，因为它可以借助于在对象的直观中构造概念而先天地直接联结对象的谓词，例如“三点任何时候都处于一个平面”。（KrV，A732；B760）

28. 所以，只有数学才包含演证，因为它不是从概念中、而是从对概念的构造中，即从能够与这些概念相符合地被先天给予的直观中，引出自己的知识。（KrV，A734；B762）

29. 反之，一个通过概念的构造的这种命题，就是一个教理（Mathema）。（KrV，A736；B764）

30. 所以这种用语就证实了这种我们所给予的解释，即只有出自概念、而不是出自概念的构造的判断，才能叫做教条性的判断。（KrV，A736；B764）

31. 现在，一切理性知识要么是来自概念、要么就是来自概念的构造；前者叫哲学的知识，后者叫数学的知识。（KrV，A837；B865）

32. 但与数学那种单纯通过对概念的先天构造而判断的一类知识相比较，形而上学则是出自概念的知识类型。（KrV，A844；B872）

观念论，唯心论（Idealismus）

观念论者，唯心论者（der Idealist）

1. 有的塞进形而上学的章节，有关知识的起源或者按照客体（观念论、怀疑论等等）的区别的确定性的不同方式的起源。（KrV，BVIII）

2. 只有这种彻底的研究，才能根除唯物论、宿命论、无神论、自由思想的不信、狂信和迷信，这些会成为普遍的危害，最后还能根除唯心论和怀疑论，它们更多地是学派的危险、并且难以逐渐变成公众。（KrV，BXXXIV）

3. 真正的、但毕竟只是在证明方式中的增加，我只能够列举，我在第273页已经通过一个对心理学唯心论的新反驳、以及一个关于外部直观的客观实在性的严格的（如我认为也是唯一可能的）证明所作的增加。唯心论可以鉴于形而上学的根本目的而仍然被看作是无辜的，（事实上它并不是这样的），然而所以这就留下来哲学和普遍人类理性的一种丑闻，即必须仅仅在信仰上假定在我们之外的物的此在（我们毕竟从它们那里为我们的内感官拥有了对认识本身的全部材料），并且，如果有人突然想起怀疑这种此在，我们没有任何足够的证据能够反驳他。（KrV，BXXXIX）

4. 他们并不指望能够无可置疑地阐明空间的绝对的实在性，因为他们跟观念论相对抗，按照观念论，外部对象的现实性是不能做任何严格证明的。（KrV，A38；B55）

5. 但对这些直接证明此在的规则的一种有力的反驳，却是唯心论提出的，这里正是对唯心论提出驳斥的好地方。（KrV，B274）

6. 观念论（我指的是质料的观念论）是这种理论，它把外在于我们在空间中对象的此在或者宣布为仅仅是可疑的和不可证明的，或者宣布为虚假的和不可能的。前者是笛卡尔的成问题的观念论，它只把一种经验的主张（assertio，断言）即："我"在，宣布为不可怀疑的；后者是贝克莱的独断的观念论，它把空间、连同空间作为不可分的条件而附加于其上的一切事物，都宣布为某种自在本身似乎是不可能的东西并因此也把在空间中的事物宣称为只是想像。（KrV，B274）

7. 整个这种说明是非常重要的，不只是为了证实我们前面对唯心论的反驳，而且更是，为了在无需外部经验的直观之助而从单纯内部意识和我们本性的规定出发而谈论自我认识时，给我们指出这样一种认识的可能性的局限。（KrV，B293）

8. 但由此就推出，恰恰正是在这种唯理主义的系统中的观念论、至少是成问题的观念论该是不可避免的。（KrV，B418）

9. 这种不确定性我称为外部现象的观念性，而这个观念性的学说就叫作观念论，与之相比，外部感官的对象的一种可能的确定性的主张则被称为二元论。（KrV，A367）

10. 所以人们必须不把一个观念论者理解为，那种否定感官的外部对象的此在的人，而必须理解为这种仅仅不承认——这种此在通过直接的知觉而被认识、但由此却推论出，我们通过一切可能的经验都绝不能完全肯定它们的现实性——的人。（KrV，A368，369）

11. 我必须首先提醒的是，人们必须迫切地区别出一种两方面的观念论，先验的观念论和经验性的观念论。（KrV，A369）

12. 这种先验的实在论者原本就是，那些后来扮演经验的观念论者的人。（KrV，A369）

13. 反之，先验的观念论者却可以是一个经验的实在论者，因而，如人们称呼他的，可以是一个二元论者。（KrV，A370）

14. 所以先验观念论者就是一个经验的实在论者并且给予作为现象的物质一种不可推论、而直接被知觉的现实性。反之，先验的实在论却必然会陷入尴尬，并且感到自己是不能不承认经验的观念论。（KrV，A371）

15. 这时既然，我就知道这么多，一切信仰经验的观念论的心理学家都是先验的实在论者，所以他们当然具有一贯的处理方法，承认经验的观念论——作为人类理性难以有办法解决的问题之一的——很大的重要性。（KrV，A372）

16. 所以最严格的观念论者都不可能要求，人们应当证明（在严格意义

上），在我们之外的对象符合我们的知觉。（KrV，A376）

17. 不仅唯独这种错觉，而且对这错觉的反驳，恰好都既是二元论、又是观念论所遭受到的，因为在这里所关涉的只是经验之形式。（KrV，A376）

18. 独断的观念论者或许就是那种否认物质的此在的人，而怀疑的观念论者，则是那种对物质抱有怀疑的人，因为他认为这种物质是不可证明的。（KrV，A377）

19. 所以怀疑论的观念论则迫使我们抓住，这个剩留给我们的这个唯一的庇护所，即对一切现象的观念性，而这种观念性我们在先验感性论中不依赖于这些——我们当时还不能够预见的——后果，就已经阐明过了。（KrV，A378，379）

20. 但他，按照我们上面的证明，则必然不得不承认这种先验的观念论，假使他不想公开地使表象物化并且把它们作为真实的物、置于自身之外。（KrV，A392）

21. 先验的观念论，作为解决宇宙论的辩证论的钥匙。（KrV，A490；B518）

22. 一切在空间或者时间中被直观到的东西，因而一切对我们可能的经验之对象，都无非是现象、即一些单纯的表象，它们，正如它们被表象出来的那样，作为广延的存在者或者变化的序列，在我们的思想之外没有任何以自身为根据的生存的东西。我称这种学说概念为先验的观念论。（KrV，A491；B519）

23. 我们的先验的观念论相反则允许：外部直观的对象，正如它们在空间中被直观到的那样，也是现实的，并且在时间中一切变化，就如内感官把它们所表象出来的那样。（KrV，A491；B520）

观念性（die Idealität）

1. 我们的阐明因而表明了——鉴于一切能从外部作为对象呈现给我们的东西的——空间的实在性（即客观有效性），但同时也表明了鉴于事物的空间的观念性，如果它们被理性自在本身所考虑，即没有顾及到我们感性之性状。所以我们主张（鉴于一切可能的外部经验的）空间的经验的实在性，虽然同时又主张空间的先验的观念性，也就是说，只要我们抽掉一切经验的可能性的条件，并且把空间，假定为某种给自在之物本身设置基础的东西，空间就什么都不是了。（KrV，A28；B44）

2. 因此准确地说，不能把任何观念性归之于这些先天客观的表象，即使它们与空间表象在这点上取得一致。（KrV，A28；B44）

3. 这个注释的意图仅仅为了防止，人们突发奇想，通过那些远不充分的事例解说被主张过的那种空间观念性。（KrV，A30；B45）

4. 所以这里就存在着时间的先验的观念性，按照这种先验的观念性，时间，如果人们抽掉了感性直观的主观条件，就什么也不是，并且抽掉了对象自在本身（除开它与我们直观的关系）既不能算作自存性的（subsistierend）、也不能算作依存性的（inhärierend）。不过这种观念性，正如空间的观念性一样，与感觉的欺骗（Subreption）不能相提并论。（KrV，A36；B52）

5. 为了证实这一外感官以及内感官的观念性理论，因而证实感官的一切客体，都是单纯现象的理论，可以首先采用这种观点。（KrV，A49；B66）

6. 但发生这种情况并没有按照我们的一切感性直观的观念性原则。（KrV，B70）

7. 因为这些范畴只有在与空间和时间中的直观统一性的关系中才具有意义。（KrV，B308）

8. 论（外部关系的）观念性。（KrV，A366）

9. 所以外部感官的一切对象的此在都是可疑的。这种不确定性我称为外部现象的观念性，而这个观念性的学说就叫作观念论。（KrV，A367）

10. 所以怀疑论的观念论则迫使我们抓住，这个剩留给我们的这个唯一的庇护所，即对一切现象的观念性，而这种观念性我们在先验感性论中不依赖于这些——我们当时还不能够预见的——后果，就已经阐明过了。（KrV，A378，379）

11. 由此而间接地证明现象的先验的观念性。（KrV，A506；B534）

12. 因为由此便得出，一般现象在我们的表象之外就什么也不是，而这正是我们通过现象的先验观念性所想说的。（KrV，A506；B534）

关系（die Relation）

1. 判断的关系：定言的，假言的，选言的。（KrV，A70；B95）

2. 关系的范畴：依存性与自存性（实体与偶性），原因性与从属性（原因与结果），协同性（主动与受动之间的交互作用）。（KrV，A80；B106）

3. 这种综合统一性，作为先天条件，在它之下我联结一般直观之杂多，如果我放弃了我的内直观的持久的形式，放弃了时间，就是原因范畴，当我把这一范畴应用于我的感性上时，我就通过它对一切所发生的事情，在一般时间中按照它的关系而加以规定。（KrV，B163）

4. 关系的图型，包含并表现出知觉在一切时间中（即根据一个时间规定的规则）的相互关系。（KrV，A145；B184）

5. 时间的三种样态是持存性、相继性和同时并存。因此现象的一切时间关系的三条规则，据此现象的每一个此在能够在一切时间的统一性方面被规定，先行于一切经验，并且首次使现象成为可能。（KrV，B219）

6. 人们便拿关系范畴举例。如何 1）某物只能作为主体、而不能只作为单纯别的事物的规定而生存，亦即只能是实体，或者如何 2）为此，因为某物存在，另一个某物就必须存在，因而某物一般如何可能是原因，或者 3）如何，当有许多事物在此的时候，由于其中的一物存在，就会有某物跟随着另外的事物并且这样交互跟随着，而实体的协同性就能够具有这种方式，这些根本不能从单纯概念中被看清。（KrV，A235；B288）

7. 这样一来偶然东西的概念就已经被如此地理解了：以致于它并不包含模态范畴（作为某种它的非此在可以被思维的东西），而包含关系范畴（作为某物，只能作为另外一个某物的后果而生存）。（KrV，B290）

8. 如果我们从关系范畴出发，带着这个命题：一切思想着的存在者都是，作为这样的实体"向后通过回溯这一范畴的序列，直至这个圆圈闭合，那么我们最终就会遇到这些思想着的存在者的生存。（KrV，B416）

9. 我只是思考一个我对它自在完全不知道的存在者之于世界整体的最大的系统统一性的关系，只为了使这个存在者成为我的理性最大可能的经验的运用的调节的原则的图型。（KrV，A679；B707）

广延（ausdehnen，die Auedehnung）

广延之物（das Ausgedehnten）

广延的存在者（das ausgedehnte Wesen）

1. 如果我说：一切物体都是广延的，那么这就是一个分析判断。（KrV，A7）

2. 一个物体是广延的，这是一个先天确定了的命题，并不是任何经验判断。因为，在我走向经验之前，我已经在这个概念中拥有了对我的判断的一切条件，从这个概念中我按照矛盾律只提取了谓词，并由此同时能够意识到判断的必然性，而经验则一次都不会教给我这个必然性。（KrV，B11，12）

3. 我可以预先通过广延、不可入性、形状等等这一切在物体的概念中所被想到的标志，而分析地认识物体的概念。（KrV，B12）

4. 那么从这个经验的直观中还剩留下某种东西，即广延和形状。这些东西属于纯粹直观，它先天地，即使没有一种现实的感官对象或感觉对象，作为一个单纯的感性形式而发生于内心之中。（KrV，A20；B35）

5. 照这么说，我们就只能从人的立场谈论空间、广延的存在者等等。（KrV，A26；B42）

6. 在我们的知识中一切属于直观的东西，（因而把愉快和不愉快的感觉、以及这些根本不是知识的意志，都除外），无非包含单纯的关系，在一个直观中的位置关系（广延）、位置的变化关系（运动），以及这些变化根据它们而被规定的法则的关系（动力）。（KrV，B66，67）

7. 这样，物体概念，在外在于我们的“某物”的知觉那里，使广延的表象、并与它一起使不可入性、形状等等的表象成为必然的。（KrV，A106）

8. 一个在空间中持存的现象（一个不可入的广延）所包含的只不过是纯净的关系，而根本不是绝对内部的东西，但它却可以是一切外部知觉的最初的基底。（KrV，A284；B340）

9. 如果没有广延的存在者被知觉到，就表象不出任何空间。（KrV，A292；B349）

10. 但现在，尽管广延、不可入性、关联和运动，总之，外感官只能提供给我们的一切东西，都不是思想、情感、爱好或决断，或者这类的被包含，而是除非直观而到处都没有任何对象的东西，然而这一个“某物”能够，把外部现象设置为基础，刺激我们的感官，而感官获得了空间、物质、形状等等的表象。（KrV，A358）

11. 因而我能够完全假定这个基底，它自在是单纯的，尽管它以刺激我们的感官的方式、在我们之内产生了广延之物、并因而复合物的直观，并所以假定，在我们的外感官方面应归于广延的那个实体，自在本身就具有思想，这些思想能够通过这实体自己的内感官而与意识一起被表象。（KrV，A359）

12. “人在思想”，即，那作为外部现象而是广延的同一个东西，内部地（自在本身）就是一个主体，它不是复合的，而是简单的，并且思想着。（KrV，A360）

13. 我自身的表象，作为思维着的主体，单纯与内感官相关联，而表示广延的存在者的表象，则也与外感官相关联。（KrV，A371）

14. 即广延，它无非是现象，看作一种即使没有我们的感性、也自存着的外部事物的属性。（KrV，A384）

15. 在两种实体、即思维的实体和广延的实体之间的这种预先给予了的协同性，把一种粗糙的二元论设置为基础，并且使得本来无非是思维着的主体的单纯表象的广延实体，成为独立存在的事物。（KrV，A392）

16. 所以，这个声名狼藉的问题，因为思维之物和广延之物的协同性，当人们分离一切想像之物的时候，就会单单导致：在一个一般思维着的主体中，外部的直观，即（空间的形状和运动所充满的）空间的直观是如何可能的？但对这个问题没有任何人可以找到一个答案，并且人们决不可能填满我们知识的这个漏洞，而只能以此而表示，即人们把外部现象归因于一个先验对象，这个先验对象是那一类表象的原因，但我们根本不认知它，也未曾得到过它的一些概念。（KrV，A392，393）

17. 思维的存在者和广延的存在者之间的协同作用。（KrV，A393）

18. 这样一来那个不可入的广延（物质）就没有被给予。（KrV，A398）

19. 所以世界，根据空间，根本没有限制，即它在广延方面是无限的。（KrV，A430；B458）

20. 自然对象，……（广延之物）。（KrV，A469；B497）

21. 一切开端都在时间中，而一切广延之物的界限都在空间中。（KrV，A522；B550）

22. 但一般现象的先验划分延伸到多远，则根本不是经验之任何事情，而是理性的一条原则，即在广延之物的分解中、遵照这个现象的本性、永远不把经验的回溯、看作绝对完成了的。（KrV，A527；B555）

23. 广延和不可入性（它们一起构成了物质的概念）。（KrV，A618；B645）

24. 广延的概念属于形而上学吗？（KrV，A843；B871）

25. 这个单纯概念物质（不可入的无生命的广延）。（KrV，A848；B876）

诡辩（die Sophistikation）

诡辩论者（der Sophist）

诡辩论的（sophistisch）

1. 一种诡辩论者的技艺，给予他的无知、甚至他的蓄意的假象以真理的外表。（KrV，A61；B86）

2. 为了揭露它们的无根据的狂妄的虚假幻相，并把它们误以为单凭先验的原理就能达到其发明和扩展的要求，降低到在诡辩论的假象前仅仅是纯粹知性的评价和保存。（KrV，A64；B88）

3. 但这样一种词意的歪曲只不过是诡辩论的借口。（KrV，A257；B313）

4. 于是就存在着一种纯粹理性的自然的和不可避免的辩证论，它不是一个外行，由于缺乏知识，而自己陷进理性的某物，或者是任何一个诡辩论者，为了迷乱理性的人们，而已经人为编造出来的。（KrV，A298；B354）

5. 这并非人们的诡辩，而是纯粹理性本身的诡辩，对于这些诡辩，甚至所有人中最有智慧的人也不能摆脱。（KrV，A339；B397）

6. 也许不单纯是一种——独断论者所假装，为了给它的主张提供一种暂时的幻相的——诡辩论的游戏。（KrV，A351）

7. 纯粹理性的一条辩证的定理必须具有这种区别于一切诡辩论的命题的特点，即它涉及不到一个——人们仅仅出于某种随便的意图而提出的——任意的问题，而涉及到这样一种——每个人类理性在它的进程中都必然遇到的——问题。（KrV，A422；B449）

8. 这就是我为什么这样来命名纯粹理性的这个诡辩论的论证的原因。（KrV，A689；B717）

规定（bestimmen）

规定（die Bestimmung）

时间规定（die Zeibestimmung）

规定根据（der Bestimmungsgrund）

可规定之物（das Bestimmbare）

可规定性（die Bestimmbarkeit）

1. 但我在这下面所理解的，不是对某些书或体系的批判，而是对一般理性能力的批判，鉴于一切——它可以独立于一切经验而追求的——知识，因而是一般形而上学的可能性和不可能性的裁决以及不仅它的根源、而且它的范围和界限的规定，但这一切都出自原则。（KrV，AXII）

2. 理性知识能够在两种方式上被它的对象所关联，要么仅规定它和它的概念（别的则必须被给予），要么就现实地制造它。（KrV，BX）

3. 数学和物理学是——理性应当先天地规定它的对象的——两门理论的理性知识，前者完全纯粹地规定，后者则至少部分纯粹地、但也还按照不同于理性来源的另一种知识来源的尺度而规定。（KrV，BX）

4. 因为能够在我之内被发现的我的此在的一切规定根据，都是表象，并且作为表象，本身就需要一个与它们相区别的持存之物，对此在表象的变化关系中、因而表象在其中变化的时间中的我的此在，才能够被规定。（KrV，BXXXIX）

5. 假如我能够在——伴随着我的一切判断和知性活动的——“我在”表象中，通过智性的直观同时联结我的此在的一个规定与我的此在的智性意识，那么一种对外在于我的某物的关系的意识就该是不必然属于这种智性直观的了。（KrV，BXL）

6. 哲学需要一门科学，它规定一切先天知识的可能性、原则和范围。（KrV，B6）

7. 概念的单纯剖析是不适合的，因为它只表明，在这些概念中包含了什么，但并不表明，我们如何先天地达到这些概念，以便然后也能够规定它们在所有知识的一般对象方面的有效运用。（KrV，B23）

8. 借助于外感官（我们内心的一种属性），我们把对象表象为在我们之外，并都在空间之中。在其中，对象的形状、大小和相互之间的关系已经规定了，或是能够被规定的。（KrV，A22；B37）

9. 因为不论是绝对的、还是相对的规定，都不能在它们所属的那些事物此在之前、因而不能先天地被直观到。（KrV，A26；B42）

10. 只有在时间中，一个事物之内两个矛盾的、对立、亦即彼此跟随的规定才能够被发现。（KrV，B49）

11. 因为时间不可能是外部现象的任何规定；它既不属于形状，又不属于位置等等，相反它规定着我们内部状态中表象的关系。（KrV，A33；B50）

12. 因此时间不是自在本身的某物，也不是任何客观地依赖于事物的规定。（KrV，A37；B54）

13. 但这两种先天的知识来源恰好由此（即由于它们只是感性的条件）也规定了自己的界限，就是说，它们只针对对象，只要这些对象被看作现象，而不表现自在之物本身。（KrV，A39；B56）

14. 直观的这种预先植根于内心中的形式，则在时间的表象中规定着杂多如何在内心之中在一起的方式。（KrV，B69）

15. 因此不论是空间，还是空间的任何一个几何学的先天规定，都不是一种先验的表象，而只有其表象根本不是经验的来源，并且它们何以能够同样先天地与经验对象发生关系的可能性的知识，才能称之为先验的。（KrV，B81）

16. 一门如此规定如此的知识的来源、范围和客观有效性的科学，也许必须称为先验逻辑，因为它仅仅关涉知性和理性的法则，但它只这么远地与对象先天地发生关系。（KrV，A57；B81）

17. 因此它的知识的整体将构成一种在一个理念之下把握和规定的系统，它的完备性和环节咬合同时也能够适合充当一种——所有装配了的知识部件的正确性和真切性的——试金石。（KrV，A65；B90）

18. 但一个这样的关联可利用一条规则，按照它，每一个纯粹的知性概念都能够被先天地规定自己的位置和它们所有的先天完备性，否则这一切都会依赖于随意或偶然。（KrV，A67；B92）

19. 但概念，作为可能判断的谓词，则与一个尚未规定的对象的任何一个表象发生关系。（KrV，A69；B94）

20. 灵魂的概念没有因此就被丝毫地增加，并且被肯定地规定。（KrV，A73；B98）

21. 必然命题则把实然命题设想为通过这些知性规律本身所规定的，因而是先天断言的，并以这种方式表达了逻辑的必然性。（KrV，A76；B101）

22. 协同性则是一个实体在与另一个实体的交互规定中的因果性。（KrV，B111）

23. 但在构成人类知识非常混合交织的各种各样的概念中，也存在着一些被规定为先天的（完全不依赖于任何经验的）纯粹的运用，而它们的权限任何时候都需要一个演绎。（KrV，A85；B117）

24. 它是关于一个一般对象的概念，通过这些概念，鉴于判断的逻辑机能的直观就被看作是规定了的。（KrV，B128）

25. 所以直观杂多的综合统一性，作为先天产生的东西，是先天地早先发

生于我的一切规定了的思想的统觉本身的同一性的根据。（KrV，B134）

26. 认识以被给予的表象与一个客体的规定关系为内容。（KrV，B137）

27. 统觉的先验统一性是这样的，通过它，所有在一种直观中给予了的杂多都被统一在一个客体的概念里。它因此叫作客观的，并且必须与——是一种内感官的规定，由此每一个直观的杂多被经验地给予一种这样的联结的——意识的主观统一性区分开来。（KrV，B139）

28. 所以一切杂多，只要其在“一个”经验的直观中被给予了，在判断的逻辑机能方面就被规定了，即通过它们，一切杂多被带到一个一般意识上来。（KrV，B143）

29. 感性直观要么是纯直观（空间和时间），要么是这种——在空间和时间中通过感觉直接表象为现实的——经验的直观。通过前一种直观的规定我们能得到对象的先天知识（在数学中），但只是根据这些对象的形式而作为现象；是否可能有在这种形式中必须被直观到的事物，在此仍未得到解决。（KrV，B147）

30. 上述的定理是极其重要的；因为它恰好既规定了纯粹知性概念在对象上的运用界限，如同先验感性论规定了我们感性直观的纯粹形式的运用界限。（KrV，B148）

31. 所以知性，作为自发性，就能够通过给予表象的杂多，按照统觉的综合统一性，而规定内感官，这样就把先天的感性直观的杂多的统觉的综合统一性思考为，这种——我们（人类的）直观的一切对象必须必然从属于其下的——条件。（KrV，B150）

32. 因为我们的一切直观都是感性的，所以想像力由于那个在其下它唯一能够给予知性概念一个相应的直观的主观条件，而属于感性；但毕竟它的综合是自发性的一种实施，而自发性则是进行规定的，而不像感官，只是可被规定的。（KrV，B151）

33. 凡是规定内感官的这种东西，就是知性及其联结直观杂多、即带到一个统觉（作为知性的可能性以自身为基础）之下的本源的能力。（KrV，B153）

34. 相反，内感官仅仅包含直观的形式，但却没有直观中杂多的连结，因而还完全不包含任何规定了的直观，而这种规定了直观只有通过杂多的、被想像力的先验活动所规定的意识，（知性对内感官的综合的影响），才是可能的，而这种先验活动我已经称为形象的综合。（KrV，B154）

35. 运动，作为主体的行动，（而非作为一个客体的规定），因而作为空间中杂多的综合，当我们不考虑杂多并且仅仅注意这个我们由此根据它的形式而规定内感官的行动的时候，于是就首先产生了前后相继的概念。（KrV，B154）

36. 知性在其中任何时候都把联结的内感官、依照它所思想的这种联结，

规定为——与在知性综合中的杂多相一致的——内部直观。（KrV，B157）

37. “我思”，表达了对我的此在进行规定的动作。所以此在由此就已经给予了，但这种——我应当如何规定它，即属于它的杂多设置到我之内的——方式却还没有因此而给予。（KrV，B157）

38. 因为通过它（在其中知性规定感性），空间或时间首先作为直观而被给予，那么这种先天直观的统一性就属于空间和时间，而并不属于知性概念。（KrV，B161）

39. 但现在，这种综合统一性，作为先天条件，在它之下我联结一般直观之杂多，如果我放弃了我的内直观的持久的形式，放弃了时间，就是原因范畴，当我把这一范畴应用于我的感性上时，我就通过它对一切所发生的事情，在一般时间中按照它的关系而加以规定。（KrV，B162）

40. 范畴是——那些给现象、因而给作为一切现象的总和的自然（natura materialiter spectata，物质方面的自然）规定先天法则的——概念。（KrV，B163）

41. 这种运用因为它并不一直已经指向客体的规定、因而指向知识，而是也已经指向主体及其意志的规定。（KrV，B166）

42. 我们的知识并不是以碰运气或随便的，而是以某种先天的方式而被规定。（KrV，A104）

43. 于是这种规则的统一性就规定了一切杂多，并将其限制在使统觉的统一性成为可能的条件上，而这种统一性的概念就是——我通过一个三角形的上述谓词所想到它的——等于 X 的对象的表象。（KrV，A105）

44. 这些规则不仅使这些现象能够必然地再生，而且也由此为对它们的直观规定了一个对象，即规定这些现象在其中必然相关联的“某物”的概念。（KrV，A108）

45. 但一切经验的规律都只是对知性的纯粹规律的特殊规定，在这些规定之下并且按照它们的基准，一切经验的规律才是首先可能的。（KrV，A128）

46. 先验逻辑，因为被限制在一种规定的内容上、即仅仅是纯粹先天知识的内容上，它在这里的划分就不能模仿普遍逻辑。（KrV，A131；B170）

47. 现在，一种先验的时间规定就它是普遍的并依据于一种先天规则而言，与范畴（它构成了这个先验的时间规定的统一性）是同质的。但另一方面，先验时间规定，就杂多的每一个经验的表象中都包含时间而言，又是与现象同质的。（KrV，A138；B177）

48. 图型自在本身任何时候都只是想像力的一种产物；但由于想像力的综合不以任何单独的直观、而仅仅以感性规定的统一性为目的，所以图型毕竟区别于形象。（KrV，A140；B179）

49. 一个经验之对象或者它的形象极少在某个时候达到经验的概念，而这种经验的概念任何时候都直接与想像力的图型、作为规定我们直观的一条规则、符合一个一定的普遍概念，相关联。（KrV，A141；B180）

50. 实体的图型是实在之物在时间中的持存性，即作为一般经验的时间规定的一个基底的那个实在之物的表象，因而这个图型当一切别的东西变化的时候，则停留着。（KrV，A144；B183）

51. 协同性（交互作用）的图型，或者实体在其偶性方面的交互因果性的图型，就是一个实体的规定和另一个实体的规定按照一条普遍规则而同时存在。（KrV，A144；B183）

52. 因此图型无非是按照规则的先天时间规定而已，并且这些规则按照范畴的秩序，而走向一切可能对象上的时间序列、时间内容、时间次序，及最后时间总和。（KrV，A145；B184）

53. 所以，例如实体，如果人们删掉了持存性的感性的规定，它就不过意味着一个能够被思想为主词（而不是关于一个某种别的谓词）的“某物”。（KrV，A147；B186）

54. 因为，完全没有任何知识可以是与这条原理相违背、而不自我消灭的，这虽然使这条原理成为我们知识的真理的 conditio sine qua non（必要条件），但并没有成为我们知识的真理的规定根据。（KrV，A152；B191）

55. 因为在完成这一任务之后，先验逻辑就可以对自己的目的，即规定纯粹知性的范围和界限，来作全盘的考虑。（KrV，A154；B193）

56. 经验就是一种经验的知识，亦即一种通过知觉规定一个客体的知识。（KrV，A177；B218）

57. 客体的生存的规定在时间中就只有通过它的在时间中的一般联结，因而只有通过那些先天连结了的概念，才能够发生。（KrV，A177；B219）

58. 这种综合统一性，在一切知觉的时间关系中，它先天地被规定，所以就是这条法则：一切经验的时间规定都必须服从普遍的时间规定的规则。（KrV，A177；B220）

59. 因为时间是这样一种东西，在其中，前后相继或同时并存只有作为时它的规定才能够被表象。（KrV，B225）

60. 所以在现象上这种持存的东西就是一切时间规定的基底，因此也是知觉的、亦即经验的一切综合统一性的可能性的条件。（KrV，A183；B226）

61. 一切变更或可能变更的东西，都只属于这个实体或实体们如何生存的方式，因而属于这些实体的规定。（KrV，A184；B227）

62. 在一切现象中存在着某种持存的东西，在它身上可变更的东西无非是它的此在的规定。（KrV，A184；B227）

63. 如果在现象上，人们愿意把实体的东西命名为，应当是一切时间规定的真正基底，那么不论是在过去中，还是在将来中的一切此在，都必须唯一并单独在这上面才能被规定。（KrV，A185；B228）

64. 实体的规定，无非是这个实体生存的特殊方式，叫作偶性。（KrV，A186；B229）

65. 只有持存的东西（实体）会变化，可变的东西却遭受不到任何变化，而是遭受一种变更，由于一些规定终止了，并且另一些规定开始了。（KrV，A187；B231）

66. （在现象中的）实体是一切时间规定的基底。（KrV，A188；B231）

67. 因此，持存性就是一个必要的条件，唯独在这个条件下，现象才在一个可能经验中被规定为事物和对象。（KrV，A189；B232）

68. 现在，连结并不单纯是感官和直观的工作，而在这里也是想像力的一种综合能力的产物，想像力在时间关系上规定着内感官。（KrV，A189；B233）

69. 所以在这些知觉的系列中没有任何规定了的秩序，可以使得——如果我必须在领会中开始，为了经验地联结杂多——成为必然的。（KrV，A192；B238）

70. 所以，因为这毕竟是后继的某物，我就必定把它与另一个先行的一般某物必然地联系起来，而它按照一条规则、亦即以必然的方式跟随着，紧接着，这个事件，作为这种有条件者，就提供了一种条件的可靠指示，但这个条件却规定着这个事件。（KrV，A194；B239）

71. 我们在我们之内拥有表象，我们也能够被意识到它们。但这种意识可以随人们所愿地伸展如此之远、并且是如此准确的和认真的，它仍毕竟只是表象，即我们内心在这种或那种时间关系中的内在规定。（KrV，A197；B242）

72. 但这种相关物却与这些作为其后果的给予了的事件、规定性地相关联，而这些事件则必然地与自己在时间序列中连结着。（KrV，A199；B244）

73. 现象必须在时间中相互规定其自身的位置，并且使这一位置在时间秩序中成为必然的。（KrV，A200；B245）

74. 但这条——按照时间次序而规定某物的——规则，就是：在先行的东西中，总应该找到事件（亦即必然的方式）跟随的条件。（KrV，A200；B246）

75. 所以（作为可能的知觉的）现象关系——按照这种关系，后继之物（发生的事情）根据其此在通过某种先行之物——是必然的，并且按照一种规则在时间中而被规定，因而原因与结果的关系，就是我们的经验的判断——鉴于知觉序列的——客观有效性的条件，因而是知觉的经验的真理的、所以也就是经验客观有效性条件。（KrV，A202；B247）

76. 所以从一个状态到另一个状态的每一个过渡都在一种——已经包含在

两个瞬间之间的——时间中发生，其中的第一个瞬间规定着那种——这个物从中走出来的——状态，第二个瞬间则规定着那种——在其中它所达到的——状态。（KrV，A208；B253）

77. 经验的知识的一切增加，以及知觉的每一次进步，都只不过是，内感官的规定的一种扩大，亦即在时间中的一种进展，其对象则可以随便是现象，或者纯粹直观。（KrV，A210；B255）

78. 在知觉中向时间中跟随着的东西的每一过渡都是通过这种知觉的产生而对时间的规定。（KrV，A210；B255）

79. 实体的关系，在其中它包含着规定，关于它的根据却已包含在另一个实体之中。（KrV，B257）

80. 每一个实体（既然它在它的规定方面只能是结果）都必须包含着在另一个实体中的某种规定的原因性。（KrV，A212；B259）

81. 而这就正是经验中的三种类比。它们只不过是时间中的现象的此在的规定的原理。（KrV，A215；B262）

82. 时间规定的这种统一性是完全动力学的，亦即时间不被看作——经验在其中直接给每个此在规定它的位置，这是不可能的，因为绝对时间并不是知觉的对象，似乎用了它现象就能够聚集到一起。（KrV，A215；B262）

83. 因为没有这种先天的统一性，任何经验的统一性，因而任何对经验中的对象的规定也都会是不可能的。（KrV，A216；B263）

84. 现在在这个——它的本质的形式就在于一切现象的统觉的综合统一性的——第三者中，我们找到了现象中一切此在的普遍必然的时间规定的那些先天条件，没有这些条件，甚至连经验的时间规定也会是不可能的，而且我们还找到了先天的综合统一性的规则，借助于这些规则，我们预测了经验。（KrV，A217；B264）

85. 一般经验的思想的公设，按照经验的普遍条件，其与现实的东西的关联，被规定了，就是（生存了的）必然的。（KrV，A218；B266）

86. 我自己的此在的单纯的、但经验地被规定了的意识证明了空间中在我之外的对象的此在。（KrV，B275）

87. 我已经意识到我的此在被规定为在时间中。一切时间规定都以知觉中某种持存的东西为前提。（KrV，B275）

88. 所以在时间中我的此在的这种规定只有通过我知觉在我之外的现实事物的生存，才是可能的。（KrV，B276）

89. 甚至这种持存性也不是从外部经验中创造的，而是先天地预设为一切时间规定的必要条件、因而也预设为通过外物的生存、在我们自己的此在方面、内感官的规定。（KrV，B278）

90. 由此就推出：必然性的标准只在于可能经验的法则：一切发生的事都先天地被它在现象中的原因所规定。（KrV，A227；B280）

91. 所以，如果把一个先天的规定综合地添加给一个物的概念，那么必须被这样一个命题、严谨地、在那里即使不添加一个证明、也至少添加一个它的主张的合法性的演绎。（KrV，A233；B286）

92. 唯独空间持存地规定，但时间、因而一切存在于内感官中的东西，则不断流动。（KrV，B291）

93. 一般大小的概念也许只能如此解释：大小本该是一个物的这种规定，由此，多少个"一"（Eines）被设定在一个物中，能够被思考。（KrV，A242；B300）

94. 因此范畴，超出了纯粹知性概念，还需要，它们在一般感性上的应用的规定（即图型），并且没有这些规定，它们就不是任何——由此认识一个对象、并与别的对象相区别的——概念，而只是——为可能的直观思想一个对象、并按照任何一种知性机能（仍在必不可少的条件下）给予这个对象以它的意义的——这么多的方式，即，给这个对象下定义的这么多的方式：所以这些范畴本身不能够被定义。（KrV，A245；B302）

95. 大小是——那种只有通过一个拥有数量的判断（judicium commune，集合的判断）才能被思想的——规定，实在性是——那种只有通过一个肯定的判断才能被思考的——规定，实体是——在与直观的关系中必须是一切别的规定的最终主词的东西。（KrV，A246；B302）

96. 通过一个纯粹的范畴，在其中抽掉了那种——对我们唯一是可能的——感性直观的一切条件，那么就没有任何客体被规定了，而只有表达出，一种一般客体的思想，按照不同的样态。（KrV，A247；B304）

97. 所以它并不是任何自在的认识对象本身，而只是现象在一般对象概念下的表象，一般对象通过现象的杂多而获得了规定。（KrV，A251）

98. 范畴甚至也不表象任何特殊的、仅仅给予知性的客体，而只是充当（一般某物的概念）的先验客体，通过它而规定感性中被给予的东西，为了由此而经验地认识在对象概念下的现象。（KrV，A251）

99. 知性和感性在我们这里只有联结起来才能够规定对象。如果我们把它们分开，那么我们就有直观而无概念，或者有概念而无直观，但这两种情况中的表象，我们都不能够与任何一个确定的对象发生关系。（KrV，A258；B314）

100. 反省是给予的表象之于我们的不同认识源泉的关系的意识，唯有通过这种意识，它们的相互关系才能够被正确地规定。（KrV，A260；B316）

101. 但这种关系，在其中概念在一种内心状态里能够互相从属，就是相同性与差异性、一致与冲突、内部与外部、最后是可规定的与规定（质料和形

式）的关系。（KrV，A261；B317）

102. 作为纯粹知性的客体，每个实体都必须拥有内部的规定和指向内部实在性的力。（KrV，A265；B321）

103. 质料意味着一般的可规定之物，形式意味着该物的规定（两者都在先验的理解中，因为人们抽掉了被给予之物的一切区别，以及它如何被规定的那种方式）。（KrV，A266；B322）

104. 这位智性哲学家不能忍受：形式先行于事物本身，并且为这些事物规定它们的可能性。（KrV，A267；B323）

105. 用这种方式，对根据它的运用的差异性而应归于每一个概念的这种位置的评判，以及对按照规则为一切概念规定这种方位的指示，就会是先验正位论了。（KrV，A268；B324）

106. 但实体状态的内部东西也不可能以方位、形状、接触或运动为内容，（这些规定全都是一切外部的关系），并且我们因此就不能赋予实体任何别的内部状态。（KrV，A273；B330）

107. 于是空间和时间就将不是自在之物的规定，而是现象的规定。（KrV，A276；B332）

108. 一个作为一般物的对象的表象，也许并不单纯是不充分的，而且如果没有它的感性规定，并且，如果脱离了经验的条件，就该是在自身中自相冲突的。（KrV，A279；B335）

109. 按照单纯的概念，内部的东西是一切关系或外部规定的基底。（KrV，A283；B339）

110. 于是由此就导致了：在任何一个事物（实体）中都有某种绝对是内部的东西，它先行于一切外部规定，通过它使这些外部规定首次成为可能的方式。（KrV，A283；B339）

111. 如果我抽掉这些关系，我就绝不继续思想了，这并没有取消有关作为现象的物的概念，甚至也没有取消有关一个抽象对象的概念，但却取消了这样一个按照单纯概念而可规定的对象、即一个本体的一切可能性。（KrV，A285；B341）

112. 统觉、以及和统觉一起，思想先行于表象的一切可能的规定了的秩序。（KrV，B345）

113. 在每一个理性推论中我首先通过知性而思想一个规则（大前提）。其次借助于判断力我把一个知识归摄到规则的条件之下（小前提）。最后，我通过规则的谓词、因而先天地通过理性规定我的知识（结论）。（KrV，A304；B360）

114. “一切发生的事情都有原因”，决不是通过理性而认识和预先规定的

原理。（KrV，A307；B363）

115. 无条件者，如果它确实拥有地位，就能够被特殊地思量，按照所有那些它区别于那个有条件者的规定，并且必须由此而给某些先天综合命题提供材料。（KrV，A308；B365）

116. 但它们所包含的只不过是，关于现象的——只要它们应该必然地归属于一个可能的经验的意识的——反思的统一性。唯有通过它们，一个对象的知识和规定才是可能的。（KrV，A310；B367）

117. 因为人性必须停留于其上的那个最高的程度可能是什么，因而在理念及其实行之间必然剩留下来的裂缝可能有多大，任何人都不能够也不应当规定它，这恰好是因为，它就是自由，而自由能够超出每个被给定的界限。（KrV，A317；B374）

118. 那些理念在最高知性中是个别的、不可改变的、彻底规定了的，并且是事物的本源的原因。（KrV，A318；B374）

119. 我们可以把这些先天概念称为纯粹的理性概念，或先验理念，而它们将根据原则而规定知性在全部经验的整体上的运用。（KrV，A321；B378）

120. 与之相反，关于一个物在一切关系（在一切可能性的关系上）中的必然性的概念就随身携带着完全特殊的规定。（KrV，A325；B382）

121. 而是为了给知性规定一种一定的统一性的方向。（KrV，A326；B383）

122. 它们都是纯粹理性的概念；因为它们把一切经验知识都看作是被条件的绝对总体性所规定了的。（KrV，A327；B384）

123. 这是理性的要求，理性宣布它的知识作为先天规定的并且作为必然的，要么在其本身，这就不需要任何根据，要么，就作为一个根据序列的一个环节而已经推导出来，这个序列本身则以无条件的方式而是真的。（KrV，A332；B389）

124. 我并非通过单纯的“我思”，而认识一个客体，毋宁只有通过我出于一切思维都在其中的那种意识的统一性的意图而规定一个给予的直观，我才能够认识任何一个对象。（KrV，B406）

125. 并非作规定的意识，毋宁被规定的意识自身、亦即我的内直观的意识（只要它的杂多能够按照在思想中统觉的统一性的普遍条件而被联结），就是客体。（KrV，B407）

126. 在一切判断中，“我”一直是构成判断的那种关系的作规定的主体。（KrV，B407）

127. 一般思维的逻辑探讨被错误地当作了客体的一种形而上学规定。（KrV，B409）

128. 我如何作为实体或者作为偶性而生存的方式，通过这种简单的自我意

识是完全不可能得到规定的。(KrV, B420)

129. 我把在我之内的实体性的东西当作先验的主体来认识，因为我在思想中所拥有的只是——为一切作为知识的单纯形式的规定设置基础的——意识的统一性。(KrV, B427)

130. 但“我思”这个命题，只要它所讲述的不过于：“我生存于思想着”，就不单单是逻辑的机能，而是在生存方面规定着主体（这主体于是同时又是客体），并且这命题没有内感官就不能够发生。(KrV, B429)

131. 它能够用作规定我们的只有在感性上通盘规定的生存，不过是鉴于在与一个理知的（当然只是被思想到的）世界的关系中的一定的内部能力。(KrV, B431)

132. 这么一个东西，它的表象是我们的判断的绝对主词，并因而不能被用作一个他物的规定，就是实体。(KrV, A348)

133. 我所说的每一个一般之物，假如它是实体，只要我把它与物的单纯谓词和规定区别开来。现在，在一切我们的思维中，“我”就是——那种仅仅作为规定而为思想所固有的——主体，而这个我不能被用作一种他物的规定。所以每个人都不得不把“自己”本身的必然方式看作实体，而把思维只看作他的此在的偶性和他的状态的规定。(KrV, A349)

134. 自在之物本身来源于另一种本性，而并非仅仅构成它的状态的那些规定。(KrV, A360)

135. 因而我就把所有以及每一个我的前后相继的规定都与这个——在一切时间、即在我自身的内部直观的形式中的——数目的同一的自身联系了起来。(KrV, A362)

136. 由于外部的东西不是在我之内的，我也就不能在我的统觉中、因而也不能在本来只是统觉的规定的任何知觉中，找到它。(KrV, A368)

137. 但我把一切现象的先验观念论理解为这个学说概念，依据它我们就把一切现象全都看作为单纯的表象、而不是自在之物本身，并且与之相适应的时间和空间就只是我们直观的感性形式，但在给予的客体规定或条件之前，则并不作为自在之物本身。(KrV, A369)

138. 空间和时间虽然是先天的表象，它们还在一个现实的对象通过感觉而规定我们的感官、以便把这个对象表象在那些感性关系之下以前，就已经作为我们的感性直观的形式而寓于我们之中了。(KrV, A373)

139. 因为人们毕竟不可能感觉到自身之外、而只能在自己本身之内，并因而整个自我意识所提供的无非是，仅仅我们自己的规定。(KrV, A378)

140. 作为我们内部直观的唯一形式的时间，却不拥有常驻的东西，因而只有规定的更替，却不提供确定的对象来认识。(KrV, A381)

141. 现在尽管非常清楚：我不能够认识那种我必须预设为前提的东西本身，为了一般地认识一个客体，并且那个规定着的“本身”，（思维）和那个可被规定的“本身”（思维着的主体），正如知识本该区别于对象一样。（KrV，A402）

142. 纯粹心理学的这些主张并不包含灵魂的经验的谓词，而包含是这样一些谓词，当它们发生的时候，就应当不依赖于经验、因而通过单纯的理性而规定自在的对象本身。（KrV，A405）

143. 自然，如果从形容词上（形式地）而设想，则意味着一个物的规定的关联，按照因果性的一条内部原则。（KrV，A418；B446）

144. 我们不可假定任何别的事件的产生，除非这种事件被不变的自然规律所规定。（KrV，A471；B499）

145. 时间则不可能是任何一个自在之物本身的任何规定。（KrV，A492；B520）

146. 但这所谈论的单纯是一个空间和时间中的现象，而空间和时间两者都不是对自在之物的规定，而只是对我们的感性的规定。（KrV，A494；B522）

147. 那种回溯永远只在于大小的规定，因而并没有给出任何规定的概念，也并不给出任何一个鉴于一种尺度的无限的大小的概念。（KrV，A523；B551）

148. 但由于以这种方式在因果关系中的条件的任何绝对总体性都不会弄清楚，理性就为自己创造了能够自行开始行动的一种自发性的理念，而不允计预先派遣一个另外的原因，再来按照因果连结的法则去规定行动。（KrV，A533；B561）

149. 这样一来，自然就是每一个事件的完备而自身充分的规定着的原因。（KrV，A536；B564）

150. 但一个这样的理知的原因在原因性方面就不被现象所规定，虽然它的结果能够显现出来，并所以能够被别的现象所规定。（KrV，A537；B565）

151. 既然这些现象不是任何自在之物，必须把一种先验对象设置为基础，这种先验对象把它们规定为单纯的表象，那么我们就不应该阻止，对这个先验对象，在它所显现的属性之外，也不赋予一种原因性。（KrV，A538；B566）

152. 由于在它之内，只要它是本体，而没有发生什么，遇不到任何需要动力学的时间规定的变化，因而遇不到任何与作为原因的现象的连结。（KrV，A541；B569）

153. 自然规律，即一切发生的事情都有一个原因，这个原因的原因性，即行动，由于它在时间中先行，并且考虑到一个在此产生的结果，本身不可能是一直存在了的，而必须是发生的，它也会在现象中拥有自己由以被规定的原因，所以在一个自然秩序中一切事件都是经验地得到规定的。（KrV，A542；

B570）

154. 理性仅仅按照理念考虑它的对象并由此而规定知性，然后知性就从它的（虽然也是纯粹的）概念中做出一种经验的运用。（KrV，A547；B575）

155. 理性的这些理念已经现实地证明了，鉴于作为现象的人的行动方面的原因性，并且这些行动之所以发生了，并不因为它们被经验的原因所规定，不是，而是因为它们被理性的根据所规定。（KrV，A550；B578）

156. 因为理性本身毕竟不是任何现象、也根本不服从于任何感性条件，所以在它之内、甚至在它的原因性的概念中，都不会发生时间次序，所以按照规则规定时间次序的自然的动力学的规律不会应用于其上。（KrV，A553；B581）

157. 鉴于这新的状态，它是进行规定的，而不是可被规定的。（KrV，A556；B584）

158. 这个原因能够是自由的，即能够独立于感性而规定，并且，能以这种方式，而成为现象的感性的无条件的条件。（KrV，A557；B585）

159. 这些表象的偶然性本身只是现相 Phänomen，不能寻致任何别的回溯，除非能够导致对这些规定现相、亦即经验的回溯。（KrV，A563；B591）

160. 但比理念显得更远离客观实在性的就是我称为理想的东西，我把它理解为——不单纯是具体的、而且是个体的——理念，即作为一种个别之物、唯有通过理念才能规定、或被完全规定之物的理念。（KrV，A568；B596）

161. 每一个概念，鉴于它自身并不被包含在它之中的东西，都不被规定，并且从属于这条可规定性的原理。（KrV，A571；B599）

162. 任何一个概念的可规定性都是服从于两个对立谓词之间的排中律的普遍性（普遍性）的，但一个物的规定则是服从于一切可能谓词的全体性（完备性）或整体的。（KrV，A573；B601）

163. 通过理性而对一个概念所作的逻辑规定建基于一个选言的三段式推理。（KrV，A576；B604）

164. 因此理性的那种运用，通过它而把先验理想设置为自己对一切可能事物的规定的基础，是与它在选言三段论推理中所据以处理的那种运用类似的。（KrV，A577；B605）

165. 如果我们现在通过使它实体化的方法而更深地调查我们的这个理念，那么我们就可以通过最高实在性的单纯的概念而把原始存在者规定为一个唯一的、简单的、完全充足的、永恒的等等的存在者，一句话，在它的无条件的完备性中能够通过一切谓述词而规定它。（KrV，A580；B608）

166. 然而，规定却是一个——添加在主词的概念之上并扩大了这个概念的——谓词。所以规定必须不是已经包含在概念中的。（KrV，A598；B626）

167. 一个实在的谓词（即一个物的规定）。（KrV，A598；B626）

168. 它仅仅是一个物或一定规定本身的断定。（KrV，A598；B626）

169. 因为对象在现实性那里并不单纯是分析地包含在我的概念中，而是综合地加入了我的概念（这概念是我的状态的一个规定），而通过在我的概念之外的这个存在，这个被想到的一百塔勒本身丝毫也没有被增多。（KrV，A599；B627）

170. 这个必然的存在者只能以唯一的一种方式、即在一切可能的对立谓词方面只通过一个其中一个谓词而被规定，所以它必须通过它的概念而被通盘规定。（KrV，A605；B633）

171. 如果我们现在想按照它的性状而进一步地规定这个必然存在者，那么我们就不寻找那个足以从它的概念中把握此在的必然性的必然存在者。（KrV，A611；B639）

172. 最高存在者的概念满足于为了一个物的内部规定而能够提出一切先天的问题，因而它也是一个无与伦比的理想。（KrV，A611；B639）

173. 决不要把任何一个涉及物的生存的规定，假定为这样一个至上的根据，亦即看作绝对必然的。（KrV，A616；B644）

174. 从最初原因的绝对的必然性的概念出发，走到那绝对必然者的通盘被规定的或作规定的概念，即一个无所不包的实在性的概念。（KrV，A629；B657）

175. 如果这对我们应当被允许，单纯，为了在我们的理性中不留下多余的空隙，而通过最高完善性和本源的必然性的一种单纯理念来填充完全规定的这个缺口。（KrV，A637；B665）

176. 这种理性统一性测定了自然本身，并且理性在这里并非乞求、而是命令，尽管它并不能够规定这种统一性的界限。（KrV，A653；B681）

177. 理性在这里显示出一个双重的、相互冲突的利益，一方面是鉴于类的范围的（普遍性的）的利益，另一方面是，内容的（规定性的）的利益，着眼于种的多样性。（KrV，A654；B682）

178. 所有的多样性相互之间都是有亲缘关系的，因为它们通过被扩展开来的规定的一切程度而全都来源于一个唯一的至上的类。（KrV，A658；B686）

179. 但它作为这样一条原则远远越出了经验或观察能够与之相提并论的范围，却并没有规定某物，而只是为经验或观察指明了通往系统的统一性的道路。（KrV，A668；B696）

180. 这三种先验理念（心理学的、宇宙论的、以及神学的）并不直接地与任何与它们相应的对象和它们的规定发生关系。（KrV，A671；B699）

181. 实在性、实体、原因性，甚至此在中的必然性的概念，除了它们使一个对象的经验的知识成为可能的这种运用之外，根本没有任何——规定某个客

体的——意义。（KrV，A677；B705）

182. 不是为了鉴于它的直接对象而规定某物，而是为了作为单纯调节性的原理并作为准则。（KrV，A680；B708）

183. 理性所关注的，只不过是灵魂现象的解释的系统统一性的原则，也就是，把所有规定，看作在一个唯一的主体中。（KrV，A682；B710）

184. 在理性本身被看做一种规定的原因的地方（在自由中），因而在实践的原则那里，就应当处理为，好像我们不是面对一个感官客体、而是面对纯粹知性的客体一样。（KrV，A685；B713）

185. 把一个这样的最高理智的概念，因为它自在地是完全不可捉摸的，就拟人化地予以规定，然后就把这些目的暴力而专断地，强加于自然。（KrV，A692；B720）

186. 我把先验方法论理解为纯粹理性的一个完备系统的形式条件的规定。（KrV，A707；B735）

187. 概念的对象，这种个别只作为这概念的图型而与它相应，也同样必须被设想为普遍地被规定。（KrV，A714；B742）

188. 现在，这就只有当我要么按照经验直观的条件、要么按照纯粹直观的条件而规定我的对象，才是可能的。（KrV，A718；B746）

189. 所以这就不能从这个概念中，因为这种综合不能先天地走出与之相应的直观之外，产生任何规定性的综合命题，而是只能产生可能的经验的直观的一种综合原理。（KrV，A722；B750）

190. 直观的形式（空间和时间），它能够完全先天地被认识和规定。（KrV，A723；B751）

191. 我们已经给自己提出了一个义务，确切地并带有确定性地规定纯粹理性在先验运用中的界限。（KrV，A726；B754）

192. 这个所谓的定义无非只是词的规定。（KrV，A728；B756）

193. 与之反之，一个综合原理绝不能够单纯从概念中就直接是确定的；例如这个命题："一切发生的事情，都有它的原因"，由于我必须四处查看一个"第三者"，亦即四处查看这种在一个经验中的时间规定的条件，并且不能够直接立刻地从概念中单单就认识这样一条原理。（KrV，A733；B761）

194. 人们可以把纯粹理性批判看作为了纯粹理性的一切争执的真实的法庭；因为它在一切争执中直接指向客体时，不是被卷入其中，而是被确立，以按照理性最初指导的原理而规定和评判一般理性的权限。（KrV，A751；B779）

195. 我们的理性的界限规定只有按照先天的根据才能发生。（KrV，A758；B786）

196. 所以这个证明无非能够包含按照这个本身也只是唯一的概念、对一个

一般对象进行规定。（KrV，A788；B816）

197. 因为它不是作为工具论用来扩张，而是作为训练用来规定界限，而且，并非揭示真理，而只获得防止谬误的无声功绩。（KrV，A795；B823）

198. 理性为此能够提供，没有别的而无非自由行为的实用的规律，以达到感官向我们推荐的那些目的，因而决不能提供完全先天规定的、纯粹的规律。（KrV，A800；B828）

199. 不仅是刺激的东西、即直接刺激感官的东西，规定着人的任意，而且我们具有一种能力，通过从本身就是以更遥远的方式有利或有害的东西的表象，而克服我们感性欲求能力上的那些印象。（KrV，A802；B830）

200. 论至善理想，作为纯粹理性最后目的之规定根据。（KrV，A804；B832）

201. 某物存在（它规定着最后可能的目的），因为某物应当发生。（KrV，A806；B834）

202. 确确实实存在着纯粹的道德律，这些道德律完全先天地（不顾及经验的动机、即幸福）规定了所为与所不为，即一般有理性的存在者的自由的运用。（KrV，A807；B835）

203. 因为它们并没有实现那种——对于每一个理性存在者是自然的、而且恰好被同一个纯粹理性所先天规定并是必然的——全部目的。（KrV，A813；B841）

204. 我们因此在人类理性的历史中也发现：在这些道德的概念充分被纯化、被规定。（KrV，A817；B845）

205. 这个理念就是一个整体的形式的理性概念，只要通过这个理性概念不论是杂多东西的范围、还是各部分相互之间的位置，都先天地被规定了。（KrV，A832；B860）

206. 理念为了执行，就需要一个图型，即一个从目的的原则中先天被规定了的本质的杂多和各部分的秩序。（KrV，A833；B861）

207. 所以我们所要坚持的就仅仅是这种规律提供的理念，并要更切近地规定，哲学按照这个世界概念而为来自这一目的的立场的系统统一性所颁定的东西。（KrV，A839；B867）

208. 形而上学划分为纯粹理性的思辨的运用的形而上学和实践的运用的形而上学，所以要么是自然的形而上学，要么是道德的形而上学。前者包含来自一切事物的理论知识的单纯概念（因而排除了数学）的一切纯粹理性原则；后者则包含那些——先天地规定所为所不为并且使之成为必然的——原则。（KrV，A841；B869）

规则（die Regel）

先天规则（die Regel a priori）

合规则性（die Regelmäβigkeit）

1. 逻辑学的界限由此已经完全确切地规定了，它不过是一门科学，这门科学所详尽说明并严格证明的无非是一切思维的形式规则。（KrV，BIX）

2. 因为经验本身就是知性所要求的一种认识方式，它［知性］的规则在我之内，也在对象被给予我之前，因而必须先天假设，这个规则被表达在先天的概念中，一切经验对象都必然取决于它们并且必须与它们相一致。（KrV，BXVⅢ）

3. 这些直观归因于它，而不归因于想像力，这必须根据——一般经验（甚至内部经验）据以与想像区别开来的——规则，在每一种特殊的情况中，而被解决。（KrV，BXLI）

4. 经验决不给予它的判断以真正的或严格的、而仅（通过归纳）假定的、相比较的普遍性，以至于实际上必须说：我们迄今已经觉察了如此多，还没有发现这个或那个规则的任何例外。（KrV，B3）

5. 经验又哪里还想取得自己的确定性，假如经验前行所遵照的一切规则，一直是经验的、因而是偶然的。（KrV，B5）

6. 因为所想到的规则、或标准，按照它们的最主要的来源都只是经验的，因此决不能用作我们的鉴赏判断所必须按照它而行事的先无的被规定了法则，而宁可说，后者构成了前者的正确性的真正的试金石。（KrV，A21；B36）

7. 这些原理被看作——在它们之下一般才是可能的——规则们，并且在经验教导我们之前，而不是通过经验而教导我们。（KrV，A31；B47）

8. 因此我们就区分了一般感性规则的科学，即感性论，与一般知性规则的科学，即逻辑。（KrV，A52；B76）

9. 特殊的知性运用的逻辑包含这些——正确思考对象的一个确定种类的——规则。（KrV，A52；B76）

10. 但一种普遍的逻辑就叫做应用的，当它针对着在——心理学所教导我们的——那些主观的经验的条件之下的知性运用规则的时候。（KrV，A53；B77）

11. 因为这种逻辑，它们单纯包含了一个对象的纯粹思维的规则们，将排除一切关于经验的内容的知识。（KrV，A55；B80）

12. 凡是涉及知识、按照单纯的形式（与所有内容的去除一起）的东西，那就恰好如此清楚：以致于一种逻辑，只要它阐述了知性的普遍和必然的规则，它也必须在这些规则中说明真理的标准。（KrV，A59；B84）

13. 人们必须首先把一切知识、根据它们的形式、放到这些规则上来检验

和估价。（KrV，A60；B84）

14. 但一个这样的关联可利用一条规则，按照它，每一个纯粹的知性概念都能够被先天地规定自己的位置和它们所有的先天完备性，否则这一切都会依赖于随意或偶然。（KrV，A67；B92）

15. 而只是由于把这些概念对客体的关系整个就被放在了一边，这些概念的处理才被带入知识与自身一致的普遍逻辑规则之下。（KrV，B116）

16. 这个概念无论如何都要求，可能存在着这种方式的某物 A，另一物 B 必然地并按照一条绝对普遍的规则而随之产生。（KrV，A91；B124）

17. 规则的这种严格普遍性也根本不是任何经验的规则的属性，而经验的规则的属性通过归纳只能获得比较的普遍性，即广泛的适用性。（KrV，A92；B124）

18. 范畴对于这样一种知识就会完全没有任何意义。它们只是为了一种知性的规则。（KrV，B145）

19. 按照这种联结，即使没有对象的在场，一个这样的表象也会根据一个固定的规则而向另一个作内心的过渡。但这个再生的规律却预设了：现象本身真实地服从于一条这样的规则，并且在这些表象的杂多中发生了一种根据一定规则的相伴或相继。（KrV，A100）

20. 如果直观不能通过这样一种综合的机能，按照一条——既使这杂多的再生成为先天必然的并且也使杂多联结于这其中的一个概念成为可能的——规则，而被产生出来的话，这就是不可能的。（KrV，A105）

21. 所以我们把一个三角形思考为一个对象，就因为我们按照一条规则而意识到三条直线的这种组合，按照这条规则这样一种直观任何时候都可以被描述出来。于是这种规则的统一性就规定了一切杂多。（KrV，A105）

22. 但这个概念按照它的形式任何时候都是共相的某种东西，并且是用作规则的东西。（KrV，A106）

23. 但这个概念只有通过它在给予的现象那里表象出这些现象的杂多的必然再生、因而表象出在对它们的意识中的综合统一性，才能成为直观的一条规则。（KrV，A106）

24. 它自身同一性的本源的和必然的意识，同时就是一切现象按照概念、即按照那些规则的综合的必然统一性的意识，这些规则不仅使这些现象能够必然地再生，而且也由此为对它们的直观规定了一个对象。（KrV，A108）

25. 这种行动首先使领会（它是经验的）的一切综合屈从于一种先验的统一性、并且首先使它们的相互关系按照一个先天的规则而成为可能。（KrV，A108）

26. 一切现象，只要对象应当由此而被给予我们，就都必须服从现象的综

合统一性的先天规则。（KrV，A110）

27. 一个原因的概念无非是按照概念（对那种在时间序列中随之而来的东西，与其他现象的）一种综合，而没有这样的——具有它的先天规则，并使现象服从于自己的——统一性，无例外的、普遍的，因而必然的意识统一性，就不可能在知觉的杂多中被找到。（KrV，A112）

28. 而我则问，这条规则，作为一条自然法则，建立在什么上面呢？并且甚至这种联想本身是如何可能的呢？（KrV，A113）

29. 普遍条件的表象，根据它一定的杂多能够（因而以同一种方式）被建立起来，就叫作一个规则。（KrV，A113）

30. 假如表象，如同它们互相抵触那样、毫无区别地互相再生，就不会产生任何确定的表象的关联、而只会产生无规则的表象堆积，因而完全不会产生任何知识。（KrV，A121）

31. 表象的再生必须拥有一个规则，按照这条规则，一个表象宁可与这个表象、而不是与另一个表象在想像力中找到连结。人们把这种按照规则再生的主观的和经验的根据，命名为表象们的联想。（KrV，A121）

32. 再生活动中无例外的联结的普遍规则。（KrV，A122）

33. 一切现象的（近的或远的）亲和性则是在先天地以规则为基础的想像力中的一种综合的必然结果。（KrV，A123）

34. 在我们称为自然的那些现象上的秩序和合规则性，是我们自己带进去的，并且假如我们不是本源地把它们、或者我们内心的自然放进去了的话，我们也就不可能在其中找到它们了。（KrV，A125）

35. 现在我们可以把知性描述为规则的能力的品格。这一标志是更加富有成果的并更接近于知性的本质。（KrV，A126）

36. 知性任何时候都忙碌于目的在于现象的彻底侦探，为的是在现象上找出某种规则。（KrV，A126）

37. 知性并不仅仅是通过现象的比较而为自己制定规则的能力：它本身就是到自然前面的规律提供。（KrV，A126）

38. 假如没有知性，就到处都不会有自然，即都不会有现象的杂多按照规则的综合统一性。（KrV，A126）

39. 正是就这同一个统觉的统一性，从表象的杂多（即从一个唯一的表象规定杂多）上看，就是规则，而这种规则的能力也就是知性。（KrV，A127）

40. 原理分析论将仅仅是为了判断力的一种法规，这种法规引导判断力，把包含先天规则的条件的知性概念运用于现象上。（KrV，A132；B171）

41. 如果把一般知性解释为规则的能力，那么判断力就是把事物归摄到规则之下，即区分某物是否处于一个给予的规则（casus datae legis，规律提供的

格）之下的能力。（KrV，A132；B171）

42. 这时如果普遍逻辑想普遍地指出，人们应当如何将某物归摄到这些规则之下、亦即应当如何区别，某物是否从属于这些规则，那么这件事没有别的，而只能再通过一条规则来实现。（KrV，A133；B172）

43. 这种先验哲学具有——它除了能够显示在纯粹知性概念中被给予的规则（甚或向着规则的普遍条件），同时还能够先天地显示规则应该运用于纯粹概念上的情况——的特性。（KrV，A135；B174）

44. 现在，一种先验的时间规定就它是普遍的并依据于一种先天规则而言，与范畴（它构成了这个先验的时间规定的统一性）是同质的。（KrV，A138；B177）

45. 三角形的图型绝不能够生存于别的地方，而无非生存于思想中，并且意味着想像力的一条综合的规则，鉴于空间中纯粹的形状。（KrV，A141；B180）

46. 一个经验之对象或者它的形象极少在某个时候达到经验的概念，而这种经验的概念任何时候都直接与想像力的图型、作为规定我们直观的一条规则、符合一个一定的普遍概念，相关联。（KrV，A141；B180）

47. 纯粹知性概念的图型是完全不能被带进任何形象中的某物，而只是——合乎一种根据范畴所表达的一般概念的统一性的规则——纯粹的综合，并且是想像力的先验产物。（KrV，A142；B181）

48. 这个图型就在于杂多之物的相继，只要这相继服从于一种规则。（KrV，A144；B183）

49. 协同性（交互作用）的图型，或者实体在其偶性方面的交互因果性的图型，就是一个实体的规定和另一个实体的规定按照一条普遍规则而同时存在。（KrV，A144；B184）

50. 关系的图型，包含并表现出知觉在一切时间中（即根据一个时间规定的规则）的相互关系。（KrV，A145；B184）

51. 它们仅仅充当着，通过一种先天必然的统一性（因为在一个本源的统觉之中的一切意识的必然联结）的根据，使现象服从于综合的普遍规则，并借此使普遍规则适当地无一例外地连结在一个经验之中。（KrV，A146；B185）

52. 经验拥有为它的先天形式奠基的原则，亦即在现象的综合中的统一性的普遍规则。（KrV，A157；B196）

53. 根据这些原理，一切东西（那种能够作为对象而向我们显现的）都必然地服从于规则们，因为，没有这些规则，就绝不能使现象得到一种与之相应的对象的知识。（KrV，A159；B198）

54. 范畴表给我们提供了这个原理表颇为自然的指示，因为这些原理毕竟

无非只是那些范畴的客观运用的规则。（KrV，A161；B200）

55. 所以凡是几何学关于纯粹直观所说的东西，也无需辩驳地适用于经验的直观，并且这种——似乎感官的对象允许不符合空间中的构造的规则（如线或者角的无限可分性规则）的——借口，则必须被废除。（KrV，A165；B206）

56. 现象的一切时间关系的三条规则，据此现象的每一个此在能够在一切时间的统一性方面被规定，先行于一切经验，并且首次使现象成为可能。（KrV，A177；B219）

57. 这种综合统一性，在一切知觉的时间关系中，它先天地被规定，所以就是这条法则：一切经验的时间规定都必须服从普遍的时间规定的规则。（KrV，A178；B220）

58. 现象的综合的规则同时也能够在每个现有的经验的实例中给出这种先天的直观，亦即能够使这种直观由此而实现出来。（KrV，A178；B220）

59. 这些现象如何能够既按照直观又按照知觉的实在，根据一种数学综合的规则而产生出来。（KrV，A178；B220）

60. 所以，一个经验之类比将只是一条规则，按照这条规则，从知觉中应该产生出经验之（不是像知觉本身，而是一般经验的直观的）统一性，并且有关对象（现象的对象）的原理将不看作为是构成性的，而只是调节性的。（KrV，A180；B222）

61. 在现象中包含着领会的必然规则之条件的东西，就是客体。（KrV，A191；B236）

62. 所以当我们经验到，某物发生了，那么我们与此同时总预先假定了，按照一条规则而接着跟随它的什么某物走在了前面。（KrV，A195；B240）

63. 跟随而来、或发生出来的东西必须按照一条普遍规则而跟随在那种曾经包含在先行状态中的东西之后，由此将形成现象的一种序列。（KrV，A200；B245）

64. 如果我把现象、按照它在时间中的位置，而看作规定了的、因而看作按照在知觉关联中的一种规则而任何时候都能够被发现的客体。（KrV，A200；B245）

65. 我们把（在经验性的理解中的）自然叫做现象按照此在、按照必然的规则、亦即按照规律的相互关联。（KrV，A216；B263）

66. 一切生存之物，只在持存着的东西中才被找到，每一个事件都以在先前状态中的——它按照一条规则而跟随的——某物为前提，最后，在同时存在的杂多中、状态按照一条规则同时存在于相互关系中（处于协同性中），那么，一切努力都会是完全徒劳的。（KrV，A217；B264）

67. 我们还找到了先天的综合统一性的规则，借助于这些规则，我们预测

了经验。（KrV，A217；B264）

68. 这是一条基本原理，它使世界上的变化都从属于一条法则，即从属于一条必然的此在的规则，没有这条规则，甚至连自然都决不会产生。（KrV，A228；B280）

69. 后者则属于模态的原理，这种模态的原理给因果规定添加了必然性概念，但这必然性则服从于知性的规则。（KrV，A228；B281）

70. 知性只对一般经验先天地给出规则，按照那些——既是感性的同时又是统觉的——主观的和形式的条件，而唯独这些条件才使经验成为可能的。（KrV，A230；B283）

71. 即使这些知性规则不只是先天真实的，而且甚至是一切真理——即我们的知识与客体的符合——的根源，由此，它们包含了经验可能性的根据，作为客体能在其中被给予我们的一切知识总和的根据。（KrV，A237；B296）

72. 关于原因这个概念，我（如果我删去——在其中某物按照一个规则而跟随另一个某物的——时间），在这个纯粹范畴中找不到更多的东西，而无非它本该是这样的——由此推导出另一某物的此在的——某物。（KrV，A243；B301）

73. 它仅仅是一个分析的、通过单纯概念而比较了事物的规则。（KrV，A272；B328）

74. 这种普通的力学甚至能够在一条先天规则中指出这种冲突的经验的条件，因为它着眼于方向上的对立：这是实在性的先验概念对之完全一无所知的一个条件。（KrV，A273；B329）

75. 逻辑的幻相，以理性形式的单纯模仿为内容，（误推的幻相），它仅仅产生于一种注意逻辑规则的缺乏。（KrV，A297；B353）

76. 在我们的理性（主观地被看作人的一种认识能力）中，存放着理性运用的基本规则和准则，它们完全具有客观原理的外观，并且由此而发生了，我们的概念的一种确凿的连结的主观必要性。（KrV，A297；B353）

77. 知性借助于规则而可以是现象的统一性的能力，这样理性则是原则之下的知性规则统一性的能力。（KrV，A302；B359）

78. 在每一个理性推论中我首先通过知性而思想一个规则（大前提）。（KrV，A304；B360）

79. 作为规则的大前提在一个知识与其条件之间所预设的关系，就构成了理性推论的不同类型。（KrV，A304；B361）

80. 实际上，规则的杂多性和原则的统一性是理性的一种要求，为的是把知性带进与自身的彻底关联中。（KrV，A305；B362）

81. 理性本身、亦即纯粹理性，是否先天地就包含着综合原理和规则，并

且这些原则可能存在于哪里？（KrV，A306；B363）

82. 理性推论并不面向直观、以便将其带入规则之下（如知性带着它的范畴所做的那样），而面向概念和判断。（KrV，A306；B363）

83. 理性在它的逻辑运用中寻求它的判断（结论命题）的普遍条件，而理性推论本身也无非是一个——借助于将它的条件归摄到一个普遍规则之下的——判断（大前提）。（KrV，A307；B364）

84. 这个世界构造的合规则的安排（所以也许整个自然秩序也是如此），都清楚地表明，它们只有按照理念才是可能的。（KrV，A317；B374）

85. 在对自然的考察中，经验把规则交到我们手里，并且就是真理的源泉。（KrV，A318；B375）

86. 如果在知性的实践运用中完全仅涉及按照规则的执行，那么实践理性的理念任何时候都能够现实地、虽然只是部分地，具体地被给予，它甚至是理性的每一个实践运用的不可或缺的条件。（KrV，A328；B384）

87. 正因为它是一切可能的目的的必然统一性的理念，所以它就必须作为本源的、至少是限制的条件而充当一切实践活动的规则。（KrV，A328；B385）

88. 这种给予的判断就是普遍规则（大前提，Major）。（KrV，A330；B386）

89. 规则就在一种确定的条件下说出了普遍的某物。于是，规则的条件就在一种出现的情况中发生了。（KrV，A330；B387）

90. 在这一点上，为了避免那些错误的幻相，人们按照这样的规则行事：凡是按照经验的法则而与一个知觉有关联，就是现实的。（KrV，A376）

91. 偶然的东西在此在中任何时候都必须被看作有条件的，并且按照知性规则指向一个条件。（KrV，A415；B442）

92. 这种理性统一性的条件，由于它们首先，作为按照规则的综合，而应当与知性相一致，但同时作为这种综合的绝对统一性，又应当与理性相一致。（KrV，A422；B450）

93. 所以这个理性的原理原本只是一个规则，它在给予的现象的条件序列中命令一个永远也不允许停留在一个绝对无条件者那里的回溯。（KrV，A509；B537）

94. 根据这条原理，没有任何经验的界限必须看作绝对的界限，因而它是一个理性的原则，作为规则，它在回溯中设定了应当对我们发生的东西，而不是去预测，在一切回溯之前在客体中自在地已经给予了的东西。（KrV，A509；B537）

95. 并想借此而防止，人们不要，就像通常所不可避免地发生的那样，（通过先验的偷换），把客观实在性归于一个仅仅用作规则的理念。（KrV，A509；

B537）

96. 理性理念将只在这个条件序列中向回溯的综合制定一个规则，按照这条规则，这种综合从有条件者开始、借助于一切相互隶属的条件、而向无条件者前进，虽然这个无条件者将永远达不到。（KrV，A510；B538）

97. 唯一留给我们的就只有作为一种可能经验的延续和大小的规则的理性原则的有效性。（KrV，A516；B544）

98. 于是这个命题就包含这个 interminis（限定的）规则：无论我可以借此而在这个上升的序列中而走到多远，我任何时候都必须探询这个序列的一个更高项，而不管它现在是否能通过经验而为我所认识。（KrV，A518；B546）

99. 但这条规则所说的只不过是，即使我们在经验的条件的序列中可以走如此之远，我们在任何地方都不应当假定一个绝对的界限，而是必须使作为有条件的每一个现象从属于作为它的条件的另一个现象。（KrV，A520；B548）

100. 因此我对于经验（感官世界）之整个对象将什么也不能说，而只能谈及经验应当据以与其对象相适合地、被加以处理并且继续下去的那个规则。（KrV，A520；B548）

101. 经验的回溯（唯有通过它，感官世界才能够在其条件方面被给予出来）则有它的规则，即从序列的每一个作为一个有条件者的项，任何时候都前进到一个更远的项。（KrV，A521；B549）

102. 前一种是在感官世界中一个状态与它按照一条规则而跟随其后的前面状态的连结。（KrV，A532；B560）

103. 如果我们只在可能是现象底下的原因的东西中，遵守自然规则，那么我们就可以是不操心的，什么东西在为我们经验地所不知道的先验主体中、对这些现象及其关联的一种根据而被想到。（KrV，A545；B573）

104. 于是这个理性具有原因性、至少我们在它身上设想着一种这样的原因性，这从那些——我们在一切实践的事情中作为规则而交给实行的力量的——命令中就是清楚的了。（KrV，A547；B575）

105. 因为每个原因都预设了一条规则，按照这条规则，某些现象作为结果随之而来，并且每条规则都要求结果的千篇一律。（KrV，A549；B577）

106. 每一个人都具有他的任意的一种经验的品格，这种经验的品格不是别的，而只是他的理性的一种原因性，只要这种原因性在它们的现象中的结果上显示出一条规则。（KrV，A549；B577）

107. 如果我们把它们与理性在实践的方面进行比较，那么我们就发现了一种完全不同于自然秩序的规则和秩序。（KrV，A550；B578）

108. 正如理念提供规则，理想在这种情况下就充当摹本的通盘规定的蓝本。（KrV，A569；B597）

109. 理性的理想就是这样一种情况，它任何时候都必须以确定的概念为基础并且必须用作规则和蓝本，不论是用来遵守还是用来评判。（KrV，A570；B598）

110. 这些轮廓，虽然只有不认真计较，可以被称为感性的理想，因为它们应当是可能经验的直观的不可达到的典范，然而却并不适宜于充当任何能够进行解释和检验的规则。（KrV，A571；B599）

111. 理性连同它的理想的意图就是按照先天规则的通盘规定。（KrV，A571；B599）

112. 这个通盘的规定因而就是一个——我们永远也不能按照它的总体性具体描述的——概念，所以建立在一个——仅仅在理性中占有它的位置的——理念基础之上，理性给知性制定了它的完备运用的规则。（KrV，A573；B601）

113. 因为第二条规则要求你们，把这种统一性的一切经验的原因在任何时候都看作派生的。（KrV，A617；B645）

114. 按照这种看法，最高存在者的理想无非是理性的一个调节的原则，即把世界上的一切联结都看作，似乎是从一种最充分的必然原因中产生出来的，以便在这上面建立起解释这些联结的一种系统的和按照普遍法则的必然的统一性的规则，而并不是主张一种自在的必然的生存。（KrV，A619；B647）

115. 我们到处都看到一个从结果和原因、从目的和手段构成的链条，看到在产生和消失中的合规则性。（KrV，A622；B650）

116. 在这个世界中，两种不同类型的原因性及其规则必须被假定，亦即自然和自由。（KrV，A632；B660）

117. 人们其实并不能说，这个理念是一个客体的概念，而只能说它是这些概念的通盘统一性的概念，只要这种通盘统一性充当知性的规则。（KrV，A645；B673）

118. 如果人们要按照一切严格性而判断，就会得出，被视为假设的那个普遍规则的真实性。（KrV，A647；B675）

119. 这种假设的运用却只是调节性的，以便于由此而尽可能地把统一性带入到这种特殊的知识中，并且借此使这条规则接近普遍性。（KrV，A647；B675）

120. 这种假设的理性运用指向知性知识的系统统一性，但这种统一性则是规则的真理性的试金石。（KrV，A647；B675）

121. 知性单独不足以成为规则的地方，通过理念而援助它，同时尽其所容许做到的，使知性规则的差异性在一个（系统的）原则下并由此而获得相互关联的一致性。（KrV，A648；B676）

122. 人们必须为了理性的利益、即为了可能给予经验的许多规则建立一定

的原则，而寻找那种基本力。（KrV，A649；B677）

123. 实际上，如果一条先验的原则不被预设，通过它这样一个与客体们本身相联系的的系统统一性被先天地假定为必然的，我们甚至就不能看出，规则们的理性统一性的一条逻辑原则如何能够发生。（KrV，A650；B678）

124. 在自然中会遇到这样一种一致性，哲学家们在这条著名的经院规则中预设了：人们非不得已则并不必须增加始基（原则）。（KrV，A652；B680）

125. 这就需要发现一条先行的理性规则，这条规则给知性提出了寻找差异性的任务，因为它把自然预设得如此丰富多彩，而猜测差异性。（KrV，A657；B685）

126. 然而它们，作为先天综合命题，仍然具有客观的、但不确定的有效性，并且被用做可能经验的规则。（KrV，A663；B691）

127. 理性的理念就是一个感性图型的类似物，但却带有这种区别，即知性概念在理性图型上的应用并不恰好就是对象本身的一种知识（如同在范畴应用于他的感性图型上那里一样），而只是一切知性运用的系统统一性的一条规则或原则。（KrV，A665；B693）

128. 理性的经验的运用的一切规则在这样一个理念中的对象的前提下都能够通向系统的统一性并且任何时候都能够扩展这种经验知识，但却绝不能够与经验知识相违背：那么这就是理性的一个必要的准则，按照这一类理念而处理。（KrV，A671；B699）

129. 并非从一个最高的理智而推导出世界秩序和它的系统的统一性，而从一个最高智慧的原因的理念而取得这种规则，根据这种规则，理性在连结世界上的原因和结果时就本该使它自己得到最大满足。（KrV，A673；B701）

130. 这些条件序列的绝对总体性，在其各项的推导中，就是一个理念，它虽然永远也不能在理性的经验的运用中完全实现出来，但毕竟充当了——我们应当如何处理这个条件序列的——规则。（KrV，A685；B713）

131. 理性无非能够在扩展它的经验的运用的时候把它自己的形式规则当成意图，但决不可能把超出一切经验的运用的界限之外的扩展当成意图。（KrV，A686；B714）

132. 人们把那种——使经常偏离于一定的规则的倾向被限制、并最终被清除的——强制，称为训练。（KrV，A709；B737）

133. 它们仅仅包含——按照应当被经验地寻求的、那种不能被先天地直观地表象出来的东西（知觉）的——一定的综合统一性的规则。（KrV，A721；B749）

134. 概念是知觉的综合一条规则。（KrV，A722；B750）

135. 这些现象在这上面也就无非经验地、即后天地能够被规定（但遵照那些概念作为经验的综合的规则）。（KrV，A723；B751）

136. 这些原则无非是一种从经验及其法则中产生的习惯，因而只是经验的、即本身偶然的规则，我们把一种被臆想出来的必然性和普遍性归于这些偶然的规则了。（KrV，A765；B793）

137. 由此他就使一种在知性中具有它的位置、并且说出了必然的连结的亲和性原则，变成一种只有在模仿的想像力中才遇到的联想规则。（KrV，A766；B794）

138. 至于整个类（在这里地球上）的延续，那么这个困难在这方面并不重要，因为个别中的偶然仍然已经服从于整体中的规则。（KrV，A779；B807）

139. 这决不单纯是一个必要的谨慎性规则，而是涉及证明本身的本质和可能性。（KrV，A782；B810）

140. 所以第一条规则就是这种：不尝试任何先验的证明，无需事先考虑好并且如果那样的话就有充足的理由而必须，从哪里人们愿意接受这些原理，想到什么人们就把它建立起来，并且人们有什么权利可以期待它们好的推论结果。（KrV，A786；B814）

141. 一个在时间中的事件的规定，因而这个属于经验之（事件），不服从于一个这样的动力学规则，大概是不可能的。（KrV，A788；B816）

142. 纯粹理性的第三个特有的规则，当它在先验证明上经受一种训练的时候，就是：它的证明就必须永远都不是反证法的，而任何时候都必须是明示的。（KrV，A789；B817）

143. 理性的思辨运用的一条必要的规则就是，不要错过自然原因，并且放弃我们能够被经验所教导给我们的东西，以便推导出，我们所知道的东西，来自完全超出了我们的一切知识的东西。（KrV，A799；B827）

144. 出自幸福的动机的实践律我称之为实用的规律（明智规则）。（KrV，A806；B834）

145. 甚至每一个人都会把道德律看作命令，但命令就不会是道德律了，如果它不是先天地把恰当的后果与它们的规则连结起来、因而拥有预兆和威胁。（KrV，A811；B839）

规律（das Gesetz）

自然规律（das Gesetz der Natur）

自然规律、自然律（das Naturgesetz）

实践规律、实践律（das praktische Gesetz）

道德规律（das Moralische Gesetz）

道德律（das Sittengesetz，das sittlische Gesetz）

世界规律（das Weltgesetz）

1. 抽掉了感官的影响、想像的游戏、记忆的规律、习惯的威力、爱好等

等，因而也抽掉了一切成见的来源。（KrV，A53；B77）

2. 但因为知识的单纯形式，不论它与逻辑的规律多么一致，也还远不足以，因此就澄清了知识的质料上（客观上）的真理性，所以没有人敢于单凭逻辑就对于对象作出判断。（KrV，A60；B85）

3. 在一个假言的理性推论中，前件在大前提中显现为或然的，在小前提中显现为实然的，而且表明，这个命题按照知性的规律已经与知性结合了；必然命题则把实然命题设想为通过这些知性规律本身所规定的，因而是先天断言的，并以这种方式表达了逻辑的必然性。（KrV，A76；B101）

4. 它们［自在的事情本身］的合规律性即使除开认识它的知性，也会必然地归于自在的事情本身。（KrV，B164）

5. 一切可能的知觉、因而甚至一切总能够获得经验的意识的东西、即一切自然现象，按照它的联结，也都服从范畴，而自然（单纯看作一般自然）则依赖于这些——作为自己的必然合规律性的本源根据（作为 natura formalite spectata，形式方面的自然）的——范畴。（KrV，B165）

6. 特殊的规律，因为它们涉及到被经验地规定了的现象，不能从范畴中完备地被推导出来，即使它们全都服从那些范畴。经验为此就必须发生了，以便于一般地认识这些特殊规律。（KrV，B165）

7. 它们被我们的创造者这样安排，以至于它们的运用与经验所沿着它运行的自然规律，恰好相符合（纯粹理性的预成论体系的一种）。（KrV，B167）

8. 想像中的再生的综合，虽然这是一条单纯经验的规律，根据那些已经常跟随或伴随的表象，最终相互共同出现，并由此连接在一起。（KrV，A100）

9. 规则就其是客观的而言（因而就其与对象的知识必然相关联而言），就叫作规律。（KrV，A126）

10. 在这些更高的规律中，那些最高的（其他一切规律都从属于其下的）规律先天地从知性本身中发源，并且不是从现象中借来。（KrV，A126）

11. 知性本身是自然规律的来源，因而是自然的形式统一性的来源。（KrV，A127）

12. 一切经验的规律都只是对知性的纯粹规律的特殊规定，在这些规定之下并且按照它们的基准，一切经验的规律才是首先可能的。（KrV，A128）

13. 纯粹知性在范畴中就是一切现象的综合统一性的规律，并由此才使得经验按照它的形式首先并本源地成为可能。（KrV，A128）

14. 甚至自然规律，当它们被看作知性的经验的运用的原理（Grundsätze）的时候，同时也就带有了一种必然性的特征。（KrV，A159；B198）

15. 一切变化都按照原因与结果的连结的规律而发生。（KrV，B232）

16. 如果这是我们感性的一条必然规律，因而一切知觉的一个形式条件：

这种在先的时间必然规定这种随后的时间（因为我没有别的而只有通过先行的时间，才能够达到随后的时间），那么也就存在着一条时间序列的经验的表象的不可或缺的规律。（KrV，A199；B244）

17. 这就是一切变化的连续性的规律。（KrV，A209；B254）

18. 这就由此澄清了这种可能性，先天地认识一条变化规律，按照变化的形式。（KrV，A210；B256）

19. 我们把（在经验性的理解中的）自然叫做现象按照此在、按照必然的规则、亦即按照规律的相互关联。所以它就是一定的——更确切的说是先天的规律，使一个自然成为可能的——规律；而那些经验的规律——只有凭借经验，而且是依照——经验本身藉此而首次成为可能的——那些本源的规律，——才能够发生，并也才能够被发现。（KrV，A216；B263）

20. 没有这些经验和规律，它们的可能性就是一种任意的思维联结。（KrV，A223；B270）

21. 但如果相互关联按照普遍的知性规律而被思考，则称为知性世界（Verstandeswelt）。（KrV，A257；B313）

22. 所以那个表面上的规律决不是自然的规律。它仅仅是一个分析的、通过单纯概念而比较了事物的规则。（KrV，A272；B328）

23. 在一个与知性规律彻底符合的知识中，没有任何错误。（KrV，A294；B350）

24. 与知性的规律处于一致中的是一切真理的形式的东西。（KrV，A294；B350）

25. 但这样一条原理并没有给客体预先规定任何规律，并且没有包含把客体作为这样一般客体而认识和规定的可能性的根据，而单纯是一条——节省我们知性的储备的——主观规律。（KrV，A306；B362）

26. 假如我们还要求助于——对于我们思维的游戏以及必须由此而获取的、思想的自身的自然规律的——观察，那么就会产生一种经验的心理学，它就该是内感官的一种自然之学。（KrV，A347；B405）

27. 按照经验论，知性任何时候都在自己所特有的基地上，亦即都在纯然可能经验的领域中，它可以探究这些可能经验的规律，并且它能够借助于这些规律而无尽地扩展自己的可靠的和可理解的知识。（KrV，A468；B496）

28. 他也不承认，人们本身在自然中把一种独立于自然规律而起作用的能力、（自由）设置为基础，并以此给知性减少——按照必然规则的线索探究现象的产生的——事务。（KrV，A469；B497）

29. 我们不可假定任何别的事件的产生，除非这种事件被不变的自然规律所规定。（KrV，A471；B499）

30. 如果你们假定：在世界上发生的一切事情中，除了按照自然规律的结果，便什么也没有，那么这个原因的原因性又总还是某种发生的东西，并且使你们对更高原因的追溯、因而使条件序列 a parte priori（向在先方向上）的无休止的延长成为必然的。（KrV，A488；B516）

31. 我所理解的自由，在宇宙论的理解中，就是自行开始一种状态的能力，所以它的原因性并不是按照自然规律又不从属于另外一个按照时间规定它的原因。（KrV，A533；B561）

32. 假如感性世界中的一切原因性都只是自然，那么每个事件都将是在时间中按照必然规律而被另一个事件所规定，因而，由于现象，只要它规定着任意，就必须会使每一个行动作为它的自然后果而成为必然的，所以先验的自由的取消同时也就灭绝了一切实践的自由。（KrV，A534；B562）

33. 那条原理的正确性，有关感官世界中一切事件的通盘关联，按照不变的自然规律，已经作为一条先验感性论的原理而固定下来并且不受任何损害了。（KrV，A536；B564）

34. 由于在自然的一种前后联系中的一切现象的通行的相互关系，是一条不可减少的规律，这种规律就必定会必然地推翻一切自由，如果人们想顽强地追随现象的实在性。（KrV，A537；B565）

35. 拥有一种经验的品格，由此它的行动，作为现象，就会与其他现象按照固定的自然规律而彻头彻尾地处于关联之中，并能够从作为它的条件的现象中被推导出来，从而与这些现象联结着，而构成自然秩序的唯一序列的各项。（KrV，A539；B567）

36. 一旦外部现象流进主体，就像它的经验的品格、即它的原因性的法则，则通过经验而被认识，它的一切行动就必须允许按照自然规律而解释。（KrV，A540；B568）

37. 自然规律，即一切发生的事情都有一个原因。（KrV，A542；B570）

38. 这种——现象由以能够首先构成一个自然并适合充当一个经验之对象的——规律，是一种知性的规律，这不允许以任何借口脱离于它、或者把任何一个现象除外。（KrV，A542；B570）

39. 但毕竟，这个原因的在现象中的行动本该是与经验的原因性的所有规律相一致的。（KrV，A545；B573）

40. 于是行动，只要它已经归于作为它的原因的思维方式，仍然完全不按照经验的规律从这种思维方式里面发生。（KrV，A551；B579）

41. 没有任何遵照这种品格规定人的那些条件，它们不被包含在自然结果的序列中并且属于自然结果的规律，根据这个规律，根本没有在时间中发生的东西的在经验的无条件的原因性，被找到。（KrV，A552；B580）

42. 在它里面没有任何规定随后的状态的状态是先行的，因而它根本不属于那些——按照自然规律使现象成为必然的——感性的条件的序列。（KrV，A556；B584）

43. 由于特殊的自然规律服从于普遍的自然规律，并且原则的节约不单纯成为理性的一个经济的原理，而且成为了自然的内部法则。（KrV，A650；B678）

44. 使知性的一切可能的经验的行动的统一性系统化，这是理性的一项事务，正如知性通过概念而连结现象的杂多并带入经验的规律之下那样。（KrV，A664；B692）

45. 这使我们在研究这些原因时相当方便，亦即，替代了在物质的机械论的普遍规律中寻找这些原因，而直接引证于最高智慧的不可捉摸的决议。（KrV，A691；B719）

46. 因为那样一来，我们就把按照自然的普遍规律的一种合目的性设置为基础了，对于这些自然规律没有任何特殊的机制例外。（KrV，A691；B719）

47. 这个系统统一性的理念本来只应当用来，为了寻找作为调节性原则在按照普遍自然规律的事物的联结中的系统的统一性。（KrV，A692；B720）

48. 因为这种统一性对事物的本性是完全陌生的和偶然的，并且也不能从自然的普遍规律而被认识。（KrV，A693；B721）

49. 自然研究完全仅仅按照自然的普遍规律在自然原因的链条上而正常运行，虽然按照创造者的理念，但并非为了——从这个创造者中推导出的、到处都跟踪到它的——那种合目的性，而为了认识来自这种——在自然事物的本质中、尽可能也在所有一般事物的本质中被寻求的——合目的性的、因而也是绝对必然的创造者的此在。（KrV，A694；B722）

50. 如果我们不在那些——构成整个经验对象、亦即构成我们一切客观有效的知识的对象的——事物的本质中，因而在普遍而必然的自然规律中发现这种完善性，我们怎么会由此直接推出一个——作为一切原因性的起源的——原始存在者的一种最高的和绝对必然的完善性的理念呢？这个最大的系统的、因而也是合目的性的统一性是人类理性的最大运用的可能性的学校，甚至是它的地基。（KrV，A694；B722）

51. 这个最高智慧的理念是在对自然界的自然研究中的一种调节和一种按照普遍的自然规律的自然界的系统而合目的性的统一性原则。（KrV，A699；B727）

52. 但我们不能错过——作为意图在于这种理念会为之设置基础、而不与我们自己相矛盾的——那些普遍自然规律，以便把这种自然合目的性看做是偶然的并按照它的起源是超自然的。（KrV，A699；B727）

53. 人们根本不是把这条原理的真实性（一定不是一个起作用的一般原因的概念的客观有效性）立足于任何洞见、即先天知识之上，因此丝毫不是这条规律的必然性，而只是这条规律在经验的进程中的普遍适用性以及因此而产生的主观必然性，他称这种主观必然性为习惯，构成了这条规律的全部声望。（KrV，A760；B788）

54. 只有经验才能够教导我们这样一种规律。（KrV，A766；B794）

55. 为了解释给予了的现象，没有任何别的事物和解释根据，而无非引用按照已知的现象规律而与给予了的现象被连结起来的事物和解释根据。（KrV，A772；B800）

56. 自然中的秩序和合目的性又必须从自然根据中并按照自然规律而被解释。（KrV，A772；B800）

57. 那么我们就必须，按照一条不可违反的基本准则、没有这条准则我们就不能在经验的运用中执行任何理性，决不相异于一切剩余的自然现象、即按照自然的不变的规律，而解释这些行动。（KrV，A798；B826）

58. 一切通过自由才是可能的东西，都是实践的。但如果执行我们自由的任意的条件都是经验的，那么理性在此就没有别的而只能有一种调节的运用，并且只用于产生经验的规律的统一性，例如在聪明的学说中，在一个唯一的目的、即幸福中、并且使达到幸福的手段协调一致，而联合我们的爱好交给我们的一切目的，这构成了理性的全部事务，理性为此能够提供，没有别的而无非自由行为的实用的规律，以达到感官向我们推荐的那些目的，因而决不能提供完全先天规定的、纯粹的规律。与此相反，纯粹实践规律，它的目的完全先天地被理性所给予，并且这些规律并非以经验的为先决条件，而绝对地命令着，是纯粹理性的产物。但这样一些规律就是道德的规律，因而它们只属于纯粹理性的实践的运用，并容许一种法规。（KrV，A800；B828）

59. 因此理性也给出了规律，它们是命令、即客观的自由规律，它们说明，什么应该发生，即使它同样也许决不会发生，并且它们在这点上与只处理那些发生了的东西的自然律相区别，因此也被称为实践律。（KrV，A802；B830）

60. 出自幸福的动机的实践律我称之为实用的规律（明智规则）；但假使存在着这样一种实践规律，它在动机上不具有别的，而无非是配得上幸福的，那我就称它为道德的（道德律）。（KrV，A834；B806）

61. 这些规律绝对地（不单在其他经验的目的之前提下假言地）命令着，因而在任何方面都是必然的。（KrV，A807；B835）

62. 我把世界，只要它是与一切道德律相符合的，（如同它按照理性的存在者的自由、而能够所是的那样，并且，按照道德性的必然规律、所应当是的那样），称为一个道德的世界。（KrV，A808；B836）

63. 实践的规律，只要它同时又是行动的主观根据、即主观原理，就叫作准则。德性的评判，按照纯粹性和后果，则按照理念执行，而它的道德律的遵守则按照准则而执行。（KrV，A812；B840）

64. 相反，如果我们从道德统一性的观点，这样一个必然的世界规律而认真考虑——那种唯一能够给这一世界规律提供适当的效果、因而也为我们提供有联系的力量的——原因，那么这种原因则必须是一个唯一的至上意志，它包含所有这种规律于自身。（KrV，A815；B843）

65. 因为这些道德律恰好是，由它的内部的实践的必然性而把我们引向一个独立原因的、或一个智慧的世界统治者的预设的，以便给予那些规律以效力，因此我们就不能根据这种效力反过来把道德律看做是偶然的和从单纯的意志推导出来的，尤其不能看成从这样一个——从中我们完全不具有概念，如果我们不遵照道德律而塑造它——意志推出来的。（KrV，A818；B846）

66. 一种这样的连结的规律必须是确定的。（KrV，A822；B850）

规律提供、提供规律（das Gesetzgeben，die Gesetzgebung）

规律提供者（der Gesetzgeber）

1. 宗教，通过它的神圣性，以及规律提供通过它的威严，通常想逃脱这种批判。（KrV，A XI）

2. 所以知性并不仅仅是通过现象的比较而为自己制定规则的能力：它本身就是到自然前面的规律提供，即，假如没有知性，就到处都不会有自然，即都不会有现象的杂多按照规则的综合统一性。（KrV，A 126）

3. 如果把一般知性解释为规则的能力，那么判断力就是把事物归摄到规则之下，即区分某物是否处于一个给予的规则（casus datae legis，规律提供的格）之下的能力。（KrV，A132；B171）

4. 规律提供和统治越是与这种理念相一致地建立起来，惩罚当然就变得越罕见。（KrV，A317；B373）

5. 但鉴于所关涉的德性、规律提供和宗教的原则。（KrV，A318；B375）

6. 完全先天地在我们自己的此在方面把我们预设为提供规律的、以及规定这种生存本身的。（KrV，B430）

7. 因而正是这同一个理念是为我们提供规律的，所以我们当然地就，假定一个与这个理念相应的规律提供的理性（intellectus archetypus，原型的智性），从这个作为我们理性的对象的规律提供的理性中可以推导出自然的一切系统的统一性。（KrV，A695；B723）

8. 到处寻求和推测这个世界完善性毕竟属于我们理性的规律提供，而且按照这条原则进行自然考察，必定任何时候都是对我们有利的，而决不会成为有

害的。（KrV，A700；B728）

9. 因为一个完全独特的、更确切的说是否定性的规律提供便是不可缺少的了，这种否定性的规律提供以一个出自理性的本性和理性的纯粹运用的对象的本性的训练的名义。（KrV，A711；B739）

10. 甚至一种单纯独断的理性的这些无止境的争执，最终不得不在这个理性本身的一种批判中，并在某种以批判为根据的规律提供中，寻求到安宁。（KrV，A752；B780）

11. 所以道德神学是只有内在的运用的，即这里在世界中实现我们的使命，通过我们适合于一切目的的系统，而不是狂热地或也许甚至是罪恶地放弃道德规律提供的理性在善的生活方式上的指导，以便把这种指导直接相连于最高存在者的理念。（KrV，A819；B847）

12. 在这方面，哲学就是一切知识与人类理性的根本目的（teleologia rationis humanae，人类理性的目的论）的关系的科学，并且哲学家就不是一个理性行家，而是人类理性的规律提供者。（KrV，A839；B867）

13. 唯有这些导师我们才必须称为哲学家；然而，由于他本身毕竟没有任何地方、但他的规律提供的理念却在每一个人的理性中到处都被发现，所以我们所要坚持的就仅仅是这种规律提供的理念，并要更切近地规定，哲学按照这个世界概念而为来自这一目的的立场的系统统一性所颁定的东西。（KrV，A839；B867）

14. 于是，人类理性的规律提供（哲学）具有两个对象，自然和自由，所以它一开始就不仅把自然法则、也把道德法则包含在两个特殊的、但最终在一个唯一的哲学系统中。（KrV，A840；B868）

归纳（die Induktion）

1. 经验决不给予它的判断以真正的或严格的、而仅（通过归纳）假定的、相比较的普遍性，以至于实际上必须说：我们迄今已经觉察了如此多，还没有发现这个或那个规则的任何例外。（KrV，B3）

2. 凡是从经验借来的东西，也都只具有比较的普遍性、即通过归纳而来的普遍性。（KrV，A24；B39）

3. 人们绝不能确定这种概念的全部数目性，因为它仅仅被归纳所推出，而无需思想，人们以这种方式绝不看出，究竟为什么恰恰这些概念而非那些概念寓于纯粹知性中。（KrV，A81；B107）

4. 规则的这种严格普遍性也根本不是任何经验的规则的属性，而经验的规则的属性通过归纳只能获得比较的普遍性，即广泛的适用性。（KrV，A92；B124）

5. 这样一来，它的普遍性和必然性就该是仅仅捏造的，而不会具有真正的普遍的有效性，因为这种普遍的有效性不会是先天的、而只会以归纳为基础。（KrV, A196; B241）

6. 任何一个全称命题，即使它可能是从经验中（通过归纳）而得来的，都可以在一个理性推论中用作大前提；但它并不因此而本身就是一条原则。（KrV, A300; B357）

归摄（subsumieren）

1. 如果把一般知性解释为规则的能力，那么判断力就是把事物归摄到规则之下，即区分某物是否处于一个给予的规则（casus datae legis，规律提供的格）之下的能力。（KrV, A132; B171）

2. 这时如果普遍逻辑想普遍地指出，人们应当如何将某物归摄到这些规则之下、亦即应当如何区别，某物是否从属于这些规则，那么这件事没有别的，而只能再通过一条规则来实现。（KrV, A133; B172）

3. 在一个对象低于一个概念的所有归摄中，对象的表象必须和概念是同质的，这就是说，这个概念必须包含归摄于其下的那个对象中所将表象出来的东西。（KrV, A137; B176）

4. 直观归摄到概念之下。（KrV, A137; B176）

5. 现象不是必须被干脆归摄到范畴之下，而只是必须被归摄到范畴的图型之下。（KrV, A181; B223）

6. 现在，判断力一种机能仍还属于一个概念的运用，在那上面一个对象被归摄到这个概念下，因而也被归摄于——在其下能够在直观中被给予的某物的——最少的形式条件。缺乏判断力的这个条件，（图型）因而所有的归摄就都作废了。（KrV, A247; B304）

7. 当这些范畴缺乏（在判断中）任何一种运用的一切条件、也就是任何一个所谓的对象归摄到这些概念之下的形式条件的时候，这种运用自在本身是不可能的。（KrV, A248; B305）

8. 数学公理（例如两点间只能有一条直线，）甚至是先天的普遍知识，因此它相对于能够被归摄于它们之下的那些情况，而有权利叫作原则。（KrV, A300; B356）

9. 因为大前提任何时候都提供一个概念，它使得一切被归摄于这个概念条件下的东西，都从这个概念中、按照一条原则而被认识。（KrV, A301; B357）

10. 借助于判断力我把一个知识归摄到规则的条件之下（小前提）。（KrV, A304; B360）

11. 理性在它的逻辑运用中寻求它的判断（结论命题）的普遍条件，而理

性推论本身也无非是一个——借助于将它的条件归摄到一个普遍规则之下的——判断（大前提）。（KrV，A307；B364）

12. 可是我寻求一个概念，（在这里，亦即人这个概念），它包含着——这种判断的谓词（一般的断言）被给予出来的——条件，并且因为我已经把这个谓词归摄到这个条件的全部范围之下（所有人都是会死的）；所以照此我才规定我的对象的知识（卡尤斯是会死的）。（KrV，A322；B378）

13. 理性，看作为知识的一种确定的逻辑形式的能力，就是推理的能力，亦即间接地（通过把一个可能判断的条件归摄到一个给予判断的条件之下）判断的能力。这种给予的判断就是普遍规则（大前提，Major）。把另外一个可能判断的条件归摄到这种规则的条件之下，就是小前提（Minor）。（KrV，A330；B386）

14. 大前提对范畴，在其条件方面，仅仅作一种先验的运用，但小前提和结论对同一个范畴却是在归摄于该条件之下的那个灵魂方面，则作一种经验的运用。（KrV，A403）

15. 相反，在现象（它被归摄于小前提下）中经验的综合与条件的序列则必然前后相继地并且仅仅在时间中一个跟着一个地已经给予了。（KrV，A500；B528）

16. 相反，在现象（它被归摄于小前提下）中经验的综合与条件的序列则必然前后相继地并且仅仅在时间中一个跟着一个地已经给予了。（KrV，A646；B674）

H

合理的（rational）

1. 把合理的心理学向前转移而得出的谬误推理。(KrV, BXXXVIII)

2. 这些定理构成了一门纯粹的（或合理的）自然科学。(KrV, B21)

3. “我”这个术语，作为一个思想着的存在者，已经意味着心理学的对象了，而这种心理学则可以叫做合理的灵魂学说。(KrV, A342; B400)

4. 合理的灵魂学说，于是实际上就是这种类型的冒险。 (KrV, A342; B400)

5. 建立于这上面的合理的灵魂学说绝不是纯粹的，而是部分地根据一种经验的原则的。(KrV, A343; B401)

6. 知觉（例如无论愉快和不愉快）的最小客体，它只要达到自我意识的普遍表象中，就立刻会使合理的心理学转变为经验的心理学。 (KrV, A343; B401)

7. “我思”，所以就是合理的心理学唯一的课文，从中它应当施展它的全部智慧。(KrV, A343; B401)

8. 任何经验的谓词都会损坏这门科学摆脱一切经验的合理的纯粹性和独立性。(KrV, A343; B401)

9. 合理的灵魂学说所能包含的其余一切都必须从此而被推导。 (KrV, A344; B402)

10. 它就不会是任何合理的心理学了。(KrV, A347; B406)

11. 在合理的心理学的处理方式中，起支配作用的是一种谬误推理。(KrV, B410)

12. 纯粹理性的二律背反也把一种被误以为的纯粹的（合理的）宇宙论的先验原理摆到了眼面前。(KrV, A408; B435)

13. 先天地认识是通过概念的构造而来的合理的与数学的知识，后天地认识则是单纯经验的（机械的）知识。(KrV, A721; B749)

14. 我会构造一个三角形的数学概念，即先天地在直观中提供出来，并且以这种途径获得一种综合的、但却合理的知识。(KrV, A722; B750)

15. 但我在这里把整个的高级的认识能力理解为理性，所以便以合理的东西与经验的东西相对立。(KrV, A835; B863)

16. 如果我把知识的一切客观地观察到的内容，都抽掉，那么一切知识、主观地、就或者是历史的，或者是合理的。历史的知识是 cognitio ex datis（出自事实的知识），合理的知识则是 cognitio ex principiis（出自原则的知识）。

（KrV，A835；B963）

17. 理性的运用在这种合理的自然考察中或者是自然的，或者是超自然的，或更好地说，或者是内在的，或者是超验的。（KrV，A845；B873）

18. 有形的自然的形而上学叫做物理学，然而，因为它只应当包含物理学限先天知识的原则，则叫合理的物理学。思想着的自然的形而上学就叫做心理学，并且出于上面列举的原因，它在这里只被理解为心理学的合理的知识。（KrV，A846；B874）

19. 整个形而上学系统就由四个主要部分组成。1. 本体论。2. 合理的自然之学。3. 合理的宇宙论。4. 合理的神学。第二个部分、即纯粹理性的自然学说，包含有两个部门，合理的物理学（physica rationalis）和合理的心理学（psychologia rationalis）。（KrV，A847；B875）

合目的的（zweckmäβig）

合目的性（die zweckmäβigkeit）

1. 我们现在正要在概念中做一项试验，看人们是否能够把人类理性幸运地挺过这两个险阻，给它指导确定的界限，但并且仍然能够使它的合目的性活动的全部领域对它保持开放。（KrV，B128）

2. 这个强有力的、绝不可能被驳倒的证明根据，伴随着通过一种在我们眼前所看到的一切东西中的合目的性的不断增加的知识，并且伴随着通过一种在创造的不可估量性中的展望。（KrV，B426）

3. 构成世界的那些事物的整个秩序，都来源于一个原始存在者，一切东西都从这个原始存存者那里借取它的统一性和合目的的连结，这么多都是道德和宗教的基石。（KrV，A466；B494）

4. 当前的这个世界，向我们展现出一个如此不可估量的多样性、秩序、合目的性和美的舞台，人们可以在空间的无限性中，或者在对空间的无限制的分割中追寻它。（KrV，A622；B650）

5. 这个概念有利于我们的理性在原则的节约上的要求，它在自身中不屈服于任何矛盾并且甚至还有益于理性运用在经验内部的扩展，通过——这样一个给予理念以秩序和合目的性——的指导，却在哪里都不以果断的方式而与一种经验相违背。（KrV，A623；B651）

6. 对于世界之物，这种合目的性的安排是完全外来的，并且只与它们偶然地相联系。（KrV，A625；B653）

7. 按照这种推论，这么多的自然配置的合目的性和合拍性，必须会单纯证明，形式的偶然性，却并不证明质料的、即在世界中的实体的偶然性。（KrV，A626；B654）

8. 所以这个推论就从在世界之中如此普遍可观察到的秩序和合目的性，当作一种完全偶然的安排，走向那个与之相称的原因的此在。（KrV，A627；B655）

9. 当人们一直达到对世界创造者的智慧、力量等等的伟大感到惊叹而不再能够继续前行了之后，人们就一下子抛开了这个通过经验的证明根据而作的论证，并且走向一开始就从世界的秩序和合目的性中推导出来的世界的偶然性。（KrV，A629；B657）

10. 一切，凡是在我们力量的本性中已经建立起来的东西，都必须是合目的的并且与这些力量的正确运用的一致的，如果我们仅仅能够防止一种确凿的误解并且能够找到它们的真正的方向。（KrV，A642；B670）

11. 理性原本只把知性及其合目的的职能当作对象。（KrV，A644；B672）

12. 所以它们特许在我们理性的自然天资中具有它们的良好的与合目的的使命。（KrV，A669；B697）

13. 这个唯独以理性概念为依据的最高形式的统一性，就是事物的合目的的统一性，而理性的思辨的兴趣则有必要把世界的一切安排都看作，好像它们来源于一个最高理性的意图。（KrV，A686；B714）

14. 这个预设无非是理性的一条调节的原则，为了达到最高系统的统一性，而借助于那个至上的世界原因的合目的的原因性的理念，并且，好像这个原因性作为最高的理智，按照最智慧的意图就是一切东西的原因。（KrV，A688；B716）

15. 因为那样一来，我们就把按照自然的普遍规律的一种合目的性设置为基础了，对于这些自然规律没有任何特殊的机制例外。（KrV，A691；B719）

16. 取而代之，人们则转回了这件事情，并且开始了，人们把一条合目的性的统一性原则的现实性作为实体化的东西而设置为基础。（KrV，A692；B720）

17. 因为，如果人们不能在自然中先天地预设那最高的合目的性，即将它预设为属于自然的本质，人们怎么会被指示，而寻求它、并在一个自然的等级阶梯中接近一个创造者的最高完善性，即一种绝对必然的、因而是先天可认识的完善性呢？（KrV，A693；B721）

18. 自然研究完全仅仅按照自然的普遍规律在自然原因的链条上而正常运行，虽然按照创造者的理念，但并非为了——从这个创造者中推导出的、到处都跟踪到它的——那种合目的性，而为了认识来自这种——在自然事物的本质中、尽可能也在所有一般事物的本质中被寻求的——合目的性的、因而也是绝对必然的创造者的此在。（KrV，A694；B722）

19. 完备的合目的的统一性就是完善性（绝对地观察）。（KrV，A694；

B722）

20. 这个最大的系统的、因而也是合目的的统一性是人类理性的最大运用的可能性的学校，甚至是它的地基。（KrV，A694；B722）

21. 当然，但只作为在理念中而非在实在性中的对象，即只要这个对象仅仅是世界机制的系统统一性、秩序和合目的性的一个为我们所不知道的基底，理性必须使这种世界机制的统一性、秩序和合目的性成为它的自然研究的调节的原则。（KrV，A697；B725）

22. 因为我们只预设了一个——我们对之自在地本身会是什么完全没有任何概念的——“某物”（一个单纯的先验对象），然而，在世界结构的系统而合目的性的秩序的关系中，如果我们研究自然、就必须预设它。（KrV，A698；B726）

23. 这个最高智慧的理念是在对自然界的自然研究中的一种调节和一种按照普遍的自然规律的自然界的系统而合目的性的统一性原则。（KrV，A699；B727）

24. 因为这种最大的系统的和合目的性的统一性，它曾要求你们的理性作为调节的原则而为一切自然研究奠定基础。（KrV，A699；B727）

25. 但我们不能错过——作为意图在于这种理念会为之设置基础、而不与我们自己相矛盾的——那些普遍自然规律，以便把这种自然合目的性看做是偶然的并按照它的起源是超自然的。（KrV，A699；B727）

26. 因为这条系统统一性的调节的法则要求，我们应当这样研究自然，好像到处都会无限地、在最大可能的多样性那里，遇到系统而合目的的统一性。（KrV，A700；B728）

27. 自然中的秩序和合目的性又必须从自然根据中并按照自然规律而被解释。（KrV，A772；B800）

28. 如果，在一个无限制地完善的原因的前提下，虽然在世界中发现的一切合目的性、秩序和大小的任何解释根据，都不缺乏，但却需要那种，至少按照我们的理解、在显示出畸形与祸害的情况下，仍然新的假设，以便对这种情况的反驳得到拯救。（KrV，A774；B802）

29. 即使也证明了一个最高理智的此在：那么我们尽管会由此而把握世界安排和普遍秩序中的合目的性，但完全没有被授权，由此而推导出任何一种特殊的部署和秩序。（KrV，A799；B827）

30. 但道德律也不给予这些命令，在那里道德律并不处于一个作为至善的必然存在者中，这个至善能够使这样一个合目的性的统一性成为可能。（KrV，A812；B840）

31. 这种系统的统一性的实在性也不能建立在别的东西、而只在一个最高的本源的善的预设之上，在那里，独立理性，用一种至上原因的一切充分性而装备起来，按照最完善的合目的性，而建立、维持和完成了普遍的、虽然在感官世界中向我们极其隐藏的事物秩序。（KrV，A814；B842）

32. 也不可避免地引导上一切事物的合目的的统一性。（KrV，A815；B843）

33. 而把自然的合目的性带到那些——必须先天地与事物的内在可能性不可分地连结在一起的——根据上，并且由此而带到一种先验神学上。（KrV，A816；B844）

34. 准备好这个目的、并以它为线索，从自然本身的知识而作鉴于认识的没有任何合目的性的运用，这里自然本身并不扮演合目的的统一性。（KrV，A816；B844）

35. 但前一种合目的性的统一性是必然的，并且建立在任意性自身的本质之中。（KrV，A817；B845）

36. 所以我们理性知识的先验提升并不是纯粹理性让我们承担起来的实践合目的性的原因，而单纯是结果。（KrV，A817；B845）

37. 我们将按照理性的原则的合目的的统一性之下研究自由。（KrV，A819；B847）

38. 然而，合目的的统一性仍然是理性应用于自然之上的一个如此重大的条件，以致于我——由于关于它的经验又向我呈现出此事的丰富例证——完全不能够错失它。（KrV，A826；B854）

39. 为此所有的系统都又还在人类知识的一个系统中作为一个整体的各环节而合目的地相互联结着。（KrV，A835；B863）

合目的的统一性（die zweckmäβige Einheit）

1. 这个唯独以理性概念为依据的最高形式的统一性，就是事物的合目的的统一性，而理性的思辨的兴趣则有必要把世界的一切安排都看作，好像它们来源于一个最高理性的意图。就是说，一个这样的原则向我们的应用于经验领域的理性坦白透露出——按照目的论法则联结世界的事物、并由此达到其最大的系统统一性的——完全崭新的前景。所以，把一个至上的理智预设为，世界整体的唯一原因，但当然只在理念中预设，这对于理性任何时候都能够有益，但却决不有害。（KrV，A686；B714）

2. 预先假定了一个创造者的纯然的智慧的意图。（KrV，A686；B714）

3. 完备的合目的的统一性就是完善性（绝对地观察）。（KrV，A694；B722）

4. 这个最大的系统的、因而也是合目的性的统一性是人类理性的最大运用的可能性的学校，甚至是它的地基。（KrV，A694；B722）

5. 这个最高智慧的理念是在对自然界的自然研究中的一种调节和一种按照普遍的自然规律的自然界的系统而合目的性的统一性原则。（KrV，A699；B727）

6. 因为这条系统统一性的调节的法则要求，我们应当这样研究自然，好像到处都会无限地、在最大可能的多样性那里，遇到系统而合目的的统一性。（KrV，A700；B728）

7. 但道德律也不给予这些命令，在那里道德律并不处于一个作为至善的必然存在者中，这个至善能够使这样一个合目的性的统一性成为可能。（KrV，A812；B840）

8. 然而这种目的的系统统一性在这个理智的世界中——这个世界，虽然，作为单纯的自然只能被称为感官世界，但作为一个自由的系统，却能被称为理知的、即道德的世界（regnum gratiae，恩宠王国）——，也不可避免地引导上一切事物的合目的性的统一性，一切事物都按照普遍的自然律而构成这个大全。（KrV，A815；B843）

9. 准备好这个目的、并以它为线索，从自然本身的知识而作鉴于认识的没有任何合目的性的运用，这里自然本身并不扮演合目的性的统一性；因为没有这种合目的性的统一性，我们甚至不会具有任何理性，因为我们将不会而具有理性的学校，也没有能给这些概念提供材料的那些对象的培养。（KrV，A816；B844）

10. 但前一种合目的性的统一性是必然的，并且建立在任意性自身的本质之中，因而后一种包含着任意性具体运用的条件的合目的性的统一性，也必须是它，所以我们理性知识的先验提升并不是纯粹理性让我们承担起来的实践合目的性的原因，而单纯是结果。（KrV，A817；B845）

11. 然而，合目的的统一性仍然是理性应用于自然之上的一个如此重大的条件，以致于我——由于关于它的经验又向我呈现出此事的丰富例证——完全不能够错失它。但对于这种统一性，我不知道别的条件，它可以使它成为我自然研究的引导，似乎我假定，具有一个最高的理智按照最明智的目的如此安排一切。所以这是某种虽是偶然的、但毕竟不是微不足道的意图的一个条件，亦即，以便于在自然的自然研究中具有一种指导、假定一个智慧的创世者。（KrV，A826；B854）

和平（der Frieden）

1. 跟随这种胜利的则多数都只是一种不稳定的和平。（KrV，A751；B779）

2. 就必须允许一种永久的和平。（KrV，A752；B780）

3. 那些可能被担心的反驳，就处在我们本身之内。我们必须把它们，像那些古老的、但永远不会过时的要求似的，找出来，以便在消灭它们的基础上建

立一种永久的和平。（KrV，A777；B805）

和谐（die Harmonie）

1. 但正因为如此，他的关于实体相互之间可能的协同性的原则也必须是一种前定的和谐，而不可能存在任何物理的影响。（KrV，A275；B331）

2. 通常关于这点所想出来并实际上唯一可能的三种体系就是，自然影响说、前定和谐说和超自然干预说。（KrV，A390）

3. 由于这个理念只以我的理性为基础，我将能够把这个存在者设想为独立的理性，它通过最大的和谐和统一性的理念而是世界整体的原因。（KrV，A678；B706）

鸿沟，间隙，裂缝（die Kluft）

1. 连续性原则禁止在（变化的）现象的系列中的任何跳跃（in mundo non datur saltus，世上没有偶发的跳跃），但也禁止在空间里一切经验的直观的总和中在两个现象之间的一切空缺或间隙。（KrV，A229；B281）

2. 因为人性必须停留于其上的那个最高的程度可能是什么，因而在理念及其实行之间必然剩留下来的裂缝可能有多大，任何人都不能够也不应当规定它，这恰好是因为，它就是自由，而自由能够超出每个被给定的界限。（KrV，A317；B374）

3. 这种迈向绝对总体性的脚步通过经验的道路是彻头彻尾不可能的。现在人们就在自然神学的证明中完成它。那么，人们用哪些方法，跨越一条如此之宽的鸿沟呢？（KrV，A629；B657）

后天的、后天地（a posteriori）

1. 人们把这样一种知识称为先天的（a priori），它们区别于那些——具有它们的后天的（a postcriori）、即在经验（Erfahrung）中的来源的经验的（empirische）知识。（KrV，B2）。所以我们接下来把先天的知识并非这样理解为，不依赖于这个或那个经验、而绝对地依赖于一切经验而发生的知识。与先天的知识相反的，则是经验的知识，或是这样只有后天地、即通过经验、才是可能的知识。（KrV，B2，3）

2. 一切现象的质料只是后天被给予的，但其形式则必须全都在内心之中先天地为它们准备好。（KrV，A20；B34）

3. 这种确定性绝不后天地发生。（KrV，A40；B57）

4. 但感觉则是，在我们的知识中，凡是使它叫作后天的知识、即经验的直观的东西。（KrV，A42；B60）

5. 我们从哪里取得了这类定理的，并且我们的知性以什么为依靠而达到这类绝对必然的、普遍有效的真理呢？没有任何别的道路，而无非通过概念或是通过直观；但这两者，作为这样，要么先天地、要么后天地已经被给予了。（KrV，A47；B64）

6. 只有纯粹直观或纯粹概念才是先天可能的，经验的直观和概念只是后天可能的。（KrV，A51；B75）

7. 因此一切感觉，作为这样虽然本身都只是后天地被给予，但它们具有一个程度的属性，却可以先天地被认识。（KrV，A176；B218）

8. 但如果有条件的知识同时被看作其他的——相互构成一个在下降线上的后果序列的——知识的条件，那么理性就可以完全不在乎，这种继续进展 a parte posteriori（在后天的方面）伸展到多远，以及这个序列的总体性是否任何地方都可能存在。（KrV，A332；B389）

9. 但现象的质料，由此事物在空间和时间中被给予了我们，却只能在知觉中、因而后天地被表象出来。（KrV，A720；B748）

10. 但我可以从概念走向与这个概念相应的纯粹的或经验的直观，以便在直观中具体地考量这个概念，并且，先天地或后天地认识凡是应归于这个概念的对象的东西。其中先天地认识是通过概念的构造而来的合理的与数学的知识，后天地认识则是单纯经验的（机械的）知识，它决不可能给予必然的和无可置疑的命题。（KrV，A721；B749）

11. 这些现象在这上面也就无非经验地、即后天地能够被规定（但遵照那些概念作为经验的综合的规则）。（KrV，A723；B751）

12. 所以我们的理性的界限规定只有按照先天的根据才能发生；但理性的限制，虽然只是对一种永远也不能完全取消的无知的不确定的知识，但它也能够后天地、通过那种在所有认知那里仍一直剩留给我们认知的东西，而被认识。（KrV，A758；B786）

13. 我们知识的两个要素的区分，它的一个要素是完全先天地受我们控制，另一个要素则只能后天地从经验中被获得。（KrV，A843；B871）

14. 由于人们，没有把凡是完全先天地被认识的东西，区别于凡是只被后天地认识的东西。（KrV，A843；B871）

15. 我们如何能够从对象中期待一种先天的知识、因而一种形而上学，如果这些对象都是被给予了我们的感官、因而都后天地被给予了？（KrV，A847；B875）

怀疑论（der Skeptizismus）

怀疑论的（skeptisch）

怀疑论者（der Skeptiker）

1. 而怀疑论者，有点像游牧民，他们憎恶一切地面的牢固建筑，便时不时

地拆散市民的联盟。（KrV，AIX）

2. 有关知识的起源或者按照客体（观念论、怀疑论等等）的区别的确定性的不同方式的起源。（KrV，BVIII）

3. 最后还能根除唯心论和怀疑论。（KrV，BXXXIV）

4. 更不应当为那种——对整个形而上学采取果断措施的——怀疑论说话。（KrV，BXXXVI）

5. 人们刚好可以用同样虚假的主张与之对立，因而导致怀疑论。（KrV，B23）

6. 后一位则完全听命于怀疑论，由于他已经相信揭穿了我们认识能力的一个如此普遍的被视为理性的幻觉。（KrV，B128）

7. 而这恰好就是，怀疑论者最希望的。（KrV，B168）

8. 怀疑论的观念论者，他们单纯攻击我们的主张的根据，并且把我们相信是建立在直接知觉之上的对物质此在的置信宣布为不充分的。（KrV，A377）

9. 所以怀疑论的观念论则迫使我们抓住，这个剩留给我们的这个唯一的庇护所，即对一切现象的观念性。（KrV，A378）

10. 怀疑论的反驳是相互交替地提出命题和反命题。（KrV，A388）

11. 所以不论是独断论的还是怀疑论的反驳，两者都必须对它们的对象预先确定这么多的洞见，就如某物对它们的对象肯定或否定地主张，是必要的一样。（KrV，A388）

12. 要么沉溺于怀疑论的绝望，要么抱有一种独断论的固执并且使头脑僵硬地执着于某些主张上，而没有倾听和公正地对待反面的根据。（KrV，A407；B434）

13. 它与怀疑论是完全不同的，不同于一条技巧似的和科学的无知的原理，它损害所有知识的基础，以便，尽可能地，在一切领域都不留下知识的任何可靠性和安全性。（KrV，A424；B451）

14. 通过所有四种先验理念对宇宙论问题的怀疑论展示。（KrV，A485；B513）

15. 这就是巨大的收益，处理纯粹理性对纯粹理性所提出的问题的那种怀疑论方式所具有的，并且由此人们就可以消耗很少而免除一个巨大的独断论混乱。（KrV，A486；B514）

16. 先验辩证论绝对没有对怀疑论做出少许的怂恿。（KrV，A507；B535）

17. 一种与自身不统一的纯粹理性的怀疑论的满足的不可能性。（KrV，A758；B786）

18. 上述第二步则是怀疑论的，而表明通过经验而圆滑了的判断力的谨慎。（KrV，A761；B789）

19. 所以怀疑论是给人类理性的一块休息地，因为人类理性能够思索它的独断论的漫游并且做出它自己发现的这个地区的设计，以便今后能够用更多的可靠性选择自己的道路，而不是长期逗留于一个住地。（KrV，A761；B789）

20. 一切怀疑论的论争本来都只是对独断论者的反转而已。（KrV，A763；B791）

21. 由于休谟也许在所有怀疑论者中最有才智，并且无可辩驳地是最优秀的，在怀疑论的处理方法对唤起一种彻底的理性检验所能造成的影响方面。（KrV，A767；B792）

22. 我们的怀疑论者没有区分这两种他毕竟应当加以区分的判断的类型，并且直接就把概念从自己本身中的增加，以及，这么说，我们的知性（连同理性）无需通过经验而受孕的自我增殖，看作不可能的。（KrV，A765；B793）

23. 这些怀疑论的攻击对于他就不仅仅是危险的，而且甚至是摧毁性的。（KrV，A768；B796）

24. 怀疑论者是教育独断的玄想家在知性和理性本身的一种健康批判方面的训导师。（KrV，A769；B797）

25. 所以怀疑论的处理虽然自己本身并不使理性问题得到满足，但毕竟预先练习，为了唤起理性的谨慎并且指点了能够确保理性的合法财产的那些根本措施。（KrV，A769；B797）

26. 当一种科学的方法的观察者遭遇到什么东西的时候，于是他们就拥有了选择，要么独断论地、要么怀疑论地，但在一切情况下都还系统地处理着义务。（KrV，A856；B884）

还原性（die Reduktion）

1. 纯粹理性的这个实验与化学家们的实验有很多的类似，化学家们有时命名这个实验为还原性的研究，但一般地则命名为综合的方法。（KrV，BXXI）

2. 甚至代数学连同它的方程式们的程序，从中它们通过还原性而产生出真理连同这种证明。（KrV，A734；B762）

幻相（der Schein）

1. 按照他的推论，所有我们命名为形而上学的东西，都会导致一种——对那些其实不过从经验中借来的东西并且通过习惯而留下必然性的幻相的东西，误以为的理性洞见的——单纯的妄想。（KrV，B20）

2. 外部对象可能是一个单纯的幻相。（KrV，A38；B55）

3. 如果我说：在空间和时间中，不论是外部客体的直观，还是内心的本身直观，都如同它们刺激我们的感官那样、即如同它们所显现的那样而表象它

们，那么这并不是想说，这些对象就是一种单纯的幻相。（KrV，B69）

4. 这会是我自己的罪过，如果我把我应该算作现象的那些东西，弄成了单纯幻相。（KrV，B69）

5. 幻相却绝不作为谓词而被赋予对象，这恰恰因为幻相，把那些只在与感官的关系中、或一般在与主体的关系中应归于对象的东西，赋予了自为的客体。（KrV，B70）

6. 空间和时间的谓词就被正当地赋予了作为感官对象的感官对象，并且在其中没有任何幻相。（KrV，B70）

7. 如果人们赋予那些表象形式以客观的实在性，那么人们就无法避免，不由此而把一切都转化为单纯的幻相。（KrV，B70）

8. 在其中古代人使用一门科学或技艺的这种命名，人们如此地仍可以从这门科学或技艺的实际运用中可靠地接受下来，以致于辩证论在他们那里不曾是别的，而无非是幻相的逻辑。（KrV，A61；B86）

9. 普遍的逻辑，被看作为工具论，任何时候都会是一种幻相的逻辑，亦即，都会是辩证的。（KrV，A61；B86）

10. 为此人们更愿意把辩证论的这个名称，作为一种辩证幻相的批判，而算作逻辑。（KrV，A62；B86）

11. 先验逻辑的第二部分必须是对这种辩证幻相的一种批判，它称之为先验辩证论。（KrV，A63；B88）

12. 我自己的此在并不是现象（更不是单纯的幻相）。（KrV，B157）

13. 因为这样一来，所有我们的见解，通过我们的判断的所误以为的客观有效性，就无非不过是幻相了。（KrV，B168）

14. 理性的先验运用完全不可能是客观有效的，因而不属于真理的逻辑，即分析论，而作为一种幻相的逻辑，以先验辩证论的名义，要求学院派的学说体系的一个特殊的部分。（KrV，B170）

15. 这就是真理的国土（一个诱人的名称），周围是一片广阔而汹涌的海洋，幻相的本来的所在地。（KrV，A235；B294）

16. 先验幻相。（KrV，A293；B349）

17. 我们在前面已经把一般的辩证论命名为幻相的逻辑。（KrV，A293；B349）

18. 现象和幻相更不能被看作是同一类的。（KrV，A293；B349）

19. 因为真理或幻相并不是在对象中的，只要对象被直观，而是在关于对象的判断中的，只要对象被思维。（KrV，A293；B350）

20. 这里，我们的工作不是处理经验的幻相（例如视觉的幻相），这种幻相通常出现于那些正确的知性规则的经验的运用中，并且通过它，判断力就被想象的影响所诱使，而我们只与先验的幻相打交道，这种幻相影响到那些已从不着眼于经验的运用的原理。（KrV，A295；B351）

21. 而先验幻相，甚至违反批判的一切警告，把我们引领到完全超出范畴的经验的运用之外并且用对纯粹知性的一种扩展的遮眼法而拖住我们。（KrV，A295；B352）

22. 如果我们的批判能够做到揭示这些狂妄的原理的幻相，则那个仅有经验的运用的原理就与后者相反，可以被称为纯粹知性的内在的原理。（KrV，A296；B353）

23. 逻辑的幻相，以理性形式的单纯模仿为内容，（误推的幻相），它仅仅产生于一种注意逻辑规则的缺乏。所以一旦在当下情况中增强，这种幻相则完全消失。而先验幻相则相反，仍然不停止，无论人们是否已经把它揭示了出来，是否已经通过先验批判清晰地看出了它的无性。（KrV，A296；B353）

24. 先验辩证论将满足于，揭示先验判断的幻相，并同时预防，它欺骗；但它也绝不能做到，使这种幻相（如同逻辑的幻相）也甚至消失，而不再是幻相。（KrV，A297；B354）

25. 逻辑的辩证论则在谬误推理的解决中必须只带有一个原理遵守方面的错误，或者带有一个——在模仿这些原理时的——人为做作的幻相。（KrV，A298；B354）

26. 作为先验幻相所在地的纯粹理性。（KrV，A298；B355）

27. 如果不是这样，那么它们至少通过一种推论的幻相而被骗取，可以被称为 conceptus rationcinantes（进行推想的概念）。（KrV，A311；B368）

28. 但鉴于道德的法则，经验却（可惜！）是幻相之母，而想从那个幻相中取得关于我应当做的事情的法则，或想由此而限制被做着的事情，则是非常无耻的。（KrV，A318；B375）

29. 我们在这里并不涉及一种逻辑的辩证论，它抽掉了知识的一切内容，而仅仅揭示三段论推理形式中的虚假的幻相，毋宁涉及一种先验的辩证论。（KrV，A333；B390）

30. 我们仍然，通过一种不可避免的幻相，给予其客观实在性。（KrV，A339；B397）

31. 辩证幻相在理性心理学中则基于（一个纯粹的理智）的理性的一个理念与这种一般思想着的存在者在一切部分中都未经规定的概念的混淆。（KrV，B426）

32. 在这一点上，为了避免那些错误的幻相，人们按照这样的规则行事：凡是按照经验的法则而与一个知觉有关联，就是现实的。（KrV，A376）

33. 建立在我们的心理学概念的这些先验幻相基础之上的三个辩证的问题，

它们构成了理性心理学的真正目标。(KrV，A384)

34. 我们至今仍还欠着在纯粹理性谬误推理中的先验的但却是自然的幻相的一个清晰而普遍的阐明，同样仍还欠着，这些谬误推理的系统的和与范畴表的平行的安排的辩护。(KrV，A396)

35. 人们可以把一切幻相都归因于：思想的主观条件被当作了客体的知识。(KrV，A396)

36. 既然纯粹理性的辩证的幻相不可能存在于确定的经验的知识那里的任何经验的幻相：那么它将涉及到思想的条件的共相的东西。(KrV，A396)

37. 三重先验的幻相也建立在这种划分之上，它们给辩证论的三章提供了理由。(KrV，A397)

人们可以把这种幻相称为物化的意识（apperceptionis substantiatae，实体化的统觉）的偷换。(KrV，A402)

38. 纯粹理性的一切幻相都基于辩证的推论之上。(KrV，A405；B432)

39. 先验的谬误推理产生一个单纯片面的幻相，鉴于我们思想的主体的理念，并且在相反的主张上不会有出自理性概念的丝毫幻相。(KrV，A406；B433)

40. 在这里，理性虽然设想使它的无条件的统一性原则与许多幻相相适合，但马上就陷入这样的矛盾中，以致于它将强迫、出于宇宙论的愿望、而放弃它的要求。(KrV，A407；B433)

41. 正如同对理性的冲突所作的命名就已经表明的那样，为了把它描述为一个——不可与现象相协调一致、在它的眩目的但却虚假的幻相中的——理念。(KrV，A408；B435)

42. 如果独断的学说的任何一个整体都是正论（Thetik），那么我把背反论（Antithetik）并不理解为反面的独断的主张，而理解为那些按照幻相的独断知识之间的（thesin cum antithesi，正题与反题的）冲突，人们并没有把优先的赞同要求授予一方而不授予另一方。(KrV，A420；B448)

43. 它，连同它的反命题，随身携带着的不单纯是一种人为做作的幻相，这种幻相如果人们看透了它，就立即消失了，而是一种自然的和不可避免的幻相，这种幻相本身，当人们不再被它蒙骗时，仍还一直迷惑着，即使没有欺骗，因面尽管能够使它无害，但却永远不会被根除。(KrV，A422；B449)

44. 如果我丢掉这个前提、或这个先验的幻相，并且否认它会是一种自在之物本身，那么两种主张的这个矛盾的冲突就变成了一个单纯辩证的冲突。(KrV，A505；B533)

45. 纯粹理性的二律背反在它的宇宙论的理念那里被消除了，通过指出——它单纯是辩证的并且是一种幻相的冲突——的办法，而这种幻相发源于，

人们已把那个——只被看作是自在事物本身的一个条件的——绝对总体性的理念，应用于现象。（KrV，A506；B534）

46. 不仅通过批判的解决，理性与自身彼此纠纷的幻相，就被消除了，而且代替这种幻相的是，展现出理性由以与自身协调的那个意义并且唯独对它的误解才引起争执。（KrV，A516；B544）

47. 现在，这个二律背反建基于一个单纯的幻相，并且，出于自由的原因性的自然至少并不冲突，这就是我们能够完成的唯一的事情，并且它也是让我们唯一和独自重视过的东西。（KrV，A558；B586）

48. 这是不够的，描述我们理性的这种运作及其辩证论，人们还必须力图揭示辩证论的根源，以便能够说明这种幻相本身，如同一个知性的现相。（KrV，A581；B609）

49. 在这个宇宙论的论证中汇聚了如此之多的玄想的原理，以致于思辨理性在这里看来使用了它的一切辩证技艺、以便完成最大可能的先验幻相。（KrV，A606；B634）

50. 因为理性恰好就在于，我们能够给予我们的一切概念、意见和主张以解释理由，不论它们是出自客观的根据，还是当它们只是一种幻相时、出自主观的根据。（KrV，A614；B642）

51. 在关于一个必然存在者的此在的一切先验证明中的辩证幻相的发现与说明。（KrV，A614；B642）

52. 在这些先验的证明中，什么是那个辩证的、但却是自然的幻相的原因呢，它联结了必然性与最高实在性的概念、并且使那种毕竟只能是理念的东西实在化和实体化？（KrV，A615；B643）

53. 如果说范畴导致真理、即我们的概念与客体的一致，先验的理念则引起了一种单纯的、但却不可抗拒的幻相，而这种幻相的欺骗，人们通过最锐利的批判才能够勉勉强强地挡住。（KrV，A642；B670）

54. 纯粹理性的理念自在本身决不再能够是辩证的，而它们的单纯误用才必须唯独使得，一种欺骗我们的幻相从它们中产生出来。（KrV，A669；B697）

55. 如果人们误解了它们，并且把它们看做超验知识的构成性原则，通过一种虽然炫目、但欺骗的幻相，而产生了说服和想像的知识，却由此也产生了永远不断的矛盾和争执。（KrV，A702；B730）

56. 在我们的可能知识的局限是非常狭隘的、做判断的诱惑是大的、呈现出来的幻相是非常欺骗的、并且由错误带来的危害显著的地方，这种——单纯用来在错误面前保存自己的——教训的否定的东西，就更具有重要性了。（KrV，A709；B737）

57. 在这个系统面前没有任何虚假而玄想的幻相能够站得住脚。（KrV，

A711；B739）

58. 人类通过这种既隐瞒自己、又接纳一种对他们有利的幻相的倾向，完全肯定地，不仅使自己文明化了，而且逐渐地、在一定程度上，使自己道德化了。（KrV，A748；B776）

59. 因为唯独理性在其内部已经产生了这些理念自身，所以它对这些理念的有效性或辩证的幻相是有义务给出辩解的。（KrV，A763；B791）

60. 这样你甚至就没有一点必要，致力于阐明和反驳每一个毫无根据的幻相。（KrV，A787；B815）

61. 纯粹理性的先验的尝试全都在辩证幻相的、即主观的东西的真正媒质内部进行，这种主观的东西在理性的前提中把自己当作客观的而提供给理性、甚或硬塞给理性。（KrV，A792；B820）

62. 这个批判就会轻易地揭示出独断论的幻相。（KrV，A794；B822）

63. 置信是一种单纯的幻相，因为那只存在于主观中的判断根据被看做了客观的。（KrV，A820；B848）

64. 在感官中所有的无非是幻相，只有知性才认识真实的东西。（KrV，A853；B881）

回溯（der Regressus）

回溯（regressus）

回溯的，回溯性的（regressiv）

1. 我将把在条件方面、因而从那个离给予的现象最近的开始、前进到更远的条件的序列的综合，称为回溯的综合，而把那个在有条件者方面、从最近的前进到更远的结果的序列的综合，称为递进的综合。前者走向前件，后者走向后件。（KrV，A411；B438）

2. 因而回溯和递进在空间中显得是一样的。（KrV，A413；B440）

3. 鉴于这种限制，空间中的进展也是一种回溯。（KrV，A413；B440）

4. 理性没有任何理由在这个范畴方面向条件回溯。（KrV，A414；B441）

5. 理性在对条件的这种以序列方式、而且回溯地继续不断的综合中所寻求的东西，原来只是那个无条件者，似乎一起不再预设任何别的前提的那些前提的序列中的完备性。于是这种无条件者任何时候都包含在人们在想象中所设想的序列的绝对总体性之中。（KrV，A416；B444）

6. 回溯的综合的绝对总体性。（KrV，A417；B445）

7. 现在人们可以思想这个无条件者，要么作为仅仅在于整个序列，因而在这序列中所有各项无一例外地都将是有条件的，并且唯有它的整体是全然无条件的，于是这个回溯就叫做无限的。（KrV，A417；B445）

8. 我们将我们的注意力仅仅瞄准综合（虽然原本只是在对条件的回溯中的综合中）的完备性上。（KrV，A420；B447）

9. 鉴于数学的无条件者和动力学的无条件者的区别，这种回溯以之为目的，我会在更严格的意义上把前两个理念称为（在宏观世界和微观世界中的）世界概念，而把其他两个理念则称为超验的自然概念。（KrV，A420；B448）

10. 如果我因此而能够预先从一个宇宙论的理念中看出，无论这个理念影响到现象的回溯性综合之无条件者的哪一方，它对于任何一个知性概念来说却要么就会是太大的，要么就会是太小的。（KrV，A486；B514）

11. 因为这概念，它以一个前后相继的回溯为内容，决不能达到那种全部流逝了的永恒性。（KrV，A486；B514）

12. 一个按照经验的法则、可能知觉的回溯序列（不论是历史的线索，还是原因和结果的足迹）。（KrV，A495；B523）

13. 除非它们已经包含在经验的回溯序列里了。（KrV，A496；B524）

14. 相反，这种综合只有在回溯中、并且绝不在没有回溯的情况下发生。但在这种情况下人们倒是可以说：对条件的回溯、亦即对条件方面的连续的经验的综合本该提供或交付，并且不能缺少，被这种回溯所给予的条件。（KrV，A499；B527）

15. 但在这里它们却只有通过前后相继的回溯才是可能的，而这种回溯仅仅通过人们现实地完成了，才被给予。（KrV，A501；B529）

16. 因为世界仍然保持着，不论我在世界的现象序列中取消了无限的、还是有限的回溯。（KrV，A504；B532）

17. 世界根本不是自在地（不依赖于我的表象的回溯的序列）生存着。（KrV，A505；B533）

18. 条件序列只有在回溯的综合本身中、而不是自在地、在作为一种先于一切回溯被给予的特有事物的现象中，才能被发现。因此我也不能不说，在一个被给予了的现象中各部分的总量自在地既不是有限的，也不是无限的，因为现象决不是自在的生存之物本身，并且这些部分首先通过对那种进行分解的综合的回溯并在这种回溯中才被给予，这种回溯则绝不是绝对完整地：既不是作为有限的、也不是作为无限的而已经给予了出来。（KrV，A505；B533）

19. 因为它作为从属的表象的序列只在于动力学的回溯，而根本不可能在这种回溯之前，作为独立存在的事物的序列，本身自在地生存。（KrV，A505；B533）

20. 现象只在表象中、并且当它们构成一个序列时、在前后相继的回溯中生存，否则就根本不生存。（KrV，A506；B534）

21. 通过总体性的宇宙论的基本原理，在一个作为一个自在之物本身的感

性世界中的条件序列的任何极大值，都被提供不出，而只能被交付给这些序列的回溯。（KrV，A508；B536）

22. 所以这个理性的原理原本只是一个规则，它在给予的现象的条件序列中命令一个永远也不允许停留在一个绝对无条件者那里的回溯。（KrV，A509；B537）

23. 因而它是一个理性的原则，作为规则，它在回溯中设定了应当对我们发生的东西，而不是去预测，在一切回溯之前在客体中自在地已经给予了的东西。（KrV，A509；B537）

24. 它不可能说，什么是客体，而是说，必须怎样进行经验的回溯，以便于达到客体的完备概念。（KrV，A510；B538）

25. 理性理念将只在这个条件序列中向回溯的综合制定一个规则。（KrV，A510；B538）

26. 因此我说：如果整体在经验性直观中被给予了，那么回溯在它的内部条件的序列中就进行到无限。但如果这个序列中的一项被给予了，这个回溯首先应当继续从这一项出发而到绝对总体性：那么只有向不确定的远（in indefinitum，不限定的）的一种后退才发生。（KrV，A512；B540）

27. 在分解的这种回溯中绝不会遇到这个条件序列的一个无条件的（不可分的）项。（KrV，A513；B541）

28. 相反，一个对给予的人的祖先序列在没有任何可能的经验中，都以它的绝对总体性而已经给予了，但其回溯却毕竟从这种生殖的每一项到一个更高的项，以至于不可能遇到任何把一项表现为绝对无条件的经验的界限。（KrV，A513；B541）

29. 在这两种情况下，不论是对于无限的回溯，还是对于不限定的回溯，条件的序列都绝不被看作在客体中被无限地给予的。这些条件的序列不是自在之物本身，而只是现象，这些现象作为相互的条件只是在回溯本身中才被给予。所以问题就不再是：这个条件序列自在本身有多大，是有限的还是无限的，因为它不是自在本身，而问题则是：我们如何进行经验的回溯，以及我们应当把它继续到多远。（KrV，A514；B542）

30. 不论是在这里，还是在其余的宇宙论问题那里，理性的调节的原则的根据都是这个命题：在经验的回溯中没有任何——一个绝对界限的、因而没有任何条件的、作为一个这样的会是经验的绝对无条件者的——经验，能够被找到。（KrV，A517；B545）

31. 我在经验的回溯中任何时候都只会达到一个其本身又必须被看作经验的有条件者的条件，于是这个命题就包含这个 interminis（限定的）规则。（KrV，A518；B546）

32. 在世界整体的（按照时间和空间）无条件的大小的回溯中、这个永远无止境的上升过程是否能够叫做一个无限后退，还是只能够叫做一个不可确定地继续的回溯（不限定的回溯）。（KrV，A518；B546）

33. 一切过去的世界状态的序列、连同在宇宙空间中同时存在的事物的——单纯普遍的表象，本身只不过是一种可能的经验的回溯，我为我、尽管还不确定地设想了这种回溯，并且唯独由此才能够对给予了的知觉产生出这样一个序列的概念。（KrV，A518；B546）

34. 对于这个回溯我绝不知道别的，而无非我从条件序列的每一个被给予的项总是必须再经验地进展到一个更高（更远）的项。所以这样一来，现象的整体的大小就完全没有被绝对地规定，因而人们也不能说，这个回溯走进无限，因为这就会预测了回溯尚未达到的那些项，并且会把它们的总量表现得如此之大，以致于没有任何经验的综合能够达到，因而世界大小就会在回溯之前（即使只是否定地）得到规定，而这则是不可能的。因为世界大小并没有通过任何直观（按照它的总体性）、因而这个总体性的大小也根本没有在回溯之前被给予我。（KrV，A519；B547）

35. 于是由此就同时得出了这个肯定的回答：回溯在世界现象的序列中，作为世界大小的一种规定，in indefinitum（不限定地）进行着，而这恰好就等于说：感官世界没有任何绝对的大小，而经验的回溯（唯有通过它，感官世界才能够在其条件方面被给予出来）则有它的规则，即从序列的每一个作为一个有条件者的项，任何时候都前进到一个更远的项（不论是通过特有的经验，还是通过历史的线索，或者通过结果及其原因的链条），并且没有一个地方对自己免除了知性的可能的经验的运用的扩展，而这甚至也是理性在它的原则方面真正的并且唯一的事务。（KrV，A522；B550）

36. 世界大小的概念就只通过回溯、不在回溯之前，而在一个集合的直观中给予了出来。（KrV，A523；B551）

37. 但那种回溯永远只在于大小的规定，因而并没有给出任何规定的概念，也并不给出任何一个鉴于一种尺度的无限的大小的概念，所以就并不是进行到（似乎是给予了的）无限，而是进行到不确定地远，以便于把一个最先通过这种回溯才成为现实的（经验之）大小给予出来。（KrV，A523；B551）

38. 如果我分割一个在直观中已经给予的整体，那么我就在从一个有条件者前进到它的可能性的条件。对这些部分的分割（subdivisio 或 decompositio，分化或分解）就是在这些条件的序列中的一种回溯。这个序列的绝对总体性，只有当这个回溯能够一直达到单纯的部分时，才会被给予。但如果一切部分在一个连续进展的分解中又总是可分的，那么这个分割、亦即从有条件者到它的条件的回溯就 in infinitum（无限地）进行着。（KrV，A523；B551）

39. 因为，尽管所有的部分都已经包含在整体的直观中了，然而并非全部分割都包含于其中，全部分割仅仅在于继续分解，或在于使序列首先成为现实的那个回溯本身。（KrV，A524；B552）

40. 整体恰好由这个概念已经表现为被划分了的，并且各部分的一个本身自在地被确定了的、但却是无限的数量，先于一切分割的回溯、在整体中被发现，由此人们就与自己本身相矛盾了：（KrV，A527；B555）

41. 在广延之物的分解中、遵照这个现象的本性、永远不把经验的回溯、看作绝对完成了的。（KrV，A527；B555）

42. 对其条件的回溯中根本不允许任何绝对的总体性。（KrV，A543；B571）

43. 由于数学的回溯原本只涉及部分复合为一个整体、或整体分裂为它的部分，这个序列的条件就一直必须被看作这个序列的部分、因而被看作同质的、所以也必须被看作现象，取而代之，在动力学的回溯中，由于它并不涉及来自给予了的部分的无条件的整体的可能性，或是对于一个给予了的整体有一个无条件的部分的可能性，而是涉及把一个状态从它的原因中推导出来，或者把实体的偶然的此在本身从必然的实体中推导出来，这个条件就或许并不刚好必要地与有条件者一起构成一个经验的序列。（KrV，A560；B588）

44. 这些表象的偶然性本身只是现相 Phänomen，不能寻致任何别的回溯，除非能够导致对这些规定现相、亦即经验的回溯。但设想现象即感官世界的一个理知的根据，以及这个摆脱了感官世界的偶然性的理知的根据，是既不与在现象序列中不受限制的经验的回溯、又不与这些现象的无例外的偶然性相对立的。（KrV，A563；B591）

45. 从给予的有条件者回溯到无条件者。（KrV，A584；B612）

没有假定一个必然的存在者，我就绝不能够完成对生存的条件的回溯，但我又绝不能够从这个必然的存在者开始。（KrV，A615；B643）

或然的（problematisch）

或然判断（das problematische Urteil）

1. 或然判断是这样的，在这里人们把肯定或否定都看作单纯可能的（随意的）的判断。（KrV，A74；B100）

2. 如果这两个判断，它们的关系构成假言判断（antecedens und consequens，前件和后件），同样，如果选言判断就在于它们的交互作用（划分的环节），那么这两个判断则全部只是或然的。（KrV，A75；B100）

3. 所以这个判断：“世界通过盲目的偶然而存在”，在选言判断中仅仅具有或然性的意义。（KrV，A75；B100）

4. 所以或然性命题就是这样一种命题，它仅仅表达出逻辑的可能性（它不是客观的可能性），也就是表达出使这样一个命题有效的自由选择，一种单纯任意地把它接受进知性中来。（KrV，A75；B101）

5. 在一个假言的理性推论中，前件在大前提中显现为或然的，在小前提中显现为实然的，而且表明，这个命题按照知性的规律已经与知性结合了。（KrV，A76；B101）

或然性（die Wahrscheinlichkeit）

1. 我们在前面已经把一般的辩证论命名为幻相的逻辑。这并不意味着，它就是一种或然性的学说。（KrV，A293；B349）

2. 在这种艺术的建筑上、我们的观察所达到的那里，带有确定性地、但此外，则按照类比的一切原理、带有或然性地推导出来。（KrV，A626；B654）

3. 这种尝试，如果它成功了，恰好就通过这种统一性而给这个预设了的解释根据提供了或然性。（KrV，A653；B681）

4. 因为要使这样一些理念的现实性成为单纯或然性的，是一种荒谬的意图，正如人们设想要证明一条几何学命题单纯或然的一样。（KrV，A775；B803）

J

极大值（das Maximum）

1. 因为这种现实性，作为一个极大值的概念，具体地说决不能完全相同地被给予出来。（KrV，A327；B384）

2. 因为这种现实性，作为一个极大值的概念，具体地说决不能完全相同地被给予出来。既然这个在单纯理性的思辨运用中的极大值原本就是全部意图，并且，既然对一个——在执行中却毕竟决不会达到的——概念的逼近，恰好是与，好像概念完全会犯错误一样的；所以关于这样一个概念人们就说：它只是一个理念。（KrV，A327；B384）

3. 因而它的概念也不是一个极大值的概念。（KrV，A431；B459）

4. 由于通过总体性的宇宙论的基本原理，在一个作为一个自在之物本身的感性世界中的条件序列的任何极大值，都被提供不出，而只能被交付给这些序列的回溯。（KrV，A508；B536）

5. 但这样一个图型的类似物毕竟能够并且必须被给予出来，这个类似物就是知性知识以一条原则来划分和联合的极大值的理念。（KrV，A693；B665）

基本命题（der Kardinalsatz）

1. 既然我现在能够指出：即使人们在一种（出自纯粹范畴的）单纯理性判断的纯粹意义中，承认理性灵魂学说的这个基本命题，（一切被思维的东西，都是简单的实体）的一切客观有效性，但在灵魂与物质是性质不同还是性质相似这方面，这个命题却不能获得丝毫的运用。（KrV，A357）

2. 人们可以希望，人们有朝一日还会发明出我们的纯粹理性的两个基本命题：存在着上帝、存在着来世的显明的演证。而我则是更肯定，这绝不会发生。（KrV，A742；B769）

3. 因此，如果这三个基本命题对我们的知识来说是完全不必要的，并且仍然被我们的理性迫切地向我们推荐：那么它们的重要性也许本来就必须只涉及到实践。（KrV，A800；B828）

基底（das Substratum）

先验的基底（das transzendentale Substratum）

1. 实体的图形是实在之物在时间中的持存性，即作为一般经验的时间规定的一个基底的那个实在之物的表象，因而这个图形当一切别的东西变化的时候，则停留着。（KrV，A144；B183）

2. 一切现象都在时间中，在作为基底（作为内直观的持存形式）的时间中，不仅同时并存，而且相继，才唯独能够被表象。（KrV，A182；B224）

3. 一切实在即属于事物的生存的东西的基底，就是实体，在其上，一切属于此在的东西，只有作为规定才能被思维。（KrV，A182；B225）

4. 持存的东西是时间本身的经验的表象的基底，唯独在这个基底上一切时间规定才是可能的。（KrV，A183；B226）

5. 既然时间自在本身不能被知觉到；所以在现象上这种持存的东西就是一切时间规定的基底，因此也是知觉的、亦即经验的一切综合统一性的可能性的条件。（KrV，A183；B226）

6. 我发现，对于一切时代，不仅哲学家，而且甚至普通知性，已经把这种持存性预设为，现象的一切变更的一个基底了，并且任何时候也都被假定为无可置疑的。（KrV，A184；B227）

7. 因为，如果在现象上，人们愿意把实体的东西命名为，应当是一切时间规定的真正基底，那么不论是在过去中，还是在将来中的一切此在，都必须唯一并单独在这上面才能被规定。（KrV，A185；B228）

8. 因为那样的话这种东西就取消了，它唯一能够表象时间的统一性，即作为在那上面一切变更唯一拥有一贯的统一性的那个基底的同一性。（KrV，A186；B229）

9. （在现象中的）实体是一切时间规定的基底。（KrV，A188；B231）

10. 可变易之物的最终主体，就是作为一切变更者的基底的持存的东西，即实体。（KrV，A205；B250）

11. 然而关于这个原因，为什么人们，不完全满足于感性的基底，而已给现相（Phaenomenis）附加上了——只有纯粹知性才能够思想它的——本体，那么这个原因则仅仅基于这里。（KrV，A251）

12. 按照单纯的概念，内部的东西是一切关系或外部规定的基底。（KrV，A283；B339）

13. 因而这个基底是这样的某物，它在自身中不再包含任何外部关系，所以是简单的：（因为有形事物毕竟永远只是关系，至少是相互外在的各部分的关系；）而因为我们不认识任何绝对的内部规定，除了通过我们的内感官所作的规定外，所以这个基底就不仅仅是简单的，而且也是（按照与我们内感官的类比）被表象所规定的，亦即一切事物原本都是单子，或者天生具有表象的单纯的存在者。（KrV，A283；B339）

14. 一个在空间中持存的现象（一个不可入的广延）所包含的只不过是纯净的关系，而根本不是绝对内部的东西，但它却可以是一切外部知觉的最初的基底。（KrV，A284；B340）

15. 这个某物，现成地提供了通过单纯的概念完全不会被认识的基底，也就是一个空间。（KrV，A284；B340）

16. 除了我的这种逻辑含义以外，我们对于这种——给它、就像给作为基底的一切思想设置基础的——自在的主体本身，没有任何知识。（KrV，A350）

17. 因此，即使通过本质的单纯性，人的灵魂也根本不足以与物质从它们的基底方面区别开来，如果人们把物质（如同人们所应该的那样）单纯看作现象。（KrV，A359）

18. 物质只是外部现象，它的基底通过任何已经指出的谓词都并不被认识；因而我能够完全假定这个基底，它自在是单纯的，尽管它以刺激我们的感官的方式、在我们之内产生了广延之物、并因而复合物的直观。（KrV，A359）

19. 虽然两者都是现象，但在外感官面前的现象却现成地拥有，固定的、或常驻的某物，它提供了一个为那些变动不居的规定奠定基础的基底并因而提供了一个综合的概念，也就是关于空间及空间中一种现象的概念。（KrV，A381）

20. 但借此，我当然也并不会更好地认识这个思维着的自身，按照它的属性，我也不能看透它的持存性、甚至绝不能看透那个外部现象的可能的先验基底的、它的生存的独立性，因为无论是这种基底，还是那个思维着的自身，对我都是不知道的。（KrV，A383）

21. 如果我把一个物解释为现象中的一个实体，那么必须预先给我这个物的直观的谓词，我凭这些谓词而把持存的东西与可变的东西、把基底（物本身）与那些仅仅与之相联系的东西，区别开来。（KrV，A399）

22. 如果人们跨越了经验的界限，那种综合，它试探新的并且不依赖于经验的知识，就没有它在其上能够被执行的任何直观的基底了。（KrV，A471；B499）

23. 所以如果把一个先验的基底设置为我们理性中的通盘规定的基础，这个先验的基底仿佛包含全部材料储备，因而事物的一切可能的谓词都能够被得到，那么这个基底无非就是实在性的一个大全的理念（omnitudo realitafis，实在性的全体）。（KrV，A575；B603）

24. 事物的一切杂多性只是一个恰好如此多种多样的种类而已，它限制着这个是事物的共同基底的最高实在性的概念，正如一切图形只有作为限制无限空间的不同方式才是可能的。（KrV，A578；B606）

25. 但假如他们并非已经把质料看作现象的基底，而是看作在它们的此在上的自在的本身，那么这个绝对必然性的理念就会马上消失。（KrV，A617；B645）

26. 但由于我无非也只具有那个先验的预设的相对的运用，就是说，它应该适宜充当最大可能的经验统一性的基底，那么我就完全可以思想一个我将之区别于这个世界的存在者，通过只属于感官世界的属性。（KrV，A678；B706）

27. 当然，但只作为在理念中而非在实在性中的对象，即只要这个对象仅仅是世界机制的系统统一性、秩序和合目的性的一个为我们所不知道的基底，理性必须使这种世界机制的统一性、秩序和合目的性成为它的自然研究的调节的原则。（KrV，A697；B725）

28. 这个（充满空间或时间的）某物在何种程度上是一个最初的基底或是单纯的规定。（KrV，A724；B752）

机能（die Funktion）

1. 一切直观，作为感性的，都以激动为根据，但概念则以机能为根据。但我把机能理解为不同的表象被整理在一个共同的表象之下的行动的统一性。（KrV，A68；B93）

2. 因而一切判断都是在我们表象底下的统一性的机能，即因为被运用于对象的知识，不是一种直接的表象，而是一种更高的、包含这个［直接表象］和更多在自身底下［的表象］，并且许多可能的知识由此就被集合在一个［知识］里面了。（KrV，A69；B94）

3. 如果人们能够完备地描述判断中的统一性的机能，知性的机能就能够全部都被找到。（KrV，A69；B94）

4. 思想在判断中的机能可以带到四个项目之下，其中每个项目又包含有三个要素。（KrV，A70；B95）

5. 因为在这里行使的知性机能也许在纯粹先天知识的领域中可能是重要的。（KrV，A73；B98）

6. 判断的模态是判断的一种完全特殊的机能，它自在地具有不同之处就是，它对判断的内容没有贡献，（因为除了大小、质和关系，不再有构成一个判断的内容的东西了），而只是关涉到在与一般思想的关系中的系词的值。（KrV，A74；B100）

7. 正如思想在第一种情况下会是一种知性的机能，在第二种情况下会是判断力的机能，在第三种情况下会是理性的机能一样。（KrV，A75；B100）

8. 一般综合，我们今后会看到，只不过是想像力的结果，灵魂的一种盲目的、尽管是不可缺少的机能的结果。（KrV，A78；B103）

9. 这种综合被带到概念上，这是归因于知性的一种机能，它［知性］借此而使我们第一次获得原本意义上的知识。（KrV，A78；B103）

10. 在一个判断中把统一性给予不同表象的那同一个机能，在一个直观中也把统一性给予了不同表象的单纯综合，这种统一性，一般地表达出来，就叫

做纯粹知性概念。（KrV，A79；B104）

11. 知性通过那些想到了的机能已经用尽了，并由此而全面测量了它的能力。（KrV，A79；B105）

12. 知性范畴则完全不对我们表现出——它的对象在直观中被给予的——那些条件，因而对象当然就能够——无需与知性的机能必然相关联——而显现给我们，这样，知性也就先天地完全不包含这些对象的条件了。（KrV，A89；B122）

13. 因为没有知性的机能，现象当然能够在直观中被给予。（KrV，A90；B122）

14. 现象至少会给我们的直观递交对象，因为直观绝不需要思想的机能。（KrV，A91；B123）

15. 它是关于一个一般对象的概念，通过这些概念，鉴于判断的逻辑机能的直观就被看作是规定了的。（KrV，A95；B128）

16. 直言判断的机能就是主词对谓词的关系的机能。（KrV，A95；B128）

17. 一切范畴都建立在判断中的逻辑机能之上。（KrV，B131）

18. 但这种——通过它们，给予表象（它们可以是直观或者概念）的杂多被带到一般统觉之下的——知性行动，是判断的逻辑机能。（KrV，B143）

19. 但现在范畴不是别的，恰好就是这种——当一个给予直观的杂多在它们的［机能］方面被规定时的——判断的机能。（KrV，B143）

20. 因为如果不是内心在杂多知识中能够意识到由于这种统一性将杂多综合地联结在一个知识中的那个机能的同一性，这种意识的统一性就会是不可能的了。（KrV，A108）

21. 但这种关系无非就是意识的必然统一性，因而也是通过内心的共同机能、杂多被联结在一个表象中的综合的统一性。（KrV，A109）

22. 在这种本源的统觉中，一切东西遵照自我意识的无例外的统一性的条件都是必须的，即必须服从于综合的普遍的机能，即按照那些概念而综合的普遍机能，当在这些概念中统觉唯独能够证明它的无例外的和必然的先天同一性的时候。（KrV，A111，112）

23. 而为此无疑除了印象的感受性之外，还更需要某种东西，即印象的一种综合机能。（KrV，A120）

24. 所以想像力也是一种先天的综合能力，因此之故，我们给它取名为生产的想像力，并且，只要它在现象的一切杂多方面，其意图不外乎在现象的综合中的必然统一性，这种综合能力也就可以被称为想像力的先验机能。（KrV，A123）

25. 只有借助于想像力的这种先验机能，甚至现象的亲和性，连同它们的联想，最终通过联想按照法则的再生、因而经验本身，才是可能的：因为没有这种机能就根本没有任何对象的概念可能汇聚到一个经验中。（KrV，A123）

26. 现在这个统觉，它必须添加到纯粹的想像力，以便使它的机能成为智性的。（KrV，A124）

27. 先天的纯粹概念，除了范畴中的知性机能之外，还必须先天地包含感性的（即内感官的）形式条件，这些形式条件包含那些——在它之下、范畴才唯独能够被应用于任何一个对象上的——普遍性条件。（KrV，A179；B179）

28. 知性的图型法通过想像力的先验综合，所导致的无非是一切直观杂多在内感官中的统一性，并因而间接导致作为与内感官（一种接受性）一致的机能的那种统觉的统一性。（KrV，A145；B185）

29. 所以范畴，没有图型，就只是知性对概念的机能，却不呈现任何对象。（KrV，A147；B187）

30. 但这种统一性惟独只有在纯粹知性概念的图型中才被想到，关于纯粹知性概念的统一性，作为一种一般综合的统一性，范畴包含不被任何感性条件限定的机能。（KrV，A181；B224）

31. 没有后者它就没有含义，并且在内容上则完全是空的，尽管它总还喜欢包含从可能的材料中制定一个概念的那种逻辑机能。（KrV，A239；B298）

32. 但仅仅从这种逻辑机能中、即从概念的形式中根本不能认识任何东西，也不能区别哪一个客体从属于其下，因为恰好一般对象能够从属于其下的那个感性条件被抽掉了。（KrV，A245）

33. 因此范畴，超出了纯粹知性概念，还需要，它们在一般感性上的应用的规定（即图型），并且没有这些规定，它们就不是任何——由此认识一个对象、并与别的对象相区别的——概念，而只是——为可能的直观思想一个对象、并按照任何一种知性机能（仍在必不可少的条件下）给予这个对象以它的意义的——这么多的方式，即，给这个对象下定义的这么多的方式：所以这些范畴本身不能够被定义。一般判断的逻辑机能：单一性和多数性、肯定和否定、主词和谓词，没有犯一个循环论证的错误，就不能够被定义，因为定义毕竟本身就必须是一个判断，因而必须已经包含了这些机能。（KrV，A245）

34. 现在，判断力一种机能仍还属于一个概念的运用，在那上面一个对象被归摄到这个概念下，因而也被归摄于——在其下能够在直观中被给予的某物的——最少的形式条件。（KrV，A247）

35. 因为范畴毕竟是一种单纯的思想机能，通过它并没有任何对象被给予我，而只是那可以在直观中被给予的东西被思想。（KrV，A253）

36. 感性，把知性垫在下面、作为知性应用它的机能的客体，就是实在的知识的来源。（KrV，A294；B351）

37. 理性的机能在它的推论那里，以根据概念的知识的普遍性为内容，并且理性推论本身是一个——在它的条件的全部范围内被先天地规定的——判断。（KrV，A321；B378）

38. 因此我甚至认识自己并非通过，我已经意识到自己是作为思想着的，毋宁就在我意识到对我自己在思想机能方面规定了直观自身的时候。（KrV，B406）

39. 所以在思想中自我意识的一切样态（modi）自身，还不是客体的知性概念（范畴），而仅仅是——根本不把任何对象、因而自身也不作为对象交给思维来认识的——逻辑的机能。（KrV，B406，407）

40. 思想，就其本身来说，只不过是逻辑机能，因而是联结一个单纯可能直观的杂多的全然的自发性，它决不把意识的主体表现为现象。（KrV，B428）

41. 这种范畴是那些——已经被应用于我们的感性直观的思维的（判断的）——机能。（KrV，B429）

42. 但“我思”这个命题，只要它所讲述的不过于：“我生存于思想着”，就不单单是逻辑的机能，而是在生存方面规定着主体（这主体于是同时又是客体）。（KrV，B429）

43. 思想者自身就必须在这种经验的直观中寻找它之于实体、原因等范畴的逻辑机能运用的条件。（KrV，B430）

44. 纯粹范畴（实体范畴也在其中）自在本身根本不具有任何客观的意义，在这里没有一个直观配给它们，作为综合统一性的机能的它们，可以被应用于这种直观的杂多。没有这种直观的杂多，它们就只是一种判断没有内容的机能。（KrV，A348，349）

45. 我是一个简单的实体，即它的表象绝不包含一种杂多的综合；但这个概念、或者这个命题，没有教导我们丝毫鉴于我的本身作为一个经验之对象，因为这个实体概念本身仅仅被运用为——没有配以直观、因而没有客体的综合机能。（KrV，A356）

46. 范畴在一切判断的四种机能中找到它的逻辑图型。（KrV，A406；B432）

机械的（mechanisch）

自然机械的（physischmechanisch）

1. 这种研究将在什么地方完成，按照这样一种仿佛是机械的处理方式，则决不能使其有把握地确定下来。（KrV，A66；B91）

2. 虽然不通过一种机械的或化学的相互影响，但却通过一种我们所不知道的影响，前一种影响只是这种影响的现象而已。（KrV，B417）

3. 因为最多能够从这错误中推出的，无非是，凡是我们期待一种目的论的关联（nexus finalis，终极关联）的地方，都会遇到一种单纯机械的或物理的关联（nexus effectivus，起作用的关联），在这样一种情况下，我们由此，只发觉丢失了一种统一性，但却没有在理性的经验的运用中损坏了理性统一性。（KrV，A687；B715）

4. 后天地认识则是单纯经验的（机械的）知识，它决不可能给予必然的和无可置疑的命题。（KrV，A721；B749）

5. 但这种系统统一性我们不允许预先规定，而只允许在对它的期待中而追踪这种按照普遍的法则的自然机械的联结。（KrV，A691；B719）

机械作用、机械论（der Mechanismus）

自然机械论（der Naturmechanism）

1. 那么因果性原理、因而自然机械论的原理在事物的规定中就必须彻底地适用于一切、作为起作用的原因的一般事物。（KrV，BXXVII）

2. 但假定思辨理性已证明，自由完全不可能被思想，那么必然地，那个前提，亦即道德的前提，就必须让位于，那个它的反面包含一种明显的矛盾的前提，进而自由连同它的德性（它的反面就不会包含任何矛盾了，因为如果不已经把自由当作前提）也必须为自然机械论腾出位置。（KrV，BXXIX）

3. 与一般机械论相对立的意志自由的证明。（KrV，BXXXII）

4. 最后是作为载体的水和气（仿佛是前两者借以起作用的机制），以便按照一种机械论的理念而解释物质相互之间的化学作用。（KrV，A646；B674）

5. 亦即，替代了在物质的机械论的普遍规律中寻找这些原因。（KrV，A691；B719）

基准（die Norm）

1. 但一切经验的规律都只是对知性的纯粹规律的特殊规定，在这些规定之下并且按照它们的基准，一切经验的规律才是首先可能的。（KrV，A128）

价值（der Wert）

1. 知性究竟如何能够达到所有这些先天知识，并且这些知识可以具有哪些范围、有效性和价值。（KrV，A4；B7）

2. 这种研究，我们本来不能称为学理，而只能称为先验的批判，因为它的意图并非知识本身的扩展，而只对其进行纠正，并且应该适宜于充当一切先天知识的有价值或无价值的试金石。（KrV，A12；B26）

3. 但先验逻辑则考察这个判断，也根据这种借助于单纯否定的谓词所作出的逻辑肯定的价值或内容，并且考察这种肯定对全部知识带来怎样一种收益。

（KrV，A72；B97）

4. 因为所有关于道德的价值或无价值的判断，仍然只有借助于这种理念才是可能的。（KrV，A315；B372）

5. 纯粹理性的先验运用，它的原则和理念，所以就是，那些对于我们现在有责任准确地认识的东西，以便能够恰当地规定和估量纯粹理性的影响和它的价值。（KrV，A319；B376）

6. 那些对世界有用的证明，在这儿全都保持着它们的并未减少的价值。（KrV，B425）

7. 每一个人都必须承认：关于灵魂的单纯本质的主张只有，当我能够由此把这个主体与一切物质区别开来并因而能够使灵魂免除物质在任何时候都承受着的溃败的时候，才是有一些价值的。（KrV，A356）

8. 批判的反驳，因为它不触及命题的价值或无价值，而只攻击这个证明，它完全不需要更好地认识对象，或者自以为能够更好地认识一种对象。（KrV，A388）

9. 哲学显示出了一种尊严，这种尊严只要哲学能够主张它的狂妄，就会远远胜过人类一切其他科学的价值，因为它预告了我们的——那个对一切理性努力最终都必须联结于其上的——最后目的的最大期望和展望的基础。（KrV，A463；B491）

10. 把我们的一切超验的知识化解为它的各种要素（作为对我们内在本性的一种研究），就其本身而言，不具有丝毫的价值，但对哲学家而言甚至就是一种义务。（KrV，A703；B731）

11. 必须是全知的，以便它认识到最内部的意向及其道德价值。（KrV，A815；B843）

12. 哲学家为此就能够确切地规定，对四处游移的知性运用的特殊一类知识所占有的份额、它所特有的价值和影响。（KrV，A842；B870）

13. 数学、自然科学，甚至人类的经验的知识，作为——大部分朝着人类偶然的、但最终却毕竟朝着必然的和本质的目的的——手段，而具有一种很高的价值。（KrV，A850；B878）

14. 形而上学，作为单纯的思辨，更多地用于阻挡错误，而非扩展知识，这并没有使它的价值受到任何损害，而给予了它更多的尊严和声望。（KrV，A851；B879）

假设（die Hypothes）

假设的，假设地（hypothetisch）

1. 既然涉及确定性，那么我已经对我自己宣布了这种判断：在这种考察的方式中本该不允许用任何方法发表意见并且一切在其中只被视为类似于一种假设的东西都该是禁品，即使以最低廉的价格也不许出售，而是，它们一被发现，就必须被封存。（KrV，AXV）

2. 在这篇序言里，我也只是把在这个批判中所阐明的、类似于那个假设的思维方式的变革当作假设提出来。（KrV，BXXII）

3. 它不仅仅要作为一种表面上的假设而赢得一些宠爱，而且要该是如此确定的和不被怀疑的，当每一种理论能够被要求的时候，这种理论应当用作工具论。（KrV，A46；B63）

4. 一个假设的标准也是所假定的解释根据的可理解性或这个根据的同一性（无需假设）。（KrV，A83；B115）

5. 除了借助于这一假设，不论人们想把预定天资的这个假定向未来的判断推进到多么远，也看不到任何终点。（KrV，B167）

6. 一切发生的事，都假设是必然的。（KrV，A228；B280）

7. 无需同意这一类假设。（KrV，A360）

8. 对此我们没有任何权利，甚至一次都绝不直接假定一个这样的假设的可能性。（KrV，A580；B608）

9. 一个这样的存在者必然地生存着，这就不再是一个被允许的假设的谦虚的表达，而是这种无可置疑的确定性的大胆狂妄了。（KrV，A612；B640）

10. 我将把这称为理性的假设地运用。（KrV，A647；B675）

11. 理性的这种假设地运用，出自设置了基础的理念，作为成问题的概念，原本并不是构成性的。（KrV，A647；B675）

12. 所以这种假设地理性运用指向知性知识的系统统一性，但这种统一性则是规则的真理性的试金石。（KrV，A647；B675）

13. 但这个理性统一性只是假设的。（KrV，A649；B677）

14. 这种一般基本力的理念不仅仅会作为问题被规定而假设地运用，而且还会假托客观实在性。（KrV，A650；B678）

15. 人们也许想相信，这该是一种单纯的经济的理性技巧，为了尽可能多地免除辛劳，并且该是一种假设性的尝试，这种尝试，如果它成功了，恰好就通过这种统一性而给这个预设了的解释根据提供了或然性。（KrV，A653；B681）

16. 把这种假设地想出来的统一性看做是有根据的。（KrV，A661；B689）

17. 这个图型没有任何对象、甚至一次都不被假设地附加于其上。（KrV，A670；B698）

18. 这时没有任何轻浮的假设，灵魂的产生、毁灭和转世的假设，等等，能被容许。（KrV，A683；B711）

19. 纯粹理性在假设方面的训练。（KrV，A769；B797）

20. 我们在理性的纯粹的和思辨的运用中事实上根本就一无所知；理性就应当向假设打不开一个更为宽广的领域，在那里这至少被允许，构想和意指，即使不主张？（KrV，A769；B797）

21. 但这种意见，为了不至于是无根据的，则必须与作为解释根据而现实地被给予并因此是确定了的东西联结起来，那就叫做假设。（KrV，A770；B798）

22. 如果我们离开这一点，那么它们就是单纯的思想物，它们的可能性是不可证明的，因此它们也不能通过一种假设而为现实的现象解释设置基础。（KrV，A771；B799）

23. 甚至这样一种假设的原则原本只用来满足理性，而不用来促进鉴于对象的知性运用。自然中的秩序和合目的性又必须从自然根据中并按照自然规律而被解释，并且在这里，甚至那些最放肆的假设，如果它们只是自然的，也比那些超自然的假设，即诉诸人们为此目的而预设的一个神圣的创造者，更可容忍些。（KrV，A772；B800）

24. 理性的思辨运用的先验假设，以及一种——为了弥补自然的解说根据的缺乏、而万不得已时利用超自然解说根据的——自由，都根本不能被容许。（KrV，A773；B801）

25. 一个假设值得接受的第二个必需的成分，就是这个假设的充分性，以便由此而先天地规定那些已经被给予的结果。（KrV，A774；B802）

26. 当人们为了这个目的而有必要召来那些起辅助作用的假设的时候，这些假设就产生了一种单纯虚构的嫌疑，因为这些假设的每一个自在地都需要这种——为打下基础的思想所必需具有的——辩护，因此就不能够充当有力的证据。（KrV，A774；B802）

27. 如果，在一个无限制地完善的原因的前提下，虽然在世界中发现的一切合目的性、秩序和大小的任何解释根据，都不缺乏，但却需要那种，至少按照我们的理解、在显示出畸形与祸害的情况下，仍然新的假设，以便对这种情况的反驳得到拯救。（KrV，A774；B802）

28. 但即使在纯粹理性的单纯思辨的问题那里不发生任何假设，以便把命题建立于其上，那么这些假设却仍然是完全允许的，只为了万不得已时替这些命题辩护，也就是说，虽然不在独断的运用中、但却仍然在论争的运用中。（KrV，A776；B804）

29. 也就是使用假设的手段，这些假设根本不应当用来加强这个证明，而只应当用来指出，对手理解争辩的对象太少了，相比于他所能在思辨的见解的优点方面博得我们的喜欢。（KrV，A777；B805）

30. 所以假设在纯粹理性的领域中只容许作为作战武器，并非为了在这上面建立一种权利，而只为了捍卫这种权利。但我们在这里任何时候都必须在我们之内寻找对手。因为思辨理性在它的先验的运用中自在地就是辩证的。（KrV，A777；B805）

31. 现在，纯粹理性的假设也属于你的全副装备，这些假设，虽然只是铅制的武器（因为它们没有经过任何经验法则的锻炼），然而却一直就像任何反对你的对手所可以使用的武器一样有能力做到。（KrV，A778；B806）

32. 所以人们由此看出，在理性的思辨的运用中假设作为意见自在本身并没有任何有效性，而只相对于那些反对方面的超验的狂妄才具有有效性。（KrV，A781；B809）

33. 但那些被想到的假设只是成问题的判断，至少不可能被驳倒，但当然也不能被无所证明，所以就不是任何私人意见，但毕竟不能有理由地（即使为了内部的安慰）面对流露出来的疑虑而被缺乏。（KrV，A781；B809）

34. 通过这种方式一个假设绝不能被转化成演证的真理。（KrV，A791；B819）

35. 如果一个目的一旦被预设了，那么达到目的的那些条件也就假设地是必然的了。（KrV，A823；B851）

36. 如果我想把单纯理论上的视其为真也仅称为——我本该有权采纳的——假设，那么我由此就会已经自告奋勇地拥有更多关于一个世界原因和一个来世的性状的概念，相比于我实际所能够指出的；因为凡是我也只认为是假设的东西，我对它至少按照它的属性必须知道如此之多，以致于我不能虚构它的概念，而只虚构它的此在。（KrV，A827；B855）

37. 如果缺少了它，即使数学家，通过它们而追随某种日常的、实际上却是形而上学的概念，而已经不知不觉地用假设纠缠自然学说，这些假设处于这些原则的一个批判就消失了，却并不因此而丝毫损害在这个领域中数学的运用（这种运用是完全不可缺少的）。（KrV，A847；B875）

简单的（einfach）
简单的东西、简单之物（das Einfache）
简单性（die Einfachheit）

1. 所以简单的东西便是自在之物本身的内部东西的基础。（KrV，A273；B330）

2. 简单的东西的定语肯定不能放下这种持存性。（KrV，A401）

3. 这里，简单的东西如何又与实在性范畴相符合，我现在还不能够指明，而会在随后的主要章节中，在某种别的、恰好是简单的东西的概念的理性运用

的机会中，而得到指点。（KrV，A404）

4. 现在，在空间中并没有作为简单的实在之物；因为点（它们在空间中构成了唯一的简单之物）只不过是界限，但本身却不是某种作为部分用以构成空间的东西。（KrV，B419）

5. 通过这种分割，质料的实在性要么消失在虚无之中，要么仍然消失在那些不再是质料的东西、即简单的东西之中。（KrV，A413；B440）

6. 鉴于一个在它的界限之内被给予的整体的各部分，就叫做简单之物。（KrV，A418；B446）

7. 正题：世界上每一个复合的实体都由简单的部分所构成，并且除了简单的东西、或由简单的东西复合而成的东西之外，任何地方都没有什么东西生存着。（KrV，A434；B462）

8. 反题：世界上没有任何复合之物由简单的部分所构成，并且世界上任何地方都没有简单的东西生存着。（KrV，A435；B463）

9. 所以，要么不可能在思想中取消一切复合，要么在取消之后必须剩留下某种不带任何复合的现存的东西，即简单之物。（KrV，A434；B462）

10. 世界中根本没有简单之物生存着，这里应当只表示这些意思：全然简单之物的此在不能从任何经验或知觉、不管是外知觉还是内知觉中，得到阐明，所以全然简单之物应该只是一种单纯理念，它的客观实在性永远不能在任何一个可能经验中得到阐明，因而在现象说明中没有任何应用和对象。（KrV，A437；B465）

11. 我们从复合物到简单之物的推论只适合于那些本身独立存在的事物。（KrV，A440；B468）

12. 那些不论是感官还是想像力都永远不能具体表现出来的对象（简单之物）。（KrV，A469；B497）

13. 因为这种简单之物根本不可能在任何经验中出现，并且，如果人们这里把实体理解为感性直观的持存的客体，一个简单的现象的可能性则根本不可能被看透。（KrV，A772；B800）

14. 在抽象中的简单之物与在客体中的简单之物是根本不同的。（KrV，A785；B813）

15. 主体自身的意识（统觉）就是我的简单表象。（KrV，B68）

16. 因为通过自我，作为简单的表象，并没有任何杂多的东西被给予。（KrV，B135）

17. 在任何一个事物（实体）中都有某种绝对是内部的东西，它先行于一切外部规定，通过它使这些外部规定首次成为可能的方式；因而这个基底是这样的某物，它在自身中不再包含任何外部关系，所以是简单的。（KrV，A339；

B283）

18. 这个实体，单纯作为内感官的对象，就给出了非物质性的概念；作为单纯的实体，就给出了不朽性的概念；它作为智性实体的同一性，就给出了人格性。（KrV，A345；B403）

19. 这一种物，它的活动绝不能被看作许多活动的事物的合作，就是单纯的。

现在，灵魂，或者思想着的我，就是这样一种物。（KrV，A351）

20. 因而它只有在一个实体中才是可能的，这个实体不是许多实体的一个聚合体，因而是全然单纯的。（KrV，A352）

21. 命题："我是简单的"，必须被视为统觉的一个直接的表达。（KrV，A355）

22. 但"我是单纯的"，则无非意味着，"我"这个表象，并不包含丝毫杂多性，而且它是绝对的（虽然只是逻辑的）统一性。（KrV，A355）

23. 我是一个简单的实体，亦即，它的表象绝不包含杂多的东西的综合。（KrV，A356）

24. "人在思想"，即，那作为外部现象而是广延的同一个东西，内部地（自在本身）就是一个主体，它不是复合的，而是简单的，并且思想着。（KrV，A360）

25. 那个简单的"我"之外，之所以如此简单，就因为这个表象没有任何内容，因而没有任何杂多的东西，因此它也好像表象为，或更好地说，表示为一个简单的客体。（KrV，A381，382）

26. 如果我在现象中把一个物称为简单的，那么我就把这理解为，这个物的直观尽管应该是现象的一个部分，但本身是不能被分割的，等等。但如果，某种只在概念中并不在现象中被认作简单的，那么我由此就完全不现实地拥有关于对象的任何知识，而只有关于我的——我给我造成的对一般某物的——概念的知识，而没有任何真正的直观，这个一般某物便是不可能的。我只是说，我完全简单地思想某物，因为我实际上并不知道说其他的，而无非只是说"有某物"。（KrV，A400）

27. 质的无条件的统一性即并不作为实在的整体，而作为简单的。（KrV，A404）

28. 1. 我思，2. 作为主体，3. 作为单纯的主体。（KrV，B419）

29. 所以，原始存在者的理想也必须被设想为简单的。（KrV，A579；B607）

30. 把原始存在者规定为一个唯一的、简单的、完全充足的、永恒的等等的存在者。（KrV，A580；B608）

31. 形成了有关一个简单的独立的理智的理性概念。（KrV，A682；B710）

32. 把灵魂思想为简单的，是完全可以允许的，以便于，按照这个理念、把一切内心能力的一个完备而必然的统一性，尽管人们并不立刻具体地看清这些内心能力，铺设为我们对灵魂的内部现象进行评判的原则。（KrV，A771；B799）

33. 如果"一切思想者都是简单的"这个命题要得到证明，那么人们就不在思想的杂多的东西上耽搁了，而仅仅坚持于"我"——它是简单的并且一切思维都与之相关——的概念。（KrV，A788；B816）

34. 但我的自身（作为灵魂）的简单性实际上也不并从命题"我思"中推论出来，而是从前者已经处于每一个思想本身中。（KrV，A355）

35. 但关于一个主体的表象的简单性因此就不是关于主体本身的简单性的知识，因为这个主体的特性的知识被完全抽掉了，如果这仅仅通过在内容上完全空洞的术语"我"（我可以把它应用在任何思想着的主体上），而被标明。（KrV，A355）

36. 我通过这个"我"为我在任何时候都想到了一个绝对的、但却是逻辑的主体统一性（简单性），但并非，我由此就认识了我的主体的现实的简单性。（KrV，A355，356）

37. 添加了一个谓词（单纯性），它根本不能在任何经验中被给予。（KrV，B410）

38. 统觉是某种实在的东西，而它的简单性已经在处于它的可能性中了。（KrV，B419）

39. 实体的那种简单性等等只应当是向着这条调节的原则的图型，而并不是被预设为，好像它就是灵魂属性的现实根据。因为这些属性可能也基于完全不同的根据。（KrV，A683；B711）

40. 由于绝对简单性毕竟不是任何——能够直接与一个知觉发生关系的——概念，而必须仅仅推论为理念。（KrV，A784；B812）

简单性（die Simplizität）

1. 第二个谬误推理：简单性。（KrV，A351）

2. 这样，例如实体的概念在简单性的谬误推理中就是一个纯粹智性的概念，它无需感性直观的条件而只具有先验的、即完全没有任何运用。（KrV，A403）

3. 所以，这种简单性就不能从任何一种知觉——无论它是哪一种——中推论出来了。（KrV，A438；B466）

建筑术（die Architektonik）

建筑术的、建筑术地（architektonisch）

1. 先验一哲学是科学的理念，为此，纯粹理性批判应当建筑术地、即出于

原则地拟定完整的计划，带着构成这个纯粹理性批判大厦的一切构件的完备性和可靠性的完全保证。（KrV，A13；B27）

2. 提升到按照目的、即按照理念的世界秩序的建筑术的联结。（KrV，A318；B375）

3. 人类理性按照它的本性是建筑术的，即它把一切知识都看做属于一个可能的系统，因此也只允许这样的原则，它们使得现有的知识至少不是无能力地、与别的知识一起相处在任何一个系统中。（KrV，A474；B502）

4. 理性的建筑术的利益（它要求并非经验的、先天的纯粹的理性统一性）。（KrV，A475；B503）

5. 所以我把先验方法论理解为纯粹理性的一个完备系统的形式条件的规定。我们将在这个意图上完成纯粹理性的训练、纯粹理性的法规、纯粹理性的建筑术，最后是纯粹理性的历史。（KrV，A707；B736）

6. 我把建筑术理解为系统的艺术。因为系统的统一性就是这一种，使普通的知识首先成为科学、即从知识的一种单纯的聚集而变成一个系统的东西，所以建筑术就是在我们一般知识中的科学性的东西的学说，因而它必然属于方法论。（KrV，A832；B860）

7. 但那个，如果是服从一个理念而产生的（在那里理性先天地发出给目的，而非经验地等待目的），就建立了建筑术的统一性。并不是技术地，由于杂多东西的类似性、或知识具体地对各种各样随意的外部目的偶然运用，而是建筑术地，为了亲缘关系起见以及从一个唯一的至上的并首次使整体成为可能的内部目的中的推导，而能够产生出这种我们叫做科学的东西，它的图型必须合乎理念地、即先天地包含着整体的轮廓（monogramma，草图）和一种对整体各环节的划分，并且必须把这个整体确定无疑地依照原则与整体的其他一切相区别。（KrV，A833；B861）

8. 按照理性的目的建筑术地设计一个整体。（KrV，A835；B863）

9. 而允许有一切人类知识的一种建筑术，这种建筑术在当前的时代、由于已经搜集，或可以从古代大厦的倒塌的废墟中获取了如此多的材料，不仅会是可能的，而且甚至不会是困难的了。（KrV，A835；B863）

10. 纯粹理性的一种哲学的本源的理念制定了这种划分本身；所以这种划分就是建筑术的划分，遵照它的根本的目的，而不是单纯的技术的划分，按照偶然知觉的亲缘关系和似乎靠碰运气，但正因此它也是不可改变的和规律提供的。（KrV，A847；B875）

交感（das Kommercium）

1. 所有这三项一起则给予了精神性（Spiritualität）；与空间中的对象的关系

则给予了与物体的交感（Kommercium）。（KrV，A345；B403）

交互性（die Wechselseitigkeit）

交互作用（die Wechselwirkung）

1. 所以，如果这两个判断，它们的关系构成假言判断（antecedens und consequens，前件和后件），同样，如果选言判断就在于它们的交互作用（划分的环节），那么这两个判断则全部只是或然的。（KrV，A75；B100）

2. 协同性（主动与受动之间的交互作用）。（KrV，A80；B106）

3. 协同性（交互作用）的图型，或者实体在其偶性方面的交互因果性的图型，就是一个实体的规定和另一个实体的规定按照一条普遍规则而同时存在。（KrV，A144；B183）

4. 第三类比，按照交互作用或协同性的法则同时并存的原理。（KrV，A211；B256）

5. 一切实体，只要它能够在空间中被知觉为同时的，都是在普遍的交互作用中的。（KrV，A211；B256）

6. 实体的关系，在其中它包含着规定，关于它的根据却已包含在另一个实体之中，这种影响的关系，并且，如果交互地这一个包含另一个之中的规定的根据，就是协同关系或交互作用的关系。（KrV，B258）

7. 所以现象中的一切实体，只要它们同时存在，都必然地处于无例外的彼此的交互作用的协同性之中。（KrV，A213；B260）

8. 它们的连结（杂多的交互作用）。（KrV，A218；B265）

教理（das Mathema）

1. 我把一切无可置疑的命题（它们无论是可证明的或者是直接确定的）分成教条（Dogmata）和教理（Mathemata）。一个出自概念的直接综合命题就是一个教条（Dogma）；反之，一个通过概念的构造的这种命题，就是一个教理（Mathema）。（KrV，A736；B764）

教条（das Dogma）

1. 我把一切无可置疑的命题（它们无论是可证明的或者是直接确定的）分成教条（Dogmata）和教理（Mathemata）。一个出自概念的直接综合命题就是一个教条（Dogma）；反之，一个通过概念的构造的这种命题，就是一个教理（Mathema）。（KrV，A736；B764）

2. 分析判断关于对象所真正教导给我们的，无外乎我们关于这个对象所拥有的概念、已经包含在自身中的东西，因为这种分析判断不把知识扩展到超出主体的概念之外，而只解释这个概念。因此分析判断不能适当地叫做教条（人们也许可以把这个词用 Lehrsprüche 即“教条”来翻译）。但在所想到的两类先天综合命题中，按照习惯的用语，只有属于哲学知识的那些先天综合命题才能够拥有这个名称，而人们似乎难以把算术或几何的命题称为教条。所以这种用语就证实了这种我们所给予的解释，即只有出自概念、而不是出自概念的构造的判断，才能叫做教条性的判断。

3. 现在，如果在纯粹理性的思辨运用中按照内容也根本没有教条，那么一切教条的方法，无论它是向数学家借来的、还是应当成为一种固有的风格，对于自身都是不合适的。因为它只会掩饰那些缺点和错误，并且迷惑——其真正意图是，使理性的一切步骤都在它的最明亮的光线中被看清——哲学。（KrV，A737；B765）

教化（kultivieren）

1. 这种争执通过对理性的对象在两个方面的考察而教化了理性，并且通过限制理性的判断、而纠正了理性的判断。（KrV，A744；B772）

教养，培养（die Kultur）

1. 现在人们可以注意一下通过一门一般科学的可靠通道的理性的教养，与理性的无根基的摸索和轻率的漫游而没有批判相比较。（KrV，BXXXI）

2. 但这帮玄想家的乌合之众却呼喊着，就像通常那样，荒谬和矛盾，并且辱骂这种统治，在这种统治中他不可能渗透进最内部的计划，他本来甚至也应当把他的保存并且乃至那种——使他有可能谴责和判决这个统治的——教养，都归功于这种统治的仁慈的影响。（KrV，A669；B697）

3. 所以对于一种已经具有一种自我表现的冲动的才能的教育来说，训练作出了一种消极的贡献，但培养和教义则作出了一种积极的贡献。（KrV，A710；B738）

4. 我们因此在人类理性的历史中也发现：在这些道德的概念充分被纯化、被规定，并且目的的系统统一性按照这些道德的概念，更确切的说从必然的原则中被看出之前，自然的知识、甚至理性教养在有些别的科学中的一种可观的程度，部分地只能产生关于神性的一些粗糙的和漂浮不定的概念，部分地留下鉴于这个问题的一种特令人佩服的完全冷漠。（KrV，A817；B845）

5. 正因为如此，形而上学也是人类理性的一切教养的完成，这种教养是不可或缺的，即使人们立刻把它的作为科学对一定确定的目的的影响撇在一边。（KrV，A850；B878）

结果（die Wirkung）

自然结果（die Naturwirkung）

1. 一个原因的概念本身如此显然地包含着与一个结果相连结的必然性的概

念和规则的一种严格普遍性的概念。（KrV，B5）

2. 大卫·休谟，在所有哲学家中间最接近于这个课题，但还远远没有足够确定地并且在其普遍性中思考它，而只是停留在结果和其原因相连结的综合命题（因果律）之上。（KrV，B19）

3. 这个在表象能力上的对象的结果，如果我们被同一对象所刺激，就是感觉。（KrV，A19；B34）

4. 一般综合，我们今后会看到，只不过是想像力的结果。（KrV，A78；B103）

5. 原因与结果。（KrV，A80；B106）

6. 所以一种——人们根本不能经验地表达出来的——尊严还会附加在原因和结果的综合上，亦即，结果并不是只添加进原因，而是通过原因被设置的、并随之发生的。（KrV，A91；B124）

7. 原因的概念，它陈述着在一种前提条件下一个结果的必然性。（KrV，B168）

8. 我不可能会说：结果连同原因在客体中（即必然地）联结着，而只能说，我已经安排成这样，以至于我只能把这些表象，无非这样联结而思想。（KrV，B168）

9. 这种意识可能往往只是很微弱的，以至于我们只在其结果中、但却并不是在动作本身中、即并不直接与表象的产生相连接。（KrV，A103）

10. 一切变化都按照原因与结果的连结的规律而发生。（KrV，A189；B232）

11. 因而原因与结果的关系，就是我们的经验的判断——鉴于知觉序列的——客观有效性的条件。（KrV，A202；B247）

12. 原因和结果可能是同时的。（KrV，A202；B247）

13. 在自然中起作用原因的绝大部分都与它们的结果是同时的，并且结果的时间继起，只不过由原因不能在一瞬间就完成它的全部结果而导致。但在结果最初产生的那一瞬间里，它任何时候都与它的原因的因果作用是同时的。（KrV，A203；B248）

14. 这种时间相继当然就是结果的、在与先行的原因的因果性的关系中这种唯一的经验的标准了。（KrV，A203；B249）

15. 动作已经意味着原因性的主体对结果的关系了。（KrV，A205；B250）

16. 如果这种根源被看作来自一种陌生的原因的结果，它就叫作创造。（KrV，A206；B251）

17. 变化并不由这些力矩所构成，而由此作为它们的结果而产生。（KrV，A209；B254）

18. 知性，借助于统觉的统一性，是为现象在这个时间中的一切位置的连续规定的可能性的先天条件，通过原因和结果的序列，它们的原因不可避免地导致了结果的此在，并因此而使时间关系的经验的知识对每一个时间都（普遍地）、因而客观地有效。（KrV，A211；B256）

19. 每一个实体（既然它在它的规定方面只能是结果）都必须包含着在另一个实体中的某种规定的原因性，并且同时把另一个实体的原因性的结果包含在自身中。（KrV，A212；B259）

20. 它曾假定，这个唯一直接的经验就是内部经验，并且外部事物仅仅由此而推导出来，然而，就像每次，当人们从给予的结果而推导确定的原因时那样，只会是不可靠的。（KrV，B276）

21. 因此，我们只认识在自然中——它的原因已给予我们的——那些结果的必然性，而在此在中的必然性标志所达到的，则无非是可能经验之领域。（KrV，A227；B280）

22. 所以必然性只涉及按照因果性的动力学法则的现象的关系，以及这种建立于其上的从任何一个被给予的此在（一个原因）先天地推出另一个此在（结果）的可能性。（KrV，A228；B280）

23. 但变化就是事件，事件，作为这样的事件，只有通过一个原因才是可能的，所以它的非存在对自己才是可能的，因而人们认识偶然性，从某物只作为一个原因的结果才可能生存中。（KrV，B291）

24. 行动或结果遵循那些道德法则而被规定。（KrV，B432）

25. 虽然从许多活动的实体的竞争中产生一个结果，当这个结果只是外在的时候，就是可能的。（KrV，A351）

26. 一个思想只能是思想着的存在者的绝对统一性的结果。（KrV，A353）

27. 所以我原本并不能知觉到外部事物，而只是从我的内部的知觉中推导出外部事物的此在，因为我将这种内部的知觉看作结果，为此外部的某物就是这种最近的原因。但现在，从一个给予的结果到一个确定的原因的推导，任何时候都是不可靠的；因为这种结果可能是从不止一个原因而产生的。（KrV，A368）

28. 我们就具有了一种外在于我们起作用的原因的特性，这种特性将并不与这些原因在我们之内的结果共同相一致，因为原因只是与外感官相关，而结果却与内感官相关。（KrV，A386）

29. 在我们之内结果就是思想。（KrV，A386）

30. 运动不是这个未知原因的结果，而仅仅是这个原因对我们感官的影响的现象。（KrV，A387）

31. 所以这就只剩下了因果性的范畴，它对一个给予的结果呈现出一个原因序列，在其中，人们可以从作为有条件者的这个结果而上升到作为条件的那

些原因，并且能够回答那些理性问题。（KrV，B441）

32. 一个按照经验的法则、可能知觉的回溯序列（不论是历史的线索，还是原因和结果的足迹），一句话，世界的进程，将引向一个作为当前时间之条件的流逝了的时间序列。（KrV，A495；B523）

33. 经验的回溯（唯有通过它，感官世界才能够在其条件方面被给予出来）则有它的规则，即从序列的每一个作为一个有条件者的项，任何时候都前进到一个更远的项（不论是通过特有的经验，还是通过历史的线索，或者通过结果及其原因的链条）。（KrV，A522；B550）

34. 因而，这是否是一个正当的选言命题，在世界中的每一个结果都必须不是出于自然，就是出于自由，还是宁可说，双方都可以在不同的关系中在一个并且是同一个事件那里同时发生。（KrV，A536；B564）

35. 这些现象，连同它们的结果，都必然处于自然规律之下。（KrV，A536；B564）

36. 所以这个理知的原因连同其原因性就都在序列之外；相反它的结果却在经验的条件的序列之中被发现。（KrV，A537；B565）

37. 那么人们就可以在两方面上研究这个存在者的原因性，既按照它的行动，而把它看作理知的、看作一个自在之物本身的原因性，并且又按照这种行动的结果，而把它看作感性的、看作感官世界中的一个现象的原因性。因此我们会从一个这样的主体的能力中为我们制作它的原因性的——一个是经验的、同时也是智性的——概念，而这两者则在原因性的结果中共同发生。（KrV，A538；B566）

38. 我们就不应该阻止，对这个先验对象，在它所显现的属性之外，也不赋予一种原因性，而这种原因性并不是现象，虽然它的结果仍然还会在现象中被碰到。（KrV，A539；B567）

39. 人们关于这个主体就会完全正确地说，它自行开始了它在感官世界中的结果，无需这个行动在它里面开始了自身。（KrV，A541；B569）

40. 自然规律，即一切发生的事情都有一个原因，这个原因的原因性，即行动，由于它在时间中先行，并且考虑到一个在此产生的结果，本身不可能是一直存在了的，而必须是发生的，它也会在现象中拥有自己由以被规定的原因，所以在一个自然秩序中一切事件都是经验地得到规定的。（KrV，A542；B570）

41. 是否，如果人们在一切事件的整个序列中只不过承认自然必然性，那么还有可能，把恰好同一个在一个方面单纯是自然结果，而在另一方面仍然看作出于自由的结果，还是在这两种不同性质的原因性之间会碰到一个正对的矛盾。（KrV，A543；B571）

42. 所以自然原因在时间系列中的一切行动本身又是——一些在时间序列中同样预设了它的原因的——结果。（KrV，A544；B572）

43. 然而这个经验性的原因性本身，却可能丝毫也不中断它与自然原因的关联，而仍然不是一种非经验的原因性的一个结果、而是理知的原因性的结果？即一个原因的、鉴于现象、本源的行动的结果。（KrV，A544；B572）

44. 这个理知的根据完全不纠缠经验的问题，而也许只涉及纯粹知性中的思想，并且虽然纯粹知性的这种思想和行动的结果在现象中被发现，然而这些结果却同样必须能够按照自然规律由它们在现象中的原因而被完全解释。（KrV，A546；B574）

45. 我们通过——它在它的结果中所表明的——力量和能力，而发觉了这种品格。（KrV，A546；B574）

46. 但这些自然条件不涉及任意本身的规定，而只涉及任意在现象中的结果和后果。（KrV，A548；B576）

47. 因为，没有这个，理性就不会指望从它的理念中得到在经验中的结果了。（KrV，A548；B576）

48. 每个原因都预设了一条规则，按照这条规则，某些现象作为结果随之而来。（KrV，A549；B577）

49. 因为这种经验的品格本身必须从作为结果的现象中，以及从这些现象的提供经验的那个规则中，被延伸出来。（KrV，A549；B577）

50. 理性的原因性并不产生于理知的品格中，或者绝不在一个确定的时间的开始，以便产生一个结果。（KrV，A551；B579）

51. 通过这种能力，而首次开始了结果的一个经验的序列的感性条件。（KrV，A552；B580）

52. 没有任何遵照这种品格规定人的那些条件，它们不被包含在自然结果的序列中并且属于自然结果的规律，根据这个规律，根本没有在时间中发生的东西的在经验的无条件的原因性，被找到。（KrV，A552；B580）

53. 而每个行动，忽视与其他现象共处于时间关系中，都是纯粹理性的理知品格的直接结果。（KrV，A553；B581）

54. 却毕竟开始了它在现象序列中的结果，只是它在这序列中绝不能够构成一个绝对的最初的开端。（KrV，A554；B582）

55. 在所有这一切中，人们所做的处理，正如一般在对一个给予了的自然结果的规定着的那些原因的序列的研究中一样。（KrV，A554；B582）

56. 理性根本不会被一切那些感性所刺激，它不会改变自己（即使它的现象、即就像它在自己的结果中显示出来的方式，立刻改变了），在它里面没有任何规定随后的状态的状态是先行的，因而它根本不属于那些——按照自然规

律使现象成为必然的——感性的条件的序列。（KrV，A556；B584）

57. 除非，那里也有最高的原因性，就是说，在那种——自在本身本源地包含充分性而产生一切可能结果的——存在者中，这种存在者的概念也很容易通过无所不包的完善性这个唯一的特征而建立起来。（KrV，A590；B618）

58. 完全可以允许，把一个最高充实性的存在者的此在，假定为一切可能结果的原因，以便窃取理性它所寻找的解释根据的统一性。（KrV，A612；B640）

59. 自然的许多力——通过一定的结果表明为它们的此在，对于我们仍然是无法探明究竟的。（KrV，A613；B641）

60. 由于物质的每个构成它的实在东西的规定、因而即使不可入性，都是一个必须拥有它的原因的结果（行动），并且因而一直仍然是派生的。（KrV，A618；B646）

61. 从结果向原因过渡的一切法则，甚至我们一般知识的一切综合和扩展，都无非只是被放置在可能经验之上、因而只是被放置在感官世界的对象之上并且只鉴于感官世界的对象才能有一种意义。（KrV，A621；B649）

62. 我们到处都看到一个从结果和原因、从目的和手段构成的链条。（KrV，A622；B650）

63. 这条原理，从发生的东西中、（从经验的偶然之物中）、作为结果、而推导出一个原因，是一条自然知识的原则，但不是思辨知识的原则。（KrV，A635；B663）

64. 经验绝不会把一切可能结果中的那个最大的结果（当它应该为它的原因作出见证的时候）呈献给我们。（KrV，A637；B665）

65. 而是人们把它们看清楚了，它们是把根本原因的节约、结果的多样性以及一种自然成分的激动人心的亲缘关系自在本身地都判断为合乎理性的和适合于自然的。（KrV，A661；B689）

66. 根据这种规则，理性在连结世界上的原因和结果时就本该使它自己得到最大满足。（KrV，A673；B701）

67. 那些人，误以为哲学区别于数学只在于，他们说，哲学单纯以质为客体、而数学却只以量为客体，已经把结果当作了原因。（KrV，A714；B742）

68. 这个（充满空间或时间的）某物在何种程度上是一个最初的基底或是单纯的规定，在何种范围内拥有一种它的存有与别的某物的作为原因或结果的关系。（KrV，A724；B752）

69. 没有经验，就既不能先天地和没有经验教导而确定地从结果中认识原因，也不能这样从原因中认识结果。（KrV，A766；B794）

70. 但在每一个个体方面，从一个如此微不足道的原因期望一个如此巨大

的结果，当然就好像是可疑的了。（KrV，A779；B807）

71. 所以我们理性知识的先验提升并不是纯粹理性让我们承担起来的实践合目的性的原因，而单纯是结果。（KrV，A817；B845）

接受性（die Rezeptivität）

1. 这种能力（接受性）——通过我们被对象所刺激的方式而获得表象——就叫作感性。（KrV，A19；B33）

2. 既然主体被对象刺激的接受性，必然的方式先行于这个客体的一切直观，所以能够理解的是，一切现象的形式如何能够在一切现实的知觉之先、因而先天地在内心中被给予。（KrV，A26；B42）

3. 这个接受性的固定形式，我们称其为感性，是一切关系的必然条件，在这里对象被直观为外在于我们，而如果我们抽掉这些对象，它就是带有空间之名的一个纯粹直观。（KrV，A27；B43）

4. 关于对象自在的状况并且隔离我们感性的这一切接受性可能是什么，留给我们的仍然是一无所知。（KrV，A42；B59）

5. 我们认识能力的这种接受性就叫做感性。（KrV，A44；B61）

6. 我们的知识产生于内心的两个基本来源，其中第一个是，感受表象（印象的接受性）、第二个是通过这些表象认识一个对象的能力（概念的自发性）；通过第一个，一个对象被给予我们，通过第二个，这一［对象］在与那个（作为内心的单纯规定）［的］表象的关系中被思想。（KrV，A50；B74）

7. 如果我们愿意把我们内心，甚至以任何一种方式被刺激所收到表象的接受性，叫作感性；那么反之，那种自己产生表象的能力，或者知识的自发性，就是知性。（KrV，A51；B75）

8. 概念基于思想的自发性，如同感性直观基于印象的接受性。（KrV，A68；B93）

9. 因为空间和时间包含先天纯粹直观的杂多，但同时属于我们内心接受性的条件，内心只有在它们之下才能感受对象的表象，所以它们任何时候都必须刺激对象的概念（KrV，A77；B102）

10. 表象的杂多可以在——单纯感性的、即无非是作为接受性的——直观中被给予，而这种直观的形式则可以先天地处于我们的表象能力中，它不是别的某物，而无非是主体被刺激的方式。（KrV，B129）

11. 但因为在我们之内把某种感性直观的先天形式设立为基础，它立足于表象能力的接受性（感性）之上。（KrV，B150）

12. 属于它的自身直观，已经奠定先天给予的形式即时间的基础，这时间是感性的并且属于可被规定者的接受性。（KrV，B157）

13. 接受性只有与自发性相联结，才使知识成为可能。（KrV，A97）

14. 因为这些表象只有通过对那种提供感性在其本源的接受性中的杂多的综合，才能够被产生出来。（KrV，A100）

15. 通过认识的自发性（感性的接受性与之相对），通过一种思想的能力，或者概念的能力，或者也可以说判断的能力。（KrV，A126）

16. 知性的图型法通过想像力的先验综合，所导致的无非是一切直观杂多在内感官中的统一性，并因而间接导致作为与内感官（一种接受性）一致的机能的那种统觉的统一性。（KrV，A145；B185）

17. 每一种感官都仍然必须拥有感觉接受性的一个确定的程度。（KrV，A172；B214）

18. 我们也已经必须拥有一个外部感官，并且必须由此把一个外部直观的单纯接受性与刻划为每一种想像的特征的自发性，直接区别开来。（KrV，B277）

19. 所以在这个命题中就已经不再只有思想的自发性，而且也有直观的接受性，亦即我的思想自身恰好应用于思想的主体的经验的直观。（KrV，B430）

20. 感性直观能力本来只是在一定的方式上带着表象被刺激起来的接受性，这些表象的相互关系就是空间和时间的纯粹直观，（我们感性的纯然形式）。（KrV，A494；B522）

21. 然而我们可以把一般现象的单纯理知的原因，称为先验客体，这仅仅是为了我们拥有某种与作为接受性的感性相一致的东西。（KrV，A494；B522）

22. 其行动根本不能被算作感性的接受性。（KrV，A547；B575）

23. 我们要（在心理学中）把我们内心的一切现象、行动和接受性都借助于内部经验之线索而如此联结起来，似乎内心就是一个——带有人格的同一性、持久（至少在此生中）生存的——简单实体。（KrV，A672；B700）

节制（die Mäβigung）

节制（mäβigen）

1. 这两位著名人物的前一位给狂信打开了门户，因为理性一旦在它的立场上拥有了它的权限，则不再让自己被节制的不明确的宣扬所限制。（KrV，A95；B128）

2. 如果，我说，经验论者满足于此，那么他的原理就会是一条要求节制的准则，一条在断言中谦虚的准则同时是最大可能地扩展我们的知性的准则，通过那些原本坐在我们面前的教师、即经验。（KrV，A470；B498）

3. 而且，决不能够损害这个善的事业的是，使一个嘲笑着的玄想家的独断论的语言沮丧到节制和谦虚的调子上，沮丧到一种为了足够镇静、虽然恰好不

吩咐无条件服从的信念的调子上。（KrV，A624；B652）

4. 那些不想通过任何批判而让自己节制的玄想家们的无约束的蒙蔽和罔行。（KrV，A757；B785）

解说，说明，阐释（die Erläuterungg）

1. 最后则涉及到明晰性，那么读者有权利，首先要求那种通过概念的推理的（逻辑的）明晰性，但然后也有权利要求一种通过直观的、即事例或别的具体说明的、直觉的（感性的）明晰性。（KrV，AXVIII）

1. 这个工作提供给我们大量的知识，这些知识即使只不过是——在我们的概念中（虽然还是以含糊不清的方式）那些已经被想到的东西的——澄清或解说。（KrV，A5；B9）

2. 前者也被称为说明判断，另一个则被称为扩展判断。（KrV，A7；B9）

3. 虽然最后这个对我们的感性理论的评论必须只被算作解说，而不是证明。（KrV，B72）

4. 而知性本身，作为一种应当与客体相关联的认识能力，因为这种关联的可能性，同样也需要的一种解说。（KrV，A97）

5. 由于我的批判的打算，仅仅面向先天综合知识的来源，而并不想与单纯涉及概念的解说（而不是扩展）的分解相混杂。（KrV，A204；B249）

6. 谁要想从经验中汲取德行的概念，谁要想把那种充其量只能用作不完善的阐释的例子的东西，当作知识来源的典范（就像许多人实际上已做出的那样），谁就会把德行变成一种可按照时间和情境而可改变的、不可用作任何规则的歧义的非物。（KrV，A315；B371）

监察官（die Zensur）

1. 因此，先验的神学尽管有它的一切缺点，它毕竟还保留着重要的消极运用，并且是我们的理性的一个忠实可靠的监察官，如果我们的理性仅仅与纯粹的理念打交道，而这些纯粹理念正因此就无非只允许先验的标准衡量。（KrV，A640；B668）

2. 人们可以把一种——使理性的所作所为经受检验并且按照情况承受指责的——处理方式，命名为理性的监察官。这是毫无疑问的，这种监察官不可避免地引向对原理的一切超验运用的怀疑。（KrV，A760；B788）

3. 这就不是理性的监察官，而是理性的批判，由此所猜测的不单纯是理性的局限，而是理性的确定的界限，不单纯是对一个或别的部分的无知，而且是在一种确定类型的一切可能问题方面的无知，确切地说，决不仅仅是某种猜测，而是出自原则地会证明。（KrV，A761；B789）

4. 理性的一切失败的独断论尝试都是对于经受监察官的审查来说永远有用的工作。（KrV，A767；B792）

5. 所以单纯的监察官绝不能够终止关于人类理性权限的争执。（KrV，A767；B792）

6. 理性能够并且必须自己行使这个训练，而不允许别的监察官检查自己。（KrV，A795；B823）

静观的（kontemplativ）

1. 而后者，即理知世界（intelligible Welt），则表现为（也许按照哥白尼的宇宙体系、或完全按照牛顿的引力定律来解释的）静观的天文学。（KrV，B313）

经验的，经验地（empirisch）
经验的东西（das Empirische）
非经验的（nichtempirisch）
经验论，经验主义（der Empirismus）
经验论，经验主义（das Empirism）
经验论者（der Empirist）

1. 我在这里只想考虑——建立在经验的原则上的——自然科学。（KrV，BXII）

2. 但毕竟是等同于我的此在的经验的意识，而这个意识只有通过与某种和我的生存联结着的、外在于我的东西发生关系，才是可规定的。（KrV，BXL）

3. 论纯粹的于和经验的知识之区别。（KrV，B1）

4. 人们把这样一种知识称为先天的（a priori），它们区别于那些——具有它们的后天的（a postcriori）、即在经验（Erfahrung）中的来源的经验的（empirische）知识。（KrV，B2）

5. 与先天的知识相反的，则是经验的知识，或是这样只有后天地、即通过经验、才是可能的知识。（KrV，B3）

6. 问题在这里就取决于一种——在其上我们能够可靠地把一个纯粹知识与经验的知识区别开来的——标志。（KrV，B3）

7. 所以经验的普遍性只是一种有效性的任意的提升，这种有效性从大多数情况下、到一切情况下都适用，例如在这个命题中：一切物体都是重的。（KrV，B4）

8. 因为经验又哪里还想取得自己的确定性，假如经验前行所遵照的一切规则，一直是经验的、因而是偶然的；所以人们便难以把这些规则当作第一原理

来看待。（KrV，B5）

9. 如果从你们的一个物体的经验概念中，把所有在这上面是经验的东西：颜色、硬或软、重量、甚至不可入性，都一个个地删除掉，那么空间仍然剩下来，它（它现在已完全消失了）占据着空间，并且你们删除不了空间。（KrV，B5）

10. 所有仅仅从经验借来的东西，正如人们的措辞，只是后天地、或经验地被认识到的。（KrV，A2）

11. 真正的数学命题任何时候都是先天判断而不是经验的判断。（KrV，B14）

12. 我将把我的命题限制在这种纯粹数学上，这就导致了这种纯粹数学的概念，它不包含经验的知识，而单纯包含纯粹的先天知识。（KrV，B15）

13. 它们虽然不把愉快和不愉快、欲望和爱好等等的概念，这些概念全都是经验的起源，设置为它们的道德规范的基础，但毕竟在义务概念中，必须把它们作为应当被克服的障碍。（KrV，A15；B29）

14. 因为所有实践的东西，只要它包含着动机，就都涉及到属于经验的知识来源的感觉。（KrV，A15；B29）

15. 那种直观，通过感觉与对象发生关系，就是经验的。（KrV，A20；B34）

16. 因为所想到的规则、或标准，按照它们的最主要的来源都只是经验的，因此决不能用作我们的鉴赏判断所必须按照它而行事的先无的被规定了法则，而宁可说，后者构成了前者的正确性的真正的试金石。（KrV，A22；B35）

17. 因此，在先验感性论中我们首先要孤立感性，我们通过隔离那些知性与此同时经过它的概念所想到的一切，以便只留下经验的直观。（KrV，A22；B36）

18. 空间不是从外部经验中抽引出来的经验的概念。（KrV，A23；B38）

19. 鉴于空间，一种先天直观（而不是经验的直观）为关于空间的所有概念设置了基础。（KrV，A25；B39）

20. 但这种直观又必须是先天地、亦即先于对一个对象的一切知觉而在我们之内被遇见，因而必须是纯粹的，而不是经验的直观。（KrV，B41）

21. 所以我们主张（鉴于一切可能的外部经验）空间的经验的实在性，虽然同时又主张空间的先验的观念性。（KrV，A28；B44）

22. 空间却仅仅涉及直观的纯粹形式，因而不包含任何感觉（没有经验的东西）。（KrV，A29）

23. 这种客观实在性在这里则完全取消了，除非，它只是经验的，亦即只把对象本身看作现象。（KrV，A36；B53）

24. 所以留下来的只是时间的经验的实在性，作为我们一切经验的条件。

（KrV，A37；B54）

25. 先验感性论可以包含不多于这两个要素，即空间和时间，这由此便清楚了，因为所有别的属于感性的概念，甚至把这两块结合起来的运动的概念，都以经验的某物为前提。（KrV，A41；B58）

26. 因此运动的某物必须是在空间中只有通过经验才被发现的某物，因而是一种经验的资料。（KrV，A41；B58）

27. 但感觉则是，在我们的知识中，凡是使它叫作后天的知识、即经验的直观的东西。（KrV，A42；B60）

28. 这时，人们就把前一种知识命名为表现自在的对象本身的知识，但把后一种知识命名为仅仅是这个对象的现象的知识。但这种区分只是经验的区分。（KrV，A45；B62）

29. 不是在雨滴中，因为这些雨滴，作为现象，已经都是经验的客体了。（KrV，A46；B63）

30. 后一种情况，亦即经验的概念，连同它们所建基于其上的，这种经验的直观，所能提供的综合命题没有别的而只有这样一种本身也只是经验的命题，即经验命题，因而决不能够包含必然性和绝对的普遍性，而这一类却是一切几何学定理的有品格的东西。（KrV，A47；B64）

31. 两者要么是纯粹的，要么是经验的。其中如果包含（以对象的现实的在场为前提的）感觉，就是经验的；但如果其表象没有感觉混合，则是纯粹的。（KrV，A50；B74）

32. 只有纯粹直观或纯粹概念才是先天可能的，经验的直观和概念只是后天可能的。（KrV，A51；B75）

33. 普遍的逻辑就要么是纯粹的逻辑，要么是应用的逻辑。在前者中我们抽掉了一切经验的条件，在这些经验的条件之下我们的知性得以行使。（KrV，A53；B77）

34. 所以一种普遍而又纯粹的逻辑，不得不只与纯净的先天原则发生关系，并且是知性和理性的一种法规，但仅仅鉴于它的运用的形式，这种内容可能如此，无论它，是（经验的还是先验的）。（KrV，A53；B77）

35. 作为纯粹逻辑，它没有经验的原则，因而不（像人们有时说服自己的那样）从心理学中汲取，所以它对于知性的法规没有任何影响。（KrV，A54；B78）

36. 德行论所考虑的是在人们或多或少所屈从的情感、爱好和情欲的阻碍之下的道德律，它绝不能产生出一门真正的并被演证的科学，因为它正如那种应用逻辑学一样，需要经验的和心理学的原则。（KrV，A55；B79）

37. 但因为既然有纯粹的直观，也有经验的直观，（就如先验感性论所说明

的），那么对象的纯粹思维和经验的思维之间的一种区别也完全可能被找到。（KrV，A55；B79）

38. 因此不论是空间，还是空间的任何一个几何学的先天规定，都不是一种先验的表象，而只有其表象根本不是经验的来源，并且它们何以能够同样先天地与经验对象发生关系的可能性的知识，才能称之为先验的。（KrV，A56；B81）

39. 因为它仅仅关涉知性和理性的法则，但它只这么远地与对象先天地发生关系，而不像普遍逻辑，没有区别地既和经验的知识、同时又和纯粹理性知识发生关系。（KrV，A57；B82）

40. 这些概念是纯粹的而并非经验的概念。（KrV，A64；B89）

41. 纯粹知性不仅把自己与一切经验的东西，而更与一切感性的东西完全分开。（KrV，A65；B89）

42. 所以我们将追踪纯粹概念一直到它们在人类知性中最初的萌芽和天赋，在其中它们做好了准备，直到它们最终在经验的机会中获得展开并通过同样的知性，从依附于它们的经验的条件中解放出来，而被描述于它们的纯净性之中。（KrV，A66；B91）

43. 如果杂多不是经验地、而是先天地被给予的（如在空间和时间中的它），这样一种综合就是纯粹的。（KrV，A77；B103）

44. 我把——概念如何能够先天地与对象发生关系的——方式的解释，称为这些概念的先验演绎，并把它与——指明一个概念如何通过经验及关于经验的反思而获得的方式的——经验的演绎区分开来，因此不涉及合法性，而涉及使占有得以产生的事实。（KrV，A85；B117）

45. 对这种纯粹知识只能有一种先验的演绎，而决不能给予一种经验的演绎。（KrV，A87；B119）

46. 既然只有凭借感性的这样的纯粹形式，一个对象才显现给我们，亦即可能是经验的直观的一种客体，那么空间和时间就是先天地包含着作为现象的那些对象之可能性条件的纯粹直观，而在这些纯直观中的综合就具有了客观的有效性。（KrV，A89；B121）

47. 规则的这种严格普遍性也根本不是任何经验的规则的属性，而经验的规则的属性通过归纳只能获得比较的普遍性，即广泛的适用性。（KrV，A92；B124）

48. 要么只有对象使表象成为可能，要么只有表象使对象成为可能。如果是前者，那么这一关系只是经验的，并且表象决不是先天可能的。（KrV，A92；B125）

49. 所以一切现象必然与感性的这种形式条件相一致，因为它们只有通过

这种条件才能显现，亦即才能被经验地直观和被给予。（KrV，A93；B125）

50. 所有这些能力，除了经验的运用之外，还有一种先验的运用，这种运用仅仅针对形式，并且是先天可能的。（KrV，A94；B127）

51. 但这两位所想出的这种经验的推导，并不能与我们所拥有的先天科学知识、即纯粹数学和普遍自然科学的现实性，相一致，因而被事实所驳斥。（KrV，A95；B128）

52. 但通过实体范畴，当我把一个物体的概念带入这些范畴之下时，就会确定：这个物体的经验的直观在经验中必须永远只被看作主词，而绝不被看作单纯的谓词；并且在所有剩下的范畴中也必须如此。（KrV，B129）

53. 我把它称为纯粹统觉，以便它区别于经验的统觉，或者也称为本源统觉。（KrV，B132）

54. 因为伴随着不同表象的经验的意识，已经自在地分散了并且与主体的同一性没有关系。（KrV，B133）

55. 它因此叫作客观的，并且必须与——是一种内感官的规定，由此每一个直观的杂多被经验地给予一种这样的联结的——意识的主观统一性区分开来。（KrV，B139）

56. 所以通过先天地为经验的综合奠定基础的知性的纯粹综合。只有那个统觉的先验的统一性才是客观有效的；统觉的经验的统一性，则只有主观的有效性。（KrV，B140）

57. 因为这个系词标志着这些表象与本源的统觉及其必然统一性的关系，即使这个判断本身是经验的，因而是偶然的，例如“物体是有重量的”。（KrV，B142）

58. 所以一切杂多，只要其在“一个”经验的直观中被给予了，在判断的逻辑机能方面就被规定了，即通过它们，一切杂多被带到一个一般意识上来。（KrV，B143）

59. 这种范畴因此表明：“一个”直观的给予杂多的经验的意识从属于一个先天的纯粹自我意识，正如经验的直观从属于一个纯粹感性的、同样是先天发生的直观。（KrV，B144）

60. 感性直观要么是纯直观（空间和时间），要么是这种——在空间和时间中通过感觉直接表象为现实的——经验的直观。（KrV，B147）

61. 空间和时间中的事物，它们只是知觉（伴随着感觉的表象），因而只通过经验的表象才被给予。（KrV，B147）

62. 因此范畴借助于直观也并没有提供给我们事物的知识，而只有通过它们的经验的直观上的可能运用，亦即它们只用作经验的知识的可能性。（KrV，B147）

63. 唯独我们的感性的和经验的直观才能使客体获得含义和意义。（KrV，B149）

64. 我有时也把它叫作生产的想像力，并由此将它区别于再生的想像力，其综合仅仅服从于经验的法则，即联合的法则。（KrV，B152）

65. 我把领会的综合，理解为在一种经验的直观中杂多的复合。（KrV，B160）

66. 这种领会的综合，它是经验的，是必须与那种——作为智性的和完全先天地已经包含在范畴中的——领会的综合，必然地相符合的。（KrV，B162）

67. 既然一切可能的知觉都依赖于领会的综合，但领会的综合本身，这种经验的综合，又依赖于先验的综合，因而依赖于范畴，所以，一切可能的知觉、因而甚至一切总能够获得经验的意识的东西、即一切自然现象，按照它的联结，也都服从范畴。（KrV，B164）

68. 特殊的规律，因为它们涉及到被经验地规定了的现象，不能从范畴中完备地被推导出来，即使它们全都服从那些范畴。（KrV，B165）

69. 现在，我们的一切直观都是感性的，并且这种知识，只要其对象已经被给予了，是经验的。但经验的知识就是经验。（KrV，B165）

70. 因为它们都是先天概念，因而是不依赖于经验的（主张一种经验的起源会是一种 generatio aequivoca，双重起源论）。（KrV，B167）

71. 如果存在着先天的纯粹概念，那么这些概念所能够包含的当然就并非经验的东西：但它们却还必须全然是一个可能经验的先天条件，它们的客观实在性只能建立在这个基础之上。（KrV，A95）

72. 所以我们必须首先考虑那种主观来源，它构成了经验可能性的先天基础，不是按照其经验的性状、而是按照其先验的性状。（KrV，A97）

73. 于是这三重综合就向知识的三种主观源泉提供了一个引导，而这三个源泉本身就使知性、通过知性，而使作为知性的一个经验的产物的一切经验成为可能。（KrV，A98）

74. 我们的表象可以不论来源于哪里，不论它们受到外部事物的影响、还是受到内部原因的作用，它们都可以先天地、或作为现象而经验地产生。（KrV，A98）

75. 这种领会的综合也必须先天地、亦即在那些并非经验的表象方面被执行。（KrV，A99）

76. 想像中的再生的综合虽然这是一条单纯经验的规律。（KrV，A100）

77. 因为除此之外我们的经验的想像力就从不会做出符合于它们的能力的某事，因而，就像一种死的和对我们自身未知的能力隐藏于内心之中。（KrV，A100）

78. 而既然那个领会的综合构成了所有一般知识（不仅是经验的知识，而且也有纯粹先天的知识）的可能性的先验根据，那么想像力的再生的综合就属于内心的先验活动，而考虑到这一点，我们愿意把这种能力也称为想像力的先验能力。（KrV，A102）

79. 本身的意识，按照我们状态的规定，在内部知觉那里是单纯经验的，任何时候可变化的，它在内部现象的这种流变中不可能给出任何静止的或常住的自身，并且习惯地被叫做内感官，或者经验的统觉。（KrV，A107）

80. 这种行动首先使领会（它是经验的）的一切综合屈从于一种先验的统一性、并且首先使它们的相互关系按照一个先天的规则而成为可能。（KrV，A108）

81. 但现在，这些现象不是自在的事情本身，而只是自身重新拥有它的对象的表象，所以这一对象则不再能够被我们直观，因而可以被称为非经验的、即先验的、等于 X 的对象。（KrV，A109）

82. 既然这个统一性必须被看作先天必然的，（因为否则知识就会没有对象了），那么与一个先验对象、亦即与我们的经验的知识的客观实在性的关系，就将以这条先验法则为基础：一切现象，只要对象应当由此而被给予我们，就都必须服从现象的综合统一性的先天规则。（KrV，A109）

83. 按照经验的概念的综合统一性会是完全偶然的，并且假如这些经验的概念并不建立在这种统一性的一种先验基础上，那么这就是可能的，即现象们的一种熙攘杂乱充斥着我们的心灵，而从中就没有成为哪怕一个经验。（KrV，A111）

84. 因此，一切——要把纯粹知性概念从经验中推导出来、并把一种单纯的经验的来源归于它们的——尝试，都是完全无用的和徒劳的。（KrV，A112）

85. 所以一切现象都处于按照必然法则的一种无例外的连接中、因而是处于一种先验的亲和性中的，而经验的亲和性则仅仅是结果。（KrV，A114）

86. 感官把现象经验地展示在知觉中，想像力把现象经验性地展示在联想（和再生）中。（KrV，A115）

87. 而纯粹统觉、即意识本身在一切可能的表象那里无一例外的同一性则构成了经验的意识先天基础。（KrV，A116）

88. 一切表象都与一个可能的经验的意识有一种必然的关系。（KrV，A117）

89. 但一切经验的意识又都与一个先验的（先行于一切特殊经验的）意识有一种必然的关系，这种先验意识也就是，作为本源的统觉的我本身的意识。（KrV，A117）

90. 人类的经验的认识能力必然包着含一种知性，这种知性与感官的所有

对象相关。（KrV，A119）

91. 现在，我们要把知性与现象的必然关联，借助于范畴通过自下而上地、即从经验的东西开始，放到眼前。（KrV，A119）

92. 人们把这种按照规则再生的主观的和经验的根据，命名为表象们的联想。（KrV，A121）

93. 一切（经验的）意识在一个（本源的统觉的）意识中的客观统一性，甚至就是一切可能知觉的必要条件。（KrV，A123）

94. 在那个（对经验之单纯经验的要素的）最后和最高的认定中，包含着——使经验之形式的统一性成为可能、并且与此同时使经验的知识的一切客观有效性（真理性）成为可能的——概念。（KrV，A125）

95. 经验的规律，作为这样的规律，绝不可能从纯粹知性中引出自己的起源。（KrV，A127）

96. 我们究竟应该从哪里获得这些概念呢？如果我们从客体获得它们（这里又一次没有检查，这个客体如何能够被我们所认知），那么我们的概念们就会是单纯经验的、并且不是任何先天的概念。（KrV，A129）

97. 与之相反，如果我们到处都仅仅与现象们打交道，那么这不仅是可能的，而且也是必然的了：即某些先天概念先行于对象的经验的知识。（KrV，A129）

98. 通过纯粹想像力的感性表象的综合，一切表象在与本源的统觉的关系中的统一性，先行于一切经验的知识。（KrV，A130）

99. 单纯的形式的逻辑抽掉了一切认识的内容（不论它们是纯粹的还是经验的），并且单纯研究一般的思想（推论知识）的形式。（KrV，A131；B170）

100. 所以一个盘子的经验的概念与一个圆的纯粹几何学概念具有同质性，在盘子里所思维的圆形，可以在圆中直观到。（KrV，A137；B176）

101. 这个中介的表象必须是纯粹的（没有任何经验的东西），但却一方面是智性的，另一方面是感性的。这样一种表象就是先验的图型。（KrV，A138；B177）

102. 这些纯粹的知性概念是否只是单纯的经验的运用的、还是也有先验的运用的。（KrV，A139；B178）

103. 一个经验之对象或者它的形象极少在某个时候达到经验的概念，而这种经验的概念任何时候都直接与想像力的图型、作为规定我们直观的一条规则、符合一个一定的普遍概念，相关联。（KrV，A141；B180）

104. 形象是再生的想像力的经验的能力的产物，感性概念（作为空间中的图形）的图型则是纯粹先天的想像力的产物。（KrV，A141；B181）

105. 实体的图型是实在之物在时间中的持存性，即作为一般经验的时间规

定的一个基底的那个实在之物的表象，因而这个图型当一切别的东西变化的时候，则停留着。（KrV，A144；B183）

106. 纯粹知性概念的图型法就是获得与客体的关系因而获得意义的真实的和唯一的条件，因此，范畴最终就并没有其他运用，而只有经验的运用。（KrV，A146；B185）

107. 我们所有的知识都处于一切可能经验的整体中，而先行于一切经验的真理、并且使之成为可能的那种先验真理，则在于这一切可能经验的普遍关系之中。（KrV，A146；B185）

108. 即使是空间和时间，这些概念是如此纯粹而远离一切经验的东西，它们也如此肯定地在内心之中被完全先天地表现出来。（KrV，A156；B195）

109. 由于经验，作为经验的综合，在它的可能性中是唯一的知识类型，它给予一切其他的综合以实在性，所以一切其他的综合作为先天知识之所以具有真理性（即与客体相符合），也只是因为它不包含别的东西，而无非那些对一般经验之综合统一性是必要的东西。（KrV，A157；B196）

110. 甚至自然规律，当它们被看作知性的经验的运用的原理（Grundsätze）的时候，同时也就带有了一种必然性的特征。（KrV，A159；B198）

111. 因此，人们把单纯经验的原理看作纯粹知性的原理，或者反过来也一样，原本都没有任何危险；因为按照概念的必然性，后者就标明了这一点，是在一切经验的原理中、不论它可以多么普遍地适用，也轻易发觉是不具备的，这就可以轻易地防止这种混淆。（KrV，A159；B198）

112. 动力学的运用的原理虽然也带有一种先天必然性的品格，但只是在一种经验中的经验的思想的条件下，因而只是间接的而非直接的。（KrV，A160；B199）

113. 所有纯粹知性原理就是，4、一般经验的思想的公设。（KrV，A161；B200）

114. 现象并不是任何自在之物本身。这种经验的直观只有通过纯粹的直观（空间和时间）才是可能的；所以凡是几何学关于纯粹直观所说的东西，也无需辩驳地适用于经验的直观。（KrV，A165；B206）

115. 知觉是经验的意识，亦即一种这样的在其中同时是感觉的意识。（KrV，B207）

116. 从经验的意识到纯粹的意识就可能是一个逐步的变化。（KrV，B208）

117. 人们可以把所有——由此我能够先天地认识和规定那个属于经验的知识的东西的——知识，都称为一种预测。（KrV，B208）

118. 凡是在经验的直观中与感觉相一致的东西，就是实在性。（KrV，A168；B209）

119. 我在这里不想把它们命名为不可入性或重量，因为这都是经验的概念们。（KrV，A173；B215）

120. 知性在这一点上如何能够综合地而先天地说出对现象的看法，并且甚至在那些本来并且单纯是经验的东西、也就是涉及感觉的东西中，也能够预测这些现象呢？（KrV，A175；B217）

121. 但与一般感觉相应的实在的东西，与否定性 = o 相对立，却只表象着——它的概念自在地包含一种“存在”的某物，并且无非意味着这种在一个经验的意识中的一般综合。（KrV，A176；B217）

122. 所以人们可以完全抽掉现象的外延的大小，而仍然能在一个瞬间的单纯感觉上表象一种从 0 到给予的经验的意识的均匀上升的综合。（KrV，A176；B218）

123. 经验就是一种经验的知识，亦即一种通过知觉规定一个客体的知识。（KrV，A177；B218）

124. 一切经验的时间规定都必须服从普遍的时间规定的规则。（KrV，A177；B220）

125. 一个经验之类比将只是一条规则，按照这条规则，从知觉中应该产生出经验之（不是像知觉本身，而是一般经验的直观的）统一性，并且有关对象（现象的对象）的原理将不看作为是构成性的，而只是调节性的。（KrV，A180；B222）

126. 这些类比并不作为先验的、而仅作为经验的知性运用的原理，才拥有它的唯一意义和有效性。（KrV，A180；B223）

127. 持存的东西是时间本身的经验的表象的基底，唯独在这个基底上一切时间规定才是可能的。（KrV，A183；B226）

128. 所以这个表象只有作为那保留着的东西的变更着的规定，才能被经验地认识到。（KrV，A188；B231）

129. 因为这种消失以一个时间的经验的表象为前提，由于这时已不再是一个现象了。（KrV，A188；B231）

130. 所以只有通过我们把现象的接续、因而把一切变化都从属于因果律，甚至经验、也就是关于现象的经验的知识，才是可能的。（KrV，B234）

131. 也就存在着一条时间序列的经验的表象的不可或缺的规律。（KrV，A199；B244）

132. 如果我的知觉要包含一种事件、亦即某物在此现实地发生的知识；那么它就必须是一种经验的判断。（KrV，A201；B246）

133. 因而原因与结果的关系，就是我们的经验的判断——鉴于知觉序列的——客观有效性的条件，因而是知觉的经验的真理的、所以也就是经验客观有

效性条件。（KrV，A202；B247）

134. 因此，这种时间相继当然就是结果的、在与先行的原因的因果性的关系中这种唯一的经验的标准了。（KrV，A203；B249）

135. 行动，作为一种充分的经验的标准，就证明了那种实体性。（KrV，A205；B250）

136. 经验的知识的一切增加，以及知觉的每一次进步，都只不过是，内感官的规定的一种扩大，亦即在时间中的一种进展，其对象则可以随便是现象，或者纯粹直观。（KrV，A210；B255）

137. 知性，借助于统觉的统一性，是为现象在这个时间中的一切位置的连续规定的可能性的先天条件，通过原因和结果的序列，它们的原因不可避免地导致了结果的此在，并因此而使时间关系的经验的知识对每一个时间都（普遍地）、因而客观地有效。（KrV，A211；B256）

138. 一个实体的此在，绝不可能通过任何经验的综合，而带上另一个实体的此在。（KrV，A212；B259）

139. 所以没有这种协同性，同时并存的经验的关系就不可能在经验中发生。（KrV，A214；B261）

140. 我们把（在经验性的理解中的）自然叫做现象按照此在、按照必然的规则、亦即按照规律的相互关联。（KrV，A216；B263）

141. 那些经验的规律——只有凭借经验，而且是依照——经验本身借此而首次成为可能的——那些本源的规律，——才能够发生，并也才能够被发现。（KrV，A216；B263）

142. 协同性本来就该是，并存的、一种经验的知识的可能性根据，所以人们本来只从这种并存的经验的知识中反推出那个作为它的条件的协同性。（KrV，A218；B265）

143. 模态的原理也就无非是，可能性、现实性和必然性的概念在它们的经验的运用中的解释，与此同时也是一切范畴在单纯经验的运用上的限制，而不允许并且不同意先验的运用。（KrV，A219；B266）

144. 知觉及其对经验的法则的追随达到了哪里，我们有关事物的此在的知识也就达到了哪里。（KrV，A226；B273）

145. 我自己的此在的单纯的、但经验地被规定了的意识证明了空间中在我之外的对象的此在。（KrV，B275）

146. “我在”这个表象，它表达了这种——能够伴随一切思想的——意识，它，自在地直接包括了一个主体的生存的东西，但毕竟不包括这个主体的任何知识，因而也不包括任何经验的知识，即经验。（KrV，B277）

147. 因此，这个“我”也不具有那种——作为持存性、能够用作内感官中

时间规定的相关项的——最起码的直观谓词：就像例如物质的不可入性、作为经验的直观的谓词那样。（KrV，B278）

148. 但凡是与这种知觉按照经验的法则连结起来的东西，都是现实的，不管它是否直接地被知觉到。（KrV，A231；B284）

149. 绝对的可能性（它在所有方面看都是有效的）决不是单纯的知性概念，并且它不可能以任何方式存在经验的运用，而仅仅属于那——超越出知性的一切可能的经验的运用的——理性。（KrV，A232；B285）

150. 单纯从事于它的经验的运用的知性，它对自己知识的来源没有再思考，虽然进步得很好，但有一点却完成不了，亦即，给自身规定它的运用的界限，并且知道，什么东西可以处在它的全部范围之内、或者之外。（KrV，A238；B297）

151. 这种纯粹直观本身也毕竟只有通过经验的直观才能获得其对象、因而获得客观有效性。（KrV，A239；B298）

152. 纯粹的知性概念永远也不能有先验的、而任何时候都只有经验的运用。（KrV，A246；B303）

153. 纯粹范畴甚至对任何先天综合原理也都不够用，并且纯粹知性的原理只有经验的、而绝没有先验的运用，越出可能经验的范围之外，任何地方都将不能提供先天综合原理。（KrV，A248；B304）

154. 在我们知性的经验的运用中，事物只被如它们所显现的那样来认识。（KrV，A249）

155. 范畴甚至也不表象任何特殊的、仅仅给予知性的客体，而只是充当（一般某物的概念）的先验客体，通过它而规定感性中被给予的东西，为了由此而经验地认识在对象概念下的现象。（KrV，A251）

156. 如果我从一种经验的知识中拿走一切（通过范畴的）思想，那么就完全不剩留任何一种对象的知识。（KrV，A253）

157. 所以这个问题就是：是否在这种知性的经验的运用之外还可能有（即使在牛顿的宇宙构造表象中）一种先验的运用，它针对作为一种对象的本体，而我们则已经否定地回答了这个问题。（KrV，A257；B313）

158. 它毕竟为这些对象保留着一个位置，仅仅为了，就像一个空的空间，限制经验的原理，却无需，在自身中包含与显露，在经验的范围之外的任何别的知识客体。（KrV，A259；B315）

159. 反思概念的歧义经由经验的知性运用与先验的运用相混淆。（KrV，A260；B316）

160. 但如果我把这些概念应用于一个（在先验的理解中）一般对象，而无需进一步规定，这个对象是一个感性直观的对象还是一个智性直观的对象，那

么，马上就显示出来了——颠倒这些概念的一切经验的运用的（不超出这种概念的）——限制。（KrV，A279；B335）

161. 纯粹知性原理，我们在前面所阐述的，仅仅应该是经验的而不能先验的、即超出经验范围之外的运用。（KrV，A296；B352）

162. 但产生于纯粹理性最高原则的原理对于一切现象都将是超验的，亦即将绝不可能做出这个原则的任何与它相应的经验的运用。（KrV，A308；B365）

163. 概念要么是一个经验的概念，要么是一个纯粹的概念。（KrV，A320；B377）

164. 先验分析论曾为我们做出了榜样，我们知识的单纯逻辑形式如何能够包含先天纯粹概念的起源，这些概念先于一切经验而表现对象，或者更确切地说表明了这种综合统一性，它单独使有关对象的经验的知识成为可能。（KrV，A321；B378）

165. 这些概念的对象根本不可能经验地被给予，因而它们完全处于纯粹知性的能力之外。（KrV，A333；B390）

166. 如果我思想的最小的经验的东西、任何一个我的内部状态的一个特殊的知觉，还混杂在这门科学的知识根据之中，那么这门科学就会不再是合理的，而是经验的灵魂学说了。（KrV，A342；B400）

167. 因为一般内部经验及其可能性，或一般知觉及其与别的知觉的关系，没有经验地给出它们的任何一种特殊的区别和规定，就不能看作经验的知识，而是必须看对一般经验的东西的知识，并且属于任何一个经验之可能性的研究，而这种研究则是先验的。（KrV，A343；B401）

168. 知觉（例如无论愉快和不愉快）的最小客体，它只要达到自我意识的普遍表象中，就立刻会使合理的心理学转变为经验的心理学。（KrV，A343；B401）

169. 这种“我思”，正如已经说过的，是一个经验的命题，并且自身包含“我生存”这个命题。（KrV，B422）

170. 当我把命题：“我思”，称为一个经验的命题的时候，我因此并不想说，这个“我”在这个命题中是经验的表象；更确切地说，这个表象是纯粹智性的，因为它属于一般思维。（KrV，B423）

171. 只是如果没有任何一个——充当思维的材料的——经验的表象，“我思”这种行动，毕竟不会发生，并且这种经验的东西只是纯粹智性能力的应用或运用的条件。（KrV，B423）

172. 这个命题，“我思”，或者，“我思想地生存着”，是一个经验的命题。但经验的直观、因而作为现象而被思想的客体也以一个这样的命题为基础。（KrV，B428）

173. 所以在这个命题中就已经不再只有思想的自发性，而且也有直观的接受性，亦即我的思想自身恰好应用于思想的主体的经验的直观。（KrV，B430）

174. 因为内部的经验的直观是感性的，并且只给出了现象的材料。（KrV，B430）

175. 人们远远不能够把这些属性单纯从一个实体的纯粹范畴中推导出来，我们宁可不得不把一个从经验中给出的对象的持存性设置为基础，如果我们想把一个实体的这个经验的运用的概念应用到对象上。（KrV，A349）

176. 正如这个命题："我是实体"，所意味着的无非是那个——我不能作任何具体的（经验的）运用的——纯粹范畴。（KrV，A356）

177. 我必须首先提醒的是，人们必须迫切地区别出一种两方面的观念论，先验的观念论和经验的观念论。（KrV，A369）

178. 反之，先验的观念论者却可以是一个经验的实在论者。（KrV，A370）

179. 所以先验观念论者就是一个经验的实在论者并且给予作为现象的物质一种不可推论、而直接被知觉的现实性。反之，先验的实在论却必然会陷入尴尬，并且感到自己是不能不，承认经验的观念论。（KrV，A371）

180. 一切信仰经验的观念论的心理学家都是先验的实在论者。（KrV，A372）

181. 但这种谈论并不是关于先验的对象，而是关于经验的对象，于是这种对象如果在空间中被表象，那就叫作外部的对象，而如果它只是在时间关系中被表象，那就叫作内部的对象。（KrV，A373）

182. 但仅仅在经验的理解中，也就是说，在经验之关联中，物质，才是现实的，作为在现象中的实体，对于外部感官而言。（KrV，A379）

183. 既然纯粹理性的辩证的幻相不可能存在于确定的经验的知识那里的任何经验的幻相：那么它将涉及到思想的条件的共相的东西。（KrV，A396）

184. 经验的思想的条件的综合。（KrV，A397）

185. 大前提对范畴，在其条件方面，仅仅作一种先验的运用，但小前提和结论对同一个范畴却是在归摄于该条件之下的那个灵魂方面，则作一种经验的运用。（KrV，A402）

186. 纯粹心理学的这些主张并不包含灵魂的经验的谓词，而包含是这样一些谓词，当它们发生的时候，就应当不依赖于经验、因而通过单纯的理性而规定自在的对象本身。（KrV，A405）

187. 它们仍然不是被任意编造出来的，毋宁理性在经验的综合的连续进程中必然被引导上了这些理念。（KrV，A462；B490）

188. 人们在反题的主张中注意到，思想方式一种的完全一模一样和准则的完全单一性，即一种纯粹经验主义的原则，不仅在世界现象的解释中，而且也

在有关宇宙的先验理念本身的化解中。（KrV，A466；B494）

189. 在宇宙论理念的规定中，在经验论、或者反题的方面，第一，找不到任何这种出自理性的纯粹原则的实践的利益，如同道德和宗教随身携带的。相反，单纯的经验论看来剥夺了两者的一切力量和影响。（KrV，A468；B496）

190. 但反之，经验论给理性的思辨的利益提供了好处，这些好处是非常诱惑的并且远远超过了理性理念的独断论学说所可能许诺的。按照经验论，知性任何时候都在自己所特有的基地上，亦即都在纯然可能经验的领域中，它可以探究这些可能经验的规律，并且它能够借助于这些规律而无尽地扩展自己的可靠的和可理解的知识。（KrV，A468；B496）

191. 因此，经验论者绝不允许，把自然的任何一个时期看做绝对最初的时期，或者把他的在自然范围的眺望的任何一个界限看做最外边的边界，或者从他通过观察和数学所能分解和在直观中综合规定的自然对象，（广延之物），转向那些不论是感官还是想像力都永远不能具体表现出来的对象（简单之物）。（KrV，A469；B497）

192. 如果，我说，经验论者满足于此，那么他的原理就会是一条要求节制的准则，一条在断言中谦虚的准则同时是最大可能地扩展我们的知性的准则，通过那些原本坐在我们面前的教师、即经验。（KrV，A470；B498）

193. 所以先验一观念化的理性的经验论就完全被剥夺了一切通俗性。（KrV，A474；B502）

194. 理性的建筑术的利益（它要求并非经验的、而是先天的纯粹的理性统一性）就为正题的主张随身携带一种自然的推荐。（KrV，A475；B503）

195. 这绝对总体性当它不能在任何经验中被给予的时候，它就不再是经验的东西。（KrV，A479；B507）

196. 但在经验的意义上的大全任何时候都只是比较而言的。大小的绝对大全（宇宙），分割的大全，源出的大全，一般此在的条件的大全，连同一切有关这一大全是否可以通过有限的或在无限前进的综合中而实现的问题，都不涉及任何可能经验的某物。（KrV，A483；B511）

197. 然而对于经验的综合的绝对总体性来说，任何时候都要求，那种无条件者应该是一个经验概念。（KrV，A487；B515）

198. 因此可能的经验的概念曾是这种标准量器，按照它理念必须被评判，它是否单纯是理念和思想物，还是会在世界中遇到它的对象。（KrV，A489；B517）

199. 因为现象，其自在本身，作为单纯的表象，只有在知觉中才是现实的，而知觉实际上无非是，一个经验的表象、即现象的现实性。（KrV，A493；B521）

200. 一个按照经验的法则、可能知觉的回溯序列（不论是历史的线索，还是原因和结果的足迹），一句话，世界的进程，将引向一个作为当前时间之条

件的流逝了的时间序列。（KrV，A495；B523）

201. 这种前进的经验的条件的原因、因而哪些项，甚或，多远我才能够在回溯中遇到，是先验的并且因此必然对我所不知道的。（KrV，A496；B524）

202. 因为这些现象，在这种领会中，本身无非都是一种（在空间和时间中的）经验的综合并且所以仅仅在这种综合中才被给予。（KrV，A499；B527）

203. 对条件的回溯、亦即对条件方面的连续的经验的综合本该提供或交付，并且不能缺少，被这种回溯所给予的条件。（KrV，A499；B527）

204. 相反，在现象（它被归摄于小前提下）中经验的综合与条件的序列则必然前后相继地并且仅仅在时间中一个跟着一个地已经给予了。（KrV，A500；B528）

205. 因为这些现象决不是那种——绝对无条件者能够发生于其上的——对象自在本身，而只是经验的表象。（KrV，A508；B536）

206. 所以它就决不是任何经验之可能性和感官对象的经验的知识的原则，因而也不是任何知性的原理；因为每一个经验都已经包含在自己的（按照给予了的直观）界限之中了。（KrV，A509；B537）

207. 如果整体在经验直观中被给予了，那么回溯在它的内部条件的序列中就进行到无限。（KrV，A512；B540）

208. 我在回溯中总还是可以走得更远，因为没有任何项已经作为绝对的无条件的而经验地给予出来，所以总还允许一个更高的项作为可能的并因而允许对这更高项的探求作为必然的。（KrV，A514；B542）

209. 理性的调节性原则的经验的运用，鉴于一切宇宙论的理念。（KrV，A515；B543）

210. 但这条规则所说的只不过是，即使我们在经验的条件的序列中可以走如此之远，我们在任何地方都不应当假定一个绝对的界限。（KrV，A519；B547）

211. 因此我就不能够说：世界按照经过的时间或者按照空间是无限的。因为这一类关于作为一种给予的无限性的大小的概念，是经验的，因而也在作为一个感官的对象的世界方面，是完全不可能的。（KrV，A520；B548）

212. 动力学序列无一例外的有条件者，它与作为现象的动力学序列是不可拆开的，与那种虽然是经验的无条件的、但也是非感性的条件连结着的，它一方面满足了知性，另一方面也满足了理性。（KrV，A531；B559）

213. 知性决不容许在现象之间有任何本身是经验的无条件的条件。（KrV，A531；B559）

214. 这种原因性独立于那些自然原因并甚至产生出违反自然的强制力和影响的某种东西，这种东西在时间秩序中按照经验的规律被规定、因而完全从自身开始了一个事件序列。（KrV，A534；B562）

215. 如果现象们无非被看作它们实际上所是的东西，亦即不是被看作自在事物，而是单纯看作这种按照经验的法则而关联着的表象们，那么这些现象本身就必须还拥有其本身并非现象的根据。（KrV，A537；B565）

216. 因此我们会从一个这样的主体的能力中为我们制作它的原因性的——一个是经验的、同时也是智性的——概念，而这两者则在原因性的结果中共同发生。（KrV，A538；B566）

217. 于是我们就会在一个感官世界的主体中，首先，拥有一种经验的品格，由此它的行动，作为现象，就会与其他现象按照固定的自然规律而彻头彻尾地处于关联之中，并能够从作为它的条件的现象中被推导出来，从而与这些现象联结着，而构成自然秩序的唯一序列的各项。（KrV，A539；B567）

218. 它的原因性，只要它是智性的，完全不会处于那些——使感性世界中的事件成为必然的——经验的条件的序列中。（KrV，A540；B568）

219. 所以按照其经验的品格，这个主体，作为现象，会是服从于因果联结的、按照规定的一切法则的。（KrV，A540；B568）

220. 因为它们在感性世界中任何时候都被在先前时间中的经验的条件、但毕竟只借助于（仅仅是理知品格的现象的）经验的品格，而预先规定，并且只作为自然原因的序列的延续才是可能的。（KrV，A541；B569）

221. 它也会在现象中拥有自己由以被规定的原因，所以在一个自然秩序中一切事件都是经验地得到规定的。（KrV，A542；B570）

222. 然而这究竟也是必然的吗，即，当这种结果都是现象们的时候，它们的原因的原因性，它们（即原因）本身也就是现象，就必须只是经验的？（KrV，A544；B572）

223. 然而这个经验的原因性本身，却可能丝毫也不中断它与自然原因的关联，而仍然不是一种非经验的原因性的一个结果、而是理知的原因性的结果？（KrV，A544；B572）

224. 这种能力为了行动的规定决不以经验的条件、而以知性的单纯为基础，但毕竟，这个原因的在现象中的行动本该是与经验的原因性的所有规律相一致的。（KrV，A545；B573）

225. 因为人们把它们的单纯的经验的品格遵循为至上的解释根据，而是把这个品格的先验原因的理知的品格，完全当作不知道的而错过了，除非理知的品格如果只被经验的品格勾画为它的感性符号。（KrV，A546；B574）

226. 我们把这些能力命名为知性和理性，尤其后者完全真正地和卓越地区别于一切经验条件的力量。（KrV，A547；B575）

227. 理性并不屈从于那种经验地被给予的根据，并不追随它们在现象中所呈现的那样的事物的秩序。（KrV，A548；B576）

228. 这种原因性，尽管它也很是理性，却仍然必须从自己显示出一种经验

的品格。（KrV，A549；B577）

229. 这种千篇一律建立了（作为一种能力的）原因的概念，只要使这个原因概念从单纯的现象中必须澄清了，我们就可以叫作这个规则的经验的品格，这种品格是持久的。（KrV，A549；B577）

230. 这样，因为每一个人都具有他的任意的一种经验的品格，这种经验的品格不是别的，而只是他的理性的一种原因性。（KrV，A549；B577）

231. 因为这种经验的品格本身必须从作为结果的现象中、以及从这些现象的提供经验的那个规则中，被延伸出来：所以人在现象中的一切行动、出自它的经验的品格和共同起作用的其他原因的、按照自然秩序，而被规定。（KrV，A549；B577）

232. 所以在这种经验的品格方面不存在任何自由，但唯独按照这种品格我们才能考察人，如果我们仅仅愿意观察人，并且，如同它在人类学中所呈现的，从他的行动研究自然之学上的动因。（KrV，A550；B578）

233. 因为这时也许这一切本来都是不应当发生的，但这一切的确还是按照自然过程而发生了，并且按照它的经验的根据而不可避免地必须发生了。（KrV，A550；B578）

234. 这种经验的品格又是在理知的品格中（思想方式的）被规定了。（KrV，A551；B579）

235. 如果理性可以鉴于现象而具有原因性，那么它就是一种能力，通过这种能力，而首次开始了结果的一个经验的序列的感性条件。（KrV，A552；B580）

236. 人本身就是现象。他的任意具有一种经验的品格，这种品格是他的一切行动的（经验的）原因。（KrV，A552；B580）

237. 所以理性就是人在其中显现的一切任意的行动的持存的条件。每一个这样的行动在它还没发生之前就已经在人的经验的品格中预先被规定了。鉴于理知的品格，那个经验的品格只是感性的图型。（KrV，A553；B581）

238. 为什么理知的品格恰好在现有的情况中给出了这些现象和这种经验的品格，这远远超出了我们理性的一切能力所能够回答的范围，甚至远远超出了理性仅仅提问的一切权限。（KrV，A557；B585）

239. 自由在这里只被作为一个先验的理念来对待，理性由此而思想到这个通过感性的无条件者直截了当地开始了现象中的条件的序列，但却在此卷入了一个与它自己为知性的经验的运用所颁布的那些法则的二律背反。（KrV，A558；B586）

240. 因而也一直只具有经验的有条件的生存，然而从整个序列中，一个非经验的条件、即一个无条件的必然的存在者也发生了。（KrV，A560；B588）

241. 理性的这种调节性的原则鉴于我们的这个课题就是：在感官世界中的一切都具有经验的条件的生存，并且在感官世界中任何地方鉴于任何属性都决不没有一种无条件的必然性。（KrV，A561；B589）

242. 一切自然物及其一切（经验的）条件的无例外的偶然性，完全能够很好地与一个必然的、虽然只是理知的条件的任意的预设相共存。（KrV，A562；B590）

243. 理性在经验的运用上走它的程序，而在先验的运用上则走它的特殊程序。（KrV，A563；B591）

244. 而这种理知的东西的必然性则不需要、也不允许任何经验的条件，因而或者更确切地说在现象上是无条件地必然的。（KrV，A564；B592）

245. 理性的这种经验的运用（鉴于在感官世界中此在的条件）并不由于承认了一个单纯理知的存在者而受到影响，而是按照无一例外的偶然性的原则、从经验的条件走向那些——永远恰好又是经验的——更高的条件。（KrV，A564；B592）

246. 理性试图使经验的可能的统一性接近这种系统的统一性，却在任何时候都不会完全达到它。（KrV，A568；B596）

247. 道德的概念并不完全是纯粹的理性概念，因为某种经验的东西（愉快或不愉快）给它们放置了基础。（KrV，A569；B597）

248. 感官对象的可能性是感官对象与我们思维的一种关系，在其中某物（即经验的形式）能够被先天思维。（KrV，A581；B609）

249. 质料之于一切感官对象的可能性，就必须被预设为在一个总和中被给予了，经验的对象的一切可能性、它们的相互区别和它们的通盘规定，才能够唯独以这个总和的限制为基础。（KrV，A582；B610）

250. 理性，在一条途径（经验的途径）上，比在另一条途径（先验的途径）上，少一些成果。（KrV，A591；B619）

251. 因为通过概念，对象仅仅被思考为与一般可能的经验知识的普遍条件相一致，但通过这种生存却被思考为包含在全部经验的连贯关系中。（KrV，A600；B628）

252. 这个必然的存在者具有一些什么属性，这种经验的证明根据并不能教导。（KrV，A606；B634）

253. 不把经验的东西假定为无条件的，并且由此而免除了进一步的推导。（KrV，A616；B644）

254. 但如果一切在事物身上被知觉到的东西，都必须被我们看作有条件的必然的：那么也就没有任何（可以经验地被给予的东西）物可以被视为绝对必然的了。（KrV，A617；B645）

255. 事实上，即使广延和不可入性（它们一起构成了物质的概念）也是现象统一性的至上的经验的原则，并且，只要它在经验性上是无条件的，它本身就具有某种调节性原则的属性。（KrV，A618；B646）

256. 不能以任何方式把自然的系统统一性设立为我们理性的经验的运用的原则。（KrV，A619；B647）

257. 所以，全然出于纯粹理性概念的本体论的证明，就是唯一可能的证明，只要一种如此远远超越于一切经验的知性运用之上的命题的证明在任何地方都是可能的。（KrV，A630；B658）

258. 这条原理，从发生的东西中、（从经验的偶然之物中）、作为结果、而推导出一个原因，是一条自然知识的原则，但不是思辨知识的原则。（KrV，A635；B663）

259. 自然的运用不把事物自身（实体）、而只把那些发生了的东西、因而把它们的状态、作为经验的偶然的东西与某个原因联系起来。（KrV，A635；B663）

260. 一切先天综合知识，都只有通过它表达出一个可能经验之形式条件，才是可能的，所以一切原理都只是内在的有效性的、即它们都只与经验的知识的对象或者现象相关联。（KrV，A638；B666）

261. 理性决不直截了当地与一个对象、而仅与知性发生关系，并且借助于知性而与理性自己的经验的运用发生关系。（KrV，A643；B671）

262. 一切可能的知性知识（经验的知识在这下面）都具有理性的统一性。（KrV，A648；B676）

263. 理性的寻求统一性这一法则，是必然的，因为我们没有这种法则就完全没有任何理性，而没有这种理性则没有任何相关联着的知性运用，并且在缺乏这种知性运用中也就没有经验的真理的任何充分的标志了。（KrV，A651；B679）

264. 按照这条先验原则，在一个可能经验的杂多东西中必然预设了同质性（尽管我们不能先天地规定这种同质性的程度），因为没有这种同质性，任何经验的概念、因而任何经验就都会是不可能的。（KrV，A654；B682）

265. 经验的特殊化就停留在这种杂多的区别中。（KrV，A657；B685）

266. 所以这条法则必须以纯粹先验的根据、而不是经验的根据为基础。（KrV，A660；B688）

267. 它们看起来是先验的，而且即使它们仅仅包含理性的经验的运用所遵守的理念，而只能似乎渐近地、即接近地遵循这种理性的经验的运用的理念，任何时候它们都达不到。（KrV，A663；B691）

268. 既然我不拥有把这些原则作为构成性的原理的这样一种经验的运用，我又如何能为它们仍然确保一种调节性的运用，并且以这种运用确保一些客观

有效性，而这种调节性的运用又能具有什么意义呢？（KrV，A664；B692）

269. 然而理性的经验的运用的一切规则在这样一个理念中的对象的前提下都能够通向系统的统一性并且任何时候都能够扩展这种经验知识，但却绝不能够与经验知识相违背。（KrV，A671；B699）

270. 这些理念不作为把我们的知识扩展到比经验所能够给予的更多的对象的构成性原则，而作为一般经验的知识的杂多的系统统一性的调节性原则，经验的知识由此而在它们自己的界限内。（KrV，A671；B699）

271. 如果我们假定这样的理想的存在者，我们并没有真正扩展我们关于可能经验的客体的知识，而只通过理念给我们提供了图型的系统统一性而扩展了可能经验的经验的统一性，因而理念不被看做构成性的、而仅仅被看做调节性的原则。（KrV，A674；B702）

272. 理性甚至连一个这样的概念的客观有效性都不给予，而只提交了关于"某物"的理念，一切经验的实在性都把它们的最高的和必然的统一性建立在这个某物之上，我们只能按照与一个根据理性法则应该是万物的原因的现实实体的类比，而思想这个某物。（KrV，A675；B703）

273. 实在性、实体、原因性，甚至此在中的必然性的概念，除了它们使一个对象的经验的知识成为可能的这种运用之外，根本没有任何——规定某个客体的——意义。（KrV，A677；B705）

274. 如果一个（我马上就更确定地谈到的、系统完备的统一性的）理念为我的理性的最大可能的经验的运用设置了基础，这个理念自在本身就决不能在经验中被适当地呈现出来。（KrV，A677；B705）

275. 在这样一个原始根据的庇护下，使世界整体中的杂多的系统统一性、并借助于这种统一性，而使得最大可能的经验的理性运用成为可能。（KrV，A678；B706）

276. 我只是思考一个我对它自在完全不知道的存在者之于世界整体的最大的系统统一性的关系，只为了使这个存在者成为我的理性最大可能的经验的运用的调节的原则的图型。（KrV，A679；B707）

277. 理性给经验的知性运用所能够提供的这种系统关联仍然，不仅促进着这种运用的扩展，而且同时也证实了这种运用的正确性。（KrV，A680；B708）

278. 而这种统一性对理性则不可缺少，但对经验的知性知识在一切方式上却可能是加速的，并仍决不是阻碍的。（KrV，A681；B709）

279. 所以，取代那个并不能引导我们走远的（关于灵魂现实地是什么的）经验概念，理性就采取了一切思想的经验的统一的概念，并且通过理性无条件地和本源地思考这个统一性。（KrV，A682；B710）

280. 理性无非能够在扩展它的经验的运用的时候把它自己的形式规则当成

意图，但决不可能把超出一切经验的运用的界限之外的扩展当成意图。（KrV，A686；B714）

281. 这条调节的原则要求，系统的统一性完全被预设为——不仅仅经验地认识、而且先天地、虽然还未确定的——自然统一性，因而预设为，从事物的本质中得出来。（KrV，A693；B721）

282. 如果我们研究自然、就必须预设它，我们已经只按照与一个理智的类比（一个经验的概念）而设想了那个为我们所不知道的存在者。（KrV，A698；B726）

283. 这些调节的原则虽然要求比经验的知性运用所能达到的更大的统一性，但正是由于它们把这种知性运用所逼近的目标推出如此之远，它们就通过系统的统一性而把知性运用带向与它自身最高程度的协调。（KrV，A701；B729）

284. 在经验的运用中并不需要任何理性的批判，因为它的那些原理在经验的试金石上经受着一种连续的检验。（KrV，A710；B738）

285. 对于一个概念的构造则要求一个非经验的直观。（KrV，A713；B741）

286. 个别被画出的图形是经验的，却仍然用于表达概念，无损于它的普遍性。（KrV，A714；B742）

287. 因为只有大小的概念可以构造、即可以先天地在直观中陈述，但质却只能在经验的直观中表现。（KrV，A715；B743）

288. 一个先天概念（一个非经验的概念）所包含的，要么本身已经是一个纯粹直观了，而这样它就能够被构造；要么，就无非是那些——并未先天给予的——可能直观的综合。（KrV，A719；B747）

289. 把现象的这种经验的内容先天地表象出来的唯一的概念，就是一般的物的概念。（KrV，A720；B748）

290. 但我可以从概念走向与这个概念相应的纯粹的或经验的直观，以便在直观中具体地考量这个概念，并且，先天地或后天地认识凡是应归于这个概念的对象的东西。其中先天地认识是通过概念的构造而来的合理的与数学的知识，后天地认识则是单纯经验的（机械的）知识，它决不可能给予必然的和无可置疑的命题。（KrV，A721；B749）

291. 然而，当一种实在性、实体、力等先验的概念被给予我时，那么这种概念就既不表示一种经验的直观，也不表示一种纯粹的直观，而只表示经验的直观（因而也不能表示被先天给予的直观）的综合。（KrV，A722；B750）

292. 按照这样一种要求，一个经验的概念根本不能被定义，而只能被说明。（KrV，A727；B755）

293. 既然无论经验地、还是先天地被给予的概念都不能被定义，那么剩下的就别的而只有那些——人们能够尝试这种技艺的——任意想到的概念了。

（KrV，A729；B757）

294. 因此经验的证明根据不可能获得任何无可置疑的证明。（KrV，A734；B762）

295. 但我的无知是完全必然的，并因此为自己从一切进一步的探寻中开脱出来，这并不经验地从观察、而唯独批判地、通过对我们知识最初的源泉的探究而解决。（KrV，A758；B786）

296. 经验地达到它，是不可能的，并且按照一条确定的先天原则而先天地规定它，对此一切尝试都是徒劳的了。（KrV，A759；B787）

297. 这些原则无非是一种从经验及其法则中产生的习惯，因而只是经验的、即本身偶然的规则，我们把一种被臆想出来的必然性和普遍性归于这些偶然的规则了。（KrV，A765；B793）

298. 按照一条不可违反的基本准则、没有这条准则我们就不能在经验的运用中执行任何理性。（KrV，A798；B826）

299. 一切通过自由才是可能的东西，都是实践的。但如果执行我们自由的任意的条件都是经验的。（KrV，A800；B828）

300. 这种先验意义上的自由概念不能被经验地预设为现象的解释根据，而本身对于理性却是一个问题。（KrV，A802；B830）

301. 确确实实存在着纯粹的道德律，这些道德律完全先天地（不顾及经验的动机、即幸福）规定了所为与所不为，即一般有理性的存在者的自由的运用，而且这些规律绝对地（不单在其他经验的目的之前提下假言地）命令着，因而在任何方面都是必然的。（KrV，A807；B835）

302. 图型，它如果不是按照一个理念、即出自理性的主要目的，而是经验地、按照偶然地呈现出来的意图（人们不能预先知道它们的数量）、而被勾画，就提供了技术的统一性。（KrV，A833；B861）

303. 但我在这里把整个的高级的认识能力理解为理性，所以便以合理的东西与经验的东西相对立。（KrV，A835；B863）

304. 既包括，在任何时候都能被先天认识的一切东西的研究，又一同包括那种构成这个纯粹哲学知识系统的东西的描述、但却与一切经验的、以及数学的理性运用区别开来。（KrV，A841；B869）

305. 因此道德形而上学真正就是——在其中没有任何人类学（没有任何经验的条件）被设置为基础的——纯粹道德学。（KrV，A841；B869）

306. 形而上学因此就不能可识别地区别于经验的东西。（KrV，A843；B871）

307. 内感官的客体则通过一个思想着的存在者的概念（在经验的内部表象、我思中）而发生。（KrV，A848；B876）

308. 这种经验的心理学究竟保留在哪里？我就回答：它到那个原本（经验性的）自然学说必须被放到那里的地方去，也就是被放到应用的哲学那方面去。（KrV，A848；B876）

309. 所以经验的心理学必须从形而上学中被完全驱逐出去，并且已经通过形而上学的理念而从中被完全排除出去了。（KrV，A848；B876）

310. 人类学（经验的自然学说的对应物）。（KrV，A849；B877）

311. 数学、自然科学，甚至人类的经验的知识，作为——大部分朝着人类偶然的、但最终却毕竟朝着必然的和本质的目的的——手段，而具有一种很高的价值。（KrV，A850；B878）

312. 亚里士多德可以被看作经验主义者的首领，但柏拉图则可以被看做理性主义者的首领。（KrV，A854；B882）

经验的回溯（der empirische Regressus）

1. 如果设定：世界有一个开端，那么世界对于你们那个在必然的经验的回溯中的知性概念来说就太小了。（KrV，A486；B514）

2. 世界理念对于经验的追溯来说，因而对于每一个可能的知性概念来说，要么就是太大了，要么对它来说就是太小了。（KrV，A489；B517）

3. 即使，如果它们立刻作为自在事物本身，无需与可能经验的关系，而被一般地给予出来，那么它们对于我来说毕竟什么也不是，因而决不是对象，除非它们已经包含在经验的回溯序列里了。（KrV，A496；B524）

4. 所以它既不作为一个自在地无限的、也不作为一个自在地有限的整体而生存。它只在现象序列的经验的回溯中而根本不为自己本身遇见。（KrV，A505；B533）

5. 它不可能说，什么是客体，而是说，必须怎样进行经验的回溯，以便于达到客体的完备概念。（KrV，A510；B538）

6. 所以问题就不再是：这个条件序列自在本身有多大，是有限的还是无限的，因为它不是自在本身，而问题则是：我们如何进行经验的回溯，以及我们应当把它继续到多远。（KrV，A514；B542）

7. 在经验的回溯中没有任何——一个绝对界限的、因而没有任何条件的、作为一个这样的会是经验的绝对无条件者的——经验，能够被找到。（KrV，A517；B545）

8. 我在经验的回溯中任何时候都只会达到一个其本身又必须被看作经验的有条件者的条件。（KrV，A517；B545）

9. 无论我可以借此而在这个上升的序列中而走到多远，我任何时候都必须探询这个序列的一个更高项，而不管它现在是否能通过经验而为我所认识。（KrV，A518；B546）

10. 一切过去的世界状态的序列、连同在宇宙空间中同时存在的事物的——单纯普遍的表象，本身只不过是一种可能的经验的回溯，我为我、尽管还不确定地设想了这种回溯，并且唯独由此才能够对给予了的知觉产生出这样一个序列的概念。（KrV，A518；B546）

11. 经验的回溯（唯有通过它，感官世界才能够在其条件方面被给予出来）有它的规则，即从序列的每一个作为一个有条件者的项，任何时候都前进到一个更远的项（不论是通过特有的经验，还是通过历史的线索，或者通过结果及其原因的链条），并且没有一个地方对自己免除了知性的可能的经验的运用的扩展，而这甚至也是理性在它的原则方面的真正的并且唯一的事务。（KrV，A521；B549）

12. 但一般现象的先验划分延伸到多远，则根本不是经验之任何事情，而是理性的一条原则，即在广延之物的分解中、遵照这个现象的本性、永远不把经验的回溯、看作绝对完成了的。（KrV，A527；B555）

13. 这些表象的偶然性本身只是现相 Phäenomen，不能导致任何别的回溯，除非能够导致对这些规定现相、亦即经验的回溯。（KrV，A563；B591）

经验的哲学（die empirische philosophie）

1. 但一切哲学要么是来自纯粹理性的知识，要么是来自经验的原则的理性知识。前者叫做纯粹哲学，后者叫做经验的哲学。（KrV，A840；B868）

经验（die Erfahrung）

经验（erfahren）

经验教导（die Erfahrungsbelehrung）

经验界限（die Erfahrungsgrenze）

可能经验（die mögliche Erfahrung）

内部经验（die innere Erfahrung）

外部经验（die äuβere Erfahrung）

经验法则（das Erfahrungsgesetz）

经验概念（der Erfahrungsbegriff）

经验命题（der Erfahrungssatz）

经验统一性（die Erfahrungseinheit）

经验运用（der Erfahrungsgebrauch）

经验整体（das Erfahrungsganze）

经验知识（die Erfahrungserkenntnis）

1. 人类理性陷入这种困境并非它的罪过。它开始谈基本原理，这个基本原

理的运用在经验之进程中是不可避免的并同时被这种经验所充分证明。（KrV，AVII）

2. 但我在这下面所理解的，不是对某些书或体系的批判，而是对一般理性能力的批判，鉴于一切——它可以独立于一切经验而追求的——知识，因而是一般形而上学的可能性和不可能性的裁决以及不仅它的根源、而且它的范围和界限的规定，但这一切都出自原则。（KrV，AXII）

3. 形而上学，一种完全孤立的、思辨的理性知识，它完全超越于经验教导。（KrV，BXIV）

经验本身就是知性所要求的一种认识方式。（KrV，BXVII）

4. 我们决不能够用这种能力超出可能经验的界限，这种能力仍然恰好是这门科学的最根本的事务。（KrV，BXIX）

5. 必然驱使我们超越到经验和一切现象的界限之外的什么东西，就是无条件者。（KrV，BXX）

6. 人们在粗略地浏览这部著作的时候，就会发觉，它的用处不过只是消极的，即永远也不要冒险用思辨理性去超越出这个经验界限，并且这在事实上也是形而上学的第一个用处。（KrV，BXXIV）

7. 我是意识到我的在时间中的此在（因而也意识到此在在时间中的可规定性），通过内部经验，并且这一点是多于单纯意识到我的表象的。（KrV，BXL）

8. 因为外感官本身已经是直观和某种外在于我的现实之物的关系了，并且它的区别于想像的实在性，仅仅建立在它作为内部经验本身的可能性条件而与内部经验不可分割地结合在一起之上，这里发生的就是这种情况。（KrV，BXL）

9. 所以按照时间，在我们之内就没有任何知识先行于经验，并且一切知识都开始于经验。（KrV，B1）

10. 但同样尽管我们的一切知识开始于经验，它们却不全都恰恰起源于经验。（KrV，B1）

11. 人们把这样一种知识称为先天的（a priori），它们区别于那些——具有它们的后天的（a postcriori）、即在经验（Erfahrung）中的来源的经验的（empirische）知识。（KrV，B2）

12. 与先天的知识相反的，则是经验的知识，或是这样只有后天地、即通过经验、才是可能的知识。（KrV，B3）

13. 变化是一个只能从经验中被抽出的概念。（KrV，B3）

14. 经验决不给予它的判断以真正的或严格的、而仅（通过归纳）假定的、相比较的普遍性。（KrV，B3）

15. 经验的普遍性只是一种有效性的任意的提升，这种有效性从大多数情

况下、到一切情况下都适用。（KrV，B4）

16. 经验毫无疑问地是这种最初的产品，我们的知性生产出它，当我们的知性在加工感官感觉的原始素材的时候。（KrV，A1）

17. 经验虽然告诉我们，这是什么，却并不告诉我们，它必须是这样而不是别样的必然的方式。（KrV，A1）

18. 所有仅仅从经验借来的东西，正如人们的措辞，只是后天地、或经验地被认识到的。（KrV，A2）

19. 数学给予我们一个光辉的范例，我们独立于在先天知识中的经验我们能够把它带到多远。（KrV，A4；B8）

20. 一个物体是广延的，这是一个先天确定了的命题，并不是任何经验判断。（KrV，B11）

21. 在我走向经验之前，我已经在这个概念中拥有了对我的判断的一切条件，从这个概念中我按照矛盾律只提取了谓词，并由此同时能够意识到判断的必然性，而经验则一次都不会教给我这个必然性。（KrV，B12）

22. 经验本身是直观的一个综合的结合。（KrV，B12）

23. 因为这个 X 就是我通过一个概念 A 所思维的那个对象的完备的经验，而这个概念仅仅构成这个经验的一个部分。（KrV，A8）

24. 空间不是从外部经验中抽引出来的经验的概念。（KrV，A23；B38）

25. 因此空间的表象不能从外部现象的关系中通过经验而借来，而是这种外部经验本身只有通过上述表象才是可能的。（KrV，A23；B38）

26. 凡是从经验借来的东西，也都只具有比较的普遍性、即通过归纳而来的普遍性。（KrV，A24；B39）

27. 所以我们主张（鉴于一切可能的外部经验）空间的经验的实在性，虽然同时又主张空间的先验的观念性，也就是说，只要我们抽掉一切经验的可能性的条件，并且把空间，假定为某种给自在之物本身设置基础的东西，空间就什么都不是了。（KrV，A28；B44）

28. 时间不是任何一个从经验中被抽引出来的经验的概念。（KrV，A30；B45）

29. 经验既不会提供严格的普遍性，也不会提供无可置疑的确定性。（KrV，A31；B47）

30. 所以留下来的只是时间的经验的实在性，作为我们一切经验的条件。（KrV，A37；B54）

31. 运动的某物必须是在空间中只有通过经验才被发现的某物，因而是一种经验的资料。（KrV，A41；B58）

32. 这种经验的直观，所能提供的综合命题没有别的而只有这样一种本身

也只是经验的命题，即经验命题，因而决不能够包含必然性和绝对的普遍性。（KrV，A47；B64）

33. 空间和时间，作为一切（外部和内部）经验的必然条件，仅仅是我们一切直观的主观条件。（KrV，A49；B66）

34. 不论是空间，还是空间的任何一个几何学的先天规定，都不是一种先验的表象，而只有其表象根本不是经验的来源，并且它们何以能够同样先天地与经验对象发生关系的可能性的知识，才能称之为先验的。（KrV，A56；B81）

35. 而经验毕竟唯一并且独自能够把这种——那些纯粹知性概念可以被运用于其上的——质料（即客体）给到我们手上。（KrV，A63；B87）

36. 但在构成人类知识非常混合交织的各种各样的概念中，也存在着一些被规定为先天的（完全不依赖于任何经验的）纯粹的运用，而它们的权限任何时候都需要一个演绎。（KrV，A85；B117）

37. 我把——概念如何能够先天地与对象发生关系的——方式的解释，称为这些概念的先验演绎，并把它与——指明一个概念如何通过经验及关于经验的反思而获得的方式的——经验的演绎区分开来，因此不涉及合法性，而涉及使占有得以产生的事实。（KrV，A85；B117）

38. 不过，纯粹先天概念的一个演绎却决不由此而实现，因为它根本不处在这条道路上，因为在这些概念应当完全独立于经验的未来的运用方面，它必须拥有一个完全不同于经验之起源的出生证书。（KrV，A87；B119）

39. 因为，没有它们作为前提，就没有任何东西可能是经验之客体。（KrV，A93；B126）

40. 作为先天概念的范畴的客观有效性，根据就在于，只有通过它们，经验（按照思想的形式）才是可能的。（KrV，A93；B126）

41. 适合充当经验可能性的客观基础的概念，正因此而是必要的。但经验的阐发，这些概念在经验中被碰到，却不是这些概念的演绎，（而是它们的图解），因为它们在这种情况下仍然只会是偶然的。（KrV，A94；B126）

42. 但有三个本源的来源（心灵的三种才能或能力）都包含有一切经验的可能性的条件，并且本身都不能从任何别的内心能力中被派生出来，这就是感官、想像力和统觉。（KrV，A94；B127）

43. 但通过实体范畴，当我把一个物体的概念带入这些范畴之下时，就会确定：这个物体的经验的直观在经验中必须永远只被看作主词，而绝不被看作单纯的谓词。（KrV，B129）

44. 除了运用于经验对象，范畴对事物的知识没有别的使用。（KrV，B146）

45. 范畴借助于直观也并没有提供给我们事物的知识，而只有通过它们的

经验的直观上的可能运用，亦即它们只用作经验的知识的可能性。但这种知识就叫做经验。(KrV，B147)

46. 空间和时间，作为对象如何能够被给予我们的可能性条件，只不过对感官对象因而只对经验对象有效。(KrV，B148)

47. 因为“某物”是运动的，这是不能先天地、而只能通过经验而被认识。(KrV，B154)

48. 纯粹知性概念的普遍可能的经验运用的先验演绎。(KrV，B159)

49. 由于经验就是通过连结了的知觉们的知识，那么范畴就是经验的可能性的条件，因而也先天地适用于一切经验之对象。(KrV，B161)

50. 经验为此就必须发生了，以便于一般地认识这些特殊规律。(KrV，B165)

51. 但经验的知识就是经验。所以作为唯一可能经验的对象的先天知识，我们便再也没有任何的先天知识是可能的了。(KrV，B166)

52. 但这种知识，它已经单纯限制在经验之对象上，并不是因此就已经全部都吸收自经验，而是，凡是不仅纯粹直观、而且纯粹知性概念所涉及的东西，那么它们就都是在我们之内先天被找到的知识要素。(KrV，B166)

53. 现在只有两条道路，在其上，经验与它的对象的概念的一种必然的相互协调，可以被设想为：要么这种经验使这些概念成为可能，要么这些概念使这种经验成为可能。(KrV，B166)

54. 范畴既不是自身思想的、我们知识的先天第一原则，也不是汲取于经验，而是主观的、与我们的生存同时植根于我们之中的思想着的天资，它们被我们的创造者这样安排。(KrV，B167)

55. 经验之可能性的先天根据。(KrV，A95)

56. 如果存在着先天的纯粹概念，那么这些概念所能够包含的当然就并非经验的东西：但它们却还必须全然是一个可能经验的先天条件，它们的客观实在性只能建立在这个基础之上。(KrV，A95)

57. 一个普遍而充分地表达了这种形式的和客观的经验条件的概念，就会叫作纯粹知性概念。(KrV，A96)

58. 也许纯粹知性概念被扩展地比经验所能把握的更遥远（“上帝”的概念）。(KrV，A96)

59. 然而，构成一切先天知识甚至任意而荒谬的虚构的那些要素，虽然不能从经验那里借用，(因为否则它们就不会是先天知识了)，但它们任何时候都必须包含一个可能经验和这个可能经验的一个对象的纯粹先天条件。(KrV，A96)

60. 所以我们必须首先考虑那种主观来源，它构成了经验可能性的先天基

础，不是按照其经验的性状、而是按照其先验的性状。（KrV，A97）

61. 于是这三重综合就向知识的三种主观源泉提供了一个引导，而这三个源泉本身就使知性、通过知性，而使作为知性的一个经验的产物的一切经验成为可能。（KrV，A98）

62. 想像力的这种综合也就是先于一切经验而被建立在先天原则之上了，而我们就必须设定一种想像力的纯粹的先验综合，它本身构成了一切经验的可能性（当这种可能性必然地预设了现象的再生性的时候）的基础。（KrV，A102）

63. 意识统一性的一种先验基础必须，在我们的一切直观的杂多的综合中、因而也在一般客体的概念的综合中，继而也在一切经验之对象的综合中，被找到，没有这个就不可能对我们的直观思想任何一个对象。（KrV，A106）

64. 正是统觉的这种先验统一性，使一切总能够在一个经验中共同存在的可能现象，成为一切这些表象按照法则的关联。（KrV，A108）

65. 它们恰好不仅在经验中必须服从于统觉的必然的统一性的条件，也必须在单纯直观中服从于空间和时间的形式条件，甚至通过那些条件，每一种知识才首先是可能的。（KrV，A110）

66. 因为知觉的无例外的和综合的统一性恰好构成了经验之形式，并且这种形式无非就是现象们按照概念的综合的统一性。（KrV，A110）

67. 一般可能经验的先天条件同时也是经验之对象的可能性条件。（KrV，A111）

68. 例如，一个原因的概念随身带有必然性的特征，而任何经验都不能提供这种必然性，经验虽然教导我们：在一个现象之后通常程度上都跟随着某个另外的现象，但却不能教导我们，它一定必然地跟随着其后，更不能教导我们，从那里面作为一个条件能够先天地和完全普遍地推论出这一结果。（KrV，A112）

69. 三种主观的认识来源，一种一般经验的可能性和经验对象的知识已经建基于其上：感官、想像力和统觉。（KrV，A115）

70. 但一切经验的意识又都与一个先验的（先行于一切特殊经验的）意识有一种必然的关系，这种先验意识也就是，作为本源的统觉的我本身的意识。（KrV，A117）

71. 因为想像力的再生的综合则以经验之条件为基础。所以这条想像力的纯粹的（生产的）综合的必然统一性的原则、先于统觉而是一切知识、特别是经验之知识的可能性的基础。（KrV，A118）

72. 纯粹知性，借助于范畴们，是一切经验的形式的和综合的原则，而现象则具有一种涉及知性的必然关系。（KrV，A119）

73. 只有借助于想像力的这种先验机能，甚至现象的亲和性，连同它们的联想，最终通过联想按照法则的再生、因而经验本身，才是可能的。（KrV，A123）

74. 现实的经验，它由现象的领会、联想（再生）以及认定所构成，在那个（对经验之单纯经验的要素的）最后和最高的认定中，包含着——使经验之形式的统一性成为可能、并且与此同时使经验的知识的一切客观有效性（真理性）成为可能的——概念。（KrV，A125）

75. 但自然，作为一种经验中的认识对象，连同它可能包含的一切，都只有在统觉的统一性中才是可能的。但统觉的统一性就是经验中一切现象的必然合规律性的先验根据。（KrV，A127）

76. 一切现象作为可能的经验恰恰先天地处于知性之中，并从知性而获得它们的形式的可能性。（KrV，A127）

77. 所以纯粹知性在范畴中就是一切现象的综合统一性的规律，并由此才使得经验按照它的形式首先并本源地成为可能。（KrV，A128）

78. 纯粹知性概念之所以是先天可能的，甚至在与经验的关系中是必然的，因为我们的知识无非与现象打交道，这些现象的可能性存在于我们自身之内。（KrV，A130）

79. 不过，理性在它的先天地构成关于对象的某物的试图中，并扩展知识而超出可能经验的界限，它就完全是辩证的了。（KrV，A131；B171）

80. 这些纯粹的知性概念是否只是单纯的经验的运用的、还是也有先验的运用的，即它们是否仅能够作为一个可能经验的条件、而先天地与现象发生关系，或者它们是否、能够作为一般事物的可能性条件、而被包括于对象自在本身（没有限制在我们的感性上）。（KrV，A139；B178）

81. 一个经验之对象或者它的形象极少在某个时候达到经验的概念。（KrV，A141；B180）

82. 因此，范畴最终就并没有其他运用，而只有经验的运用，因为它们仅仅充当着，通过一种先天必然的统一性（因为在一个本源的统觉之中的一切意识的必然联结）的根据，使现象服从于综合的普遍规则，并借此使普遍规则适当地无一例外地连结在一个经验之中。（KrV，A146；B185）

83. 正是这些范畴，它们与可能经验的关系必须先天地构成一切纯粹的知性知识，并且它们与一般感性的关系也将为此而完整并系统地阐述知性运用的一切先验原理。（KrV，A148；B187）

84. 而这种再生的想像力则把经验之对象呼唤了过来，没有这些对象，空间和时间就不会具有任何意义。（KrV，A156；B195）

85. 经验的可能性就是，给予所有我们的先天知识以客观实在性的东西。

既然如此，经验则依据于现象的综合统一性，亦即，依据于按照一般现象的对象之概念的综合。（KrV，A156；B195）

86. 所以经验拥有为它的先天形式奠基的原则，亦即在现象的综合中的统一性的普遍规则，它们的客观实在性，作为必然的条件，任何时候都可以在经验中、甚至在经验的可能性中被指明。（KrV，A157；B196）

87. 所以那些纯粹的综合判断，即使只间接地，与可能的经验、或不如说与这些经验的可能性本身相关联，并且它们的综合的客观有效性唯独建立这种可能性基础之上。（KrV，A157；B196）

88. 所以一切其他的综合作为先天知识之所以具有真理性（即与客体相符合），也只是因为它不包含别的东西，而无非那些对一般经验之综合统一性是必要的东西。（KrV，A158；B197）

89. 先天综合判断以这样一种方式就是可能的，当我们把先天直观的形式条件、想像力的综合、以及这种综合在先验统觉中的必然统一性，与一般可能的经验知识相关联，并且表明：一般经验可能性的条件同时就是经验对象的可能性的条件，因此而在一个先天综合判断中拥有客观有效性。（KrV，A158；B197）

90. 在纯粹知性概念应用于可能经验中，它们的综合的运用要么是数学的，要么是动力学的。（KrV，A160；B199）

91. 从经验中一种关于空的空间或一种空的时间的证明永远不可能被抽引出来。（KrV，A172；B214）

92. 但从一切质（现象的实在的东西）上，能够先天认识的则无过于它的内包的量，即认识到它们有一个程度，而一切其余的东西则留给了经验。（KrV，A176；B218）

93. 经验只有通过知觉的必然连接的表象才是可能的。（KrV，A177；B218）

94. 经验就是一种经验的知识，亦即一种通过知觉规定一个客体的知识。所以它是一种知觉的综合，这种综合本身并不包含在知觉中，它把知觉的杂多的综合统一性包含在一个意识中，这种综合统一性构成了一种感官客体的知识、亦即经验之（不仅仅是直观的或感官感觉的）本质的东西。（KrV，A177；B218）

95. 经验是通过知觉的客体的知识。（KrV，A177；B219）

96. 既然这些概念任何时候都同时随身带有必然性，那么经验就只有通过一种知觉的必然联结的表象才是可能的。（KrV，A177；B219）

97. 一个经验之类比将只是一条规则，按照这条规则，从知觉中应该产生出经验之（不是像知觉本身，而是一般经验的直观的）统一性，并且有关对象（现象的对象）的原理将不看作为是构成性的，而只是调节性的。（KrV，A180；

B222）

98. 但同样的情况也将适合于一般经验的思想的公设，这些公设把单纯直观的（现象形式的）综合、知觉的（现象质料的）综合和经验之（这些知觉的关系的）综合一起都涉及了。（KrV，A180；B223）

99. 在现象上这种持存的东西就是一切时间规定的基底，因此也是知觉的、亦即经验之一切综合统一性的可能性的条件。（KrV，A183；B226）

100. 持存性就是一个必要的条件，唯独在这个条件下，现象才在一个可能经验中被规定为事物和对象。（KrV，A189；B232）

101. 所以只有通过我们把现象的接续、因而把一切变化都从属于因果律，甚至经验、也就是关于现象的经验的知识，才是可能的。（KrV，B234）

102. 所以当我们经验到，某物发生了，那么我们与此同时总预先假定了，按照一条规则而接着跟随它的什么某物走在了前面。（KrV，A195；B240）

103. 但考虑到这条规则，作为在时间中现象的综合统一性的条件，毕竟曾是经验本身的基础，并且先天地先行于经验。（KrV，A196；B241）

104. 一切经验及其可能性都需要知性。（KrV，A199；B244）

105. 某物发生了，这是一个属于一种可能经验的知觉，这种可能经验由此就成了现实的经验。（KrV，A200；B245）

106. 所以充足理由律就是可能经验的根据，亦即现象就其在时间的相继序列中的关系而言的客观知识的根据。（KrV，A201；B246）

107. 交互作用也是事物本身作为经验对象的可能性条件。（KrV，B258）

108. 但现在，一切同时并存鉴于经验之对象就都是必然的，没有它，关于这些对象们的经验本身都将会是不可能的。（KrV，A213；B259）

109. 经验的表象链条，也就是经验。（KrV，A214；B260）

110. 在我们的内心之中，一切现象，作为包含在一个可能的经验中的东西，都必定处于统觉的协同性（communio，共同性）之中。（KrV，A214；B261）

111. 所以没有这种协同性，同时并存的经验的关系就不可能在经验中发生。（KrV，A215；B262）

112. 而那些经验的规律——只有凭借经验，而且是依照——经验本身借此而首次成为可能的——那些本源的规律，——才能够发生，并也才能够被发现。（KrV，A216；B263）

113. 经验之可能性，即一种知识的可能性，在这种知识中一切对象就必须最终能够被给予我们，如果它们的表象对于我们应该具有客观实在性。（KrV，A217；B264）

114. 凡是（按照直观和概念）与经验之形式条件相一致的，就是可能的。

（KrV，A218；B265）

115. 凡是与经验之（感觉的）质料条件相关联的，就是现实的。（KrV，A218；B266）

116. 按照经验之普遍条件，其与现实的东西的关联，被规定了，就是（生存了的）必然的。（KrV，A218；B266）

117. 物的可能性的公设就要求，物的概念与一般经验之形式的条件相协调。（KrV，A220；B267）

118. 一个容纳一种综合于自身中的概念，被看作空的，并且不与任何对象发生关系，如果这种综合不属于经验，要么从经验中借来，于是它就叫做经验的概念，要么是这样一种——依据于作为先天条件的一般经验（经验的形式）的——综合，于是这就是纯粹概念，它仍还属于经验，因为它的客体只有在经验中才能遇到。（KrV，A220；B267）

119. 但这些条件又具有自己的客观实在性，即它们指向可能的事物，因为它们先天地包含一般经验之形式于自身。（KrV，A221；B268）

120. 而没有这些经验和规律，它们的可能性就是一种任意的思维联结。（KrV，A223；B270）

121. 一个这样的图形本该在一切经验之对象所依据的那些纯粹条件下被思考。（KrV，A224；B271）

122. 如果我们不从经验开始，或者如果我们不按照现象的经验的关联的法则前进，那么我们就在徒劳而大摆阔气地猜测和研究任何一物的此在。（KrV，A226；B273）

123. 它，自在地直接包括了一个主体的生存的东西，但毕竟不包括这个主体的任何知识，因而也不包括任何经验的知识，即经验。（KrV，B277）

124. 但毕竟不包括这个主体的任何知识，因而也不包括任何经验的知识，即经验。（KrV，B277）

125. 为此，那些外部对象就是绝对必要的，以致于，内部经验本身也仅仅间接地并且仅仅通过外部经验才是可能的。（KrV，B277）

126. 一般内部经验，只有通过一般外部经验，才是可能的。（KrV，B279）

127. 生存的必然性，就绝不可能从概念中，而任何时候都只能从那种与被知觉的东西的连结中，按照经验之普遍法则，而被认识。（KrV，A227）

128. 必然性的标准只在于可能经验的法则：一切发生的事都先天地被它在现象中的原因所规定。因此，我们只认识在自然中——它的原因已给予我们的——那些结果的必然性，而在此在中的必然性标志所达到的，则无非是可能经验之领域。（KrV，A280）

129. 这种理想的理性还要超出了一个可能经验的范围，并且要判断那些包

围和限制这一范围本身的东西，因此必须在先验辩证论中被考虑。（KrV，A229；B281）

130. 因为唯有知性，在它之中，那种——所有知觉都必须在其中拥有自己的位置的——经验之统一性，才是可能的。（KrV，A230；B282）

131. 知性只对一般经验先天地给出规则，按照那些——既是感性的同时又是统觉的——主观的和形式的条件，而唯独这些条件才使经验成为可能的。（KrV，A230；B283）

132. 只有对我的知性才能够添加，某种超出与经验之形式条件的协调性之上的东西，即添加与任何一个知觉的连结。（KrV，A231；B284）

133. 纯粹知性的一切原理都无非是经验之可能性的先天原则，一切先天综合命题也都只与经验之可能性相关联，甚至这些命题的可能性本身都完全建立在这种关系之上。（KrV，B294）

134. 一切——知性从自己本身中汲取的，并不从经验中借来——的东西，知性仍使它没有任何别的目的、而只作经验运用。（KrV，A236；B295）

135. 纯粹知性的原理，它们可以是先天构成性的（如数学的原理），或者仅仅是调节性的（如动力学的原理），所包含的似乎无非只是可能经验的纯粹图型；因为经验——只有从想像力的综合的知性在与统觉的关系中本源而自动授予的综合统一性中——才拥有它的统一性，而现象，作为一种可能知识的材料，必须已经先天地处于与之相关和一致中。（KrV，A237；B296）

136. 所以一切概念，以及和它们一起的一切原理，无论它们是多么先天可能的，却都仍还与经验的直观、即与可能经验的材料相关联。（KrV，A239；B298）

137. 概念，连同来自这类概念的综合原理或公式，仍总保持着先天产生；但它们的运用，以及与所谓的对象的关系却终究不能在任何地方、而只能在——先天地包含其（根据于形式的）可能性的——经验中被找到。（KrV，A240；B299）

138. 纯粹知性的原理只能与可能经验的普遍条件、与感官对象发生关系，但决不能与一般事物（不考虑我们如何可以直观它们的方式）发生关系。（KrV，A246；B303）

139. 知性所能够先天做到的无非是，预测一个一般可能经验的形式。（KrV，A246；B303）

140. 纯粹范畴甚至对任何先天综合原理也都不够用，并且纯粹知性的原理只有经验的、而绝没有先验的运用，越出可能经验的范围之外，任何地方都将不能提供先天综合原理。（KrV，A248；B305）

141. 范畴的运用也决不能超出经验之对象的界限。（KrV，B308）

142. 感官向我们表现出对象如它们所显现的那样，知性却表现出对象如它们所是的样子，而后者并不能在先验的、而只能在经验的意义中来设想，亦即，像它们必须在现象的彻底关联中被表现为经验之对象那样，而不按照它们在与可能经验的关系之外、所以在一般含义上、因而作为纯粹知性的对象所可能的那样来设想。（KrV，A258；B314）

143. 然而从哪里都不能够举出任何例子，除非从经验中，而这种经验不再作为现相（Phänomena）而呈献，所以这个命题所意味着的无非，那种纯然包含肯定的概念，并不包含任何否定的东西；这是一个我们从未怀疑过的命题。（KrV，A283；B339）

144. 我们愿意把那些——其运用完全并绝对停留在可能经验的范围之内的——原理称为内在的原理，而把想要超出这一界限的原理，称为超验的原理。（KrV，A296；B352）

145. 纯粹知性原理，我们在前面所阐述的，仅仅应该是经验的而不能先验的、即超出经验范围之外的运用。但一条取消这些范围的、甚至要求跨越它们的原理，就叫作超验的。（KrV，A296；B353）

146. 任何一个全称命题，即使它可能是从经验中（通过归纳）而得来的，都可以在一个理性推论中用作大前提；但它并不因此而本身就是一条原则。（KrV，A300；B356）

147. 这些知识甚至都绝不会是先天可能的，假如我们不到这里来援引纯粹直观，（在数学中），或援引一种一般可能经验的条件。（KrV，A301；B357）

148. 理性从来都不首先面向经验，或者面向任何一个对象，而是面向知性。（KrV，A302；B359）

149. 所以理性统一性不是一个可能经验之统一性，而本质地不同于这种知性统一性。（KrV，A307；B363）

150. 所以这个运用是与一切知性（它的运用完全是内在的，因为它们只把经验的可能性作为它们的主题）原理的运用将是完全不同的。（KrV，A308；B365）

151. 从经验向上而攀升到经验的条件。（KrV，A309；B366）

152. 知性概念也先天地先于经验并且为了经验的需要而被思想。（KrV，A310；B367）

153. 相反，它们的客观实在性则仅仅基于：因为它们构成一切经验之智性形式，它们的应用任何时候都必须能够在经验中被指示出来。（KrV，A310；B367）

154. 如果理性概念包含无条件者，那么它就涉及到一切经验都隶属于其下而其本身却决不是经验的对象的某物。（KrV，A311；B367）

155. 理念在他那里是事物本身的蓝本，而不像范畴那样，只不过是打开可能经验的钥匙。(KrV，A313；B370)

156. 谁要想从经验中汲取德行的概念，谁要想把那种充其量只能用作不完善的阐释的例子的东西，当作知识来源的典范（就像许多人实际上已做出的那样），谁就会把德行变成一种可按照时间和情境而可改变的、不可用作任何规则的歧义的非物。(KrV，A315；B371)

157. 但这就是德行的理念，鉴于这个理念，一切可能的经验对象虽然都用作实例，(即用作对理性概念所强烈要求的东西，在一定程度上的可行性的证据)，但并不用作蓝本。(KrV，A315；B372)

158. 因为在对自然的考察中，经验把规则交到我们手里，并且就是真理的源泉；但鉴于道德的法则，经验却（可惜！）是幻相之母，而想从那个幻相中取得关于我应当做的事情的法则，或想由此而限制被做着的事情，则是非常无耻的。(KrV，A318；B375)

159. 而一个出自复数的 Notio 的超出经验之可能性的概念，就是理念，或者理性概念。(KrV，A320；B377)

160. 这些概念先于一切经验而表现对象，或者更确切地说表明了这种综合统一性。(KrV，A321；B377)

161. 我们可以把这些先天概念称为纯粹的理性概念，或先验理念，而它们将根据原则而规定知性在全部经验的整体上的运用。(KrV，A321；B378)

162. 这个命题："卡尤斯是会死的"，我也有可能单纯通过知性从经验中获得。(KrV，A322；B378)

163. 这样理性就只与知性的运用相关联了，更确切地说，并不包含这种可能经验的根据（因为条件的绝对的总体性决不是在经验中可运用的概念，由于没有任何经验是无条件者），而是为了给知性规定一种一定的统一性的方向。(KrV，A326；B383)

164. 所以纯粹的理性概念的客观运用任何时候都是超验的，而纯粹的知性概念的客观运用，按照它的本性，任何时候都必须是内在的，因为它仅仅局限于可能的经验之上。(KrV，A327；B383)

165. 它们把一切经验知识都看作是被条件的绝对总体性所规定了的。(KrV，A327；B384)

166. 它们是超验的并且超出一切经验之界限，所以在经验中绝不能出现一个会与先验理念相适应的对象。(KrV，A327；B384)

167. 一般内部经验及其可能性，或一般知觉及其与别的知觉的关系，没有经验地给出它们的任何一种特殊的区别和规定，就不能看作经验的知识，而是必须看对一般经验的东西的知识，并且属于任何一个经验之可能性的研究，而

这种研究则是先验的。（KrV，A343；B401）

168. 既然如此我对于一个思想着的存在者就不能通过外部经验、而仅仅通过自我意识才能够拥有最起码的表象。（KrV，A347；B405）

169. 那么就会产生一种经验的心理学，它就该是内感官的一种自然之学，并且也许能够用于解释内感官的现象，但绝不能够用于揭示这样完全不属于可能经验的属性（如“简单的东西”）的属性。（KrV，A347；B405）

170. 这种运用拒绝接受一切经验之混杂。（KrV，A348；B406）

171. 添加了一个谓词（单纯性），它根本不能在任何经验中被给予。（KrV，B410）

172. 所以先天综合判断并不单纯，如我们所已经主张的，在可能经验的对象的关系中、而且作为这种经验本身的可能性的原则，是可行的和可允许的。（KrV，B410）

173. 为什么唯物论者就应当，尽管他同样如此极少能够为了他的那些可能性的目的而指挥经验，没有权利同样大胆地，连同那种统觉的形式统一性的保留一起，而把它的原理作相反的运用呢？（KrV，B418）

174. 超越于经验（超越于我们在生命中的此在）之外。（KrV，B420）

175. 这样，一种试图超出可能经验界限之外、而仍然属于人类最高利益的知识，这已到了应当被归功于思辨哲学的地步，就消失于落空了的期望中了。（KrV，B423）

176. 然而在这件事情上批判的严格性虽然由于，它同时证明了——超出经验界限而向外独断地构造出有关一种经验之对象的某种东西来的——不可能性，却为理性在它的这种利益方面给理性做出了并非不重要的服务，面对一切可能的反面主张它恰恰同样提供了安全性。（KrV，B424）

177. 这种理性同时也就作为自在的实践能力本身，没有被局限于自然秩序的条件，而有权利使目的秩序并且用它而使我们自身的生存扩展到超出经验和此生的界限之外。（KrV，B425）

178. 我思考我自己，为了一种可能的经验的要求，通过我还把一切现实的经验抽掉，并且从中推导出，我能够意识到我的生存甚至在经验和经验的条件之外也能够意识到我的生存。（KrV，B426）

179. 因而在本来的意义上是超验的，尽管它同样在专注于一种经验之客体，但只是就这个客体不再是一个经验之对象而言的。（KrV，B427）

180. 因为内部的经验的直观是感性的，并且只给出了现象的材料，这些材料并不能够为纯粹意识的客体提供它的独立生存的认识，而仅能够充当经验之认识的目标。（KrV，B430）

181. 然而我毕竟将会授权把这些概念，鉴于实践的运用，其仍然一直指向

经验之对象，遵照在理论运用中类似的意义，应用于自由和自由的主体身上。（KrV，B431）

182. 人们远远不能够把这些属性单纯从一个实体的纯粹范畴中推导出来，我们宁可不得不把一个从经验中给出的对象的持存性设置为基础。（KrV，A349）

183. 但现在，把主体的这种、作为任何一个思想的可能性的条件的必然统一性、从经验中推导出来，也是不可能的。因为经验并不提供任何必然性而认识，更谈不上，绝对统一性的概念是远超出经验范围了。（KrV，A353）

184. 这个统觉的形式原理："我思"，仍然是理性心理学之所以敢于扩展它的知识的全部根据，这个原理尽管当然不是任何经验，而是附加在每一个经验上并且先行于它的统觉形式。（KrV，A354）

185. 我是一个简单的实体，即它的表象绝不包含一种杂多的综合；但这个概念、或者这个命题，没有教导我们丝毫鉴于我的本身作为一个经验之对象，因为这个实体概念本身仅仅被运用为——没有配以直观、因而没有客体的综合机能，而且只适用于我们知识的条件，却并不适用于任何一个可以指出的对象。（KrV，A356）

186. 于是在我描绘出我们的谬误推理根据其欺骗的幻相之前，我必须首先提醒的是，人们必须迫切地区别出一种两方面的观念论，先验的观念论和经验的观念论。（KrV，A359）

187. 现在，从知觉中，要么通过想像的一种单纯游戏，要么也借助于经验，都能够产生出对象的知识。（KrV，A376）

188. 不仅唯独这种错觉，而且对这错觉的反驳，恰好都既是二元论、又是观念论所遭受到的，因为在这里所关涉的只是经验之形式。（KrV，A376）

189. 但仅仅在经验的理解中，也就是说，在经验之关联中，物质，才是现实的。（KrV，A376）

这个我就必须是一个直观，这个直观，由于它会在一般思维那里（先于一切经验）而被预设。（KrV，A382）

190. 所以，整个理性心理学，作为一门超出人类理性的一切力量的科学就倒台了，而这给我们留下的没有其余的，而无非是以经验为线索对我们的灵魂的研究并且把自己保持在这些问题的限度内，这些问题都不再走出，内部的可能经验所能够阐述其内容的范围。（KrV，A382）

191. 在可能出现于经验领域的一切任务中，我们都把那些现象作为自在的对象本身来处理，而不为它们（作为现象）的可能性的最初根据而担心。但如果我们超出它们的界限，则一个先验对象的概念就成为必要的了。（KrV，A393）

192. 除非一个严格的、但却是公正的批判的冷静性，才能够把这么多人通过想像出来的幸福、从这种独断论的花招中解脱、拖到理论和系统之中，并且限制我们的一切思辨的要求而只在可能经验的领域。（KrV，A395）

193. 所有这些谓词都根本不适用于直观，因此也不可能有任何将被应用于经验之对象上的效果，所以它们完全是空的。（KrV，A400）

194. 但在小前提中恰好是同一个概念已经应用在一切内部经验的对象上，但却没有预先确立，这个概念具体应用的条件、亦即这个对象的持存性，并且为之奠定基础。（KrV，A403）

195. 纯粹心理学的这些主张并不包含灵魂的经验的谓词，而包含是这样一些谓词，当它们发生的时候，就应当不依赖于经验、因而通过单纯的理性而规定自在的对象本身。（KrV，A405）

196. 只有知性才会是，能够从中产生纯粹的和先验的概念，理性原本完全不产生、而至多只从一个可能经验的不可避免的限制中解放知性概念，并且试图使之扩展到超出经验的边界，但又还处于与经验的连结之中。（KrV，A409；B435）

197. 但这种综合却仍然一直推进到一种——超出一切可能经验的——程度，所以人们可以按照我的意见，把这些理念全都适当地称为世界概念。（KrV，A420；B447）

198. 如果我们不把我们的理性仅仅为了知性原理的运用、而运用于经验之对象，而是冒险把它扩展而超出经验对象的边界，那么就产生出玄想的定理。（KrV，A421；B449）

199. 一个这样的辩证学说将不与经验概念中的知性统一性、而与单纯理念中的理性统一性发生关系。（KrV，A422；B450）

200. 道德学也能够把自己的全部原理、连同其实践的后果都 in concreto（具体地）、至少在可能经验中提供出来，并且由此而避免抽象的误解。（KrV，A425；B453）

201. 这些理念根本不容许，一个相符合的对象在任何一个可能的经验中被给予它们，甚至也不容许理性把它们与普遍的经验法则一致地思考。（KrV，A462；B490）

202. 理性在经验的综合的连续进程中必然被引导上了这些理念，如果它想要摆脱一切条件、并在其无条件的总体性中把握这个任何时候都只能按照经验之法则而有条件地被规定的东西。（KrV，A462；B490）

203. 它将给理性提供这种指导，在宏观和微观上、在自然的秩序和合规则性中、同时在推动自然的那些力量的值得惊叹的统一性中，洞察自然，远远超出了对建立在普通经验上的哲学的一切期望，数学甚至由此也给理性的超出一

切经验之上的扩展的运用，提供了诱因和鼓舞。（KrV，A464；B492）

204. 按照经验论，知性任何时候都在自己所特有的基地上，亦即都在纯然可能经验的领域中，它可以探究这些可能经验的规律，并且它能够借助于这些规律而无尽地扩展自己的可靠的和可理解的知识。（KrV，A468；B496）

205. 经验论者满足于此，那么他的原理就会是一条要求节制的准则，一条在断言中谦虚的准则同时是最大可能地扩展我们的知性的准则，通过那些原本坐在我们面前的教师、即经验。（KrV，A470；B498）

206. 因为这种真正的思辨知识到处都不能遇见别的对象，而无非经验之对象，并且，如果人们跨越了经验的界限，那种综合，它试探新的并且不依赖于经验的知识，就没有它在其上能够被执行的任何直观的基底了。（KrV，A471；B499）

207. 而这个绝对总体性当它不能在任何经验中被给予的时候，它就不再是经验的东西。（KrV，A479；B507）

208. 大小的绝对大全（宇宙），分割的大全，源出的大全，一般此在的条件的大全，连同一切有关这一大全是否可以通过有限的或在无限前进的综合中而实现的问题，都不涉及任何可能经验的某物。（KrV，A483；B511）

209. 它使你们的理念变成一种经验的被给予了的东西的、因而也可以按照经验法则来认识的客体的一种臆想的表象。（KrV，A484；B512）

210. 空的空间不是事物为自己的一个现成的相关物，并且它不能是任何你们可以停留在那里的条件，更不可能是一种构成一个可能经验的一个部分的经验的条件。（KrV，A487；B515）

211. 我们谴责了宇宙论的理念，它说得太多或太少、而背离了它的目的，即背离了可能的经验？（KrV，A489；B517）

212. 可能的经验就是这种，唯一能够给予我们的概念以实在性的东西；没有它，一切概念都只是理念，没有真实性并且没有与一个对象的关系。因此可能的经验的概念曾是这种标准量器，按照它理念必须被评判，它是否单纯是理念和思想物，还是会在世界中遇到它的对象。（KrV，A489；B517）

213. 一切在空间或者时间中被直观到的东西，因而一切对我们可能的经验之对象，都无非是现象、即一些单纯的表象。（KrV，A490；B518）

214. 这种内部的经验唯一并且单独地充分证明了其客体（自在本身）的（连同这一切时间规定的）现实此在。（KrV，A491；B519）

215. 因此经验之对象绝不是自在本身地、毋宁只在经验中给予的，并且根本就不生存于经验之外。（KrV，A492；B521）

216. 所以如果他们与我的现实意识处于一种经验的关联中，那他们就是现实的，哪怕他们因此并非自在地、亦即在这个经验进展之外，是现实的。

（KrV，A493；B521）

217. 一个现象在知觉之前就被称为一个现实之物，这要么意味着我们在经验之进程中必然会遇到这样一个知觉，要么就根本没有任何意义。（KrV，A493；B521）

218. 而这些表象，只要它们在这种关系中（在空间和时间中）按照经验之统一性的法则而被连结和可规定的，就叫做对象。（KrV，A494；B522）

219. 我们可以把我们的可能知觉的所有范围和关联都归因于这个先验客体，并且说：它本身已经在一切经验之前就自在地给予了的。（KrV，A494；B523）

220. 过去时间的现实事物都已经在那个先验对象中给予了经验；但它们只对我来说才是对象并且只在过去的时间中才是现实的。（KrV，A495；B523）

221. 但人们却说，它们先于我的一切经验而生存，仅仅意味着，它们在我必须首先从知觉开始前进才达到的那个经验之部分中可以被遇见。（KrV，A496；B524）

222. 如果它们立刻作为自在事物本身，无需与可能经验的关系，而被一般地给予出来，那么它们对于我来说毕竟什么也不是，因而决不是对象，除非它们已经包含在经验的回溯序列里了。（KrV，A496；B524）

223. 所以它就决不是任何经验之可能性和感官对象的经验的知识的原则，因而也不是任何知性的原理；因为每一个经验都已经包含在自己的（按照给予了的直观）界限之中了；也决不是理性的——把感性世界的概念扩展到超出一切可能的经验之外的——构成的原则，而是一种经验的最大可能的延续和扩展的原理，根据这条原理，没有任何经验的界限必须看作绝对的界限，因而它是一个理性的原则。（KrV，A509；B537）

224. 因为由此，绝对总体性的一个单纯概念，它只在它本身中已完成，就思想一个在任何经验中都不可能被给予的对象。（KrV，A510；B538）

225. 因为绝对无条件者在经验中根本就找不到。（KrV，A510；B538）

226. 相反，一个对给予的人的祖先序列在没有任何可能的经验中，都以它的绝对总体性而已经给予了。（KrV，A513；B541）

227. 所以在理性原则作为现象自在本身的一条构成性的原理的无效性被充分阐明之后，唯一留给我们的就只有作为一种可能经验的延续和大小的规则的理性原则的有效性。（KrV，A516；B544）

228. 因为即使这种公理，也不能在经验之客体方面对扩展和纠正我们的知识具有任何更大的影响，除非它在我们知性的最广泛的经验运用中积极地证明了自己。（KrV，A517；B545）

229. 在经验的回溯中没有任何——一个绝对界限的、因而没有任何条件

的、作为一个这样的会是经验的绝对无条件者的——经验，能够被找到。（KrV，A517；B545）

230. 无论我可以借此而在这个上升的序列中而走到多远，我任何时候都必须探询这个序列的一个更高项，而不管它现在是否能通过经验而为我所认识。（KrV，A518；B546）

231. 因此我对于经验（感官世界）之整个对象将什么也不能说，而只能谈及经验应当据以与其对象相适合地、被加以处理并且继续下去的那个规则。（KrV，A520；B548）

232. 但一个这样的经验，在内容上作为完全空洞的，是不可能的。（KrV，A521；B549）

233. 如果这种知觉那种程度对我们的意识来说太弱了，以致于成不了经验。（KrV，A522；B550）

234. 但那种回溯永远只在于大小的规定，因而并没有给出任何规定的概念，也并不给出任何一个鉴于一种尺度的无限的大小的概念，所以就并不是进行到（似乎是给予了的）无限，而是进行到不确定地远，以便于把一个最先通过这种回溯才成为现实的（经验之）大小给予出来。（KrV，A523；B551）

235. 所以在一个被分割的物体中的组织能够走多远，就只能取决于经验。（KrV，A527；B555）

236. 但一般现象的先验划分延伸到多远，则根本不是经验之任何事情，而是理性的一条原则，即在广延之物的分解中、遵照这个现象的本性、永远不把经验的回溯、看作绝对完成了的。（KrV，A527；B555）

237. 自由在这种意义上就是一个纯粹的先验理念，它首先不包含从经验中借来的任何东西，其次它的对象也不能在任何经验中被确定地给予。（KrV，A533；B561）

238. 于是，整个经验领域，不管它延伸多么远，都变成了单纯自然的一个总和。（KrV，A533；B561）

239. 所以这里就发生了，那种一般说来在一个敢于超出可能经验界限的理性的冲突中所遇到的事情，这种任务本来不是自然之学的、而是先验的任务。（KrV，A535；B563）

240. 一旦外部现象流进主体，就像它的经验的品格、即它的原因性的法则，则通过经验而被认识，它的一切行动就必须允许按照自然规律而解释。（KrV，A540；B568）

241. 这种——现象由以能够首先构成一个自然并适合充当一个经验之对象的——规律，是一种知性的规律，这不允许以任何借口脱离于它、或者把任何一个现象除外；因为否则人们就把这个现象置于一切可能经验之外，但由此就

会把它区别于可能经验的一切对象、并使它成为单纯的思想物和一种幻影了。（KrV，A542；B570）

242. 理性在对这些行动的关系中能够拥有原因性；因为，没有这个，理性就不会指望从它的理念中得到在经验中的结果了。（KrV，A548；B576）

243. 但一旦我们——在完全外在于感官世界、因而外在于一切可能经验的东西之中——设置了无条件者（事情真正说来毕竟要涉及到它），那么这些理念就成为超验的理念了。（KrV，A565；B593）

244. 然而这些概念就可以被具体地描述，如果人们把它们都应用于现象们；因为在这些现象上，它们就真正具有了构成经验概念的材料，而这种经验概念无非就是一种具体的知性概念。（KrV，A567；B595）

245. 因此理性设想一个——按照原则应当是可被通盘规定的——对象，虽然对此还缺乏在经验中的充分条件、因而这个概念本身是超验的。（KrV，A571；B599）

246. 一般实在性的普遍概念不能被先天地划分，因为人们没有经验就不知道实在性的任何一个会包含在那个类之下的确定的种。（KrV，A577；B605）

247. 但一切现象的实在的东西已经在其中被给予出来的那个东西，却是唯一无所不包的经验。（KrV，A582；B610）

248. 于是实际上除了感官对象，没有任何对象能够被给予我们，并且只能在一个可能经验的前后关联中被给予我们，所以如果不是把一切经验的实在性的整体预设为一个对象的可能性条件，对我们来说就没有任何东西是一个对象。（KrV，A582；B610）

249. 但我们后来就把关于一切实在性的总和的这个理念实体化了，原因就在于：因为我们把知性的经验运用的分配的统一性辩证地转换为一个经验整体的集合的统一性。（KrV，A582；B610）

250. 因为经验之调节的统一性并不建基于现象本身（仅仅建基于感性），而建基于通过知性（在一个统觉中）的感性杂多的连结，因而最高实在性的统一性和一切事物的通盘可规定性（可能性）看起来就像处于一个最高的知性中、因而处于一个理智中。（KrV，A583；B611）

251. 人类理性不从概念、而从普通经验开始，所以某种生存着的东西便设置了基础。（KrV，A584；B612）

252. 要么它们仅仅以不确定的经验、即经验地以任何一个此在为基础；要么它们最后抽掉一切经验，并且完全先天地从单纯概念中推导出一个最高原因的此在。（KrV，A590；B618）

253. 因为通过概念，对象仅仅被思考为与一般可能的经验知识的普遍条件相一致，但通过这种生存却被思考为包含在全部经验的连贯关系中；因为通过与全部经验之内容相连结，有关对象的概念并没有被丝毫地增加，但我们的思想却通过这个内容而更多地获得了一种可能的知觉。（KrV，A601；B629）

254. 但我们的一切生存的（它通过知觉直接地、或者通过把某物和知觉连结起来的推论）意识却完完全全属于经验之统一性，并且一个在这个领域之外的生存虽然不可以绝对地被宣布为不可能的。（KrV，A601；B629）

255. 因为综合知识的可能性标志必须永远只在经验中被寻求，但一个理念的对象却不可能属于经验。（KrV，A602；B630）

256. 小前提包含着一个经验，大前提包含着——从一个一般经验到必然之物的此在的——推论。（KrV，A605；B633）

257. 所以这个证明原本从经验开始，因而它并不是完全先天地进行的，或者是本体论的，并且因为一切可能经验之对象就叫做世界，所以这个对象也就因此被称为宇宙论的证明。（KrV，A605；B633）

258. 但宇宙论证明使用这个经验仅仅，为了跨出一种唯一的脚步，即向着一个一般必然存在者的此在。（KrV，A606；B634）

259. 所以这原本只是一个出自纯然概念的本体论证明，这种本体论证明在所谓的宇宙论证明中包含了一切证明力，而自称的经验则是完全无用的，也许，仅仅为了把我们引向绝对必然性的概念。（KrV，A607；B635）

260. 对此理性运用本身在经验中的原则们没有授权与我们，更不能把这条原理扩展到超出经验之外（这个链条完全不能被延伸到那里）。（KrV，A610；B638）

261. 怀着这个意图，我们从一个被作为根据的现实的此在（一个一般经验）中，尽其所愿地推导出，它的任何一个绝对必然的条件。（KrV，A610；B638）

262. 宇宙论证明把一种一般经验设置为基础，但它毕竟不是从经验的任何一种特殊性状、而是从纯粹的理性原则出发，在与一个经由一般经验的意识所给予的生存的关系中进行，并且甚至抛弃了这种引导，以便纯然依靠于纯粹的概念。（KrV，A614；B642）

263. 既然不论是一般物的概念，还是关于任何一个一般此在的经验，都不能够提供所要求的东西，那么就剩下一种办法去尝试一下，是否某种确定的经验、因而当前这个世界的物的经验，它的性状和秩序，适合于充当一个证明根据，这种证明根据则能够可靠地帮助我们去确信一个最高存在者的此在。（KrV，A620；B648）

264. 理念的特点正好在于，永远不可能有任何一个经验能够与它相符合。一个必然的最充足的原始存在者的先验理念是过分大、如此高地超出了一切任何时候都是有条件的经验之东西，以致于人们部分地决不能够在经验中费劲地

找到足够的材料。（KrV，A621；B649）

265. 由于从结果向原因过渡的一切法则，甚至我们一般知识的一切综合和扩展，都无非只是被放置在可能经验之上、因而只是被放置在感官世界的对象之上并且只鉴于感官世界的对象才能有一种意义。（KrV，A621；B649）

266. 这个概念有利于我们的理性在原则的节约上的要求，它在自身中不屈服于任何矛盾并且甚至还有益于理性运用在经验内部的扩展，通过——这样一个给予理念以秩序和合目的性——的指导，却在哪里都不以果断的方式而与一种经验相违背。（KrV，A623；B651）

267. 既然宇宙论证明只不过是一种隐藏的本体论证明，那么它实际上只是通过纯粹理性才实现了它的意图，虽然它一开始就已经否认了与纯粹理性的所有亲缘关系并且把一切都已经中断在出自经验的清楚明白的证明上。（KrV，A629；B657）

268. 先验的神学要么是这种打算把原始存在者的此在从一般经验中推导出来（而没有靠近地规定经验所属的这个世界）的神学，叫做宇宙神学，要么是相信通过单纯的概念、没有丝毫经验之帮助，而认识它的此在的神学，这就被称为本体神学。（KrV，A632；B660）

269. 当我们单纯谈论到这种在此存在的东西，（而不是，应当存在的东西）的时候，这个——在经验中被给予我们的——有条件者，任何时候也都被思考为偶然的。（KrV，A634；B662）

270. 所以如果一个物的绝对必然性应当在理论知识中被认识，那么这个物就唯有从先天概念中才能够发生，但决不作为一个——与被经验所给予的此在相关联的——原因。（KrV，A634；B662）

271. 一种理论的知识，如果它指向一个人们在任何经验中都不可能达到的对象、或者关于一个对象的那些概念，那么就是思辨的知识。（KrV，A634；B662）

272. 因为，如果人们不顾这条原则是一条包含了一般可能经验的条件的原理，并且，人们想通过取消一切经验的东西，从一般偶然之物说明这条原理，那么就不会剩留下这样一个综合命题的丝毫辩护理由。（KrV，A635；B663）

273. 对象在这里根本就不是一个可能经验之任何客体。（KrV，A636；B664）

274. 如果要使在经验有效的因果律导致这种原始存在者，那么这个原始存在者就必须同属于经验之对象的链条。（KrV，A636；B664）

275. 但即使人们允许借助于结果对其原因的关系的动力学的法则作一个超越经验界限的跳跃，这种处理又能使我们获得什么概念呢？（KrV，A637；B665）

276. 但这个问题在这里显然是综合的并且要求把我们的知识扩展到超出经验之一切界限之外，也就是达到一个应当与我们的单纯理念相符合的存在者的此在，而任何一个经验都永远不能比得上这个理念。（KrV，A638；B666）

277. 一切先天综合知识，都只有通过它表达出一个可能经验之形式条件，才是可能的，所以一切原理都只是内在的有效性的、即它们都只与经验的知识的对象或者现象相关联。所以即使是通过先验的处理、在一个单纯思辨理性的神学方面也将毫无成效。（KrV，A638；B666）

278. 一切我们的——想把我们引领出可能经验之领域的——推论，都是迷惑人的和没有根据的。（KrV，A642；B670）

279. 并不是这个理念自在本身、而单纯是它的运用才可能，要么鉴于全部可能的经验而是飞越性的（超验的），要么是本土的（内在的）。（KrV，A643；B671）

280. 即一个知性概念并不现实地从它出发的点，因为它完全处于可能经验的界限之外，然而却用作使它获得——除最大的扩展之外——最大统一性。（KrV，A644；B672）

281. 如果我们在目前情况下想要使知性超出每个给予的经验（全部可能经验的部分）、因而甚至指向那个最大可能而最外在扩展。（KrV，A645；B673）

282. 人们必须为了理性的利益、即为了可能给予经验的许多规则建立一定的原则，而寻找那种基本力，并必须在容许做到的地方、以这样的方式把系统的统一性带进知识。（KrV，A649；B677）

283. 按照这条先验原则，在一个可能经验的杂多东西中必然预设了同质性（尽管我们不能先天地规定这种同质性的程度），因为没有这种同质性，任何经验的概念、因而任何经验就都会是不可能的。（KrV，A654；B682）

284. 这条特殊化的法则也不是从经验中借来的，因为经验不可能给予任何走得如此远的开局。（KrV，A657；B685）

285. 形式的这种连续性就该是单纯的理念，根本不能指出一个在经验中与之相一致的对象。（KrV，A661；B689）

286. 理性预设了这些——首先被应用在经验上的——知性知识，并且按照理念寻求它们的——比经验所能够达到的远得多的——统一性。（KrV，A662；B690）

287. 然而它们，作为先天综合命题，仍然具有客观的、但不确定的有效性，并且被用做可能经验的规则，作为启发式的原理，也被很成功地运用于现实地加工经验，而无需人们能够带来一种先验的演绎。（KrV，A644；B692）

288. 撇开这种区分，上述的动力学的法则在经验方面还是构成性的，因为这些法则使得那些——没有它就没有任何经验发生的——概念，成为先天可能

的。（KrV，A644；B692）

289. 既然每一个先天地为知性确定它的运用的通盘统一性的原理，虽然只是间接地，也对经验之对象有效：那么纯粹理性的原理对这个经验对象也具有客观实在性。（KrV，A665；B693）

290. 但它作为这样一条原则远远越出了经验或观察能够与之相提并论的范围，却并没有规定某物，而只是为经验或观察指明了通往系统的统一性的道路。（KrV，A668；B696）

291. 而是我们应当如何在这概念的指引下、寻找一般经验之对象的性状和连结。（KrV，A671；B699）

292. 我们要（在心理学中）把我们内心的一切现象、行动和接受性都借助于内部经验之线索而如此连结起来。（KrV，A672；B700）

293. 我们必须（在神学方面）这样来考察所有——始终只能够属于在可能经验的相互关系之中的——东西，好像这些经验构成了一个绝对的、但又彻底相依赖并且永远还内在于感官世界的有条件的统一体。（KrV，A672；B700）

294. 如果我们假定这样的理想的存在者，我们并没有真正扩展我们关于可能经验的客体的知识，而只通过理念给我们提供了图型的系统统一性而扩展了可能经验的经验的统一性，因而理念不被看做构成性的、而仅仅被看做调节性的原则。（KrV，A674；B702）

295. 所以它们虽然能够被用来解释感性世界中的事物的可能性，却不能够用来解释一个世界整体本身的可能性，因为这种解释根据必须是世界之外因而不是一个可能经验的任何对象。（KrV，A677；B705）

296. 这个理念自在本身就决不能在经验中被适当地呈现出来，即便它为了使经验的统一性接近最高可能的程度，必然是回避不了的。（KrV，A677；B705）

297. 但由于我无非也只具有那个先验的预设的相对的运用，就是说，它应该适宜充当最大可能的经验统一性的基底，那么我就完全可以思想一个我将之区别于这个世界的存在者，通过只属于感官世界的属性。（KrV，A678；B706）

298. 纯粹理性实际上所忙碌的无非它自身，并且不能够拥有任何别的事务，因为并没有对象被提供给经验概念的统一性，而有知性知识被提供给理性概念的、即在一条原则中的关联的统一性。（KrV，A680；B708）

299. 但理性只能把这种系统的统一性思想为：理性同时给它的理念提供了一个对象，但这个对象又不能通过任何经验而被提供；因为经验决不提供一个完善的系统统一性的例子。（KrV，A681；B709）

300. 这个先验之物只是——理性借以尽其所是、把系统的统一性扩展到一切经验上去的——调节的原则的图型。（KrV，A682；B710）

301. 如果我要寻求那些——连同它们，一个思维着的存在者自身生实存着的——属性，那么我就必须追问经验，我甚至不能把所有范畴的任何一个应用于这个对象上，除非这个范畴的图型在感性直观中已经被给予了。（KrV, A682; B710）

302. 通过这样一个概念我不但拿走了物质自然，而且一般地拿走了一切自然，即任何一个可能经验的所有谓词，因而拿走了为这样一个概念而思想一个对象的所有条件。（KrV, A684; B712）

303. 理性无非能够在扩展它的经验的运用的时候把它自己的形式规则当成意图，但决不可能把超出一切经验的运用的界限之外的扩展当成意图，因而在这个理念之下并不隐藏着理性指向可能经验之运用的任何构成性的原则。（KrV, A686; B714）

304. 一个这样的原则向我们的应用于经验领域的理性坦白透露出——按照目的论法则连结世界的事物、并由此达到其最大的系统统一性的——完全崭新的前景。（KrV, A687; B715）

305. 因此甚至心理学的理念，如果它被作为一个构成性的原则而用于我们的灵魂现象的解释，并且后来甚至还被用于超出一切经验之外（关于死后的灵魂状态）、我们关于这个主体的知识的扩展。（KrV, A690; B718）

306. 因为他似乎通过一种超验理性的优势而忽略了经验之内在的知识来源，为了自己的舒适的目的，却带来一切洞见的丧失。（KrV, A690; B718）

307. 完备的合目的性的统一性就是完善性（绝对地观察）。如果我们不在那些——构成整个经验对象、亦即构成我们一切客观有效的知识的对象的——事物的本质中，因而在普遍而必然的自然规律中发现这种完善性，我们怎么会由此直接推出一个——作为一切原因性的起源的——原始存在者的一种最高的和绝对必然的完善性的理念呢？（KrV, A694; B722）

308. 因为一切范畴，通过它们我试图给我制造一个有关这样的对象的概念，都是没有别的而无非经验的运用的范畴，并且如果它们不被运用于可能经验的客体、即感官世界之上，就没有任何含义。（KrV, A696; B724）

309. 如果这个问题是：我们是否至少可以按照与经验之对象的一个类比而思想这个与世界不同的存在者？那么回答就是：当然，但只作为在理念中而非在实在性中的对象。（KrV, A696; B724）

310. 但这样一来，我们就毕竟扩展了我们的知识而超出可能经验之领域了吗？完全没有。（KrV, A697; B725）

311. 纯粹理性，似乎一开始就至少许诺要把我们的知识扩展到经验之一切界限之外，如果我们对它理解得正确的话，所包含的无非就是调节的原则。（KrV, A701; B729）

312. 所以一切人类的知识都开始于直观，从那里行进到概念，而以理念结束。虽然人类知识在所有这三个要素方面都具有先天的认识来源，这三个来源在第一眼看来显得都蔑视一切经验的界限，然而一个完成了的批判却坚信，一切在思辨的运用中的理性凭借这些要素决不能够超出可能经验之领域。（KrV，A702；B730）

313. 那么理性就非常需要一个训练，来对它扩展到超出可能经验的严格界限的倾向，加以抑制，并使它远离放纵和迷误。（KrV，A711；B739）

314. 数学提供了——一个没有经验之辅助、而有幸自行扩展纯粹理性的——最光辉的例子。（KrV，A712；B740）

315. 所以我构造一个三角形，我就描绘了与这个概念相应的对象，要么通过在纯粹直观中的单纯想像、要么按照这种想像也在纸上、在经验的直观中，但这两次都是完全先天地描绘，无需为此而从任何一个经验中拿出范本。（KrV，A713；B741）

316. 没有人能够从任何别的地方、而只能从经验中取得一个与实在性概念相一致的直观。（KrV，A715；B743）

317. 我不能以任何方式在直观中描绘一个一般原因的概念，除非在一个把经验交到我手里的例子中。（KrV，A715；B743）

318. 但这种综合所涉及的永远只是一个一般之物，一般之物的知觉在哪些条件之下才属于可能的经验。（KrV，A719；B747）

319. 借助于原因概念，我现实地走出了关于一个事件（因为某物发生）的经验的概念，但并没有达到——具体表现原因概念的——那种直观，而是达到了——在经验中遵照原因概念而想被找到的——一般时间条件。（KrV，A722；B750）

320. 但这种努力的方式自在地却具有这种特点，不顾最坚决和最清晰的警告，仍然一直让自己抱着希望，在人们彻底放弃——超出经验之界限而达到智性的诱人地带的——考虑之前。（KrV，A726；B754）

321. 经验尽管教给我们，这是什么，但并不能教给我们，它完全不可能是别的。（KrV，A734；B762）

322. 但通过知性概念它虽然能建立可靠的原理，却完全并不直接出自概念，而是一直仅仅间接地通过这些概念与某种完全偶然之物、也就是与可能经验的关系而建立起来的。（KrV，A737；B765）

323. 但它却叫做原理而不是定理，虽然它必须被证明，这是因为它具有这种特别的属性，它本身首次使它的证明根据、即经验成为可能，并且永远必须在经验那里被预设。（KrV，A737；B765）

324. 但是在它的纯粹运用中，凭借单纯的概念，却只是一个按照统一性的

原理的探寻的系统，唯独经验才能给这种探寻提供材料。（KrV，A738；B766）

325. 但这教导我这个经验：我仅仅来到哪里，我总是在我周围看到一个我可以继续前进的空间。（KrV，A759；B787）

326. 纯粹理性的事业中的第一步，标志着它的儿童时期，是独断论的。上述第二步则是怀疑论的，而表明通过经验而圆滑了的判断力的谨慎。（KrV，A761；B789）

327. 我们已经现实地拥有了先天综合知识，就如这种预测经验的知性原理所表明的那样。（KrV，A762；B790）

328. 既然所有的概念、甚至纯粹理性向我们递交的所有的问题，也许都不处于经验中，而本身反倒只处于理性中，因此它们必须能够被解决并且按照它们的有效性或无效性被把握。（KrV，A763；B791）

329. 我怎么能够借助于经验，超出我迄今所拥有的概念，没有遭到过任何怀疑。经验本身就是知觉的这样一种综合，它增加了我凭借知觉而拥有的概念、通过别的附加的知觉。（KrV，A764；B792）

330. 我们的知性（连同理性）无需通过经验而受孕的自我增殖，看作不可能的。（KrV，A765；B793）

331. 我们已经在先验逻辑中看到：即使我们永远不能够直接超越那些已经给予了我们的概念的内容，我们毕竟可以完全先天地——但却与一个第三者，即可能的经验相关，因此毕竟是先天地——认识那个与别的事物相连结的法则。（KrV，A766；B794）

332. 这种并没有测量自己知性的范围、因而没有按照原则而规定他的可能经验的界限的独断论者。（KrV，A768；B796）

333. 这对我们的理性才仅仅是可能的，即把可能经验的条件作为事情可能性的条件来运用。（KrV，A771；B799）

334. 理性概念就是，如已说过的，单纯的理念，并且当然不具有在任何一个经验中的对象。（KrV，A771；B799）

335. 它们只是成问题地被设想，以便，在与它们（作为启发性的虚拟）的关系中、建立起在经验之领域中的系统的知性运用的调节的原则。（KrV，A771；B799）

336. 这种简单之物根本不可能在任何经验中出现。（KrV，A772；B800）

337. 这种从一切经验分离出来的理性对一切都只能够先天地并且作为必然的或者根本不认识。（KrV，A775；B803）

338. 纯粹理性的假设也属于你的全副装备，这些假设，虽然只是铅制的武器（因为它们没有经过任何经验法则的锻炼），然而却一直就像任何反对你的对手所可以使用的武器一样有能力做到。（KrV，A778；B806）

339. 如果也反对那种（在另外任何一种非思辨的眼光中）被假定的、非物质的和不服从任何肉体变化的灵魂本性，而碰到这种困难，经验仍然将我们的精神力量的不仅是振奋、而且还是损伤都似乎证明为不过是我们器官的不同变形。（KrV，A778；B806）

340. 我们在经验之外为我们的理性不能用做根据的方式赢得任何某物。（KrV，A780；B808）

341. 因为不仅把可能经验之原则扩展到一般事物的可能性上，而且主张这样一些只有在一切可能经验的界限之外才能够找到它的对象的概念的客观实在性，都是超验的。（KrV，A781；B809）

342. 如果我要先天地超出一个对象的概念，没有一个特殊的并处于这个概念之外的引导线索，这就是不可能的。在数学中，引导我的综合的是先天直观，并且这时一切推论都直接被纯粹直观所引导。在先验知识中，只要它仅仅与知性概念发生关系，那么这个准绳就是可能的经验。（KrV，A783；B811）

343. 因为这样一类的过渡将是一个根本不可辩护的跳跃；而是它表明，经验本身、因而经验之客体、没有一个这样的连结就会是不可能的。（KrV，A783；B811）

344. 不过，为了预先惩罚这种谬误推理（因为没有这样一种暂时的猜测，人们则完全不会怀疑这种证明），一个这样的综合命题——这个综合命题所应当证明的比经验所能够给予的更多——的可能性的、在手头上拥有的——永久的标准，是彻底必要的。（KrV，A785；B813）

345. 如果这都是一些知性的原理（例如因果性原理），那么借助于它们而达到纯粹理性的理念，就是徒劳的了。（KrV，A786；B814）

346. 因为理性虽然具有它的原理，但作为客观的原理则全都是辩证的，因而充其量只能够就像系统的关联的经验运用的调节的原则而是有效的。（KrV，A786；B814）

347. 一个在时间中的事件的规定，因而这个属于经验之（事件），不服从于一个这样的动力学规则，大概是不可能的。（KrV，A788；B816）

348. 理性被它的本性中的一种倾向所驱使，超出经验运用之外，在一个纯粹的运用中并借助于单纯的理念冒着出离一切知识的最后极限的危险，而只有首先在它的循环结束中、在一个自行存在的系统整体中，才获得安宁。（KrV，A797；B825）

349. 理性的思辨运用的一条必要的规则就是，不要错过自然原因，并且放弃我们能够被经验所教导给我们的东西，以便推导出，我们所知道的东西，来自完全超出了我们的一切知识的东西。（KrV，A799；B827）

350. 一言以蔽之，这三个命题对于思辨理性来说任何时候都仍然是超验的，并且根本没有任何内在的、即对于经验之对象是容许的、因而对我们以少许方式是有益的运用，而是自在观察是完全多余的但仍然是我们理性的最大的沉重的劳顿。（KrV，A799；B827）

351. 实践的自由能够被经验所证明。（KrV，A802；B830）

352. 我们通过经验而认识到，实践的自由作为自然原因之一。（KrV，A803；B831）

353. 理性在它的思辨的运用中引领我们通过了经验的领域，并且由于这个领域对于理性来说已经绝不找到完全的满足，从这种情况下引领到思辨的理念，但这些理念最终又把我们带回到经验上来。（KrV，A804；B832）

354. 前者基于经验的原则，因为除了借助于经验，我既不会知道哪些要被满足的爱好，也不会知道哪些是能够满足这些爱好的自然原因。（KrV，A806；B834）

355. 纯粹理性包含着，——虽然不在它的思辨的、但却在一种确定的、即道德的运用中，——经验之可能性的原则，即这样的行动的原则，这些行动能够在人类历史中合乎道德规范地被遇到。（KrV，A807；B835）

356. 如果我们没有为自己预设目的，我们又能够对我们知性的一种运用、哪怕在经验方面做出什么呢？（KrV，A816；B844）

357. 这些判断不是被建立在经验根据之上，而是一切都应当先天地被认识，在这里一切都是必然的。（KrV，A822；B850）

358. 然而，合目的性的统一性仍然是理性应用于自然之上的一个如此重大的条件，以致于我——由于关于它的经验又向我呈现出此事的丰富例证——完全不能够错失它。（KrV，A826；B854）

359. 以这样的方式，在超出一切经验界限之外四处漫游的理性的所有那些沽名钓誉的意图都破灭了之后，仍还留给我们足够的东西，即为此我们有理由在实践的意图上感到满意。（KrV，A828；B856）

360. 但人们会说，这就是纯粹理性超越经验界限之外眺望所达到的一切吗？除了两个信条就没有别的了吗？（KrV，A830；B858）

361. 我们知识的两个要素的区分，它的一个要素是完全先天地受我们控制，另一个要素则只能后天地从经验中被获得。（KrV，A843；B871）

362. 前者走向自然，与自然知识能够被（具体地）应用于经验中一样远，后者则走向经验对象的超过一切经验的那种连结。（KrV，A845；B873）

363. 因此这种超验的自然之学要么以内部的连结、要么以外部的连结为自己的对象，但两种连结都超出了可能经验。（KrV，A846；B874）

364. 我们从经验获取的无非是，那些必须给予我们一个部分是外感官、部分是内感官的客体的东西。（KrV，A848；B876）

365. 此外，我们在这些对象的全部形而上学中，都会必须完全放弃所有——仍然想把任何一个经验添加到这个概念上，以便从中判断关于这些对象的某物的——经验的原则。（KrV，A848；B876）

366. 在纯粹理性知识的起源方面，这种知识是从经验中派生出来的呢，还是，不依赖于经验，而在理性中拥有它的来源。（KrV，A854；B882）

367. 至少伊壁鸠鲁按照他的感觉论体系（因为他绝不用他的推论超出经验之界限）来处理问题在他这方面说比亚里士多德和洛克（但尤其是后者）更多的一贯。（KrV，A854；B882）

368. 以致于他主张，人们可以把上帝的此在和灵魂的不朽（虽然这两种对象都完全处于可能经验的界限之外）恰好像明显地证明任何一个数学定理那样。（KrV，A855；B883）

精神性（die Spiritualität）

1. 这个实体，单纯作为内感官的对象，就给出了非物质性的概念；作为单纯的实体，就给出了不朽性的概念；它作为智性实体的同一性，就给出了人格性；所有这三项一起则给予了精神性（Spiritualität）。（KrV，A345；B403）

2. 灵魂被精神性所限制，则表现为不死性。（KrV，A345；B403）

敬重（die Achtung）

1. 这个证明任何时候都值得用敬重而被称呼。它是最古老、最明白并且最大程度地适合于普通人类理性。（KrV，A623；B651）

2. 这种否定性的判断，不仅按照逻辑的形式、而且也按照内容而都是否定性的，不受人类的求知欲任何特别的敬重。（KrV，A708；B736）

聚合物，聚合体（das Aggregat）

1. 因此，一切现象都已经被直观为聚合物（先前给予部分的集合）了，而这恰好不是任何一种量的情况，而只是那种被我们在外延上表象和领会为这样的量的情况。（KrV，A163；B204）

2. 如果现象的杂多的这种综合已经中断，那么这种杂多就是许多现象的一个聚合物，并不是作为一个定量的真正的现象，这种聚合物不通过一定方式的生产的综合的单纯延续、而通过一种一直停止的综合的重复而产生。（KrV，A170；B212）

3. 任何一个复合的实体都是许多实体的一个聚合体，而一个复合物的活动、或者处在于这个作为这样的复合物之内的东西，则是分布在实体集合里面的许多活动或偶性的聚合体。（KrV，A351）

4. 绝对的总体性只有当它涉及到一个给予的有条件者的条件的上升序列、因而不是、如果在谈到后果的下降行列时，也还不是在论及这些后果的那些并立条件的聚合体时，才被理性所要求。（KrV，A410；B436）

5. 但涉及到空间，那么在它自在本身中递进与回溯则没有任何区别，因为空间构成了一个聚合体，但并不构成任何序列，当它的部分全都是同时存在的时候。（KrV，A412；B439）

6. 当这个回溯是无限的时候，那么虽然它所达到的一切项（部分），都包含在那个作为聚合体的给予了的整体中，但并不包含整个分割的序列，这个序列是无限相继的并永远也不是全部，因而就决不能表现出任何无限的总量及其在一个整体中的总计。（KrV，A524；B552）

绝对的（absolut）
绝对必然的东西（das Absolutnotwendigen）
绝对必然的存在者（das absolutnotwendige Wessen）
绝对必然性（die Absolute Notwendigkeit）

1. “绝对的”这个词是少数这种词之一，它在它的原初意义里用来衡量一个——在同一语言中没有任何别的词恰好可以现成地使它精确符合的——概念，因而丧失它，或者恰恰是太多了，因而它的歪曲的运用也必然导致这个概念本身的丧失，更确切地说，这样一个概念，由于它相当关注于理性、而非一切先验的判断的大的损害，就不能够缺少。（KrV，A324；B380）

2. 绝对的这个词现在常常被用来仅仅指，某物从自在事物本身来观察、因而内部有效。在这种意义上绝对可能的就意味着，本身自在地（内部地）是可能的东西，它实际上是人们所能够讲述一个对象的最少的东西。相反，它有时也被用于指明，某物在一切关系中（无限制地）有效（例如绝对的统治），而在这种意义上绝对可能的就意味着，在一切关系中任何意图上都是可能的，这又是我所能够讲述一个物的可能性的最多的东西。（KrV，A324；B381）

3. 关于绝对的必然性，我将在下面指出，它决不是在一切情况下都依赖于内部的必然性的。（KrV，A325；B381）

4. 但我不能倒过来推断，凡是绝对必然的东西，它的反面就是，在内部不可能的，即事物的绝对必然性就是一种内部必然性。（KrV，A325；B382）

5. 因而它就不叫做，每一个思想着的存在者都生存，（这就同时叫做绝对的必然性，因而对那些存在者就会说得太多了）。（KrV，B420）

6. 人类理性不从概念、而从普通经验开始，所以某种生存着的东西便设置了基础。但这个基地，如果它不立足于绝对必然的东西的这块不可动摇的磐石之上，就会沉陷。（KrV，A584；B612）

7. 一个绝对必然的存在者的概念是一个纯粹理性概念、亦即一个单纯的理念，它的客观实在性，由于理性还远远没有证明它的需要，它甚至只对一个一定的尽管达不到的完备性提供了指示，并且比之于把知性扩大到新的对象上，其实更多地用作限制知性。（KrV，A592；B620）

8. 因为判断的绝对必然性只是事物的一种有条件的必然性，或者是判断中谓词的有条件的必然性。（KrV，A593；B621）

9. 因为这个绝对的必然性是一个出自单纯概念的此在。（KrV，A607；B635）

10. 因为这不过是说：在一切可能的东西中有“一个”，它随身带有绝对必然性，也就是说，这个存在者绝对必然地生存着。（KrV，A608；B636）

11. 所以这个最实在的存在者的单纯概念也就必须带有这个最实在的存在者的绝对必然性。（KrV，A608；B636）

12. 因为，凡是人们预先确定作为绝对必然的而认识的东西，关于它的知识也都必定随身带有绝对的必然性。（KrV，A612；B640）

13. 先验理想的全部任务都取决于：或者为绝对的必然性寻找一个概念，或者为任何一个事物的概念寻找它的绝对必然性。（KrV，A612；B640）

14. 但假如他们并非已经把质料看作现象的基底，而是看作在它们的此在上的自在的本身，那么这个绝对必然性的理念就会马上消失。（KrV，A617；B645）

15. 这些道德法则，不仅仅假设了一个最高存在者的此在，而且由于它们在别的领域的考察中也是完全必要的，它带有权利、但当然只在实践上预设。（KrV，A634；B662）

16. 所以如果一个物的绝对必然性应当在理论知识中被认识，那么这种绝对必然性唯有从先天概念中才能够发生，但决不作为一个与被经验所给予的此在相关联的原因。（KrV，A634；B662）

17. 但由此就得出，你们必须假定绝对必然的东西在世界之外；因为它只应当用作一条现象的最大可能的统一性的原则，作为现象的至上根据，并且你们在这个世界中永远也不可能到达那里。（KrV，A617；B645）

18. 因为，凡是人们预先确定作为绝对必然的而认识的东西，关于它的知识也都必定随身带有绝对的必然性。（KrV，A612；B640）

绝对基本力（die absolute Grundkraft）

1. 比较而言的基本力则必须被相互比较，以便它们通过人们揭示它们的一致性而靠近一个唯一的极端的、即绝对的基本力。（KrV，A649；B677）

绝对时间（die absolute Zeit）

绝对空间（der absolute Raum）

1. 因为绝对时间不是知觉的对象。（KrV，A200；B245）

2. 时间规定的这种统一性是完全动力学的，亦即时间不被看作——经验在其中直接给每个此在规定它的位置，这是不可能的，因为绝对时间并不是知觉的对象，似乎用了它现象就能够聚集到一起。（KrV，A215；B262）

3. 无须人们假定恰好在世界开端之前的一个绝对的时间，或一个扩大到现实世界之外的绝对空间。（KrV，A431；B459）

绝对统一性（die absolute Einheit）

1. 作为包含在一瞬间中的东西，每一个表象都绝不能是别的东西，而只能是绝对的统一性。（KrV，A99）

2. 因而一切先验理念都将允许带进三个等级之下：其中第一级包含思想主体的绝对的（无条件的）统一性，第二级包含现象的条件系列的绝对统一性，第三级包含思想的所有一般对象的条件的绝对统一性。（KrV，A334；B391）

3. 在第一级的理性推理中，我从不包含任何杂多的主体的先验概念中推论出，这个主体本身的绝对统一性，我以这种方式对这个主体本身完全没有任何概念。（KrV，A339；B397）

4. 绝对统一性的概念是远超出经验范围了。（KrV，A353）

5. 但在我们之内思想着的那个存在者，误以为，通过纯粹的范畴、更确切地说通过那些在其每一项下都表达出绝对统一性的范畴，就认识了它自身。（KrV，A401）

6. 绝对的可能性（它在所有方面看都是有效的）决不是单纯的知性概念，并且它不可能以任何方式存在经验的运用，而仅仅属于那——超越出知性的一切可能的经验的运用的——理性。（KrV，A232；B285）

7. 在这种意义上绝对可能的就意味着，本身自在地（内部地）是可能的东西，它实际上是人们所能够讲述一个对象的最少的东西。相反，它有时也被用于指明，某物在一切关系中（无限制地）有效（例如绝对的统治），而在这种意义上绝对可能的就意味着，在一切关系中任何意图上都是可能的，这又是我所能够讲述一个物的可能性的最多的东西。（KrV，A324；B381）

8. 一切先验理念都将允许带进三个等级之下：其中第一级包含思想主体的绝对的（无条件的）统一性，第二级包含现象的条件系列的绝对统一性，第三级包含思想的所有一般对象的条件的绝对统一性。（KrV，A334；B391）

9. 在第一级的理性推理中，我从不包含任何杂多的主体的先验概念中推论出，这个主体本身的绝对统一性。（KrV，A340；B398）

10. 也可以与主体的绝对统一性发生关系。（KrV，A353）

11. 而我们之所以只对一种思想要求主体的绝对统一性，因为否则我就不可以说："我思"（杂多东西在一个表象中）。（KrV，A354）

12. 但在我们之内思想着的那个存在者，误以为，通过纯粹的范畴、更确切地说通过那些在其每一项下都表达出绝对统一性的范畴，就认识了它自身。（KrV，A401）

13. 但同时作为这种综合的绝对统一性，又应当与理性相一致。（KrV，A422；B450）

14. 而是不得不对作为可能性的原始根源的这种完备的实在性之绝对统一性，给予赞同。（KrV，A587；B615）

15. 因为，如果我表象出在运动中我的身体的这种力，那么身体对我而言就是绝对统一性，并且敢于它我的表象就是简单的。（KrV，A784；B812）

绝对普遍性（die absolute Allgemeinheit）

1. 即经验命题，因而决不能够包含必然性和绝对的普遍性，而这一类却是一切几何学定理的有品格的东西。（KrV，A47；B64）

绝对实在性（die absolute Realität）

1. 相反，我们驳斥对时间在绝对实在性上的一切要求。（KrV，A35；B52）

2. 只有这种绝对实在性按照上面的列举不能够被给予时间。（KrV，A37；B54）

3. 他们并不指望能够无可置疑地阐明空间的绝对的实在性，因为他们跟观念论相对抗。（KrV，A38；B55）

4. 相反，主张空间和时间的绝对实在性的人，他们不论把这种绝对实在性看作是自存性的、还是仅仅依存性的，都必须是与经验本身的原则不相统一的。（KrV，A39；B56）

5. 现象的绝对实在性的预设。（KrV，A536；B564）

K

可分性（die Teilbarkeit）

1. 如果我从一个物体的表象里，把那种知性所想到的东西，如实体、力、可分性等等都隔离了，同时，又把那种属于感觉的东西，如不可入性、硬度、颜色等等也隔离了，那么从这个经验的直观中还剩留下某种东西，即广延和形状。（KrV，A20；B35）

2. “可分的”这个概念就与各种别的概念有关；但它在这里在别的这些概念中就特别与物体的概念有关；但物体概念又与呈现给我们的现象有关。所以这些对象就被可分性这个概念而间接地表现了出来。（KrV，A69；B94）

3. 所以凡是几何学关于纯粹直观所说的东西，也无需辩驳地适用于经验的直观，并且这种——似乎感官的对象允许不符合空间中的构造的规则（如线或者角的无限可分性规则）的——借口，则必须被废除。（KrV，A165；B206）

4. 因为，虽然可分性以一个复合物为前提，但可分性并不必然要求实体的一个复合物，而只要求同一个实体的（多种能力的）程度的复合物。（KrV，B416）

5. 如果不存在区别于世界的原始存在者，如果世界无需开端因而也无需创造者，我们的意志不是自由的，并且灵魂与物质存在同样的可分性和可朽性，那么道德的理念和原理也都丧失了一切有效性，而与构成它们的理论支柱的那些先验的理念一起陷落了。（KrV，A468；B496）

6. 这种现象的可分性建立在——构成一种广延的整体的物体可能性的——那个空间可分性之上。所以物体是无限可分的，却无需因此就由无限多的部分所组成。（KrV，A525；B553）

7. 通过这种现象而已经给予了的只不过是可分性，亦即各部分的一种本身绝对不确定的数量。（KrV，A526；B554）

8. 正是在空间的充满中存在着无限可分性的根据。（KrV，A527；B555）

可能的（möglich）

先天可能的（a priori möglich）

后天可能的（a posteriori möglich）

绝对可能的（absolutmöglich）

单纯可能的东西（das bloβmögliche）

1. 与先天的知识相反的，则是经验的知识，或是这样只有后天地、即通过经验、才是可能的知识。（KrV，B3）

2. 在一切判断中，从中主词对谓词的关系被考虑（如果我只考虑肯定判断，因为随后在否定判断上的应用则是容易的），这种关系在两种类型上是可能的。（KrV，A6；B10）

3. 因此直观在这里必须被帮助，唯独凭借这种直观，这个综合才是可能的。（KrV，B16）

4. 纯粹理性的真正任务就已包含在这个问题之中了：先天综合判断是如何可能的？（KrV，B19）

5. 纯粹数学是如何可能的？纯粹自然科学是如何可能的？（KrV，B20）

6. 形而上学作为自然天资是如何可能的？（KrV，B22）

7. 形而上学作为科学是如何可能的？（KrV，B22）

8. 这个直观，至少对我们人类，又只有经由对象通过一定的方式刺激内心才是可能的。（KrV，A19；B33）

9. 只有在这［形式］下它［灵魂的内部状态］的直观才是可能的。（KrV，A23；B37）

10. 空间的表象不能从外部现象的关系中通过经验而借来，而是这种外部经验本身只有通过上述表象才是可能的。（KrV，A23；B38）

11. 空间不是别的，而只是外感官的一切现象的形式，亦即唯一使我们的外部直观成为可能的感性的主观条件。（KrV，A26；B42）

12. 只有在时间中，现象的一切现实性才是可能的。（KrV，A31；B46）

13. 时间的无限性不过意味着，时间的一切规定的大小只有通过一个统一设置了基础的时间的限制才是可能的。（KrV，A32；B47）

14. 变化的概念，并且，和它一起的运动（作为位置的变化）的概念只有通过时间表象并在时间表象之中才是可能的。（KrV，A32；B48）

15. 既然变化仅仅在时间中才是可能的，所以时间就是某种现实之物。（KrV，A37；B53）

16. 一种依赖于客体的此在，因而只有通过主体的表象能力被它所刺激，才是可能的。（KrV，B72）

17. 只有纯粹直观或纯粹概念才是先天可能的，经验的直观和概念只是后天可能的。（KrV，A51；B75）

18. 并非每一个先天知识，而只有那种——通过它我们认识到，一定的表象（直观或概念）仅仅被先天地运用，或是如何可能的——［先天知识］，才必须称为先验的（即知识的先天可能性或其先天运用）。（KrV，A56；B80）

19. 只有通过这些概念在一个系统中的关联，才是可能的。（KrV，A65；B89）

20. 或然判断是这样的，在这里人们把肯定或否定都看作单纯可能的（随

意的）的判断。（KrV，A74；B100）

21. 如果是前者，那么这一关系只是经验的，并且表象决不是先天可能的。（KrV，A92；B125）

22. 对象的知识仅在两个条件下才是可能的，首先是直观——通过它，但只是作为现象——被给予；第二是概念，由此一个与它的直观相应的对象被思想。（KrV，A92；B125）

23. 作为先天概念的范畴的客观有效性，根据就在于，只有通过它们，经验（按照思想的形式）才是可能的。（KrV，A93；B126）

24. 所有这些能力，除了经验的运用之外，还有一种先验的运用，这种运用仅仅针对形式，并且是先天可能的。（KrV，A94；B127）

25. 在直观中被给予的杂多的统觉的无例外的同一性，包含着表象的一种综合，并且只有通过对这个综合的意识才是可能的。（KrV，B133）

26. 统觉的分析的统一性只有在任何一个统觉的综合的统一性的前提之下才是可能的。（KrV，B133）

27. 所以外部感性直观的单纯形式，空间，还完全不是知识；它只对一种可能的知识提供先天直观杂多。（KrV，B137）

28. 杂多，在一个被给予的感性直观中，必然从属于统觉的本源的综合统一性，因为只有通过这种统觉的本源的综合统一性，直观的统一性才是可能的。（KrV，B143）

29. 通过那些纯粹知性概念我们就一次都完全不能判断这些客体是可能的还是不可能的。（KrV，B148）

30. 感性直观杂多的这种综合，它是先天可能的和必然的。（KrV，B151）

31. 因而仿佛向自然规定法则并甚至使自然成为可能的可能性。（KrV，B160）

32. 我把领会的综合，理解为在一种经验的直观中杂多的复合，由此，知觉、也就是对这直观的经验的意识，（作为现象）才是可能的。（KrV，B160）

33. 所以一切综合，甚至知觉由此成为可能的，都服从于范畴。（KrV，B160）

34. 一切可能的知觉、因而甚至一切总能够获得经验的意识的东西、即一切自然现象，按照它的联结，也都服从范畴（KrV，B164）

35. 所以作为唯一可能经验的对象的先天知识，我们便再也没有任何的先天知识是可能的了。（KrV，B166）

36. 按照经验的概念的综合统一性会是完全偶然的，并且假如这些经验的概念并不建立在这种统一性的一种先验基础上，那么这就是可能的。（KrV，A111）

37. 这条规则，作为一条自然法则，建立在什么上面呢？并且甚至这种联想本身是如何可能的呢？（KrV，A113）

38. 一切可能的现象，作为表象，都完全属于可能的自我意识。（KrV，A113）

39. 一切直观在我们面前就什么都不是，并且与我们没有丝毫的关系，如果它们不能被接受到意识中，不论它们现在是直接地还是间接地，对意识发生影响，并且仅仅通过这种唯一的意识，知识才是可能的。（KrV，A116）

40. 一切表象都与一个可能的经验的意识有一种必然的关系。（KrV，A117）

41. 只有借助于想像力的这种先验机能，甚至现象的亲和性，连同它们的联想，最终通过联想按照法则的再生、因而经验本身，才是可能的：因为没有这种机能就根本没有任何对象的概念可能汇聚到一个经验中。（KrV，A123）

42. 但自然，作为一种经验中的认识对象，连同它可能包含的一切，都只有在统觉的统一性中才是可能的。（KrV，A127）

43. 所以一切现象作为可能的经验恰恰先天地处于知性之中，并从知性而获得它们的形式的可能性，正如它们作为单纯的直观而处于感性之中，并唯有通过感性根据形式，而成为可能的。（KrV，A127）

44. 一切经验的规律都只是对知性的纯粹规律的特殊规定，在这些规定之下并且按照它们的基准，一切经验的规律才是首先可能的。（KrV，A128）

45. 与之相反，如果我们到处都仅仅与现象们打交道，那么这不仅是可能的，而且也是必然的了：即某些先天概念先行于对象的经验的知识。（KrV，A129）

46. 纯粹知性概念之所以是先天可能的，甚至在与经验的关系中是必然的，因为我们的知识无非与现象打交道。（KrV，A130）

47. 范畴在现象之上的运用是如何可能的呢。（KrV，A137；B176）

48. 先天综合判断以这样一种方式就是可能的，当我们把先天直观的形式条件、想像力的综合以及这种综合在先验统觉中的必然统一性，与一般可能的经验知识相关联，并且表明：一般经验可能性的条件同时就是经验对象的可能性的条件，因此而在一个先天综合判断中拥有客观有效性。（KrV，A158；B197）

49. 但直观的那些先天条件鉴于一个可能的经验而绝对是必然的，一个可能的经验的直观之客体的此在的那些条件，自在地就是偶然的。（KrV，A160；B199）

50. 只要一个客体的表象首先由此而成为可能的，那就是一个大小（quanti）的概念。（KrV，A162；B203）

51. 现象并不是任何自在之物本身。这种经验的直观只有通过纯粹的直观（空间和时间）才是可能的。（KrV，A165；B206）

52. 经验只有通过知觉的必然连接的表象才是可能的。（KrV，A177；B218）

53. 经验就只有通过一种知觉的必然联结的表象才是可能的。（KrV，B219）

54. 只有在持存的东西中，时间关系才是可能的。（KrV，A182；B226）

55. 只有通过我们把现象的接续、因而把一切变化都从属于因果律，甚至经验、也就是关于现象的经验的知识，才是可能的；因此现象本身作为经验之对象，也只有按照同一个因果律才是可能的。（KrV，B234）

56. 一切变化都只是通过因果作用的一种连续的行动才可能的。（KrV，A208；B254）

57. 所以它就是一定的——更确切的说是先天的规律，使一个自然成为可能的——规律；而那些经验的规律——只有凭借经验，而且是依照——经验本身借此而首次成为可能的——那些本源的规律，——才能够发生，并也才能够被发现。（KrV，A216；B263）

58. 凡是（按照直观和概念）与经验之形式条件相一致的，就是可能的。（KrV，A218；B265）

59. 如果一个物的概念已经是全部完备了的，那么我却还可以追问到这个对象，是否它单纯是可能的呢，还是也是现实的呢，或者，如果它是现实的，那么是否它完全也是必然的呢？（KrV，A219；B266）

60. 这些条件又具有自己的客观实在性，即它们指向可能的事物，因为它们先天地包含一般经验之形式于自身。（KrV，A221；B268）

61. 这种持存之物的知觉只有通过外在于我的一个物、而不是通过外在于我的一个物的单纯表象，才是可能的。所以在时间中我的此在的这种规定只有通过我知觉在我之外的现实事物的生存，才是可能的。（KrV，B275）

62. 只有借助于它，尽管不是我们自己的生存的意识，却毕竟是我们自己的生存在时间中的规定，亦即内部经验，才是可能的。（KrV，B277）

63. 为此，那些外部对象就是绝对必要的，因而内部经验本身也仅仅间接地并且仅仅通过外部经验才是可能的。（KrV，B277）

64. 这些外部知觉，如已经指出的，只有通过外部对象的现实性才是可能的。（KrV，B278）

65. 唯有知性，在它之中，那种——所有知觉都必须在其中拥有自己的位置的——经验之统一性，才是可能的。（KrV，A230；B282）

66. 知性只对一般经验先天地给出规则，按照那些——既是感性的同时又是统觉的——主观的和形式的条件，而唯独这些条件才使经验成为可能的。

（KrV，A230；B283）

67. 一切现实的东西都是可能的；由此按照逻辑的换位规则当然地就得出，这个单纯的特称命题：有些可能的东西是现实的，而这就似乎只不过意味着：有许多并非现实的东西，是可能的。（KrV，A231；B284）

68. 但变化就是事件，事件，作为这样的事件，只有通过一个原因才是可能的，所以它的非存在对自己才是可能的。（KrV，B291）

69. 如果一个纯粹直观还在对象之前就是先天可能的，那么这种纯粹直观本身也毕竟只有通过经验的直观才能获得其对象、因而获得客观有效性，于此它只是单纯的形式而已。（KrV，A239；B298）

70. 如果我问：您理解的偶然是什么？并且您回答，就是它的非存在是可能的，那么我就很想知道，您想如何认识非存在的这种可能性。（KrV，A243；B301）

71. 如果（我们所拥有的、唯一的）一切感性的直观都被去除了，那么就只剩下逻辑的可能性，亦即这个概念（观念）会是可能的。（KrV，A244；B302）

72. 通过一个纯粹的范畴，在其中抽掉了那种——对我们唯一是可能的——感性直观的一切条件，那么就没有任何客体被规定了。（KrV，A247；B304）

73. 一种在其中找不到任何感性的知识必须是可能的，唯独它具有绝对的客观实在性。（KrV，A249）

74. 范畴的一个纯粹运用虽然是可能的，亦即没有矛盾，但却而完全不具任何客观有效性。（KrV，A253）

75. 人们对于感性并不能断言，它就是直观的唯一可能的方式。（KrV，A254；B310）

76. 因此空间和时间，前者仅仅通过实体们的关系，后者仅仅通过这些实体的规定们，作为根据和后果的相互联接，才是可能的。（KrV，A267；B323）

77. 方位的差异性使得作为现象的对象的多数性和区别，无需进一步的条件，对于自身则已经不仅仅是可能的，而且是必然的了。（KrV，A272；B328）

78. 所以，不应当是人、而应当是存在者，这种存在者我们甚至不能指出，它们是否曾经是可能的、更不用说、它们是如何像这个样子的。（KrV，A278；B334）

79. 在任何一个事物（实体）中都有某种绝对是内部的东西，它先行于一切外部规定，通过它使这些外部规定首次成为可能的方式。（KrV，A283；B339）

80. 如果我们已经抽掉了直观的一切条件，那么在单纯概念中留给我们的

当然就无非，只剩下一般内部的东西，以及它的相互关系，唯独由此外部的东西才是可能的。（KrV，A284；B341）

81. 但这样一来，一个本体的概念就是成问题的了，也就是说，是一个物的表象，对这个物我们既不可以说，它是可能的，也不可以说，它是不可能的，因为我们完全不知道任何直观的方式。（KrV，A286；B343）

82. 统觉以及和统觉一起，思想先行于表象的一切可能的规定了的秩序。（KrV，A289；B345）

83. 这些知识甚至都绝不会是先天可能的，假如我们不到这里来援引纯粹直观，（在数学中），或援引一种一般可能经验的条件。（KrV，A301；B357）

84. 唯有通过它们，一个对象的知识和规定才是可能的。（KrV，A310；B367）

85. 这就是德行的理念，鉴于这个理念，一切可能的经验对象虽然都用作实例，（即用作对理性概念所强烈要求的东西，在一定程度上的可行性的证据），但并不用作蓝本。（KrV，A315；B372）

86. 所有关于道德的价值或无价值的判断，仍然只有借助于这种理念才是可能的。（KrV，A315；B372）

87. 这个世界构造的合规则的安排（所以也许整个自然秩序也是如此），都清楚地表明，它们只有按照理念才是可能的。（KrV，A317；B374）

88. 在这种意义上绝对可能的就意味着，本身自在地（内部地）是可能的东西，它实际上是人们所能够讲述一个对象的最少的东西。（KrV，A324；B381）

89. 相反，它有时也被用于指明，某物在一切关系中（无限制地）有效（例如绝对的统治），而在这种意义上绝对可能的就意味着，在一切关系中任何意图上都是可能的，这又是我所能够讲述一个物的可能性的最多的东西。（KrV，A324；B381）

90. 我不能以任何方式推论，某物自在地本身是可能的，因此它也就在一切关系上、因而绝对地是可能的。（KrV，A325；B381）

91. 纯粹的理性概念的客观运用任何时候都是超验的，而纯粹的知性概念的客观运用，按照它的本性，任何时候都必须是内在的，因为它仅仅局限于可能的经验之上。（KrV，A327；B383）

92. 它甚至是使一切先验概念成为可能的，在这些先验概念中它说：我思想着实体、原因等等。（KrV，A343；B401）

93. 我思考我自己，为了一种可能的经验的要求。（KrV，B426）

94. 外部感官的对象的一种可能的确定性的主张则被称为二元论。（KrV，A367）

95. 在一个一般思维着的主体中，外部的直观，即（空间的形状和运动所充满的）空间的直观是如何可能的？（KrV，A393）

96. 我就必须预设第一个序列，以便于n被看作为给予了的，而且n按照理性（按照条件的总体性），只有借助于那个序列才是可能的。（KrV，A411；B438）

97. 可能的、现实的和必然的东西的概念并不导致任何序列，只除了这种情况，偶然的东西在此在中任何时候都必须被看作有条件的，并且按照知性规则指向一个条件。（KrV，A415；B442）

98. 现在，这种完备性在感性上是否是可能的，仍还是一个问题。（KrV，A417；B444）

99. 人类理性按照它的本性是建筑术的，即它把一切知识都看做属于一个可能的系统。（KrV，A474；B502）

100. 如果世界大小是无限的和没有边界的，那么它对于一切可能的经验的概念就太大了。（KrV，A487；B515）

101. 世界理念对于经验的追溯来说，因而对于每一个可能的知性概念来说，要么就是太大了，要么对它来说就是太小了。（KrV，A489；B517）

102. 一切在空间或者时间中被直观到的东西，因而一切对我们可能的经验之对象，都无非是现象、即一些单纯的表象。（KrV，A491；B519）

103. 这个完备的条件序列、因而那个无条件者由此也同时已经给予了，或者宁可说同时预设了，那个——曾经只是通过整个序列才是可能的——有条件者，已经给予了。（KrV，A498；B526）

104. 也决不是理性的——把感性世界的概念扩展到超出一切可能的经验之外的——构成的原则，而是一种经验的最大可能的延续和扩展的原理。（KrV，A509；B537）

105. 因为这个物质已经完整地、因而连同其一切可能的部分在经验直观中被给予了。（KrV，A513；B541）

106. 一个对给予的人的祖先序列在没有任何可能的经验中，都以它的绝对总体性而已经给予了。（KrV，A513；B541）

107. 如果整体被经验地给予了，那么在其内部条件们的序列中追溯无限就是可能的。（KrV，A514；B542）

108. 我们在自然与自由的问题上已经遇到的困难，自由是否在任何地方都是可能的。（KrV，A536；B563）

109. 所以一切发生的事情，都只是序列的一个继续，而没有任何自行发生的开端在这个序列中是可能的。（KrV，A544；B572）

110. 于是这个“应当”就表达了一种可能的行动，这行动的根据则无非

是，一个单纯的概念。（KrV，A547；B575）

111. 为了完全认识一个物，人们必须认识、并由此——不论是肯定性地还是否定性地——规定一切可能的东西。（KrV，A573；B601）

112. 正如一切图形只有作为限制无限空间的不同方式才是可能的。（KrV，A578；B606）

113. 概念总是可能的，如果它不自相矛盾。（KrV，A596；B624）

114. 所以，现实的东西并不比单纯可能的东西包含得更多。（KrV，A599；B627）

115. 那个客体的知识也该是后天可能的。（KrV，A600；B628）

116. 在一切可能的东西中有“一个”，它随身带有绝对必然性，也就是说，这个存在者绝对必然地生存着。（KrV，A608；B636）

117. 人们不能抗拒这种思想，但也不能容忍它：有一个我们在一切可能的存在者中为我们设想一个存在者。（KrV，A613；B641）

118. 因为它只应当用作一条现象的最大可能的统一性的原则，作为现象的至上根据，并且你们在这个世界中永远也不可能到达那里。（KrV，A617；B645）

119. 凡是在事情取决于一般物的大小（完善性的大小）的地方，在那里就不存在任何确定的概念，而包括整个可能的完善性的概念。（KrV，A628；B656）

120. 全然出于纯粹理性概念的本体论的证明，就是唯一可能的证明，只要一种如此远远超越于一切经验的知性运用之上的命题的证明在任何地方都是可能的。（KrV，A630；B658）

121. 一切先天综合知识，都只有通过它表达出一个可能经验之形式条件，才是可能的。（KrV，A638；B666）

122. 而只是整理它们，并赋予它们那种——在它的最大可能的扩展中可能具有它、即在与序列的总体性的关系中的——统一性。（KrV，A643；B671）

123. 一切可能的知性知识（经验的知识在这下面）都具有理性的统一性。（KrV，A648；B676）

124. 现象在它们的通盘规定中的认识（这只有通过知性才是可能的）要求知性概念的一个不断继续下去的特殊化。（KrV，A656；B684）

125. 撇开这种区分，上述的动力学的法则在经验方面还是构成性的，因为这些法则使得那些——没有它就没有任何经验发生的——概念，成为先天可能的。（KrV，A664；B692）

126. 使知性的一切可能的经验的行动的统一性系统化，这是理性的一项事务。（KrV，A664；B692）

127. 但它至少应当拥有一些、即使只是不确定的客观有效性，而不单纯表现为空虚的思想物（entia rationis ratiocinantis，推理的理性之物），那么纯粹理性的一个演绎就必须完全是可能的。（KrV，A670；B698）

128. 只为了，在这样一个原始根据的庇护下，使世界整体中的杂多的系统统一性、并借助于这种统一性，而使得最大可能的经验的理性运用成为可能。（KrV，A678；B706）

129. 我只是思考一个我对它自在完全不知道的存在者之于世界整体的最大的系统统一性的关系，只为了使这个存在者成为我的理性最大可能的经验的运用的调节的原则的图型。（KrV，A679；B707）

130. 理性统一性就是系统的统一性，并且这种系统统一性并没有在客观上充当理性的一个原理，以使理性扩展到对象之外，而是主观上用作一个准则，以使理性扩展到对象的一切可能的经验的知识之外。（KrV，A680；B708）

131. 这就只有当我要么按照经验直观的条件、要么按照纯粹直观的条件而规定我的对象，才是可能的。（KrV，A718；B746）

132. 但这种综合所涉及的永远只是一个一般之物，一般之物的知觉在哪些条件之下才属于可能的经验。（KrV，A719；B747）

133. 我们的一切知识最终毕竟与可能的直观相关联：因为唯有通过这些直观，一个对象才被给予。（KrV，A719；B747）

134. 这种综合不能先天地走出与之相应的直观之外，产生任何规定性的综合命题，而是只能产生可能的经验的直观的一种综合原理。（KrV，A722；B750）

135. 这对我们的理性才仅仅是可能的，即把可能经验的条件作为事情可能性的条件来运用。（KrV，A771；B799）

136. 理性概念就是，如已说过的，单纯的理念，并且当然不具有在任何一个经验中的对象，但也并不因此就表明虚构的却同时又被假定为可能的对象。（KrV，A771；B799）

137. 一个在时间中的事件的规定，因而这个属于经验之（事件），不服从于一个这样的动力学规则，大概是不可能的。而这也是唯一可能的证明根据。（KrV，A788；B816）

138. 一切通过自由才是可能的东西，都是实践的。（KrV，A800；B828）

139. 纯粹理性运用的一种法规必须是可能的，这就是：有一个上帝吗？有来世吗？（KrV，A803；B831）

140. 系统统一性的一种特殊种类、即道德的统一性，必须是可能的。（KrV，A807；B835）

141. 但这只有在理知的世界中、在一个智慧的创造者和统治者手下才是可

能的。（KrV，A811；B839）

142. 这个目的在这里已经不可回避地断定了，并且只有一个唯一的条件、按照我的一切洞见，是可能的。（KrV，A828；B856）

可能性（die Möglichkeit）

绝对可能性（die absolute möglichkeit）

可能性的条件（die Bedingung der möglichkeit）

可能性根据（derGrund der möglichkeit）

1. 但我在这下面所理解的，不是对某些书或体系的批判，而是对一般理性能力的批判，鉴于一切——它可以独立于一切经验而追求的——知识，因而是一般形而上学的可能性和不可能性的裁决以及不仅它的根源、而且它的范围和界限的规定，但这一切都出自原则。（KrV，AXII）

2. 另一方面则是针对纯粹知性本身，探讨它的可能性和它自身以之为基础的认识能力。（KrV，AXVI）

3. 这个批判必须首先说明形而上学的可能性的源泉和条件，并且必需打扫和平整一个全都杂草丛生的地基。（KrV，AXXI）

4. 要认识一个对象，这就要求，我能够证明它的可能性（无论是按照来自它的现实性的经验的证据，还是先天地通过理性而证明）。（KrV，BXXVI）

5. 外感官本身已经是直观和某种外在于我的现实之物的关系了，并且它的区别于想像的实在性，仅仅建立在它作为内部经验本身的可能性条件而与内部经验不可分割地结合在一起之上，这里发生的就是这种情况。（KrV，BXL）

6. 外感官的实在性必然地与内感官的实在性相连结，为了一般经验的可能性。（KrV，BXLI）

7. 人们甚至无需这样一类的例子来证明在我们的知识中那些先天纯粹原理的现实性，也能够阐明、因而先天地阐明，这些原理之于经验本身可能性的不可或缺性。（KrV，B5）

8. 哲学需要一门科学，它规定一切先天知识的可能性、原则和范围。（KrV，A2）

9. 所以经验就是那个处于概念 A 之外的那个 X，并且在此之上就建立了重量 B 的谓词（与概念 A）的综合的可能性。（KrV，A8；B12）

10. 现在形而上学的成与败都以这个任务的解决、或者一种——它声明渴望知道、实际上根本不发生的那种可能性——充分的证明为基础。（KrV，B19）

11. 一切几何原理的无可置疑的确定性、以及它们的先天构造的可能性，都建立在这种先天必然性之上。（KrV，A24；B39）

12. 我把先验阐明理解为把一个概念解释为一条原则，由此其他先天综合

知识的可能性便能够被看出。（KrV，A25；B41）

13.（鉴于一切可能的外部经验）空间的经验的实在性，虽然同时又主张空间的先验的观念性，也就是说，只要我们抽掉一切经验的可能性的条件，并且把空间，假定为某种给自在之物本身设置基础的东西，空间就什么都不是了。（KrV，A28；B44）

14. 只有在时间中，现象的一切现实性才是可能的。这些现象全都可以废除，但时间本身（作为这些现象的可能性的普遍条件）却不能被取消。（KrV，A31；B46）

15. 我们的时间概念所解释的先天综合知识的可能性，会多于并非罕有成效的一般运动学说所描绘的。（KrV，A32；B49）

16. 并非每一个先天知识，而只有那种——通过它我们认识到，一定的表象（直观或概念）仅仅被先天地运用，或是如何可能的——［先天知识］，才必须称为先验的（即知识的先天可能性或其先天运用）。（KrV，A56；B80）

17. 这种很少被尝试过的知性能力本身的剖解，为的是研究先天概念的可能性。（KrV，A65；B90）

18. 或然性命题就是这样一种命题，它仅仅表达出逻辑的可能性（它不是客观的可能性）。（KrV，A75；B101）

19. 模态的范畴：可能性——不可能性。（KrV，A80；B106）

20. 必然性无非就是——已经由可能性本身给予出来的——生存。（KrV，B111）

21. 只是这些范畴，它们原本必须从质料上被看作属于事物自己的可能性，事实上却只在形式意义上当作属于在每一个知识方面的逻辑要求而被使用。（KrV，B114）

22. 一般知识可能性的逻辑标准改变了大小的三个范畴。（KrV，B115）

23. 空间和时间就是先天地包含着作为现象的那些对象之可能性条件的纯粹直观。（KrV，A89；B122）

24. 如何应该充当一切对象知识的可能性条件：因为没有知性的机能，现象当然能够在直观中被给予。（KrV，A90；B122）

25. 一切先天概念的先验演绎有一个全部研究都必须对准的原则，这就是：它们必须被认作为经验的（不论是在其中遇到的直观的，还是思想的）可能性的先天条件。（KrV，A94；B126）

26. 但有三个本源的来源（心灵的三种才能或能力）都包含有一切经验的可能性的条件，并且本身都不能从任何别的内心能力中被派生出来，这就是感官、想像力和统觉。（KrV，A94；B127）

27. 论一般联结的可能性。（KrV，B129）

28. 我们必须到更高的地方——即在其中本身包含了判断中不同概念之统一性的根据，因而知性的可能性的根据、甚至在它［知性］的逻辑运用中——去寻求这种统一性。（KrV，B131）

29. 我也把这种统一性叫作自我意识的先验统一性，以表明来自于它的先天知识的可能性。（KrV，B132）

30. 按照先验感性论，在与感性的关系中，一切直观的可能性的最高原理是：所有直观的杂多都服从于空间和时间的形式条件。而在与知性的关系中，一切直观的可能性的最高原理就是：一切直观的杂多都服从于统觉的本源一综合的统一性的条件。（KrV，B136）

31. 范畴借助于直观也并没有提供给我们事物的知识，而只有通过它们的经验的直观上的可能运用，亦即它们只用作经验的知识的可能性。（KrV，B147）

32. 空间和时间，作为对象如何能够被给予我们的可能性条件，只不过对感官对象因而只对经验对象有效。（KrV，B148）

33. 杂多的综合或联结在它们之中，仅仅与统觉的统一性相关联，并因此是先天知识的可能性根据，只要它建基于知性，因而不仅仅是先验的、而且甚至单是纯粹智性的。（KrV，B150）

34. 这两种综合都是先验的，这不单纯因为它们本身先天地发生，而且也因为建立了其它先天知识的可能性。（KrV，B151）

35. 凡是规定内感官的这种东西，就是知性及其联结直观杂多、即带到一个统觉（作为知性的可能性以自身为基础）之下的本源的能力。（KrV，B153）

36. 但在先验演绎中，这些范畴的可能性被表现为一般直观对象的先天知识。（KrV，B159）

37. 由于经验就是通过连结了的知觉们的知识，那么范畴就是经验的可能性的条件，因而也先天地适用于一切经验之对象。（KrV，B161）

38. 知性方面的范畴包含着一切经验之一般可能性的根据。（KrV，B167）

39. 关于经验之可能性的先天根据。（KrV，A95）

40. 而知性本身，作为一种应当与客体相关联的认识能力，因为这种关联的可能性，同样也需要的一种解说：所以我们必须首先考虑那种主观来源，它构成了经验可能性的先天基础，不是按照其经验的性状、而是按照其先验的性状。（KrV，A97）

41. 范畴的这种演绎是与这么多的困难相联结的，并且不得不如此深入地闯入我们一般知识的可能性的最初根基。（KrV，A98）

42. 而我们就必须设定一种想像力的纯粹的先验综合，它本身构成了一切经验的可能性（当这种可能性必然地预设了现象的再生性的时候）的基础。

（KrV，A102）

43. 作为先天知识的范畴的可能性的暂时说明。（KrV，A110）

44. 一般可能经验的先天条件同时也是经验之对象的可能性条件。（KrV，A111）

45. 这些范畴的可能性、甚至必然性都已经建基于这种——使全部感性、并且和它一起的一切可能的现象，具有与这个本源的统觉的——关系。（KrV，A111）

46. 杂多的联想的可能性根据，只要它置于客体中，就叫做杂多的亲和性。（KrV，A113）

47. 关于知性与一般对象的关系以及先天地认识这些对象的可能性。（KrV，A115）

48. 三种主观的认识来源，一种一般经验的可能性和经验对象的知识已经建基于其上：感官、想像力和统觉。（KrV，A115）

49. 无一例外的同一性自身，在每次都能够属于我们的知识的一切表象方面，都作为一切表象的可能性的必要条件。（KrV，A116）

50. 一切知识的逻辑形式的可能性都可以必然地建基于作为一种能力之于统觉的关系。（KrV，A117）

51. 统觉的先验的统一性就与想像力的纯粹综合、作为一个在认识中杂多的一切组合的可能性的先天条件相关联。（KrV，A118）

52. 一切现象作为可能的经验恰恰先天地处于知性之中，并从知性而获得它们的形式的可能性。（KrV，A127）

53. 概要介绍这个纯粹知性概念演绎的正确性和唯一可能性。（KrV，A128）

54. 我们的知识无非与现象打交道，这些现象的可能性存在于我们自身之内，它们的连接和（在一个对象表象中的）统一性仅仅在我们之内才被找到。（KrV，A130）

55. 这个如此自然并且巨大的问题本来就是——必然建立一门判断力的先验学说的——原因，为的是指出——纯粹知性概念如何能够被应用于一般现象之上的——这种可能性。（KrV，A138；B177）

56. 它们是否仅能够作为一个可能经验的条件、而先天地与现象发生关系，或者它们是否、能够作为一般事物的可能性条件、而被包括于对象自在本身（没有限制在我们的感性上）。（KrV，A139；B178）

57. 可能性的图型是不同表象的综合与一般时间条件的协调（例如相对立的东西不能在一物中同时存在，而只能依次存在），因而是一个物在任何一个时间里的表象的规定。（KrV，A144；B184）

58. 先验感性论的原则，按照这些原则，空间和时间都是一切事物作为现象的可能性条件。（KrV，A149；B188）

59. 解释综合判断的可能性，是一个用普通逻辑根本完成不了的任务，普通逻辑甚至可能连这个任务的名字都不知道。但它在先验逻辑中却是一切任务中最重要的事务，甚至是唯一的事务，如果谈论到先天综合判断的可能性，以及它的有效性的条件和范围。（KrV，A154；B193）

60. 所以经验的可能性就是，给予所有我们的先天知识以客观实在性的东西。（KrV，A156；B195）

61. 那些纯粹的综合判断，即使只间接地，与可能的经验、或不如说与这些经验的可能性本身相关联，并且它们的综合的客观有效性唯独建立这种可能性基础之上。（KrV，A157；B196）

62. 一般经验可能性的条件同时就是经验对象的可能性的条件，因此而在一个先天综合判断中拥有客观有效性。（KrV，A158；B197）

63. 数学就具有这样的原理，但它们在经验上的运用、因而它们的客观有效性、甚至这样的先天综合知识的可能性（先天综合知识的演绎）毕竟都永远建基于纯粹知性之上。（KrV，A160；B199）

64. 前面的两条原理我曾称为数学的原理，是考虑到它们有权把数学应用到现象上，它们根据现象的单纯可能性而走向现象。（KrV，A178；B221）

65. 在现象上这种持存的东西就是一切时间规定的基底，因此也是知觉的、亦即经验之一切综合统一性的可能性的条件。（KrV，A183；B226）

66. 这类命题只有在与可能经验相关时才是有效的，因而也只有通过经验的可能性的一个演绎才能够被证明。（KrV，A185；B228）

67. 一切经验及其可能性都需要知性，而知性为它们所做的第一件事，并不是使对象的表象变得清楚，而是使一个一般对象的表象成为可能。（KrV，A199；B244）

68. 因此在现象的相继中的因果关系原理也相当于在经验的一切对象（它们服从承继性条件）之前，因为它本身就是这样一个经验可能性的根据。（KrV，A202；B247）

69. 创造作为事件在现象中是不能被允许的，因为仅它的可能性就已经会取消经验的统一性．（KrV，A206；B251）

70. 知性，借助于统觉的统一性，是为现象在这个时间中的一切位置的连续规定的可能性的先天条件。（KrV，A211；B256）

71. 所以交互作用也是事物本身作为经验对象的可能性条件。（KrV，B258）

72. 经验之可能性，即一种知识的可能性，在这种知识中一切对象就必须

最终能够被给予我们，如果它们的表象对于我们应该具有客观实在性。（KrV，A217；B264）

73. 协同性本来就该是，并存的、一种经验的知识的可能性根据。（KrV，A218；B265）

74. 模态的原理也就无非是，可能性、现实性和必然性的概念在它们的经验的运用中的解释。（KrV，A219；B266）

75. 这种不可能性不是建立在这个自在的概念本身上，而是建立在这个概念在空间中的构成上，亦即建立在空间及其规定的条件上。（KrV，A221；B268）

76. 没有这些经验和规律，它们的可能性就是一种任意的思维联结。（KrV，A223；B270）

77. 一个三角形的可能性似乎可以从它的概念自在本身中被认识到（这个概念肯定是不依赖于经验的）。（KrV，A223；B271）

78. 连续的大小的可能性，甚至一般大小的可能性，因为它们的概念全部都是综合的，所以绝不从这些概念本身、而从它们、作为对一般经验中的对象进行规定的形式条件才首次明了了。（KrV，A224；B272）

79. 概念先行于知觉，就仅仅意味着物的可能性。（KrV，A225；B273）

80. 外在事物的此在的直接意识在居前的定理中并没有被作为前提，而是被证明，我们可以看出这种意识的可能性，或者不可以。（KrV，B276）

81. 从我们自身的一个规定了的意识的可能性中要求出外部对象的生存，推不出，每一个外部事物的直观表象同时也包含这个外部事物的生存。（KrV，B278）

82. 所以必然性只涉及按照因果性的动力学法则的现象的关系，以及这种建立于其上的从任何一个被给予的此在（一个原因）先天地推出另一个此在（结果）的可能性。（KrV，A228；B280）

83. 是否可能性的领域就比包含一切现实东西的领域更大，而后者是否又比一切必然的东西的总量更大，这是一些正当的问题，而且是综合的解答的问题。（KrV，A230；B282）

84. 绝对的可能性（它在所有方面看都是有效的）决不是单纯的知性概念，并且它不可能以任何方式存在经验的运用，而仅仅属于那——超越出知性的一切可能的经验的运用的——理性。（KrV，A232；B285）

85. 模态的原理并不是客观综合的，因为可能性、现实性和必然性的谓词丝毫也没有扩大它们所讲述的那个概念，由此它们还给对象的表象补充了某物。（KrV，A233；B286）

86. 通过一个物的现实性，我当然地作出了比可能性更多的设定，但不是

在这个物中。(KrV，A234；B287)

87. 我们按照单纯的范畴不能看清任何一个物的可能性。(KrV，A235；B288)

88. 我们，为了理解事物遵照范畴们的可能性，因而阐明这些范畴的客观实在性，不单纯需要直观，而且甚至永远需要外部直观。(KrV，B291)

89. 协同性的范畴，按照它的可能性，根本不能通过单纯理性而理解。(KrV，B292)

90. 空间已经先天地把那些形式的外部关系作为（在作用和反作用中、因而在协同性中的）实在关系的可能性的条件而包含在自身中了。(KrV，B293)

91. 纯粹知性的一切原理都无非是经验之可能性的先天原则，一切先天综合命题也都只与经验之可能性相关联，甚至这些命题的可能性本身都完全建立在这种关系之上。(KrV，B294)

92. 即使这些知性规则不只是先天真实的，而且甚至是一切真理——即我们的知识与客体的符合——的根源，由此，它们包含了经验可能性的根据，作为客体能在其中被给予我们的一切知识总和的根据。(KrV，A237；B296)

93. 对每一个概念所要求的，首先是一般概念（思想）的逻辑形式，其次还有它与之相关的、给予它一个对象的那种可能性。(KrV，A239；B298)

94. 概念，连同来自这类概念的综合原理或公式，仍总保持着先天产生；但它们的运用，以及与所谓的对象的关系却终究不能在任何地方、而只能在——先天地包含其（根据于形式的）可能性的——经验中被找到。(KrV，A240；B299)

95. 我们根本不能够对任何一个范畴下实在的定义，即能够使它的客体的可能性成为可理解的。(KrV，A240；B300)

96. 您想如何认识非存在的这种可能性。(KrV，A243；B301)

97. 我毕竟可以在思想中取消任何生存着的实体、而没有让我自相矛盾，但由此完全不可能推出，实体在它的此在中的客观偶然性、即它的非存在自在本身的可能性。(KrV，A244；B302)

98. 可能性、此在和必然性毕竟绝没有人能够通过别的而只能通过明显的同义反复来解释，如果人们想把它们的定义只从纯粹知性中获得。(KrV，A244；B302)

99. 如果我们把它理解为一个非感性直观的客体，那么我们就假定了一种特殊的直观方式，即智性的直观方式，但它不是我们的，我们甚至不能看出它的可能性，而这则会是积极的意义上的本体。(KrV，B307)

100. 但最终这样的本体的可能性则完全都看不出，并且现象区域之外的范围（对我们来说）是空的。(KrV，A255；B310)

101. 并非通过范畴推论式地、而是在一种非感性的直观中直觉地认识它的对象，当我们关于这个本体不能做出它的可能性的最起码的表象的时候。（KrV，A256；B312）

102. 但先验的反思（它走向对象本身）却包含了表象相互间客观比较的可能性根据。（KrV，A262；B319）

103. 这位智性哲学家不能忍受：形式先行于事物本身，并且为这些事物规定它们的可能性。（KrV，A267；B323）

104. 物质的可能性以一种形式的直观（时间和空间）作为已被给予的前提。（KrV，A268；B324）

105. 如果我抽掉这些关系，我就绝不继续思想了，这并没有取消有关作为现象的物的概念，甚至也没有取消有关一个抽象对象的概念，但却取消了这样一个按照单纯概念而可规定的对象、即一个本体的一切可能性。（KrV，A285；B341）

106. 人们就看到，思维之物（1.）与非物（4.）的区别就在于，前者之所以不可归入可能性之下，因为它只是虚构（虽然并不自相矛盾），但后者却是与可能性相对立的，由于甚至这个概念本身就自我取消。（KrV，A292；B348）

107. 所以这个运用是与一切知性（它的运用完全是内在的，因为它们只把经验的可能性作为它们的主题）原理的运用将是完全不同的。（KrV，A308；B365）

108. 无论出自纯粹理性的概念的可能性确实可以是怎样一种情况，这些概念终归不是仅仅被反思到的、而是被推论出来的概念。（KrV，A310；B366）

109. 而一个出自复数的 Notio 的超出经验之可能性的概念，就是理念，或者理性概念。（KrV，A320；B377）

110. 关于一个物在一切关系（在一切可能性的关系上）中的必然性的概念就随身携带着完全特殊的规定。（KrV，A325；B382）

111. 而一个物，它包含着能够被思想的、一切可能性的至上条件，（一切本质的存在者），则是神学的对象。（KrV，A334；B391）

112. 对于有条件者的可能性，虽然会以其条件的总体性为前提，但并不会以其后果的总体性为前提。（KrV，A337；B394）

113. 从那些一般对象——只要它们能被给予我而思维——的条件的总体性，我推论出，一般事物的可能性的一切条件的绝对的综合统一性。（KrV，A340；B398）

114. 先天综合判断并不单纯，如我们所已经主张的，在可能经验的对象的关系中、而且作为这种经验本身的可能性的原则，是可行的和可允许的。

（KrV，B410）

115. 我们不论以任何它所本该的方式，都不能够认识我们灵魂的、那种涉及灵魂独立生存的一般可能性的性状。（KrV，B420）

116. 但现在，把主体的这种、作为任何一个思想的可能性的条件的必然统一性、从经验中推导出来，也是不可能的。（KrV，A353）

117. 我们无权使它成为对象的知识的可能性条件，即成为一个一般思想着的存在者的概念。（KrV，A354）

118. 统觉本身就是这些范畴的可能性的根据。（KrV，A401）

119. 实体，实在性，统一性（而非多数性）和生存，只是理性在这里把它们全都表象为一个本身是无条件的、思想着的存在者的可能性的条件。（KrV，A403）

120. 但由于空间的各部分并不是相互从属，而是并列的，所以一部分并不是另一部分的可能性条件，并且它也不像时间那样，自在本身就构成一个序列。（KrV，A412；B439）

121. 只是这个完备性的理念毕竟处于理性之中，而忽视——它适当地连结经验概念的——可能性，或不可能性。（KrV，A417；B444）

122. 不过一个这样的序列的这个绝对整体只是一个理念，或者不如说，是一个成问题的概念，这个概念的可能性必须被研究。（KrV，A417；B445）

123. 所以它就决不是任何经验之可能性和感官对象的经验的知识的原则，因而也不是任何知性的原理。（KrV，A509；B537）

124. 如果我分割一个在直观中已经给予的整体，那么我就在从一个有条件者前进到它的可能性的条件。（KrV，A523；B551）

125. 这种现象的可分性建立在——构成一种广延的整体的物体可能性的——那个空间可分性之上。（KrV，A525；B553）

126. 一切经验之可能性本身的一般法则就在于，一切发生的事情都必须有一个原因。（KrV，A533；B561）

127. 关于自由的可能性的问题虽然纠缠着心理学，然而，由于它基于单纯的纯粹理性的辩证论证之上，它连同其解决一起就必须仅仅雇用先验哲学。（KrV，A535；B563）

128. 原因性的可能性通过自由，在与自然必然性的普遍规律相一致中。（KrV，A538；B566）

129. 我们一般根本不能够从单纯先天概念中认识任何实在根据的和任何原因性的可能性。（KrV，A558；B586）

130. 这种存在者因此就摆脱了一切经验的条件，并且反倒包含着所有这些现象的可能性的根据。（KrV，A562；B590）

131. 我们在自己这方面既没有（作为不依赖于一切经验概念的）可能性的根据，也没有假定这样的对象的最少的辩护，因此它就是一个单纯的思想物。（KrV，A566；B594）

132. 人类的理性不仅包含理念，而且也包含理想，理想虽然不像柏拉图的理想那样具有创造性的力量，但毕竟具有实践的力量（作为调节的原则），并且给一定的行动的完善性的可能性放置了基础。（KrV，A569；B597）

133. 每一个物，按照它的可能性，毕竟从属于通盘规定的原理。（KrV，A571；B599）

134. 通过这条原理，每一物就会与一个共同的相关物、即与全部可能性相关联了，这种全部可能性（即构成一切可能谓词的材料）假如在一个唯一的物的理念中被偶然发现，则会通过这个唯一物之通盘规定的根据的同一性而证明一切可能之物的亲和性。（KrV，A572；B600）

135. 虽然一切可能性的总和的这个理念，只要这个总和作为每一个物的通盘规定的条件的基础，鉴于那些——可能构成这个总和的——谓词，本身还没有规定，而我们由此所思考的也无非是所有一般的可能谓词的总和。（KrV，A573；B601）

136. 那些实在的东西则包含——对于一切事物的可能性和通盘规定的——材料和所谓质料，或先验内容。（KrV，A575；B603）

137. 所以这就是一个先验的理想，它为在一切生存的东西那里都必然被找到的那种通盘规定设置了基础，并且构成了这些东西的可能性的至上的和完备的质料条件，而一般对象的一切思想按照它的内容都必须被归因于这个可能性。（KrV，A576；B604）

138. 事物的一切可能性（按照其内容的杂多之综合的一切可能性）就被看作是派生的了并且唯一只有那个把一切实在性都关进自身中的物之可能性才被看作是本源的。（KrV，A578；B606）

139. 一切事物的可能性都把最高实在性——作为一种根据而不是作为整体——设置为基础。（KrV，A579；B607）

140. 理性如何导致了，把事物的一切可能性都看作是从一个唯一的、把它设置为基础的、也就是最高实在性的可能性中派生出来的，并且由此把这种可能性预设为，包含在一个特殊的原始存在者之中了呢？（KrV，A581；B609）

141. 但一切现象的实在的东西已经在其中被给予出来的那个东西，却是唯一无所不包的经验：那么质料之于一切感官对象的可能性，就必须被预设为在一个总和中被给予了，经验的对象的一切可能性、它们的相互区别和它们的通盘规定，才能够唯独以这个总和的限制为基础。（KrV，A582；B610）

142. 最高实在性的统一性和一切事物的通盘可规定性（可能性）看起来就

像处于一个最高的知性中、因而处于一个理智中。(KrV，A583；B611)

143. 概念总是可能的，如果它不自相矛盾。这就是可能性的逻辑标志。(KrV，A596；B624)

144. 现在，如果这个物被取消了，那么这个物的内部可能性也就被取消了，而这个物则是矛盾的。(KrV，A596；B624)

145. 但是在我的财产状况中，现实的一百塔勒，就是多于一百塔勒的单纯概念（即一百塔勒的可能性）。(KrV，A599；B627)

146. 可能性的分析的标志，就在于单纯的肯定（实在性）不产生任何矛盾。(KrV，A602；B630)

147. 综合知识的可能性标志必须永远只在经验中被寻求。(KrV，A602；B630)

148. 如果这些法则必然地预设任何一个此在，作为它们的约束力的可能性条件，那么这个此在就必须被假定。(KrV，A634；B662)

149. 它们虽然能够被用来解释感性世界中的事物的可能性，却不能够用来解释一个世界整体本身的可能性，因为这种解释根据必须是世界之外因而不是一个可能经验的任何对象。(KrV，A677；B705)

150. 这个最大的系统的、因而也是合目的性的统一性是人类理性的最大运用的可能性的学校，甚至是它的地基。所以这个统一性的理念是和我们理性的本质，不可分割地结合着的。(KrV，A694；B722)

151. 甚至数学的可能性必须在先验哲学中被指明。(KrV，A733；B761)

152. 如果想像力大体上不应当东游西荡，而应当，在理性的严格监视下构想，那么某种东西就一直必须预先是完全确定的，而不是虚构出来的、或者是单纯的意见，而这种东西就是对象本身的可能性。(KrV，A770；B798)

153. 这对我们的理性才仅仅是可能的，即把可能经验的条件作为事情可能性的条件来运用。(KrV，A771；B799)

154. 如果我们离开这一点，那么它们就是单纯的思想物，它们的可能性是不可证明的，因此它们也不能通过一种假设而为现实的现象解释设置基础。(KrV，A771；B799)

155. 如果人们这里把实体理解为感性直观的持存的客体，一个简单的现象的可能性则根本不可能被看透。(KrV，A772；B800)

156. 不仅把可能经验之原则扩展到一般事物的可能性上，而且主张这样一些只有在一切可能经验的界限之外才能够找到它的对象的概念的客观实在性，都是超验的。(KrV，A781；B809)

157. 这决不单纯是一个必要的谨慎性规则，而是涉及证明本身的本质和可能性。(KrV，A782；B810)

158. 所以证明必须同时指出，综合地和先天地达到物的一定知识的可能性，而这些知识本来并不包含在这些物的概念中。（KrV，A783；B811）

159. 一个这样的综合命题——这个综合命题所应当证明的比经验所能够给予的更多——的可能性的、在手头上拥有的——永久的标准，是彻底必要的，其中这个标准就在于：证明并不直接引向所要求的谓词，而仅仅被引向，借助于一条可能性的原则、把给予了我们的概念先天地扩展到理念、并实现这些理念。（KrV，A785；B813）

160. 每一个先验的原理都只从一个概念出发，并且按照这个概念来说出对象的可能性的综合条件。（KrV，A787；B815）

161. 反证法的证明虽然可以带来确定性，但不能带来鉴于与其可能性的根据的相互关联的真理的可理解性。（KrV，A789；B817）

162. 纯粹理性包含着，——虽然不在它的思辨的、但却在一种确定的、即道德的运用中，——经验之可能性的原则。（KrV，A807；B835）

163. 把自然的合目的性带到那些——必须先天地与事物的内在可能性不可分地连结在一起的——根据上。（KrV，A816；B844）

164. 视其为真的试金石，它是否确信或单纯是置信，是外部的，即它的传播的可能性和视其为真对于每个人的理性都被认为有效的可能性。（KrV，A820；B848）

165. 形而上学考察理性，按照理性的各种要素和那些——本身必须为一些科学的可能性、以及一切科学的运用奠定基础的——至上准则。（KrV，A；B）

166. 形而上学考察理性，按照理性的各种要素和那些——本身必须为一些科学的可能性、以及一切科学的运用奠定基础的——至上准则。（KrV，A851；B879）

科学（die Wissenschaft）
科学的（wissenschaftlich）
自然科学（die Naturwissenschaft）

1. 曾经一段时间，在其中形而上学被称为一切科学的女王。（KrV，AVIII）

2. 现在，在所有道路（就如人们说服自己的那样）都已经徒劳地尝试了之后，厌倦和彻底的冷淡主义，这个浑沌和黑夜之母，在科学中占据统治地位，但毕竟同时还有这些科学临近改造和澄清的起源，至少是序幕，就在它们通过误用勤奋而变得模糊、混乱和不适用的时候。（KrV，AX）

3. 人们有时听到抱怨我们时代的思维方式的浅薄和全面的科学的衰落。（KrV，AXI）

4. 尤其是，这部著作绝不可能适合于大众的使用并且真正的科学内行又并

不那么迫切需要这种简便，尽管这种简便任何时候都是令人愉快的。（KrV, AXVIII）

5. 现在，形而上学就是，按照我们这里将给出的它的概念，一切科学的唯一的科学，它允许期待这样一种完成，确切地说在较短的时间内，只用很少的、但却是联合的努力，以致于不给子孙后代留下什么，除了以教学法的风格按照它们的意图而安排一切，而无需因此就能够丝毫地增加内容。（KrV, AXX）

6. 那些属于理性事务的知识的探讨，是否走上一门科学的可靠通道，这可以很快从这种后果中作出评判。（KrV, BVII）

7. 当人们让各门科学的界限互相跨越的时候，这些科学并没有获得增进，而是变得面目全非了。（KrV, BVII）

8. 对于理性来说，选取一条可靠的科学道路，当然会更加困难得多。（KrV, BIX）

9. 当谈论到知识的时候，人们虽然要把一门逻辑学当作评判这些知识的前提，但却必须到被称为真正的和客观的那些科学中去寻求这些知识的获得。（KrV, BIX）

10. 数学自人类理性的历史所达到的最早的时代以来，在值得惊叹的希腊民族中就已走上了一种科学的可靠的道路。（KrV, BX）

11. 自然科学踏上这条科学的阳关道要更加缓慢得多；因为这只不过是一个半世纪的事情。（KrV, BXII）

12. 经由这里，这种自然科学首先被带上了一门科学的可靠通道，由于它这么许多世纪一直都完全没有什么进步，而无非在来回摸索。（KrV, BXIV）

13. 形而上学，一种完全孤立的、思辨的理性知识，它完全超越于经验教导，确切地说通过单纯的概念（不像数学通过概念应用于直观），所以理性本身应当是它自己的学生的地方，命运至今还不是如此善意的，以致于它已能够走上一门科学的可靠通道。（KrV, BXIV）

14. 通过一场一蹴而就的革命已经变成，它们现在的所是的——数学和自然科学的范例，本该是足以引人注意的，以便沉思这种思维方式变革的基本部分，这种思维方式已经把这两门科学变得如此有益。（KrV, BXVI）

15. 我们决不能够用这种能力超出可能经验的界限，这种能力仍然恰好是这门科学的最根本的事务。（KrV, BXIX）

16. 这项批判是一篇关于方法的论文，而不是一个科学体系本身。（KrV, BXXII）

17. 但在这方面形而上学也具有罕见的幸运，这种幸运不能被任何别的不得不与对象打交道的理性科学，（因为逻辑学仅仅忙碌于思想的一般形式），所

分享。（KrV，BXXIII）

18. 现在人们可以注意一下通过一门一般科学的可靠通道的理性的教养，与理性的无根基的摸索和轻率的漫游而没有批判相比较。（KrV，BXXX）

19. 然而，思辨哲学家的一种较为合理的要求仍然也被照顾到了。他仍然一直是一门为公众所不知却有用的科学、亦即理性的批判的科学的唯一的保管人；因为这门科学绝不能成为通俗的，但它也没有必要是通俗的。（KrV，BXXXIV）

20. 这个批判并不与理性在它的作为科学的纯粹知识中的独断的处理，相对立。（KrV，BXXXV）

21. 这个批判对于促进一门作为科学的、彻底的、形而上学是一种必然的、暂时的举措。（KrV，BXXXVI）

22. 只能完全摆脱科学的约束，把工作变成游戏，把确定性变成意见，把哲学变成偏见。（KrV，BXXXVII）

23. 而批判的荆棘小路，而它则引向了一门严格按照规定的、但唯独这样持久的并因此最高必然的纯粹理性科学，已经阻碍不了勇敢而聪明的脑袋袭击这门科学。（KrV，BXLII）

24. 人们如果想从科学中举一个例子，那么人们就可以只把目光投向一切数学命题；人们如果想从最普通的知性运用中举一个例子，那么为此则利用“一切变化都必须具有一个原因”这个命题。（KrV，B4）

25. 哲学需要一门科学，它规定一切先天知识的可能性、原则和范围。（KrV，B6）

26. 但那门科学，它的最终意图连同它的一切准备本来就只指向这个任务的解决，就叫作形而上学，它的处理方法在开始时是独断的。（KrV，B7）

27. 在理性的所有理论科学中都已包含作为原则的先天综合判断。（KrV，B14）

28. 自然科学（物理学）自在地包含着作为原则的先天综合判断。（KrV，B17）

29. 所以这条定理就不是一个分析的命题，而是综合的命题，但仍还被先天所想到，并且自然科学纯粹部分的其余定理也都如此。（KrV，B18）

30. 纯粹自然科学是如何可能的？（KrV，B20）

31. 论这些科学，由于它们已经现实地给予了，现在就可以适当地追问：它们是如何可能的。（KrV，B20）

32. 但只要人们检查——在真正的（经验的）物理学开头出现的——各种定理，如关于物质的量的守恒定理，惯性定理，作用与反作用相等定理等等，那么人们立刻就会被确信，这些定理构成了一门纯粹的（或合理的）自然科

学。（KrV，B20）

33. 但现在，这种知识类型在一定意义上毕竟也被看作是给予了的，并且形而上学，即使并不作为科学、但却作为自然天资（metaphysica naturlis）是现实的。（KrV，B21）

34. 这个从上述一般任务中引申出来的最后的问题，就会有理由而是：形而上学作为科学是如何可能的？（KrV，B22）

35. 所以，理性的这种批判最终必然导致科学；相反，理性的无批判的独断运用则走向无根据的主张，人们刚好可以用同样虚假的主张与之对立，因而导致怀疑论。（KrV，B22）

36. 为此，更多坚韧性就会是必须的，不让内部的困难和外部的阻力所妨碍，把一门人类理性所不可缺少的科学，人们都可以砍掉从这门科学所萌发出来的每个枝干，但它的根却不能铲除，通过一种别的与至今完全相反的处理方式，终有一天提升达到富有效果而收益良多的林木。（KrV，B24）

37. 在纯粹理性批判名下的一门特殊科学的理念和划分。（KrV，B24）

38. 于是我们就可以把一门纯粹理性的单纯评判、它的来源和界限的科学，视为纯粹理性体系的入门。（KrV，A11；B25）

39. 这样一门科学必须完整地既包含分析的知识、又包含有先天综合的知识。（KrV，A12；B25）

40. 先验一哲学是科学的理念。（KrV，A13；B27）

41. 纯粹理性批判是先验一哲学的完备的理念，但也还并不是这一科学本身，因为它在分析中只走到对先天综合知识的完备评判所要求的那么远。（KrV，A14；B28）

42. 现在，如果人们要从一种一般体系的普遍观点而对这门科学进行划分，我们现在所陈述的，那就必须，首先包含纯粹理性的一个要素论，其次包含纯粹理性的一个方法论。（KrV，A15；B29）

43. 先验的感性学说将必须属于要素科学的第一部分。（KrV，A16；B30）

44. 一种关于感性的一切先天原则的科学，我命名为先验感性论。所以必须有一门这样的科学，它构成先验要素论的第一部分，而与包含纯粹思想的原则、并且被称为先验逻辑的那一部分相对。（KrV，A21；B35）

45. 这在这里把一种卓越的分析家鲍姆嘉通所作出的错误的期望设置为基础，把美的批评的评判带到理性原则之下，并且把这种评判的规则提升为科学。（KrV，A22；B36）

46. 几何学是一门科学，它综合却又先天地规定空间属性。（KrV，A25；B40）

47. 因此我们就区分了一般感性规则的科学，即感性论，与一般知性规则

的科学，即逻辑。（KrV，A52；B76）

48. 人们可以把前者命名为要素的逻辑，而把后者命名为这门或那门科学的工具论。（KrV，A52；B76）

49. 为此它既不是一般知性的一种法规，也不是特殊科学的一种工具论，而只是普通知性的一种清泻剂。（KrV，A53；B78）

50. 德行论所考虑的是在人们或多或少所屈从的情感、爱好和情欲的阻碍之下的道德律，它绝不能产生出一门真正的并被演证的科学，因为它正如那种应用逻辑学一样，需要经验的和心理学的原则。（KrV，A55；B79）

51. 所以我们就预先把我们变成一种关于纯粹知性与理性知识的科学的理念，由此我们完全先天地思想对象。（KrV，A57；B81）

52. 这种意义是如此的不同，在其中古代人使用一门科学或技艺的这种命名，人们如此地仍可以从这门科学或技艺的实际运用中可靠地接受下来，以致于辩证论在他们那里不曾是别的，而无非是幻相的逻辑。（KrV，A61；B85）

53. 既然一门科学的这种完备性不能单纯通过一些尝试所凑合起来的东西而粗略估计，就被可靠地假定了。（KrV，A64；B89）

54. 对于这个范畴表可进行一些优雅的考察，这些考察可能会在一切理性知识的科学形式方面获得显著的效果。（KrV，B109）

55. 空间概念的运用在这门科学中也仅仅针对外部的感官世界。（KrV，A87；B120）

56. 但这两位所想出的这种经验的推导，并不能与我们所拥有的先天科学知识、即纯粹数学和普遍自然科学的现实性，相一致，因而被事实所驳斥。（KrV，A95；B128）

57. 一个客体在空间中的运动不属于一门纯粹科学，因而也不属于几何学；因为“某物”是运动的，这是不能先天地、而只能通过经验而被认识。（KrV，B155）

58. 它在这一块中具有超过其他一切有教益的科学（数学除外）的优越之处的原因，恰好就在于，它所论及的那些概念都应当先天地与它的对象相关联，因而它们的客观有效性不能后天地被阐明。（KrV，A135；B175）

59. 所有这些原理以及数学科学对此所研究的那些对象的表象，完全被先天地在内心之中产生出来。（KrV，A240；B299）

60. 所以纯粹理性就把理念给予了先验的灵魂学说（psychologia rationalis，理性心理学）、先验的世界科学（cosmologia rationalis，理性宇宙学），最终也给予了先验的上帝知识。（KrV，A334；B392）

61. 这门科学通常所从事的一切东西，都仅仅用作它达到这些理念及其实在性的手段。（KrV，A337；B395）

62. 因为，如果我思想的最小的经验的东西、任何一个我的内部状态的一个特殊的知觉，还混杂在这门科学的知识根据之中，那么这门科学就会不再是合理的，而是经验的灵魂学说了。所以我们已经拥有了在我们面前的一门所谓的科学，它被建造在唯一的命题“我思”上，并且我们在这里可以完全适当地、并按照先验哲学的本性、检查它的根据或无根据。（KrV，A342；B400）

63. 任何经验的谓词都会损坏这门科学摆脱一切经验的合理的纯粹性和独立性。（KrV，A343；B401）

64. 于是先验灵魂学说的四个谬误推理就与此相关，而这种灵魂学说则被错误地当作纯粹理性的——关于我们的思想的存在者的本性的——科学。但我们所能够为这门科学设置的根据，没有别的而只是这个单纯的、在自身的内容上完全是空洞的表象：我；关于这个表象人们绝不能说它是一个概念，它只不过是一个伴随着一切概念的意识。（KrV，A345；B403）

65. 整个理性心理学，作为一门超出人类理性的一切力量的科学就倒台了，而这给我们留下的没有其余的，而无非是以经验为线索对我们的灵魂的研究并且把自己保持在这些问题的限度内。（KrV，A382）

66. 由此，不论是鉴于持肯定主张的人、还是鉴于持否定主张的人，都产生了一门想像的科学。（KrV，A395）

67. 向来自纯粹理性的恰好这么多的虚假的科学、先验的心理学、宇宙论和神学，提供了理念。（KrV，A397）

68. 它与怀疑论是完全不同的，不同于一条技巧似的和科学的无知的原理，它损害所有知识的基础。（KrV，A424；B451）

69. 哲学显示出了一种尊严，这种尊严只要哲学能够主张它的狂妄，就会远远胜过人类一切其他科学的价值，因为它预告了我们的——那个对一切理性努力最终都必须联结于其上的——最后目的的最大期望和展望的基础。（KrV，A463；B491）

70. 这就是这些问题，为了它们的解答，数学家会愿意支付完他的全部科学。（KrV，A463；B491）

71. 只是人们不能让这些预设和信念在科学和理性洞见的名义与排场下出现，因为这种真正的思辨知识到处都不能遇见别的对象，而无非经验之对象。（KrV，A471；B499）

72. 除了先验哲学之外还有两门纯粹的理性科学，一门仅仅是思辨的、另一门则是实践的内容：纯粹数学和纯粹道德学。（KrV，A480；B508）

73. 是否这种——获得了无可争辩的确定性，而人们在数学科学中称这种确定性为数学的确定性的——方法，与人们恰好在哲学中所寻求的这种确定性，而必须被称为独断的那种确定性的方法，应该是一样的。（KrV，A713；

B741）

74. 所以，前一种唯一通过对理性本身的批判才可能的对自己无知的知识就是科学，后一种知识则无非是知觉。（KrV，A758；B786）

75. 但反证法的证明方式却只有在那些——不可能把我们表象的主观的东西强加于客观的东西，即强加于那种在对象中的东西的知识的——科学中，才能够被允许。（KrV，A791；B819）

76. 自然的知识、甚至理性教养在有些别的科学中的一种可观的程度，部分地只能产生关于神性的一些粗糙的和漂浮不定的概念，部分地剩留下鉴于这个问题的一种特令人佩服的完全冷漠。（KrV，A817；B845）

77. 因为系统的统一性就是这一种，使普通的知识首先成为科学、即从知识的一种单纯的聚集而变成一个系统的东西，所以建筑术就是在我们一般知识中的科学性的东西的学说，因而它必然属于方法论。（KrV，A832；B860）

78. 为了亲缘关系起见以及从一个唯一的至上的并首次使整体成为可能的内部目的中的推导，而能够产生出这种我们叫做科学的东西。（KrV，A833；B861）

79. 没有人试图建立一门科学，而无需为之而把一个理念设置为基础。不过，在制定这门科学中，图型、甚至它立刻给予它的科学的开端的定义，是很少与它的理念相符合。（KrV，A834；B862）

80. 所以人们在一切（先天的）理性科学中只能唯一地学习数学，决不学习哲学（除非是历史地学习），而学习理性所涉及的东西、最多只能学习做哲学研究。（KrV，A837；B865）

81. 在这种方式上，哲学就是一种可能科学的单纯理念，它永远不被具体地给予，但人们却在各种不同的道路上而试图接近它。（KrV，A838；B866）

82. 但直到那时以前，关于哲学的概念仅仅是一个学院概念，也就是关于一个知识系统的概念，这种知识仅仅被作为科学而寻求。（KrV，A838；B866）

83. 在这方面，哲学就是一切知识与人类理性的根本目的（teleologia rationis humanae，人类理性的目的论）的关系的科学，并且哲学家就不是一个理性行家，而是人类理性的规律提供者。（KrV，A839；B867）

84. 世界概念在这里就是那种涉及使每个人都必然感兴趣的东西的概念；因而我就按照学院概念而规定这门科学的意图，当一门科学仅仅被看作一种关于达到某些随意目的的熟巧的科学的时候。（KrV，A840；B868）

85. 纯粹理性的哲学或者是——鉴于一切纯粹先天知识而检查理性的能力的——入门（预习），并且叫批判，或者其次，就是纯粹理性的（科学的）系统，这种在系统的相互关系中出自纯粹理性的全部（真实的和虚假的）哲学知识，就叫形而上学。（KrV，A841；B869）

86. 一门这样的科学的这种理念恰好与思辨的人类理性，同样古老。（KrV，A842；B870）

87. 如果人们说：形而上学是人类知识的第一原则的科学，那么人们并不能由此而说明一门完全特殊种类的知识，而仅说明了一种鉴于普遍性的等级，所以形而上学因此就不能可识别地区别于经验的东西。（KrV，A843；B871）

88. 通过这种方式就发生了，由于哲学家们甚至缺少在他们自己的科学的理念上的阐发，这门科学的探讨就不可能具有任何确定的目的和任何可靠的准绳。（KrV，A844；B872）

89. 即使形而上学不可能是宗教的基础，它仍然任何时候都必须充当宗教的捍卫者，并且人类理性已经由于它的本性的倾向而是辩证的，它就将决不可能缺少这样一门约束它的科学，并通过一种科学的和完全明白易懂的自我知识、而阻挡——不法的思辨理性一向不容置疑地、既在道德学又在宗教中都会造成的——破坏。（KrV，A849；B877）

90. 这种哲学使一切都与智慧发生联系，但却通过科学的道路，这是一条唯一的一旦它已经开辟出来、就绝不阻塞、并且没有任何迷失的道路。数学、自然科学，甚至人类的经验的知识，作为——大部分朝着人类偶然的、但最终却毕竟朝着必然的和本质的目的的——手段，而具有一种很高的价值。（KrV，A850；B878）

91. 形而上学也是人类理性的一切教养的完成，这种教养是不可或缺的，即使人们立刻把它的作为科学对一定确定的目的的影响撇在一边。因为形而上学考察理性，按照理性的各种要素和那些——本身必须为一些科学的可能性、以及一切科学的运用奠定基础的——至上准则。（KrV，A851；B879）

92. 如果人们要把某事称为方法，那它就必须是一种按照原理的处理方式。于是人们就可以把目前在自然研究的这门学科中现行的方法划分为自然主义的和科学的。纯粹理性的自然主义者自己采取的原理是：通过无须科学的普通的理性（他把这叫做健全理性），在构成形而上学最崇高的任务的问题方面，也可以比通过思辨，更达到效果。（KrV，A855；B883）

93. 当一种科学的方法的观察者遭遇到什么东西的时候，于是他们就拥有了选择，要么独断论地、要么怀疑论地，但在一切情况下都还系统地处理着义务。（KrV，A856；B884）

客观的（objektiv）

1. 但除了空间之外，也不存在任何别的主观的并与某种外在东西相关的表象了，这种表象能够叫做一种先天客观的。（KrV，A28；B44）

2. 不能把任何观念性归之于这些先天客观的表象，即使它们与空间表象在

这点上取得一致。（KrV，A28；B44）

3. 时间不是某种独立存在的东西，或者作为客观的规定而附加于事物，所以当人们放弃了同一的事物直观的一切主观条件后，仍然保留下来的东西。（KrV，A32；B49）

4. 但如果人们抽掉我们直观的感性，因而抽掉我们所特有的那种表象方式，而谈论一般的物，则时间就不再是客观的了。（KrV，A35；B51）

5. 毋宁说，如果人们赋予那些表象形式以客观的实在性，那么人们就无法避免，不由此而把一切都转化为单纯的幻相。（KrV，B70）

6. 在这些纯直观中的综合就具有了客观的有效性。（KrV，A89；B122）

7. 思想的主观条件如何应该具有客观的有效性，即如何应该充当一切对象知识的可能性条件：因为没有知性的机能，现象当然能够在直观中被给予。（KrV，A90；B122）

8. 从一种由经验中恒常的联想而产生的主观必然性，而这种主观必然性最终被误认为是客观的，即从习惯中推导出来。（KrV，A95；B127）

客观的（objektiv）9. 统觉的先验统一性是这样的，通过它，所有在一种直观中给予了的杂多都被统一在一个客体的概念里。它因此叫作客观的，并且必须与——是一种内感官的规定，由此每一个直观的杂多被经验地给予一种这样的联结的——意识的主观统一性区分开来。（KrV，B139）

10. 一个普遍而充分地表达了这种形式的和客观的经验条件的概念，就会叫作纯粹知性概念。（KrV，A96）

11. 所以就必须有一个客观的、亦即在想像力的一切经验的法则之前就可以先天地看出的根据。（KrV，A122）

12. 现象的一切联想的这种客观的根据我称之为现象的亲和性。但这个客观的根据，我们在哪里都找不到，除非在统觉的统一性原理中，在一切应当属于我的知识方面。按照那条原理，一切现象无论如何都必须，这样进入内心之中、或被领会到，即它们与统觉的统一性相协调，而这一点没有在现象的联结中的、因而本身也是客观的必然的综合统一性，则是不可能的。（KrV，A122）

13. 感觉本身根本不是客观的表象，并且在其中既找不到空间的直观，也找不到时间的直观。（KrV，A166；B208）

14. 从现象的客观相继中推导出领会的主观的相继。（KrV，A193；B238）

15. 所以客观的相继就在于现象之杂多的秩序，按照这个秩序，对一个（发生了的）东西的领会，根据一条规则而跟随在对另一个（先行的）东西的领会之后。（KrV，A193；B238）

16. 只是由于在我们表象的时间关系中的某种秩序是必然的，这些表象才被赋予了客观的意义。（KrV，A197；B243）

17. 先验辩证论将满足于，揭示先验判断的幻相，并同时预防，它欺骗；但它也绝不能做到，使这种幻相（如同逻辑的幻相）也甚至消失，而不再是幻相。因为我们必须与一种自然的和不可避免的幻觉打交道，这种幻觉本身则以主观的原理为基础，并把这些主观原理偷换成客观的原理。（KrV，A298；B354）

18. 任何客观的演绎原本都是不可能的。（KrV，A336；B393）

19. 纯粹范畴（实体范畴也在其中）自在本身根本不具有任何客观的意义，在这里没有一个直观配给它们，作为综合统一性的机能的它们，可以被应用于这种直观的杂多。（KrV，A349）

20. 因为理性恰好就在于，我们能够给予我们的一切概念、意见和主张以解释理由，不论它们是出自客观的根据，还是当它们只是一种幻相时、出自主观的根据。（KrV，A614；B642）

21. 然而它们，作为先天综合命题，仍然具有客观的、但不确定的有效性，并被用做可能经验的规则作为启发式的原理，也被很成功地运用于现实地加工经验。（KrV，A664；B692）

22. 所以就存在着思辨理性的一些准则，它们只是基于思辨理性的兴趣之上，尽管大概看起来，这些准则都是客观的原则。（KrV，A666；B694）

23. 因为它根本不可能把对自然的安排的观察和洞见作为客观的主张而提交出来。（KrV，A668；B698）

24. 也没有阻止我们的丝毫东西，把这些理念也假定为客观的和实体化的。（KrV，A673；B701）

25. 理性给经验的知性运用所能够提供的这种系统关联仍然，不仅促进着这种运用的扩展，而且同时也证实了这种运用的正确性，而这样一种系统统一性的原则也就是客观的。（KrV，A680；B708）

26. 理性虽然具有它的原理，但作为客观的原理则全都是辩证的。（KrV，A786；B814）

27. 反证法的证明方式却只有在那些——不可能把我们表象的主观的东西强加于客观的东西，即强加于那种在对象中的东西的知识的——科学中，才能够被允许。（KrV，A791；B819）

28. 纯粹理性的先验的尝试全都在辩证幻相的、即主观的东西的真正媒质内部进行，这种主观的东西在理性的前提中把自己当作客观的而提供给理性、甚或硬塞给理性。（KrV，A792；B820）

29. 因此理性也给出了规律，它们是命令、即客观的自由规律，它们说明，什么应该发生。（KrV，A802；B830）

30. 一个道德世界的理念因而就具有客观的实在性，不作为似乎它在指向

一个理知的直观的对象（这样一类对象我们完全不能思维），而指向感官世界。（KrV，A808；B836）

31. 思辨神学对此就从不从客观的根据中暗示我们，更谈不上能使我们确信这件事情了。（KrV，A814；B842）

32. 视其为真是在我们的知性中的一次事件，它可以建基在客观的根据之上，但也要求在此作判断者内心中的主观原因。（KrV，A820；B848）

33. 置信是一种单纯的幻相，因为那只存在于主观中的判断根据被看做了客观的。（KrV，A820；B848）

34. 如果视其为真只是主观地充分的，同时却被看做对客观的是不充分的，那么它就叫作信念。（KrV，A822；B850）

35. 既主观地又客观地都是充分的视其为真就叫作知识。主观的充分性叫作（对我自己的）确信，客观的充分性，则叫作（对任何人的）确定性。（KrV，A822；B850）

36. 一切哲学知识的系统就是哲学。人们必须把它看作客观的。（KrV，A837；B865）

客体（das Objekt）

一般客体（das Objekt überhaupt）

1. 当理性不单纯与自身、而且也和客体发生关系的时候，对于理性来说，选取一条可靠的科学道路，当然会更加困难得多。（KrV，BIX）

2. 对象（作为感官的客体）。（KrV，BXVI）

3. 在先天知识中能够赋予客体的，无非是那些思想主体从自身中取出来的东西。（KrV，BXXIII）

4. 一个——先行于客体本身、并且客体概念能够在其中被先天地规定的——外部直观如何能够寓于内心呢？显然无非是，它只要仅在主体中，作为形式的性状被客体所刺激、并由此而获得客体的直接表象、即直观，而占有自己的位置，因而仅仅作为外感官的一般形式。（KrV，B40）

5. 空间作为外部客体的条件，必然地属于现象或直观本身。（KrV，A28；B44）

6. 所以时间可以被看作是现实的，不是作为客体，而是作为我的自身的是客体的表象方式。（KrV，A37；B54）

7. 如果我们取消掉了我们的主体甚或只是一般感官的主观性状，客体在空间和时间里的一切性状、一切关系，乃至于空间和时间本身就都会消失，并且作为现象不能自在自身地、而只能在我们之内生存。（KrV，A42；B59）

8. 因为正是这个主观性状规定着，作为现象的客体形式。（KrV，A44；

B62）

9. 但先验的客体仍然是我们所不知道的。（KrV，A46；B63）

10. 外感官也只能在它的表象中包含一个对象之于主体的关系，而不包含内部的、可归于自在客体的东西。（KrV，B67）

11. 在观象中，这些客体、乃至于我们赋予这些客体的性状，任何时候都被看作某种现实被给予了的东西。（KrV，B69）

12. 现象的谓词在与我们的感官的关系上，能够被赋予客体本身。（KrV，B70）

13. 所有绝不在自在的客体本身中、但任何时候都能在它与主体的关系中找到，并且与前者的表象不可分的东西，都是现象。（KrV，B70）

14. 普遍逻辑放弃一切知识内容，即知识与客体的一切关系，并只考察知识相互关系的逻辑形式，即一般思想形式。（KrV，A55；B79）

15. 没有任何知识能够与这种逻辑相矛盾，而不同时丧失一切内容、即丧失与任何客体的一切关系，因而丧失一切真理。（KrV，A63；B87）

16. 经验毕竟唯一并且独自能够把这种——那些纯粹知性概念可以被运用于其上的——质料（即客体）给到我们手上。（KrV，A63；B87）

17. 通过这种方式它仅在直观杂多之物那里才能够理解某物，亦即才能够思想直观的客体。（KrV，A81；B106）

18. 在一个客体的每一种知识中都存在着概念的统一性，人们可以把它命名为质的统一性。（KrV，B114）

19. 只有凭借感性的这样的纯粹形式，一个对象才显现给我们，亦即可能是经验的直观的一种客体。（KrV，A89；B121）

20. 只有在它之下对象才能被直观的条件，事实上把客体按照形式在内心中先天地设置为基础。（KrV，A93；B125）

21. 没有它们作为前提，就没有任何东西可能是经验之客体。（KrV，A93；B126）

22. 联结是唯一的，它不能通过客体给予、而只能被主体自身所完成。（KrV，B130）

23. 知性，一般地说，就是认识的能力。认识以被给予的表象与一个客体的规定关系为内容。但客体则是一种在其概念中——统一了被给予的直观的杂多的东西。（KrV，B137）

24. 对给予的杂多综合地作出一个确定的联结，使得这个行动的统一性同时又是意识（在一条线的概念中）的统一性，并且由此，一个客体（一个确定的空间）才首次被认识。（KrV，B138）

25. 统觉的先验统一性是这样的，通过它，所有在一种直观中给予了的杂

多都被统一在一个客体的概念里。（KrV，B139）

26. 这种知性对自己完全不认识，而只联结和整理知识的材料、必须通过客体而给予它的直观。（KrV，B145）

27. 但这些纯粹知性概念超出我们的感性直观之外的这种进一步扩展对我们丝毫也没有什么帮助。因为它们随后就是客体的空的概念，从它们那里，通过那些纯粹知性概念我们就一次都完全不能判断这些客体是可能的还是不可能的。（KrV，B148）

28. 唯独我们的感性的和经验的直观才能使客体获得含义和意义。（KrV，B149）

29. 统觉及其综合统一性与内感官完全不是一样的，而更多地作为一切联结的源泉，在范畴的名义下指向一般直观的杂多，先于一切感性直观而指向一般客体。（KrV，B154）

30. 运动，作为主体的行动，（而非作为一个客体的规定）。（KrV，B154）

31. 因而我如何能够说：我，作为理智和思想着的主体，把我自己当作被思想的客体来认识。（KrV，B155）

32. 不过与其他现象一样，并不如同我在知性而前所是的，而如同我对自己所显现的那样，这个问题所带来的困难不多不少，正如一般地说，我如何能够对我是一个客体，而且能够是一个直观的和内知觉的客体。（KrV，B155）

33. 我不可能会说：结果连同原因在客体中（即必然地）联结着，而只能说，我已经安排成这样，以至于我只能把这些表象，无非这样联结而思想。（KrV，B168）

34. 知性本身，作为一种应当与客体相关联的认识能力。（KrV，A97）

35. 意识统一性的一种先验基础必须，在我们的一切直观的杂多的综合中、因而也在一般客体的概念的综合中，继而也在一切经验之对象的综合中，被找到。（KrV，A106）

36. 范畴也是一些在现象上思想一般客体的基本概念，因而先天地具有客观有效性。（KrV，A111）

37. 如果我们从客体获得它们（这里又一次没有检查，这个客体如何能够被我们所认知），那么我们的概念们就会是单纯经验的、并且不是任何先天的概念。（KrV，A129）

38. 对象的一切知识的形式（由此杂多被思考为属于“一个”客体）也就在于可能意识的这种统一性。（KrV，A129）

39. 纯粹知性概念的图型法就是获得与客体的关系因而获得意义的真实的和唯一的条件。（KrV，A146；B185）

40. 一切其他的综合作为先天知识之所以具有真理性（即与客体相符合），

也只是因为它不包含别的东西，而无非那些对一般经验之综合统一性是必要的东西。（KrV，A158；B197）

41. 但直观的那些先天条件鉴于一个可能的经验而绝对是必然的，一个可能的经验的直观之客体的此在的那些条件，自在地就是偶然的。（KrV，A160；B199）

42. 只要一个客体的表象首先由此而成为可能的，那就是一个大小（quanti）的概念。（KrV，B203）

43. 经验就是一种经验的知识，亦即一种通过知觉规定一个客体的知识。（KrV，A177；B218）

44. 经验是通过知觉的客体的知识。（KrV，A177；B219）

45. 人们虽然可以把一切东西、甚至每个表象，只要人们意识到它们了，都命名为客体。（KrV，A189；B234）

46. 知识和客体的符合就是真理。（KrV，A191；B236）

47. 在现象中包含着领会的必然规则之条件的东西，就是客体。（KrV，A191；B236）

48. 我们怎样做到，为这些表象设置一个客体。（KrV，A197；B242）

49. 当一个客体存在时另一个客体也在同一时间中存在，并且把这种情况指定为必然的，以便这两个知觉能够交互地相互跟随。（KrV，A211；B257）

50. 这就是纯粹概念，它仍还属于经验，因为它的客体只有在经验中才能遇到。（KrV，A220；B267）

51. 只要缺乏直观，人们就不知道，通过范畴人们是否思想到一个客体。（KrV，B289）

52. 即使这些知性规则不只是先天真实的，而且甚至是一切真理——即我们的知识与客体的符合——的根源，由此，它们包含了经验可能性的根据，作为客体能在其中被给予我们的一切知识总和的根据。（KrV，A237；B296）

53. 范畴，没有感性直观的条件，对此它们包含了综合，就完全不具有与任何一个确定的客体的任何关系，所以也不能给任何客体下定义，因而自在本身也不具有客观概念的任何有效性。（KrV，A246；B302）

54. 通过一个纯粹的范畴，在其中抽掉了那种——对我们唯一是可能的——感性直观的一切条件，那么就没有任何客体被规定了，而只有表达出，一种一般客体的思想，按照不同的样态。（KrV，A247；B304）

55. 如果我们把本体理解为一个物，只要它不是我们感性直观的客体，当我们不顾我们直观它的方式的时候；因而这就是一个消极理解中的本体。（KrV，B307）

56. 一切我们的表象实际上都是通过知性而与任何一个客体发生关系的。

（KrV，A250）

57. 这个先验的客体根本不能与感性的材料分离。（KrV，A250）

58. 范畴甚至也不表象任何特殊的、仅仅给予知性的客体，而只是充当（一般某物的概念）的先验客体，通过它而规定感性中被给予的东西，为了由此而经验地认识在对象概念下的现象。（KrV，A251）

59. 我使一般现象与之相关联的那种客体，就是先验的对象，亦即关于一般“某物”的完全未被确定的思想。（KrV，A253）

60. 范畴就这样扩展得比感性直观更远，因为它们思想一般客体，仍还无需注意到那种——在这些客体中它们能够被给予的——特殊的方式（即感性的方式）。（KrV，A254）

61. 作为纯粹知性的客体，每个实体都必须拥有内部的规定和指向内部实在性的力。（KrV，A265；B321）

62. 但那个——可能是我们称之为质料的这种现象的根据的——先验客体，却是一个单纯的“某物”，关于它我们一点都不会理解，即使有人能够把它告诉我们。（KrV，A277；B333）

63. 感性与一个客体的关系，以及这种统一性的先验根据会是什么，无疑深深地隐藏着，以至于甚至我们对我们自己也只通过内感官、因而作为现象，才认识到的——我们，不能够为此而运用我们的一种如此不适当的研究工具，去发现不同于一直与现象相反的某物，我们通常仍然愿意研究这些现象的非感性的原因。（KrV，A278；B334）

64. 现象并不作为自在事物本身而被包括在纯粹知性的客体之中，它们毕竟是唯一的我们的知识能够在其上而拥有客观实在性的客体。（KrV，A279；B335）

65. 如果我们抽掉这种方式，那么这些知性概念就完全不具有与随便一个客体的任何关系了。（KrV，A286；B342）

66. 人们也不能把本体称为一个这样的客体；因为本体恰恰意味着一个对象的成问题的概念。（KrV，A287；B343）

67. 本体的概念并不是一个客体的概念，而是一项与我们感性的限制不可避免地关联着的任务。（KrV，A288；B344）

68. 先验客体，这客体既不能作为大小、也不能作为实在性、也不能作为实体等等而被思想（因为这些概念一直要求在其中它们规定一个对象的感性形式）。（KrV，A288；B344）

69. 关于这先验客体，完全不知道的是，它是否在我们之内，或者在我们之外被找到，它是否随着感性一同被取消了，或者，如果我们去除了感性，还会留存下来。（KrV，A288；B344）

70. 不论是否定性，还是直观的单纯形式，没有实在的东西，就都不是任何客体。（KrV，A292；B349）

71. 感性，把知性垫在下面、作为知性应用它的机能的客体，就是实在的知识的来源。（KrV，A294；B351）

72. 但这样一条原理并没有给客体预先规定任何规律，并且没有包含把客体作为这样一般客体而认识和规定的可能性的根据。（KrV，A306；B362）

73. 如果人们举出一个理念，那么人们按照客体（当作一个纯粹知性对象的理念）就说得太多了，但如果按照主体（亦即鉴于它在经验条件之下的现实性）就恰恰因此而说得太少了。（KrV，A327；B384）

74. 这些理念与任何一个能够被完全一致地给予了的客体都没有任何关系，正因为它们仅是理念。（KrV，A336；B393）

75. 知觉（例如无论愉快和不愉快）的最小客体，它只要达到自我意识的普遍表象中，就立刻会使合理的心理学转变为经验的心理学。（KrV，A343；B401）

76. 意识本身不仅是区别一个特殊的客体的表象，而且是一般表象所具有的形式，只要它应当被称为知识。（KrV，A346；B406）

77. 我并非通过单纯的“我思”，而认识一个客体，毋宁只有通过我出于一切思维都在其中的那种意识的统一性的意图而规定一个给予的直观，我才能够认识任何一个对象。（KrV，B406）

78. 并非作规定的意识，毋宁被规定的意识自身、亦即我的内直观的意识（只要它的杂多能够按照在思想中统觉的统一性的普遍条件而被联结），就是客体。（KrV，B406）

79. 但这个命题并不意味着，“我”，作为客体，对我，是一个自身持存着的存在者，或实体。（KrV，B407）

80. 通过在一般思维中我自身的意识的这种分析，在我自身作为客体的知识方面，最少的东西都没有增加过。（KrV，B409）

81. 这种意识的统一性仅仅是思想中的统一性，仅仅由此并没有任何客体被给予。（KrV，B422）

82. 范畴并不与一个不确定地被给予出来的客体有联系，而仅仅与一个人们对其具有一个概念、并且人们想知道它是否也被设置在这个概念之外的客体有联系。（KrV，B423）

83. 因而在本来的意义上是超验的，尽管它同样在专注于一种经验之客体，但只是就这个客体不再是一个经验之对象而言的。（KrV，B427）

84. 我思想自己只像思想任何一个一般客体那样，不考虑这个客体的直观方式。（KrV，B429）

85. 但“我思”这个命题，只要它所讲述的不过于：“我生存于思想着”，就不单单是逻辑的机能，而是在生存方面规定着主体（这主体于是同时又是客体）。（KrV，B429）

86. 思想者自身就必须在这种经验的直观中寻找它之于实体、原因等范畴的逻辑机能运用的条件，为了不仅通过这个“我”把自己表明为自在的客体本身，而且也规定这个客体的此在的方式，亦即把自己作为本体来认识，但这却是不可能的。（KrV，B430）

87. 物质在一个自在之物本身（先验客体）面前是什么，而对于我们则完全不知道。（KrV，A366）

88. 先验客体，同时设置了外部现象、内部直观的基础，既不是自在物质本身，也不是一个思想着的存在者本身，而是现象的一个我们不知道的根据。（KrV，A380）

89. 人们可以把一切幻相都归因于：思想的主观条件被当作了客体的知识。（KrV，A396）

90. 我不能够认识那种我必须预设为前提的东西本身，为了一般地认识一个客体。（KrV，A402）

91. 它们按照种类而并不逾越客体、即现象，而只是与感性世界（不是与本体）打交道。（KrV，A420；B447）

92. 现在就自问：在先验哲学中某一个——涉及到一个呈现给理性的客体，刚好通过这个纯粹理性是不能回答的——问题，并且人们是否就有权利逃避对它的决定性的回答，人们通过把那个客体算作完全不确定的（出于一切我们所能够认识的东西），关于它我们虽具有足够的概念以提出一个问题、却完全缺乏在任何时候回答它的手段和能力的东西。（KrV，A477；B505）

93. 这种内部的经验唯一并且单独地充分证明了其客体（自在本身）的（连同这一切时间规定的）现实此在。（KrV，A491；B519）

94. 这些表象的非感性的原因是我们完全不知道的，因此我们不能把这个原因直观为客体。（KrV，A494；B522）

95. 我们可以把一般现象的单纯理知的原因，称为先验客体，这仅仅是为了我们拥有某种与作为接受性的感性相一致的东西。（KrV，A494；B522）

96. 与此相反，作为在客体中（在现象中）自在地本身给予了的条件序列的那个绝对总体性的原理则会是一个构成性的宇宙论原则。（KrV，A509；B537）

97. 这一类的超验的理念具有一个单纯理知的对象，承认这样的对象作为一个人们对它此外一无所知的先验的客体，当然是被允许的。（KrV，A565；B593）

98. 这种最最实在的存在者的理想，虽然是一个单纯的表象，却是首先被意识到、即被制作成客体，然后被实体化。（KrV，A583；B611）

99. 此在必然地应归于这个概念的客体，也就是在我把这个物设定为给予的（生存着的）这个条件下。（KrV，A594；B622）

100. 对于纯粹思想的客体，根本就不存在任何认识它们的此在的手段。（KrV，A601；B629）

101. 对象在这里根本就不是一个可能经验之任何客体。（KrV，A636；B664）

102. 客体的生存的知识恰好就在于，这个客体本身是自在地设置在思想之外的。（KrV，A639；B667）

103. 知性通过概念而联合在客体中的杂多，理性那方面也通过理念而联合概念的杂多。（KrV，A664；B672）

104. 人们其实并不能说，这个理念是一个客体的概念，而只能说它是这些概念的通盘统一性的概念，只要这种通盘统一性充当知性的规则。（KrV，A645；B673）

105. 我把一切——在这个客体的知识的一定可能的完善性方面，不从客体的性状、而从理性的兴趣中取得的——主观原理，叫做理性的准则。（KrV，A666；B694）

106. 这个对象对双方都隐藏得太深了，以至于它们不可能从对客体的本性的洞见里而显露出来。（KrV，A667；B695）

107. 实在性、实体、原因性，甚至此在中的必然性的概念，除了它们使一个对象的经验的知识成为可能的这种运用之外，根本没有任何——规定某个客体的——意义。（KrV，A677；B705）

108. 我在自身就是这样一种仅仅被看作一个思想着的自然（灵魂）理念的第一客体。（KrV，A682；B710）

109. 自然原本只是唯一被给予的客体，鉴于它对理性调节的原则的需要。（KrV，A684；B712）

110. 在实践的原则那里，就应当处理为，好像我们不是面对一个感官客体、而是面对纯粹知性的客体一样。（KrV，A685；B713）

111. 一切范畴，通过它们我试图给我制造一个有关这样的对象的概念，都是没有别的而无非经验的运用的范畴，并且如果它们不被运用于可能经验的客体、即感官世界之上，就没有任何含义。（KrV，A696；B724）

112. 对于一个概念的构造则要求一个非经验的直观，因而，作为直观，是一个个别的客体。（KrV，A713；B741）

113. 他们说，哲学单纯以质为客体、而数学却只以量为客体。（KrV，

A714；B742）

114. 如果人们这里把实体理解为感性直观的持存的客体，一个简单的现象的可能性则根本不可能被看透。（KrV，A772；B800）

115. 由于这些客体无非都是现象，在它们身上，某种完成了东西就绝不能在条件系列的综合中被希望。（KrV，A773；B801）

116. 经验本身、因而经验之客体、没有一个这样的连结就会是不可能的。（KrV，A783；B811）

117. 现象（作为单纯的表象），它毕竟自在本身地（作为客体）而被给予出来，是某种不可能的东西。（KrV，A793；B821）

118. 真理则建立在与客体相一致之上，因而鉴于客体，每一个知性的判断都必须是一致的。（KrV，A820；B848）

119. 虽然我们在与客体的关系中不能采取任何措施，所以视其为真仅仅是理论的。（KrV，A825；B853）

120. 我们从经验获取的无非是，那些必须给予我们一个部分是外感官、部分是内感官的客体的东西。（KrV，A848；B876）

121. 外感官的客体通过这个单纯概念物质（不可入的无生命的广延）而发生，内感官的客体则通过一个思想着的存在者的概念（在经验的内部表象、我思中）而发生。（KrV，A848；B876）

空间（der Raum）

1. 空间和时间都是感性直观的形式，所以都只是作为现象事物生存的条件。（KrV，BXXV）

2. 如果从你们的一个物体的经验概念中，把所有在这上面是经验的东西：颜色、硬或软、重量、甚至不可入性，都一个个地删除掉，那么空间仍然剩下来，它（它现在已完全消失了）占据着空间，并且你们删除不了空间。（KrV，B6）

3. 在物质的概念中我并没有想到持存性，而单纯想到物质的通过空间的充满而在空间中在场。（KrV，B18）

4. 作为先天知识的原则，存在着两种感性直观的纯粹形式，即空间和时间。（KrV，A22；B36）

论空间。（KrV，A22；B37）

5. 空间概念的形而上学阐明。（KrV，A22；B37）

6. 空间一点也不能在我们之内直观到。（KrV，A23；B37）

7. 空间不是从外部经验中抽引出来的经验的概念。（KrV，A23；B38）。

8. 空间是一种构成所有外部直观之基础的先天的必然表象。（KrV，A24；

B39）。

9. 空间绝不是推理的，或者，如人们所说，一般事物关系的推论的普遍概念，而是一个纯粹直观。（KrV，A25；B39）。

10. 空间被表象为一个无限的给予的大小。（KrV，A25；B40）

11. 它被看作是现象可能性的条件，并不是一个依赖于它［现象］的规定，而且是一个构成外部现象的必然方式之基础的先天表象。（KrV，A24；B39）

12. 空间绝不表象任何一个自在之物的属性，或者在它们的相互关系中的属性，也就是说，绝不［表象］粘附在对象自身上的那些属性的规定，并且即使人们把直观的所有主观条件都抽掉，它们还保留着。（KrV，A26；B42）

13. 空间包括一切可能向我们外在地显现出来的事物，但不包括一切自在的事物本身，不论它们是否被、亦或愿意被哪一种主体直观到。（KrV，A27；B43）

14. 我们的阐明因而表明了——鉴于一切能从外部作为对象呈现给我们的东西的——空间的实在性（即客观有效性），但同时也表明了鉴于事物的空间的观念性，如果它们被理性自在本身所考虑，即没有顾及到我们感性之性状。（KrV，A28；B44）

15. 所以我们主张（鉴于一切可能的外部经验）空间的经验的实在性，虽然同时又主张空间的先验的观念性，也就是说，只要我们抽掉一切经验的可能性的条件，并且把空间，假定为某种给自在之物本身设置基础的东西，空间就什么都不是了。（KrV，A28；B44）

16. 空间作为外部客体的条件，必然地属于现象或直观本身。（KrV，A28；B44）

17. 在空间中被直观到的一切，根本不是一种自在的事物，而且空间也不应该是对它们而言自在本身也许所必须特有的事物形式，而是我们完全不知道的自在的对象，并且，凡是我们称为外部对象的，无非只是我们感性的单纯表象，它们的形式是空间，但其真正的相关物，亦即自在之物本身，却完全没有因此而被认识，也不可能被认识，但这些也从不在经验中被探询。（KrV，A30；B45）

18. 空间，作为一切外部直观的纯粹形式，已经作为先天条件而单纯限制于外部现象。（KrV，A34；B50）

19. 时间和空间都是可以从中先天地被汲取不同综合知识的两个知识来源的。（KrV，A39；B56）

20. 空间和时间是一切感性直观的两者集中的纯形式，并且由此而使先天综合命题成为可能。（KrV，A39；B56）

21. 空间和时间的这种实在性并不触及经验知识的可靠性。（KrV，A39；

B56）

22. 空间和时间的这些先天概念，按照这种观点，只是想像力的产物。（KrV，A40；B57）

23. 先验感性论可以包含不多于这两个要素，即空间和时间。（KrV，A41；B58）

24. 在被观察的空间自身之中，是没有运动的东西的：因此运动的某物必须是在空间中只有通过经验才被发现的某物，因而是一种经验的资料。（KrV，A41；B58）

25. 如果我们取消掉了我们的主体甚或只是一般感官的主观性状，客体在空间和时间里的一切性状、一切关系，乃至于空间和时间本身就都会消失，并且作为现象不能自在自身地、而只能在我们之内生存。（KrV，A42；B59）

26. 空间和时间是这种方式的纯粹形式，一般感觉则是质料。（KrV，A42；B60）

27. 我们在一切情况下所可能完全认识的毕竟只是我们的直观方式，即我们的感性，并且这还永远仅仅以本源地依赖于主体的空间和时间为条件。（KrV，A43；B60）

28. 经由两条直线不能包围成任何空间，因而不能有任何图形。（KrV，A47；B65）

29. 空间和时间，作为一切（外部和内部）经验的必然条件，仅仅是我们一切直观的主观条件，因而在与之关系中一切对象仅仅是现象，而并非用这一方式给予自己的事物，因此关于以及围绕形式所涉及的东西，还允许先天地说出许多，但关于可能构成这些现象的基础的自在之物本身，却说不出一点。（KrV，A49；B66）

30. 空间和时间的谓词就被正当地赋予了作为感官对象的感官对象，并且在其中没有任何幻相。（KrV，B70）

31. 这也没有必要，我们把空间和时间中的这种直观方式局限于人类的感性上。（KrV，B72）

32. 不论是空间，还是空间的任何一个几何学的先天规定，都不是一种先验的表象，而只有其表象根本不是经验的来源，并且它们何以能够同样先天地与经验对象发生关系的可能性的知识，才能称之为先验的。（KrV，B81）

33. 空间和时间包含先天纯粹直观的杂多，但同时属于我们内心接受性的条件，内心只有在它们之下才能感受对象的表象，所以它们任何时候都必须刺激对象的概念。（KrV，A77；B102）

34. 我们现在就拥有了完全不同品种的两类概念，它们毕竟在这点上去的相互一致，即它们双方面都完全先天地与对象发生关系，也就是，作为感性形

式的空间和时间的概念，以及作为知性概念的范畴。（KrV，B118）

35. 不过，空间概念的运用在这门科学中也仅仅针对外部的感官世界，对于这个世界，空间就是它的直观的纯粹形式。（KrV，A87；B120）

36. 空间和时间就是先天地包含着作为现象的那些对象之可能性条件的纯粹直观。（KrV，A89；B122）

37. 按照先验感性论，在与感性的关系中，一切直观的可能性的最高原理是：所有直观的杂多都服从于空间和时间的形式条件。（KrV，B136）

38. 空间和时间及它们的所有部分都是直观，因而是带有包含它们自身的杂多的单个表象（见先验感性论），所以就不单单包含——通过恰恰杂多的意识、作为在许多表象之中的——概念，而是包含——许多表象作为在一个［表象］和它们的意识之中的——概念，因而作为合成了的［表象］，所以意识的统一性，作为是综合的，但也作为本源的而被发现。（KrV，B136）

39. 所以外部感性直观的单纯形式，空间，还完全不是知识；它只对一种可能的知识提供先天直观杂多。（KrV，B137）

40. 感性直观要么是纯直观（空间和时间），要么是这种——在空间和时间中通过感觉直接表象为现实的——经验的直观。（KrV，B147）

41. 空间和时间中的事物，它们只是知觉（伴随着感觉的表象），因而只通过经验的表象才被给予。（KrV，B147）

42. 先验感性论规定了我们感性直观的纯粹形式的运用界限。空间和时间，作为对象如何能够被给予我们的可能性条件，只不过对感官对象因而只对经验对象有效。超出这一界限它们就绝不呈现；因为它们只在感官之内并且在感官之外则没有任何现实性。（KrV，B148）

43. 一个客体在空间中的运动不属于一门纯粹科学，因而也不属于几何学。（KrV，B154）

44. 运动，作为一种空间的描述，却是一种在一般外部直观中的杂多通过生产的想像力进行前后相继的综合的纯粹动作，并且不仅仅属于几何学，而且甚至属于先验哲学。（KrV，B154）

45. 我们在时间和空间的表象上拥有外部的和内部的先天感性直观的形式。（KrV，B160）

46. 因为通过它（在其中知性规定感性），空间或时间首先作为直观而被给予，那么这种先天直观的统一性就属于空间和时间，而并不属于知性概念。（KrV，B161）

47. 正是这种综合统一性，如果我抽掉空间的形式，则获得了在知性中它的位置。（KrV，B162）

48. 这种领会的综合也必须先天地、亦即在那些并非经验的表象方面被执

行。因为没有它我们就既不可能先天地拥有空间表象，也不可能先天拥有时间表象。（KrV，A100）

49. 它配得上这个名称，这一点——由于：即使最纯粹的客观统一性，即先天概念（空间和时间）只有通过与它发生直观关系它才是有可能——就已经很清楚了。（KrV，A107）

50. 空间和时间适合于充当涉及单纯直观的形式的先天综合命题的根据。（KrV，A117）

51. 三角形的图型绝不能够生存于别的地方，而无非生存于思想中，并且意味着想像力的一条综合的规则，鉴于空间中纯粹的形状。（KrV，A141；B180）

52. 形象是再生的想像力的经验的能力的产物，感性概念（作为空间中的图形）的图型则是纯粹先天的想像力的产物。（KrV，A141；B181）

53. 外感官的一切大小（quantorum）的纯粹形象，是空间。（KrV，A142；B181）

54. 先验感性论的原则，按照这些原则，空间和时间都是一切事物作为现象的可能性条件。（KrV，A149；B188）

55. 即使是空间和时间，这些概念是如此纯粹而远离一切经验的东西，它们也如此肯定地在内心之中被完全先天地表现出来。（KrV，A156；B195）

56. 尽管我们对于一般空间，或者对于生产性的想像力在它里面所描画的形状，在综合判断中先天地知道得如此之多，以至于我们为此实际上不需要任何经验。（KrV，A157；B196）

57. 一切现象都包含，按照形式，一种在空间和时间中的直观，而空间和时间则共同为这些现象设置了先天基础。（KrV，A162；B202）

58. 在一切现象上的单纯直观要么是空间，要么是时间。（KrV，A163；B203）

59. 现象并不是任何自在之物本身。这种经验的直观只有通过纯粹的直观（空间和时间）才是可能的。（KrV，B206）

60. 感觉本身根本不是客观的表象，并且在其中既找不到空间的直观，也找不到时间的直观。（KrV，B208）

61. 空间和时间都是 quanla continua（连续的量）。（KrV，A169；B211）

62. 所以空间仅仅由空间们构成，时间仅仅由时间们构成。（KrV，A169；B211）

63. 从这些——还在空间或时间之前就可能被给予出来的——组成部分中，既不能复合出空间、也不能复合出时间。（KrV，A170；B211）

64. 从经验中一种关于空的空间或一种空的时间的证明永远不可能被抽引

出来。（KrV，A172；B214）

65. 即使一个确定的空间或时间的整个直观是彻底实在的，即它们的任何部分都不是空的，而它仍然必须——因为每一个实在性都有它的程度，这个程度在现象的不变的外延的大小那里、能够通过无限的等级而减少到无（到空），——给予无限的不同的程度，空间和时间本该被它所充满，并且在不同现象中的内包的大小也必须可以是更小或更大的，虽然直观的外延的大小是一样的。（KrV，A173；B214）

66. 一切实体，只要它能够在空间中被知觉为同时的，都是在普遍的交互作用中的。（KrV，A211；B256）

67. 所以实体们在空间中的同时并存在经验中没有别的，而无非在它们的一种交互作用的前提下，才能够被认识。（KrV，A211；B258）

68. 没有协同性，每一种（空间中现象的）知觉都会与别的知觉断绝开来。（KrV，A213；B260）

69. 但这样一来，空的空间对于所有我们的可能经验来说就根本不是什么客体了。（KrV，A214；B261）

70. 这种不可能性不是建立在这个自在的概念本身上，而是建立在这个概念在空间中的构成上，亦即建立在空间及其规定的条件上。（KrV，A221；B268）

71. 空间就是外部经验的一个先天形式条件。（KrV，A224；B271）

72. 后者是贝克莱的独断的观念论，它把空间、连同空间作为不可分的条件而附加于其上的一切事物，都宣布为某种自在本身似乎是不可能的东西并因此也把在空间中的事物宣称为只是想像。（KrV，B274）

73. 我自己的此在的单纯的、但经验地被规定了的意识证明了空间中在我之外的对象的此在。（KrV，B275）

74. 我们只有通过与空间中的持存之物相关联（例如鉴于地球的对象的太阳运动）的外部关系中的变更（通过运动），才能够实施一切时间规定。（KrV，B277）

75. 因为唯独空间持存地规定，但时间、因而一切存在于内感官中的东西，则不断流动。（KrV，B291）

76. 这个概念的客观实在性没有直观、确切地说没有空间中的外部直观，看清则是不可能的。（KrV，B292）

77. 空间已经先天地把那些形式的外部关系作为（在作用和反作用中、因而在协同性中的）实在关系的可能性的条件而包含在自身中了。（KrV，B293）

78. 这些范畴只有在与空间和时间中的直观统一性的关系中才具有意义。（KrV，B308）

79. 这个成问题的思想，它毕竟为这些对象保留着一个位置，仅仅为了，就像一个空的空间，限制经验的原理，却无需，在自身中包含与显露，在经验的范围之外的任何别的知识客体。（KrV，A259；B315）

80. 多数性和数目的差异性已经被作为外部现象的条件的空间本身说明了。（KrV，A264；B320）

81. 空间和时间，前者仅仅通过实体们的关系，后者仅仅通过这些实体的规定们，作为根据和后果的相互联接，才是可能的。（KrV，A267；B323）

82. 物质的可能性以一种形式的直观（时间和空间）作为已被给予的前提。（KrV，A268；B324）

83. 莱布尼茨就这样把空间设想为一种在实体的协同性中的一定秩序。（KrV，A276；B332）

84. 所以空间和时间就是自在的事物本身（实体及其状态）连结的理知形式。（KrV，A276；B332）

85. 于是空间和时间就将不是自在事物的规定，而是现象的规定。（KrV，A276；B332）

86. 关于一立方尺空间的概念，不论我在哪里以及如何经常思考它，自身都是完全一样的。（KrV，A282；B338）

87. 这个某物，现成地提供了通过单纯的概念完全不会被认识的基底，也就是一个空间。（KrV，A284；B340）

88. 空间毕竟先行于一切经验的因果关系。（KrV，A286；B342）

89. 单纯直观形式，没有实体，本身就绝不是对象，而只是对象（作为现象）的形式条件，如纯粹空间，和纯粹时间。（KrV，A291；B347）

90. 如果没有广延的存在者被知觉到，就表象不出任何空间。（KrV，A292；B349）

91. 点（它们在空间中构成了唯一的简单之物）只不过是界限，但本身却不是某种作为部分用以构成空间的东西。（KrV，B419）

92. 与这种观念论相对立的则是一种先验实在论，它把时间和空间看作某种自在地（不依赖于我们的感性）被给予的东西。（KrV，A369）

93. 在空间中一切都是相互外在的，但空间本身却是在我们之内。（KrV，A370）

94. 这种对象如果在空间中被表象，那就叫作外部的对象，而如果它只是在时间关系中被表象，那就叫作内部的对象。（KrV，A373）

95. 空间和时间虽然是先天的表象，它们还在一个现实的对象通过感觉而规定我们的感官、以便把这个对象表象在那些感性关系之下以前，就已经作为我们的感性直观的形式而寓于我们之中了。（KrV，A373）

96. 空间自身也无非是单纯的表象，因而在其中只有那在空间中被表象的东西。（KrV，A374）

97. 凡是在空间中被给予的、亦即通过知觉被表象的东西，在空间中也是现实的。（KrV，A375）

98. 一切外部知觉都直接证明了在空间中某种现实的东西，或者不如说就是现实的东西本身，所以就此而言经验的实在论不容怀疑地就是，亦即，与我们的外部直观相一致的就是在空间中的某种现实的东西。（KrV，A375）

99. 空间本身，连同其一切现象，作为表象，都只存在于我之内，但实在的东西、或者外部直观的一切对象的材料仍然在这种空间中现实地、不依赖于任何虚构地被给予了。（KrV，A375）

100. 外部知觉直接证明了在空间中的一种现实性，这个空间，虽然它本身只是表象的单纯形式，但鉴于一切外部现象（这些现象也无非是单纯的表象）却拥有客观的实在性。（KrV，A377）

101. 这种外感官的直观就是空间，但空间本身毕竟无非是，一种——有一定知觉在其中相互连结着的——内部表象方式。（KrV，A378）

102. 也就是关于空间及空间中一种现象的概念，取而代之的是，作为我们内部直观的唯一形式的时间，却不拥有常驻的东西，因而只有规定的更替，却不提供确定的对象来认识。（KrV，A381）

103. 在一个一般思维着的主体中，外部的直观，即（空间的形状和运动所充满的）空间的直观是如何可能的？但对这个问题没有任何人可以找到一个答案。（KrV，A393）

104. 这种在空间中此在的无条件的统一性，并不是那种外在于它的许多事物的意识，而是只不过它自己的此在的意识。（KrV，A404）

105. 为了按照范畴表而设立理念表，那么我们首先就接受所有我们的直观的两种本源的定量，时间和空间。（KrV，A411；B438）

106. 但涉及到空间，那么在它自在本身中递进与回溯则没有任何区别，因为空间构成了一个聚合体，但并不构成任何序列，当它的部分全都是同时存在的时候。（KrV，A412；B439）

107. 空间的一部分不是通过另一部分而给予，而是仅仅被限制。（KrV，A413；B440）

108. 在条件序列中综合的绝对总体性的先验理念也遇到了空间。（KrV，A413；B440）

109. 空间中的实在性、即质料，就是一个有条件者。（KrV，A413；B440）

110. 这些空间的边界绝不是在自身被确定，而一直通过另外一个空间被确定。（KrV，A414；B441）

111. 在第二种情况下则存在序列的第一项，它鉴于消逝的时间就叫做世界的开端，而鉴于空间则叫做世界的界限。（KrV，A418；B446）

112. 无论世界该是来自永恒性的，还是有一个开端，世界空间是用存在物充满进无限，还是被包括在某种界限之内。（KrV，A481；B509）

113. 空的空间不是事物为自己的一个现成的相关物，并且它不能是任何你们可以停留在那里的条件，更不可能是一种构成一个可能经验的一个部分的经验的条件。（KrV，A487；B515）

114. 如果空间的这种分割在什么时候应当停止于它的一个项（在简单之物上），那么你们的概念对于那个无条件者的理念来说就太小。（KrV，A487；B515）

115. 一切在空间或者时间中被直观到的东西，因而一切对我们可能的经验之对象，都无非是现象。（KrV，A490；B518）

116. 这种观念论由于它假定了空间的特有的现实性，就否定了在空间中广延的存在物的此在。（KrV，A491；B519）

117. 外部直观的对象，正如它们在空间中被直观到的那样，也是现实的。（KrV，A491；B520）

118. 那个空间本身、连同这个时间、同时随两者一起的一切现象，本身自在地毕竟都不是事物，而无非是表象，并且根本不可能在我们的内心之外生存。（KrV，A492；B520）

119. 凡是在空间和时间中的东西（现象）都不是自在的“某物”，而仅仅是表象，这些表象如果不是在我们之内（在知觉中）给予了，其余任何地方都遇不到。（KrV，A494；B522）

120. 如果我把在一切时间和一切空间中感官的一切生存的对象全都表象出来：那么我并没有在经验之前把它们放置到空间和时间中去。（KrV，A495；B523）

121. 这些现象，在这种领会中，本身无非都是一种（在空间和时间中的）经验的综合并且所以仅仅在这种综合中才被给予。（KrV，A499；B527）

122. 如果我说：世界在空间上要么是无限的，要么它不是无限的（non est infinitus，不是无限的），那么，当第一个命题是假的时候，它的矛盾对立面：“世界不是无限的”，就是真的。（KrV，A503；B531）

123. 在感性中，即在空间和时间中，我们在说明给予的现象中所能够达到的——每一个条件，又都是有条件的。（KrV，A508；B536）

124. 在世界整体的（按照时间和空间）无条件的大小的回溯中、这个永远无止境的上升过程是否能够叫做一个无限后退，还是只能够叫做一个不可确定地继续的回溯（不限定的回溯）。（KrV，A518；B546）

125. 我就不能够说：世界按照经过的时间或者按照空间是无限的。（KrV，A520；B548）

126. 世界没有任何时间的最初开端，并且没有任何按照空间的最外界限。（KrV，A520；B548）

127. 假如这个总体性没有占据一切时间和一切空间，我们就根本剥夺了它在时间空间中的任何一个确定的位置。（KrV，A521；B549）

128. 一切开端都在时间中，而一切广延之物的界限都在空间中。（KrV，A522；B550）

129. 这种现象的可分性建立在——构成一种广延的整体的物体可能性的——那个空间可分性之上。（KrV，A525；B553）

130. 一个空间中被给予的现象的分割的无限性，唯独建基于，通过这种现象而已经给予了的只不过是可分性，亦即各部分的一种本身绝对不确定的数量。（KrV，A526；B554）

131. 这个无限的分割只表明现象是 quantum continuum（连续的定量），并且与空间的充满是不可分的；因为正是在空间的充满中存在着无限可分性的根据。（KrV，A527；B555）

132. 我们已经到处把条件表现为，按照空间和时间的关系而从属于它的有条件者。（KrV，A528；B556）

133. 假如现象是事物自在本身，因而空间和时间就是事物自在本身的此在形式。（KrV，A535；B563）

134. 一切图形只有作为限制无限空间的不同方式才是可能的。（KrV，A578；B606）

135. 当前的这个世界，向我们展现出一个如此不可估量的多样性、秩序、合目的性和美的舞台，人们可以在空间的无限性中，或者在对空间的无限制的分割中追寻它。（KrV，A622；B650）

136. 必然性、无限性、统一性、在世界之外的（不是作为世界灵魂的）此在、没有时间条件的永恒性、没有空间条件的全在、全能等等，都是纯然先验的谓词。（KrV，A641；B669）

137. 而追踪自然，直到它的内在深处，但决不飞越它的界限，在这界限之外对于我们除了空的空间则一无所有。（KrV，A702；B730）

138. 数学也研究线和面、作为不同质的空间的差别，研究作为广延的一种质的、广延的连续性。（KrV，A715；B743）

139. 从一切直观中被先天给予出来的，只不过是现象的单纯形式，即空间和时间。（KrV，A720；B748）

140. 现象的质料，由此事物在空间和时间中被给予了我们，却只能在知觉

中、因而后天地被表象出来。（KrV, A720; B748）

141. 一切于此所是的东西（一个在空间或时间中的物），考虑它是否以及在何种范围内是一个定量。（KrV, A724; B752）

142. 我仅仅来到哪里，我总是在我周围看到一个我可以继续前进的空间。（KrV, A759; B787）

143. 这个身体就可以被设想为简单的实体，这是因为，它的表象抽掉了空间内容的一切大小、因而是简单的。（KrV, A785; B813）

狂想曲（die Rhapsodie）

1. 依据于按照一般现象的对象之概念的综合，没有这个它就不是知识，而会是知觉的一种狂想曲。（KrV, A156; B195）

2. 在理性的统治下，我们的一般知识不允许构成任何狂想曲，而它必须构成一个系统，唯有在这个系统中这些知识才能支持和促进理性的根本目的。（KrV, A832; B860）

L

来世（das künftige Leben）

1. 相反，如果第一个证明所涉及的东西，对每个人都察觉到的他本性的天资，通过尘世的东西（作为它的全部使命的天资是不充分的）决不能被满足，那么则拥有了来世的希望。（KrV，BXXXII）

2. 经此，对于来世设想的、权限、甚至必要性，按照与思辨的理性运用联结着的实践的理性运用的原理，在此则仍然没有丝毫损失。（KrV，B424）

3. 人们可以希望，人们有朝一日还会发明出我们的纯粹理性的两个基本命题：存在着上帝、存在着来世的显明的演证。而我则是更肯定，这绝不会发生。（KrV，A741；B769）

4. 如果我听说，一位不一般人物据称已经否证了人类意志的自由、来世的希望和上帝的此在，那么我就迫切渴望，读到这本书，因为我期待由于他的天才他会把我的见识带领得更远。（KrV，A753；B781）

5. 第二点，即使灵魂的精神本性（并与之一起洞察灵魂的不死性）可能被洞察，但却既不能因此就鉴于此生的现象、就作为一种解释根据，也不能被依赖于来世的特殊性状。（KrV，A799；B827）

6. 但这三个问题又具有它的更深远的意图，即，应该做什么，如果意志是自由的，如果存在着一个上帝和一个来世。（KrV，A800；B828）

7. 所以我们在纯粹理性的法规中只与——涉及纯粹理性的实践兴趣的——两个问题发生关系，并且鉴于这两个问题，纯粹理性运用的一种法规必须是可能的，这就是：有一个上帝吗？有来世吗？（KrV，A803；B831）

8. 所以上帝和来世，是两个出自纯粹理性让我们承担起的义务、按照恰好同一个理性的原则、而不可分离的预设。（KrV，A811；B839）

9. 理性认识到自己是强迫假定、这样一个统治者、连同——我们必须看做来世的——这样一个世界中的生活的，否则，就必须把这种道德律看做空的幻影。（KrV，A811；B839）

10. 恰恰鉴于自然的神学的智慧，考虑到人类本性的卓越装备以及与之如此难以相适当的生命的短暂，为人类灵魂来世的一种学理的信念的足够的根据恰好又可以被找到。（KrV，A827；B855）

11. 如果我想把单纯理论上的视其为真也仅称为——我本该有权采纳的——假设，那么我由此就会已经自告奋勇地拥有更多关于一个世界原因和一个来世的性状的概念，相比于我实际所能够指出的。（KrV，A827；B855）

12. 这个目的在这里已经不可回避地断定了，并且只有一个唯一的条件、按照我的一切洞见，是可能的，在这个唯一的条件之下这个目的与所有全部的目的相关联，并且由此获得实践的有效性，即，有一个上帝和一个来世。（KrV，A828；B856）

13. 但由于道德的规范同时就是我的准则（正如理性命令，它应该是的），那么我将不可避免地相信上帝的此在和一个来世，并且我肯定，没有任何东西能动摇这个信念。（KrV，A828；B856）

14. 这就叫做：对一个上帝和另一个世界的信念与我的道德意向如此交织在一起，以致于，我很少步入损失前者的危险，正好我如此很少地操心，以致于后者在某个时候可以从我手中被夺走。（KrV，A829；B857）

15. 人类在哲学的童年所开始做的，是我们今天更愿意结束的地方，也就是说，首先研究上帝的知识，以及另一个世界的希望乃至于另一个世界的性状。（KrV，A852；B880）

蓝本（das Urbild）

1. 理念在他那里是事物本身的蓝本，而不像范畴那样，只不过是打开可能经验的钥匙。（KrV，A313；B370）

2. 但这就是德行的理念，鉴于这个理念，一切可能的经验对象虽然都用作实例，（即用作对理性概念所强烈要求的东西，在一定程度上的可行性的证据），但并不用作蓝本。（KrV，A315；B372）

2. 所以这种理念毕竟是完全正确的，它把这种最大值提升为蓝本，以便按照这一蓝本把人类的法律宪章越来越带近可能的最大完善性。（KrV，A317；B374）

3. 正如理念提供规则，理想在这种情况下就充当摹本的通盘规定的蓝本，而且我们所具有的衡量我们行动的标尺，无非是在我们之内的这种神圣的人的行为，用此我们对自己进行比较、评判，并由此而改进我们，虽然这个标尺永远也不能够取得。（KrV，A569；B597）

4. 理性的理想就是这样一种情况，它任何时候都必须以确定的概念为基础并且必须用作规则和蓝本，不论是用来遵守还是用来评判。（KrV，A570；B598）

5. 所以，理想对于后面这种规定就是一切事物的蓝本（Prototypon，原型），一切事物全部都是作为不完善的副本（ectypa，副本）从它那里获取它的可能性的材料，并且，一切事物都或多或少地接近于这个蓝本，但要达到它，则任何时候离都差得无限远。（KrV，A578；B606）

6. 好像这些对象本身已经从那个一切理性的蓝本中产生了出来。（KrV，A673；B701）

7. 那个迄今颠倒了的摹本，在人类被赐予的范围内，成功地做到与蓝本相同为止。（KrV，A838；B866）

8. 尤其当人们似乎把哲学概念人格化并且将它在哲学家的理想中设想为一个蓝本的时候。（KrV，A839；B867）

类比（die Analogie）

1. 而正因为这种内部直观不提供任何形状，我们也就试图通过类比而补足这一缺陷，并且通过一条无限延伸的线路而表象时间序列。（KrV，A33；B50）

2. 经验的类比的原则：经验只有通过知觉的必然连接的表象才是可能的。（KrV，A176；B218）

3. 在哲学中，类比意味着某物很不同于它们在数学中所表现的东西。在数学中这都是公式，它们陈述两个大小关系的相等，并且任何时候都是构成性的，以至于如果比例的三项被给予了，第四项也由此而被给予，即能够而被构造。但在哲学中，类比不是两个量的关系的相等，而是两个质的关系的相等，在此我从三个被给予的项中只能认识到和先天地给出与第四项的关系，而不是这个第四项本身，但倒是拥有一条在经验中寻找的规则，以及一个在经验中找到的标志。（KrV，A180；B222）

4. 一个经验之类比将只是一条规则，按照这条规则，从知觉中应该产生出经验的（不是像知觉本身，而是一般经验的直观的）统一性，并且有关对象（现象的对象）的原理将不看作为是构成性的，而只是调节性的。（KrV，A180；B222）

5. 但在一切综合原理那里将被提醒、并且在这里必须被首先说明的东西是：这些类比并不作为先验的、而仅作为经验的知性运用的原理，才拥有它的唯一意义和有效性，因而也只作为这样的原理能够被证明，因此，现象不是必须被干脆归摄到范畴之下，而只是必须被归摄到范畴的图型之下。（KrV，A180；B223）

6. 所以我们通过这些原理，将有权利只按照一种类比、用逻辑的和普遍的概念统一性、而组合现象，因此我们虽然在这条原理本身中使用范畴，但在执行中（应用于现象上）却把范畴的图型用作范畴的运用的钥匙，而把它的位置、或不如说让这个图型以前者的一个公式的名义、作为限定的条件而放在了一边。（KrV，A181；B224）

7. 时间的三种样态是持存性、相继性和同时并存。因此现象的一切时间关系的三条规则，据此现象的每一个此在能够在一切时间的统一性方面被规定，先行于一切经验，并且首次使现象成为可能。所有这三种类比的普遍原理，在一切可能的经验的意识（知觉的）方面，都建立在对每一个时间的统觉的必然统一性之上，因而，由于那种统觉设置了先天的基础，在一切现象按照它们在时间中的关系的综合统一性之上。（KrV，A177；B219）

8. 第一类比，实体的持存的原理：实体在现象的一切变化中持存，它的定量在自然中既不增加也不减少。（KrV，A182；B224）

9. 第二类比，按照因果律的时间相继的原理：一切变化都按照原因与结果的连结的规律而发。（KrV，A189；B232）

10. 第三类比，按照交互作用或协同性的法则同时并存的原理：一切实体，只要它能够在空间中被知觉为同时的，都是在普遍的交互作用中的。（KrV，A211；B256）

11. 而这就正是经验中的三种类比。它们只不过是时间中的现象的此在的规定的原理，依据时间的所有这三种样态，即作为一种大小而与时间本身的关系（此在的大小，即持续性），作为一个系列而在时间中的关系（即前后相继），最后作为一个所有此在的总和而也在时间中的关系（同时）。时间规定的这种统一性是完全动力学的，亦即时间不被看作——经验在其中直接给每个此在规定它的位置，这是不可能的，因为绝对时间并不是知觉的对象，似乎用了它现象就能够聚集到一起；毋宁作为知性的规则——唯有通过它，现象的此在才能按照时间关系得到综合的统一性——在时间中给每一个现象规定了它的位置，因而对一切时间和每一个时间都先天而有效。（KrV，A215；B262）

12. 我们的类比真正体现了一切现象在一定指数下关联起来时的自然统一性，而这些指数无非向统觉的统一性表达了时间关系（只要它自身中包含了一切此在），这种统一性只有在按照规则的综合中才能够发生。所以这些类比共同说明了：一切现象都处于一个自然中，并且必须处于其中，因为没有这种先天的统一性，任何经验的统一性，因而任何对经验中的对象的规定也都会是不可能的。（KrV，A216；B263）

13. 所以我将按照与这个世界中的实在性、实体、原因性和必然性的类比而设想一个在最高完善性中拥有这一切的存在者，并且由于这个理念只以我的理性为基础，我将能够把这个存在者设想为独立的理性，它通过最大的和谐和统一性的理念而是世界整体的原因。（KrV，A678；B706）

14. 我们是否至少可以按照与经验之对象的一个类比而思想这个与世界不同的存在者？那么回答就是：当然，但只作为在理念中而非在实在性中的对象，即只要这个对象仅仅是世界机制的系统统一性、秩序和合目的性的一个为我们所不知道的基底。（KrV，A696；B724）

15. 然而，在世界结构的系统而合目的性的秩序的关系中，如果我们研究自然、就必须预设它，我们已经只按照与一个理智的类比（一个经验的概念）而设想了那个为我们所不知道的存在者。（KrV，A698；B726）

16. 因为我们没有权利，在自然之上假定一个想好了的属性的存在者，而只有权利把这个存在者的理念设置为根据，以便按照一种因果规定的类比而把现象看作系统地相互联结着的。（KrV，A700；B728）

立法学（die Nomothetik）

1. 这种二律背反，它暴露于法律的应用中，在我们有限的智慧那里就是立法学的最好的检查试验，为了理性，它在抽象的思辨中不容易被发觉它的失足，由此而促使人们注意到在对它们的原理作规定时的各种要素。（KrV，A424；B452）

力，力量（die Kraft）

1. 所以，天体运动的核心法则使哥白尼一开始仅仅认为假设的东西，获得了完全的确定性，并且同时证明了那种使不可见的世界构造联结着的（牛顿的引力）的力，这种力如果不是哥白尼大胆地，以一种违背感官的、但毕竟是真实的方式，不是在天空中的那种对象中、而是在这些对象的观察者中寻求那种观察到的运动的话，则永远不会被发现。（KrV，BXXII）

2. 如果我从一个物体的表象里，把那种知性所想到的东西，如实体、力、可分性等等都隔离了，同时，又把那种属于感觉的东西，如不可入性、硬度、颜色等等也隔离了，那么从这个经验的直观中还剩留下某种东西，即广延和形状。（KrV，A20；B35）

3. 使力、行动、承受的宾位词都从属于因果性范畴。（KrV，A82；B108）

4. 这种因果性引出了动作的概念，动作则引出了力的概念，并由此引出了实体的概念。（KrV，A204；B249）

5. 凡是在有动作、因而有活动和力的地方，也就有实体，并且唯独在实体中才必定找得到现象的那种丰富的来源之地。（KrV，A204；B249）

6. 所以这样，应当构成整个宇宙的原料的单子们就完成了，但它们的行动的力却只在于表象们，通过这些表象它们原本就是单纯在自己本身中有效的。（KrV，A274；B330）

7. 没有任何自然的力能够自发地偏离于它自己的规律。（KrV，A294；B350）

8. 例如一个运动的物体虽然把自己任何时候都看作在同一方向上的那种直线，但如果有另一个力按照另一个方向同时影响于它，它就偏移进曲线运动了。为了把知性所特有的活动与参与其中的力相区别，因此这就有必要，把错误的判断看作两个力之间的对角线，这两种力按照两个不同的方向而规定这个判断。（KrV，A295；B351）

9. 相反，单纯的经验论看来剥夺了两者的一切力量和影响。（KrV，A468；B496）

10. 人类的理性不仅包含理念，而且也包含理想，理想虽然不像柏拉图的理想那样具有创造性的力量，但毕竟具有实践的力量（作为调节的原则），并且给一定的行动的完善性的可能性放置了基础。（KrV，A569；B597）

11. 如果这些法则必然地预设任何一个此在，作为它们的约束力的可能性条件，那么这个此在就必须被假定。（KrV，A634；B662）

12. 并且人们所以就把所有的物质都归结为土壤（似乎是单纯的重量）、盐和燃烧物（作为力）。（KrV，A646；B674）

13. 逻辑的理性原则要求这种统一性尽可能地实现出来，而这种那种力的现象越是更多地被发现相互是同一的，则——它们无非是同一个能够（比较而言）叫做它们的基本力的那种力量的不同表现——就越是有可能。（KrV，A649；B677）

14. 当一种实在性、实体、力等先验的概念被给予我时，那么这种概念就既不表示一种经验的直观，也不表示一种纯粹的直观，而只表示经验的直观（因而也不能表示被先天给予的直观）的综合。（KrV，A722；B750）

15. 如果我表象出在运动中我的身体的这种力，那么身体对我而言就是绝对统一性，并且敢于它我的表象就是简单的。（KrV，A784；B812）

16. 相反，如果我们从道德统一性的观点，这样一个必然的世界规律而认真考虑——那种唯一能够给这一世界规律提供适当的效果、因而也为我们提供有联系的力量的——原因，那么这种原因则必须是一个唯一的至上意志，它包含所有这种规律于自身。（KrV，A815；B843）

基本力（die Grundkraft）

1. 我们内心的一种——能预先直观（并非单纯去推断）未来的——特殊的基本力。（KrV，A222；B270）

2. 自然的许多力——通过一定的结果表明为它们的此在，对于我们仍然是无法探明究竟的；因为通过观察我们远不足以能够对它们寻根问底。（KrV，A613；B641）

3. 一个基本力的理念，但逻辑根本从中查不出，它是否这样给予了，至少是力量的多样性的一种系统表象的问题。逻辑的理性原则要求这种统一性尽可能地实现出来，而这种那种力的现象越是更多地被发现相互是同一的，则——它们无非是同一个能够（比较而言）叫做它们的基本力的那种力量的不同表现——就越是有可能。（KrV，A649；B677）

4. 反之，比较而言的基本力则必须被相互比较，以便它们通过人们揭示它们的一致性而靠近一个唯一的极端的、即绝对的基本力。但这个理性统一性只是假设的。人们并不主张，一个这样的基本力实际上必须被找到，而主张，人们必须为了理性的利益、即为了可能给予经验的许多规则建立一定的原则，而寻找那种基本力，并必须在容许做到的地方、以这样的方式把系统的统一性带进知识。（KrV，A649；B677）

5. 这种一般基本力的理念不仅仅会作为问题被规定而假设地运用，而且还会假托客观实在性。（KrV，A650；B678）

6. 理性究竟带有哪些权限能够在逻辑的运用中要求，把自然提供给我们来认识的力的多样性，当作一种只是隐藏着的统一性来处理，并且把这些多样性从某种基本力的任何一个中尽其所有地推导出来？（KrV，A679；B651）

7. 但在这种情况下，理性所关注的，只不过是灵魂现象的解释的系统统一性的原则，也就是，把所有规定，看作在一个唯一的主体中，把一切力，尽可能地，看作从一个唯一的基本力派生出来，把一切变化看做属于一个以及同一个持存的存在者的状态，并且把空间中的一切现象，表现为与思想的行动完全不同。（KrV，A682；B710）

力矩 (das Moment)

1. 所以人们就把这种作为原因的实在性的程度称为，一个力矩（Moment），例如重力的力矩。（KrV，A168；B210）

2. 每一种颜色，例如红色，都有一个程度，尽管它可以是小的，绝不是最小的，并且热、重力的力矩等等一般也是这样的情况。（KrV，A169；B211）

3. 所以一切变化都只是通过因果作用的一种连续的行动才可能的，这种行动、只要它是匀速的，就叫做一种力矩（Moment）。变化并不由这些力矩所构成，而由此作为它们的结果而产生。（KrV，A208；B254）

理论 (die Theorie)

理论的，理论地，在理论上 (theoretisch)

理论的知识 (die theoretische Erkenntnis)

1. 理性知识能够在两种方式上被它的对象所关联，要么仅规定它和它的概念（别的则必须被给予），要么就现实地制造它。这前者是理性的理论知识，后者是理性的实践知识。（KrV，BX）

2. 数学和物理学是——理性应当先天地规定它的对象的——两门理论的理性知识，前者完全纯粹地规定，后者则至少部分纯粹地、但也还按照不同于理性来源的另一种知识来源的尺度而规定。（KrV，BX）

3. 但这种更多的东西恰好不需要在理论知识的来源中去寻找，它也可能存

在于实践知识的来源中。(KrV, BXXVI)

4. 然而如果不是批判预先教导我们，在自在之物本身方面，我们的无法避免的无知，并且所有，那些我们能够在理论上认识的东西，都限制在单纯现象上，那么这就不可能发生。(KrV, BXXIX)

5. 在理性的所有理论科学中都已包含作为原则的先天综合判断。(KrV, A10; B14)

6. 反对这种理论，它向时间承认经验的实在性、但否认那种绝对的和先验的实在性。(KrV, A36; B53)

7. 我们的先验感性论的第二件重要的事情是：它不仅仅要作为一种表面上的假设而赢得一些宠爱，而且要该是如此确定的和不被怀疑的，当每一种理论能够被要求的时候，这种理论应当用作工具论。(KrV, A46; B63)

8. 为了证实这一外感官以及内感官的观念性理论，因而证实感官的一切客体，都是单纯现象的理论，可以首先采用这种观点。(KrV, A49; B66)

9. 这里一切困难都仅仅在于，一个主体如何能够内在地直观自身；只不过这种困难是任何一种理论所共同的。(KrV, B68)

10. 虽然最后这个对我们的感性理论的评论必须只被算作解说，而不是证明。(KrV, B72)

这个表在哲学的理论部分中是非常有用的。(KrV, B109)

11. 它是纯粹知性概念——（并与它们一起把一切先天理论知识）作为经验可能性的原则。(KrV, B168)

12. 观念论（我指的是质料的观念论）是这种理论，它把外在于我们在空间中对象的此在或者宣布为仅仅是可疑的和不可证明的，或者宣布为虚假的和不可能的。(KrV, A226; B274)

13. 理论天文学，会单纯报告星空的观察，即前者；而后者，即理知世界(intelligible Welt)，则表现为（也许按照哥白尼的宇宙体系、或完全按照牛顿的引力定律来解释的）静观的天文学。(KrV, A257; B313)

14. 无，作为1. 没有对象的空的概念理论的东西。(KrV, A292; B348)

15. 我们已经暂时达到了我们的目的，因为我们把那些先验的理性概念——它们通常在哲学家的理论中一般都混杂在其他概念里面，哲学家们从来也没有将它们与知性概念恰当地区分过——从这种歧义状况中提取出来了。(KrV, A338; B396)

16. 然而我毕竟将会授权把这些概念，鉴于实践的运用，其仍然一直指向经验之对象，遵照在理论运用中类似的意义，应用于自由和自由的主体身上。(KrV, B431)

17. 因此我们这样把理性从诡辩的理论中解脱出来，将已经难以具有——

使理性完全满意所必须的——那种清晰性。（KrV，A388）

18. 一个人为了自己的主张而假定某种无意义的或单纯想像出来的东西，这个理论就倒塌了。（KrV，A389）

19. 除非一个严格的、但却是公正的批判的冷静性，才能够把这么多人通过想像出来的幸福、从这种独断论的花招中解脱、拖到理论和系统之中，并且限制我们的一切思辨的要求而只在可能经验的领域。（KrV，A395）

20. 如果不存在区别于世界的原始存在者，如果世界无需开端因而也无需创造者，我们的意志不是自由的，并且灵魂与物质存在同样的可分性和可朽性，那么道德的理念和原理也都丧失了一切有效性，而与构成它们的理论支柱的那些先验的理念一起陷落了。（KrV，A468；B496）

21. 我在这里满足于，把理论知识解释为一种这样的，我由此认识“这是什么”的知识，而把实践知识解释为，一种我设想“这应当是什么”的知识。据此，理性的理论运用就是那种，通过它我先天地（作为必然的）认识某物存在的运用；但实践的运用则是，通过它应当发生的东西先天被认识到的运用。（KrV，A633；B661）

22. 所以如果一个物的绝对必然性应当在理论知识中被认识，那么这个物就唯有从先天概念中才能够发生，但决不作为一个——与被经验所给予的此在相关联的——原因。（KrV，A634；B662）

23. 如果我做了我所应当做的，那么我可以希望什么？这是实践的并同时是理论的。（KrV，A805；B833）

24. 因为一切希望都走向幸福，并且在关于实践和道德律方面所是的东西，知识和自然律在事物的理论认识方面所是的东西，恰好就是同一个东西。前者最终会推出这种结论，某物存在（它规定着最后可能的目的），因为某物应当发生；后者则会推出那种结论，某物存在（它作为至上原因而起作用），因为某物发生了。（KrV，A805；B833）

25. 正如按照在它的实践的运用中的理性，道德原则是必须的一样，按照在它的理论的运用中的理性，同样也必须假定，每一个人都拥有理由希望——当他已经在他的行为中使自己配得上——在他那个程度上的幸福，所以德性体系与幸福体系是不可分地、但只是在纯粹理性的理念中联结着的。（KrV，A809；B837）

26. 无论在哪里，仅仅在实践的关系中，理论的不充分的视其为真才能够被称为信念。（KrV，A823；B851）

27. 但因为，虽然我们在与客体的关系中不能采取任何措施，所以视其为真仅仅是理论的，我们仍然能在许多情况下在思想中表达和想像一种措施，我们误以为这种措施具有充分的根据，如果有一种办法而澄清事情的确定性，于是在单纯理论的判断中就存在着实践的判断的一个类似物，在它之上的视其为真适合信念这个词，我们可以把这种信念称为学理的信念。（KrV，A825；B853）

28. 如果我想把单纯理论上的视其为真也仅称为——我本该有权采纳的——假设，那么我由此就会已经自告奋勇地拥有更多关于一个世界原因和一个来世的性状的概念，相比于我实际所能够指出的。（KrV，A827；B855）

29. 形而上学划分为纯粹理性的思辨的运用的形而上学和实践的运用的形而上学，所以要么是自然的形而上学，要么是道德的形而上学。前者包含来自一切事物的理论知识的单纯概念（因而排除了数学）的一切纯粹理性原则；后者则包含那些——先天地规定所为所不为并且使之成为必然的——原则。（KrV，A841；B968）

30. 这是一种导致了各种原理的、单纯的厌恶理论，并且它的最荒谬的东西就是，把一切人为的手段的忽略，捧为一种——扩展它的知识的——独特的方法。（KrV，A855；B883）

理念（die Idee）

理性理念（die Vernunftidee）

先验的理念（die transzendentale Idee）

道德的理念（die moralische Idee）

超验的理念（die transzendente Idee）

形而上学的理念（die Idee der Metaphysik）

1. 反之，辩证法则用无条件者的必然的理性理念把这两者结合成一致性，并且发现，这种一致性永远只有通过那种区分才出现，所以这种区分是真正的区分。（KrV，BXX）

2. 先验一哲学的理念。（KrV，A1）

3. 所以刚好柏拉图就抛弃了感官世界，因为它对知性设置了如此严格的限制，并且鼓起理念的翅膀，而冒险飞向感官世界的彼岸，进入纯粹知性的真空。（KrV，A5；B9）

4. 在纯粹理性批判名下，一门特殊科学的理念和划分。（KrV，B24）

5. 先验一哲学是科学的理念。（KrV，A13；B27）

6. 所有属于纯粹理性批判的东西就是那些构成先验一哲学的东西，并且纯粹理性批判是先验一哲学的完备的理念。（KrV，A14；B28）

7. 一个先验逻辑的理念。（KrV，A50；B74）

8. 所以我们就预先把我们变成一种关于纯粹知性与理性知识的科学的理念，由此我们完全先天地思想对象。（KrV，A57；B81）

9. 因此它就只有借助于先天的知性知识的一种整体理念，并且通过由此确定的对那些构成它的概念的划分，因而只有通过这些概念在一个系统中的关联，才是可能的。（KrV，A65；B89）

10. 先验哲学具有优点，但也有义务，根据一个原则寻找它的概念；因为它们纯粹而非混杂地产生于——作为绝对的统一性的——知性，因而并且本身必须按照一个概念或理念而相互关联。（KrV，A67；B92）

11. 通过一个对一切实体都有效的原因的理念的统一性，在这种统一性中，实体全都必须、按照普遍法则而获得它们的此在和持存性、因而也彼此获得相互的一致。（KrV，A275；B331）

12. 所以我们还不能顾及它，而是暂且，就如我们曾把纯粹知性概念命名为范畴那样，配备纯粹理性的概念以一个新的名称并且把它们命名为先验的理念。（KrV，A311；B368）

13. 关于一般理念。（KrV，A312；B368）

14. 柏拉图这样使用理念的表达，以致于人们大约地看到，他已把它理解为，某种——不仅永远也不从感官中借来、而且甚至远远超出亚里士多德所研究的知性概念之上的——东西，因为在经验中永远也找不到与之相一致的东西。理念在他那里是事物本身的蓝本，而不像范畴那样，只不过是打开可能经验的钥匙。根据他的看法，理念从最高理性流淌出来，从那里它们成为人类理性的一部分，但人类理性现在不再处于它的本源状态中，而必须辛苦地通过回忆（称为哲学）而唤回那古老的、现在已被严重遮蔽了的理念。（KrV，A313；B370）

15. 柏拉图主要在一切实践的东西中，亦即在一切以自由为依据的东西中，发现了他的理念，而自由在它那方面则是从属于理性的一种特有产物的知识。（KrV，A315；B371）。

16. 那些理念在最高知性中是个别的、不可改变的、彻底规定了的，并且是事物的本源的原因，而只有在宇宙中事物联结的整体才是唯一而单独地完全适合于那个理念的整体的。（KrV，A318；B374）

17. 纯粹的概念，如果仅在知性中（而不是在感性的纯粹形象中）具有它的来源，则就叫作 Notio（即思想、概念）。而一个出自复数的 Notio 的超出经验之可能性的概念，就是理念，或者理性概念。（KrV，A320；B377）

18. 我们可以把这些先天概念称为纯粹的理性概念，或先验理念，而它们将根据原则而规定知性在全部经验的整体上的运用。（KrV，A321；B378）

19. 我把理念理解为一个必然的理性概念，在感官中不会有任何与之相符的对象被给予它。所以我们现在所考虑的纯粹理性概念就是先验理念。它们都是纯粹理性的概念。（KrV，A327；B383）

20. 最后，它们是超验的并且超出一切经验之界限，所以在经验中绝不能出现一个会与先验理念相适应的对象。如果人们举出一个理念，那么人们按照客体（当作一个纯粹知性对象的理念）就说得太多了，但如果按照主体（亦即鉴于它在经验条件之下的现实性）就恰恰因此而说得太少了，因为这种现实性，作为一个极大值的概念，具体地说决不能完全相同地被给予出来。（KrV，A327；B384）

21. 一切现象的绝对的整体只是一个理念。（KrV，A328；B384）

22. 相反，如果在知性的实践运用中完全仅涉及按照规则的执行，那么实践理性的理念任何时候都能够现实地、虽然只是部分地，具体地被给予，它甚至是理性的每一个实践运用的不可或缺的条件。（KrV，A328；B385）

23. 因此人们不能仿佛蔑视地讲述这种智慧：它只不过是一个理念。（KrV，A328；B385）

24. 即使我们必须同样讲述先验的理性概念：它们只是理念；但我们却决不把它们看作多余的和无价值的。（KrV，A328；B385）

25. 更不用说，它们或许就使从自然概念到实践概念的一个过渡成为可能，并且使道德理念本身以这种方式能够获得行为以及与理性的思辨知识的相互关系。（KrV，A329；B385）

26. 先验理念的体系。（KrV，A333；B390）

27. 纯粹理性概念（先验的理念）所涉及的却是所有一般条件的无条件的综合统一性。（KrV，A334；B391）

28. 所以纯粹理性就把理念给予了先验的灵魂学说（psychologia rationalis，理性心理学）、先验的世界科学（cosmologia rationalis，理性宇宙学），最终也给予了先验的上帝知识。（KrV，A334；B391）

29. 就这样的先验的理念而言，任何客观的演绎原本都是不可能的，就像我们就范畴而言所能够提供给它的那样。因为实际上，这些理念与任何一个能够被完全一致地给予了的客体都没有任何关系，正因为它们仅是理念。（KrV，A336；B393）

30. 先验理念仅仅以这样的方式用于在有条件者的系列中上升到无条件者的东西，亦即上升到原则。（KrV，A336；B394）

31. 所以一个这样的概念就绝不是我们在这里仅仅与之打交道的那种先验理念。（KrV，A337；B394）

32. 形而上学在其研究的本来的目的上只具有三个理念：上帝、自由和不朽，以致于第二个概念，与第一个概念相联结，就应当导致作为一个必然结论的第三个概念。（KrV，A337；B395）

33. 人们可以说，一个单纯的先验理念的对象是某种人们没有任何概念的

东西，虽然这个理念按照它的本源的法则完全必然地产生于理性之中。（KrV，A338；B396）

34. 现在，至少纯粹理性概念的先验的（主观的）实在性就根据于，我们被一种必然的三段式推理带进了这样的理念。（KrV，A339；B397）

35. 辩证幻相在理性心理学中则基于（一个纯粹的理智）的理性的一个理念与这种一般思想着的存在者在一切部分中都未经规定的概念的混淆。（KrV，B426）

36. 三重先验的幻相也建立在这种划分之上，它们给辩证论的三章提供了理由，并且向来自纯粹理性的恰好这么多的虚假的科学、先验的心理学、宇宙论和神学，提供了理念。（KrV，A397）

37. 我把所有——只要它们涉及现象的综合中的绝对总体性的——先验理念，都称为世界概念。（KrV，A407；B434）

38. 正如同对理性的冲突所作的命名就已经表明的那样，为了把它描述为一个——不可与现象相协调一致、在它的炫目的但却虚假的幻相中的——理念。（KrV，A408；B435）

39. 理性对一个被给予的有条件者在条件（知性在这些条件下使一切现象都服从于综合的统一性）方面要求的绝对的总体性，并由此而使范畴成为先验的理念，以便通过经验的综合的直至无条件者的延续。（KrV，A409；B436）

40. 先验理念原本无非一直就是扩展至无条件者的范畴。（KrV，A409；B436）

这些宇宙学的理念就从事着回溯的综合的总体性，并且走向前件，而不是走向后件。（KrV，A411；B438）

41. 为了按照范畴表而设立理念表，那么我们首先就接受所有我们的直观的两种本源的定量，时间和空间。（KrV，A411；B438）

42. 一个给予的有条件者的条件序列的绝对总体性的这个先验理念，仅仅针对一切过去的时间。（KrV，A412；B439）

43. 在条件序列中综合的绝对总体性的先验理念也遇到了空间。（KrV，A413；B440）

44. 实体连同它们的偶性的范畴是不适合于一个先验理念的。（KrV，A413；B441）

45. 因而，这就有了不多于四个的宇宙论理念，按照范畴的四个部分，当人们挑出这些必然带有杂多综合中的一个序列的范畴的时候。（KrV，A415；B442）

46. 绝对总体性的理念所涉及的无非是，现象的说明，因而不涉及一般事物的一个整体的纯粹知性概念。（KrV，A416；B443）

47. 于是这种无条件者任何时候都包含在人们在想像中所设想的序列的绝对总体性之中。不过这个全然完成了的综合又仅仅是一个理念。（KrV，A416；B444）

48. 只是这个完备性的理念毕竟处于理性之中，而忽视——它适当地连结经验概念的——可能性，或不可能性。（KrV，A417；B444）

49. 理性在这里就选择了一条——从总体性理念出发的——道路，即使这个理念原来就拥有朝向终极意图的无条件者。（KrV，A417；B445）

50. 不过一个这样的序列的这个绝对整体只是一个理念，或者不如说，是一个成问题的概念。（KrV，A417；B445）

51. 这种理念，我们现在所研究的，我在前面称为宇宙论的理念，部分地因为，世界被理解为一切现象的整体，而我们的理念也只对准现象中间的无条件者。（KrV，A419；B447）

52. 所以人们可以按照我的意见，把这些理念全都适当地称为世界概念。（KrV，A420；B447）

53. 鉴于数学的无条件者和动力学的无条件者的区别，这种回溯以之为目的，我会在更严格的意义上把前两个理念称为（在宏观世界和微观世界中的）世界概念，而把其他两个理念则称为超验的自然概念。（KrV，A420；B448）

54. 纯粹理性的二律背反，先验理念的第一个冲突。（KrV，A426；B454）

55. 纯粹理性的二律背反，先验理念的第二个冲突。（KrV，A434；B462）

56. 纯粹理性的二律背反，先验理念的第三个冲突。（KrV，A444；B472）

57. 纯粹理性的二律背反，先验理念的第四个冲突。（KrV，A452；B480）

58. 这些理念根本不容许，一个相符合的对象在任何一个可能的经验中被给予它们，甚至也不容许理性把它们与普遍的经验法则一致地思考，但它们仍然不是被任意编造出来的，毋宁理性在经验的综合的连续进程中必然被引导上了这些理念，如果它想要摆脱一切条件、并在其无条件的总体性中把握这个任何时候都只能按照经验之法则而有条件地被规定的东西。（KrV，A462；B490）

59. 人们在反题的主张中注意到，思想方式一种的完全一模一样和准则的完全单一性，即一种纯粹经验主义的原则，不仅在世界现象的解释中，而且也在有关宇宙的先验理念本身的化解中。（KrV，A466；B494）

60. 道德的理念和原理也都丧失了一切有效性，而与构成它们的理论支柱的那些先验的理念一起陷落了。（KrV，A468；B496）

61. 经验论给理性的思辨的利益提供了好处，这些好处是非常诱惑的并且远远超过了理性理念的独断论学说所可能许诺的。（KrV，A468；B496）

62. 知性不仅没有必要离开自然秩序的这一链条，以便眷念那些理念，而知性则不知道那些理念的对象，因为它们作为观念物而永远不能被提供出来。

（KrV，A469；B497）

63. 但在先验哲学中没有任何别的而只有这种宇宙论的问题，鉴于它们，人们才能够带有正当性地要求，一个——涉及对象性状的——满意的回答，而不允许哲学家们，借口幽深昏暗，而因此逃避，并且这些问题只能涉及宇宙论的理念。（KrV，A478；B506）

64. 宇宙论的理念本身唯独具有这种特点，它们能够把它们的对象和这个对象的概念所要求的经验的综合预设为给予了的。（KrV，A479；B507）

65. 先验宇宙论问题的回答可能，处于理念之外就没有任何地方了，因为它不涉及任何对象自在本身。（KrV，A479；B507）

66. 我们必须在我们的理念本身中寻求原因，而这个原因是一个不允许有任何解答的问题，而且关于它，我们还顽固地假定，就好像一个现实的对象与它相符合。（KrV，A482；B510）

67. 通过所有四种先验理念对宇宙论问题的怀疑论展示。（KrV，A485；B513）

68. 世界理念对于经验的追溯来说，因而对于每一个可能的知性概念来说，要么就是太大了，要么对它来说就是太小了。（KrV，A489；B517）

69. 可能的经验就是这种，唯一能够给予我们的概念以实在性的东西；没有它，一切概念都只是理念，没有真实性并且没有与一个对象的关系。（KrV，A489；B517）

70. 按照这些条件的差异性（在现象的综合中），只要它们构成一个序列，恰好引入同样多的宇宙论理念，这些理念设定了这些序列的绝对总体性并且正是由此而使理性不可避免地置身于跟自身的冲突中。（KrV，A497；B525）

71. 在这里关于第一个宇宙论的理念、即关于在现象中大小的绝对总体性的理念所说过的，也适用于其余一切理念。（KrV，A505；B533）

72. 纯粹理性的二律背反在它的宇宙论的理念那里被消除了，通过指出——它单纯是辩证的并且是一种幻相的冲突——的办法，而这种幻相发源于，人们已把那个——只被看作是自在事物本身的一个条件的——绝对总体性的理念，应用于现象。（KrV，A506；B534）

73. 纯粹理性鉴于宇宙论理念的调节性原则。（KrV，A508；B536）

74. 并想借此而防止，人们不要，就像通常所不可避免地发生的那样，（通过先验的偷换），把客观实在性归于一个仅仅用作规则的理念。（KrV，A509；B537）

75. 所以理性理念将只在这个条件序列中向回溯的综合制定一个规则，按照这条规则，这种综合从有条件者开始、借助于一切相互隶属的条件、而向无条件者前进，虽然这个无条件者将永远达不到。（KrV，A510；B538）

76. 理性的调节性原则的经验的运用，鉴于一切宇宙论的理念。（KrV，A515；B543）

77. 世界整体之现象的复合的总体性宇宙论理念的解决。（KrV，A517；B545）

78. 在直观中一个给予了的整体的分割的总体性的宇宙论的理念的解决。（KrV，A523；B551）

79. 对数学性的—先验理念的解决的结论性评注，以及对动力学性的—先验理念的解决的预先提示。（KrV，A528；B556）

80. 因为我们，正如我们在一切先验理念的普遍表象中一直只停留在现象中的条件之间一样，在两种数学性的先验理念中同样也无非拥有在现象中的对象。（KrV，A529；B557）

81. 动力学的理念，在现象的序列之外，允许了现象的一个条件、即这样一个本身并不是现象的条件。（KrV，A531；B559）

82. 把世界事件从其原因加以推导的总体性的宇宙论理念的解决。（KrV，A532；B560）

83. 自由在这种意义上就是一个纯粹的先验理念，它首先不包含从经验中借来的任何东西，其次它的对象也不能在任何经验中被确定地给予。（KrV，A533；B561）

84. 理性就为自己创造了能够自行开始行动的一种自发性的理念，而不允许预先派遣一个另外的原因，再来按照因果连结的法则去规定行动。（KrV，A533；B561）

85. 建立在这个自由的先验理念基础之上的是自由的实践概念。（KrV，A533；B561）

86. 自由的宇宙论理念的阐明在与普遍的自然必然性联结中。（KrV，A542；B570）

87. 理性的这些理念已经现实地证明了，鉴于作为现象的人的行动方面的原因性，并且这些行动之所以发生了，并不因为它们被经验的原因所规定，不是，而是因为它们被理性的根据所规定。（KrV，A550；B578）

88. 自由在这里只被作为一个先验的理念来对待，理性由此而思想到这个通过感性的无条件者直截了当地开始了现象中的条件的序列，但却在此卷入了一个与它自己为知性的经验的运用所颁布的那些法则的二律背反。（KrV，A558；B586）

89. 现象——按照其一般此在——的从属性的总体性的宇宙论理念的解决。（KrV，A559；B587）

90. 只要我们用我们的理性概念仅仅把感官世界中条件的总体性、以及鉴于这种总体性而能够为理性所用的东西，当作对象：那么我们的这些理念就虽然是先验的、但却还是宇宙论的理念。但一旦我们——在完全外在于感官世界、因而外在于一切可能经验的东西之中——设置了无条件者（事情真正说来毕竟要涉及到它），那么这些理念就成为超验的理念了；它们不仅仅用作完成理性的经验的运用（这种运用始终保留着一个永不完成、但却必须追随的理念），而与这种运用完全分离开来，并且自己给自己制造对象，它们的材料并不从经验中拿来，它们的客观实在性也不以经验的序列的完成、而以纯粹的先天概念为基础。（KrV，A565；B593）

91. 这一类的超验的理念具有一个单纯理知的对象，承认这样的对象作为一个人们对它此外一无所知的先验的客体，当然是被允许的，但对于这个先验对象，为了将它作为一个通过它的不同的和内部的谓词加以规定的物来思考，我们在自己这方面既没有（作为不依赖于一切经验概念的）可能性的根据，也没有假定这样的对象的最少的辩护，因此它就是一个单纯的思想物。（KrV，A565；B593）

92. 但比之于范畴，理念更加远离于客观实在性；因为不可能找到任何它们能够得以具体表现出来的经验。（KrV，A567；B595）

93. 但比理念显得更远离客观实在性的就是我称为理想的东西，我把它理解为——不单纯是具体的、而且是个体的——理念，即作为一种个别之物、唯有通过理念才能规定、或被完全规定之物的理念。（KrV，A568；B596）

94. 这些理念包含一种——没有任何可能的经验的认识够得着的——确定的完备性，而理性在它们那里只怀有一个系统的统一性的意向，理性试图使经验性的可能的统一性接近这种系统的统一性，却在任何时候都不会完全达到它。（KrV，A568；B596）

95. 人类的理性不仅包含理念，而且也包含理想。（KrV，A569；B597）

96. 德行，以及连同它的、在它的完全纯洁性中的人类智慧，都是理念。（KrV，A569；B597）

97. 正如理念提供规则，理想在这种情况下就充当摹本的通盘规定的蓝本。（KrV，A569；B597）

98. 这个通盘的规定因而就是一个——我们永远也不能按照它的总体性具体描述的——概念，所以建立在一个——仅仅在理性中占有它的位置的——理念基础之上，理性给知性制定了它的完备运用的规则。（KrV，A573；B601）

99. 这个基底无非就是实在性的一个大全的理念（omnitudo realitafis，实在性的全体）。（KrV，A575；B603）

100. 理性为了这一意图、即为了仅仅设想事物的那种必然的通盘规定，并不预设这样一个符合这一理想的存在者的生存，而只假设这样一个存在者的理

念，以便从通盘规定的一个无条件的总体性中推导出那有条件的、即受限制的东西的规定。（KrV，A578；B606）

101. 甚至我们的全部感性，连同现象中的一切实在性，都将属于这种后果，而这种实在性并不能够，作为一个成分，而属于最高存在者的理念。（KrV，A579；B607）

102. 因为理性只是把这个理念，作为一切实在性的概念，而设置为一般事物的通盘规定的基础，并不要求，这一切实在性被客观地给予出来并自身构成一个物。（KrV，A580；B608）

103. 我们所说的理想，是以一个自然的而不仅仅是任意的理念为基础的。（KrV，A581；B609）

104. 一个绝对必然的存在者的概念是一个纯粹理性概念、亦即一个单纯的理念。（KrV，A592；B620）

105. 最高存在者的概念是一个在许多方面都非常有用的理念；但它正因为仅仅是理念，所以完全没有能力，仅仅借助于它来扩展我们的鉴于生存着的东西的知识。（KrV，A601；B629）

106. 一个理念的对象却不可能属于经验。（KrV，A602；B630）

107. 这样人们就相信在一个最实在的存在者的理念中找到了这个概念，所以这个理念就只是被运用于——对人们从其他方面已经确信或置信它必然生存的东西的，也就是对绝对必然的存在者的——更加确定的知识之上。（KrV，A603；B631）

108. 物质，或一般地说，凡是属于这个世界的东西，都不会与一个——作为最大经验的统一性的单纯原则的——必然的原始存在者的理念相适合。（KrV，A618；B646）

109. 理念的特点正好在于，永远不可能有任何一个经验能够与它相符合。（KrV，A621；B649）

110. 但这个问题在这里显然是综合的并且要求把我们的知识扩展到超出经验之一切界限之外，也就是达到一个应当与我们的单纯理念相符合的存在者的此在，而任何一个经验都永远不能比得上这个理念。（KrV，A638；B666）

111. 如果我们的理性仅仅与纯粹的理念打交道，而这些纯粹理念正因此就无非只允许先验的标准衡量。（KrV，A640；B668）

112. 纯粹理性理念的调节性运用。（KrV，A642；B670）

113. 尽管如此，人类理性仍具有一种自然的倾向，跨越这个界限，先验的理念对于理性是自然的。（KrV，A642；B670）

114. 这些先验理念按照一切推测将具有它们的很好的、因而是内在的运用。（KrV，A643；B671）

115. 因为并不是这个理念自在本身、而单纯是它的运用才可能，要么鉴于全部可能的经验而是飞越性的（超验的），要么是本土的（内在的）。（KrV，A643；B671）

116. 先验理念决不是这样的一种构成性的运用，以至于通过这种运用一定对象的概念就会被给予出来，而在人们这样理解它们的情况下，它们就仅仅是玄想的（辩证的）概念了。（KrV，A644；B672）

117. 这种理性统一性任何时候都预设了一个理念，即这种理念有关知识的一个整体的形式，这个整体先行于各部分的确定知识并且包含那些——为每个部分先天地确定它的位置及其对其余部分的关系的——条件。（KrV，A645；B673）

118. 因此这个理念设定了知性知识的完备的统一性，由此这种知性知识就不仅是一个偶然的聚合，而成为了一个按照必然法则而相互关联的系统。（KrV，A645；B673）

119. 这一类的理性概念不被创造于自然，我们毋宁根据这些理念询问自然。（KrV，A645；B673）

120. 一个基本力的理念，但逻辑根本从中查不出，它是否这样给予了，至少是力量的多样性的一种系统表象的问题。（KrV，A649；B677）

121. 形式的这种连续性就该是单纯的理念，根本不能指出一个在经验中与之相一致的对象。（KrV，A661；B689）

122. 多样性、亲缘性和统一性，但它们的每一个都被设想为在它的完备性的最高程度上的理念。（KrV，A662；B690）

123. 它们看起来是先验的，而且即使它们仅仅包含理性的经验的运用所遵守的理念，而只能似乎渐近地、即接近地遵循这种理性的经验的运用的理念，任何时候它们都达不到。（KrV，A663；B691）

124. 这个类似物就是知性知识以一条原则来划分和联合的极大值的理念。（KrV，A665；B693）

125. 纯粹理性的理念自在本身决不再能够是辩证的，而它们的单纯误用才必须唯独使得，一种欺骗我们的幻相从它们中产生出来。（KrV，A669；B697）

126. 纯粹理性的理念自在本身决不再能够是辩证的，而它们的单纯误用才必须唯独使得，一种欺骗我们的幻相从它们中产生出来；因为它们是通过我们理性的本性而交给我们的，而我们思辨的一切权利和要求的这个至上法庭本身不可能包含本源的迷惑和幻觉。所以它们特许在我们理性的自然天资中具有它们的良好的与合乎目的的使命。（KrV，A669；B697）

127. 我们理性的某物，是作为一个绝然的对象、还是只作为一个理念中的对象而被给予，这是一个巨大的区别。（KrV，A670；B698）

128. 一个最高理智的概念是一个单纯的理念，亦即，它的客观实在性并不应当在于，它直接与一个对象相关联（因为在这种意义上我们将不能够为它的客观有效性辩护），而应当在于，它只是一个按照最大的理性统一性的条件而被整理的、一个一般事物的概念的图型。（KrV，A670；B698）

129. 理念以这种方式原本只是一个启发式的、而非明确表示的概念，而且所指明的，并非一个对象是怎样的性状，而是我们应当如何在这概念的指引下、寻找一般经验之对象的性状和联结。（KrV，A671；B699）

130. 理性的经验的运用的一切规则在这样一个理念中的对象的前提下都能够通向系统的统一性并且任何时候都能够扩展这种经验知识，但却绝不能够与经验知识相违背：那么这就是理性的一个必要的准则，按照这一类理念而处理。（KrV，A671；B699）

131. 并非从一个简单的思维着的实体中推导出灵魂的内部现象，而按照一个简单的存在者的理念而相互推导出灵魂的那些内部现象；并非从一个最高的理智而推导出世界秩序和它的系统的统一性，而从一个最高智慧的原因的理念而取得这种规则。（KrV，A673；B701）

132. 心理学的和神学的理念则根本不包含这类二律背反。（KrV，A673；B701）

133. 这些理念不应当自在本身地被假定，而它们的实在性，只应当被看做一切自然知识的系统统一性的调节性原则的图型之实在性，因而它们应当只被看做现实事物的类似物、但却不被看做这样的现实之物自在本身而被设置为基础。（KrV，A674；B702）

134. 理念不被看做构成性的、而仅仅被看做调节性的原则。（KrV，A674；B702）

135. 我们设定一个与理念相应之物、一个“某物”、或现实的存在者，因此并不是说，我们要用超验的概念而扩展我们对事物的知识。（KrV，A674；B702）

136. 理性甚至连一个这样的概念的客观有效性都不给予，而只提交了关于“某物”的理念。（KrV，A675；B703）

137. 如果一个（我马上就更确定地谈到的、系统完备的统一性的）理念为我的理性的最大可能的经验的运用设置了基础，这个理念自在本身就决不能在经验中被适当地呈现出来，即便它为了使经验的统一性接近最高可能的程度，必然是回避不了的，所以我将不仅授权、而且也有必要实现这个理念，即为它设立一个现实的对象，但只是作为一般的“某物”，而我对它自在本身则一无所知，我只把它作为那种系统统一性的一个根据。（KrV，A677；B705）

138. 由于这个理念只以我的理性为基础，我将能够把这个存在者设想为独

立的理性，它通过最大的和谐和统一性的理念而是世界整体的原因。（KrV，A678；B706）

139. 我绝对不要求、并也不能授权要求，按照它也许自在地是什么而认识我的理念的这个对象。（KrV，A678；B706）

140. 理性对于一个作为至上原因的最高存在者的设定，仅是相对地、为了感官世界的系统统一性的目的而被思想，并且是一个在理念中的单纯“某物”，我们对它自在地是什么，不具有任何概念。（KrV，A679；B707）

141. 现在我们就能够清楚地看到全部先验辩证论的结论，并精确地规定，纯粹理性的这些理念的终极意图了，这些理念只是由于误解和不谨慎才成为了辩证的。（KrV，A680；B708）

142. 理性同时给它的理念提供了一个对象，但这个对象又不能通过任何经验而被提供。（KrV，A681；B709）

143. 人们立刻就误解了这个理念的意义，如果人们坚持把它们主张，或者甚至假设为一个现实事物，而人们就设想把系统的世界状态归因于这些现实事物。（KrV，A681；B709）

144. 我在自身就是这样一种仅仅被看作一个思想着的自然（灵魂）理念的第一客体。（KrV，A682；B710）

145. 这个心理学的理念也只可能意味着一个调节的概念的图型。（KrV，A684；B712）

146. 单纯思辨理性的第二个调节的理念是一般世界概念。（KrV，A684；B712）

147. 这些条件序列的绝对总体性，在其各项的推导中，就是一个理念，它虽然永远也不能在理性的经验的运用中完全实现出来，但毕竟充当了——我们应当如何处理这个条件序列的——规则。（KrV，A685；B713）

148. 宇宙论的理念无非是调节性的原则，而仿佛远离了——设立这样的序列的现实的总体性的——构成性原则。（KrV，A685；B713）

149. 把一个至上的理智预设为，世界整体的唯一原因，但当然只在理念中预设，这对于理性任何时候都能够有益，但却决不有害。（KrV，A687；B715）

150. 这个预设无非是理性的一条调节的原则，为了达到最高系统的统一性，而借助于那个至上的世界原因的合目的的原因性的理念，并且，好像这个原因性作为最高的理智，按照最智慧的意图就是一切东西的原因。（KrV，A688；B716）

151. 第一个错误，它产生于，人们不单纯调节性地、而是构成性地运用一个最高存在者的理念（而这是与一个理念的本性相违背的），就是怠惰的理性。（KrV，A698；B717）

152. 这个系统统一性的理念本来只应当用来，为了寻找作为调节性原则在按照普遍自然规律的事物的联结中的系统的统一性。（KrV，A692；B720）

153. 因而在普遍而必然的自然规律中发现这种完善性，我们怎么会由此直接推出一个——作为一切原因性的起源的——原始存在者的一种最高的和绝对必然的完善性的理念呢？（KrV，A694；B722）

154. 正是这同一个理念是为我们提供规律的，所以我们当然地就，假定一个与这个理念相应的规律提供的理性。（KrV，A695；B723）

155. 因为这永远只是一个理念，它根本不会与一个不同于世界的存在者、而与这个世界的系统统一性的调节性原则相关。（KrV，A697；B725）

156. 所以这个理念已经完全建立在我们理性每次的世界运用之上了。（KrV，A698；B726）

157. 这个最高智慧的理念是在对自然界的自然研究中的一种调节和一种按照普遍的自然规律的自然界的系统而合目的性的统一性原则。（KrV，A699；B727）

158. 我们虽然，在我们达到这种统一性的范围内，将不得不把这种统一性归功于一个最高存在者的理念，但我们不能错过——作为意图在于这种理念会为之设置基础、而不与我们自己相矛盾的——那些普遍自然规律。（KrV，A699；B727）

159. 在这种被设置为根据的、一个最高创造者的理念的表象之下，也是很清楚的。（KrV，A701；B729）

160. 一切人类的知识都开始于直观，从那里行进到概念，而以理念结束。（KrV，A702；B730）

161. 因为通过理念，纯粹理性，如我们已指出过的，根本就不能是拥有客观效力的综合判断。（KrV，A737；B765）

162. 唯独理性在其内部已经产生了这些理念自身，所以它对这些理念的有效性或辩证的幻相是有义务给出辩解的。（KrV，A763；B791）

163. 理性概念就是，如已说过的，单纯的理念，并且当然不具有在任何一个经验中的对象，但也并不因此就表明虚构的却同时又被假定为可能的对象。（KrV，A771；B799）

164. 一个先验的假设，在它那里一个理性的单纯理念需要自然物的解释，因此根本就不是任何解释。（KrV，A772；B800）

165. 由于绝对简单性毕竟不是任何——能够直接与一个知觉发生关系的——概念，而必须仅仅推导为理念。（KrV，A784；B812）

166. 证明并不直接引向所要求的谓词，而仅仅被引向，借助于一条可能性的原则、把给予了我们的概念先天地扩展到理念、并实现这些理念。（KrV，

A785；B813）

167. 如果这都是一些知性的原理（例如因果性原理），那么借助于它们而达到纯粹理性的理念，就是徒劳的了；因为它们只对可能经验的对象才有效。（KrV，A786；B814）

168. 理性在它的思辨的运用中引领我们通过了经验的领域，并且由于这个领域对于理性来说已经绝不找到完全的满足，从这种情况下引领到思辨的理念，但这些理念最终又把我们带回到经验上来。（KrV，A804；B832）

169. 所以尽管它是一个单纯的、但还却是一个实践的理念，它能够、并应当对感官世界现实地具有它的影响，以便使感官世界尽可能地符合这个理念。（KrV，A808；B836）

170. 德性体系与幸福体系是不可分地、但只是在纯粹理性的理念中联结着的。（KrV，A809；B837）

171. 这一自我酬报的道德体系只是一个理念。（KrV，A809；B837）

172. 我把这样一种理智的理念——在这种理念中，与最高快乐联结着的道德的最完善的意志，是世上一切幸福的原因，只要这幸福与德性（作为配得上幸福的）处于精确的比例——称为至善的理想。（KrV，A810；B838）

173. 因此在恩宠王国中则看到，在那里一切幸福期待着我们，除非我们由于自己不配得幸福而不限制自己的幸福份额，这就是一个在实践上必要的理性理念。（KrV，A812；B840）

174. 德性的这些高尚的理念虽然是赞许与惊叹的对象，但却不是蓄意和执行的动机。（KrV，A813；B841）

175. 道德理念把关于神圣存在者的一个概念实现出来。（KrV，A818；B846）

176. 信念这个词只针对一个理念所给予我的引导。（KrV，A827；B855）

177. 但我所理解的系统就是杂多知识在一个理念之下的统一性。这个理念就是一个整体的形式的理性概念，只要通过这个理性概念不论是杂多东西的范围、还是各部分相互之间的位置，都先天地被规定了。（KrV，A832；B860）

178. 理念为了执行，就需要一个图型，即一个从目的的原则中先天被规定了的本质的杂多和各部分的秩序。图型，它如果不是按照一个理念、即出自理性的主要目的，而是经验地、按照偶然地呈现出来的意图（人们不能预先知道它们的数量）、而被勾画，就提供了技术的统一性。（KrV，A833；B861）

179. 没有人试图建立一门科学，而无需为之而把一个理念设置为基础。（KrV，A834；B862）

180. 在这种方式上，哲学就是一种可能科学的单纯理念，它永远不被具体地给予，但人们却在各种不同的道路上而试图接近它。（KrV，A838；B866）

181. 一门这样的科学的这种理念恰好与思辨的人类理性，同样古老。（KrV，A842；B870）

182. 通过这种方式就发生了，由于哲学家们甚至缺少在他们自己的科学的理念上的阐发，这门科学的探讨就不可能具有任何确定的目的和任何可靠的准绳。（KrV，A844；B872）

183. 纯粹理性的一种哲学的本源的理念制定了这种划分本身。（KrV，A847；B875）

184. 所以经验的心理学必须从形而上学中被完全驱逐出去，并且已经通过形而上学的理念而从中被完全排除出去了。（KrV，A848；B876）

185. 所以，这就是形而上学的普遍的理念，而由于人们一开始对它的过高要求、超出了可以被公平合理地所要求的，并且一会儿就以适意的期望而感到愉快，最终就落得普遍的蔑视，由于人们发现自己在这种希望中被欺骗了。（KrV，A849；B877）

186. 我现在不想区分——形而上学发生这种那种变化的——时期，而只想匆匆粗略地描述这种——引起过最主要的革命的——理念的差异。（KrV，A853；B881）

理想（das Ideal）

理想的（idealisch）

1. 因为，人们在可能经验领域之外（世界之外）所可以设想到的——虚空，所涉及的东西，那么它不该放在单纯知性的审判权面前了，这种知性只裁决那些——涉及给予现象对经验的知识的使用的——问题；并且是理想的理性的任务，这种理想的理性还要超出了一个可能经验的范围，并且要判断那些包围和限制这一范围本身的东西，因此必须在先验辩证论中被考虑。（KrV，A229；B281）

2. 从那些我按照它们单纯的先验概念并不认识的事物，推论出一个一切存在者的存在者，而这种存在者，我通过一种先验概念还更加不认识，并且从它的无条件的必然性我也不能形成任何概念。这种辩证的理性推理我会称为纯粹理性的理想。（KrV，A340；B398）

3. 而所有的一般可能事物的条件的综合中的那种绝对的总体性则相反，将引起纯粹理性的一个理想，它与世界概念是完全不同的，虽然它与之有关系。（KrV，A435；B435）

4. 而这不允许知性，离开它的业务，并在这个借口下，从现在开始该结束了，而转入理想化的理性的领域并且转向超验的概念，在那里它不再有必要不得不观察并且按照自然规律而研究了，而只要思想和虚构。（KrV，A469；

B497）

5. 纯粹理性的理性。（KrV，A595；B595）

6. 但比理念显得更远离客观实在性的就是我称为理想的东西，我把它理解为——不单纯是具体的、而且是个体的——理念，即作为一种个别之物、唯有通过理念才能规定、或被完全规定之物的理念。（KrV，A568；B596）

7. 对于我们是一个理想的东西，对于柏拉图则是一个神圣知性的理念，一个在神圣知性的纯粹直观中的单独的对象，即可能存在者的每一类的那个最完善者和现象中一切摹本的那个原始根据。（KrV，A568；B596）

8. 我们必须承认，人类的理性不仅包含理念，而且也包含理想，理想虽然不像柏拉图的理想那样具有创造性的力量，但毕竟具有实践的力量（作为调节的原则），并且给一定的行动的完善性的可能性放置了基础。（KrV，A568；B596）

9. 正如理念提供规则，理想在这种情况下就充当摹本的通盘规定的蓝本。（KrV，A569；B597）

10. 这些理想，虽然人们不想承认它们的客观实在性（生存），但毕竟不因为这一点就被看作是幻影，而适宜于充当理性的一个不可缺少的标准量器。（KrV，A569；B597）

11. 理性的理想就是这样一种情况，它任何时候都必须以确定的概念为基础并且必须用作规则和蓝本，不论是用来遵守还是用来评判。（KrV，A570；B598）

12. 这些轮廓，虽然只有不认真计较，可以被称为感性的理想，因为它们应当是可能经验的直观的不可达到的典范，然而却并不适宜于充当任何能够进行解释和检验的规则。（KrV，A570；B598）

13. 相反，理性连同它的理想的意图就是按照先天规则的通盘规定；因此理性设想一个——按照原则应当是可被通盘规定的——对象，虽然对此还缺乏在经验中的充分条件、因而这个概念本身是超验的。（KrV，A571；B599）

14. 它把自己纯化为一个先天地被通盘规定的概念，并由此成了一个单独对象的概念，这对象被这个单纯的理念所通盘规定，因而必须被称为纯粹理性的一个理想。（KrV，A574；B602）

15. 所以这就是一个先验的理想，它为在一切生存的东西那里都必然被找到的那种通盘规定设置了基础，并且构成了这些东西的可能性的至上的和完备的质料条件，而一般对象的一切思想按照它的内容都必须被归因于这个可能性。但这也是人类理性所能做得出的唯一的真正的理想；因为只有在这个唯一的情况下，关于一物的自身普遍的概念才被自己本身所通盘规定、并作为有关一个个体的表象而被认识。（KrV，A576；B604）

16. 理性为了这一意图、即为了仅仅设想事物的那种必然的通盘规定，并不预设这样一个符合这一理想的存在者的生存，而只假设这样一个存在者的理念，以便从通盘规定的一个无条件的总体性中推导出那有条件的、即受限制的东西的规定。所以，理想对于后面这种规定就是一切事物的蓝本（Prototypon，原型），一切事物全部都是作为不完善的摹本（ectypa，副本）从它那里获取它的可能性的材料，并且，一切事物都或多或少地接近于这个蓝本，但要达到它，则任何时候离都差得无限远。（KrV，A578；B606）

17. 因此，理性的理想的那个仅仅处于理性中的对象，也被称为原始存在者（ens originarium，原始存在物），如果它在自己之上没有任何东西，则称为最高存在者（ens summum，最高的存在物），并且，如果一切事物，作为有条件者，都服从于它，则称为一切存在者的存在者（ens entium，存在物的存在物）。（KrV，A578；B606）

18. 所以，原始存在者的理想也必须被设想为简单的。（KrV，A579；B607）

19. 所以纯粹理性的理想就是一种先验神学的对象。（KrV，A580；B608）

20. 因为我们所说的理想，是以一个自然的而不仅仅是任意的理念为基础的。（KrV，A581；B609）

21. 所以，这种最最实在的存在者的理想，虽然是一个单纯的表象，却是首先被意识到、即被制作成客体，然后被实体化，最后，通过理性的一种完成统一性的自然进程，甚至被人格化了。（KrV，A583；B611）

22. 理性太容易发觉这样一种预设的理想的东西和单纯虚构性了。（KrV，A583；B611）

23. 最高存在者的概念满足于为了一个物的内部规定而能够提出一切先天的问题，因而它也是一个无与伦比的理想，因为最高存在者的普遍的概念同时也彰显为一种一切可能事物中的个体。（KrV，A611；B640）

24. 先验理想的全部任务都取决于：或者为绝对的必然性寻找一个概念，或者为任何一个事物的概念寻找它的绝对必然性。如果人们能够做到其一，人们也就必然能够做到其二；因为理性作为绝对必然的只认识那种必然出于它的概念的东西。（KrV，A612；B640）

25. 但纯粹理性的一个理想却不能称为无法探明究竟的，因为这个理想远不能揭示它的实在性的任何证明，除非理性借助于理想而完成了一切综合统一性的需要。（KrV，A614；B642）

26. 最高存在者的理想无非是理性的一个调节的原则，即把世界上的一切联结都看作，似乎是从一种最充分的必然原因中产生出来的，以便在这上面建立起解释这些联结的一种系统的和按照普遍法则的必然的统一性的规则，而并不是主张一种自在的必然的生存。（KrV，A619；B647）

27. 并且通过经验，而阐明这个——曾只是纯粹理性的一个产物的——理想。（KrV，A630；B658）

28. 所以，这个最高存在者对于理性的单纯思辨的运用来说仍然是一个单纯的、但毕竟是完美无缺的理想，是一个终止整个人类知识并使之圆满完成的概念，它的客观实在性以这种思辨的运用的方式虽然不能被证明、但也不能被反驳。（KrV，A641；B669）

29. 因此，如果我们假定这样的理想的存在者，我们并没有真正扩展我们关于可能经验的客体的知识，而只通过理念给我们提供了图型的系统统一性而扩展了可能经验的经验的统一性，因而理念不被看做构成性的、而仅仅被看做调节性的原则。（KrV，A674；B702）

30. 这种处理方法在这里，与那种——观察到在神学理想方面的批判的——处理方法是相似的。（KrV，A695；B723）

31. 至善理想，作为纯粹理性最后目的之规定根据。（KrV，A804；B832）

32. 我把这样一种理智的理念——在这种理念中，与最高快乐联结着的道德的最完善的意志，是世上一切幸福的原因，只要这幸福与德性（作为配得上幸福的）处于精确的比例——称为至善的理想。（KrV，A810；B838）

33. 这种先验神学把这个最高的本体论的完善性的理想采用为一条按照普遍而必然的自然律把联结一切事物的系统统一性原则，因为一切事物全都在一个唯一的原始存在者的绝对必然性中拥有它们的来源。（KrV，A816；B844）

34. 尤其当人们似乎把哲学概念人格化并且将它在哲学家的理想中设想为一个蓝本的时候。在这方面，哲学就是一切知识与人类理性的根本目的（teleologia rationis humanae，人类理性的目的论）的关系的科学，并且哲学家就不是一个理性行家，而是人类理性的规律提供者。（KrV，A839；B867）

35. 仍然存在着一个理想中的导师，他安排这一切，把他们用作工具，以便促进人类理性的根本目的。唯有这些导师我们才必须称为哲学家。（KrV，A839；B867）

理性（die Vernunft）

人类理性（die menschliche Vernunft）

1. 人类理性在它的一种知识分类中拥有这一特殊的命运：它被它不能拒绝的问题所纠缠；因为它们是通过理性自身的本性而提交给它的，但它又不能回答，因为它们超越了人类理性的一切能力。（KrV，AVII）

2. 人类理性陷入这种困境并非它的罪过。它开始谈基本原理，这个基本原理的运用在经验之进程中是不可避免的并同时被这种经验所充分证明。（KrV，AVII）

3. 这倒也并非我们理性的自然使命的意图并且哲学的职责曾经是：消除由误解而产生的幻觉，甚至还必须不进行无论多么赞扬和喜欢的妄想。（KrV，AXIII）

4. 凡是理性完全从自身中产生出来的，都不会隐藏起来，其自身还会被理性带进光明，只要人们已经揭示了它的共同原则。（KrV，AXX）

5. 当理性不单纯与自身、而且也和客体发生关系的时候，对于理性来说，选取一条可靠的科学道路，当然会更加困难得多。（KrV，BIX）

6. 只要现在承认在这些科学中有理性，那么在其中就必须有某种东西先天地被认识，理性的知识能够在两种方式上被它的对象所关联，要么仅规定它和它的概念（别的则必须被给予），要么就现实地制造它。这前者是理性的理论知识，后者是理性的实践知识。（KrV，BIX）

7. 数学和物理学是——理性应当先天地规定它的对象的——两门理论的理性知识。（KrV，BX）

8. 数学自人类理性的历史所达到的最早的时代以来，在值得惊叹的希腊民族中就已走上了一种科学的可靠的道路。（KrV，BX）

9. 理性必须一手握着它的原则，唯有按照这些原则，取得一致的现象才能够被看做法则，并且另一手握着它按照这些原则所设想出来的实验，而走向自然。（KrV，BXIII）

10. 理性在自然中寻找的这个东西，遵循了理性本身放进自然中的那个东西，（而非捏造了自然，）理性必须从这种自然中学习的东西，在这方面自然对自在本身则可以一无所知。（KrV，BXIV）

11. 形而上学，一种完全孤立的、思辨的理性知识，它完全超越于经验教导。（KrV，BXIV）

12. 自然究竟从哪里使我们的理性遭受于这种不知疲倦的努力，要把这条道路当作自己最重要的事务之一来追踪呢？（KrV，BXV）

13. 必然驱使我们超越到经验和一切现象的界限之外的什么东西，就是无条件者，它要求理性必然在自在之物本身之中并完全有权利对一切有条件者，并且由此有条件者序列作为完成了的。（KrV，BXX）

14. 在这方面形而上学也具有罕见的幸运，这种幸运不能被任何别的不得不与对象打交道的理性科学，（因为逻辑学仅仅忙碌于思想的一般形式），所分享。（KrV，BXXIII）

15. 我甚至都不能够假定上帝、自由和灵魂不死，以为了我的理性的必须的实践运用的需要，如果我不同时消除思辨理性对过分的洞见的这种狂妄。（KrV，BXXX）

16. 这个批判并不与理性在它的作为科学的纯粹知识中的独断的处理，相

对立。（KrV，BXXXV）

17. 唯心论可以鉴于形而上学的根本目的而仍然被看作是无辜的，（事实上它并不是这样的），然而所以这就留下来哲学和普遍人类理性的一种丑闻，即必须仅仅在信仰上假定在我们之外的物的此在。（KrV，BXXXIX）

18. 它的处理方法在开始时是独断的，即没有理性对这样一项大规模的活动的能力或无能力的预先检验，就充满信心地承担了这种制造方式。（KrV，A3；B7）

19. 这就是人类理性在思辨中一种通常的命运，尽可能如此早地，造完它的大厦，并且然后才首先调查，它的根基是否的确已为此而设置了。（KrV，A5；B9）

20. 在理性的所有理论科学中都已包含作为原则的先天综合判断。（KrV，B14）

21. 在形而上学中，即使人们把它仅仅看作一门至今还仅仅尝试、但却由于人类理性的本性而不可缺少的科学，也应该包含了先天综合的知识。（KrV，B18）

22. 在一切人类中，一旦理性在他们之内扩展到了思辨，则任何时代都现实地存在过、并还将永远保留一种形而上学。（KrV，B21）

23. 理性的这种批判最终必然导致科学；相反，理性的无批判的独断运用则走向无根据的主张。（KrV，B22）

24. 理性的不可否认的并且在独断的处理方式中也不可避免的矛盾很早就已经自行使每一个迄今为止的形而上学都威信扫地了。（KrV，B24）

25. 理性是提供先天知识的原则的能力。（KrV，B24）

26. 先验一哲学是一种纯粹单单思辨的理性的世间智慧。（KrV，A15；B29）

27. 工具论在学校里大多作为各种科学的入门课而被提前准备，尽管按照人类理性的进程，它则是最迟的，人类理性首先达到它，当这门科学早已完成、并且只要求最后一手而对之加以修正和完善的时候。（KrV，A52；B76）

28. 一种普遍而又纯粹的逻辑，不得不只与纯净的先天原则发生关系，并且是知性和理性的一种法规。（KrV，A53；B77）

29. 我们就预先把我们变成一种关于纯粹知性与理性知识的科学的理念，由此我们完全先天地思想对象。（KrV，A57；B81）

30. 我们现在正要在概念中做一项试验，看人们是否能够把人类理性幸运地挺过这两个险阻，给它指导确定的界限。（KrV，A95；B128）

31. 普遍逻辑已建立在一种完全精确地与高级认识能力的划分同时发生的平面图上。这些能力就是：知性、判断力和理性。（KrV，A131；B170）

32. 理性的先验运用完全不可能是客观有效的，因而不属于真理的逻辑，即分析论，而作为一种幻相的逻辑，以先验辩证论的名义，要求学院派的学说体系的一个特殊的部分。（KrV，A131；B170）

33. 这种理想的理性还要超出了一个可能经验的范围，并且要判断那些包围和限制这一范围本身的东西，因此必须在先验辩证论中被考虑。（KrV，A229；B282）

34. 绝对的可能性（它在所有方面看都是有效的）决不是单纯的知性概念，并且它不可能以任何方式存在经验的运用，而仅仅属于那——超越出知性的一切可能的经验的运用的——理性。（KrV，A232；B285）

35. 那么如何能够从一个给予的状态中导致同一物的与之相对立的状态，任何理性不仅没有例子能够领会，而且没有直观一次都不能使之被理解。（KrV，B292）

36. 协同性的范畴，按照它的可能性，根本不能通过单纯理性而理解。（KrV，B292）

37. 知性和理性当然都可以运用在现象上。（KrV，A257；B313）

38. 没有这种反省，我就会对这些概念作一种很不可靠的运用，并且会产生出一些——批判的理性不可能承认的、并且只是建基于一种先验的歧义、亦即对纯粹知性客体与现象的混淆之上的——臆测的综合原理。（KrV，A269；B325）

39. 逻辑的幻相，以理性形式的单纯模仿为内容。（KrV，A296；B353）

40. 在我们的理性（主观地被看作人的一种认识能力）中，存放着理性运用的基本规则和准则，它们完全具有客观原理的外观。（KrV，A297；B353）

41. 于是就存在着一种纯粹理性的自然的和不可避免的辩证论，它不是一个外行，由于缺乏知识，而自己陷进理性的某物，或者是任何一个诡辩论者，为了迷乱理性的人们，而已经人为编造出来的，而是不可阻挡地依附于人类的理性的。（KrV，A298；B354）

42. 论一般理性。（KrV，A298；B355）

43. 所有我们的认识都开始于感官，由此而走向知性，并且结束于理性，越过理性在我们之内再没有“更高的东西”被找到，加工直观材料并带入思想的最高统一性之下。（KrV，A298；B355）

44. 有一种——理性的，正如知性的一样——单纯形式的、亦即逻辑的运用，因为理性不考虑知识的一切内容，但也有一种实在的运用，因为它本身包含着一定的——既不借自于感官、又不借自于知性的——概念和原理的起源。（KrV，A299；B355）

45. 我们将把理性命名为原则的能力。（KrV，A299；B356）

46. 理性则是原则之下的知性规则统一性的能力。（KrV，A302；B358）

47. 所以理性从来都不首先面向经验，或者面向任何一个对象，而是面向知性，为了通过概念给予杂多的知性知识以知性的先天统一性，这种统一性可以叫作理性统一性，它是与知性所能完成的那种统一性完全不同的种类。（KrV，A302；B359）

48. 任何一个全称命题，即使它可能是从经验中（通过归纳）而得来的，都可以在一个理性推论中用作大前提。（KrV，A300；B356）

49. 既然每一个普遍的知识都能够在一个理性推论中用作大前提，而知性则为这样的知识提交普遍的先天原理，那么这些普遍的先天原理在它们的可能的运用方面，也可以叫作原则。（KrV，A301；B357）

50. 这样理性则是原则之下的知性规则统一性的能力。（KrV，A302；B359）

51. 论理性的逻辑运用。（KrV，A303；B359）

52. 但如果除了那个被铺设基础的知识外，另一个判断还是必需的，以便产生结论，那么这种推论就叫作理性推论。（KrV，A303；B360）

53. 在每一个理性推论中我首先通过知性而思想一个规则（大前提）。（KrV，A304；B360）

54. 作为规则的大前提在一个知识与其条件之间所预设的关系，就构成了理性推论的不同类型。（KrV，A304；B360）

55. 理性在推论中试图将知性知识的大量杂多性归结为最少数目的原则（普遍性条件），并由此实现原则的最高统一性。（KrV，A305；B361）

56. 论理性的纯粹运用。（KrV，A305；B362）

57. 规则的杂多性和原则的统一性是理性的一种要求，为的是把知性带进与自身的彻底关联中。（KrV，A305；B362）

58. 理性本身、亦即纯粹理性，是否先天地就包含着综合原理和规则，并且这些原则可能存在于哪里？（KrV，A306；B363）

59. 理性统一性不是一个可能经验之统一性，而本质地不同于这种知性统一性。（KrV，A307；B363）

60. 理性在它的逻辑运用中寻求它的判断（结论命题）的普遍条件，而理性推论本身也无非是一个——借助于将它的条件归摄到一个普遍规则之下的——判断（大前提）。（KrV，A307；B364）

61. 这就是德行的理念，鉴于这个理念，一切可能的经验对象虽然都用作实例，（即用作对理性概念所强烈要求的东西，在一定程度上的可行性的证据），但并不用作蓝本。（KrV，A315；B372）

62. 理性推论的形式，当人们把它按照范畴的标准应用于直观的综合统一性时，将包含特殊的先天概念的起源，我们可以把这些先天概念称为纯粹的理性概念，或先验理念。（KrV，A321；B378）

63. 我们在一个理性推论的结论中将一个谓词限定在一个特定的对象上。（KrV, A322; B378）

64. 在条件综合中的总体性的纯粹理性概念，至少作为——为知性的统一性而尽可能地继续延伸到无条件者的——任务，是必要的，并且建立在人类理性的本性基础之上。（KrV, A323; B380）

65. 先验理性概念任何时候都只走向在条件综合中的绝对的总体性，并且永远不会终止，除非在绝对的、因而对一切方面的无条件者那里。（KrV, A326; B383）。

66. 人们因此可以把这种统一性称叫做现象的理性统一性，就如把表达为范畴的那种统一性叫做知性的统一性。这样理性就只与知性的运用相关联了，更确切地说，并不包含这种可能经验的根据（因为条件的绝对的总体性决不是在经验中可运用的概念，由于没有任何经验是无条件者），而是为了给知性规定一种一定的统一性的方向，知性对此没有任何概念，而理性则要超越到把每一个对象方面的一切知性活动都概括到一个绝对的整体之中。（KrV, A326; B383）。

67. 实践理性的理念任何时候都能够现实地、虽然只是部分地，具体地被给予，它甚至是理性的每一个实践运用的不可或缺的条件。（KrV, A328; B385）

68. 理性的行使任何时候都是受限制的并且有缺陷的，但却在不可规定的界限之内，因而任何时候都受到一种绝对完备性的概念的影响。（KrV, A328; B385）

69. 理性，看作为知识的一种确定的逻辑形式的能力，就是推理的能力，亦即间接地（通过把一个可能判断的条件归摄到一个给予判断的条件之下）判断的能力。这种给予的判断就是普遍规则（大前提，Major）。把另外一个可能判断的条件归摄到这种规则的条件之下，就是小前提（Minor）。（KrV, A330; B386）

70. 理性通过——那些构成一个条件序列的——知性活动，而达到知识。（KrV, A330; B387）

71. 理性推论的上升序列，与理性能力相比，毕竟必须不同于下降序列，亦即理性的继续发展而在有条件者方面通过后续推论。（KrV, A331; B388）

72. 如果一个知识被看作有条件的，那么理性就是有必要把上升线上的这一条件序列看作完成了的并且按其总体性而被给予。（KrV, A332; B388）

73. 这是理性的要求，理性宣布它的知识作为先天规定的并且作为必然的，要么在其本身，这就不需要任何根据，要么，就作为一个根据序列的一个环节而已经推导出来。（KrV, A332; B389）

74. 在所有这些推理类型中，理性的事务就该是，从——知性任何时候都仍束缚于其上的——有条件的综合，上升到——知性绝不能够达到的——无条件的综合。（KrV，A333；B390）

75. 一个完备地（并且无条件地）给予的条件一旦在此了，那么鉴于这个系列的延续，就不再需要一个理性概念了。（KrV，A336；B393）

76. 使得我们此在的那些最高目的，都仅仅依赖于思辨的理性能力而别无所依。（KrV，A337；B395）

77. 一个单纯的先验理念的对象是某种人们没有任何概念的东西，虽然这个理念按照它的本源的法则完全必然地产生于理性之中。（KrV，A338；B396）

78. 这些辩证的理性推理就只有三种类型，而与它们的结论所得出的那些理念一样多。（KrV，A339；B397）

79. 理性的这个状况，在这种辩证推理那里，我将称为纯粹理性的二律背反。（KrV，A340；B398）

80. 这种辩证的理性推理我会称为纯粹理性的理想。（KrV，A340；B398）

81. 不存在任何一种作为学理、而设法使我们的自我认识获得一种增加的理性心理学，它只作为训练，而在这个领域中为思辨理性设置不可超越的界限。（KrV，B421）

82. 它同时证明了——超出经验界限而向外独断地构造出有关一种经验之对象的某种东西来的——不可能性，却为理性在它的这种利益方面给理性做出了并非不重要的服务，面对一切可能的反面主张它恰恰同样提供了安全性。（KrV，B424）

83. 对于来世设想的、权限、甚至必要性，按照与思辨的理性运用联结着的实践的理性运用的原理，在此则仍然没有丝毫损失。（KrV，B424）

84. 通过排除那些独断的僭妄而增加了清晰性和不做作的确信，因为它们使理性安放于自己特有的领地，亦即安放于目的秩序中。（KrV，B425）

85. 这种理性同时也就作为自在的实践能力本身，没有被局限于自然秩序的条件，而有权利使目的秩序并且用它而使我们自身的生存扩展到超出经验和此生的界限之外。（KrV，B425）

86. 辩证幻相在理性心理学中则基于（一个纯粹的理智）的理性的一个理念与这种一般思想着的存在者在一切部分中都未经规定的概念的混淆。（KrV，B426）

87. 所以他们当然具有一贯的处理方法，承认经验的观念论——作为人类理性难以有办法解决的问题之一的——很大的重要性。（KrV，A372）

88. 所以，整个理性心理学，作为一门超出人类理性的一切力量的科学就倒台了，而这给我们留下的没有其余的，而无非是以经验为线索对我们的灵魂

的研究并且把自己保持在这些问题的限度内。（KrV，A382）

89. 人们毕竟不能否认，——只要它应当仅仅被看作一种对我们的辩证推理的批判的处理、更确切地说是通常的和自然的理性的批判的处理，——它的一种重要的否定性的用处。（KrV，A382）

90. 因此我们这样把理性从诡辩的理论中解脱出来，将已经难以具有——使理性完全满意所必须的——那种清晰性。（KrV，A388）

91. 因为伴随着一切思想的那个唯一条件，就是，在全称命题"我思"中的"我"，所以理性不得不与这个条件打交道，只要其本身是无条件的。（KrV，A398）

92. 实体，实在性，统一性（而非多数性）和生存，只是理性在这里把它们全都表象为一个本身是无条件的、思想着的存在者的可能性的条件。（KrV，A403）

93. 理性是原则的能力。（KrV，A405）

94. 如果我们把理性应用于现象的客观的综合，在这里，理性虽然设想使它的无条件的统一性原则与许多幻相相适合，但马上就陷入这样的矛盾中，以致于它将强迫、出于宇宙论的愿望、而放弃它的要求。（KrV，A407；B433）

95. 在这里就显示了人类理性的一种新的现相（Phänomen），即，一种完全自然的背反论，在这上面不需要设置任何绞尽脑汁的和人为的圈套，而是理性从自身、也就是说不可避免地陷入其中的。（KrV，A407；B433）

96. 理性原本完全不产生、而至多只从一个可能经验的不可避免的限制中解放知性概念。（KrV，A409；B435）

97. 理性作这种要求所依据的是这条原理：如果有条件者被给予了，那么它唯一曾由以成为可能的那整个条件总和、因而绝对的无条件者也就被给予了。（KrV，A409；B436）

98. 就可以不考虑，这个序列是否会停止，并且一般说关于这种序列的总体性的问题，完全就不是任何理性的预设。（KrV，A410；B437）

99. 而部分的部分则是更远的条件，以至于这里就发生了一种回溯的综合，它的绝对总体性被理性所要求。（KrV，A413；B440）

100. 理性没有任何理由在这个范畴方面向条件回溯。（KrV，A414；B441）

101. 在其中，人们可以从作为有条件者的这个结果而上升到作为条件的那些原因，并且能够回答那些理性问题。（KrV，A414；B442）

102. 在这条件之下必然把这个条件指向一个更高的条件，直止理性仅仅在这个序列的总体性中找到那个无条件的必然性。（KrV，A415；B442）

103. 理性在对条件的这种以序列方式、而且回溯地继续不断的综合中所寻求的东西，原来只是那个无条件者。（KrV，A416；B444）

104. 只是这个完备性的理念毕竟处于理性之中，而忽视——它适当地连结经验概念的——可能性，或不可能性。（KrV，A417；B444）

105. 如果我们不把我们的理性仅仅为了知性原理的运用、而运用于经验之对象，而是冒险把它扩展而超出经验对象的边界，那么就产生出玄想的定理。（KrV，A421；B449）

106. 它涉及不到一个——人们仅仅出于某种随便的意图而提出的——任意的问题，而涉及到这样一种——每个人类理性在它的进程中都必然遇到的——问题。（KrV，A422；B449）

107. 一个这样的辩证学说将不与经验概念中的知性统一性、而与单纯理念中的理性统一性发生关系。（KrV，A422；B450）

108. 作为这种综合的绝对统一性，又应当与理性相一致，当它们与理性相符合的时候，对于知性就会太大，而当它们与知性相适合的时候，对于理性又会太小。（KrV，A422；B450）

109. 这种二律背反，它暴露于法律的应用中，在我们有限的智慧那里就是立法学的最好的检查试验，为了理性，它在抽象的思辨中不容易被发觉它的失足，由此而促使人们注意到在对它们的原理作规定时的各种要素。（KrV，A424；B452）

110. 先验的理性不允许任何别的试金石，除了自己的那些主张相互联合的企图、因而事先它们的自由而无阻碍的相互竞争之外。（KrV，A425；B453）

111. 论理性在它的这种冲突中的利害。（KrV，A462；B490）

112. 它预告了我们的——那个对一切理性努力最终都必须联结于其上的——最后目的的最大期望和展望的基础。（KrV，A463；B491）

113. 甚至数学（这种人类理性的骄傲）的真正尊严也基于，它将给理性提供这种指导。（KrV，A464；B492）

114. 数学甚至由此也给理性的超出一切经验之上的扩展的运用，提供了诱因和鼓舞。（KrV，A464；B492）

115. 找不到任何这种出自理性的纯粹原则的实践的利益，如同道德和宗教随身携带的。（KrV，A468；B496）

116. 经验论给理性的思辨的利益提供了好处，这些好处是非常诱惑的并且远远超过了理性理念的独断论学说所可能许诺的。（KrV，A468；B496）

117. 而这不允许知性，离开它的业务，并在这个借口下，从现在开始该结束了，而转入理想化的理性的领域并且转向超验的概念，在那里它不再有必要不得不观察并且按照自然规律而研究了，而只要思想和虚构。（KrV，A469；B497）

118. 人类理性按照它的本性是建筑术的，即它把一切知识都看做属于一个

可能的系统。(KrV, A474; B502)

119. 理性的建筑术的利益（它要求并非经验的、而是先天的纯粹的理性统一性）就为正题的主张随身携带一种自然的推荐。(KrV, A475; B503)

120. 在先验哲学中某一个——涉及到一个呈现给理性的客体，刚好通过这个纯粹理性是不能回答的——问题，并且人们是否就有权利逃避对它的决定性的回答。(KrV, A477; B505)

121. 先验哲学在一切思辨的知识中拥有这个特点：根本没有任何涉及到一个被给予了纯粹理性的对象的问题，恰恰对于拥有这个特点的人类理性来说是不可解决的。(KrV, A477; B505)

122. 这问题是理性的一个单纯创造物，所以理性就不能自己回避责任并且推给那种未知的对象。(KrV, A479; B507)

123. 这些命题要么是完全无效的和空无含义的，要么就必须仅仅从我们的理性概念中流淌出来。(KrV, A480; B508)

124. 但这种大全原本是这样的，它的解释在先验的理性任务中被要求。(KrV, A484; B512)

125. 理性与自身的宇宙论争执的批判性的裁决。(KrV, A497; B525)

126. 这个理性的原理原本只是一个规则，它在给予的现象的条件序列中命令一个永远也不允许停留在一个绝对无条件者那里的回溯。(KrV, A509; B537)

127. 也决不是理性的——把感性世界的概念扩展到超出一切可能的经验之外的——构成的原则，而是一种经验的最大可能的延续和扩展的原理。(KrV, A509; B537)

128. 因此我就把这个原则称为理性的调节性的原则。(KrV, A509; B537)

129. 理性在这里绝不需要序列的绝对总体性，因为它没有把这样的总体性预设为条件并且为似乎被给予了的东西（datum，预料），而只是预设为某种有条件者。(KrV, A512; B540)

130. 理性的调节性原则的经验的运用。(KrV, A515; B543)

131. 理性则要求它所预设为自在之物本身的那种东西的无条件的完备性。(KrV, A515; B543)

132. 在理性原则作为现象自在本身的一条构成性的原理的无效性被充分阐明之后，唯一留给我们的就只有作为一种可能经验的延续和大小的规则的理性原则的有效性。(KrV, A516; B544)

133. 理性的调节的原则的根据都是这个命题：在经验的回溯中没有任何——一个绝对界限的、因而没有任何条件的、作为一个这样的会是经验的绝对无条件者的——经验，能够被找到。(KrV, A517; B545)

134. 一般现象的先验划分延伸到多远，则根本不是经验之任何事情，而是理性的一条原则，即在广延之物的分解中、遵照这个现象的本性、永远不把经验的回溯、看作绝对完成了的。（KrV，A527；B555）

135. 但由于以这种方式在因果关系中的条件的任何绝对总体性都不会弄清楚，理性就为自己创造了能够自行开始行动的一种自发性的理念，而不允计预先派遣一个另外的原因，再来按照因果连结的法则去规定行动。（KrV，A533；B561）

136. 我们把这些能力命名为知性和理性，尤其后者完全真正地和卓越地区别于一切经验条件的力量，由于理性仅仅按照理念考虑它的对象并由此而规定知性，然后知性就从它的（虽然也是纯粹的）概念中做出一种经验的运用。（KrV，A547；B575）

137. 于是这个理性具有原因性、至少我们在它身上设想着一种这样的原因性，这从那些——我们在一切实践的事情中作为规则而交给实行的力量的——命令中就是清楚的了。（KrV，A547；B575）

138. 理性仅仅按照理念考虑它的对象并由此而规定知性，然后知性就从它的（虽然也是纯粹的）概念中做出一种经验的运用。（KrV，A547；B575）

139. 理性并不屈从于那种经验地被给予的根据，并不追随它们在现象中所呈现的那样的事物的秩序，毋宁用完全的自发性按照理念为自己制定一种特有的秩序，理性使经验的条件适合于这些理念，并且甚至按照这些理念而把——毕竟没有发生而且也许不会发生的——行动宣布为必要的，但仍然对这一切假设了：理性在对这些行动的关系中能够拥有原因性；因为，没有这个，理性就不会指望从它的理念中得到在经验中的结果了。（KrV，A548；B576）

140. 因为每一个人都具有他的任意的一种经验的品格，这种经验的品格不是别的，而只是他的理性的一种原因性，只要这种原因性在它们的现象中的结果上显示出一条规则，照此人们能够接受理性根据和理性的行动、按照它们的种类和程度、并且能够评判他的任意的主观原则。（KrV，A549；B577）

141. 如果我们恰好考虑到在与理性的关系中的这种行动，确切地说，不是考虑到思辨的理性，以便按照这些行动的起源而解释它们每一个，而是考虑到完全单独地、只要理性产生这些行动本身的原因；总之，如果我们把它们与理性在实践的方面进行比较，那么我们就发现了一种完全不同于自然秩序的规则和秩序。（KrV，A550；B578）

142. 理性的原因性并不产生于理知的品格中，或者绝不在一个确定的时间的开始，以便产生一个结果。（KrV，A551；B579）

143. 如果理性可以鉴于现象而具有原因性，那么它就是一种能力，通过这种能力，而首次开始了结果的一个经验的序列的感性条件。因为处于理性中的

这个条件，不是感性的，因而本身并不开始。（KrV，A552；B580）

144. 但关于理性人们却不可以说，在它于其中规定着任意的那个状态之前、领先着一个另外的、这个状态本身在其中被规定的状态。因为理性本身毕竟不是任何现象、也根本不服从于任何感性条件，所以在它之内、甚至在它的原因性的概念中，都不会发生时间次序，所以按照规则规定时间次序的自然的动力学的规律不会应用于其上。（KrV，A553；B581）

145. 所以理性就是人在其中显现的一切任意的行动的持存性条件。每一个这样的行动在它还没发生之前就已经在人的经验的品格中预先被规定了。（KrV，A553；B581）

146. 理性根本不会被一切那些感性所刺激，它不会改变自己（即使它的现象、即就像它在自己的结果中显示出来的方式，立刻改变了，在它里面没有任何规定随后的状态的状态是先行的，因而它根本不属于那些——按照自然规律使现象成为必然的——感性的条件的序列。它，这个理性，对于人的一切行动来说在所有的时间状况中都是当下的和同样的，但它甚至不在时间之中，并且不陷于例如说一种它先前并不存在于其中的新的状态；鉴于这新的状态，它是进行规定的，而不是可被规定的。（KrV，A555；B583）

147. 它，这个理性，对于人的一切行动来说在所有的时间状况中都是当下的和同样的，但它甚至不在时间之中，并且不陷于例如说一种它先前并不存在于其中的新的状态。（KrV，A556；B584）

148. 然而，为什么理知的品格恰好在现有的情况中给出了这些现象和这种经验的品格，这远远超出了我们理性的一切能力所能够回答的范围。（KrV，A557；B585）

149. 自由在这里只被作为一个先验的理念来对待，理性由此而思想到这个通过感性的无条件者直截了当地开始了现象中的条件的序列，但却在此卷入了一个与它自己为知性的经验的运用所颁布的那些法则的二律背反。（KrV，A558；B586）

150. 理性的这种调节性的原则鉴于我们的这个课题就是：在感官世界中的一切都具有经验的条件的生存，并且在感官世界中任何地方鉴于任何属性都决不没有一种无条件的必然性。（KrV，A561；B589）

151. 理性在经验的运用上走它的程序，而在先验的运用上则走它的特殊程序。（KrV，A563；B591）

152. 理性的这种经验的运用（鉴于在感官世界中此在的条件）并不由于承认了一个单纯理知的存在者而受到影响，而是按照无一例外的偶然性的原则、从经验的条件走向那些——永远恰好又是经验的——更高的条件。（KrV，A564；B592）

153. 这些理念包含一种——没有任何可能的经验的认识够得着的——确定的完备性，而理性在它们那里只怀有一个系统的统一性的意向，理性试图使经验的可能的统一性接近这种系统的统一性，却在任何时候都不会完全达到它。（KrV，A568；B596）

154. 人类的理性不仅包含理念，而且也包含理想。（KrV，A568；B596）

155. 理性的理想就是这样一种情况，它任何时候都必须以确定的概念为基础并且必须用作规则和蓝本，不论是用来遵守还是用来评判。（KrV，A570；B598）

156. 理性连同它的理想的意图就是按照先天规则的通盘规定；因此理性设想一个——按照原则应当是可被通盘规定的——对象，虽然对此还缺乏在经验中的充分条件、因而这个概念本身是超验的。（KrV，A571；B599）

157. 这个通盘的规定因而就是一个——我们永远也不能按照它的总体性具体描述的——概念，所以建立在一个——仅仅在理性中占有它的位置的——理念基础之上，理性给知性制定了它的完备运用的规则。（KrV，A573；B601）

158. 人类理性，没有这种知识，绝不可能把这个深渊设想得如此巨大，并且关于这一点的沉思必须在我们理性运用的最终意图的规定中产生出一种很大的变化。（KrV，A575；B603）

159. 但这也是人类理性所能做得出的唯一的真正的理想。（KrV，A576；B604）

160. 因此理性的那种运用，通过它而把先验理想设置为自己对一切可能事物的规定的基础，是与它在选言三段论推理中所据以处理的那种运用类似的。（KrV，A577；B605）

161. 理性为了这一意图、即为了仅仅设想事物的那种必然的通盘规定，并不预设这样一个符合这一理想的存在者的生存，而只假设这样一个存在者的理念，以便从通盘规定的一个无条件的总体性中推导出那有条件的、即受限制的东西的规定。（KrV，A578；B606）

162. 理性的理想的那个仅仅处于理性中的对象，也被称为原始存在者。（KrV，A578；B606）

163. 理性只是把这个理念，作为一切实在性的概念，而设置为一般事物的通盘规定的基础，并不要求，这一切实在性被客观地给予出来并自身构成一个物。（KrV，A580；B608）

164. 因此我就问：理性如何导致了，把事物的一切可能性都看作是从一个唯一的、把它设置为基础的、也就是最高实在性的可能性中派生出来的，并且由此把这种可能性预设为，包含在一个特殊的原始存在者之中了呢？（KrV，A581；B609）

165. 人类理性不从概念、而从普通经验开始，所以某种生存着的东西便设置了基础。但这个基地，如果它不立足于绝对必然的东西的这块不可动摇的磐石之上，就会沉陷。（KrV，A584；B612）

166. 理性到处寻找一个——作为无条件的必然性、而与这样的优先生存相合适的存在者的——概念。（KrV，A585；B613）

167. 任何一个某物毕竟必须绝对必然地生存着，这是理性按照第一个推论就已经看作是商定了的。如果理性能够把一切——与这种必然性不相协调的——东西都消除掉，只有一个东西除外；那么这个东西就是那个绝对必然的存在者。（KrV，A585；B613）

168. 所以，人类理性的自然进程就具有了这样的性质。它首先相信任何一个必然的存在者的此在。它在这个必然存在者中认识到一种无条件的生存者。于是它就寻找那种不依赖于一切条件者的概念，并且——在那个本身就是一切其他事物的充分条件的东西、亦即在那个包含着一切实在性的东西中——找到了这一概念。（KrV，A586；B614）

169. 理性，在一条途径（经验的途径）上，比在另一条途径（先验的途径）上，少一些成果，并且理性陡然松开它的翅膀，为了单纯通过思辨的力量而超出于感官世界之上。（KrV，A591；B619）

170. 这个必然的存在者具有一些什么属性，这种经验的证明根据并不能教导，而理性则在这里完全告别这种根据并且在纯然概念后面探求：即一个绝对必然的存在者一般必须具有什么属性。（KrV，A606；B634）

171. 理性作为绝对必然的只认识那种必然出于它的概念的东西。（KrV，A612；B640）

172. 无条件的必然性——它作为一切事物的最后承担者，我们如此不可缺少地需要着——对人类理性，是真正的深渊。（KrV，A613；B641）

173. 理性恰好就在于，我们能够给予我们的一切概念、意见和主张以解释理由，不论它们是出自客观的根据，还是当它们只是一种幻相时、出自主观的根据。（KrV，A614；B642）

174. 因为没有任何东西，把理性完全束缚在这种此在之上，而理性任何时候并且没有矛盾地都可以在思想上取消这种此在；但绝对必然性却也就仅仅处于思想中了。（KrV，A617；B645）

175. 最高存在者的理想无非是理性的一个调节的原则，即把世界上的一切联结都看作，似乎是从一种最充分的必然原因中产生出来的。（KrV，A619；B647）

176. 这样一来，理性又能够把什么桥添加，到这个最高存在者呢？（KrV，A621；B649）

177. 这个概念有利于我们的理性在原则的节约上的要求，它在自身中不屈服于任何矛盾并且甚至还有益于理性运用在经验内部的扩展，通过——这样一个给予理念以秩序和合目的性——的指导，却在哪里都不以果断的方式而与一种经验相违背。（KrV，A623；B651）

178. 这个证明任何时候都值得用敬重而被称呼。它是最古老、最明白并且最大程度地适合于普通人类理性。（KrV，A623；B651）

179. 本体论的证明所包含的就仍然还是唯一可能的证明根据（假使在一切领域都发生一种思辨的证明），而这种证明根据，任何人类理性都不可以忽略过去。（KrV，A625；B653）

180. 理性的理论运用就是那种，通过它我先天地（作为必然的）认识某物存在的运用。（KrV，A633；B661）

181. 理性的自然运用的原则完全不可能引向任何神学，因而，如果人们不把道德律设置为基础、或者把道德律用作引线，任何地方就都不可能存在着任何理性的神学了。（KrV，A636；B664）

182. 理性在它的单纯思辨的运用中对这个如此伟大的目标、即对达到一个至上存在者的此在，是远远不充分的。（KrV，A639；B667）

183. 先验的神学尽管有它的一切缺点，它毕竟还保留着重要的消极运用，并且是我们的理性的一个忠实可靠的监察官，如果我们的理性仅仅与纯粹的理念打交道，而这些纯粹理念正因此就无非只允许先验的标准衡量。（KrV，A640；B668）

184. 尽管如此，人类理性仍具有一种自然的倾向，跨越这个界限。（KrV，A642；B670）

185. 理性决不直截了当地与一个对象、而仅与知性发生关系，并且借助于知性而与理性自己的经验的运用发生关系，所以并不创造任何（客体的）概念，而只是整理它们，并赋予它们那种——在它的最大可能的扩展中可能具有它、即在与序列的总体性的关系中的——统一性，知性则根本不注意这个总体性，而只注意那种——由此条件的序列按照概念到处都完成的——联结。所以理性原本只把知性及其合目的的职能当作对象，并且，正如知性通过概念而联合在客体中的杂多，理性那方面也通过理念而联合概念的杂多，因为它为知性行动的目的而设置了一定的集合的统一性，否则这些知性行动就只致力于分殊的统一性。（KrV，A643；B671）

186. 如果我们在其整个范围内纵观我们的知性知识，那么我们就会发现，理性在这方面试图完全独特地指定并实现的东西，就是知识的系统化，亦即知识出于一个原则的相互关系。（KrV，A645；B673）

187. 如果理性就是一种从普遍中推导出特殊的能力，那么，要么普遍已经自在地是确定的和被给予的了，而这样一来它就只要求朝着归摄的“判断力”，并且特殊就由此而被必然地规定着。（KrV，A646；B674）

188. 但这个理性统一性只是假设的。（KrV，A649；B677）

189. 理性究竟带有哪些权限能够在逻辑的运用中要求，把自然提供给我们来认识的力的多样性，当作一种只是隐藏着的统一性来处理，并且把这些多样性从某种基本力的任何一个中尽其所有地推导出来？（KrV，A651；B679）

190. 理性的寻求统一性这一法则，是必然的，因为我们没有这种法则就完全没有任何理性，而没有这种理性则没有任何相关联着的知性运用。（KrV，A651；B679）

191. 这种理性统一性测定了自然本身，并且理性在这里并非乞求、而是命令，尽管它并不能够规定这种统一性的界限。（KrV，A653；B681）

192. 所以，理性为知性准备了它的领域：1. 通过杂多在更高的类之下的同类性原则，2. 通过同类之物在更低的种之间的变异性原理；以及为了完成这个系统的统一性，理性添加了 3. 一切概念的亲和性法则，而这个法则命令了一个——从每一个种到每一个别的种、通过差异性的逐级式的增加——连续的过渡。我们可以把它们命名为形式的同质性原则、特殊化原则和连续性原则。（KrV，A657；B685）

193. 知性对于理性同样也构成一个对象，正如感性对于知性那样。使知性的一切可能的经验的行动的统一性系统化，这是理性的一项事务。（KrV，A664；B692）

194. 所以它们特许在我们理性的自然天资中具有它们的良好的与合目的的使命。（KrV，A669；B697）

195. 根据这种规则，理性在连结世界上的原因和结果时就本该使它自己得到最大满足。（KrV，A673；B701）

196. 理性甚至连一个这样的概念的客观有效性都不给予，而只提交了关于“某物”的理念。（KrV，A675；B703）

197. 理性对于一个作为至上原因的最高存在者的设定，仅是相对地、为了感官世界的系统统一性的目的而被思想，并且是一个在理念中的单纯“某物”，我们对它自在地是什么，不具有任何概念。（KrV，A679；B707）

198. 理性只能把这种系统的统一性思想为：理性同时给它的理念提供了一个对象，但这个对象又不能通过任何经验而被提供。（KrV，A681；B709）

199. 理性要求，按照一个系统统一性的原则而观察世界的一切连结，因而就好像这些连结全部都产生于一个唯一的无所不包的、作为至上的和最充分的原因的存在者。由此就清楚了，理性无非能够在扩展它的经验的运用的时候把它自己的形式规则当成意图，但决不可能把超出一切经验的运用的界限之外的

扩展当成意图。（KrV，A686；B714）

200. 这个预设无非是理性的一条调节的原则，为了达到最高系统的统一性，而借助于那个至上的世界原因的合目的的原因性的理念。（KrV，A688；B716）

201. 第一个错误，它产生于，人们不单纯调节性地、而是构成性地运用一个最高存在者的理念（而这是与一个理念的本性相违背的），就是怠惰的理性。（KrV，A689；B717）

202. 把这种自然的系统统一性的调节性的原则设想为一条构成性的原则，并且，仅仅在理念中被设置为理性的一致运用的基础的东西，实体化地预设为原因，就只叫做理性迷乱。（KrV，A693；B721）

203. 这个最大的系统的、因而也是合目的性的统一性是人类理性的最大运用的可能性的学校，甚至是它的地基。（KrV，A694；B722）

204. 所以我们当然地就，假定一个与这个理念相应的规律提供的理性（intellectus archetypus，原型的智性），从这个作为我们理性的对象的规律提供的理性中可以推导出自然的一切系统的统一性。（KrV，A695；B723）

205. 理性必须使这种世界机制的统一性、秩序和合目的性成为它的自然研究的调节的原则。（KrV，A697；B725）

206. 一切在思辨的运用中的理性凭借这些要素决不能够超出可能经验之领域，并且这一至上的认识能力的真正使命只是，利用一切方法及其原理，以按照一切可能的统一性原则、其中最重要的是目的的原则，而追踪自然，直到它的内在深处，但决不飞越它的界限，在这界限之外对于我们除了空的空间则一无所有。（KrV，A702；B730）

207. 那个——本来有责任为其他一切努力颁布其训练的——理性，本身也必须具有这样一个训练。（KrV，A710；B738）

208. 在经验的运用中并不需要任何理性的批判，因为它的那些原理在经验的试金石上经受着一种连续的检验；同样在数学中也不需要任何理性的批判。（KrV，A710；B738）

209. 因为我们的理性（主观地）本身就是一个系统，但是在它的纯粹运用中，凭借单纯的概念，却只是一个按照统一性的原理的探寻的系统，唯独经验才能给这种探寻提供材料。（KrV，A737；B765）

210. 理性必须在它的一切活动中都屈从于批判，并能够通过没有中止任何禁令、不损害自身和没有一个不利于它的嫌疑、就拖延这种批判的自由。（KrV，A738；B766）

211. 理性并不具有任何专制的威严。（KrV，A738；B766）

212. 即使理性决不能够拒绝批判，它却任何时候都没有理由，害怕批判。

（KrV，A739；B767）

213. 这种争执所揭示的无非是理性的一种确凿的二律背反，而二律背反，因为基于理性的本性，它就必须被倾听和被检验。（KrV，A744；B772）

214. 理性在其超脱一切利益的思辨中到底能够送多么远，并且人们究竟是否必须对这种思辨怀有某种指望，或者必须在面对实践的事情时宁愿完全放弃它。（KrV，A747；B775）

215. 因为它在一切争执中直接指向客体时，不是被卷入其中，而是被确立，以按照理性最初指导的原理而规定和评判一般理性的权限。（KrV，A751；B779）

216. 甚至一种单纯独断的理性的这些无止境的争执，最终不得不在这个理性本身的一种批判中，并在某种以批判为根据的规律提供中，寻求到安宁。（KrV，A752；B780）

217. 这已经存在于人类理性的源始权利之中了，人类理性不认识任何别的法官，除非又是普遍的人类理性自身，在其中每个人都具有他的表决权；并且，由于我们的状态所能够做到的一切改善，都必须来自人类理性，那么这样一种权利就是神圣的，并且不允许被贬低。（KrV，A752；B780）

218. 这种做法绝对不能适用于，给理性谋得一种休息，而顶多只是一种手段，从它的甜蜜的独断的梦中唤醒理性、以便小心翼翼地检查它的状态。（KrV，A757；B785）

219. 所以我们的理性的界限规定只有按照先天的根据才能发生；但理性的限制，虽然只是对一种永远也不能完全取消的无知的不确定的知识，但它也能够后天地、通过那种在所有认知那里仍一直剩留给我们认知的东西，而被认识。（KrV，A758；B786）

220. 人们可以把一种——使理性的所作所为经受检验并且按照情况承受指责的——处理方式，命名为理性的监察官。（KrV，A760；B788）

221. 也就是说，不是理性的所作所为，而是理性本身，按照它的全部能力和对纯粹先天知识的适应性而经受评估；这就不是理性的监察官，而是理性的批判，由此所猜测的不单纯是理性的局限，而是理性的确定的界限，不单纯是对一个或别的部分的无知，而且是在一种确定类型的一切可能问题方面的无知。（KrV，A761；B789）

222. 怀疑论是给人类理性的一块休息地，因为人类理性能够思索它的独断论的漫游并且做出它自己发现的这个地区的设计，以便今后能够用更多的可靠性选择自己的道路，而不是长期逗留于一个住地。（KrV，A761；B789）

223. 唯独理性在其内部已经产生了这些理念自身，所以它对这些理念的有效性或辩证的幻相是有义务给出辩解的。（KrV，A763；B791）

224. 理性的一切失败的独断论尝试都是对于经受监察官的审查来说永远有用的工作。（KrV，A763；B791）

225. 怀疑论者是教育独断的玄想家在知性和理性本身的一种健康批判方面的训导师。（KrV，A769；B797）

226. 怀疑论的处理虽然自己本身并不使理性问题得到满足，但毕竟预先练习，为了唤起理性的谨慎并且指点了能够确保理性的合法财产的那些根本措施。（KrV，A769；B797）

227. 我们既然通过我们理性的批判最终知道了这么多，以至于我们在理性的纯粹的和思辨的运用中事实上根本就一无所知；理性就应当向假设打不开一个更为宽广的领域，在那里这至少被允许，构想和意指，即使不主张？（KrV，A769；B797）

228. 一句话，这对我们的理性才仅仅是可能的，即把可能经验的条件作为事情可能性的条件来运用。（KrV，A771；B799）

229. 这种从一切经验分离出来的理性对一切都只能够先天地并且作为必然的或者根本不认识；因此理性的判断决不是意见，而是要么是一切判断的放弃，要么就是无可置疑的确定性。（KrV，A775；B803）

230. 人类理性的这种机会均等，虽然在思辨的知识中并不包庇双方的任何一方，但这却也是永远无法调和的争论的真正战场。（KrV，A776；B804）

231. 所以理性在那里拥有不允许它证明、事实上它也不能够进行证明其合法性的财产。（KrV，A776；B804）

232. 因此实际上理性根本不包含任何意见。（KrV，A781；B809）

233. 我们并不向理性过高要求某种显然超出它的能力的东西，或者毋宁说，使它，在它的思辨的扩展企图发作、不喜欢受到限制的理性的时候，听命于节制的训练。（KrV，A786；B814）

234. 理性虽然具有它的原理，但作为客观的原理则全都是辩证的，因而充其量只能够就像系统的关联的经验运用的调节的原则而是有效的。（KrV，A786；B814）

235. 这种主观的东西在理性的前提中把自己当作客观的而提供给理性、甚或硬塞给理性。（KrV，A792；B820）

236. 这对于人类理性是耻辱的，即它在它的纯粹运用中一事无成，甚至还需要一种训练以便抑制它的放纵，并防止由此给它带来的花招。但另一方面，使它重新振奋并给它一个自我信任的是，理性能够并且必须自己行使这个训练，而不允许别的监察官检查自己，并且，它强迫为它的思辨运用设定界限，同时限制每个对手的玄想的狂妄，因而能够保障一切——从它的以前的过分要求中还想为它保留下来的东西——免遭任何攻击。所以，纯粹理性的一切哲学最大的、也许是唯一的用处的确只是消极的；因为它不是作为工具论用来扩张，而是作为训练用来规定界限，而且，并非揭示真理，而只获得防止谬误的无声功绩。（KrV，A795；B823）

237. 普通逻辑在它的分析的部分就是关于一般知性和理性的一种法规，但仅仅根据形式，因为它抽掉了一切内容。（KrV，A796；B824）

238. 论我们理性的纯粹运用之最后目的。（KrV，A797；B825）

239. 理性被它的本性中的一种倾向所驱使，超出经验运用之外，在一个纯粹的运用中并借助于单纯的理念冒着出离一切知识的最后极限的危险，而只有首先在它的循环结束中、在一个自行存在的系统整体中，才获得安宁。（KrV，A797；B825）

240. 理性的思辨在先验运用中最后所导致的终极意图，涉及到三个对象：意志自由，灵魂不朽，和上帝此在。（KrV，A798；B826）

241. 但如果执行我们自由的任意的条件是经验的，那么理性在此就没有别的而只能有一种调节的运用，并且只用于产生经验之规律的统一性，例如在聪明的学说中，在一个唯一的目的即幸福中，并且使达到幸福的手段协调一致，而联合我们的爱好交给我们的一切目的，这构成了理性的全部事务。（KrV，A800；B828）

242. 纯粹实践规律，它的目的完全先天地被理性所给予，并且这些规律并非以经验的为先决条件，而绝对地命令着，是纯粹理性的产物。（KrV，A800；B828）

243. 所以理性的全部准备，在人们能够称为纯粹哲学的处理中，实际上都是瞄准了被想到的这三个问题的。但这三个问题又具有它的更深远的意图，即，应该做什么，如果意志是自由的，如果存在着一个上帝和一个来世。由于既然我们的这种行为涉及到最高目的，那么，明智地并为我们着想的自然的最后意图，在我们的理性的安排那里，原本就只是设置在道德的东西上的。（KrV，A800；B828）

244. 因此理性也给出了规律，它们是命令、即客观的自由规律，它们说明，什么应该发生，即使它同样也许决不会发生。（KrV，A802；B830）

245. 我们通过经验而认识到，实践的自由作为自然原因之一，即在意志的规定中的理性的原因性，然而先验的自由却要求这个理性本身（鉴于它的开始了一个现象序列的原因性）独立于感官世界的一切规定的原因，并且只要先验的自由看起来是与自然律、因而与一切可能的经验，显得是相违背的，所以就仍还是一个问题。（KrV，A803；B831）

246. 理性在它的思辨的运用中引领我们通过了经验的领域，并且由于这个领域对于理性来说已经绝不找到完全的满足，从这种情况下引领到思辨的理

念，但这些理念最终又把我们带回到经验上来。（KrV，A804；B832）

247. 我的理性的一切（不仅思辨的、而且实践的）兴趣都统一在下面三个问题：1· 我能够知道什么？2. 我应当做什么？3. 我可以希望什么？（KrV，A805；B833）

248. 既然理性命令，这样的行动应当发生，那么这些行动也就能够必定发生，所以系统统一性的一种特殊种类、即道德的统一性，必须是可能的。（KrV，A807；B835）

249. 道德的理性原则虽然能够产生自由的行动，但不能产生自然律。（KrV，A807；B835）

250. 正如按照在它的实践的运用中的理性，道德原则是必须的一样，按照在它的理论的运用中的理性，同样也必须假定，每一个人都拥有理由希望——当他已经在他的行为中使自己配得上——在他那个程度上的幸福。（KrV，A809；B837）

251. 理性的存在者的一切行动都这样发生，似乎它们是出自一个——把一切私人任意都包括在自身之中或之下的——至上的意志。（KrV，A810；B838）

252. 按照道德律而命令的最高理性。（KrV，A810；B838）

253. 理性认识到自己是强迫假定、这样一个统治者、连同——我们必须看做来世的——这样一个世界中的生活的，否则，就必须把这种道德律看做空的幻影。（KrV，A811；B839）

254. 对于我们的理性，仅仅幸福还远不是完整的善。（KrV，A813；B841）

255. 而幸福在理性面前不知道任何别的限制，只有来源于我们自己的不道德行为的限制。（KrV，A814；B842）

256. 这种系统的统一性的实在性也不能建立在别的东西、而只在一个最高的本源的善的预设之上，在那里，独立理性，用一种至上原因的一切充分性而装备起来，按照最完善的合目的性，而建立、维持和完成了普遍的、虽然在感官世界中向我们极其隐藏的事物秩序。（KrV，A814；B842）

257. 没有这种合目的性的统一性，我们甚至不会具有任何理性，因为我们将不会而具有理性的学校，也没有能给这些概念提供材料的那些对象的培养。（KrV，A817；B845）

258. 如果这个事件对每个人，都是有效的，只要他仅具有理性，那么它的根据客观地就是充分的，而这时视其为真就叫作确信。（KrV，A820；B848）

259. 在理性的先验运用中意见当然是太少了，但知识却也太多了。（KrV，A823；B851）

260. 合目的性的统一性仍然是理性应用于自然之上的一个如此重大的条件，以致于我——由于关于它的经验又向我呈现出此事的丰富例证——完全不

能够错失它。（KrV，A826；B854）

261. 但信念这个词只针对一个理念所给予我的引导，并且针对我的理性活动的促进的主观影响，这种促进使我把持着理性活动，尽管我并不因为它而在思辨方面给出辩解。（KrV，A827；B855）

262. 这种理性信念建立在道德意向的前提上。（KrV，A829；B857）

263. 在理性的统治下，我们的一般知识不允许构成任何狂想曲，而它必须构成一个系统。（KrV，A832；B860）

264. 我在这里把整个的高级的认识能力理解为理性，所以便以合理的东西与经验的东西相对立。（KrV，A835；B863）

265. 人们只能学习做哲学研究、即理性才能在一定的正在着手的尝试中练习服从理性的普遍原则，但一直保留着理性对那些原则本身在它的来源上进行调查和确认、或拒绝的权利。（KrV，A838；B866）

266. 在这方面，哲学就是一切知识与人类理性的根本目的（teleologia rationis humanae，人类理性的目的论）的关系的科学，并且哲学家就不是一个理性行家，而是人类理性的规律提供者。（KrV，A839；B867）

267. 仍然存在着一个理想中的导师，他安排这一切，把他们用作工具，以便促进人类理性的根本目的。唯有这些导师我们才必须称为哲学家。（KrV，A839；B867）

268. 为了这种——道德哲学对于一切其他理性追求的——优越性的缘故，人们自古以来也任何时候都把哲学家这个名称同时理解为、并且主要理解为道德学家。（KrV，A840；B868）

269. 人类理性的规律提供（哲学）具有两个对象，自然和自由，所以它一开始就不仅把自然法则、也把道德法则包含在两个特殊的、但最终在一个唯一的哲学系统中。（KrV，A840；B868）

270. 人类理性自从它进行思想、或不如说进行沉思以来，从来就没有缺少过形而上学，但也仍然没有能够充分清除一切异类成分而描述形而上学。一门这样的科学的这种理念恰好与思辨的人类理性，同样古老；并且，哪一个理性不是在思辨呢，无论它是以经院哲学的方式，还是以世俗的方式出现？（KrV，A842；B870）

271. 但现在，理性的运用在这种合理的自然考察中或者是自然的，或者是超自然的，或更好地说，或者是内在的，或者是超验的。前者走向自然，与自然知识能够被（具体地）应用于经验中一样远，后者则走向经验对象的超过一切经验的那种联结。（KrV，A845；B873）

272. 即使形而上学不可能是宗教的基础，它仍然任何时候都必须充当宗教的捍卫者，并且人类理性已经由于它的本性的倾向而是辩证的，它就将决不可

能缺少这样一门约束它的科学。（KrV，A849；B877）

273. 所以不仅自然的、而且道德的形而上学，尤其打开自己的翅膀而冒险的、预习（入门）而先行的理性的批判，才真正唯一地构成了这一种我们在真正理解中能够称为哲学的东西。（KrV，A850；B878）

274. 形而上学也是人类理性的一切教养的完成，这种教养是不可或缺的。（KrV，A850；B878）

275. 神学和道德学是两个动机，或更是，两个关节点，对于一切被抽象了的——人们此后任何人时候都献身于它的——理性探索而言。（KrV，A853；B881）

276. 在纯粹理性知识的起源方面，这种知识是从经验中派生出来的呢，还是，不依赖于经验，而在理性中拥有它的来源。（KrV，A854；B882）

277. 人类理性在它的求知欲任何时候、但至今却徒劳地忙碌着的事情中，获得完全的满足。（KrV，A856；B884）

理性概念（der Vernunftbegriff）

1. 现在仍然留给我们去试探的是，当一切进展的思辨理性在这个超感官领域中被否定之后，是否并不在它的实践知识中发现依据，而规定无条件者的这个超验的理性概念，并且以这样合乎形而上学的愿望的方式、用我们的、但仅仅在实践的意图上才可能的先天知识，而获得超出一切可能经验的界限。（KrV，BXXI）

2. 但理性概念这一称呼就已经暂时表明：它不愿让自己局限在经验之内，因为它涉及了那种知识，每一个经验的知识（也许可能经验或其经验的综合的整体）都只是它的一部分，虽然没有任何现实的经验某个时候足以完全达到那里，但毕竟任何时候都是隶属于它。理性概念用作把握（Begreifen），正如知性概念用作（知觉的）理解。如果理性概念包含无条件者，那么它就涉及到一切经验都隶属于其下而其本身却决不是经验的对象的某物：某物，理性在其推理中从经验引导到它那里，并根据它来评估和测量它的经验的运用的程度，但它本身§“它本身”为福伦德所加。——德文编者却绝不构成经验的综合的一个环节。（KrV，A311；B368）

3. 而一个出自复数的 Notio 的超出经验之可能性的概念，就是理念，或者理性概念。（KrV，A320；B377）

4. 先验理性概念无非是，一个面向给予了的有条件者的条件们的总体性的概念。（KrV，A322；B379）

5. 我把理念理解为一个必然的理性概念，在感官中不会有任何与之相符的对象被给予它。所以我们现在所考虑的纯粹理性概念就是先验理念。（KrV，

A327；B383）

6. 即使我们必须同样讲述先验的理性概念：它们只是理念；但我们却决不把它们看作多余的和无价值的。（KrV，A328；B385）

7. 选言三段论推理的单纯形式必须导致关于一切存在者的存在者的最高理性概念。（KrV，A336；B393）

8. 我们能够从我们理性的本性中进行一种主观的推导。（KrV，A336；B393）

9. 先验的谬误推理产生一个单纯片面的幻相，鉴于我们思想的主体的理念，并且在相反的主张上不会有出自理性概念的丝毫幻相。（KrV，A406；B433）

10. 理性理念将只在这个条件序列中向回溯的综合制定一个规则，按照这条规则，这种综合从有条件者开始、借助于一切相互隶属的条件、而向无条件者前进，虽然这个无条件者将永远达不到。（KrV，A510；B538）

11. 只要我们用我们的理性概念仅仅把感官世界中条件的总体性、以及鉴于这种总体性而能够为理性所用的东西，当作对象：那么我们的这些理念就虽然是先验的、但却还是宇宙论的理念。（KrV，A565；B593）

12. 道德的概念并不完全是纯粹的理性概念，因为某种经验的东西（愉快或不愉快）给它们放置了基础。（KrV，A569；B597）

13. 这一类的理性概念不被创造于自然，我们毋宁根据这些理念询问自然。（KrV，A645；B673）

14. 总而言之：形成了有关一个简单的独立的理智的理性概念。（KrV，A682；B710）

15. 纯粹理性的第三种理念，它包含着一个作为一切宇宙论序列的唯一充分原因的存在者的单纯相关的设定，就是上帝的理性概念。（KrV，A686；B714）

16. 这个唯独以理性概念为依据的最高形式的统一性，就是事物的合目的的统一性。（KrV，A686；B714）

17. 对于我们的知识而言的一切可能对象的总和在我们看来就是一个平面，它具有它的虚假的地平线，这地平线也就是包括这些对象的全部范围并且被我们称之为无条件的总体性的理性概念的东西。（KrV，A759；B787）

18. 理性概念就是，如已说过的，单纯的理念，并且当然不具有在任何一个经验中的对象，但也并不因此就表明虚构的却同时又被假定为可能的对象。它们只是成问题地被设想，以便，在与它们（作为启发性的虚拟）的关系中、建立起在经验之领域中的系统的知性运用的调节的原则。（KrV，A771；B799）

19. 所以这个科学的理性概念包含目的以及与这个目的相一致的整体的形

式。（KrV，A832；B860）

理性理念（die Vernunftidee）

1. 形而上学家的分析把纯粹先天知识分割为两个性质极不相同的要素，即作为现象的事物的知识，以及自在之物本身的知识。反之，辩证法则用无条件者的必然的理性理念把这两者结合成一致性，并且发现，这种一致性永远只有通过那种区分才出现，所以这种区分是真正的区分。（KrV，BXX）

2. 所以理性理念将只在这个条件序列中向回溯的综合制定一个规则，按照这条规则，这种综合从有条件者开始、借助于一切相互隶属的条件、而向无条件者前进，虽然这个无条件者将永远达不到。因为绝对无条件者在经验中根本就找不到。（KrV，A510；B538）

3. 理性的这些理念已经现实地证明了，鉴于作为现象的人的行动方面的原因性，并且这些行动之所以发生了，并不因为它们被经验的原因所规定，不是，而是因为它们被理性的根据所规定。（KrV，A550；B578）

4. 所以理性的理念就是一个感性图型的类似物，但却带有这种区别，即知性概念在理性图型上的应用并不恰好就是对象本身的一种知识（如同在范畴应用于他的感性图型上那里一样），而只是一切知性运用的系统统一性的一条规则或原则。（KrV，A665；B693）

5. 因为假定，存在着在一些义务，它在理性的理念中是完全正当的，但却没有应用于我们自身的任何实在性、亦即没有动机，这里如果不预设一个能够给予实践法则以效果和坚定有力的最高存在者。（KrV，A589；B617）

6. 因此在恩宠王国中则看到，在那里一切幸福期待着我们，除非我们由于自己不配得幸福而不限制自己的幸福份额，这就是一个在实践上必要的理性理念。（KrV，A812；B840）

理性知识（die Erkenntnis der Vernunft）

1. 理性知识能够以两种方式被它的对象所关联，要么仅规定它及它的概念（别的则必须被给予），要么就现实地制造它。前者是理性的理论知识，后者是理性的实践知识。这两者的纯粹部分，不论它可能包含的是如此多或如此少，亦即那个［纯粹部分］，理性在其中完全先天地规定它的客体，预先被单独说明，并且这个［纯粹部分］，不能被来自别的源头的什么东西混淆。（KrV，BIX，BX）

2. 形而上学，一种完全孤立的、思辨的理性知识，它完全超越于经验教导。（KrV，BXIV）

3. 对于这个范畴表可进行一些优雅的考察，这些考察可能会在一切理性知

识的科学形式方面获得显著的效果。（KrV，A83；B109）

4. 假如给我们的有关一般思想的存在者的纯粹的理性知识奠定基础的不只是 cogito（我思），假如我们还要求助于——对于我们思维的游戏以及必须由此而获取的、思想的自身的自然规律的——观察，那么就会产生一种经验的心理学，它就该是内感官的一种自然之学，并且也许能够用于解释内感官的现象。（KrV，A347；B405）

5. 那种属于这个有条件者的条件也不能由此作为绝对必然的而被认识，而是仅仅充当了为有条件者的理性知识而作的一种当时必然的、或更多是必要的、但在自在本身和先天上则是任意的预设。（KrV，A634；B662）

6. 实体本身（物质）按照此在就该是偶然的，这必须就是一种单纯思辨的理性知识。（KrV，A635；B663）

7. 理性预设了这些——首先被应用在经验上的——知性知识，并且按照理念寻求它们的——比经验所能够达到的远得多的——统一性。（KrV，A622；B690）

8. 哲学的知识是出自概念的理性知识，数学知识则是出自概念的构造的理性知识。（KrV，A713；B741）

9. 因此质的一种理性知识只有通过概念才是可能的。（KrV，A715；B743）

10. 一个先验的命题就是一种按照单纯概念的综合的理性知识，并且因而是推论性的知识。（KrV，A722；B750）

11. 这一切都属于来自概念的理性知识，而这种知识就被命名为哲学的知识。（KrV，A724；B752）

12. 既然哲学仅仅是按照概念的理性知识，那么在它之内就不会找到任何配得上公理的名称的原理。（KrV，A732；B760）

13. 我们理性知识的先验提升并不是纯粹理性让我们承担起来的实践合目的性的原因，而单纯是结果。（KrV，A817；B845）

14. 知识在他那里并不来源于理性，并且，尽管客观上这当然是一种理性知识，然而它毕竟主观上只是历史的。（KrV，A836；B864）

15. 现在，一切理性知识要么是来自概念、要么就是来自概念的构造；前者叫哲学的知识，后者叫数学的知识。（KrV，A837；B865）

16. 一切哲学要么是来自纯粹理性的知识，要么是来自经验的原则的理性知识。前者叫做纯粹哲学，后者叫做经验的哲学。（KrV，A840；B868）

17. 在我们一切理性知识的对象方面，曾经有一些只是感觉论哲学家，另一些只是智性哲学家。（KrV，A853；B881）

理性发生论（die Noogonie）

1. 总之，莱布尼茨智性化了现象，正如洛克按照一种理性发生论的体系

（如果允许我、使用这一表达方式的话）全都感性化了这些知性概念一样，也就是说已经把这些知性概念假装为不过是经验的、或被抽离出来的反思概念。（KrV，A271；B327）

理性主义者（der Noologist）

1. 亚里士多德可以被看作经验主义者的首领，但柏拉图则可以被看做理性主义者的首领。（KrV，A854；B882）

理知的（intelligibel）

理知之物（intelligibele Dinge）

理知的品格（der intelligibele Charakter）

理知的对象（der intelligibele Gegenstande）

理知世界，理知的世界（die intelligbele Welt）

1. 现象，只要它们按照范畴的统一性而被思想为对象，就叫作现相（Phaenomena）。但如果我假定事物，仅仅是知性的对象，但仍然作为这种，虽然并非感性直观的（作为 curam intuitu intellectuali，智性直观的对象）的对象而被给予；那么这样一类的事物就叫 Noumena 本体（Intelligibilia，理知的东西）。（KrV，A248，249）

2. 我们应当想到，经过先验感性论所限制的现象的概念已经由自身给予了本体的客观实在性，并且有权利把对象划分为现相（Phaenomena）和本体（Noumena），因而也把世界划分为感官世界和知性世界（mundus sensibilis et intelligibilis，感性世界和理知世界）。（KrV，A249）

3. 然而，在新近的文献中我发现 mundi sensibilis（可感世界）和 mundi intelligibilis（理知世界）术语的不同运用，这种运用完全偏离了古代的含义 A257，并且在这件事情上这种运用当然没有任何困难，但会找到的也无非空洞的废话。（KrV，A256；B312）

4. 人们不必使用智性的世界，取代这种术语，就像人们在德语演讲中通常习惯所做的那样；因为只有知识才是，智性的或感性的。然而只要是能成为这种一种或别的直观方式的、因而是客体的对象的东西，都必须叫作理知的和可感的（尽管听起来尖刻）。（KrV，A256；B312）

5. 而后者，即理知世界（intelligible Welt），则表现为（也许按照哥白尼的宇宙体系、或完全按照牛顿的引力定律来解释的）静观的天文学。（KrV，B313）

6. 但问题是，这些现象是否也还有一些运用，如果对象不是现象（本体），并且在这种含义上人们设想它们，当对象自在地只是被思想为单纯理知的，即

唯独给予知性、而根本不给予感官的东西的时候。（KrV，B313）

7. 所以这个纯粹只是理知的对象的概念在它的应用的一切原理上完全是空的，因为人们不能虚构出——它们如何应当被给予的——任何方式。（KrV，B315）

8. 莱布尼茨曾把现象当作自在之物本身，因而看作 intelligibilia（理知的东西），即纯粹知性的对象，（尽管他，由于这些对象表象的模糊性，而赋予这些表象以现相之名），在这种情况下他的不可分辨定律（principium identitais indiscernibilium，不可分辨者的同一性原则）的确不可反驳。（KrV，A264；B320）

9. 所以空间和时间就是自在的事物本身（实体及其状态）联结的理知形式。（KrV，A276；B332）

如果人们假定一个对象，就必须在感性直观的那些条件下思想它，因而理知的东西就会要求，10. 一个我们所不具备的完全特殊的直观，而这种直观的缺乏对我们来说则就是无，与之相反，现象也不可能是自在的对象本身。（KrV，B335，336）

11. 如果我们把单纯理知的对象理解为这一种事物，它们被纯粹范畴、而无需任何感性图型、所想到，那么这样一类对象就是不可能的。（KrV，A286；B342）

12. 如果我们把这些理知对象只是理解为一种非感性的直观的对象，对此我们的范畴当然就不适用了，因而我们在任何时候都根本不能具备任何知识（既没有直观，也没有概念），那么在这种单纯消极意义上的本体当然就必须被容许。（KrV，A286；B342）

13. 所以纯粹知性的批判不容许，在那些能够让知性觉察为现象的对象之外，创立一个新的对象领域，并且不容许过分放纵于理知世界中、乃至在理知世界的概念之中。（KrV，A289；B345）

14. 它能够用作规定我们的只有在感性上通盘规定的生存，不过是鉴于在与一个理知的（当然只是被思想到的）世界的关系中的一定的内部能力。（KrV，B431）

15. 但如果我们比较思想着的我不是与物质，而是与那个——给我们称为物质的外部现象、奠定基础的——理知的东西：那么我们，因为我们对后者一无所知，也就不能说：灵魂不论在哪一方面内部地区别于它。（KrV，A360）

16. 人们所设想的不是一个感官世界，而是一个谁知道是怎样的理知世界。（KrV，A433；B461）

17. 然而我们可以把一般现象的单纯理知的原因，称为先验客体，这仅仅是为了我们拥有某种与作为接受性的感性相一致的东西。（KrV，A494；B522）

18. 相反，这些感性条件的动力学序列却还允许一种不同质的条件，它不

是序列的一部分，而是作为单纯理知的，而处于序列之外，由此理性就得到了满足。（KrV，A530；B558）

19. 但一个这样的理知的原因在原因性方面就不被现象所规定，虽然它的结果能够显现出来，并因而能够被别的现象所规定。（KrV，A537；B565）

20. 我把那种在一个感官对象上、本身不是现象的东西，称为理知的。因此如果在感官世界中必须被看作现象的东西，自在本身也具有一种能力，这种能力并不是任何感性直观的对象，但它由此却可以是现象的原因：那么人们就可以在两方面上研究这个存在者的原因性，既按照它的行动，而把它看作理知的、看作一个自在之物本身的原因性，并且又按照这种行动的结果，而把它看作感性的、看作感官世界中的一个现象的原因性。（KrV，A538；B566）

21. 于是我们就会在一个感官世界的主体中，首先，拥有一种经验的品格，由此它的行动，作为现象，就会与其他现象按照固定的自然规律而彻头彻尾地处于关联之中，并能够从作为它的条件的现象中被推导出来，从而与这些现象联结着，而构成自然秩序的唯一序列的各项。其次，人们将必须还承认它有一种理知的品格，借此这个主体虽然是那些作为现象的行动的原因，但这种品格本身并不从属于任何感性的条件，并 22. 且本身不是现象。人们也可以把前一种品格称为一个这样的现象中事物的品格，把后一种品格称之为这个自在之物本身的品格。（KrV，A539；B567）

23. 这种理知的品格虽然决不可能直接被认知，因为我们不能知觉到任何东西，除非如果它所显现的，但它毕竟必须遵照经验的品格而被设想。（KrV，A540；B568）

24. 这样，自由和自然，每一个都在它的完全意义中，恰好就在每一个自身的行动那里，按照人们把它们与它们的理知的原因或感性的原因相比较，而没有任何冲突地同时被找到。（KrV，A541；B569）

25. 即一个原因的、鉴于现象、本源的行动的结果，所以这个原因只要不是现象，而是按照这种能力是理知的，尽管它此外又必须作为自然链条的一项、而整个地一起被算作感官世界。（KrV，A544；B572）

26. 如果人们假定，在那些自然原因中也会有一些这样的原因，它们具有一种本身只是理知的能力，因为这种能力为了行动的规定决不以经验的条件、而以知性的单纯为基础，但毕竟，这个原因的在现象中的行动本该是与经验的原因性的所有规律相一致的。（KrV，A545；B573）

27. 这个理知的根据完全不纠缠经验的问题，而也许只涉及纯粹知性中的思想，并且虽然纯粹知性的这种思想和行动的结果在现象中被发现。（KrV，A545；B573）

28. 现在假定，人们可以说：理性具有鉴于现象的原因性；这时它的行动虽然可以叫作自由的，因为它在其（感官方式的）经验的品格中正好完全被精确规定并且是必然的。这种经验的品格又是在理知的品格中（思想方式的）被规定了。（KrV，A551；B579）

29. 纯粹理性，作为一种单纯的理知的能力，并不服从时间形式，因而也不服从时间次序的条件。理性的原因性并不产生于理知的品格中，或者绝不在一个确定的时间的开始，以便产生一个结果。（KrV，A551；B579）

30. 照这么说，随后就发生了这一个，我们在一切经验性的序列中所找不到的东西：事件的前后相继序列的一个条件本身可以是经验的无条件的。（KrV，A552；B580）

31. 鉴于理知的品格，那个经验的品格只是感性的图型，之前、或之后都不适合，而每个行动，忽视与其他现象共处于时间关系中，都是纯粹理性的理知品格的直接结果，因而纯粹理性自由地行动着，并没有在自然原因的链条中、被外部的或内部的、但按照时间的先行根据所力学地规定。（KrV，A553；B581）

32. 一种另外的理知品格会给出另外一种经验的品格。（KrV，A556；B584）

33. 所以我们能够用自由行动的评判，鉴于它们的原因性，只达到理知的原因，但却不能超出这个原因；我们可以认识到，这个原因能够是自由的，即能够独立于感性而规定，并且，能以这种方式，而成为现象的感性的无条件的条件。然而，为什么理知的品格恰好在现有的情况中给出了这些现象和这种经验的品格，这远远超出了我们理性的一切能力所能够回答的范围，甚至远远超出了理性仅仅提问的一切权限。（KrV，A557；B585）

34. 而只有它的原因性被思想为理知的。（KrV，A561；B589）

36. 但在这种情况下则完全不是这种观点，证明一个存在者的无条件必然的此在，或者甚至只在此之上建立感官世界现象的生存的一种单纯理知的条件的可能性，而只是恰好就像我们限制理性那样，它离不开经验的条件的线索、并且迷失在超验的和没有任何能够进行具体描述的解释根据之中，因而另一方面也，在其中限制单纯经验的知性运用的法则，它不对一般事物的可能性作决断，并且也不宣布理知的东西、即使它不能被我们运用而解释现象、因此就是不可能的。（KrV，A562；B590）

37. 但设想现象即感官世界的一个理知的根据，以及这个摆脱了感官世界的偶然性的理知的根据，是既不与在现象序列中不受限制的经验的回溯、又不与这些现象的无例外的偶然性相对立的。（KrV，A563；B591）

38. 所以要么必须保留——与那个要求无条件者的理性的——冲突，要么这个无条件者在序列之外被设置在理知的东西中，而这种理知的东西的必然性则不需要、也不允许任何经验的条件，因而或者更确切地说在现象上是无条件

地必然的。(KrV，A564；B592)

39. 理性的这种经验的运用（鉴于在感官世界中此在的条件）并不由于承认了一个单纯理知的存在者而受到影响，而是按照无一例外的偶然性的原则、从经验的条件走向那些——永远恰好又是经验的——更高的条件。但这个调节的原理刚好也很少排除一个不在这序列中的理知的原因的假定，如果它涉及到理性（鉴于目的）的纯粹运用。(KrV，A564；B592)

40. 因为现象的——在自己本身中绝对没有任何根据、而始终有条件的——此在，要求我们：寻找某种与一切现象区别开来的东西、因而寻找一个在它那里使这种偶然性停止下来的理知的对象。(KrV，A566；B594)

41. 理知之物，我们对其本身不具有丝毫知识。(KrV，A566；B594)

42. 但尽管理性在它的单纯思辨的运用中对这个如此伟大的目标、即对达到一个至上存在者的此在，是远远不充分的；然而它在这件事情上还有很大的用处，在能够从别的那个地方获得的情况下，纠正至上存在者的知识；使自己本身与每一个理知的意图相一致，并且从一切想与一个原始存在者的概念相违背的东西中、并且从一切经验的局限的混淆中，纯化至上存在者的知识。(KrV，A640；B668)

43. 因而在实践的原则那里，就应当处理为，好像我们不是面对一个感官客体、而是面对纯粹知性的客体一样，在这里，条件不再能够被设立在现象的序列中，而只能被设立在现象的序列之外，并且这些状态的序列则可以被视做、就好像它被绝对地（通过一个理知的原因）而开始那样。(KrV，A685；B713)

44. 单纯理知的存在者、或者感官世界的事物的单纯理知的属性，除非用意见而不能用任何有根据的理性权限而假定，尽管（因为人们关于它们的可能性或不可能性都没有任何概念）也不可能通过任何被误以为更好的洞见而独断地否定。(KrV，A772；B800)

45. 意志可以是自由的，但这只与我们意愿的理知原因相关。(KrV，A798；B826)

46. 这个世界因而单纯被设想为一个理知的世界，因为在其中被抽掉了一切条件（目的）、甚至道德的一切阻碍（人类本性的软弱和邪癖）。所以尽管它是一个单纯的、但还却是一个实践的理念，它能够、并应当对感官世界现实地具有它的影响，以便使感官世界尽可能地符合这个理念。(KrV，A808；B836)

47. 现在，在一个理知的、即道德的世界里，在它的概念中抽掉了一切德性障碍（爱好），这样一个与道德性成比例地联结着的幸福的体系也可以被设想成必然的了。(KrV，A809；B837)

48. 我把这样一种理智的理念……称为至善的理想。(KrV，A810；B838)

49. 所以纯粹理性只能在这个最高的本源的善的理想中找到那两个最高的派生的善的要素在实践上必然的联结的根据，即一个理知的即道德的世界的根据。（KrV，A811；B839）

50. 德性自在本身就构成了一个体系，但幸福却不是如此，除非它精确地按照道德性而被分配了。但这只有在理知的世界中、在一个智慧的创造者和统治者手下才是可能的。（KrV，A811；B839）

51. 在这个世界之中我们必须根据纯粹的但实践的理性的规范把我们完全置入进去，但这个世界却是一个理知的世界，因为感官世界并没有从事物的本性中向我们预告这样的目的的系统的统一性。（KrV，A814；B842）

52. 然而这种目的的系统统一性在这个理智的世界中——这个世界，虽然，作为单纯的自然只能被称为感官世界，但作为一个自由的系统，却能被称为理知的、即道德的世界（regnum gratiae，恩宠王国）——，也不可避免地引导上一切事物的合目的的统一性，一切事物都按照普遍的自然律而构成这个大全。（KrV，A815；B843）

53. 前一派承认智性的概念，但只接受感觉的对象。后一派要求，真实的对象只是理知的，并且主张一种——通过没有任何感官伴随的并且按照他们的意见仅被弄混了的知性的——直观。（KrV，A854；B882）

理智（die Intelligenz）

1. 我，作为理智和思想着的主体，把我自己当作被思想的客体来认识，只要我还通过这客体在直观中被给予了我，不过与其他现象一样，并不如同我在知性而前所是的，而如同我对自己所显现的那样，这个问题所带来的困难不多不少，正如一般地说，我如何能够对我是一个客体，而且能够是一个直观的和内知觉的客体。（KrV，B155）

2. 而我只能对自己表象我的思想、即规定的自发性，并且我的此在则仍然一直只是在感性上、即作为一种现象的此在，才可加以规定。不过，这种自发性却使得，我将自己称为理智。（KrV，B158）

3. 所以对我自己的知识，除了意识或者除了我思自己，我还需要一种我由以规定这个思想的、在我之内的杂多的直观，而且我作为理智而生存，这理智仅仅意识到自己的联结能力，但鉴于它应当联结的杂多，则服从于它称为内感官的限制条件，而只有按照完全处于真正的知性概念之外的时间关系，才使那种联结被直观到。（KrV，B158）

4. 辩证幻相在理性心理学中则基于（一个纯粹的理智）的理性的一个理念与这种一般思想着的存在者在一切部分中都未经规定的概念的混淆。（KrV，B426）

5. 我们无权使它成为对象的知识的可能性条件，即成为一个一般思想着的存在者的概念，因为，我们本身不用我们意识的这条公式而置于任何别的理智存在者的位置，我们就不能设想这个思维着的存在者。（KrV，A354）

6. 但因为，如果我们一旦已经接受了这种许可，允许在全部感性的领域之外假定一个独立自存的现实，而现象只被看作这样的本身是理智的存在者的理知对象的偶然的表象方式：那么剩留给我们的，就无非类比了。（KrV，A566；B594）

7. 因而最高实在性的统一性和一切事物的通盘可规定性（可能性）看起来就像处于一个最高的知性中、因而处于一个理智中。（KrV，A583；B611）

8. 所以一个（或许多）崇高的和智慧的原因生存着，它必须不仅仅作为盲目起作用的全能的自然，通过丰产性而成为世界的原因，而必须作为理智，通过自由而成为世界的原因。（KrV，A625；B653）

9. 通过一个它从自然中（从我们的灵魂中）借来的概念，而将它的对象设想为最高理智，这就必须叫作自然的神学。（KrV，A631；B659）

10. 因此自然的神学从这个世界上升到最高的理智，要么把它作为一切自然的、要么把它作为一切道德的秩序和完善性的原则。（KrV，A632；B660）

11. 因为，如果一旦，在其他方面的、或许实践的关系中，一个作为至上理智的最高和最充分的存在者的预设，主张了它的无需反驳的有效性：那么这就会有最大的重要性，把这个概念在其先验的方面准确地规定为，一个必然的和最实在的存在者的概念，并且，把凡是与这个最高实在性相违背的东西、凡是单纯属于现象的（属于宽泛理解上的拟人论的）东西，取消掉，同时又取消掉一切相对立的主张，无论它们是无神论的、还是自然神论的、或者是拟人论的。（KrV，A640；B668）

12. 一个最高理智的概念是一个单纯的理念。（KrV，A670；B698）

14. 这样一来例如说，世界的事物都必须被看做，好像它们从一个最高的理智那里获得了它的此在似的。（KrV，A671；B669）

15. 并非从一个最高的理智而推导出世界秩序和它的系统的统一性，而从一个最高智慧的原因的理念而取得这种规则。（KrV，A673；B701）

16. 总而言之：形成了有关一个简单的独立的理智的理性概念。（KrV，A682；B710）

17. 所以，把一个至上的理智预设为，世界整体的唯一原因，但当然只在理念中预设，这对于理性任何时候都能够有益，但却决不有害。（KrV，A687；B715）

18. 这个预设无非是理性的一条调节的原则，为了达到最高系统的统一性，而借助于那个至上的世界原因的合目的的原因性的理念，并且，好像这个原因性作为最高的理智，按照最智慧的意图就是一切东西的原因。（KrV，A688；B716）

19. 我们的一个最高理智的理念和在此之上错误建立起来的自然的神学体

系（即自然神学）。（KrV，A690；B718）

20. 人们把一条合目的性的统一性原则的现实性作为实体化的东西而设置为基础，把一个这样的最高理智的概念，因为它自在地是完全不可捉摸的，就拟人化地予以规定。（KrV，A692；B720）

21. 即按照这种规律从自然中证明一个这样的至上的理智原因的此在。（KrV，A693；B721）

1. 这种统一性的一个图型，即一个至上的理智，按照智慧的意图，它是世界的创造者。（KrV，A697；B725）

22. 然而，在世界结构的系统而合目的性的秩序的关系中，如果我们研究自然、就必须预设它，我们已经只按照与一个理智的类比（一个经验的概念）而设想了那个为我们所不知道的存在者。（KrV，A698；B726）

23. 因为这种最大的系统的和合目的性的统一性，它曾要求你们的理性作为调节的原则而为一切自然研究奠定基础，恰好就曾是，那些你们有权、把作为一个调节的原则的图型的最高理智的理念、奠定为基础的东西，并且，你们现在、按照这种调节的原则、而在世界中找到了多少合目的性，你们就证实多少你们的理念的合法性。（KrV，A699；B727）

24. 既然，因为他毕竟只能够通过纯粹理性而阐明，那么他就必须设法进行证明：一个最高存在者，这种在我们之内思维着的主体，作为纯粹的理智，就是不可能的。（KrV，A742；B770）

25. 即使也证明了一个最高理智的此在：那么我们尽管会由此而把握世界安排和普遍秩序中的合目的性，但完全没有被授权，由此而推导出任何一种特殊的部署和秩序。（KrV，A799；B827）

26. 我把这样一种理智的理念——在这种理念中，与最高快乐联结着的道德的最完善的意志，是世上一切幸福的原因，只要这幸福与德性（作为配得上幸福的）处于精确的比例——称为至善的理想。（KrV，A810；B838）

27. 这种目的的系统统一性在这个理智的世界中——这个世界，虽然，作为单纯的自然只能被称为感官世界，但作为一个自由的系统，却能被称为理知的、即道德的世界（regnum gratiae，恩宠王国）——，也不可避免地引导上一切事物的合目的的统一性，一切事物都按照普遍的自然律而构成这个大全。（KrV，A815；B843）

28. 但对于这种统一性，我不知道别的条件，它可以使它成为我自然研究的引导，似乎我假定，具有一个最高的理智按照最明智的目的如此安排一切。（KrV，A826；B854）

历史的（historisch）

1. 如果我把知识的一切客观地观察到的内容，都抽掉，那么一切知识，主观地就或者是历史的、或者是合理的。历史的知识是 cognitio ex datis（出自事实的知识），合理的知识则是 cognitio ex principiis（出自原则的知识）。一种知识，无论它来自哪里，都可以本源地被给予，所以它毕竟在拥有它的人那里，是历史的。（KrV，A835；B863）

2. 知识在他那里并不来源于理性，并且，尽管客观上这当然是一种理性知识，然而它毕竟主观上只是历史的。（KrV，A836；B864）

3. 因此一种知识可以在客观上是哲学的，但在主观上却是历史的。（KrV，A837；B865）

4. 所以人们在一切（先天的）理性科学中只能唯一地学习数学，决不学习哲学（除非是历史地学习），而学习理性所涉及的东西、最多只能学习做哲学研究。（KrV，A837；B865）

历史（die Geschichte）

1. 数学自人类理性的历史所达到的最早的时代以来，在值得惊叹的希腊民族中就已走上了一种科学的可靠的道路。（KrV，BX）

2. 一个按照经验的法则、可能知觉的回溯序列（不论是历史的线索，还是原因和结果的足迹），一句话，世界的进程，将引向一个作为当前时间之条件的流逝了的时间序列。（KrV，A495；B523）

3. 经验的回溯（唯有通过它，感官世界才能够在其条件方面被给予出来）有它的规则，即从序列的每一个作为一个有条件者的项，任何时候都前进到一个更远的项（不论是通过特有的经验，还是通过历史的线索，或者通过结果及其原因的链条），并且没有一个地方对自己免除了知性的可能的经验的运用的扩展，而这甚至也是理性在它的原则方面的真正的并且唯一的事务。（KrV，A522；B550）

4. 所以我把先验方法论理解为纯粹理性的一个完备系统的形式条件的规定。我们将在这个意图上完成纯粹理性的训练、纯粹理性的法规、纯粹理性的建筑术，最后是纯粹理性的历史。（KrV，A708；B736）

5. 纯粹理性包含着，——虽然不在它的思辨的、但却在一种确定的、即道德的运用中，——经验之可能性的原则，即这样的行动的原则，这些行动能够在人类历史中合乎道德规范地被遇到。（KrV，A807；B835）

6. 我们因此在人类理性的历史中也发现：在这些道德的概念充分被纯化、被规定，并且目的的系统统一性按照这些道德的概念更确切的说从必然的原则中被看出之前，自然的知识、甚至理性教养在有些别的科学中的一种可观的程度，部分地只能产生关于神性的一些粗糙的和漂浮不定的概念，部分地剩留下鉴于这个问题的一种特令人佩服的完全冷漠。（KrV，A817；B845）

7. 纯粹理性的历史。（KrV，A852；B880）

联结（die Verbindung）
联结（verbinden）
联结方式（dieVerbindungsart）
联结能力（dasVerbingundsVermögen）
思维联结（die Gedankenverbindung）
因果联结（die Kausalverbindung）
知性联结（die Verstandesverbindung）

1. 论一般联结的可能性。（KrV，B129）

2. 但一般杂多的联结（conjunctio），决不能通过感官来到我们之内，因而也不能同时被包含在感性直观的纯粹形式里；因为它是表象力的一种自发性的动作，并且，由于人们必须把它区别于感性而称为知性，所以一切联结，不管我们是否意识到它，无论它是直观杂多的联结，还是各种各样概念的联结，而在前一种联结中不论是感性的、还是非感性的［杂多］，都是一种知性行动，我们将用普遍的名称来证明综合，以便借此同时可以察觉，我们不能把我们表象为在客体中的联结，除非它自己预先进行了联结，而且在所有表象中，联结是唯一的，它不能通过客体给予、而只能被主体自身所完成，因为它是它的自动性的一个行动。（KrV，B129，130）

3. 联结的概念除了杂多的概念和杂多的综合的概念之外，B131 还表现为杂多的统一性的概念。联结是杂多的综合统一性的表象。（KrV，B130，131）

4. 联结的概念除了杂多的概念和杂多的综合的概念之外，B131 还表现为杂多的统一性的概念。联结是杂多的综合统一性的表象。（KrV，B131）

5. 所以只有通过我能够把被给予表象的杂多联结在一个意识中，我才能向我表象出在这些表象本身中的意识的同一性，即，统觉的分析的统一性只有在任何一个统觉的综合的统一性的前提之下才是可能的。（KrV，B133）

6. 联结并不处于对象之中，并且不能通过知觉从对象中借用某物而因此首先被接纳进知性，而只是知性的一项工作。（KrV，B134）

7. 但为了在空间中认识任何东西，例如一条线，我就必须划出它，因而对给予的杂多综合地作出一个确定的联结，使得这个行动的统一性同时又是意识（在一条线的概念中）的统一性，并且由此，一个客体（一个确定的空间）才首次被认识。（KrV，B138）

8. 统觉的先验统一性是这样的，通过它，所有在一种直观中给予了的杂多都被统一在一个客体的概念里。它因此叫作客观的，并且必须与——是一种内感官的规定，由此每一个直观的杂多被经验地给予一种这样的联结的——意识

的主观统一性区分开来。（KrV，B139）

9. 所以这种知性对自己完全不认识，而只联结和整理知识的材料、必须通过客体而给予它的直观。（KrV，B145）

10. 杂多的综合或联结在它们之中，仅仅与统觉的统一性相关联，并因此是先天知识的可能性根据。（KrV，B150）

11. 感性直观杂多的这种综合，它是先天可能的和必然的，可以被称为形象的（synthesis speciosa，形象的综合），而不同于这种，鉴于一般直观的杂多在单纯范畴中所想到的、并被叫作知性联结（synthesis intellectualis，智性的综合）的综合。（KrV，B151）

12. 规定内感官的东西，就是知性及其联结直观杂多、即带到一个统觉（作为知性的可能性以自身为基础）之下的本源的能力。（KrV，B153）

13. 统觉及其综合统一性与内感官完全不是一样的，而更多地作为一切联结的源泉。（KrV，B154）

14. 因此，知性大概并非在内感官中已经发现了杂多的这样一类联结，而是它通过它刺激内感官而产生出这种联结。（KrV，B155）

15. 知性在其中任何时候都把联结的内感官、依照它所思想的这种联结，规定为——与在知性综合中的杂多相一致的——内部直观。（KrV，B157）

16. 所以对我自己的知识，除了意识或者除了我思自己，我还需要一种我由以规定这个思想的、在我之内的杂多的直观，而且我作为理智而生存，这理智仅仅意识到自己的联结能力。（KrV，B158）

17. 通过范畴先天地认识那些永远只能对我们的感官发生的对象、并且不按照它们的直观形式而按照它们的联结法则先天地认识它们的可能性，因而仿佛向自然规定法则并甚至使自然成为可能的可能性。（KrV，B159）

18. 所以，甚至在我们之外或之内的杂多的综合统一性，因而甚至一切——应该在空间或时间中被确定地表象的东西、所必须与之符合的——某种联结，就已经与这些直观一起（而不是在它们之中）同时被先天地作为一切领会的综合的条件而给予了。（KrV，B161）

19. 它们如何能够先天地规定这种自然杂多的联结，而没有从自然中拿来。（KrV，B163）

20. 一切可能的知觉、因而甚至一切总能够获得经验的意识的东西、即一切自然现象，按照它的联结，也都服从范畴。（KrV，B165）

21. 我不可能会说：结果连同原因在客体中（即必然地）联结着，而只能说，我已经安排成这样，以至于我只能把这些表象，无非这样联结而思想。（KrV，B168）

22. 因此如果我，就因为感官在其直观中包含杂多性，而把一种概观赋予

感官，那么任何时候都有一种综合与这个概观相一致并且接受性只有与自发性相联结，才使知识成为可能。（KrV，A97）

23. 所以，领会的综合与再生的综合是不可分割地联结着的。（KrV，A102）

24. 因为如果不是内心在杂多知识中能够意识到由于这种统一性将杂多综合地联结在一个知识中的那个机能的同一性，这种意识的统一性就会是不可能的了。（KrV，A108）

25. 但这种关系无非就是意识的必然统一性，因而也是通过内心的共同机能、杂多被联结在一个表象中的综合的统一性。（KrV，A109）

26. 所有不同经验的意识都必须被联结在一个唯一的自我意识中，是我们一般思想的绝对第一的综合的原理。（KrV，A117）

27. 于是，我们就把这种想象力中的杂多的综合称为先验的，当它无需区分各种直观，而仅 28. 仅只指向杂多的先天联结的时候，并且把这种综合的统一性叫做先验的，当他与统觉的本源的统一性的关系中被表现为先天必然的时候。（KrV，A118）

29. 现象，当它与意识联结起来的时候，就叫知觉。（KrV，A120）

30. 因为每一个现象都包含一个杂多，因而不同的知觉在内心中本身是分散地和单个地被发现的，所以它们的一个联结是必要的，而这种联结它们在感官自身中并不能拥有。（KrV，A120）

31. 因为想像力的综合自在本身，虽然先天地执行着，但任何时候仍然是感性的，因为它仅仅这样联结着杂多，就如杂多在直观中所显现的那样，例如联结一个三角形的形状。（KrV，A124）

32. 借助于纯粹想像力，我们一方面把直观的杂多，并且另一方面与纯粹统觉的必然统一性的条件一起，都带入了联结中。（KrV，A124）

33. 判断——知性实际上先天地将其带入这种批判的谨慎的状态——描述成系统的联结，我们的范畴表为此无疑必须给我们提供自然的和可靠的引导。（KrV，A148；B187）

34. 一切联结（conjunctio）或者是组合（compositio），或者是联结（nexus）。（KrV，A162；B201）

35. 所以，客体的生存的规定在时间中就只有通过它的在时间中的一般联结，因而只有通过那些先天连结了的概念，才能够发生。（KrV，A177；B219）

36. 这种另外的知觉如何按照此在、在时间的这一样态中、而与这个知觉必然地联结起来。（KrV，A179；B222）

37. 我知觉到，现象一个紧跟着一个，亦即对于一个时间是事物的一种状态，其反面则曾经存在于前一个状态中。（KrV，B233）

38. 但它可以用两种不同的方式联结上述的两个状态，使得这一状态或者那一状态在时间中先行发生。（KrV，B233）

39. 假如现象就是自在之物本身，那就没有任何人能够会从关于它们的杂多的表象的前后相继而估量出，这种杂多在客体中该如何联结。（KrV，A190；B235）

40. 对于现象本身上的杂多，什么才适合于一种在时间中的联结，此间杂多的表象在领会中任何时候都已经前后相继。（KrV，A190；B235）

41. 杂多如何在现象本身（它毕竟不是自在的东西本身）中可以能被联结起来？（KrV，A191；B236）

42. 所以在这些知觉的系列中没有任何规定了的秩序，可以使得——如果我必须在领会中开始，为了经验地联结杂多——成为必然的。（KrV，A193；B238）

43. 这种关系所做的只不过是，使表象的联结以一种确凿的形式而成为必然的。（KrV，A197；B242）

44. 而没有这些经验和规律，它们的可能性就是一种任意的思维联结，这种思维联结虽然并不包含矛盾，但却不能对客观的实在性、因而对一个人们这里所要思考的这样的对象的可能性，提出任何要求。（KrV，A223；B270）

45. 于是，在时间中的意识就与这个时间规定的可能性的意识必然联结起来了：所以，它也就与作为时间规定的条件的外在于我的事物的生存必然地联结起来了；也就是说，我自己的此在的意识同时就是一种在我之外的别的事物的此在的直接意识。（KrV，B276）

46. 所以我们因此就能够刚好有这种权利而公设各种模态性的原理，因为它们并没有扩大关于一般事物的概念，而只是指出了——这个概念一般说来如何与认识能力相联结的——方式。（KrV，A234；B287）

47. 变化就是在一个同一物的此在中相互矛盾的对立的规定的联结。（KrV，B291）

48. 我们的知性所特有的杂多的联结方式。（KrV，B306）

49. 因为这些范畴只有在与空间和时间中的直观统一性的关系中才具有意义，甚至它们之所以能通过普遍的联结概念而先天地规定这种统一性，也只是由于空间和时间的单纯观念性。（KrV，B308）

50. 知性和感性在我们这里只有联结起来才能够规定对象。（KrV，A258；B314）

51. 质料和形式。这是两个被作为别的一切反思的基础的概念，所以它们与知性的每一种运用都不可分地联结在一起。（KrV，A266；B322）

52. 因为实在的冲突就总是会发生，凡是在 A—B＝0 的地方，亦即凡是在

一个实在性与另一个实在性，在同一个主体中联结，一个就取消另一个的作用的地方。（KrV，A273；B329）

53. 同样，在关于一个物的概念中，根本就没有任何矛盾，如果没有任何否定的东西与一个肯定的东西相联结。（KrV，A282；B338）

54. 那些理念在最高知性中是个别的、不可改变的、彻底规定了的，并且是事物的本源的原因，而只有在宇宙中事物联结的整体才是唯一而单独地完全适合于那个理念的整体的。（KrV，A318；B374）

55. 因为这种内部必然性在一定情况下就是一种完全空洞的表达，我们不能把它和起码的概念联结起来。（KrV，A325；B382）

56. 形而上学在其研究的本来的目的上只具有三个理念：上帝、自由和不朽，以致于第二个概念，与第一个概念相联结，就应当导致作为一个必然结论的第三个概念。（KrV，A337；B395）

57. 对这些理念的见识将会使得神学、道德，以及通过这两者的联结，使得宗教，因而使得我们此在的那些最高目的，都仅仅依赖于思辨的理性能力而别无所依。（KrV，A337；B395）

58. 并非作规定的意识，毋宁被规定的意识自身、亦即我的内直观的意识（只要它的杂多能够按照在思想中统觉的统一性的普遍条件而被联结），就是客体。（KrV，B407）

59. 经此，对于来世设想的、权限、甚至必要性，按照与思辨的理性运用联结着的实践的理性运用的原理，在此则仍然没有丝毫损失。（KrV，B424）

60. 思想，就其本身来说，只不过是逻辑机能，因而是联结一个单纯可能直观的杂多的全然的自发性，它决不把意识的主体表现为现象。（KrV，B428）

61. 因为这个我虽然在一切思想中；但却没有丝毫的直观与这个表象相联结，这种直观区别于别的直观的对象。（KrV，A350）

62. 所以，与我的意识已经必然联结在一起的同一性，就并不因此而与它的意识、亦即与我的主体的外部直观联结在一起。（KrV，A363）

63. 因为它预告了我们的——那个对一切理性努力最终都必须联结于其上的——最后目的的最大期望和展望的基础。（KrV，A463；B491）

64. 这种不同质的东西无论是在因果联结的动力学的综合中，还是在必然的东西和偶然的东西的动力学的综合中，至少都能够被允许。（KrV，A530；B558）

65. 所以按照其经验的品格，这个主体，作为现象，会是服从于因果联结的、按照规定的一切法则的。（KrV，A540；B568）

66. 自由的宇宙论理念的阐明在与普遍的自然必然性联结中。（KrV，A542；B570）

67. 最高存在者的理想无非是理性的一个调节的原则，即把世界上的一切联结都看作，似乎是从一种最充分的必然原因中产生出来的，以便在这上面建立起解释这些联结的一种系统的和按照普遍法则的必然的统一性的规则，而并不是主张一种自在的必然的生存。（KrV，A619；B647）

68. 世界联结的方式和它们的交替。（KrV，A636；B664）

69. 与意识联结着的想像、记忆、智力、辨别力，是否并不就是知性和理性。（KrV，A649；B677）

70. 理性的统一性，——鉴于知性应当系统地联结它的概念的条件，在其之下、以及其程度、多远，——自己本身也是不确定的。（KrV，A665；B693）

71. 因为我把一切联结都看作，好像它们都是最高理性的安排，我们的理性则是这个理性的一个不充分的摹本。（KrV，A678；B706）

72. 这个系统统一性的理念本来只应当用来，为了寻找作为调节性原则在按照普遍自然规律的事物的联结中的系统的统一性。（KrV，A691；B719）

73. 由此他就使一种在知性中具有它的位置、并且说出了必然的连结的亲和性原则，变成一种只有在模仿的想像力中才遇到的联想规则，并且只能表现那些偶然的、根本不是客观的联结。（KrV，A766；B794）

74. 所以德性体系与幸福体系是不可分地、但只是在纯粹理性的理念中联结着的。（KrV，A809；B837）

75. 在一个理知的、即道德的世界里，在它的概念中抽掉了一切德性障碍（爱好），这样一个与道德性成比例地联结着的幸福的体系也可以被设想成必然的了。（KrV，A809；B837）

76. 与最高快乐联结着的道德的最完善的意志，是世上一切幸福的原因。（KrV，A810；B838）

77. 所以纯粹哲学虽然必须与应用哲学联结起来，但必须不与之相混淆。（KrV，A848；B876）

连结（die Verknüpfung）

连结（verknüpfen）

因果连结（die Kausalverknüpfung）

1. 在时间中我的此在的意识，就与在我之外的某物的一种关系的意识同一地连结了，所以它是经验而不是虚构，是感觉而不是想像力，它把外部的东西与我的内感官不可分割地连结了起来。（KrV，BXL）

2. 如果人们像休谟所做的那样，想把这个概念从发生的事经常地与先行的事相伴随中、从由此产生的连结表象的习惯（因而仅仅是主观的必然性）中引申出来。（KrV，B5）

3. 或者是 B 完全外在于概念 A，虽然它处于与概念 A 的连结中。（KrV，A7；B10）

4. 这里，支持知性的那个未知之物 = x 是什么，当知性相信自己在 A 的概念之外发现了一个与之陌生、而仍然被它视为与之相连结的谓词 B 时？（KrV，A9；B13）

5. 想像已经构成了某种——虽然包含了这些抽象关系的共相，但没有已经连结了自然与共相的约束，就不能发生的——东西。（KrV，A40；B57）

6. 于是，在事物的一个整体中将设想出一个类似的连结。（KrV，B112）

7. 而在这里，只是为了把那些不同质的知识也连结在一个意识中，就通过作为原则的一种知识的质而改变了这些定量的范畴。（KrV，B115）

8. 时间，作为内感官杂多的形式条件、因而作为一切表象连结的形式条件，包含了纯粹直观中的一种先天杂多。（KrV，A138；B177）

9. 但这些形象与概念，只有一直借助于它们所标明的图型，才必须被连结起来，而并不与概念重合。（KrV，A142；B181）

10. 范畴最终就并没有其他运用，而只有经验的运用，因为它们仅仅充当着，通过一种先天必然的统一性（因为在一个本源的统觉之中的一切意识的必然联结）的根据，使现象服从于综合的普遍规则，并借此使普遍规则适当地无一例外地连结在一个经验之中。（KrV，A146；B185）

11. 人们把一个物的谓词预先从它的概念中分离出来，然后又把这个概念的反面与这个谓词相连结。（KrV，A153；B192）

12. 现在，虽然在经验中知觉仅仅以偶然的方式彼此相遇，以致于，没有任何它们连结的必然性从这些知觉本身中得到解释，也不可能得到解释。（KrV，B219）

13. 所以，客体的生存的规定在时间中就只有通过它的在时间中的一般联结，因而只有通过那些先天连结了的概念，才能够发生。（KrV，B219）

14. 一切变化都按照原因与结果的连结的规律而发生。（KrV，A189；B232）

15. 所以我原来在时间中连结着两个知觉。（KrV，B233）

16. 仅仅主观相继便证明不了在客观上杂多的连结，因为它完全是随意的。（KrV，A193；B238）

17. 但这种相关物却与这些作为其后果的给予了的事件、规定性地相关联，而这些事件则必然地与自己在时间序列中连结着。（KrV，A199；B244）

18. 现象之间因果连结的原理在我们的表达方式中已经局限于现象的相继序列。（KrV，A202；B247）

19. 不过我毕竟通过二者的动力学的连结的时间关系而区分了这两者。（KrV，A203；B248）

20. 而这些类比则阐述了在一般经验中一切实在的连结。（KrV，A225；B272）

21. 最后，至于第三条公设，那么它针对此在中的质料的必然性，而不只是针对概念的连结中的形式的和逻辑的必然性。（KrV，B279）

22. 那么，生存的必然性，就绝不可能从概念中，而任何时候都只能从那种与被知觉的东西的连结中，按照经验的普遍法则，而被认识。（KrV，A227；B279）

23. 只有对我的知性才能够添加，某种超出与经验的形式条件的协调性之上的东西，即添加与任何一个知觉的连结。（KrV，A231；B284）

24. 如果这个概念单纯在知性中与经验的形式条件相联结，它的对象就叫做可能的。（KrV，A234；B286）

25. 那么现实性就同时是这个物与知觉的一种连结。（KrV，A235；B288）

26. 是知性呢，还是感官呢，使它们得以连结起来，或者被比较？（KrV，A260；B316）

27. 我们的概念的一种确凿的连结的主观必要性。（KrV，A297；B353）

28. 正如知性把直观的杂多纳入概念之下并由此把它们带进连结一样。（KrV，A305；B362）

29. 如果有条件者被给予，因而其本身也是无条件的、整个相互从属的条件序列，也是被给予（即包含在对象及其连结之中）。（KrV，A308；B364）

30. 提升到按照目的、即按照理念的世界秩序的建筑术的连结。（KrV，A318；B375）

31. 因为，既然我们在灵魂中没有发现任何持存的现象，而只有伴随和连结所有这些现象的“我”表象，那么我们就绝不能澄清，这个“我”（一个单纯的思想）是否恰好并不流动，而只是其余那些由此而相互链接的思想。（KrV，A364）

32. 那种——它所剩余的不被我们所熟悉、但通过统觉在它的规定中却而是一个彻底的连结的——主体的统一性。（KrV，A365）

33. 空间本身毕竟无非是，一种——有一定知觉在其中相互连结着的——内部表象方式。（KrV，A378）

34. 于是问题就不再是，关于灵魂与外在于我们、别的已知的和异类的实体的协同性了，而单纯是有关内感官的表象与我们的外部感性的变形之间的连结，以及这些东西如何能按照固定的法则相互连结，以至于它们在一个经验中相关联。（KrV，A386）

35. 只有知性才会是，能够从中产生纯粹的和先验的概念，理性原本完全不产生、而至多只从一个可能经验的不可避免的限制中解放知性概念，并且试

图使之扩展到超出经验的边界，但又还处于与经验的连结之中。（KrV，A409；B436）

36. 只是这个完备性的理念毕竟处于理性之中，而忽视——它适当地连结经验概念的——可能性，或不可能性。（KrV，A417；B444）

37. 构成世界的那些事物的整个秩序，都来源于一个原始存在者，一切东西都从这个原始存在者那里借取它的统一性和合目的的连结，这么多都是道德和宗教的基石。（KrV，A466；B494）

38. 而这些表象，只要它们在这种关系中（在空间和时间中）按照经验之统一性的法则而被连结和可规定的，就叫做对象。（KrV，A494；B522）

39. 这个命题就是理性的一种逻辑的设定：通过那种知性追踪一个概念与它的条件的这样一种连结，并且尽可能远地延伸，这种已经附着在这个概念本身上的联结。（KrV，A498；B526）

40. 当时一个序列总是这样，在其中条件与有条件者，作为序列的各项而连结着并且由此而是同质的。（KrV，A528；B556）

41. 与之相反，动力学序列无一例外的有条件者，它与作为现象的动力学序列是不可拆开的，与那种虽然是经验的无条件的、但也是非感性的条件连结着的，它一方面满足了知性，另一方面也满足了理性。（KrV，A531；B559）

42. 鉴于发生了的事情，人们只能够设想两种类型的原因性，要么按照自然，要么出于自由。前一种是在感官世界中一个状态与它按照一条规则而跟随其后的前面状态的连结。（KrV，A532；B560）

43. 但由于以这种方式在因果关系中的条件的任何绝对总体性都不会弄清楚，理性就为自己创造了能够自行开始行动的一种自发性的理念，而不允计预先派遣一个另外的原因，再来按照因果连结的法则去规定行动。（KrV，A533；B561）

44. 由于在它之内，只要它是本体，而没有发生什么，遇不到任何需要动力学的时间规定的变化，因而遇不到任何与作为原因的现象的连结。（KrV，A541；B569）

45. 一种本源的行动，由此——以前不曾存在的——某物发生，是不能被现象的因果连结所期待的。（KrV，A544；B572）

46. 这种“应当”表达了一种必然性的方式以及与在整个自然中通常并不发生的根据的连结。（KrV，A547；B575）

47. 因为经验的调节的统一性并不建基于现象本身（仅仅建基于感性），而建基于通过知性（在一个统觉中）的感性杂多的连结。（KrV，A583；B611）

48. 因为通过与全部经验之内容相连结，有关对象的概念并没有被丝毫地增加，但我们的思想却通过这个内容而更多地获得了一种可能的知觉。（KrV，

A601；B629）

49. 但我们的一切生存的（它通过知觉直接地、或者通过把某物和知觉连结起来的推论）意识却完完全全属于经验之统一性。（KrV，A601；B629）

50. 但既然一切实在的属性的连结在一个物中是一种综合，其可能性我们不能够先天地判断，因为这些实在性并没有已经特别地给予过我们。（KrV，A602；B630）

51. 保留了绝对必然性与最高实在性的连结。（KrV，A604；B632）

52. 在这些先验的证明中，什么是那个辩证的、但却是自然的幻相的原因呢，它连结了必然性与最高实在性的概念、并且使那种毕竟只能是理念的东西实在化和实体化？（KrV，A615；B643）

53. 但这是完全不可能的，从一个概念中自行超出，并且，无需人们遵循经验的连结（但通过这种连结，任何时候所给予的都只是现象），而做到揭示出新的对象和过分的存在者。（KrV，A639；B667）

54. 知性则根本不注意这个总体性，而只注意那种——由此条件的序列按照概念到处都完成的——连结。（KrV，A643；B671）

55. 理念以这种方式原本只是一个启发式的、而非明确表示的概念，而且所指明的，并非一个对象是怎样的性状，而是我们应当如何在这概念的指引下、寻找一般经验之对象的性状和连结。（KrV，A671；B699）

56. 我们要（在心理学中）把我们内心的一切现象、行动和接受性都借助于内部经验之线索而如此连结起来，似乎内心就是一个——带有人格的同一性、持久（至少在此生中）生存的——简单实体。（KrV，A672；B700）

57. 而从一个最高智慧的原因的理念而取得这种规则，根据这种规则，理性在连结世界上的原因和结果时就本该使它自己得到最大满足。（KrV，A673；B701）

58. 以便将感性世界之物的一切连结看做为，好像它们在这个理性存在者中具有它们的根据。（KrV，A681；B709）

59. 理性要求，按照一个系统统一性的原则而观察世界的一切连结，因而就好像这些连结全部都产生于一个唯一的无所不包的、作为至上的和最充分的原因的存在者。（KrV，A686；B714）

60. 一个这样的原则向我们的应用于经验领域的理性坦白透露出——按照目的论法则连结世界的事物并由此达到其最大的系统统一性的——完全崭新的前景。（KrV，A687；B715）

61. 并且就拥有了一条目的论连结的系统统一性的调节的原则，但这种系统统一性我们不允许预先规定，而只允许在对它的期待中而追踪这种按照普遍的法则的自然机械的连结。（KrV，A691；B719）

62. 因为我们没有权利，在自然之上假定一个想好了的属性的存在者，而只有权利把这个存在者的理念设置为根据，以便按照一种因果规定的类比而把现象看作系统地相互连结着的。（KrV，A700；B728）

63. 相反，数学是能够提出公理的，因为它可以借助于在对象的直观中构造概念而先天地直接连结对象的谓词，例如“三点任何时候都处于一个平面”。（KrV，A732；B760）

64. 我们毕竟可以完全先天地——但却与一个第三者，即可能的经验相关，因此毕竟是先天地——认识那个与别的事物相连结的法则。（KrV，A766；B794）

65. 但这种意见，为了不至于是无根据的，则必须与作为解释根据而现实地被给予并因此是确定了的东西连结起来，那就叫做假设。（KrV，A770；B798）

66. 为了解释给予了的现象，没有任何别的事物和解释根据，而无非引用按照已知的现象规律而与给予了的现象被连结起来的事物和解释根据。（KrV，A722；B800）

67. 而是它表明，经验本身、因而经验之客体、没有一个这样的连结就会是不可能的。（KrV，A783；B811）

68. 我能够以不止一种方式连结这些材料。（KrV，A787；B815）

69. 纯粹理性原则是否也必然地把这种希望与该规律连结起来。（KrV，A809；B837）

70. 而如果人们单纯把自然设置为基础，则获得幸福的希望、与使自己配得幸福的不懈努力之间的引证过的那种必然的连结，就不能通过理性而认识，而关于这种连结，只有当我们把一个按照道德律而命令的最高理性、同时又作为自然的原因而被设置为基础的时候，才可以被希望。（KrV，A810；B838）

71. 如果理性不用单纯是一个理念的道德律、连结一个起作用的原因，这个原因给按照道德律的行为、规定一个与我们的最高目的准确地相符合的结局，无论是在今生、还是在来生。（KrV，A812；B840）

72. 而把自然的合目的性带到那些——必须先天地与事物的内在可能性不可分地连结在一起的——根据上，并且由此而带到一种先验神学上。（KrV，A816；B844）

73. 我就绝不可以冒昧地有所意见，没有至少知道某物，凭借于某物，那本身单纯是成问题的判断就获得了与真理的一种连结，这种连结虽然同样是不完全的，但毕竟是多于任意的虚构。此外，一种这样的连结的规律必须是确定的。（KrV，A822；B850）

74. 在这里一切都是必然的，所以连结的原则要求普遍性和必然性，因而

要求完全的确定性，否则就根本找不到通往真理的指导。（KrV，A823；B851）

75. 后者则走向经验对象的超过一切经验的那种连结。（KrV，A845；B873）

76. 因此这种超验的自然之学要么以内部的连结、要么以外部的连结为自己的对象，但两种连结都超出了可能经验。（KrV，A846；B874）

连续的（kontinuierlich）

连续性（die Kontinuität）

连续体（das Kontinuum）

1. 这样一来，每一种感觉、因而甚至在现象中的每一种实在性，不管它是多么小，都有一个度，亦即，有一个内包的大小，而这个大小还可以一直被降低，并且在实在性和否定性之间是一种可能的实在性的、以及可能更小的知觉的连续的关联。（KrV，A169；B211）

2. 大小的这种属性，按照它在它们身上任何部分都不是可能最小的部分（任何部分都不是简单的），就叫作大小的连续性。（KrV，A169；B211）

3. 时间的连续性人们通常特别用流失（消逝）这个术语来标志。（KrV，A170；B211）

4. 既然在一切数目那里都毕竟必须以单位为基础，那么现象作为单位就是一个定量，并且作为这样的定量则任何时候都是一个连续体。（KrV，A171；B212）

5. 现在，如果一切现象，不论从外延上、还是从内包上来考察，都是连续的大小，那么命题："甚至一切变化（一物从一个状态到另一个状态的过渡）也该是连续的"，在这里就可能容易地而用数学的显明被证明了。（KrV，A171；B213）

6. 值得注意的是，我们从一般的大小上，能够先天认识到的只是一种唯一的质，亦即连续性。（KrV，A176；B218）

7. 因为只有在现象上我们才能够经验地认识到时间关联中的这种连续性。（KrV，A199；B244）

8. 因为只有在现象上我们才能够经验地认识到时间关联中的这种连续性。（KrV，A208；B254）

9. 这就是一切变化的连续性的规律。（KrV，A209；B254）

10. 连续性原则禁止在（变化的）现象的系列中的任何跳跃（in mundo non datur saltus，世上没有偶发的跳跃），但也禁止在空间里一切经验的直观的总和中在两个现象之间的一切空缺或间隙。（KrV，A228；B281）

11. 因为，在我们称为灵魂的东西中，一切都处于连续的流动之中并且没有留存下来的东西。（KrV，A381）

12. 一切概念的亲和性法则，而这个法则命令了一个——从每一个种到每一个别的种、通过差异性的逐级式的增加——连续的过渡。（KrV，A658；B686）

13. 但这条 continui specierum，种的连续性）的（formarum logicarum，在逻辑形式上的）逻辑法则预设了一条先验的法则（lex continui in natura，自然中的连续规律），没有这条先验法则，知性的运用就只会被那个规范迷乱地带领着，当那个规范也许会采取一条直接违背自然的道路的时候。（KrV，A660；B688）

14. 形式的这种连续性就该是单纯的理念，根本不能指出一个在经验中与之相一致的对象。（KrV，A661；B689）

15. 数学也研究线和面、作为不同质的空间的差别，研究作为广延的一种质的、广延的连续性。（KrV，A743；B715）

灵魂（die Seele）

灵魂学说（die Seelenlehre）

1. 因而关于这同一个存在物，例如人的灵魂，我就不能不说，灵魂的意志是自由的，并且同时又是服从自然必然性的，即不自由的，而陷入一个明显的自相矛盾。（KrV，BXXVII）

2. 纯粹理性的批判原理的积极作用的这种讨论，同样能够在上帝概念和我们灵魂的简单本性的概念中表明。（KrV，BXXIX）

3. 所以，我甚至都不能够假定上帝、自由和灵魂不死，以为了我的理性的必须的实践运用的需要（KrV，BXXX）

4. 内感官——借助于它的内心自身，或它的内部状态——而直观，［它］虽然并不提供对作为一个客体的灵魂自身的直观。（KrV，A22；B37）

5. 时间是所有一般现象的先天条件，更确切地说，是（我们的灵魂）内部现象的直接条件，因此也间接地是外部现象的［条件］。（KrV，A34；B50）

6. 假如我关于灵魂说，它不是有死的，那么我就通过一个否定的判断至少挡住了一个错误。现在，我通过这个命题："灵魂是不死的"，虽然按照逻辑的形式做出了现实的肯定，因而我就把灵魂放置在不死的存在者的无限制的范围中。（KrV，A72；B97）

7. 所以通过我的这个命题所说的无非是，灵魂就该是，当我把有死的东西全部都去掉的时候，所剩留下来的无限数量事物中的"一个"。（KrV，A72；B97）

8. 没有这种灵魂，我们在一切领域可能都没有任何知识，但我们一次都不会意识到它的结果。（KrV，A78；B103）

9. 所以纯粹理性就把理念给予了先验的灵魂学说（psychologia rationalis，理性心理学）、先验的世界科学（cosmologia rationalis，理性宇宙学），最终也给予了先验的上帝知识（Theologia transzendentalis，先验神学）。（KrV，A335；B392）

10. 我，作为思想着的，是一个内感官的对象，叫做灵魂。而这作为一个外感官对象的我，则叫做肉体。因此“我”这个术语，作为一个思想着的存在者，已经意味着心理学的对象了，而这种心理学则可以叫做合理的灵魂学说。（KrV，A342；B400）

11. 合理的灵魂学说，于是实际上就是这种类型的冒险。（KrV，A342；B400）

12. 建立于这上面的合理的灵魂学说绝不是纯粹的，而是部分地根据一种经验的原则的。（KrV，A343；B401）

13. 所以，合理的灵魂学说的正位论，合理的灵魂学说所能包含的其余一切都必须从此而被推导，就是如下：1、灵魂是实体；2、按照它的质，灵魂是简单的；3、按照不同时间，在这些时间中灵魂就是，数目的—同一的，即单一性（非多数性）；4、在与空间中可能对象的关系之中。（KrV，A344；B402）

14. 从这些要素中，就产生出纯粹灵魂学说的所有概念，仅仅通过组合，而丝毫不需认识别的原则。（KrV，A345；B403）

15. 灵魂被精神性所限制，则表现为不死性。（KrV，A345；B403）

16. 而这种灵魂学说则被错误地当作纯粹理性的——关于我们的思想的存在者的本性的——科学。（KrV，A345；B403）

17. 我们想通过纯粹灵魂学说的一切谓述词用一种批判的眼光来追踪这个命题。（KrV，A347；B406）

18. 反驳门德尔松灵魂持存性的证明。（KrV，B413）

19. 人们对于灵魂毕竟也不能否认它有内包的大小，即不能否认鉴于它的一切能力、甚至一般说来就构成它的此在的一切东西的实在性的一种程度，而这种程度经过所有那些无限多的更小的程度而减少。（KrV，B414）

20. 所以灵魂的持存性，作为单纯的内感官的对象，仍未证明，并且甚至是不可证明的。（KrV，B415）

21. 我们不论以任何它所本该的方式，都不能够认识我们灵魂的、那种涉及灵魂独立生存的一般可能性的性状。（KrV，B420）

22. 这项任务，即说明灵魂与身体的协同性，本来并不属于这里所谈论的这一种心理学，因为它具有证明甚至在这种协同性之外（在死后）的灵魂的人格性的意图。（KrV，B427）

23. 所以我，作为思想着的存在者（灵魂），就是实体。（KrV，A348）

24. 灵魂，或者思想着的我。（KrV，A351）

25. 我的自身（作为灵魂）。（KrV，A354）

26. 每一个人都必须承认：关于灵魂的单纯本质的主张只有，当我能够由此把这个主体与一切物质区别开来并因而能够使灵魂免除物质在任何时候都承受着的溃败的时候，才是有一些价值的。（KrV，A356）

27. 灵魂是没有形体的。（KrV，A356）

28. 假如物质是一个自在之物本身，那么它就会作为一个复合的存在者而与作为一个单纯的存在者的灵魂，完完全全地区别开来。（KrV，A359）

29. 当我把灵魂理解为一个思想着的自在存在者时，提出这个问题本身就已该是不合适的了：即灵魂是与物质（它根本不是什么自在之物本身，而只是在我们之内的一种方式表象）是同样方式的，或者不是。（KrV，A360）

30. 这个思想着的“我”，灵魂（内感官的那个先验对象的一个名称）该是单纯的。（KrV，A361）

现在灵魂就是如此如此。所以灵魂就是一个人格。（KrV，A361）

31. 立足于这一点上，灵魂的人格性必须绝不被视为推论出来的命题，而必须被视为自我意识在时间中的一个完全同一的命题，并且这也就是这个命题为什么先天有效的原因。（KrV，A362）

32. 我们作为灵魂是否是持存的，或者不是，因为我们只把我们的意识算作我们的同一的自身。（KrV，A364）

33. 既然我们在灵魂中没有发现任何持存的现象，而只有伴随和联结所有这些现象的“我”表象，那么我们就绝不能澄清，这个“我”（一个单纯的思想）是否恰好并不流动，而只是其余那些由此而相互链接的思想。（KrV，A364）

34. 灵魂的人格性及其条件，即灵魂的持存性、因而它的实体性，必须现在才首次被证明。（KrV，A364）

35. 既然这种出自“我”的同一性的人格同一性，在全部时间的意识中、这其中我认识自己，绝对不会导致：即使上面的灵魂的实体性也不能够建基于这个“我”的同一性之上。（KrV，A365）

36. 既然如此有人问：二元论是否只有在灵魂学说中只有才发生这种后果呢，那么回答就是：当然的喽！（KrV，A379）

37. 根据这些谬误推理，考察全部纯粹灵魂学说。（KrV，A381）

38. 灵魂学说，作为内感官的自然之学。（KrV，A381）

39. 在我们称为灵魂的东西中，一切都处于连续的流动之中并且没有留存下来的东西。（KrV，A381）

40. 我们到底为了什么而必不可少地拥有一种单纯建立在纯粹理性原则之

上的灵魂学说呢？（KrV，A382）

41. 关于灵魂与一个有机体的协同性作用、即与人生命中的动物性和灵魂状态的协同性作用的可能性问题。（KrV，A384）

42. 关于这种协同性作用的结束、即灵魂在人临死和死后的结束的问题（即灵魂不朽的问题）。（KrV，A384）

43. 因为那个实体概念没有告诉我：灵魂单独地延续自身，也没有告诉我灵魂该是外部直观的——不能够再分、因而不能够通过任何自然变化而产生、或消灭的——一个部分。（KrV，A400）

44. 假如有人能够告诉我们，灵魂是物质的一个单纯的部分，那么我们就能够从经验关于物质所教导我们的东西中，推导出这个灵魂的持存性，并且，与这种单纯的本性一起，推导出灵魂的不可毁灭性。（KrV，A401）

45. 因此人们被那个思想着的"我"（灵魂），而把自己设想为实体、简单的、在一切时间中数目上同一的东西，以及必须从一切其他此在中被推论出来的一切此在的相关物。（KrV，A401）

46. 大前提对范畴，在其条件方面，仅仅作一种先验的运用，但小前提和结论对同一个范畴却是在归摄于该条件之下的那个灵魂方面，则作一种经验的运用。（KrV，A402）

47. 纯粹心理学的这些主张并不包含灵魂的经验的谓词，而包含是这样一些谓词，当它们发生的时候，就应当不依赖于经验、因而通过单纯的理性而规定自在的对象本身。（KrV，A405）

48. 这些玄想的推论的第一种类型针对着（主体或灵魂的）所有一般表象的主观条件的无条件统一性，它与定言的三段论推理相一致。（KrV，A406；B433）

49. 如果不存在区别于世界的原始存在者，如果世界无需开端因而也无需创造者，我们的意志不是自由的，并且灵魂与物质存在同样的可分性和可朽性，那么道德的理念和原理也都丧失了一切有效性，而与构成它们的理论支柱的那些先验的理念一起陷落了。（KrV，A468；B496）

50. 例如，其现象（在我们本身之内）的"某物"是否是思想，（灵魂）是否就是一个自在的简单的存在者，是否存在着一个万物归总的、绝对必然的原因。（KrV，A478；B506）

51. 要么通过一个它从自然中（从我们的灵魂中）借来的概念，而将它的对象设想为最高理智，这就必须叫作自然的神学。（KrV，A631；B659）

52. 必然性、无限性、统一性、在世界之外的（不是作为世界灵魂的）此在、没有时间条件的永恒性、没有空间条件的全在、全能等等，都是纯然先验的谓词，因此它们的被纯化出来的概念，作为每一种神学如此非常必需具有的

概念，都仅仅从先验神学中被牵引了出来。（KrV，A641；B669）

53. 并非从一个简单的思维着的实体中推导出灵魂的内部现象，而按照一个简单的存在者的理念而相互推导出灵魂的那些内部现象。（KrV，A673；B701）

54. 我在自身就是这样一种仅仅被看作一个思想着的自然（灵魂）理念的第一客体。（KrV，A682；B710）

55. 所以，取代那个并不能引导我们走远的（关于灵魂现实地是什么的）经验概念，理性就采取了一切思想的经验的统一的概念，并且通过理性无条件地和本源地思考这个统一性。（KrV，A682；B710）

56. 但在这种情况下，理性所关注的，只不过是灵魂现象的解释的系统统一性的原则。（KrV，A682；B710）

57. 实体的那种简单性等等只应当是向着这条调节的原则的图型，而并不是被预设为，好像它就是灵魂属性的现实根据。（KrV，A683；B711）

58. 这时没有任何轻浮的假设，灵魂的产生、毁灭和转世的假设，等等，能被容许。（KrV，A683；B711）

59. 即使我只想问，灵魂是否自在地就是精神性的自然，那么这个问题就根本没有任何意义。（KrV，A684；B712）

60. 而另一个人则反对之：灵魂不是非物质的统一性并且也不能被排除在暂时性之外。（KrV，A741；B769）

60. 一切宗教的这样两个基本的支柱，我们灵魂的自由和不朽。（KrV，A745；B773）

61. 把灵魂思想为简单的，是完全可以允许的，以便于，按照这个理念、把一切内心能力的一个完备而必然的统一性，尽管人们并不立刻具体地看清这些内心能力，铺设为我们对灵魂的内部现象进行评判的原则。（KrV，A771；B799）

62. 但假如把灵魂假定为单纯的实体（一个超验的概念），这就会是一个——不仅是不可证明的，（就如许多自然性的假设所是的那样），而且也是完全任意和盲目的冒险的——命题。（KrV，A771；B799）

63. 灵魂的非物体的统一性和一个最高存在者的此在。（KrV，A775；B803）

64. 如果也反对那种（在另外任何一种非思辨的眼光中）被假定的、非物质的和不服从任何肉体变化的灵魂本性，而碰到这种困难，经验仍然将我们的精神力量的不仅是振奋、而且还是损伤都似乎证明为不过是我们器官的不同变形．（KrV，A778；B806）

65. 而这个——在最初的理解中完全不包含任何多样性的——“我”，在第二种理解中，它却意味着灵魂自身，可以是一个非常复杂的概念，亦即一个在

自身之下包含和标志着很多东西的概念，所以我就发现了一个谬误推理。（KrV，A785；B813）

66. 理性的思辨在先验运用中最后所导致的终极意图，涉及到三个对象：意志自由，灵魂不朽，和上帝此在。（KrV，A798；B826）

67. 即使灵魂的精神本性（并与之一起洞察灵魂的不死性）可能被洞察，但却既不能因此就鉴于此生的现象、就作为一种解释根据，也不能被依赖于来世的特殊性状，因为我们的无形自然的概念只是否定性的，并且丝毫也不扩展我们的知识。（KrV，A798；B826）

68. 恰恰鉴于自然的神学的智慧，考虑到人类本性的卓越装备以及与之如此难以相适当的生命的短暂，为人类灵魂来世的一种学理的信念的足够的根据恰好又可以被找到。（KrV，A827；B855）

69. 内感官的对象，灵魂，以及，根据一般灵魂的基本概念，思想着的自然。（KrV，A846；B874）

逻辑，逻辑学（die Logik）
普通逻辑，普遍逻辑（die allgemeine Logik）
一般逻辑（die Logiküberhaupt）
先验逻辑（die transzendentale Logik）
逻辑的，逻辑地（logisch）
逻辑表象（die logische Vorstellung）
逻辑机能（die logische Funktion）
逻辑形式（die logische Form）
逻辑能力（die logische Vermögen）
逻辑的反思（die logische Reflexion）
逻辑的方位（die logische Ort）
逻辑的正位论（die logische Topik）
逻辑的运用（der logische Gebrauch）

1. 因为我在我之内找到了它们并且关于他们普通逻辑甚至已经给了我一个例子，即逻辑的一切简单活动都可以完备而系统地列举出来。（KrV，AXIV）

2. 首先要求那种通过概念的推理的（逻辑的）明晰性，但然后也有权利要求一种通过直观的、即事例或别的具体说明的、直觉的（感性的）明晰性。（KrV，AXVIII）

3. 逻辑学大概自古以来就已经走上这条可靠的通道了，由此就可以看出，它从亚里士多德以来就已经不允许做出任何退步了。（KrV，BVIII）

4. 但逻辑学的界限由此已经完全确切地规定了，它不过是一门科学，这门科学所详尽说明并严格证明的无非是一切思维的形式规则（不论这些思维是先天的还是经验的，具有一种起源还是一种客体，这些东西要在我们内心遇到偶然的障碍还是本质的障碍）。（KrV，BIX）

5. 当谈论到知识的时候，人们虽然要把一门逻辑学当作评判这些知识的前提，但却必须到被称为真正的和客观的那些科学中去寻求这些知识的获得。（KrV，BIX）

6. 逻辑学仅仅忙碌于思想的一般形式。（KrV，BXXIII）

7. 必须有一门这样的科学，它构成先验要素论的第一部分，而与包含纯粹思想的原则、并且被称为先验逻辑的那一部分相对。（KrV，A21；B36）

8. 不清晰的表象与清晰的表象的这一区别是单纯逻辑上的，并不关涉内容。（KrV，A43；B61）

9. 通过它们把感性与智性的区别仅仅看作逻辑上的区别的方法，因为这种区别显然是先验的。（KrV，A44；B61）

10. 一个先验逻辑的理念。（KrV，A50；B74）

11. 论一般逻辑。（KrV，A50；B74）

12. 因此我们就区分了一般感性规则的科学，即感性论，与一般知性规则的科学，即逻辑。（KrV，A52；B76）

13. 而逻辑又可以被处理为双重的目的，要么作为普遍的知性运用的逻辑，要么作为特殊的知性运用的逻辑。前者包含思想的绝对必然的规则，没有这些规则就根本没有任何知性的运用，所以它针对这种运用，无视这种运用所可能指向的那些对象的差别。特殊的知性运用的逻辑包含这些——正确思考对象的一个确定种类的——规则。人们可以把前者命名为要素的逻辑，而把后者命名为这门或那门科学的工具论。（KrV，A52；B76）

14. 普遍的逻辑就要么是纯粹的逻辑，要么是应用的逻辑。（KrV，A52；B77）

15. 一种普遍而又纯粹的逻辑，不得不只与纯净的先天原则发生关系，并且是知性和理性的一种法规，但仅仅鉴于它的运用的形式，这种内容可能如此，无论它，是（经验的还是先验的）。但一种普遍的逻辑就叫做应用的，当它针对着在——心理学所教导我们的——那些主观的经验的条件之下的知性运用规则的时候。（KrV，A52；B77）

16. 作为普遍逻辑，它抽掉了知性知识的一切内容，和它的对象的差异性，并且只与思想的单纯形式打交道。（KrV，A54；B78）

17. 普遍逻辑放弃一切知识内容，即知识与客体的一切关系，并只考察知识相互关系的逻辑形式，即一般思想形式。（KrV，A55；B79）

18. 作为纯粹逻辑，它没有经验的原则，因而不（像人们有时说服自己的那样）从心理学中汲取，所以它对于知性的法规没有任何影响。它是一种被演证的学说，并且在其中一切都必须是完全先天确定的。（KrV，A54；B78）

19. 论先验逻辑。（KrV，A55；B79）

20. 普遍逻辑放弃一切知识内容，即知识与客体的一切关系，并只考察知识相互关系的逻辑形式，即一般思想形式。（KrV，A55；B79）

21. 一门如此规定如此的知识的来源、范围和客观有效性的科学，也许必须称为先验逻辑，因为它仅仅关涉知性和理性的法则，但它只这么远地与对象先天地发生关系，而不像普遍逻辑，没有区别地既和经验的知识、同时又和纯粹理性知识发生关系。（KrV，A57；B81）

22. 普遍逻辑划分为分析论与辩证论。（KrV，A57；B82）

23. 即使一种知识有可能完全符合于逻辑的形式，即不和自己相矛盾，但它仍然总还可能与对象相矛盾。（KrV，A59；B84）

24. 普遍逻辑把知性和理性的全部的形式事务分化为它的要素，并把这些要素描述为我们的知识的一切逻辑评判的原则，所以逻辑的这个部分可以叫做分析论，并且正因此而至少是真理的消极的试金石。（KrV，A60；B84）

25. 知识的单纯形式，不论它与逻辑的规律多么一致，也还远不足以，因此就澄清了知识的质料上（客观上）的真理性，所以没有人敢于单凭逻辑就对于对象作出判断。（KrV，A60；B85）

26. 一种这样的指教是与哲学的尊严无论如何都不相符合的。为此人们更愿意把辩证论的这个名称，作为一种辩证幻相的批判，而算作逻辑，而这里我们也要记得把它理解为这样一种批判。（KrV，A62；B86）

27. 先验逻辑的这一——说明纯粹知性认识的要素，以及那些没有它们就到处没有对象能够被思想的原则的——部分，就是先验分析论，同时也是真理的逻辑。（KrV，A62；B87）

28. 既然这种逻辑原本只应该是评判经验的使用的一种法规，那么这种逻辑就被误用了，如果人们把它看作是一种普遍地和无限制地使用的工具，并且胆敢唯独以纯粹知性、而综合地判断、主张和决断一般对象。（KrV，A63；B88）

29. 先验逻辑的这个完整的部分也由两卷构成，其中一卷包含纯粹知性的概念，另一卷则包含纯粹知性的原理。（KrV，A65；B90）

30. 论知性在逻辑上的一般运用。（KrV，A67；B92）

31. 论知性在判断中的逻辑机能。（KrV，A70；B95）

32. 普遍逻辑抽掉谓词的所有内容（即使这个谓词是否定的），并且只看到，这谓词是否附加于主词，或者是否与主词相对立。但先验逻辑则考察这个判断，也根据这种借助于单纯否定的谓词所作出的逻辑肯定的价值或内容，并

且考察这种肯定对全部知识带来怎样一种收益。(KrV, A72; B97)

33. 或然性命题就是这样一种命题，它仅仅表达出逻辑的可能性（它不是客观的可能性）。(KrV, A75; B101)

34. 实然命题说的是逻辑的现实性或真理性。(KrV, A75; B101)

35. 必然命题则把实然命题设想为通过这些知性规律本身所规定的，因而是先天断言的，并以这种方式表达了逻辑的必然性。(KrV, A76; B101)

36. 普遍逻辑抽掉知识的一切内容，而指望，在别的地方，也不管是在哪里，表象被给予，以便首先把这些表象转化成那些分析地进行着的概念。反之先验逻辑则面对着由先验感性论呈现给它的先天感性杂多，为了给纯粹知性概念提供一种材料，没有这种材料它们将没有任何内容，因而就会完全是空的。(KrV, A76; B102)

37. 不同的表象被分析地带到一个概念之下（普遍逻辑所处理的一件事务）。但先验逻辑所教导的并非把表象、毋宁把表象的纯粹综合带到概念上。(KrV, A78; B104)

38. 同一个知性，恰恰通过同一些行动，它在概念中，借助于产生了一个判断的逻辑形式的分析的统一性，借助于一般直观中杂多的综合统一，也把一种先验的内容带进它的表象中，因此它们就叫作先天地指向客体的纯粹知性概念，而这一般逻辑则不能做到。(KrV, A79; B105)

39. 一切范畴都建立在判断中的逻辑机能之上，但在判断中已想到了联结、因而想到了给予概念的统一性。(KrV, B131)

40. 统觉的综合的统一性就是人们必须把一切知性运用、甚至全部逻辑，以及按照逻辑，把先验哲学都钉于其上的最高点，当然这种能力就是知性本身。(KrV, B134)

41. 一切判断的逻辑形式就在于其中包含了概念的统觉的客观统一性。(KrV, B140)

42. 这种——通过它们，给予表象（它们可以是直观或者概念）的杂多被带到一般统觉之下的——知性行动，是判断的逻辑机能。(KrV, B143)

43. 在形而上学的演绎中，一般先天范畴的起源通过它们的与思想的普遍逻辑机能的完全同时发生而阐明。(KrV, B159)

44. 一个不与可能经验相关的先天概念，只会是对一个概念上的逻辑形式，却不会是这个——某物由此而被思想的——概念本身。(KrV, A95)

45. 一切知识的逻辑形式的可能性都可以必然地建基于作为一种能力之于统觉的关系。(KrV, A117)

46. 普遍逻辑已建立在一种完全精确地与高级认识能力的划分同时发生的平面图上。这些能力就是：知性、判断力和理性。因此，普遍逻辑学说所处理

的就是它们的概念、判断和推理的分析论。（KrV，A130；B169）

47. 先验逻辑，因为被限制在一种规定的内容上、即仅仅是纯粹先天知识的内容上，它在这里的划分就不能模仿普遍逻辑。（KrV，A131；B170）

48. 普遍逻辑完全不包含为了判断力的规章，也不可能包含判断力。（KrV，A132；B171）

49. 普遍逻辑不能给判断力提供任何规范。（KrV，A135；B174）

50. 这种——一个与之相矛盾的谓词，达不到任何事物的——原理，就称为矛盾原理，它是一切真理的一个普遍的、虽然仅仅消极的标准，但也因此而只属于逻辑，因为它所针对的知识，仅仅是作为一般知识，而不顾它们的内容。（KrV，A151；B190）

51. 解释综合判断的可能性，是一个用普通逻辑根本完成不了的任务，普通逻辑甚至可能连这个任务的名字都不知道。但它在先验逻辑中却是一切任务中最重要的事务，甚至是唯一的事务。（KrV，A154；B193）

52. 至于第三条公设，那么它针对此在中的质料的必然性，而不只是针对概念的连结中的形式的和逻辑的必然性。（KrV，A226；B279）

53. 对每一个概念所要求的，首先是一般概念（思想）的逻辑形式，其次还有它与之相关的、给予它一个对象的那种可能性。（KrV，A239；B298）

54. 如果我把持久性（它是一种朝着一切时间的此在）删去，那么对实体的概念中就什么也没有剩留给我了，而只有主体的逻辑表象。（KrV，A242；B300）

55. 仅仅从这种逻辑机能中、即从概念的形式中根本不能认识任何东西，也不能区别哪一个客体从属于其下，因为恰好一般对象能够从属于其下的那个感性条件被抽掉了。（KrV，B302）

56. 一般判断的逻辑机能：单一性和多数性、肯定和否定、主词和谓词，没有犯一个循环论证的错误，就不能够被定义。（KrV，A245；B302）

57. 这些范畴本身又无非是思想的形式，它们只包含——把直观中杂多的给予先天地统一在一个意识中的——逻辑能力。（KrV，B305）

58. 逻辑的反思是一种单纯的比较，因为在它那里完全不考虑被给予的表象所属的认识能力，所以这些表象假设按照它们在内心的位置作为同类的而处理。（KrV，A262；B318）

59. 在每一个判断中人们可以把那些给予的概念称为（为了判断）逻辑的质料，而把概念的（借助于系词）关系称为判断的形式。（KrV，A266；B322）

60. 人们可以把每一个概念，把许多知识都归属其下的每一个条目，命名为一个逻辑的方位。在这上面就建立起了亚里士多德的逻辑的正位论。（KrV，A268；B324）

61. 这条原理：实在性（作为单纯的肯定）相互绝不会逻辑地冲突，是一个有关概念的关系的完全真实的命题。（KrV，A273；B328）

62. 如果我们单纯作逻辑的反思，那么我们仅仅在知性中相互比较我们的概念，两者是否恰好包含同一个东西，它们是不是相互矛盾。（KrV，A279；B335）

63. 于是，就剩留给我们一种单纯通过思想而规定对象的方式，它虽然是一种没有内容的单纯逻辑的形式，但却对我们显得，就像客体自在生存的方式（本体），而无须考虑那被限制于我们感官之上的直观。（KrV，A289；B346）

64. 有一种——理性的，正如知性的一样——单纯形式的、亦即逻辑的运用，因为理性不考虑知识的一切内容，但也有一种实在的运用，因为它本身包含着一定的——既不借自于感官、又不借自于知性的——概念和原理的起源。（KrV，A299；B355）

65. 此间我们可以期待，按照与知性概念的类比，这种逻辑的概念同时通往先验概念的钥匙，并且前者的机能表同时被交到理性概念的谱系手上。（KrV，A299；B356）

66. 论理性的逻辑运用。（KrV，A303；B359）

67. 理性在它的逻辑运用中寻求它的判断（结论命题）的普遍条件，而理性推论本身也无非是一个——借助于将它的条件归摄到一个普遍规则之下的——判断（大前提）。（KrV，A307；B364）

68. （在逻辑的运用中）一般理性所特有的原理就是：为知性的有条件的知识找到无条件者，借此完成知性的统一性。（KrV，A307；B364）

69. 我们知识的单纯逻辑形式如何能够包含先天纯粹概念的起源。（KrV，A321；B377）

70. 理性，看作为知识的一种确定的逻辑形式的能力，就是推理的能力，亦即间接地（通过把一个可能判断的条件归摄到一个给予判断的条件之下）判断的能力。（KrV，A330；B386）

71. 逻辑的谬误推理就在于一个理性推论按照形式的错误，它的内容则可以是它所想要的别的什么。（KrV，A341；B399）

72. 在思想中自我意识的一切样态（modi）自身，还不是客体的知性概念（范畴），而仅仅是——根本不把任何对象、因而自身也不作为对象交给思维来认识的——逻辑的机能。（KrV，B407）

73. 一般思维的逻辑探讨被错误地当作了客体的一种形而上学规定。（KrV，B409）

74. 思想，就其本身来说，只不过是逻辑机能。（KrV，B428）

75. “我生存于思想着”，就不单单是逻辑的机能，而是在生存方面规定着

主体（这主体于是同时又是客体）。（KrV，B429）

76. 这个表象，“我”，并不包含丝毫的杂多性，并且它是绝对的（虽然只是逻辑上的）单一性。（KrV，A355）

77. 我通过这个“我”为我在任何时候都想到了一个绝对的、但却是逻辑的主体统一性（简单性），但并非，我由此就认识了我的主体的现实的简单性。（KrV，A356）

78. 但这个条件只是形式的条件，亦即每一个思想的逻辑的统一性。（KrV，A398）

79. 这些推论的图型，逻辑学在一般三段论推理的三种形式的类型中就提供在手了。（KrV，A405；B432）

80. 在每两个相互矛盾—对立着的谓词中，只有一个能够应归于这概念，这个原理则以矛盾律为基础，因此是一个单纯逻辑的原则，它抽掉了一切知识的内容，而无非着眼于知识的逻辑形式。（KrV，A571；B599）

81. 通盘规定的这个原则所涉及的是内容并且不单纯是逻辑的形式。（KrV，A572；B600）

82. 通过这个命题，谓词不仅仅相互逻辑地、而且物本身与一切可能谓词的总和被先验地比较。（KrV，A573；B601）

83. 这种逻辑的否定，它仅仅通过这个词：“不”而将表明，原本绝不与一个概念、而是只与这个概念对另一个概念在判断中的关系相联系。（KrV，A574；B602）

84. 通过理性而对一个概念所作的逻辑规定建基于一个选言的三段式推理。（KrV，A576；B604）

85. 概念总是可能的，如果它不自相矛盾。这就是可能性的逻辑标志。（KrV，A596；B624）

86. 人们可以随心所欲地把任何东西用作逻辑的谓词，甚至主词也可以被自己所谓述；因为逻辑放弃了一切内容。（KrV，A598；B626）

87. 在逻辑的运用中，它只不过是一个判断的系词。（KrV，A598；B626）

88. 一条逻辑的准则最初就要求尽可能多地以这样的方式减少这种表面上的差异性，即人们通过比较而揭示出那隐藏着的同一性。（KrV，A649；B677）

89. 理性究竟带有哪些权限能够在逻辑的运用中要求，把自然提供给我们来认识的力的多样性，当作一种只是隐藏着的统一性来处理，并且把这些多样性从某种基本力的任何一个中尽其所有地推导出来？（KrV，A651；B679）

90. 类的逻辑原则以一个先验原则为前提，如果它应当被应用于自然（我在这里把自然只理解为那些被给予我们的对象）的话。（KrV，A654；B682）

91. 类的逻辑原则以一个先验原则为前提，如果它应当被应用于自然（我

在这里把自然只理解为那些被给予我们的对象）的话。（KrV，A654；B682）

92. 与类的这种假定了同一性的逻辑原则相对立，存在着另一条原则，即种的原则。（KrV，A654；B682）

93. 即使这条逻辑法则，假如不把一条特殊化的先验法则设置为基础，也会毫无含义和用处。（KrV，A656；B684）

94. 每个种都包含一些亚种，按照特殊化原则，而这个逻辑的视野仅由更小的视野（亚种）所组成，但不由那些没有任何范围的点（个体）所组成。（KrV，A658；B686）

95. 这种否定性的判断，不仅按照逻辑的形式、而且也按照内容而都是否定性的，不受人类的求知欲任何特别的尊重。（KrV，A708；B736）

96. 普通逻辑在它的分析的部分就是关于一般知性和理性的一种法规，但仅仅根据形式，因为它抽掉了一切内容。（KrV，A796；B824）

97. 这种确信不是逻辑的、而是道德的确定性，而且，由于它以（道德意向的）主观根据为基础。（KrV，A829；B857）

98. 这种知识仅仅被作为科学而寻求，所具有的目的无需别的而无非这种知识的系统统一性、因而知识的逻辑完善性。（KrV，A838；B866）

逻辑的辩证论（die logische Dialektik）

1. 这种被误以为工具论的普遍逻辑，就称为辩证论。（KrV，A61；B85）

2. 普遍的逻辑，被看作为工具论，任何时候都会是一种幻相的逻辑，亦即，都会是辩证的。（KrV，A61；B86）

3. 论先验逻辑划分为先验分析论和先验辩证论。（KrV，A62；B87）

4. 先验逻辑的第二部分必须是对这种辩证幻相的一种批判，它称之为先验辩证论，并不作为一种独断地激起这类幻相的技艺，（各色各样的形而上学戏法的一种不幸非常通行的技艺），而作为知性和理性在它们的超自然运用方面的一种批判，为了揭露它们的无根据的狂妄的虚假幻相。（KrV，A63；B88）

5. 这个分析论是我们的全部先天知识被剖解成纯粹知性知识的要素。（KrV，A64；B89）

6. 知性和判断力在先验逻辑中拥有它们的客观有效的、因而真实的运用的法规，因而属于先验逻辑的分析部分。不过，理性在它的先天地构成关于对象的某物的试图中，并扩展知识而超出可能经验的界限，它就完全是辩证的了，并且它的幻相主张绝对不顺从于一个法规，而分析论则应当就包含这一类的法规。（KrV，A132；B171）

7. 逻辑的辩证论则在谬误推理的解决中必须只带有一个原理遵守方面的错误，或者带有一个——在模仿这些原理时的——人为做作的幻相。（KrV，

A297；B354）

8. 一种逻辑的辩证论，它抽掉了知识的一切内容，而仅仅揭示三段论推理形式中的虚假的幻相。（KrV，A333；B390）

逻辑的幻相（der logische Schein）

1. 因为这显示出：理性的先验运用完全不可能是客观有效的，因而不属于真理的逻辑，即分析论，而作为一种幻相的逻辑，以先验辩证论的名义，要求学院派的学说体系的一个特殊的部分。（KrV，A131；B170）

2. 我们在前面已经把一般的辩证论命名为幻相的逻辑。这并不意味着，它就是一种或然性的学说；因为后者是真理，却通过不充分的根据被认识，因而它的知识虽然是有缺陷的，但并不因此就是骗人的，因而并不必须与逻辑的分析部分划分开来。（KrV，A293；B349）

3. 逻辑的幻相，以理性形式的单纯模仿为内容，（误推的幻相），它仅仅产生于一种注意逻辑规则的缺乏。所以一旦在当下情况中增强，这种幻相则完全消失。（KrV，A296；B353）

4. 先验辩证论将满足于，揭示先验判断的幻相，并同时预防，它欺骗；但它也绝不能做到，使这种幻相（如同逻辑的幻相）也甚至消失，而不再是幻相。（KrV，A297；B354）

量（die Quantität）

量的（quantitativ）

1. 在物体世界的所有变化中，物质的量保持不变。（KrV，B17）

2. 判断的量：全称的，特称的，单称的。（KrV，A70；B95）

3. 量的范畴：单一性，多数性，全体性。（KrV，A80；B106）

4. 这种一切事物的知识把量的范畴，即单一性、多数性和全体性，设置为它的基础。（KrV，B114）

5. 有一种关系和相互关联，或者不如说一种过渡，从实在性到否定性，它使每一个实在性都表象为一个定量。（KrV，A143；B183）

6. 一种实在性的图型，作为“某物”的量的图型，一旦充满了时间，就正是这个量在时间中连续而均匀的产生。（KrV，B183）

7. 从一切质（现象的实在的东西）上，能够先天认识的则无过于它的内包的量，即认识到它们有一个程度，而一切其余的东西则留给了经验。（KrV，A176；B218）

8. 在哲学中，类比不是两个量的关系的相等，而是两个质的关系的相等。（KrV，A179；B222）

质和量的差异性。（KrV，A264；B319）

9.（按照质或量）而相互区别。（KrV，A281；B337）

10. 哲学单纯以质为客体、而数学却只以量为客体，已经把结果当作了原因。（KrV，A714；B742）

11. 通过数目而把它们的量（同质杂多的单纯综合）先天地在直观中描绘出来。（KrV，A720；B748）

M

矛盾（das Widerspruch）

矛盾律，矛盾原理（der Satz des Widerspruchs）

与……相矛盾（widersprechen）

1. 但由此，人类理性也就跌入到黑暗和矛盾中。（KrV，AVIII）

2. 现在，如果人们假定，我们的经验知识取决于作为自在事物本身的对象，那就出现了，无条件者完全不可能没有矛盾地被设想。（KrV，BXX）

3. 相反，如果人们假定，事物的我们的表象，正如它们被给予我们的那样，并不取决于这些，作为自在之物本身，而是这些对象宁可，作为现象，取决于我们的表象方式，这种矛盾就消失了。（KrV，BXX）

4. 因而关于这同一个存在物，例如人的灵魂，我就不能不说，灵魂的意志是自由的，并且同时又是服从自然必然性的，即不自由的，而陷入一个明显的自相矛盾。（KrV，BXXVII）

5. 我仍然可以思想自由，亦即，自由的表象至少自身并不包含任何矛盾。（KrV，BXXVIII）

6. 那个前提，亦即道德的前提，就必须让位于，那个它的反面包含一种明显的矛盾的前提。（KrV，BXXIX）

7. 但这样的话，由于我为了道德就不再需要了，只需要自由不与自身相矛盾，因而毕竟至少可以思想，无须一定进一步看透它。（KrV，BXXIX）

8. 因为试图哪怕只改动最小的部分，马上就会导致矛盾，不单纯是这个体系的矛盾，而且是普遍的人类理性的矛盾。（KrV，BXXXVIII）

9. 在我走向经验之前，我已经在这个概念中拥有了对我的判断的一切条件，从这个概念中我按照矛盾律只提取了谓词。（KrV，B12）

10. 数学家的推导全都按照矛盾律而继续进行（任何一种无可争辩的确定性的本性都要求这一点）。（KrV，B14）

11. 命题 7 十 5 =12 是一个单纯的分析的命题，它随着 7 与 5 的和的概念、根据矛盾律而得出了结论。（KrV，B15）

12. 几何学以之为前提的少数几条原理，虽然确实是分析的并建立在矛盾律之上的；但它们正如那些同一性命题一样，也只是用于，方法上的链条而并非作为原则。（KrV，B16）

13. 形而上学至今还仍停留在一种如此不确定性和矛盾的动摇状态中。（KrV，B19）

14. 但由于——回答这些当然的提问，例如世界有一个开端、还是一直以来就存在，等等——迄今的一切尝试，任何时候都遇到了不可避免的矛盾，所以人们不能只以形而上学的自然天资为满足、亦即不能满足于纯粹理性能力本身。（KrV，B22）

15. 理性的不可否认的并且在独断的处理方式中也不可避免的矛盾很早就已经自行使每一个迄今为止的形而上学都威信扫地了。（KrV，B24）

16. 因为，即使一种知识有可能完全符合于逻辑的形式，即不和自己相矛盾，但它仍然总还可能与对象相矛盾。（KrV，A59；B84）

17. 因为没有任何知识能够与这种逻辑相矛盾，而不同时丧失一切内容、即丧失与任何客体的一切关系，因而丧失一切真理。（KrV，A63；B87）

18. 一个概念要完全先天地被产生出来，并且与一个对象发生关系，即使它本身既不属于可能经验的概念，又不是由一个可能经验的要素所构成，则是完全矛盾的和不可能的。（KrV，A95）

19. 不论我们知识的内容是什么，并且不论这知识如何与客体相关联，我们所有一般判断的普遍的、虽然只是消极的条件终归是：它们不自相矛盾。（KrV，A150；B189）

20. 既然如此，这种——一个与之相矛盾的谓词，达不到任何事物的——原理，就称为矛盾原理，它是一切真理的一个普遍的、虽然仅仅消极的标准，但也因此而只属于逻辑，因为它所针对的知识，仅仅是作为一般知识，而不顾它们的内容，并且说：矛盾完全消灭和取消了知识。（KrV，A151；B190）

21. 但人们毕竟也能将这条原理作一种积极的运用，亦即，不仅排除虚假和错误（只要它依据于矛盾），而且也认识真理。因为，如果这判断是分析的，无论它是否定的还是肯定的，它的真理性任何时候都必须能够按照矛盾律而充分认识。（KrV，A151；B190）

22. 现在，矛盾律，作为一条单纯逻辑的原理，必须完全不把它的要求限制于时间关系，因此一个这样的表达式是与矛盾律的意图根本相违的。（KrV，A152；B192）

23. 但在综合判断中我则应该超出这个给予的概念，以便考察——与在其中已经想到的东西完全不同的——某物，与这个概念的关系，因而这种关系就决不是一种同一性的关系，也决不是矛盾的关系，而在那方面从判断自身中就既不能看出真理，也不能看出谬误。（KrV，A155；B194）

24. 在这样一个概念中必须不包含任何逻辑矛盾，虽然是一个必要的逻辑条件。（KrV，A220；B268）

25. 我对我设想某物，应当具有这样的性状，即，如果它被设定，则别的某物任何时候都不可避免地跟随着，那么这个某物当然要能够没有任何矛盾地被这样思考。（KrV，A221；B268）

26. 没有这些经验和规律，它们的可能性就是一种任意的思维联结，这种思维联结虽然并不包含矛盾，但却不能对客观的实在性、因而对一个人们这里所要思考的这样的对象的可能性，提出任何要求。（KrV，A223；B270）

27. 变化就是在一个同一物的此在中相互矛盾的对立的规定的联结。（KrV，B291）

28. 我毕竟可以在思想中取消任何实存着的实体、而没有让我自相矛盾，但由此完全不可能推出，实体在它的此在中的客观偶然性、即它的非存在自在本身的可能性。（KrV，A244；B302）

29. 因为否则我的思想毕竟是空的，虽然并没有矛盾。（KrV，A252）

30. 范畴的一个纯粹运用虽然是可能的，亦即没有矛盾，但却而完全不具任何客观有效性。（KrV，A253）

31. 我称一个概念为成问题的（problematisch），它并不包含任何矛盾，甚至还作为那些被给予的概念的界限而与其他的知识相互关联，但它的客观实在性却不能以任何方式被认识。（KrV，A254；B310）

32. 一个本体的概念，即一个——完全不应该被思考为一个感官对象、而应该（只通过纯粹知性）被思考为一个自在之物本身的——物的概念，是完全不自相矛盾的。（KrV，A254；B310）

33. 如果我们单纯作逻辑的反思，那么我们仅仅在知性中相互比较我们的概念，两者是否恰好包含同一个东西，它们是不是相互矛盾，某物是包含在这个概念内部还是添加给这个概念，并且两个概念中的哪一个应当被视为给予的，而哪一个只是思想那个被给予的概念的一种方式。（KrV，A279；B335）

34. 凡是普遍地与一个概念相适合、或者相矛盾的东西，也与已经包含在那个概念之下的一切特殊的东西相适合或者相矛盾。（KrV，A281；B337）

35. 在关于一个物的概念中，根本就没有任何矛盾，如果没有任何否定的东西与一个肯定的东西相联结。（KrV，A282；B338）

36. 一个自相矛盾的概念的对象是无，因为这个概念是无，即不可能的东西，例如两条边的直线形（nihil negativum，否定性的无）。（KrV，A291；B348）

37. 我从序列的无条件的综合统一性起，一个任何时候都具有一个自相矛盾的概念的方面、我关于它仍也不具有任何概念的对立的统一性的正确性。（KrV，A340；B398）

38. 不过，内感官的谓词，表象与思维，却并不与它相矛盾。（KrV，A359）

39. 如果我们把理性应用于现象的客观的综合，在这里，理性虽然设想使它的无条件的统一性原则与许多幻相相适合，但马上就陷入这样的矛盾中，以

致于它将强迫、出于宇宙论的愿望、而放弃它的要求。（KrV，A407；B433）

40. 然而在这种矛盾之下，是否并且以哪种方式还为理性保留着一条向确定性开放的道路。（KrV，A421；B449）

41. 所以对立的两个辩证的相互反对的判断的双方全都可能是假的，因为一方并不只与另一方相矛盾，而是比矛盾所需要的，说出了更多的东西。（KrV，A504；B532）

42. 在这里问题只是：是否，如果人们在一切事件的整个序列中只不过承认自然必然性，那么还有可能，把恰好同一个在一个方面单纯是自然结果，而在另一方面仍然看作出于自由的结果，还是在这两种不同性质的原因性之间会碰到一个正对的矛盾。（KrV，A543；B571）

43. 所以在这两种主张之间并不会遇到任何真正的矛盾，因而它们双方都可能是真的。（KrV，A562；B590）

44. 在每两个相互矛盾一对立着的谓词中，只有一个能够应归于这概念，这个原理则以矛盾律为基础，因此是一个单纯逻辑的原则，它抽掉了一切知识的内容，而无非着眼于知识的逻辑形式。（KrV，A571；B599）

45. 这个谓词并不单纯以矛盾律为基础。（KrV，A572；B600）

46. 当我在一个同一的判断中取消谓词而保留主词的时候，就产生出一个矛盾，因此我才说：那个谓词必然地应归于这个主词。（KrV，A594；B622）

47. 设定一个三角形却又取消它的三个角，是矛盾的；但把三角形连同其三个角一起取消掉，则是没有任何矛盾的。（KrV，A594；B622）

48. 但如果你说：没有上帝，那就既没有全能、也没有它的任何一个别的谓词被给予；因为它们已连同主词一起全都被取消了，并且这就表明在这个观念中并没有丝毫的矛盾。（KrV，A595；B623）

49. 如果我把一个判断的谓词连同主词一起都取消，则绝不能够产生一个内部的矛盾，这个谓词即便可能就是如此。（KrV，A595；B623）

50. 因为我不能构成一个物的最起码的概念，这个物，如果它连通它的所有谓词都被取消了，却留下一个矛盾，而我就没有矛盾地，单单通过纯粹先天概念，不会拥有不可能性的任何标志。（KrV，A596；B624）

51. 毕竟存在着一个、而且只有这一个概念，由于它的对象的非存在或取消在本身本该是矛盾的，而这个对象就是最高实在的存在者的概念。（KrV，A596；B624）

52. 概念总是可能的，如果它不自相矛盾。（KrV，A596；B624）

53. 现在，如果这个物被取消了，那么这个物的内部可能性也就被取消了，而这个物则是矛盾的。（KrV，A597；B625）

54. 可能性的分析的标志，就在于单纯的肯定（实在性）不产生任何矛盾。

（KrV，A602；B630）

55. 必然性和偶然性必须不涉及和击中物本身，因为否则就会向前推进出一个矛盾。（KrV，A616；B644）

56. 因为没有任何东西，把理性完全束缚在这种此在之上，而理性任何时候并且没有矛盾地都可以在思想上取消这种此在。（KrV，A617；B645）

57. 这个概念有利于我们的理性在原则的节约上的要求，它在自身中不屈服于任何矛盾并且甚至还有益于理性运用在经验内部的扩展。（KrV，A623；B651）

58. 因为那样一来，理性就恰好违背自己的使命而行事，由于它把一个——与自然安排完全相矛盾的——理念给自己设置为目标。（KrV，A651；B679）

59. 但这帮玄想家的乌合之众却呼喊着，就像通常那样，荒谬和矛盾，并且辱骂这种统治。（KrV，A669；B697）

60. 在心理学的和神学的理念中并没有一个矛盾。（KrV，A673；B701）

61. 但我们不能错过——作为目的在于这种理念会为之设置基础、而不与我们自己相矛盾的——那些普遍自然规律，以便把这种自然合目的性看做是偶然的并按照它的起源是超自然的。（KrV，A699；B727）

62. 但如果人们误解了它们，并且把它们看做超验知识的构成性原则，通过一种虽然炫目、但欺骗的幻相，而产生了说服和想像的知识，却由此也产生了永远不断的矛盾和争执。（KrV，A702；B730）

63. 因为这一类概念，虽然会是没有任何矛盾的，但也会是没有对象的。（KrV，A771；B799）

64. 凡是在这种强加盛行开来的地方，那就必须经常发生这种情况，即某个命题的反面要么单纯与思想的主观条件相矛盾、却不与对象相矛盾，要么两个命题仅仅在一个被错误地视为客观条件的主观条件下相互矛盾，并且由于这个条件是假的，所有这两个命题也都可能是假的，而并不能从一个命题的假推导出另一个命题的真。（KrV，A791；B819）

65. 而这种被想像出来的整体的无限性虽然本该是无条件的，但（因为现象中的一切都是有条件的）却与那种毕竟在概念中被预设了的无条件的大小规定相矛盾。（KrV，A793；B821）

命令（das Gebot，gebieten）

1. 所以这个理性的原理原本只是一个规则，它在给予的现象的条件序列中命令一个永远也不允许停留在一个绝对无条件者那里的回溯。（KrV，A509；B537）

2. 这种理性统一性测定了自然本身，并且理性在这里并非乞求、而是命令，尽管它并不能够规定这种统一性的界限。（KrV，A653；B681）

3. 一切概念的亲和性法则，而这个法则命令了一个——从每一个种到每一个别的种、通过差异性的逐级式的增加——连续的过渡。（KrV，A658；B686）

4. 纯粹实践规律，它的目的完全先天地被理性所给予，并且这些规律并非以经验的为先决条件，而绝对地命令着，是纯粹理性的产物。（KrV，A800；B828）

5. 确确实实存在着纯粹的道德律，这些道德律完全先天地（不顾及经验的动机、即幸福）规定了所为与所不为，即一般有理性的存在者的自由的运用，而且这些规律绝对地（不单在其他经验的目的之前提下假言地）命令着，因而在任何方面都是必然的。（KrV，A807；B835）

6. 因为，既然理性命令，这样的行动应当发生，那么这些行动也就能够必定发生。（KrV，A807；B835）

7. 按照道德律而命令的最高理性。（KrV，A810；B838）

8. 因此甚至每一个人都会把道德律看作命令，但命令就不会是道德律了，如果它不是先天地把恰当的后果与它们的规则联结起来、因而拥有预兆和威胁。（KrV，A811；B839）

9. 但这种自然神学，由于它毕竟从道德的秩序、作为一种建立在自由的存在者的基础上、而并非经由外部命令而偶然促成的统一性，而开始。（KrV，A816；B844）

10. 实践理性有权引导我们如此之远，我们将并不因为行动是上帝的命令而把这些行动看作是义务的，而我们之所以把它们看做是神的命令，则因为我们对此而内在地是义务的。（KrV，A819；B847）

11. 但由于道德的规范同时就是我的准则（正如理性命令，它应该是的），那么我将不可避免地相信上帝的此在和一个来世的生活，并且我肯定，没有任何东西能动摇这个信念。（KrV，A828；B856）

命令（der Imperative）

1. 于是这个理性具有原因性、至少我们在它身上设想着一种这样的原因性，这从那些——我们在一切实践的事情中作为规则而交给实行的力量的——命令中就是清楚的了。（KrV，A547；B575）

2. 因此理性也给出了规律，它们是命令、即客观的自由规律，它们说明，什么应该发生。（KrV，A802；B830）

谬误推理（der Paralogismus）

1. 要补救把合理的心理学向前转移而得出的谬误推理的曲解。（KrV，

BXXXVIII）

2. 逻辑的辩证论则在谬误推理的解决中必须只带有一个原理遵守方面的错误，或者带有一个——在模仿这些原理时的——人为做作的幻相。（KrV，A298；B354）

3. 我会把这个辩证的推论称为先验的谬误推理。（KrV，A340；B398）

4. 纯粹理性的谬误推理。（KrV，A341；B399）

5. 逻辑的谬误推理就在于一个理性推论按照形式的错误，它的内容则可以是它所想要的别的什么。但一个先验的谬误推理却拥有一个先验的根据：按照形式得出虚假的结论。按照这样的方式，一种诸如此类的错误结论就会在人类理性的本性中拥有它的根据，并且导致一种不可避免的、虽然不是不可消解的幻觉。（KrV，A341；B399）

6. 于是先验灵魂学说的四个谬误推理就与此相关，而这种灵魂学说则被错误地当作纯粹理性的——关于我们的思想的存在者的本性的——科学。但我们所能够为这门科学设置的根据，没有别的而只是这个单纯的、在自身的内容上完全是空洞的表象：我。（KrV，A345；B403）

7. 在合理的心理学的处理方式中，起支配作用的是一种谬误推理。（KrV，B410）

8. 解决心理学的谬误推理的了结。（KrV，B426）

9. 第一个谬误推理：实体性。（KrV，A348）

10. 对纯粹心理学的第一个谬误推理的批判。（KrV，A348）

11. 第二个谬误推理：简单性。（KrV，A351）

12. 对先验心理学第二个谬误推理的批判。（KrV，A351）

13. 第三个谬误推理：人格性。（KrV，A361）

14. 对先验心理学第三个谬误推理的批判。（KrV，A361）

15. 第四个谬误推理：（外部关系的）观念性。（KrV，A366）

16. 对先验心理学第四个谬误推理的批判。（KrV，A367）

17. 于是在我描绘出我们的谬误推理根据其欺骗的幻相之前，我必须首先提醒的是，人们必须迫切地区别出一种两方面的观念论，先验的观念论和经验性的观念论。（KrV，A369）

18. 根据这些谬误推理，考察全部纯粹灵魂学说。（KrV，A381）

19. 这门科学作为扩展性的知识也不具有任何用途，而作为这样的知识则已经由纯净的谬误推理所组成。（KrV，A382）

20. 一切关于我们思想着的存在者及其与物体世界的连结的本性的争执，就不过是——人们鉴于他所不知道的东西、就通过理性的谬误推理而填补漏洞的——一种结果。（KrV，A395）

21. 我们至今仍还欠着在纯粹理性谬误推理中的先验的但却是自然的幻相的一个清晰而普遍的阐明。（KrV，A396）

22. 辩证推论并没有对一般思想的那些本身是无条件的条件，犯下内容上的错误，（因为它抽掉了一切内容或客体），毋宁，这种推论唯一在形式上有过失并必须被称为谬误推理。（KrV，A398）

23. 实体的概念在简单性的谬误推理中就是一个纯粹智性的概念，它无需感性直观的条件而只具有先验的、即完全没有任何运用。（KrV，A403）

24. 但值得注意的是，先验的谬误推理产生一个单纯片面的幻相，鉴于我们思想的主体的理念，并且在相反的主张上不会有出自理性概念的丝毫幻相。（KrV，A406；B433）

25. 纯粹理性的谬误推理为一种辩证的心理学设置了基础。（KrV，A408；B435）

26. 在第二种理解中，它却意味着灵魂，自身，可以是一个非常复杂的概念，亦即一个在自身之下包含和标志着很多东西的概念，所以我就发现了一个谬误推理。（KrV，A785；B813）

摹本（das Nachbild）

1. 对于我们是一个理想的东西，对于柏拉图则是一个神圣知性的理念，一个在神圣知性的纯粹直观中的单独的对象，即可能存在者的每一类的那个最完善者和现象中一切摹本的那个原始根据。（KrV，A568；B596）

2. 正如理念提供规则，理想在这种情况下就充当摹本的通盘规定的蓝本，而且我们所具有的衡量我们行动的标尺，无非是在我们之内的这种神圣的人的行为。（KrV，A569；B597）

3. 因为我把一切联结都看作，好像它们都是最高理性的安排，我们的理性则是这个理性的一个不充分的摹本。（KrV，A678；B706）

4. 那个迄今颠倒了的摹本。（KrV，A838；B866）

模态（die Modalität）

1. 判断的模态：或然的、实然的、必然的。（KrV，A70；B95）

2. 判断的模态是判断的一种完全特殊的机能，它自在地具有不同之处就是，它对判断的内容没有贡献。（KrV，A74；B99）

3. 所以人们也可以把模态的这三种机能称为一般思想的三个要素。（KrV，A76；B101）

4. 模态的范畴：可能性—不可能性、此在—非存在、必然性—偶然性。（KrV，A80；B106）

5. 产生、消失、变化的宾位词则从属于模态的谓述词。（KrV，A82；B108）

6. 最后，模态及其范畴的图型，包含并表现出时间本身，作为对一个是否及怎样属于时间的对象的规定的相关物。（KrV，A145；B184）

7. 模态的范畴自在地具有这种特殊性：它们丝毫也不增加——它们作为谓词而被附上的、那个作为客体的规定的——概念，而只是表达出，对认识能力的关系。（KrV，A219；B266）

8. 恰好为此，模态的原理也就无非是，可能性、现实性和必然性的概念在它们的经验的运用中的解释，与此同时也是一切范畴在单纯经验的运用上的限制，而不允许并且不同意先验的运用。（KrV，A219；B266）

9. 后者则属于模态的原理，这种模态的原理给因果规定添加了必然性概念，但这必然性则服从于知性的规则。（KrV，A228；B281）

10. 所以我还必须指出理由，为什么我已把模态的原则正巧称为公设。（KrV，A232；B285）

11. 但模态的原理并不是客观综合的，因为可能性、现实性和必然性的谓词丝毫也没有扩大它们所讲述的那个概念，由此它们还给对象的表象补充了某物。（KrV，A233；B286）

12. 所以这些模态原理讲述一个概念，无非是这概念由以被产生出来的认识能力的行动。（KrV，A234；B287）

13. 但这样一来偶然东西的概念就已经被如此地理解了：以致于它并不包含模态范畴（作为某种它的非存在可以被思维的东西），而包含关系范畴（作为某物，只能作为另外一个某物的后果而生存）。（KrV，B290）

14. 反之，如果我们遵照分析的处理方法，这时把“我思”，作为一个命题，它已经自在地包含了一个此在，作为被给予了的东西、因而模态性，设置为基础。（KrV，B418）

某物（etwas）

“某物”（das Etwas）

1. 某物是外在于我而与表象相应的东西呢，或者不是。（KrV，BXXXIX）

2. 所以在时间中我的此在的意识，就与在我之外的某物的一种关系的意识同一地连结了，所以它是经验而不是虚构，是感觉而不是想像力。（KrV，BXL）

3. 但一个原因的概念则完全外在于前面那个概念，并且表示与发生的某物不同的东西，因而是完全没有包含在这后一种表象中的。（KrV，A9；B13）

4. 理性是提供先天知识的原则的能力。所以纯粹理性包含着绝对先天地认识某物的原则。（KrV，A11；B24）

5. 外在于我的某物。（KrV，A23；B38）

6. 因此时间不是自在本身的某物，也不是任何客观地依赖于事物的规定。（KrV，A37；B54）

7. 直观中一个物体的表象根本不包含，任何应归于一个自在对象本身的东西，而仅包含某物的现象、以及我们由此被刺激的方式。（KrV，A44；B61）

8. 现在，凡是，作为表象，在思想任何某物的一切行动之前，能够先行的东西，就是直观。（KrV，A49；B67）

9. 所以纯粹直观只包含某物被直观的形式，并且纯粹概念只包含一般对象的思想形式。（KrV，A51；B75）

10. 因为这个概念无论如何都要求，可能存在着这种方式的某物 A，另一物 B 必然地并按照一条绝对普遍的规则而随之产生。（KrV，A91；B124）

11. 但一切经验除了包含——由此某物被给予的——感官直观，还包含对于在直观中被给予、或被显现的对象的一个概念。（KrV，A93；B126）

12. “我思”必须能够伴随我的一切表象；因为否则，完全不可能被思考的某物就会在我之内被表象出来。（KrV，B131，132）

13. 但这里最重要的东西则是，甚至连一个仅有的范畴也不能被应用于这样一个“某物”：例如一个实体的概念，亦即关于一个作为主词而永远不能单纯作为谓词生存的“某物”的概念，对此我就完全不知道，是否能够存在一个与这种思想规定相一致的什么东西，如果经验的直观不给予我这种应用的场合。（KrV，B149）

14. 因为“某物”是运动的，这是不能先天地、而只能通过经验而被认识。（KrV，B154）

15. 一个不与可能经验相关的先天概念，只会是对一个概念上的逻辑形式，却不会是这个——某物由此而被思想的——概念本身。（KrV，A95）

16. 那么，当人们谈论一个与知识相应、因而也和知识有别的对象时，他们是什么意思呢？很容易看出，这种对象必须只被思想为一般等于 X 的某物，因为除了我们的知识，我们毕竟并不拥有那些我们能够置这种知识于作为与之相应的对面的知识。（KrV，A104）

17. 我们只和我们表象的杂多打交道，而那个与之相应的 X（对象），由于它应该是区别于我们的一切表象的某物，在我们面前则是无，对象使之成为必要的那种统一性，就不可能是别的东西，而只是在表象的杂多的综合中意识的形式统一性。（KrV，A105）

18. 这样，物体概念，在外在于我们的“某物”的知觉那里，使广延的表象、并与它一起使不可入性、形状等等的表象成为必然的。（KrV，A106）

19. 因为这个对象只不过是这个“某物”，对此概念表达着这样一种综合的

必然性。（KrV，A106）

20. 即规定这些现象在其中必然相关联的"某物"的概念。（KrV，A108）

21. 因为这些表象毕竟只有通过——它们与一切别的表象都属于一个意识，因而至少必须能够在一个意识中被连接起来——才在我之内表现出某物。（KrV，A116）

22. 理性在它的先天地构成关于对象的某物的试图中，并扩展知识而超出可能经验的界限，它就完全是辩证的了。（KrV，A131；B171）

23. 如果把一般知性解释为规则的能力，那么判断力就是把事物归摄到规则之下，即区分某物是否处于一个给予的规则（casus datae legis，规律提供的格）之下的能力。（KrV，A132；B171）

24. 相反，纯粹知性概念的图型是完全不能被带进任何形象中的某物，而只是——合乎一种根据范畴所表达的一般概念的统一性的规则——纯粹的综合，并且是想像力的先验产物。（KrV，A142；B181）

25. 实在性的图型，作为"某物"的量的图型，一旦充满了时间，就正是这个量在时间中连续而均匀的产生。（KrV，A143；B183）

26. 所以，例如实体，如果人们删掉了持存性的感性的规定，它就不过意味着一个能够被思想为主词（而不是关于一个某种别的谓词）的"某物"。（KrV，A147；B186）

27. 某物不可能同时既存在而又不存在。（KrV，A152；B191）

28. 一个等于A的物，如果是等于B的某物，则不能在同一时间又是非B；但它完全可以前后相继地是两者（既是B又是非B）。（KrV，A152；B191）

29. 在分析判断中我停留于给予的概念，以便从它里面刨出某物。（KrV，A154；B193）

30. 但在综合判断中我则应该超出这个给予的概念，以便考察——与在其中已经想到的东西完全不同的——某物，与这个概念的关系。（KrV，A154；B193）

31. 某物生存由此而被表象于空间和时间中。（KrV，A166；B207）

32. 作为现象中的某物，它的领会则完全没有从部分们进展到整体表象的前后相继的综合，所以它没有任何外延的大小。（KrV，A167；B209）

33. 现在，正如某物在现象中被领会的那种方式，能够被先天地这样被规定，现象的综合的规则同时也能够在每个现有的经验的实例中给出这种先天的直观，亦即能够使这种直观由此而实现出来。（KrV，A178；B220）

34. 而否定性则只是那些表达了实体身上某物的非存在的规定。（KrV，A186；B229）

35. 如果假定，某物绝对地开始存在，那么你就必须拥有一个它曾不在其

中的时间点。（KrV，A188；B231）

36. 某物发生了，亦即某物、或某种以前还没有的状态形成了。（KrV，A191；B236）

37. 因为这毕竟是后继的某物，我就必定把它与另一个先行的一般某物必然地联系起来，而它按照一条规则、亦即以必然的方式跟随着。（KrV，A194；B239）

38. 所以当我们经验到，某物发生了，那么我们与此同时总预先假定了，按照一条规则而接着跟随它的什么某物走在了前面。（KrV，A195；B240）

39. 于是某物就作为事件、或发生的事情而表象出来了，亦即，我就认识一个对象，我必须把它放置在时间中在一个确定的位置上。（KrV，A198；B243）

40. 但这条——按照时间次序而规定某物的——规则，就是：在先行的东西中，总应该找到事件（亦即必然的方式）跟随的条件。（KrV，A200；B246）

41. 如果某物发生，那么单纯这种产生本身，无需考虑在此产生的东西，自在地就已经是一个研究对象了。（KrV，A206；B251）

42. 一般来说某物如何能够被改变；它如何可能在一个时间点的状态之后跟随着另一个时间点的一种相反的状态：对此我们先天并不拥有起码的概念。（KrV，A207；B252）

43. 一切生存之物，只在持存着的东西中才被找到，每一个事件都以在先前状态中的——它按照一条规则而跟随的——某物为前提。（KrV，A216；B264）

44. 或者，我对我设想某物，应当具有这样的性状，即，如果它被设定，则别的某物任何时候都不可避免地跟随着，那么这个某物当然要能够没有任何矛盾地被这样思考。（KrV，A221；B268）

45. 如何 1）某物只能作为主体、而不能只作为单纯别的事物的规定而生存，亦即只能是实体，或者如何 2）为此，因为某物存在，另一个某物就必须存在，因而某物一般如何可能是原因，或者 3）如何，当有许多事物在此的时候，由于其中的一物存在，就会有某物跟随着另外的事物并且这样交互跟随着，而实体的协同性就能够具有这种方式，这些根本不能从单纯概念中被看清。（KrV，A235；B288）

46. 关系范畴（作为某物，只能作为另外一个某物的后果而生存）。（KrV，B290）

47. 因而人们认识偶然性，从某物只作为一个原因的结果才可能生存中。（KrV，B291）

48. 关于原因这个概念，我（如果我删去——在其中某物按照一个规则而跟随另一个某物的——时间），在这个纯粹范畴中找不到更多的东西，而无非它本该是这样的——由此推导出另一某物的此在的——某物。（KrV，A243；B301）

49. 现在，判断力一种机能仍还属于一个概念的运用，在那上面一个对象被归摄到这个概念下，因而也被归摄于——在其下能够在直观中被给予的某物的——最少的形式条件。（KrV，A247；B304）

50. 因为如果感官仅仅如某物显现那样向我们表象某物，那么这个“某物”毕竟本身自在地也必须是一个物，并且是一个非感性直观的对象，亦即一个知性的对象。（KrV，A249）

51. 一切我们的表象实际上都是通过知性而与任何一个客体发生关系的，并且，因为现象无非是表象，所以知性把它们联系到一个作为感性直观的对象的“某物”：但只要这个某物仅是先验的客体。但先验客体则意味着一个等于X的“某物”，关于它我们一无所知。（KrV，A250）

52. 本身不是现象的某物必须与现象相符合，因为现象在自己面前，以及在我们的表象方式之外，可能什么也不是，因而，这里不要连续兜圈子，现象这个词已经指明了与某物的关系，某物的直接表象虽然是感性的，但它却自在地本身——甚至没有我们感性的这种（我们的直观形式就建立于其上）的性状——而必须是某物，即一种独立于感性的对象。（KrV，A251，252）

53. 一个本体的概念，但这概念完全不意味着积极的，以及任何一个事物的确定的知识，而只意味着一般“某物”的思想，在这个一般“某物”那里我不考虑感性直观的一切形式。（KrV，A252）

54. 我使一般现象与之相关联的那种客体，就是先验的对象，亦即关于一般“某物”的完全未被确定的思想。（KrV，A253）

55. 但知性立刻又为自己设置了自身界限，不能通过任何范畴来认识本体，因而只能以未知“某物”的名义思想这些本体。（KrV，A256；B312）

56. 知性首先要求某物、（至少在概念中）、被给予出来。（KrV，A267；B323）

57. 但那个——可能是我们称之为质料的这种现象的根据的——先验客体，却是一个单纯的“某物”，关于它我们一点都不会理解，即使有人能够把它告诉我们。（KrV，A277；B333）

58. 因而这个基底是这样的某物，它在自身中不再包含任何外部关系，所以是简单的。（KrV，A283；B339）

59. 所以我们思想一般“某物”，并且一方面感性地规定它，但却仍把普遍的和在抽象中表象出的对象区别于直观这个对象的方式。（KrV，A289；B345）

60. 而这个概念则是一个一般对象的概念（这对象是“某物”还是无，则

成问题地被设想着，而并未确定）。（KrV，A290；B346）

61. 实在性是“某物”。（KrV，A291；B347）

62. 如果理性概念包含无条件者，那么它就涉及到一切经验都隶属于其下而其本身却决不是经验的对象的某物：某物，理性在其推理中从经验引导到它那里，并根据它来评估和测量它的经验的运用的程度，但它本身却绝不构成经验的综合的一个环节。（KrV，A311；B367）

63. 我不能以任何方式推论，某物自在地本身是可能的，因此它也就在一切关系上、因而绝对地是可能的。（KrV，A325；B381）

64. 因为只有从知识那里我才能够说，我借此而思想到了任何一个某物。（KrV，A346；B404）

65. 它意味着一个一般的“某物”（先验主体），它的表象当然必须是简单的。（KrV，A355）

66. 这个“某物”，被看作为本体（或更好地说，作为先验对象），却毕竟能够同时也是这些思想的主体，虽然我们通过我们的外部感官被它所刺激起来的方式，而根本没有获得任何表象的、意志等等的直观，而仅仅获得了空间的及其规定的直观。（KrV，A358）

67. 尽管物质作为现象的持存性，当它被表象为外在的某物，却毕竟可以被观察到。（KrV，A366）

68. 然而这种物质的东西或实在的东西，这种——应当在空间中被直观到的——“某物”，必然以知觉为前提，而不能独立于这种在空间中显示出“某物”的现实性的知觉、由任何想像力而虚构和产生出来。（KrV，A373）

69. 任何一个（在先验的意义上）在我之外的某物也不可能在这空间中会被给予出来。（KrV，A375）

70. 所以这大概可能就是在我们之外的某物，我们称之为物质的这种现象与它相一致。（KrV，A385）

71. 因此两者都不是在我们之外的“某物”，而仅仅是在我们之内的表象。（KrV，A387）

72. 在——某物由以在空间中对我们显现的——这种感性方式开始之前。（KrV，A393）

73. 但某物如果只是在概念中而不是在现象中被认作简单的，那么我由此便根本不现实地拥有关于对象的任何知识。（KrV，A400）

74. 我只是说，我完全简单地思想某物，因为我实际上知道说的没有别的，而无非仅仅是“‘某物’存在”。（KrV，A400）

75. 作为全然简单的客体的某物绝不能在什么可能经验中被给予。（KrV，A436；B464）

76. 某物属于这个世界，它是，或者作为世界的一部分、或者作为世界的原因，一个绝对必然的存在者。（KrV，A452；B480）

77. 虽然对一个哲学家来说很难，把某物视作原理，而不能对它本身的理由加以说明，或者根本不会引导那些——它们的客观实在性不能被看清的——概念。（KrV，A473；B501）

78. 对象是先验的因而本身是未知的吗，例如，其现象（在我们本身之内）的“某物”是否是思想，（灵魂）是否就是一个自在的简单的存在者，是否存在着一个万物归总的、绝对必然的原因，如此等等，那么我们就应当给我们的理念寻找一个对象。（KrV，A478；B506）

79. 大小的绝对大全（宇宙），分割的大全，源出的大全，一般此在的条件的大全，连同一切有关这一大全是否可以通过有限的或在无限前进的综合中而实现的问题，都不涉及任何可能经验的某物。（KrV，A483；B511）

80. 因此，凡是在空间和时间中的东西（现象）都不是自在的“某物”，而仅仅是表象，这些表象如果不是在我们之内（在知觉中）给予了，其余任何地方都遇不到。（KrV，A494；B522）

81. 因为有条件者的概念已经引起了这个任务，以致于某物由此而与一个条件相关，并且，如果这个条件又是有条件的，它就与一个更远的条件相关，如此便被关联到这个序列的一切项。（KrV，A498；B526）

82. 因为通过这种错觉，我们似乎不假思索地便（在大前提中）预设了条件及其序列，当某物被作为有条件者而被给予的时候。（KrV，A500；B528）

83. 但只要某物被假定为 quantum dis-cretum（分离的定量），那么其中各单位的数量就是确定的，因此也就总与一个数目相等。（KrV，A527；B555）

84. 因为实践自由假设，虽然某物并没有发生，但却应当发生。（KrV，A534；B562）

85. 一种本源的行动，由此——以前不曾存在的——某物发生，是不能被现象的因果联结所期待的。（KrV，A544；B572）

86. 一个先验的否定意味着那个——将与先验的肯定相对立的——自在的非存在本身，而先验的肯定则是一个“某物”，它的概念自在地本身已经表达了一个存在，并因此被称为实在性（事实性），因为唯有通过先验的肯定、并且它所到达得如此遥远，对象才是“某物”（物），反之，与此相对立的否定则意味着一种单纯的缺乏，并且，在这个否定唯有被思想的地方，一切物的取消则表现了出来。（KrV，A575；B603）

87. 感官对象的可能性是感官对象与我们思维的一种关系，在其中某物（即经验的形式）能够被先天思维，但那种构成质料的东西，在现象中的实在性，（与感觉相应的东西），却必须被给予。（KrV，A581；B609）

88. 如果某物——不论它是什么——生存着，那么也必须被承认，任何的某物都以必然的方式生存着。（KrV，A584；B612）

89. 而这些条件本来就是人们想要知道的东西，亦即，我们是否通过这个概念在一切领域思想了某物。（KrV，A593；B621）

90. 人们制造出一个关于某物的先天概念。（KrV，A594；B622）

91. 但我们的一切生存的（它通过知觉直接地、或者通过把某物和知觉联结起来的推论）意识却完完全全属于经验之统一性。（KrV，A601；B629）

92. 事实上，人们也许从来没有尝试过这种方式，如果不是我们的理性的需要，假定一个向着一般生存的任何必然的某物（人们可以在上升过程中停留于其上），先前发生过。（KrV，A603；B631）

93. 我是从永恒性到永恒性，在我之外无物存在，除非仅仅通过我的意志而是某物的东西。（KrV，A613；B641）

94. 什么是这种不可避免的原因，某物在生存的事物中假定为自在必然的，同时却又在这样一个存在者的此在面前像在深渊面前一样怕得发抖呢？（KrV，A615；B643）

95. 据此，理性的理论运用就是那种，通过它我先天地（作为必然的）认识某物存在的运用。（KrV，A633；B661）

96. 但它作为这样一条原则远远越出了经验或观察能够与之相提并论的范围，却并没有规定某物，而只是为经验或观察指明了通往系统的统一性的道路。（KrV，A668；B696）

97. 我们理性的某物，是作为一个绝然的对象、还是只作为一个理念中的对象而被给予，这是一个巨大的区别。在前一种情况中我们的概念去规定对象；在后一种情况中它实际上只是一个图型，这个图型没有任何对象、甚至一次都不被假设地附加于其上，而这个图型只用作，借助于与这个理念的关系、按照它们的系统的统一性、因而间接地向我们表象出来别的对象。（KrV，A670；B698）

98. 而现在我们设想一个“某物”，我们关于它自在本身是什么，完全不具有任何概念，但我们毕竟在对它设想了一种现象的总和的关系，而这种关系则与现象相互之间所具有的关系是类似的。（KrV，A674；B702）

99. 因为，我们设定一个与理念相应之物、一个“某物”、或现实的存在者，因此并不是说，我们要用超验的概念而扩展我们对事物的知识。（KrV，A674；B702）

100. 所以那个先验的、唯一确定的概念，单纯思辨理性关于上帝所提供给我们的，在最准确的理解中是自然神论的，亦即，理性甚至连一个这样的概念的客观有效性都不给予，而只提交了关于“某物”的理念，一切经验的实在性都把它们的最高的和必然的统一性建立在这个某物之上，我们只能按照与一个根据理性法则应该是万物的原因的现实实体的类比，而思想这个某物，假使我们一定到处把它作为一个特殊的对象而进行思考，而不是宁可、满足于理性的调节的原则的一个单纯理念。（KrV，A675；B703）

101. 我可以拥有充分的根据相对地假定某物（suppositio relativa：相对的假定），但却无权绝然地假定它（suppositio absoluta：绝对的假定）。（KrV，A676；B704）

102. 所以我将不仅授权、而且也有必要实现这个理念，即为它设立一个现实的对象，但只是作为一般的"某物"，而我对它自在本身则一无所知，我只把它作为那种系统统一性的一个根据。（KrV，A677；B705）

103. 所以理性对于一个作为至上原因的最高存在者的设定，仅是相对地、为了感官世界的系统统一性的目的而被思想，并且是一个在理念中的单纯"某物"，我们对它自在地是什么，不具有任何概念。（KrV，A679；B707）

104. 不是为了鉴于它的直接对象而规定某物，而是为了作为单纯调节的原理并作为准则，通过展示那些知性所不知道的新的方式而无限地（不限定的）促进和巩固理性的经验的运用，与之同时在任何时候都丝毫不违背经验的运用的法则。（KrV，A680；B708）

105. 因为我们只预设了一个——我们对之自在地本身会是什么完全没有任何概念的——"某物"（一个单纯的先验对象），然而，在世界结构的系统而合目的性的秩序的关系中，如果我们研究自然、就必须预设它。（KrV，A698；B726）

106. 借助于原因概念，我现实地走出了关于一个事件（因为某物发生）的经验的概念，但并没有达到——具体表现原因概念的——那种直观。（KrV，A722；B750）

107. 因为没有任何知性能力可以引导我们从一个物的概念到——应该由此而普遍和必然地被给予出来的——另外某物的此在。（KrV，A765；B793）

108. 所以这里就显示出那种把某物主张为实践必然的预设的方面的一种优势了（melior est condition possidentis：占有者的地位更占优势）。（KrV，A777；B805）

109. 正如我们在经验之外为我们的理性不能用做根据的方式赢得任何某物一样。（KrV，A780；B808）

110. 前者最终会推出这种结论，某物存在（它规定着最后可能的目的），因为某物应当发生；后者则会推出那种结论，某物存在（它作为至上原因而起作用），因为某物发生了。（KrV，A806；B834）

111. 道德的信念的情况则完全不同。因为在这里绝对必然的是，某物必须

发生，亦即，我会在一切部分中遵守道德律。（KrV，A828；B856）

目的（der Zweck）

终极目的，最后目的（der Endzweck）

1. 但这种具有深刻的气质的考察，拥有两个方面。一方面涉及到纯粹知性的那些对象，并且应当加以阐明和把握知性的先天概念的客观有效性；正因此这也是属于我的目的中本质的方面。另一方面则是针对纯粹知性本身，探讨它的可能性和它自身以之为基础的认识能力，因而是在主观关系中而考察它，虽然这种讨论在我的主要目的上是很重要的，但毕竟不属于主要目的本质的东西。（KrV，AXVI）

2. 但是从我们先天认识能力的这种演绎中、在形而上学的第一部分中，却得出了一个惊奇的并对形而上学的第二部分所研究的整个目的、看样子非常不利的结果，这就是：我们决不能够用这种能力超出可能经验的界限，这种能力仍然恰好是这门科学的最根本的事务。（KrV，BXIX）

3. 形而上学，至少根据它的目的，由真正的先天综合命题所构成。（KrV，B18）

4. 但关于形而上学，它的到目前为止糟糕的进展，并且因为人们不能够说出，任何一个迄今被陈述过的、涉及到它的本质目的的东西，它本该是现实在手的，所以就必定让每一个人都有理由怀疑它的可能性。（KrV，B21）

5. 因为凡是在这种或那种形而上学中分析的东西、即对先天地寓于我们理性中的那些概念的单纯剖析，还根本不是真正的形而上学的目的，而只是一种活动，即综合地扩展这些概念的先天知识，并且对于这个目的，概念的单纯剖析是不适合的。（KrV，B23）

6. 因为在完成这一任务之后，先验逻辑就可以对自己的目的，即规定纯粹知性的范围和界限，来作全盘的考虑。（KrV，A154；B193）

7. 正因为它是一切可能的目的的必然统一性的理念，所以它就必须作为本源的、至少是限制的条件而充当一切实践活动的规则。（KrV，A328；B385）

8. 形而上学在其研究的本来的目的上只具有三个理念：上帝、自由和不朽。（KrV，A337；B395）

9. 通过排除那些独断的僭妄而增加了清晰性和不做作的确信，因为它们使理性安放于自己特有的领地，亦即安放于目的秩序中，但这种目的秩序同时也是自然秩序。（KrV，B425）

10. 那种在自身中毕竟唯一能够包含这一切东西的最后的终极目的的人，就必定会是被排除在这之外的唯一生物了。（KrV，B425）

11. 哲学显示出了一种尊严，这种尊严只要哲学能够主张它的狂妄，就会远远胜过人类一切其他科学的价值，因为它预告了我们的——那个对一切理性努力最终都必须联结于其上的——最后目的的最大期望和展望的基础。（KrV，A463；B491）

12. 因为数学毕竟不能在人类的最高和最迫切的目的方面使他获得任何满足。（KrV，A463；B491）

13. 我们谴责了宇宙论的理念，它说得太多或太少、而背离了它的目的，即背离了可能的经验。（KrV，A489；B517）

14. 但这个调节的原理刚好也很少排除一个不在这序列中的理知的原因的假定，如果它涉及到理性（鉴于目的）的纯粹运用。（KrV，A564；B592）

15. 人性在它的整个完善性中，不仅包含对属于这种本性的、构成我们的人性概念的一切本质属性的扩展，直至与人性的目的完全重合，而这就会是我们的完善人性的理念。（KrV，A568；B596）

16. 我们到处都看到一个从结果和原因、从目的和手段构成的链条。（KrV，A622；B650）

17. 它把目的和意图带进了这种地步，在那里我们的观察并没有自行揭示出它们，并且通过一种其原则在自然之外的特殊统一性的引导而扩展了我们的自然知识。（KrV，A623；B651）

18. 由于自然理性从一些自然产品——与产生出人类技艺的东西，当它对自然施加暴力、并且强迫它、不按照它的目的而运作、而使它紧贴在我们的目的的时候——的类比中，（从自然产品与房屋、船只、钟表的类似性中），推论出，正是这样一种原因性、即知性和意志，将设置为自然理性的根据。（KrV，A626；B654）

19. 所以却完全不可能，在一个例子中证明，一种——它可以是它所愿意的哪种——自然构造，都完全没有任何目的。（KrV，A688；B716）

20. 因为在这里一切在自然中显示出来的、常常只由我们自己使之变成自然的目的，这使我们在研究这些原因时相当方便，亦即，替代了在物质的机械论的普遍规律中寻找这些原因，而直接引证于最高智慧的不可捉摸的决议。（KrV，A691；B719）

21. 把一个这样的最高理智的概念，因为它自在地是完全不可捉摸的，就拟人化地予以规定，然后就把这些目的暴力而专断地，强加于自然。（KrV，A692；B720）

22. 这个神圣的智慧为了自己的至上目的而把一切都安排成了这样。（KrV，A699；B727）

23. 一切在思辨的运用中的理性凭借这些要素决不能够超出可能经验之领域，并且这一至上的认识能力的真正使命只是，利用一切方法及其原理，以按照一切可能的统一性原则、其中最重要的是目的的原则，而追踪自然，直到它的内在深处，但决不飞越它的界限，在这界限之外对于我们除了空的空间则一无所有。（KrV，A702；B730）

24. 因此甚至否定性的命题，它们应当挡住一种错误知识，在毕竟绝不可能是错误的地方，虽然是非常真实的，但毕竟是空洞的、即根本不适合于它们的目的，并且正因此而经常被耻笑。（KrV，A709；B737）

25. 在人类本性中存在着一定的不纯正性，它最终却毕竟，如同一切由本性而来的东西，必然包含一种向善的目的的天资，即一种——隐瞒它的真实的意向，并展现一定的假定的、被人们看作善的和光彩的意向的——爱好。（KrV，A748；B776）

26. 论我们理性的纯粹运用之最后目的。（KrV，A797；B825）

27. 我想现在把纯粹理性在思辨的意图中的幸运放在一旁，而仅仅追问这些任务，它们的解决构成了理性的最后目的，而不管理性现在达到它与否，并且鉴于最后目的，一切别的目的都单纯具有手段的价值。这些最高目的，按照理性的本性，又都必须具有统一性，以便促进这一种已经不再从属于更高兴趣的人类兴趣的联合。（KrV，A797；B825）

28. 例如在聪明的学说中，在一个唯一的目的、即幸福中、并且使达到幸福的手段协调一致，而联合我们的爱好交给我们的一切目的，这构成了理性的全部事务，理性为此能够提供，没有别的而无非自由行为的实用的规律，以达到感官向我们推荐的那些目的，因而决不能提供完全先天规定的、纯粹的规律。（KrV，A800；B828）

29. 由于既然我们的这种行为涉及到最高目的，那么，明智地并为我们着想的自然的最后意图，在我们的理性的安排那里，原本就只是设置在道德的东西上的。（KrV，A801；B829）

30. 论至善理想，作为纯粹理性最后目的之规定根据。（KrV，A804；B832）

31. 前者最终会推出这种结论，某物存在（它规定着最后可能的目的），因为某物应当发生。（KrV，A806；B834）

32. 这个世界因而单纯被设想为一个理知的世界，因为在其中被抽掉了一切条件（目的）、甚至道德的一切阻碍（人类本性的软弱和邪癖）。（KrV，A808；B836）

33. 这个原因给按照道德律的行为、规定一个与我们的最高目的准确地相符合的结局，无论是在今生、还是在来生。（KrV，A812；B840）

34. 因为它们并没有实现那种——对于每一个理性存在者是自然的、而且恰好被同一个纯粹理性所先天规定并是必然的——全部目的。（KrV，A813；B841）

35. 感官世界并没有从事物的本性中向我们预告这样的目的的系统的统一性，这种系统的统一性的实在性也不能建立在别的东西、而只在一个最高的本源的善的预设之上。（KrV，A814；B842）

36. 我们如何在不同的意志中发现目的的完善统一性呢？（KrV，A815；B843）

37. 然而这种目的的系统统一性在这个理智的世界中——这个世界，虽然，作为单纯的自然只能被称为感官世界，但作为一个自由的系统，却能被称为理知的、即道德的世界（regnum gratiae，恩宠王国）——，也不可避免地引导上一切事物的合目的的统一性，一切事物都按照普遍的自然律而构成这个大全。（KrV，A815；B843）

38. 一切自然研究由此而得到了一个指向一种目的系统形式的方向，并且在它最高的扩张中成为了自然神学。（KrV，A816；B844）

39. 如果我们没有为自己预设目的，我们又能够对我们知性的一种运用、哪怕在经验方面做出什么呢？但最高的目的都是道德的目的，并且只有纯粹理性才能把它们提供给我们而认识。准备好这个目的、并以它为线索，从自然本身的知识而作鉴于认识的没有任何合目的性的运用，这里自然本身并不扮演合目的的统一性。（KrV，A816；B844）

40. 在这些道德的概念充分被纯化、被规定，并且目的的系统统一性按照这些道德的概念更确切的说从必然的原则中被看出之前，自然的知识、甚至理性教养在有些别的科学中的一种可观的程度，部分地只能产生关于神性的一些粗糙的和漂浮不定的概念，部分地剩留下鉴于这个问题的一种特令人佩服的完全冷漠。（KrV，A817；B845）

41. 所以道德神学是只有内在的运用的，即这里在世界中实现我们的使命，通过我们适合于一切目的的系统，而不是狂热地或也许甚至是罪恶地放弃道德规律提供的理性在善的生活方式上的指导，以便把这种指导直接相连于最高存在者的理念。（KrV，A819；B847）

42. 这一实践的意图或者是灵敏的意图，或者是德性的意图，前者向着随意的和偶然的、后者则向着绝对必然的目的。（KrV，A823；B851）

43. 似乎我假定，具有一个最高的理智按照最明智的目的如此安排一切。（KrV，A826；B854）

44. 这个目的在这里已经不可回避地断定了，并且只有一个唯一的条件、按照我的一切洞见，是可能的，在这个唯一的条件之下这个目的与所有全部的目的相关联，并且由此获得实践的有效性，即，有一个上帝和一个来世。（KrV，A828；B856）

45. 自然，在其中人们无区别地着眼的东西，没有任何它的禀赋的偏袒的分配而被指责，并且最高的哲学在人类本性的本质的目的方面也不能，比也已经给最普通的知性以人类本性的指导，把它带向更远。（KrV，A831；B859）

46. 在理性的统治下，我们的一般知识不允许构成任何狂想曲，而它必须构成一个系统，唯有在这个系统中这些知识才能支持和促进理性的根本目的。（KrV，A832；B860）

47. 所以这个科学性的理性概念包含目的以及与这个目的相一致的整体的形式。（KrV，A832；B860）

48. 理念为了执行，就需要一个图型，即一个从目的的原则中先天被规定了的本质的杂多和各部分的秩序。（KrV，A833；B861）

49. 但那个，如果是服从一个理念而产生的（在那里理性先天地发出给目的，而非经验地等待目的），就建立了建筑术的统一性。（KrV，A833；B861）

50. 按照理性的目的建筑术地设计一个整体。（KrV，A835；B863）

这种知识仅仅被作为科学而寻求，所具有的目的无需别的而无非这种知识的系统统一性、因而知识的逻辑完善性。（KrV，A838；B866）

51. 在这方面，哲学就是一切知识与人类理性的根本目的（teleologia rationis humanae，人类理性的目的论）的关系的科学，并且哲学家就不是一个理性行家，而是人类理性的规律提供者。（KrV，A839；B867）

52. 仍然存在着一个理想中的导师，他安排这一切，把他们用作工具，以便促进人类理性的根本目的。唯有这些导师我们才必须称为哲学家。（KrV，A839；B867）

53. 因而我就按照学院概念而规定这门科学的意图，当一门科学仅仅被看作一种关于达到某些随意目的的熟巧的科学的时候。（KrV，A840；B868）

54. 根本目的因此就还不是最高目的，最高目的（在理性的完善的系统统一性那里）只能是一个唯一的目的。因此根本目的要么是终极目的，要么是——必须作为手段而从属于终极目的的——附属目的。终极目的无非是人类的全部使命，并且关于这种使命的哲学就是道德学。（KrV，A840；B868）

55. 数学、自然科学，甚至人类的经验的知识，作为——大部分朝着人类偶然的、但最终却毕竟朝着必然的和本质的目的的——手段，而具有一种很高的价值。（KrV，A850；B878）

目的论（die Teleologie）

目的论的（teleologisch）

1. 一个这样的原则向我们的应用于经验领域的理性坦白透露出——按照目的论法则联结世界的事物、并由此达到其最大的系统统一性的——完全崭新的前景。（KrV，A687；B715）

2. 因为最多能够从这错误中推出的，无非是，凡是我们期待一种目的论的关联（nexus finalis，终极关联）的地方，都会遇到一种单纯机械的或物理的关联（nexus effectivus，起作用的关联）。（KrV，A687；B715）

3. 然而甚至这种删除也不会涉及在普遍的和目的论的意图中的这个一般法则本身。（KrV，A688；B716）

4. 拥有了一条目的论联结的系统统一性的调节的原则。（KrV，A691；B719）

5. 哲学就是一切知识与人类理性的根本目的（teleologia rationis humanae，人类理性的目的论）的关系的科学，并且哲学家就不是一个理性行家，而是人类理性的规律提供者。（KrV，A839；B867）

N

内包的（intensiv）

1. 这种综合又可以被划分为集合的综合和联合的综合，前者指向外延的大小，后者指向内包的大小。（KrV，A162；B201）

2. 在一切现象中，实在的东西，感觉的一个对象之所是，具有内包的大小，即具有一个度。（KrV，B207）

3. 因而一种内包的大小应归于它，与之相一致的知觉的一切客体，只要包含了这种感觉，内包的大小，即影响于感官的一种度，就必须被加进去。（KrV，B208）

4. 我把那种——只是被领会为统一性、并且在其中多数性只能被接近于否定性 =0 所表象出来的——大小，称为内包的大小。所以，现象中的每一个实在性都有内包的大小，即有一个程度。（KrV，A168；B210）

5. 每一种感觉、因而甚至在现象中的每一种实在性，不管它是多么小，都有一个度，亦即，有一个内包的大小，而这个大小还可以一直被降低。（KrV，A169；B211）

6. 一切现象一般都是连续的大小，要么按照其直观，而作为外延的大小，要么按照单纯的知觉（按照感觉，因而按照实在性），而作为内包的大小。（KrV，A170；B212）

7. 空间和时间本该被它所充满，并且在不同现象中的内包的大小也必须可以是更小或更大的。（KrV，A173；B214）

8. 但从一切质（现象的实在的东西）上，能够先天认识的则无过于它的内包的量，即认识到它们有一个程度，而一切其余的东西则留给了经验。（KrV，A176；B218）

9. 人们对于灵魂毕竟也不能否认它有内包的大小，即不能否认鉴于它的一切能力、甚至一般说来就构成它的此在的一切东西的实在性的一种程度，而这种程度经过所有那些无限多的更小的程度而减少。（KrV，B414）

10. 幸福是我们的一切爱好的满足（既是外延的，按照满足的多样性；又是内包的，按照程度；并且还是延伸的，按照持续性）。（KrV，A806；B834）

内部（das Innere）

内部的，内在的（inner）

内部的东西（das Innere）

1. 所以在时间中我的此在的意识，就与在我之外的某物的一种关系的意识同一地连结了，所以它是经验而不是虚构，是感觉而不是想像力，它把外部的东西与我的内感官不可分割地连结了起来；因为外感官本身已经是直观和某种外在于我的现实之物的关系了，并且它的区别于想像的实在性，仅仅建立在它作为内部经验本身的可能性条件而与内部经验不可分割地结合在一起之上，这里发生的就是这种情况。（KrV，BXL）

2. 内感官——借助于它的内心自身，或它的内部状态——而直观，［它］虽然并不提供对作为一个客体的灵魂自身的直观；但它毕竟是一个规定了的形式，只有在这［形式］下它［灵魂的内部状态］的直观才是可能的，这样，一切属于内在规定的东西都会表象在时间关系之中。时间一点都不能在外部被直观到，正如空间一点也不能在我们之内直观到。（KrV，A22；B37）

3. 相反，一切表象，不管它们现在有朝着对象的外物，或者没有，毕竟自在本身，作为内心的规定，而属于内部状态，而这个内部状态，却隶属在内部直观的形式条件之下，因而隶属在时间之下，因此时间是所有一般现象的先天条件，更确切地说，是（我们的灵魂）内部现象的直接条件，因此也间接地是外部现象的［条件］。（KrV，A34；B50）

4. 时间当然是某种现实之物，也就是内直观的现实的形式。因此它在内部经验中有主观实在性，亦即我现实地具有关于时间和我的在时间中的规定的表象。（KrV，A37；B53）

5. 空间和时间，作为一切（外部和内部）经验的必然条件，仅仅是我们一切直观的主观条件。（KrV，A49；B66）

6. 通过外感官给我们提供的无非是单纯的关系表象，所以外感官也只能在它的表象中包含一个对象之于主体的关系，而不包含内部的、可归于自在客体的东西。（KrV，A49；B67）

7. 主体自身的意识（统觉）就是我的简单表象，并且，假如唯独由此主体中的所有杂多会自动地被给予，那么这种内部的直观就会是智性的了。（KrV，B68）

8. 在人类这里，这种意识要求那种在主体中预先被给予的杂多的内部知觉，而这种——杂多如何在内心中无需自发性而被给予的——方式，为了这一区别的缘故，而必须称为感性。（KrV，B68）

9. 世界这时要么通过盲目的偶然性，要么通过内部的必然性，要么通过一个外部的原因而存在。（KrV，A74；B99）

10. 本身的意识，按照我们状态的规定，在内部知觉那里是单纯经验的，任何时候可变化的，它在内部现象的这种流变中不可能给出任何静止的或常住的自身，并且习惯地被叫做内感官，或者经验的统觉。（KrV，A107）

11. 纯粹直观（在其作为表象方面，则以内部直观的形式，即时间）构成

了全部的知觉的先天基础。（KrV，A115）

12. 一切感性直观作为表象都属于一个纯粹的内直观、即时间。（KrV，A124）

13. 持存这种内在必然性，毕竟与一直已经存在着的必然性，是不可分离地联结着的。（KrV，A185；B229）

14. 这种意识可以随人们所愿地伸展如此之远、并且是如此准确的和认真的，它仍毕竟只是表象，即我们内心在这种或那种时间关系中的内在规定。（KrV，A197；B242）

15. 只有借助于它，尽管不是我们自己的生存的意识，却毕竟是我们自己的生存在时间中的规定，亦即内部经验，才是可能的。（KrV，B277）

16. 一般内部经验，只有通过一般外部经验，才是可能的。（KrV，B278）

17. 为了在无需外部经验的直观之助而从单纯内部意识和我们本性的规定出发而谈论自我认识时，给我们指出这样一种认识的可能性的局限。（KrV，B293）

18. 但这种关系，在其中概念在一种内心状态里能够互相从属，就是相同性与差异性、一致与冲突、内部与外部、最后是可规定的与规定（质料和形式）的关系。（KrV，A261；B317）

19. 在一个纯粹知性的对象上，只有与任何与它相区别的某物（根据其此在）完全没有关系的东西，才是内部的。（KrV，A265；B321）

20. 所以我虽然不拥有任何绝对内部的东西，而只不过拥有比较的内部的东西，它本身又由外部关系所组成，然而，质料的按照纯粹知性的绝对内部的东西也只是一种单纯的奇怪念头。（KrV，A277；B332）

21. 按照单纯的概念，内部的东西是一切关系或外部规定的基底。所以如果我抽掉了直观的一切条件，并且仅仅抓住一般事物的概念，那么我就能够抽掉一切外在关系，但却必须还留下一个有关于——那根本不意味着任何关系，而只意味着内部规定的东西的——概念。于是由此就导致了：在任何一个事物（实体）中都有某种绝对是内部的东西，它先行于一切外部规定，通过它使这些外部规定首次成为可能的方式；因而这个基底是这样的某物，它在自身中不再包含任何外部关系，所以是简单的：（因为有形事物毕竟永远只是关系，至少是相互外在的各部分的关系；）而因为我们不认识任何绝对的内部规定，除了通过我们的内感官所作的规定外，所以这个基底就不仅仅是简单的，而且也是（按照与我们内感官的类比）被表象所规定的，亦即一切事物原本都是单子，或者天生具有表象的单纯的存在者。（KrV，A283；B339）

22. 通过单纯的概念，没有某种内部的东西我就当然不能思想任何外部的东西，正因为，关系概念毕竟预设了绝对被给予事物，而它们没有这些绝对被

给予事物就不可能存在。（KrV，A284；B341）

23. 但我不能倒过来推断，凡是绝对必然的东西，它的反面就是，在内部不可能的，即事物的绝对必然性就是一种内部必然性；因为这种内部必然性在一定情况下就是一种完全空洞的表达，我们不能把它和起码的概念联结起来。（KrV，A325；B382）

24. 一般内部经验及其可能性，或一般知觉及其与别的知觉的关系，没有经验地给出它们的任何一种特殊的区别和规定，就不能看作经验的知识，而是必须看做一般经验的东西的知识。（KrV，A343；B401）

25. 因而我就把所有以及每一个我的前后相继的规定都与这个——在一切时间、即在我自身的内部直观的形式中的——数目的同一的自身联系了起来。（KrV，A362）

26. 先验的对象，不论鉴于内直观还是鉴于外直观，都同样是不知道的。（KrV，A372）

27. 空间本身毕竟无非是，一种——有一定知觉在其中相互连结着的——内部表象方式。（KrV，A378）

28. 自然，如果从形容词上（形式地）而设想，则意味着一个物的规定的关联，按照因果性的一条内部原则。（KrV，A418；B446）

29. 我们内心的内部感性直观（作为意识的对象）。（KrV，A492；B520）

30. 如果整体在经验直观中被给予了，那么回溯在它的内部条件的序列中就进行到无限。（KrV，A512；B540）

31. 纯粹理性自由地行动着，并没有在自然原因的链条中、被外部的或内部的、但按照时间的先行根据所动力学地规定。（KrV，A553；B581）

32. 这一类的超验的理念具有一个单纯理知的对象，承认这样的对象作为一个人们对它此外一无所知的先验的客体，当然是被允许的，但对于这个先验对象，为了将它作为一个通过它的不同的和内部的谓词加以规定的物来思考。（KrV，A565；B593）

33. 这个论证，即使事实上是先验的，因为它基于偶然性的内部不充分性之上，但却是如此简单和自然的。（KrV，A589；B617）

34. 因为通过取消事物本身，同时也就取消了一切内部的东西。（KrV，A595；B623）

35. 现在，如果这个物被取消了，那么这个物的内部可能性也就被取消了，而这个物则是矛盾的。（KrV，A597；B625）

36. 最高存在者的概念满足于为了一个物的内部规定而能够提出一切先天的问题，因而它也是一个无与伦比的理想。（KrV，A611；B639）

37. 鉴于神学的理性的一种单纯思辨运用的一切尝试都是完全无结果的，

并且按照它的内部性状毫无意义的。（KrV，A636；B664）

38. 由于特殊的自然规律服从于普遍的自然规律，并且原则的节约不单纯成为理性的一个经济的原理，而且成为了自然的内部法则。（KrV，A649；B677）

39. 我们要（在心理学中）把我们内心的一切现象、行动和接受性都借助于内部经验之线索而如此连结起来，似乎内心就是一个——带有人格的同一性、持久（至少在此生中）生存的——简单实体。（KrV，A672；B700）

40. 我们必须（在宇宙论中）追寻这种内部的和外部的自然现象的条件。（KrV，A672；B700）

41. 如果我假定一个神的存在者，我尽管不论对它的最高完善性的内部可能性、还是对它的此在的必然性，都没有丝毫概念，但随后毕竟我就能够满意地回答一切其他涉及偶然之物的问题了。（KrV，A675；B703）

42. 因为在这里并不由事物的本性、而仅通过理性的本性并仅仅关乎理性的内部机制，这些问题才被提交给我们。（KrV，A695；B723）

43. 把我们的一切超验的知识化解为它的各种要素（作为对我们内在本性的一种研究），就其本身而言，不具有丝毫的价值，但对哲学家而言甚至就是一种义务。（KrV，A703；B731）

44. 这些道德律恰好是，由它的内部的实践的必然性而把我们引向一个独立原因的、或一个智慧的世界统治者的预设的。（KrV，A818；B846）

45. 而是建筑术地，为了亲缘关系起见以及从一个唯一的至上的并首次使整体成为可能的内部目的中的推导，而能够产生出这种我们叫做科学的东西。（KrV，A833；B861）

46. 这种超验的自然之学要么以内部的连结、要么以外部的连结为自己的对象，但两种连结都超出了可能经验。（KrV，A846；B874）

47. 内感官的客体则通过一个思想着的存在者的概念（在经验的内部表象、我思中）而发生。（KrV，A848；B876）

内心（das Gemüt）

内心能力（die Gemütskräfte）

内心状态（der Gemütszustand）

1. 但这个直观只发生在对象被给予我们之时；而另一方面这个直观，至少对我们人类，又只有经由对象通过一定的方式刺激内心才是可能的。（KrV，A19；B33）

2. 所以尽管一切现象的质料只是后天被给予的，但其形式则必须全都在内心之中先天地为它们准备好，因此可以它会被与一切感觉隔离开来考察。

（KrV，A20；B34）

3. 因此一般感性直观的纯粹形式会先天地在内心中被找到，在［这一纯粹直观形式］那里，现象的一切杂多在一定的关系中被直观。（KrV，A20；B34）

4. 这些东西属于纯粹直观，它先天地，即使没有一种现实的感官对象或感觉对象，作为一个单纯的感性形式而发生于内心之中。（KrV，A20；B35）

5. 外感官（我们内心的一种属性）。（KrV，A22；B37）

6. 内感官——借助于它的内心自身，或它的内部状态——而直观，［它］虽然并不提供对作为一个客体的灵魂自身的直观。（KrV，A22；B37）

7. 它们是这样仅仅附着在直观的形式上、因而附着在我们内心的主观性状上的东西。（KrV，A23；B38）

8. 那么，一个——先行于客体本身、并且客体概念能够在其中被先天地规定的——外部直观如何能够寓于内心呢？（KrV，B41）

9. 所以能够理解的是，一切现象的形式如何能够在一切现实的知觉之先、因而先天地在内心中被给予。（KrV，A26；B42）

10. 相反，一切表象，不管它们现在有朝着对象的外物，或者没有，毕竟自在本身，作为内心的规定，而属于内部状态。（KrV，A34；B50）

11. 不仅仅，外感官的表象在内感官中构成了——我们用以占据我们内心的——真正材料，而且——在其中我们放置这些表象的——那个时间，那个本身在经验中先行于这些表象的意识的、并且作为方式的形式条件、正如我们把它放置在内心中那样、设置为基础的时间，已经包含前后相继、同时并存的关系，以及与这种前后相继存在同时所存在的东西的（持存之物）的关系。（KrV，B67）

12. 现在，凡是，作为表象，在思想任何某物的一切行动之前，能够先行的东西，就是直观，并且，如果它所包含的无非是关系，就是直观形式，这一形式因为它只有当某物被放置到内心，才有所表象，所以它不能是别的，而只能是——内心通过自己的活动，即其表象的这一放置，因而通过自身而被刺激的——方式，即一种根据其形式的内感官。（KrV，B67，68）

13. 在人类这里，这种意识要求那种在主体中预先被给予的杂多的内部知觉，而这种——杂多如何在内心中无需自发性而被给予的——方式，为了这一区别的缘故，而必须称为感性。（KrV，B68）

14. 在人类这里，这种意识要求那种在主体中预先被给予的杂多的内部知觉，而这种——杂多如何在内心中无需自发性而被给予的——方式，为了这一区别的缘故，而必须称为感性。如果这种自身称为意识的能力要寻求（领会）那种寓于内心之中的东西，那么它就必须刺激内心，并且只有以这种方式它才能产生一种它的自身的直观，但直观的这种预先植根于内心中的形式，则在时间的表象中规定着杂多如何在内心之中在一起的方式，因为内心直观自己，并非像它直接、自动地表象自己那样，而是按照它从内部被刺激的那种方式，因而像它显现自己的那样，而非它所是的那样。（KrV，B68，69）

15. 我们的知识产生于内心的两个基本来源，其中第一个是，感受表象（印象的接受性）、第二个是通过这些表象认识一个对象的能力（概念的自发性）；通过第一个，一个对象被给予我们，通过第二个，这一［对象］在与那个（作为内心的单纯规定）［的］表象的关系中被思想。（KrV，A50；B74）

16. 如果我们愿意把我们内心，甚至以任何一种方式被刺激所收到表象的接受性，叫作感性。（KrV，A51；B75）

17. 因为空间和时间包含先天纯粹直观的杂多，但同时属于我们内心接受性的条件，内心只有在它们之下才能感受对象的表象，所以它们任何时候都必须刺激对象的概念。（KrV，A77；B102）

18. 感性直观的对象必须符合内心之中先天放置的感性的形式条件。（KrV，A90；B123）

19. 第一个条件，即只有在它之下对象才能被直观的条件，事实上把客体按照形式在内心中先天地设置为基础。（KrV，A93；B125）

20. 有三个本源的来源（心灵的三种才能或能力）都包含有一切经验的可能性的条件，并且本身都不能从任何别的内心能力中被派生出来，这就是感官、想像力和统觉。（KrV，A94；B127）

21. 知性在其中任何时候都把连结的内感官、依照它所思想的这种联结，规定为——与在知性综合中的杂多相一致的——内部直观。内心通常由此而如何剧烈地被刺激，每个人都能够在自身中知觉到。（KrV，B156，157）

22. 我们的表象可以不论来源于哪里，不论它们受到外部事物的影响、还是受到内部原因的作用，它们都可以先天地、或作为现象而经验地产生；所以它们仍然作为内心的变状而属于内感官。（KrV，A98，99）

23. 每一个直观里面都包含一种杂多，这种杂多却并不会被表象为一种这样的杂多，如果内心不在印象的序列中相互区分出时间：因为作为包含在一瞬间中的东西，每一个表象都绝不能是别的东西，而只能是绝对的统一性。（KrV，A99）

24. 虽然这是一条单纯经验的规律，根据那些已经常跟随或伴随的表象，最终相互共同出现，并由此连接在一起，按照这种联结，即使没有对象的在场，一个这样的表象也会根据一个固定的规则而向另一个作内心的过渡。（KrV，A100）

25. 想像力的再生的综合就属于内心的先验活动，而考虑到这一点，我们愿意把这种能力也称为想像力的先验能力。（KrV，A102）

26. 因为如果不是内心在杂多知识中能够意识到由于这种统一性将杂多综合地联结在一个知识中的那个机能的同一性，这种意识的统一性就会是不可能的了。（KrV，A108）

27. 因为如果内心不可能在它的表象的杂多中更确切地说先天地思想它本身的同一性，因为它不会对它的行动的同一性记忆如新，这种行动首先使领会（它是经验的）的一切综合屈从于一种先验的统一性、并且首先使它们的相互关系按照一个先天的规则而成为可能。（KrV，A108）

28. 这种关系无非就是意识的必然统一性，因而也是通过内心的共同机能、杂多被联结在一个表象中的综合的统一性。（KrV，A108）

29. 这个自然界本身无非是现象的一个总和，因而并非任何自在之物，而只是内心表象的一种集合。（KrV，A114）

30. 因为每一个现象都包含一个杂多，因而不同的知觉在内心中本身是分散地和单个地被发现的，所以它们的一个联结是必要的，而这种联结它们在感官自身中并不能拥有。（KrV，A120）

31. 把内心的那种从一个向另一个过渡的知觉、唤回到那些接踵而来的知觉，并且这样来描绘出完整的知觉系列，即，一种即使只是经验的想像力的再生能力。（KrV，A121）

32. 按照那条原理，一切现象无论如何都必须，这样进入内心之中、或被领会到，即它们与统觉的统一性相协调，而这一点没有在现象的联结中的、因而本身也是客观的必然的综合统一性，则是不可能的。（KrV，A122）

33. 在我们称为自然的那些现象上的秩序和合规则性，是我们自己带进去的，并且假如我们不是本源地把它们、或者我们内心的自然放进去了的话，我们也就不可能在其中找到它们了。因为这个自然统一性应当是一种必然的、亦即先天确定的连接现象的统一性。但我们又怎么能够先天地把一个综合统一性带上轨道呢，假如不是在我们内心的本源的知识源泉中包含这样一种先天统一性的主观根据，并且假如这些主观条件——当它们是在经验中认识一个一般客体的可能性的根据的时候——并不是同时在客观上也有效的。（KrV，A125）

34. 即使是空间和时间，这些概念是如此纯粹而远离一切经验的东西，它们也如此肯定地在内心之中被完全先天地表现出来，但如果它们没有被指明在经验之对象上的必然运用，它们就毕竟是没有客观效力、没有含义和意义的。（KrV，A156；B195）

35. 现象的杂多总会在内心之中相继产生。（KrV，A190；B235）

36. 我们在我们之内拥有表象，我们也能够被意识到它们。但这种意识可以随人们所愿地伸展如此之远、并且是如此准确的和认真的，它仍毕竟只是表象，即我们内心在这种或那种时间关系中的内在规定。（KrV，A197；B242）

37. 在我们的内心之中，一切现象，作为包含在一个可能的经验中的东西，都必定处于统觉的协同性（communio，共同性）之中。（KrV，A214；B261）

38. 我们内心的一种——能预先直观（并非单纯去推断）未来的——特殊的基本力。（KrV，A222；B270）

39. 所有这些原理、以及数学科学对此所研究的那些对象的表象，完全被先天地在内心之中产生出来。（KrV，A240；B299）

40. 反省（reflexio，反思）并不与对象本身发生关系、以直接获得它们的概念，而是这种内心的状态，在其中我们首先准备找出由以能够达到概念的那些主观条件。（KrV，A260；B316）

41. 但这种关系，在其中概念在一种内心状态里能够互相从属，就是相同性与差异性、一致与冲突、内部与外部、最后是可规定的与规定（质料和形式）的关系。（KrV，A261；B317）

42. 逻辑的反思是一种单纯的比较，因为在它那里完全不考虑被给予的表象所属的认识能力，所以这些表象假设按照它们在内心的位置作为同类的而处理。（KrV，A263；B318）

43. 尽管如此，但那些超出自然之外的先验的问题，我们尽管如此也毕竟绝不能够回答它们，即使整个自然都被揭示给我们，这是由于用一种——与我们的内感官的直观——不同的直观，而观察我们自己的内心，都没有被给予过我们。因为我们的感性起源的秘密就在我们自己的内心之中。（KrV，A278；B334）

44. 二元论的设想：物质，作为这样的物质，并不是现象，即并不是一个未知对象与之相应的单纯内心的表象，而应该是对象自在本身，如同它在我们之外并且独立于一切感性而生存。（KrV，A391）

45. 那个空间本身、连同这个时间、同时随两者一起的一切现象，本身自在地毕竟都不是事物，而无非是表象，并且根本不可能在我们的内心之外生存。（KrV，A492；B520）

46. 我们要（在心理学中）把我们内心的一切现象、行动和接受性都借助于内部经验之线索而如此联结起来，似乎内心就是一个——带有人格的同一性、持久（至少在此生中）生存的——简单实体。（KrV，A672；B700）

47. 把灵魂思想为简单的，是完全可以允许的，以便于，按照这个理念、把一切内心能力的一个完备而必然的统一性，尽管人们并不立刻具体地看清这些内心能力，铺设为我们对灵魂的内部现象进行评判的原则。（KrV，A771；B799）

48. 视其为真是在我们的知性中的一次事件，它可以建基在客观的根据之上，但也要求在此作判断者内心中的主观原因。（KrV，A820；B848）

49. 因此尽管置信不能够主观地区别于确信，当主体记忆犹新，而仅仅把视其为真看做他特有的内心的现象的时候。(KrV，A821；B849)

50. 人的内心保存着（同样我相信，这种事在每个理性的存在者那里都必然发生）对道德的一种自然兴趣，尽管这种兴趣并不是不可分离的和实践上占优势的。(KrV，A830；B858)

内在的（immanent）

1. 我们愿意把那些——其运用完全并绝对停留在可能经验的范围之内的——原理称为内在的原理，而把想要超出这一界限的原理，称为超验的原理。(KrV，A296；B352)

2. 如果我们的批判能够做到揭示这些狂妄的原理的幻相，则那个仅有经验的运用的原理就与后者相反，可以被称为纯粹知性的内在的原理。（KrV，A296；B353)

3. 但产生于纯粹理性最高原则的原理对于一切现象都将是超验的，亦即将绝不可能做出这个原则的任何与它相应的经验的运用。所以这个运用是与一切知性（它的运用完全是内在的，因为它们只把经验的可能性作为它们的主题）原理的运用将是完全不同的。(KrV，A308；B365)

4. 而纯粹的知性概念的客观运用，按照它的本性，任何时候都必须是内在的，因为它仅仅局限于可能的经验之上。(KrV，A327；B383)

5. 因为知性的一切综合原理都是内在的运用的原理；而为了一个最高存在者的知识却需要这些原理的一种先验的运用，对此我们的知性已经完全没有装备。(KrV，A636；B664)

6. 一切先天综合知识，都只有通过它表达出一个可能经验之形式条件，才是可能的，所以一切原理都只是内在的有效性的、即它们都只与经验的知识的对象或者现象相关联。(KrV，A638；B666)

7. 所以这些先验理念按照一切推测将具有它们的很好的、因而是内在的运用，尽管，当它们的意义被误会并且它们被视为关于现实事物的概念的时候，它们在应用中可能是超验的，并正因此而是欺骗的。因为并不是这个理念自在本身、而单纯是它的运用才可能，要么鉴于全部可能的经验而是飞越性的（超验的），要么是本土的（内在的）。(KrV，A643；B671)

8. 因为他似乎通过一种超验理性的优势而忽略了经验的内在的知识来源，为了自己的舒适的目的，却带来一切洞见的丧失。(KrV，A690；B718)

9. 一言以蔽之，这三个命题对于思辨理性来说任何时候都仍然是超验的，并且根本没有任何内在的、即对于经验之对象是容许的、因而对我们以少许方式是有益的运用，而是自在观察是完全多余的但仍然是我们理性的最大的沉重

的劳顿。（KrV，A799；B827）

10. 所以道德神学是只有内在的运用的，即这里在世界中实现我们的使命，通过我们适合于一切目的的系统，而不是狂热地或也许甚至是罪恶地放弃道德规律提供的理性在善的生活方式上的指导。（KrV，A819；B847）

11. 但现在，理性的运用在这种合理的自然考察中或者是自然的，或者是超自然的，或更好地说，或者是内在的，或者是超验的。前者走向自然，与自然知识能够被（具体地）应用于经验中一样远，后者则走向经验对象的超过一切经验的那种联结。（KrV，A845；B873）

12. 相反，内在的自然之学把自然看做一切感官对象的总和，因而正如自然被给予我们的那样，但只按照——在其下它一般能被给予我们的——那些先天条件。（KrV，A846；B874）

内在的原理（die immanente Grundsätze）

1. 我们愿意把那些——其运用完全并绝对停留在可能经验的范围之内的——原理称为内在的原理，而把想要超出这一界限的原理，称为超验的原理。（KrV，A296；B352）

2. 如果我们的批判能够做到揭示这些狂妄的原理的幻相，则那个仅有经验的运用的原理就与后者相反，可以被称为纯粹知性的内在的原理。（KrV，A296；B353）

拟人论（die Anthropomorphismus）

拟人化（anthropomorphistisch）

1. 凡是单纯属于现象的（属于宽泛理解上的拟人论的）东西……无论它们是无神论的、还是自然神论的、或者是拟人论的。（KrV，A640；B668）

2. 把一个这样的最高理智的概念，因为它自在地是完全不可捉摸的，就拟人化地予以规定。（KrV，A689；B720）

3. 在这个理念中，我们能够大胆地而无可指责地允许某些——对所想到的调节的原则是加速的——拟人论。（KrV，A697；B725）

4. 因此，我们同样也有权利，在理念中的世界原因，不仅按照一种更加细致的拟人论（没有拟人论就会根本不可能对这种原因作任何思想），即作为一个具有知性、愉悦和讨厌、以及一种与之相符合的欲望和意志等等的存在者，而思想。（KrV，A700；B728）

O

偶然的，偶然地（zufällig）

偶然（der Zufall）

偶然性（die Zufälligkeit）

偶然之物（das Zufällig）

1.（从变化之物的偶然性，以及第一推动者的必然性中），推导出上帝此在的证明。（KrV，BXXXII）

2. 因而它们将具有知觉的一切偶然性，并且“两点之间只有一条直线”，就会恰恰不是必然的，而是经验在任何时候都这样教导我们。（KrV，A24；B39）

3. 世界这时要么通过盲目的偶然性，要么通过内部的必然性，要么通过一个外部的原因而存在。（KrV，A74；B99）

4. 这个判断：“世界通过盲目的偶然而存在”，在选言判断中仅仅具有或然性的意义。（KrV，A75；B100）

5. 必然性——偶然性。（KrV，A80；B106）

6. 因此这个命题：没有任何事情通过一个盲目的偶然性而发生，（in mundo non datur casus，世上没有偶发事件），就是一条先天的自然律。（KrV，A228；B280）

7. 人们能够很容易地思维物质的不存在，但古人并没有从中推导出物质的偶然性。（KrV，B290）

8. 例如，一个物体的这种——跟随着这种运动的——静止，还并不因为静止是运动的反面，就由而此证明，它的运动的偶然性。（KrV，B291）

9. 但变化就是事件，事件，作为这样的事件，只有通过一个原因才是可能的，所以它的非存在对自己才是可能的，因而人们认识偶然性，从某物只作为一个原因的结果才可能生存中。（KrV，B291）

10. 我毕竟可以在思想中取消任何实存着的实体、而没有让我自相矛盾，但由此完全不可能推出，实体在它的此在中的客观偶然性、即它的非存在自在本身的可能性。（KrV，A244；B302）

11. 唯独由此才能被防止，它并不本身屈从于一切现象的偶然性和附属性的法则。（KrV，A561；B589）

12. 所以由此就只表明了，一切自然物及其一切（经验的）条件的无例外的偶然性，完全能够很好地与一个必然的、虽然只是理知的条件的任意的预设相共存，所以在这两种主张之间并不会遇到任何真正的矛盾，因而它们双方都

可能是真的。（KrV，A562；B590）

13. 这些表象的偶然性本身只是现相 Phänomen，不能寻致任何别的回溯，除非能够导致对这些规定现相、亦即经验的回溯。但设想现象即感官世界的一个理知的根据，以及这个摆脱了感官世界的偶然性的理知的根据，是既不与在现象序列中不受限制的经验的回溯、又不与这些现象的无例外的偶然性相对立的。（KrV，A563；B591）

14. 理性的这种经验的运用（鉴于在感官世界中此在的条件）并不由于承认了一个单纯理知的存在者而受到影响，而是按照无一例外的偶然性的原则、从经验的条件走向那些——永远恰好又是经验的——更高的条件。（KrV，A564；B592）

15. 因为现象的——在自己本身中绝对没有任何根据、而始终有条件的——此在，要求我们：寻找某种与一切现象区别开来的东西、因而寻找一个在它那里使这种偶然性停止下来的理知的对象。（KrV，A566；B594）

16. 这个论证，即使事实上是先验的，因为它基于偶然性的内部不充分性之上，但却是如此简单和自然的。（KrV，A589；B617）

17. 它基于原因性的这条被以为是先验的自然律：所有偶然之物都有它的原因，这个原因，如果它又是偶然的，同样也必须有一个原因，直至相互隶属的原因序列必须在一个绝对必然的原因那里终结，没有这个绝对必然的原因，这个序列就不会具有任何完备性。（KrV，A605；B633）

18. 那条从偶然之物推出一个原因的先验原理，它只在感官世界中才有意义，而在感官世界之外甚至连一个含义都没有。（KrV，A609；B637）

19. 必然性和偶然性必须不涉及和击中物本身，因为否则就会向前推进出一个矛盾。（KrV，A616；B644）

20. 古代的哲学家们把自然的一切形式看作偶然的，却把质料、按照普通理性的判断、看作本源的和必然的。（KrV，A617；B645）

21. 对于世界之物，这种合目的性的安排是完全外来的，并且只与它们偶然地相联系。（KrV，A625；B653）

22. 按照这种推论，这么多的自然配置的合目的性和合拍性，必须会单纯证明，形式的偶然性，却并不证明质料的、即在世界中的实体的偶然性。（KrV，A627；B655）

23. 如果我们想证明质料本身的偶然性，那么我们就必须最后求助于先验的论证，但它恰好在这里应该被避免。（KrV，A627；B655）

24. 当人们一直达到对世界创造者的智慧、力量等等的伟大感到惊叹而不再能够继续前行了之后，人们就一下子抛开了这个通过经验的证明根据而作的论证，并且走向一开始就从世界的秩序和合目的性中推导出来的世界的偶然

性。（KrV，A629；B657）

25. 那么毕竟，要么某个确定的条件对此可能是绝对必要的，要么这个条件可能只被预设为随意的和偶然的。（KrV，A633；B661）

26. 由于，当我们单纯谈论到这种在此存在的东西，（而不是，应当存在的东西）的时候，这个——在经验中被给予我们的——有条件者，任何时候也都被思考为偶然的，所以那种属于这个有条件者的条件也不能由此作为绝对必然的而被认识，而是仅仅充当了为有条件者的理性知识而作的一种当时必然的、或更多是必要的、但在自在本身和先天上则是任意的预设。（KrV，A634；B662）

27. 因为，如果人们不顾这条原则是一条包含了一般可能经验的条件的原理，并且，人们想通过取消一切经验的东西，从一般偶然之物说明这条原理，那么就不会剩留下这样一个综合命题的丝毫辩护理由，以便从中看出，我如何能够从在此存在的某物，过渡到与此完全不同的（称为原因的）某物；甚至一个原因的概念恰好，如同偶然之物的概念一样，在这样一种单纯思辨的运用中，失去其一切客观实在性本来可以得到具体理解的意义。（KrV，A635；B663）

28. 自然的运用不把事物自身（实体）、而只把那些发生了的东西、因而把它们的状态、作为经验的偶然的东西与某个原因联系起来。（KrV，A635；B663）

29. 因此这个理念设定了知性知识的完备的统一性，由此这种知性知识就不仅是一个偶然的聚合，而成为了一个按照必然法则而相互关联的系统。（KrV，A645；B673）

30. 人们甚至也不能够说，理性从自然的偶然性状那里预先按照理性的原则接受了这种统一性。（KrV，A651；B679）

31. 所有的差别都仅仅基于外部的偶然性之上。（KrV，A667；B695）

32. 因为这种统一性对事物的本性是完全陌生的和偶然的，并且也不能从自然的普遍规律而被认识。（KrV，A693；B721）

33. 但我们不能错过——作为目的在于这种理念会为之设置基础、而不与我们自己相矛盾的——那些普遍自然规律，以便把这种自然合目的性看做是偶然的并按照它的起源是超自然的。（KrV，A700；B728）

34. 通过知性概念它虽然能建立可靠的原理，却完全并不直接出自概念，而是一直仅仅间接地通过这些概念与某种完全偶然之物、也就是与可能经验的关系而建立起来的。（KrV，A737；B765）

35. 这些原则无非是一种从经验及其法则中产生的习惯，因而只是经验的、即本身偶然的规则，我们把一种被臆想出来的必然性和普遍性归于这些偶然的规则了。（KrV，A765；B793）

36. 他错误地从我们按照法则进行规定时的偶然性推导出了法则本身的偶然性。（KrV, A766; B794）

37. 由此他就使一种在知性中具有它的位置、并且说出了必然的连结的亲和性原则，变成一种只有在模仿的想像力中才遇到的联想规则，并且只能表现那些偶然的、根本不是客观的联结。（KrV, A767; B795）

38. 生育的偶然性，它在人那里，正如在非理性的被造物那里一样，都依赖于机会。（KrV, A799; B807）

39. 至于整个类（在这里地球上）的延续，那么这个困难在这方面并不重要，因为个别中的偶然仍然已经服从于整体中的规则。（KrV, A779; B807）

40. 人们虽然还已经为这条原理寻求别的的证明，例如从偶然性来证明。（KrV, A788; B816）

41. 并非经由外部命令而偶然促成的统一性，而开始。（KrV, A816; B844）

42. 因此我们就不能根据这种效力反过来把道德律看做是偶然的和从单纯的意志推导出来的。（KrV, A818; B846）

43. 于是，这一实践的意图或者是灵敏的意图，或者是德性的意图，前者向着随意的和偶然的、后者则向着绝对必然的目的。（KrV, A823; B851）

44. 在第一种情况下我的预设和对某些条件的视其为真是一种单纯偶然的信念，但在第二种情况下则是一种必然的信念。（KrV, A824; B852）

45. 我把这样偶然的信念，但它却为一定行动的手段的现实运用设置基础，称为实用的信念。（KrV, A824; B852）

46. 所以这是某种虽是偶然的、但毕竟不是微不足道的意图的一个条件，亦即，以便于在自然的自然研究中具有一种指导、假定一个智慧的创世者。（KrV, A826; B854）

47. 图型，它如果不是按照一个理念、即出自理性的主要目的，而是经验地、按照偶然地呈现出来的意图（人们不能预先知道它们的数量）、而被勾画，就提供了技术的统一性。（KrV, A833; B861）

48. 纯粹理性的一种哲学的本源的理念制定了这种划分本身；所以这种划分就是建筑术的划分，遵照它的根本的目的，而不是单纯的技术的划分，按照偶然知觉的亲缘关系和似乎靠碰运气，但正因此它也是不可改变的和规律提供的。（KrV, A847; B875）

49. 数学、自然科学，甚至人类的经验的知识，作为——大部分朝着人类偶然的、但最终却毕竟朝着必然的和本质的目的的——手段，而具有一种很高的价值。（KrV, A850; B878）

偶性（die Akzidenzen）

1. 至于现象之间的实在关系的范畴，那么实体连同它们的偶性的范畴是不适合于一个先验理念的；亦即，理性没有任何理由在这个范畴方面向条件回溯。因为偶性（只要它存在于一个唯一的实体之内）已经相互并列，并不构成任何序列。但在实体方面，这些偶性本来并不隶属于实体，而是实体本身生存的方式。（KrV，A413；B440）

2. 偶性不能没有实体而相互外在地存存。（KrV，A435；B463）

3. 但状态的偶性却并不为自身而存在。（KrV，A440；B468）

4. 偶性必然隶属于任何一个实体。（KrV，B202）

5. 因为他说：在世界中的一切变化那里，实体保留着，而只有偶性在变更。（KrV，A184；B227）

6. 实体的规定，无非是这个实体生存的特殊方式，叫作偶性。偶性任何时候都是实在的，因为它们涉及到实体的此在（而否定性则只是那些表达了实体身上某物的非存在的规定）。（KrV，A186；B229）

7. 我如何作为实体或者作为偶性而生存的方式，通过这种简单的自我意识是完全不可能得到规定的。（KrV，B420）

P

判断（das Urteil）

1. 经验决不给予它的判断以真正的或严格的、而仅（通过归纳）假定的、相比较的普遍性，以至于实际上必须说：我们迄今已经觉察了如此多，还没有发现这个或那个规则的任何例外。（KrV，B3）

2. 在人类知识中现实地具有这样一类必然的和在严格意义上普遍的、因而纯粹的先天判断。（KrV，B4）

3. 分析的（肯定的）判断是这样的，在其中谓词和主词的连结通过同一性而被思考，而在其中这一连结不用同一性而被思考的那些判断，则应称为综合的判断。（KrV，B10）

4. 所以这样一个谓词的添加就产生了一个综合判断。（KrV，A7；B11）

5. 一个物体是广延的，这是一个先天确定了的命题，并不是任何经验判断。（KrV，A7；B11）

6. 1. 我们的知识通过分析判断丝毫没有被扩大，而是我已经拥有的概念被分解，并使本身可被我所理解；2. 在综合判断那里，我在主词的概念之外还必须拥有某种别的东西（X），知性以之为支撑，以认识那个不在主词的概念中、却仍然作为属于这个概念的谓词。（KrV，A8；B12）

7. 数学的判断全部都是综合的判断。（KrV，B14）

8. 真正的数学命题任何时候都是先天判断而不是经验的判断。（KrV，B14）

9. 自然科学（物理学）自在地包含着作为原则的先天综合判断。（KrV，B17）

10. 纯粹理性的真正任务就已包含在这个问题之中了：先天综合判断是如何可能的？（KrV，B19）

11. 如果我们把一个判断的限制加在主词的概念上，那么这样一来这个判断就无条件地有效了。（KrV，A27；B43）

12. 所以判断就是一种对象的间接的知识，因而是对象的一种表象的表象。在每个判断中存在着一个适用于许多表象的概念，并且在这许多表象中也包含一个给予的表象，最后的［表象］才直接与对象发生关系。（KrV，A68；B93）

13. 因而一切判断都是在我们表象底下的统一性的机能，即因为被运用于对象的知识，不是一种直接的表象，而是一种更高的、包含这个［直接表象］和更多在自身底下［的表象］，并且许多可能的知识由此就被集合在一个［知识］里面了。但我们能够把知性的一切行动归因于判断，以至于知性一般能够

被表象为一种判断的能力。（KrV，A69；B94）

14. 思想在判断中的机能可以带到四个项目之下，其中每个项目又包含有三个要素。（KrV，A70；B95）

15. 判断的量：全称的，特称的，单称的；判断的质：肯定的，否定的，无限的；判断的关系：定言的，假言的，选言的；判断的模态：或然的，实然的，必然的。（KrV，A70；B95）

16. 在判断中思维的一切关系是：a）谓词对主词的关系，b）根据对结果的关系，c）被划分的知识与这个划分的全部环节相互之间的关系。（KrV，A73；B98）

17. 在一个判断中把统一性给予不同表象的那同一个机能，在一个直观中也把统一性给予了不同表象的单纯综合，这种统一性，一般地表达出来，就叫做纯粹知性概念。（KrV，A79；B104）

18. 因为一切范畴都建立在判断中的逻辑机能之上，但在判断中已想到了联结、因而想到了给予概念的统一性。（KrV，B131）

19. 一切判断的逻辑形式就在于其中包含了概念的统觉的客观统一性。（KrV，B140）。

20. 判断无非是把被给予的知识带到统觉的客观统一性的方式。（KrV，B142）

21. 这种——通过它们，给予表象（它们可以是直观或者概念）的杂多被带到一般统觉之下的——知性行动，是判断的逻辑机能。（KrV，B143）

22. 通过认识的自发性（感性的接受性与之相对），通过一种思想的能力，或者概念的能力，或者也可以说判断的能力。（KrV，A126）

23. 普遍逻辑放弃了知识的一切内容，那么留给它的就只剩下这个事务，分析地相互设定概念、判断和推理中知识的单纯形式，并由此获得一切知性运用的形式规则。（KrV，A133；B171）

24. 判断——知性实际上先天地将其带入这种批判的谨慎的状态——描述成系统的联结，我们的范畴表为此无疑必须给我们提供自然的和可靠的引导。（KrV，A148；B187）

25. 先天原理拥有这一名称，不仅仅因为它们自身中包含其他判断的根据，而且也因为它们本身不再以更高且更普遍的知识作为根据。（KrV，A148；B188）

26. 不论我们知识的内容是什么，并且不论这知识如何与客体相关联，我们所有一般判断的普遍的、虽然只是消极的条件终归是：它们不自相矛盾。（KrV，A150；B189）

27. 在分析判断中我停留于给予的概念，以便从它里面刨出某物。如果它是肯定的判断，我就只把在这概念中已经想到的东西，赋予这个概念；如果它是否定的判断，我就只把与这东西相反的东西，从这个概念中排除掉。（KrV，A154；B193）

28. 但现在什么是作为一切综合判断的媒介的第三者呢？它只是一个整体，我们的一切表象都已经包含在其中，亦即内感官，及其先天形式——时间。（KrV，A155；B194）

29. 所以一切综合判断的至上原则就是：每一个对象都服从在可能经验中直观杂多的综合统一性的必要条件。（KrV，A158；B197）

30. 一般经验可能性的条件同时就是经验对象的可能性的条件，因此而在一个先天综合判断中拥有客观有效性。（KrV，A158；B197）

31. 因而原因与结果的关系，就是我们的经验的判断——鉴于知觉序列的——客观有效性的条件，因而是知觉的经验的真理的、所以也就是经验客观有效性条件。（KrV，A202；B247）

32. 一般判断的逻辑机能：单一性和多数性、肯定和否定、主词和谓词，没有犯一个循环论证的错误，就不能够被定义，因为定义毕竟本身就必须是一个判断，因而必须已经包含了这些机能。（KrV，A245；B302）

33. 有些判断从习惯中被接受到，或者通过爱好而被联结起来。（KrV，A260；B316）

34. 但一切判断、甚至一切比较都需要一个反省，即需要区别——那些给予的概念所从属的——认识能力。（KrV，A261；B317）

35. 在每一个判断中人们可以把那些给予的概念称为（为了判断）逻辑的质料，而把概念的（借助于系词）关系称为判断的形式。（KrV，A266；B322）

36. 因为真理或幻相并不是在对象中的，只要对象被直观，而是在关于对象的判断中的，只要对象被思维。（KrV，A293；B350）

37. 所以纯粹理性即使面向对象，它却仍然与这些对象及其直观没有直接的关系，而只与知性及其判断有直接关系，这些判断是最先用于感官及其直观，以便为它们规定它们的对象。（KrV，A307；B363）

38. 理性在它的逻辑运用中寻求它的判断（结论命题）的普遍条件，而理性推论本身也无非是一个——借助于将它的条件归摄到一个普遍规则之下的——判断（大前提）。（KrV，A307；B364）

39. 理性的机能在它的推论那里，以根据概念的知识的普遍性为内容，并且理性推论本身是一个——在它的条件的全部范围内被先天地规定的——判断。（KrV，A321；B378）

40. 这就是“我思”概念，或者，如果人们愿意，宁可是判断概念。（KrV，A341；B399）

41. 在一切判断中，“我”一直是构成判断的那种关系的作规定的主体。（KrV，B407）

42. 因此在结论中并不能推出：“我无非作为主体而生存”，而只能推出：“我在对我的生存的思想中只能把我用作判断的主词”，而这是一个同一的命题，它对我的此在的方式丝毫也没有揭示出什么。（KrV，B411）

43. 我，作为一个思想着的存在者，就是我的一切可能判断的绝对主词，而这个关于我本身的表象不能被用于任何一个他物的谓词。（KrV，A348；B432）

44. 没有这种直观的杂多，它们就只是一种判断没有内容的机能。（KrV，A349）

45. 所以对立的两个辩证的相互反对的判断的双方全都可能是假的，因为一方并不只与另一方相矛盾，而是比矛盾所需要的，说出了更多的东西。（KrV，A504；B532）

46. 然而，判断的无条件的必然性并不是事物的一种绝对必然性。因为判断的绝对必然性只是事物的一种有条件的必然性，或者是判断中谓词的有条件的必然性。（KrV，A593；B621）

47. 上帝是全能的，这是一个必然判断。（KrV，A595；B623）

48. 如果我把一个判断的谓词连同主词一起都取消，则绝不能够产生一个内部的矛盾，这个谓词即便可能就是如此。（KrV；A595；B623）

49. 现在，一个先天概念（一个非经验的概念）所包含的，要么本身已经是一个纯粹直观了，而这样它就能够被构造；要么，就无非是那些——并未先天给予的——可能直观的综合，这样人们就完全可以通过它而进行先天的综合的判断，但只是按照概念而进行推论的判断，而从来都不是通过概念的构造而进行直觉的判断。（KrV，A720；B748）

50. 如果人们要对一个概念作综合的判断，那么人们就必须从这个概念中走出来，也就是说走向——他在其中已经被给予了的——直观。（KrV，A721；B749）

51. 分析判断关于对象所真正教导给我们的，无外乎我们关于这个对象所拥有的概念、已经包含在自身中的东西，因为这种分析判断不把知识扩展到超出主体的概念之外，而只解释这个概念。（KrV，A736；B764）

52. 只有出自概念、而不是出自概念的构造的判断，才能叫做教条性的判断。（KrV，A736；B764）

53. 因此理性的判断决不是意见，而是要么是一切判断的放弃，要么就是无可置疑的确定性。（KrV，A775；B803）

54. 所以我们判断的要素，只要它们与愉快或不愉快相关，因而作为实践

的判断要素，就不属于先验哲学的整体之中，后者只与纯粹的先天知识相关。（KrV，A801；B829）

55. 置信是一种单纯的幻相，因为那只存在于主观中的判断根据被看做了客观的。（KrV，A820；B848）

56. 我所能断言的，无非就是说出一个对任何人都必然有效的判断，无非就是产生确信的东西。（KrV，A822；B850）

57. 在出自纯粹理性的判断中是完全不允许抱有意见的。因为，这些判断不是被建立在经验根据之上，而是一切都应当先天地被认识，在这里一切都是必然的。（KrV，A822；B850）

判断力（die Urteilskraft）

1. 普遍逻辑已建立在一种完全精确地与高级认识能力的划分同时发生的平面图上。这些能力就是：知性、判断力和理性。（KrV，A130；B169）

2. 因此，知性和判断力在先验逻辑中拥有它们的客观有效的、因而真实的运用的法规，因而属于先验逻辑的分析部分。（KrV，A131；B170）

3. 所以原理分析论将仅仅是为了判断力的一种法规，这种法规引导判断力，把包含先天规则的条件的知性概念运用于现象上。（KrV，A132；B171）

4. 如果把一般知性解释为规则的能力，那么判断力就是把事物归摄到规则之下，即区分某物是否处于一个给予的规则（casus datae·legis）之下的能力。普遍逻辑完全不包含为了判断力的规章，也不可能包含判断力。（KrV，A132；B171）

5. 判断力却可以是一种特殊的才能，它完全不会被教导，而只能被练习。因此判断力也是所谓天生机智的特性，它的缺乏没有任何教科书能够弥补。（KrV，A133；B172）

6. 普遍逻辑不能给判断力提供任何规范。（KrV，A135；B174）

7. 这种判断力的先验学说将包括两章：第一章，论及——纯粹知性概念在其之下才能够被运用——那个感性条件，亦即论及纯粹知性的图型法；但第二章则论及——在这些条件下从纯粹知性概念中先天地推导出、并且为一切剩余下的先天知识设置基础的——那些综合判断，亦即论及纯粹知性的原理。（KrV，A136；B175）

8. 这个如此自然并且巨大的问题本来就是——必然建立一门判断力的先验学说的——原因，为的是指出——纯粹知性概念如何能够被应用于一般现象之上的——这种可能性。（KrV，A138；B177）

9. 现在，判断力的一种机能仍还属于一个概念的运用，在那上面一个对象被归摄到这个概念下，因而也被归摄于——在其下能够在直观中被给予的某物

的——最少的形式条件。缺乏判断力的这个条件，（图型）因而所有的归摄就都作废了。（KrV，A247；B304）

10. 这种幻相通常出现于那些正确的知性规则的经验的运用中，并且通过它，判断力就被想像的影响所诱使，而我们只与先验的幻相打交道，这种幻相影响到那些已从不着眼于经验的运用的原理。（KrV，A295；B352）

11. 但我并不把这些超验的原理理解为范畴的先验的运用或误用，而这种运用或误用只不过是不恰当地被批判所束缚的判断力的一个错误，这个判断力没有充分注意到，纯粹知性唯一被允许起作用的那个基地的界限。（KrV，A296；B352）

12. 在每一个理性推论中我首先通过知性而思想一个规则（大前提）。其次借助于判断力我把一个知识归摄到规则的条件之下（小前提）。（KrV，A304；B360）

13. 一切偷换的错误任何时候都必须被归咎于判断力的缺乏，而决不被归咎于知性或是理性。（KrV，A643；B671）

14. 如果理性就是一种从普遍中推导出特殊的能力，那么，要么普遍已经自在地是确定的和被给予的了，而这样一来它就只要求朝着归摄的"判断力"，并且特殊就由此而被必然地规定着。（KrV，A646；B674）

15. 这种判断力把坚定的并按照它的普遍性而被考验过的准则作为基础。（KrV，A760；B788）

纯粹理性的事业中的第一步，标志着它的儿童时期，是独断论的。上述第二步则是怀疑论的，而表明通过经验而圆滑了的判断力的谨慎。（KrV，A761；B789）

配得上的（würdig）

配得上（die Würdigkeit）

1. 但假使存在着这样一种实践规律，它在动机上不具有别的，而无非是配得上幸福的，那我就称它为道德的（道德律）。（KrV，A806；B834）

2. 做那些你由此而配得上是幸福的事情吧。（KrV，A809；B836）

3. 同样也必须假定，每一个人都拥有理由希望——当他已经在他的行为中使自己配得上——在他那个程度上的幸福，所以德性体系与幸福体系是不可分地、但只是在纯粹理性的理念中联结着的。（KrV，A809；B837）

4. 而如果人们单纯把自然设置为基础，则获得幸福的希望、与使自己配得幸福的不懈努力之间的引证过的那种必然的连结，就不能通过理性而认识。（KrV，A810；B838）

5. 我把这样一种理智的理念——在这种理念中，与最高快乐联结着的道德的最完善的意志，是世上一切幸福的原因，只要这幸福与德性（作为配得上幸福的）处于精确的比例——称为至善的理想。（KrV，A810；B838）

6. 因此在恩宠王国中则看到，在那里一切幸福期待着我们，除非我们由于自己不配得幸福而不限制自己的幸福份额，这就是一个在实践上必要的理性理念。（KrV，A812；B840）

7. 对于我们的理性，仅仅幸福还远不是完整的善。这种幸福，理性不赞同它（即使爱好多么想希望它），如果它不是与配得上的幸福、即与道德的善行相统一。（KrV，A813；B841）

8. 在后一种情况下这种指望就不会是道德的、因而也就不配得到全部幸福了。（KrV，A814；B842）

9. 所以，幸福唯独在与理性存在者的德性在确切的均匀尺度中、因而使理性存在者配得上幸福，才构成了世界的至善。（KrV，A814；B842）

批判（die Kritik）

批判的，批判性的；批判地（kritisch）

先验的批判（die transzendentale Kritik）

纯粹理性的批判（die Kritik der reinen Vernunft）

1. 在缺乏这种校正的情况下，冷漠与怀疑及最终的、严格的批判，更多地是彻底的思维方式的证据。我们的时代是真正的批判的时代，我们时代的一切都必须经受批判。宗教，通过它的神圣性，以及规律提供通过它的威严，通常想逃脱这种批判。（KrV，AXI）

2. 不是通过强制命令，而是能按照理性永恒的和不变的法则而处理，这个法庭不是别的，而是纯粹理性批判本身。（KrV，AXII）

3. 但我在这下面所理解的，不是对某些书或体系的批判，而是对一般理性能力的批判，鉴于一切——它可以独立于一切经验而追求的——知识，因而是一般形而上学的可能性和不可能性的裁决以及不仅它的根源、而且它的范围和界限的规定，但这一切都出自原则。（KrV，AXII）

4. 而这个体系，比起这里的批判，尽管篇幅还不及一半，但却应当具有无可比拟的丰富内容，这个批判必须首先说明形而上学的可能性的源泉和条件，并且必需打扫和平整一个全都杂草丛生的地基。（KrV，AXXI）

5. 在这篇序言里，我也只是把在这个批判中所阐明的、类似于那个假设的思维方式的变革当作假设提出来。（KrV，BXXII）

6. 现在纯粹思辨理性批判的工作就在于这种尝试，改变形而上学迄今的处理方式，并且由此，我们按照几何学家和自然科学家的范例而进行一场形而上学的革命。这项批判是一篇关于方法的论文，而不是一个科学体系本身。

（KrV，BXXII）

7. 但在这方面形而上学也具有罕见的幸运，这种幸运不能被任何别的不得不与对象打交道的理性科学，（因为逻辑学仅仅忙碌于思想的一般形式），所分享，一旦它通过这一批判而引向科学的安全通道，它完全把握属于它的知识的整个领域，并因此完成它的工作。（KrV，BXXIII）

8. 因此，一种批判，它限制了那种扩展，虽然就此而言是消极的，然而，由于它同时由此排除了一种——限制、或者面临完全取消理性的实践运用的——障碍物，事实上就是积极的和非常重要的用途，一旦人们确信，存在着一个纯粹理性的完全必要的实践运用（道德的运用），在它之中纯粹理性不可避免地扩展到感性的界限之外。（KrV，BXXV）

9. 如果这个批判没有迷路，那它就表明在两类意义中设想对象，即或者设想为现象、或者设想为自在之物本身。（KrV，BXXVII）

10. 所以我仍然可以思想自由，亦即，自由的表象至少自身并不包含任何矛盾，如果我们批判地区分两种（感性的和智性的）表象方式并且因此而限制纯粹知性概念、因而也限制由它们而流出的那些原理。（KrV，BXXVIII）

11. 然而如果不是批判预先教导我们，在自在之物本身方面，我们的无法避免的无知。（KrV，BXXIX）

12. 纯粹理性的批判原理的积极作用的这种讨论，同样能够在上帝概念和我们灵魂的简单本性的概念中表明。（KrV，BXXIX）

13. 因此我不得不取消知识，以便使信仰得到位置，而形而上学的独断论、即——在形而上学中无需纯粹理性批判就繁殖的——那种成见，是一切与道德相矛盾的无信仰的真正根源，这种无信仰任何时候都完全是非常独断的。（KrV，BXXX）

14. 所以，如果一门按照纯粹理性批判而拟定的系统的形而上学可以恰好不太困难地留给子孙后代一笔馈赠，那么这笔馈赠就绝不是任何微不足道的礼物。（KrV，BXXX）

15. 然而，思辨哲学家的一种较为合理的要求仍然也被照顾到了。他仍然一直是一门为公众所不知却有用的科学、亦即理性的批判的科学的唯一的保管人；因为这门科学绝不能成为通俗的，但它也没有必要是通俗的。（KrV，BXXXIV）

16. 这个批判并不与理性在它的作为科学的纯粹知识中的独断的处理，相对立，（因为这种处理任何时候都必须是独断的，即从可靠的先天原则而被严格地证明），而是与独断论，即与那种——唯独在一种出自概念（哲学概念）纯粹知识上很有成绩，按照原则，如同理性所早已运用了它的一样，而无需打探它为此已经够得着的方式和权利的——狂妄相对立。17. 所以独断论就是纯

粹理性的独断的处理方法，没有它自己能力的预先批判。（KrV，BXXXV）

18. 独断论就是纯粹理性的独断的处理方法，没有它自己能力的预先批判。（KrV，BXXXV）

19. 这个批判对于促进一门作为科学的、彻底的、形而上学是一种必然的、暂时的举措。（KrV，BXXXVI）

20. 而批判的荆棘小路，而它则引向了一门严格按照规定的、但唯独这样持久的并因此最高必然的纯粹理性科学，已经阻碍不了勇敢而聪明的脑袋袭击这门科学。（KrV，BXLII）

21. 理性的这种批判最终必然导致科学；相反，理性的无批判的独断运用则走向无根据的主张。（KrV，B22）

22. 在纯粹理性批判名下，一门特殊科学的理念和划分。（KrV，B24）

23. 这样一个入门本该不必叫做一种学理，而只必须叫作纯粹理性的批判，而它的用处在思辨方面实际上就将只是否定性的，不是用来扩展、而只是用来澄清我们的理性，并且使它免于错误，而这已经是非常大的胜利了。（KrV，A11；B25）

24. 这种研究，我们本来不能称为学理，而只能称为先验的批判，因为它的意图并非知识本身的扩展，而只对其进行纠正，并且应该适宜于充当一切先天知识的有价值或无价值的试金石。因此，这样一种批判就是一种——在那里可能对一种工具论的——准备。（KrV，A12；B26）

25. 人们在这里或许更少地期待一种书籍和纯粹理性系统的批判，而是期待一种纯粹理性能力本身的批判。（KrV，A13；B27）

26. 为此，纯粹理性批判应当建筑术地、即出于原则地拟定完整的计划，带着构成这个纯粹理性批判大厦的一切构件的完备性和可靠性的完全保证。它是纯粹理性所有原则的体系。而这个批判本身并不就已经叫做先验一哲学，根据仅仅在于，它为了成为一个完备的体系，还必须包含对人类全部先天知识的一种详细的分析。（KrV，A13；B27）

27. 所有属于纯粹理性批判的东西就是那些构成先验一哲学的东西，并且纯粹理性批判是先验一哲学的完备的理念，但也还并不是这一科学本身，因为它在分析中只走到对先天综合知识的完备评判所要求的那么远。（KrV，A14；B28）

28. 唯独德国人现在使用“Ästhetik”这个词，以便借此而标志，别人叫作鉴赏力批判的东西。这在这里把一种卓越的分析家鲍姆嘉通所作出的错误的期望设置为基础，把美的批评的评判带到理性原则之下，并且把这种评判的规则提升为科学。（KrV，B36）

29. 与之相反，在空间中现象的先验概念却是一种批判性的回忆：在空间

中被直观到的一切，根本不是一种自在的事物。（KrV，A30；B45）

30. 先验的和经验的区别只属于知识的批判，而不涉及知识与其对象的关系。（KrV，A57；B81）

31. 为此人们更愿意把辩证论的这个名称，作为一种辩证幻相的批判，而算作逻辑，而这里我们也要记得把它理解为这样一种批判。（KrV，A62；B86）

32. 先验逻辑的第二部分必须是对这种辩证幻相的一种批判，它称之为先验辩证论，并不作为一种独断地激起这类幻相的技艺，（各色各样的形而上学戏法的一种不幸非常通行的技艺），而作为知性和理性在它们的超自然运用方面的一种批判，为了揭露它们的无根据的狂妄的虚假幻相。（KrV，A63；B88）

33. 范畴，作为纯粹知性的真正的主干概念，也有它的同样纯粹的派生概念，它们在先验哲学的一个完备的系统中决不能被越过，但我在一种单纯批判的研究里却可以满足于仅仅提到它们就行了。（KrV，A82；B107）

34. 判断——知性实际上先天地将其带入这种批判的谨慎的状态——描述成系统的联结，我们的范畴表为此无疑必须给我们提供自然的和可靠的引导。（KrV，A148；B187）

35. 由于我的批判的打算，仅仅面向先天综合知识的来源，而并不想与单纯涉及概念的解说（而不是扩展）的分解相混杂。（KrV，A204；B249）

36. 人们无需演绎、而顾及它们自己的言辞，就可以把它们钉铆给无条件的赞同，那么知性的一切批判就都丧失了。（KrV，A233；B285）

37. 没有这种反省，我就会对这些概念作一种很不可靠的运用，并且会产生出一些——批判的理性不可能承认的、并且只是建基于一种先验的歧义、亦即对纯粹知性客体与现象的混淆之上的——臆测的综合原理。（KrV，A269；B325）

38. 纯粹知性的批判不容许，在那些能够让知性觉察为现象的对象之外，创立一个新的对象领域，并且不容许过分放纵于理知世界中、乃至在理知世界的概念之中。（KrV，A289；B345）

39. 这种运用或误用只不过是不恰当地被批判所束缚的判断力的一个错误。（KrV，A296；B352）

40. 如果我们的批判能够做到揭示这些狂妄的原理的幻相，则那个仅有经验的运用的原理就与后者相反，可以被称为纯粹知性的内在的原理。（KrV，A296；B353）

41. 而先验幻相则相反，仍然不停止，无论人们是否已经把它揭示了出来，是否已经通过先验批判清晰地看出了它的无性。（KrV，A297；B353）

42. 我们想通过纯粹灵魂学说的一切谓述词用一种批判的眼光来追踪这个命题。（KrV，B406）

43. 所以先天综合判断并不单纯，如我们所已经主张的，在可能经验的对象的关系中、而且作为这种经验本身的可能性的原则，是可行的和可允许的，而它们还能够针对一般的和自在的事物自身，这样的结论则会结束这种整个的批判，而回到旧的那里为止。（KrV，B410）

44. 然而在这件事情上批判的严格性虽然由于，它同时证明了——超出经验界限而向外独断地构造出有关一种经验之对象的某种东西来的——不可能性，却为理性在它的这种利益方面给理性做出了并非不重要的服务，面对一切可能的反面主张它恰恰同样提供了安全性。（KrV，B424）

45. 对纯粹心理学的第一个谬误推理的批判。（KrV，A348）

46. 对先验心理学第二个谬误推理的批判。（KrV，A351）

47. 对先验心理学第三个谬误推理的批判。（KrV，A361）

48. 对先验心理学第四个谬误推理的批判。（KrV，A367）

49. 只要它应当仅仅被看作一种对我们的辩证推理的批判的处理、更确切地说是通常的和自然的理性的批判的处理。（KrV，A382）

50. 批判的反驳是，针对一个命题的证明的反驳。（KrV，A388）

51. 批判的反驳，因为它不触及命题的价值或无价值，而只攻击这个证明，它完全不需要更好地认识对象，或者自以为能够更好地认识一种对象。（KrV，A388）

52. 除非一个严格的、但却是公正的批判的冷静性，才能够把这么多人通过想像出来的幸福、从这种独断论的花招中解脱、拖到理论和系统之中。（KrV，A395）

53. 但批判的解决，它可以是完全确定的，根本不客观地、而按照这个问题所建立于其上的知识基础来看待这个问题。（KrV，A484；B512）

54. 为了代之以一种冷静的批判，这种批判，作为一种真实的清泻剂，将幸运地泻清妄想，连同它的随从、万事通。（KrV，A486；B514）

55. 理性与自身的宇宙论争执的批判性的裁决。（KrV，A497；B525）

56. 所以这个命题是分析性的并且摆脱了在先验批判面前的一切畏惧。（KrV，A498；B526）

57. 人们也可以从这种二律背反中引出一种真实的、虽然不是独断的、但却是批判的和学理上的好处。（KrV，A506；B534）

58. 通过批判的解决，理性与自身彼此纠纷的幻相，就被消除了。（KrV，A516；B544）

59. 在这个宇宙论的论证中隐蔽地包含了辩证的狂妄的一整窝，先验的批判能够轻易地揭示并打破它。（KrV，A609；B637）

60. 这种推论方式也许会不能经受住最苛刻的先验批判。（KrV，A626；

B654）

61. 来自理性的思辨原则对一切神学的批判。（KrV，A631；B659）

62. 这种幻相的欺骗，人们通过最锐利的批判才能够勉勉强强地挡住。（KrV，A642；B670）

63. 这就是纯粹理性批判事务的完成，并且我们现在就承担起这项事务。（KrV，A670；B698）

64. 这种处理方法在这里，与那种——观察到在神学理想方面的批判的——处理方法是相似的。（KrV，A695；B723）

65. 然而一个完成了的批判却坚信，一切在思辨的运用中的理性凭借这些要素决不能够超出可能经验之领域。（KrV，A702；B730）

66. 在先验分析论中所有——那些能够把我们的知识扩展到现实经验之外的——命题的批判的审查。（KrV，A702；B730）

67. 在经验的运用中并不需要任何理性的批判，因为它的那些原理在经验的试金石上经受着一种连续的检验。（KrV，A710；B738）

68. 个别的迷误可以通过审查而被改善并且这些迷误的原因则可以通过批判而被改善。（KrV，A711；B739）

69. 我在先验批判的这第二个主要部分中并没有把纯粹理性的训练指向内容，而只指向出自纯粹理性的那种认识的方法。（KrV，A712；B740）

70. 我们所涉及的只是我们的能力状况的一种批判。（KrV，A738；B766）

71. 理性必须在它的一切活动中都屈从于批判，并能够通过没有中止任何禁令、不损害自身和没有一个不利于它的嫌疑、就拖延这种批判的自由。（KrV，A738；B766）

72. 即使理性决不能够拒绝批判，它却任何时候都没有理由，害怕批判。（KrV，A739；B767）

73. 由于为了一种成熟的批判更早地出现，在这种批判那里，所有这些关于自身的争执都必须被废除。（KrV，A747；B775）

74. 按照我们的批判的原理，如果人们不是注意那种发生了的事情，而是注意那种应当发生的合理的事情，这原本就必定完全提供不出任何纯粹理性的论战了。（KrV，A750；B778）

75. 人们可以把纯粹理性批判看作为了纯粹理性的一切争执的真实的法庭；因为它在一切争执中直接指向客体时，不是被卷入其中，而是被确立，以按照理性最初指导的原理而规定和评判一般理性的权限。（KrV，A751；B779）

76. 没有这种批判，理性就仿佛是处于自然的状态，而能够使它的主张和要求不起别的作用、或别的保障，无非通过战争。（KrV，A751；B779）

77. 这个批判就为我们带来了某种法制状态的宁静。（KrV，A751；B779）

78. 甚至一种单纯独断的理性的这些无止境的争执，最终不得不在这个理性本身的一种批判中，并在某种以批判为根据的规律提供中，寻求到安宁。（KrV，A752；B780）

79. 这个——向我揭示出我们纯粹理性的全部储备的——先验批判，已经使我完全确信，正如纯粹理性对于这个领域内的肯定的主张是完全不充分的一样，纯粹理性同样也是所知甚少乃至更少，以致于关于这个问题也不能做出某种否定的主张。（KrV，A753；B781）

80. 反之，那种按照他的方式也是独断论的宗教反对者，则将给予我的批判以希望的研究并且给予这个批判的原理以更多的修正机会，而丝毫都没有为了他的缘故而担心某物。（KrV，A754；B782）

81. 但我的无知是完全必然的，并因此为自己从一切进一步的探寻中开脱出来，这并不经验地从观察、而唯独批判地、通过对我们知识最初的源泉的探究而解决。（KrV，A758；B786）

82. 前一种唯一通过对理性本身的批判才可能的对自己无知的知识就是科学。（KrV，A758；B786）

83. 这就不是理性的监察官，而是理性的批判，由此所猜测的不单纯是理性的局限，而是理性的确定的界限，不单纯是对一个或别的部分的无知，而且是在一种确定类型的一切可能问题方面的无知。（KrV，A761；B789）

84. 怀疑论者是教育独断的玄想家在知性和理性本身的一种健康批判方面的训导师。（KrV，A769；B797）

85. 因为我们既然通过我们理性的批判最终知道了这么多，以至于我们在理性的纯粹的和思辨的运用中事实上根本就一无所知。（KrV，A769；B797）

86. 这个批判就会轻易地揭示出独断论的幻相。（KrV，A794；B822）

87. 它作为这样一个问题虽然属于纯粹理性，那么却并不就是先验的，而是道德性的，因而我们的批判就不能自在本身地研究它。（KrV，A805；B833）

88. 我不想在这里赞扬这种功绩，它通过哲学的批判的艰苦奋斗、为人类理性而获得了哲学。（KrV，A831；B859）

89. 纯粹理性的哲学或者是——鉴于一切纯粹先天知识而检查理性的能力的——入门（预习），并且叫批判。（KrV，A841；B869）

90. 形而上学这个名字也可以给予带有批判的总和的全部纯粹哲学。（KrV，A841；B869）

结束了我们的批判的整个进程，人们已经充分地确信：即使形而上学不可能是宗教的基础，它仍然任何时候都必须充当宗教的捍卫者。（KrV，A849；B877）

91. 所以不仅自然的、而且道德的形而上学，尤其打开自己的翅膀而冒险的、预习（入门）而先行的理性的批判，才真正唯一地构成了这一种我们在真正理解中能够称为哲学的东西。（KrV，A850；B878）

92. 批判的道路唯独是还没敞开的。（KrV，A856；B884）

品格（der Charakter）

描述……的品格（charakterisieren）

有品格的东西（das Charakteristische）

1. 现在，这样一种同时具有内在必然性品格的普遍知识，必须是不依赖于经验，本身是清楚的和确定的；因此人们把它称为先天知识：因为与之相反，所有仅仅从经验借来的东西，正如人们的措辞，只是后天地、或经验地被认识到的。（KrV，A2）

2. 即经验命题，因而决不能够包含必然性和绝对的普遍性，而这一类却是一切几何学定理的有品格的东西。（KrV，A47；B64）

3. 现在我们可以把知性描述为规则的能力的品格。这一标志是更加富有成果的并更接近于知性的本质。感性给予我们（直观的）形式，但知性则给予我们规则。（KrV，A126）

4. 数学的运用的原理是无条件的必然的，亦即表现为无可置疑的，但动力学的运用的原理虽然也带有一种先天必然性的品格，但只是在一种经验中的经验的思想的条件下，因而只是间接的而非直接的，因而也并不包含前一种原理的那种直接显明，（虽然也并不损害它们普遍与经验相关的确定性）。（KrV，A160；B199）

5. 概念先行于知觉，就仅仅意味着物的可能性；但知觉，为概念提供素材，是现实性的唯一品格。（KrV，A225；B272）

6. 但每一个起作用的原因都必然具有一种品格，即它的原因性的一条法则，舍此它就根本不会是原因了。（KrV，A539；B567）

7. 人们将必须还承认它有一种理知的品格，借此这个主体虽然是那些作为现象的行动的原因，但这种品格本身并不从属于任何感性的条件，并且本身不是现象。人们也可以把前一种品格称为一个这样的现象中事物的品格，把后一种品格称之为这个自在之物本身的品格。（KrV，A539；B567）

8. 现在，这个行动的主体，按照它的理知的品格，就不会从属于任何时间条件，因为时间只是现象的条件，但却不是事物自在本身的条件。（KrV，A539；B567）

9. 这种理知的品格虽然决不可能直接被认知，因为我们不能知觉到任何东西，除非如果它所显现的，但它毕竟必须遵照经验的品格而被设想。（KrV，A540；B568）

10. 所以按照其经验的品格，这个主体，作为现象，会是服从于因果联结的、按照规定的一切法则的。（KrV，A540；B568）

11. 一旦外部现象流进主体，就像它的经验的品格、即它的原因性的法则，则通过经验而被认识，它的一切行动就必须允许按照自然规律而解释。（KrV，A540；B568）

12. 但按照主体的理知的品格（虽然我们对此所能够拥有的无非只是这个主体的普遍概念），同一个主体却会而必须被宣告为不受感性和通过现象的规定的一切影响。（KrV，A541；B569）

13. 因为它们在感性世界中任何时候都被在先前时间中的经验的条件、但毕竟只借助于（仅仅是理知品格的现象的）经验的品格，而预先规定，并且只作为自然原因的序列的延续才是可能的。（KrV，A541；B569）

14. 因为人们把它们的单纯的经验的品格遵循为至上的解释根据，而是把这个品格的先验原因的理知的品格，完全当作不知道的而错过了，除非理知的品格如果只被经验的品格勾画为它的感性符号。（KrV，A546；B574）

15. 我们通过——它在它的结果中所表明的——力量和能力，而发觉了这种品格。在无生命的、或单纯具有动物生命的自然那里，我们没有找到任何根据而设想任何一种不同于单纯以感性为条件的能力。（KrV，A546；B574）

16. 理性在现象方面真正地具有原因性；那么，这种原因性，尽管它也很是理性，却仍然必须从自己显示出一种经验的品格。（KrV，A548；B576）

17. 只要使这个原因概念从单纯的现象中必须澄清了，我们就可以叫作这个规则的经验的品格，这品格是持久的。（KrV，A549；B577）

18. 这样，因为每一个人都具有他的任意的一种经验的品格，这种经验的品格不是别的，而只是他的理性的一种原因性，只要这种原因性在它们的现象中的结果上显示出一条规则，照此人们能够接受理性根据和理性的行动、按照它们的种类和程度、并且能够评判他的任意的主观原则。因为这种经验的品格本身必须从作为结果的现象中、以及从这些现象的提供经验的那个规则中，被延伸出来：所以人在现象中的一切行动、出自它的经验的品格和共同起作用的其他原因的、按照自然秩序，而被规定。（KrV，A549；B577）

19. 所以在这种经验的品格方面不存在任何自由，但唯独按照这种品格我们才能考察人，如果我们仅仅愿意观察人，并且，如同它在人类学中所呈现的，从他的行动研究自然之学上的动因。（KrV，A550；B578）

20. 这种经验的品格又是在理知的品格中（思想方式的）被规定了。（KrV，A551；B579）

21. 理性的原因性并不产生于理知的品格中，或者绝不在一个确定的时间的开始，以便产生一个结果。（KrV，A551；B579）

22. 人本身就是现象。他的任意具有一种经验的品格，这种品格是他的一切行动的（经验的）原因。没有任何遵照这种品格规定人的那些条件，它们不被包含在自然结果的序列中并且属于自然结果的规律，根据这个规律，根本没有在时间中发生的东西的在经验的无条件的原因性，被找到。（KrV，A552；B580）

23. 所以理性就是人在其中显现的一切任意的行动的持存的条件。每一个这样的行动在它还没发生之前就已经在人的经验的品格中预先被规定了。鉴于理知的品格，那个经验的品格只是感性的图型，之前、或之后都不适合，而每个行动，忽视与其他现象共处于时间关系中，都是纯粹理性的理知品格的直接结果。（KrV，A553；B581）

24. 然而，为什么理知的品格恰好在现有的情况中给出了这些现象和这种经验的品格，这远远超出了我们理性的一切能力所能够回答的范围，甚至远远超出了理性仅仅提问的一切权限。（KrV，A557；B585）

普遍的（allgemein）

普遍性，共相（die Allgemeiheit）

普遍性的东西，共相的东西（das Allgemein）

1. 经验虽然告诉我们，这是什么，却并不告诉我们，它必须是这样而不是别样的必然的方式。正因此它也不能给我们提供任何真正的普遍性。（KrV，A1）

2. 现在，这样一种同时具有内在必然性品格的普遍知识，必须是不依赖于经验，本身是清楚的和确定的；因此人们把它称为先天知识：因为与之相反，所有仅仅从经验借来的东西，正如人们的措辞，只是后天地、或经验地被认识到的。（KrV，A2）

3. 经验决不给予它的判断以真正的或严格的、而仅（通过归纳）假定的、相比较的普遍性，以至于实际上必须说：我们迄今已经觉察了如此多，还没有发现这个或那个规则的任何例外。所以，一个判断如果在严格的普遍性上被设想，即以至于任何例外都完全不被容许，那么它就不是推引自经验，而是完全先天有效的。（KrV，B3，4）。

4. 必然性和严格普遍性是先天知识的可靠标志，并且相互从属而又不可分离。（KrV，B4）

5. 所以，一个判断如果在严格的普遍性上被设想，即以至于任何例外都完全不被容许，那么它就不是推引自经验，而是完全先天有效的。（KrV，B4）

6. 所以经验的普遍性只是一种有效性的任意的提升，这种有效性从大多数情况下、到一切情况下都适用。（KrV，B4）

7. 凡是从经验借来的东西，也都只具有比较的普遍性、即通过归纳而来的普遍性。（KrV，A24）

8. 因为经验既不会提供严格的普遍性，也不会提供无可置疑的确定性。（KrV，A31；B47）

9. 来自原则的知识（自在本身）是完全不同于单纯的知性知识的某物，知性知识虽然也能以一种原则的形式而先行于别的知识，但自在本身（只要它是综合的）却并不基于单纯思维之上，更不包含按照概念的普遍性的东西。（KrV，A302；B538）

10. 理性的机能在它的推论那里，以根据概念的知识的普遍性为内容，并且理性推论本身是一个——在它的条件的全部范围内被先天地规定的——判断。（KrV，A321；B378）

11. 能够拥有我们的表象的一切关系的普遍性的东西就是：1）与主体的关系，2）与——确切地说或者作为现象、或者作为一般思维的对象的——客体的关系。（KrV，A333；B390）

12. 既然纯粹理性的辩证的幻相不可能存在于确定的经验的知识那里的任何经验的幻相：那么它将涉及到思想的条件的共相的东西。（KrV，A396）

13. 但尽管我现在不知道对那个问题的任何普遍性的回答：在我看来我却似乎，能够在唯一的情况下，在表达出自我意识的那个“我思”命题中给出这一回答。（KrV，A398）

14. 我们在自然与自由的问题上已经遇到的困难，自由是否在任何地方都是可能的，而如果它存在，它是否能够与因果性的自然规律的普遍性共同存在。（KrV，A536；B564）

15. 任何一个概念的可规定性都是服从于两个对立谓词之间的排中律的普遍性（普遍性）的，但一个物的规定则是服从于一切可能谓词的全体性（完备性）或整体的。（KrV，A572；B600）

16. 但导致这种后果的那个规则的普遍性却还是一个问题。（KrV，A646；B674）

17. 并且在这种情况下，如果它看来好像是一切可以指出的特殊情况都从这个规则中得出来，就会推论出这个规则的普遍性，但后来也就会从这种普遍性中推论出一切自在甚至并未被给予出来的情况。我将把这称为理性的假设地运用。（KrV，A647；B765）

18. 因为我们只有当事物的特殊属性所从属的那些普遍属性被设置为基础的时候，才能够从普遍的东西中推论出特殊的东西。（KrV，A652；B680）

19. 理性在这里显示出一个双重的、相互冲突的利益，一方面是鉴于类的范围的（普遍性的）的利益，另一方面是，内容的（规定性的）的利益，着眼

于种的多样性。（KrV，A654；B682）

20. 我们对此假定了一个至上的根据，仅仅出于这个意图，为的是，比起例如我说把一个与一种单纯的也就是先验的理念相应的存在者设想为生存着的，更为确定地思想这个原则的普遍性。（KrV，A676；B704）

21. 个别被画出的图形是经验的，却仍然用于表达概念，无损于它的普遍性。（KrV，A714；B742）

22. 哲学知识只在普遍中考察特殊，而数学知识则在特殊中、甚至在个别中考察普遍，但却仍然先天地并借助于理性，以至于，正如这种个别在构造的一定的普遍条件之下被规定一样，概念的对象，这种个别只作为这概念的图型而与它相应，也同样必须被设想为普遍地被规定。（KrV，A714；B742）

23. 这样就存在着一种理性的双重运用，不顾知识及其先天产生的普遍性，这为它们所共同拥有，但在程序上却是非常不同的。（KrV，A723；B751）

24. 在空间中先天地规定一个直观（形状），划分时间（延续），或是仅仅对一个以及同一个东西在时间和空间中的综合的共相、并且对由此产生的一种一般直观的大小（数）加以认识，这却是通过概念的构造的理性事务，而叫做数学的知识。（KrV，A724；B752）

25. 哲学知识却必定缺少这种优点，因为它任何时候都必须（通过概念）在抽象中考察共相，然而数学却能够在具体中（在个别直观中）却又通过先天的纯粹表象而考虑共相，在这里每一步失足都会是明显的。（KrV，A734；B762）

26. 因此丝毫不是这条规律的必然性，而只是这条规律在经验的进程中的普遍适用性以及因此而产生的主观必然性。（KrV，A760；B788）

27. 这种判断力把坚定的并按照它的普遍性而被考验过的准则作为基础。（KrV，A761；B789）

28. 没有任何知性能力可以引导我们从一个物的概念到——应该由此而普遍和必然地被给予出来的——另外某物的此在。（KrV，A765；B793）

29. 连结的原则要求普遍性和必然性，因而要求完全的确定性，否则就根本找不到通往真理的指导。（KrV，A823；B851）

30. 如果人们说：形而上学是人类知识的第一原则的科学，那么人们并不能由此而说明一门完全特殊种类的知识，而仅说明了一种鉴于普遍性的等级，所以形而上学因此就不能可识别地区别于经验的东西；因为甚至那些经验的原则中的一些原则也是比别的原则更普遍的、并因此而更高的原则。（KrV，A843；B871）

31. 人们由此可见，单纯的隶属等级（把特殊隶属于普遍之下）不能够确定一门科学的任何界限，而是在我们的情况下，起源的完全不同质性和差异性

才能确定一门科学的界限。（KrV，A844；B872）

普遍性（das Universalitas）

1. 因此我们在一个理性推论的结论中将一个谓词限定在一个特定的对象上，因为我们事前已经在大前提的全部范围内、在一个特定的条件下思想了一个确定的对象。这个范围的完全的大小在与一个这样的条件的关系中，就叫作普遍性（Universalitas）。与它相符合地，在直观的综合中就叫作条件的全体性（universitas）或总体性。（KrV，A322；B379）

2. 任何一个概念的可规定性都是服从于两个对立谓词之间的排中律的普遍性（普遍性）的，但一个物的规定则是服从于一切可能谓词的全体性（完备性）或整体的。（KrV，A572；B600）

普适的（gemeingültig）

普适性，普遍有效性（die Allgemeingültigkeit）

1. 我们从哪里取得了这类定理的，并且我们的知性以什么为依靠而达到这类绝对必然的、普遍有效的真理呢？（KrV，A47；B64）

2. 这种直观方式为了这种普遍有效性的缘故毕竟还不听从于感性，这正是因为，它是派生的直观。（KrV，B72）

3. 所以这谓词没有例外地适用于那个概念，好像这个概念就是一个拥有一种外延、而这个谓词适用于这个外延的全部意义的普适的概念一样。（KrV，A71；B96）

4. 相反，如果我们把一个单称判断只作为知识、按照大小与一个普适的判断相比较，那么单称判断与普适的判断的关系则如单一性对无限性的关系一样，因而自在本身地与普适的判断有根本的区别。（KrV，A71；B96）

5. 这也是后一种方式不能以由这个概念的大小和严格的普适性所要求的那种详尽性而做到的。（KrV，A205；B251）

6. 作为直观，是一个个别的客体，但作为一个概念（一个普遍的表象）的构造，却仍然必须在表象中表达，对一切隶属于这种概念的可能直观的普遍有效性。（KrV，A713；B741）

Q

启示（die Offenbarung）

1. 而在这里却会如此直接地在一切表象的最贫乏的表象中、仿佛通过一种启示，而被给予出来。（KrV，B408）

2. 如果我把神学理解为原始存在者的知识，那么它要么就是来自单纯理性的（theologia rationalis，理性神学），要么就是来自启示的（revelata，天启［神学］）。（KrV，A631；B659）

前后关联，联系，连贯关系（der Kontex）

1. 既然如此，经验则依据于现象的综合统一性，亦即，依据于按照一般现象的对象之概念的综合，没有这个它就不是知识，而会是知觉的一种狂想曲，它按照彻底连接的（可能的）意识的规则，不会共同适合于任何关联，因而也不会共同适合于统觉的先验的和必然的统一性。（KrV，A156；B195）

2. 因为它们似乎想说，无论所有的事物，作为现象，全都属于一个唯一经验之总和及前后关联，每个给予的知觉都是这个唯一经验的一个部分，因而这个部分不能够与任何别的现象相联结，还是，我的知觉可以属于比一个可能经验（在它的普遍关联中）更多的可能经验。（KrV，A230；B282）

3. 如果他们与我的现实意识处于一种经验的关联中，那他们就是现实的，哪怕他们因此并非自在地、亦即在这个经验进展之外，是现实的。（KrV，A493；B521）

4. 由于在自然的一种前后联系中的一切现象的通行的相互关系，是一条不可减少的规律，这种规律就必定会必然地推翻一切自由。（KrV，A537；B565）

5. 于是实际上除了感官对象，没有任何对象能够被给予我们，并且只能在一个可能经验的前后关联中被给予我们，所以如果不是把一切经验的实在性的整体预设为一个对象的可能性条件，对我们来说就没有任何东西是一个对象。（KrV，A582；B610）

6. 通过概念，对象仅仅被思考为与一般可能的经验知识的普遍条件相一致，但通过这种生存却被思考为包含在全部经验的连贯关系中；因为通过与全部经验之内容相连结，有关对象的概念并没有被丝毫地增加，但我们的思想却通过这个内容而更多地获得了一种可能的知觉。（KrV，A600；B628）

亲和性（die Affinität）

1. 杂多的联想的可能性根据，只要它置于客体中，就叫做杂多的亲和性。

（KrV，A113）

2. 所以一切现象都处于按照必然法则的一种无例外的连接中、因而是处于一种先验的亲和性中的，而经验性的亲和性则仅仅是结果。（KrV，A114）

3. 现象的一切联想的这种客观的根据我称之为现象的亲和性。（KrV，A122）

4. 通过这条原理，每一物就会与一个共同的相关物、即与全部可能性相关联了，这种全部可能性（即构成一切可能谓词的材料）假如在一个唯一的物的理念中被偶然发现，则会通过这个唯一物之通盘规定的根据的同一性而证明一切可能之物的亲和性。（KrV，A572；B600）

5. 一切概念的亲和性法则，而这个法则命令了一个——从每一个种到每一个别的种、通过差异性的逐级式的增加——连续的过渡。我们可以把它们命名为形式的同质性原则、特殊化原则和连续性原则。（KrV，A657；B685）

6. 基于理性兴趣之上的亲和性原理。（KrV，A668；B696）

7. 一种在知性中具有它的位置、并且说出了必然的联结的亲和性原则。（KrV，A766；B794）

情感，触觉，感觉（das Gefühl）

1. 所有实践的东西，只要它包含着动机 § 第一版中为“活动根据”。——德文编者，就都涉及到属于经验的知识来源的情感。（KrV，A15；B29）

2. 不能把任何观念性归之于这些先天客观的表象，即使它们与空间表象在这点上取得一致，即它们也仅仅属于感觉方式的主观性状，例如视觉、听觉、触觉的主观性状，通过颜色、声音、温度的感觉。（KrV，A28；B44）

3. 但好味道甚至建立在作为感觉的影响的（愉快和不愉快的）情感上。（KrV，A29）

4. 在我们的知识中一切属于直观的东西，（因而把愉快和不愉快的感觉、以及这些根本不是知识的意志，都除外），无非包含单纯的关系。（KrV，A49；B66）

5. 德行论所考虑的是在人们或多或少所屈从的情感、爱好和情欲的阻碍之下的道德律，它绝不能产生出一门真正的并被演证的科学，因为它正如那种应用逻辑学一样，需要经验的和心理学的原则。（KrV，A55；B79）

6. 总之，外感官只能提供给我们的一切东西，都不是思想、情感、爱好或决断，或者这类的被包含，而是除非直观而到处都没有任何对象的东西。（KrV，A358）

7. 一切实践的概念都指向合意、或讨厌、即愉快和不愉快的，因而至少是间接地、指向我们的情感的对象。但由于情感不是事物的表象能力，而处于全部认识能力之外，所以我们判断的要素，只要它们与愉快或不愉快相关，因而作为实践的判断要素，就不属于先验哲学的整体之中，后者只与纯粹的先天知识相关。（KrV，A801；B829）

情欲（die Leidenschaft）

1. 德行论所考虑的是在人们或多或少所屈从的情感、爱好和情欲的阻碍之下的道德律，它绝不能产生出一门真正的并被演证的科学，因为它正如那种应用逻辑学一样，需要经验的和心理学的原则。（KrV，A55；B79）

清泻剂（das Kathartikon）

1. 为此它既不是一般知性的一种法规，也不是特殊科学的一种工具论，而只是普通知性的一种清泻剂。（KrV，A53；B78）

2. 为了代之以一种冷静的批判，这种批判，作为一种真实的清泻剂，将幸运地泻清妄想，连同它的随从、万事通。（KrV，A486；B514）

全能（die Allmacht）

1. 全能不能被取消，如果你设定一种神性、即一种无限的存在者，它的概念与那个全能的概念是同一的。（KrV，A595；B623）

2. 但如果你说：没有上帝，那就既没有全能、也没有它的任何一个别的谓词被给予。（KrV，A595；B623）

3. “上帝是全能的”这个命题，包含了两个概念，这两个概念又拥有它们的对象：“上帝”和“全能”；小词“是”又不是上面的一个谓词，而只是这种设定谓词与主词相关联方式的东西。（KrV，A598；B626）

4. 全能、世界秩序与最高智慧、世界统一性与创造者的绝对统一性。（KrV，A628；B656）

5. 必然性、无限性、统一性、在世界之外的（不是作为世界灵魂的）此在、没有时间条件的永恒性、没有空间条件的全在、全能等等，都是纯然先验的谓词。（KrV，A642；B670）

全能的（allgewaltig，allgewältig）

1. 上帝是全能的，这是一个必然判断。（KrV，A595；B623）

2. “上帝是全能的”这个命题，包含了两个概念，这两个概念又拥有它们的对象：“上帝”和“全能”。（KrV，A598；B626）

3. 然而，以这样一种方式，我们就能够（如果有人要继续追问）假定一个唯一的、智慧的和全能的世界创造者吗？毫无疑问，并且不仅如此，我们还必

须预设这样一个世界创造者。（KrV，A697；B725）

4. 我们如何在不同的意志中发现目的的完善统一性呢？这种意志必须是全能的，以便整个自然及其与在世上的道德的关系都服从于它。（KrV，A815；B843）

全体性（die Allheit）

1. 于是，全体性（总体性）被看成无非是作为单一性的多数性。（KrV，B111）

2. 数目（它属于全体性范畴）。（KrV，B111）

3. 这种一切事物的知识把量的范畴，即单一性、多数性和全体性，设置为它的基础。（KrV，B114）

4. 这个范围的完全的大小在与一个这样的条件的关系中，就叫作普遍性（Universalitas）。与它相符合地，在直观的综合中就叫作条件的全体性（universitas）或总体性。（KrV，A322；B379）

5. 但一个物的规定则是服从于一切可能谓词的全体性（完备性）或整体的。（KrV，A572；B600）

全知的（allwissend）

1. 这种意志必须是全能的，以便整个自然及其与在世上的道德的关系都服从于它；必须是全知的，以便它认识到最内部的意向及其道德价值。（KrV，A815；B843）

权利，公正（das Recht）

1. 它要求理性必然在自在之物本身之中并完全有权利对一切有条件者，并且由此有条件者序列作为完成了的。（KrV，BXX）

2. 如同理性所早已运用了它的一样，而无需打探它为此已经够得着的方式和权利。（KrV，BXXXV）

3. 但人们有什么权利可以做出这个，如果人们事先已经把这两者弄成了自在之物本身的形式，而且它们作为物之生存的先天条件，即使人们把事物本身已经取消掉，也仍然留存着？（KrV，B71）

4. 在纯粹理性的一个系统中人们可以有权利要求我：但在这里，这些定义只会把眼睛带出研究的重点，因为它们激起了怀疑和攻击，而人们，不用抽走某些根本意图，而能够把这些怀疑和攻击完全移交给一种别的研究。（KrV，A83；B109）

5. 法学教师们，当他们谈论到权限和越权的时候，区别了在一桩诉讼中那种关于什么是权利的问题（quid juris）与那种涉及事实的问题（quid facti），并且由于他们对两方面都要求证明。（KrV，A84；B116）

6. 人们既不从经验中、也不从理性中提出任何明确的权利根据。（KrV，A84；B117）

7. 对此我们有权利说，内感官由此而被刺激。（KrV，B154）

8. 我们因此就能够刚好有这种权利而公设各种模态性的原理。（KrV，A234；B287）

9. 因此它相对于能够被归摄于它们之下的那些情况，而有权利叫作原则。（KrV，A300；B356）

人们是否就有权利逃避对它的决定性的回答。（KrV，A477；B505）

10. 这些道德法则，不仅仅假设了一个最高存在者的此在，而且由于它们在别的领域的考察中也是完全必要的，它带有权利、但当然只在实践上预设。（KrV，A634；B662）

11. 我们思辨的一切权利和要求的这个至上法庭本身不可能包含本源的迷惑和幻觉。（KrV，A669；B697）

12. 也没有任何先天被给予的概念可以被定义，如实体、原因、权利、公平等等。（KrV，A728；B756）

13. 这已经存在于人类理性的源始权利之中了，人类理性不认识任何别的法官，除非又是普遍的人类理性自身，在其中每个人都具有他的表决权。并且，由于我们的状态所能够做到的一切改善，都必须来自人类理性，那么这样一种权利就是神圣的，并且不允许被贬低。（KrV，A752；B780）

14. 却不是基于那些原则，而那些原则能够导致必然放弃独断论主张的权利。（KrV，A768；B796）

15. 毕竟，鉴于实践的运用，理性拥有一种权利，假定某种——理性无论如何都不会、在单纯思辨的领域里、没有充分证明根据、而被授权而预设的——东西。（KrV，A776；B804）

16. 假设在纯粹理性的领域中只容许作为作战武器，并非为了在这上面建立一种权利，而只为了捍卫这种权利。但我们在这里任何时候都必须在我们之内寻找对手。（KrV，A777；B805）

17. 所以第一条规则就是这种：不尝试任何先验的证明，无需事先考虑好并且如果那样的话就有充足的理由而必须，从哪里人们愿意接受这些原理，想到什么人们就把它建立起来，并且人们有什么权利可以期待它们好的推论结果。（KrV，A786；B814）

18. 在主观上我们有权利抵制对一个必然的至上存在者的任何思辨的证明。（KrV，A792；B820）

19. 人们只能学习做哲学研究、即理性才能在一定的正在着手的尝试中练习服从理性的普遍原则，但一直保留着理性对那些原则本身在它的来源上进行调查和确认、或拒绝的权利。（KrV，A838；B866）

20. 无疑，关于公正的概念，健全知性使用着它的概念，正好包含着，那种最微妙的思辨可以从中发挥出来的东西。（KrV，A43；B61）

21. 因为公正决不能显现出来，而它的概念却处于知性之中，并且表现为行为的（道德的）一种性状，而这种性状自在地属于这些行为。（KrV，A44；B61）

22. 除非一个严格的、但却是公正的批判的冷静性，才能够把这么多人通过想像出来的幸福、从这种独断论的花招中解脱、拖到理论和系统之中。（KrV，A395）

权限（die Rechtsame）

1. 因为它在一切争执中直接指向客体时，不是被卷入其中，而是被确立，以按照理性最初指导的原理而规定和评判一般理性的权限。（KrV，A751；B779）

2. 所以单纯的监察官绝不能够终止关于人类理性权限的争执。（KrV，A767；B792）

确定的（gewiβ）

确定性（die gewiβheit）

1. 既然涉及确定性，那么我已经对我自己宣布了这种判断：在这种考察的方式中本该不允许用任何方法发表意见并且一切在其中只被视为类似于一种假设的东西都该是禁品，即使以最低廉的价格也不许出售，而是，它们一被发现，就必须被封存。因为每一种应当确定为先天的知识本身，都预示着，它要被看作绝对必然的，而一切纯粹先天知识的规定则更进一步，它应当是一切无可置疑的（哲学上的）确定性的标准试块、因而甚至范例。（KrV，AXV）

2. 只能完全摆脱科学的约束，把工作变成游戏，把确定性变成意见，把哲学变成偏见。（KrV，BXXXVII）

3. 因为经验又哪里还想取得自己的确定性，假如经验前行所遵照的一切规则，一直是经验的、因而是偶然的；所以人们便难以把这些规则当作第一原理来看待。（KrV，B5）

4. 数学的判断全部都是综合的判断。这条定理似乎至今仍被人类理性的分析家们的觉察所忽略，甚至恰好是与他们的一切推测相反的，尽管它是无法反驳的确定的并且以后是非常重要的。（KrV，B14）

5. 形而上学至今还仍停留在一种如此不确定性和矛盾的动摇状态中。（KrV，B19）

6. 一切几何原理的无可置疑的确定性、以及它们的先天构造的可能性，都建立在这种先天必然性之上。（KrV，A24；B39）

7. 所以一切几何学原理，例如在一个三角形中，两边之和大于第三边，决不从线和三角形的普遍概念中，而从直观、确切地说先天的直观中，用无可置疑的确定性被推导出来。（KrV，A25；B39）

8. 因为经验既不会提供严格的普遍性，也不会提供无可置疑的确定性。（KrV，A31；B47）

9. 这种确定性绝不后天地发生。（KrV，A40；B57）

10. 我们的先验感性论的第二件重要的事情是：它不仅仅要作为一种表面上的假设而赢得一些宠爱，而且要该是如此确定的和不被怀疑的，当每一种理论能够被要求的时候，这种理论应当用作工具论。（KrV，A46；B63）

11. 几何学定理是先天综合地并且以无可置疑的确定性而被认识。（KrV，A46；B64）

12. 作为纯粹逻辑，它没有经验的原则，因而不（像人们有时说服自己的那样）从心理学中汲取，所以它对于知性的法规没有任何影响。它是一种被演证的学说，并且在其中一切都必须是完全先天确定的。（KrV，A54；B78）

13. 在一个确定的直观中被给予的杂多表象，不会全都是我的表象，如果它们不是全都属于一个自我意识。（KrV，B132）

14. 因为这个自然统一性应当是一种必然的、亦即先天确定的连接现象的统一性。（KrV，A125）

15. 此外，这里的无可置疑的确定性（通过“不可能”这个词）以多余的方式被附加上去，它又必须被这原理本身所理解。（KrV，A152；B191）

16. 虽然也并不损害它们普遍与经验相关的确定性。（KrV，A160；B200）

17. 虽然双方都是一种完全的确定性，但那两条原理是一种直觉的确定性，这两条则只是推论的确定性。（KrV，A162；B201）

18. 因为它们只是调节的原理，并且它们与那些本身是构成性的数学性原理，虽然不在确定性中——确定性在两者中都是先天肯定的，但毕竟在显明的方式中，亦即在原理的直觉的东西中，（因而也在演证方面），相区别。（KrV，A180；B223）

19. 所以外部感官的一切对象的此在都是可疑的。这种不确定性我称为外部现象的观念性，而这个观念性的学说就叫作观念论。（KrV，A367）

20. 不假定除了在我之内的表象的确定性、因而除了 cogito，ergo sum（我思故我在）以外的更多的东西。（KrV，A370）

21. 然而在这种矛盾之下，是否并且以哪种方式还为理性保留着一条向确定性开放的道路。（KrV，A421；B449）

22. 怀疑的方法由此而针对确定性，即它在这样一种双方都认为是正当的和用知性进行的争执中，试图发现那个误会之点。（KrV，A424；B451）

23. 相反，在自然知识中存在着一种鉴于其从没有确定性被期待的猜测的无限性，因为自然现象是不依赖于我们的概念而被给予我们的对象。（KrV，A480；B508）

25. 因为我们现在所处理的只是鉴于对象、而不是鉴于我们的概念本身的起源的那些判断的确定性。（KrV，A481；B509）

26. 经验不以确定性而达到任何无机的部分。（KrV，A527；B555）

27. 所以对我们来说重要的是要知道：是否这种——获得了无可争辩的确定性，而人们在数学科学中称这种确定性为数学的确定性的——方法，与人们恰好在哲学中所寻求的这种确定性，而必须被称为独断的那种确定性的方法，应该是一样的。（KrV，A713；B741）

28. 但从（在推论的知识中的）先天概念决不能产生直观的确定性，即显明，即使这个判断在其它情况下可以是如此非常无可争辩的确定的。（KrV，A734；B762）

29. 任何时候都没有人能够以无可置疑的确定性（哪怕只是以较大的凭据）主张相反的东西。（KrV，A739；B767）

30. 并且迫使我们，承认思辨的缺乏和无可置疑的确定性。（KrV，A749；B777）

31. 因为这样的住地只有在一种完全的确定性中才能找到，既然这种确定性本该是有关对象本身的知识，或者本该是有关那些使我们的一切关于对象的知识都被包括在其内部的界限的知识。（KrV，A761；B789）

32. 这种证明具有一种演证的无可置疑的确定性。（KrV，A775；B803）

33. 反证法的证明虽然可以带来确定性，但不能带来鉴于与其可能性的根据的相互关联的真理的可理解性。（KrV，A789；B817）

34. 主观的充分性叫作（对我自己的）确信，客观的充分性，则叫作（对任何人的）确定性。（KrV，A822；B850）

35. 所以联结的原则要求普遍性和必然性，因而要求完全的确定性，否则就根本找不到通往真理的指导。（KrV，A823；B851）

36. 如果有一种办法而澄清事情的确定性，于是在单纯理论的判断中就存在着实践的判断的一个类似物，在它之上的视其为真适合信念这个词，我们可以把这种信念称为学理的信念。（KrV，A825；B853）

37. 这种确信不是逻辑的、而是道德的确定性，而且，由于它以（道德意向的）主观根据为基础，所以我绝不必须说：上帝存在等等，在道德上是确定的，而必须说：我在道德上是确信的等等。（KrV，A829；B857）

确信（die Überzeugung）

确信（überzeugen）

1. 那么人们就一直可以确信，这样一种研究还远远没有走上一门科学的可靠的通道，而只是一种来回摸索着行走。（KrV，BVII）

2. 一旦人们确信，存在着一个纯粹理性的完全必要的实践运用（道德的运用），在它之中纯粹理性不可避免地扩展到感性的界限之外。（KrV，BXXV）

3. 至于第三个证明，庄严的秩序、美与关心，它们在自然中到处可见，就必定完全单单导致对一个智慧的和伟大的创世者的唯一信仰，这种信仰以公众流行的确信、它们甚至以理性为基础。（KrV，BXXXIII）

4. 但只要人们检查——在真正的（经验的）物理学开头出现的——各种定理，如关于物质的量的守恒定理，惯性定理，作用与反作用相等定理等等，那么人们立刻就会被确信，这些定理构成了一门纯粹的（或合理的）自然科学。（KrV，B20）

5. 它所论及的是注意，注意的障碍与后果，错误的来源，怀疑、顾虑、确信等等的状态。（KrV，A54；B79）

6. 毋宁说，通过排除那些独断的僭妄而增加了清晰性和不做作的确信。（KrV，B425）

7. 今天使他觉得已确信的是，人的意志是自由的。（KrV，A475；B503）

8. 所以这个理念就只是被运用于——对人们从其他方面已经确信或置信它必然生存的东西的，也就是对绝对必然的存在者的——更加确定的知识之上。（KrV，A603；B631）

9. 这种证明根据则能够可靠地帮助我们去确信一个最高存在者的此在。（KrV，A620；B648）

10. 但这种知识又反作用于它的原因，即那个引发起来的理念，并且把一个最高创造者的信仰增强到一种不可抗拒的确信。（KrV，A624；B652）

11. 因为神学的道德学包含了道德法则，而这种道德法则预设了一个最高世界统治者的此在，与此相反，道德神学则是一个最高存在者的此在的确信，而这种确信则以道德法则为基础。（KrV，A632；B660）

12. 虽然在先验分析论中所有——那些能够把我们的知识扩展到现实经验之外的——命题的批判的审查，都已经充分地使我们确信，它们绝不可能导致比一个可能的经验更多的某物。（KrV，A703；B731）

13. 把我们的声调压低到一种单纯实践的确信。（KrV，A749；B777）

14. 而是因为这个——向我揭示出我们纯粹理性的全部储备的——先验批判，已经使我完全确信，正如纯粹理性对于这个领域内的肯定的主张是完全不充分的一样，纯粹理性同样也是所知甚少乃至更少，以致于关于这个问题也不能做出某种否定的主张。（KrV，A753；B781）

15. 而是因为这个——向我揭示出我们纯粹理性的全部储备的——先验批判，已经使我完全确信，正如纯粹理性对于这个领域内的肯定的主张是完全不充分的一样，纯粹理性同样也是所知甚少乃至更少，以致于关于这个问题也不能做出某种否定的主张。（KrV，A783；B811）

16. 直接的或明示的证明在一切种类的知识中都是那种——与真理的确信、同时也与对真理源泉的洞见联结在一起的——证明。（KrV，A789；B817）

17. 思辨神学对此就从不从客观的根据中暗示我们，更谈不上能使我们确信这件事情了。（KrV，A814；B842）

18. 道德理念把关于神圣存在者的一个概念实现出来，这个概念我们现在认为是正确的，并不因为思辨理性使我们确信它的正确性，而因为它与道德的理性原则完满地相协调。（KrV，A818；B846）

19. 如果这个事件对每个人，都是有效的，只要他仅具有理性，那么它的根据客观地就是充分的，而这时视其为真就叫作确信。（KrV，A820；B848）

20. 所以，视其为真的试金石，它是否确信或单纯是置信，是外部的，即它的传播的可能性和视其为真对于每个人的理性都被认为有效的可能性。（KrV，A820；B848）

21. 因此尽管置信不能够主观地区别于确信，当主体记忆犹新，而仅仅把视其为真看做他特有的内心的现象的时候。（KrV，A821；B849）

22. 虽然并不导致确信，但毕竟揭示出判断的单纯私人的有效性，即判断中单纯是置信的某物。（KrV，A821；B849）

23. 我所能断言的，无非就是说出一个对任何人都必然有效的判断，无非就是产生确信的东西。我可以为自己保持着置信，如果我觉得它好的话，但我不想并且不应当在我之外而使它有效。（KrV，A822；B850）

24. 视其为真，或者判断的主观有效性，在与确信（它同时客观地有效）的关系中，具有如下三个层次：意见、信念和知识。（KrV，A822；B850）

25. 主观的充分性叫作（对我自己的）确信，客观的充分性，则叫作（对任何人的）确定性。（KrV，A822；B850）

26. 这种通常的试金石：对于那种某人所断言的某物，是否只不过是置信，或者至少是主观的确信、即坚定的信念，就是打赌的东西。（KrV，A824；B852）

27. 这种确信不是逻辑的、而是道德的确定性，而且，由于它以（道德意向的）主观根据为基础，所以我绝不必须说：上帝存在等等，在道德上是确定的，而必须说：我在道德上是确信的等等。（KrV，A829；B857）

28. 结束了我们的批判的整个进程，人们已经充分地确信：即使形而上学不可能是宗教的基础，它仍然任何时候都必须充当宗教的捍卫者，并且人类理性已经由于它的本性的倾向而是辩证的，它就将决不可能缺少这样一门约束它的科学，并通过一种科学的和完全明白易懂的自我知识、而阻挡——不法的思辨理性一向不容置疑地、既在道德学又在宗教中都会造成的——破坏。（KrV，A849；B877）

R

人，人类（der Mensch）

1. 我们把空间和时间中的这种直观方式局限于人类的感性上；可能的是，一切有限的思想的存在者在这点上必须与人类必然地取得一致。（KrV，B72）

2. 在这个命题中：所有人都是会死的，就已经包含着这些命题们：有些人是会死的，有些会死的是人，没有那种不会死的东西是人，并且所以这些命题们都是直接从第一个命题中不可避免的结论。（KrV，A304；B360）

3. “人在思想”，即，那作为外部现象而是广延的同一个东西，内部地（自在本身）就是一个主体，它不是复合的，而是简单的，并且思想着。（KrV，A359）

4. 建立在我们的心理学概念的这些先验幻相基础之上的三个辩证的问题，它们构成了理性心理学的真正目标，并且除了通过上述研究之外哪里都不可能被裁决：这就是1）关于灵魂与一个有机体的协同性作用、即与人生命中的动物性和灵魂状态的协同性作用的可能性问题，2）关于这种协同性作用的开始、即灵魂在人降生时和降生前的开始的问题，3）关于这种协同性作用的结束、即灵魂在人临死和死后的结束的问题（即灵魂不朽的问题）。（KrV，A384）

5. 因而我是否可以单纯作为思想的存在者（不是作为人）而生存着。（KrV，B409）

6. 灵魂的持存性，作为单纯的内感官的对象，仍未证明，并且甚至是不可证明的，尽管它的持存性在生命中，由于思维着的存在者（作为人）自己同时又是一个外感官的对象，对自身是清晰的，但对此完全满足不了理性心理学家，他着手从单纯的概念中证明出灵魂本身超出生命的绝对持存性。（KrV，B415）

7. 对于思辨而言，不幸的则是（但也许对于人类的实践使命而言却是幸运的），理性感到自己在它最大期望中如此处于一种根据与相反根据的争夺中，以至于无论是为了它的荣誉、还是哪怕为了它的安全，都不适宜于抽回去了。（KrV，A464；B492）

8. 因为感性并不使它的行动成为必然的，毋使宁一种——经由感性冲动而独立于强迫、规定自身的——能力寓于人类。（KrV，A534；B562）

9. 人是感官世界的现象之一，就此而言也是自然原因之一，其原因性必须从属于经验的法则。（KrV，A546；B574）

10. 所以在这种经验的品格方面不存在任何自由，但唯独按照这种品格我们才能考察人，如果我们仅仅愿意观察人，并且，如同它在人类学中所呈现

的，从他的行动研究自然之学上的动因。（KrV，A550；B578）

11. 人本身就是现象。（KrV，A552；B580）

12. 它，这个理性，对于人的一切行动来说在所有的时间状况中都是当下的和同样的，但它甚至不在时间之中，并且不陷于例如说一种它先前并不存在于其中的新的状态。（KrV，A556；B584）

13. 人性在它的整个完善性中，不仅包含对属于这种本性的、构成我们的人性概念的一切本质属性的扩展，直至与人性的目的完全重合，而这就会是我们的完善人性的理念。（KrV，A568；B596）

14. 人类的理性不仅包含理念，而且也包含理想。（KrV，A569；B597）

15. 正如理念提供规则，理想在这种情况下就充当摹本的通盘规定的蓝本，而且我们所具有的衡量我们行动的标尺，无非是在我们之内的这种神圣的人的行为，用此我们对自己进行比较、评判，并由此而改进我们，虽然这个标尺永远也不能够取得。（KrV，A569；B597）

16. 在人类本性中存在着一定的不纯正性，它最终却毕竟，如同一切由本性而来的东西，必然包含一种向善的目的的天资，即一种——隐瞒它的真实的意向，并展现一定的假定的、被人们看作善的和光彩的意向的——爱好。（KrV，A747；B775）

17. 人类通过这种既隐瞒自己、又接纳一种对他们有利的幻相的倾向，完全肯定地，不仅使自己文明化了，而且逐渐地、在一定程度上，使自己道德化了。（KrV，A748；B776）

18. 这些最高目的，按照理性的本性，又都必须具有统一性，以便促进这一种已经不再从属于更高兴趣的人类兴趣的联合。（KrV，A797；B825）

19. 纯粹理性包含着，——虽然不在它的思辨的、但却在一种确定的、即道德的运用中，——经验之可能性的原则，即这样的行动的原则，这些行动能够在人类历史中合乎道德规范地被遇到。（KrV，A807；B835）

20. 人的内心保存着（同样我相信，这种事在每个理性的存在者那里都必然发生）对道德的一种自然兴趣，尽管这种兴趣并不是不可分离的和实践上占优势的。（KrV，A829；B857）

21. 我不想在这里赞扬这种功绩，它通过哲学的批判的艰苦奋斗、为人类理性而获得了哲学；假定，它在结果上也应当被看做只是消极的。（KrV，A831；B859）

22. 为此所有的系统都又还在人类知识的一个系统中作为一个整体的各环节而合目的地相互联结着，而允许有一切人类知识的一种建筑术。（KrV，A835；B863）

23. 在这方面，哲学就是一切知识与人类理性的根本目的（teleologia rationis

humanae，人类理性的目的论）的关系的科学，并且哲学家就不是一个理性行家，而是人类理性的规律提供者。（KrV，A839；B867）

24. 终极目的无非是人类的全部使命，并且关于这种使命的哲学就是道德学。（KrV，A840；B868）

25. 一门这样的科学的这种理念恰好与思辨的人类理性，同样古老。（KrV，A842；B870）

26. 即使形而上学不可能是宗教的基础，它仍然任何时候都必须充当宗教的捍卫者，并且人类理性已经由于它的本性的倾向而是辩证的，它就将决不可能缺少这样一门约束它的科学。（KrV，A849；B877）

27. 人类在哲学的童年所开始做的，是我们今天更愿意结束的地方。（KrV，A852；B880）

人格（die Person）

人格性（die Personalität）

1. 它作为智性实体的同一性，就给出了人格性。（KrV，A345；B403）

2. 这个——我能在我的一切表象中被意识到的——主体同一性，并不涉及那个——由此主体作为客体已经给出的——主体的直观，因而也不可能意味着那种人格同一性，由此那种它自己的实体的同一性的意识、在一切状态变更中被理解为思想着的存在者的同一性意识。（KrV，B408）

3. 作为这样的实体都不可分割地随身具有人格性。（KrV，B409）

4. 第三个谬误推理：人格性。（KrV，A361）

5. 凡是在不同的时间中已经意识到它本身的数目上的同一性的东西，因而就是一个人格：现在灵魂就是如此如此。所以灵魂就是一个人格。（KrV，A361）

6. 灵魂的人格性必须绝不被视为推论出来的命题，而必须被视为自我意识在时间中的一个完全同一的命题。（KrV，A362）

7. 人格的同一性在我自己的意识中已经不可避免地遇到了。（KrV，A362）

8. 然而值得注意的是，灵魂的人格性及其条件，即灵魂的持存性、因而它的实体性，必须现在才首次被证明。（KrV，A365）

9. 这种人格性并不因为它的作用会被中断了整整某一段时间，就马上停止了。（KrV，A365）

10. 既然这种出自“我”的同一性的人格同一性，在全部时间的意识中、这其中我认识自己，绝对不会导致：即使上面的灵魂的实体性也不能够建基于这个“我”的同一性之上。（KrV，A365）

11. 我们要（在心理学中）把我们内心的一切现象、行动和接受性都借助于内部经验之线索而如此联结起来，似乎内心就是一个——带有人格的同一性、持久（至少在此生中）生存的——简单实体。（KrV，A672；B7000）

12. 解释这种通过状态的一切变化而不变地持存着的人格统一性，由我们思维着的主体的非物质本性的意识。（KrV，A690；B718）

人格化（personlifizieren）

1. 通过理性的一种完成统一性的自然进程，甚至被人格化了，如我们马上所提出的那样。（KrV，A583；B611）

2. 把哲学概念人格化并且将它在哲学家的理想中设想为一个蓝本。（KrV，A839；B867）

人类学（die Anthropologie）

1. 论偏见（其原因和解救手段）的人类学。（KrV，BVIII）

2. 如果我们仅仅愿意观察人，并且，如同它在人类学中所呈现的，从他的行动研究自然之学上的动因。（KrV，A550；B578）

3. 因此道德形而上学真正就是——在其中没有任何人类学（没有任何经验的条件）被设置为基础的——纯粹道德学。（KrV，A841；B869）

4. 人类学（经验的自然学说的对应物）。（KrV，A849；B877）

人为的（künstlich）

人为做作的（gekünstelten）

1. 逻辑的辩证论则在谬误推理的解决中必须只带有一个原理遵守方面的错误，或者带有一个——在模仿这些原理时的——人为做作的幻相。（KrV，A298；B354）

2. 于是就存在着一种纯粹理性的自然的和不可避免的辩证论，它不是一个外行，由于缺乏知识，而自己陷进理性的某物，或者是任何一个诡辩论者，为了迷乱理性的人们，而已经人为编造出来的，而是不可阻挡地依附于人类的理性的。（KrV，A298；B354）

3. 因为在这里就显示了人类理性的一种新的现相（Phänomen），即，一种完全自然的背反论，在这上面不需要设置任何绞尽脑汁的和人为的圈套，而是理性从自身、也就是说不可避免地陷入其中的。（KrV，A407；B433）

4. 其次，它，连同它的反命题，随身携带着的不单纯是一种人为做作的幻相，这种幻相如果人们看透了它，就立即消失了，而是一种自然的和不可避免的幻相。（KrV，A422；B449）

5. 它的最荒谬的东西就是，把一切人为的手段的忽略，捧为一种——扩展

它的知识的——独特的方法。（KrV，A855；B883）

人性（die Menschheit）

1. 人性必须停留于其上的那个最高的程度可能是什么，因而在理念及其实行之间必然剩留下来的裂缝可能有多大，任何人都不能够也不应当规定它，这恰好是因为，它就是自由，而自由能够超出每个被给定的界限。（KrV，A317；B374）

2. 人与——他的甚至在他的心灵中所拥有的作为他的行动的蓝本的——人性理念都不会重合。（KrV，A318；B374）

3. 人性在它的整个完善性中，不仅包含对属于这种本性的、构成我们的人性概念的一切本质属性的扩展，直至与人性的目的完全重合，而这就会是我们的完善人性的理念。（KrV，A568；B596）

4. 但只要纯粹的道德学说仍然属于出自纯粹理性的人性知识也就是哲学知识的特殊门类，那么我们就要为它保存形而上学这一名称，虽然我们把它，作为不属于我们现在的目的，在这里而放在了一边。（KrV，A842；B870）

认识（die Erkenntnis）

认识（erkennen）

自我认识（die Selbsterkenntnis）

认识方式（die Erkenntnisart）

认识能力（die Erkenntnisfähigkeit）

1. 一切事务中最困难的那件事务，即自我认识的事务。（KrV，AXI）

2. 只要现在承认在这些科学中有理性，那么在其中就必须有某种东西先天地被认识。（KrV，BIX）

3. 经验本身就是知性所要求的一种认识方式。（KrV，BXVII）

4. 无条件者不可能在我们所认识的（它们被给予我们）事物中，反而必须到我们所不认识的、作为自在本身的事情中找到。（KrV，BXX）

5. 要认识一个对象，这就要求，我能够证明它的可能性（无论是按照来自它的现实性的经验的证据，还是先天地通过理性而证明）。（KrV，BXXVI）

6. 所有，那些我们能够在理论上认识的东西，都限制在单纯现象上。（KrV，BXXIX）

7. 所有仅仅从经验借来的东西，正如人们的措辞，只是后天地、或经验地被认识到的。（KrV，A2）

8. 我可以预先通过广延、不可入性、形状等等这一切在物体的概念中所被想到的标志，而分析地认识物体的概念。（KrV，A7；B12）

9. 我能够预先通过广延、不可入性、形状等等所有这些在物体的概念中被想到的标志，而分析地认识物体的概念。(KrV, A8; B12)

10. 纯粹理性包含着绝对先天地认识某物的原则。(KrV, A11; B24)

11. 但它们，因为单纯是感觉而都不是直观，它们本身并不使人认识，至少是先天地认识任何客体。(KrV, A28; B44)

12. 凡是我们称为外部对象的，无非只是我们感性的单纯表象，它们的形式是空间，但其真正的相关物，亦即自在之物本身，却完全没有因此而被认识，也不可能被认识。(KrV, A30; B45)

13. 我们在一切情况下所可能完全认识的毕竟只是我们的直观方式，即我们的感性，并且这还永远仅仅以本源地依赖于主体的空间和时间为条件。(KrV, A43; B60)

14. 我们认识能力的这种接受性就叫做感性。(KrV, A44; B61)

15. 我们通过感性不单不清晰地认识自在之物的性状，而是根本就不认识自在之物的性状。(KrV, A44; B62)

16. 通过单纯的关系毕竟还没有认识一个自在的事物。(KrV, B67)

17. 我们的知识产生于内心的两个基本来源，其中第一个是，感受表象(印象的接受性)、第二个是通过这些表象认识一个对象的能力（概念的自发性)。(KrV, A50; B74)

18. 并非每一个先天知识，而只有那种——通过它我们认识到，一定的表象（直观或概念）仅仅被先天地运用，或是如何可能的——［先天知识］，才必须称为先验的（即知识的先天可能性或其先天运用)。(KrV, A56; B80)

19. 知性在以上仅仅被消极地解释：通过一种非感性的认识能力。(KrV, A68; B92)

20. 在直观之外，除了通过概念，再没有别的方式而认识了。(KrV, A68; B93)

21. 思想就是通过概念们的认识。(KrV, A69; B94)

22. 因为没有它，就没有东西能够由此而被思维或认识。(KrV, B136)

23. 知性，一般地说，就是认识的能力。认识以被给予的表象与一个客体的规定关系为内容。(KrV, B137)

24. 这种知性对自己完全不认识，而只联结和整理知识的材料、必须通过客体而给予它的直观。(KrV, B145)

25. 思想一个对象，与认识一个对象，是不一样的。因为属于认识的又两个部分：一是一个对象一般由此而被思想的概念（范畴)，二是对象由此被给予的直观。(KrV, B146)

26. 纯粹知性概念通过单纯知性而与——它们并不确定是我们的或别的任

何一个的、但毕竟是感性的——一般直观的对象发生关系，但正为此而只是思想形式，因而还没有任何确定的对象被认识。（KrV，B150）

27. 因为“某物”是运动的，这是不能先天地、而只能通过经验而被认识。（KrV，B154）

28. 通过范畴先天地认识那些永远只能对我们的感官发生的对象、并且不按照它们的直观形式而按照它们的联结法则先天地认识它们的可能性。（KrV，B159）

29. 知性本身，作为一种应当与客体相关联的认识能力。（KrV，A97）

30. 我们认识对象，因为我们在直观的杂多中已经产生了综合统一性。（KrV，A105）

31. 三种主观的认识来源，一种一般经验的可能性和经验对象的知识已经建基于其上：感官、想像力和统觉。（KrV，A115）

32. 于是这里就有了（意识的）一种杂多的综合统一性，它被先天地认识，并且正好适合于充当与纯粹思想相关的先天综合命题的根据。（KrV，A117）

33. 人类的经验的认识能力必然包着含一种知性，这种知性与感官的所有对象相关。（KrV，A119）

34. 知性：通过认识的自发性（感性的接受性与之相对），通过一种思想的能力，或者概念的能力，或者也可以说判断的能力。（KrV，A126）

35. 自然，作为一种经验中的认识对象，连同它可能包含的一切，都只有在统觉的统一性中才是可能的。（KrV，A127）

36. 普遍逻辑已建立在一种完全精确地与高级认识能力的划分同时发生的平面图上。这些能力就是：知性、判断力和理性。（KrV，A130；B169）

37. 我们从一般的大小上，能够先天认识到的只是一种唯一的质，亦即连续性，但从一切质（现象的实在的东西）上，能够先天认识的则无过于它的内包的量，即认识到它们有一个程度，而一切其余的东西则留给了经验。（KrV，A176；B218）

38. 不过，现象的此在并不能先天地被认识。（KrV，A178；B221）

39. 假如那些对象，这些原理所应当关涉到它们，是自在之物本身；那就会完全不可能，先天综合地认识于它们了。现在，先天综合地认识于它们的无非是现象。（KrV，A181；B223）

40. 即使现象都不是自在事物本身，却仍然可以是唯一能够被给予我们来认识的东西。（KrV，A190；B235）

41. 我就认识一个对象，我必须把它放置在时间中在一个确定的位置上。（KrV，A198；B243）

42. 实体们在空间中的同时并存在经验中没有别的，而无非在它们的一种

交互作用的前提下，才能够被认识。（KrV，B258）

43. 模态的范畴自在地具有这种特殊性：它们丝毫也不增加——它们作为谓词而被附上的、那个作为客体的规定的——概念，而只是表达出，对认识能力的关系。（KrV，A219；B266）

44. 一个三角形的可能性似乎可以从它的概念自在本身中被认识到（这个概念肯定是不依赖于经验的）。（KrV，A223；B271）

45. 这条公设，认识事物的现实性，虽然并不那么直接要求知觉、因而被人们所意识到的感觉，从其此在应当被认识的对象本身，但仍还要求这个对象与任何一种现实的知觉相关联。（KrV，A225；B272）

46. 感官对象的任何生存都不能完全先天地被认识。（KrV，A226；B279）

47. 生存的必然性，就绝不可能从概念中，而任何时候都只能从那种与被知觉的东西的连结中，按照经验之普遍法则，而被认识。（KrV，A227；B279）

48. 我们只认识在自然中——它的原因已给予我们的——那些结果的必然性，而在此在中的必然性标志所达到的，则无非是可能经验之领域。（KrV，A227；B280）

49. 这些模态原理讲述一个概念，无非是这概念由以被产生出来的认识能力的行动。（KrV，A234；B287）

50. 为了在无需外部经验的直观之助而从单纯内部意识和我们本性的规定出发而谈论自我认识时，给我们指出这样一种认识的可能性的局限。（KrV，B293）

51. 仅仅从这种逻辑机能中、即从概念的形式中根本不能认识任何东西，也不能区别哪一个客体从属于其下，因为恰好一般对象能够从属于其下的那个感性条件被抽掉了。（KrV，B302）

52. 一种这样的直观、也就是智性的直观，完全处于我们的认识能力之外。（KrV，B308）

53. 在我们知性的经验的运用中，事物只被如它们所显现的那样来认识。（KrV，A250）

54. 范畴甚至也不表象任何特殊的、仅仅给予知性的客体，而只是充当（一般某物的概念）的先验客体，通过它而规定感性中被给予的东西，为了由此而经验地认识在对象概念下的现象。（KrV，A251）

55. 但知性立刻又为自己设置了自身界限，不能通过任何范畴来认识本体，因而只能以未知“某物”的名义思想这些本体。（KrV，A256；B312）

56. 但一切判断、甚至一切比较都需要一个反省，即需要区别——那些给予的概念所从属的——认识能力。这种行动——通过我集合了一般表象的比较与做出这种比较的认识能力，并且我借以区别，这些表象在相互被比较中属于

纯粹知性还是属于感性直观——我称为先验的反省。（KrV，A261；B317）

57. 表象所属的认识能力，并不恰恰是同一个认识能力。（KrV，A263；B319）

58. 我们不认识任何绝对的内部规定，除了通过我们的内感官所作的规定外。（KrV，A283；B339）

59. 尽管凡是我们只在质料上所认识的，都是纯净的关系，（我们称为质料的内部的规定的关系，只是相对内部的）。（KrV，A285；B341）

60. 在我们的理性（主观地被看作人的一种认识能力）中，存放着理性运用的基本规则和准则，它们完全具有客观原理的外观。（KrV，A297；B353）

61. 所有我们的认识都开始于感官，由此而走向知性，并且结束于理性，越过理性在我们之内再没有“更高的东西”被找到，加工直观材料并带入思想的最高统一性之下。（KrV，A298；B355）

62. 我将把来自原则的知识，叫作这样一种我通过概念在普遍中认识特殊的知识。（KrV，A300；B357）

63. 一种客观的知觉就是认识（cognitio）。（KrV，A320；B377）

64. “一切发生的事情都有原因”，决不是通过理性而认识和预先规定的原理。（KrV，A307；B363）

65. 认识要么是直观，要么是概念（intuitus vel conceptus，直觉或概念）。前者直接关系到对象，并且是个别的；后者间接关系到对象，借助于更多事物能够共同具有的一个特征。（KrV，A320；B377）

66. 通过这个思想着的我、或者他、或者它（物），所表象出来的不是别的，而是思想的一个先验主体 = x，它只有通过是它的谓词的那些思想，才被认识。（KrV，A346；B404）

67. 我并非通过单纯的“我思”，而认识一个客体，毋宁只有通过我出于一切思维都在其中的那种意识的统一性的意图而规定一个给予的直观，我才能够认识任何一个对象。因此我甚至认识自己并非通过，我已经意识到自己是作为思想着的，毋宁就在我意识到对我自己在思想机能方面规定了直观自身的时候。（KrV，B406）

68. 所以不存在任何一种作为学理、而设法使我们的自我认识获得一种增加的理性心理学，它只作为训练。（KrV，B421）

69. 我把在我之内的实体性的东西当作先验的主体来认识，因为我在思想中所拥有的只是——为一切作为知识的单纯形式的规定设置基础的——意识的统一性。（KrV，B427）

70. 经验并不提供任何必然性而认识，更谈不上，绝对统一性的概念是远超出经验范围了。（KrV，A353）

71. 我通过这个“我”为我在任何时候都想到了一个绝对的、但却是逻辑的主体统一性（简单性），但并非，我由此就认识了我的主体的现实的简单性。（KrV，A356）

72. 物质只是外部现象，它的基底通过任何已经指出的谓词都并不被认识。（KrV，A359）

73. 既然这种出自“我”的同一性的人格同一性，在全部时间的意识中、这其中我认识自己，绝对不会导致：即使上面的灵魂的实体性也不能够建基于这个“我”的同一性之上。（KrV，A365）

74. 这些对象自在本身是不为我们所认识的。（KrV，A385）

75. 批判的反驳，因为它不触及命题的价值或无价值，而只攻击这个证明，它完全不需要更好地认识对象，或者自以为能够更好地认识一种对象。（KrV，A388）

76. 但在我们之内思想着的那个存在者，误以为，通过纯粹的范畴、更确切地说通过那些在其每一项下都表达出绝对统一性的范畴，就认识了它自身。（KrV，A401）

77. 它不是通过范畴而认识自身，而是认识范畴，并通过它们，在统觉的绝对的统一性中、因而通过自身而认识一切对象。（KrV，A402）

78. 我不能够认识那种我必须预设为前提的东西本身，为了一般地认识一个客体，并且那个规定着的“本身”，（思维）和那个可被规定的“本身”（思维着的主体），正如知识本该区别于对象一样。（KrV，A402）

79. 无论我可以借此而在这个上升的序列中而走到多远，我任何时候都必须探询这个序列的一个更高项，而不管它现在是否能通过经验而为我所认识。（KrV，A518；B546）

80. 通常单只通过感官而知道整个自然的人，也通过单纯的统觉而认识了自身。（KrV，A546；B574）

81. 知性只能够从整个自然中认识到，什么是现在的，或者什么是过去的，或者什么是将有的。（KrV，A547；B575）

82. 我们一般根本不能够从单纯先天概念中认识任何实在根据的和任何原因性的可能性。（KrV，A558；B586）

83. 为了完全认识一个物，人们必须认识、并由此——不论是肯定性地还是否定性地——规定一切可能的东西。（KrV，A573；B601）

84. 这种表达：“不死的”，完全不能做出认识，由此在对象上的一种单纯的非存在而被表象出来了，而让一切内容都原封不动。（KrV，A574；B602）

85. 人类理性的自然进程就具有了这样的性质。它首先相信任何一个必然的存在者的此在。它在这个必然存在者中认识到一种无条件的生存者。（KrV，

A586；B614）

86. 对于纯粹思想的客体，根本就不存在任何认识它们的此在的手段，因为此在必须完全先天地被认识。（KrV，A601；B629）

87. 凡是人们预先确定作为绝对必然的而认识的东西，关于它的知识也都必定随身带有绝对的必然性。（KrV，A612；B640）

88. 我在这里满足于，把理论知识解释为一种这样的，我由此认识“这是什么”的知识，而把实践知识解释为，一种我设想“这应当是什么”的知识。据此，理性的理论运用就是那种，通过它我先天地（作为必然的）认识某物存在的运用；但实践的运用则是，通过它应当发生的东西先天被认识到的运用。（KrV，A633；B661）

89. 我绝对不要求、并也不能授权要求，按照它也许自在地是什么而认识我的理念的这个对象。（KrV，A678；B706）

90. 这种统一性对事物的本性是完全陌生的和偶然的，并且也不能从自然的普遍规律而被认识。（KrV，A693；B721）

91. 一切在思辨的运用中的理性凭借这些要素决不能够超出可能经验之领域，并且这一至上的认识能力的真正使命只是，利用一切方法及其原理，以按照一切可能的统一性原则、其中最重要的是目的的原则，而追踪自然，直到它的内在深处，但决不飞越它的界限，在这界限之外对于我们除了空的空间则一无所有。（KrV，A702；B730）

92. 但我可以从概念走向与这个概念相应的纯粹的或经验的直观，以便在直观中具体地考量这个概念，并且，先天地或后天地认识凡是应归于这个概念的对象的东西。其中先天地认识是通过概念的构造而来的合理的与数学的知识，后天地认识则是单纯经验的（机械的）知识，它决不可能给予必然的和无可置疑的命题。（KrV，A721；B749）

93. 这些原理当然也就是无可置疑地确定的，但自在本身（直接地）却是决不能够被先天地认识。（KrV，A737；B765）

94. 虽然我，没有经验，就既不能先天地和没有经验教导而确定地从结果中认识原因，也不能这样从原因中认识结果。（KrV，A766；B794）

95. 这种从一切经验分离出来的理性对一切都只能够先天地并且作为必然的或者根本不认识。（KrV，A775；B803）

96. 与肉体的分离就该是你的认识能力的感性运用的结束并且就该是智性运用的开始。（KrV，A779；B807）

97. 我把法规理解为一定的一般认识能力的正确运用的先天原理的总和。（KrV，A796；B824）

98. 但是，一种认识能力在哪里没有正确的运用，哪里就不存在法规。

（KrV，A796；B824）

99. 情感不是事物的表象能力，而处于全部认识能力之外。（KrV，A801；B829）

100. 如果人们单纯把自然设置为基础，则获得幸福的希望、与使自己配得幸福的不懈努力之间的引证过的那种必然的连结，就不能通过理性而认识。（KrV，A810；B838）

101. 但最高的目的都是道德的目的，并且只有纯粹理性才能把它们提供给我们而认识。（KrV，A816；B844）

102. 但我在这里把整个的高级的认识能力理解为理性，所以便以合理的东西与经验的东西相对立。（KrV，A835；B863）

103. 人们，没有把凡是完全先天地被认识的东西，区别于凡是只被后天地认识的东西。（KrV，A843；B871）

104. 一切纯粹的先天知识，由于它唯一能位于其中的那种特殊认识能力，就构成了一种特殊的统一性，而形而上学就是那种——应当把那些知识表现在这种系统统一性之中的——哲学。（KrV，A845；B873）

105. 在感官中所有的无非是幻相，只有知性才认识真实的东西。（KrV，A853；B881）

任意（die Willkür）

任意的（willkürlich）

自由的任意（die freie Willkür）

1. 所以经验的普遍性只是一种有效性的任意的提升，这种有效性从大多数情况下、到一切情况下都适用，例如在这个命题中：一切物体都是重的。（KrV，B4）

2. 因为愉快和不愉快、欲望和爱好、任意等等的概念都是这种全部的经验的起源，尽管如此却必须被预设。（KrV，A15；B29）

3. 所以或然性命题就是这样一种命题，它仅仅表达出逻辑的可能性（它不是客观的可能性），也就是表达出使这样一个命题有效的自由选择，一种单纯任意地把它接受进知性中来。（KrV，A75；B101）

4. 然而，构成一切先天知识甚至任意而荒谬的虚构的那些要素，虽然不能从经验那里借用，（因为否则它们就不会是先天知识了），但它们任何时候都必须包含一个可能经验和这个可能经验的一个对象的纯粹先天条件。（KrV，A96）

5. 这种联结，因为它不是任意的，所以我称它为动力学的联结。（KrV，A162；B201）

6. 然而，是否这样一类关系可以归于任何一个事物，这从这些包含一种单

纯任意的综合的概念中，完全无法被检验。（KrV，A221；B269）

7. 而没有这些经验和规律，它们的可能性就是一种任意的思维联结。（KrV，A223；B270）

8. 所以一个本体的概念只是一个限度概念，为的是限制感性的僭越，因而只是消极的运用的概念。但这个概念毕竟不是任意虚构的，而与感性的限制相关联，只是不能在感性的区域之外设置某种积极的东西。（KrV，A255；B311）

9. 它们并不任意虚构，毋宁通过理性的本性自身而交付，因而与全部知性运用的必然方式相关联。（KrV，A327；B384）

10. 如果我们从一种（前进的）综合的绝对总体性中制造一个理念，例如从一切未来的世界变化的整个系列制造一个理念，那么这就是一个仅仅任意想出来的思想物（ens rationis，推断之物），而不被理性所必然地预设。（KrV，A337；B394）

11. 如果后面这种情况发生了，那么这就是一个任意的而并不是纯粹理性的必然的问题，因为我们要完备地领会凡是在现象中被给予的东西，固然需要根据，但却不需要后果。（KrV，A411；B438）

12. 纯粹理性的一条辩证的定理必须具有这种区别于一切诡辩论的命题的特点，即它涉及不到一个——人们仅仅出于某种随便的意图而提出的——任意的问题，而涉及到这样一种——每个人类理性在它的进程中都必然遇到的——问题。（KrV，A422；B449）

13. 这些理念根本不容许，一个相符合的对象在任何一个可能的经验中被给予它们，甚至也不容许理性把它们与普遍的经验法则一致地思考，但它们仍然不是被任意编造出来的，毋宁理性在经验的综合的连续进程中必然被引导上了这些理念。（KrV，A462；B490）

14. 世界有一个开端，我的思想着的自己具有单纯的因而不灭的本性，这个自己同时在它的任意的行动中本该是自由的并超越于自然强制。（KrV，A466；B494）

15. 自由在实践的理解中就是——经由感性冲动而来的强迫的——任意之独立性。因为一种任意，只要它（通过感性的动因）被病理学地刺激起来，就是感性的；如果它能够在病理学上被迫使，它就叫作动物性的 arbitrium brutum（动物性的任意）。人的任意虽然是一种 arbitrium sensitivum（感性的任意），但不是 brutum（动物性的），而是 liberum（自由的），因为感性并不使它的行动成为必然的，毋宁一种——经由感性冲动而独立于强迫、规定自身的——能力寓于人类。（KrV，A534；B562）

16. 假如感性世界中的一切原因性都只是自然，那么每个事件都将是在时间中按照必然规律而被另一个事件所规定，因而，由于现象，只要它规定着任意，就必须会使每一个行动作为它的自然后果而成为必然的，所以先验的自由的取消同时也就灭绝了一切实践的自由。（KrV，A534；B562）

17. 因为实践自由假设，虽然某物并没有发生，但却应当发生，因而它的原因在现象中并没有如此规定，以至于在我们的任意中并没有一种原因性，这种原因性独立于那些自然原因并甚至产生出违反自然的强制力和影响的某种东西，这种东西在时间秩序中按照经验的规律被规定、因而完全从自身开始了一个事件序列。（KrV，A534；B562）

18. 但这些自然条件不涉及任意本身的规定，而只涉及任意在现象中的结果和后果。（KrV，A548；B576）

19. 因为每一个人都具有他的任意的一种经验的品格，这种经验的品格不是别的，而只是他的理性的一种原因性。（KrV，A548；B577）

20. 人本身就是现象。他的任意具有一种经验的品格，这种品格是他的一切行动的（经验的）原因。（KrV，A552；B580）

21. 但关于理性人们却不可以说，在它于其中规定着任意的那个状态之前、领先着一个另外的、这个状态本身在其中被规定的状态。（KrV，A553；B581）

22. 所以理性就是人在其中显现的一切任意的行动的持存的条件。每一个这样的行动在它还没发生之前就已经在人的经验的品格中预先被规定了。（KrV，A553；B581）

23. 它作为每一个任意行动的无条件的条件，不允许超越它之上有任何按照时间的先行的条件．（KrV，A554；B582）

24. 一切自然物及其一切（经验的）条件的无例外的偶然性，完全能够很好地与一个必然的、虽然只是理知的条件的任意的预设相共存，所以在这两种主张之间并不会遇到任何真正的矛盾，因而它们双方都可能是真的。（KrV，A562；B590）

25. 因为我们所说的理想，是以一个自然的而不仅仅是任意的理念为基础的。（KrV，A581；B609）

26. 这种做法已经是有点儿完全不自然的并且是一种单纯经院笑话的翻新，即要从一个任意构想的理念中挑选出与之相应的对象本身的此在。（KrV，A603；B631）

27. 所以那种属于这个有条件者的条件也不能由此作为绝对必然的而被认识，而是仅仅充当了为有条件者的理性知识而作的一种当时必然的、或更多是必要的、但在自在本身和先天上则是任意的预设。（KrV，A634；B662）

28. 同样在数学中也不需要任何理性的批判，数学的那些概念必须在纯粹直观上马上被具体地表现，而任何无根据的和任意的东西都会由此而立刻暴露出来。（KrV，A711；B739）

29. 所以，既然无论经验地、还是先天地被给予的概念都不能被定义，那么剩下的就别的而只有那些——人们能够尝试这种技艺的——任意想到的概念了。（KrV，A729；B757）

30. 因为，如果这个概念以经验的条件为基础，例如一只船钟，那么这个对象及其可能性通过这个任意的概念还没有被给予。（KrV，A729；B757）

31. 所以，没有任何别的、适宜于下定义的概念剩留下来，除非这种——包含一种任意的、即能够被先天地构造出来的综合的——概念，因而只有数学拥有定义。（KrV，A729；B757）

32. 但假如把灵魂假定为单纯的实体（一个超验的概念），这就会是一个——不仅是不可证明的，（就如许多自然性的假设所是的那样），而且也是完全任意和盲目的冒险的——命题。（KrV，A772；B800）

33. 一切通过自由才是可能的东西，都是实践的。但如果执行我们自由的任意的条件是经验的，那么理性在此就没有别的而只能有一种调节的运用，并且只用于产生经验之规律的统一性。（KrV，A800；B828）

34. 一种任意单纯是动物的（arbitrium brutum，"动物的任意"），它只能被感性的、即病理学的冲动所规定。但那种，不依赖于感性冲动、因而只能够被理性所介绍的动因所规定的任意，就叫作自由的任意（arbitrium libe－rum，"自由的任意"），并且一切与这种任意相关联的，它可以是作为根据或后果，都被称为实践的。（KrV，A802；B830）

35. 因为，不仅是刺激的东西、即直接刺激感官的东西，规定着人的任意，而且我们具有一种能力，通过从本身就是以更遥远的方式有利或有害的东西的表象，而克服我们感性欲求能力上的那些印象。（KrV，A802；B830）

36. 但作为一个纯粹理性在它的实践的运用中的对象，并且理性的存在者的在感官世界中的一个 corpus mysticum（"神秘体"），只要他们的自由的任意在道德律之下自在地具有既与自己、也与每一个别人的自由普遍而系统的统一性。（KrV，A808；B836）

37. 理性的存在者的一切行动都这样发生，似乎它们是出自一个——把一切私人任意都包括在自身之中或之下的——至上的意志。（KrV，A810；B838）

38. 但前一种合目的性的统一性是必然的，并且建立在任意性自身的本质之中。（KrV，A817；B845）

39. 我就绝不可以冒昧地有所意见，没有至少知道某物，凭借于某物，那本身单纯是成问题的判断就获得了与真理的一种连结，这种连结虽然同样是不完全的，但毕竟是多于任意的虚构。（KrV，A822；B850）

S

三段论的（syllogistisch）

1. 三段论四格的进一步的学说只是关涉直言三段论推理。（KrV，B141）

2. 因而正是同一个理性活动导致了 ratiocinatio polysyllogistica（复合三段论推理），它是一个推论的序列，这种序列可以要么向条件方面（通过上溯推理法 prosyllgismos），要么向有条件者方面（通过后续推理法 episyllogismos），而朝着不限定的远处进展。（KrV，A331；B387）

三段论推理（der Vernunftschluss）

1. 三段论四格的进一步的学说只是关涉直言三段论推理。（KrV，B141）

2. 我们将把这个辩证论分为两个主要部分，第一部分应该论及纯粹理性的超验概念，第二部分则应该论及纯粹理性的超验的和辩证的三段论推理。（KrV，B366）

3. 因而正是同一个理性活动导致了 ratiocinatio polysyllogistica（复合三段论推理），它是一个推论的序列，这种序列可以要么向条件方面（通过上溯推理法 prosyllgismos），要么向有条件者方面（通过后续推理法 episyllogismos），而朝着不限定的远处进展。（KrV，A331；B387）

4. 我们在这里并不涉及一种逻辑的辩证论，它抽掉了知识的一切内容，而仅仅揭示三段论推理形式中的虚假的幻相，毋宁涉及一种先验的辩证论。（KrV，A333；B390）

5. 理性如何仅仅通过——对它用于定言的三段论推理的——恰好同一个机能的综合运用，就必须以必然的方式达到思想的主体的绝对统一性的概念。（KrV，A335；B392）

6. 选言三段论推理的单纯形式必须导致关于一切存在者的存在者的最高理性概念。（KrV，A336；B393）

7. 先验心理学的第一个三段论推理只以一个假想的新见解蒙骗我们，因为它把思想的那个持久的逻辑主词，发布在依存性的实在主体的知识面前，而我们对这个主体不拥有、也不可能拥有丝毫的知识。（KrV，A350）

8. 我们又从哪里拿来这个——支撑起整个心理学的三段论推理的——命题呢？（KrV，A353）

9. 如果人们想给合理的灵魂学说的这些辩证的三段论推理中的谬误推理，只要这些三段论推理仍然具有正确的前提，从逻辑上加个标题，那么它就可以看作是一个 sophisma figurae dictionis（语言形态的诡辩）。（KrV，A402）

10. 纯粹理性的一切幻相都基于辩证的推论之上，这些推论的图型，逻辑学在一般三段论推理的三种形式的类型中就提供在手了。（KrV，A405；B432）

11. 这些玄想的推论的第一种类型针对着（主体或灵魂的）所有一般表象的主观条件的无条件统一性，它与定言的三段论推理相一致，这些定言的三段论推理的大前提，作为原则，陈述了一个谓词对一个主体的关系。（KrV，A406；B432）

12. 通过这个三段论推理，它的大前提看起来如此自然而明白易懂。（KrV，A497；B525）

13. 由此说明，宇宙论的三段论推理的大前提在一种纯粹范畴的先验意义上、但小前提却在一个运用于单纯现象的知性概念的经验意义上设想了有条件者，在这点上就遇到了人们称为 sophisma flgurae dictionis（语言表达方式的诡辩）。（KrV，A499；B527）

14. 因此理性的那种运用，通过它而把先验理想设置为自己对一切可能事物的规定的基础，是与它在选言三段论推理中所据以处理的那种运用类似的。（KrV，A577；B605）

15. 三段论推理的 modus tollens（否定后件式），它从后果推导出根据，不仅非常严格地、而且也非常容易地证明。（KrV，A791；B819）

善（das Gut）

1. 但鉴于所关涉的德性、规律提供和宗教的原则，在——理念们使（善的）经验本身首先成为可能，虽然绝不能在其中被完全表达的——地方，却是一种完全特有的功绩。（KrV，A318；B375）

2. 由此就使处于这个理念中的善，成为本身可疑的而近似于一种单纯的虚构了。（KrV，A570；B598）

3. 在人类本性中存在着一定的不纯正性，它最终却毕竟，如同一切由本性而来的东西，必然包含一种向善的目的的天资，即一种——隐瞒它的真实的意向，并展现一定的假定的、被人们看作善的和光彩的意向的——爱好。人类通过这种既隐瞒自己、又接纳一种对他们有利的幻相的倾向，完全肯定地，不仅使自己文明化了，而且逐渐地、在一定程度上，使自己道德化了。（KrV，A748；B776）

4. 纯粹理性只能在这个最高的本源的善的理想中找到那两个最高的派生的善的要素在实践上必然的联结的根据，即一个理知的即道德的世界的根据。（KrV，A811；B839）

5. 对于我们的理性，仅仅幸福还远不是完整的善。这种幸福，理性不赞同它（即使爱好多么想希望它），如果它不是与配得上的幸福、即与道德的善行

相统一。但仅仅德性，以及与它一起，单纯是配得上幸福的，也还远不是完整的善。（KrV，A813；B841）

善良性（die Gutartigkeit）

1. 所以意向的纯正性就经常与事情本身的善良性成反比。（KrV，A750；B778）

善的生活，善的生活方式（der gute Lebenswandel）

1. 道德神学是只有内在的运用的，即这里在世界中实现我们的使命，通过我们适合于一切目的的系统，而不是狂热地或也许甚至是罪恶地放弃道德规律提供的理性在善的生活方式上的指导。（KrV，A819；B847）

2. 而且人们容易地看清，不可能存在着任何、统治这个世界的不可见的权力所喜欢的、彻底的和可靠的方式，以便至少在另一个世界中是幸福的，除了善的生活方式。（KrV，A853；B881）

上帝，神（der Gott）

1. 纯粹理性的批判原理的积极作用的这种讨论，同样能够在上帝概念和我们灵魂的简单本性的概念中表明。（KrV，BXXIX）

2. 纯粹理性本身的这些不可回避的任务，是上帝、自由和不朽。（KrV，A3；B7）

3. 作为所有一般此在的条件，它们也必然是上帝此在的条件。（KrV，B71）

4. 或者也许纯粹知性概念被扩展地比经验所能把握的更遥远（“上帝”的概念）。（KrV，A96）

5. 所以纯粹理性就把理念给予了先验的灵魂学说（psychologia rationalis，理性心理学）、先验的世界科学（cosmologia rationalis，理性宇宙学），最终也给予了先验的上帝知识（Theologia transzendentalis，先验神学）。（KrV，A334；B392）

6. 形而上学在其研究的本来的目的上只具有三个理念：上帝、自由和不朽。（KrV，A337；B395）

7. 他主张，神（这在他那里也许无非是世界）既不是有限的，也不是无限的，它既不是在运动中，也不是在静止中，既不与任何别的事物相似，也不与别的事物不相似。（KrV，A502；B530）

8. 通过最高实在性的单纯的概念而把原始存在者规定为一个唯一的、简单的、完全充足的、永恒的等等的存在者，一句话，在它的无条件的完备性中能够通过一切谓述词而规定它。一个这样的存在者的概念在先验的理解中思想，

就是关于上帝的概念，所以纯粹理性的理想就是一种先验神学的对象。（KrV，A580；B608）

9. 上帝是全能的，这是一个必然判断。（KrV，A595；B623）

10. “上帝是全能的”这个命题，包含了两个概念，这两个概念又拥有它们的对象：“上帝”和“全能”；小词“是”又不是上面的一个谓词，而只是这种设定谓词与主词相关联方式的东西。（KrV，A599；B627）

11. 由于人们习惯于大体上并不把上帝的概念单纯理解为一个作为事物的本根而盲目起作用的永恒自然，而理解为一个——本身通过知性和自由而应当是事物的创造者的——最高的存在者，并且也由于仅仅这个概念使我们感兴趣，所以人们就能够在严格意义上否认自然神论者一切对上帝的信仰，并且只给他剩下一个原始存在者或至上原因的主张。（KrV，A632；B660）

12. 所以那个先验的、唯一确定的概念，单纯思辨理性关于上帝所提供给我们的，在最准确的理解中是自然神论的，亦即，理性甚至连一个这样的概念的客观有效性都不给予，而只提交了关于“某物”的理念。（KrV，A675；B703）

13. 纯粹理性的第三种理念，它包含着一个作为一切宇宙论序列的唯一充分原因的存在者的单纯相关的设定，就是上帝的理性概念。我们没有丝毫根据，绝对地假定（自在地设定），这个理念的对象。（KrV，A685；B713）

14. 人们可以希望，人们有朝一日还会发明出我们的纯粹理性的两个基本命题：存在着上帝、存在着来世的显明的演证。而我则是更肯定，这绝不会发生。（KrV，A742；B770）

15. 如果我听说，一位不一般人物据称已经否证了人类意志的自由、来世的希望和上帝的此在，那么我就迫切渴望，读到这本书，因为我期待由于他的天才他会把我的见识带领得更远。（KrV，A753；B781）

16. 对上帝此在的先验证明也是同样的情况，这种证明唯一以最实在的存在者和必然的存在者的概念的可交替性（Reziprokabilität）为基础，而不能在任何别的地方被寻求到。（KrV，A789；B817）

17. 理性的思辨在先验运用中最后所导致的终极意图，涉及到三个对象：意志自由，灵魂不朽，和上帝此在。（KrV，A798；B826）

18. 但这三个问题又具有它的更深远的意图，即，应该做什么，如果意志是自由的，如果存在着一个上帝和一个来世。（KrV，A800；B828）

19. 所以上帝和来世，是两个出自纯粹理性让我们承担起的义务、按照恰好同一个理性的原则、而不可分离的预设。（KrV，A811；B839）

20. 因此，没有一个上帝和一个对于我们现在不可见、但却希望着的世界，德性的这些高尚的理念虽然是赞许与惊叹的对象，但却不是蓄意和执行的动机，因为它们并没有实现那种——对于每一个理性存在者是自然的、而且恰好被同一个纯粹理性所先天规定并是必然的——全部目的。（KrV，A813；B841）

21. 实践理性有权引导我们如此之远，我们将并不因为行动是上帝的命令而把这些行动看作是义务的，而我们之所以把它们看做是神的命令，则因为我们对此而内在地是义务的。（KrV，A819；B847）

22. 上帝此在的学说属于学理的信念。（KrV，A825；B853）

23. 我坚定地相信一个上帝；但这样一来这个信念在严格的意义上却不是实践的、而必须被称为一个学理的信念，自然的神学（自然神学）一定会到处都必然地产生出它。（KrV，A827；B855）

24. 但由于道德的规范同时就是我的准则（正如理性命令，它应该是的），那么我将不可避免地相信上帝的此在和一个来世的生活，并且我肯定，没有任何东西能动摇这个信念。（KrV，A828；B856）

25. 这种确信不是逻辑的、而是道德的确定性，而且，由于它以（道德意向的）主观根据为基础，所以我绝不必须说：上帝存在等等，在道德上是确定的，而必须说：我在道德上是确信的等等。（KrV，A829；B857）

26. 因此这种超验的自然之学要么以内部的联结、要么以外部的联结为自己的对象，但两种联结都超出了可能经验；前者是全部自然的自然之学、即先验的世界知识，后者则是全部自然与一个超自然的存在者的相互关联的自然之学、即先验的上帝知识。（KrV，A846；B874）

27. 人类在哲学的童年所开始做的，是我们今天更愿意结束的地方，也就是说，首先研究上帝的知识，以及来世的希望乃至于另一个世界的性状。（KrV，A852；B880）

上溯推理法（das Prosyllogismus）

1. 既然这条规则又已遭受理性的同一个检验，并且由此条件的条件（借助于上溯推理法 Prosyllogismus）就必须被寻找到，只要这还可以，那么人们就看到，（在逻辑的运用中）一般理性所特有的原理就是：为知性的有条件的知识找到无条件者，借此完成知性的统一性。（KrV，A307；B364）

2. 正好存在着这么多的理性推论的方式，其中的每一个都通过上溯推理法而进展到无条件者，一个进展到其自身不再是谓词的主词，另一个则进展到不再以别的东西为前提的前提，而第三个则是进展到划分出来的各环节的集合，对这些环节来说，要完成一个概念的划分就不再需要任何别的东西了。（KrV，A323；B379）

3. 因而正是同一个理性活动导致了 ratiocinatio polysyllogistica（复合三段论推理），它是一个推论的序列，这种序列可以要么向条件方面（通过上溯推理法 prosyllgismos），要么向有条件者方面（通过后续推理法 episyllogismos），而朝着不限定的远处进展。（KrV，A331；B387）

4. 但人们立刻就会意识到，上溯推理法——即对一个给予知识的根据方面、或条件方面的推理的知识——的链条，或序列，换言之，理性推论的上升序列，与理性能力相比，毕竟必须不同于下降序列，亦即理性的继续发展而在有条件者方面通过后续推论。（KrV，A331；B388）

设定（die Supposition）

1. 所以理性对于一个作为至上原因的最高存在者的设定，仅是相对地、为了感官世界的系统统一性的目的而被思想，并且是一个在理念中的单纯"某物"，我们对它自在地是什么，不具有任何概念。（KrV，A679；B707）

2. 纯粹理性的第三种理念，它包含着一个作为一切宇宙论序列的唯一充分原因的存在者的单纯相关的设定，就是上帝的理性概念。我们没有丝毫根据，绝对地假定（自在地设定），这个理念的对象。（KrV，A685；B713）

神秘的（mystisch）

1. 在这些理念的神秘演绎中。（KrV，A314；B371）

2. 一个道德世界的理念因而就具有客观的实在性，不作为似乎它在指向一个理知的直观的对象（这样一类对象我们完全不能思维），而指向感官世界，但作为一个纯粹理性在它的实践的运用中的对象，并且理性的存在者的在感官世界中的一个 corpus mysticum（"神秘体"）。（KrV，A808；B836）

3. 但前一派也并不因此就正好就跟知性概念否认实在性，但这种实在性在他们那里只是逻辑性的，而在另一派人那里却是神秘的。（KrV，A854；B882）

4. 洛克，在近代追随了前者，以及莱布尼茨，他追随了后者（虽然与后者神秘的体系有某种足够的距离）。（KrV，A854；B882）

神的，神圣的（göttlich）

1. 因为，假如我要设想一个知性，它本身直观着（例如也许是神的知性，它不呈现被给予的对象，而通过它的表象同时就给出、或产生这种对象本身），那么范畴对于这样一种知识就会完全没有任何意义。（KrV，B145）

2. 对于我们是一个理想的东西，对于柏拉图则是一个神圣知性的理念，一个在神圣知性的纯粹直观中的单独的对象，即可能存在者的每一类的那个最完善者和现象中一切摹本的那个原始根据。（KrV，A568；B596）

3. 我们所具有的衡量我们行动的标尺，无非是在我们之内的这种神圣的人的行为，用此我们对自己进行比较、评判，并由此而改进我们，虽然这个标尺

永远也不能够取得。（KrV，A569；B597）

4. 如果我假定一个神的存在者，我尽管不论对它的最高完善性的内部可能性、还是对它的此在的必然性，都没有丝毫概念，但随后毕竟我就能够满意地回答一切其他涉及偶然之物的问题了。（KrV，A675；B703）

5. 不过，我现在可以把那些类似于目的的安排看做意图，通过这种方法我把它们从神圣的意志中、尽管借助于为此而在世界中置于这些安排上的那些特殊设施而推导出来吗？（KrV，A699；B727）

6. 由于他们把自然的智慧和预先关心与神圣的智慧，当做同等意义的表达而谈论。（KrV，A701；B729）

7. 诉诸人们为此目的而预设的一个神圣的创造者。（KrV，A733；B801）

8. 道德理念把关于神圣存在者的一个概念实现出来，这个概念我们现在认为是正确的，并不因为思辨理性使我们确信它的正确性，而因为它与道德的理性原则完满地相协调。（KrV，A818；B846）

9. 我们之所以把它们看做是神的命令，则因为我们对此而内在地是义务的。（KrV，A819；B847）

10. 并且只有，假如相信合乎神的意志存在。（KrV，A819；B847）

神学（die Theologie）

神学的（theologisch）

道德神学（die Moaltheologie）

先验神学（die transzendentale Theologie）

自然神学（die natürliche Theologie，die Physischtheologie）

1. 在自然的神学中，由于人们想到一个这样的对象，它不仅仅对我们根本不可能是任何直观的对象，而且它就连对它自身也一定不可能是任何感性直观的对象。（KrV，B71）

2. 思想着的主体是心理学的对象，一切现象的总和（世界）是宇宙学的对象，而一个物，它包含着能够被思想的、一切可能性的至上条件，（一切本质的存在者），则是神学的对象。（KrV，A334；B391）

3. 对这些理念的见识将会使得神学、道德，以及通过这两者的联结，使得宗教，因而使得我们此在的那些最高目的，都仅仅依赖于思辨的理性能力而别无所依。（KrV，A337；B395）

4. 三重先验的幻相也建立在这种划分之上，它们给辩证论的三章提供了理由，并且向来自纯粹理性的恰好这么多的虚假的科学、先验的心理学、宇宙论和神学，提供了理念。（KrV，A397）

5. 一个这样的存在者的概念在先验的理解中思想，就是关于上帝的概念，

所以纯粹理性的理想就是一种先验神学的对象，正如我在上面也已经提到的那样。（KrV，A580；B608）

6. 第一种证明是自然神学的证明，第二种证明是宇宙论的证明，第三种证明是本体论的证明。（KrV，A591；B619）

7. 所以它在自己的名称中就已经区别于自然神学的证明了，而自然神学的证明则需要对我们这个感官世界的特殊性状的观察作为证明根据。（KrV，A605；B633）

8. 自然神学证明的不可能性。（KrV，A620；B648）

9. 一个这样的证明我们就称作自然神学的证明。（KrV，A620；B648）

10. 因此我主张，自然神学的证明绝不能够单独说明一个最高存在者的此在，相反，它任何时候都必须委托于本体论的证明（它只被用作本体论证明的序言），补足它的这一缺陷，（KrV，A625；B653）

11. 自然神学的证明的基本要素。（KrV，A625；B653）

12. 所以自然神学便绝不能够提供有关至上的世界原因的任何确定的概念，因此对于一条——本身又应当构成宗教的基础的——神学原则，是不充分的。（KrV，A628；B656）

13. 所以自然神学的证明卡住在自己的行动计划中，它在这种窘境中突然跳跃向宇宙论的证明。（KrV，A629；B657）

14. 所以自然神学家们根本没有理由，对先验的证明方式做得如此冷淡，并且用看透了的自然行家的自负而俯视这种证明方式，就像俯视幽暗的好冥思苦想的人的编织网。（KrV，A629；B657）

15. 因此，对一个作为最高存在者的唯一原始存在者的此在的宇宙论证明，就把自然神学的证明设置为基础，但本体论的证明却又把宇宙论的证明设置为基础。（KrV，A630；B658）

16. 来自理性的思辨原则对一切神学的批判。（KrV，A631；B659）

17. 如果我把神学理解为原始存在者的知识，那么它要么就是来自单纯理性的（theologia rationalis，理性神学），要么就是来自启示的（revelata，天启神学）。现在前一种神学要么仅仅通过纯粹理性、借助于纯净的先验概念（ens originarium，realissimum，ensentium，原始的、最实在的存在者，全部存在的存在者）而设想它的对象，这叫作先验的神学，要么通过一个它从自然中（从我们的灵魂中）借来的概念，而将它的对象设想为最高理智，这就必须叫作自然的神学。那种这样仅仅承认一种先验的神学的人，被叫做自然神论者，那种也接受一种自然的神学的人，则被叫做一神论者。（KrV，A631；B659）

18. 先验的神学要么是这种打算把原始存在者的此在从一般经验中推导出来（而没有靠近地规定经验所属的这个世界）的神学，叫做宇宙神学，要么是

相信通过单纯的概念、没有丝毫经验之帮助，而认识它的此在的神学，这就被称为本体神学。（KrV，A632；B660）

19. 因此自然的神学从这个世界上升到最高的理智，要么把它作为一切自然的、要么把它作为一切道德的秩序和完善性的原则。在前一种情况下就叫做自然神学，在后一种情况下则叫做道德神学。（KrV，A632；B660）

20. 鉴于神学的理性的一种单纯思辨运用的一切尝试都是完全无结果的，并且按照它的内部性状毫无意义的。（KrV，A636；B664）

21. 如果人们不把道德律设置为基础、或者把道德律用作引线，任何地方就都不可能存在着任何理性的神学了。（KrV，A636；B664）

22. 所以自然神学的证明虽然也许能够加强别的证明（如果这样的证明还能获得），因为它把思辨与直观联结了起来；但就其自身而言它毋宁说是使知性为神学知识作了准备，并且为此给知性提供一个正确的和自然的方向，而不是说它独自就能够完成这项事务。（KrV，A637；B665）

23. 因此，先验的神学尽管有它的一切缺点，它毕竟还保留着重要的消极运用，并且是我们的理性的一个忠实可靠的监察官，如果我们的理性仅仅与纯粹的理念打交道，而这些纯粹理念正因此就无非只允许先验的标准衡量。（KrV，A640；B668）

24. 所以，这个最高存在者对于理性的单纯思辨的运用来说仍然是一个单纯的、但毕竟是完美无缺的理想，是一个终止整个人类知识并使之圆满完成的概念，它的客观实在性以这种思辨的运用的方式虽然不能被证明、但也不能被反驳，并且，如果应当存在着一种道德神学，它就能够弥补这种缺陷，于是，以前仅仅成问题的先验神学，就证明了它的不可或缺性，通过它的概念的规定以及对一个被感性经常迷惑够了并与它特有的理念不总一致的理性的不断监察。（KrV，A641；B669）

25. 必然性、无限性、统一性、在世界之外的（不是作为世界灵魂的）此在、没有时间条件的永恒性、没有空间条件的全在、全能等等，都是纯然先验的谓词，因此它们的被纯化出来的概念，作为每一种神学如此非常必需具有的概念，都仅仅从先验神学中被牵引了出来。（KrV，A642；B670）

26. 如果人们能够指明，虽然这三种先验理念（心理学的、宇宙论的、以及神学的）并不直接地与任何与它们相应的对象和它们的规定发生关系，然而理性的经验的运用的一切规则在这样一个理念中的对象的前提下都能够通向系统的统一性并且任何时候都能够扩展这种经验知识，但却绝不能够与经验知识相违背：那么这就是理性的一个必要的准则，按照这一类理念而处理。（KrV，A671；B699）

27. 我们必须（在神学方面）这样来考察所有——始终只能够属于在可能

经验的相互关系之中的——东西，好像这些经验构成了一个绝对的、但又彻底相依赖并且永远还内在于感官世界的有条件的统一体．（KrV，A672；B700）

28. 心理学的和神学的理念则根本不包含这类二律背反．（KrV，A673；B701）

29. 我们的一个最高理智的理念和在此之上错误建立起来的自然的神学体系（即自然神学）。（KrV，A690；B718）

30. 这种处理方法在这里，与那种——观察到在神学理想方面的批判的——处理方法是相似的。（KrV，A695；B723）

31. 关于这种背反论的唯一战场必须在纯粹神学和纯粹心理学的领域中去寻求。（KrV，A743；B771）

32. 于是这种道德神学便具有胜过思辨神学的特有的优点：即它不可避免地引导上一个唯一的、最最完善的和有理性的原始存在者的概念，思辨神学对此就从不从客观的根据中暗示我们，更谈不上能使我们确信这件事情了。（KrV，A814；B842）

33. 一切自然研究由此而得到了一个指向一种目的系统形式的方向，并且在它最高的扩张中成为了自然神学。但这种自然神学，由于它毕竟从道德的秩序、作为一种建立在自由的存在者的基础上、而并非经由外部命令而偶然促成的统一性，而开始。（KrV，A816；B844）

34. 这种先验神学把这个最高的本体论的完善性的理想采用为一条按照普遍而必然的自然律把联结一切事物的系统统一性原则，因为一切事物全都在一个唯一的原始存在者的绝对必然性中拥有它们的来源。（KrV，A816；B844）

35. 所以道德神学是只有内在的运用的，即这里在世界中实现我们的使命，通过我们适合于一切目的的系统，而不是狂热地或也许甚至是罪恶地放弃道德规律提供的理性在善的生活方式上的指导，以便把这种指导直接相连于最高存在者的理念，这种运用会给予一种超验的运用，但正如单纯思辨的超验的运用一样，这必将颠倒并破坏理性的最后目的。（KrV，A819；B847）

36. 但这样一来这个信念在严格的意义上却不是实践的、而必须被称为一个学理的信念，自然的神学（自然神学）一定会到处都必然地产生出它。恰恰鉴于自然的神学的智慧，考虑到人类本性的卓越装备以及与之如此难以相适当的生命的短暂，为人类灵魂来世的一种学理的信念的足够的根据恰好又可以被找到。（KrV，A827；B855）

37. 整个形而上学系统就由四个主要部分组成。1. 本体论。2. 合理的自然之学。3. 合理的宇宙论。4. 合理的神学。（KrV，A846；B874）

38. 因此，神学和道德学是两个动机，或更是，两个关节点，对于一切被抽象了的——人们此后任何人时候都献身于它的——理性探索而言。神学才真

正把单纯的思辨理性逐步引入到这项工作中，这项工作后来才以形而上学而如此闻名。（KrV，A853；B881）

神性（die Gottheit）

1. 全能不能被取消，如果你设定一种神性、即一种无限的存在者，它的概念与那个全能的概念是同一的。（KrV，A595；B623）

2. 只能产生关于神性的一些粗糙的和漂浮不定的概念。（KrV，A817；B845）

神圣的（heilig）

神圣性（die Heiligkeit）

1. 宗教，通过它的神圣性，以及规律提供通过它的威严，通常想逃脱这种批判。（KrV，AXI）

2. 因为没有什么东西是如此重要的，鉴于有用，没有什么东西是如此神圣的，以致于可以逃避这种检验的和仔细察看的、一视同仁的彻底搜寻。（KrV，A738；B766）

3. 由于我们的状态所能够做到的一切改善，都必须来自人类理性，那么这样一种权利就是神圣的，并且不允许被贬低。（KrV，A752；B780）

4. 假如相信合乎神的意志存在，而不是我们神圣地坚守——教导我们出自行动的本性本身的理性的——道德律，由此才唯独相信服务于神的意志，我们提升自己的和别人的世界至善。（KrV，A819；B847）

生活方式（der Lebenswandel）

1. 而更少地指责这种行为者，确切地说，并不因为他的不幸的自然天性，并不因为影响着他的状况，甚至也不因为他先前使用的生活方式，因为人们预设了，人们可以完全撇开这种生活方式如何形成，而把条件的流逝的序列看作未发生。（KrV，A555；B583）

2. 而如果我们说，不论他整个的、直到那时所使用的生活方式，这个行为者毕竟本该可以放弃撒谎，那么这就仅仅意味着，撒谎直接处于理性的威力之下。（KrV，A556；B584）

3. 这是必要的，使我们的整个生活方式都被从属于道德准则；但同时这也是不可能发生的，如果理性不用单纯是一个理念的道德律、连结一个起作用的原因，这个原因给按照道德律的行为、规定一个与我们的最高目的准确地相符合的结局，无论是在今生、还是在来生。（KrV，A812；B840）

4. 所以道德神学是只有内在的运用的，即这里在世界中实现我们的使命，通过我们适合于一切目的的系统，而不是狂热地或也许甚至是罪恶地放弃道德规律提供的理性在善的生活方式上的指导，以便把这种指导直接相连于最高存在者的理念，这种运用会给予一种超验的运用，但正如单纯思辨的超验的运用一样，这必将颠倒并破坏理性的最后目的。（KrV，A819；B847）

5. 而且人们容易地看清，不可能存在着任何、统治这个世界的不可见的权力所喜欢的、彻底的和可靠的方式，以便至少在另一个世界中是幸福的，除了善的生活方式。（KrV，A853；B881）

生存（das Existenz）

生存（existieren）

1. 空间和时间都是感性直观的形式，所以都只是作为现象事物生存的条件。（KrV，BXXV）

2. 这个意识只有通过与某种和我的生存联结着的、外在于我的东西发生关系，才是可规定的。（KrV，BXL）

3. 如果我们取消掉了我们的主体甚或只是一般感官的主观性状，客体在空间和时间里的一切性状、一切关系，乃至于空间和时间本身就都会消失，并且作为现象不能自在自身地、而只能在我们之内生存。（KrV，A42；B59）

4. 两个无限的事物，它们不是实体，也不是某种现实地依存于实体的东西，但却生存着，甚至必须是一切事物生存的条件，却仍然留存着，即使一切生存之物都被取消了。（KrV，B70）

5. 但人们有什么权利可以做出这个，如果人们事先已经把这两者弄成了自在之物本身的形式，而且它们作为物之生存的先天条件，即使人们把事物本身已经取消掉，也仍然留存着？（KrV，B71）

6. 全体性（总体性）被看成无非是作为单一性的多数性，限制性无非是与否定性结合着的实在性，协同性则是一个实体在与另一个实体的交互规定中的因果性，最后，必然性无非就是——已经由可能性本身给予出来的——生存。（KrV，B111）

7. 知性也把一个物的各部分想像为这样的部分们：它们的生存（作为实体们）被每一部分所拥有，除了其余部分，但毕竟联结在一个整体中。（KrV，B113）

8. 例如一个实体的概念，亦即关于一个作为主词而永远不能单纯作为谓词生存的“某物”的概念，对此我就完全不知道，是否能够存在一个与这种思想规定相一致的什么东西。（KrV，B149）

9. 我还需要一种我由以规定这个思想的、在我之内的杂多的直观，而且我作为理智而生存。（KrV，B158）

10. 因为法则就这样很少生存于现象中，而只相对于现象所依存的主体才生存，如果这主体具有了知性，这正如现象不自在地生存，而只相对于同一个存在者而生存，如果它具有了感官。（KrV，B164）

11. 因为假如它们没有这种关系，并且假如完全不可能，意识到它们，那么这就等于说，它们根本就并不生存着。（KrV，A117）

12. 现象自在地本身并不具有任何客观实在性，而只是在知识中才生存着。（KrV，A120）

13. 因为作为这样的现象不能够在我们之外发生，而只能生存于我们的感性之内。（KrV，A127）

14. 三角形的图型绝不能够生存于别的地方，而无非生存于思想中，并且意味着想像力的一条综合的规则，鉴于空间中纯粹的形状。（KrV，A141；B180）

15. 所以现象除了直观之外，自身中还包含任何一个一般客体所需的质料（某物生存由此而被表象于空间和时间中），亦即，包含感觉的实在，因而仅仅包含主观的表象。（KrV，B207）

16. 客体的生存的规定在时间中就只有通过它的在时间中的一般联结，因而只有通过那些先天连结了的概念，才能够发生。（KrV，B219）

17. 一切实在即属于事物的生存的东西的基底，就是实体，在其上，一切属于此在的东西，只有作为规定才能被思维。（KrV，B225）

18. 关于这持存的东西的一切变更和同时并存，都无非是如这持存的东西所生存的那么多的方式（时间的样态）。（KrV，A182；B226）

19. 而在这个持存的东西身上，时间中一切此在和一切变更都只能被视为，那保留和持存的东西的生存的一种样态。（KrV，A183；B227）

20. 实体的规定，无非是这个实体生存的特殊方式，叫作偶性。（KrV，A186；B229）

21. 变化是一种生存的方式，它恰好跟随在同一个对象的另一种生存方式。（KrV，A187；B230）

22. 因为变化这个概念恰好就以带有两个相反规定的同一个生存着的、因而持存着的主体，为前提。（KrV，B233）

23. 于是，同时并存就是杂多的东西在同一时间中的生存。（KrV，B257）

24. 这样一来，就需要一个——关于这些外在地相互同时生存事物的规定们的交互接续的——知性概念，为的是说出，知觉们的这种交互接续在客体中是有根据的，并且由此而把同时并存表象为客观的。（KrV，B257）

25. 事物是同时并存的，只要它们在一个并且同一个时间中生存着。（KrV，B258）

26. 只要对象都应当被表象为同时生存地连结着的，那么它们就必定在一个时间中交互地规定它们的位置，并由此而构成一个整体。（KrV，A214；B261）

27. 一切生存之物，只在持存着的东西中才被找到，每一个事件都以在先前状态中的——它按照一条规则而跟随的——某物为前提，最后，在同时存在的杂多中、状态按照一条规则同时存在于相互关系中（处于协同性中），那么，一切努力都会是完全徒劳的。（KrV，A217；B264）

28. 按照经验之普遍条件，其与现实的东西的关联，被规定了，就是（生存了的）必然的。（KrV，A218；B266）

29. 所以在时间中我的此在的这种规定只有通过我知觉在我之外的现实事物的生存，才是可能的。（KrV，B276）

30. 外部经验原本就是直接的，只有借助于它，尽管不是我们自己的生存的意识，却毕竟是我们自己的生存在时间中的规定，亦即内部经验，才是可能的。（KrV，B277）

31. “我在”这个表象，它表达了这种——能够伴随一切思想的——意识，它，自在地直接包括了一个主体的生存的东西，但毕竟不包括这个主体的任何知识，因而也不包括任何经验的知识，即经验。（KrV，B277）

32. 从我们自身的一个规定了的意识的可能性中要求出外部对象的生存，推不出，每一个外部事物的直观表象同时也包含这个外部事物的生存，因为那个表象可能完全只是想像力（在梦幻和狂想中）的结果。（KrV，B278）

33. 感官对象的任何生存都不能完全先天地被认识。（KrV，B279）

34. 某物只能作为主体、而不能只作为单纯别的事物的规定而生存，亦即只能是实体。（KrV，A235；B288）

35. 在一切此在中存在着实体，亦即某种只能作为主词而不能作为单纯谓词而生存的东西。（KrV，B289）

36. 因此，这也就绝不能做到，只从那些纯粹知性概念来证明一个综合的命题，例如“一切偶然生存的东西都有一个原因”这种命题。（KrV，B289）

37. 作为某物，只能作为另外一个某物的后果而生存。（KrV，B290）

38. 凡是只能作为后果而生存的东西，具有自己的原因。（KrV，B290）

39. 所以它的非存在对自己才是可能的，因而人们认识偶然性，从某物只作为一个原因的结果才可能生存中。（KrV，B291）

40. 因为人们将如何来思考这种可能性：即，如果多个实体生存着，某物（作为结果）就可以交互地从一个实体的生存紧跟另一个体的生存，并且所以，因为在前一个实体中某物存在，因此在后一个实体中某物也必须存在，而这个某物单单从后一个实体的生存中并不可能被理解？（KrV，B292）

41. 我毕竟可以在思想中取消任何生存着的实体、而没有让我自相矛盾。（KrV，A244；B302）

42. 一切在这时存在的东西，都作为实体、或一种依赖于实体的规定而生存着。（KrV，A259；B315）

43. 于是，就剩留给我们一种单纯通过思想而规定对象的方式，它虽然是一种没有内容的单纯逻辑的形式，但却对我们显得，就像客体自在生存的方式（本体），而无须考虑那被限制于我们感官之上的直观。（KrV，A289；B346）

44. 我把我自己的生存、作为一个思想的存在者，与外在于我的（也包括我的身体的）别的事物区别开来，恰好就完全是一个分析命题；因为别的事物都是这样的，我把它们思想为与我有区别的东西。（KrV，B409）

45. 凡是无非只能被思考为主词的东西，也无非只能作为主体而生存，并因而就是实体。（KrV，B410）

46. 因此在结论中并不能推出："我无非作为主体而生存"，而只能推出："我在对我的生存的思想中只能把我用作判断的主词"，而这是一个同一的命题，它对我的此在的方式丝毫也没有揭示出什么。（KrV，B411）

47. 一个——可以独自作为主词、而不能单作为谓词生存的——物的概念，仍还完全不具有任何客观实在性，亦即，人们不可能知道，是否能在任何地方把一个对象归之于它，因为人们看不出这样的一种生存方式的可能性，因而它绝对没有交出任何知识。（KrV，B412）

48. 因为被分割的多数性，原先就已经存在了，但不是作为实体的多数性而存在，而是作为每一个实在性的多数性而存在，作为实体中的生存的定量而存在，而实体的单一性则只是生存的一种方武，这种方式唯有通过这种分割才被转变为自存性的一种多数性。（KrV，B416）

49. 如果我们从关系范畴出发，带着这个命题："一切思想着的存在者都是，作为这样的实体"向后通过回溯这一范畴的序列，直至这个圆圈闭合，那么我们最终就会遇到这些思想着的存在者的生存。（KrV，B417）

50. 但因为我的此在在第一个命题中被看作给予了的，因而它就不叫做，每一个思想着的存在者都生存，（这就同时叫做绝对的必然性，因而对那些存在者就会说得太多了）。（KrV，B420）

51. 我们不论以任何它所本该的方式，都不能够认识我们灵魂的、那种涉及灵魂独立生存的一般可能性的性状。（KrV，B420）

52. 这种"我思"，正如已经说过的，是一个经验的命题，并且自身包含"我生存"这个命题。但我不能够说：一切思想着的东西都生存着。（KrV，B422）

53. 某种只是被给予一般思想的实在的东西，所以并不作为现象，也不作

为事物自在本身（本体），而是作为某种实际上生存的东西，并且在“我思”命题中，被称为这种东西。（KrV，B423）

54. 这种理性同时也就作为自在的实践能力本身，没有被局限于自然秩序的条件，而有权利使目的秩序并且用它而使我们自身的生存扩展到超出经验和此生的界限之外。（KrV，B425）

55. 我能够意识到我的生存甚至在经验和经验的条件之外也能够意识到我的生存。（KrV，B427）

56. 这个命题，“我思”，或者，“我思想地生存着”，是一个经验的命题。（KrV，B428）

57. “我思”这个命题，只要它所讲述的不过于：“我生存于思想着”，就不单单是逻辑的机能，而是在生存方面规定着主体（这主体于是同时又是客体），并且这命题没有内感官就不能够发生。（KrV，B429）

58. 因为内部的经验的直观是感性的，并且只给出了现象的材料，这些材料并不能够为纯粹意识的客体提供它的独立生存的认识，而仅能够充当经验之认识的目标。（KrV，B430）

59. 在我们此在的意识中先天地包含着某种东西，但它能够用作规定我们的只有在感性上通盘规定的生存，不过是鉴于在与一个理知的（当然只是被思想到的）世界的关系中的一定的内部能力。（KrV，B431）

60. 因为我通过那种值得惊叹的能力，它首先向我揭示出道德法则的意识，虽然会拥有一条规定我的生存的、是纯粹智性的原则，但通过什么谓词？没有别的，无非通过那些必须在感性直观中被给予我的谓词。（KrV，B431）

61. 这样一种东西，它的此在，只是作为对被给予的知觉的一个原因的此在，才能够被推导出来，就仅仅具有一种可疑的生存。（KrV，A366）

62. 只有那种在我们自身之内的东西，才能被直接知觉到，并且只有我们自己的生存才能够是一个单纯知觉的对象。（KrV，A367）

63. 内感官的对象（我自己连同我的一切表象）直接被知觉到，并且它的生存不会遭到任何怀疑。（KrV，A368）

64. 所以先验实在论者就把外部现象（当人们承认它们的现实性时）表象为自在事物本身，它们不依赖于我们和我们的感性而生存，因而甚至按照纯粹知性概念也会是在我们之外的。（KrV，A369）

65. 因为我毕竟已经意识到了我的表象；所以这些表象和拥有这些表象的“我”自身都生存着。（KrV，A370）

66. 所以外部的事物也生存着，正如我“自身”生存着一样，确切地说，两者的生存都凭借我的自我意识的直接见证，区别只在于：我自身的表象，作为思维着的主体，单纯与内感官相关联，而表示广延的存在者的表象，则也与

外感官相关联。（KrV，A371）

67. 在关于这些事物的我们的表象的最好的意识那里，仍然远没有确定，如果这种表象生存，则与之相应的对象也生存。（KrV，A371）

68. 那个生存着的事物自在地本身会如何生存，它毕竟不是任何自在之物、而只是一个一般物的现象。（KrV，A380）

69. 如果人们去掉了物质，由此一切思维甚至思维着的存在者的生存都会被取消掉，所以就清楚地标明，假如我拿走了思想着的主体，整个物体世界则不得不消除。（KrV，A383）

70. 按照这种幻觉，人们使——单纯在思想中生存的东西——物化了，并且正好在思想的性质上假定为一种外在于思想着的主体的现实对象，即广延，它无非是现象，看作一种即使没有我们的感性、也自存着的外部事物的属性。（KrV，A384）

71. 物质，作为这样的物质，并不是现象，即并不是一个未知对象与之相应的单纯内心的表象，而应该是对象自在本身，如同它在我们之外并且独立于一切感性而生存。（KrV，A391）

72. 所以：实体，实在性，统一性（而非多数性）和生存，只是理性在这里把它们全都表象为一个本身是无条件的、思想着的存在者的可能性的条件。（KrV，A403）

73. 但在实体方面，这些偶性本来并不隶属于实体，而是实体本身生存的方式。（KrV，A414；B441）

74. 世界这个词，在先验的理解中，意味着生存着的事物的整体的绝对总体性。（KrV，A419；B447）

75. 世界上每一个复合的实体都由简单的部分所构成，并且除了简单的东西、或由简单的东西复合而成的东西之外，任

76. 何地方都没有什么东西生存着。（KrV，A435；B463）

77. 世界上没有任何复合之物由简单的部分所构成，并且世界上任何地方都没有简单的东西生存着。（KrV，A435；B463）

78. 任何地方，不论是在世界之中、还是在世界之外，作为世界的原因，任何绝对必然的存在者都不生存。（KrV，A453；B481）

79. 但如果，按照你们的意见，一切属于这个世界的东西（不论是作为有条件者还是作为条件），都是偶然的：那么每一个给予你们的生存对于你们的概念来说都会太小。因为它迫使你们，一直仍然在寻求被它所依赖的另外一个生存。（KrV，A489；B517）

80. 它们，正如它们被表象出来的那样，作为广延的存在者或者变化的序列，在我们的思想之外没有任何以自身为根据的生存的东西。（KrV，A491；

B519）

81. 我早先有时也把它称为形式的观念论，以便把它区别于质料的观念论，亦即怀疑或否定外部事物本身的生存的通常的观念论。（KrV，A491；B519）

82. 但那个空间本身、连同这个时间、同时随两者一起的一切现象，本身自在地毕竟都不是事物，而无非是表象，并且根本不可能在我们的内心之外生存。（KrV，A492；B520）

83. 这个内部现象的此在，作为一种如此自在地生存之物，是不可能被承认的，因为这现象的条件是时间，而时间则不可能是任何一个自在之物本身的任何规定。（KrV，A492；B520）

84. 因此经验之对象绝不是自在本身地、毋宁只在经验中给予的，并且根本就不生存于经验之外。（KrV，A493；B521）

85. 因此，如果我把在一切时间和一切空间中感官的一切生存的对象全都表象出来：那么我并没有在经验之前把它们放置到空间和时间中去，相反，这种表象无非是对一个可能经验在其绝对的完备性中的思考。（KrV，A495；B523）

86. 如果宇宙把一切生存了东西，都包括在内，那么就此而言它与任何别的事物就既不相似，也非不相似，因为在它之外没有任何别的事物，使它能够与之相比较。（KrV，A502；B530）

87. 因为世界根本不是自在地（不依赖于我的表象的回溯的序列）生存着，所以它既不作为一个自在地无限的、也不作为一个自在地有限的整体而生存。它只在现象序列的经验的回溯中而根本不为自己本身遇见。（KrV，A505；B533）

88. 现象决不是自在的生存之物本身。（KrV，A505；B533）

89. 这种序列自在地按照其总体性来说永远也不能被看作有限的，同样也不能被看作无限的，因为它作为从属的表象的序列只在于动力学的回溯，而根本不可能在这种回溯之前，作为独立存在的事物的序列，本身自在地生存。（KrV，A505；B533）

90. 而现象只在表象中、并且当它们构成一个序列时、在前后相继的回溯中生存，否则就根本不生存。（KrV，A506；B534）

91. 如果世界是一个自在地生存的整体，那么它要么是有限的，要么是无限的。（KrV，A506；B534）

92. 世界（一切现象的总和）就该是一个自在生存着的整体，这也是假的。（KrV，A506；B534）

93. 在这里所涉及的不是无条件的原因性，而是实体本身的无条件的生存。（KrV，A559；B587）

94. 既然在现象的总和中一切都是变化的，因而在此在中是有条件的，在这个附属的此在的序列中任何地方都不可能给予任何无条件的项，它的生存曾是绝对必然的。（KrV，A559；B587）

95. 理性的这种调节性的原则鉴于我们的这个课题就是：在感官世界中的一切都具有经验的条件的生存，并且在感官世界中任何地方鉴于任何属性都决不没有一种无条件的必然性。（KrV，A561；B589）

96. 它们在这些现象的先验根据之外生存着，并且人们可以让这些事物自在本身离开，以便在现象之外寻求这些现象的此在的原因。（KrV，A563；B591）

97. （斯多葛派的）圣贤是一种理想，即一种单纯在思想中生存的人，但这种人与智慧的理念完全一致。（KrV，A569；B597）

98. 这些理想，虽然人们不想承认它们的客观实在性（生存），但毕竟不因为这一点就被看作是幻影，而适宜于充当理性的一个不可缺少的标准量器。（KrV，A569；B597）

99. 这个命题：一切生存者都被通盘规定了，不仅意味着，每一对相互对立地被给予了的谓词中、而且一切可能的谓词中也总有一个谓词适合于生存者。（KrV，A573；B601）

100. 所以这就是一个先验的理想，它为在一切生存的东西那里都必然被找到的那种通盘规定设置了基础，并且构成了这些东西的可能性的至上的和完备的质料条件。（KrV，A576；B604）

101. 理性为了这一意图、即为了仅仅设想事物的那种必然的通盘规定，并不预设这样一个符合这一理想的存在者的生存，而只假设这样一个存在者的理念，以便从通盘规定的一个无条件的总体性中推导出那有条件的、即受限制的东西的规定。（KrV，A577；B605）

102. 人类理性不从概念、而从普通经验开始，所以某种生存着的东西便设置了基础。（KrV，A584；B612）

103. 如果某物——不论它是什么——生存着，那么也必须被承认，任何的某物都以必然的方式生存着。因为偶然之物只有在一个作为其原因的其他偶然之物的条件下才生存。（KrV，A584；B612）

104. 理性到处寻找一个——作为无条件的必然性、而与这样的优先生存相合适的存在者的——概念。（KrV，A585；B613）

105. 因为，任何一个某物毕竟必须绝对必然地生存着，这是理性按照第一个推论就已经看作是商定了的。（KrV，A585；B613）

106. 这是真的，从这里还不能肯定地推出，即，凡是自身不包含那种最高的并且在一切方面都完备的条件的东西，本身也因此必须按照它的生存而是有

条件的。（KrV，A586；B614）

107. 人类理性的自然进程就具有了这样的性质。它首先相信任何一个必然的存在者的此在。它在这个必然存在者中认识到一种无条件的生存者。（KrV，A586；B614）

108. 因为，如果我们让一切都如同它这里在我们面前所放着的那样，是好的，亦即首先，从任何一个给予了的生存（或许也单纯是我的自己的生存）正确地推导出一种无条件的必然存在者的生存。（KrV，A588；B616）

109. 因为此在必然地应归于这个概念的客体，也就是在我把这个物设定为给予的（生存着的）这个条件下，则它的此在也会被必然地（根据同一律）设定下来。（KrV，A594；B622）

110. 我就回答：你就已经陷入一种矛盾了，当你在一个——你只想按照它的可能性而思考的——物的概念中，不论在哪种隐藏名义下，都已经带进了它的生存的概念的时候。（KrV，A597；B625）

111. 这个词：实在性，它在物的概念里听起来，不同于在谓词的概念里的生存，这是无济于事的。（KrV，A597；B625）

112. 因为否则的话，所生存的并不恰好就是这个物，而是比我在概念中所已经想到的更多的东西了，并且我也不能说，我的概念的对象正好生存着了。（KrV，A600；B628）

113. 如果我现在想到了一个作为最高的（没有缺陷的）实在性的存在者，那么永远就留下这个问题，它生存着，或者不生存着。（KrV，A600；B628）

114. 因为通过概念，对象仅仅被思考为与一般可能的经验知识的普遍条件相一致，但通过这种生存却被思考为包含在全部经验的连贯关系中。（KrV，A600；B628）

115. 我们有关一个对象的概念所以不论包含什么东西以及包含多少东西，那么我们仍还必须超出它，以便把这种生存授予它。（KrV，A601；B629）

116. 我们的一切生存的（它通过知觉直接地、或者通过把某物和知觉连结起来的推论）意识却完完全全属于经验之统一性。（KrV，A601；B629）

117. 最高存在者的概念是一个在许多方面都非常有用的理念；但它正因为仅仅是理念，所以完全没有能力，仅仅借助于它来扩展我们的鉴于生存着的东西的知识。（KrV，A601；B629）

118. 所以这个理念就只是被运用于——对人们从其他方面已经确信或置信它必然生存的东西的，也就是对绝对必然的存在者的——更加确定的知识之上。（KrV，A603；B631）

119. 如果某物生存，那么一个绝对必然的存在者也必须生存。（KrV，A604；B632）

120. 这不过是说：在一切可能的东西中有“一个”，它随身带有绝对必然性，也就是说，这个存在者绝对必然地生存着。（KrV，A608；B636）

121. 一个这样的存在者必然地生存着，这就不再是一个被允许的假设的谦虚的表达，而是这种无可置疑的确定性的大胆狂妄了。（KrV，A612；B640）

122. 什么是这种不可避免的原因，某物在生存的事物中假定为自在必然的，同时却又在这样一个存在者的此在面前像在深渊面前一样怕得发抖呢？（KrV，A615；B643）

123. 与之相反，我无论假定一个物的一个我想要的哪一个的概念，那么我就发现，它的此在决不能被我而表象为绝对必然的，并且都没有什么会阻止我——不论这时什么东西生存着——去思考它的非存在，因而我虽然必须为一般生存之物假定某种必然的东西，但却不能把任何单独的物本身思想为自在必然的。（KrV，A615；B643）

124. 如果我为了一般生存的事物而必须思考某种必然的东西，却没有被授权把任何物自在本身地思考为必然的，那么由此就不可避免地推导出：必然性和偶然性必须不涉及和击中物本身，因为否则就会向前推进出一个矛盾。（KrV，A616；B644）

125. 这种原理中的一条说，你们应当这样对自然进行哲学思考，就好像对一切属于生存的东西来说，都给予了一个必然的最初根据。（KrV，A616；B644）

126. 以便在这上面建立起解释这些联结的一种系统的和按照普遍法则的必然的统一性的规则，而并不是主张一种自在的必然的生存。（KrV，A619；B647）

127. 一个（或许多）崇高的和智慧的原因生存着，它必须不仅仅作为盲目起作用的全能的自然，通过丰产性而成为世界的原因，而必须作为理智，通过自由而成为世界的原因。（KrV，A625；B653）

128. 客体的生存的知识恰好就在于，这个客体本身是自在地设置在思想之外的。（KrV，A639；B667）

129. 我们要（在心理学中）把我们内心的一切现象、行动和接受性都借助于内部经验之线索而如此连结起来，似乎内心就是一个——带有人格的同一性、持久（至少在此生中）生存的——简单实体。（KrV，A672；B700）

130. 我们对此假定了一个至上的根据，仅仅出于这个意图，为的是，比起例如我说把一个与一种单纯的也就是先验的理念相应的存在者设想为生存着的，更为确定地思想这个原则的普遍性。（KrV，A676；B704）

131. 由此也就解释了，从那里我们虽然在与生存着地提供给感官的东西的关系中、需要一个自在的必然的原始存在者的理念，却决不能够对这个原始存

在者和它的绝对的必然性具有丝毫的概念。（KrV，A679；B707）

132. 如果我要寻求那些——连同它们，一个思维着的存在者自身生生存着的——属性，那么我就必须追问经验，我甚至不能把所有范畴的任何一个应用于这个对象上，除非这个范畴的图型在感性直观中已经被给予了。（KrV，A682；B710）

133. 但在数学的任务中关于这一点以及一般地关于生存则完全不是这个问题，问题只是就对象自在本身的那些仅仅与这些对象的概念相联结而言的属性们。（KrV，A719；B747）

134. 理性的生存甚至就以这种自由为基础。（KrV，A738；B766）

是（Sein）

1. 在判断中的系词“是”的目标就在于，为了把给予表象的客观统一性与主观统一性相区分。因为这个系词标志着这些表象与本源的统觉及其必然统一性的关系，即使这个判断本身是经验的，因而是偶然的，例如“物体是有重量的”。（KrV，B141，142）

2. “是”显然不是任何实在的谓词，即不是一个——有关可以添加在一个物的概念之上的某种东西的——概念。它仅仅是一个物或一定规定本身的断定。在逻辑的运用中，它只不过是一个判断的系词。（KrV，A598；B626）

3. “上帝是全能的”这个命题，包含了两个概念，这两个概念又拥有它们的对象：“上帝”和“全能”；小词“是”又不是上面的一个谓词，而只是这种设定谓词与主词相关联方式的东西。（KrV，A599；B627）

时间（die Zeit）

时间点（derZeitpunkt）

时间序列（die Zeitreihe）

1. 空间和时间都是感性直观的形式，所以都只是作为现象事物生存的条件。（KrV，BXXV）

2. 我是意识到我的在时间中的此在（因而也意识到此在在时间中的可规定性），通过内部经验，并且这一点是多于单纯意识到我的表象的，但毕竟是等同于我的此在的经验的意识。（KrV，BXL）

3. 按照时间，在我们之内就没有任何知识先行于经验。（KrV，B1）

4. 作为先天知识的原则，存在着两种感性直观的纯粹形式，即空间和时间。（KrV，A22；B36）

5. 这样，一切属于内在规定的东西都会表象在时间关系之中。时间一点都不能在外部被直观到。（KrV，A23；B37）

6. 时间概念的形而上学阐明。（KrV，A30；B46）

7. 时间不是任何一个从经验中被抽引出来的经验的概念。（KrV，A30；B46）

8. 时间是一个构成一切直观基础的必然表象。人们不能鉴于一般现象而取消时间本身，尽管人们完全可以从时间中拿走现象。所以时间已经先天地给予了。只有在时间中，现象的一切现实性才是可能的。这些现象全都可以废除，但时间本身（作为这些现象的可能性的普遍条件）却不能被取消。（KrV，A31；B46）

9. 时间关系的无可争辩的原理、或一般时间公理的可能性建基于这一先天必然性之上。（KrV，A31；B47）

10. 时间不是推理的、或如人们所称它的，普遍的概念，而是一种感性直观的纯粹形式。（KrV，A31；B47）

11. 时间的无限性不过意味着，时间的一切规定的大小只有通过一个统一设置了基础的时间的限制才是可能的。（KrV，A32；B48）。

12. 时间不是某种独立存在的东西，或者作为客观的规定而附加于事物，所以当人们放弃了事物直观的一切主观条件后，仍然保留下来的东西。（KrV，A32；B49）

13. 时间不过是内感官的形式，亦即我们自己的直观和我们内部状态［的形式］。因为时间不可能是外部现象的任何规定；它既不属于形状，又不属于位置等等，相反它规定着我们内部状态中表象的关系。（KrV，A33；B50）

14. 时间是所有一般现象的先天形式条件。（KrV，A34；B50）

15. 时间本身的表象是直观，因为它的一切关系都表达为一个外部直观。（KrV，A33；B49）

16. 时间是所有一般现象的先天条件，更确切地说，是（我们的灵魂）内部现象的直接条件，因此也间接地是外部现象的［条件］。（KrV，A34；B50）。

17. 因此时间只是我们（人类的）直观的一个主观条件，（这个直观任何时候都是感性的，即只要我们被对象所刺激），并且超出了主观，它自在地则什么也不是。（KrV，A35；B51）

18. 一切事物，作为现象（感性直观对象），都在时间之中。（KrV，A35；B52）

19. 按照这种先验的观念性，时间，如果人们抽掉了感性直观的主观条件，就什么也不是。（KrV，A36；B52）

20. 既然变化仅仅在时间中才是可能的，所以时间就是某种现实之物。（KrV，A37；B53）

21. 时间可以被看作是现实的，不是作为客体，而是作为我的自身的是客

体的表象方式。（KrV，A37；B54）

22. 时间无非就是我们内直观的形式，并且时间并不依赖于对象本身，而是单纯依赖于直观它的那个主体。（KrV，A38；B54）

23. 时间和空间都是可以从中先天地被汲取不同综合知识的两个知识来源的。（KrV，A39；B56）

24. 主张空间和时间的绝对实在性的人，他们不论把这种绝对实在性看作是自存性的、还是仅仅依存性的，都必须是与经验本身的原则不相统一的。（KrV，A39；B56）

25. 先验感性论可以包含不多于这两个要素，即空间和时间。（KrV，A41；B58）

26. 先验感性论也不能把变化的概念算作它的先天素材中：因为时间本身没有变化，而某种在时间中的东西则变化。（KrV，A41；B58）

27. 如果我们取消掉了我们的主体甚或只是一般感官的主观性状，客体在空间和时间里的一切性状、一切关系，乃至于空间和时间本身就都会消失，并且作为现象不能自在自身地、而只能在我们之内生存。（KrV，A42；B59）

28. 空间和时间是这种方式的纯粹形式，一般感觉则是质料。唯独这两种形式我们能够先天地、即在一切现实知觉之前认识到，因此就称它们为纯粹直观。（KrV，A43；B60）

29. 空间和时间，作为一切（外部和内部）经验的必然条件，仅仅是我们一切直观的主观条件。（KrV，A48；B66）

30. 不仅仅，外感官的表象在内感官中构成了——我们用以占据我们内心的——真正材料，而且——在其中我们放置这些表象的——那个时间，那个本身在经验中先行于这些表象的意识的、并且作为方式的形式条件、正如我们把它放置在内心中那样、设置为基础的时间，已经包含前后相继、同时并存的关系，以及与这种前后相继存在同时所存在的东西的（持存之物）的关系。（KrV，B67）

31. 但直观的这种预先植根于内心中的形式，则在时间的表象中规定着杂多如何在内心之中在一起的方式。（KrV，B69）

32. 空间和时间的谓词就被正当地赋予了作为感官对象的感官对象，并且在其中没有任何幻相。（KrV，B70）

33. 这也没有必要，我们把空间和时间中的这种直观方式局限于人类的感性上。（KrV，B72）

34. 空间和时间包含先天纯粹直观的杂多，但同时属于我们内心接受性的条件。（KrV，A77；B102）

35. 我们现在就拥有了完全不同品种的两类概念，它们毕竟在这点上去的相互一致，即它们双方面都完全先天地与对象发生关系，也就是，作为感性形式的空间和时间的概念，以及作为知性概念的范畴。(KrV, A85; B118)

36. 空间和时间就是先天地包含着作为现象的那些对象之可能性条件的纯粹直观，而在这些纯直观中的综合就具有了客观的有效性。(KrV, A89; B122)

37. 按照先验感性论，在与感性的关系中，一切直观的可能性的最高原理是：所有直观的杂多都服从于空间和时间的形式条件。(KrV, B136)

38. 空间和时间及它们的所有部分都是直观，因而是带有包含它们自身的杂多的单个表象。(KrV, B136)

39. 在时间中直观的纯粹形式，仅仅作为包含一个给予了的杂多的一般直观，则从属于意识的本源的统一性，这只是通过直观杂多对一个“我思”的必然关系。(KrV, B140)

40. 为什么时间和空间是我们可能直观的唯一形式。(KrV, B146)

41. 感性直观要么是纯直观（空间和时间），要么是这种——在空间和时间中通过感觉直接表象为现实的——经验的直观。(KrV, B147)

42. 空间和时间中的事物，它们只是知觉（伴随着感觉的表象），因而只通过经验的表象才被给予。(KrV, B147)

43. 空间和时间，作为对象如何能够被给予我们的可能性条件，只不过对感官对象因而只对经验对象有效。(KrV, B148)

44. 属于它的自身直观，已经奠定先天给予的形式即时间的基础，这时间是感性的并且属于可被规定者的接受性。(KrV, B157)

45. 只有按照完全处于真正的知性概念之外的时间关系，才使那种联结被直观到。(KrV, B159)

46. 我们在时间和空间的表象上拥有外部的和内部的先天感性直观的形式，并且现象杂多的领会的综合任何时候都必须适合于这些形式，因为这种综合自身只有按照这种形式才能够发生。(KrV, B160)

47. 这种综合不属于感官，但通过它，一切空间和时间的概念才首先成为可能。(KrV, B161)

48. 这种综合统一性，作为先天条件，在它之下我联结一般直观之杂多，如果我放弃了我的内直观的持久的形式，放弃了时间，就是原因范畴，当我把这一范畴应用于我的感性上时，我就通过它对一切所发生的事情，在一般时间中按照它的关系而加以规定。(KrV, B163)

49. 没有它我们就既不可能先天地拥有空间表象，也不可能先天拥有时间表象。(KrV, A99)

50. 我要把这种纯粹本源的、不可改变的意识命名为先验统觉。它配得上这个名称，这一点——由于：即使最纯粹的客观统一性，即先天概念（空间和

时间）只有通过与它发生直观关系它才是有可能——就已经很清楚了。（KrV，A107）

51. 它们恰好不仅在经验中必须服从于统觉的必然的统一性的条件，也必须在单纯直观中服从于空间和时间的形式条件，甚至通过那些条件，每一种知识才首先是可能的。（KrV，A110）

52. 一个原因的概念无非是按照概念（对那种在时间序列中随之而来的东西，与其他现象的）一种综合。（KrV，A112）

53. 纯粹直观（在其作为表象方面，则以内部直观的形式，即时间）构成了全部的知觉的先天基础。（KrV，A115）

54. 空间和时间适合于充当涉及单纯直观的形式的先天综合命题的根据。（KrV，A117）

55. 一切感性直观作为表象都属于一个纯粹的内直观、即时间。（KrV，A124）

56. 时间，作为内感官杂多的形式条件、因而作为一切表象连结的形式条件，包含了纯粹直观中的一种先天杂多。（KrV，A138；B177）

57. 范畴在现象上的运用，借助于先验的时间规定而成为可能，这个时间规定，作为知性概念的图型，促成现象被统摄到范畴之下。（KrV，A139；B178）

58. 一般感官的一切对象的纯粹形象，是时间。（KrV，A142；B181）

59. 数无非是一般同质直观的杂多的综合统一性，由此，我在直观的领会中产生出时间本身。（KrV，A143；B182）

60. 实在性，在纯粹知性概念中，是和一般感觉相一致的东西；因而这种东西的概念自在地本身指示着一种（时间中的）存在；否定，它的概念则表象一种（时间中的）非存在。（KrV，A143；B182）

61. 每一种感觉都有一种程度或大小，由此它能够在一个对象的感觉的表象方面，或多或少地充实同样的时间，即内感官，直到感觉终止成无（=0=否定）。（KrV，A143；B182）

62. 实体的图型是实在之物在时间中的持存性，即作为一般经验的时间规定的一个基底的那个实在之物的表象。（KrV，A144；B183）

63. 可能性的图型是不同表象的综合与一般时间条件的协调。（KrV，A144；B184）

64. 现实性的图型是在一个规定了的时间中的此在。（KrV，A145；B184）

65. 必然性的图型是一个对象在一切时间中的此在。（KrV，A145；B184）

66. 关系的图型，包含并表现出知觉在一切时间中（即根据一个时间规定的规则）的相互关系。（KrV，A145；B184）

67. 模态及其范畴的图型，包含并表现出时间本身，作为对一个是否及怎样属于时间的对象的规定的相关物。（KrV，A145；B184）

68. 图型无非是按照规则的先天时间规定而已，并且这些规则按照范畴的秩序，而走向一切可能对象上的时间序列、时间内容、时间次序，及最后时间总和。（KrV，A145；B184）

69. 先验感性论的原则，按照这些原则，空间和时间都是一切事物作为现象的可能性条件。（KrV，A149；B188）

70. 这条原理被时间条件所刺激，并且似乎说：一个等于 A 的物，如果是等于 B 的某物，则不能在同一时间又是非 B。（KrV，A152；B191）

71. 但现在什么是作为一切综合判断的媒介的第三者呢？它只是一个整体，我们的一切表象都已经包含在其中，亦即内感官，及其先天形式——时间。（KrV，A155；B194）

72. 即使是空间和时间，这些概念是如此纯粹而远离一切经验的东西，它们也如此肯定地在内心之中被完全先天地表现出来，但如果它们没有被指明在经验之对象上的必然运用，它们就毕竟是没有客观效力、没有含义和意义的。（KrV，A156；B195）

73. 一切现象都包含，按照形式，一种在空间和时间中的直观，而空间和时间则共同为这些现象设置了先天基础。（KrV，B202）

74. 在一切现象上的单纯直观要么是空间，要么是时间。（KrV，A163；B203）

75. 现象并不是任何自在之物本身。这种经验的直观只有通过纯粹的直观（空间和时间）才是可能的。（KrV，A165；B206）

76. 空间和时间的这种综合，作为一切直观的本质的形式，就是这种——同时使现象的领会、因而使那种外部经验、也因而使这经验之对象的一切知识，都成为可能的——东西。（KrV，B207）

77. 空间和时间都是 quanla continua（连续的量）。（KrV，A169；B211）

78. 所以空间仅仅由空间们构成，时间仅仅由时间们构成。（KrV，A169；B211）

79. 时间的连续性人们通常特别用流失（消逝）这个术语来标志。（KrV，A170；B212）

80. 从经验中一种关于空的空间或一种空的时间的证明永远不可能被抽引出来。（KrV，A172；B214）

81. 即使一个确定的空间或时间的整个直观是彻底实在的，即它们的任何部分都不是空的，而它仍然必须——因为每一个实在性都有它的程度，这个程度在现象的不变的外延的大小那里、能够通过无限的等级而减少到无（到

空），——给予无限的不同的程度，空间和时间本该被它所充满。（KrV，A172；B214）

82. 时间的三种样态是持存性、相继性和同时并存。（KrV，A177；B219）

83. 这本源的统觉与内感官（与一切表象的总和）相关联，确切地说，先天地与内感官的形式、即杂多的经验的意识在时间中的关系相关联。（KrV，A177；B220）

84. 这种综合统一性，在一切知觉的时间关系中，它先天地被规定，所以就是这条法则：一切经验的时间规定都必须服从普遍的时间规定的规则。（KrV，A178；B220）

85. 一切现象都在时间中，在作为基底（作为内直观的持存形式）的时间中，不仅同时并存，而且相继，才唯独能够被表象。（KrV，A182；B225）

86. 时间是这样一种东西，在其中，前后相继或同时并存只有作为时它的规定才能够被表象。（KrV，A182；B225）

87. 持存的东西——通过它现象的一切时间关系唯一能被规定在关系之中——就是现象中的实体。（KrV，A182；B225）

88. 只有在持存的东西中，时间关系才是可能的（因为同时性和相继性是时间中的唯一关系）。（KrV，A183；B226）

89. 持存的东西是时间本身的经验的表象的基底，唯独在这个基底上一切时间规定才是可能的。持存性一般地把时间表达为，现象的一切此在、一切变更和一切伴随的持久的相关物。（KrV，A183；B226）

90. 变更并不涉及时间本身，而仅仅涉及在时间中的现象们。（KrV，A183；B226）

91. 没有这种持存的东西就没有任何时间关系。既然时间自在本身不能被知觉到；所以在现象上这种持存的东西就是一切时间规定的基底。（KrV，A183；B226）

92. 我们之所以能够给一个现象给予实体名字，就因为我们预设了它在一切时间中的此在。（KrV，A185；B228）

93. 如果假定，某物绝对地开始存在，那么你就必须拥有一个它曾不在其中的时间点。（KrV，A188；B231）

94. 一个先行的空的时间，就不是任何知觉的对象。（KrV，A188；B231）

95. （在现象中的）实体是一切时间规定的基底。（KrV，A188；B231）

96. 第二类比：按照因果律的时间相继的原理。（KrV，A189；B232）

97. 时间相继的一切现象全都只是变化，即都是在此持存着的实体的规定的一种相继存在和非存在。（KrV，A189；B232）

98. 想像力在时间关系上规定着内感官。（KrV，A189；B233）

99. 时间自在本身并不能被知觉。（KrV，A189；B233）

100. 因为紧跟着一个空的时间的一种现实性，因而一个没有任何事物状态先行于之前的产生，无法被领会为这种空的时间本身。所以一个事件的每一个领会都紧跟着另一个知觉的知觉。（KrV，A192；B237）

101. 因为从随后而来的时间点，没有任何现象倒退回先前的时间点，但的确与任何一个先前的时间点相关。（KrV，A194；B239）

102. 只是由于在我们表象的时间关系中的某种秩序是必然的，这些表象才被赋予了客观的意义。（KrV，A197；B243）

103. 是某物就作为事件、或发生的事情而表象出来了，亦即，我就认识一个对象，我必须把它放置在时间中在一个确定的位置上。（KrV，A198；B243）

104. 如果这是我们感性的一条必然规律，因而一切知觉的一个形式条件：这种在先的时间必然规定这种随后的时间（因为我没有别的而只有通过先行的时间，才能够达到随后的时间），那么也就存在着一条时间序列的经验的表象的不可或缺的规律。（KrV，A199；B244）

105. 只有在现象上我们才能够经验地认识到时间关联中的这种连续性。（KrV，A199；B244）

106. 知性把时间秩序转载到现象及其此在上，通过它赋予每一个作为结果的现象以时间中的一个鉴于先行现象的先天规定了的位置。（KrV，A199；B245）

107. 绝对的时间不是知觉的任何对象。（KrV，A200；B245）

108. 充足理由律就是可能经验的根据，亦即现象就其在时间的相继序列中的关系而言的客观知识的根据。（KrV，A201；B246）

109. 在自然中起作用原因的绝大部分都与它们的结果是同时的，并且结果的时间继起，只不过由原因不能在一瞬间就完成它的全部结果而导致。（KrV，A203；B248）

110. 时间在原因的原因性及其直接结果之间，可以是消失着的。（KrV，A203；B248）

111. 既然一切结果都在发生的事情之中，因而都在按照前后相继性而标明时间的可变易之物中；那么可变易之物的最终主体，就是作为一切变更者的基底的持存的东西，即实体。（KrV，A205；B250）

112. 一般来说某物如何能够被改变；它如何可能在一个时间点的状态之后跟随着另一个时间点的一种相反的状态：对此我们先天并不拥有起码的概念。（KrV，A207；B252）

113. 如果一个实体从一个状态 a 过渡到另一个状态 b，那么这第二个状态的时间点就与前一个状态的时间点相区别了，并且跟随着它。（KrV，A207；

B253）

114. 所以问题就在于，一个物如何从一个状态 a 过渡到另一个状态 b。在两个瞬间之间总存在一个时间，并且在两个瞬间的两个状态之间总存在着一种区别，它有一个大小（因为现象的所有部分仍还是大小）。（KrV，A208；B253）

115. 这样，每一个变化都有一个原因，这个原因在变化所发生的整个时间中，表示出它的因果性。（KrV，A208；B253）

116. 在知觉中向时间中跟随着的东西的每一过渡都是通过这种知觉的产生而对时间的规定，而由于时间一直、并且在它的一切部分中，都是一个大小，则一种作为一个大小的知觉的产生就是通过所有的程度——它的任何一个都不是最小的——而从零开始，直至它的确定的程度。（KrV，A210；B255）

117. 同时并存就是杂多的东西在同一时间中的生存。（KrV，B257）

118. 事物是同时并存的，只要它们在一个并且同一个时间中生存着。（KrV，B258）

119. 时间规定的这种统一性是完全动力学的，亦即时间不被看作——经验在其中直接给每个此在规定它的位置，这是不可能的，因为绝对时间并不是知觉的对象，似乎用了它现象就能够聚集到一起。（KrV，A215；B262）

120. 我已经意识到我的此在被规定为在时间中。一切时间规定都以知觉中某种持存的东西为前提。（KrV，B275）

121. 所以在时间中我的此在的这种规定只有通过我知觉在我之外的现实事物的生存，才是可能的。（KrV，B276）

122. 只有借助于它，尽管不是我们自己的生存的意识，却毕竟是我们自己的生存在时间中的规定，亦即内部经验，才是可能的。（KrV，B277）

123. 因为唯独空间持存地规定，但时间、因而一切存在于内感官中的东西，则不断流动。（KrV，B291）

124. 我们就必须使自己把——作为内感官的形式的——时间，形象地通过一条线来领会，把内部变化通过这条线（运动）的延伸来领会。（KrV，B292）

125. 这些范畴只有在与空间和时间中的直观统一性的关系中才具有意义。（KrV，B308）

126. 空间和时间，前者仅仅通过实体们的关系，后者仅仅通过这些实体的规定们，作为根据和后果的相互联接，才是可能的。（KrV，A267；B323）

127. 物质的可能性以一种形式的直观（时间和空间）作为已被给予的前提。（KrV，A268；B324）

128. 这种时间和空间的著名的学说概念，在其中他智性化了这种感性形式，只产生于先验反思的同一种错觉。（KrV，A275；B331）

129. 所以空间和时间就是自在的事物本身（实体及其状态）连结的理知形

式。(KrV，A276；B332)

130. 空间和时间就将不是自在事物的规定，而是现象的规定。（KrV，A276；B332)

131. 单纯直观形式，没有实体，本身就绝不是对象，而只是对象（作为现象）的形式条件，如纯粹空间，和纯粹时间，它们虽然是作为进行直观的形式的某物，但本身绝不是被直观的对象。(KrV，A291；B347)

132. 这个主体，时间的表象在其中拥有它的本源的根据，就不可能由此而规定它自己在时间中的此在。(KrV，B422)

133. 凡是在不同的时间中已经意识到它本身的数目上的同一性的东西，因而就是一个人格。(KrV，A361)

134. 我是内感官的一个对象并且一切时间都单纯是内感官的形式。因而我就把所有以及每一个我的前后相继的规定都与这个——在一切时间、即在我自身的内部直观的形式中的——数目的同一的自身联系了起来。(KrV，A362)

135. 在我意识到我自己的整个时间中，我对我都意识到了这个时间属于我的自身的统一性，而且这都是一样的，无论我说：这种整个的时间都是在作为个体的统一性的“我”之内了，还是说，我是，带着数目的同一性、而处在这一切这种时间之中的。(KrV，A362)

136. 时间在统觉中原本只是在我之内而被表象。(KrV，A363)

137. 我本身的意识的同一性在不同时间内只是我的思想及其关联的一个形式条件，但它根本不证明我的主体的、数目上的同一性。(KrV，A363)

138. 这种出自“我”的同一性的人格同一性，在全部时间的意识中、这其中我认识自己，绝对不会导致：即使上面的灵魂的实体性也不能够建基于这个“我”的同一性之上。(KrV，A365)

139. 与这种观念论相对立的则是一种先验实在论，它把时间和空间看作某种自在地（不依赖于我们的感性）被给予的东西。(KrV，A369)

140. 空间和时间虽然是先天的表象，它们还在一个现实的对象通过感觉而规定我们的感官、以便把这个对象表象在那些感性关系之下以前，就已经作为我们的感性直观的形式而寓于我们之中了。(KrV，A373)

141. “我”，通过内感官在时间中而表象出来，以及在我之外在空间中的对象。(KrV，A379)

142. 作为我们内部直观的唯一形式的时间，却不拥有常驻的东西。（KrV，A381)

143. 时间自在本身就是一个序列（并且是一切序列的形式条件），因此在时间中，鉴于一个给予了的当下，那些作为条件的前件（过去）就必须先天地区别于那些后件（未来）。(KrV，A411；B438)

144. 一个给予的有条件者的条件序列的绝对总体性的这个先验理念，仅仅针对一切过去的时间。（KrV，A412；B439）

145. 我能够鉴于过去的时间而把当下的时间点仅仅看作有条件的，但绝不能够把它看作过去时间的条件，因为这个瞬间仅仅通过那个消逝的时间（或更多地说，通过这种先行时间而消逝的东西）才首先产生出来。（KrV，A412；B439）

146. 世界在时间中具有一个开端，并且按照空间也包括在界限之内。（KrV，A426；B454）

147. 世界不具有任何开端，并且在空间中也没有任何界限，无论在时间、还是在空间方面，都是无限的。（KrV，A427；B455）

148. 如果你们假定一个绝对必然的存在者（不论它是世界本身，还是某种在世界中的东西，或世界原因）：那么你们就把它放置在一个——离任何一个给予的时间点都无限遥远的——时间中了。（KrV，A488；B516）

149. 一切在空间或者时间中被直观到的东西，因而一切对我们可能的经验之对象，都无非是现象。（KrV，A490；B518）

150. 那个空间本身、连同这个时间、同时随两者一起的一切现象，本身自在地毕竟都不是事物，而无非是表象，并且根本不可能在我们的内心之外生存。（KrV，A492；B520）

151. 时间则不可能是任何一个自在之物本身的任何规定。（KrV，A492；B520）

152. 空间和时间两者都不是对自在事物的规定，而只是对我们的感性的规定；因此，凡是在空间和时间中的东西（现象）都不是自在的“某物”，而仅仅是表象。（KrV，A494；B522）

153. 感性直观能力本来只是在一定的方式上带着表象被刺激起来的接受性，这些表象的相互关系就是空间和时间的纯粹直观，（我们感性的纯然形式）。（KrV，A494；B522）

154. 过去时间的现实事物都已经在那个先验对象中给予了经验；但它们只对我来说才是对象并且只在过去的时间中才是现实的。（KrV，A495；B523）

155. 如果我把在一切时间和一切空间中感官的一切生存的对象全都表象出来：那么我并没有在经验之前把它们放置到空间和时间中去，相反，这种表象无非是对一个可能经验在其绝对的完备性中的思考。（KrV，A495；B523）

156. 有条件者与它的条件的综合以及条件的整个序列（在大前提中）根本不拥有经由时间的任何限制并且也不拥有任何前后相继的概念。相反，在现象（它被归摄于小前提下）中经验的综合与条件的序列则必然前后相继地并且仅仅在时间中一个跟着一个地已经给予了。（KrV，A500；B528）

157. 在感性中，即在空间和时间中，我们在说明给予的现象中所能够达到的——每一个条件，又都是有条件的。（KrV，A508；B536）

158. 我就不能够说：世界按照经过的时间或者按照空间是无限的。（KrV，A520；B548）

对由世界大小而引起的宇宙论问题的、第一个并且是否定的回答：世界没有任何时间的最初开端，并且没有任何按照空间的最外界限。（KrV，A520；B548）

159. 一切开端都在时间中，而一切广延之物的界限都在空间中。但空间和时间都只是在感官世界中的。（KrV，A522；B550）

160. 我们已经到处把条件表现为，按照空间和时间的关系而从属于它的有条件者。（KrV，A528；B556）

161. 自由，在宇宙论的理解中，就是自行开始一种状态的能力，所以它的原因性并不是按照自然规律又不从属于另外一个按照时间规定它的原因。（KrV，A533；B561）

162. 这个行动的主体，按照它的理知的品格，就不会从属于任何时间条件，因为时间只是现象的条件，但却不是事物自在本身的条件。（KrV，A539；B567）

163. 在它之内，只要它是本体，而没有发生什么，遇不到任何需要动力学的时间规定的变化，因而遇不到任何与作为原因的现象的连结。（KrV，A541；B569）

164. 自然规律，即一切发生的事情都有一个原因，这个原因的原因性，即行动，由于它在时间中先行，并且考虑到一个在此产生的结果，本身不可能是一直存在了的，而必须是发生的。（KrV，A542；B570）

165. 自然原因在时间系列中的一切行动本身又是——一些在时间序列中同样预设了它的原因的——结果。（KrV，A544；B572）

166. 纯粹理性，作为一种单纯的理知的能力，并不服从时间形式，因而也不服从时间次序的条件。（KrV，A551；B579）

167. 根据这个规律，根本没有在时间中发生的东西的在经验的无条件的原因性，被找到。（KrV，A552；B580）

168. 理性本身毕竟不是任何现象、也根本不服从于任何感性条件，所以在它之内、甚至在它的原因性的概念中，都不会发生时间次序，所以按照规则规定时间次序的自然的动力学的规律不会应用于其上。（KrV，A553；B581）

169. 时间的差别也就不可能造成行动在与理性的关系中的任何差别。（KrV，A556；B584）

170. 必然性、无限性、统一性、在世界之外的（不是作为世界灵魂的）此在、没有时间条件的永恒性、没有空间条件的全在、全能等等，都是纯然先验的谓词，因此它们的被纯化出来的概念。（KrV，A642；B670）

171. 从一切直观中被先天给予出来的，只不过是现象的单纯形式，即空间和时间，而关于空间和时间的一个概念，作为定量，则要么可以同时与这些定量的质（它们的形状）一起，要么也可以仅仅通过数目而把它们的量（同质杂多的单纯综合）先天地在直观中描绘出来，也就是构造出来。（KrV，A720；B748）

172. 直观的形式（空间和时间），它能够完全先天地被认识和规定。（KrV，A723；B751）

173. 我们在空间和时间中通过同一式样的综合而创造了对象们自身。（KrV，A723；B751）

174. 这个（充满空间或时间的）某物在何种程度上是一个最初的基底或是单纯的规定，在何种范围内拥有一种它的此在与别的某物的作为原因或结果的关系。（KrV，A724；B752）

175. 例如这个命题："一切发生的事情，都有它的原因"，由于我必须四处查看一个"第三者"，亦即四处查看这种在一个经验中的时间规定的条件，并且不能够直接立刻地从概念中单单就认识这样一条原理。（KrV，A733；B761）

176. 一个在时间中的事件的规定，因而这个属于经验之（事件），不服从于一个这样的动力学规则，大概是不可能的。（KrV，A788；B816）

177. 必须是永恒的，以便在任何时间中都不缺乏自然和自由的这种相互协调。（KrV，A815；B843）

实践的（praktisch）

1. 规定无条件者的这个超验的理性概念，并且以这样合乎形而上学的愿望的方式、用我们的、但仅仅在实践的意图上才可能的先天知识，而获得超出一切可能经验的界限。（KrV，BXXI）

2. 因为这些原理现实地面临着扩展它们原本所属的感性界限而超出一切并且如此完全排斥纯粹的（实践的）理性运用的危险。（KrV，BXXV）

3. 由于它同时由此排除了一种——限制、或者面临完全取消理性的实践运用的——障碍物，事实上就是积极的和非常重要的用途，一旦人们确信，存在着一个纯粹理性的完全必要的实践运用（道德的运用），在它之中纯粹理性不可避免地扩展到感性的界限之外，（KrV，BXXV）

4. 因为自由列举了实践的、居于我们理性中本源的原理作为自己的先天证据，这些原理没有自由的前提就是绝对不可能的。（KrV，BXXVIII）

5. 所以，我甚至都不能够假定上帝、自由和灵魂不死，以为了我的理性的

必须的实践运用的需要，如果我不同时消除思辨理性对过分的洞见的这种狂妄。（KrV，BXXX）

6. 因为所有实践的东西，只要它包含着动机，就都涉及到属于经验的知识来源的感觉。（KrV，A15；B29）

7. 数学中的一个公设叫作实践命题，它所包含的无非是——我们因此最初给予自己的一个对象、并且产生出它的概念来的——那种综合。（KrV，A234；B287）

8. 柏拉图主要在一切实践的东西中，亦即在一切以自由为依据的东西中，发现了他的理念，而自由在它那方面则是从属于理性的一种特有产物的知识。（KrV，A314；B371）

9. 相反，如果在知性的实践运用中完全仅涉及按照规则的执行，那么实践理性的理念任何时候都能够现实地、虽然只是部分地，具体地被给予，它甚至是理性的每一个实践运用的不可或缺的条件。（KrV，A328；B384）

10. 实践的理念任何时候都是非常富有成果的，并且在实际活动方面是绝对必要的。（KrV，A328；B385）

11. 它们或许就使从自然概念到实践概念的一个过渡成为可能。（KrV，A329；B386）

12. 对于来世设想的、权限、甚至必要性，按照与思辨的理性运用联结着的实践的理性运用的原理，在此则仍然没有丝毫损失。（KrV，B424）

13. 这种理性同时也就作为自在的实践能力本身，没有被局限于自然秩序的条件，而有权利使目的秩序并用它而使我们自身的生存扩展到超出经验和此生的界限之外。（KrV，B425）

14. 然而我毕竟将会授权把这些概念，鉴于实践的运用，其仍然一直指向经验之对象，遵照在理论运用中类似的意义，应用于自由和自由的主体身上。（KrV，B431）

15. 道德学也能够把自己的全部原理、连同其实践的后果都 in concreto（具体地）、至少在可能经验中提供出来，并且由此而避免抽象的误解。（KrV，B453）

16. 一种实践的旨趣，这是每个善意的人，如果他懂得了自己的优越性，都会热心参与。（KrV，A466；B494）

17. 找不到任何这种出自理性的纯粹原则的实践的利益，如同道德和宗教随身携带的。（KrV，A468；B496）

18. 因为在这种情况下，我们就不会被剥夺以我们的实践事务为目的的智性的预设和信念。（KrV，A407；B498）

19. 他就会单纯按照实践的利益而选择自己的原则了。（KrV，A475；B503）

20. 除了先验哲学之外还有两门纯粹的理性科学，一门仅仅是思辨的、另一门则是实践的内容：纯粹数学和纯粹道德学。（KrV，A480；B508）

21. 建立在这个自由的先验理念基础之上的是自由的实践概念。（KrV，A533；B561）

22. 先验的自由的取消同时也就灭绝了一切实践的自由。（KrV，A534；B562）

23. 如果我们把它们与理性在实践的方面进行比较，那么我们就发现了一种完全不同于自然秩序的规则和秩序。（KrV，A550；B578）

24. 理想虽然不像柏拉图的理想那样具有创造性的力量，但毕竟具有实践的力量（作为调节的原则）。（KrV，A569；B597）

25. 如果不预设一个能够给予实践法则以效果和坚定有力的最高存在者。（KrV，A589；B617）

26. 选择义务，在这里将会通过一种实践的补充而把思辨的犹豫不决带出相持状态。（KrV，A589；B617）

27. 把实践知识解释为，一种我设想“这应当是什么”的知识。（KrV，A633；B661）

28. 但实践的运用则是，通过它应当发生的东西先天被认识到的运用。（KrV，A633；B661）

29. 实践法则，它们是绝对必要的（道德的法则）。（KrV，A633；B661）

30. 这些道德法则，不仅仅假设了一个最高存在者的此在，而且由于它们在别的领域的考察中也是完全必要的，它带有权利、但当然只在实践上预设。（KrV，A634；B662）

31. 如果一旦，在其他方面的、或许实践的关系中，一个作为至上理智的最高和最充分的存在者的预设，主张了它的无需反驳的有效性：那么这就会有最大的重要性，把这个概念在其先验的方面准确地规定为，一个必然的和最实在的存在者的概念。（KrV，A640；B668）

32. 因而在实践的原则那里，就应当处理为，好像我们不是面对一个感官客体、而是面对纯粹知性的客体一样。（KrV，A685；B713）

33. 我们为此恰好没有必要，寻思严格按规定的证明，而总还是能够假定那些——在经验的运用中完全可以与我们理性的思辨旨趣相关联、并且此外它又是使这种旨趣与实践的旨趣相联结的唯一手段的——命题。（KrV，A742；B770）

34. 理性在其超脱一切利益的思辨中到底能够送多么远，并且人们究竟是否必须对这种思辨怀有某种指望，或者必须在面对实践的事情时宁愿完全放弃它。（KrV，A747；B775）

35. 毕竟，鉴于实践的运用，理性拥有权利，假定某种——理性无论如何都不会、在单纯思辨的领域里、没有充分证明根据、而被授权而预设的——东西；因为所有这样的预设都损害了思辨的完善性，但实践的旨趣却根本不担心这种完善性。（KrV，A776；B804）

36. 这里就显示出那种把某物主张为实践必然的预设的方面的一种优势了。（KrV，A777；B805）

37. 纯粹理性就被迫，放弃它的在思辨的运用中被驱使得太高了的狂妄，而退回到它自己的地盘界限、即实践的原理之内。（KrV，A794；B822）

38. 一切通过自由才是可能的东西，都是实践的。（KrV，A800；B828）

39. 纯粹实践规律，它的目的完全先天地被理性所给予，并且这些规律并非以经验的为先决条件，而绝对地命令着，是纯粹理性的产物。但这样一些规律就是道德的规律，因而它们只属于纯粹理性的实践的运用，并容许一种法规。（KrV，A800；B828）

40. 一切实践的概念都指向合意、或讨厌，即愉快和不愉快的，因而至少是间接地、指向我们的情感的对象。（KrV，A801；B829）

41. 所以我们判断的要素，只要它们与愉快或不愉快相关，因而作为实践的判断要素，就不属于先验哲学的整体之中，后者只与纯粹的先天知识相关。（KrV，A801；B829）

42. 我目前只在实践的理解中使用自由概念。（KrV，A801；B829）

43. 但那种，不依赖于感性冲动、因而只能够被理性所介绍的动因所规定的任意，就叫作自由的任意（arbitrium liberum，自由的任意），并且一切与这种任意相关联的，它可以是作为根据或后果，都被称为实践的。实践的自由能够被经验所证明。（KrV，A802；B830）

44. 理性也给出了规律，它们是命令、即客观的自由规律，它们说明，什么应该发生，即使它同样也许决不会发生，并且它们在这点上与只处理那些发生了的东西的自然律相区别，因此也被称为实践律。（KrV，A802；B830）

45. 实践的自由作为自然原因之一。（KrV，A803；B831）

46. 我们在纯粹理性的法规中只与——涉及纯粹理性的实践兴趣的——两个问题发生关系，并且鉴于这两个问题，纯粹理性运用的一种法规必须是可能的，这就是：有一个上帝吗？有来世吗？1、我能够知道什么？2、我应当做什么？3、我可以希望什么？（KrV，A805；B833）

47. 第二个问题是单纯实践的。（KrV，A805；B833）

48. 第三个问题，即，如果我做了我所应当做的，那么我可以希望什么？这是实践的并同时是理论的。（KrV，A805；B833）

49. 因为一切希望都走向幸福，并且在关于实践和道德律方面所是的东西，

知识和自然律在事物的理论认识方面所是的东西，恰好就是同一个东西。（KrV，A805；B833）

50. 出自幸福的动机的实践律我称之为实用的规律（明智规则）；但假使存在着这样一种实践规律，它在动机上不具有别的，而无非是配得上幸福的，那我就称它为道德的（道德律）。（KrV，A806；B834）

51. 纯粹理性的原则在它的实践的、但特别在道德的运用中，具有客观实在性。（KrV，A807；B835）

52. 尽管它是一个单纯的、但还却是一个实践的理念，它能够、并应当对感官世界现实地具有它的影响，以便使感官世界尽可能地符合这个理念。（KrV，A808；B836）

53. 正如按照在它的实践的运用中的理性，道德原则是必须的一样，按照在它的理论的运用中的理性。（KrV，A809；B837）

54. 实践的规律，只要它同时又是行动的主观根据、即主观原理，就叫作准则。（KrV，A812；B840）

55. 在实践的理念中这两方面是本质上连结着的。（KrV，A813；B841）

56. 在这个世界之中我们必须根据纯粹的但实践的理性的规范把我们完全置入进去，但这个世界却是一个理知的世界。（KrV，A814；B842）

57. 实践理性已经达到这个高峰、即作为一个至善的一个唯一的原始存在者的概念。（KrV，A818；B846）

58. 因为这些道德律恰好是，由它的内部的实践的必然性而把我们引向一个独立原因的、或一个智慧的世界统治者的预设的，以便给予那些规律以效力。（KrV，A818；B846）

59. 实践理性有权引导我们如此之远，我们将并不因为行动是上帝的命令而把这些行动看作是义务的，而我们之所以把它们看做是神的命令，则因为我们对此而内在地是义务的。（KrV，A819；B847）

60. 无论在哪里，仅仅在实践的关系中，理论的不充分的视其为真才能够被称为信念。（KrV，A823；B851）

61. 在单纯理论的判断中就存在着实践的判断的一个类似物，在它之上的视其为真适合信念这个词，我们可以把这种信念称为学理的信念。（KrV，A825；B853）

62. 我坚定地相信一个上帝；但这样一来这个信念在严格的意义上却不是实践的、而必须被称为一个学理的信念，自然的神学（自然神学）一定会到处都必然地产生出它。（KrV，A826；B854）

63. 只有一个唯一的条件、按照我的一切洞见，是可能的，在这个唯一的条件之下这个目的与所有全部的目的相关联，并且由此获得实践的有效性，

即，有一个上帝和一个来世。（KrV，A828；B856）

64. 人的内心保存着（同样我相信，这种事在每个理性的存在者那里都必然发生）对道德的一种自然兴趣，尽管这种兴趣并不是不可分离的和实践上占优势的。（KrV，A829；B858）

65. 如果加固和扩展这种兴趣，你们将发现理性是很好教导的，并甚至更为开明的，以便思辨的兴趣再与实践的兴趣相结合。（KrV，A830；B858）

66. 形而上学划分为纯粹理性的思辨的运用的形而上学和实践的运用的形而上学。（KrV，A841；B869）

实践的规律，实践的法则（daspraktische Gesetz）

1. 由于存在着实践法则，它们是绝对必要的（道德的法则），所以如果这些法则必然地预设任何一个此在，作为它们的约束力的可能性条件，那么这个此在就必须被假定。（KrV，A633；B661）

2. 理性为此能够提供，没有别的而无非自由行为的实用的规律，以达到感官向我们推荐的那些目的，因而决不能提供完全先天规定的、纯粹的规律。与此相反，纯粹实践规律，它的目的完全先天地被理性所给予，并且这些规律并非以经验的为先决条件，而绝对地命令着，是纯粹理性的产物。但这样一些规律就是道德的规律，因而它们只属于纯粹理性的实践的运用，并容许一种法规。（KrV，A800；B828）

3. 因此理性也给出了规律，它们是命令、即客观的自由规律，它们说明，什么应该发生，即使它同样也许决不会发生，并且它们在这点上与只处理那些发生了的东西的自然律相区别，因此也被称为实践律。（KrV，A802；B830）

4. 出自幸福的动机的实践规律我称之为实用的规律（明智规则）；但假使存在着这样一种实践规律，它在动机上不具有别的，而无非是配得上幸福的，那我就称它为道德的（道德律）。（KrV，A806；B834）

5. 实践的规律，只要它同时又是行动的主观根据、即主观原理，就叫作准则。（KrV，A812；B840）

实践的理念（die praktische Idee）

1. 因此实践的理念任何时候都是非常富有成果的，并且在实际活动方面是绝对必要的。在它里面纯粹理性甚至具有那种——现实地产生其概念中所包含的东西的——因果性。（KrV，A328；B385）

2. 正因为它是一切可能的目的的必然统一性的理念，所以它就必须作为本源的、至少是限制的条件而充当一切实践活动的规则。（KrV，A328；B385）

3. 所以尽管它是一个单纯的、但还却是一个实践的理念，它能够、并应当

对感官世界现实地具有它的影响，以便使感官世界尽可能地符合这个理念。（KrV，A808；B836）

实践理性的理念（die Idee der praktischen Vernunft）

1. 实践理性的理念任何时候都能够现实地、虽然只是部分地，具体地被给予，它甚至是理性的每一个实践运用的不可或缺的条件。（KrV，A328；B385）

2. 但如果现在实践理性已经达到这个高峰、即作为一个至善的一个唯一的原始存在者的概念，那么它决不可以冒险以为，它已经超越了它的应用的一切经验的条件，并高高飞升到那些新的对象的直接的知识，以便从这一概念出发、并从中推导出道德律本身。（KrV，A818；B846）

3. 实践理性有权引导我们如此之远，我们将并不因为行动是上帝的命令而把这些行动看作是义务的，而我们之所以把它们看做是神的命令，则因为我们对此而内在地是义务的。（KrV，A818；B846）

实践知识（die praktische Erkenntnis）

1. 理性知识能够在两种方式上被它的对象所关联，要么仅规定它和它的概念（别的则必须被给予），要么就现实地制造它。这前者是理性的理论知识，后者是理性的实践知识。（KrV，BX）

2. 但这种更多的东西恰好不需要在理论知识的来源中去寻找，它也可能存在于实践知识的来源中。（KrV，BXXVI）

3. 我在这里满足于，把理论知识解释为一种这样的，我由此认识“这是什么”的知识，而把实践知识解释为，一种我设想“这应当是什么”的知识。（KrV，A633；B661）

世界（die Welt）

世界概念（der Weltbegriff）

世界原因（die Weltursache）

1. 无论如何在这个世界上一直都存在着形而上学，并且大概今后也将存在。（KrV，BXXXI）

2. 作为定理：在物体世界的所有变化中，物质的量保持不变。（KrV，B17）

3. 世界必须有一个最初的开端。（KrV，B18）

4. 但由于——回答这些当然的提问，例如世界有一个开端、还是一直以来就存在，等等——迄今的一切尝试，任何时候都遇到了不可避免的矛盾。（KrV，B22）

5. 这个判断："世界通过盲目的偶然而存在"，在选言判断中仅仅具有或然性的意义。（KrV，A75；B100）

6. 在因果关系中，后果并不又交互地规定了根据，并且因此也并不与根据一起（就如世界并不与创世者一起）构成一个整体。（KrV，B112）

7. 在这个世界中一切几何学知识，因为基于先天的直观，而具有直接的显明，而对象则通过这种知识本身先天地（按照形式）在直观中被给予。（KrV，A87；B120）

8. 因为他说：在世界中的一切变化那里，实体保留着，而只有偶性在变更。（KrV，A184；B227）

9. 这是一条基本原理，它使世界上的变化都从属于一条法则，即从属于一条必然的此在的规则，没有这条规则，甚至连自然都决不会产生。（KrV，A228；B280）

10. 人们在可能经验领域之外（世界之外）所可以设想到的——虚空，所涉及的东西，那么它不该放在单纯知性的审判权面前了，这种知性只裁决那些——涉及给予现象对经验的知识的使用的——问题。（KrV，A229；B281）

11. 把世界划分为感官世界和知性世界。（KrV，A309；B249）

12. 对象划分为现相和本体，并且世界划分为感性世界和知性世界，在积极的意义上完全不能被容许，虽然概念当然容许被划分为感性的和智性的。（KrV，A255；B311）

13. 人们不必使用智性的世界，取代这种术语，就像人们在德语演讲中通常习惯所做的那样。（KrV，A256；B312）

14. 这位著名的莱布尼茨建立过一种世界的智性体系。（KrV，A270；B326）

15. 纯粹知性的批判不容许，在那些能够让知性觉察为现象的对象之外，创立一个新的对象领域，并且不容许过分放纵于理知世界中、乃至在理知世界的概念之中。（KrV，A289；B345）

16. 这个世界构造的合规则的安排（所以也许整个自然秩序也是如此），都清楚地表明，它们只有按照理念才是可能的。（KrV，A317；B374）

17. 一切现象的总和（世界）是宇宙学的对象。（KrV，A334；B391）

18. 从它的自身（即灵魂）的知识继续前行到世界知识，并且，借助于这种知识，继续前行到原始存在者，是一个如此自然的进程。（KrV，A337；B394）

19. 尽管一些古代学派的命题：一切皆流并且世界上无物持存和常驻，一旦人们接受了实体，就不能遇到，所以它毕竟并不被自我意识的统一性所反驳。（KrV，A364）

20. 假如我拿走了思想着的主体，整个物体世界则不得不消除，当这个世

界无非是在我们主体的感性中的现象以及我们主体的表象的方式之一种的时候。（KrV，A383）

21. 如果感性的那种方式应当终止，先验的、现在之前完全未知的那些对象因此而向我们显现为物质世界，那也不会因此就取消了这些对象的一切直观。（KrV，A394）

22. 一切关于我们思想着的存在者及其与物体世界的连结的本性的争执，就不过是——人们鉴于他所不知道的东西、就通过理性的谬误推理而填补漏洞的——一种结果。（KrV，A395）

23. 我把所有——只要它们涉及现象的综合中的绝对总体性的——先验理念，都称为世界概念，部分地因为，恰好也根据于世界整体的概念的这个无条件的总体性，本身只是一个理念，部分则因为这些理念只走向现象的、因而是经验的综合。（KrV，A407；B434）

24. 在第二种情况下则存在序列的第一项，它鉴于消逝的时间就叫做世界的开端，而鉴于空间则叫做世界的界限。（KrV，A418；B446）

25. 我们有两个术语：世界和自然，它们有时相互运转。前者意味着一切现象的数学上的整体和现象的——不论是在宏观上还是在微观上、亦即不论是在通过复合还是通过分割的现象的进步中的——综合的总体性。但恰好这种现象的世界被称为自然，只要它被看作一个动力学的整体。（KrV，A418；B446）

26. 这种理念，我们现在所研究的，我在前面称为宇宙论的理念，部分地因为，世界被理解为一切现象的整体，而我们的理念也只对准现象中间的无条件者，而部分也因为，世界这个词，在先验的理解中，意味着生存着的事物的整体的绝对总体性，而且我们将我们的注意力仅仅瞄准综合（虽然原本只是在对条件的回溯中的综合中）的完备性上。（KrV，A419；B447）

27. 所以人们可以按照我的意见，把这些理念全都适当地称为世界概念。（KrV，A420；B447）

28. 鉴于数学的无条件者和动力学的无条件者的区别，这种回溯以之为目的，我会在更严格的意义上把前两个理念称为（在宏观世界和微观世界中的）世界概念，而把其他两个理念则称为超验的自然概念。（KrV，A420；B448）

29. 世界在时间中具有一个开端，并且按照空间也包括在界限之内。（KrV，A426；B453）

30. 世界不具有任何开端，并且在空间中也没有任何界限，无论在时间、还是在空间方面，都是无限的。（KrV，A427；B454）

31. 世界上每一个复合的实体都由简单的部分所构成，并且除了简单的东西、或由简单的东西复合而成的东西之外，任

32. 何地方都没有什么东西生存着。（KrV，A434；B462）

33. 世界上没有任何复合之物由简单的部分所构成，并且世界上任何地方都没有简单的东西生存着。（KrV，A435；B463）

34. 按照自然律的因果性并不是世界的现象全都能够从中被推导的唯一因果性。通过自由而假定一种因果性，对解释这些现象，是必要的。（KrV，A444；B472）

35. 没有任何自由，而世界上一切东西都只按照自然律而发生。（KrV，A445；B473）

36. 某物属于这个世界，它是，或者作为世界的一部分、或者作为世界的原因，一个绝对必然的存在者。（KrV，A452；B480）

37. 任何地方，不论是在世界之中、还是在世界之外，作为世界的原因，任何绝对必然的存在者都不生存。（KrV，A453；B481）

38. 如果不存在区别于世界的原始存在者，如果世界无需开端因而也无需创造者，我们的意志不是自由的，并且灵魂与物质存在同样的可分性和可朽性，那么道德的理念和原理也都丧失了一切有效性，而与构成它们的理论支柱的那些先验的理念一起陷落了。（KrV，A468；B496）

39. 而这确实就是一切世界概念的情况，这些世界概念也正为此，而把理性，只要它追随它们，就卷入了一种不可避免的二律背反。（KrV，A486；B514）

40. 世界没有任何开端，那么世界对于你们的概念就大了；因为这个概念，它以一个前后相继的回溯为内容，决不能达到那种全部流逝了的永恒性。如果设定：世界有一个开端，那么世界对于你们那个在必然的经验的回溯中的知性概念来说就太小了。（KrV，A486；B514）

41. 如果你们假定一个绝对必然的存在者（不论它是世界本身，还是某种在世界中的东西，或世界原因）：那么你们就把它放置在一个——离任何一个给予的时间点都无限遥远的——时间中了。（KrV，A488；B516）

42. 世界理念对于经验的追溯来说，因而对于每一个可能的知性概念来说，要么就是太大了，要么对它来说就是太小了。（KrV，A489；B517）

43. 世界的进程，将引向一个作为当前时间之条件的流逝了的时间序列。（KrV，A495；B523）

44. 如果我说：世界在空间上要么是无限的，要么它不是无限的（non est infinitus，不是无限的），那么，当第一个命题是假的时候，它的矛盾对立面："世界不是无限的"，就是真的。（KrV，A503；B531）

45. 如果世界根本就不是作为一个自在之物本身、因而按照它的大小，也既不应当是作为无限的，也不应当是作为有限的而被给予出来。（KrV，A504；B532）

46. 如果人们把这样两个命题："世界按照大小是无限的"、"世界按照它的大小是有限的"，看作是相互矛盾地对立着的，那么人们就假定了，这个世界（现象们的这整个序列）是一个自在之物本身。因为世界仍然保持着，不论我在世界的现象序列中取消了无限的、还是有限的回溯。（KrV，A504；B532）

47. 如果这个世界任何时候都是有条件的，那么它就绝不会完整地被给予，因而世界就不是任何无条件的整体。（KrV，A505；B533）

48. 如果世界是一个自在地生存的整体，那么它要么是有限的，要么是无限的。现在不论是有限还是无限都是假的（按照上述一方面是反题、另一方面是正题的证明）。所以，世界（一切现象的总和）就该是一个自在生存着的整体，这也是假的。（KrV，A506；B534）

49. 所以这个世界序列既不能比自己的概念唯独基于其上的那个可能的经验的回溯更大，也不能比它更小。（KrV，A518；B546）

50. 我们既不能把世界大小看作有限的，也不能看作无限的，因为这个（世界大小由此而被表现的）回溯不容许这两者中的任何一者。（KrV，A518；B546）

51. 于是我任何时候都在概念中、但决不（作为整体）在直观中而拥有世界整体。（KrV，A518；B547）

52. 世界大小并没有通过任何直观（按照它的总体性）、因而这个总体性的大小也根本没有在回溯之前被给予我。（KrV，A519；B547）

53. 因此我就不能够说：世界按照经过的时间或者按照空间是无限的。（KrV，A520；B548）

54. 这就预设了无限的世界大小；也不说：世界大小是有限的。（KrV，A520；B548）

55. 所以对由世界大小而引起的宇宙论问题的、第一个并且是否定的回答：世界没有任何时间的最初开端，并且没有任何按照空间的最外界限。（KrV，A520；B548）

56. 回溯在世界现象的序列中，作为世界大小的一种规定，in indefinitum（不限定地）进行着。（KrV，A521；B549）

57. 只有在世界中的现象是以有条件的方式、而世界本身却既不以有条件、也不以无条件的方式受限制的。（KrV，A522；B550）

58. 由于世界永远也不能整个地、甚至条件序列也不作为世界序列而向一个给予的有条件者，整个地被给予，所以世界大小的概念就只通过回溯、不在回溯之前，而在一个集合的直观中给予了出来。（KrV，A522；B550）

59. 一切开端都在时间中，而一切广延之物的界限都在空间中。但空间和时间都只是在感官世界中的。因而只有在世界中的现象是以有条件的方式、而

世界本身却既不以有条件、也不以无条件的方式受限制的。（KrV，A522；B550）

60. 正因为如此，并且由于世界永远也不能整个地、甚至条件序列也不作为世界序列而向一个给予的有条件者，整个地被给予，所以世界大小的概念就只通过回溯、不在回溯之前，而在一个集合的直观中给予了出来。（KrV，A522；B550）

61. 一切可能经验之对象就叫做世界。（KrV，A605；B633）

62. 物质，或一般地说，凡是属于这个世界的东西，都不会与一个——作为最大经验的统一性的单纯原则的——必然的原始存在者的理念相适合，相反，这个原始存在者必须被设置在世界之外，这样我们才总能够大胆放心地从别的现象中推导出这个世界的现象和它的此在，好像并没有任何必然的存在者。（KrV，A618；B646）

63. 当前的这个世界，向我们展现出一个如此不可估量的多样性、秩序、合目的性和美的舞台，人们可以在空间的无限性中，或者在对空间的无限制的分割中追寻它。（KrV，A622；B650）

64. 这个最高的原因（鉴于世界的万物），人们应当把它设想为多么大呢？（KrV，A622；B650）

65. 在这个世界上到处都可找到一种——按照一定的意图、用伟大智慧制作出来的——安排的清晰的迹象，并且既在一个内容的无法描述的多样性的整体中、又在范围的无限制的大小的整体中。（KrV，A625；B653）

66. 所以一个（或许多）崇高的和智慧的原因生存着，它必须不仅仅作为盲目起作用的全能的自然，通过丰产性而成为世界的原因，而必须作为理智，通过自由而成为世界的原因。（KrV，A625；B653）

67. 自然神学便绝不能够提供有关至上的世界原因的任何确定的概念。（KrV，A628；B656）

68. 当人们一直达到对世界创造者的智慧、力量等等的伟大感到惊叹而不再能够继续前行了之后，人们就一下子抛开了这个通过经验的证明根据而作的论证，并且走向一开始就从世界的秩序和合目的性中推导出来的世界的偶然性。（KrV，A629；B657）

69. 神学的道德学包含了道德法则，而这种道德法则预设了一个最高世界统治者的此在。（KrV，A632；B660）

70. 如果人们从世界上事物的此在推导出它们的原因，那么这就不属于自然的、而属于思辨的理性运用。（KrV，A635；B663）

71. 必然性、无限性、统一性、在世界之外的（不是作为世界灵魂的）此在、没有时间条件的永恒性、没有空间条件的全在、全能等等，都是纯然先验

的谓词。（KrV，A641；B669）

72. 世界的事物都必须被看做，好像它们从一个最高的理智那里获得了它的此在似的。（KrV，A671；B699）

73. 并非从一个最高的理智而推导出世界秩序和它的系统的统一性，而从一个最高智慧的原因的理念而取得这种规则，根据这种规则，理性在连结世界上的原因和结果时就本该使它自己得到最大满足。（KrV，A673；B701）

74. 单纯思辨理性的第二个调节的理念是一般世界概念。（KrV，A684；B712）

75. 理性要求，按照一个系统统一性的原则而观察世界的一切连结，因而就好像这些连结全部都产生于一个唯一的无所不包的、作为至上的和最充分的原因的存在者。（KrV，A686；B714）

76. 理性的思辨的兴趣则有必要把世界的一切安排都看作，好像它们来源于一个最高理性的意图。（KrV，A686；B714）

77. 这个预设无非是理性的一条调节的原则，为了达到最高系统的统一性，而借助于那个至上的世界原因的合目的的原因性的理念。（KrV，A688；B716）

78. 是否存在着某种与世界不同的东西，它包含了世界秩序及其按照普遍法则的关联的根据，那么回答则是：毋庸置疑。因为世界就是现象的总和，因此这就必须是这个总和的任何一个先验的、即现象的单纯对于纯粹知性可思维的根据。（KrV，A696；B724）

79. 我们是否至少可以按照与经验之对象的一个类比而思想这个与世界不同的存在者？那么回答就是：当然。（KrV，A696；B724）

80. 只要这个对象仅仅是世界机制的系统统一性、秩序和合目的性的一个为我们所不知道的基底，理性必须使这种世界机制的统一性、秩序和合目的性成为它的自然研究的调节的原则。（KrV，A697；B725）

81. 因为这永远只是一个理念，它根本不会与一个不同于世界的存在者、而与这个世界的系统统一性的调节性原则相关，但只是凭借这种统一性的一个图型，即一个至上的理智，按照智慧的意图，它是世界的创造者。（KrV，A697；B725）

82. 这个理念已经完全建立在我们理性每次的世界运用之上了。（KrV，A698；B726）

83. 你们现在、按照这种调节的原则、而在世界中找到了多少合目的性，你们就证实多少你们的理念的合法性。（KrV，A699；B727）

84. 我们同样也有权利，在理念中的世界原因，不仅按照一种更加细致的拟人论（没有拟人论就会根本不可能对这种原因作任何思想），即作为一个具有知性、愉悦和讨厌、以及一种与之相符合的欲望和意志等等的存在者，而思

想，而赋予它无限的完善性。(KrV, A700; B728)

85. 我们就会在一种精神本性的世界中看见自己，我们与这个精神世界的唯一真实的协同性既不通过诞生而已经开始，也不通过（作为单纯现象的）身体死亡而停止。(KrV, A780; B808)

86. 即使也证明了一个最高理智的此在：那么我们尽管会由此而把握世界安排和普遍秩序中的合目的性，但完全没有被授权，由此而推导出任何一种特殊的部署和秩序。(KrV, A799; B827)

87. 我把世界，只要它是与一切道德律相符合的，(如同它按照理性的存在者的自由、而能够所是的那样，并且，按照道德性的必然规律、所应当是的那样)，称为一个道德的世界。这个世界因而单纯被设想为一个理知的世界，因为在其中被抽掉了一切条件（目的）、甚至道德的一切阻碍（人类本性的软弱和邪癖)。(KrV, A808; B836)

88. 在一个理知的、即道德的世界里，在它的概念中抽掉了一切德性障碍(爱好)，这样一个与道德性成比例地联结着的幸福的体系也可以被设想成必然的了。(KrV, A809; B837)

89. 纯粹理性只能在这个最高的本源的善的理想中找到那两个最高的派生的善的要素在实践上必然的联结的根据，即一个理知的即道德的世界的根据。(KrV, A811; B839)

90. 既然我们必须通过理性把自己设想为，属于这样一个世界的、必然的方式，虽然感官呈现给我们的只不过是一个现象的世界，那么我们也必须假定那个道德世界是我们在感官世界中的行为的一个后果，由于感官世界并未向我们显露出那样一种连结，就必须假定作为我们的未来的世界。(KrV, A811; B839)

91. 但这只有在理知的世界中、在一个智慧的创造者和统治者手下才是可能的。(KrV, A811; B839)

92. 没有一个上帝和一个对于我们现在不可见、但却希望着的世界，德性的这些高尚的理念虽然是赞许与惊叹的对象，但却不是蓄意和执行的动机。(KrV, A813; B841)

93. 如果我们从道德统一性的观点，这样一个必然的世界规律而认真考虑——那种唯一能够给这一世界规律提供适当的效果、因而也为我们提供有联系的力量的——原因，那么这种原因则必须是一个唯一的至上意志，它包含所有这种规律于自身。(KrV, A815; B843)

94. 这种目的的系统统一性在这个理智的世界中——这个世界，虽然，作为单纯的自然只能被称为感官世界，但作为一个自由的系统，却能被称为理知的、即道德的世界（regnum gratiae，恩宠王国）——，也不可避免地引导上一

切事物的合目的性的统一性，一切事物都按照普遍的自然律而构成这个大全。(KrV，A815；B843)

95. 这些道德律恰好是，由它的内部的实践的必然性而把我们引向一个独立原因的、或一个智慧的世界统治者的预设的，以便给予那些规律以效力。(KrV，A818；B846)

96. 如果我想把单纯理论上的视其为真也仅称为——我本该有权采纳的——假设，那么我由此就会已经自告奋勇地拥有更多关于一个世界原因和一个来世的性状的概念，相比于我实际所能够指出的。(KrV，A827；B855)

97. 对一个上帝和另一个世界的信念与我的道德意向如此交织在一起，以致于，我很少步入损失前者的危险。(KrV，A829；B857)

98. 所以我们所要坚持的就仅仅是这种规律提供的理念，并要更切近地规定，哲学按照这个世界概念而为来自这一目的的立场的系统统一性所颁定的东西。(KrV，A839；B867)

99. 这种超验的自然之学要么以内部的连结、要么以外部的连结为自己的对象，但两种连结都超出了可能经验；前者是全部自然的自然之学、即先验的世界知识。(KrV，A846；B874)

100. 人类在哲学的童年所开始做的，是我们今天更愿意结束的地方，也就是说，首先研究上帝的知识，以及别的世界的希望乃至于另一个的世界的性状。(KrV，A852；B880)

101. 人们容易地看清，不可能存在着任何、统治这个世界的不可见的权力所喜欢的、彻底的和可靠的方式，以便至少在另一个世界中是幸福的，除了善的生活方式。(KrV，A853；B881)

世界创造者（der Welturheber）

1. 至于第三个证明，庄严的秩序、美与关心，它们在自然中到处可见，就必定完全单单导致对一个智慧的和伟大的创世者的唯一信仰，这种信仰以公众流行的确信、它们甚至以理性为基础。(KrV，BXXXIII)

2. 这个证明所能够阐明的，最多是一个——永远被他所加工的材料的适应性大大限制着的——世界建筑师，但却不是一个——所有的东西都服从于它的理念的——世界创造者，而这对于人们所密切注意的那个伟大意图，即证明一个最充分的原始存在者，是远远不够的。(KrV，A627；B655)

3. 因为这永远只是一个理念，它根本不会与一个不同于世界的存在者、而与这个世界的系统统一性的调节性原则相关，但只是凭借这种统一性的一个图型，即一个至上的理智，按照智慧的意图，它是世界的创造者。(KrV，A697；B725)

4. 然而，以这样一种方式，我们就能够（如果有人要继续追问）假定一个唯一的、智慧的和全能的世界创造者吗？毫无疑问，并且不仅如此，我们还必须预设这样一个世界创造者。但这样一来，我们就毕竟扩展了我们的知识而超出可能经验之领域了吗？完全没有。因为我们只预设了一个——我们对之自在地本身会是什么完全没有任何概念的——“某物”（一个单纯的先验对象）。（KrV，A697；B725）

5. 所以这是某种虽是偶然的、但毕竟不是微不足道的意图的一个条件，亦即，以便于在自然的自然研究中具有一种指导、假定一个智慧的创世者。（KrV，A826；B854）

世界灵魂（die Weltseele）

1. 必然性、无限性、统一性、在世界之外的（不是作为世界灵魂的）此在、没有时间条件的永恒性、没有空间条件的全在、全能等等，都是纯然先验的谓词，因此它们的被纯化出来的概念，作为每一种神学如此非常必需具有的概念，都仅仅从先验神学中被牵引了出来。（KrV，A641；B669）

世界完善性（die Weltvollkommenkeit）

1. 因为，虽然我们将侦察到、或达到这个世界完善性的仅很少的东西，但到处寻求和推测这个世界完善性毕竟属于我们理性的规律提供，而且按照这条原则进行自然考察，必定任何时候都是对我们有利的，而决不会成为有害的。（KrV，A699；B728）

世界整体（das Weltgantze）

1. 这种世界整体的统一性，在其中一切现象都应当连结着。（KrV，A218；B265）

2. 世界整体之现象的复合的总体性宇宙论理念的解决。（KrV，A517；B545）

3. 为解决第一个宇宙论任务，没有更多是必须的，而无非还是澄清：在世界整体的（按照时间和空间）无条件的大小的回溯中、这个永远无止境的上升过程是否能够叫做一个无限后退，还是只能够叫做一个不可确定地继续的回溯（不限定的回溯）。（KrV，A518；B546）

4. 它们虽然能够被用来解释感性世界中的事物的可能性，却不能够用来解释一个世界整体本身的可能性，因为这种解释根据必须是世界之外因而不是一个可能经验的任何对象。（KrV，A677；B705）

5. 我将能够把这个存在者设想为独立的理性，它通过最大的和谐和统一性的理念而是世界整体的原因，以至于我删去一切限制理念的条件，只为了，在这样一个原始根据的庇护下，使世界整体中的杂多的系统统一性、并借助于这种统一性，而使得最大可能的经验的理性运用成为可能。（KrV，A678；B706）

6. 我只是思考一个我对它自在完全不知道的存在者之于世界整体的最大的系统统一性的关系，只为了使这个存在者成为我的理性最大可能的经验的运用的调节的原则的图型。（KrV，A679；B707）

7. 把一个至上的理智预设为，世界整体的唯一原因，但当然只在理念中预设，这对于理性任何时候都能够有益，但却决不有害。（KrV，A687；B715）

世界的至善（das höchste Gut einer Welt）

1. 幸福唯独在与理性存在者的德性在确切的均匀尺度中、因而使理性存在者配得上幸福，才构成了世界的至善，在这个世界之中我们必须根据纯粹的但实践的理性的规范把我们完全置入进去，但这个世界却是一个理知的世界。（KrV，A814；B842）

世界至善（das Weltbeste）

1. 必须是全在的，以便它直接靠近最高的世界至善所提出的一切需要。（KrV，A815；B843）

2. 而不是我们神圣地坚守——教导我们出自行动的本性本身的理性的——道德律，由此才唯独相信服务于神的意志，我们提升自己的和别人的世界至善。（KrV，A819；B847）

视其为真（das Fürwahrhalten）

1. 视其为真是在我们的知性中的一次事件，它可以建基在客观的根据之上，但也要求在此作判断者内心中的主观原因。（KrV，A820；B848）

2. 所以，视其为真的试金石，它是否确信或单纯是置信，是外部的，即它的传播的可能性和视其为真对于每个人的理性都被认为有效的可能性。（KrV，A820；B848）

3. 因此尽管置信不能够主观地区别于确信，当主体记忆犹新，而仅仅把视其为真看做他特有的内心的现象的时候。（KrV，A821；B849）

4. 视其为真，或者判断的主观有效性，在与确信（它同时客观地有效）的关系中，具有如下三个层次：意见、信念和知识。（KrV，A822；B850）

5. 因为视其为真的主观根据，正如能够产生信念来的那些根据一样，在思辨的问题那里则不值得任何赞同，由于它们游离一切经验的帮助则保持不住，也不能以同一尺度传达于别人。（KrV，A823；B851）

6. 但是，无论在哪里，仅仅在实践的关系中，理论的不充分的视其为真才能够被称为信念。（KrV，A823；B851）

7. 但因为，虽然我们在与客体的关系中不能采取任何措施，所以视其为真仅仅是理论的，我们仍然能在许多情况下在思想中表达和想像一种措施，我们误以为这种措施具有充分的根据，如果有一种办法而澄清事情的确定性，于是在单纯理论的判断中就存在着实践的判断的一个类似物，在它之上的视其为真适合信念这个词，我们可以把这种信念称为学理的信念。（KrV，A825；B853）

8. 我就说得太少了，如果我想把我的视其为真仅仅称为一种意见。（KrV，A826；B854）

实然的、实然地（assertorisch）

实然性（die Assertion）

实然命题（der assertorische Satz）

实然判断（das assertorische Urteil）

1. 判断的模态：或然的、实然的、必然的。（KrV，A70；B95）

2. 只有那个前后连贯性才是实然的。（KrV，A75；B100）

3. 实然判断，由于它们被看作是现实的（真实的）时的判断。（KrV，A75；B100）

4. 实然命题说的是逻辑的现实性或真理性。（KrV，A75；B101）

5. 例如在一个假言的理性推论中，前件在大前提中显现为或然的，在小前提中显现为实然的，而且表明，这个命题按照知性的规律已经与知性结合了；必然命题则把实然命题设想为通过这些知性规律本身所规定的，因而是先天断言的，并以这种方式表达了逻辑的必然性。（KrV，A76；B101）

6. 因此能够在感性领域之外为我们提供对象，并且知性能够超出这一区域而被实然地运用。（KrV，A255；B310）

7. 那么我就在知性中寻求这个结论命题的实然性，看它是否在这个命题中按照一条普遍的规则而处于一定条件之下。（KrV，A304；B361）

8. 凡是纯粹理性实然地判断的东西，都必须是必然的（如同理性所认识到的一切那样），要么它就什么都不是。（KrV，A781；B809）

事实（das Faktum）

1. 因此不涉及合法性，而涉及使占有得以产生的事实。（KrV，A85；B117）

2. 这种尝试过的自然之学的（physi－ologische）推导，并不能叫做演绎，因为它涉及 quaestionem facti（事实问题），因此我要把这种推导叫做一种纯粹知识的占有的解释。（KrV，A87；B119）

3. 但这两位所想出的这种经验的推导，并不能与我们所拥有的先天科学知识、即纯粹数学和普遍自然科学的现实，相一致，因而被事实所驳斥。（KrV，A95；B128）

事实（die Tatsache）

1. 唯独在这里，我们可以满足于这一点，不得不把我们认识能力的纯粹运用连同这种运用的标志阐明为事实。（KrV，B5）

2. 法学教师们，当他们谈论到权限和越权的时候，区别了在一桩诉讼中那种关于什么是权利的问题（quid juris）与那种涉及事实的问题（quid facti），并且由于他们对两方面都要求证明，这样，他们把前一种、应当阐明权限、亦或合法要求的证明，称为演绎。（KrV，A84；B116）

3. 肯定地，它不会被自然事实所反驳，因为它恰好不被自然事实证据所束缚，而是错过这些事实，或者甚至让这些事实本身从属于更高的权威，即纯粹理性的权威。（KrV，A469；B497）

4.

事实性（die Sachheit）

1. 所以凡是在这些对象：上与感觉相符合的东西，就是作为自在之物的一切对象的先验质料（事实性，实在性）。（KrV，A143；B182）

2. 一个先验的否定意味着那个——将与先验的肯定相对立的——自在的非存在本身，而先验的肯定则是一个“某物”，它的概念自在地本身已经表达了一个存在，并因此被称为实在性（事实性）（KrV，A575；B602）

实体（die Substanz）

实体性（die Substantialität）

1. 实体这个概念比一般客体概念，包含着更多的规定。（KrV，B6）

2. 如果我从一个物体的表象里，把那种知性所想到的东西，如实体、力、可分性等等都隔离了，同时，又把那种属于感觉的东西，如不可入性、硬度、颜色等等也隔离了，那么从这个经验的直观中还剩留下某种东西，即广延和形状。（KrV，A21；B35）

3. 关系的范畴：依存性与自存性（实体与偶性）。（KrV，A80；B106）

4. 协同性则是一个实体在与另一个实体的交互规定中的因果性。（KrV，B111）

5. 知性也把一个物的各部分想像为这样的部分们：它们的生存（作为实体们）被每一部分所拥有，除了其余部分，但毕竟联结在一个整体中。（KrV，

B113）

6. 实体的图型是实在之物在时间中的持存性，即作为一般经验的时间规定的一个基底的那个实在之物的表象。（KrV，A144；B183）

7. 协同性（交互作用）的图型，或者实体在其偶性方面的交互因果性的图型，就是一个实体的规定和另一个实体的规定按照一条普遍规则而同时存在。（KrV，A144；B183）

8. 例如实体，如果人们删掉了持存性的感性的规定，它就不过意味着一个能够被思想为主词（而不是关于一个某种别的谓词）的“某物”。（KrV，A147；B186）

9. 偶性必然隶属于任何一个实体。（KrV，A162；B201）

10. 第一类比：实体的持存的原理。（KrV，A182；B224）

11. 实体在现象的一切变化中持存，它的定量在自然中既不增加也不减少。（KrV，A182；B224）

12. 一切实在即属于事物的生存的东西的基底，就是实体，在其上，一切属于此在的东西，只有作为规定才能被思维。因此，持存的东西——通过它现象的一切时间关系唯一能被规定在关系之中——就是现象中的实体，亦即现象的实在的东西——作为一切变更的基底而一直保留着基底。于是因为实体在此在中不会变更，所以它的定量在自然中也既不会增加也不会减少。（KrV，A182；B225）

13. 在一切现象中持存的东西都是对象本身，亦即实体（现象），但一切变更或可能变更的东西，都只属于这个实体或实体们如何生存的方式，因而属于这些实体的规定。（KrV，A184；B227）

14. 甚至在火焰中，物质（实体）也没有消失，而是仅仅它的形式遭受了一次改动。（KrV，A185；B228）

15. 如果在现象上，人们愿意把实体的东西命名为，应当是一切时间规定的真正基底，那么不论是在过去中，还是在将来中的一切此在，都必须唯一并单独在这上面才能被规定。（KrV，A185；B228）

16. 实体的规定，无非是这个实体生存的特殊方式，叫作偶性。偶性任何时候都是实在的，因为它们涉及到实体的此在（而否定性则只是那些表达了实体身上某物的非存在的规定）。（KrV，A186；B229）

17. 只有持存的东西（实体）会变化，可变的东西却遭受不到任何变化。（KrV，A187；B230）

（在现象中的）实体是一切时间规定的基底。（KrV，A188；B231）

18. 时间相继的一切现象全都只是变化，即都是在此持存着的实体的规定的一种相继存在和非存在，因而实体自身的存在，紧跟着实体的非存在、而实

体的非存在则紧跟着它的此在。换言之，并没有发生实体自身的产生和消失。（KrV，A189；B233）

19. 这种因果性引出了动作的概念，动作则引出了力的概念，并由此引出了实体的概念。（KrV，A204；B249）

20. 凡是在有动作、因而有活动和力的地方，也就有实体，并且唯独在实体中才必定找得到现象的那种丰富的来源之地。（KrV，A204；B249）

21. 既然一切结果都在发生的事情之中，因而都在按照前后相继性而标明时间的可变易之物中；那么可变易之物的最终主体，就是作为一切变更者的基底的持存的东西，即实体。（KrV，A205；B250）

22. 凭借这个主体，行动，作为一种充分的经验的标准，就证明了那种实体性，而无需我通过比较知觉才去寻找这个实体的持存性。（KrV，A205；B250）

23. 如果我把一切事物不是看作现相，而是看作自在事物，并且看作单纯知性的对象，则它们尽管是实体，却可以被视为按照其此在而依赖于陌生的原因。（KrV，A205；B251）

24. 一切实体，只要它能够在空间中被知觉为同时的，都是在普遍的交互作用中的。（KrV，A211；B256）

25. 实体的关系，在其中它包含着规定，关于它的根据却已包含在另一个实体之中。（KrV，B257）

26. 实体们在空间中的同时并存在经验中没有别的，而无非在它们的一种交互作用的前提下，才能够被认识。（KrV，B258）

27. 一个实体的此在，绝不可能通过任何经验的综合，而带上另一个实体的此在。（KrV，A212；B259）

28. 每一个实体（既然它在它的规定方面只能是结果）都必须包含着在另一个实体中的某种规定的原因性，并且同时把另一个实体的原因性的结果包含在自身中。（KrV，A212；B259）

29. 这就是实体的一种交互影响、即实体的一种实在的协同性。（KrV，A214；B261）

30. 所以这不是物（实体）的此在，而是物的状态的此在，关于它我们仅仅能够认识这种必然性，并且是从别的——在知觉中已经被给予的——状态，按照因果性的经验法则。（KrV，A227；B280）

31. 某物只能作为主体、而不能只作为单纯别的事物的规定而生存，亦即只能是实体。（KrV，A235；B288）

32. 在一切此在中存在着实体，亦即某种只能作为主词而不能作为单纯谓词而生存的东西。（KrV，B289）

33. 如果多个实体生存着，某物（作为结果）就可以交互地从一个实体的生存紧跟另一个体的生存，并且所以，因为在前一个实体中某物存在，因此在后一个实体中某物也必须存在，而这个某物单单从后一个实体的生存中并不可能被理解？（KrV，B293）

34. 如果我把持久性（它是一种朝着一切时间的此在）删去，那么对实体的概念中就什么也没有剩留给我了，而只有主体的逻辑表象。（KrV，A242）

35. 我毕竟可以在思想中取消任何生存着的实体、而没有让我自相矛盾，但由此完全不可能推出，实体在它的此在中的客观偶然性、即它的非存在自在本身的可能性。（KrV，A244；B302）

36. 实体是——在与直观的关系中必须是一切别的规定的最终主词的东西。（KrV，A246）

37. 这么一个东西，它的表象是我们的判断的绝对主词，并因而不能被用作一个他物的规定，就是实体。（KrV，A246）

38. 一切在这时存在的东西，都作为实体、或一种依赖于实体的规定而生存着。（KrV，A259；B315）

39. 在空间中一个 substantia phaenomenon（现相的实体）的内部规定无非是关系，而现象实体本身也完完全全是一些纯净的相关性的整体。（KrV，A265；B321）

40. 莱布尼茨使一切实体、因为他把一切实体都设想为本体。（KrV，A266；B322）

41. 空间和时间，前者仅仅通过实体们的关系，后者仅仅通过这些实体的规定们，作为根据和后果的相互联接，才是可能的。（KrV，A267；B323）

42. 一般实体都必须拥有某种内部的东西，所以这种东西就已经摆脱了一切外部关系、因而也摆脱了复合作用。（KrV，A274；B330）

43. 但实体状态的内部东西也不可能以方位、形状、接触或运动为内容，（这些规定全都是一切外部的关系），并且我们因此就不能赋予实体任何别的内部状态。（KrV，A274；B330）

44. 通过一个对一切实体都有效的原因的理念的统一性，在这种统一性中，实体全都必须、按照普遍法则而获得它们的此在和持存性、因而也彼此获得相互的一致。（KrV，A275；B331）

45. 所以莱布尼茨就这样把空间设想为一种在实体的协同性中的一定秩序，而把时间设想为实体状态的动力学的系列。（KrV，A275；B332）

46. 空间和时间就是自在的事物本身（实体及其状态）连结的理知形式。（KrV，A276；B332）

47. 质料是 substantia phaenomenon（现相的实体）。（KrV，A277；B333）

48. 在任何一个事物（实体）中都有某种绝对是内部的东西，它先行于一切外部规定。（KrV，A283；B339）

49. 单纯直观形式，没有实体，本身就绝不是对象，而只是对象（作为现象）的形式条件。（KrV，A291；B347）

50. 它甚至是使一切先验概念成为可能的，在这些先验概念中它说：我思想着实体、原因等等。（KrV，A343；B401）

51. 这个实体，单纯作为内感官的对象，就给出了非物质性的概念；作为单纯的实体，就给出了不朽性的概念；它作为智性实体的同一性，就给出了人格性。（KrV，A345；B403）

52. 但这个命题并不意味着，“我”，作为客体，对我，是一个自身持存着的存在者，或实体。（KrV，B407）

53. 实体的概念永远与直观相关联，这些直观在我这里只有作为感性的才可能存在，因而完全处于知性及其思想的领域之外，它在这里本来仅仅被谈论，当我在思维中是简单的被表述的时候。（KrV，B408）

54. 这个命题：每一个思想着的存在者，作为一个这样的存在者，都是简单的实体；是一个先天综合命题。（KrV，B410）

55. 凡是无非只能被思考为主词的东西，也无非只能作为主体而生存，并因而就是实体。（KrV，B410）

56. 虽然可分性以一个复合物为前提，但可分性并不必然要求实体的一个复合物，而只要求同一个实体的（多种能力的）程度的复合物。（KrV，B416）

57. 实体的单一性则只是生存的一种方武。（KrV，B416）

58. 我如何作为实体或者作为偶性而生存的方式，通过这种简单的自我意识是完全不可能得到规定的。（KrV，B420）

59. 我把在我之内的实体性的东西当作先验的主体来认识。（KrV，B427）

60. 实体的一种协同性究竟是如何可能的，它的解决则完全外在于心理学的领域。（KrV，B428）

61. 我曾在理性心理学中的处境，即需要感性的直观，以便使我的知性概念，实体、原因等等——只有借助于这些知性概念我才可以拥有关于我的知识——获得意义。（KrV，B431）

62. 第一个谬误推理：实体性。（KrV，A348）

63. 所以我，作为思想着的存在者（灵魂），就是实体。（KrV，A348）

64. 纯粹范畴（实体范畴也在其中）自在本身根本不具有任何客观的意义。（KrV，A348）

65. 我所说的每一个一般之物，假如它是实体，只要我把它与物的单纯谓词和规定区别开来。（KrV，A349）

66. 所以每个人都不得不把“自己”本身的必然方式看作实体，而把思维只看作他的此在的偶性和他的状态的规定。（KrV，A349）

67. 我，作为一个思维着的存在者，对我自己而本身持续着，当然的方式既不产生也不消逝，这我完全不能够从中推论出来并且唯独对此，我的思维着的主体的实体性的概念才能够对我有用，否则我本来完全可以没有它。（KrV，A349）

68. 人们远远不能够把这些属性单纯从一个实体的纯粹范畴中推导出来，我们宁可不得不把一个从经验中给出的对象的持存性设置为基础，如果我们想把一个实体的这个经验的运用的概念应用到对象上。（KrV，A349）

69. 任何一个复合的实体都是许多实体的一个聚合体。（KrV，A351）

70. 这个命题：“我是实体”，所意味着的无非是那个——我不能作任何具体的（经验的）运用的——纯粹范畴。（KrV，A356）

71. 尽管一些古代学派的命题：一切皆流并且世界上无物持存和常驻，一旦人们接受了实体，就不能遇到，所以它毕竟并不被自我意识的统一性所反驳。（KrV，A364）

72. 灵魂的人格性及其条件，即灵魂的持存性、因而它的实体性，必须现在才首次被证明。（KrV，A365）

73. 在两种实体、即思维的实体和广延的实体之间的这种预先给予了的协同性，把一种粗糙的二元论设置为基础，并且使得本来无非是思维着的主体的单纯表象的广延实体，成为独立存在的事物。（KrV，A392）

74. 这个“我”是第一主体，也就是实体，它是简单的。（KrV，A399）

75. 这个单纯的统觉（“我”）在概念中是实体，在概念中是简单的等等，所以那一切心理学的定理都具有它们的不可争辩的正确性。（KrV，A400）

76. 人们被那个思想着的“我”（灵魂），而把自己设想为实体、简单的、在一切时间中数目上同一的东西。（KrV，A402）

77. 实体的概念在简单性的谬误推理中就是一个纯粹智性的概念，它无需感性直观的条件而只具有先验的、即完全没有任何运用。（KrV，A403）

78. 实体，实在性，统一性（而非多数性）和生存，只是理性在这里把它们全都表象为一个本身是无条件的、思想着的存在者的可能性的条件。（KrV，A403）

79. 至于现象之间的实在关系的范畴，那么实体连同它们的偶性的范畴是不适合于一个先验理念的。（KrV，A414；B441）

80. 但在实体方面，这些偶性本来并不隶属于实体，而是实体本身生存的方式。（KrV，A414；B441）

81. 实体原本应当是一切复合的主体。（KrV，A525；B533）

82. 那种在现象中叫做实体的东西，与人们也许会通过纯粹知性概念而关于一个自在之物本身所思考的东西，情况是不一样的。（KrV，A525；B533）

83. 按照这种推论，这么多的自然配置的合目的性和合拍性，必须会单纯证明，形式的偶然性，却并不证明质料的、即在世界中的实体的偶然性。（KrV，A627；B655）

84. 自然的运用不把事物自身（实体）、而只把那些发生了的东西、因而把它们的状态、作为经验的偶然的东西与某个原因联系起来。（KrV，A635；B663）

85. 在按照知性概念的统一性的不同方式当中也该有一种实体的——被命名为“力”的——原因性的统一性。（KrV，A648；B676）

86. 我们要（在心理学中）把我们内心的一切现象、行动和接受性都借助于内部经验之线索而如此连结起来，似乎内心就是一个——带有人格的同一性、持久（至少在此生中）生存的——简单实体。（KrV，A672；B700）

87. 并非从一个简单的思维着的实体中推导出灵魂的内部现象，而按照一个简单的存在者的理念而相互推导出灵魂的那些内部现象。（KrV，A673；B701）

88. 实在性、实体、原因性，甚至此在中的必然性的概念，除了它们使一个对象的经验的知识成为可能的这种运用之外，根本没有任何——规定某个客体的——意义。（KrV，A677；B705）

89. 我将按照与这个世界中的实在性、实体、原因性和必然性的类比而设想一个在最高完善性中拥有这一切的存在者。（KrV，A678；B706）

90. 对此我没有任何概念，并且甚至关于实在性、实体、原因性、乃至于在此在中的必然性这些概念，都失去了一切意义，并且都是一些对概念没有一切内容的空洞名目，如果我敢于用它们来超出感官领域之外。（KrV，A679；B707）

91. 如果我们现在把目光投向我们理念的先验对象，那么我们就看到，我们不可能根据实在性、实体、原因性等等概念而预设这种先验对象自在本身的现实性，因为这些概念对完全与感官世界不同的东西，没有丝毫的应用。（KrV，A679；B707）

92. 实体的那种简单性等等只应当是向着这条调节的原则的图型，而并不是被预设为，好像它就是灵魂属性的现实根据。（KrV，A683；B711）

93. 如果这个问题是：这个存在者是否是实体，具有最大实在性，是必然的等等；那么我就回答：这个问题完全没有任何意义。（KrV，A696；B724）

94. 当一种实在性、实体、力等先验的概念被给予我时，那么这种概念就既不表示一种经验的直观，也不表示一种纯粹的直观，而只表示经验的直观

（因而也不能表示被先天给予的直观）的综合。（KrV，A722；B750）

95. 假如把灵魂假定为单纯的实体（一个超验的概念），这就会是一个——不仅是不可证明的，（就如许多自然性的假设所是的那样），而且也是完全任意和盲目的冒险的——命题。（KrV，A772；B800）

96. 这个身体就可以被设想为简单的实体，这是因为，它的表象抽掉了空间内容的一切大小、因而是简单的。（KrV，A785；B813）

事物（die Dinge）

一般事物（die Dinge überhaupt）

1. 我们从事物中仅仅先天认识到的，就是我们本身放进它们之内的。（KrV，BXVIII）

2. 事物自在本身允许处于虽然作为对自己是现实的、但却被我们所不可知的状态。（KrV，BXX）

3. 现在，如果人们假定，我们的经验知识取决于作为自在事物本身的对象，那就出现了，无条件者完全不可能没有矛盾地被设想；相反，如果人们假定，事物的我们的表象，正如它们被给予我们的那样，并不取决于这些，作为自在之物本身，而是这些对象宁可，作为现象，取决于我们的表象方式，这种矛盾就消失了。（KrV，BXX）

4. 我毕竟仅仅意识到那种在我之内存在的东西，亦即我的外在事物的表象。（KrV，BXXXIX）

5. 在这里不是事物的无法穷尽的本性，而是判断于事物的本性的知性，并且也仅仅是就其先天知识而言的知性，才构成了对象。（KrV，A12；B26）

6. 空间绝不是推理的，或者，如人们所说，一般事物关系的推论的普遍概念，而是一个纯粹直观。（KrV，A24；B39）

7. 空间包括一切可能向我们外在地显现出来的事物，但不包括一切自在的事物本身，不论它们是否被、亦或愿意被哪一种主体直观到。（KrV，A27；B43）

8. 颜色、味道等等都按理不被看作事物的性状，而是单纯被看作我们的主体的变化。（KrV，A29；B45）

9. 在空间中被直观到的一切，根本不是一种自在的事物，而且空间也不应该是对它们而言自在本身也许所必须特有的事物形式，而是我们完全不知道的自在的对象。（KrV，A30；B45）

10. 只有在时间中，一个事物之内两个矛盾的、对立、亦即彼此跟随的规定才能够被发现。（KrV，B49）

11. 时间不是某种独立存在的东西，或者作为客观的规定而附加于事物。

（KrV，B49）

12. 时间只鉴于现象才是客观有效性的时间，因为现象已经是——我们设想为我们感官的对象的——事物。（KrV，A34；B51）

13. 一切事物，作为现象（感性直观对象），都在时间之中。（KrV，A35；B52）

14. 时间不是自在本身的某物，也不是任何客观地依赖于事物的规定。（KrV，A37；B54）

15. 我们所直观的事物，不是我们对其直观的自在本身，也不是它们所具有的如同它们向我们显现的那种自在本身的关系。（KrV，A42；B59）

16. 两个无限的事物，它们不是实体，也不是某种现实地依存于实体的东西，但却生存着，甚至必须是一切事物生存的条件，却仍然留存着，即使一切生存之物都被取消了。（KrV，B70）

17. 空间和时间中的事物，它们只是知觉（伴随着感觉的表象），因而只通过经验的表象才被给予。（KrV，B147）

18. 现象只是关于事物的表象，而这些事物，按照它们可能自在地所是的东西，这时就不被认识。（KrV，B164）

19. 这些纯粹的知性概念是否只是单纯的经验的运用的、还是也有先验的运用的，即它们是否仅能够作为一个可能经验的条件、而先天地与现象发生关系，或者它们是否、能够作为一般事物的可能性条件、而被包括于对象自在本身（没有限制在我们的感性上）。（KrV，A139；B178）

20. 原因和一般事物的因果性的图型是那种实在之物，它如果随意设定，任何时候都有别的某物随之而来。（KrV，A144；B183）

21. 把事物规定为一种被给予的一定状态的对立面，对此知性根本没有先天地对我们作任何揭示。（KrV，A171；B213）

22. 持存性就是一个必要的条件，唯独在这个条件下，现象才在一个可能经验中被规定为事物和对象。（KrV，A189；B232）

23. 自在事物本身（不考虑它们由此刺激我们的表象）可能是怎样的，则完全越出了我们的知识范围之外。即使现象都不是自在事物本身，却仍然可以是唯一能够被给予我们来认识的东西。（KrV，A190；B235）

24. 如果我把一切事物不是看作现相，而是看作自在事物，并且看作单纯知性的对象，则它们尽管是实体，却可以被视为按照其此在而依赖于陌生的原因。（KrV，A206；B251）

25. 事物是同时并存的，只要它们在一个并且同一个时间中生存着。（KrV，B258）

26. 知觉及其对经验的法则的追随达到了哪里，我们有关事物的此在的知

识也就达到了哪里。（KrV，A226；B273）

27. 后者是贝克莱的独断的观念论，它把空间、连同空间作为不可分的条件而附加于其上的一切事物，都宣布为某种自在本身似乎是不可能的东西并因此也把在空间中的事物宣称为只是想像。（KrV，B274）

28. 事物作为大小的可能性，因而大小的范畴的客观实在性，也只有在外部直观中才能说明。（KrV，B293）

29. 在任何一条原理中一个概念的先验的运用都是这样一种运用，它与一般事物以及与自在之事物本身相关，但当它只与现象、亦即与一个可能经验的对象相关时，则是经验的运用。（KrV，A239；B298）

30. 如果人们消除了——使范畴们作为一种可能的经验的运用的概念突出的——一切感性条件，并且在关于一般事物的（因而关于先验的运用的）概念之前就提取了范畴，那么在这些范畴那里就再也不能做任何事情了，除非把在判断中的逻辑机能看作事物本身的可能性条件。（KrV，A242）

31. 纯粹范畴无非是一般事物的表象，只要其直观的杂多必须通过这些逻辑机能的一个或别的被思想。（KrV，A245；B302）

32. 纯粹知性的原理只能与可能经验的普遍条件、与感官对象发生关系，但决不能与一般事物（不考虑我们如何可以直观它们的方式）发生关系。（KrV，A246；B303）

33. 但如果我假定事物，仅仅是知性的对象，但仍然作为这种，虽然并非感性直观的（作为 curam intuitu intellectuali，智性直观的对象）的对象而被给予；那么这样一类的事物就叫 Noumena（Intelligibilia，本体）（理知的东西）。（KrV，A249）

34. 如果感官仅仅如某物显现那样向我们表象某物，那么这个“某物”毕竟本身自在地也必须是一个物，并且是一个非感性直观的对象，亦即一个知性的对象，也就是说，一种在其中找不到任何感性的知识必须是可能的，唯独它具有绝对的客观实在性，因为对象凭借这种客观实在性向我们表象为如它们所是的那样，相反，在我们知性的经验的运用中，事物只被如它们所显现的那样来认识。（KrV，A249，250）

35. 感性，及其领域，即现象的领域本身，被知性所限制以至于：它并不走向自在事物本身，而只是走向——事物如何因为我们的主观性状而向我们显现的——那种方式。（KrV，A251）

36. 既然我们的知性以这种方式获得一种消极的扩展，亦即知性并非通过感性而受到限制，毋宁通过它称呼自在事物本身（而不看作现象）为本体，而更限制了感性。（KrV，A256；B312）

37. 感官向我们表现出对象如它们所显现的那样，知性却表现出对象如它们所是的样子，而后者并不能在先验的、而只能在经验的意义中来设想，亦即，像它们必须在现象的彻底关联中被表现为经验之对象那样，而不按照它们在与可能经验的关系之外、所以在一般含义上、因而作为纯粹知性的对象所可能的那样来设想。（KrV，A257；B313）

38. 莱布尼茨曾把现象当作自在事物本身，因而看作 intelligibilia（理知的东西），即纯粹知性的对象。（KrV，A264；B320）

39. 这位智性哲学家不能忍受：形式先行于事物本身，并且为这些事物规定它们的可能性。（KrV，A267；B323）

40. 按照这条原理，一切恶事都无非是被造物的局限、即否定性的后果，因为这些否定性是与实在性唯一相冲突的东西，（在一个一般物的单纯概念中也的确是如此，但在作为现象的事物中则不然）。（KrV，A273；B329）

41. 通过纯粹知性，我们并不把握向我们显现的事物，自在地可能是什么。（KrV，A277；B333）

42. 如果我抽掉了直观的一切条件，并且仅仅抓住一般事物的概念，那么我就能够抽掉一切外在关系，但却必须还留下一个有关于——那根本不意味着任何关系，而只意味着内部规定的东西的——概念。（KrV，A283；B339）

43. 关系概念毕竟预设了绝对被给予事物，而它们没有这些绝对被给予事物就不可能存在。（KrV，A284；B340）

44. 但这种——唯独建立在抽象上的——必然性，并不发生在事物那里，只要这些事物在直观中连同这样的——只表明关系、而没有以某种内部的东西作基础的——规定一起被给予出来，这是因为，这些事物不是自在事物本身，而只是现象。（KrV，A285；B341）

45. 我推论出，一般事物的可能性的一切条件的绝对的综合统一性，即从那些我按照它们单纯的先验概念并不认识的事物，推论出一个一切存在者的存在者。（KrV，A340；B398）

46. 所以我原本并不能知觉到外部事物，而只是从我的内部的知觉中推导出外部事物的此在，因为我将这种内部的知觉看作结果，为此外部的某物就是这种最近的原因。（KrV，A368）

47. 我们所不得不与之打交道的事情，不是自在事物，而都只是现象，也就是表象。（KrV，A375）

48. 绝对总体性的理念所涉及的无非是，现象的说明，因而不涉及一般事物的一个整体的纯粹知性概念。（KrV，A416；B443）

49. 空的空间不是事物为自己的一个现成的相关物，并且它不能是任何你们可以停留在那里的条件，更不可能是一种构成一个可能经验的一个部分的经验的条件。（KrV，A487；B515）

50. 他主张，神（这在他那里也许无非是世界）既不是有限的，也不是无限的，它既不是在运动中，也不是在静止中，既不与任何别的事物相似，也不与别的事物不相似。（KrV，A502；B530）

51. 人们也可以把前一种品格称为一个这样的现象中事物的品格，把后一种品格称之为这个自在之物本身的品格。（KrV，A539；B567）

52. 所以我们将必须把它们的知识从那种本身就是必然的东西中，从关于一般事物的纯粹概念中推导出来。（KrV，A566；B594）

53. 一切事物的通盘规定着的先验的大前提，无非是一切实在性的总和的表象。（KrV，A577；B605）

54. 理想对于后面这种规定就是一切事物的蓝本（Prototypon，原型），一切事物全部都是作为不完善的副本（ectypa，副本）从它那里获取它的可能性的材料，并且，一切事物都或多或少地接近于这个蓝本，但要达到它，则任何时候离都差得无限远。（KrV，A578；B606）

55. 一切事物的可能性都把最高实在性——作为一种根据而不是作为整体——设置为基础，并且一切事物的杂多不是基于对原始存在者本身的限制，而是基于对原始存在者的完备的后果的限制。（KrV，A579；B607）

56. 理性只是把这个理念，作为一切实在性的概念，而设置为一般事物的通盘规定的基础，并不要求，这一切实在性被客观地给予出来并自身构成一个物。（KrV，A580；B608）

57. 所以我们就会把我们作为现象的事物的可能性的那些概念们的经验原则，通过去掉这一限制，而当作一般事物的可能性的一条先验的原则。（KrV，A582；B610）

58. 但这个没有限制的大全就是绝对的统一性，并且引导一个唯一的存在者、也就是最高存在者的概念，于是理性就如此推导：这种最高存在者，作为一切事物的原始根据，就该是绝对必然地在此的。（KrV，A587；B615）

59. 判断的无条件的必然性并不是事物的一种绝对必然性。因为判断的绝对必然性只是事物的一种有条件的必然性，或者是判断中谓词的有条件的必然性。（KrV，A593；B621）

60. 通过取消事物本身，同时也就取消了一切内部的东西。（KrV，A595；B623）

61. 无条件的必然性——它作为一切事物的最后承担者，我们如此不可缺少地需要着——对人类理性，是真正的深渊。（KrV，A613；B641）

62. 不同事物的本性不能够自动地、通过如此多样地联结起来的手段、而与规定了的终极意图协调一致。（KrV，A625；B653）

63. 一切单个事物的多样性并不排除类的同一性。（KrV，A651；B679）

64. 这样一来例如说，世界的事物都必须被看做，好像它们从一个最高的理智那里获得了它的此在似的。(KrV, A671; B699)

65. 人们立刻就误解了这个理念的意义，如果人们坚持把它们主张，或者甚至假设为一个现实事物，而人们就设想把系统的世界状态归因于这些现实事物。(KrV, A681; B709)

66. 这条调节的原则要求，系统的统一性完全被预设为——不仅仅经验地认识、而且先天地、虽然还未确定的——自然统一性，因而预设为，从事物的本质中得出来。(KrV, A693; B721)

67. 纯粹理性所提出的一切问题，都是必须被绝对回答的，……，因为在这里并不由事物的本性、而仅通过理性的本性并仅仅关乎理性的内部机制，这些问题才被提交给我们。(KrV, A695; B723)

68. 现象的质料，由此事物在空间和时间中被给予了我们，却只能在知觉中、因而后天地被表象出来。(KrV, A720; B748)

69. 一切无知或者是事物的无知，或者是我的知识的使命和界限的无知。(KrV, A758; B786)

70. 情感不是事物的表象能力，而处于全部认识能力之外。(KrV, A801; B829)

71. 感官世界并没有从事物的本性中向我们预告这样的目的的系统的统一性。(KrV, A814; B842)

72. 独立理性，用一种至上原因的一切充分性而装备起来，按照最完善的合目的性，而建立、维持和完成了普遍的、虽然在感官世界中向我们极其隐藏的事物秩序。(KrV, A814; B842)

73. 这种目的的系统统一性在这个理智的世界中——这个世界，虽然，作为单纯的自然只能被称为感官世界，但作为一个自由的系统，却能被称为理知的、即道德的世界（regnum gratiae，恩宠王国）——，也不可避免地引导上一切事物的合目的性的统一性，一切事物都按照普遍的自然律而构成这个大全。(KrV, A815; B843)

74. 这种先验神学把这个最高的本体论的完善性的理想采用为一条按照普遍而必然的自然律把连结一切事物的系统统一性原则，因为一切事物全都在一个唯一的原始存在者的绝对必然性中拥有它们的来源。(KrV, A816; B844)

实在论（der Realismus）

实在论者（der Realist）

1. 与这种观念论相对立的则是一种先验实在论，它把时间和空间看作某种自在地（不依赖于我们的感性）被给予的东西。(KrV, A369)

2. 所以先验实在论者就把外部现象（当人们承认它们的现实性时）表象为自在之物本身，它们不依赖于我们和我们的感性而生存，因而甚至按照纯粹知性概念也会是在我们之外的。这种先验的实在论者原本就是，那些后来扮演经验的观念论者的人。（KrV，A369）

3. 先验的观念论者却可以是一个经验的实在论者。（KrV，A370）

4. 先验观念论者就是一个经验的实在论者并且给予作为现象的物质一种不可推论、而直接被知觉的现实性。反之，先验的实在论却必然会陷入尴尬，并且感到自己是不能不，承认经验的观念论。（KrV，A371）

5. 一切信仰经验的观念论的心理学家都是先验的实在论者。（KrV，A372）

所以就此而言经验的实在论不容怀疑地就是，亦即，与我们的外部直观相一致的就是在空间中的某种现实的东西。（KrV，A375）

6. 在先验意义上的实在论者则由我们感性的这些变更而制成了本身自存之物，因而把单纯的表象培养成为自在的事物本身。（KrV，A491；B519）

7. 如果我们愿意屈服于先验的实在论的幻觉，那么就既剩留不下自然、也剩留不下自由。（KrV，A543；B571）

实在性（die Realität）

客观实在性（die objektiveRealität）

主观实在性（die subjektiveRealität）

先验实在性（die transzendentale Realität）

最高实在性（die höchste Realität）

1. 一个关于外部直观的客观实在性的严格的（如我认为也是唯一可能的）证明。（KrV，BXXXIX）

2. 外感官本身已经是直观和某种外在于我的现实之物的关系了，并且它的区别于想像的实在性，仅仅建立在它作为内部经验本身的可能性条件而与内部经验不可分割地结合在一起之上。（KrV，BXL）

3. 外感官的实在性必然地与内感官的实在性相连结，为了一般经验的可能性。（KrV，BXLI）

4. 我们的阐明因而表明了——鉴于一切能从外部作为对象呈现给我们的东西的——空间的实在性（即客观有效性）。（KrV，A28；B44）

5. 所以我们主张（鉴于一切可能的外部经验）空间的经验的实在性，虽然同时又主张空间的先验的观念性。（KrV，A28；B44）

6. 我们的主张因此而讲授了时间的经验的实在性，即鉴于每次可以被给予我们感官的一切对象的客观有效性。（KrV，A35；B52）

7. 相反，我们驳斥对时间在绝对实在性上的一切要求。（KrV，A35；B52）

8. 而这种客观实在性在这里则完全取消了，除非，它只是经验的，亦即只把对象本身看作现象。（KrV，A36；B53）

9. 反对这种理论，它向时间承认经验的实在性、但否认那种绝对的和先验的实在性，我从有见识的人士那里已听到如此一致的异议。（KrV，A36；B53）

10. 时间当然是某种现实的东西，也就是内直观的现实的形式。因此它在内部经验中有主观实在性，亦即我现实地具有关于时间和我的在时间中的规定的表象。（KrV，A37；B53）

11. 所以留下来的只是时间的经验的实在性，作为我们一切经验的条件。（KrV，A37；B54）

12. 他们并不指望能够无可置疑地阐明空间的绝对的实在性。（KrV，A38；B55）

13. 此外，空间和时间的这种实在性并不触及经验知识的可靠性。（KrV，A39；B56）

14. 相反，主张空间和时间的绝对实在性的人，他们不论把这种绝对实在性看作是自存性的、还是仅仅依存性的，都必须是与经验本身的原则不相统一的。（KrV，A39；B56）

15. 毋宁说，如果人们赋予那些表象形式以客观的实在性，那么人们就无法避免，不由此而把一切都转化为单纯的幻相。（KrV，B70）

16. 质的范畴：实在性，否定，限制性。（KrV，A80；B106）

17. 限制性无非是与否定性结合着的实在性。（KrV，B111）

18. 从一个给予的概念中得出的真实结论越多，这个概念的客观实在性标志也就越多。（KrV，B114）

19. 我们没有人反驳地就使用了大量经验的概念，并且也不加演绎地就合法地坚持，献给这些概念一种含义与自负的意义，因为我们任何时候手头都具有证明它们的客观实在性的经验。（KrV，B117）

20. 它们随后就是客体的空的概念，从它们那里，通过那些纯粹知性概念我们就一次都完全不能判断这些客体是可能的还是不可能的，这些纯粹知性概念就只是没有客观实在性的思想形式。（KrV，B148）

21. 于是由此，作为单纯思想形式的范畴，就获得了客观实在性，亦即获得了对能够在直观中被给予我们的那些对象上的应用。（KrV，B151）

22. 所以，如果存在着先天的纯粹概念，那么这些概念所能够包含的当然就并非经验的东西：但它们却还必须全然是一个可能经验的先天条件，它们的客观实在性只能建立在这个基础之上。（KrV，A95）

23. 关于这种先验对象（它实际上在我们的一切知识中是永远等同于 x 的）的纯粹概念就是，那些能够设法使我们所有经验的一般概念获得与一个对象的

关系、亦即获得客观实在性的东西。（KrV，A109）

24. 既然这个统一性必须被看作先天必然的，（因为否则知识就会没有对象了），那么与一个先验对象、亦即与我们的经验的知识的客观实在性的关系，就将以这条先验法则为基础：一切现象，只要对象应当由此而被给予我们，就都必须服从现象的综合统一性的先天规则。（KrV，A109）

25. 现象自在地本身并不具有任何客观实在性，而只是在知识中才生存着。（KrV，A120）

26. 实在性，在纯粹知性概念中，是和一般感觉相一致的东西。（KrV，A143；B182）

27. 所以凡是在这些对象上与感觉相符合的东西，就是作为自在之物的一切对象的先验质料（事实性，实在性）。（KrV，A143；B182）

28. 因此有一种关系和相互关联，或者不如说一种过渡，从实在性到否定性，它使每一个实在性都表象为一个定量，并且一种实在性的图型。（KrV，A143；B183）

29. 感觉是现象的实在性。（KrV，A146；B186）

30. 如果一种知识要具有客观实在性，亦即与一个对象相关联，并且要在这个对象中拥有意义和意义，那么这个对象就必须能够以任何一种方式被给予出来。（KrV，A155；B194）

31. 所以经验的可能性就是，给予所有我们的先天知识以客观实在性的东西。（KrV，A156；B195）

32. 它们的客观实在性，作为必然的条件，任何时候都可以在经验中、甚至在经验的可能性中被指明。（KrV，A157；B196）

33. 经验，作为经验的综合，在它的可能性中是唯一的知识类型，它给予一切其他的综合以实在性。（KrV，A157；B196）

34. 凡是在经验的直观中与感觉相一致的东西，就是实在性（realitas phaenomenon，现相的实在性）。而凡是与这种实在性的缺乏相符合的，就是否定性 = o。（KrV，A168；B209）

35. 现象中的每一个实在性都有内包的大小，即有一个程度。（KrV，A168；B210）

36. 人们就把这种作为原因的实在性的程度称为，一个力矩（Moment）。（KrV，A168；B210）

37. 在实在性和否定性之间是一种可能的实在性的、以及可能更小的知觉的连续的关联。（KrV，A169；B211）

38. 一切现象一般都是连续的大小，要么按照其直观，而作为外延的大小，要么按照单纯的知觉（按照感觉，因而按照实在性），而作为内包的大小。

（KrV，A170；B212）

39. 每一个实在性都有它的程度。（KrV，A172；B214）

40. 为这些表象设置一个客体，或者超出它们的主观实在性。（KrV，A197；B242）

41. 经验的可能性，即一种知识的可能性，在这种知识中一切对象就必须最终能够被给予 42. 我们，如果它们的表象对于我们应该具有客观实在性。（KrV，A217；B264）

43. 所以只有对这一点，即这些概念先天地表达了在任何经验中的知觉的关系，人们才认识到这些概念的客观实在性，亦即它们的先验的真实性。（KrV，A222；B269）

44. 至于实在性，那么这本身就完全是不可能，具体地思想这种实在性，而无需这种经验之帮助。（KrV，A223；B270）

45. 必须手头上遥远有一种直观，以便在它上面说明纯粹知性概念的客观实在性。（KrV，A235；B288）

46. 但更值得注意的是，我们，为了理解事物遵照范畴们的可能性，因而阐明这些范畴的客观实在性，不单纯需要直观，而且甚至永远需要外部直观。（KrV，B291）

47. 协同性的范畴，按照它的可能性，根本不能通过单纯理性而理解，因而这个概念的客观实在性没有直观、确切地说没有空间中的外部直观，看清则是不可能的。（KrV，B292）

48. 事物作为大小的可能性，因而大小的范畴的客观实在性，也只有在外部直观中才能说明。（KrV，B293）

49. 实在性，人们只能够在与否定性的对立中解释它，如果人们想到一个时间（作为一切存在的总和），它要么以此而充实，要么就是空的。（KrV，A242）

50. 实在性是——那种只有通过一个肯定的判断才能被思考的——规定。（KrV，A246；B302）

51. 经过先验感性论所限制的现象的概念已经由自身给予了本体的客观实在性，并且有权利把对象划分为现相（Phaenomena）和本体（Noumena）。（KrV，A249）

52. 一种在其中找不到任何感性的知识必须是可能的，唯独它具有绝对的客观实在性。（KrV，A249）

53. 我称一个概念为成问题的（problematisch），它并不包含任何矛盾，甚至还作为那些被给予的概念的界限而与其他的知识相互关联，但它的客观实在性却不能以任何方式被认识。（KrV，A254；B310）

54. 如果实在性仅仅通过纯粹知性而被表象（realitas noumenon，本体的实在性），那么在实在性之间就不可能设想任何冲突了，亦即设想这样一种关系，它们在联结于一个主体中时互相取消其后果，就会是 3—3 = O。（KrV，A264；B320）

55. 相反，作为纯粹知性的客体，每个实体都必须拥有内部的规定和指向内部实在性的力。（KrV，A265；B321）

56. 一般物事物而未被限定的实在性也曾被视为一切可能性的质料。（KrV，A266；B322）

57. 这条原理：实在性（作为单纯的肯定）相互绝不会逻辑地冲突，是一个有关概念的关系的完全真实的命题。（KrV，A272；B328）

58. 因为实在的冲突就总是会发生，凡是在 A—B = 0 的地方，亦即凡是在一个实在性与另一个实在性，在同一个主体中联结，一个就取消另一个的作用的地方。（KrV，A273；B329）

59. 这种普通的力学甚至能够在一条先天规则中指出这种冲突的经验的条件，因为它着眼于方向上的对立：这是实在性的先验概念对之完全一无所知的一个条件。（KrV，A273；B329）

60. 按照这条原理，一切恶事都无非是被造物的局限、即否定性的后果，因为这些否定性是与实在性唯一相冲突的东西。（KrV，A273；B329）

61. 虽然现象并不作为自在之物本身而被包括在纯粹知性的客体之中，它们毕竟是唯一的我们的知识能够在其上而拥有客观实在性的客体，就是说，在这里直观与这些概念相符合。（KrV，A279；B335）

62. 此外，通过把一个单纯的肯定（实在性）附加到另一个之上，的确就增加了积极的东西，而没有从它减去或取消任何东西。（KrV，A280；B336）

63. 而人们不可以说：由于在实在性的概念之间找不到任何冲突，因此一切实在性就都是相互一致的。（KrV，A282；B338）

64. 这客体既不能作为大小、也不能作为实在性、也不能作为实体等等而被思想。（KrV，A288；B344）

65. 实在性是“某物”，否定性是无。（KrV，A290；B347）

66. 相反，它们的客观实在性则仅仅基于：因为它们构成一切经验的智性形式。（KrV，A310；B367）

67. 但尽管如此，它们却具有自己的实在性并且绝不会是单纯的幻影。（KrV，A314；B371）

68. 这门科学通常所从事的一切东西，都仅仅用作它达到这些理念及其实在性的手段。（KrV，A337；B395）

69. 现在，至少纯粹理性概念的先验的（主观的）实在性就根据于，我们

被一种必然的三段式推理带进了这样的理念。（KrV，A339；B397）

70. 一个——可以独自作为主词、而不能单作为谓词实存的——物的概念，仍还完全不具有任何客观实在性，亦即，人们不可能知道，是否能在任何地方把一个对象归之于它，因为人们看不出这样的一种生存方式的可能性。（KrV，B412）

71. 而从来没有被问过：现象的这种客观实在性究竟是不是那么完全正确呢，而这种客观实在性却被作为默认的而预设为前提，并且只对它必须如何被解释和理解的那种方式进行玄想。（KrV，A389）

72. 所以：实体，实在性，统一性（而非多数性）和生存，只是理性在这里把它们全都表象为一个本身是无条件的、思想着的存在者的可能性的条件。（KrV，A403）

73. 这里，简单的东西如何又与实在性范畴相符合，我现在还不能够指明，而会在随后的主要章节中，在某种别的、恰好是简单的东西的概念的理性运用的机会中，而得到指点。（KrV，A404）

74. 空间中的实在性、即质料，就是一个有条件者，其内部条件就是它的各个部分，而部分的部分则是更远的条件。（KrV，A413；B440）

75. 可能的经验就是这种，唯一能够给予我们的概念以实在性的东西；没有它，一切概念都只是理念，没有真实性并且没有与一个对象的关系。（KrV，A489；B517）

76. 把客观实在性归于一个仅仅用作规则的理念。（KrV，A509；B537）

77. 这种规律就必定会必然地推翻一切自由，如果人们想顽强地追随现象的实在性。（KrV，A537；B565）

78. 它们的客观实在性也不以经验的序列的完成、而以纯粹的先天概念为基础。（KrV，A565；B593）

79. 通过纯粹知性概念，没有一切感性的条件，任何对象都不可能被表象出来，因为缺乏这些对象的客观实在性的条件，而在这些概念中被找到的无非是思想的单纯形式。（KrV，A567；B595）

80. 但比之于范畴，理念更加远离于客观实在性；因为不可能找到任何它们能够得以具体表现出来的经验。（KrV，A567；B595）

81. 比理念显得更远离客观实在性的就是我称为理想的东西，我把它理解为——不单纯是具体的、而且是个体的——理念。（KrV，A568；B596）

82. 这些理想，虽然人们不想承认它们的客观实在性（生存），但毕竟不因为这一点就被看作是幻影。（KrV，A569；B597）

83. 而先验的肯定则是一个“某物”，它的概念自在地本身已经表达了一个存在，并因此被称为实在性（事实性）。（KrV，A575；B602）

84. 因而事物的一切可能的谓词都能够被得到，那么这个基底无非就是实在性的一个大全的理念（omnitudo realitafis，实在性的全体）。（KrV，A575；B603）

85. 实在的东西则包含——对于一切事物的可能性和通盘规定的——材料和所谓质料，或先验内容。（KrV，A575；B603）

86. 但也是通过实在性的这种全有，一个自在之物本身的概念，就作为一个被通盘规定了的概念，而表象出来了。（KrV，A576；B604）

87. 一般实在性的普遍概念不能被先天地划分，因为人们没有经验就不知道实在性的任何一个会包含在那个类之下的确定的种。（KrV，A577；B605）

88. 每一个物的通盘规定都基于这种实在性的这种大全的限制。（KrV，A577；B605）

89. 这样一来，事物的一切可能性（按照其内容的杂多之综合的一切可能性）就被看作是派生的了并且唯一只有那个把一切实在性都关进自身中的物之可能性才被看作是本源的。（KrV，A578；B606）

90. 因为一切否定（它们仍还是唯一的谓词，由此而使一切别的存在者区别于最实在的存在者），都只不过是一个更大的和最终的最高实在性的限制，因而它们预设了这种实在性，并且仅仅从这种实在性中推导出内容。（KrV，A578；B606）

91. 一切事物的可能性都将最高实在性——作为一种根据而不是作为整体——设置为基础。（KrV，A579；B607）

92. 这种实在性并不能够，作为一个成分，而属于最高存在者的理念。（KrV，A579；B607）

93. 因为理性只是把这个理念，作为一切实在性的概念，而设置为一般事物的通盘规定的基础，并不要求，这一切实在性被客观地给予出来并自身构成一个物。（KrV，A580；B608）

94. 感官对象的可能性是感官对象与我们思维的一种关系，在其中某物（即经验的形式）能够被先天思维，但那种构成质料的东西，在现象中的实在性，（与感觉相应的东西），却必须被给予，没有这种关系它甚至完全不可能被思维，并因而它的可能性也不能被表象了。（KrV，A581；B609）

95. 所以如果不是把一切经验的实在性的整体预设为一个对象的可能性条件，对我们来说就没有任何东西是一个对象。（KrV，A582；B610）

96. 我们后来就把关于一切实在性的总和的这个理念实体化了。（KrV，A582；B610）

97. 因而最高实在性的统一性和一切事物的通盘可规定性（可能性）看起来就像处于一个最高的知性中、因而处于一个理智中。（KrV，A583；B611）

98. 一个最高实在性的存在者的概念在可能事物的一切概念中最合适于一个无条件的必然存在者的概念。（KrV，A586；B614）

99. 于是它就寻找那种不依赖于一切条件者的概念，并且——在那个本身就是一切其他事物的充分条件的东西、亦即在那个包含着一切实在性的东西中——找到了这一概念。（KrV，A587；B615）

100. 我必须把一个——包含一切实在性、因而也包含一切条件的——存在者，看作是绝对无条件的。（KrV，A588；B616）

101. 假定，存在着在一些义务，它在理性的理念中是完全正当的，但却没有应用于我们自身的任何实在性、亦即没有动机。（KrV，A589；B617）

102. 一个绝对必然的存在者的概念是一个纯粹理性概念、亦即一个单纯的理念，它的客观实在性，由于理性还远远没有证明它的需要，它甚至只对一个一定的尽管达不到的完备性提供了指示，并且比之于把知性扩大到新的对象上，其实更多地用作限制知性。（KrV，A592；B620）

103. 既然在所有实在性之中也包括了此在，那么此在就存在于一个可能之物的概念中。（KrV，A596；B624）

104. 这个词：实在性，它在物的概念里听起来，不同于在谓词的概念里的生存，这是无济于事的。（KrV，A597；B625）

105. 如果我现在想到了一个作为最高的（没有缺陷的）实在性的存在者，那么永远就留下这个问题，它生存着，或者不生存着。（KrV，A600；B628）

106. 可能性的分析的标志，就在于单纯的肯定（实在性）不产生矛盾。（KrV，A602；B630）

107. 既然一切实在的属性的联结在一个物中是一种综合，其可能性我们不能够先天地判断，因为这些实在性并没有已经特别地给予过我们。（KrV，A602；B630）

108. 这个宇宙论的证明，我们现在所要研究的，保留了绝对必然性与最高实在性的连结，但取代如同那个上次的证明那样，从最高实在性中推出在此在中的必然性，而宁可从任何一个存在者的被预先给予的无条件的必然性、推出它的无限制的实在性。（KrV，A604；B632）

109. 人们在这里预设了，一个最高实在性的存在者的概念完全满足此在中的绝对必然性概念。（KrV，A607；B635）

110. 这个概念（最高实在性的概念）应归于哪些事物，哪些事物就是绝对必然的。（KrV，A611；B639）

111. 但纯粹理性的一个理想却不能称为无法探明究竟的，因为这个理想远不能揭示它的实在性的任何证明。（KrV，A614；B642）

112. 只有实在性的大全（omnitudo，整全）才是在概念中通盘规定了的。

（KrV，A628；B656）

113. 那绝对必然者的通盘被规定的或作规定的概念，即一个无所不包的实在性的概念。（KrV，A629；B657）

114. 关于它我们的概念好像是单纯先验的，即无非一个拥有一切实在性的存在者的概念。（KrV，A631；B659）

115. 把凡是与这个最高实在性相违背的东西、凡是单纯属于现象的（属于宽泛理解上的拟人论的）东西，取消掉。（KrV，A640；B668）

116. 这个最高存在者对于理性的单纯思辨的运用来说仍然是一个单纯的、但毕竟是完美无缺的理想，是一个终止整个人类知识并使之圆满完成的概念，它的客观实在性以这种思辨的运用的方式虽然不能被证明、但也不能被反驳。（KrV，A641；B669）

117. 这种一般基本力的理念不仅仅会作为问题被规定而假设地运用，而且还会假托客观实在性。（KrV，A649；B678）

118. 纯粹理性的原理对这个经验对象也具有客观实在性，只是并不是为了在这些经验之对象上有所规定，而只是为了指明这种处理方式。（KrV，A665；B693）

119. 一个最高理智的概念是一个单纯的理念，亦即，它的客观实在性并不应当在于，它直接与一个对象相关联（因为在这种意义上我们将不能够为它的客观有效性辩护），而应当在于，它只是一个按照最大的理性统一性的条件而被整理的、一个一般事物的概念的图型。（KrV，A670；B698）

120. 这些理念不应当自在本身地被假定，而它们的实在性，只应当被看做一切自然知识的系统统一性的调节性原则的图型之实在性。（KrV，A674；B702）

121. 一切经验的实在性都把它们的最高的和必然的统一性建立在这个某物之上，我们只能按照与一个根据理性法则应该是万物的原因的现实实体的类比。（KrV，A675；B703）

122. 实在性、实体、原因性，甚至此在中的必然性的概念，除了它们使一个对象的经验的知识成为可能的这种运用之外，根本没有任何——规定某个客体的——意义。（KrV，A677；B705）

123. 我将按照与这个世界中的实在性、实体、原因性和必然性的类比而设想一个在最高完善性中拥有这一切的存在者。（KrV，A678；B706）

124. 只作为在理念中而非在实在性中的对象，即只要这个对象仅仅是世界机制的系统统一性、秩序和合目的性的一个为我们所不知道的基底。（KrV，A696；B724）

125. 没有人能够从任何别的地方、而只能从经验中取得一个与实在性概念

相一致的直观。（KrV，A715；B743）

126. 然而，当一种实在性、实体、力等先验的概念被给予我时，那么这种概念就既不表示一种经验的直观，也不表示一种纯粹的直观，而只表示经验的直观（因而也不能表示被先天给予的直观）的综合。（KrV，A722；B750）

127. 这种活动先天发生并且构成了这个物的概念的客观实在性。（KrV，A766；B794）

128. 只有在一切可能经验的界限之外才能够找到它的对象的概念的客观实在性。（KrV，A781；B809）

129. 因此纯粹理性的原则在它的实践的、但特别在道德的运用中，具有客观实在性。（KrV，A808；B836）

130. 一个道德世界的理念因而就具有客观的实在性，不作为似乎它在指向一个理知的直观的对象（这样一类对象我们完全不能思维），而指向感官世界。（KrV，A808；B836）

131. 这种系统的统一性的实在性也不能建立在别的东西、而只在一个最高的本源的善的预设之上。（KrV，A814；B842）

132. 前一派也并不因此就正好就跟知性概念否认实在性，但这种实在性在他们那里只是逻辑性的。（KrV，A854；B882）

数目的，数目上的（numerisch）

1. 凡是必然要被表现为数目的同一的东西，都不能通过经验的材料而被思考为一个这样的东西。（KrV，A107）

2. 但数目上的同一性，与作为一个先验表象的这个自我意识，是不可分割的，并且是先天地肯定的。（KrV，A113）

3. 这个现象在相同时间的地点的差异却毕竟是对象（感官对象）本身“数目的差异性”的一个足够的根据。（KrV，A263；B319）

4. 所以多数性和数目的差异性已经被作为外部现象的条件的空间本身说明了。（KrV，A264；B320）

5. 因而一切事物就会完全是相同的了（numro eadem，数目等同），它不在它的概念中已经（按照质或量）而相互区别。（KrV，A281；B337）

6. 不过，两个立方尺在空间中却仅仅由于它们的方位而已经区别了开来（numero diversa，数目有别）。（KrV，A282；B338）

7. 按照不同时间，在这些时间中灵魂就是，数目的一同一的，即单一性（非多数性）。（KrV，A344；B402）

8. 如果我想通过经验而认识一个外部对象的数目的同一性，那么我就会留意这样的现象的持存者，这种现象作为主体，是一切其余的现象作为规定而相

关联，并且我会注意到，在其他现象交替的时间中那个持存者的同一性。（KrV，A361）

9. 因而我就把所有以及每一个我的前后相继的规定都与这个——在一切时间、即在我自身的内部直观的形式中的——数目的同一的自身联系了起来。（KrV，A362）

10. 因而我就把所有以及每一个我的前后相继的规定都与这个——在一切时间、即在我自身的内部直观的形式中的——数目的同一的自身联系了起来。（KrV，A362）

11. 但这种持存性在我们由同一性统觉中推论出我们自身的数目上的同一性之前，不通过任何东西而被给予我们，而是从这种数目上的同一性中才首次推论出来的。（KrV，A365）

12. 因此人们被那个思想着的“我”（灵魂），而把自己设想为实体、简单的、在一切时间中数目上同一的东西。（KrV，A402）

13. 时间中在多数性上无条件的统一性、即不是在不同时间中数目上相区别，而是作为“一”和恰好“同一个主体”。（KrV，A404）

数学（die Mathematik）

1. 数学和物理学是——理性应当先天地规定它的对象的——两门理论的理性知识，前者完全纯粹地规定，后者则至少部分纯粹地、但也还按照不同于理性来源的另一种知识来源的尺度而规定。（KrV，BX）

2. 数学自人类理性的历史所达到的最早的时代以来，在值得惊叹的希腊民族中就已走上了一种科学的可靠的道路。（KrV，BX）

3. 通过一场一蹴而就的革命已经变成，它们现在的所是的——数学和自然科学的范例，本该是足以引人注意的，以便沉思这种思维方式变革的基本部分，这种思维方式已经把这两门科学变得如此有益。（KrV，BXVI）

4. 人们如果想从科学中举一个例子，那么人们就可以只把目光投向一切数学命题。（KrV，B5）

5. 数学给予我们一个光辉的范例，我们独立于在先天知识中的经验我们能够把它带到多远。（KrV，A4；B8）

6. 数学的判断全部都是综合的判断。（KrV，B14）

7. 真正的数学命题任何时候都是先天判断而不是经验的判断。（KrV，B15）

8. 纯粹数学肯定包含先天综合命题。（KrV，B20）

9. 纯粹数学是如何可能的？（KrV，B20）

10. 但这两位所想出的这种经验的推导，并不能与我们所拥有的先天科学

知识、即纯粹数学和普遍自然科学的现实性，相一致，因而被事实所驳斥。（KrV，B128）

11. 一切数学概念自己还不是知识；除非，人们假设有——只根据那个纯粹感性直观的形式而呈现给我们的——事物。（KrV，B147）

12. 数学就具有这样的原理，但它们在经验上的运用、因而它们的客观有效性、甚至这样的先天综合知识的可能性（先天综合知识的演绎）毕竟都永远建基于纯粹知性之上。（KrV，A160；B199）

13. 广延的数学（几何学）连同它的那些公理，就建立在生产的想像力在形状的产生中的这种相继综合的基础之上。（KrV，A163；B204）

14. 凡是数学在对那种综合的纯粹运用中所证明的东西，这种东西也必然地适用于这些知识。（KrV，A165；B207）

15. 这些现象如何能够既按照直观又按照知觉的实在，根据一种数学综合的规则而产生出来。（KrV，A178；B221）

16. 在哲学中，类比意味着某物很不同于它们在数学中所表现的东西。（KrV，A179；B222）

17. 现在，数学中的一个公设叫作实践命题，它所包含的无非是——我们因此最初给予自己的一个对象、并且产生出它的概念来的——那种综合。（KrV，A234；B287）

18. 数学通过形状的构造而满足了这一要求，形状，是一种对感官的当下的（虽然先天地获得的）现象。（KrV，A240；B299）

19. 数学毕竟不能在人类的最高和最迫切的目的方面使他获得任何满足。甚至数学（这种人类理性的骄傲）的真正尊严也基于，它将给理性提供这种指导，在宏观和微观上、在自然的秩序和合规则性中、同时在推动自然的那些力量的值得惊叹的统一性中，洞察自然，远远超出了对建立在普通经验上的哲学的一切期望，数学甚至由此也给理性的超出一切经验之上的扩展的运用，提供了诱因和鼓舞，因而给从事于这种研究的世间智慧提供了最出色的材料。（KrV，A464；B492）

20. 除了先验哲学之外还有两门纯粹的理性科学，一门仅仅是思辨的、另一门则是实践的内容：纯粹数学和纯粹道德学。（KrV，A480；B508）

21. 数学提供了——一个没有经验之辅助、而有幸自行扩展纯粹理性的——最光辉的例子。（KrV，A712；B740）

22. 数学知识则是出自概念的构造的理性知识。（KrV，A713；B741）

23. 所以，哲学知识只在普遍中考察特殊，而数学知识则在特殊中、甚至在个别中考察普遍，但却仍然先天地并借助于理性，以至于，正如这种个别在构造的一定的普遍条件之下被规定一样，概念的对象，这种个别只作为这概念

的图型而与它相应，也同样必须被设想为普遍地被规定。（KrV，A714；B742）

24. 哲学仅仅执着于普遍概念，而数学则并不对准单凭概念，而马上赶紧转向直观，在直观中它具体地考察概念，但却非经验地、而只在它先天地表现出来、即构造出来的这样一种直观中考察，在其中，从那种构造的普遍条件中得出的东西，也必然对这构造起来的概念的客体普遍有效。（KrV，A715；B743）

25. 通过概念的构造作直觉的理性运用。（KrV，A719；B747）

26. 数学的缜密性以定义、公理、演证为基础。（KrV，A726；B754）

27. 定义 ad esse（在本质上）属于数学，而 ad melius esse（在较充分的本质上）则属于哲学。（KrV，A731；B759）

28. 我们在数学中先于定义就根本没有任何概念，只有通过定义，概念才首先被给予出来，所以数学任何时候也都必须而且能够从定义开始。（KrV，A731；B759）

29. 数学的定义决不能弄错。因为，既然概念通过定义才首先被给予，那么它就恰好只包含，这定义原来要通过它而思考的东西。（KrV，A731；B759）

30. 在定义中数学的方法在哲学中不可模仿。（KrV，A732；B760）

31. 数学是能够提出公理的，因为它可以借助于在对象的直观中构造概念而先天地直接连结对象的谓词，例如“三点任何时候都处于一个平面”。（KrV，A733；B761）

32. 只有数学才包含演证，因为它不是从概念中、而是从对概念的构造中，即从能够与这些概念相符合地被先天给予的直观中，引出自己的知识。（KrV，A734；B762）

33. 哲学知识却必定缺少这种优点，因为它任何时候都必须（通过概念）在抽象中考察共相，然而数学却能够在具体中（在个别直观中）却又通过先天的纯粹表象而考虑共相，在这里每一步失足都会是明显的。（KrV，A734；B762）

34. 在数学中，引导我的综合的是先天直观。（KrV，A782；B810）

35. 因此这就是荒谬的，在纯粹数学中抱有意见。（KrV，A823；B851）

36. 所以人们在一切（先天的）理性科学中只能唯一地学习数学，决不学习哲学（除非是历史地学习），而学习理性所涉及的东西、最多只能学习做哲学研究。（KrV，A837；B865）

37. 人们通常称之为普通物理学（physica ge－neralis）的东西，这种东西与其说是自然哲学，不如说是数学。因为自然的形而上学完全脱离于数学，它也远不比数学提供如此多的扩展性见识。（KrV，A847；B875）

38. 数学、自然科学，甚至人类的经验的知识，作为——大部分朝着人类

偶然的、但最终却毕竟朝着必然的和本质的目的的——手段，而具有一种很高的价值。（KrV，A850；B878）

数学的，数学性的（mathematisch）

1. 数学的判断全部都是综合的判断。（KrV，B14）

2. 真正的数学命题任何时候都是先天判断而不是经验的判断。（KrV，B14）

3. 所以他们必须争辩数学的先天学说在现实的事物（如空间中的事物）方面的有效性，至少无可置疑的确定性。（KrV，A40；B57）

4. 我最好把第一个门类称为数学的范畴，把第二门类称为动力学的范畴。（KrV，B110）

5. 一切数学概念自己还不是知识。（KrV，B147）

6. 同样，数学的原理也不构成这个体系的任何部分，因为它们仅仅从直观、而不从纯粹知性概念而引出。（KrV，A149；B188）

7. 在纯粹知性概念应用于可能经验中，它们的综合的运用要么是数学的，要么是动力学的。（KrV，A160；B199）

8. 所以数学的运用的原理是无条件的必然的，亦即表现为无可置疑的。（KrV，A160；B199）

9. 所以我将把那两条称为数学的原理，而把这两条称为动力学的原理。（KrV，A162；B201）

10. 前面的两条原理我曾称为数学的原理，是考虑到它们有权把数学应用到现象上，它们根据现象的单纯可能性而走向现象。（KrV，A178；B221）

11. 因为它们只是调节性的原理，并且它们与那些本身是构成性的数学性原理，虽然不在确定性中——确定性在两者中都是先天肯定的，但毕竟在显明的方式中，亦即在原理的直觉的东西中，（因而也在演证方面），相区别。（KrV，A180；B223）

12. 纯粹知性的原理，它们可以是先天构成性的（如数学的原理），或者仅仅是调节性的（如动力学的原理），所包含的似乎无非只是可能经验的纯粹图型。（KrV，A237；B296）

13. 数学公理（例如两点间只能有一条直线，）甚至是先天的普遍知识，因此它相对于能够被归摄于它们之下的那些情况，而有权利叫作原则。（KrV，A300；B356）

14. 对数学性的—先验理念的解决的结论性评注。（KrV，A528；B556）

15. 因为，按照我们前面的范畴表，两种范畴意味着现象的数学的综合，而剩余两种范畴则意味着现象的一种动力学的综合。（KrV，A529；B557）

16. 因为我们，正如我们在一切先验理念的普遍表象中一直只停留在现象中的条件之间一样，在两种数学性的先验理念中同样也无非拥有在现象中的对象。（KrV，A529；B557）

17. 在现象序列的数学联结中只有感性的条件能够进来，亦即这样一种条件，它本身是序列的一部分。（KrV，A530；B558）

18. 因此，动力学的理念，在现象的序列之外，允许了现象的一个条件、即这样一个本身并不是现象的条件，这就发生了某种——与数学的二律背反的后果的完全不同的事情。（KrV，A531；B559）

19. 而这在那些——单纯涉及数学性无条件的统一性的——宇宙论理念那里，则决不可能发生。（KrV，A532；B560）

20. 数学的回溯原本只涉及部分复合为一个整体、或整体分裂为它的部分，这个序列的条件就一直必须被看作这个序列的部分、因而被看作同质的、所以也必须被看作现象。（KrV，A560；B588）

21. 在先验分析论中，我们已经在知性原理中把动力学的原理，作为直观的仅仅调节的原则，与数学的原理，它在直观方面是构成性的原则，区分了开来。（KrV，A664；B692）

22. 所以对我们来说重要的是要知道：是否这种——获得了无可争辩的确定性，而人们在数学科学中称这种确定性为数学的确定性的——方法，与人们恰好在哲学中所寻求的这种确定性，而必须被称为独断的那种确定性的方法，应该是一样的。（KrV，A713；B741）

23. 哲学知识只在普遍中考察特殊，而数学知识则在特殊中、甚至在个别中考察普遍，但却仍然先天地并借助于理性。（KrV，A714；B742）

24. 但第二种处理方法就是数学的、确切地说在这里就是几何学的构造。（KrV，A718；B746）

25. 先天地认识是通过概念的构造而来的合理的与数学的知识，后天地认识则是单纯经验的（机械的）知识。（KrV，A721；B749）

26. 我会构造一个三角形的数学概念，即先天地在直观中提供出来，并且以这种途径获得一种综合的、但却合理的知识。（KrV，A722；B750）

27. 这却是通过概念的构造的理性事务，而叫做数学性的知识。（KrV，A724；B752）

28. 哲学的定义仅仅作为给予的概念的说明，但数学的定义则作为本源地被制造的概念之结构，前者只通过剖析（它的完备性肯定不是无可置疑的）而分析地产生，而后者则综合地产生，因而制造概念本身，相反前者只解释概念。（KrV，A730；B758）

29. 数学的定义决不能弄错。（KrV，A731；B759）

30. 在定义中数学的方法在哲学中不可模仿。（KrV，A732；B760）

31. 但纯粹理性在它的独断的（非数学的）运用中并没有如此十分地意识到对它的至上的法则的最严格的遵守。（KrV，A739；B767）

32. 一切理性知识要么是来自概念、要么就是来自概念的构造；前者叫哲学的知识，后者叫数学的知识。（KrV，A837；B865）

瞬间（der Moment）

1. 所以人们可以完全抽掉现象的外延的大小，而仍然能在一个瞬间的单纯感觉上表象一种从0到给予的经验的意识的均匀上升的综合。（KrV，A176；B218）

说明（die Exposition）

1. 内感官形式的说明。（KrV，B152）

2. 知性的原理只是说明现象的原则。（KrV，A247）

3. 我们的纯粹知性知识在任何地方都不会走出现象的说明。（KrV，A250）

4. 绝对总体性的理念所涉及的无非是，现象的说明，因而不涉及一般事物的一个整体的纯粹知性概念。（KrV，A416；B443）

5. 因而在现象说明中没有任何应用和对象。（KrV，A437；B465）

6. 因为在感性中，即在空间和时间中，我们在说明给予的现象中所能够达到的——每一个条件，又都是有条件的。（KrV，A508；B536）

7. 代替“定义”这个术语，我更喜欢使用“说明”这个术语。（KrV，A729；B757）

8. 德国的语言对 Exposition、Explikation、Deklaration 和 Definition（说明、解释、宣示、定义）这些术语无非只有一个词：解释（Erklarung），因此我们已经必须有些放松了这种要求的严格，因为我们拒绝了定义的尊称的哲学解释，并且愿意将这种整个注释局限于：哲学的定义仅仅作为给予的概念的说明，但数学的定义则作为本源地被制造的概念之结构。（KrV，A730；B758）

9. 不完备的说明就先行于完备的说明，以致于在我们达到完备的说明、即达到定义之前，就能够从——我们已经从一个尚未完成的剖析中抽引出来的——一些特征中，能够预先推论出许多东西。（KrV，A730；B758）

斯多葛派（der Stoiker）

1. 但（斯多葛派的）圣贤是一种理想，即一种单纯在思想中生存的人，但这种人与智慧的理念完全一致。（KrV，A569；B597）

思辨（die Spekulation）

思辨的（spekulativ）

思辨（spekulieren）

1. 思辨哲学家的一种较为合理的要求仍然也被照顾到了。（KrV，BXXXIV）

2. 但这就是人类理性在思辨中一种通常的命运，尽可能如此早地，造完它的大厦，并且然后才首先调查，它的根基是否的确已为此而设置了。（KrV，A5；B9）

3. 我们先天的思辨知识的全部最终意图都建基于这样的综合性的、亦即扩展性的原理之上。（KrV，A10；B13）

4. 在一切人类中，一旦理性在他们之内扩展到了思辨，则任何时代都现实地存在过、并还将永远保留一种形而上学。（KrV，B21）

5. 这样一个入门本该不必叫做一种学理，而只必须叫作纯粹理性的批判，而它的用处在思辨方面实际上就将只是否定性的，不是用来扩展、而只是用来澄清我们的理性。（KrV，A11；B25）

6. 在他们那里，知识划分为 αlσθηιά καi νοηια，即感性和理性，是很有名的），要么就和思辨哲学一起分享这个名称并部分地在先验的意义中、部分地在心理学的含义中接受 Ästhetik。（KrV，A21；B36）

7. 关于公正的概念，健全知性使用着它的概念，正好包含着，那种最微妙的思辨可以从中发挥出来的东西。（KrV，A43；B61）

8. 所以给一个计划了的思辨科学的所有要素、乃至这些要素的秩序，提供指示。（KrV，B110）

9. 既然丧失一个在思辨的世间智慧中有更大应用的概念对于哲学家来说绝不可能是无所谓的，所以我希望，这个概念所依赖的那个术语的规定和细心保存，对于哲学家来说也不会是无所谓的了。（KrV，A325；B382）

10. 这个在单纯理性的思辨运用中的极大值原本就是全部意图。（KrV，A328；B384）

11. 更不用说，它们或许就使从自然概念到实践概念的一个过渡成为可能，并且使道德理念本身以这种方式能够获得行为以及与理性的思辨知识的相互关系。（KrV，A329；B386）

12. 这样，一种试图超出可能经验界限之外、而仍然属于人类最高利益的知识，这已到了应当被归功于思辨哲学的地步，就消失于落空了的期望中了。（KrV，B424）

13. 对于思辨而言，不幸的则是（但也许对于人类的实践使命而言却是幸运的），理性感到自己在它最大期望中如此处于一种根据与相反根据的争夺中，

以至于无论是为了它的荣誉、还是哪怕为了它的安全，都不适宜于抽回去了。（KrV，A464；B492）

14. 在正题方面也表现出理性的一种思辨的兴趣。（KrV，A466；B494）

15. 经验论给理性的思辨的利益提供了好处，这些好处是非常诱惑的并且远远超过了理性理念的独断论学说所可能许诺的。（KrV，A468；B496）

16. 这种真正的思辨知识到处都不能遇见别的对象，而无非经验之对象。（KrV，A471；B499）

17. 但最终在普通知性那里，一切思辨的兴趣在实践的东西面前都微不足道。（KrV，A473；B501）

18. 先验哲学在一切思辨的知识中拥有这个特点：根本没有任何涉及到一个被给予了纯粹理性的对象的问题，恰恰对于拥有这个特点的人类理性来说是不可解决的，并且没有任何不可避免的无知和任务的深奥莫测的借口能够推卸彻底而完全的解答责任。（KrV，A477；B505）

19. 除了先验哲学之外还有两门纯粹的理性科学，一门仅仅是思辨的、另一门则是实践的内容：纯粹数学和纯粹道德学。（KrV，A480；B508）

20. 选择义务，在这里将会通过一种实践的补充而把思辨的犹豫不决带出相持状态。（KrV，A589；B617）

21. 我们在一切民族那里，都还看到一神教的一些微光穿透过他们最盲目的多神教，导致这一点的不是沉思和深刻的思辨，而只是普通知性的逐步变得明白起来的一种自然进程。（KrV，A590；B618）

22. 理性，在一条途径（经验的途径）上，比在另一条途径（先验的途径）上，少一些成果，并且理性陡然松开它的翅膀，为了单纯通过思辨的力量而超出于感官世界之上。（KrV，A591；B619）

23. 这种推理方式不单单对于普通知性、而且甚至对于思辨的知性而言都随身携带着最大的说服力。（KrV，A604；B632）

24. 本体论的证明所包含的就仍然还是唯一可能的证明根据（假使在一切领域都发生一种思辨的证明），而这种证明根据，任何人类理性都不可以忽略过去。（KrV，A625；B653）

25. 来自理性的思辨原则对一切神学的批判。（KrV，A631；B659）

26. 一种理论的知识，如果它指向一个人们在任何经验中都不可能达到的对象、或者关于一个对象的那些概念，那么就是思辨的知识。（KrV，A634；B662）

27. 这条原理，从发生的东西中、（从经验的偶然之物中）、作为结果、而推导出一个原因，是一条自然知识的原则，但不是思辨知识的原则。（KrV，A635；B663）

28. 如果人们从世界上事物的此在推导出它们的原因，那么这就不属于自然的、而属于思辨的理性运用。（KrV，A635；B663）

29. 自然的运用不把事物自身（实体）、而只把那些发生了的东西、因而把它们的状态、作为经验的偶然的东西与某个原因联系起来；实体本身（物质）按照此在就该是偶然的，这必须就是一种单纯思辨的理性知识。（KrV，A635；B663）

30. 鉴于神学的理性的一种单纯思辨运用的一切尝试都是完全无结果的，并且按照它的内部性状毫无意义的。（KrV，A636；B664）

31. 自然神学的证明虽然也许能够加强别的证明（如果这样的证明还能获得），因为它把思辨与直观连结了起来。（KrV，A637；B665）

32. 一切单纯思辨的证明却还导致一个唯一的、亦即本体论的证明。（KrV，A638；B666）

33. 尽管理性在它的单纯思辨的运用中对这个如此伟大的目标、即对达到一个至上存在者的此在，是远远不充分的。（KrV，A639；B667）

34. 这个最高存在者对于理性的单纯思辨的运用来说仍然是一个单纯的、但毕竟是完美无缺的理想，是一个终止整个人类知识并使之圆满完成的概念。（KrV，A641；B669）

35. 因为它们是通过我们理性的本性而交给我们的，而我们思辨的一切权利和要求的这个至上法庭本身不可能包含本源的迷惑和幻觉。（KrV，A669；B697）

36. 这个唯独以理性概念为依据的最高形式的统一性，就是事物的合目的的统一性，而理性的思辨的兴趣则有必要把世界的一切安排都看作，好像它们来源于一个最高理性的意图。（KrV，A686；B714）

37. 一切在思辨的运用中的理性凭借这些要素决不能够超出可能经验之领域。（KrV，A702；B730）

38. 全部纯粹理性在其单纯思辨的运用中并不包含一个出自概念的唯一的直接综合判断。（KrV，A736；B764）

39. 如果在纯粹理性的思辨运用中按照内容也根本没有教条，那么一切教条的方法，无论它是向数学家借来的、还是应当成为一种固有的风格，对于自身都是不合适的。（KrV，A737；B765）

40. 我们为此恰好没有必要，寻思严格按规定的证明，而总还是能够假定那些——在经验的运用中完全可以与我们理性的思辨旨趣相关联、并且此外它又是使这种旨趣与实践的旨趣相联结的唯一手段的——命题。（KrV，A742；B770）

41. 理性在其超脱一切利益的思辨中到底能够送多么远，并且人们究竟是

否必须对这种思辨怀有某种指望，或者必须在面对实践的事情时宁愿完全放弃它。（KrV，A747；B775）

42. 承认思辨的缺乏和无可置疑的确定性。（KrV，A749；B777）

43. 我们既然通过我们理性的批判最终知道了这么多，以至于我们在理性的纯粹的和思辨的运用中事实上根本就一无所知。（KrV，A769；B797）

44. 理性的思辨运用的先验假设，以及一种——为了弥补自然的解说根据的缺乏、而万不得已时利用超自然解说根据的——自由，都根本不能被容许。（KrV，A773；B801）

45. 即使在纯粹理性的单纯思辨的问题那里不发生任何假设，以便把命题建立于其上，那么这些假设却仍然是完全允许的。（KrV，A775；B803）

46. 鉴于实践的运用，理性拥有一种权利，假定某种——理性无论如何都不会、在单纯思辨的领域里、没有充分证明根据、而被授权而预设的——东西。（KrV，A776；B804）

47. 在理性的思辨的运用中假设作为意见自在本身并没有任何有效性，而只相对于那些反对方面的超验的狂妄才具有有效性。（KrV，A781；B809）

48. 我们并不向理性过高要求某种显然超出它的能力的东西，或者毋宁说，使它，在它的思辨的扩展企图发作、不喜欢受到限制的理性的时候，听命于节制的训练。（KrV，A786；B814）

49. 一个存在者此在中的无条件的必然性绝对不可能被我们所理解，因此在主观上我们有权利抵制对一个必然的至上存在者的任何思辨的证明。（KrV，A792；B820）

50. 这个批判就会轻易地揭示出独断论的幻相，而纯粹理性就被迫，放弃它的在思辨的运用中被驱使得太高了的狂妄，而退回到它自己的地盘界限、即实践的原理之内。（KrV，A794；B822）

51. 理性能够并且必须自己行使这个训练，而不允许别的监察官检查自己，并且，它强迫为它的思辨运用设定界限，同时限制每个对手的玄想的狂妄。（KrV，A795；B823）

52. 它踏上这条单纯思辨之路，为了靠近它们；但它们却在它面前逃离了。（KrV，A796；B824）

53. 纯粹理性在它的思辨的运用中的一切综合知识，根据一切迄今所进行的证明，都是完全不可能的。（KrV，A796；B824）

54. 理性的思辨在先验运用中最后所导致的终极意图，涉及到三个对象：意志自由，灵魂不朽，和上帝此在。（KrV，A798；B826）

55. 理性的思辨运用的一条必要的规则就是，不要错过自然原因，并且放弃我们能够被经验所教导给我们的东西，以便推导出，我们所知道的东西，来

自完全超出了我们的一切知识的东西。（KrV，A799；B827）

56. 这在实践中与我们没有关系，而在这种实践那里我们首先只询问理性为了行为的规范，而这只是一个思辨的问题，只要我们的意图已经针对所为所不为，我们就可以把它搁在一边。（KrV，A803；B831）

57. 先验自由的问题单纯涉及思辨的知识。（KrV，A803；B831）

58. 理性在它的思辨的运用中引领我们通过了经验的领域。（KrV，A804；B832）

59. 我的理性的一切（不仅思辨的、而且实践的）兴趣都统一在下面三个问题：1·我能够知道什么？2. 我应当做什么？3. 我可以希望什么？（KrV，A805；B833）

60. 第一个问题是单纯思辨的。（KrV，A805；B833）

61. 纯粹理性包含着，——虽然不在它的思辨的、但却在一种确定的、即道德的运用中，——经验之可能性的原则。（KrV，A807；B835）

62. 系统统一性的一种特殊种类、即道德的统一性，必须是可能的，然而这种系统的自然统一性按照理性的思辨原则不可能证明。（KrV，A807；B835）

63. 这种道德神学便具有胜过思辨神学的特有的优点：即它不可避免地引导上一个唯一的、最最完善的和有理性的原始存在者的概念，思辨神学对此就从不从客观的根据中暗示我们，更谈不上能使我们确信这件事情了。（KrV，A814；B842）

64. 这种运用会给予一种超验的运用，但正如单纯思辨的超验的运用一样，这必将颠倒并破坏理性的最后目的。（KrV，A819；B847）

65. 在理性的先验运用中意见当然是太少了，但知识却也太多了。所以在单纯思辨的意图中我们在这里就完全不能判断。（KrV，A823；B851）

66. 视其为真的主观根据，正如能够产生信念来的那些根据一样，在思辨的问题那里则不值得任何赞同，由于它们游离一切经验的帮助则保持不住，也不能以同一尺度传达于别人。（KrV，A823；B851）

67. 但信念这个词只针对一个理念所给予我的引导，并且针对我的理性活动的促进的主观影响，这种促进使我把持着理性活动，尽管我并不因为它而在思辨方面给出辩解。（KrV，A827；B855）

68. 如果加固和扩展这种兴趣，你们将发现理性是很好教导的，并甚至更为开明的，以便思辨的兴趣再与实践的兴趣相结合。（KrV，A830；B858）

69. 形而上学划分为纯粹理性的思辨的运用的形而上学和实践的运用的形而上学，所以要么是自然的形而上学，要么是道德的形而上学。（KrV，A841；B869）

70. 一门这样的科学的这种理念恰好与思辨的人类理性，同样古老；并且，

哪一个理性不是在思辨呢，无论它是以经院哲学的方式，还是以世俗的方式出现？（KrV，A842；B870）

71. 形而上学的那个首先已经侵占这一名称的思辨的部分，即我们称为自然形而上学的、并且从先天概念而考虑一切、只要它所是的东西（而不是所应当是的东西）的形而上学，就被划分为如下的类型。（KrV，A845；B870）

72. 形而上学，作为单纯的思辨，更多地用于阻挡错误，而非扩展知识。（KrV，A851；B879）

73. 通过无须科学的普通的理性（他把这叫做健全理性），在构成形而上学最崇高的任务的问题方面，也可以比通过思辨，更达到效果。（KrV，A855；B883）

思辨理性（die speculative Vernunft）

1. 我希望在自然的形而上学这个标题下甚至提供出这样一种纯粹的（思辨的）理性的体系（KrV，AXXI）

2. 形而上学，一种完全孤立的、思辨的理性知识，它完全超越于经验教导。（KrV，BXIV）

3. 当一切进展的思辨理性在这个超感官领域中被否定之后，是否并不在它的实践知识中发现依据。（KrV，BXXI）

4. 纯粹思辨理性批判的工作就在于这种尝试，改变形而上学迄今的处理方式，并且由此，我们按照几何学家和自然科学家的范例而进行一场形而上学的革命。（KrV，BXXII）

5. 因为纯粹思辨理性本身具有的特点是，它能够并且应当，按照不同的方式，就像它为自己选择思维的客体一样，衡量自己的能力，并且甚至完备地清点出，它为自己提交任务的各种方式，并且如此而记录下一个形而上学系统的整体轮廓。（KrV，BXXIII）

6. 永远也不要冒险用思辨理性去超越出这个经验界限，并且这在事实上也是形而上学的第一个用处。（KrV，BXXIV）

7. 但假定思辨理性已证明，自由完全不可能被思想，那么必然地，那个前提，亦即道德的前提，就必须让位于，那个它的反面包含一种明显的矛盾的前提。（KrV，BXXIX）

8. 如果我要完成我的计划，把自然的形而上学和道德的形而上学，作为思辨理性和纯粹理性的批判的正确性的证实，而提供出来，节省时间而处理。（KrV，BXLII）

9. 先验一哲学是一种纯粹单单思辨的理性的世间智慧。（KrV，A15；B29）

10. 对这些理念的见识将会使得神学、道德，以及通过这两者的联结，使

得宗教，因而使得我们此在的那些最高目的，都仅仅依赖于思辨的理性能力而别无所依。(KrV，A337；B395)

11. 经此，对于来世设想的、权限、甚至必要性，按照与思辨的理性运用联结着的实践的理性运用的原理，在此则仍然没有丝毫损失。(KrV，B424)

12. 除非一个严格的、但却是公正的批判的冷静性，才能够把这么多人通过想像出来的幸福、从这种独断论的花招中解脱、拖到理论和系统之中，并且限制我们的一切思辨的要求而只在可能经验的领域。(KrV，A395)

13. 为了理性，它在抽象的思辨中不容易被发觉它的失足，由此而促使人们注意到在对它们的原理作规定时的各种要素。(KrV，A424；B452)

14. 如果我们恰好考虑到在与理性的关系中的这种行动，确切地说，不是考虑到思辨的理性，以便按照这些行动的起源而解释它们每一个，而是考虑到完全单独地、只要理性产生这些行动本身的原因。(KrV，A550；B578)

15. 论思辨理性推导出最高存在者此在的各种证明根据。(KrV，A583；B611)

16. 在这个宇宙论的论证中汇聚了如此之多的玄想的原理，以致于思辨理性在这里看来使用了它的一切辩证技艺、以便完成最大可能的先验幻相。(KrV，A606；B634)

17. 这里的一切都塌陷在我们脚下了，并且最大的完善性，正如最小的完善性，都无法镇静地仅仅飘荡在思辨理性的面前。(KrV，A613；B641)

18. 要是这个证明也是不可能的：那就任何地方都不可能有什么——出自单纯思辨理性而符合于我们的先验理念的一个存在者的此在的——使人满意的证明是可能的了。(KrV，A620；B648)

19. 所以就存在着思辨理性的一些准则，它们只是基于思辨理性的兴趣之上，尽管大概看起来，这些准则都是客观的原则。(KrV，A666；B694)

20. 而这就是思辨理性的一切理念的先验演绎。(KrV，A671；B699)

21. 那个先验的、唯一确定的概念，单纯思辨理性关于上帝所提供给我们的，在最准确的理解中是自然神论的，亦即，理性甚至连一个这样的概念的客观有效性都不给予，而只提交了关于“某物”的理念。(KrV，A675；B703)

22. 单纯思辨理性的第二个调节的理念是一般世界概念。(KrV，A684；B712)

23. 如果我把纯粹的和思辨的理性的一切知识的总和看做——我们至少在我们之内拥有对它的一个理念的——一座大厦，那么我就可以说，我们在先验要素论中粗略计算了建筑材料，并且规定了，这些材料足够于什么样的大厦、什么样的高度和强度。(KrV，A705；B733)

24. 那些反驳，针对我们单纯思辨理性的置信和自负的，本身就已经通过这个理性的本性而提出了任务，因而必须具有它们良好的使命和意图，这是人们必须不当作耳旁风的。（KrV，A743；B771）

25. 假如人们即使能有把握指望这么少的东西，思辨理性关于上帝、（灵魂）不朽和自由这些重要问题的争执，也会要么就早已经解决了，要么则会立刻被终止。（KrV，A750；B778）

26. 因为思辨理性在它的先验的运用中自在地就是辩证的。（KrV，A777；B805）

27. 这三个命题对于思辨理性来说任何时候都仍然是超验的，并且根本没有任何内在的、即对于经验之对象是容许的、因而对我们以少许方式是有益的运用，而是自在观察是完全多余的但仍然是我们理性的最大的沉重的劳顿。（KrV，A799；B827）

28. 一切事物都按照普遍的自然律而构成这个大全，正如前一种统一性按照普遍的与必然的道德律而构成了这个大全一样，并且就把实践理性与思辨理性统一了。（KrV，A815；B843）

29. 道德理念把关于神圣存在者的一个概念实现出来，这个概念我们现在认为是正确的，并不因为思辨理性使我们确信它的正确性，而因为它与道德的理性原则完满地相协调。（KrV，A818；B846）

30. 而思辨理性的形而上学则是，人们习惯于在更严格的理解上叫做形而上学的东西。（KrV，A842；B870）

31. 它就将决不可能缺少这样一门约束它的科学，并通过一种科学的和完全明白易懂的自我知识、而阻挡——不法的思辨理性一向不容置疑地、既在道德学又在宗教中都会造成的——破坏。（KrV，A849；B877）

32. 神学才真正把单纯的思辨理性逐步引入到这项工作中，这项工作后来才以形而上学而如此闻名。（KrV，A853；B881）

思想，思维（das Denken）

思想（der Gedanke）

1. 我不过与理性本身和它的纯粹思维打交道，我不可以远离自己而寻求它的详尽的知识，因为我在我之内找到了它们并且关于他们普通逻辑甚至已经给了我一个例子。（KrV，AXIV）

思想就是凭借于概念的认识。（KrV，A69；B94）

2. 我们恰恰对于这些同样作为自在之物本身的对象，同样也不能认识，但愿至少还必须能够思维。（KrV，BXXVI）

3. 无论用哪种方式和通过哪种手段，一种知识即使可以一直与对象发生关系，这一由于它和同样的［对象］直接发生关系、并且瞄准作为手段的一切思

维，却还是直观。（KrV，A19；B33）

4. 在判断中思维的一切关系是：a）谓词对主词的关系，b）根据对结果的关系，c）被划分的知识与这个划分的全部环节相互之间的关系。（KrV，A73；B98）

我们思维的自发性则要求，这些杂多首先以一定的方式被贯通、接受和结合起来，以便由此构成一种知识。我称这种行动为综合。（KrV，A77；B102）

5. 现象至少会给我们的直观递交对象，因为直观绝不需要思维的机能。（KrV，A91；B123）

6. 我们的知性却只能思维并且必须在感官中寻找直观。（KrV，B135）

7. 思想是给予的直观与一个对象相关联的行动。（KrV，A247；B304）

8. 如果我从一种经验的知识中拿走一切（通过范畴的）思想，那么就完全不剩留任何一种对象的知识；因为通过单纯的直观没有任何东西被思想，并且，这种感性激动是在我之内的，这根本不构成这类表象与任何一个客体的任何关系。（KrV，A253）

9. 因此我们之所以还不能把我们思维的对象领域积极地扩展到超出我们感性的条件，并且在现象之外还假定纯粹思维的对象，即本体，就因为这些对象不具有任何可以指定的积极意义。（KrV，A287；B343）

10. 思想虽然本身并不是感官的产物，并且只要通过它们也不受感官的限制，但并不因此马上就有自己特有的并纯粹的运用，而无须感性的参与，因为这样一来思想就是没有客体的。（KrV，A287；B343）

11. 因为真理或幻相并不是在对象中的，只要对象被直观，而是在关于对象的判断中的，只要对象被思维。（KrV，A293；B350）

12. 思想着的主体是心理学的对象，一切现象的总和（世界）是宇宙学的对象，而一个物，它包含着能够被思想的、一切可能性的至上条件，（一切本质的存在者），则是神学的对象。（KrV，A334；B391）

13. 一切思想着的人，似乎都具有自我意识的表达向我说出的性质。（KrV，A346；B404）

14. 当我把命题："我思"，称为一个经验的命题的时候，我因此并不想说，这个"我"在这个命题中是经验的表象；更确切地说，这个表象是纯粹智性的，因为它属于一般思维。（KrV，B423）

15. 命题，"我思"，或者，"我思想地生存着"，是一个经验的命题。但经验的直观、因而作为现象而被思想的客体也以一个这样的命题为基础。（KrV，B428）

16. 思想，就其本身来说，只不过是逻辑机能，因而是联结一个单纯可能直观的杂多的全然的自发性，它决不把意识的主体表现为现象，这只是因为它根本就不顾及直观的方式，无论这方式是感性的还是智性的。由此我向我自身表象出自己，既不像我所是的那样，也不像我向我所显现的那样，而是我思想自己只像思想任何一个一般客体那样，不考虑这个客体的直观方式。（KrV，B428、429）

17. 既然如此，我却要自觉意识到仅作为思想着的我；我的独特的“本身”如何在直观中被给予，这我先放在一边，而这时对于我，我思的我、但只要不是我思，可能还只是现象；在我的“本身”的意识中、在单纯思想那里，我就是这个存在者本身，但关于这个存在者本身由此当然仍没有任何东西被给予我而思维。（KrV，B429）

18. 但“我思”这个命题，只要它所讲述的不过于：“我生存于思想着”，就不单单是逻辑的机能，而是在生存方面规定着主体（这主体于是同时又是客体），并且这命题没有内感官就不能够发生，而内感官的直观在任何时候都不作为自在之物本身、而只作为现象而交到客体手里。所以在这个命题中就已经不再只有思想的自发性，而且也有直观的接受性，亦即我的思想自身恰好应用于思想的主体的经验的直观。这样，思想者自身就必须在这种经验的直观中寻找它之于实体、原因等范畴的逻辑机能运用的条件，为了不仅通过这个“我”把自己表明为自在的客体本身，而且也规定这个客体的此在的方式，亦即把自己作为本体来认识，但这却是不可能的，因为内部的经验的直观是感性的，并且只给出了现象的材料，这些材料并不能够为纯粹意识的客体提供它的独立生存的认识，而仅能够充当经验的认识的目标。（KrV，B429、430）

19. 现在，在一切我们的思维中，“我”就是——那种仅仅作为规定而为思想所固有的——主体，而这个我不能被用作一种他物的规定。所以每个人都不得不把“自己”本身的必然方式看作实体，而把思维只看作他的此在的偶性和他的状态的规定。（KrV，A349）

20. 但现在我应当拿这样一个实体的概念作什么用。我，作为一个思维着的存在者，对我自己而本身持续着，当然的方式既不产生也不消逝，这我完全不能够从中推论出来并且唯独对此，我的思维着的主体的实体性的概念才能够对我有用，否则我本来完全可以没有它。（KrV，A349）

21. 这是显然的：如果人们要表象一个思维着的存在者，人们就要把自己本身放在这个存在者的位置上，因而必须把他自己的主体强加给人们所要考虑的那个客体，（这是在任何别的研究方式中所没有的情况），而我们之所以只对一种思想要求主体的绝对统一性，因为否则我就不可以说：“我思”（杂多东西在一个表象中）。因为虽然思想的整体可以被划分并且被分配于许多主体之间，但主体的我却还不能被划分和分配，而我们毕竟在一切思维中预设了这个我。（KrV，A353，354）

22. 我们的思维着的主体本该是无形体的，这就是说，由于它被我们表象为内感官的对象，只要当它思维着，就不可能作为任何外感官的对象，亦即不可能是在空间中的任何现象。而这就相当于想说：在外部现象中间作为这样的思维着的存在者决不可能向我们出现，或者，我们不可能外在地直观到它们的思想、它们的意识、它们的欲望等等；因为这一切都该放在内感官之前。（KrV，A357）

23. 我自身的表象，作为思维着的主体，单纯与内感官相关联，而表示广延的存在者的表象，则也与外感官相关联。（KrV，A371）

24. 但借此，我当然也并不会更好地认识这个思维着的自身，按照它的属性，我也不能看透它的持存性、甚至绝不能看透那个外部现象的可能的先验基底的、它的生存的独立性，因为无论是这种基底，还是那个思维着的自身，对我都是不知道的。（KrV，A383）

25. 现在尽管非常清楚：我不能够认识那种我必须预设为前提的东西本身，为了一般地认识一个客体，并且那个规定着的“本身”，（思维）和那个可被规定的“本身”（思维着的主体），正如知识本该区别于对象一样。（KrV，A402）

26. 感官对象的可能性是感官对象与我们思维的一种关系，在其中某物（即经验的形式）能够被先天思维，但那种构成质料的东西，在现象中的实在性，（与感觉相应的东西），却必须被给予，没有这种关系它甚至完全不可能被思维，并因而它的可能性也不能被表象了。（KrV，A581；B609）

27. 所以如果我思维一个物，无论我想通过什么以及多少谓词，（即使在通盘的规定中），那么由此，我还加进“这个物存在”，也并未对这个物有丝毫的增加。（KrV，A600；B628）

28. 并非从一个简单的思维着的实体中推导出灵魂的内部现象，而按照一个简单的存在者的理念而相互推导出灵魂的那些内部现象；并非从一个最高的理智而推导出世界秩序和它的系统的统一性，而从一个最高智慧的原因的理念而取得这种规则，根据这种规则，理性在联结世界上的原因和结果时就本该使它自己得到最大满足。（KrV，A673；B701）

29. 我在自身就是这样一种仅仅被看作一个思想着的自然（灵魂）理念的第一客体。（KrV，A682；B710）

30. 所以身体就不会是思想的原因，而是思想的一个单纯限定的条件，因而虽然可以被看作感性的和动物性的生活的促进，但也更多地被看作纯粹的和灵性的生活的阻碍，而前者对身体性状的依赖性丝毫也不证明整个生命对我们的器官状态的依赖性。（KrV，A779；B807）

31. 一个道德世界的理念因而就具有客观的实在性，不作为似乎它在指向一个理知的直观的对象（这样一类对象我们完全不能思维），而指向感官世界，但作为一个纯粹理性在它的实践的运用中的对象，并且理性的存在者的在感官世界中的一个 corpus mysticum（“神秘体”），只要他们的自由的任意在道德律之下自在地具有既与自己、也与每一个别人的自由普遍而系统的统一性。（KrV，A808；B836）

思维方式，思想方式（die Denkungsart，die Denkart）

1. 人们有时听到抱怨我们时代的思维方式的浅薄和全面的科学的衰落。但我看不出，那些被充分设置了基础的科学，如数学、自然学说等丝毫地值得这种责备，而更多地维护了彻底性的古老荣誉，而在自然学说中甚至有所超过。而正是彻底的精神现在也会在别的知识类型中表现出作用，只要首先留意对它们的原则的校正。在缺乏这种校正的情况下，冷漠与怀疑及最终的、严格的批判，更多地是彻底的思维方式的证据。我们的时代是真正的批判的时代，我们时代的一切都必须经受批判。（KrV，AXI）

2. 而这样，甚至物理学也必须把它的思维方式的这场如此有益的革命仅仅归功于这个闪念，理性在自然中寻找的这个东西，遵循了理性本身放进自然中的那个东西，（而非捏造了自然，）理性必须从自然中学习的东西，在这方面自然对自在本身则可以一无所知。（KrV，ABXIV）

3. 我不能不认为，通过一场一蹴而就的革命已经变成，它们现在的所是的——数学和自然科学的范例，本该是足以引人注意的，以便沉思这种思维方式变革的基本部分，这种思维方式已经把这两门科学变得如此有益。（KrV，BXVI）

4. 凡是对象所涉及到的东西，只要它们单纯通过理性并且必然地被思想，但它们（至少，如理性所思想它们的那样）完全不可能在经验中被给予，那么思想它们的尝试（因为它们必须可以被思想）后来就充当——那些我们看作为变革了的思维方式的方法的——一块极好的试金石，即我们从事物中仅仅先天认识到的，就是我们本身放进它们之内的。（KrV，BXVⅢ）

5. 因为人们根据思维方式的这种变革，能够完全很好地解释一门先天知识的可能性，并且，更多地则是，给——作为经验之对象的总和的自然设置了先天基础的——法则，配备以满意的证明，而这两种情况按照至今的处理方式则都是不可能的。（KrV，BXIX）

6. 于是行动，只要它已经归于作为它的原因的思维方式，仍然完全不按照经验的规律从这种思维方式里面发生，就是说，完全不是如此，则以致于纯粹理性的条件，而只是如此，以致于纯粹理性的条件的结果，先行于内感官的现象中。（KrV，A551；B579）

7. 显然，后一种思维方式也把一条逻辑的原则设置为根据，这条原则已着

眼于一切知识的系统的完备性。（KrV，A655；B683）

8. 现在这里就显示了思维方式的一种区别，在预设了一种思维方式和预设这种思维方式期间，这种区别是相当细微的、但仍然在巨大重要性的先验哲学中。我可以拥有充分的根据相对地假定某物（suppositio relativa，相对的假定），但却无权绝然地假定它（suppositio absoluta，绝对的假定）。这种区别，当事情仅仅涉及一个调节的原则时，则碰巧发生。（KrV，A676；B704）

所为所不为（Tun und Lassen）

1. 在这种实践那里我们首先只询问理性为了行为的规范，而这只是一个思辨的问题，只要我们的意图已经针对所为所不为，我们就可以把它搁在一边。（KrV，A803；B831）

2. 形而上学划分为纯粹理性的思辨的运用的形而上学和实践的运用的形而上学，所以要么是自然的形而上学，要么是道德的形而上学。前者包含来自一切事物的理论知识的单纯概念（因而排除了数学）的一切纯粹理性原则；后者则包含那些——先天地规定所为所不为并且使之成为必然的——原则。（KrV，A841；B869）

T

特殊的，特殊地（spezifisch）

特殊化（die Spezifikation）

1. 逻辑学家们以前把普遍的东西命名为质料，而把那种特殊的区别命名为形式。（KrV，A266；B322）

2. “我”，通过内感官在时间中而表象出来，以及在我之外在空间中的对象，虽然特殊地是完全不同的现象，但它们并不由此就被思考为不同的事物。（KrV，A379）

3. 这条特殊化的法则可以被这样表达：entium varietates non temere esseminuendas（事物的多样性不得随意减步）。（KrV，A656；B684）

4. 即使这条逻辑法则，假如不把一条特殊化的先验法则设置为基础，也会毫无含义和用处。（KrV，A656；B684）

5. 现象在它们的通盘规定中的认识（这只有通过知性才是可能的）要求知性概念的一个不断继续下去的特殊化，并且要求一种向那些仍然保留着的差异性的进展。（KrV，A656；B684）

6. 这条特殊化的法则也不是从经验中借来的，因为经验不可能给予任何走得如此远的开局。经验的特殊化就停留在这种杂多的区别中，如果它们不被作为一条理性原则的、已经先行的特殊化先验的法则，所引导。（KrV，A657；B685）

7. 我们可以把它们命名为形式的同质性原则、特殊化原则和连续性原则。（KrV，A658；B686）

8. 也就是说，每个种都包含一些亚种，按照特殊化原则，而这个逻辑的视野仅由更小的视野（亚种）所组成，但不由那些没有任何范围的点（个体）所组成。（KrV，A658；B686）

9. 同类性的法则把我引向这个最高立足点，特殊化的法则则把我引向一切低级立足点及其最大变异性。（KrV，A659；B687）

10. 以这样的方式，在这一个玄想家那里可能对（按照特殊化原则的）多样性有更多的兴趣，在那一个玄想家那里却可能对（按照聚合性原则的）统一性有更多的兴趣。（KrV，A666；B694）

条件（die Bedingung）

有条件的（bedingt）

有条件者（das Bedingten）

时间条件（die Zeitbedingung）

至上条件，最高条件（die oberste Bedingung）

形式的条件（die formalinBedingung）

自然条件（die Naturbedingung）

条件总体性（die Totalität der Bedingung）

1. 因为必然驱使我们超越到经验和一切现象的界限之外的什么东西，就是无条件者，它要求理性必然在自在之物本身之中并完全有权利对一切有条件者，并且由此有条件者序列作为完成了的。（KrV，BXX）

2. 空间和时间都是感性直观的形式，所以都只是作为现象事物生存的条件。（KrV，BXXV）

3. 外感官本身已经是直观和某种外在于我的现实之物的关系了，并且它的区别于想像的实在性，仅仅建立在它作为内部经验本身的可能性条件而与内部经验不可分割地结合在一起之上。（KrV，BXL）

4. 那个智性意识虽然先行了，但这种——在其中我的此在唯一能被规定的——内直观，却是感性的并且与时间条件结合着。（KrV，BXL）

5. 在我走向经验之前，我已经在这个概念中拥有了对我的判断的一切条件。（KrV，A7；B12）

6. 感性应当包括那些构成对象被给予我们的条件的先天表象。（KrV，A16；B30）

7. 空间绝不表象任何一个自在之物的属性，或者在它们的相互关系中的属性，也就是说，绝不［表象］粘附在对象自身上的那些属性的规定，并且即使人们把直观的所有主观条件都抽掉，它们还保留着。（KrV，A26；B42）

8. 这个接受性的固定形式，我们称其为感性，是一切关系的必然条件。（KrV，A27；B43）

9. 因为我们完全不能从别的思想着的存在物的直观上判断，这些直观是否被束缚在那些——限制我们的直观并且对我们是普遍有效的——同样的条件上。（KrV，A27；B43）

10. 只要我们抽掉一切经验的可能性的条件，并且把空间，假定为某种给自在之物本身设置基础的东西，空间就什么都不是了。（KrV，A28；B44）

11. 空间作为外部客体的条件，必然地属于现象或直观本身。（KrV，A28；B44）

12. 这些现象全都可以废除，但时间本身（作为这些现象的可能性的普遍条件）却不能被取消。（KrV，A31；B46）

13. 时间不是某种独立存在的东西，或者作为客观的规定而附加于事物，所以当人们放弃了同一的［事物］直观的一切主观条件后，仍然保留下来的东西。（KrV，A32；B49）

14. 时间是所有一般现象的先天形式条件。（KrV，A34；B50）

15. 时间是所有一般现象的先天条件，更确切地说，是（我们的灵魂）内部现象的直接条件，因此也间接地是外部现象的［条件］。（KrV，A34；B50）

16. 因此时间只是我们（人类的）直观的一个主观条件，（这个直观任何时候都是感性的，即只要我们被对象所刺激），并且超出了主观，它自在地则什么也不是。（KrV，A35；B51）

17. 所以这里就存在着时间的先验的观念性，按照这种先验的观念性，时间，如果人们抽掉了感性直观的主观条件，就什么也不是。（KrV，A36；B52）

18. 所以留下来的只是时间的经验的实在性，作为我们一切经验的条件。（KrV，A37；B54）

19. 我们在一切情况下所可能完全认识的毕竟只是我们的直观方式，即我们的感性，并且这还永远仅仅以本源地依赖于主体的空间和时间为条件。（KrV，A43；B60）

20. 空间和时间，作为一切（外部和内部）经验的必然条件，仅仅是我们一切直观的主观条件，因而在与之关系中一切对象仅仅是现象。（KrV，A49；B66）

21. 作为所有一般此在的条件，它们也必然是上帝此在的条件。（KrV，B71）

22. 现在，普遍的逻辑就要么是纯粹的逻辑，要么是应用的逻辑。在前者中我们抽掉了一切经验的条件，在这些经验的条件之下我们的知性得以行使。（KrV，A52；B77）

23. 但一种普遍的逻辑就叫做应用的，当它针对着在——心理学所教导我们的——那些主观的经验的条件之下的知性运用规则的时候。（KrV，A53；B77）

24. 所以真理的单纯逻辑的标准、即一种知识与知性和理性的普遍的和形式的法则相一致，这虽然是一切真理的 conditio sine qua non（必要条件）、因而是消极的条件。（KrV，A59；B84）

25. 因为它在这里教导我们毫无关于知识的内容，而只不过与知性相一致的形式条件，这些条件除此之外在对象方面是完全无关紧要的。（KrV，A61；B86）

26. 所以我们将追踪纯粹概念一直到它们在人类知性中最初的萌芽和天赋，在其中它们做好了准备，直到它们最终在经验的机会中获得展开并通过同样的知性，从依附于它们的经验的条件中解放出来，而被描述于它们的纯净性之中。（KrV，A66；B91）

27. 因此这样的判断也可能显然是假的。然而，或然地说，却可以是真理

性知识的条件。（KrV，A75；B100）

28. 因为空间和时间包含先天纯粹直观的杂多，但同时属于我们内心接受性的条件。（KrV，A77；B102）

29. 因为，既然它们谈论的对象不是通过直观和感性的谓词，而是通过纯粹思想的先天的谓词，它们就无需感性的一切条件而普遍地与对象发生关系了。（KrV，A88；B120）

30. 空间和时间就是先天地包含着作为现象的那些对象之可能性条件的纯粹直观，而在这些纯直观中的综合就具有了客观的有效性。（KrV，A89；B122）

31. 思想的主观条件如何应该具有客观的有效性，即如何应该充当一切对象知识的可能性条件：因为没有知性的机能，现象当然能够在直观中被给予。（KrV，A90；B122）

32. 感性直观的对象必须符合内心之中先天放置的感性的形式条件。（KrV，A90；B122）

33. 对象的知识仅在两个条件下才是可能的，首先是直观——通过它，但只是作为现象——被给予；第二是概念，由此一个与它的直观相应的对象被思想。（KrV，A92；B125）

34. 所以一切先天概念的先验演绎有一个全部研究都必须对准的原则，这就是：它们必须被认作为经验的（不论是在其中遇到的直观的，还是思想的）可能性的先天条件。（KrV，A94；B126）

35. 但有三个本源的来源（心灵的三种才能或能力）都包含有一切经验的可能性的条件，并且本身都不能从任何别的内心能力中被派生出来，这就是感官、想像力和统觉。（KrV，A94；B127）

36. 按照先验感性论，在与感性的关系中，一切直观的可能性的最高原理是：所有直观的杂多都服从于空间和时间的形式条件。（KrV，B136）

37. 所以，最初的纯粹知性知识——基于它的整个剩余的运用，同时也完全不依赖于感性直观的一切条件——就是统觉的本源的综合统一性的原理。（KrV，B137）

38. 意识的综合统一性是一切知识的一种客观条件，不仅是我自己为了认识一个客体而需要它，而且为我而成为客体则必须存在于每一个直观当中，因为以别的方式，没有这种综合，杂多自身就不会在一个意识中统一了。（KrV，B138）

39. 在任何一个给予的直观里，我的一切表象必须服从这个条件，唯有在这个条件之下我才能把它们算作我的表象而归于同一的自身，所以，能够总结为一种统觉中综合地联结的、通过一般所说的“我思”。（KrV，B138）

40. 只有那个统觉的先验的统一性才是客观有效的；统觉的经验性的统一

性，则只有主观的有效性，我们在这里不予考虑，它也只是从前者、在给予的具体条件下派生出来的。（KrV，B140）

41. 一切感性直观都从属于作为条件的范畴。（KrV，B143）

42. 空间和时间，作为对象如何能够被给予我们的可能性条件，只不过对感官对象因而只对经验对象有效。（KrV，B148）

43. 所以知性，作为自发性，就能够通过给予表象的杂多，按照统觉的综合统一性，而规定内感官，这样就把先天的感性直观的杂多的统觉的综合统一性思考为，这种——我们（人类的）直观的一切对象必须必然从属于其下的——条件。（KrV，B150）

44. 因为我们的一切直观都是感性的，所以想像力由于那个在其下它唯一能够给予知性概念一个相应的直观的主观条件，而属于感性。（KrV，B151）

45. 我作为理智而生存，这个理智仅仅意识到自己的联结能力，但鉴于它应当联结的杂多，则服从于它称为内感官的限制条件。（KrV，B159）

46. 所以，甚至在我们之外或之内的杂多的综合统一性，因而甚至一切——应该在空间或时间中被确定地表象的东西、所必须与之符合的——某种联结，就已经与这些直观一起（而不是在它们之中）同时被先天地作为一切领会的综合的条件而给予了。（KrV，B161）

47. 范畴就是经验的可能性的条件，因而也先天地适用于一切经验之对象。（KrV，B161）

48. 这种综合统一性，作为先天条件。（KrV，B162）

49. 范畴在思维中并不被我们感性直观的条件所限制，而是拥有一个不被限定的领域。（KrV，B166）

50. 因为，例如原因的概念，它陈述着在一种前提条件下一个结果的必然性。（KrV，B168）

51. 但它们却还必须全然是一个可能经验的先天条件，它们的客观实在性只能建立在这个基础之上。（KrV，A95）

52. 它们任何时候都必须包含一个可能经验和这个可能经验的一个对象的纯粹先天条件。（KrV，A96）

53. 于是这种规则的统一性就规定了一切杂多，并将其限制在使统觉的统一性成为可能的条件上。（KrV，A105）

54. 一切必然性任何时候都是以一种先验的条件为基础。（KrV，A106）

55. 它们恰好不仅在经验中必须服从于统觉的必然的统一性的条件，也必须在单纯直观中服从于空间和时间的形式条件，甚至通过那些条件，每一种知识才首先是可能的。（KrV，A110）

56. 一般可能经验的先天条件同时也是经验之对象的可能性条件。（KrV，

A111）

57. 它一定必然地跟随着其后，更不能教导我们，从那里面作为一个条件能够先天地和完全普遍地推论出这一结果。（KrV，A112）

58. 普遍条件的表象，根据它一定的杂多能够（因而以同一种方式）被建立起来，就叫作一个规则，而如果它必须被这样建立起来，就叫作一个法则。（KrV，A111）

59. 所以统觉的先验的统一性就与想像力的纯粹综合、作为一个在认识中杂多的一切组合的可能性的先天条件相关联。（KrV，A118）

60. 一切（经验的）意识在一个（本源的统觉的）意识中的客观统一性，甚至就是一切可能知觉的必要条件。（KrV，A123）

61. 借助于纯粹想像力，我们一方面把直观的杂多，并且另一方面与纯粹统觉的必然统一性的条件一起，都带入了联结中。（KrV，A124）

62. 第一章，论及——纯粹知性概念在其之下才能够被运用——那个感性条件，亦即论及纯粹知性的图型法。（KrV，A136；B175）

63. 时间，作为内感官杂多的形式条件、因而作为一切表象连结的形式条件，包含了纯粹直观中的一种先天杂多。（KrV，A138；B177）

64. 这些纯粹的知性概念是否只是单纯的经验的运用的、还是也有先验的运用的，即它们是否仅能够作为一个可能经验的条件、而先天地与现象发生关系，或者它们是否、能够作为一般事物的可能性条件、而被包括于对象自在本身（没有限制在我们的感性上）。（KrV，A139；B178）

65. 先天的纯粹概念，除了范畴中的知性机能之外，还必须先天地包含感性的（即内感官的）形式条件，这些形式条件包含那些——在它之下、范畴才唯独能够被应用于任何一个对象上的——普遍性条件。（KrV，A139；B179）

66. 可能性的图型是不同表象的综合与一般时间条件的协调（例如相对立的东西不能在一物中同时存在，而只能依次存在），因而是一个物在任何一个时间里的表象的规定。（KrV，A144；B184）

67. 纯粹知性概念的图型法就是获得与客体的关系因而获得意义的真实的和唯一的条件。（KrV，A146；B185）

68. 虽然感性的图型首先实现了范畴，它们却也还是限制着，亦即把它们局限在——处于知性之外（即处在感性中）的——条件上。（KrV，A146；B186）

69. 先验感性论的原则，按照这些原则，空间和时间都是一切事物作为现象的可能性条件。（KrV，A149；B188）

70. 不论我们知识的内容是什么，并且不论这知识如何与客体相关联，我们所有一般判断的普遍的、虽然只是消极的条件终归是：它们不自相矛盾。

（KrV，A150；B189）

71. 所以这条原理被时间条件所刺激，并且似乎说：一个等于 A 的物，如果是等于 B 的某物，则不能在同一时间又是非 B。（KrV，A152；B191）

72. 所以经验拥有为它的先天形式奠基的原则，亦即在现象的综合中的统一性的普遍规则，它们的客观实在性，作为必然的条件，任何时候都可以在经验中、甚至在经验的可能性中被指明。（KrV，A157；B196）

73. 所以一切综合判断的至上原则就是：每一个对象都服从在可能经验中直观杂多的综合统一性的必要条件。（KrV，A158；B197）

74. 一般经验可能性的条件同时就是经验对象的可能性的条件，因此而在一个先天综合判断中拥有客观有效性。（KrV，A158；B197）

75. 数学的运用的原理是无条件的必然的，亦即表现为无可置疑的。（KrV，A160；B199）

76. 广延的数学（几何学）连同它的那些公理，就建立在生产的想像力在形状的产生中的这种相继综合的基础之上，这些公理表达了先天感性直观的条件，唯独在这些条件下，外部现象的一个纯粹概念的图型才能够实现出来。（KrV，A163；B204）

77. 作为一种一般综合的统一性，范畴包含不被任何感性条件限定的机能。（KrV，A181；B224）

78. 所以在现象上这种持存的东西就是一切时间规定的基底，因此也是知觉的、亦即经验的一切综合统一性的可能性的条件。（KrV，A183；B227）

79. 因此，持存性就是一个必要的条件，唯独在这个条件下，现象才在一个可能经验中被规定为事物和对象。（KrV，A189；B232）

80. 在现象中包含着领会的必然规则之条件的东西，就是客体。（KrV，A191；B236）

81. 所以，因为这毕竟是后继的某物，我就必定把它与另一个先行的一般某物必然地联系起来，而它按照一条规则、亦即以必然的方式跟随着，紧接着，这个事件，作为这种有条件者，就提供了一种条件的可靠指示，但这个条件却规定着这个事件。（KrV，A194；B239）

82. 但考虑到这条规则，作为在时间中现象的综合统一性的条件，毕竟曾是经验本身的基础，并且先天地先行于经验。（KrV，A196；B241）

83. 现在，如果这是我们感性的一条必然规律，因而一切知觉的一个形式条件：这种在先的时间必然规定这种随后的时间（因为我没有别的而只有通过先行的时间，才能够达到随后的时间），那么也就存在着一条时间序列的经验的表象的不可或缺的规律。（KrV，A199；B244）

84. 在先行的东西中，总应该找到事件（亦即必然的方式）跟随的条件。

（KrV，A201；B246）

85. 因而原因与结果的关系，就是我们的经验的判断——鉴于知觉序列的——客观有效性的条件，因而是知觉的经验的真理的、所以也就是经验客观有效性条件。（KrV，A202；B247）

86. 我们只有预测我们自己的领会，其形式条件，由于它们在所有被给予的现象之前就寓于我们了，当然先天地就必须能够被认识了。（KrV，A210；B256）

87. 知性，借助于统觉的统一性，是为现象在这个时间中的一切位置的连续规定的可能性的先天条件，通过原因和结果的序列，它们的原因不可避免地导致了结果的此在，并因此而使时间关系的经验的知识对每一个时间都（普遍地）、因而客观地有效。（KrV，A211；B256）

88. 所以交互作用也是事物本身作为经验对象的可能性条件。（KrV，A211；B258）

89. 现在在这个——它的本质的形式就在于一切现象的统觉的综合统一性的——第三者中，我们找到了现象中一切此在的普遍必然的时间规定的那些先天条件，没有这些条件，甚至连经验的时间规定也会是不可能的。（KrV，A217；B264）

90. 凡是（按照直观和概念）与经验之形式条件相一致的，就是可能的。（KrV，A218；B265）

91. 按照经验的普遍条件，其与现实的东西的关联，被规定了，就是（生存了的）必然的。（KrV，A218；B266）

92. 所以，物的可能性的公设就要求，物的概念与一般经验之形式的条件相协调。（KrV，A220；B267）

93. 在这样一个概念中必须不包含任何逻辑矛盾，虽然是一个必要的逻辑条件．（KrV，A220；B268）

94. 一个这样的图形本该在一切经验之对象所依据的那些纯粹条件下被思考。（KrV，A224；B271）

95. 而是先天地预设为一切时间规定的必要条件、因而也预设为通过外物的生存、在我们自己的此在方面、内感官的规定。（KrV，B278）

96. 自然中没有任何必然性是盲目的，而是有条件的，因而是可以理解的必然性。（KrV，A228；B280）

97. 知性只对一般经验先天地给出规则，按照那些——既是感性的同时又是统觉的——主观的和形式的条件，而唯独这些条件才使经验成为可能的。（KrV，A230；B283）

98. 只有对我的知性才能够添加，某种超出与经验的形式条件的协调性之

上的东西，即添加与任何一个知觉的连结。（KrV，A231；B284）

99. 因为空间已经先天地把那些形式的外部关系作为（在作用和反作用中、因而在协同性中的）实在关系的可能性的条件而包含在自身中了。（KrV，B293）

100. 但仅仅从这种逻辑机能中、即从概念的形式中根本不能认识任何东西，也不能区别哪一个客体从属于其下，因为恰好一般对象能够从属于其下的那个感性条件被抽掉了。（KrV，A245；B302）

101. 纯粹知性的原理只能与可能经验的普遍条件、与感官对象发生关系。（KrV，A246；B303）

102. 通过一个纯粹的范畴，在其中抽掉了那种——对我们唯一是可能的——感性直观的一切条件，那么就没有任何客体被规定了。（KrV，A247；B304）

103. 现在，判断力的一种机能仍还属于一个概念的运用，在那上面一个对象被归摄到这个概念下，因而也被归摄于——在其下能够在直观中被给予的某物的——最少的形式条件。（KrV，A247；B304）

104. 纯粹范畴，没有感性的形式条件，仅仅具有先验的意义。（KrV，A248；B305）

105. 反省（reflexio，反思）并不与对象本身发生关系、以直接获得它们的概念，而是这种内心的状态，在其中我们首先准备找出由以能够达到概念的那些主观条件。（KrV，A260；B316）

106. 感性直观是一种完全特殊的主观条件，它为一切知觉设置了先天基础，并且其形式是本源的。（KrV，A268；B324）

107. 这种普通的力学甚至能够在一条先天规则中指出这种冲突的经验的条件，因为它着眼于方向上的对立：这是实在性的先验概念对之完全一无所知的一个条件。（KrV，A273；B329）

108. 如果没有它的感性规定，并且，如果脱离了经验的条件，就该是在自身中自相冲突的。（KrV，A279；B335）

109. 这些方位就是——这些概念的客体在其中被给予出来的——直观的条件，它们不属于概念，但仍属于整个感性。（KrV，A282；B338）

110. 所以如果我抽掉了直观的一切条件，并且仅仅抓住一般事物的概念，那么我就能够抽掉一切外在关系，但却必须还留下一个有关于——那根本不意味着任何关系，而只意味着内部规定的东西的——概念。（KrV，A283；B339）

111. 因为我们一切知性概念的客观运用的条件单纯是对象由此被给予我们的那种感性直观的方式，并且，如果我们抽掉这种方式，那么这些知性概念就完全不具有与随便一个客体的任何关系了。（KrV，A286；B342）

112. 因此我们之所以还不能把我们思维的对象领域积极地扩展到超出我们感性的条件，并且在现象之外还假定纯粹思维的对象，即本体，就因为这些对象不具有任何可以指定的积极意义。（KrV，A287；B343）

113. 单纯直观形式，没有实体，本身就绝不是对象，而只是对象（作为现象）的形式条件，如纯粹空间，和纯粹时间，它们虽然是作为进行直观的形式的某物，但本身绝不是被直观的对象。（KrV，A291；B347）

114. 大前提任何时候都提供一个概念，它使得一切被归摄于这个概念条件下的东西，都从这个概念中、按照一条原则而被认识。（KrV，A301；B357）

115. 在每一个理性推论中我首先通过知性而思想一个规则（大前提）。其次借助于判断力 116. 我把一个知识归摄到规则的条件之下（小前提）。（KrV，A304；B360）

117. 理性在推论中试图将知性知识的大量杂多性归结为最少数目的原则（普遍性条件），并由此实现原则的最高统一性。（KrV，A305；B361）

118. 理性在它的逻辑运用中寻求它的判断（结论命题）的普遍条件，而理性推论本身也无非是一个——借助于将它的条件归摄到一个普遍规则之下的——判断（大前提）。（KrV，A307；B364）

119. 但这条逻辑准则不能以别的方式而成为纯粹理性的一条原则，而无非由此，人们假定：如果有条件者被给予，因而其本身也是无条件的、整个相互从属的条件序列，也是被给予（即包含在对象及其连结之中）。（KrV，A308；B364）

120. 但纯粹理性的这样一条原理显然是综合的；因为有条件者虽然与任何一个条件分析地相关联，但并不与无条件者分析地相关联。（KrV，A308；B364）

121. 现在，是否这条原理，条件序列将（在现象的综合中，乃至在对一般物的思维的综合中）伸展到无条件者，有其客观正确性？它是否由此而影响到经验的知性运用？（KrV，A308；B365）

122. 理性的机能在它的推论那里，以根据概念的知识的普遍性为内容，并且理性推论本身是一个——在它的条件的全部范围内被先天地规定的——判断。（KrV，A322；B378）

123. 因此我们在一个理性推论的结论中将一个谓词限定在一个特定的对象上，因为我们事前已经在大前提的全部范围内、在一个特定的条件下思想了一个确定的对象。（KrV，A322；B379）

124. 所以先验理性概念无非是，一个面向给予了的有条件者的条件们的总体性的概念。（KrV，A322；B379）

125. 一个一般纯粹的理性概念可以用无条件者的概念来说明，只要它包含

有条件者的综合的一种根据。（KrV，A322；B379）

126. 所以在条件综合中的总体性的纯粹理性概念，至少作为——为知性的统一性而尽可能地继续延伸到无条件者的——任务，是必要的，并且建立在人类理性的本性基础之上。（KrV，A323；B380）

127. 先验理性概念任何时候都只走向在条件综合中的绝对的总体性，并且永远不会终止，除非在绝对的、因而对一切方面的无条件者那里。（KrV，A326；B382）

128. 条件的绝对的总体性决不是在经验中可运用的概念，由于没有任何经验是无条件者。（KrV，A326；B383）

129. 它们把一切经验知识都看作是被条件的绝对总体性所规定了的。它们并不任意虚构，毋宁通过理性的本性自身而交付，因而与全部知性运用的必然方式相关联。（KrV，A327；B384）

130. 实践理性的理念任何时候都能够现实地、虽然只是部分地，具体地被给予，它甚至是理性的每一个实践运用的不可或缺的条件。（KrV，A328；B385）

131. 理性，看作为知识的一种确定的逻辑形式的能力，就是推理的能力，亦即间接地（通过把一个可能判断的条件归摄到一个给予判断的条件之下）判断的能力。（KrV，A330；B386）

132. 也就是说，规则就在一种确定的条件下说出了普遍的某物。于是，规则的条件就在一种出现的情况中发生了。（KrV，A330；B387）

133. 我就是通过一个条件序列（前提序列）而达到了一个知识（结论）。（KrV，A331；B387）

134. 因而正是同一个理性活动导致了 ratiocinatio polysyllogistica（复合三段论推理），它是一个推论的序列，这种序列可以要么向条件方面（通过上溯推理法 prosyllgismos），要么向有条件者方面（通过后续推理法 episyllogismos），而朝着不限定的远处进展。（KrV，A331；B388）

135. 上溯推理法——即对一个给予知识的根据方面、或条件方面的推理的知识——的链条，或序列，换言之，理性推论的上升序列，与理性能力相比，毕竟必须不同于下降序列，亦即理性的继续发展而在有条件者方面通过后续推论。（KrV，A331；B388）

136. 所以，如果一个知识被看作有条件的，那么理性就是有必要把上升线上的这一条件序列看作完成了的并且按其总体性而被给予。但如果有条件的知识同时被看作其他的——相互构成一个在下降线上的后果序列的——知识的条件，那么理性就可以完全不在乎，这种继续进展 a parte posteriori（在后天的方面）伸展到多远，以及这个序列的总体性是否任何地方都可能存在。（KrV，

A331；B389）

137. 不论在条件方面这一前提序列有一个作为最高条件的第一项，还是没有，因而是否在先天方面没有界限；那么它都必须仍包含条件的总体，假定，我们永远也不可能做到把握这一总体。（KrV，A332；B389）

138. 在所有这些推理类型中，理性的事务就该是，从——知性任何时候都仍束缚于其上的——有条件的综合，上升到——知性绝不能够达到的——无条件的综合。（KrV，A333；B390）

139. 现在，所有的一般纯粹概念所涉及的是表象的综合统一性，而纯粹理性概念（先验的理念）所涉及的却是所有一般条件的无条件的综合统一性。（KrV，A334；B391）

140. 思想着的主体是心理学的对象，一切现象的总和（世界）是宇宙学的对象，而一个物，它包含着能够被思想的、一切可能性的至上条件，（一切本质的存在者），则是神学的对象。（KrV，A334；B391）

141. 纯粹理性的意图无非是在条件方面的综合的绝对总体性（它可以是依存性的、或者从属性的、或者协作性的），而且它并不必须与有条件者方面的绝对完备性相干。（KrV，A336；B393）

142. 因为知性自己就完成了从条件向下到有条件者的每一个步骤。（KrV，A336；B394）

143. 因为对于有条件者的可能性，虽然会以其条件的总体性为前提，但并不会以其后果的总体性为前提。（KrV，A337；B394）

144. 玄想的推理的第二级瞄准了一个给予了的现象的一般条件序列的绝对总体性的先验概念，我由此而推论出，我从序列的无条件的综合统一性起，一个任何时候都具有一个自相矛盾的概念的方面、我关于它仍也不具有任何概念的对立的统一性的正确性。（KrV，A340；B398）

145. 按照玄想的推理的第三种类型，从那些一般对象——只要它们能被给予我而思维——的条件的总体性，我推论出，一般事物的可能性的一切条件的绝对的综合统一性。（KrV，A340；B398）

146. 我一般地思想得以成立的条件、因而这个条件不过是我的主体的一种性状，同时又应当对一切思想者都是有效的。（KrV，A436；B404）

147. 我们不得不必然地赋予先天事物以构成我们唯一得以思想它们的那些条件的一切属性。（KrV，A347；B405）

148. 并非作规定的意识，毋宁被规定的意识自身、亦即我的内直观的意识（只要它的杂多能够按照在思想中统觉的统一性的普遍条件而被联结），就是客体。（KrV，B407）

149. 只是如果没有任何一个——充当思维的材料的——经验的表象，“我

思”这种行动，毕竟不会发生，并且这种经验的东西只是纯粹智性能力的应用或运用的条件。（KrV，B423）

150. 我能够意识到我的生存甚至在经验和经验的条件之外也能够意识到我的生存。（KrV，B427）

151. 这样，思想者自身就必须在这种经验的直观中寻找它之于实体、原因等范畴的逻辑机能运用的条件。（KrV，B430）

152. 但现在，把主体的这种、作为任何一个思想的可能性的条件的必然统一性、从经验中推导出来，也是不可能的。（KrV，A353）

153. 我们无权使它成为对象的知识的可能性条件，即成为一个一般思想着的存在者的概念。（KrV，A354）

154. 这个实体概念本身仅仅被运用为——没有配以直观、因而没有客体的综合机能，而且只适用于我们知识的条件，却并不适用于任何一个可以指出的对象。（KrV，A356）

155. 我本身的意识的同一性在不同时间内只是我的思想及其关联的一个形式条件。（KrV，A363）

156. 除了我自身，没有任何别的我与我的意识的那些普遍条件相比较的相关物。（KrV，A366）

157. 但我把一切现象的先验观念论理解为这个学说概念，依据它我们就把一切现象全都看作为单纯的表象、而不是自在之物本身，并且与之相适应的时间和空间就只是我们直观的感性形式，但在给予的客体规定或条件之前，则并不作为自在之物本身。（KrV，A369）

158. 因而也不知道：一切外部直观的这些条件，甚或这种思维着的主体本身，是否会在这种状态之后（在死后）而被终止。（KrV，A394）

159. 人们可以把一切幻相都归因于：思想的主观条件被当作了客体的知识。（KrV，A396）

160. 纯粹理性仅仅从事于对一个给予的有条件者的条件的综合的总体性。（KrV，A396）

161. 一般思想的条件的综合。（KrV，A397）

162. 在所有这三种情况中，纯粹理性仅仅从事于这些综合的绝对总体性，亦即那个本身是无条件的条件。（KrV，A397）

163. 辩证推论并没有对一般思想的那些本身是无条件的条件，犯下内容上的错误，（因为它抽掉了一切内容或客体，毋宁，这种推论唯一在形式上有过失并必须被称为谬误推理。（KrV，A397）

164. 此外，因为伴随着一切思想的那个唯一条件，就是，在全称命题“我思”中的“我”，所以理性不得不与这个条件打交道，只要其本身是无条件的。

但这个条件只是形式的条件，亦即每一个思想的逻辑的统一性，在这种情况下我不考虑一切对象，并且仍然被表象为一个我所思想的对象，亦即“我”本身及其无条件的统一性。（KrV，A398）

165. 因此一般自我意识就是，那种作为一切统一性的条件、但本身却是无条件的东西的表象。（KrV，A401）

166. 大前提对范畴，在其条件方面，仅仅作一种先验的运用，但小前提和结论对同一个范畴却是在归摄于该条件之下的那个灵魂方面，则作一种经验的运用。（KrV，A402）

167. 实体，实在性，统一性（而非多数性）和生存，只是理性在这里把它们全都表象为一个本身是无条件的、思想着的存在者的可能性的条件。（KrV，A403）

168. 这些玄想的推论的第一种类型针对着（主体或灵魂的）所有一般表象的主观条件的无条件统一性。（KrV，A406；B432）

169. 理性对一个被给予的有条件者在条件（知性在这些条件下使一切现象都服从于综合的统一性）方面要求的绝对的总体性。（KrV，A409；B436）

170. 理性作这种要求所依据的是这条原理：如果有条件者被给予了，那么它唯一曾由以成为可能的那整个条件总和、因而绝对的无条件者也就被给予了。（KrV，A409；B436）

171. 绝对的总体性只有当它涉及到一个给予的有条件者的条件的上升序列、因而不是、如果在谈到后果的下降行列时，也还不是在论及这些后果的那些并立条件的聚合体时，才被理性所要求。（KrV，A410；B436）

172. 假设有一个序列 m、n、o，其中 n 作为对 m 而言有条件的、但同时又是作为 O 的条件而已经给予了，这个序列从这个有条件者 n 而上升到 m（l、k、i 等），同样也从这个条件 n 下降到有条件者 o（p、q、r 等等），那么，我就必须预设第一个序列，以便于 n 被看作为给予了的，而且 n 按照理性（按照条件的总体性），只有借助于那个序列才是可能的。（KrV，A410；B437）

173. 我将把在条件方面、因而从那个离给予的现象最近的开始、前进到更远的条件的序例的综合，称为回溯的综合，而把那个在有条件者方面、从最近的前进到更远的结果的序列的综合，称为递进的综合。（KrV，A411；B438）

174. 因此在时间中，鉴于一个给予了的当下，那些作为条件的前件（过去）就必须先天地区别于那些后件（未来）。因此，一个给予的有条件者的条件序列的绝对总体性的这个先验理念，仅仅针对一切过去的时间。（KrV，A412；B438）

175. 在条件序列中综合的绝对总体性的先验理念也遇到了空间。（KrV，A413；B440）

176. 空间中的实在性、即质料，就是一个有条件者，其内部条件就是它的各个部分，而部分的部分则是更远的条件。（KrV，A413；B440）

177. 所以在这里也有一个条件的序列和一个向无条件者的进展。（KrV，A413；B440）

178. 理性没有任何理由在这个范畴方面向条件回溯。（KrV，A414；B441）

179. 所以这就只剩下了因果性的范畴，它对一个给予的结果呈现出一个原因序列，在其中，人们可以从作为有条件者的这个结果而上升到作为条件的那些原因，并且能够回答那些理性问题。（KrV，A414；B442）

180. 可能的、现实的和必然的东西的概念并不导致任何序列，只除了这种情况，偶然的东西在此在中任何时候都必须被看作有条件的，并且按照知性规则指向一个条件，在这条件之下必然把这个条件指向一个更高的条件，直止理性仅仅在这个序列的总体性中找到那个无条件的必然性。（KrV，A415；B442）

181. 理性在对条件的这种以序列方式、而且回溯地继续不断的综合中所寻求的东西，原来只是那个无条件者，似乎一起不再预设任何别的前提的那些前提的序列中的完备性。（KrV，A416；B444）

182. 一个给予了的有条件者的条件序列的绝对整体任何时候都是无条件的；因为在这个序列之外不再有任何能够使绝对整体是有条件的条件。（KrV，A417；B445）

183. 发生的事情的条件，就叫做原因，而在现象中原因的无条件的原因性就叫做自由，相反，有条件的原因性在更严格的理解中就叫做自然原因。（KrV，A419；B447）

184. 一个这样的辩证学说将不与经验概念中的知性统一性、而与单纯理念中的理性统一性发生关系，这种理性统一性的条件，由于它们首先，作为按照规则的综合，而应当与知性相一致。（KrV，A422；B450）

185. 如果它想要摆脱一切条件、并在其无条件的总体性中把握这个任何时候都只能按照经验之法则而有条件地被规定的东西。（KrV，A462；B490）

186. 每一个事件都总有另外一个事件作为它的原因，并且一般此在的条件一直又以别的条件为依靠，任何时候都无需在一个作为原始存在者的独立之物中获得无条件的支持和支撑。（KrV，A467；B495）

187. 大小的绝对大全（宇宙），分割的大全，源出的大全，一般此在的条件的大全，连同一切有关这一大全是否可以通过有限的或在无限前进的综合中而实现的问题，都不涉及任何可能经验的某物。（KrV，A483；B511）

188. 空的空间不是事物为自己的一个现成的相关物，并且它不能是任何你们可以停留在那里的条件，更不可能是一种构成一个可能经验的一个部分的经验的条件。（KrV，A487；B515）

189. 这个原因的原因性又总还是某种发生的东西，并且使你们对更高原因的追溯、因而使条件序列 a parte priori（向在先方向上）的无休止的延长成为必然的。（KrV，A488；B516）

190. 这个内部现象的此在，作为一种如此自在地生存之物，是不可能被承认的，因为这现象的条件是时间，而时间则不可能是任何一个自在之物本身的任何规定。（KrV，A492；B520）

191. 因为这一类对象将必须既不在空间中、也不在时间中（作为感性表象的这些单纯条件）被表象，而没有这些条件我们根本就不能设想任何直观。（KrV，A494；B522）

192. 纯粹理性的全部二律背反都基于这种辩证的论据：如果有条件者被给予了，那么它的所有条件的整个序列也就被给予了：现在，感官的对象作为有条件者被给予了我们，所以它们的所有条件的整个序列也就被给予了我们。（KrV，A497；B525）

193. 因为有条件者的概念已经引起了这个任务，以致于某物由此而与一个条件相关，并且，如果这个条件又是有条件的，它就与一个更远的条件相关，如此便被关联到这个序列的一切项。（KrV，A498；B526）

194. 所以这个完备的条件序列、因而那个无条件者由此也同时已经给予了，或者宁可说同时预设了，那个——曾经只是通过整个序列才是可能的——有条件者，已经给予了。（KrV，A498；B526）

195. 如果有条件者已经给予了，那么它的所有条件（作为现象）也已经都给予了，并且绝对不能够因此就推导出这些条件的序列的绝对总体性。（KrV，A499；B527）

196. 对条件的回溯、亦即对条件方面的连续的经验的综合本该提供或交付，并且不能缺少，被这种回溯所给予的条件。（KrV，A499；B527）

197. 有条件者与它的条件的综合以及条件的整个序列（在大前提中）根本不拥有经由时间的任何限制并且也不拥有任何前后相继的概念。（KrV，A500；B528）

198. 因此，如果这个世界任何时候都是有条件的，那么它就绝不会完整地被给予，因而世界就不是任何无条件的整体。（KrV，A505；B533）

199. 而这种幻相发源于，人们已把那个——只被看作是自在事物本身的一个条件的——绝对总体性的理念，应用于现象。（KrV，A506；B534）

200. 由于通过总体性的宇宙论的基本原理，在一个作为一个自在之物本身的感性世界中的条件序列的任何极大值，都被提供不出，而只能被交付给这些序列的回溯。（KrV，A508；B536）

201. 在感性中，即在空间和时间中，我们在说明给予的现象中所能够达到

的——每一个条件，又都是有条件的。（KrV，A508；B536）

202. 作为在客体中（在现象中）自在地本身给予了的条件序列的那个绝对总体性的原理则会是一个构成性的宇宙论原则。（KrV，A509；B537）

203. 所以理性理念将只在这个条件序列中向回溯的综合制定一个规则，按照这条规则，这种综合从有条件者开始、借助于一切相互隶属的条件、而向无条件者前进，虽然这个无条件者将永远达不到。因为绝对无条件者在经验中根本就找不到。（KrV，A510；B538）

204. 理性在这里绝不需要序列的绝对总体性，因为它没有把这样的总体性预设为条件并且为似乎被给予了的东西（datum，预料），而只是预设为某种有条件者，这种有条件者只是估计的（dabik，可给予的），并且被无止境地被增加着。（KrV，A512；B540）

205. 在分解的这种回溯中绝不会遇到这个条件序列的一个无条件的（不可分的）项。（KrV，A513；B541）

206. 不论是对于无限的回溯，还是对于不限定的回溯，条件的序列都绝不被看作在客体中被无限地给予的。这些条件的序列不是自在之物本身，而只是现象，这些现象作为相互的条件只是在回溯本身中才被给予。（KrV，A514；B542）

207. 感性世界中条件序列的绝对总体性仅仅立足于理性的一种先验的运用。（KrV，A515；B543）

208. 我在经验的回溯中任何时候都只会达到一个其本身又必须被看作经验的有条件者的条件。（KrV，A518；B546）

209. 但对于这个回溯我绝不知道别的，而无非我从条件序列的每一个被给予的项总是必须再经验地进展到一个更高（更远）的项。（KrV，A519；B547）

210. 即使我们在经验的条件的序列中可以走如此之远，我们在任何地方都不应当假定一个绝对的界限，而是必须使作为有条件的每一个现象从属于作为它的条件的另一个现象，因而向另一个现象继续前进。（KrV，A520；B548）

211. 因而只有在世界中的现象是以有条件的方式、而世界本身却既不以有条件、也不以无条件的方式受限制的。（KrV，A522；B550）

212. 正因为如此，并且由于世界永远也不能整个地、甚至条件序列也不作为世界序列而向一个给予的有条件者，整个地被给予，所以世界大小的概念就只通过回溯、不在回溯之前，而在一个集合的直观中给予了出来。（KrV，A522；B550）

213. 如果我分割一个在直观中已经给予的整体，那么我就在从一个有条件者前进到它的可能性的条件。（KrV，A523；B551）

214. 因为这些条件（即这些部分）都已包含在这个有条件者本身中，并且，由于这个有条件者在一个包括在它的边界之间的直观中已经整个地被给予了，这些条件也都已经全部地一起被给予了。（KrV，A523；B551）

215. 所以我们已经到处把条件表现为，按照空间和时间的关系而从属于它的有条件者，而这就是普通人类知性的习惯预设，而那种冲突也就完全建立在这个预设之上。（KrV，A528；B556）

216. 在现象序列的数学联结中只有感性的条件能够进来，亦即这样一种条件，它本身是序列的一部分；相反，这些感性条件的动力学序列却还允许一种不同质的条件，它不是序列的一部分，而是作为单纯理知的，而处于序列之外。（KrV，A530；B558）

217. 因此，动力学的理念，在现象的序列之外，允许了现象的一个条件、即这样一个本身并不是现象的条件，这就发生了某种——与数学的二律背反的后果的完全不同的事情。（KrV，A531；B559）

218. 知性决不容许在现象之间有任何本身是经验的无条件的条件。（KrV，A531；B559）

219. 因为在它们那里，现象序列的任何条件不会被找到，除了本身也是现象之外并且除了如此与序列的一项一起构成的那个条件之外。（KrV，A532；B560）

220. 假如现象是事物自在本身，因而空间和时间就是事物自在本身的此在形式：那么条件将会和有条件者一起任何时候都作为各项而属于一个和同一个序列，而由此在目前的情况下也就产生了共同是一切先验理念的二律背反，这个序列不可避免地必定为知性停止得太大、或太小。（KrV，A535；B563）

221. 这样一来，自然就是每一个事件的完备而自身充分的规定着的原因，而这些事件的条件就任何时候都只是被包含在现象的序列中，这些现象，连同它们的结果，都必然处于自然规律之下。（KrV，A536；B564）

222. 人们将必须还承认它有一种理知的品格，借此这个主体虽然是那些作为现象的行动的原因，但这种品格本身并不从属于任何感性的条件，并且本身不是现象。（KrV，A539；B567）

223. 现在，这个行动的主体，按照它的理知的品格，就不会从属于任何时间条件，因为时间只是现象的条件，但却不是事物自在本身的条件。（KrV，A539；B567）

224. 我们需要现象相互之间的原因性这条原理，为了从自然事件中能够寻求和指出自然条件、即现象中的原因。（KrV，A544；B572）

225. 在无生命的、或单纯具有动物生命的自然那里，我们没有找到任何根据而设想任何一种不同于单纯以感性为条件的能力。（KrV，A546；B574）

226. 这种行动当然就必须在自然条件之下才是可能的；但这些自然条件不

涉及任意本身的规定，而只涉及任意在现象中的结果和后果。（KrV，A548；B576）

227. 纯粹理性，作为一种单纯的理知的能力，并不服从时间形式，因而也不服从时间次序的条件。（KrV，A551；B579）

228. 因为处于理性中的这个条件，不是感性的，因而本身并不开始。（KrV，A552；B580）

229. 照这么说，随后就发生了这一个，我们在一切经验性的序列中所找不到的东西：事件的前后相继序列的一个条件本身可以是经验的无条件的。（KrV，A552；B580）

230. 因为理性本身毕竟不是任何现象、也根本不服从于任何感性条件，所以在它之内、甚至在它的原因性的概念中，都不会发生时间次序，所以按照规则规定时间次序的自然的动力学的规律不会应用于其上。（KrV，A553；B581）

231. 它作为每一个任意行动的无条件的条件，不允许超越它之上有任何按照时间的先行的条件。（KrV，A554；B582）

232. 人们预设了，人们可以完全撇开这种生活方式如何形成，而把条件的流逝的序列看作未发生。（KrV，A555；B583）

233. 我们可以认识到，这个原因能够是自由的，即能够独立于感性而规定，并且，能以这种方式，而成为现象的感性的无条件的条件。（KrV，A557；B585）

234. 自由在这里只被作为一个先验的理念来对待，理性由此而思想到这个通过感性的无条件者直截了当地开始了现象中的条件的序列。（KrV，A558；B586）

235. 所以，假如现象就是自在之物本身，但因此它们的条件连同那个有条件者就会在任何时候都属于一个以及它们的直观的序列，一个作为感官世界的现象的此在的条件的必然存在者，就绝不能发生了。（KrV，A559；B587）

236. 把实体的偶然的此在本身从必然的实体中推导出来，这个条件就或许并不刚好必要地与有条件者一起构成一个经验的序列。（KrV，A560；B588）

237. 所以，理性的这种调节性的原则鉴于我们的这个课题就是：在感官世界中的一切都具有经验的条件的生存，并且在感官世界中任何地方鉴于任何属性都决不没有一种无条件的必然性。（KrV，A561；B589）

238. 一切自然物及其一切（经验的）条件的无例外的偶然性，完全能够很好地与一个必然的、虽然只是理知的条件的任意的预设相共存，所以在这两种主张之间并不会遇到任何真正的矛盾，因而它们双方都可能是真的。（KrV，A562；B590）

239. 因为，如果对每一个有条件者（按照此在）每一次的条件都是感性

的，并且正因此而属于序列，那么它本身也就又是有条件的了。（KrV，A564；B592）

240. 理性的这种经验的运用（鉴于在感官世界中此在的条件）并不由于承认了一个单纯理知的存在者而受到影响，而是按照无一例外的偶然性的原则、从经验的条件走向那些——永远恰好又是经验的——更高的条件。（KrV，A564；B592）

241. 只要我们用我们的理性概念仅仅把感官世界中条件的总体性、以及鉴于这种总体性而能够为理性所用的东西，当作对象：那么我们的这些理念就虽然是先验的、但却还是宇宙论的理念。（KrV，A565；B593）

242. 通过纯粹知性概念，没有一切感性的条件，任何对象都不可能被表象出来，因为缺乏这些对象的客观实在性的条件，而在这些概念中被找到的无非是思想的单纯形式。（KrV，A567；B595）

243. 因此理性设想一个——按照原则应当是可被通盘规定的——对象，虽然对此还缺乏在经验中的充分条件、因而这个概念本身是超验的。（KrV，A571；B599）

244. 如果一切事物，作为有条件者，都服从于它，则称为一切存在者的存在者。（KrV，A578；B606）

245. 所以如果不是把一切经验的实在性的整体预设为一个对象的可能性条件，对我们来说就没有任何东西是一个对象。（KrV，A582；B610）

246. 因为偶然之物只有在一个作为其原因的其他偶然之物的条件下才生存，而对这个原因又继续适用这个推论，直到一个非偶然地并且恰好因此便无需条件而必然地在此的原因。这就是那个——理性建基于它朝原始存在者进步的——论证。（KrV，A584；B612）

247. 于是看起来，那样一个东西，它的概念对一切“为什么”而都包含着“就为这”，它的任何部分和任何方面都是没有缺陷的，它到处都足以作为条件，正因为如此它就是适合于绝对必然性的那个存在者，因为这个东西，由于自身具有对一切可能之物的所有条件，而本身并不需要任何条件，甚至一次都不能是这种条件，因而，至少在这一块上，满足了这种无条件的必然性的概念，在这点上没有任何别的概念能够赶得上它，别的概念，因为是有缺陷的和需要补充的，而没有自在地显示出不依赖于一切此外的条件的任何这样的特征。（KrV，A585；B613）

248. 于是它就寻找那种不依赖于一切条件者的概念，并且——在那个本身就是一切其他事物的充分条件的东西、亦即在那个包含着一切实在性的东西中——找到了这一概念。（KrV，A587；B615）

249. 我必须把一个——包含一切实在性、因而也包含一切条件的——存在

者，看作是绝对无条件的，所以经此而找到，那种与绝对必然性相合适的物的概念。（KrV，A588；B616）

250. 而这些条件本来就是人们想要知道的东西，亦即，我们是否通过这个概念在一切领域思想了某物。（KrV，A593；B621）

251. 因为判断的绝对必然性只是事物的一种有条件的必然性，或者是判断中谓词的有条件的必然性。（KrV，A593；B621）

252. 因为通过概念，对象仅仅被思考为与一般可能的经验知识的普遍条件相一致，但通过这种生存却被思考为包含在全部经验的连贯关系中。（KrV，A600；B628）

253. 一个绝对必然的存在者一般必须具有什么属性，也就是，一切可能之物中的哪一个包含一个绝对必然性所需要的条件。（KrV，A606；B634）

254. 怀着这个意图，我们从一个被作为根据的现实的此在（一个一般经验）中，尽其所愿地推导出，它的任何一个绝对必然的条件。这样一来，我们就没有必要解释这个条件的可能性了。（KrV，A610；B638）

255. 没有假定一个必然的存在者，我就绝不能够完成对生存的条件的回溯，但我又绝不能够从这个必然的存在者开始。（KrV，A616；B644）

256. 如果一切在事物身上被知觉到的东西，都必须被我们看作有条件的必然的：那么也就没有任何（可以经验地被给予的东西）物可以被视为绝对必然的了。（KrV，A617；B645）

257. 因为这个现实的对象又是至上的条件，就被设想为必然的，因而一条调节性的原则就被转变成了一条构成性的原则。（KrV，A619；B647）

258. 使自己从伟大提升到更伟大，直到最高的伟大，从有条件者提升到条件，直到至上的和无条件的创造者。（KrV，A624；B652）

259. 于是，如果不论是某物本该存在、还是某物应当发生，都肯定是无可置疑，但却都仅仅是有条件的：那么毕竟，要么某个确定的条件对此可能是绝对必要的，要么这个条件可能只被预设为随意的和偶然的。（KrV，A633；B661）

260. 由于，当我们单纯谈论到这种在此存在的东西，（而不是，应当存在的东西）的时候，这个——在经验中被给予我们的——有条件者，任何时候也都被思考为偶然的，所以那种属于这个有条件者的条件也不能由此作为绝对必然的而被认识，而是仅仅充当了为有条件者的理性知识而作的一种当时必然的、或更多是必要的、但在自在本身和先天上则是任意的预设。（KrV，A634；B662）

261. 一切先天综合知识，都只有通过它表达出一个可能经验之形式条件，才是可能的。（KrV，A638；B666）

262. 必然性、无限性、统一性、在世界之外的（不是作为世界灵魂的）此在、没有时间条件的永恒性、没有空间条件的全在、全能等等，都是纯然先验的谓词，因此它们的被纯化出来的概念，作为每一种神学如此非常必须具有的概念，都仅仅从先验神学中被牵引了出来。（KrV，A641；B669）

263. 知性则根本不注意这个总体性，而只注意那种——由此条件的序列按照概念到处都完成的——连结。（KrV，A643；B671）

264. 这个整体先行于各部分的确定知识并且包含那些——为每个部分先天地确定它的位置及其对其余部分的关系的——条件。（KrV，A645；B673）

265. 于是最大的东西和绝对的完备性就可以确定地思想了，因为一切——提供不确定的多样性的——限定的条件都被删除了。（KrV，A665；B693）

266. 它只是一个按照最大的理性统一性的条件而被整理的、一个一般事物的概念的图型。（KrV，A670；B698）

267. 我们必须（在宇宙论中）追寻这种内部的和外部的自然现象的条件。（KrV，A672；B700）

268. 它通过最大的和谐和统一性的理念而是世界整体的原因，以至于我删去一切限制理念的条件。（KrV，A678；B706）

269. 过这样一个概念我不但拿走了物质自然，而且一般地拿走了一切自然，即任何一个可能经验的所有谓词，因而拿走了为这样一个概念而思想一个对象的所有条件。（KrV，A684；B712）

270. 所以为纯粹理性所剩留给我们的，就无非是一般自然、以及在自然中条件按照任何一种原则的完备性了。（KrV，A684；B712）

271. 我把先验方法论理解为纯粹理性的一个完备系统的形式条件的规定。（KrV，A707；B735）

272. 在其中，从那种构造的普遍条件中得出的东西，也必然对这构造起来的概念的客体普遍有效。（KrV，A716；B744）

273. 现在，这就只有当我要么按照经验直观的条件、要么按照纯粹直观的条件而规定我的对象，才是可能的。（KrV，A718；B746）

274. 借助于原因概念，我现实地走出了关于一个事件（因为某物发生）的经验的概念，但并没有达到——具体表现原因概念的——那种直观，而是达到了——在经验中遵照原因概念而想被找到的——一般时间条件。（KrV，A723；B751）

275. 一句话，这对我们的理性才仅仅是可能的，即把可能经验的条件作为事情可能性的条件来运用；但决不能完全依赖于这些条件，甚至仿佛自己创造这些条件。（KrV，A771；B799）

276. 因为，由于这些客体无非都是现象，在它们身上，某种完成了东西就

绝不能在条件系列的综合中被希望。（KrV，A773；B801）

277. 每一个先验的原理都只从一个概念出发，并且按照这个概念来说出对象的可能性的综合条件。（KrV，A787；B815）

278. 凡是在这种强加盛行开来的地方，那就必须经常发生这种情况，即某个命题的反面要么单纯与思想的主观条件相矛盾、却不与对象相矛盾，要么两个命题仅仅在一个被错误地视为客观条件的主观条件下相互矛盾，并且由于这个条件是假的，所有这两个命题也都可能是假的，而并不能从一个命题的假推导出另一个命题的真。（KrV，A791；B819）

279. 但如果执行我们自由的任意的条件是经验的，那么理性在此就没有别的而只能有一种调节的运用，并且只用于产生经验之规律的统一性。（KrV，A800；B828）

280. 纯粹实践规律，它的目的完全先天地被理性所给予，并且这些规律并非以经验的为先决条件，而绝对地命令着，是纯粹理性的产物。（KrV，A800；B828）

281. 后者抽掉了爱好和满足这些爱好的自然手段，而只一般地考察一个理性存在者的自由，以及那个——在其之下自由唯有按照原则而与幸福的分配相协调的——必要条件，所以至少能够以纯粹理性的单纯理念为基础并被先天地认识。（KrV，A806；B834）

282. 这个世界因而单纯被设想为一个理知的世界，因为在其中被抽掉了一切条件（目的）、甚至道德的一切阻碍（人类本性的软弱和邪癖）。（KrV，A808；B836）

283. 因为在实践的理念中这两方面是本质上连结着的，尽管如此，道德的意向，作为幸福的分享的条件，而不是反过来，幸福的指望首先使道德的意向成为可能。（KrV，A813；B841）

284. 如果一个目的一旦被预设了，那么达到目的的那些条件也就假设地是必然的了。这种必然性则是主观的，但毕竟只是比较充分的，如果我根本不知道任何别的条件，这个目的在这些条件之下已经达到。（KrV，A823；B851）

285. 合目的的统一性仍然是理性应用于自然之上的一个如此重大的条件，以致于我——由于关于它的经验又向我呈现出此事的丰富例证——完全不能够错失它。（KrV，A826；B854）

286. 所以这是某种虽是偶然的、但毕竟不是微不足道的意图的一个条件，亦即，以便于在自然的自然研究中具有一种指导、假定一个智慧的创世者。（KrV，A826；B854）

287. 这个目的在这里已经不可回避地断定了，并且只有一个唯一的条件、按照我的一切洞见，是可能的，在这个唯一的条件之下这个目的与所有全部的

目的相关联，并且由此获得实践的有效性，即，有一个上帝和一个来世。（KrV，A828；B856）

288. 相反，内在的自然之学把自然看做一切感官对象的总和，因而正如自然被给予我们的那样，但只按照——在其下它一般能被给予我们的——那些先天条件。（KrV，A846；B874）

调节（性）的原则（die regulative Prinzipien）

调节（性）的理念（die regulative Idee）

1. 而对于那些要将现象的此在先天地带入规则之下的原理，情况必然则完全不同。因为，现象的此在不可构造，那么这些原理将只指向此在的关系，并且只能充当单纯调节的原则。（KrV，A179；B222）

2. 一个经验之类比将只是一条规则，按照这条规则，从知觉中应该产生出经验的（不是像知觉本身，而是一般经验的直观的）统一性，并且有关对象（现象的对象）的原理将不看作为是构成性的，而只是调节性的。（KrV，A180；B222）

3. 因为它们只是调节性的原理，并且它们与那些本身是构成性的数学性原理，虽然不在确定性中——确定性在两者中都是先天肯定的，但毕竟在显明的方式中，亦即在原理的直觉的东西中，（因而也在演证方面），相区别。（KrV，A180；B223）

4. 纯粹知性的原理，它们可以是先天构成性的（如数学的原理），或者仅仅是调节性的（如动力学的原理），所包含的似乎无非只是可能经验的纯粹图型。（KrV，A237；B296）

5. 纯粹理性鉴于宇宙论理念的调节性原则。（KrV，A508；B536）

6. 所以这个理性的原理原本只是一个规则，它在给予的现象的条件序列中命令一个永远也不允许停留在一个绝对无条件者那里的回溯。所以它就决不是任何经验之可能性和感官对象的经验的知识的原则，因而也不是任何知性的原理；因为每一个经验都已经包含在自己的（按照给予了的直观）界限之中了；也决不是理性的——把感性世界的概念扩展到超出一切可能的经验之外的——构成性的原则，而是一种经验的最大可能的延续和扩展的原理，根据这条原理，没有任何经验的界限必须看作绝对的界限，因而它是一个理性的原则，作为规则，它在回溯中设定了应当对我们发生的东西，而不是去预测，在一切回溯之前在客体中自在地已经给予了的东西。因此我就把这个原则称为理性的调节的原则。（KrV，A508；B536）

7. 理性的调节性原则的经验的运用，鉴于一切宇宙论的理念。（KrV，A515；B543）

8. 理性的调节的原则的根据都是这个命题：在经验的回溯中没有任何——一个绝对界限的、因而没有任何条件的、作为一个这样的会是经验的绝对无条件者的——经验，能够被找到。（KrV，A517；B545）

9. 所以，理性的这种调节性的原则鉴于我们的这个课题就是：在感官世界中的一切都具有经验的条件的生存，并且在感官世界中任何地方鉴于任何属性都决不没有一种无条件的必然性。（KrV，A561；B589）

10. 但这个调节的原理刚好也很少排除一个不在这序列中的理知的原因的假定，如果它涉及到理性（鉴于目的）的纯粹运用。（KrV，A564；B592）

11. 人类的理性不仅包含理念，而且也包含理想，理想虽然不像柏拉图的理想那样具有创造性的力量，但毕竟具有实践的力量（作为调节的原则），并且给一定的行动的完善性的可能性放置了基础。（KrV，A569；B597）

12. 在这样的意义上两条原理可以单纯作为启发性的和调节性的原理，它们所操心的无非是理性的形式上的利益，而完全相互存在。（KrV，A616；B644）

13. 所以在这种置信的情况下，就必须把一种确凿的调节性的原则设立为基础。（KrV，A618；B646）

14. 事实上，即使广延和不可入性（它们一起构成了物质的概念）也是现象统一性的至上的经验的原则，并且，只要它在经验性上是无条件的，它本身就具有某种调节性原则的属性。（KrV，A618；B646）

15. 但假如这种情况没有发生，我们就已经验地达到统一性的最高根据，而这将被第二条调节性原则所禁止。（KrV，A618；B646）

16. 按照这种看法，最高存在者的理想无非是理性的一个调节的原则，即把世界上的一切联结都看作，似乎是从一种最充分的必然原因中产生出来的，以便在这上面建立起解释这些联结的一种系统的和按照普遍法则的必然的统一性的规则，而并不是主张一种自在的必然的生存。（KrV，A619；B647）

17. 因为这个现实的对象又是至上的条件，就被设想为必然的，因而一条调节性的原则就被转变成了一条构成性的原则。（KrV，A619；B647）

18. 纯粹理性理念的调节性运用。（KrV，A642；B670）

19. 它们有一种杰出的与必要而不可或缺的调节性的运用。（KrV，A644；B672）

而这种假设的运用却只是调节性的，以便于由此而尽可能地把统一性带入到这种特殊的知识中，并且借此使这条规则接近普遍性。（KrV，A647；B675）

20. 在先验分析论中，我们已经在知性原理中把动力学的原理，作为直观的仅仅调节的原则，与数学的原理，它在直观方面是构成性的原则，区分了开来。（KrV，A664；B692）

21. 既然我不拥有把这些原则作为构成性的原理的这样一种经验的运用，我又如何能为它们仍然确保一种调节性的运用，并且以这种运用确保一些客观有效性，而这种调节性的运用又能具有什么意义呢？（KrV，A664；B692）

22. 动力学的原理，作为直观的仅仅调节的原则，与数学的原理，它在直观方面是构成性的原则。（KrV，A664；B692）

23. 如果单纯调节性的原理被看做了构成性的原理，那么它们作为客观原则就可能已经冲突起来了。（KrV，A666；B694）

24. 反之，按照这样一条原则而寻找自然秩序的方法，以及把一个这样的秩序的、虽然不确定其地点和多远、在一般自然中看做有根据的这条准则，却仍然是理性的一条合法的和卓越的调节的原则；但它作为这样一条原则远远越出了经验或观察能够与之相提并论的范围，却并没有规定某物，而只是为经验或观察指明了通往系统的统一性的道路。（KrV，A668；B696）

25. 这些理念不作为把我们的知识扩展到比经验所能够给予的更多的对象的构成性原则，而作为一般经验的知识的杂多的系统统一性的调节性原则，经验的知识由此而在它们自己的界限内，比没有这些理念通过单纯的知性原理的运用所能够实现的，更多地被扩建和校正了。（KrV，A671；B699）

26. 所以这些理念不应当自在本身地被假定，而它们的实在性，只应当被看做一切自然知识的系统统一性的调节性原则的图型之实在性，因而它们应当只被看做现实事物的类似物、但却不被看做这样的现实之物自在本身而被设置为基础。（KrV，A674；B702）

27. 因此，如果我们假定这样的理想的存在者，我们并没有真正扩展我们关于可能经验的客体的知识，而只通过理念给我们提供了图型的系统统一性而扩展了可能经验的经验的统一性，因而理念不被看做构成性的、而仅仅被看做调节性的原则。（KrV，A674；B702）

28. 假使我们一定到处把它作为一个特殊的对象而进行思考，而不是宁可、满足于理性的调节的原则的一个单纯理念。（KrV，A675；B703）

29. 关于这个调节的原则我们虽然认识了自在本身的必然性，但却非这种必然性的来源，并且我们对此假定了一个至上的根据，仅仅出于这个意图，为的是，比起例如我说把一个与一种单纯的也就是先验的理念相应的存在者设想为生存着的，更为确定地思想这个原则的普遍性。（KrV，A676；B704）

30. 我只是思考一个我对它自在完全不知道的存在者之于世界整体的最大的系统统一性的关系，只为了使这个存在者成为我的理性最大可能的经验的运用的调节的原则的图型。（KrV，A679；B707）

31. 但是以不确定的方式（principium vagum，流变的原则），而不作为构成性的原则，不是为了鉴于它的直接对象而规定某物，而是为了作为单纯调节

性的原理并作为准则。（KrV，A680；B708）

32. 这个先验之物只是——理性借以尽其所是、把系统的统一性扩展到一切经验上去的——调节的原则的图型。（KrV，A682；B710）

33. 我在自身就是这样一种仅仅被看作一个思想着的自然（灵魂）理念的第一客体。（KrV，A682；B710）

34. 实体的那种简单性等等只应当是向着这条调节的原则的图型，而并不是被预设为，好像它就是灵魂属性的现实根据。（KrV，A683；B711）

35. 这个心理学的理念也只可能意味着一个调节的概念的图型。（KrV，A684；B712）

36. 单纯思辨理性的第二个调节的理念是一般世界概念。（KrV，A684；B712）

37. 纯粹理性的第三种理念，它包含着一个作为一切宇宙论序列的唯一充分原因的存在者的单纯相关的设定，就是上帝的理性概念。（KrV，A685；B713）

38. 这一切都证明，宇宙论的理念无非是调节性的原则，而仿佛远离了——设立这样的序列的现实的总体性的——构成性原则。（KrV，A685；B713）

39. 所以，把一个至上的理智预设为，世界整体的唯一原因，但当然只在理念中预设，这对于理性任何时候都能够有益，但却决不有害。（KrV，A686；B714）

40. 预先假定了一个创造者的纯然的智慧的意图。（KrV，A686；B714）

41. 把这个预设，作为一个单纯的调节的原则。（KrV，A687；B715）

42. 因为从中已经看出，这个预设无非是理性的一条调节的原则，为了达到最高系统的统一性，而借助于那个至上的世界原因的合目的的原因性的理念，并且，好像这个原因性作为最高的理智，按照最智慧的意图就是一切东西的原因。（KrV，A688；B716）

43. 但如果我们摆脱了把理念仅仅放在调节性的运用上的这种限制，那么理性就会被以如此多样的方式引入歧途。（KrV，A689；B717）

44. 第一个错误，它产生于，人们不单纯调节性地、而是构成性地运用一个最高存在者的理念（而这是与一个理念的本性相违背的）。（KrV，A689；B717）

45. 拥有了一条目的论联结的系统统一性的调节的原则。（KrV，A691；B719）

46. 这个系统统一性的理念本来只应当用来，为了寻找作为调节性原则在按照普遍自然规律的事物的联结中的系统的统一性。（KrV，A692；B720）

47. 这条调节的原则要求，系统的统一性完全被预设为——不仅仅经验地

认识、而且先天地、虽然还未确定的——自然统一性，因而预设为，从事物的本质中得出来。（KrV，A693；B721）

48. 把这种自然的系统统一性的调节性的原则设想为一条构成性的原则，并且，仅仅在理念中被设置为理性的一致运用的基础的东西，实体化地预设为原因，就只叫做理性迷乱。（KrV，A693；B721）

49. 理性必须使这种世界机制的统一性、秩序和合目的性成为它的自然研究的调节的原则。（KrV，A697；B725）

50. 在这个理念中，我们能够大胆地而无可指责地允许某些——对所想到的调节的原则是加速的——拟人论。因为这永远只是一个理念，它根本不会与一个不同于世界的存在者、而与这个世界的系统统一性的调节性原则相关，但只是凭借这种统一性的一个图型，即一个至上的理智，按照智慧的意图，它是世界的创造者。（KrV，A697；B725）

51. 因为这种最大的系统的和合目的性的统一性，它曾要求你们的理性作为调节的原则而为一切自然研究奠定基础，恰好就曾是，那些你们有权、把作为一个调节的原则的图型的最高理智的理念、奠定为基础的东西，并且，你们现在、按照这种调节的原则、而在世界中找到了多少合目的性，你们就证实多少你们的理念的合法性；但由于上述原则并不具有别的意图，而无非寻求必然的和最大可能的自然统一性。（KrV，A699；B727）

52. 因为这条系统统一性的调节的法则要求，我们应当这样研究自然，好像到处都会无限地、在最大可能的多样性那里，遇到系统而合目的的统一性。（KrV，A700；B728）

53. 所以，纯粹理性，似乎一开始就至少许诺要把我们的知识扩展到经验之一切界限之外，如果我们对它理解得正确的话，所包含的无非就是调节的原则，这些调节的原则虽然要求比经验的知性运用所能达到的更大的统一性，但正是由于它们把这种知性运用所逼近的目标推出如此之远，它们就通过系统的统一性而把知性运用带向与它自身最高程度的协调。（KrV，A701；B729）

54. 它们只是成问题地被设想，以便，在与它们（作为启发性的虚拟）的关系中、建立起在经验之领域中的系统的知性运用的调节的原则。（KrV，A771；B799）

55. 因为理性虽然具有它的原理，但作为客观的原理则全都是辩证的，因而充其量只能够就像系统的关联的经验运用的调节的原则而是有效的。（KrV，A786；B814）

56. 一切通过自由才是可能的东西，都是实践的。但如果执行我们自由的任意的条件是经验的，那么理性在此就没有别的而只能有一种调节的运用，并

且只用于产生经验之规律的统一性。（KrV，A800；B828）

天资（die Anlage）

1. 对每个人都察觉到的他本性的天资，通过尘世的东西（作为它的全部使命的天资是不充分的）决不能被满足。（KrV，BXXXIII）

2. 如果有人想在仅有的上述两条道路之间建议一条中间道路，即，范畴既不是自身思想的、我们知识的先天第一原则，也不是汲取于经验，而是主观的、与我们的生存同时植根于我们之中的思想着的天资，它们被我们的创造者这样安排，以至于它们的运用与经验所沿着它运行的自然规律，恰好相符合（纯粹理性的预成论体系的一种），那么，（除了借助于这一假设，不论人们想把预定天资的这个假定向未来的判断推进到多么远，也看不到任何终点）与所想到的这个中间道路决然相违背的东西则会是：在这种情况下范畴会缺少那个本质上属于它们的概念的必然性。（KrV，B167，168）

3. 在人类本性中存在着一定的不纯正性，它最终却毕竟，如同一切由本性而来的东西，必然包含一种向善的目的的天资，即一种——隐瞒它的真实的意向，并展现一定的假定的、被人们看作善的和光彩的意向的——爱好。人类通过这种既隐瞒自己、又接纳一种对他们有利的幻相的倾向，完全肯定地，不仅使自己文明化了，而且逐渐地、在一定程度上，使自己道德化了。（KrV，A748；B776）

统觉（die Apperzeption）

1. 主体自身的意识（统觉）就是我的简单表象。（KrV，B68）

2. 但有三个本源的来源（心灵的三种才能或能力）都包含有一切经验的可能性的条件，并且本身都不能从任何别的内心能力中被派生出来，这就是感官、想像力和统觉。在这上面就建立起了 1）通过感官而先天地概观杂多；2）通过想像力而综合这种杂多；最后，3）通过本源的统觉而统一这种综合。（KrV，A94；B127）

3. “我思”必须能够伴随我的一切表象；……但这个表象是一个自发性的行动，即它不能被看作属于感性。我把它称为纯粹统觉，以便它区别于经验性的统觉，或者也称为本源统觉。因为它就是那个自我意识——在其中它产生“我思”表象，而这表象必然能够伴随所有其他的表象，并且是在一切意识和自我意识中，——所以决不能被任何其他表象所伴随。（KrV，B132）

4. 在直观中被给予的杂多的统觉的无例外的同一性，包含着表象的一种综合，并且只有通过对这个综合的意识才是可能的。因为伴随着不同表象的经验的意识，已经自在地分散了并且与主体的同一性没有关系。（KrV，

B133）

5. 统觉的分析的统一性只有在任何一个统觉的综合的统一性的前提之下才是可能的。（KrV，B133）

6. 只有通过我能够把被给予表象的杂多联结在一个意识中，我才能向我表象出在这些表象本身中的意识的同一性，即，统觉的分析的统一性只有在任何一个统觉的综合的统一性的前提之下才是可能的。（KrV，B133）

7. 统觉的综合的统一性就是人们必须把一切知性运用、甚至全部逻辑，以及按照逻辑，把先验哲学都钉于其上的最高点，当然这种能力就是知性本身。（KrV，B134）

8. 所以直观杂多的综合统一性，作为先天产生的东西，是先天地早先发生于我的一切规定了的思想的统觉本身的同一性的根据。（KrV，B134）

9. 联结并不处于对象之中，并且不能通过知觉从对象中借用某物而因此首先被接纳进知性，而只是知性的一项工作，知性本身无非是——作为先天地联结并把给予表象的杂多带到统觉的统一性之下的——能力，这一原理是整个人类知识中的最高原理。（KrV，B134，135）

10. 我是已经意识到这些表象的一个先天必然的综合，它叫作统觉的本源的综合统一性，一切被给予我的表象都必须处于其下，但也必须通过一个综合把它们带入其下。（KrV，B135，136）

11. 按照先验感性论，在与感性的关系中，一切直观的可能性的最高原理是：所有直观的杂多都服从于空间和时间的形式条件。而在与知性的关系中，一切直观的可能性的最高原理就是：一切直观的杂多都服从于统觉的本源一综合的统一性的条件。（KrV，B136）

12. 统觉的综合统一性原理是一切知性运用的最高原则。（KrV，B136）

13. 一切判断的逻辑形式就在于其中包含了概念的统觉的客观统一性。……只有那个统觉的先验的统一性才是客观有效的；统觉的经验性的统一性，则只有主观的有效性，我们在这里不予考虑，它也只是从前者、在给予的具体条件下派生出来的。（KrV，B140）

14. 判断无非是把被给予的知识带到统觉的客观统一性的方式。在判断中的系词“是”的目标就在于，为了把给予表象的客观统一性与主观统一性相区分。因为这个系词标志着这些表象与本源的统觉及其必然统一性的关系，即使这个判断本身是经验的，因而是偶然的，例如“物体是有重量的”。（KrV，B141，142）

15. 最初的纯粹知性知识——基于它的整个剩余的运用，同时也完全不依赖于感性直观的一切条件——就是统觉的本源的综合统一性的原理。（KrV，B137）

16. 统觉的先验统一性是这样的，通过它，所有在一种直观中给予了的杂多都被统一在一个客体的概念里。它因此叫作客观的，并且必须与——是一种内感官的规定，由此每一个直观的杂多被经验地给予一种这样的联结的——意识的主观统一性区分开来。（KrV，B139）

17. 杂多，在一个被给予的感性直观中，必然从属于统觉的本源的综合统一性，因为只有通过这种统觉的本源的综合统一性，直观的统一性才是可能的。（KrV，B143）

18. 但我们的知性的特点只有借助于范畴并恰好只通过这个种类和这个数目的范畴才能达到先天统觉的统一性，要说明一个更好的理由，如此之少，就像为什么我们正好拥有这些而没有别的机能去判断、或者为什么时间和空间是我们可能直观的唯一形式一样。（KrV，B145，146）

19. 杂多的综合或联结在它们之中，仅仅与统觉的统一性相关联，并因此是先天知识的可能性根据，只要它建基于知性，因而不仅仅是先验的、而且甚至单是纯粹智性的。（KrV，B151）

20. 规定内感官的东西，就是知性及其联结直观杂多、即带到一个统觉（作为知性的可能性以自身为基础）之下的本源的能力。（KrV，B153）

21. 统觉及其综合统一性与内感官完全不是一样的，而更多地作为一切联结的源泉，在范畴的名义下指向一般直观的杂多，先于一切感性直观而指向一般客体。（KrV，B154）

22. 相反，在一般表象的杂多的先验综合中，因而在统觉的综合的本源统一性中，我向我意识到我的自身，既不像我对自己所显现的那样，也不像我在我自身所是的那样，而只是“我在”。这个表象是一个思想，而非一个直观。（KrV，B157）

23. 现在，这个本源而先验的条件不是任何别的，而是先验的统觉。（KrV，A106）

24. 我要把这种纯粹本源的、不可改变的意识称之为先验统觉。它配得上这个名称，这一点——由于：即使最纯粹的客观统一性，即先天概念（空间和时间）只有通过与它发生直观关系它才是有可能——就已经很清楚了。所以这个统觉的数目的统一性就恰好先天地成了一切概念的基础，正如空间和时间的杂多先天地成了感性直观的基础一样。（KrV，A107）

25. 正是统觉的这种先验统一性，使一切总能够在一个经验中共同存在的可能现象，成为一切这些表象按照法则的关联。因为如果不是内心在杂多知识中能够意识到由于这种统一性将杂多综合地联结在一个知识中的那个机能的同一性，这种意识的统一性就会是不可能的了。（KrV，A108）

26. 它们恰好不仅在经验中必须服从于统觉的必然的统一性的条件，也必

须在单纯直观中服从于空间和时间的形式条件，甚至通过那些条件，每一种知识才首先是可能的。（KrV，A110）

27. 但这些范畴的可能性、甚至必然性都已经建基于这种——使全部感性、并且和它一起的一切可能的现象，具有与这个本源的统觉的——关系，在这种本源的统觉中，一切东西遵照自我意识的无例外的统一性的条件都是必须的，即必须服从于综合的普遍的机能。（KrV，A111，112）

28. 因为不借助于这个本源的统觉，就没有东西能够进入到知识中。（KrV，A113）

29. 自然取决于我们统觉的主观根据，甚至自然在它的合规律性方面应当依赖于统觉的主观根据。（KrV，A114）

30. 三种主观的认识来源，一般经验的可能性和经验对象的知识已经建基于其上：感官、想像力和统觉。（KrV，A115）

31. 而纯粹统觉、即意识本身在一切可能的表象那里无一例外的同一性则构成了经验的意识先天基础。（KrV，A116）

32. 纯粹统觉就给予了一条在一切可能直观中杂多的综合统一性的原则。（KrV，A117）

33. 这种先验意识也就是，作为本源的统觉的我本身的意识。（KrV，A117）

34. 一切知识的逻辑形式的可能性都可以必然地建基于作为一种能力之于统觉的关系。（KrV，A117）

35. 所以统觉的先验的统一性就与想像力的纯粹综合、作为一个在认识中杂多的一切组合的可能性的先天条件相关联。（KrV，A118）

36. 所以这条想像力的纯粹的（生产的）综合的必然统一性的原则、先于统觉而是一切知识、特别是经验之知识的可能性的基础。（KrV，A118）

37. 统觉的本源的统一性构成了一切知识的可能性的基础。（KrV，A118）

38. 现象的一切联想的这种客观的根据我称之为现象的亲和性。但这个客观的根据，我们在哪里都找不到，除非在统觉的统一性原理中，在一切应当属于我的知识方面。（KrV，A122）

39. 所以，一切（经验的）意识在一个（本源的统觉的）意识中的客观统一性，甚至就是一切可能知觉的必要条件。（KrV，A122，123）

40. 于是，这个持存的和常住的（纯粹统觉的）我就构成了我们一切表象的相关项，只要这些表象被意识到是单纯可能的，并且，一切意识恰好都属于一个无所不包的纯粹统觉。（KrV，A123）

41. 现在它就是这个统觉，它必须添加到纯粹想像力，以便使它的机能成为智性的。（KrV，A124）

42. 所以我们具有一种作为一种人类心灵基本能力的纯粹想像力，这种基本能力为一切先天知识设置了基础。借助于纯粹想像力，我们一方面把直观的杂多，并且另一方面与纯粹统觉的必然统一性的条件一起，都带入了联结中。这两个极端，即感性和知性，必须借助于想像力的这个先验机能而必然相关联。（KrV，A124）

43. 统觉的统一性就是经验中一切现象的必然合规律性的先验根据。正是就这同一个统觉的统一性，从表象的杂多（即从一个唯一的表象规定杂多）上看，就是规则，而这种规则的能力也就是知性。（KrV，A127）

44. 通过纯粹想像力的对感性表象的综合，一切表象在与本源的统觉的关系中的统一性，先行于一切经验性的知识。（KrV，A130）

45. 这所有表象都应该先天地按照统觉的统一性在一个概念中关联起来。（KrV，A142；B181）

46. 通过一种先天必然的统一性（因为在一个本源的统觉之中的一切意识的必然联结）的根据，使现象服从于综合的普遍规则，并借此使普遍规则适当地无一例外地连接在一个经验之中。（KrV，A146；B185）

47. 表象的综合建基于想像力，但想像力的综合统一性（这是作判断所要求的）则建基于统觉的统一性。（KrV，A155；B194）

48. 先天综合判断以这样一种方式就是可能的，当我们把先天直观的形式条件、想像力的综合、以及这种综合在先验统觉中的必然统一性，与一般可能的经验知识相关联，并且表明：一般经验可能性的条件同时就是经验对象的可能性的条件，因此而在一个先天综合判断中拥有客观有效性。（KrV，A158；B197）

49. 所有这三种类比的普遍原理，在一切可能的经验的意识（知觉的）方面，都建立在对每一个时间的统觉的必然统一性之上，因而，由于那种统觉设置了先天的基础，在一切现象按照它们在时间中的关系的综合统一性之上。（KrV，A177；B219）

50. 现在，在本源的统觉中，一切这种杂多都应当、按照它的时间关系而被联结。（KrV，A177；B220）

51. 知性，借助于统觉的统一性，是为现象在这个时间中的一切位置的连续规定的可能性的先天条件，通过原因和结果的序列，它们的原因不可避免地导致了结果的此在，并因此而使时间关系的经验的知识对每一个时间都（普遍地）、因而客观地有效。（KrV，A211；B256）

52. 在我们的内心之中，一切现象，作为包含在一个可能的经验中的东西，都必定处于统觉的协同性（communio，共同性）之中，并且，只要对象都应当被表象为同时生存地联结着的，那么它们就必定在一个时间中交互地规定它们

的位置，并由此而构成一个整体。（KrV，A214；B261）

53. 所以我们的类比真正体现了一切现象在一定指数下关联起来时的自然统一性，而这些指数无非向统觉的统一性表达了时间关系（只要它自身中包含了一切此在），这种统一性只有在按照规则的综合中才能够发生。（KrV，A216；B263）

54. 现在在这个——它的本质的形式就在于一切现象的统觉的综合统一性的——第三者中，我们找到了现象中一切此在的普遍必然的时间规定的那些先天条件，没有这些条件，甚至连经验的时间规定也会是不可能的，而且我们还找到了先天的综合统一性的规则，借助于这些规则，我们预测了经验。（KrV，A217；B264）

55. 知性只对一般经验先天地给出规则，按照那些——既是感性的同时又是统觉的——主观的和形式的条件，而唯独这些条件才使经验成为可能的。（KrV，A230；B283）

56. 因为经验——只有从想像力的综合的知性在与统觉的关系中本源而自动授予的综合统一性中——才拥有它的统一性，而现象，作为一种可能知识的材料，必须已经先天地处于与之相关和一致中。（KrV，A237；B296）

57. 但先验客体则意味着一个等于 X 的“某物”，关于它我们一无所知，而且一般说来，（按照我们知性现有的设置）也不能有所知，而只能作为统觉的统一性的相关物而充当感性直观中杂多的统一性，知性借助于这种统一性而把杂多统一在一个对象的概念中。（KrV，A250）

58. 统觉、以及和统觉一起，思想先行于表象的一切可能的规定了的秩序。所以我们思想一般“某物”，并且一方面感性地规定它，但却仍把普遍的和在抽象中表象出的对象区别于直观这个对象的方式。（KrV，A289；B345）

59. 因为这种内部的知觉无非是单纯的统觉：我思；它甚至是使一切先验概念成为可能的，在这些先验概念中它说：我思想着实体、原因等等。（KrV，A343；B401）

60. 并非作规定的意识，毋宁被规定的意识自身、亦即我的内直观的意识（只要它的杂多能够按照在思想中统觉的统一性的普遍条件而被联结），就是客体。（KrV，B407）

61. 统觉的我、因而在每一个次思想中的我，都会是一个单数，它不能被分解为主体的多数，因而标明了一个逻辑的简单主词。（KrV，B407）

62. 但在第三个命题中，统觉的这个绝对单一性，这个“简单”之“我”，在这个——与构成思想的一切联结或分离相关联的——表象中，也对自身成为重要的了，即使我还没有澄清关于主体的性状或自存。统觉是某种实在的东西，而它的简单性已经在处于它的可能性中了。（KrV，B419）

63. 这个统觉的形式原理："我思"，仍然是理性心理学之所以敢于扩展它的知识的全部根据，这个原理尽管当然不是任何经验，而是附加在每一个经验上并且先行于它的统觉形式。（KrV，A354）

64. 因为时间在统觉中原本只是在我之内而被表象。（KrV，A362）

65. 但这种持存性在我们由同一性统觉中推论出我们自身的数目上的同一性之前，不通过任何东西而被给予我们。（KrV，A365）

66. 然而，正如实体和简单的东西的概念一样，就连人格性的概念（只要它是单纯先验的概念、即那种——它所剩余的不被我们所熟悉、但通过统觉在它的规定中却而是一个彻底的联结的——主体的统一性），也能够保留。（KrV，A365）

67. 因为这是明白的：由于外部的东西不是在我之内的，我也就不能在我的统觉中、因而也不能在本来只是统觉的规定的任何知觉中，找到它。（KrV，A368）

68. 现在，这个单纯的统觉（"我"）在概念中是实体，在概念中是简单的等等，所以那一切心理学的定理都具有它们的不可争辩的正确性。（KrV，A400）

69. 统觉本身就是这些范畴的可能性的根据，这些范畴在自己这方面无非表象为，直的观杂多的综合，就杂多在统觉中具有统一性。（KrV，A401）

70. 因此人们被那个思想着的"我"（灵魂），而把自己设想为实体、简单的、在一切时间中数目上同一的东西，以及必须从一切其他此在中被推论出来的一切此在的相关物就可以说：它不是通过范畴而认识自身，而是认识范畴，并通过它们，在统觉的绝对的统一性中、因而通过自身而认识一切对象。（KrV，A401，402）

71. 统觉被贯彻在范畴的一切种类中，但只是在这样一些知性概念上被贯彻。（KrV，A403）

72. 不过，通常单只通过感官而知道整个自然的人，也通过单纯的统觉而认识了自身。（KrV，A546；B574）

73. 因为经验的调节的统一性并不建基于现象本身（仅仅建基于感性），而建基于通过知性（在一个统觉中）的感性杂多的联结，因而最高实在性的统一性和一切事物的通盘可规定性（可能性）看起来就像处于一个最高的知性中、因而处于一个理智中。（KrV，A583；B611）

同类性（die Homogenität）

1. 理性为知性准备了它的领域：1. 通过杂多在更高的类之下的同类性原则。（KrV，A657；B685）

2. 同类性的法则把我引向这个最高立足点，特殊化的法则则把我引向一切低级立足点及其最大变异性。（KrV，A659；B687）

通盘规定（die durchgängige Bestimmung）

1. 在我们此在的意识中先天地包含着某种东西，但它能够用作规定我们的只有在感性上通盘规定的生存，不过是鉴于在与一个理知的（当然只是被思想到的）世界的关系中的一定的内部能力。（KrV，B430，431）

2. 人性在它的整个完善性中，不仅包含对属于这种本性的、构成我们的人性概念的一切本质属性的扩展，直至与人性的目的完全重合，而这就会是我们的完善人性的理念；而且也包含除了这概念之外一切属于这个理念的通盘规定的东西；因为在一切相互对立的谓词中只有唯一的一个谓词能够适合于最完善的人的理念。（KrV，A568；B596）

3. 正如理念提供规则，理想在这种情况下就充当摹本的通盘规定的蓝本。（KrV，A569；B597）

4. 相反，理性连同它的理想的意图就是按照先天规则的通盘规定；因此理性设想一个——按照原则应当是可被通盘规定的——对象，虽然对此还缺乏在经验中的充分条件、因而这个概念本身是超验的。（KrV，A571；B599）

5. 但每一个物，按照它的可能性，毕竟从属于通盘规定的原理，而按照这个原理，在事物的一切可能的谓词中，只要它们与它们的反面相比较，就必然有一个谓词应归于这个物。（KrV，A572；B600）

6. 通过这条原理，每一物就会与一个共同的相关物、即与全部可能性相关联了，这种全部可能性（即构成一切可能谓词的材料）假如在一个唯一的物的理念中被偶然发现，则会通过这个唯一物之通盘规定的根据的同一性而证明一切可能之物的亲和性。（KrV，A572；B600）

7. 这个命题：一切生存者都被通盘规定了，不仅意味着，每一对相互对立地被给予了的谓词中、而且一切可能的谓词中也总有一个谓词适合于生存者；通过这个命题，谓词不仅仅相互逻辑地、而且物本身与一切可能谓词的总和被先验地比较。（KrV，A573；B601）

8. 为了完全认识一个物，人们必须认识、并由此——不论是肯定性地还是否定性地——规定一切可能的东西。这个通盘的规定因而就是一个——我们永远也不能按照它的总体性具体描述的——概念，所以建立在一个——仅仅在理性中占有它的位置的——理念基础之上，理性给知性制定了它的完备运用的规则。（KrV，A573；B601）

9. 这个理念把自己纯化为一个先天地被通盘规定的概念，并由此成了一个单独对象的概念，这对象被这个单纯的理念所通盘规定，因而必须被称为纯粹

理性的一个理想。（KrV，A574；B602）

10. 而那些实在的东西则包含——对于一切事物的可能性和通盘规定的——材料和所谓质料，或先验内容。（KrV，A575；B603）

11. 所以如果把一个先验的基底设置为我们理性中的通盘规定的基础，这个先验的基底仿佛包含全部材料储备，因而事物的一切可能的谓词都能够被得到，那么这个基底无非就是实在性的一个大全的理念（omnitudo realitafis，实在性的全体）。（KrV，A575；B603）

12. 但也是通过实在性的这种全有，一个自在之物本身的概念，就作为一个被通盘规定了的概念，而表象出来了。（KrV，A576；B604）

13. 所以这就是一个先验的理想，它为在一切生存的东西那里都必然被找到的那种通盘规定设置了基础，并且构成了这些东西的可能性的至上的和完备的质料条件，而一般对象的一切思想按照它的内容都必须被归因于这个可能性。（KrV，A576；B604）

14. 所以一切事物的通盘规定着的先验的大前提，无非是一切实在性的总和的表象，它不仅仅是一个把一切谓词都按照它的先验内容把握在自身中的概念，而且是把它把握在自身中的概念，而每一个物的通盘规定都基于这种实在性的这种大全的限制，因为这个实在性的少许部分被赋予了这个物，而剩余部分却被排除了。（KrV，A577；B605）

15. 不言而喻的是，理性为了这一意图、即为了仅仅设想事物的那种必然的通盘规定，并不预设这样一个符合这一理想的存在者的生存，而只假设这样一个存在者的理念，以便从通盘规定的一个无条件的总体性中推导出那有条件的、即受限制的东西的规定。（KrV，A578；B606）

16. 因为理性只是把这个理念，作为一切实在性的概念，而设置为一般事物的通盘规定的基础，并不要求，这一切实在性被客观地给予出来并自身构成一个物。（KrV，A580；B608）

17. 一个感官对象，只有当它被拿来与现象的一切谓词相比较并通过这些谓词肯定地或否定地被表现出来的时候，才能被通盘的规定。（KrV，A581；B609）

18. 那么质料之于一切感官对象的可能性，就必须被预设为在一个总和中被给予了，经验的对象的一切可能性、它们的相互区别和它们的通盘规定，才能够唯独以这个总和的限制为基础。（KrV，A582；B610）

19. 于是这个单一之物，就借助于已经提到过的那个先验的偷换，被混同于一个——居于一切事物的可能性的顶峰、并为一切事物的通盘规定提供实在条件的——物的概念。（KrV，A583；B611）

20. 因为经验的调节的统一性并不建基于现象本身（仅仅建基于感性），而建基于通过知性（在一个统觉中）的感性杂多的联结，因而最高实在性的统一性和一切事物的通盘可规定性（可能性）看起来就像处于一个最高的知性中、因而处于一个理智中。（KrV，A583；B611）

21. 所以如果我思维一个物，无论我想通过什么以及多少谓词，（即使在通盘规定中），那么由此，我还加进“这个物存在”，也并未对这个物有丝毫的增加。（KrV，A600；B628）

22. 这个必然的存在者只能以唯一的一种方式、即在一切可能的对立谓词方面只通过一个其中一个谓词而被规定，所以它必须通过它的概念而被通盘规定。现在只有一个事物的唯一的概念是可能对这个物作先天的通盘规定的，这就是 entis realissimi（最实在的存在物）这个概念。（KrV，A605；B633）

23. 凡是在事情取决于一般物的大小（完善性的大小）的地方，在那里就不存在任何确定的概念，而包括整个可能的完善性的概念，并且只有实在性的大全（omnitudo，整全）才是在概念中通盘规定了的。（KrV，A628；B656）

24. 人们现在唯独从这种偶然性出发，仅仅通过先验的概念，走向一个绝对必然者的此在，并且从最初原因的绝对的必然性的概念出发，走到那绝对必然者的通盘被规定的或作规定的概念，即一个无所不包的实在性的概念。（KrV，A629；B657）

25. 人们其实并不能说，这个理念是一个客体的概念，而只能说它是这些概念的通盘统一性的概念，只要这种通盘统一性充当知性的规则。这一类的理性概念不被创造于自然，我们毋宁根据这些理念询问自然，并且只要我们的知识与它们不相适应，我们就把我们的知识看作是有欠缺的。（KrV，A645；B673）

26. 因为既然种毕竟总是一个——只把各种不同之物所共同的东西包含在自身中的——概念，这个概念就不可能是通盘规定了的，因而也不可能是最贴近地与个体发生关系的，所以任何时候都必须把别的概念、即亚种，包含在自身之内。（KrV，A656；B684）

27. 虽然任何对于一切知性概念的通盘的系统统一性的图型都不能在直观中被找到，但这样一个图型的类似物毕竟能够并且必须被给予出来，这个类似物就是知性知识以一条原则来划分和联合的极大值的理念。（KrV，A665；B693）

28. 既然每一个先天地为知性确定它的运用的通盘统一性的原理，虽然只是间接地，也对经验之对象有效：那么纯粹理性的原理对这个经验对象也具有客观实在性，只是并不是为了在这些经验之对象上有所规定，而只是为了指明这种处理方式。（KrV，A665；B693）

统一性，统一体（die Einheit）
综合统一性（die synthetische Einheit）
反思的统一性（die Einheit der Reflexion）
概念的统一性（die Einheit des Begriffes）
合目的性的统一性（die zweckmäβige Einheit）
理性统一性（die Vernunfteinheit）
知性统一性（die Verstandeseinheit）
系统统一性（die systematische Einheit）
先天统一性（die Einheita priori）
最高统一性（die höchste Einheit）

1. 事实上，纯粹理性也是一个如此完善的统一体。（KrV，AXIII）

2. 这类知识的完全统一性——出于真正的纯粹概念，任何经验的东西，或只是应该导致规定经验的特殊直观都不能对之产生丝毫影响，使之扩展和增加。（KrV，AXX）

3. 形而上学在认识原则方面是一个完全分离的、独立存在的统一体，在其中，每一个环节，像在一个有机体中那样，为了一切别的环节以及一切环节都为了一个环节而存在，并且没有任何一个原则能够在一种关系中确保被获得，无需不得不同时研究它与整个纯粹理性的彻底关系。（KrV，BXXIII）

4. 所以它是一种自为自持的、自足的、并不能通过任何外在附加的补充而增多的统一性。（KrV，A65；B90）

5. 这些概念，人们仅仅如此靠机缘才找到它们，也根本没有透露在任何秩序和系统的统一性中。（KrV，A67；B92）

6. 先验哲学具有优点，但也有义务，根据一个原则寻找它的概念；因为它们纯粹而非混杂地产生于——作为绝对的统一性的——知性，因而并且本身必须按照一个概念或理念而相互关联。（KrV，A67；B92）

7. 但我把机能理解为不同的表象被整理在一个共同的表象之下的行动的统一性。（KrV，A68；B93）

8. 如果人们能够完备地描述判断中的统一性的机能，知性的机能就能够全部都被找到。（KrV，A69；B94）

9. 纯粹的综合，表象为普遍的，提供纯粹的知性概念。但我理解的这种综合则以一种先天的综合统一性为基础。（KrV，A78；B104）

10. 向这种纯粹综合提供统一性、并仅以这种必然的综合统一型的表象为内容的那些概念，则为一个发生着的对象的知识则给出了第三，而且根据于知性。（KrV，A79；B104）

11. 在一个判断中把统一性给予不同表象的那同一个机能，在一个直观中

也把统一性给予了不同表象的单纯综合，这种统一性，一般地表达出来，就叫做纯粹知性概念。（KrV，A79；B105）

12. 因为在一个客体的每一种知识中都存在着概念的统一性，人们可以把它命名为质的统一性，只要在它之下的仅仅那种总括知识的杂多的统一性才被想到。（KrV，B114）

13. 最后还有完善性，而它就在于，这个多数性反过来一起回溯到概念的统一性，并且使它与这个而不是任何别的概念完全一致，人们可以把这命名为质的完备性（总体性）。（KrV，B114）

14. 这种统一性的表象不能从联结中产生，它宁可通过添加到杂多表象上，而首先使联结的概念成为可能。这种先天地先行于一切联结的概念的统一性，并不是某种（见§10）那个统一性的范畴；因为一切范畴都建立在判断中的逻辑机能之上，但在判断中已想到了联结、因而想到了给予概念的统一性。所以范畴已经以联结作为前提了。所以我们必须到更高的地方——即在其中本身包含了判断中不同概念之统一性的根据，因而知性的可能性的根据、甚至在知性的逻辑运用中——去寻求这种统一性（即质的统一性，§12）。（KrV，B131）

15. 我也把这种统一性叫作自我意识的先验统一性，以表明来自于它的先天知识的可能性。（KrV，B132）

16. 统觉的分析的统一性只有在任何一个统觉的综合的统一性的前提之下才是可能的。（KrV，B133）

17. 因此这个表象必须预先在与别的表象（即使只是可能的表象）的综合统一性中被思想，我才能在它身上思想那个使它成为 conceplus communis（共同概念）的意识的分析的统一性。而这样一来．统觉的综合的统一性就是人们必须把一切知性运用、甚至全部逻辑，以及按照逻辑，把先验哲学都钉于其上的最高点，当然这种能力就是知性本身。（KrV，B134）

18. 直观杂多的综合统一性，作为先天产生的东西，是先天地早先发生于我的一切规定了的思想的统觉本身的同一性的根据。（KrV，B134）

19. 统觉的必然统一性这条原理，虽然是自身同一的，因而是一个分析命题，但却表明直观中给予的杂多的一个综合是必然的，没有这种综合，自我意识的那种无一例外的同一性则不能被设想。（KrV，B135）

20. 我是已经意识到这些表象的一个先天必然的综合，它叫作统觉的本源的综合统一性，一切被给予我的表象都必须处于其下，但也必须通过一个综合把它们带入其下。（KrV，B135）

21. 而在与知性的关系中，一切直观的可能性的最高原理就是：一切直观的杂多都服从于统觉的本源一综合的统一性的条件。（KrV，B136）

22. 意识的统一性，作为是综合的，但也作为本源的而被发现。（KrV，

B137）

23. 表象的一切统一，在表象的综合中则要求的意识的统一性。于是这个意识的统一性就是，唯一构成表象对于一个对象的关系、因而构成它们的客观有效性，所以，并促使它们成为知识的东西，知性的可能性自身因而根据于此。（KrV，B137）

24. 意识的综合统一性是一切知识的一种客观条件，不仅是我自己为了认识一个客体而需要它，而且为我而成为客体则必须存在于每一个直观当中，因为以别的方式，没有这种综合，杂多自身就不会在一个意识中统一了。（KrV，B138）

25. 自我意识的客观统一性该是什么。（KrV，B139）

26. 统觉的先验统一性是这样的，通过它，所有在一种直观中给予了的杂多都被统一在一个客体的概念里。它因此叫作客观的，并且必须与——是一种内感官的规定，由此每一个直观的杂多被经验地给予一种这样的联结的——意识的主观统一性区分开来。（KrV，B139）

27. 相反，在时间中直观的纯粹形式，仅仅作为包含一个给予了的杂多的一般直观，则从属于意识的本源的统一性，这只是通过直观杂多对一个“我思”的必然关系。（KrV，B140）

28. 只有那个统觉的先验的统一性才是客观有效的；统觉的经验性的统一性，则只有主观的有效性。（KrV，B140）

29. 一切判断的逻辑形式就在于其中包含了概念的统觉的客观统一性。（KrV，B140）

30. 一个判断无非是把被给予的知识带到统觉的客观统一性的方式。（KrV，B141）

31. 在判断中的系词“是”的目标就在于，为了把给予表象的客观统一性与主观统一性相区分。因为这个系词标志着这些表象与本源的统觉及其必然统一性的关系，即使这个判断本身是经验的，因而是偶然的，例如“物体是有重量的”。（KrV，B142）

32. 杂多，在一个被给予的感性直观中，必然从属于统觉的本源的综合统一性，因为只有通过这种统觉的本源的综合统一性，直观的统一性才是可能的。（KrV，B143）

33. 一个杂多，它已经包含在一个我称其为“我的”的直观中了，被知性的综合而表现为属于自我意识的必然统一性，并且这通过范畴而实现。（KrV，B144）

34. 但我们的知性的特点只有借助于范畴并恰好只通过这个种类和这个数目的范畴才能达到先天统觉的统一性，要说明一个更好的理由，如此之少，就

像为什么我们正好拥有这些而没有别的机能去判断、或者为什么时间和空间是我们可能直观的唯一形式一样。（KrV，B146）

35. 杂多的综合或联结在它们之中，仅仅与统觉的统一性相关联，并因此是先天知识的可能性根据，只要它建基于知性，因而不仅仅是先验的、而且甚至单是纯粹智性的。（KrV，B150）

36. 不过，这种形象的综合，如果它单纯指向统觉的本源的综合统一性、即这种在范畴中被思想的先验统一性，则必须区别于单纯智性的连结，而叫作想像力的先验综合。（KrV，B151）

37. 统觉及其综合统一性与内感官完全不是一样的，而更多地作为一切联结的源泉，在范畴的名义下指向一般直观的杂多，先于一切感性直观而指向一般客体。（KrV，B154）

38. 在一般表象的杂多的先验综合中，因而在统觉的综合的本源统一性中，我向我意识到我的自身。（KrV，B157）

39. 直观的形式仅仅给予杂多，而形式的直观则给予表象的统一性。我已在感性论中已把这种统一性仅仅算作感性，只为了注意到，它先行于一切概念，虽然它以一种综合为前提，这综合不属于感官，但通过它，一切空间和时间的概念才首先成为可能。因为通过它（在其中知性规定感性），空间或时间首先作为直观而被给予，那么这种先天直观的统一性就属于空间和时间，而并不属于知性概念。（KrV，B160，161）

40. 这种综合的统一性不能是任何别的统一性，只能是一个给予的一般直观的杂多在一个本源的意识中——按照范畴，仅仅应用于我们的感性直观上的——联结的统一性。（KrV，B161）

41. 正是这种综合统一性，如果我抽掉空间的形式，则获得了在知性中它的位置，并且就是在一个一般直观中同质的东西的综合的范畴，即大小的范畴，因而那个领会的综合、即知觉，无论如何都必须与这个大小范畴相一致。（KrV，B162）

42. 这种综合统一性，作为先天条件，在它之下我联结一般直观之杂多。（KrV，B162）

43. 那种使感性直观的杂多连接起来的东西，就是想像力，它按照它的智性的综合统一性，则依赖于知性。（KrV，B164）

44. 作为包含在一瞬间中的东西，每一个表象都绝不能是别的东西，而只能是绝对的统一性。（KrV，A99）

45. 现在为了从这种杂多中形成直观的统一性，（也许就如在空间表象中的那样），就有必要首先对杂多进行贯通，然后对之加以总括，我把这种行动称为领会的综合。（KrV，A99）

46. 所以必须有某种东西，它本身使现象的这种再生成为可能，由此它就是现象的一种必然的综合统一性的先天根据。（KrV，A101）

47. 假如没有意识到，我们正在思想的东西，恰恰就是我们在一瞬间之前思想的东西，那么表象系列中的一切再生都会是徒劳的。因为它在目前状态中则会是一个新的表象，这表象完全不属于它借以一步一步被产生的那个动作，而它的杂多就永远也构不成一个整体，因为它缺乏那种只有意识才能够使它获得的统一性。（KrV，A103）

48. 对象使之成为必要的那种统一性，就不可能是别的东西，而只是在表象的杂多的综合中意识的形式统一性。于是我们就说：我们认识对象，因为我们在直观的杂多中已经产生了综合统一性。（KrV，A105）

49. 这种规则的统一性就规定了一切杂多，并将其限制在使统觉的统一性成为可能的条件上，而这种统一性的概念就是等于 X 的对象的表象。（KrV，A105）

50. 没有那种先行于直观的一切材料和一切对象表象都唯一因为与之发生关系才成为可能的意识统一性，在我们之内就不可能有任何知识发生，也不可能有这些知识相互之间的任何连接和统一性发生。（KrV，A107）

51. 所以它自身同一性的本源的和必然的意识，同时就是一切现象按照概念、即按照那些规则的综合的必然统一性的意识，这些规则不仅使它们［这些现象］能够必然地再生，而且也由此为对它们的直观规定了一个对象，即规定这些现象在其中必然相关联的“某物”的概念。（KrV，A108）

52. 现在，这个概念根本不包含任何确定的直观，因而就不会涉及任何别的东西，而只涉及那种——只要它与一个对象发生关系，就必须在知识的一种杂多中被找到的——统一性。（KrV，A109）

53. 但这种关系无非就是意识的必然统一性，因而也是通过内心的共同机能、杂多被联结在一个表象中的综合的统一性。既然这个统一性必须被看作先天必然的，（因为否则知识就会没有对象了），那么与一个先验对象、亦即与我们的经验的知识的客观实在性的关系，就将以这条先验法则为基础：一切现象，只要对象应当由此而被给予我们，就都必须服从现象的综合统一性的先天规则。（KrV，A109）

54. 在这种本源的统觉中，一切东西遵照自我意识的无例外的统一性的条件都是必须的。（KrV，A111）

55. 所以一个原因的概念无非是按照概念（对那种在时间序列中随之而来的东西，与其他现象的）一种综合，而没有这样的——具有它的先天规则，并使现象服从于自己的——统一性，无例外的、普遍的，因而必然的意识统一性，就不可能在知觉的杂多中被找到。（KrV，A112）

56. 这条原则就先天地确定了下来，并且可以叫作，我们表象的（因而也是直观中的）一切杂多之统一性的先验原则。（KrV，A116）

57. 于是这里就有了（意识的）一种杂多的综合统一性，它被先天地认识，并且正好适合于充当与纯粹思想相关的先天综合命题的根据。（KrV，A117）

58. 统觉的先验的统一性就与想像力的纯粹综合、作为一个在认识中杂多的一切组合的可能性的先天条件相关联。（KrV，A118）

59. 既然统觉的本源的统一性构成了一切知识的可能性的基础，那么想像力的综合的先验统一性就是一切可能知识的纯粹形式，因而通过这个纯粹形式可能经验的一切对象才必须被先天地表象出来。（KrV，A118）

60. 在知性中，纯粹先天知识，它们在一切可能现象方面，已经包含了想像力的纯粹综合的必然统一性。（KrV，A119）

61. 但这个客观的根据，我们在哪里都找不到，除非在统觉的统一性原理中，在一切应当属于我的知识方面。（KrV，A122）

62. 所以想像力也是一种先天的综合能力，因此之故，我们给它取名为生产的想像力，并且，只要它在现象的一切杂多方面，其意图不外乎在现象的综合中的必然统一性，这种综合能力也就可以被称为想像力的先验机能。（KrV，A123）

63. 借助于纯粹想像力，我们一方面把直观的杂多，并且另一方面与纯粹统觉的必然统一性的条件一起，都带入了联结中。（KrV，A124）

64. 所以在范畴之上就建立起了在想像力的综合中的一切形式的统一性，而借助于这种统一性，也建立起了想像力的直到现象下的一切（在认定、再生、联想、领会中的）经验的运用。（KrV，A125）

65. 因为这个自然统一性应当是一种必然的、亦即先天确定的连接现象的统一性。（KrV，A125）

66. 但自然，作为一种经验中的认识对象，连同它可能包含的一切，都只有在统觉的统一性中才是可能的。但统觉的统一性就是经验中一切现象的必然合规律性的先验根据。正是就这同一个统觉的统一性，从表象的杂多（即从一个唯一的表象规定杂多）上看，就是规则，而这种规则的能力也就是知性。（KrV，A127）

67. 知性本身是自然规律的来源，因而是自然的形式统一性的来源。（KrV，A127）

68. 所以纯粹知性在范畴中就是一切现象的综合统一性的规律，并由此才使得经验按照它的形式首先并本源地成为可能。（KrV，A128）

69. 但对象的一切知识的形式（由此杂多被思考为属于“一个”客体）也就在于可能意识的这种统一性。（KrV，A129）

70. 通过纯粹想像力的感性表象的综合，一切表象在与本源的统觉的关系中的统一性，先行于一切经验的知识。（KrV，A130）

71. 知性概念包含了一般杂多的纯粹综合统一性。（KrV，A138；B177）

72. 图型自在本身任何时候都只是想像力的一种产物；但由于想像力的综合不以任何单独的直观、而仅仅以感性规定的统一性为目的，所以图型毕竟区别于形象。（KrV，A140；B179）

73. 所以数无非是一般同质直观的杂多的综合统一性，由此，我在直观的领会中产生出时间本身。（KrV，A143；B182）

74. 知性的图型法通过想像力的先验综合，所导致的无非是一切直观杂多在内感官中的统一性，并因而间接导致作为与内感官（一种接受性）一致的机能的那种统觉的统一性。（KrV，A145；B185）

75. 范畴最终就并没有其他运用，而只有经验的运用，因为它们仅仅充当着，通过一种先天必然的统一性（因为在一个本源的统觉之中的一切意识的必然联结）的根据，使现象服从于综合的普遍规则，并借此使普遍规则适当地无一例外地连结在一个经验之中。（KrV，A146；B185）

76. 表象的综合建基于想像力，但想像力的综合统一性（这是作判断所要求的）则建基于统觉的统一性。（KrV，A155；B194）

77. 经验则依据于现象的综合统一性，亦即，依据于按照一般现象的对象之概念的综合，没有这个它就不是知识，而会是知觉的一种狂想曲。（KrV，A156；B195）

78. 一切综合判断的至上原则就是：每一个对象都服从在可能经验中直观杂多的综合统一性的必要条件。（KrV，A158；B197）

79. 所以，甚至一个作为现象的客体的知觉，只有通过这种被给予的感性直观的杂多的综合统一性，才是可能的，由此对杂多同质东西的组合的统一性在一个大小的概念中而被思考。（KrV，A162；B203）

80. 我把那种——只是被领会为统一性、并且在其中多数性只能被接近于否定性 =0 所表象出来的——大小，称为内包的大小。（KrV，A168；B210）

81. 所以它是一种知觉的综合，这种综合本身并不包含在知觉中，它把知觉的杂多的综合统一性包含在一个意识中，这种综合统一性构成了一种感官客体的知识、亦即经验之（不仅仅是直观的或感官感觉的）本质的东西。（KrV，A177；B219）

82. 时间的三种样态是持存性、相继性和同时并存。因此现象的一切时间关系的三条规则，据此现象的每一个此在能够在一切时间的统一性方面被规定，先行于一切经验，并且首次使现象成为可能。（KrV，A177；B219）

83. 所以，一个经验之类比将只是一条规则，按照这条规则，从知觉中应该产生出经验的（不是像知觉本身，而是一般经验的直观的）统一性，并且有关对象（现象的对象）的原理将不看作为是构成性的，而只是调节性的。（KrV，A180；B222）

84. 但这种统一性惟独只有在纯粹知性概念的图型中才被想到，关于纯粹知性概念的统一性，作为一种一般综合的统一性，范畴包含不被任何感性条件限定的机能。（KrV，A181；B224）

85. 然而这个概念，它随身带有综合统一性的必然性，只能够是一种纯粹知性概念，它并不处于知觉中。（KrV，A189；B234）

86. 知性，借助于统觉的统一性，是为现象在这个时间中的一切位置的连续规定的可能性的先天条件。（KrV，A211；B256）

87. 时间规定的这种统一性是完全动力学的。（KrV，A215；B262）

88. 所以我们的类比真正体现了一切现象在一定指数下关联起来时的自然统一性，而这些指数无非向统觉的统一性表达了时间关系（只要它自身中包含了一切此在），这种统一性只有在按照规则的综合中才能够发生。（KrV，A216；B263）

89. 这种世界整体的统一性，在其中一切现象都应当连结着。（KrV，A218；B265）

90. 唯有知性，在它之中，那种——所有知觉都必须在其中拥有自己的位置的——经验的统一性，才是可能的。（KrV，A230；B282）

91. 因为经验——只有从想像力的综合的知性在与统觉的关系中本源而自动授予的综合统一性中——才拥有它的统一性，而现象，作为一种可能知识的材料，必须已经先天地处于与之相关和一致中。（KrV，A237；B296）

92. 这些范畴只有在与空间和时间中的直观统一性的关系中才具有意义，甚至它们之所以能通过普遍的联结概念而先天地规定这种统一性，也只是由于空间和时间的单纯观念性。（KrV，B308）

93. 现象，只要它们按照范畴的统一性而被思想为对象，就叫作现相（Phänomena，现相）。（KrV，A249）

94. 但先验客体则意味着一个等于 X 的“某物”，关于它我们一无所知，而且一般说来，（按照我们知性现有的设置）也不能有所知，而只能作为统觉的统一性的相关物而充当感性直观中杂多的统一性，知性借助于这种统一性而把杂多统一在一个对象的概念中。（KrV，A250）

95. 这个概念自在地获得与对象本身的关系，或者只意味着一般思想的统一性（这统一性完全抽掉了一个对象任何可以被给予的方式）。（KrV，A259；B314）

96. 感性与一个客体的关系，以及这种统一性的先验根据会是什么，无疑

深深地隐藏着，以至于甚至我们对我们自己也只通过内感官、因而作为现象，才认识到的。（KrV，A278；B334）

97. 于范畴，人们必须承认：它们单独并不足以达到自在事物本身的知识，而没有感性的材料，它们就会只是知性统一性的、但无对象的主观形式。（KrV，A287；B343）

98. 所有我们的认识都开始于感官，由此而走向知性，并且结束于理性，越过理性在我们之内再没有“更高的东西”被找到，加工直观材料并带入思想的最高统一性之下。（KrV，A298；B355）

99. 知性借助于规则而可以是现象的统一性的能力，这样理性则是原则之下的知性规则统一性的能力。（KrV，A302；B359）

100. 理性从来都不首先面向经验，或者面向任何一个对象，而是面向知性，为了通过概念给予杂多的知性知识以知性的先天统一性，这种统一性可以叫作理性统一性，它是与知性所能完成的那种统一性完全不同的种类。（KrV，A302；B359）

101. 理性在推论中试图将知性知识的大量杂多性归结为最少数目的原则（普遍性条件），并由此实现原则的最高统一性。（KrV，A305；B361）

102. 实际上，规则的杂多性和原则的统一性是理性的一种要求，为的是把知性带进与自身的彻底关联中，正如知性把直观的杂多纳入概念之下并由此把它们带进连结一样。（KrV，A305；B362）

103. 所以理性统一性不是一个可能经验的统一性，而本质地不同于这种知性统一性。（KrV，A307；B363）

104.（在逻辑的运用中）一般理性所特有的原理就是：为知性的有条件的知识找到无条件者，借此完成知性的统一性。（KrV，A307；B364）

105. 但它们所包含的只不过是，关于现象的——只要它们应该必然地归属于一个可能的经验的意识的——反思的统一性。唯有通过它们，一个对象的知识和规定才是可能的。（KrV，A310；B367）

106. 先验分析论曾为我们做出了榜样，我们知识的单纯逻辑形式如何能够包含先天纯粹概念的起源，这些概念先于一切经验而表现对象，或者更确切地说表明了这种综合统一性，它单独使有关对象的经验的知识成为可能。（KrV，A321；B377）

107. 前者则只给自己保留了在知性概念的运用中的绝对总体性，并试图把在范畴中被思想到的综合统一性延伸直至绝对无条件者。人们因此可以把这种统一性称叫做现象的理性统一性，就如把表达为范畴的那种统一性叫做知性的统一性。（KrV，A326；B383）

108. 正因为它是一切可能的目的的必然统一性的理念，所以它就必须作为

本源的、至少是限制的条件而充当一切实践活动的规则。（KrV，A328；B285）

109. 所有的一般纯粹概念所涉及的是表象的综合统一性，而纯粹理性概念（先验的理念）所涉及的却是所有一般条件的无条件的综合统一性。因而一切先验理念都将允许带进三个等级之下：其中第一级包含思想主体的绝对的（无条件的）统一性，第二级包含现象的条件系列的绝对统一性，第三级包含思想的所有一般对象的条件的绝对统一性。（KrV，A334；B391）

110. 理性如何仅仅通过——对它用于定言的三段论推理的——恰好同一个机能的综合运用，就必须以必然的方式达到思想的主体的绝对统一性的概念。（KrV，A335；B392）

111. 我由此而推论出，我从序列的无条件的综合统一性起，一个任何时候都具有一个自相矛盾的概念的方面、我关于它仍也不具有任何概念的对立的统一性的正确性。（KrV，A340；B398）

112. 我并非通过单纯的“我思”，而认识一个客体，毋宁只有通过我出于一切思维都在其中的那种意识的统一性的意图而规定一个给予的直观，我才能够认识任何一个对象。（KrV，B406）

113. 这种意识统一性，它为范畴们设置了基础，在这里为了主体的直观就被设想为客体，并且将实体范畴应用于其上。但这种意识的统一性仅仅是思想中的统一性，仅仅由此并没有任何客体被给予。（KrV，B422）

114. 但现在，把主体的这种、作为任何一个思想的可能性的条件的必然统一性、从经验中推导出来，也是不可能的。（KrV，A353）

115. 所以，这个著名的心理学的证明不过建立在一个只指引动词在人称方面的一种表象的不可分的统一性的基础上。（KrV，A355）

116. 我通过这个“我”为我在任何时候都想到了一个绝对的、但却是逻辑的主体统一性（简单性），但并非，我由此就认识了我的主体的现实的简单性。（KrV，A356）

117. 在我意识到我自己的整个时间中，我对我都意识到了这个时间属于我的自身的统一性。（KrV，A362）

118. 此外，因为伴随着一切思想的那个唯一的条件，就是，在全称命题“我思”中的“我”，所以理性不得不与这个条件打交道，只要其本身是无条件的。但这个条件只是形式的条件，即我把一切对象都从那里抽掉了的每一个思想的逻辑的统一性，而仍然被表象为一个我所思想的对象，即“我”本身及其无条件的统一性。（KrV，A398）

119. 统觉本身就是这些范畴的可能性的根据，这些范畴在自己这方面无非表象为，直观杂多的综合，杂多就在统觉中具有统一性。因此一般自我意识就是，那种作为一切统一性的条件、但本身却是无条件的东西的表象。（KrV，

A401）

120. 它不是通过范畴而认识自身，而是认识范畴，并通过它们，在统觉的绝对的统一性中、因而通过自身而认识一切对象。（KrV，A402）

121. 这些知性概念在每一个范畴中都为剩下的范畴设置了在一种可能知觉中的统一性的基础，所以：实体，实在性，统一性（而非多数性）和生存，只是理性在这里把它们全都表象为一个本身是无条件的、思想着的存在者的可能性的条件。（KrV，A403）

122. 所以灵魂就认识到它自在本身：1、关系的无条件的统一性，即自身，并不作为依存性的、而作为自存性的。2、质的无条件的统一性，即并不作为实在的整体，而作为简单的。3、时间中在多数性上无条件的统一性，即不是在不同时间中数目上相区别，而是作为"一和恰好"同一个主体"。4、这种在空间中此在的无条件的统一性，并不是那种外在于它许多事物的意识，而是只不过它自己的此在的意识，但对别的事物的意识，只是作为对它表象们的意识。（KrV，A404）

123. 这些玄想的推论的第一种类型针对着（主体或灵魂的）所有一般表象的主观条件的无条件统一性。（KrV，A406）

124. 理性对一个被给予的有条件者在条件（知性在这些条件下使一切现象都服从于综合的统一性）方面要求的绝对的总体性。（KrV，A409；B436）

125. 一个这样的辩证学说将不与经验概念中的知性统一性、而与单纯理念中的理性统一性发生关系，这种理性统一性的条件，由于它们首先，作为按照规则的综合，而应当与知性相一致，但同时作为这种综合的绝对统一性，又应当与理性相一致。（KrV，A422；B450）

126. 一切东西都从这个原始存在者那里借取它的统一性和合目的的连结，这么多都是道德和宗教的基石。（KrV，A466；B494）

127. 因此理性的建筑术的利益（它要求并非经验的、而是先天的纯粹的理性统一性）就为正题的主张随身携带一种自然的推荐。（KrV，A475；B503）

128. 而这些表象，只要它们在这种关系中（在空间和时间中）按照经验之统一性的法则而被连结和可规定的，就叫做对象。（KrV，A494；B522）

129. 理性在它们那里只怀有一个系统的统一性的意向，理性试图使经验性的可能的统一性接近这种系统的统一性，却在任何时候都不会完全达到它。（KrV，A568；B596）

130. 我们把知性的经验运用的分配的统一性辩证地转换为一个经验整体的集合的统一性，并且在这个现象整体上设想一个单一的——把一切经验的实在性都包含在自身内的——物。（KrV，A582；B610）

131. 通过理性的一种完成统一性的自然进程，甚至被人格化了。（KrV，

A583；B611）

132. 因而最高实在性的统一性和一切事物的通盘可规定性（可能性）看起来就像处于一个最高的知性中、因而处于一个理智中。（KrV，A583；B611）

133. 这个没有限制的大全就是绝对的统一性，并且引导一个唯一的存在者、也就是最高存在者的概念。（KrV，A587；B615）

134. 我们的一切生存的（它通过知觉直接地、或者通过把某物和知觉连结起来的推论）意识却完完全全属于经验之统一性。（KrV，A601；B629）

135. 当然，完全可以允许，把一个最高充实性的存在者的此在，假定为一切可能结果的原因，以便窃取理性它所寻找的解释根据的统一性。（KrV，A612；B640）

136. 它只应当用作一条现象的最大可能的统一性的原则，作为现象的至上根据。（KrV，A617；B645）

137. 即使广延和不可入性（它们一起构成了物质的概念）也是现象统一性的至上的经验的原则，并且，只要它在经验性上是无条件的，它本身就具有某种调节性原则的属性。（KrV，A618；B646）

138. 物质，或一般地说，凡是属于这个世界的东西，都不会与一个——作为最大经验的统一性的单纯原则的——必然的原始存在者的理念相适合。（KrV，A618；B646）

139. 最高存在者的理想无非是理性的一个调节的原则，即把世界上的一切联结都看作，似乎是从一种最充分的必然原因中产生出来的，以便在这上面建立起解释这些联结的一种系统的和按照普遍法则的必然的统一性的规则，而并不是主张一种自在的必然的生存。（KrV，A619；B647）

140. 它把目的和意图带进了这种地步，在那里我们的观察并没有自行揭示出它们，并且通过一种其原则在自然之外的特殊统一性的引导而扩展了我们的自然知识。（KrV，A623；B651）

141. 这个原因的统一性可以从这个世界的各部分作为一个艺术的建筑的各环节而交互关联的统一性中。（KrV，A626；B654）

142. 全能、世界秩序与最高智慧、世界统一性与创造者的绝对统一性。（KrV，A628；B656）

143. 自然的神学则从在这个世界中所遇见的性状、秩序和统一性中推断出一个世界创造者的属性和此在。（KrV，A632；B660）

144. 必然性、无限性、统一性、在世界之外的（不是作为世界灵魂的）此在、没有时间条件的永恒性、没有空间条件的全在、全能等等，都是纯然先验的谓词，因此它们的被纯化出来的概念。（KrV，A641；B669）

145. 所以并不创造任何（客体的）概念，而只是整理它们，并赋予它们那

种——在它的最大可能的扩展中可能具有它、即在与序列的总体性的关系中的——统一性。（KrV，A643；B671）

146. 一个知性概念并不现实地从它出发的点，因为它完全处于可能经验的界限之外，然而却用作使它获得——除最大的扩展之外——最大统一性。（KrV，A644；B672）

147. 这种理性统一性任何时候都预设了一个理念，即这种理念有关知识的一个整体的形式，这个整体先行于各部分的确定知识并且包含那些——为每个部分先天地确定它的位置及其对其余部分的关系的——条件。因此这个理念设定了知性知识的完备的统一性，由此这种知性知识就不仅是一个偶然的聚合，而成为了一个按照必然法则而相互关联的系统。（KrV，A645；B673）

148. 人们其实并不能说，这个理念是一个客体的概念，而只能说它是这些概念的通盘统一性的概念，只要这种通盘统一性充当知性的规则。这一类的理性概念不被创造于自然，我们毋宁根据这些理念询问自然，并且只要我们的知识与它们不相适应，我们就把我们的知识看作是有欠缺的。（KrV，A645；B673）

149. 所以这种假设的理性运用指向知性知识的系统统一性，但这种统一性则是规则的真理的试金石。（KrV，A647；B675）

150. 但人们从中只看到，杂多知性知识的系统的或理性的统一性是一个逻辑的原则，为了在知性单独不足以成为规则的地方，通过理念而援助它，同时尽其所容许做到的，使知性规则的差异性在一个（系统的）原则下并由此而获得相互关联的一致性。（KrV，A647；B675）

151. 理性的寻求统一性这一法则，是必然的，因为我们没有这种法则就完全没有任何理性，而没有这种理性则没有任何相关联着的知性运用，并且在缺乏这种知性运用中也就没有经验的真理的任何充分的标志了，所以鉴于这种标志，我们无论如何都必须预设自然的系统的统一性为客观有效的和必然的。（KrV，A651；B679）

152. 这种理性统一性测定了自然本身，并且理性在这里并非乞求、而是命令，尽管它并不能够规定这种统一性的界限。（KrV，A653；B681）

153. 知性对于理性同样也构成一个对象，正如感性对于知性那样。使知性的一切可能的经验的行动的统一性系统化，这是理性的一项事务，正如知性通过概念而联结现象的杂多并带入经验的规律之下那样。但这种知性行动，没有感性的图型，就是不确定的；刚好，理性的统一性，——鉴于知性应当系统地联结它的概念的条件，在其之下、以及其程度、多远，——自己本身也是不确定的。（KrV，A664；B692）

154. 虽然任何对于一切知性概念的通盘的系统统一性的图型都不能在直观

中被找到，但这样一个图型的类似物毕竟能够并且必须被给予出来，这个类似物就是知性知识以一条原则来划分和联合的极大值的理念。于是最大的东西和绝对的完备性就可以确定地思想了，因为一切——提供不确定的多样性的——限定的条件都被删除了。所以理性的理念就是一个感性图型的类似物，但却带有这种区别，即知性概念在理性图型上的应用并不恰好就是对象本身的一种知识（如同在范畴应用于他的感性图型上那里一样），而只是一切知性运用的系统统一性的一条规则或原则。（KrV，A665；B693）

155. 但它作为这样一条原则远远越出了经验或观察能够与之相提并论的范围，却并没有规定某物，而只是为经验或观察指明了通往系统的统一性的道路。（KrV，A668；B696）

156. 这个图型只用作，借助于与这个理念的关系、按照它们的系统的统一性、因而间接地向我们表象出来别的对象。（KrV，A670；B698）

157. 然而理性的经验的运用的一切规则在这样一个理念中的对象的前提下都能够通向系统的统一性并且任何时候都能够扩展这种经验知识，但却绝不能够与经验知识相违背。（KrV，A671；B699）

158. 我们必须（在神学方面）这样来考察所有——始终只能够属于在可能经验的相互关系之中的——东西，好像这些经验构成了一个绝对的、但又彻底相依赖并且永远还内在于感官世界的有条件的统一体。（KrV，A672；B700）

159. 并非从一个最高的理智而推导出世界秩序和它的系统的统一性，而从一个最高智慧的原因的理念而取得这种规则。（KrV，A673；B701）

160. 所以这些理念不应当自在本身地被假定，而它们的实在性，只应当被看做一切自然知识的系统统一性的调节性原则的图型之实在性。（KrV，A674；B702）

161. 如果我们假定这样的理想的存在者，我们并没有真正扩展我们关于可能经验的客体的知识，而只通过理念给我们提供了图型的系统统一性而扩展了可能经验的经验的统一性，因而理念不被看做构成性的、而仅仅被看做调节性的原则。（KrV，A674；B702）

162. 因为这个存在者只在理念中而不自在本身被设置为基础，因而只为了表达那个——应当被用作我们理性的经验的运用的准绳的——系统统一性，却无关于这个统一性的根据该是什么、或这样一个存在者的内在属性该是什么，这个统一性作为原因根据于什么。（KrV，A674；B702）

163. 而只提交了关于“某物”的理念，一切经验的实在性都把它们的最高的和必然的统一性建立在这个某物之上。（KrV，A675；B703）

164. 一个（我马上就更确定地谈到的、系统完备的统一性的）理念为我的理性的最大可能的经验的运用设置了基础。（KrV，A677；B705）

165. 由于这个理念只以我的理性为基础，我将能够把这个存在者设想为独立的理性，它通过最大的和谐和统一性的理念而是世界整体的原因，以至于我删去一切限制理念的条件，只为了，在这样一个原始根据的庇护下，使世界整体中的杂多的系统统一性、并借助于这种统一性，而使得最大可能的经验的理性运用成为可能。（KrV，A678；B706）

166. 但由于我无非也只具有那个先验的预设的相对的运用，就是说，它应该适宜充当最大可能的经验统一性的基底，那么我就完全可以思想一个我将之区别于这个世界的存在者，通过只属于感官世界的属性。（KrV，A678；B706）

167. 我只是思考一个我对它自在完全不知道的存在者之于世界整体的最大的系统统一性的关系，只为了使这个存在者成为我的理性最大可能的经验的运用的调节的原则的图型。（KrV，A679；B707）

168. 所以理性对于一个作为至上原因的最高存在者的设定，仅是相对地、为了感官世界的系统统一性的目的而被思想，并且是一个在理念中的单纯“某物”，我们对它自在地是什么，不具有任何概念。KrV，A679；B707）

169. 理性统一性就是系统的统一性，并且这种系统统一性并没有在客观上充当理性的一个原理，以使理性扩展到对象之外，而是主观上用作一个准则，以使理性扩展到对象的一切可能的经验的知识之外。（KrV，A680；B708）

170. 理性只能把这种系统的统一性思想为：理性同时给它的理念提供了一个对象，但这个对象又不能通过任何经验而被提供。（KrV，A681；B708）

171. 唯一的意图却是在这个单纯理念上建立起那种系统的统一性，而这种统一性对理性则不可缺少。（KrV，A681；B708）

172. 这个先验之物只是——理性借以尽其所是、把系统的统一性扩展到一切经验上去的——调节的原则的图型。（KrV，A682；B710）

173. 但在这种情况下，理性所关注的，只不过是灵魂现象的解释的系统统一性的原则。（KrV，A682；B710）

174. 这种概念先天地包含，思想的一种确定的形式，即思想的统一性。（KrV，A684；B712）

175. 理性要求，按照一个系统统一性的原则而观察世界的一切连结，因而就好像这些连结全部都产生于一个唯一的无所不包的、作为至上的和最充分的原因的存在者。（KrV，A686；B714）

176. 这个唯独以理性概念为依据的最高形式的统一性，就是事物的合目的的统一性，而理性的思辨的兴趣则有必要把世界的一切安排都看作，好像它们来源于一个最高理性的意图。（KrV，A686；B714）

177. 在这样一种情况下，我们由此，只发觉丢失了一种统一性，但却没有在理性的经验的运用中损坏了理性统一性。（KrV，A688；B716）

178. 这个预设无非是理性的一条调节的原则，为了达到最高系统的统一性，而借助于那个至上的世界原因的合目的的原因性的理念。（KrV，A688；B716）

179. 所以独断的唯灵论者，由他相信在这个“我”中直接知觉到的思维着的实体的统一性，而解释这种通过状态的一切变化而不变地持存着的人格统一性。（KrV，A690；B718）

180. 并且就拥有了一条目的论连结的系统统一性的调节的原则，但这种系统统一性我们不允许预先规定，而只允许在对它的期待中而追踪这种按照普遍的法则的自然机械的连结。（KrV，A691；B719）

181. 这个系统统一性的理念本来只应当用来，为了寻找作为调节性原则在按照普遍自然规律的事物的联结中的系统的统一性。（KrV，A692；B720）

182. 这条调节的原则要求，系统的统一性完全被预设为——不仅仅经验地认识、而且先天地、虽然还未确定的——自然统一性，因而预设为，从事物的本质中得出来。（KrV，A693；B721）

183. 把这种自然的系统统一性的调节性的原则设想为一条构成性的原则，并且，仅仅在理念中被设置为理性的一致运用的基础的东西，实体化地预设为原因，就只叫做理性迷乱。（KrV，A693；B721）

184. 完备的合目的性的统一性就是完善性（绝对地观察）。（KrV，A694；B722）

185. 这个最大的系统的、因而也是合目的性的统一性是人类理性的最大运用的可能性的学校，甚至是它的地基。所以这个统一性的理念是和我们理性的本质，不可分割地结合着的。（KrV，A694；B722）

186. 只要这个对象仅仅是世界机制的系统统一性、秩序和合目的性的一个为我们所不知道的基底，理性必须使这种世界机制的统—性、秩序和合目的性成为它的自然研究的调节的原则。（KrV，A697；B725）

187. 因为这永远只是一个理念，它根本不会与一个不同于世界的存在者、而与这个世界的系统统一性的调节性原则相关，但只是凭借这种统一性的一个图型，即一个至上的理智，按照智慧的意图，它是世界的创造者。世界统一性的这个原始根据本身自在地是什么，这本来就不应当由此而被思考。（KrV，A697；B725）

188. 这个最高智慧的理念是在对自然界的自然研究中的一种调节和一种按照普遍的自然规律的自然界的系统而合目的性的统一性原则。（KrV，A699；B727）

189. 这种最大的系统的和合目的性的统一性，它曾要求你们的理性作为调节的原则而为一切自然研究奠定基础，恰好就曾是，那些你们有权、把作为一

个调节的原则的图型的最高理智的理念、奠定为基础的东西。（KrV，A699；B727）

190. 但由于上述原则并不具有别的意图，而无非寻求必然的和最大可能的自然统一性，所以我们虽然，在我们达到这种统一性的范围内，将不得不把这种统一性归功于一个最高存在者的理念。（KrV，A699；B727）

191. 因为这条系统统一性的调节的法则要求，我们应当这样研究自然，好像到处都会无限地、在最大可能的多样性那里，遇到系统而合目的的统一性。（KrV，A700；B728）

192. 这些调节的原则虽然要求比经验的知性运用所能达到的更大的统一性，但正是由于它们把这种知性运用所逼近的目标推出如此之远，它们就通过系统的统一性而把知性运用带向与它自身最高程度的协调。（KrV，A701；B729）

193. 它们仅仅包含——按照应当被经验地寻求的、那种不能被先天地直观地表象出来的东西（知觉）的——一定的综合统一性的规则。（KrV，A720；B748）

194. 由此那些经验知识的一切综合统一性才首次成为可能，但由此却并不先天地提供任何直观。（KrV，A722；B750）

195. 因为我们的理性（主观地）本身就是一个系统，但是在它的纯粹运用中，凭借单纯的概念，却只是一个按照统一性的原理的探寻的系统，唯独经验才能给这种探寻提供材料。（KrV，A737；B765）

196. 因为我们的理性（主观地）本身就是一个系统，但是在它的纯粹运用中，凭借单纯的概念，却只是一个按照统一性的原理的探寻的系统，唯独经验才能给这种探寻提供材料。（KrV，A738；B766）

197. 在心理学中一方主张：一切思维着的东西，都具有绝对而持存的单一性因而是与一切暂时的物质统一性相区别，而另一个人则反对之：灵魂不是非物质的统一性并且也不能被排除在暂时性之外。（KrV，A741；B769）

198. 把灵魂思想为简单的，是完全可以允许的，以便于，按照这个理念、把一切内心能力的一个完备而必然的统一性，尽管人们并不立刻具体地看清这些内心能力，铺设为我们对灵魂的内部现象进行评判的原则。（KrV，A771；B799）

199. 这些最高目的，按照理性的本性，又都必须具有统一性，以便促进这一种已经不再从属于更高兴趣的人类兴趣的联合。（KrV，A798；B826）

200. 一切通过自由才是可能的东西，都是实践的。但如果执行我们自由的任意的条件是经验的，那么理性在此就没有别的而只能有一种调节的运用，并且只用于产生经验之规律的统一性。（KrV，A800；B828）

201. 既然理性命令，这样的行动应当发生，那么这些行动也就能够必定发生，所以系统统一性的一种特殊种类、即道德的统一性，必须是可能的，然而这种系统的自然统一性按照理性的思辨原则不可能证明。（KrV，A807；B835）

202. 只要他们的自由的任意在道德律之下自在地具有既与自己、也与每一个别人的自由普遍而系统的统一性。（KrV，A808；B836）

203. 但道德律也不给予这些命令，在那里道德律并不处于一个作为至善的必然存在者中，这个至善能够使这样一个合目的性的统一性成为可能。（KrV，A812；B840）

204. 感官世界并没有从事物的本性中向我们预告这样的目的的系统的统一性，这种系统的统一性的实在性也不能建立在别的东西、而只在一个最高的本源的善的预设之上。（KrV，A814；B842）

205. 如果我们从道德统一性的观点，这样一个必然的世界规律而认真考虑——那种唯一能够给这一世界规律提供适当的效果、因而也为我们提供有联系的力量的——原因，那么这种原因则必须是一个唯一的至上意志，它包含所有这种规律于自身。（KrV，A815；B843）

206. 这种目的的系统统一性在这个理智的世界中——这个世界，虽然，作为单纯的自然只能被称为感官世界，但作为一个自由的系统，却能被称为理知的、即道德的世界（regnum gratiae，恩宠王国），也不可避免地引导上一切事物的合目的性的统一性，一切事物都按照普遍的自然律而构成这个大全。（KrV，A815；B843）

207. 这种先验神学把这个最高的本体论的完善性的理想采用为一条按照普遍而必然的自然律把连结一切事物的系统统一性原则。（KrV，A816；B844）

208. 准备好这个目的、并以它为线索，从自然本身的知识而作鉴于认识的没有任何合目的性的运用，这里自然本身并不扮演合目的性的统一性；因为没有这种合目的性的统一性，我们甚至不会具有任何理性。（KrV，A816；B844）

209. 我们将按照理性的原则的合目的性的统一性之下研究自由。（KrV，A819；B847）

210. 然而，合目的性的统一性仍然是理性应用于自然之上的一个如此重大的条件，以致于我——由于关于它的经验又向我呈现出此事的丰富例证——完全不能够错失它。但对于这种统一性，我不知道别的条件，它可以使它成为我自然研究的引导，似乎我假定，具有一个最高的理智按照最明智的目的如此安排一切。（KrV，A826；B854）

211. 我甚至完全确定地知道，没有人会知道——可以在道德律之下导致这种目的的统一性的——其他条件。（KrV，A828；B856）

212. 系统的统一性就是这一种，使普通的知识首先成为科学、即从知识的

一种单纯的聚集而变成一个系统的东西。（KrV，A832；B860）

213. 我所理解的系统就是杂多知识在一个理念之下的统一性。（KrV，A832；B860）

214. 那种——所有部分都与整体相联系并且在目的理念中也相互联系的——目的的统一性，使得、每一个部分都能够在其余部分的知识那里被惦记。（KrV，A832；B860）

215. 图型，它如果不是按照一个理念、即出自理性的主要目的，而是经验地、按照偶然地呈现出来的意图（人们不能预先知道它们的数量）、而被勾画，就提供了技术的统一性；但那个，如果是服从一个理念而产生的（在那里理性先天地发出给目的，而非经验地等待目的），就建立了建筑术的统一性。（KrV，A833；B861）

216. 直到那时以前，关于哲学的概念仅仅是一个学院概念，也就是关于一个知识系统的概念，这种知识仅仅被作为科学而寻求，所具有的目的无需别的而无非这种知识的系统统一性、因而知识的逻辑完善性。（KrV，A836；B866）

217. 我们所要坚持的就仅仅是这种规律提供的理念，并要更切近地规定，哲学按照这个世界概念而为来自这一目的的立场的系统统一性所颁定的东西。（KrV，A840；B868）

218. 根本目的因此就还不是最高目的，最高目的（在理性的完善的系统统一性那里）只能是一个唯一的目的。（KrV，A840；B868）

219. 一切纯粹的先天知识，由于它唯一能位于其中的那种特殊认识能力，就构成了一种特殊的统一性，而形而上学就是那种——应当把那些知识表现在这种系统统一性之中的——哲学。（KrV，A845；B873）

同一性（die Identität）

同一的（identisch）

1. 因而分析的（肯定的）判断是这样的，在其中谓词和主词的连结通过同一性而被思考，而在其中这一连结不用同一性而被思考的那些判断，则应称为综合的判断。（KrV，A7；B10）

2. 几何学以之为前提的少数几条原理，虽然确实是分析的并建立在矛盾律之上的；但它们正如那些同一性命题一样，也只是用于，方法上的链条而并非作为原则。（KrV，B16）

3. 一个假设的标准也是所假定的解释根据的可理解性或这个根据的同一性（无需假设）。（KrV，B115）

4. 在直观中被给予的杂多的统觉的无例外的同一性，包含着表象的一种综合，并且只有通过对这个综合的意识才是可能的。因为伴随着不同表象的经验

的意识，已经自在地分散了并且与主体的同一性没有关系。（KrV，B133）

5. 所以只有通过我能够把被给予表象的杂多联结在一个意识中，我才能向我表象出在这些表象本身中的意识的同一性，即，统觉的分析的统一性只有在任何一个统觉的综合的统一性的前提之下才是可能的。（KrV，B133）

6. 所以直观杂多的综合统一性，作为先天产生的东西，是先天地早先发生于我的一切规定了的思想的统觉本身的同一性的根据。（KrV，B134）

7. 现在，统觉的必然统一性这条原理，虽然是自身同一的，因而是一个分析命题，但却表明直观中给予的杂多的一个综合是必然的，没有这种综合，自我意识的那种无一例外的同一性则不能被设想。（KrV，B135）

8. 因为如果内心不可能在它的表象的杂多中更确切地说先天地思想它本身的同一性，因为它不会对它的行动的同一性记忆如新，这种行动首先使领会（它是经验的）的一切综合屈从于一种先验的统一性、并且首先使它们的相互关系按照一个先天的规则而成为可能。（KrV，A108）

9. 在这种本源的统觉中，一切东西遵照自我意识的无例外的统一性的条件都是必须的，即必须服从于综合的普遍的机能，即按照那些概念而综合的普遍机能，当在这些概念中统觉唯独能够证明它的无例外的和必然的先天同一性的时候。（KrV，A112）

10. 但数目上的同一性，与作为一个先验表象的这个自我意识，是不可分割的，并且是先天地肯定的，因为不借助于这个本源的统觉，就没有东西能够进入到知识中。（KrV，A113）

11. 统觉则把现象展示在这些再生的表象与它们由此被给予出来的现象的同一性的经验的意识中，因而展示在认定中。（KrV，A115）

12. 纯粹统觉、即意识本身在一切可能的表象那里无一例外的同一性则构成了经验的意识先天基础。（KrV，A116）

13. 无一例外的同一性自身，在每次都能够属于我们的知识的一切表象方面，都作为一切表象的可能性的必要条件（因为这些表象毕竟只有通过——它们与一切别的表象都属于一个意识，因而至少必须能够在一个意识中被连接起来——才在我之内表现出某物）。（KrV，A116）

14. 但在综合判断中我则应该超出这个给予的概念，以便考察——与在其中已经想到的东西完全不同的——某物，与这个概念的关系，因而这种关系就决不是一种同一性的关系，也决 15. 不是矛盾的关系，而在那方面从判断自身中就既不能看出真理，也不能看出谬误。（KrV，A155；B194）

16. 都是分析的命题，在其中我已经直接意识到一个大小产生与另一个大小产生的同一性。（KrV，A164；B205）

17. 因为那样的话这种东西就取消了，它唯一能够表象时间的统一性，即

作为在那上面一切变更唯一拥有一贯的统一性的那个基底的同一性。（KrV，A186；B229）

18. 但这时它就是一个同一的命题：凡是只能作为后果而生存的东西，具有自己的原因。（KrV，B290）

19. 这个实体，单纯作为内感官的对象，就给出了非物质性的概念；作为单纯的实体，就给出了不朽性的概念；它作为智性实体的同一性，就给出了人格性。（KrV，A345；B403）

20. 我已经对我意识到我自己在一切杂多中的同一性的命题，是一个同样存在于概念自身中、因而是分析的命题；但这个——我能在我的一切表象中被意识到的——主体同一性，并不涉及那个——由此主体作为客体已经给出的——主体的直观，因而也不可能意味着那种人格同一性，由此那种它自己的实体的同一性的意识、在一切状态变更中被理解为思想着的存在者的同一性意识，对此，为了证明这种同一性，带着单纯“我思”这个分析命题，已经办不到了，而不同的综合判断，它们建立在给予的直观之上，则会被需要。（KrV，B408，409）

21. 因此在结论中并不能推出：“我无非作为主体而生存”，而只能推出：“我在对我的生存的思想中只能把我用作判断的主词”，而这是一个同一的命题，它对我的此在的方式丝毫也没有揭示出什么。（KrV，B412）

22. 凡是在不同的时间中已经意识到它本身的数目上的同一性的东西，因而就是一个人格。（KrV，A361）

23. 立足于这一点上，灵魂的人格性必须绝不被视为推论出来的命题，而必须被视为自我意识在时间中的一个完全同一的命题。（KrV，A362）

24. 所以，人格的同一性在我自己的意识中已经不可避免地遇到了。（KrV，A362）

25. 所以，我本身的意识的同一性在不同时间内只是我的思想及其关联的一个形式条件，但它根本不证明我的主体的、数目上的同一性，在这个主体中，尽管有“我”的逻辑的同一性，却仍然可能发生这样一种变更，这种变更不允许，保持这个主体的同一性。（KrV，A363）

26. 但这种持存性在我们由同一性统觉中推论出我们自身的数目上的同一性之前，不通过任何东西而被给予我们。（KrV，A365）

27. 所以，通过这条原理，每一物就会与一个共同的相关物、即与全部可能性相关联了，这种全部可能性（即构成一切可能谓词的材料）假如在一个唯一的物的理念中被偶然发现，则会通过这个唯一物之通盘规定的根据的同一性而证明一切可能之物的亲和性。（KrV，A572；B600）

28. 当我在一个同一的判断中取消谓词而保留主词的时候，就产生出一个

矛盾。（KrV，A594；B622）

29. 一条逻辑的准则最初就要求尽可能多地以这样的方式减少这种表面上的差异性，即人们通过比较而揭示出那隐藏着的同一性，并且查看一下，与意识联结着的想像、记忆、智力、辨别力，是否并不就是知性和理性。（KrV，A649；B677）

30. 一切单个事物的多样性并不排除类的同一性。（KrV，A651；B681）

31. 与类的这种假定了同一性的逻辑原则相对立，存在着另一条原则，即种的原则。（KrV，A654；B682）

32. 我们要（在心理学中）把我们内心的一切现象、行动和接受性都借助于内部经验之线索而如此联结起来，似乎内心就是一个——带有人格的同一性、持久（至少在此生中）生存的——简单实体。（KrV，A672；B700）

偷换（die Subreption）

1. 这种偷换就是关于灵魂和物体之间协同作用的一切理论的基础。（KrV，A389）

2. 人们可以把这种幻相称为物化的意识（apperceptionis substantiatae，实体化的统觉）的偷换。（KrV，A402）

3. 人们不要，就像通常所不可避免地发生的那样，（通过先验的偷换），把客观实在性归于一个仅仅用作规则的理念。（KrV，A509；B537）

4. 于是这个单一之物，就借助于已经提到过的那个先验的偷换，被混同于一个——居于一切事物的可能性的顶峰、并为一切事物的通盘规定提供实在条件的——物的概念。（KrV，A583；B611）

5. 但同时不可避免的是，借助于某种先验的偷换，而把这条形式的原则表现为构成性的，并把这个统一性作物化的设想。（KrV，A619；B647）

6. 而一切偷换的错误任何时候都必须被归咎于判断力的缺乏，而决不被归咎于知性或是理性。（KrV，A643；B671）

7. 在数学中这种偷换是不可能的。（KrV，A792；B820）

图形（die Figur）

1. 他不必寻根究源于他在这图形中所看到的东西，也不必寻根究源于在这个图形的单纯概念。（KrV，BXII）

2. 经由两条直线不能包围成任何空间，因而不能有任何图形。（KrV，A47；B65）

3. 从三条直线里面出去则可以有一个图形。（KrV，A47；B65）

4. 因为你毕竟不可能对你的（三条直线）的概念添加新的东西（图形），

它因此而必须必然地会在对象上被碰到。（KrV，A48；B66）

5. 感性概念（作为空间中的图形）的图型则是纯粹先天的想像力的产物。（KrV，A141；B181）

6. 因为两条直线及其相接的概念并不包含一个图形的任何否定。（KrV，A220；B268）

7. 一个这样的图形本该在一切经验之对象所依据的那些纯粹条件下被思考。（KrV，A224；B271）

8. 我们由此首先产生出这样一种图形的概念。（KrV，A234；B287）

9. 在一个经由三条直线所界定的图形中，有三个角，这被直接认识到。（KrV，A303；B359）

10. 正如一切图形只有作为限制无限空间的不同方式才是可能的。（KrV，A578；B606）

11. 个别被画出的图形是经验的，却仍然用于表达概念，无损于它的普遍性。（KrV，A713；B741）

12. 他现在无非拥有在三条直线内所包围成的一个图形的概念，以及在这图形上正好这样多的角的概念。（KrV，A716；B744）

图型（das Schema）

图型法（der Schematismus）

1. 纯粹知性概念的图型法。（KrV，A137；B176）

2. 现在这就清楚了，必须有一个第三者，它一方面必须与范畴，另一方面与现象同质，并使前者运用于后者之上成为可能。这个中介的表象必须是纯粹的（没有任何经验的东西），但却一方面是智性的，另一方面是感性的。这样一种表象就是先验的图型。（KrV，A138；B177）

3. 因此，范畴在现象上的运用，借助于先验的时间规定而成为可能，这个时间规定，作为知性概念的图型，促成现象被统摄到范畴之下。（KrV，A139；B178）

4. 我们愿意把知性概念在其运用中被限制于其上的感性的这种形式的和纯粹的条件，称为这个知性概念的图型，而把知性对这些图型的处理之为纯粹知性的图型法。（KrV，A139；B179）

5. 图型自在本身任何时候都只是想像力的一种产物；但由于想像力的综合不以任何单独的直观、而仅仅以感性规定的统一性为目的，所以图型毕竟区别于形象。（KrV，A140；B179）

6. 于是，想像力为一个概念取得它的形象的一种普遍的处理的表象，我把它叫作这个概念的图型。（KrV，A140；B179）

7. 实际上构成我们的纯粹感性概念之基础的并不是对象的形象，而是图型。（KrV，A141；B180）

8. 三角形的图型绝不能够生存于别的地方，而无非实存于思想中，并且意味着想像力的一条综合的规则，鉴于空间中纯粹的形状。（KrV，A141；B180）

9. 一个经验之对象或者它的形象极少在某个时候达到经验的概念，而这种经验的概念任何时候都直接与想像力的图型、作为规定我们直观的一条规则、符合一个一定的普遍概念，相关联。（KrV，A141；B180）

10. 我们知性的这个图型法，就现象及其单纯形式看，是在人类心灵深处隐藏着的一种技艺，它的真实手法我们一直都很难从大自然那里猜测到，并将它们揭示在眼前。（KrV，A141；B180）

11. 感性概念（作为空间中的图形）的图型则是纯粹先天的想像力的产物，并且仿佛是它的一个草图，通过它并根据它形象才首先成为可能的，但这些形象与概念，只有一直借助于它们所标明的图型，才必须被连接起来，而并不与概念重合。相反，纯粹知性概念的图型是完全不能被带进任何形象中的某物，而只是——合乎一种根据范畴所表达的一般概念的统一性的规则——纯粹的综合，并且是想像力的先验产物，而这个产物就与——一般内感官的规定，按照它的形式（时间）的条件，从所有表象上看——发生关系，甚至，这所有表象都应该先天地按照统觉的统一性在一个概念中关联起来。（KrV，A142；B181）

12. 但大小（quantitatis），作为一个知性概念，其纯粹图型是数。（KrV，A142；B182）

13. 因此有一种关系和相互关联，或者不如说一种过渡，从实在性到否定性，它使每一个实在性都表象为一个定量，并且一种实在性的图型，作为“某物”的量的图型，一旦充满了时间，就正是这个量在时间中连续而均匀的产生。（KrV，A143；B183）

14. 实体的图型是实在之物在时间中的持存性，即作为一般经验的时间规定的一个基底的那个实在之物的表象，因而这个图型当一切别的东西变化的时候，则停留着。（KrV，A144；B183）

15. 原因和一般事物的因果性的图型是那种实在之物，它如果随意设定，任何时候都有别的某物随之而来。所以这个图型就在于杂多之物的相继，只要这相继服从于一种规则。（KrV，A144；B183）

16. 协同性（交互作用）的图型，或者实体在其偶性方面的交互因果性的图型，就是一个实体的规定和另一个实体的规定按照一条普遍规则而同时存在。（KrV，A144；B183）

17. 可能性的图型是不同表象的综合与一般时间条件的协调（例如相对立的东西不能在一物中同时存在，而只能依次存在），因而是一个物在任何一个

时间里的表象的规定。（KrV，A144；B184）

18. 现实性的图型是在一个规定了的时间中的此在。（KrV，A144；B184）

19. 必然性的图型是一个对象在一切时间中的此在。（KrV，A145；B184）

20. 每一个范畴的图型，如大小的图型，包含并表现出在一个对象的相继领会中时间本身的产生（综合）；质的图型，包含并表现出感觉（知觉）与时间表象的综合，或者是时间的充实性；关系的图型，包含并表现出知觉在一切时间中（即根据一个时间规定的规则）的相互关系；最后，模态及其范畴的图型，包含并表现出时间本身，作为对一个是否及怎样属于时间的对象的规定的相关物。（KrV，A145；B184）

21. 因此图型无非是按照规则的先天时间规定而已，并且这些规则按照范畴的秩序，而走向一切可能对象上的时间序列、时间内容、时间次序，及最后时间总和。（KrV，A145；B184）

22. 知性的图型法通过想像力的先验综合，所导致的无非是一切直观杂多在内感官中的统一性，并因而间接导致作为与内感官（一种接受性）一致的机能的那种统觉的统一性。（KrV，A145；B185）

23. 纯粹知性概念的图型法就是获得与客体的关系因而获得意义的真实的和唯一的条件。（KrV，A146；B185）

24. 但这毕竟也注意到：虽然感性的图型首先实现了范畴，它们却也还是限制着，亦即把它们局限在——处于知性之外（即处在感性中）的——条件上。因此图型本来就只是现象，或一个对象的感性概念，在与范畴的一致中。（KrV，A146；B186）

25. 所以范畴，没有图型，就只是知性对概念的机能，却不呈现任何对象。（KrV，A147；B187）

26. 它们的表象只是一个永远与再生的想像力相关联的图型。（KrV，A156；B195）

27. 这些公理表达了先天感性直观的条件，唯独在这些条件下，外部现象的一个纯粹概念的图型才能够实现出来。（KrV，A163；B204）

28. 现象不是必须被干脆归摄到范畴之下，而只是必须被归摄到范畴的图型之下。（KrV，A181；B223）

29. 这种统一性惟独只有在纯粹知性概念的图型中才被想到。（KrV，A181；B224）

30. 我们虽然在这条原理本身中使用范畴，但在执行中（应用于现象上）却把范畴的图型用作范畴的运用的钥匙。（KrV，A181；B224）

31. 纯粹知性的原理，它们可以是先天构成性的（如数学的原理），或者仅仅是调节性的（如动力学的原理），所包含的似乎无非只是可能经验的纯粹图

型。(KrV, A237; B296)

32. 范畴，超出了纯粹知性概念，还需要，它们在一般感性上的应用的规定（即图型）。(KrV, A245; B302)

33. 缺乏判断力的这个条件，(图型) 因而所有的归摄就都作废了。(KrV, A247; B304)

34. 如果我们把单纯理知的对象理解为这一种事物，它们被纯粹范畴、而无需任何感性图型、所想到，那么这样一类对象就是不可能的。(KrV, A286; B342)

35. 纯粹理性的一切幻相都基于辩证的推论之上，这些推论的图型，逻辑学在一般三段论推理的三种形式的类型中就提供在手了。(KrV, A405; B432)

36. 鉴于理知的品格，那个经验的品格只是感性的图型，之前、或之后都不适合。(KrV, A553; B581)

37. 而纯粹理性的原则却连在经验的概念方面也不可能是构成性的，因为不可能把任何相应的感性图型提供给这些原则，所以它们也不可能拥有任何具体的对象。(KrV, A664; B692)

38. 但这种知性行动，没有感性的图型，就是不确定的。(KrV, A664; B692)

39. 虽然任何对于一切知性概念的通盘的系统统一性的图型都不能在直观中被找到，但这样一个图型的类似物毕竟能够并且必须被给予出来，这个类似物就是知性知识以一条原则来划分和联合的极大值的理念。(KrV, A665; B693)

40. 所以理性的理念就是一个感性图型的类似物，但却带有这种区别，即知性概念在理性图型上的应用并不恰好就是对象本身的一种知识（如同在范畴应用于他的感性图型上那里一样），而只是一切知性运用的系统统一性的一条规则或原则。(KrV, A665; B693)

41. 在后一种情况中它实际上只是一个图型，这个图型没有任何对象、甚至一次都不被假设地附加于其上，而这个图型只用作，借助于与这个理念的关系、按照它们的系统的统一性、因而间接地向我们表象出来别的对象。(KrV, A670; B698)

42. 它只是一个按照最大的理性统一性的条件而被整理的、一个一般事物的概念的图型，这种图型只被用作，在我们理性的经验的运用中获得最大的系统统一性。(KrV, A670; B698)

43. 所以这些理念不应当自在本身地被假定，而它们的实在性，只应当被看做一切自然知识的系统统一性的调节性原则的图型之实在性。(KrV, A674; B702)

44. 因此，如果我们假定这样的理想的存在者，我们并没有真正扩展我们关于可能经验的客体的知识，而只通过理念给我们提供了图型的系统统一性而扩展了可能经验的经验的统一性，因而理念不被看做构成性的、而仅仅被看做调节性的原则。（KrV，A674；B702）

45. 我只是思考一个我对它自在完全不知道的存在者之于世界整体的最大的系统统一性的关系，只为了使这个存在者成为我的理性最大可能的经验的运用的调节的原则的图型。（KrV，A679；B707）

46. 这个先验之物只是——理性借以尽其所是、把系统的统一性扩展到一切经验上去的——调节的原则的图型。（KrV，A682；B710）

47. 实体的那种简单性等等只应当是向着这条调节的原则的图型，而并不是被预设为，好像它就是灵魂属性的现实根据。（KrV，A683；B711）

48. 这种理性研究指向了，尽可能地，使这个主体中的那些解释根据通达一条唯一的原则；而这一切都通过这样一个图型，它好像是一个现实的存在者，才最好地、甚至是独一无二地被产生出来。（KrV，A684；B712）

49. 这个心理学的理念也只可能意味着一个调节的概念的图型。（KrV，A684；B712）

50. 因为这永远只是一个理念，它根本不会与一个不同于世界的存在者、而与这个世界的系统统一性的调节性原则相关，但只是凭借这种统一性的一个图型，即一个至上的理智，按照智慧的意图，它是世界的创造者。（KrV，A697；B725）

51. 这种最大的系统的和合目的性的统一性，它曾要求你们的理性作为调节的原则而为一切自然研究奠定基础，恰好就曾是，那些你们有权、把作为一个调节的原则的图型的最高理智的理念、奠定为基础的东西。（KrV，A699；B727）

52. 概念的对象，这种个别只作为这概念的图型而与它相应，也同样必须被设想为普遍地被规定。（KrV，A714；B742）

53. 在这里就是几何学的构造，借助于这种构造，我在一个纯粹直观中，正如在经验的直观中那样，添加了这种——属于一个一般三角形的图型、因而也属于它的概念的——杂多，由此普遍的综合命题当然就必须被构造出来。（KrV，A718；B746）

54. 理念为了执行，就需要一个图型，即一个从目的的原则中先天被规定了的本质的杂多和各部分的秩序。图型，它如果不是按照一个理念、即出自理性的主要目的，而是经验地、按照偶然地呈现出来的意图（人们不能预先知道它们的数量）、而被勾画，就提供了技术的统一性；但那个，如果是服从一个理念而产生的（在那里理性先天地发出给目的，而非经验地等待目

的），就建立了建筑术的统一性。（KrV，A833；B861）

55. 它的图型必须合乎理念地、即先天地包含着整体的轮廓（monogramma，草图）和一种对整体各环节的划分，并且必须把这个整体确定无疑地依照原则与整体的其他一切相区别。（KrV，A833；B861）

56. 不过，在制定这门科学中，图型、甚至它立刻给予它的科学的开端的定义，是很少与它的理念相符合。（KrV，A834；B862）

推导（die Ableitung）

推导，推出（ableiten）

1. 这种尝试过的自然之学的（physi - ologische）推导，并不能叫做演绎，因为它涉及 quaestionem facti（事实问题），因此我要把这种推导叫做一种纯粹知识的占有的解释。（KrV，A87；B119）

2. 特殊的规律，因为它们涉及到被经验地规定了的现象，不能从范畴中完备地被推导出来，即使它们全都服从那些范畴。（KrV，B165）

3. 因此，一切——要把纯粹知性概念从经验中推导出来、并把一种单纯的经验的来源归于它们的——尝试，都是完全无用的和徒劳的。（KrV，A112）

4. 就这样的先验的理念而言，任何客观的演绎原本都是不可能的，就像我们就范畴而言所能够提供给它的那样。因为实际上，这些理念与任何一个能够被完全一致地给予了的客体都没有任何关系，正因为它们仅是理念。但我们能够从我们理性的本性中进行一种主观的推导，并且这种推导在目前主要部分中也已经被完成了。（KrV，A336；B393）

5. 但现在，把主体的这种、作为任何一个思想的可能性的条件的必然统一性、从经验中推导出来，也是不可能的。因为经验并不提供任何必然性而认识，更谈不上，绝对统一性的概念是远超出经验范围了。（KrV，A353）

6. 我们没有权利从外在于经验的序列的一个条件中推导出一个此在。（KrV，A561；B589）

7. 理性……只假设这样一个存在者的理念，以便从通盘规定的一个无条件的总体性中推导出那有条件的、即受限制的东西的规定。（KrV，A578；B606）

8. 这个原始存在者必须被设置在世界之外，这样我们才总能够大胆放心地从别的现象中推导出这个世界的现象和它的此在，好像并没有任何必然的存在者，然而却能够不断地追求推导的完备性，就好像已经预设了一个这样的、作为至上的根据的存在者。（KrV，A618；B646）

9. 这些条件序列的绝对总体性，在其各项的推导中，就是一个理念。（KrV，A685；B713）

10. 从这个作为我们理性的对象的规律提供的理性中可以推导出自然的一

切系统的统一性。（KrV，A695；B723）

推论，推理，推导（der Schluβ）

1. 因为一切产生和消失的因果性的最初主体本身（在现象的领域中）却不可以产生和消失，就是一个可靠的推论，这个推论最终则走向了在此在中的经验的必然性和持存性，因而也走向了一个作为现象的实体这个概念。（KrV，A206；B251）

2. 如果推论出来的判断已经存在于前一判断之中了，以至于无需借助于第三个表象就能够从中推导出来，这种推论则叫作直接推论（consequentia immediata）；我更愿意把它称为知性推论。但如果除了那个被铺设基础的知识外，另一个判断还是必需的，以便产生结论，那么这种推论就叫作理性推论。（KrV，A303；B360）

3. 在每一个理性推论中我首先通过知性而思想一个规则（大前提）。其次借助于判断力我把一个知识归摄到规则的条件之下（小前提）。最后，我通过规则的谓词、因而先天地通过理性规定我的知识（结论）。所以，作为规则的大前提在一个知识与其条件之间所预设的关系，就构成了理性推论的不同类型。因而这些类型恰好有三个，正如所有一般判断如果它们区分为如同在知性中表达知识关系的方式，亦即：定言的，或者假言的，或者选言的理性推论。（KrV，A304；B361）

4. 理性在推论中试图将知性知识的大量杂多性归结为最少数目的原则（普遍性条件），并由此实现原则的最高统一性。（KrV，A305；B361）

5. 理性推论并不面向直观、以便将其带入规则之下（如知性带着它的范畴所做的那样），而面向概念和判断。（KrV，A307；B363）

6. 理性在它的逻辑运用中寻求它的判断（结论命题）的普遍条件，而理性推论本身也无非是一个——借助于将它的条件归摄到一个普遍规则之下的——判断（大前提）。（KrV，A307；B364）

7. 理性的这个状况，在这种辩证推理那里，我将称为纯粹理性的二律背反。（KrV，A340；B398）

8. 但现在，从一个给予的结果到一个确定的原因的推导，任何时候都是不可靠的；因为这种结果可能是从不止一个原因而产生的。（KrV，A368）

9. 辩证推论并没有对一般思想的那些本身是无条件的条件，犯下内容上的错误，（因为它抽掉了一切内容或客体），毋宁，这种推论唯一在形式上有过失并必须被称为谬误推理。（KrV，A397）

10. 偶然之物只有在一个作为其原因的其他偶然之物的条件下才生存，而对这个原因又继续适用这个推论，直到一个非偶然地并且恰好因此便无需条件

而必然地在此的原因。（KrV，A584；B612）

11. 如果我们让一切都如同它这里在我们面前所放着的那样，是好的，亦即首先，从任何一个给予了的生存（或许也单纯是我的自己的生存）正确地推导出一种无条件的必然存在者的生存。（KrV，A588；B616）

12. 但这里凑巧比较不幸的是，人们要求绝对必然性的条件，只有在一个唯一的存在者中才能找到，因此这个存在者就必须在它的概念中包含绝对必然性所需要的一切东西，并因而使推出这个绝对必然性的一个先天推论成为可能；也就是说，我就必须也能作出相反的推论：这个概念（最高实在性的概念）应归于哪些事物，哪些事物就是绝对必然的。（KrV，A611；B639）

13. 所以这个推论就从在世界之中如此普遍可观察到的秩序和合目的性，当作一种完全偶然的安排，走向那个与之相称的原因的此在。（KrV，A627；B655）

14. 如果这些法则必然地预设任何一个此在，作为它们的约束力的可能性条件，那么这个此在就必须被假定，这是因为，那种——这个推论从中走向这种确定的条件的——有条件者，本身是先天地被认作绝对必要的。（KrV，A634；B662）

15. 前者最终会推出这种结论，某物存在（它规定着最后可能的目的），因为某物应当发生；后者则会推出那种结论，某物存在（它作为至上原因而起作用），因为某物发生了。（KrV，A806；B834）

W

完备性（die Vollständigkeit）

1. 这类知识的完全统一性——出于真正的纯粹概念，任何经验的东西，或只是应该导致规定经验的特殊直观都不能对之产生丝毫影响，使之扩展和增加——将会使这种无条件的完备性不仅是可行的，而且是必然的。（KrV，AXX）

2. 因此它作为基础科学也有联结着这种完备性。（KrV，BXXIV）

3. 在这些原理本身及其证明中，正如该计划的形式和完备性一样，我都没有发现什么要修改的。（KrV，BXXXVII）

4. 为此，纯粹理性批判应当建筑术地、即出于原则地拟定完整的计划，带着构成这个纯粹理性批判大厦的一切构件的完备性和可靠性的完全保证。（KrV，A13；B27）

5. 这种剖析的完备性以及从今后可以提供的先天概念中所作的推导的完备性，却是容易补充的。（KrV，A14；B28）

6. 既然一门科学的这种完备性不能单纯通过一些尝试所凑合起来的东西而粗略估计，就被可靠地假定了；因此它就只有借助于先天的知性知识的一种整体理念，并且通过由此确定的对那些构成它的概念的划分，因而只有通过这些概念在一个系统中的关联，才是可能的。（KrV，A64；B89）

7. 因此它的知识的整体将构成一种在一个理念之下把握和规定的系统，它的完备性和环节咬合同时也能够适合充当一种——所有装配了的知识部件的正确性和真切性的——试金石。（KrV，A65；B90）

8. 但一个这样的关联可利用一条规则，按照它，每一个纯粹的知性概念都能够被先天地规定自己的位置和它们所有的先天完备性，否则这一切都会依赖于随意或偶然。（KrV，A67；B92）

9. 由于我这里并不涉及系统的完备性，而涉及一个系统的原则们，所以我把这种补充留给另一项研究去做。（KrV，A82；B108）

10. 最后还有完善性，而它就在于，这个多数性反过来一起回溯到概念的统一性，并且使它与这个而不是任何别的概念完全一致，人们可以把这命名为质的完备性（总体性）。（KrV，B114）

11. 最后，从它而延伸出的东西的完备性，就为了产生整个概念所需要的东西。（KrV，B115）

12. 通过单一性、真实性和完备性的概念，先验范畴表根本没有得到什么补充，仿佛它缺少了什么似的，而只是由于把这些概念对客体的关系整个就被

放在了一边，这些概念的处理才被带入知识与自身一致的普遍逻辑规则之下。（KrV，B115）

13. 这不是任何借口，而是一种并非不值一提的明智规则，这样下去就不敢下定义、并在概念的规定中尝试或预先确定完备性和精密性。（KrV，A241）

14. 在我们离开先验分析论之前，我们还必须补充一点，它虽然自身或许并不具有特别的重要性，却似乎是这个体系的完备性所要求的。（KrV，A290；B346）

15. 理性的行使任何时候都是受限制的并且有缺陷的，但却在不可规定的界限之内，因而任何时候都受到一种绝对完备性的概念的影响。（KrV，A328；B385）

16. 纯粹理性的意图无非是在条件方面的综合的绝对总体性（它可以是依存性的、或者从属性的、或者协作性的），而且它并不必须与有条件者方面的绝对完备性相干。（KrV，A336；B393）

17. 为了把一个在玄想的灵魂学说中这一切辩证主张的系统关联展示在纯粹理性的一种关联中、因而展示出这些主张的完备性，那么人们就注意到：统觉被贯彻在范畴的一切种类中，但只是在这样一些知性概念上被贯彻。（KrV，A403）

18. 理性对一个被给予的有条件者在条件（知性在这些条件下使一切现象都服从于综合的统一性）方面要求的绝对的总体性，并由此而使范畴成为先验的理念，以便通过经验的综合的直至无条件者的延续，（这永远不会在经验中、而只会在理念中被遇到，）而给这种经验的综合提供绝对的完备性。（KrV，A409；B436）

19. 一切现象的给予整体的复合的绝对完备性。（KrV，A415；B443）

20. 在现象中一个给予整体的部分的绝对完备性。（KrV，A415；B443）

21. 一个一般现象的产生的绝对完备性。（KrV，A415；B443）

22. 在现象中变化之物的此在的依赖性的绝对完备性。（KrV，A415；B443）

23. 理性在对条件的这种以序列方式、而且回溯地继续不断的综合中所寻求的东西，原来只是那个无条件者，似乎一起不再预设任何别的前提的那些前提的序列中的完备性。（KrV，A416；B444）

24. 现在，这种完备性在感性上是否是可能的，仍还是一个问题。（KrV，A417；B444）

25. 我们将我们的注意力仅仅瞄准综合（虽然原本只是在对条件的回溯中的综合中）的完备性上。（KrV，A420；B447）

26. 这种设想无非是对一个可能经验在其绝对的完备性中的思考。（KrV，A495；B524）

27. 为的是，按照理念中的完备性，而在对一个给予的有条件者的条件序列中进行并且继续进行回溯。（KrV，A508；B536）

28. 理性则要求它所预设为自在之物本身的那种东西的无条件的完备性。（KrV，A515；B543）

29. 这些理念包含一种——没有任何可能的经验的认识够得着的——确定的完备性。（KrV，A568；B596）

30. 任何一个概念的可规定性都是服从于两个对立谓词之间的排中律的普遍性（普遍性）的，但一个物的规定则是服从于一切可能谓词的全体性（完备性）或整体的。（KrV，A572；B600）

31. 在它的无条件的完备性中能够通过一切谓述词而规定它。（KrV，A580；B608）

32. 一个绝对必然的存在者的概念是一个纯粹理性概念、亦即一个单纯的理念，它的客观实在性，由于理性还远远没有证明它的需要，它甚至只对一个一定的尽管达不到的完备性提供了指示，并且比之于把知性扩大到新的对象上，其实更多地用作限制知性。（KrV，A592；B620）

33. 所有偶然之物都有它的原因，这个原因，如果它又是偶然的，同样也必须有一个原因，直至相互隶属的原因序列必须在一个绝对必然的原因那里终结，没有这个绝对必然的原因，这个序列就不会具有任何完备性。（KrV，A605；B633）

34. 这样我们才总能够大胆放心地从别的现象中推导出这个世界的现象和它的此在，好像并没有任何必然的存在者，然而却能够不断地追求推导的完备性，就好像已经预设了一个这样的、作为至上的根据的存在者。（KrV，A619；B647）

35. 显然，后一种思维方式也把一条逻辑的原则设置为根据，这条原则已着眼于一切知识的系统的完备性。（KrV，A655；B683）

36. 多样性、亲缘性和统一性，但它们的每一个都被设想为在它的完备性的最高程度上的理念。（KrV，A662；B690）

37. 于是最大的东西和绝对的完备性就可以确定地思想了，因为一切——提供不确定的多样性的——限定的条件都被删除了。（KrV，A665；B693）

38. 所以为纯粹理性所剩留给我们的，就无非是一般自然、以及在自然中条件按照任何一种原则的完备性了。（KrV，A685；B713）

39. 哲学的定义仅仅作为给予的概念的说明，但数学的定义则作为本源地被制造的概念之结构，前者只通过剖析（它的完备性肯定不是无可置疑的）而分析地产生，而后者则综合地产生，因而制造概念本身，相反前者只解释概念。（KrV，A730；B758）

40. 因为人们遵照通常的成见、把现象看作了事物自在本身，于是就以这种或那种方式，要求现象的综合的绝对完备性。(KrV，A740；B768)

完善性（die Vollkommenheit）

1. 最后还有完善性，而它就在于，这个多数性反过来一起回溯到概念的统一性，并且使它与这个而不是任何别的概念完全一致，人们可以把这命名为质的完备性（总体性）。(KrV，B114)

2. 所以这种理念毕竟是完全正确的，它把这种最大值提升为蓝本，以便按照这一蓝本把人类的法律宪章越来越带近可能的最大完善性。（KrV，A317；B374)

3. 人性在它的整个完善性中，不仅包含对属于这种本性的、构成我们的人性概念的一切本质属性的扩展，直至与人性的目的完全重合，而这就会是我们的完善人性的理念。(KrV，A568；B596)

4. 理想虽然不像柏拉图的理想那样具有创造性的力量，但毕竟具有实践的力量（作为调节的原则），并且给一定的行动的完善性的可能性放置了基础。(KrV，A569；B597)

5. 这种存在者的概念也很容易通过无所不包的完善性这个唯一的特种而建立起来。(KrV，A590；B618)

6. 这里的一切都塌陷在我们脚下了，并且最大的完善性，正如最小的完善性，都无法镇静地仅仅飘荡在思辨理性的面前。(KrV，A613；B641)

7. 但这个原因的概念必须把某种有关这原因的完全确定的东西提供给我们来认识，并且因此它不能是任何别的概念，而无非是关于一个具有全能、全智等等、总之是具有全部完善性的、作为一个最充分的存在者的存在者概念。(KrV，A627；B655)

8. 凡是在事情取决于一般物的大小（完善性的大小）的地方，在那里就不存在任何确定的概念，而包括整个可能的完善性的概念。(KrV，A628；B656)

9. 因此自然的神学从这个世界上升到最高的理智，要么把它作为一切自然的、要么把它作为一切道德的秩序和完善性的原则。(KrV，A632；B660)

10. 如果这对我们应当被允许，单纯，为了在我们的理性中不留下多余的空隙，而通过最高完善性和本源的必然性的一种单纯理念来填充完全规定的这个缺口：那么这种做法虽然出于好意而可以被承认，但却不会出于一个不可违抗的证明的正当性而被要求。(KrV，A637；B665)

11. 我把一切——在这个客体的知识的一定可能的完善性方面，不从客体的性状、而从理性的兴趣中取得的——主观原理，叫做理性的准则。（KrV，A666；B694)

12. 如果我假定一个神的存在者，我尽管不论对它的最高完善性的内部可能性、还是对它的此在的必然性，都没有丝毫概念，但随后毕竟我就能够满意地回答一切其他涉及偶然之物的问题了。（KrV，A675；B703）

13. 所以我将按照与这个世界中的实在性、实体、原因性和必然性的类比而设想一个在最高完善性中拥有这一切的存在者。（KrV，A678；B706）

14. 因为，如果人们不能在自然中先天地预设那最高的合目的性，即将它预设为属于自然的本质，人们怎么会被指示，而寻求它、并在一个自然的等级阶梯中接近一个创造者的最高完善性，即一种绝对必然的、因而是先天可认识的完善性呢？（KrV，A693；B721）

15. 完备的合目的的统一性就是完善性（绝对地观察）。（KrV，A694；B722）

16. 我们怎么会由此直接推出一个——作为一切原因性的起源的——原始存在者的一种最高的和绝对必然的完善性的理念呢？（KrV，A694；B722）

17. 而思想，而赋予它无限的完善性。（KrV，A700；B728）

18. 因为，虽然我们将侦察到、或达到这个世界完善性的仅很少的东西，但到处寻求和推测这个世界完善性毕竟属于我们理性的规律提供，而且按照这条原则进行自然考察，必定任何时候都是对我们有利的，而决不会成为有害的。（KrV，A700；B728）

19. 所有这样的预设都损害了思辨的完善性，但实践的旨趣却根本不担心这种完善性。（KrV，A776；B804）

20. 这种先验神学把这个最高的本体论的完善性的理想采用为一条按照普遍而必然的自然律把连结一切事物的系统统一性原则。（KrV，A816；B844）

21. 发生了——任何不具有它的先天规定了的界限的——完善性的不确定的大小。（KrV，A833；B861）

22. 所具有的目的无需别的而无非这种知识的系统统一性、因而知识的逻辑完善性。（KrV，A838；B866）

谓述词（das Prädikament）

1. 但由于他不拥有任何原则，所以他一碰到它们，就把它们急忙捡拾起来，并且首先费劲找到它们中的十个，他把它们称为范畴（Prädikamente，谓述词）。后来他相信还发现了五个范畴，他就以“后谓述词”的名义而添加了它们。（KrV，A81；B107）

2. 那就允许我把这些纯粹的、但却是派生的知性概念称为纯粹知性的宾位词（Prădicabilien）（与谓述词相对）。（KrV，A82；B108）

3. 产生、消失、变化的宾位词则从属于模态的谓述词。（KrV，A82；B108）

4. 所以我们想通过纯粹灵魂学说的一切谓述词用一种批判的眼光来追踪这个命题。（KrV，A348；B406）

5. 在它的无条件的完备性中能够通过一切谓述词而规定它。（KrV，A580；B608）

谓词（das Prädikat）

1. 在一切判断中，从中主词对谓词的关系被考虑（如果我只考虑肯定判断，因为随后在否定判断上的应用则是容易的），这种关系在两种类型上是可能的。或者是谓词 B 属于主词 A，作为（隐蔽的方式）包含在 A 这个概念中的东西；或者是 B 完全外在于概念 A，虽然它处于与概念 A 的联结中。在前一种情况下我把这判断叫作分析的，在另一种情况下则称为综合的。因而分析的（肯定的）判断是这样的，在其中谓词和主词的连结通过同一性而被思考，而在其中这一连结不用同一性而被思考的那些判断，则应称为综合的判断。前者也被称为说明判断，另一个则被称为扩展判断，因为前者通过谓词并没有把主词概念放进去，而只是通过分析瓦解成它的部分概念，这些部分概念在同一个［主词］中已经（尽管是混乱地）被思考到了：相反，后者则在主词概念上放进了一个谓词，这谓词在那个［主词概念］中完全没有被思考过，并且无需通过分析便能够说出来。（KrV，A6；B10）

2. 我已经在这个概念中拥有了对我的判断的一切条件，从这个概念中我按照矛盾律只提取了谓词，并由此同时能够意识到判断的必然性，而经验则一次都不会教给我这个必然性。（KrV，A7；B12）

3. 因此，这就是经验，重量这个谓词与物体这个概念的可能综合以之为基础。（KrV，B12）

4. 在综合判断那里，我在主词的概念之外还必须拥有某种别的东西（X），知性以之为支撑，以认识那个不在主词的概念中、却仍然作为属于这个概念的谓词。（KrV，A8）

5. 支持知性的那个未知之物 = x 是什么，当知性相信自己在 A 的概念之外发现了一个与之陌生、而仍然被它视为与之相连结的谓词 B 时？这不可能是经验。（KrV，A9）

6. 这个谓词虽然必然地与那个概念相联系，但并非在概念本身中被想到，而是借助于一种必须附加在这概念上的直观。（KrV，B17）

7. 没有这种主观性状，这些谓词就根本不能够被加进任何事物。（KrV，A23；B38）

8. 这个谓词只有当事物对我们显现、亦即是感性对象的时候，才被赋予事物。（KrV，A27；B43）

9. 现象的谓词在与我们的感官的关系上，能够被赋予客体本身。（KrV，B69）

10. 空间和时间的谓词就被正当地赋予了作为感官对象的感官对象，并且在其中没有任何幻相。（KrV，B69）

11. 但概念，作为可能判断的谓词，则与一个尚未规定的对象的任何一个表象发生关系。（KrV，A69；B94）

12. 因为恰好，由于单称判断根本没有外延，它的谓词就不能只牵扯于那些已经包含在主词概念之下的东西，而被另一些东西排除在外。所以这谓词没有例外地适用于那个概念，好像这个概念就是一个拥有一种外延、而这个谓词适用于这个外延的全部意义的普适的概念一样。（KrV，A71；B96）

13. 因为普遍逻辑抽掉谓词的所有内容（即使这个谓词是否定的），并且只看到，这谓词是否附加于主词，或者是否与主词相对立。但先验逻辑则考察这个判断，也根据这种借助于单纯否定的谓词所作出的逻辑肯定的价值或内容，并且考察这种肯定对全部知识带来怎样一种收益。（KrV，A71；B97）

14. 谓词对主词的关系。（KrV，A73；B98）

15. 事物的这些被信以为真的先验谓词无非是一般事物的一切知识的逻辑要求和标准。（KrV，B114）

16. 既然它们谈论的对象不是通过直观和感性的谓词，而是通过纯粹思想的先天的谓词，它们就无需感性的一切条件而普遍地与对象发生关系了。（KrV，A88；B120）

17. 直言判断的机能就是主词对谓词的关系的机能。（KrV，B128）

18. 一个实体的概念，亦即关于一个作为主词而永远不能单纯作为谓词生存的“某物”的概念，对此我就完全不知道，是否能够存在一个与这种思想规定相一致的什么东西，如果经验的直观不给予我这种应用的场合。（KrV，B149）

19. 这种——一个与之相矛盾的谓词，达不到任何事物的——原理，就称为矛盾原理。（KrV，A150；B190）

20. 因此这种误解就来自：人们把一个物的谓词预先从它的概念中分离出来，然后又把这个概念的反面与这个谓词相联结，而这个谓词永远也不会与主词发生矛盾，只是与主词中已与其综合地联结了的那个谓词相矛盾，更确切地说，只是每当前一个谓词和后一个谓词被设定在同一时间中的情况下才是这样。（KrV，A153；B192）

21. 在分析命题那里问题只是：我是否在主词的表象中确实想到了谓词。（KrV，A164；B205）

22. 这个“我”也不具有那种——作为持存性、能够用作内感官中时间规

定的相关项的——最起码的直观谓词：就像例如物质的不可入性、作为经验的直观的谓词那样。（KrV，B278）

23. 模态的原理并不是客观综合的，因为可能性、现实性和必然性的谓词丝毫也没有扩大它们所讲述的那个概念。（KrV，A233；B286）

24. 一般判断的逻辑机能：单一性和多数性、肯定和否定、主词和谓词，没有犯一个循环论证的错误，就不能够被定义。（KrV，A245）

25. 可是我寻求一个概念，（在这里，亦即人这个概念），它包含着——这种判断的谓词（一般的断言）被给予出来的——条件，并且因为我已经把这个谓词归摄到这个条件的全部范围之下（所有人都是会死的）；所以照此我才规定我的对象的知识（卡尤斯是会死的）。（KrV，A322；B378）

26. 任何经验的谓词都会损坏这门科学摆脱一切经验的合理的纯粹性和独立性。（KrV，A343；B401）

27. 通过这个思想着的我、或者他、或者它（物），所表象出来的不是别的，而是思想的一个先验主体 = x，它只有通过是它的谓词的那些思想，才被认识。（KrV，A346；B404）

28. 然而“我”，思想着我的、在思想中一直必须被看作主词，并必须被看作不仅仅像谓词那样依赖于思维的东西、能够被注意，却是一个无可置疑的并甚至是同一的命题。（KrV，B407）

29. 一个——可以独自作为主词、而不能单作为谓词实存的——物的概念，仍还完全不具有任何客观实在性。（KrV，B412）

30. 我通过那种值得惊叹的能力，它首先向我揭示出道德法则的意识，虽然会拥有一条规定我的生存的、是纯粹智性的原则，但通过什么谓词？没有别的，无非通过那些必须在感性直观中被给予我的谓词。（KrV，B431）

31. 我，作为一个思想着的存在者，就是我的一切可能判断的绝对主词，而这个关于我本身的表象不能被用于任何一个他物的谓词。（KrV，A348）

32. 我所说的每一个一般之物，假如它是实体，只要我把它与物的单纯谓词和规定区别开来。（KrV，A349）

33. 所有这些谓词都仅仅涉及到感性及其直观。（KrV，A358）

34. 物质只是外部现象，它的基底通过任何已经指出的谓词都并不被认识。（KrV，A359）

35. 如果我把一个物解释为现象中的一个实体，那么必须预先给我这个物的直观的谓词，我凭这些谓词而把持存的东西与可变的东西、把基底（物本身）与那些仅仅与之相联系的东西，区别开来。（KrV，A399）

36. 因为所有这些谓词都根本不适用于直观，因此也不可能有任何将被应用于经验之对象上的效果，所以它们完全是空的。（KrV，A400）

37. 纯粹心理学的这些主张并不包含灵魂的经验的谓词，而包含是这样一些谓词，当它们发生的时候，就应当不依赖于经验、因而通过单纯的理性而规定自在的对象本身。（KrV，A405）

38. 对于这个先验对象，为了将它作为一个通过它的不同的和内部的谓词加以规定的物来思考，我们在自己这方面既没有（作为不依赖于一切经验概念的）可能性的根据，也没有假定这样的对象的最少的辩护，因此它就是一个单纯的思想物。（KrV，A565；B593）

39. 在一切相互对立的谓词中只有唯一的一个谓词能够适合于最完善的人的理念。（KrV，A568；B596）

40. 在每两个相互矛盾—对立着的谓词中，只有一个能够应归于这概念，这个原理则以矛盾律为基础。（KrV，A571；B599）

41. 每一个物，按照它的可能性，毕竟从属于通盘规定的原理，而按照这个原理，在事物的一切可能的谓词中，只要它们与它们的反面相比较，就必然有一个谓词应归于这个物。（KrV，A572；B600）

42. 任何一个概念的可规定性都是服从于两个对立谓词之间的排中律的普遍性（普遍性）的，但一个物的规定则是服从于一切可能谓词的全体性（完备性）或整体的。（KrV，A572；B600）

43. 这个命题：一切生存者都被通盘规定了，不仅意味着，每一对相互对立地被给予了的谓词中、而且一切可能的谓词中也总有一个谓词适合于生存者；通过这个命题，谓词不仅仅相互逻辑地、而且物本身与一切可能谓词的总和被先验地比较。（KrV，A573；B601）

44. 虽然一切可能性的总和的这个理念，只要这个总和作为每一个物的通盘规定的条件的基础，鉴于那些——可能构成这个总和的——谓词，本身还没有规定，而我们由此所思考的也无非是所有一般的可能谓词的总和。（KrV，A573；B601）

45. 这个理念，作为原始概念，排除了大量的谓词，而这些谓词作为通过别的谓词派生的而已经被给予、或不能与之相互并存。（KrV，A573；B601）

46. 通过一些谓词而表现出一种存在，通过另一些谓词而表现出一种单纯的非存在。（KrV，A574；B602）

47. 因而事物的一切可能的谓词都能够被得到，那么这个基底无非就是实在性的一个大全的理念．（KrV，A575；B603）

48. 而一个 entis realissimi（最实在的存在者）的概念就是一个单独存在者的概念，因为在它的规定中遇到了一切可能的对立的谓词中的一个谓词，亦即，那个绝对属于存在的谓词。（KrV，A576；B604）

49. 一切事物的通盘规定着的先验的大前提，无非是一切实在性的总和的

表象，它不仅仅是一个把一切谓词都按照它的先验内容把握在自身中的概念。(KrV，A577；B605)

50. 因为一切否定（它们仍还是唯一的谓词，由此而使一切别的存在者区别于最实在的存在者)，都只不过是一个更大的和最终的最高实在性的限制，因而它们预设了这种实在性，并且仅仅从这种实在性中推导出内容。（KrV，A578；B606)

51. 一个感官对象，只有当它被拿来与现象的一切谓词相比较并通过这些谓词肯定地或否定地被表现出来的时候，才能被通盘的规定。（KrV，A581；B609)

52. 判断的绝对必然性只是事物的一种有条件的必然性，或者是判断中谓词的有条件的必然性。(KrV，A593；B621)

53. 当我在一个同一的判断中取消谓词而保留主词的时候，就产生出一个矛盾。(KrV，A594；B622)

54. 如果我把一个判断的谓词连同主词一起都取消，则绝不能够产生一个内部的矛盾，这个谓词即便可能就是如此。(KrV，A595；B623)

55. 因为我不能构成一个物的最起码的概念，这个物，如果它连通它的所有谓词都被取消了，却留下一个矛盾，而我就没有矛盾地，单单通过纯粹先天概念，不会拥有不可能性的任何标志。(KrV，A596；B624)

56. 这种幻觉，在逻辑的谓词与一个实在的谓词（即一个物的规定）的混淆中，几乎拒绝一切教导。(KrV，A598；B626)

57. 人们可以随心所欲地把任何东西用作逻辑的谓词，甚至主词也可以被自己所谓述；因为逻辑放弃了一切内容。(KrV，A598；B626)

58. “上帝是全能的”这个命题，包含了两个概念，这两个概念又拥有它们的对象：“上帝”和“全能”；小词“是”又不是上面的一个谓词，而只是这种设定谓词与主词相关联方式的东西。(KrV，A599；B627)

59. 如果我思维一个物，无论我想通过什么以及多少谓词，(即使在通盘规定中)，那么由此，我还加进“这个物存在”，也并未对这个物有丝毫的增加。(KrV，A599；B627)

60. 这些非常伟大的、值得惊叹的、无法估量的力量和卓越性的谓词，根本没有提供任何确定的概念，并且本来就没有说，自在之物本身是什么。(KrV，A628；B656)

61. 它将与自然知识相对立，自然知识并不指向别的、而无非那个在一个可能经验中能够被给予的对象或它们的谓词。(KrV，A635；B663)

62. 必然性、无限性、统一性、在世界之外的（不是作为世界灵魂的）此在、没有时间条件的永恒性、没有空间条件的全在、全能等等，都是纯然先验的谓词，因此它们的被纯化出来的概念，作为每一种神学如此非常必需具有的概念，都仅仅从先验神学中被牵引了出来。（KrV，A642；B670）

63. 通过这些假定的谓词也并不能真正认识灵魂自在本身，即使我们愿意承认它绝对有效。（KrV，A683；B711）

64. 通过这样一个概念我不但拿走了物质自然，而且一般地拿走了一切自然，即任何一个可能经验的所有谓词，因而拿走了为这样一个概念而思想一个对象的所有条件。（KrV，A684；B712）

65. 数学是能够提出公理的，因为它可以借助于在对象的直观中构造概念而先天地直接联结对象的谓词。（KrV，A732；B760）

谓述（prädizieren）

1. 人们可以随心所欲地把任何东西用作逻辑的谓词，甚至主词也可以被自己所谓述；因为逻辑放弃了一切内容。（KrV，A598；B626）

唯理主义（der Rationalismus）

唯理主义者（der Rationalist）

1. 但如果唯理主义者出于单纯的思维能力，无需任何一个持存性的直观，由此一个对象而被给予，有足够的胆量而造成一个自身独立的存在者，仅仅因为思维中统觉的统一性不允许他从复合物而作任何解释，他取代了更好地承认，他无法解释一个思维着的自然的可能性。（KrV，B417）

2. 恰恰正是在这种唯理主义的系统中的观念论、至少是成问题的观念论该是不可避免的。（KrV，B418）

唯灵论（der Spiritualismus）

1. 所以，如果唯物论对我的此在的解释是没有用的，那么唯灵论同样也不足以做到这一点，而结论则是，我们不论以任何它所本该的方式，都不能够认识我们灵魂的、那种涉及灵魂独立生存的一般可能性的性状。（KrV，B420）

2. 而在这个领域中为思辨理性设置不可超越的界限，一方面不至于投入到冷漠的唯物论的怀抱，另一方面不使我们迷失于成群地在我们生命中、毫无根据的唯灵论四周飞来飞去。（KrV，B421）

3. 但如果心理学家把现象看作自在之物本身，无论他是作为唯物论者把单独而唯一的物质，还是作为唯灵论者只把思维着的存在者（即按照我们内感官的形式），还是作为二元论者把两者都作为独立生存的事物，而接纳到他的学说概念中，他终归一直被这种误解递给了玄想的方式，那个生存之物自在地本身会如何生存，它毕竟不是任何自在之物、而只是一个一般物的现象。（KrV，

A380）

4. 独断的唯灵论者，由他相信在这个“我”中直接知觉到的思维着的实体的统一性，而解释这种通过状态的一切变化而不变地持存着的人格统一性。（KrV，A690；B718）

唯物论（der Materialismus）

1. 只有这种彻底的研究，才能根除唯物论、宿命论、无神论、自由思想的不信、狂信和迷信，这些会成为普遍的危害。（KrV，BXXXIV）

2. 为什么唯物论者就应当，尽管他同样如此极少能够为了他的那些可能性的目的而指挥经验，没有权利同样大胆地，连同那种统觉的形式统一性的保留一起，而把它的原理作相反的运用呢？（KrV，B418）

3. 所以由此便得出我的这种——作为单纯思想着的主体的性状，出自唯物论的根据的——解释的不可能性。（KrV，B420）

4. 所以，如果唯物论对我的此在的解释是没有用的，那么唯灵论同样也不足以做到这一点，而结论则是，我们不论以任何它所本该的方式，都不能够认识我们灵魂的、那种涉及灵魂独立生存的一般可能性的性状。（KrV，B420）

5. 所以不存在任何一种作为学理、而设法使我们的自我认识获得一种增加的理性心理学，它只作为训练，而在这个领域中为思辨理性设置不可超越的界限，一方面不至于投入到冷漠的唯物论的怀抱，另一方面不使我们迷失于成群地在我们生命中、毫无根据的唯灵论四周飞来飞去。（KrV，B421）

6. 但如果有人想扩展这个二元论的概念，如通常所发生的那样，并且在先验知性上而处理它，那么不论是它，还是与它相对立的精气论一方，或者另一方的唯物论，都没有丝毫的根据，因为人们这样一来就耽误了他的概念的规定。（KrV，A379）

7. 但如果心理学家把现象看作自在之物本身，无论他是作为唯物论者把单独而唯一的物质，还是作为唯灵论者只把思维着的存在者（即按照我们内感官的形式），还是作为二元论者把两者都作为独立生存的事物，而接纳到他的学说概念中，他终归一直被这种误解递给了玄想的方式。（KrV，A380）

8. 我们到底为了什么而必不可少地拥有一种单纯建立在纯粹理性原则之上的灵魂学说呢？无需怀疑优先出于这个目的，为了使我们的思想着的自己确保抵抗唯物论的危险。（KrV，A383）

我（das Ich）

1. 所以，我已经意识到同一的自己，鉴于在一个直观中被给予我的表象的杂多，因为我把这些表象全都命名为我的表象，它们构成一个直观。但这等于说，我是已经意识到这些表象的一个先天必然的综合，它叫作统觉的本源的综合统一性，一切被给予我的表象都必须处于其下，但也必须通过一个综合把它们带入其下。（KrV，B135）

2. 正在思想的我如何与直观自身的我（在其中我至少还能把另外一种直观方式表象为可能的）区别开来，却又与后者作为思想着的主体而是等同的，因而我如何能够说：我，作为理智和思想着的主体，把我自己当作被思想的客体来认识，只要我还通过这客体在直观中被给予了我，不过与其他现象一样，并不如同我在知性而前所是的，而如同我对自己所显现的那样，这个问题所带来的困难不多不少，正如一般地说，我如何能够对我是一个客体，而且能够是一个直观的和内知觉的客体。（KrV，B155）

3. 这个单纯表象我在与一切其他表象（它使这些表象的集合的统一性成为可能）的关系中会是先验的意识。（KrV，A119）

4. 我，作为思想着的，是一个内感官的对象，叫做灵魂。而这作为一个外感官对象的我，则叫做肉体。（KrV，A342；B400）

5. 对我自己在我这个表象中的意识完全不是任何直观，而是一个思维主体的自动性的一种单纯智性的表象。因此，这个“我”也不具有那种——作为持存性、能够用作内感官中时间规定的相关项的——最起码的直观谓词：就像例如物质的不可入性、作为经验的直观的谓词那样。（KrV，B278）

6. 我；关于这个表象人们绝不能说它是一个概念，它只不过是一个伴随着一切概念的意识。通过这个思想着的我、或者他、或者它（物），所表象出来的不是别的，而是思想的一个先验主体 = x，它只有通过是它的谓词的那些思想，才被认识，而孤立地来看，我们对它绝不可能具有起码的概念；所以我们围绕它在一个不断的循环中打转，为了判断它的任何一个某物，我们任何时候都必须已经利用了它的表象；一个与它不可分离的不便性，则因为，意识本身不仅是区别一个特殊的客体的表象，而且是一般表象所具有的形式，只要它应当被称为知识；因为只有从知识那里我才能够说，我借此而思想到了任何一个某物。（KrV，A346；B404）

7. 在一切判断中，“我”一直是构成判断的那种关系的作规定的主体。然而“我”，思想着我的、在思想中一直必须被看作主词，并必须被看作不仅仅像谓词那样依赖于思维的东西、能够被注意，却是一个无可置疑的并甚至是同一的命题；但这个命题并不意味着，“我”，作为客体，对我，是一个自身持存着的存在者，或实体。（KrV，B407）

8. 统觉的我、因而在每一个次思想中的我，都会是一个单数，它不能被分解为主体的多数，因而标明了一个逻辑的简单主词。（KrV，B407）

9. 我已经对我意识到我自己在一切杂多中的同一性的命题，是一个同样存在于概念自身中、因而是分析的命题；但这个——我能在我的一切表象中被意识到的——主体同一性，并不涉及那个——由此主体作为客体已经给出的——主体的直观，因而也不可能意味着那种人格同一性。（KrV，B408）

10. 我把我自己的生存、作为一个思想的存在者，与外在于我的（也包括我的身体的）别的事物区别开来，恰好就完全是一个分析命题；因为别的事物都是这样的，我把它们思想为与我有区别的东西。（KrV，B409）

11. 我，作为一个思想着的存在者，就是我的一切可能判断的绝对主词，而这个关于我本身的表象不能被用于任何一个他物的谓词。（KrV，A348）

12. 命题："我是简单的"，必须被视为统觉的一个直接的表达。（KrV，A355）

13. 但"我是单纯的"则无非意味着：这个表象，"我"，并不包含丝毫的杂多性，并且它是绝对的（虽然只是逻辑上的）单一性。（KrV，A355）

14. 但由于我，当我想在一切表象的更替那里观察这个单纯的"我"时，而除了我自身，没有任何别的我与我的意识的那些普遍条件相比较的相关物，所以我就只能对一切问题给出同义反复的回答，当我把我即我的概念及其统一性强加给那些——应归于作为客体的我本身的——属性的时候，并且以这种人们所渴望知道的东西为前提。（KrV，A366）

15. 因为这是明白的：由于外部的东西不是在我之内的，我也就不能在我的统觉中、因而也不能在本来只是统觉的规定的任何知觉中，找到它。（KrV，A368）

16. 因为我毕竟已经意识到了我的表象；所以这些表象和拥有这些表象的"我"自身都生存着。（KrV，A370）

17. 这个我就必须是一个直观，这个直观，由于它会在一般思维那里（先于一切经验）而被预设，作为先天的直观而提供出综合命题，如果必须使一种——有关一个思维着的存在者的一般本性的——纯粹理性知识，可能实现出来。不过，这个"我"不大是直观，正如它也不是有关任何一个对象的概念一样，而是意识的单纯形式。（KrV，A382）

18. 我把在我之内的实体性的东西当作先验的主体来认识，因为我在思想中所拥有的只是——为一切作为知识的单纯形式的规定设置基础的——意识的统一性。（KrV，B427）

19. 此外，因为伴随着一切思想的那个唯一的条件，就是，在全称命题"我思"中的"我"，所以理性不得不与这个条件打交道，只要其本身是无条件的。但这个条件只是形式的条件，即我把一切对象都从那里抽掉了的每一个思想的逻辑的统一性，而仍然被表象为一个我所思想的对象，即"我"本身及其无条件的统一性。（KrV，A398）

20. 假如有人能够告诉我们，灵魂是物质的一个单纯的部分，那么我们就能够从经验关于物质所教导我们的东西中，推导出这个灵魂的持存性，并且，与这种单纯的本性一起，推导出灵魂的不可毁灭性。但对此“我”这个概念，在这个心理学原理（“我思”）中却对我们不吐一言。（KrV，A401）

21. 因此人们被那个思想着的“我”（灵魂），而把自己设想为实体、简单的、在一切时间中数目上同一的东西，以及必须从一切其他此在中被推论出来的一切此在的相关物。（KrV，A402）

22. 我不能够认识那种我必须预设为前提的东西本身，为了一般地认识一个客体，并且那个规定着的“本身”，（思维）和那个可被规定的“本身”（思维着的主体）。（KrV，A402）

我思（Ich denke）

1. “我思”必须能够伴随我的一切表象；因为否则，完全不可能被思考的某物就会在我之内被表象出来，这就恰恰等于说，这表象要么是不可能的，要么至少对我而言就是无。（KrV，B131，132）

2. 但这个表象是一个自发性的行动，即它不能被看作属于感性。我把它称为纯粹统觉，以便它区别于经验性的统觉，或者也称为本源统觉，因为它就是那个自我意识——在其中它产生“我思”表象，而这表象必然能够伴随所有其他的表象，并且是在一切意识和自我意识中，——所以决不能被任何其他表象所伴随。（KrV，B132）

3. 因为没有它，就没有东西能够由此而被思维或认识，因为被给予的表象并不会共同具有这种统觉的行动，“我思”，并且由此不会在一个自我意识中被总括起来。（KrV，B137）

4. 在任何一个给予的直观里，我的一切表象必须服从这个条件，唯有在这个条件之下我才能把它们算作我的表象而归于同一的自身，所以，能够总结为一种统觉中综合地联结的、通过一般所说的“我思”。（KrV，B138）

5. 在时间中直观的纯粹形式，仅仅作为包含一个给予了的杂多的一般直观，则从属于意识的本源的统一性，这只是通过直观杂多对一个“我思”的必然关系；所以通过先天地为经验性的综合奠定基础的知性的纯粹综合。（KrV，B140）

6. 我思”，表达了对我的此在进行规定的动作。所以此在由此就已经给予了，但这种——我应当如何规定它，即属于它的杂多设置到我之内的——方式却还没有因此而给予。属于它的自身直观，已经奠定先天给予的形式即时间的基础，这时间是感性的并且属于可被规定者的接受性。（KrV，B157）

7. 我并不拥有任何我如何在、而仅仅拥有我如何向我自身显现的关于我的知识。所以此在自身的意识还远不是此在自身的知识，哪怕有一切范畴通过杂多在一个统觉中的联结而构成一般客体的思想。（KrV，B158）

8. 正如对与我不同的客体的知识，除了一般客体（在范畴中）的思想，我还需要一种我由以规定那个普遍概念的直观一样，所以对我自己的知识，除了意识、或者除了我思自己，我还需要一种我由以规定这个思想的、在我之内的杂多的直观，而且我作为理智而生存。（KrV，B158）

9. 判断：我思。但人们则容易看出，这概念是所有一般概念的运载工具。因而也是先验概念的运载工具，所以它在任何时候都将处于先验概念之中，因而也刚好是先验的；但它不能有任何特殊的称号，因为它只用作修建一切属于意识的思想。（KrV，A341；B399）

10. 所以我们已经拥有了在我们面前的一门所谓的科学，它被建造在唯一的命题“我思”上，并且我们在这里可以完全适当地、并按照先验哲学的本性、检查它的根据或无根据。（KrV，A342；B400）

11. 因为这种内部的知觉无非是单纯的统觉：我思；它甚至是使一切先验概念成为可能的，在这些先验概念中它说：我思想着实体、原因等等。（KrV，A343；B401）

12. “我思”，所以就是合理的心理学唯一的课文，从中它应当施展它的全部智慧。（KrV，A343；B401）

13. 我一般地思得以成立的条件、因而这个条件不过是我的主体的一种性状，同时又应当对一切思想者都是有效的。（KrV，A346；B404）

14. 但是“我思”这个命题，在这里仅被成问题地设想着。（KrV，A347；B405）

15. 既然“我思”这个命题（成问题地说）包含着每一个一般知性判断的形式，并作为它的运载工具而伴随着一切范畴；那么显然，从它得出的推论就能够包含着一种单纯的知性的先验运用，这种运用拒绝接受一切经验之混杂，它的进展，我们按照上面所指明的东西，我们不可能预先已经做出任何有利的概念。（KrV，B406）

16. 我并非通过单纯的“我思”，而认识一个客体，毋宁只有通过我出于一切思维都在其中的那种意识的统一性的意图而规定一个给予的直观，我才能够认识任何一个对象。因此我甚至认识自己并非通过，我已经意识到自己是作为思想着的，毋宁就在我意识到对我自己在思想机能方面规定了直观自身的时候。所以在思想中自我意识的一切样态（modi）自身，还不是客体的知性概念（范畴），而仅仅是——根本不把任何对象、因而自身也不作为对象交给思维来认识的——逻辑的机能。（KrV，B406，407）

17. 为了证明这种同一性，带着单纯“我思”这个分析命题，已经办不到

了，而不同的综合判断，它们建立在给予的直观之上，则会被需要。（KrV，B408，409）

18. 如果我们遵照分析的处理方法，这时把“我思”，作为一个命题，它已经自在地包含了一个此在，作为被给予了的东西、因而模态性，设置为基础。（KrV，B418）

19. 就会推论出那些应归于一般思维着的存在者的东西，如下表所表示的。1. 我思，2. 作为主体，3. 作为单纯的主体，4. 在我的思想的任何状态中作为同一的主体。（KrV，B419）

20. 这种“我思”，正如已经说过的，是一个经验的命题，并且自身包含“我生存”这个命题。（KrV，B422）

21. 某种只是被给予一般思想的实在的东西，所以并不作为现象，也不作为事物自在本身（本体），而是作为某种实际上生存的东西，并且在“我思”命题中，被称为这种东西。因为必须注意到，当我把命题：“我思”，称为一个经验的命题的时候，我因此并不想说，这个“我”在这个命题中是经验的表象；更确切地说，这个表象是纯粹智性的，因为它属于一般思维。（KrV，B423）

22. 命题，“我思”，或者，“我思想地生存着”，是一个经验的命题。（KrV，B428）

23. 既然如此，我却要自觉意识到仅作为思想着的我；我的独特的“本身”如何在直观中被给予，这我先放在一边，而这时对于我，我思的我、但只要不是我思，可能还只是现象；在我的“本身”的意识中、在单纯思想那里，我就是这个存在者本身，但关于这个存在者本身由此当然仍没有任何东西被给予我而思维。（KrV，B429）

24. 但“我思”这个命题，只要它所讲述的不过于：“我生存于思想着”，就不单单是逻辑的机能，而是在生存方面规定着主体（这主体于是同时又是客体），并且这命题没有内感官就不能够发生，而内感官的直观在任何时候都不作为自在之物本身、而只作为现象而交到客体手里。所以在这个命题中就已经不再只有思想的自发性，而且也有直观的接受性，亦即我的思想自身恰好应用于思想的主体的经验的直观。这样，思想者自身就必须在这种经验的直观中寻找它之于实体、原因等范畴的逻辑机能运用的条件，为了不仅通过这个“我”把自己表明为自在的客体本身，而且也规定这个客体的此在的方式，亦即把自己作为本体来认识，但这却是不可能的，因为内部的经验的直观是感性的，并且只给出了现象的材料，这些材料并不能够为纯粹意识的客体提供它的独立生存的认识，而仅能够充当经验的认识的目标。（KrV，B429，430）

25. 既然这个命题“我思”，（成问题地被设想），包含每个一般知性判断的形式，并且作为它的工具而伴随着一切范畴，那么就是明显的，从这个命题得出的推论就能够包含知性的一种单纯先验的运用，而这种运用则拒绝了一切经验的混杂。（KrV，A348）

26. 而我们之所以只对一种思想要求主体的绝对统一性，因为否则我就不可以说："我思"（杂多东西在一个表象中）。（KrV，A354）

27. 这个统觉的形式原理："我思"，仍然是理性心理学之所以敢于扩展它的知识的全部根据，这个原理尽管当然不是任何经验，而是附加在每一个经验上并且先行于它的统觉形式。（KrV，A354）

28. 但我的自身（作为灵魂）的简单性实际上也不并从命题"我思"中推论出来，而是从前者已经处于每一个思想本身中。（KrV，A354）

29. 此外，因为伴随着一切思想的那个唯一条件，就是，在全称命题"我思"中的"我"，所以理性不得不与这个条件打交道，只要其本身是无条件的。（KrV，A398）

30. 但对此"我"这个概念，在这，个心理学原理（"我思"）中却对我们不吐一言。（KrV，A401）

外感官的客体通过这个单纯概念物质（不可入的无生命的广延）而发生，内感官的客体则通过一个思想着的存在者的概念（在经验的内部表象、我思中）而发生。（KrV，A848；B876）

我在，我是（Ich bin）

1. 假如我能够在——伴随着我的一切判断和知性活动的——"我在"表象中，通过智性的直观同时联结我的此在的一个规定与我的此在的智性意识，那么一种对外在于我的某物的关系的意识就该是不必然属于这种智性直观的了。（KrV，BXL）

2. 通过这种知性的纯粹统觉在"我在"表象中，还根本不给出任何杂多。（KrV，B138）

3. 在一般表象的杂多的先验综合中，因而在统觉的综合的本源统一性中，我向我意识到我的自身，既不像我对自己所显现的那样，也不像我在我自身所是的那样，而只是"我在"。这个表象是一个思想，而非一个直观。（KrV，B157）

5. 前者是笛卡尔的成问题的观念论，它只把一种经验的主张（assertio，断言）即："我"在，宣布为不可怀疑的。（KrV，B274）

6. 当然，"我在"这个表象，它表达了这种——能够伴随一切思想的——意识，它，自在地直接包括了一个主体的生存的东西，但毕竟不包括这个主体的任何知识，因而也不包括任何经验的知识，即经验。（KrV，B277）

7. 这个单独的表象，“我在”，统治着全部这些主张。（KrV，A405）

8. 由此我向我自身表象出自己，既不像我所是的那样，也不像我向我所显现的那样，而是我思想自己只像思想任何一个一般客体那样，不考虑这个客体的直观方式。（KrV，B429）

9. 人们不能抗拒这种思想，但也不能容忍它：有一个我们在一切可能的存在者中为我们设想一个存在者，仿佛在自己对自己说：我是从永恒性到永恒性，在我之外无物存在，除非仅仅通过我的意志而是某物的东西；但我又是从哪里来的呢？这里的一切都塌陷在我们脚下了。（KrV，A613；B641）

10. 我在自身就是这样一种仅仅被看作一个思想着的自然（灵魂）理念的第一客体。（KrV，A682；B710）

11. 总而言之：形成了有关一个简单的独立的理智的理性概念。（KrV，A682；B710）

12. 我们根本不知道这些根据。（KrV，A682；B710）

13. 它们所构成的是一个——根本不能被具体表现出来的——单纯理念。（KrV，A683；B711）

14. 仅仅属于内感官的东西。（KrV，A683；B711）

15. 只可能意味着一个调节的概念的图型。（KrV，A684；B712）

16. 所以我绝不必须说：上帝存在等等，在道德上是确定的，而必须说：我在道德上是确信的等等。（KrV，A829；B857）

物，东西（das Ding）

1. 我们从事物中仅仅先天认识到的，都是我们本身放进它们之内的。（KrV，BXVⅢ）

2. 在我们称为自然的那些现象上的秩序和合规则性，是我们自己带进去的，并且假如我们不是本源地把它们、或者我们内心的自然放进去了的话，我们也就不可能在其中找到它们了。因为这个自然统一性应当是一种必然的、亦即先天确定的连接现象的统一性。（KrV，A125）

3. 对此我就完全不知道，是否能够存在一个与这种思想规定相一致的什么东西，如果经验的直观不给予我这种应用的场合。（KrV，B149）

4. 从这个表象中我现在什么也得不出来，因为它根本就没有向我指明，应当被看作这样一个最初的主词的那个物具有哪些规定。（KrV，A147；B187）

5. 所以这条原理被时间条件所刺激，并且似乎说：一个等于 A 的物，如果是等于 B 的某物，则不能在同一时间又是非 B；但它完全可以前后相继地是两者（既是 B 又是非 B）。（KrV，A152；B192）

6. 所以问题就在于，一个物如何从一个状态 a 过渡到另一个状态 b。

（KrV，A208；B253）

7. 如果一个物的概念已经是全部完备了的，那么我却还可以追问到这个对象，是否它单纯是可能的呢，还是也是现实的呢，或者，如果它是现实的，那么是否它完全也是必然的呢？（KrV，A219；B266）

8. 在一个物的单纯概念中，这个物的此在的任何性质完全不可能被遇见。（KrV，A225；B272）

9. 这种持存之物的知觉只有通过外在于我的一个物、而不是通过外在于我的一个物的单纯表象，才是可能的。（KrV，B275）

10. 每一个物都是一个定量。（KrV，B289）

因此如果一个物被设想为偶然的，那么，说它有一个原因，就是一个分析的命题。（KrV，B291）

11. 一般大小的概念也许只能如此解释：大小本该是一个物的这种规定，由此，多少个"一"（Eines）被设定在一个物中，能够被思考。（KrV，A242；B300）

12. 如果感官仅仅如某物显现那样向我们表象某物，那么这个"某物"毕竟本身自在地也必须是一个物，并且是一个非感性直观的对象，亦即一个知性的对象。（KrV，A249）

13. 如果我们把本体理解为一个物，只要它不是我们感性直观的客体，当我们不顾我们直观它的方式的时候；因而这就是一个消极理解中的本体。（KrV，B307）

14. 但现在，一个物的可能性绝不能够单纯从该物概念的不自相矛盾被证明，而只能够通过，人们被一种给该概念配备了相应的直观，才被证明。（KrV，B308）

15. 一个本体的概念，即一个——完全不应该被思考为一个感官对象、而应该（只通过纯粹知性）被思考为一个自在之物本身的——物的概念，是完全不自相矛盾的。（KrV，A254；B310）

16. 甚至鉴于一般事物而未被限定的实在性也曾被视为一切可能性的质料，但它的限制（否定）则被视为——一个物按照先验概念由此而与另一个物相区别的——形式。（KrV，A267；B323）

17. 按照这条原理，一切恶事都无非是被造物的局限、即否定性的后果，因为这些否定性是与实在性唯一相冲突的东西，（在一个一般物的单纯概念中也的确是如此，但在作为现象的事物中则不然）。（KrV，A273；B329）

18. 一个作为一般物的对象的表象，也许并不单纯是不充分的。（KrV，A279；B335）

19. 这样一来，一个本体的概念就是成问题的了，也就是说，是一个物的

表象，对这个物我们既不可以说，它是可能的，也不可以说，它是不可能的。（KrV，A286；B343）

20. 关于一个物在一切关系（在一切可能性的关系上）中的必然性的概念就随身携带着完全特殊的规定。（KrV，A325；B382）

21. 思想着的主体是心理学的对象，一切现象的总和（世界）是宇宙学的对象，而这个物，它包含着能够被思想的、一切可能性的至上条件，（一切本质的存在者），则是神学的对象。（KrV，A334；B391）

22. 通过这个思想着的我、或者他、或者它（物），所表象出来的不是别的，而是思想的一个先验主体 = x。（KrV，A346；B404）

23. 这一种物，它的活动绝不能被看作许多活动的事物的合作，就是单纯的。（KrV，A351）

24. 那个生存着的事物自在地本身会如何生存，它毕竟不是任何自在之物、而只是一个一般物的现象。（KrV，A380）

25. 一个正在思想之物具有何种性质？（KrV，A398）

26. 如果我把在现象中的一个物命名为单纯的，那么我就理解为，它的直观虽然本该是现象的一部分，但它本身却不能被分割，等等。（KrV，A400）

27. 一个——可以独自作为主词、而不能单作为谓词生存的——物的概念，仍还完全不具有任何客观实在性。（KrV，B412）

28. 自然，如果从形容词上（形式地）而设想，则意味着一个物的规定的关联，按照因果性的一条内部原则。（KrV，A418；B446）

29. 一个现象在知觉之前就被称为一个现实之物。（KrV，A493；B521）

30. 在自由那里作为原因的物本身（Substantia phaenomeno，现相的实体）毕竟仍还属于条件序列。（KrV，A561；B589）

31. 但比理念显得更远离客观实在性的就是我称为理想的东西，我把它理解为——不单纯是具体的、而且是个体的——理念，即作为一种个别之物、唯有通过理念才能规定、或被完全规定之物的理念。（KrV，A568；B596）

32. 但每一个物，按照它的可能性，毕竟从属于通盘规定的原理，而按照这个原理，在事物的一切可能的谓词中，只要它们与它们的反面相比较，就必然有一个谓词应归于这个物。（KrV，A571；B599）

33. 通过这条原理，每一物就会与一个共同的相关物、即与全部可能性相关联了，这种全部可能性（即构成一切可能谓词的材料）假如在一个唯一的物的理念中被偶然发现，则会通过这个唯一物之通盘规定的根据的同一性而证明一切可能之物的亲和性。（KrV，A573；B601）

34. 因为此在必然地应归于这个概念的客体，也就是在我把这个物设定为给予的（生存着的）这个条件下，则它的此在也会被必然地（根据同一律）设

定下来。（KrV，A594；B622）

35. 我不能构成一个物的最起码的概念，这个物，如果它连通它的所有谓词都被取消了，却留下一个矛盾，而我就没有矛盾地，单单通过纯粹先天概念，不会拥有不可能性的任何标志。（KrV，A595；B623）

36. 现在，如果这个物被取消了，那么这个物的内部可能性也就被取消了，而这个物则是矛盾的。（KrV，A597；B625）

37. 你就已经陷入一种矛盾了，当你在一个——你只想按照它的可能性而思考的——物的概念中，不论在哪种隐藏名义下，都已经带进了它的生存的概念的时候。（KrV，A597；B625）

38. “是”显然不是任何实在的谓词，即不是一个——有关可以添加在一个物的概念之上的某种东西的——概念。它仅仅是一个物或一定规定本身的断定。（KrV，A598；B626）

39. 如果我思维一个物，无论我想通过什么以及多少谓词，（即使在通盘规定中），那么由此，我还加进“这个物存在”，也并未对这个物有丝毫的增加。（KrV，A600；B628）

40. 因为，虽然在我的关于一个一般物的可能的实在内容的概念上，没有缺少什么，但在我的整个思维状态的关系上毕竟缺少了某物，亦即那个客体的知识也该是后天可能的。（KrV，A600；B628）

41. 最高存在者的概念满足于为了一个物的内部规定而能够提出一切先天的问题，因而它也是一个无与伦比的理想。（KrV，A611；B639）

42. 我虽然必须为一般生存之物假定某种必然的东西，但却不能把任何单独的物本身思想为自在必然的。（KrV，A615；B643）

43. 凡是在事情取决于一般物的大小（完善性的大小）的地方，在那里就不存在任何确定的概念，而包括整个可能的完善性的概念。（KrV，A628；B656）

44. 如果一个物的绝对必然性应当在理论知识中被认识，那么这个物就唯有从先天概念中才能够发生，但决不作为一个——与被经验所给予的此在相关联的——原因。（KrV，A634；B662）

45. 它只是一个按照最大的理性统一性的条件而被整理的、一个一般事物的概念的图型。（KrV，A670；B698）

46. 这时我决不能假定这个物自在本身的此在，因为没有任何概念，我由此而能够确定地设想任何一个对象。（KrV，A676；B704）

47. 这个先验之物只是——理性借以尽其所是、把系统的统一性扩展到一切经验上去的——调节的原则的图型。（KrV，A682；B710）

48. 但这种综合所涉及的永远只是一个一般之物，一般之物的知觉在哪些

条件之下才属于可能的经验。（KrV，A719；B747）

49. 把现象的这种经验的内容先天地表象出来的唯一的概念，就是一般的物的概念。（KrV，A720；B748）

50. 定义，正如这个术语自己所给出的那样，本来所意味的，无非本源地描述出一个物、在它的界限之内的详尽的概念。（KrV，A727；B755）

51. 没有任何知性能力可以引导我们从一个物的概念到——应该由此而普遍和必然地被给予出来的——另外某物的此在。（KrV，A765；B793）

物化，实体化（hypostasieren）

实体化地（hypostatisch）

1. 按照这种幻觉，人们使——单纯在思想中生存的东西——物化了，并且正好在思想的性质上假定为一种外在于思想着的主体的现实对象，即广延，它无非是现象。（KrV，A384）

2. 但我们一旦使外部的现象物化，把它们不再作为表象，而是在如同它们在我们之内的那种同一性质上、也作为外在于我们的独立持存之物，但同时把它们的那些——将其显示为在关系中相对的现象的——活动，都与我们思维着的主体联系起来，我们就具有了一种外在于我们起作用的原因的特性。（KrV，A386）

3. 但他，按照我们上面的证明，则必然不得不承认这种先验的观念论，假使他不想公开地使表象物化并且把它们作为真实的物、置于自身之外。（KrV，A392）

4. 所以一切关于我们思想着的存在者及其与物体世界的连结的本性的争执，就不过是——人们鉴于他所不知道的东西、就通过理性的谬误推理而填补漏洞的——一种结果，这时人们就使他的思想变成事物并使它物化，由此，不论是鉴于持肯定主张的人、还是鉴于持否定主张的人，都产生了一门想像的科学。（KrV，A395）

5. 人们可以把这种幻相称为物化的意识（apperceptionis substantiatae，实体化的统觉）的偷换。（KrV，A402）

6. 如果我们现在通过使它实体化的方法而更深地调查我们的这个理念，那么我们就可以通过最高实在性的单纯的概念而把原始存在者规定为一个唯一的、简单的、完全充足的、永恒的等等存在者。（KrV，A580；B608）

7. 我们后来就把关于一切实在性的总和的这个理念实体化了。（KrV，A582；B610）

所以，这种最最实在的存在者的理想，虽然是一个单纯的表象，却是首先被意识到、即被制作成客体，然后被实体化，最后，通过理性的一种完成统一

性的自然进程，甚至被人格化了，如我们马上所提出的那样。（KrV，A583；B611）

8. 这时，在这些先验的证明中，什么是那个辩证的、但却是自然的幻相的原因呢，它联结了必然性与最高实在性的概念、并且使那种毕竟只能是理念的东西实在化和实体化？（KrV，A615；B643）

9. 借助于某种先验的偷换，而把这条形式的原则表现为构成性的，并把这个统一性作物化的设想。（KrV，A619；B647）

10. 既然我把这种——在世界上曾是绝对（无条件）必然的——至上存在者，考虑为自为之物，这种必然性不能是任何概念，因而只作为思维的形式条件、但却不作为此在的质料的和物化的条件，在我的理性中必然已经被找到了。（KrV，A620；B648）

11. 于是也没有阻止我们的丝毫东西，把这些理念也假定为客观的和实体化的，仅仅除了宇宙论的理念以外。（KrV，A673；B701）

12. 取而代之，人们则转回了这件事情，并且开始了，人们把一条合目的性的统一性原则的现实性作为实体化的东西而设置为基础，把一个这样的最高理智的概念，因为它自在地是完全不可捉摸的，就拟人化地予以规定。（KrV，A692；B720）

13. 把这种自然的系统统一性的调节的原则设想为一条构成性的原则，并且，仅仅在理念中被设置为理性的一致运用的基础的东西，实体化地预设为原因，就只叫做理性迷乱。（KrV，A693；B721）

物体（der Körper）

1. 经验的普遍性只是一种有效性的任意的提升，这种有效性从大多数情况下、到一切情况下都适用，例如在这个命题中：一切物体都是重的。（KrV，B4）

2. 如果从你们的一个物体的经验概念中，把所有在这上面是经验的东西：颜色、硬或软、重量、甚至不可入性，都一个个地删除掉，那么空间仍然剩下来。（KrV，B6）

3. 如果我说：一切物体都是广延的，那么这就是一个分析判断。（KrV，A7；B11）

4. 一个物体是广延的，这是一个先天确定了的命题，并不是任何经验判断。（KrV，A7；B11）

5. 我可以预先通过广延、不可入性、形状等等这一切在物体的概念中所被想到的标志，而分析地认识物体的概念。（KrV，A7；B12）

6. 我能够预先通过广延、不可入性、形状等等所有这些在物体的概念中被

想到的标志，而分析地认识物体的概念。（KrV，A8；B12）

7. 我只想举出一对定理作例子，作为定理：在物体世界的所有变化中，物质的量保持不变。（KrV，B17）

8. 如果我从一个物体的表象里，把那种知性所想到的东西，如实体、力、可分性等等都隔离了，同时，又把那种属于感觉的东西，如不可入性、硬度、颜色等等也隔离了，那么从这个经验的直观中还剩留下某种东西，即广延和形状。（KrV，A20；B35）

9. 直观中一个物体的表象根本不包含，任何应归于一个自在对象本身的东西，而仅包含某物的现象、以及我们由此被刺激的方式。（KrV，A44；B61）

10. 我并不是说，物体似乎仅仅存在于我之外，或者我的灵魂似乎仅仅在我的自我意识中被给予。（KrV，B69）

11. 例如在这个判断“一切物体都是可分的”中，“可分的”这个概念就与各种别的概念有关；但它在这里在别的这些概念中就特别与物体的概念有关；但物体概念又与呈现给我们的现象有关。（KrV，A68；B93）

12. 所以物体的概念，例如金属，意味着某种能够通过那个概念而被认识的东西。因此它之所以是概念，只是因为在它之下包含了别的表象，它借助于此［表象］能够与对象发生关系。所以它就是一个可能判断的谓词，如“每一种金属都是物体”。（KrV，A69；B94）

13. 通过实体范畴，当我把一个物体的概念带入这些范畴之下时，就会确定：这个物体的经验的直观在经验中必须永远只被看作主词，而绝不被看作单纯的谓词。（KrV，B129）

14. 于是物体的概念按照通过它而被想到的杂多的统一性，而被用作我们对外部现象的知识的规则。（KrV，A106）

15. 这样，物体概念，在外在于我们的“某物”的知觉那里，使广延的表象、并与它一起使不可入性、形状等等的表象成为必然的。（KrV，A106）

16. 例如，一个物体的这种——跟随着这种运动的——静止，还并不因为静止是运动的反面，就由此而证明，它的运动的偶然性。（KrV，B290）

17. 一切物体都是变化的。（KrV，A330；B387）

18. 物体是复合的。（KrV，A330；B387）

19. 与空间中的对象的关系则给予了与物体的交感（Kommercium）。（KrV，A345；B403）

20. 物体仅仅是我们的外感官的现象，而不是自在的事物本身。（KrV，A357）

21. 外部对象（物体）单纯是一些现象，因而也无非是我的表象的一种方式，这种表象的对象只有通过这些表象才是某种东西，但抽掉这些表象就什么

也不是了。(KrV, A370)

22. 假如我拿走了思想着的主体，整个物体世界则不得不消除，当这个世界无非是在我们主体的感性中的现象以及我们主体的表象的方式之一种的时候。(KrV, A383)

23. 物体并不是对于我们在场的自在的对象本身，而仅仅是谁知道是什么的那个未知对象的单纯现象。(KrV, A387)

24. 所以一切关于我们思想着的存在者及其与物体世界的连结的本性的争执，就不过是——人们鉴于他所不知道的东西、就通过理性的谬误推理而填补漏洞的——一种结果。(KrV, A395)

25. 所以物体是无限可分的，却无需因此就由无限多的部分所组成。(KrV, A525; B553)

26. 这种自然是双重的，要么是思想着的自然，要么是物体的自然。(KrV, A684; B712)

27. 灵魂的非物体的统一性和一个最高存在者的此在。(KrV, A775; B803)

物质（die Materie）

物质的（materiell）

非物质的（immateriell）

1. 在物体世界的所有变化中，物质的量保持不变。(KrV, B17)

2. 因为在物质的概念中我并没有想到持存性，而单纯想到物质的通过空间的充满而在空间中在场。所以我实际上就超出了物质概念，为了它把某种——我在它之中的——东西考虑进去。(KrV, B18)

3. 范畴是——那些给现象、因而给作为一切现象的总和的自然（natura materialiter spectata，物质方面的自然）规定先天法则的——概念。（KrV, B163)

4. 甚至在火焰中，物质（实体）也没有消失，而是仅仅它的形式遭受了一次改动。(KrV, A185; B228)

5. 我们甚至同样完全不拥有——我们能够作为直观、而放置在一个实体概念下的——任何持存之物，除非单纯的物质。(KrV, B278)

6. 这个“我”也不具有那种——作为持存性、能够用作内感官中时间规定的相关项的——最起码的直观谓词：就像例如物质的不可入性、作为经验的直观的谓词那样。(KrV, B278)

7. 是否可能发生——不同于一般属于我们全部可能经验的知觉的——另外的知觉，因而是否可能再发生一种完全不同的物质领域，知性则完全不能判决，它只是与已经给予的东西的综合打交道。(KrV, A231; B283)

8. 人们能够很容易地思维物质的不存在，但古人并没有从中推导出物质的偶然性。(KrV, B290)

9. 为了与实体概念相应地给出在直观中的某种持存之物，(并由此阐明这个概念的客观实在性)，我们就需要一种在空间中（物质的）直观。(KrV, B291)

10. 那些另外的属性，我们并不认识，而它们则构成了在空间中显现、并且我们命名其为物质的实体之概念。(KrV, A265; B321)

11. 莱布尼茨使一切实体、因为他把一切实体都设想为本体，甚至使物质的组成部分，在他已经在思想中使物质的组成部分失去那些可以意味着外部关系的一切东西、因而也失去这种复合之后，在他以表象力赋予简单主体之后，都成为了，简而言之，单子。(KrV, A266; B322)

12. 物质的可能性以一种形式的直观（时间和空间）作为已被给予的前提。(KrV, A268; B324)

13. 这个实体，单纯作为内感官的对象，就给出了非物质性的概念。(KrV, A345; B403)

14. 那个为物质的现象放置基础的、作为自在之物本身的东西，也许可以并不可以是如此不同质性的。(KrV, B427)

15. 每一个人都必须承认：关于灵魂的单纯本质的主张只有，当我能够由此把这个主体与一切物质区别开来并因而能够使灵魂免除物质在任何时候都承受着的溃败的时候，才是有一些价值的。(KrV, A356)

16. 这一个“某物”能够，把外部现象设置为基础，刺激我们的感官，而感官获得了空间、物质、形状等等的表象。(KrV, A358)

17. 因此，即使通过本质的单纯性，人的灵魂也根本不足以与物质从它们的基底方面区别开来，如果人们把物质（如同人们所应该的那样）单纯看作现象。(KrV, A359)

18. 假如物质是一个自在之物本身，那么它就会作为一个复合的存在者而与作为一个单纯的存在者的灵魂，完完全全地区别开来。但现在，物质只是外部现象，它的基底通过任何已经指出的谓词都并不被认识。(KrV, A359)

19. 当我把灵魂理解为一个思想着的自在存在者时，提出这个问题本身就已该是不合适的了：即灵魂是与物质（它根本不是什么自在之物本身，而只是在我们之内的一种方式表象）是同样方式的，或者不是。(KrV, A360)

20. 如果我们比较思想着的我不是与物质，而是与那个——给我们称为物质的外部现象、奠定基础的——理知的东西：那么我们，因为我们对后者一无所知，也就不能说：灵魂不论在哪一方面内部地区别于它。(KrV, A360)

21. 所以照这么说，这种简单的意识就不是任何我们主体的简单本质的知

识，因而，由此这种意识就无非应当与这种作为一种复合的存在物的物质而被区别开来。（KrV，A360）

22. 物质在自在之物本身（先验客体）面前是什么，而对于我们则完全不知道；尽管物质作为现象的持存性，当它被表象为外在的某物，却毕竟可以被观察到。（KrV，A366）

23. 所以一切疑虑在我们的学说概念那里就被取消了，物质的此在就这样凭借我们的自我意识的见证，就假定为并且由此宣布证明了一个思想着的存在者的此在，如同我自身的此在那样。（KrV，A370）

24. 先验观念论者就是一个经验的实在论者并且给予作为现象的物质一种不可推论、而直接被知觉的现实性。（KrV，A371）

25. 在我们的体系中，这些外部事物、也就是物质，在所有它们的形态和变化中，都无非是单纯的现象，亦即在我们之内的表象，它们的现实性被我们直接意识到。（KrV，A372）

26. 然而这种物质的东西或实在的东西，这种——应当在空间中被直观到的——“某物”，必然以知觉为前提，而不能独立于这种在空间中显示出“某物”的现实性的知觉、由任何想像力而虚构和产生出来。（KrV，A373）

27. 独断的观念论者或许就是那种否认物质的此在的人，而怀疑的观念论者，则是那种对物质抱有怀疑的人，因为他认为这种物质是不可证明的。（KrV，A377）

28. 在经验之关联中，物质，才是现实的。（KrV，A379）

29. 先验客体，同时设置了外部现象、内部直观的基础，既不是自在物质本身，也不是一个思想着的存在者本身，而是现象的一个我们不知道的根据。（KrV，A380）

30. 如果人们去掉了物质，由此一切思维甚至思维着的存在者的生存都会被取消掉。（KrV，A383）

31. 物质，无非是一种单纯的形式，或者一种——通过被人们称为外感官的直观的——未知对象的一定表象方式。所以这大概可能就是在我们之外的某物，我们称之为物质的这种现象与它相一致；然而，它在这种作为现象的同一种性质上并不是在我们之外的，而只是作为在我们之内的思想，虽然这种思想通过上述感官，而把它表象为处在我们之外的。（KrV，A385）

32. 并不是物质的运动在我们之内产生了表象，而是运动本身（因而也通过运动而使自己可认出）就是单纯的表象。（KrV，A387）

33. 那种显现为物质的东西，不可能通过其直接的影响而是表象的原因。（KrV，A390）

34. 物质无非是现象。（KrV，A390）

35. 因为一切困难，它击中了思维着的本质与物质的连结，都毫无例外地仅仅产生于那个骗取来的二元论的设想：物质，作为这样的物质，并不是现象，即并不是一个未知对象与之相应的单纯内心的表象，而应该是对象自在本身。（KrV，A391）

36. 如果感性的那种方式应当终止，先验的、现在之前完全未知的那些对象因此而向我们显现为物质世界，那也不会因此就取消了这些对象的一切直观。（KrV，A394）

37. 这样一来那个不可入的广延（物质）就没有被给予。（KrV，A398）

38. 假如有人能够告诉我们，灵魂是物质的一个单纯的部分，那么我们就能够从经验关于物质所教导我们的东西中，推导出这个灵魂的持存性。（KrV，A401）

39. 如果不存在区别于世界的原始存在者，如果世界无需开端因而也无需创造者，我们的意志不是自由的，并且灵魂与物质存在同样的可分性和可朽性，那么道德的理念和原理也都丧失了一切有效性，而与构成它们的理论支柱的那些先验的理念一起陷落了。（KrV，A468；B496）

40. 因为这个物质已经完整地、因而连同其一切可能的部分在经验直观中被给予了。（KrV，A513；B541）

41. 事实上，即使广延和不可入性（它们一起构成了物质的概念）也是现象统一性的至上的经验的原则，并且，只要它在经验性上是无条件的，它本身就具有某种调节性原则的属性。然而，由于物质的每个构成它的实在东西的规定、因而即使不可入性，都是一个必须拥有它的原因的结果（行动），并且因而一直仍然是派生的，所以物质毕竟并不听从于——作为所有派生的统一性的一个原则的一种必然存在者的——理念（KrV，A618；B646）

42. 物质，或一般地说，凡是属于这个世界的东西，都不会与一个——作为最大经验的统一性的单纯原则的——必然的原始存在者的理念相适合。（KrV，A618；B646）

43. 实体本身（物质）按照此在就该是偶然的，这必须就是一种单纯思辨的理性知识。（KrV，A635；B663）

44. 因为通过这样一个概念我不但拿走了物质自然，而且一般地拿走了一切自然，即任何一个可能经验的所有谓词，因而拿走了为这样一个概念而思想一个对象的所有条件。（KrV，A684；B712）

45. 在心理学中一方主张：一切思维着的东西，都具有绝对而持存的单一性因而是与一切暂时的物质统一性相区别，而另一个人则反对之：灵魂不是非物质的统一性并且也不能被排除在暂时性之外。（KrV，A741；B769）

46. 如果也反对那种（在另外任何一种非思辨的眼光中）被假定的、非物质的和不服从任何肉体变化的灵魂本性，而碰到这种困难，经验仍然将我们的精神力量的不仅是振奋、而且还是损伤都似乎证明为不过是我们器官的不同变形。（KrV，A778；B806）

47. 化学家在分解物质时、数学家在他们纯粹的大小学说中所做的，更大得多地也是哲学家的责任，哲学家为此就能够确切地规定，对四处游移的知性运用的特殊一类知识所占有的份额、它所特有的价值和影响。（KrV，A842；B870）

48. 外感官的客体通过这个单纯概念物质（不可入的无生命的广延）而发生，内感官的客体则通过一个思想着的存在者的概念（在经验的内部表象、我思中）而发生。（KrV，A848；B876）

物种（die Spezies）

1. 因为那些物种在自然中已经现实地被划分了。（KrV，A661；B689）

2. 物种差异性的等级系列。（KrV，A661；B689）

无，虚无（das Nichts）

1. 因为即使一个确定的空间或时间的整个直观是彻底实在的，即它们的任何部分都不是空的，而它仍然必须——因为每一个实在性都有它的程度，这个程度在现象的不变的外延的大小那里、能够通过无限的等级而减少到无（到空），——给予无限的不同的程度，空间和时间本该被它所充满。（KrV，A173；B214）

2. 所以这只不过是变化，并不是来自虚无的根源。（KrV，A206；B251）

3. 这对象是“某物”还是无，则成问题地被设想着，而并未确定。（KrV，A290；B346）

4. 一个概念的——这种完全没有任何指定的直观与之相符合的——对象就等于无（Nichts），亦即一个没有对象的概念（ens rationis 理论的东西）。（KrV，A290；B347）

5. 否定性是无，即，一个对象的缺乏的概念，如阴影、冷（nihil privativum 缺乏性的无）。（KrV，A291；B347）

6. 一个自相矛盾的概念的对象是无，因为这个概念是无，即不可能的东西，例如两条边的直线形（nihil negativum，否定性的无）。（KrV，A291；B348）

7. 无的划分。无：作为 1. 没有对象的空的概念（理论的东西）；2. 一个概念的空的对象（缺乏性的无）；3. 没有对象的空的直观（想像的东西）；4. 没有概念的空的对象（否定性的无）。（KrV，A292；B348）

8. 他敢于证明，一个简单的存在者根本不可能停止存在，因为，既然它根本不可能被减弱、所以在它的此在上渐渐地失去某种东西，并且这样就慢慢地转变成虚无，（因为它没有任何部分，所以也不包含任何多数性）。（KrV，B414）

9. 通过这种分割，质料的实在性要么消失在虚无之中，要么仍然消失在那些不再是质料的东西、即简单的东西之中。（KrV，B440）

10. 但关于这一点的根据则是：一种这类的经验必须把现象们的限制通过虚无、或空的东西，而继续进行的回溯则借助于一种知觉就会遇到这个限制，都包含在自身中，而这是不可能的。（KrV，A517；B545）

11. 所以，整个大全都必将以这种方式沉入到虚无的深渊中去了。（KrV，A622；B650）

无条件的必然性（die unbedingte Notwendigkeit）

1. 可能的、现实的和必然的东西的概念并不导致任何序列，只除了这种情况，偶然的东西在此在中任何时候都必须被看作有条件的，并且按照知性规则指向一个条件，在这条件之下必然把这个条件指向一个更高的条件，直止理性仅仅在这个序列的总体性中找到那个无条件的必然性。（KrV，A415；B442）

2. 现象的无条件的必然性可以叫做自然必然性。（KrV，A419；B447）

3. 理性的这种调节性的原则鉴于我们的这个课题就是：在感官世界中的一切都具有经验的条件的生存，并且在感官世界中任何地方鉴于任何属性都决不没有一种无条件的必然性。（KrV，A561；B589）

4. 于是，理性到处寻找一个——作为无条件的必然性、而与这样的优先生存相合适的存在者的——概念，不是为了这样一来就从这个存在者概念中先天地推断出它的此在，（因为，如果理性胆敢这样，那么它完全只在单纯概念之间进行研究，而没有必要，设置一个给予的此在作为基础），而只为了在可能之物的一切概念中找到那个——自身不拥有任何与绝对必然性相冲突的东西的概念。（KrV，A585；B613）

5. 然而，判断的无条件的必然性并不是事物的一种绝对必然性。因为判断的绝对必然性只是事物的一种有条件的必然性，或者是判断中谓词的有条件的必然性。（KrV，A593；B621）

6. 无条件的必然性——它作为一切事物的最后承担者，我们如此不可缺少地需要着——对人类理性，是真正的深渊。（KrV，A613；B641）

7. 一个存在者此在中的无条件的必然性绝对不可能被我们所理解。（KrV，A792；B820）

无条件的，无条件地（unbedingt）

无条件者（das Unbedingte）

绝对无条件者（das absolute Unbedingte，das Schlechthinunbedingte）

1. 这类知识的完全统一性——出于真正的纯粹概念，任何经验的东西，或只是应该导致规定经验的特殊直观都不能对之产生丝毫影响，使之扩展和增加——将会使这种无条件的完备性不仅是可行的，而且是必然的。（KrV，AXX）

2. 必然驱使我们超越到经验和一切现象的界限之外的什么东西，就是无条件者，它要求理性必然在自在之物本身之中并完全有权利对一切有条件者，并且由此有条件者序列作为完成了的。（KrV，BXX）

3. 无条件者不可能在我们所认识的（它们被给予我们）事物中，反而必须到我们所不认识的、作为自在本身的事情中找到。（KrV，BXX）

4. 形而上学家的分析把纯粹先天知识分割为两个性质极不相同的要素，即作为现象的事物的知识，以及自在之物本身的知识。反之，辩证法则用无条件者的必然的理性理念把这两者结合成一致性，并且发现，这种一致性永远只有通过那种区分才出现，所以这种区分是真正的区分。（KrV，BXX）

5. 现在仍然留给我们去试探的是，当一切进展的思辨理性在这个超感官领域中被否定之后，是否并不在它的实践知识中发现依据，而规定无条件者的这个超验的理性概念，并且以这样合乎形而上学的愿望的方式、用我们的、但仅仅在实践的意图上才可能的先天知识，而获得超出一切可能经验的界限。（KrV，BXXI）

6. 如果我们把一个判断的限制加在主词的概念上，那么这样一来这个判断就无条件地有效了。（KrV，A27；B43）

7. 因此数学的运用的原理是无条件的必然的，亦即表现为无可置疑的，但动力学的运用的原理虽然也带有一种先天必然性的品格。（KrV，A160；B199）

8. 如果我们在综合的命题那里、无论它们是如何显明的，应当承认，人们无需演绎、而顾及它们自己的言辞，就可以把它们钉铆给无条件的赞同，那么知性的一切批判就都丧失了。（KrV，A233；B285）

9. （在逻辑的运用中）一般理性所特有的原理就是：为知性的有条件的知识找到无条件者，借此完成知性的统一性。（KrV，A307；B364）

10. 人们假定：如果有条件者被给予，因而其本身也是无条件的、整个相互从属的条件序列，也是被给予（即包含在对象及其联结之中）。（KrV，A308；B364）

11. 但纯粹理性的这样一条原理显然是综合的；因为有条件者虽然与任何一个条件分析地相关联，但并不与无条件者分析地相关联。（KrV，A308；B364）

12. 然而无条件者，如果它确实拥有地位，就能够被特殊地思量，按照所有那些它区别于那个有条件者的规定，并且必须由此而给某些先天综合命题提供材料。（KrV，A308；B365）

13. 现在，是否这条原理，条件序列将（在现象的综合中，乃至在对一般物的思维的综合中）伸展到无条件者，有其客观正确性？它是否由此而影响到经验的知性运用？（KrV，A308；B365）

14. 如果理性概念包含无条件者，那么它就涉及到一切经验都隶属于其下而其本身却决不是经验的对象的某物：某物，理性在其推理中从经验引导到它那里，并根据它来评估和测量它的经验的运用的程度，但它本身却绝不构成经验的综合的一个环节。（KrV，A311；B367）

15. 既然唯有无条件者才使条件的总体性成为可能，反过来条件的总体性本身则是无条件的：所以一个一般纯粹的理性概念可以用无条件者的概念来说明，只要它包含有条件者的综合的一种根据。（KrV，A322；B379）

16. 在一个主体中定言综合的一个无条件者。（KrV，A323；B379）

17. 正好存在着这么多的理性推论的方式，其中的每一个都通过上溯推理法而进展到无条件者。（KrV，A323；B380）

18. 所以在条件综合中的总体性的纯粹理性概念，至少作为——为知性的统一性而尽可能地继续延伸到无条件者的——任务，是必要的，并且建立在人类理性的本性基础之上。（KrV，A323；B380）

19. 条件的总体和无条件者，作为一切理性概念的共同称号。（KrV，A324；B380）

20. 先验理性概念任何时候都只走向在条件综合中的绝对的总体性，并且永远不会终止，除非在绝对的、因而对一切方面的无条件者那里。（KrV，A326；B382）

6. 纯粹理性则只给自己保留了在知性概念的运用中的绝对总体性，并试图把在范畴中被思想到的综合统一性延伸直至绝对无条件者。（KrV，A326；B383）

20. 因为条件的绝对的总体性决不是在经验中可运用的概念，由于没有任何经验是无条件者。（KrV，A326；B383）

21. 整个序列都必须无条件地是真的。（KrV，A332；B389）

22. 在所有这些推理类型中，理性的事务就该是，从——知性任何时候都仍束缚于其上的——有条件的综合，上升到——知性绝不能够达到的——无条件的综合。（KrV，A333；B390）

23. 所有的一般纯粹概念所涉及的是表象的综合统一性，而纯粹理性概念（先验的理念）所涉及的却是所有一般条件的无条件的综合统一性。（KrV，

A334；B391）

24. 因而一切先验理念都将允许带进三个等级之下：其中第一级包含思想主体的绝对的（无条件的）统一性，第二级包含现象的条件系列的绝对统一性，第三级包含思想的所有一般对象的条件的绝对统一性。（KrV，A334；B391）

25. 但一个完备地（并且无条件地）给予的条件一旦在此了，那么鉴于这个系列的延续，就不再需要一个理性概念了。（KrV，A336；B393）

26. 先验理念仅仅以这样的方式用于在有条件者的系列中上升到无条件者的东西，亦即上升到原则。（KrV，A336；B394）

27. 我由此而推论出，我从序列的无条件的综合统一性起，一个任何时候都具有一个自相矛盾的概念的方面、我关于它仍也不具有任何概念的对立的统一性的正确性。（KrV，A340；B398）

28. 而这种存在者，我通过一种先验概念还更加不认识，并且从它的无条件的必然性我也不能形成任何概念。（KrV，A340；B398）

29. 在所有这三种情况中，纯粹理性仅仅从事于这些综合的绝对总体性，亦即那个本身是无条件的条件。（KrV，A397）

30. 辩证推论并没有对一般思想的那些本身是无条件的条件，犯下内容上的错误，（因为它抽掉了一切内容或客体），毋宁，这种推论唯一在形式上有过失并必须被称为谬误推理。（KrV，A397）

31. 伴随着一切思想的那个唯一条件，就是，在全称命题“我思”中的“我”，所以理性不得不与这个条件打交道，只要其本身是无条件的。（KrV，A398）

32. 但这个条件只是形式的条件，亦即每一个思想的逻辑的统一性，在这种情况下我不考虑一切对象，并且仍然被表象为一个我所思想的对象，亦即“我”本身及其无条件的统一性。（KrV，A398）

33. 因此一般自我意识就是，那种作为一切统一性的条件、但本身却是无条件的东西的表象。（KrV，A401）

34. 实体，实在性，统一性（而非多数性）和生存，只是理性在这里把它们全都表象为一个本身是无条件的、思想着的存在者的可能性的条件。（KrV，A403）

35. 所以灵魂就认识到它自在本身：1. 关系的无条件的统一性，即自身，并不作为依存性的、而作为自存性的。2. 质的无条件的统一性即并不作为实在的整体，而作为简单的。36. 时间中在多数性上无条件的统一性，即不是在不同时间中数目上相区别，而是作为“一”和恰好“同一个主体”。（KrV，A404）

37. 这些玄想的推论的第一种类型针对着（主体或灵魂的）所有一般表象的主观条件的无条件统一性，它与定言的三段论推理相一致，这些定言的三段论推理的大前提，作为原则，陈述了一个谓词对一个主体的关系。（KrV，A406；B432）

38. 在这里，理性虽然设想使它的无条件的统一性原则与许多幻相相适合，但马上就陷入这样的矛盾中，以致于它将强迫、出于宇宙论的愿望、而放弃它的要求。（KrV，A407；B433）

39. 我把所有——只要它们涉及现象的综合中的绝对总体性的——先验理念，都称为世界概念，部分地因为，恰好也根据于世界整体的概念的这个无条件的总体性，本身只是一个理念，部分则因为这些理念只走向现象的、因而是经验的综合。（KrV，A408；B434）

40. 理性对一个被给予的有条件者在条件（知性在这些条件下使一切现象都服从于综合的统一性）方面要求的绝对的总体性，并由此而使范畴成为先验的理念，以便通过经验的综合的直至无条件者的延续，（这永远不会在经验中、而只会在理念中被遇到，）而给这种经验的综合提供绝对的完备性。理性作这种要求所依据的是这条原理：如果有条件者被给予了，那么它唯一曾由以成为可能的那整个条件总和、因而绝对的无条件者也就被给予了。（KrV，A409；B436）

41. 先验理念原本无非一直就是扩展至无条件者的范畴。（KrV，A409；B436）

42. 所以在这里也有一个条件的序列和一个向无条件者的进展。（KrV，A413；B440）

43. 这种无条件者任何时候都包含在人们在想像中所设想的序列的绝对总体性之中。（KrV，A416；B443）

44. 理性在对条件的这种以序列方式、而且回溯地继续不断的综合中所寻求的东西，原来只是那个无条件者，似乎一起不再预设任何别的前提的那些前提的序列中的完备性。于是这种无条件者任何时候都包含在人们在想像中所设想的序列的绝对总体性之中。（KrV，A416；B444）

45. 现在人们可以思想这个无条件者，要么作为仅仅在于整个序列，因而在这序列中所有各项无一例外地都将是有条件的，并且唯有它的整体是全然无条件的，于是这个回溯就叫做无限的；要么这个绝对的无条件者只是序列的一个部分，使序列的其余各项都隶属于这个部分，但它本身却不从属于任何别的条件之下。在前一种情况下序列 a parte priori（在先行的方面）。是没有边界（没有开端）的，亦即是无限的，并仍然是整个被给予的，但回溯在其中却永远没有完成，并且只能被称为 oitebtuakuter（潜在地）。在第二种情况下则存在序列的第一项，它鉴于消逝的时间就叫做世界的开端，而鉴于空间则叫做世界的界限，鉴于一个在它的界限之内被给予的整体的各部分，就叫做简单之物，鉴于原因则叫做绝对的自动性（自由），鉴于变化之物的此在则叫做绝对的自然必然性。（KrV，A417；B445）

46. 发生的事情的条件，就叫做原因，而在现象中原因的无条件的原因性就叫做自由。（KrV，A419；B447）

47. 在一般此在中的有条件者叫做偶然的，无条件者则叫做必然的。现象的无条件的必然性可以叫做自然必然性。（KrV，A419；B447）

48. 这种理念，我们现在所研究的，我在前面称为宇宙论的理念，部分地因为，世界被理解为一切现象的整体，而我们的理念也只对准现象中间的无条件者，而部分也因为，世界这个词，在先验的理解中，意味着生存着的事物的整体的绝对总体性。（KrV，A419；B447）

49. 鉴于数学的无条件者和动力学的无条件者的区别，这种回溯以之为目的，我会在更严格的意义上把前两个理念称为（在宏观世界和微观世界中的）世界概念，而把其他两个理念则称为超验的自然概念。（KrV，A420；B448）

50. 如果它想要摆脱一切条件、并在其无条件的总体性中把握这个任何时候都只能按照经验之法则而有条件地被规定的东西。（KrV，A462；B490）

51. 一般此在的条件一直又以别的条件为依靠，任何时候都无需在一个作为原始存在者的独立之物中获得无条件的支持和支撑。（KrV，A467；B495）

52. 而无需承认任何一种无条件的和最初的此在。（KrV，A474；B502）

53. 存在着一种完全无条件的和自身必然的存在者。（KrV，A481；B509）

54. 这所有的问题都涉及到一个——无非只能够在我们的思想中被给予的——对象，也就是现象的综合的绝对无条件的总体性。（KrV，A481；B509）

55. 没有达到无条件者，以便澄清这个无条件者是在综合的一种绝对开端中，还是在没有任何开端的序列的一个绝对总体性中。（KrV，A483；B511）

56. 如果我因此而能够预先从一个宇宙论的理念中看出，无论这个理念影响到现象的回溯性综合之无条件者的哪一方，它对于任何一个知性概念来说却要么就会是太大的，要么就会是太小的。（KrV，A486；B514）

57. 因为这个开端总还预设了一个先行的时间，所以它就还不是无条件的。（KrV，A487；B515）

58. 然而对于经验的综合的绝对总体性来说，任何时候都要求，那种无条件者应该是一个经验概念。（KrV，A487；B515）

59. 而如果空间的这种分割在什么时候应当停止于它的一个项（在简单之物上），那么你们的概念对于那个无条件者的理念来说就太小。（KrV，A487；B515）

60. 所以这个完备的条件序列、因而那个无条件者由此也同时已经给予了，或者宁可说同时预设了，那个——曾经只是通过整个序列才是可能的——有条件者，已经给予了。（KrV，A498；B526）

61. 如果这个世界任何时候都是有条件的，那么它就绝不会完整地被给予，因而世界就不是任何无条件的整体。（KrV，A505；B533）

62. 因为这些现象决不是那种——绝对无条件者能够发生于其上的——对象自在本身，而只是经验的表象。（KrV，A508；B536）

63. 所以这个理性的原理原本只是一个规则，它在给予的现象的条件序列中命令一个永远也不允许停留在一个绝对无条件者那里的回溯。（KrV，A509；B536）

64. 所以理性理念将只在这个条件序列中向回溯的综合制定一个规则，按照这条规则，这种综合从有条件者开始、借助于一切相互隶属的条件、而向无条件者前进，虽然这个无条件者将永远达不到。（KrV，A510；B538）

65. 因为绝对无条件者在经验中根本就找不到。 （KrV，A510；B538）（KrV，A；B）

66. 在分解的这种回溯中绝不会遇到这个条件序列的一个无条件的（不可分的）项。（KrV，A513；B541）

67. 相反，一个对给予的人的祖先序列在没有任何可能的经验中，都以它的绝对总体性而已经给予了，但其回溯却毕竟从这种生殖的每一项到一个更高的项，以至于不可能遇到任何把一项表现为绝对无条件的经验的界限。（KrV，A513；B541）

68. 我在回溯中总还是可以走得更远，因为没有任何项已经作为绝对的无条件的而经验地给予出来，所以总还允许一个更高的项作为可能的并因而允许对这更高项的探求作为必然的。（KrV，A514；B542）

69. 理性则要求它所预设为自在之物本身的那种东西的无条件的完备性。（KrV，A515；B543）

70. 理性的调节的原则的根据都是这个命题：在经验的回溯中没有任何——一个绝对界限的、因而没有任何条件的、作为一个这样的会是经验的绝对无条件者的——经验，能够被找到。（KrV，A517；B545）

71. 在世界整体的（按照时间和空间）无条件的大小的回溯中、这个永远无止境的上升过程是否能够叫做一个无限后退，还是只能够叫做一个不可确定地继续的回溯（不限定的回溯）。（KrV，A518；B546）

72. 因而只有在世界中的现象是以有条件的方式、而世界本身却既不以有条件、也不以无条件的方式受限制的。（KrV，A522；B550）

73. 在这种直观中没有任何地方找得到无条件的东西。（KrV，A526；B554）

74. 由此理性就得到了满足，而无条件者就被置于现象之前，没有任何时候都作为有条件者的动力学的序列，因此则混乱不堪、并且违背知性原理地而被打断。(KrV，A531；B559)

75. 与之相反，动力学序列无一例外的有条件者，它与作为现象的动力学序列是不可拆开的，与那种虽然是经验的无条件的、但也是非感性的条件联结着的。(KrV，A531；B559)

76. 因为那些——试图以一种或者别的方式在单纯现象中寻求无条件的总体性的——辩证的论证，都被废除了。(KrV，A531；B559)

77. 我们在一切经验性的序列中所找不到的东西：事件的前后相继序列的一个条件本身可以是经验的无条件的。(KrV，A552；B580)

78. 根本没有在时间中发生的东西的在经验的无条件的原因性，被找到。(KrV，A552；B580)

79. 而是它作为每一个任意行动的无条件的条件，不允许超越它之上有任何按照时间的先行的条件，然而却毕竟开始了它在现象序列中的结果，只是它在这序列中绝不能够构成一个绝对的最初的开端。(KrV，A554；B582)

80. 我们可以认识到，这个原因能够是自由的，即能够独立于感性而规定，并且，能以这种方式，而成为现象的感性的无条件的条件。（KrV，A557；B585)

81. 自由在这里只被作为一个先验的理念来对待，理性由此而思想到这个通过感性的无条件者直截了当地开始了现象中的条件的序列，但却在此卷入了一个与它自己为知性的经验的运用所颁布的那些法则的二律背反。（KrV，A558；B586)

82. 在这里所涉及的不是无条件的原因性，而是实体本身的无条件的生存。(KrV，A559；B587)

83. 既然在现象的总和中一切都是变化的，因而在此在中是有条件的，在这个附属的此在的序列中任何地方都不可能给予任何无条件的项，它的生存曾是绝对必然的。(KrV，A559；B587)

84. 在动力学的回溯中，由于它并不涉及来自给予了的部分的无条件的整体的可能性，或是对于一个给予了的整体有一个无条件的部分的可能性，而是涉及把一个状态从它的原因中推导出来，或者把实体的偶然的此在本身从必然的实体中推导出来。(KrV，A560；B588)

85. 然而从整个序列中，一个非经验的条件、即一个无条件的必然的存在者也发生了。(KrV，A560；B588)

86. 那种（自由的）经验的无条件的原因性。(KrV，A561；B589)

87. 在感官世界中的一切都具有经验的条件的生存，并且在感官世界中任

何地方鉴于任何属性都决不没有一种无条件的必然性。（KrV，A561；B589）

88. 证明一个存在者的无条件必然的此在。（KrV，A562；B590）

89. 所以要么必须保留——与那个要求无条件者的理性的——冲突，要么这个无条件者在序列之外被设置在理知的东西中，而这种理知的东西的必然性则不需要、也不允许任何经验的条件，因而或者更确切地说在现象上是无条件地必然的。（KrV，A564；B592）

90. 但一旦我们——在完全外在于感官世界、因而外在于一切可能经验的东西之中——设置了无条件者（事情真正说来毕竟要涉及到它），那么这些理念就成为超验的理念了。（KrV，A565；B593）

91. 而只假设这样一个存在者的理念，以便从通盘规定的一个无条件的总体性中推导出那有条件的、即受限制的东西的规定。（KrV，A578；B606）

92. 在它的无条件的完备性中能够通过一切谓述词而规定它。（KrV，A580；B608）

93. 虽然无条件者自在并且按照其单纯概念并不作为现实而被给予出来，但只有它才可以完成那些被引向其根据的条件的系列。（KrV，A584；B612）

94. 因为偶然之物只有在一个作为其原因的其他偶然之物的条件下才生存，而对这个原因又继续适用这个推论，直到一个非偶然地并且恰好因此便无需条件而必然地在此的原因。这就是那个——理性建基于它朝原始存在者进步的——论证。（KrV，A584；B612）

95. 但它毕竟并不自在地拥有无条件的此在的唯一的标志，理性掌握这一标志，为了通过一个先天概念将任何一个存在者作为无条件的来认识。（KrV，A586；B614）

96. 它在这个必然存在者中认识到一种无条件的生存者。（KrV，A586；B614）

97. 我必须把一个——包含一切实在性、因而也包含一切条件的——存在者，看作是绝对无条件的，所以经此而找到，那种与绝对必然性相合适的物的概念。（KrV，A588；B616）

98. 尽管我在受限制存在者的概念中没有找到那个已经表现出条件之大全的无条件者，但从中还完全不能得出结论，它的此在正因此而必然是有条件的。（KrV，A588；B616）

99. 我是否这样一来就通过一个无条件必然之物的概念还在思考什么东西，或者也许根本没有思考任何东西。（KrV，A593；B621）

100. 判断的无条件的必然性并不是事物的一种绝对必然性。（KrV，A593；B621）

101. 如果不是理性，由于这种必然性必须是无条件的和先天肯定的，而被迫去寻求那个——会在一切可能的地方满足这样一种要求、并提供一个此在而让人完全先天地认识的——概念的话（KrV，A603；B631）

102. 从最高实在性中推出在此在中的必然性，而宁可从任何一个存在者的被预先给予的无条件的必然性、推出它的无限制的实在性。（KrV，A604；B632）

103. 不把经验的东西假定为无条件的，并且由此而免除了进一步的推导。（KrV，A616；B644）

104. 只要它在经验性上是无条件的，它本身就具有某种调节性原则的属性。（KrV，A618；B646）

105. 既然我把这种——在世界上曾是绝对（无条件）必然的——至上存在者，考虑为自为之物，这种必然性不能是任何概念，因而只作为思维的形式条件、但却不作为此在的质料的和物化的条件，在我的理性中必然已经被找到了。（KrV，A620；B648）

106. 始终将徒劳地寻找那个——没有任何一个经验的综合的法则为我们提供一个事例或者对此的最起码的引导的——无条件者。（KrV，A621；B649）

107. 以便于使自己从伟大提升到更伟大，直到最高的伟大，从有条件者提升到条件，直到至上的和无条件的创造者。（KrV，A624；B652）

108. 使一个嘲笑着的玄想家的独断论的语言沮丧到节制和谦虚的调子上，沮丧到一种为了足够镇静、虽然恰好不吩咐无条件服从的信念的调子上。（KrV，A624；B652）

109. 理性就采取了一切思想的经验的统一的概念，并且通过理性无条件地和本源地思考这个统一性。（KrV，A682；B710）

110. 这地平线也就是包括这些对象的全部范围并且被我们称之为无条件的总体性的理性概念的东西。经验地达到它，是不可能的，并且按照一条确定的先天原则而先天地规定它，对此一切尝试都是徒劳的了。（KrV，A759；B787）

111. 一个存在者此在中的无条件的必然性绝对不可能被我们所理解。（KrV，A792；B820）

这种被想像出来的整体的无限性虽然本该是无条件的，但（因为现象中的一切都是有条件的）却与那种毕竟在概念中被预设了的无条件的大小规定相矛盾。（KrV，A793；B821）

无限的东西（das Unendliche）

无限的，无限地（unendlich）

无限性（die Unendlichkeit）

1. 空间被表象为一个无限的给予的大小。（KrV，A25；B39）

2. 空间的所有无限的部分都是同时存在的。（KrV，A25；B40）

3. 时间的无限性不过意味着，时间的一切规定的大小只有通过一个统一设置了基础的时间的限制才是可能的。（KrV，A32；B47）

4. 通过一条无限延伸的线路而表象时间序列。（KrV，A33；B50）

5. 他们就必须假定两种永恒无限而独立持存的非物（空间和时间），它们存在着（却又不是某种现实的东西）。（KrV，A39；B56）

6. 两个无限的事物，它们不是实体，也不是某种现实地依存于实体的东西，但却生存着，甚至必须是一切事物生存的条件。（KrV，B70）

7. 判断的质：肯定的，否定的，无限的。（KrV，A70；B95）

8. 相反，如果我们把一个单称判断只作为知识、按照大小与一个普适的判断相比较，那么单称判断与普适的判断的关系则如单一性对无限性的关系一样，因而自在本身与普适的判断有根本的区别。（KrV，A71；B96）

9. 在一种先验逻辑中，无限的判断还必须被区别于肯定的判断。（KrV，A71；B97）

10. 所以通过我的这个命题所说的无非是，灵魂就该是，当我把有死的东西全部都去掉的时候，所剩留下来的无限数量事物中的“一个”。（KrV，A72；B97）

11. 所以鉴于逻辑的范围，这些无限判断在一般知识的内容方面实际上只是限制性的。（KrV，A72；B98）

12. 在这程度与否定性之间发生了一个程度越来越小的无限等级系列。（KrV，A172；B214）

13. 这个程度在现象的不变的外延的大小那里、能够通过无限的等级而减少到无（到空）。（KrV，A172；B214）

14. 这个程度不需减少外延的大小或数量就可以是无限更小的。（KrV，A174；B216）

15. 所以实在的新状态从它还不存在的最初状态、通过其所有无限的程度，而产生，这些程度相互之间的区别全都比 0 和 a 之间的区别更小。（KrV，A209；B254）

16. 而这种程度经过所有那些无限多的更小的程度而减少。（KrV，B414）

17. 所以就存在着直到消逝的无限多的意识的程度。（KrV，B415）

18. 唯有它的整体是全然无条件的，于是这个回溯就叫做无限的。（KrV，A417；B445）

19. 在前一种情况下序列 a parte priori（在先行的方面）是没有边界（没有开端）的，亦即是无限的，并仍然是整个被给予的，但回溯在其中却永远没有完成。（KrV，A417；B445）

20. 世界不具有任何开端，并且在空间中也没有任何界限，无论在时间、还是在空间方面，都是无限的。（KrV，A427；B454）

21. 所以世界，根据空间，根本没有限制，即它在广延方面是无限的。（KrV，A428；B456）

22. 一个大小是无限的，如果不可能有任何更大的大小超出它（即超出那个包含于其中的一个给予统一体的集合）。（KrV，A430；B458）

23. 无限性的真正的（先验的）概念就是：这种统一性的相继综合在测量一个定量中绝不可能完成。（KrV，A432；B460）

24. 相反，在自然知识中存在着一种鉴于其从没有确定性被期待的猜测的无限性。（KrV，A480；B508）

25. 大小的绝对大全（宇宙），分割的大全，源出的大全，一般此在的条件的大全，连同一切有关这一大全是否可以通过有限的或在无限前进的综合中而实现的问题，都不涉及任何可能经验的某物。（KrV，A483；B511）

26. 如果世界大小是无限的和没有边界的，那么它对于一切可能的经验的概念就太大了。（KrV，A487；B515）

27. 神（这在他那里也许无非是世界）既不是有限的，也不是无限的，它既不是在运动中，也不是在静止中，既不与任何别的事物相似，也不与别的事物不相似。（KrV，A502；B530）

28. 因此如果我说：世界在空间上要么是无限的，要么它不是无限的（non est infinitus，不是无限的），那么，当第一个命题是假的时候，它的矛盾对立面："世界不是无限的"，就是真的。（KrV，A503；B531）

29. 但如果我把这叫做：世界要么是无限的，要么是有限的（非无限的），那么这两者就都可能是假的。（KrV，A504；B532）

30. "世界按照大小是无限的" 和 "世界按照它的大小是有限的"。（KrV，A504；B532）

31. 因为世界仍然保持着，不论我在世界的现象序列中取消了无限的、还是有限的回溯。（KrV，A504；B532）

32. 我也不能不说，在一个被给予了的现象中各部分的总量自在地既不是有限的，也不是无限的。（KrV，A505；B533）

33. 这种回溯则绝不是绝对完整地、既不是作为有限的、也不是作为无限的而已经给予了出来。（KrV，A505；B533）

34. 这种序列自在地按照其总体性来说永远也不能被看作有限的，同样也不能被看作无限的。（KrV，A505；B533）

35. 如果世界是一个自在地生存的整体，那么它要么是有限的，要么是无限的。（KrV，A506；B534）

36. 因为你能够无限地使这条线越来越长。（KrV，A511；B539）

37. 这种可能的进展无限地包含现象的序列。（KrV，A511；B539）

38. 如果整体在经验性直观中被给予了，那么回溯在它的内部条件的序列中就进行到无限。（KrV，A512；B540）

39. 这种分割进行到无限。（KrV，A513；B541）

40. 在这两种情况下，不论是对于无限的回溯，还是对于不限定的回溯，条件的序列都绝不被看作在客体中被无限地给予的。（KrV，A514；B542）

41. 所以问题就不再是：这个条件序列自在本身有多大，是有限的还是无限的，因为它不是自在本身，而问题则是：我们如何进行经验的回溯，以及我们应当把它继续到多远。（KrV，A514；B542）

42. 在世界整体的（按照时间和空间）无条件的大小的回溯中、这个永远无止境的上升过程是否能够叫做一个无限后退，还是只能够叫做一个不可确定地继续的回溯（不限定的回溯）。（KrV，A518；B546）

43. 我们既不能把世界大小看作有限的，也不能看作无限的，因为这个（世界大小由此而被表现的）回溯不容许这两者中的任何一者。（KrV，A518；B546）

44. 所以这样一来，现象的整体的大小就完全没有被绝对地规定，因而人们也不能说，这个回溯走进无限。（KrV，A519；B547）

45. 因此我就不能够说：世界按照经过的时间或者按照空间是无限的。（KrV，A520；B548）

46. 因为这就预设了无限的世界大小；也不说：世界大小是有限的。（KrV，A520；B548）

47. 但那种回溯永远只在于大小的规定，因而并没有给出任何规定的概念，也并不给出任何一个鉴于一种尺度的无限的大小的概念，所以就并不是进行到（似乎是给予了的）无限，而是进行到不确定地远，以便于把一个最先通过这种回溯才成为现实的（经验之）大小给予出来。（KrV，A523；B551）

48. 当这个回溯是无限的时候，那么虽然它所达到的一切项（部分），都包含在那个作为聚合体的给予了的整体中，但并不包含整个分割的序列。（KrV，A524；B552）

49. 所以物体是无限可分的，却无需因此就由无限多的部分所组成。（KrV，A525；B553）

50. 一个空间中被给予的现象的分割的无限性，唯独建基于，通过这种现象而已经给予了的只不过是可分性，亦即各部分的一种本身绝对不确定的数量。（KrV，A526；B554）

51. 整体恰好由这个概念已经表现为被划分了的，并且各部分的一个本身

自在地被确定了的、但却是无限的数量，先于一切分割的回溯、在整体中被发现。（KrV，A527；B555）

52. 因为正是在空间的充满中存在着无限可分性的根据。（KrV，A527；B555）

53. 一切事物都或多或少地接近于这个蓝本，但要达到它，则任何时候离都差得无限远。（KrV，A578；B606）

54. 全能不能被取消，如果你设定一种神性、即一种无限的存在者，它的概念与那个全能的概念是同一的。（KrV，A595；B623）

55. 从一个高于一个地被给予的原因的一个无限序列之不可能性推导出一个最初的原因。（KrV，A610；B638）

56. 当前的这个世界，向我们展现出一个如此不可估量的多样性、秩序、合目的性和美的舞台，人们可以在空间的无限性中，或者在对空间的无限制的分割中追寻它。（KrV，A622；B650）

57. 必然性、无限性、统一性、在世界之外的（不是作为世界灵魂的）此在、没有时间条件的永恒性、没有空间条件的全在、全能等等，都是纯然先验的谓词，因此它们的被纯化出来的概念，作为每一种神学如此非常必须具有的概念，都仅仅从先验神学中被牵引了出来。（KrV，A641；B669）

58. 好像这种条件自在地就是无限的并且无需一个第一的或至上的项那样。（KrV，A672；B700）

59. 通过展示那些知性所不知道的新的方式而无限地（不限定的）促进和巩固理性的经验的运用。（KrV，A689；B708）

60. 我们同样也有权利，在理念中的世界原因，不仅按照一种更加细致的拟人论（没有拟人论就会根本不可能对这种原因作任何思想），即作为一个具有知性、愉悦和讨厌、以及一种与之相符合的欲望和意志等等的存在者，而思想，而赋予它无限的完善性。（KrV，A700；B728）

61. 因为这条系统统一性的调节的法则要求，我们应当这样研究自然，好像到处都会无限地、在最大可能的多样性那里，遇到系统而合目的的统一性。（KrV，A700；B728）

62. 哲学和数学一样也讨论到大小，如讨论到总体性、无限性等等。（KrV，A715；B743）

63. 如果预设，感官世界该是本身自在地按照其总体性而被给予的，那么这都是假的，不论它必须按照空间是无限的，还是它必须是有限的和受到限制的，就因为两者都是假的。（KrV，A793；B821）

无信仰，不信（das Unglauben）

1. 因此我不得不取消知识，以便使信仰得到位置，而形而上学的独断论、即——在形而上学中无需纯粹理性批判就繁殖的——那种成见，是一切与道德相矛盾的无信仰的真正根源，这种无信仰任何时候都完全是非常独断的。（KrV，BXXX）

2. 只有这种彻底的研究，才能根除唯物论、宿命论、无神论、自由思想的不信、狂信和迷信，这些会成为普遍的危害，最后还能根除唯心论和怀疑论，它们更多地是学派的危险、并且难以逐渐变成公众。（KrV，BXXXIV）

无意识（das Nichtbewuβtsein）

1. 由于既然从这样一种的杂多的无意识中并不能有效地推导出这种杂多在一种客体的任何一个直观中的完全不可能性，但这后者对于绝对的简单性又是完全必要的；所以，这种简单性就不能从任何一种知觉——无论它是哪一种——中推论出来了。（KrV，A437；B465）

无知（die Unkunde）

1. 因为，如果一些近代人想到扩展逻辑学，他们有的塞进关于各种认识能力（想像力，机智的）心理学的章节，有的塞进形而上学的章节，有关知识的起源或者按照客体（观念论、怀疑论等等）的区别的确定性的不同方式的起源，有的则塞进论偏见（其原因和解救手段）的人类学章节，那么这就起因于他们对这门科学的固有本性的无知。（KrV，BVIII）

无知（die Unwissenheit）

1. 然而如果不是批判预先教导我们，在自在之物本身方面，我们的无法避免的无知，并且所有，那些我们能够在理论上认识的东西，都限制在单纯现象上，那么这就不可能发生。（KrV，BXXIX）

2. 一切反对道德和宗教的异议都以苏格拉底的方式，亦即通过最清楚地证明对手的无知的方式，在所有未来的时代里，结束了。（KrV，BXXXI）

3. 要么不得不涉及一种可怜的诡辩，要么就要承认他们的无知。（KrV，A58；B82）

4. 一种诡辩论者的技艺，给予他的无知、甚至他的蓄意的假象以真理的外表。（KrV，A61；B86）

5. 仍然不得不又返回到他曾以之为出发点的无知。（KrV，A88；B121）

6. 它与怀疑论是完全不同的，不同于一条技巧似的和科学的无知的原理，它损害所有知识的基础，以便，尽可能地，在一切领域都不留下知识的任何可靠性和安全性。（KrV，A424；B451）

7. 取而代之，普通知性关于自然的研究就不得不完全沉默并且承认自己的

无知了。(KrV, A473; B501)

8. 在这里决不允许的是，借口于不可避免的无知，而是能够要求解答的。(KrV, A476; B504)

9. 没有任何不可避免的无知和任务的深奥莫测的借口能够推卸彻底而完全的解答责任。(KrV, A477; B505)

10. 无知的人对自己的无知没有任何概念，因为他对科知识没有任何概念，等等。(KrV, A575; B603)

11. 让我们因为存在者的生存之故而对如此格外的优势处于完全的无知之中。(KrV, A579; B607)

12. 自己的无知的意识。(KrV, A758; B786)

13. 一切无知或者是事物的无知，或者是我的知识的使命和界限的无知。(KrV, A758; B786)

14. 但我的无知是完全必然的，并因此为自己从一切进一步的探寻中开脱出来，这并不经验地从观察、而唯独批判地、通过对我们知识最初的源泉的探究而解决。(KrV, A758; B786)

15. 不单纯是对一个或别的部分的无知，而且是在一种确定类型的一切可能问题方面的无知，确切地说，决不仅仅是某种猜测，而是出自原则地会证明。(KrV, A761; B789)

16. 虽然带来了一种普遍的不信任，却没有对我们不可避免的无知带来任何确定的知识。(KrV, A767; B795)

17. 他们追随普通的理性，却并不把他们的无知自诩为一种方法。(KrV, A855; B883)

误推（der Trugschluβ）

1. 逻辑的幻相，以理性形式的单纯模仿为内容，(误推的幻相)，它仅仅产生于一种注意逻辑规则的缺乏。(KrV, A296; B353)

X

X（X）

1. 在综合判断那里，我在主词的概念之外还必须拥有某种别的东西（X），知性以之为支撑，以认识那个不在主词的概念中、却仍然作为属于这个概念的谓词。（KrV，A8；B12）

2. 所以经验就是那个处于概念 A 之外的那个 X，并且在此之上就建立了重量 B 的谓词（与概念 A）的综合的可能性。（KrV，A8；B12）

3. 这里，支持知性的那个未知之物 =X 是什么，当知性相信自己在 A 的概念之外发现了一个与之陌生、而仍然被它视为与之相连结的谓词 B 时？（KrV，A9；B13）

4. 现象本身无非是感性表象，这些表象必须不能以感性表象的方式自在地被看作（在表象能力之外的）对象。那么，当人们谈论一个与知识相应、因而也和知识有别的对象时，他们是什么意思呢？很容易看出，这种对象必须只被思想为一般等于 X 的某物，因为除了我们的知识，我们毕竟并不拥有那些我们能够置这种知识于作为与之相应的对面的知识。（KrV，A104）

5. 因为我们只和我们表象的杂多打交道，而那个与之相应的 X（对象），由于它应该是区别于我们的一切表象的某物，在我们面前则是无，对象使之成为必要的那种统一性，就不可能是别的东西，而只是在表象的杂多的综合中意识的形式统一性。于是我们就说：我们认识对象，因为我们在直观的杂多中已经产生了综合统一性。（KrV，A105）

6. 于是这种规则的统一性就规定了一切杂多，并将其限制在使统觉的统一性成为可能的条件上，而这种统一性的概念就是等于 X 的对象的表象。（KrV，A105）

7. 这些现象不是自在的事情本身，而只是自身重新拥有它的对象的表象，所以这一对象则不再能够被我们直观，因而可以被称为非经验性的、即先验的、等于 X 的对象。（KrV，A109）

8. 但先验客体则意味着一个等于 X 的“某物”，关于它我们一无所知，而且一般说来，（按照我们知性现有的设置）也不能有所知，而只能作为统觉的统一性的相关物而充当感性直观中杂多的统一性。（KrV，A250）

9. 通过这个思想着的我、或者他、或者它（物），所表象出来的不是别的，而是思想的一个先验主体 = x，它只有通过是它的谓词的那些思想，才被认识，而孤立地来看，我们对它绝不可能具有起码的概念。（KrV，A346；B404）

系词（die Copura）

1. 判断的模态是判断的一种完全特殊的机能，它自在地具有不同之处就是，它对判断的内容没有贡献，（因为除了大小、质和关系，不再有构成一个判断的内容的东西了），而只是关涉到在与一般思想的关系中的系词的值。（KrV，A74；B100）

2. 在每一个判断中人们可以把那些给予的概念称为（为了判断）逻辑的质料，而把概念的（借助于系词）关系称为判断的形式。（KrV，A266；B322）

3. 在判断中的系词“是”的目标就在于，为了把给予表象的客观统一性与主观统一性相区分。因为这个系词标志着这些表象与本源的统觉及其必然统一性的关系，即使这个判断本身是经验的，因而是偶然的，例如“物体是有重量的”。（KrV，B141，142）

4. “是”显然不是任何实在的谓词，即不是一个——有关可以添加在一个物的概念之上的某种东西的——概念。它仅仅是一个物或一定规定本身的断定。在逻辑的运用中，它只不过是一个判断的系词。（KrV，A598；B626）

系统，体系（das System）

系统的（systematisch）

1. 我希望在自然的形而上学这个标题下甚至提供出这样一种纯粹的（思辨的）理性的体系，而这个体系，比起这里的批判，尽管篇幅还不及一半，但却应当具有无可比拟的丰富内容。（KrV，AXXI）

2. 这项批判是一篇关于方法的论文，而不是一个科学体系本身。（KrV，BXXII）

3. 所以，如果一门按照纯粹理性批判而拟定的系统的形而上学可以恰好不太困难地留给子孙后代一笔馈赠，那么这笔馈赠就绝不是任何微不足道的礼物。（KrV，BXXX）

4. 这样一种工具论的详尽的应用就会设法获得一个纯粹理性体系。（KrV，A11；B25）

5. 于是我们就可以把一门纯粹理性的单纯评判、它的来源和界限的科学，视为纯粹理性体系的入门。（KrV，A11；B25）

6. 我称一切知识为先验的，这种知识与其说关注对象，不如说一般地关注其［对象］应当先天可能存在的认识方式。这样的概念体系就将叫做先验一哲学。（KrV，A12；B25）

7. 这样一种批判就是一种——在那里可能对一种工具论的——准备，并且如果做不到这一点，至少对这类知识的一种法规的准备，按照这种法规，或许有朝一日纯粹理性的哲学的完备体系、它可以以扩展或单纯限制纯粹理性的知识为内容，可能被既是分析地、又是综合地展示出来。（KrV，A12；B26）

8. 人们在这里或许更少地期待一种书籍和纯粹理性系统的批判，而是期待一种纯粹理性能力本身的批判。（KrV，A13；B27）

9. 它是纯粹理性所有原则的体系。而这个批判本身并不就已经叫做先验一哲学，根据仅仅在于，它为了成为一个完备的体系，还必须包含对人类全部先天知识的一种详细的分析。（KrV，A13；B27）

10. 如果人们要从一种一般体系的普遍观点而对这门科学进行划分，我们现在所陈述的，那就必须，首先包含纯粹理性的一个要素论，其次包含纯粹理性的一个方法论。（KrV，A15；B29）

11. 因此它就只有借助于先天的知性知识的一种整体理念，并且通过由此确定的对那些构成它的概念的划分，因而只有通过这些概念在一个系统中的关联，才是可能的。（KrV，A65；B89）

12. 它的知识的整体将构成一种在一个理念之下把握和规定的系统。（KrV，A65；B90）

13. 这些概念，人们仅仅如此靠机缘才找到它们，也根本没有透露在任何秩序和系统的统一性中，而最终只是被按照类似性来配对，并按照其内容的大小、从简单开始、到更加复杂地被放置在系列中。（KrV，A67；B92）

14. 范畴，作为纯粹知性的真正的主干概念，也有它的同样纯粹的派生概念，它们在先验哲学的一个完备的系统中决不能被越过，但我在一种单纯批判的研究里却可以满足于仅仅提到它们就行了。（KrV，A82；B107）

15. 由于我这里并不涉及系统的完备性，而涉及一个系统的原则们，所以我把这种补充留给另一项研究去做。（KrV，A82；B108）

16. 在纯粹理性的一个系统中人们可以有权利要求我：但在这里，这些定义只会把眼睛带出研究的重点，因为它们激起了怀疑和攻击，而人们，不用抽走某些根本意图，而能够把这些怀疑和攻击完全移交给一种别的研究。（KrV，A83；B109）

17. 上面的表完备地包含了知性的一切元素概念，甚至包含了人类知性中这些元素概念的系统形式。（KrV，A83；B110）

18. 人们习惯于也更愿意把内感官与（我们谨慎地区分了它们的）统觉能力在心理学体系中冒充为同样一回事。（KrV，B153）

19. 它们被我们的创造者这样安排，以至于它们的运用与经验所沿着它运行的自然规律，恰好相符合（纯粹理性的预成论体系的一种）。（KrV，B167）

20. 一切纯粹知性原理的体系。（KrV，A148；B187）

21. 判断——知性实际上先天地将其带入这种批判的谨慎的状态——描述

成系统的联结，我们的范畴表为此无疑必须给我们提供自然的和可靠的引导。（KrV，A148；B187）

22. 纯粹知性一切综合原理的系统展示。（KrV，A158；B197）

23. 而本体论的傲慢的名称，自以为能够在一个系统的学说中提供有关一般事物的先天综合知识（例如因果性原理）。（KrV，A247；B303）

24. 反思的这些概念已经，就如我们所指明的那样，通过一个某种程度的误解而这样影响到知性运用，以致于这些概念甚至把所有哲学家中目光最敏锐的之一引诱到一种被臆测的智性知识体系的状况，而这个体系无需感官的参与就着手规定它的对象。（KrV，A280；B336）

25. 知性借助于范畴所表现出来的关系有多少种类，就会有多少纯粹的理性概念，所以就必须寻求：第一，在一个主体中定言综合的一个无条件者；第二，一个序列的部分的假言综合的无条件者；第三，在一个系统中选言综合的无条件者。（KrV，A323；B379）

26. 先验理念的体系。（KrV，A333；B390）

27. 在这些先验理念本身之下一种确凿的关联和统一性便发出光芒，并且纯粹理性则借助于这种关联和统一性，把它的一切知识都带进一个系统中。（KrV，A337；B394）

28. 通常关于这点所想出来并实际上唯一可能的三种体系就是，自然影响说、前定和谐说和超自然干预说。（KrV，A390）

29. 除非一个严格的、但却是公正的批判的冷静性，才能够把这么多人通过想像出来的幸福、从这种独断论的花招中解脱、拖到理论和系统之中，并且限制我们的一切思辨的要求而只在可能经验的领域。（KrV，A395）

30. 宇宙论的理念体系。（KrV，A408；B435）

31. 人类理性按照它的本性是建筑术的，即它把一切知识都看做属于一个可能的系统，因此也只允许这样的原则，它们使得现有的知识至少不是无能力地、与别的知识一起相处在任何一个系统中。（KrV，A474；B502）

32. 因为不可能找到任何它们能够得以具体表现出来的经验。这些理念包含一种——没有任何可能的经验的认识够得着的——确定的完备性，而理性在它们那里只怀有一个系统的统一性的意向，理性试图使经验的可能的统一性接近这种系统的统一性，却在任何时候都不会完全达到它。（KrV，A568；B596）

33. 因此这个理念设定了知性知识的完备的统一性，由此这种知性知识就不仅是一个偶然的聚合，而成为了一个按照必然法则而相互关联的系统。（KrV，A645；B673）

34. 杂多知性知识的系统的或理性的统一性是一个逻辑的原则。（KrV，A648；B675）

35. 一个基本力的理念，但逻辑根本从中查不出，它是否这样给予了，至少是力量的多样性的一种系统表象的问题。（KrV，A649；B677）

36. 显然，后一种思维方式也把一条逻辑的原则设置为根据，这条原则已着眼于一切知识的系统的完备性。（KrV，A655；B683）

37. 如果一个（我马上就更确定地谈到的、系统完备的统一性的）理念为我的理性的最大可能的经验的运用设置了基础，这个理念自在本身就决不能在经验中被适当地呈现出来。（KrV，A677；B705）

38. 理性给经验的知性运用所能够提供的这种系统关联仍然，不仅促进着这种运用的扩展，而且同时也证实了这种运用的正确性。（KrV，A680；B708）

39. 这个最大的系统的、因而也是合目的性的统一性是人类理性的最大运用的可能性的学校。（KrV，A694；B722）

40. 在世界结构的系统而合目的性的秩序的关系中，如果我们研究自然、就必须预设它，我们已经只按照与一个理智的类比（一个经验的概念）而设想了那个为我们所不知道的存在者。（KrV，A698；B726）

41. 这个最高智慧的理念是在对自然界的自然研究中的一种调节和一种按照普遍的自然规律的自然界的系统而合目的性的统一性原则。（KrV，A699；B727）

42. 这种最大的系统的和合目的性的统一性，它曾要求你们的理性作为调节的原则而为一切自然研究奠定基础。（KrV，A699；B727）

43. 我把先验方法论理解为纯粹理性的一个完备系统的形式条件的规定。（KrV，A708；B736）

44. 因为我们的理性（主观地）本身就是一个系统，但是在它的纯粹运用中，凭借单纯的概念，却只是一个按照统一性的原理的探寻的系统，唯独经验才能给这种探寻提供材料。（KrV，A738；B766）

45. 因为理性虽然具有它的原理，但作为客观的原理则全都是辩证的，因而充其量只能够就像系统的关联的经验运用的调节的原则而是有效的。（KrV，A786；B814）

46. 理性被它的本性中的一种倾向所驱使，超出经验运用之外，在一个纯粹的运用中并借助于单纯的理念冒着出离一切知识的最后极限的危险，而只有首先在它的循环结束中、在一个自行存在的系统整体中，才获得安宁。（KrV，A797；B825）

47. 德性体系与幸福体系是不可分地、但只是在纯粹理性的理念中联结着的。（KrV，A809；B837）

48. 在一个理知的、即道德的世界里，在它的概念中抽掉了一切德性障碍（爱好），这样一个与道德性成比例地联结着的幸福的体系也可以被设想成必然

的了。（KrV，A809；B837）

49. 德性自在本身就构成了一个体系，但幸福却不是如此，除非它精确地按照道德性而被分配了。（KrV，A811；B839）

50. 然而这种目的的系统统一性在这个理智的世界中——这个世界，虽然，作为单纯的自然只能被称为感官世界，但作为一个自由的系统，却能被称为理知的、即道德的世界。（KrV，A815；B843）

51. 一切自然研究由此而得到了一个指向一种目的系统形式的方向，并且在它最高的扩张中成为了自然神学。（KrV，A816；B844）

52. 我把建筑术理解为系统的艺术。因为系统的统一性就是这一种，使普通的知识首先成为科学、即从知识的一种单纯的聚集而变成一个系统的东西，所以建筑术就是在我们一般知识中的科学性的东西的学说，因而它必然属于方法论。（KrV，A832；B860）

53. 在理性的统治下，我们的一般知识不允许构成任何狂想曲，而它必须构成一个系统，唯有在这个系统中这些知识才能支持和促进理性的根本目的。但我所理解的系统就是杂多知识在一个理念之下的统一性。（KrV，A832；B860）

54. 为此所有的系统都又还在人类知识的一个系统中作为一个整体的各环节而合目的地相互联结着。（KrV，A835；B863）

55. 一切哲学知识的系统就是哲学。（KrV，A837；B865）

56. 它应当用来评判每一个主观的哲学，而这些主观的哲学的结构体系往往是如此各种各样和如此变化多端的。（KrV，A838；B866）

57. 但直到那时以前，关于哲学的概念仅仅是一个学院概念，也就是关于一个知识系统的概念，这种知识仅仅被作为科学而寻求，所具有的目的无需别的而无非这种知识的系统统一性、因而知识的逻辑完善性。（KrV，A838；B866）

58. 于是，人类理性的规律提供（哲学）具有两个对象，自然和自由，所以它一开始就不仅把自然法则、也把道德法则包含在两个特殊的、但最终在一个唯一的哲学系统中。（KrV，A840；B868）

59. 纯粹理性的哲学或者是——鉴于一切纯粹先天知识而检查理性的能力的——入门（预习），并且叫批判，或者其次，就是纯粹理性的（科学的）系统，这种在系统的相互关系中出自纯粹理性的全部（真实的和虚假的）哲学知识，就叫形而上学。（KrV，A841；B869）

60. 整个形而上学系统就由四个主要部分组成。1. 本体论。2. 合理的自然之学。3. 合理的宇宙论。4. 合理的神学。（KrV，A846；B874）

61. 当一种科学的方法的观察者遭遇到什么东西的时候，于是他们就拥有

了选择，要么独断论地、要么怀疑论地，但在一切情况下都还系统地处理着义务。（KrV，A856；B884）

系统（的）统一性（die systematische Einheit）

1. 这些概念，人们仅仅如此靠机缘才找到它们，也根本没有透露在任何秩序和系统的统一性中，而最终只是被按照类似性来配对。（KrV，A67；B92）

2. 所以，不损害系统的统一性，我们就不能抢在以某些基本经验为基础的普遍自然科学之前而行动。（KrV，A171；B213）

3. 这些理念包含一种——没有任何可能的经验的认识够得着的——确定的完备性，而理性在它们那里只怀有一个系统的统一性的意向，理性试图使经验的可能的统一性接近这种系统的统一性，却在任何时候都不会完全达到它。（KrV，A568；B596）

4. 不能以任何方式把自然的系统统一性设立为我们理性的经验的运用的原则。（KrV，A619；B647）

5. 所以这种假设的理性运用指向知性知识的系统统一性，但这种统一性则是规则的真理性的试金石。反过来说，这种系统的统一性（作为单纯的理念）只是拟议了的统一性，人们必须不把它看作本身给予了的，而只是看作问题（KrV，A647；B675）

6. 这就将是理性的一条先验的原理，这条原理将使这种系统统一性不仅作为方法而成为主观上和逻辑上必要的，而且也成为客观上必然的。（KrV，A648；B676）

7. 实际上，如果一条先验的原则不被预设，通过它这样一个与客体们本身相联系的的系统统一性被先天地假定为必然的，我们甚至就不能看出，规则们的理性统一性的一条逻辑原则如何能够发生。（KrV，A649；B677）

8. 人们必须为了理性的利益、即为了可能给予经验的许多规则建立一定的原则，而寻找那种基本力，并必须在容许做到的地方、以这样的方式把系统的统一性带进知识。（KrV，A649；B677）

9. 所以鉴于这种标志，我们无论如何都必须预设自然的系统的统一性为客观有效的和必然的。（KrV，A651；B679）

10. 所以，理性为知性准备了它的领域：1. 通过杂多在更高的类之下的同类性原则，2. 通过同类之物在更低的种之间的变异性原理；以及为了完成这个系统的统一性，理性添加了 3. 一切概念的亲和性法则，而这个法则命令了一个——从每一个种到每一个别的种、通过差异性的逐级式的增加——连续的过渡。我们可以把它们命名为形式的同质性原则、特殊化原则和连续性原则。（KrV，A657；B685）

11. 所以，第一条法则防止放纵于不同的本源的类的多样性，而推重同质性；相反，第二条法则又限制这种一致性的倾向，并要求——在人们把他的普遍概念用于个体之前——先区分亚种。第三条法则是联合那两者，因为它即使在最高的多样性那里，也仍然——通过从一个种到另一个种的逐级式的过渡——而颁布了同质性，这种过渡显示了不同分支的亲缘关系的一种方式，只要它全都来源于一个家族。（KrV，A660；B688）

12. 在这些原则那里值得注意的、并且也是我们所唯一所从事的东西是：它们看起来是先验的，而且即使它们仅仅包含理性的经验的运用所遵守的理念，而只能似乎渐近地、即接近地遵循这种理性的经验的运用的理念，任何时候它们都达不到，然而它们，作为先天综合命题，仍然具有客观的、但不确定的有效性，并被用做可能经验的规则，作为启发式的原理，也被很成功地运用于现实地加工经验，而无需人们能够带来一种先验的演绎，这对于理念而言，就像前面所证明的，任何时候都是不可能的。（KrV，A663；B691）

13. 然而，虽然任何对于一切知性概念的通盘的系统统一性的图型都不能在直观中被找到，但这样一个图型的类似物毕竟能够并且必须被给予出来，这个类似物就是知性知识以一条原则来划分和联合的极大值的理念。（KrV，A665；B693）

14. 但它作为这样一条原则远远越出了经验或观察能够与之相提并论的范围，却并没有规定某物，而只是为经验或观察指明了通往系统的统一性的道路。（KrV，A668；B696）

15. 这种图型只被用作，在我们理性的经验的运用中获得最大的系统统一性。（KrV，A670；B698）

而这个图型只用作，借助于与这个理念的关系、按照它们的系统的统一性、因而间接地向我们表象出来别的对象。（KrV，A670；B698）

16. 理性的经验的运用的一切规则在这样一个理念中的对象的前提下都能够通向系统的统一性并且任何时候都能够扩展这种经验知识，但却绝不能够与经验知识相违背。（KrV，A671；B699）

17. 这些理念不作为把我们的知识扩展到比经验所能够给予的更多的对象的构成性原则，而作为一般经验的知识的杂多的系统统一性的调节性原则，经验的知识由此而在它们自己的界限内。（KrV，A671；B699）

18. 并非从一个最高的理智而推导出世界秩序和它的系统的统一性，而从一个最高智慧的原因的理念而取得这种规则。（KrV，A673；B701）

19. 这些理念不应当自在本身地被假定，而它们的实在性，只应当被看做一切自然知识的系统统一性的调节性原则的图型之实在性，因而它们应当只被看做现实事物的类似物、但却不被看做这样的现实之物自在本身而被设置为基

础。(KrV，A674；B702)

20. 如果我们假定这样的理想的存在者，我们并没有真正扩展我们关于可能经验的客体的知识，而只通过理念给我们提供了图型的系统统一性而扩展了可能经验的经验的统一性，因而理念不被看做构成性的、而仅仅被看做调节性的原则。(KrV，A674；B702)

21. 这个存在者只在理念中而不自在本身被设置为基础，因而只为了表达那个——应当被用作我们理性的经验的运用的准绳的——系统统一性，却无关于这个统一性的根据该是什么、或这样一个存在者的内在属性该是什么，这个统一性作为原因根据于什么。(KrV，A674；B702)

22. 因为，如果一个（我马上就更确定地谈到的、系统完备的统一性的）理念为我的理性的最大可能的经验的运用设置了基础，这理念自在本身就决不能在经验中被适当地呈现出来，即便它为了使经验的统一性接近最高可能的程度，必然是回避不了的，所以我将不仅授权、而且也有必要实现这个理念，即为它设立一个现实的对象，但只是作为一般的“某物”，而我对它自在本身则一无所知，我只把它作为那种系统统一性的一个根据，而在与这系统统一性的关系中提供这样的——与经验的运用中的知性概念相类似的——属性。(KrV，A677；B705)

23. 我只是思考一个我对它自在完全不知道的存在者之于世界整体的最大的系统统一性的关系，只为了使这个存在者成为我的理性最大可能的经验的运用的调节的原则的图型。(KrV，A679；B707)

24. 理性对于一个作为至上原因的最高存在者的设定，仅是相对地、为了感官世界的系统统一性的目的而被思想，并且是一个在理念中的单纯“某物”，我们对它自在地是什么，不具有任何概念。(KrV，A679；B707)

25. 理性统一性就是系统的统一性，并且这种系统统一性并没有在客观上充当理性的一个原理，以使理性扩展到对象之外，而是主观上用作一个准则，以使理性扩展到对象的一切可能的经验的知识之外。(KrV，A680；B708)

26. 理性只能把这种系统的统一性思想为：理性同时给它的理念提供了一个对象，但这个对象又不能通过任何经验而被提供。(KrV，A681；B708)

27. 经验决不提供一个完善的系统统一性的例子。于是这个理性存在者（ens rationis ratiocinatae，推理的理性之物）虽然是一个单纯的理念，因而并不干脆并自在本身地假定为某种现实的东西，而仅成问题地设置为根据（因为我们通过任何知性概念都不能达到它），以便将感性世界之物的一切联结看做为，好像它们在这个理性存在者中具有它们的根据，但唯一的意图却是在这个单纯理念上建立起那种系统的统一性，而这种统一性对理性则不可缺少，但对经验的知性知识在一切方式上却可能是加速的，并仍决不是阻碍的。(KrV，A681；

B709）

28. 总而言之：这个先验之物只是——理性借以尽其所是、把系统的统一性扩展到一切经验上去的——调节的原则的图型。（KrV，A682；B710）

29. 但在这种情况下，理性所关注的，只不过是灵魂现象的解释的系统统一性的原则，也就是，把所有规定，看作在一个唯一的主体中，把一切力，尽可能地，看作从一个唯一的基本力派生出来，把一切变化看做属于一个以及同一个持存的存在者的状态，并且把空间中的一切现象，表现为与思想的行动完全不同。（KrV，A682；B710）

30. 理性要求，按照一个系统统一性的原则而观察世界的一切连结，因而就好像这些连结全部都产生于一个唯一的无所不包的、作为至上的和最充分的原因的存在者。（KrV，A686；B714）

31. 一个这样的原则向我们的应用于经验领域的理性坦白透露出——按照目的论法则连结世界的事物、并由此达到其最大的系统统一性的——完全崭新的前景。（KrV，A687；B715）

32. 因为从中已经看出，这个预设无非是理性的一条调节的原则，为了达到最高系统的统一性，而借助于那个至上的世界原因的合目的的原因性的理念，并且，好像这个原因性作为最高的理智，按照最智慧的意图就是一切东西的原因。（KrV，A688；B716）

33. 因为从中已经看出，这个预设无非是理性的一条调节的原则，为了达到最高系统的统一性，而借助于那个至上的世界原因的合目的的原因性的理念。（KrV，A688；B716）

34. 拥有了一条目的论联结的系统统一性的调节的原则，但这种系统统一性我们不允许预先规定，而只允许在对它的期待中而追踪这种按照普遍的法则的自然机械的连结。（KrV，A691；B719）

35. 这个系统统一性的理念本来只应当用来，为了寻找作为调节性原则在按照普遍自然规律的事物的联结中的系统的统一性。（KrV，A691；B719）

36. 这个系统统一性的理念本来只应当用来，为了寻找作为调节性原则在按照普遍自然规律的事物的联结中的系统的统一性。（KrV，A692；B720）

37. 这条调节的原则要求，系统的统一性完全被预设为——不仅仅经验地认识、而且先天地、虽然还未确定的——自然统一性，因而预设为，从事物的本质中得出来。（KrV，A693；B721）

38. 把这种自然的系统统一性的调节性的原则设想为一条构成性的原则，并且，仅仅在理念中被设置为理性的一致运用的基础的东西，实体化地预设为原因，就只叫做理性迷乱。（KrV，A693；B721）

39. 这个最大的系统的、因而也是合目的的统一性是人类理性的最大运用的可能性的学校，甚至是它的地基。所以这个统一性的理念是和我们理性的本质不可分割地结合着的。因而正是这同一个理念是为我们规律提供的，所以我们当然地就，假定一个与这个理念相应的规律提供的理性（intellectus archetypus，原型的智性），从这个作为我们理性的对象的规律提供的理性中可以推导出自然的一切系统的统一性。（KrV，A695；B723）

40. 因为这永远只是一个理念，它根本不会与一个不同于世界的存在者、而与这个世界的系统统一性的调节性原则相关，但只是凭借这种统一性的一个图型，即一个至上的理智，按照智慧的意图，它是世界的创造者。（KrV，A697；B725）

41. 因为这条系统统一性的调节的法则要求，我们应当这样研究自然，好像到处都会无限地、在最大可能的多样性那里，遇到系统而合目的的统一性。（KrV，A700；B728）

42. 这些调节的原则虽然要求比经验的知性运用所能达到的更大的统一性，但正是由于它们把这种知性运用所逼近的目标推出如此之远，它们就通过系统的统一性而把知性运用带向与它自身最高程度的协调。（KrV，A701；B729）

43. 既然理性命令，这样的行动应当发生，那么这些行动也就能够必定发生，所以系统统一性的一种特殊种类、即道德的统一性，必须是可能的，然而这种系统的自然统一性按照理性的思辨原则不可能证明。（KrV，A807；B835）

44. 只要他们的自由的任意在道德律之下自在地具有既与自己、也与每一个别人的自由普遍而系统的统一性。（KrV，A808；B836）

45. 这种系统的统一性的实在性也不能建立在别的东西、而只在一个最高的本源的善的预设之上，在那里，独立理性，用一种至上原因的一切充分性而装备起来，按照最完善的合目的性，而建立、维持和完成了普遍的、虽然在感官世界中向我们极其隐藏的事物秩序。（KrV，A814；B842）

46. 然而这种目的的系统统一性在这个理智的世界中——这个世界，虽然，作为单纯的自然只能被称为感官世界，但作为一个自由的系统，却能被称为理知的、即道德的世界（regnum gratiae，恩宠王国）——，也不可避免地引导上一切事物的合目的的统一性，一切事物都按照普遍的自然律而构成这个大全，正如前一种统一性按照普遍的与必然的道德律而构成了这个大全一样，并且就把实践理性与思辨理性统一了。（KrV，A815；B843）

47. 我们因此在人类理性的历史中也发现：在这些道德的概念充分被纯化、被规定，并且目的的系统统一性按照这些道德的概念更确切的说从必然的原则中被看出之前，自然的知识、甚至理性教养在有些别的科学中的一种可观的程度，部分地只能产生关于神性的一些粗糙的和漂浮不定的概念，部分地剩留下鉴于这个问题的一种特令人佩服的完全冷漠。（KrV，A817；B845）

48. 因为系统的统一性就是这一种，使普通的知识首先成为科学、即从知识的一种单纯的聚集而变成一个系统的东西。（KrV，A832；B860）

49. 但直到那时以前，关于哲学的概念仅仅是一个学院概念，也就是关于一个知识系统的概念，这种知识仅仅被作为科学而寻求，所具有的目的无需别的而无非这种知识的系统统一性、因而知识的逻辑完善性。（KrV，A838；B866）

50. 哲学按照这个世界概念而为来自这一目的的立场的系统统一性所颁定的东西。（KrV，A839；B867）

51. 根本目的因此就还不是最高目的，最高目的（在理性的完善的系统统一性那里）只能是一个唯一的目的。（KrV，A840；B868）

52. 形而上学就是那种——应当把那些知识表现在这种系统统一性之中的——哲学。（KrV，A845；B873）

先天的，先天地（a priori）

1. 阐明和把握知性的先天概念的客观有效性。（KrV，AXVI）

2. 这个规则被表达在先天的概念中，一切经验对象都必然取决于它们并且必须与它们相一致。（KrV，BXVⅢ）

3. 自由列举了实践的、居于我们理性中本源的原理作为自己的先天证据，这些原理没有自由的前提就是绝对不可能的。（KrV，BXXVIII）

4. 然而“先天的”这个术语还不足以确定地表示，衡量上述问题的全部意义。（KrV，B2）

5. 一个命题，它同时与它的必然性一起被想到，那么它就是一个先天的判断。如果它此外不再由任何别的命题推导出来，除非这个命题本身重新作为一个必然命题而是有效的，它就是一个完全先天的命题。（KrV，B3）

6. 一个判断如果在严格的普遍性上被设想，即以至于任何例外都完全不被容许，那么它就不是推引自经验，而是完全先天有效的。（KrV，B4）

7. 在人类知识中现实地具有这样一类必然的和在严格意义上普遍的、因而纯粹的先天判断。（KrV，B4）

8. 真正的数学命题任何时候都是先天判断而不是经验的判断。因为它们随身携带着——不能从经验中取得的——必然性。（KrV，B15）

9. 在这两个命题上，不仅仅必然性、因而它们的起源是先天的，而且是综合命题的它们，都是清楚的。（KrV，B18）

10. 既然感性应当包括那些构成对象被给予我们的条件的先天表象，则它［感性］属于先验—哲学。（KrV，B30）

11. 尽管一切现象的质料只是后天被给予的，但其形式则必须全都在内心

之中先天地为它们准备好，因此可以它会被与一切感觉隔离开来考察。（KrV，A20；B34）

12. 这些东西属于纯粹直观，它先天地，即使没有一种现实的感官对象或感觉对象，作为一个单纯的感性形式而发生于内心之中。（KrV，A21；B35）

13. 因此，在先验感性论中我们首先要孤立感性，我们通过隔离那些知性与此同时经过它的概念所想到的一切，以便只留下经验的直观。其次，我们从这直观中再分开所有属于感觉的东西，以便只留下纯直观和现象的单纯形式，这就是感性所能够先天地提供出来的唯一的东西了。在这一研究中将会发现，作为先天知识的原则，存在着两种感性直观的纯粹形式，即空间和时间，我们现在就会对它们加以考虑。（KrV，A21；B36）

14. 我把阐明理解为——一个概念所属的东西的——清晰的（哪怕不是详尽的）介绍；但当它包含那种把概念描述为先天给予的东西的时候，则是形而上学的阐明。（KrV，A23；B38）

15. 空间是一种构成所有外部直观之基础的先天的必然表象。（KrV，A24；B38）

16. 所以它被看作是现象可能性的条件，并不是一个依赖于它［现象］的规定，而且是一个构成外部现象的必然方式之基础的先天表象。（KrV，A24；B39）

17. 一切几何原理的无可置疑的确定性、以及它们的先天构造的可能性，都建立在这种先天必然性之上。（KrV，A24；B39）

18. 由此而得出，鉴于空间，一种先天直观（而不是经验的直观）为关于空间的所有概念设置了基础。所以一切几何学原理，例如在一个三角形中，两边之和大于第三边，决不从线和三角形的普遍概念中，而从直观、确切地说先天的直观中，用无可置疑的确定性被推导出来。（KrV，A25；B39）

19. 所以，空间的原始表象是先天直观，而不是概念。（KrV，A25；B40）

20. 几何学是一门科学，它综合却又先天地规定空间属性。（KrV，B40）

21. 一个——先行于客体本身、并且客体概念能够在其中被先天地规定的——外部直观如何能够寓于内心呢？（KrV，B41）

22. 因为不论是绝对的、还是相对的规定，都不能在它们所属的那些事物此在之前、因而不能先天地被直观到。（KrV，A26；B42）

23. 一切现象的形式如何能够在一切现实的知觉之先、因而先天地在内心中被给予。（KrV，A26；B42）

24. 但除了空间之外，也不存在任何别的主观的并与某种外在东西相关的表象了，这种表象能够叫做一种先天客观的。（KrV，A28；B44）

25. 因为，如果时间表象不是先天地作为基础，同时与相继甚至都不会进

入到知觉中来。(KrV，A30；B46)

26. 所以时间已经先天地给予了。只有在时间中，现象的一切现实性才是可能的。(KrV，A31；B46)

27. 时间关系的无可争辩的原理、或一般时间公理的可能性建基于这一先天必然性之上。(KrV，A31；B47)

28. 因为在这种情况下，这种内直观的形式就能先于对象、因而先天地，被表象了。(KrV，A33；B49)

29. 时间是所有一般现象的先天形式条件。(KrV，A34；B50)

30. 时间是所有一般现象的先天条件，更确切地说，是（我们的灵魂）内部现象的直接条件，因此也间接地是外部现象的［条件］。(KrV，A34；B50)

31. 他们必须争辩数学的先天学说在现实的事物（如空间中的事物）方面的有效性，至少无可置疑的确定性，因为这种确定性绝不后天地发生，而空间和时间的这些先天概念，按照这种观点，只是想像力的产物，它们的来源必须现实地在经验中寻找。(KrV，A40；B57)

32. 空间和时间是这种方式的纯粹形式，一般感觉则是质料。唯独这两种形式我们能够先天地、即在一切现实知觉之前认识到，因此就称它们为纯粹直观；但感觉则是，在我们的知识中，凡是使它叫作后天的知识、即经验的直观的东西。(KrV，A42；B60)

33. 只有纯粹直观或纯粹概念才是先天可能的，经验的直观和概念只是后天可能的。(KrV，A51；B75)

34. 一种普遍而又纯粹的逻辑，不得不只与纯净的先天原则发生关系，并且是知性和理性的一种法规．(KrV，A53；B77)

35. 它是一种被演证的学说，并且在其中一切都必须是完全先天确定的。(KrV，A54；B78)

并非每一个先天知识，而只有那种——通过它我们认识到，一定的表象（直观或概念）仅仅被先天地运用，或是如何可能的——［先天知识］，才必须称为先验的（即知识的先天可能性或其先天运用）。(KrV，A56；B80)

36. 只有其表象根本不是经验的来源，并且它们何以能够同样先天地与经验对象发生关系的可能性的知识，才能称之为先验的。(KrV，A56；B81)

37. 所以我们就预先把我们变成一种关于纯粹知性与理性知识的科学的理念，由此我们完全先天地思想对象。(KrV，A57；B81)

38. 先验逻辑，因为它仅仅关涉知性和理性的法则，但它只这么远地与对象先天地发生关系，而不像普遍逻辑，没有区别地既和经验的知识、同时又和纯粹理性知识发生关系。(KrV，A57；B81)

39. 按照它，每一个纯粹的知性概念都能够被先天地规定自己的位置和它们所有的先天完备性。必然命题则把实然命题设想为通过这些知性规律本身所规定的，因而是先天断言的，并以这种方式表达了逻辑的必然性。（KrV，A76；B101）

40. 先验逻辑则面对着由先验感性论呈现给它的先天感性杂多。（KrV，A77；B102）

空间和时间包含先天纯粹直观的杂多。（KrV，A77；B102）

41. 如果杂多不是经验地、而是先天地被给予的（如在空间和时间中的它），这样一种综合就是纯粹的。（KrV，A77；B103）

42. 因此它们就叫作先天地指向客体的纯粹知性概念，而这一般逻辑则不能做到。（KrV，A79；B105）

43. 这就是先天地包含于自身中的一切本源的综合的纯粹概念一览表，并且只因为这一缘故它也才是一种纯粹的知性。（KrV，A80；B106）

44. 范畴与纯粹感性的样态或相互之间的结合，就产生大量先天的派生概念。（KrV，A82；B108）

45. 在构成人类知识非常混合交织的各种各样的概念中，也存在着一些被规定为先天的（完全不依赖于任何经验的）纯粹的运用，而它们的权限任何时候都需要一个演绎。（KrV，A85；B117）

46. 因此，我把——概念如何能够先天地与对象发生关系的——方式的解释，称为这些概念的先验演绎。（KrV，A85；B117）

47. 纯粹先天概念的一个演绎却决不由此而实现，因为它根本不处在这条道路上。（KrV，A86；B119）

48. 在这个世界中一切几何学知识，因为基于先天的直观。（KrV，A87；B120）

49. 既然它们谈论的对象不是通过直观和感性的谓词，而是通过纯粹思想的先天的谓词，它们就无需感性的一切条件而普遍地与对象发生关系了。（KrV，A88；B120）

50. 空间和时间就是先天地包含着作为现象的那些对象之可能性条件的纯粹直观，而在这些纯直观中的综合就具有了客观的有效性。（KrV，A89；B122）

51. 知性也就先天地完全不包含这些对象的条件了。（KrV，A89；B122）

52. 感性直观的对象必须符合内心之中先天放置的感性的形式条件。（KrV，A90；B122）

53. 原因概念根本不能以这种方式产生，相反，它必须要么完全先天地被建立在知性中。（KrV，A91；B123）

54. 如果是前者，那么这一关系只是经验的，并且表象决不是先天可能的。（KrV，A92；B125）

55. 只有在它之下对象才能被直观的条件，事实上把客体按照形式在内心中先天地设置为基础。（KrV，A93；B125）

56. 这些对象的一般概念、作为先天的条件将被设置为一切经验知识的基础。（KrV，A93；B126）

57. 所以一切先天概念的先验演绎有一个全部研究都必须对准的原则，这就是：它们必须被认作为经验的（不论是在其中遇到的直观的，还是思想的）可能性的先天条件。（KrV，A94；B126）

58. 这些概念必须拥有它们的先天的起源。（KrV，A94；B128）

59. 表象的杂多可以在——单纯感性的、即无非是作为接受性的——直观中被给予，而这种直观的形式则可以先天地处于我们的表象能力中，它不是别的某物，而无非是主体被刺激的方式。（KrV，B129）

60. 先天地先行于一切联结的概念的统一性。（KrV，B131）

61. 所以直观杂多的综合统一性，作为先天产生的东西，是先天地早先发生于我的一切规定了的思想的统觉本身的同一性的根据。（KrV，B134）

62. 知性本身无非是——作为先天地联结并把给予表象的杂多带到统觉的统一性之下的——能力，（KrV，B134）

63. 我是已经意识到这些表象的一个先天必然的综合，它叫作统觉的本源的综合统一性，一切被给予我的表象都必须处于其下，但也必须通过一个综合把它们带入其下。（KrV，B135）

64. 所以外部感性直观的单纯形式，空间，还完全不是知识；它只对一种可能的知识提供先天直观杂多。（KrV，B137）

65. 这种范畴因此表明："一个"直观的给予杂多的经验的意识从属于一个先天的纯粹自我意识。（KrV，B143）

66. 通过范畴在我们感官的一切对象方面的先天有效性被解释的办法，这个演绎的目的才首先被完全达到。（KrV，B145）

67. 我们的知性的特点只有借助于范畴并恰好只通过这个种类和这个数目的范畴才能达到先天统觉的统一性，（KrV，B146）

68. 所以纯粹知性概念，即使它们被运用于先天直观（如在数学中），也只有在这些先天直观、因而借助于它们的知性概念，也能够被运用于经验的直观的情况下，才获得知识。（KrV，B147）

69. 我们只有从现象中才做得出先天的直观。（KrV，B151）

70. 感性直观杂多的这种综合，它是先天可能的和必然的。（KrV，B151）

71. 想像力是一种先天地规定感性的能力。（KrV，B152）

72. 因为"某物"是运动的，这是不能先天地、而只能通过经验而被认识。（KrV，B154）

73. 属于它的自身直观，已经奠定先天给予的形式即时间的基础，这时间是感性的并且属于可被规定者的接受性。（KrV，B157）

74. 在形而上学的演绎中，一般先天范畴的起源通过它们的与思想的普遍逻辑机能的完全同时发生而阐明。（KrV，B159）

75. 我们在时间和空间的表象上拥有外部的和内部的先天感性直观的形式，并且现象杂多的领会的综合任何时候都必须适合于这些形式，因为这种综合自身只有按照这种形式才能够发生。（KrV，B160）

76. 空间或时间首先作为直观而被给予，那么这种先天直观的统一性就属于空间和时间，而并不属于知性概念。（KrV，B161）

77. 范畴就是经验的可能性的条件，因而也先天地适用于一切经验之对象。（KrV，B161）

78. 但现在，这种综合统一性，作为先天条件，在它之下我联结一般直观之杂多，如果我放弃了我的内直观的持久的形式，放弃了时间，就是原因范畴。（KrV，B162）

79. 范畴是——那些给现象、因而给作为一切现象的总和的自然（natura materialiter spectata，物质方面的自然）规定先天法则的——概念。（KrV，B162）

80. 自然的现象的法则怎么会必然与知性及其先天形式、即与它联结一般直观杂多的能力协调一致，一点也不比现象本身怎么会必然与先天的感性直观形式协调一致更值得诧异。（KrV，B164）

81. 它们都是先天概念，因而是不依赖于经验的。（KrV，B167）

82. 范畴既不是自身思想的、我们知识的先天第一原则，也不是汲取于经验，而是主观的、与我们的生存同时植根于我们之中的思想着的天资。（KrV，B167）

83. 经验可能性的先天根据。（KrV，A95）

84. 一个不与可能经验相关的先天概念，只会是对一个概念上的逻辑形式，却不会是这个——某物由此而被思想的——概念本身。（KrV，A95）

85. 这种——在每一个经验那里都先天地包含了纯粹思想的——概念，我们在范畴中发现了。（KrV，A96）

86. 我们必须首先考虑那种主观来源，它构成了经验可能性的先天基础，不是按照其经验的性状、而是按照其先验的性状。（KrV，A97）

87. 我们的表象可以不论来源于哪里，不论它们受到外部事物的影响、还是受到内部原因的作用，它们都可以先天地、或作为现象而经验地产生；所以它们仍然作为内心的变状而属于内感官。（KrV，A99）

88. 这种领会的综合也必须先天地、亦即在那些并非经验的表象方面被执

行。(KrV, A99)

89. 所以必须有某种东西，它本身使现象的这种再生成为可能，由此它就是现象的一种必然的综合统一性的先天根据。(KrV, A101)

90. 想像力的这种综合也就是先于一切经验而被建立在先天原则之上了。(KrV, A101)

91. 那个领会的综合构成了所有一般知识（不仅是经验的知识，而且也有纯粹先天的知识）的可能性的先验根据。(KrV, A102)

92. 我们的知识并不是以碰运气或随便的，而是以某种先天的方式而被规定。(KrV, A104)

93. 最纯粹的客观统一性，即先天概念（空间和时间）只有通过与它发生直观关系它才是有可能。(KrV, A107)

94. 这种行动首先使领会（它是经验的）的一切综合屈从于一种先验的统一性、并且首先使它们的相互关系按照一个先天的规则而成为可能。(KrV, A108)

95. 一切现象，只要对象应当由此而被给予我们，就都必须服从现象的综合统一性的先天规则。(KrV, A110)

96. 作为先天知识的范畴的可能性的暂时说明。(KrV, A110)

97. 一般可能经验的先天条件同时也是经验之对象的可能性条件。(KrV, A1111)

98. 范畴也是一些在现象上思想一般客体的基本概念，因而先天地具有客观有效性。(KrV, A111)

99. 一个原因的概念无非是按照概念（对那种在时间序列中随之而来的东西，与其他现象的）一种综合，而没有这样的——具有它的先天规则，并使现象服从于自己的——统一性，无例外的、普遍的，因而必然的意识统一性，就不可能在知觉的杂多中被找到。(KrV, A112)

100. 经验虽然教导我们：在一个现象之后通常程度上都跟随着某个另外的现象，但却不能教导我们，它一定必然地跟随着其后，更不能教导我们，从那里面作为一个条件能够先天地和完全普遍地推论出这一结果。(KrV, A112)

101. 数目上的同一性，与作为一个先验表象的这个自我意识，是不可分割的，并且是先天地肯定的，因为不借助于这个本源的统觉，就没有东西能够进入到知识中。(KrV, A113)

102. 知性与一般对象的关系以及先天地认识这些对象的可能性。(KrV, A115)

103. 纯粹统觉、即意识本身在一切可能的表象那里无一例外的同一性则构成了经验的意识先天基础。(KrV, A116)

104. 我们已经先天地向我们意识到，无一例外的同一性自身，在每次都能够属于我们的知识的一切表象方面，都作为一切表象的可能性的必要条件。（KrV，A116）

105. 这条原则就先天地确定了下来，并且可以叫作，我们表象的（因而也是直观中的）一切杂多之统一性的先验原则。（KrV，A116）

106. 但这种综合统一性却以一种综合为前提，或者它包含了一种综合，并且如果前者要是先天必然的，那么后者也必须是一种先天的综合。（KrV，A118）

107. 只有想像力的生产性的综合才能够先天地发生。（KrV，A118）

108. 于是，我们就把这种想象力中的杂多的综合称为先验的，当它无需区分各种直观，而仅仅只指向杂多的先天联结的时候，并且把这种综合的统一性叫做先验的，当他与统觉的本源的统一性的关系中被表现为先天必然的时候。（KrV，A118）

109. 一切（经验的）意识在一个（本源的统觉的）意识中的客观统一性，甚至就是一切可能知觉的必要条件，而一切现象的（近的或远的）亲和性则是在先天地以规则为基础的想像力中的一种综合的必然结果。（KrV，A123）

110. 这个自然统一性应当是一种必然的、亦即先天确定的连接现象的统一性。（KrV，A125）

111. 而在这些更高的规律中，那些最高的（其他一切规律都从属于其下的）规律先天地从知性本身中发源，并且不是从现象中借来。（KrV，A126）

112. 一切现象作为可能的经验恰恰先天地处于知性之中，并从知性而获得它们的形式的可能性。（KrV，A127）

113. 因而使知性的纯粹概念的客观有效性先天地可以理解，并且由此牢固地设定纯粹概念的起源和真理性。（KrV，A128）

114. 假如这种对象，我们的知识与之有关系，就是自在之物本身，那么我们关于它们就根本不可能拥有任何先天的概念了。（KrV，A128）

115. 纯粹知性概念之所以是先天可能的，甚至在与经验的关系中是必然的，因为我们的知识无非与现象打交道，这些现象的可能性存在于我们自身之内。（KrV，A130）

116. 理性在它的先天地构成关于对象的某物的试图中，并扩展知识而超出可能经验的界限，它就完全是辩证的了。（KrV，A132；B171）

117. 原理分析论将仅仅是为了判断力的一种法规，这种法规引导判断力，把包含先天规则的条件的知性概念运用于现象上。（KrV，A132；B171）

118. 时间，作为内感官杂多的形式条件、因而作为一切表象连接的形式条件，包含了纯粹直观中的一种先天杂多。（KrV，A138；B177）

119. 先天的纯粹概念，除了范畴中的知性机能之外，还必须先天地包含感性的（即内感官的）形式条件，这些形式条件包含那些——在它之下、范畴才唯独能够被应用于任何一个对象上的——普遍性条件。（KrV，A139；B179）

120. 想像力的经验的能力的产物，感性概念（作为空间中的图形）的图型则是纯粹先天的想像力的产物。（KrV，A181；B142）

121. 因此图型无非是按照规则的先天时间规定而已。（KrV，A145；B184）

122. 因此，范畴最终就并没有其他运用，而只有经验的运用，因为它们仅仅充当着，通过一种先天必然的统一性（因为在一个本源的统觉之中的一切意识的必然联结）的根据，使现象服从于综合的普遍规则，并借此使普遍规则适当地无一例外地连接在一个经验之中。（KrV，A146；B185）

123. 这些范畴，它们与可能经验的关系必须先天地构成一切纯粹的知性知识。（KrV，A148；B187）

124. 我们的一切表象都已经包含在其中，亦即内感官，及其先天形式——时间。（KrV，A155；B194）

125. 即使是空间和时间，这些概念是如此纯粹而远离一切经验的东西，它们也如此肯定地在内心之中被完全先天地表现出来。（KrV，A156；B159）

126. 所以经验拥有为它的先天形式奠基的原则，亦即在现象的综合中的统一性的普遍规则。（KrV，A156；B195）

127. 尽管我们对于一般空间，或者对于生产性的想像力在它里面所描画的形状，在综合判断中先天地知道得如此之多，以至于我们为此实际上不需要任何经验。（KrV，A157；B196）

128. 数学原理的可能性和先天有效性。（KrV，A160；B199）

129. 动力学的运用的原理虽然也带有一种先天必然性的品格，但只是在一种经验中的经验的思想的条件下，因而只是间接的而非直接的，因而也并不包含前一种原理的那种直接显明。（KrV，A160；B200）

130. 一切现象都包含，按照形式，一种在空间和时间中的直观，而空间和时间则共同为这些现象设置了先天基础。（KrV，A162；B203）

131. 广延的数学（几何学）连同它的那些公理，就建立在生产的想像力在形状的产生中的这种相继综合的基础之上，这些公理表达了先天感性直观的条件。（KrV，A163；B204）

132. 知性在这一点上如何能够综合地而先天地说出对现象的看法，并且甚至在那些本来并且单纯是经验的东西、也就是涉及感觉的东西中，也能够预测这些现象呢？（KrV，A175；B217）

133. 因此一切感觉，作为这样虽然本身都只是后天地被给予，但它们具有一个程度的属性，却可以先天地被认识。（KrV，A176；B218）

134. 值得注意的是，我们从一般的大小上，能够先天认识到的只是一种唯一的质，亦即连续性，但从一切质（现象的实在的东西）上，能够先天认识的则无过于它的内包的量，即认识到它们有一个程度，而一切其余的东西则留给了经验。（KrV，A176；B218）

135. 所以，客体的生存的规定在时间中就只有通过它的在时间中的一般联结，因而只有通过那些先天联结了的概念，才能够发生。（KrV，A177；B219）

136. 因为这本源的统觉与内感官（与一切表象的总和）相关联，确切地说，先天地与内感官的形式、即杂多的经验的意识在时间中的关系相关联。（KrV，A177；B220）

137. 这种综合统一性，在一切知觉的时间关系中，它先天地被规定，所以就是这条法则：一切 130. 经验的时间规定都必须服从普遍的时间规定的规则。（KrV，A177；B220）

138. 现象的此在并不能先天地被认识。（KrV，A178；B221）

139. 所以我将能够例如从大约 20 万个月亮光照中复合出并先天确定地给出、亦即构造出太阳光的感觉度。因此我可以将前面这两条原理称为构成性的原理。（KrV，A179；B221）

140. 因为它们只是调节性的原理，并且它们与那些本身是构成性的数学性原理，虽然不在确定性中——确定性在两者中都是先天肯定的，但毕竟在显明的方式中，亦即在原理的直觉的东西中，（因而也在演证方面），相区别。（KrV，A180；B223）

141. 因为，假如那些对象，这些原理所应当关涉到它们，是自在之物本身；那就会完全不可能，先天综合地认识于它们了。（KrV，A181；B223）

142. 这种普遍的有效性不会是先天的、而只会以归纳为基础。（KrV，A196；B241）

143. 但考虑到这条规则，作为在时间中现象的综合统一性的条件，毕竟曾是经验本身的基础，并且先天地先行于经验。（KrV，A196；B241）

144. 通过它赋予每一个作为结果的现象以时间中的一个鉴于先行现象的先天规定了的位置，没有这个位置，现象就不会与时间本身相符合，而时间则先天地为自己的一切部分规定其位置．（KrV，A200；B245）

145. 这就由此澄清了这种可能性，先天地认识一条变化规律，按照变化的形式。（KrV，A210；B255）

146. 知性，借助于统觉的统一性，是为现象在这个时间中的一切位置的连续规定的可能性的先天条件。（KrV，A211；B256）

147. 作为知性的规则——唯有通过它，现象的此在才能按照时间关系得到综合的统一性——在时间中给每一个现象规定了它的位置，因而对一切时间和

每一个时间都先天而有效。（KrV，A215；B262）

148. 我们把（在经验性的理解中的）自然叫做现象按照此在、按照必然的规则、亦即按照规律的相互关联。所以它就是一定的——更确切的说是先天的规律，使一个自然成为可能的——规律。（KrV，A216；B263）

149. 没有这种先天的统一性，任何经验的统一性，因而任何对经验中的对象的规定也都会是不可能的。（KrV，A216；B263）

150. 我们找到了现象中一切此在的普遍必然的时间规定的那些先天条件，没有这些条件，甚至连经验的时间规定也会是不可能的，而且我们还找到了先天的综合统一性的规则，借助于这些规则，我们预测了经验。（KrV，A217；B264）

151. 因为事实上我们完全能够先天地给这个概念一个对象，即先天地构造这个对象。（KrV，A223；B271）

152. 感官对象的任何生存都不能完全先天地被认识。（KrV，A226；B279）

153. 一切发生的事都先天地被它在现象中的原因所规定。（KrV，A227；B280）

154. 必然性只涉及按照因果性的动力学法则的现象的关系，以及这种建立于其上的从任何一个被给予的此在（一个原因）先天地推出另一个此在（结果）的可能性。（KrV，A228；B280）

155. 因此这个命题：没有任何事情通过一个盲目的偶然性而发生，（in mundo non datur casus，世上没有偶发事件），就是一条先天的自然律。（KrV，A228；B280）

156. 知性只对一般经验先天地给出规则。（KrV，A230；B283）

157. 如果把一个先天的规定综合地添加给一个物的概念，那么必须被这样一个命题、严谨地、在那里即使不添加一个证明、也至少添加一个它的主张的合法性的演绎。（KrV，A233；B286）

158. 空间已经先天地把那些形式的外部关系作为（在作用和反作用中、因而在协同性中的）实在关系的可能性的条件而包含在自身中了。（KrV，B293）

159. 纯粹知性的一切原理都无非是经验之可能性的先天原则。（KrV，B294）

160. 纯粹知性的原理，它们可以是先天构成性的（如数学的原理），或者仅仅是调节性的（如动力学的原理），所包含的似乎无非只是可能经验的纯粹图型。（KrV，A236；B296）

161. 如果一个纯粹直观还在对象之前就是先天可能的，那么这种纯粹直观本身也毕竟只有通过经验的直观才能获得其对象、因而获得客观有效性，于此它只是单纯的形式而已。（KrV，A239；B298）

162. 所以一切概念，以及和它们一起的一切原理，无论它们是多么先天可能的，却都仍还与经验的直观、即与可能经验的材料相关联。（KrV，A239；B298）

163. 所有这些原理、以及数学科学对此所研究的那些对象的表象，完全被先天地在内心之中产生出来。（KrV，A240；B299）

164. 数学通过形状的构造而满足了这一要求，形状，是一种对感官的当下的（虽然先天地获得的）现象。（KrV，A240；B299）

165. 概念，连同来自这类概念的综合原理或公式，仍总保持着先天产生。（KrV，A240；B299）

166. 知性所能够先天做到的无非是，预测一个一般可能经验的形式。（KrV，A246；B303）

167. 人们可以把所有——由此我能够先天地认识和规定那个属于经验的知识的东西的——知识，都称为一种预测。（KrV，A166；B208）

168. 在现象上的某种东西，它绝不被先天地认识，并且这种东西因而也构成了经验之物与先天知识的真正区别，这就是感觉（作为知觉的质料）。（KrV，A167；B209）

169. 把事物规定为一种被给予的一定状态的对立面，对此知性根本没有先天地对我们作任何揭示。（KrV，A171；B213）

170. 感觉的质任何时候都只是经验的，而根本不能先天地被表象（例如颜色、味道等）。（KrV，A175；B217）

171. 一切感觉，作为这样虽然本身都只是后天地被给予，但它们具有一个程度的属性，却可以先天地被认识。（KrV，A176；B218）

172. 我们从一般的大小上，能够先天认识到的只是一种唯一的质，亦即连续性，但从一切质（现象的实在的东西）上，能够先天认识的则无过于它的内包的量，即认识到它们有一个程度，而一切其余的东西则留给了经验。（KrV，A176；B218）

173. 客体的生存的规定在时间中就只有通过它的在时间中的一般联结，因而只有通过那些先天联结了的概念，才能够发生。（KrV，A177；B219）

174. 由于那种统觉设置了先天的基础，在一切现象按照它们在时间中的关系的综合统一性之上。（KrV，A177；B220）

175. 这种综合统一性，在一切知觉的时间关系中，它先天地被规定。（KrV，A177；B220）

现象的此在并不能先天地被认识。（KrV，A178；B221）

176. 所以我将能够例如从大约20万个月亮光照中复合出并先天确定地给出、亦即构造出太阳光的感觉度。因此我可以将前面这两条原理称为构成性的

原理。（KrV，A179；B221）

177. 因为，假如那些对象，这些原理所应当关涉到它们，是自在之物本身；那就会完全不可能，先天综合地认识于它们了。（KrV，A181；B223）

178. 这种普遍的有效性不会是先天的、而只会以归纳为基础。（KrV，A196；B241）

179. 但考虑到这条规则，作为在时间中现象的综合统一性的条件，毕竟曾是经验本身的基础，并且先天地先行于经验。（KrV，A196；B241）

180. 时间则先天地为自己的一切部分规定其位置。（KrV，A200；B245）

181. 一般来说某物如何能够被改变；它如何可能在一个时间点的状态之后跟随着另一个时间点的一种相反的状态：对此我们先天并不拥有起码的概念。（KrV，A207；B252）

182. 这样一条原理，它似乎扩展了我们的自然知识，如何可能是完全先天的，这就急切地要求我们检验了。（KrV，A209；B254）

183. 这就由此澄清了这种可能性，先天地认识一条变化规律，按照变化的形式。（KrV，A210；B255）

184. 我们只有预测我们自己的领会，其形式条件，由于它们在所有被给予的现象之前就寓于我们了，当然先天地就必须能够被认识了。（KrV，A210；B256）

185. 知性，借助于统觉的统一性，是为现象在这个时间中的一切位置的连续规定的可能性的先天条件。（KrV，A211；B256）

186. 作为知性的规则——唯有通过它，现象的此在才能按照时间关系得到综合的统一性——在时间中给每一个现象规定了它的位置，因而对一切时间和每一个时间都先天而有效。（KrV，A215；B262）

187. 所以它就是一定的——更确切的说是先天的规律，使一个自然成为可能的——规律。（KrV，A216；B263）

188. 一切现象都处于一个自然中，并且必须处于其中，因为没有这种先天的统一性，任何经验的统一性，因而任何对经验中的对象的规定也都会是不可能的。（KrV，A216；B263）

189. 事实上我们完全能够先天地给这个概念一个对象，即先天地构造这个对象。（KrV，A223；B271）

190. 感官对象的任何生存都不能完全先天地被认识。（KrV，A226；B279）

191. 一切发生的事都先天地被它在现象中的原因所规定。（KrV，A227；B280）

192. 必然性只涉及按照因果性的动力学法则的现象的关系，以及这种建立于其上的从任何一个被给予的此在（一个原因）先天地推出另一个此在（结

果）的可能性。（KrV，A228；B280）

193. 没有任何事情通过一个盲目的偶然性而发生，（in mundo non datur casus，世上没有偶发事件），就是一条先天的自然律。（KrV，A228；B280）

194. 知性只对一般经验先天地给出规则。（KrV，A230；B283）

195. 空间已经先天地把那些形式的外部关系作为（在作用和反作用中、因而在协同性中的）实在关系的可能性的条件而包含在自身中了。（KrV，B293）

196. 纯粹知性的原理，它们可以是先天构成性的（如数学的原理），或者仅仅是调节性的（如动力学的原理），所包含的似乎无非只是可能经验的纯粹图型。（KrV，A226；B296）

197. 所以知性只能做出它的一切先天原理、甚至它的一切概念的经验的运用，而绝不能做出先验的运用。（KrV，A238；B297）

198. 所以一切概念，以及和它们一起的一切原理，无论它们是多么先天可能的，却都仍还与经验的直观、即与可能经验的材料相关联。（KrV，A239；B298）

199. 所有这些原理、以及数学科学对此所研究的那些对象的表象，完全被先天地在内心之中产生出来。（KrV，A240；B299）

200. 形状，是一种对感官的当下的（虽然先天地获得的）现象。（KrV，A240；B299）

201. 概念，连同来自这类概念的综合原理或公式，仍总保持着先天产生。（KrV，A240；B299）

202. 知性所能够先天做到的无非是，预测一个一般可能经验的形式。（KrV，A246；B303）

203. 由此而得出，纯粹范畴甚至对任何先天综合原理也都不够用，并且纯粹知性的原理只有经验的、而绝没有先验的运用，越出可能经验的范围之外，任何地方都将不能提供先天综合原理。（KrV，A248；B305）

204. 这些范畴本身又无非是思想的形式，它们只包含——把直观中杂多的给予先天地统一在一个意识中的——逻辑能力。（KrV，A248；B305）

205. 这种先验的反省是一种没有人能够放弃的义务，如果他愿意先天地做出关于事物的某些判断。（KrV，A263；B319）

206. 但由于感性直观是一种完全特殊的主观条件，它为一切知觉设置了先天基础，并且其形式是本源的。（KrV，A268；B324）

207. 因为这些知识甚至都绝不会是先天可能的，假如我们不到这里来援引纯粹直观，（在数学中），或援引一种一般可能经验的条件。（KrV，A301；B357）

208. 理性从来都不首先面向经验，或者面向任何一个对象，而是面向知

性，为了通过概念给予杂多的知性知识以知性的先天统一性。（KrV，A302；B359）

209. 我通过规则的谓词、因而先天地通过理性规定我的知识（结论）。（KrV，A304；B361）

210. 总之一句话，这个问题就是：理性本身、亦即纯粹理性，是否先天地就包含着综合原理和规则，并且这些原则可能存在于哪里？（KrV，A306；B363）

211. 知性概念也先天地先于经验并且为了经验的需要而被思想。（KrV，A310；B367）

212. 先验分析论曾为我们做出了榜样，我们知识的单纯逻辑形式如何能够包含先天纯粹概念的起源，这些概念先于一切经验而表现对象，或者更确切地说表明了这种综合统一性，它单独使有关对象的经验的知识成为可能。（KrV，A321；B377）

213. 理性推论的形式，当人们把它按照范畴的标准应用于直观的综合统一性时，将包含特殊的先天概念的起源，我们可以把这些先天概念称为纯粹的理性概念，或先验理念。（KrV，A321；B378）

214. 理性的机能在它的推论那里，以根据概念的知识的普遍性为内容，并且理性推论本身是一个——在它的条件的全部范围内被先天地规定的——判断。（KrV，A321；B378）

215. 这是理性的要求，理性宣布它的知识作为先天规定的并且作为必然的，要么在其本身，这就不需要任何根据，要么，就作为一个根据序列的一个环节而已经推导出来，这个序列本身则以无条件的方式而是真的。（KrV，A322；B389）

216. 毋宁涉及一种先验的辩证论，它应当完全先天地包含来自纯粹理性的一定知识的来源，以及由此推出的那些概念的来源。（KrV，A333；B390）

217. 因为它唯一只需要前者，为了以整个条件系列为前提，并且它由此而先天地向知性提供出来。（KrV，A336；B393）

218. 我们不得不必然地赋予先天事物以构成我们唯一得以思想它们的那些条件的一切属性。（KrV，A347；B405）

219. 完全先天地在我们自己的此在方面把我们预设为规律提供的、以及规定这种生存本身的。（KrV，B431）

220. 这也就是这个命题为什么先天有效的原因。（KrV，A362）

221. 空间和时间虽然是先天的表象，它们还在一个现实的对象通过感觉而规定我们的感官、以便把这个对象表象在那些感性关系之下以前，就已经作为我们的感性直观的形式而寓于我们之中了。（KrV，A373）

222. 如果确实有人给我提出这个问题：一个正在思想之物具有何种性质？那么我知道对此没有丝毫的先天回答。（KrV，A398）

223. 因此在时间中，鉴于一个给予了的当下，那些作为条件的前件（过去）就必须先天地区别于那些后件（未来）。（KrV，A411；B438）

224. 理性的建筑术的利益（它要求并非经验的、而是先天的纯粹的理性统一性）。（KrV，A475；B503）

225. 我们一般根本不能够从单纯先天概念中认识任何实在根据的和任何原因性的可能性。（KrV，A558；B586）

226. 它们的客观实在性也不以经验的序列的完成、而以纯粹的先天概念为基础。（KrV，A565；B593）

227. 理性连同它的理想的意图就是按照先天规则的通盘规定。（KrV，A571；B599）

228. 它把这种全部可能性预设为先天的条件。（KrV，A572；B600）

229. 这种质料则应当先天地包含着每一个物的特殊可能性的材料。（KrV，A573；B601）

230. 这些谓词作为通过别的谓词派生的而已经被给予、或不能与之相互并存，它把自己纯化为一个先天地被通盘规定的概念，并由此成了一个单独对象的概念。（KrV，A574；B602）

231. 一般实在性的普遍概念不能被先天地划分，因为人们没有经验就不知道实在性的任何一个会包含在那个类之下的确定的种。（KrV，A577；B605）

232. 感官对象的可能性是感官对象与我们思维的一种关系，在其中某物（即经验的形式）能够被先天思维，但那种构成质料的东西，在现象中的实在性，（与感觉相应的东西），却必须被给予。（KrV，A581；B609）

233. 理性掌握这一标志，为了通过一个先天概念将任何一个存在者作为无条件的来认识。（KrV，A586；B614）

234. 这种逻辑的必然性已经证明了，它的幻觉的如此巨大的威力，以致于，因为人们制造出一个关于某物的先天概念。（KrV，A594；B622）

235. 我不能构成一个物的最起码的概念，这个物，如果它连通它的所有谓词都被取消了，却留下一个矛盾，而我就没有矛盾地，单单通过纯粹先天概念，不会拥有不可能性的任何标志。（KrV，A596；B624）

236. 对于纯粹思想的客体，根本就不存在任何认识它们的此在的手段，因为此在必须完全先天地被认识。（KrV，A601；B629）

237. 既然一切实在的属性的联结在一个物中是一种综合，其可能性我们不能够先天地判断，因为这些实在性并没有已经特别地给予过我们。（KrV，A602；B630）

238. 这种必然性必须是无条件的和先天肯定的。（KrV，A603；B631）

239. 这个证明原本从经验开始，因而它并不是完全先天地进行的，或者是本体论的。（KrV，A605；B633）

240. 现在只有一个事物的唯一的概念是可能对这个物作先天的通盘规定的，这就是 entis realissimi（最实在的存在物）这个概念。（KrV，A605；B633）

241. 后一种证明则把自己的全部信任都安放在纯粹先天的纯粹概念之上。（KrV，A606；B634）

242. 这个命题单纯出自它的概念而先天地已经规定了。（KrV，A608；B636）

243. 宇宙论证明的这种特技目的仅仅在于，为了躲避那个通过单纯概念而先天地对一个必然存在者的此在所作的证明。（KrV，A610；B638）

244. 这个存在者就必须在它的概念中包含绝对必然性所需要的一切东西，并因而使推出这个绝对必然性的一个先天推论成为可能。（KrV，A611；B639）

245. 最高存在者的概念满足于为了一个物的内部规定而能够提出一切先天的问题，因而它也是一个无与伦比的理想。（KrV，A611；B639）

246. 理性的理论运用就是那种，通过它我先天地（作为必然的）认识某物存在的运用；但实践的运用则是，通过它应当发生的东西先天被认识到的运用。（KrV，A633；B661）

247. 如果一个物的绝对必然性应当在理论知识中被认识，那么这个物就唯有从先天概念中才能够发生。（KrV，A634；B662）

248. 先验的问题只允许有先验的、即出自纯然先天概念而没有丝毫经验的混杂的回答。（KrV，A637；B665）

249. 然而它们，作为先天综合命题，仍然具有客观的、但不确定的有效性，并被用做可能经验的规则。（KrV，A663；B691）

250. 这些法则使得那些——没有它就没有任何经验发生的——概念，成为先天可能的。（KrV，A664；B692）

251. 每一个先天地为知性确定它的运用的通盘统一性的原理，虽然只是间接地，也对经验之对象有效。（KrV，A665；B693）

252. 人们绝不能可靠地使用一个先天的概念，没有把它带进一种先验的演绎。（KrV，A669；B697）

253. 这种概念先天地包含，思想的一种确定的形式，即思想的统一性。（KrV，A684；B712）

254. 如果人们不能在自然中先天地预设那最高的合目的性，即将它预设为属于自然的本质，人们怎么会被指示，而寻求它、并在一个自然的等级阶梯中接近一个创造者的最高完善性？（KrV，A693；B721）

255. 这条调节的原则要求，系统的统一性完全被预设为——不仅仅经验地认识、而且先天地、虽然还未确定的——自然统一性，因而预设为，从事物的本质中得出来。（KrV，A693；B721）

256. 哲学知识只在普遍中考察特殊，而数学知识则在特殊中、甚至在个别中考察普遍，但却仍然先天地并借助于理性。（KrV，A714；B742）

257. 只有大小的概念可以构造、即可以先天地在直观中陈述，但质却只能在经验的直观中表现。（KrV，A714；B742）

258. 一个先天概念（一个非经验的概念）所包含的，要么本身已经是一个纯粹直观了，而这样它就能够被构造；要么，就无非是那些——并未先天给予的——可能直观的综合，这样人们就完全可以通过它而进行先天的综合的判断。（KrV，A719；B747）

259. 从一切直观中被先天给予出来的，只不过是现象的单纯形式，即空间和时间。（KrV，A720；B748）

260. 把现象的这种经验的内容先天地表象出来的唯一的概念，就是一般的物的概念。（KrV，A720；B748）

261. 综合命题，针对一般物，而这些物的直观根本就不让先天提供出来，都是先验的。（KrV，A720；B748）

262. 先验命题决不通过概念的构造、而只按照概念而先天地给予。（KrV，A720；B748）

263. 我可以从概念走向与这个概念相应的纯粹的或经验的直观，以便在直观中具体地考量这个概念，并且，先天地或后天地认识凡是应归于这个概念的对象的东西。（KrV，A721；B749）

264. 我会构造一个三角形的数学概念，即先天地在直观中提供出来，并且以这种途径获得一种综合的、但却合理的知识。（KrV，A722；B750）

265. 因为概念是知觉的综合一条规则，这些知觉不允许是任何纯粹直观，所以不允许先天地给予。（KrV，A722；B750）

266. 在这种运用中，由于这些概念已经针对了一个先天直观，它们也就恰好因此而能够先天地并且无需所有经验的材料而在纯直观中被确定地给予出来。（KrV，A724；B752）

267. 因为理性把所有它的概念都带到直观上来，而这种直观又是它所能够先天给予的，并且因此它就说，成为超过自然的大师了。（KrV，A725；B752）

268. 没有任何先天被给予的概念可以被定义。（KrV，A728；B756）

269. 既然无论经验地、还是先天地被给予的概念都不能被定义，那么剩下的就别的而只有那些——人们能够尝试这种技艺的——任意想到的概念了。（KrV，A729；B757）

270. 没有任何别的、适宜于下定义的概念剩留下来，除非这种——包含一种任意的、即能够被先天地构造出来的综合的——概念，因而只有数学拥有定义。(KrV，A729；B757)

271. 这个公理，是先天的综合的原理，只要它直接就是确定的。(KrV，A732；B760)

272. 数学是能够提出公理的，因为它可以借助于在对象的直观中构造概念而先天地直接联结对象的谓词，例如“三点任何时候都处于一个平面”。(KrV，A732；B761)

273. 但从（在推论的知识中的）先天概念决不能产生直观的确定性，即显明，即使这个判断在其它情况下可以是如此非常无可争辩的确定的。(KrV，A734；B762)

274. 数学却能够在具体中（在个别直观中）却又通过先天的纯粹表象而考虑共相。(KrV，A734；B762)

275. 这些原理当然也就是无可置疑地确定的，但自在本身（直接地）却是决不能够被先天地认识。(KrV，A737；B765)

276. 并且我们从我们拥有的材料中，(从先天的纯粹概念中，) 能够把我们的房子盖到多么高。(KrV，A738；B766)

277. 所以我们的理性的界限规定只有按照先天的根据才能发生；但理性的限制，虽然只是对一种永远也不能完全取消的无知的不确定的知识，但它也能够后天地、通过那种在所有认知那里仍一直剩留给我们认知的东西，而被认识。(KrV，A758；B786)

278. 经验地达到它，是不可能的，并且按照一条确定的先天原则而先天地规定它，对此一切尝试都是徒劳的了。(KrV，A759；B787)

279. 不过我们也相信能够先天地超出我们的概念并且扩展我们的知识。(KrV，A764；B792)

280. 把理性的一切臆想出来的先天原则都看作是被想像出来的。(KrV，A765；B793)

281. 相反，我们已经在先验逻辑中看到：即使我们永远不能够直接超越那些已经给予了我们的概念的内容，我们毕竟可以完全先天地——但却与一个第三者，即可能的经验相关，因此毕竟是先天地——认识那个与别的事物相联结的法则。(KrV，A766；B794)

282. 我们关于这种动力学的联结的先天可能性不能形成丝毫概念。(KrV，A770；B798)

283. 这种从一切经验分离出来的理性对一切都只能够先天地并且作为必然的或者根本不认识。(KrV，A775；B803)

284. 如果我要先天地超出一个对象的概念，没有一个特殊的并处于这个概念之外的引导线索，这就是不可能的。(KrV，A782；B810)

285. 所以证明必须同时指出，综合地和先天地达到物的一定知识的可能性，而这些知识本来并不包含在这些物的概念中。(KrV，A783；B811)

286. 证明并不直接引向所要求的谓词，而仅仅被引向，借助于一条可能性的原则、把给予了我们的概念先天地扩展到理念、并实现这些理念。(KrV，A785；B813)

287. 这构成了理性的全部事务，理性为此能够提供，没有别的而无非自由行为的实用的规律，以达到感官向我们推荐的那些目的，因而决不能提供完全先天规定的、纯粹的规律。(KrV，A800；B828)

288. 至少能够以纯粹理性的单纯理念为基础并被先天地认识。(KrV，A806；B834)

289. 这些道德律完全先天地（不顾及经验的动机、即幸福）规定了所为与所不为，即一般有理性的存在者的自由的运用。(KrV，A807；B835)

290. 但命令就不会是道德律了，如果它不是先天地把恰当的后果与它们的规则联结起来、因而拥有预兆和威胁。(KrV，A811；B839)

291. 它们并没有实现那种——对于每一个理性存在者是自然的、而且恰好被同一个纯粹理性所先天规定并是必然的——全部目的。(KrV，A813；B841)

292. 把自然的合目的性带到那些——必须先天地与事物的内在可能性不可分地联结在一起的——根据上，并且由此而带到一种先验神学上。(KrV，A816；B844)

293. 因为，这些判断不是被建立在经验根据之上，而是一切都应当先天地被认识，在这里一切都是必然的。(KrV，A823；B851)

294. 这个理念就是一个整体的形式的理性概念，只要通过这个理性概念不论是杂多东西的范围、还是各部分相互之间的位置，都先天地被规定了。(KrV，A832；B860)

295. 理念为了执行，就需要一个图型，即一个从目的的原则中先天被规定了的本质的杂多和各部分的秩序。(KrV，A833；B861)

296. 但那个，如果是服从一个理念而产生的（在那里理性先天地发出给目的，而非经验地等待目的），就建立了建筑术的统一性。(KrV，A833；B861)

297. 所以人们在一切（先天的）理性科学中只能唯一地学习数学，决不学习哲学（除非是历史地学习），而学习理性所涉及的东西、最多只能学习做哲学研究。(KrV，A837；B865)

298. 纯粹理性的哲学或者是——鉴于一切纯粹先天知识而检查理性的能力的——入门（预习），并且叫批判。(KrV，A840；B868)

299. 于是道德性就是那种——能够完全先天地从原则中被推导的——行动的唯一的合法性。（KrV，A841；B869）

300. 我们知识的两个要素的区分，它的一个要素是完全先天地受我们控制，另一个要素则只能后天地从经验中被获得。（KrV，A843；B871）

301. 由于人们，没有把凡是完全先天地被认识的东西，区别于凡是只被后天地认识的东西。（KrV，A843；B871）

302. 形而上学作为先天知识显示出与数学的一种同质性，这种同质性，就先天的起源而言，虽然使它们相互有亲缘关系，但与数学那种单纯通过对概念的先天构造而判断的一类知识相比较，形而上学则是出自概念的知识类型。（KrV，A844；B872）

303. 所以，一切纯粹的先天知识，由于它唯一能位于其中的那种特殊认识能力，就构成了一种特殊的统一性。（KrV，A844；B872）

304. 形而上学的那个首先已经侵占这一名称的思辨的部分，即我们称为自然形而上学的、并且从先天概念而考虑一切、只要它所是的东西（而不是所应当是的东西）的形而上学，就被划分为如下的类型。（KrV，A845；B873）

305. 相反，内在的自然之学把自然看做一切感官对象的总和，因而正如自然被给予我们的那样，但只按照——在其下它一般能被给予我们的——那些先天条件。（KrV，A846；B874）

306. 有形的自然的形而上学叫做物理学，然而，因为它只应当包含物理学限先天知识的原则，则叫合理的物理学。（KrV，A846；B874）

307. 我们如何能够从对象中期待一种先天的知识、因而一种形而上学，如果这些对象都是被给予了我们的感官、因而都后天地被给予了？并且，这是如何可能的，按照先天的原则、认识事物的本性并且达到一种合理的自然之学？（KrV，A847；B875）

308. 纯粹哲学包含一些针对应用哲学的先天原则。（KrV，A848；B876）

先天原理（der Grundsatz a priori）

1. 人们甚至无需这样一类的例子来证明在我们的知识中那些先天纯粹原理的现实性，也能够阐明、因而先天地阐明，这些原理之于经验本身可能性的不可或缺性。（KrV，B5）

2. 但这样一些先天原理的根源不仅仅在判断中，而且甚至在概念中也表现出来了。（KrV，B5）

3. 先天原理拥有这一名称，不仅仅因为它们自身中包含其他判断的根据，而且也因为它们本身不再以更高且更普遍的知识作为根据。（KrV，A148；B188）

4. 但存在着这种纯粹先天原理，我仍还不想把它们特别地归于纯粹知性，就因为，它们已不是从纯粹概念、而是从纯粹直观（虽然借助于知性）而抽引出来。（KrV，A159；B198）

5. 现在，先天综合地认识于它们的无非是现象，——而这些现象的完备的知识，一切先天原理最终毕竟总必须慢慢结束于此，——只不过是可能的经验而已，因此那些原理无非单纯是在现象的综合中经验的知识的统一性的条件，而没有别的目的。（KrV，A181；B223）

6. 所以知性只能做出它的一切先天原理、甚至它的一切概念的经验的运用，而绝不能做出先验的运用。（KrV，A238；B297）

7. 既然每一个普遍的知识都能够在一个理性推论中用作大前提，而知性则为这样的知识提交普遍的先天原理，那么这些普遍的先天原理在它们的可能的运用方面，也可以叫作原则。（KrV，A301；B357）

8. 所以哲学并没有任何公理，也决不允许如此绝对地要求它的先天原理，而是必须勉强，通过彻底的演绎来为它们的、由于这些原理而来的权限而做辩护。（KrV，A733；B761）

9. 我把法规理解为一定的一般认识能力的正确运用的先天原理的总和。（KrV，A796；B824）

先天知识（die Erkenntnis a priori）

1. 每一种应当确定为先天的知识本身，都预示着，它要被看作绝对必然的，而一切纯粹先天知识的规定则更进一步，它应当是一切无可置疑的（哲学上的）确定性的标准试块、因而甚至范例。（KrV，AXV）

2. 因为人们根据思维方式的这种变革，能够完全很好地解释一门先天知识的可能性，并且，更多的则是，给——作为经验之对象的总和的自然设置了先天基础的——法则，配备以满意的证明。（KrV，BXIX）

3. 形而上学家的分析把纯粹先天知识分割为两个性质极不相同的要素，即作为现象的事物的知识，以及自在之物本身的知识。（KrV，BXX）

4. 规定无条件者的这个超验的理性概念，并且以这样合乎形而上学的愿望的方式、用我们的、但仅仅在实践的意图上才可能的先天知识，而获得超出一切可能经验的界限。（KrV，BXXI）

5. 在先天知识中能够赋予客体的，无非是那些思想主体从自身中取出来的东西。（KrV，BXXIII）

6. 一种同时具有内在必然性品格的普遍知识，必须是不依赖于经验，本身是清楚的和确定的；因此人们把它称为先天知识：因为与之相反，所有仅仅从经验借来的东西，正如人们的措辞，只是后天地、或经验地被认识到的。

（KrV，A2）

7. 哲学需要一门科学，它规定一切先天知识的可能性、原则和范围。（KrV，A2）

8. 独立于经验并且甚至一切感官印象的知识：人们把这样一种知识称为先天的（a priori），它们区别于那些——具有它们的后天的（a postcriori）、即在经验（Erfahrung）中的来源的经验的（empirische）知识。（KrV，B2）

9. 于是我们接下来把先天的知识并非这样理解为，不依赖于这个或那个经验、而绝对地依赖于一切经验而发生的知识。（KrV，B3）

10. 我们具有一定的先天知识，甚至普通知性也绝不缺少这样的知识。（KrV，B3）

11. 必然性和严格普遍性是先天知识的可靠标志，并且相互从属而又不可分离。（KrV，B4）

12. 数学给予我们一个光辉的范例，我们独立于在先天知识中的经验我们能够把它带到多远。（KrV，A4）

13. 知性究竟如何能够达到所有这些先天知识，并且这些知识可以具有哪些范围 A4、有效性和价值。（KrV，B7）

14. 一个物体是广延的，这是一个先天确定了的命题，并不是任何经验判断。（KrV，A7；B11）

15. 在形而上学中，即使人们把它仅仅看作一门至今还仅仅尝试、但却由于人类理性的本性而不可缺少的科学，也应该包含了先天综合的知识，并且它所发生的事情，完全不是仅仅分解并由此分析地说明我们所制造的事物的先天概念。（KrV，B18）

16. 理性是提供先天知识的原则的能力。所以纯粹理性包含着绝对先天地认识某物的原则。纯粹理性的一种工具论就会是那种先天纯粹知识的原则的总和，按照它们一切先天纯粹知识才能够获得并且被现实地实现出来。（KrV，B25）

17. 我称一切知识为先验的，［这种知识］与其说关注对象，不如说一般地关注其［对象］应当先天可能存在的认识方式。（KrV，B25）

18. 这样一门科学必须完整地既包含分析的知识、又包含有先天综合的知识。（KrV，B25）

19. 这种研究，我们本来不能称为学理，而只能称为先验的批判，因为它的意图并非知识本身的扩展，而只对其进行纠正，并且应该适宜于充当一切先天知识的有价值或无价值的试金石。（KrV，B26）

20. 这个批判本身并不就已经叫做先验一哲学，根据仅仅在于，它为了成为一个完备的体系，还必须包含对人类全部先天知识的一种详细的分析。

（KrV，B27）

21. 但也还并不是这一科学本身，因为它在分析中只走到对先天综合知识的完备评判所要求的那么远。（KrV，B28）

22. 先天知识本该是完全纯粹的。（KrV，B28）

23. 所以，只有我们的解释才使得——作为一种先天综合知识的——几何学的可能性成为可理解的。（KrV，B41）

24. 并非每一个先天知识，都是先验知识。（KrV，A56；B80）

25. 这个分析论是我们的全部先天知识被剖解成纯粹知性知识的要素。（KrV，A64；B89）

26. 在这里行使的知性机能也许在纯粹先天知识的领域中可能是重要的。（KrV，A73；B98）

27. 为了一切对象的先天知识的目的，首先必须被给予我们的，是纯粹直观的杂多。（KrV，A78；B104）

28. 即使先天纯粹知识的可能演绎的唯一的方式、即走先验途径的方式，被承认，但由此并不恰好说明，这种唯一的方式是绝对地必要的。（KrV，A87；B119）

29. 我也把这种统一性叫作自我意识的先验统一性，以表明来自于它的先天知识的可能性。（KrV，B132）

30. 通过前一种直观的规定我们能得到对象的先天知识（在数学中）。（KrV，B147）

31. 所以纯粹知性概念，即使它们被运用于先天直观（如在数学中），也只有在这些先天直观、因而借助于它们的知性概念，也能够被运用于经验的直观的情况下，才获得知识。（KrV，B147）

32. 杂多的综合或联结在它们之中，仅仅与统觉的统一性相关联，并因此是先天知识的可能性根据，只要它建基于知性，因而不仅仅是先验的、而且甚至单是纯粹智性的。（KrV，B150）

33. 这两种综合都是先验的，这不单纯因为它们本身先天地发生，而且也因为建立了其它先天知识的可能性。（KrV，B151）

34. 在先验演绎中，这些范畴的可能性被表现为一般直观对象的先天知识（见§20、21.）。（KrV，B159）

35. 所以作为唯一可能经验的对象的先天知识，我们便再也没有任何的先天知识是可能的了。（KrV，B166）

36. 构成一切先天知识甚至任意而荒谬的虚构的那些要素，虽然不能从经验那里借用，（因为否则它们就不会是先天知识了），但它们任何时候都必须包含一个可能经验和这个可能经验的一个对象的纯粹先天条件。（KrV，A96）

37. 所以在知性中，纯粹先天知识，它们在一切可能现象方面，已经包含了想像力的纯粹综合的必然统一性。（KrV，A119）

38. 我们具有一种作为一种人类心灵基本能力的纯粹想像力，这种基本能力为一切先天知识设置了基础。（KrV，A124）

39. 那种——感性表象（直观）的杂多如何属于一个意识的——方式，在一切对象知识之前、作为它的智性形式而先行，并且本身也构成了一切对象的一般形式的先天知识（范畴），只要它们被思想。（KrV，A129）

40. 先验逻辑，因为被限制在一种规定的内容上、即仅仅是纯粹先天知识的内容上，它在这里的划分就不能模仿普遍逻辑。（KrV，A131；B170）

41. 为了在纯粹先天知识领域中使知性获得扩展，因而作为学说，哲学看来是完全没有必要的，或者更好地说，是难以合适的。（KrV，A135；B174）

42. 经验的可能性就是，给予所有我们的先天知识以客观实在性的东西。（KrV，A156；B195）

43. 因此，由于经验，作为经验的综合，在它的可能性中是唯一的知识类型，它给予一切其他的综合以实在性，所以一切其他的综合作为先天知识之所以具有真理性（即与客体相符合），也只是因为它不包含别的东西，而无非那些对一般经验之综合统一性是必要的东西。（KrV，A157；B196）

44. 所以我称它为动力学的连结，因为它涉及杂多之物的此在的连结（这种连结又可以被分为现象相互之间的物理学的连结和现象在先天知识能力中的形而上学的连结。（KrV，A162；B201）

45. 现象的这种先验的数学原理给我们的先天知识以很大的扩展。（KrV，A165；B206）

46. 但由于在现象上的某种东西，它绝不被先天地认识，并且这种东西因而也构成了经验之物与先天知识的真正区别，这就是感觉（作为知觉的质料），所以便导致，感觉本来应该是，完全不能被预测的东西。（KrV，A167；B208）

47. 由于我的批判的打算，仅仅面向先天综合知识的来源，而并不想与单纯涉及概念的解说（而不是扩展）的分解相混杂。（KrV，A204；B249）

48. 一般来说某物如何能够被改变；它如何可能在一个时间点的状态之后跟随着另一个时间点的一种相反的状态：对此我们先天并不拥有起码的概念。（KrV，A207；B252）

49. 这样一条原理，它似乎扩展了我们的自然知识，如何可能是完全先天的，这就急切地要求我们检验了。（KrV，A209；B254）

50. 数学公理（例如两点间只能有一条直线，）甚至是先天的普遍知识。（KrV，A300；B356）

51. 不是理性的所作所为，而是理性本身，按照它的全部能力和对纯粹先

天知识的适应性而经受评估。（KrV，A761；B789）

52. 所以我们判断的要素，只要它们与愉快或不愉快相关，因而作为实践的判断要素，就不属于先验哲学的整体之中，后者只与纯粹的先天知识相关。（KrV，A801；B829）

53. 所以，一切纯粹的先天知识，由于它唯一能位于其中的那种特殊认识能力，就构成了一种特殊的统一性，而形而上学就是那种——应当把那些知识表现在这种系统统一性之中的——哲学。（KrV，A845；B873）

先天综合判断（das synthetische Urteil a priori）

先天综合命题（der synthetische Satz a priori）

1. 但在先天综合判断那里，这种辅助手段就完全没有了。（KrV，A9；B12）

2. 我们先天的思辨知识的全部最终意图都建基于这样的综合性的、亦即扩展性的原理之上。（KrV，B13）

3. 在理性的所有理论科学中都已包含作为原则的先天综合判断。（KrV，B14）

4. 自然科学（物理学）自在地包含着作为原则的先天综合判断。（KrV，B17）

5. 形而上学，至少根据它的目的，由真正的先天综合命题所构成。（KrV，B18）

6. 于是纯粹理性的真正任务就已包含在这个问题之中了：先天综合判断是如何可能的？（KrV，B19）

7. 纯粹数学肯定包含先天综合命题。（KrV，B20）

8. 所有属于纯粹理性批判的东西就是那些构成先验—哲学的东西，并且纯粹理性批判是先验—哲学的完备的理念，但也还并不是这一科学本身，因为它在分析中只走到对先天综合知识的完备评判所要求的那么远。（KrV，B28）

9. 我把先验阐明理解为把一个概念解释为一条原则，由此其他先天综合知识的可能性便能够被看出。（KrV，B40）

10. 也就是说，空间和时间是一切感性直观的两者集中的纯形式，并且由此而使先天综合命题成为可能。（KrV，A39；B56）

11. 几何学定理是先天综合地并且以无可置疑的确定性而被认识。（KrV，A46；B64）

12. 于是在这里，我们就拥有了解决先验—哲学“先天综合命题是如何可能的？”这个一般课题所必需部分之一种，亦即先天的纯直观，空间与时间。（KrV，B73）

13. 于是这里就有了（意识的）一种杂多的综合统一性，它被先天地认识，并且正好适合于充当与纯粹思想相关的先天综合命题的根据，正如空间和时间适合于充当涉及单纯直观的形式的先天综合命题的根据一样。（KrV，A117）

14. 因为它们仍是先天综合判断，在这里仍有必要的位置，虽然不是，为了证明其正确性和无可置疑的确定性，这是它们所完全没有必要的，而只是为了使这些明显的先天知识的可能性成为可理解的并且将它们演绎出来。（KrV，A149；B189）

15. 但没有这种关系，先天综合命题就是完全不可能的，因为它们没有第三者，亦即没有——其概念的综合统一性能够在其上表明客观实在性的——对象。（KrV，A157；B196）

16. 先天综合判断以这样一种方式就是可能的，当我们把先天直观的形式条件、想像力的综合以及这种综合在先验统觉中的必然统一性，与一般可能的经验知识相关联，并且表明：一般经验可能性的条件同时就是经验对象的可能性的条件，因此而在一个先天综合判断中拥有客观有效性。（KrV，A158；B197）

17. 公理则应当是先天综合命题。（KrV，A164；B205）

18. 但由于这样的一种证明绝不能够独断地、即从概念而被引导，因为它涉及一个先天综合命题，并且人们从来也没有想到过，这类命题只有在与可能经验相关时才是有效的，因而也只有通过经验的可能性的一个演绎才能够被证明。（KrV，A185；B228）

19. 纯粹知性的一切原理都无非是经验之可能性的先天原则，一切先天综合命题也都只与经验之可能性相关联，甚至这些命题的可能性本身都完全建立在这种关系之上。（KrV，B293）

20. 然而无条件者，如果它确实拥有地位，就能够被特殊地思量，按照所有那些它区别于那个有条件者的规定，并且必须由此而给某些先天综合命题提供材料。（KrV，A308；B365）

21. 这个命题：每一个思想着的存在者，作为一个这样的存在者，都是简单的实体；是一个先天综合命题。（KrV，B410）

22. 所以先天综合判断并不单纯，如我们所已经主张的，在可能经验的对象的关系中、而且作为这种经验本身的可能性的原则，是可行的和可允许的，而它们还能够针对一般的和自在的事物自身，这样的结论则会结束这种整个的批判，而回到旧的那里为止。（KrV，B410）

23. 在所想到的两类先天综合命题中，按照习惯的用语，只有属于哲学知识的那些先天综合命题才能够拥有这个名称，而人们似乎难以把算术或几何的命题称为教条。（KrV，A736；B764）

24. 从先天综合命题的本性。（KrV，A762；B790）

先天综合知识（die synthetische Erkenntnis a priori）

1. 在形而上学中，即使人们把它仅仅看作一门至今还仅仅尝试、但却由于人类理性的本性而不可缺少的科学，也应该包含了先天综合的知识，并且它所发生的事情，完全不是仅仅分解并由此分析地说明我们所制造的事物的先天概念。（KrV，B18）

2. 这样一门科学必须完整地既包含分析的知识、又包含有先天综合的知识。（KrV，A12；B25）

3. 所有属于纯粹理性批判的东西就是那些构成先验—哲学的东西，并且纯粹理性批判是先验一哲学的完备的理念，但也还并不是这一科学本身，因为它在分析中只走到对先天综合知识的完备评判所要求的那么远。（KrV，A14；B28）

4. 我把先验阐明理解为把一个概念解释为一条原则，由此其他先天综合知识的可能性便能够被看出。（KrV，A25；B40）

5. 所以，只有我们的解释才使得——作为一种先天综合知识的——几何学的可能性成为可理解的。（KrV，A25；B41）

6. 所以我们的时间概念所解释的先天综合知识的可能性，会多于并非罕有成效的一般运动学说所描绘的。（KrV，A32；B49）

7. 数学就具有这样的原理，但它们在经验上的运用、因而它们的客观有效性、甚至这样的先天综合知识的可能性（先天综合知识的的演绎）毕竟都永远建基于纯粹知性之上。（KrV，A160；B199）

8. 我的批判的打算，仅仅面向先天综合知识的来源，而并不想与单纯涉及概念的解说（而不是扩展）的分解相混杂。（KrV，A204；B249）

9. 本体论的傲慢的名称，自以为能够在一个系统的学说中提供有关一般事物的先天综合知识（例如因果性原理），必须把位置让给那谦虚的、纯粹知性的一种单纯分析论。（KrV，A247；B303）

10. 一切先天综合知识，都只有通过它表达出一个可能经验之形式条件，才是可能的。（KrV，A638；B666）

11. 而这个物的先天综合知识所能够提供的并不遥远，而无非是那种知觉有可能后天给予的东西进行综合的单纯规则，却绝不可能先天地提供实在对象的直观，因为这种直观一定必须是经验的。（KrV，A720；B748）

12. 我们已经现实地拥有了先天综合知识，就如这种预测经验的知性原理所表明的那样。（KrV，A762；B790）

13. 在先天综合知识的一切证明中，本身，即理性在它们那里借助于它的概念不允许被直截了当地变成对象，而必须预先阐明这些概念的客观有效性和这些概念的先天综合的可能性。（KrV，A782；B810）

14. 于是先验分析论就是纯粹知性的法规；因为只有它能做得出真正的先天综合知识。（KrV，A796；B824）

先验的（transzendental）

1. 这种研究，我们本来不能称为学理，而只能称为先验的批判，因为它的意图并非知识本身的扩展，而只对其进行纠正，并且应该适宜于充当一切先天知识的有价值或无价值的试金石。（KrV，A12；B26）

2. 先验的感性学说将必须属于要素科学的第一部分。（KrV，A16；B30）

3. 先验要素论。（KrV，A19；B33）

4. 我把一切表象——在其中找不到任何属于感觉的东西——称为纯粹的（在先验知性中）。（KrV，A20；B34）

5. 空间概念的先验阐明。（KrV，B40）

6. 我把先验阐明理解为把一个概念解释为一条原则，由此其他先天综合知识的可能性便能够被看出。（KrV，B40）

7. 我们主张（鉴于一切可能的外部经验）空间的经验的实在性，虽然同时又主张空间的先验的观念性。（KrV，A28；B44）

8. 在空间中现象的先验概念却是一种批判性的回忆。（KrV，A30；B45）

9. 时间概念的先验阐明。（KrV，A32；B48）

10. 所以这里就存在着时间的先验的观念性，按照这种先验的观念性，时间，如果人们抽掉了感性直观的主观条件，就什么也不是。（KrV，A36；B52）

11. 莱布尼茨一沃尔夫的哲学已经指示了关于我们知识的本性和起源的全部研究的一种完全不正当的观点，通过它们把感性与智性的区别仅仅看作逻辑上的区别的方法，因为这种区别显然是先验的。（KrV，A44；B61）

12. 一种普遍而又纯粹的逻辑，不得不只与纯净的先天原则发生关系，并且是知性和理性的一种法规，但仅仅鉴于它的运用的形式，这种内容可能如此，无论它，是（经验的还是先验的）。（KrV，A53；B77）

13. 并非每一个先天知识，而只有那种——通过它我们认识到，一定的表象（直观或概念）仅仅被先天地运用，或是如何可能的——［先天知识］，才必须称为先验的（即知识的先天可能性或其先天运用）。（KrV，A56；B80）

14. 不论是空间，还是空间的任何一个几何学的先天规定，都不是一种先验的表象，而只有其表象根本不是经验的来源，并且它们何以能够同样先天地与经验对象发生关系的可能性的知识，才能称之为先验的。（KrV，A56；B81）

15. 一般对象的空间的运用也会是先验的：但如果这种运用已经单单限制

在感官对象上了，那么它就是经验的。所以先验的和经验的区别只属于知识的批判，而不涉及知识与其对象的关系。（KrV，A56；B81）

16. 所以鉴于逻辑的范围，这些无限判断在一般知识的内容方面实际上只是限制性的，并且就这点而言，它们在判断中思想的一切要素的先验表中必须不被忽略掉。（KrV，A73；B98）

17. 同一个知性，恰恰通过同一些行动，它在概念中，借助于产生了一个判断的逻辑形式的分析的统一性，借助于一般直观中杂多的综合统一，也把一种先验的内容带进它的表象中，因此它们就叫作先天地指向客体的纯粹知性概念，而这一般逻辑则不能做到。（KrV，A79；B105）

18. 事物的这些被信以为真的先验谓词无非是一般事物的一切知识的逻辑要求和标准。（KrV，B114）

19. 通过单一性、真实性和完备性的概念，先验范畴表根本没有得到什么补充，仿佛它缺少了什么似的，而只是由于把这些概念对客体的关系整个就被放在了一边，这些概念的处理才被带入知识与自身一致的普遍逻辑规则之下。（KrV，B116）

20. 所有这些能力，除了经验的运用之外，还有一种先验的运用，这种运用仅仅针对形式，并且是先天可能的。（KrV，A94；B127）

21. 我也把这种统一性叫作自我意识的先验统一性，以表明来自于它的先天知识的可能性。（KrV，B132）

22. 统觉的先验统一性是这样的，通过它，所有在一种直观中给予了的杂多都被统一在一个客体的概念里。（KrV，B139）

23. 只有那个统觉的先验的统一性才是客观有效的；统觉的经验的统一性，则只有主观的有效性。（KrV，B140）

24. 杂多的综合或联结在它们之中，仅仅与统觉的统一性相关联，并因此是先天知识的可能性根据，只要它建基于知性，因而不仅仅是先验的、而且甚至单是纯粹智性的。（KrV，B150）

25. 这两种综合都是先验的，这不单纯因为它们本身先天地发生，而且也因为建立了其它先天知识的可能性。（KrV，B151）

26. 这种形象的综合，如果它单纯指向统觉的本源的综合统一性、即这种在范畴中被思想的先验统一性，则必须区别于单纯智性的连结，而叫作想像力的先验综合。（KrV，B151）

27. 想像力是一种先天地规定感性的能力，并且它的符合范畴的直观的综合，必须是想像力的先验综合，这是知性在感性上的一种作用。（KrV，B152）

28. 在一般表象的杂多的先验综合中，因而在统觉的综合的本源统一性中，我向我意识到我的自身，既不像我对自己所显现的那样，也不像我在我自身所

是的那样，而只是“我在”。（KrV，B157）

29. 所以我们必须首先考虑那种主观来源，它构成了经验可能性的先天基础，不是按照其经验的性状、而是按照其先验的性状。（KrV，A97）

30. 我们就必须设定一种想像力的纯粹的先验综合，它本身构成了一切经验的可能性（当这种可能性必然地预设了现象的再生性的时候）的基础。（KrV，A102）

31. 既然那个领会的综合构成了所有一般知识（不仅是经验的知识，而且也有纯粹先天的知识）的可能性的先验根据，那么想像力的再生的综合就属于内心的先验活动，而考虑到这一点，我们愿意把这种能力也称为想像力的先验能力。（KrV，A102）

32. 一切必然性任何时候都是以一种先验的条件为基础。所以，意识统一性的一种先验基础必须，在我们的一切直观的杂多的综合中、因而也在一般客体的概念的综合中，继而也在一切经验之对象的综合中，被找到。（KrV，A106）

33. 我要把这种纯粹本源的、不可改变的意识命名为先验统觉。（KrV，A107）

34. 正是统觉的这种先验统一性，使一切总能够在一个经验中共同存在的可能现象，成为一切这些表象按照法则的关联。（KrV，A108）

35. 这些现象不是自在的事情本身，而只是自身重新拥有它的对象的表象，所以这一对象则不再能够被我们直观，因而可以被称为非经验性的、即先验的、等于 X 的对象。（KrV，A109）

36. 既然这个统一性必须被看作先天必然的，（因为否则知识就会没有对象了），那么与一个先验对象、亦即与我们的经验的知识的客观实在性的关系，就将以这条先验法则为基础：一切现象，只要对象应当由此而被给予我们，就都必须服从现象的综合统一性的先天规则。（KrV，A110）

37. 按照经验的概念的综合统一性会是完全偶然的，并且假如这些经验的概念并不建立在这种统一性的一种先验基础上，那么这就是可能的，即现象们的一种熙攘杂乱充斥着我们的心灵，而从中就没有成为哪怕一个经验。（KrV，A111）

38. 数目上的同一性，与作为一个先验表象的这个自我意识，是不可分割的。（KrV，A113）

39. 一切现象都处于按照必然法则的一种无例外的连接中、因而是处于一种先验的亲和性中的，而经验的亲和性则仅仅是结果。（KrV，A114）

40. 这条原则就先天地确定了下来，并且可以叫作，我们表象的（因而也是直观中的）一切杂多之统一性的先验原则。（KrV，A116）

41. 一切经验的意识又都与一个先验的（先行于一切特殊经验的）意识有一种必然的关系，这种先验意识也就是，作为本源的统觉的我本身的意识。（KrV，A117）

42. 这个单纯表象我在与一切其他表象（它使这些表象的集合的统一性成为可能）的关系中会是先验的意识。（KrV，A117）

43. 统觉的先验的统一性就与想像力的纯粹综合、作为一个在认识中杂多的一切组合的可能性的先天条件相关联。（KrV，A118）

44. 我们就把这种想象力中的杂多的综合称为先验的，当它无需区分各种直观，而仅仅只指向杂多的先天联结的时候，并且把这种综合的统一性叫做先验的，当它与统觉的本源的统一性的关系中被表现为先天必然的时候。（KrV，A118）

45. 与想像力的综合发生关系的统觉的统一性，就是知性，而正是这同一个统一性，或者说得更确切些，与想像力的先验的综合发生关系的统一性，就是纯粹知性。（KrV，A119）

46. 其意图不外乎在现象的综合中的必然统一性，这种综合能力也就可以被称为想像力的先验机能。（KrV，A123）

47. 只有借助于想像力的这种先验机能，甚至现象的亲和性，连同它们的联想，最终通过联想按照法则的再生、因而经验本身，才是可能的：因为没有这种机能就根本没有任何对象的概念可能汇聚到一个经验中。（KrV，A123）

48. 这两个极端，即感性和知性，必须借助于想像力的这个先验机能而必然相关联；因为否则的话，感性虽然会给出现象，但却不会给予一种经验的知识的任何对象、因而不会给予任何经验。（KrV，A124）

49. 统觉的统一性就是经验中一切现象的必然合规律性的先验根据。（KrV，A127）

50. 论一般先验判断力。（KrV，A132；B171）

51. 这种判断力的先验学说将包括两章：第一章，论及——纯粹知性概念在其之下才能够被运用——那个感性条件，亦即论及纯粹知性的图型法；但第二章则论及——在这些条件下从纯粹知性概念中先天地推导出、并且为一切剩余下的先天知识设置基础的——那些综合判断，亦即论及纯粹知性的原理。（KrV，A136；B175）

52. 这个如此自然并且巨大的问题本来就是——必然建立一门判断力的先验学说的——原因，为的是指出——纯粹知性概念如何能够被应用于一般现象之上的——这种可能性。（KrV，A138；B177）

53. 一种先验的时间规定就它是普遍的并依据于一种先天规则而言，与范畴（它构成了这个先验的时间规定的统一性）是同质的。（KrV，A138；B177）

54. 纯粹知性概念的图型是完全不能被带进任何形象中的某物，而只是——合乎一种根据范畴所表达的一般概念的统一性的规则——纯粹的综合，并且是想像力的先验产物。（KrV，A142；B181）

55. 知性的图型法通过想像力的先验综合，所导致的无非是一切直观杂多在内感官中的统一性，并因而间接导致作为与内感官（一种接受性）一致的机能的那种统觉的统一性。（KrV，A145；B185）

56. 我们所有的知识都处于一切可能经验的整体中，而先行于一切经验的真理、并且使之成为可能的那种先验真理，则在于这一切可能经验的普遍关系之中。（KrV，A146；B185）

57. 现象的这种先验的数学原理给我们的先天知识以很大的扩展。（KrV，A165；B206）

58. 在一切综合原理那里将被提醒、并且在这里必须被首先说明的东西是：这些类比并不作为先验的、而仅作为经验的知性运用的原理，才拥有它的唯一意义和有效性。（KrV，A180；B223）

59. 只有对这一点，即这些概念先天地表达了在任何经验中的知觉的关系，人们才认识到这些概念的客观实在性，亦即它们的先验的真实性。（KrV，A222；B269）

60. 知性只能做出它的一切先天原理、甚至它的一切概念的经验的运用，而绝不能做出先验的运用，这是一条——如果它能够被深信地认识到，就能看出重要后果的——原理。（KrV，A238；B297）

61. 纯粹的知性概念永远也不能有先验的、而任何时候都只有经验的运用。（KrV，A246；B303）

62. 如果这种直观的方式无法以任何类型而被给予出来，那么这个对象就是单纯先验的，并且知性概念就没有任何别的运用，而无非先验的运用，即具有思维一种一般杂多的思想的统一性。（KrV，A247；B304）

63. 范畴的单纯先验的运用事实上就根本不是什么运用，而且没有任何确定的、或者哪怕仅仅按照形式的可确定的对象。（KrV，A247；B304）

64. 纯粹范畴，没有感性的形式条件，仅仅具有先验的意义，但不是任何先验的运用。（KrV，A248；B305）

65. 是否在这种知性的经验的运用之外还可能有（即使在牛顿的宇宙构造表象中）一种先验的运用，它针对作为一种对象的本体，而我们则已经否定地回答了这个问题。（KrV，A257；B313）

66. 反思概念的歧义经由经验的知性运用与先验的运用相混淆。（KrV，A260；B316）

67. 这种行动——通过我集合了一般表象的比较与做出这种比较的认识能

力，并且我借以区别，这些表象在相互被比较中属于纯粹知性还是属于感性直观——我称为先验的反省。（KrV，A261；B317）

68. 先验的反思、也就是被给予的表象对这种或那种认识方式的关系，唯一能够规定表象的相互关系。（KrV，A262；B318）

69. 先验的反思（它走向对象本身）却包含了表象相互间客观比较的可能性根据。（KrV，A262；B318）

70. 这种先验的反省是一种没有人能够放弃的义务，如果他愿意先天地做出关于事物的某些判断。（KrV，A263；B319）

71. 质料意味着一般的可规定之物，形式意味着该物的规定（两者都在先验的理解中，因为人们抽掉了被给予之物的一切区别，以及它如何被规定的那种方式）。（KrV，A266；B322）

72. 人们允许我，将我们给一个概念或者在感性中、或者在纯粹知性中授予的位置，称为先验的方位。（KrV，A268；B324）

73. 如果我们想用这些概念而达到这种对象，那么先验的反省首先是必要的，对于这些对象应当是哪些认识能力的对象，是纯粹知性的对象，还是感性的对象。（KrV，A269；B325）

74. 这种普通的力学甚至能够在一条先天规则中指出这种冲突的经验的条件，因为它着眼于方向上的对立：这是实在性的先验概念对之完全一无所知的一个条件。（KrV，A273；B329）

75. 这种时间和空间的著名的学说概念，在其中他智性化了这种感性形式，只产生于先验反思的同一种错觉。（KrV，A275；B331）

76. 尽管如此，但那些超出自然之外的先验的问题，我们尽管如此也毕竟绝不能够回答它们，即使整个自然都被揭示给我们，这是由于用一种——与我们的内感官的直观——不同的直观，而观察我们自己的内心，都没有被给予过我们。（KrV，A278；B334）

77. 感性与一个客体的关系，以及这种统一性的先验根据会是什么，无疑深深地隐藏着。（KrV，A278；B334）

78. 所以先验的和超验的并不是一样的。（KrV，A296；B352）

79. 纯粹理性的先验运用，它的原则和理念，所以就是，那些对于我们现在有责任准确地认识的东西，以便能够恰当地规定和估量纯粹理性的影响和它的价值。（KrV，A319；B376）

80. 所以纯粹理性就把理念给予了先验的灵魂学说（psychologia rationalis，理性心理学）、先验的世界科学（cosmologia rationalis，理性宇宙学），最终也给予了先验的上帝知识。（KrV，A334；B391）

81. 至少纯粹理性概念的先验的（主观的）实在性就根据于，我们被一种

必然的三段式推理带进了这样的理念。（KrV，A339；B397）

82. 而这种存在者，我通过一种先验概念还更加不认识，并且从它的无条件的必然性我也不能形成任何概念。（KrV，A340；B398）

83. 但一个先验的谬误推理却拥有一个先验的根据：按照形式得出虚假的结论。（KrV，A341；B399）

84. 但人们则容易看出，这概念是所有一般概念的运载工具。因而也是先验概念的运载工具，所以它在任何时候都将处于先验概念之中，因而也刚好是先验的。（KrV，A341；B399）

85. 因为这种内部的知觉无非是单纯的统觉：我思；它甚至是使一切先验概念成为可能的，在这些先验概念中它说：我思想着实体、原因等等。（KrV，A343；B401）

86. 一般内部经验及其可能性，或一般知觉及其与别的知觉的关系，没有经验地给出它们的任何一种特殊的区别和规定，就不能看作经验的知识，而是必须看做一般经验的东西的知识，并且属于任何一个经验之可能性的研究，而这种研究则是先验的。（KrV，A343；B401）

87. 先验灵魂学说的四个谬误推理就与此相关，而这种灵魂学说则被错误地当作纯粹理性的——关于我们的思想的存在者的本性的——科学。（KrV，A345；B403）

88. 通过这个思想着的我、或者他、或者它（物），所表象出来的不是别的，而是思想的一个先验主体 = x，它只有通过是它的谓词的那些思想，才被认识。（KrV，A346；B404）

89. 我把在我之内的实体性的东西当作先验的主体来认识。（KrV，B427）

90. 因为这种意识是唯一使所有表象都成为思想的东西，因而在其中，我们的一切知觉，作为先验的主体，必须被找到。（KrV，A350）

91. 依存性的主体通过与思想相联系的这个“我”只被先验地表明了，而丝毫没有说明它的属性，或者说关于它根本没有任何认知、或知晓。（KrV，A355）

92. 任何一个（在先验的意义上）在我之外的某物也不可能在这空间中会被给予出来。（KrV，A375）

93. 借此，我当然也并不会更好地认识这个思维着的自身，按照它的属性，我也不能看透它的持存性、甚至绝不能看透那个外部现象的可能的先验基底的、它的生存的独立性。（KrV，A383）

94. 大前提对范畴，在其条件方面，仅仅作一种先验的运用，但小前提和结论对同一个范畴却是在归摄于该条件之下的那个灵魂方面，则作一种经验的运用。（KrV，A402）

95. 先验的谬误推理产生一个单纯片面的幻相，鉴于我们思想的主体的理念，并且在相反的主张上不会有出自理性概念的丝毫幻相。（KrV，A406；B433）

96. 只有知性才会是，能够从中产生纯粹的和先验的概念。（KrV，A408；B435）

97. 先验的背反论是一种关于纯粹理性的二律背反、它的原因和结果的探讨。（KrV，A421；B449）

98. 先验的理性不允许任何别的试金石，除了自己的那些主张相互联合的企图、因而事先它们的自由而无阻碍的相互竞争之外。（KrV，A425；B453）

99. 论纯粹理性的先验任务，就其必须能够被完全地解决而言。（KrV，A476；B504）

100. 这种前进的经验的条件的原因、因而哪些项，甚或，多远我才能够在回溯中遇到，是先验的并且因此必然对我所不知道的。（KrV，A496；B524）

101. 所以这个命题是分析性的并且摆脱了在先验批判面前的一切畏惧。（KrV，A498；B526）

102. 宇宙论的三段论推理的大前提在一种纯粹范畴的先验意义上、但小前提却在一个运用于单纯现象的知性概念的经验意义上设想了有条件者。（KrV，A499；B528）

103. 人们也可以从这种二律背反中引出一种真实的、虽然不是独断的、但却是批判的和学理上的好处：即由此而间接地证明现象的先验的观念性。（KrV，A506；B534）

104. 一般现象在我们的表象之外就什么也不是，而这正是我们通过现象的先验观念性所想说的。（KrV，A506；B534）

105. 人们不要，就像通常所不可避免地发生的那样，（通过先验的偷换），把客观实在性归于一个仅仅用作规则的理念。（KrV，A509；B537）

106. 纯粹知性概念与纯粹理性概念一样很少产生出任何先验的运用，由于感性世界中条件序列的绝对总体性仅仅立足于理性的一种先验的运用，而理性则要求它所预设为自在之物本身的那种东西的无条件的完备性。（KrV，A515；B543）

107. 一般现象的先验划分延伸到多远，则根本不是经验之任何事情，而是理性的一条原则。（KrV，A527；B555）

108. 先验的自由的取消同时也就灭绝了一切实践的自由。（KrV，A534；B562）

109. 所以这里就发生了，那种一般说来在一个敢于超出可能经验界限的理性的冲突中所遇到的事情，这种任务本来不是自然之学的，而是先验的任务。

（KrV，A535；B563）

110. 理性在经验的运用上走它的程序，而在先验的运用上则走它的特殊程序。（KrV，A563；B591）

111. 论先验的理想。（KrV，A571；B599）

112. 通过这个命题，谓词不仅仅相互逻辑地、而且物本身与一切可能谓词的总和被先验地比较。（KrV，A573；B601）

113. 一个先验的否定意味着那个——将与先验的肯定相对立的——自在的非存在本身，而先验的肯定则是一个“某物”，它的概念自在地本身已经表达了一个存在。（KrV，A574；B602）

114. 那些实在的东西则包含——对于一切事物的可能性和通盘规定的——材料和所谓质料，或先验内容。（KrV，A575；B603）

115. 所以这就是一个先验的理想，它为在一切生存的东西那里都必然被找到的那种通盘规定设置了基础，并且构成了这些东西的可能性的至上的和完备的质料条件。（KrV，A576；B604）

116. 一切事物的通盘规定着的先验的大前提，无非是一切实在性的总和的表象。（KrV，A577；B605）

117. 理性的那种运用，通过它而把先验理想设置为自己对一切可能事物的规定的基础，是与它在选言三段论推理中所据以处理的那种运用类似的。（KrV，A577；B605）

118. 所以我们就会把我们作为现象的事物的可能性的那些概念们的经验原则，通过去掉这一限制，而当作一般事物的可能性的一条先验的原则。（KrV，A582；B610）

119. 这个单一之物，就借助于已经提到过的那个先验的偷换，被混同于一个——居于一切事物的可能性的顶峰、并为一切事物的通盘规定提供实在条件的——物的概念。（KrV，A583；B611）

120. 这个论证，即使事实上是先验的，因为它基于偶然性的内部不充分性之上，但却是如此简单和自然的。（KrV，A589；B617）

121. 理性，在一条途径（经验的途径）上，比在另一条途径（先验的途径）上，少一些成果。（KrV，A591；B619）

122. 它基于原因性的这条被以为是先验的自然律。（KrV，A605；B633）

123. 在这个宇宙论的论证中隐蔽地包含了辩证的狂妄的一整窝，先验的批判能够轻易地揭示并打破它。（KrV，A609；B637）

124. 先验理想的全部任务都取决于：或者为绝对的必然性寻找一个概念，或者为任何一个事物的概念寻找它的绝对必然性。（KrV，A612；B640）

125. 这时，在这些先验的证明中，什么是那个辩证的、但却是自然的幻相

的原因呢。（KrV，A615；B643）

126. 借助于某种先验的偷换，而把这条形式的原则表现为构成性的，并把这个统一性作物化的设想。（KrV，A619；B647）

127. 如果我们想证明质料本身的偶然性，那么我们就必须最后求助于先验的论证，但它恰好在这里应该被避免。（KrV，A627；B655）

128. 人们现在唯独从这种偶然性出发，仅仅通过先验的概念，走向一个绝对必然者的此在，并且从最初原因的绝对的必然性的概念出发，走到那绝对必然者的通盘被规定的或作规定的概念，即一个无所不包的实在性的概念。（KrV，A629；B657）

129. 前一种人同意，我们充其量能够通过单纯理性而认识一个原始存在者的此在，但关于它我们的概念好像是单纯先验的，即无非一个拥有一切实在性的存在者的概念，但人们却不能进一步地规定这种实在性。（KrV，A631；B659）

130. 而为了一个最高存在者的知识却需要这些原理的一种先验的运用，对此我们的知性已经完全没有装备。（KrV，A636；B664）

131. 先验的问题只允许有先验的、即出自纯然先天概念而没有丝毫经验的混杂的回答。（KrV，A637；B665）

132. 所以即使是通过先验的处理、在一个单纯思辩理性的神学方面也将毫无成效。（KrV，A638；B666）

133. 如果一条先验的原则不被预设，通过它这样一个与客体们本身相联系的的系统统一性被先天地假定为必然的，我们甚至就不能看出，规则们的理性统一性的一条逻辑原则如何能够发生。（KrV，A678；B650）

134. 我们发现这个先验的预设也以一种值得惊奇的方式隐藏在哲学家们的原理中，即使他们在其中一直都没有认识，或者自己承认这样的预设。（KrV，A679；B651）

135. 所以类的逻辑原则以一个先验原则为前提，如果它应当被应用于自然（我在这里把自然只理解为那些被给予我们的对象）的话。（KrV，A654；B682）

136. 即使这条逻辑法则，假如不把一条特殊化的先验法则设置为基础，也会毫无含义和用处。（KrV，A656；B684）

137. 但这条 continui specierum（种的连续性）的（formarum logicarum，在逻辑形式上的）逻辑法则预设了一条先验的法则（lex continui in natura，自然中的连续规律），没有这条先验法则，知性的运用就只会被那个规范迷乱地带领着。（KrV，A660；B688）

138. 所以这条法则必须以纯粹先验的根据、而不是经验的根据为基础。（KrV，A660；B688）

所以那个先验的、唯一确定的概念，单纯思辨理性关于上帝所提供给我们的，在最准确的理解中是自然神论的。（KrV，A675；B703）

139. 但由于我无非也只具有那个先验的预设的相对的运用，就是说，它应该适宜充当最大可能的经验统一性的基底，那么我就完全可以思想一个我将之区别于这个世界的存在者，通过只属于感官世界的属性。（KrV，A678；B706）

140. 这个先验之物只是——理性借以尽其所是、把系统的统一性扩展到一切经验上去的——调节的原则的图型。（KrV，A682；B710）

141. 因为世界就是现象的总和，因此这就必须是这个总和的任何一个先验的、即现象的单纯对于纯粹知性可思维的根据。（KrV，A696；B724）

142. 在既没有经验的直观、又没有纯粹直观来把理性保持在一个看得见的轨道上的场合下、即在理性按照单纯概念而作先验的运用时，那么理性就非常需要一个训练，来对它扩展到超出可能经验的严格界限的倾向，加以抑制。（KrV，A711；B739）

143. 我在先验批判的这第二个主要部分中并没有把纯粹理性的训练指向内容，而只指向出自纯粹理性的那种认识的方法。前者在先验要素论中已经完成了。但理性运用它可以被应用于何种对象都而具有如此之多的相似，只要它应当是先验的，同时也与所有其他的运用在本质上如此地相区别，以致于没有一个特别针对这种运用的训练的警告性的否定学说，就不能防止那些——由于不恰当地遵循了这样的、虽然在其他情况下适合于理性、但只有在这里是不适合于理性的方法而必然产生的——错误。（KrV，A712；B740）

144. 出于纯然概念的、而且又只有哲学家才做得到的先验综合，虽然是有的，但这种综合所涉及的永远只是一个一般之物，一般之物的知觉在哪些条件之下才属于可能的经验。（KrV，A719；B747）

145. 综合命题，针对一般物，而这些物的直观根本就不让先天提供出来，都是先验的。（KrV，A720；B748）

146. 当一种实在性、实体、力等先验的概念被给予我时，那么这种概念就既不表示一种经验的直观，也不表示一种纯粹的直观，而只表示经验的直观（因而也不能表示被先天给予的直观）的综合。（KrV，A722；B750）

147. 这个——向我揭示出我们纯粹理性的全部储备的——先验批判，已经使我完全确信，正如纯粹理性对于这个领域内的肯定的主张是完全不充分的一样，纯粹理性同样也是所知甚少乃至更少，以致于关于这个问题也不能做出某种否定的主张。（KrV，A753；B781）

148. 一个先验的假设，在它那里一个理性的单纯理念需要自然物的解释，因此根本就不是任何解释。（KrV，A772；B800）

149. 理性的思辨运用的先验假设，以及一种——为了弥补自然的解说根据

的缺乏、而万不得已时利用超自然解说根据的——自由，都根本不能被容许。（KrV，A773；B801）

150. 思辨理性在它的先验的运用中自在地就是辩证的。（KrV，A777；B805）

151. 第一条规则就是这种：不尝试任何先验的证明，无需事先考虑好并且如果那样的话就有充足的理由而必须，从哪里人们愿意接受这些原理，想到什么人们就把它建立起来，并且人们有什么权利可以期待它们好的推论结果。（KrV，A786；B814）

152. 对上帝此在的先验证明也是同样的情况，这种证明唯一以最实在的存在者和必然的存在者的概念的可交替性（Reziprokabilität）为基础，而不能在任何别的地方被寻求到。（KrV，A788；B816）

153. 纯粹理性的第三个特有的规则，当它在先验证明上经受一种训练的时候，就是：它的证明就必须永远都不是反证法的，而任何时候都必须是明示的。（KrV，A789；B817）

154. 但纯粹理性的先验的尝试全都在辩证幻相的、即主观的东西的真正媒质内部进行，这种主观的东西在理性的前提中把自己当作客观的而提供给理性、甚或硬塞给理性。于是在这里，凡是涉及综合命题的东西，都完全不能被允许，通过人们反驳其反面而辩护自己的主张。（KrV，A792；B820）

155. 理性的思辨在先验运用中最后所导致的终极意图，涉及到三个对象：意志自由，灵魂不朽，和上帝此在。（KrV，A798；B826）

156. 我目前只在实践的理解中使用自由概念，并且这里则完结了先验意义上的自由概念，这种先验意义上的自由概念不能被经验地预设为现象的解释根据，而本身对于理性却是一个问题。（KrV，A801；B829）

157. 先验的自由却要求这个理性本身（鉴于它的开始了一个现象序列的原因性）独立于感官世界的一切规定的原因，并且只要先验的自由看起来是与自然律、因而与一切可能的经验，显得是相违背的，所以就仍还是一个问题。（KrV，A803；B831）

158. 第二个问题是单纯实践的。它作为这样一个问题虽然属于纯粹理性，那么却并不就是先验的，而是道德性的，因而我们的批判就不能自在本身地研究它。（KrV，A805；B833）

159. 我们理性知识的先验提升并不是纯粹理性让我们承担起来的实践合目的性的原因，而单纯是结果。（KrV，A817；B845）

160. 在理性的先验运用中意见当然是太少了，但知识却也太多了。（KrV，A823；B851）

161. 这种超验的自然之学要么以内部的连结、要么以外部的连结为自己的对象，但两种连结都超出了可能经验；前者是全部自然的自然之学、即先验的世界知识，后者则是全部自然与一个超自然的存在者的相互关联的自然之学、即先验的上帝知识。（KrV，A846；B874）

先验辩证论（die transzenddentale Dialektik）

1. 先验逻辑的第二部分必须是对这种辩证幻相的一种批判，它称之为先验辩证论。（KrV，A63；B88）

2. 作为知性和理性在它们的超自然运用方面的一种批判，为了揭露它们的无根据的狂妄的虚假幻相，并把它们误以为单凭先验的原理就能达到其发明和扩展的要求，降低到在诡辩假象前仅仅是纯粹知性的评价和保存。（KrV，A63；B88）

3. 这种理想的理性还要超出了一个可能经验的范围，并且要判断那些包围和限制这一范围本身的东西，因此必须在先验辩证论中被考虑。（KrV，A229；B282）

4. 先验辩证论。（KrV，A293；B349）

5. 所以先验辩证论将满足于，揭示先验判断的幻相，并同时预防，它欺骗；但它也绝不能做到，使这种幻相（如同逻辑的幻相）也甚至消失，而不再是幻相。因为我们必须与一种自然的和不可避免的幻觉打交道，这种幻觉本身则以主观的原理为基础，并把这些主观原理偷换成客观的原理。（KrV，A297；B354）

6. 于是就存在着一种纯粹理性的自然的和不可避免的辩证论，它不是一个外行，由于缺乏知识，而自己陷进理性的某物，或者是任何一个诡辩论者，为了迷乱理性的人们，而已经人为编造出来的，而是不可阻挡地依附于人类的理性的，甚至，在我们揭穿了它的假象之后，它仍然不停地迷惑人类理性，并使之不断地碰上随时需要消除的一时迷途。（KrV，A298；B354）

7. 它深深埋藏于人类理性之中的起源。（KrV，A309；B366）

8. 我们在这里并不涉及一种逻辑的辩证论，它抽掉了知识的一切内容，而仅仅揭示三段论推理形式中的虚假的幻相，毋宁涉及一种先验的辩证论，它应当完全先天地包含来自纯粹理性的一定知识的来源，以及由此推出的那些概念的来源。（KrV，A333；B390）

9. 一种先验的辩证论，它应当完全先天地包含来自纯粹理性的一定知识的来源，以及由此推出的那些概念的来源，这些概念的对象根本不可能经验地被给予，因而它们完全处于纯粹知性的能力之外。（KrV，A333；B390）

10. 辩证推论并没有对一般思想的那些本身是无条件的条件，犯下内容上的错误，（因为它抽掉了一切内容或客体），毋宁，这种推论唯一在形式上有过

失并必须被称为谬误推理。（KrV，A397，398）

11. 先验辩证论绝对没有对怀疑论做出少许的怂恿。（KrV，A507；B535）

12. 纯粹理性的一切辩证的尝试的结果不单单证实了，我们在先验分析论中已经证明了的东西、即一切我们的——想把我们引领出可能经验之领域的——推论，都是迷惑人的和没有根据的；而且，这个结果同时也教导我们这种不寻常的东西：尽管如此，人类理性仍具有一种自然的倾向，跨越这个界限，先验的理念对于理性是自然的，恰如范畴对于知性，虽然带有这种区别，即，如果说范畴导致真理、即我们的概念与客体的一致，先验的理念则引起了一种单纯的、但却不可抗拒的幻相，而这种幻相的欺骗，人们通过最锐利的批判才能够勉勉强强地挡住。（KrV，A642；B670）

13. 现在我们就能够清楚地看到全部先验辩证论的结论，并精确地规定，纯粹理性的这些理念的终极意图了，这些理念只是由于误解和不谨慎才成为了辩证的。纯粹理性实际上所忙碌的无非它自身，并且不能够拥有任何别的事务，因为并没有对象被提供给经验概念的统一性，而有知性知识被提供给理性概念的、即在一条原则中的关联的统一性。理性统一性就是系统的统一性，并且这种系统统一性并没有在客观上充当理性的一个原理，以使理性扩展到对象之外，而是主观上用作一个准则，以使理性扩展到对象的一切可能的经验的知识之外。（KrV，A680；B708）

先验对象（der transzendentale Gegenstand）

1. 关于这种先验对象（它实际上在我们的一切知识中是永远等同于 x 的）的纯粹概念就是，那些能够设法使我们所有经验的一般概念获得与一个对象的关系、亦即获得客观实在性的东西。（KrV，A109）

2. 既然这个统一性必须被看作先天必然的，（因为否则知识就会没有对象了），那么与一个先验对象、亦即与我们的经验的知识的客观实在性的关系，就将以这条先验法则为基础。（KrV，A109）

3. 一旦我把我关于一个对象的概念一直提升到先验的含义上，这个房子就根本不是任何自在之物本身，而只是一个现象，即一个表象，它的先验对象是未知的。（KrV，A191；B236）

4. 我使一般现象与之相关联的那种客体，就是先验的对象，亦即关于一般“某物”的完全未被确定的思想。这个对象不能叫做本体；因为关于它我并不知道，它自在地本身会是什么，并且完全没有关于它的概念，而仅仅有对一个感性直观的一般对象的概念，所以这个一般对象在一切现象前都是一样的。（KrV，A253）

5. 这个“某物”，被看作为本体（或更好地说，作为先验对象），却毕竟

能够同时也是这些思想的主体。（KrV，A358）

6. 这个“某物”，被看作为本体（或更好地说，作为先验对象），却毕竟能够同时也是这些思想的主体，虽然我们通过我们的外部感官被它所刺激起来的方式，而根本没有获得任何表象的、意志等等的直观，而仅仅获得了空间的及其规定的直观。（KrV，A358）

7. 这个思想着的“我”，灵魂（内感官的那个先验对象的一个名称）该是单纯的。（KrV，A361）

8. 先验的对象，不论鉴于内直观还是鉴于外直观，都同样是不知道的。但这种谈论并不是关于先验的对象，而是关于经验的对象，于是这种对象如果在空间中被表象，那就叫作外部的对象。（KrV，A373）

9. 对这个问题没有任何人可以找到一个答案，并且人们决不可能填满我们知识的这个漏洞，而只能以此而表示，即人们把外部现象归因于一个先验对象，这个先验对象是那一类表象的原因，但我们根本不认知它，也未曾得到过它的一些概念。在可能出现于经验领域的一切任务中，我们都把那些现象作为自在的对象本身来处理，而不为它们（作为现象）的可能性的最初根据而担心。但如果我们超出它们的界限，则一个先验对象的概念就成为必要的了。（KrV，A393）

10. 人们虽然不能对这个问题：“一个先验的对象具有一种什么性质”，给予任何回答，亦即“它是什么”，但也许这个问题本身什么也不是，这是因为，这个问题的任何对象都没有被给予。（KrV，A479；B507）

11. 过去时间的现实事物都已经在那个先验对象中给予了经验。（KrV，A494；B523）

12. 既然这些现象不是任何自在之物，必须把一种先验对象设置为基础，这种先验对象把它们规定为单纯的表象，那么我们就不应该阻止，对这个先验对象，在它所显现的属性之外，也不赋予一种原因性。（KrV，A538；B566）

13. 这些条件，如果人们想从经验的对象上升到先验对象，就必须被看作是单纯理知的。（KrV，A545；B573）

14. 但对于这个先验对象，为了将它作为一个通过它的不同的和内部的谓词加以规定的物来思考，我们在自己这方面既没有（作为不依赖于一切经验概念的）可能性的根据，也没有假定这样的对象的最少的辩护，因此它就是一个单纯的思想物。（KrV，A565；B593）

15. 如果我们现在把目光投向我们理念的先验对象，那么我们就看到，我们不可能根据实在性、实体、原因性等等概念而预设这种先验对象自在本身的现实性，因为这些概念对完全与感官世界不同的东西，没有丝毫的应用。（KrV，A679；B707）

16. 我们只预设了一个——我们对之自在地本身会是什么完全没有任何概念的——“某物”（一个单纯的先验对象）。（KrV，A697；B725）

先验方法论（die transzendentale Methodenlehre）

1. 先验方法论。（KrV，A705；B733）

2. 所以我把先验方法论理解为纯粹理性的一个完备系统的形式条件的规定。我们将在这个意图上完成纯粹理性的训练、纯粹理性的法规、纯粹理性的建筑术，最后是纯粹理性的历史。（KrV，A707；B735）

先验分析论（die transzendentale Analytik）

1. 先验逻辑的这一——说明纯粹知性认识的要素，以及那些没有它们就到处没有对象能够被思想的原则的——部分，就是先验分析论，同时也是真理的逻辑。（KrV，A62；B87）

2. 先验分析论。（KrV，B89）

3. 这一分析论是我们的全部先天知识被剖解成纯粹知性知识的要素。这里涉及到随后几点：4. 这些概念是纯粹的而并非经验的概念。2. 它们不属于直观和感性，而属于思想和知性。5. 它们是要素概念并与派生的，或由此复合的［概念］相区分。4. 它们［概念］的图表是完整的，并且它们应该完全充满了纯粹知性的整个领域。（KrV，A65；B89）

6. 概念分析论并非概念的分析，或者那种哲学探索中习惯的处理，即呈现出来的概念，按照它们的内容加以剖解并使之明晰，而是这种很少被尝试过的知性能力本身的剖解，为的是研究先天概念的可能性，通过我们仅仅在作为它们诞生地的知性中寻找到它们并一般地分析它们的纯粹运用；因为这就是先验—哲学特有的事务；其余的则是一般哲学中概念的逻辑处理。所以我们将追踪纯粹概念一直到它们在人类知性中最初的萌芽和天赋，在其中它们做好了准备，直到它们最终在经验的机会中获得展开并通过同样的知性，从依附于它们的经验的条件中解放出来，而被描述于它们的纯净性之中。（KrV，A65，66；B90，91）

7. 先验分析论就获得这一重要结论：知性所能够先天做到的无非是，预测一个一般可能经验的形式，因为凡不是现象的东西，不能是经验的对象，知性就永远不能跨越——唯独在其中对象才被给予我们的——感性的限制。（KrV，A246；B303）

8. 在先验分析论中所有——那些能够把我们的知识扩展到现实经验之外的——命题的批判的审查，都已经充分地使我们确信，它们绝不可能导致比一个可能的经验更多的某物。（KrV，A702；B730）

9. 于是先验分析论就是纯粹知性的法规；因为只有它能做得出真正的先天综合知识。（KrV，A796；B824）

先验感性论（die transzendentale Ästhetik）

1. 先验感性论。（KrV，A19；B33）

2. 一种关于感性的一切先天原则的科学，我命名为先验感性论。（KrV，A21；B35）

3. 在他们那里，知识划分为 αlσθηιά xαί νοηιά，即感性和理性，是很有名的），要么就和思辨哲学一起分享这个名称并部分地在先验的意义中、部分地在心理学的含义中接受 Ästhetik。（KrV，A21；B36）

4. 在先验感性论中我们首先要孤立感性，我们通过隔离那些知性与此同时经过它的概念所想到的一切，以便只留下经验的直观。（KrV，A21；B36）

5. 先验感性论可以包含不多于这两个要素，即空间和时间。（KrV，A41；B58）

6. 先验感性论也不能把变化的概念算作它的先天素材中：因为时间本身没有变化，而某种在时间中的东西则变化。（KrV，A41；B58）

7. 对先验感性论的普遍说明。（KrV，A42；B59）

8. 我们的先验感性论的第二件重要的事情是：它不仅仅要作为一种表面上的假设而赢得一些宠爱，而且要该是如此确定的和不被怀疑的，当每一种理论能够被要求的时候，这种理论应当用作工具论。（KrV，A46；B63）

9. 先验感性论的结论。（KrV，B73）

10. 反之先验逻辑则面对着由先验感性论呈现给它的先天感性杂多，为了给纯粹知性概念提供一种材料，没有这种材料它们将没有任何内容，因而就会完全是空的。（KrV，A77；B102）

11. 按照先验感性论，在与感性的关系中，一切直观的可能性的最高原理是：所有直观的杂多都服从于空间和时间的形式条件。而在与知性的关系中，一切直观的可能性的最高原理就是：一切直观的杂多都服从于统觉的本源一综合的统一性的条件。（KrV，B136）

12. 因为它恰好既规定了纯粹知性概念在对象上的运用界限，如同先验感性论规定了我们感性直观的纯粹形式的运用界限。（KrV，B148）

13. 先验感性论的原则，按照这些原则，空间和时间都是一切事物作为现象的可能性条件。（KrV，A149；B188）

14. 这种唯心论的根据已被我们在先验感性论中消除了。（KrV，B274）

15. 经过先验感性论所限制的现象的概念已经由自身给予了本体的客观实在性，并且有权利把对象划分为现相（Phaenomena）和本体（Noumena），因

而也把世界划分为感官世界和知性世界。（KrV，A249）

16. 这曾是整个先验感性论的结论，并且它也自然而然地得自于一个一般现象的概念中：本身不是现象的某物必须与现象相符合。（KrV，A251）

17. 我们已经在先验感性论中不可否认地证明了：物体仅仅是我们的外感官的现象，而不是自在的事物本身。（KrV，A357）

18. 而这种观念性我们在先验感性论中不依赖于这些——我们当时还不能够预见的——后果，就已经阐明过了。（KrV，A379）

19. 我们已经在先验感性论中充分证明过：一切在空间或者时间中被直观到的东西，因而一切对我们可能的经验之对象，都无非是现象、即一些单纯的表象，它们，正如它们被表象出来的那样，作为广延的存在者或者变化的序列，在我们的思想之外没有任何以自身为根据的生存的东西。我称这种学说概念为先验的观念论。（KrV，A490；B518）

20. 那条原理的正确性，有关感官世界中一切事件的通盘关联，按照不变的自然规律，已经作为一条先验感性论的原理而固定下来并且不受任何损害了。（KrV，A536；B564）

先验观念论（das transzendentale Idealism）

先验观念论者（der transzendentale Idealist）

1. 我必须首先提醒的是，人们必须迫切地区别出一种两方面的观念论，先验的观念论和经验的观念论。（KrV，A369）

2. 但我把一切现象的先验观念论理解为这个学说概念，依据它我们就把一切现象全都看作为单纯的表象、而不是自在之物本身，并且与之相适应的时间和空间就只是我们直观的感性形式，但在给予的客体规定或条件之前，则并不作为自在之物本身。（KrV，A369）

3. 先验的观念论者却可以是一个经验的实在论者。（KrV，A370）

4. 我们在开头就已经表示赞同于这种先验的观念论了。（KrV，A370）

5. 先验观念论者就是一个经验的实在论者并且给予作为现象的物质一种不可推论、而直接被知觉的现实性。反之，先验的实在论却必然会陷入尴尬，并且感到自己是不能不，承认经验的观念论。（KrV，A371）

6. 但他，按照我们上面的证明，则必然不得不承认这种先验的观念论，假使他不想公开地使表象物化并且把它们作为真实的物、置于自身之外。（KrV，A392）

7. 先验的观念论，作为解决宇宙论的辩证论的钥匙。（KrV，A490；B518）

8. 一切在空间或者时间中被直观到的东西，因而一切对我们可能的经验之对象，都无非是现象、即一些单纯的表象，它们，正如它们被表象出来的那样，作为广延的存在者或者变化的序列，在我们的思想之外没有任何以自身为根据的生存的东西。我称这种学说概念为先验的观念论。（KrV，A491；B519）

9. 我们的先验的观念论相反则允许：外部直观的对象，正如它们在空间中被直观到的那样，也是现实的，并且在时间中一切变化，就如内感官把它们所表象出来的那样。（KrV，A491；B520）

10. 我早先有时也把它称为形式的观念论，以便把它区别于质料的观念论，亦即怀疑或否定外部事物本身的生存的通常的观念论。在有些场合下为了防止一切误解，使用这种表达而不用前一种表达似乎是更可取的。（KrV，A492；B520）

先验幻相（der transzendentale Schein）

1. 先验幻相。（KrV，A293；B349）

2. 我们只与先验的幻相打交道，这种幻相影响到那些已从不着眼于经验的运用的原理。（KrV，A295；B352）

3. 而先验幻相，甚至违反批判的一切警告，把我们引领到完全超出范畴的经验的运用之外并且用对纯粹知性的一种扩展的遮眼法而拖住我们。（KrV，A295；B352）

4. 逻辑的幻相，以理性形式的单纯模仿为内容，（误推的幻相），它仅仅产生于一种注意逻辑规则的缺乏。所以一旦在当下情况中增强，这种幻相则完全消失。而先验幻相则相反，仍然不停止，无论人们是否已经把它揭示了出来，是否已经通过先验批判清晰地看出了它的无性。（KrV，A297；B353）

5. 作为先验幻相所在地的纯粹理性。（KrV，A298；B355）

6. 于是，建立在我们的心理学概念的这些先验幻相基础之上的三个辩证的问题，它们构成了理性心理学的真正目标，并且除了通过上述研究之外哪里都不可能被裁决：这就是1）关于灵魂与一个有机体的协同性作用、即与人生命中的动物性和灵魂状态的协同性作用的可能性问题，2）关于这种协同性作用的开始、即灵魂在人降生时和降生前的开始的问题，3）关于这种协同性作用的结束、即灵魂在人临死和死后的结束的问题（即灵魂不朽的问题）。（KrV，A384）

7. 三重先验的幻相也建立在这种划分之上，它们给辩证论的三章提供了理由，并且向来自纯粹理性的恰好这么多的虚假的科学、先验的心理学、宇宙论和神学，提供了理念。（KrV，A397）

8. 而一种先验的幻相在此向他们描绘出一种——在任何地方都没有遇到的——现实性。（KrV，A502；B530）

9. 但如果我丢掉这个前提、或这个先验的幻相，并且否认它会是一种自在

之物本身，那么两种主张的这个矛盾的冲突就变成了一个单纯辩证的冲突。（KrV，A504；B532）

10. 在这个宇宙论的论证中汇聚了如此之多的玄想的原理，以致于思辨理性在这里看来使用了它的一切辩证技艺、以便完成最大可能的先验幻相。（KrV，A606；B634）

11. 不论是主张的一方、还是否定的一方，都被先验幻相所欺骗，而把一个关于对象的不可能的概念，设置为基础。（KrV，A792；B820）

先验客体（das transzendentale Objekt）

1. 不单这些雨滴都只是现象，而且甚至它们的圆形、乃至于它们落在其中的空间，都不是自在的本身，而只是我们感性直观的变形、或基础，但先验的客体仍然是我们所不知道的。（KrV，A46；B63）

2. 先验客体则意味着一个等于 X 的“某物”，关于它我们一无所知，而且一般说来，（按照我们知性现有的设置）也不能有所知，而只能作为统觉的统一性的相关物而充当感性直观中杂多的统一性，知性借助于这种统一性而把杂多统一在一个对象的概念中。（KrV，B250）

3. 这个先验的客体根本不能与感性的材料分离，因为那样一来就剩不下任何借以被思考的东西。所以它并不是任何自在的认识对象本身，而只是现象在一般对象概念下的表象，一般对象通过现象的杂多而获得了规定。（KrV，B250，251）

4. 范畴甚至也不表象任何特殊的、仅仅给予知性的客体，而只是充当（一般某物的概念）的先验客体，通过它而规定感性中被给予的东西，为了由此而经验地认识在对象概念下的现象。（KrV，B251）

5. 质料任何时候对于纯粹知性都不是对象，但那个——可能是我们称之为质料的这种现象的根据的——先验客体，却是一个单纯的“某物”，关于它我们一点都不会理解，即使有人能够把它告诉我们。（KrV，A277；B333）

6. 因而知性限定了感性，并不因此就扩展了它自己的领域，并且，当它警告感性不要狂妄走向自在事物本身而只能走向现象的时候，它就思想一个自在的对象本身，但却只作为——是现象的原因（因而本身不是现象）的——先验客体，这客体既不能作为大小、也不能作为实在性、也不能作为实体等等而被思想（因为这些概念一直要求在其中它们规定一个对象的感性形式）；所以关于这先验客体，完全不知道的是，它是否在我们之内，或者在我们之外被找到，它是否随着感性一同被取消了，或者，如果我们去除了感性，还会留存下来。如果我们愿意把这个先验客体称为本体，因为它的表象不是感性的，那它就听便于我们了。（KrV，A287；B344）

7. 物质在一个自在之物本身（先验客体）面前是什么，而对于我们则完全不知道。（KrV，A366）

先验客体，同时设置了外部现象、内部直观的基础，既不是自在物质本身，也不是一个思想着的存在者本身，而是现象的一个我们不知道的根据，这些现象给予了第一种和第二种方式的经验的概念。（KrV，A379，380）

8. 然而我们可以把一般现象的单纯理知的原因，称为先验客体，这仅仅是为了我们拥有某种与作为接受性的感性相一致的东西。我们可以把我们的可能知觉的所有范围和关联都归因于这个先验客体，并且说：它本身已经在一切经验之前就自在地给予了的。（KrV，A494；B522）

9. 这一类的超验的理念具有一个单纯理知的对象，承认这样的对象作为一个人们对它此外一无所知的先验的客体，当然是被允许的。（KrV，A565；B593）

10. 那个设置了现象的基础的先验客体，以及与它一起，那个——为什么我们的感性拥有这些而不是别的至上的条件的——根据，对于我们都是并仍然是无法探明究竟的，虽然事物本身已另外给予了，但只是看不到里面。（KrV，A613；B641）

先验理念（die transzendentale Idee）

1. 所以我们还不能顾及它，而是暂且，就如我们曾把纯粹知性概念命名为范畴那样，配备纯粹理性的概念以一个新的名称并且把它们命名为先验的理念。（KrV，A311；B368）

2. 论先验理念。（KrV，A321；B377）

3. 理性推论的形式，当人们把它按照范畴的标准应用于直观的综合统一性时，将包含特殊的先天概念的起源，我们可以把这些先天概念称为纯粹的理性概念，或先验理念，而它们将根据原则而规定知性在全部经验的整体上的运用。（KrV，A321；B378）

4. 所以我们现在所考虑的纯粹理性概念就是先验理念。它们都是纯粹理性的概念；因为它们把一切经验知识都看作是被条件的绝对总体性所规定了的。它们并不任意虚构，毋宁通过理性的本性自身而交付，因而与全部知性运用的必然方式相关联。最后，它们是超验的并且超出一切经验的界限，所以在经验中绝不能出现一个会与先验理念相适应的对象。（KrV，A327；B384）

5. 先验理念的体系。（KrV，A333；B390）

6. 所有的一般纯粹概念所涉及的都是表象的综合统一性，而纯粹理性概念（先验的理念）所涉及的却是所有一般条件的无条件的综合统一性。（KrV，A334；B391）

7. 因而一切先验理念都将允许带进三个等级之下：其中第一级包含思想主体的绝对的（无条件的）统一性，第二级包含现象的条件系列的绝对统一性，第三级包含思想的所有一般对象的条件的绝对统一性。（KrV，A334；B391）

8. 就这样的先验的理念而言，任何客观的演绎原本都是不可能的，就像我们就范畴而言所能够提供给它的那样。（KrV，A336；B393）

9. 先验理念仅仅以这样的方式用于在有条件者的系列中上升到无条件者的东西，亦即上升到原则。（KrV，A336；B394）

10. 所以一个这样的概念就绝不是我们在这里仅仅与之打交道的那种先验理念。（KrV，A337；B394）

11. 人们也发觉到：在这些先验理念本身之下一种确凿的关联和统一性便发出光芒，并且纯粹理性则借助于这种关联和统一性，把它的一切知识都带进一个系统中。（KrV，A337；B394）

12. 一个单纯的先验理念的对象是某种人们没有任何概念的东西，虽然这个理念按照它的本源的法则完全必然地产生于理性之中。（KrV，A338；B396）

13. 我把所有——只要它们涉及现象的综合中的绝对总体性的——先验理念，都称为世界概念。（KrV，A408；B434）

14. 理性对一个被给予的有条件者在条件（知性在这些条件下使一切现象都服从于综合的统一性）方面要求的绝对的总体性，并由此而使范畴成为先验的理念，以便通过经验的综合的直至无条件者的延续。（KrV，A409；B436）

15. 先验理念原本无非一直就是扩展至无条件者的范畴。（KrV，A409；B436）

16. 一个给予的有条件者的条件序列的绝对总体性的这个先验理念，仅仅针对一切过去的时间。（KrV，A412；B439）

17. 鉴于这种限制，空间中的进展也是一种回溯，而在条件序列中综合的绝对总体性的先验理念也遇到了空间。（KrV，A413；B440）

18. 至于现象之间的实在关系的范畴，那么实体连同它们的偶性的范畴是不适合于一个先验理念的。（KrV，A414；B441）

19. 这个概念的可能性必须被研究，更确切地说，必须联系到——这个无条件者，作为真正的先验理念，取决于它，如何能被包含在这序列中的——那种方式而被研究。（KrV，A417；B445）

20. 先验理念的第一个冲突。（KrV，A427；B453）

21. 先验理念的第二个冲突。（KrV，A434；B462）

22. 先验理念的第三个冲突。（KrV，A444；B472）

23. 先验理念的第四个冲突。（KrV，A452；B480）

24. 如果不存在区别于世界的原始存在者，如果世界无需开端因而也无需创造者，我们的意志不是自由的，并且灵魂与物质存在同样的可分性和可朽性，那么道德的理念和原理也都丧失了一切有效性，而与构成它们的理论支柱的那些先验的理念一起陷落了。（KrV，A468；B496）

25. 通过所有四种先验理念对宇宙论问题的怀疑论展示。（KrV，A485；B513）

26. 对数学性的—先验理念的解决的结论性评注，以及对动力学性的—先验理念的解决的预先提示。（KrV，A528；B556）

27. 我们在一切先验理念的普遍表象中一直只停留在现象中的条件之间。（KrV，A529；B557）

28. 自由在这种意义上就是一个纯粹的先验理念，它首先不包含从经验中借来的任何东西，其次它的对象也不能在任何经验中被确定地给予。（KrV，A533；B561）

29. 建立在这个自由的先验理念基础之上的是自由的实践概念。（KrV，A533；B561）

30. 自由在这里只被作为一个先验的理念来对待。（KrV，A558；B586）

31. 只要我们用我们的理性概念仅仅把感官世界中条件的总体性、以及鉴于这种总体性而能够为理性所用的东西，当作对象：那么我们的这些理念就虽然是先验的、但却还是宇宙论的理念。（KrV，A565；B593）

32. 一个必然的最充足的原始存在者的先验理念是过分大、如此高地超出了一切任何时候都是有条件的经验之东西，以致于人们部分地决不能够在经验中费劲地找到足够的材料。（KrV，A621；B649）

33. 尽管如此，人类理性仍具有一种自然的倾向，跨越这个界限，先验的理念对于理性是自然的，恰如范畴对于知性，虽然带有这种区别，即，如果说范畴导致真理、即我们的概念与客体的一致，先验的理念则引起了一种单纯的、但却不可抗拒的幻相，而这种幻相的欺骗，人们通过最锐利的批判才能够勉勉强强地挡住。（KrV，A642；B670）

34. 因此我主张：先验理念决不是这样的一种构成性的运用，以至于通过这种运用一定对象的概念就会被给予出来，而在人们这样理解它们的情况下，它们就仅仅是玄想的（辩证的）概念了。但与此相反，它们有一种杰出的与必要而不可或缺的调节的运用，亦即使知性对准一定的目标，展望这个目标，一切它的规则的路线都汇集于一点，尽管这个点只是一个理念（focus imaginarius，想像的焦点），即一个知性概念并不现实地从它出发的点，因为它完全处于可能经验的界限之外，然而却用作使它获得——除最大的扩展之外——最大统一性。（KrV，A644；B672）

35. 这些先验理念按照一切推测将具有它们的很好的、因而是内在的运用，尽管，当它们的意义被误会并且它们被视为关于现实事物的概念的时候，它们在应用中可能是超验的，并正因此而是欺骗的。（KrV，A643；B671）

36. 先验理念决不是这样的一种构成性的运用，以至于通过这种运用一定对象的概念就会被给予出来，而在人们这样理解它们的情况下，它们就仅仅是玄想的（辩证的）概念了。（KrV，A644；B672）

37. 如果人们能够指明，虽然这三种先验理念（心理学的、宇宙论的以及神学的）并不直接地与任何与它们相应的对象和它们的规定发生关系，然而理性的经验的运用的一切规则在这样一个理念中的对象的前提下都能够通向系统的统一性并且任何时候都能够扩展这种经验知识，但却绝不能够与经验知识相违背：那么这就是理性的一个必要的准则，按照这一类理念而处理。（KrV，A671；B699）

先验理性概念（der transzendentale Vernunftbegriff）

1. 所以先验理性概念无非是，一个面向给予了的有条件者的条件的总体性的概念。既然唯有无条件者才使条件的总体性成为可能，反过来条件的总体性本身则是无条件的：所以一个一般纯粹的理性概念可以用无条件者的概念来说明，只要它包含有条件者的综合的一种根据。（KrV，A323；B379）

2. 于是，先验理性概念任何时候都只走向在条件综合中的绝对的总体性，并且永远不会终止，除非在绝对的、因而对一切方面的无条件者那里。（KrV，A326；B382）

3. 现在，即使我们必须同样讲述先验的理性概念：它们只是理念；但我们却决不把它们看作多余的和无价值的。因为，即使任何客体已经不能由此而被规定，它们毕竟能够从根本上并且未被察觉地为知性充当扩展的和一致的运用的法规，知性虽然不能借此——比它按照其概念所认识的——更多地认识对象，但毕竟在这种认识中被更好、更进一步地引导。更不用说，它们或许就使从自然概念到实践概念的一个过渡成为可能，并且使道德理念本身以这种方式能够获得行为以及与理性的思辨知识的相互关系。（KrV，A328；B385）

4. 我们已经暂时达到了我们的目的，因为我们把那些先验的理性概念——它们通常在哲学家的理论中一般都混杂在其他概念里面，哲学家们从来也没有将它们与知性概念恰当地区分过——从这种歧义状况中提取出来了。（KrV，A338；B396）

先验逻辑（die transzendentale Logik）

1. 所以必须有一门这样的科学，它构成先验要素论的第一部分，而与包含纯粹思想的原则、并且被称为先验逻辑的那一部分相对。（KrV，B36）

2. 先验逻辑。(KrV, A50; B74)

3. 一个先验逻辑的理念。(KrV, A50; B74)

4. 论先验逻辑。(KrV, A55; B79)

5. 所以在期待中，也许能够给出可以与对象先天发生关系的概念，它们既不作为纯粹的或感性的直观，而只作为纯粹的——但因此是既没有经验的也没有美感的来源的概念的——思想活动，所以我们就预先把我们变成一种关于纯粹知性与理性知识的科学的理念，由此我们完全先天地思想对象。一门如此规定如此的知识的来源、范围和客观有效性的科学，也许必须称为先验逻辑，因为它仅仅关涉知性和理性的法则，但它只这么远地与对象先天地发生关系，而不像普遍逻辑，没有区别地既和经验的知识。(KrV, B82)

6. 论先验逻辑划分为先验分析论和先验辩证论。(KrV, A62; B87)

7. 先验逻辑的这一——说明纯粹知性认识的要素，以及那些没有它们就到处没有对象能够被思想的原则的——部分，就是先验分析论，同时也是真理的逻辑。(KrV, A62; B87)

8. 但先验逻辑的这个完整的部分也由两卷构成，其中一卷包含纯粹知性的概念，另一卷则包含纯粹知性的原理。(KrV, A65; B90)

9. 但先验逻辑则考察这个判断，也根据这种借助于单纯否定的谓词所作出的逻辑肯定的价值或内容，并且考察这种肯定对全部知识带来怎样一种收益。(KrV, A72; B97)

10. 先验逻辑则面对着由先验感性论呈现给它的先天感性杂多，为了给纯粹知性概念提供一种材料，没有这种材料它们将没有任何内容，因而就会完全是空的。(KrV, A77; B102)

11. 先验逻辑所教导的并非把表象、毋宁把表象的纯粹综合带到概念上。为了一切对象的先天知识的目的，首先必须被给予我们的，是纯粹直观的杂多。(KrV, A78; B103)

12. 其次是这种通过想像力的杂多的综合，但这也还没有给出知识。向这种纯粹综合提供统一性、并仅以这种必然的综合统一的表象为内容的那些概念，则为一个发生着的对象的知识则给出了第三，而且根据于知性。(KrV, A78; B105)

13. 先验逻辑，因为被限制在一种规定的内容上，即仅仅是纯粹先天知识的内容上，它在这里的划分就不能模仿普遍逻辑。(KrV, A131; B170)

14. 知性和判断力在先验逻辑中拥有它们的客观有效的、因而真实的运用的法规，因而属于先验逻辑的分析部分。(KrV, A131; B170)

15. 但是，虽然普遍逻辑不能给判断力提供任何规范，先验逻辑的情况却完全是别的情况，乃至于它看上去，要把在纯粹知性的运用中通过确定的规则

而校正和确保判断力当作自己的事务。（KrV，A135；B174）

16. 因为在完成这一任务之后，先验逻辑就可以对自己的目的，即规定纯粹知性的范围和界限，来作全盘的考虑。（KrV，A154；B193）

17. 解释综合判断的可能性，是一个用普通逻辑根本完成不了的任务，普通逻辑甚至可能连这个任务的名字都不知道。但它在先验逻辑中却是一切任务中最重要的事务，甚至是唯一的事务，如果谈论到先天综合判断的可能性，以及它的有效性的条件和范围。因为在完成这一任务之后，先验逻辑就可以对自己的目的，即规定纯粹知性的范围和界限，来作全盘的考虑。（KrV，A154；B193）

18. 我们已经在先验逻辑中看到：即使我们永远不能够直接超越那些已经给予了我们的概念的内容，我们毕竟可以完全先天地——但却与一个第三者，即可能的经验相关，因此毕竟是先天地——认识那个与别的事物相连结的法则。（KrV，A766；B794）

19. 所以根本没有纯粹理性的思辨运用的任何法规（因为这种运用是彻头彻尾辩证的），而一切先验逻辑在这方面都无非是训练。（KrV，A796；B824）

先验命题（der transzendentale Satz）

1. 因此，先验命题决不通过概念的构造、而只按照概念而先天地给予。它们仅仅包含——按照应当被经验地寻求的、那种不能被先天地直观地表象出来的东西（知觉）的——一定的综合统一性的规则。（KrV，A720；B748）

2. 所以一个先验的命题就是一种按照单纯概念的综合的理性知识，并且因而是推论性的知识，因为由此那些经验知识的一切综合统一性才首次成为可能，但由此却并不先天地提供任何直观。（KrV，A722；B750）

3. 先验的和综合的命题的证明拥有这种特点，在先天综合知识的一切证明中，本身，即理性在它们那里借助于它的概念不允许被直截了当地变成对象，而必须预先阐明这些概念的客观有效性和这些概念的先天综合的可能性。（KrV，A782；B810）

4. 先验证明的第二个特点就是这个：对每一个先验的命题都只可能找到一个唯一的证明。（KrV，A787；B815）

先验神学（die transzendentale Theologie）

1. 所以纯粹理性就把理念给予了先验的灵魂学说（psychologia rationalis，理性心理学）、先验的世界科学（cosmologia rationalis，理性宇宙学），最终也给予了先验的上帝知识（Theologia transzendentalis，先验神学）。（KrV，A335；B392）

2. 一个这样的存在者的概念在先验的理解中思想，就是关于上帝的概念，

所以纯粹理性的理想就是一种先验神学的对象。（KrV，A580；B608）

3. 如果我把神学理解为原始存在者的知识，那么它要么就是来自单纯理性的（theologia rationalis，理性神学），要么就是来自启示的（revelata，天启［神学］）。现在前一种神学要么仅仅通过纯粹理性、借助于纯净的先验概念（ens originarium，realissimum，ensentium，原始的、最实在的存在者，所有存在的存在者）而设想它的对象，这叫作先验的神学，要么通过一个它从自然中（从我们的灵魂中）借来的概念，而将它的对象设想为最高理智，这就必须叫作自然的神学。（KrV，A631；B659）

4. 先验的神学要么是这种打算把原始存在者的此在从一般经验中推导出来（而没有靠近地规定经验所属的这个世界）的神学，叫做宇宙神学，要么是相信通过单纯的概念、没有丝毫经验之帮助，而认识它的此在的神学，这就被称为本体神学。（KrV，A632；B660）

5. 因此，先验的神学尽管有它的一切缺点，它毕竟还保留着重要的消极运用，并且是我们的理性的一个忠实可靠的监察官，如果我们的理性仅仅与纯粹的理念打交道，而这些纯粹理念正因此就无非只允许先验的标准衡量。（KrV，A640；B668）

6. 必然性、无限性、统一性、在世界之外的（不是作为世界灵魂的）此在、没有时间条件的永恒性、没有空间条件的全在、全能等等，都是纯然先验的谓词，因此它们的被纯化出来的概念，作为每一种神学如此非常必需具有的概念，都仅仅从先验神学中被牵引了出来。（KrV，A641；B669）

7. 我们不论在先验神学中、还是在自然的神学中，不管理性在其中可以把我们引领到多么远，都找不到一点有意义的根据，哪怕仅仅假定一个唯一的存在者。（KrV，A814；B842）

8. 这种先验神学把这个最高的本体论的完善性的理想采用为一条按照普遍而必然的自然律把联结一切事物的系统统一性原则，因为一切事物全都在一个唯一的原始存在者的绝对必然性中拥有它们的来源。（KrV，A816；B844）

先验实在论（das transzendentale Realism）

先验实在论者（der transzendentale Realist）

1. 与这种观念论相对立的则是一种先验实在论，它把时间和空间看作某种自在地（不依赖于我们的感性）被给予的东西。所以先验实在论者就把外部现象（当人们承认它们的现实性时）表象为自在之物本身，它们不依赖于我们和我们的感性而生存，因而甚至按照纯粹知性概念也会是在我们之外的，这种先验的实在论者原本就是，那些后来扮演经验的观念论者的人。（KrV，A369）

2. 先验的观念论者却可以是一个经验的实在论者。（KrV，A370）

3. 这时既然，我就知道这么多，一切信仰经验的观念论的心理学家都是先验的实在论者，所以他们当然具有一贯的处理方法，承认经验的观念论——作为人类理性难以有办法解决的问题之一的——很大的重要性。（KrV，A372）

4. 如果我们愿意屈服于先验的实在论的幻觉，那么就既剩留不下自然，也剩留不下自由。（KrV，A543；B571）

先验图型（das transzendentale Schema）

1. 纯粹知性概念，在与经验的（甚至一般感性的）直观的比较中，是完全不同质的，并且在任何一个直观中都永远不能被找到。于是直观归摄到概念之下因而范畴在现象之上的运用是如何可能的呢。（KrV，A137；B176）

2. 现在这就清楚了，必须有一个第三者，它一方面必须与范畴，另一方面与现象同质，并使前者运用于后者之上成为可能。这个中介的表象必须是纯粹的（没有任何经验的东西），但却一方面是智性的，另一方面是感性的。这样一种表象就是先验的图型。（KrV，A138；B177）

3. 时间，作为内感官杂多的形式条件、因而作为一切表象连接的形式条件，包含了纯粹直观中的一种先天杂多。现在，一种先验的时间规定就它是普遍的并依据于一种先天规则而言，与范畴（它构成了这个先验的时间规定的统一性）是同质的。但另一方面，先验时间规定，就杂多的每一个经验的表象中都包含时间而言，又是与现象同质的。因此，范畴在现象上的运用，借助于先验的时间规定而成为可能，这个时间规定，作为知性概念的图型，促成现象被统摄到范畴之下。（KrV，A139；B178）

4. 实际上构成我们的纯粹感性概念之基础的并不是对象的形象，而是图型。（KrV，A140；B180）

5. 我们愿意把知性概念在其运用中被限制于其上的感性的这种形式的和纯粹的条件，称为这个知性概念的图型，而把知性对这些图型的处理之为纯粹知性的图型法。（KrV，A140；B179）

6. 我们知性的这个图型法，就现象及其单纯形式看，是在人类心灵深处隐藏着的一种技艺，它的真实手法我们一直都很难从大自然那里猜测到，并将它们揭示在眼前。（KrV，A141；B180）。

7. 知性的图型法通过想像力的先验综合，所导致的无非是一切直观杂多在内感官中的统一性，并因而间接导致作为与内感官（某种接受性）一致的机能的那种统觉的统一性。所以纯粹知性概念的图型法就是获得与客体的关系因而获得意义的真实的和唯一的条件，因此，范畴最终就并没有其他运用，而只有经验的运用，因为它们仅仅充当着，通过一种先天必然的统一性（因为在一个本源的统觉之中的一切意识的必然联结）的根据，使现象服从于综合的普遍规

则，并借此使普遍规则适当地无一例外地连接在一个经验之中。（KrV，A145，146；B185）

8. 感性概念（作为空间中的图形）的图型则是纯粹先天的想像力的产物，并且仿佛是它的一个草图，通过它并根据它形象才首先成为可能的，但这些形象与概念，只有一直借助于它们所标明的图型，才必须被连接起来，而并不与概念重合。相反，纯粹知性概念的图型是完全不能被带进任何形象中的某物，而只是——合乎一种根据范畴所表达的一般概念的统一性的规则——纯粹的综合，并且是想像力的先验产物，而这个产物就与——一般内感官的规定，按照它的形式（时间）的条件，从所有表象上看——发生关系，甚至，这所有表象都应该先天地按照统觉的统一性在一个概念中关联起来。（KrV，A142；B181）

9. 外感官的一切大小（quantorum）的纯粹形象，是空间；而一般感官的一切对象的纯粹形象，是时间。但大小（quantitatis），作为一个知性概念，其纯粹图型是数，数是——概括了一个单位一个单位（同质单位）连续相加的——表象。所以数无非是一般同质直观的杂多的综合统一性，由此，我在直观的领会中产生出时间本身。（KrV，A142；B182）

10. 实在性，在纯粹知性概念中，是和一般感觉相一致的东西；因而这种东西的概念自在地本身指示着一种（时间中的）存在；否定，它的概念则表象一种（时间中的）非存在。（KrV，A143；B182）。

11. 实在性的图型，作为“某物”的量的图型，一旦充满了时间，就正是这个量在时间中连续而均匀的产生，这时人们从具有一定程度的感觉，在时间中下降至感觉的消失，或者是从否定而逐渐上升到感觉的大小。（KrV，A143；B183）

12. 原因和一般事物的因果性的图型是那种实在之物，它如果随意设定，任何时候都有别的某物随之而来。所以这个图型就在于杂多之物的相继，只要这相继服从于一种规则。协同性（交互作用）的图型，或者实体在其偶性方面的交互因果性的图型，就是一个实体的规定和另一个实体的规定按照一条普遍规则而同时存在。（KrV，A144；B183）

13. 可能性的图型是不同表象的综合与一般时间条件的协调（例如相对立的东西不能在一物中同时存在，而只能依次存在），因而是一个物在任何一个时间里的表象的规定。现实性的图型是在一个规定了的时间中的此在。必然性的图型是一个对象在一切时间中的此在。（KrV，A144；B184）

14. 每一个范畴的图型，如量的图型，包含并表现出在一个对象的相继领会中时间本身的产生（综合）；质的图型，包含并表现出感觉（知觉）与时间表象的综合，或者是时间的充实性；关系的图型，包含并表现出知觉在一切时间中（即根据一个时间规定的规则）的相互关系；最后，模态及其范畴的图型，包含并表现出时间本身，作为对一个是否及怎样属于时间的对象的规定的相关物。（KrV，A145；B184）。

15. 图型无非是按照规则的先天时间规定而已，并且这些规则按照范畴的秩序，而走向一切可能对象上的时间序列、时间内容、时间次序，及最后时间总和。（KrV，A145；B184）

16. 范畴，没有图型，就只是知性对概念的机能，却不呈现任何对象。这种意义是由感性带给范畴的，感性实现了知性，同时也限制着知性。（KrV，A147；B187）

先验演绎（die transzendentale Deduktion）

1. 论一种一般先验演绎的原则。（KrV，A84；B116）

2. 因此，我把——概念如何能够先天地与对象发生关系的——方式的解释，称为这些概念的先验演绎，并把它与——指明一个概念如何通过经验及关于经验的反思而获得的方式的——经验的演绎区分开来，因此不涉及合法性，而涉及使占有得以产生的事实。（KrV，A85；B117）

3. 所以如果对这些概念的演绎是必要的，那么这个演绎任何时候都必须是先验的。（KrV，A86；B118）

4. 对这种纯粹知识只能有一种先验的演绎，而决不能给予一种经验的演绎。（KrV，A87；B119）

5. 但现在，即使先天纯粹知识的可能演绎的唯一的方式、即走先验途径的方式，被承认，但由此并不恰好说明，这种唯一的方式是绝对地必要的。（KrV，A87；B119）

6. 这种不可避免的需要开始于纯粹知性概念们，即不是单单从它们自身，而是也从空间寻求这种先验的演绎。（KrV，A88；B120）

7. 向范畴的先验演绎过渡。（KrV，A92；B124）

8. 一切先天概念的先验演绎有一个全部研究都必须对准的原则，这就是：它们必须被认作为经验的（不论是在其中遇到的直观的，还是思想的）可能性的先天条件。适合充当经验可能性的客观基础的概念，正因此而是必要的。（KrV，A94；B126）

9. 纯粹知性概念的先验演绎。（KrV，B129）

10. 这种范畴因此表明："一个"直观的给予杂多的经验的意识从属于一个先天的纯粹自我意识，正如经验的直观从属于一个纯粹感性的、同样是先天发生的直观。——于是在上述这句话中就开始了纯粹知性概念的一个演绎，在演绎中，由于范畴不依赖于感性而只在知性中产生，我就必须放弃杂多在一个经验的直观中被给予的方式，为了只注意——借助于范畴、通过知性而添加到直

观中的——统一性。（KrV，B144）

11. 纯粹知性概念的普遍可能的经验运用的先验演绎。（KrV，B159）

12. 但在先验演绎中，这些范畴的可能性被表现为一般直观对象的先天知识。（KrV，B159）

13. 它是纯粹知性概念——（并与它们一起把一切先天理论知识）作为经验可能性的原则，但把这些经验作为现象在一般空间和时间中的规定，——最终，把这种出自统觉的本源的综合统一原则的规定，作为与感性的本源形式的空间和时间发生关系的知性形式——的描述。（KrV，B168，169）

14. 人们绝不能可靠地使用一个先天的概念，没有把它带进一种先验的演绎。（KrV，A669；B697）

15. 每一个人都必须借助于一个通过证明根据的先验演绎而引导出的合法的证明、即直接地进行他的事情，以便人们看到，他的理性要求为自己本身所不得不引证的东西。（KrV，A794；B822）

先验正位论（die transzendentale Topik）

1. 人们允许我，将我们给一个概念或者在感性中或者在纯粹知性中授予的位置，称为先验的方位。（KrV，A268；B324）

2. 先验的正位论所包含的只不过是前述一切比较和辨别的四个条目。（KrV，A269；B325）

3. 缺乏这样一个先验的正位论，并且因此被反思概念的歧义所欺骗，这位著名的莱布尼茨建立过一种世界的智性体系。（KrV，A270；B326）

4. 这些方位就是——这些概念的客体在其中被给予出来的——直观的条件，它们不属于概念，但仍属于整个感性。（KrV，A282；B338）

5. 用这种方式，对根据它的运用的差异性而应归于每一个概念的这种位置的评判，以及对按照规则为一切概念规定这种方位的指示，就会是先验正位论了；这将是一种——彻底防止纯粹知性的被欺骗，以及由此产生的假象的——学说，由此它任何时候都要区分出这些概念真正属于哪些认识能力。（KrV，A268；B324）

先验命题，先验原理（der transzendentale Satz）

1. 它称之为先验辩证论，并不作为一种独断地激起这类幻相的技艺，（各色各样的形而上学戏法的一种不幸非常通行的技艺），而作为知性和理性在它们的超自然运用方面的一种批判，为了揭露它们的无根据的狂妄的虚假幻相，并把它们误以为单凭先验的原理就能达到其发明和扩展的要求，降低到在诡辩论的假象前仅仅是纯粹知性的评价和保存。（KrV，A64；B88）

2. 因为正是这些范畴，它们与可能经验的关系必须先天地构成一切纯粹的知性知识，并且它们与一般感性的关系也将为此而完整并系统地阐述知性运用的一切先验原理。（KrV，A148；B187）

3. 纯粹理性的二律背反也把一种被误以为的纯粹的（合理的）宇宙论的先验原理摆到了眼面前。（KrV，A408；B435）

4. 那条从偶然之物推出一个原因的先验原理，它只在感官世界中才有意义，而在感官世界之外甚至连一个含义都没有。（KrV，A609；B637）

5. 这就将是理性的一条先验的原理，这条原理将使这种系统统一性不仅作为方法而成为主观上和逻辑上必要的，而且也成为客观上必然的。（KrV，A648；B676）

6. 每一个先验的原理都只从一个概念出发，并且按照这个概念来说出对象的可能性的综合条件。（KrV，A787；B815）

先验哲学（die transzendentale Philosophie，die Transzendentalphilosophie）

1. 先验一哲学的理念。（KrV，A1）

2. 我称一切知识为先验的，这种知识与其说关注对象，不如说一般地关注其［对象］应当先天可能存在的认识方式。这样的概念体系就将叫做先验一哲学。（KrV，A12；B25）

3. 先验一哲学是科学的理念。（KrV，B27）。

4. 它是纯粹理性所有原则的体系。（KrV，B27）

5. 属于纯粹理性批判的是所有那些构成先验一哲学的东西，并且纯粹理性批判是先验一哲学的完备的理念，但也还并不是这一科学本身，因为它在分析中只走到对先天综合知识的完备评判所要求的那么远。（KrV，A14；B28）

6. 先天知识本该是完全纯粹的。因此，虽然道德的至上原理及其基本概念，是先天的知识，但它们却不隶属于先验一哲学。（KrV，A14；B28）

7. 先验一哲学是一种纯粹单单思辨的理性的世间智慧。因为所有实践的东西，就其包含动机而言，都与属于经验性知识来源的感觉相关。（KrV，A15；B29）

8. 既然感性应当包括那些构成对象被给予我们的条件的先天表象，则它［感性］属于先验一哲学。（KrV，A16；B30）

9. 因为这就是先验一哲学特有的事务。（KrV，A66；B90）

10. 先验哲学具有优点，但也有义务，根据一个原则寻找它的概念；因为它们纯粹而非混杂地产生于——作为绝对的统一性的——知性，因而并且本身必须按照一个概念或理念而相互关联。但一个这样的关联可利用一条规则，按照它，每一个纯粹的知性概念都能够被先天地规定自己的位置和它们所有的先天完备性，否则这一切都会依赖于随意或偶然。（KrV，A67；B92）

11. 范畴，作为纯粹知性的真正的主干概念，也有它的同样纯粹的派生概念，它们在先验哲学的一个完备的系统中决不能被越过，但我在一种单纯批判的研究里却可以满足于仅仅提到它们就行了。（KrV，A81；B107）

12. 在古人的先验哲学中还会发现一个主要部分，它包含着纯粹知性概念。（KrV，B113）

13. 统觉的综合的统一性就是人们必须把一切知性运用、甚至全部逻辑，以及按照逻辑，把先验哲学都钉于其上的最高点，当然这种能力就是知性本身。（KrV，B134）

14. 我有时也把它叫作生产的想像力，并由此将它区别于再生的想像力，其综合仅仅服从于经验的法则，即联合的法则，因此它对于解释先天知识的可能性毫无贡献，为此它不属于在先验哲学之中，而属于在心理学之中。（KrV，B152）

15. 运动，作为一种空间的描述，却是一种在一般外部直观中的杂多通过生产的想像力进行前后相继的综合的纯粹动作，并且不仅仅属于几何学，而且甚至属于先验哲学。（KrV，B154）

16. 这种先验哲学具有——它除了能够显示在纯粹知性概念中被给予的规则（甚或向着规则的普遍条件），同时还能够先天地显示规则应该运用于纯粹概念上的情况——的特性。（KrV，A135；B174）

17. 最高的概念，人们习惯于从这里开始一个先验哲学，往往是对可能的东西和不可能的东西的划分。（KrV，A290；B346）

18. 所以我们已经拥有了在我们面前的一门所谓的科学，它被建造在唯一的命题“我思”上，并且我们在这里可以完全适当地、并按照先验哲学的本性、检查它的根据或无根据。（KrV，A342；B400）

19. 这种怀疑的方法本质上只对先验哲学才是唯一特有的。（KrV，A424；B452）

20. 我现在主张，先验哲学在一切思辨的知识中拥有这个特点：根本没有任何涉及到一个被给予了纯粹理性的对象的问题，恰恰对于拥有这个特点的人类理性来说是不可解决的，并且没有任何不可避免的无知和任务的深奥莫测的借口能够推卸彻底而完全的解答责任；因为正是这个把我们设置在提问状态中的概念，也必定使我们完全有才干回答这个问题，因为这个对象在概念之外根本找不到（正如在正当和不正当的情况下那样）。（KrV，A477；B505）

21. 但在先验哲学中没有任何别的而只有这种宇宙论的问题，鉴于它们，人们才能够带有正当性地要求，一个——涉及对象性状的——满意的回答，而

不允许哲学家们，借口幽深昏暗，而因此逃避，并且这些问题只能涉及宇宙论的理念。（KrV，A478；B506）

22. 除了先验哲学之外还有两门纯粹的理性科学，一门仅仅是思辨的、另一门则是实践的内容：纯粹数学和纯粹道德学。（KrV，A480；B508）

23. 现在这里就显示了思维方式的一种区别，在预设了一种思维方式和预设这种思维方式期间，这种区别是相当细微的、但仍然在巨大重要性的先验哲学中。（KrV，A676；B704）

24. 甚至数学的可能性必须在先验哲学中被指明。（KrV，A733；B761）

25. 但关于一个先验哲学的特有的方法这里却没有什么可说的，因为我们所涉及的只是我们的能力状况的一种批判。（KrV，A738；B766）

26. 所以我们判断的要素，只要它们与愉快或不愉快相关，因而作为实践的判断要素，就不属于先验哲学的整体之中，后者只与纯粹的先天知识相关。（KrV，A801；B829）

27. 在比较狭隘理解中的所谓形而上学由先验哲学和纯粹理性的自然之学所组成。前者只考察知性，以及在一个一切与一般对象相关的概念和原理的系统中的理性本身，而没有假定任何会被给予（本体论）的客体。（KrV，A845；B873）

先验知识（die transzendentale Erkenntnis）

1. 我称一切知识为先验的，［这种知识］与其说关注对象，不如说一般地关注其［对象］应当先天可能存在的认识方式。（KrV，A11；B25）

2. 只有那种——通过它我们认识到，一定的表象（直观或概念）仅仅被先天地运用，或是如何可能的——［先天知识］，才必须称为先验的（即知识的先天可能性或其先天运用）。（KrV，A56；B80）

3. 只有其表象根本不是经验的来源，并且它们何以能够同样先天地与经验对象发生关系的可能性的知识，才能称之为先验的。（KrV，A56；B81）

4. 先验的和经验性的区别只属于知识的批判，而不涉及知识与其对象的关系。（KrV，A57；B81）

5. 在先验知识中，只要它仅仅与知性概念发生关系，那么这个准绳就是可能的经验。（KrV，A783；B811）

显明（die Evidenz）

1. 不是自负，而只是——这个从纯粹理性的最小要素出发直至它的整体、并且倒过来从整体出发（因为整体也被纯粹理性的最终意图在实践中给出）直至每一个部分、结果相同的实验所产生的——显明。（KrV，BXXXVIII）

2. 充分的显明的缺乏。（KrV，BXXXVIII）

3. 所以在这个世界中一切几何学知识，因为基于先天的直观，而具有直接的显明，而对象则通过这种知识本身先天地（按照形式）在直观中被给予。（KrV，A87；B120）

4. 但动力学的运用的原理虽然也带有一种先天必然性的品格，但只是在一种经验中的经验的思想的条件下，因而只是间接的而非直接的，因而也并不包含前一种原理的那种直接显明，（虽然也并不损害它们普遍与经验相关的确定性）。（KrV，A160；B200）

5. 我有意选择了这些名称，为了不要忽视这些原理在显明上和执行上的区别。（KrV，A161；B200）

6. 按照大小和质的范畴（人们如果只注意质的形式）所涉及的，不论是显明，还是现象的先天规定，大小和质这两条原理都显著区别于剩下的两条原理。（KrV，A161；B200）

7. 命题："甚至一切变化（一物从一个状态到另一个状态的过渡）也该是连续的"，在这里就可能容易地而用数学的显明被证明了。（KrV，A271；B213）

8. 因为它们只是调节的原理，并且它们与那些本身是构成性的数学性原理，虽然不在确定性中——确定性在两者中都是先天肯定的，但毕竟在显明的方式中，亦即在原理的直觉的东西中，（因而也在演证方面），相区别。（KrV，A180；B223）

9. 数学的显明。（KrV，A440；B468）

10. 但从（在推论的知识中的）先天概念决不能产生直观的确定性，即显明，即使这个判断在其它情况下可以是如此非常无可争辩的确定的。（KrV，A734；B762）

11. 摆出一副显明的样子。（KrV，A749；B777）

显现（erscheinen）

1. 因为，否则就会导致荒谬的命题：现象会没有某种显现着的东西。（KrV，BXXVII）

2. 这个谓词只有当事物对我们显现、亦即是感性对象的时候，才被赋予事物。（KrV，A27；B43）

3. 空间包括一切可能向我们外在地显现出来的事物，但不包括一切自在的事物本身。（KrV，A27；B43）

4. 因为在这种情况中，那原处本身只是现象的东西，如一朵玫瑰，在经验的理解中被看作一个自在之物本身，这个自在之物却可以在每个眼里在颜色上显现出不同。（KrV，A29；B45）

5. 这些［形式］必须不在自在的对象本身之中，而是在对象对其显现的主体之中被寻找，但仍然现实并必然地归于这一对象的现象。（KrV，A38；B55）

6. 我们的一切直观无非是现象的表象：我们所直观的事物，不是我们对其直观的自在本身，也不是它们所具有的如同它们向我们显现的那种自在本身的关系。（KrV，A42；B59）

7. 因为内心直观自己，并非像它直接、自动地表象自己那样，而是按照它从内部被刺激的那种方式，因而像它显现自己的那样，而非它所是的那样。（KrV，B69）

8. 如果我说：在空间和时间中，不论是外部客体的直观，还是内心的本身直观，都如同它们刺激我们的感官那样、即如同它们所显现的那样而表象它们，那么这并不是想说，这些对象就是一种单纯的幻相。（KrV，B69）

9. 因为既然只有凭借感性的这样的纯粹形式，一个对象才显现给我们，亦即可能是经验的直观的一种客体。（KrV，A89；B121）

10. 相反，知性范畴则完全不对我们表现出——它的对象在直观中被给予的——那些条件，因而对象当然就能够——无需与知性的机能必然相关联——而显现给我们，这样，知性也就先天地完全不包含这些对象的条件了。（KrV，A89；B122）

11. 所以一切现象必然与感性的这种形式条件相一致，因为它们只有通过这种条件才能显现，亦即才能被经验地直观和被给予。（KrV，A93；B125）

12. 但一切经验除了包含——由此某物被给予的——感官直观，还包含对于在直观中被给予，或被显现的对象的一个概念，因此这些对象的一般概念、作为先天的条件将被设置为一切经验知识的基础。（KrV，A93；B126）

13. 内感官如何也如此把我们本身，只像我们显现给我们的那样、而不像我们本身自在地所是的那样，呈现给意识，因为我们只像我们在内部被刺激的那样直观我们。（KrV，B152，153）

14. 不过与其他现象一样，并不如同我在知性而前所是的，而如同我对自己所显现的那样，这个问题所带来的困难不多不少，正如一般地说，我如何能够对我是一个客体，而且能够是一个直观的和内知觉的客体。（KrV，B155）

15. 相反，在一般表象的杂多的先验综合中，因而在统觉的综合的本源统一性中，我向我意识到我的自身，既不像我对自己所显现的那样，也不像我在我自身所是的那样，而只是“我在”。这个表象是一个思想，而非一个直观。（KrV，B157）

16. 我并不拥有任何我如何在、而仅仅拥有我如何向我自身显现的关于我的知识。（KrV，B158）

17. 因为如果感官仅仅如某物显现那样向我们表象某物，那么这个“某物”

毕竟本身自在地也必须是一个物，并且是一个非感性直观的对象，亦即一个知性的对象。（KrV，A249）

18. 在我们知性的经验的运用中，事物只被如它们所显现的那样来认识。（KrV，A250）

19. 感性，及其领域，即现象的领域本身，被知性所限制以至于：它并不走向自在之物本身，而只是走向——事物如何因为我们的主观性状而向我们显现的——那种方式。（KrV，A251）

20. 感官向我们表现出对象如它们所显现的那样，知性却表现出对象如它们所是的样子。（KrV，A258）

21. 物质（或者那些显现出来的事物本身）。（KrV，A263；B324）

22. 通过纯粹知性，我们并不把握向我们显现的事物，自在地可能是什么。（KrV，A277；B333）

23. 由此我向我自身表象出自己，既不像我所是的那样，也不像我向我所显现的那样，而是我思想自己只像思想任何一个一般客体那样，不考虑这个客体的直观方式。（KrV，B429）

24. 在——某物由以在空间中对我们显现的——这种感性方式开始之前。（KrV，A393）

25. 如果感性的那种方式应当终止，先验的、现在之前完全未知的那些对象因此而向我们显现为物质世界，那也不会因此就取消了这些对象的一切直观。（KrV，A394）

26. 但一个这样的理知的原因在原因性方面就不被现象所规定，虽然它的结果能够显现出来，并所以能够被别的现象所规定。（KrV，A537；B565）

27. 这种理知的品格虽然决不可能直接被认知，因为我们不能知觉到任何东西，除非如果它所显现的，但它毕竟必须遵照经验的品格而被设想。（KrV，A540；B568）

28. 所以理性就是人在其中显现的一切任意的行动的持存的条件。（KrV，A553；B581）

现实的，现实地（wirklich）

现实之物，现实的东西（das Wirkliche）

现实性（die Wirklichkeit）

1. 理性知识能够在两种方式上被它的对象所关联，要么仅规定它和它的概念（别的则必须被给予），要么就现实地制造它。这前者是理性的理论知识，后者是理性的实践知识。（KrV，BX）

2. 事物自在本身允许处于虽然作为对自己是现实的、但却被我们所不可知

的状态。（KrV，BXX）

3. 因为这些原理现实地面临着扩展它们原本所属的感性界限而超出一切并且如此完全排斥纯粹的（实践的）理性运用的危险。（KrV，BXXV）

4. 要认识一个对象，这就要求，我能够证明它的可能性（无论是按照来自它的现实性的经验的证据，还是先天地通过理性而证明）。（KrV，BXXVI）

5. 因为外感官本身已经是直观和某种外在于我的现实之物的关系了，并且它的区别于想像的实在性，仅仅建立在它作为内部经验本身的可能性条件而与内部经验不可分割地结合在一起之上，这里发生的就是这种情况。（KrV，BXL）

6. 在人类知识中现实地具有这样一类必然的和在严格意义上普遍的、因而纯粹的先天判断。（KrV，B4）

7. 人们甚至无需这样一类的例子来证明在我们的知识中那些先天纯粹原理的现实性，也能够阐明、因而先天地阐明，这些原理之于经验本身可能性的不可或缺性。（KrV，B5）

8. 这种方法提供了一种现实的先天知识，而这种知识拥有了一个可靠而有效的进展。（KrV，A6；B10）

9. 论这些科学，由于它们已经现实地给予了，现在就可以适当地追问：它们是如何可能的。（KrV，B20）

10. 但关于形而上学，它的到目前为止糟糕的进展，并且因为人们不能够说出，任何一个迄今被陈述过的、涉及到它的本质目的的东西，它本该是现实在手的，所以就必定让每一个人都有理由怀疑它的可能性。（KrV，B21）

11. 但现在，这种知识类型在一定意义上毕竟也被看作是给予了的，并且形而上学，即使并不作为科学、但却作为自然天资（metaphysica naturlis）是现实的。（KrV，B21）

12. 所以在一切人类中，一旦理性在他们之内扩展到了思辨，则任何时代都现实地存在过、并还将永远保留一种形而上学。（KrV，B21）

13. 纯粹理性的一种工具论就会是那种先天纯粹知识的原则的总和，按照它们一切先天纯粹知识才能够获得并且被现实地实现出来。（KrV，A11；B25）

14. 这些东西属于纯粹直观，它先天地，即使没有一种现实的感官对象或感觉对象，作为一个单纯的感性形式而发生于内心之中。（KrV，A21；B35）

15. 什么是空间与时间呢？它们是现实的存在物吗？（KrV，A23；B37）

16. 一切现象的形式如何能够在一切现实的知觉之先、因而先天地在内心中被给予。（KrV，A26；B42）

17. 只有在时间中，现象的一切现实性才是可能的。（KrV，A31；B46）

18. 因为在前一种情况下，时间就会是没有现实对象却仍然现实地存在的

某物。（KrV，A32；B49）

19. 变化都是现实的变化。（KrV，A36；B53）

20. 既然变化仅仅在时间中才是可能的，所以时间就是某种现实之物。（KrV，A37；B53）

21. 时间当然是某种现实之物，也就是内直观的现实的形式。因此它在内部经验中有主观实在性，亦即我现实地具有关于时间和我的在时间中的规定的表象。（KrV，A37；B53）

22. 所以时间可以被看作是现实的，不是作为客体，而是作为我的自身的是客体的表象方式。（KrV，A37；B54）

23. 按照观念论，外部对象的现实性是不能做任何严格证明的：与此相反，我们内部感官的对象（我自身和我的状态）的现实性则是直接通过意识而是清楚的。（KrV，A38；B55）

24. 这些［形式］必须不在自在的对象本身之中、而是在对象对其显现的主体之中被寻找，但仍然现实并必然地归于这一对象的现象。（KrV，A38；B55）

25. 他们就必须假定两种永恒无限而独立持存的非物（空间和时间），它们存在着（却又不是某种现实的东西）。（KrV，A39；B56）

26. 按照这种观点，只是想像力的产物，它们的来源必须现实地在经验中寻找。（KrV，A40；B57）

27. 唯独这两种形式我们能够先天地、即在一切现实知觉之前认识到，因此就称它们为纯粹直观。（KrV，A42；B60）

28. 因为在观象中，这些客体、乃至于我们赋予这些客体的性状，任何时候都被看作某种现实被给予了的东西。（KrV，B69）

29. 两个无限的事物，它们不是实体，也不是某种现实地依存于实体的东西，但却生存着，甚至必须是一切事物生存的条件，却仍然留存着，即使一切实存之物都被取消了。（KrV，B70）

30. 其中如果包含（以对象的现实的在场为前提的）感觉，就是经验的。（KrV，A50；B74）

31. 现在，我通过这个命题："灵魂是不死的"，虽然按照逻辑的形式做出了现实的肯定，因而我就把灵魂放置在不死的存在者的无限制的范围中。（KrV，A72；B97）

32. 实然判断，由于它们被看作是现实的（真实的）时的判断。（KrV，A74；B100）

33. 实然命题说的是逻辑的现实性或真理性。（KrV，A75；B101）

34. 但这两位所想出的这种经验的推导，并不能与我们所拥有的先天科学

知识、即纯粹数学和普遍自然科学的现实性，相一致，因而被事实所驳斥。（KrV，A95；B128）

35. 感性直观要么是纯直观（空间和时间），要么是这种——在空间和时间中通过感觉直接表象为现实的——经验的直观。（KrV，B147）

36. 超出这一界限它们就绝不呈现；因为它们只在感官之内并且在感官之外则没有任何现实性。（KrV，B148）

37. 现实的经验，它由现象的领会、联想（再生）以及认定所构成。（KrV，A124）

38. 现实性的图型是在一个规定了的时间中的此在。（KrV，A145；B184）

39. 因为紧跟着一个空的时间的一种现实性，因而一个没有任何事物状态先行于之前的产生，无法被领会为这种空的时间本身。（KrV，A192；B237）

40. 所以，某物发生了，这是一个属于一种可能经验的知觉，这种可能经验由此就成了现实的经验，如果我把现象、按照它在时间中的位置，而看作规定了的、因而看作按照在知觉关联中的一种规则而任何时候都能够被发现的客体。（KrV，A200；B245）

41. 如果我的知觉要包含一种事件、亦即某物在此现实地发生的知识；那么它就必须是一种经验的判断。（KrV，A201；B246）

42. 凡是与经验之（感觉的）质料条件相关联的，就是现实的。（KrV，A218；B266）

43. 如果一个物的概念已经是全部完备了的，那么我却还可以追问到这个对象，是否它单纯是可能的呢，还是也是现实的呢，或者，如果它是现实的，那么是否它完全也是必然的呢？（KrV，A219；B266）

44. 恰好为此，模态的原理也就无非是，可能性、现实性和必然性的概念在它们的经验的运用中的解释，与此同时也是一切范畴在单纯经验的运用上的限制，而不允许并且不同意先验的运用。（KrV，A219；B266）

45. 这条公设，认识事物的现实性，虽然并不那么直接要求知觉、因而被人们所意识到的感觉，从其此在应当被认识的对象本身，但仍还要求这个对象与任何一种现实的知觉相关联。（KrV，A225；B272）

46. 概念先行于知觉，就仅仅意味着物的可能性；但知觉，为概念提供素材，是现实性的唯一品格。（KrV，A225；B273）

47. 所以在时间中我的此在的这种规定只有通过我知觉在我之外的现实事物的生存，才是可能的。（KrV，B275）

48. 但想像力这样做只是通过对以前的外部知觉的再生，而这些外部知觉，如已经指出的，只有通过外部对象的现实性才是可能的。（KrV，B278）

49. 因为唯有知性，在它之中，那种——所有知觉都必须在其中拥有自己

的位置的——经验的统一性，才是可能的。（KrV，A230；B282）

50. 是否可能性的领域就比包含一切现实东西的领域更大，而后者是否又比一切必然的东西的总量更大，这是一些正当的问题，而且是综合的解答的问题，但这种综合的解答也只归理性的审判权所有。（KrV，A230；B282）

51. 一切现实的东西都是可能的；由此按照逻辑的换位规则当然地就得出，这个单纯的特称命题：有些可能的东西是现实的，而这就似乎只不过意味着：有许多并非现实的东西，是可能的。（KrV，A231；B284）

52. 但凡是与这种知觉按照经验的法则连结起来的东西，都是现实的，不管它是否直接地被知觉到。（KrV，A231；B284）

53. 但模态的原理并不是客观综合的，因为可能性、现实性和必然性的谓词丝毫也没有扩大它们所讲述的那个概念，由此它们还给对象的表象补充了某物。（KrV，A233；B286）

54. 通过一个物的现实性，我当然地作出了比可能性更多的设定，但不是在这个物中；因为这个物在现实性中绝不包含比在它的完全的可能性中所曾包含的更多的东西。（KrV，A234；B287）

55. 不过，就连一个物的一个被给予状态的存在和非存在的交替，即一切变化之所在，都完全没有证明这个状态的偶然性，仿佛从这个状态的反面的现实性。（KrV，B290）

56. 相反，我却把它们理解为一些现实的原理，它们过分要求我们，拆除所有那些界桩并且自以为拥有一个在任何地方都不承认任何分界线的全新的基地。（KrV，A296；B352）

57. 但理性概念这一称呼就已经暂时表明：它不愿让自己局限在经验之内，因为它涉及了那种知识，每一个经验的知识（也许可能经验或其经验的综合的整体）都只是它的一部分，虽然没有任何现实的经验某个时候足以完全达到那里，但毕竟任何时候都是隶属于它。（KrV，A311；B367）

58. 如果人们举出一个理念，那么人们按照客体（当作一个纯粹知性对象的理念）就说得太多了，但如果按照主体（亦即鉴于它在经验条件之下的现实性）就恰恰因此而说得太少了，因为这种现实性，作为一个极大值的概念，具体地说决不能完全相同地被给予出来。（KrV，A327；B384）

59. 相反，如果在知性的实践运用中完全仅涉及按照规则的执行，那么实践理性的理念任何时候都能够现实地、虽然只是部分地，具体地被给予，它甚至是理性的每一个实践运用的不可或缺的条件。（KrV，A328；B384）

60. 在它里面纯粹理性甚至具有那种——现实地产生其概念中所包含的东西的——因果性。（KrV，A328；B385）

61. 那种现实的判断，它在这种被归摄的情况下陈述这种规的断言，就是

结论（Conclusio）。（KrV，A330；B387）

62. 理性的灵魂学说的那些命题就不会从一个一般的思维着的存在者的概念、而会从一种现实性开始了。（KrV，B418）

63. 我思考我自己，为了一种可能的经验的要求，通过我还把一切现实的经验抽掉，并且从中推导出，我能够意识到我的生存甚至在经验和经验的条件之外也能够意识到我的生存。（KrV，B427）

64. 我通过这个“我”为我在任何时候都想到了一个绝对的、但却是逻辑的主体统一性（简单性），但并非，我由此就认识了我的主体的现实的简单性。（KrV，A356）

65. 这个思想着的“我”，灵魂（内感官的那个先验对象的一个名称）该是单纯的；然而这种表达毕竟没有延伸到任何现实的对象的运用上因而也不能丝毫扩大我们的知识。（KrV，A361）

66. 所以，一个在我之外的现实对象（如果这个词在智性的意义上被设想）的此在决不在知觉中刚好被给予，而只能对这个——就是内感官的变形的——知觉。（KrV，A367）

67. 因此在知觉与它的原因的关系中随时都留有可以的地方：即这个原因是内部的呢，还是外部的，因而是否一切所谓外部知觉并不都是我们内部感官的一种单纯游戏，或者是否它们与作为其原因的外部现实对象有关。（KrV，A368）

68. 那种否定感官的外部对象的此在的人，而必须理解为这种仅仅不承认——这种此在通过直接的知觉而被认识、但由此却推论出，我们通过一切可能的经验都绝不能完全肯定它们的现实性——的人。（KrV，A369）

69. 所以先验实在论者就把外部现象（当人们承认它们的现实性时）表象为自在之物本身，它们不依赖于我们和我们的感性而生存，因而甚至按照纯粹知性概念也会是在我们之外的。（KrV，A369）

70. 我没有丝毫的必要打算去推导关于外部对象的现实性，就如于我的内感官的对象（我的思想）的现实性一样，因为它们双方都无非是这样的表象，它们的直接知觉（意识）同时就是它们的现实性的足够证明。（KrV，A371）

71. 与之相反，在我们的体系中，这些外部事物、也就是物质，在所有它们的形态和变化中，都无非是单纯的现象，亦即在我们之内的表象，它们的现实性被我们直接意识到。（KrV，A372）

72. 因为这些表象仅仅是现象，亦即单纯是一些任何时候都只处于我们之内的表象方式，并且它们的现实性以直接的意识为基础，正如我自己的思想的意识一样。（KrV，A372）

73. 空间和时间虽然是先天的表象，它们还在一个现实的对象通过感觉而规定我们的感官、以便把这个对象表象在那些感性关系之下以前，就已经作为我们的感性直观的形式而寓于我们之中了。（KrV，A373）

74. 然而这种物质的东西或实在的东西，这种——应当在空间中被直观到的——“某物”，必然以知觉为前提，而不能独立于这种在空间中显示出“某物”的现实性的知觉、由任何想像力而虚构和产生出来。（KrV，A373）

75. 所以感觉是那种在空间和时间中标志了一种现实性的东西，因为它与感性直观的这种或那种方式相关联。（KrV，A374）

76. 所以这种知觉（对此我们这一次仅仅停留在外部直观那里）就表象出，某种在空间中的现实之物。（KrV，A374）

77. 空间自身也无非是单纯的表象，因而在其中只有那在空间中被表象的东西才被看作是现实的。（KrV，A374）

78. 所以，一切外部知觉都直接证明了在空间中某种现实的东西，或者不如说就是现实的东西本身，所以就此而言经验的实在论不容怀疑地就是，亦即，与我们的外部直观相一致的就是在空间中的某种现实的东西。（KrV，A375）

79. 空间本身，连同其一切现象，作为表象，都只存在于我之内，但实在的东西，或者外部直观的一切对象的材料仍然在这种空间中现实地、不依赖于任何虚构地被给予了。（KrV，A375）

80. 因为如果存在着这类对象，那么它毕竟不会可能被表象和直观为在我们之外，因为这就预设了空间，并且在空间中的现实性，作为一个单纯的表象的现实性，不是别的，而无非就是知觉本身。所以外部现象的这种实在的东西只有在知觉中才是现实的，并且以任何别的方式都不可能是现实的。（KrV，A376）

81. 凡是按照经验的法则而与一个知觉有关联，就是现实的。（KrV，A376）

82. 外部知觉直接证明了在空间中的一种现实性。（KrV，A377）

83. 如果我们让外部对象相当于自在之物本身，那就完全不可能领会，我们应该如何在我们之外得到对它们的现实性的知识，通过我们仅仅依靠在我们之内的表象的方式。（KrV，A378）

84. 但某物如果只是在概念中而不是在现象中被认作简单的，那么我由此便根本不现实地拥有关于对象的任何知识。（KrV，A400）

85. 可能的、现实的和必然的东西的概念并不导致任何序列。（KrV，A414；B442）

86. 我们必须在我们的理念本身中寻求原因，而这个原因是一个不允许有任何解答的问题，而且关于它，我们还顽固地假定，就好像一个现实的对象与

它相符合。（KrV，A482；B510）

87. 这种观念论由于它假定了空间的特有的现实性，就否定了在空间中广延的存在物的此在。（KrV，A491；B519）

88. 外部直观的对象，正如它们在空间中被直观到的那样，也是现实的，并且在时间中一切变化，就如内感官把它们所表象出来的那样。（KrV，A491；B520）

89. 因为一切——凡是按照经验的进程的法则而与一种知觉处于一种前后关系中的东西——都是现实的。所以如果他们与我的现实意识处于一种经验的关联中，那他们就是现实的，哪怕他们因此并非自在地、亦即在这个经验进展之外，是现实的。（KrV，A493；B521）

90. 因为现象，其自在本身，作为单纯的表象，只有在知觉中才是现实的，而知觉实际上无非是，一个经验的表象即现象的现实性。一个现象在知觉之前就被称为一个现实之物，这要么意味着我们在经验之进程中必然会遇到这样一个知觉，要么就根本没有任何意义。（KrV，A493；B521）

91. 因为它们都是单纯的表象，而这些表象作为知觉仅仅意味着一个现实的对象。（KrV，A495；B523）

92. 过去时间的现实事物都已经在那个先验对象中给予了经验；但它们只对我来说才是对象并且只在过去的时间中才是现实的。（KrV，A495；B523）

93. 而这种回溯仅仅通过人们现实地完成了，才被给予。（KrV，A501；B529）

94. 一种先验的幻相在此向他们描绘出一种——在任何地方都没有遇到的——现实性。（KrV，A502；B530）

95. 增加了一种对世界、作为一种自在的现实事物本身的规定。（KrV，A504；B532）

96. 把一个最先通过这种回溯才成为现实的（经验之）大小给予出来。（KrV，A523；B551）

97. 尽管所有的部分都已经包含在整体的直观中了，然而并非全部分割都包含于其中，全部分割仅仅在于继续分解，或在于使序列首先成为现实的那个回溯本身。（KrV，A524；B552）

98. 我们本来并不想借此就把自由的现实性，作为包含着我们感官世界的现象的原因的那些能力之一种的现实性，而加以阐明。（KrV，A557；B585）

99. 在全部感性的领域之外假定一个独立自存的现实性。（KrV，A566；B594）

100. 不会仅由此就被说服，把它的思维的一个单纯自身创造立即假定为一个现实的存在物。（KrV，A584；B612）

101. 无条件者自在并且按照其单纯概念并不作为现实而被给予出来。（KrV，A584；B612）

102. 因为，如果你把所有的设定（不确定你设定什么）都命名为实在性，那么你就已经把这个物连同它的一切谓词都设定在主词中了并且假定为现实的，并且在谓词中你仅仅在重复它而已。（KrV，A597；B625）

103. 所以，现实的东西并不比单纯可能的东西包含得更多。（KrV，A599；B627）

104. 但是在我的财产状况中，现实的一百塔勒，就是多于一百塔勒的单纯概念（即一百塔勒的可能性）。（KrV，A599；B627）

105. 这个理念由此就被设想为一个现实的对象，并且与之相反，因为这个现实的对象又是至上的条件，就被设想为必然的，因而一条调节性的原则就被转变成了一条构成性的原则。（KrV，A619；B647）

106. 所以这些先验理念按照一切推测将具有它们的很好的、因而是内在的运用，尽管，当它们的意义被误会并且它们被视为关于现实事物的概念的时候，它们在应用中可能是超验的，并正因此而是欺骗的。（KrV，A643；B671）

107. 一个知性概念并不现实地从它出发的点，因为它完全处于可能经验的界限之外，然而却用作使它获得——除最大的扩展之外——最大统一性。（KrV，A644；B672）

108. 那些物种在自然中已经现实地被划分了，因而自身就必须构成一个quantum discretum（分离的定量）。（KrV，A661；B689）

109. 作为先天综合命题，仍然具有客观的、但不确定的有效性，并被用做可能经验的规则，作为启发式的原理，也被很成功地运用于现实地加工经验，而无需人们能够带来一种先验的演绎。（KrV，A664；B692）

110. 它们应当只被看做现实事物的类似物、但却不被看做这样的现实之物自在本身而被设置为基础。（KrV，A674；B702）

111. 因为，我们设定一个与理念相应之物、一个“某物”或现实的存在者，因此并不是说，我们要用超验的概念而扩展我们对事物的知识。（KrV，A674；B702）

112. 我们只能按照与一个根据理性法则应该是万物的原因的现实实体的类比，而思想这个某物。（KrV，A675；B703）

113. 所以我将不仅授权、而且也有必要实现这个理念，即为它设立一个现实的对象，但只是作为一般的“某物”，而我对它自在本身则一无所知，我只把它作为那种系统统一性的一个根据。（KrV，A677；B705）

114. 我们不可能根据实在性、实体、原因性等等概念而预设这种先验对象自在本身的现实性。（KrV，A679；B707）

115. 于是这个理性存在者（ens rationis　ratiocinatae，推理的理性之物）虽然是一个单纯的理念，因而并不干脆并自在本身地假定为某种现实的东西。（KrV，A681；B709）

116. 所以，取代那个并不能引导我们走远的（关于灵魂现实地是什么的）经验概念，理性就采取了一切思想的经验的统一的概念，并且通过理性无条件地和本源地思考这个统一性。（KrV，A682；B710）

117. 实体的那种简单性等等只应当是向着这条调节的原则的图型，而并不是被预设为，好像它就是灵魂属性的现实根据。（KrV，A683；B711）

118. 而这一切都通过这样一个图型，它好像是一个现实的存在者，才最好地、甚至是独一无二地被产生出来。（KrV，A684；B712）

119. 这一切都证明，宇宙论的理念无非是调节性的原则，而仿佛远离了——设立这样的序列的现实的总体性的——构成性原则。（KrV，A685；B713）

120. 人们把一条合目的性的统一性原则的现实性作为实体化的东西而设置为基础。（KrV，A692；B720）

121. 在先验分析论中所有——那些能够把我们的知识扩展到现实经验之外的——命题的批判的审查，都已经充分地使我们确信，它们绝不可能导致比一个可能的经验更多的某物。（KrV，A703；B731）

122. 因为，如果人们停留在已经包含在这个概念中的东西那里，那么这个判断就会是单纯分析的，并且只是一种思想——按照已经现实地包含在思想中的东西——的解释。（KrV，A721；B749）

123. 借助于原因概念，我现实地走出了关于一个事件（因为某物发生）的经验的概念，但并没有达到——具体表现原因概念的——那种直观，而是达到了——在经验中遵照原因概念而想被找到的——一般时间条件。（KrV，A722；B750）

124. 哲学密集着有错误的定义，尤其这样的定义，它们虽然现实地包含了定义的要素，但还不完备。（KrV，A731；B759）

125. 我们已经现实地拥有了先天综合知识，就如这种预测经验的知性原理所表明的那样。（KrV，A762；B790）

126. 这样一来被允许的则是，为了对象的现实性，而最后求助于意见，但这种意见，为了不至于是无根据的，则必须与作为解释根据而现实地被给予并因此是确定了的东西连结起来，那就叫做假设。（KrV，A770；B798）

127. 它们就是单纯的思想物，它们的可能性是不可证明的，因此它们也不能通过一种假设而为现实的现象解释设置基础。（KrV，A771；B799）

128. 因为要使这样一些理念的现实性成为单纯或然性的，是一种荒谬的意图。（KrV，A775；B803）

129. 但由于对手关于被怀疑的对象同样所知甚少，而不足以说明它的非存在，比之于主张它的现实性的前者。（KrV，A777；B805）

130. 所以尽管它是一个单纯的、但还却是一个实践的理念，它能够、并应当对感官世界现实地具有它的影响，以便使感官世界尽可能地符合这个理念。（KrV，A808；B836）

131. 我把这样偶然的信念，但它却为一定行动的手段的现实运用设置基础，称为实用的信念。（KrV，A824；B852）

132. 只有在感官对象中才有现实性，其余的一切都是想像。（KrV，A853；B881）

现相（Phänomena）

1. 数是现相的定量，感觉是现相的实在性，物的持久性和延续性是现相的实体——永恒性是 necessitas，phaenomena，现相的必然性。（KrV，B186）

2. realits Phaenomenon，现相的实在的东西。（KrV，B207）

3. realitas phaenomenon，现相的实在性。（KrV，A168；B209）

4. 如果我把一切事物不是看作现相，而是看作自在之物，并且看作单纯知性的对象，则它们尽管是实体，却可以被视为按照其此在而依赖于陌生的原因。（KrV，A206；B252）

5. 现象，只要它们按照范畴的统一性而被思想为对象，就叫作现相（Phaenomena）。（KrV，A249）

6. 把对象划分为现相（Phaenomena）和本体（Noumena），因而也把世界划分为感官世界和知性世界（mundus sensibilis et intelligibilis，感性世界和理知世界）。（KrV，A249）

7. 我们把一定的、作为现象的对象称为感官存在者（Phaenomena 现相）。（KrV，B306）

8. 既然知性，当它单纯在一种关系中把一个对象叫做为现相时，同时又在这种关系之外仍制定一种关于自在的对象本身的一个表象，因而它设想，它也能够制定这类对象的概念的表象，并且，既然知性所提供出来的无非是范畴，所以，对象在后一种意义上至少必须能够通过这些纯粹知性概念而被思想。（KrV，B306）

9. 然而关于这个原因，为什么人们，不完全满足于感性的基底，而已给现相（Phaenomenis）附加上了——只有纯粹知性才能够思想它的——本体，那么这个原因则仅仅基于这里。（KrV，A251）

10. 对象划分为现相和本体，并且世界划分为感性世界和知性世界，在积极的意义上完全不能被容许，虽然概念当然容许被划分为感性的和智性的。

（KrV，A255；B3111）

11. 尽管他，由于这些对象表象的模糊性，而赋予这些表象以现相之名。（KrV，A264；B320）

12. realitas phaenomenon，现相的实在性。（KrV，A264；B320）

13. substantia phaenomenon，现相的实体。（KrV，A265；B321）

14. 这些概念可以逻辑地被比较，无需操心它们的客体属于哪里，是作为知性的本体呢，还是作为感性的现相（Phänomena）。（KrV，A269；B325）

15. mundus phaenomenori，现相世界。（KrV，A272；B328）

16. realitates phaenomena，现相的实在性。（KrV，A273；B329）

17. 质料是 substantia phaenomenon，现相的实体。（KrV，A277；B333）

18. 因为在这里就显示了人类理性的一种新的现相（Phænomen），即，一种完全自然的背反论，在这上面不需要设置任何绞尽脑汁的和人为的圈套。（KrV，A407；B433）

19. causa phaenomenon，现相的原因。（KrV，A545；B573）

20. 在自由那里作为原因的物本身（Substantia phaenomeno，现相的实体）毕竟仍还属于条件序列，而只有它的原因性被思想为理知的。（KrV，A561；B589）

21. 这些表象的偶然性本身只是现相 Ph？nomen。（KrV，A563；B591）

22. 凡是涉及到意志的表现的现相、即行动，那么我们就必须，按照一条不可违反的基本准则、没有这条准则我们就不能在经验的运用中执行任何理性，决不相异于一切剩余的自然现象、即按照自然的不变的规律，而解释这些行动。（KrV，A798；B826）

现象（die Erscheinung）

1. 因为必然驱使我们超越到经验和一切现象的界限之外的什么东西，就是无条件者，它要求理性必然在自在之物本身之中并完全有权利对一切有条件者，并且由此有条件者序列作为完成了的。（KrV，BXX）

2. 形而上学家的分析把纯粹先天知识分割为两个性质极不相同的要素，即作为现象的事物的知识，以及自在之物本身的知识。（KrV，BXX）

3. 我们关于作为自在之物本身的任何对象不可能有什么知识，而是仅仅只要它是感性直观的对象、也就是作为现象，才能够获得知识。（KrV，BXXVI）

4. 这一经验的直观的未被规定的对象，叫现象。（KrV，A20；B34）

5. 所以在现象中，我把这种符合感觉的东西，称为［现象的］质料，而把这种让现象的杂多能够在一定关系中被整理，我叫做现象的形式。（KrV，A20；B34）

6. 空间不是别的，而只是外感官的一切现象的形式，亦即唯一使我们的外部直观成为可能的感性的主观条件。（KrV，A26；B42）

7. 空间作为外部客体的条件，必然地属于现象或直观本身。（KrV，A28；B44）

8. 人们不能鉴于一般现象而取消时间本身，尽管人们完全可以从时间中拿走现象。（KrV，A31；B46）

9. 只有在时间中，现象的一切现实性才是可能的。这些现象全都可以废除，但时间本身（作为这些现象的可能性的普遍条件）却不能被取消。（KrV，A31；B46）

10. 因为时间不可能是外部现象的任何规定；它既不属于形状，又不属于位置等等，相反它规定着我们内部状态中表象的关系。（KrV，A33；B49）

11. 时间是所有一般现象的先天形式条件。空间，作为一切外部直观的纯粹形式，已经作为先天条件而单纯限制于外部现象。（KrV，A34；B50）

12. 时间是所有一般现象的先天条件，更确切地说，是（我们的灵魂）内部现象的直接条件，因此也间接地是外部现象的条件。（KrV，A34；B50）

13. 所有一般现象，亦即一切感官对象，都是在时间中的，并且必然地处于时间的关系中。（KrV，A34；B51）

14. 时间只鉴于现象才是客观有效性的时间，因为现象已经是——我们设想为我们感官的对象的——事物。（KrV，A34；B51）

15. 一切事物，作为现象（感性直观对象），都在时间之中。（KrV，A35；B52）

16. ［它们］在任何时候都有两个方面，一方面因为自在客体被观察，（撇开直观它的方式，但它的性状恰恰因此在任何时候都是难以解决的），另一方面因为被关注的是这一对象的直观形式，这些［形式］必须不在自在的对象本身之中，而是在对象对其显现的主体之中被寻找，但仍然现实并必然地归于这一对象的现象。（KrV，A38；B55）

17. 但这两种先天的知识来源恰好由此（即由于它们只是感性的条件）也规定了自己的界限，就是说，它们只针对对象，只要这些对象被看作现象，而不表现自在之物本身。（KrV，A39；B56）

18. 我们的一切直观无非是现象的表象。（KrV，A42；B59）

19. 自在的对象本身可能是什么，这绝不会通过对那唯一被给予我们的现象的最清晰的知识而被我们所知道。（KrV，A43；B60）

20. 相反，直观中一个物体的表象根本不包含，任何应归于一个自在对象本身的东西，而仅包含某物的现象、以及我们由此被刺激的方式。（KrV，A44；B61）

21. 空间和时间，作为一切（外部和内部）经验的必然条件，仅仅是我们一切直观的主观条件，因而在与之关系中一切对象仅仅是现象，而并非用这一方式给予自己的事物，因此关于以及围绕形式所涉及的东西，还允许先天地说出许多，但关于可能构成这些现象的基础的自在之物本身，却说不出一点。（KrV，A49；B66）

22. 凡是通过一个感官而被表象出来的东西，任何时候都是现象，因而要么一个内感官就必须会完全不被承认，要么那个——是内感官的对象的——主体，就只能通过内感官而被表象为现象，而不是表象为它会判断自身的那样，如果它的直观只是单纯的自身活动、即作为智性的直观。（KrV，B68）

23. 现象的谓词在与我们的感官的关系上，能够被赋予客体本身。（KrV，B69）

24. 所有绝不在自在的客体本身中、但任何时候都能在它与主体的关系中找到，并且与前者的表象不可分的东西，都是现象。（KrV，B71）

25. 现象是能够被直接给予我们的唯一对象。（KrV，B108）

26. 一切可能的现象，作为表象，都完全属于可能的自我意识。（KrV，B113）

27. 一切现象都处于按照必然法则的一种无例外的连接中、因而是处于一种先验的亲和性中的，而经验性的亲和性则仅仅是结果。（KrV，B113，114）

28. 没有知性的机能，现象当然能够在直观中被给予。（KrV，A90；B122）

29. 现象至少会给我们的直观递交对象，因为直观绝不需要思想的机能。（KrV，A91；B123）

30. 所以一切现象必然与感性的这种形式条件相一致，因为它们只有通过这种条件才能显现，亦即才能被经验地直观和被给予。（KrV，A93；B125）

31. 意识的经验性的统一性，通过表象的联合，本身涉及到一种现象，并且完全是偶然的。（KrV，B140）

32. 我们只有从现象中才做得出先天的直观。（KrV，B151）

33. 我自己的此在并不是现象（更不是单纯的幻相）。（KrV，B157）

34. 我把领会的综合，理解为在一种经验的直观中杂多的复合，由此，知觉、也就是对这直观的经验的意识，（作为现象）才是可能的。（KrV，B160）

35. 范畴是——那些给现象、因而给作为一切现象的总和的自然（natura materialiter spectata，物质方面的自然）规定先天法则的——概念。（KrV，B163）

36. 自然的现象的法则怎么会必然与知性及其先天形式、即与它联结一般直观杂多的能力协调一致，一点也不比现象本身怎么会必然与先天的感性直观形式协调一致更值得诧异。（KrV，B164）

37. 现象只是关于事物的表象，而这些事物，按照它们可能自在地所是的东西，这时就不被认识。（KrV，B164）

38. 一切可能的知觉、因而甚至一切总能够获得经验的意识的东西、即一切自然现象，按照它的联结，也都服从范畴。（KrV，B164）

39. 特殊的规律，因为它们涉及到被经验地规定了的现象，不能从范畴中完备地被推导出来，即使它们全都服从那些范畴。（KrV，B165）

40. 我们的表象可以不论来源于哪里，不论它们受到外部事物的影响、还是受到内部原因的作用，它们都可以先天地、或作为现象而经验地产生。（KrV，A99）

41. 但这个再生的规律却预设了：现象本身真实地服从于一条这样的规则，并且在这些表象的杂多中发生了一种根据一定规则的相伴或相继。（KrV，A100）

42. 现象本身无非是感性表象，这些表象必须不能以感性表象的方式自在地被看作（在表象能力之外的）对象。（KrV，A104）

43. 于是物体的概念按照通过它而被想到的杂多的统一性，而被用作我们对外部现象的知识的规则。（KrV，A106）

44. 正是统觉的这种先验统一性，使一切总能够在一个经验中共同存在的可能现象，成为一切这些表象按照法则的关联。（KrV，A108）

45. 现象是能够被直接给予我们的唯一对象，而凡是在现象中直接与对象相关的就叫作直观。（KrV，A108）

46. 一切现象，只要对象应当由此而被给予我们，就都必须服从现象的综合统一性的先天规则。（KrV，A110）

47. 因为知觉的无例外的和综合的统一性恰好构成了经验之形式，并且这种形式无非就是现象们按照概念的综合的统一性。（KrV，A110）

48. 一切可能的现象，作为表象，都完全属于可能的自我意识。但数目上的同一性，与作为一个先验表象的这个自我意识，是不可分割的，并且是先天地肯定的，因为不借助于这个本源的统觉，就没有东西能够进入到知识中。（KrV，A113）

49. 一切现象都处于按照必然法则的一种无例外的连接中、因而是处于一种先验的亲和性中的，而经验的亲和性则仅仅是结果。（KrV，A114）

50. 感官把现象经验地展示在知觉中，想像力把现象经验性地展示在联想（和再生）中，统觉则把现象展示在这些再生的表象与它们由此被给予出来的现象的同一性的经验的意识中，因而展示在认定中。（KrV，A115）

51. 所以在知性中，纯粹先天知识，它们在一切可能现象方面，已经包含了想像力的纯粹综合的必然统一性。（KrV，A119）

52. 纯粹知性，借助于范畴们，是一切经验的形式的和综合的原则，而现象则具有一种涉及知性的必然关系。（KrV，A119）

53. 现象自在地本身并不具有任何客观实在性，而只是在知识中才生存着。（KrV，A120）

54. 现象的一切联想的这种客观的根据我命名为现象的亲和性。（KrV，A122）

55. 在我们称为自然的那些现象上的秩序和合规则性，是我们自己带进去的，并且假如我们不是本源地把它们，或者我们内心的自然放进去了的话，我们也就不可能在其中找到它们了。（KrV，A125）

56. 知性任何时候都忙碌于目的在于现象的彻底侦探，为的是在现象上找出某种规则。（KrV，A126）

57. 那些最高的（其他一切规律都从属于其下的）规律先天地从知性本身中发源，并且不是从现象中借来。（KrV，A126）

58. 但统觉的统一性就是经验中一切现象的必然合规律性的先验根据。（KrV，A127）

59. 一切现象作为可能的经验恰恰先天地处于知性之中，并从知性而获得它们的形式的可能性，正如它们作为单纯的直观而处于感性之中，并唯有通过感性根据形式，而成为可能的。（KrV，A127）

60. 所以纯粹知性在范畴中就是一切现象的综合统一性的规律，并由此才使得经验按照它的形式首先并本源地成为可能。（KrV，A128）

61. 因为这些概念作为现象构成了一个——仅仅是在我们之内的——对象，因为我们感性的一个单纯变形在我们之外根本就找不到。（KrV，A129）

62. 因为我们的知识无非与现象打交道，这些现象的可能性存在于我们自身之内，它们的连接和（在一个对象表象中的）统一性仅仅在我们之内才被找到，因而必须先行于一切经验，并使一切经验按照形式首先成为可能。（KrV，A130）

63. 范畴在现象上的运用，借助于先验的时间规定而成为可能。（KrV，A139；B178）

64. 因此图型本来就只是现象，或一个对象的感性概念，在与范畴的一致中。（KrV，A146；B186）

65. 空间和时间都是一切事物作为现象的可能性条件。（KrV，A149；B188）

66. 经验则依据于现象的综合统一性，亦即，依据于按照一般现象的对象之概念的综合。（KrV，A156；B195）

67. 一切现象都包含，按照形式，一种在空间和时间中的直观，而空间和时间则共同为这些现象设置了先天基础。所以，这些现象，除了通过使一个确定的空间或时间的表象借以被产生出来的杂多的综合之外，亦即通过对同质的东西的组合和对这杂多（同质的东西）的综合统一性的意识之外，不可能被领会到，也就是不可能被接受到经验的意识中来。(KrV, B202)

68. 现象全部都是大小、确切说都是外延的大小。(KrV, B203)

69. 因此，一切现象都已经被直观为聚合物（先前给予部分的集合）了，而这恰好不是任何一种大小的情况，而只是那种被我们外延地表象和领会为这样的大小的情况。(KrV, A163; B204)

70. 现象的这种先验的数学原理给我们的先天知识以很大的扩展。(KrV, A165; B206)

71. 现象并不是任何自在之物本身。(KrV, A165; B206)

72. 在一切现象中，实在的东西，感觉的一个对象之所是，具有内包的大小，即具有一个度。(KrV, A166; B207)

73. 现象，作为知觉的对象，并不是纯粹的（仅仅是形式上的）直观，如空间和时间，（因为它们自在根本不被知觉）。所以现象除了直观之外，自身中还包含任何一个一般客体所需的质料（某物生存由此而被表象于空间和时间中），亦即，包含感觉的实在，因而仅仅包含主观的表象，人们只能意识到主体会被表象所刺激，人们使它与一个一般客体相关联。(KrV, A166; B207)

74. 现象中实在的东西任何时候都有一个大小，但这个大小并不在领会中被遇到。(KrV, A168; B210)

75. 所以，现象中的每一个实在性都有内包的大小，即有一个程度。(KrV, A168; B210)

76. 一切现象一般都是连续的大小，要么按照其直观，而作为外延的大小，要么按照单纯的知觉（按照感觉，因而按照实在性），而作为内包的大小。(KrV, A170; B212)

77. 时间的三种样态是持存性、相继性和同时并存。因此现象的一切时间关系的三条规则，据此现象的每一个此在能够在一切时间的统一性方面被规定，先行于一切经验，并且首次使现象成为可能。(KrV, A177; B219)

78. 现象的综合的规则同时也能够在每个现有的经验的实例中给出这种先天的直观，亦即能够使这种直观由此而实现出来。不过，现象的此在并不能先天地被认识。(KrV, A178; B221)

79. 现象的此在不可构造，那么这些原理将只指向此在的关系，并且只能充当单纯调节性的原则。(KrV, A179; B222)

80. 所以，一个经验之类比将只是一条规则，按照这条规则，从知觉中应该产生出经验之（不是像知觉本身，而是一般经验的直观的）统一性，并且有关对象（现象的对象）的原理将不看作为是构成性的，而只是调节性的。

（KrV，A180；B222）

81. 现象不是必须被干脆归摄到范畴之下，而只是必须被归摄到范畴的图型之下。（KrV，A181；B223）

82. 一切现象都在时间中，在作为基底（作为内直观的持存形式）的时间中，不仅同时并存，而且相继，才唯独能够被表象。（KrV，A182；B224）

83. 持存性一般地把时间表达为，现象的一切此在、一切变更和一切伴随的持久的相关物。（KrV，A183；B226）

84. 所以在一切现象中持存的东西都是对象本身，亦即实体（现象）。（KrV，A184；B227）

85. 我们之所以能够给一个现象给予实体名字，就因为我们预设了它在一切时间中的此在。（KrV，A185；B228）

86. 持存性就是一个必要的条件，唯独在这个条件下，现象才在一个可能经验中被规定为事物和对象。（KrV，A189；B232）

87. 时间相继的一切现象全都只是变化，即都是在此持存着的实体的规定的一种相继存在和非存在。（KrV，B232）

88. 通过这种单纯的知觉，现象的相互继起的客观关系仍然未规定。（KrV，B234）

89. 所以只有通过我们把现象的接续、因而把一切变化都从属于因果律，甚至经验、也就是关于现象的经验的知识，才是可能的；因此现象本身作为经验之对象，也只有按照同一个因果律才是可能的。（KrV，A189；B234）

90. 只要现象，仅仅作为表象，同时就都是意识的对象。（KrV，A190；B235）

91. 假如现象就是自在事物本身，那就没有任何人能够会从关于它们的杂多的表象的前后相继而估量出，这种杂多在客体中该如何联结。（KrV，A190；B235）

92. 即使现象都不是自在事物本身，却仍然可以是唯一能够被给予我们来认识的东西，那么我就应该指出，对于现象本身上的杂多，什么才适合于一种在时间中的联结，此间杂多的表象在领会中任何时候都已经前后相继。（KrV，A190；B235）

93. 只有在现象上我们才能够经验地认识到时间关联中的这种连续性。（KrV，A199；B244）

94. 现象必须在时间中相互规定其自身的位置，并且使这一位置在时间秩序中成为必然的。（KrV，A200；B245）

95. 现象无非是表象。（KrV，B250）

96. 创造作为事件在现象中是不能被允许的。（KrV，A206；B251）

97. 我们只有预测我们自己的领会，其形式条件，由于它们在所有被给予的现象之前就寓于我们了，当然先天地就必须能够被认识了。（KrV，A210；B256）

98. 通过这种交互联系，现象，只要相互外在却仍然处于连结之中，就构成了一个复合物（compositum leale，实在的组合物），而这样一类的复合体是以多种方式成为可能的。（KrV，A215；B262）

99. 毋宁作为知性的规则——唯有通过它，现象的此在才能按照时间关系得到综合的统一性——在时间中给每一个现象规定了它的位置，因而对一切时间和每一个时间都先天而有效。（KrV，A215；B262）

100. 我们把（在经验性的理解中的）自然叫做现象按照此在、按照必然的规则、亦即按照规律的相互关联。（KrV，A216；B263）

101. 一切现象都处于一个自然中，并且必须处于其中。（KrV，A216；B263）

102. 由此就推出：必然性的标准只在于可能经验的法则：一切发生的事都先天地被它在现象中的原因所规定。（KrV，A227；B280）

103. 所有一般对象区分为现象和本体的根据。（KrV，B294）

104. 而现象，作为一种可能知识的材料，必须已经先天地处于与之相关和一致中。（KrV，A237；B296）

105. 数学通过形状的构造而满足了这一要求，形状，是一种对感官的当下的（虽然先天地获得的）现象。（KrV，A240；B299）

106. 因为凡不是现象的东西，不能是经验的对象，知性就永远不能跨越——唯独在其中对象才被给予我们的——感性的限制。（KrV，A246；B303）

107. 如果我们想把范畴应用于——不被视为现象的——对象，我们就必须把不同于感性直观的、另一种直观设置为基础，而这样一来，对象就会是一种积极意义上的本体。（KrV，B308）

108. 现象，只要它们按照范畴的统一性而被思想为对象，就叫作现相（Phaenomena）。（KrV，B309）

109. 一切我们的表象实际上都是通过知性而与任何一个客体发生关系的，并且，因为现象无非是表象，所以知性把它们联系到一个作为感性直观的对象的“某物”。（KrV，A250）

110. 所以它并不是任何自在的认识对象本身，而只是现象在一般对象概念下的表象，一般对象通过现象的杂多而获得了规定。（KrV，A251）

111. 感性，及其领域，即现象的领域本身，被知性所限制以至于：它并不走向自在事物本身，而只是走向——事物如何因为我们的主观性状而向我们显现的——那种方式。（KrV，A251）

112. 我使一般现象与之相关联的那种客体，就是先验的对象，亦即关于一般“某物”的完全未被确定的思想。（KrV，A253）

113. 既然我们的知性以这种方式获得一种消极的扩展，亦即知性并非通过感性而受到限制，毋宁通过它称呼自在事物本身（而不看作现象）为本体，而更限制了感性。（KrV，A256；B312）

114. 按照这种用法，一些人已经愿意，把现象的总和，如果它被直观，称为感官世界，但如果相互关联按照普遍的知性规律而被思考，则称为知性世界（Verstandeswelt）。（KrV，A257；B312）

115. 但问题是，这些现象是否也还有一些运用，如果对象不是现象（本体），并且在这种含义上人们设想它们，当对象自在地只是被思想为单纯理知的，即唯独给予知性、而根本不给予感官的东西的时候。（KrV，A257；B313）

116. 莱布尼茨曾把现象当作自在事物本身，因而看作 intelligibilia（理知的东西），即纯粹知性的对象。（KrV，A264；B320）

117. 现象是感性的对象，并且知性鉴于它们不是纯粹的、而只是经验的运用。（KrV，A264；B320）

118. 现象实体本身也完完全全是一些纯净的相关性的整体。（KrV，A265；B321）

119. 总之，莱布尼茨智性化了现象，正如洛克按照一种理性发生论的体系（如果允许我、使用这一表达方式的话）全都感性化了这些知性概念一样。（KrV，A271；B327）

120. 方位的差异性使得作为现象的对象的多数性和区别，无需进一步的条件，对于自身则已经不仅仅是可能的，而且是必然的了。（KrV，A272；B328）

121. 但如果我们有可能通过这种纯粹知性而综合地谈论自在事物本身的某种东西，（这虽然是不可能的），然而这毕竟根本不会有可能与现象发生任何关系，这些现象并不表象自在事物本身。（KrV，A276；B332）

122. 现象的观察和剖析逼进到自然的内部，而人们并不知道，随着时间的推移这将走到多远。（KrV，A278；B334）

123. 虽然现象并不作为自在事物本身而被包括在纯粹知性的客体之中，它们毕竟是唯一的我们的知识能够在其上而拥有客观实在性的客体，就是说，在这里直观与这些概念相符合。（KrV，A279；B335）

124. 而这种直观的缺乏对我们来说则就是无，与之相反，现象也不可能是自在的对象本身。（KrV，A279；B336）

125. 一个在空间中持存的现象（一个不可入的广延）所包含的只不过是纯净的关系，而根本不是绝对内部的东西，但它却可以是一切外部知觉的最初的基底。（KrV，A284；B339）

126. 但这种——唯独建立在抽象上的——必然性，并不发生在事物那里，只要这些事物在直观中连同这样的——只表明关系、而没有以某种内部的东西作基础的——规定一起被给予出来，这是因为，这些事物不是自在事物本身，而只是现象。(KrV，A285；B341)

127. 因此我们之所以还不能把我们思维的对象领域积极地扩展到超出我们感性的条件，并且在现象之外还假定纯粹思维的对象，即本体，就因为这些对象不具有任何可以指定的积极意义。(KrV，A287；B343)

128. 因而知性限定了感性，并不因此就扩展了它自己的领域，并且，当它警告感性不要狂妄走向自在事物本身而只能走向现象的时候，它就思想一个自在的对象本身，但却只作为——是现象的原因（因而本身不是现象）的——先验客体，这客体既不能作为大小也不能作为实在性，也不能作为实体等等而被思想（因为这些概念一直要求在其中它们规定一个对象的感性形式）。（KrV，A288；B344）

129. 单纯直观形式，没有实体，本身就绝不是对象，而只是对象（作为现象）的形式条件，如纯粹空间，和纯粹时间。(KrV，A291；B347)

130. 现象和幻相更不能被看作是同一类的。(KrV，A293；B350)

131. 知性借助于规则而可以是现象的统一性的能力，这样理性则是原则之下的知性规则统一性的能力。(KrV，A302；B358)

132. 产生于纯粹理性最高原则的原理对于一切现象都将是超验的，亦即将绝不可能做出这个原则的任何与它相应的经验的运用。(KrV，A308；B365)

133. 人们因此可以把这种统一性称叫做现象的理性统一性，就如把表达为范畴的那种统一性叫做知性的统一性。(KrV，A326；B383)

134. 一切现象的绝对的整体只是一个理念，因为，既然我们决不能在形象中设计出这一类东西，那么这个整体就仍然还是一个没有任何答案的问题。(KrV，A328；B384)

135. 思想着的主体是心理学的对象，一切现象的总和（世界）是宇宙学的对象。(KrV，A334；B391)

136. 某种只是被给予一般思想的实在的东西，所以并不作为现象，也不作为事物自在本身（本体），而是作为某种实际上生存的东西，并且在“我思”命题中，被称为这种东西。(KrV，B423)

137. 思想，就其本身来说，只不过是逻辑机能，因而是联结一个单纯可能直观的杂多的全然的自发性，它决不把意识的主体表现为现象。(KrV，B429)

138. 而这时对于我，我思的我、但只要不是我思，可能还只是现象。(KrV，B429)

139. 物体仅仅是我们的外感官的现象，而不是自在的事物本身。（KrV，

A357）

140. 然而这一个“某物”能够，把外部现象设置为基础，刺激我们的感官。（KrV，A358）

141. 因此，即使通过本质的单纯性，人的灵魂也根本不足以与物质从它们的基底方面区别开来，如果人们把物质（如同人们所应该的那样）单纯看作现象。（KrV，A359）

142. 物质只是外部现象，它的基底通过任何已经指出的谓词都并不被认识。（KrV，A359）

143. 如果我想通过经验而认识一个外部对象的数目的同一性，那么我就会留意这样的现象的持存者，这种现象作为主体，是一切其余的现象作为规定而相关联，并且我会注意到，在其他现象交替的时间中那个持存者的同一性。（KrV，A362）

144. 我们在灵魂中没有发现任何持存的现象，而只有伴随和连结所有这些现象的“我”表象。（KrV，A364）

145. 尽管物质作为现象的持存性，当它被表象为外在的某物，却毕竟可以被观察到。（KrV，A366）

146. 在这种情况下一切外部现象都具有这种性质，即它们的此在不可能被直接知觉到，而仅仅能够将其作为被给予的知觉的原因而被推导出来。（KrV，A367）

147. 我把一切现象的先验观念论理解为这个学说概念，依据它我们就把一切现象全都看作为单纯的表象、而不是自在事物本身，并且与之相适应的时间和空间就只是我们直观的感性形式，但在给予的客体规定或条件之前，则并不作为自在事物本身。（KrV，A369）

148. 先验实在论者就把外部现象（当人们承认它们的现实性时）表象为自在事物本身。（KrV，A369）

149. 外部对象（物体）单纯是一些现象，因而也无非是我的表象的一种方式。（KrV，A370）

150. 在我们的体系中，这些外部事物、也就是物质，在所有它们的形态和变化中，都无非是单纯的现象，亦即在我们之内的表象，它们的现实性被我们直接意识到。（KrV，A372）

151. 这些表象仅仅是现象，亦即单纯是一些任何时候都只处于我们之内的表象方式。（KrV，A372）

152. 我们所不得不与之打交道的事情，不是自在事物，而都只是现象，也就是表象。（KrV，A375）

153. 空间本身，连同其一切现象，作为表象，都只存在于我之内。（KrV，

A375）

154. 先验客体，同时设置了外部现象、内部直观的基础，既不是自在物质本身，也不是一个思想着的存在者本身，而是现象的一个我们不知道的根据，这些现象给予了第一种和第二种方式的经验的概念。（KrV，A380）

155. 如果心理学家把现象看作自在事物本身，无论他是作为唯物论者把单独而唯一的物质，还是作为唯灵论者只把思维着的存在者（即按照我们内感官的形式），还是作为二元论者把两者都作为独立生存的事物，而接纳到他的学说概念中，他终归一直被这种误解递给了玄想的方式，那个生存之物自在地本身会如何生存，它毕竟不是任何自在之物、而只是一个一般物的现象。（KrV，A380）

156. 在外感官面前的现象却现成地拥有，固定的、或常驻的某物，它提供了一个为那些变动不居的规定奠定基础的基底并因而提供了一个综合的概念。（KrV，A381）

157. 但我们一旦使外部的现象物化，把它们不再作为表象，而是在如同它们在我们之内的那种同一性质上、也作为外在于我们的独立持存之物。（KrV，A386）

158. 物体并不是对于我们在场的自在的对象本身，而仅仅是谁知道是什么的那个未知对象的单纯现象。（KrV，A387）

159. 这种二元论把那些外部现象并不作为表象而算作主体，而把它们，就像感性直观把它们提供给我们的那样，作为客体而置于我们之外，并且把它们与思维着的主体完全分离开来。（KrV，A389）

160. 物质，作为这样的物质，并不是现象，即并不是一个未知对象与之相应的单纯内心的表象，而应该是对象自在本身，如同它在我们之外并且独立于一切感性而生存。（KrV，A391）

161. 人们把外部现象归因于一个先验对象，这个先验对象是那一类表象的原因，但我们根本不认知它，也未曾得到过它的一些概念。（KrV，A393）

162. 某物如果只是在概念中而不是在现象中被认作简单的，那么我由此便根本不现实地拥有关于对象的任何知识。（KrV，A400）

163. 我把所有——只要它们涉及现象的综合中的绝对总体性的——先验理念，都称为世界概念。（KrV，A407；B434）

164. 一切现象的给予整体的复合的绝对完备性。（KrV，A415；B443）

165. 在现象中一个给予整体的部分的绝对完备性。（KrV，A415；B443）

166. 一个一般现象的产生的绝对完备性。（KrV，A415；B443）

167. 在现象中变化之物的此在的依赖性的绝对完备性。（KrV，A415；B443）

168. 相反，人们把自然，从名词上（质料地），理解为现象的总和，只要这种现象由于因果性的一条内部原则而无一例外地相关联。（KrV，A418；B446）

169. 发生的事情的条件，就叫做原因，而在现象中原因的无条件的原因性就叫做自由。（KrV，A419；B447）

170. 世界被理解为一切现象的整体，而我们的理念也只对准现象中间的无条件者。（KrV，A419；B447）

171. 在自然现象的解释中必然留有许多我们所不知道的东西并且留有一些我们无法解决的问题，因为我们关于自然所知道的东西，对于我们所应当解释的东西，远不是在一切情况下都充分的。（KrV，A477；B505）

172. 对象是先验的因而本身是未知的吗，例如，其现象（在我们本身之内）的“某物”是否是思想，（灵魂）是否就是一个自在的简单的存在者，是否存在着一个万物归总的、绝对必然的原因。（KrV，A478；B506）

173. 自然现象是不依赖于我们的概念而被给予我们的对象，所以打开它们的钥匙并不处于我们和我们的纯粹思想之内，而处于我们之外。（KrV，A480；B508）

174. 这所有的问题都涉及到一个——无非只能够在我们的思想中被给予的——对象，也就是现象的综合的绝对无条件的总体性。（KrV，A481；B509）

175. 因为任何时候不管简单的现象也好还是一种无限的复合也好都绝不会向你们出现。现象只要求达到它们的解释条件在知觉中被给予的范围内而被解释，但所有曾经可以被给予它们、曾经概括进一个绝对整体的东西，本身决不是知觉。（KrV，A483；B512）

176. 一切在空间或者时间中被直观到的东西，因而一切对我们可能的经验之对象，都无非是现象、即一些单纯的表象。（KrV，A491；B519）

177. 那个空间本身、连同这个时间、同时随两者一起的一切现象，本身自在地毕竟都不是事物，而无非是表象，并且根本不可能在我们的内心之外生存。（KrV，A492；B520）

178. 因为现象，其自在本身，作为单纯的表象，只有在知觉中才是现实的。（KrV，A493；B521）

179. 一个现象在知觉之前就被称为一个现实之物，这要么意味着我们在经验之进程中必然会遇到这样一个知觉，要么就根本没有任何意义。（KrV，A493；B521）

180. 我们可以把一般现象的单纯理知的原因，称为先验客体，这仅仅是为了我们拥有某种与作为接受性的感性相一致的东西。（KrV，A494；B522）

181. 因为这些现象，在这种领会中，本身无非都是一种（在空间和时间中

的）经验的综合并且所以仅仅在这种综合中才被给予。(KrV, A499; B527)

182. 因为世界仍然保持着，不论我在世界的现象序列中取消了无限的、还是有限的回溯。(KrV, A504; B532)

183. 条件序列只有在回溯的综合本身中、而不是自在地、在作为一种先于一切回溯被给予的特有事物的现象中，才能被发现。(KrV, A505; B533)

184. 而现象只在表象中、并且当它们构成一个序列时、在前后相继的回溯中生存，否则就根本不生存。(KrV, A506; B534)

185. 所以，世界（一切现象的总和）就该是一个自在生存着的整体，这也是假的。因为由此便得出，一般现象在我们的表象之外就什么也不是，而这正是我们通过现象的先验观念性所想说的。(KrV, A506; B534)

186. 这些现象决不是那种——绝对无条件者能够发生于其上的——对象自在本身，而只是经验的表象。(KrV, A508; B536)

187. 这些条件的序列不是自在本身的事物，而只是现象，这些现象作为相互的条件只是在回溯本身中才被给予。(KrV, A514; B542)

188. 世界整体之现象的复合的总体性宇宙论理念的解决。(KrV, A517; B545)

189. 这样一来，现象的整体的大小就完全没有被绝对地规定。(KrV, A519; B547)

190. 我们在任何地方都不应当假定一个绝对的界限，而是必须使作为有条件的每一个现象从属于作为它的条件的另一个现象，因而向另一个现象继续前进。(KrV, A520; B548)

191. 世界，作为现象。(KrV, A521; B549)

192. 现象绝不是任何自在之物本身。(KrV, A521; B549)

193. 只有在世界中的现象是以有条件的方式、而世界本身却既不以有条件、也不以无条件的方式受限制的。(KrV, A522; B550)

194. 一个空间中被给予的现象的分割的无限性，唯独建基于，通过这种现象而已经给予了的只不过是可分性，亦即各部分的一种本身绝对不确定的数量。(KrV, A526; B554)

195. 一般现象的先验划分延伸到多远，则根本不是经验之任何事情，而是理性的一条原则。(KrV, A527; B555)

196. 而无条件者就被置于现象之前。(KrV, A531; B559)

197. 动力学序列无一例外的有条件者，它与作为现象的动力学序列是不可拆开的。(KrV, A531; B559)

198. 因为在它们那里，现象序列的任何条件不会被找到，除了本身也是现象之外并且除了如此与序列的一项一起构成的那个条件之外。(KrV, A532;

B560）

199. 假如现象是事物自在本身，因而空间和时间就是事物自在本身的此在形式：那么条件将会和有条件者一起任何时候都作为各项而属于一个和同一个序列，而由此在目前的情况下也就产生了共同是一切先验理念的二律背反，这个序列不可避免地必定为知性停止得太大或太小。（KrV，A535；B563）

200. 如果现象就是自在事物本身，那么自由就不能被拯救了。（KrV，A536；B564）

201. 如果现象们无非被看作它们实际上所是的东西，亦即不是被看作自在事物，而是单纯看作这种按照经验的法则而关联着的表象们，那么这些现象本身就必须还拥有其本身并非现象的根据。（KrV，A537；B565）

202. 我把那种在一个感官对象上、本身不是现象的东西，称为理知的。（KrV，A538；B566）

203. 由此它的行动，作为现象，就会与其他现象按照固定的自然规律而彻头彻尾地处于关联之中，并能够从作为它的条件的现象中被推导出来，从而与这些现象联结着，而构成自然秩序的唯一序列的各项。（KrV，A539；B567）

204. 因为时间只是现象的条件，但却不是事物自在本身的条件。（KrV，A539；B567）

205. 一旦外部现象流进主体，就像它的经验的品格、即它的原因性的法则，则通过经验而被认识，它的一切行动就必须允许按照自然规律而解释。（KrV，A540；B568）

206. 这种——现象由以能够首先构成一个自然并适合充当一个经验之对象的——规律，是一种知性的规律，这不允许以任何借口脱离于它、或者把任何一个现象除外。（KrV，A542；B570）

207. 在现象里的原因中，能够全然并自行开始一个序列，是肯定不可能的。每一个行动，作为现象，只要它产生了一个事件，本身就是事件或发生（Ereignis）。（KrV，A543；B571）

208. 我们需要现象相互之间的原因性这条原理，为了从自然事件中能够寻求和指出自然条件、即现象中的原因。（KrV，A544；B572）

209. 人是感官世界的现象之一，就此而言也是自然原因之一，其原因性必须从属于经验的法则。（KrV，A546；B574）

210. 一个单纯自然行动的根据的概念任何时候都必须是一个现象。（KrV，A548；B576）

211. 理性在现象方面真正地具有原因性；那么，这种原因性，尽管它也很是理性，却仍然必须从自己显示出一种经验的品格。（KrV，A549；B577）

212. 这种经验的品格本身必须从作为结果的现象中以及从这些现象的提供

经验的那个规则中，被延伸出来。（KrV，A549；B577）

213. 鉴于作为现象的人的行动方面的原因性，并且这些行动之所以发生了，并不因为它们被经验的原因所规定，不是，而是因为它们被理性的根据所规定。（KrV，A550；B578）

214. 如果理性可以鉴于现象而具有原因性，那么它就是一种能力，通过这种能力，而首次开始了结果的一个经验的序列的感性条件。（KrV，A552；B580）

215. 人本身就是现象。他的任意具有一种经验的品格，这种品格是他的一切行动的（经验的）原因。（KrV，A552；B580）

216. 理性本身毕竟不是任何现象、也根本不服从于任何感性条件，所以在它之内、甚至在它的原因性的概念中，都不会发生时间次序。（KrV，A553；B581）

217. 这个原因能够是自由的，即能够独立于感性而规定，并且，能以这种方式，而成为现象的感性的无条件的条件。（KrV，A557；B585）

218. 自由在这里只被作为一个先验的理念来对待，理性由此而思想到这个通过感性的无条件者直截了当地开始了现象中的条件的序列，但却在此卷入了一个与它自己为知性的经验的运用所颁布的那些法则的二律背反。（KrV，A558；B586）

219. 在现象的总和中一切都是变化的，因而在此在中是有条件的。（KrV，A559；B587）

220. 感官世界所包含的无非是现象，但这些现象只单纯表象，反之它们一直是以感性为先决条件的。（KrV，A563；B591）

221. 但设想现象即感官世界的一个理知的根据，以及这个摆脱了感官世界的偶然性的理知的根据，是既不与在现象序列中不受限制的经验的回溯、又不与这些现象的无例外的偶然性相对立的。（KrV，A563；B591）

222. 因为现象的——在自己本身中绝对没有任何根据、而始终有条件的——此在，要求我们：寻找某种与一切现象区别开来的东西、因而寻找一个在它那里使这种偶然性停止下来的理知的对象。（KrV，A566；B594）

223. 然而这些概念就可以被具体地描述，如果人们把它们都应用于现象们；因为在这些现象上，它们就真正具有了构成经验概念的材料，而这种经验概念无非就是一种具体的知性概念。（KrV，A567；B595）

224. 一个感官对象，只有当它被拿来与现象的一切谓词相比较并通过这些谓词肯定地或否定地被表现出来的时候，才能被通盘的规定。（KrV，A581；B609）

225. 经验之调节的统一性并不建基于现象本身（仅仅建基于感性），而建

基于通过知性（在一个统觉中）的感性杂多的连结。（KrV，A583；B611）

226. 那个设置了现象的基础的先验客体，以及与它一起，那个——为什么我们的感性拥有这些而不是别的至上的条件的——根据，对于我们都是并仍然是无法探明究竟的，虽然事物本身已另外给予了，但只是看不到里面。（KrV，A613；B641）

227. 相反，这个原始存在者必须被设置在世界之外，这样我们才总能够大胆放心地从别的现象中推导出这个世界的现象和它的此在。（KrV，A618；B646）

228. 一切先天综合知识，都只有通过它表达出一个可能经验之形式条件，才是可能的，所以一切原理都只是内在的有效性的、即它们都只与经验的知识的对象或者现象相关联。（KrV，A638；B666）

229. 通过这种连结，任何时候所给予的都只是现象。（KrV，A639；B667）

230. 现象在它们的通盘规定中的认识（这只有通过知性才是可能的）要求知性概念的一个不断继续下去的特殊化，并且要求一种向那些仍然保留着的差异性的进展。（KrV，A656；B684）

231. 在一切现象之外、一切现象的单纯智性的第一根据，但却决不允许把这种第一根据带进自然解释的关联中，因为我们根本就不知道它们。（KrV，A672；B700）

232. 我们设想一个“某物”，我们关于它自在本身是什么，完全不具有任何概念，但我们毕竟在对它设想了一种现象的总和的关系，而这种关系则与现象相互之间所具有的关系是类似的。（KrV，A674；B702）

233. 但因此我就永远达不到内感官的一切现象的一个系统的统一性。（KrV，A682；B710）

234. 在这种情况下，理性所关注的，只不过是灵魂现象的解释的系统统一性的原则。（KrV，A682；B710）

235. 在这里，条件不再能够被设立在现象的序列中，而只能被设立在现象的序列之外。（KrV，A685；B713）

236. 因为世界就是现象的总和，因此这就必须是这个总和的任何一个先验的即现象的单纯对于纯粹知性可思维的根据。（KrV，A696；B724）

237. 因为我们没有权利，在自然之上假定一个想好了的属性的存在者，而只有权利把这个存在者的理念设置为根据，以便按照一种因果规定的类比而把现象看作系统地相互连结着的。（KrV，A700；B728）

238. 从一切直观中被先天给予出来的，只不过是现象的单纯形式，即空间和时间。（KrV，A720；B748）

239. 但这却表明，它基于误解，因为人们遵照通常的成见、把现象看作了

事物自在本身，于是就以这种或那种方式，要求现象的综合的绝对完备性。（KrV，A740；B768）

240. 如果我们离开这一点，那么它们就是单纯的思想物，它们的可能性是不可证明的，因此它们也不能通过一种假设而为现实的现象解释设置基础。（KrV，A771；B799）

241. 因为这种简单之物根本不可能在任何经验中出现，并且，如果人们这里把实体理解为感性直观的持存的客体，一个简单的现象的可能性则根本不可能被看透。（KrV，A772；B800）

242. 为了解释给予了的现象，没有任何别的事物和解释根据，而无非引用按照已知的现象规律而与给予了的现象被连结起来的事物和解释根据。（KrV，A772；B800）

243. 因为，由于这些客体无非都是现象，在它们身上，某种完成了东西就绝不能在条件系列的综合中被希望。（KrV，A773；B801）

244. 因为现象（作为单纯的表象），它毕竟自在本身地（作为客体）而被给予出来，是某种不可能的东西，而这种被想像出来的整体的无限性虽然本该是无条件的，但（因为现象中的一切都是有条件的）却与那种毕竟在概念中被预设了的无条件的大小规定相矛盾。（KrV，A793；B821）

245. 这种先验意义上的自由概念不能被经验地预设为现象的解释根据。（KrV，A801；B829）

246. 既然我们必须通过理性把自己设想为，属于这样一个世界的，必然的方式，虽然感官呈现给我们的只不过是一个现象的世界，那么我们也必须假定那个道德世界是我们在感官世界中的行为的一个后果。（KrV，A811；B839）

247. 因此尽管置信不能够主观地区别于确信，当主体记忆犹新，而仅仅把视其为真看做他特有的内心的现象的时候。（KrV，A821；B849）

限制性（die Limitation）

1. 质的范畴：实在性、否定性、限制性。（KrV，A80；B106）

限定性的（restrinierend）

1. 于是最大的东西和绝对的完备性就可以确定地思想了，因为一切——提供不确定的多样性的——限定的条件都被删除了。（KrV，A665；B693）

相关项（das Korrelat）

相关物（das Korrelatum）

1. 凡是我们称为外部对象的，无非只是我们感性的单纯表象，它们的形式是空间，但其真正的相关物，亦即自在之物本身，却完全没有因此而被认识，也不可能被认识，然而这些也从不在经验中被探询。（KrV，A30；B45）

2. 我最好把第一个门类称为数学的范畴，把第二门类称为动力学的范畴。如人们所看到的，第一门类不具有任何相关项，这种相关项唯独在第二门类中才被遇见。不过，这种区别必须在知性的本性中拥有一种根据。（KrV，B110）

3. 于是，这个静止的和常住的（纯粹统觉的）我就构成了我们一切表象的相关项。（KrV，B123）

4. 最后，模态及其范畴的图型，包含并表现出时间本身，作为对一个是否及怎样属于时间的对象的规定的相关物。（KrV，A145；B184）

5. 持存性一般地把时间表达为，现象的一切此在、一切变更和一切伴随的持久的相关物。（KrV，A183；B226）

6. 在我们的表象中形成了一种秩序，在其中当前之物（只要它已形成了）对任何一种先行状态提供了指示，作为一种、这些已经给予了的事件的、虽然还不确定的相关物，但这种相关物却与这些作为其后果的给予了的事件、规定性地相关联，而这些事件则必然地与自己在时间序列中连结着。（KrV，A199；B244）

7. 因此，这个“我”也不具有那种——作为持存性、能够用作内感官中时间规定的相关项的——最起码的直观谓词：就像例如物质的不可入性、作为经验的直观的谓词那样。（KrV，A183；B278）

8. 但先验客体则意味着一个等于 X 的“某物”，关于它我们一无所知，而且一般说来，（按照我们知性现有的设置）也不能有所知，而只能作为统觉的统一性的相关物而充当感性直观中杂多的统一性。（KrV，A250）

9. 但由于我，当我想在一切表象的更替那里观察这个单纯的“我”时，而除了我自身，没有任何别的我与我的意识的那些普遍条件相比较的相关物，所以我就只能对一切问题给出同义反复的回答，当我把我即我的概念及其统一性强加给那些——应归于作为客体的我本身的——属性的时候，并且以这种人们所渴望知道的东西为前提。（KrV，A366）

10. 因此人们被那个思想着的“我”（灵魂），而把自己设想为实体、简单的、在一切时间中数目上同一的东西，以及必须从一切其他此在中被推论出来的一切此在的相关物，就可以说：它不是通过范畴而认识自身，而是认识范畴，并通过它们，在统觉的绝对的统一性中、因而通过自身而认识一切对象。（KrV，A402）

11. 什么规定着这个边界？空的空间不是事物为自己的一个现成的相关物，并且它不能是任何你们可以停留在那里的条件，更不可能是一种构成一个可能经验的一个部分的经验的条件。（KrV，A487；B515）

12. 所以，通过这条原理，每一物就会与一个共同的相关物、即与全部可能性相关联了。（KrV，A572；B600）

想像（die Einbildung）

想像（einbilden）

想像力（die Einbildungskraft）

1. 所以在时间中我的此在的意识，就与在我之外的某物的一种关系的意识同一地连结了，所以它是经验而不是虚构，是感觉而不是想像力，它把外部的东西与我的内感官不可分割地联结了起来。（KrV，BXL）

2. 因而属于外部感官，这些直观归因于它，而不归因于想像力，这必须根据——一般经验（甚至内部经验）据以与想像区别开来的——规则，在每一种特殊的情况中，而被解决。（KrV，BXL）

3. 而空间和时间的这些先天概念，按照这种观点，只是想像力的产物，它们的来源必须现实地在经验中寻找，出自它们的经验的抽象关系，想像已经构成了某种——虽然包含了这些抽象关系的共相，但没有已经联结了自然与共相的约束，就不能发生的——东西。（KrV，A40；B57）

4. 一般综合，我们今后会看到，只不过是想像力的结果，灵魂的一种盲目的、尽管是不可缺少的机能的结果，没有这种灵魂，我们在一切领域可能都没有任何知识，但我们一次都不会意识到它的结果。（KrV，A78；B103）

5. 为了一切对象的先天知识的目的，首先必须被给予我们的，是纯粹直观的杂多；其次是这种通过想像力的杂多的综合，但这也还没有给出知识。（KrV，A78；B104）

6. 但有三个本源的来源（心灵的三种才能或能力）都包含有一切经验的可能性的条件，并且本身都不能从任何别的内心能力中被派生出来，这就是感官、想像力和统觉。在这上面就建立起了 1）通过感官而先天地概观杂多；2）通过想像力而综合这种杂多；最后，3）通过本源的统觉而统一这种综合。（KrV，A94）

7. 但是，当我更仔细地研究每一个判断中被给予的知识的关系、并把作为属于知性的这种关系，与按照再生的想像力规律的关系（它只有主观有效性）区别开来时，我就发现，一个判断无非是把被给予的知识带到统觉的客观统一性的方式。（KrV，B141）

8. 不过，这种形象的综合，如果它单纯指向统觉的本源的综合统一性、即这种在范畴中被思想的先验统一性，则必须区别于单纯智性的连结，而叫作想像力的先验综合。想像力是在直观中表象一个对象甚至它不在场的能力。因为我们的一切直观都是感性的，所以想像力由于那个在其下它唯一能够给予知性

概念一个相应的直观的主观条件，而属于感性。（KrV，B151）

9. 想像力是一种先天地规定感性的能力，并且它的符合范畴的直观的综合，必须是想像力的先验综合，这是知性在感性上的一种作用。（KrV，B152）

10. 生产的想象力与再生的想象力。就想像力就是自发性这一点而言，我有时也把它叫作生产的想像力，并由此将它区别于再生的想像力，其综合仅仅服从于经验的法则，即联合的法则，因此它对于解释先天知识的可能性毫无贡献，为此它不属于在先验哲学之中，而属于在心理学之中。（KrV，B152）

11. 所以知性，在想像力的先验综合这个名称下，对被动的主体——知性就是它的能力——施加了这样一种行动，对此我们有权利说，内感官由此而被刺激。（KrV，B153，154）

12. 相反，内感官仅仅包含直观的形式，但却没有直观中杂多的连结，因而还完全不包含任何规定了的直观，而这种规定了直观只有通过杂多的、被想像力的先验活动所规定的意识，（知性对内感官的综合的影响），才是可能的，而这种先验活动我已经称为形象的综合。（KrV，B154）

13. 运动，作为一种空间的描述，却是一种在一般外部直观中的杂多通过生产的想像力进行前后相继的综合的纯粹动作，并且不仅仅属于几何学，而且甚至属于先验哲学。（KrV，B154）

14. 这就是同一个自发性，它在那里以想像力的名义，在这里则以知性的名义，而把连结带进直观的杂多中。（KrV，B162）

15. 于是，那种使感性直观的杂多连接起来的东西，就是想像力，它按照它的智性的综合统一性，则依赖于知性；而按照领会的杂多性，则依赖于感性。（KrV，B164）

16. 于是这种自发性就是的三重综合的基础，它们是发生在一切知识中的必然方式，这就是，作为在直观中内心的变状的表象的领会的综合，这些表象在想像中的再生的综合和它们在概念中的认定的综合。（KrV，A97）

17. 但这个再生的规律却预设了：现象本身真实地服从于一条这样的规则，并且在这些表象的杂多中发生了一种根据一定规则的相伴或相继；因为除此之外我们的经验的想像力就从不会做出符合于它们的能力的某事，因而，就像一种死的和对我们自身未知的能力隐藏于内心之中。（KrV，A100）

18. 想像力的这种综合也就是先于一切经验而被建立在先天原则之上了，而我们就必须设定一种想像力的纯粹的先验综合，它本身构成了一切经验的可能性（当这种可能性必然地预设了现象的再生性的时候）的基础。（KrV，A101，102）

19. 而既然那个领会的综合构成了所有一般知识（不仅是经验的知识，而且也有纯粹先天的知识）的可能性的先验根据，那么想像力的再生的综合就属

于内心的先验活动，而考虑到这一点，我们愿意把这种能力也称为想像力的先验能力。（KrV，A102）

20. 三种主观的认识来源，一般经验的可能性和经验对象的知识已经建基于其上：感官、想像力和统觉。（KrV，A115）

21. 感官把现象经验地展示在知觉中，想像力把现象经验性地展示在联想（和再生）中，统觉则把现象展示在这些再生的表象与它们由此被给予出来的现象的同一性的经验的意识中，因而展示在认定中。（KrV，A115）

22. 想像力的纯粹综合构成了联合的先天基础。（KrV，A115）

23. 所以统觉的先验的统一性就与想像力的纯粹综合、作为一个在认识中杂多的一切组合的可能性的先天条件相关联。但只有想像力的生产性的综合才能够先天地发生；因为想像力的再生的综合则以经验之条件为基础。所以这条想像力的纯粹的（生产的）综合的必然统一性的原则、先于统觉而是一切知识、特别是经验之知识的可能性的基础。（KrV，A118）

24. 既然统觉的本源的统一性构成了一切知识的可能性的基础，那么想像力的综合的先验统一性就是一切可能知识的纯粹形式，因而通过这个纯粹形式可能经验的一切对象才必须被先天地表象出来。（KrV，A118）

25. 与想像力的综合发生关系的统觉的统一性，就是知性，而正是这同一个统一性，或者说得更确切些，与想像力的先验的综合发生关系的统一性，就是纯粹知性。所以在知性中，纯粹先天知识，它们在一切可能现象方面，已经包含了想像力的纯粹综合的必然统一性。（KrV，A119）

26. 所以在我们之内就有一种对这种杂多进行综合的积极的能力，我们把它称为想像力，而想像力的直接施加在知觉上的行动我称为领会。（KrV，A120）

27. 想像力应该把直观的杂多带进一个形象；所以它必须预先把印象接收到它的活动中来，即领会它们。（KrV，A120）

28. 所以，表象的再生必须拥有一个规则，按照这条规则，一个表象宁可与这个表象、而不是与另一个表象在想像力中找到连结。（KrV，A121）

29. 所以，一切（经验的）意识在一个（本源的统觉的）意识中的客观统一性，甚至就是一切可能知觉的必要条件，而一切现象的（近的或远的）亲和性则是在先天地以规则为基础的想像力中的一种综合的必然结果。（KrV，A123）

30. 所以想像力也是一种先天的综合能力，因此之故，我们给它取名为生产的想像力，并且，只要它在现象的一切杂多方面，其意图不外乎在现象的综合中的必然统一性，这种综合能力也就可以被称为想像力的先验机能。（KrV，A123）

31. 只有借助于想像力的这种先验机能，甚至现象的亲和性，连同它们的联想，最终通过联想按照法则的再生、因而经验本身，才是可能的：因为没有这种机能就根本没有任何对象的概念可能汇聚到一个经验中。（KrV，A123）

32. 现在这个统觉，它必须添加到纯粹的想像力，以便使它的机能成为智性的。因为想像力的综合自在本身，虽然先天地执行着，但任何时候仍然是感性的。（KrV，A124）

33. 但通过杂多与统觉的统一性的关系，那些属于知性的概念，却只有借助于想像力才能实现与感性直观的关系。（KrV，A124）

34. 所以我们具有一种作为一种人类心灵基本能力的纯粹想像力，这种基本能力为一切先天知识设置了基础。借助于纯粹想像力，我们一方面把直观的杂多，并且另一方面与纯粹统觉的必然统一性的条件一起，都带入了联结中。这两个极端，即感性和知性，必须借助于想像力的这个先验机能而必然相关联。（KrV，A124）

35. 所以在范畴之上就建立起了在想像力的综合中的一切形式的统一性，而借助于这种统一性，也建立起了想像力的直到现象下的一切（在认定、再生、联想、领会中的）经验的运用，因为这些现象，只有借助于知识的那些要素和我们的一般意识，因而才属于我们本身。（KrV，A125）

36. 通过纯粹想像力的感性表象的综合，一切表象在与本源的统觉的关系中的统一性，先行于一切经验性的知识。（KrV，A130）

37. 图型自在本身任何时候都只是想像力的一种产物；但由于想像力的综合不以任何单独的直观、而仅仅以感性规定的统一性为目的，所以图型毕竟区别于形象。（KrV，A140；B179）

38. 于是，想像力为一个概念取得它的形象的一种普遍的处理的表象，我把它叫作这个概念的图型。（KrV，A140；B179）

39. 一个经验之对象或者它的形象极少在某个时候达到经验的概念，而这种经验的概念任何时候都直接与想像力的图型、作为规定我们直观的一条规则、符合一个一定的普遍概念，相关联。（KrV，A141；B180）

40. 想像力的经验的能力的产物，感性概念（作为空间中的图形）的图型则是纯粹先天的想像力的产物，并且仿佛是它的一个草图，通过它并根据它形象才首先成为可能的，但这些形象与概念，只有一直借助于它们所标明的图型，才必须被连接起来，而并不与概念重合。（KrV，A141；B181）

41. 纯粹知性概念的图型是完全不能被带进任何形象中的某物，而只是——合乎一种根据范畴所表达的一般概念的统一性的规则——纯粹的综合，并且是想像力的先验产物，而这个产物就与——一般内感官的规定，按照它的形式（时间）的条件，从所有表象上看——发生关系。（KrV，A142；B181）

42. 知性的图型法通过想像力的先验综合，所导致的无非是一切直观杂多在内感官中的统一性，并因而间接导致作为与内感官（一种接受性）一致的机能的那种统觉的统一性。（KrV，A145；B185）

43. 表象的综合建基于想像力，但想像力的综合统一性（这是作判断所要求的）则建基于统觉的统一性。（KrV，A155；B194）

44. 的确，它们的表象只是一个永远与再生的想像力相关联的图型，而这种再生的想像力则把经验之对象呼唤了过来，没有这些对象，空间和时间就不会具有任何意义。（KrV，A156；B195）

45. 广延的数学（几何学）连同它的那些公理，就建立在生产的想像力在形状的产生中的这种相继综合的基础之上。（KrV，A163；B204）

46. 现在，联结并不单纯是感官和直观的工作，而在这里也是想像力的一种综合能力的产物，想像力在时间关系上规定着内感官。（KrV，B233）

47. 杂多的综合通过想像力而属于一切经验的知识，而这种综合任何时候都是承继性的；也就是，表象在它之中任何时候都是一个跟随着一个的。（KrV，A201；B246）

48. 所以想像力的综合在领会中可能只会把两个知觉中的一个指定为这样一种知觉，即当另一个知觉不存在时它在主体中存在，并且交替着做，但却不会把这两个客体指定为同时存在的，即当一个客体存在时另一个客体也在同一时间中存在，并且把这种情况指定为必然的，以便这两个知觉能够交互地相互跟随。（KrV，B257）

49. 后者是贝克莱的独断的观念论，它把空间、连同空间作为不可分的条件而附加于其上的一切事物，都宣布为某种自在本身似乎是不可能的东西并因此也把在空间中的事物宣称为只是想像。（KrV，B274）

50. 从我们自身的一个规定了的意识的可能性中要求出外部对象的生存，推不出，每一个外部事物的直观表象同时也包含这个外部事物的生存，因为那个表象可能完全只是想像力（在梦幻和狂想中）的结果。（KrV，B278）

51. 因为经验——只有从想像力的综合的知性在与统觉的关系中本源而自动授予的综合统一性中——才拥有它的统一性。（KrV，A237；B296）

52. 知性首先与直观的对象或者更与它们的想像力中的直观综合发生关系。（KrV，A326；B383）

53. 感觉一旦被给予了（它，如果被应用到一个一般对象上，而不规定这个对象，就叫作知觉），那么通过感觉的杂多就可以在想像中虚构许多对象，这些对象在想像之外的空间或时间中没有任何经验的位置。（KrV，A374）

54. 现在，从知觉中，要么通过想像的一种单纯游戏，要么也借助于经验，都能够产生出对象的知识。（KrV，A376）

55. 一个人为了自己的主张而假定某种无意义的或单纯想像出来的东西，这个理论就倒塌了，由此，他抽掉了这个理论自以为拥有的基础，而没有想解决其它关于对象的性状的事情。（KrV，A389）

56. 除非一个严格的、但却是公正的批判的冷静性，才能够把这么多人通过想像出来的幸福、从这种独断论的花招中解脱、拖到理论和系统之中，并且限制我们的一切思辨的要求而只在可能经验的领域。（KrV，A395）

57. 于是这种无条件者任何时候都包含在人们在想像中所设想的序列的绝对总体性之中。（KrV，A416；B444）

58. 转向那些不论是感官还是想像力都永远不能具体表现出来的对象（简单之物）。（KrV，A469；B497）

59. 理性的理想就是这样一种情况，它任何时候都必须以确定的概念为基础并且必须用作规则和蓝本，不论是用来遵守还是用来评判。想像力的那些创作则是完全处于另一种状态，对此没有人能够解释并且给出一个可理解的概念，似乎是一些草图，它们只是个别的、也就是不按任何所谓的规则而被规定的轮廓，这些轮廓更多地构成了一种仿佛在不同经验的平均值中浮现着的图样，而不是构成了一种确定的形象。（KrV，A570；B598）

60. 这种图型只被用作，在我们理性的经验的运用中获得最大的系统统一性，因为人们似乎从这个——作为它的根据或原因的——理念的被想像的对象中，推导出经验的对象。（KrV，A670；B698）

61. 因而把理性的一切臆想出来的先天原则都看作是被想像出来的，并认为，这些原则无非是一种从经验及其法则中产生的习惯。（KrV，A765；B793）

62. 但由此他就使一种在知性中具有它的位置、并且说出了必然的联结的亲和性原则，变成一种只有在模仿的想像力中才遇到的联想规则，并且只能表现那些偶然的、根本不是客观的连结。（KrV，A766；B794）

63. 如果想像力大体上不应当东游西荡，而应当，在理性的严格监视下构想，那么某种东西就一直必须预先是完全确定的，而不是虚构出来的、或者是单纯的意见，而这种东西就是对象本身的可能性。（KrV，A770；B798）

64. 因为现象（作为单纯的表象），它毕竟自在本身地（作为客体）而被给予出来，是某种不可能的东西，而这种被想像出来的整体的无限性虽然本该是无条件的，但（因为现象中的一切都是有条件的）却与那种毕竟在概念中被预设了的无条件的大小规定相矛盾。（KrV，A793；B821）

65. 但因为，虽然我们在与客体的关系中不能采取任何措施，所以视其为真仅仅是理论的，我们仍然能在许多情况下在思想中表达和想像一种措施，我们误以为这种措施具有充分的根据。（KrV，A825；B853）

66. 前一派的人主张，只有在感官对象中才有现实性，其余的一切都是想

像。(KrV，A853；B881)

小前提（Minor）

1. 在每一个理性推论中我首先通过知性而思想一个规则（大前提）。其次借助于判断力我把一个知识归摄到规则的条件之下（小前提）。（KrV，A304；B360）

2. 这种给予的判断就是普遍规则（大前提，Major）。把另外一个可能判断的条件归摄到这种规则的条件之下，就是小前提（Minor）。（KrV，A330；B386）

小前提（der Untersatz）

1. 实然命题说的是逻辑的现实性或真理性，例如在一个假言的理性推论中，前件在大前提中显现为或然的，在小前提中显现为实然的，而且表明，这个命题按照知性的规律已经与知性结合了。(KrV，A75；B101)

2. 这种给予的判断就是普遍规则（大前提，Major）。把另外一个可能判断的条件归摄到这种规则的条件之下，就是小前提（Minor）。（KrV，A330；B386）

3. 但在小前提中所谈到的存在者却只是，把自己看做相对于思想和意识统一性的主体，而不是同时又看做在——由此它作为思想的客体而被给予的——直观的关系中的主体。(KrV，B411)

4. 但在小前提中，则只像它处在与自我意识的关系中那样，因而在这里根本没有任何客体被思考，而只被表象出与自身，作为主词，(作为思维的形式)的关系。(KrV，B411)

5. 大前提对范畴，在其条件方面，仅仅作一种先验的运用，但小前提和结论对同一个范畴却是在归摄于该条件之下的那个灵魂方面，则作一种经验的运用。(KrV，A402)

6. 但在小前提中恰好是同一个概念已经应用在一切内部经验的对象上，但却没有预先确立，这个概念具体应用的条件、亦即这个对象的持存性，并且为之奠定基础，因此这个概念在这方面就被当作一种经验的、虽然在这里是不允许的运用。(KrV，A403)

7. 宇宙论的三段论推理的大前提在一种纯粹范畴的先验意义上、但小前提却在一个运用于单纯现象的知性概念的经验意义上设想了有条件者，在这点上就遇到了人们称为 sophisma flgurae dictionis（语言表达方式的诡辩）的辩证欺骗。(KrV，A499；B528)

8. 此外，同样自然的是，(在小前提中）把现象看作自在事物并且同样也

看作给予单纯知性的对象，这正如在大前提中所发生的一样。（KrV，A500；B528）

9. 相反，在现象（它被归摄于小前提下）中经验的综合与条件的序列则必然前后相继地并且仅仅在时间中一个跟着一个地已经给予了。（KrV，A500；B528）

10. 通过理性而对一个概念所作的逻辑规定建基于一个选言的三段式推理，在其中，大前提包含一种逻辑的划分（对一个普遍概念的范围的分割），小前提把这个范围限制在某一个部分，而结论则通过这个部分规定了这个概念。（KrV，A576；B604）

11. 这与选言大前提的"要么……要么"以及与这个对象——通过小前提中这种划分的项之一而来的——规定取得了一致。（KrV，A577；B605）

12. 小前提包含着一个经验，大前提包含着——从一个一般经验到必然之物的此在的——推论。（KrV，A604；B632）

消极的，消极地；否定的，否定性的，否定地（negativ）

1. 人们在粗略地浏览这部著作的时候，就会发觉，它的用处不过只是消极的，即永远也不要冒险用思辨理性去超越出这个经验界限，并且这在事实上也是形而上学的第一个用处。（KrV，BXXIV）

2. 因此，一种批判，它限制了那种扩展，虽然就此而言是消极的，然而，由于它同时由此排除了一种——限制或者面临完全取消理性的实践运用的——障碍物，事实上就是积极的和非常重要的用途。（KrV，BXXV）

3. 这样一个入门本该不必叫做一种学理，而只必须叫作纯粹理性的批判，而它的用处在思辨方面实际上就将只是否定性的，不是用来扩展、而只是用来澄清我们的理性，并且使它免于错误，而这已经是非常大的胜利了。（KrV，B25）

4. 所以真理的单纯逻辑的标准、即一种知识与知性和理性的普遍的和形式的法则相一致，这虽然是一切真理的 conditio sine qua non（必要条件）、因而是消极的条件：但这种逻辑则不能走向更远的地方，并且这种逻辑不能通过任何测试手段而揭示那种并非形式而是内容的错误。（KrV，A59；B84）

5. 既然普遍逻辑把知性和理性的全部的形式事务分化为它的要素，并把这些要素描述为我们的知识的一切逻辑评判的原则，所以逻辑的这个部分可以叫做分析论，并且正因此而至少是真理的消极的试金石。（KrV，A60；B84）

6. 知性在以上仅仅被消极地解释：通过一种非感性的认识能力。（KrV，A67；B92）

7. 哪怕这种用途这样一来只是消极的。（KrV，A135；B174）

8. 不论我们知识的内容是什么，并且不论这知识如何与客体相关联，我们所有一般判断的普遍的、虽然只是消极的条件终归是：它们不自相矛盾。（KrV，A150；B189）

9. 既然如此，这种——一个与之相矛盾的谓词，达不到任何事物的——原理，就称为矛盾原理，它是一切真理的一个普遍的、虽然仅仅消极的标准，但也因此而只属于逻辑。（KrV，A151；B190）

10. 如果我们把本体理解为一个物，只要它不是我们感性直观的客体，当我们不顾我们直观它的方式的时候；因而这就是一个消极理解中的本体。（KrV，B307）

11. 于是，感性的学说同时就是在消极理解中的本体的学说，即关于那些——知性无需与我们的直观方式发生关系、因而必须不仅作为现象而且作为自在之物本身而思想的——事物的学说。（KrV，B307）

12. 因此凡是被我们称为本体的东西，都必须作为这样一种只在消极的意义中理解的东西。（KrV，B309）

13. 所以一个本体的概念只是一个限度概念，为的是限制感性的僭越，因而只是消极的运用的概念。但这个概念毕竟不是任意虚构的，而与感性的限制相关联，只是不能在感性的区域之外设置某种积极的东西。（KrV，B311）

14. 既然我们的知性以这种方式获得一种消极的扩展，亦即知性并非通过感性而受到限制，毋宁通过它称呼自在之物本身（而不看作现象）为本体，而更限制了感性。（KrV，B312）

15. 如果我们把这些理知对象只是理解为一种非感性的直观的对象，对此我们的范畴当然就不适用了，因而我们在任何时候都根本不能具备任何知识（既没有直观，也没有概念），那么在这种单纯消极意义上的本体当然就必须被容许。（KrV，A286；B342）

16. 因而世界大小就会在回溯之前（即使只是否定地）得到规定，而这则是不可能的。（KrV，A519；B547）

17. 所以对由世界大小而引起的宇宙论问题的、第一个并且是否定的回答：世界没有任何时间的最初开端，并且没有任何按照空间的最外界限。（KrV，A520；B548）

19. 我们只寻求否定性的条件（conditio sine quanon，不可缺少的条件），没有它一个存在者就不会是绝对必然的。（KrV，A611；B639）

20. 因此，先验的神学尽管有它的一切缺点，它毕竟还保留着重要的消极运用，并且是我们的理性的一个忠实可靠的监察官。（KrV，A640；B668）

21. 这种否定性的判断，不仅按照逻辑的形式，而且也按照内容而都是否定性的，不受人类的求知欲任何特别的尊重。（KrV，A708；B736）

22. 人们虽然可以逻辑地把一切命题，只要人们愿意，表达为否定的，但鉴于我们的一般知识的内容，无论这些知识通过一个判断而被扩展、还是被限制，那些否定着的命题都具有独特的工作，仅仅挡住错误。因此甚至否定性的命题，它们应当挡住一种错误知识，在毕竟绝不可能是错误的地方，虽然是非常真实的，但毕竟是空洞的、即根本不适合于它们的目的，并且正因此而经常被耻笑。（KrV，A709；B737）

23. 然而，在我们的可能知识的局限是非常狭隘的、做判断的诱惑是大的、呈现出来的幻相是非常欺骗的、并且由错误带来的危害显著的地方，这种——单纯用来在错误面前保存自己的——教训的否定的东西，就更具有重要性了，比之于一些由此而可能使我们的知识得到增长的肯定的教导。（KrV，A709；B737）

24. 所以对于一种已经具有一种自我表现的冲动的才能的教育来说，训练作出了一种消极的贡献，但培养和教义则作出了一种积极的贡献。（KrV，A709；B737）

25. 我希望，人们能够永远不让这个词用于别的、而只用于否定的意义。（KrV，A710；B738）

26. 理性就非常需要一个训练，来对它扩展到超出可能经验的严格界限的倾向，加以抑制，并使它远离放纵和迷误，以至于甚至纯粹理性的整个哲学都只与这种消极的用处打交道。（KrV，A711；B739）

27. 因为一个完全独特的、更确切地说是否定性的规律提供便是不可缺少的了，这种否定性的规律提供以一个出自理性的本性和理性的纯粹运用的对象的本性的训练的名义，似乎建立了一个预警和自检的系统，在这个系统面前没有任何虚假而玄想的幻相能够站得住脚，而是不管它的一切掩饰的理由，都必定立刻泄露。（KrV，A711；B739）

28. 所以，纯粹理性的一切哲学最大的、也许是唯一的用处的确只是消极的；因为它不是作为工具论用来扩张，而是作为训练用来规定界限，而且，并非揭示真理，而只获得防止谬误的无声功绩。（KrV，A795；B823）

29. 我们的无形自然的概念只是否定性的，并且丝毫也不扩展我们的知识。（KrV，A799；B827）

30. 这将是一种消极的信念，它虽然不能产生道德和善良意向，但毕竟能产生它们的类似物，亦即能有力地遏制恶的意向的爆发。（KrV，A830；B858）

31. 我不想在这里赞扬这种功绩，它通过哲学的批判的艰苦奋斗、为人类理性而获得了哲学；假定，它在结果上也应当被看做只是消极的。（KrV，A830；B858）

协同性（die Gemeinschaft）

1. 选言判断所包含的是两个或多个命题相互的关系，但不是次序的关系，而是逻辑的对立关系，这种对立在于一个命题的领域排除另一个命题的领域，但同时又还是协同性的关系，这种协同性在于这些命题合起来完成了真正知识的领域。（KrV，A73；B99）

2. 所以在选言判断中有知识的某种一定的协同性，这种协同性就在于知识交互排斥、但仍还因此在整体上规定着那个真实的知识，因而这些知识总括起来就构成了一个唯一被给予的知识的全部内容。（KrV，A74；B99）

3. 协同性（主动与受动之间的交互作用）。（KrV，A80；B106）

4. 协同性则是一个实体在与另一个实体的交互规定中的因果性。（KrV，B111）

5. 协同性（交互作用）的图型，或者实体在其偶性方面的交互因果性的图型，就是一个实体的规定和另一个实体的规定按照一条普遍规则而同时存在。（KrV，A144；B183）

6. 第三类比，按照交互作用或协同性的法则同时并存的原理。（KrV，A211；B256）

7. 但现在，实体的关系，在其中它包含着规定，关于它的根据却已包含在另一个实体之中，这种影响的关系，并且，如果交互地这一个包含另一个之中的规定的根据，就是协同关系或交互作用的关系。（KrV，B257，258）

8. 每一个实体（既然它在它的规定方面只能是结果）都必须包含着在另一个实体中的某种规定的原因性，并且同时把另一个实体的原因性的结果包含在自身中，亦即，它必须（直接或间接地）处于动力学的协同性中，如果这种同时存在应当在任何一个可能经验中得到认识。（KrV，A212；B259）

9. 所以现象中的一切实体，只要它们同时存在，都必然地处于无例外的彼此的交互作用的协同性之中。（KrV，A213；B260）

10. “协同性”（Gemeinschaft）这个词在我们的语言中是双重意义的，可以尽量指 communio（共同性），但也可以尽量指 Commercium（交互联系）。我们在这里在后一种意义上使用这个词，作为一种动力学的协同性，没有它，甚至就连场所的协同性（communio spatii，空间上的共同性）绝不被经验地认识到。（KrV，A213；B260）

11. 没有协同性，每一种（空间中现象的）知觉都会与别的知觉断绝开来。（KrV，A213；B260）

12. 在我们的内心之中，一切现象，作为包含在一个可能的经验中的东西，都必定处于统觉的协同性（communio，共同性）之中，并且，只要对象都应当被表象为同时生存地联结着的，那么它们就必定在一个时间中交互地规定它们的位置，并由此而构成一个整体。（KrV，A214；B261）

14. 但这就是实体的一种交互影响、即实体的一种实在的协同性（commercium，交互联系），所以没有这种协同性，同时并存的经验的关系就不可能在经验中发生。通过这种交互联系，现象，只要相互外在却仍然处于联结之中，就构成了一个复合物（compositum leale，实在的组合物），而这样一类的复合体是以多种方式成为可能的。（KrV，A214；B261）

15. 在同时存在的杂多中、状态按照一条规则同时存在于相互关系中（处于协同性中）。（KrV，A216；B264）

16. 协同性本来就该是，并存的、一种经验的知识的可能性根据，所以人们本来只从这种并存的经验的知识中反推出那个作为它的条件的协同性。（KrV，A218；B265）

17. 一种与别人一起（不管他们相距多么远）处于思维的协同性之中的内心能力。（KrV，A222；B270）

18. 当有许多事物在此的时候，由于其中的一物存在，就会有某物跟随着另外的事物并且这样交互跟随着，而实体的协同性就能够具有这种方式，这些根本不能从单纯概念中被看清。（KrV，A235；B288）

19. 协同性的范畴，按照它的可能性，根本不能通过单纯理性而理解，因而这个概念的客观实在性没有直观、确切地说没有空间中的外部直观，看清则是不可能的。（KrV，B292）

20. 因为空间已经先天地把那些形式的外部关系作为（在作用和反作用中、因而在协同性中的）实在关系的可能性的条件而包含在自身中了。（KrV，B293）

21. 涉及到协同性的概念，则容易被估计到：既然实体的纯粹范畴，以及因果性的纯粹范畴，那种客体不允许做规定了的解释，这种交互因果性在实体的交互联系（commercium）中同样会极少有能力做这种解释。（KrV，A244；B302）

22. 但正因为如此，他的关于实体相互之间可能的协同性的原则也必须是一种前定的和谐，而不可能存在任何物理的影响。（KrV，A273；B330）

23. 所以莱布尼茨就这样把空间设想为一种在实体的协同性中的一定秩序，而把时间设想为实体状态的动力学的系列。（KrV，A275；B331）

24. 而所剩下的则无非是：实体的一种协同性究竟是如何可能的，它的解决则完全外在于心理学的领域。（KrV，B428）

25. 关于灵魂与一个有机体的协同性作用、即与人生命中的动物性和灵魂状态的协同性作用的可能性问题。（KrV，A384）

26. 1）关于灵魂与一个有机体的协同性作用、即与人生命中的动物性和灵魂状态的协同性作用的可能性问题，2）关于这种协同性作用的开始、即灵魂在人降生时和降生前的开始的问题，3）关于这种协同性作用的结束、即灵魂在人临死和死后的结束的问题（即灵魂不朽的问题）。（KrV，A384）

27. 于是问题就不再是，关于灵魂与外在于我们、别的已知的和异类的实体的协同性了，而单纯是有关内感官的表象与我们的外部感性的变形之间的联结，以及这些东西如何能按照固定的法则相互联结，以至于它们在一个经验中相关联。（KrV，A386）

28. 但我们一旦使外部的现象物化，把它们不再作为表象，而是在如同它们在我们之内的那种同一性质上、也作为外在于我们的独立持存之物，但同时把它们的那些——将其显示为在关系中相对的现象的——活动，都与我们思维着的主体联系起来，我们就具有了一种外在于我们起作用的原因的特性。（KrV，A386）

29. 在两种实体、即思维的实体和广延的实体之间的这种预先给予了的协同性，把一种粗糙的二元论设置为基础，并且使得本来无非是思维着的主体的单纯表象的广延实体，成为独立存在的事物。（KrV，A392）

30. 所以，这个声名狼藉的问题，因为思维之物和广延之物的协同性，当人们分离一切想像之物的时候，就会单单导致：在一个一般思维着的主体中，外部的直观，即（空间的形状和运动所充满的）空间的直观是如何可能的？（KrV，A392，393）

31. 我们与这个精神世界的唯一真实的协同性既不通过诞生而已经开始，也不通过（作为单纯现象的）身体死亡而停止。（KrV，A780；B808）

心理学（die Psychologie）

心理学的（psychologisch）

心理学家（der Psychologe）

先验心理学（die transzendentale Psychologie）

经验的心理学（die empirische Psychologie）

合理的心理学，理性心理学（die rationale Psychologie）

1. 一些近代人想到扩展逻辑学，他们有的塞进关于各种认识能力（想像力，机智的）心理学的章节。（KrV，BVIII）

2. 有的要补救把合理的心理学向前转移而得出的谬误推理的曲解。（KrV，BXXXVIII）

3. 我只能够列举，我在第 273 页已经通过一个对心理学唯心论的新反驳、以及一个关于外部直观的客观实在性的严格的（如我认为也是唯一可能的）证

明所作的增加。（KrV，BXXXIX）

4. 要么就和思辨哲学一起分享这个名称并部分地在先验的意义中、部分地在心理学的含义中接受 Ästhetik。（KrV，B36）

5. 但一种普遍的逻辑就叫做应用的，当它针对着在——心理学所教导我们的——那些主观的经验的条件之下的知性运用规则的时候。（KrV，A53；B77）

6. 作为纯粹逻辑，它没有经验的原则，因而不（像人们有时说服自己的那样）从心理学中汲取，所以它对于知性的法规没有任何影响。（KrV，A54；B78）

7. 德行论所考虑的是在人们或多或少所屈从的情感、爱好和情欲的阻碍之下的道德律，它绝不能产生出一门真正的并被演证的科学，因为它正如那种应用逻辑学一样，需要经验的和心理学的原则。（KrV，A55；B79）

8. 为此它不属于在先验哲学之中，而属于在心理学之中。（KrV，B152）

9. 因此人们习惯于也更愿意把内感官与（我们谨慎地区分了它们的）统觉能力在心理学体系中冒充为同样一回事。（KrV，B153）

10. 想像力本该是知觉自身的一个必要的成分，对这一点倒还没有任何心理学家想到过。（KrV，A120）

11. 思想着的主体是心理学的对象，一切现象的总和（世界）是宇宙学的对象。（KrV，A334；B391）

12. 因此“我”这个术语，作为一个思想着的存在者，已经意味着心理学的对象了，而这种心理学则可以叫做合理的灵魂学说。（KrV，A342；B400）

13. 知觉（例如无论愉快和不愉快）的最小客体，它只要达到自我意识的普遍表象中，就立刻会使合理的心理学转变为经验的心理学。（KrV，A343；B401）

14. “我思”，所以就是合理的心理学唯一的课文，从中它应当施展它的全部智慧。（KrV，A343；B401）

15. 那么就会产生一种经验的心理学，它就该是内感官的一种自然之学。（KrV，A347；B405）

16. 那么它就不会是任何合理的心理学了。（KrV，A347；B406）

17. 在合理的心理学的处理方式中，起支配作用的是一种谬误推理。（KrV，B410）

18. 但对此完全满足不了理性心理学家，他着手从单纯的概念中证明出灵魂本身超出生命的绝对持存性。（KrV，B415）

19. 不存在任何一种作为学理、而设法使我们的自我认识获得一种增加的理性心理学，它只作为训练。（KrV，B421）

20. 人们从这一切可以看出，一种单纯的误解给理性心理学提供了其来源。

（KrV，B421）

解决心理学的谬误推理的了结。（KrV，B426）

21. 这项任务，即说明灵魂与身体的协同性，本来并不属于这里所谈论的这一种心理学，因为它具有证明甚至在这种协同性之外（在死后）的灵魂的人格性的意图，并且因而在本来的意义上是超验的，尽管它同样在专注于一种经验之客体，但只是就这个客体不再是一个经验之对象而言的。（KrV，B427）

22. 所剩下的则无非是：实体的一种协同性究竟是如何可能的，它的解决则完全外在于心理学的领域。（KrV，B428）

23. 关于从理性心理学到宇宙论的过渡。（KrV，A780；B808）

24. 但这仍然丝毫不会使在理性心理学中的一切尝试有所进展。（KrV，B431）

25. 所以我将于此重新陷入，我曾在理性心理学中的处境，即需要感性的直观，以便使我的知性概念，实体、原因等等——只有借助于这些知性概念我才可以拥有关于我的知识——获得意义。（KrV，B431）

26. 对纯粹心理学的第一个谬误推理的批判。（KrV，A348）

27. 先验心理学的第一个三段论推理只以一个假想的新见解蒙骗我们。（KrV，A350）

28. 对先验心理学第二个谬误推理的批判。（KrV，A351）

29. “我思”，仍然是理性心理学之所以敢于扩展它的知识的全部根据。（KrV，A354）

30. 所以，这个著名的心理学的证明不过建立在一个只指引动词在人称方面的一种表象的不可分的统一性的基础上。（KrV，A355）

31. 这样一来，整个理性心理学就连同它的主体支柱一起倒台了。（KrV，A361）

32. 对先验心理学第三个谬误推理的批判。（KrV，A361）

33. 对先验心理学第四个谬误推理的批判。（KrV，A367）

34. 一切信仰经验的观念论的心理学家都是先验的实在论者。（KrV，A372）

35. 心理学家把现象看作自在之物本身。（KrV，A380）

36. 所以，整个理性心理学，作为一门超出人类理性的一切力量的科学就倒台了，而这给我们留下的没有其余的，而无非是以经验为线索对我们的灵魂的研究并且把自己保持在这些问题的限度内。（KrV，A382）

37. 建立在我们的心理学概念的这些先验幻相基础之上的三个辩证的问题，它们构成了理性心理学的真正目标。（KrV，A384）

38. 三重先验的幻相也建立在这种划分之上，它们给辩证论的三章提供了

理由，并且向来自纯粹理性的恰好这么多的虚假的科学、先验的心理学、宇宙论和神学，提供了理念。（KrV，A397）

39. 现在，这个单纯的统觉（“我”）在概念中是实体，在概念中是简单的等等，所以那一切心理学的定理都具有它们的不可争辩的正确性。（KrV，A400）

40. 但对此“我”这个概念，在这个心理学原理（“我思”）中却对我们不吐一言。（KrV，A401）

41. 纯粹心理学的这些主张并不包含灵魂的经验的谓词，而包含是这样一些谓词，当它们发生的时候，就应当不依赖于经验、因而通过单纯的理性而规定自在的对象本身。（KrV，A405）

42. 纯粹理性的谬误推理为一种辩证的心理学设置了基础。（KrV，A408；B435）

43. 因此关于自由的可能性的问题虽然纠缠着心理学，然而，由于它基于单纯的纯粹理性的辩证论证之上，它连同其解决一起就必须仅仅雇用先验哲学。（KrV，A535；B563）

44. 这三种先验理念（心理学的、宇宙论的以及神学的）并不直接地与任何与它们相应的对象和它们的规定发生关系。（KrV，A671；B699）

45. 我们要（在心理学中）把我们内心的一切现象、行动和接受性都借助于内部经验之线索而如此联结起来，似乎内心就是一个——带有人格的同一性、持久（至少在此生中）生存的——简单实体。（KrV，A672；B700）

46. 心理学的和神学的理念则根本不包含这类二律背反。（KrV，A673；B701）

47. 这个心理学的理念也只可能意味着一个调节的概念的图型。（KrV，A684；B712）

48. 心理学的基本概念（“我”）。（KrV，A684；B712）

49. 因此甚至心理学的理念，如果它被作为一个构成性的原则而用于我们的灵魂现象的解释，并且后来甚至还被用于超出一切经验之外（关于死后的灵魂状态）、我们关于这个主体的知识的扩展，这虽然使理性非常方便，但也就完全损坏和摧毁了理性按照经验之引导所作的一切自然运用。（KrV，A690；B718）

50. 关于心理学的理念及其真正规定，作为单纯调节性的理性运用的原则。（KrV，A695；B723）

51. 或者，在心理学中一方主张：一切思维着的东西，都具有绝对而持存的单一性因而是与一切暂时的物质统一性相区别，而另一个人则反对之：灵魂不是非物质的统一性并且也不能被排除在暂时性之外。（KrV，A741；B769）

52. 这种背反论的唯一战场必须在纯粹神学和纯粹心理学的领域中去寻求。（KrV，A743；B771）

53. 心理学的，亦即经验的东西。（KrV，A801；B829）

54. 思想着的自然的形而上学就叫做心理学，并且出于上面列举的原因，它在这里只被理解为心理学的合理的知识。（KrV，A846；B874）

55. 纯粹理性的自然学说，包含有两个部门，合理的物理学（physica rationalis）和合理的心理学（psychologia rationalis）。（KrV，A847；B875）

56. 所以经验的心理学必须从形而上学中被完全驱逐出去，并且已经通过形而上学的理念而从中被完全排除出去了。（KrV，A848；B876）

信念，信仰（der Glaube，das Glauben）

实用的信念（das pragmatische Glauben）

学理的信念（das doktrinale Glauben）

道德的信念（das moralische Glauben）

1. 因此我不得不取消知识，以便使信仰得到位置。（KrV，BXXX）

2. 庄严的秩序、美与关心，它们在自然中到处可见，就必定完全单单导致对一个智慧的和伟大的创世者的唯一信仰，这种信仰以公众流行的确信、它们甚至以理性为基础。（KrV，BXXXIII）

3. 必须仅仅在信仰上假定在我们之外的物的此在（我们毕竟从它们那里为我们的内感官拥有了对认识本身的全部材料）。（KrV，BXLI）

4. 由于不缺少那些——即使普通的（但并没有信用的）信念也不会拒绝的——大胆僭妄：所以我们的知性就会向任何臆测敞开大门。（KrV，A233；B285）

5. 因为在这种情况下，我们就不会被剥夺以我们的实践事务为目的的智性的预设和信念。（KrV，A470；B498）

6. 但这种知识又反作用于它的原因，即那个引发起来的理念，并且把一个最高创造者的信仰增强到一种不可抗拒的确信。（KrV，A624；B652）

7. 所以人们就能够在严格意义上否认自然神论者一切对上帝的信仰，并且只给他剩下一个原始存在者或至上原因的主张。（KrV，A633；B661）

8. 如果视其为真只是主观地充分的，同时却被看做对客观的是不充分的，那么它就叫作信念。（KrV，A822；B850）

9. 但是，无论在哪里，仅仅在实践的关系中，理论的不充分的视其为真才能够被称为信念。于是，这一实践的意图或者是灵敏的意图，或者是德性的意图，前者向着随意的和偶然的、后者则向着绝对必然的目的。（KrV，A823；B851）

10. 我把这样偶然的信念，但它却为一定行动的手段的现实运用设置基础，称为实用的信念。（KrV, A824; B852）

11. 但因为，虽然我们在与客体的关系中不能采取任何措施，所以视其为真仅仅是理论的，我们仍然能在许多情况下在思想中表达和想像一种措施，我们误以为这种措施具有充分的根据，如果有一种办法而澄清事情的确定性，于是在单纯理论的判断中就存在着实践的判断的一个类似物，在它之上的视其为真适合信念这个词，我们可以把这种信念称为学理的信念。（KrV, A825; B853）

12. 于是我们必须承认，上帝此在的学说属于学理的信念。（KrV, A826; B854）

13. 我坚定地相信一个上帝；但这样一来这个信念在严格的意义上却不是实践的、而必须被称为一个学理的信念，自然的神学（自然神学）一定会到处都必然地产生出它。（KrV, A827; B855）

14. 但信念这个词只针对一个理念所给予我的引导，并且针对我的理性活动的促进的主观影响，这种促进使我把持着理性活动，尽管我并不因为它而在思辨方面给出辩解。（KrV, A827; B855）

15. 但单纯学理的信念自己具有某种摇摆不定的东西；人们经常由于在思辨中所碰到的困难，而跳过它，尽管人们总是不可避免地又要返回到它那里。（KrV, A828; B856）

16. 道德的信念的情况则完全不同。因为在这里绝对必然的是，某物必须发生，亦即，我会在一切部分中遵守道德律。（KrV, A828; B856）

17. 但由于道德的规范同时就是我的准则（正如理性命令，它应该是的），那么我将不可避免地相信上帝的此在和一个来世的生活，并且我肯定，没有任何东西能动摇这个信念。（KrV, A828; B856）

18. 这种理性信念建立在道德意向的前提上。（KrV, A829; B857）

19. 这将是一种消极的信念，它虽然不能产生道德和善良意向，但毕竟能产生它们的类似物，亦即能有力地遏制恶的意向的爆发。（KrV, A830; B858）

20. 但如果你们不关心这个，你们预先、至少在半路上，成为好人，那么你们将永远不会使他们成为有诚实信仰的人！（KrV, A830; B858）

行动（die Handlungen）

行动（verhalten）

知性行动（die Verstandshandlungen）

1. 这些事物的意志在现象中（在可见的行动中）就被设想为必然地遵照自然法则并且假使是不自由的，然而另一方面，又被设想为属于自在之物本身，

并不服从自然法则，因而是自由的。（KrV，BXXVIII）

2. 现在，凡是，作为表象，在思想任何某物的一切行动之前，能够先行的东西，就是直观，并且，如果它所包含的无非是关系，就是直观形式。（KrV，B67）

3. 我把机能理解为不同的表象被整理在一个共同的表象之下的行动的统一性。（KrV，A68；B93）

4. 我们能够把知性的一切行动归因于判断，以至于知性一般能够被表象为一种判断的能力。（KrV，A69；B94）

5. 我们思维的自发性则要求，这些杂多首先以一定的方式被贯通、接受和结合起来，以便由此构成一种知识。我称这种行动为综合。（KrV，A77；B102）

6. 我把综合理解为在最普遍的意义中——不同表象相互添加、并且在一个认识中把握它们的杂多性的——行动。（KrV，A77；B103）

7. 所以同一个知性，恰恰通过同一些行动，它在概念中，借助于产生了一个判断的逻辑形式的分析的统一性，借助于一般直观中杂多的综合统一。（KrV，A79；B105）

8. 所以一切联结，不管我们是否意识到它，无论它是直观杂多的联结，还是各种各样概念的联结，而在前一种联结中不论是感性的、还是非感性的［杂多］，都是一种知性行动，我们将用普遍的名称来证明综合。（KrV，B130）

9. 但这种——通过它们，给予表象（它们可以是直观或者概念）的杂多被带到一般统觉之下的——知性行动，是判断的逻辑机能（§19.）。（KrV，B143）

10. 这种知性的全部能力在于思想，亦即在于把那个在直观中以别的方式被给予它的杂多的综合带到统觉的统一上来的行动。（KrV，B145）

11. 它的综合，当知性单独地就自身被考察时，无非是这种行动的统一性，知性即使没有感性也已经意识到，这种行动本身了，但通过这种行动，知性本身鉴于——按照感性直观形式可以被给予它的——杂多，已经有能力做到内在地规定感性了。（KrV，B153）

12. 运动，作为主体的行动，（而非作为一个客体的规定）。（KrV，B154）

13. 现在为了从这种杂多中形成直观的统一性，（也许就如在空间表象中的那样），就有必要首先对杂多进行贯通，然后对之加以总括，我把这种行动称为领会的综合。（KrV，A99）

14. 这种行动首先使领会（它是经验的）的一切综合屈从于一种先验的统一性、并且首先使它们的相互关系按照一个先天的规则而成为可能。（KrV，A108）

15. 想像力的直接施加在知觉上的行动我称为领会。（KrV，A120）

16. 这些模态原理讲述一个概念，无非是这概念由以被产生出来的认识能力的行动。（KrV，A287；B287）

17. 思想是给予的直观与一个对象相关联的行动。（KrV，A247；B304）

18. 这种行动——通过我集合了一般表象的比较与做出这种比较的认识能力，并且我借以区别，这些表象在相互被比较中属于纯粹知性还是属于感性直观——我称之为先验的反省。（KrV，A261；B317）

19. 理念成为（行动及其对象的）起作用的原因。（KrV，A317；B374）

20. 我把这些概念仅仅理解为根据和后果的主词和谓词的逻辑机能，与这些机能相一致，行动或结果遵循那些道德法则而被规定。（KrV，B431）

21. 设定一个第一推动者，即一个自由行动的原因。（KrV，A451；B479）

22. 理性就为自己创造了能够自行开始行动的一种自发性的理念，而不允许预先派遣一个另外的原因，再来按照因果连结的法则去规定行动。（KrV，A533；B561）

23. 因为感性并不使它的行动成为必然的，毋宁一种——经由感性冲动而独立于强迫、规定自身的——能力寓于人类。（KrV，A534；B562）

24. 人们就可以在两方面上研究这个存在者的原因性，既按照它的行动，而把它看作理知的、看作一个自在之物本身的原因性，并且又按照这种行动的结果，而把它看作感性的、看作感官世界中的一个现象的原因性。（KrV，A538；B566）

25. 于是我们就会在一个感官世界的主体中，首先，拥有一种经验的品格，由此它的行动，作为现象，就会与其他现象按照固定的自然规律而彻头彻尾地处于关联之中。（KrV，A539；B567）

26. 现在，这个行动的主体，按照它的理知的品格，就不会从属于任何时间条件，因为时间只是现象的条件，但却不是事物自在本身的条件。（KrV，A539；B567）

27. 一旦外部现象流进主体，就像它的经验的品格、即它的原因性的法则，则通过经验而被认识，它的一切行动就必须允许按照自然规律而解释。（KrV，A540；B568）

28. 所以这个积极的存在者，只要在它的自然必然性的行动中，作为只在感性世界中才遇到的东西，就是独立而自由的。（KrV，A541；B569）

29. 这样，自由和自然，每一个都在它的完全意义中，恰好就在每一个自身的行动那里，按照人们把它们与它们的理知的原因或感性的原因相比较，而没有任何冲突地同时被找到。（KrV，A541；B569）

30. 自然规律，即一切发生的事情都有一个原因，这个原因的原因性，即行动，由于它在时间中先行，并且考虑到一个在此产生的结果，本身不可能是一直存在了的，而必须是发生的，它也会在现象中拥有自己由以被规定的原因，所以在一个自然秩序中一切事件都是经验地得到规定的。（KrV，A542；B570）

31. 每一个行动，作为现象，只要它产生了一个事件，本身就是事件或发生（Ereignis），它以另一种状态为前提，因而将在其中找到原因。（KrV，A543；B571）

32. 所以自然原因在时间系列中的一切行动本身又是——一些在时间序列中同样预设了它的原因的——结果。一种本源的行动，由此——以前不曾存在的——某物发生，是不能被现象的因果联结所期待的。（KrV，A544；B572）

33. 它们具有一种本身只是理知的能力，因为这种能力为了行动的规定决不以经验的条件、而以知性的单纯为基础，但毕竟，这个原因的在现象中的行动本该是与经验的原因性的所有规律相一致的。（KrV，A545；B573）

34. 这个理知的根据完全不纠缠经验的问题，而也许只涉及纯粹知性中的思想，并且虽然纯粹知性的这种思想和行动的结果在现象中被发现，然而这些结果却同样必须能够按照自然规律由它们在现象中的原因而被完全解释。（KrV，A545；B573）

35. 这个应当就表达了一种可能的行动，这行动的根据则无非是，一个单纯的概念；与此相反，一个单纯自然行动的根据的概念任何时候都必须是一个现象。于是当这个应当被指向这种行动时，这种行动当然就必须在自然条件之下才是可能的。（KrV，A547；B575）

36. 理性使经验的条件适合于这些理念，并且甚至按照这些理念而把——毕竟没有发生而且也许不会发生的——行动宣布为必要的，但仍然对这一切假设了：理性在对这些行动的关系中能够拥有原因性。（KrV，A548；B576）

37. 所以人在现象中的一切行动、出自它的经验的品格和共同起作用的其他原因的、按照自然秩序，而被规定。（KrV，A549；B577）

38. 但如果我们恰好考虑到在与理性的关系中的这种行动，确切地说，不是考虑到思辨的理性，以便按照这些行动的起源而解释它们每一个，而是考虑到完全单独地、只要理性产生这些行动本身的原因。（KrV，A550；B578）

39. 理性的这些理念已经现实地证明了，鉴于作为现象的人的行动方面的原因性，并且这些行动之所以发生了，并不因为它们被经验的原因所规定，不是，而是因为它们被理性的根据所规定。（KrV，A550；B578）

40. 因此，行动的真正的道德性（功与过），甚至我们自己的关系，都仍然对我们隐藏着。（KrV，A551；B579）

41. 于是行动，只要它已经归于作为它的原因的思维方式，仍然完全不按照经验的规律从这种思维方式里面发生，就是说，完全不是如此，则以致于纯

粹理性的条件，而只是如此，以致于纯粹理性的条件的结果，先行于内感官的现象中。（KrV，A551；B579）

42. 人本身就是现象。他的任意具有一种经验的品格，这种品格是他的一切行动的（经验的）原因。（KrV，A552；B580）

43. 没有任何给予的行动（因为它们只能够作为现象而被知觉）能够无条件地自行开始。（KrV，A553；B581）

44. 所以理性就是人在其中显现的一切任意的行动的持存的条件。每一个这样的行动在它还没发生之前就已经在人的经验的品格中预先被规定了。鉴于理知的品格，那个经验的品格只是感性的图型，之前、或之后都不适合，而每个行动，忽视与其他现象共处于时间关系中，都是纯粹理性的理知品格的直接结果，因而纯粹理性自由地行动着，并没有在自然原因的链条中、被外部的或内部的、但按照时间的先行根据所动力学地规定。（KrV，A553；B581）

45. 这种行动被归于它的理知的品格。（KrV，A555；B583）

46. 它，这个理性，对于人的一切行动来说在所有的时间状况中都是当下的和同样的，但它甚至不在时间之中，并且不陷于例如说一种它先前并不存在于其中的新的状态；鉴于这新的状态，它是进行规定的，而不是可被规定的。（KrV，A556；B584）

47. 所以我们能够用自由行动的评判，鉴于它们的原因性，只达到理知的原因，但却不能超出这个原因。（KrV，A557；B585）

48. 自由是否与自然必然性在一个以及它的行动中相冲突。（KrV，A557；B585）

49. 人类的理性不仅包含理念，而且也包含理想，理想虽然不像柏拉图的理想那样具有创造性的力量，但毕竟具有实践的力量（作为调节的原则），并且给一定的行动的完善性的可能性放置了基础。（KrV，A569；B597）

50. 正如理念提供规则，理想在这种情况下就充当摹本的通盘规定的蓝本，而且我们所具有的衡量我们行动的标尺，无非是在我们之内的这种神圣的人的行为，用此我们对自己进行比较、评判，并由此而改进我们，虽然这个标尺永远也不能够取得。（KrV，A569；B597）

51. 理性那方面也通过理念而联合概念的杂多，因为它为知性行动的目的而设置了一定的集合的统一性。（KrV，A644；B672）

52. 使知性的一切可能的经验的行动的统一性系统化，这是理性的一项事务，正如知性通过概念而联结现象的杂多并带入经验的规律之下那样。但这种知性行动，没有感性的图型，就是不确定的。（KrV，A664；B692）

53. 我们要（在心理学中）把我们内心的一切现象、行动和接受性都借助于内部经验之线索而如此联结起来，似乎内心就是一个——带有人格的同一

性、持久（至少在此生中）生存的——简单实体。（KrV，A672；B700）

54. 因为，凡是涉及到意志的表现的现相、即行动，那么我们就必须，按照一条不可违反的基本准则、没有这条准则我们就不能在经验的运用中执行任何理性，决不相异于一切剩余的自然现象、即按照自然的不变的规律，而解释这些行动。（KrV，A798；B826）

55. 前者建议，如果我们要享有幸福，必须做什么，而后者要求，仅仅为了配得上幸福，我们应当如何行动。（KrV，A806；B834）

56. 所以，纯粹理性包含着，——虽然不在它的思辨的、但却在一种确定的、即道德的运用中，——经验之可能性的原则，即这样的行动的原则，这些行动能够在人类历史中合乎道德规范地被遇到。因为，既然理性命令，这样的行动应当发生，那么这些行动也就能够必定发生，所以系统统一性的一种特殊种类、即道德的统一性，必须是可能的。（KrV，A807；B835）

57. 道德的理性原则虽然能够产生自由的行动，但不能产生自然律。（KrV，A807；B835）

58. 理性的存在者的一切行动都这样发生，似乎它们是出自一个——把一切私人任意都包括在自身之中或之下的——至上的意志。（KrV，A810；B838）

59. 实践的规律，只要它同时又是行动的主观根据、即主观原理，就叫作准则。（KrV，A812；B840）

60. 实践理性有权引导我们如此之远，我们将并不因为行动是上帝的命令而把这些行动看作是义务的，而我们之所以把它们看做是神的命令，则因为我们对此而内在地是义务的。（KrV，A819；B847）

61. 我把这样偶然的信念，但它却为一定行动的手段的现实运用设置基础，称为实用的信念。（KrV，A824；B852）

62. 于是道德性就是那种——能够完全先天地从原则中被推导的——行动的唯一的合法性。（KrV，A841；B869）

形而上学（die Metaphysik）

形而上学家（der Metaphysiker）

1. 这些没完没了的争吵的战场，现在就叫做形而上学。（KrV，AVIII）

2. 曾经一段时间，在其中形而上学被称为一切科学的女王。（KrV，AVIII）

3. 最初，形而上学的统治，在独断论者的管辖下，是专制的。（KrV，AIX）

4. 但我在这下面所理解的，不是对某些书或体系的批判，而是对一般理性能力的批判，鉴于一切——它可以独立于一切经验而追求的——知识，因而是一般形而上学的可能性和不可能性的裁决以及不仅它的根源、而且它的范围和

界限的规定，但这一切都出自原则。（KrV，AXII）

5. 并且我就敢于说，并不必须存在着一个唯一的形而上学任务，它在这里没有被解决，或者至少为它的解决被呈献了钥匙。（KrV，AXIII）

6. 现在，形而上学就是，按照我们这里将给出的它的概念，一切科学的唯一的科学，它允许期待这样一种完成，确切地说在较短的时间内，只用很少的、但却是联合的努力，以致于不给子孙后代留下什么，除了以教学法的风格按照它们的意图而安排一切，而无需因此就能够丝毫地增加内容。（KrV，AXX）

7. 我希望在自然的形而上学这个标题下甚至提供出这样一种纯粹的（思辨的）理性的体系，而这个体系，比起这里的批判，尽管篇幅还不及一半，但却应当具有无可比拟的丰富内容。（KrV，AXXI）

8. 形而上学，一种完全孤立的、思辨的理性知识，它完全超越于经验教导，确切地说通过单纯的概念（不像数学通过概念应用于直观），所以理性本身应当是它自己的学生的地方，命运至今还不是如此善意的，以致于它已能够走上一门科学的可靠通道。（KrV，BXIV）

9. 所以毫无疑问，形而上学的处理方法迄今还只是一种来回摸索，并且，最糟糕的则是，仅仅在概念之间来回摸索。（KrV，BXV）

10. 人们因此而尝试一下，我们假定，对象必须取决于我们的知识，是否我们在形而上学的任务中因而更好地进步。（KrV，BXVI）

11. 但是从我们先天认识能力的这种演绎中、在形而上学的第一部分中，却得出了一个惊奇的并对形而上学的第二部分所研究的整个目的、看样子非常不利的结果，这就是：我们决不能够用这种能力超出可能经验的界限，这种能力仍然恰好是这门科学的最根本的事务。（KrV，BXIX）

12. 形而上学家的分析把纯粹先天知识分割为两个性质极不相同的要素，即作为现象的事物的知识，以及自在之物本身的知识。（KrV，BXXI）

13. 而规定无条件者的这个超验的理性概念，并且以这样合乎形而上学的愿望的方式、用我们的、但仅仅在实践的意图上才可能的先天知识，而获得超出一切可能经验的界限。（KrV，BXXI）

14. 现在纯粹思辨理性批判的工作就在于这种尝试，改变形而上学迄今的处理方式，并且由此，我们按照几何学家和自然科学家的范例而进行一场形而上学的革命。（KrV，BXXII）

15. 因为纯粹思辨理性本身具有的特点是，它能够并且应当，按照不同的方式，就像它为自己选择思维的客体一样，衡量自己的能力，并且甚至完备地清点出，它为自己提交任务的各种方式，并且如此而记录下一个形而上学系统的整体轮廓。（KrV，BXXIII）

16. 一旦它通过这一批判而引向科学的安全通道，它完全把握属于它的知识的整个领域，并因此完成它的工作，作为一种决不增加的第一把交椅，为了后人能够放弃运用，因为它仅仅与原则和它被自己所规定的运用限制有关系。（KrV，BXXIV）

17. 人们在粗略地浏览这部著作的时候，就会发觉，它的用处不过只是消极的，即永远也不要冒险用思辨理性去超越出这个经验界限，并且这在事实上也是形而上学的第一个用处。（KrV，BXXIV）

18. 因此我不得不取消知识，以便使信仰得到位置，而形而上学的独断论、即——在形而上学中无需纯粹理性批判就繁殖的——那种成见，是一切与道德相矛盾的无信仰的真正根源，这种无信仰任何时候都完全是非常独断的。（KrV，BXXX）

19. 无论如何在这个世界上一直都存在着形而上学，并且今后大概也将存在，但和它一起由此也会碰到一种纯粹理性的辩证论，因为辩证论对纯粹理性是当然的。所以哲学的最初的和最重要的事务就是，通过堵塞这一错误的根源而一劳永逸地消除一切不利的影响。（KrV，BXXXⅠ）

20. 因此这种对立不应当为饶舌的唠叨说话，以自以为通俗的名义，或者更不应当为那种——对整个形而上学采取果断措施的——怀疑论说话；不如说，这个批判对于促进一门作为科学的、彻底的、形而上学是一种必然的、暂时的举措，这种形而上学必须必然地、独断地并且按照最严格的要求而系统化地、因而有条理地（而非通俗化地）被执行。（KrV，BXXXV，BXXXVI）

21. 唯心论可以鉴于形而上学的根本目的而仍然被看作是无辜的，（事实上它并不是这样的）。（KrV，BXXXIX）

22. 纯粹理性本身的这些不可回避的任务，是上帝、自由和不朽。但那门科学，它的最终意图连同它的一切准备本来就只指向这个任务的解决，就叫作形而上学，它的处理方法在开始时是独断的，即没有理性对这样一项大规模的活动的能力或无能力的预先检验，就充满信心地承担了这种制造方式。（KrV，A3；B7）

23. 在形而上学中，即使人们把它仅仅看作一门至今还仅仅尝试、但却由于人类理性的本性而不可缺少的科学，也应该包含了先天综合的知识，并且它所发生的事情，完全不是仅仅分解并由此分析地说明我们所制造的事物的先天概念。（KrV，B18）

24. 形而上学，至少根据它的目的，由真正的先天综合命题所构成。（KrV，B18）

25. 形而上学至今还仍停留在一种如此不确定性和矛盾的动摇状态中。（KrV，B19）

26. 现在形而上学的成与败都以这个任务的解决或者一种——它声明渴望知道、实际上根本不发生的那种可能性——充分的证明为基础。（KrV, B19）

27. 但关于形而上学，它的到目前为止糟糕的进展，并且因为人们不能够说出，任何一个迄今被陈述过的、涉及到它的本质目的的东西，它本该是现实在手的，所以就必定让每一个人都有理由怀疑它的可能性。（KrV, B21）

28. 但现在，这种知识类型在一定意义上毕竟也被看作是给予了的，并且形而上学，即使并不作为科学、但却作为自然天资（metaphysica naturlis）是现实的。（KrV, B21）

29. 所以在一切人类中，一旦理性在他们之内扩展到了思辨，则任何时代都现实地存在过、并还将永远保留一种形而上学。于是关于这种形而上学有就有这个问题：形而上学作为自然天资是如何可能的？就是说，纯粹理性向自己所提出的、并且被它自己的内在需要所驱使而要尽它所能好地回答的那些问题，如何从普遍人类理性的本性中产生出来？（KrV, B21, 22）

30. 所以人们不能只以形而上学的自然天资为满足、亦即不能满足于纯粹理性能力本身，虽然由此而总生长出任何一种形而上学（不管它愿意是哪一种），而只是做到这一点就行了，理性的这种把握性必须是可能的，知道还是不知道它的对象，亦即要么裁决它所问的对象、要么判断理性在形而上学方面的所能和所不能的东西，因而要么带着可靠性而扩展我们的纯粹理性，要么就规定和可靠地限制它。这个从上述一般任务中引申出来的最后的问题，就会有理由而是：形而上学作为科学是如何可能的？（KrV, B22）

31. 因此，人们可以而且必须把迄今为止所做的——独断地建立形而上学的——一切尝试，都看作是未曾发生的；因为凡是在这种或那种形而上学中分析的东西、即对先天地寓于我们理性中的那些概念的单纯剖析，还根本不是真正的形而上学的目的，而只是一种活动，即综合地扩展这些概念的先天知识。（KrV, B23）

32. 因为理性的不可否认的并且在独断的处理方式中也不可避免的矛盾很早就已经自行使每一个迄今为止的形而上学都威信扫地了。（KrV, B24）

33. 空间概念的形而上学阐明。（KrV, B37）

34. 但我把阐明（exposition，阐明）理解为——一个概念所属的东西的——清晰的（哪怕不是详尽的）介绍；但当它包含那种把概念描述为先天给予的东西的时候，则是形而上学的阐明。（KrV, B37）

35. 时间概念的形而上学阐明。（KrV, A30; B46）

36. 各色各样的形而上学戏法的一种不幸非常通行的技艺。（KrV, A63; B88）

37. 在形而上学的演绎中，一般先天范畴的起源通过它们的与思想的普遍

逻辑机能的完全同时发生而阐明。（KrV，B159）

38. 这种连结又可以被分为现象相互之间的物理学的连结和现象在先天知识能力中的形而上学的连结。（KrV，A162；B202）

39. 对此他们不能在经验中拥有任何根据，因而这个前提就只是形而上学的前提。（KrV，A173；B215）

40. 形而上学在其研究的本来的目的上只具有三个理念：上帝、自由和不朽，以致于第二个概念，与第一个概念相联结，就应当导致作为一个必然结论的第三个概念。这门科学通常所从事的一切东西，都仅仅用作它达到这些理念及其实在性的手段。形而上学需要这些理念不为了自然科学的目的、而为了超出自然。（KrV，A337；B395）

41. 一般思维的逻辑探讨被错误地当作了客体的一种形而上学规定。（KrV，B409）

42. 于是，纯粹理性的哲学或者是——鉴于一切纯粹先天知识而检查理性的能力的——入门（预习），并且叫批判，或者其次，就是纯粹理性的（科学的）系统，这种在系统的相互关系中出自纯粹理性的全部（真实的和虚假的）哲学知识，就叫形而上学。（KrV，A841；B869）

43. 虽然形而上学这个名字也可以给予带有批判的总和的全部纯粹哲学，以便，既包括，在任何时候都能被先天认识的一切东西的研究，又一同包括那种构成这个纯粹哲学知识系统的东西的描述、但却与一切经验的、以及数学的理性运用区别开来。（KrV，A841；B869）

44. 形而上学划分为纯粹理性的思辨的运用的形而上学和实践的运用的形而上学，所以要么是自然的形而上学，要么是道德的形而上学。前者包含来自一切事物的理论知识的单纯概念（因而排除了数学）的一切纯粹理性原则；后者则包含那些——先天地规定所为所不为并且使之成为必然的——原则。（KrV，A841；B869）

45. 而思辨理性的形而上学则是，人们习惯于在更严格的理解上叫做形而上学的东西。（KrV，A842；B870）

46. 因此人类理性自从它进行思想、或不如说进行沉思以来，从来就没有缺少过形而上学，但也仍然没有能够充分清除一切异类成分而描述形而上学。（KrV，A842；B870）

47. 如果人们说：形而上学是人类知识的第一原则的科学，那么人们并不能由此而说明一门完全特殊种类的知识，而仅说明了一种鉴于普遍性的等级，所以形而上学因此就不能可识别地区别于经验的东西；因为甚至那些经验的原则中的一些原则也是比别的原则更普遍的、并因此而更高的原则。（KrV，A843；B871）

48. 广延的概念属于形而上学吗？（KrV，A843；B871）

49. 但另一方面那种使形而上学的基本理念暗淡的东西，则曾经是：形而上学作为先天知识显示出与数学的一种同质性，这种同质性，就先天的起源而言，虽然使它们相互有亲缘关系，但与数学那种单纯通过对概念的先天构造而判断的一类知识相比较，形而上学则是出自概念的知识类型。（KrV，A844；B872）

50. 所以，一切纯粹的先天知识，由于它唯一能位于其中的那种特殊认识能力，就构成了一种特殊的统一性，而形而上学就是那种——应当把那些知识表现在这种系统统一性之中的——哲学。（KrV，A845；B872）

51. 在比较狭隘理解中的所谓形而上学由先验哲学和纯粹理性的自然之学所组成。前者只考察知性，以及在一个一切与一般对象相关的概念和原理的系统中的理性本身，而没有假定任何会被给予（本体论）的客体；后者考察自然，即被给予的对象的总和（于是就无论它们可能是被给予感官的，还是，如果我们愿意，被给予另一类的直观的），因而就是自然之学（虽然只是合理的自然之学）。（KrV，A845；B873）

52. 有形的自然的形而上学叫做物理学，然而，因为它只应当包含物理学限先天知识的原则，则叫合理的物理学。（KrV，A846；B874）

53. 因此整个形而上学系统就由四个主要部分组成。1. 本体论。2. 合理的自然之学。3. 合理的宇宙论。4. 合理的神学。第二个部分、即纯粹理性的自然学说，包含有两个部门，合理的物理学（physica rationalis）和合理的心理学（psychologia rationa－lis）。（KrV，A846；B874）

54. 因为自然的形而上学完全脱离于数学，它也远不比数学提供如此多的扩展性见识。（KrV，A847；B875）

55. 我们如何能够从对象中期待一种先天的知识、因而一种形而上学，如果这些对象都是被给予了我们的感官、因而都后天地被给予了？并且，这是如何可能的，按照先天的原则、认识事物的本性并且达到一种合理的自然之学？（KrV，A847；B875）

56. 所以经验的心理学必须从形而上学中被完全驱逐出去，并且已经通过形而上学的理念而从中被完全排除出去了。（KrV，A848；B876）

57. 所以，这就是形而上学的普遍的理念，而由于人们一开始对它的过高要求、超出了可以被公平合理地所要求的，并且一会儿就以适意的期望而感到愉快，最终就落得普遍的蔑视，由于人们发现自己在这种希望中被欺骗了。（KrV，A849；B877）

58. 结束了我们的批判的整个进程，人们已经充分地确信：即使形而上学不可能是宗教的基础，它仍然任何时候都必须充当宗教的捍卫者，并且人类理性已经由于它的本性的倾向而是辩证的，它就将决不可能缺少这样一门约束它的科学，并通过一种科学的和完全明白易懂的自我知识、而阻挡——不法的思辨理性一向不容置疑地、既在道德学又在宗教中都会造成的——破坏。（KrV，A849；B877）

59. 所以不仅自然的、而且道德的形而上学，尤其打开自己的翅膀而冒险的、预习（入门）而先行的理性的批判，才真正唯一地构成了这一种我们在真正理解中能够称为哲学的东西。（KrV，A850；B878）

60. 正因为如此，形而上学也是人类理性的一切教养的完成，这种教养是不可或缺的，即使人们立刻把它的作为科学对一定确定的目的的影响撇在一边。因为形而上学考察理性，按照理性的各种要素和那些——本身必须为一些科学的可能性、以及一切科学的运用奠定基础的——至上准则。（KrV，A850；B878）

61. 形而上学，作为单纯的思辨，更多地用于阻挡错误，而非扩展知识，这并没有使它的价值受到任何损害，而给予了它更多的尊严和声望，通过审查职权，它保障科学的共同行为的普遍的秩序与和睦乃至福利，并且阻挡它的勇敢而富有成果的处理，而不远离那个普遍的幸福的主要目的。（KrV，A851；B879）

62. 神学才真正把单纯的思辨理性逐步引入到这项工作中，这项工作后来才以形而上学而如此闻名。（KrV，A853；B881）

63. 通过无须科学的普通的理性（他把这叫做健全理性），在构成形而上学最崇高的任务的问题方面，也可以比通过思辨，更达到效果。（KrV，A855；B883）

幸福（die Glücklichkeit）

幸福的（glück）

1. 人的最大自由的一部宪法，按照每个人的自由能够与别人的自由共存的法则，（而不是最大幸福，因为这种幸福已经被从本身得出结论），毕竟至少是一个必要的理念。（KrV，A316；B373）

2. 除非一个严格的、但却是公正的批判的冷静性，才能够把这么多人通过想像出来的幸福、从这种独断论的花招中解脱、拖到理论和系统之中，并且限制我们的一切思辨的要求而只在可能经验的领域。（KrV，A395）

3. 例如在聪明的学说中，在一个唯一的目的、即幸福中、并且使达到幸福的手段协调一致。（KrV，A800；B828）

4. 因为一切希望都走向幸福，并且在关于实践和道德律方面所是的东西，知识和自然律在事物的理论认识方面所是的东西，恰好就是同一个东西。

（KrV，A805；B833）

5. 幸福是我们的一切爱好的满足（既是外延的，按照满足的多样性；又是内包的，按照程度；并且还是延伸的，按照持续性）。（KrV，A806；B834）

6. 出自幸福的动机的实践律我称之为实用的规律（明智规则）；但假使存在着这样一种实践规律，它在动机上不具有别的，而无非是配得上幸福的，那我就称它为道德的（道德律）。前者建议，如果我们要享有幸福，必须做什么，而后者要求，仅仅为了配得上幸福，我们应当如何行动。（KrV，A806；B834）

7. 我认为，确确实实存在着纯粹的道德律，这些道德律完全先天地（不顾及经验的动机、即幸福）规定了所为与所不为，即一般有理性的存在者的自由的运用，而且这些规律绝对地（不单在其他经验的目的之前提下假言地）命令着，因而在任何方面都是必然的。（KrV，A807；B835）

8. 做那些你由此而配得上是幸福的事情吧。（KrV，A808；B836）

9. 如果我现在这么做了，以至于我是并非配不上幸福的，我如何也可以希望，由此而能够分享幸福吗？（KrV，A808；B836）

10. 所以我说：正如按照在它的实践的运用中的理性，道德原则是必须的一样，按照在它的理论的运用中的理性，同样也必须假定，每一个人都拥有理由希望——当他已经在他的行为中使自己配得上——在他那个程度上的幸福，所以德性体系与幸福体系是不可分地、但只是在纯粹理性的理念中联结着的。（KrV，A809；B837）

11. 我把这样一种理智的理念——在这种理念中，与最高快乐联结着的道德的最完善的意志，是世上一切幸福的原因，只要这幸福与德性（作为配得上幸福的）处于精确的比例——称为至善的理想。（KrV，A810；B838）

12. 德性自在本身就构成了一个体系，但幸福却不是如此，除非它精确地按照道德性而被分配了。（KrV，A811；B839）

13. 因此在恩宠王国中则看到，在那里一切幸福期待着我们，除非我们由于自己不配得幸福而不限制自己的幸福份额，这就是一个在实践上必要的理性理念。（KrV，A812；B840）

14. 对于我们的理性，仅仅幸福还远不是完整的善。这种幸福，理性不赞同它（即使爱好多么想希望它），如果它不是与配得上的幸福、即与道德的善行相统一。但仅仅德性，以及与它一起，单纯是配得上幸福的，也还远不是完整的善。（KrV，A813；B841）

15. 因为在实践的理念中这两方面是本质上连结着的，尽管如此，道德的意向，作为幸福的分享的条件，而不是反过来，幸福的指望首先使道德的意向成为可能。因为在后一种情况下这种指望就不会是道德的、因而也就不配得到全部幸福了。（KrV，A813；B841）

16. 而幸福在理性面前不知道任何别的限制，只有来源于我们自己的不道德行为的限制。（KrV，A814；B842）

17. 所以，幸福唯独在与理性存在者的德性在确切的均匀尺度中、因而使理性存在者配得上幸福，才构成了世界的至善，在这个世界之中我们必须根据纯粹的但实践的理性的规范把我们完全置入进去。（KrV，A814；B842）

18. 形而上学，作为单纯的思辨，更多地用于阻挡错误，而非扩展知识，这并没有使它的价值受到任何损害，而给予了它更多的尊严和声望，通过审查职权，它保障科学的共同行为的普遍的秩序与和睦、乃至福利，并且阻挡它的勇敢而富有成果的处理，而不远离那个普遍的幸福的主要目的。（KrV，A851；B879）

19. 不可能存在着任何、统治这个世界的不可见的权力所喜欢的、彻底的和可靠的方式，以便至少在另一个世界中是幸福的，除了善的生活方式。（KrV，A853；B881）

形式（die Form）

形式的（formal）

1. 但逻辑学的界限由此已经完全确切地规定了，它不过是一门科学，这门科学所详尽说明并严格证明的无非是一切思维的形式规则（不论这些思维是先天的还是经验的，具有一种起源还是一种客体，这些东西要在我们内心遇到偶然的障碍还是本质的障碍）。（KrV，BIX）

2. 逻辑学仅仅忙碌于思想的一般形式。（KrV，BXXIII）

3. 空间和时间都是感性直观的形式，所以都只是作为现象事物生存的条件。（KrV，BXXV）

4. 所以在现象中，我把这种符合感觉的东西，称为［现象的］质料，而把这种让现象的杂多能够在一定关系中被整理，我叫做现象的形式。（KrV，A20；B34）

5. 因此一般感性直观的纯粹形式会先天地在内心中被找到，在［这一纯粹直观形式］那里，现象的一切杂多在一定的关系中被直观。（KrV，A20；B34）

6. 这些东西属于纯粹直观，它先天地，即使没有一种现实的感官对象或感觉对象，作为一个单纯的感性形式而发生于内心之中。（KrV，A21；B35）

7. 我们从这直观中再分开所有属于感觉的东西，以便只留下纯直观和现象的单纯形式，这就是感性所能够先天地提供出来的唯一的东西了。（KrV，A21；B36）

8. 但它毕竟是一个规定了的形式，只有在这［形式］下它［灵魂的内部状态］的直观才是可能的，这样，一切属于内在规定的东西都会表象在时间关

系之中。（KrV，A23；B37）

9. 一个——先行于客体本身、并且客体概念能够在其中被先天地规定的——外部直观如何能够寓于内心呢？显然无非是，它只要仅在主体中，作为形式的性状被客体所刺激、并由此而获得客体的直接表象、即直观，而占有自己的位置，因而仅仅作为外感官的一般形式。（KrV，A25；B41）

10. 空间不是别的，而只是外感官的一切现象的形式，亦即唯一使我们的外部直观成为可能的感性的主观条件。（KrV，A26；B42）

11. 这个接受性的固定形式，我们称其为感性，是一切关系的必然条件。（KrV，A27；B43）

12. 空间却仅仅涉及直观的纯粹形式，因而不包含任何感觉（没有经验的东西）。（KrV，A29；B44）

13. 在空间中被直观到的一切，根本不是一种自在的事物，而且空间也不应该是对它们而言自在本身也许所必须特有的事物形式，而是我们完全不知道的自在的对象。（KrV，A30；B45）

14. 时间不是推理的，或如人们所称它的，普遍的概念，而是一种感性直观的纯粹形式。（KrV，A31；B47）

15. 在这种情况下，这种内直观的形式就能先于对象、因而先天地，被表象了。（KrV，A33；B49）

16. 时间不过是内感官的形式，亦即我们自己的直观和我们内部状态［的形式］。（KrV，A33；B49）

17. 时间是所有一般现象的先天形式条件。（KrV，A34；B50）

18. 时间当然是某种现实之物，也就是内直观的现实的形式。（KrV，A37；B53）

19. 时间无非就是我们内直观的形式。（KrV，A37；B54）

20. 我们是作为在一个时间序相继中、亦即根据内感官的形式而意识到它们的。（KrV，A37；B54）

21. 空间和时间是一切感性直观的两者集中的纯形式，并且由此而使先天综合命题成为可能。（KrV，A39；B56）

22. 因为我们都同样相信这些知识是如此可靠的，无论这些形式必然地依附于自在之物本身，还是仅仅依附于我们对这些事物的直观。（KrV，A39；B56）

23. 空间和时间是这种方式的纯粹形式，一般感觉则是质料。（KrV，A42；B60）

24. 因此关于以及围绕形式所涉及的东西，还允许先天地说出许多，但关于可能构成这些现象的基础的自在之物本身，却说不出一点。（KrV，A49；

B66）

25. 那个本身在经验中先行于这些表象的意识的、并且作为方式的形式条件、正如我们把它放置在内心中那样、设置为基础的时间，已经包含前后相继、同时并存的关系，以及与这种前后相继存在同时所存在的东西的（持存之物）的关系。（KrV，B67）

26. 凡是，作为表象，在思想任何某物的一切行动之前，能够先行的东西，就是直观，并且，如果它所包含的无非是关系，就是直观形式，这一形式因为它只有当某物被放置到内心，才有所表象。（KrV，B67）

27. 直观的这种预先植根于内心中的形式，则在时间的表象中规定着杂多如何在内心之中在一起的方式。（KrV，B69）

28. 如果人们赋予那些表象形式以客观的实在性，那么人们就无法避免，不由此而把一切都转化为单纯的幻相。（KrV，B70）

29. 但人们有什么权利可以做出这个，如果人们事先已经把这两者弄成了自在之物本身的形式，而且它们作为物之生存的先天条件，即使人们把事物本身已经取消掉，也仍然留存着？（KrV，B71）

30. 纯粹直观只包含某物被直观的形式，并且纯粹概念只包含一般对象的思想形式。（KrV，A51；B75）

31. 作为普遍逻辑，它抽掉了知性知识的一切内容，和它的对象的差异性，并且只与思想的单纯形式打交道。（KrV，A54；B78）

32. 普遍逻辑放弃一切知识内容，即知识与客体的一切关系，并只考察知识相互关系的逻辑形式，即一般思想形式。（KrV，A55；B79）

33. 但凡是涉及知识、按照单纯的形式（与所有内容的去除一起）的东西，那就恰好如此清楚：以致于一种逻辑，只要它阐述了知性的普遍和必然的规则，它也必须在这些规则中说明真理的标准。（KrV，A59；B83）

34. 但这些标准只涉及真理的形式，即一般思想的形式，并且就此而言是完全正确的，但并不是充分的。（KrV，A59；B84）

35. 所以真理的单纯逻辑的标准、即一种知识与知性和理性的普遍的和形式的法则相一致，这虽然是一切真理的 conditio sine qua non（必要条件）、因而是消极的条件：但这种逻辑则不能走向更远的地方，并且这种逻辑不能通过任何测试手段而揭示那种并非形式，而是内容的错误。（KrV，A60；B84）

36. 某种引诱的东西仍然处于一种——赋予我们一切知识以知性形式的——如此虚假的技艺占有上，虽然人们在这些知识的内容方面可能仍然是非常空洞和贫乏的。（KrV，A60；B85）

37. 它在这里教导我们毫无关于知识的内容，而只不过与知性相一致的形式条件，这些条件除此之外在对象方面是完全无关紧要的。（KrV，A61；B86）

38. 知性就陷入了——通过空洞的玄想对纯粹知性的单纯形式原则作一种质料上的运用的——危险。（KrV，A63；B88）

39. 我通过这个命题："灵魂是不死的"，虽然按照逻辑的形式做出了现实的肯定，因而我就把灵魂放置在不死的存在者的无限制的范围中。（KrV，A72；B97）

40. 所以同一个知性，恰恰通过同一些行动，它在概念中，借助于产生了一个判断的逻辑形式的分析的统一性，借助于一般直观中杂多的综合统一，也把一种先验的内容带进它的表象中，因此它们就叫作先天地指向客体的纯粹知性概念，而这一般逻辑则不能做到。（KrV，A79；B105）

41. 对于这个范畴表可进行一些优雅的考察，这些考察可能会在一切理性知识的科学形式方面获得显著的效果。（KrV，A83；B109）

42. 只是这些范畴，它们原本必须从质料上被看作属于事物自己的可能性，事实上却只在形式意义上当作属于在每一个知识方面的逻辑要求而被使用，并且又不小心把这种思维的标准做成了自在之物本身的属性。（KrV，B114）

43. 我们现在就拥有了完全不同品种的两类概念，它们毕竟在这点上去的相互一致，即它们双方面都完全先天地与对象发生关系，也就是，作为感性形式的空间和时间的概念，以及作为知性概念的范畴。（KrV，A85；B118）

44. 并且经验就产生了，它包含两个极其不同性质的要素，亦即一种来自于感官的知识中的质料，以及一种整理这质料的确凿的形式，来自纯粹直观和思维的内在根源。（KrV，A86；B118）

45. 对于这个世界，空间就是它的直观的纯粹形式。（KrV，A87；B120）

46. 只有凭借感性的这样的纯粹形式，一个对象才显现给我们。（KrV，A89；B121）

47. 感性直观的对象必须符合内心之中先天放置的感性的形式条件。（KrV，A90；B123）

48. 只有在它之下对象才能被直观的条件，事实上把客体按照形式在内心中先天地设置为基础。（KrV，A93；B125）

49. 作为先天概念的范畴的客观有效性，根据就在于，只有通过它们，经验（按照思想的形式）才是可能的。（KrV，A93；B126）

50. 所有这些能力，除了经验的运用之外，还有一种先验的运用，这种运用仅仅针对形式，并且是先天可能的。（KrV，A94；B127）

51. 表象的杂多可以在——单纯感性的、即无非是作为接受性的——直观中被给予，而这种直观的形式则可以先天地处于我们的表象能力中，它不是别的某物，而无非是主体被刺激的方式。（KrV，B129）

52. 按照先验感性论，在与感性的关系中，一切直观的可能性的最高原理

是：所有直观的杂多都服从于空间和时间的形式条件。（KrV，B136）

53. 所以外部感性直观的单纯形式，空间，还完全不是知识；它只对一种可能的知识提供先天直观杂多。（KrV，B137）

54. 在时间中直观的纯粹形式，仅仅作为包含一个给予了的杂多的一般直观，则从属于意识的本源的统一性，这只是通过直观杂多对一个“我思”的必然关系。（KrV，B140）

55. 一切判断的逻辑形式就在于其中包含了概念的统觉的客观统一性。（KrV，B140）

56. 通过前一种直观的规定我们能得到对象的先天知识（在数学中），但只是根据这些对象的形式而作为现象；是否可能有在这种形式中必须被直观到的事物，在此仍未得到解决。（KrV，B147）

57. 这些纯粹知性概念就只是没有客观实在性的思想形式。（KrV，B148）

58. 纯粹知性概念通过单纯知性而与——它们并不确定是我们的或别的任何一个的、但毕竟是感性的——一般直观的对象发生关系，但正为此而只是思想形式，因而还没有任何确定的对象被认识。（KrV，B150）

59. 在我们之内把某种感性直观的先天形式设立为基础，它立足于表象能力的接受性（感性）之上。（KrV，B150）

60. 通过这种行动，知性本身鉴于——按照感性直观形式可以被给予它的——杂多，已经有能力做到内在地规定感性了。（KrV，B153）

61. 内感官仅仅包含直观的形式，但却没有直观中杂多的连结。（KrV，B154）

62. 属于它的自身直观，已经奠定先天给予的形式即时间的基础，这时间是感性的并且属于可被规定者的接受性。（KrV，B157）

63. 通过范畴先天地认识那些永远只能对我们的感官发生的对象、并且不按照它们的直观形式而按照它们的联结法则先天地认识它们的可能性，因而仿佛向自然规定法则并甚至使自然成为可能的可能性。（KrV，B159）

64. 我们在时间和空间的表象上拥有外部的和内部的先天感性直观的形式，并且现象杂多的领会的综合任何时候都必须适合于这些形式，因为这种综合自身只有按照这种形式才能够发生。（KrV，B160）

65. 自然的现象的法则怎么会必然与知性及其先天形式、即与它联结一般直观杂多的能力协调一致，一点也不比现象本身怎么会必然与先天的感性直观形式协调一致更值得诧异。（KrV，B164）

66. 一个不与可能经验相关的先天概念，只会是对一个概念上的逻辑形式，却不会是这个——某物由此而被思想的——概念本身。（KrV，A95）

67. 一个普遍而充分地表达了这种形式的和客观的经验条件的概念，就会

叫作纯粹知性概念。（KrV，A96）

68. 对象使之成为必要的那种统一性，就不可能是别的东西，而只是在表象的杂多的综合中意识的形式统一性。（KrV，A105）

69. 但这个概念按照它的形式任何时候都是共相的某种东西，并且是用作规则的东西。（KrV，A106）

70. 它们恰好不仅在经验中必须服从于统觉的必然的统一性的条件，也必须在单纯直观中服从于空间和时间的形式条件，甚至通过那些条件，每一种知识才首先是可能的。（KrV，A110）

71. 知觉的无例外的和综合的统一性恰好构成了经验之形式，并且这种形式无非就是现象们按照概念的综合的统一性。（KrV，A110）

72. 纯粹直观（在其作为表象方面，则以内部直观的形式，即时间）构成了全部的知觉的先天基础。（KrV，A115）

73. 一切知识的逻辑形式的可能性都可以必然地建基于作为一种能力之于统觉的关系。（KrV，A117）

74. 想像力的综合的先验统一性就是一切可能知识的纯粹形式，因而通过这个纯粹形式可能经验的一切对象才必须被先天地表象出来。（KrV，A118）

75. 纯粹知性，借助于范畴们，是一切经验的形式的和综合的原则，而现象则具有一种涉及知性的必然关系。（KrV，A119）

76. 现实的经验，它由现象的领会、联想（再生）以及认定所构成，在那个（对经验之单纯经验的要素的）最后和最高的认定中，包含着——使经验之形式的统一性成为可能、并且与此同时使经验的知识的一切客观有效性（真理性）成为可能的——概念。（KrV，A125）

77. 在范畴之上就建立起了在想像力的综合中的一切形式的统一性，而借助于这种统一性，也建立起了想像力的直到现象下的一切（在认定、再生、联想、领会中的）经验的运用。（KrV，A125）

78. 感性给予我们（直观的）形式，但知性则给予我们规则。（KrV，A126）

79. 一切现象作为可能的经验恰恰先天地处于知性之中，并从知性而获得它们的形式的可能性。（KrV，A127）

80. 知性本身是自然规律的来源，因而是自然的形式统一性的来源。（KrV，A127）

81. 纯粹知性在范畴中就是一切现象的综合统一性的规律，并由此才使得经验按照它的形式首先并本源地成为可能。（KrV，A128）

82. 但对象的一切知识的形式（由此杂多被思考为属于“一个”客体）也就在于可能意识的这种统一性。所以那种——感性表象（直观）的杂多如何属于一个意识的——方式，在一切对象知识之前、作为它的智性形式而先行，并且本身也构成了一切对象的一般形式的先天知识（范畴），只要它们被思想。（KrV，A129）

83. 由于上述单纯的形式的逻辑抽掉了一切认识的内容（不论它们是纯粹的还是经验的），并且单纯研究一般的思想（推论知识）的形式：所以它在它的分析论的部分也可以包括理性的法规。（KrV，B170）

84. 时间，作为内感官杂多的形式条件、因而作为一切表象连结的形式条件，包含了纯粹直观中的一种先天杂多。（KrV，A138；B177）

85. 先天的纯粹概念，除了范畴中的知性机能之外，还必须先天地包含感性的（即内感官的）形式条件，这些形式条件包含那些——在它之下、范畴才唯独能够被应用于任何一个对象上的——普遍性条件。（KrV，A139；B179）

86. 我们知性的这个图型法，就现象及其单纯形式看，是在人类心灵深处隐藏着的一种技艺，它的真实手法我们一直都很难从大自然那里猜测到，并将它们揭示在眼前。（KrV，A141；B180）

87. 由于时间仅仅是直观的形式，因而是对象作为现象的形式，所以凡是在这些对象：上与感觉相符合的东西，就是作为自在事物的一切对象的先验质料（事实性，实在性）。（KrV，A143；B182）

88. 但它毕竟是一个——著名的、虽然抽掉了一切内容并且仅仅成为形式的原理的——公式，包含了一种——由于不小心性并且毫无必要地被混合起来的——综合。（KrV，A152；B191）

89. 它只是一个整体，我们的一切表象都已经包含在其中，亦即内感官，及其先天形式——时间。（KrV，A155；B194）

90. 按照大小和质的范畴（人们如果只注意质的形式）所涉及的，不论是显明，还是现象的先天规定，大小和质这两条原理都显著区别于剩下的两条原理。（KrV，A161；B200）

91. 一切现象都包含，按照形式，一种在空间和时间中的直观，而空间和时间则共同为这些现象设置了先天基础。（KrV，B202）

92. 空间和时间的这种综合，作为一切直观的本质的形式，就是这种——同时使现象的领会、因而使那种外部经验、也因而使这经验之对象的一切知识，都成为可能的——东西，并且凡是数学在对那种综合的纯粹运用中所证明的东西，这种东西也必然地适用于这些知识。（KrV，A165；B206）

93. 现象，作为知觉的对象，并不是纯粹的（仅仅是形式上的）直观，如空间和时间，（因为它们自在根本不被知觉）。（KrV，A166；B207）

94. 因为这本源的统觉与内感官（与一切表象的总和）相关联，确切地说，先天地与内感官的形式、即杂多的经验的意识在时间中的关系相关联。（KrV，

A177；B220）

95. 但同样的情况也将适合于一般经验的思想的公设，这些公设把单纯直观的（现象形式的）综合、知觉的（现象质料的）综合和经验之（这些知觉的关系的）综合一起都涉及了。（KrV，A180；B223）

96. 一切现象都在时间中，在作为基底（作为内直观的持存形式）的时间中，不仅同时并存，而且相继，才唯独能够被表象。（KrV，A182；B224）

97. 现在，如果这是我们感性的一条必然规律，因而一切知觉的一个形式条件：这种在先的时间必然规定这种随后的时间（因为我没有别的而只有通过先行的时间，才能够达到随后的时间），那么也就存在着一条时间序列的经验的表象的不可或缺的规律。（KrV，A199；B244）

98. 每一个变化的形式，这种条件，变化唯独在其下才能够作为另一状态的产生而居于优先地位（变化的内容、也就是被改变的状态，则可以是任意的）。（KrV，A207；B252）

99. 先天地认识一条变化规律，按照变化的形式。（KrV，A210；B255）

100. 现在在这个——它的本质的形式就在于一切现象的统觉的综合统一性的——第三者中，我们找到了现象中一切此在的普遍必然的时间规定的那些先天条件。（KrV，A217；B264）

101. 凡是（按照直观和概念）与经验之形式条件相一致的，就是可能的。（KrV，A218；B265）

102. 物的可能性的公设就要求，物的概念与一般经验之形式的条件相协调。（KrV，A220；B267）

103. 但这些条件又具有自己的客观实在性，即它们指向可能的事物，因为它们先天地包含一般经验之形式于自身。（KrV，A221；B268）

104. 但因为这个三角形仅仅是关于一个对象的形式，那么它毕竟一直仅仅是想像的一个产物，关于它的对象的可能性仍然还是可疑的。（KrV，A223；B271）

105. 于是连续的大小的可能性，甚至一般大小的可能性，因为它们的概念全部都是综合的，所以绝不从这些概念本身、而从它们、作为对一般经验中的对象进行规定的形式条件才首次明了了。（KrV，A224；B272）

106. 至于第三条公设，那么它针对此在中的质料的必然性，而不只是针对概念的连结中的形式的和逻辑的必然性。（KrV，A226；B279）

107. 知性只对一般经验先天地给出规则，按照那些——既是感性的同时又是统觉的——主观的和形式的条件，而唯独这些条件才使经验成为可能的。（KrV，A230；B283）

108. 只有对我的知性才能够添加，某种超出与经验之形式条件的协调性之

上的东西，即添加与任何一个知觉的连结。（KrV，A231；B284）

109. 如果这个概念单纯在知性中与经验的形式条件相联结，它的对象就叫做可能的。（KrV，A234；B286）

110. 这些范畴对于它自身根本不是知识，而仅仅是——为了从给予的直观中制作出知识的——思想形式。（KrV，A235；B288）

111. 空间已经先天地把那些形式的外部关系作为（在作用和反作用中、因而在协同性中的）实在关系的可能性的条件而包含在自身中了。（KrV，B293）

112. 对每一个概念所要求的，首先是一般概念（思想）的逻辑形式，其次还有它与之相关的、给予它一个对象的那种可能性。（KrV，A239；B298）

113. 但它们的运用，以及与所谓的对象的关系却终究不能在任何地方、而只能在——先天地包含其（根据于形式的）可能性的——经验中被找到。（KrV，A240；B299）

114. 仅仅从这种逻辑机能中、即从概念的形式中根本不能认识任何东西，也不能区别哪一个客体从属于其下，因为恰好一般对象能够从属于其下的那个感性条件被抽掉了。（KrV，A245；B302）

115. 知性所能够先天做到的无非是，预测一个一般可能经验的形式。（KrV，A246；B303）

116. 判断力的一种机能仍还属于一个概念的运用，在那上面一个对象被归摄到这个概念下，因而也被归摄于——在其下能够在直观中被给予的某物的——最少的形式条件。（KrV，A247；B304）

117. 纯粹范畴，没有感性的形式条件，仅仅具有先验的意义，但不是任何先验的运用，因为当这些范畴缺乏（在判断中）任何一种运用的一切条件、也就是任何一个所谓的对象归摄到这些概念之下的形式条件的时候，这种运用自在本身是不可能的。（KrV，A248；B305）

118. 而如果人们给它们去除了对于我们来说唯一可能的直观，它们可能就具有比纯粹感性形式更少的意义，通过纯粹感性形式至少还有一个客体被给予，而我们的知性所特有的杂多的联结方式，如果不添加那种——杂多唯一能在其中被给予的——直观，则了无意指。（KrV，B306）

119. 但我们的知性概念——作为我们的感性直观的单纯观念形式，却丝毫也通达不了这种直观。（KrV，B309）

120. 现象这个词已经指明了与某物的关系，某物的直接表象虽然是感性的，但它却自在地本身——甚至没有我们感性的这种（我们的直观形式就建立于其上）的性状——而必须是某物，即一种独立于感性的对象。（KrV，A252）

121. 但这概念完全不意味着积极的，以及任何一个事物的确定的知识，而只意味着一般“某物”的思想，在这个一般“某物”那里我不考虑感性直观的

一切形式。（KrV，A252）

122. 但反过来，如果我让一切直观都撤离，那么毕竟还留下思维的形式，亦即给可能直观的杂多规定一个对象的那种方式。（KrV，A254）

123. 但这种关系，在其中概念在一种内心状态里能够互相从属，就是相同性与差异性、一致与冲突、内部与外部、最后是可规定的与规定（质料和形式）的关系。（KrV，A261；B317）

124. 质料和形式。这是两个被作为别的一切反思的基础的概念，所以它们与知性的每一种运用都不可分地联结在一起。（KrV，A266；B322）

125. 质料意味着一般的可规定之物，形式意味着该物的规定（两者都在先验的理解中，因为人们抽掉了被给予之物的一切区别，以及它如何被规定的那种方式）。（KrV，A266；B322）

126. 逻辑学家们以前把普遍的东西命名为质料，而把那种特殊的区别命名为形式。在每一个判断中人们可以把那些给予的概念称为（为了判断）逻辑的质料，而把概念的（借助于系词）关系称为判断的形式。（KrV，A266；B322）

127. 这些——它们在一个物中如何连结起来的——方式，就是本质的形式。甚至鉴于一般物事物而未被限定的实在性也曾被视为一切可能性的质料，但它的限制（否定）则被视为——一个物按照先验概念由此而与另一个物相区别的——形式。（KrV，A267；B323）

128. 这位智性哲学家不能忍受：形式先行于事物本身，并且为这些事物规定它们的可能性。（KrV，A267；B323）

129. 由于感性直观是一种完全特殊的主观条件，它为一切知觉设置了先天基础，并且其形式是本源的；那么这种形式是为自身而独自被给予的。（KrV，A268；B324）

130. 这种时间和空间的著名的学说概念，在其中他智性化了这种感性形式，只产生于先验反思的同一种错觉。（KrV，A275；B331）

131. 空间和时间就是自在的事物本身（实体及其状态）连结的理知形式。（KrV，A276；B332）

132. 因为关于范畴，人们必须承认：它们单独并不足以达到自在事物本身的知识，而没有感性的材料，它们就会只是知性统一性的、但无对象的主观形式。（KrV，A287；B343）

133. 这些概念一直要求在其中它们规定一个对象的感性形式。（KrV，A288；B344）

134. 于是，就剩留给我们一种单纯通过思想而规定对象的方式，它虽然是一种没有内容的单纯逻辑的形式，但却对我们显得，就像客体自在生存的方式（本体），而无须考虑那被限制于我们感官之上的直观。（KrV，A289；B346）

135. 单纯直观形式，没有实体，本身就绝不是对象，而只是对象（作为现象）的形式条件，如纯粹空间，和纯粹时间。（KrV，A291；B347）

136. 逻辑的幻相，以理性形式的单纯模仿为内容，（误推的幻相），它仅仅产生于一种注意逻辑规则的缺乏。（KrV，A297；B353）

137. 有一种——理性的，正如知性的一样——单纯形式的、亦即逻辑的运用，因为理性不考虑知识的一切内容，但也有一种实在的运用，因为它本身包含着一定的——既不借自于感官、又不借自于知性的——概念和原理的起源。（KrV，A299；B355）

138. 知性知识虽然也能以一种原则的形式而先行于别的知识，但自在本身（只要它是综合的）却并不基于单纯思维之上，更不包含按照概念的普遍性的东西。（KrV，A302；B358）

139. 相反，它们的客观实在性则仅仅基于：因为它们构成一切经验之智性形式，它们的应用任何时候都必须能够在经验中被指示出来。（KrV，A310；B367）

140. 我们知识的单纯逻辑形式如何能够包含先天纯粹概念的起源。（KrV，A321；B377）

141. 理性，看作为知识的一种确定的逻辑形式的能力，就是推理的能力，亦即间接地（通过把一个可能判断的条件归摄到一个给予判断的条件之下）判断的能力。（KrV，A330；B386）

142. 我们在这里并不涉及一种逻辑的辩证论，它抽掉了知识的一切内容，而仅仅揭示三段论推理形式中的虚假的幻相，毋宁涉及一种先验的辩证论。（KrV，A333；B390）

143. 选言三段论推理的单纯形式必须导致关于一切存在者的存在者的最高理性概念。（KrV，A336；B393）

144. 逻辑的谬误推理就在于一个理性推论按照形式的错误，它的内容则可以是它所想要的别的什么。（KrV，A341；B399）

145. 意识本身不仅是区别一个特殊的客体的表象，而且是一般表象所具有的形式，只要它应当被称为知识。（KrV，A346；B404）

146. “我思”这个命题（成问题地说）包含着每一个一般知性判断的形式，并作为它的运载工具而伴随着一切范畴。（KrV，B406）

147. 但在小前提中，则只像它处在与自我意识的关系中那样，因而在这里根本没有任何客体被思考，而只被表象出与自身，作为主词，（作为思维的形式）的关系。（KrV，B411）

148. 既然这个命题“我思”，（成问题地被设想），包含每个一般知性判断的形式，并且作为它的工具而伴随着一切范畴，那么就是明显的，从这个命题

得出的推论就能够包含知性的一种单纯先验的运用。(KrV, A348)

149. 这个统觉的形式原理："我思"，仍然是理性心理学之所以敢于扩展它的知识的全部根据，这个原理尽管当然不是任何经验，而是附加在每一个经验上并且先行于它的统觉形式。(KrV, A354)

150. 因而我就把所有以及每一个我的前后相继的规定都与这个——在一切时间、即在我自身的内部直观的形式中的——数目的同一的自身联系了起来。(KrV, A362)

151. 我本身的意识的同一性在不同时间内只是我的思想及其关联的一个形式条件，但它根本不证明我的主体的、数目上的同一性。(KrV, A363)

152. 我把一切现象的先验观念论理解为这个学说概念，依据它我们就把一切现象全都看作为单纯的表象、而不是自在事物本身，并且与之相适应的时间和空间就只是我们直观的感性形式。(KrV, A369)

153. 空间和时间虽然是先天的表象，它们还在一个现实的对象通过感觉而规定我们的感官、以便把这个对象表象在那些感性关系之下以前，就已经作为我们的感性直观的形式而寓于我们之中了。(KrV, A373)

154. 不仅唯独这种错觉，而且对这错觉的反驳，恰好都既是二元论、又是观念论所遭受到的，因为在这里所关涉的只是经验之形式。(KrV, A376)

155. 作为我们内部直观的唯一形式的时间，却不拥有常驻的东西，因而只有规定的更替，却不提供确定的对象来认识。(KrV, A381)

156. 这个"我"不大是直观，正如它也不是有关任何一个对象的概念一样，而是意识的单纯形式。(KrV, A382)

157. 因为这种——它与灵魂的协同作用激起如此巨大疑虑的——物质，无非是一种单纯的形式，或者一种——通过被人们命名其为外感官的直观的——未知对象的一定表象方式。(KrV, A385)

158. 但这个条件只是形式的条件，亦即每一个思想的逻辑的统一性。(KrV, A398)

159. 纯粹理性的一切幻相都基于辩证的推论之上，这些推论的图型，逻辑学在一般三段论推理的三种形式的类型中就提供在手了。(KrV, A405)

160. 自然，如果从形容词上（形式地）而设想，则意味着一个物的规定的关联，按照因果性的一条内部原则。(KrV, A418; B446)

161. 我称这种学说概念为先验的观念论。我早先有时也把它称为形式的观念论，以便把它区别于质料的观念论，亦即怀疑或否定外部事物本身的生存的通常的观念论。(KrV, A491; B519)

162. 感性直观能力本来只是在一定的方式上带着表象被刺激起来的接受性，这些表象的相互关系就是空间和时间的纯粹直观，（我们感性的纯然形

式）。（KrV，A494；B522）

163. 假如现象是事物自在本身，因而空间和时间就是事物自在本身的此在形式。（KrV，A535；B563）

164. 纯粹理性，作为一种单纯的理知的能力，并不服从时间形式，因而也不服从时间次序的条件。（KrV，A551；B579）

165. 通过纯粹知性概念，没有一切感性的条件，任何对象都不可能被表象出来，因为缺乏这些对象的客观实在性的条件，而在这些概念中被找到的无非是思想的单纯形式。（KrV，A567；B595）

166. 在每两个相互矛盾—对立着的谓词中，只有一个能够应归于这概念，这个原理则以矛盾律为基础，因此是一个单纯逻辑的原则，它抽掉了一切知识的内容，而无非着眼于知识的逻辑形式。（KrV，A571；B599）

167. 所以通盘规定的这个原则所涉及的是内容并且不单纯是逻辑的形式。（KrV，A572；B600）

168. 感官对象的可能性是感官对象与我们思维的一种关系，在其中某物（即经验的形式）能够被先天思维。（KrV，A581；B609）

169. 在这样的意义上两条原理可以单纯作为启发性的和调节性的原理，它们所操心的无非是理性的形式上的利益，而完全相互存在。（KrV，A616；B644）

170. 古代的哲学家们把自然的一切形式看作偶然的，却把质料、按照普通理性的判断、看作本源的和必然的。（KrV，A617；B645）

171. 借助于某种先验的偷换，而把这条形式的原则表现为构成性的，并把这个统一性作物化的设想。（KrV，A619；B647）

172. 这种必然性不能是任何概念，因而只作为思维的形式条件、但却不作为此在的质料的和物化的条件，在我的理性中必然已经被找到了。（KrV，A620；B648）

173. 按照这种推论，这么多的自然配置的合目的性和合拍性，必须会单纯证明，形式的偶然性，却并不证明质料的、即在世界中的实体的偶然性。（KrV，A626；B654）

174. 一切先天综合知识，都只有通过它表达出一个可能经验之形式条件，才是可能的。（KrV，A638；B666）

175. 这种理性统一性任何时候都预设了一个理念，即这种理念有关知识的一个整体的形式，这个整体先行于各部分的确定知识并且包含那些——为每个部分先天地确定它的位置及其对其余部分的关系的——条件。（KrV，A645；B673）

176. 一切概念的亲和性法则，而这个法则命令了一个——从每一个种到每一个别的种、通过差异性的逐级式的增加——连续的过渡。我们可以把它们命名为形式的同质性原则、特殊化原则和连续性原则。（KrV，A658；B686）

177. 形式的这种连续性就该是单纯的理念，根本不能指出一个在经验中与之相一致的对象。（KrV，A661；B689）

178. 这种概念先天地包含，思想的一种确定的形式，即思想的统一性。（KrV，A684；B712）

179. 理性无非能够在扩展它的经验的运用的时候把它自己的形式规则当成意图，但决不可能把超出一切经验的运用的界限之外的扩展当成意图。（KrV，A686；B714）

180. 我把先验方法论理解为纯粹理性的一个完备系统的形式条件的规定。（KrV，A707；B735）

181. 数学知识的形式是数学只能指向定量的原因。（KrV，A714；B742）

182. 从一切直观中被先天给予出来的，只不过是现象的单纯形式，即空间和时间。（KrV，A720；B748）

183. 直观的形式（空间和时间），它能够完全先天地被认识和规定。（KrV，A723；B751）

184. 所以普通逻辑在它的分析的部分就是关于一般知性和理性的一种法规，但仅仅根据形式，因为它抽掉了一切内容。（KrV，A796；B824）

185. 一切自然研究由此而得到了一个指向一种目的系统形式的方向，并且在它最高的扩张中成为了自然神学。（KrV，A816；B844）

186. 但我所理解的系统就是杂多知识在一个理念之下的统一性。这个理念就是一个整体的形式的理性概念，只要通过这个理性概念不论是杂多东西的范围、还是各部分相互之间的位置，都先天地被规定了。（KrV，A832；B860）

形象（das Bild）

1. 因为我首先取的是数字 7，并且，由于我把作为直观的我手上的指头看作 5 这个概念，于是我现在就把我原先合并、以便构成数字 5 的那些单位，按我手上的形象而逐渐加给数字 7，这样就看到数字 12 产生了。（KrV，B15，16）

2. 甚至也组合这些印象，并且完成了对象的形象。（KrV，B120）

3. 想像力应该把直观的杂多带进一个形象；所以它必须预先把印象接收到它的活动中来，即领会它们。（KrV，B120）

4. 但这就是清楚的了，甚至单单杂多的这种领会也还不会产生任何形象和印象的关联，如果这儿的一种主观的根据不会是，把内心的那种从一个向另一个过渡的知觉、唤回到那些接踵而来的知觉，并且这样来描绘出完整的知觉系列，即，一种即使只是经验的想像力的再生能力。（KrV，B121）

5. 图型自在本身任何时候都只是想像力的一种产物；但由于想像力的综合不以任何单独的直观、而仅仅以感性规定的统一性为目的，所以图型毕竟区别于形象。于是，如果我一个接一个地设置了五个点，……这就是数字五的形象。相反，如果我只一般地思想一个数字，它现在可以是五或者一百，那么这种思想更多地则是一个——遵照一定的概念而把一个量（例如一千）表现在一个形象中的——方法的表象，而不是这个形象本身，这个形象我在后面这种情况下可能难以忽视并且与概念相比较。于是，想像力为一个概念取得它的形象的一种普遍的处理的表象，我把它叫作这个概念的图型。（KrV，A140；B179）

6. 实际上构成我们的纯粹感性概念之基础的并不是对象的形象，而是图型。（KrV，A141；B180）

7. 形象是再生的想像力的经验的能力的产物，感性概念（作为空间中的图形）的图型则是纯粹先天的想像力的产物，并且仿佛是它的一个草图，通过它并根据它形象才首先成为可能的，但这些形象与概念，只有一直借助于它们所标明的图型，才必须被连接起来，而并不与概念重合。相反，纯粹知性概念的图型是完全不能被带进任何形象中的某物，而只是——合乎一种根据范畴所表达的一般概念的统一性的规则——纯粹的综合，并且是想像力的先验产物，而这个产物就与——一般内感官的规定，按照它的形式（时间）的条件，从所有表象上看——发生关系，甚至，这所有表象都应该先天地按照统觉的统一性在一个概念中关联起来。（KrV，A141；B181）

8. 外感官的一切大小（quantorum）的纯粹形象，是空间；而一般感官的一切对象的纯粹形象，是时间。（KrV，A142；B181）

9. 纯粹的概念，如果仅在知性中（而不是在感性的纯粹形象中）具有它的来源，则就叫作 Notio（思想、概念）。（KrV，A320；B377）

10. 所以人们就可以说：一切现象的绝对的整体只是一个理念，因为，既然我们决不能在形象中设计出这一类东西，那么这个整体就仍然还是一个没有任何答案的问题。（KrV，A328；B384）

11. 这里知性能够而且应当给直观显示出对象，无论是自身本身、还是在它的关系中，或者还在那些——它们的形象能够在给予的类似的直观中清楚而明晰地被呈送的——概念中。（KrV，A468；B496）

12. 想像力的那些创作则是完全处于另一种状态，对此没有人能够解释并且给出一个可理解的概念，似乎是一些草图，它们只是个别的、也就是不按任何所谓的规则而被规定的轮廓，这些轮廓更多地构成了一种仿佛在不同经验的平均值中浮现着的图样，而不是构成了一种确定的形象。（KrV，A570；B598）

13. 整个感官世界都是——浮现在我们目前的知识方式面前，并且就像一

个梦、本身并不具有任何客观实在性的——单纯形象。（KrV，A780；B808）

形象的，形象地（figürlich）

形象的综合（die figürlich Synthesis）

1. 感性直观杂多的这种综合，它是先天可能的和必然的，可以被称为形象的（synthesis speciosa，形象的综合），而不同于这种，鉴于一般直观的杂多在单纯范畴中所想到的、并被叫作知性联结（synthesis intellectu – alis，智性的综合）的综合；这两种综合都是先验的，这不单纯因为它们本身先天地发生，而且也因为建立了其它先天知识的可能性。（KrV，B151）

2. 不过，这种形象的综合，如果它单纯指向统觉的本源的综合统一性、即这种在范畴中被思想的先验统一性，则必须区别于单纯智性的连结，而叫作想像力的先验综合。（KrV，B151）

3. 这种综合，作为形象的综合，不同于没有任何想像力而单纯经由知性的智性综合。（KrV，B152）

4. 而这种规定了直观只有通过杂多的、被想像力的先验活动所规定的意识，（知性对内感官的综合的影响），才是可能的，而这种先验活动我已经称为形象的综合。（KrV，B154）

5. 一条直线（它应该是时间的外部形象的表象）。（KrV，B154）

6. 于是，想像力为一个概念取得它的形象的一种普遍的处理的表象，我把它叫作这个概念的图型。（KrV，A140；B179）

7. 我们就必须使自己把——作为内感官的形式的——时间，形象地通过一条线来领会，把内部变化通过这条线（运动）的延伸来领会。（KrV，B292）

形状（die Gestalt）

1. 这样，物体概念，在外在于我们的“某物”的知觉那里，使广延的表象、并与它一起使不可入性、形状等等的表象成为必然的。（KrV，A106）

2. 因为想像力的综合自在本身，虽然先天地执行着，但任何时候仍然是感性的，因为它仅仅这样联结着杂多，就如杂多在直观中所显现的那样，例如联结一个三角形的形状。（KrV，A124）

3. 三角形的图型绝不能够生存于别的地方，而无非生存于思想中，并且意味着想像力的一条综合的规则，鉴于空间中纯粹的形状。（KrV，A141；B180）

4. 尽管我们对于一般空间，或者对于生产性的想像力在它里面所描画的形状，在综合判断中先天地知道得如此之多，以至于我们为此实际上不需要任何经验。（KrV，A157；B196）

5. 形状，是一种对感官的当下的（虽然先天地获得的）现象。（KrV，

A240；B299）

6. 实体状态的内部东西也不可能以方位、形状、接触或运动为内容。（KrV，A274；B330）

7. 这一个“某物”能够，把外部现象设置为基础，刺激我们的感官，而感官获得了空间、物质、形状等等的表象。（KrV，A358）

8. 在一个一般思维着的主体中，外部的直观，即（空间的形状和运动所充满的）空间的直观是如何可能的？（KrV，A393）

9. 而关于空间和时间的一个概念，作为定量，则要么可以同时与这些定量的质（它们的形状）一起，要么也可以仅仅通过数目而把它们的量（同质杂多的单纯综合）先天地在直观中描绘出来，也就是构造出来。（KrV，A720；B748）

10. 在空间中先天地规定一个直观（形状），划分时间（延续），或是仅仅对一个以及同一个东西在时间和空间中的综合的共相、并且对由此产生的一种一般直观的大小（数）加以认识，这却是通过概念的构造的理性事务，而叫做数学的知识。（KrV，A724；B752）

序列（die Reihe）

时间序列（die Zeitreihe）

世界序列（die Weltreihe）

1. 它要求理性必然在自在之物本身之中并完全有权利对一切有条件者，并且由此有条件者序列作为完成了的。（KrV，BXX）

2. 正因为这种内部直观不提供任何形状，我们也就试图通过类比而补足这一缺陷，并且通过一条无限延伸的线路而表象时间序列，在其中，杂多构成了一个只具有一维的序列。（KrV，A33；B50）

3. 一个原因的概念无非是按照概念（对那种在时间序列中随之而来的东西，与其他现象的）一种综合。（KrV，A112）

4. 图型无非是按照规则的先天时间规定而已，并且这些规则按照范畴的秩序，而走向一切可能对象上的时间序列、时间内容、时间次序，及最后时间总和。（KrV，A145；B184）

5. 因为在那种单纯序列中，此在仅仅是永远地消长着，并且永远没有丝毫的大小。（KrV，A183；B226）

6. 但这种相关物却与这些作为其后果的给予了的事件、规定性地相关联，而这些事件则必然地与自己在时间序列中连结着。（KrV，A199；B244）

7. 也就存在着一条时间序列的经验的表象的不可或缺的规律。（KrV，A199；B244）

8. 也就是说，跟随而来、或发生出来的东西必须按照一条普遍规则而跟随在那种曾经包含在先行状态中的东西之后，由此将形成现象的一种序列。（KrV，A200；B245）

9. 所以充足理由律就是可能经验的根据，亦即现象就其在时间的相继序列中的关系而言的客观知识的根据。（KrV，A200；B246）

10. 一个个跟随而来的表象的这个序列同样既可以被视为后退的也可以被视为前进的。（KrV，A201；B246）

10. 原因与结果的关系，就是我们的经验的判断——鉴于知觉序列的——客观有效性的条件，因而是知觉的经验的真理的、所以也就是经验客观有效性条件。（KrV，A202；B247）

11. 现象之间因果联结的原理在我们的表达方式中已经局限于现象的相继序列。（KrV，A202；B247）

12. 知性，借助于统觉的统一性，是为现象在这个时间中的一切位置的连续规定的可能性的先天条件，通过原因和结果的序列，它们的原因不可避免地导致了结果的此在，并因此而使时间关系的经验的知识对每一个时间都（普遍地）、因而客观地有效。（KrV，A211；B256）

13. 人们假定：如果有条件者被给予，因而其本身也是无条件的、整个相互从属的条件序列，也是被给予（即包含在对象及其联结之中）。（KrV，A308；B364）

14. 现在，是否这条原理，条件序列将（在现象的综合中，乃至在对一般物的思维的综合中）伸展到无条件者，有其客观正确性？它是否由此而影响到经验的知性运用？（KrV，A308；B365）

15. 一个序列的部分的假言综合的无条件者。（KrV，A323；B379）

16. 理性通过——那些构成一个条件序列的——知性活动，而达到知识。（KrV，A330；B387）

17. 我就是通过一个条件序列（前提序列）而达到了一个知识（结论）。（KrV，A331；B387）

18. 于是，如果让每一个序列，它的指数（定言的或假言的判断的指数）被给予了，就继续下去；因而正是同一个理性活动导致了 ratiocinatio polysyllogistica（复合三段论推理），它是一个推论的序列，这种序列可以要么向条件方面（通过上溯推理法 prosyllgismos），要么向有条件者方面（通过后续推理法 episyllogismos），而朝着不限定的远处进展。（KrV，A331；B388）

19. 上溯推理法——即对一个给予知识的根据方面、或条件方面的推理的知识——的链条，或序列，换言之，理性推论的上升序列，与理性能力相比，毕竟必须不同于下降序列，亦即理性的继续发展而在有条件者方面通过后续推

论。（KrV，A331；B388）

20. 所以，如果一个知识被看作有条件的，那么理性就是有必要把上升线上的这一条件序列看作完成了的并且按其总体性而被给予。（KrV，A332；B388）

21. 这是理性的要求，理性宣布它的知识作为先天规定的并且作为必然的，要么在其本身，这就不需要任何根据，要么，就作为一个根据序列的一个环节而已经推导出来，这个序列本身则以无条件的方式而是真的。（KrV，A332；B389）

22. 玄想的推理的第二级瞄准了一个给予了的现象的一般条件序列的绝对总体性的先验概念，我由此而推论出，我从序列的无条件的综合统一性起，一个任何时候都具有一个自相矛盾的概念的方面、我关于它仍也不具有任何概念的对立的统一性的正确性。（KrV，A340；B398）

23. 但在这里毕竟要从实体范畴开始，借此自在之物本身被表现出来，并且如此而追溯范畴的序列。（KrV，A344；B402）

24. 绝对的总体性只有当它涉及到一个给予的有条件者的条件的上升序列、因而不是、如果在谈到后果的下降行列时，也还不是在论及这些后果的那些并立条件的聚合体时，才被理性所要求。（KrV，A410；B436）

25. 而毋宁预设了这些条件，所以人们在向后果进展时（或者说在从给予的条件下降到有条件者时），就可以不考虑，这个序列是否会停止，并且一般说关于这种序列的总体性的问题，完全就不是任何理性的预设。（KrV，A410；B437）

26. 假设有一个序列 m、n、o，其中 n 作为对 m 而言有条件的、但同时又是作为 O 的条件而已经给予了，这个序列从这个有条件者 n 而上升到 m（l、k、i 等），同样也从这个条件 n 下降到有条件者 o（p、q、r 等等），那么，我就必须预设第一个序列，以便于 n 被看作为给予了的，而且 n 按照理性（按照条件的总体性），只有借助于那个序列才是可能的，但它的可能性并不建立在跟随而来的序列 o、p、q、r 基础之上，因此跟随而来的序列也不能被看作给予了的，而只能被看作 dabilis（可被给予的）。（KrV，A410；B437）

27. 把那个在有条件者方面、从最近的前进到更远的结果的序列的综合，称为递进的综合。（KrV，A411；B438）

28. 时间自在本身就是一个序列（并且是一切序列的形式条件），因此在时间中，鉴于一个给予了的当下，那些作为条件的前件（过去）就必须先天地区别于那些后件（未来）。（KrV，A411；B438）

29. 空间构成了一个聚合体，但并不构成任何序列。（KrV，A412；B439）

30. 但由于空间的各部分并不是相互从属，而是并列的，所以一部分并不

是另一部分的可能性条件，并且它也不像时间那样，自在本身就构成一个序列。（KrV，A412；B439）

31. 不过，那种我们由此而领会空间的杂多的空间部分的综合，却毕竟已经相继而来，所以已经在时间中发生并且包含一个序列。（KrV，A412；B439）

32. 所以在这里也有一个条件的序列和一个向无条件者的进展。（KrV，A413；B440）

33. 偶性（只要它存在于一个唯一的实体之内）已经相互并列，并不构成任何序列。（KrV，A414；B441）

34. 可能的、现实的和必然的东西的概念并不导致任何序列，只除了这种情况，偶然的东西在此在中任何时候都必须被看作有条件的，并且按照知性规则指向一个条件。（KrV，A414；B442）

35. 理性在对条件的这种以序列方式、而且回溯地继续不断的综合中所寻求的东西，原来只是那个无条件者，似乎一起不再预设任何别的前提的那些前提的序列中的完备性。于是这种无条件者任何时候都包含在人们在想像中所设想的序列的绝对总体性之中。（KrV，A416；B444）

36. 这个无条件者本该是整个序列的、或者整个序列的一部分。（KrV，A417；B445）

37. 现在人们可以思想这个无条件者，要么作为仅仅在于整个序列，因而在这序列中所有各项无一例外地都将是有条件的，并且唯有它的整体是全然无条件的。（KrV，A417；B445）

38. 一个给予了的有条件者的条件序列的绝对整体任何时候都是无条件的；因为在这个序列之外不再有任何能够使绝对整体是有条件的条件。不过一个这样的序列的这个绝对整体只是一个理念，或者不如说，是一个成问题的概念。（KrV，A417；B445）

39. 因为没有更多的——先天地限制经验的综合的——那些综合前提的序列了。（KrV，A462；B490）

40. 正题的那些主张，则在现象序列内部的经验的解释方式之外，还把智性的开端作为基础。（KrV，A466；B494）

41. 它们，正如它们被表象出来的那样，作为广延的存在者或者变化的序列，在我们的思想之外没有任何以自身为根据的生存的东西。（KrV，A491；B519）

42. 一个按照经验的法则、可能知觉的回溯序列（不论是历史的线索，还是原因和结果的足迹），一句话，世界的进程，将引向一个作为当前时间之条件的流逝了的时间序列。（KrV，A495；B523）

43. 纯粹理性的全部二律背反都基于这种辩证的论据：如果有条件者被给

予了，那么它的所有条件的整个序列也就被给予了：现在，感官的对象作为有条件者被给予了我们，所以它们的所有条件的整个序列也就被给予了我们。（KrV，A497；B525）

44. 这些理念设定了这些序列的绝对总体性并且正是由此而使理性不可避免地置身于跟自身的冲突中。（KrV，A497；B525）

45. 所以这个完备的条件序列、因而那个无条件者由此也同时已经给予了，或者宁可说同时预设了，那个——曾经只是通过整个序列才是可能的——有条件者，已经给予了。（KrV，A498；B526）

46. 所以这个完备的条件序列、因而那个无条件者由此也同时已经给予了，或者宁可说同时预设了，那个——曾经只是通过整个序列才是可能的——有条件者，已经给予了。（KrV，A499；B527）

47. 因为通过这种错觉，我们似乎不假思索地便（在大前提中）预设了条件及其序列。（KrV，A500；B528）

48. 有条件者与它的条件的综合以及条件的整个序列（在大前提中）根本不拥有经由时间的任何限制并且也不拥有任何前后相继的概念。（KrV，A500；B528）

49. 世界仍然保持着，不论我在世界的现象序列中取消了无限的、还是有限的回溯。（KrV，A504；B532）

50. 世界根本不是自在地（不依赖于我的表象的回溯的序列）生存着。（KrV，A505；B533）

51. 条件序列只有在回溯的综合本身中、而不是自在地、在作为一种先于一切回溯被给予的特有事物的现象中，才能被发现。（KrV，A505；B533）

52. 因为它作为从属的表象的序列只在于动力学的回溯，而根本不可能在这种回溯之前，作为独立存在的事物的序列，本身自在地生存。（KrV，A505；B533）

53. 现象只在表象中、并且当它们构成一个序列时、在前后相继的回溯中生存，否则就根本不生存。（KrV，A506；B534）

54. 由于通过总体性的宇宙论的基本原理，在一个作为一个自在之物本身的感性世界中的条件序列的任何极大值，都被提供不出，而只能被交付给这些序列的回溯。（KrV，A508；B536）

55. 所以这个理性的原理原本只是一个规则，它在给予的现象的条件序列中命令一个永远也不允许停留在一个绝对无条件者那里的回溯。（KrV，A509；B537）

56. 作为在客体中（在现象中）自在地本身给予了的条件序列的那个绝对总体性的原理则会是一个构成性的宇宙论原则。（KrV，A509；B537）

57. 理性理念将只在这个条件序列中向回溯的综合制定一个规则。（KrV，A510；B538）

58. 这种可能的进展无限地包含现象的序列。（KrV，A511；B539）

59. 因为理性在这里绝不需要序列的绝对总体性，因为它没有把这样的总体性预设为条件并且为似乎被给予了的东西（datum，预料），而只是预设为某种有条件者，这种有条件者只是估计的（dabik，可给予的），并且被无止境地被增加着。（KrV，A511；B540）

60. 如果整体在经验性直观中被给予了，那么回溯在它的内部条件的序列中就进行到无限。但如果这个序列中的一项被给予了，这个回溯首先应当继续从这一项出发而到绝对总体性。（KrV，A512；B540）

61. 一个对给予的人的祖先序列在没有任何可能的经验中，都以它的绝对总体性而已经给予了。（KrV，A513；B541）

62. 这些条件的序列不是自在之物本身，而只是现象，这些现象作为相互的条件只是在回溯本身中才被给予。（KrV，A514；B542）

63. 感性世界中条件序列的绝对总体性仅仅立足于理性的一种先验的运用.（KrV，A515；B543）

64. 无论我可以借此而在这个上升的序列中而走到多远，我任何时候都必须探询这个序列的一个更高项，而不管它现在是否能通过经验而为我所认识。（KrV，A518；B546）

65. 一切过去的世界状态的序列、连同在宇宙空间中同时存在的事物的——单纯普遍的表象，本身只不过是一种可能的经验的回溯。（KrV，A518；B546）

66. 所以这个世界序列既不能比自己的概念唯独基于其上的那个可能的经验的回溯更大，也不能比它更小。（KrV，A519；B547）

67. 但对于这个回溯我绝不知道别的，而无非我从条件序列的每一个被给予的项总是必须再经验地进展到一个更高（更远）的项。（KrV，A519；B547）

68. 但这条规则所说的只不过是，即使我们在经验的条件的序列中可以走如此之远，我们在任何地方都不应当假定一个绝对的界限，而是必须使作为有条件的每一个现象从属于作为它的条件的另一个现象，因而向另一个现象继续前进。（KrV，A519；B547）

69. 回溯在世界现象的序列中，作为世界大小的一种规定，in indefinitum（不限定地）进行着。（KrV，A521；B549）

70. 世界永远也不能整个地甚至条件序列也不作为世界序列而向一个给予的有条件者，整个地被给予。（KrV，A522；B550）

71. 如果我分割一个在直观中已经给予的整体，那么我就在从一个有条件者前进到它的可能性的条件。对这些部分的分割（subdivisio 或 decompositio，分化或分解）就是在这些条件的序列中的一种回溯。这个序列的绝对总体性，只有当这个回溯能够一直达到单纯的部分时，才会被给予。（KrV，A523；B551）

72. 这个序列是无限相继的并永远也不是全部，因而就决不能表现出任何无限的总量，及其在一个整体中的总计。（KrV，A524；B552）

73. 这个无限的进展被看作一个永远也不能完成的序列（无限的），然而却在一个总计中被看作完成的。（KrV，A527；B555）

74. 这种总体性的所有辩证的表象，在对一个给予的有条件者的条件序列中，也都曾彻头彻尾是相同的种类。当时一个序列总是这样，在其中条件与有条件者，作为序列的各项而联结着并且由此而是同质的。（KrV，A528；B556）

75. 各个条件的这种序列，就人们仅仅着眼于它们的延伸而言，当然就全都是同质的：不论它们是与理念相适合，还是它们要么对于理念来说太大，要么又太小。（KrV，A530；B558）

76. 在现象序列的数学联结中只有感性的条件能够进来，亦即这样一种条件，它本身是序列的一部分；相反，这些感性条件的动力学序列却还允许一种不同质的条件，它不是序列的一部分，而是作为单纯理知的，而处于序列之外。（KrV，A530；B558）

77. 动力学的理念，在现象的序列之外，允许了现象的一个条件、即这样一个本身并不是现象的条件。（KrV，A531；B559）

78. 动力学序列无一例外的有条件者，它与作为现象的动力学序列是不可拆开的，与那种虽然是经验的无条件的、但也是非感性的条件联结着的。（KrV，A531；B559）

79. 因为在它们那里，现象序列的任何条件不会被找到，除了本身也是现象之外并且除了如此与序列的一项一起构成的那个条件之外。（KrV，A532；B560）

80. 这种原因性独立于那些自然原因并甚至产生出违反自然的强制力和影响的某种东西，这种东西在时间秩序中按照经验的规律被规定、因而完全从自身开始了一个事件序列。（KrV，A534；B562）

81. 这些事件的条件就任何时候都只是被包含在现象的序列中。（KrV，A536；B564）

82. 所以这个理知的原因连同其原因性就都在序列之外；相反它的结果却在经验的条件的序列之中被发现。（KrV，A537；B565）

83. 从而与这些现象联结着，而构成自然秩序的唯一序列的各项。（KrV，A539；B567）

84. 一言以蔽之，它的原因性，只要它是智性的，完全不会处于那些——使感性世界中的事件成为必然的——经验的条件的序列中。这种理知的品格虽然决不可能直接被认知。（KrV，A540；B568）

85. 因为它们在感性世界中任何时候都被在先前时间中的经验的条件、但毕竟只借助于（仅仅是理知品格的现象的）经验的品格，而预先规定，并且只作为自然原因的序列的延续才是可能的。（KrV，A541；B569）

86. 在现象里的原因中，能够全然并自行开始一个序列，是肯定不可能的。（KrV，A543；B571）

一切发生的事情，都只是序列的一个继续，而没有任何自行发生的开端在这个序列中是可能的。（KrV，A543；B571）

87. 这种规律按照时间而规定因果序列。（KrV，A552；B580）

88. 如果理性可以鉴于现象而具有原因性，那么它就是一种能力，通过这种能力，而首次开始了结果的一个经验的序列的感性条件。因为处于理性中的这个条件，不是感性的，因而本身并不开始。（KrV，A552；B580）

89. 因为在这里这个条件外在于现象的序列（在理知的东西中），因而就不服从任何感性条件和通过先行的原因的时间规定。（KrV，A552；B580）

90. 没有任何遵照这种品格规定人的那些条件，它们不被包含在自然结果的序列中并且属于自然结果的规律，根据这个规律，根本没有在时间中发生的东西的在经验的无条件的原因性，被找到。（KrV，A552；B580）

91. 而是它作为每一个任意行动的无条件的条件，不允许超越它之上有任何按照时间的先行的条件，然而却毕竟开始了它在现象序列中的结果，只是它在这序列中绝不能够构成一个绝对的最初的开端。（KrV，A554；B582）

92. 因为人们预设了，人们可以完全撇开这种生活方式如何形成，而把条件的流逝的序列看作未发生。（KrV，A555；B583）

93. 因而它根本不属于那些——按照自然规律使现象成为必然的——感性的条件的序列。（KrV，A556；B584）

94. 理性由此而思想到这个通过感性的无条件者直截了当地开始了现象中的条件的序列，但却在此卷入了一个与它自己为知性的经验的运用所颁布的那些法则的二律背反。（KrV，A558；B586）

95. 所以这个序列，我们面前所具有的，原本只是概念的序列，而不是直观在一个直观是另一个直观的条件时的序列。（KrV，A559；B587）

96. 既然在现象的总和中一切都是变化的，因而在此在中是有条件的，在这个附属的此在的序列中任何地方都不可能给予任何无条件的项，它的生存曾是绝对必然的。（KrV，A559；B587）

97. 由于数学的回溯原本只涉及部分复合为一个整体、或整体分裂为它的部分，这个序列的条件就一直必须被看作这个序列的部分、因而被看作同质的、所以也必须被看作现象。（KrV，A560；B588）

98. 因而也一直只具有经验的有条件的生存，然而从整个序列中，一个非经验的条件、即一个无条件的必然的存在者也发生了。（KrV，A560；B588）

99. 在自由那里作为原因的物本身（Substantia phaenomeno，现相的实体）毕竟仍还属于条件序列，而只有它的原因性被思想为理知的。（KrV，A561；B589）

100. 我们没有权利从外在于经验的序列的一个条件中推导出一个此在。（KrV，A561；B589）

因为，如果对每一个有条件者（按照此在）每一次的条件都是感性的，并且正因此而属于序列，那么它本身也就又是有条件的了（正如第四个二律背反的反题所证明的）。（KrV，A564；B592）

101. 但这个调节的原理刚好也很少排除一个不在这序列中的理知的原因的假定，如果它涉及到理性（鉴于目的）的纯粹运用。（KrV，A564；B592）

102. 它们的材料并不从经验中拿来，它们的客观实在性也不以经验的序列的完成、而以纯粹的先天概念为基础。（KrV，A565；B593）

103. 它基于原因性的这条被以为是先验的自然律：所有偶然之物都有它的原因，这个原因，如果它又是偶然的，同样也必须有一个原因，直至相互隶属的原因序列必须在一个绝对必然的原因那里终结，没有这个绝对必然的原因，这个序列就不会具有任何完备性。（KrV，A605；B633）

104. 这个推论，从一个高于一个地被给予的原因的一个无限序列之不可能性推导出一个最初的原因，对此理性运用本身在经验中的原则们没有授权与我们，更不能把这条原理扩展到超出经验之外（这个链条完全不能被延伸到那里）。（KrV，A610；B638）

105. 假如最高存在者处于这个条件的链条之中，那么它本身就会是这些条件的序列的一个项，并且，正如以它为前提的那些更低的项一样，它便要求对自己的更高的根据作更进一步的探究。（KrV，A621；B649）

106. 赋予它们那种——在它的最大可能的扩展中可能具有它、即在与序列的总体性的关系中的——统一性。（KrV，A643；B671）

107. 这些条件序列的绝对总体性，在其各项的推导中，就是一个理念，它虽然永远也不能在理性的经验的运用中完全实现出来，但毕竟充当了——我们应当如何处理这个条件序列的——规则。（KrV，A685；B713）

108. 在这里，条件不再能够被设立在现象的序列中，而只能被设立在现象的序列之外，并且这些状态的序列则可以被视做、就好像它被绝对地（通过一个理知的原因）而开始那样。（KrV，A685；B713）

109. 纯粹理性的第三种理念，它包含着一个作为一切宇宙论序列的唯一充分原因的存在者的单纯相关的设定，就是上帝的理性概念。（KrV，A685；B713）

110. 这种理性运用毕竟在任何地方都找不到线索，除非在自然的秩序和变化序列、按照它们的内部而普遍的规律把这条线索提交给我们的地方。（KrV，A691；B719）

111. 被给予的现象的序列自在地就有一个绝对的最初开端，并且：这个序列是绝对的而且本身自在地没有任何开端。（KrV，A740；B768）

112. 因而仅仅在经验之对象的序列中出现。（KrV，A775；B803）

113. 先验的自由却要求这个理性本身（鉴于它的开始了一个现象序列的原因性）独立于感官世界的一切规定的原因。（KrV，A803；B831）

虚无（das Keines）

1. 与全体、多数和单一概念相对立的是，这个取消一切的概念，即虚无（Keines）的概念。（KrV，A290；B347）

玄想（die Vernünftelei）

玄想，推想（vernünfteln）

玄想家（der Vernünftler）

1. 那么知性就陷入了——通过空洞的玄想对纯粹知性的单纯形式原则作一种质料上的运用的——危险。（KrV，A63；B88）

2. 并且对之进行具有一个彻底性的表面的推想，或啰唆地闲聊。（KrV，A269；B325）

3. 所以，这一类的推理鉴于其后果，与其命名为理性推理不如命名为玄想的推理。（KrV，A339；B397）

4. 玄想的推理的第二级瞄准了一个给予了的现象的一般条件序列的绝对总体性的先验概念。（KrV，A340；B398）

5. 按照玄想的推理的第三种类型，从那些一般对象——只要它们能被给予我而思维——的条件的总体性，我推论出，一般事物的可能性的一切条件的绝对的综合统一性。（KrV，A340；B398）

6. 玄想的灵魂学说的那些通常的推断中的任何一个。（KrV，A351）

7. 如果不是这样，那么它们至少通过一种推论的幻相而被骗取，可以被称为 conceptus rationcinantes（进行推想的概念）。（KrV，A311；B368）

8. 他终归一直被这种误解递给了玄想的方式。（KrV，A380）

9. 而这种客观实在性却被作为默认的而预设为前提，并且只对它必须如何

被解释和理解的那种方式进行玄想。（KrV，A389）

10. 最后，为了把一个在玄想的灵魂学说中这一切辩证主张的系统关联展示在纯粹理性的一种关联中、因而展示出这些主张的完备性，那么人们就注意到：统觉被贯彻在范畴的一切种类中。（KrV，A403）

11. 这些玄想的推论的第一种类型针对着（主体或灵魂的）所有一般表象的主观条件的无条件统一性，它与定言的三段论推理相一致。（KrV，A406；B432）

12. 如果我们不把我们的理性仅仅为了知性原理的运用、而运用于经验之对象，而是冒险把它扩展而超出经验对象的边界，那么就产生出玄想的定理。（KrV，A421；B449）

13. 所以，这些玄想的主张就开辟了一个辩证的战场，在这里，允许做出进攻的每一方，都掌握优势，而被迫单纯行使防御方式的一方，则肯定失败。（KrV，A422；B450）

14. 这些玄想的主张就是——解决理性的四个自然而不可避免的问题的——这么几种尝试，所以它们恰好就只能给出这么多，不多，也不少，因为没有更多的——先天地限制经验的综合的——那些综合前提的序列了。（KrV，A462；B490）

15. 它毕竟可以对此进行无限多地玄想。（KrV，A473；B501）

16. 宇宙论的理念，并且连同它们一起的一切处于相互争执中的玄想的主张。（KrV，A490；B518）

17. 把一切都至少带入到了一种我不知道是合理的、还是玄想的、至少是自然的推理方式之中。（KrV，A604；B632）

18. 在这个宇宙论的论证中汇聚了如此之多的玄想的原理，以致于思辨理性在这里看来使用了它的一切辩证技艺、以便完成最大可能的先验幻相。（KrV，A606；B634）

19. 决不能够损害这个善的事业的是，使一个嘲笑着的玄想家的独断论的语言沮丧到节制和谦虚的调子上，沮丧到一种为了足够镇静、虽然恰好不吩咐无条件服从的信念的调子上。（KrV，A624；B652）

20. 先验理念决不是这样的一种构成性的运用，以至于通过这种运用一定对象的概念就会被给予出来，而在人们这样理解它们的情况下，它们就仅仅是玄想的（辩证的）概念了。（KrV，A644；B672）

20. 以这样的方式，在这一个玄想家那里可能对（按照特殊化原则的）多样性有更多的兴趣，在那一个玄想家那里却可能对（按照聚合性原则的）统一性有更多的兴趣。（KrV，A666；B694）

20. 但这帮玄想家的乌合之众却呼喊着，就像通常那样，荒谬和矛盾，并

且辱骂这种统治。（KrV，A669；B697）

20. 在这个系统面前没有任何虚假而玄想的幻相能够站得住脚。（KrV，A711；B739）

20. 那些不想通过任何批判而让自己节制的玄想家们的无约束的蒙蔽和罔行。（KrV，A757；B784）

20. 怀疑论者是教育独断的玄想家在知性和理性本身的一种健康批判方面的训导师。（KrV，A769；B797）

20. 它强迫为它的思辨运用设定界限，同时限制每个对手的玄想的狂妄，因而能够保障一切——从它的以前的过分要求中还想为它保留下来的东西——免遭任何攻击。（KrV，A795；B823）

学理（die Doktrin）

学理的、学理上的（doktrinal）

1. 于是我们就可以把一门纯粹理性的单纯评判、它的来源和界限的科学，视为纯粹理性体系的入门。这样一个入门本该不必叫做一种学理，而只必须叫作纯粹理性的批判。（KrV，B25）

2. 这种研究，我们本来不能称为学理，而只能称为先验的批判，因为它的意图并非知识本身的扩展，而只对其进行纠正，并且应该适宜于充当一切先天知识的有价值或无价值的试金石。（KrV，A12；B26）

3. 所以不存在任何一种作为学理、而设法使我们的自我认识获得一种增加的理性心理学，它只作为训练，而在这个领域中为思辨理性设置不可超越的界限，一方面不至于投入到冷漠的唯物论的怀抱，另一方面不使我们迷失于成群地在我们生命中、毫无根据的唯灵论四周飞来飞去。（KrV，B421）

4. 但反过来，人们也可以从这种二律背反中引出一种真实的、虽然不是独断的、但却是批判的和学理上的好处：即由此而间接地证明现象的先验的观念性。（KrV，A506；B534）

5. 一条通常是辩证的原理就被转变成了一条学理的原理。（KrV，A516；B544）

6. 于是在单纯理论的判断中就存在着实践的判断的一个类似物，在它之上的视其为真适合信念这个词，我们可以把这种信念称为学理的信念。（KrV，A825；B852）

7. 于是我们必须承认，上帝此在的学说属于学理的信念。（KrV，A825；B852）

8. 我坚定地相信一个上帝；但这样一来这个信念在严格的意义上却不是实践的、而必须被称为一个学理的信念，自然的神学（自然神学）一定会到处都

必然地产生出它。（KrV，A826；B854）

9. 但单纯学理的信念自己具有某种摇摆不定的东西；人们经常由于在思辨中所碰到的困难，而跳过它，尽管人们总是不可避免地又要返回到它那里。（KrV，A827；B855）

训练（die Disziplin）

1. 所以不存在任何一种作为学理、而设法使我们的自我认识获得一种增加的理性心理学，它只作为训练，而在这个领域中为思辨理性设置不可超越的界限，一方面不至于投入到冷漠的唯物论的怀抱，另一方面不使我们迷失于成群地在我们生命中、毫无根据的唯灵论四周飞来飞去。（KrV，B421）

2. 所以我把先验方法论理解为纯粹理性的一个完备系统的形式条件的规定。我们将在这个意图上完成纯粹理性的训练、纯粹理性的法规、纯粹理性的建筑术，最后是纯粹理性的历史。（KrV，A707；B735）

3. 人们把那种——使经常偏离于一定的规则的倾向被限制、并最终被清除的——强制，称为训练。这种训练区别于培养，培养只是应当设法获得一种能力，而无需相反地要取消一种别的、已经在手的能力。（KrV，A709；B737）

4. 所以对于一种已经具有一种自我表现的冲动的才能的教育来说，训练作出了一种消极的贡献、但培养和教义则作出了一种积极的贡献。（KrV，A710；B738）

5. 但是那个——本来有责任为其他一切努力颁布其训练的——理性，本身也必须具有这样一个训练。（KrV，A710；B738）

6. 在经验的运用中并不需要任何理性的批判，因为它的那些原理在经验的试金石上经受着一种连续的检验；同样在数学中也不需要任何理性的批判，数学的那些概念必须在纯粹直观上马上被具体地表现，而任何无根据的和任意的东西都会由此而立刻暴露出来。但是在既没有经验的直观、又没有纯粹直观来把理性保持在一个看得见的轨道上的场合下、即在理性按照单纯概念而作先验的运用时，那么理性就非常需要一个训练，来对它扩展到超出可能经验的严格界限的倾向，加以抑制，并使它远离放纵和迷误，以至于甚至纯粹理性的整个哲学都只与这种消极的用处打交道。（KrV，A711；B739）

7. 似乎建立了一个预警和自检的系统，在这个系统面前没有任何虚假而玄想的幻相能够站得住脚，而是不管它的一切掩饰的理由，都必定立刻泄露。（KrV，A711；B739）

8. 但要充分注意到的是：我在先验批判的这第二个主要部分中并没有把纯粹理性的训练指向内容，而只指向出自纯粹理性的那种认识的方法。（KrV，A712；B740）

9. 因为我们并不向理性过高要求某种显然超出它的能力的东西，或者勿宁说，使它，在它的思辨的扩展企图发作、不喜欢受到限制的理性的时候，听命于节制的训练。（KrV，A786；B814）

10. 这对于人类理性是耻辱的，即它在它的纯粹运用中一事无成，甚至还需要一种训练以便抑制它的放纵，并防止由此给它带来的花招。（KrV，A795；B823）

11. 所以，纯粹理性的一切哲学最大的、也许是唯一的用处的确只是消极的；因为它不是作为工具论用来扩张，而是作为训练用来规定界限，而且，并非揭示真理，而只获得防止谬误的无声功绩。（KrV，A795；B823）

12. 所以根本没有纯粹理性的思辨运用的任何法规（因为这种运用是彻头彻尾辩证的），而一切先验逻辑在这方面都无非是训练。（KrV，A796；B824）

循环，循环论证（der Zirkel）

1. 然而，如果人们要解释，什么是人们对实体的理解，并且想在这种解释中避免错误的循环论证，那么这个问题就不是这么容易回答的了。（KrV，A204；B250）

2. 一般判断的逻辑机能：单一性和多数性、肯定和否定、主词和谓词，没有犯一个循环论证的错误，就不能够被定义，因为定义毕竟本身就必须是一个判断，因而必须已经包含了这些机能。（KrV，A245）

3. 所以我们围绕它在一个不断的循环中打转，为了判断它的任何一个某物，我们任何时候都必须已经利用了它的表象。（KrV，A346；B404）

4. 因为每个人要么误以为对那些无人拥有某种概念的对象有所知，要么就把他自己的表象当成对象，并且这样就在一种模糊性和自相矛盾的永远循环中来回打转。（KrV，A395）

5. 因此就在证明中产生了一种错误的循环论证，这时人们则以那种原本应当被证明的东西为前提。（KrV，A693；B721）

Y

要素论（die Elementarlehre）

1. 现在，如果人们要从一种一般体系的普遍观点而对这门科学进行划分，我们现在所陈述的，那就必须，首先包含纯粹理性的一个要素论，其次包含纯粹理性的一个方法论。（KrV，A15；B29）

2. 所以必须有一门这样的科学，它构成先验要素论的第一部分，而与包含纯粹思想的原则、并且被称为先验逻辑的那一部分相对。（KrV，A21；B36）

3. 如果我把纯粹的和思辨的理性的一切知识的总和看做——我们至少在我们之内拥有对它的一个理念的——一座大厦，那么我就可以说，我们在先验要素论中粗略计算了建筑材料，并且规定了，这些材料足够于什么样的大厦、什么样的高度和强度。（KrV，A707；B734）

4. 我在先验批判的这第二个主要部分中并没有把纯粹理性的训练指向内容，而只指向出自纯粹理性的那种认识的方法。前者在先验要素论中已经完成了。（KrV，A711；B739）

演绎（die Deduktion）

1. 我不知道任何——已经着手对我们称为知性的能力的探索、并也对它的运用的规则与界限的规定的——研究，会比我在题为“纯粹知性概念的演绎”的先验分析论第二章中已经着手的研究更为重要了；这些研究也已花费了我最多的、但如我所希望的、不是没有回报的辛苦。（KrV，AXVI）

2. 在这种考察中我必须抢先给读者以提醒：假如我的主观演绎在他那里没有产生我所期望的全部信服，但这里我尤其关心的客观演绎，却获得了它的全部强力，对此万不得已时单凭第 92 页到第 93 页所说的东西，就可能是足够的了。（KrV，AXVII）

3. 但是从我们先天认识能力的这种演绎中、在形而上学的第一部分中，却得出了一个惊奇的并对形而上学的第二部分所研究的整个目的、看样子非常不利的结果，这就是：我们决不能够用这种能力超出可能经验的界限，这种能力仍然恰好是这门科学的最根本的事务。（KrV，BXIX）

4. 但如果这个批判没有迷路，那它就表明在两类意义中设想对象，即或者设想为现象、或者设想为自在之物本身；如果它的知性概念的演绎是正确的，因而原因性原理也只针对第一种意义中的事物，即只要这些事物是经验之对象，但它们恰恰按照第二种意义而不听命于这个原因性原理，那么，正是这些事物的意志在现象中（在可见的行动中）就被设想为必然地遵照自然法则并且假使是不自由的，然而另一方面，又被设想为属于自在之物本身，并不服从自然法则，因而是自由的，在这里并不发生一个矛盾。（KrV，BXXVII；BXXVIII）

5. 他们把前一种、应当阐明权限、亦或合法要求的证明，称为演绎。（KrV，A84；B116）

6. 我们没有人反驳地就使用了大量经验的概念，并且也不加演绎地就合法地坚持，献给这些概念一种含义与自负的意义，因为我们任何时候手头都具有证明它们的客观实在性的经验。（KrV，A84；B116）

7. 但在构成人类知识非常混合交织的各种各样的概念中，也存在着一些被规定为先天的（完全不依赖于任何经验的）纯粹的运用，而它们的权限任何时候都需要一个演绎；因为从经验而证明这样一种运用的合法性是不充分的，然而人们却必须知道，这些概念如何能够与它们仍不会从任何经验中取来的那些客体发生关系。（KrV，A85；B117）

8. 因为它们本质的特征恰好在于，它们与它们的对象发生关系、无需从经验中为这些对象的表象借用什么东西。所以如果对这些概念的演绎是必要的，那么这个演绎任何时候都必须是先验的。（KrV，A86；B118）

9. 不过，纯粹先天概念的一个演绎却决不由此而实现，因为它根本不处在这条道路上，因为在这些概念应当完全独立于经验的未来的运用方面，它必须拥有一个完全不同于经验之起源的出生证书。（KrV，A86；B119）

10. 对这种纯粹知识只能有一种先验的演绎，而决不能给予一种经验的演绎。（KrV，A86；B119）

11. 即使先天纯粹知识的可能演绎的唯一的方式、即走先验途径的方式，被承认，但由此并不恰好说明，这种唯一的方式是绝对地必要的。（KrV，A87；B119）

12. 但经验的阐发，这些概念在经验中被碰到，却不是这些概念的演绎，（而是它们的图解），因为它们在这种情况下仍然只会是偶然的。没有这种与可能经验的本源的、一切知识对象都发生于其中的关系，知识与任何一个客体的关系都完全不可能被把握。（KrV，A94；B126）

13. 在演绎中，由于范畴不依赖于感性而只在知性中产生，我就必须放弃杂多在一个经验的直观中被给予的方式，为了只注意——借助于范畴、通过知性而添加到直观中的——统一性。（KrV，B144）

14. 所以，通过范畴在我们感官的一切对象方面的先天有效性被解释的办法，这个演绎的目的才首先被完全达到。（KrV，B145）

15. 现在，这种——在每一个经验那里都先天地包含了纯粹思想的——概念，我们在范畴中发现了，并且这就有了这些范畴的一种充分的演绎，以及范

畴的客观有效性的辩护，如果我们能够证明：唯独借助于范畴、一个对象才能够被思想。（KrV，A96，97）

16. 范畴的这种演绎是与这么多的困难相联结的，并且不得不如此深入地闯入我们一般知识的可能性的最初根基。（KrV，A98）

17. 所以，纯粹知性概念之所以是先天可能的，甚至在与经验的关系中是必然的，因为我们的知识无非与现象打交道，这些现象的可能性存在于我们自身之内，它们的连接和（在一个对象表象中的）统一性仅仅在我们之内才被找到，因而必须先行于一切经验，并使一切经验按照形式首先成为可能。而从这个一切理由中、唯一可能的理由中，我们的范畴的演绎也才被引导出来。（KrV，A130）

18. 根据范畴的演绎所指明的东西，但愿没有人对要决定的这个问题提出怀疑：这些纯粹的知性概念是否只是单纯的经验的运用的、还是也有先验的运用的，即它们是否仅能够作为一个可能经验的条件、而先天地与现象发生关系，或者它们是否、能够作为一般事物的可能性条件、而被包括于对象自在本身（没有限制在我们的感性上）。（KrV，A139；B178）

19. 数学就具有这样的原理，但它们在经验上的运用、因而它们的客观有效性、甚至这样的先天综合知识的可能性（先天综合知识的的演绎）毕竟都永远建基于纯粹知性之上。（KrV，A160；B199）

20. 因为，如果我们在综合的命题那里、无论它们是如何显明的，应当承认，人们无需演绎、而顾及它们自己的言辞，就可以把它们钉铆给无条件的赞同，那么知性的一切批判就都丧失了，并且，由于不缺少那些——即使普通的（但并没有信用的）信念也不会拒绝的——大胆僭妄：所以我们的知性就会向任何臆测敞开大门，而没有能够拒绝自己赞同这些说法，这些说法虽然是不合法的，但却以同样信心十足的口气、被要求作为现实的公理面被接纳。所以，如果把一个先天的规定综合地添加给一个物的概念，那么必须被这样一个命题、严谨地、在那里即使不添加一个证明、也至少添加一个它的主张的合法性的演绎。（KrV，A233；B285）

21. 就这样的先验的理念而言，任何客观的演绎原本都是不可能的，就像我们就范畴而言所能够提供给它的那样。因为实际上，这些理念与任何一个能够被完全一致地给予了的客体都没有任何关系，正因为它们仅是理念。但我们能够从我们理性的本性中进行一种主观的推导，并且这种推导在目前主要部分中也已经被完成了。（KrV，A336；B393）

22. 纯粹理性的理念虽然不允许任何作为范畴的方式的演绎；但它至少应当拥有一些、即使只是不确定的客观有效性，而不单纯表现为空虚的思想物（entia rationis ratiocinantis，推理的理性之物），那么纯粹理性的一个演绎就必须

完全是可能的。（KrV，A669；B697）

23. 所以，推论的原理是完全不同于直觉性的原理、即公理的。前者任何时候都还要求一个演绎，后者则完全可以没有这种演绎。（KrV，A733；B761）

24. 所以哲学并没有任何公理，也决不允许如此绝对地要求它的先天原理，而是必须勉强，通过彻底的演绎来为它们的、由于这些原理而来的权限而做辩护。（KrV，A733；B761）

25. 每一个人都必须借助于一个通过证明根据的先验演绎而引导出的合法的证明、即直接地进行他的事情，以便人们看到，他的理性要求为自己本身所不得不引证的东西。（KrV，A794；B822）

演证（die Demonstration）

1. 作为纯粹逻辑，它没有经验的原则，因而不（像人们有时说服自己的那样）从心理学中汲取，所以它对于知性的法规没有任何影响。它是一种被演证的学说，并且在其中一切都必须是完全先天确定的。（KrV，A54；B78）

2. 因为它们只是调节的原理，并且它们与那些本身是构成性的数学性原理，虽然不在确定性中——确定性在两者中都是先天肯定的，但毕竟在显明的方式中，亦即在原理的直觉的东西中，（因而也在演证方面），相区别。（KrV，A180；B223）

3. 数学的缜密性以定义、公理、演证为基础。（KrV，A726；B754）

4. 只有一种无可置疑的证明，只要它是直觉的，才能够叫做演证。经验尽管教给我们，这是什么，但并不能教给我们，它完全不可能是别的。因此经验的证明根据不可能获得任何无可置疑的证明。（KrV，A734；B762）

5. 所以，只有数学才包含演证，因为它不是从概念中、而是从对概念的构造中，即从能够与这些概念相符合地被先天给予的直观中，引出自己的知识。（KrV，A734；B762）

6. 因此我想宁愿把哲学知识叫做讨论的证明（推论的证明）。因为它可以只通过纯净的言辞（思想中的对象）而进行，而不叫做演证，它正如这个术语已经表明的，在对象的直观中继续。（KrV，A735；B763）

7. 这种证明具有一种演证的无可置疑的确定性。（KrV，A775；B803）

8. 通过这种方式一个假设绝不能被转化成演证的真理。（KrV，A790；B818）

厌恶理论（die Misologie）

1. 这是一种导致了各种原理的、单纯的厌恶理论，并且它的最荒谬的东西就是，把一切人为的手段的忽略，捧为一种——扩展它的知识的——独特的方

法。（KrV，A855；B883）

样态（der Modus）

1. 只是他的范畴表始终仍是不完备的。此外，在这下面也发现了一些纯粹感性的样态（quando，ubi，situs，prius，simul，时间、处所、状态，以及前时、同时）。（KrV，A81；B107）

2. 范畴与纯粹感性的样态或相互之间的结合，就产生大量先天的派生概念。（KrV，A82；B108）

3. 时间的三种样态是持存性、相继性和同时并存。（KrV，B219）

4. 而只能说，这种另外的知觉如何按照此在、在时间的这一样态中、而与这个知觉必然地联结起来。（KrV，A179；B222）

5. 而关于这持存的东西的一切变更和同时并存，都无非是如这持存的东西所生存的那么多的方式（时间的样态）。（KrV，A182；B226）

6. 时间中一切此在和一切变更都只能被视为，那保留和持存的东西的生存的一种样态。（KrV，A183；B227）

7. 而这就正是经验中的三种类比。它们只不过是时间中的现象的此在的规定的原理，依据时间的所有这三种样态，即作为一种大小而与时间本身的关系（此在的大小，即持续性），作为一个系列而在时间中的关系（即前后相继），最后作为一个所有此在的总和而也在时间中的关系（同时）。（KrV，A215；B262）

8 现在，通过一个纯粹的范畴，在其中抽掉了那种——对我们唯一是可能的——感性直观的一切条件，那么就没有任何客体被规定了，而只有表达出，一种一般客体的思想，按照不同的样态。（KrV，A247；B304）

9. 所以在思想中自我意识的一切样态（modi）自身，还不是客体的知性概念（范畴），而仅仅是——根本不把任何对象、因而自身也不作为对象交给思维来认识的——逻辑的机能。（KrV，B406，407）

要素（das Moment）

1. 思想在判断中的机能可以带到四个项目之下，其中每个项目又包含有三个要素。（KrV，A70；B95）

2. 并且在一般思维的一个完整要素表中（虽然的确不在那个单纯相互限制的判断的运用的逻辑中）挣得了一个特殊的位置。（KrV，A71；B96）

3. 所以鉴于逻辑的范围，这些无限判断在一般知识的内容方面实际上只是限制性的，并且就这点而言，它们在判断中思想的一切要素的先验表中必须不被忽略掉，因为在这里行使的知性机能也许在纯粹先天知识的领域中可能是重

要的。(KrV, A72; B98)

4. 所以人们也可以把模态的这三种机能称为一般思想的三个要素。(KrV, A76; B101)

5. 所以给一个计划了的思辨科学的所有要素、乃至这些要素的秩序，提供指示，就如我在别的地方也已经提供过一个样品一样。(KrV, B110)

6. 由此而促使人们注意到在对它们的原理作规定时的各种要素。(KrV, A424; B452)

7. 最后，至于说第三个要素，对此在这两个相争执的部分之间的临时选择的时候，就能够被注意到：这是如此非常令人怪异的，以致于经验论是与一切通俗性完全违背的。(KrV, A472; B500)

8. 但这个要素正好是普通知性的运行根据。(KrV, A472; B500)

9. 现在我们要分别摆出它们的裁决的要素，这原本就取决于这些要素，并且对每一个要素予以特别的考察。(KrV, A542; B570)

10. 自然神学的证明的基本要素。(KrV, A625; B653)

意见（die Meinung）

提意见，抱有意见（meinen）

1. 甚至企图捏造出新的思想和意见。(KrV, BXXXI)

2. 把工作变成游戏，把确定性变成意见，把哲学变成偏见。(KrV, BXXXVII)

3. 因为理性恰好就在于，我们能够给予我们的一切概念、意见和主张以解释理由，不论它们是出自客观的根据，还是当它们只是一种幻相时、出自主观的根据。(KrV, A614; B642)

4. 如果想像力大体上不应当东游西荡，而应当，在理性的严格监视下构想，那么某种东西就一直必须预先是完全确定的，而不是虚构出来的、或者是单纯的意见，而这种东西就是对象本身的可能性。这样一来被允许的则是，为了对象的现实性，而最后求助于意见，但这种意见，为了不至于是无根据的，则必须与作为解释根据而现实地被给予并因此是确定了的东西联结起来，那就叫做假设。(KrV, A770; B798)

5. 单纯理知的存在者、或者感官世界的事物的单纯理知的属性，除非用意见而不能用任何有根据的理性权限而假定。(KrV, A772; B800)

6. 那么就必须求助于新的假设，而这些假设尽管并非是无需凭证的，但毕竟是无需一切认证的，除了那种，被采纳为主要根据的意见所给予它们的认证之外，虽然它们应当说出这种话。(KrV, A775; B803)

7. 因此理性的判断决不是意见，而是要么是一切判断的放弃，要么就是无

可置疑的确定性。（KrV，A775；B803）

8. 除了这个领域之外，“提意见”只不过是带着思想而游戏，那就必定是：人们对一条不可靠的判断道路拥有这种——或许能在这个判断上找到真理的——意见。（KrV，A775；B803）

9. 这对一个被造物的延伸到永恒性的持续的意见造成了很大的困难。（KrV，A779；B807）

10. 在理性的思辨的运用中假设作为意见自在本身并没有任何有效性，而只相对于那些反对方面的超验的狂妄才具有有效性。（KrV，A781；B809）

11. 因此实际上理性根本不包含任何意见。（KrV，A781；B809）

12. 但那些被想到的假设只是成问题的判断，至少不可能被驳倒，但当然也不能被无所证明，所以就不是任何私人意见，但毕竟不能有理由地（即使为了内部的安慰）面对流露出来的疑虑而被缺乏。（KrV，A782；B810）

13. 意见、知识和信念。（KrV，A820；B848）

14. 视其为真，或者判断的主观有效性，在与确信（它同时客观地有效）的关系中，具有如下三个层次：意见、信念和知识。意见是一种用意识既主观地、又客观地都不充分的视其为真。（KrV，A822；B850）

15. 因此这就是荒谬的，在纯粹数学中抱有意见；人们必须知道，或者就放弃一切判断。（KrV，A823；B851）

16. 德性的原理中恰好也是这样的情况，由于人们不可以单靠意见——“某事本该是允许的”，就冒一个行动的危险，而也必须知道这一点。（KrV，A823；B851）

17. 我就说得太少了，如果我想把我的视其为真仅仅称为一种意见。（KrV，A826；B854）

意识（das Bewuβtsein）

有意识的，（被）意识到的（bewuβt）

本源的意识（das ursprüngliche Bewuβtsein）

1. 鉴于第二个证明，义务的单纯清楚的表达、在与爱好的一切要求的对立中，就必定导致自由的意识。（KrV，BXXXIII）

2. 人们应对这个证明也许会说：我毕竟仅仅意识到那种在我之内存在的东西，亦即我的外在事物的表象。（KrV，BXXXIX）

3. 不过，我是意识到我的在时间中的此在（因而也意识到此在在时间中的可规定性），通过内部经验，并且这一点是多于单纯意识到我的表象的，但毕竟是等同于我的此在的经验的意识，而这个意识只有通过与某种和我的生存联结着的、外在于我的东西发生关系，才是可规定的。所以在时间中我的此在的

意识，就与在我之外的某物的一种关系的意识同一地连结了。（KrV，BXL）

4. 假如我能够在——伴随着我的一切判断和知性活动的——“我在”表象中，通过智性的直观同时联结我的此在的一个规定与我的此在的智性意识，那么一种对外在于我的某物的关系的意识就该是不必然属于这种智性直观的了。但现在，那个智性意识虽然先行了，但这种——在其中我的此在唯一能被规定的——内直观，却是感性的并且与时间条件结合着。（KrV，BXL）

5. 在我走向经验之前，我已经在这个概念中拥有了对我的判断的一切条件，从这个概念中我按照矛盾律只提取了谓词，并由此同时能够意识到判断的必然性，而经验则一次都不会教给我这个必然性。（KrV，A7；B12）

6. 几何学的定理全都是无可置疑的，亦即是与它们的必然性的意识结合在一起的。（KrV，A25；B41）

7. 我虽然可以说：我的表象们相互跟随着；但这仅仅叫着，我们是作为在一个时间序相继中、亦即根据内感官的形式而意识到它们的。（KrV，A37；B54）

8. 与此相反，我们内部感官的对象（我自身和我的状态）的现实性则是直接通过意识而是清楚的。（KrV，A38；B55）

9. 我们的整个感性无非就该是事物的混乱的表象，这种表象仅仅包含那种属于自在事物本身的东西，但却仅仅在一种——我们并未用意识分开设置的那些特征和部分表象的——堆积状态下，这种说法是对感性概念和现象概念的一种歪曲，它使得有关感性和现象的整个学说都无用而空洞了。（KrV，A43；B60）

10. 主体自身的意识（统觉）就是我的简单表象，并且，假如唯独由此主体中的所有杂多会自动地被给予，那么这种内部的直观就会是智性的了。（KrV，B68）

11. 在人类这里，这种意识要求那种在主体中预先被给予的杂多的内部知觉，而这种——杂多如何在内心中无需自发性而被给予的——方式，为了这一区别的缘故，而必须称为感性。如果这种自身称为意识的能力要寻求（领会）那种寓于内心之中的东西，那么它就必须刺激内心。（KrV，B68）

12. 没有这种灵魂，我们在一切领域可能都没有任何知识，但我们一次都不会意识到它的结果。（KrV，A78；B103）

13. 在这些范畴中，统一性在定量的产生中必须被看作是无例外地同质的，而在这里，只是为了把那些不同质的知识也连结在一个意识中，就通过作为原则的一种知识的质而改变了这些定量的范畴。（KrV，B115）

14. 一个表象的意识，只要所谈论的是杂多，毕竟总与另一个表象的意识相互区别，并且它在这里唯独取决于这种（可能的）意识的综合。（KrV，

B131）

15. 这个表象必然能够伴随所有其他的表象，并且是在一切意识和自我意识中。（KrV，B132）

16. 在直观中被给予的杂多的统觉的无例外的同一性，包含着表象的一种综合，并且只有通过对这个综合的意识才是可能的。因为伴随着不同表象的经验的意识，已经自在地分散了并且与主体的同一性没有关系。（KrV，B133）

17. 所以只有通过我能够把被给予表象的杂多联结在一个意识中，我才能向我表象出在这些表象本身中的意识的同一性，即，统觉的分析的统一性只有在任何一个统觉的综合的统一性的前提之下才是可能的。（KrV，B133）

18. 意识的分析的统一性与所有的共同概念本身相联系。（KrV，B133）

19. 因此这个表象必须预先在与别的表象（即使只是可能的表象）的综合统一性中被思想，我才能在它身上思想那个使它成为 conceplus communis（共同概念）的意识的分析的统一性。（KrV，B134）

20. 我能够在一个意识中把握这些表象的杂多，我才把它们全都称为我的表象。（KrV，B134）

21. 杂多只能在与之不同的直观中，才被给予并且通过联结在一个意识中才被思想。（KrV，B135）

22. 我是已经意识到这些表象的一个先天必然的综合，它叫作统觉的本源的综合统一性，一切被给予我的表象都必须处于其下，但也必须通过一个综合把它们带入其下。（KrV，B135）

23. 所以意识的统一性，作为是综合的，但也作为本源的而被发现。直观的这种单独性在其运用中是重要的。（KrV，B136）

24. 然而现在表象的一切统一，在表象的综合中则要求的意识的统一性。于是这个意识的统一性就是，唯一构成表象对于一个对象的关系、因而构成它们的客观有效性，所以，并促使它们成为知识的东西，知性的可能性自身因而根据于此。（KrV，B137）

25. 所以意识的综合统一性是一切知识的一种客观条件，不仅是我自己为了认识一个客体而需要它，而且为我而成为客体则必须存在于每一个直观当中，因为以别的方式，没有这种综合，杂多自身就不会在一个意识中统一了。（KrV，B138）

26. 它因此叫作客观的，并且必须与——是一种内感官的规定，由此每一个直观的杂多被经验地给予一种这样的联结的——意识的主观统一性区分开来。（KrV，B139）

27. 在时间中直观的纯粹形式，仅仅作为包含一个给予了的杂多的一般直观，则从属于意识的本源的统一性，这只是通过直观杂多对一个“我思”的必

然关系。（KrV，B140）

28. 一切感性直观都从属于作为条件的范畴，唯有在一个意识中的感性直观的杂多能够聚集到其下面。（KrV，B143）

29. 所以一切杂多，只要其在“一个”经验的直观中被给予了，在判断的逻辑机能方面就被规定了，即通过它们，一切杂多被带到一个一般意识上来。（KrV，B143）

30. “一个”直观的给予杂多的经验的意识从属于一个先天的纯粹自我意识，正如经验的直观从属于一个纯粹感性的、同样是先天发生的直观。（KrV，B144）

31. 内感官如何也如此把我们本身，只像我们显现给我们的那样、而不像我们本身自在地所是的那样，呈现给意识，因为我们只像我们在内部被刺激的那样直观我们。（KrV，B152）

32. 相反，内感官仅仅包含直观的形式，但却没有直观中杂多的连结，因而还完全不包含任何规定了的直观，而这种规定了直观只有通过杂多的、被想像力的先验活动所规定的意识，（知性对内感官的综合的影响），才是可能的，而这种先验活动我已经称为形象的综合。（KrV，B154）

33. 此在自身的意识还远不是此在自身的知识。（KrV，B158）

34. 我把领会的综合，理解为在一种经验的直观中杂多的复合，由此，知觉、也就是对这直观的经验的意识，（作为现象）才是可能的。（KrV，B160）

35. 但这综合的统一性不能是任何别的统一性，只能是一个给予的一般直观的杂多在一个本源的意识中——按照范畴，仅仅应用于我们的感性直观上的——联结的统一性。（KrV，B161）

36. 所以，一切可能的知觉、因而甚至一切总能够获得经验的意识的东西、即一切自然现象，按照它的联结，也都服从范畴。（KrV，B164）

37. 假如没有意识到，我们正在思想的东西，恰恰就是我们在一瞬间之前思想的东西，那么表象系列中的一切再生都会是徒劳的。（KrV，A103）

38. 这个数目概念不过就在于这种综合统一性的意识。（KrV，A103）.

39. 这种意识可能往往只是很微弱的，以至于我们只在其结果中、但却并不是在动作本身中、即并不直接与表象的产生相连接。（KrV，A103）

40. 所以我们把一个三角形思考为一个对象，就因为我们按照一条规则而意识到三条直线的这种组合，按照这条规则这样一种直观任何时候都可以被描述出来。（KrV，A105）

41. 所以，意识统一性的一种先验基础必须，在我们的一切直观的杂多的综合中、因而也在一般客体的概念的综合中，继而也在一切经验之对象的综合中，被找到，没有这个就不可能对我们的直观思想任何一个对象。（KrV，

A106）

42. 于是，没有那种先行于直观的一切材料和一切对象表象都唯一因为与之发生关系才成为可能的意识统一性，在我们之内就不可能有任何知识发生，也不可能有这些知识相互之间的任何连接和统一性发生。（KrV，A107）

43. 我要把这种纯粹本源的、不可改变的意识命名为先验统觉。（KrV，A107）

44. 所以它自身同一性的本源的和必然的意识，同时就是一切现象按照概念、即按照那些规则的综合的必然统一性的意识，这些规则不仅使这些现象能够必然地再生，而且也由此为对它们的直观规定了一个对象，即规定这些现象在其中必然相关联的“某物”的概念。（KrV，A108）

45. 但这种关系无非就是意识的必然统一性，因而也是通过内心的共同机能、杂多被联结在一个表象中的综合的统一性。（KrV，A109）

46. 所以一个原因的概念无非是按照概念（对那种在时间序列中随之而来的东西，与其他现象的）一种综合，而没有这样的——具有它的先天规则，并使现象服从于自己的——统一性，无例外的、普遍的，因而必然的意识统一性，就不可能在知觉的杂多中被找到。（KrV，A112）

47. 纯粹统觉、即意识本身在一切可能的表象那里无一例外的同一性则构成了经验的意识先天基础。（KrV，A116）

48. 我们已经先天地向我们意识到，无一例外的同一性自身，在每次都能够属于我们的知识的一切表象方面，都作为一切表象的可能性的必要条件（因为这些表象毕竟只有通过——它们与一切别的表象都属于一个意识，因而至少必须能够在一个意识中被连接起来——才在我之内表现出某物）。（KrV，A116）

49. 一切表象都与一个可能的经验的意识有一种必然的关系。（KrV，A117）

50. 这种先验意识也就是，作为本源的统觉的我本身的意识。（KrV，A117）

51. 这个综合的命题：所有不同经验的意识都必须被联结在一个唯一的自我意识中，是我们一般思想的绝对第一的综合的原理。（KrV，A117）

52. 这个单纯表象我在与一切其他表象（它使这些表象的集合的统一性成为可能）的关系中会是先验的意识。（KrV，A117）

53. 最初被给予我们的东西是现象，现象，当它与意识联结起来的时候，就叫知觉。（KrV，A120）

54. 只有通过我把一切知觉都算作一个（本源统觉的）意识，我才能够在一切知觉附近说：我已经意识到了它们。（KrV，A122）

55. 一切（经验的）意识在一个（本源的统觉的）意识中的客观统一性，

甚至就是一切可能知觉的必要条件。（KrV，A122）

56. 一切意识恰好都属于一个无所不包的纯粹统觉。（KrV，A123）

57. 这些现象，只有借助于知识的那些要素和我们的一般意识，因而才属于我们本身。（KrV，A125）

58. 所以，这些现象，除了通过使一个确定的空间或时间的表象借以被产生出来的杂多的综合之外，亦即通过对同质的东西的组合和对这杂多（同质的东西）的综合统一性的意识之外，不可能被领会到，也就是不可能被接受到经验的意识中来。（KrV，B203）

59. 知觉是经验的意识，亦即一种这样的在其中同时是感觉的意识。（KrV，A166；B208）

60. 但与一般感觉相应的实在的东西，与否定性 = o 相对立，却只表象着——它的概念自在地包含一种“存在”的某物，并且无非意味着这种在一个经验的意识中的一般综合。（KrV，A175；B217）

61. 因为这本源的统觉与内感官（与一切表象的总和）相关联，确切地说，先天地与内感官的形式、即杂多的经验的意识在时间中的关系相关联。（KrV，A177；B220）

62. 现在，人们虽然可以把一切东西、甚至每个表象，只要人们意识到它们了，都命名为客体。（KrV，A189；B234）

63. 只要现象，仅仅作为表象，同时就都是意识的对象。（KrV，A190；B235）

64. 我们在我们之内拥有表象，我们也能够被意识到它们。但这种意识可以随人们所愿地伸展如此之远、并且是如此准确的和认真的，它仍毕竟只是表象，即我们内心在这种或那种时间关系中的内在规定。（KrV，A197；B242）

65. 我自己的此在的单纯的、但经验地被规定了的意识证明了空间中在我之外的对象的此在。（KrV，B275）

66. 我已经意识到我的此在被规定为在时间中。（KrV，B275）

67. 我自己的此在的意识同时就是一种在我之外的别的事物的此在的直接意识。（KrV，B276）

68. “我在”这个表象，它表达了这种——能够伴随一切思想的——意识。（KrV，B277）

69. 对我自己在我这个表象中的意识完全不是任何直观，而是一个思维主体的自动性的一种单纯智性的表象。（KrV，B278）

70. 这些范畴本身又无非是思想的形式，它们只包含——把直观中杂多的给予先天地统一在一个意识中的——逻辑能力。（KrV，B306）

71. 反省是给予的表象之于我们的不同认识源泉的关系的意识，唯有通过

这种意识，它们的相互关系才能够被正确地规定。（KrV，A260；B316）

72. 但它们所包含的只不过是，关于现象的——只要它们应该必然地归属于一个可能的经验的意识的——反思的统一性。（KrV，A310；B367）

73. 带有意识的表象（perceptio，知觉）则从属于一般表象。（KrV，A320；B376）

74. 但它不能有任何特殊的称号，因为它只用作修建一切属于意识的思想。（KrV，A342；B400）

75. 但我们所能够为这门科学设置的根据，没有别的而只是这个单纯的、在自身的内容上完全是空洞的表象：我；关于这个表象人们绝不能说它是一个概念，它只不过是一个伴随着一切概念的意识。（KrV，A346；B404）

76. 意识本身不仅是区别一个特殊的客体的表象，而且是一般表象所具有的形式，只要它应当被称为知识。（KrV，A346；B404）

77. 所以这样的对象无非是这个我的意识转换成另外的——只有借此才被表象为思想着的存在者的——事物。（KrV，A347；B405）

78. 我并非通过单纯的“我思”，而认识一个客体，毋宁只有通过我出于一切思维都在其中的那种意识的统一性的意图而规定一个给予的直观，我才能够认识任何一个对象。因此我甚至认识自己并非通过，我已经意识到自己是作为思想着的，毋宁就在我意识到对我自己在思想机能方面规定了直观自身的时候。（KrV，B406）

79. 并非作规定的意识，毋宁被规定的意识自身、亦即我的内直观的意识（只要它的杂多能够按照在思想中统觉的统一性的普遍条件而被联结），就是客体。（KrV，B407）

80. 我已经对我意识到我自己在一切杂多中的同一性的命题，是一个同样存在于概念自身中、因而是分析的命题；但这个——我能在我的一切表象中被意识到的——主体同一性，并不涉及那个——由此主体作为客体已经给出的——主体的直观，因而也不可能意味着那种人格同一性，由此那种它自己的实体的同一性的意识、在一切状态变更中被理解为思想着的存在者的同一性意识。（KrV，B408）

81. 通过在一般思维中我自身的意识的这种分析，在我自身作为客体的知识方面，最少的东西都没有增加过。（KrV，B409）

82. 但现在我们在内部直观中根本没有什么持久性的东西，因为这个我仅仅是我的思想的意识而已。（KrV，B413）

83. 因为甚至意识也总有一个还可以一直被减弱下去的程度，因而它的那种意识到自身的能力、以及所有其余的能力也都是如此。（KrV，B414）

84. 这种意识统一性，它为范畴们设置了基础，在这里为了主体的直观就被设想为客体，并且将实体范畴应用于其上。但这种意识的统一性仅仅是思想中的统一性，仅仅由此并没有任何客体被给予。（KrV，B422）

85. 这个道德律、意向的正直的单纯意识，在缺乏任何好处、甚至连死后荣耀的征兆的情况下，就教导高度重视一切。（KrV，B426）

86. 因而也伴随通过这种在我们知识的可能扩展中的一种肯定无边无际的意识。（KrV，B426）

87. 我思考我自己，为了一种可能的经验的要求，通过我还把一切现实的经验抽掉，并且从中推导出，我能够意识到我的生存甚至在经验和经验的条件之外也能够意识到我的生存。（KrV，B427）

88. 我把在我之内的实体性的东西当作先验的主体来认识，因为我在思想中所拥有的只是——为一切作为知识的单纯形式的规定设置基础的——意识的统一性。（KrV，B427）

89. 思想，就其本身来说，只不过是逻辑机能，因而是联结一个单纯可能直观的杂多的全然的自发性，它决不把意识的主体表现为现象，这只是因为它根本就不顾及直观的方式，无论这方式是感性的还是智性的。（KrV，B428）

90. 既然如此，我却要自觉意识到仅作为思想着的我。（KrV，B429）

91. 在我的“本身”的意识中、在单纯思想那里，我就是这个存在者本身，但关于这个存在者本身由此当然仍没有任何东西被给予我而思维。（KrV，B429）

92. 这些材料并不能够为纯粹意识的客体提供它的独立生存的认识，而仅能够充当经验的认识的目标。（KrV，B430）

93. 在我们此在的意识中先天地包含着某种东西。（KrV，B430）

94. 这种意识是唯一使所有表象都成为思想的东西，因而在其中，我们的一切知觉，作为先验的主体，必须被找到。（KrV，A350）

95. 我们无权使它成为对象的知识的可能性条件，即成为一个一般思想着的存在者的概念，因为，我们本身不用我们意识的这条公式而置于任何别的理智存在者的位置，我们就不能设想这个思维着的存在者。（KrV，A354）

96. 这些思想能够通过这实体自己的内感官而与意识一起被表象。（KrV，A359）

97. 所以照这么说，这种简单的意识就不是任何我们主体的简单本质的知识，因而，由此这种意识就无非应当与这种作为一种复合的存在物的物质而被区别开来。（KrV，A360）

98. 凡是在不同的时间中已经意识到它本身的数目上的同一性的东西，因而就是一个人格。（KrV，A361）

99. 它所说出来的实际上无非是，在我意识到我自己的整个时间中，我对

我都意识到了这个时间属于我的自身的统一性。（KrV，A362）

100. 人格的同一性在我自己的意识中已经不可避免地遇到了。（KrV，A362）

101. 所以，与我的意识已经必然联结在一起的同一性，就并不因此而与它的意识、亦即与我的主体的外部直观联结在一起。（KrV，A363）

102. 我们自身不能够出于我们的意识而对此做判断，我们作为灵魂是否是持存的，或者不是。（KrV，A364）

103. 既然这种出自“我”的同一性的人格同一性，在全部时间的意识中、这其中我认识自己，绝对不会导致：即使上面的灵魂的实体性也不能够建基于这个“我”的同一性之上。（KrV，A365）

104. 但由于我，当我想在一切表象的更替那里观察这个单纯的“我”时，而除了我自身，没有任何别的我与我的意识的那些普遍条件相比较的相关物，所以我就只能对一切问题给出同义反复的回答，当我把我即我的概念及其统一性强加给那些——应归于作为客体的我本身的——属性的时候，并且以这种人们所渴望知道的东西为前提。（KrV，A366）

105. 因为我毕竟已经意识到了我的表象；所以这些表象和拥有这些表象的“我”自身都生存着。（KrV，A370）

106. 在我们之内的表象，它们的现实性被我们直接意识到。（KrV，A372）

107. 这些表象仅仅是现象，亦即单纯是一些任何时候都只处于我们之内的表象方式，并且它们的现实性以直接的意识为基础，正如我自己的思想的意识一样。（KrV，A372）

108. 不过，这个“我”不大是直观，正如它也不是有关任何一个对象的概念一样，而是意识的单纯形式。（KrV，A382）

109. 人们可以把这种幻相称为物化的意识（apperceptionis substantiatae，实体化的统觉）的偷换。（KrV，A402）

110. 这种在空间中此在的无条件的统一性，并不是那种外在于它的许多事物的意识，而是只不过它自己的此在的意识，但对别的事物的意识，只是作为对它的表象们的意识。（KrV，A404）

111. 要求一个完成了的综合与这种综合的绝对总体性的意识，而这种意识通过任何经验的知识都是根本不可能的。（KrV，A483；B510）

112. 我们内心的内部感性直观（作为意识的对象）。（KrV，A492；B520）

113. 所以如果他们与我的现实意识处于一种经验的关联中，那他们就是现实的，哪怕他们因此并非自在地、亦即在这个经验进展之外，是现实的。（KrV，A493；B521）

114. 如果这种知觉那种程度对我们的意识来说太弱了，以致于成不了经

验。（KrV, A522; B550）

115. 我们的一切生存的（它通过知觉直接地、或者通过把某物和知觉连结起来的推论）意识却完完全全属于经验之统一性。（KrV, A601; B629）

116. 尽管宇宙论证明把一种一般经验设置为基础，但它毕竟不是从经验的任何一种特殊性状、而是从纯粹的理性原则出发，在与一个经由一般经验的意识所给予的生存的关系中进行，并且甚至抛弃了这种引导，以便纯然依靠于纯粹的概念。（KrV, A614; B642）

117. 一条逻辑的准则最初就要求尽可能多地以这样的方式减少这种表面上的差异性，即人们通过比较而揭示出那隐藏着的同一性，并且查看一下，与意识联结着的想像、记忆、智力、辨别力，是否并不就是知性和理性。（KrV, A649; B677）

118. 我们思维着的主体的非物质本性的意识。（KrV, A690; B718）

119. 纯粹理性在它的独断的（非数学的）运用中并没有如此十分地意识到对它的至上的法则的最严格的遵守。（KrV, A739; B767）

120. 自己的无知的意识。（KrV, A758; B786）

121. 意见是一种用意识既主观地、又客观地都不充分的视其为真。（KrV, A822; B850）

意向（die Gesinnung）

1. 因为他的自然天资，不单按照使之运用的天赋和冲动、尤其在他之内的道德律，走得超出了他在他的一生中所能够从中谋取的一切收益和好处，如此之远，以至于这个道德律、意向的正直的单纯意识，在缺乏任何好处、甚至连死后荣耀的征兆的情况下，就教导高度重视一切。（KrV, B425, 426）

2. 在人类本性中存在着一定的不纯正性，它最终却毕竟，如同一切由本性而来的东西，必然包含一种向善的目的的天资，即一种——隐瞒它的真实的意向，并展现一定的假定的、被人们看作善的和光彩的意向的——爱好。（KrV, A748; B776）

3. 这些事实最终就达到最纯正的意向和正直。（KrV, A749; B777）

4. 道德的意向，作为幸福的分享的条件，而不是反过来，幸福的指望首先使道德的意向成为可能。因为在后一种情况下这种指望就不会是道德的、因而也就不配得到全部幸福了。（KrV, A813; B841）

5. 必须是全知的，以便它认识到最内部的意向及其道德价值。（KrV, A815; B843）

6. 这种确信不是逻辑的、而是道德的确定性，而且，由于它以（道德意向的）主观根据为基础，所以我绝不必须说：上帝存在等等，在道德上是确定

的，而必须说：我在道德上是确信的等等。（KrV，A829；B857）

7. 这种理性信念建立在道德意向的前提上。（KrV，A829；B857）

8. 这将是一种消极的信念，它虽然不能产生道德和善良意向，但毕竟能产生它们的类似物，亦即能有力地遏制恶的意向的爆发。（KrV，A830；B858）

意志（der Wille）

1. 因而关于这同一个存在物，例如人的灵魂，我就不能不说，灵魂的意志是自由的，并且同时又是服从自然必然性的，即不自由的，而陷入一个明显的自相矛盾。（KrV，BXXVII）

2. 正是这些事物的意志在现象中（在可见的行动中）就被设想为必然地遵照自然法则并且假使是不自由的。（KrV，BXXVIII）

3. 道德必然以——作为我们意志的属性的——自由（在最严格意义上）为前提。（KrV，BXXVIII）

4. 在我们的知识中一切属于直观的东西，（因而把愉快和不愉快的感觉、以及这些根本不是知识的意志，都除外），无非包含单纯的关系。（KrV，A49；B66）

5. 它只包含一般自由意志的必然的道德律，与本来的德行论（Tugendlehre）的关系。（KrV，A55；B79）

6. 这里所谈论的完全不是其借助于意志的因果性。（KrV，A92；B125）

7. 然而，这种运用因为它并不一直已经指向客体的规定、因而指向知识，而是也已经指向主体及其意志的规定，这里也就不予以陈述了。（KrV，B166）

8. 虽然我们通过我们的外部感官被它所刺激起来的方式，而根本没有获得任何表象的、意志等等的直观，而仅仅获得了空间的及其规定的直观。（KrV，A358）

9. 如果不存在区别于世界的原始存在者，如果世界无需开端因而也无需创造者，我们的意志不是自由的，并且灵魂与物质存在同样的可分性和可朽性，那么道德的理念和原理也都丧失了一切有效性，而与构成它们的理论支柱的那些先验的理念一起陷落了。（KrV，A468；B496）

10. 今天使他觉得已确信的是，人的意志是自由的。（KrV，A475；B503）

11. 我是从永恒性到永恒性，在我之外无物存在，除非仅仅通过我的意志而是某物的东西。（KrV，A613；B641）

12. 正是这样一种原因性、即知性和意志，将设置为自然理性的根据。（KrV，A626；B654）

13. 我现在可以把那些类似于目的的安排看做意图，通过这种方法我把它们从神圣的意志中、尽管借助于为此而在世界中置于这些安排上的那些特殊设

施而推导出来吗？（KrV，A699；B727）

14. 我们同样也有权利，在理念中的世界原因，不仅按照一种更加细致的拟人论（没有拟人论就会根本不可能对这种原因作任何思想），即作为一个具有知性、愉悦和讨厌、以及一种与之相符合的欲望和意志等等的存在者，而思想，而赋予它无限的完善性。（KrV，A700；B728）

15. 如果我听说，一位不一般人物据称已经否证了人类意志的自由、来世的希望和上帝的此在，那么我就迫切渴望，读到这本书，因为我期待由于他的天才他会把我的见识带领得更远。（KrV，A753；B781）

16. 理性的思辨在先验运用中最后所导致的终极意图，涉及到三个对象：意志自由，灵魂不朽，和上帝此在。（KrV，A798；B826）

17. 意志可以是自由的，但这只与我们意愿的理知原因相关。因为，凡是涉及到意志的表现的现相、即行动，那么我们就必须，按照一条不可违反的基本准则、没有这条准则我们就不能在经验的运用中执行任何理性，决不相异于一切剩余的自然现象、即按照自然的不变的规律，而解释这些行动。（KrV，A798；B826）

18. 但这三个问题又具有它的更深远的意图，即，应该做什么，如果意志是自由的，如果存在着一个上帝和一个来世。（KrV，A800；B828）

19. 实践的自由作为自然原因之一，即在意志的规定中的理性的原因性。（KrV，A803；B831）

20. 理性的存在者的一切行动都这样发生，似乎它们是出自一个——把一切私人任意都包括在自身之中或之下的——至上的意志。（KrV，A810；B838）

21. 我把这样一种理智的理念——在这种理念中，与最高快乐联结着的道德的最完善的意志，是世上一切幸福的原因，只要这幸福与德性（作为配得上幸福的）处于精确的比例——称为至善的理想。（KrV，A810；B838）

22. 如果我们从道德统一性的观点，这样一个必然的世界规律而认真考虑——那种唯一能够给这一世界规律提供适当的效果、因而也为我们提供有联系的力量的——原因，那么这种原因则必须是一个唯一的至上意志，它包含所有这种规律于自身。（KrV，A815；B843）

23. 因此我们就不能根据这种效力反过来把道德律看做是偶然的和从单纯的意志推导出来的，尤其不能看成从这样一个——从中我们完全不具有概念，如果我们不遵照道德律而塑造它——意志推出来的。实践理性有权引导我们如此之远。（KrV，A818；B846）

24. 假如相信合乎神的意志存在，而不是我们神圣地坚守——教导我们出

自行动的本性本身的理性的——道德律。（KrV，A819；B847）

一切存在者的存在者，一切本质的存在者（das Wesen aller Wesen）

1. 思想着的主体是心理学的对象，一切现象的总和（世界）是宇宙学的对象，而这个物，它包含着能够被思想的、一切可能性的至上条件，（一切本质的存在者），则是神学的对象。（KrV，A334；B391）

2. 选言三段论推理的单纯形式必须导致关于一切存在者的存在者的最高理性概念。（KrV，A336；B393）

3. 按照玄想的推理的第三种类型，从那些一般对象——只要它们能被给予我而思维——的条件的总体性，我推论出，一般事物的可能性的一切条件的绝对的综合统一性，即从那些我按照它们单纯的先验概念并不认识的事物，推论出一个一切存在者的存在者，而这种存在者，我通过一种先验概念还更加不认识，并且从它的无条件的必然性我也不能形成任何概念。（KrV，A340；B398）

4. 如果一切事物，作为有条件者，都从属于它之下，则称为一切存在者的存在者（ens entium，存在物的存在物）。（KrV，A578；B606）

一神教（der Monotheismus）

1. 所以，我们在一切民族那里，都还看到一神教的一些微光穿透过他们最盲目的多神教，导致这一点的不是沉思和深刻的思辨，而只是普通知性的逐步变得明白起来的一种自然进程。（KrV，A590；B618）

一神论（der Theismus）

一神论的（theistisch）

1. 那种这样仅仅承认一种先验的神学的人，被叫做自然神论者，那种也接受一种自然的神学的人，则被叫做一神论者。（KrV，A631；B659）

2. 那么说这个就是比较温和公道的："自然神论者相信一个上帝，但一神论者却相信一个活着的上帝"（summam intelligentiam，最高理智）。（KrV，A633；B661）

3. 但上面这样一种误解就不能被用作借口并且理性的争执也不能由此而被调解，如果某个一神论者坚持：有一个最高存在者，并且无神论者反对说：没有任何最高存在者。（KrV，A741；B769）

义务（die Pflicht）

1. 鉴于第二个证明，义务的单纯清楚的表达、在与爱好的一切要求的对立中，就必定导致自由的意识。（KrV，BXXXIII）

2. 毕竟在义务概念中，必须把它们作为应当被克服的障碍，或者作为不应当被制成运动根据的刺激，而必然地一起卷入纯粹德性体系的撰写中。（KrV，A15；B29）

3. 这种先验的反省是一种没有人能够放弃的义务，如果他愿意先天地做出关于事物的某些判断。（KrV，A263；B319）

4. 选择义务，在这里将会通过一种实践的补充而把思辨的犹豫不决带出相持状态。（KrV，A589；B617）

5. 把我们的一切超验的知识化解为它的各种要素（作为对我们内在本性的一种研究），就其本身而言，不具有丝毫的价值，但对哲学家而言甚至就是一种义务。（KrV，A703；B731）

6. 我们已经给自己提出了一个义务，确切地并带有确定性地规定纯粹理性在先验运用中的界限。（KrV，A726；B754）

义务，责任（die Verbindlichkeit）

义务的（verbindlich）

1. 先验哲学具有优点，但也有义务，根据一个原则寻找它的概念。（KrV，A67；B92）

2. 在一切可能的情况下什么是正当或不正当，人们按照规则必须能够知道，因为这涉及我们的责任，并且我们对那种我们所不能够知道的东西，也就没有任何责任了。（KrV，A476；B504）

3. 先验哲学在一切思辨的知识中拥有这个特点：根本没有任何涉及到一个被给予了纯粹理性的对象的问题，恰恰对于拥有这个特点的人类理性来说是不可解决的，并且没有任何不可避免的无知和任务的深奥莫测的借口能够推卸彻底而完全的解答责任。（KrV，A477；B505）

（KrV，A；B）

4. 因为假定，存在着在一些义务，它在理性的理念中是完全正当的，但却没有应用于我们自身的任何实在性、亦即没有动机，这里如果不预设一个能够给予实践法则以效果和坚定有力的最高存在者。（KrV，A589；B617）

5. 但由于出自道德律的义务对自由的每一种特殊的运用都仍还有效，即便别人都不采取符合道德律的态度，所以不论是出于世界事物的本性，还是出于行动自身的原因性及其与德性的关系，都无法确定行动的后果将会如何与幸福相关。（KrV，A810；B838）

6. 所以上帝和来世，是两个出自纯粹理性让我们承担起的义务、按照恰好同一个理性的原则、而不可分离的预设。（KrV，A811；B839）

7. 实践理性有权引导我们如此之远，我们将并不因为行动是上帝的命令而把这些行动看作是义务的，而我们之所以把它们看做是神的命令，则因为我们对此而内在地是义务的。（KrV，A819；B847）

8. 当一种科学的方法的观察者遭遇到什么东西的时候，于是他们就拥有了选择，要么独断论地、要么怀疑论地，但在一切情况下都还系统地处理着义务。（KrV，A856；B884）

依存（inhärieren）

依存性（die Inhärenz）

1. 按照这种先验的观念性，时间，如果人们抽掉了感性直观的主观条件，就什么也不是，并且抽掉了对象自在本身（除开它与我们直观的关系）既不能算作自存性的（subsistierend）、也不能算作依存性的（inhärierend）。（KrV，A36；B52）

2. 相反，主张空间和时间的绝对实在性的人，他们不论把这种绝对实在性看作是自存性的、还是仅仅依存性的，都必须是与经验本身的原则不相统一的。（KrV，A39；B56）

3. 两个无限的事物，它们不是实体，也不是某种现实地依存于实体的东西，但却生存着，甚至必须是一切事物生存的条件，却仍然留存着，即使一切实存之物都被取消了。（KrV，B70，71）

4. 关系的范畴。依存性与自存性（实体与偶性）。（KrV，A80；B106）

5. 因为法则就这样很少生存于现象中，而只相对于现象所依存的主体才生存，如果这主体具有了知性，这正如现象不自在地生存，而只相对于同一个存在者而生存，如果它具有了感官。（KrV，B164）

6. 既然人们在这种实体上赋予实在以一种特殊的此在，（例如作为物质的一种偶性的运动），那么人们就把这种存有称为依存性，以区别于人们称为自存性的实体的此在。（KrV，A187；B230）

7. 一切其他关系都由以产生出来的这三种动力学的关系，因此就是依存性关系、一贯性关系和组合性关系。（KrV，A215；B262）

8. 纯粹理性的意图无非是在条件方面的综合的绝对总体性（它可以是依存性的、或者从属性的、或者协作性的），而且它并不必须与有条件者方面的绝对完备性相干。（KrV，A336；B393）

9. 先验心理学的第一个三段论推理只以一个假想的新见解蒙骗我们，因为它把思想的那个持久的逻辑主词，发布在依存性的实在主体的知识面前，而我们对这个主体不拥有、也不可能拥有丝毫的知识。（KrV，A350）

10. 所以这个思想不可能依存于一个作为一个这样的复合物。（KrV，A352）

11. 但显而易见，依存性的主体通过与思想相联系的这个“我”只被先验地表明了，而丝毫没有说明它的属性，或者说关于它根本没有任何认知、或知晓。（KrV，A355）

12. 所以灵魂就认识到它自在本身：1. 关系的无条件的统一性，即自身，并不作为依存性的、而作为自存性的。（KrV，A404）

艺术，技艺（die Kunst）

1. 所以某种引诱的东西仍然处于一种——赋予我们一切知识以知性形式的——如此虚假的技艺占有上，虽然人们在这些知识的内容方面可能仍然是非常空洞和贫乏的。（KrV，A60；B85）

2. 这种意义是如此的不同，在其中古代人使用一门科学或技艺的这种命名，人们如此地仍可以从这门科学或技艺的实际运用中可靠地接受下来，以致于辩证论在他们那里不曾是别的，而无非是幻相的逻辑。（KrV，A61；B86）

3. 所以先验逻辑的第二部分必须是对这种辩证幻相的一种批判，它称之为先验辩证论，并不作为一种独断地激起这类幻相的技艺，（各色各样的形而上学戏法的一种不幸非常通行的技艺）。（KrV，A63；B88）

4. 我们知性的这个图型法，就现象及其单纯形式看，是在人类心灵深处隐藏着的一种技艺，它的真实手法我们一直都很难从大自然那里猜测到，并将它们揭示在眼前。（KrV，A141；B180）

5. 在这个宇宙论的论证中汇聚了如此之多的玄想的原理，以致于思辨理性在这里看来使用了它的一切辩证技艺、以便完成最大可能的先验幻相。（KrV，A606；B634）

6. 这个原因的统一性可以从这个世界的各部分作为一个艺术的建筑的各环节而交互关联的统一性中，在这种艺术的建筑上、我们的观察所达到的那里，带有确定性地、但此外，则按照类比的一切原理、带有或然性地推论出来。（KrV，A626；B653）

无需在这里跟自然理性刁难它的推论由于自然理性从一些自然产品——与产生出人类技艺的东西，当它对自然施加暴力、并且强迫它、不按照它的目的而运作、而使它紧贴在我们的目的的时候——的类比中，（从自然产品与房屋、船只、钟表的类似性中），推论出，正是这样一种原因性、即知性和意志，将设置为自然理性的根据。（KrV，A626；B654）

7. 这种自然使一切艺术并且或许乃至这种理性首次成为可能。（KrV，A626；B654）

8. 但为此完全不同于与人类技艺相类比的证明根据，就会被需要了。（KrV，A627；B655）

9. 所以，既然无论经验地、还是先天地被给予的概念都不能被定义，那么剩下的就别的而只有那些——人们能够尝试这种技艺的——任意想到的概念了。(KrV, A729; B757)

10. 我把建筑术理解为系统的艺术。(KrV, A832; B860)

因果联结（die Kausalverbindung）

1. 这种不同质的东西无论是在因果联结的动力学的综合中，还是在必然的东西和偶然的东西的动力学的综合中，至少都能够被允许。（KrV, A530; B558)

2. 所以按照其经验的品格，这个主体，作为现象，会是服从于因果联结的、按照规定的一切法则的。(KrV, A540; B568)

因果连结（die Kausalverknüpfung）

1. 理性就为自己创造了能够自行开始行动的一种自发性的理念，而不允计预先派遣一个另外的原因，再来按照因果连结的法则去规定行动。（KrV, A533; B561)

2. 一种本源的行动，由此——以前不曾存在的——某物发生，是不能被现象的因果连结所期待的。(KrV, A544; B572)

因果性，原因性（die Kausalität）

1. 因果性原理、因而自然机械论的原理在事物的规定中就必须彻底地适用于一切、作为起作用的原因的一般事物。(KrV, BXXVII)

2. 它的知性概念的演绎是正确的，因而原因性原理也只针对第一种意义中的事物，即只要这些事物是经验之对象。(KrV, BXXVII)

3. 关系的范畴：原因性与从属性（原因与结果）。(KrV, B106)

4. 例如使力、行动、承受的宾位词都从属于因果性范畴。（KrV, A82; B108)

5. 协同性则是一个实体在与另一个实体的交互规定中的因果性。（KrV, B111)

6. 这里所谈论的完全不是其借助于意志的因果性。(KrV, A92; B125)

7. 范畴，例如因果性。(KrV, A137; B176)

8. 原因和一般事物的因果性的图型是那种实在之物，它如果随意设定，任何时候都有别的某物随之而来。(KrV, A144; B183)

9. 时间在原因的原因性及其直接结果之间，可以是消失着的。（KrV, A203; B248)

10. 这种时间相继当然就是结果的、在与先行的原因的因果性的关系中这种唯一的经验的标准了。（KrV，A203；B249）

11. 这种因果性引出了动作的概念，动作则引出了力的概念，并由此引出了实体的概念。（KrV，A204；B249）

12. 动作已经意味着原因性的主体对结果的关系了。（KrV，A205；B250）

13. 按照因果性原理，动作永远都是现象的一切变更的最初根据，因而就不能处于那种本身变更着的一个主体之中。（KrV，A205；B250）

14. 每一个实体（既然它在它的规定方面只能是结果）都必须包含着在另一个实体中的某种规定的原因性，并且同时把另一个实体的原因性的结果包含在自身中。（KrV，A212；B259）

15. 关于它我们仅仅能够认识这种必然性，并且是从别的——在知觉中已经被给予的——状态，按照因果性的经验法则。（KrV，A227；B280）

16. 必然性只涉及按照因果性的动力学法则的现象的关系。（KrV，A228；B280）

17. 前者原本是（在经验的类比中的）因果性原理的一个推论。（KrV，A228；B281）

18. 涉及到协同性的概念，则容易被估计到：既然实体的纯粹范畴，以及因果性的纯粹范畴。（KrV，A244；B302）

19. 自以为能够在一个系统的学说中提供有关一般事物的先天综合知识（例如因果性原理）。（KrV，A247；B303）

20. 但不单纯在那一个中，在这件事情上人类理性指明真实的因果性，并且在那里理念成为（行动及其对象的）起作用的原因。（KrV，A317；B374）

21. 在它里面纯粹理性甚至具有那种——现实地产生其概念中所包含的东西的——因果性。（KrV，A328；B385）

22. 这样一个——除了运动的原因性之外并不自在地显示任何别的原因性的——外部对象，绝不可能是对表象们起作用的原因。（KrV，A391）

23. 所以这就只剩下了因果性的范畴，它对一个给予的结果呈现出一个原因序列，在其中，人们可以从作为有条件者的这个结果而上升到作为条件的那些原因，并且能够回答那些理性问题。（KrV，A414；B441）

24. 自然，如果从形容词上（形式地）而设想，则意味着一个物的规定的关联，按照因果性的一条内部原则。（KrV，A418；B446）

25. 发生的事情的条件，就叫做原因，而在现象中原因的无条件的原因性就叫做自由，相反，有条件的原因性在更严格的理解中就叫做自然原因。（KrV，A419；B447）

26. 按照自然律的因果性并不是世界的现象全都能够从中被推导的唯一因

果性。通过自由而假定一种因果性，对解释这些现象，是必要的。（KrV，A444；B472）

27. 在世界上发生的一切事情中，除了按照自然规律的结果，便什么也没有，那么这个原因的原因性又总还是某种发生的东西，并且使你们对更高原因的追溯、因而使条件序列 a parte priori（向在先方向上）的无休止的延长成为必然的。（KrV，A488；B516）

28. 鉴于发生了的事情，人们只能够设想两种类型的原因性，要么按照自然，要么出于自由。（KrV，A532；B560）

29. 那么发生、或产生出来的事情的原因的原因性，也是被产生的，并且按照知性的原理本身又需要一个原因。（KrV，A532；B560）

30. 一切经验之可能性本身的一般法则就在于，一切发生的事情都必须有一个原因，因而这个原因的原因性，本身是发生、或产生出来的，又必须有一个原因。（KrV，A533；B561）

31. 假如感性世界中的一切原因性都只是自然，那么每个事件都将是在时间中按照必然规律而被另一个事件所规定。（KrV，A534；B562）

32. 因为实践自由假设，虽然某物并没有发生，但却应当发生，因而它的原因在现象中并没有如此规定，以至于在我们的任意中并没有一种原因性，这种原因性独立于那些自然原因并甚至产生出违反自然的强制力和影响的某种东西。（KrV，A534；B562）

33. 自由是否在任何地方都是可能的，而如果它存在，它是否能够与因果性的自然规律的普遍性共同存在。（KrV，A536；B564）

34. 但一个这样的理知的原因在原因性方面就不被现象所规定，虽然它的结果能够显现出来，并所以能够被别的现象所规定。（KrV，A537；B565）

35. 原因性的可能性通过自由，在与自然必然性的普遍规律相一致中。（KrV，A538；B566）

36. 但它由此却可以是现象的原因：那么人们就可以在两方面上研究这个存在者的原因性，既按照它的行动，而把它看作理知的、看作一个自在之物本身的原因性，并且又按照这种行动的结果，而把它看作感性的、看作感官世界中的一个现象的原因性。因此我们会从一个这样的主体的能力中为我们制作它的原因性的——一个是经验的、同时也是智性的——概念，而这两者则在原因性的结果中共同发生。（KrV，A538；B566）

37. 那么我们就不应该阻止，对这个先验对象，在它所显现的属性之外，也不赋予一种原因性，而这种原因性并不是现象，虽然它的结果仍然还会在现象中被碰到。（KrV，A539；B567）

38. 它的原因性，只要它是智性的，完全不会处于那些——使感性世界中

的事件成为必然的——经验的条件的序列中。（KrV，A540；B568）

39. 一旦外部现象流进主体，就像它的经验的品格、即它的原因性的法则，则通过经验而被认识，它的一切行动就必须允许按照自然规律而解释。（KrV，A540；B568）

40. 自然规律，即一切发生的事情都有一个原因，这个原因的原因性，即行动，由于它在时间中先行，并且考虑到一个在此产生的结果，本身不可能是一直存在了的，而必须是发生的，它也会在现象中拥有自己由以被规定的原因，所以在一个自然秩序中一切事件都是经验地得到规定的。（KrV，A542；B570）

41. 然而这究竟也是必然的吗，即，当这种结果都是现象们的时候，它们的原因的原因性，它们（即原因）本身也就是现象，就必须只是经验的？（KrV，A544；B572）

42. 然而这个经验的原因性本身，却可能丝毫也不中断它与自然原因的关联，而仍然不是一种非经验的原因性的一个结果、而是理知的原因性的结果？（KrV，A544；B572）

43. 我们需要现象相互之间的原因性这条原理，为了从自然事件中能够寻求和指出自然条件、即现象中的原因。（KrV，A544；B572）

44. 这种能力为了行动的规定决不以经验的条件、而以知性的单纯为基础，但毕竟，这个原因的在现象中的行动本该是与经验的原因性的所有规律相一致的。（KrV，A545；B573）

45. 人是感官世界的现象之一，就此而言也是自然原因之一，其原因性必须从属于经验的法则。（KrV，A546；B574）

46. 这个理性具有原因性、至少我们在它身上设想着一种这样的原因性，这从那些——我们在一切实践的事情中作为规则而交给实行的力量的——命令中就是清楚的了。（KrV，A547；B575）

47. 但仍然对这一切假设了：理性在对这些行动的关系中能够拥有原因性；因为，没有这个，理性就不会指望从它的理念中得到在经验中的结果了。（KrV，A548；B576）

48. 理性在现象方面真正地具有原因性；那么，这种原因性，尽管它也很是理性，却仍然必须从自己显示出一种经验的品格。（KrV，A548；B576）

49. 因为每一个人都具有他的任意的一种经验的品格，这种经验的品格不是别的，而只是他的理性的一种原因性，只要这种原因性在它们的现象中的结果上显示出一条规则。（KrV，A549；B577）

50. 理性的这些理念已经现实地证明了，鉴于作为现象的人的行动方面的原因性，并且这些行动之所以发生了，并不因为它们被经验的原因所规定，不

是，而是因为它们被理性的根据所规定。（KrV，A550；B578）

51. 理性具有鉴于现象的原因性。（KrV，A551；B579）

52. 理性的原因性并不产生于理知的品格中，或者绝不在一个确定的时间的开始，以便产生一个结果。（KrV，A551；B579）

53. 如果理性可以鉴于现象而具有原因性，那么它就是一种能力，通过这种能力，而首次开始了结果的一个经验的序列的感性条件。（KrV，A552；B580）

54. 没有任何遵照这种品格规定人的那些条件，它们不被包含在自然结果的序列中并且属于自然结果的规律，根据这个规律，根本没有在时间中发生的东西的在经验的无条件的原因性，被找到。（KrV，A552；B580）

55. 因为理性本身毕竟不是任何现象、也根本不服从于任何感性条件，所以在它之内、甚至在它的原因性的概念中，都不会发生时间次序，所以按照规则规定时间次序的自然的动力学的规律不会应用于其上。（KrV，A553；B581）

56. 因此人们不能问：为什么理性没有另外地规定自己呢？而只能问：为什么它没有通过它的原因性而另外地规定现象们呢？（KrV，A556；B584）

57. 理性在它的原因性中则不听命于现象和时间进程的任何条件。（KrV，A556；B584）

58. 我们一般根本不能够从单纯先天概念中认识任何实在根据的和任何原因性的可能性。（KrV，A558；B586）

59. 这个二律背反建基于一个单纯的幻相，并且，出于自由的原因性的自然至少并不冲突，这就是我们能够完成的唯一的事情。（KrV，A558；B586）

60. 在这里所涉及的不是无条件的原因性，而是实体本身的无条件的生存。（KrV，A559；B587）

61. 在自由那里作为原因的物本身（Substantia phänomeno，现相的实体）毕竟仍还属于条件序列，而只有它的原因性被思想为理知的。（KrV，A561；B589）

62. 那么我们应当公平地把至上的原因性置于何处呢？除非，那里也有最高的原因性。（KrV，A590；B618）

63. 它基于原因性的这条被以为是先验的自然律：所有偶然之物都有它的原因，这个原因，如果它又是偶然的，同样也必须有一个原因，直至相互隶属的原因序列必须在一个绝对必然的原因那里终结，没有这个绝对必然的原因，这个序列就不会具有任何完备性。（KrV，A605；B633）

64. 偶然之物的那种单纯智性的概念完全不能产生如同原因性的概念那样的综合命题，并且原因性的原理完全不拥有任何意义和它的运用的任何标志，除了仅仅在感官世界中。（KrV，A609；B637）

65. 我们在原因性方面将来终究需要一个最后限度的至上存在者。（KrV，A623；B651）

66. 正是这样一种原因性、即知性和意志，将设置为自然理性的根据。（KrV，A626；B654）

67. 在这个世界中，两种不同类型的原因性及其规则必须被假定，亦即自然和自由。（KrV，A632；B660）

68. 在按照知性概念的统一性的不同方式当中也该有一种实体的——被命名为“力”的——原因性的统一性。（KrV，A648；B676）

69. 实在性、实体、原因性，甚至此在中的必然性的概念，除了它们使一个对象的经验的知识成为可能的这种运用之外，根本没有任何——规定某个客体的——意义。（KrV，A677；B705）

70. 我将按照与这个世界中的实在性、实体、原因性和必然性的类比而设想一个在最高完善性中拥有这一切的存在者。（KrV，A678；B706）

71. 对此我没有任何概念，并且甚至关于实在性、实体、原因性、乃至于在此在中的必然性这些概念，都失去了一切意义。（KrV，A679；B707）

72. 如果我们现在把目光投向我们理念的先验对象，那么我们就看到，我们不可能根据实在性、实体、原因性等等概念而预设这种先验对象自在本身的现实性。（KrV，A679；B707）

73. 为了达到最高系统的统一性，而借助于那个至上的世界原因的合目的的原因性的理念，并且，好像这个原因性作为最高的理智，按照最智慧的意图就是一切东西的原因。（KrV，A688；B716）

74. 在普遍而必然的自然规律中发现这种完善性，我们怎么会由此直接推出一个——作为一切原因性的起源的——原始存在者的一种最高的和绝对必然的完善性的理念呢？（KrV，A694；B722）

75. 如果这都是一些知性的原理（例如因果性原理），那么借助于它们而达到纯粹理性的理念，就是徒劳的了。（KrV，A786；B814）

76. 我们通过经验而认识到，实践的自由作为自然原因之一，即在意志的规定中的理性的原因性。（KrV，A803；B831）

77. 理性虽然在一般自由方面、但并非在全体自然方面具有原因性。（KrV，A807；B835）

78. 不论是出于世界事物的本性，还是出于行动自身的原因性及其与德性的关系，都无法确定行动的后果将会如何与幸福相关。（KrV，A810；B838）

应当（das Sollen）

应当（sollen）

1. 这种“应当”表达了一种必然性的方式以及与在整个自然中通常并不发

生的根据的联结。（KrV，A547；B575）

2. 这是不可能的，在自然中应当有——不同于在这一切时间关系中实际上所有的——某物，甚至连这个“应当”，如果人们单纯着眼于自然进程，就完全没有任何意义了。我们根本不能够问：在自然中什么是应当发生的；正如一样很少问：一个圆应当具有什么样的属性，而只能问：在自然中发生了什么，或者圆具有哪些属性。（KrV，A547；B575）

3. 于是这个应当就表达了一种可能的行动，这行动的根据则无非是，一个单纯的概念。（KrV，A547；B575）

4. 于是当这个应当被指向这种行动时，这种行动当然就必须在自然条件之下才是可能的；但这些自然条件不涉及任意本身的规定，而只涉及任意在现象中的结果和后果。（KrV，A548；B576）

5. 因为这时也许这一切本来都是不应当发生的，但这一切的确还是按照自然过程而发生了，并且按照它的经验的根据而不可避免地必须发生了。但有时我们发现、或者至少是相信发现了。（KrV，A550；B578）

6. 因为这种原理中的一条说，你们应当这样对自然进行哲学思考，就好像对一切属于生存的东西来说，都给予了一个必然的最初根据。（KrV，A616；B644）

7. 我在这里满足于，把理论知识解释为一种这样的，我由此认识“这是什么”的知识，而把实践知识解释为，一种我设想“这应当是什么”的知识。（KrV，A633；B661）

8. 理性的理论运用就是那种，通过它我先天地（作为必然的）认识某物存在的运用；但实践的运用则是，通过它应当发生的东西先天被认识到的运用。（KrV，A633；B661）

9. 在此存在的东西，（而不是，应当存在的东西）。（KrV，A634；B662）

10. 所以如果一个物的绝对必然性应当在理论知识中被认识，那么这个物就唯有从先天概念中才能够发生，但决不作为一个——与被经验所给予的此在相关联的——原因。（KrV，A634；B662）

11. 我应当做什么？（KrV，A805；B833）

12. 某物存在（它规定着最后可能的目的），因为某物应当发生；后者则会推出那种结论，某物存在（它作为至上原因而起作用），因为某物发生了。（KrV，A806；B834）

13. 前者建议，如果我们要享有幸福，必须做什么，而后者要求，仅仅为了配得上幸福，我们应当如何行动。（KrV，A806；B834）

14. 因为，既然理性命令，这样的行动应当发生，那么这些行动也就能够必定发生，所以系统统一性的一种特殊种类、即道德的统一性，必须是可能

的。（KrV，A807；B835）

15. 如同它按照理性的存在者的自由、而能够所是的那样，并且，按照道德性的必然规律、所应当是的那样。（KrV，A808；B836）

16. 但这一自我酬报的道德体系只是一个理念，它的实行基于这样的条件，即每个人都做他所应当做的，就是说，理性的存在者的一切行动都这样发生，似乎它们是出自一个——把一切私人任意都包括在自身之中或之下的——至上的意志。（KrV，A810；B838）

17. 自然哲学走向一切在此之物；道德哲学则走向那应当在此之物。（KrV，A840；B968）

永恒的（ewig）

永恒性（die Ewigkeit）

1. 不是通过强制命令，而是能按照理性永恒的和不变的法则而处理，这个法庭不是别的，而是纯粹理性批判本身。（KrV，AXII）

2. 直到每个被给予的时间点都有一个永恒性流走了。（KrV，A426；B454）

3. 那些互为前后相随直到一个被给予的（当前的）时间点的现实状态的一种永恒性是不可能流逝的。（KrV，A432；B460）

4. 无论世界该是来自永恒性的，还是有一个开端。（KrV，A481；B509）

5. 世界没有任何开端，那么世界对于你们的概念就大了；因为这概念，它以一个前后相继的回溯为内容，决不能达到那种全部流逝了的永恒性。（KrV，A486；B514）

6. 另一方则主张：世界没有任何开端，而是来自永恒性的。（KrV，A501；B529）

8. 通过最高实在性的单纯的概念而把原始存在者规定为一个唯一的、简单的、完全充足的、永恒的等等的存在者。（KrV，A580；B608）

9. 因为永恒性只衡量事物的持续性，但并不承担它们。人们不能抗拒这种思想，但也不能容忍它：有一个我们在一切可能的存在者中为我们设想一个存在者，仿佛在自己对自己说：我是从永恒性到永恒性，在我之外无物存在，除非仅仅通过我的意志而是某物的东西；但我又是从哪里来的呢？这里的一切都塌陷在我们脚下了，并且最大的完善性，正如最小的完善性，都无法镇静地仅仅飘荡在思辨理性的面前，对它而言，没有任何阻碍地让这一个和那一个丢掉了，都没什么损失。（KrV，A613；B641）

10. 人们习惯于大体上并不把上帝的概念单纯理解为一个作为事物的本根而盲目起作用的永恒自然。（KrV，A632；B660）

11. 必然性、无限性、统一性、在世界之外的（不是作为世界灵魂的）此在、没有时间条件的永恒性、没有空间条件的全在、全能等等，都是纯然先验的谓词，因此它们的被纯化出来的概念，作为每一种神学如此非常必需具有的概念，都仅仅从先验神学中被牵引了出来。（KrV，A641；B669）

12. 必须是永恒的，以便在任何时间中都不缺乏自然和自由的这种相互协调。（KrV，A815；B843）

有机体（der organisierte Körper）

1. 形而上学在认识原则方面是一个完全分离的、独立存在的统一体，在其中，每一个环节，像在一个有机体中那样，为了一切别的环节以及一切环节都为了一个环节而存在，并且没有任何一个原则能够在一种关系中确保被获得，无需不得不同时研究它与整个纯粹理性的彻底关系。（KrV，BXXIII）

2. 关于灵魂与一个有机体的协同性作用、即与人生命中的动物性和灵魂状态的协同性作用的可能性问题。（KrV，A384）

3. 与之相反，在一个无限被分割了的有机体那里，整体恰好由这个概念已经表现为被划分了的，并且各部分的一个本身自在地被确定了的、但却是无限的数量，先于一切分割的回溯、在整体中被发现，由此人们就与自己本身相矛盾了。（KrV，A526；B554）

4. 因此甚至（医生们的）生理学也通过一条单由纯粹理性所注入的原理而扩展了自己关于有机体的肢体结构的目的的非常有限制的经验的知识，如此之远，以致于人们在其中完全放肆而同时又与所有明智之士相一致地假定，在动物身上一切都具有它的用处和好的意图。（KrV，A688；B716）

有效性（die Gültigkeit）

普遍有效性（die Allgemeingültigkeit）

1. 但这种具有深刻的气质的考察，拥有两个方面。一方面涉及到纯粹知性的那些对象，并且应当加以阐明和把握知性的先天概念的客观有效性；正因此这也是属于我的目的中本质的方面。（KrV，AXVI）

2. 但为了赋予这样一个概念以客观有效性（实在的可能性，因为前面那种可能性只是逻辑的可能性），对此会要求更多的某物。（KrV，BXXVI）

3. 所以经验的普遍性只是一种有效性的任意的提升，这种有效性从大多数情况下、到一切情况下都适用。（KrV，B4）

4. 知性究竟如何能够达到所有这些先天知识，并且这些知识可以具有哪些范围、有效性和价值。（KrV，A4；B7）

5. 我们的阐明因而表明了——鉴于一切能从外部作为对象呈现给我们的东西的——空间的实在性（即客观有效性）。（KrV，A28；B44）

6. 时间只鉴于现象才是客观有效性的时间，因为现象已经是——我们设想为我们感官的对象的——事物。（KrV，A34；B51）

7. 时间的经验的实在性，即鉴于每次可以被给予我们感官的一切对象的客观有效性。（KrV，A35；B52）

8. 它们只针对对象，只要这些对象被看作现象，而不表现自在之物本身。唯独前者才是它们的有效性的领域，人们一旦超出这个领域，它们的任何客观运用就不再发生了。（KrV，A39；B56）

9. 所以这种直观方式为了这种普遍有效性的缘故毕竟不听从于感性。（KrV，B72）

10. 一门如此规定如此的知识的来源、范围和客观有效性的科学，也许必须称为先验逻辑，因为它仅仅关涉知性和理性的法则。（KrV，A57；B81）

11. 所以，如果我估计一个单称判断（judjcium singulare）不是单纯按照它的内部有效性，而是也作为一般知识、按照——它与别的知识相比较的——大小，那么它当然与普适性判断（judicia communia）相区别。（KrV，A71；B97）

12. 而在这些纯直观中的综合就具有了客观的有效性。（KrV，A89；B122）

13. 因此这里就显示出一种——我们在感性领域中没有碰到过的——困难，即思想的主观条件如何应该具有客观的有效性，即如何应该充当一切对象知识的可能性条件。（KrV，A89；B122）

14. 作为先天概念的范畴的客观有效性，根据就在于，只有通过它们，经验（按照思想的形式）才是可能的。（KrV，A93；B126）

15. 这个意识的统一性就是，唯一构成表象对于一个对象的关系、因而构成它们的客观有效性，所以，并促使它们成为知识的东西，知性的可能性自身因而根据于此。（KrV，B137）

16. 只有那个统觉的先验的统一性才是客观有效的；统觉的经验性的统一性，则只有主观的有效性，我们在这里不予考虑，它也只是从前者、在给予的具体条件下派生出来的。（KrV，B140）

17. 再生的想像力规律（它只有主观有效性）。（KrV，B141）

18. 通过范畴在我们感官的一切对象方面的先天有效性被解释的办法，这个演绎的目的才首先被完全达到。（KrV，B145）

19. 这种——在每一个经验那里都先天地包含了纯粹思想的——概念，我们在范畴中发现了，并且这就有了这些范畴的一种充分的演绎，以及范畴的客观有效性的辩护。（KrV，A97）

20. 范畴也是一些在现象上思想一般客体的基本概念，因而先天地具有客观有效性。（KrV，A111）

21. 经验的知识的一切客观有效性（真理性）。（KrV，A125）

22. 因而使知性的纯粹概念的客观有效性先天地可以理解，并且由此牢固地设定纯粹概念的起源和真理性。（KrV，A128）

23. 正由于它所论及的那些概念都应当先天地与它的对象相关联，因而它们的客观有效性不能后天地被阐明。（KrV，A135；B175）

24. 但它在先验逻辑中却是一切任务中最重要的事务，甚至是唯一的事务，如果谈论到先天综合判断的可能性，以及它的有效性的条件和范围。（KrV，A154；B193）

25. 所以那些纯粹的综合判断，即使只间接地，与可能的经验、或不如说与这些经验的可能性本身相关联，并且它们的综合的客观有效性唯独建立这种可能性基础之上。（KrV，A157；B196）

26. 一般经验可能性的条件同时就是经验对象的可能性的条件，因此而在一个先天综合判断中拥有客观有效性。（KrV，A158；B197）

27. 数学就具有这样的原理，但它们在经验上的运用、因而它们的客观有效性、甚至这样的先天综合知识的可能性（先天综合知识的演绎）毕竟都永远建基于纯粹知性之上。（KrV，A160；B199）

28. 这些类比并不作为先验的、而仅作为经验的知性运用的原理，才拥有它的唯一意义和有效性。（KrV，A180；B223）

29. 这样一来，它的普遍性和必然性就该是仅仅捏造的，而不会具有真正的普遍的有效性，因为这种普遍的有效性不会是先天的、而只会以归纳为基础。（KrV，A196；B241）

30. 因而原因与结果的关系，就是我们的经验的判断——鉴于知觉序列的——客观有效性的条件，因而是知觉的经验的真理的、所以也就是经验客观有效性条件。（KrV，A202；B247）

31. 这种纯粹直观本身也毕竟只有通过经验的直观才能获得其对象、因而获得客观有效性，于此它只是单纯的形式而已。（KrV，A239；B298）

32. 所以一切概念，以及和它们一起的一切原理，无论它们是多么先天可能的，却都仍还与经验的直观、即与可能经验的材料相关联。舍此它们就完全没有任何客观有效性，而只是单纯的游戏，不论是想像力，或者知性各自用它们的表象所作的游戏。（KrV，A239；B298）

33. 这些范畴可以在哪里具有自己的应用和这种应用的客体，因而它们如何可以在纯粹知性中无需感性而具有任何一种意义和客观有效性。（KrV，A242）

34. 因而范畴，没有感性直观的条件，对此它们包含了综合，就完全不具有与任何一个确定的客体的任何关系，所以也不能给任何客体下定义，因而自在本身也不具有客观概念的任何有效性。（KrV，A246）

35. 范畴的一个纯粹运用虽然是可能的亦即没有矛盾，但却而完全不具任何客观有效性，因为范畴没有面向任何——应该由此而获得客体的统一性的——直观。（KrV，A253）

36. 这个概念是必要的，为了感性直观不扩展到自在之物本身上去，因而，限制感性知识的客观有效性。（KrV，A254；B310）

37. 因为这些本体无非说，我们的直观方式并不针对一切事物、而单纯针对我们感官的对象，因而它的客观有效性受到了限制。（KrV，A286；B343）

38. 尽管如此，如果这一类概念具有客观有效性，那么它们就可以叫作 conceptus rationcinati（正确推出的概念）；如果不是这样，那么它们至少通过一种推论的幻相而被骗取，可以被称为 conceptus rationcinantes（进行推想的概念）。（KrV，A311；B368）

39. 因此我将在这种扩展了的含义上使用绝对的这个词，并且把它与那种单纯比较的或在特殊考虑中的有效性相对立；因为后者被限制于条件，但前者则是无约束地有效的。（KrV，A325；B382）

40. 如果不存在区别于世界的原始存在者，如果世界无需开端因而也无需创造者，我们的意志不是自由的，并且灵魂与物质存在同样的可分性和可朽性，那么道德的理念和原理也都丧失了一切有效性，而与构成它们的理论支柱的那些先验的理念一起陷落了。（KrV，A468；B496）

41. 所以在理性原则作为现象自在本身的一条构成性的原理的无效性被充分阐明之后，唯一留给我们的就只有作为一种可能经验的延续和大小的规则的理性原则的有效性。（KrV，A516；B544）

42. 一切先天综合知识，都只有通过它表达出一个可能经验之形式条件，才是可能的，所以一切原理都只是内在的有效性的、即它们都只与经验的知识的对象或者现象相关联。（KrV，A638；B666）

43. 然而它们，作为先天综合命题，仍然具有客观的、但不确定的有效性，并被用做可能经验的规则，作为启发式的原理，也被很成功地运用于现实地加工经验，而无需人们能够带来一种先验的演绎，这对于理念而言，就像前面所证明的，任何时候都是不可能的。（KrV，A664；B692）

44. 既然我不拥有把这些原则作为构成性的原理的这样一种经验的运用，我又如何能为它们仍然确保一种调节的运用，并且以这种运用确保一些客观有效性，而这种调节的运用又能具有什么意义呢？（KrV，A664；B692）

45. 纯粹理性的理念虽然不允许任何作为范畴的方式的演绎；但它至少应当拥有一些、即使只是不确定的客观有效性，而不单纯表现为空虚的思想物（entia rationis ratiocinantis，推理的理性之物）。（KrV，A669；B697）

46. 那个先验的、唯一确定的概念，单纯思辨理性关于上帝所提供给我们的，在最准确的理解中是自然神论的，亦即，理性甚至连一个这样的概念的客观有效性都不给予，而只提交了关于“某物”的理念。（KrV，A675；B703）

47. 这时我决不能假定这个物自在本身的此在，因为没有任何概念，我由此而能够确定地设想任何一个对象，为此而达到它，并且我的概念的客观有效性的这些条件已被这种理念本身排除在外了。（KrV，A677；B705）

48. 所以这个理念已经完全建立在我们理性每次的世界运用之上了。但如果我们想授予它绝对的客观有效性，那么我们就忘记了，这只是一个我们所思想的理念中的存在者。（KrV，A698；B726）

49. 所以对于一个概念的构造则要求一个非经验的直观，因而，作为直观，是一个个别的客体，但作为一个概念（一个普遍的表象）的构造，却仍然必须在表象中表达，对一切隶属于这种概念的可能直观的普遍有效性。（KrV，A713；B741）

50. 这条原理的真实性（一定不是一个起作用的一般原因的概念的客观有效性）。（KrV，A760；B788）

51. 因为，既然所有的概念、甚至纯粹理性向我们递交的所有的问题，也许都不处于经验中，而本身反倒只处于理性中，因此它们必须能够被解决并且按照它们的有效性或无效性被把握。（KrV，A763；B791）

52. 在理性的思辨的运用中假设作为意见自在本身并没有任何有效性，而只相对于那些反对方面的超验的狂妄才具有有效性。（KrV，A781；B809）

53. 先验的和综合的命题的证明拥有这种特点，在先天综合知识的一切证明中，本身，即理性在它们那里借助于它的概念不允许被直截了当地变成对象，而必须预先阐明这些概念的客观有效性和这些概念的先天综合的可能性。（KrV，A782；B810）

54. 因为只有借助于因果律而将为这个概念规定一个对象，这个被表象的事件才具有客观有效性、即真理。（KrV，A788；B816）

55. 置信是一种单纯的幻相，因为那只存在于主观中的判断根据被看做了客观的。因此一种这样的判断也只具有私人有效性，并且这种视其为真不允许传播。（KrV，A820；B848）

56. 虽然并不导致确信，但毕竟揭示出判断的单纯私人的有效性，即判断中单纯是置信的某物。（KrV，A821；B849）

57. 视其为真，或者判断的主观有效性，在与确信（它同时客观地有效）的关系中，具有如下三个层次：意见、信念和知识。（KrV，A822；B850）

愉快和不愉快（die Lust und Unlust）

愉快或不愉快（die Lust oder Unlust）

1. 因此，虽然道德的至上原理及其基本概念，是先天的知识，但它们却不隶属于先验—哲学，因为它们虽然不把愉快和不愉快、欲望和爱好等等的概念，这些概念全都是经验的起源，设置为它们的道德规范的基础，但毕竟在义务概念中，必须把它们作为应当被克服的障碍，或者作为不应当被制成运动根据的刺激，而必然地一起卷入纯粹德性体系的撰写中。（KrV，A15；B29）

2. 因此它们也不是任何先天的表象，而是建立在感觉上，但好味道甚至建立在作为感觉的影响的（愉快和不愉快的）情感上。（KrV，A29；B44）

3. 在我们的知识中一切属于直观的东西，（因而把愉快和不愉快的感觉、以及这些根本不是知识的意志，都除外），无非包含单纯的关系。（KrV，A49；B66）

4. 知觉（例如无论愉快和不愉快）的最小客体，它只要达到自我意识的普遍表象中，就立刻会使合理的心理学转变为经验的心理学。（KrV，A343；B401）

5. 道德的概念并不完全是纯粹的理性概念，因为某种经验的东西（愉快或不愉快）给它们放置了基础。（KrV，A569；B597）

6. 一切实践的概念都指向合意、或讨厌、即愉快和不愉快的，因而至少是间接地、指向我们的情感的对象。（KrV，A801；B829）

欲求能力（das BegehrungsVermögen）

1. 因为，不仅是刺激的东西、即直接刺激感官的东西，规定着人的任意，而且我们具有一种能力，通过从本身就是以更遥远的方式有利或有害的东西的表象，而克服我们感性欲求能力上的那些印象；但这些关于——我们的整体状况方面值得欲求的、亦即是好的和有利的东西的——考虑，建立在理性之上。（KrV，A802；B830）

欲望（die Begierd）

1. 因此，虽然道德的至上原理及其基本概念，是先天的知识，但它们却不隶属于先验—哲学，因为它们虽然不把愉快和不愉快、欲望和爱好等等的概念，这些概念全都是经验的起源，设置为它们的道德规范的基础，但毕竟在义务概念中，必须把它们作为应当被克服的障碍，或者作为不应当被制成运动根据的刺激，而必然地一起卷入纯粹德性体系的撰写中。（KrV，A15；B29）

2. 而这就相当于想说：在外部现象中间作为这样的思维着的存在者决不可能向我们出现，或者，我们不可能外在地直观到它们的思想、它们的意识、它们的欲望等等；因为这一切都该放在内感官之前。（KrV，A357）

3. 正是同一个实体的不同现象们在首先一瞥那里就显示出如此多的不同质性，以至于人们因此几乎一开始就必须把实体的那么多种类的力假定与以效果

们而著称的一样多，就如在人的内心中的感觉、意识、想像、记忆、智力、辨别力愉快、欲望等。（KrV，A649；B677）

4. 这种统一性，即使它是一个单纯的理念，人们在所有时代都已经如此热心地追寻着，以至于人们宁可去找到——按照它而控制这种欲望，而不是鼓励这种欲望的——原因。（KrV，A652；B680）

5. 我们同样也有权利，在理念中的世界原因，不仅按照一种更加细致的拟人论（没有拟人论就会根本不可能对这种原因作任何思想），即作为一个具有知性、愉悦和讨厌、以及一种与之相符合的欲望和意志等等的存在者，而思想，而赋予它无限的完善性。（KrV，A700；B728）

6. 因为否则哪一种原因又应该被添上这种无法抑制的欲望呢，它在完全超出经验之界限的任何一个地方站稳脚跟？理性预感到了对于它具有重要意义的那些对象。（KrV，A796；B824）

宇宙论（die Kosmologie）

宇宙论的（kosmologisch）

宇宙论的证明（der kosmologsiche Beweis）

1. 总的注释，关于从理性心理学到宇宙论的过渡。（KrV，B428）

2. 三重先验的幻相也建立在这种划分之上，它们给辩证论的三章提供了理由，并且向来自纯粹理性的恰好这么多的虚假的科学、先验的心理学、宇宙论和神学，提供了理念。（KrV，A397）

3. 而完全不同的情况则在于，如果我们把理性应用于现象的客观的综合，在这里，理性虽然设想使它的无条件的统一性原则与许多幻相相适合，但马上就陷入这样的矛盾中，以致于它将强迫、出于宇宙论的愿望、而放弃它的要求。（KrV，A406；B433）

4. 因此，正如纯粹理性的谬误推理为一种辩证的心理学设置了基础，同样，纯粹理性的二律背反也把一种被误以为的纯粹的（合理的）宇宙论的先验原理摆到了眼面前，并非、为了发现这种宇宙论是有效的并侵占它，而是，正如同对理性的冲突所作的命名就已经表明的那样，为了把它描述为一个——不可与现象相协调一致、在它的眩目的但却虚假的幻相中的——理念。（KrV，A408；B435）

5. 因而，这就有了不多于四个的宇宙论理念，按照范畴的四个部分，当人们挑出这些必然带有杂多综合中的一个序列的范畴的时候。（KrV，A415；B442）

6. 这种理念，我们现在所研究的，我在前面称为宇宙论的理念，部分地因为，世界被理解为一切现象的整体，而我们的理念也只对准现象中间的无条件

者，而部分也因为，世界这个词，在先验的理解中，意味着生存着的事物的整体的绝对总体性。（KrV，A419；B447）

7. 于是我们现在就具备了宇宙论理念们的全部的辩证游戏。（KrV，A462；B490）

8. 在宇宙论的理性理念规定的独断论这个方面，或者说在正题方面。（KrV，A466；B494）

9. 在宇宙论理念的规定中，在经验论、或者反题的方面。（KrV，A468；B496）

10. 但在先验哲学中没有任何别的而只有这种宇宙论的问题，鉴于它们，人们才能够带有正当性地要求，一个——涉及对象性状的——满意的回答，而不允许哲学家们，借口幽深昏暗，而因此逃避，并且这些问题只能涉及宇宙论的理念。（KrV，A478；B506）

11. 宇宙论的理念本身唯独具有这种特点，它们能够把它们的对象和这个对象的概念所要求的经验的综合预设为给予了的，并且从它们中产生出来的问题，只涉及这种综合的进展，只要这种进展应当包含绝对总体性。（KrV，A479；B507）

12. 既然在这里谈论的只是关于一个作为可能经验的对象之物而不是作为一个自在的事情本身之物，所以先验宇宙论问题的回答可能，处于理念之外就没有任何地方了，因为它不涉及任何对象自在本身。（KrV，A479；B507）

13. 如果我因此而能够预先从一个宇宙论的理念中看出，无论这个理念影响到现象的回溯性综合之无条件者的哪一方，它对于任何一个知性概念来说却要么就会是太大的，要么就会是太小的。（KrV，A486；B514）

14. 我们谴责了宇宙论的理念，它说得太多或太少、而背离了它的目的，即背离了可能的经验？（KrV，A489；B517）

15. 所以我们至少已产生了这种有根据的怀疑：宇宙论的理念，并且连同它们一起的一切处于相互争执中的玄想的主张，或许都已经把一种——有关这些理念的对象如何被给予我们的那种方式的——空洞而单纯想像出来的概念设置为基础，而这种怀疑已经能够把我们引导上正确的轨迹，去揭露，那种已如此长期地误导我们的骗局。（KrV，A518；B490）

16. 先验的观念论，作为解决宇宙论的辩证论的钥匙。（KrV，A518；B490）

17. 宇宙论的三段论推理的大前提在一种纯粹范畴的先验意义上、但小前提却在一个运用于单纯现象的知性概念的经验意义上设想了有条件者，在这点上就遇到了人们称为 sophisma flgurae dictionis（语言表达方式的诡辩）的辩证欺骗。（KrV，A499；B527）

18. 在这里关于第一个宇宙论的理念、即关于在现象中大小的绝对总体性

的理念所说过的，也适用于其余一切理念。（KrV，A505；B533）

19. 因此，纯粹理性的二律背反在它的宇宙论的理念那里被消除了，通过指出——它单纯是辩证的并且是一种幻相的冲突——的办法。（KrV，A506；B534）

20. 纯粹理性鉴于宇宙论理念的调节性原则。（KrV，A508；B536）

21. 而与此相反，作为在客体中（在现象中）自在地本身给予了的条件序列的那个绝对总体性的原理则会是一个构成性的宇宙论原则。（KrV，A509；B537）

22. 理性的调节性原则的经验的运用，鉴于一切宇宙论的理念。（KrV，A515；B543）

23. 世界整体之现象的复合的总体性宇宙论理念的解决。（KrV，A517；B545）

24. 于是，为解决第一个宇宙论任务，没有更多是必须的，而无非还是澄清：在世界整体的（按照时间和空间）无条件的大小的回溯中、这个永远无止境的上升过程是否能够叫做一个无限后退，还是只能够叫做一个不可确定地继续的回溯（不限定的回溯）。（KrV，A518；B546）

25. 所以对由世界大小而引起的宇宙论问题的、第一个并且是否定的回答：世界没有任何时间的最初开端，并且没有任何按照空间的最外界限。（KrV，A520；B548）

26. 在直观中一个给予了的整体的分割的总体性的宇宙论的理念的解决。（KrV，A523；B551）

27. 而这在那些——单纯涉及数学性无条件的统一性的——宇宙论理念那里，则决不可能发生，因为在它们那里，现象序列的任何条件不会被找到，除了本身也是现象之外并且除了如此与序列的一项一起构成的那个条件之外。（KrV，A532；B560）

28. 把世界事件从其原因加以推导的总体性的宇宙论理念的解决。（KrV，A532；B560）

29. 我所理解的自由，在宇宙论的理解中，就是自行开始一种状态的能力，所以它的原因性并不是按照自然规律又不从属于另外一个按照时间规定它的原因。（KrV，A533；B561）

30. 在与普遍的自然必然性联结中的自由的宇宙论理念的阐明。（KrV，A542；B570）

31. 现象——按照其一般此在——的从属性的总体性的宇宙论理念的解决。（KrV，A559；B587）

32. 只要我们用我们的理性概念仅仅把感官世界中条件的总体性、以及鉴于这种总体性而能够为理性所用的东西，当作对象：那么我们的这些理念就虽然是先验的、但却还是宇宙论的理念。（KrV，A565；B593）

33. 第一种证明是自然神学的证明，第二种证明是宇宙论的证明，第三种证明是本体论的证明。它的证明没有更多的了，并且也不可能有更的了。（KrV，A591；B619）

34. 论上帝此在的宇宙论证明的不可能性。（KrV，A603；B631）

35. 这个宇宙论的证明，我们现在所要研究的，保留了绝对必然性与最高实在性的连结，但取代如同那个上次的证明那样，从最高实在性中推出在此在中的必然性，而宁可从任何一个存在者的被预先给予的无条件的必然性、推出它的无限制的实在性。（KrV，A604；B632）

36. 所以这个证明原本从经验开始，因而它并不是完全先天地进行的，或者是本体论的，并且因为一切可能经验的对象就叫做世界，所以这个对象也就因此被称为宇宙论的证明。（KrV，A605；B633）

37. 在这个宇宙论的论证中汇聚了如此之多的玄想的原理，以致于思辨理性在这里看来使用了它的一切辩证技艺、以便完成最大可能的先验幻相。（KrV，A606；B634）

38. 但宇宙论证明使用这个经验仅仅，为了跨出一种唯一的脚步，即向着一个一般必然存在者的此在。（KrV，A606；B634）

39. 所以这原本只是一个出自纯然概念的本体论证明，这种本体论证明在所谓的宇宙论证明中包含了一切证明力，而自称的经验则是完全无用的，也许，仅仅为了把我们引向绝对必然性的概念，但并不为了在任何一个确定的物上阐明这种绝对必然性。（KrV，A607；B635）

40. 既然这个命题单纯出自它的概念而先天地已经规定了：所以这个最实在的存在者的单纯概念也就必须带有这个最实在的存在者的绝对必然性；而这正是本体论证明所主张的，而宇宙论证明所不愿意承认的，但却仍然把它的推论垫在了下面，尽管以隐蔽的方式。（KrV，A608；B636）

41. 在这个宇宙论的论证中隐蔽地包含了辩证的狂妄的一整窝，先验的批判能够轻易地揭示并打破它。（KrV，A609；B637）

42. 宇宙论证明的这种特技目的仅仅在于，为了躲避那个通过单纯概念而先天地对一个必然存在者的此在所作的证明，这种本体论的证明必须被引导，但对此我们感到完全没有能力。（KrV，A610；B638）

43. 因为，尽管宇宙论证明把一种一般经验设置为基础，但它毕竟不是从经验的任何一种特殊性状、而是从纯粹的理性原则出发，在与一个经由一般经验的意识所给予的生存的关系中进行，并且甚至抛弃了这种引导，以便纯然依靠于纯粹的概念。（KrV，A614；B642）

44. 宇宙论的论证就基于这种完全自然的（虽然还并不因此就是可靠的）结论之上。（KrV，A615；B643）

45. 而既然宇宙论证明只不过是一种隐藏的本体论证明，那么它实际上只是通过纯粹理性才实现了它的意图，虽然它一开始就已经否认了与纯粹理性的所有亲缘关系并且把一切都已经中断在出自经验的清楚明白的证明上。（KrV，A629；B657）

46. 因此，对一个作为最高存在者的唯一原始存在者的此在的宇宙论证明，就把自然神学的证明设置为基础，但本体论的证明却又把宇宙论的证明设置为基础。（KrV，A630；B658）

47. 如果人们能够指明，虽然这三种先验理念（心理学的、宇宙论的、以及神学的）并不直接地与任何与它们相应的对象和它们的规定发生关系，然而理性的经验的运用的一切规则在这样一个理念中的对象的前提下都能够通向系统的统一性并且任何时候都能够扩展这种经验知识，但却绝不能够与经验知识相违背：那么这就是理性的一个必要的准则，按照这一类理念而处理。（KrV，A671；B699）

48. 我们必须（在宇宙论中）追寻这种内部的和外部的自然现象的条件。（KrV，A672；B700）

49. 于是也没有阻止我们的丝毫东西，把这些理念也假定为客观的和实体化的，仅仅除了宇宙论的理念以外。（KrV，A673；B701）

50. 这一切都证明，宇宙论的理念无非是调节性的原则，而仿佛远离了——设立这样的序列的现实的总体性的——构成性原则。（KrV，A685；B713）

51. 纯粹理性的第三种理念，它包含着一个作为一切宇宙论序列的唯一充分原因的存在者的单纯相关的设定，就是上帝的理性概念。我们没有丝毫根据，绝对地假定（自在地设定），这个理念的对象。（KrV，A685；B713）

53. 整个形而上学系统就由四个主要部分组成。1. 本体论。2. 合理的自然之学。3. 合理的宇宙论。4. 合理的神学。（KrV，A846；B874）

原理，基本原理（der Grundsatz）

1. 人类理性陷入这种困境并非它的罪过。它开始谈基本原理，这个基本原理的运用在经验之进程中是不可避免的并同时被这种经验所充分证明。（KrV，AVII）

2. 因为这些原理现实地面临着扩展它们原本所属的感性界限而超出一切并且如此完全排斥纯粹的（实践的）理性运用的危险。（KrV，BXXIV）

3. 人们甚至无需这样一类的例子来证明在我们的知识中那些先天纯粹原理的现实性，也能够阐明、因而先天地阐明，这些原理之于经验本身可能性的不

可或缺性。（KrV，B5）

4. 几何学以之为前提的少数几条原理，虽然确实是分析的并建立在矛盾律之上的；但它们正如那些同一性命题一样，也只是用于，方法上的链条而并非作为原则。（KrV，B16）

5. 虽然道德的至上原理及其基本概念，是先天的知识，但它们却不隶属于先验一哲学。（KrV，A14；B28）

6. 先验逻辑的这个完整的部分也由两卷构成，其中一卷包含纯粹知性的概念，另一卷则包含纯粹知性的原理。（KrV，A65；B90）

7. 但联结并不处于对象之中，并且不能通过知觉从对象中借用某物而因此首先被接纳进知性，而只是知性的一项工作，知性本身无非是——作为先天地联结并把给予表象的杂多带到统觉的统一性之下的——能力，这一原理是整个人类知识中的最高原理。（KrV，B135）

8. 按照先验感性论，在与感性的关系中，一切直观的可能性的最高原理是：所有直观的杂多都服从于空间和时间的形式条件。而在与知性的关系中，一切直观的可能性的最高原理就是：一切直观的杂多都服从于统觉的本源一综合的统一性的条件。（KrV，B136）

9. 最初的纯粹知性知识——基于它的整个剩余的运用，同时也完全不依赖于感性直观的一切条件——就是统觉的本源的综合统一性的原理。（KrV，B137）

10. 原理分析论将仅仅是为了判断力的一种法规。（KrV，A132；B171）

11. 先天原理拥有这一名称，不仅仅因为它们自身中包含其他判断的根据，而且也因为它们本身不再以更高且更普遍的知识作为根据。（KrV，A148；B188）

12. 关于一切分析判断的至上原理。（KrV，A150；B189）

13. 矛盾律，作为一条单纯逻辑的原理，必须完全不把它的要求限制于时间关系。（KrV，A153；B192）

14. 关于一切综合判断的至上原理。（KrV，A154；B193）

15. 一般说来，任何地方出现了原理，这就单单被归功于纯粹知性。（KrV，A158；B197）

16. 甚至自然规律，当它们被看作知性的经验的运用的原理（Grundsätze）的时候，同时也就带有了一种必然性的特征。（KrV，A159；B198）

17. 人们把单纯经验的原理看作纯粹知性的原理，或者反过来也一样，原本都没有任何危险。（KrV，A159；B198）

18. 但存在着这种纯粹先天原理，我仍还不想把它们特别地归于纯粹知性，就因为，它们已不是从纯粹概念、而是从纯粹直观（虽然借助于知性）而抽引

出来。（KrV，A160；B199）

19. 数学的运用的原理是无条件的必然的，亦即表现为无可置疑的，但动力学的运用的原理虽然也带有一种先天必然性的品格。（KrV，A160；B199）

20. 所有纯粹知性原理就是：1. 直观的公理；2. 知觉的预测；3. 经验之类比；4. 一般经验的思想的公设。（KrV，A161；B200）

21. 所以我将把那两条称为数学的原理，而把这两条称为动力学的原理。（KrV，A162；B201）

22. 所有这三种类比的普遍原理，在一切可能的经验的意识（知觉的）方面，都建立在对每一个时间的统觉的必然统一性之上。（KrV，B219）

23. 因此我可以将前面这两条原理称为构成性的原理。（KrV，A179；B221）

24. 所以，一个经验之类比将只是一条规则，按照这条规则，从知觉中应该产生出经验之（不是像知觉本身，而是一般经验的直观的）统一性，并且有关对象（现象的对象）的原理将不看作为是构成性的，而只是调节性的。（KrV，A180；B222）

25. 一切发生的事，都假设是必然的；这是一条基本原理，它使世界上的变化都从属于一条法则，即从属于一条必然的此在的规则，没有这条规则，甚至连自然都决不会产生。（KrV，A228；B280）

26. 这两条原理都属于动力学的原理。前者原本是（在经验的类比中的）因果性原理的一个推论。后者则属于模态的原理，这种模态的原理给因果规定添加了必然性概念，但这必然性则服从于知性的规则。（KrV，A228；B281）

27. 纯粹知性的一切原理都无非是经验之可能性的先天原则，一切先天综合命题也都只与经验之可能性相关联，甚至这些命题的可能性本身都完全建立在这种关系之上。（KrV，B294）

28. 纯粹知性的原理，它们可以是先天构成性的（如数学的原理），或者仅仅是调节性的（如动力学的原理），所包含的似乎无非只是可能经验的纯粹图型。（KrV，A237；B296）

29. 一切概念，以及和它们一起的一切原理，无论它们是多么先天可能的，却都仍还与经验的直观、即与可能经验的材料相关联。舍此它们就完全没有任何客观有效性。（KrV，A239；B298）

30. 纯粹知性的原理只能与可能经验的普遍条件、与感官对象发生关系，但决不能与一般事物（不考虑我们如何可以直观它们的方式）发生关系。（KrV，A246；B303）

31. 纯粹范畴甚至对任何先天综合原理也都不够用，并且纯粹知性的原理只有经验的、而绝没有先验的运用，越出可能经验的范围之外，任何地方都将不能提供先天综合原理。（KrV，A248；B305）

32. 我们愿意把那些——其运用完全并绝对停留在可能经验的范围之内的——原理称为内在的原理，而把想要超出这一界限的原理，称为超验的原理。（KrV，A296；B352）

33. 纯粹知性原理，我们在前面所阐述的，仅仅应该是经验的而不能先验的、即超出经验范围之外的运用。但一条取消这些范围的、甚至要求跨越它们的原理，就叫作超验的。（KrV，A296；B353）

34. 因为我们必须与一种自然的和不可避免的幻觉打交道，这种幻觉本身则以主观的原理为基础，并把这些主观原理偷换成客观的原理；取而代之的是，逻辑的辩证论则在谬误推理的解决中必须只带有一个原理遵守方面的错误，或者带有一个——在模仿这些原理时的——人为做作的幻相。（KrV，A298；B354）

35. 既然每一个普遍的知识都能够在一个理性推论中用作大前提，而知性则为这样的知识提交普遍的先天原理，那么这些普遍的先天原理在它们的可能的运用方面，也可以叫作原则。（KrV，A301；B357）

36. 理性本身、亦即纯粹理性，是否先天地就包含着综合原理和规则，并且这些原则可能存在于哪里？（KrV，A306；B363）

37. “一切发生的事情都有原因”，决不是通过理性而认识和预先规定的原理。（KrV，A307；B363）

38. （在逻辑的运用中）一般理性所特有的原理就是：为知性的有条件的知识找到无条件者，借此完成知性的统一性。（KrV，A307；B364）

39. 但纯粹理性的这样一条原理显然是综合的；因为有条件者虽然与任何一个条件分析地相关联，但并不与无条件者分析地相关联。（KrV，A308；B364）

40. 但产生于纯粹理性最高原则的原理对于一切现象都将是超验的，亦即将绝不可能做出这个原则的任何与它相应的经验的运用。（KrV，A308；B365）

41. 所以这个理性的原理原本只是一个规则，它在给予的现象的条件序列中命令一个永远也不允许停留在一个绝对无条件者那里的回溯。所以它就决不是任何经验之可能性和感官对象的经验的知识的原则，因而也不是任何知性的原理。（KrV，A508；B536）

42. 作为在客体中（在现象中）自在地本身给予了的条件序列的那个绝对总体性的原理则会是一个构成性的宇宙论原则。（KrV，A509；B537）

43. 一条通常是辩证的原理就被转变成了一条学理的原理。（KrV，A516；B544）

44. 我们需要现象相互之间的原因性这条原理，为了从自然事件中能够寻求和指出自然条件、即现象中的原因。（KrV，A544；B572）

45. 那条从偶然之物推出一个原因的先验原理，它只在感官世界中才有意义，而在感官世界之外甚至连一个含义都没有。（KrV，A609；B637）

46. 在这样的意义上两条原理可以单纯作为启发性的和调节性的原理，它们所操心的无非是理性的形式上的利益，而完全相互存在。（KrV，A616；B644）

47. 这条原理，从发生的东西中、（从经验的偶然之物中）、作为结果、而推导出一个原因，是一条自然知识的原则，但不是思辨知识的原则。（KrV，A635；B663）

48. 知性的一切综合原理都是内在的运用的原理。（KrV，A636；B664）

49. 所以一切原理都只是内在的有效性的、即它们都只与经验的知识的对象或者现象相关联。所以即使是通过先验的处理、在一个单纯思辨理性的神学方面也将毫无成效。（KrV，A638；B666）

50. 由于特殊的自然规律服从于普遍的自然规律，并且原则的节约不单纯成为理性的一个经济的原理，而且成为了自然的内部法则。（KrV，A650；B678）

51. 在先验分析论中，我们已经在知性原理中把动力学的原理，作为直观的仅仅调节的原则，与数学的原理，它在直观方面是构成性的原则，区分了开来。（KrV，A664；B692）

52. 每一个先天地为知性确定它的运用的通盘统一性的原理，虽然只是间接地，也对经验之对象有效。（KrV，A665；B693）

53. 我把一切——在这个客体的知识的一定可能的完善性方面，不从客体的性状、而从理性的兴趣中取得的——主观原理，叫做理性的准则。所以就存在着思辨理性的一些准则，它们只是基于思辨理性的兴趣之上，尽管大概看起来，这些准则都是客观的原则。（KrV，A666；B694）

54. 理性统一性就是系统的统一性，并且这种系统统一性并没有在客观上充当理性的一个原理，以使理性扩展到对象之外，而是主观上用作一个准则，以使理性扩展到对象的一切可能的经验的知识之外。（KrV，A680；B708）

55. 这个公理，是先天的综合的原理，只要它直接就是确定的。（KrV，A732；B760）

56. 既然哲学仅仅是按照概念的理性知识，那么在它之内就不会找到任何配得上公理的名称的原理。（KrV，A732；B760）

57. 推论的原理是完全不同于直觉性的原理、即公理的。（KrV，A733；B761）

58. 所以哲学并没有任何公理，也决不允许如此绝对地要求它的先天原理，而是必须勉强，通过彻底的演绎来为它们的、由于这些原理而来的权限而做辩

护。（KrV，A733；B761）

59. 但它却叫做原理而不是定理，虽然它必须被证明，这是因为它具有这种特别的属性，它本身首次使它的证明根据、即经验成为可能，并且永远必须在经验那里被预设。（KrV，A737；B765）

60. 所以第一条规则就是这种：不尝试任何先验的证明，无需事先考虑好并且如果那样的话就有充足的理由而必须，从哪里人们愿意接受这些原理，想到什么人们就把它建立起来，并且人们有什么权利可以期待它们好的推论结果。（KrV，A786；B814）

61. 每一个先验的原理都只从一个概念出发，并且按照这个概念来说出对象的可能性的综合条件。（KrV，A787；B815）

62. 我把法规理解为一定的一般认识能力的正确运用的先天原理的总和。（KrV，A796；B824）

63. 实践的规律，只要它同时又是行动的主观根据、即主观原理，就叫作准则。（KrV，A812；B840）

64. 我肯定，没有任何东西能动摇这个信念，因为借此我的道德原理本身将会被颠覆，这些道德原理，不在我自己眼里配得上憎恶，我就不能放弃。（KrV，A828；B856）

原理分析论（die Analytik der Grundsätze）

1. 原理分析论。（KrV，A130；B169）

2. 原理分析论将仅仅是为了判断力的一种法规，这种法规引导判断力，把包含先天规则的条件的知性概念运用于现象上。（KrV，A132；B171）

原始存在者（das Urwesen）

1. 所以这种直观方式为了这种普遍有效性的缘故毕竟还不听从于感性，这正是因为，它是派生的直观（intuitus derivativus），而不是本源的直观（intuitus originarius），因而不是智性的直观，好像这种智性的直观，出于上面例举的理由，显得只应归于原始存在者，但决不归于一个——按照它的此在以及它的直观（那种它的此在在与给予的客体的关系中规定的直观）——不独立的存在者。（KrV，B72）

2. 从它的自身（即灵魂）的知识继续前行到世界知识，并且，借助于这种知识，继续前行到原始存在者，是一个如此自然的进程，以致于这个进程看起来类似于理性从前提到结论的逻辑进程。（KrV，A337；B394）

3. 恰好从同一个证明根据中，一个原始存在者的此在，在正题中被推出来了，而在反题中，原始存在者的非存在又以同样的严格被推出来了。（KrV，

A459；B487）

4. 世界有一个开端，我的思想着的自己具有单纯的因而不灭的本性，这个自己同时在它的任意的行动中本该是自由的并超越于自然强制，并且最终，构成世界的那些事物的整个秩序，都来源于一个原始存在者，一切东西都从这个原始存在者那里借取它的统一性和合目的的联结，这么多都是道德和宗教的基石。（KrV，A466；B494）

5. 每一个事件都总有另外一个事件作为它的原因，并且一般此在的条件一直又以别的条件为依靠，任何时候都无需在一个作为原始存在者的独立之物中获得无条件的支持和支撑。（KrV，A467；B495）

6. 如果不存在区别于世界的原始存在者，如果世界无需开端因而也无需创造者，我们的意志不是自由的，并且灵魂与物质存在同样的可分性和可朽性，那么道德的理念和原理也都丧失了一切有效性，而与构成它们的理论支柱的那些先验的理念一起陷落了。（KrV，A468；B496）

7. 最后，也不会容许，人们为此而寻求任何一个外在于自然的原因，（原始存在者），因为我们所知道的，无非是自然，自然是唯一向我们提供对象、并能够把这些对象的规律教给我们的。（KrV，A470；B498）

8. 因此，理性的理想的那个仅仅处于理性中的对象，也被称为原始存在者（ens originarium，原始存在物），如果它在自己之上没有任何东西，则称为最高存在者（ens summum，最高的存在物），并且，如果一切事物，作为有条件者，都服从于它，则称为一切存在者的存在者（ens entium，存在物的存在物）。（KrV，A578；B606）

9. 但因为我们也不能说，一个原始存在者由许多派生的存在者构成，当每一个派生的存在者都预设了那个原始存在者、因而并不能构成它的时候，所以，原始存在者的理想也必须被设想为简单的。（KrV，A579；B607）

10. 一切事物的可能性都将最高实在性——作为一种根据而不是作为整体——设置为基础，并且一切事物的杂多不是基于对原始存在者本身的限制，而是基于对原始存在者的完备的后果的限制。（KrV，A579；B607）

11. 如果我们现在通过使它实体化的方法而更深地调查我们的这个理念，那么我们就可以通过最高实在性的单纯的概念而把原始存在者规定为一个唯一的、简单的、完全充足的、永恒的等等的存在者，一句话，在它的无条件的完备性中能够通过一切谓述词而规定它。（KrV，A580；B608）

12. 因此我就问：理性如何导致了，把事物的一切可能性都看作是从一个唯一的、把它设置为基础的、也就是最高实在性的可能性中派生出来的，并且由此把这种可能性预设为，包含在一个特殊的原始存在者之中了呢？（KrV，A581；B609）

13. 这就是那个——理性建基于它朝原始存在者进步的——论证。（KrV，A584；B612）

14. 物质，或一般地说，凡是属于这个世界的东西，都不会与一个——作为最大经验的统一性的单纯原则的——必然的原始存在者的理念相适合，相反，这个原始存在者必须被设置在世界之外，这样我们才总能够大胆放心地从别的现象中推导出这个世界的现象和它的此在，好像并没有任何必然的存在者，然而却能够不断地追求推导的完备性，就好像已经预设了一个这样的、作为至上的根据的存在者。（KrV，A618；B646）

15. 一个必然的最充足的原始存在者的先验理念是过分大、如此高地超出了一切任何时候都是有条件的经验之东西，以致于人们部分地决不能够在经验中费劲地找到足够的材料，以便满足一个这样的概念，部分地永远在这些有条件者中来回摸索，并且始终将徒劳地寻找那个——没有任何一个经验的综合的法则为我们提供一个事例或者对此的最起码的引导的——无条件者。（KrV，A621；B649）

16. 所以这个证明所能够阐明的，最多是一个——永远被他所加工的材料的适应性大大限制着的——世界建筑师，但却不是一个——所有的东西都服从于它的理念的——世界创造者，而这对于人们所密切注意的那个伟大意图，即证明一个最充分的原始存在者，是远远不够的。（KrV，A627；B655）

17. 因此，对一个作为最高存在者的唯一原始存在者的此在的宇宙论证明，就把自然神学的证明设置为基础。（KrV，A630；B658）

18. 如果我把神学理解为原始存在者的知识，那么它要么就是来自单纯理性的（theologia rationalis，理性神学），要么就是来自启示的（revelata，天启[神学]）。（KrV，A631；B659）

19. 前一种人同意，我们充其量能够通过单纯理性而认识一个原始存在者的此在，但关于它我们的概念好像是单纯先验的，即无非一个拥有一切实在性的存在者的概念，但人们却不能进一步地规定这种实在性。（KrV，A631；B659）

20. 先验的神学要么是这种打算把原始存在者的此在从一般经验中推导出来（而没有靠近地规定经验所属的这个世界）的神学，叫做宇宙神学，要么是相信通过单纯的概念、没有丝毫经验之帮助，而认识它的此在的神学，这就被称为本体神学。（KrV，A632；B660）

21. 所以人们就能够在严格意义上否认自然神论者一切对上帝的信仰，并且只给他剩下一个原始存在者或至上原因的主张。（KrV，A633；B661）

22. 如果要使在经验有效的因果律导致这种原始存在者，那么这个原始存在者就必须同属于经验之对象的链条。（KrV，A636；B664）

23. 使自己本身与每一个理知的意图相一致，并且从一切想与一个原始存在者的概念相违背的东西中、并且从一切经验的局限的混淆中，纯化至上存在者的知识。（KrV，A640；B668）

24. 由此也就解释了，从那里我们虽然在与生存着地提供给感官的东西的关系中、需要一个自在的必然的原始存在者的理念，却决不能够对这个原始存在者和它的绝对的必然性具有丝毫的概念。（KrV，A679；B707）

25. 我们怎么会由此直接推出一个——作为一切原因性的起源的——原始存在者的一种最高的和绝对必然的完善性的理念呢？（KrV，A694；B722）

26. 它不可避免地引导上一个唯一的、最最完善的和有理性的原始存在者的概念，思辨神学对此就从不从客观的根据中暗示我们，更谈不上能使我们确信这件事情了。（KrV，A814；B842）

27. 这种先验神学把这个最高的本体论的完善性的理想采用为一条按照普遍而必然的自然律把联结一切事物的系统统一性原则，因为一切事物全都在一个唯一的原始存在者的绝对必然性中拥有它们的来源。（KrV，A816；B844）

28. 但如果现在实践理性已经达到这个高峰、即作为一个至善的一个唯一的原始存在者的概念，那么它决不可以冒险以为，它已经超越了它的应用的一切经验的条件，并高高飞升到那些新的对象的直接的知识，以便从这一概念出发、并从中推导出道德律本身。（KrV，A818；B846）

原始根据（der Urgrund）

1. 对于我们是一个理想的东西，对于柏拉图则是一个神圣知性的理念，一个在神圣知性的纯粹直观中的单独的对象，即可能存在者的每一类的那个最完善者和现象中一切摹本的那个原始根据。（KrV，A568；B596）

2. 于是理性就如此推导：这种最高存在者，作为一切事物的原始根据，就该是绝对必然地在此的。（KrV，A587；B615）

3. 后一种人主张，理性有可能按照与自然的类比而进一步地规定这个对象，即作为一个——通过知性和自由而包含一切别的事物的原始根据在自身中的——存在者。（KrV，A631；B659）

4. 没有任何作为万有的原始根据的最高存在者。（KrV，A641；B669）

5. 只为了，在这样一个原始根据的庇护下，使世界整体中的杂多的系统统一性、并借助于这种统一性，而使得最大可能的经验的理性运用成为可能。（KrV，A678；B706）

6. 世界统一性的这个原始根据本身自在地是什么，这本来就不应当由此而被思考。（KrV，A697；B725）

原始根源（der Urquelle）

1. 不得不对作为可能性的原始根源的这种完备的实在性之绝对统一性，给予赞同。（KrV，A587；B615）

原因（die Ursache）

原因与结果（die Ursache und die Wirkung）

最高原因（die höchste Ursache）

至上原因（die oberste Ursache）

1. 那么因果性原理、因而自然机械论的原理在事物的规定中就必须彻底地适用于一切、作为起作用的原因的一般事物。（KrV，BXXVII）

2. 于是，例如这个命题："每一个变化都有其原因"，是一个先天命题，只是并不纯粹，因为变化是一个只能从经验中被取得的概念。（KrV，B3）

3. 一个原因的概念本身如此显然地包含着与一个结果相连结的必然性的概念和规则的一种严格普遍性的概念，以致于这个概念就会完全地消失了。（KrV，B5）

4. 但一个原因的概念则完全外在于前面那个概念，并且表示与发生的某物不同的东西，因而是完全没有包含在这后一种表象中的。（KrV，A9）

5. 大卫·休谟，在所有哲学家中间最接近于这个课题，但还远远没有足够确定地并且在其普遍性中思考它，而只是停留在结果和其原因相连结的综合命题（因果律）之上。（KrV，B19）

6. 原因性与从属性（原因与结果）。（KrV，A80；B106）

7. 我就以原因的概念为例，它意味着一种特殊的综合方式。（KrV，A90；B122）

8. 原因的概念的客观有效性必须能够被先天地阐明。（KrV，A90；B122）

9. 例如在现象的次序中呈现不出那些可提供一种综合的规则、并且因而可与原因和结果的概念相符合的东西，于是这就会使得这种因果概念完全是空洞的，没有意义的。（KrV，A90；B123）

10. 原因概念根本不能以这种方式产生，相反，它必须要么完全先天地被建立在知性中，要么就被作为单纯的幻象而整个被放弃。因为这个概念无论如何都要求，可能存在着这种方式的某物 A，另一物 B 必然地并按照一条绝对普遍的规则而随之产生。现象完全可利用一些情况，规则可能来源于其中，按照某物通常的规则而发生，但其后果绝不会是必然的：所以一种——人们根本不能经验地表达出来的——尊严还会附加在原因和结果的综合上，亦即，结果并不是只添加进原因，而是通过原因被设置的、并随之发生的。（KrV，A91；

B123，124）

11. 一个原因的概念无非是按照概念（对那种在时间序列中随之而来的东西，与其他现象的）一种综合，而没有这样的——具有它的先天规则，并使现象服从于自己的——统一性，无例外的、普遍的，因而必然的意识统一性，就不可能在知觉的杂多中被找到。（KrV，A112）

12. 一个原因的概念随身带有必然性的特征，而任何经验都不能提供这种必然性。（KrV，A112）

13. 但现在，这种综合统一性，作为先天条件，在它之下我联结一般直观之杂多，如果我放弃了我的内直观的持久的形式，放弃了时间，就是原因范畴，当我把这一范畴应用于我的感性上时，我就通过它对一切所发生的事情，在一般时间中按照它的关系而加以规定。（KrV，B162）

14. 例如原因的概念，它陈述了在某一种前提条件下一个结果的必然性。（KrV，B168）

15. 我不可能会说：结果已经与原因在客体中（即必然地）联结着，而只能说，我只是被如此设置，以致于我只能把这些表象这样联结着而思想。（KrV，B168）

16. 原因和一般事物的因果性的图型是那种实在之物。（KrV，A144；B183）

17. 如果人们把这种实在性看作原因（不管是在现象中的感觉的原因还是别的实在性的原因，如一种变化的原因），所以人们就把这种作为原因的实在性的程度称为，一个力矩（Moment）。（KrV，A168；B210）

18. 一切变化都按照原因与结果的连结的规律而发生。（KrV，A189；B232）

19. 然而这个概念，它随身带有综合统一性的必然性，只能够是一种纯粹知性概念，它并不处于知觉中，而在此它就是因果关系的概念，在这种关系中，原因在时间中把结果规定为接续而来的东西，而不是规定为某种单纯在想像中有可能先行（或者任何地方都不被知觉到）的东西。（KrV，A189；B234）

20. 当然，一条规定事件的序列的规则、作为一个原因概念的这种表象，其逻辑清晰性，只有当我们已把它运用于经验中以后，才是可能的。（KrV，A196；B241）

21. （作为可能的知觉的）现象关系——按照这种关系，后继之物（发生的事情）根据其此在通过某种先行之物——是必然的，并且按照一种规则在时间中而被规定，因而原因与结果的关系，就是我们的经验的判断——鉴于知觉序列的——客观有效性的条件，因而是知觉的经验的真理的、所以也就是经验客观有效性条件。因此在现象的相继中的因果关系原理也相当于在经验的一切对象（它们服从相继性条件）之前，因为它本身就是这样一个经验可能性的根据。（KrV，A202；B247）

22. 在自然中起作用原因的绝大部分都与它们的结果是同时的。（KrV，A203；B248）

23. 这种时间相继当然就是结果的、在与先行的原因的因果性的关系中这种唯一的经验的标准了。（KrV，A204；B249）

24. 这种因果性引出了动作的概念，动作则引出了力的概念，并由此引出了实体的概念。（KrV，A204；B249）

25. 一种陌生的原因的结果，它就叫作创造，创造作为事件在现象中是不能被允许的。（KrV，A206；B251）

26. 一般来说某物如何能够被改变；它如何可能在一个时间点的状态之后跟随着另一个时间点的一种相反的状态：对此我们先天并不拥有起码的概念。（KrV，A207；B252）

27. 知性，借助于统觉的统一性，是为现象在这个时间中的一切位置的连续规定的可能性的先天条件，通过原因和结果的序列，它们的原因不可避免地导致了结果的此在，并因此而使时间关系的经验的知识对每一个时间都（普遍地）、因而客观地有效。（KrV，A211；B256）

28. 现在，只有那本身是另一个东西或它的规定们的原因的东西，才规定另一个东西在时间中的位置。（KrV，A212；B259）

29. 必然性的标准只在于可能经验的法则：一切发生的事都先天地被它在现象中的原因所规定。（KrV，A227；B280）

30. 必然性只涉及按照因果性的动力学法则的现象的关系，以及这种建立于其上的从任何一个被给予的此在（一个原因）先天地推出另一个此在（结果）的可能性。（KrV，A228；B280）

31. 因为某物存在，另一个某物就必须存在，因而某物一般如何可能是原因。（KrV，A235；B288）

32. 我们只能从可能经验的客体上证明这个原理：一切发生的事（任何一个事件）都预设了一个原因。（KrV，B289）

33. 凡是只能作为后果而生存的东西，具有自己的原因。（KrV，B290）

34. 但变化就是事件，事件，作为这样的事件，只有通过一个原因才是可能的，所以它的非存在对自己才是可能的，因而人们认识偶然性，从某物只作为一个原因的结果才可能生存中。（KrV，B291）

35. 关于原因这个概念，我（如果我删去——在其中某物按照一个规则而跟随另一个某物的——时间），在这个纯粹范畴中找不到更多的东西，而无非它本该是这样的——由此推导出另一某物的此在的——某物。（KrV，A243；B301）

36. 然而关于这个原因，为什么人们，不完全满足于感性的基底，而已给现相（Phaenomenis）附加上了——只有纯粹知性才能够思想它的——本体，那

么这个原因则仅仅基于这里。（KrV，A251）

37. 我们通常仍然愿意研究这些现象的非感性的原因。（KrV，A278；B334）

38. 一物就该是在另一物中规定的原因。（KrV，A285；B342）

39. “一切发生的事都有一个原因”，完全不能从“一般发生的事”这个概念中被推导出来。（KrV，A301；B357）

40. “一切发生的事情都有原因”，决不是通过理性而认识和预先规定的原理。（KrV，A307；B363）

41. 那些理念在最高知性中是个别的、不可改变的、彻底规定了的，并且是事物的本源的原因，而只有在宇宙中事物联结的整体才是唯一而单独地完全适合于那个理念的整体的。（KrV，A318；B374）

42. 如果我在这里把自己表象为思想的主体，或者甚至也表象为思维的根据，那么这些表象方式并不意味着实体或者原因的这些范畴，因为这些范畴是那些——已经被应用于我们的感性直观的思维的（判断的）——机能。（KrV，B429）

43. 这样，思想者自身就必须在这种经验的直观中寻找它之于实体、原因等范畴的逻辑机能运用的条件，为了不仅通过这个“我”把自己表明为自在的客体本身，而且也规定这个客体的此在的方式，亦即把自己作为本体来认识，但这却是不可能的。（KrV，B430）

44. 这些道德法则每次都能够与自然法则同时、依照实体和原因这些范畴而被解释，虽然它们产生于完全不同的原则。（KrV，B432）

45. 但现在，从一个给予的结果到一个确定的原因的推导，任何时候都是不可靠的；因为这种结果可能是从不止一个原因而产生的。（KrV，A368）

46. 因为原因只是与外感官相关，而结果却与内感官相关。（KrV，A386）

47. 运动不是这个未知原因的结果，而仅仅是这个原因对我们感官的影响的现象。（KrV，A387）

48. 那种显现为物质的东西，不可能通过其直接的影响而是表象的原因。（KrV，A390）

49. 我们感性的未知对象不可能是在我们之内的表象的原因。（KrV，A392）

50. 人们把外部现象归因于一个先验对象，这个先验对象是那一类表象的原因，但我们根本不认知它，也未曾得到过它的一些概念。（KrV，A393）

51. 所以这就只剩下了因果性的范畴，它对一个给予的结果呈现出一个原因序列，在其中，人们可以从作为有条件者的这个结果而上升到作为条件的那些原因，并且能够回答那些理性问题。（KrV，A414；B441）

52. 而鉴于空间则叫做世界的界限，鉴于一个在它的界限之内被给予的整体的各部分，就叫做简单之物，鉴于原因则叫做绝对的自动性（自由），鉴于

变化之物的此在则叫做绝对的自然必然性。（KrV，A418；B446）

53. 发生的事情的条件，就叫做原因，而在现象中原因的无条件的原因性就叫做自由，相反，有条件的原因性在更严格的理解中就叫做自然原因。（KrV，A419；B447）

54. 每一个事件都总有另外一个事件作为它的原因，并且一般此在的条件一直又以别的条件为依靠，任何时候都无需在一个作为原始存在者的独立之物中获得无条件的支持和支撑。（KrV，A467；B495）

55. 最后，也不会容许，人们为此而寻求任何一个外在于自然的原因，（原始存在者），因为我们所知道的，无非是自然，自然是唯一向我们提供对象、并能够把这些对象的规律教给我们的。（KrV，A469；B497）

56. 是否存在着一个万物归总的、绝对必然的原因，如此等等，那么我们就应当给我们的理念寻找一个对象。（KrV，A478；B506）

57. 而是，我们必须在我们的理念本身中寻求原因，而这个原因是一个不允许有任何解答的问题，而且关于它，我们还顽固地假定，就好像一个现实的对象与它相符合。（KrV，A482；B510）

58. 在世界上发生的一切事情中，除了按照自然规律的结果，便什么也没有，那么这个原因的原因性又总还是某种发生的东西，并且使你们对更高原因的追溯、因而使条件序列 a parte priori（向在先方向上）的无休止的延长成为必然的。（KrV，A488；B516）

59. 这些表象的非感性的原因是我们完全不知道的，因此我们不能把这个原因直观为客体；因为这一类对象将必须既不在空间中、也不在时间中（作为感性表象的这些单纯条件）被表象，而没有这些条件我们根本就不能设想任何直观。（KrV，A494；B522）

60. 把世界事件从其原因加以推导的总体性的宇宙论理念的解决。（KrV，A532；B560）

那么发生、或产生出来的事情的原因的原因性，也是被产生的，并且按照知性的原理本身又需要一个原因。（KrV，A532；B560）

61. 鉴于发生了的事情，人们只能够设想两种类型的原因性，要么按照自然，要么出于自由。（KrV，A532；B560）

62. 因为一切经验的可能性本身的一般法则就在于，一切发生的事情都必须有一个原因，因而这个原因的原因性，本身是发生、或产生出来的，又必须有一个原因；于是，整个经验领域，不管它延伸多么远，都变成了单纯自然的一个总和。（KrV，A533；B561）

63. 理性就为自己创造了能够自行开始行动的一种自发性的理念，而不允计预先派遣一个另外的原因，再来按照因果连结的法则去规定行动。（KrV，

A533；B561）

64. 实践自由假设，虽然某物并没有发生，但却应当发生，因而它的原因在现象中并没有如此规定。（KrV，A534；B562）

65. 自然就是每一个事件的完备而自身充分的规定着的原因。（KrV，A536；B564）

66. 一个这样的理知的原因在原因性方面就不被现象所规定，虽然它的结果能够显现出来，并所以能够被别的现象所规定。（KrV，A537；B565）

67. 所以这个理知的原因连同其原因性就都在序列之外；相反它的结果却在经验的条件的序列之中被发现。所以这个结果鉴于它的理知的原因就可以被看作自由的，但同时鉴于现象则可以被看作按照自然的必然性而出自现象的后果。（KrV，A537；B565）

68. 但每一个起作用的原因都必然具有一种品格，即它的原因性的一条法则，舍此它就根本不会是原因了。（KrV，A539；B567）

69. 人们将必须还承认它有一种理知的品格，借此这个主体虽然是那些作为现象的行动的原因，但这种品格本身并不从属于任何感性的条件，并且本身不是现象。（KrV，A539；B567）

70. 由于在它之内，只要它是本体，而没有发生什么，遇不到任何需要动力学的时间规定的变化，因而遇不到任何与作为原因的现象的联结，所以这个积极的存在者，只要在它的自然必然性的行动中，作为只在感性世界中才遇到的东西，就是独立而自由的。（KrV，A541；B569）

71. 这样，自由和自然，每一个都在它的完全意义中，恰好就在每一个自身的行动那里，按照人们把它们与它们的理知的原因或感性的原因相比较，而没有任何冲突地同时被找到。（KrV，A541；B569）

72. 自然规律，即一切发生的事情都有一个原因，这个原因的原因性，即行动。（KrV，A542；B570）

73. 一个——在对其条件的回溯中根本不允许任何绝对的总体性的——原因的链条。（KrV，A543；B571）

74. 在现象里的原因中，能够全然并自行开始一个序列，是肯定不可能的。（KrV，A543；B571）

75. 所以自然原因在时间系列中的一切行动本身又是——一些在时间序列中同样预设了它的原因的——结果。（KrV，A544；B572）

76. 如果人们假定，在那些自然原因中也会有一些这样的原因，它们具有一种本身只是理知的能力，因为这种能力为了行动的规定决不以经验的条件、而以知性的单纯为基础，但毕竟，这个原因的在现象中的行动本该是与经验的原因性的所有规律相一致的。（KrV，A545；B573）

77. 理性的原因性并不产生于理知的品格中，或者绝不在一个确定的时间的开始，以便产生一个结果。（KrV，A551；B579）

78. 人本身就是现象。他的任意具有一种经验的品格，这种品格是他的一切行动的（经验的）原因。（KrV，A552；B580）

79. 我们能够用自由行动的评判，鉴于它们的原因性，只达到理知的原因，但却不能超出这个原因；我们可以认识到，这个原因能够是自由的，即能够独立于感性而规定，并且，能以这种方式，而成为现象的感性的无条件的条件。（KrV，A557；B585）

80. 在自由那里作为原因的物本身（Substantia phaenomeno，现相的实体）毕竟仍还属于条件序列，而只有它的原因性被思想为理知的。（KrV，A561；B589）

81. 但这个调节的原理刚好也很少排除一个不在这序列中的理知的原因的假定，如果它涉及到理性（鉴于目的）的纯粹运用。（KrV，A564；B592）

82. 因为偶然之物只有在一个作为其原因的其他偶然之物的条件下才生存，而对这个原因又继续适用这个推论，直到一个非偶然地并且恰好因此便无需条件而必然地在此的原因。（KrV，A584；B612）

83. 这样，我们就把这个最高的原因看作绝对必然的，因为我们认为，绝对有必要上升到它，并且没有任何理由还要进一步超出它。（KrV，A589；B617）

84. 那么我们应当公平地把至上的原因性置于何处呢？除非，那里也有最高的原因性。（KrV，A590；B618）

85. 按照因果律一直上升到世界之外的最高原因。（KrV，A590；B618）

86. 要么最后抽掉一切经验，并且完全先天地从单纯概念中推导出一个最高原因的此在。（KrV，A591；B619）

87. 所有偶然之物都有它的原因，这个原因，如果它又是偶然的，同样也必须有一个原因，直至相互隶属的原因序列必须在一个绝对必然的原因那里终结，没有这个绝对必然的原因，这个序列就不会具有任何完备性。（KrV，A605；B633）

88. 这个推论，从一个高于一个地被给予的原因的一个无限序列之不可能性推导出一个最初的原因，对此理性运用本身在经验中的原则们没有授权与我们，更不能把这条原理扩展到超出经验之外（这个链条完全不能被延伸到那里）。（KrV，A610；B638）

89. 什么是这种不可避免的原因，某物在生存的事物中假定为自在必然的，同时却又在这样一个存在者的此在面前像在深渊面前一样怕得发抖呢？（KrV，A615；B643）

90. 按照这种看法，最高存在者的理想无非是理性的一个调节的原则，即把世界上的一切联结都看作，似乎是从一种最充分的必然原因中产生出来的，以便在这上面建立起解释这些联结的一种系统的和按照普遍法则的必然的统一性的规则，而并不是主张一种自在的必然的生存。（KrV，A619；B647）

91. 除非我们把一个作为至上原因的最实在的存在者的理念设置为基础，就不能以任何方式把自然的系统统一性设立为我们理性的经验的运用的原则。（KrV，A619；B647）

92. 从结果向原因过渡的一切法则，甚至我们一般知识的一切综合和扩展，都无非只是被放置在可能经验之上、因而只是被放置在感官世界的对象之上并且只鉴于感官世界的对象才能有一种意义。（KrV，A621；B649）

93. 这个最高原因（鉴于世界的万物），人们应当把它设想为多么大呢？我们既不按照它的全部内容而认识这个世界，我们也丝毫不知道通过与一切可能存在之物的比较而估量它的量。（KrV，A622；B650）

94. 所以一个（或许多）崇高的和智慧的原因生存着，它必须不仅仅作为盲目起作用的全能的自然，通过丰产性而成为世界的原因，而必须作为理智，通过自由而成为世界的原因。（KrV，A625；B653）

95. 所以这个推论就从在世界之中如此普遍可观察到的秩序和合目的性，当作一种完全偶然的安排，走向那个与之相称的原因的此在。但这个原因的概念必须把某种有关这原因的完全确定的东西提供给我们来认识，并且因此它不能是任何别的概念，而无非是关于一个具有全能、全智等等、总之是具有全部完善性的、作为一个最充分的存在者的存在者概念。（KrV，A627；B655）

96. 自然神学便绝不能够提供有关至上的世界原因的任何确定的概念。（KrV，A628；B656）

97. 人们现在唯独从这种偶然性出发，仅仅通过先验的概念，走向一个绝对必然者的此在，并且从最初原因的绝对的必然性的概念出发，走到那绝对必然者的通盘被规定的或作规定的概念，即一个无所不包的实在性的概念。（KrV，A629；B657）

98. 所以前一种人把这个存在者单纯设想为一个世界原因，（无论是通过它的本性的必然性，还是通过自由，仍还不明确），后一种人则把这个存在者设想为一个世界创造者。（KrV，A632；B660）

99. 所以人们就能够在严格意义上否认自然神论者一切对上帝的信仰，并且只给他剩下一个原始存在者或至上原因的主张。（KrV，A633；B661）

100. 所以如果一个物的绝对必然性应当在理论知识中被认识，那么这个物就唯有从先天概念中才能够发生，但决不作为一个——与被经验所给予的此在相关联的——原因。（KrV，A634；B662）

101. 这条原理，从发生的东西中、（从经验的偶然之物中）、作为结果、而推导出一个原因，是一条自然知识的原则，但不是思辨知识的原则。（KrV，A635；B663）

102. 如果人们从世界上事物的此在推导出它们的原因，那么这就不属于自然的、而属于思辨的理性运用，因为自然的运用不把事物自身（实体）、而只把那些发生了的东西、因而把它们的状态、作为经验的偶然的东西与某个原因联系起来。（KrV，A635；B663）

103. 并非从一个最高的理智而推导出世界秩序和它的系统的统一性，而从一个最高智慧的原因的理念而取得这种规则，根据这种规则，理性在联结世界上的原因和结果时就本该使它自己得到最大满足。（KrV，A673；B701）

104. 因而只为了表达那个——应当被用作我们理性的经验的运用的准绳的——系统统一性，却无关于这个统一性的根据该是什么、或这样一个存在者的内在属性该是什么，这个统一性作为原因根据于什么。（KrV，A674；B702）

105. 所以理性对于一个作为至上原因的最高存在者的设定，仅是相对地、为了感官世界的系统统一性的目的而被思想，并且是一个在理念中的单纯“某物”，我们对它自在地是什么，不具有任何概念。（KrV，A679；B707）

106. 在理性本身被看做一种规定的原因的地方（在自由中），因而在实践的原则那里，就应当处理为，好像我们不是面对一个感官客体、而是面对纯粹知性的客体一样，在这里，条件不再能够被设立在现象的序列中，而只能被设立在现象的序列之外，并且这些状态的序列则可以被视做、就好像它被绝对地（通过一个理知的原因）而开始那样。（KrV，A685；B713）

107. 纯粹理性的第三种理念，它包含着一个作为一切宇宙论序列的唯一充分原因的存在者的单纯相关的设定，就是上帝的理性概念。我们没有丝毫根据，绝对地假定（自在地设定），这个理念的对象。（KrV，A685；B713）

108. 所以，把一个至上的理智预设为，世界整体的唯一原因，但当然只在理念中预设，这对于理性任何时候都能够有益，但却决不有害。（KrV，A687；B715）

109. 这个预设无非是理性的一条调节的原则，为了达到最高系统的统一性，而借助于那个至上的世界原因的合目的的原因性的理念，并且，好像这个原因性作为最高的理智，按照最智慧的意图就是一切东西的原因。（KrV，A688；B716）

110. 从自然中证明一个这样的理智的至上原因的此在。（KrV，A693；B721）

111. 把这种自然的系统统一性的调节性的原则设想为一条构成性的原则，并且，仅仅在理念中被设置为理性的一致运用的基础的东西，实体化地预设为

原因，就只叫做理性迷乱。（KrV，A693；B721）

112. 因此，我们同样也有权利，在理念中的世界原因，不仅按照一种更加细致的拟人论（没有拟人论就会根本不可能对这种原因作任何思想），即作为一个具有知性、愉悦和讨厌、以及一种与之相符合的欲望和意志等等的存在者，而思想，而赋予它无限的完善性。（KrV，A700；B728）

113. 他们说，哲学单纯以质为客体、而数学却只以量为客体，已经把结果当作了原因。数学知识的形式是数学只能指向定量的原因。（KrV，A714；B742）

114. 借助于原因概念，我现实地走出了关于一个事件（因为某物发生）的经验的概念，但并没有达到——具体表现原因概念的——那种直观，而是达到了——在经验中遵照原因概念而想被找到的——一般时间条件。（KrV，A722；B750）

115. 这条原理的真实性（一定不是一个起作用的一般原因的概念的客观有效性）。（KrV，A760；B788）

116. 如果，在一个无限制地完善的原因的前提下，虽然在世界中发现的一切合目的性、秩序和大小的任何解释根据，都不缺乏，但却需要那种，至少按照我们的理解、在显示出畸形与祸害的情况下，仍然新的假设，以便对这种情况的反驳得到拯救。（KrV，A774；B802）

117. 所以身体就不会是思想的原因，而是思想的一个单纯限定的条件。（KrV，A779；B807）

118. 意志可以是自由的，但这只与我们意愿的理知原因相关。（KrV，A798；B826）

119. 所以我们通过经验而认识到，实践的自由作为自然原因之一，即在意志的规定中的理性的原因性，然而先验的自由却要求这个理性本身（鉴于它的开始了一个现象序列的原因性）独立于感官世界的一切规定的原因，并且只要先验的自由看起来是与自然律、因而与一切可能的经验，显得是相违背的，所以就仍还是一个问题。（KrV，A803；B831）

120. 某物存在（它规定着最后可能的目的），因为某物应当发生；后者则会推出那种结论，某物存在（它作为至上原因而起作用），因为某物发生了。（KrV，A806；B834）

121. 我把这样一种理智的理念——在这种理念中，与最高快乐联结着的道德的最完善的意志，是世上一切幸福的原因，只要这幸福与德性（作为配得上幸福的）处于精确的比例——称为至善的理想。（KrV，A810；B838）

122. 如果理性不用单纯是一个理念的道德律、连结一个起作用的原因，这个原因给按照道德律的行为、规定一个与我们的最高目的准确地相符合的结

局，无论是在今生、还是在来生。（KrV，A812；B840）

123. 在那里，独立理性，用一种至上原因的一切充分性而装备起来，按照最完善的合目的性，而建立、维持和完成了普遍的、虽然在感官世界中向我们极其隐藏的事物秩序。（KrV，A814；B842）

124. 这种原因则必须是一个唯一的至上意志，它包含所有这种规律于自身。（KrV，A815；B843）

125. 因为这些道德律恰好是，由它的内部的实践的必然性而把我们引向一个独立原因的、或一个智慧的世界统治者的预设的。（KrV，A818；B846）

126. 我由此就会已经自告奋勇地拥有更多关于一个世界原因和一个来世的性状的概念。（KrV，A827；B855）

原则（das Prinzip）

先天原则（das Prinzip a priori）

经验的原则（das empirische Prinzip）

1. 因而是一般形而上学的可能性和不可能性的裁决以及不仅它的根源、而且它的范围和界限的规定，但这一切都出自原则。（KrV，AXII）

2. 凡是理性完全从自身中产生出来的，都不会隐藏起来，其自身还会被理性带进光明，只要人们已经揭示了它的共同原则。（KrV，AXX）

3. 我在这里只想考虑——建立在经验的原则上的——自然科学。（KrV，BXII）

4. 理性必须一手握着它的原则，唯有按照这些原则，取得一致的现象才能够被看做法则。（KrV，BXIII）

5. 没有任何一个原则能够在一种关系中确保被获得，无需不得不同时研究它与整个纯粹理性的彻底关系。（KrV，BXXIII）

6. 这种处理任何时候都必须是独断的，即从可靠的先天原则而被严格地证明。（KrV，BXXXV）

7. 哲学需要一门科学，它规定一切先天知识的可能性、原则和范围。（KrV，B6）

8. 在理性的所有理论科学中都已包含作为原则的先天综合判断。（KrV，B14）

9. 自然科学（物理学）自在地包含着作为原则的先天综合判断。（KrV，B17）

10. 理性是提供先天知识的原则的能力。（KrV，A11；B24）

11. 纯粹理性的一种工具论就会是那种先天纯粹知识的原则的总和，按照它们一切先天纯粹知识才能够获得并且被现实地实现出来。（KrV，A11；B25）

12. 纯粹理性批判应当建筑术地、即出于原则地拟定完整的计划，带着构成这个纯粹理性批判大厦的一切构件的完备性和可靠性的完全保证。（KrV，A13；B27）

13. 一种关于感性的一切先天原则的科学，我命名为先验感性论。（KrV，A21；B35）

14. 这在这里把一种卓越的分析家鲍姆嘉通所作出的错误的期望设置为基础，把美的批评的评判带到理性原则之下，并且把这种评判的规则提升为科学。（KrV，A21；B36）

15. 必须有一门这样的科学，它构成先验要素论的第一部分，而与包含纯粹思想的原则、并且被称为先验逻辑的那一部分相对。（KrV，A21；B36）

16. 作为先天知识的原则，存在着两种感性直观的纯粹形式，即空间和时间。（KrV，A22；B36）

17. 我把先验阐明理解为把一个概念解释为一条原则，由此其他先天综合知识的可能性便能够被看出。（KrV，A25；B40）

18. 一种普遍而又纯粹的逻辑，不得不只与纯净的先天原则发生关系，并且是知性和理性的一种法规。（KrV，A53；B77）

19. 作为纯粹逻辑，它没有经验的原则，因而不（像人们有时说服自己的那样）从心理学中汲取，所以它对于知性的法规没有任何影响。（KrV，A54；B78）

20. 德行论所考虑的是在人们或多或少所屈从的情感、爱好和情欲的阻碍之下的道德律，它绝不能产生出一门真正的并被演证的科学，因为它正如那种应用逻辑学一样，需要经验的和心理学的原则。（KrV，A55；B79）

21. 先验哲学具有优点，但也有义务，根据一个原则寻找它的概念。（KrV，A67；B92）

22. 我这里并不涉及系统的完备性，而涉及一个系统的原则们。（KrV，A82；B108）

23. 论一种一般先验演绎的原则。（KrV，A84；B116）

24. 一切先天概念的先验演绎都有一个全部研究都必须对准的原则，这就是：它们必须被认作为经验的（不论是在其中遇到的直观的，还是思想的）可能性的先天条件。（KrV，A94；B126）

25. 统觉的综合统一性原理是一切知性运用的最高原则。（KrV，B136）

26. 范畴既不是自身思想的、我们知识的先天第一原则，也不是汲取于经验，而是主观的、与我们的生存同时植根于我们之中的思想着的天资。（KrV，B167）

27. 想像力的这种综合也就是先于一切经验而被建立在先天原则之上了。

（KrV，A101）

28. 这条原则就先天地确定了下来，并且可以叫作，我们表象的（因而也是直观中的）一切杂多之统一性的先验原则。（KrV，A116）

29. 纯粹统觉就给予了一条在一切可能直观中杂多的综合统一性的原则。（KrV，A117）

30. 这条想像力的纯粹的（生产的）综合的必然统一性的原则、先于统觉而是一切知识、特别是经验之知识的可能性的基础。（KrV，A118）

31. 纯粹知性，借助于范畴们，是一切经验的形式的和综合的原则。（KrV，A119）

32. 先验感性论的原则，按照这些原则，空间和时间都是一切事物作为现象的可能性条件。（KrV，A149；B188）

33. 我们也必须把矛盾原理看作为一切分析的知识的一条普遍的并完全充分的原则。（KrV，A151；B191）

34. 经验拥有为它的先天形式奠基的原则，亦即在现象的综合中的统一性的普遍规则。（KrV，A157；B196）

35. 一切综合判断的至上原则就是：每一个对象都服从在可能经验中直观杂多的综合统一性的必要条件。（KrV，A158；B197）

36. 直观的公理，其原则是：一切直观都是外延的大小。（KrV，B202）

37. 知觉的预测，其原则是：在一切现象中，实在的东西，感觉的一个对象之所是，具有内包的大小，即具有一个度。（KrV，B207）

38. 经验的类比，它的原则：经验只有通过知觉的必然连接的表象才是可能的。（KrV，A177；B218）

39. 现象的此在不可构造，那么这些原理将只指向此在的关系，并且只能充当单纯调节性的原则。（KrV，A179；B222）

40. 连续性原则禁止在（变化的）现象的系列中的任何跳跃。（KrV，A228；B281）

41. 纯粹知性的一切原理都无非是经验之可能性的先天原则。（KrV，B294）

42. 知性的原理只是说明现象的原则。（KrV，A247；B303）

43. 这些原则即使是先天地也无非针对于经验之形式的可能性。（KrV，A250）

44. 我们将把理性命名为原则的能力。（KrV，A300；B356）

45. 任何一个全称命题，即使它可能是从经验中（通过归纳）而得来的，都可以在一个理性推论中用作大前提；但它并不因此而本身就是一条原则。数学公理（例如两点间只能有一条直线，）甚至是先天的普遍知识，因此它相对于能够被归摄于它们之下的那些情况，而有权利叫作原则。但我仍然不能因此就说，我从原则而认识直线的一般的和自在的属性，而只是在纯粹直观中认识它。（KrV，A300；B356）

46. 我将把来自原则的知识，叫作这样一种我通过概念在普遍中认识特殊的知识。（KrV，A300；B357）

47. 因为大前提任何时候都提供一个概念，它使得一切被归摄于这个概念条件下的东西，都从这个概念中、按照一条原则而被认识。既然每一个普遍的知识都能够在一个理性推论中用作大前提，而知性则为这样的知识提交普遍的先天原理，那么这些普遍的先天原理在它们的可能的运用方面，也可以叫作原则。（KrV，A301；B357）

48. 知性根本不可能获得来自概念的综合知识，而这些知识才是真正的、我称为绝对的原则的知识；然而，所有的一般全称命题都可以相对地称为原则。（KrV，A301；B358）

49. 来自原则的知识（自在本身）是完全不同于单纯的知性知识的某物，知性知识虽然也能以一种原则的形式而先行于别的知识。（KrV，A302；B358）

50. 这样理性则是原则之下的知性规则统一性的能力。（KrV，A302；B359）

51. 理性在推论中试图将知性知识的大量杂多性归结为最少数目的原则（普遍性条件），并由此实现原则的最高统一性。（KrV，A305；B361）

52. 规则的杂多性和原则的统一性是理性的一种要求，为的是把知性带进与自身的彻底关联中。（KrV，A305；B362）

53. 这个问题就是：理性本身、亦即纯粹理性，是否先天地就包含着综合原理和规则，并且这些原则可能存在于哪里？（KrV，A306；B363）

54. 这条逻辑准则不能以别的方式而成为纯粹理性的一条原则。（KrV，A307；B364）

55. 但产生于纯粹理性最高原则的原理对于一切现象都将是超验的，亦即将绝不可能做出这个原则的任何与它相应的经验的运用。（KrV，A308；B365）

56. 纯粹理性的先验运用，它的原则和理念，所以就是，那些对于我们现在有责任准确地认识的东西，以便能够恰当地规定和估量纯粹理性的影响和它的价值。（KrV，A319；B376）

57. 我们可以把这些先天概念称为纯粹的理性概念，或先验理念，而它们将根据原则而规定知性在全部经验的整体上的运用。（KrV，A321；B378）

58. 先验理念仅仅以这样的方式用于在有条件者的系列中上升到无条件者的东西，亦即上升到原则。（KrV，A337；B394）

59. 建立于这上面的合理的灵魂学说绝不是纯粹的，而是部分地根据一种经验的原则的。（KrV，A343；B401）

60. 我们到底为了什么而必不可少地拥有一种单纯建立在纯粹理性原则之上的灵魂学说呢？（KrV，A382）

61. 理性是原则的能力。（KrV，A405）

62. 在这里，理性虽然设想使它的无条件的统一性原则与许多幻相相适合，但马上就陷入这样的矛盾中。（KrV，A407；B433）

63. 自然，如果从形容词上（形式地）而设想，则意味着一个物的规定的关联，按照因果性的一条内部原则。（KrV，A418；B466）

64. 找不到任何这种出自理性的纯粹原则的实践的利益，如同道德和宗教随身携带的。（KrV，A468；B496）

65. 人类理性按照它的本性是建筑术的，即它把一切知识都看做属于一个可能的系统，因此也只允许这样的原则，它们使得现有的知识至少不是无能力地、与别的知识一起相处在任何一个系统中。（KrV，A474；B502）

66. 在道德的普遍原则中不能够有任何不确定的东西，因为这些命题要么是完全无效的和空无含义的，要么就必须仅仅从我们的理性概念中流淌出来。（KrV，A480；B508）

67. 纯粹理性鉴于宇宙论理念的调节性原则。（KrV，A508；B536）

68. 所以它就决不是任何经验之可能性和感官对象的经验的知识的原则，因而也不是任何知性的原理。（KrV，A509；B537）

69. 每一个经验都已经包含在自己的（按照给予了的直观）界限之中了；也决不是理性的——把感性世界的概念扩展到超出一切可能的经验之外的——构成的原则，而是一种经验的最大可能的延续和扩展的原理。（KrV，A509；B537）

70. 因此我就把这个原则称为理性的调节性的原则，而与此相反，作为在客体中（在现象中）自在地本身给予了的条件序列的那个绝对总体性的原理则会是一个构成性的宇宙论原则。（KrV，A509；B537）

71. 如果前一种情况发生了，那么它就会是一条构成性的原则了，而这样的原则是绝不可能出自纯粹理性的。（KrV，A510；B538）

72. 理性的调节性原则的经验的运用。（KrV，A515；B543）

73. 在理性原则作为现象自在本身的一条构成性的原理的无效性被充分阐明之后，唯一留给我们的就只有作为一种可能经验的延续和大小的规则的理性原则的有效性。（KrV，A516；B544）

74. 理性的调节的原则的根据都是这个命题：在经验的回溯中没有任何——一个绝对界限的、因而没有任何条件的、作为一个这样的会是经验的绝对无条件者的——经验，能够被找到。（KrV，A517；B545）

75. 一般现象的先验划分延伸到多远，则根本不是经验之任何事情，而是理性的一条原则，即在广延之物的分解中、遵照这个现象的本性、永远不把经验的回溯、看作绝对完成了的。（KrV，A527；B555）

76. 照此人们能够接受理性根据和理性的行动、按照它们的种类和程度、并且能够评判他的任意的主观原则。（KrV，A549；B577）

77. 理性的这种调节性的原则鉴于我们的这个课题就是：在感官世界中的一切都具有经验的条件的生存，并且在感官世界中任何地方鉴于任何属性都决不没有一种无条件的必然性。（KrV，A561；B589）

78. 理性的这种经验的运用（鉴于在感官世界中此在的条件）并不由于承认了一个单纯理知的存在者而受到影响，而是按照无一例外的偶然性的原则、从经验的条件走向那些——永远恰好又是经验的——更高的条件。（KrV，A564；B592）

79. 理性设想一个——按照原则应当是可被通盘规定的——对象，虽然对此还缺乏在经验中的充分条件、因而这个概念本身是超验的。（KrV，A571；B599）

80. 在每两个相互矛盾—对立着的谓词中，只有一个能够应归于这概念，这个原理则以矛盾律为基础，因此是一个单纯逻辑的原则，它抽掉了一切知识的内容，而无非着眼于知识的逻辑形式。（KrV，A571；B599）

81. 通盘规定的这个原则所涉及的是内容并且不单纯是逻辑的形式。（KrV，A572；B600）

82. 所以我们就会把我们作为现象的事物的可能性的那些概念们的经验原则，通过去掉这一限制，而当作一般事物的可能性的一条先验的原则。（KrV，A582；B610）

83. 对此理性运用本身在经验中的原则们没有授权与我们，更不能把这条原理扩展到超出经验之外（这个链条完全不能被延伸到那里）。（KrV，A610；B638）

84. 这两条原理没有一条是客观的，而它们顶多只能是理性的主观原则。（KrV，A616；B644）

85. 你们必须假定绝对必然的东西在世界之外；因为它只应当用作一条现象的最大可能的统一性的原则。（KrV，A617；B645）

86. 在这种置信的情况下，就必须把一种确凿的调节性的原则设立为基础。（KrV，A618；B645）

87. 即使广延和不可入性（它们一起构成了物质的概念）也是现象统一性的至上的经验的原则，并且，只要它在经验性上是无条件的，它本身就具有某种调节性原则的属性。（KrV，A618；B646）

88. 假如这种情况没有发生，我们就已经验地达到统一性的最高根据，而

这将被第二条调节性原则所禁止。（KrV，A618；B646）

89. 按照这种看法，最高存在者的理想无非是理性的一个调节的原则。（KrV，A619；B647）

90. 借助于某种先验的偷换，而把这条形式的原则表现为构成性的，并把这个统一性作物化的设想。（KrV，A619；B647）

91. 这个现实的对象又是至上的条件，就被设想为必然的，因而一条调节性的原则就被转变成了一条构成性的原则。（KrV，A619；B647）

92. 如果它们通过一个进行安排的理性的原则、按照那些设置了基础的理念，为此本来就完全被挑选和安排。（KrV，A625；B653）

93. 自然神学便绝不能够提供有关至上的世界原因的任何确定的概念，因此对于一条——本身又应当构成宗教的基础的——神学原则，是不充分的。（KrV，A628；B656）

94. 来自理性的思辨原则对一切神学的批判。（KrV，A631；B659）

95. 自然的神学从这个世界上升到最高的理智，要么把它作为一切自然的、要么把它作为一切道德的秩序和完善性的原则。（KrV，A632；B660）

96. 这条原理，从发生的东西中、（从经验的偶然之物中）、作为结果、而推导出一个原因，是一条自然知识的原则，但不是思辨知识的原则。（KrV，A635；B663）

97. 理性的自然运用的原则完全不可能引向任何神学。（KrV，A636；B664）

98. 如果我们在其整个范围内纵观我们的知性知识，那么我们就会发现，理性在这方面试图完全独特地指定并实现的东西，就是知识的系统化，亦即知识出于一个原则的相互关系。（KrV，A645；B673）

99. 杂多知性知识的系统的或理性的统一性是一个逻辑的原则。（KrV，A648；B676）

100. 逻辑的理性原则要求这种统一性尽可能地实现出来。（KrV，A649；B677）

101. 人们必须为了理性的利益、即为了可能给予经验的许多规则建立一定的原则，而寻找那种基本力，并必须在容许做到的地方、以这样的方式把系统的统一性带进知识。（KrV，A649；B677）

102. 由于特殊的自然规律服从于普遍的自然规律，并且原则的节约不单纯成为理性的一个经济的原理，而且成为了自然的内部法则。（KrV，A649；B677）

103. 人们甚至也不能够说，理性从自然的偶然性状那里预先按照理性的原则接受了这种统一性。（KrV，A651；B679）

104. 人们非不得已则并不必需增加始基（原则）。（KrV，A652；B680）

105. 类的逻辑原则以一个先验原则为前提。（KrV，A654；B682）

106. 与类的这种假定了同一性的逻辑原则相对立，存在着另一条原则，即种的原则。（KrV，A654；B682）

107. 后一种思维方式也把一条逻辑的原则设置为根据，这条原则已着眼于一切知识的系统的完备性。（KrV，A655；B683）

108. 经验的特殊化就停留在这种杂多的区别中，如果它们不被作为一条理性原则的、已经先行的特殊化先验的法则，所引导。（KrV，A657；B685）

109. 我们可以把它们命名为形式的同质性原则、特殊化原则和连续性原则。（KrV，A658；B686）

110. 如果我们移置现在提到的原则们按照它们的秩序，为的是使它们安放得符合于经验运用，那么系统统一性的原则们或许就这样放着：多样性、亲缘性和统一性。（KrV，A662；B690）

111. 在这些原则那里值得注意的、并且也是我们所唯一所从事的东西是：它们看起来是先验的，而且即使它们仅仅包含理性的经验的运用所遵守的理念，而只能似乎渐近地、即接近地遵循这种理性的经验的运用的理念，任何时候它们都达不到。（KrV，A663；B691）

112. 在先验分析论中，我们已经在知性原理中把动力学的原理，作为直观的仅仅调节的原则，与数学的原理，它在直观方面是构成性的原则，区分了开来。（KrV，A664；B692）

113. 纯粹理性的原则却连在经验的概念方面也不可能是构成性的，因为不可能把任何相应的感性图型提供给这些原则，所以它们也不可能拥有任何具体的对象。（KrV，A664；B692）

114. 但这样一个图型的类似物毕竟能够并且必须被给予出来，这个类似物就是知性知识以一条原则来划分和联合的极大值的理念。（KrV，A665；B693）

115. 理性的理念就是一个感性图型的类似物，但却带有这种区别，即知性概念在理性图型上的应用并不恰好就是对象本身的一种知识（如同在范畴应用于他的感性图型上那里一样），而只是一切知性运用的系统统一性的一条规则或原则。（KrV，A665；B693）

116. 所以就存在着思辨理性的一些准则，它们只是基于思辨理性的兴趣之上，尽管大概看起来，这些准则都是客观的原则。（KrV，A666；B694）

117. 如果单纯调节性的原理被看做了构成性的原理，那么它们作为客观原则就可能已经冲突起来了。（KrV，A666；B694）

118. 这两条原理没有一条以客观的根据为基础，而仅以理性的兴趣为基础，因此它们可以更好地被称为准则而不是原则。（KrV，A667；B695）

119. 按照这样一条原则而寻找自然秩序的方法，以及把一个这样的秩序的、虽然不确定其地点和多远、在一般自然中看做有根据的这条准则，却仍然是理性的一条合法的和卓越的调节的原则。（KrV，A668；B696）

120. 这些理念不作为把我们的知识扩展到比经验所能够给予的更多的对象的构成性原则，而作为一般经验的知识的杂多的系统统一性的调节性原则，经验的知识由此而在它们自己的界限内。（KrV，A671；B699）

121. 这些理念不应当自在本身地被假定，而它们的实在性，只应当被看做一切自然知识的系统统一性的调节性原则的图型之实在性。（KrV，A674；B702）

122. 理念不被看做构成性的、而仅仅被看做调节性的原则。（KrV，A674；B702）

123. 这种区别，当事情仅仅涉及一个调节的原则时，则碰巧发生，关于这个调节的原则我们虽然认识了自在本身的必然性，但却非这种必然性的来源。（KrV，A676；B704）

124. 并没有对象被提供给经验概念的统一性，而有知性知识被提供给理性概念的、即在一条原则中的关联的统一性。（KrV，A680；B708）

125. 这样一种系统统一性的原则也就是客观的，但是以不确定的方式（principium vagum，流变的原则），而不作为构成性的原则。（KrV，A680；B708）

126. 在这种情况下，理性所关注的，只不过是灵魂现象的解释的系统统一性的原则。（KrV，A682；B710）

127. 实体的那种简单性等等只应当是向着这条调节的原则的图型，而并不是被预设为，好像它就是灵魂属性的现实根据。（KrV，A683；B711）

128. 自然原本只是唯一被给予的客体，鉴于它对理性调节的原则的需要。（KrV，A684；B712）

129. 为纯粹理性所剩留给我们的，就无非是一般自然、以及在自然中条件按照任何一种原则的完备性了。（KrV，A685；B713）

130. 这一切都证明，宇宙论的理念无非是调节性的原则，而仿佛远离了——设立这样的序列的现实的总体性的——构成性原则。（KrV，A685；B713）

131. 理性要求，按照一个系统统一性的原则而观察世界的一切连结。（KrV，A686；B714）

132. 一个这样的原则向我们的应用于经验领域的理性坦白透露出——按照目的论法则连结世界的事物、并由此达到其最大的系统统一性的——完全崭新的前景。（KrV，A687；B715）

133. 这个预设无非是理性的一条调节的原则，为了达到最高系统的统一性，而借助于那个至上的世界原因的合目的的原因性的理念。（KrV，A688；

B716）

134. 人们则转回了这件事情，并且开始了，人们把一条合目的性的统一性原则的现实性作为实体化的东西而设置为基础。（KrV，A692；B720）

135. 把这种自然的系统统一性的调节性的原则设想为一条构成性的原则，并且，仅仅在理念中被设置为理性的一致运用的基础的东西，实体化地预设为原因，就只叫做理性迷乱。（KrV，A693；B721）

136. 这个最高智慧的理念是在对自然界的自然研究中的一种调节和一种按照普遍的自然规律的自然界的系统而合目的性的统一性原则。（KrV，A699；B727）

137. 如果人们误解了它们，并且把它们看做超验知识的构成性原则，通过一种虽然炫目、但欺骗的幻相，而产生了说服和想像的知识，却由此也产生了永远不断的矛盾和争执。（KrV，A702；B730）

138. 这一至上的认识能力的真正使命只是，利用一切方法及其原理，以按照一切可能的统一性原则、其中最重要的是目的的原则，而追踪自然，直到它的内在深处，但决不飞越它的界限。（KrV，A702；B730）

139. 那里所提出的原理本身却并不是任何公理，而只是充当，指出一般公理的可能性的原则，并且本身只是一条出自概念的原理。（KrV，A733；B761）

140. 经验地达到它，是不可能的，并且按照一条确定的先天原则而先天地规定它，对此一切尝试都是徒劳的了。（KrV，A759；B787）

141. 确切地说，决不仅仅是某种猜测，而是出自原则地会证明。（KrV，A761；B789）

142. 一切怀疑论的论争本来都只是对独断论者的反转而已，独断论者，并没有猜疑到他的本源的客观原则。（KrV，A763；B791）

143. 因而把理性的一切臆想出来的先天原则都看作是被想像出来的，并认为，这些原则无非是一种从经验及其法则中产生的习惯，因而只是经验的、即本身偶然的规则。（KrV，A765；B793）

144. 却不是基于那些原则，而那些原则能够导致必然放弃独断论主张的权利。（KrV，A768；B796）

145. 把灵魂思想为简单的，是完全可以允许的，以便于，按照这个理念、把一切内心能力的一个完备而必然的统一性，尽管人们并不立刻具体地看清这些内心能力，铺设为我们对灵魂的内部现象进行评判的原则。（KrV，A771；B799）

146. 甚至这样一种假设的原则原本只用来满足理性，而不用来促进鉴于对象的知性运用。（KrV，A772；B800）

147. 不仅把可能经验之原则扩展到一般事物的可能性上，而且主张这样一

些只有在一切可能经验的界限之外才能够找到它的对象的概念的客观实在性，都是超验的。（KrV，A781；B809）

148. 证明并不直接引向所要求的谓词，而仅仅被引向，借助于一条可能性的原则、把给予了我们的概念先天地扩展到理念、并实现这些理念。（KrV，A785；B813）

149. 理性虽然具有它的原理，但作为客观的原理则全都是辩证的，因而充其量只能够就像系统的关联的经验运用的调节的原则而是有效的。（KrV，A786；B814）

150. 后者抽掉了爱好和满足这些爱好的自然手段，而只一般地考察一个理性存在者的自由，以及那个——在其之下自由唯有按照原则而与幸福的分配相协调的——必要条件。（KrV，A806；B834）

151. 纯粹理性包含着，——虽然不在它的思辨的、但却在一种确定的、即道德的运用中，——经验之可能性的原则，即这样的行动的原则，这些行动能够在人类历史中合乎道德规范地被遇到。（KrV，A807；B835）

152. 这种系统的自然统一性按照理性的思辨原则不可能证明。（KrV，A807；B835）

153. 理性虽然在一般自由方面、但并非在全体自然方面具有原因性，并且道德的理性原则虽然能够产生自由的行动，但不能产生自然律。因此纯粹理性的原则在它的实践的、但特别在道德的运用中，具有客观实在性。（KrV，A807；B835）

154. 纯粹理性原则是否也必然地把这种希望与该规律连结起来。（KrV，A809；B837）

155. 按照在它的实践的运用中的理性，道德原则是必须的。（KrV，A809；B837）

156. 有理性的存在者，在这些原则的引导下，自身也就会成为他们自己的、同时也是别人的持久福利的创造者。（KrV，A809；B837）

157. 上帝和来世，是两个出自纯粹理性让我们承担起的义务、按照恰好同一个理性的原则、而不可分离的预设。（KrV，A811；B839）

158. 这种先验神学把这个最高的本体论的完善性的理想采用为一条按照普遍而必然的自然律把连结一切事物的系统统一性原则。（KrV，A816；B844）

159. 这个概念我们现在认为是正确的，并不因为思辨理性使我们确信它的正确性，而因为它与道德的理性原则完满地相协调。（KrV，A818；B846）

160. 我们将按照理性的原则的合目的性的统一性之下研究自由。（KrV，A819；B847）

161. 连结的原则要求普遍性和必然性，因而要求完全的确定性，否则就根

本找不到通往真理的指导。（KrV，A823；B851）

162. 理念为了执行，就需要一个图型，即一个从目的的原则中先天被规定了的本质的杂多和各部分的秩序。（KrV，A833；B861）

163. 人们只能学习做哲学研究、即理性才能在一定的正在着手的尝试中练习服从理性的普遍原则，但一直保留着理性对那些原则本身在它的来源上进行调查和确认、或拒绝的权利。（KrV，A838；B866）

164. 一切哲学要么是来自纯粹理性的知识，要么是来自经验的原则的理性知识。前者叫做纯粹哲学，后者叫做经验的哲学。（KrV，A840；B868）

165. 前者包含来自一切事物的理论知识的单纯概念（因而排除了数学）的一切纯粹理性原则；后者则包含那些——先天地规定所为所不为并且使之成为必然的——原则。（KrV，A841；B869）

166. 于是道德性就是那种——能够完全先天地从原则中被推导的——行动的唯一的合法性。（KrV，A841；B869）

167. 如果人们说：形而上学是人类知识的第一原则的科学，那么人们并不能由此而说明一门完全特殊种类的知识，而仅说明了一种鉴于普遍性的等级，所以形而上学因此就不能可识别地区别于经验的东西；因为甚至那些经验的原则中的一些原则也是比别的原则更普遍的、并因此而更高的原则。（KrV，A843；B871）

168. 有形的自然的形而上学叫做物理学，然而，因为它只应当包含物理学限先天知识的原则，则叫合理的物理学。（KrV，A846；B874）

169. 这是如何可能的，按照先天的原则、认识事物的本性并且达到一种合理的自然之学？（KrV，A848；B876）

170. 我们在这些对象的全部形而上学中，都会必须完全放弃所有——仍然想把任何一个经验添加到这个概念上，以便从中判断关于这些对象的某物的——经验的原则。（KrV，A848；B876）

171. 纯粹哲学包含一些针对应用哲学的先天原则，所以纯粹哲学虽然必须与应用哲学联结起来，但必须不与之相混淆。（KrV，A848；B876）

运动（die Bewegung）

1. 变化的概念，并且，和它一起的运动（作为位置的变化）的概念只有通过时间表象并在时间表象之中才是可能的。（KrV，A32；B48）

2. 只有在时间中，一个事物之内两个矛盾的、对立、亦即彼此跟随的规定才能够被发现。所以我们的时间概念所解释的先天综合知识的可能性，会多于并非罕有成效的一般运动学说所描绘的。（KrV，A32；B49）

3. 运动的概念，都以经验的某物为前提。因为这一［运动］以对运动的某物的知觉为前提。但在被观察的空间自身之中，是没有运动的东西的：因此运动的某物必须是在空间中只有通过经验才被发现的某物，因而是一种经验的资料。（KrV，A41；B58）

4. 在我们的知识中一切属于直观的东西，（因而把愉快和不愉快的感觉、以及这些根本不是知识的意志，都除外），无非包含单纯的关系，在一个直观中的位置关系（广延）、位置的变化关系（运动），以及这些变化根据它们而被规定的法则的关系（动力）。（KrV，A49；B67）

5. 运动，作为主体的行动，（而非作为一个客体的规定）因而作为空间中杂多的综合，当我们不考虑杂多并且仅仅注意这个我们由此根据它的形式而规定内感官的行动的时候，于是就首先产生了前后相继的概念。（KrV，B154，155）。

6. 运动，作为一种空间的描述，却是一种在一般外部直观中的杂多通过生产的想像力进行前后相继的综合的纯粹动作，并且不仅仅属于几何学，而且甚至属于先验哲学。（KrV，B155）

7. 不仅仅，我们只有通过与空间中的持存之物相关联（例如鉴于地球的对象的太阳运动）的外部关系中的变更（通过运动），才能够实施一切时间规定，我们甚至同样完全不拥有——我们能够作为直观、而放置在一个实体概念下的——任何持存之物，除非单纯的物质。（KrV，B277）

8. 一个物体的这种——跟随着这种运动的——静止，还并不因为静止是运动的反面，就由此而证明，它的运动的偶然性。（KrV，B290）

9. 何能够从一个给予的状态中导致同一物的与之相对立的状态，任何理性不仅没有例子能够领会，而且没有直观一次都不能使之被理解，而这种直观就是空间中一个点的运动的直观，这一点在不同位置的此在（作为两个对立规定的一种次序），才首次唯独使我们直观到变化。（KrV，B292）

10. 例如一个运动的物体虽然把自己任何时候都看作在同一方向上的那种直线，但如果有另一个力按照另一个方向同时影响于它，它就偏移进曲线运动了。（KrV，A294；B351）

11. 例如一个物体的运动就是它的所有部分的联合运动。（KrV，A352）

12. 尽管广延、不可入性、关联和运动，总之，外感官只能提供给我们的一切东西，都不是思想、情感、爱好或决断，或者这类的被包含，而是除非直观而到处都没有任何对象的东西。

13. 物体并不是对于我们在场的自在的对象本身，而仅仅是谁知道是什么的那个未知对象的单纯现象；运动不是这个未知原因的结果，而仅仅是这个原因对我们感官的影响的现象；因此两者都不是在我们之外的“某物”，而仅仅是在我们之内的表象，因而并不是物质的运动在我们之内产生了表象，而是运

动本身（因而也通过运动而使自己可认出）就是单纯的表象。（KrV，A387）

14. 他主张，神（这在他那里也许无非是世界）既不是有限的，也不是无限的，它既不是在运动中，也不是在静止中，既不与任何别的事物相似，也不与别的事物不相似。（KrV，A502；B530）

运载工具（das Vehikel）

1. 这就是“我思”概念，或者，如果人们愿意，宁可是判断概念。但人们则容易看出，这概念是所有一般概念的运载工具。因而也是先验概念的运载工具，所以它在任何时候都将处于先验概念之中，因而也刚好是先验的；但它不能有任何特殊的称号，因为它只用作修建一切属于意识的思想。（KrV，A341；B399）

2. 既然“我思”这个命题（成问题地说）包含着每一个一般知性判断的形式，并作为它的运载工具而伴随着一切范畴；那么显然，从它得出的推论就能够包含着一种单纯的知性的先验运用。（KrV，A348；B406）

Z

杂多，杂多性，多样性（die Mannigfaltige）

杂多的东西，杂多之物（dasMannigfaltige）

纯粹直观的杂多之物（dasMannig faltige der reinen Anschauung）

直观的杂多之物，直观杂多的东西（dasMannig faltigeder Anschauung）

现象的杂多之物（dasMannigfaltige der Erscheinungen）

1. 在现象中，我把这种符合感觉的东西，称为［现象的］质料，而把这种让现象的杂多能够在一定关系中被整理，我叫做现象的形式。（KrV，A20；B34）

2. 在人类这里，这种意识要求那种在主体中预先被给予的杂多的内部知觉，而这种——杂多如何在内心中无需自发性而被给予的——方式，为了这一区别的缘故，而必须称为感性。（KrV，B68）

3. 直观的这种预先植根于内心中的形式，则在时间的表象中规定着杂多如何在内心之中在一起的方式。（KrV，B69）

4. 先验逻辑则面对着由先验感性论呈现给它的先天感性杂多，为了给纯粹知性概念提供一种材料，没有这种材料它们将没有任何内容，因而就会完全是空的。（KrV，A76；B102）

5. 如果杂多不是经验地、而是先天地被给予的（如在空间和时间中的它），这样一种综合就是纯粹的。（KrV，A77；B103）

6. 为了一切对象的先天知识的目的，首先必须被给予我们的，是纯粹直观的杂多之物；其次是这种通过想像力的杂多的综合，但这也还没有给出知识。（KrV，A78；B104）

7. 通过这种方式它仅在直观杂多之物那里才能够理解某物，亦即才能够思想直观的客体。（KrV，A80；B106）

8. 表象的杂多可以在——单纯感性的、即无非是作为接受性的——直观中被给予，而这种直观的形式则可以先天地处于我们的表象能力中，它不是别的某物，而无非是主体被刺激的方式。（KrV，B129）

9. 一切联结，不管我们是否意识到它，无论它是直观杂多的联结，还是各种各样概念的联结，而在前一种联结中不论是感性的、还是非感性的［杂多］，都是一种知性行动。（KrV，B130）

10. 联结的概念除了杂多的概念和杂多的综合的概念之外，还表现为杂多的统一性的概念。联结是杂多的综合统一性的表象。（KrV，B131）

11. 直观的一切杂多与——杂多被发现于其中的“我思”的主体的——

“我思”有一种必然的关系。（KrV，B132）

12. 在一个确定的直观中被给予的杂多表象，不会全都是我的表象，如果它们不是全都属于一个自我意识。（KrV，B132）

13. 只有通过我能够把被给予表象的杂多联结在一个意识中，我才能向我表象出在这些表象本身中的意识的同一性。（KrV，B133）

14. 我能够在一个意识中把握这些表象的杂多，我才把它们全都称为我的表象。（KrV，B134）

15. 知性本身无非是——作为先天地联结并把给予表象的杂多带到统觉的统一性之下的——能力。（KrV，B135）

16. 通过自我，作为简单的表象，并没有任何杂多的东西被给予；杂多只能在与之不同的直观中，才被给予并且通过联结在一个意识中才被思想。（KrV，B135）

17. 直观的杂多都服从于空间和时间的形式条件。（KrV，B136）

18. 客体则是一种在其概念中——统一了被给予的直观的杂多的东西。（KrV，B137）

19. 外部感性直观的单纯形式，空间，还完全不是知识；它只对一种可能的知识提供先天直观杂多。（KrV，B137）

20. 通过这种知性的纯粹统觉在“我在”表象中，还根本不给出任何杂多。（KrV，B138）

21. 统觉的先验统一性是这样的，通过它，所有在一种直观中给予了的杂多都被统一在一个客体的概念里。（KrV，B139）

22. 在时间中直观的纯粹形式，仅仅作为包含一个给予了的杂多的一般直观，则从属于意识的本源的统一性。（KrV，B140）

23. 一切感性直观都从属于作为条件的范畴，唯有在一个意识中的感性直观的杂多能够聚集到其下面。（KrV，B143）

24. 杂多，在一个被给予的感性直观中，必然从属于统觉的本源的综合统一性，因为只有通过这种统觉的本源的综合统一性，直观的统一性才是可能的。（KrV，B143）

25. 一切杂多，只要其在“一个”经验的直观中被给予了，在判断的逻辑机能方面就被规定了，即通过它们，一切杂多被带到一个一般意识上来。（KrV，B143）

26. 杂多在一个给予了的直观中必然从属于范畴。（KrV，B143）

27. 为了直观，杂多仍然必须在知性的综合之前，并且不依赖于它们就被给予了；但如何必须被给予，在这里却仍未确定。（KrV，B145）

28. 所以知性，作为自发性，就能够通过给予表象的杂多，按照统觉的综

合统一性，而规定内感官。（KrV，B149）

29. 凡是规定内感官的这种东西，就是知性及其联结直观杂多、即带到一个统觉（作为知性的可能性以自身为基础）之下的本源的能力。（KrV，B153）

30. 内感官仅仅包含直观的形式，但却没有直观中杂多的连结，因而还完全不包含任何规定了的直观。（KrV，B154）

31. 运动，作为一种空间的描述，却是一种在一般外部直观中的杂多通过生产的想像力进行前后相继的综合的纯粹动作，并且不仅仅属于几何学，而且甚至属于先验哲学。（KrV，B154）

32. 在一般表象的杂多的先验综合中，因而在统觉的综合的本源统一性中，我向我意识到我的自身，既不像我对自己所显现的那样，也不像我在我自身所是的那样，而只是“我在”。（KrV，B157）

33. 我把领会的综合，理解为在一种经验的直观中杂多的复合。（KrV，B160）

34. 但这种综合的统一性不能是任何别的统一性，只能是一个给予的一般直观的杂多在一个本源的意识中——按照范畴，仅仅应用于我们的感性直观上的——联结的统一性。（KrV，B161）

35. 这就是同一个自发性，它在那里以想像力的名义，在这里则以知性的名义，而把连结带进直观的杂多中。（KrV，B162）

36. 这种综合统一性，作为先天条件，在它之下我联结一般直观之杂多。（KrV，B163）

37. 那种使感性直观的杂多连接起来的东西，就是想像力，它按照它的智性的综合统一性，则依赖于知性；而按照领会的杂多性，则依赖于感性。（KrV，B164）

38. 每一个直观里面都包含一种杂多，这种杂多却并不会被表象为一种这样的杂多，如果内心不在印象的序列中相互区分出时间：因为作为包含在一瞬间中的东西，每一个表象都绝不能是别的东西，而只能是绝对的统一性。（KrV，A99）

39. 这些表象只有通过对那种提供感性在其本源的接受性中的杂多的综合，才能够被产生出来。（KrV，A100）

40. 这表象完全不属于它借以一步一步被产生的那个动作，而它的杂多就永远也构不成一个整体，因为它缺乏那种只有意识才能够使它获得的统一性。（KrV，A103）

41. “概念”这个词本身可能已向我们指示了这种意见。因为就是这样的一种意识，把杂多，一步一步地，把直观到的东西，然后也把再生出来的东西，都统一在一个表象中。（KrV，A103）

42. 我们只和我们表象的杂多打交道，而那个与之相应的 X（对象），由于它应该是区别于我们的一切表象的某物，在我们面前则是无，对象使之成为必要的那种统一性，就不可能是别的东西，而只是在表象的杂多的综合中意识的形式统一性。（KrV，A105）

43. 空间和时间的杂多先天地成了感性直观的基础。（KrV，A107）

44. 这个概念根本不包含任何确定的直观，因而就不会涉及任何别的东西，而只涉及那种——只要它与一个对象发生关系，就必须在知识的一种杂多中被找到的——统一性。（KrV，A109）

45. 杂多的联想的可能性根据，只要它置于客体中，就叫做杂多的亲和性。（KrV，A113）

46. 这条原则就先天地确定了下来，并且可以叫作，我们表象的（因而也是直观中的）一切杂多之统一性的先验原则。（KrV，A116）

47. 所以统觉的先验的统一性就与想像力的纯粹综合、作为一个在认识中杂多的一切组合的可能性的先天条件相关联。（KrV，A118）

48. 于是，我们就把这种想象力中的杂多的综合称为先验的，当它无需区分各种直观，而仅仅只指向杂多的先天联结的时候，并且把这种综合的统一性叫做先验的，当他与统觉的本源的统一性的关系中被表现为先天必然的时候。（KrV，A118）

49. 每一个现象都包含一个杂多。（KrV，A120）

50. 想像力应该把直观的杂多带进一个形象；所以它必须预先把印象接收到它的活动中来，即领会它们。（KrV，A120）

51. 因为想像力的综合自在本身，虽然先天地执行着，但任何时候仍然是感性的，因为它仅仅这样联结着杂多，就如杂多在直观中所显现的那样，例如联结一个三角形的形状。但通过杂多与统觉的统一性的关系，那些属于知性的概念，却只有借助于想像力才能实现与感性直观的关系。（KrV，A124）

52. 对杂多予以承认的这些根据，只要它们单纯涉及一个一般经验之形式，就都那些范畴了。（KrV，A125）

53. 假如没有知性，就到处都不会有自然，即都不会有现象的杂多按照规则的综合统一性。（KrV，A126）

54. 正是就这同一个统觉的统一性，从表象的杂多（即从一个唯一的表象规定杂多）上看，就是规则，而这种规则的能力也就是知性。（KrV，A127）

55. 对象的一切知识的形式（由此杂多被思考为属于“一个”客体）也就在于可能意识的这种统一性。（KrV，A129）

56. 知性概念包含了一般杂多的纯粹综合统一性。时间，作为内感官杂多的形式条件、因而作为一切表象连结的形式条件，包含了纯粹直观中的一种先

天杂多。（KrV，A138；B177）

57. 数无非是一般同质直观的杂多的综合统一性。（KrV，A143；B182）

58. 这个图型就在于杂多之物的相继，只要这相继服从于一种规则。（KrV，A144；B183）

59. 知性的图型法通过想像力的先验综合，所导致的无非是一切直观杂多在内感官中的统一性。（KrV，A145；B185）

60. 一切综合判断的至上原则就是：每一个对象都服从在可能经验中直观杂多的综合统一性的必要条件。（KrV，A158；B197）

61. 这种联结，因为它不是任意的，所以我称它为动力学的联结，因为它涉及杂多之物的此在的联结。（KrV，A162；B201）

62. 这些现象，除了通过使一个确定的空间或时间的表象借以被产生出来的杂多的综合之外，亦即通过对同质的东西的组合和对这杂多（同质的东西）的综合统一性的意识之外，不可能被领会到，也就是不可能被接受到经验的意识中来。（KrV，A162；B202）

63. 如果现象的杂多的这种综合已经中断，那么这种杂多就是许多现象的一个聚合物，并不是作为一个定量的真正的现象。（KrV，A170；B212）

64. 这本源的统觉与内感官（与一切表象的总和）相关联，确切地说，先天地与内感官的形式、即杂多的经验的意识在时间中的关系相关联。（KrV，A177；B220）

65. 现象的杂多的领会任何时候都是承继性的。（KrV，A189；B234）

66. 现象的杂多之物总会在内心之中相继产生。（KrV，A190；B235）

67. 杂多如何在现象本身（它毕竟不是自在的东西本身）中可以能被联结起来？（KrV，A191；B236）

68. 仅仅主观相继便证明不了在客观上杂多的连结，因为它完全是随意的。所以客观的相继就在于现象之杂多的秩序。（KrV，A193；B238）

69. 在现象的综合里，表象的杂多之物在任何时候都一个跟着一个而来。（KrV，A198；B243）

70. 杂多的综合通过想像力而属于一切经验的知识，而这种综合任何时候都是承继性的；也就是，表象在它之中任何时候都是一个跟随着一个的。（KrV，A201；B246）

71. 同时并存就是杂多的东西在同一时间中的生存。（KrV，A211；B257）

72. 这种纯粹范畴所能够包含的无非只是这种——把杂多带到一个概念下的——逻辑机能。（KrV，A245；B302）

73. 这些范畴本身又无非是思想的形式，它们只包含——把直观中杂多的给予先天地统一在一个意识中的——逻辑能力。（KrV，A248；B305）

74. 先验客体则意味着一个等于 X 的“某物”，关于它我们一无所知，而且一般说来，（按照我们知性现有的设置）也不能有所知，而只能作为统觉的统一性的相关物而充当感性直观中杂多的统一性，知性借助于这种统一性而把杂多统一在一个对象的概念中。（KrV，A250）

75. 由于这样一来我们就抽掉了一切直观，所以杂多的东西如何能够互相规定它们的方位的一种整个方式、亦即感性的形式（空间）也就被取消了，而空间毕竟先行于一切经验的因果关系。（KrV，A286；B342）

76. 理性在推论中试图将知性知识的大量杂多性归结为最少数目的原则（普遍性条件），并由此实现原则的最高统一性。（KrV，A305；B361）

77. 规则的杂多性和原则的统一性是理性的一种要求，为的是把知性带进与自身的彻底关联中。（KrV，A305；B362）

78. 在第一级的理性推理中，我从不包含任何杂多的主体的先验概念中推论出，这个主体本身的绝对统一性。（KrV，A339；B397）

79. 思想，就其本身来说，只不过是逻辑机能，因而是联结一个单纯可能直观的杂多的全然的自发性。（KrV，B428）

80. 没有这种直观的杂多，它们就只是一种判断没有内容的机能。（KrV，A349）

81. 我们之所以只对一种思想要求主体的绝对统一性，因为否则我就不可以说：“我思”（杂多东西在一个表象中）。（KrV，A354）

82. 这个表象，“我”，并不包含丝毫的杂多性。（KrV，A355）

83. 我是一个简单的实体，即它的表象绝不包含一种杂多的综合。（KrV，A356）

84. 统觉本身就是这些范畴的可能性的根据，这些范畴在自己这方面无非表象为，直观杂多的综合，杂多就在统觉中具有统一性。（KrV，A401）

85. 那种我们由此而领会空间的杂多的空间部分的综合，却毕竟已经相继而来，所以已经在时间中发生并且包含一个序列。（KrV，A412；B439）

86. 事物的一切杂多性只是一个恰好如此多种多样的种类而已，它限制着这个是事物的共同基底的最高实在性的概念。（KrV，A578；B606）

87. 一切事物的杂多不是基于对原始存在者本身的限制，而是基于对原始存在者的完备的后果的限制。（KrV，A579；B607）

88. 经验之调节的统一性并不建基于现象本身（仅仅建基于感性），而建基于通过知性（在一个统觉中）的感性杂多的连结。（KrV，A583；B611）

89. 当前的这个世界，向我们展现出一个如此不可估量的多样性、秩序、合目的性和美的舞台，人们可以在空间的无限性中，或者在对空间的无限制的分割中追寻它。（KrV，A622；B650）

90. 在这个世界上到处都可找到一种——按照一定的意图、用伟大智慧制作出来的——安排的清晰的迹象，并且既在一个内容的无法描述的多样性的整体中、又在范围的无限制的大小的整体中。（KrV，A625；B653）

91. 知性通过概念而联合在客体中的杂多，理性那方面也通过理念而联合概念的杂多。（KrV，A644；B672）

92. 杂多知性知识的系统的或理性的统一性是一个逻辑的原则。（KrV，A647；B675）

93. 一个基本力的理念，但逻辑根本从中查不出，它是否这样给予了，至少是力量的多样性的一种系统表象的问题。（KrV，A649；B677）

94. 理性究竟带有哪些权限能够在逻辑的运用中要求，把自然提供给我们来认识的力的多样性，当作一种只是隐藏着的统一性来处理，并且把这些多样性从某种基本力的任何一个中尽其所有地推导出来？（KrV，A651；B679）

95. 一切单个事物的多样性并不排除类的同一性。（KrV，A651；B679）

96. 按照这条先验原则，在一个可能经验的杂多东西中必然预设了同质性。（KrV，A654；B682）

97. 经验的特殊化就停留在这种杂多的区别中，如果它们不被作为一条理性原则的、已经先行的特殊化先验的法则，所引导。（KrV，A657；B685）

98. 一切杂多的类都仅仅是一个唯一的至上的和普遍的类的划分。（KrV，A659；B687）

99. 内容的（规定性的）的利益，着眼于种的多样性。（KrV，A654；B682）

100. 所有的多样性相互之间都是有亲缘关系的。（KrV，A658；B686）

101. 第一条法则防止放纵于不同的本源的类的多样性，而推重同质性。（KrV，A660；B688）

102. 它们是把根本原因的节约、结果的多样性、以及一种自然成分的激动人心的亲缘关系自在本身地都判断为合乎理性的和适合于自然的。（KrV，A661；B689）

103. 多样性、亲缘性和统一性，但它们的每一个都被设想为在它的完备性的最高程度上的理念。（KrV，A662；B690）

104. 知性通过概念而连结现象的杂多并带入经验的规律之下。（KrV，A664；B692）

105. 只为了，在这样一个原始根据的庇护下，使世界整体中的杂多的系统统一性、并借助于这种统一性，而使得最大可能的经验的理性运用成为可能。（KrV，A678；B706）

106. 这条系统统一性的调节的法则要求，我们应当这样研究自然，好像到

处都会无限地、在最大可能的多样性那里，遇到系统而合目的的统一性。（KrV，A700；B728）

107. 而这个——在最初的理解中完全不包含任何多样性的——“我”，在第二种理解中，它却意味着灵魂自身。（KrV，A785；B813）

108. 幸福是我们的一切爱好的满足（既是外延的，按照满足的多样性；又是内包的，按照程度；并且还是延伸的，按照持续性）。（KrV，A806；B834）

109. 但我所理解的系统就是杂多知识在一个理念之下的统一性。这个理念就是一个整体的形式的理性概念，只要通过这个理性概念不论是杂多东西的范围、还是各部分相互之间的位置，都先天地被规定了。（KrV，A832；B860）

110. 理念为了执行，就需要一个图型，即一个从目的的原则中先天被规定了的本质的杂多和各部分的秩序。（KrV，A833；B861）

再生的（reproduktiv）

再生、再生活动（die Reproduktion）

再生（reproduzieren）

1. 当我更仔细地研究每一个判断中被给予的知识的关系、并把作为属于知性的这种关系，与按照再生的想像力规律的关系（它只有主观有效性）区别开来时，我就发现，一个判断无非是把被给予的知识带到统觉的客观统一性的方式。（KrV，B141）

2. 就想像力就是自发性这一点而言，我有时也把它叫作生产的想像力，并由此将它区别于再生的想像力，其综合仅仅服从于经验的法则，即联合的法则。（KrV，B152）

3. 作为在直观中内心的变状的表象的领会的综合，这些表象在想像中的再生的综合和它们在概念中的认定的综合。（KrV，A97）

4. 想像中的再生的综合。（KrV，A100）

5. 但这个再生的规律却预设了：现象本身真实地服从于一条这样的规则，并且在这些表象的杂多中发生了一种根据一定规则的相伴或相继。（KrV，A100）

6. 所以必须有某种东西，它本身使现象的这种再生成为可能，由此它就是现象的一种必然的综合统一性的先天根据。（KrV，A101）

7. 我们就必须设定一种想像力的纯粹的先验综合，它本身构成了一切经验的可能性（当这种可能性必然地预设了现象的再生性的时候）的基础。（KrV，A102）

8. 领会的综合与再生的综合是不可分割地联结着的。（KrV，A102）

9. 而既然那个领会的综合构成了所有一般知识（不仅是经验的知识，而且也有纯粹先天的知识）的可能性的先验根据，那么想像力的再生的综合就属于内心的先验活动，而考虑到这一点，我们愿意把这种能力也称为想像力的先验能力。（KrV，A102）

10. 假如没有意识到，我们正在思想的东西，恰恰就是我们在一瞬间之前思想的东西，那么表象系列中的一切再生都会是徒劳的。（KrV，A103）

11. 因为就是这样的一种意识，把杂多，一步一步地，把直观到的东西，然后也把再生出来的东西，都统一在一个表象中。（KrV，A103）

12. 如果直观不能通过这样一种综合的机能，按照一条——既使这杂多的再生成为先天必然的并且也使杂多联结于这其中的一个概念成为可能的——规则，而被产生出来的话，这就是不可能的。（KrV，A105）

13. 但这概念只有通过它在给予的现象那里表象出这些现象的杂多的必然再生、因而表象出在对它们的意识中的综合统一性，才能成为直观的一条规则。（KrV，A106）

14. 感官把现象经验地展示在知觉中，想像力把现象经验性地展示在联想（和再生）中，统觉则把现象展示在这些再生的表象与它们由此被给予出来的现象的同一性的经验的意识中，因而展示在认定中。（KrV，A115）

15. 因为想像力的再生的综合则以经验之条件为基础。（KrV，A118）

16. 之所以如此，部分地因为人们把这种能力仅仅局限于再生活动，部分地因为人们相信，感官不仅把印象提供给我们，而且甚至也组合这些印象，并且完成了对象的形象。（KrV，A120）

17. 一种即使只是经验的想像力的再生能力。（KrV，A121）

18. 但因为，假如表象，如同它们互相抵触那样、毫无区别地互相再生，就不会产生任何确定的表象的关联、而只会产生无规则的表象堆积，因而完全不会产生任何知识。所以，表象的再生必须拥有一个规则，按照这条规则，一个表象宁可与这个表象、而不是与另一个表象在想像力中找到连结。（KrV，A121）

19. 再生活动中无例外的联结的普遍规则。（KrV，A122）

20. 只有借助于想像力的这种先验机能，甚至现象的亲和性，连同它们的联想，最终通过联想按照法则的再生、因而经验本身，才是可能的。（KrV，A123）

21. 现实的经验，它由现象的领会、联想（再生）以及认定所构成，在那个（对经验的单纯经验性要素的）最后和最高的认定中，包含着——使经验之形式的统一性成为可能、并且与此同时使经验的知识的一切客观有效性（真理性）成为可能的——概念。（KrV，A125）

22. 所以在范畴之上就建立起了在想像力的综合中的一切形式的统一性，

而借助于这种统一性，也建立起了想像力的直到现象下的一切（在认定、再生、联想、领会中的）经验的运用。（KrV，A125）

23. 形象是再生的想像力的经验的能力的产物，感性概念（作为空间中的图形）的图型则是纯粹先天的想像力的产物。（KrV，A141；B181）

24. 的确，它们的表象只是一个永远与再生的想像力相关联的图型，而这种再生的想像力则把经验之对象呼唤了过来，没有这些对象，空间和时间就不会具有任何意义。（KrV，A156；B195）

25. 但想像力这样做只是通过对以前的外部知觉的再生，而这些外部知觉，如已经指出的，只有通过外部对象的现实性才是可能的。（KrV，B278）

再思考（das Nachsinn）

再思考（nachsinn）

1. 毕竟是一种值得注意和再思考的现象。（KrV，AXI）

2. 单纯从事于它的经验的运用的知性，它对自己知识的来源没有再思考，虽然进步得很好，但有一点却完成不了，亦即，给自身规定它的运用的界限，并且知道，什么东西可以处在它的全部范围之内、或者之外。（KrV，A238；B297）

哲学（die Philosophie）

哲学家（der Philosoph）

1. 哲学的职责曾经是：消除由误解而产生的幻觉，甚至还必须不进行无论多么赞扬和喜欢的妄想。（KrV，AXIII）

2. 所以哲学的最初的和最重要的事务就是，通过堵塞这一错误的根源而一劳永逸地消除一切不利的影响。（KrV，BXXXI）

3. 然而，思辨哲学家的一种较为合理的要求仍然也被照顾到了。他仍然一直是一门为公众所不知却有用的科学、亦即理性的批判的科学的唯一的保管人；因为这门科学绝不能成为通俗的，但它也没有必要是通俗的。（KrV，BXXXIV）

4. 著名的沃尔夫——一切独断的哲学家中最伟大的哲学家。（KrV，BXXXVI）

5. 这就留下来哲学和普遍人类理性的一种丑闻，即必须仅仅在信仰上假定在我们之外的物的此在。（KrV，BXXXIX）

6. 先验一哲学的理念。（KrV，A1）

7. 哲学需要一门科学，它规定一切先天知识的可能性、原则和范围。（KrV，A3；B7）

8. 大卫·休谟，在所有哲学家中间最接近于这个课题，但还远远没有足够确定地并且在其普遍性中思考它，而只是停留在结果和其原因相连结的综合命题（因果律）之上。（KrV，B19）

9. 这样的概念体系就将叫做先验—哲学。（KrV，A12；B25）

10. 按照这种法规，或许有朝一日纯粹理性的哲学的完备体系、它可以以扩展或单纯限制纯粹理性的知识为内容。（KrV，A12；B26）

11. 先验—哲学是科学的理念。（KrV，A13；B27）

12. 因此，所有属于纯粹理性批判的东西就是那些构成先验—哲学的东西，并且纯粹理性批判是先验—哲学的完备的理念。（KrV，A14；B28）

13. 先验—哲学是一种纯粹单单思辨的理性的世间智慧。（KrV，A15；B29）

14. 既然感性应当包含有那些构成对象被给予我们的条件的先天表象，则它属于先验—哲学。（KrV，A16；B30）

15. 莱布尼茨—沃尔夫的哲学已经指示了关于我们知识的本性和起源的全部研究的一种完全不正当的观点。（KrV，A44；B61）

16. 于是在这里，我们就拥有了解决先验—哲学“先天综合命题是如何可能的?”这个一般课题所必需部分之一种，亦即先天的纯直观，空间与时间。（KrV，B73）

17. 一种这样的指教是与哲学的尊严无论如何都不相符合的。（KrV，A62；B86）

18. 这就是先验—哲学特有的事务。其余的则是一般哲学中概念的逻辑处理。（KrV，A66；B90）

19. 先验哲学具有优点，但也有义务，根据一个原则寻找它的概念。（KrV，A67；B92）

20. 范畴，作为纯粹知性的真正的主干概念，也有它的同样纯粹的派生概念，它们在先验哲学的一个完备的系统中决不能被越过，但我在一种单纯批判的研究里却可以满足于仅仅提到它们就行了。（KrV，A82；B107）

21. 统觉的综合的统一性就是人们必须把一切知性运用、甚至全部逻辑，以及按照逻辑，把先验哲学都钉于其上的最高点，当然这种能力就是知性本身。（KrV，B134）

22. 因此它对于解释先天知识的可能性毫无贡献，为此它不属于在先验哲学之中，而属于在心理学之中。（KrV，B152）

23. 运动，作为一种空间的描述，却是一种在一般外部直观中的杂多通过生产的想像力进行前后相继的综合的纯粹动作，并且不仅仅属于几何学，而且甚至属于先验哲学。（KrV，B155）

24. 为了在纯粹先天知识领域中使知性获得扩展，因而作为学说，哲学看

来是完全没有必要的，或者更好地说，是难以合适的。(KrV，A135；B174)

25. 对此（哪怕这种用途这样一来只是消极的）哲学将竭尽它全部精敏性与考验技能。(KrV，A135；B174)

26. 这种先验哲学具有——它除了能够显示在纯粹知性概念中被给予的规则（甚或向着规则的普遍条件），同时还能够先天地显示规则应该运用于纯粹概念上的情况——的特性。(KrV，A135；B174)

27. 在哲学中，类比意味着某物很不同于它们在数学中所表现的东西。(KrV，A179；B222)

28. 对于一切时代，不仅哲学家，而且甚至普通知性，已经把这种持存性预设为，现象的一切变更的一个基底了，并且任何时候也都被假定为无可置疑的。只是哲学家对此表达得稍微确定一些，因为他说：在世界中的一切变化那里，实体保留着，而只有偶性在变更。(KrV，A184；B227)

29. 这位智性哲学家不能忍受：形式先行于事物本身，并且为这些事物规定它们的可能性。(KrV，A267；B323)

30. 莱布尼茨的单子论根本没有任何别的根据，除非这位哲学家只在与知性的关系中设想内部和外部的区别。(KrV，A273；B330)

31。反思的这些概念已经，就如我们所指明的那样，通过一个某种程度的误解而这样影响到知性运用，以致于这些概念甚至把所有哲学家中目光最敏锐的之一引诱到一种被臆测的智性知识体系的状况，而这个体系无需感官的参与就着手规定它的对象。(KrV，A280；B336)

32. 最高的概念，人们习惯于从这里开始一个先验哲学，往往是对可能的东西和不可能的东西的划分。(KrV，A290；B346)

33. 根据他的看法，理念从最高理性流淌出来，从那里它们成为人类理性的一部分，但人类理性现在不再处于它的本源状态中，而必须辛苦地通过回忆（称为哲学）而唤回那古老的、现在已被严重遮蔽了的理念。(KrV，A313；B340)

34. 哲学特有的尊严。(KrV，A319；B375)

35. 既然丧失一个在思辨的世间智慧中有更大应用的概念对于哲学家来说绝不可能是无所谓的，所以我希望，这个概念所依赖的那个术语的规定和细心保存，对于哲学家来说也不会是无所谓的了。(KrV，A325；B382)

36. 我们把那些先验的理性概念——它们通常在哲学家的理论中一般都混杂在其他概念里面，哲学家们从来也没有将它们与知性概念恰当地区分过——从这种歧义状况中提取出来了。(KrV，A338；B396)

37. 我们已经拥有了在我们面前的一门所谓的科学，它被建造在唯一的命题“我思”上，并且我们在这里可以完全适当地、并按照先验哲学的本性、检

查它的根据或无根据。（KrV，A342；B400）

38. 这样，一种试图超出可能经验界限之外、而仍然属于人类最高利益的知识，这已到了应当被归功于思辨哲学的地步，就消失于落空了的期望中了。（KrV，B423）

39. 这两种态度都是健康哲学的死亡，尽管前者也许还可以被叫做纯粹理性的安乐死。（KrV，A407；B434）

40. 这种怀疑的方法本质上只对先验哲学才是唯一特有的。（KrV，A424；B452）

41. 哲学显示出了一种尊严，这种尊严只要哲学能够主张它的狂妄，就会远远胜过人类一切其他科学的价值，因为它预告了我们的——那个对一切理性努力最终都必须联结于其上的——最后目的的最大期望和展望的基础。（KrV，A463；B491）

42. 数学（这种人类理性的骄傲）的真正尊严也基于，它将给理性提供这种指导，在宏观和微观上、在自然的秩序和合规则性中、同时在推动自然的那些力量的值得惊叹的统一性中，洞察自然，远远超出了对建立在普通经验上的哲学的一切期望。（KrV，A464；B492）

43. 虽然对一个哲学家来说很难，把某物视作原理，而不能对它本身的理由加以说明。（KrV，A473；B501）

44. 在先验哲学中某一个——涉及到一个呈现给理性的客体，刚好通过这个纯粹理性是不能回答的——的问题，并且人们是否就有权利逃避对它的决定性的回答，人们通过把那个客体算作完全不确定的（出于一切我们所能够认识的东西），关于它我们虽具有足够的概念以提出一个问题、却完全缺乏在任何时候回答它的手段和能力的东西。（KrV，A477；B505）

45. 先验哲学在一切思辨的知识中拥有这个特点：根本没有任何涉及到一个被给予了纯粹理性的对象的问题。（KrV，A477；B505）

46. 在先验哲学中没有任何别的而只有这种宇宙论的问题，鉴于它们，人们才能够带有正当性地要求，一个——涉及对象性状的——满意的回答，而不允许哲学家们，借口幽深昏暗，而因此逃避，并且这些问题只能涉及宇宙论的理念。（KrV，A478；B506）

47. 除了先验哲学之外还有两门纯粹的理性科学，一门仅仅是思辨的、另一门则是实践的内容：纯粹数学和纯粹道德学。（KrV，A480；B508）

48. 数学家们只谈论一种 progressus in infinitum（无限递进）。概念的研究者们（哲学家们）只想以 pragressus in indefinitum（不限定的递进）取而代之。（KrV，A511；B539）

49. 古代的哲学家们把自然的一切形式看作偶然的，却把质料、按照普通

理性的判断、看作本源的和必然的。（KrV，A617；B645）

50. 我们发现这个先验的预设也以一种值得惊奇的方式隐藏在哲学家们的原理中，即使他们在其中一直都没有认识、，或者自己承认这样的预设。（KrV，A651；B679）

51. 在自然中会遇到这样一种一致性，哲学家们在这条著名的经院规则中预设了：人们非不得已则并不必需增加始基（原则）。（KrV，A652；B680）

52. 这里就显示了思维方式的一种区别，在预设了一种思维方式和预设这种思维方式期间，这种区别是相当细微的、但仍然在巨大重要性的先验哲学中。（KrV，A676；B704）

53. 把我们的一切超验的知识化解为它的各种要素（作为对我们内在本性的一种研究），就其本身而言，不具有丝毫的价值，但对哲学家而言甚至就是一种义务。（KrV，A703；B731）

54. 理性就非常需要一个训练，来对它扩展到超出可能经验的严格界限的倾向，加以抑制，并使它远离放纵和迷误，以至于甚至纯粹理性的整个哲学都只与这种消极的用处打交道。（KrV，A711；B739）

55. 哲学的知识是出自概念的理性知识。（KrV，A713；B741）

56. 哲学知识只在普遍中考察特殊。（KrV，A714；B742）

57. 哲学仅仅执着于普遍概念。（KrV，A714；B742）

58. 那些人，误以为哲学区别于数学只在于，他们说，哲学单纯以质为客体、而数学却只以量为客体，已经把结果当作了原因。（KrV，A714；B742）

59. 哲学和数学一样也讨论到大小，如讨论到总体性、无限性等等。（KrV，A715；B743）

60. 哲学仅仅执着于普遍概念，而数学则并不对准单凭概念。（KrV，A715；B743）

61. 在这一点上哲学家毫无疑问具有胜过其对手的优势。（KrV，A718；B746）

62. 按照概念作推论的理性运用。（KrV，A719；B747）

63. 数学的缜密性以定义、公理、演证为基础。因此我将满足于指出：这几项中没有任何一项能够在数学家所理解的那种意义上，被哲学所完成，更不能够被哲学所模仿。（KrV，A726；B754）

64. 哲学恰好就在于，知道自己的界限。（KrV，A727；B755）

65. 在哲学中人们不必这样模仿数学，预先派遣定义，而不只也许为了单纯的尝试。（KrV，A730；B758）

66. 定义在哲学中必定，作为准确的清晰性，宁可结束了这项工作，而不是开始了这项工作。（KrV，A731；B759）

67. 哲学密集着有错误的定义，尤其这样的定义，它们虽然现实地包含了定义的要素，但还不完备。（KrV，A731；B759）

68. 在定义中数学的方法在哲学中不可模仿。（KrV，A732；B760）

69. 既然哲学仅仅是按照概念的理性知识，那么在它之内就不会找到任何配得上公理的名称的原理。（KrV，A732；B760）

70. 哲学并没有任何公理，也决不允许如此绝对地要求它的先天原理，而是必须勉强，通过彻底的演绎来为它们的、由于这些原理而来的权限而做辩护。（KrV，A733；B761）

71. 哲学知识却必定缺少这种优点，因为它任何时候都必须（通过概念）在抽象中考察共相。（KrV，A734；B762）

72. 哲学还不适宜在数学的骑士团中，即使它拥有一切理由希望与数学作姊妹的结合。（KrV，A735；B763）

73. 纯粹理性的一切哲学最大的、也许是唯一的用处的确只是消极的。（KrV，A795；B823）

74. 理性的全部准备，在人们能够称为纯粹哲学的处理中，实际上都是瞄准了被想到的这三个问题的。（KrV，A800；B828）

75. 所以我们判断的要素，只要它们与愉快或不愉快相关，因而作为实践的判断要素，就不属于先验哲学的整体之中，后者只与纯粹的先天知识相关。（KrV，A801；B829）

76. 我不想在这里赞扬这种功绩，它通过哲学的批判的艰苦奋斗、为人类理性而获得了哲学。（KrV，A831；B859）

77. 自然，在其中人们无区别地着眼的东西，没有任何它的禀赋的偏袒的分配而被指责，并且最高的哲学在人类本性的本质的目的方面也不能，比也已经给最普通的知性以人类本性的指导，把它带向更远。（KrV，A831；B859）

78. 人们在一切（先天的）理性科学中只能唯一地学习数学，决不学习哲学（除非是历史地学习），而学习理性所涉及的东西、最多只能学习做哲学研究。（KrV，A837；B865）

79. 于是，一切哲学知识的系统就是哲学。人们必须把它看作客观的，如果人们把它理解为一切做哲学研究的尝试进行评判的范本，它应当用来评判每一个主观的哲学，而这些主观的哲学的结构体系往往是如此各种各样和如此变化多端的。在这种方式上，哲学就是一种可能科学的单纯理念，它永远不被具体地给予，但人们却在各种不同的道路上而试图接近它。（KrV，A838；B866）

80. 因为，哲学在哪里？谁拥有哲学？而且凭什么可以认识哲学？人们只能学习做哲学研究、即理性才能在一定的正在着手的尝试中练习服从理性的普遍原则，但一直保留着理性对那些原则本身在它的来源上进行调查和确认、或

拒绝的权利。（KrV，A838；B866）

81. 尤其当人们似乎把哲学概念人格化并且将它在哲学家的理想中设想为一个蓝本的时候。在这方面，哲学就是一切知识与人类理性的根本目的（teleologia rationis humanae，人类理性的目的论）的关系的科学，并且哲学家就不是一个理性行家，而是人类理性的规律提供者。（KrV，A838；B866）

82. 仍然存在着一个理想中的导师，他安排这一切，把他们用作工具，以便促进人类理性的根本目的。唯有这些导师我们才必须称为哲学家。（KrV，A839；B867）

83. 终极目的无非是人类的全部使命，并且关于这种使命的哲学就是道德学。为了这种——道德哲学对于一切其他理性追求的——优越性的缘故，人们自古以来也任何时候都把哲学家这个名称同时理解为、并且主要理解为道德学家。（KrV，A840；B868）

84. 人类理性的规律提供（哲学）具有两个对象，自然和自由，所以它一开始就不仅把自然法则、也把道德法则包含在两个特殊的、但最终在一个唯一的哲学系统中。自然哲学走向一切在此之物；道德哲学则走向那应当在此之物。（KrV，A840；B868）

85. 一切哲学要么是来自纯粹理性的知识，要么是来自经验的原则的理性知识。前者叫做纯粹哲学，后者叫做经验的哲学。（KrV，A840；B868）

86. 纯粹理性的哲学或者是——鉴于一切纯粹先天知识而检查理性的能力的——入门（预习），并且叫批判，或者其次，就是纯粹理性的（科学的）系统，这种在系统的相互关系中出自纯粹理性的全部（真实的和虚假的）哲学知识，就叫形而上学。（KrV，A841；B869）

87. 化学家在分解物质时、数学家在他们纯粹的大小学说中所做的，更大得多地也是哲学家的责任，哲学家为此就能够确切地规定，对四处游移的知性运用的特殊一类知识所占有的份额、它所特有的价值和影响。（KrV，A842；B840）

88. 哲学在哪里？谁拥有哲学？而且凭什么可以认识哲学？人们只能学习做哲学研究、即理性才能在一定的正在着手的尝试中练习服从理性的普遍原则，但一直保留着理性对那些原则本身在它的来源上进行调查和确认、或拒绝的权利。（KrV，A838；B866）

89. 于是，纯粹理性的哲学或者是——鉴于一切纯粹先天知识而检查理性的能力的——入门（预习），并且叫批判，或者其次，就是纯粹理性的（科学的）系统，这种在系统的相互关系中出自纯粹理性的全部（真实的和虚假的）哲学知识，就叫形而上学。（KrV，A841；B869）

90. 通过这种方式就发生了，由于哲学家们甚至缺少在他们自己的科学的

理念上的阐发，这门科学的探讨就不可能具有任何确定的目的和任何可靠的准绳。（KrV，A844；B872）

91. 一切纯粹的先天知识，由于它唯一能位于其中的那种特殊认识能力，就构成了一种特殊的统一性，而形而上学就是那种——应当把那些知识表现在这种系统统一性之中的——哲学。（KrV，A844；B873）

92. 在比较狭隘理解中的所谓形而上学由先验哲学和纯粹理性的自然之学所组成。（KrV，A845；B873）

93. 纯粹哲学包含一些针对应用哲学的先天原则，所以纯粹哲学虽然必须与应用哲学联结起来，但必须不与之相混淆。（KrV，A848；B876）

94. 不仅自然的、而且道德的形而上学，尤其打开自己的翅膀而冒险的、预习（入门）而先行的理性的批判，才真正唯一地构成了这一种我们在真正理解中能够称为哲学的东西。（KrV，A850；B878）

95. 在我们一切理性知识的对象方面，曾经有一些只是感觉论的哲学家，另一些只是智性哲学家。伊壁鸠鲁被称为最重要的感性的哲学家，柏拉图则被称为最重要的智性论的哲学家。（KrV，A853；B881）

真理，真理性，真实性（die Wahrheit）

1. 我们从哪里取得了这类定理的，并且我们的知性以什么为依靠而达到这类绝对必然的、普遍有效的真理呢？没有任何别的道路，而无非通过概念或是通过直观。（KrV，A47；B64）

2. 这个问题就是：什么是真理？真理的名词解释是：即真理就该是知识与它的对象的一致，在这里是被给定、并且预设了的。（KrV，A58；B82）

3. 如果真理就在于知识和它的对象的一致，那么这个对象就必须由此而被区别于别的对象；因为一个知识就是错误的，如果它与和它相关的那个对象，并不一致，即使它同样包含某种或许能够适用于别的对象的东西。于是真理的一个普遍标准就会是那种——对一切对知识都是有效的，而无需区分它的对象——的东西。（KrV，A58；B83）

4. 一种逻辑，只要它阐述了知性的普遍和必然的规则，它也必须在这些规则中说明真理的标准。（KrV，A59；B84）

5. 所以真理的单纯逻辑的标准、即一种知识与知性和理性的普遍的和形式的法则相一致，这虽然是一切真理的 conditio sine qua non（必要条件）、因而是消极的条件。（KrV，A59；B84）

6. 所以逻辑的这个部分可以叫做分析论，并且正因此而至少是真理的消极的试金石，因为人们必须首先把一切知识、根据它们的形式、放到这些规则上来检验和估价，在这之前人们根据它们的内容而研究它们本身，以便商定，它

们是否在对象方面包含积极的真理。（KrV，A60；B84）

7. 一种诡辩论者的技艺，给予他的无知、甚至他的蓄意的假象以真理的外表，即人们摹仿，一般逻辑所规定的彻底性的方法，并且利用一般逻辑的正位论以美化任何一个空洞的假定。（KrV，A61；B86）

8. 先验逻辑的这一——说明纯粹知性认识的要素，以及那些没有它们就到处没有对象能够被思想的原则的——部分，就是先验分析论，同时也是真理的逻辑。（KrV，A62；B87）

9. 真理性知识的条件。（KrV，A75；B100）

10. 实然命题说的是逻辑的现实性或真理性。（KrV，A75；B101）

11. 结论上的真实性。（KrV，B114）

12. 在其中，概念的单一性，从概念中可以直接派生出来的一切东西的真实性。（KrV，B115）

13. 通过单一性、真实性和完备性的概念，先验范畴表根本没有得到什么补充，仿佛它缺少了什么似的。（KrV，B115）

14. 现实的经验，它由现象的领会、联想（再生）以及认定所构成，在那个（对经验的单纯经验性要素的）最后和最高的认定中，包含着——使经验之形式的统一性成为可能、并且与此同时使经验的知识的一切客观有效性（真理性）成为可能的——概念。（KrV，A125）

15. 因而使知性的纯粹概念的客观有效性先天地可以理解，并且由此牢固地设定纯粹概念的起源和真理性。（KrV，A128）

16. 理性的先验运用完全不可能是客观有效的，因而不属于真理的逻辑，即分析论，而作为一种幻相的逻辑。（KrV，A131；B170）

17. 但是，我们所有的知识都处于一切可能经验的整体中，而先行于一切经验的真理、并且使之成为可能的那种先验真理，则在于这一切可能经验的普遍关系之中。（KrV，A146；B185）

18. 既然如此，这种——一个与之相矛盾的谓词，达不到任何事物的——原理，就称为矛盾原理，它是一切真理的一个普遍的、虽然仅仅消极的标准。（KrV，A151；B190）

19. 所以我们也必须把矛盾原理看作为一切分析的知识的一条普遍的并完全充分的原则；但它的威望和用途也不比真理的一条充分的标准走得更远。（KrV，A151；B191）

20. 所以一切其他的综合作为先天知识之所以具有真理性（即与客体相符合），也只是因为它不包含别的东西，而无非那些对一般经验之综合统一性是必要的东西。（KrV，A158；B197）

知识和客体的符合就是真理。（KrV，A191；B236）

21. 只有对这一点，即这些概念先天地表达了在任何经验中的知觉的关系，人们才认识到这些概念的客观实在性，亦即它们的先验的真实性。（KrV，A222；B269）

22. 即使这些知性规则不只是先天真实的，而且甚至是一切真理——即我们的知识与客体的符合——的根源，由此，它们包含了经验可能性的根据，作为客体能在其中被给予我们的一切知识总和的根据。（KrV，A237；B296）

23. 并非一切判断都需要一种审查，亦即对真理的根据的一种关注。（KrV，A261；B316）

24. 因为真理或幻相并不是在对象中的，只要对象被直观，而是在关于对象的判断中的，只要对象被思维。（KrV，A293；B350）

25. 但与知性的规律处于一致中的是一切真理的形式的东西。（KrV，A294；B350）

26. 按照这一程序，结论的真实性就不可避免地与前提的真实性连结了起来。（KrV，A303；B360）

27. 在对自然的考察中，经验把规则交到我们手里，并且就是真理的源泉。（KrV，A318；B375）

28. 可能的经验就是这种，唯一能够给予我们的概念以实在性的东西；没有它，一切概念都只是理念，没有真实性并且没有与一个对象的关系。（KrV，A489；B517）

29. 如果说范畴导致真理、即我们的概念与客体的一致，先验的理念则引起了一种单纯的、但却不可抗拒的幻相。（KrV，A642；B670）

30. 这种假设的理性运用指向知性知识的系统统一性，但这种统一性则是规则的真理性的试金石。（KrV，A647；B675）

31. 如果人们要按照一切严格性而判断，就会得出，被视为假设的那个普遍规则的真实性。（KrV，A647；B675）

32. 人们根本不是把这条原理的真实性（一定不是一个起作用的一般原因的概念的客观有效性）立足于任何洞见、即先天知识之上。（KrV，A760；B788）

33. 因为只有借助于因果律而将为这个概念规定一个对象，这个被表象的事件才具有客观有效性、即真理。（KrV，A788；B816）

34. 直接的或明示的证明在一切种类的知识中都是那种——与真理的确信、同时也与对真理源泉的洞见联结在一起的——证明；反证法的证明虽然可以带来确定性，但不能带来鉴于与其可能性的根据的相互关联的真理的可理解性。（KrV，A789；B817）

35. 通过这种方式一个假设绝不能被转化成演证的真理。（KrV，A790；

B818）

36. 但真理则建立在与客体相一致之上，因而鉴于客体，每一个知性的判断都必须是一致的（cosentientia uni tertio，consentiunt inter se，凡与第三者相一致者相互间也一致）。（KrV，A820；B848）

37. 判断的真实性就由此而被证明。（KrV，A821；B849）

38. 所以连结的原则要求普遍性和必然性，因而要求完全的确定性，否则就根本找不到通往真理的指导。（KrV，A823；B851）

证明（der Beweis）

证明（beweisen）

1. 但逻辑学的界限由此已经完全确切地规定了，它不过是一门科学，这门科学所详尽说明并严格证明的无非是一切思维的形式规则。（KrV，BIX）

2. 人们根据思维方式的这种变革，能够完全很好地解释一门先天知识的可能性，并且，更多地则是，给——作为经验之对象的总和的自然设置了先天基础的——法则，配备以满意的证明。（KrV，BXIX）

3. 要认识一个对象，这就要求，我能够证明它的可能性（无论是按照来自它的现实性的经验的证据，还是先天地通过理性而证明）。（KrV，BXXVI）

4. 假定思辨理性已证明，自由完全不可能被思想，那么必然地，那个前提，亦即道德的前提，就必须让位于，那个它的反面包含一种明显的矛盾的前提。（KrV，BXXIX）

5. 这种处理任何时候都必须是独断的，即从可靠的先天原则而被严格地证明。（KrV，BXXXV）

6. 人们甚至无需这样一类的例子来证明在我们的知识中那些先天纯粹原理的现实性，也能够阐明、因而先天地阐明，这些原理之于经验本身可能性的不可或缺性。（KrV，B5）

7. 现在形而上学的成与败都以这个任务的解决、或者一种——它声明渴望知道、实际上根本不发生的那种可能性——充分的证明为基础。（KrV，B19）

8. 按照观念论，外部对象的现实性是不能做任何严格证明的。（KrV，A38；B55）

9. 虽然最后这个对我们的感性理论的评论必须只被算作解说，而不是证明。（KrV，B72）

10. 法学教师们，当他们谈论到权限和越权的时候，区别了在一桩诉讼中那种关于什么是权利的问题（quid juris）与那种涉及事实的问题（quid facti），并且由于他们对两方面都要求证明，这样，他们把前一种、应当阐明权限、亦或合法要求的证明，称为演绎。（KrV，A84；B116）

11. 从经验而证明这样一种运用的合法性是不充分的。（KrV，A85；B117）

12. 因为它们仍是先天综合判断，在这里仍有必要的位置，虽然不是，为了证明其正确性和无可置疑的确定性，这是它们所完全没有必要的。（KrV，A149；B189）

13. 凡是数学在对那种综合的纯粹运用中所证明的东西，这种东西也必然地适用于这些知识。（KrV，B207）

14. 从经验中一种关于空的空间或一种空的时间的证明永远不可能被抽引出来。（KrV，A172；B214）

15. 因而这个前提就只是形而上学的前提，我则以一个先验的证明而与之对抗，这个证明虽然并不要解释在空间的充满上的区别，但却完全取消了那个前提的被误以为的必然性，前述的区别则无非通过假定的空的空间才能够被解释。（KrV，A174；B215）

16. 单纯这种持存性，才是——我们为什么把实体范畴应用于现象上的——根据，并且人们则必须证明，在一切现象中存在着某种持存的东西，在它身上可变更的东西无非是它的此在的规定。（KrV，A184；B227）

17. 由于这样的一种证明绝不能够独断地、即从概念而被引导，因为它涉及一个先天综合命题，并且人们从来也没有想到过，这类命题只有在与可能经验相关时才是有效的，因而也只有通过经验的可能性的一个演绎才能够被证明。（KrV，A185；B228）

18. 仅仅主观相继便证明不了在客观上杂多的连结，因为它完全是随意的。（KrV，A193；B238）

19. 凭借这个主体，行动，作为一种充分的经验的标准，就证明了那种实体性，而无需我通过比较知觉才去寻找这个实体的持存性。（KrV，A205；B250）

20. 我自己的此在的单纯的、但经验地被规定了的意识证明了空间中在我之外的对象的此在。（KrV，B275）

21. 外在事物的此在的直接意识在居前的定理中并没有被作为前提，而是被证明，我们可以看出这种意识的可能性，或者不可以。（KrV，B276）

22. 如果把一个先天的规定综合地添加给一个物的概念，那么必须被这样一个命题、严谨地、在那里即使不添加一个证明、也至少添加一个它的主张的合法性的演绎。（KrV，A233；B286）

23. 因此，这也就绝不能做到，只从那些纯粹知性概念来证明一个综合的命题，例如“一切偶然生存的东西都有一个原因”这种命题。人们所能够做到的无非是证明，没有这种关系，我们就根本不能把握偶然之物的生存存，即不能先天地通过知性而认识这样一个物的生存。（KrV，B289）

24. 所有这种概念并非通过任何东西而证明自己，并借此阐明它的实在的可能性。(KrV，A244；B302)

25. 一个物的可能性绝不能够单纯从该物概念的不自相矛盾被证明，而只能够通过，人们被一种给该概念配备了相应的直观，才被证明。(KrV，B308)

26. 所以灵魂的持存性，作为单纯的内感官的对象，仍未证明，并且甚至是不可证明的。(KrV，B415)

27. 如果外物的此在对于它自己在时间中的此在的规定已经根本不需要了，则外物的此在也就只会被完全徒劳地假定下来，而无需对此给出哪怕一个证明。(KrV，B418)

28. 那些对世界有用的证明，在这儿全都保持着它们的并未减少的价值，毋宁说，通过排除那些独断的僭妄而增加了清晰性和不做作的确信。(KrV，B425)

29. 所以这个所谓 nervus probandi（论证要点）的论证就在于这个命题：许多表象必须被包含在思维着的主体的绝对统一性中，为的是构成一个思想。但这个命题没有人能够从概念中证明出来。(KrV，A352)

30. 这个著名的心理学的证明不过建立在一个只指引动词在人称方面的一种表象的不可分的统一性的基础上。(KrV，A355)

31. 我本身的意识的同一性在不同时间内只是我的思想及其关联的一个形式条件，但它根本不证明我的主体的、数目上的同一性。(KrV，A363)

32. 灵魂的人格性及其条件，即灵魂的持存性、因而它的实体性，必须现在才首次被证明。(KrV，A365)

33. 我没有丝毫的必要打算去推导关于外部对象的现实性，就如于我的内感官的对象（我的思想）的现实性一样，因为它们双方都无非是这样的表象，它们的直接知觉（意识）同时就是它们的现实性的足够证明。(KrV，A371)

34. 一切外部知觉都直接证明了在空间中某种现实的东西，或者不如说就是现实的东西本身。(KrV，A375)

35. 外部知觉直接证明了在空间中的一种现实性。(KrV，A377)

36. 批判的反驳是，针对一个命题的证明的反驳。(KrV，A388)

37. 人们也可以从这种二律背反中引出一种真实的、虽然不是独断的、但却是批判的和学理上的好处：即由此而间接地证明现象的先验的观念性。(KrV，A506；B534)

38. 即使这种公理，也不能在经验之客体方面对扩展和纠正我们的知识具有任何更大的影响，除非它在我们知性的最广泛的经验运用中积极地证明了自已。(KrV，A517；B545)

39. 理性的这些理念已经现实地证明了，鉴于作为现象的人的行动方面的

原因性。（KrV，A550；B578）

40. 第一种证明是自然神学的证明，第二种证明是宇宙论的证明，第三种证明是本体论的证明。它的证明没有更多的了，并且也不可能有更的了。（KrV，A591；B619）

41. 论上帝此在的本体论证明之不可能性。（KrV，A592；B620）

42. 然而这种逻辑的必然性已经证明了，它的幻觉的如此巨大的威力，以致于，因为人们制造出一个关于某物的先天概念。（KrV，A594；B622）

43. 对一个最高存在者的此在、出于概念的、这个如此著名的（笛卡尔派的）本体论证明，一切辛苦和劳动都白费了。（KrV，A602；B630）

44. 论上帝此在的宇宙论证明的不可能性。（KrV，A603；B631）

45. 于是从这里就产生了那个不幸的本体论证明，它既没有给自然而健全知性，也没有给严格按规定的检查带来什么满足。（KrV，A604；B632）

46. 这个宇宙论的证明，我们现在所要研究的，保留了绝对必然性与最高实在性的连结，但取代如同那个上次的证明那样，从最高实在性中推出在此在中的必然性，而宁可从任何一个存在者的被预先给予的无条件的必然性、推出它的无限制的实在性。（KrV，A604；B632）

47. 所以这个证明原本从经验开始，因而它并不是完全先天地进行的，或者是本体论的，并且因为一切可能经验之对象就叫做世界，所以这个对象也就因此被称为宇宙论的证明。既然这个证明也放弃了经验对象的一切特殊属性，这个世界由此而能够与每一个可能世界相区别：所以它在自己的名称中就已经区别于自然神学的证明了，而自然神学的证明则需要对我们这个感官世界的特殊性状的观察作为证明根据。（KrV，A605；B633）

48. 但宇宙论证明使用这个经验仅仅，为了跨出一种唯一的脚步，即向着一个一般必然存在者的此在。（KrV，A606；B634）

49. 一个命题，为本体论的论证所主张，人们在宇宙论的证明中采用了这种本体论的论证并以之为基础，不过人们却想要避免它。（KrV，A607；B635）

50. 所以这原本只是一个出自纯然概念的本体论证明，这种本体论证明在所谓的宇宙论证明中包含了一切证明力，而自称的经验则是完全无用的，也许，仅仅为了把我们引向绝对必然性的概念，但并不为了在任何一个确定的物上阐明这种绝对必然性。（KrV，A607；B635）

51. 而这正是本体论证明所主张的，而宇宙论证明所不愿意承认的，但却仍然把它的推论垫在了下面，尽管以隐蔽的方式。（KrV，A608；B637）

52. 宇宙论证明的这种特技目的仅仅在于，为了躲避那个通过单纯概念而先天地对一个必然存在者的此在所作的证明，这种本体论的证明必须被引导，但对此我们感到完全没有能力。（KrV，A610；B638）

53. 但纯粹理性的一个理想却不能称为无法探明究竟的，因为这个理想远不能揭示它的实在性的任何证明，除非理性借助于理想而完成了一切综合统一性的需要。（KrV，A614；B642）

54. 这时，在这些先验的证明中，什么是那个辩证的、但却是自然的幻相的原因呢，它连结了必然性与最高实在性的概念、并且使那种毕竟只能是理念的东西实在化和实体化？（KrV，A615；B643）

55. 论自然神学证明的不可能性。（KrV，A620；B648）

56. 一个这样的证明我们就称作自然神学的证明。要是这个证明也是不可能的：那就任何地方都不可能有什么——出自单纯思辨理性而符合于我们的先验理念的一个存在者的此在的——使人满意的证明是可能的了。（KrV，A620；B648）

57. 这个证明任何时候都值得用敬重而被称呼。它是最古老、最明白并且最大程度地适合于普通人类理性。（KrV，A623；B651）

58. 自然神学的证明绝不能够单独说明一个最高存在者的此在，相反，它任何时候都必须委托于本体论的证明（它只被用作本体论证明的序言），补足它的这一缺陷，因而本体论的证明所包含的就仍然还是唯一可能的证明根据（假使在一切领域都发生一种思辨的证明），而这种证明根据，任何人类理性都不可以忽略过去。（KrV，A625；B653）

59. 按照这种推论，这么多的自然配置的合目的性和合拍性，必须会单纯证明，形式的偶然性，却并不证明质料的、即在世界中的实体的偶然性。（KrV，A627；B655）

60. 所以这个证明所能够阐明的，最多是一个——永远被他所加工的材料的适应性大大限制着的——世界建筑师，但却不是一个——所有的东西都服从于它的理念的——世界创造者，而这对于人们所密切注意的那个伟大意图，即证明一个最充分的原始存在者，是远远不够的。（KrV，A627；B655）

61. 如果我们想证明质料本身的偶然性，那么我们就必须最后求助于先验的论证，但它恰好在这里应该被避免。（KrV，A627；B655）

62. 所以自然神学的证明卡住在自己的行动计划中，它在这种窘境中突然跳跃向宇宙论的证明，而既然宇宙论证明只不过是一种隐藏的本体论证明，那么它实际上只是通过纯粹理性才实现了它的意图，虽然它一开始就已经否认了与纯粹理性的所有亲缘关系并且把一切都已经中断在出自经验的清楚明白的证明上。（KrV，A629；B657）

63. 所以自然神学家们根本没有理由，对先验的证明方式做得如此冷淡，并且用看透了的自然行家的自负而俯视这种证明方式，就像俯视幽暗的好冥思苦想的人的编织网。（KrV，A629；B657）

64. 因此，对一个作为最高存在者的唯一原始存在者的此在的宇宙论证明，就把自然神学的证明设置为基础，但本体论的证明却又把宇宙论的证明设置为基础。（KrV，A630；B658）

65. 全然出于纯粹理性概念的本体论的证明，就是唯一可能的证明，只要一种如此远远超越于一切经验的知性运用之上的命题的证明在任何地方都是可能的。（KrV，A630；B658）

66. 自然神学的证明虽然也许能够加强别的证明（如果这样的证明还能获得），因为它把思辨与直观连结了起来；但就其自身而言它毋宁说是使知性为神学知识作了准备，并且为此给知性提供一个正确的和自然的方向，而不是说它独自就能够完成这项事务。（KrV，A637；B665）

67. 一切单纯思辨的证明却还导致一个唯一的、亦即本体论的证明。（KrV，A638；B666）

68. 这个最高存在者对于理性的单纯思辨的运用来说仍然是一个单纯的、但毕竟是完美无缺的理想，是一个终止整个人类知识并使之圆满完成的概念，它的客观实在性以这种思辨的运用的方式虽然不能被证明、但也不能被反驳。（KrV，A641；B669）

69. 这一切都证明，宇宙论的理念无非是调节性的原则，而仿佛远离了——设立这样的序列的现实的总体性的——构成性原则。（KrV，A685；B713）

70. 因此就在证明中产生了一种错误的循环论证，这时人们则以那种原本应当被证明的东西为前提。（KrV，A693；B721）

71. 只有一种无可置疑的证明，只要它是直觉的，才能够叫做演证。经验尽管教给我们，这是什么，但并不能教给我们，它完全不可能是别的。因此经验的证明根据不可能获得任何无可置疑的证明。（KrV，A734；B762）

72. 但它却叫做原理而不是定理，虽然它必须被证明，这是因为它具有这种特别的属性，它本身首次使它的证明根据、即经验成为可能，并且永远必须在经验那里被预设。（KrV，A737；B765）

73. 我们为此恰好没有必要，寻思严格按规定的证明，而总还是能够假定那些——在经验的运用中完全可以与我们理性的思辨旨趣相关联、并且此外它又是使这种旨趣与实践的旨趣相联结的唯一手段的——命题。（KrV，A742；B770）

74. 如果我们离开这一点，那么它们就是单纯的思想物，它们的可能性是不可证明的，因此它们也不能通过一种假设而为现实的现象解释设置基础。（KrV，A771；B799）

75. 这种证明具有一种演证的无可置疑的确定性。（KrV，A775；B803）

76. 所以理性在那里拥有不允许它证明、事实上它也不能够进行证明其合

法性的财产。（KrV，A777；B805）

77. 但那些被想到的假设只是成问题的判断，至少不可能被驳倒，但当然也不能被无所证明。（KrV，A781；B809）

78. 纯粹理性在它的证明上的训练。（KrV，A782；B810）

79. 先验的和综合的命题的证明拥有这种特点，在先天综合知识的一切证明中，本身，即理性在它们那里借助于它的概念不允许被直截了当地变成对象，而必须预先阐明这些概念的客观有效性和这些概念的先天综合的可能性。（KrV，A782；B810）

80. 因为证明并不表明，被给予的概念（如关于发生的事的概念）、直接就导致另一个概念（一个原因的概念）；因为这样一类的过渡将是一个根本不可辩护的跳跃。（KrV，A783；B811）

81. 所以证明必须同时指出，综合地和先天地达到物的一定知识的可能性，而这些知识本来并不包含在这些物的概念中。（KrV，A783；B811）

82. 证明并不直接引向所要求的谓词，而仅仅被引向，借助于一条可能性的原则、把给予了我们的概念先天地扩展到理念、并实现这些理念。（KrV，A785；B813）

83. 所以这个证明根据就只能是一个唯一的证明根据，因为除了这个概念之外再没有任何概念能够由此使对象被规定的了，所以这个证明无非能够包含按照这个本身也只是唯一的概念、对一个一般对象进行规定。（KrV，A788；B816）

84. 对上帝此在的先验证明也是同样的情况，这种证明唯一以最实在的存在者和必然的存在者的概念的可交替性（Reziprokabilität）为基础，而不能在任何别的地方被寻求到。（KrV，A788；B816）

85. 纯粹理性的第三个特有的规则，当它在先验证明上经受一种训练的时候，就是：它的证明就必须永远都不是反证法的，而任何时候都必须是明示的。直接的或明示的证明在一切种类的知识中都是那种——与真理的确信、同时也与对真理源泉的洞见联结在一起的——证明；反证法的证明虽然可以带来确定性，但不能带来鉴于与其可能性的根据的相互关联的真理的可理解性。（KrV，A789；B817）

86. 但反证法的证明方式却只有在那些——不可能把我们表象的主观的东西强加于客观的东西，即强加于那种在对象中的东西的知识的——科学中，才能够被允许。（KrV，A791；B819）

87. 在主观上我们有权利抵制对一个必然的至上存在者的任何思辨的证明。（KrV，A792；B820）

88. 每一个人都必须借助于一个通过证明根据的先验演绎而引导出的合法

的证明、即直接地进行他的事情，以便人们看到，他的理性要求为自己本身所不得不引证的东西。（KrV，A794；B822）

89. 纯粹理性在它的思辨的运用中的一切综合知识，根据一切迄今所进行的证明，都是完全不可能的。（KrV，A796；B824）

90. 实践的自由能够被经验所证明。（KrV，A802；B830）

91. 系统统一性的一种特殊种类、即道德的统一性，必须是可能的，然而这种系统的自然统一性按照理性的思辨原则不可能证明。（KrV，A807；B835）

正题（die Thesis）

1. 纯粹理性的二律背反，从第 425 页到 461 页，都已这样编排，按照一种表式，即凡是属于正题的，都在左边，而凡是属于反题的，则在右边。（KrV，AXXII）

2. 如果独断的学说的任何一个整体都是正论（Thetik），那么我把背反论（Antithetik）并不理解为反面的独断的主张，而理解为那些按照幻相的独断知识之间的（thesin cum antithesi，正题与反题的）冲突，人们并没有把优先的赞同要求授予一方而不授予另一方。（KrV，A421；B448）

3. 正题：世界在时间中具有一个开端，并且按照空间也包括在界限之内。（KrV，A426；B454）

4. 正题：世界上每一个复合的实体都由简单的部分所构成，并且除了简单的东西、或由简单的东西复合而成的东西之外，任何地方都没有什么东西生存着。（KrV，A434；B462）

5. 正题：按照自然律的因果性并不是世界的现象全都能够从中被推导的唯一因果性。通过自由而假定一种因果性，对解释这些现象，是必要的。（KrV，A444；B472）

6. 正题：某物属于这个世界，它是，或者作为世界的一部分、或者作为世界的原因，一个绝对必然的存在者。（KrV，A453；B480）

7. 反之，正题的那些主张，则在现象序列内部的经验的解释方式之外，还把智性的开端作为基础，只要这种准则不是简单的。但我想把这些正题的主张的本质的辨别标志，称为纯粹理性的独断论。（KrV，A466；B494）

8. 因此理性的建筑术的利益（它要求并非经验的、而是先天的纯粹的理性统一性）就为正题的主张随身携带一种自然的推荐。（KrV，A475；B503）

9. 现在不论是有限还是无限都是假的（按照上述一方面是反题、另一方面是正题的证明）。（KrV，A506；B534）

正位论（die Topik）

1. 一种诡辩论者的技艺，给予他的无知、甚至他的蓄意的假象以真理的外表，即人们摹仿，一般逻辑所规定的彻底性的方法，并且利用一般逻辑的正位论以美化任何一个空洞的假定。(KrV, A61; B86)

2. 用这种方式，对根据它的运用的差异性而应归于每一个概念的这种位置的评判，以及对按照规则为一切概念规定这种方位的指示，就会是先验正位论了。(KrV, A268; B324)

3. 在这上面就建立起了亚里士多德的逻辑的正位论。(KrV, A268; B324)

4. 先验的正位论所包含的只不过是前述一切比较和辨别的四个条目。(KrV, A269; B325)

5. 缺乏这样一个先验的正位论，并且因此被反思概念的歧义所欺骗，这位著名的莱布尼茨建立过一种世界的智性体系。(KrV, A270; B326)

6. 所以，合理的灵魂学说的正位论，合理的灵魂学说所能包含的其余一切都必须从此而被推导，就是如下．(KrV, A344; B402)

整体（das Ganze）

1. 这个从纯粹理性的最小要素出发直至它的整体、并且倒过来从整体出发(因为整体也被纯粹理性的最终意图在实践中给出。(KrV, BXXXVIII)

2. 因此它就只有借助于先天的知性知识的一种整体理念，并且通过由此确定的对那些构成它的概念的划分，因而只有通过这些概念在一个系统中的关联，才是可能的。(KrV, A64; B89)

3. 因此它的知识的整体将构成一种在一个理念之下把握和规定的系统，它的完备性和环节咬合同时也能够适合充当一种——所有装配了的知识部件的正确性和真切性的——试金石。(KrV, A65; B90)

4. 所以在选言判断中有知识的某种一定的协同性，这种协同性就在于知识交互排斥、但仍还因此在整体上规定着那个真实的知识，因而这些知识总括起来就构成了一个唯一被给予的知识的全部内容。(KrV, A74; B99)

5. 因为这个表在哲学的理论部分中是非常有用的，甚至是在不可缺少地制定一门科学的整体规划，只要这门科学基于先天概念。(KrV, B109)

6. 于是，在事物的一个整体中将设想出一个类似的连结。(KrV, B112)

7. 在因果关系中，后果并不又交互地规定了根据，并且因此也并不与根据一起（就如世界并不与创世者一起）构成一个整体。(KrV, B112)

8. 知性也把一个物的各部分想像为这样的部分们：它们的生存（作为实体们）被每一部分所拥有，除了其余部分，但毕竟联结在一个整体中。（KrV, B113)

9. 因为它在目前状态中则会是一个新的表象，这表象完全不属于它借以一步一步被产生的那个动作，而它的杂多就永远也构不成一个整体，因为它缺乏

那种只有意识才能够使它获得的统一性。（KrV，A103）

10. 我们所有的知识都处于一切可能经验的整体中，而先行于一切经验的真理、并且使之成为可能的那种先验真理，则在于这一切可能经验的普遍关系之中。（KrV，A146；B185）

11. 但现在什么是作为一切综合判断的媒介的第三者呢？它只是一个整体，我们的一切表象都已经包含在其中，亦即内感官，及其先天形式——时间。（KrV，A155；B194）

12. 我把这个大小称为一个外延的大小，在这种大小中，部分的表象使整体的表象成为可能，（因而必然先行于整体的表象）。（KrV，B203）

13. 作为现象中的某物，它的领会则完全没有从部分们进展到整体表象的前后相继的综合，所以它没有任何外延的大小。（KrV，A167；B209）

14. 只要对象都应当被表象为同时生存地连结着的，那么它们就必定在一个时间中交互地规定它们的位置，并由此而构成一个整体。（KrV，A214；B261）

15. 现象实体本身也完完全全是一些纯净的相关性的整体。（KrV，A265；B321）

16. 那些理念在最高知性中是个别的、不可改变的、彻底规定了的，并且是事物的本源的原因，而只有在宇宙中事物联结的整体才是唯一而单独地完全适合于那个理念的整体的。（KrV，A318；B375）

17. 我们可以把这些先天概念称为纯粹的理性概念，或先验理念，而它们将根据原则而规定知性在全部经验的整体上的运用。（KrV，A321；B378）

18. 知性对此没有任何概念，而理性则要超越到把每一个对象方面的一切知性活动都概括到一个绝对的整体之中。（KrV，A327；B383）

19. 一切现象的绝对的整体只是一个理念，因为，既然我们决不能在形象中设计出这一类东西，那么这个整体就仍然还是一个没有任何答案的问题。（KrV，A328；B384）

20. 虽然思想的整体可以被划分并且被分配于许多主体之间，但主体的我却还不能被划分和分配，而我们毕竟在一切思维中预设了这个我。（KrV，A354）

21. 质的无条件的统一性即并不作为实在的整体，而作为简单的。（KrV，A404）

22. 一切现象的给予整体的复合的绝对完备性。（KrV，A415；B443）

23. 在现象中一个给予整体的部分的绝对完备性。（KrV，A415；B443）

24. 绝对总体性的理念所涉及的无非是，现象的说明，因而不涉及一般事物的一个整体的纯粹知性概念。（KrV，A415；B443）

25. 现在人们可以思想这个无条件者，要么作为仅仅在于整个序列，因而在这序列中所有各项无一例外地都将是有条件的，并且唯有它的整体是全然无条件的，于是这个回溯就叫做无限的。（KrV，A417；B445）

26. 一个给予了的有条件者的条件序列的绝对整体任何时候都是无条件的；因为在这个序列之外不再有任何能够使绝对整体是有条件的条件。不过一个这样的序列的这个绝对整体只是一个理念，或者不如说，是一个成问题的概念，这个概念的可能性必须被研究。（KrV，A417；B445）

27. 世界和自然，它们有时相互运转。前者意味着一切现象的数学上的整体和现象的——不论是在宏观上还是在微观上、亦即不论是在通过复合还是通过分割的现象的进步中的——综合的总体性。但恰好这种现象的世界被称为自然，只要它被看作一个动力学的整体。（KrV，A418；B446）

28. 这种理念，我们现在所研究的，我在前面称为宇宙论的理念，部分地因为，世界被理解为一切现象的整体，而我们的理念也只对准现象中间的无条件者，而部分也因为，世界这个词，在先验的理解中，意味着生存着的事物的整体的绝对总体性，而且我们将我们的注意力仅仅瞄准综合（虽然原本只是在对条件的回溯中的综合中）的完备性上。（KrV，A419；B447）

29. 现象只要求达到它们的解释条件在知觉中被给予的范围内而被解释，但所有曾经可以被给予它们、曾经概括进一个绝对整体的东西，本身决不是知觉。（KrV，A484；B512）

30. 如果这个世界任何时候都是有条件的，那么它就绝不会完整地被给予，因而世界就不是任何无条件的整体，所以也不是作为这样一个整体、既不以无限的大小、也不以有限的大小而生存着。（KrV，A505；B533）

31. 如果世界是一个自在地生存的整体，那么它要么是有限的，要么是无限的。（KrV，A506；B534）

32. 世界（一切现象的总和）就该是一个自在生存着的整体，这也是假的。（KrV，A506；B534）

33. 如果整体在经验直观中被给予了，那么回溯在它的内部条件的序列中就进行到无限。（KrV，A512；B540）

34. 于是我任何时候都在概念中、但决不（作为整体）在直观中而拥有世界整体。（KrV，A519；B547）

35. 所以这样一来，现象的整体的大小就完全没有被绝对地规定，因而人们也不能说，这个回溯走进无限。（KrV，A519；B547）

36. 在直观中一个给予了的整体的分割的总体性的宇宙论的理念的解决。（KrV，A523；B551）

37. 如果我分割一个在直观中已经给予的整体，那么我就在从一个有条件

者前进到它的可能性的条件。（KrV，A523；B551）

38. 尽管所有的部分都已经包含在整体的直观中了，然而并非全部分割都包含于其中，全部分割仅仅在于继续分解，或在于使序列首先成为现实的那个回溯本身。（KrV，A524；B552）

39. 当这个回溯是无限的时候，那么虽然它所达到的一切项（部分），都包含在那个作为聚合体的给予了的整体中，但并不包含整个分割的序列，这个序列是无限相继的并永远也不是全部，因而就决不能表现出任何无限的总量、及其在一个整体中的总计。（KrV，A524；B552）

40. 整体恰好由这个概念已经表现为被划分了的，并且各部分的一个本身自在地被确定了的、但却是无限的数量，先于一切分割的回溯、在整体中被发现。（KrV，A527；B555）

41. 数学的回溯原本只涉及部分复合为一个整体、或整体分裂为它的部分。（KrV，A560；B588）

42. 任何一个概念的可规定性都是服从于两个对立谓词之间的排中律的普遍性（普遍性）的，但一个物的规定则是服从于一切可能谓词的全体性（完备性）或整体的。（KrV，A572；B600）

43. 一切事物的可能性都把最高实在性——作为一种根据而不是作为整体——设置为基础。（KrV，A579；B607）

44. 如果不是把一切经验的实在性的整体预设为一个对象的可能性条件，对我们来说就没有任何东西是一个对象。（KrV，A582；B610）

45. 我们把知性的经验运用的分配的统一性辩证地转换为一个经验整体的集合的统一性，并且在这个现象整体上设想一个单一的——把一切经验的实在性都包含在自身内的——物。（KrV，A582；B610）

46. 在这个世界上到处都可找到一种——按照一定的意图、用伟大智慧制作出来的——安排的清晰的迹象，并且既在一个内容的无法描述的多样性的整体中、又在范围的无限制的大小的整体中。（KrV，A625；B653）

47. 这种理性统一性任何时候都预设了一个理念，即这种理念有关知识的一个整体的形式，这个整体先行于各部分的确定知识并且包含那些——为每个部分先天地确定它的位置及其对其余部分的关系的——条件。（KrV，A645；B673）

48. 这就表明，是理性的思辨兴趣而不是它的洞见，使理性有权利，从一个如此远地超出它的范围的点出发，以便于由此而观察它的在一个完备整体中的对象。（KrV，A676；B704）

49. 至于整个类（在这里地球上）的延续，那么这个困难在这方面并不重要，因为个别中的偶然仍然已经服从于整体中的规则。（KrV，A779；B807）

50. 因为现象（作为单纯的表象），它毕竟自在本身地（作为客体）而被给予出来，是某种不可能的东西，而这种被想像出来的整体的无限性虽然本该是无条件的，但（因为现象中的一切都是有条件的）却与那种毕竟在概念中被预设了的无条件的大小规定相矛盾。（KrV，A793；B821）

51. 理性被它的本性中的一种倾向所驱使，超出经验运用之外，在一个纯粹的运用中并借助于单纯的理念冒着出离一切知识的最后极限的危险，而只有首先在它的循环结束中、在一个自行存在的系统整体中，才获得安宁。（KrV，A797；B825）

52. 所以我们判断的要素，只要它们与愉快或不愉快相关，因而作为实践的判断要素，就不属于先验哲学的整体之中，后者只与纯粹的先天知识相关。（KrV，A801；B829）

53. 但这些关于——我们的整体状况方面值得欲求的、亦即是好的和有利的东西的——考虑，建立在理性之上。（KrV，A802；B830）

54. 这个理念就是一个整体的形式的理性概念，只要通过这个理性概念不论是杂多东西的范围、还是各部分相互之间的位置，都先天地被规定了。（KrV，A832；B860）

55. 所以这个科学性的理性概念包含目的以及与这个目的相一致的整体的形式。（KrV，A832；B860）

56. 那种——所有部分都与整体相联系并且在目的理念中也相互联系的——目的的统一性，使得、每一个部分都能够在其余部分的知识那里被惦记。（KrV，A832；B860）

57. 所以，整体就是节节相连的（articulatio，环环相扣）而不是堆积起来的（coacervatio，积累）；它虽能够内部地（per intus susceptionem，通过从内部激发），但却不能够外部地（per appositionem，通过增添）增长，正如一个动物的身体，它的生长并不增添任何肢体，而是，不改变比例地，使每个肢体都更强而更熟练地适合于它的目的。（KrV，A833；B861）

58. 而是建筑术地，为了亲缘关系起见以及从一个唯一的至上的并首次使整体成为可能的内部目的中的推导，而能够产生出这种我们叫做科学的东西，它的图型必须合乎理念地、即先天地包含着整体的轮廓（monogramma，草图）和一种对整体各环节的划分，并且必须把这个整体确定无疑地依照原则与整体的其他一切相区别。（KrV，A833；B861）

59. 按照理性的目的建筑术地设计一个整体。（KrV，A835；B863）

60. 为此所有的系统都又还在人类知识的一个系统中作为一个整体的各环节而合目的地相互联结着。（KrV，A835；B863）

直观（die Anschauung）

直观（anschauen）

1. 数学通过概念应用于直观。（KrV，BXIV）

2. 如果直观必须按对象的性状而行事，那么我就看不出，人们如何能先天地对对象有所理解。（KrV，BXVII）

3. 这个持存之物不可能是在我之内的一个直观。（KrV，BXXXIX）

4. 外感官本身已经是直观和某种外在于我的现实之物的关系了。（KrV，BXL）

5. 假如我能够在——伴随着我的一切判断和知性活动的——“我在”表象中，通过智性的直观同时联结我的此在的一个规定与我的此在的智性意识，那么一种对外在于我的某物的关系的意识就该是不必然属于这种智性直观的了。（KrV，BXL）

6. 经验本身是直观的一个综合的结合。（KrV，A7；B12）

7. 我把作为直观的我手上的指头看作5这个概念。（KrV，B16）

8. 无论用哪种方式和通过哪种手段，一种知识即使可以一直与对象发生关系，这一由于它和对象直接发生关系、并且瞄准作为手段的一切思维，却还是直观。但这一［直观］只发生在对象被给予我们之时；而另一方面这一［直观］，至少对我们人类，又只有经由它［对象］通过一定的方式刺激内心才是可能的。（KrV，A19；B33）

9. 那种直观，通过感觉与对象发生关系，就是经验的。（KrV，A20；B34）

10. 一般感性直观的纯粹形式会先天地在内心中被找到，在［这一纯粹直观形式］那里，现象的一切杂多在一定的关系中被直观。感性的这一纯粹形式本身也叫作纯粹直观。（KrV，A20；B35）

11. 内感官——借助于它的内心自身，或它的内部状态——而直观，［它］虽然并不提供对作为一个客体的灵魂自身的直观。（KrV，A22；B37）

12. 时间一点都不能在外部被直观到，正如空间一点也不能在我们之内直观到。（KrV，A23；B37）

13. 空间是一种构成所有外部直观之基础的先天的必然表象。（KrV，A24；B39）

14. 空间绝不是推理的，或者，如人们所说，一般事物关系的推论的普遍概念，而是一个纯粹直观。（KrV，A24；B39）

15. 鉴于空间，一种先天直观（而不是经验的直观）为关于空间的所有概念设置了基础。（KrV，A25；B39）

16. 空间的原始表象是先天直观，而不是概念。（KrV，A25；B40）

17. 空间的表象究竟必须是什么东西，才会使有关它的这样一门知识是可

能的呢？它必须是本源的直观。（KrV，A25；B40）

18. 因为不论是绝对的、还是相对的规定，都不能在它们所属的那些事物此在之前、因而不能先天地被直观到。（KrV，A26；B42）

19. 这个接受性的固定形式，我们称其为感性，是一切关系的必然条件，在这里对象被直观为外在于我们，而如果我们抽掉这些对象，它就是带有空间之名的一个纯粹直观。（KrV，A27；B43）

20. 因为我们完全不能从别的思想着的存在物的直观上判断，这些直观是否被束缚在那些——限制我们的直观并且对我们是普遍有效的——同样的条件上。（KrV，A27；B43）

21. 在空间中被直观到的一切，根本不是一种自在的事物。（KrV，A30；B45）

22. 时间是一个构成一切直观基础的必然表象。（KrV，A31；B46）

23. 时间不是推理的、或如人们所称它的，普遍的概念，而是一种感性直观的纯粹形式。（KrV，A31；B47）

24. 时间不过是内感官的形式，亦即我们自己的直观和我们内部状态［的形式］。（KrV，A33；B49）

25. 时间本身的表象是直观，因为它的一切关系都表达为一个外部直观。（KrV，A33；B50）

26. 如果我们不考虑我们的方式，内在地直观自身，并且借助于这种直观也把一切外部直观包含在表象力中，并且因而把对象如同它们可能自在地存在那样来看待，那么时间就什么都不是了。（KrV，A34；B51）

27. 因此时间只是我们（人类的）直观的一个主观条件，（这个直观任何时候都是感性的，即只要我们被对象所刺激），并且超出了主观，它自在地则什么也不是。（KrV，A35；B51）

28. 我们的直观在任何时候都是感性的。（KrV，A35；B52）

29. 时间当然是某种现实之物，也就是内直观的现实的形式。（KrV，A37；B53）

30. 空间和时间是一切感性直观的两者集中的纯形式，并且由此而使先天综合命题成为可能。（KrV，A39；B56）

31. 我们的一切直观无非是现象的表象：我们所直观的事物，不是我们对其直观的自在本身，也不是它们所具有的如同它们向我们显现的那种自在本身的关系。（KrV，A42；B59）

32. 空间和时间是这种方式的纯粹形式，一般感觉则是质料。唯独这两种形式我们能够先天地、即在一切现实知觉之前认识到，因此就称它们为纯粹直观；但感觉则是，在我们的知识中，凡是使它叫作后天的知识、即经验的直观

的东西。（KrV，A42；B60）

33. 我们的一切直观无非是现象的表象：我们所直观的事物，不是我们对其直观的自在本身，也不是它们所具有的如同它们向我们显现的那种自在本身的关系，并且，如果我们取消掉了我们的主体甚或只是一般感官的主观性状，客体在空间和时间里的一切性状、一切关系，乃至于空间和时间本身就都会消失，并且作为现象不能自在自身地、而只能在我们之内生存。（KrV，A43；B60）

34. 假如在你之中没有一种进行先天直观的能力。（KrV，A48；B65）

35. 凡是，作为表象，在思想任何某物的一切行动之前，能够先行的东西，就是直观，并且，如果它所包含的无非是关系，就是直观形式，这一形式因为它只有当某物被放置到内心，才有所表象，所以它不能是别的，而只能是——内心通过自己的活动，即其表象的这一放置，因而通过自身而被刺激的——方式，即一种根据其形式的内感官。（KrV，B67，68）

36. 它［内心］直观自己，并非像它直接、自动地表象自己那样，而是按照它从内部被刺激的那种方式，因而像它显现自己的那样，而非它所是的那样。（KrV，B69）

37. 而是一种依赖于客体的此在，因而只有通过主体的表象能力被它所刺激，才是可能的。（KrV，B72）

38. 纯粹直观只包含某物被直观的形式．。（KrV，A51；B75）

39. 我们的本性导致了，直观永远只能是感性的，亦即只包含我们为对象所刺激的那种方式。（KrV，A51；B75）

40. 但因为既然有纯粹的直观，也有经验的直观，（就如先验感性论所说明的），那么对象的纯粹思维和经验的思维之间的一种区别也完全可能被找到。（KrV，A55；B79）

41. 所以知性就不是直观的能力。但在直观之外，除了通过概念，再没有别的方式而认识了。（KrV，A68；B93）

42. 一切直观，作为感性的，都以激动为根据。（KrV，A68；B93）

43. 因为除了单纯的直观，没有任何表象直接指向对象，所以一个概念永远也不和一个对象直接地［发生关系］，而和任何一个对象的别的表象（不论它是直观或本身已经是概念）发生关系。（KrV，A68；B93）

44. 为了一切对象的先天知识的目的，首先必须被给予我们的，是纯粹直观的杂多。（KrV，A79；B104）

45. 直观（纯直观以及经验性直观）。（KrV，B110）

46. 不过，空间概念的运用在这门科学中也仅仅针对外部的感官世界，对于这个世界，空间就是它的直观的纯粹形式，所以在这个世界中一切几何学知识，因为基于先天的直观，而具有直接的显明，而对象则通过这种知识本身先天地（按照形式）在直观中被给予。（KrV，A87；B120）

47. 因为既然只有凭借感性的这样的纯粹形式，一个对象才显现给我们，亦即可能是经验的直观的一种客体，那么空间和时间就是先天地包含着作为现象的那些对象之可能性条件的纯粹直观，而在这些纯直观中的综合就具有了客观的有效性。（KrV，A89；B122）

48. 感性直观的对象必须符合内心之中先天放置的感性的形式条件。（KrV，A90；B123）

49. 所以一切现象必然与感性的这种形式条件相一致，因为它们只有通过这种条件才能显现，亦即才能被经验地直观和被给予。（KrV，A93；B125）

50. 表象的杂多可以在——单纯感性的、即无非是作为接受性的——直观中被给予，而这种直观的形式则可以先天地处于我们的表象能力中，它不是别的某物，而无非是主体被刺激的方式。（KrV，B129）

51. 这种能够在一切思维被给予之前的表象叫作直观。所以，直观的一切杂多与——杂多被发现于其中的“我思”的主体的——“我思”有一种必然的关系。（KrV，B132）

52. 所以直观杂多的综合统一性，作为先天产生的东西，是先天地早先发生于我的一切规定了的思想的统觉本身的同一性的根据。（KrV，B134）

53. 一种知性，假如在其中通过自我意识同时就被给予了一切杂多，那么就该直观着了；我们的知性却只能思维并且必须在感官中寻找直观。所以，我已经意识到同一的自己，鉴于在一个直观中被给予我的表象的杂多，因为我把这些表象全都命名为我的表象，它们构成一个直观。（KrV，B135）

54. 按照先验感性论，在与感性的关系中，一切直观的可能性的最高原理是：所有直观的杂多都服从于空间和时间的形式条件。而在与知性的关系中，一切直观的可能性的最高原理就是：一切直观的杂多都服从于统觉的本源一综合的统一性的条件。（KrV，B136）

55. 但客体则是一种在其概念中——统一了被给予的直观的杂多的东西。（KrV，B137）

56. 所以外部感性直观的单纯形式，空间，还完全不是知识；它只对一种可能的知识提供先天直观杂多。（KrV，B137）

57. 意识的经验性的统一性，通过表象的联合，本身涉及到一种现象，并且完全是偶然的。相反，在时间中直观的纯粹形式，仅仅作为包含一个给予了的杂多的一般直观，则从属于意识的本源的统一性，这只是通过直观杂多对一个“我思”的必然关系。（KrV，B140）

58. 一切感性直观都从属于作为条件的范畴，唯有在一个意识中的感性直

观的杂多能够聚集到其下面。（KrV，B143）

59. 杂多，在一个被给予的感性直观中，必然从属于统觉的本源的综合统一性，因为只有通过这种统觉的本源的综合统一性，直观的统一性才是可能的。（KrV，B143）

60. 杂多在一个给予了的直观中必然从属于范畴。（KrV，B143）

61. 因为，假如我要设想一个知性，它本身直观着（例如也许是神的知性，它不呈现被给予的对象，而通过它的表象同时就给出、或产生这种对象本身），那么范畴对于这样一种知识就会完全没有任何意义。（KrV，B145）

62. 感性直观要么是纯直观（空间和时间），要么是这种——在空间和时间中通过感觉直接表象为现实的——经验的直观。通过前一种直观的规定我们能得到对象的先天知识（在数学中），但只是根据这些对象的形式而作为现象；是否可能有在这种形式中必须被直观到的事物，在此仍未得到解决。（KrV，B147）

63. 唯独我们的感性的和经验的直观才能使它们［客体］获得含义和意义。（KrV，B148）

64. 纯粹知性概念通过单纯知性而与——它们并不确定是我们的或别的任何一个的、但毕竟是感性的——一般直观的对象发生关系，但正为此而只是思想形式，因而还没有任何确定的对象被认识。（KrV，B150）

65. 想像力是在直观中表象一个对象甚至它不在场的能力。因为我们的一切直观都是感性的，所以想像力由于那个在其下它唯一能够给予知性概念一个相应的直观的主观条件，而属于感性。（KrV，B151）

66. 规定内感官的东西，就是知性及其联结直观杂多、即带到一个统觉（作为知性的可能性以自身为基础）之下的本源的能力。（KrV，B153）

67. 相反，内感官仅仅包含直观的形式，但却没有直观中杂多的连结，因而还完全不包含任何规定了的直观，而这种规定了直观只有通过杂多的、被想像力的先验活动所规定的意识，（知性对内感官的综合的影响），才是可能的，而这种先验活动我已经称为形象的综合。（KrV，B154）

68. 我如何能够对我是一个客体，而且能够是一个直观的和内知觉的客体。（KrV，B155）

69. 我们从内感官中仅直观了我们自己，就如同我们被我们本身内部地刺激着，亦即认识那些内部直观所涉及的、我们只是把我们特有的主体当作现象的东西，而不是认识那些按照它自在本身所是的东西。（KrV，B156）

70. 关于一种直观（这种直观不能是智性的并且通过知性本身而已经给予了）、仅仅向自身显现出来那样，而不能像它认识自己的那样，假如它的直观就是智性的直观。（KrV，B159）

71. 我把领会的综合，理解为在一种经验的直观中杂多的复合，由此，知觉、也就是对这直观的经验的意识，（作为现象）才是可能的。（KrV，B160）

72. 因为通过它（在其中知性规定感性），空间或时间首先作为直观而被给予，那么这种先天直观的统一性就属于空间和时间，而并不属于知性概念。（KrV，B161）

73. 那种使感性直观的杂多连接起来的东西，就是想像力。（KrV，B164）

74. 不通过范畴，我们就不能思想任何对象；不通过与那些概念相符合的直观，我们就不能认识任何被思想了的对象。现在，我们的一切直观都是感性的，并且这种知识，只要其对象已经被给予了，是经验的。（KrV，B165）

75. 论在直观中领会的综合。（KrV，A98）

76. 每一个直观里面都包含一种杂多。（KrV，A99）

77. 因为就是这样的一种意识，把杂多，一步一步地，把直观到的东西，然后也把再生出来的东西，都统一在一个表象中。（KrV，A103）

78. 我们认识对象，因为我们在直观的杂多中已经产生了综合统一性。。（KrV，A105）

79. 但这个概念只有通过它在给予的现象那里表象出这些现象的杂多的必然再生、因而表象出在对它们的意识中的综合统一性，才能成为直观的一条规则。（KrV，A106）

80. 于是，没有那种先行于直观的一切材料和一切对象表象都唯一因为与之发生关系才成为可能的意识统一性，在我们之内就不可能有任何知识发生，也不可能有这些知识相互之间的任何连接和统一性发生。（KrV，A107）

81. 凡是在现象中直接与对象相关的就叫作直观。（KrV，A109）

82. 纯粹直观（在其作为表象方面，则以内部直观的形式，即时间）构成了全部的知觉的先天基础。（KrV，A115）

83. 一切直观在我们面前就什么都不是，并且与我们没有丝毫的关系，如果它们不能被接受到意识中，不论它们现在是直接地还是间接地，对意识发生影响，并且仅仅通过这种唯一的意识，知识才是可能的。（KrV，A116）

84. 一切感性直观作为表象都属于一个纯粹的内直观、即时间。（KrV，A124）

85. 感性给予我们（直观的）形式，但知性则给予我们规则。（KrV，A126）

86. 于是直观归摄到概念之下、因而范畴在现象之上的运用是如何可能的呢。（KrV，A137；B176）

87. 所以数无非是一般同质直观的杂多的综合统一性，由此，我在直观的领会中产生出时间本身。（KrV，A143；B182）

88. 数学的原理也不构成这个体系的任何部分，因为它们仅仅从直观、而不从纯粹知性概念而引出。（KrV，A149；B189）

89. 在纯粹知性概念应用于可能经验中，它们的综合的运用要么是数学的，要么是动力学的：因为这种综合部分地只涉及到一般现象的直观，部分地涉及到一般现象的此在。（KrV，A160；B199）

90. 直观的公理。（KrV，A161；B200）

91. 一切直观都是外延的大小。（KrV，A162；B202）

92. 由于在一切现象上的单纯直观要么是空间，要么是时间，那么每一个现象作为直观就都是一个外延的大小，因而它仅仅通过（从部分到部分的）相继综合才能在领会中被认识。（KrV，A163；B204）

93. 这种经验的直观只有通过纯粹的直观（空间和时间）才是可能的；所以凡是几何学关于纯粹直观所说的东西，也无需辩驳地适用于经验的直观。（KrV，A165；B206）

94. 现象，作为知觉的对象，并不是纯粹的（仅仅是形式上的）直观，如空间和时间，（因为它们自在根本不被知觉）。（KrV，A166；B208）

95. 凡是在经验的直观中与感觉相一致的东西，就是实在性。（KrV，A168；B209）

96. 连结并不单纯是感官和直观的工作，而在这里也是想像力的一种综合能力的产物，想像力在时间关系上规定着内感官。（KrV，A189；B233）

97. 经验的知识的一切增加，以及知觉的每一次进步，都只不过是，内感官的规定的一种扩大，亦即在时间中的一种进展，其对象则可以随便是现象，或者纯粹直观。（KrV，A210；B255）

98. 这种持存的东西不可能是一种在我之内的直观。（KrV，B275）

99. 所以只要缺乏直观，人们就不知道，通过范畴人们是否思想到一个客体，并且也不知道无论在哪里任何一个客体能否归于这些范畴，而这就证实了，这些范畴对于它自身根本不是知识，而仅仅是——为了从给予的直观中制作出知识的——思想形式。（KrV，B288）

100. 我们，为了理解事物遵照范畴们的可能性，因而阐明这些范畴的客观实在性，不单纯需要直观，而且甚至永远需要外部直观。（KrV，B291）

101. 那么如何能够从一个给予的状态中导致同一物的与之相对立的状态，任何理性不仅没有例子能够领会，而且没有直观一次都不能使之被理解，而这种直观就是空间中一个点的运动的直观，这一点在不同位置的此在（作为两个对立规定的一种次序），才首次唯独使我们直观到变化。（KrV，B292）

102. 一切变化都以直观中某种持存之物为前提，即使只为了作为变化而被知觉到，但在内感官中却根本找不到任何持存的直观。（KrV，B292）

103. 协同性的范畴，按照它的可能性，根本不能通过单纯理性而理解，因而这个概念的客观实在性没有直观、确切地说没有空间中的外部直观，看清则是不可能的。（KrV，B292）

104. 事物作为大小的可能性，因而大小的范畴的客观实在性，也只有在外部直观中才能说明。（KrV，B293）

105. 既然对象——不能以别的方式、而只能在直观中——被给予一个概念，并且，如果一个纯粹直观还在对象之前就是先天可能的，那么这种纯粹直观本身也毕竟只有通过经验的直观才能获得其对象、因而获得客观有效性，于此它只是单纯的形式而已。（KrV，A239；B298）

106. 思想是给予的直观与一个对象相关联的行动。（KrV，A247；B304）

107. 如果我们把本体理解为一个物，只要它不是我们感性直观的客体，当我们不顾我们直观它的方式的时候；因而这就是一个消极理解中的本体。但如果我们把它理解为一个非感性直观的客体，那么我们就假定了一种特殊的直观方式，即智性的直观方式，但它不是我们的，我们甚至不能看出它的可能性，而这则会是积极的意义上的本体。（KrV，B307）

108. 所以如果我们想把范畴应用于——不被视为现象的——对象，我们就必须把不同于感性直观的、另一种直观设置为基础，而这样一来，对象就会是一种积极意义上的本体。既然如此，一种这样的直观、也就是智性的直观，完全处于我们的认识能力之外。（KrV，B308）

109. 现象，只要它们按照范畴的统一性而被思想为对象，就叫作现相（Phaenomena）。但如果我假定事物，仅仅是知性的对象，但仍然作为这种，虽然并非感性直观的（作为 curam intuitu intellectuali，智性直观的对象）的对象而被给予；那么这样一类的事物就叫 Noumena（Intelligibilia，本体）（理知的东西）。（KrV，A249）

110. 一切我们的表象实际上都是通过知性而与任何一个客体发生关系的，并且，因为现象无非是表象，所以知性把它们联系到一个作为感性直观的对象的“某物”：但只要这个某物仅是先验的客体。（KrV，A250）

111. 因为范畴适用于经验的直观，为了把这个直观带到一般对象的概念之下。（KrV，A253）

通过单纯的直观没有任何东西被思想。（KrV，A253）

112. 知性和感性在我们这里只有联结起来才能够规定对象。如果我们把它们分开，那么我们就有直观而无概念，或者有概念而无直观，但这两种情况中的表象，我们都不能够与任何一个确定的对象发生关系。（KrV，A258；B314）

113. 感性直观是一种完全特殊的主观条件，它为一切知觉设置了先天基础，并且其形式是本源的。（KrV，A268；B324）

114. 即使整个自然都被揭示给我们，这是由于用一种——与我们的内感官的直观——不同的直观，而观察我们自己的内心，都没有被给予过我们。（KrV，A278；B334）

115. 但如果我把这些概念应用于一个（在先验的理解中）一般对象，而无需进一步规定，这个对象是一个感性直观的对象还是一个智性直观的对象，那么，马上就显示出来了——颠倒这些概念的一切经验的运用的（不超出这种概念的）——限制。（KrV，A279；B335）

116. 如果人们假定一个对象，就必须在感性直观的那些条件下思想它，因而理知的东西就会要求，一个我们所不具备的完全特殊的直观，而这种直观的缺乏对我们来说则就是无，与之相反，现象也不可能是自在的对象本身。（KrV，A279；B336）

117. 所以如果我抽掉了直观的一切条件，并且仅仅抓住一般事物的概念，那么我就能够抽掉一切外在关系，但却必须还留下一个有关于——那根本不意味着任何关系，而只意味着内部规定的东西的——概念。（KrV，A283；B339）

118. 但是，由于在直观中已经包含了在一个一般物的单纯概念中根本没有的某物，并且这个某物，现成地提供了通过单纯的概念完全不会被认识的基底，也就是一个空间。（KrV，A284；B340）

119. 不过，由于这样一来我们就抽掉了一切直观，所以杂多的东西如何能够互相规定它们的方位的一种整个方式、亦即感性的形式（空间）也就被取消了，而空间毕竟先行于一切经验的因果关系。（KrV，A285；B342）

120. 如果我们把这些理知对象只是理解为一种非感性的直观的对象，对此我们的范畴当然就不适用了，因而我们在任何时候都根本不能具备任何知识（既没有直观，也没有概念），那么在这种单纯消极意义上的本体当然就必须被容许：因为这些本体无非说，我们的直观方式并不针对一切事物、而单纯针对我们感官的对象，因而它的客观有效性受到了限制。（KrV，A286；B342）

121. 但这样一来，一个本体的概念就是成问题的了，也就是说，是一个物的表象，对这个物我们既不可以说，它是可能的，也不可以说，它是不可能的，因为我们完全不知道任何直观的方式，除了我们的感性直观之外，并且完全不知道任何概念的方式，除了范畴外，但感性直观和范畴两者没有一个适合于一种外感官的对象。（KrV，A287；B343）

122. 与全体、多数和单一概念相对立的是，这个取消一切的概念，即虚无（Keines）的概念，于是一个概念的——这种完全没有任何指定的直观与之相符合的——对象就等于无（Nichts），亦即一个没有对象的概念。（KrV，A290；B347）

123. 单纯直观形式，没有实体，本身就绝不是对象，而只是对象（作为现象）的形式条件，如纯粹空间，和纯粹时间，它们虽然是作为进行直观的形式的某物，但本身绝不是被直观的对象，（ens imaginarium，想像的东西）。（KrV，A291；B347）

124. 无，没有对象的空的直观。（KrV，A292；B384）

125. 现象和幻相更不能被看作是同一类的。因为真理或幻相并不是在对象中的，只要对象被直观，而是在关于对象的判断中的，只要对象被思维。（KrV，A293；B350）

126. 但我仍然不能因此就说，我从原则而认识直线的一般的和自在的属性，而只是在纯粹直观中认识它。（KrV，A300；B357）

127. 知性把直观的杂多纳入概念之下并由此把它们带进连结一样。（KrV，A306；B362）

128. 理性推论并不面向直观、以便将其带入规则之下（如知性带着它的范畴所做的那样），而面向概念和判断。（KrV，A306；B363）

129. 认识要么是直观，要么是概念。（KrV，A320；B377）

130. 知性首先与直观的对象、或者更与它们的想像力中的直观综合发生关系。（KrV，A326；B383）

131. 我并非通过单纯的"我思"，而认识一个客体，毋宁只有通过我出于一切思维都在其中的那种意识的统一性的意图而规定一个给予的直观，我才能够认识任何一个对象。（KrV，B406）

132. 并非作规定的意识，毋宁被规定的意识自身、亦即我的内直观的意识（只要它的杂多能够按照在思想中统觉的统一性的普遍条件而被联结），就是客体。（KrV，B407）

133. 实体的概念永远与直观相关联，这些直观在我这里只有作为感性的才可能存在，因而完全处于知性及其思想的领域之外，它在这里本来仅仅被谈论，当我在思维中是简单的被表述的时候。（KrV，B408）

134. 但这个——我能在我的一切表象中被意识到的——主体同一性，并不涉及那个——由此主体作为客体已经给出的——主体的直观，因而也不可能意味着那种人格同一性。（KrV，B408）

135. 而这样的持存之物，只要我设想着，就根本没有在内直观中被给予过我。（KrV，B420）

136. 命题，"我思"，或者，"我思想地生存着"，是一个经验的命题。但经验的直观、因而作为现象而被思想的客体也以一个这样的命题为基础。（KrV，B428）

137. 思想，就其本身来说，只不过是逻辑机能，因而是联结一个单纯可能直观的杂多的全然的自发性，它决不把意识的主体表现为现象，这只是因为它

根本就不顾及直观的方式，无论这方式是感性的还是智性的。（KrV，B429）

138. 我的独特的“本身”如何在直观中被给予，这我先放在一边，而这时对于我，我思的我、但只要不是我思，可能还只是现象。（KrV，B429）

139. 内感官的直观在任何时候都不作为自在之物本身、而只作为现象而交到客体手里。（KrV，B430）

140. 内部的经验的直观是感性的，并且只给出了现象的材料，这些材料并不能够为纯粹意识的客体提供它的独立生存的认识，而仅能够充当经验的认识的目标。（KrV，B430）

141. 纯粹范畴（实体范畴也在其中）自在本身根本不具有任何客观的意义，在这里没有一个直观配给它们，作为综合统一性的机能的它们，可以被应用于这种直观的杂多。（KrV，A349）

142. 这个我虽然在一切思想中；但却没有丝毫的直观与这个表象相联结，这种直观区别于别的直观的对象。（KrV，A350）

143. 在外部现象中间作为这样的思维着的存在者决不可能向我们出现，或者，我们不可能外在地直观到它们的思想、它们的意识、它们的欲望等等。（KrV，A357）

144. 这个“某物”，被看作为本体（或更好地说，作为先验对象），却毕竟能够同时也是这些思想的主体，虽然我们通过我们的外部感官被它所刺激起来的方式，而根本没有获得任何表象的、意志等等的直观，而仅仅获得了空间的及其规定的直观。（KrV，A358）

145. 所以，与我的意识已经必然联结在一起的同一性，就并不因此而与它的意识、亦即与我的主体的外部直观联结在一起。（KrV，A363）

146. 所以感觉是那种在空间和时间中标志了一种现实性的东西，因为它与感性直观的这种或那种方式相关联。（KrV，A374）

147. 一切外部知觉都直接证明了在空间中某种现实的东西，或者不如说就是现实的东西本身，所以就此而言经验的实在论不容怀疑地就是，亦即，与我们的外部直观相一致的就是在空间中的某种现实的东西。（KrV，A375）

148. 因为如果存在着这类对象，那么它毕竟不会可能被表象和直观为在我们之外，因为这就预设了空间，并且在空间中的现实性，作为一个单纯的表象的现实性，不是别的，而无非就是知觉本身。（KrV，A376）

149. 这种外感官的直观就是空间。（KrV，A378）

150. 先验客体，同时设置了外部现象、内部直观的基础，既不是自在物质本身，也不是一个思想着的存在者本身，而是现象的一个我们不知道的根据，这些现象给予了第一种和第二种方式的经验的概念。（KrV，A380）

151. 作为我们内部直观的唯一形式的时间，却不拥有常驻的东西，因而只

有规定的更替，却不提供确定的对象来认识。(KrV，A381)

152. 这个我就必须是一个直观，这个直观，由于它会在一般思维那里（先于一切经验）而被预设，作为先天的直观而提供出综合命题，如果必须使一种——有关一个思维着的存在者的一般本性的——纯粹理性知识，可能实现出来。(KrV，A382)

153. 不过，这个“我”不大是直观，正如它也不是有关任何一个对象的概念一样，而是意识的单纯形式。(KrV，A382)

154. 在一个一般思维着的主体中，外部的直观，即（空间的形状和运动所充满的）空间的直观是如何可能的？(KrV，A393)

155. 如果感性的那种方式应当终止，先验的、现在之前完全未知的那些对象因此而向我们显现为物质世界，那也不会因此就取消了这些对象的一切直观。(KrV，A394)

156. 没有一个作为基础的直观，单单这些范畴不能给我设法获得任何有关一个对象的概念；因为只有通过直观，对象才被给予，然后对象才遵照范畴而被思想。(KrV，A399)

157. 因为所有这些谓词都根本不适用于直观，因此也不可能有任何将被应用于经验之对象上的效果，所以它们完全是空的。(KrV，A400)

158. 统觉本身就是这些范畴的可能性的根据，这些范畴在自己这方面无非表象为，直观杂多的综合，杂多就在统觉中具有统一性。(KrV，A401)

159. 这样，例如实体的概念在简单性的谬误推理中就是一个纯粹智性的概念，它无需感性直观的条件而只具有先验的、即完全没有任何运用。（KrV，A403)

160. 现在，为了按照范畴表而设立理念表，那么我们首先就接受所有我们的直观的两种本源的定量，时间和空间。(KrV，A411；B438)

161. 这里知性能够而且应当给直观显示出对象，无论是自身本身、还是在它的关系中，或者还在那些——它们的形象能够在给予的类似的直观中清楚而明晰地被呈送的——概念中。(KrV，A468；B496)

162. 一切在空间或者时间中被直观到的东西，因而一切对我们可能的经验之对象，都无非是现象、即一些单纯的表象。(KrV，A491；B519)

163. 我们的先验的观念论相反则允许：外部直观的对象，正如它们在空间中被直观到的那样，也是现实的，并且在时间中一切变化，就如内感官把它们所表象出来的那样。(KrV，A491；B520)

164. 感性直观能力本来只是在一定的方式上带着表象被刺激起来的接受性，这些表象的相互关系就是空间和时间的纯粹直观，（我们感性的纯然形式）。(KrV，A494；B522)

165. 每一个经验都已经包含在自己的（按照给予了的直观）界限之中了。（KrV，A509；B537）

166. 如果整体在经验直观中被给予了，那么回溯在它的内部条件的序列中就进行到无限。（KrV，A512；B540）

167. 因为这个物质已经完整地、因而连同其一切可能的部分在经验直观中被给予了。（KrV，A513；B541）

168. 于是我任何时候都在概念中、但决不（作为整体）在直观中而拥有世界整体。（KrV，A519；B547）

169. 因为世界大小并没有通过任何直观（按照它的总体性）、因而这个总体性的大小也根本没有在回溯之前被给予我。（KrV，A519；B547）

170. 正因为如此，并且由于世界永远也不能整个地、甚至条件序列也不作为世界序列而向一个给予的有条件者，整个地被给予，所以世界大小的概念就只通过回溯、不在回溯之前，而在一个集合的直观中给予了出来。（KrV，A523；B551）

171. 因为，尽管所有的部分都已经包含在整体的直观中了，然而并非全部分割都包含于其中，全部分割仅仅在于继续分解，或在于使序列首先成为现实的那个回溯本身。（KrV，A524；B552）

172. 前者并不是绝对的主体，而是感性的持存形象，并且无非是直观而已，在这种直观中没有任何地方会找得到无条件的东西。（KrV，A526；B554）

173. 我把那种在一个感官对象上、本身不是现象的东西，称为理知的。因此如果在感官世界中必须被看作现象的东西，自在本身也具有一种能力，这种能力并不是任何感性直观的对象，但它由此却可以是现象的原因。（KrV，A538；B566）

174. 所以这个序列，我们面前所具有的，原本只是概念的序列，而不是直观在一个直观是另一个直观的条件时的序列。（KrV，A559；B587）

175. 对于我们是一个理想的东西，对于柏拉图则是一个神圣知性的理念，一个在神圣知性的纯粹直观中的单独的对象，即可能存在者的每一类的那个最完善者和现象中一切摹本的那个原始根据。（KrV，A568；B596）

176. 所以自然神学的证明虽然也许能够加强别的证明（如果这样的证明还能获得），因为它把思辨与直观连结了起来。（KrV，A637；B665）

177. 在先验分析论中，我们已经在知性原理中把动力学的原理，作为直观的仅仅调节的原则，与数学的原理，它在直观方面是构成性的原则，区分了开来。（KrV，A664；B692）

178. 所以一切人类的知识都开始于直观，从那里行进到概念，而以理念结束。（KrV，A702；B730）

179. 同样在数学中也不需要任何理性的批判，数学的那些概念必须在纯粹直观上马上被具体地表现，而任何无根据的和任意的东西都会由此而立刻暴露出来。（KrV，A711；B739）

180. 哲学的知识是出自概念的理性知识，数学知识则是出自概念的构造的理性知识。但构造一个概念，则叫做：向它先验地展现相应的直观。所以对于一个概念的构造则要求一个非经验的直观，因而，作为直观，是一个个别的客体，但作为一个概念（一个普遍的表象）的构造，却仍然必须在表象中表达，对一切隶属于这种概念的可能直观的普遍有效性。（KrV，A713；B741）

181. 因为只有大小的概念可以构造、即可以先天地在直观中陈述，但质却只能在经验的直观中表现。（KrV，A714；B742）

182. 没有人能够从任何别的地方、而只能从经验中取得一个与实在性概念相一致的直观。（KrV，A715；B743）

183. 哲学仅仅执着于普遍概念，而数学则并不对准单凭概念，而马上赶紧转向直观，在直观中它具体地考察概念。（KrV，A715；B743）

184. 现在，这就只有当我要么按照经验直观的条件、要么按照纯粹直观的条件而规定我的对象，才是可能的。（KrV，A718；B746）

185. 我们的一切知识最终毕竟与可能的直观相关联：因为唯有通过这些直观，一个对象才被给予。现在，一个先天概念（一个非经验的概念）所包含的，要么本身已经是一个纯粹直观了，而这样它就能够被构造；要么，就无非是那些——并未先天给予的——可能直观的综合，这样人们就完全可以通过它而进行先天的综合的判断。（KrV，A719；B747）

186. 综合命题，针对一般物，而这些物的直观根本就不让先天提供出来，都是先验的。（KrV，A720；B748）

187. 但我可以从概念走向与这个概念相应的纯粹的或经验的直观，以便在直观中具体地考量这个概念，并且，先天地或后天地认识凡是应归于这个概念的对象的东西。（KrV，A721；B749）

188. 然而，当一种实在性、实体、力等先验的概念被给予我时，那么这种概念就既不表示一种经验的直观，也不表示一种纯粹的直观，而只表示经验的直观（因而也不能表示被先天给予的直观）的综合。（KrV，A722；B750）

189. 但在空间中先天地规定一个直观（形状），划分时间（延续），或是仅仅对一个以及同一个东西在时间和空间中的综合的共相、并且对由此产生的一种一般直观的大小（数）加以认识，这却是通过概念的构造的理性事务，而叫做数学性的知识。（KrV，A724；B752）

190. 数学先天地在直观中描述了它所思考的对象，并且这个对象一定能够包含比之于这个概念不多不少的东西。（KrV，A730；B758）

191. 数学是能够提出公理的，因为它可以借助于在对象的直观中构造概念而先天地直接连结对象的谓词，例如“三点任何时候都处于一个平面”。（KrV，A733；B761）

192. 从（在推论的知识中的）先天概念决不能产生直观的确定性。（KrV，A734；B762）

193. 当我们想对事情和我们自身如它们所是的那样加以直观的时候，我们就会在一种精神本性的世界中看见自己。（KrV，A780；B808）

194. 在数学中，引导我的综合的是先天直观，并且这时一切推论都直接被纯粹直观所引导。（KrV，A783；B811）

195. 一个道德世界的理念因而就具有客观的实在性，不作为似乎它在指向一个理知的直观的对象（这样一类对象我们完全不能思维），而指向感官世界。（KrV，A808；B836）

196. 后一派要求，真实的对象只是理知的，并且主张一种——通过没有任何感官伴随的并且按照他们的意见仅被弄混了的知性的——直观。（KrV，A854；B882）

直觉（intuitiv）

1. 最后则涉及到明晰性，那么读者有权利，首先要求那种通过概念的推理的（逻辑的）明晰性，但然后也有权利要求一种通过直观的、即事例或别的具体说明的、直觉的（感性的）明晰性。（KrV，AXVIII）

2. 所以每一个至少人类的知性知识，都是一种借助于概念的知识，并非直觉的，毋宁推理的。（KrV，A68；B93）

3. 虽然双方都是一种完全的确定性，但那两条原理是一种直觉的确定性，这两条则只是推论的确定性。（KrV，A162；B201）

4. 因为它们只是调节的原理，并且它们与那些本身是构成性的数学性原理，虽然不在确定性中——确定性在两者中都是先天肯定的，但毕竟在显明的方式中，亦即在原理的直觉的东西中，（因而也在演证方面），相区别。（KrV，A180；B223）

5. 在我们的知性面前，本体就不是一个特殊的智性对象了，一个应该在它之前的知性本身，就是一个问题，也就是说，并非通过范畴推论式地、而是在一种非感性的直观中直觉地认识它的对象，当我们关于这个本体不能做出它的可能性的最起码的表象的时候。（KrV，A256；B312）

6. 要么，就无非是那些——并未先天给予的——可能直观的综合，这样人们就完全可以通过它而进行先天的综合的判断，但只是按照概念而进行推论的判断，而从来都不是通过概念的构造而进行直觉的判断。（KrV，A720；B748）

7. 推论的原理是完全不同于直觉性的原理、即公理的。（KrV，A733；B761）

8. 只有一种无可置疑的证明，只要它是直觉的，才能够叫做演证。（KrV，A734；B762）

质（die Qualität）

质的（qualitativ）

1. 判断的质：肯定的，否定的，无限的。（KrV，A70；B95）

2. 除了大小、质和关系，不再有构成一个判断的内容的东西。（KrV，A74；B100）

3. 质的范畴：实在性，否定性，限制性。（KrV，A80；B106）

4. 因为在一个客体的每一种知识中都存在着概念的统一性，人们可以把它命名为质的统一性，只要在它之下的仅仅那种总括知识的杂多的统一性才被想到，例如在一出戏剧、一场演说、一则预言中的主题的统一性。（KrV，B114）

5. 人们就可以把这命名为那些——属于一个作为一种共同根据的一个概念的——特征的质的多数性。（KrV，B114）

6. 最后还有完善性，而它就在于，这个多数性反过来一起回溯到概念的统一性，并且使它与这个而不是任何别的概念完全一致，人们可以把这命名为质的完备性（总体性）。（KrV，B114）

7. 而在这里，只是为了把那些不同质的知识也连结在一个意识中，就通过作为原则的一种知识的质而改变了这些定量的范畴。（KrV，B115）

8. 我们必须到更高的地方——即在其中本身包含了判断中不同概念之统一性的根据，因而知性的可能性的根据、甚至在它［知性］的逻辑运用中——去寻求这种统一性（即质的统一性，§12）。（KrV，B131）

9. 质的图型，包含并表现出感觉（知觉）与时间表象的综合，或者是时间的充实性。（KrV，A145；B184）

10. 按照大小和质的范畴（人们如果只注意质的形式）所涉及的，不论是显明，还是现象的先天规定，大小和质这两条原理都显著区别于剩下的两条原理。（KrV，A161；B201）

11. 在同一种质那里每个实在的东西却仍然具有质的（阻力或重力的）程度。（KrV，A174；B216）

12. 感觉的质任何时候都只是经验的，而根本不能先天地被表象（例如颜色、味道等）。（KrV，A175；B217）

13. 我们从一般的大小上，能够先天认识到的只是一种唯一的质，亦即连续性，但从一切质（现象的实在的东西）上，能够先天认识的则无过于它的内

包的量，即认识到它们有一个程度，而一切其余的东西则留给了经验。（KrV，A176；B218）

14. 在哲学中，类比不是两个量的关系的相等，而是两个质的关系的相等。（KrV，A179；B222）

15. 从一个状态的非存在到这种状态的过渡，假定，即使它不包含现象中的任何质，就已经必然单独地加以研究了。（KrV，A206；B251）

16. 质和量的差异性。（KrV，A263；B319）

17. 因而一切事物就会完全是相同的了（numro eadem，数目等同），它不在它的概念中已经（按照质或量）而相互区别。（KrV，A281；B337）

18. 按照它的质，灵魂是简单的。（KrV，A344；B402）

19. 在一般思维中自我意识的一种单纯逻辑的质的统一性。（KrV，B413）

20. 质的无条件的统一性即并不作为实在的整体，而作为简单的。（KrV，A404）

21. 他们说，哲学单纯以质为客体、而数学却只以量为客体，已经把结果当作了原因。数学知识的形式是数学只能指向定量的原因。因为只有大小的概念可以构造、即可以先天地在直观中陈述，但质却只能在经验的直观中表现。（KrV，A714；B742）

22. 数学也研究线和面、作为不同质的空间的差别，研究作为广延的一种质的、广延的连续性。（KrV，A715；B743）

质料（die Materie）

1. 在现象中，我把这种符合感觉的东西，称为［现象的］质料，而把这种让现象的杂多能够在一定关系中被整理，我叫做现象的形式。（KrV，A20；B34）

2. 但因为这一只有在其内部感觉才能被整理、并才能被置于一定的形式之中的东西，本身另一方面又不能是感觉，所以尽管一切现象的质料只是后天被给予的，但其形式则必须全都在内心之中先天地为它们准备好，因此可以它会被与一切感觉隔离开来考察。（KrV，A20；B34）

3. 空间和时间是这种方式的纯粹形式，一般感觉则是质料。（KrV，A42；B60）

4. 人们可以把最后的［感觉］叫作感性知识的质料。（KrV，A50；B74）

5. 经验毕竟唯一并且独自能够把这种——那些纯粹知性概念可以被运用于其上的——质料（即客体）给到我们手上。（KrV，A63；B87）

6. 经验就产生了，它包含两个极其不同性质的要素，亦即一种来自于感官的知识中的质料，以及一种整理这质料的确凿的形式。（KrV，A86；B118）

7. 凡是在这些对象：上与感觉相符合的东西，就是作为自在事物的一切对象的先验质料（事实性，实在性）。（KrV，A143；B182）

8. 现象除了直观之外，自身中还包含任何一个一般客体所需的质料（某物生存由此而被表象于空间和时间中），亦即，包含感觉的实在，因而仅仅包含主观的表象。（KrV，B207）

9. 感觉（作为知觉的质料）。（KrV，A167；B209）

10. 这些公设把单纯直观的（现象形式的）综合、知觉的（现象质料的）综合和经验之（这些知觉的关系的）综合一起都涉及了。（KrV，A180；B223）

11. 凡是与经验之（感觉的）质料条件相关联的，就是现实的。（KrV，A218；B266）

12. 观念论（我指的是质料的观念论）是这种理论，它把外在于我们在空间中对象的此在或者宣布为仅仅是可疑的和不可证明的，或者宣布为虚假的和不可能的。（KrV，B274）

13. 至于第三条公设，那么它针对此在中的质料的必然性，而不只是针对概念的连结中的形式的和逻辑的必然性。（KrV，B279）

14. 感觉，作为感官质料。（KrV，A234；B286）

15. 这种关系，在其中概念在一种内心状态里能够互相从属，就是相同性与差异性、一致与冲突、内部与外部、最后是可规定的与规定（质料和形式）的关系。（KrV，A261；B317）

16. 质料和形式。这是两个被作为别的一切反思的基础的概念，所以它们与知性的每一种运用都不可分地联结在一起。质料意味着一般的可规定之物，（……在先验的理解中，因为人们抽掉了被给予之物的一切区别，以及它如何被规定的那种方式）。（KrV，A266；B322）

17. 质料是 substantia phaenomenon（现相的实体）。（KrV，A277；B333）

18. 质料的按照纯粹知性的绝对内部的东西也只是一种单纯的奇怪念头。（KrV，A277；B333）

19. 尽管凡是我们只在质料上所认识的，都是纯净的关系，（我们称为质料的内部的规定的关系，只是相对内部的）。（KrV，A285；B341）

20. 空间中的实在性、即质料，就是一个有条件者。（KrV，A413；B440）

21. 通过这种分割，质料的实在性要么消失在虚无之中，要么仍然消失在那些不再是质料的东西、即简单的东西之中。（KrV，A413；B440）

22. 人们把自然，从名词上（质料地），理解为现象的总和，只要这种现象由于因果性的一条内部原则而无一例外地相关联。（KrV，A418；B446）

23. 我早先有时也把它称为形式的观念论，以便把它区别于质料的观念论，亦即怀疑或否定外部事物本身的生存的通常的观念论。（KrV，A491；B519）

24. 这种质料则应当先天地包含着每一个物的特殊可能性的材料。（KrV，A573；B601）

25. 那些实在的东西则包含——对于一切事物的可能性和通盘规定的——材料和所谓质料，或先验内容。（KrV，A575；B603）

26. 这就是一个先验的理想，它为在一切生存的东西那里都必然被找到的那种通盘规定设置了基础，并且构成了这些东西的可能性的至上的和完备的质料条件。（KrV，A576；B604）

27. 但那种构成质料的东西，在现象中的实在性，（与感觉相应的东西），却必须被给予。（KrV，A581；B609）

28. 但一切现象的实在的东西已经在其中被给予出来的那个东西，却是唯一无所不包的经验：那么质料之于一切感官对象的可能性，就必须被预设为在一个总和中被给予了。（KrV，A582；B610）

29. 古代的哲学家们把自然的一切形式看作偶然的，却把质料、按照普通理性的判断、看作本源的和必然的。（KrV，A617；B645）

30. 这种必然性不能是任何概念，因而只作为思维的形式条件、但却不作为此在的质料的和物化的条件，在我的理性中必然已经被找到了。（KrV，A620；B648）

31. 如果我们想证明质料本身的偶然性，那么我们就必须最后求助于先验的论证，但它恰好在这里应该被避免。（KrV，A627；B655）

32. 但现象的质料，由此事物在空间和时间中被给予了我们，却只能在知觉中、因而后天地被表象出来。（KrV，A720；B748）

33. 质料（自然之物）。（KrV，A723；B751）

至善（das höchste Gut）

至善理想（das Ideal des höchste Gut）

1. 至善理想，作为纯粹理性最后目的之规定根据。（KrV，A804；B832）

2. 我把这样一种理智的理念——在这种理念中，与最高快乐联结着的道德的最完善的意志，是世上一切幸福的原因，只要这幸福与德性（作为配得上幸福的）处于精确的比例——称为至善的理想。（KrV，A810；B838）

3. 但道德律也不给予这些命令，在那里道德律并不处于一个作为至善的必然存在者中，这个至善能够使这样一个合目的性的统一性成为可能。（KrV，A811；B839）

4. 莱布尼茨曾称呼——只要人们在其中只留意理性存在者与它们在至善统治下按照道德律的关联的——那个世界，为恩宠王国，并且它区别于自然王国。（KrV，A812；B840）

5. 幸福唯独在与理性存在者的德性在确切的均匀尺度中、因而使理性存在者配得上幸福，才构成了世界的至善，在这个世界之中我们必须根据纯粹的但实践的理性的规范把我们完全置入进去。（KrV，A814；B842）

6. 必须是全在的，以便它直接靠近最高的世界至善所提出的一切需要。（KrV，A815；B843）

7. 那种道德的运用，它本身完全基于至善理念。（KrV，A816；B844）

8. 实践理性已经达到这个高峰、即作为一个至善的一个唯一的原始存在者的概念。（KrV，A818；B846）

9. 由此才唯独相信服务于神的意志，我们提升自己的和别人的世界至善。（KrV，A819；B847）

至上存在者（das oberste Wesen）

1. 我把这种——在世界上曾是绝对（无条件）必然的——至上存在者，考虑为自为之物。（KrV，A620；B648）

2. 我们在原因性方面将来终究需要一个最后限度的至上存在者。（KrV，A623；B651）

3. 理性在它的单纯思辨的运用中对这个如此伟大的目标、即对达到一个至上存在者的此在，是远远不充分的。然而它在这件事情上还有很大的用处，在能够从别的那个地方获得的情况下，纠正至上存在者的知识；使自己本身与每一个理知的意图相一致，并且从一切想与一个原始存在者的概念相违背的东西中、并且从一切经验的局限的混淆中，纯化至上存在者的知识。（KrV，A639；B667）

4. 理性要求，按照一个系统统一性的原则而观察世界的一切联结，因而就好像这些联结全部都产生于一个唯一的无所不包的、作为至上的和最充分的原因的存在者。（KrV，A685；B714）

5. 在主观上我们有权利抵制对一个必然的至上存在者的任何思辨的证明。（KrV，A792；B820）

至上理智（der oberste Intelligenz）

1. 因为，如果一旦，在其他方面的、或许实践的关系中，一个作为至上理智的最高和最充分的存在者的预设，主张了它的无需反驳的有效性：那么这就会有最大的重要性。（KrV，A640；B668）

2. 所以，把一个至上的理智预设为，世界整体的唯一原因，但当然只在理念中预设，这对于理性任何时候都能够有益，但却决不有害。（KrV，A687；B715）

3. 但只是凭借这种统一性的一个图型，即一个至上的理智，按照智慧的意图，它是世界的创造者。（KrV，A697；B725）

至上目的（der oberste Zweck）

1. 这个神圣的智慧为了自己的至上目的而把一切都安排成了这样。（KrV，A699；B727）

至上意志（der oberste Wille）

1. 理性的存在者的一切行动都这样发生，似乎它们是出自一个——把一切私人任意都包括在自身之中或之下的——至上的意志。（KrV，A810；B838）

2. 一个唯一的至上意志，它包含所有这种规律于自身。（KrV，A815；B843）

3. 我们如何在不同的意志中发现目的的完善统一性呢？（KrV，A815；B843）

4. 这种意志必须是全能的，以便整个自然及其与在世上的道德的关系都服从于它；必须是全知的，以便它认识到最内部的意向及其道德价值；必须是全在的，以便它直接靠近最高的世界至善所提出的一切需要；必须是永恒的，以便在任何时间中都不缺乏自然和自由的这种相互协调，等等。（KrV，A815；B843）

5. 相反，如果我们从道德统一性的观点，这样一个必然的世界规律而认真考虑——那种唯一能够给这一世界规律提供适当的效果、因而也为我们提供有联系的力量的——原因，那么这种原因则必须是一个唯一的至上意志，它包含所有这种规律于自身。（KrV，A815；B843）

至上原理（der oberste Grundsatz）

1. 虽然道德的至上原理及其基本概念，是先天的知识，但它们却不隶属于先验一哲学。（KrV，A14；B28）

2. 关于一切分析判断的至上原理。（KrV，A150；B189）

3. 关于一切综合判断的至上原理。（KrV，A154；B193）

4. 对至上的实践的原理的损害。（KrV，A474；B502）

至上原因（die oberste Ursache）

至上的世界原因（die oberste Weltursache）

1. 一个至上原因的世界的依赖性。（KrV，A186；B229）

2. 一个绝对必然的至上原因的此在。（KrV，A457；B485）

3. 是否有一个至上的世界原因。（KrV，A463；B491）

4. 那么我们应当公平地把至上的原因性置于何处呢？除非，那里也有最高的原因性。（KrV，A590；B618）

5. 除非我们把一个作为至上原因的最实在的存在者的理念设置为基础。（KrV，A619；B647）

6. 自然神学便绝不能够提供有关至上的世界原因的任何确定的概念。（KrV，A628；B656）

7. 所以人们就能够在严格意义上否认自然神论者一切对上帝的信仰，并且只给他剩下一个原始存在者或至上原因的主张。（KrV，A633；B661）

8. 理性对于一个作为至上原因的最高存在者的设定，仅是相对地、为了感官世界的系统统一性的目的而被思想，并且是一个在理念中的单纯“某物”，我们对它自在地是什么，不具有任何概念。（KrV，A679；B707）

9. 为了达到最高系统的统一性，而借助于那个至上的世界原因的合目的的原因性的理念。（KrV，A688；B716）

10. 按照这种规律从自然中证明一个这样的理智的至上原因的此在。（KrV，A693；B721）

11. 某物存在（它作为至上原因而起作用），因为某物发生了。（KrV，A806；B834）

12. 在那里，独立理性，用一种至上原因的一切充分性而装备起来，按照最完善的合目的性，而建立、维持和完成了普遍的、虽然在感官世界中向我们极其隐藏的事物秩序。（KrV，A814；B842）

至上原则（das oberste Principium）

1. 所以一切综合判断的至上原则就是：每一个对象都服从在可能经验中直观杂多的综合统一性的必要条件。（KrV，A158；B197）

2. 事实上，即使广延和不可入性（它们一起构成了物质的概念）也是现象统一性的至上的经验的原则，并且，只要它在经验性上是无条件的，它本身就具有某种调节性原则的属性。（KrV，A618；B646）

至上准则（die oberste Maxime）

1. 因为形而上学考察理性，按照理性的各种要素和那些——本身必须为一些科学的可能性以及一切科学的运用奠定基础的——至上准则。（KrV，A851；B879）

知觉（perception）

1. 带有意识的表象（perceptio，知觉）则从属于一般表象。一种知觉，只是关系到主体、作为主体的状态的变形，就是感觉（sensatio，感觉），一种客观的知觉就是认识（cognitio，认知）。（KrV，A320；B376）

知觉（die Wahrnehmung）

知觉（wahrnehmen）

1. 因为假如这种空间表象是从普遍的外部经验中被抽取出来的一个后天获得的概念，那么数学规定的那些最初的原理就会无非就是知觉了。（KrV，A24；B39）

2. 但这种直观又必须是先天地、亦即先于对一个对象的一切知觉而在我们之内被遇见，因而必须是纯粹的，而不是经验的直观。（KrV，A26；B41）

3. 一切现象的形式如何能够在一切现实的知觉之先、因而先天地在内心中被给予。（KrV，A26；B42）

4. 如果时间表象不是先天地作为基础，同时与相继甚至都不会进入到知觉中来。（KrV，A30；B46）

5. 因为经验既不会提供严格的普遍性，也不会提供无可置疑的确定性。我们就会只能说：这种通常的知觉就这样教导；但不能说，它必须这样处理。（KrV，A31；B47）

6. 因为这一［运动］以对运动的某物的知觉为前提。（KrV，A41；B58）

7. 关于对象自在的状况并且隔离我们感性的这一切接受性可能是什么，留给我们的仍然是一无所知。我们知道的无非是我们知觉它们的方式，这是在我们是特有的，也并不必然地归于每一个存在者，但却必须归于每一个人。（KrV，A42；B59）

8. 在人类这里，这种意识要求那种在主体中预先被给予的杂多的内部知觉，而这种——杂多如何在内心中无需自发性而被给予的——方式，为了这一区别的缘故，而必须称为感性。（KrV，B68）

9. 联结并不处于对象之中，并且不能通过知觉从对象中借用某物而因此首先被接纳进知性，而只是知性的一项工作。（KrV，B134）

10. 空间和时间中的事物，它们只是知觉（伴随着感觉的表象），因而只通过经验的表象才被给予。（KrV，B147）

11. 我们任何时候也都在我们之内知觉到了这个。（KrV，B154）

12. 我如何能够对我是一个客体，而且能够是一个直观的和内知觉的客体。（KrV，B156）

13. 内心通常由此而如何剧烈地被刺激，每个人都能够在自身中知觉到。（KrV，B157）

14. 由此，知觉、也就是对这直观的经验的意识，（作为现象）才是可能

的。(KrV, B160)

15. 一切综合，甚至知觉由此成为可能的，都服从于范畴。(KrV, B161)

16. 因而那个领会的综合、即知觉，无论如何都必须与这个大小范畴相一致。(KrV, B162)

17. 所以在这样一种事件中的领会，因而这个事件本身，按照可能的知觉，都是服从因果关系这个概念的，并且在所有其他情况中也是如此。(KrV, B163)

18. 既然一切可能的知觉都依赖于领会的综合，但领会的综合本身，这种经验的综合，又依赖于先验的综合，因而依赖于范畴。(KrV, B164)

19. 一切可能的知觉、因而甚至一切总能够获得经验的意识的东西、即一切自然现象，按照它的联结，也都服从范畴。(KrV, B164)

20. 本身的意识，按照我们状态的规定，在内部知觉那里是单纯经验的，任何时候可变化的，它在内部现象的这种流变中不可能给出任何静止的或常住的自身，并且习惯地被叫做内感官，或者经验的统觉。(KrV, A107)

21. 这只是一个经验，在其中一切知觉都被表象为处于无例外的与合规律的关联中。(KrV, A110)

22. 没有这样的——具有它的先天规则，并使现象服从于自己的——统一性，无例外的、普遍的，因而必然的意识统一性，就不可能在知觉的杂多中被找到。(KrV, A112)

23. 感官把现象经验地展示在知觉中。(KrV, A115)

24. 纯粹直观（在其作为表象方面，则以内部直观的形式，即时间）构成了全部的知觉的先天基础。(KrV, A115)

25. 现象，当它与意识联结起来的时候，就叫知觉。(KrV, A120)

26. 因为每一个现象都包含一个杂多，因而不同的知觉在内心中本身是分散地和单个地被发现的，所以它们的一个联结是必要的，而这种联结它们在感官自身中并不能拥有。(KrV, A120)

27. 甚至单单杂多的这种领会也还不会产生任何形象和印象的关联，如果这儿的一种主观的根据不会是，把内心的那种从一个向另一个过渡的知觉、唤回到那些接踵而来的知觉，并且这样来描绘出完整的知觉系列，即，一种即使只是经验的想像力的再生能力。(KrV, A121)

28. 因为只有通过我把一切知觉都算作一个（本源统觉的）意识，我才能够在一切知觉附近说：我已经意识到了它们。(KrV, A122)

29. 一切（经验的）意识在一个（本源的统觉的）意识中的客观统一性，甚至就是一切可能知觉的必要条件。(KrV, A123)

30. 质的图型，包含并表现出感觉（知觉）与时间表象的综合，或者是时

间的充实性。（KrV，A145；B184）

31. 经验则依据于现象的综合统一性，亦即，依据于按照一般现象的对象之概念的综合，没有这个它就不是知识，而会是知觉的一种狂想曲。（KrV，A156；B195）

32. 知觉的预测。（KrV，A161；B200）（KrV，B207）

33. 所以，甚至一个作为现象的客体的知觉，只有通过这种被给予的感性直观的杂多的综合统一性，才是可能的。（KrV，B203）

34. 知觉是经验的意识，亦即一种这样的在其中同时是感觉的意识。（KrV，B207）

35. 这就是感觉（作为知觉的质料）。（KrV，A167；B209）

36. 一切现象一般都是连续的大小，要么按照其直观，而作为外延的大小，要么按照单纯的知觉（按照感觉，因而按照实在性），而作为内包的大小。（KrV，A170；B212）

37. 如果知觉中的一切实在性都有一个程度，在这程度与否定性之间发生了一个程度越来越小的无限等级系列，并且每一种感官都仍然必须拥有感觉接受性的一个确定的程度；那么就没有任何知觉、因而也没有任何经验是可能的。（KrV，A172；B214）

38. 我们知觉的这种本性使得这样的解释方式成为可能的。（KrV，A175；B216）

39. 经验只有通过知觉的必然连接的表象才是可能的。（KrV，A176；B218）

40. 经验就是一种经验的知识，亦即一种通过知觉规定一个客体的知识。所以它是一种知觉的综合，这种综合本身并不包含在知觉中，它把知觉的杂多的综合统一性包含在一个意识中。（KrV，A177；B218）

41. 在经验中知觉仅仅以偶然的方式彼此相遇。（KrV，A177；B219）

42. 经验是通过知觉的客体的知识。（KrV，A177；B219）

43. 既然这些概念任何时候都同时随身带有必然性，那么经验就只有通过一种知觉的必然联结的表象才是可能的。（KrV，A177；B219）

44. 这种另外的知觉如何按照此在、在时间的这一样态中、而与这个知觉必然地联结起来。（KrV，A179；B222）

45. 所以，一个经验之类比将只是一条规则，按照这条规则，从知觉中应该产生出经验的（不是像知觉本身，而是一般经验的直观的）统一性，并且有关对象（现象的对象）的原理将不看作为是构成性的，而只是调节性的。（KrV，A180；B222）

46. 现在，时间为了自身就不能够被知觉到。（KrV，A182；B225）

47. 时间自在本身不能被知觉到。（KrV，A183；B226）

48. 变化只有在实体身上才能被知觉到。（KrV，A188；B231）

49. 一个先行的空的时间，就不是任何知觉的对象。（KrV，A188；B231）

50. 我知觉到，现象一个紧跟着一个，亦即对于一个时间是事物的一种状态，其反面则曾经存在于前一个状态中。（KrV，B233）

51. 时间自在本身并不能被知觉。（KrV，B233）

52. 换言之，通过这种单纯的知觉，现象的相互继起的客观关系仍然未规定。（KrV，B234）

53. 所以一个事件的每一个领会都紧跟着另一个知觉的知觉。（KrV，A192；B237）

54. 如果我在包含着一种发生的现象身上，把知觉的先行状态命名为 A，而把继起的状态命名为 B，则 B 在领会中只能跟随在 A 之后，A 的知觉却不能跟随在 B 之后，而只能先行于 B。（KrV，A192；B237）

55. 当我知觉到某物发生了的时候，那么在这个表象中首先就包含了：某物先行。（KrV，A198；B243）

56. 绝对的时间不是知觉的任何对象。（KrV，A200；B245）

57. 某物发生了，这是一个属于一种可能经验的知觉。（KrV，A200；B245）

58. 如果我的知觉要包含一种事件、亦即某物在此现实地发生的知识；那么它就必须是一种经验的判断。（KrV，A201；B246）

59. 原因与结果的关系，就是我们的经验的判断——鉴于知觉序列的——客观有效性的条件，因而是知觉的经验的真理的、所以也就是经验客观有效性条件。（KrV，A202；B247）

60. 经验的知识的一切增加，以及知觉的每一次进步，都只不过是，内感官的规定的一种扩大，亦即在时间中的一种进展，其对象则可以随便是现象，或者纯粹直观。（KrV，A210；B255）

61. 因此，在知觉中向时间中跟随着的东西的每一过渡都是通过这种知觉的产生而对时间的规定，而由于时间一直、并且在它的一切部分中，都是一个大小，则一种作为一个大小的知觉的产生就是通过所有的程度——它的任何一个都不是最小的——而从零开始，直至它的确定的程度。（KrV，A210；B255）

62. 一切实体，只要它能够在空间中被知觉为同时的，都是在普遍的交互作用中的。（KrV，A211；B256）

63. 想像力的综合在领会中可能只会把两个知觉中的一个指定为这样一种知觉，即当另一个知觉不存在时它在主体中存在，并且交替着做，但却不会把这两个客体指定为同时存在的。（KrV，B257）

64. 没有协同性，每一种（空间中现象的）知觉都会与别的知觉断绝开来。（KrV，A213；B260）

绝对时间并不是知觉的对象。（KrV，A215；B262）

65. 概念先行于知觉，就仅仅意味着物的可能性；但知觉，为概念提供素材，是现实性的唯一品格。（KrV，A225；B272）

66. 知觉及其对经验的法则的追随达到了哪里，我们有关事物的此在的知识也就达到了哪里。（KrV，A226；B273）

67. 这种持存之物的知觉只有通过外在于我的一个物、而不是通过外在于我的一个物的单纯表象，才是可能的。（KrV，B275）

68. 但想像力这样做只是通过对以前的外部知觉的再生，而这些外部知觉，如已经指出的，只有通过外部对象的现实性才是可能的。（KrV，B278）

69. 生存的必然性，就绝不可能从概念中，而任何时候都只能从那种与被知觉的东西的连结中，按照经验的普遍法则，而被认识。（KrV，A227；B279）

70. 所以这不是物（实体）的此在，而是物的状态的此在，关于它我们仅仅能够认识这种必然性，并且是从别的——在知觉中已经被给予的——状态，按照因果性的经验法则。（KrV，A227；B280）

71. 因为唯有知性，在它之中，那种——所有知觉都必须在其中拥有自己的位置的——经验的统一性，才是可能的。（KrV，A230；B282）

72. 是否可能发生——不同于一般属于我们全部可能经验的知觉的——另外的知觉，因而是否可能再发生一种完全不同的物质领域，知性则完全不能判决，它只是与已经给予的东西的综合打交道。（KrV，A231；B283）

73. 只有对我的知性才能够添加，某种超出与经验的形式条件的协调性之上的东西，即添加与任何一个知觉的连结。（KrV，A231；B284）

74. 感性直观是一种完全特殊的主观条件，它为一切知觉设置了先天基础，并且其形式是本源的。（KrV，A268；B324）

75. 一个在空间中持存的现象（一个不可入的广延）所包含的只不过是纯净的关系，而根本不是绝对内部的东西，但它却可以是一切外部知觉的最初的基底。（KrV，A284；B340）

76. 如果没有广延的存在者被知觉到，就表象不出任何空间。（KrV，A292；B349）

77. 理性概念用作把握（Begreifen），正如知性概念用作（知觉的）理解。（KrV，A311；B367）

78. 一种知觉，只是关系到主体、作为主体的状态的变形，就是感觉。（KrV，A320；B376）

79. 这种内部的知觉无非是单纯的统觉：我思。（KrV，A343；B401）

80. 知觉（例如无论愉快和不愉快）的最小客体，它只要达到自我意识的普遍表象中，就立刻会使合理的心理学转变为经验的心理学。（KrV，A343；

B401）

81. 所以人们尽管能够知觉到，这个表象总一再出现在一切思维那里，但却不能知觉到，它会是一个固定和不变的直观，在其中各种思想（作为可变化的）更替着。（KrV，A350）

82. 在这种情况下一切外部现象都具有这种性质，即它们的此在不可能被直接知觉到，而仅仅能够将其作为被给予的知觉的原因而被推导出来。（KrV，A367）

83. 我们可以正当地主张，只有那种在我们自身之内的东西，才能被直接知觉到，并且只有我们自己的生存才能够是一个单纯知觉的对象。（KrV，A367）

83. 由于外部的东西不是在我之内的，我也就不能在我的统觉中、因而也不能在本来只是统觉的规定的任何知觉中，找到它。（KrV，A368）

85. 所以我原本并不能知觉到外部事物，而只是从我的内部的知觉中推导出外部事物的此在，因为我将这种内部的知觉看作结果，为此外部的某物就是这种最近的原因。（KrV，A368）

86. 因此在知觉与它的原因的关系中随时都留有可以的地方：即这个原因是内部的呢，还是外部的，因而是否一切所谓外部知觉并不都是我们内部感官的一种单纯游戏，或者是否它们与作为其原因的外部现实对象有关。（KrV，A368）

87. 先验观念论者就是一个经验的实在论者并且给予作为现象的物质一种不可推论、而直接被知觉的现实性。（KrV，A371）

88. 这种物质的东西或实在的东西，这种——应当在空间中被直观到的——“某物”，必然以知觉为前提，而不能独立于这种在空间中显示出“某物”的现实性的知觉、由任何想像力而虚构和产生出来。（KrV，A373）

89. 感觉一旦被给予了（它，如果被应用到一个一般对象上，而不规定这个对象，就叫作知觉），那么通过感觉的杂多就可以在想像中虚构许多对象，这些对象在想像之外的空间或时间中没有任何经验的位置。（KrV，A374）

90. 知觉是一种现实性的表象。（KrV，A374）

91. 凡是在空间中被给予的、亦即通过知觉被表象的东西，在空间中也是现实的。（KrV，A375）

92. 所以最严格的观念论者都不可能要求，人们应当证明（在严格意义上），在我们之外的对象符合我们的知觉。（KrV，A376）

93. 所以外部现象的这种实在的东西只有在知觉中才是现实的，并且以任何别的方式都不可能是现实的。（KrV，A376）

94. 凡是按照经验的法则而与一个知觉有关联，就是现实的。（KrV，

A376）

95. 空间本身毕竟无非是，一种——有一定知觉在其中相互连结着的——内部表象方式。（KrV，A378）

96. 这些知性概念在每一个范畴中都为剩下的范畴设置了在一种可能知觉中的统一性的基础。（KrV，A403）

97. 现象只要求达到它们的解释条件在知觉中被给予的范围内而被解释，但所有曾经可以被给予它们、曾经概括进一个绝对整体的东西，本身决不是知觉。（KrV，A484；B512）

98. 现实地被给予我们的东西无非就是，知觉和从这个知觉到另一些可能知觉的经验的进展。因为现象，其自在本身，作为单纯的表象，只有在知觉中才是现实的，而知觉实际上无非是，一个经验的表象、即现象的现实性。一个现象在知觉之前就被称为一个现实之物，这要么意味着我们在经验之进程中必然会遇到这样一个知觉，要么就根本没有任何意义。（KrV，A493；B521）

99. 我们可以把我们的可能知觉的所有范围和关联都归因于这个先验客体，并且说：它本身已经在一切经验之前就自在地给予了的。（KrV，A494；B522）

100. 我为我、尽管还不确定地设想了这种回溯，并且唯独由此才能够对给予了的知觉产生出这样一个序列的概念。（KrV，A518；B546）

101. 这种理知的品格虽然决不可能直接被认知，因为我们不能知觉到任何东西，除非如果它所显现的，但它毕竟必须遵照经验的品格而被设想。（KrV，A540；B568）

102. 因此没有任何给予的行动（因为它们只能够作为现象而被知觉）能够无条件地自行开始。（KrV，A552；B580）

103. 因为通过与全部经验之内容相连结，有关对象的概念并没有被丝毫地增加，但我们的思想却通过这个内容而更多地获得了一种可能的知觉。（KrV，A601；B629）

104. 但如果一切在事物身上被知觉到的东西，都必须被我们看作有条件的必然的：那么也就没有任何（可以经验地被给予的东西）物可以被视为绝对必然的了。（KrV，A617；B645）

105. 独断的唯灵论者，由他相信在这个“我”中直接知觉到的思维着的实体的统一性，而解释这种通过状态的一切变化而不变地持存着的人格统一性。（KrV，A690；B718）

106. 但这种综合所涉及的永远只是一个一般之物，一般之物的知觉在哪些条件之下才属于可能的经验。（KrV，A719；B747）

107. 但现象的质料，由此事物在空间和时间中被给予了我们，却只能在知觉中、因而后天地被表象出来。（KrV，A720；B748）

108. 它们仅仅包含——按照应当被经验地寻求的、那种不能被先天地直观地表象出来的东西（知觉）的——一定的综合统一性的规则。（KrV，A720；B748）

109. 所以我只是按照概念行事，而不能通过概念的构造而行事，因为概念是知觉的综合一条规则，这些知觉不允许是任何纯粹直观，所以不允许先天地给予。（KrV，A722；B750）

110. 经验本身就是知觉的这样一种综合，它增加了我凭借知觉而拥有的概念、通过别的附加的知觉。（KrV，A767；B792）

111. 绝对简单性毕竟不是任何——能够直接与一个知觉发生关系的——概念，而必须仅仅推导为理念。（KrV，A784；B812）

112. 所以这种划分就是建筑术的划分，遵照它的根本的目的，而不是单纯的技术的划分，按照偶然知觉的亲缘关系和似乎靠碰运气，但正因此它也是不可改变的和规律提供的。（KrV，A847；B875）

知识，认识（die Erkenntnis）

知识能力，认识能力（das ErkenntnisVermögen）

知性知识（die Verstandeserkenntnis）

超验知识（die transzendente Erkenntnis）

先天知识（die Erkenntnis a priori）

先验知识（die transzendentale Erkenntnis）

理论知识（die theoretische Erkenntnis）

实践知识（die praktische Erkenntnis）

哲学知识（die philosophische Erkenntnis）

先天综合知识（die synthetische Erkenntnis a priori）

1. 人类理性在它的一种知识分类中拥有这一特殊的命运：它被它不能拒绝的问题所纠缠。（KrV，AVII）

2. 但我在这下面所理解的，不是对某些书或体系的批判，而是对一般理性能力的批判，鉴于一切——它可以独立于一切经验而追求的——知识，因而是一般形而上学的可能性和不可能性的裁决以及不仅它的根源、而且它的范围和界限的规定，但这一切都出自原则。（KrV，AXII）

3. 因为每一种应当确定为先天的知识本身，都预示着，它要被看作绝对必然的，而一切纯粹先天知识的规定则更进一步，它应当是一切无可置疑的（哲学上的）确定性的标准试块、因而甚至范例。（KrV，AXV）

4. 这类知识的完全统一性——出于真正的纯粹概念，任何经验的东西，或只是应该导致规定经验的特殊直观都不能对之产生丝毫影响，使之扩展和增加

——将会使这种无条件的完备性不仅是可行的，而且是必然的。（KrV，AXX）

5. 那些属于理性事务的知识的探讨，是否走上一门科学的可靠通道，这可以很快从这种后果中作出评判。（KrV，BVII）

6. 当谈论到知识的时候，人们虽然要把一门逻辑学当作评判这些知识的前提，但却必须到被称为真正的和客观的那些科学中去寻求这些知识的获得。（KrV，BIX）

7. 只要现在承认在这些科学中有理性，那么在其中就必须有某种东西先天地被认识，理性的知识能够在两种方式上被它的对象所关联，要么仅规定它和它的概念（别的则必须被给予），要么就现实地制造它。这前者是理性的理论知识，后者是理性的实践知识。（KrV，BIX）

8. 数学和物理学是——理性应当先天地规定它的对象的——两门理论的理性知识，前者完全纯粹地规定，后者则至少部分纯粹地、但也还按照不同于理性来源的另一种知识来源的尺度而规定。（KrV，BX）

9. 形而上学，一种完全孤立的、思辨的理性知识，它完全超越于经验教导，确切地说通过单纯的概念（不像数学通过概念应用于直观）。（KrV，BXIV）

10. 人们因此而尝试一下，我们假定，对象必须取决于我们的知识，是否我们在形而上学的任务中因而更好地进步。（KrV，BXVI）

11. 但因为我不能停留在直观那里，如果要把它们变成为知识，而必须把它们作为表象与任何一个作为对象的某物相关联并且通过这些表象而规定这个对象。（KrV，BXVII）

12. 形而上学家的分析把纯粹先天知识分割为两个性质极不相同的要素，即作为现象的事物的知识，以及自在之物本身的知识。反之，辩证法则用无条件者的必然的理性理念把这两者结合成一致性，并且发现，这种一致性永远只有通过那种区分才出现，所以这种区分是真正的区分。（KrV，BXX）

13. 现在仍然留给我们去试探的是，当一切进展的思辨理性在这个超感官领域中被否定之后，是否并不在它的实践知识中发现依据，而规定无条件者的这个超验的理性概念，并且以这样合乎形而上学的愿望的方式、用我们的、但仅仅在实践的意图上才可能的先天知识，而获得超出一切可能经验的界限。（KrV，BXXI）

14. 在先天知识中能够赋予客体的，无非是那些思想主体从自身中取出来的东西。（KrV，BXXIII）

15. 我们关于作为自在之物本身的任何对象不可能有什么知识，而是仅仅只要它是感性直观的对象、也就是作为现象，才能够获得知识。（KrV，BXXVI）

16. 但这种更多的东西恰好不需要在理论知识的来源中去寻找，它也可能存在于实践知识的来源中。（KrV，BXXVI）

17. 因此我不得不取消知识，以便使信仰得到位置。（KrV，BXXX）

18. 论纯粹的知识与经验的知识之区别。（KrV，B1）

19. 所有我们的知识都开始于经验，这是没有任何怀疑的；知识能力通常究竟应该怎么会被激发成了行动呢。（KrV，B1）

20. 所以按照时间，在我们之内就没有任何知识先行于经验，并且一切知识都开始于经验。（KrV，B1）

21. 但同样尽管我们的一切知识开始于经验，它们却不全都恰恰起源于经验。因为完全可能的是，甚至我们的经验知识，也该是一个——我们出于通过印象而接受的东西、以及出于我们自己的知识能力（单纯被感官的印象所推动），从自己本身中所献出来的东西的——复合物。（KrV，B1）

22. 人们把这样一种知识称为先天的（a priori），它们区别于那些——具有它们的后天的（a postcriori）、即在经验（Erfahrung）中的来源的经验的（empirische）知识。（KrV，B2）

23. 我们接下来把先天的知识并非这样理解为，不依赖于这个或那个经验、而绝对地依赖于一切经验而发生的知识。与先天的知识相反的，则是经验的知识，或是这样只有后天地、即通过经验、才是可能的知识。（KrV，B3）

24. 我们具有一定的先天知识，甚至普通知性也绝不缺少这样的知识。（KrV，B3）

25. 必然性和严格普遍性是先天知识的可靠标志，并且相互从属而又不可分离。（KrV，B4）

26. 在人类知识中现实地具有这样一类必然的和在严格意义上普遍的、因而纯粹的先天判断。（KrV，B4）

27. 现在，这样一种同时具有内在必然性品格的普遍知识，必须是不依赖于经验，本身是清楚的和确定的；因此人们把它称为先天知识：因为与之相反，所有仅仅从经验借来的东西，正如人们的措辞，只是后天地、或经验地被认识到的。（KrV，A2）

28. 哲学需要一门科学，它规定一切先天知识的可能性、原则和范围。（KrV，A2）

知性究竟如何能够达到所有这些先天知识，并且这些知识可以具有哪些范围、有效性和价值。（KrV，A4）

29. 我们的知识通过分析判断丝毫没有被扩大，而是我已经拥有的概念被分解，并使本身可被我所理解。（KrV，A8；B12）

30. 我们先天的思辨知识的全部最终意图都建基于这样的综合性的、亦即

扩展性的原理之上。（KrV，A10；B14）

31. 我将把我的命题限制在这种纯粹数学上，这就导致了这种纯粹数学的概念，它不包含经验的知识，而单纯包含纯粹的先天知识。（KrV，B15）

32. 在形而上学中，即使人们把它仅仅看作一门至今还仅仅尝试、但却由于人类理性的本性而不可缺少的科学，也应该包含了先天综合的知识。（KrV，B18）

33. 凡是在这种或那种形而上学中分析的东西、即对先天地寓于我们理性中的那些概念的单纯剖析，还根本不是真正的形而上学的目的，而只是一种活动，即综合地扩展这些概念的先天知识。（KrV，B23）

34. 理性是提供先天知识的原则的能力。（KrV，A11；B24）

35. 纯粹理性的一种工具论就会是那种先天纯粹知识的原则的总和，按照它们一切先天纯粹知识才能够获得并且被现实地实现出来。（KrV，A11；B25）

36. 我称一切知识为先验的，这种知识与其说关注对象，不如说一般地关注其［对象］应当先天可能存在的认识方式。（KrV，A11；B25）

37. 这样一门科学必须完整地既包含分析的知识、又包含有先天综合的知识。（KrV，A12；B25）

38. 而这个批判本身并不就已经叫做先验一哲学，根据仅仅在于，它为了成为一个完备的体系，还必须包含对人类全部先天知识的一种详细的分析。（KrV，A13；B27）

39. 先天知识本该是完全纯粹的。因此，虽然道德的至上原理及其基本概念，是先天的知识，但它们却不隶属于先验一哲学。（KrV，A14；B28）

40. 因为所有实践的东西，只要它包含着动机，就都涉及到属于经验的知识来源的感觉。（KrV，A15；B29）

41. 人类知识有两大主干，它们也许来自一种共同的、但不为我们所知的根源，即感性和知性，通过前者，对象被给予我们，而通过后者，对象被思维。（KrV，A15；B29）

42. 由此，人们也就会更接近古人的说法和含义，在他们那里，知识划分为 alσθηιά xαí νοηιά，即感性和理性，是很有名的。（KrV，A21；B36）

43. 作为先天知识的原则，存在着两种感性直观的纯粹形式，即空间和时间。（KrV，A21；B36）

44. 空间的表象究竟必须是什么东西，才会使有关它的这样一门知识是可能的呢？它必须是本源的直观。（KrV，A25；B41）

45. 只有我们的解释才使得——作为一种先天综合知识的——几何学的可能性成为可理解的。（KrV，A25；B41）

46. 我们的时间概念所解释的先天综合知识的可能性，会多于并非罕有成

效的一般运动学说所描绘的。（KrV，A32；B49）

47. 因此，时间和空间都是可以从中先天地被汲取不同综合知识的两个知识来源的。（KrV，A38；B55）

48. 但感觉则是，在我们的知识中，凡是使它叫作后天的知识、即经验的直观的东西。（KrV，A43；B60）

49. 自在的对象本身可能是什么，这决不会通过对那唯一被给予我们的现象的最清晰的知识而被我们所知道。（KrV，A43；B60）

50. 人们就把前一种知识命名为表现自在的对象本身的知识，但把后一种知识命名为仅仅是这个对象的现象的知识。但这种区分只是经验的区分。（KrV，A45；B62）

51. 从单纯的概念完全不能达到任何综合知识，而只能达到分析的知识。（KrV，A47；B65）

52. 由于对象在你的知识之前、而不是通过你的知识已经给予了。（KrV，A48；B66）

53. 在我们的知识中一切属于直观的东西，（因而把愉快和不愉快的感觉、以及这些根本不是知识的意志，都除外），无非包含单纯的关系。（KrV，A49；B66）

54. 我们的知识产生于内心的两个基本来源，其中第一个是，感受表象（印象的接受性）、第二个是通过这些表象认识一个对象的能力（概念的自发性）。（KrV，A50；B74）

55. 所以直观和概念构成我们一切知识的要素，以至于概念，没有统一方式上的相应的直观，或直观没有概念，都不能交出知识。（KrV，A50；B74）

56. 那种自己产生表象的能力，或者知识的自发性，就是知性。（KrV，A51；B75）

57. 作为普遍逻辑，它抽掉了知性知识的一切内容，和它的对象的差异性，并且只与思想的单纯形式打交道。（KrV，A54；B78）

58. 普遍逻辑放弃一切知识内容，即知识与客体的一切关系，并只考察知识相互关系的逻辑形式，即一般思想形式。（KrV，A55；B79）

59. 并非每一个先天知识，而只有那种——通过它我们认识到，一定的表象（直观或概念）仅仅被先天地运用，或是如何可能的——［先天知识］，才必须称为先验的（即知识的先天可能性或其先天运用）。（KrV，A56；B80）

60. 先验的和经验的区别只属于知识的批判，而不涉及知识与其对象的关系。（KrV，A57；B81）

61. 一门如此规定如此的知识的来源、范围和客观有效性的科学，也许必须称为先验逻辑。（KrV，A57；B81）

62. 真理的名词解释是：即真理就该是知识与它的对象的一致，在这里是被给定、并且预设了的；但人们还要求知道，任何一种知识的普遍而可靠的真理标准该是哪些。（KrV，A58；B82）

63. 因为一个知识就是错误的，如果它与和它相关的那个对象，并不一致，即使它同样包含某种或许能够适用于别的对象的东西。（KrV，A58；B83）

64. 即使一种知识有可能完全符合于逻辑的形式，即不和自己相矛盾，但它仍然总还可能与对象相矛盾。（KrV，A59；B84）

65. 所以逻辑的这个部分可以叫做分析论，并且正因此而至少是真理的消极的试金石，因为人们必须首先把一切知识、根据它们的形式、放到这些规则上来检验和估价。（KrV，A60；B84）

66. 因为它在这里教导我们毫无关于知识的内容，而只不过与知性相一致的形式条件，这些条件除此之外在对象方面是完全无关紧要的。（KrV，A61；B86）

67. 因为没有任何知识能够与这种逻辑相矛盾，而不同时丧失一切内容、即丧失与任何客体的一切关系，因而丧失一切真理。（KrV，A62；B87）

68. 这个分析论是我们的全部先天知识被剖解成纯粹知性知识的要素。（KrV，A64；B89）

69. 因此它的知识的整体将构成一种在一个理念之下把握和规定的系统，它的完备性和环节咬合同时也能够适合充当一种——所有装配了的知识部件的正确性和真切性的——试金石。（KrV，A65；B90）

70. 所以每一个至少人类的知性知识，都是一种借助于概念的知识，并非直觉的，毋宁推理的。（KrV，A68；B93）

71. 所以判断就是一种对象的间接的知识，因而是对象的一种表象的表象。（KrV，A68；B93）

72. 一切判断都是在我们表象底下的统一性的机能，即因为被运用于对象的知识，不是一种直接的表象，而是一种更高的、包含这个直接表象和更多在自身底下的表象，并且许多可能的知识由此就被集合在一个知识里面了。（KrV，A69；B94）

73. 思想就是通过概念们的认识。（KrV，A69；B94）

74. 如果我们把一个单称判断只作为知识、按照大小与一个普适的判断相比较，那么单称判断与普适的判断的关系则如单一性对无限性的关系一样，因而自在本身地与普适的判断有根本的区别。（KrV，A71；B96）

75. 被划分的知识与这个划分的全部环节相互之间的关系。（KrV，A73；B98）

76. 这种协同性在于这些命题合起来完成了真正知识的领域，所以这是一

个知识领域的各部分的关系。（KrV，A74；B99）

77. 所以在选言判断中有知识的某种一定的协同性，这种协同性就在于知识交互排斥、但仍还因此在整体上规定着那个真实的知识，因而这些知识总括起来就构成了一个唯一被给予的知识的全部内容。（KrV，A74；B99）

78. 普遍逻辑抽掉知识的一切内容，而指望，在别的地方，也不管是在哪里，表象被给予，以便首先把这些表象转化成那些分析地进行着的概念。（KrV，A76；B102）

79. 不过我们思维的自发性则要求，这些杂多首先以一定的方式被贯通、接受和结合起来，以便由此构成一种知识。我称这种行动为综合。（KrV，A77；B102）

80. 但对一种杂多的综合（不论它是经验地还是先天地被给予的），最先产生一种知识，它虽然开始可能还是粗糙的与混乱的，因而需要分析。（KrV，A77；B103）

81. 这种综合被带到概念上，这是归因于知性的一种机能，知性借此而使我们第一次获得原本意义上的知识。（KrV，A78；B103）

82. 为了一切对象的先天知识的目的，首先必须被给予我们的，是纯粹直观的杂多；其次是这种通过想像力的杂多的综合，但这也还没有给出知识。（KrV，A79；B104）

83. 事物的这些被信以为真的先验谓词无非是一般事物的一切知识的逻辑要求和标准，这种一切事物的知识把量的范畴，即单一性、多数性和全体性，设置为它的基础。（KrV，B114）

84. 因为在一个客体的每一种知识中都存在着概念的统一性，人们可以把它命名为质的统一性。（KrV，B114）

85. 一般知识可能性的逻辑标准改变了大小的三个范畴。（KrV，B115）

86. 通过单一性、真实性和完备性的概念，先验范畴表根本没有得到什么补充，仿佛它缺少了什么似的，而只是由于把这些概念对客体的关系整个就被放在了一边，这些概念的处理才被带入知识与自身一致的普遍逻辑规则之下。（KrV，B116）

87. 但在构成人类知识非常混合交织的各种各样的概念中，也存在着一些被规定为先天的（完全不依赖于任何经验的）纯粹的运用，而它们的权限任何时候都需要一个演绎。（KrV，A85；B117）

88. 这种尝试过的自然之学的（physiologische）推导，并不能叫做演绎，因为它涉及 quaestionem facti（事实问题），因此我要把这种推导叫做一种纯粹知识的占有的解释。（KrV，A87；B119）

89. 但现在，即使先天纯粹知识的可能演绎的唯一的方式、即走先验途径

的方式，被承认，但由此并不恰好说明，这种唯一的方式是绝对地必要的。（KrV，A87；B119）

90. 在这个世界中一切几何学知识，因为基于先天的直观，而具有直接的显明，而对象则通过这种知识本身先天地（按照形式）在直观中被给予。（KrV，A87；B120）

91. 因此这里就显示出一种——我们在感性领域中没有碰到过的——困难，即思想的主观条件如何应该具有客观的有效性，即如何应该充当一切对象知识的可能性条件。（KrV，A90；B122）

92. 对象的知识仅在两个条件下才是可能的，首先是直观——通过它，但只是作为现象——被给予；第二是概念，由此一个与它的直观相应的对象被思想。（KrV，A92；B125）

93. 但一切经验除了包含——由此某物被给予的——感官直观，还包含对于在直观中被给予、或被显现的对象的一个概念，因此这些对象的一般概念、作为先天的条件将被设置为一切经验知识的基础。（KrV，A93；B126）

94. 没有这种与可能经验的本源的、一切知识对象都发生于其中的关系，知识与任何一个客体的关系都完全不可能被把握。（KrV，A94；B127）

95. 大卫·休谟认识到，为了能得到这种知识，必不可少的是，这些概念必须拥有它们的先天的起源。（KrV，A95；B127）

96. 我也把这种统一性叫作自我意识的先验统一性，以表明来自于它的先天知识的可能性。（KrV，B132）

97. 知性本身无非是——作为先天地联结并把给予表象的杂多带到统觉的统一性之下的——能力，这一原理是整个人类知识中的最高原理。（KrV，B135）

98. 于是这个意识的统一性就是，唯一构成表象对于一个对象的关系、因而构成它们的客观有效性，所以，并促使它们成为知识的东西，知性的可能性自身因而根据于此。（KrV，B137）

99. 所以意识的综合统一性是一切知识的一种客观条件，不仅是我自己为了认识一个客体而需要它，而且为我而成为客体则必须存在于每一个直观当中，因为以别的方式，没有这种综合，杂多自身就不会在一个意识中统一了。（KrV，B138）

100. 一个判断无非是把被给予的知识带到统觉的客观统一性的方式。（KrV，B141）

101. 因为，假如我要设想一个知性，它本身直观着（例如也许是神的知性，它不呈现被给予的对象，而通过它的表象同时就给出、或产生这种对象本身），那么范畴对于这样一种知识就会完全没有任何意义。（KrV，B145）

102. 除了运用于经验对象，范畴对事物的知识没有别的使用。（KrV，B146）

103. 所以，某个一般对象的思维，通过一个纯粹知性概念在我们这里，才能够成为知识，只要这个概念会与感官对象发生关系。（KrV，B146）

104. 通过前一种直观的规定我们能得到对象的先天知识（在数学中），但只是根据这些对象的形式而作为现象；是否可能有在这种形式中必须被直观到的事物，在此仍未得到解决。（KrV，B147）

105. 一切数学概念自己还不是知识；除非，人们假设有——只根据那个纯粹感性直观的形式而呈现给我们的——事物。（KrV，B147）

106. 所以纯粹知性概念，即使它们被运用于先天直观（如在数学中），也只有在这些先天直观、因而借助于它们的知性概念，也能够被运用于经验的直观的情况下，才获得知识。（KrV，B147）

107. 因此范畴借助于直观也并没有提供给我们事物的知识，而只有通过它们的经验的直观上的可能运用，亦即它们只用作经验的知识的可能性。但这种知识就叫做经验。因此范畴对事物的知识没有别的运用，除非这些事物只被假设为可能经验的对象。（KrV，B147，148）

108. 杂多的综合或联结在它们之中，仅仅与统觉的统一性相关联，并因此是先天知识的可能性根据，只要它建基于知性，因而不仅仅是先验的、而且甚至单是纯粹智性的。（KrV，B150）

109. 我并不拥有任何我如何在、而仅仅拥有我如何向我自身显现的关于我的知识。（KrV，B158）

110. 但在先验演绎中，这些范畴的可能性被表现为一般直观对象的先天知识。（KrV，B159）

111. 经验就是通过连结了的知觉们的知识。（KrV，B161）

112. 现在，我们的一切直观都是感性的，并且这种知识，只要其对象已经被给予了，是经验的。但经验的知识就是经验。所以作为唯一可能经验的对象的先天知识，我们便再也没有任何的先天知识是可能的了。（KrV，B165，166）

113. 这种运用因为它并不一直已经指向客体的规定、因而指向知识，而是也已经指向主体及其意志的规定。（KrV，B166）

114. 但这种知识，它已经单纯限制在经验之对象上，并不是因此就已经全部都吸收自经验，而是，凡是不仅纯粹直观、而且纯粹知性概念所涉及的东西，那么它们就都是在我们之内先天被找到的知识要素。（KrV，B166）

115. 然而，构成一切先天知识甚至任意而荒谬的虚构的那些要素，虽然不能从经验那里借用，（因为否则它们就不会是先天知识了），但它们任何时候都必须包含一个可能经验和这个可能经验的一个对象的纯粹先天条件。（KrV，

A96）

116. 因此如果我，就因为感官在其直观中包含杂多性，而把一种概观赋予感官，那么任何时候都有一种综合与这个概观相一致并且接受性只有与自发性相联结，才使知识成为可能。（KrV，A97）

117. 范畴的这种演绎是与这么多的困难相联结的，并且不得不如此深入地闯入我们一般知识的可能性的最初根基。（KrV，A98）

118. 甚至我们的最纯粹的先天直观也不能获得任何知识。（KrV，A101）

119. 而既然那个领会的综合构成了所有一般知识（不仅是经验的知识，而且也有纯粹先天的知识）的可能性的先验根据，那么想像力的再生的综合就属于内心的先验活动，而考虑到这一点，我们愿意把这种能力也称为想像力的先验能力。（KrV，A102）

120. 很容易看出，这种对象必须只被思想为一般等于 X 的某物，因为除了我们的知识，我们毕竟并不拥有那些我们能够置这种知识于作为与之相应的对面的知识。（KrV，A104）

121. 我们的知识并不是以碰运气或随便的，而是以某种先天的方式而被规定。（KrV，A104）

122. 一切知识都要求有一个概念，这个概念比它所要的可能是一样不完满、或一样模糊：但这个概念按照它的形式任何时候都是共相的某种东西，并且是用作规则的东西。（KrV，A106）

123. 于是，没有那种先行于直观的一切材料和一切对象表象都唯一因为与之发生关系才成为可能的意识统一性，在我们之内就不可能有任何知识发生，也不可能有这些知识相互之间的任何连接和统一性发生。（KrV，A107）

124. 关于这种先验对象（它实际上在我们的一切知识中是永远等同于 x 的）的纯粹概念就是，那些能够设法使我们所有经验的一般概念获得与一个对象的关系、亦即获得客观实在性的东西。（KrV，A109）

125. 既然这个统一性必须被看作先天必然的，（因为否则知识就会没有对象了），那么与一个先验对象、亦即与我们的经验的知识的客观实在性的关系，就将以这条先验法则为基础。（KrV，A109）

126. 作为先天知识的范畴的可能性的暂时说明。（KrV，A110）

127. 但这样一来，知识与对象的一切关系也就会取消了，因为它缺乏按照普遍必然的法则的这种联结，因而它尽管会是无思想的直观，但绝不会是知识，所以对于我们来说就完全是无。（KrV，A111）

128. 但数目上的同一性，与作为一个先验表象的这个自我意识，是不可分割的，并且是先天地肯定的，因为不借助于这个本源的统觉，就没有东西能够进入到知识中。（KrV，A113）

129. 三种主观的认识来源，一种一般经验的可能性和经验对象的知识已经建基于其上：感官、想像力和统觉。（KrV，A115）

130. 一切直观在我们面前就什么都不是，并且与我们没有丝毫的关系，如果它们不能被接受到意识中，不论它们现在是直接地还是间接地，对意识发生影响，并且仅仅通过这种唯一的意识，知识才是可能的。（KrV，A116）

131. 所以这就是绝对必要的，在我的知识中所有意识都属于一个（我自己的）意识。（KrV，A117）

132. 一切知识的逻辑形式的可能性都可以必然地建基于作为一种能力之于统觉的关系。（KrV，A117）

133. 所以这条想像力的纯粹的（生产的）综合的必然统一性的原则、先于统觉而是一切知识、特别是经验之知识的可能性的基础。（KrV，A118）

134. 既然统觉的本源的统一性构成了一切知识的可能性的基础，那么想像力的综合的先验统一性就是一切可能知识的纯粹形式，因而通过这个纯粹形式可能经验的一切对象才必须被先天地表象出来。（KrV，A118）

135. 所以在知性中，纯粹先天知识，它们在一切可能现象方面，已经包含了想像力的纯粹综合的必然统一性。（KrV，A119）

136. 现象自在地本身并不具有任何客观实在性，而只是在知识中才生存着。（KrV，A120）

137. 但因为，假如表象，如同它们互相抵触那样、毫无区别地互相再生，就不会产生任何确定的表象的关联、而只会产生无规则的表象堆积，因而完全不会产生任何知识。（KrV，A121）

138. 所以我们具有一种作为一种人类心灵基本能力的纯粹想像力，这种基本能力为一切先天知识设置了基础。（KrV，A124）

139. 因为否则的话，感性虽然会给出现象，但却不会给予一种经验的知识的任何对象、因而不会给予任何经验。（KrV，A124）

140. 这些现象，只有借助于知识的那些要素和我们的一般意识，因而才属于我们本身。（KrV，A125）

141. 假如这种对象，我们的知识与之有关系，就是自在之物本身，那么我们关于它们就根本不可能拥有任何先天的概念了。（KrV，A128）

142. 如果我们到处都仅仅与现象们打交道，那么这不仅是可能的，而且也是必然的了：即某些先天概念先行于对象的经验的知识。（KrV，A129）

143. 但对象的一切知识的形式（由此杂多被思考为属于“一个”客体）也就在于可能意识的这种统一性。（KrV，A129）

144. 纯粹知性概念之所以是先天可能的，甚至在与经验的关系中是必然的，因为我们的知识无非与现象打交道。（KrV，A130）

145. 普遍逻辑已建立在一种完全精确地与高级认识能力的划分同时发生的平面图上。（KrV，A130；B169）

146. 先验逻辑，因为被限制在一种规定的内容上、即仅仅是纯粹先天知识的内容上，它在这里的划分就不能模仿普遍逻辑。（KrV，A131；B170）

147. 既然普遍逻辑放弃了知识的一切内容，那么留给它的就只剩下这个事务，分析地相互设定概念、判断和推理中知识的单纯形式，并由此获得一切知性运用的形式规则。（KrV，A132；B171）

148. 因为，为了在纯粹先天知识领域中使知性获得扩展，因而作为学说，哲学看来是完全没有必要的，或者更好地说，是难以合适的。（KrV，A135；B174）

149. 我们所有的知识都处于一切可能经验的整体中，而先行于一切经验的真理、并且使之成为可能的那种先验真理，则在于这一切可能经验的普遍关系之中。（KrV，A146；B185）

150. 因为正是这些范畴，它们与可能经验的关系必须先天地构成一切纯粹的知性知识，并且它们与一般感性的关系也将为此而完整并系统地阐述知性运用的一切先验原理。（KrV，A148；B187）

151. 不论我们知识的内容是什么，并且不论这知识如何与客体相关联，我们所有一般判断的普遍的、虽然只是消极的条件终归是：它们不自相矛盾。（KrV，A150；B189）

152. 既然如此，这种——一个与之相矛盾的谓词，达不到任何事物的——原理，就称为矛盾原理，它是一切真理的一个普遍的、虽然仅仅消极的标准，但也因此而只属于逻辑，因为它所针对的知识，仅仅是作为一般知识，而不顾它们的内容，并且说：矛盾完全消灭和取消了知识。（KrV，A151；B190）

153. 所以我们也必须把矛盾原理看作为一切分析的知识的一条普遍的并完全充分的原则。（KrV，A151；B191）

154. 如果一种知识要具有客观实在性，亦即与一个对象相关联，并且要在这个对象中拥有意义和意义，那么这个对象就必须能够以任何一种方式被给予出来。（KrV，A155；B194）

155. 所以经验的可能性就是，给予所有我们的先天知识以客观实在性的东西。（KrV，A156；B195）

156. 由于经验，作为经验的综合，在它的可能性中是唯一的知识类型，它给予一切其他的综合以实在性，所以一切其他的综合作为先天知识之所以具有真理性（即与客体相符合），也只是因为它不包含别的东西，而无非那些对一般经验之综合统一性是必要的东西。（KrV，A157；B196）

157. 数学就具有这样的原理，但它们在经验上的运用、因而它们的客观有

效性、甚至这样的先天综合知识的可能性（先天综合知识的演绎）毕竟都永远建基于纯粹知性之上。（KrV，A160；B199）

158. 这种联结又可以被分为现象相互之间的物理学的连结和现象在先天知识能力中的形而上学的联结。（KrV，A162；B202）

159. 现象的这种先验的数学原理给我们的先天知识以很大的扩展。（KrV，A165；B206）

160. 人们可以把所有——由此我能够先天地认识和规定那个属于经验的知识的东西的——知识，都称为一种预测。（KrV，A166；B208）

161. 但由于在现象上的某种东西，它绝不被先天地认识，并且这种东西因而也构成了经验之物与先天知识的真正区别，这就是感觉（作为知觉的质料），所以便导致，感觉本来应该是，完全不能被预测的东西。（KrV，A167；B208）

162. 经验就是一种经验的知识，亦即一种通过知觉规定一个客体的知识。（KrV，A177；B218）

163. 经验是通过知觉的客体的知识。（KrV，A177；B219）

164. 现在，先天综合地认识于它们的无非是现象，——而这些现象的完备的知识，一切先天原理最终毕竟总必须慢慢结束于此，——只不过是可能的经验而已，因此那些原理无非单纯是在现象的综合中经验的知识的统一性的条件，而没有别的目的。（KrV，A181；B223）

165. 所以只有通过我们把现象的接续、因而把一切变化都从属于因果律，甚至经验、也就是关于现象的经验的知识，才是可能的。（KrV，A189；B234）

166. 自在事物本身（不考虑它们由此刺激我们的表象）可能是怎样的，则完全越出了我们的知识范围之外。（KrV，A190；B235）

167. 知识和客体的符合就是真理。（KrV，A191；B236）

168. 所以充足理由律就是可能经验的根据，亦即现象就其在时间的相继序列中的关系而言的客观知识的根据。（KrV，A201；B246）

169. 杂多的综合通过想像力而属于一切经验的知识，而这种综合任何时候都是承继性的。（KrV，A201；B246）

170. 如果我的知觉要包含一种事件、亦即某物在此现实地发生的知识；那么它就必须是一种经验的判断。（KrV，A201；B246）

171. 我的批判的打算，仅仅面向先天综合知识的来源，而并不想与单纯涉及概念的解说（而不是扩展）的分解相混杂。（KrV，A204；B249）

172. 然而，这样一条原理，它似乎扩展了我们的自然知识，如何可能是完全先天的，这就急切地要求我们检验了。（KrV，A209；B254）

173. 经验的知识的一切增加，以及知觉的每一次进步，都只不过是，内感官的规定的一种扩大。（KrV，A210；B255）

174. 经验之可能性，即一种知识的可能性，在这种知识中一切对象就必须最终能够被给予我们，如果它们的表象对于我们应该具有客观实在性。（KrV，A217；B264）

175. 协同性本来就该是，并存的、一种经验的知识的可能性根据，所以人们本来只从这种并存的经验的知识中反推出那个作为它的条件的协同性。（KrV，A218；B265）

176. 知觉及其对经验的法则的追随达到了哪里，我们有关事物的此在的知识也就达到了哪里。（KrV，A226；B273）

177. "我在"这个表象，它表达了这种——能够伴随一切思想的——意识，它，自在地直接包括了一个主体的生存的东西，但毕竟不包括这个主体的任何知识，因而也不包括任何经验的知识，即经验。（KrV，B277）

178. 这些范畴对于它自身根本不是知识，而仅仅是——为了从给予的直观中制作出知识的——思想形式。（KrV，B288）

179. 现象，作为一种可能知识的材料，必须已经先天地处于与之相关和一致中。（KrV，A237；B296）

180. 然而，即使这些知性规则不只是先天真实的，而且甚至是一切真理——即我们的知识与客体的符合——的根源，由此，它们包含了经验可能性的根据，作为客体能在其中被给予我们的一切知识总和的根据。（KrV，A237；B296）

181. 知性的原理只是说明现象的原则，而本体论的傲慢的名称，自以为能够在一个系统的学说中提供有关一般事物的先天综合知识（例如因果性原理），必须把位置让给那谦虚的、纯粹知性的一种单纯分析论。（KrV，A247；B303）

182. 我们的纯粹知性概念是否在本体方面具有意义，并且能否成为本体的知识方式？（KrV，B306）

183. 我们的纯粹知性知识在任何地方都不会走出现象的说明。（KrV，A250）

184. 于是由此就产生了关于一个本体的概念，但这概念完全不意味着积极的，以及任何一个事物的确定的知识，而只意味着一般"某物"的思想。（KrV，A252）

185. 如果我从一种经验的知识中拿走一切（通过范畴的）思想，那么就完全不剩留任何一种对象的知识。（KrV，A253）

186. 我称一个概念为成问题的（problematisch），它并不包含任何矛盾，甚至还作为那些被给予的概念的界限而与其他的知识相互关联，但它的客观实在性却不能以任何方式被认识。（KrV，A254；B310）

187. 此外这个概念是必要的，为了感性直观不扩展到自在之物本身上去，

因而，限制感性知识的客观有效性。（KrV，A254；B310）

188. 因为只有知识才是，智性的或感性的。（KrV，A256；B312）

189. 如果我们把这些理知对象只是理解为一种非感性的直观的对象，对此我们的范畴当然就不适用了，因而我们在任何时候都根本不能具备任何知识（既没有直观，也没有概念），那么在这种单纯消极意义上的本体当然就必须被容许。（KrV，A286；B342）

190. 因为关于范畴，人们必须承认：它们单独并不足以达到自在事物本身的知识，而没有感性的材料，它们就会只是知性统一性的、但无对象的主观形式。（KrV，A287；B343）

191. 感性，把知性垫在下面、作为知性应用它的机能的客体，就是实在的知识的来源。（KrV，A294；B351）

192. 于是就存在着一种纯粹理性的自然的和不可避免的辩证论，它不是一个外行，由于缺乏知识，而自己陷进理性的某物。（KrV，A298；B354）

193. 有一种——理性的，正如知性的一样——单纯形式的、亦即逻辑的运用，因为理性不考虑知识的一切内容，但也有一种实在的运用，因为它本身包含着一定的——既不借自于感官、又不借自于知性的——概念和原理的起源。（KrV，A299；B355）

194. 数学公理（例如两点间只能有一条直线，）甚至是先天的普遍知识，因此它相对于能够被归摄于它们之下的那些情况，而有权利叫作原则。（KrV，A300；B356）

195. 所以我将把来自原则的知识，叫作这样一种我通过概念在普遍中认识特殊的知识。（KrV，A300；B357）

196. 既然每一个普遍的知识都能够在一个理性推论中用作大前提，而知性则为这样的知识提交普遍的先天原理，那么这些普遍的先天原理在它们的可能的运用方面，也可以叫作原则。（KrV，A301；B357）

197. 因为这些知识甚至都绝不会是先天可能的，假如我们不到这里来援引纯粹直观，（在数学中），或援引一种一般可能经验的条件。（KrV，A301；B357）

198. 所以知性根本不可能获得来自概念的综合知识，而这些知识才是真正的、我称为绝对的原则的知识。（KrV，A301；B358）

199. 来自原则的知识（自在本身）是完全不同于单纯的知性知识的某物，知性知识虽然也能以一种原则的形式而先行于别的知识，但自在本身（只要它是综合的）却并不基于单纯思维之上，更不包含按照概念的普遍性的东西。（KrV，A302；B358）

200. 所以理性从来都不首先面向经验，或者面向任何一个对象，而是面向

知性，为了通过概念给予杂多的知性知识以知性的先天统一性。（KrV，A302；B359）

201. 人们在这两者之间做出了一种区分，凡是会直接认识到的东西，与凡是仅仅会推导出来的东西。（KrV，A303；B359）

202. 在每一个理性推论中我首先通过知性而思想一个规则（大前提）。其次借助于判断力我把一个知识归摄到规则的条件之下（小前提）。最后，我通过规则的谓词、因而先天地通过理性规定我的知识（结论）。（KrV，A304；B361）

203. 理性在推论中试图将知性知识的大量杂多性归结为最少数目的原则（普遍性条件），并由此实现原则的最高统一性。（KrV，A305；B361）

204. （在逻辑的运用中）一般理性所特有的原理就是：为知性的有条件的知识找到无条件者，借此完成知性的统一性。（KrV，A307；B364）

205. 但理性概念这一称呼就已经暂时表明：它不愿让自己局限在经验之内，因为它涉及了那种知识，每一个经验的知识（也许可能经验或其经验的综合的整体）都只是它的一部分，虽然没有任何现实的经验某个时候足以完全达到那里，但毕竟任何时候都是隶属于它。（KrV，A367；B311）

206. 谁要想从经验中汲取德行的概念，谁要想把那种充其量只能用作不完善的阐释的例子的东西，当作知识来源的典范（就像许多人实际上已做出的那样），谁就会把德行变成一种可按照时间和情境而可改变的、不可用作任何规则的歧义的非物。（KrV，A315；B371）

207. 先验分析论曾为我们做出了榜样，我们知识的单纯逻辑形式如何能够包含先天纯粹概念的起源，这些概念先于一切经验而表现对象，或者更确切地说表明了这种综合统一性，它单独使有关对象的经验的知识成为可能。（KrV，A321；B377）

208. 理性的机能在它的推论那里，以根据概念的知识的普遍性为内容，并且理性推论本身是一个——在它的条件的全部范围内被先天地规定的——判断。（KrV，A321；B378）

209. 所以照此我才规定我的对象的知识（卡尤斯是会死的）。（KrV，A321；B378）

210. 它们都是纯粹理性的概念；因为它们把一切经验知识都看作是被条件的绝对总体性所规定了的。（KrV，A327；B384）

211. 更不用说，它们或许就使从自然概念到实践概念的一个过渡成为可能，并且使道德理念本身以这种方式能够获得行为以及与理性的思辨知识的相互关系。（KrV，A329；B386）

212. 理性，看作为知识的一种确定的逻辑形式的能力，就是推理的能力，

亦即间接地（通过把一个可能判断的条件归摄到一个给予判断的条件之下）判断的能力。（KrV，A330；B386）

213. 理性通过——那些构成一个条件序列的——知性活动，而达到知识。（KrV，A330；B387）

214. 这时，我就是通过一个条件序列（前提序列）而达到了一个知识（结论）。（KrV，A331；B387）

215. 上溯推理法——即对一个给予知识的根据方面、或条件方面的推理的知识——的链条，或序列，换言之，理性推论的上升序列，与理性能力相比，毕竟必须不同于下降序列，亦即理性的继续发展而在有条件者方面通过后续推论。（KrV，A331；B388）

216. 如果一个知识被看作有条件的，那么理性就是有必要把上升线上的这一条件序列看作完成了的并且按其总体性而被给予。但如果有条件的知识同时被看作其他的——相互构成一个在下降线上的后果序列的——知识的条件，那么理性就可以完全不在乎，这种继续进展 a parte posteriori（在后天的方面）伸展到多远，以及这个序列的总体性是否任何地方都可能存在。（KrV，A332；B388）

217. 这是理性的要求，理性宣布它的知识作为先天规定的并且作为必然的，要么在其本身，这就不需要任何根据，要么，就作为一个根据序列的一个环节而已经推导出来，这个序列本身则以无条件的方式而是真的。（KrV，A332；B389）

218. 所以纯粹理性就把理念给予了先验的灵魂学说（psychologia rationalis，理性心理学）、先验的世界科学（cosmologia rationalis，理性宇宙学），最终也给予了先验的上帝知识（Theologia transzendentalis，先验神学）。（KrV，A334；B392）

219. 最后，人们也发觉到：在这些先验理念本身之下一种确凿的关联和统一性便发出光芒，并且纯粹理性则借助于这种关联和统一性，把它的一切知识都带进一个系统中。（KrV，A337；B394）

220. 我们对于和一个理念相应的客体，不可能拥有任何知识，虽然可能有一个成问题的概念。（KrV，A339；B397）

221. 因为一般内部经验及其可能性，或一般知觉及其与别的知觉的关系，没有经验地给出它们的任何一种特殊的区别和规定，就不能看作经验的知识，而是必须看对一般经验的东西的知识，并且属于任何一个经验之可能性的研究，而这种研究则是先验的。（KrV，A343；B401）

222. 意识本身不仅是区别一个特殊的客体的表象，而且是一般表象所具有的形式，只要它应当被称为知识；因为只有从知识那里我才能够说，我借此而

思想到了任何一个某物。（KrV，A346；B404）

223. 通过在一般思维中我自身的意识的这种分析，在我自身作为客体的知识方面，最少的东西都没有增加过。（KrV，B409）

224. 一个——可以独自作为主词、而不能单作为谓词实存的——物的概念，仍还完全不具有任何客观实在性，亦即，人们不可能知道，是否能在任何地方把一个对象归之于它，因为人们看不出这样的一种生存方式的可能性，因而它绝对没有交出任何知识。（KrV，B412）

225. 这样，一种试图超出可能经验界限之外、而仍然属于人类最高利益的知识，这已到了应当被归功于思辨哲学的地步，就消失于落空了的期望中了。（KrV，B423）

226. 这个强有力的、绝不可能被驳倒的证明根据，伴随着通过一种在我们眼前所看到的一切东西中的合目的性的不断增加的知识。（KrV，B426）

227. 先验心理学的第一个三段论推理只以一个假想的新见解蒙骗我们，因为它把思想的那个持久的逻辑主词，发布在依存性的实在主体的知识面前，而我们对这个主体不拥有、也不可能拥有丝毫的知识。（KrV，A350）

228. 这个统觉的形式原理："我思"，仍然是理性心理学之所以敢于扩展它的知识的全部根据。（KrV，A354）

229. 但关于一个主体的表象的简单性因此就不是关于主体本身的简单性的知识，因为这个主体的特性的知识被完全抽掉了。（KrV，A355）

230. 这种简单的意识就不是任何我们主体的简单本质的知识，因而，由此这种意识就无非应当与这种作为一种复合的存在物的物质而被区别开来。（KrV，A360）

231. 这个思想着的"我"，灵魂（内感官的那个先验对象的一个名称）该是单纯的；然而这种表达毕竟没有延伸到任何现实的对象的运用上因而也不能丝毫地扩大我们的知识。（KrV，A361）

232. 现在，从知觉中，要么通过想像的一种单纯游戏，要么也借助于经验，都能够产生出对象的知识。（KrV，A376）

233. 如果我们让外部对象相当于自在事物本身，那就完全不可能领会，我们应该如何在我们之外得到对它们的现实性的知识，通过我们仅仅依靠在我们之内的表象的方式。（KrV，A378）

234. 这个我就必须是一个直观，这个直观，由于它会在一般思维那里（先于一切经验）而被预设，作为先天的直观而提供出综合命题，如果必须使一种——有关一个思维着的存在者的一般本性的——纯粹理性知识，可能实现出来。（KrV，A382）

235. 但现在，即使这门科学作为扩展性的知识也不具有任何用途，而作为

这样的知识则已经由纯净的谬误推理所组成。（KrV，A382）

236. 人们可以把一切幻相都归因于：思想的主观条件被当作了客体的知识。（KrV，A396）

237. 一个分析的回答也许解释了全部思想，但并不从这种思想中给出任何——按照它的可能性建基于这个思想的——扩展的知识。（KrV，A398）

238. 某物如果只是在概念中而不是在现象中被认作简单的，那么我由此便根本不现实地拥有关于对象的任何知识。（KrV，A401）

239. 所以背反论根本就不关注于片面的主张，而只考察理性的普遍知识，根据这些片面主张的相互冲突及其原因。（KrV，A421；B448）

240. 按照经验论，知性任何时候都在自己所特有的基地上，亦即都在纯然可能经验的领域中，它可以探究这些可能经验的规律，并且它能够借助于这些规律而无尽地扩展自己的可靠的和可理解的知识。（KrV，A468；B496）

241. 这种真正的思辨知识到处都不能遇见别的对象，而无非经验之对象，并且，如果人们跨越了经验的界限，那种综合，它试探新的并且不依赖于经验的知识，就没有它在其上能够被执行的任何直观的基底了。（KrV，A471；B499）

242. 人类理性按照它的本性是建筑术的，即它把一切知识都看做属于一个可能的系统，因此也只允许这样的原则，它们使得现有的知识至少不是无能力地、与别的知识一起相处在任何一个系统中。（KrV，A474；B502）

243. 先验哲学在一切思辨的知识中拥有这个特点：根本没有任何涉及到一个被给予了纯粹理性的对象的问题。（KrV，A477；B505）

244. 所以它就决不是任何经验之可能性和感官对象的经验的知识的原则，因而也不是任何知性的原理。（KrV，A509；B537）

245. 即使这种公理，也不能在经验之客体方面对扩展和纠正我们的知识具有任何更大的影响，除非它在我们知性的最广泛的经验运用中积极地证明了自己。（KrV，A517；B545）

246. 我们在感官世界之外所采取的第一步，就迫使我们从关于绝对必然的存在者的研究而开始我们的新知识。（KrV，A566；B594）

247. 在每两个相互矛盾—对立着的谓词中，只有一个能够应归于这概念，这个原理则以矛盾律为基础，因此是一个单纯逻辑的原则，它抽掉了一切知识的内容，而无非着眼于知识的逻辑形式。（KrV，A571；B599）

248. 人类理性，没有这种知识，绝不可能把这个深渊设想得如此巨大，并且关于这一点的沉思必须在我们理性运用的最终意图的规定中产生出一种很大的变化。（KrV，A575；B603）

249. 亦即那个客体的知识也该是后天可能的。（KrV，A600；B628）

250. 最高存在者的概念是一个在许多方面都非常有用的理念；但它正因为仅仅是理念，所以完全没有能力，仅仅借助于它来扩展我们的鉴于生存着的东西的知识。（KrV，A601；B629）

251. 因为综合知识的可能性标志必须永远只在经验中被寻求，但一个理念的对象却不可能属于经验。（KrV，A602；B630）

252. 这样人们就相信在一个最实在的存在者的理念中找到了这个概念，所以这个理念就只是被运用于——对人们从其他方面已经确信或置信它必然生存的东西的，也就是对绝对必然的存在者的——更加确定的知识之上。（KrV，A603；B631）

253. 凡是人们预先确定作为绝对必然的而认识的东西，关于它的知识也都必定随身带有绝对的必然性。（KrV，A612；B640）

254. 由于从结果向原因过渡的一切法则，甚至我们一般知识的一切综合和扩展，都无非只是被放置在可能经验之上、因而只是被放置在感官世界的对象之上并且只鉴于感官世界的对象才能有一种意义。（KrV，A621；B649）

255. 它把目的和意图带进了这种地步，在那里我们的观察并没有自行揭示出它们，并且通过一种其原则在自然之外的特殊统一性的引导而扩展了我们的自然知识。但这种知识又反作用于它的原因，即那个引发起来的理念，并且把一个最高创造者的信仰增强到一种不可抗拒的确信。（KrV，A623；B651）

256. 如果我把神学理解为原始存在者的知识，那么它要么就是来自单纯理性的（theologia rationalis，理性神学），要么就是来自启示的（revelata，天启神学）。（KrV，A631；B659）

257. 我在这里满足于，把理论知识解释为一种这样的，我由此认识“这是什么”的知识，而把实践知识解释为，一种我设想“这应当是什么”的知识。（KrV，A633；B661）

258. 所以那种属于这个有条件者的条件也不能由此作为绝对必然的而被认识，而是仅仅充当了为有条件者的理性知识而作的一种当时必然的、或更多是必要的、但在自在本身和先天上则是任意的预设。所以如果一个物的绝对必然性应当在理论知识中被认识，那么这个物就唯有从先天概念中才能够发生，但决不作为一个——与被经验所给予的此在相关联的——原因。（KrV，A634；B662）

259. 一种理论的知识，如果它指向一个人们在任何经验中都不可能达到的对象、或者关于一个对象的那些概念，那么就是思辨的知识。它将与自然知识相对立，自然知识并不指向别的、而无非那个在一个可能经验中能够被给予的对象或它们的谓词。（KrV，A635；B663）

260. 这条原理，从发生的东西中、（从经验的偶然之物中）、作为结果、而

推导出一个原因，是一条自然知识的原则，但不是思辨知识的原则。（KrV，A635；B663）

261. 实体本身（物质）按照此在就该是偶然的，这必须就是一种单纯思辨的理性知识。（KrV，A635；B663）

262. 因为知性的一切综合原理都是内在的运用的原理；而为了一个最高存在者的知识却需要这些原理的一种先验的运用，对此我们的知性已经完全没有装备。（KrV，A636；B664）

263. 所以自然神学的证明虽然也许能够加强别的证明（如果这样的证明还能获得），因为它把思辨与直观连结了起来；但就其自身而言它毋宁说是使知性为神学知识作了准备，并且为此给知性提供一个正确的和自然的方向，而不是说它独自就能够完成这项事务。（KrV，A637；B665）

264. 一切先天综合知识，都只有通过它表达出一个可能经验之形式条件，才是可能的，所以一切原理都只是内在的有效性的、即它们都只与经验的知识的对象或者现象相关联。（KrV，A638；B666）

265. 客体的生存的知识恰好就在于，这个客体本身是自在地设置在思想之外的。（KrV，A639；B667）

266. 然而它在这件事情上还有很大的用处，在能够从别的那个地方获得的情况下，纠正至上存在者的知识；使自己本身与每一个理知的意图相一致，并且从一切想与一个原始存在者的概念相违背的东西中、并且从一切经验的局限的混淆中，纯化至上存在者的知识。（KrV，A640；B668）

267. 这个最高存在者对于理性的单纯思辨的运用来说仍然是一个单纯的、但毕竟是完美无缺的理想，是一个终止整个人类知识并使之圆满完成的概念。（KrV，A641；B669）

268. 如果我们在其整个范围内纵观我们的知性知识，那么我们就会发现，理性在这方面试图完全独特地指定并实现的东西，就是知识的系统化，亦即知识出于一个原则的相互关系。这种理性统一性任何时候都预设了一个理念，即这种理念有关知识的一个整体的形式，这个整体先行于各部分的确定知识并且包含那些——为每个部分先天地确定它的位置及其对其余部分的关系的——条件。因此这个理念设定了知性知识的完备的统一性，由此这种知性知识就不仅是一个偶然的聚合，而成为了一个按照必然法则而相互关联的系统。（KrV，A645；B673）

269. 而这种假设的运用却只是调节性的，以便于由此而尽可能地把统一性带入到这种特殊的知识中，并且借此使这条规则接近普遍性。（KrV，A647；B675）

270. 一切可能的知性知识（经验的知识在这下面）都具有理性的统一性。

（KrV，A648；B676）

271. 人们并不主张，一个这样的基本力实际上必须被找到，而主张，人们必须为了理性的利益、即为了可能给予经验的许多规则建立一定的原则，而寻找那种基本力，并必须在容许做到的地方、以这样的方式把系统的统一性带进知识。（KrV，A649；B677）

272. 理性预设了这些——首先被应用在经验上的——知性知识，并且按照理念寻求它们的——比经验所能够达到的远得多的——统一性。（KrV，A662；B690）

273. 但这样一个图型的类似物毕竟能够并且必须被给予出来，这个类似物就是知性知识以一条原则来划分和联合的极大值的理念。（KrV，A665；B693）

274. 所以理性的理念就是一个感性图型的类似物，但却带有这种区别，即知性概念在理性图型上的应用并不恰好就是对象本身的一种知识（如同在范畴应用于他的感性图型上那里一样），而只是一切知性运用的系统统一性的一条规则或原则。（KrV，A665；B693）

275. 然而理性的经验的运用的一切规则在这样一个理念中的对象的前提下都能够通向系统的统一性并且任何时候都能够扩展这种经验知识，但却绝不能够与经验知识相违背。（KrV，A671；B699）

276. 这些理念不作为把我们的知识扩展到比经验所能够给予的更多的对象的构成性原则，而作为一般经验的知识的杂多的系统统一性的调节性原则，经验的知识由此而在它们自己的界限内。（KrV，A671；B699）

277. 这些理念不应当自在本身地被假定，而它们的实在性，只应当被看做一切自然知识的系统统一性的调节性原则的图型之实在性。（KrV，A674；B702）

278. 实在性、实体、原因性，甚至此在中的必然性的概念，除了它们使一个对象的经验的知识成为可能的这种运用之外，根本没有任何——规定某个客体的——意义。（KrV，A677；B705）

279. 纯粹理性实际上所忙碌的无非它自身，并且不能够拥有任何别的事务，因为并没有对象被提供给经验概念的统一性，而有知性知识被提供给理性概念的、即在一条原则中的关联的统一性。（KrV，A680；B708）

280. 纯粹理性所提出的一切问题，都是必须被绝对回答的，并且这种——用我们的知识的限制，它在许多自然探究中刚好同样是不可避免的和合理的——原谅，在这里不可能被允许。（KrV，A695；B723）

281. 但这样一来，我们就毕竟扩展了我们的知识而超出可能经验之领域了吗？完全没有。（KrV，A697；B725）

282. 所以这种完善性就远远超出了那种——我们通过世界秩序的经验的知

识所能够预示到它的——完善性。（KrV，A700；B728）

283. 我不把这样一种存在者的此在和知识设置为根据，而只把它的理念设置为根据。（KrV，A701；B729）

284. 纯粹理性，似乎一开始就至少许诺要把我们的知识扩展到经验之一切界限之外，如果我们对它理解得正确的话，所包含的无非就是调节的原则。（KrV，A701；B729）

285. 但如果人们误解了它们，并且把它们看做超验知识的构成性原则，通过一种虽然炫目、但欺骗的幻相，而产生了说服和想像的知识，却由此也产生了永远不断的矛盾和争执。（KrV，A702；B730）

286. 所以一切人类的知识都开始于直观，从那里行进到概念，而以理念结束。（KrV，A702；B730）

287. 把我们的一切超验的知识化解为它的各种要素（作为对我们内在本性的一种研究），就其本身而言，不具有丝毫的价值，但对哲学家而言甚至就是一种义务。（KrV，A703；B731）

288. 如果我把纯粹的和思辨的理性的一切知识的总和看做——我们至少在我们之内拥有对它的一个理念的——一座大厦，那么我就可以说，我们在先验要素论中粗略计算了建筑材料，并且规定了，这些材料足够于什么样的大厦、什么样的高度和强度。（KrV，A705；B733）

289. 人们虽然可以逻辑地把一切命题，只要人们愿意，表达为否定的，但鉴于我们的一般知识的内容，无论这些知识通过一个判断而被扩展、还是被限制，那些否定着的命题都具有独特的工作，仅仅挡住错误。因此甚至否定性的命题，它们应当挡住一种错误知识，在毕竟绝不可能是错误的地方，虽然是非常真实的，但毕竟是空洞的、即根本不适合于它们的目的，并且正因此而经常被耻笑。（KrV，A709；B737）

290. 哲学的知识是出自概念的理性知识，数学知识则是出自概念的构造的理性知识。（KrV，A713；B741）

291. 哲学知识只在普遍中考察特殊，而数学知识则在特殊中、甚至在个别中考察普遍，但却仍然先天地并借助于理性。（KrV，A714；B742）

292. 我们的一切知识最终毕竟与可能的直观相关联：因为唯有通过这些直观，一个对象才被给予。（KrV，A719；B747）

293. 但我可以从概念走向与这个概念相应的纯粹的或经验的直观，以便在直观中具体地考量这个概念，并且，先天地或后天地认识凡是应归于这个概念的对象的东西。其中先天地认识是通过概念的构造而来的合理的与数学的知识，后天地认识则是单纯经验的（机械的）知识，它决不可能给予必然的和无可置疑的命题。（KrV，A721；B749）

294. 我会构造一个三角形的数学概念，即先天地在直观中提供出来，并且以这种途径获得一种综合的、但却合理的知识。（KrV，A722；B750）

295. 所以一个先验的命题就是一种按照单纯概念的综合的理性知识，并且因而是推论性的知识。（KrV，A722；B750）

296. 这一切都属于来自概念的理性知识，而这种知识就被命名为哲学的知识。（KrV，A724；B752）

297. 这却是通过概念的构造的理性事务，而叫做数学的知识。（KrV，A724；B752）

298. 既然哲学仅仅是按照概念的理性知识，那么在它之内就不会找到任何配得上公理的名称的原理。（KrV，A732；B760）

299. 只有数学才包含演证，因为它不是从概念中、而是从对概念的构造中，即从能够与这些概念相符合地被先天给予的直观中，引出自己的知识。（KrV，A734；B762）

300. 哲学知识却必定缺少这种优点，因为它任何时候都必须（通过概念）在抽象中考察共相，然而数学却能够在具体中（在个别直观中）却又通过先天的纯粹表象而考虑共相，在这里每一步失足都会是明显的。（KrV，A734；B762）

301. 分析判断关于对象所真正教导给我们的，无外乎我们关于这个对象所拥有的概念、已经包含在自身中的东西，因为这种分析判断不把知识扩展到超出主体的概念之外，而只解释这个概念。（KrV，A736；B764）

302. 但在所想到的两类先天综合命题中，按照习惯的用语，只有属于哲学知识的那些先天综合命题才能够拥有这个名称，而人们似乎难以把算术或几何的命题称为教条。（KrV，A736；B764）

303. 一切无知或者是事物的无知，或者是我的知识的使命和界限的无知。（KrV，A758；B786）

304. 但理性的限制，虽然只是对一种永远也不能完全取消的无知的不确定的知识，但它也能够后天地、通过那种在所有认知那里仍一直剩留给我们认知的东西，而被认识。（KrV，A758；B786）

305. 因为这样的住地只有在一种完全的确定性中才能找到，既然这种确定性本该是有关对象本身的知识，或者本该是有关那些使我们的一切关于对象的知识都被包括在其内部的界限的知识。（KrV，A761；B789）

306. 我们已经现实地拥有了先天综合知识，就如这种预测经验的知性原理所表明的那样。（KrV，A762；B790）

307. 不过我们也相信能够先天地超出我们的概念并且扩展我们的知识。（KrV，A764；B792）

308. 先验的和综合的命题的证明拥有这种特点，在先天综合知识的一切证明中，本身，即理性在它们那里借助于它的概念不允许被直截了当地变成对象，而必须预先阐明这些概念的客观有效性和这些概念的先天综合的可能性。（KrV，A782；B810）

309. 在先验知识中，只要它仅仅与知性概念发生关系，那么这个准绳就是可能的经验。（KrV，A783；B811）

310. 但反证法的证明方式却只有在那些——不可能把我们表象的主观的东西强加于客观的东西，即强加于那种在对象中的东西的知识的——科学中，才能够被允许。（KrV，A791；B819）

311. 不论人们关于一个对象是肯定地主张什么，还是否定地主张什么，两者都是不正确的，并且人们不能够通过反驳相反一方而反证地达到真理的知识。（KrV，A793；B821）

312. 然而，必定在某一个地方存在着属于纯粹理性领域的积极知识的根源，并且这些知识也许仅仅通过误解而有机会犯错，但事实上却构成了理性努力的目标。（KrV，A795；B823）

313. 于是先验分析论就是纯粹知性的法规；因为只有它能做得出真正的先天综合知识。但是，一种认识能力在哪里没有正确的运用，哪里就不存在法规。（KrV，A796；B824）

314. 理性被它的本性中的一种倾向所驱使，超出经验运用之外，在一个纯粹的运用中并借助于单纯的理念冒着出离一切知识的最后极限的危险，而只有首先在它的循环结束中、在一个自行存在的系统整体中，才获得安宁。（KrV，A797；B825）

315. 我们所知道的东西，来自完全超出了我们的一切知识的东西。（KrV，A799；B827）

316. 但由于情感不是事物的表象能力，而处于全部认识能力之外，所以我们判断的要素，只要它们与愉快或不愉快相关，因而作为实践的判断要素，就不属于先验哲学的整体之中，后者只与纯粹的先天知识相关。（KrV，A801；B829）

317. 准备好这个目的、并以它为线索，从自然本身的知识而作鉴于认识的没有任何合目的性的运用，这里自然本身并不扮演合目的性的统一性。（KrV，A816；B844）

318. 我们理性知识的先验提升并不是纯粹理性让我们承担起来的实践合目的性的原因，而单纯是结果。（KrV，A817；B845）

319. 系统的统一性就是这一种，使普通的知识首先成为科学、即从知识的一种单纯的聚集而变成一个系统的东西。（KrV，A832；B860）

320. 但我所理解的系统就是杂多知识在一个理念之下的统一性。（KrV，A832；B860）

321. 为此所有的系统都又还在人类知识的一个系统中作为一个整体的各环节而合目的地相互联结着，而允许有一切人类知识的一种建筑术。（KrV，A835；B863）

322. 如果我把知识的一切客观地观察到的内容，都抽掉，那么一切知识、主观地、就或者是历史的，或者是合理的。历史的知识是 cognitio ex datis（出自事实的知识），合理的知识则是 cognitio ex principiis（出自原则的知识）。（KrV，A836；B864）

323. 知识在他那里并不来源于理性，并且，尽管客观上这当然是一种理性知识，然而它毕竟主观上只是历史的。（KrV，A836；B864）

324. 现在，一切理性知识要么是来自概念、要么就是来自概念的构造；前者叫哲学的知识，后者叫数学的知识。（KrV，A837；B865）

325. 于是，一切哲学知识的系统就是哲学。（KrV，A838；B866）

326. 但直到那时以前，关于哲学的概念仅仅是一个学院概念，也就是关于一个知识系统的概念，这种知识仅仅被作为科学而寻求，所具有的目的无需别的而无非这种知识的系统统一性、因而知识的逻辑完善性。（KrV，A838；B866）

327. 在这方面，哲学就是一切知识与人类理性的根本目的（teleologia rationis humanae，人类理性的目的论）的关系的科学，并且哲学家就不是一个理性行家，而是人类理性的规律提供者。（KrV，A839；B867）

328. 但一切哲学要么是来自纯粹理性的知识，要么是来自经验的原则的理性知识。前者叫做纯粹哲学，后者叫做经验的哲学。（KrV，A840；B868）

329. 这种在系统的相互关系中出自纯粹理性的全部（真实的和虚假的）哲学知识，就叫形而上学。（KrV，A841；B869）

330. 但只要纯粹的道德学说仍然属于出自纯粹理性的人性知识也就是哲学知识的特殊门类，那么我们就要为它保存形而上学这一名称，虽然我们把它，作为不属于我们现在的目的，在这里而放在了一边。（KrV，A842；B870）

331. 哲学家为此就能够确切地规定，对四处游移的知性运用的特殊一类知识所占有的份额、它所特有的价值和影响。（KrV，A842；B870）

332. 我们知识的两个要素的区分，它的一个要素是完全先天地受我们控制，另一个要素则只能后天地从经验中被获得。（KrV，A843；B871）

333. 如果人们说：形而上学是人类知识的第一原则的科学，那么人们并不能由此而说明一门完全特殊种类的知识，而仅说明了一种鉴于普遍性的等级，所以形而上学因此就不能可识别地区别于经验的东西。（KrV，A843；B871）

334. 形而上学作为先天知识显示出与数学的一种同质性。（KrV，A844；B872）

335. 所以，一切纯粹的先天知识，由于它唯一能位于其中的那种特殊认识能力，就构成了一种特殊的统一性，而形而上学就是那种——应当把那些知识表现在这种系统统一性之中的——哲学。（KrV，A845；B873）

336. 前者是全部自然的自然之学、即先验的世界知识，后者则是全部自然与一个超自然的存在者的相互关联的自然之学、即先验的上帝知识。（KrV，A846；B874）

337. 思想着的自然的形而上学就叫做心理学，并且出于上面列举的原因，它在这里只被理解为心理学的合理的知识。（KrV，A846；B874）

338. 我们如何能够从对象中期待一种先天的知识、因而一种形而上学，如果这些对象都是被给予了我们的感官、因而都后天地被给予了？（KrV，A847；B875）

339. 形而上学，作为单纯的思辨，更多地用于阻挡错误，而非扩展知识，这并没有使它的价值受到任何损害，而给予了它更多的尊严和声望。（KrV，A851；B879）

340. 人类在哲学的童年所开始做的，是我们今天更愿意结束的地方，也就是说，首先研究上帝的知识，以及别的世界的希望乃至于另一个的世界的性状。（KrV，A852；B880）

341. 在我们一切理性知识的对象方面，曾经有一些只是感觉论哲学家，另一些只是智性哲学家。（KrV，A853；B881）

342. 在纯粹理性知识的起源方面，这种知识是从经验中派生出来的呢，还是，不依赖于经验，而在理性中拥有它的来源。（KrV，A854；B882）

343. 这是一种导致了各种原理的、单纯的厌恶理论，并且它的最荒谬的东西就是，把一切人为的手段的忽略，捧为一种——扩展它的知识的——独特的方法。（KrV，A855；B883）

知识（das Wissen）

1. 先验自由的问题单纯涉及思辨的知识。（KrV，A803；B831）

2. 因为一切希望都走向幸福，并且在关于实践和道德律方面所是的东西，知识和自然律在事物的理论认识方面所是的东西，恰好就是同一个东西。（KrV，A805；B833）

意见、知识与信念。（KrV，A820；B848）

3. 最后，既主观地又客观地都是充分的视其为真就叫作知识。（KrV，A822；B850）

4. 视其为真，或者判断的主观有效性，在与确信（它同时客观地有效）的关系中，具有如下三个层次：意见、信念和知识。（KrV，A822；B850）

5. 最后，既主观地又客观地都是充分的视其为真就叫作知识。（KrV，A822；B850）

6. 相反，在理性的先验运用中意见当然是太少了，但知识却也太多了。（KrV，A823；B851）

知性（der Verstand）

知性活动（dieVerstandeshandlung）

1. 在近代，虽然一度看来所有这些争论似乎应当通过（被著名的洛克所提出的）人类知性的一种自然之学来作一个了结并且完全裁决那些要求的合法性。（KrV，AIX）

2. 但这种具有深刻的气质的考察，拥有两个方面。一方面涉及到纯粹知性的那些对象，并且应当加以阐明和把握知性的先天概念的客观有效性；正因此这也是属于我的目的中本质的方面。另一方面则是针对纯粹知性本身，探讨它的可能性和它自身以之为基础的认识能力。（KrV，AXVI）

3. 经验本身就是知性所要求的一种认识方式，它［知性］的规则在我之内，也在对象被给予我之前，因而必须先天假设。（KrV，BXVII）

4. 假如我能够在——伴随着我的一切判断和知性活动的——“我在”表象中，通过智性的直观同时联结我的此在的一个规定与我的此在的智性意识，那么一种对外在于我的某物的关系的意识就该是不必然属于这种智性直观的了。（KrV，BXL）

5. 我们具有一定的先天知识，甚至普通知性也绝不缺少这样的知识。（KrV，B3）

6. 经验毫无疑问地是这种最初的产品，我们的知性生产出它，当我们的知性在加工感官感觉的原始素材的时候。（KrV，A1；B6）

7. 知性究竟如何能够达到所有这些先天知识，并且这些知识可以具有哪些范围、有效性和价值。（KrV，A4；B7）

8. 刚好柏拉图就抛弃了感官世界，因为它对知性设置了如此严格的限制，并且鼓起理念的翅膀，而冒险飞向感官世界的彼岸，进入纯粹知性的真空。（KrV，A5；B9）

9. 在综合判断那里，我在主词的概念之外还必须拥有某种别的东西（X），知性以之为支撑，以认识那个不在主词的概念中、却仍然作为属于这个概念的谓词。（KrV，A8；B12）

10. 这里，支持知性的那个未知之物 = X 是什么，当知性相信自己在 A 的

概念之外发现了一个与之陌生、而仍然被它视为与之相连结的谓词 B 时？（KrV，A9；B13）

11. 在这里不是事物的无法穷尽的本性，而是判断于事物的本性的知性，并且也仅仅是就其先天知识而言的知性，才构成了对象。（KrV，A13；B26）

12. 人类知识有两大主干，它们也许来自一种共同的、但不为我们所知的根源，即感性和知性，通过前者，对象被给予我们，而通过后者，［对象］被思维。（KrV，A15；B29）

13. 借助于感性，对象被给予我们，并且只有感性才为我们提供直观；但通过知性这些直观而被思想，并且从知性产生概念。（KrV，A19；B33）

14. 公正决不能显现出来，而它的概念却处于知性之中，并且表现为行为的（道德的）一种性状，而这种性状自在地属于这些行为。（KrV，A44；B61）

15. 我们从哪里取得了这类定理的，并且我们的知性以什么为依靠而达到这类绝对必然的、普遍有效的真理呢？（KrV，A47；B64）

16. 那种自己产生表象的能力，或者知识的自发性，就是知性。（KrV，A51；B75）

17. 对感性直观对象进行思想的能力，就是知性。（KrV，A51；B75）

18. 没有感性则没有对象会给予我们，并且没有知性则没有对象被思想。思想没有内容是空的，直观没有概念是瞎的。因此同样必要的是，使思想的概念变成感性的，（即把它们在直观中附加给对象），一如使它的直观变成可理解的（即把它们带到概念之下）。这两种能力，或才能，也不能互换它们的功能。知性不能直观，并且感官不能思想。（KrV，A52；B76）

19. 为此它既不是一般知性的一种法规，也不是特殊科学的一种工具论，而只是普通知性的一种清泻剂。（KrV，A53；B78）

20. 一门如此规定如此的知识的来源、范围和客观有效性的科学，也许必须称为先验逻辑，因为它仅仅关涉知性和理性的法则，但它只这么远地与对象先天地发生关系。（KrV，A57；B81）

21. 真理的单纯逻辑的标准、即一种知识与知性和理性的普遍的和形式的法则相一致，这虽然是一切真理的 conditio sine qua non（必要条件）、因而是消极的条件。（KrV，A59；B84）

22. 它们不属于直观和感性，而属于思想和知性。（KrV，A64；B89）

23. 因此它就只有借助于先天的知性知识的一种整体理念，并且通过由此确定的对那些构成它的概念的划分。（KrV，A64；B89）

24. 我们将追踪纯粹概念一直到它们在人类知性中最初的萌芽和天赋，在其中它们做好了准备，直到它们最终在经验的机会中获得展开并通过同样的知性，从依附于它们的经验的条件中解放出来，而被描述于它们的纯净性之中。

（KrV，A66；B91）

25. 论知性在逻辑上的一般运用。（KrV，A67；B92）

26. 所以知性就不是直观的能力。（KrV，A68；B93）

27. 关于这些概念，知性因为不能作别的运用，它无非借此进行判断。（KrV，A68；B93）

28. 我们能够把知性的一切行动归因于判断，以至于知性一般能够被表象为一种判断的能力。（KrV，A69；B94）

29. 如果人们能够完备地描述判断中的统一性的机能，知性的机能就能够全部都被找到。（KrV，A69；B94）

30. 论知性在判断中的逻辑机能。（KrV，A70；B95）

31. 这种综合被带到概念上，这是归因于知性的一种机能，知性借此而使我们第一次获得原本意义上的知识。（KrV，A78；B103）

32. 向这种纯粹综合提供统一性、并仅以这种必然的综合统一型的表象为内容的那些概念，则为一个发生着的对象的知识则给出了第三，而且根据于知性。（KrV，A79；B104）

33. 同一个知性，恰恰通过同一些行动，它在概念中，借助于产生了一个判断的逻辑形式的分析的统一性，借助于一般直观中杂多的综合统一，也把一种先验的内容带进它的表象中，因此它们就叫作先天地指向客体的纯粹知性概念。（KrV，A79；B105）

34. 那就允许我把这些纯粹的、但却是派生的知性概念称为纯粹知性的宾位词。（KrV，A82；B108）

35. 知性也把一个物的各部分想像为这样的部分：它们的生存（作为实体）被每一部分所拥有，除了其余部分，但毕竟联结在一个整体中。（KrV，B113）

36. 知性范畴则完全不对我们表现出——它的对象在直观中被给予的——那些条件，因而对象当然就能够——无需与知性的机能必然相关联——而显现给我们，这样，知性也就先天地完全不包含这些对象的条件了。（KrV，A89；B122）

37. 原因概念根本不能以这种方式产生，相反，它必须要么完全先天地被建立在知性中，要么就被作为单纯的幻象而整个被放弃。（KrV，A91；B123）

38. 如何可能，那些本身并没有结合在知性中的知性概念，必须思想为在对象中必然结合着的，并且也没有突然想到，知性也许通过这些概念本身能够成为——它的对象在其中被发现的——经验的创造者。（KrV，A95；B127）

39. 因为它是表象力的一种自发性的动作，并且，由于人们必须把它区别于感性而称为知性，所以一切联结，不管我们是否意识到它，无论它是直观杂多的联结，还是各种各样概念的联结，而在前一种联结中不论是感性的、还是

非感性的［杂多］，都是一种知性行动。（KrV，B130）

40. 因为知性在哪里还没有预先联结起什么东西，这时它也就不能够化解掉什么东西，因为这种东西只有通过知性才能作为联结起来的东西被给予表象力。（KrV，B130）

41. 统觉的综合的统一性就是人们必须把一切知性运用、甚至全部逻辑，以及按照逻辑，把先验哲学都钉于其上的最高点，当然这种能力就是知性本身。（KrV，B134）

42. 但联结并不处于对象之中，并且不能通过知觉从对象中借用某物而因此首先被接纳进知性，而只是知性的一项工作，知性本身无非是——作为先天地联结并把给予表象的杂多带到统觉的统一性之下的——能力，这一原理是整个人类知识中的最高原理。（KrV，B134）

43. 一种知性，假如在其中通过自我意识同时就被给予了一切杂多，那么就该直观着了；我们的知性却只能思维并且必须在感官中寻找直观。（KrV，B135）

44. 统觉的综合统一性原理是一切知性运用的最高原则。（KrV，B136）

45. 知性，一般地说，就是认识的能力。（KrV，B137）

46. 这种——通过它们，给予表象（它们可以是直观或者概念）的杂多被带到一般统觉之下的——知性行动，是判断的逻辑机能。（KrV，B143）

47. 一个杂多，它已经包含在一个我称其为“我的”的直观中了，被知性的综合而表现为属于自我意识的必然统一性，并且这通过范畴而实现。（KrV，B143）

48. 范畴不依赖于感性而只在知性中产生。（KrV，B144）

49. 为了直观，杂多仍然必须在知性的综合之前，并且不依赖于它们就被给予了。（KrV，B145）

50. 假如我要设想一个知性，它本身直观着（例如也许是神的知性，它不呈现被给予的对象，而通过它的表象同时就给出、或产生这种对象本身），那么范畴对于这样一种知识就会完全没有任何意义。（KrV，B145）

51. 这种知性的全部能力在于思想，亦即在于把那个在直观中以别的方式被给予它的杂多的综合带到统觉的统一上来的行动。（KrV，B145）

52. 我们的知性的特点只有借助于范畴并恰好只通过这个种类和这个数目的范畴才能达到先天统觉的统一性。（KrV，B146）

53. 先天知识的可能性根据，只要它建基于知性，因而不仅仅是先验的、而且甚至单是纯粹智性的。（KrV，B150）

54. 所以知性，作为自发性，就能够通过给予表象的杂多，按照统觉的综合统一性，而规定内感官。（KrV，B150）

55. 想像力由于那个在其下它唯一能够给予知性概念一个相应的直观的主观条件，而属于感性。（KrV，B151）

56. 想像力是一种先天地规定感性的能力，并且它的符合范畴的直观的综合，必须是想像力的先验综合，这是知性在感性上的一种作用。（KrV，B152）

57. 凡是规定内感官的这种东西，就是知性及其联结直观杂多、即带到一个统觉（作为知性的可能性以自身为基础）之下的本源的能力。（KrV，B153）

58. 知性，在想像力的先验综合这个名称下，对被动的主体——知性就是它的能力——施加了这样一种行动，对此我们有权利说，内感官由此而被刺激。（KrV，B153）

59. 知性大概并非在内感官中已经发现了杂多的这样一类联结，而是它通过它刺激内感官而产生出这种联结。（KrV，B155）

60. 知性在其中任何时候都把联结的内感官、依照它所思想的这种联结，规定为——与在知性综合中的杂多相一致的——内部直观。（KrV，B157）

61. 因为通过它（在其中知性规定感性），空间或时间首先作为直观而被给予，那么这种先天直观的统一性就属于空间和时间，而并不属于知性概念。（KrV，B161）

62. 正是这种综合统一性，如果我抽掉空间的形式，则获得了在知性中它的位置。（KrV，B162）

63. 这就是同一个自发性，它在那里以想像力的名义，在这里则以知性的名义，而把连结带进直观的杂多中。（KrV，B162）

64. 自然的现象的法则怎么会必然与知性及其先天形式、即与它联结一般直观杂多的能力协调一致，一点也不比现象本身怎么会必然与先天的感性直观形式协调一致更值得诧异。（KrV，B164）

65. 那种使感性直观的杂多连接起来的东西，就是想像力，它按照它的智性的综合统一性，则依赖于知性。（KrV，B164）

66. 知性本身，作为一种应当与客体相关联的认识能力。（KrV，A97）

67. 这三重综合就向知识的三种主观源泉提供了一个引导，而这三个源泉本身就使知性、通过知性，而使作为知性的一个经验的产物的一切经验成为可能。（KrV，A97）

68. 关于知性与一般对象的关系以及先天地认识这些对象的可能性。（KrV，A115）

69. 与想像力的综合发生关系的统觉的统一性，就是知性。（KrV，A119）

70. 在知性中，纯粹先天知识，它们在一切可能现象方面，已经包含了想像力的纯粹综合的必然统一性。（KrV，A119）

71. 我们要把知性与现象的必然关联，借助于范畴通过自下而上地、即从

经验的东西开始，放到眼前。(KrV，A119)

72. 但通过杂多与统觉的统一性的关系，那些属于知性的概念，却只有借助于想像力才能实现与感性直观的关系。(KrV，A124)

73. 这两个极端，即感性和知性，必须借助于想像力的这个先验机能而必然相关联。(KrV，A124)

74. 现在我们可以把知性描述为规则的能力的品格。这一标志是更加富有成果的并更接近于知性的本质。感性给予我们（直观的）形式，但知性则给予我们规则。知性任何时候都忙碌于目的在于现象的彻底侦探，为的是在现象上找出某种规则。(KrV，A126)

75. 通过认识的自发性（感性的接受性与之相对），通过一种思想的能力，或者概念的能力，或者也可以说判断的能力。(KrV，A126)

76. 知性并不仅仅是通过现象的比较而为自己制定规则的能力：它本身就是到自然前面的规律提供，即，假如没有知性，就到处都不会有自然，即都不会有现象的杂多按照规则的综合统一性。(KrV，A126)

77. 正是就这同一个统觉的统一性，从表象的杂多（即从一个唯一的表象规定杂多）上看，就是规则，而这种规则的能力也就是知性。(KrV，A127)

78. 虽然经验的规律，作为这样的规律，绝不可能从纯粹知性中引出自己的起源。(KrV，A127)

79. 普遍逻辑已建立在一种完全精确地与高级认识能力的划分同时发生的平面图上。这些能力就是：知性、判断力和理性。(KrV，A130)

80. 知性和判断力在先验逻辑中拥有它们的客观有效的、因而真实的运用的法规，因而属于先验逻辑的分析部分。(KrV，A131；B170)

81. 如果把一般知性解释为规则的能力，那么判断力就是把事物归摄到规则之下，即区分某物是否处于一个给予的规则（casus datae legis，规律提供的格）之下的能力。(KrV，A132；B172)

82. 知性概念包含了一般杂多的纯粹综合统一性。(KrV，A138；B177)

83. 先天的纯粹概念，除了范畴中的知性机能之外，还必须先天地包含感性的（即内感官的）形式条件。(KrV，A139；B179)

84. 我们愿意把知性概念在其运用中被限制于其上的感性的这种形式的和纯粹的条件，称为这个知性概念的图型，而把知性对这些图型的处理之为纯粹知性的图型法。(KrV，A139；B179)

85. 大小（quantitatis），作为一个知性概念，其纯粹图型是数。（KrV，A142；B182)

86. 虽然感性的图型首先实现了范畴，它们却也还是限制着，亦即把它们局限在——处于知性之外（即处在感性中）的——条件上。（KrV，A146；

B186）

87. 范畴，没有图型，就只是知性对概念的机能，却不呈现任何对象。（KrV，A147；B187）

88. 感性实现了知性，同时也限制着知性。（KrV，A147；B187）

89. 因为正是这些范畴，它们与可能经验的关系必须先天地构成一切纯粹的知性知识，并且它们与一般感性的关系也将为此而完整并系统地阐述知性运用的一切先验原理。（KrV，A148；B187）

90. 甚至自然规律，当它们被看作知性的经验的运用的原理（Grundsätze）的时候，同时也就带有了一种必然性的特征。（KrV，A159；B198）

91. 自然的一切规律毫无例外地都服从于知性的更高的原理，因为它们只把这些原理运用于现象的特殊情况。（KrV，A159；B198）

92. 然而知性却是概念的能力。（KrV，A160；B199）

93. 把事物规定为一种被给予的一定状态的对立面，对此知性根本没有先天地对我们作任何揭示。（KrV，A171；B213）

94. 这些类比并不作为先验的、而仅作为经验的知性运用的原理，才拥有它的唯一意义和有效性。（KrV，A180；B223）

95. 对于一切时代，不仅哲学家，而且甚至普通知性，已经把这种持存性预设为，现象的一切变更的一个基底了，并且任何时候也都被假定为无可置疑的。（KrV，A184；B227）

96. 一切经验及其可能性都需要知性，而知性为它们所做的第一件事，并不是使对象的表象变得清楚，而是使一个一般对象的表象成为可能。这事的发生则通过，知性把时间秩序转载到现象及其此在上，通过它赋予每一个作为结果的现象以时间中的一个鉴于先行现象的先天规定了的位置，没有这个位置，现象就不会与时间本身相符合，而时间则先天地为自己的一切部分规定其位置。（KrV，A199；B245）

97. 知性，借助于统觉的统一性，是为现象在这个时间中的一切位置的连续规定的可能性的先天条件，通过原因和结果的序列，它们的原因不可避免地导致了结果的此在，并因此而使时间关系的经验的知识对每一个时间都（普遍地）、因而客观地有效。（KrV，A211；B256）

98. 这样一来，就需要一个——关于这些外在地相互同时生存事物的规定们的交互接续的——知性概念，为的是说出，知觉们的这种交互接续在客体中是有根据的，并且由此而把同时并存表象为客观的。（KrV，A211；B257）

99. 唯有知性，在它之中，那种——所有知觉都必须在其中拥有自己的位置的——经验之统一性，才是可能的。（KrV，A230；B282）

100. 知性只对一般经验先天地给出规则，按照那些——既是感性的同时又

是统觉的——主观的和形式的条件，而唯独这些条件才使经验成为可能的。（KrV，A230；B283）

101. 是否可能发生——不同于一般属于我们全部可能经验的知觉的——另外的知觉，因而是否可能再发生一种完全不同的物质领域，知性则完全不能判决，它只是与已经给予的东西的综合打交道。（KrV，A231；B283）

102. 绝对的可能性（它在所有方面看都是有效的）决不是单纯的知性概念，并且它不可能以任何方式存在经验的运用，而仅仅属于那——超越出知性的一切可能的经验的运用的——理性。（KrV，A232；B285）

103. 如果我们在综合的命题那里、无论它们是如何显明的，应当承认，人们无需演绎、而顾及它们自己的言辞，就可以把它们钉铆给无条件的赞同，那么知性的一切批判就都丧失了。（KrV，A233；B285）

104. 如果这个概念单纯在知性中与经验的形式条件相联结，它的对象就叫做可能的。（KrV，A234；B286）

105. 没有这种关系，我们就根本不能把握偶然之物的生存存，即不能先天地通过知性而认识这样一个物的生存。（KrV，B289）

106. 一切——知性从自己本身中汲取的，并不从经验中借来——的东西，知性仍使它没有任何别的目的、而只作经验运用。（KrV，A236；B295）

107. 单纯从事于它的经验的运用的知性，它对自己知识的来源没有再思考，虽然进步得很好，但有一点却完成不了，亦即，给自身规定它的运用的界限，并且知道，什么东西可以处在它的全部范围之内、或者之外。（KrV，A238；B297）

108. 所以知性只能做出它的一切先天原理、甚至它的一切概念的经验的运用，而绝不能做出先验的运用，这是一条——如果它能够被深信地认识到，就能看出重要后果的——原理。（KrV，A238；B297）

109. 没有这些规定，它们就不是任何——由此认识一个对象、并与别的对象相区别的——概念，而只是——为可能的直观思想一个对象、并按照任何一种知性机能（仍在必不可少的条件下）给予这个对象以它的意义的——这么多的方式，即，给这个对象下定义的这么多的方式。（KrV，A245；B302）

110. 知性所能够先天做到的无非是，预测一个一般可能经验的形式，因为凡不是现象的东西，不能是经验的对象，知性就永远不能跨越——唯独在其中对象才被给予我们的——感性的限制。（KrV，A246；B303）

111. 如果这种直观的方式无法以任何类型而被给予出来，那么这个对象就是单纯先验的，并且知性概念就没有任何别的运用，而无非先验的运用，即具有思维一种一般杂多的思想的统一性。（KrV，A247；B304）

112. 我们的知性所特有的杂多的联结方式，如果不添加那种——杂多唯一

能在其中被给予的——直观，则了无意指。（KrV，B306）

113. 知性，当它单纯在一种关系中把一个对象叫做为现相时，同时又在这种关系之外仍制定一种关于自在的对象本身的一个表象。（KrV，B306）

114. 我们的知性概念——作为我们的感性直观的单纯观念形式，却丝毫也通达不了这种直观。（KrV，B309）

115. 如果感官仅仅如某物显现那样向我们表象某物，那么这个“某物”毕竟本身自在地也必须是一个物，并且是一个非感性直观的对象，亦即一个知性的对象。（KrV，A249）

116. 在我们知性的经验的运用中，事物只被如它们所显现的那样来认识。（KrV，A250）

117. 一切我们的表象实际上都是通过知性而与任何一个客体发生关系的。（KrV，A250）

118. 范畴甚至也不表象任何特殊的、仅仅给予知性的客体，而只是充当（一般某物的概念）的先验客体。（KrV，A251）

119. 感性，及其领域，即现象的领域本身，被知性所限制以至于：它并不走向自在事物本身，而只是走向——事物如何因为我们的主观性状而向我们显现的——那种方式。（KrV，A251）

120. 我们拥有一种——自己成问题地延伸到，比现象区域更远的地方的——知性，但却没有那种直观，也更没有一个可能直观的概念，因此能够在感性领域之外为我们提供对象，并且知性能够超出这一区域而被实然地运用。（KrV，A255；B310）

121. 这样一来，在我们的知性面前，本体就不是一个特殊的智性对象了，一个应该在它之前的知性本身，就是一个问题。（KrV，A256；B311）

122. 既然我们的知性以这种方式获得一种消极的扩展，亦即知性并非通过感性而受到限制，毋宁通过它称呼自在事物本身（而不看作现象）为本体，而更限制了感性。但知性立刻又为自己设置了自身界限，不能通过任何范畴来认识本体，因而只能以未知“某物”的名义思想这些本体。（KrV，A256；B312）

123. 如果相互关联按照普遍的知性规律而被思考，则称为知性世界（Verstandeswelt）。（KrV，A257；B312）

124. 知性和理性当然都可以运用在现象上；但问题是，这些现象是否也还有一些运用，如果对象不是现象（本体），并且在这种含义上人们设想它们，当对象自在地只是被思想为单纯理知的，即唯独给予知性、而根本不给予感官的东西的时候。（KrV，A257；B313）

125. 感官向我们表现出对象如它们所显现的那样，知性却表现出对象如它们所是的样子，而后者并不能在先验的、而只能在经验的意义中来设想，亦即，像它们必须在现象的彻底关联中被表现为经验之对象那样，而不按照它们在与可能经验的关系之外、所以在一般含义上、因而作为纯粹知性的对象所可能的那样来设想。（KrV，A258；B314）

126. 知性和感性在我们这里只有联结起来才能够规定对象。如果我们把它们分开，那么我们就有直观而无概念，或者有概念而无直观，但这两种情况中的表象，我们都不能够与任何一个确定的对象发生关系。（KrV，A258；B314）

127. 知性想从哪里取得这些综合命题呢，既然这些概念不应当与可能的经验发生关系、而应当适合于自在的事物本身（本体）？（KrV，A259；B315）

128. 现象是感性的对象，并且知性鉴于它们不是纯粹的、而只是经验的运用，所以多数性和数目的差异性已经被作为外部现象的条件的空间本身说明了。（KrV，A320；B364）

129. 知性首先要求某物、（至少在概念中）、被给予出来，以便于它能够以某种方式而被规定。（KrV，A267；B323）

130. 这些概念可以逻辑地被比较，无需操心它们的客体属于哪里，是作为知性的本体呢，还是作为感性的现相（Phänomena）。（KrV，A269；B325）

131. 但如果一滴水是空间中的现象，那么它就不仅在知性中（在概念之下）拥有它的方位，而且在感性的外部直观中（在空间中）拥有它的方位。（KrV，A272；B328）

132. 我们一切知性概念的客观运用的条件单纯是对象由此被给予我们的那种感性直观的方式，并且，如果我们抽掉这种方式，那么这些知性概念就完全不具有与随便一个客体的任何关系了。（KrV，A286；B342）

133. 因而知性限定了感性，并不因此就扩展了它自己的领域。（KrV，A288；B344）

134. 所以纯粹知性的批判不容许，在那些能够让知性觉察为现象的对象之外，创立一个新的对象领域，并且不容许过分放纵于理知世界中、乃至在理知世界的概念之中。（KrV，A289；B345）

135. 在一个与知性规律彻底符合的知识中，没有任何错误。（KrV，A294；B350）

136. 感性，把知性垫在下面、作为知性应用它的机能的客体，就是实在的知识的来源。（KrV，A294；B351）

137. 所有我们的认识都开始于感官，由此而走向知性，并且结束于理性。（KrV，A298；B355）

138. 既然每一个普遍的知识都能够在一个理性推论中用作大前提，而知性则为这样的知识提交普遍的先天原理，那么这些普遍的先天原理在它们的可能的运用方面，也可以叫作原则。（KrV，A301；B357）

139. 知性根本不可能获得来自概念的综合知识。（KrV，A301；B357）

140. 知性知识虽然也能以一种原则的形式而先行于别的知识，但自在本身（只要它是综合的）却并不基于单纯思维之上，更不包含按照概念的普遍性的东西。（KrV，A302；B358）

141. 知性借助于规则而可以是现象的统一性的能力。（KrV，A302；B358）

142. 理性从来都不首先面向经验，或者面向任何一个对象，而是面向知性，为了通过概念给予杂多的知性知识以知性的先天统一性，这种统一性可以叫作理性统一性，它是与知性所能完成的那种统一性完全不同的种类。（KrV，A302；B359）

143. 在每一个理性推论中我首先通过知性而思想一个规则（大前提）。（KrV，A304；B360）

144. 规则的杂多性和原则的统一性是理性的一种要求，为的是把知性带进与自身的彻底关联中。（KrV，A305；B362）

145. 纯粹理性即使面向对象，它却仍然与这些对象及其直观没有直接的关系，而只与知性及其判断有直接关系。（KrV，A307；B363）

146. 理性统一性不是一个可能经验之统一性，而本质地不同于这种知性统一性。（KrV，A307；B363）

147. （在逻辑的运用中）一般理性所特有的原理就是：为知性的有条件的知识找到无条件者，借此完成知性的统一性。（KrV，A307；B364）

148. 知性概念也先天地先于经验并且为了经验的需要而被思想。（KrV，A310；B367）

149. 理性概念用作把握（Begreifen），正如知性概念用作（知觉的）理解。（KrV，A311；B367）

150. 那些理念在最高知性中是个别的、不可改变的、彻底规定了的，并且是事物的本源的原因。（KrV，A318；B374）

151. 我们可以把这些先天概念称为纯粹的理性概念，或先验理念，而它们将根据原则而规定知性在全部经验的整体上的运用。（KrV，A321；B378）

152. 这个命题："卡尤斯是会死的"，我也有可能单纯通过知性从经验中获得。（KrV，A322；B378）

153. 知性借助于范畴所表现出来的关系有多少种类，就会有多少纯粹的理性概念。（KrV，A323；B379）

154. 纯粹理性把一切都委托给了知性，知性首先与直观的对象、或者更与它们的想像力中的直观综合发生关系。（KrV，A326；B383）

155. 人们因此可以把这种统一性称叫做现象的理性统一性，就如把表达为范畴的那种统一性叫做知性的统一性。这样理性就只与知性的运用相关联了。

（KrV，A326；B383）

156. 理性则要超越到把每一个对象方面的一切知性活动都概括到一个绝对的整体之中。（KrV，A326；B383）

157. 理性通过——那些构成一个条件序列的——知性活动，而达到知识。（KrV，A330；B387）

158. 理性的事务就该是，从——知性任何时候都仍束缚于其上的——有条件的综合，上升到——知性绝不能够达到的——无条件的综合。（KrV，A333；B390）

159. 纯粹理性从不直接与对象相关联，而与对象的知性概念相关联。（KrV，A335；B392）

160. 知性自己就完成了从条件向下到有条件者的每一个步骤。（KrV，A336；B394）

161. “我思”这个命题（成问题地说）包含着每一个一般知性判断的形式。（KrV，B406）

162. 在思想中自我意识的一切样态（modi）自身，还不是客体的知性概念（范畴），而仅仅是——根本不把任何对象、因而自身也不作为对象交给思维来认识的——逻辑的机能。（KrV，B407）

163. 这个命题“我思”，（成问题地被设想），包含每个一般知性判断的形式，并且作为它的工具而伴随着一切范畴。（KrV，A348）

164. 只有知性才会是，能够从中产生纯粹的和先验的概念。（KrV，A408；B435）

165. 理性对一个被给予的有条件者在条件（知性在这些条件下使一切现象都服从于综合的统一性）方面要求的绝对的总体性，并由此而使范畴成为先验的理念。（KrV，A409；B436）

166. 如果我们不把我们的理性仅仅为了知性原理的运用、而运用于经验之对象，而是冒险把它扩展而超出经验对象的边界，那么就产生出玄想的定理。（KrV，A421；B449）

167. 一个这样的辩证学说将不与经验概念中的知性统一性、而与单纯理念中的理性统一性发生关系。（KrV，A422；B450）

168. 由于它们首先，作为按照规则的综合，而应当与知性相一致，但同时作为这种综合的绝对统一性，又应当与理性相一致，当它们与理性相符合的时候，对于知性就会太大，而当它们与知性相适合的时候，对于理性又会太小。（KrV，A422；B450）

169. 按照经验论，知性任何时候都在自己所特有的基地上，亦即都在纯然可能经验的领域中。（KrV，A468；B496）

170. 知性不仅没有必要离开自然秩序的这一链条，以便眷念那些理念，而知性则不知道那些理念的对象，因为它们作为观念物而永远不能被提供出来；而这不允许知性，离开它的业务，并在这个借口下，从现在开始该结束了，而转入理想化的理性的领域并且转向超验的概念。（KrV，A469；B497）

171. 普通知性关于自然的研究就不得不完全沉默并且承认自己的无知了。（KrV，A473；B501）

172. 最终在普通知性那里，一切思辨的兴趣在实践的东西面前都微不足道。（KrV，A473；B501）

173. 世界理念对于经验的追溯来说，因而对于每一个可能的知性概念来说，要么就是太大了，要么对它来说就是太小了。（KrV，A489；B517）

174. 这个命题就是理性的一种逻辑的设定：通过那种知性追踪一个概念与它的条件的这样一种连结，并且尽可能远地延伸，这种已经附着在这个概念本身上的联结。（KrV，A498；B526）

175. 在这里有条件者与它的条件的综合就是一个单纯知性的综合，知性表象出事物，如它们所是的那样，而没有注意到，是否，我们能够以及怎样能够获得这些事物的知识。（KrV，A498；B527）

176. 但这种欺骗不是假装，而是普遍知性的一种完全自然的错觉。（KrV，A500；B528）

177. （在小前提中）把现象看作自在事物并且同样也看作给予单纯知性的对象。（KrV，A500；B528）

178. 所以它就决不是任何经验之可能性和感官对象的经验的知识的原则，因而也不是任何知性的原理。（KrV，A509；B537）

179. 我们已经到处把条件表现为，按照空间和时间的关系而从属于它的有条件者，而这就是普通人类知性的习惯预设，而那种冲突也就完全建立在这个预设之上。（KrV，A528；B556）

180. 动力学序列无一例外的有条件者，它与作为现象的动力学序列是不可拆开的，与那种虽然是经验的无条件的、但也是非感性的条件连结着的，它一方面满足了知性，另一方面也满足了理性。（KrV，A531；B559）

181. 因为知性决不容许在现象之间有任何本身是经验的无条件的条件。（KrV，A532；B560）

182. 那么发生、或产生出来的事情的原因的原因性，也是被产生的，并且按照知性的原理本身又需要一个原因。（KrV，A532；B560）

183. 这种——现象由以能够首先构成一个自然并适合充当一个经验之对象的——规律，是一种知性的规律，这不允许以任何借口脱离于它、或者把任何一个现象除外。（KrV，A542；B570）

184. 理性仅仅按照理念考虑它的对象并由此而规定知性，然后知性就从它的（虽然也是纯粹的）概念中做出一种经验的运用。（KrV，A547；B575）

185. 知性只能够从整个自然中认识到，什么是现在的，或者什么是过去的，或者什么是将有的。（KrV，A547；B575）

186. 理性由此而思想到这个通过感性的无条件者直截了当地开始了现象中的条件的序列，但却在此卷入了一个与它自己为知性的经验的运用所颁布的那些法则的二律背反。（KrV，A558；B586）

187. 在这些现象上，它们就真正具有了构成经验概念的材料，而这种经验概念无非就是一种具体的知性概念。（KrV，A567；B595）

188. 对于我们是一个理想的东西，对于柏拉图则是一个神圣知性的理念，一个在神圣知性的纯粹直观中的单独的对象，即可能存在者的每一类的那个最完善者和现象中一切摹本的那个原始根据。（KrV，A568；B596）

189. 这个通盘的规定因而就是一个——我们永远也不能按照它的总体性具体描述的——概念，所以建立在一个——仅仅在理性中占有它的位置的——理念基础之上，理性给知性制定了它的完备运用的规则。（KrV，A573；B601）

190. 我们把知性的经验运用的分配的统一性辩证地转换为一个经验整体的集合的统一性。（KrV，A582；B610）

191. 经验之调节的统一性并不建基于现象本身（仅仅建基于感性），而建基于通过知性（在一个统觉中）的感性杂多的连结，因而最高实在性的统一性和一切事物的通盘可规定性（可能性）看起来就像处于一个最高的知性中、因而处于一个理智中。（KrV，A583；B611）

192. 我们在一切民族那里，都还看到一神教的一些微光穿透过他们最盲目的多神教，导致这一点的不是沉思和深刻的思辨，而只是普通知性的逐步变得明白起来的一种自然进程。（KrV，A590；B618）

193. 一个绝对必然的存在者的概念是一个纯粹理性概念、亦即一个单纯的理念，它的客观实在性，由于理性还远远没有证明它的需要，它甚至只对一个一定的尽管达不到的完备性提供了指示，并且比之于把知性扩大到新的对象上，其实更多地用作限制知性。（KrV，A592；B620）

194. 于是从这里就产生了那个不幸的本体论证明，它既没有给自然而健全知性，也没有给严格按规定的检查带来什么满足。（KrV，A604；B632）

195. 在此范围内把一切都至少带入到了一种我不知道是合理的、还是玄想的、至少是自然的推理方式之中，这种推理方式不单单对于普通知性、而且甚至对于思辨的知性而言都随身携带着最大的说服力。（KrV，A604；B632）

196. 全然出于纯粹理性概念的本体论的证明，就是唯一可能的证明，只要一种如此远远超越于一切经验的知性运用之上的命题的证明在任何地方都是可

能的。（KrV，A630；B658）

197. 知性的一切综合原理都是内在的运用的原理。（KrV，A636；B664）

198. 但就其自身而言它毋宁说是使知性为神学知识作了准备，并且为此给知性提供一个正确的和自然的方向，而不是说它独自就能够完成这项事务。（KrV，A637；B665）

199. 无论知性是如何达到这个概念的，这个概念的对象的此在却毕竟不能在这个概念中分析地被发现，因为客体的生存的知识恰好就在于，这个客体本身是自在地设置在思想之外的。（KrV，A639；B667）

200. 理性决不直截了当地与一个对象、而仅与知性发生关系，并且借助于知性而与理性自己的经验的运用发生关系，所以并不创造任何（客体的）概念，而只是整理它们。（KrV，A643；B671）

201. 所以理性原本只把知性及其合目的的职能当作对象，并且，正如知性通过概念而联合在客体中的杂多，理性那方面也通过理念而联合概念的杂多，因为它为知性行动的目标而设置了一定的集合的统一性，否则这些知性行动就只致力于分殊的统一性。（KrV，A644；B672）

202. 如果我们在其整个范围内纵观我们的知性知识，那么我们就会发现，理性在这方面试图完全独特地指定并实现的东西，就是知识的系统化，亦即知识出于一个原则的相互关系。（KrV，A645；B673）

203. 这个理念设定了知性知识的完备的统一性，由此这种知性知识就不仅是一个偶然的聚合，而成为了一个按照必然法则而相互关联的系统。（KrV，A645；B673）

204. 这种假设的理性运用指向知性知识的系统统一性，但这种统一性则是规则的真理性的试金石。（KrV，A647；B675）

205. 知性单独不足以成为规则的地方，通过理念而援助它，同时尽其所容许做到的，使知性规则的差异性在一个（系统的）原则下并由此而获得相互关联的一致性。（KrV，A648；B676）

206. 一切可能的知性知识（经验的知识在这下面）都具有理性的统一性。（KrV，A648；B676）

207. 在按照知性概念的统一性的不同方式当中也该有一种实体的——被命名为“力”的——原因性的统一性。（KrV，A648；B676）

208. 一条逻辑的准则最初就要求尽可能多地以这样的方式减少这种表面上的差异性，即人们通过比较而揭示出那隐藏着的同一性，并且查看一下，与意识联结着的想像、记忆、智力、辨别力，是否并不就是知性和理性。（KrV，A649；B677）

209. 我们没有这种法则就完全没有任何理性，而没有这种理性则没有任何

相关联着的知性运用，并且在缺乏这种知性运用中也就没有经验的真理的任何充分的标志了。（KrV，A651；B679）

210. 知性仅仅通过概念而认识所有东西。（KrV，A656；B684）

211. 这就需要发现一条先行的理性规则，这条规则给知性提出了寻找差异性的任务，因为它把自然预设得如此丰富多彩，而猜测差异性。（KrV，A657；B685）

212. 理性为知性准备了它的领域：1. 通过杂多在更高的类之下的同类性原则，2. 通过同类之物在更低的种之间的变异性原理；以及为了完成这个系统的统一性，理性添加了3. 一切概念的亲和性法则，而这个法则命令了一个——从每一个种到每一个别的种、通过差异性的逐级式的增加——连续的过渡。（KrV，A657；B685）

213. 没有这条先验法则，知性的运用就只会被那个规范迷乱地带领着。（KrV，A660；B688）

214. 理性预设了这些——首先被应用在经验上的——知性知识，并且按照理念寻求它们的——比经验所能够达到的远得多的——统一性。（KrV，A662；B690）

215. 知性对于理性同样也构成一个对象，正如感性对于知性那样。使知性的一切可能的经验的行动的统一性系统化，这是理性的一项事务，正如知性通过概念而连结现象的杂多并带入经验的规律之下那样。但这种知性行动，没有感性的图型，就是不确定的。（KrV，A664；B692）

216. 理性的理念就是一个感性图型的类似物，但却带有这种区别，即知性概念在理性图型上的应用并不恰好就是对象本身的一种知识（如同在范畴应用于他的感性图型上那里一样），而只是一切知性运用的系统统一性的一条规则或原则。（KrV，A665；B693）

217. 理性给经验的知性运用所能够提供的这种系统关联仍然，不仅促进着这种运用的扩展，而且同时也证实了这种运用的正确性。（KrV，A680；B708）

218. 这种统一性对理性则不可缺少，但对经验的知性知识在一切方式上却可能是加速的，并仍决不是阻碍的。（KrV，A681；B709）

219. 这些调节的原则虽然要求比经验的知性运用所能达到的更大的统一性，但正是由于它们把这种知性运用所逼近的目标推出如此之远，它们就通过系统的统一性而把知性运用带向与它自身最高程度的协调。（KrV，A701；B729）

220. 通过知性概念它虽然能建立可靠的原理，却完全并不直接出自概念，而是一直仅仅间接地通过这些概念与某种完全偶然之物、也就是与可能经验的关系而建立起来的。（KrV，A737；B765）

221. 在这些条件之外真理的证件没有任何地方被发现，但它们仍然必须利用知性法则。（KrV，A751；B779）

222. 我们的知性（连同理性）无需通过经验而受孕的自我增殖，看作是不可能的。（KrV，A765；B793）

223. 没有任何知性能力可以引导我们从一个物的概念到——应该由此而普遍和必然地被给予出来的——另外某物的此在。（KrV，A765；B793）

224. 休谟不知道知性的有根据的要求与——他的攻击所主要瞄准的——理性的辩证狂妄之间的任何区别。（KrV，A768；B796）

225. 它们只是成问题地被设想，以便，在与它们（作为启发性的虚拟）的关系中、建立起在经验之领域中的系统的知性运用的调节的原则。（KrV，A771；B799）

226. 在先验知识中，只要它仅仅与知性概念发生关系，那么这个准绳就是可能的经验。（KrV，A783；B811）

227. 如果这都是一些知性的原理（例如因果性原理），那么借助于它们而达到纯粹理性的理念，就是徒劳的了；因为它们只对可能经验的对象才有效。（KrV，A786；B814）

228. 普通逻辑在它的分析的部分就是关于一般知性和理性的一种法规，但仅仅根据形式，因为它抽掉了一切内容。（KrV，A796；B824）

229. 如果我们没有为自己预设目的，我们又能够对我们知性的一种运用、哪怕在经验方面做出什么呢？（KrV，A816；B844）

230. 视其为真是在我们的知性中的一次事件，它可以建基在客观的根据之上，但也要求在此作判断者内心中的主观原因。（KrV，A820；B848）

231. 真理则建立在与客体相一致之上，因而鉴于客体，每一个知性的判断都必须是一致的。（KrV，A820；B848）

232. 最高的哲学在人类本性的本质的目的方面也不能，比也已经给最普通的知性以人类本性的指导，把它带向更远。（KrV，A831；B859）

233. 在感官中所有的无非是幻相，只有知性才认识真实的东西。（KrV，A853；B881）

知性存在者（das Verstandeswesen）

1. 由于我们的概念而仍终究已经发生——如果我们把一定的、作为现象的对象称为感官存在者（Phaenomena 现相），而当我们区分我们直观它们的方式与它们自在本身的性状——我们要么恰好把那个对象按照后一种性状，即使我们并没有在这种性状中直观到它们，要么也把别的——完全不是我们感官的客体、而只通过知性作为对象来思想的——可能事物，仿佛作对立的设置，并把

它们叫作知性存在者（Noumena 本体）。（KrV, B306）

2. 但由此便被诱使，把有关一个知性存在者——作为在我们感性之外的一个一般某物的——整个不确定的概念，当作一个有关我们可以通过知性以某种方式而认识的存在者的确定的概念了。（KrV, B307）

3. 与感官存在者相应的当然是知性存在者。（KrV, B308）

4. 因此范畴的运用也决不能超出经验之对象的界限，而尽管与感官存在者相应的当然是知性存在者，我们的感性直观能力完全与之无关的——知性存在者也可以存在着，但我们的知性概念——作为我们的感性直观的单纯观念形式，却丝毫也通达不了这种直观。（KrV, B308）

5. 哪怕一个这样的绝对必然的知性存在者自在地是不可能的。（KrV, A562; B590）

知性规则（die Regel des Verstands）

1. 经验本身就是知性所要求的一种认识方式，它［知性］的规则在我之内，也在对象被给予我之前，因而必须先天假设，这个规则被表达在先天的概念中，一切经验对象都必然取决于它们并且必须与它们相一致。（KrV, BXVIII）

2. 毋宁作为知性的规则——唯有通过它，现象的此在才能按照时间关系得到综合的统一性——在时间中给每一个现象规定了它的位置，因而对一切时间和每一个时间都先天而有效。（KrV, A215; B262）

3. 后者则属于模态的原理，这种模态的原理给因果规定添加了必然性概念，但这必然性则服从于知性的规则。（KrV, A228; B281）

4. 这里，我们的工作不是处理经验的幻相（例如视觉的幻相），这种幻相通常出现于那些正确的知性规则的经验的运用中，并且通过它，判断力就被想像的影响所诱使。（KrV, A295; B351）

5. 知性借助于规则而可以是现象的统一性的能力，这样理性则是原则之下的知性规则统一性的能力。（KrV, A302; B358）

6. 偶然的东西在此在中任何时候都必须被看作有条件的，并且按照知性规则指向一个条件。（KrV, A415; B442）

智慧（die Weisheit）

世间智慧（die Weltweisheit）

1. 因而先验一哲学是一种纯粹单单思辨的理性的世间智慧。（KrV, A15; B29）

2. 既然丧失一个在思辨的世间智慧中有更大应用的概念对于哲学家来说绝

不可能是无所谓的，所以我希望，这个概念所依赖的那个术语的规定和细心保存，对于哲学家来说也不会是无所谓的了。（KrV，A325；B382）

3. 因此人们不能仿佛蔑视地讲述这种智慧：它只不过是一个理念。（KrV，A328；B385）

4. 这并非人们的诡辩，而是纯粹理性本身的诡辩，对于这些诡辩，甚至所有人中最有智慧的人也不能摆脱。（KrV，A339；B397）

5. “我思”，所以就是合理的心理学唯一的课文，从中它应当施展它的全部智慧。（KrV，A343；B401）

6. 这种二律背反，它暴露于法律的应用中，在我们有限的智慧那里就是立法学的最好的检查试验。（KrV，A424；B452）

7. 数学甚至由此也给理性的超出一切经验之上的扩展的运用，提供了诱因和鼓舞，因而给从事于这种研究的世间智慧提供了最出色的材料。（KrV，A464；B492）

8. 德行，以及连同它的、在它的完全纯洁性中的人类智慧，都是理念。但（斯多葛派的）圣贤是一种理想，即一种单纯在思想中生存的人，但这种人与智慧的理念完全一致。（KrV，A569；B597）

9. 在这个世界上到处都可找到一种——按照一定的意图、用伟大智慧制作出来的——安排的清晰的迹象，并且既在一个内容的无法描述的多样性的整体中、又在范围的无限制的大小的整体中。（KrV，A625；B653）

10. 所以一个（或许多）崇高的和智慧的原因生存着，它必须不仅仅作为盲目起作用的全能的自然，通过丰产性而成为世界的原因，而必须作为理智，通过自由而成为世界的原因。（KrV，A625；B653）

11. 甚至按照它们的实体，是一个最高智慧的产物。（KrV，A627；B655）

12. 当人们一直达到对世界创造者的智慧、力量等等的伟大感到惊叹而不再能够继续前行了之后，人们就一下子抛开了这个通过经验的证明根据而作的论证，并且走向一开始就从世界的秩序和合目的性中推导出来的世界的偶然性。（KrV，A629；B657）

13. 并非从一个最高的理智而推导出世界秩序和它的系统的统一性，而从一个最高智慧的原因的理念而取得这种规则，根据这种规则，理性在连结世界上的原因和结果时就本该使它自己得到最大满足。（KrV，A673；B701）

14. 替代了在物质的机械论的普遍规律中寻找这些原因，而直接引证于最高智慧的不可捉摸的决议。（KrV，A691；B719）

15. 因为这永远只是一个理念，它根本不会与一个不同于世界的存在者、而与这个世界的系统统一性的调节性原则相关，但只是凭借这种统一性的一个图型，即一个至上的理智，按照智慧的意图，它是世界的创造者。（KrV，

A697；B725）

16. 这个神圣的智慧为了自己的至上目的而把一切都安排成了这样。（KrV，A699；B727）

17. 这个神圣的智慧为了自己的至上目的而把一切都安排成了这样。（KrV，A699；B727）

18. 这个最高智慧的理念是在对自然界的自然研究中的一种调节和一种按照普遍的自然规律的自然界的系统而合目的性的统一性原则。（KrV，A699；B727）

19. 由于他们把自然的智慧和预先关心与神圣的智慧，当做同等意义的表达而谈论。（KrV，A701；B729）

20. 但这只有在理知的世界中、在一个智慧的创造者和统治者手下才是可能的。（KrV，A811；B839）

21. 因为这些道德律恰好是，由它的内部的实践的必然性而把我们引向一个独立原因的、或一个智慧的世界统治者的预设的，以便给予那些规律以效力。（KrV，A818；B846）

22. 所以这是某种虽是偶然的、但毕竟不是微不足道的意图的一个条件，亦即，以便于在自然的自然研究中具有一种指导、假定一个智慧的创世者。（KrV，A826；B854）

23. 但这样一来这个信念在严格的意义上却不是实践的、而必须被称为一个学理的信念，自然的神学（自然神学）一定会到处都必然地产生出它。（KrV，A827；B855）

24. 这种哲学使一切都与智慧发生联系，但却通过科学的道路，这是一条唯一的一旦它已经开辟出来、就绝不阻塞、并且没有任何迷失的道路。（KrV，A850；B878）

智性的（intellektual）

智性化（intellektuieren）

智性概念（der intellektuelle Begriff）

1. 所以我仍然可以思想自由，亦即，自由的表象至少自身并不包含任何矛盾，如果我们批判地区分两种（感性的和智性的）表象方式并且因此而限制纯粹知性概念、因而也限制由它们而流出的那些原理。（KrV，BXXVIII）

2. 假如我能够在——伴随着我的一切判断和知性活动的——“我在”表象中，通过智性的直观同时联结我的此在的一个规定与我的此在的智性意识，那么一种对外在于我的某物的关系的意识就该是不必然属于这种智性直观的了。（KrV，BXL）

3. 所以，莱布尼茨—沃尔夫的哲学已经指示了关于我们知识的本性和起源的全部研究的一种完全不正当的观点，通过它们把感性与智性的区别仅仅看作逻辑上的区别的方法，因为这种区别显然是先验的，而且并不仅仅涉及清晰或不清晰的形式、而涉及它们的起源和内容。（KrV，A44；B61）

4. 凡是通过一个感官而被表象出来的东西，任何时候都是现象，因而要么一个内感官就必须会完全不被承认，要么那个——是内感官的对象的——主体，就只能通过内感官而被表象为现象，而不是表象为它会判断自身的那样，如果它的直观只是单纯的自身活动、即作为智性的直观。（KrV，B68）

5. 这也没有必要，我们把空间和时间中的这种直观方式局限于人类的感性上；可能的是，一切有限的思想的存在者在这点上必须与人类必然地取得一致，（即使我们对此不能断定），所以这种直观方式为了这种普遍有效性的缘故毕竟还不听从于感性，这正是因为，它是派生的直观（intuitus derivativus），而不是本源的直观（intuitus originarius），因而不是智性的直观，好像这种智性的直观，出于上面例举的理由，显得只应归于原始存在者，但决不归于一个——按照它的此在以及它的直观（那种它的此在在与给予的客体的关系中规定的直观）——不独立的存在者；虽然最后这个对我们的感性理论的评论必须只被算作解说，而不是证明。（KrV，B72）

6. 纯粹知性概念则摆脱了这种限制，而延伸到一般直观的对象之上，它与我们的直观可以像或不像，只要它是感性的而并不是智性的。（KrV，B148）

7. 杂多的综合或联结在它们之中，仅仅与统觉的统一性相关联，并因此是先天知识的可能性根据，只要它建基于知性，因而不仅仅是先验的、而且甚至单是纯粹智性的。（KrV，B150）

8. 不过，这种形象的综合，如果它单纯指向统觉的本源的综合统一性、即这种在范畴中被思想的先验统一性，则必须区别于单纯智性的连结，而叫作想像力的先验综合。（KrV，B151）

9. 这种综合，作为形象的综合，不同于没有任何想像力而单纯经由知性的智性综合。（KrV，B152）

10. 因此毕竟只能够认识到自身，就如它，关于一种直观（这种直观不能是智性的并且通过知性本身而已经给予了）、仅仅向自身显现出来那样，而不能像它认识自己的那样，假如它的直观就是智性的直观。（KrV，B159）

11. 那种使感性直观的杂多连接起来的东西，就是想像力，它按照它的智性的综合统一性，则依赖于知性；而按照领会的杂多性，则依赖于感性。（KrV，B164）

12. 现在这个统觉，它必须添加到纯粹的想像力，以便使它的机能成为智性的。（KrV，A124）

13. 所以那种——感性表象（直观）的杂多如何属于一个意识的——方式，在一切对象知识之前、作为它的智性形式而先行，并且本身也构成了一切对象的一般形式的先天知识（范畴），只要它们被思想。（KrV，A129，130）

14. 现在这就清楚了，必须有一个第三者，它一方面必须与范畴，另一方面与现象同质，并使前者运用于后者之上成为可能。这个中介的表象必须是纯粹的（没有任何经验的东西），但却一方面是智性的，另一方面是感性的。这样一种表象就是先验的图型。（KrV，A138；B177）

15. 对我自己在我这个表象中的意识完全不是任何直观，而是一个思维主体的自动性的一种单纯智性的表象。（KrV，B278）

16. 但如果我们把它理解为一个非感性直观的客体，那么我们就假定了一种特殊的直观方式，即智性的直观方式，但它不是我们的，我们甚至不能看出它的可能性，而这则会是积极的意义上的本体。（KrV，B307）

17. 既然如此，一种这样的直观、也就是智性的直观，完全处于我们的认识能力之外，因此范畴的运用也决不能超出经验之对象的界限。（KrV，B308）

18. 因此对象划分为现相和本体，并且世界划分为感性世界和知性世界，在积极的意义上完全不能被容许，虽然概念当然容许被划分为感性的和智性的。（KrV，A255；B311）

19. 在我们的知性面前，本体就不是一个特殊的智性对象了，一个应该在它之前的知性本身，就是一个问题。（KrV，A256；B311）

20. 人们不必使用智性的世界，取代这种术语，就像人们在德语演讲中通常习惯所做的那样；因为只有知识才是，智性的或感性的。（KrV，A256；B312）

21. 这位智性哲学家不能忍受：形式先行于事物本身，并且为这些事物规定它们的可能性。（KrV，A267；B323）

22. 这位著名的莱布尼茨建立过一种世界的智性体系。（KrV，A270；B326）

22. 总之，莱布尼茨智性化了现象。（KrV，A271；B327）

23. 这种时间和空间的著名的学说概念，在其中他智性化了这种感性形式，只产生于先验反思的同一种错觉。（KrV，A275；B331）

24. 但如果我把这些概念应用于一个（在先验的理解中）一般对象，而无需进一步规定，这个对象是一个感性直观的对象还是一个智性直观的对象，那么，马上就显示出来了——颠倒这些概念的一切经验的运用的（不超出这种概念的）——限制。（KrV，A279；B335）

25. 相反，它们的客观实在性则仅仅基于：因为它们构成一切经验的智性形式，它们的应用任何时候都必须能够在经验中被指示出来。（KrV，A310；B367）

26. 它作为智性实体的同一性，就给出了人格性。（KrV，A345；B403）

27. 因为必须注意到，当我把命题："我思"，称为一个经验的命题的时候，我因此并不想说，这个"我"在这个命题中是经验的表象；更确切地说，这个表象是纯粹智性的，因为它属于一般思维。只是如果没有任何一个——充当思维的材料的——经验的表象，"我思"这种行动，毕竟不会发生，并且这种经验的东西只是纯粹智性能力的应用或运用的条件。（KrV，B423）

28. 思想，就其本身来说，只不过是逻辑机能，因而是联结一个单纯可能直观的杂多的全然的自发性，它决不把意识的主体表现为现象，这只是因为它根本就不顾及直观的方式，无论这方式是感性的还是智性的。（KrV，B428，429）

29. 因为我通过那种值得惊叹的能力，它首先向我揭示出道德法则的意识，虽然会拥有一条规定我的生存的、是纯粹智性的原则，但通过什么谓词？没有别的，无非通过那些必须在感性直观中被给予我的谓词。（KrV，B431）

30. 所以，一个在我之外的现实对象（如果这个词在智性的意义上被设想）的此在决不在知觉中刚好被给予，而只能对这个——就是内感官的变形的——知觉，作为这个知觉的外部原因被考虑进去，因而被推论出来。（KrV，A367）

31. 这样，例如实体的概念在简单性的谬误推理中就是一个纯粹智性的概念，它无需感性直观的条件而只具有先验的、即完全没有任何运用。（KrV，A403）

32. 反之，正题的那些主张，则在现象序列内部的经验的解释方式之外，还把智性的开端作为基础，只要这种准则不是简单的。（KrV，A466；B494）

33. 因为在这种情况下，我们就不会被剥夺以我们的实践事务为目的的智性的预设和信念。（KrV，A470；B498）

34. 因此我们会从一个这样的主体的能力中为我们制作它的原因性的——一个是经验的、同时也是智性的——概念，而这两者则在原因性的结果中共同发生。（KrV，A538；B566）

35. 一言以蔽之，它的原因性，只要它是智性的，完全不会处于那些——使感性世界中的事件成为必然的——经验的条件的序列中。（KrV，A540；B568）

36. 因为偶然之物的那种单纯智性的概念完全不能产生如同原因性的概念那样的综合命题，并且原因性的原理完全不拥有任何意义和它的运用的任何标志，除了仅仅在感官世界中；但这条原理在这里却恰好应当用来，为了走出感官世界之外。（KrV，A609；B637）

37. 我们必须（在宇宙论中）追寻这种内部的和外部的自然现象的条件，以这样一种哪里都没有完结的研究，好像这种条件自在地就是无限的并且无需一个第一的或至上的项那样，虽然我们因此，就不能否认，在一切现象之外、一切现象的单纯智性的第一根据，但却决不允许把这种第一根据带进自然解释的关联中，因为我们根本就不知道它们。（KrV，A672；B700）

38. 由于我们已经给自己提出了一个义务，确切地并带有确定性地规定纯粹理性在先验运用中的界限，但这种努力的方式自在地却具有这种特点，不顾最坚决和最清晰的警告，仍然一直让自己抱着希望，在人们彻底放弃——超出经验之界限而达到智性的诱人地带的——考虑之前。（KrV，A726；B574）

39. 与肉体的分离就该是你的认识能力的感性运用的结束并且就该是智性运用的开始。（KrV，A779；B807）

40. 前一派承认智性的概念，但只接受感觉的对象。（KrV，A854；B882）

智性直观，智性的直观（die intellektuelle Anschaung）

1. 假如我能够在——伴随着我的一切判断和知性活动的——“我在”表象中，通过智性的直观同时联结我的此在的一个规定与我的此在的智性意识，那么一种对外在于我的某物的关系的意识就该是不必然属于这种智性直观的了。（KrV，BXL）

2. 凡是通过一个感官而被表象出来的东西，任何时候都是现象，因而要么一个内感官就必须会完全不被承认，要么那个——是内感官的对象的——主体，就只能通过内感官而被表象为现象，而不是表象为它会判断自身的那样，如果它的直观只是单纯的自身活动、即作为智性的直观。（KrV，B68）

3. 一切有限的思想的存在者在这点上必须与人类必然地取得一致，（即使我们对此不能断定），所以这种直观方式为了这种普遍有效性的缘故毕竟还不听从于感性，这正是因为，它是派生的直观（intuitus derivativus），而不是本源的直观（intuitus originarius），因而不是智性的直观，好像这种智性的直观，出于上面例举的理由，显得只应归于原始存在者，但决不归于一个——按照它的此在以及它的直观（那种它的此在在与给予的客体的关系中规定的直观）——不独立的存在者。（KrV，B72）

4. 因此毕竟只能够认识到自身，就如它，关于一种直观（这种直观不能是智性的并且通过知性本身而已经给予了）、仅仅向自身显现出来那样，而不能像它认识自己的那样，假如它的直观就是智性的直观。（KrV，B159）

5. 如果我们把它理解为一个非感性直观的客体，那么我们就假定了一种特殊的直观方式，即智性的直观方式，但它不是我们的，我们甚至不能看出它的可能性，而这则会是积极的意义上的本体。（KrV，B307）

6. 既然如此，一种这样的直观、也就是智性的直观，完全处于我们的认识能力之外，因此范畴的运用也决不能超出经验之对象的界限，而尽管与感官存在者相应的当然是知性存在者，我们的感性直观能力完全与之无关的——知性存在者也可以存在着，但我们的知性概念——作为我们的感性直观的单纯观念形式，却丝毫也通达不了这种直观。（KrV，B308，309）

7. 但如果我把这些概念应用于一个（在先验的理解中）一般对象，而无需进一步规定，这个对象是一个感性直观的对象还是一个智性直观的对象，那么，马上就显示出来了——颠倒这些概念的一切经验的运用的（不超出这种概念的）——限制。（KrV，A279；B335）

智性哲学家（der Intellektualphilosoph）

智性论哲学家（der Philosoph der Intellektuellen）

1. 这位智性哲学家不能忍受：形式先行于事物本身，并且为这些事物规定它们的可能性。（KrV，A267；B323）

2. 在我们一切理性知识的对象方面，曾经有一些只是感觉论的哲学家，另一些只是智性哲学家。伊壁鸠鲁被称为最重要的感性的哲学家，柏拉图则被称为最重要的智性论的哲学家。（KrV，A853；B881）

3. 在感官中所有的无非是幻相，只有知性才认识真实的东西。（KrV，A853；B881）

4. 要求，真实的对象只是理知的，并且主张一种——通过没有任何感官伴随的并且按照他们的意见仅被弄混了的知性的——直观。（KrV，A853；B881）

置信（die Überredung）

置信（überreden）

1. 但怀疑论的观念论者，他们单纯攻击我们的主张的根据，并且把我们相信是建立在直接知觉之上的对物质此在的置信宣布为不充分的。（KrV，A377）

2. 这样人们就相信在一个最实在的存在者的理念中找到了这个概念，所以这个理念就只是被运用于——对人们从其他方面已经确信或置信它必然生存的东西的，也就是对绝对必然的存在者的——更加确定的知识之上。（KrV，A603；B631）

3. 所以在这种置信的情况下，就必须把一种确凿的调节性的原则设立为基础。（KrV，A618；B646）

4. 那些反驳，针对我们单纯思辨理性的置信和自负的，本身就已经通过这个理性的本性而提出了任务，因而必须具有它们良好的使命和意图，这是人们必须不当作耳旁风的。（KrV，A743；B771）

5. 这样一来，那些年轻时代的置信还经得起检验吗？（KrV，A754；B782）

6. 嫌疑就会落到所有那些平时一直不论多么让人置信的主张上。（KrV，

A768；B796）

7. 视其为真是在我们的知性中的一次事件，它可以建基在客观的根据之上，但也要求在此作判断者内心中的主观原因。如果这个事件对每个人，都是有效的，只要他仅具有理性，那么它的根据客观地就是充分的，而这时视其为真就叫作确信。如果它只在主观的特殊性状中具有它的根据，那么它就叫做置信。（KrV，A820；B848）

8. 置信是一种单纯的幻相，因为那只存在于主观中的判断根据被看做了客观的。因此一种这样的判断也只具有私人有效性，并且这种视其为真不允许传播。（KrV，A820；B848）

9. 所以，视其为真的试金石，它是否确信或单纯是置信，是外部的，即它的传播的可能性和视其为真对于每个人的理性都被认为有效的可能性。（KrV，A820；B848）

10. 因此尽管置信不能够主观地区别于确信，当主体记忆犹新，而仅仅把视其为真看做他特有的内心的现象的时候。（KrV，A821；B849）

11. 虽然并不导致确信，但毕竟揭示出判断的单纯私人的有效性，即判断中单纯是置信的某物。（KrV，A821；B849）

12. 我可以为自己保持着置信，如果我觉得它好的话，但我不想并且不应当在我之外而使它有效。（KrV，A822；B850）

13. 这种通常的试金石：对于那种某人所断言的某物，是否只不过是置信，或者至少是主观的确信、即坚定的信念，就是打赌的东西。（KrV，A824；B852）

秩序（die Ordnung）

1. 至于第三个证明，庄严的秩序、美与关心，它们在自然中到处可见，就必定完全单单导致对一个智慧的和伟大的创世者的唯一信仰。（KrV，BXXXIII）

2. 给一个计划了的思辨科学的所有要素、乃至这些要素的秩序，提供指示。（KrV，B111）

3. 在我们称为自然的那些现象上的秩序和合规则性，是我们自己带进去的。（KrV，A125）

4. 普遍逻辑学说所处理的就是它们的概念、判断和推理的分析论，正好与人们在一般知性的广义称号下所理解的那个心灵力量的机能和秩序相适应。（KrV，A131；B169）

5. 图型无非是按照规则的先天时间规定而已，并且这些规则按照范畴的秩序，而走向一切可能对象上的时间序列、时间内容、时间次序，及最后时间总和。（KrV，A145；B184）

6. 所以这里，秩序在领会中、在知觉相继中，是规定了的，而领会就受到这一秩序的约束。（KrV，A192；B237）

7. 在这些知觉的系列中没有任何规定了的秩序。（KrV，A192；B238）

8. 客观的相继就在于现象之杂多的秩序，按照这个秩序，对一个（发生了的）东西的领会，根据一条规则而跟随在对另一个（先行的）东西的领会之后。（KrV，A193；B238）

9. 反过来说，只是由于在我们表象的时间关系中的某种秩序是必然的，这些表象才被赋予了客观的意义。（KrV，A197；B243）

10. 在我们的表象中形成了一种秩序，在其中当前之物（只要它已形成了）对任何一种先行状态提供了指示。（KrV，A199；B244）

11. 现象必须在时间中相互规定其自身的位置，并且使这一位置在时间秩序中成为必然的。（KrV，A200；B245）

12. 现象必须在时间中相互规定其自身的位置，并且使这一位置在时间秩序中成为必然的。（KrV，A201；B246）

13. 这里人们必须充分注意到，我们针对的是时间秩序，而不是时间过程。（KrV，A203；B248）

14. 莱布尼茨就这样把空间设想为一种在实体的协同性中的一定秩序，而把时间设想为实体状态的动力学的系列。（KrV，A275；B332）

15. 因为范畴是唯一的一些与一般对象发生关系的概念，所以区别一个对象是某物、还是无，将按照范畴的秩序和指示而继续。（KrV，A290；B346）

16. 这个世界构造的合规则的安排（所以也许整个自然秩序也是如此），都清楚地表明，它们只有按照理念才是可能的。（KrV，A317；B374）

17. 在那些理念的一个系统表象中，上述秩序，作为综合的秩序，将会是最恰当的秩序。（KrV，A337；B395）

18. 因为它们使理性安放于自己特有的领地，亦即安放于目的秩序中，但这种目的秩序同时也是自然秩序。（KrV，B425）

19. 我们所拥有的就只不过是自然界，我们必须到其中去寻求世界事件的关联和秩序。（KrV，A447；B474）

20. 是否有一个至上的世界原因，还是自然物及其秩序就构成了——在它那里我们在我们的一切考察中都必须停止的——最后的对象。（KrV，A463；B491）

21. 数学（这种人类理性的骄傲）的真正尊严也基于，它将给理性提供这种指导，在宏观和微观上、在自然的秩序和合规则性中、同时在推动自然的那些力量的值得惊叹的统一性中，洞察自然，远远超出了对建立在普通经验上的哲学的一切期望。（KrV，A464；B492）

22. 构成世界的那些事物的整个秩序，都来源于一个原始存在者，一切东西都从这个原始存在者那里借取它的统一性和合目的的联结。（KrV，A466；B494）

23. 知性不仅没有必要离开自然秩序的这一链条，以便眷念那些理念，而知性则不知道那些理念的对象，因为它们作为观念物而永远不能被提供出来。（KrV，A469；B497）

24. 在一个自然秩序中一切事件都是经验地得到规定的。（KrV，A542；B570）

25. 理性并不屈从于那种经验地被给予的根据，并不追随它们在现象中所呈现的那样的事物的秩序，毋宁用完全的自发性按照理念为自己制定一种特有的秩序。（KrV，A548；B576）

26. 人在现象中的一切行动、出自它的经验的品格和共同起作用的其他原因的、按照自然秩序，而被规定。（KrV，A549；B577）

27. 如果我们把它们与理性在实践的方面进行比较，那么我们就发现了一种完全不同于自然秩序的规则和秩序。（KrV，A550；B578）

28. 当前的这个世界，向我们展现出一个如此不可估量的多样性、秩序、合目的性和美的舞台，人们可以在空间的无限性中，或者在对空间的无限制的分割中追寻它。（KrV，A622；B650）

29. 这个概念有利于我们的理性在原则的节约上的要求，它在自身中不屈服于任何矛盾并且甚至还有益于理性运用在经验内部的扩展，通过——这样一个给予理念以秩序和合目的性——的指导，却在哪里都不以果断的方式而与一种经验相违背。（KrV，A623；B651）

30. 所以这个推论就从在世界之中如此普遍可观察到的秩序和合目的性，当作一种完全偶然的安排，走向那个与之相称的原因的此在。（KrV，A627；B655）

31. 自然的神学从这个世界上升到最高的理智，要么把它作为一切自然的、要么把它作为一切道德的秩序和完善性的原则。（KrV，A632；B660）

32. 按照这样一条原则而寻找自然秩序的方法，以及把一个这样的秩序的、虽然不确定其地点和多远、在一般自然中看做有根据的这条准则，却仍然是理性的一条合法的和卓越的调节的原则。（KrV，A668；B696）

33. 并非从一个最高的理智而推导出世界秩序和它的系统的统一性，而从一个最高智慧的原因的理念而取得这种规则，根据这种规则，理性在联结世界上的原因和结果时就本该使它自己得到最大满足。（KrV，A673；B701）

34. 是否存在着某种与世界不同的东西，它包含了世界秩序及其按照普遍法则的关联的根据，那么回答则是：毋庸置疑。（KrV，A696；B724）

35. 要这个对象仅仅是世界机制的系统统一性、秩序和合目的性的一个为我们所不知道的基底，理性必须使这种世界机制的统一性、秩序和合目的性成为它的自然研究的调节的原则。（KrV，A697；B725）

36. 在世界结构的系统而合目的性的秩序的关系中，如果我们研究自然、就必须预设它，我们已经只按照与一个理智的类比（一个经验的概念）而设想了那个为我们所不知道的存在者。（KrV，A698；B726）

37. 自然中的秩序和合目的性又必须从自然根据中并按照自然规律而被解释，并且在这里，甚至那些最放肆的假设。（KrV，A772；B800）

38. 我们尽管会由此而把握世界安排和普遍秩序中的合目的性，但完全没有被授权，由此而推导出任何一种特殊的部署和秩序。（KrV，A799；B827）

39. 独立理性，用一种至上原因的一切充分性而装备起来，按照最完善的合目的性，而建立、维持和完成了普遍的、虽然在感官世界中向我们极其隐藏的事物秩序。（KrV，A814；B842）

40. 形而上学，作为单纯的思辨，更多地用于阻挡错误，而非扩展知识，这并没有使它的价值受到任何损害，而给予了它更多的尊严和声望，通过审查职权，它保障科学的共同行为的普遍的秩序与和睦乃至福利。（KrV，A851；B879）

终极意图（die Endabsicht）

1. 那么理性在这里就选择了一条——从总体性理念出发的——道路，即使这个理念原来就拥有朝向终极意图的无条件者，这个无条件者本该是整个序列的、或者整个序列的一部分。（KrV，A417；B445）

2. 亦即，不同事物的本性不能够自动地、通过如此多样地联结起来的手段、而与规定了的终极意图协调一致，如果它们通过一个进行安排的理性的原则、按照那些设置了基础的理念，为此本来就完全被挑选和安排。（KrV，A625；B653）

3. 人类理性的自然辩证论的终极意图。（KrV，A669；B697）

4. 现在我们就能够清楚地看到全部先验辩证论的结论，并精确地规定，纯粹理性的这些理念的终极意图了，这些理念只是由于误解和不谨慎才成为了辩证的。（KrV，A680；B708）

5. 理性的思辨在先验运用中最后所导致的终极意图，涉及到三个对象：意志自由，灵魂不朽，和上帝此在。（KrV，A798；B826）

主体，主词，主观（das Subjekt）

主体的，主观的，主观上（subjektiv）

1. 在先天知识中能够赋予客体的，无非是那些思想主体从自身中取出来的

东西。（KrV，BXXIII）

2. 在一切判断中，从中主词对谓词的关系被考虑（如果我只考虑肯定判断，因为随后在否定判断上的应用则是容易的），这种关系在两种类型上是可能的。（KrV，A6；B10）

3. 分析的（肯定的）判断是这样的，在其中谓词和主词的连结通过同一性而被思考，而在其中这一连结不用同一性而被思考的那些判断，则应称为综合的判断。（KrV，A7；B10）

4. 在综合判断那里，我在主词的概念之外还必须拥有某种别的东西（X），知性以之为支撑，以认识那个不在主词的概念中、却仍然作为属于这个概念的谓词。（KrV，A8；B12）

5. 它们是这样仅仅附着在直观的形式上、因而附着在我们内心的主观性状上的东西，没有这种主观性状，这些谓词就根本不能够被加进任何事物？（KrV，A23；B38）

6. 一个——先行于客体本身、并且客体概念能够在其中被先天地规定的——外部直观如何能够寓于内心呢？显然无非是，它只要仅在主体中，作为形式的性状被客体所刺激、并由此而获得客体的直接表象、即直观，而占有自己的位置，因而仅仅作为外感官的一般形式。（KrV，A25；B41）

7. 空间不是别的，而只是外感官的一切现象的形式，亦即唯一使我们的外部直观成为可能的感性的主观条件。（KrV，A26；B42）

8. 既然主体被对象刺激的接受性，必然的方式先行于这个客体的一切直观，所以能够理解的是，一切现象的形式如何能够在一切现实的知觉之先、因而先天地在内心中被给予。（KrV，A26；B42）

9. 空间包括一切可能向我们外在地显现出来的事物，但不包括一切自在的事物本身，不论它们是否被、亦或愿意被哪一种主体直观到。（KrV，A27；B43）

10. 如果我们把一个判断的限制加在主词的概念上，那么这样一来这个判断就无条件地有效了。（KrV，A27；B43）

11. 但除了空间之外，也不存在任何别的主观的并与某种外在东西相关的表象了，这种表象能够叫做一种先天客观的。（KrV，A28；B44）

12. 由于例如颜色、味道等等都按理不被看作事物的性状，而是单纯被看作我们的主体的变化，这些变化甚至在不同的人们那里也可能是不同的。（KrV，A29；B45）

13. 时间不是某种独立存在的东西，或者作为客观的规定而附加于事物，所以当人们放弃了同一的［事物］直观的一切主观条件后，仍然保留下来的东西。（KrV，B49）

14. 时间只是我们（人类的）直观的一个主观条件，（这个直观任何时候都是感性的，即只要我们被对象所刺激），并且超出了主观，它自在地则什么也不是。（KrV，A35；B51）

15. 时间，如果人们抽掉了感性直观的主观条件，就什么也不是。（KrV，A36；B52）

16. 时间并不依赖于对象本身，而是单纯依赖于直观它的那个主体。（KrV，A38；B54）

17. 这些［形式］必须不在自在的对象本身之中、而是在对象对其显现的主体之中被寻找，但仍然现实并必然地归于这一对象的现象。（KrV，A38；B55）

18. 如果我们取消掉了我们的主体甚或只是一般感官的主观性状，客体在空间和时间里的一切性状、一切关系，乃至于空间和时间本身就都会消失，并且作为现象不能自在自身地、而只能在我们之内生存。（KrV，A42；B59）

19. 我们在一切情况下所可能完全认识的毕竟只是我们的直观方式，即我们的感性，并且这还永远仅仅以本源地依赖于主体的空间和时间为条件。（KrV，A43；B60）

20. 正是这个主观性状规定着，作为现象的客体形式。（KrV，A44；B62）

21. 假如对象（即三角形）就是与你们的主体没有任何关系的某物自在本身：你们怎么可以说，即，那种由你们的一个三角形的主观条件而必然构成的东西，也必须必然地归于这个三角形自在本身呢？（KrV，A48；B65）

22. 通过外感官给我们提供的无非是单纯的关系表象，所以外感官也只能在它的表象中包含一个对象之于主体的关系，而不包含内都的、可归于自在客体的东西。（KrV，B67）

23. 凡是通过一个感官而被表象出来的东西，任何时候都是现象，因而要么一个内感官就必须会完全不被承认，要么那个——是内感官的对象的——主体，就只能通过内感官而被表象为现象，而不是表象为它会判断自身的那样，如果它的直观只是单纯的自身活动、即作为智性的直观。（KrV，B68）

24. 主体自身的意识（统觉）就是我的简单表象，并且，假如唯独由此主体中的所有杂多会自动地被给予，那么这种内部的直观就会是智性的了。（KrV，B68）

25. 所有绝不在自在的客体本身中、但任何时候都能在它与主体的关系中找到，并且与前者的表象不可分的东西，都是现象。（KrV，B70）

26. 因为恰好，由于单称判断根本没有外延，它的谓词就不能只牵扯于那些已经包含在主词概念之下的东西，而被另一些东西排除在外。（KrV，A71；B96）

27. 因为普遍逻辑抽掉谓词的所有内容（即使这个谓词是否定的），并且只看到，这谓词是否附加于主词，或者是否与主词相对立。（KrV，A72；B97）

28. 在判断中思维的一切关系是：a）谓词对主词的关系，b）根据对结果的关系，c）被划分的知识与这个划分的全部环节相互之间的关系。（KrV，A73；B98）

29. 这里就显示出一种——我们在感性领域中没有碰到过的——困难，即思想的主观条件如何应该具有客观的有效性，即如何应该充当一切对象知识的可能性条件。（KrV，A89；B122）

30. 直言判断的机能就是主词对谓词的关系的机能。（KrV，B128）

31. 通过实体范畴，当我把一个物体的概念带入这些范畴之下时，就会确定：这个物体的经验的直观在经验中必须永远只被看作主词，而绝不被看作单纯的谓词。（KrV，B129）

32. 表象的杂多可以在——单纯感性的、即无非是作为接受性的——直观中被给予，而这种直观的形式则可以先天地处于我们的表象能力中，它不是别的某物，而无非是主体被刺激的方式。（KrV，B129）

33. 联结是唯一的，它不能通过客体给予、而只能被主体自身所完成，因为它是它的自动性的一个行动。（KrV，B130）

34. 直观的一切杂多与——杂多被发现于其中的“我思”的主体的——“我思”有一种必然的关系。（KrV，B132）

35. 因为伴随着不同表象的经验的意识，已经自在地分散了并且与主体的同一性没有关系。（KrV，B133）

36. 它因此叫作客观的，并且必须与——是一种内感官的规定，由此每一个直观的杂多被经验地给予一种这样的联结的——意识的主观统一性区分开来。（KrV，B139）

37. 统觉的经验的统一性，则只有主观的有效性。（KrV，B140）

38. 一个实体的概念，亦即关于一个作为主词而永远不能单纯作为谓词生存的“某物”的概念。（KrV，B149）

39. 我们的一切直观都是感性的，所以想像力由于那个在其下它唯一能够给予知性概念一个相应的直观的主观条件，而属于感性。（KrV，B151）

40. 知性，在想像力的先验综合这个名称下，对被动的主体——知性就是它的能力——施加了这样一种行动，对此我们有权利说，内感官由此而被刺激。（KrV，B153）

41. 运动，作为主体的行动，（而非作为一个客体的规定）。（KrV，B154）

42. 我，作为理智和思想着的主体，把我自己当作被思想的客体来认识。（KrV，B155）

43. 我们从内感官中仅直观了我们自己，就如同我们被我们本身内部地刺激着，亦即认识那些内部直观所涉及的、我们只是把我们特有的主体当作现象的东西，而不是认识那些按照它自在本身所是的东西。（KrV，B156）

44. 法则就这样很少生存于现象中，而只相对于现象所依存的主体才生存，如果这主体具有了知性，这正如现象不自在地生存，而只相对于同一个存在者而生存，如果它具有了感官。（KrV，B164）

45. 范畴既不是自身思想的、我们知识的先天第一原则，也不是汲取于经验，而是主观的、与我们的生存同时植根于我们之中的思想着的天资。（KrV，B167）

46. 所以我们必须首先考虑那种主观来源，它构成了经验可能性的先天基础，不是按照其经验的性状、而是按照其先验的性状。（KrV，A97）

47. 自然取决于我们统觉的主观根据，甚至自然在它的合规律性方面应当依赖于统觉的主观根据，听起来的确是荒谬而令人诧异的。（KrV，A114）

48. 三种主观的认识来源，一种一般经验的可能性和经验对象的知识已经建基于其上：感官、想像力和统觉。（KrV，A115）

49. 杂多的统一性在一个主体中就是综合性的。（KrV，A116）

50. 人们把这种按照规则再生的主观的和经验的根据，命名为表象们的联想。（KrV，A121）

51. 实体，如果人们删掉了持存性的感性的规定，它就不过意味着一个能够被思想为主词（而不是关于一个某种别的谓词）的“某物”。（KrV，A147；B186）

52. 这种误解就来自：人们把一个物的谓词预先从它的概念中分离出来，然后又把这个概念的反面与这个谓词相连结，而这个谓词永远也不会与主词发生矛盾，只是与主词中已与其综合地联结了的那个谓词相矛盾。（KrV，A153；B192）

53. 在分析命题那里问题只是：我是否在主词的表象中确实想到了谓词）。（KrV，A164；B205）

54. 变化这个概念恰好就以带有两个相反规定的同一个生存着的、因而持存着的主体，为前提。（KrV，B233）

55. 从现象的客观相继中推导出领会的主观的相继。（KrV，A193；B238）

56. 现在，我们怎样做到，为这些表象设置一个客体，或者超出它们的主观实在性，作为变形，还要赋予它们以一种我所不知道是什么样的客观实在性呢？（KrV，A197；B242）

57. 动作已经意味着原因性的主体对结果的关系了。（KrV，A205；B250）

58. 既然一切结果都在发生的事情之中，因而都在按照前后相继性而标明时间的可变易之物中；那么可变易之物的最终主体，就是作为一切变更者的基底的持存的东西，即实体。（KrV，A205；B250）

59. 动作永远都是现象的一切变更的最初根据，因而就不能处于那种本身变更着的一个主体之中，因为否则就会需要，别的动作和另一个规定这种变更的主体了。（KrV，A205；B250）

60. 想像力的综合在领会中可能只会把两个知觉中的一个指定为这样一种知觉，即当另一个知觉不存在时它在主体中存在，并且交替着做，但却不会把这两个客体指定为同时存在的。（KrV，A211；B257）

61. “我在”这个表象，它表达了这种——能够伴随一切思想的——意识，它，自在地直接包括了一个主体的生存的东西，但毕竟不包括这个主体的任何知识，因而也不包括任何经验的知识，即经验。（KrV，B277）

62. 对我自己在我这个表象中的意识完全不是任何直观，而是一个思维主体的自动性的一种单纯智性的表象。（KrV，B278）

63. 知性只对一般经验先天地给出规则，按照那些——既是感性的同时又是统觉的——主观的和形式的条件，而唯独这些条件才使经验成为可能的。（KrV，A230；B283）

64. 某物只能作为主体、而不能只作为单纯别的事物的规定而生存。（KrV，B288）

65. 在一切此在中存在着实体，亦即某种只能作为主词而不能作为单纯谓词而生存的东西。（KrV，B289）

66. 如果我把持久性（它是一种朝着一切时间的此在）删去，那么对实体的概念中就什么也没有剩留给我了，而只有主体的逻辑表象。（KrV，A242；B300）

67. 一般判断的逻辑机能：单一性和多数性、肯定和否定、主词和谓词，没有犯一个循环论证的错误，就不能够被定义。（KrV，A245；B302）

68. 实体是——在与直观的关系中必须是一切别的规定的最终主词的东西。（KrV，A246；B302）

69. 感性，及其领域，即现象的领域本身，被知性所限制以至于：它并不走向自在事物本身，而只是走向——事物如何因为我们的主观性状而向我们显现的——那种方式。（KrV，A251）

70. 实在的冲突就总是会发生，凡是在 A—B＝0 的地方，亦即凡是在一个实在性与另一个实在性，在同一个主体中联结，一个就取消另一个的作用的地方。（KrV，A273；B329）

71. 关于范畴，人们必须承认：它们单独并不足以达到自在事物本身的知识，而没有感性的材料，它们就会只是知性统一性的、但无对象的主观形式。

（KrV，A287；B343）

72. 错误仅仅被感性对知性的未察觉的影响所导致，由此判断的主观根据与客观根据的汇合就发生了。（KrV，A294；B350）

73. 因为我们必须与一种自然的和不可避免的幻觉打交道，这种幻觉本身则以主观的原理为基础，并把这些主观原理偷换成客观的原理。（KrV，A298；B354）

74. 带有意识的表象（perceptio，知觉）则从属于一般表象。一种知觉，只是关系到主体、作为主体的状态的变形，就是感觉。（KrV，A320；B376）

75. 如果人们举出一个理念，那么人们按照客体（当作一个纯粹知性对象的理念）就说得太多了，但如果按照主体（亦即鉴于它在经验条件之下的现实性）就恰恰因此而说得太少了。（KrV，A327；B384）

76. 一切先验理念都将允许带进三个等级之下：其中第一级包含思想主体的绝对的（无条件的）统一性。（KrV，A334；B391）

77. 思想着的主体是心理学的对象。（KrV，A334；B391）

78. 理性如何仅仅通过——对它用于定言的三段论推理的——恰好同一个机能的综合运用，就必须以必然的方式达到思想的主体的绝对统一性的概念。（KrV，A335；B392）

79. 但我们能够从我们理性的本性中进行一种主观的推导，并且这种推导在目前主要部分中也已经被完成了。（KrV，A336；B393）

80. 至少纯粹理性概念的先验的（主观的）实在性就根据于，我们被一种必然的三段式推理带进了这样的理念。（KrV，A339；B397）

81. 在第一级的理性推理中，我从不包含任何杂多的主体的先验概念中推论出，这个主体本身的绝对统一性，我以这种方式对这个主体本身完全没有任何概念。（KrV，A340；B398）

82. 通过这个思想着的我、或者他、或者它（物），所表象出来的不是别的，而是思想的一个先验主体 = x，它只有通过是它的谓词的那些思想，才被认识。（KrV，A346；B404）

83. 我一般地思想得以成立的条件、因而这个条件不过是我的主体的一种性状，同时又应当对一切思想者都是有效的。（KrV，A346；B404）

84. 在一切判断中，“我”一直是构成判断的那种关系的作规定的主体。（KrV，B407）

85. “我”，思想着我的、在思想中一直必须被看作主词。（KrV，B407）

86. 统觉的我、因而在每一个次思想中的我，都会是一个单数，它不能被分解为主体的多数，因而标明了一个逻辑的简单主词。（KrV，B407）

87. 但这个——我能在我的一切表象中被意识到的——主体同一性，并不

涉及那个——由此主体作为客体已经给出的——主体的直观。(KrV, B408)

88. 凡是无非只能被思考为主词的东西，也无非只能作为主体而生存，并因而就是实体。(KrV, B410)

89. 一个思想着的存在者，单纯作为一个这样的存在者本身来看，没有别的而只能被思考为主词。(KrV, B410)

90. 在小前提中，则只像它处在与自我意识的关系中那样，因而在这里根本没有任何客体被思考，而只被表象出与自身，作为主词，（作为思维的形式）的关系。(KrV, B411)

91. 因此在结论中并不能推出："我无非作为主体而生存"。(KrV, B411)

92. 一个——可以独自作为主词、而不能单作为谓词生存的——物的概念，仍还完全不具有任何客观实在性。(KrV, B412)

93. 就会推论出那些应归于一般思维着的存在者的东西，如下表所表示的。1. 我思，2. 作为主体，3. 作为单纯的主体，4. 在我的思想的任何状态中作为同一的主体。(KrV, B419)

94. 我的这种——作为单纯思想着的主体的性状，出自唯物论的根据的——解释的不可能性。(KrV, B420)

95. 这种意识统一性，它为范畴们设置了基础，在这里为了主体的直观就被设想为客体。(KrV, B421)

96. 所以范畴们的主体不可能由于它思维到这些范畴，就获得一个有关它自己本身作为范畴们的一个客体的概念。(KrV, B422)

97. 这个主体，时间的表象在其中拥有它的本源的根据，就不可能由此而规定它自己在时间中的此在。(KrV, B422)

98. 我把在我之内的实体性的东西当作先验的主体来认识。(KrV, B427)

99. 思想，就其本身来说，只不过是逻辑机能，因而是联结一个单纯可能直观的杂多的全然的自发性，它决不把意识的主体表现为现象。(KrV, B428)

100. 如果我在这里把自己表象为思想的主体，或者甚至也表象为思维的根据，那么这些表象方式并不意味着实体或者原因的这些范畴。(KrV, B429)

101. "我思"这个命题，只要它所讲述的不过于："我生存于思想着"，就不单单是逻辑的机能，而是在生存方面规定着主体（这主体于是同时又是客体），并且这命题没有内感官就不能够发生。(KrV, B429)

102. 所以在这个命题中就已经不再只有思想的自发性，而且也有直观的接受性，亦即我的思想自身恰好应用于思想的主体的经验的直观。(KrV, B430)

103. 我毕竟将会授权把这些概念，鉴于实践的运用，其仍然一直指向经验之对象，遵照在理论运用中类似的意义，应用于自由和自由的主体身上。(KrV, B431)

104. 我把这些概念仅仅理解为根据和后果的主词和谓词的逻辑机能。（KrV，B431）

105. 这么一个东西，它的表象是我们的判断的绝对主词，并因而不能被用作一个他物的规定，就是实体。（KrV，A348）

106. 我，作为一个思想着的存在者，就是我的一切可能判断的绝对主词，而这个关于我本身的表象不能被用于任何一个他物的谓词。（KrV，A348）

107. 在一切我们的思维中，“我”就是——那种仅仅作为规定而为思想所固有的——主体，而这个我不能被用作一种他物的规定。（KrV，A349）

108. 我，作为一个思维着的存在者，对我自己而本身持续着，当然的方式既不产生也不消逝，这我完全不能够从中推论出来并且唯独对此，我的思维着的主体的实体性的概念才能够对我有用，否则我本来完全可以没有它。（KrV，A349）

109. 而我们对这个主体不拥有、也不可能拥有丝毫的知识。（KrV，A350）

110. 除了我的这种逻辑含义以外，我们对于这种——给它、就像给作为基底的一切思想设置基础的——自在的主体本身，没有任何知识。（KrV，A350）

111. 许多表象必须被包含在思维着的主体的绝对统一性中，为的是构成一个思想。（KrV，A352）

112. 但现在，把主体的这种、作为任何一个思想的可能性的条件的必然统一性、从经验中推导出来，也是不可能的。（KrV，A353）

113. 我们之所以只对一种思想要求主体的绝对统一性，因为否则我就不可以说：“我思”（杂多东西在一个表象中）。（KrV，A354）

114. 依存性的主体通过与思想相联系的这个“我”只被先验地表明了，而丝毫没有说明它的属性，或者说关于它根本没有任何认知、或知晓。它意味着一个一般的“某物”（先验主体），它的表象当然必须是简单的。（KrV，A355）

115. 关于一个主体的表象的简单性因此就不是关于主体本身的简单性的知识，因为这个主体的特性的知识被完全抽掉了，如果这仅仅通过在内容上完全空洞的术语“我”（我可以把它应用在任何思想着的主体上），而被标明。（KrV，A355）

116. 我通过这个“我”为我在任何时候都想到了一个绝对的、但却是逻辑的主体统一性（简单性），但并非，我由此就认识了我的主体的现实的简单性。（KrV，A356）

117. 关于灵魂的单纯本质的主张只有，当我能够由此把这个主体与一切物质区别开来并因而能够使灵魂免除物质在任何时候都承受着的溃败的时候，才是有一些价值的。（KrV，A356）

118. 我们的思维着的主体本该是无形体的，这就是说，由于它被我们表象

为内感官的对象，只要当它思维着，就不可能作为任何外感官的对象，亦即不可能是在空间中的任何现象。（KrV，A357）

119. 这个“某物”，被看作为本体（或更好地说，作为先验对象），却毕竟能够同时也是这些思想的主体。（KrV，A358）

120. “人在思想”，即，那作为外部现象而是广延的同一个东西，内部地（自在本身）就是一个主体，它不是复合的，而是简单的，并且思想着。（KrV，A360）

121. 这种简单的意识就不是任何我们主体的简单本质的知识。（KrV，A360）

122. 这样一来，整个理性心理学就连同它的主体支柱一起倒台了。（KrV，A361）

123. 我本身的意识的同一性在不同时间内只是我的思想及其关联的一个形式条件，但它根本不证明我的主体的、数目上的同一性，在这个主体中，尽管有“我”的逻辑的同一性，却仍然可能发生这样一种变更，这种变更不允许，保持这个主体的同一性。（KrV，A363）

124. 人格性的概念（只要它是单纯先验的概念、即那种——它所剩余的不被我们所熟悉、但通过统觉在它的规定中却而是一个彻底的连结的——主体的统一性。（KrV，A365）

125. 我自身的表象，作为思维着的主体，单纯与内感官相关联。（KrV，A371）

126. 假如我拿走了思想着的主体，整个物体世界则不得不消除，当这个世界无非是在我们主体的感性中的现象以及我们主体的表象的方式之一种的时候。（KrV，A383）

127. 这种二元论把那些外部现象并不作为表象而算作主体，而把它们，就像感性直观把它们提供给我们的那样，作为客体而置于我们之外，并且把它们与思维着的主体完全分离开来。（KrV，A389）

128. 在两种实体、即思维的实体和广延的实体之间的这种预先给予了的协同性，把一种粗糙的二元论设置为基础，并且使得本来无非是思维着的主体的单纯表象的广延实体，成为独立存在的事物。（KrV，A392）

129. 因而也不知道：一切外部直观的这些条件，甚或这种思维着的主体本身，是否会在这种状态之后（在死后）而被终止。（KrV，A395）

130. 人们可以把一切幻相都归因于：思想的主观条件被当作了客体的知识。（KrV，A396）

131. 因为这个“我”是第一主体，也就是实体，它是简单的，等等。（KrV，A399）

132. 我不能够认识那种我必须预设为前提的东西本身，为了一般地认识一个客体，并且那个规定着的“本身”，（思维）和那个可被规定的“本身”（思维着的主体），正如知识本该区别于对象一样。（KrV，A402）

133. 这些玄想的推论的第一种类型针对着（主体或灵魂的）所有一般表象的主观条件的无条件统一性，它与定言的三段论推理相一致，这些定言的三段论推理的大前提，作为原则，陈述了一个谓词对一个主体的关系。（KrV，A406；B432）

134. 我们会从一个这样的主体的能力中为我们制作它的原因性的——一个是经验的、同时也是智性的——概念，而这两者则在原因性的结果中共同发生。（KrV，A538；B566）

135. 于是我们就会在一个感官世界的主体中，首先，拥有一种经验的品格。（KrV，A539；B567）

136. 借此这个主体虽然是那些作为现象的行动的原因，但这种品格本身并不从属于任何感性的条件，并且本身不是现象。（KrV，A539；B567）

137. 现在，这个行动的主体，按照它的理知的品格，就不会从属于任何时间条件。（KrV，A539；B567）

138. 按照其经验的品格，这个主体，作为现象，会是服从于因果联结的、按照规定的一切法则的。（KrV，A540；B568）

139. 一旦外部现象流进主体，就像它的经验的品格、即它的原因性的法则，则通过经验而被认识，它的一切行动就必须允许按照自然规律而解释。（KrV，A540；B568）

140. 按照主体的理知的品格（虽然我们对此所能够拥有的无非只是这个主体的普遍概念），同一个主体却会而必须被宣告为不受感性和通过现象的规定的一切影响。（KrV，A541；B569）

141. 人们关于这个主体就会完全正确地说，它自行开始了它在感官世界中的结果，无需这个行动在它里面开始了自身。（KrV，A541；B569）

142. 当我在一个同一的判断中取消谓词而保留主词的时候，就产生出一个矛盾，因此我才说：那个谓词必然地应归于这个主词。（KrV，A594；B622）

143. 但如果你说：没有上帝，那就既没有全能、也没有它的任何一个别的谓词被给予；因为它们已连同主词一起全都被取消了，并且这就表明在这个观念中并没有丝毫的矛盾。（KrV，A595；B623）

144. 人们可以随心所欲地把任何东西用作逻辑的谓词，甚至主词也可以被自己所谓述；因为逻辑放弃了一切内容。然而，规定却是一个——添加在主词的概念之上并扩大了这个概念的——谓词。（KrV，A598；B626）

145. “上帝是全能的”这个命题，包含了两个概念，这两个概念又拥有它们的对象："上帝"和"全能"；小词"是"又不是上面的一个谓词，而只是这种设定谓词与主词相关联方式的东西。（KrV，A599；B627）

146. 理性恰好就在于，我们能够给予我们的一切概念、意见和主张以解释理由，不论它们是出自客观的根据，还是当它们只是一种幻相时、出自主观的根据。（KrV，A614；B642）

147. 这两条原理没有一条是客观的，而它们顶多只能是理性的主观原则。（KrV，A616；B644）

148. 我把一切——在这个客体的知识的一定可能的完善性方面，不从客体的性状、而从理性的兴趣中取得的——主观原理，叫做理性的准则。（KrV，A666；B694）

149. 在这种情况下，理性所关注的，只不过是灵魂现象的解释的系统统一性的原则，也就是，把所有规定，看作在一个唯一的主体中，把一切力，尽可能地，看作从一个唯一的基本力派生出来。（KrV，A682；B710）

150. 这种分析判断不把知识扩展到超出主体的概念之外，而只解释这个概念。（KrV，A736；B764）

151. 我们的理性（主观地）本身就是一个系统，但是在它的纯粹运用中，凭借单纯的概念，却只是一个按照统一性的原理的探寻的系统，唯独经验才能给这种探寻提供材料。（KrV，A738；B766）

152. 那么他就必须设法进行证明：一个最高存在者，这种在我们之内思维着的主体，作为纯粹的理智，就是不可能的。（KrV，A742；B770）

153. 人们根本不是把这条原理的真实性（一定不是一个起作用的一般原因的概念的客观有效性）立足于任何洞见、即先天知识之上，因此丝毫不是这条规律的必然性，而只是这条规律在经验的进程中的普遍适用性以及因此而产生的主观必然性。（KrV，A760；B788）

154. 那就必须经常发生这种情况，即某个命题的反面要么单纯与思想的主观条件相矛盾、却不与对象相矛盾。（KrV，A791；B819）

155. 纯粹理性的先验的尝试全都在辩证幻相的、即主观的东西的真正媒质内部进行，这种主观的东西在理性的前提中把自己当作客观的而提供给理性、甚或硬塞给理性。（KrV，A792；B820）

156. 在主观上我们有权利抵制对一个必然的至上存在者的任何思辨的证明。（KrV，A792；B820）

157. 实践的规律，只要它同时又是行动的主观根据、即主观原理，就叫作准则。（KrV，A812；B840）

158. 视其为真是在我们的知性中的一次事件，它可以建基在客观的根据之上，但也要求在此作判断者内心中的主观原因。（KrV，A820；B848）

159. 置信是一种单纯的幻相，因为那只存在于主观中的判断根据被看做了客观的。（KrV，A820；B848）

160. 视其为真，或者判断的主观有效性。（KrV，A822；B850）

161. 意见是一种用意识既主观地、又客观地都不充分的视其为真。（KrV，A822；B850）

162. 既主观地又客观地都是充分的视其为真就叫作知识。主观的充分性叫作（对我自己的）确信，客观的充分性，则叫作（对任何人的）确定性。（KrV，A822；B850）

163. 视其为真的主观根据，正如能够产生信念来的那些根据一样，在思辨的问题那里则不值得任何赞同，由于它们游离一切经验的帮助则保持不住，也不能以同一尺度传达于别人。（KrV，A823；B851）

164. 如果一个目的一旦被预设了，那么达到目的的那些条件也就假设地是必然的了。这种必然性则是主观的，但毕竟只是比较充分的。（KrV，A823；B851）

165. 这种通常的试金石：对于那种某人所断言的某物，是否只不过是置信，或者至少是主观的确信、即坚定的信念，就是打赌的东西。（KrV，A824；B852）

166. 这种确信不是逻辑的、而是道德的确定性，而且，由于它以（道德意向的）主观根据为基础。（KrV，A829；B857）

167. 如果我把知识的一切客观地观察到的内容，都抽掉，那么一切知识、主观地、就或者是历史的，或者是合理的。（KrV，A835；B863）

168. 因此一种知识可以在客观上是哲学的，但在主观上却是历史的。（KrV，A837；B865）

169. 这些主观的哲学的结构体系往往是如此各种各样和如此变化多端的。（KrV，A838；B866）

准绳（die Richtschnur）

1. 这个存在者只在理念中而不自在本身被设置为基础，因而只为了表达那个——应当被用作我们理性的经验的运用的准绳的——系统统一性。（KrV，A675；B703）

2. 在先验知识中，只要它仅仅与知性概念发生关系，那么这个准绳就是可能的经验。（KrV，A783；B811）

3. 通过这种方式就发生了，由于哲学家们甚至缺少在他们自己的科学的理念上的阐发，这门科学的探讨就不可能具有任何确定的目的和任何可靠的准绳。（KrV，A844；B872）

准则（die Maxime）

1. 在我们的理性（主观地被看作人的一种认识能力）中，存放着理性运用的基本规则和准则，它们完全具有客观原理的外观，并且由此而发生了，我们的概念的一种确凿的联结的主观必要性，为了知性的好意，而被看作自在之物本身的规定的一种客观必然性。（KrV，A297；B353）

2. 同时也无权，赋予那条准则以客观有效性。（KrV，A306；B363）

3. 但这条逻辑准则不能以别的方式而成为纯粹理性的一条原则，而无非由此，人们假定：如果有条件者被给予，因而其本身也是无条件的、整个相互从属的条件序列，也是被给予（即包含在对象及其联结之中）。（KrV，A307；B364）

4. 人们在反题的主张中注意到，思想方式一种的完全一模一样和准则的完全单一性，即一种纯粹经验主义的原则，不仅在世界现象的解释中，而且也在有关宇宙的先验理念本身的化解中。（KrV，A466；B494）

5. 如果，我说，经验论者满足于此，那么他的原理就会是一条要求节制的准则，一条在断言中谦虚的准则同时是最大可能地扩展我们的知性的准则，通过那些原本坐在我们面前的教师、即经验。（KrV，A470；B498）

6. 一条逻辑的准则最初就要求尽可能多地以这样的方式减少这种表面上的差异性。（KrV，A649；B677）

7. 我把一切——在这个客体的知识的一定可能的完善性方面，不从客体的性状、而从理性的兴趣中取得的——主观原理，叫做理性的准则。所以就存在着思辨理性的一些准则，它们只是基于思辨理性的兴趣之上，尽管大概看起来，这些准则都是客观的原则。（KrV，A666；B694）

8. 这两条原理没有一条以客观的根据为基础，而仅以理性的兴趣为基础，因此它们可以更好地被称为准则而不是原则。（KrV，A667；B695）

9. 反之，按照这样一条原则而寻找自然秩序的方法，以及把一个这样的秩序的、虽然不确定其地点和多远、在一般自然中看做有根据的这条准则，却仍然是理性的一条合法的和卓越的调节的原则。（KrV，A668；B696）

10. 那么这就是理性的一个必要的准则，按照这一类理念而处理。（KrV，A671；B699）

11. 理性统一性就是系统的统一性，并且这种系统统一性并没有在客观上充当理性的一个原理，以使理性扩展到对象之外，而是主观上用作一个准则，以使理性扩展到对象的一切可能的经验的知识之外。（KrV，A680；B708）

12. 而这样一种系统统一性的原则也就是客观的，但是以不确定的方式（principium vagum，流变的原则），而不作为构成性的原则，不是为了鉴于它的

直接对象而规定某物，而是为了作为单纯调节性的原理并作为准则。（KrV，A680；B708）

13. 因为我们不断地保留着理性的主观准则，而对手则必然缺少这种准则，并且在这些准则的保护下我们就可以带着平静和冷淡而看待他的一切空穴来风了。（KrV，A742；B770）

14. 这种判断力把坚定的并按照它的普遍性而被考验过的准则作为基础。（KrV，A761；B789）

15. 那么我们就必须，按照一条不可违反的基本准则、没有这条准则我们就不能在经验的运用中执行任何理性，决不相异于一切剩余的自然现象、即按照自然的不变的规律，而解释这些行动。（KrV，A798；B826）

16. 实践的规律，只要它同时又是行动的主观根据、即主观原理，就叫作准则。德性的评判，按照纯粹性和后果，则按照理念执行，而它的道德律的遵守则按照准则而执行。（KrV，A812；B840）

17. 这是必要的，使我们的整个生活方式都被从属于道德准则。（KrV，A812；B840）

18. 道德的规范同时就是我的准则。（KrV，A828；B856）

19. 因为形而上学考察理性，按照理性的各种要素和那些——本身必须为一些科学的可能性、以及一切科学的运用奠定基础的——至上准则。（KrV，A851；B879）

自存性（die Subsistenz）

自存性的（subsistierend）

自存（subsisitiern）

1. 如果人们抽掉了感性直观的主观条件，就什么也不是，并且抽掉了对象自在本身（除开它与我们直观的关系）既不能算作自存性的（subsistierend）、也不能算作依存性的（inhärierend）。（KrV，A36；B52）

2. 相反，主张空间和时间的绝对实在性的人，他们不论把这种绝对实在性看作是自存性的、还是仅仅依存性的，都必须是与经验本身的原则不相统一的。（KrV，A39；B56）

3. 关系的范畴：依存性与自存性。（KrV，A80；B106）

4. 既然人们在这种实体上赋予实在以一种特殊的此在，（例如作为物质的一种偶性的运动），那么人们就把这种存有称为依存性，以区别于人们称为自存性的实体的此在。（KrV，A187；B230）

5. 因为这种某物为协同性所要求，但在那些——它各自被它的自存性而完全孤立的——事物那里，根本就是不可理解的。（KrV，B293）

6. 而实体的单一性则只是生存的一种方武，这种方式唯有通过这种分割才被转变为自存性的一种多数性。(KrV，B417)

7. 许多简单的实体也可能重新融合进一实体之中，与此同时所失去的无非只是自存性的多数性，因为它会把以前的一切自存性的实在性的程度一起包括在自身中，而且或许那些向我们提供出一种物质的现象的简单实体。(KrV，B417)

8. 统觉的这个绝对单一性，这个“简单”之“我”，在这个——与构成思想的一切联结或分离相关联的——表象中，也对自身成为重要的了，即使我还没有澄清关于主体的性状或自存。(KrV，B419)

9. 它无非是现象，看作一种即使没有我们的感性、也自存着的外部事物的属性。(KrV，A384)

10. 关系的无条件的统一性，即自身，并不作为依存性的、而作为自存性的。(KrV，A404)

11. 这个实体性的东西并不意味着别的，而只是关于自存着的一般对象的概念。(KrV，A414；B441)

12. 在先验意义上的实在论者则由我们感性的这些变更而制成了本身自存之物，因而把单纯的表象培养成为自在的事物本身。(KrV，A491；B519)

自动（selbsttätig）

自动性（die selbsttätigkeit）

1. 假如唯独由此主体中的所有杂多会自动地被给予，那么这种内部的直观就会是智性的了。(KrV，B68)

2. 因为内心直观自己，并非像它直接、自动地表象自己那样，而是按照它从内部被刺激的那种方式，因而像它显现自己的那样，而非它所是的那样。(KrV，B69)

3. 联结是唯一的，它不能通过客体给予、而只能被主体自身所完成，因为它是它的自动性的一个行动。(KrV，B130)

4. 那么我就不能规定我的此在，作为一个自动的存在者。(KrV，B158)

5. 对我自己在我这个表象中的意识完全不是任何直观，而是一个思维主体的自动性的一种单纯智性的表象。(KrV，B278)

6. 鉴于一个在它的界限之内被给予的整体的各部分，就叫做简单之物，鉴于原因则叫做绝对的自动性（自由），鉴于变化之物的此在则叫做绝对的自然必然性。(KrV，A418；B446)

自发性（die Spontaneität）

1. 在人类这里，这种意识要求那种在主体中预先被给予的杂多的内部知

觉，而这种——杂多如何在内心中无需自发性而被给予的——方式，为了这一区别的缘故，而必须称为感性。（KrV，B68）

2. 我们的知识产生于内心的两个基本来源，其中第一个是，感受表象（印象的接受性）、第二个是通过这些表象认识一个对象的能力（概念的自发性）。（KrV，A50；B74）

3. 如果我们愿意把我们内心，甚至以任何一种方式被刺激所收到表象的接受性，叫作感性；那么反之，那种自己产生表象的能力，或者知识的自发性，就是知性。（KrV，A51；B75）

4. 所以概念基于思想的自发性，如同感性直观基于印象的接受性。（KrV，A68；B93）

5. 不过我们思维的自发性则要求，这些杂多首先以一定的方式被贯通、接受和结合起来，以便由此构成一种知识。我称这种行动为综合。（KrV，A77；B102）

6. 它是表象力的一种自发性的动作．（KrV，B130）

7. 但这个表象是一个自发性的行动，即它不能被看作属于感性。（KrV，B132）

8. 知性，作为自发性，就能够通过给予表象的杂多，按照统觉的综合统一性，而规定内感官。（KrV，B150）

8. 但毕竟它的综合是自发性的一种实施，而自发性则是进行规定的，而不像感官，只是可被规定的。（KrV，B151）

10. 就想像力就是自发性这一点而言，我有时也把它叫作生产的想像力，并由此将它区别于再生的想像力。（KrV，B152）

11. 我只能对自己表象我的思想、即规定的自发性。（KrV，B158）

12. 不过，这种自发性却使得，我将自己称为理智。（KrV，B158）

13. 这就是同一个自发性，它在那里以想像力的名义，在这里则以知性的名义，而把连结带进直观的杂多中。（KrV，B162）

14. 接受性只有与自发性相联结，才使知识成为可能。于是这种自发性就是的三重综合的基础，它们是发生在一切知识中的必然方式，这就是，作为在直观中内心的变状的表象的领会的综合，这些表象在想像中的再生的综合和它们在概念中的认定的综合。于是这三重综合就向知识的三种主观源泉提供了一个引导，而这三个源泉本身就使知性、通过知性，而使作为知性的一个经验的产物的一切经验成为可能。（KrV，A98）

15. 通过认识的自发性（感性的接受性与之相对），通过一种思想的能力，或者概念的能力，或者也可以说判断的能力。（KrV，A126）

16. 我们也已经必须拥有一个外部感官，并且必须由此把一个外部直观的单纯

接受性与刻划为每一种想像的特征的自发性，直接区别开来。（KrV，B277）

17. 思想，就其本身来说，只不过是逻辑机能，因而是联结一个单纯可能直观的杂多的全然的自发性，它决不把意识的主体表现为现象。（KrV，B428）

18. 所以在这个命题中就已经不再只有思想的自发性，而且也有直观的接受性，亦即我的思想自身恰好应用于思想的主体的经验的直观。（KrV，B430）

19. 理性就为自己创造了能够自行开始行动的一种自发性的理念，而不允许预先派遣一个另外的原因，再来按照因果连结的法则去规定行动。（KrV，A533；B561）

20. 理性并不屈从于那种经验地被给予的根据，并不追随它们在现象中所呈现的那样的事物的秩序，毋宁用完全的自发性按照理念为自己制定一种特有的秩序。（KrV，A548；B576）

自然，大自然，自然界（die Natur）

自然的（natürlich）

1. 强迫自然必须回答它的问题。（KrV，BXIII）

2. 理性在自然中寻找的这个东西，遵循了理性本身放进自然中的那个东西，（而非捏造了自然，）理性必须从这种自然中学习的东西，在这方面自然对自在本身则可以一无所知。（KrV，BXIV）

3. 自然究竟从哪里使我们的理性遭受于这种不知疲倦的努力，要把这条道路当作自己最重要的事务之一来追踪呢？（KrV，BXV）

4. 通过一场一蹴而就的革命已经变成，它们现在的所是的——数学和自然科学的范例，本该是足以引人注意的。（KrV，BXV）

5. 就不可能（像在自然科学中那样）对理性的对象作出任何实验。（KrV，BXVIII）

6. 给——作为经验之对象的总和的自然设置了先天基础的——法则，配备以满意的证明。（KrV，BXVIX）

7. 庄严的秩序、美与关心，它们在自然中到处可见。（KrV，BXXXIII）

8. 实际上，如果人们把“自然的”这个词理解为，那些应当以公平的和合理的方式发生的事，也就没有比这更自然的了。（KrV，A4；B7）

9. 想像已经构成了某种——虽然包含了这些抽象关系的共相，但没有已经联结了自然与共相的约束，就不能发生的——东西。（KrV，A40；B57）

10. 因而仿佛向自然规定法则并甚至使自然成为可能的可能性。（KrV，B159）

11. 范畴是——那些给现象、因而给作为一切现象的总和的自然（natura materialiter spectata，物质方面的自然）规定先天法则的——概念，现在要问，因为范畴并不从自然中派生出来并且按照自然作为它们的模型（因为否则它们就会仅仅是经验的了），如何能理解，自然必须取决于它们，也就是说，它们如何能够先天地规定这种自然杂多的联结，而没有从自然中拿来。（KrV，B163）

12. 自然的现象的法则怎么会必然与知性及其先天形式、即与它联结一般直观杂多的能力协调一致，一点也不比现象本身怎么会必然与先天的感性直观形式协调一致更值得诧异。（KrV，B164）

13. 所以，一切可能的知觉、因而甚至一切总能够获得经验的意识的东西、即一切自然现象，按照它的联结，也都服从范畴，而自然（单纯看作一般自然）则依赖于这些——作为自己的必然合规律性的本源根据（作为 natura formalite spectata，形式方面的自然）的——范畴。（KrV，B165）

14. 自然取决于我们统觉的主观根据，甚至自然在它的合规律性方面应当依赖于统觉的主观根据，听起来的确是荒谬而令人诧异的。但如果人们想到，这个自然界本身无非是现象的一个总和，因而并非任何自在之物，而只是内心表象的一种集合，那么人们就不会感到惊奇了，单纯在我们一切知识的根本能力、即先验统觉中，在那种统一性中看到自然，只是为了能够把它叫做一切可能经验之客体、即自然的缘故。（KrV，A114）

15. 所以，在我们称为自然的那些现象上的秩序和合规则性，是我们自己带进去的，并且假如我们不是本源地把它们、或者我们内心的自然放进去了的话，我们也就不可能在其中找到它们了。（KrV，A125）

16. 知性并不仅仅是通过现象的比较而为自己制定规则的能力：它本身就是到自然前面的规律提供。（KrV，A126）

17. 自然，作为一种经验中的认识对象，连同它可能包含的一切，都只有在统觉的统一性中才是可能的。（KrV，A127）

18. 知性本身是自然规律的来源，因而是自然的形式统一性的来源。（KrV，A127）

19. 我们知性的这个图型法，就现象及其单纯形式看，是在人类心灵深处隐藏着的一种技艺，它的真实手法我们一直都很难从大自然那里猜测到，并将它们揭示在眼前。（KrV，A141；B181）

20. 判断——知性实际上先天地将其带入这种批判的谨慎的状态——描述成系统的联结，我们的范畴表为此无疑必须给我们提供自然的和可靠的引导。（KrV，A148；B187）

21. 实体在现象的一切变化中持存，它的定量在自然中既不增加也不减少。（KrV，A182；B224）

22. 因为实体在此在中不会变更，所以它的定量在自然中也既不会增加也

不会减少。（KrV，A182；B225）

23. 在自然中起作用原因的绝大部分都与它们的结果是同时的。（KrV，A203；B248）

24. 然而，这样一条原理，它似乎扩展了我们的自然知识，如何可能是完全先天的，这就急切地要求我们检验了。（KrV，A209；B254）

25. 我们把（在经验性的理解中的）自然叫做现象按照此在、按照必然的规则、亦即按照规律的相互关联。所以它就是一定的——更确切的说是先天的规律，使一个自然成为可能的——规律；而那些经验的规律——只有凭借经验，而且是依照——经验本身藉此而首次成为可能的——那些本源的规律，——才能够发生，并也才能够被发现。（KrV，A215；B262）

26. 一切现象都处于一个自然中，并且必须处于其中，因为没有这种先天的统一性，任何经验的统一性，因而任何对经验中的对象的规定也都会是不可能的。（KrV，A216；B263）

27. 因此，我们只认识在自然中——它的原因已给予我们的——那些结果的必然性，而在此在中的必然性标志所达到的，则无非是可能经验之领域。（KrV，A227；B280）

28. 一切发生的事，都假设是必然的；这是一条基本原理，它使世界上的变化都从属于一条法则，即从属于一条必然的此在的规则，没有这条规则，甚至连自然都决不会产生。（KrV，A228；B280）

29. 现象的观察和剖析逼进到自然的内部，而人们并不知道，随着时间的推移这将走到多远。尽管如此，但那些超出自然之外的先验的问题，我们尽管如此也毕竟绝不能够回答它们，即使整个自然都被揭示给我们，这是由于用一种——与我们的内感官的直观——不同的直观，而观察我们自己的内心，都没有被给予过我们。（KrV，A278；B334）

30. 但没有任何自然的力量能够自发地偏离于它自已的规律。（KrV，A294；B350）

31. 因为我们必须与一种自然的和不可避免的幻觉打交道，这种幻觉本身则以主观的原理为基础。（KrV，A298；B354）

32. 因为在对自然的考察中，经验把规则交到我们手里，并且就是真理的源泉。（KrV，A318；B375）

33. 形而上学需要这些理念不为了自然科学的目的、而为了超出自然。（KrV，A337；B395）

但这种目的秩序同时也是自然秩序。（KrV，B425）

34. 我们有两个术语：世界和自然，它们有时相互运转。前者意味着一切现象的数学上的整体和现象的——不论是在宏观上还是在微观上、亦即不论是在通过复合还是通过分割的现象的进步中的——综合的总体性。但恰好这种现象的世界被称为自然。（KrV, A418; B446）

35. 有条件的原因性在更严格的理解中就叫做自然原因。在一般此在中的有条件者叫做偶然的，无条件者则叫做必然的。现象的无条件的必然性可以叫做自然必然性。（KrV, A419; B447）

36. 自然，如果从形容词上（形式地）而设想，则意味着一个物的规定的关联，按照因果性的一条内部原则。相反，人们把自然，从名词上（质料地），理解为现象的总和，只要这种现象由于因果性的一条内部原则而无一例外地相关联。（KrV, A418; B446）

37. 所以，我们所拥有的就只不过是自然界，我们必须到其中去寻求世界事件的关联和秩序。（KrV, A447; B475）

38. 所以自然与先验自由的区别正如合规律性和无规律性的区别一样。（KrV, A448; B476）

39. 甚至数学（这种人类理性的骄傲）的真正尊严也基于，它将给理性提供这种指导，在宏观和微观上、在自然的秩序和合规则性中、同时在推动自然的那些力量的值得惊叹的统一性中，洞察自然，远远超出了对建立在普通经验上的哲学的一切期望。（KrV, A464; B492）

40. 经验论者绝不允许，把自然的任何一个时期看做绝对最初的时期，或者把他的在自然范围的眺望的任何一个界限看做最外边的边界，或者从他通过观察和数学所能分解和在直观中综合规定的自然对象。（KrV, A469; B497）

41. 因为我们所知道的，无非是自然，自然是唯一向我们提供对象、并能够把这些对象的规律教给我们的。（KrV, A470; B498）

42. 在自然现象的解释中必然留有许多我们所不知道的东西并且留有一些我们无法解决的问题，因为我们关于自然所知道的东西，对于我们所应当解释的东西，远不是在一切情况下都充分的。（KrV, A477; B505）

43. 在道德的普遍原则中不能够有任何不确定的东西，因为这些命题要么是完全无效的和空无含义的，要么就必须仅仅从我们的理性概念中流淌出来。相反，在自然知识中存在着一种鉴于其从没有确定性被期待的猜测的无限性，因为自然现象是不依赖于我们的概念而被给予我们的对象，所以打开它们的钥匙并不处于我们和我们的纯粹思想之内，而处于我们之外，也正因此在很多情况下找不出来，因而也不能期待任何可靠的解释。（KrV, A480; B508）

44. 如果你们假定：在世界上发生的一切事情中，除了按照自然规律的结果，便什么也没有，那么这个原因的原因性又总还是某种发生的东西，并且使你们对更高原因的追溯、因而使条件序列 a parte priori（向在先方向上）的无休止的延长成为必然的。所以这个单纯起作用的自然对于你们在世界事件的综合

中的一切概念来说，就太大了。（KrV，A488；B516）

45. 鉴于发生了的事情，人们只能够设想两种类型的原因性，要么按照自然，要么出于自由。（KrV，A532；B560）

46. 于是，整个经验领域，不管它延伸多么远，都变成了单纯自然的一个总和。（KrV，A533；B561）

47. 人们清楚地看到，假如感性世界中的一切原因性都只是自然，那么每个事件都将是在时间中按照必然规律而被另一个事件所规定，因而，由于现象，只要它规定着任意，就必须会使每一个行动作为它的自然后果而成为必然的，所以先验的自由的取消同时也就灭绝了一切实践的自由。（KrV，A534；B562）

48. 这样一来，自然就是每一个事件的完备而自身充分的规定着的原因。（KrV，A536；B564）

49. 其结果，正如每一个其他现象一样，从自然中不可避免地涌流出来。（KrV，A540；B568）

50. 如果我们愿意屈服于先验的实在论的幻觉，那么就既剩留不下自然、也剩留不下自由。（KrV，A543；B571）

51. 这种“应当”表达了一种必然性的方式以及与在整个自然中通常并不发生的根据的联结。（KrV，A547；B575）

52. 知性只能够从整个自然中认识到，什么是现在的，或者什么是过去的，或者什么是将有的。这是不可能的，在自然中应当有——不同于在这一切时间关系中实际上所有的——某物，53. 甚至连这个“应当”，如果人们单纯着眼于自然进程，就完全没有任何意义了。（KrV，A547；B575）

54. 因为理性本身毕竟不是任何现象、也根本不服从于任何感性条件，所以在它之内、甚至在它的原因性的概念中，都不会发生时间次序，所以按照规则规定时间次序的自然的动力学的规律不会应用于其上。（KrV，A553；B581）

55. 现在，这个二律背反建基于一个单纯的幻相，并且，出于自由的原因性的自然至少并不冲突，这就是我们能够完成的唯一的事情。（KrV，A558；B586）

56. 因为我们所说的理想，是以一个自然的而不仅仅是任意的理念为基础的。（KrV，A581；B609）

57. 自然的许多力——通过一定的结果表明为它们的此在，对于我们仍然是无法探明究竟的。（KrV，A613；B641）

58. 古代的哲学家们把自然的一切形式看作偶然的，却把质料、按照普通理性的判断、看作本源的和必然的。（KrV，A617；B645）

59. 不能以任何方式把自然的系统统一性设立为我们理性的经验的运用的

原则。（KrV，A619；B647）

60. 这个证明任何时候都值得用敬重而被称呼。它是最古老、最明白并且最大程度地适合于普通人类理性。它激活了自然的研究，正如它本身由于这种研究而拥有它的此在并且一直由此而获得新的力量一样。（KrV，A623；B651）

61. 所以一个（或许多）崇高的和智慧的原因生存着，它必须不仅仅作为盲目起作用的全能的自然，通过丰产性而成为世界的原因，而必须作为理智，通过自由而成为世界的原因。（KrV，A625；B653）

62. 这种自然使一切艺术并且或许乃至这种理性首次成为可能。（KrV，A626；B654）

63. 后一种人主张，理性有可能按照与自然的类比而进一步地规定这个对象，即作为一个——通过知性和自由而包含一切别的事物的原始根据在自身中的——存在者。（KrV，A631；B659）

64. 自然的神学则从在这个世界中所遇见的性状、秩序和统一性中推断出一个世界创造者的属性和此在，在这个世界中，两种不同类型的原因性及其规则必须被假定，亦即自然和自由。（KrV，A632；B660）

65. 人们习惯于大体上并不把上帝的概念单纯理解为一个作为事物的本根而盲目起作用的永恒自然。（KrV，A632；B660）

66. 现在，如果人们从世界上事物的此在推导出它们的原因，那么这就不属于自然的、而属于思辨的理性运用，因为自然的运用不把事物自身（实体）、而只把那些发生了的东西、因而把它们的状态、作为经验的偶然的东西与某个原因联系起来。（KrV，A635；B663）

67. 尽管如此，人类理性仍具有一种自然的倾向，跨越这个界限，先验的理念对于理性是自然的，恰如范畴对于知性，虽然带有这种区别。（KrV，A642；B671）

68. 这一类的理性概念不被创造于自然，我们毋宁根据这些理念询问自然，并且只要我们的知识与它们不相适应，我们就把我们的知识看作是有欠缺的。（KrV，A645；B673）

69. 理性究竟带有哪些权限能够在逻辑的运用中要求，把自然提供给我们来认识的力的多样性，当作一种只是隐藏着的统一性来处理，并且把这些多样性从某种基本力的任何一个中尽其所有地推导出来？（KrV，A651；B679）

70. 所以鉴于这种标志，我们无论如何都必须预设自然的系统的统一性为客观有效的和必然的。（KrV，A651；B679）

71. 但在自然中会遇到这样一种一致性，哲学家们在这条著名的经院规则中预设了：人们非不得已则并不必需增加始基（原则）。（KrV，A652；B680）

72. 这种理性统一性测定了自然本身，并且理性在这里并非乞求、而是命

令，尽管它并不能够规定这种统一性的界限。（KrV，A653；B681）

73. 所以类的逻辑原则以一个先验原则为前提，如果它应当被应用于自然（我在这里把自然只理解为那些被给予我们的对象）的话。（KrV，A654；B682）

74. 这就需要发现一条先行的理性规则，这条规则给知性提出了寻找差异性的任务，因为它把自然预设得如此丰富多彩，而猜测差异性。（KrV，A657；B685）

75. 因为它根本不可能把对自然的安排的观察和洞见作为客观的主张而提交出来。（KrV，A668；B696）

76. 我在自身就是这样一种仅仅被看作一个思想着的自然（灵魂）理念的第一客体。（KrV，A682；B710）

77. 因为，即使我只想问，灵魂是否自在地就是精神性的自然，那么这个问题就根本没有任何意义。因为通过这样一个概念我不但拿走了物质自然，而且一般地拿走了一切自然，即任何一个可能经验的所有谓词，因而拿走了为这样一个概念而思想一个对象的所有条件。（KrV，A684；B712）

78. 因为自然原本只是唯一被给予的客体，鉴于它对理性调节的原则的需要。这种自然是双重的，要么是思想着的自然，要么是物体的自然。（KrV，A684；B712）

79. 所以为纯粹理性所剩留给我们的，就无非是一般自然、以及在自然中条件按照任何一种原则的完备性了。（KrV，A685；B713）

80. 因为在这里一切在自然中显示出来的、常常只由我们自己使之变成自然的目的，这使我们在研究这些原因时相当方便，亦即，替代了在物质的机械论的普遍规律中寻找这些原因。（KrV，A691；B719）

81. 因为，如果人们不能在自然中先天地预设那最高的合目的性，即将它预设为属于自然的本质，人们怎么会被指示，而寻求它、并在一个自然的等级阶梯中接近一个创造者的最高完善性，即一种绝对必然的、因而是先天可认识的完善性呢？（KrV，A693；B721）

82. 把这种自然的系统统一性的调节性的原则设想为一条构成性的原则，并且，仅仅在理念中被设置为理性的一致运用的基础的东西，实体化地预设为原因，就只叫做理性迷乱。（KrV，A693；B721）

83. 因而正是这同一个理念是为我们提供规律的，所以我们当然地就，假定一个与这个理念相应的规律提供的理性（intellectus archetypus，原型的智性），从这个作为我们理性的对象的规律提供的理性中可以推导出自然的一切系统的统一性。（KrV，A695；B723）

84. 然而，在世界结构的系统而合目的性的秩序的关系中，如果我们研究自然、就必须预设它，我们已经只按照与一个理智的类比（一个经验的概念）

而设想了那个为我们所不知道的存在者。（KrV，A698；B726）

85. 这个最高智慧的理念是在对自然界的自然研究中的一种调节和一种按照普遍的自然规律的自然界的系统而合目的性的统一性原则。（KrV，A699；B727）

86. 因为我们没有权利，在自然之上假定一个想好了的属性的存在者，而只有权利把这个存在者的理念设置为根据。（KrV，A700；B728）

87. 因为这条系统统一性的调节的法则要求，我们应当这样研究自然，好像到处都会无限地、在最大可能的多样性那里，遇到系统而合目的的统一性。（KrV，A700；B728）

88. 他们把自然的智慧和预先关心与神圣的智慧，当做同等意义的表达而谈论。（KrV，A701；B729）

89. 在这一切中他们做得是完全正确，如果他们不超过他们的指定界限、即自然的界限。（KrV，A725；B753）

90. 凡是自然本身所安排的，对于任何一个意图来说则都是好的。（KrV，A743；B771）

91. 没有这种批判，理性就仿佛是处于自然的状态，而能够使它的主张和要求不起别的作用、或别的保障，无非通过战争。（KrV，A751；B779）

92. 自然状态就该是一种不公正并且暴力行为的状态，并且人们必须必然地抛弃这种状态，以便服从法律的约束。（KrV，A752；B780）

93. 因此在纯粹理性的领域中并没有任何真正的论争。双方都是在与空气搏斗，他们和自己的影子扭打，因为他们超出了自然之外，在那里对于他们的独断论的把握，可以抓得住和保持的东西，并不是现成的。（KrV，A756；B784）

94. 由于既然我们的这种行为涉及到最高目的，那么，明智地并为我们着想的自然的最后意图，在我们的理性的安排那里，原本就只是设置在道德的东西上的。（KrV，A801；B829）

95. 这种意志必须是全能的，以便整个自然及其与在世上的道德的关系都服从于它。（KrV，A815；B843）

96. 必须是永恒的，以便在任何时间中都不缺乏自然和自由的这种相互协调。（KrV，A815；B843）

97. 把自然的合目的性带到那些——必须先天地与事物的内在可能性不可分地联结在一起的——根据上，并且由此而带到一种先验神学上。（KrV，A816；B844）

98. 从自然本身的知识而作鉴于认识的没有任何合目的性的运用，这里自然本身并不扮演合目的的统一性；因为没有这种合目的的统一性，我们甚至不

会具有任何理性。（KrV, A816; B844）

99. 合目的的统一性仍然是理性应用于自然之上的一个如此重大的条件，以致于我——由于关于它的经验又向我呈现出此事的丰富例证——完全不能够错失它。（KrV, A826; B854）

100. 人的内心保存着（同样我相信，这种事在每个理性的存在者那里都必然发生）对道德的一种自然兴趣，尽管这种兴趣并不是不可分离的和实践上占优势的。（KrV, A830; B858）

101. 自然，在其中人们无区别地着眼的东西，没有任何它的禀赋的偏袒的分配而被指责。（KrV, A831; B859）

102. 人类理性的规律提供（哲学）具有两个对象，自然和自由，所以它一开始就不仅把自然法则、也把道德法则包含在两个特殊的、但最终在一个唯一的哲学系统中。自然哲学走向一切在此之物；道德哲学则走向那应当在此之物。（KrV, A840; B868）

103. 但现在，理性的运用在这种合理的自然考察中或者是自然的，或者是超自然的，或更好地说，或者是内在的，或者是超验的。前者走向自然，与自然知识能够被（具体地）应用于经验中一样远，后者则走向经验对象的超过一切经验的那种联结。（KrV, A845; B873）

自然必然性（die Naturnotwendigkeit）

自然的必然性（die Notwendigkeit der Natur）

1. 我就不能不说，灵魂的意志是自由的，并且同时又是服从自然必然性的，即不自由的。（KrV, BXXVII）

2. 鉴于变化之物的此在则叫做绝对的自然必然性。（KrV, A418; B446）

3. 现象的无条件的必然性可以叫做自然必然性。（KrV, A419; B447）

4. 所以这个结果鉴于它的理知的原因就可以被看作自由的，但同时鉴于现象则可以被看作按照自然的必然性而出自现象的后果。（KrV, A537; B565）

5. 原因性的可能性通过自由，在与自然必然性的普遍规律相一致中。（KrV, A538; B566）

6. 所以这个积极的存在者，只要在它的自然必然性的行动中，作为只在感性世界中才遇到的东西，就是独立而自由的。（KrV, A541; B569）

7. 自由的宇宙论理念的阐明在与普遍的自然必然性联结中。（KrV, A542; B570）

8. 因为它只是这样一个任务：自由是否与自然必然性在一个以及它的行动中相冲突。（KrV, A557; B585）

自然概念（der Naturbegriff）

1. 更不用说，它们或许就使从自然概念到实践概念的一个过渡成为可能，并且使道德理念本身以这种方式能够获得行为以及与理性的思辨知识的相互关系。（KrV，A329；B386）

2. 然而，鉴于数学的无条件者和动力学的无条件者的区别，这种回溯以之为目的，我会在更严格的意义上把前两个理念称为（在宏观世界和微观世界中的）世界概念，而把其他两个理念则称为超验的自然概念。（KrV，A420；B448）

自然规律，自然法则，自然律（das Naturgesetz）

1. 那么，正是这些事物的意志在现象中（在可见的行动中）就被设想为必然地遵照自然法则并且假使是不自由的，然而另一方面，又被设想为属于自在之物本身，并不服从自然法则，因而是自由的。（KrV，BXXVIII）

2. 它们被我们的创造者这样安排，以至于它们的运用与经验所沿着它运行的自然规律，恰好相符合（纯粹理性的预成论体系的一种）。（KrV，B167）

3. 而我则问，这条规则，作为一条自然法则，建立在什么上面呢？并且甚至这种联想本身是如何可能的呢？（KrV，A113）

4. 甚至自然规律，当它们被看作知性的经验的运用的原理（Grundsätze）的时候，同时也就带有了一种必然性的特征。（KrV，A159；B198）

5. 但自然的一切规律毫无例外地都服从于知性的更高的原理，因为它们只把这些原理运用于现象的特殊情况。（KrV，A159；B198）

6. 因此这个命题：没有任何事情通过一个盲目的偶然性而发生，（in mundo non datur casus，世上没有偶发事件），就是一条先天的自然律。（KrV，A228；B280）

7. 所以那个表面上的规律决不是自然的规律。它仅仅是一个分析的、通过单纯概念而比较了事物的规则。（KrV，A272；B328）

8. 这些道德法则每次都能够与自然法则同时、依照实体和原因这些范畴而被解释，虽然它们产生于完全不同的原则。（KrV，B432）

9. 按照自然律的因果性并不是世界的现象全都能够从中被推导的唯一因果性。（KrV，A444；B472）

10. 我们不可假定任何别的事件的产生，除非这种事件被不变的自然规律所规定。（KrV，A471；B499）

11. 我所理解的自由，在宇宙论的理解中，就是自行开始一种状态的能力，所以它的原因性并不是按照自然规律又不从属于另外一个按照时间规定它的原

因。（KrV，A533；B561）

12. 那条原理的正确性，有关感官世界中一切事件的通盘关联，按照不变的自然规律，已经作为一条先验感性论的原理而固定下来并且不受任何损害了。（KrV，A536；B564）

13. 于是我们就会在一个感官世界的主体中，首先，拥有一种经验的品格，由此它的行动，作为现象，就会与其他现象按照固定的自然规律而彻头彻尾地处于关联之中，并能够从作为它的条件的现象中被推导出来。（KrV，A539；B567）

14. 一旦外部现象流进主体，就像它的经验的品格、即它的原因性的法则，则通过经验而被认识，它的一切行动就必须允许按照自然规律而解释。（KrV，A540；B568）

15. 自然规律，即一切发生的事情都有一个原因，这个原因的原因性，即行动，由于它在时间中先行，并且考虑到一个在此产生的结果，本身不可能是一直存在了的，而必须是发生的，它也会在现象中拥有自己由以被规定的原因，所以在一个自然秩序中一切事件都是经验地得到规定的；这种——现象由以能够首先构成一个自然并适合充当一个经验之对象的——规律，是一种知性的规律，这不允许以任何借口脱离于它、或者把任何一个现象除外；因为否则人们就把这个现象置于一切可能经验之外，但由此就会把它区别于可能经验的一切对象、并使它成为单纯的思想物和一种幻影了。（KrV，A542；B570）

16. 然而这些结果却同样必须能够按照自然规律由它们在现象中的原因而被完全解释，因为人们把它们的单纯的经验的品格遵循为至上的解释根据。（KrV，A546；B574）

17. 因为否则的话，它本身就已经服从于现象的自然规律了，因为这种规律按照时间而规定因果序列，而这样一来，这种原因性就该是自然、而不是自由了。（KrV，A552；B580）

18. 在它里面没有任何规定随后的状态的状态是先行的，因而它根本不属于那些——按照自然规律使现象成为必然的——感性的条件的序列。（KrV，A556；B584）

19. 特殊的自然规律服从于普遍的自然规律。（KrV，A650；B678）

20. 这个系统统一性的理念本来只应当用来，为了寻找作为调节性原则在按照普遍自然规律的事物的联结中的系统的统一性。（KrV，A692；B720）

21. 因此理性也给出了规律，它们是命令、即客观的自由规律，它们说明，什么应该发生，即使它同样也许决不会发生，并且它们在这点上与只处理那些发生了的东西的自然律相区别，因此也被称为实践律。（KrV，A802；B830）

22. 因为一切希望都走向幸福，并且在关于实践和道德律方面所是的东西，

知识和自然律在事物的理论认识方面所是的东西，恰好就是同一个东西。（KrV，A805；B833）

23. 也不可避免地引导上一切事物的合目的的统一性，一切事物都按照普遍的自然律而构成这个大全。（KrV，A815；B843）

23. 这种先验神学把这个最高的本体论的完善性的理想采用为一条按照普遍而必然的自然律把联结一切事物的系统统一性原则，因为一切事物全都在一个唯一的原始存在者的绝对必然性中拥有它们的来源。（KrV，A816；B844）

自然规则（die Naturregel）

1. 因为如果我们只在可能是现象底下的原因的东西中，遵守自然规则，那么我们就可以是不操心的，什么东西在为我们经验地所不知道的先验主体中、对这些现象及其关联的一种根据而被想到。（KrV，A545；B573）

自然机械论（die Naturmechanism）

1. 那么因果性原理、因而自然机械论的原理在事物的规定中就必须彻底地适用于一切、作为起作用的原因的一般事物。（KrV，BXXVII）

2. 进而自由连同它的德性（它的反面就不会包含任何矛盾了，因为如果不已经把自由当作前提）也必须为自然机械论腾出位置。（KrV，BXXIX）

自然结果（die Naturwirkung）

1. 没有任何遵照这种品格规定人的那些条件，它们不被包含在自然结果的序列中并且属于自然结果的规律。（KrV，A552；B580）

2. 在所有这一切中，人们所做的处理，正如一般在对一个给予了的自然结果的规定着的那些原因的序列的研究中一样。（KrV，A554；B582）

自然科学（die Naturwissenschaft）

1. 自然科学踏上这条科学的阳关道要更加缓慢得多；因为这只不过是一个半世纪的事情。（KrV，BXII）

2. 我在这里只想考虑——建立在经验的原则上的——自然科学。（KrV，BXII）

3. 自然科学（物理学）自在地包含着作为原则的先天综合判断。（KrV，B17）

4. 所以这条定理就不是一个分析的命题，而是综合的命题，但仍还被先天所想到，并且自然科学纯粹部分的其余定理也都如此。（KrV，B18）

5. 纯粹自然科学是如何可能的？（KrV，B20）

6. 但这两位所想出的这种经验的推导，并不能与我们所拥有的先天科学知识、即纯粹数学和普遍自然科学的现实，相一致，因而被事实所驳斥。（KrV，A95；B128）

7. 形而上学需要这些理念不为了自然科学的目的、而为了超出自然。（KrV，A337；B395）

8. 数学、自然科学，甚至人类的经验的知识，作为——大部分朝着人类偶然的、但最终却毕竟朝着必然的和本质的目的的——手段，而具有一种很高的价值。（KrV，A850；B878）

自然强制（der Naturzwang）

1. 世界有一个开端，我的思想着的自己具有单纯的因而不灭的本性，这个自己同时在它的任意的行动中本该是自由的并超越于自然强制。（KrV，A466；B494）

自然事件（die Naturbegebenheit）

1. 我们需要现象相互之间的原因性这条原理，为了从自然事件中能够寻求和指出自然条件、即现象中的原因。（KrV，A544；B572）

自然使命（die Naturbestmmung）

1. 然而，这倒也并非我们理性的自然使命的意图并且哲学的职责曾经是：消除由误解而产生的幻觉。（KrV，AXII）

自然条件（die Naturbedingung）

1. 我们需要现象相互之间的原因性这条原理，为了从自然事件中能够寻求和指出自然条件、即现象中的原因。（KrV，A544；B572）

2. 这种行动当然就必须在自然条件之下才是可能的。（KrV，A548；B576）

3. 但这些自然条件不涉及任意本身的规定，而只涉及任意在现象中的结果和后果。（KrV，A548；B576）

自然天资（die Naturanlage）

1. 形而上学，即使并不作为科学、但却作为自然天资（metaphysica naturlis）是现实的。（KrV，B21）

2. 于是关于这种形而上学有就有这个问题：形而上学作为自然天资是如何可能的？（KrV，B22）

3. 人们不能只以形而上学的自然天资为满足、亦即不能满足于纯粹理性能

力本身。（KrV，B22）

4. 他的自然天资，不单按照使之运用的天赋和冲动、尤其在他之内的道德律，走得超出了他在他的一生中所能够从中谋取的一切收益和好处。（KrV，B425）

5. 所以它们特许在我们理性的自然天资中具有它们的良好的与合乎目的的使命。（KrV，A669；B697）

自然统一性（die Natureinheit）

1. 这个自然统一性应当是一种必然的、亦即先天确定的连接现象的统一性。（KrV，A125）

2. 所以我们的类比真正体现了一切现象在一定指数下关联起来时的自然统一性，而这些指数无非向统觉的统一性表达了时间关系（只要它自身中包含了一切此在），这种统一性只有在按照规则的综合中才能够发生。（KrV，A216；B263）

3. 上述原则并不具有别的意图，而无非寻求必然的和最大可能的自然统一性。（KrV，A699；B728）

4. 然而这种系统的自然统一性按照理性的思辨原则不可能证明，因为理性虽然在一般自由方面、但并非在全体自然方面具有原因性，并且道德的理性原则虽然能够产生自由的行动，但不能产生自然律。（KrV，A807；B835）

自然王国（das Reich der Natur）

1. 莱布尼茨曾称呼——只要人们在其中只留意理性存在者与它们在至善统治下按照道德律的关联的——那个世界，为恩宠王国，并且它区别于自然王国，由于它虽然从属于道德律，但并不指望它们的行为的任何别的后果，而无非按照我们感官世界的自然进程的后果。（KrV，A812；B840）

自然物（das Naturding）

1. 最后，是否有一个至上的世界原因，还是自然物及其秩序就构成了——在它那里我们在我们的一切考察中都必须停止的——最后的对象。（KrV，A463；B491）

2. 因此作为这样一种原因，这个法则，也像所有其他自然物一样，必须具有一种经验的品格。（KrV，A546；B574）

3. 所以由此就只表明了，一切自然物及其一切（经验的）条件的无例外的偶然性，完全能够很好地与一个必然的、虽然只是理知的条件的任意的预设相共存。（KrV，A562；B590）

4. 一个先验的假设，在它那里一个理性的单纯理念需要自然物的解释，因此根本就不是任何解释。（KrV，A772；B800）

自然原因（die Natururursache）

自然的原因（die Ursache der Natur）

1. 发生的事情的条件，就叫做原因，而在现象中原因的无条件的原因性就叫做自由，相反，有条件的原因性在更严格的理解中就叫做自然原因。（KrV，A419；B447）

2. 因为它们在感性世界中任何时候都被在先前时间中的经验的条件、但毕竟只借助于（仅仅是理知品格的现象的）经验的品格，而预先规定，并且只作为自然原因的序列的延续才是可能的。（KrV，A541；B569）

3. 所以自然原因在时间系列中的一切行动本身又是——一些在时间序列中同样预设了它的原因的——结果。（KrV，A544；B572）

4. 然而这个经验性的原因性本身，却可能丝毫也不中断它与自然原因的关联，而仍然不是一种非经验的原因性的一个结果、而是理知的原因性的结果？（KrV，A544；B572）

5. 如果人们假定，在那些自然原因中也会有一些这样的原因，它们具有一种本身只是理知的能力，因为这种能力为了行动的规定决不以经验的条件、而以知性的单纯为基础，但毕竟，这个原因的在现象中的行动本该是与经验的原因性的所有规律相一致的。（KrV，A545；B573）

6. 人是感官世界的现象之一，就此而言也是自然原因之一，其原因性必须从属于经验的法则。（KrV，A546；B574）

7. 因而纯粹理性自由地行动着，并没有在自然原因的链条中、被外部的或内部的、但按照时间的先行根据所动力学地规定。（KrV，A581；B553）

8. 人们承认，简直不能发现纯粹的“土”、纯粹的“水”、纯粹的“气”等等。但尽管如此人们仍必需拥有这些概念（所以这些概念，就完全的纯粹性而言，只在理性中有其来源），以便恰如其分地规定，这些自然原因的每一个在现象中的份额。（KrV，A646；B674）

9. 理性的思辨运用的一条必要的规则就是，不要错过自然原因，并且放弃我们能够被经验所教导给我们的东西，以便推导出，我们所知道的东西。（KrV，A799；B827）

10. 所以我们通过经验而认识到，实践的自由作为自然原因之一，即在意志的规定中的理性的原因性，然而先验的自由却要求这个理性本身（鉴于它的开始了一个现象序列的原因性）独立于感官世界的一切规定的原因。（KrV，A803；B831）

11. 前者基于经验的原则，因为除了借助于经验，我既不会知道哪些要被满足的爱好，也不会知道哪些是能够满足这些爱好的自然原因。（KrV，A806；B834）

12. 而关于这种联结，只有当我们把一个按照道德律而命令的最高理性、同时又作为自然的原因而被设置为基础的时候，才可以被希望。（KrV，A810；B838）

自然学说（die Naturlehre）

1. 但我看不出，那些被充分设置了基础的科学，如数学、自然学说等丝毫地值得这种责备，而更多地维护了彻底性的古老荣誉，而在自然学说中甚至有所超过。（KrV，AXI）

2. 这样，德性的学说保持了自己的位置，并且自然学说也将保持了自己的位置。（KrV，BXXIX）

3. 人类学（经验的自然学说的对应物）。（KrV，A849；B877）

自然行动（die Naturhandlung）

1. 于是这个“应当”就表达了一种可能的行动，这行动的根据则无非是，一个单纯的概念；与此相反，一个单纯自然行动的根据的概念任何时候都必须是一个现象。于是当这个应当被指向这种行动时，这种行动当然就必须在自然条件之下才是可能的。（KrV，A548；B576）

自然神论（der Deismus）

自然神论者（der Deist）

自然神论的（deistisch）

1. 那种这样仅仅承认一种先验的神学的人，被叫做自然神论者，那种也接受一种自然的神学的人，则被叫做一神论者。前一种人同意，我们充其量能够通过单纯理性而认识一个原始存在者的此在，但关于它我们的概念好像是单纯先验的，即无非一个拥有一切实在性的存在者的概念，但人们却不能进一步地规定这种实在性。后一种人主张，理性有可能按照与自然的类比而进一步地规定这个对象，即作为一个——通过知性和自由而包含一切别的事物的原始根据在自身中的——存在者。所以前一种人把这个存在者单纯设想为一个世界原因，（无论是通过它的本性的必然性，还是通过自由，仍还不明确），后一种人则把这个存在者设想为一个世界创造者。（KrV，A631；B659）

2. 由于人们习惯于大体上并不把上帝的概念单纯理解为一个作为事物的本根而盲目起作用的永恒自然，而理解为一个——本身通过知性和自由而应当是事物的创造者的——最高的存在者，并且也由于仅仅这个概念使我们感兴趣，所以人们就能够在严格意义上否认自然神论者一切对上帝的信仰，并且只给他剩下一个原始存在者或至上原因的主张。（KrV，A632；B660）

3. 所以那个先验的、唯一确定的概念，单纯思辨理性关于上帝所提供给我们的，在最准确的理解中是自然神论的，亦即，理性甚至连一个这样的概念的客观有效性都不给予，而只提交了关于“某物”的理念。（KrV，A675；B703）

自然神学，自然的神学（die Physikotheologie，die natürliche Theologie）

自然神学的（physikotheologisch）

1. 自然的神学中，由于人们想到一个这样的对象，它不仅仅对我们根本不可能是任何直观的对象，而且它就连对它自身也一定不可能是任何感性直观的对象。（KrV，B71）

2. 第一种证明是自然神学的证明，第二种证明是宇宙论的证明，第三种证明是本体论的证明。（KrV，A591；B619）

3. 既然这个证明也放弃了经验对象的一切特殊属性，这个世界由此而能够与每一个可能世界相区别：所以它在自己的名称中就已经区别于自然神学的证明了，而自然神学的证明则需要对我们这个感官世界的特殊性状的观察作为证明根据。（KrV，A605；B633）

4. 自然神学证明的不可能性。（KrV，A620；B648）

5. 既然不论是一般物的概念，还是关于任何一个一般此在的经验，都不能够提供所要求的东西，那么就剩下一种办法去尝试一下，是否某种确定的经验、因而当前这个世界的物的经验，它的性状和秩序，适合于充当一个证明根据，这种证明根据则能够可靠地帮助我们去确信一个最高存在者的此在。一个这样的证明我们就称作自然神学的证明。要是这个证明也是不可能的：那就任何地方都不可能有什么——出自单纯思辨理性而符合于我们的先验理念的一个存在者的此在的——使人满意的证明是可能的了。（KrV，A620；B648）

6. 自然神学的证明绝不能够单独说明一个最高存在者的此在，相反，它任何时候都必须委托于本体论的证明（它只被用作本体论证明的序言），补足它的这一缺陷。（KrV，A625；B653）

7. 上述自然神学的证明的基本要素有如下：1. 在这个世界上到处都可找到一种——按照一定的意图、用伟大智慧制作出来的——安排的清晰的迹象，并且既在一个内容的无法描述的多样性的整体中、又在范围的无限制的大小的整体中。2. 对于世界之物，这种合目的性的安排是完全外来的，并且只与它们偶然地相联系，亦即，不同事物的本性不能够自动地、通过如此多样地联结起来的手段、而与规定了的终极意图协调一致，如果它们通过一个进行安排的理性的原则、按照那些设置了基础的理念，为此本来就完全被挑选和安排。8. 所以一个（或许多）崇高的和智慧的原因生存着，它必须不仅仅作为盲目起作用的全能的自然，通过丰产性而成为世界的原因，而必须作为理智，通过自由而成为世界的原因。4. 这个原因的统一性可以从这个世界的各部分作为一个艺术的建筑的各环节而交互关联的统一性中，在这种艺术的建筑上、我们的观察所达到的那里，带有确定性地、但此外，则按照类比的一切原理、带有或然性地推论出来。（KrV，A625；B653）

9. 所以自然神学便绝不能够提供有关至上的世界原因的任何确定的概念，因此对于一条——本身又应当构成宗教的基础的——神学原则，是不充分的。（KrV，A628；B656）

10. 自然神学的证明卡住在自己的行动计划中，它在这种窘境中突然跳跃向宇宙论的证明。（KrV，A629；B657）

11. 自然神学家们根本没有理由，对先验的证明方式做得如此冷淡，并且用看透了的自然行家的自负而俯视这种证明方式，就像俯视幽暗的好冥思苦想的人的编织网。（KrV，A629；B657）

12. 对一个作为最高存在者的唯一原始存在者的此在的宇宙论证明，就把自然神学的证明设置为基础。（KrV，A630；B658）

13. 如果我把神学理解为原始存在者的知识，那么它要么就是来自单纯理性的（theologia rationalis，理性神学），要么就是来自启示的（revelata，天启[神学]）。现在前一种神学要么仅仅通过纯粹理性、借助于纯净的先验概念（ens originarium，realissimum，ensentium，原始的、最实在的存在者，所有存在的存在者）而设想它的对象，这叫作先验的神学，要么通过一个它从自然中（从我们的灵魂中）借来的概念，而将它的对象设想为最高理智，这就必须叫作自然的神学。（KrV，A631；B659）

14. 自然的神学则从在这个世界中所遇见的性状、秩序和统一性中推断出一个世界创造者的属性和此在，在这个世界中，两种不同类型的原因性及其规则必须被假定，亦即自然和自由。因此自然的神学从这个世界上升到最高的理智，要么把它作为一切自然的、要么把它作为一切道德的秩序和完善性的原则。在前一种情况下就叫做自然神学，在后一种情况下则叫做道德神学。（KrV，A632；B660）

15. 所以自然神学的证明虽然也许能够加强别的证明（如果这样的证明还能获得），因为它把思辨与直观联结了起来；但就其自身而言它毋宁说是使知性为神学知识作了准备，并且为此给知性提供一个正确的和自然的方向，而不

是说它独自就能够完成这项事务。（KrV，A637；B665）

16. 最高理智的理念和在此之上错误建立起来的自然的神学体系（即自然神学）。（KrV，A690；B718）

17. 但这种自然神学（Physikotheologie），由于它毕竟从道德的秩序、作为一种建立在自由的存在者的基础上、而并非经由外部命令而偶然促成的统一性，而开始。（KrV，A816；B844）

18. 我坚定地相信一个上帝；但这样一来这个信念在严格的意义上却不是实践的、而必须被称为一个学理的信念，自然的神学（自然神学）一定会到处都必然地产生出它。（KrV，A827；B855）

自然的形而上学（die Metaphysik der Natur）

1. 我希望在自然的形而上学这个标题下甚至提供出这样一种纯粹的（思辨的）理性的体系，而这个体系，比起这里的批判，尽管篇幅还不及一半，但却应当具有无可比拟的丰富内容。（KrV，AXXI）

2. 形而上学划分为纯粹理性的思辨的运用的形而上学和实践的运用的形而上学，所以要么是自然的形而上学，要么是道德的形而上学。前者包含来自一切事物的理论知识的单纯概念（因而排除了数学）的一切纯粹理性原则；后者则包含那些——先天地规定所为所不为并且使之成为必然的——原则。（KrV，A841；B869）

3. 形而上学的那个首先已经侵占这一名称的思辨的部分，即我们称为自然形而上学的、并且从先天概念而考虑一切、只要它所是的东西（而不是所应当是的东西）的形而上学，就被划分为如下的类型。（KrV，A845；B873）

4. 有形的自然的形而上学叫做物理学。（KrV，A846；B874）

5. 思想着的自然的形而上学就叫做心理学。（KrV，A846；B874）

6. 因为自然的形而上学完全脱离于数学，它也远不比数学提供如此多的扩展性见识。（KrV，A847；B875）

7. 所以不仅自然的、而且道德的形而上学，尤其打开自己的翅膀而冒险的、预习（入门）而先行的理性的批判，才真正唯一地构成了这一种我们在真正理解中能够称为哲学的东西。（KrV，A850；B878）

自然研究（die Naturforschung）

1. 自然研究完全仅仅按照自然的普遍规律在自然原因的链条上而正常运行，虽然按照创造者的理念，但并非为了——从这个创造者中推导出的、到处都跟踪到它的——那种合目的性，而为了认识来自这种——在自然事物的本质中、尽可能也在所有一般事物的本质中被寻求的——合目的性的、因而也是绝

对必然的创造者的此在。（KrV，A693；B721）

2. 只要这个对象仅仅是世界机制的系统统一性、秩序和合目的性的一个为我们所不知道的基底，理性必须使这种世界机制的统一性、秩序和合目的性成为它的自然研究的调节的原则。（KrV，A697；B725）

3. 因为，虽然我们将侦察到、或达到这个世界完善性的仅很少的东西，但到处寻求和推测这个世界完善性毕竟属于我们理性的规律提供，而且按照这条原则进行自然考察，必定任何时候都是对我们有利的，而决不会成为有害的。（KrV，A699；B728）

4. 自然研究完全仅仅按照自然的普遍规律在自然原因的链条上而正常运行。（KrV，A693；B721）

5. 因为这种最大的系统的和合目的性的统一性，它曾要求你们的理性作为调节的原则而为一切自然研究奠定基础。（KrV，A699；B727）

6. 一切自然研究由此而得到了一个指向一种目的系统形式的方向，并且在它最高的扩张中成为了自然神学。（KrV，A816；B844）

7. 但对于这种统一性，我不知道别的条件，它可以使它成为我自然研究的引导，似乎我假定，具有一个最高的理智按照最明智的目的如此安排一切。（KrV，A826；B854）

8. 于是人们就可以把目前在自然研究的这门学科中现行的方法划分为自然主义的和科学的。（KrV，A855；B883）

自然运用（das Naturgebrauch）

1. 我现在主张，鉴于神学的理性的一种单纯思辨运用的一切尝试都是完全无结果的，并且按照它的内部性状毫无意义的；但理性的自然运用的原则完全不可能引向任何神学，因而，如果人们不把道德律设置为基础、或者把道德律用作引线，任何地方就都不可能存在着任何理性的神学了。（KrV，A636；B664）

2. 这虽然使理性非常方便，但也就完全损坏和摧毁了理性按照经验之引导所作的一切自然运用。（KrV，A690；B718）

自然哲学（die Philosophie der Natur）

1. 自然哲学走向一切在此之物；道德哲学则走向那应当在此之物。（KrV，A840；B868）

2. 人们甚至不要以为，我在这里指的是，人们通常称之为普通物理学（physica ge－neralis）的东西，这种东西与其说是自然哲学，不如说是数学。（KrV，A847；B875）

自然知识（die Naturkenntnis，die Naturerkenntnis）

1. 它把目的和意图带进了这种地步，在那里我们的观察并没有自行揭示出它们，并且通过一种其原则在自然之外的特殊统一性的引导而扩展了我们的自然知识。（KrV，A623；B651）

2. 一种理论的知识，如果它指向一个人们在任何经验中都不可能达到的对象、或者关于一个对象的那些概念，那么就是思辨的知识。它将与自然知识相对立，自然知识并不指向别的、而无非那个在一个可能经验中能够被给予的对象或它们的谓词。（KrV，A635；B663）

3. 这条原理，从发生的东西中、（从经验的偶然之物中）、作为结果、而推导出一个原因，是一条自然知识的原则，但不是思辨知识的原则。（KrV，A635；B663）

4. 但它原本已经首先产生了自然知识的这个系统的东西。（KrV，A660；B688）

5. 所以这些理念不应当自在本身地被假定，而它们的实在性，只应当被看做一切自然知识的系统统一性的调节性原则的图型之实在性，因而它们应当只被看做现实事物的类似物、但却不被看做这样的现实之物自在本身而被设置为基础。（KrV，A674；B702）

自然秩序（die Naturordnung，die Ordnung der Natur）

1. 这个世界构造的合规则的安排（所以也许整个自然秩序也是如此），都清楚地表明，它们只有按照理念才是可能的。（KrV，A317；B374）

2. 但这种目的秩序同时也是自然秩序。（KrV，B425）

3. 知性不仅没有必要离开自然秩序的这一链条，以便眷念那些理念，而知性则不知道那些理念的对象，因为它们作为观念物而永远不能被提供出来。（KrV，A468；B496）

4. 所以在一个自然秩序中一切事件都是经验地得到规定的。（KrV，A542；B570）

5. 所以人在现象中的一切行动、出自它的经验的品格和共同起作用的其他原因的、按照自然秩序，而被规定。（KrV，A549；B577）

6. 总之，如果我们把它们与理性在实践的方面进行比较，那么我们就发现了一种完全不同于自然秩序的规则和秩序。（KrV，A550；B578）

7. 如果人们摆脱了理性的运用，这种理性运用毕竟在任何地方都找不到线索，除非在自然的秩序和变化序列、按照它们的内部而普遍的规律把这条线索提交给我们的地方。（KrV，A691；B719）

8. 因为那样一来，我们就把按照自然的普遍规律的一种合目的性设置为基础了，对于这些自然规律没有任何特殊的机制例外。（KrV，A691；B719）

9. 自然中的秩序和合目的性又必须从自然根据中并按照自然规律而被解释。（KrV，A772；B800）

自然之学，生理学（die Physiologie）

自然之学的（physiologisch）

1. 所有这些争论似乎应当通过（被著名的洛克所提出的）人类知性的一种自然之学来作一个了结并且完全裁决那些要求的合法性。（KrV，AIX）

2. 这种尝试过的自然之学的（physiologische）推导，并不能叫做演绎。（KrV，A87；B119）

3. 假如给我们的有关一般思想的存在者的纯粹的理性知识奠定基础的不只是 cogito（我思），假如我们还要求助于——对于我们思维的游戏以及必须由此而获取的、思想的自身的自然规律的——观察，那么就会产生一种经验的心理学，它就该是内感官的一种自然之学，并且也许能够用于解释内感官的现象，但绝不能够用于揭示这样完全不属于可能经验的属性（如“简单的东西”）的属性，也不能无可争辩地教导某些涉及一般思想的存在者的本性的东西的属性；那么它就不会是任何合理的心理学了。（KrV，A347；B405）

4. 灵魂学说，作为内感官的自然之学。（KrV，A381）

5. 所以这里就发生了，那种一般说来在一个敢于超出可能经验界限的理性的冲突中所遇到的事情，这种任务本来不是自然之学的、而是先验的任务。（KrV，A535；B563）

6. 在这种经验的品格方面不存在任何自由，但唯独按照这种品格我们才能考察人，如果我们仅仅愿意观察人，并且，如同它在人类学中所呈现的，从他的行动研究自然之学上的动因。（KrV，A550；B578）

7. 在比较狭隘理解中的所谓形而上学由先验哲学和纯粹理性的自然之学所组成。前者只考察知性，以及在一个一切与一般对象相关的概念和原理的系统中的理性本身，而没有假定任何会被给予（本体论）的客体；后者考察自然，即被给予的对象的总和（于是就无论它们可能是被给予感官的，还是，如果我们愿意，被给予另一类的直观的），因而就是自然之学（虽然只是合理的自然之学）。（KrV，A845；B873）

8. 因此这种超验的自然之学要么以内部的联结、要么以外部的联结为自己的对象，但两种联结都超出了可能经验；前者是全部自然的自然之学、即先验的世界知识，后者则是全部自然与一个超自然的存在者的相互关联的自然之学、即先验的上帝知识。（KrV，A845；B873）

9. 相反，内在的自然之学把自然看做一切感官对象的总和，因而正如自然被给予我们的那样，但只按照——在其下它一般能被给予我们的——那些先天条件。（KrV，A846；B874）

10. 但它只有两类感性的对象。1. 外感官的对象，因而这些对象的总和，即有形的自然；2. 内感官的对象，灵魂，以及，根据一般灵魂的基本概念，思想着的自然。有形的自然的形而上学叫做物理学，然而，因为它只应当包含物理学知识的先天原则，就叫合理的物理学。思想着的自然的形而上学就叫做心理学，而出于上面列举的原因，它在这里只被理解为心理学的合理的知识。（KrV，A846；B874）

11. 整个形而上学系统就由四个主要部分组成。1. 本体论。2. 合理的自然之学。3. 合理的宇宙论。4. 合理的神学。（KrV，A846；B874）

12. 我们如何能够从对象中期待一种先天的知识、因而一种形而上学，如果这些对象都是被给予了我们的感官、因而都后天地被给予了？并且，这是如何可能的，按照先天的原则、认识事物的本性并且达到一种合理的自然之学？回答则是：我们从经验获取的无非是，那些必须给予我们一个部分是外感官、部分是内感官的客体的东西。外感官的客体通过这个单纯概念物质（不可入的无生命的广延）而发生，内感官的客体则通过一个思想着的存在者的概念（在经验的内部表象、我思中）而发生。（KrV，A848；B876）

13. 因此甚至（医生们的）生理学也通过一条单由纯粹理性所注入的原理而扩展了自己关于有机体的肢体结构的目的的非常有限制的经验的知识，如此之远，以致于人们在其中完全放肆而同时又与所有明智之士相一致地假定，在动物身上一切都具有它的用处和好的意图。（KrV，A688；B716）

自然主义者（der Naturalist）

1. 纯粹理性的自然主义者自己采取的原理是：通过无须科学的普通的理性（他把这叫做健全理性），在构成形而上学最崇高的任务的问题方面，也可以比通过思辨，更达到效果。（KrV，A855；B883）

自我认识（die Selbsterkenntnis）

1. 一切事务中最困难的那件事务，即自我认识的事务。（KrV，AXI）

2. 为了在无需外部经验的直观之助而从单纯内部意识和我们本性的规定出发而谈论自我认识时，给我们指出这样一种认识的可能性的局限。（KrV，B293）

3. 不存在任何一种作为学理、而设法使我们的自我认识获得一种增加的理性心理学，它只作为训练。（KrV，B421）

4. 无非这个意图，把理性在它的自我认识中带到更远。（KrV，A745；B773）

5. 他无批判地、煞有介事地继续着自己的进程，只是挪开他的计划并且把他带进自我认识。（KrV，A763；B791）

自我意识（das SelbstBewuβtsein）

1. 我并不是说，物体似乎仅仅存在于我之外，或者我的灵魂似乎仅仅在我的自我意识中被给予。（KrV，B69）

2. 我把它称为纯粹统觉，以便它区别于经验性的统觉，或者也称为本源统觉，因为它就是那个自我意识——在其中它产生“我思”表象，而这表象必然能够伴随所有其他的表象，并且是在一切意识和自我意识中，——所以决不能被任何其他表象所伴随。（KrV，B132）

3. 我也把这种统一性叫作自我意识的先验统一性，以表明来自于它的先天知识的可能性。（KrV，B132）

4. 因此，这种想法：在直观中被给予的这些表象全都属于我，所意指的无非是，我把这些表象联结在一个自我意识中，或者我至少能够把它们联结于其中。（KrV，B134）

5. 没有这种综合，自我意识的那种无一例外的同一性则不能被设想。（KrV，B135）

6. 一种知性，假如在其中通过自我意识同时就被给予了一切杂多，那么就该直观着了。（KrV，B135）

7. 被给予的表象并不会共同具有这种统觉的行动，“我思”，并且由此不会在一个自我意识中被总括起来。（KrV，B137）

8. 自我意识的客观统一性该是什么。（KrV，B139）

9. 一个杂多，它已经包含在一个我称其为“我的”的直观中了，被知性的综合而表现为属 10. 于自我意识的必然统一性，并且这通过范畴而实现。（KrV，B144）

11. 这种范畴因此表明：“一个”直观的给予杂多的经验的意识从属于一个先天的纯粹自我意识，正如经验的直观从属于一个纯粹感性的、同样是先天发生的直观。（KrV，B144）

12. 在这种本源的统觉中，一切东西遵照自我意识的无例外的统一性的条件都是必须的。（KrV，A111）

13. 一切可能的现象，作为表象，都完全属于可能的自我意识。（KrV，A113）

14. 这个综合的命题：所有不同经验的意识都必须被联结在一个唯一的自

我意识中，是我们一般思想的绝对第一的综合的原理。（KrV，A117）

15. 知觉（例如无论愉快和不愉快）的最小客体，它只要达到自我意识的普遍表象中，就立刻会使合理的心理学转变为经验的心理学。（KrV，A343；B401）

16. 一切思想着的人，似乎都具有自我意识的表达向我说出的性质。（KrV，A346；B404）

17. 既然如此我对于一个思想着的存在者就不能通过外部经验、而仅仅通过自我意识才能够拥有最起码的表象，所以这样的对象无非是这个我的意识转换成另外的——只有借此才被表象为思想着的存在者的——事物。（KrV，A347；B405）

18. 所以在思想中自我意识的一切样态（modi）自身，还不是客体的知性概念（范畴），而仅仅是——根本不把任何对象、因而自身也不作为对象交给思维来认识的——逻辑的机能。（KrV，B406）

19. 但在小前提中，则只像它处在与自我意识的关系中那样，因而在这里根本没有任何客体被思考，而只被表象出与自身，作为主词，（作为思维的形式）的关系。（KrV，B411）

20. 在一般思维中自我意识的一种单纯逻辑的质的统一性。（KrV，B413）

21. 我如何作为实体或者作为偶性而生存的方式，通过这种简单的自我意识是完全不可能得到规定的。（KrV，B420）

22. 因为，为了思想这些范畴，它就必须把那个却必须已被说明了的、它的纯粹的自我意识设置为基础。（KrV，B422）

23. 立足于这一点上，灵魂的人格性必须绝不被视为推论出来的命题，而必须被视为自我意识在时间中的一个完全同一的命题，并且这也就是这个命题为什么先天有效的原因。（KrV，A362）

24. 尽管一些古代学派的命题：一切皆流并且世界上无物持存和常驻，一旦人们接受了实体，就不能遇到，所以它毕竟并不被自我意识的统一性所反驳。（KrV，A364）

25. 他可以承认物质的生存，而无需超过单纯的自我意识。（KrV，A370）

26. 所以一切疑虑在我们的学说概念那里就被取消了，物质的此在就这样凭借我们的自我意识的见证，就假定为并且由此宣布证明了一个思想着的存在者的此在，如同我自身的此在那样。（KrV，A370）

27. 所以外部的事物也生存着，正如我“自身”生存着一样，确切地说，两者的生存都凭借我的自我意识的直接见证，区别只在于：我自身的表象，作为思维着的主体，单纯与内感官相关联，而表示广延的存在者的表象，则也与外感官相关联。（KrV，A371）

28. 如果我们让外部对象相当于自在之物本身，那就完全不可能领会，我们应该如何在我们之外得到对它们的现实性的知识，通过我们仅仅依靠在我们之内的表象的方式。因为人们毕竟不可能感觉到自身之外、而只能在自己本身之内，并因而整个自我意识所提供的无非是，仅仅我们自己的规定。（KrV，A378）

29. 但尽管我现在不知道对那个问题的任何普遍性的回答：在我看来我却似乎，能够在唯一的情况下，在表达出自我意识的那个"我思"命题中给出这一回答。（KrV，A398）

30. 因此一般自我意识就是，那种作为一切统一性的条件、但本身却是无条件的东西的表象。（KrV，A401）

31. 所以只有自我意识才导致这种情况，即因为思想着的主体，同时又是它自己的客体，它就不能划分自己（虽然能划分依存于它的那些规定）（KrV，B471）

自由的，自由地（frei）

自由（die Freiheit）

1. 理性只会批准给，已经能够经受得住它的自由而公开地检验的东西。（KrV，A11）

2. 因而关于这同一个存在物，例如人的灵魂，我就不能不说，灵魂的意志是自由的，并且同时又是服从自然必然性的，即不自由的，而陷入一个明显的自相矛盾。（KrV，BXXVII）

3. 正是这些事物的意志在现象中（在可见的行动中）就被设想为必然地遵照自然法则并且假使是不自由的，然而另一方面，又被设想为属于自在之物本身，并不服从自然法则，因而是自由的，在这里并不发生一个矛盾。（KrV，BXXVIII）

4. 因而也不能把自由作为一种——我在感官世界中把效果归因于它的——存在者的属性，而认识。（KrV，BXXVIII）

5. 所以我仍然可以思想自由，亦即，自由的表象至少自身并不包含任何矛盾。（KrV，BXXVIII）

6. 如果现在假定，道德必然以——作为我们意志的属性的——自由（在最严格意义上）为前提，因为自由列举了实践的、居于我们理性中本源的原理作为自己的先天证据，这些原理没有自由的前提就是绝对不可能的。（KrV，BXXVIII）

7. 但假定思辨理性已证明，自由完全不可能被思想，那么必然地，那个前提，亦即道德的前提，就必须让位于，那个它的反面包含一种明显的矛盾的前提，进而自由连同它的德性（它的反面就不会包含任何矛盾了，因为如果不已经把自由当作前提）也必须为自然机械论腾出位置。（KrV，BXXIX）

8. 纯粹理性本身的这些不可回避的任务，是上帝、自由和不朽。（KrV，A3；B7）

9. 柏拉图主要在一切实践的东西中，亦即在一切以自由为依据的东西中，发现了他的理念，而自由在它那方面则是从属于理性的一种特有产物的知识。（KrV，A314；B371）

10. 人的最大自由的一部宪法，按照每个人的自由能够与别人的自由共存的法则，（而不是最大幸福，因为这种幸福已经被从本身得出结论），毕竟至少是一个必要的理念。（KrV，A316；B373）

11. 因为人性必须停留于其上的那个最高的程度可能是什么，因而在理念及其实行之间必然剩留下来的裂缝可能有多大，任何人都不能够也不应当规定它，这恰好是因为，它就是自由，而自由能够超出每个被给定的界限。（KrV，A317；B374）

12. 形而上学在其研究的本来的目的上只具有三个理念：上帝、自由和不朽，以致于第二个概念，与第一个概念相联结，就应当导致作为一个必然结论的第三个概念。（KrV，A337；B395）

13. 鉴于一个在它的界限之内被给予的整体的各部分，就叫做简单之物，鉴于原因则叫做绝对的自动性（自由），鉴于变化之物的此在则叫做绝对的自然必然性。（KrV，A418；B446）

14. 在现象中原因的无条件的原因性就叫做自由。（KrV，A419；B447）

15. 所以先验的理性不允许任何别的试金石，除了自己的那些主张相互联合的企图、因而事先它们的自由而无阻碍的相互竞争之外。（KrV，A425；B453）

16. 正题：按照自然律的因果性并不是世界的现象全都能够从中被推导的唯一因果性。通过自由而假定一种因果性，对解释这些现象，是必要的。（KrV，A444；B472）

17. 反题：没有任何自由，而世界上一切东西都只按照自然律而发生。（KrV，A444；B472）

18. 鉴于发生了的事情，人们只能够设想两种类型的原因性，要么按照自然，要么出于自由。（KrV，A532；B560）

19. 我所理解的自由，在宇宙论的理解中，就是自行开始一种状态的能力，所以它的原因性并不是按照自然规律又不从属于另外一个按照时间规定它的原因。自由在这种意义上就是一个纯粹的先验理念，它首先不包含从经验中借来的任何东西，其次它的对象也不能在任何经验中被确定地给予。（KrV，A533；

B561）

20. 非常值得注意的是，建立在这个自由的先验理念基础之上的是自由的实践概念，前者在后者中构成了那些——向来环绕着自由的可能性的问题的——困难的真正因素。自由在实践的理解中就是——经由感性冲动而来的强迫的——任意之独立性。（KrV，A533；B561）

21. 所以先验的自由的取消同时也就灭绝了一切实践的自由。因为实践自由假设，虽然某物并没有发生，但却应当发生，因而它的原因在现象中并没有如此规定，以至于在我们的任意中并没有一种原因性，这种原因性独立于那些自然原因并甚至产生出违反自然的强制力和影响的某种东西，这种东西在时间秩序中按照经验的规律被规定、因而完全从自身开始了一个事件序列。（KrV，A534；B562）

22. 以致于，我们在自然与自由的问题上已经遇到的困难，自由是否在任何地方都是可能的，而如果它存在，它是否能够与因果性的自然规律的普遍性共同存在。（KrV，A536；B564）

23. 因为，如果现象就是自在之物本身，那么自由就不能被拯救了。（KrV，A536；B564）

24. 这里我只想做出这个说明：即，由于在自然的一种前后联系中的一切现象的通行的相互关系，是一条不可减少的规律，这种规律就必定会必然地推翻一切自由，如果人们想顽强地追随现象的实在性。（KrV，A537；B565）

25. 但按照主体的理知的品格（虽然我们对此所能够拥有的无非只是这个主体的普遍概念），同一个主体却会而必须被宣告为不受感性和通过现象的规定的一切影响，而由于在它之内，只要它是本体，而没有发生什么，遇不到任何需要动力学的时间规定的变化，因而遇不到任何与作为原因的现象的联结，所以这个积极的存在者，只要在它的自然必然性的行动中，作为只在感性世界中才遇到的东西，就是独立而自由的。（KrV，A541；B569）

26. 这样，自由和自然，每一个都在它的完全意义中，恰好就在每一个自身的行动那里，按照人们把它们与它们的理知的原因或感性的原因相比较，而没有任何冲突地同时被找到。（KrV，A541；B569）

27. 如果我们愿意屈服于先验的实在论的幻觉，那么就既剩留不下自然、也剩留不下自由。（KrV，A543；B571）

28. 现在假定，人们可以说：理性具有鉴于现象的原因性；这时它的行动虽然可以叫作自由的，因为它在其（感官方式的）经验的品格中正好完全被精确规定并且是必然的。这种经验的品格又是在理知的品格中（思想方式的）被规定了。（KrV，A551；B579）

29. 因而纯粹理性自由地行动着，并没有在自然原因的链条中、被外部的

或内部的、但按照时间的先行根据所动力学地规定。（KrV，A553；B581）

30. 所以我们能够用自由行动的评判，鉴于它们的原因性，只达到理知的原因，但却不能超出这个原因；我们可以认识到，这个原因能够是自由的，即能够独立于感性而规定，并且，能以这种方式，而成为现象的感性的无条件的条件。（KrV，A557；B585）

31. 自由是否与自然必然性在一个以及它的行动中相冲突。（KrV，A557；B585）

32. 自由在这里只被作为一个先验的理念来对待，理性由此而思想到这个通过感性的无条件者直截了当地开始了现象中的条件的序列，但却在此卷入了一个与它自己为知性的经验的运用所颁布的那些法则的二律背反。（KrV，A558；B586）

33. 那种（自由的）经验的无条件的原因性。（KrV，A561；B589）

34. 所以一个（或许多）崇高的和智慧的原因生存着，它必须不仅仅作为盲目起作用的全能的自然，通过丰产性而成为世界的原因，而必须作为理智，通过自由而成为世界的原因。（KrV，A625；B653）

35. 后一种人主张，理性有可能按照与自然的类比而进一步地规定这个对象，即作为一个——通过知性和自由而包含一切别的事物的原始根据在自身中的——存在者。所以前一种人把这个存在者单纯设想为一个世界原因，（无论是通过它的本性的必然性，还是通过自由，仍还不明确），后一种人则把这个存在者设想为一个世界创造者。（KrV，A632；B660）

36. 自然的神学则从在这个世界中所遇见的性状、秩序和统一性中推断出一个世界创造者的属性和此在，在这个世界中，两种不同类型的原因性及其规则必须被假定，亦即自然和自由。（KrV，A632；B660）

37. 由于人们习惯于大体上并不把上帝的概念单纯理解为一个作为事物的本根而盲目起作用的永恒自然，而理解为一个——本身通过知性和自由而应当是事物的创造者的——最高的存在者，并且也由于仅仅这个概念使我们感兴趣，所以人们就能够在严格意义上否认自然神论者一切对上帝的信仰，并且只给他剩下一个原始存在者或至上原因的主张。（KrV，A633；B661）

38. 在理性本身被看做一种规定的原因的地方（在自由中）。（KrV，A685；B713）

39. 理性必须在它的一切活动中都屈从于批判，并能够通过没有中止任何禁令、不损害自身和没有一个不利于它的嫌疑、就拖延这种批判的自由。（KrV，A738；B766）

40. 每个自由公民都必须能够不受压制地表达自己的疑虑、甚至他的否决权。（KrV，A738；B766）

41. 一切宗教的这样两个基本的支柱，我们灵魂的自由和不朽。（KrV，A745；B773）

44. 自然状态就该是一种不公正并且暴力行为的状态，并且人们必须必然地抛弃这种状态，以便服从法律的约束，这种约束把我们的自由单单限制于，它能够与每个别人的自由、并正由此而能与共同的利益的共存。（KrV，A752；B780）

45. 理性的思辨运用的先验假设，以及一种——为了弥补自然的解说根据的缺乏、而万不得已时利用超自然解说根据的——自由，都根本不能被容许。（KrV，A773；B801）

46. 理性的思辨在先验运用中最后所导致的终极意图，涉及到三个对象：意志自由，灵魂不朽，和上帝此在。（KrV，A798；B826）

47. 意志可以是自由的，但这只与我们意愿的理知原因相关。（KrV，A798；B826）

48. 一切通过自由才是可能的东西，都是实践的。（KrV，A800；B828）

49. 而且在此首先说明，我目前只在实践的理解中使用自由概念，并且这里则完结了先验意义上的自由概念，这种先验意义上的自由概念不能被经验地预设为现象的解释根据，而本身对于理性却是一个问题，就如上面所标的那样。（KrV，A801；B829）

50. 但那种，不依赖于感性冲动、因而只能够被理性所介绍的动因所规定的任意，就叫作自由的任意（arbitrium libe - rum，自由的任意）。（KrV，A802；B830）

51. 实践的自由能够被经验所证明。（KrV，A802；B830）

因此理性也给出了规律，它们是命令、即客观的自由规律，它们说明，什么应该发生，即使它同样也许决不会发生，并且它们在这点上与只处理那些发生了的东西的自然律相区别，因此也被称为实践律。（KrV，A802；B830）

52. 所以我们通过经验而认识到，实践的自由作为自然原因之一，即在意志的规定中的理性的原因性，然而先验的自由却要求这个理性本身（鉴于它的开始了一个现象序列的原因性）独立于感官世界的一切规定的原因，并且只要先验的自由看起来是与自然律、因而与一切可能的经验，显得是相违背的，所以就仍还是一个问题。（KrV，A803；B831）

53. 后者抽掉了爱好和满足这些爱好的自然手段，而只一般地考察一个理性存在者的自由，以及那个——在其之下自由唯有按照原则而与幸福的分配相协调的——必要条件，所以至少能够以纯粹理性的单纯理念为基础并被先天地认识。（KrV，A806；B834）

54. 我认为，确确实实存在着纯粹的道德律，这些道德律完全先天地（不顾及经验的动机、即幸福）规定了所为与所不为，即一般有理性的存在者的自由的运用，而且这些规律绝对地（不单在其他经验的目的之前提下假言地）命令着，因而在任何方面都是必然的。（KrV，A806；B834）

55. 理性虽然在一般自由方面、但并非在全体自然方面具有原因性，并且道德的理性原则虽然能够产生自由的行动，但不能产生自然律。（KrV，A807；B835）

56. 我把世界，只要它是与一切道德律相符合的，（如同它按照理性的存在者的自由、而能够所是的那样，并且，按照道德性的必然规律、所应当是的那样），称为一个道德的世界。（KrV，A808；B836）

57. 出自道德律的义务对自由的每一种特殊的运用都仍还有效。（KrV，A810；B838）

58. 然而这种目的的系统统一性在这个理智的世界中——这个世界，虽然，作为单纯的自然只能被称为感官世界，但作为一个自由的系统，却能被称为理知的、即道德的世界（regnum gratiae，恩宠王国）。（KrV，A815；B843）

59. 我们将按照理性的原则的合目的的统一性之下研究自由，并且只有，假如相信合乎神的意志存在，而不是我们神圣地坚守——教导我们出自行动的本性本身的理性的——道德律，由此才唯独相信服务于神的意志，我们提升自己的和别人的世界至善。（KrV，A819；B847）

60. 人类理性的规律提供（哲学）具有两个对象，自然和自由，所以它一开始就不仅把自然法则、也把道德法则包含在两个特殊的、但最终在一个唯一的哲学系统中。（KrV，A840；B868）

自在，自在地（an sich）

1. 事物自在本身允许处于虽然作为对自己是现实的、但却被我们所不可知的状态。（KrV，BXX）

2. 无条件者不可能在我们所认识的（它们被给予我们）事物中，反而必须到我们所不认识的、作为自在本身的事情中找到。（KrV，BXX）

3. 空间包括一切可能向我们外在地显现出来的事物，但不包括一切自在的事物本身。（KrV，A27；B43）

4. 在空间中被直观到的一切，根本不是一种自在的事物。（KrV，A30；B45）

5. 因此时间只是我们（人类的）直观的一个主观条件，（这个直观任何时候都是感性的，即只要我们被对象所刺激），并且超出了主观，它自在地则什么也不是。（KrV，A35；B51）

6. 时间不是自在本身的某物，也不是任何客观地依赖于事物的规定。

（KrV，A38；B55）

7. 我们所直观的事物，不是我们对其直观的自在本身。（KrV，A42；B59）

8. 关于对象自在的状况并且隔离我们感性的这一切接受性可能是什么，留给我们的仍然是一无所知。（KrV，A42；B59）

9. 通过单纯的关系毕竟还没有认识一个自在的事物。（KrV，A49；B67）

10. 通过外感官给我们提供的无非是单纯的关系表象，所以外感官也只能在它的表象中包含一个对象之于主体的关系，而不包含内都的、可归于自在客体的东西。（KrV，B67）

11. 所有绝不在自在的客体本身中、但任何时候都能在它与主体的关系中找到，并且与前者的表象不可分的东西，都是现象。（KrV，B70）

12. 我们从内感官中仅直观了我们自己，就如同我们被我们本身内部地刺激着，亦即认识那些内部直观所涉及的、我们只是把我们特有的主体当作现象的东西，而不是认识那些按照它自在本身所是的东西。（KrV，B157）

13. 现象本身无非是感性表象，这些表象必须不能以感性表象的方式自在地被看作（在表象能力之外的）对象。（KrV，A104）

14. 这些现象不是自在的事情本身，而只是自身重新拥有它的对象的表象。（KrV，A109）

15. 时间自在本身并不能被知觉。（KrV，B233）

16. 当这些范畴缺乏（在判断中）任何一种运用的一切条件、也就是任何一个所谓的对象归摄到这些概念之下的形式条件的时候，这种运用自在本身是不可能的。（KrV，B305）

17. 区分我们直观它们的方式与它们自在本身的性状。（KrV，B306）

18. 如果感官仅仅如某物显现那样向我们表象某物，那么这个“某物”毕竟本身自在地也必须是一个物，并且是一个非感性直观的对象，亦即一个知性的对象。（KrV，A249）

19. 这个先验的客体根本不能与感性的材料分离，因为那样一来就剩不下任何借以被思考的东西。所以它并不是任何自在的认识对象本身，而只是现象在一般对象概念下的表象，一般对象通过现象的杂多而获得了规定。（KrV，A250，251）

20. 某物的直接表象虽然是感性的，但它却自在地本身——甚至没有我们感性的这种（我们的直观形式就建立于其上）的性状——而必须是某物，即一种独立于感性的对象。（KrV，A252）

21. 我使一般现象与之相关联的那种客体，就是先验的对象，亦即关于一般“某物”的完全未被确定的思想。这个对象不能叫做本体；因为关于它我并不知道，它自在地本身会是什么，并且完全没有关于它的概念，而仅仅有对一

个感性直观的一般对象的概念，所以这个一般对象在一切现象前都是一样的。（KrV，A253）

22. 所以它并不能商定，这个概念自在地获得与对象本身的关系，或者只意味着一般思想的统一性。（KrV，A259；B314）

23. 现象也不可能是自在的对象本身。（KrV，A279；B336）

24. 于是，就剩留给我们一种单纯通过思想而规定对象的方式，它虽然是一种没有内容的单纯逻辑的形式，但却对我们显得，就像客体自在生存的方式（本体），而无须考虑那被限制于我们感官之上的直观。（KrV，A289；B346）

25. 来自原则的知识（自在本身）是完全不同于单纯的知性知识的某物，知性知识虽然也能以一种原则的形式而先行于别的知识，但自在本身（只要它是综合的）却并不基于单纯思维之上，更不包含按照概念的普遍性的东西。（KrV，A302；B358）

26. 绝对的这个词现在常常被用来仅仅指，某物从自在事物本身来观察、因而内部有效。在这种意义上绝对可能的就意味着，本身自在地（内部地）是可能的东西，它实际上是人们所能够讲述一个对象的最少的东西。（KrV，A324；B381）

27. 我不能以任何方式推论，某物自在地本身是可能的，因此它也就在一切关系上、因而绝对地是可能的。（KrV，A325；B381）

28. 某种只是被给予一般思想的实在的东西，所以并不作为现象，也不作为事物自在本身（本体），而是作为某种实际上生存的东西，并且在“我思”命题中，被称为这种东西。（KrV，B423）

29. 这样，思想者自身就必须在这种经验的直观中寻找它之于实体、原因等范畴的逻辑机能运用的条件，为了不仅通过这个“我”把自己表明为自在的客体本身，而且也规定这个客体的此在的方式，亦即把自己作为本体来认识，但这却是不可能的。（KrV，B430）

30. 纯粹范畴（实体范畴也在其中）自在本身根本不具有任何客观的意义。（KrV，A349）

31. 而除了我的这种逻辑含义以外，我们对于这种——给它、就像给作为基底的一切思想设置基础的——自在的主体本身，没有任何知识。（KrV，A350）

32. 物体仅仅是我们的外感官的现象，而不是自在的事物本身。（KrV，A357）

33. “人在思想”，即，那作为外部现象而是广延的同一个东西，内部地（自在本身）就是一个主体，它不是复合的，而是简单的，并且思想着。（KrV，A360）

34. 先验实在论，它把时间和空间看作某种自在地（不依赖于我们的感性）被给予的东西。（KrV，A369）

35. 把那些——对于我们仍还不知道根据它自在地是什么的——对象的表象方式的差异，当作这些事物本身的差异。（KrV，A379）

36. 先验客体，同时设置了外部现象、内部直观的基础，既不是自在物质本身，也不是一个思想着的存在者本身，而是现象的一个我们不知道的根据，这些现象给予了第一种和第二种方式的经验的概念。（KrV，A379，380）

37. 我们就一次都不容想到，关于我们的感官对象探询它自在地本身、即没有与感官的一切关系可以是什么。（KrV，A380）

38. 那个生存之物自在地本身会如何生存，它毕竟不是任何自在之物、而只是一个一般物的现象。（KrV，A380）

39. 这些对象自在本身是不为我们所认识的。（KrV，A385）

40. 物体并不是对于我们在场的自在的对象本身，而仅仅是谁知道是什么的那个未知对象的单纯现象。（KrV，A387）

41. 在可能出现于经验领域的一切任务中，我们都把那些现象作为自在的对象本身来处理，而不为它们（作为现象）的可能性的最初根据而担心。但如果我们超出它们的界限，则一个先验对象的概念就成为必要的了。（KrV，A393）

42. 时间自在本身就是一个序列（并且是一切序列的形式条件）。（KrV，A411；B438）

43. 但那个空间本身、连同这个时间、同时随两者一起的一切现象，本身自在地毕竟都不是事物，而无非是表象，并且根本不可能在我们的内心之外生存。（KrV，A492；B520）

44. 这个内部现象的此在，作为一种如此自在地生存之物，是不可能被承认的，因为这现象的条件是时间，而时间则不可能是任何一个自在之物本身的任何规定。（KrV，A492；B520）

45. 经验之对象绝不是自在本身地、毋宁只在经验中给予的，并且根本就不生存于经验之外。（KrV，A493；B521）

46. 因为现象，其自在本身，作为单纯的表象，只有在知觉中才是现实的。（KrV，A493；B521）

47. 凡是在空间和时间中的东西（现象）都不是自在的“某物”，而仅仅是表象。（KrV，A494；B522）

48. 先验客体……它本身已经在一切经验之前就自在地给予了的。（KrV，A494；B523）

49. 因为世界根本不是自在地（不依赖于我的表象的回溯的序列）生存着，

所以它既不作为一个自在地无限的、也不作为一个自在地有限的整体而生存。它只在现象序列的经验的回溯中而根本不为自己本身遇见。（KrV，A505；B533）

50. 条件序列只有在回溯的综合本身中、而不是自在地、在作为一种先于一切回溯被给予的特有事物的现象中，才能被发现。（KrV，A505；B533）

51. 这些现象决不是那种——绝对无条件者能够发生于其上的——对象自在本身，而只是经验的表象。（KrV，A508；B536）

52. 作为在客体中（在现象中）自在地本身给予了的条件序列的那个绝对总体性的原理则会是一个构成性的宇宙论原则。（KrV，A509；B537）

53. 所以问题就不再是：这个条件序列自在本身有多大，是有限的还是无限的，因为它不是自在本身，而问题则是：我们如何进行经验的回溯，以及我们应当把它继续到多远。（KrV，A514；B542）

54. 我们根本不能讲述自在的世界的量，甚至也不能讲述，在它之内发生了一个 regressus in infinitum（无限的回溯）。（KrV，A519；B547）

55. 整体自在本身不是已经被划分了。（KrV，A526；B554）

56. 因此如果在感官世界中必须被看作现象的东西，自在本身也具有一种能力，这种能力并不是任何感性直观的对象，但它由此却可以是现象的原因。（KrV，A538；B566）

57. 这些现象不是任何事物、因而也不是原因自在本身。（KrV，A556；B584）

58. 一个先验的否定意味着那个——将与先验的肯定相对立的——自在的非存在本身。（KrV，A574；B602）

59. 我虽然必须为一般生存之物假定某种必然的东西，但却不能把任何单独的物本身思想为自在必然的。（KrV，A643；B615）

60. 客体的生存的知识恰好就在于，这个客体本身是自在地设置在思想之外的。（KrV，A639；B667）

61. 纯粹理性的理念自在本身决不再能够是辩证的，而它们的单纯误用才必须唯独使得，一种欺骗我们的幻相从它们中产生出来。（KrV，A669；B697）

62. 这些理念不应当自在本身地被假定。（KrV，A674；B702）

63. 而现在我们设想一个“某物”，我们关于它自在本身是什么，完全不具有任何概念，但我们毕竟在对它设想了一种现象的总和的关系，而这种关系则与现象相互之间所具有的关系是类似的。（KrV，A674；B702）

64. 因为这个存在者只在理念中而不自在本身被设置为基础，因而只为了表达那个——应当被用作我们理性的经验的运用的准绳的——系统统一性。（KrV，A674；B702）

65. 关于这个调节的原则我们虽然认识了自在本身的必然性，但却非这种必然性的来源，并且我们对此假定了一个至上的根据。（KrV，A676；B704）

66. 这时我决不能假定这个物自在本身的此在。（KrV，A676；B704）

67. 这个理念自在本身就决不能在经验中被适当地呈现出来。（KrV，A677；B705）

68. 我将不仅授权、而且也有必要实现这个理念，即为它设立一个现实的对象，但只是作为一般的“某物”，而我对它自在本身则一无所知，我只把它作为那种系统统一性的一个根据。（KrV，A677；B705）

69. 因为我绝对不要求、并也不能授权要求，按照它也许自在地是什么而认识我的理念的这个对象。（KrV，A678；B706）

70. 我只是思考一个我对它自在完全不知道的存在者之于世界整体的最大的系统统一性的关系，只为了使这个存在者成为我的理性最大可能的经验的运用的调节的原则的图型。（KrV，A679；B707）

71. 所以理性对于一个作为至上原因的最高存在者的设定，仅是相对地、为了感官世界的系统统一性的目的而被思想，并且是一个在理念中的单纯“某物”，我们对它自在地是什么，不具有任何概念。（KrV，A679；B707）

72. 于是这个理性存在者（ens rationis ratiocinatae，推理的理性之物）虽然是一个单纯的理念，因而并不干脆并自在本身地假定为某种现实的东西。（KrV，A681；B709）

73. 我们通过这些假定的谓词也并不能真正认识灵魂自在本身，即使我们愿意承认它绝对有效。（KrV，A683；B711）

74. 我们没有丝毫根据，绝对地假定（自在地设定），这个理念的对象。（KrV，A686；B714）

75. 世界统一性的这个原始根据本身自在地是什么，这本来就不应当由此而被思考。（KrV，A697；B725）

76. 因为我们只预设了一个——我们对之自在地本身会是什么完全没有任何概念的——“某物”（一个单纯的先验对象）。（KrV，A697；B725）

77. 这些原理当然也就是无可置疑地确定的，但自在本身（直接地）却是决不能够被先天地认识。（KrV，A737；B765）

78. 思辨理性在它的先验的运用中自在地就是辩证的。（KrV，A777；B805）

79. 只要他们的自由的任意在道德律之下自在地具有既与自己、也与每一个别人的自由普遍而系统的统一性。（KrV，A808；B836）

80. 德性自在本身就构成了一个体系，但幸福却不是如此。（KrV，A811；B839）

自在之物（das Ding an sich）

自在之物本身（das Ding an sich selbst）

事物自在本身，自在事物本身（die Dinge an sich selbst）

1. 因为必然驱使我们超越到经验和一切现象的界限之外的什么东西，就是无条件者，它要求理性必然在事物自在本身之中并完全有权利对一切有条件者，并且由此有条件者序列作为完成了的。(KrV，BXX)

2. 相反，如果人们假定，事物的我们的表象，正如它们被给予我们的那样，并不取决于这些，作为事物自在本身，而是这些对象宁可，作为现象，取决于我们的表象方式，这种矛盾就消失了。(KrV，BXX)

3. 形而上学家的分析把纯粹先天知识分割为两个性质极不相同的要素，即作为现象的事物的知识，以及事物自在本身的知识。(KrV，BXX)

4. 我们关于作为事物自在本身的任何对象不可能有什么知识，而是仅仅只要它是感性直观的对象、也就是作为现象，才能够获得知识。(KrV，BXXⅥ)

5. 我们恰恰对于这些同样作为事物自在本身的对象，同样也不能认识，但愿至少还必须能够思想。(KrV，BXXⅥ)

6. 但如果这个批判没有迷路，那它就表明在两类意义中设想对象，即或者设想为现象、或者设想为自在之物本身。(KrV，BXXVII)

7. 然而另一方面，又被设想为属于事物自在本身，并不服从自然法则，因而是自由的，在这里并不发生一个矛盾。(KrV，BXXVIII)

8. 然而如果不是批判预先教导我们，在自在事物本身方面，我们的无法避免的无知，并且所有，那些我们能够在理论上认识的东西，都限制在单纯现象上，那么这就不可能发生。(KrV，BXXIX)

9. 空间绝不表象任何一个自在事物的属性，或者在它们的相互关系中的属性，也就是说，绝不表象粘附在对象自身上的那些属性的规定。（KrV，A26；B42）

10. 只要我们抽掉一切经验的可能性的条件，并且把空间，假定为某种给事物自在本身设置基础的东西，空间就什么都不是了。(KrV，A28；B44)

12. 因为在这种情况中，那原处本身只是现象的东西，如一朵玫瑰，在经验的理解中被看作一个自在之物本身，这个自在之物却可以在每个眼里在颜色上显现出不同。(KrV，A29；B45)

13. 凡是我们称为外部对象的，无非只是我们感性的单纯表象，它们的形式是空间，但其真正的相关物，亦即自在之物本身，却完全没有因此而被认识，也不可能被认识，然而这些也从不在经验中被探询。(KrV，A30；B45)

14. 这样的应归于自在事物的属性们，也永远不能通过感官而被给予我们。(KrV，A36；B52)

15. 但这两种先天的知识来源恰好由此（即由于它们只是感性的条件）也规定了自己的界限，就是说，它们只针对对象，只要这些对象被看作现象，而不表现事物自在本身。（KrV，A39；B56）

16. 因为我们都同样相信这些知识是如此可靠的，无论这些形式必然地依附于自在事物本身，还是仅仅依附于我们对这些事物的直观。（KrV，A39；B56）

17. 关于对象自在的状况并且隔离我们感性的这一切接受性可能是什么，留给我们的仍然是一无所知。我们知道的无非是我们知觉它们的方式，这是在我们是特有的，也并不必然地归于每一个存在者，但却必须归于每一个人。我们只得通过这个方式与它相关涉。（KrV，A43；B60）

18. 我们在一切情况下所可能完全认识的毕竟只是我们的直观方式，即我们的感性，并且这还永远仅仅以本源地依赖于主体的空间和时间为条件；自在的对象本身可能是什么，这决不会通过对那唯一被给予我们的现象的最清晰的知识而被我们所知道。（KrV，A43；B60）

19. 以至于我们通过感性不单不清晰地认识自在事物本身的性状，而是根本就不认识自在之物的性状。（KrV，A44；B62）

20. 这样一来我们仍然相信，认识自在事物，即使我们（在感官世界中）好像到处、甚至直到感官世界的对象的最深入的研究，无非与现象打交道。（KrV，A45；B63）

21. 因此关于以及围绕形式所涉及的东西，还允许先天地说出许多，但关于可能构成这些现象的基础的自在之物本身，却说不出一点。（KrV，A49；B66）

22. 但人们有什么权利可以做出这个，如果人们事先已经把这两者弄成了自在事物本身的形式，而且它们作为物之生存的先天条件，即使人们把事物本身已经取消掉，也仍然留存着？（KrV，B71）

23. 只是这些范畴，它们原本必须从质料上被看作属于事物自己的可能性，事实上却只在形式意义上当作属于在每一个知识方面的逻辑要求而被使用，并且又不小心把这种思维的标准做成了自在事物本身的属性。（KrV，B114）

24. 自在的事物本身的合规律性即使除开认识它的知性，也会必然地归于自在的事情本身。（KrV，B164）

25. 现象不是自在事物本身，而是我们表象的单纯游戏，而这些表象最终则跑到内感官的规定们为止。（KrV，A101）

26. 但现在，这些现象不是自在的事物本身，而只是自身重新拥有它的对象的表象，所以这一对象则不再能够被我们直观，因而可以被称为非经验性的、即先验的、等于 X 的对象。（KrV，A109）

27. 这个自然界本身无非是现象的一个总和，因而并非任何自在之物，而只是内心表象的一种集合。（KrV，A114）

28. 假如这种对象，我们的知识与之有关系，就是事物自在本身，那么我们关于它们就根本不可能拥有任何先天的概念了。（KrV，A128）

29. 因而也完全不能指向自在事物（无需考虑，它们是否以及如何可以被给予我们）。（KrV，A139；B178）

30. 所以凡是在这些对象上与感觉相符合的东西，就是作为自在事物的一切对象的先验质料（事实性，实在性）。（KrV，A143；B182）

31. 现象并不是任何自在事物本身。（KrV，A165；B206）

32. 因为，假如那些对象，这些原理所应当关涉到它们，是自在事物本身；那就会完全不可能，先天综合地认识于它们了。（KrV，A181；B223）

33. 现象的杂多总会在内心之中相继产生。假如现象就是自在事物本身，那就没有任何人能够会从关于它们的杂多的表象的前后相继而估量出，这种杂多在客体中该如何联结。（KrV，A190；B235）

34. 自在事物本身（不考虑它们由此刺激我们的表象）可能是怎样的，则完全越出了我们的知识范围之外。即使现象都不是自在事物本身，却仍然可以是唯一能够被给予我们来认识的东西。（KrV，A190；B235）

35. 一旦我把我关于一个对象的概念一直提升到先验的含义上，这个房子就根本不是任何自在之物本身，而只是一个现象，即一个表象，它的先验对象是未知的。（KrV，A190；B236）

36. 虽然，如果我把一切事物不是看作现相，而是看作自在事物，并且看作单纯知性的对象，则它们尽管是实体，却可以被视为按照其此在而依赖于陌生的原因。（KrV，A206；B251）

37. 独断式的唯心论就是不可避免的了，当人们应当把空间看作应归之于自在事物本身的属性的时候。（KrV，B274）

38. 在任何一条原理中一个概念的先验的运用都是这样一种运用，它与一般事物以及与自在之事物本身相关，但当它只与现象、亦即与一个可能经验的对象相关时，则是经验的运用。（KrV，B298）

39. 感性的学说同时就是在消极理解中的本体的学说，即关于那些——知性无需与我们的直观方式发生关系、因而必须不仅作为现象、而且作为自在事物本身而思想的——事物的学说。（KrV，B307）

40. 感性，及其领域，即现象的领域本身，被知性所限制以至于：它并不走向自在事物本身，而只是走向——事物如何因为我们的主观性状而向我们显现的——那种方式。（KrV，A251）

41. 一个本体的概念，即一个——完全不应该被思考为一个感官对象、而

应该（只通过纯粹知性）被思考为一个自在之物本身的——物的概念，是完全不自相矛盾的。（KrV，A254；B310）

42. 既然我们的知性以这种方式获得一种消极的扩展，亦即知性并非通过感性而受到限制，毋宁通过它称呼自在事物本身（而不看作现象）为本体，而更限制了感性。（KrV，A256；B312）

43. 莱布尼茨曾把现象当作自在事物本身，因而看作 intelligibilia（理知的东西），即纯粹知性的对象。（KrV，A264；B320）

44. 客体是否本该被归于现象、还是归于自在事物本身。（KrV，A271；B327）

45. 当然，如果我把一滴水按照它的一切内部规定而认作一个自在之物本身，那么我就不可能让任何一滴水被看作与另一滴水是有区别的，如果一滴水的整个概念与任何一滴水都是相同的。（KrV，A272；B328）

46. 所以简单的东西便是自在事物本身的内部东西的基础。（KrV，A274；B330）

47. 但如果我们有可能通过这种纯粹知性而综合地谈论自在事物本身的某种东西，（这虽然是不可能的），然而这毕竟根本不会有可能与现象发生任何关系，这些现象并不表象自在事物本身。（KrV，A276；B332）

48. 我在先验的反省中任何时候都将必须只在感性的条件下对我的概念进行比较，于是空间和时间就将不是自在事物的规定，而是现象的规定；自在事物可能是什么，我并不知道，而且这也不需要知道，因为除非在现象之中，确实还没有一个物，能够让我发觉。（KrV，A276；B332）

49. 虽然现象并不作为自在事物本身而被包括在纯粹知性的客体之中，它们毕竟是唯一的我们的知识能够在其上而拥有客观实在性的客体，就是说，在这里直观与这些概念相符合。（KrV，A279；B335）

50. 但这种——唯独建立在抽象上的——必然性，并不发生在事物那里，只要这些事物在直观中连同这样的——只表明关系、而没有以某种内部的东西作基础的——规定一起被给予出来，这是因为，这些事物不是自在事物本身，而只是现象。（KrV，A285；B341）

51. 因为关于范畴，人们必须承认：它们单独并不足以达到自在事物本身的知识，而没有感性的材料，它们就会只是知性统一性的、但无对象的主观形式。（KrV，A287；B343）

52. 因而知性限定了感性，并不因此就扩展了它自己的领域，并且，当它警告感性不要狂妄走向自在事物本身而只能走向现象的时候，它就思想一个自在的对象本身，但却只作为——是现象的原因（因而本身不是现象）的——先验客体。（KrV，A288；B344）

53. 我们的概念的一种确凿的连结的主观必要性，为了知性的好意，而被看作自在事物本身的规定的一种客观必然性。（KrV，A297；B353）

54. 在这里毕竟要从实体范畴开始，借此一个自在之物本身被表现出来，并且如此而追溯范畴的序列。（KrV，A344；B402）

55. 那个为物质的现象放置基础的、作为自在之物本身的东西，也许可以并不可以是如此不同质性的。（KrV，B428）

56. 内感官的直观在任何时候都不作为自在之物本身、而只作为现象而交到客体手里。（KrV，B429）

57. 假如物质是一个自在之物本身，那么它就会作为一个复合的存在者而与作为一个单纯的存在者的灵魂，完完全全地区别开来。（KrV，A359）

58. 即灵魂是与物质（它根本不是什么自在之物本身，而只是在我们之内的一种方式表象）是同样方式的，或者不是。（KrV，A360）

59. 自在之物本身来源于另一种本性，而并非仅仅构成它的状态的那些规定。（KrV，A360）

60. 物质在一个自在之物本身（先验客体）面前是什么，而对于我们则完全不知道。（KrV，A366）

61. 我把一切现象的先验观念论理解为这个学说概念，依据它我们就把一切现象全都看作为单纯的表象、而不是自在事物本身，并且与之相适应的时间和空间就只是我们直观的感性形式，但在给予的客体规定或条件之前，则并不作为自在事物本身。（KrV，A369）

62. 先验实在论者就把外部现象（当人们承认它们的现实性时）表象为自在事物本身。（KrV，A369）

63. 因为我们所不得不与之打交道的事情，不是自在事物，而都只是现象，也就是表象。（KrV，A375）

64. 如果我们让外部对象相当于自在事物本身，那就完全不可能领会，我们应该如何在我们之外得到对它们的现实性的知识，通过我们仅仅依靠在我们之内的表象的方式。（KrV，A378）

65. 但如果心理学家把现象看作自在事物本身，无论他是作为唯物论者把单独而唯一的物质，还是作为唯灵论者只把思维着的存在者（即按照我们内感官的形式），还是作为二元论者把两者都作为独立生存的事物，而接纳到他的学说概念中，他终归一直被这种误解递给了玄想的方式，那个生存之物自在地本身会如何生存，它毕竟不是任何自在之物、而只是一个一般物的现象。（KrV，A380）

66. 这个内部现象的此在，作为一种如此自在地生存之物，是不可能被承认的，因为这现象的条件是时间，而时间则不可能是任何一个自在之物本身的

任何规定。（KrV，A492；B520）

67. 但这所谈论的单纯是一个空间和时间中的现象，而空间和时间两者都不是对自在之物的规定，而只是对我们的感性的规定；因此，凡是在空间和时间中的东西（现象）都不是自在的“某物”，而仅仅是表象，这些表象如果不是在我们之内（在知觉中）给予了，其余任何地方都遇不到。（KrV，A493；B521）

68. 即使，如果它们立刻作为自在事物本身，无需与可能经验的关系，而被一般地给予出来，那么它们对于我来说毕竟什么也不是，因而决不是对象，除非它们已经包含在经验的回溯序列里了。（KrV，A496；B524）

69. 如果有条件者也好，它的条件也好，都是自在事物本身，那么当前者已经被给予了的时候，不单纯是对后者的追溯当成任务，而是后者也由此就已经现实地一起被给予了，并且，因为这一点也适用于序列的所有的项。（KrV，A498；B526）

70. 而这同样可能是假的，也就是说，如果世界根本就不是作为一个自在之物本身、因而按照它的大小，也既不应当是作为无限的，也不应当是作为有限的而被给予出来。（KrV，A504；B532）

71. 如果人们把这样两个命题：“世界按照大小是无限的”、“世界按照它的大小是有限的”，看作是相互矛盾地对立着的，那么人们就假定了，这个世界（现象们的这整个序列）是一个自在之物本身。（KrV，A504；B532）

72. 人们由此而看出，四重二律背反的上述证明并不是欺骗花招，而根本就是，在这个前提下，即现象或把现象全部都包括在自身内的感官世界，会是自在事物本身。（KrV，A507；B535）

73. 由于通过总体性的宇宙论的基本原理，在一个作为一个自在事物本身的感性世界中的条件序列的任何极大值，都被提供不出，而只能被交付给这些序列的回溯。（KrV，A508；B536）

74. 这些条件的序列不是自在本身的事物，而只是现象，这些现象作为相互的条件只是在回溯本身中才被给予。（KrV，A514；B542）

75. 理性则要求它所预设为自在之物本身的那种东西的无条件的完备性。（KrV，A515；B543）

现象绝不是任何自在之物本身。（KrV，A521；B549）

76. 在那里我们已经按照通常的独断论表现方式、让感官世界被看作先于一切回溯、而按照其总体性而被给予出来的一个自在之物本身，并且假如这个总体性没有占据一切时间和一切空间，我们就根本剥夺了它在时间空间中的任何一个确定的位置。（KrV，A521；B549）

77. 不过那种在现象中叫做实体的东西，与人们也许会通过纯粹知性概念

而关于一个自在之物本身所思考的东西，情况是不一样的。（KrV，A525；B553）

78. 假如现象是事物自在本身，因而空间和时间就是事物自在本身的此在形式：那么条件将会和有条件者一起任何时候都作为各项而属于一个和同一个序列。（KrV，A535；B563）

79. 因为，如果现象就是自在事物本身，那么自由就不能被拯救了。（KrV，A536；B564）

80. 与之相反，如果现象们无非被看作它们实际上所是的东西，亦即不是被看作自在事物，而是单纯看作这种按照经验的法则而关联着的表象们，那么这些现象本身就必须还拥有其本身并非现象的根据。（KrV，A537；B565）

81. 那么人们就可以在两方面上研究这个存在者的原因性，既按照它的行动，而把它看作理知的、看作一个自在之物本身的原因性，并且又按照这种行动的结果，而把它看作感性的、看作感官世界中的一个现象的原因性。（KrV，A538；B566）

82. 既然这些现象不是任何自在之物，必须把一种先验对象设置为基础，这种先验对象把它们规定为单纯的表象，那么我们就不应该阻止。（KrV，A538；B566）

83. 人们也可以把前一种品格称为一个这样的现象中事物的品格，把后一种品格称之为这个自在之物本身的品格。（KrV，A539；B567）

84. 假如现象就是事物自在本身，但因此它们的条件连同那个有条件者就会在任何时候都属于一个以及它们的直观的序列，一个作为感官世界的现象的此在的条件的必然存在者，就绝不能发生了。（KrV，A559；B587）

85. 这就好像是事物自在本身，它们在这些现象的先验根据之外生存着，并且人们可以让这些事物自在本身离开，以便在现象之外寻求这些现象的此在的原因。（KrV，A563；B591）

86. 但也是通过实在性的这种全有，一个自在之物本身的概念，就作为一个被通盘规定了的概念，而表象出来了。（KrV，A576；B604）

87. 这些非常伟大的、值得惊叹的、无法估量的力量和卓越性的谓词，根本没有提供任何确定的概念，并且本来就没有说，自在之物本身是什么。（KrV，A628；B656）

总和（der Inbegriff）

1. 因为人们根据思维方式的这种变革，能够完全很好地解释一门先天知识的可能性，并且，更多地则是，给——作为经验之对象的总和的自然设置了先天基础的——法则，配备以满意的证明，而这两种情况按照至今的处理方式则

都是不可能的。（KrV，BXIX）

2. 纯粹理性的一种工具论就会是那种先天纯粹知识的原则的总和，按照它们一切先天纯粹知识才能够获得并且被现实地实现出来。（KrV，B24）

3. 所以这是一个知识领域的各部分的关系，因为每一部分的领域都是为了真正知识的全部总和而对另一部分的领域的补充，例如，世界这时要么通过盲目的偶然性，要么通过内部的必然性，要么通过一个外部的原因而存在。（KrV，A74；B99）

4. 范畴是——那些给现象、因而给作为一切现象的总和的自然（natura materialiter spectata，物质方面的自然）规定先天法则的——概念。（KrV，B163）

5. 这个自然界本身无非是现象的一个总和，因而并非任何自在之物，而只是内心表象的一种集合。（KrV，A114）

6. 因此图型无非是按照规则的先天时间规定而已，并且这些规则按照范畴的秩序，而走向一切可能对象上的时间序列、时间内容、时间次序，及最后时间总和。（KrV，A145；B185）

7. 因为这本源的统觉与内感官（与一切表象的总和）相关联，确切地说，先天地与内感官的形式、即杂多的经验的意识在时间中的关系相关联。（KrV，A177；B220）

8. 这里，那些处于相继的领会中的东西，被看作是表象，但那个——被给予我的——现象，虽然不过是这些表象的总和，却被看作这些表象的对象，我的——从领会的这些表象中牵引出的——概念应当与这种对象相协调。（KrV，A191；B236）

9. 而这就正是经验中的三种类比。它们只不过是时间中的现象的此在的规定的原理，依据时间的所有这三种样态，即作为一种大小而与时间本身的关系（此在的大小，即持续性），作为一个系列而在时间中的关系（即前后相继），最后作为一个所有此在的总和而也在时间中的关系（同时）。（KrV，A215；B262）

10. 连续性原则禁止在（变化的）现象的系列中的任何跳跃（in mundo non datur saltus，世上没有偶发的跳跃），但也禁止在空间里一切经验的直观的总和中在两个现象之间的一切空缺或间隙（non datutr hiatus，没有偶发的裂隙）。（KrV，A229；B281）

11. 所有的事物，作为现象，全都属于一个唯一经验之总和及前后关联，每个给予的知觉都是这个唯一经验的一个部分。（KrV，A230；B282）

12. 然而，即使这些知性规则不只是先天真实的，而且甚至是一切真理——即我们的知识与客体的符合——的根源，由此，它们包含了经验可能性的

根据，作为客体能在其中被给予我们的一切知识总和的根据。（KrV，A237；B296）

13. 按照这种用法，一些人已经愿意，把现象的总和，如果它被直观，称为感官世界，但如果相互关联按照普遍的知性规律而被思考，则称为知性世界（Verstandeswelt）。（KrV，A257；B312）

14. 思想着的主体是心理学的对象，一切现象的总和（世界）是宇宙学的对象，而一个物，它包含着能够被思想的、一切可能性的至上条件，（一切本质的存在者），则是神学的对象。（KrV，A334；B391）

15. 自然，如果从形容词上（形式地）而设想，则意味着一个物的规定的关联，按照因果性的一条内部原则。相反，人们把自然，从名词上（质料地），理解为现象的总和，只要这种现象由于因果性的一条内部原则而无一例外地相关联。（KrV，A418；B446）

16. 感官世界却必须被视为一切可能经验的总和。（KrV，A438；B466）

17. 所以，世界（一切现象的总和）就该是一个自在生存着的整体，这也是假的。（KrV，A506；B534）

18. 于是，整个经验领域，不管它延伸多么远，都变成了单纯自然的一个总和。（KrV，A533；B561）

19. 既然在现象的总和中一切都是变化的，因而在此在中是有条件的，在这个附属的此在的序列中任何地方都不可能给予任何无条件的项，它的生存曾是绝对必然的。（KrV，A559；B587）

20. 因为它把每一个物，除了两个相互冲突的谓词的关系外，仍在与全部可能性的关系中，看作一般事物的一切谓词的总和。（KrV，A572；B600）

21. 通过这个命题，谓词不仅仅相互逻辑地、而且物本身与一切可能谓词的总和被先验地比较。（KrV，A573；B601）

22. 虽然一切可能性的总和的这个理念，只要这个总和作为每一个物的通盘规定的条件的基础，鉴于那些——可能构成这个总和的——谓词，本身还没有规定，而我们由此所思考的也无非是所有一般的可能谓词的总和。（KrV，A573；B601）

23. 一切事物的通盘规定着的先验的大前提，无非是一切实在性的总和的表象，它不仅仅是一个把一切谓词都按照它的先验内容把握在自身中的概念，而且是把它把握在自身中的概念。（KrV，A577；B605）

24. 质料之于一切感官对象的可能性，就必须被预设为在一个总和中被给予了，经验的对象的一切可能性、它们的相互区别和它们的通盘规定，才能够唯独以这个总和的限制为基础。（KrV，A582；B610）

25. 但我们后来就把关于一切实在性的总和的这个理念实体化了。（KrV，

A582；B610）

26. 一切现象的总和（感官世界本身）。（KrV，A672；B700）

27. 我们设想一个“某物”，我们关于它自在本身是什么，完全不具有任何概念，但我们毕竟在对它设想了一种现象的总和的关系，而这种关系则与现象相互之间所具有的关系是类似的。（KrV，A674；B702）

28. 如果我把纯粹的和思辨的理性的一切知识的总和看做——我们至少在我们之内拥有对它的一个理念的——一座大厦，那么我就可以说，我们在先验要素论中粗略计算了建筑材料，并且规定了，这些材料足够于什么样的大厦、什么样的高度和强度。（KrV，A707；B733）

29. 对于我们的知识而言的一切可能对象的总和在我们看来就是一个平面，它具有它的虚假的地平线，这地平线也就是包括这些对象的全部范围并且被我们称之为无条件的总体性的理性概念的东西。（KrV，A759；B787）

30. 我把法规理解为一定的一般认识能力的正确运用的先天原理的总和。（KrV，A796；B824）

31. 形而上学这个名字也可以给予带有批判的总和的全部纯粹哲学。（KrV，A841；B869）

32. 后者考察自然，即被给予的对象的总和（于是就无论它们可能是被给予感官的，还是，如果我们愿意，被给予另一类的直观的），因而就是自然之学（虽然只是合理的自然之学）。（KrV，A845；B873）

33. 内在的自然之学把自然看做一切感官对象的总和。（KrV，A846；B874）

34. 外感官的对象，因而这些对象的总和，有形的自然。（KrV，A846；B874）

总和（die Summe）

1. 如果人们更进一步考察，那么就会发现，7 加 5 总和的概念并没有包含得更多，而只包含这两个数结合成一个数。（KrV，B15）

2. 5 要被加在 7 之上，我虽然在一个等于 7 ＋ 5 的总和的概念中已经想到了，但并没有想到，数字的总和会等于 12。（KrV，B16）

3. 如果有条件者被给予了，那么它唯一曾由以成为可能的那整个条件总和、因而绝对的无条件者也就被给予了。（KrV，A409；B436）

4. 因为世界就是现象的总和，因此这就必须是这个总和的任何一个先验的、即现象的单纯对于纯粹知性可思维的根据。（KrV，A696；B724）

宗教（die Religion）

宗教概念（der Religionsbegriff）

1. 我们的时代是真正的批判的时代，我们时代的一切都必须经受批判。宗

教，通过它的神圣性，以及规律提供通过它的威严，通常想逃脱这种批判。（KrV，AXI）

2. 一切反对道德和宗教的异议都以苏格拉底的方式，亦即通过最清楚地证明对手的无知的方式，在所有未来的时代里，结束了。（KrV，BXXXI）

3. 鉴于所关涉的德性、规律提供和宗教的原则。（KrV，A318；B375）

4. 对这些理念的见识将会使得神学、道德，以及通过这两者的联结，使得宗教，因而使得我们此在的那些最高目的，都仅仅依赖于思辨的理性能力而别无所依。（KrV，A377；B395）

5. 最终，构成世界的那些事物的整个秩序，都来源于一个原始存在者，一切东西都从这个原始存存者那里借取它的统一性和合目的的联结，这么多都是道德和宗教的基石。（KrV，A466；B494）

6. 找不到任何这种出自理性的纯粹原则的实践的利益，如同道德和宗教随身携带的。（KrV，A468；B496）

7. 所以自然神学便绝不能够提供有关至上的世界原因的任何确定的概念，因此对于一条——本身又应当构成宗教的基础的——神学原则，是不充分的。（KrV，A628；B656）

8. 一切宗教的这样两个基本的支柱，我们灵魂的自由和不朽。（KrV，A745；B773）

9. 即使形而上学不可能是宗教的基础，它仍然任何时候都必须充当宗教的捍卫者，并且人类理性已经由于它的本性的倾向而是辩证的。（KrV，A849；B877）

10. 即使由各民族的野蛮状态所遗留下来的古老习惯曾已带来了哪些粗野的宗教概念，这毕竟没有阻止那些更为开明的一部分人把自己贡献给这种对象的自由探索。（KrV，A852；B880）

综观（die Überschauung）

1. 这样就不能足够快地让读者达到对整体的综观。（KrV，AXIX）

2. 人们可以把每一个概念看做一个点，它作为一个观看者的立足点，拥有有自己的视野，即可以从这同一点被表象并且仿佛被综观的物的一种量。（KrV，A658；B686）

3. 但对于不同的视野、亦即从恰好这么多的概念出发而规定的不同的类，也可以考虑引入一个共同的视野，由此人们就把那些不同的视野全部都综观为出自一个中心点，这个共同视野就是更高的类，直到最后那个最高的类就是那个——被从最高概念的立足点出发所规定并且将一切多样性作为类、种和亚种包括在自身之中的——普遍而真实的视野。（KrV，

A659；B687）

综合（das Synthesis）

综合的，综合性的；综合地（synthetisch）

回溯的综合（das regressive Synthesis）

递进的综合（das progressive Synthesis）

1. 纯粹理性的这个实验与化学家们的实验有很多的类似，化学家们有时命名这个实验为还原性的研究，但一般地则命名为综合的方法。（KrV，BXX）

2. 论分析判断与综合判断的区别。（KrV，A6；B10）

3. 或者是谓词 B 属于主词 A，作为（隐蔽的方式）包含在 A 这个概念中的东西；或者是 B 完全外在于概念 A，虽然它处于与概念 A 的连结中。在前一种情况下我把这判断叫作分析的，在另一种情况下则称为综合的。因而分析的（肯定的）判断是这样的，在其中谓词和主词的连结通过同一性而被思考，而在其中这一连结不用同一性而被思考的那些判断，则应称为综合的判断。（KrV，A7；B10）

4. 所以这样一个谓词的添加就产生了一个综合判断。（KrV，A7；B11）

5. 经验本身是直观的一个综合的结合。（KrV，A7；B12）

6. 在综合判断那里，我在主词的概念之外还必须拥有某种别的东西（X），知性以之为支撑，以认识那个不在主词的概念中、却仍然作为属于这个概念的谓词。（KrV，A8；B12）

7. 所以经验就是那个处于概念 A 之外的那个 X，并且在此之上就建立了重量 B 的谓词（与概念 A）的综合的可能性。（KrV，A8；B12）

8. 我们先天的思辨知识的全部最终意图都建基于这样的综合性的、亦即扩展性的原理之上。（KrV，A10；B13）

9. 在理性的所有理论科学中都已包含作为原则的先天综合判断。（KrV，A10；B14）

10. 数学的判断全部都是综合的判断。（KrV，A10；B14）

11. 算术命题在任何时候都是综合的。（KrV，B16）

12. 两点之间直线最短，就是一个综合命题。（KrV，B16）

13. 自然科学（物理学）自在地包含着作为原则的先天综合判断。（KrV，B17）

14. 在形而上学中，即使人们把它仅仅看作一门至今还仅仅尝试、但却由于人类理性的本性而不可缺少的科学，也应该包含了先天综合的知识。（KrV，B18）

15. 纯粹理性的真正任务就已包含在这个问题之中了：先天综合判断是如

何可能的？（KrV，B19）

16. 纯粹数学肯定包含先天综合命题。（KrV，B20）

17. 按照这种法规，或许有朝一日纯粹理性的哲学的完备体系、它可以以扩展或单纯限制纯粹理性的知识为内容，可能被既是分析地、又是综合地展示出来。（KrV，A12；B26）

18. 几何学是一门科学，它综合却又先天地规定空间属性。（KrV，B41）

19. 时间和空间都是可以从中先天地被汲取不同综合知识的两个知识来源的。（KrV，A39；B56）

20. 从单纯的概念完全不能达到任何综合知识，而只能达到分析的知识。（KrV，A47；B64）

21. 不过我们思维的自发性则要求，这些杂多首先以一定的方式被贯通、接受和结合起来，以便由此构成一种知识。我称这种行动为综合。（KrV，A77；B102）

22. 但我把综合理解为在最普遍的意义中——不同表象相互添加、并且在一个认识中把握它们的杂多性的——行动。（KrV，A77；B103）

23. 一般综合，我们今后会看到，只不过是想像力的结果，灵魂的一种盲目的、尽管是不可缺少的机能的结果，没有这种灵魂，我们在一切领域可能都没有任何知识，但我们一次都不会意识到它的结果。不过，这种综合被带到概念上，这是归因于知性的一种机能，知性借此而使我们第一次获得原本意义上的知识。（KrV，A78；B103）

24. 纯粹的综合，表象为普遍的，提供纯粹的知性概念。但我理解的这种综合则以一种先天的综合统一性为基础。（KrV，A78；B104）

25. 在一个判断中把统一性给予不同表象的那同一个机能，在一个直观中也把统一性给予了不同表象的单纯综合，这种统一性，一般地表达出来，就叫做纯粹知性概念。（KrV，A79；B104）

26. 空间和时间就是先天地包含着作为现象的那些对象之可能性条件的纯粹直观，而在这些纯直观中的综合就具有了客观的有效性。（KrV，A89；B122）

27. 我以原因概念为例，它意味着一种特殊的综合方式。（KrV，A90；B122）

28. 在这上面就建立起了1）通过感官而先天地概观杂多；2）通过想像力而综合这种杂多；最后，3）通过本源的统觉而统一这种综合。（KrV，A94；B127）

29. 联结是杂多的综合统一性的表象。（KrV，B131）

30. 论统觉的本源的综合统一性。（KrV，B131）

31. 在直观中被给予的杂多的统觉的无例外的同一性，包含着表象的一种

综合，并且只有通过对这个综合的意识才是可能的。（KrV，B133）

32. 统觉的分析的统一性只有在任何一个统觉的综合的统一性的前提之下才是可能的。（KrV，B133）

33. 统觉的综合的统一性就是人们必须把一切知性运用、甚至全部逻辑，以及按照逻辑，把先验哲学都钉于其上的最高点，当然这种能力就是知性本身。（KrV，B134）

34. 直观杂多的综合统一性，作为先天产生的东西，是先天地早先发生于我的一切规定了的思想的统觉本身的同一性的根据。（KrV，B134）

35. 统觉的必然统一性这条原理，虽然是自身同一的，因而是一个分析命题，但却表明直观中给予的杂多的一个综合是必然的，没有这种综合，自我意识的那种无一例外的同一性则不能被设想。（KrV，B135）

36. 我是已经意识到到这些表象的一个先天必然的综合，它叫作统觉的本源的综合统一性，一切被给予我的表象都必须处于其下，但也必须通过一个综合把它们带入其下。（KrV，B135）

37. 一切直观的杂多都服从于统觉的本源一综合的统一性的条件。（KrV，B136）

38. 最初的纯粹知性知识——基于它的整个剩余的运用，同时也完全不依赖于感性直观的一切条件——就是统觉的本源的综合统一性的原理。（KrV，B137）

39. 综合的统一性成为了一切思想的条件；因为它所说的无非是，在任何一个给予的直观里，我的一切表象必须服从这个条件，惟有在这个条件之下我才能把它们算作我的表象而归于同一的自身，所以，能够总结为一种统觉中综合地联结的、通过一般所说的“我思”。（KrV，B138）

40. 在时间中直观的纯粹形式，仅仅作为包含一个给予了的杂多的一般直观，则从属于意识的本源的统一性，这只是通过直观杂多对一个“我思”的必然关系；所以通过先天地为经验的综合奠定基础的知性的纯粹综合。（KrV，B140）

41. 杂多，在一个被给予的感性直观中，必然从属于统觉的本源的综合统一性，因为只有通过这种统觉的本源的综合统一性，直观的统一性才是可能的。（KrV，B143）

42. 杂多的综合或联结在它们之中，仅仅与统觉的统一性相关联，并因此是先天知识的可能性根据，只要它建基于知性，因而不仅仅是先验的、而且甚至单是纯粹智性的。（KrV，B150）

43. 感性直观杂多的这种综合，它是先天可能的和必然的，可以被称为形象的（synthesis speciosa，形象的综合），而不同于这种，鉴于一般直观的杂多在单纯范畴中所想到的、并被叫作知性联结（synthesis intellectualis，智性的综合）的综合；这两种综合都是先验的，这不单纯因为它们本身先天地发生，而且也因为建立了其它先天知识的可能性。（KrV，B151）

44. 不过，这种形象的综合，如果它单纯指向统觉的本源的综合统一性、即这种在范畴中被思想的先验统一性，则必须区别于单纯智性的连结，而叫作想像力的先验综合。（KrV，B151）

45. 想像力是一种先天地规定感性的能力，并且它的符合范畴的直观的综合，必须是想像力的先验综合，这是知性在感性上的一种作用。（KrV，B152）

46. 这种综合，作为形象的综合，不同于没有任何想像力而单纯经由知性的智性综合。（KrV，B152）

47. 所以知性，在想像力的先验综合这个名称下，对被动的主体——知性就是它的能力——施加了这样一种行动，对此我们有权利说，内感官由此而被刺激。（KrV，B153）

48. 我把领会的综合，理解为在一种经验的直观中杂多的复合，由此，知觉、也就是对这直观的经验的意识，（作为现象）才是可能的。（KrV，B160）

49. 我们在时间和空间的表象上拥有外部的和内部的先天感性直观的形式，并且现象杂多的领会的综合任何时候都必须适合于这些形式，因为这种综合自身只有按照这种形式才能够发生。（KrV，B160）

50. 这种综合不属于感官，但通过它，一切空间和时间的概念才首先成为可能。（KrV，B161）

51. 但这种综合的统一性不能是任何别的统一性，只能是一个给予的一般直观的杂多在一个本源的意识中——按照范畴，仅仅应用于我们的感性直观上的——联结的统一性。（KrV，B161）

52. 但正是这种综合统一性，如果我抽掉空间的形式，则获得了在知性中它的位置，并且就是在一个一般直观中同质的东西的综合的范畴，即大小的范畴，因而那个领会的综合、即知觉，无论如何都必须与这个大小范畴相一致。（KrV，B162）

53. 一切可能的知觉都依赖于领会的综合，但领会的综合本身，这种经验的综合，又依赖于先验的综合，因而依赖于范畴。（KrV，B164）

54. 于是这种自发性就是的三重综合的基础，它们是发生在一切知识中的必然方式，这就是，作为在直观中内心的变状的表象的领会的综合，这些表象在想像中的再生的综合和它们在概念中的认定的综合。（KrV，A97）

55. 论在直观中领会的综合。（KrV，A98）

56. 现在为了从这种杂多中形成直观的统一性，（也许就如在空间表象中的那样），就有必要首先对杂多进行贯通，然后对之加以总括，我把这种行动称为领会的综合，因为它是直接针对直观的，直观虽然提供了一种杂多，但这种杂多——作为一个这样的、并包含在一个表象中——没有一个同时发生的综合，则从不能够产生出来。（KrV，A99）

57. 这种领会的综合也必须先天地、亦即在那些并非经验的表象方面被执行。因为没有它我们就既不可能先天地拥有空间表象，也不可能先天拥有时间表象：因为这些表象只有通过对那种提供感性在其本源的接受性中的杂多的综合，才能够被产生出来。所以我们拥有领会的一种纯粹综合。（KrV，A99，100）

58. 领会的综合与再生的综合是不可分割地联结着的。而既然那个［领会的综合］构成了所有一般知识（不仅是经验的知识，而且也有纯粹先天的知识）的可能性的先验根据，那么想像力的再生的综合就属于内心的先验活动。（KrV，A102）

59. 我们认识对象，因为我们在直观的杂多中已经产生了综合统一性。（KrV，A105）

60. 意识统一性的一种先验基础必须，在我们的一切直观的杂多的综合中、因而也在一般客体的概念的综合中，继而也在一切经验之对象的综合中，被找到。（KrV，A106）

61. 但这种关系无非就是意识的必然统一性，因而也是通过内心的共同机能、杂多被联结在一个表象中的综合的统一性。（KrV，A109）

62. 知觉的无例外的和综合的统一性恰好构成了经验之形式，并且这种形式无非就是现象们按照概念的综合的统一性。（KrV，A110）

63. 一个原因的概念无非是按照概念（对那种在时间序列中随之而来的东西，与其他现象的）一种综合。（KrV，A112）

64. 想像力的纯粹综合构成了联合的先天基础。（KrV，A115）

65. 杂多的统一性在一个主体中就是综合性的：所以纯粹统觉就给予了一条在一切可能直观中杂多的综合统一性的原则。（KrV，A117）

66. 但这种综合统一性却以一种综合为前提，或者它包含了一种综合，并且如果前者要是先天必然的，那么后者也必须是一种先天的综合。所以统觉的先验的统一性就与想像力的纯粹综合、作为一个在认识中杂多的一切组合的可能性的先天条件相关联。（KrV，A118）

67. 我们就把这种想象力中的杂多的综合称为先验的。（KrV，A118）

68. 所以在知性中，纯粹先天知识，它们在一切可能现象方面，已经包含了想像力的纯粹综合的必然统一性。（KrV，A119）

69. 在我们之内就有一种对这种杂多进行综合的积极的能力，我们把它称为想像力。（KrV，A120）

70. 想像力也是一种先天的综合能力。（KrV，A123）

71. 纯粹知性在范畴中就是一切现象的综合统一性的规律。（KrV，A128）

72. 知性概念包含了一般杂多的纯粹综合统一性。（KrV，A138；B177）

73. 纯粹知性概念的图型是完全不能被带进任何形象中的某物，而只是——合乎一种根据范畴所表达的一般概念的统一性的规则——纯粹的综合。（KrV，A142；B181）

74. 数无非是一般同质直观的杂多的综合统一性。（KrV，A143；B182）

75. 每一个范畴的图型，如大小的图型，包含并表现出在一个对象的相继领会中时间本身的产生（综合）。（KrV，A145；B184）

76. 知性的图型法通过想像力的先验综合，所导致的无非是一切直观杂多在内感官中的统一性。（KrV，A145；B185）

77. 但它毕竟是一个——著名的、虽然抽掉了一切内容并且仅仅成为形式的原理的——公式，包含了一种——由于不小心性并且毫无必要地被混合起来的——综合。（KrV，A152；B191）

78. 一切综合判断的至上原理。（KrV，A154；B193）

79. 人们必须超出一个给予的概念，以便把它和一个别的概念综合地加以比较；所以就必需一个第三者，只有在它里面两个概念的综合才能产生。但现在什么是作为一切综合判断的媒介的第三者呢？它只是一个整体，我们的一切表象都已经包含在其中，亦即内感官，及其先天形式——时间。（KrV，A155；B194）

80. 但没有这种关系，先天综合命题就是完全不可能的，因为它们没有第三者，亦即没有——其概念的综合统一性能够在其上表明客观实在性的——对象。（KrV，A157；B196）

81. 那些纯粹的综合判断，即使只间接地，与可能的经验、或不如说与这些经验的可能性本身相关联，并且它们的综合的客观有效性唯独建立这种可能性基础之上。（KrV，A157；B196）

82. 由于经验，作为经验的综合，在它的可能性中是唯一的知识类型，它给予一切其他的综合以实在性，所以一切其他的综合作为先天知识之所以具有真理性（即与客体相符合）。（KrV，A157；B196）

83. 所以一切综合判断的至上原则就是：每一个对象都服从在可能经验中直观杂多的综合统一性的必要条件。（KrV，A158；B197）

84. 纯粹知性一切综合原理的系统展示。（KrV，A158；B197）

85. 数学就具有这样的原理，但它们在经验上的运用、因而它们的客观有效性、甚至这样的先天综合知识的可能性（先天综合知识的的演绎）毕竟都永远建基于纯粹知性之上。（KrV，A160；B199）

86. 在纯粹知性概念应用于可能经验中，它们的综合的运用要么是数学的，要么是动力学的：因为这种综合部分地只涉及到一般现象的直观，部分地涉及到一般现象的此在。（KrV，A160；B199）

87. 这种综合又可以被划分为集合的综合和联合的综合，前者指向外延的大小，后者指向内包的大小。（KrV，A162；B201）

88. 相反，数的关系的显明的命题尽管是综合的，但不是普遍的，像几何学的命题那样，并正因此也不是公理，而只能被称为算式。（KrV，A164；B205）

89. 但与一般感觉相应的实在的东西，与否定性 = o 相对立，却只表象着——它的概念自在地包含一种“存在”的某物，并且无非意味着这种在一个经验的意识中的一般综合。（KrV，A175；B217）

90. 经验就是一种经验的知识，亦即一种通过知觉规定一个客体的知识。所以它是一种知觉的综合，这种综合本身并不包含在知觉中，它把知觉的杂多的综合统一性包含在一个意识中，这种综合统一性构成了一种感官客体的知识、亦即经验之（不仅仅是直观的或感官感觉的）本质的东西。（KrV，A177；B219）

91. 现象的综合的规则同时也能够在每个现有的经验的实例中给出这种先天的直观。（KrV，A178；B221）

92. 但同样的情况也将适合于一般经验的思想的公设，这些公设把单纯直观的（现象形式的）综合、知觉的（现象质料的）综合和经验之（这些知觉的关系的）综合一起都涉及了。（KrV，A180；B223）

93. 但这种统一性惟独只有在纯粹知性概念的图型中才被想到，关于纯粹知性概念的统一性，作为一种一般综合的统一性，范畴包含不被任何感性条件限定的机能。（KrV，A181；B224）

94. 连结并不单纯是感官和直观的工作，而在这里也是想像力的一种综合能力的产物，想像力在时间关系上规定着内感官。（KrV，B233）

95. 在现象的综合里，表象的杂多之物在任何时候都一个跟着一个而来。（KrV，A198；B243）

96. 杂多的综合通过想像力而属于一切经验的知识，而这种综合任何时候都是承继性的。（KrV，A201；B246）

97. 想像力的综合在领会中可能只会把两个知觉中的一个指定为这样一种知觉。（KrV，B257）

98. 一个实体的此在，绝不可能通过任何经验的综合，而带上另一个实体的此在。（KrV，A212；B259）

99. 一个容纳一种综合于自身中的概念，被看作空的，并且不与任何对象发生关系，如果这种综合不属于经验，要么从经验中借来，于是它就叫做经验的概念，要么是这样一种——依据于作为先天条件的一般经验（经验的形式）的——综合，于是这就是纯粹概念，它仍还属于经验，因为它的客体只有在经验中才能遇到。（KrV，A220；B267）

100. 知性则完全不能判决，它只是与已经给予的东西的综合打交道。（KrV，A231；B283）

101. 数学中的一个公设叫作实践命题，它所包含的无非是——我们因此最初给予自己的一个对象、并且产生出它的概念来的——那种综合。（KrV，A234；B287）

102. 一切先天综合命题也都只与经验之可能性相关联，甚至这些命题的可能性本身都完全建立在这种关系之上。（KrV，B294）

103. 经验——只有从想像力的综合的知性在与统觉的关系中本源而自动授予的综合统一性中——才拥有它的统一性。（KrV，A237；B296）

104. 范畴，没有感性直观的条件，对此它们包含了综合，就完全不具有与任何一个确定的客体的任何关系。（KrV，A246；B302）

105. 但如果我们有可能通过这种纯粹知性而综合地谈论自在事物本身的某种东西，（这虽然是不可能的），然而这毕竟根本不会有可能与现象发生任何关系，这些现象并不表象自在事物本身。（KrV，A276；B332）

106. 知性根本不可能获得来自概念的综合知识。（KrV，A301；B357）

107. 知性知识虽然也能以一种原则的形式而先行于别的知识，但自在本身（只要它是综合的）却并不基于单纯思维之上，更不包含按照概念的普遍性的东西。（KrV，A302；B358）

108. 理性本身、亦即纯粹理性，是否先天地就包含着综合原理和规则，并且这些原则可能存在于哪里？（KrV，A306；B363）

109. 纯粹理性的这样一条原理显然是综合的；因为有条件者虽然与任何一个条件分析地相关联，但并不与无条件者分析地相关联。（KrV，A308；B364）

110. 是否这条原理，条件序列将（在现象的综合中，乃至在对一般物的思维的综合中）伸展到无条件者，有其客观正确性？（KrV，A308；B365）

111. 这些概念先于一切经验而表现对象，或者更确切地说表明了这种综合统一性。（KrV，A321；B377）

112. 与它相符合地，在直观的综合中就叫作条件的全体性（universitas）或总体性。（KrV，A322；B379）

113. 一个一般纯粹的理性概念可以用无条件者的概念来说明，只要它包含有条件者的综合的一种根据。（KrV，A322；B379）

114. 知性借助于范畴所表现出来的关系有多少种类，就会有多少纯粹的理性概念，所以就必须寻求：第一，在一个主体中定言综合的一个无条件者；第二，一个序列的部分的假言综合的无条件者；第三，在一个系统中选言综合的无条件者。（KrV，A323；B379）

115. 先验理性概念任何时候都只走向在条件综合中的绝对的总体性，并且永远不会终止。（KrV，A326；B382）

116. 在所有这些推理类型中，理性的事务就该是，从——知性任何时候都仍束缚于其上的——有条件的综合，上升到——知性绝不能够达到的——无条件的综合。（KrV，A333；B390）

117. 所有的一般纯粹概念所涉及的都是表象的综合统一性，而纯粹理性概念（先验的理念）所涉及的却是所有一般条件的无条件的综合统一性。（KrV，A334；B391）

118. 纯粹理性的意图无非是在条件方面的综合的绝对总体性。（KrV，A336；B393）

119. 在那些理念的一个系统表象中，上述秩序，作为综合的秩序，将会是最恰当的秩序。（KrV，A337；B395）

120. 因为这个命题：每一个思想着的存在者，作为一个这样的存在者，都是简单的实体；是一个先天综合命题。（KrV，B410）

121. 我是一个简单的实体，即它的表象绝不包含一种杂多的综合。（KrV，A356）

122. 在外感官面前的现象却现成地拥有，固定的、或常驻的某物，它提供了一个为那些变动不居的规定奠定基础的基底并因而提供了一个综合的概念，也就是关于空间及空间中一种现象的概念。（KrV，A381）

123. 纯粹理性仅仅从事于对一个给予的有条件者的条件的综合的总体性。（KrV，A396）

124. 纯粹理性的辩证运用就只有这样三种情况：1. 一般思想的条件的综合。2. 经验的思想的条件的综合。3. 纯粹思想的条件的综合。（KrV，A397）

125. 统觉本身就是这些范畴的可能性的根据，这些范畴在自己这方面无非表象为，直观杂多的综合。（KrV，A401）

126. 我把所有——只要它们涉及现象的综合中的绝对总体性的——先验理念，都称为世界概念。（KrV，A407；B434）

127. 我将把在条件方面、因而从那个离给予的现象最近的开始、前进到更远的条件的序例的综合，称为回溯的综合，而把那个在有条件者方面、从最近的前进到更远的结果的序列的综合，称为递进的综合。前者走向前件，后者走向后件。（KrV，A411；B438）

128. 理性在对条件的这种以序列方式、而且回溯地继续不断的综合中所寻

求的东西，原来只是那个无条件者。（KrV，A416；B444）

129. 世界这个词，在先验的理解中，意味着生存着的事物的整体的绝对总体性，而且我们将我们的注意力仅仅瞄准综合（虽然原本只是在对条件的回溯中的综合中）的完备性上。（KrV，A420；B447）

130. 这种理性统一性的条件，由于它们首先，作为按照规则的综合，而应当与知性相一致，但同时作为这种综合的绝对统一性，又应当与理性相一致。（KrV，A422；B450）

131. 如果人们跨越了经验的界限，那种综合，它试探新的并且不依赖于经验的知识，就没有它在其上能够被执行的任何直观的基底了。（KrV，A471；B499）

132. 这所有的问题都涉及到一个——无非只能够在我们的思想中被给予的——对象，也就是现象的综合的绝对无条件的总体性。（KrV，A481；B509）

133. 对于经验的综合的绝对总体性来说，任何时候都要求，那种无条件者应该是一个经验概念。（KrV，A487；B515）

134. 因为这些现象，在这种领会中，本身无非都是一种（在空间和时间中的）经验的综合并且所以仅仅在这种综合中才被给予。（KrV，A499；B527）

135. 相反，这种综合只有在回溯中、并且绝不在没有回溯的情况下发生。（KrV，A499；B527）

136. 有条件者与它的条件的综合以及条件的整个序列（在大前提中）根本不拥有经由时间的任何限制并且也不拥有任何前后相继的概念。相反，在现象（它被归摄于小前提下）中经验的综合与条件的序列则必然前后相继地并且仅仅在时间中一个跟着一个地已经给予了。（KrV，A500；B528）

137. 条件序列只有在回溯的综合本身中、而不是自在地、在作为一种先于一切回溯被给予的特有事物的现象中，才能被发现。（KrV，A505；B533）

138. 理性理念将只在这个条件序列中向回溯的综合制定一个规则，按照这条规则，这种综合从有条件者开始、借助于一切相互隶属的条件、而向无条件者前进，虽然这个无条件者将永远达不到。（KrV，A510；B538）

139. 按照我们前面的范畴表，两种范畴意味着现象的数学的综合，而剩余两种范畴则意味着现象的一种动力学的综合。（KrV，A529；B557）

140. 这种不同质的东西无论是在因果联结的动力学的综合中，还是在必然的东西和偶然的东西的动力学的综合中，至少都能够被允许。（KrV，A530；B558）

141. 对象在现实性那里并不单纯是分析地包含在我的概念中，而是综合地加入了我的概念。（KrV，A599；B627）

142. 一切实在的属性的连结在一个物中是一种综合，其可能性我们不能够

先天地判断。（KrV，A602；B630）

143. 偶然之物的那种单纯智性的概念完全不能产生如同原因性的概念那样的综合命题。（KrV，A609；B637）

144. 由于从结果向原因过渡的一切法则，甚至我们一般知识的一切综合和扩展，都无非只是被放置在可能经验之上、因而只是被放置在感官世界的对象之上并且只鉴于感官世界的对象才能有一种意义。（KrV，A621；B649）

145. 知性的一切综合原理都是内在的运用的原理。（KrV，A636；B664）

146. 一切先天综合知识，都只有通过它表达出一个可能经验之形式条件，才是可能的。（KrV，A636；B666）

147. 出于纯然概念的、而且又只有哲学家才做得到的先验综合，虽然是有的，但这种综合所涉及的永远只是一个一般之物，一般之物的知觉在哪些条件之下才属于可能的经验。（KrV，A719；B747）

148. 一个先天概念（一个非经验的概念）所包含的，要么本身已经是一个纯粹直观了，而这样它就能够被构造；要么，就无非是那些——并未先天给予的——可能直观的综合，这样人们就完全可以通过它而进行先天的综合的判断。（KrV，A719；B747）

149. 综合命题，针对一般物，而这些物的直观根本就不让先天提供出来，都是先验的。（KrV，A720；B748）

150. 我会构造一个三角形的数学概念，即先天地在直观中提供出来，并且以这种途径获得一种综合的、但却合理的知识。（KrV，A722；B750）

151. 这种概念就既不表示一种经验的直观，也不表示一种纯粹的直观，而只表示经验的直观（因而也不能表示被先天给予的直观）的综合，所以这就不能从这个概念中，因为这种综合不能先天地走出与之相应的直观之外，产生任何规定性的综合命题，而是只能产生可能的经验的直观的一种综合原理。（KrV，A722；B750）

152. 一个先验的命题就是一种按照单纯概念的综合的理性知识，并且因而是推论性的知识，因为由此那些经验知识的一切综合统一性才首次成为可能，但由此却并不先天地提供任何直观。（KrV，A722；B750）

153. 没有任何别的、适宜于下定义的概念剩留下来，除非这种——包含一种任意的、即能够被先天地构造出来的综合的——概念，因而只有数学拥有定义。（KrV，A729；B757）

154. 这个公理，是先天的综合的原理，只要它直接就是确定的。（KrV，A732；B760）

155. 一个综合原理绝不能够单纯从概念中就直接是确定的。（KrV，A733；B761）

156. 一个出自概念的直接综合命题就是一个教条（Dogma）；反之，一个通过概念的构造的这种命题，就是一个教理（Mathema）。（KrV，A736；B764）

157. 在所想到的两类先天综合命题中，按照习惯的用语，只有属于哲学知识的那些先天综合命题才能够拥有这个名称，而人们似乎难以把算术或几何的命题称为教条。（KrV，A736；B764）

158. 全部纯粹理性在其单纯思辨的运用中并不包含一个出自概念的唯一的直接综合判断。（KrV，A736；B764）

159. 人们遵照通常的成见、把现象看作了事物自在本身，于是就以这种或那种方式，要求现象的综合的绝对完备性。（KrV，A740；B768）

160. 我们在某个类的判断中，超出了我们关于对象的概念。我已经把这种判断命名为综合的。（KrV，A764；B792）

161. 由于这些客体无非都是现象，在它们身上，某种完成了的东西就绝不能在条件系列的综合中被希望。（KrV，A773；B801）

162. 先验的和综合的命题的证明拥有这种特点，在先天综合知识的一切证明中，本身，即理性在它们那里借助于它的概念不允许被直截了当地变成对象，而必须预先阐明这些概念的客观有效性和这些概念的先天综合的可能性。（KrV，A782；B810）

163. 在数学中，引导我的综合的是先天直观。（KrV，A782；B810）

164. 所以证明必须同时指出，综合地和先天地达到物的一定知识的可能性，而这些知识本来并不包含在这些物的概念中。（KrV，A783；B811）

165. 不过，为了预先惩罚这种谬误推理（因为没有这样一种暂时的猜测，人们则完全不会怀疑这种证明），一个这样的综合命题——这个综合命题所应当证明的比经验所能够给予的更多——的可能性的、在手头上拥有的——永久的标准，是彻底必要的。（KrV，A785；B813）

166. 每一个先验的原理都只从一个概念出发，并且按照这个概念来说出对象的可能性的综合条件。（KrV，A787；B815）

167. 在这里，凡是涉及综合命题的东西，都完全不能被允许，通过人们反驳其反面而辩护自己的主张。（KrV，A792；B820）

168. 于是先验分析论就是纯粹知性的法规；因为只有它能做得出真正的先天综合知识。（KrV，A796；B824）

169. 纯粹理性在它的思辨的运用中的一切综合知识，根据一切迄今所进行的证明，都是完全不可能的。（KrV，A796；B824）

总量（die Menge）

1. 现在，没有任何总量是最大的，因为总还可以添加一个或者多个单位。

（KrV，A431；B459）

2. 因此这个定量就包含着一个比一切数目都更大的（被给予了的统一性的）总量，而这个定量就是无限的东西的数学概念。（KrV，A432；B460）

3. 不过，为了思考这样一个总量的总体性，由于我们不能够依据于——在直观中自行构成这个总体性的——边界，我们就必须给出我们的概念的解释理由。（KrV，A433；B461）

4. 因此我也不能不说，在一个被给予了的现象中各部分的总量自在地既不是有限的，也不是无限的，因为现象决不是自在的生存之物本身。（KrV，A505；B533）

5. 因而人们也不能说，这个回溯走进无限，因为这就会预测了回溯尚未达到的那些项，并且会把它们的总量表现得如此之大，以致于没有任何经验的综合能够达到，因而世界大小就会在回溯之前（即使只是否定地）得到规定，而这则是不可能的。（KrV，A519；B547）

6. 这个序列是无限相继的并永远也不是全部，因而就决不能表现出任何无限的总量、及其在一个整体中的总计。（KrV，A524；B552）

7. 这条规则却并不适用于，如果我们也想把它延伸到以某种方式在被给予的整体中已经被分离出来的、由此而构成一个 quantum discretum（分离的定量）的那些部分的总量上去的话。（KrV，A526；B554）

总体性（die Totalität）

绝对总体性（die absolute Totalität）

1. 于是，全体性（总体性）被看成无非是作为单一性的多数性。（KrV，B111）

2. 最后还有完善性，而它就在于，这个多数性反过来一起回溯到概念的统一性，并且使它与这个而不是任何别的概念完全一致，人们可以把这命名为质的完备性（总体性）。（KrV，B114）

3. 因此我们在一个理性推论的结论中将一个谓词限定在一个特定的对象上，因为我们事前已经在大前提的全部范围内、在一个特定的条件下思想了一个确定的对象。这个范围的完全的大小在与一个这样的条件的关系中，就叫作普遍性（Universalitas）。与它相符合地，在直观的综合中就叫作条件的全体性（universitas）或总体性。（KrV，A322；B379）

4. 所以在条件综合中的总体性的纯粹理性概念，至少作为——为知性的统一性而尽可能地继续延伸到无条件者的——任务，是必要的，并且建立在人类理性的本性基础之上（KrV，A323；B380）

5. 先验理性概念任何时候都只走向在条件综合中的绝对的总体性，并且永

远不会终止，除非在绝对的、因而对一切方面的无条件者那里。（KrV，A326；B382）

6. 因为纯粹理性把一切都委托给了知性，知性首先与直观的对象、或者更与它们的想像力中的直观综合发生关系。前者则只给自己保留了在知性概念的运用中的绝对总体性，并试图把在范畴中被思想到的综合统一性延伸直至绝对无条件者。（KrV，A326；B383）

7. 因为条件的绝对的总体性决不是在经验中可运用的概念，由于没有任何经验是无条件者。（KrV，A326；B383）

8. 所以我们现在所考虑的纯粹理性概念就是先验理念。它们都是纯粹理性的概念；因为它们把一切经验知识都看作是被条件的绝对总体性所规定了的。（KrV，A327；B384）

9. 前提序列中的总体性。（KrV，A331；B388）

10. 所以，如果一个知识被看作有条件的，那么理性就是有必要把上升线上的这一条件序列看作完成了的并且按其总体性而被给予。（KrV，A332；B388）

11. 但如果有条件的知识同时被看作其他的——相互构成一个在下降线上的的后果序列的——知识的条件，那么理性就可以完全不在乎，这种继续进展 a parte posteriori（在后天的方面）伸展到多远，以及这个序列的总体性是否任何地方都可能存在。（KrV，A332；B389）

12. 纯粹理性的意图无非是在条件方面的综合的绝对总体性（它可以是依存性的、或者从属性的、或者协作性的），而且它并不必须与有条件者方面的绝对完备性相干。（KrV，A336；B393）

13. 如果我们从一种（前进的）综合的绝对总体性中制造一个理念，例如从一切未来的世界变化的整个系列制造一个理念，那么这就是一个仅仅任意想出来的思想物（ens rationis，推断之物），而不被理性所必然地预设。（KrV，A337；B394）

14. 玄想的推理的第二级瞄准了一个给予了的现象的一般条件序列的绝对总体性的先验概念。（KrV，A340；B398）

15. 按照玄想的推理的第三种类型，从那些一般对象——只要它们能被给予我而思维——的条件的总体性，我推论出，一般事物的可能性的一切条件的绝对的综合统一性，即从那些我按照它们单纯的先验概念并不认识的事物，推论出一个一切存在者的存在者。（KrV，A340；B398）

16. 纯粹理性仅仅从事于对一个给予的有条件者的条件的综合的总体性。（KrV，A396）

17. 在所有这三种情况中，纯粹理性仅仅从事于这些综合的绝对总体性，

亦即那个本身是无条件的条件。（KrV，A397）

18. 我把所有——只要它们涉及现象的综合中的绝对总体性的——先验理念，都称为世界概念，部分地因为，恰好也根据于世界整体的概念的这个无条件的总体性，本身只是一个理念，部分则因为这些理念只走向现象的、因而是经验的综合，而所有的一般可能事物的条件的综合中的那种绝对的总体性则相反，将引起纯粹理性的一个理想，它与世界概念是完全不同的，虽然它与之有关系。（KrV，A407；B434）

19. 理性对一个被给予的有条件者在条件（知性在这些条件下使一切现象都服从于综合的统一性）方面要求的绝对的总体性，并由此而使范畴成为先验的理念，以便通过经验的综合的直至无条件者的延续，（这永远不会在经验中、而只会在理念中被遇到，）而给这种经验的综合提供绝对的完备性。（KrV，A409；B436）

20. 绝对的总体性只有当它涉及到一个给予的有条件者的条件的上升序列、因而不是、如果在谈到后果的下降行列时，也还不是在论及这些后果的那些并立条件的聚合体时，才被理性所要求。（KrV，A410；B437）

21. 所以人们在向后果进展时（或者说在从给予的条件下降到有条件者时），就可以不考虑，这个序列是否会停止，并且一般说关于这种序列的总体性的问题，完全就不是任何理性的预设。（KrV，A410；B437）

22. n 按照理性（按照条件的总体性），只有借助于那个序列才是可能的。（KrV，A411；B438）

23. 所以这些宇宙学的理念就从事着回溯的综合的总体性，并且走向前件，而不是走向后件。（KrV，A411；B438）

24. 因此，一个给予的有条件者的条件序列的绝对总体性的这个先验理念，仅仅针对一切过去的时间。（KrV，A412；B439）

25. 在条件序列中综合的绝对总体性的先验理念也遇到了空间。（KrV，A413；B440）

26. 空间中的实在性、即质料，就是一个有条件者，其内部条件就是它的各个部分，而部分的部分则是更远的条件，以至于这里就发生了一种回溯的综合，它的绝对总体性被理性所要求，而这种绝对总体性无非只通过一种完成了的分割而发生。（KrV，A413；B440）

27. 按照知性规则指向一个条件，在这条件之下必然把这个条件指向一个更高的条件，直止理性仅仅在这个序列的总体性中找到那个无条件的必然性。（KrV，A415；B442）

28. 绝对总体性的理念所涉及的无非是，现象的说明，因而不涉及一般事物的一个整体的纯粹知性概念。（KrV，A416；B443）。

29. 于是这种无条件者任何时候都包含在人们在想像中所设想的序列的绝对总体性之中。（KrV，A416；B444）

30. 理性在这里就选择了一条——从总体性理念出发的——道路，即使这个理念原来就拥有朝向终极意图的无条件者，这个无条件者本该是整个序列的、或者整个序列的一部分。（KrV，A417；B445）

31. 我们有两个术语：世界和自然，它们有时相互运转。前者意味着一切现象的数学上的整体和现象的——不论是在宏观上还是在微观上、亦即不论是在通过复合还是通过分割的现象的进步中的——综合的总体性。（KrV，A418；B446）

32. 世界这个词，在先验的理解中，意味着生存着的事物的整体的绝对总体性。（KrV，A419；B447）

33. 为了思考这样一个总量的总体性，由于我们不能够依据于——在直观中自行构成这个总体性的——边界，我们就必须给出我们的概念的解释理由。（KrV，A433；B461）

34. 如果它想要摆脱一切条件、并在其无条件的总体性中把握这个任何时候都只能按照经验之法则而有条件地被规定的东西。（KrV，A462；B490）

35. 而这绝对总体性当它不能在任何经验中被给予的时候，它就不再是经验的东西。（KrV，A479；B507）

36. 因为这所有的问题都涉及到一个——无非只能够在我们的思想中被给予的——对象，也就是现象的综合的绝对无条件的总体性。（KrV，A481；B509）

37. 要求一个完成了的综合与这种综合的绝对总体性的意识，而这种意识通过任何经验的知识都是根本不可能的。（KrV，A483；B511）

38. 然而对于经验的综合的绝对总体性来说，任何时候都要求，那种无条件者应该是一个经验概念。（KrV，A487；B515）

39. 恰好引入同样多的宇宙论理念，这些理念设定了这些序列的绝对总体性并且正是由此而使理性不可避免地置身于跟自身的冲突中。（KrV，A497；B525）

40. 在这里关于第一个宇宙论的理念、即关于在现象中大小的绝对总体性的理念所说过的，也适用于其余一切理念。（KrV，A505；B533）

41. 这种序列自在地按照其总体性来说永远也不能被看作有限的，同样也不能被看作无限的。（KrV，A505；B533）

42. 而这种幻相发源于，人们已把那个——只被看作是自在事物本身的一个条件的——绝对总体性的理念，应用于现象。（KrV，A506；B534）

43. 由于通过总体性的宇宙论的基本原理，在一个作为一个自在之物本身

的感性世界中的条件序列的任何极大值，都被提供不出，而只能被交付给这些序列的回溯。（KrV，A508；B536）

44. 作为在客体中（在现象中）自在地本身给予了的条件序列的那个绝对总体性的原理则会是一个构成性的宇宙论原则。（KrV，A509；B537）

45. 因为由此，绝对总体性的一个单纯概念，它只在它本身中已完成，就思想一个在任何经验中都不可能被给予的对象。（KrV，A510；B538）

46. 理性在这里绝不需要序列的绝对总体性。（KrV，A512；B540）

47. 这个回溯首先应当继续从这一项出发而到绝对总体性。（KrV，A512；B540）

48. 相反，一个对给予的人的祖先序列在没有任何可能的经验中，都以它的绝对总体性而已经给予了，但其回溯却毕竟从这种生殖的每一项到一个更高的项，以至于不可能遇到任何把一项表现为绝对无条件的经验的界限。（KrV，A513；B541）

49. 由于感性世界中条件序列的绝对总体性仅仅立足于理性的一种先验的运用，而理性则要求它所预设为自在之物本身的那种东西的无条件的完备性。（KrV，A515；B543）

50. 世界整体之现象的复合的总体性宇宙论理念的解决。（KrV，A517；B545）

51. 因为世界大小并没有通过任何直观（按照它的总体性）、因而这个总体性的大小也根本没有在回溯之前被给予我。（KrV，A519；B547）

52. 在那里我们已经按照通常的独断论表现方式、让感官世界被看作先于一切回溯、而按照其总体性而被给予出来的一个自在之物，并且假如这个总体性没有占据一切时间和一切空间，我们就根本剥夺了它在时间空间中的任何一个确定的位置。（KrV，A521；B549）

52. 在直观中一个给予了的整体的分割的总体性的宇宙论的理念的解决。（KrV，A523；B551）

53. 这个序列的绝对总体性，只有当这个回溯能够一直达到单纯的部分时，才会被给予。（KrV，A523；B551）

54. 出于这种考虑，这种总体性的所有辩证的表象，在对一个给予的有条件者的条件序列中，也都曾彻头彻尾是相同的种类。（KrV，A528；B556）

55. 那些——试图以一种或者别的方式在单纯现象中寻求无条件的总体性的——辩证的论证，都被废除了。（KrV，A531；B559）

56. 把世界事件从其原因加以推导的总体性的宇宙论理念的解决。（KrV，A532；B560）

57. 但由于以这种方式在因果关系中的条件的任何绝对总体性都不会弄清

楚，理性就为自己创造了能够自行开始行动的一种自发性的理念。（KrV，A533；B561）

58. 一个——在对其条件的回溯中根本不允许任何绝对的总体性的——原因的链条。（KrV，A543；B571）

59. 现象——按照其一般此在——的从属性的总体性的宇宙论理念的解决。（KrV，A559；B587）

60. 只要我们用我们的理性概念仅仅把感官世界中条件的总体性、以及鉴于这种总体性而能够为理性所用的东西，当作对象：那么我们的这些理念就虽然是先验的、但却还是宇宙论的理念。（KrV，A565；B593）

61. 这个通盘的规定因而就是一个——我们永远也不能按照它的总体性具体描述的——概念，所以建立在一个——仅仅在理性中占有它的位置的——理念基础之上，理性给知性制定了它的完备运用的规则。（KrV，A573；B601）

62. 理性为了这一意图、即为了仅仅设想事物的那种必然的通盘规定，并不预设这样一个符合这一理想的存在者的生存，而只假设这样一个存在者的理念，以便从通盘规定的一个无条件的总体性中推导出那有条件的、即受限制的东西的规定。（KrV，A578；B606）

63. 这种迈向绝对总体性的脚步通过经验的道路是彻头彻尾不可能的。现在人们就在自然神学的证明中完成它。（KrV，A629；B656）

64. 理性决不直截了当地与一个对象、而仅与知性发生关系，并且借助于知性而与理性自己的经验的运用发生关系，所以并不创造任何（客体的）概念，而只是整理它们，并赋予它们那种——在它的最大可能的扩展中可能具有它、即在与序列的总体性的关系中的——统一性，知性则根本不注意这个总体性，而只注意那种——由此条件的序列按照概念到处都完成的——联结。（KrV，A643；B671）

65. 这些条件序列的绝对总体性，在其各项的推导中，就是一个理念，它虽然永远也不能在理性的经验的运用中完全实现出来。（KrV，A685；B713）

66. 这一切都证明，宇宙论的理念无非是调节性的原则，而仿佛远离了——设立这样的序列的现实的总体性的——构成性原则。（KrV，A685；B713）

67. 哲学和数学一样也讨论到大小，如讨论到总体性、无限性等等。（KrV，A715；B743）

68. 对于我们的知识而言的一切可能对象的总和在我们看来就是一个平面，它具有它的虚假的地平线，这地平线也就是包括这些对象的全部范围并且被我们称之为无条件的总体性的理性概念的东西。（KrV，A759；B787）

69. 所以例如，如果预设，感官世界该是本身自在地按照其总体性而被给予的，那么这都是假的，不论它必须按照空间是无限的，还是它必须是有限的

和受到限制的，就因为两者都是假的。（KrV，A793；B821）

组合（die Komposition）

组合物（das Kompositium）

1. 一切联结（conjunctio）或者是组合（compositio），或者是联结（nexus）。（KrV，A162；B201）

2. 通过这种交互联系，现象，只要相互外在却仍然处于联结之中，就构成了一个复合物（compositum leale，实在的组合物），而这样一类的复合体是以多种方式成为可能的。一切其他关系都由以产生出来的这三种动力学的关系，因此就是依存性关系、一贯性关系和组合性关系。（KrV，A215；B262）

3. 理性却仍然必须把它们思想为一切组合中的第一主体，因而思考为先于一切组合的简单存在物。（KrV，A436；B464）

4. 如果我谈到，一个——必然由简单部分组成的——整体，那么我所指的只是一个作为真正组合物的实体性的整体，也就是杂多之物的偶然的统一性。（KrV，A438；B466）

5. 人们原本不应该把空间称为组合物（Kompositium），而应该称为整全（Totum），因为空间的部分只有在整体中才是可能的，而非整体由于部分才是可能的。空间最多也许可以称为 compositum ideale（观念的组合物），但不能称为 compositum reale（实在的组合物）。（KrV，A438；B466）

组合，复合（zusammensetzen）

组合（物），复合物，复合作用（die Zusammensetzung）

1. 甚至我们的经验知识，也该是一个——我们出于通过印象而接受的东西、以及出于我们自己的知识能力（单纯被感官的印象所推动），从自己本身中所献出来的东西的——复合物。（KrV，B1）

2. 由此一种复合才是可能的。（KrV，A25；B39）

3. 它们是要素概念并与派生的，或由此复合的［概念］相区分。（KrV，A64；B89）

4. 我把领会的综合，理解为在一种经验的直观中杂多的复合，由此，知觉、也就是对这直观的经验的意识，（作为现象）才是可能的。（KrV，B160）

5. 从这些——还在空间或时间之前就可能被给予出来的——组成部分中，既不能复合出空间、也不能复合出时间。（KrV，A170；B211）

6. 所以我将能够例如从大约 20 万个月亮光照中复合出并先天确定地给出、亦即构造出太阳光的感觉度。（KrV，A179；B221）

7. 通过这种交互联系，现象，只要相互外在却仍然处于连结之中，就构成了一个复合物（compositum leale，实在的组合物），而这样一类的复合体是以多种方式成为可能的。（KrV，A215；B262）

8. 在他已经在思想中使物质的组成部分失去那些可以意味着外部关系的一切东西、因而也失去这种复合之后，在他以表象力赋予简单主体之后，都成为了，简而言之，单子。（KrV，A266；B322）

9. 一般实体都必须拥有某种内部的东西，所以这种东西就已经摆脱了一切外部关系、因而也摆脱了复合作用。（KrV，A273；B330）

10. 一切复合物都是变化的。（KrV，A330；B387）

11. 物体是复合的。（KrV，A330；B387）

12. 这个主体是不是复合的。（KrV，B413）

13. 因为，虽然可分性以一个复合物为前提，但可分性并不必然要求实体的一个复合物，而只要求同一个实体的（多种能力的）程度的复合物。（KrV，B416）

14. 思维中统觉的统一性不允许他从复合物而作任何解释。（KrV，B417）

15. 任何一个复合的实体都是许多实体的一个聚合体，而一个复合物的活动、或者处在于这个作为这样的复合物之内的东西，则是分布在实体集合里面的许多活动或偶性的聚合体。（KrV，A351）

16. 这个思想不可能依存于一个作为一个这样的复合物。（KrV，A352）

17. 一个物体的运动就是它的所有部分的运动的复合。（KrV，A353）

18. 这个某物不是广延的，不是不可入性的，不是复合的，因为所有这些谓词都仅仅涉及到感性及其直观。（KrV，A358）

19. 假如物质是一个自在之物本身，那么它就会作为一个复合的存在者而与作为一个单纯的存在者的灵魂，完完全全地区别开来。（KrV，A359）

20. 因而我能够完全假定这个基底，它自在是单纯的，尽管它以刺激我们的感官的方式、在我们之内产生了广延之物、并因而复合物的直观，并所以假定，在我们的外感官方面应归于广延的那个实体，自在本身就具有思想，这些思想能够通过这实体自己的内感官而与意识一起被表象。（KrV，A359）

21. “人在思想”，即，那作为外部现象而是广延的同一个东西，内部地（自在本身）就是一个主体，它不是复合的，而是简单的，并且思想着。（KrV，A360）

22. 所以照这么说，这种简单的意识就不是任何我们主体的简单本质的知识，因而，由此这种意识就无非应当与这种作为一种复合的存在物的物质而被区别开来。（KrV，A360）

23. 所以我们把一个三角形思考为一个对象，就因为我们按照一条规则而意识到三条直线的这种组合，按照这条规则这样一种直观任何时候都可以被描

述出来。（KrV，A105）

24. 所以统觉的先验的统一性就与想像力的纯粹综合、作为一个在认识中杂多的一切组合的可能性的先天条件相关联。（KrV，A118）

25. 之所以如此，部分地因为人们把这种能力仅仅局限于再生活动，部分地因为人们相信，感官不仅把印象提供给我们，而且甚至也组合这些印象，并且完成了对象的形象，而为此无疑除了印象的感受性之外，还更需要某种东西，即印象的一种综合机能。（KrV，A120）

26. 所以，这些现象，除了通过使一个确定的空间或时间的表象借以被产生出来的杂多的综合之外，亦即通过对同质的东西的组合和对这杂多（同质的东西）的综合统一性的意识之外，不可能被领会到，也就是不可能被接受到经验的意识中来。（KrV，B202）

27. 所以，甚至一个作为现象的客体的知觉，只有通过这种被给予的感性直观的杂多的综合统一性，才是可能的，由此对杂多同质东西的组合的统一性在一个大小的概念中而被思考。（KrV，B203）

28. 我既不是在 7 的表象中、也不是在 5 的表象中，也不是在这两者的组合的表象中想到 12 这个数。（KrV，B205）

29. 我们通过这些原理，将有权利只按照一种类比、用逻辑的和普遍的概念统一性、而组合现象。（KrV，B224）

30. 通过这种交互联系，现象，只要相互外在却仍然处于连结之中，就构成了一个复合物（compositum leale，实在的组合物），而这样一类的复合体是以多种方式成为可能的。（KrV，A215；B262）

31. 从这些要素中，就产生出纯粹灵魂学说的所有概念，仅仅通过组合，而丝毫不需认识别的原则。（KrV，A345；B403）

32. 一切现象的给予整体的复合的绝对完备性。（KrV，B443）

33. 世界和自然，它们有时相互运转。前者意味着一切现象的数学上的整体和现象的——不论是在宏观上还是在微观上、亦即不论是在通过复合还是通过分割的现象的进步中的——综合的总体性。（KrV，A418；B446）

34. 世界上每一个复合的实体都由简单的部分所构成，并且除了简单的东西、或由简单的东西复合而成的东西之外，任何地方都没有什么东西生存着。（KrV，A434；B462）

35. 世界上没有任何复合之物由简单的部分所构成，并且世界上任何地方都没有简单的东西生存着。（KrV，A435；B463）

36. 因为任何时候不管简单的现象也好还是一种无限的复合也好都绝不会向你们出现。（KrV，A483；B511）

37. 世界整体之现象的复合的总体性宇宙论理念的解决。（KrV，A517；

B545）

38. 这种分解绝不能够在空间中清除一切复合。（KrV，A525；B553）

39. 实体原本应当是一切复合的主体。（KrV，A525；B553）

40. 数学的回溯原本只涉及部分复合为一个整体、或整体分裂为它的部分。（KrV，A560；B588）

最高存在者（das höchste Wesen）

1. 因此，理性的理想的那个仅仅处于理性中的对象，也被称为原始存在者（ens originarium，原始存在物），如果它在自己之上没有任何东西，则称为最高存在者（ens summum，最高的存在物），并且，如果一切事物，作为有条件者，都从属于它之下，则称为一切存在者的存在者（ens entium，存在物的存在物）。（KrV，A578；B606）

2. 一个能够给予实践法则以效果和坚定有力的最高存在者。（KrV，A587；B615）

3 一个绝对必然的存在者的概念是一个纯粹理性概念、亦即一个单纯的理念，它的客观实在性，由于理性还远远没有证明它的需要，它甚至只对一个一定的尽管达不到的完备性提供了指示，并且比之于把知性扩大到新的对象上，其实更多地用作限制知性。（KrV，A592；B620）。因为这个绝对的必然性是一个出自单纯概念的此在。（KrV，A607；B635）

4. 最高存在者的概念是一个在许多方面都非常有用的理念；但它正因为仅仅是理念，所以完全没有能力，仅仅借助于它来扩展我们的鉴于生存着的东西的知识。它一次都不能够在可能性方面教给我们更多的东西。（KrV，A601；B629）

5. 这个必然的存在者只能以唯一的一种方式、即在一切可能的对立谓词方面只通过一个其中一个谓词而被规定，所以它必须通过它的概念而被通盘规定。现在只有一个事物的唯一的概念是可能对这个物作先天的通盘规定的，这就是 entis realissimi（最实在的存在物）这个概念：所以最实在的存在者的概念就是——由此一个必然的存在者能被思想的——唯一的概念，亦即存在着一个必然方式的最高存在者。（KrV，A605；B633）

6. 最高存在者的概念满足于为了一个物的内部规定而能够提出一切先天的问题，因而它也是一个无与伦比的理想，因为最高存在者的普遍的概念同时也彰显为一种一切可能事物中的个体。（KrV，A612；B640）

7. 按照这种看法，最高存在者的理想无非是理性的一个调节的原则，即把世界上的一切联结都看作，似乎是从一种最充分的必然原因中产生出来的，以便在这上面建立起解释这些联结的一种系统的和按照普遍法则的必然的统一性

的规则，而并不是主张一种自在的必然的生存。（KrV，A619；B648）

8. 所以，这个最高存在者对于理性的单纯思辨的运用来说仍然是一个单纯的、但毕竟是完美无缺的理想，是一个终止整个人类知识并使之圆满完成的概念，它的客观实在性以这种思辨的运用的方式虽然不能被证明、但也不能被反驳，并且，如果应当存在着一种道德神学，它就能够弥补这种缺陷，于是，以前还仅仅成问题的先验神学，就证明了它的不可或缺性，通过它的概念的规定以及对一个被感性经常迷惑够了并与它特有的理念不总一致的理性的不断监察。（KrV，A641；B669）

9. 所以我将按照与这个世界中的实在性、实体、原因性和必然性的类比而设想一个在最高完善性中拥有这一切的存在者，并且由于这个理念只以我的理性为基础，我将能够把这个存在者设想为独立的理性，它通过最大的和谐和统一性的理念而是世界整体的原因，以至于我删去一切限制理念的条件，只为了，在这样一个原始根据的庇护下，使世界整体中的杂多的系统统一性、并借助于这种统一性，而使的最大可能的经验的理性运用成为可能，因为我把一切联结都看作，好像它们都是最高理性的安排，我们的理性则是这个理性的一个不充分的的摹本。（KrV，A678；B706）

10. 我只是思考一个我对它自在完全不知道的存在者之于世界整体的最大的系统统一性的关系，只为了使这个存在者成为我的理性最大可能的经验的运用的调节的原则的图型。（KrV，A679；B707）

11. 所以理性对于一个作为至上原因的最高存在者的设定，仅是相对地、为了感官世界的系统统一性的目的而被思想，并且是一个在理念中的单纯“某物”，我们对它自在地是什么，不具有任何概念。由此也就解释了，从那里我们虽然在与生存着地提供给感官的东西的关系中、需要一个自在的必然的原始存在者的理念，却决不能够对这个原始存在者和它的绝对的必然性具有丝毫的概念。（KrV，A679；B707）

最高目的（der höchste Zweck）

1. 对这些理念的见识将会使得神学、道德，以及通过这两者的联结，使得宗教，因而使得我们此在的那些最高目的，都仅仅依赖于思辨的理性能力而别无所依。（KrV，A337；B395）

2. 这些最高目的，按照理性的本性，又都必须具有统一性，以便促进这一种已经不再从属于更高兴趣的人类兴趣的联合。（KrV，A798；B825）

3. 由于既然我们的这种行为涉及到最高目的，那么，明智地并为我们着想的自然的最后意图，在我们的理性的安排那里，原本就只是设置在道德的东西上的。（KrV，A801；B829）

4. 这个原因给按照道德律的行为、规定一个与我们的最高目的准确地相符合的结局，无论是在今生、还是在来生。（KrV，A812；B840）

5. 最高目的就是道德的目的，并且只有纯粹理性才能把它们提供给我们而认识。准备好这个目的、并以它为线索，从自然本身的知识而作鉴于认识的没有任何合目的性的运用，这里自然本身并不扮演合目的的统一性；因为没有这种合目的的统一性，我们甚至不会具有任何理性，因为我们将不会而具有理性的学校，也没有能给这些概念提供材料的那些对象的培养。（KrV，A816；B844）

6. 根本目的因此就还不是最高目的，最高目的（在理性的完善的系统统一性那里）只能是一个唯一的目的。（KrV，A840；B868）

最高快乐（die Seligkeit）

1. 我把这样一种理智的理念——在这种理念中，与最高快乐联结着的道德的最完善的意志，是世上一切幸福的原因，只要这幸福与德性（作为配得上幸福的）处于精确的比例——称为至善的理想。（KrV，A810；B838）

最高理智（die höchsten Intelligenz）

1. 通过一个它从自然中（从我们的灵魂中）借来的概念，而将它的对象设想为最高理智，这就必须叫作自然的神学。（KrV，A631；B659）

2. “自然神论者相信一个上帝，但一神论者却相信一个活着的上帝”（summam intelligentiam，最高理智）（KrV，A633；B661）

3. 一个最高理智的概念是一个单纯的理念，亦即，它的客观实在性并不应当在于，它直接与一个对象相关联（因为在这种意义上我们将不能够为它的客观有效性辩护），而应当在于，它只是一个按照最大的理性统一性的条件而被整理的、一个一般事物的概念的图型，这图型只被用作，在我们理性的经验的运用中获得最大的系统统一性，因为人们似乎从这个——作为它的根据或原因的——理念的被想像的对象中，推导出经验的对象。（KrV，A670；B698）

4. 我们的一个最高理智的理念和在此之上错误建立起来的自然的神学体系（即自然神学）。（KrV，A690；B718）

5. 人们把一条合目的性的统一性原则的现实性作为实体化的东西而设置为基础，把一个这样的最高理智的概念，因为它自在地是完全不可捉摸的，就拟人化地予以规定，然后就把这些目的暴力而专断地，强加于自然。（KrV，A692；B720）

6. 这种最大的系统的和合目的性的统一性，它曾要求你们的理性作为调节的原则而为一切自然研究奠定基础，恰好就曾是，那些你们有权、把作为一个

调节的原则的图型的最高理智的理念、奠定为基础的东西。（KrV，A699；B727）

7. 即使也证明了一个最高理智的此在：那么我们尽管会由此而把握世界安排和普遍秩序中的合目的性，但完全没有被授权，由此而推导出任何一种特殊的部署和秩序，或者，在它们未被知觉的地方，而大胆地推论，因为理性的思辨运用的一条必要的规则就是，不要错过自然原因，并且放弃我们能够被经验所教导给我们的东西，以便推导出，我们所知道的东西，来自完全超出了我们的一切知识的东西。（KrV，A799；B827）

尊严（die Würde）

1. 一种这样的指教是与哲学的尊严无论如何都不相符合的。（KrV，A62；B86）

2. 这条被误以为的原理："一切偶然的东西都有一个原因"，虽然相当威严地出场了，仿佛它自在本身就具有他自己的尊严。（KrV，A243；B301）

3. 取代所有这些考察，取代它们恰当地详加解释，实际上就构成了哲学特有的尊严，我们现在却从事着一件不那么辉煌、但也并非不值得做的工作，这就是：为那座庄严的道德大厦平整和造稳地基。（KrV，A319；B375）

4. 哲学显示出了一种尊严，这种尊严只要哲学能够主张它的狂妄，就会远远胜过人类一切其他科学的价值，因为它预告了我们的——那个对一切理性努力最终都必须联结于其上的——最后目的的最大期望和展望的基础。（KrV，A463；B491）

5. 甚至数学（这种人类理性的骄傲）的真正尊严也基于，它将给理性提供这种指导，在宏观和微观上、在自然的秩序和合规则性中、同时在推动自然的那些力量的值得惊叹的统一性中，洞察自然，远远超出了对建立在普通经验上的哲学的一切期望。（KrV，A464；B492）

6. 而阐明这个——曾只是纯粹理性的一个产物的——理想，虽然这种阐明是足够可怜的，并且远在这个理想的对象的尊严之下。（KrV，A630；B658）

7. 形而上学，作为单纯的思辨，更多地用于阻挡错误，而非扩展知识，这并没有使它的价值受到任何损害，而给予了它更多的尊严和声望。（KrV，A851；B879）

致　谢

我自1980年代开始接触康德哲学以来，一直到今天《康德〈纯粹理性批判〉哲学概念系统引校》(*Das Philosophische Begriffeslexikon zur Kritik der reinen Vernunft* ）一书完稿付梓之际，在读康德、解康德的三十馀年间，无论是读书、教研、访学的任何一个阶段里，始终都得益于海内外许多师长的谆谆教诲和同仁、朋友的热心帮助，在此谨向大家致以最真诚的感谢。他们是：

南京东南大学哲学与科学系萧焜焘教授，社会科学系的江德兴教授，刘道墉教授，上海财经大学经济哲学系鲁品越教授。北京师范大学哲学系杨寿堪教授，北京外国语大学韩震教授。复旦大学哲学系谢遐龄教授，孙承叔教授，俞吾金教授，刘放桐教授，黄颂杰教授，张庆熊教授，吴晓明教授，张汝伦教授。德国科隆工业大学的贺建淮。中国社会科学院哲学研究所梁志学研究员，叶秀山教授，郑家栋教授，清华大学哲学系黄裕生教授，北京师范大学哲学学院江怡教授。同济大学德语系、留德预备部的夏君峰副教授、沈承福副教授。

美国中国哲学与文化研究基金会李淳玲董事长。上海交通大学马克思主义学院的王平教授，叶敦平教授，黄伟力教授。华东师范大学的童世骏教授，上海社会科学院王战院长，黄凯锋主任，哲学研究所的俞宣孟研究员，何锡蓉研究员，夏金华研究员，陆晓禾研究员，成素梅研究员，赵司空研究员，朱玲妹主任，首都师范大学哲学系的李元教授。深圳大学人文学院院长景海峰教授，哲学系赵东明教授。北京市社会科学院洪汉鼎研究员。华东师范大学思勉人文高等研究院院长杨国荣教授，资深教授、哲学系的潘德荣先生，德国 Die Johannes Gutenberg – Universität Mainz 访问学者刘梁剑教授。

国际莱布尼茨学会秘书长、德国柏林 – 勃兰登堡科学院（Berlin – Brandenburg Akademie der Wissenschaft）《莱布尼茨全集》编辑部主任、柏林自由大学教授、汉诺威大学（Gottfried Wilhelm Leibniz Universität Hannover）资深教授李文潮（Wenchao Lee）博士。柏林自由大学（Freie Universität Berlin）哲学系的方博（现北京大学哲学系副教授），袁程（现首都师范大学哲学系副教授），数学系王莹博士，法律系陈思宇博士，文学系的陈琳博士，杨梦博士，计算机系的张霖博士，张凯博士。哈勒大学（Martin Luther Universität Halle Wittenberg）

哲学系的陈晰博士。洪堡大学（Humboldt Universität zu Berlin）文学系的王青博士，张维莎博士（现电子科技大学外国语学院副教授），哲学系的刘漫博士（现郑州大学哲学系副教授）。柏林工业大学（Technische Universität Berlin）的王海波，访问学者李瑞鹏。柏林自由大学孔子学院的简涛教授，耶拿大学（Friedrich－Schiller－Universität Jena）哲学系的牛文君博士（现华东师范大学哲学系副教授）。以及，留德中国物理学者学会名誉主席刘百宁博士，柏林的语言教育专家 Frau Jota Nayacoma，基督教会的 Herr Bodo Gundlach，中文书院的 Frau Wendig Zuhr。德国 DAAD 奖学金访问学者、洪堡大学哲学系博士后鲍永玲教授。中国驻德大使馆文化参赞姜峰先生。

还有，香港中文大学哲学系的刘笑敢教授。上海交通大学讲席教授高宣扬先生，特聘教授陈嘉明先生，人文学院院长杨庆存教授，刘建新书记。同济大学哲学博士蒋阳，现供职于江苏省社会科学院哲学与文化研究所。上海交通大学校长办公室副主任，分析测试中心书记，彭大银博士。北京德语语言教育专家李艳萍。中国社会科学出版社编审、哲学宗教与社会学出版中心主任冯春凤博士，《中国社会科学》杂志社魏长宝编审，国务院参事柯锦华编审。以及，参加上海社会科学院哲学研究所康德读书班（2006—2009）的诸位年轻朋友，陈常燊博士，石永泽博士，张朋博士（北京大学哲学系），钱立卿博士，曹可嘉博士（复旦大学哲学系），新闻研究所的张雪魁研究员，中国马克思主义研究所的姜佑福研究员，陈祥勤博士，《哲学分析》编辑部的韦海波博士，上海戏剧学院创意学院的倪胜教授。还有，外国哲学研究室的汤铭钧博士（现复旦大学哲学学院），高桦博士，张琳博士，等等。

满满的感恩与感激，衷心祝愿每一位——吉祥安泰，福乐无边！Alles Gute!

余治平

2017 年 3 月 18 日，上海